DICTIONNAIRE DES MOTS CROISÉS

1. CLASSEMENT DIRECT
2. CLASSEMENT INVERSE
3. TABLEAUX ANNEXES

LE GRAND LIVRE DU MOIS

Distributeur exclusif au Canada : Messageries ADP, 1751 Richardson, Montreal (Québec)

Edition exclusivement réservée aux adhérents du Club.
LE GRAND LIVRE DU MOIS
15, rue des Sablons
75116 PARIS
réalisée avec l'autorisation des Éditions LAROUSSE / S.E.J.E.R.

ISBN : 2-7028-8741-4

AVERTISSEMENT

Cette édition du ***Dictionnaire des mots croisés*** regroupe l'ensemble des noms communs et des noms propres du ***Petit Larousse 2003***, offrant ainsi aux amateurs de mots croisés une nomenclature de près de 110 000 mots.

Pour faciliter la consultation de l'ouvrage, et conformément à l'usage en vigueur dans les grilles de mots croisés, nous avons choisi de présenter tous les mots en lettres majuscules, en caractères gras pour les noms propres, en caractères maigres pour les noms communs. Les noms déposés, qui figurent dans la partie noms communs du ***Petit Larousse***, sont écrits avec une « grande majuscule » initiale.

Regroupés selon leur nombre de lettres, les mots sont classés dans l'ordre alphabétique normal, puis dans l'ordre alphabétique inverse.

Afin de fournir le plus grand nombre de possibilités aux cruciverbistes, nous avons multiplié les entrées en ajoutant :
- les pluriels autres que ceux qui sont formés par le simple ajout d'un ***s*** ; les pluriels en ***s*** ont toutefois été répertoriés pour les mots ayant un double pluriel (***ciels*** et ***cieux***, ***matchs*** et ***matches***), ainsi que pour les noms composés (***choux-fleurs***, ***grand-mères*** et ***grands-mères***, etc.) ;
- les féminins de tous les adjectifs ;
- les participes passés et les participes présents de tous les verbes ;
- les habitants (des villes, des départements et des pays) mentionnés dans le ***Petit Larousse*** ;
- les différents éléments de certains noms propres composés (***Enghien*** et ***Enghien-les-Bains*** pour ***Enghien-les-Bains***, ***Allende Gossens*** et ***Allende*** pour ***Allende Gossens***) ;
- les graphies dans la langue d'origine des principaux noms géographiques (***Anvers*** et ***Antwerpen***).

En fin de volume, le lecteur pourra consulter des listes de termes souvent utilisés dans les grilles de mots croisés :
- les noms de pays avec les capitales, les monnaies et les langues ;
- les éléments chimiques et leur symbole ;
- les unités de mesure et leur symbole ;
- les divinités et héros de la mythologie.

CLASSEMENT DIRECT

1

A
À
B
C
D
E
F
G
H
I
J
K
L
M
N
O
Ô
P
Q
R
S
T
U
V
W
X
Y
Z

2

AA
AA
AC
AG
AH
AÏ
AL
AM
AN
AR
AS
AT
AU
AX
AY
BA
BÂ
BD
BE
BI
BK
BO
BP
BP
BR
BU
CA
ÇA
ÇÀ
CB
CD
CE
CE
CF
CI
CL
CM
CO
CP
CR
CS
CU
CV
CX
CZ
DA
DC
DE
DÉ
DJ
DO
DR
DU
DÛ
DY
EC
EH
EK
EN
ER
ES
E-S
ÈS
ET
EU
EU
EX
EX-
EY
FA
FD
FE
FI
FM
F-M
FO
FR
GA
GD
GE
GÉ
GÊ
GI
GO
GR
HA
HE
HÉ
HF
HG
HI
HO
HO
HS
IF
IF
IL
IL-
IM-
IN
IN-
IO
IR
IR-
IS
JE
J.O.
JT
KA
KD
KF
K.-O.
KR
LA
LÀ
LE
LÉ
LI
LI
LP
LR
LU
MA
MD
ME
MG
MI
MI-
MN
MO
MT
MU
MÛ
NA
NB
ND
NE
NÉ
NI
NO
NO
NÔ
NP
NS
NU
OB
OC
OE
OH
O.K.
ON
OÔ
OR
OS
OU
OÙ
PA
PB
PC
PD
PH
PI
PJ
PK
P.-M.
PM
PO
PÔ
PR
PS
P.-S.
PT
PU
P.-V.
QG
QI
QS
RA
RÂ
RB
RE
RÉ
RÉ
RÊ
RF
RG
RH
RI
RN
RU
SA
SA
SB
SC
SE
SF
SI
SM
SN
S-R
SR
SS
SU
TA
TB
TC
TE
TH
TI
TL
TM
TU
TV
UE
UK
UN
UR
US
UT
UV
VA
VÉ
VF
VO
VS
VU
W.-C.
WU
XE
XI
YB
YS
ZI
ZN
ZR

3

AAR
ABA
ABC
ABC
ABE
ÅBO
ABS
ACE
ACP
ADA
ADN
ADO
ADY
A.-É.F.
AEG
AF-P
AGE
ÂGE
ÂGÉ
AGI
AHA
AHO
AÏE
AIL
AIN
AIR
AÏR
AIS
AIX
ALE
ALI
ALU
ÂME
AMI
AMM
AMP
AMY
ANC
ÂNE
ANI
ANS
AOC
A.-O.F.
API
APO

APS
APT
ARA
ARC
ARC
ARE
ARN
ARP
ARS
ARS
ART
ASE
ASO
ATH
ATP
ATT
AVE
AXE
AXÉ
AZT
BAB
BAC
BAH
BAI
BAL
BAN
BAR
BAR
BAS
BAT
BÂT
BAU
BBC
BCE
BCG
BEA
BEC
BÉE
BÉÉ
BEI
BEL
BÊL
BEN
BEP
BER

BÈS
BEX
BEY
BIC
BIO
BIP
BIS
BIT
BIT
BLÉ
BNF
BNP
BOA
BOB
BOF
BOL
BON
BON
BOP
BOR
BOT
BOX
BOY
BRI
BRU
BRY
BTP
BTS
BTU
BUC
BUE
BUG
BUG
BUN
BUS
BUS
BUT
BVA
BVP
BYE
CAB
CAC
CAF
CAL
CAM
CAO
CÃO
CAP
CAR
CAS
CBS
CCI
CCP
CDD
CD-I
CDI
CDU

CDV
CEA
CEE
CEI
CEP
CET
CFA
CFC
CFH
CFP
CGC
CGE
CGS
CGT
CHS
CHU
CHU
CIA
CID
CIE
CIL
CIO
CLÉ
CLT
CMU
CNC
CND
CNN
CNR
CÔA
COB
COB
COD
COD
COE
COI
COL
CON
COQ
COR
COS
COS
COU
CRF
CRI
CRS
CRU
CRÛ
CSA
CSG
CSU
CUI
CUL
CUT
DAB
DAC
DAL

DAM
DAM
DAN
DAN
DAO
DAO
DAT
DAX
DCA
DDT
DEA
DEB
DEE
DEL
DER
DER
DES
DÈS
DEY
DIA
DIB
DIE
DIT
DIU
DIX
DOC
DOL
DOL
DOM
DON
DON
DOS
DOT
DOU
DRA
DRH
DRU
DRU
DRY
DST
DUC
DUE
DUN
DUO
DUR
DUT
DVD
EAO
EAU
ECK
ECO
ÉCU
EDE
EDI
EDO
EEE
EGO

ÉLU
ELY
EMS
ÉMU
ENA
ENS
ENS
ÉON
ÉON
ÉPI
EPO
EPS
ÈRE
ERG
ERS
ESA
ESB
ESO
EST
EST
ETA
ÊTA
ÉTÉ
EUE
EUH
EUX
ÈVE
EWE
EXA-
EXP
ÈZE
FAC
FAN
FAO
FAQ
FAR
FAT
FAX
FBI
FCP
FÉE
F.É.M.
FEN
FER
FER
FÈS
FEU
FEZ
FFI
FFL
FIC
FIÉ
FIL
FIN
FIS
FIV
FLN

FMI
FOB
FOC
FOI
FOI
FOL
FON
FOR
FOS
FOU
FOX
FOX
FOY
FRY
FSU
FTP
FTP
FUI
FUN
FUR
FÛT
FYN
FYT
GAG
GAI
GAL
GAN
GAO
GAP
GAP
GAY
GAY
GAZ
GEL
GEX
GIC
GIE
GIF
GIG
GIN
GIR
GÎT
GLU
GMT
GNL
GOA
GOG
GOÏ
GOY
GPL
GPS
GRÉ
GSM
GUÉ
GUI
GUI
GUS

GUY
GYM
HAÏ
HAL
HAM
HAN
HAN
HCR
HEM
HEM
HEP
HEU
HIC
HIV
HLA
HLM
HOP
HOT
HOU
HUE
HUE
HUÉ
HUÊ
HUI
HUI
HUM
HUS
HUY
IBM
IBO
ICA
ICI
IDA
IDE
IFE
IGN
IGS
IHS
ILA
ÎLE
ILI
ILL
ILM
ILN
ILS
IMA
IME
INA
INC
INN
INO
ION
ÍOS
IPÉ
IRA
IRD
IRE

IRM	LET	MOI	ODE	**PAU**	**PYM**	**RUE**	**SUD**
ISE	LEU	**MOI**	**OEA**	**PAZ**	QAT	RUÉ	SUE
ISF	**LEU**	**MOÏ**	OFF	PCB	QCM	RUT	**SUE**
ISO	LEV	MOL	OGM	**PCC**	QHS	RUZ	SUÉ
ISO	LEZ	**MOL**	OHÉ	**PCF**	**QIN**	RYE	SUR
ITT	**LIA**	MON	OHM	**PCI**	**QOM**	SAC	SÛR
IUT	LIE	**MØN**	**OHM**	PCR	QSP	SAE	SUS
IVE	**LIE**	MOS	OIE	P-DG	QSR	SAÏ	S.V.P.
IVG	LIÉ	MOT	OÏL	**PDS**	QUE	SAL	TAC
IWO	LIN	MOU	**OIT**	PED	QUI	**SAM**	TAG
JAR	LIS	MOX	**OJD**	**PEI**	RAB	**SAN**	TAI
JAS	LIT	**MRP**	OKA	PEP	**RAB**	**SAO**	TAN
JAT	LOB	MST	**OKA**	PET	RAD	SAR	TAO
JAY	**LOD**	MUE	**OKW**	PEU	**RAF**	**SÂR**	TAR
JET	LOF	MUÉ	OLA	PFF	RAI	SAS	TAS
JEU	LOI	**MUN**	OLÉ	PHI	RAÏ	**SAX**	TAT
JMF	LOT	MUR	**OLP**	PIB	RAM	**SAY**	TAU
JOB	**LOT**	**MUR**	**OLT**	PIC	RAP	SCI	**TAY**
JOB	LSD	MÛR	**OMC**	PIE	RAS	SCP	TEC
JOC	**LUC**	MYE	**OMI**	**PIE**	RAT	SDF	TEE
JOS	LUE	**NAO**	**OMO**	PIF	**RAU**	**SDN**	TEG
JUS	LUI	**NAT**	**OMS**	PIN	RAY	SEC	TEK
KAN	LUT	NAY	ONC	PIS	**RAY**	**SÉE**	TEL
KEI	LUX	**NAY**	ONG	**PLA**	RAZ	**SEI**	TEP
KGB	**LUZ**	NBC	**ONU**	**PLD**	**RAZ**	SEL	TER
KHI	**LVF**	**NBC**	OPA	PLI	**RDA**	**SEM**	TET
KID	LYS	NÉE	OPE	PLU	RDS	SEN	TÊT
KIF	**LYS**	NEF	OPR	PLV	RÉA	**SEN**	**TÊT**
KIL	MAC	NEM	OPV	PMA	RÉÉ	SEP	TEX
KIP	MAI	**NEP**	**ORB**	PME	REG	SES	TGV
KIR	MAL	NET	ÖRE	PMI	**REJ**	SET	THÉ
KIS	**MAM**	NEY	ØRE	PMU	REM	SIC	TIC
KIT	MAN	**NEY**	ORL	PNB	RER	SIL	TIF
KOB	**MAN**	NEZ	OSE	**POE**	**REY**	**SIN**	TIG
KOK	**MAR**	NGV	OSÉ	POP	**RFA**	SIR	TIN
KOT	MAS	**NHK**	OST	POS	RHÔ	SIS	TIP
KRA	MAT	NIB	ÔTÉ	POT	RIA	SIX	TIR
KRK	MÂT	NID	**OUA**	**POT**	RIB	SKA	**TIV**
KRU	**MAX**	NIÉ	OUD	POU	RIF	SKI	**TNP**
KSI	MEC	**NIL**	OUF	PPB	**RIF**	SME	TNT
KUN	MÉG-	**NIN**	OUI	**PPI**	RIP	SMS	TOC
KWA	**MEO**	**NIS**	OUÏ	PPM	RIS	SOC	TOI
LAC	MER	**NOÉ**	**OUR**	PRÉ	RIZ	SOI	TON
LAD	**MER**	**NOK**	OUT	PRO	**RMC**	SOL	TOP
LAI	MEV	NOM	OVE	PSI	RMI	SOM	**TOR**
LAM	MHD	NON	OVÉ	PST	RMN	SON	TÔT
LAO	MIE	NPI	OXO	**PSU**	ROC	SOS	**TPI**
LAS	MIL	**NRJ**	**OYO**	PSY	ROI	SOT	TRI
LAW	MIN	NUE	**OZU**	**PTT**	ROM	SOU	TSF
LDR	MIR	NUÉ	PAF	PUB	ROT	SPA	**TSU**
LÉA	**MIR**	NUI	PAL	PUÉ	RÔT	**SPA**	TTC
LED	MIS	NUL	PAN	PUR	**ROY**	**SPD**	TUB
LEE	**MIT**	**OAS**	**PAN**	PUS	**RPF**	SPI	TUE
LEI	MJC	OBI	PAO	PUY	**RPR**	**SSR**	TUÉ
LEK	**MLF**	**OCH**	PAR	**PUY**	**RTL**	**STO**	TUF
LEK	MOA	**OCI**	PAS	PVC	RTT	SUC	TVA
LÈS	MOB	**ODA**	PAT	PVD	RUE	SUD	**TYR**

3

UBE	UNE	VAN	**VIF**	VOL	WOK	YUE	ZIF
UBU	UNI	**VAN**	VIH	VPC	WON	**YUN**	ZIG
UDF	**UNR**	VAR	VIL	VRP	**WWF**	**ZAB**	**ZIG**
UDR	URE	**VAR**	VIN	VTC	WWW	ZAC	ZIP
UEM	**URI**	VAU	VIP	VTT	XML	ZAD	ZOÉ
UER	URL	VER	VIS	VUE	YAK	**ZAY**	**ZOÉ**
UFR	**USA**	VHS	**VIS**	WAP	**YAO**	ZEC	**ZOG**
UHT	USÉ	VIA	VIT	WAX	YEN	ZÉE	ZOO
UJI	UTC	**VIC**	**VIX**	WEB	**YEU**	ZEF	ZOU
ULM	**VÁH**	VIE	**VLT**	**WHO**	YIN	ZEN	ZUP
ULM	VAL	VIF	VMC	**WIL**	YOD	ZEP	ZUT

4

		AILE	**AMIS**	**ARÈS**	**AURE**	BANC
		AILÉ	AMOK	AREU	AUTO	BANG
		AILS	**AMON**	ARIA	**AUXI**	**BARA**
		AIME	**AMOS**	ARME	AVAL	**BARI**
		AIMÉ	**AMOY**	ARMÉ	AVEC	**BARR**
		AINE	AMUÏ	**ARNO**	AVEN	**BART**
		AÎNÉ	ANAL	**ARON**	AVEU	BASE
		AIRE	ANAR	**ÁRTA**	AVIS	BASÉ
		AIRE	**ANDO**	**ARTE**	**AVIZ**	**BASF**
		AIRÉ	**ANET**	ARUM	**AVON**	**BASS**
		AIRY	ANGE	**ARVE**	AXÉE	**BAT'A**
		AISE	**ANGE**	**ASAD**	AXEL	**BATA**
AARE	**ADER**	AISÉ	**ANGO**	**ASAM**	AXER	BÂTÉ
ABAT	**ADOR**	AISY	ANIS	ASBL	AXIS	BATH
ABBÉ	ADOS	**AJAR**	**ANNE**	**ASER**	**AYER**	**BATH**
ABEL	ADSL	**AJAX**	ÂNON	**ASES**	**AYMÉ**	BÂTI
ABER	**ADWA**	**AKAN**	**ANOU**	**ASIE**	**AZOV**	**BATU**
ABHA	AÈDE	**AKKO**	**ANPE**	**ASIR**	AZUR	**BATY**
ABOI	**AELE**	**ALBE**	ANSE	ASPE	**BAAL**	**BATZ**
ABRI	AÉRÉ	**ALBI**	**ANSE**	**ASPE**	**BAAR**	BAUD
ABUS	**AFAR**	**ALDE**	ANSÉ	**ASSE**	B.A.-BA	**BAUD**
ACCU	AFAT	ALÉA	ANTE	**ASSY**	BABA	**BAUR**
ACEH	AFRO	**ALEP**	ANUS	ASTI	BABY	BAUX
ACHE	**AGAR**	**ALÈS**	**ANYI**	**ASTI**	**BACH**	BAVE
ACIS	**AGAY**	ALFA	AOÛT	ATER	**BACK**	BAVÉ
ACMÉ	**AGDE**	**ALIX**	APAX	**ATON**	**BADE**	BAYÉ
ACNÉ	ÂGÉE	ALLÉ	**APEC**	ÂTRE	**BADR**	B.C.B.G.
ACON	**AGEN**	ALLÔ	APEX	ATTO-	BAES	BEAT
ACRA	AGHA	**ALMA**	**APIA**	**ATYS**	**BAEZ**	BÉAT
ACRE	AGIE	ALOI	À-PIC	AUBE	BAHT	BEAU
ACRE	AGIO	ALPE	**APIS**	**AUBE**	BAIE	BÉBÉ
ÂCRE	AGIR	ALTO	ÂPRE	**AUBY**	**BAÏF**	**BÈDE**
ACTE	**AGIS**	ALUN	APTE	**AUCH**	BAIL	BÉER
ACTÉ	**AGNI**	**AMAL**	ARAC	**AUDE**	BAIN	**BEGO**
ACTH	**AGRA**	AMAN	**ARAD**	AUGE	**BAIN**	BÉGU
ACUL	AGUI	**AMAN**	ARAK	**AUGE**	**BAJO**	**BEJA**
ADAC	AHAN	AMAS	**ARAK**	**AUGÉ**	**BAKI**	**BÉJA**
ADAD	**AHUN**	**AMAY**	**ARAL**	AULA	BALE	BÉKÉ
ADAM	AIDE	AMEN	**ARAM**	**AULT**	**BÂLE**	**BÉLA**
ADAV	AIDÉ	AMER	**ARAN**	AULX	**BALI**	BÊLÉ
ADDA	**AIEA**	AMIE	ARDU	AUNE	**BALL**	**BELL**
ADEN	AIGU	**AMIN**	AREC	AURA	**BANA**	**BELT**

BELZ	**BOCK**	BROU	**CARO**	CINÉ	**COPI**	CZAR
BENE	BODY	**BROU**	CARY	CINQ	COPS	DABA
BENI	**BOËN**	BRRR	CASE	CIRE	CORÉ	DABE
BÉNI	**BOFF**	BRUN	CASÉ	CIRÉ	**CORÉ**	DACE
BENN	**BÖHM**	BRUT	CASH	**CISL**	**CORI**	**DACE**
BENZ	**BOHR**	**BRUZ**	CATI	CITÉ	**CORK**	DADA
BERD	BOIS	**BUBA**	**CAUS**	**CITÉ**	**CORO**	**DAGO**
BERG	**BOKÉ**	**BUCK**	**CAUX**	**CITY**	COSY	**DAHL**
BERK	**BÖLL**	**BUDÉ**	CAVE	**ÇIVA**	COTE	DAHU
BERL	BÔME	BUÉE	CAVÉ	CIVE	COTÉ	DAIM
BERN	BÔMÉ	BUIS	**CEBU**	**CIXI**	CÔTE	DAIS
BERR	BOND	BULL	**CECA**	CLAC	CÔTÉ	**DALE**
BERT	**BOND**	**BULL**	**CECH**	CLAM	COTI	**DALÍ**
BÊTA	**BÔNE**	BUNA	CECI	CLAN	**COTY**	DAME
BÊTE	BONI	**BUND**	CÉDÉ	CLAP	**COUÉ**	DAMÉ
BETI	**BONI**	BURE	CÉDI	**CLAY**	COUP	**DANA**
BEUR	**BONN**	**BURY**	CELA	CLEF	COUR	DANS
BÈZE	BOOK	BUSC	**CELA**	**CLET**	COÛT	DARD
BHIL	BOOM	BUSE	CELÉ	CLIC	CPAS	**DARD**
BIBI	**BOOS**	BUSÉ	CÈNE	CLIN	CPGE	DARI
BICH	**BOOZ**	BUSH	CENS	**CLIO**	C.Q.F.D.	**DARU**
BIDE	**BOPP**	**BUSH**	CENT	CLIP	CRAC	DATE
BIEF	BORA	**BUTE**	CÈPE	CLOS	**CRAM**	DATÉ
BIEN	BORD	BUTÉ	**CÈRE**	CLOU	CRAN	**DAUM**
BILE	BORE	**BUTÔ**	CERF	CLUB	**CRAU**	**DAVY**
BILÉ	**BORG**	**BUTT**	**CERN**	**CLUJ**	**CREE**	**DEÁK**
BILL	**BORN**	**BUXY**	CERS	**CNAC**	CRÉÉ	DEAL
BILL	**BOSE**	**BYNG**	CEUX	**CNAM**	CRÊT	**DEAN**
BINÉ	BOSS	**BYRD**	CFAO	**CNES**	CRIB	**DÉAT**
BIN'S	BOTE	**CABU**	**CFDT**	**CNJA**	CRIC	DEÇÀ
BINZ	BOUC	CACA	**CFTC**	**CNPF**	CRIÉ	DÉCA
BION	BOUE	CADE	CHAH	**CNRS**	**CRIF**	DÉCA-
BIOT	**BOUG**	CADI	CHAI	**CNUT**	CRIN	**DÈCE**
BIPÉ	BOUM	**CAEM**	**CHAM**	COCA	**CRIS**	DÉCI
BIRD	BOUR	**CAEN**	**CHAN**	COCA	CROC	DÉCI-
BIRR	BOUT	CAFÉ	CHAR	COCO	**CROS**	DÉCO
BISE	BOXE	CAGE	**CHAR**	COCU	**CROW**	DÉÇU
BISÉ	BOXÉ	**CAGE**	CHAS	CODA	CRUE	DÉFI
BITE	BRAI	CAÏD	CHAT	CODE	**CRUZ**	DÉJÀ
BIWA	BRAN	**CAÏN**	CHEF	CODÉ	**CSCE**	DELÀ
BIYA	BRAS	CAKE	CHER	**COHL**	**CUBA**	DÈME
BLAU	**BRAY**	CALE	**CHER**	COIN	CUBE	DEMI
BLED	**BREA**	CALÉ	CHEZ	COIR	CUBÉ	DÉMO
BLET	BREF	**CALI**	CHIC	COÏT	**CUES**	**DEMY**
BLEU	**BREL**	CALO	CHIÉ	COKE	CUIR	DÉNI
BLEU	BREN	CAME	**CHIO**	COLA	CUIT	DENT
BLIN	BRIC	CAMÉ	**CHOA**	**COLA**	CULÉ	**DÉON**
BLOC	BRIE	CAMP	CHOC	**COLE**	**CUNA**	**DÉRY**
BLOK	**BRIE**	**CANA**	**CHOL**	**COLI**	CURE	DESS
BLOW	**BRIL**	CANE	CHOU	COLO	CURÉ	DEUG
BLOY	BRIN	CANÉ	CHUM	COLT	CUTI	DEUX
BLUM	BRIO	**CANO**	**CHUR**	COMA	CUVE	**DGSE**
BOAL	BRIS	**CANY**	CHUT	**CÔME**	CUVÉ	DHEA
BOAS	**BRNO**	**CAPA**	CIAO	CÔNE	**CUYP**	**DIAS**
BOBO	BROC	CAPE	CIEL	**CONI**	**CUZA**	**DÍAZ**
BOBO	BROL	CAPÉ	**CIMA**	**COOK**	CYAN	DICO
BOCK	**BRON**	CARI	CIME	COOL	CYME	**DIÊM**

DIEU
DIEZ
DILI
DÎME
DÎNÉ
DING
DION
DIOP
DIOR
DIRE
DITE
DITO
DIVA
DIVE
DJEM
DOCK
DODO
DODU
DOEL
DOGE
DOHA
DOIT
DOJO
DOLE
DÔLE
DÔLE
DÔME
DÔME
DOÑA
DONC
DONG
DÔNG
DONT
DOPE
DOPÉ
DORE
DORÉ
DORÉ
DOSE
DOSÉ
DOTÉ
DOUÉ
DOUÉ
DOUM
DOUR
DOUX
DRAA
DRAC
DRAM
DRAP
DROP
DRUE
DUAL
DUBY
DUCE
DUEL
DU FU

DUFY
DUNA
DUNE
DUPE
DUPÉ
DURE
DURÉ
DUSE
DUUN
DYKE
DYLE
EADS
EARL
EAUX
EBLA
ÉBLÉ
EBRO
ÈCHE
ÉCHÉ
ÉCHO
ÉCHO
ÉCHU
ÉCOT
ÉCRU
ÉDAM
EDDA
EDDY
ÉDÉA
EDEN
ÉDEN
ÉDIT
ÉDOM
ÉGAL
EGAS
ÉGÉE
EGER
ÉIRE
EKTA
ÉLAM
ÉLAN
ELBE
ÉLÉE
ELFE
ÉLIE
ELLE
ELNE
ÉLOI
ÉLUE
ÉLUÉ
EMBA
EMBU
ÉMEU
ÉMIR
ÉMIS
ÉMOI
ÉMOU
ÉMUE

ÉNÉE
ENKI
ENNA
ENNS
ÉNOL
ENTE
ENTÉ
ENVI
ENZO
ÉOLE
ÉPAR
ÉPÉE
ÉPÉE
ÉPIÉ
ÉPOI
EPTE
ERIC
ÉRIÉ
ERIK
ÉRIN
ERNE
ERNI
ÉROS
ÉROS
ERRE
ERRÉ
ERSE
ERTÉ
ÉSAÜ
ESBO
ESCH
ESSE
ESTE
ESTE
ÉSUS
ÉTAI
ÉTAL
ÉTAT
ÉTAU
ÉTEL
ETNA
ÉTOC
ETON
ÊTRE
ETTD
ÉTUI
EUDE
EURE
EURL
ÉVRY
EXIL
EXIL
EXIT
EXPO
EYRE
EZRA
FAAA

FACE
FADA
FADE
FADÉ
FADO
FAHD
FAIL
FAIM
FAIT
FAIX
FAMÉ
FANA
FANE
FANÉ
FANG
FAON
FARD
FARÉ
FARO
FARO
FARS
FART
FAUX
FAXÉ
F.C.É.M.
FÉAL
FÊLÉ
FÉRA
FÈRE
FERS
FÉRU
FETA
FÊTE
FÊTÉ
FÉTU
FEUE
FEUX
FÈVE
FIAT
FIÉE
FIEF
FIEL
FIER
FIGÉ
FIGL
FIJT
FILE
FILÉ
FILM
FILS
FINE
FINI
FINI
FION
FISC
FIXE
FIXÉ

FLAC
FLAN
FLAT
FLET
FLIC
FLOC
FLOE
FLOP
FLOT
FLOU
FLUÉ
FLUO
FLUX
FOCH
FÖHN
FOIE
FOIL
FOIN
FOIS
FOIX
FOLK
FOND
FOOT
FORD
FORÉ
FORS
FORT
FORT
FOUI
FOUR
FOXÉ
FRAC
FRAC
FRAI
FRED
FRET
FRIA
FRIC
FRIT
FROC
FUAD
FUEL
FUIE
FUIR
FUJI
FULL
FUMÉ
FUNK
FUSÉ
FUST
FÜST
FUTÉ
GABA
GABO
GACÉ
GADE
GAEC

GAGA
GAGE
GAGÉ
GAIA
GAIE
GAIN
GALA
GALE
GALL
GAMA
GAND
GANG
GANT
GARD
GARE
GARÉ
GARI
GARO
GARS
GARY
GÂTÉ
GATT
GAUR
GAVE
GAVÉ
GAYA
GAYE
GAZA
GAZE
GAZÉ
GEAI
GEEL
GEIE
GELA
GELÉ
GÉMI
GÈNE
GÊNE
GÊNÉ
GENK
GENS
GENT
GÉNY
GERA
GÉRÉ
GERS
GETA
GETZ
GHAB
GHOR
GIAP
GIDE
GIEN
GIFU
GIGA-
GILL
GIRL

GIRO
GISH
GÎTE
GÎTÉ
GLAS
GLIE
GNON
GNOU
GOAL
GOBÉ
GOBI
GODÉ
GOGÉ
GOGO
GOÏM
GOIS
GOÏS
GOLF
GOND
GOND
GONE
GONG
GORD
GORE
GORT
GOUM
GOUR
GOÛT
GOYS
GOZO
GPRS
GRAF
GRAM
GRAS
GRAU
GRAY
GRAY
GRAZ
GREC
GREC
GRÉÉ
GREG
GRÈS
GRÈS
GREY
GRIL
GRIP
GRIS
GRIS
GROG
GROS
GROS
GRUE
GUAI
GUAM
GUER
GUET

GUIL	HOME	IMAM	JACK	JUIN	**KLEE**	LAPÉ
GÜNZ	**HOME**	IMAO	JACO	**JUIN**	**KNIE**	LAPS
GURI	HOMO	IMBU	JADE	**JUNG**	**KNOX**	LARD
GURU	**HOMS**	INCA	**JADE**	JUPE	**KNUD**	LARE
GUYE	**HOPI**	**INCA**	**JAÉN**	**JURA**	**KNUT**	LARI
GUYS	**HORN**	**INCE**	JAÏN	JURE	**KOBE**	LATS
GYÖR	HORS	**INDE**	JAIS	JURÉ	**KOCH**	**LAUD**
HADJ	HOST	INDU	JARD	JURY	**KOFU**	**LAUE**
HAHN	HÔTE	**INDY**	JARS	JUTE	**KOHL**	LAVE
HAIE	HOTU	**INED**	JASÉ	JUTÉ	KOLA	LAVÉ
HAÏE	HOUE	**INÉS**	JASS	**KABA**	**KOLA**	**LAYE**
HAIG	HOUÉ	INFO	JAVA	**KAHN**	**KÖLN**	**LAZE**
HAÏK	HOUP	**INGA**	**JAVA**	KAKI	**KONG**	**LEAN**
HAÏR	HOUX	INNÉ	**JAZY**	KALÉ	**KOPA**	**LEAR**
HAKA	**HOVA**	INOX	JAZZ	**KALI**	KORA	**LÉAU**
HALE	**HOVE**	**INRA**	JEAN	**KAMA**	KORÊ	**LECH**
HALÉ	HTML	**INRI**	**JEAN**	KAMI	**KOTA**	**LÉDA**
HÂLE	**HUAI**	INSU	JEEP	KANA	KOTO	**LEDE**
HÂLÉ	HUÉE	IODE	**JÉHU**	**KANO**	KRAK	**LEGÉ**
HALL	HUER	IODÉ	**JENA**	**KANT**	KSAR	LÈGE
HALL	**HUET**	**IOLE**	JERK	KAON	**KUBA**	**LÈGE**
HALO	**HUGO**	IOTA	JETÉ	KAPO	**KUHN**	LEGO
HALS	HUIS	**IOWA**	JEUN	**KARA**	KUNA	LEGS
HAMA	HUIT	**IPOH**	JEUX	**KARR**	**KUNA**	**LEHN**
HAMM	**HULL**	**IRAK**	**JIJÉ**	KART	**KUNG**	**LELY**
HARD	**HUME**	**IRAN**	**JINA**	KATA	**KÜNG**	**LENA**
HARO	HUMÉ	**IRAQ**	**JIXI**	KAVA	**KURE**	**LENS**
HARZ	HUNE	IRBM	**JOAD**	KAWA	KURU	LENT
HASA	**HUNS**	IRIS	**JODL**	**KAYL**	KVAS	**LENZ**
HASE	**HUNT**	**IRIS**	**JOËL**	**KEAN**	KWAS	**LEÓN**
HAST	**HUON**	**IRÚN**	**JOHN**	**KECK**	K-WAY	**LÉON**
HÂTE	HURE	**ISAR**	JOIE	**KEHL**	KYAT	LÈSE-
HÂTÉ	**HUTU**	ISBA	JOJO	**KENT**	**KYÏV**	LÉSÉ
HAUG	**HVAR**	ISBN	JOLI	KÉPI	**LABÉ**	LEST
HAUT	**HYDE**	**ISÉE**	**JONA**	**KERR**	LABO	**LÉTO**
HAÜY	**IASI**	**ISEO**	JONC	KEUF	LACÉ	LEUR
HAVÉ	**IBAN**	**ISIS**	**JORN**	KEUM	**LACQ**	LEUX
HÂVE	IBIS	**ISLE**	JOTA	KHAN	LACS	LEVA
HAXO	ICBM	**ISLY**	JOUE	**KHAN**	LADY	LEVÉ
HEAD	**ICKX**	**ISNA**	JOUÉ	KHAT	LAÏC	**LEVI**
HECT-	IDÉE	**ISOU**	JOUG	**KHOÏ**	LAID	**LÉVI**
HEDA	IDEM	**ISSA**	JOUI	KHÔL	LAIE	LIAS
HEIM	IDES	ISSN	JOUR	KICK	LAIS	**LIBO**
HEIN	**IDFU**	ISSU	**JOUX**	KIEF	**LAÏS**	LICE
HÉLÉ	**IÉNA**	**ISSY**	**JOUY**	**KIEL**	LAIT	LIDO
HÉLI	**IFNI**	ITEM	**JUAN**	**KIEV**	LALA	**LIDO**
HÉRA	**IFOP**	**ITON**	**JUBA**	KIKI	**LALO**	LIED
HÈRE	**IGBO**	ITOU	JUBÉ	KILO	LAMA	LIÉE
HÉRÉ	**IGLS**	IUFM	**JUBY**	KILO-	**LAMB**	LIEN
HESS	IGNÉ	IULE	**JUDA**	KILT	LAME	LIER
HEUR	**IGNY**	**IULE**	**JUDD**	KINA	LAMÉ	LIEU
HIER	IGUE	**IVAN**	**JUDE**	KINÉ	**LAMY**	LIFT
HI-FI	IKAT	**IVES**	JUDO	**KING**	LAND	LIGE
HILE	ÎLET	IVRE	JUGE	**KISH**	**LANG**	**LIMA**
HOIR	**ILLE**	**IVRY**	JUGÉ	**KIVI**	**LANS**	LIME
HOLÀ	ÎLOT	IWAN	JUIF	**KIVU**	**LAON**	LIMÉ
HOLM	ILYA	IXIA	**JUIF**	KIWI	**LAOS**	**LING**

LINO	LUGE	MARC	**MIAO**	MORT	NÉNÉ	**NYON**
LINZ	LUGÉ	**MARC**	MICA	**MORT**	NÉON	**OACI**
LION	**LUGO**	MARE	MICR-	**MOST**	NÈPE	**OAHU**
LION	**LUIS**	**MARÉ**	MIDI	MOTO	NÉRÉ	OBÉI
LIRE	LULU	MARI	**MIDI**	**MOTT**	NERF	OBEL
LIRÉ	LUMP	**MARI**	MIEL	MOUE	**NERI**	OBIT
LISE	**LUNA**	MARK	MIEN	MOÛT	**NESS**	OBUS
LISP	**LUND**	**MARL**	**MI FU**	**MOUY**	**NETO**	**OCAM**
LIST	LUNE	MARS	MILE	MOXA	NEUF	**OCDE**
LITÉ	LUNÉ	**MARS**	**MILL**	MOYE	**NEVA**	**OC-ÈO**
LIVE	**LURE**	**MARX**	**MILO**	MOYÉ	NÉVÉ	**OCHS**
LIZY	LUTÉ	**MARY**	MIME	**MOZI**	NEWS	OCRE
LOBE	LUTH	MASO	MIMÉ	MRBM	**NEXØ**	OCRÉ
LOBÉ	LUTZ	MATE	MIMI	MSBS	**NICE**	**ODER**
LOBI	LUXE	MATÉ	MINE	MUÉE	NIDA	**ODIN**
LOCH	LUXÉ	MÂTÉ	MINÉ	MUER	NIÉE	**ODON**
LODI	**LUZI**	MATH	**MING**	MUET	**NIEL**	**ODRA**
LODS	**LUZY**	MATI	MINI	MUGE	NIER	ŒIL
LODS	**LVIV**	MAUL	**MIÑO**	MUGI	NIFE	**ŒTA**
LODZ	**LVOV**	**MAUR**	MIPS	MUID	**NIKA**	ŒUF
LOFÉ	**LYLY**	MAUX	MIRE	MULE	NIÑO	OGRE
LOFT	LYME	MAXI	MIRÉ	MUNI	**NIÓS**	**OHIO**
LOGE	LYNX	MAYA	MIRO	MUON	**NIRO**	**OHRE**
LOGÉ	**LYON**	**MAYA**	**MIRÓ**	**MU QI**	**NIUE**	OING
LOGO	**LYOT**	**MAYR**	MIRV	MURÉ	NIXE	OINT
LOIN	LYRE	**MEAD**	MISE	MÛRE	**NKVD**	**OISE**
LOIR	LYSE	MÉAT	MISÉ	MÛRI	**NOAH**	**OITA**
LOIR	LYSÉ	MÈDE	MISS	MUSC	NOCE	**OLAF**
LOLO	MAAR	**MÈDE**	MITA	MUSE	NOËL	**OLAH**
LOMÉ	**MAÂT**	MÉGA	MITE	MUSÉ	**NOËL**	**OLAV**
LONG	**MACÉ**	MÉGA-	MITÉ	MUST	NOIR	**OLEN**
LONG	MACH	MÉGI	**MITO**	MUTÉ	**NOIR**	OLLÉ
LONS	**MACH**	**MEIR**	MIXÉ	**MUTI**	NOIX	**OLMI**
LOOK	MAFÉ	MÊLÉ	MKSA	**MZAB**	NOME	**OLOF**
LOOS	MAGE	**MELK**	MMPI	NABI	**NOMÉ**	**OLUF**
LOPE	**MAHÉ**	MÉLO	**MNAM**	**NAGA**	NONE	**OMAN**
LOPE	MAÏA	MÉMÉ	**MOAB**	NAGE	**NONO**	**OMAR**
LORD	MAIE	MÊME	MODE	NAGÉ	NORD	OMIS
LORI	MAIL	MENÉ	MOHO	**NAGY**	**NORD**	**OMPI**
LORS	MAIN	**MENÉ**	MOIE	**NAHA**	**NORT**	**OMRI**
LOTE	**MAIN**	MENU	MOIS	NAÏF	NOTA	**OMSK**
LOTH	MAIS	MÈRE	MOKA	NAIN	NOTE	**ONAN**
LOTI	MAÏS	**MÉRÉ**	**MOKA**	NAJA	NOTÉ	ONCE
LOTI	MAKI	MERL	MOLE	NANA	**NOTO**	ONDE
LOTO	**MALÉ**	**MERS**	**MOLÉ**	NAOS	NOUE	ONDÉ
LOUÉ	MÂLE	**MÉRU**	MÔLE	**NARA**	NOUÉ	**ONET**
LOUÉ	**MÂLE**	**MERV**	**MOMA**	NARD	NOUS	**ONEX**
LOUP	MALI	**MÉRY**	MÔME	**NASA**	NOVA	ONYX
LOUP	**MALI**	**MERZ**	**MONK**	NASE	NOVÉ	ONZE
LOVÉ	MALM	MESA	MONO	**NASH**	NOYÉ	**OORT**
LOWE	**MALO**	MESS	**MONS**	**NATO**	NTSC	OPEN
LOZI	MALT	MÉTA	MONT	NAZE	**NUBA**	**OPEP**
LUBA	MAMY	METS	MORE	NAZI	NUÉE	OPTÉ
LUCE	MANA	**METZ**	**MORE**	**NÉBO**	NUER	OPUS
LUCÉ	**MANI**	MEUF	**MORI**	NECK	**NUER**	ORAL
LUCY	**MANN**	**MÈZE**	**MORO**	**NÉEL**	NUIT	**ORAL**
LÜDA	**MANU**	MIAM	MORS	NEMI	**NUUK**	**ORAN**

ORBE	PAIE	PÉPÉ	PNEU	PUNI	RASÉ	RIFT
ORBE	**PAIK**	PÈRE	**PNUD**	PUNK	RASH	**RIGA**
ORDO	PAIN	PÉRI	**PNYX**	PUPE	**RASK**	**RIGI**
ORÉE	PAIR	**PÉRI**	POIL	PURE	RATA	**RILA**
OREL	PAIX	**PERM**	POIS	PUTE	RATE	RIME
ORES	**PAIX**	PERS	POIX	PUTT	RATÉ	RIMÉ
ORFF	PALE	**PESC**	**POLA**	**PUYI**	**RATP**	RINF
ORGE	**PALE**	PESÉ	**POLE**	**PUYS**	RAVE	RING
ORIN	PALÉ	PESO	PÔLE	**PYLA**	RAVI	**RIOM**
ORLE	PÂLE	**PEST**	POLI	**QING**	**RAVI**	**RION**
ORLY	PALI	PETA-	**POLK**	QUAD	RAYA	RIPE
ORME	PÂLI	PÉTÉ	POLO	QUAI	RAYÉ	RIPÉ
ORNE	**PALK**	PEUH	**POLO**	QUEL	**RAYS**	RIRE
ORNE	PALU	**PEUL**	**PONS**	**QUFU**	RÉAC	RISC
ORNÉ	PÂMÉ	PEUR	PONT	QUIA	REAL	**RISI**
ORRY	**PANE**	**PEYO**	**PONT**	QUID	RÉAL	RISS
ORSK	PANÉ	PÈZE	POOL	QUIZ	REBU	**RIST**
ORYX	PAON	PFFT	POPE	QUOI	REÇU	RITE
OSCE	PAPA	PFUT	**POPE**	RAAG	REDÛ	RIVE
OSÉE	PAPE	PGCD	PORC	RABE	**REED**	RIVÉ
OSÉE	PAPI	PHOT	PORE	RACA	RÉEL	RIXE
OSER	PAPY	PIAF	**PORI**	RACE	RÉER	RNIS
OSLO	PARA	**PIAF**	PORT	RACÉ	RÉGI	ROBE
OSNY	**PARÁ**	PIAN	POSE	RACK	**REHE**	ROBÉ
OSSA	PARC	PICA	POSÉ	RADE	**REID**	**ROCA**
OSSU	PARÉ	PICO-	POTE	RADÉ	REIN	**ROCH**
OTAN	**PARÉ**	PIED	**POTT**	RAFT	REIS	ROCK
ÔTÉE	PARI	PIEU	POTU	RAGA	RELU	RODÉ
ÔTER	**PARK**	PIFÉ	POUF	RAGE	**REMI**	RÔDÉ
OTHE	PART	PIGE	POUR	RAGÉ	**REMY**	**RÖHM**
OTSU	PARU	PIGÉ	POUX	RAÏA	**RENÉ**	RÔLE
OTTO	PÂTE	PILE	POYA	RAID	RÊNE	**ROME**
OUDH	PÂTÉ	PILÉ	PPCM	RAIE	**RENI**	ROND
OUED	PÂTI	PILS	PRAO	RAIL	**RENO**	ROOF
OUFA	**PAUL**	PIN'S	**PRAT**	**RAIS**	REPS	**ROON**
OUÏE	PAVÉ	**PINS**	PRÈS	RAÏS	REPU	**ROPS**
OUÏR	PAYE	PION	PRÊT	RAIT	RETS	**ROSA**
OULU	PAYÉ	PIPA	PRIÉ	RAJA	**RETZ**	ROSE
OURS	PAYS	PIPE	PRIS	RAKI	**REUS**	**ROSE**
OURS	**PCUS**	PIPÉ	PRIX	RÂLE	RÊVE	ROSÉ
OUST	PÉAN	PIPI	PROF	RÂLÉ	RÊVÉ	ROSI
OUZO	**PÉAN**	PIPO	PROU	**RAMA**	REVU	**ROSI**
OVÉE	PEAU	PIRE	**PRUS**	RAME	**REZÉ**	**ROSS**
OVIN	PEBD	**PIRE**	**PRUT**	RAMÉ	**RHAB**	**ROTA**
OVNI	**PECK**	**PISE**	**PTAH**	RAMI	**RHÉA**	ROTE
OWEN	**PECO**	PISÉ	PTFE	RAND	**RHEE**	ROTÉ
OXER	**PÉCS**	PITA	PUCE	**RAND**	**RHIN**	**ROTH**
OXUS	PÉDÉ	PITE	**PUCE**	RANG	RHUM	RÔTI
OYAT	**PEEL**	**PITT**	PUER	RANI	RIAL	**ROTY**
ÖZAL	PEGC	PIVE	PUIS	**RANK**	RIDE	**ROUD**
PACA	**PEGU**	PLAN	PUJA	RANZ	RIDÉ	ROUE
PACK	PEHD	PLAT	PULA	**RAON**	**RIEC**	ROUÉ
PACS	PELÉ	PLIE	**PULA**	RÂPE	RIEL	ROUF
PACY	**PELÉ**	PLIÉ	PULL	RÂPÉ	**RIEL**	ROUI
PÁEZ	PÊNE	PLOC	PUMA	RAPT	RIEN	ROUX
PAGE	**PENN**	PLOT	PUNA	RARE	**RIEZ**	**ROUX**
PAGI	PÉON	PLUS	**PUNE**	RASE	RIFF	**ROYA**

4

ROYE
RTBF
RUDE
RUDE
RUÉE
RUER
RUGI
RUHR
RUIZ
RUMB
RUNE
RUPÉ
RUSE
RUSE
RUSÉ
RUSH
RUTH
RYLE
SABA
SADE
SADI
SAFI
SAGA
SAGE
SAIE
SAIN
SAÏS
SAKÉ
SAKI
SALE
SALÉ
SALÉ
SALI
SALO
SALT
SAME
SAMU
SANA
SAND
SANG
SANS
SAPE
SAPÉ
SARA
SARH
SARI
SARL
SATI
SATO
SAUF
SAÜL
SAUR
SAUT
SAVE
SAXE
SAXE
SAXO

SCAT
SCIE
SCIÉ
SCOT
SCPI
SEAU
SÉES
SEIN
SEIN
SELF
SEMÉ
SÈME
SÉNÉ
SENS
SENS
SEPS
SEPT
SÉRÉ
SERF
SERS
SÈTE
SETH
SÉTI
SEUL
SÈVE
SÉVI
SEXE
SEXY
SFAX
SFIO
SGBD
SGML
SHAH
SHAW
SHED
SHIT
SHOW
SIAL
SIAM
SIAN
SIDA
SIED
SIEN
SIKH
SILÉ
SILO
SILO
SILT
SIMA
SIND
SION
SIPO
SIRE
SIRK
SISE
SITE
SIVA

SIWA
SIZA
SKAÏ
SKIÉ
SKIF
SKIN
SKIP
SKUA
SKYE
SLBM
SLIP
SLOW
SMIC
SMOG
SNCF
SNIF
SNOB
SODA
SODÉ
SOFA
SOFT
SOHO
SOIE
SOIF
SOIN
SOIR
SOIT
SOJA
SOLE
SOLO
SOLO
SOMA
SONG
SONO
SORE
SORT
SOTO
SOUE
SOUK
SOUL
SOÛL
SOUM
SOUR
SOUS
SOUS
SPET
SPIC
SPIN
SPOT
SPOT
SPRL
SSBS
SSII
STAR
STEM
STEP
STOL

STOP
STOT
STUC
STYX
SUBI
SUCÉ
SUCY
SUÉE
SUER
SUET
SUEZ
SUIE
SUIF
SULU
SUMO
SUND
SURE
SÛRE
SÛRE
SURF
SURI
SUSE
SUSO
SUVA
SVEN
SWAN
SWAP
SYLT
SYRA
TAAL
TACO
TACT
TAFT
TAGE
TAIE
TAIF
TAIN
TAIN
TAKA
TALA
TALC
TALÉ
TANA
TANG
TANK
TANT
TAON
TAPA
TAPE
TAPÉ
TAPI
TARA
TARD
TARE
TARÉ
TARI
TARN

TARO
TASS
TATA
TATA
TÂTÉ
TATI
TAUD
TAUX
TAXA
TAXE
TAXÉ
TAXI
TAZA
TECK
TÉJU
TÉKÉ
TELC
TÉLÉ
TELL
TELL
TEMA
TENO
TENU
TÉNU
TÉRA-
TEST
TÉTÉ
TÊTE
TÊTU
TEUF
THAÏ
THAR
THAU
THIO
THOM
THON
THOR
THOT
THOU
THUG
THYM
THYS
TIAN
TIEN
TIGE
TIKI
TILL
TILT
TING
TIPÉ
TIPI
TIRE
TIRÉ
TISO
TITE
TITI
TITO

TIVA
TOBA
TOBY
TODD
TODT
TOFU
TOGE
TOGO
TOIT
TOJO
TÔLE
TOLU
TOME
TONG
TOPÉ
TOPO
TORA
TORE
TORR
TORS
TORT
TORY
TORY
TOSA
TOTO
TOTO
TOUÉ
TOUL
TOUR
TOUT
TOUX
TRAC
TRAM
TRAX
TREK
TREK
TRÈS
TRIÉ
TRIN
TRIO
TRIP
TROC
TROP
TROT
TROU
TRUC
TSAR
TUBA
TUBE
TUBÉ
TUBI
TUBY
TUÉE
TUER
TULA
TUNE
TUPI

TURA
TURC
TURC
TURF
TUTU
TUTU
TVER
TVHD
TYPE
TYPÉ
TYPO
TZAR
UBAC
UEDA
UÉLÉ
ULNA
ULVE
UMAR
UMTS
UNAU
UNIE
UNIF
UNIR
UPAS
URDU
URÉE
UREY
URFA
URFÉ
URGÉ
URNE
URSS
URUS
USÉE
USER
USUS
UTAH
UVAL
UVÉE
UZÈS
VAAL
VAGI
VAIN
VAIR
VAIR
VALS
VALS
VALU
VAMP
VARA
VARS
VASA
VASE
VATÉ
VATU
VAUD
VAUX

4

VAUX
VEAU
VÉCU
VEDA
VEIL
VELD
VÊLÉ
VÉLO
VELU
VENT
VENT
VENU
VERS
VERT
VERT
VETO
VÊTU
VEUF
VEXÉ
VIAN
VIAU
VICE
VICE-
VICO
VICQ

VIDE
VIDÉ
VIEN
VIGO
VILA
VILE
VIMY
VINA
VINÉ
VIOC
VIOL
VIRE
VIRE
VIRÉ
VISA
VISÉ
VISÉ
VISO
VISU
VITE
VIVE
VLAN
VŒU
VOIE
VOIR

VOIX
VOLE
VOLÉ
VOLT
VOMI
VOSS
VOTE
VOTÉ
VOUÉ
VOUS
VRAC
VRAI
VSAT
VTOL
WAAL
WAAS
WACE
WACO
WADE
WAES
WAFD
WAKE
WALÉ
WALI
WASH

WASP
WATT
WATT
WEBB
WEIL
WELS
WEST
WEYL
WHIG
WHIP
WIEN
WIES
WITT
WITZ
WITZ
WOLF
WOLS
WOOD
WRAY
WREN
WUHU
WÜRM
WUXI
XI'AN
XOSA

YACK
YAFO
YALE
YALU
YANG
YARD
YASS
YAWL
YAZD
YEDO
YEKE
YESO
YETI
YEUX
YÉ-YÉ
YEZD
YILI
YMER
YMIR
YOFF
YOGA
YOGI
YOLE
YORK
YOUP

YO-YO
YSER
YUAN
YUAN
YUTZ
YVES
ZAIN
ZAMA
ZANI
ZCIT
ZÉBU
ZÉDÉ
ZELE
ZÈLE
ZÉLÉ
ZEND
ZÉRO
ZEST
ZÊTA
ZEUS
ZIBO
ZINC
ZIRE
ZIST
ZITA

ZIZI
ZLÍN
ZOGU
ZOLA
ZONA
ZONE
ZONÉ
ZOOM
ZORN
ZOUG
ZOUK
ZOZO
ZULU
ZUÑI
ZUSE
ZWIN

5

AALST
AALTO
AARAU
AARON
ABACA
ABATE
ABATS
ABBAS
ABBON
ABCÈS
ABDUH
ABELL
ABÊTI
ABETZ
ABGAR
ABÎME
ABÎMÉ
ABNER
ABOLI
ABORD
ABOUT
ABOUT
ABOYÉ
ABRIÉ
ABUJA
ABUSÉ
ABYLA
ABYME

ACCÈS
ACCON
ACCOT
ACCRA
ACCRO
ACCRU
ACÉRÉ
ACHAB
ACHAT
ACHAZ
ACHEB
ACIDE
ACIER
ACINI
AÇOKA
ACORE
À-CÔTÉ
À-COUP
ACTÉE
ACTER
ACTIF
AÇVIN
ACYLE
ADAGE
ADAMS
ADANA
ADDAX
À DEMI

ADENA
ADENT
AD HOC
ADIEU
ADIGE
ADLER
ADMIS
ADOBE
ADORÉ
ADOUA
ADOUR
ADRAR
ADRET
ADULÉ
AEIOU
AÉRÉE
AÉRER
AFARS
AFFRE
AFFÛT
AFNOR
AGACE
AGACÉ
AGAME
AGAMI
AGANA
AGAPE
AGATE

AGAVE
AGAVÉ
AGÉEN
AGENT
AGGÉE
AGGLO
AGILE
AGITÉ
AGNAN
AGNAT
AGNÈS
AGNON
À GOGO
AGONI
AGORA
AGOUT
AGRAM
AGRÉÉ
AGRÈS
AHANÉ
AHERN
AHLIN
AHMED
AHURI
AHVAZ
AÏCHA
AICHE
AICHÉ

AIDÉE
AIDER
AÏEUL
AÏEUX
AIGLE
AIGLE
AIGRE
AIGRI
AIGUË
AIJAL
AIKEN
AILÉE
AILEY
AILLÉ
AILLY
AIMÉE

AIMER
AÎNÉE
AÏNOU
AINSI
AÏOLI
AIRER
AISÉE
AISNE
À JEUN
AJJER
AJMER
AJONC
AJOUR
AJOUT
AKABA
AKBAR

5

AKÈNE	ALUNI	ANGOR	ARCHE	ASILE	**AURON**
AKITA	ALYTE	**ANHUI**	ARÇON	**ASKIA**	AUSSI
AKKAD	**ALZON**	ÂNIER	**ARDEN**	**ASMAT**	AUTAN
AKOLA	**AMADO**	ANIMÉ	ARDUE	ASPIC	AUTEL
AKRON	**AMAND**	ANION	ARÉNA	ASPLE	AUTRE
AKYAB	AMANT	ANISÉ	ARÈNE	ASQUE	**AUTUN**
ALADI	**AMAPÁ**	**ANJOU**	ARÊTE	**ASSAB**	AVALÉ
ALAIN	**AMARA**	ANNAL	AREVA	**ASSAD**	AVANT
ALAMO	**AMATI**	**ANNAM**	ARGON	ASSAI	AVARE
ÅLAND	**AMBÈS**	**ANNAN**	**ARGOS**	**ASSAM**	**AVARS**
ÁLAVA	AMBLE	ANNÉE	ARGOT	**ASSAS**	AVENT
ALBAN	AMBLÉ	ANODE	ARGUÉ	**ASSEN**	AVENU
ALBEE	AMBON	ANONE	ARGUS	ASSEZ	AVÉRÉ
ALBUM	**AMBON**	ANSÉE	**ARGUS**	ASSIS	AVERS
ALDAN	AMBRE	ANTAN	**ÅRHUS**	ASTER	**AVERY**
ALDIN	AMBRÉ	**ANTÉE**	**ARICA**	**ASTON**	AVEUX
ALDOL	AMENÉ	ANTI-G	ARIDE	ASTRE	AVIDE
ALENA	AMÈNE	**ANTIN**	ARIEN	**ASYUT**	**ÁVILA**
ALÊNE	AMÈRE	ANTRE	**ARIÈS**	ATACA	AVILI
ALEPH	AMIBE	**ANVIL**	**ARION**	ATÈLE	AVINÉ
ALÈSE	**AMIDA**	**ANZIN**	ARISÉ	ATÉMI	AVION
ALÉSÉ	AMIDE	**ANZIO**	**ARIUS**	**ATGET**	**AVION**
ALÉZÉ	**AMIEL**	**ANZUS**	**ARLES**	ATHÉE	AVISÉ
ALGER	AMINE	AORTE	**ARLIT**	**ATHIS**	AVISO
ALGIE	AMINÉ	**AOSTE**	**ARLON**	**ATHOS**	AVIVÉ
ALGOL	AMISH	**AOUDH**	**ARMAN**	**ATJEH**	**AVIZE**
ALGUE	**AMMAN**	AOÛTÉ	ARMÉE	**ATLAN**	AVOIR
ALIAS	**AMMON**	**AOZOU**	ARMER	ATLAS	AVOUÉ
ALIBI	AMOME	APÉRO	ARMET	**ATLAS**	AVRIL
ALICE	AMONT	APHTE	ARMON	ATMAN	AWACS
ALIOS	AMOUR	APIDÉ	**ARMOR**	ATOCA	AWALÉ
ALISE	**AMOUR**	APION	**ARNAY**	ATOLL	AXANT
ALITÉ	AMPHI	À-PLAT	**ARNIM**	ATOME	**AXÉEN**
ALIZE	AMPLE	APNÉE	ARÔME	ATONE	AXÈNE
ALIZÉ	AMPLI	APODE	**AROSA**	ATOUT	AXIAL
ALLAH	AMUÏE	APPAS	**ÁRPÁD**	**ATTAR**	AXONE
ALLÉE	AMUÏR	APPÂT	ARQUÉ	**ATTIS**	**AXOUM**
ALLEN	AMURE	APPEL	**ARRAS**	**AUBER**	AYANT
ALLER	AMURÉ	**APPIA**	**ARRAU**	AUBIN	**AYDAT**
ALLEU	AMUSÉ	APPUI	**ARRÉE**	**AUBIN**	**AYDIN**
ALLIÉ	AMYLE	APRÈS	ARRÊT	AUCUN	**AYTRÉ**
ALLOC	**AMYOT**	APURÉ	ARROI	**AUDEN**	AZÉRI
ALLOS	ANALE	APYRE	**ARROW**	AUDIO	**AZÉRI**
ALOÈS	**ANASE**	**AQABA**	ARTEL	AUDIT	AZOTE
ALONG	ANAUX	À QUIA	**ARTIN**	**AUDUN**	AZOTÉ
ALORS	ANCHE	**AQUIN**	**ARTUS**	AUGÉE	AZURÉ
ALOSE	ANCRE	ARABE	**ARUBA**	AUGET	AZYME
ALOST	**ANCRE**	**ARABE**	**ARUDY**	**AULIS**	**BAADE**
ALPAX	ANCRÉ	ARACK	**ARVOR**	AULNE	**BAATH**
ALPES	**ANDES**	**ARAGO**	ARYEN	**AULNE**	**BABEL**
ALPHA	ANDIN	**ARANY**	ARYLE	**AUNAY**	**BABER**
ALPIN	**ANDIN**	ARASÉ	**ARZEW**	AUNÉE	BABIL
ALSOP	**ANDRÉ**	**ARAXE**	ASANA	**AUNIS**	**BABUR**
ALTAÏ	ANETH	**ARBIL**	ASCII	**AURAY**	**BACAU**
ALUKU	**ANETO**	**ARBON**	**ASCOT**	**AUREC**	BÂCHE
ALULE	ANGLE	ARBRE	ASDIC	**AURÈS**	BÂCHÉ
ALUNÉ	ANGON	**ARBUS**	**ASEAN**	**AURIC**	BÂCLE

BÂCLÉ	BANTU	BAYER	**BENQI**	BILAN	BLEUE
BACON	**BANTU**	**BAYER**	**BENXI**	**BILDT**	BLEUI
BACON	**BARAK**	**BAYES**	**BEQAA**	BILÉE	**BLIDA**
BADEN	**BARBA**	**BAYLE**	BERCE	BILER	**BLIER**
BADGÉ	BARBE	BAYOU	BERCÉ	BILIÉ	BLINI
BADIN	**BARBE**	BAZAR	**BERCK**	BILLE	**BLOCH**
BADUY	BARBÉ	**BAZAS**	**BERCY**	**BILLE**	BLOCK
BAFFE	BARBU	**BAZIN**	BÉRET	BILLÉ	**BLOIS**
BÂFRÉ	BARDA	BÉANT	BERGE	BINÉE	BLOND
BAGAD	BARDE	**BÉARN**	**BERIA**	BINER	BLOOM
BAGES	BARDÉ	**BÉART**	**BERIO**	**BINET**	BLUES
BAGNE	BARGE	BÉATE	BERME	BINGO	BLUET
BAGOT	BARIL	BEAUF	BERNE	**BINIC**	BLUFF
BAGOU	BARJO	BEAUX	**BERNE**	**BIOCO**	**BLUNT**
BAGUE	BARON	**BEBEL**	BERNÉ	**BIOKO**	BLUSH
BAGUÉ	**BARON**	BE-BOP	**BERNI**	BIOME	BLUTÉ
BAHAÏ	BARRE	BÊCHE	**BERRE**	BIPÉE	BOBET
BAHIA	**BARRE**	BÊCHÉ	**BERRY**	BIPER	**BOBET**
BAHUT	BARRÉ	BÉCOT	BÉRYL	BIQUE	BOCAL
BAÏES	BARRI	BECTÉ	**BERZÉ**	BIRBE	BOCHE
BAIRD	**BARRY**	**BÉDIÉ**	BÉSEF	**BIRON**	**BODEL**
BAISE	**BARTH**	**BEDJA**	**BESSE**	BISÉE	BODHI
BAISÉ	**BARYE**	BEDON	BÉTEL	BISER	**BODIN**
BAÏSE	BASAL	**BEGIN**	**BETHE**	BISET	**BOÈCE**
BAJAU	BASÉE	**BÉGIN**	BÉTON	BISON	**BOËLY**
BA JIN	**BASEL**	BÈGUE	BETTE	BISOU	**BOERS**
BAKER	BASER	BÉGUË	BEURK	BISSE	BOËTE
BAKIN	**BASHO**	BÉGUM	BEURS	BISSÉ	BŒUF
BAKOU	BASIC	BÉHAÏ	**BEUYS**	BITOS	BOGIE
BALAI	**BASIE**	**BEHAN**	**BEVAN**	BITTE	**BOGOR**
BALBO	BASIN	BEIGE	**BEVIN**	BIZET	BOGUE
BALDR	**BASIN**	**BEIRA**	BÉVUE	**BIZET**	BOGUÉ
BALEN	**BASRA**	**BEKAA**	**BEYLE**	BIZOU	**BOHAI**
BALLA	BASSE	**BELAU**	BÉZEF	BIZUT	**BÖHME**
BALLE	BASTA	**BELÉM**	BIAIS	BLACK	BOIRE
BALLÉ	BASTE	BÊLER	BIAXE	**BLACK**	**BOISE**
BALLY	BASTÉ	BELGE	BIBLE	BLAFF	BOISÉ
BALMA	**BATAK**	**BELGE**	**BIBLE**	**BLAGA**	BOITÉ
BALSA	BATÉE	**BELIN**	BICHE	**BLAIN**	BOÎTE
BALTE	BÂTÉE	BELLE	BICHÉ	BLAIR	**BOITO**
BALTE	BÂTER	**BELLO**	BICOT	**BLAIR**	**BOJER**
BALTI	BÂTIE	BELON	BIDET	**BLAIS**	BOLDO
BALUE	BATIK	**BELON**	BIDON	**BLAKE**	BOLÉE
BANAL	BÂTIR	**BELYÏ**	**BIDOS**	BLÂME	BOLET
BANAT	**BATNA**	**BEMBA**	BIÈRE	BLÂMÉ	BOMBE
BANAT	BÂTON	**BEMBO**	BIFFE	BLANC	BOMBÉ
BANCO	BATTE	BÉMOL	BIFFÉ	**BLANC**	BÔMÉE
BANDE	BATTU	**BENDA**	BIGLE	BLAPS	BONDE
BANDÉ	**BAUER**	BÉNEF	BIGLÉ	BLASE	BONDÉ
BANÉR	BAUGE	**BENES**	BIGOT	BLASÉ	BONDI
BANFF	**BAUGÉ**	BENÊT	BIGRE	**BLAYE**	**BONDY**
BANGE	**BAULE**	BÉNIE	BIGUE	BLAZE	BONGO
BANJO	BAUME	BÉNIN	**BIHAR**	BLÊME	**BONGO**
BANKS	**BAURU**	**BÉNIN**	**BIHOR**	BLÊMI	**BONIN**
BANNE	**BAVAY**	BÉNIR	**BIISK**	**BLÉRÉ**	BONNE
BANNI	BAVER	BÉNIT	BIJOU	BLÉSÉ	BONTÉ
BANON	**BAVON**	BENNE	**BILAL**	BLETZ	BONUS

5

BONZE
BOOLE
BOONE
BOOTH
BOOTS
BORÅS
BORAX
BORDA
BORDE
BORDÉ
BORÉE
BORÉE
BOREL
BORGO
BORIE
BORIN
BORIS
BORNE
BORNÉ
BORVO
BOSCH
BOSCO
BOSCO
BOSIO
BOSON
BOSON
BOSSE
BOSSE
BOSSÉ
BOSSU
BOTEV
BOTHA
BOTHE
BOTTA
BOTTE
BOTTÉ
BOUDÉ
BOUÉE
BOUGE
BOUGÉ
BOUIF
BOUIN
BOULE
BOULE
BOULÉ
BOULÊ
BOUMÉ
BOURE
BOURG
BOURG
BOUSE
BOUTÉ
BOUTS
BOVES
BOVET
BOVIN
BOWEN

BOWIE
BOXÉE
BOXER
BOYAU
BOYER
BOYLE
BOYNE
BOZEN
BRADÉ
BRAGA
BRAGG
BRAHE
BRAME
BRAMÉ
BRANT
BRASÉ
BRAUN
BRAVE
BRAVÉ
BRAVO
BREAK
BRÉAL
BREDA
BREIL
BRÈME
BRÊME
BRENN
BRERA
BREST
BRÈVE
BRÉZÉ
BRIBE
BRICK
BRIDE
BRIDÉ
BRIEC
BRIEY
BRIMÉ
BRINK
BRION
BRION
BRISE
BRISÉ
BRIVE
BRIZE
BROCA
BROCH
BRODÉ
BROME
BROMÉ
BRONX
BROOK
BROOK
BROUM
BROUT
BROWN
BROYÉ

BRUAY
BRUCE
BRÜHL
BRUIT
BRÛLÉ
BRUME
BRUNE
BRUNE
BRUNI
BRÜNN
BRUNO
BRUTE
BRYAN
BUBER
BUBKA
BUBON
BUCER
BÛCHE
BÛCHÉ
BUEIL
BUGEY
BUGGY
BUGIS
BUGLE
BUGNE
BUIRE
BULBE
BULGE
BULLE
BULLÉ
BULLY
BULOT
BÜLOW
BUNAQ
BUNGE
BUREN
BURES
BURIN
BURKE
BURLE
BURNS
BURON
BURSA
BUSÉE
BUSER
BUSON
BUSSY
BUSTE
BUTÉE
BUTER
BUTIN
BUTOR
BUTOR
BUTTE
BUTTÉ
BUVÉE
BUZAU

BUZOT
BYRON
BYTOM
CABAN
CABAS
CABET
CÂBLE
CÂBLÉ
CABOT
CABOT
CABRÉ
CABRI
CABUS
CACAO
CACHE
CACHÉ
CACUS
CADDY
CADET
CADIX
CÁDIZ
CADOR
CADOU
CADRE
CADRÉ
CADUC
CAERE
CAFRE
CAFTÉ
CAGET
CAGNA
CAGNE
CAGOT
CAGOU
CAHOT
CAÏEU
CAIRN
CAJAL
CAJOU
CAJUN
CAJUN
CALAO
CALAS
CALÉE
CALER
CÂLIN
CALME
CALMÉ
CALMI
CALOT
CALPÉ
CALTÉ
CALVA
CALVI
CA MAU
CAMBÉ
CAMBO

CAMÉE
CAMER
CAMPÉ
CAMPO
CAMUS
CAMUS
CANAL
CANDÉ
CANDI
CANER
CANET
CANGE
CANIF
CANIN
CANNE
CANNÉ
CANOË
CANON
CAÑON
CANOT
CANUT
CAOUA
CAPÉE
CAPÉÉ
CAPEK
CAPER
CAPES
CAPET
CAPET
CAPON
CAPOT
CAPPA
CAPRA
CÂPRE
CAPRI
CAPTÉ
CAQUE
CAQUÉ
CARAT
CARCO
CARDE
CARDÉ
CARET
CAREX
CAREY
CARGO
CARIB
CARIE
CARIE
CARIÉ
CARLE
CARLU
CARME
CARNE
CARNÉ
CARNÉ
CAROL

CARON
CARPE
CARRÀ
CARRE
CARRÉ
CARRY
CARRY
CARTE
CARTÉ
CARVI
CASCO
CASÉE
CASER
CASSE
CASSÉ
CASTE
CATCH
CATIE
CATIN
CATIR
CATON
CAUCA
CAUDÉ
CAURI
CAUSE
CAUSÉ
CAVÉE
CAVER
CAVET
CAYEU
CD-ROM
CÉANS
CEARÁ
CECIL
CÉDÉE
CÉDER
CEDEX
CÈDRE
CÉGEP
CEINT
CELAN
CELÉE
CELER
CELLA
CELLE
CELLE
CELSE
CELTE
CELTE
CELUI
CENCI
CENIS
CENON
CENSÉ
CENTI-
CENTO
CÉPÉE

5

CÉRAM
CÉRAT
CÉRÈS
CÉRET
CERGY
CERHA
CERNE
CERNÉ
CÉSAR
CÉSAR
CESSE
CESSÉ
CESTE
CETTE
CEUTA
CGPME
CGT-FO
CHACO
CHAIN
CHAIR
CHAKA
CHÂLE
CHAMP
CHANT
CHAOS
CHAPE
CHAPÉ
CHARI
CHASE
CHAUD
CHAUT
CHAUX
CHAUX
CHÉCY
CHEIK
CHEJU
CHÊNE
CHENI
CHENU
CHENU
CHÈRE
CHÉRI
CHIBA
CHIÉE
CHIEN
CHIER
CHIGI
CHILI
CHILI
CHIMÚ
CHINE
CHINE
CHINÉ
CHIOT
CHIPÉ
CHIPS
CHLEF
CHLOÉ
CHOIR
CHOIX
CHOKE
CHÔMÉ
CHOOZ
CHOPE
CHOPÉ
CHORS
CHOSE
CHOTT
CHOUF
CHOUX
CHOYÉ
CHUTE
CHUTÉ
CHYLE
CHYME
CIANO
CIBLE
CIBLÉ
CICLÉ
CIDRE
CIELS
CIEUX
CI-GÎT
CIGUË
CILIÉ
CILLÉ
CIMON
CINEY
CINNA
CINTO
CIPPE
CIPRE
CIRCÉ
CIRÉE
CIRER
CIRON
CIRRE
CIRSE
CIRTA
CISSÉ
CISTE
CITÉE
CITER
CIVET
CIVIL
CLADE
CLAIE
CLAIM
CLAIN
CLAIR
CLAIR
CLAMÉ
CLAMP
CLAPI
CLARK
CLASH
CLAUS
CLAVÉ
CLEAN
CLEBS
CLÉON
CLERC
CLÉRY
CLICK
CLIVE
CLIVÉ
CLODO
CLONE
CLONÉ
CLOPE
CLORE
CLOSE
CLOUD
CLOUÉ
CLOWN
CLUNY
CLUSE
CLYDE
CNIDE
COACH
COASE
COATI
COBÉA
COBÉE
COBOL
COBRA
COBRA
COCCI
COCHE
COCHÉ
CÔCHÉ
COCON
COCOS
COCUE
CODÉE
CODER
CODEX
CODON
CŒUR
CŒUR
COGNE
COGNÉ
COHEN
COHUE
COING
COIRE
COITE
COÏTÉ
COLÉE
COLET
COLIN
COLIN
COLIS
COLLE
COLLÉ
COLON
COLÓN
CÔLON
COLOT
COLZA
COMBE
COMBO
COMBS
COMMA
COMME
COMOÉ
COMTE
COMTE
COMTÉ
CONAN
CONÇU
CONDÉ
CONDÉ
CONGA
CONGE
CONGÉ
CONGO
CONNE
CONNU
CONON
CONTE
CONTÉ
CONTÉ
CONTI
CONTY
COPAL
COPÁN
COPIE
COPIÉ
COPLA
COPPA
COPPI
COPRA
COPTE
COQUE
CORAÏ
CORAN
CORAN
CORDE
CORDÉ
CORÉE
COREY
CORME
CORNE
CORNÉ
CORNU
CORON
COROT
CORPS
CORSE
CORSE
CORSÉ
CORSO
CORTE
CORTI
COSME
COSNE
COSSA
COSSE
COSSÉ
COSSÉ
COSSU
COSYS
COTÉE
COTER
COTIE
COTIR
COTON
COTON
COTRE
COTTE
COTTE
COTTI
COUAC
COUCY
COUDE
COUDÉ
COUIC
COULE
COULÉ
COUPE
COUPÉ
COURS
COURT
COURU
COUSU
COÛTÉ
COUVÉ
COUVI
COUZA
COWES
COXAL
CRABE
CRACK
CRADE
CRADO
CRAIE
CRAIG
CRAMÉ
CRANE
CRÂNE
CRÂNÉ
CRANS
CRAON
CRASE
CRASH
CRAVE
CRAWL
CRAXI
CRÉCY
CREDO
CRÉÉE
CREEK
CRÉER
CREIL
CRÈME
CRÉMÉ
CRÉON
CRÊPE
CRÊPÉ
CRÉPI
CRÉPU
CRÉPY
CREST
CRÈTE
CRÊTE
CRÊTÉ
CREUS
CREUX
CREVÉ
CRÈVE
CRICK
CRIÉE
CRIEL
CRIER
CRIME
CRISE
CRISS
CROCE
CROCO
CROHN
CROÎT
CROIX
CROIX
CROLL
CROSS
CROUP
CROWN
CRUAS
CRUEL
CRUMB
CUBÉE
CUBER
CUCUL
CUERS
CUEVA
CUIRE
CUIRY
CUITE
CUITÉ
CUJAS
CUKOR

5

CULÉE
CULER
CULOT
CULOZ
CULTE
CUMES
CUMIN
CUMUL
CUNEO
CUNHA
CURÉE
CURER
CURIE
CURIE
CURRY
CUVÉE
CUVER
CUZCO
CYBER-
CYCAS
CYCLE
CYGNE
CYRUS
DABIT
DACCA
DACIE
DADIÉ
DAGUE
DAINE
DAKAR
DAKIN
DALAT
DALLE
DALLÉ
DALOA
DALOT
DALOU
DAMAN
DAMAN
DAMÃO
DAMAS
DAMAS
DAMÉE
DAMER
DAMIA
DAMNÉ
DANAÉ
DANBY
DANDY
DANGÉ
DANSE
DANSÉ
DANTE
DARCE
DARDÉ
DARÍO
DARNE

DARSE
DATÉE
DATER
DATIF
DATTE
DAUBE
DAUBÉ
DAVAO
DAVEL
DAVES
DAVID
DAVIS
DAVOS
DAWES
DAWHA
DAYAK
DAYAN
DEALÉ
DÉBAT
DÉBET
DÉBIT
DEBRÉ
DÉBUT
DEBYE
DEBYE
DÉCAN
DECCA
DÉCÈS
DÈCHE
DÉCHU
DÉCOR
DÉCRI
DÉCRU
DÉÇUE
DÉDIÉ
DÉDIT
DÉFET
DÉFIÉ
DEFOE
DEGAS
DÉGÂT
DÉGEL
DEGRÉ
DEGUY
DÉITÉ
DÉLAI
DELAY
Delco
DELFT
DELHI
DÉLIÉ
DÉLIT
DELLE
DELON
DÉLOS
DÉLOT
DELTA

DELTA
DELUC
DE MAN
DEMIE
DÉMIS
DÉMON
DENAR
DÉNIÉ
DENIM
DENIS
DENON
DENSE
DENTÉ
DÉNUÉ
DENYS
DÉOLS
DÉPIT
DÉPLU
DÉPÔT
DERBY
DERBY
DERME
DERNY
DÉSIR
DETTE
DEUIL
DEULE
DEUST
DÉVIÉ
DEVIN
DEVIS
DEVON
DEVON
DE VOS
DEVOS
DÉVOT
DEWAR
DEWAR
DEWEY
DHAKA
DHOLE
DIANE
DIANE
DIAPO
DIAZO
DICTÉ
DIDON
DIDOT
DIELS
DIÈNE
DIERX
DIÈSE
DIEST
DIÈTE
DIEUX
DIFFA
DIGNE

DIGNE
DIGUE
DIJON
DILUÉ
DINAN
DINAR
DINDE
D'INDY
DÎNER
DINGO
DINKA
DIODE
DIOIS
DIOLA
DIORI
DIOUF
DIRAC
DISCO
DISON
DIVAN
DIVES
DIVIN
DIVIS
DIXIE
DJAÏN
DJAMI
DJINN
DOBRA
DOCTE
DODDS
DODUE
DOGME
DOGON
DOGUE
DOIGT
DOIRE
Dolby
DOLET
DOLIC
DOLIN
DOLTO
DOMAT
DOMME
DONAT
DONAU
DONAX
DONEN
DONNE
DONNE
DONNÉ
DONON
DOORS
DOPÉE
DOPER
DORAT
DORÉE
DORER

DORIA
DORIN
DORIS
DORIS
DORMI
DORST
DOSÉE
DOSER
DOSSE
DOTAL
DOTÉE
DOTER
DOUAI
DOUAR
DOUBS
DOUCE
DOUCI
DOUÉE
DOUER
DOUMA
DOURO
DOUTE
DOUTÉ
DOUVE
DOUZE
DOVER
DOWNS
DOYEN
DOYLE
DRAIN
DRAIS
DRAKE
DRAME
DRAPÉ
DRAVE
DRAVE
DRAVÉ
DRAYÉ
DREES
DRÈGE
DREUX
DRÈVE
DRILL
DRING
DRINK
DRIVE
DRIVÉ
DROIT
DRÔLE
DROME
DRÔME
DRONE
DROPÉ
DRUMS
DRUON
DRUPE
DRUZE

DRUZE
DRYAT
DUALE
DUAUX
DU BOS
DUBOS
DUCAL
DUCAT
DUCEY
DUCHÉ
DUCOS
DUDIT
DUERO
DU FAY
DUFAY
DUHEM
DUITE
DUKAS
DUKOU
DULAC
DULIE
DUMAS
DUNES
DUPÉE
DUPER
DUPIN
DUPRÉ
DURAL
DURAN
DURÃO
DURAS
DURCI
DURÉE
DÜREN
DURER
DÜRER
DURGA
Durit
DUROC
DURUY
DUVAL
DUVET
DYADE
DYLAN
DZÊTA
EAMES
EANES
ÉAQUE
EAUZE
ÉBAHI
ÉBATS
EBBON
ÉBÈNE
EBERT
ÉBOLA
E-BOOK
ÉBOUÉ

ÉCALE	ÉLEVÉ	**ENSOR**	**ESAKI**	**ÉVRON**	FASCE
ÉCALÉ	ÉLÈVE	ENTÉE	ESCHE	**EWING**	FASCÉ
ÉCART	**ELGAR**	ENTER	ESCHÉ	EXACT	FASTE
ÉCHEC	**ELGIN**	ENTRE	**ESNÈH**	EXCÈS	FATAL
ÉCHÉE	**ELIAS**	ENTRÉ	**ÉSOPE**	EXCLU	FATMA
ÉCHER	**ÉLIDE**	**ENUGU**	ESPAR	EXEAT	FATUM
ÉCHUE	ÉLIDÉ	ENVIE	**ESPOO**	EXIGÉ	FATWA
ÉCIJA	ÉLIMÉ	ENVIÉ	ESSAI	EXIGU	FAUNE
ÉCIMÉ	**ELIOT**	ENVOI	**ESSEN**	EXILÉ	**FAURE**
ÉCLAT	ÉLIRE	ENVOL	**ESSEX**	EXODE	**FAURÉ**
ÉCLOS	ÉLITE	**ENZIO**	**ESSEY**	EXPIÉ	**FAUST**
ÉCOLE	**ELLÁS**	**ÉOLIE**	ESSOR	EXTRA	FAUTE
ÉCOLO	ELLES	ÉPAIR	ESTER	**EYLAU**	FAUTÉ
ÉCOPE	**ELLUL**	ÉPAIS	ESTOC	**EYMET**	FAUVE
ÉCOPÉ	ÉLOGE	ÉPARS	ÉTAGE	FABLE	**FAVRE**
ÉCRAN	ÉLUDÉ	ÉPART	ÉTAGÉ	**FABRE**	FAVUS
ÉCRIÉ	ÉLUÉE	ÉPATE	ÉTAIN	**FABRY**	FAXÉE
ÉCRIN	ÉLUER	ÉPATÉ	**ÉTAIN**	FÂCHÉ	FAXER
ÉCRIT	**ELURU**	ÉPAVE	**ÉTAIX**	FACHO	**FAYOL**
ÉCROU	**ELVEN**	ÉPELÉ	ÉTALE	FAÇON	FAYOT
ÉCRUE	E-MAIL	ÉPHOD	ÉTALÉ	FACTO	FÉALE
ÉCULÉ	ÉMAIL	ÉPICE	ÉTALS	FADÉE	FÉAUX
ÉCUME	ÉMANÉ	ÉPICÉ	ÉTAMÉ	FAENA	FÉCAL
ÉCUMÉ	ÉMAUX	ÉPIÉE	ÉTANG	FAGNE	FÈCES
ÉCURÉ	EMBUE	ÉPIER	ÉTANT	FAGOT	**FÉDOR**
EDFOU	EMBUÉ	ÉPIEU	ÉTAPE	FAÎNE	FEINT
EDGAR	**EMDEN**	ÉPIGÉ	ÉTAUX	FAIRE	FÊLÉE
ÉDILE	ÉMERI	ÉPILÉ	ÉTAYÉ	FAITE	FÊLER
ÉDITÉ	**ÉMERY**	ÉPINE	ÉTÊTÉ	FAÎTE	FÉLIN
ÉDITO	**ÉMILE**	**ÉPIRE**	ÉTHER	FAKIR	**FÉLIX**
EEKLO	ÉMISE	ÉPODE	ETHOS	**FALLA**	FÉLON
ÉFATÉ	**EMMEN**	**ÉPONA**	ÉTIER	FALLU	**FEMIS**
EFFEL	EMPAN	ÉPOUX	ÉTIRÉ	FALOT	FEMME
EFFET	EMPLI	ÉPOXY	ÉTOLE	FALUN	FEMTO-
ÉFRIT	ÉMULE	ÉPRIS	ÊTRES	FAMAS	FÉMUR
ÉGALE	ÉMULÉ	EPROM	ÉTRON	FAMÉE	FENDU
ÉGALÉ	EN-BUT	**EPSOM**	ÉTUDE	FANAL	FENIL
ÉGARD	ENCAN	ÉPUCÉ	ÉTUVE	FANÉE	FENTE
ÉGARÉ	EN-CAS	ÉPURE	ÉTUVÉ	FANER	FÉRAL
ÉGAUX	ENCRE	ÉPURÉ	**EUBÉE**	FANGE	FERIA
ÉGAYÉ	ENCRÉ	ÉQUIN	**EUDES**	FANNY	FÉRIE
EGEDE	ENDOS	**ÉRARD**	**EULER**	FANON	FÉRIÉ
ÉGÉEN	ENFER	**ÉRATO**	**EUPEN**	**FANTE**	FÉRIR
ÉGIDE	ENFEU	**ERBIL**	ÉVADÉ	**FANTI**	FERLÉ
ÉGINE	ENFIN	**ERDRE**	**EVANS**	FANUM	FERME
ÉGOUT	ENFLÉ	ERGOL	ÉVASÉ	FARAD	FERMÉ
EIDER	ENFUI	ERGOT	**ÉVAUX**	FARCE	**FERMI**
EIFEL	ENGIN	**ERICE**	ÉVEIL	FARCI	**FÉROÉ**
EIGEN	ENJEU	ÉRIGÉ	ÉVENT	FARDE	FERRÉ
EIGER	ENLIÉ	**ERNÉE**	**EVERE**	FARDÉ	**FERRÉ**
EILAT	**ENLIL**	**ERNST**	**EVERT**	**FAREL**	**FERRI**
ÉLAND	ENNUI	**ERODE**	**ÉVIAN**	**FARÈS**	FERRY
ÉLAVÉ	**ÉNOCH**	ÉRODÉ	ÉVIDÉ	**FARET**	**FERRY**
ELBÉE	ÉNOUÉ	**ERQUY**	ÉVIER	**FARON**	FERTÉ
ELBOT	**ENSAD**	ERRER	ÉVITÉ	FARSI	**FERTÖ**
ELCHE	**ENSAM**	**ERWIN**	**EVORA**	FARTÉ	FÉRUE
ÉLÉIS	**ENSB-A**	**ÉSAÏE**	**ÉVORA**	**FARUQ**	**FESCH**

FESSE	**FLINS**	FORUM	**FUKUI**	GALBE	**GAZLI**
FESSÉ	FLINT	FOSSE	**FULDA**	GALBÉ	GAZON
FESSU	**FLINT**	**FOSSE**	**FUMAY**	GALET	GÉANT
FÊTÉE	FLIRT	FOSSÉ	FUMÉE	**GALLA**	**GEBER**
FÊTER	FLOOD	**FOUAD**	**FUMEL**	GALLE	GECKO
FÉTIS	FLOPS	FOUET	FUMER	**GALLE**	**GEHRY**
FEUIL	FLORE	FOUIE	FUMET	**GALLÉ**	GEINT
FEULÉ	**FLORE**	FOUIR	**FUNDY**	GALLO	GELÉE
FEURS	**FLORY**	**FOULD**	**FUNÈS**	**GALLO**	GELER
FÉVAL	**FLOTE**	FOULE	FUNKY	GALON	GELÉS
FIANT	FLOUE	FOULÉ	FURAX	GALOP	GÉLIF
FIBRE	FLOUÉ	FOUTU	FURET	GAMAY	**GÉLON**
FICHE	FLUER	FOVEA	**FURET**	GAMBA	GÉMIR
FICHÉ	FLUET	FOXÉE	FURIA	GAMIN	GEMME
FICHU	FLUOR	**FOYEN**	FURIE	GAMMA	GEMMÉ
FICIN	FLUSH	FOYER	**FURKA**	GAMME	**GENAS**
FICUS	FLÛTE	FRAIS	**FÜRST**	**GAMOW**	GÊNÉE
FIDJI	FLÛTÉ	FRANC	**FÜRTH**	**GANCE**	GÊNER
FIELD	**FLYNN**	**FRANK**	FUSÉE	**GANDA**	**GENÈS**
FIÈRE	**FNSEA**	FRASÉ	FUSER	GANGA	**GÊNES**
FIFRE	FOCAL	FRAYÉ	FUSIL	**GANGE**	GENET
FIGÉE	FŒHN	**FREGE**	FUTAL	GANSE	**GENET**
FIGER	FOÈNE	FREIN	FUTÉE	GANSÉ	GENÊT
FIGUE	FOIRE	FRÊLE	FUTON	**GANSU**	GÉNIE
FILAO	FOIRÉ	FRÉMI	FUTUR	GANTÉ	**GENIL**
FILÉE	FOLIE	FRÊNE	**FUXIN**	**GANTT**	**GENOT**
FILER	FOLIÉ	FRÉON	**GABÈS**	**GARBO**	GENOU
FILET	FOLIO	FRÈRE	**GABIN**	GARCE	GENRE
FILIN	FOLLE	**FRÈRE**	**GABLE**	GARDE	GÉODE
FILLE	**FOLON**	FRÉTÉ	GÂBLE	**GARDE**	GEÔLE
FILMÉ	FONCÉ	**FREUD**	**GABON**	GARDÉ	GERBE
FILON	**FONCK**	FREUX	**GABOR**	GARÉE	GERBÉ
FILOU	**FONDA**	**FREYR**	GÂCHE	GARER	GERCE
FINAL	FONDÉ	**FRIGG**	GÂCHÉ	**GARIN**	GERCÉ
FINES	FONDS	FRIGO	**GADDA**	GARNI	**GERDT**
FINIE	FONDU	FRIME	**GADDI**	GAROU	GÉRÉE
FINIR	FONIO	FRIMÉ	**GADES**	**GASPÉ**	GÉRER
FIOLE	FONTE	FRIPE	GADIN	GÂTÉE	GERME
FIOUL	FONTS	FRIPÉ	GADJÉ	GÂTER	GERMÉ
FIRME	**FOPPA**	FRIRE	GADJO	**GATES**	GÉSIR
FIRTH	FORCE	FRISE	**GAËLS**	GATTÉ	GESSE
FIUME	FORCÉ	**FRISE**	**GAÈTE**	**GATTI**	GESTE
FIXÉE	FORCI	FRISÉ	GAFFE	GAUDE	**GETTY**
FIXER	FORÉE	FRITE	GAFFÉ	**GAUDÍ**	**GHANA**
FJELD	**FOREL**	FRITZ	**GAFSA**	GAULE	**GHARB**
FJORD	FORER	FROID	GAGÉE	**GAULE**	**GHATS**
FLAIR	FORET	FRÔLÉ	GAGER	GAULÉ	**GIBBS**
FLANC	FORÊT	**FROMM**	GAGNE	**GAUME**	GIBET
FLÂNE	**FOREZ**	FRONT	GAGNÉ	GAUPE	GIBUS
FLÂNÉ	FORGE	**FROST**	**GAGNY**	GAUSS	GICLÉ
FLAPI	FORGÉ	FROUÉ	GAÏAC	**GAUSS**	**GIENS**
FLASH	**FORLI**	FRUIT	GAINE	GAVÉE	**GIERS**
FLÉAU	FORME	FUCUS	GAINÉ	GAVER	GIFLE
FLEIN	FORMÉ	FUERO	GAÎTÉ	**GÄVLE**	GIFLÉ
FLERS	**FORNI**	FUGUE	**GAIUS**	GAYAL	GIGOT
FLEUR	FORTE	FUGUÉ	GAIZE	GAZÉE	GIGUE
FLIMS	**FORTH**	FUITE	**GALBA**	GAZER	**GIJÓN**

5

GILDE
GILET
GIONO
GIRIE
GIRON
GITAN
GITAN
GÎTER
GITON
GIVET
GIVRE
GIVRÉ
GIVRY
GIZEH
GLACE
GLACE
GLACÉ
GLÅMA
GLAND
GLANE
GLANÉ
GLAPI
GLASS
GLASS
GLATI
GLAWI
GLÈBE
GLÉLÉ
GLÈNE
GLENN
GLIAL
GLIER
GLOBE
GLOBO
GLOSE
GLOSÉ
GLUAU
GLUBB
GLUCK
GLUME
GLUON
GNÈTE
GNÔLE
GNOME
GNOSE
GOBÉE
GOBER
GOBIE
GÖDEL
GODER
GODET
GODOY
GOGÉE
GOGER
GOGLU
GOGOL
GOIÁS

GOLAN
GOLÉE
GOLEM
GOLFE
GOLFE
GOLGI
GOLGI
GOMAR
GOMBO
GOMEL
GOMME
GOMMÉ
GÖNCZ
GONDI
GONZE
GOPAK
GORÉE
GORET
GORGE
GORGÉ
GORKI
GORKY
GORON
GOSSE
GOTHA
GOTHA
GOTHS
GOTON
GOUDA
GOUDA
GOUET
GOUGE
GOUIN
GOULD
GOULE
GOULU
GOURA
GOURD
GOURÉ
GOURO
GOÛTÉ
GOYIM
GOZZI
GRAAF
GRAAL
GRÂCE
GRACQ
GRADE
GRADÉ
GRAFF
GRAIN
GRANA
GRAND
GRANT
GRASS
GRAVE
GRAVE

GRAVÉ
GRAVI
GRÈBE
GRÈCE
GRECO
GRÉCO
GRÉÉE
GREEN
GREEN
GRÉER
GRÈGE
GRÊLE
GRÊLÉ
GRENÉ
GRENU
GRÉSÉ
GRÉSY
GREVÉ
GRÈVE
GRÈVE
GRÉVY
GRIEF
GRIEG
GRILL
GRIMÉ
GRIMM
GRIOT
GRISE
GRISÉ
GRISI
GRIVE
GROCK
GROIE
GROIN
GROIX
GROLE
GROOM
GROSS
GROSZ
GRUAU
GRUGÉ
GRUME
GRUON
GRUSS
GRUTÉ
GSELL
GUAIS
GUANO
GUÈDE
GUÊPE
GUÈRE
GUÉRI
GUÈTE
GUEUX
GUÈZE
GUIDE
GUIDE

GUIDÉ
GUIPÉ
GUIRY
GUISE
GUISE
GUJAN
GUMRI
GUO XI
GUPPY
GUPTA
GUSSE
GUYON
GUYOT
GUZLA
GWERU
GYGÈS
GYPSE
GYRIN
HABER
HABIT
HABRÉ
HACHE
HACHÉ
HADAL
HADÈS
HADJI
HAEJU
HAFEZ
HAFIZ
HAGEN
HAGUE
HAÏFA
HAI HE
HAÏKU
HAINE
HAIRE
HAÏTI
HAKKA
HALAL
HALBI
HALÉE
HÂLÉE
HALER
HÂLER
HALES
HALEY
HALLE
HALLE
HALTE
HALVA
HAMAC
HAMAS
HAMME
HAMPE
HAMPI
HANAP
HANAU

HANOI
HANSE
HANSE
HANSI
HANTÉ
HAN YU
HAOUZ
HAPAX
HAPPE
HAPPÉ
HARAR
HARAS
HARAT
HARDE
HARDI
HARDT
HARDY
HAREM
HARET
HARKI
HARLE
HARPE
HARTH
HASAN
HASCH
HASEK
HASSE
HASTÉ
HATAY
HÂTÉE
HÂTER
HÂTIF
HATTI
HAUTE
HAVAS
HAVÉE
HAVEL
HAVER
HAVRE
HAWAÏ
HAWKE
HAWKS
HAYDN
HAYEK
HAYES
HAYON
HEATH
HEBDO
HEBEI
HECTO
HECTO-
HEFEI
HEGEL
HEINE
HEINZ
HEKLA
HÉLAS

HÉLÉE
HÉLER
HÉLIO
HÉLIX
HELLO
HÉMON
HENAN
HENCH
HENIE
HENNÉ
HENNI
HENRI
HENRY
HENRY
HENZE
HERAT
HERBE
HERBU
HERGÉ
HERNE
HÉRON
HÉRON
HÉROS
HERPE
HERSE
HERSÉ
HERTZ
HERTZ
HERVE
HERZL
HESSE
HÊTRE
HEURE
HEURT
HEUSS
HÉVÉA
HIBOU
HICKS
HI-HAN
HILAL
HILLA
HILSZ
HILTY
HIMES
HINDI
HIPPY
HIRAM
HISSE
HISSÉ
HIVER
HOBBY
HOCCO
HOCHE
HOCHÉ
HODJA
HODNA
HOLAN

HOLON
HOMME
HONDO
HONNI
HONTE
HOOCH
HOOFT
HOOGH
HOOKE
HOPAK
HORDE
HOREB
HORNU
HORST
HORTA
HORUS
HOSTO
HOTAN
HÔTEL
HOTTE
HOTTÉ
HOUAT
HOUÉE
HOUER
HOUKA
HOULE
HOURD
HOURI
HOUSE
HOXHA
HOYAU
HOYLE
HOYOS
HUANT
HUARD
HUART
HUBEI
HUBER
HUBLI
HUCHE
HUCHÉ
HUGLI
HUILE
HUILÉ
HULSE
HUMÉE
HUMER
HUMUS
HUNAN
HUNZA
HUPPE
HUPPÉ
HURLÉ
HURON
HURON
HUSÁK
HU SHI
HUSKY
HUTTE
HYDNE
HYDRA
HYDRE
HYÈNE
HYMEN
HYMNE
HYPER
HYPHE
HYPNE
IALTA
IAMBE
IBÈRE
IBERT
IBIZA
IBSEN
ICARE
ICAZA
ICEUX
ICHIM
ICÔNE
ICTUS
IDAHO
IDÉAL
IDÉEL
ID EST
IDHEC
IDIOT
IDJIL
IDOLE
IDRIS
IEPER
IGLOO
IGLOU
IGNÉE
IKERE
ILÉAL
ILÉON
ILÉUS
ÎLIEN
ILION
ILION
ILMEN
ILOTE
IMAGE
IMAGÉ
IMAGO
IMBUE
IMIDE
IMINE
IMITÉ
IMMUN
IMOLA
IMPER
IMPHY
IMPIE
IMPÔT
IMPRO
IMPUR
IMROZ
INARI
INCUS
INDES
INDEX
INDIC
INDRA
INDRE
INDRI
INDUE
INDUS
INFRA
INGRÉ
INLAY
INNÉE
INÖNÜ
INOUÏ
INPUT
INSEE
INSTI
INTER
INTOX
INUIT
INUIT
INULE
INVAR
IODÉE
IODER
IODLÉ
IONIE
IORGA
IOULÉ
IPÉCA
IPPON
IPSOS
IQBAL
IRBID
IRCAM
IRÈNE
IRIAN
IRIEN
IRISÉ
IRONE
ISAAC
ISAAK
ISAÏE
ISARD
ISÈRE
ISEUT
ISKAR
ISLAM
ISOLA
ISOLÉ
ISSAS
ISSOS
ISSUE
ISSUS
ITAMI
ITARD
IULIA
IVORY
IVRÉE
IWAKI
IXION
IXODE
IZIEU
IZMIR
IZMIT
IZNIK
IZUMO
JABLE
JABLÉ
JABOT
JACÉE
JACOB
JACOT
JACTÉ
JADIS
JAFFA
JAHVÉ
JAÏNA
JAÏNE
JALAP
JALON
JAMBE
JAMBI
JAMES
JAMMU
JAMNA
JAMOT
JANET
JANIN
JANTE
JANUS
JANZÉ
JAPON
JAPON
JAPPÉ
JAQUE
JARDE
JARRE
JARRE
JARRY
JASER
JASON
JASPE
JASPÉ
JATTE
JAUGE
JAUGÉ
JAUNE
JAUNE
JAUNI
JAVEL
JAZZY
JEANS
JEANS
JEHOL
JELEV
JENNY
JEREZ
JERKÉ
JÉSUS
JÉSUS
JETÉE
JETER
JETON
JETTE
JEUDI
JEUNE
JEÛNE
JEÛNÉ
JIJEL
JILIN
JINAN
JINJA
JOBIM
JOCHO
JODLÉ
JOHNS
JOICE
JOINT
JÓKAI
JOKER
JOLAS
JOLIE
JOMON
JONAS
JONCÉ
JONES
JOOSS
JORAN
JORAT
JOSUÉ
JOUAL
JOUÉE
JOUER
JOUET
JOUIR
JOULE
JOULE
JOUTE
JOUTÉ
JOUVE
JOYAU
JOYCE
JÚCAR
JUCHÉ
JUDAS
JUDAS
JUDÉE
JUGAL
JUGÉE
JUGER
JUGES
JUIVE
JUIVE
JUKUN
JULES
JULES
JULIA
JULIE
JUMBO
JUMEL
JUMNA
JUNKY
JUNON
JUNOT
JUNTE
JUPON
JUPPÉ
JURAT
JURÉE
JURER
JURIN
JURON
JURUÁ
JUSÉE
JUSTE
JUSTE
JUTER
JUTES
KAABA
KABIC
KABIG
KABIR
KABUL
KABWE
KACHA
KACHE
KÁDÁR
KAFKA
KAGEL
KAMBA
KANAK
KANAK
KANDY
KANEM
KANJI
KANTO
KANUN
KAPOK
KAPPA
KAREN
KARLE

KARMA	**KOSMA**	LAINE	LAUSE	**LE PEN**	LIGNE
KARST	KOTCH	LAINÉ	LAUZE	**LE PRÉ**	**LIGNE**
KARST	KOTJE	**LAING**	**LAVAL**	LÈPRE	LIGNÉ
KASAÏ	**KOTKA**	LAIRD	**LAVAN**	LEPTE	**LIGNÉ**
KASHI	**KOTOR**	LAITÉ	LAVÉE	**LE PUY**	**LIGNY**
KATAR	**KOURA**	LAÏUS	LAVER	**LERMA**	LIGOT
KATEB	**KOYRÉ**	LAIZE	**LAVER**	**LERNE**	LIGUE
KATYN	KRAAL	**LALLY**	LAVIS	LÉROT	LIGUÉ
KAYAK	KRACH	LAMBI	LAVRA	**LE ROY**	LILAS
KAYES	KRAFT	LAMÉE	**LAXOU**	**LEROY**	**LILLE**
KAZAN	**KRAUS**	LAMER	LAYON	LÉSÉE	**LILOT**
KEATS	**KREBS**	**LAMÍA**	**LAYON**	LÉSER	LIMAN
KEBAN	KRIEK	LAMIE	**LAZES**	LESTE	**LIMAY**
KÉFIR	KRILL	LAMPE	LAZZI	LESTÉ	LIMBE
KEITA	KRISS	LAMPÉ	**LEACH**	LÉTAL	LIMÉE
KELLY	**KROGH**	LANCE	**LEAHY**	**LÉTHÉ**	LIMER
KEMAL	KRONA	LANCÉ	**LE BAS**	LETTE	LIMES
KENDO	KRONE	**LANCY**	**LE BEL**	LEUDE	LIMON
KENKO	**KROTO**	LANDE	LEBEL	**LEUZE**	**LIMÓN**
KENYA	**KRUPP**	LANGE	**LE BON**	**LE VAU**	**LINAS**
KETCH	KSOUR	LANGÉ	**LEBON**	LEVÉE	**LINDE**
KHARG	**KSOUR**	**LANÚS**	**LE CAP**	LEVER	LINER
KHMER	**KUNDT**	**LAOZI**	**LECCE**	**LÉVIS**	LINGA
KHMER	**KUPKA**	**LA PAZ**	**LECCO**	LÈVRE	LINGE
KHOIN	KURDE	LAPÉE	LÈCHE	**LEWIN**	LINKS
KILIM	**KURDE**	LAPER	LÉCHÉ	**LEWIS**	**LINNÉ**
KILLY	**KUSCH**	LAPIÉ	LEÇON	LEXIE	LINON
KINKI	**KYOTO**	LAPIN	LEDIT	LEXIS	**LINTH**
KIPPA	KYRIE	LAPIS	**LEDUC**	**LEYDE**	**LIONS**
KIRBY	KYSTE	LAPON	**LEEDS**	**LEYRE**	LIPPE
KIROV	KYUDO	**LAPON**	**LE GAC**	**LEYTE**	**LIPPE**
KISSI	**KYZYL**	LAPSI	LÉGAL	**LEZAY**	**LIPPI**
KITCH	**LABAN**	LAQUE	LÉGAT	**LHOTE**	LIPPU
KLAUS	LÀ-BAS	LAQUÉ	LÉGER	LIAGE	**LIPSE**
KLEIN	**LABAT**	LARDÉ	**LÉGER**	LIAIS	**LISLE**
KLIMA	LABBE	**LARDY**	LÉGUÉ	LIANE	**LISSA**
KLIMT	LABEL	LARGE	**LEHÁR**	LIANT	LISSE
KLUCK	LABIÉ	LARGO	**LEIBL**	LIARD	LISSÉ
KLUGE	LABRE	LARME	**LEIGH**	**LIBAN**	LISTE
KNOCK	LABRI	**LARRA**	**LEINE**	**LIBBY**	LISTÉ
KNOUT	**LACAN**	LARVE	**LEITZ**	LIBER	**LISZT**
KOALA	LACÉE	LARVÉ	**LE KEF**	LIBRE	LITAS
KOCHI	LACER	LASER	**LEKEU**	**LIBYE**	LITÉE
KOHOL	LACET	**LASNE**	**LE LUC**	LICHÉ	LITER
KOINÈ	LÂCHE	LASSE	**LEMAN**	LICOL	LITHO
KOMIS	LÂCHÉ	LASSÉ	**LÉMAN**	LICOU	LITRE
KONDO	LACIS	LASSO	**LE MÉE**	**LICRA**	LIURE
KONEV	LACTÉ	LATEX	LEMME	LIDAR	LIVET
KONGO	LADIN	LATIN	**LE MUY**	LIEDS	**LIVIE**
KÖNIZ	LADRE	**LATIN**	**LENAU**	LIÈGE	LIVRE
KONYA	LADYS	LATTE	**LENCA**	**LIÈGE**	LIVRÉ
KORAI	**LAGNY**	LATTÉ	LENTE	LIÉGÉ	**LIVRY**
KORÇË	LAGON	**LAUBE**	LENTO	LIEUE	**LLOYD**
KORDA	**LAGOS**	**LAUDA**	LEONE	LIEUX	**LOACH**
KORÊS	LAHAR	**LAUER**	**LEONE**	**LIFAR**	LOBBY
KORIN	**LAHTI**	LAURE	**LEONI**	LIFTÉ	LOBÉE
KOROR	LAIDE	LAURÉ	**L'ÉPÉE**	LIGIE	LOBER

5

LOCAL
LOCHE
LOCHÉ
LOCKE
LOCUS
LODEN
LŒSS
LOEWI
LOEWY
LOFER
LOGAN
LOGÉE
LOGER
LOGIS
LOGOS
LOING
LOIRE
LOISY
LOMME
LOMPE
LONGE
LONGÉ
LONGO
LOOFA
LOPIN
LOQUE
LORAN
LORCA
LOREN
LORIS
LORME
LORRY
LOSER
LOSEY
LOTIE
LOTIR
LOTTE
LOTTO
LOTUS
LOUÉE
LOUER
LOUIS
LOUIS
LOUPE
LOUPÉ
LOURD
LOURE
LOURÉ
LOUVE
LOUYS
LOVÉE
LOVER
LOWIE
LOWRY
LOYAL
LOYER
LUBAC

LUBIE
LÜBKE
LUCAS
LUCIE
LUÇON
LUCRE
LUEUR
LUFFA
LUGÉE
LUGER
LUINI
LUIRE
LULEÅ
LULLE
LULLI
LULLY
LUMEN
LUNCH
LUNDA
LUNDI
LUNÉE
LUNEL
LÜNEN
LUPIN
LUPIN
LUPUS
LURCY
Lurex
LURIA
LURON
LURON
LUSIN
LUTÉE
LUTER
LUTIN
LUTON
LUTTE
LUTTÉ
LUXÉE
LUXER
LU XUN
LUZIN
LUZON
LWOFF
LYCÉE
LYCIE
Lycra
LYDDA
LYDIE
LYELL
LYNCH
LYRIC
LYSAT
LYSÉE
LYSER
MABLY
MACAO

MÁCHA
MÂCHE
MÂCHÉ
MACHO
MACIS
MACLE
MACLÉ
MACON
MAÇON
MÂCON
MÂCON
MACRE
MACRO
MADRE
MADRÉ
MAËRL
MAFIA
MAGIE
MAGMA
MAGNE
MAGNÉ
MAGNY
MAGOG
MAGOT
MAHAN
MAHDI
MAHÓN
MAÏNA
MAINE
MAINT
MAINZ
MAIRE
MAJOR
MAJOR
MAKAL
MALET
MALIA
MALIN
MALLE
MALLE
MALMÖ
MALOT
MALTA
MALTE
MALTÉ
MALUS
MALUS
MAMAN
MAMBA
MAMBO
MAMER
MAMIE
MAMMY
MANAT
MANDÉ
MANDÉ
MANÈS

MÂNES
MANET
MANGA
MANGA
MANGÉ
MANIE
MANIÉ
MANIF
MANIN
MANIP
MANNE
MANSE
MANTA
MANTA
MANTE
MAORI
MAOUS
MAQUÉ
MARAT
MARCQ
MARCY
MARDI
MARÉE
MAREY
MARGE
MARGÉ
MARIE
MARIÉ
MARIN
MARIN
MARIS
MARKA
MARLE
MARLI
MARLY
MARNE
MARNE
MARNÉ
MAROC
MAROS
MAROT
MARRE
MARRÉ
MARRI
MARTE
MARTÍ
MARTY
MASAI
MASAN
MASER
MASSA
MASSE
MASSÉ
MASSU
MASSY
MATAF
MATCH

MATÉE
MÂTÉE
MATER
MÂTER
MATHA
MATHÉ
MATHS
MATIE
MATIF
MATIN
MÂTIN
MATIR
MATON
MATOS
MATOU
MÁTRA
MATTA
MATTE
MAULE
MAURE
MAURE
MAURS
MAURY
MAUSS
MAUVE
MAUZÉ
MAYAS
MAYEN
MAYER
MAYET
MAYOL
MAZOT
MBEKI
MBINI
MBUTI
MCCAY
MEADE
MEAUX
MÈCHE
MÉCHÉ
MEDAN
MÉDAN
MÉDÉA
MÉDÉE
MEDEF
MÈDES
MÉDIA
MÉDIE
MÉDIT
MÉDOC
MÉDOC
MÉFIÉ
MÉGIE
MÉGIR
MÉGIS
MÉGOT
MÉHUL

MEHUN
MEIER
MEIJE
MEIJI
MEISE
MELBA
MÊLÉE
MÊLER
MELIA
MELLE
MÉLOÉ
MELON
MELUN
MEMEL
MÉNAM
MENDE
MENDÉ
MENÉE
MENEM
MENEN
MENER
MÉNÈS
MENGS
MENIN
MENIN
MENSE
MENTI
MENUE
MERCI
MERDE
MERDÉ
MERLE
MERLE
MERLU
MÉROÉ
MÉROU
MÉSIE
MÉSON
MESSE
MÉTAL
MÉTÉO
MÉTIS
MÈTRE
MÉTRÉ
MÉTRO
METSU
MEULE
MEULÉ
MEUNG
MEUSE
MEUTE
MEYER
MÉZIG
MIAMI
MIAOU
MIASS
MI-BAS

MICHE	**MODEL**	MORIO	MÛRIE	**NASHE**	NEUVE
MICRO	MODEM	MORNE	MURIN	**NASIK**	**NEUVY**
MICRO-	MOERE	**MORNY**	MÛRIR	NASSE	NEVEU
MIDAS	**MOERO**	**MORÓN**	MÛRON	NATAL	**NEVIS**
MIEUX	MOFLÉ	MORSE	MUSÉE	**NATAL**	**NEWAR**
MI-FER	**MOILI**	**MORSE**	MUSER	NATEL	**NE WIN**
MIGNE	MOINE	MORTE	**MUSES**	NATIF	**NEXON**
MIGRÉ	MOINS	**MORTE**	**MUSIL**	**NATTA**	**NGONI**
MILAN	MOIRE	MORUE	MUSLI	NATTE	NIAIS
MILAN	**MOIRE**	**MORUS**	**MUSSY**	NATTÉ	NIANT
MILER	MOIRÉ	MORVE	MUTÉE	**NAURU**	**NIAUX**
MILET	MOISE	MOSAN	MUTER	NAVAL	NICAM
MILLA	MOISÉ	**MOSHÉ**	MUTIN	NAVEL	**NICÉE**
MILLE	MOÏSE	**MOSSI**	**MWERU**	**NAVES**	NICHE
MILLE	**MOÏSE**	MOTEL	MYOME	NAVET	NICHÉ
MILLI-	MOISI	MOTET	MYOPE	**NAVEZ**	NICOL
MILLY	MOITE	MOTIF	**MYRON**	NAVRÉ	**NICOL**
MILON	MOITI	**MOTTA**	MYRTE	**NAXOS**	**NICOT**
MIMÉE	**MOKPO**	MOTTE	**MYSIE**	**NÁXOS**	NIÉBÉ
MIMER	**MOLAY**	MOTTÉ	MYTHE	**NAYAR**	NIÈCE
MINCE	MOLLE	MOTUS	**MY THO**	**NAZCA**	NIÈME
MINCI	MOLLI	MOULE	NABAB	NAZIE	**NIEVO**
MINÉE	MOLLO	MOULÉ	**NABIS**	**NAZOR**	**NIGER**
MINER	MOMIE	MOULT	NABLE	**NDOLA**	**NIKKO**
MINET	**MÖNCH**	MOULU	NABOT	**NEAGH**	**NIKON**
MINHO	**MONCK**	MOYÉE	NACRE	NÉANT	NILLE
MINNE	MONDE	MOYEN	NACRÉ	NEBKA	**NIMBA**
MINON	**MONDE**	MOYEU	**NADAR**	**NEDJD**	NIMBE
MINOS	MONDÉ	**MSILA**	**NADER**	NÈFLE	NIMBÉ
MINOT	MONEL	MUANT	NADIR	NÈGRE	**NÎMES**
MINOU	**MONEO**	**MUCHA**	**NADJD**	**NEGRI**	NINAS
MINSK	MONEP	MUCOR	**NADOR**	**NEGRO**	**NIOBÉ**
MINUS	**MONET**	MUCUS	**NAFTA**	NÉGUS	NIOLO
MIQUE	**MONGE**	MUDRA	NAGÉE	**NEHRU**	**NIOLO**
MIRÉE	**MONGO**	MUFLE	NAGER	NEIGE	**NIORT**
MIRER	**MONIZ**	MUFTI	**NAHUA**	**NEIGE**	NIPPE
MIRON	**MONOD**	MUGIR	**NAHUM**	NEIGÉ	NIPPÉ
MISÉE	MONOÏ	MULET	NAINE	**NEILL**	NIQUE
MISER	MONTE	MULLA	NAIRA	**NEIVA**	NIQUÉ
MI SON	MONTÉ	MULON	NAÏVE	**NÉKAO**	**NITRA**
MISTI	**MONTI**	MULOT	**NAMIB**	**NÉMÉE**	NITRE
MITAN	**MONTS**	MULUD	**NAMPO**	NENNI	NITRÉ
MITAU	**MONTT**	**MUNCH**	**NAMUR**	**NENNI**	NIVAL
MITÉE	**MONZA**	**MUNDA**	**NANAK**	**NÉPAL**	**NIXON**
MITER	**MOORE**	MUNGO	NANAN	**NEPER**	**NI ZAN**
MITLA	**MOPTI**	MUNIE	NANAR	**NEPOS**	**NIZAN**
MITRE	MOQUE	MUNIR	**NANCY**	**NÉRAC**	**NJUKA**
MITRE	MOQUÉ	**MURAD**	NANTI	**NÉRÉE**	**NKOLE**
MITRÉ	MORAL	MURAL	NAPÉE	**NÉRIS**	**NKORE**
MITRY	**MORAT**	**MURAT**	NAPEL	**NÉRON**	NOBEL
MIXÉE	**MORAY**	MURÉE	NAPPE	**NERVA**	**NOBEL**
MIXER	MORCE	MURER	NAPPÉ	NERVI	NOBLE
MIXTE	MORDU	**MURER**	**NAREW**	**NERVI**	NOCIF
MJØSA	**MORÉE**	**MURES**	NARRÉ	**NESLE**	NODAL
MOCHE	**MORET**	MURET	NARSE	NETTE	NOÈME
MOCHE	**MOREZ**	**MURET**	**NARVA**	NEUME	NOÈSE
MODAL	**MORIN**	MUREX	NASAL	**NEUSS**	NŒUD

5

NOIRE
NOIRE
NOISE
NOISY
NOLDE
NOMMÉ
NONCE
NONES
NONNE
NOPAL
NORDÉ
NORDI
NORÉN
NORGE
NORIA
NORME
NORMÉ
NOTÉE
NOTER
NOTRE
NÔTRE
NOUBA
NOUÉE
NOUER
NOUET
NOUGÉ
NOVAE
NOVÉE
NOVER
NOVES
NOYAU
NOYÉE
NOYER
NOYON
NOZAY
NUAGE
NUANT
NUBIE
NUFUD
NUIRE
NULLE
NÚÑEZ
NUORO
NUQUE
NURMI
NURSE
NYLON
NYONS
OASIS
OATES
OBÉIE
OBÉIR
OBÈLE
OBÉRÉ
OBÈSE
OBIER
OBJET

OBLAT
OBOLE
OBTUS
OBVIE
OBVIÉ
OCCAM
OCCIS
OCÉAN
OCRÉE
OCRER
OCTAL
OCTET
ODÉON
ODÉON
ODEUR
ODILE
ŒBEN
ŒILS
ŒUVÉ
OFFRE
OFLAG
OGAKI
OGINO
OGIVE
OGLIO
OGONI
OHANA
O'HARE
OHLIN
OHRID
OINTE
OÏRAT
OIRON
OISIF
OISON
OKAPI
ÖLAND
OLÉUM
OLIER
OLIVA
OLIVE
OLTEN
OMAHA
OMBLE
OMBRE
OMBRÉ
OMÉGA
OMISE
OMIYA
OMUTA
ONCLE
ONDÉE
ONDIN
ON-DIT
ONEGA
ONERA
ONGLE

ONGLÉ
OPALE
OP ART
OPAVA
OPCVM
OPÉRA
OPÉRÉ
OPINÉ
OPITZ
OPIUM
OPOLE
OPTER
ORAGE
ORALE
ORANT
ORAUX
ORBAY
ORBEC
ORDOS
ORDRE
ORDRÉ
ORFEO
ORGIE
ORGON
ORGUE
ORIEL
ORION
ORIYA
ORLON
ORLOV
ORMET
ORMUZ
ORNÉE
ORNER
OROMO
OROSE
ORPIN
ORQUE
ORSAY
ORSEC
ORTIE
ORURO
ORVAL
ORVET
OSAKA
OSANT
OSCAR
OSCAR
OSIDE
OSIER
OSMAN
OSQUE
OSSAU
OSSUE
OSSUN
OSTIE
OTAGE

ÔTANT
OTARU
OTASE
OTHON
OTITE
OTOMI
OTTON
OTWAY
OUAIS
OUATE
OUATÉ
OUBLI
OUCHE
OUCHE
OUDRY
OUEST
OUJDA
OURAL
OURCQ
OURDI
OURGA
OURLÉ
OURSE
OURSE
OUSTE
OUTIL
OUTRE
OUTRÉ
OUVRÉ
OVALE
OVIDE
OVINE
OVINÉ
OVULE
OVULÉ
OWENS
OXIME
OXYDE
OXYDÉ
OYAMA
OZARK
OZAWA
OZÈNE
OZOIR
OZONE
OZONÉ
PABLO
PABST
PACHA
PACSE
PACTE
PADAN
PADDY
PADMA
PADOU
PÆAN
PAGAN

PAGEL
PAGET
PAGNE
PAGRE
PAGUS
PAÏEN
PAINE
PAIRE
PAJOT
PAJOU
PA KIN
PALAN
PALAU
PALÉE
PALET
PÂLIE
PÂLIR
PALIS
PALLE
PALMA
PALME
PALME
PALMÉ
PALOS
PALOT
PÂLOT
PALOX
PALPE
PALPÉ
PALUD
PÂMÉE
PÂMER
PAMIR
PAMPA
PAMPA
PANAX
PANAY
PANCA
PANDA
PANÉE
PANEL
PANER
PANIC
PANKA
PANNE
PANNÉ
PANSE
PANSÉ
PANSU
PANTE
PAOLI
PAPAL
PAPAS
PAPEN
PAPET
PAPIN
PAPOU

PAPOU
PAPUS
PÂQUE
PARAT
PARAY
PARDI
PARÉE
PARÉO
PARER
PARÉS
PARIA
PARIÉ
PARIS
PÂRIS
PARKA
PARLÉ
PARME
PARME
PARMI
PARNY
PAROI
PAROS
PÁROS
PARRY
PARSI
PARTI
PASAY
PASCH
PASSE
PASSÉ
PASSY
PASTO
PATAN
PATAS
PATAY
PATCH
PATCH
PÂTÉE
PATER
PATER
PATHÉ
PATIN
PATIN
PATIO
PÂTIR
PÂTIS
PATNA
PÂTON
PATOU
PÂTRE
PATRU
PATTE
PATTÉ
PATTU
PAULI
PAUME
PAUMÉ

PAUSE
PAUSÉ
PAVÉE
PAVER
PAVIE
PAVIE
PAVOT
PAXON
PAYÉE
PAYEN
PAYER
PAYNE
PAYSE
PAZZI
PÉAGE
PEANO
PEARY
PEAUX
PÉCAN
PÉCHÉ
PÊCHE
PÊCHÉ
PEDZÉ
PÈGRE
PÉGUY
PEINE
PEINÉ
PEINT
PÉKAN
PÉKET
PÉKIN
PÉKIN
PELÉE
PELÉE
PÉLÉE
PELER
PELLA
PELLE
PELLÉ
PELTÉ
PEMBA
PÉNAL
PENCE
PENCK
PENDE
PENDU
PÉNIL
PÉNIS
PENLY
PENNE
PENNE
PENNÉ
PENNY
PENON
PENSÉ
PENTE
PENTU

PENZA
PÉONS
PÉPÉE
PÉPIE
PÉPIÉ
PÉPIN
PÉPIN
PÉPON
PEPYS
PERCE
PERCÉ
PERCÉ
PERÇU
PERCY
PERDU
PERDU
PEREC
PÉREC
PÉRÉE
PERES
PÉRET
PEREY
PÉREZ
PÉRIF
PÉRIL
PERIM
PÉRIR
PERLE
PERLÉ
PERÓN
PER OS
PÉROU
PERRÉ
PERSE
PERSE
PERSO
PERTE
PERTH
PESÉE
PESER
PESON
PESSE
PESTE
PESTÉ
PÉTÉE
PÉTER
PETIT
PETIT
PETON
PÉTRA
PETRI
PÉTRI
PÉTUN
PEULS
PHAGE
PHARE
PHASE

PHILO
PHLOX
PHONE
PHONO
PHOTO
PHTAH
PHYSE
PIANA
PIANO
PIANO
PIAST
PIAUÍ
PIAVE
PIBLE
PICOT
PIÈCE
PIECK
PIÈGE
PIÉGÉ
PIERO
PIETÀ
PIÉTÉ
PIEUX
PIÈZE
PIFÉE
PIFER
PIFFÉ
PIGÉE
PIGER
PIGNE
PIGOU
PILAF
PILAT
PILAW
PILÉE
PILER
PILET
PILLÉ
PILON
PILON
PILOT
PILOU
PILUM
PINAY
PINCE
PINCÉ
PINDE
PINEL
PINNE
PINOT
PINTE
PINTÉ
PINTO
PIN-UP
PIPÉE
PIPER
PIPIT

PIQUE
PIQUÉ
PIRAE
PIRON
PISAN
PISAN
PISON
PISSE
PISSÉ
PISTE
PISTÉ
PITCH
PITIÉ
PITON
PITOT
PITRE
PITTI
PIURA
PIVOT
PIXEL
PIZZA
PLACE
PLACÉ
PLAGE
PLAID
PLAIE
PLAIN
PLANE
PLANÉ
PLANT
PLATA
PLATE
PLÈBE
PLEIN
PLEUR
PLIÉE
PLIER
PLINE
PLION
PLOCK
PLOMB
PLOUC
PLOUF
PLOUK
PLOYÉ
PLUIE
PLUME
PLUMÉ
PLZEN
POCHE
POCHÉ
POÊLE
POÊLÉ
POÈME
POÈTE
POGGE
POGNE

POHER
POIDS
POILÉ
POILU
POING
POINT
POINT
POIRE
POIRÉ
POISE
POKER
POLAR
POLIE
POLIO
POLIR
POLJÉ
POLKA
POLKE
POMAK
POMME
POMMÉ
POMPE
POMPÉ
PONCE
PONCE
PONCÉ
PONDU
PONEY
PONGE
PONGÉ
PONOT
PONTE
PONTÉ
PONTI
POOLE
POONA
POOPÓ
POPAH
POPOV
POQUÉ
PORNO
PÔROS
PORTE
PORTE
PORTÉ
PORTO
PORTO
POSDR
POSÉE
POSER
POSTE
POSTÉ
POTÉE
POTEZ
POTIN
POTON
POTTO

POTUE
POUAH
POUCE
POUCÉ
POULE
POULS
POUND
POUNT
POUPE
POWYS
POYET
POZZO
PRADO
PRAIA
PRAME
PRATO
PRATS
PRATT
PRÉAU
PRÈLE
PRÊLE
PRÉPA
PRÊTE
PRÊTÉ
PRETI
PREUX
PRÉVU
PRIAM
PRIÉE
PRIER
PRIME
PRIMÉ
PRIMO
PRION
PRISE
PRISÉ
PRIVÉ
PROBE
PRODI
PROIE
PROLO
PROME
PROMO
PROMU
PRÔNE
PRÔNÉ
PRONY
PROSE
PROST
PROTE
PROUE
PROUT
PRUDE
PRUNE
PSITT
PSKOV
PSOAS

PTÔSE	RÂBLE	**RAQQA**	REDUE	RÊVER	**ROBIN**
PUANT	RÂBLÉ	RAQUÉ	RÉÉLU	**REVIN**	ROBOT
PUBIS	RABOT	RASÉE	REFUS	REVUE	**ROCHA**
PUCHE	**RACAN**	RASER	RÉGAL	**REYES**	ROCHE
PUGET	RACÉE	**RASHI**	REGEL	**RHARB**	ROCHÉ
PUÎNÉ	RACER	RASHS	**REGER**	**RHEIN**	ROCOU
PUISÉ	RACHI	RASTA	RÉGIE	**RHINE**	RODÉE
PUITS	**RACHI**	RATÉE	RÉGIR	**RHÔNE**	RODÉO
PULCI	**RACHT**	RATEL	RÈGLE	RHUMB	RODER
PULLY	RACLE	RATER	RÉGLÉ	RHUME	RÔDER
PULPE	RACLÉ	RATIO	RÉGLO	RHUMÉ	**RODEZ**
PULSÉ	RADAR	RATON	RÈGNE	**RHUYS**	**RODIN**
PUNCH	RADÉE	RATTE	RÉGNÉ	**RIANS**	**ROGER**
PUNIE	RADER	**RAUMA**	REGUR	RIANT	ROGNE
PUNIR	RADIÉ	RAVAL	**REICH**	RIBAT	ROGNÉ
PURÉE	RADIN	**RAVEL**	**REIMS**	**RIBOT**	ROGUE
PURGE	RADIO	RAVIE	REINE	**RICCI**	ROGUÉ
PURGÉ	RADIS	RAVIN	**REISZ**	RICHE	**ROHAN**
PURIN	**RADOM**	RAVIR	REJET	RICIN	ROIDE
PUROT	RADON	**RAWLS**	RELAX	RIDÉE	ROIDI
PURUS	RAFLE	RAYÉE	RELIÉ	RIDER	**ROJAS**
PUSAN	RAFLÉ	RAYER	RELOU	**RIEGO**	**ROLIN**
PUSEY	RAGER	**RAYOL**	RELUE	**RIETI**	**ROLLE**
PUTTÉ	RAGOT	RAYON	RELUI	RIEUR	ROMAN
PUTTI	RAGUÉ	**READE**	REMIS	RIFFE	**ROMÉO**
PUTTO	RAIDE	RÉAGI	REMIX	RIFLE	**RÖMER**
PYDNA	RAIDI	REAIS	RÉMIZ	**RIGHI**	ROMPU
PYLOS	**RAIMU**	RÉALE	REMUE	**RILEY**	RONCE
PYREX	RAINÉ	RÉANT	REMUÉ	**RILKE**	**RONCQ**
QANUN	RAIRE	RÉAUX	**REMUS**	RIMÉE	RONDE
QATAR	RAJAH	REBAB	RÉNAL	RIMER	RONDO
QIBLA	RÂLER	REBEC	**RENAN**	RINCÉ	RONÉO
QUAND	**RAMAN**	**REBEL**	RENDU	RIOJA	RONGÉ
QUARK	RAMAS	REBOT	**RENÉE**	**RIOJA**	RÔNIN
QUART	RAMÉE	REBUE	RENIÉ	**RIONI**	**RONSE**
QUASI	RAMER	RÉBUS	RENNE	RIOTÉ	ROQUE
QUÊTE	RAMIE	REBUT	RENOM	RIPÉE	ROQUÉ
QUÊTÉ	**RAMON**	RECEL	RENON	RIPER	**RØROS**
QUEUE	RAMPE	RECÈS	**RENOU**	RIPOU	**RORTY**
QUEUX	RAMPÉ	RECEZ	RENTE	RISÉE	**ROSAS**
QUICK	**RAMUS**	RÊCHE	RENTÉ	RISER	ROSAT
QUIET	**RAMUZ**	**RECHT**	REPAS	**RITAL**	ROSÉE
QUINE	RANCE	RÉCIF	RÉPIT	RIVAL	ROSER
QUINE	**RANCE**	RÉCIT	REPLI	**RIVAS**	**ROSES**
QUINÉ	**RANCÉ**	RÉCRÉ	REPLU	RIVÉE	ROSIE
QUINN	RANCH	RECRU	REPOS	RIVER	ROSIR
QUIPO	RANCI	RECRÛ	REPUE	**RIVES**	**ROSNY**
QUIPU	RANGÉ	RECTA	RESTE	RIVET	ROSSE
QUITO	**RANKE**	RECTO	RESTÉ	**RIVET**	ROSSÉ
QUOTA	**RANST**	REÇUE	RESTO	**RIVNE**	**ROSSI**
RABAB	**RAOUL**	RECUL	RÉTIF	**RIYAD**	**ROSSO**
RABAH	RAOUT	REÇUS	RÉTRO	RIYAL	RÖSTI
RABAN	RÂPÉE	REDAN	RÉUNI	**RIZAL**	ROTER
RABAT	RÂPER	RÉDIE	**REUSS**	**ROACH**	RÔTIE
RABAT	RAPHÉ	REDIT	**REVAL**	ROBÉE	ROTIN
RABBI	RAPIN	**REDON**	RÊVÉE	ROBER	RÔTIR
RABIN	RAPPÉ	REDOX	**REVEL**	ROBIN	ROTOR

ROTSÉ
ROUAN
ROUCH
ROUÉE
ROUEN
ROUER
ROUET
ROUGE
ROUGÉ
ROUGH
ROUGI
ROUIE
ROUIR
ROULÉ
ROUMI
ROUND
ROUTE
ROUTÉ
ROVNO
ROYAL
ROYAN
ROYAT
ROYEN
ROZAY
RUADE
RUANT
RUBAN
RUBEN
RUBIS
RUCHE
RUCHÉ
RUEFF
RUEIL
RUGBY
RUGBY
RÜGEN
RUGIR
RUINE
RUINÉ
RUITZ
RUMBA
RUMEN
RUMEX
RUOLZ
RUPÉE
RUPER
RUPIN
RURAL
RUSÉE
RUSER
RUSHS
RUSKA
RUSSE
RUSSE
RÜTLI
SAADI
SAALE

SAAME
SABAH
SABIN
SABIR
SABLE
SABLÉ
SABLÉ
SABOT
SABRA
SABRE
SABRÉ
SACCO
SACHS
SACRE
SACRÉ
SACRÉ
SAFRE
SAGAN
SAGAR
SAGOU
SAHEL
SAHIB
SAÏAN
SAÏDA
SAÏGA
SAINE
SAINS
SAINT
SAISI
SAÏTE
SAJOU
SAKAI
SAKHA
SALAM
SALAN
SALÉE
SALEM
SALER
SALIE
SALIH
SALIN
SALIN
SALIR
SALLE
SALLÉ
SALON
SALOP
SALPE
SALSA
SALTA
SALTO
SALTO
SALUÉ
SALUT
SALUT
SALVE
SAMAR

SAMBA
SAMBO
SAMER
SAMET
SAMIT
SAMMY
SAMOA
SAMOS
SANAA
SANCI
SANCY
SANEM
SANIE
SANTÉ
SANVE
SANZA
SAOLA
SAÔNE
SAOUL
SAPÉE
SAPER
SAPHO
SAPIN
SAPIR
SAQUÉ
SARAH
SARAN
SARDE
SARDE
SARIN
SAROD
SAROS
SARRE
SARTO
SASSÉ
SATAN
SATIE
SATIN
SAUCE
SAUCÉ
SAUGE
SAULE
SAUNA
SAUNÉ
SAURA
SAURÉ
SAUTE
SAUTÉ
SAUVE
SAUVÉ
SAUVY
SAVON
SAVOY
SAXON
SAXON
SAYDA
SAYON

SBIRE
SCAËR
SCALA
SCALP
SCARE
SCEAU
SCÉEN
SCÈNE
SCÈVE
SCIÉE
SCIER
SCION
SCOLA
SCOOP
SCOPE
SCORE
SCOTS
SCOTT
SCOUT
SCRUB
SDECE
SÉANT
SEAUX
SEBHA
SEBOU
SÉBUM
SECAM
SECCO
SÈCHE
SÉCHÉ
SECTE
SEDAN
SEDUM
SÉGOU
SEGRÈ
SEGRÉ
SÈGRE
SÉGUR
SÉIDE
SEIME
SEINE
SEINE
SEING
SEITA
SEIZE
SÉJAN
SELIM
SELLE
SELLÉ
SELON
SELTZ
SELVA
SELVE
SELYE
SEMÉE
SEMEÏ
SEMER

SEMIS
SEMOY
SEMPÉ
SEMUR
SÉNAN
SÉNAT
SENAU
SENNA
SENNE
SENNE
SENSÉ
SENTE
SENTI
SEOIR
SÉOUL
SÉPIA
SÉRAC
SERBE
SERBE
SERCQ
SERER
SERGE
SERGE
SERGÉ
SÉRIE
SÉRIÉ
SERIN
SERPE
SERRA
SERRE
SERRE
SERRÉ
SERTE
SERTI
SÉRUM
SERVE
SERVI
SETAR
SÉTIF
SÉTON
SEUIL
SEULE
SEVAN
SÉVIR
SEVRÉ
SEXTE
SEXTO
SEXUÉ
SÉZIG
SHABA
SHAKO
SHANA
SHAPE
SHAWN
SHELF
SHÉOL
SHEPP

SHIJI
SHIVA
SHOAH
SHONA
SHOOT
SHORT
SHUAR
SHUNT
SIBIU
SICAV
SICIÉ
SICLE
SIDON
SIÈGE
SIÉGÉ
SIEUR
SIGER
SIGLE
SIGLÉ
SIGMA
SIGNE
SIGNÉ
SILER
SILEX
SILLÉ
SILOÉ
SIMLA
SIMON
SINAÏ
SINAN
SINGE
SINGÉ
SINOC
SINON
SINOP
SINUÉ
SINUS
SIOUX
SIOUX
SIRET
SIREX
SIREY
SIRLI
SIROP
SISAL
SISSI
SITAR
SIT-IN
SITÔT
SITUÉ
SIVAS
SIXTE
SIXTE
SKATE
SKEET
SKIER
SKIFF

5

SKONS	SORTI	**STEEN**	**SULLA**	TACLÉ	**TARAZ**
SKUNS	SOSIE	**STEIN**	**SULLY**	TACON	**TARDE**
SLANG	**SOSIE**	STÈLE	**SULUK**	TACOT	TARDÉ
SLASH	SOTHO	STEMM	SUMAC	**TAEGU**	**TARDI**
SLAVE	**SOTHO**	STÉNO	**SUMBA**	TAFFE	TARÉE
SLAVE	SOTIE	STÈRE	**SUMEN**	TAFIA	TARER
SLICE	SOTTE	STÉRÉ	**SUMER**	**TAFNA**	TARET
SLICÉ	SOUCI	**STERN**	SUNNA	TAGAL	TARGE
SLOOP	SOUDE	**STEYR**	**SUN ZI**	**TAGAL**	TARIE
SLUSH	SOUDÉ	STICK	SUPER	TAGME	TARIF
SMALA	SOUFI	**STIJL**	SUPIN	TAGUÉ	**TARIM**
SMALT	**SOUGE**	STIPE	SUPRA	**TAI'AN**	TARIN
SMART	**SOULE**	STOCK	SURAH	TAÏGA	TARIR
SMASH	SOÛLE	**STONE**	SURAL	TAIJI	TAROT
SMITH	SOÛLÉ	**STOPH**	**SURAT**	**TAINE**	TARSE
SMOLT	**SOULT**	STORE	SURET	TAIRE	TARTE
SMURF	**SOUMY**	**STORM**	SURFÉ	**TAIZÉ**	TARTI
SMUTS	SOUPE	**STOSS**	SURGI	**TAIZZ**	**TARTU**
SNACK	SOUPÉ	STOUT	SURIN	**TAKIS**	TASSE
SNIFF	SOURD	STRAS	SURIR	**TALCA**	**TASSE**
SNOBÉ	SOURI	STRIE	SUROS	TALÉE	TASSÉ
SOBRE	SOUTE	STRIÉ	**SURYA**	TALER	TATAR
SOCIN	**SPAAK**	STUKA	**SU SHI**	TALET	**TATAR**
SOCLE	SPAHI	STUPA	SUSHI	TALLE	TÂTÉE
SODDY	SPART	**STURE**	SUTRA	TALLÉ	TÂTER
SODÉE	SPATH	STYLE	**SUWON**	**TALMA**	TATOU
SŒUR	**SPEER**	STYLÉ	**SVEND**	TALON	**TATRY**
SOFIA	**SPEKE**	STYLO	**SVEVO**	**TALON**	**TATUM**
SOHAG	SPÉOS	SUAGE	**SWAPO**	TALUS	**TAUBE**
SOISY	SPIRE	SUANT	SWAZI	TAMIA	TAUDE
SOLDE	**SPIRE**	SUAVE	**SWAZI**	TAMIL	TAULE
SOLDÉ	SPITZ	SUBER	**SWIFT**	**TAMIL**	**TAULÉ**
SOLEN	**SPITZ**	SUBIE	SWING	TAMIS	TAUON
SOLEX	**SPLIT**	SUBIR	**SYLLA**	**TAMPA**	TAUPE
SOLIN	SPORE	SUBIT	SYLVE	TANCÉ	TAUPÉ
SOLIN	SPORT	SUBLÉ	SYMPA	**TANGA**	**TAUPO**
SOLON	SPRAT	SUCÉE	**SYNGE**	**TANGE**	TAURE
SOLOW	SPRAY	SUCER	SYRAH	TANGO	TAVEL
SOLTI	**SPREE**	SUÇON	**SYRIE**	TANIN	**TAVOY**
SOMES	SPRUE	SUCRE	**SYROS**	**TANIS**	TAXÉE
SOMME	SQUAT	**SUCRE**	**SYRTE**	**TANIT**	TAXER
SOMME	SQUAW	SUCRÉ	**SZASZ**	TANKA	TAXIE
SOMMÉ	**STAAL**	SUDRA	TABAC	TANNE	TAXOL
SONAL	**STACE**	SUÈDE	TABÈS	TANNÉ	TAXON
SONAR	STADE	**SUÈDE**	TABLA	**TANTA**	TAXUM
SONDE	**STAËL**	SUÉDÉ	TABLE	TANTE	**TCHAD**
SONDE	STAFF	**SUESS**	TABLÉ	TAPAS	TCHAO
SONDÉ	STAGE	SUEUR	TABOR	TAPÉE	TCHIN
SONGE	**STAHL**	SUFFI	**TABOR**	TAPER	**TEGAL**
SONGÉ	STAMM	**SUGER**	TABOU	TAPIE	**TÉGÉE**
SONIE	STAND	SUIDÉ	TACCA	TAPIN	TEINT
SONNÉ	**STANS**	SUINT	TACET	TAPIR	TÉLEX
SOPOT	**STARK**	**SUITA**	TACHE	TAPIS	TELLE
SORBE	**START**	SUITE	TACHÉ	TAPON	**TELLO**
SOREL	STASE	SUIVI	TÂCHE	TAQUE	**TEMIN**
SORIA	**STASI**	SUJET	TÂCHÉ	TAQUÉ	**TEMNE**
SORTE	STEAK	SULKY	TACLE	TARAF	TEMPE

TEMPO
TEMPS
TENCE
TENDE
TENDU
TENGE
TÉNIA
TENIR
TENON
TÉNOR
TÊNOS
TENTE
TENTÉ
TENUE
TÉNUE
TEPIC
TEPUI
TERME
TERNE
TERNI
TERNI
TERRE
TERRÉ
TERRI
TESLA
TESLA
TESTÉ
TÉTÉE
TÉTER
TÉTIN
TÉTON
TÊTUE
TETUN
TEXAN
TEXAN
TEXAS
TEXEL
TEXTE
TEXTO
TÉZIG
THAÏE
THAÏS
THANA
THANE
THANN
THANT
THAON
THARU
THÈME
THÉON
THÈSE
THÊTA
THEUX
THIÈS
THILL
THIOL
THIRY
THIZY
THORA
THUIN
THUIR
THULÉ
THUNE
THUYA
TIARE
TIARÉ
TIBET
TIBIA
TIBRE
TIBUR
TIECK
TIÈDE
TIÉDI
TIELT
TIERS
TIFFE
TIGRE
TIGRE
TIGRÉ
TIGRÉ
TIKAL
TIKAR
TILDE
TILLE
TILLÉ
TILLY
TILTÉ
TIMON
TIMOR
TÍNOS
TINTÉ
TINTO
TIPÉE
TIPER
TIPPÉ
TIQUE
TIQUÉ
TIRAN
TIRÉE
TIRER
TIRET
TIRSO
TISON
TISSÉ
TISSU
TISZA
TITAN
TITAN
TITRE
TITRÉ
TITUS
TIVAS
TMÈSE
TOAST
TOBEY
TOBIE
TOBIN
TOBOL
TOILE
TOILÉ
TOISE
TOISÉ
TOKAÏ
TOKAJ
TOKAJ
TOKAY
TOKAY
TOKYO
TOLAR
TÔLÉE
TOLET
TOLLÉ
TOMAN
TOMAR
TOMBE
TOMBÉ
TOMME
TOMMY
TOMSK
TONAL
TONDU
TONER
TONGA
TONKA
TONNE
TONNÉ
TONTE
TONUS
TOPER
TOPOR
TOQUE
TOQUÉ
TORAH
TORCY
TORDU
TORÉÉ
TOREZ
TORGA
TORII
TORIL
TORNE
TORON
TORSE
TORTU
TORUN
TORVE
TORYS
TOSSÉ
TOTAL
TOTEM
TOTON
TOUAT
TOUCY
TOUÉE
TOUER
TOULA
TOURD
TOURÉ
TOURS
TOUTE
TOUVA
TRACE
TRACÉ
TRACT
TRACY
TRAHI
TRAIL
TRAIN
TRAIT
TRAKL
TRAME
TRAMÉ
TRAMP
TRAPU
TRÉMA
TREND
TRENT
TRETS
TRÊVE
TRIAL
TRIAS
TRIBU
TRIÉE
TRIEL
TRIER
TRIMÉ
TRINE
TRIOL
TRIPE
TRITH
TRNKA
TROIE
TROIS
TROLL
TROMP
TRONC
TRÔNE
TRÔNÉ
TROPE
TROUÉ
TRUCK
TRUIE
TRUST
TSUBA
TUANT
TUBÉE
TUBER
TUDOR
TU DUC
TUEUR
TUILE
TUILÉ
TULLE
TULLE
TULSA
TUNER
TUNIS
TUQUE
TÜRBE
TURBO
TURIN
TURKS
TURKU
TURNE
TUTSI
TUTTI
TUYAU
TUZLA
TWAIN
TWEED
TWEED
TWIST
TYARD
TYLER
TYLOR
TYPÉE
TYPER
TYPON
TYRAN
TYROL
TZARA
UBAYE
UCCLE
UDINE
UGINE
UHLAN
UHURU
UKASE
ULÉMA
ULSAN
ULTRA
ULULÉ
ULURU
UNAUS
UNAUX
UNION
UNITA
UNITÉ
UNKEI
UNTEL
UPOLU
URATE
URAWA
URGEL
URGER
URINE
URINÉ
URUBU
USAGE
USAGÉ
USANT
USINE
USINÉ
USITÉ
USNÉE
USSEL
USTER
USUEL
USURE
UTILE
UVALE
UVAUX
UVULA
UVULE
UXMAL
UZBEK
UZBEK
VAASA
VACHE
VADUZ
VAGAL
VAGIN
VAGIR
VAGUE
VAGUÉ
VAINE
VAIRÉ
VALDO
VALÉE
VALET
VALGA
VALLA
VALMY
VALSE
VALSÉ
VALUE
VALVE
VALVÉ
VAMPÉ
VANDA
VANEL
VANES
VANNE
VANNÉ
VANTÉ
VAPES
VAQUÉ
VARAN
VARDA
VARGA
VARIA
VARIÉ

VARIN	VERSO	VIOLE	VÔTRE	**WOOLF**	ZAÏRE
VARNA	VERTE	VIOLÉ	VOUÉE	**WORMS**	**ZAÏRE**
VARON	**VERTS**	VIRAL	VOUER	**WORTH**	Zamak
VARUS	VERTU	VIRÉE	**VOUET**	**WOTAN**	ZAMIA
VARUS	**VERUS**	VIRER	VOUGE	**WUHAN**	**ZANDÉ**
VARVE	VERVE	**VIRET**	VOULU	**WUNDT**	ZANNI
VASTE	VESCE	VIRIL	VOÛTE	**WURTZ**	**ZANTE**
VATAN	**VESLE**	VIRUS	VOÛTÉ	**WYLER**	ZANZI
VATEL	VESOU	**VISBY**	**VOVES**	**XANTE**	ZAPPÉ
VAULX	Vespa	VISÉE	**VOYER**	XÉNON	**ZARIA**
VAZOV	VESSE	VISER	VOYOU	**XERES**	**ZARQA**
VEAUX	VESSÉ	VISON	**VRACA**	XÉRÈS	ZAZOU
VÉCÉS	**VESTA**	VISSÉ	VRAIE	XÉRUS	**ZAZZO**
VÉCUE	VESTE	VITAL	**VRIES**	XHOSA	**ZEAMI**
VEDEL	VÊTIR	**VITAL**	VROOM	**XHOSA**	ZÈBRE
VEHME	VÊTUE	**VITEZ**	VROUM	XIANG	ZÉBRÉ
VÉIES	VEULE	**VITIM**	VULGO	**XINGU**	ZÉINE
VEINE	VEUVE	VITRE	VULVE	**XINJI**	**ZEIST**
VEINÉ	**VEVEY**	VITRÉ	WAGON	**XINYU**	ZÉLÉE
VÉLAR	VEXÉE	**VITRÉ**	**WAJDA**	XIPHO	**ZELEV**
VELAY	VEXER	**VITRY**	**WALES**	XYSTE	**ZEMAN**
VÊLER	**VEXIN**	**VITTE**	**WALSH**	YACHT	**ZEMST**
VÉLIE	**VEYNE**	VIVAT	**WANZE**	**YAHVÉ**	**ZÉNON**
VÉLIN	**VEYRE**	VIVRE	**WARIN**	**YALTA**	ZEPTO-
VELOT	**VIALA**	VIZIR	**WARTA**	**YAN'AN**	ZESTE
VELUE	**VIAUR**	**VLORA**	**WASSY**	**YAREN**	ZESTÉ
VÉLUM	VIBRÉ	**VLORË**	**WAUGH**	YASSA	ZETTA-
Velux	**VICAT**	VOCAL	**WAVRE**	**YEATS**	**ZHU DA**
VÉNAL	VICHY	VODKA	**WAYNE**	YÈBLE	**ZHU DE**
VENCE	**VICHY**	VŒUX	**WEALD**	**YÉMEN**	**ZHU XI**
VENDA	VICIÉ	VOGUE	WEBER	**YENNE**	**ZIBAN**
VENDA	**VIDAL**	VOGUÉ	**WEBER**	**YEPES**	ZIGUE
VENDU	VIDÉE	**VOGÜÉ**	**WEILL**	YEUSE	ZIPPÉ
VENET	VIDÉO	VOICI	**WEIPA**	**YIBIN**	**ZIZKA**
VENGÉ	VIDER	VOILÀ	**WEISS**	YOCTO-	**ZIZOU**
VENIN	**VIDOR**	VOILE	**WELLS**	YODLÉ	ZLOTY
VENIR	VIEIL	VOILÉ	**WESER**	**YONNE**	**ZOHAR**
VENLO	VIÈLE	VOIRE	WHARF	**YORCK**	**ZOMBA**
VENTE	**VIÈTE**	VOISÉ	WHIST	YOTTA-	ZOMBI
VENTÉ	VIEUX	VOLÉE	**WHITE**	**YOUNG**	ZONAL
VENUE	VIGIE	VOLER	**WHORF**	YOUPI	ZONÉE
VÉNUS	VIGIL	VOLET	**WIDAL**	**YPORT**	ZONER
VÉNUS	VIGNE	**VOLGA**	**WIDOR**	**YPRES**	ZOOMÉ
VERBE	**VIGNY**	VOLIS	**WIENE**	**YSAYE**	**ZORRO**
VERDI	**VILAR**	**VÓLOS**	**WIGHT**	YUCCA	**ZULIA**
VERDI	VILLA	**VOLTA**	**WILDE**	**YUKON**	**ZWEIG**
VERGA	**VILLA**	VOLTE	**WILES**	**YUMEN**	
VERGE	VILLE	VOLTÉ	**WILTZ**	**YU'PIT**	
VERGÉ	**VIMEU**	VOLVE	WINCH	**YUROK**	
VÉRIN	**VINAY**	VOMER	**WITTE**	**YUSTE**	
VERNE	**VINCI**	VOMIE	**WOLFE**	**YVAIN**	
VERNE	VINÉE	VOMIR	**WOLFF**	ZABRE	
VERNI	VINER	VOTÉE	**WOLIN**	**ZADAR**	
VERRE	**VINET**	VOTER	WOLOF	**ZADEK**	
VERSE	VINGT	VOTIF	**WOLOF**	**ZADIG**	
VERSÉ	**VINOY**	VOTRE	**WOODS**	**ZAHLÉ**	

6

AACHEN
AALTER
AARGAU
AARHUS
ABADAN
ABAKAN
ABAQUE
ABATÉE
ABATIS
ABATTU
ABBADO
ABBATE
ABBAYE
ABCÉDÉ
ABDÈRE
ABÉCHÉ
ABÊTIE
ABÊTIR
ABÎMÉE
ABÎMER
ABJECT
ABJURÉ
ABKHAZ
ABLIER
ABOLIE
ABOLIR
ABOMEY
ABONDÉ
ABONNÉ
ABONNI
ABORDÉ
ABOULÉ
ABOUTÉ
ABOUTI
ABOYER
ABRASÉ
ABRÉGÉ
ABRIER
ABRITÉ
ABROGÉ
ABRUPT
ABRUTI
ABSENT
ABSIDE
ABSOLU
ABSOUS
ABUSÉE
ABUSER
ABUSIF
ABUSUS
ABWEHR
ABYDOS
ABYSSE
ABZYME
ACABIT
ACACIA
ACADIE
ACAJOU
ACARIE
ACCÉDÉ
ACCENT
ACCOLÉ
ACCORD
ACCORE
ACCORT
ACCOTÉ
ACCROC
ACCRUE
ACCULÉ
ACCUSÉ
ACERBE
ACÉRÉE
ACÉRER
ACÉTAL
ACHAÏE
ACHALÉ
ACHARD
ACHEBE
ACHÉEN
ACHÉEN
ACHETÉ
ACHÈTE
ACHEVÉ
ACIÉRÉ
ACINUS
ACONIT
AÇORES
À-CÔTÉS
À-COUPS
ACQUÊT
ACQUIS
ACQUIT
ÂCRETÉ
ACTANT
ACTÉON
ACTEUR
ACTION
ACTIUM
ACTIVE
ACTIVÉ
ACTUEL
ACUITÉ
ADAGIO
ADAMOV
ADAPTÉ
ADDUIT
ADÉLIE
ADENET
ADEPTE
ADHÉRÉ
ADIEUX
ADJANI
ADJARS
ADJUGÉ
ADJURÉ
ADMIRÉ
ADMISE
ADONAÏ
ADONIS
ADONIS
ADONNÉ
ADOPTÉ
ADORÉE
ADORER
ADORNO
ADOSSÉ
ADOUBÉ
ADOUCI
ADRETS
ADRIEN
ADROIT
ADULÉE
ADULER
ADULIS
ADULTE
ADVENU
ADYGUÉ
AÉRAGE
AÉRANT
AÉRIEN
AÉTITE
AETIUS
AFFADI
AFFALÉ
AFFAMÉ
AFFECT
AFFÉTÉ
AFFIDÉ
AFFILÉ
AFFINE
AFFINÉ
AFFINS
AFFIXE
AFFIXÉ
AFFLUÉ
AFFLUX
AFFOLÉ
AFFRES
AFFÛTÉ
AFGHAN
AFGHAN
AFIN DE
AFL-CIO
AFOCAL
À-FONDS
AGACÉE
AGACER
AGADEZ
AGADIR
AGAMIE
AGARIC
AGASSE
AGATHE
AGENCE
AGENCÉ
AGENDA
AGENDÉ
AGIDES
ÂGISME
AGITÉE
AGITER
AGNATE
AGNEAU
AGNELÉ
AGONIE
AGONIR
AGOULT
AGOUTI
AGRAFE
AGRAFÉ
ÁGREDA
AGRÉÉE
AGRÉER
AGRÉGÉ
AGRILE
AGRION
AGRUME
AGUETS
AHANER
AHIDJO
AHURIE
AHURIR
AICHÉE
AICHER
AIDANT
AÏEULE
AIGLON
AIGLON
AIGNAN
AIGRIE
AIGRIR
AIHOLE
AÏKIDO
AILIER
AILLÉE
AILLER
AIMANT
AÏNOUS
AIRAIN
AIRANT
AIR BAG
AIRBUS
AIROIS
AIROLO
AIXOIS
AIXOIS
AJANTA
AJISTE
AJOURÉ
AJOUTE
AJOUTÉ
AJUSTÉ
AKASHI
AKMOLA
AKSOUM
AKTAOU
AKTOBE
ALADIN
ALAINS
ALAIRE
ALAISE
ALAISÉ
ALARIC
ALARME
ALARMÉ
AL-ASAD
ALASKA
ALBANE
ALBANS
ALBANY
ALBÉDO
ALBENS
ALBERS
ALBERT
ALBION
ALBITE
ALBOÏN
ÅLBORG
ALBRET
ALBUGO
ALCADE
ALCALI
ALCANE
ALCÈNE
ALCIAT
ALCOOL
ALCÔVE
ALCUIN
ALCYNE
ALCYON
ALDINE
ALDOSE
ALDRIN

6

ALEMÁN
À L'ENVI
ALÉRIA
ALERTE
ALERTÉ
ALÉSÉE
ALÉSER
ALÉSIA
ALESSI
ALEVIN
ALEVIS
ALEXIE
ALEXIS
ALEZAN
ALÉZÉE
ALFÖLD
ALFRED
ALFVÉN
ALGIDE
ALGINE
ALIDES
ALIÉNÉ
ALIGNÉ
ALIGOT
ALINÉA
ALISMA
ALISME
ALITÉE
ALITER
ALKYLE
ALLAIS
ALLANT
ALLÈGE
ALLÉGÉ
ALLÈLE
ALLÈNE
ALLEUX
ALLIÉE
ALLIER
ALLIER
ALLOTI
ALLOUÉ
ALLUMÉ
ALLURE
ALLURÉ
ALLYLE
ALMATY
ALMELO
ALMERE
ALONSO
ALOYAU
ALPAGA
ALPAGE
ALPHÉE
ALPINE
ALRÉEN
ALSACE
ALSACE
ALSAMA
ALTÉRÉ
ALTIER
ALTISE
ALTMAN
ALUNÉE
ALUNER
ALUNIR
ALVEAR
ALYSSE
AMADOU
AMADOU
AMAGER
AMALFI
AMANDE
AMANTE
AMARIL
AMARRE
AMARRÉ
AMASIS
AMASSÉ
AMAURI
AMAURY
AMBATO
AMBERT
AMBIGU
AMBLER
AMBRÉE
AMBRER
AMÉDÉE
AMENDE
AMENDÉ
AMENÉE
AMENER
AMERLO
AMERRI
AMEUTÉ
AMHARA
AMICAL
AMIDON
AMIENS
À MI-FER
AMIGNE
AMILLY
AMIMIE
AMINCI
AMINÉE
AMIRAL
AMITIÉ
AMNIOS
AMOCHÉ
AMODIÉ
AMOLLI
AMORAL
AMORCE
AMORCÉ
AMORTI
AMPÈRE
AMPÈRE
AMPUTÉ
AMURÉE
AMURER
AMUSÉE
AMUSER
AMUSIE
ANABAR
ANADYR
ANAGNI
ANANAS
ANCIEN
ANCÔNE
ANCRÉE
ANCRER
ANCYRE
ANDAIN
ANDERS
ANDHRA
ANDINE
ANDINE
ANDRIA
ANDRIC
ANDROS
ANDUZE
ANÉMIE
ANÉMIÉ
ÂNERIE
ÂNESSE
ANGARA
ANGÈLE
ANGERS
ANGINE
ANGKOR
ANGLES
ANGLET
ANGLET
ANGLOY
ANGOLA
ANGORA
ANHALT
ANHÉLÉ
ANIANE
ANICHE
ÂNIÈRE
ANIMAL
ANIMÉE
ANIMER
ANISÉE
ANISER
ANKARA
ANNABA
ANNALE
ANNATE
ANNAUX
ANNEAU
ANNECY
ANNELÉ
ANNEXE
ANNEXÉ
ANNONE
ANNOTÉ
ANNUEL
ANNULÉ
ANOBIE
ANOBLI
ANODIN
ANOMAL
ANOMIE
ÂNONNÉ
ANORAK
ANOURE
ANOXIE
ANSHAN
ANTALL
ANTONY
ANUBIS
ANURIE
ANVERS
ANYANG
ANZÈRE
AOMORI
AORAKI
AOUITA
AOÛTAT
AOÛTÉE
APACHE
APACHE
APAISÉ
APAMÉE
APARTÉ
À PEINE
APELLE
APERÇU
APEURÉ
APHIDÉ
APHONE
À PIBLE
APICAL
APIQUÉ
APLANI
APLATI
À-PLATS
APLITE
APLOMB
APOGÉE
APOLLO
APORIE
APOSTÉ
APÔTRE
APPARU
APPÂTÉ
APPEAU
APPELÉ
APPERT
APPERT
APPIEN
APPLET
APPORT
APPOSÉ
APPRÊT
APPRIS
APPUYÉ
ÂPRETÉ
APSARA
APSIDE
APTÈRE
APTOIS
APULÉE
APULIE
APURÉE
APURER
AQUEUX
AQUINO
ARABIE
ARABLE
ARACÉE
ARADOS
ARAFAT
ARAGON
ARAIRE
ARAKAN
ARALIA
ARAMON
ARAMON
ARANDA
ARARAT
ARASÉE
ARASER
ARAVIS
ARAWAK
ARAWAK
ARBOIS
ARBORÉ
ARBOUR
ARCADE
ARCAND
ARCANE
ARCEAU
ARCHER
ARCHES
ARCHET
ARCOLE
ARCURE
ARDENT
ARDEUR
ARDITI
ARDRES
ARÉARÉ

ARENDT
ARÉOLE
ARÉTIN
AREZZO
ARGENS
ARGENT
ARGIEN
ARGIEN
ARGILE
ARGOUN
ARGUÉE
ARGUER
ARGYLL
ARIANE
ARIÈGE
ARILLE
ARIOSO
ARISÉE
ARISER
ARKOSE
ARLANC
ARLAND
ARLEUX
ARMADA
ARMADA
ARMAGH
ARMAND
ARMANT
ARMURE
ARNAGE
ARNAUD
ARNAUT
ARNHEM
ARNICA
ARNOBE
ARNOLD
ARNOUL
ARNULF
AROBAS
AROLLE
ARONDE
AROUET
ARPÈGE
ARPÉGÉ
ARPENT
ARPÈTE
ARPION
ARQUÉE
ARQUER
ARQUES
ARRÊTÉ
ARRHES
ARRIEN
ARRIMÉ
ARRISÉ
ARRIVÉ
ARROGÉ

ARROSÉ
ARROYO
ARROYO
ARSINE
ARTAUD
ARTÈRE
ARTHUR
ARTOIS
ARVALE
ARVINE
ARYENS
ASCÈSE
ASCÈTE
ASCITE
ASCYEN
ASELLE
ASEXUÉ
ASHDOD
ASHOKA
ASHRAM
ASHTON
ASHVIN
ASIAGO
ASIATE
ASIMOV
ASMARA
ASPECT
ASPIRÉ
ASSAGI
ASSAUT
ASSEAU
ASSENÉ
ASSÉNÉ
ASSIDU
ASSISE
ASSISE
ASSOLÉ
ASSOUR
ASSUMÉ
ASSURÉ
ASTANA
ASTATE
ASTHME
ASTRAL
ASTRÉE
ASTRID
ASTUCE
ATAXIE
ATBARA
ATHÉNA
ATONAL
ATONIE
ATOURS
ATRIAU
ATRIUM
ATROCE
ATTELÉ

ATTIFÉ
ATTIGÉ
ATTILA
ATTIRÉ
ATTISÉ
ATTLEE
ATURIN
ATWOOD
ATYPIE
AUBADE
AUBAIN
AUBÈRE
AUBIER
AUBOIS
AUBRAC
AUBURN
AUCHEL
AUCUBA
AUCUNE
AUDACE
AU-DELÀ
AUDITÉ
AUDOIS
AUDRAN
AUGIAS
AUGIER
AUGURE
AUGURÉ
AULNAT
AULNAY
AULNOY
AUMALE
AUMÔNE
AUNAIE
AUNAIS
AUNEAU
AUPRÈS
AUQUEL
AUREUS
AURIGE
AURIOL
AURORE
AUSONE
AUSTEN
AUSTER
AUSTIN
AUTANT
AUTEUR
AUTOUR
AUTRUI
AUVENT
AUVERS
AUXINE
AUXOIS
AUZOUT
AVACHI
AVALÉE

AVALER
AVALIN
AVALON
AVANCE
AVANCÉ
AVANIE
AVARIE
AVARIÉ
AVATAR
AVEDON
AVEIRO
AVENIR
AVENUE
AVÉRÉE
AVÉRER
AVERSE
À VERSE
AVERTI
AVESTA
AVEULI
AVILÉS
AVILIE
AVILIR
AVINÉE
AVINER
AVIOTH
AVIRON
AVISÉE
AVISER
AVIVÉE
AVIVER
AVOCAT
AVOINE
AVOINE
AVORTÉ
AVOUÉE
AVOUER
AXIALE
AXIAUX
AXIOME
AYE-AYE
AYMARA
AYMARA
AZALÉE
AZÉRIE
AZÉRIE
AZÉRIS
AZIMUT
AZOLLA
AZONAL
AZORÍN
AZOTÉE
AZUELA
AZURÉE
AZURER
AZYGOS
BABEUF

BABINE
BABITS
BABOLÉ
BÂBORD
BACALL
BÂCHÉE
BÂCHER
BACHOT
BÂCLÉE
BÂCLER
BADAMI
BADAUD
BAD EMS
BADGER
BADINE
BADINÉ
BADOIS
BAEYER
BAFFIN
BAFFLE
BAFOUÉ
BÂFRÉE
BÂFRER
BAGAGE
BAGDAD
BAGOUT
BAGUÉE
BAGUER
BAGUIO
BAGUIO
BAIGNÉ
BAÏKAL
BAILÉN
BAILLE
BAILLÉ
BÂILLÉ
BAILLI
BAILLY
BAILYN
BAÏRAM
BAISÉE
BAISER
BAISSE
BAISSÉ
BAJOUE
BAKONY
BAKUBA
BAKUFU
BALADE
BALADÉ
BALAIS
BALANE
BALANT
BALARD
BALAYÉ
BALBEK
BALBOA

BALBOA
BALCON
BALDER
BALÈZE
BALINT
BALIOL
BALISE
BALISÉ
BALKAN
BALKAR
BALLER
BALLET
BALLIN
BALLON
BALLOT
BALMAT
BALMER
BÂLOIS
BÂLOIS
BALTES
BALUBA
BALZAC
BAMAKO
BAMBIN
BAMBOU
BAMOUM
BANACH
BANALE
BANANE
BANAUX
BANCAL
BANCHE
BANCHÉ
BANDÉE
BANDER
BANDIT
BANDOL
BANGKA
BANGUI
BANIAN
BANJAR
BANJUL
BANNIE
BANNIR
BANQUE
BANQUÉ
BANTOU
BANTOU
BAOBAB
BAO DAI
BAOTOU
BAOULÉ
BAQUET
BARAKA
BÁRÁNY
BARBÉE
BARBER
BARBÈS
BARBET
BARBON
BARBUE
BARDÉE
BARDER
BARDIS
BARDOT
BARDOT
BARÈME
BARÉTÉ
BARJOT
BARKLA
BARLIN
BARLOW
BARMAN
BARNES
BARNET
BARNUM
BARODA
BAROJA
BAROLO
BAROUD
BAROUF
BARQUE
BARRAS
BARRÉE
BARREN
BARRER
BARRÈS
BARRIE
BARRIR
BARROT
BARROT
BARROW
BARSAC
BARTAS
BARTÓK
BARTON
BARUCH
BARYON
BARYTE
BARYUM
BARZOÏ
BASALE
BASANE
BASANÉ
BASANT
BASAUX
BASIDE
BASILE
BASKET
BAS-MÂT
BASQUE
BASQUE
BASSÆ
BASSET
BASSIN
BASSON
BASSOV
BASTER
BASTIA
BASTIÉ
BASTON
BASTOS
BÂTANT
BÂTARD
BATAVE
BATAVE
BATEAU
BATÉKÉ
BATMAN
BATOUM
BATTRE
BATTUE
BAT YAM
BAUCIS
BAUDET
BAUDIN
BAUDOT
BAUGES
BAUSCH
BAVANT
BAVARD
BAVEUX
BAVOIR
BAVURE
BAYAMO
BAYANT
BAYARD
BAYERN
BAYEUX
BAYRAM
BAYROU
BAYRUT
BAZARD
BEAGLE
BEAGLE
BEAMON
BÉANCE
BÉANTE
BEATTY
BEAUCE
BEAUNE
BEAUTÉ
BEAUTÉ
BÉBÊTE
BÉBITE
BE-BOPS
BÉCANE
BÉCARD
BÉCAUD
BÉCHAR
BÊCHÉE
BÊCHER
BECHET
BECKER
BECKET
BÉCOTÉ
BECQUE
BECTÉE
BECTER
BÉDANE
BÉDARD
BEDAUX
BEDEAU
BÉDIER
BÉGARD
BÉGARD
BÉGAYÉ
BÈGLES
BÉGUIN
BEHAIM
BEHZAD
BEIGNE
BEÏRAM
BÉJAÏA
BÉJART
BEL-AMI
BÊLANT
BELATE
BÉLIAL
BÉLIER
BÉLIER
BELIZE
BELLAC
BELLAY
BELLEY
BELLOT
BELLOW
BELOTE
BÉLUGA
BELZEC
BEN ALI
BÉNARD
BENDER
BENDIR
BENDOR
BENGBU
BÉNITE
BENOIT
BENOÎT
BENOÎT
BENONI
BÉNOUÉ
BENZOL
BÉOTIE
BÉQUÉE
BÉQUET
BERAIN
BERCÉE
BERCER
BERGEN
BERGER
BERGER
BÉRING
BERLIN
BERLUE
BERNAY
BERNÉE
BERNER
BERNIN
BERNIS
BÉROUL
BERTHA
BERTHE
BERTHE
BERTIN
BESACE
BESANT
BESOIN
BESSEL
BESSIN
BESSON
BESSON
BEST OF
BÉTAIL
BÊTISE
BETTON
BÉTYLE
BEUGLÉ
BEURRE
BEURRÉ
BEXIEN
BEYNES
BEZNAU
BEZONS
BÉZOUT
BHARAT
BHOPAL
BHUTTO
BIACHE
BIAFRA
BIAISE
BIAISÉ
BIALIK
BIBANS
BIBINE
BIBITE
BICEPS
BICHAT
BICHER
BICHOF
BICHON
BIDART
BIDPAI
BIDULE
BIELLA

BIELLE
BIELYÏ
BIENNE
BIERUT
BIÈVRE
BIFACE
BIFFÉE
BIFFER
BIFFIN
BIFIDE
BIGAME
BIGLÉE
BIGLER
BIGOTE
BIHZAD
BIJOUX
BIKILA
BIKINI
BIKINI
BILAME
BILANT
BILBAO
BILEUX
BILIÉ
BILLÉE
BILLER
BILLET
BILLOM
BILLON
BILLOT
BILOBÉ
BIMANE
BINAGE
BINANT
BINCHE
BINEUR
BINGER
BINIOU
BINNIG
BINÔME
BINTJE
BIPALE
BIPANT
BIPARE
BIP-BIP
BIPÈDE
BIPIED
BIPLAN
BIQUET
BIRÈME
BIRIBI
BIRMAN
BIRMAN
BISANT
BISEAU
BISHOP
BISKRA

BISQUE
BISQUÉ
BISSAU
BISSÉE
BISSEL
BISSER
BISTRE
BISTRÉ
BISTRO
BITCHE
BITOLA
BITOLJ
BITORD
BITTER
BITUME
BITUMÉ
BITURE
BITURÉ
BIZUTÉ
BIZUTH
BLA-BLA
BLAGUE
BLAGUÉ
BLAIRÉ
BLAKEY
BLÂMÉE
BLÂMER
BLANCO
BLANGY
BLANZY
BLASÉE
BLASER
BLASIS
BLASON
BLATTE
BLAVET
BLAZER
BLÈCHE
BLÉGNY
BLÊMIR
BLENDE
BLÉSER
BLESSÉ
BLETSE
BLETTE
BLETTI
BLEUET
BLEUIE
BLEUIR
BLEUTÉ
BLIAUD
BLIAUT
BLINDÉ
BLIXEN
BLOCUS
BLONDE
BLONDI

BLOQUÉ
BLOTTI
BLOUSE
BLOUSÉ
BLUFFÉ
BLUTÉE
BLUTER
BOBARD
BOBBIO
BOBINE
BOBINÉ
BOCAGE
BOCARD
BOCAUX
BOCHUM
BOCUSE
BODLEY
BODMER
BODONI
BOEING
BOÉLAN
BOÉTIE
BOETTE
BOFILL
BOGART
BOGDAN
BOGGIE
BOGHEI
BOGOTÁ
BOGUÉE
BOGUET
BOHAIN
BOHÈME
BOHÊME
BOHÊME
BOILLE
BOILLY
BOISÉE
BOISER
BOITER
BOITON
BOITTE
BO JUYI
BOLBEC
BOLDUC
BOLÉRO
BOLIDE
BOLIER
BOLLÉE
BOLTON
BOLYAI
BOMBAY
BOMBÉE
BOMBER
BOMBYX
BONALD
BONBON

BONDÉE
BONDIR
BONDON
BONITE
BONNAT
BONNET
BONNET
BONNOT
BONOBO
BONSAÏ
BOOMER
BOOSTÉ
BORAIN
BORAIN
BORANE
BORATE
BORATÉ
BORDÉE
BORDEL
BORDER
BORDES
BORDET
BORÉAL
BORGES
BORGIA
BORGNE
BORINE
BORKOU
BORMES
BORNÉE
BORNEM
BORNÉO
BORNER
BORNES
BORNOU
BORORO
BORURE
BOSCOT
BOSNIE
BOSSÉE
BOSSER
BOSSUE
BOSSUÉ
BOSTON
BOSTON
BOTERO
BOTNIE
BOTTÉE
BOTTER
BOTTIN
BOTTIN
BOUAKÉ
BOUAYE
BOUBAT
BOUBKA
BOUBOU
BOUCAN

BOUCAU
BOUCHE
BOUCHÉ
BOUCLE
BOUCLÉ
BOUCOT
BOUDÉE
BOUDER
BOUDIN
BOUDIN
BOUDON
BOUÉLÉ
BOUEUR
BOUEUX
BOUFFE
BOUFFÉ
BOUFFI
BOUGÉE
BOUGER
BOUGIE
BOUGIE
BOUGON
BOUGON
BOUGRE
BOUKHA
BOULAY
BOULER
BOULET
BOULEZ
BOULIN
BOULLE
BOULON
BOULOT
BOUMER
BOUNTY
BOURBE
BOURDE
BOURRE
BOURRÉ
BOURRU
BOURSE
BOUSIN
BOUSSU
BOUTÉE
BOUTER
BOUTON
BOUTRE
BOUVET
BOUVET
BOVARY
BOVIDÉ
BOVINE
BOVINÉ
BOVOIS
BOWLBY
BOWLES
BOXANT

6

BOXERS	BRETTE	**BRUGGE**	BUSANT	**CADMÉE**
BOXEUR	**BREUER**	BRUINE	BUSARD	CADMIÉ
BOYACÁ	**BREUIL**	BRUINÉ	**BUSONI**	**CADMOS**
BOYARD	BREVET	BRUIRE	BUSQUÉ	CADRAN
BOYAUX	**BRIAND**	BRUITÉ	BUTANE	CADRAT
BRADÉE	BRIARD	BRÛLÉE	BUTANT	CADRÉE
BRADEL	**BRIARD**	BRÛLER	BUTÈNE	CADRER
BRADER	**BRIARE**	BRÛLIS	BUTEUR	CÆCAL
BRAHMA	BRIDÉE	BRÛLON	BUTINÉ	CÆCUM
BRAHMI	BRIDER	BRÛLOT	**BUTLER**	CAFARD
BRAHMS	**BRIDES**	BRUNCH	BUTOIR	CAFTAN
BRAIES	BRIDGE	**BRUNEI**	BUTOME	CAFTÉE
BRAILA	BRIDGÉ	**BRUNEL**	BUTTÉE	CAFTER
BRAINE	BRIDON	**BRUNER**	BUTTER	CAGEOT
BRAIRE	BRIEFÉ	BRUNET	**BUTUAN**	CAGIBI
BRAISE	**BRIENZ**	BRUNIE	BUTYLE	**CAGNES**
BRAISÉ	**BRIÈRE**	BRUNIR	**BUTZER**	CAGOTE
BRAMAH	BRIFFÉ	**BRUNON**	BUVANT	CAHIER
BRAMER	**BRIGHT**	**BRUNOT**	BUVARD	CAHORS
BRANDE	BRIGUE	**BRUNOY**	BUVEUR	**CAHORS**
BRANDI	**BRIGUE**	BRUTAL	**BUXOIS**	CAHOTÉ
BRANDO	BRIGUÉ	**BRUTUS**	**BUYSSE**	CAHUTE
BRANDT	BRILLÉ	BRYONE	BUZUKI	**CAICOS**
BRANDY	BRIMÉE	**BUACHE**	**BYBLOS**	CAÏDAT
BRANLE	BRIMER	BUBALE	BYE-BYE	CAÏEUX
BRANLÉ	BRINGÉ	BUCCAL	BYLINE	CAILLE
BRANLY	BRIQUE	BUCCIN	BY-PASS	CAILLÉ
BRANTE	BRIQUÉ	BÛCHÉE	BYSSUS	CAÏMAN
BRAQUE	BRISÉE	BÛCHER	CABALE	**CAÏPHE**
BRAQUE	BRISER	**BUCHEZ**	CABALÉ	CAÏQUE
BRAQUÉ	BRISIS	**BUCOIS**	CABANE	CAISSE
BRASÉE	BROCHE	BUDGET	CABANÉ	CAITYA
BRASER	BROCHÉ	BUFFET	CABIAI	CAJOLÉ
BRASIL	BRODÉE	**BUFFET**	CABINE	**CAJUNS**
BRASOV	BRODER	BUFFLE	CÂBLÉE	CALAGE
BRASSE	BROKER	**BUFFON**	CÂBLER	**CALAIS**
BRASSÉ	BROMÉE	**BUKAVU**	CÂBLÉS	CALAME
BRATSK	BRONCA	**BÜLACH**	CÂBLOT	CALANT
BRAULT	**BRONTË**	BULLÉE	CABOTÉ	CALCIF
BRAVÉE	BRONZE	BULLER	**CABRAL**	CALCIN
BRAVER	BRONZÉ	BUNKER	CABRÉE	CALCUL
BRAZZA	**BROOKS**	**BUNSEN**	CABRER	**CALDER**
BREBIS	**BROONS**	**BUÑUEL**	CACABÉ	CALETÉ
BRÉCEY	BROSSE	**BUNYAN**	**CACHAN**	CALFAT
BRÈCHE	**BROSSE**	BUREAU	CACHÉE	CALICE
BRECHT	BROSSÉ	**BUREAU**	CACHER	CALIFE
BREGMA	BROUET	BURELÉ	CACHET	CÂLINE
BRÉHAL	BROUTÉ	BURÈLE	**CACHIN**	CÂLINÉ
BRÉHAT	**BROWNE**	**BURGAS**	CACHOT	**CALLAC**
BRELAN	BROYAT	BURGAU	CACHOU	**CALLAO**
BRENNE	BROYÉE	BURGER	**CACIEN**	**CALLAS**
BRÉSIL	BROYER	**BÜRGER**	CACTÉE	**CALLOT**
BRÉSIL	BRUANT	**BURGOS**	CACTUS	CALMAR
BRESLE	**BRUANT**	BURINÉ	CADDIE	CALMÉE
BRESSE	BRUCHE	BURLAT	CADDIE	CALMER
BRETON	**BRÜCKE**	**BURRUS**	CADEAU	CALMIR
BRETON	**BRUGES**	**BURTON**	CADÈNE	CALQUE

CALQUÉ
CALTER
CALUGÉ
CALURE
CALVIN
CAMAIL
CAMANT
CÂMARA
CAMARD
CAMBAY
CAMBÉE
CAMBER
CAMBON
CAMBRE
CAMBRÉ
CAMÉRA
CAMION
CAMÕES
CAMPAN
CAMPÉE
CAMPER
CAMPIN
CAMPOS
CAMPOS
CAMPRA
CAMPUS
CAMUSE
CANAAN
CANADA
CANADA
CANALA
CANANT
CANAPÉ
CANARD
CANARI
CANAUX
CANCAN
CANCER
CANCER
CANCHE
CANCRE
CANCÚN
CANDIE
CANDIE
CANDIR
CANGUE
CANIDÉ
CANIER
CANIFF
CANINE
CANNÉE
CANNER
CANNES
CANOPE
CANOPE
CANOTÉ
CANOVA

CANTAL
CANTAL
CANTER
CAN THO
CANTON
CANTON
CANTOR
CANTRE
CANULE
CANULÉ
CANUSE
CANYON
CAO CAO
CAPANT
CAPCIR
CAPÉER
CAPELÉ
CAPEYÉ
CAPITE
CAPLET
CAPOTE
CAPOTE
CAPOTÉ
CAPOUE
CAPRIN
CAPTÉE
CAPTER
CAPTIF
CAQUÉE
CAQUER
CAQUET
CARABE
CARACO
CARAFE
CARBET
CARCAN
CARDAN
CARDAN
CARDÉE
CARDER
CARDIA
CARDIN
CARDON
CARÊME
CARÊME
CARÈNE
CARÉNÉ
CARGUE
CARGUÉ
CARIBE
CARIÉE
CARIER
CARLIN
CARLIT
CARLOS
CARMEL
CARMEN

CARMET
CARMIN
CARNAC
CARNAP
CARNAU
CARNÉE
CARNET
CARNOT
CAROMS
CARONÍ
CARRÉE
CARREL
CARRER
CARRON
CARROS
CARROZ
CARSON
CARTAN
CARTÉE
CARTEL
CARTER
CARTER
CARTON
CARUSO
CARVIN
CARYER
CASALS
CASANT
CASBAH
CASHER
CASIER
CASING
CASINO
CASOAR
CASQUE
CASQUÉ
CASSÉE
CASSEL
CASSER
CASSIE
CASSIN
CASSIS
CASSIS
CASSOU
CASTEL
CASTEX
CASTOR
CASTOR
CASTRA
CASTRÉ
CASTRO
CASUEL
CATANE
CATCHÉ
CATGUT
CATION
CAUCHY

CAUCUS
CAUDAL
CAUDAN
CAUDÉE
CAUDRY
CAURES
CAURIS
CAUSAL
CAUSÉE
CAUSER
CAUSSE
CAVAFY
CAVAGE
CAVALE
CAVALÉ
CAVANT
CAVEAU
CAVELL
CAVIAR
CAVITÉ
CAVOUR
CAYEUX
CAYEUX
CAYLEY
CAYLUS
CAYMAN
CAYROL
CAZAUX
CÉBIDÉ
CÉCILE
CÉCITÉ
CÉDANT
CÉDRAT
CÉDRON
CÉDULE
CEFALU
CEINTE
CELANO
CELANT
CELAYA
CÉLERI
CÉLINE
CELLES
CELTES
CÉMENT
CENDRE
CENDRÉ
CENSÉE
CENTRE
CENTRE
CENTRÉ
CÉNURE
CÉPAGE
CÉRAME
CERCLE
CERCLÉ
CERDAN

CERDAN
CERISE
CÉRIUM
CERMET
CERNAY
CERNÉE
CERNER
CERQUE
CERTES
CÉRUSE
CÉRUSÉ
CERVIN
CESENA
CÉSIUM
CESSÉE
CESSER
CESSON
CESTAS
CÉSURE
CÉTACÉ
CÉTANE
CÉTEAU
CÉTÈNE
CÉTONE
CÉTOSE
CEUX-CI
CEUX-LÀ
CEYLAN
CFE-CGC
CHABLÉ
CHÂBLE
CHABOT
CHABOT
CHACAL
CHACUN
CHADLI
CHAGNY
CHAGOS
CHAHIN
CHAHUT
CHAÎNE
CHAÎNÉ
CHAIRE
CHAISE
CHALET
CHALIN
CHÂLIT
CHALON
CHÂLUS
CHALUT
CHAMAN
CHAMIL
CHAMPA
CHAMPI
CHANCE
CHANCI
CHANEL

CHANGE
CHANGÉ
CHANNE
CHANTÉ
CHANZY
CHAPEL
CHAPKA
CHAPON
CHAPPE
CHAQUE
CHARÈS
CHARGE
CHARGÉ
CHARIA
CHARLY
CHARME
CHARMÉ
CHARNU
CHARNY
CHARON
CHARRE
CHARTE
CHASSE
CHASSÉ
CHÂSSE
CHASTE
CHÂTEL
CHÂTIÉ
CHATON
CHATOU
CHÂTRÉ
CHATTE
CHAUDE
CHAULÉ
CHAUME
CHAUMÉ
CHAUNU
CHAUNY
CHAUVE
CHAVAL
CHAVÉE
CHAZAL
CHEBEC
CHEBEK
CHÈCHE
CHEDID
CHEIKH
CHEIRE
CHELEM
CHÉLIF
CHEMIN
CHENAB
CHENAL
CHENET
CHENIL
CHENIS
CHENIT
CHENUE
CHÉOPS
CHÈQUE
CHÉRET
CHÉRIE
CHÉRIF
CHÉRIR
CHÉROT
CHERRY
CHERTÉ
CHÉTIF
CHEVAL
CHEVAL
CHEVET
CHEVEU
CHEVRÉ
CHÈVRE
CHIADÉ
CHIALÉ
CHIANT
CHIARD
CHIAYI
CHICHE
CHICHI
CHICLE
CHICLÉ
CHICON
CHICOT
CHIETI
CHIEUR
CHIFFE
CHIITE
CHILDE
CHILDS
CHILOÉ
CHILOM
CHIMAY
CHIMIE
CHINDÉ
CHINÉE
CHINER
CHINJU
CHINON
CHINTZ
CHIPÉE
CHIPER
CHIPIE
CHIQUE
CHIQUÉ
CHIRAC
CHIRAL
CHIRAZ
CHIRON
CHITON
CHIURE
CHIUSI
CHLEUH
CHLEUH
CHLORE
CHLORÉ
CHNOUF
CHOANE
CHŒUR
CHOISI
CHOISY
CHOKWE
CHOLET
CHO LON
CHÔMÉE
CHÔMER
CHONJU
CHO OYU
CHOPÉE
CHOPER
CHOPIN
CHOQUÉ
CHORAL
CHORDE
CHORDÉ
CHORÉE
CHORTI
CHORUS
CHOTTE
CHOUAN
CHOUIA
CHOURÉ
CHOUTE
CHOYÉE
CHOYER
CHRÊME
CHRIST
CHRIST
CHROME
CHROMÉ
CHROMO
CHRONO
CH'TIMI
CHURCH
CHUTER
CHYPRE
CIAMPI
CIBLÉE
CIBLER
CICLÉE
CICLER
CIERGE
CIGALE
CIGARE
CILAOS
CILICE
CILIÉE
CILLER
CILLER
CIMENT
CIMIER
CINCLE
CINÉMA
CINÈSE
CINGLÉ
CINTRE
CINTRÉ
CIOMPI
CIORAN
CIPAYE
CIRAGE
CIRANT
CIREUR
CIREUX
CIRIER
CIRQUE
CIRRHE
CIRRUS
CISEAU
CISELÉ
CISKEI
CISTRE
CITANT
CITRON
CITRUS
CIVAUX
CIVILE
CIVRAY
CIXOUS
CLABOT
CLAIRE
CLAIRE
CLAMÉE
CLAMER
CLAMSÉ
CLANDÉ
CLAPET
CLAPIR
CLAPPÉ
CLAQUE
CLAQUÉ
CLARÍN
CLARKE
CLAROS
CLARTÉ
CLASHS
CLASSE
CLASSÉ
CLAUDE
CLAUSE
CLAVÉE
CLAVER
CLAYON
CLÉDAR
CLÈRES
CLERGÉ
CLÈVES
CLICHÉ
CLICHY
CLIENT
CLIGNÉ
CLIMAT
CLIMAX
CLIPPÉ
CLIQUE
CLIQUÉ
CLISSE
CLISSÉ
CLIVÉE
CLIVER
CLOCHE
CLOCHÉ
CLONÉE
CLONER
CLONIE
CLONUS
CLOOTS
CLOPET
CLOQUE
CLOQUÉ
CLOUÉE
CLOUER
CLOUET
CLOUTÉ
CLOVIS
CLOYES
CLUSES
CNUCED
COACHS
COASSÉ
COBÆA
COBALT
COBAYE
COBDEN
COCCYX
COCHÉE
CÔCHÉE
COCHER
CÔCHER
COCHET
COCHET
COCHIN
COCHON
COCKER
COCKER
COCOLÉ
COCOTÉ
COCYTE
CODAGE
CODANT
CODEUR
COECKE
COFFRE
COFFRÉ

COGÉRÉ
COGITÉ
COGITO
COGNAC
COGNAC
COGNAT
COGNÉE
COGNER
COGNIN
COIFFE
COIFFÉ
COINCÉ
COIRON
COÏTER
COLÈRE
COLÉUS
COLITE
COLLÉE
COLLER
COLLET
COLLEY
COLMAR
COLOBE
COLOMB
COLORÉ
COMBAS
COMBAT
COMBES
COMBLE
COMBLÉ
COMÈTE
COMICE
COMICS
COMITÉ
COMMIS
COMMUÉ
COMMUN
COMPAS
COMPIL
COMPLU
COMPTE
COMPTÉ
COMPUT
COMTAL
COMTAT
COMTAT
CONARD
CONCIS
CONCLU
CONÇUE
CÔN DAO
CONDOM
CONDOM
CONDOR
CONDOR
CONFER
CONFIÉ

CONFIT
CONFUS
CONGAÏ
CONGAR
CONGRE
CONGRU
CONNES
CONNUE
CONQUE
CONRAD
CONSOL
CONSUL
CONTÉE
CONTER
CONTES
CONTRA
CONTRE
CONTRÉ
CONTUS
CONVIÉ
CONVOI
COOKIE
COOLIE
COOPER
COOPTÉ
COPAHU
COPAIN
COPEAU
COPEAU
COPIÉE
COPIER
COPINE
COPINÉ
COPING
COPION
COPPÉE
COPPET
COPRAH
COPRIN
COPTES
COPULE
COPULÉ
COQUET
COQUIN
CORAIL
CORAIL
CORAUX
CORBAS
CORBIE
CORDAY
CORDÉE
CORDER
CORDES
CORDON
CORÉEN
CORÉEN
CORFOU

CORNAC
CORNÉE
CORNER
CORNER
CORNET
CORNUE
COROZO
CORPUS
CORRAL
CORSÉE
CORSER
CORSET
CORTES
CORTÉS
CORTEX
CORTON
CORTOT
CORVÉE
CORVIN
CORYZA
COSIES
COSIMO
COSMOS
COSSER
COSSUE
COSSUS
COSTAL
COSTAR
COSTES
COTANT
COTEAU
CÔTELÉ
COTEUR
COTICE
CÔTIER
COTISÉ
CÔTOIS
CÔTOYÉ
COTTON
COTYLE
COUARD
COUCHE
COUCHÉ
COUCOU
COUDÉE
COUDER
COUDRE
COUINÉ
COULÉE
COULER
COULIS
COULPE
COUPÉE
COUPER
COUPER
COUPLE
COUPLÉ

COUPON
COUQUE
COURBE
COURBÉ
COURÉE
COURGE
COURIR
COUROS
COURRE
COURSE
COURSÉ
COURTE
COURUE
COUSIN
COUSIN
COUSUE
COÛTÉE
COÛTER
COUTIL
COUTRE
COUVÉE
COUVER
COUVIN
COWARD
COW-BOY
COWLEY
COWPER
COWPER
COW-POX
COXALE
COXAUX
COYOTE
COYPEL
CRABBE
CRABOT
CRACHÉ
CRACRA
CRADOT
CRAINT
CRAMBE
CRAMÉE
CRAMER
CRAMER
CRAMPE
CRÂNER
CRANKO
CRANTÉ
CRAQUE
CRAQUÉ
CRASHÉ
CRASHS
CRASSE
CRATON
CRAWLÉ
CRAYON
CRÉANT
CRÈCHE

CRÉCHÉ
CRÉDIT
CRÉMÉE
CRÉMER
CRÉMÉS
CRENEY
CRENNE
CRÉNOM
CRÉOLE
CRÊPÉE
CRÊPER
CRÉPIE
CRÉPIN
CRÉPIR
CRÉPON
CRÉPUE
CRÉQUI
CRÉQUY
CRÉSOL
CRESPI
CRÉSUS
CRÉSUS
CRÉSYL
CRÊTÉE
CRÉTIN
CREUSE
CREUSE
CREUSÉ
CREVÉE
CREVEL
CREVER
CRIANT
CRIARD
CRIBLE
CRIBLÉ
CRICRI
CRIEUR
CRIMÉE
CRIPPS
CRIQUE
CRISPÉ
CRISPI
CRISSÉ
CROATE
CROATE
CROBAR
CROCHE
CROCHÉ
CROCHU
CROCUS
CROIRE
CROISÉ
CROLLE
CROLLÉ
CRONOS
CROQUÉ
CROSNE

CROSSE	**CURZON**	DAMNÉE	DÉBINE	DÉFIÉE
CROSSÉ	**CUSSAC**	DAMNER	DÉBINÉ	DÉFIER
CROTON	**CUSSET**	DAMPER	DÉBITÉ	DÉFILÉ
CROTTE	CUSTOM	**DA NANG**	DÉBLAI	DÉFINI
CROTTÉ	CUTANÉ	DANDIN	**DEBORA**	DÉFUNT
CROULE	CUTINE	DANGER	**DEBORD**	DÉGAGÉ
CROULÉ	CUTTER	**DANIEL**	DÉBORD	DÉGAZÉ
CROUPE	CUVAGE	**DANJON**	DEBOUT	**DE GEER**
CROUPI	CUVANT	DANOIS	**DEBREU**	DÉGELÉ
CROÛTE	CUVELÉ	**DANOIS**	DÉBRIS	DÉGLUÉ
CROÛTÉ	CUVIER	**DANONE**	DÉBUTÉ	DÉGOTÉ
CROZET	**CUVIER**	DANSÉE	DÉCADE	DÉGOÛT
CROZON	CYANEA	DANSER	DÉCALÉ	DÉGRAS
CRUCHE	CYANÉE	D'ANTAN	DÉCAPÉ	DÉGRÉÉ
CRURAL	**CYBÈLE**	**DANTON**	DÉCATI	DÉHALÉ
CRYPTE	CYNIPS	**DANUBE**	**DECAUX**	DEHORS
CRYPTÉ	CYPRÈS	**DANZIG**	DÉCAVÉ	DÉIFIÉ
CUADRO	CYPRIN	DAPHNÉ	**DECCAN**	**DEINZE**
CUANZA	CYPRIS	**DAPHNÉ**	DÉCÉDÉ	DÉISME
CUBAGE	**CYRANO**	D'APRÈS	DÉCELÉ	DÉISTE
CUBAIN	**CYRÈNE**	**DAQING**	DÉCENT	DÉJÀ-VU
CUBAIN	CYTISE	**DAQUIN**	DÉCHET	DÉJETÉ
CUBANT	**CZERNY**	DARDÉE	DÉCHUE	DÉJOUÉ
CUBÈBE	DA CAPO	DARDER	DÉCIDÉ	DÉJUGÉ
CÚCUTA	**DACHAU**	**DARIEN**	DÉCIDU	DE JURE
CUELLO	**DACIER**	**DARIÉN**	DÉCILE	**DEKKAN**
CUENCA	DACRON	**DARIOS**	DÉCIME	**DEKKER**
CUÉNOT	DADAIS	**DARIUS**	DÉCIMÉ	DÉLACÉ
CUESTA	**DADANT**	**DARLAN**	**DECIUS**	**DELAGE**
CUEVAS	**DADDAH**	DARTRE	**DECIZE**	DÉLAVÉ
CUGNOT	DAGUET	**DARWIN**	DÉCLIC	DÉLAYÉ
CUIABÁ	DAHLIA	DASEIN	DÉCLIN	DÉLICE
CUI-CUI	DAIGNÉ	DATAGE	DÉCLOS	DÉLIÉE
CUISSE	DAÏMIO	DATANT	DÉCODÉ	DÉLIER
CUITÉE	DAIMYO	DATCHA	DÉCORÉ	DÉLIRE
CUITER	**DAIREN**	DATEUR	DÉCOTE	DÉLIRÉ
CUIVRE	**DAISNE**	DATION	**DECOUX**	DÉLITÉ
CUIVRÉ	**DAKOTA**	DATIVE	DÉCRET	**DELLER**
CULANT	**DALASI**	**DATONG**	DÉCRIÉ	**DELLUC**
CULARD	DALEAU	DATURA	DÉCRIT	DÉLOGÉ
CUMANÁ	**D'ALEMA**	DAUBÉE	DÉCRUE	**DELORS**
CUMONT	**DALIAN**	DAUBER	DÉCUVÉ	DÉLUGE
CUMULÉ	**DALIDA**	**DAUDET**	DÉDAIN	DÉLURÉ
CUNAXA	**DALILA**	**DAUMAL**	DÉDALE	DEMAIN
CUPIDE	**DALLAS**	**DAUNOU**	**DÉDALE**	DÉMÂTÉ
CUPULE	DALLÉE	**DAURAT**	DEDANS	DÉMÊLÉ
CURAGE	DALLER	**DAUTRY**	DÉDIÉE	DÉMENÉ
CURANT	**DALLOZ**	DAVIER	DÉDIER	DÉMENT
CURARE	**DALTON**	**DAVIES**	DÉDIRE	DÉMINÉ
CURETÉ	**DALUIS**	**DAVOUT**	DÉDITE	DÉMISE
CURIAL	**D'ALZON**	**DAWSON**	DÉDORÉ	DÉMODÉ
CURIEN	DAMAGE	**DAYTON**	DÉDUIT	DÉMOLI
CURIUM	DAMANT	DEALÉE	DÉESSE	DÉMONE
CURSIF	**DAMASE**	DEALER	DÉFAIT	DÉMUNI
CURSUS	**DAMIEN**	DÉBÂTÉ	DÉFAUT	**DENAIN**
CURTIZ	DAMIER	DÉBÂTI	DÉFENS	DENGUE
CURULE	**DAMMAM**	DÉBILE	DÉFÉRÉ	DÉNIÉE

6

DENIER	DESSIN	**DIESEL**	**DJENNÉ**	DOSAGE
DÉNIER	DESSUS	**DIEUZE**	**DJERBA**	DOSANT
DE NIRO	DESTIN	DIFFUS	**DJÉRID**	DOSEUR
DÉNOTÉ	DÉSUET	DIGÉRÉ	DJIHAD	DOTALE
DÉNOUÉ	DÉSUNI	DIGEST	**DJOSER**	DOTANT
DÉNOYÉ	DÉTAIL	DIGITÉ	**DJOUBA**	DOTAUX
DENRÉE	DÉTALÉ	**DIGOIN**	**DNIEPR**	**DOUALA**
DENTAL	DÉTAXE	DIKTAT	**DNIPRO**	DOUANE
DENTÉE	DÉTAXÉ	DILATÉ	**DÖBLIN**	DOUBLE
DÉNUDÉ	DÉTELÉ	**DILLON**	**DOBRIC**	DOUBLÉ
DÉNUÉE	DÉTENU	DILUÉE	DOCILE	DOUCET
DÉNUER	DÉTONÉ	DILUER	DOCKER	DOUCHE
DENVER	DÉTORS	DIMÈRE	DODINE	DOUCHÉ
DÉPARÉ	DÉTOUR	**DINANT**	DODINÉ	**DOUCHY**
DÉPART	**DE TROY**	DÎNANT	**DODOMA**	DOUCIE
DÉPAVÉ	DEUSIO	**DINARD**	**DODONE**	DOUCIN
DÉPECÉ	DEUTON	DINDON	DOGGER	DOUDOU
DÉPENS	DEUZIO	DÎNEUR	DOIGTÉ	**DOUGGA**
DÉPÉRI	DÉVALÉ	DINGHY	DOLENT	**DOUHET**
DÉPILÉ	DEVANT	DINGUE	DOLINE	**DOUKAS**
DÉPITÉ	**DEVAUX**	DINGUÉ	DOLLAR	**DOUMER**
DÉPLIÉ	DEVENU	DIODON	DOLMAN	DOUTÉE
DÉPOLI	DÉVERS	**DIOISE**	DOLMEN	DOUTER
DÉPORT	DÉVÊTU	DIONÉE	**DOLOÏS**	DRACHE
DÉPOSE	DÉVIDÉ	DIOULA	**DOMAGK**	DRACHÉ
DÉPOSÉ	DÉVIÉE	**DIOULA**	**DOMBES**	**DRACON**
DÉPOTÉ	DÉVIER	DIPÔLE	**DOMÈNE**	DRAGÉE
DÉPRIS	DEVINÉ	DIRCOM	DOMIEN	DRAGON
DEPUIS	DÉVIRÉ	DIRECT	DOMINÉ	DRAGUE
DÉPURÉ	DEVISE	DIRHAM	DOMINO	DRAGUÉ
DÉPUTÉ	DEVISÉ	DIRIGÉ	**DOMONT**	DRAINE
DÉRAGÉ	DE VISU	DISANT	DOMPTÉ	DRAINÉ
DERAIN	DEVOIR	DISCAL	**DOM-TOM**	DRALON
DÉRAMÉ	DÉVOLU	DISERT	DONDON	**DRANCY**
DÉRAPÉ	DÉVORÉ	DISEUR	**DONETS**	**DRANEM**
DÉRATÉ	DÉVOTE	**DISNEY**	**DONGES**	DRAPÉE
DÉRAYÉ	DÉVOUÉ	DISPOS	**DÖNITZ**	DRAPER
DÉRÉEL	DÉVOYÉ	**DISPUR**	DONJON	**DRAPER**
DÉRIDÉ	DEXTRE	DISQUE	DONNÉE	DRAVÉE
DÉRIVE	**DEZFUL**	DIURNE	DONNER	DRAVER
DÉRIVÉ	DHARMA	**DIVAIS**	**DONOSO**	DRAYÉE
DÉROBÉ	**DHORME**	DIVEHI	DOPAGE	DRAYER
DÉROGÉ	**DHÔTEL**	DIVERS	DOPANT	DRÊCHE
DERVAL	**DHULIA**	DIVINE	DORADE	DREIGE
DESAIX	DIABLE	**DIVION**	DORAGE	DRELIN
DÉSAXÉ	DIACRE	DIVISE	DORANT	DRENNE
DÉSERT	**DIACRE**	DIVISÉ	**D'ORBAY**	**DRESDE**
DE SICA	DIAPIR	DIZAIN	DOREUR	DRESSÉ
DESIGN	DIAPRÉ	**DJABIR**	**DORIDE**	**DREYER**
DÉSILÉ	DICTÉE	DJAÏNE	DORIEN	**DRIANT**
DÉSIRÉ	DICTER	DJAMAA	**DORIOT**	DRILLE
DESMAN	DICTON	**DJARIR**	DORMIR	DRISSE
DESNOS	**DIDIER**	DJEBEL	**DORPAT**	DRIVÉE
DÉSODÉ	**DIDYME**	**DJEDDA**	DORSAL	DRIVER
DÉSOLÉ	DIÈDRE	**DJELFA**	**DORSET**	DROGUE
DESSAU	**DIEPPE**	DJEMAA	DORURE	DROGUÉ
DESSAY	DIESEL	DJEMBÉ	**DORVAL**	DROITE

6

DRÔLET
DRONTE
DROPÉE
DROPER
DROPPÉ
DROSSE
DROSSÉ
DROUET
DROUOT
DRUIDE
DRUMEV
DRUSES
DRUZES
DRYADE
DRYATE
DRYDEN
DUARTE
DUBAYY
DUBCEK
DUBLIN
DU BOIS
DUBOIS
DUBOUT
DUCALE
DU CAMP
DUCAUX
DUCCIO
DUCÉEN
DUCHÉS
DUCLOS
DUDLEY
DUÈGNE
DUELLE
DUETTO
DU FAIL
DUFFEL
DUFOUR
DUGHET
DUGONG
DUGUIT
DULLES
DULLIN
DULONG
DULUTH
DUM-DUM
DÛMENT
DU MONT
DUMONT
DUMPER
DUNANT
DUNCAN
DUNDEE
DUNHAM
DUNLOP
DUNOIS
DUPANT
DU PARC

DUPARC
DUPEUR
DUPLEX
DUPOND
DUPONT
DU PORT
DUPRAT
DUQUEL
DURAIN
DURALE
DURANT
DURAUX
DURBAN
DURBUY
DURCIE
DURCIR
DURETÉ
DURHAM
DURHAM
DURRËS
DURTAL
DU RYER
DUTERT
DUTTON
DU VAIR
DUVETÉ
DVD-ROM
DVORÁK
DYNAMO
DYOLOF
ÉBAHIE
ÉBAHIR
ÉBARBÉ
ÉBATTU
ÉBAUBI
ÉBAUDI
EBERTH
ÉBLOUI
ÉBOULÉ
ÉBOUTÉ
ÉBRASÉ
ÉBROÏN
ÉBROUÉ
ÉBURNÉ
ÉCACHÉ
ÉCALÉE
ÉCALER
ÉCARTÉ
ECEVIT
ÉCHANT
ÉCHECS
ÉCHINE
ÉCHINÉ
ÉCHOIR
ÉCHOUÉ
ÉCIMÉE
ÉCIMER

ECKART
ECKERT
ÉCLAIR
ÉCLATÉ
ÉCLOPÉ
ÉCLORE
ÉCLUSE
ÉCLUSÉ
ÉCOBUÉ
ÉCOPÉE
ÉCOPER
ÉCORCE
ÉCORCÉ
ÉCORNÉ
ÉCOSSE
ÉCOSSÉ
ÉCOUEN
ÉCOULÉ
ÉCOUTE
ÉCOUTÉ
ÉCRASÉ
ÉCRÉMÉ
ÉCRÊTÉ
ÉCRIÉE
ÉCRIER
ÉCRINS
ÉCRIRE
ÉCRITE
ÉCROUÉ
ÉCROUI
ÉCUEIL
ÉCULÉE
ÉCULLY
ÉCUMÉE
ÉCUMER
ÉCURÉE
ÉCURER
ÉCURIE
ÉCUYER
ECZÉMA
EDEGEM
ÉDENTÉ
ÉDESSE
EDF-GDF
ÉDICTÉ
ÉDIFIÉ
EDIRNE
EDISON
ÉDITÉE
ÉDITER
EDMOND
ÉDUENS
ÉDUQUÉ
ÉFENDI
EFFACÉ
EFFANÉ
EFFARÉ

EFFIAT
EFFILÉ
EFFORT
EFFROI
ÉGALÉE
ÉGALER
ÉGARÉE
ÉGARER
ÉGATES
ÉGAYÉE
ÉGAYER
EGBERT
ÉGÉRIE
ÉGÉRIE
ÉGLISE
EGMONT
ÉGOÏNE
ÉGORGÉ
ÉGRENÉ
ÉGRISÉ
ÉGRUGÉ
ÉGYPTE
ÉHONTÉ
EIFFEL
EITOKU
ÉJECTÉ
EKELÖF
ELÆIS
ÉLAGUÉ
EL-AIUN
ÉLANCÉ
ÉLARGI
ÉLAVÉE
ELAZIG
ELBEUF
ELBLAG
ELCANO
ÉLÉATE
ÉLÉGIE
ÉLEVÉE
ÉLEVER
ÉLEVON
ELIADE
ÉLIDÉE
ÉLIDER
ÉLIMÉE
ÉLINDE
ÉLISÉE
ÉLISSA
ELISTA
ÉLIXIR
ELLICE
ELLORA
ELLORE
EL NIÑO
ÉLODÉE
ÉLONGÉ

EL-OUED
EL PASO
ELSENE
ÉLUANT
ELUARD
ÉLUDÉE
ÉLUDER
ÉLUSIF
ÉLYSÉE
ELYTIS
ÉLYTRE
ÉMACIÉ
E-MAILS
ÉMAILS
ÉMANER
ÉMARGÉ
EMBASE
EMBÊTÉ
EMBIEZ
EMBLÉE
EMBOLE
EMBOUT
EMBRUN
EMBRUN
EMBUÉE
EMBUER
EMBUÉS
ÉMÉCHÉ
ÉMERGÉ
ÉMEUTE
ÉMIGRÉ
ÉMINCÉ
ÉMIRAT
EMMAÜS
EMMÊLÉ
EMMENÉ
EMMURÉ
ÉMONDÉ
ÉMOTIF
ÉMOTTÉ
ÉMOULU
EMPALÉ
EMPARÉ
EMPÂTÉ
EMPESÉ
EMPILE
EMPILÉ
EMPIRE
EMPIRÉ
EMPLIE
EMPLIR
EMPLOI
EMPOIS
EMPORT
EMPOTÉ
EMPUSE
ÉMULÉE

ÉMULER
ENCAGÉ
ENCART
ENCENS
ENCINA
ENCLIN
ENCLOS
ENCODÉ
ENCORE
ENCRÉE
ENCRER
ENCUVÉ
ENDÊVÉ
ENDIVE
ENDUIT
ENDURÉ
ENDURO
ÉNÉIDE
ÉNERVÉ
ENESCO
ENESCU
ENFANT
ENFERS
ENFILÉ
ENFLÉE
ENFLER
ENFOUI
ENFUIE
ENFUIR
ENFUMÉ
ENFÛTÉ
ENGAGÉ
ENGAMÉ
ENGANE
ENGELS
ENGLUÉ
ENGOBE
ENGOBÉ
ENGÓMI
ENGOUÉ
ÉNIÈME
ÉNIGME
ENIVRÉ
ENJEUX
ENJÔLÉ
ENJOUÉ
ENKOMI
ENLACÉ
ENLEVÉ
ENLIÉE
ENLIER
ENLISÉ
ENNEMI
ENNIUS
ENNOYÉ
ENNUYÉ
ÉNONCÉ

ÉNORME
ÉNOUÉE
ÉNOUER
ENQUIS
ENRAGÉ
ENRAYÉ
ENRÊNÉ
ENROBÉ
ENRÔLÉ
ENROUÉ
ENSILÉ
ENTAME
ENTAMÉ
ENTANT
EN-TÊTE
ENTÊTÉ
ENTIER
ENTITÉ
ENTÔLÉ
ENTOUR
ENTRÉE
ENTRER
ENTUBÉ
ENTURE
ÉNUQUÉ
ENVAHI
ENVASÉ
ENVERS
ENVIÉE
ENVIER
ENVINÉ
ENVOLÉ
ENVOYÉ
ENZYME
ÉOCÈNE
ÉOLIDE
ÉOLIEN
ÉOLIEN
ÉOSINE
EÖTVÖS
ÉPACTE
ÉPANDU
ÉPARSE
ÉPATÉE
ÉPATER
ÉPAULE
ÉPAULÉ
ÉPEIRE
ÉPELÉE
ÉPELER
ÉPERDU
ÉPERON
ÉPEURÉ
ÉPHÈBE
ÉPHÈSE
ÉPHORE
ÉPHREM

ÉPIAGE
ÉPIANT
ÉPICÉA
ÉPICÉE
ÉPICER
ÉPIEUR
ÉPIEUX
ÉPIGÉE
ÉPILÉE
ÉPILER
ÉPINAC
ÉPINAL
ÉPINAY
ÉPIQUE
ÉPISSÉ
ÉPÎTRE
ÉPLORÉ
ÉPLOYÉ
ÉPONGE
ÉPONGÉ
ÉPONTE
ÉPOPÉE
ÉPOQUE
ÉPOUSE
ÉPOUSÉ
ÉPRISE
ÉPUCÉE
ÉPUCER
ÉPUISÉ
ÉPULIE
ÉPULIS
ÉPULON
ÉPURÉE
ÉPURER
ÉPURGE
ÉQUIDÉ
ÉQUINE
ÉQUIPE
ÉQUIPÉ
ÉQUITÉ
ÉRABLE
ÉRAFLÉ
ÉRAGNY
ÉRASME
ERBIUM
EREBUS
EREVAN
ERFURT
ERGOTÉ
ERHARD
ÉRIDOU
ÉRIGÉE
ÉRIGER
ÉRIGNE
ERIVAN
ERMITE
ERMONT

ERNÉEN
ÉRODÉE
ÉRODER
ÉROSIF
ERRANT
ERRATA
ERREUR
ERRONÉ
ERSATZ
ERSEAU
ERSHAD
ÉRUCTÉ
ÉRUDIT
ESCALE
ESCAUT
ESCHÉE
ESCHER
ESCROC
ESCUDO
ESDRAS
ESHKOL
ESKIMO
ESKIMO
ESMEIN
ESNEUX
ESPACE
ESPACÉ
ESPAÑA
ESPÈCE
ESPÉRÉ
ESPION
ESPOIR
ESPRIT
ESPRIU
ESQUIF
ESSAIM
ESSAYÉ
ESSIEU
ESSORÉ
ESSUIE
ESSUYÉ
ESTÈVE
ESTHER
ESTIME
ESTIMÉ
ESTIVE
ESTIVÉ
ESTRAN
ESTRIE
ÉTABLE
ÉTABLÉ
ÉTABLI
ÉTAGÉE
ÉTAGER
ÉTALÉE
ÉTALER
ÉTALON

ÉTAMÉE
ÉTAMER
ÉTAYÉE
ÉTAYER
ÉTEINT
ÉTENDU
ÉTÊTÉE
ÉTÊTER
ÉTEULE
ÉTHANE
ÉTHÉRÉ
ETHNIE
ÉTHUSE
ÉTHYLE
ÉTIAGE
ÉTIOLÉ
ÉTIQUE
ÉTIRÉE
ÉTIRER
ÉTOFFE
ÉTOFFÉ
ÉTOILE
ÉTOILE
ÉTOILÉ
ÉTOLIE
ÉTONNÉ
ÉTOUPE
ÉTOUPÉ
ÉTRAVE
ÉTRÉCI
ÊTRE-LÀ
ÉTRIER
ÉTRIPÉ
ÉTROIT
ÉTUDIÉ
ÉTUPES
ÉTUVÉE
ÉTUVER
ÉTYMON
EUBÉEN
EUDOIS
EUDOXE
EUGENE
EUGÈNE
EURÊKA
EURÊKA
EURIPE
EUROPA
EUROPE
EUSÈBE
ÉVACUÉ
ÉVADÉE
ÉVADER
ÉVALUÉ
ÉVASÉE
ÉVASER
ÉVASIF

ÉVÊCHÉ
EVÈNES
ÉVENTÉ
ÉVÊQUE
ÉVIDÉE
ÉVIDER
ÉVINCÉ
ÉVITÉE
ÉVITER
ÉVOLUÉ
ÉVOQUÉ
ÉVREUX
ÉVRYEN
EVZONE
EXACTE
EXALTÉ
EXAMEN
EX ANTE
EXAUCÉ
EXCAVÉ
EXCÉDÉ
EXCIPÉ
EXCISE
EXCISÉ
EXCITÉ
EXCLUE
EXCUSE
EXCUSÉ
EXÉCRÉ
EXÈDRE
EXEMPT
EXERCÉ
EXETER
EXHALÉ
EXHIBÉ
EXHUMÉ
EXIGÉE
EXIGER
EXIGUË
EXILÉE
EXILER
EXISTÉ
EXOCET
Exocet
EXODUS
EXONDÉ
EXORDE
EXPERT
EXPIÉE
EXPIER
EXPIRÉ
EXPOSÉ
EX POST
EXPRÈS
EXQUIS
EXSUDÉ
EXTASE

EXULTÉ
EXUVIE
EX VIVO
EX-VOTO
EYBENS
EYRING
FABIEN
FABIUS
FABULÉ
FAÇADE
FÂCHÉE
FÂCHER
FACIAL
FACIÈS
FACILE
FACULE
FADEUR
FADING
FAENZA
FAFIOT
FAGALE
FAGOTÉ
FAIBLE
FAIBLI
FAILLE
FAILLÉ
FAILLI
FAISAN
FALÉMÉ
FALIER
FALOTE
FALUNÉ
FALZAR
FAMECK
FAMEUX
FAMINE
FANAGE
FANANT
FANAUX
FANEUR
FANGIO
FANION
FAQUIN
FARAUD
FARCIE
FARCIN
FARCIR
FARDÉE
FARDER
FARGUE
FARINA
FARINE
FARINÉ
FARMAN
FAROUK
FARTÉE
FARTER

FASCÉE
FASCIA
FASCIÉ
FASEYÉ
FASTES
FATALE
FATIMA
FÁTIMA
FATRAS
FAUBER
FAUCHE
FAUCHÉ
FAUCON
FAUFIL
FAUSSE
FAUSSÉ
FAUTER
FAUTIF
FAVART
FAVELA
FAVEUR
FAVIER
FAVORI
FAXANT
FAYARD
FAYOTÉ
FAYOUM
FAYSAL
FEBVRE
FÉCALE
FÉCAMP
FÉCAUX
FÉCIAL
FÉCOND
FÉCULE
FÉCULÉ
FÉDÉRÉ
FEDINE
FEEDER
FÉERIE
FEINTE
FEINTÉ
FÊLANT
FELBER
FÉLIDÉ
FÉLINE
FELLAH
FÊLURE
FEMINA
FENDRE
FENDUE
FÉNÉON
FENIAN
FENNEC
FÉODAL
FÉRALE
FÉRALS

FÉRAUX
FÉRIÉE
FERLÉE
FERLER
FERMAT
FERMÉE
FERMER
FERNEY
FÉROCE
FÉROIS
FERRAT
FERRÉE
FERRER
FERRET
FERRET
FERRIÉ
FERROL
FERRON
FERRYS
FERSEN
FERTON
FÉRULE
FESSÉE
FESSER
FESSUE
FESTIF
FESTIN
FESTON
FÊTANT
FÊTARD
FÉTIAL
FÉTIDE
FEULER
FEUTRE
FEUTRÉ
FÉVIER
FEYDER
FEYZIN
FEZZAN
FIABLE
FIACRE
FIACRE
FIANCÉ
FIASCO
FIBULA
FIBULE
FICELÉ
FICHÉE
FICHER
FICHET
FICHTE
FICHUE
FICTIF
FIDÉEN
FIDÈLE
FIEFFÉ
FIELDS

FIENTE
FIENTÉ
FIÉROT
FIERTÉ
FIESTA
FIÈVRE
FIGARI
FIGARO
FIGARO
FIGEAC
FIGUIG
FIGURE
FIGURÉ
FILAGE
FILANT
FILETÉ
FILEUR
FILIAL
FILLON
FILMÉE
FILMER
FILTRE
FILTRÉ
FINAGE
FINALE
FINALS
FINAUD
FINAUX
FINDEL
FINISH
FINLAY
FINSEN
FIODOR
FIONIE
FIRMAN
FISCAL
FISHER
FISMES
FISTON
FIVETE
FIXAGE
FIXANT
FIXING
FIXITÉ
FIZEAU
FLACHE
FLACON
FLA-FLA
FLAINE
FLAIRÉ
FLAMBE
FLAMBÉ
FLAMEL
FLAMME
FLAMMÉ
FLÂNER
FLAPIE

FLAQUE
FLASHÉ
FLASHS
FLATTÉ
FLÉAUX
FLÈCHE
FLÉCHÉ
FLÉCHI
FLEGME
FLEMME
FLÉOLE
FLÉRON
FLÉTAN
FLÉTRI
FLEURÉ
FLEURI
FLEURY
FLEUVE
FLIPOT
FLIPPÉ
FLIQUÉ
FLIRTÉ
FLOCHE
FLOCON
FLOPÉE
FLOQUÉ
FLORAC
FLORAL
FLORES
FLORÈS
FLOREY
FLORIN
FLORIS
FLOTTE
FLOTTE
FLOTTÉ
FLOUÉE
FLOUER
FLOUSE
FLOUVE
FLOUZE
FLUAGE
FLUANT
FLUENT
FLUIDE
FLUMET
FLUORÉ
FLUSHS
FLÛTÉE
FLUXUS
FLYSCH
FOCALE
FOCAUX
FŒTAL
FŒTUS
FOGGIA
FOIRAL
FOIRER
FOISON
FOKINE
FOKKER
FOLIÉE
FOLIOT
FOLKLO
FOLLET
FONCÉE
FONCER
FONDÉE
FONDER
FONDIS
FONDRE
FONDUE
FONGUS
FONTIS
FONTOY
FOOTIT
FORAGE
FORAIN
FORAIN
FORANT
FORBAN
FORBIN
FORÇAT
FORCÉE
FORCER
FORCES
FORCIE
FORCIR
FOREST
FOREUR
FORGÉE
FORGER
FORGES
FORINT
FORMAN
FORMAT
FORMÉE
FORMEL
FORMER
FORMOL
FORTIN
FORURE
FOSHAN
FOSSES
FOSTER
FOUACE
FOUAGE
FOUCHÉ
FOUDRE
FOUËNE
FOUFOU
FOUGUE
FOUINE
FOUINÉ
FOULBÉ
FOULÉE
FOULER
FOULON
FOUQUÉ
FOURAS
FOURBE
FOURBI
FOURBU
FOURME
FOURMI
FOURNI
FOURRE
FOURRÉ
FOUTOU
FOUTRE
FOUTUE
FOWLER
FOYARD
FOZ CÔA
FRACAS
FRAGON
FRAISE
FRAISÉ
FRAIZE
FRAMÉE
FRANCE
FRANCK
FRANCO
FRANCO
FRANCO-
FRANCS
FRANGE
FRANGÉ
FRANJU
FRANTZ
FRAPPE
FRAPPÉ
FRASÉE
FRASER
FRASER
FRASIL
FRAUDE
FRAUDÉ
FRAYÉE
FRAYER
FRAZER
FRÉHEL
FREINÉ
FREIRE
FRÉJUS
FRELON
FRÉMIR
FRENAY
FRENCH
FRÉRON
FRÉROT
FRESNO
FRÉTÉE
FRÉTER
FRETIN
FRETTE
FRETTÉ
FREUND
FRIAND
FRICHE
FRICOT
FRIGGA
FRIMAS
FRIMER
FRIOUL
FRIPÉE
FRIPER
FRIPON
FRIQUÉ
FRISCH
FRISÉE
FRISER
FRISON
FRISON
FRITON
FRITTE
FRITTÉ
FRÖBEL
FROIDE
FRÔLÉE
FRÔLER
FROMGI
FRONCE
FRONCÉ
FRONDE
FRONDE
FRONDÉ
FROTTÉ
FROUDE
FROUER
FRUGAL
FRUGES
FRUITÉ
FRUSTE
FUGACE
FUGGER
FUGUÉE
FUGUER
FÜHRER
FUJIAN
FULLER
FULTON
FUMAGE
FUMANT
FUMEUR
FUMEUX
FUMIER
FUMOIR
FUMURE
FURETÉ
FUREUR
FURIES
FURNES
FURTIF
FUSAIN
FUSANT
FUSEAU
FUSELÉ
FUSHUN
FUSION
FÜSSLI
FUSTEL
FUSTET
FUTAIE
FUTILE
FUTUNA
FUTURE
FUXÉEN
FUYANT
FUYARD
FUZHOU
FUZULI
GABARE
GABBRO
GABIER
GABION
GACÉEN
GÂCHÉE
GÂCHER
GÂCHIS
GADGET
GADIDÉ
GADOUE
GAFFÉE
GAFFER
GAGAKU
GAGEUR
GAGNÉE
GAGNER
GAGNOA
GAIETÉ
GAINÉE
GAINER
GALAGO
GALANT
GALATA
GALATE
GALATI
GALBÉE
GALBER
GALDÓS
GALEÃO
GALÉJÉ
GALÈNE
GALÈRE

6

- **GALÈRE**
- GALÉRÉ
- GALETÉ
- GALEUX
- GALGAL
- **GALIBI**
- **GALICE**
- **GALIEN**
- GALION
- GALLEC
- **GALLEC**
- **GALLES**
- GALLON
- GALLOT
- **GALLOT**
- **GALLUP**
- **GALOIS**
- GALOPÉ
- **GALTON**
- GALURE
- **GALWAY**
- **GAMBIE**
- GAMBIT
- GAMÈTE
- GAMINE
- GAMINÉ
- GAMMÉE
- **GANDER**
- **GANDHI**
- GANDIN
- **GANDJA**
- **GANGES**
- GANGUE
- GANGUÉ
- **GANNAT**
- GANSÉE
- GANSER
- GANTÉE
- GANTER
- GARAGE
- GARANT
- **GARCÍA**
- GARÇON
- **GARÇON**
- GARDÉE
- **GARDEL**
- GARDER
- GARDON
- **GARDON**
- **GARGES**
- **GARNER**
- GARNIE
- GARNIR
- **GAROUA**
- **GARROS**
- GARROT
- GASCON

- **GASCON**
- GAS-OIL
- **GASPAR**
- **GASSER**
- **GASTON**
- GÂTANT
- GÂTEAU
- GÂTEUX
- GÂTINE
- **GÂTINE**
- GÂTION
- GATTÉE
- GATTER
- GAUCHE
- GAUCHI
- GAUCHO
- **GAUDIN**
- **GAUDRY**
- GAUFRE
- GAUFRÉ
- GAULÉE
- GAULER
- GAULIS
- **GAULLE**
- GAUSSÉ
- GAVAGE
- GAVANT
- GAVEUR
- GAVIAL
- GAZAGE
- GAZANT
- GAZEUX
- GAZIER
- GAZOLE
- **GBAGBO**
- **GDANSK**
- **GDYNIA**
- GÉANTE
- **GÉANTS**
- **GÉDÉON**
- **GEIGER**
- GEISHA
- GELANT
- **GÉLASE**
- GELÉES
- GÉLIVE
- **GELLÉE**
- GÉLOSE
- GÉLULE
- GELURE
- GÉMEAU
- **GÉMIER**
- GÉMINÉ
- GEMMÉE
- GEMMER
- GÊNANT
- GENDRE

- GÉNÉPI
- GÉNÉRÉ
- GENÈSE
- **GENEST**
- GÊNEUR
- **GENÈVE**
- GÉNIAL
- **GENLIS**
- **GENNES**
- GÉNOIS
- **GÉNOIS**
- GÉNOME
- **GENOTE**
- GENOUX
- GENTIL
- **GENTIL**
- GENTRY
- GÉOÏDE
- **GEORGE**
- GÉRANT
- **GÉRARD**
- **GERASA**
- GERBÉE
- GERBER
- GERCÉE
- GERCER
- GERMÉE
- GERMEN
- GERMER
- **GERMER**
- GERMON
- GÉROMÉ
- **GÉRÔME**
- **GÉRONE**
- GERRIS
- **GERSON**
- **GÉRYON**
- **GERZAT**
- **GESELL**
- GÉSIER
- GÉSINE
- **GESNER**
- GETTER
- **GEVREY**
- **GEXOIS**
- GEYSER
- **GHALIB**
- GHETTO
- GHILDE
- GIAOUR
- GIBBON
- **GIBBON**
- GIBIER
- **GIBRAN**
- **GIBSON**
- GICLÉE
- GICLER

- **GIEREK**
- GIFLÉE
- GIFLER
- **GIGNAC**
- GIGOLO
- GIGOTÉ
- **GILDAS**
- GILLES
- **GILLES**
- **GILSON**
- **GIMONT**
- GINKGO
- **GIOTTO**
- GIRAFE
- **GIRARD**
- **GIRAUD**
- GIROND
- **GIRSOU**
- GISANT
- **GISORS**
- GITANE
- **GITANE**
- GÎTANT
- **GIVORS**
- GIVRÉE
- GIVRER
- **GLABER**
- GLABRE
- GLACÉE
- GLACER
- GLACIS
- GLAÇON
- GLAIRE
- GLAISE
- GLAIVE
- GLANDE
- GLANDÉ
- GLANÉE
- GLANER
- **GLANUM**
- **GLAOUI**
- GLAPIR
- **GLARIS**
- **GLASER**
- GLATIR
- **GLÉNAN**
- GLIALE
- GLIAUX
- **GLINKA**
- GLIOME
- GLISSE
- GLISSÉ
- GLOBAL
- GLOIRE
- **GLOMMA**
- GLORIA
- GLOSÉE

- GLOSER
- GLOTTE
- **GLOZEL**
- GLUANT
- GLUAUX
- GLUTEN
- GLYCOL
- GLYPHE
- **GMELIN**
- GNAULE
- GNEISS
- GNETUM
- GNIOLE
- GNOMON
- GNOSIE
- GOBANT
- GOBEUR
- GODAGE
- GODANT
- **GODARD**
- GODRON
- **GODWIN**
- GOÉMON
- **GOETHE**
- GOÉTIE
- **GOGUEL**
- GOGUES
- GOITRE
- **GOLBEY**
- GOLDEN
- GOMINA
- GOMINÉ
- GOMMÉE
- GOMMER
- GONADE
- **GONÂVE**
- **GONDAR**
- GONFLE
- GONFLÉ
- GOPURA
- **GORDES**
- **GORDON**
- GORFOU
- **GORGAN**
- GORGÉE
- GORGER
- GORGET
- **GÖRING**
- **GORIOT**
- **GÖRRES**
- **GORRON**
- GOSIER
- **GOSLAR**
- GOSPEL
- **GOSSAU**
- **GOSSEC**
- **GOTLIB**

6

GOUAPE
GOUDÉA
GOUFFÉ
GOUGES
GOUINE
GOUJAT
GOUJON
GOUJON
GOULAG
GOULÉE
GOULET
GOULOT
GOULUE
GOUNOD
GOUPIL
GOURBI
GOURDE
GOURÉE
GOUREN
GOURER
GOURIN
GOURME
GOURMÉ
GOUROU
GOUSSE
GOÛTÉE
GOÛTER
GOUTTE
GOUTTÉ
GOYAVE
GRABAT
GRABEN
GRÂCES
GRACIÉ
GRADÉE
GRADIN
GRADUÉ
GRAHAM
GRAINE
GRAINÉ
GRAMAT
GRAMME
GRAMME
GRANBY
GRANDE
GRANDE
GRANDI
GRANET
GRANGE
GRANIT
GRANJA
GRAPHE
GRAPPA
GRAPPE
GRASSE
GRASSE
GRASSÉ
GRATIN
GRATIS
GRATRY
GRATTE
GRATTÉ
GRAUNT
GRAVÉE
GRAVER
GRAVES
GRAVES
GRAVIE
GRAVIR
GRÉANT
GRÉBAN
GREDIN
GREENE
GRÉEUR
GREFFE
GREFFÉ
GRÊLÉE
GRÊLER
GRELIN
GRÊLON
GRELOT
GRÉMIL
GRENAT
GRENÉE
GRENER
GRENUE
GRÉOUX
GRÉSÉE
GRÉSER
GRÉSIL
GRÉTRY
GREUZE
GREVÉE
GREVER
GRÉVIN
GRIFFE
GRIFFÉ
GRIFFU
GRIGNE
GRIGNÉ
GRIGNY
GRIGOU
GRI-GRI
GRILLE
GRILLÉ
GRIMÉE
GRIMER
GRIMPE
GRIMPÉ
GRINCÉ
GRINGE
GRINGO
GRIPPE
GRIPPÉ
GRISBI
GRISÉE
GRISER
GRISET
GRISON
GRISON
GRISOU
GRODNO
GROGGY
GROGNE
GROGNÉ
GROLLE
GRONDÉ
GROOTE
GROSSE
GROSSI
GROTTE
GROUPE
GROUPÉ
GROUSE
GRUAUX
GRUBER
GRÜBER
GRUGÉE
GRUGER
GRUTÉE
GRUTER
GRÜTLI
GSTAAD
GUADET
GUAÏTA
GUARDI
GUAYMI
GUBBIO
GUDULE
GUÈBRE
GUELFE
GUELMA
GUELPH
GUENON
GUÉNON
GUÈRES
GUÉRET
GUÉRET
GUÉRIE
GUÉRIN
GUÉRIR
GUERRE
GUESDE
GUÊTRE
GUÊTRÉ
GUETTE
GUETTÉ
GUEULE
GUEULÉ
GUEUSE
GUEUSÉ
GUEUZE
GUGONG
GUIBRE
GUICHE
GUIDÉE
GUIDER
GUIDON
GUIGNE
GUIGNÉ
GUILDE
GUILIN
GUIMET
GUIMPE
GUINDÉ
GUINÉE
GUINÉE
GUÎNES
GUIPÉE
GUIPER
GUISAN
GUITRY
GUIVRE
GUIZÈH
GUIZOT
GULDEN
GUNITE
GUNITÉ
GUNTUR
GUPPYS
GURKHA
GURUNG
GUSMÃO
GUYANA
GUYANE
GUYTON
GUZMÁN
HAAKON
HABILE
HABITÉ
HACHÉE
HACHER
HACHIS
HACKER
HADALE
HADAUX
HADITH
HADJDJ
HADRON
HAGARD
HAGGIS
HAIFFA
HAÏKAÏ
HAIKOU
HAINAN
HALAGE
HALANT
HÂLANT
HALDAS
HALENÉ
HALETÉ
HALEUR
HALÉVY
HALITE
HALLES
HALLEY
HÂLOIR
HAMADA
HAMANN
HAMEAU
HAMLET
HAMMAM
HAMOIS
HAMSUN
HANCHE
HANCHÉ
HANDAN
HÄNDEL
HANDKE
HANEKA
HANGAR
HANKOU
HANNON
HANNUT
HANSEN
HANSON
HANTAÏ
HANTÉE
HANTER
HAPPÉE
HAPPER
HARALD
HARARE
HARBIN
HARDES
HARDIE
HARENG
HARGNE
HARKIE
HARLAY
HARLEM
HARLEY
HARLOW
HARNES
HAROLD
HARPIE
HARPON
HARRIS
HARSHA
HARVEY
HASARD
HASKIL
HASSAN
HASSID
HASTÉE

HÂTANT
HATHOR
HÂTIVE
HAUBAN
HAUSER
HAUSSE
HAUSSÉ
HAUTIN
HAÜYNE
HAVAGE
HAVANE
HAVANT
HAVERS
HAWAII
HAWKES
HAYKAL
HAZARA
HAZARD
HEANEY
HEARST
HEAUME
HEBBEL
HÉBERT
HÉBÉTÉ
HÉBREU
HÉBREU
HÉBRON
HÉCATE
HECTOR
HÉCUBE
HEDJAZ
HEDWIG
HEGANG
HÉGIRE
HÉLANT
HELENA
HÉLÈNE
HÉLIAS
HÉLICE
HÉLICO
HÉLIÉE
HÉLION
HÉLION
HÉLIOS
HÉLIUM
HELLAS
HÉMOIS
HENNIG
HENNIN
HENNIR
HÉNOCH
HÉRAUT
HERBIN
HERBUE
HERCHÉ
HERDER
HERENT
HERERO
HÉRITÉ
HERMÈS
HERMÈS
HERMON
HERNIE
HERNIÉ
HÉRODE
HÉROLD
HERPÈS
HERSÉE
HERSER
HERTEL
HERZEN
HERZOG
HESDIN
HÉSITÉ
HESSEN
HESTIA
HESTON
HÉTÉRO
HETMAN
HETZEL
HEURTÉ
HEUYER
HEVESY
HEWISH
HEXANE
HEXOSE
HIATAL
HIATUS
HIBOUX
HIDEUR
HIDEUX
HIDJAB
HIÈBLE
HIÉMAL
HIÉRON
HIKMET
HILARE
HILLEL
HILOTE
HILWAN
HIMEJI
HIMÈRE
HINDOU
HIP-HOP
HIPPIE
HIRCIN
HIRSCH
HIRSON
HISSÉE
HISSER
HITLER
HOBART
HOBBES
HOBBYS
HOBSON
HOCART
HOCHÉE
HOCHER
HOCHET
HOCKEY
HODLER
HOGGAR
HOHHOT
HOIRIE
HOLD-UP
HOLMES
HOLTER
HOMAIS
HOMARD
HOMÈRE
HONGRE
HONGRÉ
HONGWU
HONING
HONNIE
HONNIR
HONORÉ
HONSHU
HOOGHE
HOOKER
HOORNE
HOOVER
HOPPER
HOQUET
HORACE
HORGEN
HORION
HORMIS
HORMUZ
HORNES
HORNEY
HORSIN
HORTON
HORTON
HOSTIE
HOT DOG
HOTMAN
HOTTÉE
HOTTER
HOUANT
HOUARI
HOUDAN
HOUDAN
HOUDON
HOUGUE
HOUPPE
HOUQUE
HOURDÉ
HOURRA
HOUSSE
HOUSSÉ
HOWARD
HOWRAH
HOYAUX
HOZIER
HRABAL
HRIVNA
HUAMBO
HUBBLE
HUBERT
HUBLOT
HUCHÉE
HUCHER
HUDSON
HUELVA
HUERTA
HUESCA
HUGHES
HUGUES
HUGUET
HUILÉE
HUILER
HUISNE
HUÎTRE
HULAGU
HULULÉ
HUMAGE
HUMAIN
HUMANT
HUMBER
HUMBLE
HUMEUR
HUMIDE
HUMMEL
HUMOUR
HUNIER
HUN SEN
HUNTER
HUPPÉE
HURIEL
HURLÉE
HURLER
HURRAH
HUSAYN
HUSTON
HUTOIS
HUTTEN
HUTTON
HUXLEY
HUYGHE
HUZHOU
HYALIN
HYDRIE
HYÈRES
HYKSOS
HYOÏDE
HYPOGÉ
HYRCAN
HYSOPE
IATMUL
IBADAN
IBAGUÉ
IBÈRES
IBÉRIE
IBÉRIS
IBIBIO
IBIDEM
ICAQUE
ICARIE
ICELLE
ICELUI
ICI-BAS
ICTÈRE
IDÉALE
IDÉALS
IDÉAUX
IDIOME
IDIOTE
IDOINE
IDRISI
IDUMÉE
IDYLLE
IEYASU
IGARKA
IGNACE
IGNAME
IGNARE
IGNORÉ
IGUAÇU
IGUANE
IJEVSK
IJSSEL
IKARÍA
ILÉALE
ILÉAUX
ILÉITE
ILESHA
ILIADE
ILIGAN
ILLICO
ILLITE
ILLYÉS
ILOILO
ILORIN
IMAGÉE
IMAMAT
IMBIBÉ
ÍMBROS
IMITÉE
IMITER
IMMOLÉ
IMMUNE
IMPACT
IMPAIR
IMPALA

6

IMPAYÉ	**INGRES**	**ISCHIA**	JASANT	JOLIET
IMPHAL	INHALÉ	**ISERAN**	JASEUR	**JOLIET**
IMPOLI	INHIBÉ	**ISHTAR**	JASMIN	**JOMINI**
IMPOSÉ	INHUMÉ	**ISIGNY**	**JASMIN**	JONCÉE
IMPUNI	INIQUE	**ISMAËL**	**JASPAR**	JONCER
IMPURE	INITIÉ	**ISMAÏL**	JASPÉE	JONCHÉ
IMPUTÉ	INJURE	**ISMÈNE**	JASPER	**JONGEN**
INALPE	INNOMÉ	ISOÈTE	**JASPER**	JONGLÉ
INALPÉ	INNOVÉ	ISOLAT	JATAKA	JONQUE
INAPTE	INONDÉ	ISOLÉE	JATTÉE	**JONSON**
IN-BORD	INOUÏE	ISOLER	JAUGÉE	**JONZAC**
INCHON	IN PACE	**ISONZO**	JAUGER	**JOPLIN**
INCISE	INSANE	ISOPET	JAUNET	**JORDAN**
INCISÉ	INSÉRÉ	**ISRAËL**	JAUNIE	JORURI
INCITÉ	**INSERM**	**ISSÉEN**	JAUNIR	**JOSEPH**
INCLUS	INSERT	ISTHME	**JAURÈS**	**JOSIAS**
INCRÉÉ	IN SITU	**ISTRES**	**JAVARI**	**JOSPIN**
INCUBE	INSOLÉ	**ISTRIE**	JAVART	JOUANT
INCUBÉ	INSTAR	**ITAIPÚ**	JAVELÉ	JOUEUR
INCUIT	INSTIT	**ITALIE**	**JDANOV**	**JOUGNE**
INCUSE	INSULA	**IVAJLO**	**JEANNE**	JOUJOU
INDÈNE	INTACT	**IVANOV**	**JEKYLL**	**JOUKOV**
INDEXÉ	INTIME	IVETTE	**JENNER**	JOUTER
INDICE	INTIMÉ	IVOIRE	**JENSEN**	**JOUVET**
INDIEN	INTRUS	IVRAIE	**JEPHTÉ**	JOUXTÉ
INDIEN	INTUBÉ	**IVRYEN**	JERKER	JOVIAL
INDIGO	**INUVIK**	**IZEGEM**	**JÉRÔME**	JOVIEN
INDIUM	INVITE	**IZOARD**	JERSEY	**JOVIEN**
INDOLE	INVITÉ	JABIRU	**JERSEY**	JOYAUX
INDOOR	IN VIVO	JABLÉE	JETAGE	JOYEUX
INDORE	IODANT	JABLER	JETANT	**JÓZSEF**
INDUIT	IODATE	**JACOBI**	JETEUR	JUBILÉ
INDULT	IODLER	**JACOBS**	JET-SET	JUCHÉE
INDURÉ	IODURE	JACTER	JEÛNER	JUCHER
INÉDIT	IODURÉ	**JAFFNA**	JEUNET	**JUDITH**
INÉGAL	IONIEN	JAGUAR	JEUNOT	JUDOGI
INEPTE	**IONIEN**	**JAGUEN**	**JEVONS**	JUDOKA
INERME	IONISÉ	JAILLI	**JHANSI**	JUGALE
INERTE	IONONE	**JAIPUR**	**JHELAM**	JUGAUX
INERTÉ	IOULER	**JALAPA**	**JHELUM**	JUGEUR
INFÂME	IOURTE	JALOUX	JIGGER	**JUGLAR**
INFANT	IPOMÉE	JAMAIS	JINGLE	JUGULÉ
INFECT	**IRÉNÉE**	**JAMBOL**	JINGXI	**JUILLY**
INFÈRE	**IRGOUN**	JAMBON	**JINHUA**	JUJUBE
INFÉRÉ	IRIDIÉ	**JAMBYL**	**JINNAH**	JULIEN
INFIME	**IRIGNY**	**JAMMES**	**JIVAGO**	**JULIEN**
INFINI	IRISÉE	**JANCSÓ**	**JIVARO**	JUMEAU
INFIXE	IRISER	**JANSKY**	**JIVKOV**	JUMELÉ
INFLUÉ	IRITIS	**JAPHET**	**JOANNE**	JUMENT
INFLUX	**IROISE**	JAPPER	JOBARD	**JUNEAU**
INFULE	IRONIE	**JAPURÁ**	JOCKEY	**JÜNGER**
INFUSE	IRRÉEL	JARDIN	JODLER	JUNGLE
INFUSÉ	IRRITÉ	JARDON	**JOFFRE**	JUNIOR
INGÉNU	**IRTYCH**	JARGON	**JOIADA**	JUNKER
INGÉRÉ	**IRVING**	**JARNAC**	**JOIGNY**	JUNKIE
INGOLD	**ISABEY**	JARRET	JOINTE	JUPIER
INGRAT	ISATIS	**JARRIE**	JOJOBA	JURANT

JUREUR
JURIEU
JUSANT
JUSQUE
JUSTIN
JUTANT
JUTEUX
JUVARA
JUVISY
KABOUL
KABUKI
KABYLE
KABYLE
KACHAN
KACHIN
KADARÉ
KADESH
KADUNA
KAGERA
KAHLER
KAINJI
KAISER
KAISER
KAKAWI
KALDOR
KALGAN
KALIÑA
KALISZ
KALMAR
KANAKE
KANAKE
KANAMI
KANGXI
KANKAN
KANPUR
KANSAI
KANSAS
KANTOR
KAOLIN
KAPLAN
KAPOSI
KAPUAS
KARATÉ
KARBAU
KARCHI
KARDEC
KARIBA
KARITÉ
KARMAN
KARMAN
KARNAK
KARPOV
KARRER
KARROO
KASHER
KASSAÏ
KASSEL

KASSEM
KATONA
KAUNAS
KAUNDA
KAVÁLA
KAVERI
KAVIRI
KAZAKH
KAZAKH
KAZBEK
KAZVIN
KEATON
KEDIRI
KEESOM
KEIHIN
KEIRIN
KEITEL
KEKULÉ
KELLER
KELSEN
KELVIN
KELVIN
KEMMEL
KEMPFF
KEMPIS
KENTIA
KENYAN
KENYAN
KENZAN
KÉPHIR
KEPLER
KERALA
KERMAN
KERMÈS
KERRIA
KERRIE
KERTCH
KESSEL
KETMIE
KEVLAR
KEYNES
KHÂGNE
KHANAT
KHANIÁ
KHEOPS
KHMÈRE
KHMÈRE
KHOROG
KHOSRÔ
KHOTAN
KHULNA
KHYBER
KICKER
KIEFER
KIELCE
KIF-KIF
KIGALI

KIKUYU
KIKWIT
KIMONO
KIMURA
KINASE
KINDIA
KINOIS
KINOIS
KIPPER
KIRKUK
KIRSCH
KIRUNA
KISTNA
KISUMU
KITANO
KITSCH
KJØLEN
KLADNO
KLAXON
KLÉBER
KLEENE
KLEIST
KLENZE
KLIPPE
KLOTEN
KOBOLD
KOCHER
KODÁLY
KODIAK
KŒNIG
KOETSU
KOFFKA
KOHIMA
KÖHLER
KOHOUT
KOKAND
KOLLÁR
KOLTÈS
KOLYMA
KONIEV
KONITZ
KOPECK
KÖPPEN
KORAÍS
KORIAK
KORNAI
KORUNA
KOSICE
KOSOVO
KOSSEL
KOSSOU
KOUBAN
KOUBBA
KOUFRA
KOULAK
KOUMIS
KOUMYK

KOUMYS
KOUROS
KOUROU
KOURSK
KOVROV
KOWEÏT
KRAFFT
KRAKÓW
KREMER
KRIENS
KRLEZA
KROETZ
KRONER
KRONOS
KRUGER
KRYLOV
KUIPER
KUMAON
KUMASI
KUMMEL
KUMMER
KUNG-FU
KUNLUN
KUNSAN
KUOPIO
KUPANG
KURTÁG
KURUME
KWACHA
KWANZA
KWANZA
KYLIAN
KYUSHU
LA BAIE
LABEUR
LABIAL
LABIÉE
LABILE
LABIUM
LABORI
LABOUR
LABRIT
LAÇAGE
LAÇANT
LACÉRÉ
LACEUR
LÂCHÉE
LÂCHER
LACLOS
LA CRAU
LACTÉE
LACUNE
LADAKH
LADANG
LADIES
LADINO
LADITE

LADOGA
LAEKEN
LA FÈRE
LAGASH
LAGOYA
LAGUIS
LAGUNE
LÀ-HAUT
LA HAYE
LA HIRE
LAHORE
LA HYRE
LAÏCAT
LAÎCHE
L'AIGLE
LAINÉE
LAINER
LAÏQUE
LAISSE
LAISSÉ
LAITÉE
LAITON
LAITUE
LAKOTA
LAMAGE
LAMANT
LAMBDA
LAMBEL
LAMBIC
LAMBIN
LAMECH
LA MÈDE
LAMETH
LAMIER
LAMINÉ
LAMOUR
LAMPAS
LAMPÉE
LAMPER
LA MURE
LANCÉE
LANCER
LANÇON
LANDAU
LANDAU
LÄNDER
LANDES
LANDRU
LANDRY
LANGÉE
LANGER
LANGON
LANGUE
LANGUI
LANICE
LANIER
LANNES

LA NOUE
LANSON
LAOGAI
LAO SHE
LAPANT
LAPIAZ
LAPIDÉ
LAPINE
LAPINÉ
LAPONE
LAPONE
LAPSUS
LAPTEV
LAQUÉE
LAQUER
LARBIN
LARCHE
LARCIN
LARDÉE
LARDER
LARDON
LAREDO
LARGUE
LARGUÉ
LARMOR
LARREY
LARRON
LARSEN
LARTET
LARVÉE
LARYNX
LARZAC
LA SALE
LASCAR
LASCIF
LASSAY
LASSÉE
LASSER
LASSIS
LASSUS
LASTEX
LASURE
LA SUZE
LA TÈNE
LATENT
LATINA
LATINE
LATINE
LATINI
LATINO
LATIUM
LATONE
LA TOUR
LATRAN
LATRIE
LATTÉE
LATTER

LATTES
LATTIS
LAUDES
LAUNAY
LAURÉE
LAUREL
LAUTER
LAUZUN
LAVABO
LAVAGE
LAVANT
LAVAUR
LAVÉRA
LAVEUR
LAVOIR
LAVURE
LAXITÉ
LAZARE
LAZZIS
LEADER
LEAKEY
LEBEAU
LEBRET
LE BRIX
LEBRUN
LÉCHÉE
LÉCHER
LECOCQ
LE DAIM
LE DAIN
LEDOUX
LÊ DUAN
LEFUEL
LÉGALE
LEGATO
LÉGAUX
LÉGÈRE
LÉGION
LE GOFF
LE GRAU
LEGROS
LÉGUÉE
LÉGUER
LÉGUME
LEIPOA
LEIRIS
LEITHA
LEKAIN
LE LION
LE LUDE
LE MANS
LEMIRE
LEMMON
LEMNOS
LEMOND
LÉMURE
LE NAIN

LENARD
LENDIT
LENGUA
LÉNINE
LENOIR
LEOBEN
LEONES
LÉONIN
LEONOV
LEPAGE
LE PECQ
LEPÈRE
LÉPIDE
LÉPINE
LE PLAY
LE PONT
LE PORT
LEPTON
LEQUEL
LERCHE
LÉRIDA
LÉRINS
LEROUX
LESAGE
LÉSANT
LESBOS
LESCAR
LESCOT
LESHAN
LÉSINE
LÉSINÉ
LÉSION
LESKOV
LESTÉE
LESTER
LÉTALE
LÉTAUX
LETCHI
LE TEIL
LETTON
LETTON
LETTRE
LETTRÉ
LEURRE
LEURRÉ
LEUVEN
LEVAGE
LEVAIN
LEVANT
LEVANT
LEVENS
LEVIER
LEVIER
LÉVITE
LEVRON
LEVURE
LEXÈME

LEYSIN
LÉZARD
LEZOUX
LHASSA
LHOTSE
LIANTE
LIARDÉ
LIASSE
LIBAGE
LIBERA
LIBÈRE
LIBÉRÉ
LIBERO
LIBIDO
LIBYEN
LIBYEN
LICHÉE
LICHEN
LICHER
LICIER
LICITE
LICITÉ
LIEBIG
LIEDER
LIÉGÉE
LIERNE
LIERRE
LIERRE
LIESSE
LIEUSE
LIÉVIN
LIÈVRE
LIFFRÉ
LIFTÉE
LIFTER
LIGAND
LIGASE
LIGETI
LIGNÉE
LIGNER
LIGNON
LIGOTÉ
LIGUÉE
LIGUER
LIGUGÉ
LIGULE
LIGULÉ
LIGURE
LIGURE
LIKASI
LIKOUD
LILIAL
LILITH
LILOTE
LIMACE
LIMAGE
LIMANT

LIMBES
LIMEIL
LIMEUR
LIMIER
LIMITE
LIMITÉ
LIMNÉE
LÍMNOS
LIMOGÉ
LIMOUX
LIMULE
LINDAU
LINDER
LINÉEN
LINGAM
LINGOT
LINGUE
LINIER
LIONNE
LIONNE
LIORAN
LIPARI
LIPASE
LI PENG
LIPIDE
LIPOME
LIPPÉE
LIPPUE
LIPSET
LISAGE
LISANT
LISBOA
LISERÉ
LISEUR
LISIER
LISSÉE
LISSER
LISTÉE
LISTEL
LISTER
LISTER
LISTON
LI TANG
LITANT
LITCHI
LITEAU
LITHAM
LITIGE
LITOTE
LITRON
LITSAM
LITTAU
LITTRÉ
LIVEDO
LIVIDE
LIVING
LIVRÉE

6

LIVRER	LOUANT	**LUSSAC**	MADONE	**MALAWI**
LIVRET	LOUBAR	LUSTRE	MADRAS	MALAXÉ
LIZARD	**LOUBET**	LUSTRÉ	**MADRAS**	MALBAR
LLANOS	LOUCHE	LUTANT	MADRÉE	MALBEC
LLÍVIA	LOUCHÉ	LUTÉAL	**MADRID**	MALGRÉ
LLOYD'S	**LOUDUN**	**LUTÈCE**	**MADURA**	MALICE
LOADER	LOUEUR	**LUTHER**	MAFFIA	MALIEN
LOANGO	LOUGRE	LUTINE	MAFFLU	**MALIEN**
LOBANT	**LOUISE**	LUTINÉ	MAGANÉ	**MALORY**
LOBBYS	LOULOU	LUTRIN	MAGNAN	MALOYA
LOBITO	LOUPÉE	LUTTER	**MAGNAN**	MALTÉE
LOB NOR	LOUPER	**LUTULI**	MAGNAT	MALTER
LOBULE	**LOUPOT**	**LÜTZEN**	MAGNÉE	**MAMAIA**
LOBULÉ	LOURDE	LUXANT	MAGNER	MAMELU
LOCALE	LOURDÉ	LUXURE	MAGNET	**MAMERS**
LOCAUX	LOURÉE	**LUYNES**	MAGNUM	**MAMERT**
LOCHÉE	LOURER	**LUZHOU**	**MAGNUS**	**MAMMON**
LOCHER	**LOURIA**	**LUZIEN**	MAGRET	**MAMORÉ**
LOCHES	LOUSSE	LUZULE	MAGYAR	MANADE
LODÈVE	LOUTRE	LYCAON	**MAGYAR**	**MANADO**
LOÈCHE	LOUVET	LYCÉEN	**MAHAUT**	**MANAGE**
LOFANT	**LOUVRE**	LYCÈNE	**MAHFUZ**	MANAGÉ
LOGEUR	**LOUXOR**	LYCHEE	**MAHLER**	**MANAMA**
LOGGIA	LOVANT	LYCOPE	**MAHMUD**	MANANT
LOGNES	**LOWELL**	LYCOSE	MAHOUS	**MANAUS**
LOGONE	LOYALE	LYDIEN	**MAIANO**	MANCHE
LOIRET	LOYAUX	**LYDIEN**	MAICHE	**MANCHE**
LOISIR	**LOYSON**	LYMPHE	**MAÎCHE**	MANCIE
LOKMAN	**LOZÈRE**	LYNCHÉ	MAÏEUR	MANDAT
LOKOUM	**LUANDA**	LYSANT	MAIGRE	MANDÉE
LOLITA	**LÜBECK**	**LYSIAS**	MAIGRI	**MANDEL**
LOLITA	**LUBLIN**	LYSINE	**MAÏKOP**	MANDER
LOMBES	**LUCAIN**	**LYTTON**	**MAILER**	MANÈGE
LOMBOK	LUCANE	**MAAZEL**	MAILLE	MANGÉE
LOMÉEN	**LUCÉEN**	MABOUL	MAILLÉ	MANGER
LOMMEL	**LUCHON**	**MABUSE**	**MAILLY**	**MANGIN**
LONDON	LUCIDE	**MACAPÁ**	MAINTE	MANGLE
LONGÉE	**LUCIEN**	**MACEIÓ**	**MAIRET**	MANGUE
LONGER	LUCITE	MACÉRÉ	MAIRIE	MANIÉE
LONGHI	**LUÇOIS**	MÂCHÉE	MAISON	MANIER
LONGIN	LUDION	**MACHEL**	MAÎTRE	MANIOC
LONGUE	**LUDOIS**	MÂCHER	MAJEUR	MANIPE
LONGUE	LUETTE	MACHIN	**MAJEUR**	**MANISA**
LONGUS	**LUGANO**	MÂCHON	MA-JONG	**MANNAR**
LONGWY	LUGEUR	**MACINA**	MAJORÉ	MANOIR
LON NOL	**LUKÁCS**	MACLÉE	**MAJURO**	MANQUE
LOQUET	**LULUWA**	**MACLOU**	**MAKALU**	MANQUÉ
LORENZ	LUNCHS	**MACRIN**	MAKILA	**MAN RAY**
LORGNÉ	**L'UNION**	MACULA	**MALABO**	**MANSIS**
LORIOL	LUNULE	MACULE	MALADE	**MANTES**
LORIOT	LUNURE	MACULÉ	MALAGA	MANTRA
LORRIS	**LUPÉEN**	**MADÁCH**	**MÁLAGA**	**MANUCE**
LORRYS	**LUQMAN**	MADAME	MALAIS	MANUEL
LOTIER	**LURÇAT**	MADE IN	**MALAIS**	**MANUEL**
LOTION	**LUSACE**	MADÈRE	**MALANG**	**MAO DUN**
LOTOIS	**LUSAKA**	**MADÈRE**	MALARD	**MAPUTO**
LOUAGE	**LÜSHUN**	**MADINE**	MALART	MAQUÉE

MAQUER
MAQUIS
MARACA
MARADI
MARAIS
MARAIS
MARAJÓ
MARANS
MARANS
MARAUD
MARBRE
MARBRÉ
MARCEL
MARCEL
MARCHE
MARCHE
MARCHÉ
MARCOS
MARCUS
MARDAN
MARGAY
MARGÉE
MARGER
MARGOT
MARIAL
MARICA
MARIÉE
MARIER
MARINA
MARINA
MARINE
MARINE
MARINÉ
MARINI
MARINO
MARIOL
MARION
MARIUS
MARKKA
MARKOV
MARLEY
MARLIN
MARLOU
MARMOT
MARNÉE
MARNER
MARNIA
MARNIX
MARONI
MAROUA
MARQUE
MARQUÉ
MARRÉE
MARRER
MARRIE
MARRON
MARROU

MARTEL
MARTEL
MARTHE
MARTIN
MARTRE
MARTYR
MASADA
MASERU
MASINA
MASQUE
MASQUÉ
MASSAÏ
MASSÉE
MASSER
MASSEY
MASSIF
MASSON
MASSUE
MASSYS
MASTIC
MASTOC
MASUKU
MASURE
MATADI
MATAGE
MATANE
MATANT
MÂTANT
MATARÓ
MATCHS
MATERA
MATÉTÉ
MÂTINE
MÂTINÉ
MATITÉ
MATOIR
MATOIS
MATRAS
MATSUE
MATTEI
MATTOX
MATURE
MÂTURE
MATUTE
MAUDIT
MAUGES
MAUPAS
MAURES
MAURON
MAUROY
MAURYA
MAUSER
MAUVIS
MAXIMA
MAXIME
MAXIME
MAYEUR

MA YUAN
MAZAMA
MAZEPA
MAZOUT
MBUNDU
MCADAM
MÉCANO
MÉCÈNE
MÉCÈNE
MÉCHÉE
MÉCHER
MECHTA
MECIAR
MÉDARD
MÉDIAN
MÉDIAT
MÉDINA
MÉDINE
MÉDIRE
MÉDITÉ
MEDIUM
MÉDIUS
MÉDUSE
MÉDUSE
MÉDUSÉ
MEERUT
MÉFAIT
MÉFIÉE
MÉFIER
MÉGALO
MÉGARE
MÉGÈRE
MÉGÈRE
MEGÈVE
MÉGOHM
MÉGOTÉ
MÉHARA
MÉHARI
MEHMED
MEILEN
MÉIOSE
MÉJEAN
MÉJUGÉ
MEKNÈS
MÉKONG
MELAKA
MÊLANT
MÉLÉNA
MÉLÈZE
MÉLIÈS
MÉLINE
MELLAH
MEMBRE
MEMBRÉ
MEMBRU
MÉMÈRE
MÉMÉRÉ

MEMNON
MENACE
MENACÉ
MÉNADE
MENADO
MÉNAGE
MÉNAGE
MÉNAGÉ
MENANT
MENDEL
MENDIÉ
MENEAU
MENÉES
MENEUR
MENGER
MENGZI
MENHIR
MENINE
MENORA
MENTAL
MENTHE
MENTIR
MENTON
MENTON
MENTOR
MENTOR
MENUET
MÉNURE
MENZEL
MÉPLAT
MÉPRIS
MERANO
MERCIE
MERCKX
MERDÉE
MERDER
MÉRENS
MÉRIDA
MERINA
MERISE
MÉRITE
MÉRITÉ
MERLAN
MERLIN
MERLIN
MERLON
MERLOT
MERMOZ
MERSCH
MERSEY
MERSIN
MERTON
MÉRULE
MERYON
MESETA
MESLAY
MESMER

MESSER
MESSIE
MESSIN
MESSIN
MESURE
MESURÉ
MÉSUSÉ
MÉTAUX
MÉTEIL
MÉTIER
MÉTOPE
MÉTRÉE
MÉTRER
METSYS
METTRE
MEUBLE
MEUBLÉ
MEUDON
MEUGLÉ
MEULAN
MEULÉE
MEULER
MEULON
MEXICO
MEYLAN
MEYMAC
MEYRIN
MÉZENC
MEZINE
MÉZOIS
MFLOPS
MIASME
MIAULÉ
MI-BOIS
MICACÉ
MICHÉE
MICHEL
MICHNA
MICKEY
MI-CLOS
MICMAC
MICMAC
MI-CÔTE
MICRON
MIDWAY
MIELLÉ
MIENNE
MIERES
MIETTE
MIÈVRE
MIGNET
MIGNON
MIGRER
MIHRAB
MIJOTÉ
MIJOUX
MIKADO

MILICE
MILIEU
MILIEU
MILITÉ
MILLAS
MILLAS
MILLAU
MILLER
MILLET
MILLET
MILORD
MILOSZ
MILTON
MIMANT
MIMOSA
MIMOUN
MINAGE
MINANT
MINBAR
MINCIE
MINCIO
MINCIR
MINDEL
MINDEN
MINEUR
MINGAN
MINGUS
MINÎÈH
MINIER
MINIMA
MINIME
MINIUM
MINOEN
MINOIS
MINORÉ
MINQUE
MINSKY
MINUIT
MINUTE
MINUTÉ
MIOCHE
MIRAGE
MIRANT
MIRAUD
MIRCEA
MIREUR
MIRIAM
MIROIR
MISANT
MISÈNE
MISÈRE
MISHNA
MISNIE
MISSEL
MISTON
MISTRA
MITAGE

MITANT
MITARD
MITEUX
MITHRA
MITIGÉ
MITOSE
MITRAL
MITRÉE
MITRON
MI-VOIX
MIXAGE
MIXANT
MIXEUR
MIXITÉ
MIYAKE
MOBILE
MOBILE
MÖBIUS
MÖBIUS
MOBLOT
MOBUTU
MOCKEL
MODALE
MODANE
MODAUX
MODELÉ
MODÈLE
MODÈNE
MODÉRÉ
MODULE
MODULÉ
MODULO
MOELLE
MŒRIS
MŒURS
MOFLÉE
MOFLER
MOGODS
MOHÁCS
MOHAIR
MOHAVE
MOHAWK
MOHÉLI
MOIRÉE
MOIRER
MOISÉE
MOISER
MOISIE
MOISIR
MOISSY
MOITIE
MOITIÉ
MOITIR
MOIVRE
MOJAVE
MOLDAU
MOLÈNE

MOLÈNE
MOLETÉ
MOLINA
MOLISE
MOLITG
MOLLAH
MOLLET
MOLLET
MOLLIE
MOLLIR
MOLNÁR
MOLOCH
MOLOCH
MOLTKE
MOLURE
MOMBIN
MOMENT
MÔMIER
MOMPÓS
MONACO
MONADE
MONCEY
MONDÉE
MONDER
MONDOR
MONEIN
MONÈME
MONGOL
MONGOL
MONLUC
MONNET
MONÔME
MONORY
MONROE
MONTAN
MONTÉE
MONTER
MONTES
MONTEZ
MONTRE
MONTRÉ
MOOREA
MOQUÉE
MOQUER
MORAIS
MORALE
MORAND
MORANE
MORAUX
MORAVA
MORAVE
MORAVE
MORDRE
MORDUE
MORDVE
MORÉAS
MOREAU

MORENA
MORÈNE
MORENO
MORETO
MORFAL
MORFIL
MORFLÉ
MORGAN
MORGAT
MORGES
MORGON
MORGUE
MÓRICZ
MÖRIKE
MORINS
MORION
MORITZ
MORLEY
MORMON
MORNAY
MORONI
MOROSE
MORRIS
MORTEL
MORT-NÉ
MORTON
MORULA
MORVAN
MOSANE
MOSCOU
MOSKVA
MOSSAD
MOSTAR
MOTALA
MOTARD
MOT-CLÉ
MOTEUR
MOTION
MOTIVÉ
MOTTÉE
MOTTER
MOUCHE
MOUCHÉ
MOUDRE
MOUFLE
MOUFTÉ
MOUISE
MOUJIK
MOULÉE
MOULER
MOULIN
MOULIN
MOULUE
MOURAD
MOURIR
MOURON
MOURRE

MOUSMÉ
MOUSSE
MOUSSÉ
MOUSSU
MOUTHE
MOUTON
MOUTON
MOUZON
MOYEUX
MOZART
MROZEK
MUCINE
MUCRON
MUESLI
MUETTE
MUFFIN
MUGABE
MUGUET
MUISCA
MULARD
MULETA
MULLAH
MULLER
MÜLLER
MÜLLER
MULLIS
MULTAN
MUMBAI
MUNICH
MÜNZER
MUPHTI
MURAGE
MURALE
MURANO
MURANT
MURAUX
MURCIE
MURÈNE
MURGER
MURGER
MURIDÉ
MÛRIER
MURMEL
MURNAU
MURPHY
MURRAY
MÜRREN
MUSALA
MUSANT
MUSARD
MUSCAT
MUSCLE
MUSCLÉ
MUSÉAL
MUSEAU
MUSELÉ
MUSÉUM

MUSHIN
MUSOIR
MUSQUÉ
MUSSET
MUTAGE
MUTANT
MUTARE
MUTILÉ
MUTINE
MUTINÉ
MUTITÉ
MUTUEL
MUTULE
MUTZIG
MWANZA
MYCALE
MYCOSE
MYGALE
MYOPIE
MYOSIS
MYRDAL
MYRRHE
MYSORE
MYXINE
NABEUL
NABOTE
NACRÉE
NACRER
NADAUD
NADJAF
NÆVUS
NAGANO
NAGARI
NAGEUR
NAGOYA
NAGPUR
NAGUMO
NAÏADE
NAÎTRE
NAKURU
NAMIAS
NANÇAY
NANDED
NANDOU
NANGIS
NANISÉ
NANKIN
NANKIN
NANSEN
NANTES
NANTIE
NANTIR
NANTUA
NAPALM
NAPATA
NAPHTA
NAPHTE
NAPIER
NAPLES
NAPPÉE
NAPPER
NARGUÉ
NARINE
NARITA
NARRÉE
NARRER
NARSÈS
NARVAL
NARVIK
NASALE
NASAUX
NASDAQ
NASEAU
NASSAU
NASSER
NATALE
NATHAN
NATICE
NATION
NATIVE
NATORP
NATRON
NATRUM
NATTÉE
NATTER
NATURE
NAUDIN
NAUMAN
NAUSÉE
NAVAJA
NAVAJO
NAVALE
NAVIRE
NAVRÉE
NAVRER
NAYAIS
NAZARÉ
NAZRAN
NEBBIO
NÉCHAO
NECKAR
NECKER
NECTAR
NECTON
NEFOUD
NÉGOCE
NEGROS
NÉGUEV
NEIGER
NEIGES
NEISSE
NELSON
NEMROD
NENETS
NÉNIES
NÉPALI
NEPEAN
NÉRÉIS
NERGAL
NERNST
NÉROLI
NERUDA
NERVAL
NERVIN
NESSOS
NESSUS
NESTLÉ
NESTOR
NETCAM
NEUHOF
NEUNEU
NEURAL
NEUTRA
NEUTRE
NEUVIC
NEVADA
NEVERS
NEVEUX
NEW AGE
NEWARK
NEWMAN
NEWTON
NEWTON
NEZAMI
NEZVAL
NIABLE
NIAISE
NIAISÉ
NIAMEY
NICHÉE
NICHER
NICHET
NICHON
NICIAS
NICKEL
NIÇOIS
NIÇOIS
NICOLA
NICOLE
NIELLE
NIELLÉ
NIÉMEN
N-IÈMES
NIÉPCE
NIÈVRE
NIGAUD
NIJLEN
NIKITA
NIKKEI
NILLES
NIMBÉE
NIMBER
NIMIER
NIMITZ
NÎMOIS
NINGBO
NINIVE
NINOVE
NIPPÉE
NIPPER
NIPPON
NIPPON
NIQUÉE
NIQUER
NITRÉE
NITRER
NIVALE
NIVAUX
NIVÉAL
NIVEAU
NIVELÉ
NIVÔSE
NIZAMI
NOBILE
NOCARD
NOCEBO
NOCÉEN
NOCEUR
NOCHER
NOCIVE
NODALE
NODAUX
NODIER
NODULE
NOGARO
NOGENT
NOGUÈS
NOHANT
NOIRCI
NOIRET
NOLISÉ
NOLLET
NOMADE
NOMBRE
NOMBRÉ
NOMINÉ
NOMMÉE
NOMMER
NON-DIT
NONIUS
NON-MOI
NORDET
NORDIR
NORMAL
NORMAN
NORMÉE
NOROIS
NOROÎT
NORRIS
NORWID
NOSTOC
NOSY BE
NOTANT
NOTICE
NOTION
NOTULE
NOUAGE
NOUANT
NOUEUX
NOUGAT
NOULET
NOUMÉA
NOUNOU
NOURRI
NOUURE
NOUVEL
NOUVEL
NOVANT
NOVARE
NOVICE
NOYADE
NOYANT
NOYAUX
NOYERS
NUANCE
NUANCÉ
NUBIEN
NUBIEN
NUBILE
NUBUCK
NUCLÉÉ
NUDITÉ
NUITÉE
NUITON
NUJOMA
NUMAZU
NÛMENT
NUMÉRO
NUMIDE
NUMIDE
NYASSA
NYMPHE
NYSTAD
OASIEN
OAXACA
OBÉRÉE
OBÉRER
OBERON
OBERTH
OBLATE
OBLATS
OBLIGÉ
OBLONG
O'BRIEN
OBSCUR

OBSÉDÉ
OBTENU
OBTURÉ
OBTUSE
OBVIER
OBWALD
O'CASEY
OCCASE
OCCIRE
OCCISE
OCCUPÉ
OCÉANE
OCÉANE
OCELLE
OCELLÉ
OCELOT
OCRANT
OCTALE
OCTANE
OCTANT
OCTAUX
OCTAVE
OCTAVE
OCTROI
OCTUOR
OCULUS
ODANAK
ODENSE
ODESSA
ODIEUX
ODILON
ODORAT
ODORIC
ŒDÈME
ŒDIPE
ŒDIPE
ŒSTRE
ŒUVÉE
ŒUVRE
ŒUVRÉ
OFFERT
OFFICE
OFFRIR
OFFSET
OGADEN
OGIVAL
OGODAY
OGOOUÉ
O. HENRY
OÏDIUM
OIGNON
OINDRE
OÏRATE
OISANS
OISEAU
OISEUX
OISIVE

OISSEL
OJIBWA
OKOUMÉ
OLCOTT
OLÉATE
OLÉINE
OLENEK
OLÉ OLÉ
OLÉRON
OLINDA
OLIVER
OLIVET
OLIVET
OLMEDO
OLMÜTZ
OLONNE
OLORON
OLYMPE
OLYMPE
OMBRÉE
OMBRER
OMBRIE
OMERTA
OMNIUM
ONAGRE
ONCIAL
ONDINE
ONDOYÉ
ONDULÉ
O'NEILL
ONETTI
ONGLÉE
ONGLET
ONGLON
ONGULÉ
ONQUES
ONYXIS
ONZAIN
OOCYTE
OOGONE
OOLITE
OPALIN
OPAQUE
OP ARTS
OPÉRÉE
OPÉRER
OPÉRON
OPHITE
OPHRYS
OPHULS
OPIACÉ
OPIMES
OPINEL
OPINER
OPONCE
OPPIDA
OPPOSÉ

OPTANT
OPTIMA
OPTION
ORACLE
ORADEA
ORANGE
ORANGE
ORANGÉ
ORANTE
ORBITE
ORBITÉ
ORCÉEN
ORCHIS
ORDRÉE
ORDURE
ORÉADE
ÖREBRO
OREGON
ORÉMUS
ORENSE
ORESME
ORESTE
OREZZA
ORFILA
ORGANE
ORGEAT
ORGNAC
ORGUES
ORIENT
ORIENT
ORIGAN
ORIOLA
ORIOLE
ORISSA
ORMAIE
ORMEAU
ORMIER
ORMOIE
ORMUZD
ORNAIS
ORNANO
ORNANS
ORNANT
ORONGE
ORONTE
OROZCO
ORPHÉE
ORPHIE
ORSINI
ØRSTED
ORSTOM
ORTEGA
ORTEIL
ORTHEZ
ORTLER
ORTLES
ORWELL

OSASCO
OSCULE
OSHAWA
OSHIMA
OSIJEK
OSIRIS
ÖSLING
OSMIUM
OSMOSE
OSORNO
OSQUES
OSSÈTE
OSSEUX
OSSIAN
OSTYAK
OSTYAK
OTAKAR
OTARIE
OTELLO
OTIQUE
OTTAWA
ÖTZTAL
OUADAÏ
OUATÉE
OUATER
OUBLIE
OUBLIÉ
OUDLER
OUDONG
OUENZA
OUGRÉE
OUILLE
OUILLÉ
OUKASE
OULÉMA
OULIPO
OUMIAK
OUOLOF
OUOLOF
OUPEYE
OURDIE
OURDIR
OURDOU
OURÉBI
OURLÉE
OURLER
OURLET
OURMIA
OUROUK
OURSIN
OURSON
OURTHE
OUTLAW
OUTPUT
OUTRÉE
OUTRER
OUVALA

OUVERT
OUVRÉE
OUVRER
OUVRIR
OUZBEK
OUZBEK
OVAIRE
OVIBOS
OVIEDO
OVOÏDE
OVULER
OXALIS
OXFORD
OXFORD
OXYDÉE
OXYDER
OXYTON
OXYURE
OZALID
OZANAM
OZONÉE
OZONER
PA'ANGA
PACAGE
PACAGÉ
PACANE
PACHER
PACHTO
PACHTO
PACINO
PACÔME
PACQUÉ
PACSÉE
PACSER
PACSON
PADANE
PADANG
PADINE
PADOUE
PADOUE
PAELLA
PAGAIE
PAGAÏE
PAGALU
PAGAYE
PAGAYÉ
PAGEOT
PAGINÉ
PAGNOL
PAGNOT
PAGODE
PAGURE
PAHARI
PAILLE
PAILLÉ
PAIRIE
PAIRLE

PAÎTRE
PALACE
PALAIS
PÂLEUR
PALIER
PALLAS
PALLIÉ
PALMAS
PALMÉE
PALMER
PALMER
PALOIS
PALOIS
PALPÉE
PALPER
PALUDE
PALUEL
PÂMANT
PAMPRE
PANACE
PANADE
PANAIS
PANAJI
PANAMA
PANAMÁ
PANAME
PANANT
PANARD
PANDIT
PANGÉE
PANIER
PANINE
PANINI
PANINI
PANJIM
PANKOW
PANNÉE
PANSÉE
PANSER
PANSUE
PANTIN
PANTIN
PANURE
PANZER
PAONNE
PAPALE
PAPAUX
PAPAYE
PAPHOS
PAPIER
PAPINI
PAPION
PAPOTÉ
PAPOUA
PAPOUE
PAPOUE
PAPPUS

PAPULE
PAQSON
PÂQUES
PÂQUES
PAQUET
PARADE
PARADÉ
PARAFE
PARAFÉ
PARAGE
PARAMÉ
PARANÁ
PARANT
PARDON
PARÉES
PAREIL
PARENT
PARÈRE
PARETO
PARFUM
PARIÉE
PARIER
PARINI
PARITÉ
PARKER
PARLÉE
PARLER
PARLER
PAROIR
PAROLE
PARQUÉ
PARROT
PARSEC
PARSIE
PARTIE
PARTIR
PARURE
PARVIS
PASCAL
PASCAL
PASCIN
PASSAU
PASSÉE
PASSER
PASSIF
PASSIM
PASTEL
PASTIS
PATATA
PATATE
PATATI
PATAUD
PATAUD
PATÈNE
PATENT
PATÈRE
PÂTEUX

PATHAN
PATHOS
PATINE
PATINÉ
PÁTMOS
PATOIS
PÁTRAI
PATRAS
PATRIE
PATRON
PATTÉE
PATTON
PATTUE
PÂTURE
PÂTURÉ
PAULIN
PAULUS
PAUMÉE
PAUMER
PAUSER
PAUVRE
PAVAGE
PAVANE
PAVANÉ
PAVANT
PAVESE
PAVEUR
PAVLOV
PAVOIS
PAXTON
PAYANT
PAYEUR
PAYSAN
PÉAGER
PÉBROC
PÉCARI
PÊCHÉE
PÉCHER
PÊCHER
PECNOT
PÉCORE
PECTEN
PÉCULE
PÉCUNE
PÉDALE
PÉDALÉ
PÉDALO
PÉDANT
PEDZER
PÉGASE
PÉGASE
PÉGOUD
PEHLVI
PEIGNE
PEIGNÉ
PEINÉE
PEINER

PEINTE
PEIRCE
PEISEY
PÉKINÉ
PELADE
PELAGE
PÉLAGE
PELANT
PELARD
PELAUD
PÉLÉEN
PÉLION
PELLAN
PELLÉE
PELLER
PELLET
PÉLOPS
PELOTE
PELOTÉ
PELTÉE
PELTON
PELURE
PÉLUSE
PELVIS
PÉNALE
PENANG
PENAUD
PÉNAUX
PENCHÉ
PENDRE
PENDUE
PÉNIEN
PENNÉE
PENNON
PENSÉE
PENSER
PENSIF
PENSUM
PENTUE
PÉONES
PEORIA
PÉPÈRE
PÉPIER
PÉPITE
PÉPLUM
PÉQUET
PÉQUIN
PERBEN
PERCÉE
PERCER
PERCET
PERCHE
PERCHE
PERCHÉ
PERÇUE
PERDRE
PERDUE

PERIER
PÉRIMÉ
PÉRIPH
PERLAN
PERLÉE
PERLER
PERLON
PERLOT
PERMIS
PERMON
PERNES
PERNIK
PERNIS
PÉRONÉ
PÉRORÉ
PERRET
PERRIN
PERRON
PERROS
PERROT
PERSAN
PERSAN
PERSÉE
PERSEL
PERSIL
PERUTZ
PESADE
PESAGE
PESANT
PESARO
PESETA
PESEUR
PESSAC
PESSAH
PESSOA
PESTER
PÉTAIN
PÉTALE
PÉTANT
PÉTARD
PETARE
PÉTASE
PETERS
PÉTEUR
PÉTEUX
PÉTION
PETIOT
PETIPA
PETITE
PETOFI
PÉTOLE
PÉTREL
PÉTRIE
PÉTRIN
PÉTRIR
PÉTUNÉ
PEUPLE

6

PEUPLÉ
PEYNET
PEYOTL
PEZIZE
PHANIE
PHAROS
PHASME
PHÉBUS
PHÉDON
PHÈDRE
PHÉNIX
PHÉNIX
PHÉNOL
PHILAE
PHILON
PHOBIE
PHOCÉE
PHONIE
PHONON
PHOQUE
PHOTON
PHRASE
PHRASÉ
PHRYNÉ
PHUKET
PHYLUM
PIAFFÉ
PIAGET
PIALAT
PIAULE
PIAULÉ
PIAUTE
PIAZZA
PIAZZI
PIBALE
PIBRAC
PICAGE
PICARD
PICARD
PICHET
PICK-UP
PICOLÉ
PICORÉ
PICOTE
PICOTÉ
PICRIS
PICTES
PICTET
PIDGIN
PIÉGÉE
PIÉGER
PIERNÉ
PIÉRON
PIERRE
PIERRE
PIERRÉ
PIÉTER

PIÉTIN
PIÉTON
PIÈTRE
PIEUSE
PIEUTÉ
PIFANT
PIFFÉE
PIFFER
PIGEON
PIGNAN
PIGNON
PIGNON
PILAGE
PILANT
PILATE
PILEUX
PILIER
PILLÉE
PILLER
PILORI
PILOTE
PILOTÉ
PILPAY
PILSEN
PILULE
PIMENT
PINARD
PINARD
PINCÉE
PINCER
PINÇON
PINCUS
PINÉAL
PINEAU
PINÈDE
PINÈNE
PINGET
PINGRE
PIN-PON
PINSON
PINTÉE
PINTER
PINTER
PINYIN
PINZÓN
PIOCHE
PIOCHÉ
PIOLET
PIOMBO
PIONCÉ
PIONNE
PIORNE
PIORNÉ
PIPANT
PIPEAU
PIPEUR
PIPIER

PIQUÉE
PIQUER
PIQUET
PIQUET
PIQÛRE
PIRATE
PIRATÉ
PIRAYA
PIRIAC
PIROLE
PISANE
PISANE
PISANO
PISSAT
PISSÉE
PISSER
PISTÉE
PISTER
PISTIL
PISTON
PISTOU
PITEUX
PITPIT
PIVERT
PIVOTÉ
PLACÉE
PLACER
PLACET
PLAGIÉ
PLAIDÉ
PLAINE
PLAINT
PLAIRE
PLANCK
PLANÉE
PLANER
PLANTE
PLANTÉ
PLANTU
PLAQUE
PLAQUÉ
PLASMA
PLASTE
PLATÉE
PLATON
PLÂTRE
PLÂTRÉ
PLAUEN
PLAUTE
PLEAUX
PLEINE
PLÉLAN
PLÉNUM
PLÉRIN
PLEURÉ
PLEVEN
PLÈVRE

PLEXUS
PLEYEL
PLEYON
PLIAGE
PLIANT
PLIEUR
PLIOIR
PLISSÉ
PLIURE
PLŒUC
PLOMBE
PLOMBÉ
PLONGE
PLONGÉ
PLOTIN
PLOUAY
PLOUHA
PLOYÉE
PLOYER
PLUCHÉ
PLUMÉE
PLUMER
PLUMET
PLURAL
PLUTON
PLUTON
PLUTÔT
PLUTUS
POBEDY
POBLET
POCHÉE
POCHER
POCHON
PODION
PODIUM
PODZOL
POÊLÉE
POÊLER
POÊLON
POÉSIE
POGNON
POGROM
POHANG
POIGNE
POILÉE
POILER
POILUE
POINTE
POINTÉ
POINTU
POINTU
POIRÉE
POIRET
POIROT
POISON
POISSE
POISSÉ

POISSY
POITOU
POIVRE
POIVRÉ
POLABÍ
POLARD
POLDER
POLICE
POLICÉ
POLLEN
POLLUÉ
POLLUX
POL POT
POLSKA
POLYBE
POLYOL
POLYPE
POMAKS
POMARÉ
POMBAL
POMELO
POMMÉE
POMMER
POMONE
POMPÉE
POMPÉE
POMPÉI
POMPER
POMPON
PONANT
PONCÉE
PONCER
PONCHO
PONCIF
PONDRE
PONDUE
PONGÉE
PONOTE
PONSON
PONTÉE
PONTER
PONTET
PONTIL
PONTON
POP ART
POPEYE
POPOTE
POPPÉE
POPPER
POPULO
POQUER
POQUET
PORCHE
PORCIN
POREUX
PORION
PORNIC

PORQUE
PORTAL
PORTAL
PORTÉE
PORTER
PORTER
POSANT
POSEUR
POSTAL
POSTÉE
POSTEL
POSTER
POSTES
POST-IT
POTAGE
POTALA
POTARD
POTEAU
POTELÉ
POTHIN
POTIER
POTINÉ
POTION
POTOSÍ
POTTER
POUCER
POUDRE
POUDRÉ
POUFFÉ
POUGNÉ
POUGNY
POULET
POULET
POULIE
POULIN
POULOT
POULPE
POUMON
POUPÉE
POUPIN
POUPON
POURIM
POURRI
POURVU
POUSSE
POUSSÉ
POUTOU
POUTRE
POUTSÉ
POWELL
POYANG
POZNAN
PRADES
PRAGUE
PRAÏEN
PRAIRE
PRALIN
PRAVAZ
PRAXIE
PRAXIS
PRÉAUX
PRÊCHE
PRÊCHÉ
PRÉCIS
PRÉDIT
PRÉFET
PRÉFIX
PRÉLAT
PRELOG
PRÉNOM
PRESOV
PRESSE
PRESSÉ
PRESTE
PRESTÉ
PRESTO
PRÊTÉE
PRÊTER
PRÊTRE
PREUVE
PRÉVÔT
PRÉVUE
PRIANT
PRIAPE
PRIÈNE
PRIÈRE
PRIEUR
PRILEP
PRILLY
PRIMAL
PRIMAT
PRIMÉE
PRIMEL
PRIMER
PRINCE
PRINCE
PRIPET
PRISÉE
PRISER
PRISME
PRISON
PRIVAS
PRIVÉE
PRIVER
PROBUS
PROCÈS
PROCHE
PROFÈS
PROFIL
PROFIT
PROFUS
PROJET
PROKOP
PROLOG
PROMIS
PROMPT
PROMUE
PRÔNÉE
PRÔNER
PRONOM
PROPOS
PROPRE
PROTÉE
PROTÉE
PROTÊT
PROTON
PROUST
PROUVÉ
PROUVÉ
PROVIN
PROYER
PRUCHE
PRUINE
PRUNUS
PRURIT
PRUSSE
PRUSSE
PSAUME
PSOQUE
PSYCHÉ
PSYCHÉ
PSYLLE
PTÔSIS
PUANTE
PUBÈRE
PUBIEN
PUBLIC
PUBLIÉ
PUCEAU
PUCIER
PUDDLÉ
PUDEUR
PUEBLA
PUEBLO
PUÉRIL
PUFFIN
PUÎNÉE
PUISÉE
PUISER
PULQUE
PULSAR
PULSÉE
PULSER
PURANA
PUREAU
PURETÉ
PURGÉE
PURGER
PURINE
PURUSA
PUSKAS
PUSZTA
PUTAIN
PUTIER
PUTIET
PUTNAM
PUTNIK
PUTOIS
PUTSCH
PUTTER
PUTTOS
PUZZLE
PYGMÉE
PYGMÉE
PYJAMA
PYLADE
PYLÔNE
PYLORE
PYRALE
PYRAME
PYRÈNE
PYRITE
PYROLE
PYRRHA
PYRROL
PYTHIE
PYTHON
PYTHON
PYURIE
PYXIDE
QADESH
QADJAR
QASIDA
QAZVIN
QUADES
QUADRA
QUADRI
QUAHOG
QUAKER
QUANT À
QUANTA
QUANTZ
QUARTE
QUARTÉ
QUARTO
QUARTZ
QUASAR
QUATER
QUATRE
QUÉBEC
QUE DAL
QUEENS
QUEIPO
QUÉLÉA
QUELLE
QUELUZ
QUEMOY
QUERCY
QUÉRIR
QUÊTÉE
QUÊTER
QUETTA
QUETTE
QUEUTÉ
QUÉZAC
QUEZÓN
QUICHE
QUICHÉ
QUIDAM
QUIÈTE
QUILLE
QUILON
QUINÉE
QUINET
QUINOA
QUINTE
QUINTÉ
QUINTO
QUINZE
QUIPOU
QUIRAT
QUITTE
QUITTÉ
QUITUS
QUMRAN
QUORUM
QU YUAN
QUZHOU
RABAIS
RABANE
RABAUL
RABBIN
RABIOT
RÂBLÉE
RABOTÉ
RACAGE
RACHAT
RACHEL
RACHIS
RACIAL
RACINE
RACINE
RACKET
RACLÉE
RACLER
RACOLÉ
RADANT
RADEAU
RADIAL
RADIAN
RADIÉE
RADIER
RADINE
RADINÉ
RADINS

RADIUM
RADIUS
RADJAH
RADÔME
RADOTÉ
RADOUB
RADSOC
RADULA
RAEDER
RAFALE
RAFFET
RAFFLE
RAFFUT
RAFIAU
RAFIOT
RAFLÉE
RAFLER
RAGEUR
RAGLAN
RAGLAN
RAGOTE
RAGOÛT
RAGRÉÉ
RAGUER
RAGUSE
RAHMAN
RAHNER
RAIDER
RAIDIE
RAIDIR
RAILLÉ
RAINÉE
RAINER
RAIPUR
RAISIN
RAISON
RAIZET
RAJKOT
RAJOUT
RAJPUT
RÁKOSI
RÂLANT
RALEGH
RÂLEUR
RALLIÉ
RALLYE
RAMAGE
RAMAGÉ
RAMANT
RAMDAM
RAMEAU
RAMEAU
RAMENÉ
RAMEUR
RAMEUX
RAMIER
RAMIRE
RAMONÉ
RAMPAL
RAMPER
RAMPON
RAMPUR
RAMSAY
RAMSÈS
RAMSEY
RAMULE
RAMURE
RANCHE
RANCHI
RANCHS
RANCIE
RANCIO
RANCIR
RANÇON
RANGÉE
RANGER
RANIDÉ
RANIMÉ
RAOULT
RAPACE
RÂPAGE
RÂPANT
RÂPEUX
RAPHIA
RAPIAT
RAPIDE
RAPINE
RAPINÉ
RAPPEL
RAPPER
RAPTUS
RÂPURE
RAQUÉE
RAQUER
RARETÉ
RASADE
RASAGE
RASANT
RASEUR
RASHES
RASKOL
RASOIR
RASSIR
RASSIS
RASTEL
RATAGE
RATANT
RATEAU
RÂTEAU
RÂTELÉ
RATIER
RATINE
RATINÉ
RATING
RATION
RATITE
RATURE
RATURÉ
RATZEL
RAUCHÉ
RAUQUE
RAUQUÉ
RAVAGE
RAVAGÉ
RAVALÉ
RAVEUR
RAVIER
RAVILI
RAVINE
RAVINÉ
RAVISÉ
RAVIVÉ
RAVOIR
RAYAGE
RAYANT
RAYNAL
RAYSSE
RAYURE
RAZINE
RAZZIA
RAZZIÉ
REAGAN
RÉAGIR
REALES
RÉARMÉ
REBAIS
REBÂTI
REBIBE
REBOND
REBORD
REBRAS
REBUSE
REBUTÉ
RECALÉ
RECASÉ
RECÉDÉ
RECELÉ
RÉCENT
RECEPÉ
RECIFE
RÉCITÉ
RECLUS
RECLUS
RECOIN
RÉCOLÉ
RECORD
RECRÉÉ
RÉCRÉÉ
RÉCRIÉ
RÉCRIT
RECRUE
RECTAL
RECTUM
REÇUES
RECUIT
RECULÉ
RÉCURÉ
RÉCUSÉ
REDENT
RÉDIGÉ
REDIMÉ
RÉDIMÉ
REDIRE
REDITE
REDORÉ
REDOUX
RÉDOWA
RÉDUIT
RÉDUVE
RÉELLE
RÉÉLUE
REEVES
REFAIT
REFEND
RÉFÉRÉ
REFILÉ
REFLET
REFLEX
REFLUÉ
REFLUX
REFUGE
REFUSÉ
RÉFUTÉ
REGAIN
RÉGALE
RÉGALÉ
REGARD
RÉGATE
RÉGATÉ
REGELÉ
RÉGENT
RÉGENT
REGGAE
REGGIO
RÉGIME
REGINA
RÉGION
RÉGLÉE
RÉGLER
RÉGLET
RÉGNER
REGRÉÉ
REGRET
REGROS
RÉGULE
RÉGULÉ
REHAUT
REICHA
RÉIFIÉ
REILLE
REISER
REÎTRE
RÉJANE
REJETÉ
REJOUÉ
RÉJOUI
REJUGÉ
RELAIS
RELAPS
RELATÉ
RELAVÉ
RELAXE
RELAXÉ
RELAYÉ
RELENT
RELEVÉ
RELÈVE
RELIÉE
RELIEF
RELIER
RELIRE
RELOGÉ
RELOUÉ
REMAKE
REMÈDE
RÉMÉRÉ
REMICH
RÉMIGE
RÉMIRE
REMISE
REMISÉ
REMIXÉ
RÉMOIS
RÉMOIS
RÉMORA
REMOUS
REMPLI
REMUÉE
REMUER
RENAIX
RÉNALE
RENARD
RENARD
RENART
RENAUD
RÉNAUX
RENDRE
RENDUE
RENENS
RENFLÉ
RENIÉE
RENIER
RÉNINE
RENNER
RENNES

RENOIR	RETIRÉ	**RIEHEN**	**ROBIEN**	RONFLÉ
RENOUÉ	RÉTIVE	**RIEMST**	**ROBOAM**	RONGÉE
RÉNOVÉ	RETORS	**RIENZI**	ROCADE	RONGER
RENQIU	RETOUR	**RIENZO**	**ROCARD**	RÔNIER
RENTÉE	RÉUNIE	RIEUSE	ROCHER	RONRON
RENTER	RÉUNIR	RIFAIN	ROCHET	ROQUER
RENTRÉ	RÉUSSI	**RIFAIN**	**ROCHET**	ROQUET
RENVOI	REVALU	RIFFLE	ROCKER	ROSACE
RÉPARÉ	RÊVANT	RIFIFI	ROCKET	ROSACÉ
REPARU	**REVARD**	**RIGAUD**	**ROCKET**	ROSANT
REPAVÉ	REVÉCU	RIGIDE	ROCOCO	ROSBIF
REPAYÉ	RÉVEIL	RIGOLE	ROCOUÉ	ROSEAU
REPÈRE	RÉVÉLÉ	RIGOLÉ	**ROCROI**	**ROSEAU**
REPÉRÉ	REVENU	RIGOLO	RODAGE	ROSEUR
RÉPÉTÉ	RÉVÉRÉ	**RIJEKA**	RODANT	ROSIER
REPINE	REVERS	RIKIKI	RÔDANT	**ROSLIN**
REPLAT	**REVERS**	RILSAN	RÔDEUR	**ROSSBY**
REPLET	REVÊTU	RIMANT	**RODNEY**	ROSSÉE
REPLIÉ	RÊVEUR	RIMAYE	RODOIR	ROSSER
REPOLI	RÉVISÉ	RIMEUR	RŒSTI	**ROSTOV**
RÉPONS	REVOIR	**RIMINI**	**ROGERS**	**ROSTOW**
REPORT	REVOLÉ	RIMMEL	**ROGIER**	ROSTRE
REPOSE	RÉVOLU	RINCÉE	**ROGNAC**	ROTACÉ
REPOSÉ	REVOTÉ	RINCER	ROGNÉE	ROTANG
REPRIS	**REZAYE**	RIOTER	ROGNER	ROTANT
RÉPUTÉ	**REZÉEN**	RIPAGE	ROGNON	ROTARY
REQUIN	RHÉNAN	RIPANT	ROGUÉE	**ROTHKO**
REQUIS	RHÉSUS	**RIPERT**	**RÓHEIM**	**ROTROU**
RÉSAFÉ	**RHÉTIE**	RIPOUS	**ROHMER**	ROTULE
RESALÉ	**RHODES**	RIPOUX	**ROHRER**	ROTURE
RESALI	RHODIÉ	RIPPER	**ROHTAK**	ROUAGE
RÉSEAU	RHOMBE	**RIQUET**	ROIDIE	ROUANT
RÉSÉDA	RHOVYL	**RISOUL**	ROIDIR	ROUBLE
RÉSIDÉ	RHUMÉE	RISQUE	ROILLE	ROUGET
RÉSIDU	RHUMER	RISQUÉ	ROILLÉ	ROUGIE
RÉSINE	RHYTON	**RITALE**	**ROISEL**	ROUGIR
RÉSINÉ	**RIALTO**	**RÍTSOS**	**ROISSY**	**ROUHER**
RESITA	RIANTE	**RITTER**	RÔLAGE	ROULÉE
RÉSOLU	**RIAZAN**	RITUEL	**ROLAND**	ROULER
RESSAC	RIBAUD	RIVAGE	ROLLER	ROULIS
RESSAT	**RIBERA**	RIVALE	**ROLLIN**	ROUPIE
RESSUÉ	RIBLON	**RIVALZ**	**ROLLON**	ROUSSE
RESSUI	RIBOSE	RIVANT	ROLLOT	ROUSSI
RESTAU	RIBOTE	RIVAUX	ROMAIN	**ROUSSY**
RESTÉE	RICAIN	**RIVERA**	**ROMAIN**	ROUSTE
RESTER	**RICAIN**	**RIVERS**	ROMAND	ROUTÉE
RESTIF	RICANÉ	RIVETÉ	**ROMAND**	ROUTER
RÉSUMÉ	**RICHER**	RIVOIR	ROMANE	ROUVRE
RÉTAIS	**RICHET**	**RIVOLI**	ROMANI	**ROXANE**
RÉTAMÉ	**RICORD**	RIVURE	**ROMANS**	ROYALE
RETAPE	RIC-RAC	**RIZHAO**	**ROMBAS**	ROYAUX
RETAPÉ	RICTUS	RMISTE	**ROMMEL**	**RUANDA**
RETARD	RIDAGE	**ROANNE**	**ROMNEY**	RUBANÉ
RETÂTÉ	RIDANT	ROBAGE	ROMPRE	RUBATO
RETENU	RIDEAU	ROBANT	ROMPUE	**RUBBIA**
RETHEL	RIDOIR	ROBERT	RONDEL	**RUBENS**
RÉTINE	RIDULE	**ROBERT**	RONDIN	RUCHÉE

RUCHER
RUCLON
RUDAKI
RUDOYÉ
RUELLE
RUFFEC
RUFFIÉ
RUFIAN
RUGINE
RUGLES
RUINÉE
RUINER
RUMEUR
RUMINÉ
RUMMEL
RUNGIS
RUPANT
RUPERT
RUPIAH
RUPINE
RURALE
RURAUX
RUSAFA
RUSANT
RUSHES
RUSKIN
RUSSIE
RUSTRE
RUTILE
RUTILÉ
RUTINE
RUYTER
RWANDA
RWANDA
RYBNIK
RYTHME
RYTHMÉ
RYUKYU
SAANEN
SÁBATO
SABBAT
SABÉEN
SABÉEN
SABINE
SABINS
SABLÉE
SABLER
SABLON
SABORD
SABOTÉ
SABRÉE
SABRER
SABRES
SACHÉE
SACHEM
SACHET
SACLAY

SACQUÉ
SACRAL
SACRÉE
SACRER
SACRET
SACRUM
SADATE
SADOUL
SADOWA
SAFARI
SAFRAN
SAGACE
SAGAIE
SAGARD
SAGIEN
SAGINE
SAGLIO
SAGONE
SAHARA
SAIGNÉ
SAIGON
SAILER
SAILLI
SAINTE
SAISIE
SAISIR
SAISON
SAJAMA
SAKIEH
SALACE
SALADE
SALADO
SALAGE
SALAMI
SALANG
SALANT
SALAUD
SALÉEN
SALERS
SALERS
SALETÉ
SALÈVE
SALIEN
SALIES
SALINE
SALINS
SALIVE
SALIVÉ
SALMIS
SALOIR
SALOMÉ
SALOMÉ
SALONA
SALONE
SALOON
SALOPE
SALOPÉ

SALOUM
SALSES
SALUÉE
SALUER
SALURE
SAMANI
SAMARA
SAMARA
SAMARE
SAMBIN
SAMBRE
SAMEDI
SAMOAN
SAMOAN
SAMOLE
SAMPAN
SAMPLE
SAMPLÉ
SAMPOT
SAMSON
SAMSUN
SAMUEL
SANAGA
SANARY
SANCHE
SANDER
Sandow
SANDRE
SANGER
SANGHA
SANGLE
SANGLÉ
SANGLI
SANSON
SANTAL
SANTER
SÄNTIS
SANTON
SANTOS
SANUSI
SAOULE
SAOULÉ
SAPANT
SAPEUR
SAPHIR
SAPIDE
SAPINE
SAPOTE
SAPPHO
SAQUÉE
SAQUER
SARCLÉ
SARDES
SARDOU
SARGON
SARINE
SARLAT

SARNEN
SARNEY
SARNIA
SARODE
SARONG
SARRAU
SARTHE
SARTRE
SASEBO
SASSÉE
SASSER
SATANÉ
SATINÉ
SATIRE
SATORI
SATORY
SATURÉ
SATYRE
SAUCÉE
SAUCER
SAUGOR
SAUJON
SAULÉE
SAUMON
SAUMUR
SAUNER
SAURÉE
SAURER
SAURIN
SAURIS
SAUTÉE
SAUTER
SAUTET
SAUVÉE
SAUVER
SAVAII
SAVALL
SAVANE
SAVANT
SAVARD
SAVART
SAVART
SAVARY
SAVATE
SAVERY
SAVEUR
SAVOIE
SAVOIR
SAVONE
SAXONS
SBRINZ
SCALDE
SCALPÉ
SCAMPI
SCANDÉ
SCANIE
SCANNÉ

SCAPIN
SCARPA
SCARPE
SCEAUX
SCEAUX
SCELLÉ
SCHADÉ
SCHEEL
SCHEIK
SCHÉMA
SCHÈME
SCHÉOL
SCHLEU
SCHULZ
SCHUSS
SCHÜTZ
SCHWOB
SCHWYZ
SCIAGE
SCIANT
SCIÈNE
SCIEUR
SCILLE
SCILLY
SCINDÉ
SCIRPE
SCIURE
SCLÈRE
SCOLEX
SCOLIE
SCONSE
SCOPAS
SCOPIE
SCORIE
SCOTCH
Scotch
SCOTIE
SCOTTO
SCOUTE
SCRIBE
SCRIBE
SCRIPT
SCRUTÉ
SCYLLA
SCYTHE
SÉANCE
SÉANTE
SEARLE
SÉBACÉ
SÉBILE
SEBKHA
SEBKRA
SEBOND
SÉCANT
SECCHI
SÉCHÉE
SÉCHER

SECLIN	SEPTUM	SEXUEL	SILPHE	**SLIVEN**
SECOND	SEQUIN	SEYANT	SILURE	SLOCHE
SECOND	SÉRAIL	**SEYNOD**	**SIMÉON**	**SLODTZ**
SECOUÉ	**SERBAN**	**SFORZA**	SIMIEN	SLOGAN
SECRET	**SERBIE**	SHAKER	SIMILI	**SLOUGH**
SÉDUIT	SERDAB	**SHAMIR**	**SIMMEL**	**SLUPSK**
SEECKT	SEREIN	**SHANXI**	SIMOUN	**SLUTER**
SÉGALA	**SEREIN**	**SHARON**	SIMPLE	SMALAH
SÉGALA	**SÉRÈRE**	SHEKEL	SIMULÉ	SMASHÉ
SEGHIA	SÉREUX	SHÉRIF	SINGÉE	SMASHS
SEGUIA	SERIAL	SHERPA	SINGER	SMEGMA
SEGUIN	SÉRIÉE	**SHERPA**	**SINGER**	SMILEY
SÉGUIN	SÉRIEL	SHERRY	SINGLE	SMILLE
SEHTAR	SÉRIER	SHILOM	SINISÉ	SMOCKS
SEICHE	SERINE	SHIMMY	SINITÉ	**SMYRNE**
SEIGLE	SERINÉ	SHINTO	**SINOIS**	SNIFFÉ
SEIKAN	SÉRINE	**SHI TAO**	**SINOPE**	SNOBÉE
SEILLE	**SERLIO**	SHOGUN	**SINTRA**	SNOBER
SEILLE	SERMON	**SHOLES**	SINUÉE	**SNOOPY**
SEIPEL	**SERNIN**	SHOOTÉ	SINUER	**SOARES**
SÉISME	**SÉRRAI**	SHUDRA	**SIOUAH**	**SOBOUL**
SÉJOUR	SERRAN	SHUNTÉ	**SIOULE**	SOCCER
SÉLECT	SERRÉE	SIALIS	SIPHON	SOCIAL
SÉLÉNÉ	SERRER	**SICARD**	SIRDAR	SOCKET
SÉLÈNE	**SERRES**	**SICHEM**	SIRÈNE	SOCQUE
SELLÉE	SERTÃO	**SICILE**	**SIRICE**	SODIUM
SELLER	SERTES	SICLÉE	**SIRIUS**	SODOKU
SELLES	SERTIE	SIDÉEN	SIROCO	**SODOMA**
SEMANG	SERTIR	SIDÉRÉ	SIROTÉ	**SODOME**
SEMANT	SERTIS	**SIDNEY**	**SIRVEN**	**SOFRES**
SEMBLÉ	SERVAL	SIÈCLE	**SISLEY**	SOIGNÉ
SÉMÉAC	**SERVET**	**SIEGEN**	SISMAL	**SOÏOUZ**
SÉMÉLÉ	SERVIE	SIÉGER	**SISTAN**	SOIRÉE
SÉMÈME	SERVIR	SIENNE	SISTRE	**SOKOTO**
SEMERU	SÉSAME	**SIENNE**	SITCOM	**SOLARI**
SEMEUR	SESQUI-	SIERRA	**SITTWE**	SOLDAT
SÉMITE	**SESSHU**	**SIERRE**	SITUÉE	SOLDÉE
SÉMITE	SÉTACÉ	SIESTE	SITUER	**SÖLDEN**
SEMOIR	SETIER	**SIEYÈS**	SIXAIN	SOLDER
SEMOIS	**SÉTOIS**	SIFFLÉ	SIXTUS	SOLEIL
SEMPLE	**SETTAT**	**SIGEAN**	SIZAIN	SOLFIÉ
SÉNANE	SETTER	SIGLÉE	SKETCH	SOLIDE
SÉNART	**SEUDRE**	**SIGNAC**	SKIANT	SOLIVE
SENDAI	SEULET	SIGNAL	SKI-BOB	SOLUTÉ
SÉNEVÉ	**SEURAT**	SIGNÉE	SKIEUR	**SOLVAY**
SÉNILE	**SEURRE**	SIGNER	**SKIKDA**	**SOMAIN**
SENIOR	SÉVÈRE	SIGNET	**SKOLEM**	SOMALI
SENLIS	**SÉVÈRE**	**SIGURD**	**SKOPJE**	**SOMALI**
SÉNONS	**SEVERN**	**SIKKIM**	SKUNKS	SOMBRE
SENSAS	**SEVESO**	SILANE	**SKYLAB**	SOMBRÉ
SENSÉE	**SEVRAN**	SILANT	**SKYROS**	**SOMERS**
SENTIE	SEVRÉE	SILÈNE	SLALOM	SOMITE
SENTIR	SEVRER	**SILÈNE**	SLASHS	SOMMÉE
SENUFO	SÈVRES	SILICE	SLAVON	SOMMER
SÉPALE	**SÈVRES**	SILLET	SLICÉE	SOMMET
SÉPARÉ	SEXAGE	SILLON	SLICER	SOMONI
SEPTAL	SEXUÉE	**SILONE**	SLIKKE	SONATE

SONDÉE
SONDER
SONGER
SONGYE
SONNÉE
SONNER
SONNET
SONORE
SOPRON
SOQUET
SORABE
SORBET
SORBON
SORGHO
SORITE
SORTIE
SORTIR
SOSEKI
SOSPEL
SOTCHI
SOTTIE
SOUABE
SOUCHE
SOUCIÉ
SOUDAN
SOUDÉE
SOUDER
SOUFIE
SOUFRE
SOUFRÉ
SOULAC
SOÛLÉE
SOÛLER
SOÛLON
SOÛLOT
SOULTE
SOULTZ
SOUMIS
SOUPER
SOUPIR
SOUPLE
SOUQUÉ
SOURCE
SOURDE
SOURIS
SOUSSE
SOUTRA
SOVIET
SOWETO
SOYAUX
SOYEUX
SOYOUZ
SPALAX
SPARTE
SPARTE
SPASME
SPATHE
SPEECH
SPEEDÉ
SPERME
SPERRY
SPHÈNE
SPHÈRE
SPHINX
SPIDER
SPINAL
SPIRAL
SPIRÉE
SPIROU
SPLEEN
SPOLIÉ
SPONDE
SPRINT
SQUALE
SQUAME
SQUARE
SQUASH
SRAFFA
STABLE
STADIA
STAFFA
STAFFÉ
STAGNÉ
STAINS
STALAG
STALLE
STAMIC
STANCE
STARCK
STARIE
STATIF
STATOR
STATUE
STATUÉ
STATUT
STAWUG
STAYER
STEELE
STEFAN
STELLA
STENAY
STÉNON
STEPPE
STÉRÉE
STÉRÉO
STÉRER
STERNE
STERNE
STÉROL
STÉTIÉ
STEVIN
STIBIÉ
STIGMA
STOCKÉ
STOKER
STOKES
STOKES
STOLON
STOMIE
STONEY
STOPPÉ
STORAX
STOUPA
STRAND
STRASS
STRATE
STRESA
STRESS
STRICT
STRIÉE
STRIER
STRIGE
STRING
STROMA
STRUMA
STRUVE
STRYGE
STUART
STUDIO
STUPRE
STUQUÉ
STURZO
STYLÉE
STYLER
STYLET
STYRAX
STYRIE
STYRON
SUAIRE
SUANTE
SUARÈS
SUÁREZ
SUBITE
SUBITO
SUBLER
SUBTIL
SUÇANT
SUCCÈS
SUCCIN
SUCEUR
SUCHET
SUÇOIR
SUÇOTÉ
SUCRÉE
SUCRER
SUCRIN
SUD-EST
SUÉDÉE
SUETTE
SUÈVES
SUIFFÉ
SUINTÉ
SUISSE
SUISSE
SUITÉE
SUIVIE
SUIVIS
SUIVRE
SUKKUR
SULTAN
SUMAVA
SUMMER
SUMMUM
SUN TSE
SUOCHE
SUPÈRE
SUPER-G
SUPION
SUPPÔT
SURALE
SURATE
SURAUX
SURBAU
SURCOT
SURDOS
SUREAU
SÛRETÉ
SURFER
SURFIL
SURFIN
SURGIR
SURIMI
SURINÉ
SURJET
SURMOI
SURNOM
SUROÎT
SURREY
SURSIS
SURVIE
SURVOL
SUSDIT
SUSSEX
SUSTEN
SUTLEJ
SUTURE
SUTURÉ
SUZHOU
SUZUKA
SVELTE
SWARTE
SWATOW
SWAZIE
SWAZIS
SWINGS
SYDNEY
SYLHET
SYLPHE
SYNDIC
SYNODE
SYNTHÉ
SYPHAX
SYRIEN
SYRIEN
SYRINX
SYRINX
SYRPHE
SYRTES
SYZRAN
SZEGED
TABLAR
TABLÉE
TABLER
TABORA
TABORI
TABOUE
TABRIZ
TABULÉ
TACAUD
TACHÉE
TÂCHÉE
TACHER
TÂCHER
TACITE
TACITE
TACLÉE
TACLER
TACOMA
TADJIK
TADJIK
TAEJON
TÆNIA
TAGÈTE
TAGINE
TAGORE
TAGUÉE
TAGUER
TAHITI
TAÏAUT
TAI-CHI
TAIFAS
TAILLE
TAILLÉ
TAÏMYR
TAINAN
TAIPEI
TAIROV
TAISHO
TAÏWAN
TAJINE
TALANT
TALANT
TALBOT
TALENT
TALIBÉ

TALION
TALLER
TALLON
TALMUD
TALQUÉ
TALURE
TALUTÉ
TALWEG
TAMALE
TAMAYO
TAMBOV
TAMIER
TAMISE
TAMISÉ
TAMOUL
TAMOUL
TAMPON
TAM-TAM
TANAÏS
TANAKA
TANCÉE
TANCER
TANCHE
TANDEM
TANGER
TANGON
TANGUE
TANGUÉ
TANGUY
TANISÉ
TANKER
TANLAY
TANNÉE
TANNER
TANNER
TANNIN
TANREC
TAN-SAD
TANTAH
TANTÔT
TANTRA
TAPAGE
TAPANT
TAPEUR
TÀPIES
TAPINÉ
TAPOTÉ
TAPURE
TAQUÉE
TAQUER
TAQUET
TAQUIN
TARAGE
TARAMA
TARANT
TARARE
TARARE

TARAUD
TARAWA
TARBES
TARDER
TARDIF
TARGUÉ
TARGUI
TARGUM
TARIFÉ
TARMAC
TARNOS
TARNÓW
TARPAN
TARPON
TARSKI
TARSUS
TARTAN
TARTAN
TARTAS
TARTIR
TARTRE
TARVIS
TARZAN
TARZAN
TASMAN
TASSÉE
TASSER
TASSIN
TATAMI
TATANE
TÂTANT
TATARE
TATARE
TATARS
TÂTEUR
TATIEN
TATIUS
TATOUÉ
TATRAS
TAUDIS
TAUERN
TAULER
TAUNUS
TAUPÉE
TAUPER
TAUPIN
TAURIN
TAURIS
TAURUS
TAUSUG
TAUZIN
TAVANT
TAVAUX
TAVELÉ
TAWFIQ
TAXAGE
TAXANT

TAXILA
TAYAUT
TAYLOR
TCHEKA
TCHITA
TEASER
TECHNO
TECKEL
TEDDER
TE DEUM
TEFLON
TEGNÉR
TEIGNE
TEILLE
TEILLÉ
TEINTE
TEINTÉ
TÉLÉGA
TÉLEXÉ
TELLER
TELSON
TELUGU
TÉMOIN
TEMPLE
TEMPLE
TEMUCO
TENACE
TENANT
TÉNARE
TENCIN
TENDER
TENDON
TENDRE
TENDUE
TÉNÉRÉ
TENEUR
TENNIS
TENREC
TENSON
TENTÉE
TENTER
TENURE
TENUTO
TÉORBE
TÉPALE
TERAMO
TERCET
TERCIO
TERESA
TERFÈS
TERGAL
TERNIE
TERNIR
TERRAY
TERRÉE
TERRER
TERRIL

TERTIO
TERTRE
TERTRY
TERUEL
TESSAI
TESSIN
TESSON
TESTÉE
TESTER
TESTON
TÉTANT
TÊTARD
TETELA
TÉTHYS
TÉTINE
TÉTRAS
TETZEL
TEUTON
TEXANE
TEXANE
TEX MEX
TEYJAT
TEZUKA
THABOR
THALER
THALÈS
THALIE
THALLE
THAMES
THÈBES
THÉIER
THÉINE
THÉMIS
THÉNAR
THÈQUE
THÉSÉE
THÉTIS
THIAIS
THIARD
THIÈLE
THIERS
THIMBU
THISBÉ
THOIRY
THOLOS
THOMAS
THOMAS
THÔNES
THÔNEX
THONGA
THONON
THORAX
THOREZ
THORON
THOUNE
THRACE
THRACE

THRÈNE
THRIPS
THURET
THYMIE
THYMOL
THYMUS
THYRSE
TIAFFE
TIARET
TIBÈRE
TIBIAL
TICKET
TIC-TAC
TIÉDIE
TIÉDIR
TIENEN
TIENNE
TIENTO
TIERCE
TIERCÉ
TIERCÉ
TIFLIS
TIFOSI
TIGLON
TIGNES
TIGRÉE
TIGRON
TILDEN
TILLAC
TILLÉE
TILLER
TILSIT
TILSIT
TILTER
TIMBRE
TIMBRÉ
TIMGAD
TIMIDE
TIMING
TIMORÉ
TINTÉE
TINTER
TINTIN
TINTIN
TIPANT
TIPASA
TIPAZA
TIPPÉE
TIPPER
TIPULE
TIQUER
TIRADE
TIRAGE
TIRANA
TIRANT
TIREUR
TIROIR

TISANE
TISSÉE
TISSER
TITANE
TITANS
TITIEN
TITRÉE
TITRER
TITUBÉ
TIVOLI
TLALOC
TOBAGO
TOCADE
TOCARD
TOCSIN
TOILÉE
TOISÉE
TOISER
TOISON
TÔLARD
TOLÈDE
TOLEDO
TOLÉRÉ
TÔLIER
TOLIMA
TOLITE
TOLLAN
TOLLER
TOLMAN
TOLUCA
TOMATE
TOMBAC
TOMBAL
TOMBÉE
TOMBER
TOMIEN
TOMMYS
TONALE
TONDRE
TONDUE
TONGAN
TONKIN
TONNAY
TONNER
TONTON
TOPANT
TOPAZE
TOPEKA
TOPHUS
TOQUÉE
TOQUER
TORAJA
TORANA
TORBAY
TORCHE
TORCHÉ
TORCOL

TORCOU
TORDRE
TORDUE
TORÉER
TORERO
TORGAU
TORIES
TORQUE
TORRÉE
TORRES
TORTIL
TORTUE
TORTUE
TOSCAN
TOSCAN
TOSSER
TOTALE
TOTAUX
TOTILA
TOUAGE
TOUANT
TOUBAB
TOUBIB
TOUBOU
TOUCAN
TOUCHE
TOUCHÉ
TOUEUR
TOUFFE
TOUFFU
TOULON
TOUPET
TOUPIE
TOUPIN
TOUQUE
TOURBE
TOURDE
TOURET
TOURIE
TOURIN
TOURNE
TOURNÉ
TOURNY
TOURON
TOURTE
TOUSSÉ
TOUTIM
TOUTOU
TOUVAS
TOWNES
TOXICO
TOXINE
TOYAMA
TOYOTA
TOZEUR
TRACAS
TRACÉE

TRACER
TRACTÉ
TRAFIC
TRAGUS
TRAHIE
TRAHIR
TRAÎNE
TRAÎNÉ
TRAIRE
TRAITE
TRAITÉ
TRAJAN
TRAJET
TRÂLÉE
TRAMÉE
TRAMER
TRANSE
TRANSI
TRAPPE
TRAPPE
TRAPPÉ
TRAPUE
TRAQUE
TRAQUÉ
TRAUMA
TRAVÉE
TRAYON
TRÉBIE
TREBON
TRÈFLE
TRÉFLÉ
TREIZE
TRÉLON
TRÉMIE
TREMPE
TREMPÉ
TRENCH
TRENET
TRENTE
TRENTE
TRÉPAN
TRÉPAS
TRÉSOR
TRESSE
TRESSÉ
TREUIL
TRÈVES
TRIADE
TRIAGE
TRIANT
TRIBAL
TRIBUN
TRIBUT
TRICHE
TRICHÉ
TRICOT
TRIÈRE

TRIEUR
TRIGLE
TRILLE
TRILLÉ
TRIMER
TRIODE
TRIPLE
TRIPLÉ
TRIPOT
TRIQUE
TRISME
TRISOC
TRISSÉ
TRISTE
TRITON
TROADE
TROARN
TROCHE
TROCHU
TROÈNE
TROGNE
TROÏKA
TROLLE
TROMBE
TROMPE
TROMPÉ
TROMSØ
TRÔNER
TROQUE
TROQUÉ
TROTTE
TROTTÉ
TROUÉE
TROUER
TROUPE
TROUVÉ
TROYAT
TROYEN
TROYEN
TROYES
TRUAND
TRUBLE
TRUFFE
TRUFFÉ
TRUITE
TRUITÉ
TRULLI
TRULLO
TRUMAN
TRUQUÉ
TRUSTE
TRUSTÉ
TSAHAL
TSÉ-TSÉ
TS'EU-HI
T-SHIRT
TSONGA

TSONGA
TSWANA
TSWANA
TUANTE
TUBAGE
TUBANT
TUBARD
TUBING
TUBIZE
TUBMAN
TUBUAÏ
TUBULE
TUBULÉ
TUCANO
TUCSON
TUDIEU
TUERIE
TUEUSE
TUFEAU
TUGRIK
TUILÉE
TUILER
TUKANO
TULÉAR
TULIPE
TUMEUR
TUMULI
TUNAGE
TUNGAR
TUNNEL
TUPAÏA
TURATI
TURBAN
TURBEH
TURBIN
TURBOT
TURGOT
TURING
TURION
TURNER
TURQUE
TURQUE
TUSSAH
TUSSAU
TUSSOR
TUTEUR
TUTOYÉ
TUVALU
TUYAUX
TUYÈRE
TWISTÉ
TYMPAN
TYPANT
TYPHON
TYPHUS
TYPOTE
TYRIEN

TYRIEN
TYRTÉE
UBU ROI
UDERZO
UGARIT
UGOLIN
UHLAND
UJJAIN
ULCÈRE
ULCÉRÉ
ULFILA
ULLMAN
ULLUCU
ULPIEN
ULSTER
ULTIME
ULTIMO
ULULER
ULYSSE
UME ÄLV
UNCINÉ
UNDSET
UNEDIC
UNESCO
UNGAVA
UNIATE
UNIAXE
UNICEF
UNIÈME
UNIFIÉ
UNIQUE
UPDIKE
URAÈTE
URÆUS
URANIE
URANIE
URANUS
URBAIN
URBAIN
URBINO
URÉMIE
URÈTRE
URGENT
URIAGE
URINAL
URINÉE
URINER
URIQUE
URSIDÉ
URSINS
URSSAF
URSULE
URUNDI
USAGÉE
USAGER
USANTE
USINÉE
USINER
USITÉE
USURPÉ
UTÉRIN
UTÉRUS
UTIQUE
UTOPIE
UVÉITE
VACANT
VACCIN
VACHER
VACIEU
VACIVE
VAGALE
VAGAUX
VAGILE
VAGUER
VAHINÉ
VAIGRE
VAINCU
VAIRES
VAIRON
VAISON
VAISYA
VALAIS
VALANT
VALDAÏ
VALDÈS
VALDÉS
VALDEZ
VAL-D'OR
VALENS
VALERA
VALÉRY
VALEUR
VALGUS
VALIDE
VALIDÉ
VALINE
VALISE
VALLÉE
VALLÈS
VALLET
VALLON
VALOIR
VALOIS
VALRAS
VALSÉE
VALSER
VALTAT
VALVÉE
VAMPÉE
VAMPER
VAN DAM
VÄNERN
VANIER
VANINI
VANISÉ
VANITÉ
VAN LOO
VANNÉE
VANNER
VANNES
VANTAA
VANTÉE
VANTER
VANVES
VAPEUR
VAQUER
VARDAR
VARECH
VARÈSE
VARGAS
VARICE
VARIÉE
VARIER
VARLET
VARLIN
VAROIS
VARROA
VARRON
VARRON
VASARD
VASARI
VASEUX
VASQUE
VASSAL
VA-TOUT
VATTEL
VAUBAN
VAUDOU
VAUTRÉ
VA-VITE
VEBLEN
VEDIKA
VÉGÈCE
VÉGÉTÉ
VEILLE
VEILLÉ
VEINÉE
VEINER
VÊLAGE
VÉLANI
VÊLANT
VELATE
VELCHE
VELCRO
VÉLITE
VÉLIZY
VELLUR
VÉLOCE
VELSEN
VELUWE
VELVET
VÉNALE
VENANT
VÉNAUX
VENDÉE
VENDRE
VENDUE
VÉNÉRÉ
VENEUR
VENGÉE
VENGER
VÉNIEL
VENISE
VENTÉE
VENTER
VENTRE
VENTRU
VÊPRES
VERBAL
VERDIE
VERDIR
VERDON
VERDUN
VÉREUX
VERGÉE
VERGER
VERGNE
VERGUE
VÉRINE
VÉRITÉ
VERJUS
VERLAN
VERMÉE
VERMET
VERMIS
VERNAL
VERNES
VERNET
VERNIE
VERNIR
VERNIS
VERNON
VÉROLE
VÉROLÉ
VÉRONE
VERRAT
VERRÉE
VERRÈS
VERROU
VERRUE
VERSÉE
VERSER
VERSET
VERSTE
VERSUS
VERTEX
VERTOU
VERTOV
VERTUS
VERVET
VESAAS
VÉSALE
VESOUL
VESSER
VESSIE
VESTON
VÉSUVE
VÊTAGE
VÊTANT
VÊTURE
VEURNE
VEXANT
VEYNES
VÉZÈRE
VIABLE
VIADUC
VIAGER
VIANDE
VIANDÉ
VIATKA
VIBICE
VIBRÉE
VIBRER
VICIÉE
VICIER
VICOIS
VICTOR
VIDAGE
VIDAME
VIDANT
VIDEUR
VIDOCQ
VIDOIR
VIDURE
VIEDMA
VIEIRA
VIELHA
VIELLA
VIELLE
VIENNE
VIERGE
VIERGE
VIERNE
VIFOIS
VIGILE
VIGNON
VIGNOT
VIHARA
VIKING
VILAIN
VILLON
VIMANA
VINAGE
VINANT
VINDEX
VINEUX
VINGTS
VINOIS
VINSON
VINYLE

VIOLAT
VIOLÉE
VIOLER
VIOLET
VIOLON
VIOQUE
VIORNE
VIOTTI
VIPÈRE
VIRAGE
VIRAGO
VIRALE
VIRANT
VIRAUX
VIREUR
VIREUX
VIRIAT
VIRILE
VIRION
VIROIS
VIROLE
VIROSE
VIRTON
VIRURE
VISAGE
VISANT
VISAYA
VISEUR
VISHNU
VISION
VISITE
VISITÉ
VISSÉE
VISSER
VISUEL
VITALE
VITAUX
VITRAC
VITRÉE
VITRER
VITTEL
VIVACE
VIVANT
VIVEUR
VIVIER
VIVIER
VIVOIR
VIVOTÉ
VLTAVA
VOCALE
VOCAUX
VOCERI
VOCERO
VOGUER
VOILÉE
VOILER
VOIRIE
VOIRON

VOISÉE
VOISIN
VOISIN
VOLAGE
VOLANT
VOLCAN
VOLETÉ
VOLEUR
VOLIGE
VOLIGÉ
VOLLEY
VOLNAY
VOLNAY
VOLNEY
VOLTER
VOLUME
VOLUTE
VOLVIC
VOLVOX
VORACE
VORTEX
VOSGES
VOSTOK
VOTANT
VOTIVE
VOTYAK
VOUANT
VOULTE
VOULUE
VOÛTÉE
VOÛTER
VOYAGE
VOYAGÉ
VOYANT
VOYEUR
VOYNET
VRILLE
VRILLÉ
VROMBI
VUELTA
VULPIN
VYBORG
WADDEN
WADING
WAGNER
WAGRAM
WAKHAN
WALESA
WALLER
WALLIS
WALLON
WALLON
WALRAS
WALSER
WALTER
WAPITI
WARENS
WARHOL

WARREN
WATERS
WATSON
WAVELL
WEAVER
WEBCAM
WEBERN
WEENIX
WEIMAR
WELCHE
WELLES
WELTER
WENDEL
WENDES
WENGEN
WEÖRES
WERFEL
WERNER
WERVIK
WESLEY
WESSEX
WESTON
WHISKY
WHITBY
WIENER
WIERTZ
WIESEL
WIGMAN
WIGNER
WIGWAM
WILAYA
WILDER
WILKES
WILSON
WINCHS
WISMAR
WITTEN
WITTIG
WOËVRE
WÖHLER
WOIPPY
WOLSEY
WOMBAT
WONDER
WONSAN
WOOFER
WRIGHT
WU ZHEN
WUZHOU
WYCLIF
XANANA
XANTHE
XÁNTHI
XERXÈS
XIA GUI
XIAMEN
XINING
XUZHOU

XYLÈME
XYLÈNE
YAKUZA
YAMUNA
YANAON
YANKEE
YANTAI
YAOURT
YAPOCK
YAPURÁ
YAVARI
YEOMAN
YEOMEN
YERRES
YERSIN
YICHUN
YIJING
YOCCOZ
YODLER
YORUBA
YOURTE
YOUYOU
YPRÉAU
YPROIS
YSOPET
YTTRIA
YUKAWA
YUNNAN
YUPPIE
YVETOT
YZEURE
ZABRZE
ZACHÉE
ZAGREB
ZAGROS
ZAHLEH
ZÁKROS
ZAMBIE
ZAMIER
ZAMORA
ZAMOSC
ZAOUÏA
ZAPATA
ZAPPER
ZARABE
ZAWIYA
ZAWIYA
ZAZOUE
ZAZOUS
ZÉBRÉE
ZÉBRER
ZEEMAN
ZÉLOTE
ZENATA
ZÉNÈTE
ZENICA
ZÉNITH
ZÉPHYR

ZESTÉE
ZESTER
ZETKIN
ZEUGMA
ZEUGME
ZEUXIS
ZÉZAYÉ
ZICRAL
ZIDANE
ZIEUTÉ
ZIGONG
ZIGOTO
ZIGZAG
ZILINA
ZINDER
ZINGUÉ
ZINNIA
ZINZIN
ZIPPÉE
ZIPPER
ZIRCON
ZIVKOV
ZODIAC
ZOÉCIE
ZOLDER
ZOMBIE
ZONAGE
ZONALE
ZONANT
ZONARD
ZONAUX
ZONIER
ZONING
ZONURE
ZOOMER
ZOUAVE
ZOULOU
ZOULOU
ZOURNA
ZOZOTÉ
ZURICH
ZWANZE
ZWANZÉ
ZWICKY
ZWOLLE
ZYDECO
ZYEUTÉ
ZYGÈNE
ZYGOMA
ZYGOTE
ZYKLON
ZYMASE
ZYTHON
ZYTHUM

AALBORG
ABAISSE
ABAISSÉ
ABAJOUE
ABANDON
ABATAGE
ABAT-SON
ABATTÉE
ABATTIS
ABATTRE
ABATTUE
ABBESSE
ABCÉDÉE
ABCÉDER
ABDIQUÉ
ABDOMEN
ABEILLE
ABE KOBO
ABÉLARD
ABÉLIEN
ABELLIO
ABHORRÉ
ABIDJAN
ABILENE
ABÎMANT
ABITIBI
ABJECTE
ABJURÉE
ABJURER
ABKHAZE
ABLATIF
ABLERET
ABLETTE
ABOMINÉ
ABONDER
ABONNÉE
ABONNER
ABONNIE
ABONNIR
ABORDÉE
ABORDER
ABORTIF
ABOUCHÉ
ABOUKIR
ABOULÉE
ABOULER
ABOULIE
ABOUTÉE
ABOUTER
ABOUTIE
ABOUTIR
ABOYANT
ABOYEUR
ABRAHAM
ABRASÉE
ABRASER
ABRASIF

ABRÉGÉE
ABRÉGER
ABREUVÉ
ABRIANT
ABRIBUS
ABRICOT
ABRITÉE
ABRITER
ABROGÉE
ABROGER
ABRUPTE
ABRUTIE
ABRUTIR
ABSALON
ABSCONS
ABSENCE
ABSENTE
ABSENTÉ
ABSIDAL
ABSOLUE
ABSORBÉ
ABSOUTE
ABSTÈME
ABSTENU
ABSTRUS
ABSURDE
ABU BAKR
ABUSANT
ABUSIVE
ABYSSAL
ABYSSIN
ABYSSIN
ACADIEN
ACADIEN
ACANTHE
ACARIEN
ACCABLÉ
ACCÉDER
ACCEPTÉ
ACCISES
ACCLAMÉ
ACCOLÉE
ACCOLER
ACCORDÉ
ACCORTE
ACCOSTÉ
ACCOTÉE
ACCOTER
ACCOUDÉ
ACCOURU
ACCRÉEN
ACCRÉTÉ
ACCUEIL
ACCULÉE
ACCULER
ACCURSE
ACCUSÉE

ACCUSER
ACÉRANT
ACÉTATE
ACÉTONE
ACÉTYLE
ACHAINE
ACHALER
ACHARDS
ACHARNÉ
ACHÉENS
ACHÈRES
ACHÉRON
ACHESON
ACHETÉE
ACHETER
ACHEVÉE
ACHEVER
ACHIGAN
ACHILLE
ACHOLIE
ACHOPPÉ
ACHOURA
ACHROME
ACHYLIE
ACIDITÉ
ACIDOSE
ACIDULÉ
ACIÉRÉE
ACIÉRER
ACIÉRIE
ACOLYTE
ACOMPTE
ACONAGE
ACONIER
ACQUISE
ACTINIE
ACTIVÉE
ACTIVER
ACTRICE
ACUMINÉ
ADAMOIS
ADAPTÉE
ADAPTER
ADDENDA
ADDISON
ADDITIF
ADÉNINE
ADÉNITE
ADÉNOME
ADÉQUAT
ADHÉRER
ADHÉSIF
ADIANTE
ADIPEUX
ADJARIE
ADJOINT
ADJUGÉE

ADJUGER
ADJURÉE
ADJURER
AD LITEM
ADMIRÉE
ADMIRER
AD NUTUM
ADONNÉE
ADONNER
ADOPTÉE
ADOPTER
ADOPTIF
ADORANT
ADOSSÉE
ADOSSER
ADOUBÉE
ADOUBER
ADOUCIE
ADOUCIR
ADRESSE
ADRESSÉ
ADROITE
ADSORBÉ
ADSTRAT
ADULANT
ADVENIR
ADVERBE
ADVERSE
ADYGUÉE
ADYGUÉS
ÆGATES
AÉROBIC
AÉROBIE
AÉROGEL
AÉRONEF
AÉROSOL
AERTSEN
ÆSCHNE
ÆTHUSE
AFFABLE
AFFADIE
AFFADIR
AFFAIRE
AFFAIRÉ
AFFALÉE
AFFALER
AFFAMÉE
AFFAMER
AFFECTÉ
AFFERMÉ
AFFERMI
AFFÉTÉE
AFFIANT
AFFICHE
AFFICHÉ
AFFIDÉE
AFFILÉE

AFFILER
AFFILIÉ
AFFINÉE
AFFINER
AFFIRMÉ
AFFIXAL
AFFIXÉE
AFFLIGÉ
AFFLUER
AFFOLÉE
AFFOLER
AFFRÉTÉ
AFFREUX
AFFRONT
AFFUBLÉ
AFFÛTÉE
AFFÛTER
AFGHANE
AFGHANE
AFGHANI
AFIN QUE
AFOCALE
AFOCAUX
AFRIQUE
AGAÇANT
AGAMIDÉ
AGASSIN
AGASSIZ
AGÉENNE
AGENAIS
AGENCÉE
AGENCER
AGENDÉE
AGENDER
AGÉRATE
AGGRAVÉ
AGILITÉ
A GIORNO
AGITANT
AGLOSSA
AGNATHE
AGNEAUX
AGNELÉE
AGNELER
AGNELET

AGNELLE
AGNOSIE
AGONISÉ
AGRAFÉE
AGRAFER
AGRAINÉ
AGRAIRE
AGRANDI
AGRÉANT
AGRÉGAT
AGRÉGÉE
AGRÉGER
AGRESSÉ
AGRESTE
AGRIFFÉ
AGRIOTE
AGRIPPA
AGRIPPÉ
AGROTIS
AGUERRI
AGUICHE
AGUICHÉ
AGULHON
AHANANT
AHMOSIS
AHRIMAN
AHUNOIS
AICHANT
AIGOUAL
AIGREUR
AIGUAIL
AIGUISÉ
AILANTE
AILERON
AILETTE
AILLADE
AILLANT
AILLAUD
AILLOLI
AIMABLE
AIMANTE
AIMANTÉ
AÎNESSE
AIRELLE
AIROISE
AISANCE
AISSEAU
AISTOLF
AIXOISE
AIXOISE
AIZENAY
AJACCIO
AJOINTÉ
AJOURÉE
AJOURER
AJOURNÉ
AJOUTÉE

AJOUTER
AJUSTÉE
AJUSTER
AJUTAGE
AKIHITO
AKINARI
AKSAKOV
AKVAVIT
ALABAMA
ALAGOAS
ALAISÉE
ALAMANS
ALAMBIC
ALANGUI
ALANINE
ALARCÓN
ALARMÉE
ALARMER
AL-AZHAR
ALBAINS
ALBANIE
AL-BANNA
ALBÂTRE
ALBÉNIZ
ALBERTA
ALBERTI
ALBINOS
ALBIZZI
ALBUMEN
ALCALIN
ALCATEL
ALCAZAR
ALCESTE
ALCMÈNE
ALCOYLE
ALDABRA
AL-DAWHA
AL DENTE
ALDRICH
ALEGRÍA
ALENCAR
ALENÇON
ALÉNOIS
ALÉOUTE
ALÉPINE
ALEPPIN
ALÉRION
ALERTÉE
ALERTER
ALÉSAGE
ALÉSANT
ALÉSIEN
ALÉSOIR
ALETSCH
ALEVINÉ
ALEZANE
ALFIERI

ALFRINK
ALGARDE
ALGARVE
ALGÈBRE
ALGÉRIE
ALGIQUE
AL-HAKIM
ALHAZEN
AL-HUFUF
ALI BABA
ALIDADE
ALIÉNÉE
ALIÉNER
ALIÉNOR
ALIGARH
ALIGNÉE
ALIGNER
ALIGOTÉ
ALIMENT
ALI PASA
ALISIER
ALITANT
ALIZIER
AL-KINDI
ALKMAAR
ALLAIRE
ALLAITÉ
ALLANTE
ALLAUCH
ALLÉCHÉ
ALLÉGÉE
ALLÉGER
ALLÈGRE
ALLÈGRE
ALLEGRO
ALLÉGUÉ
ALLENBY
ALLENDE
ALLIACÉ
ALLIAGE
ALLIANT
ALLONGE
ALLONGÉ
ALLOTIE
ALLOTIR
ALLOUÉE
ALLOUER
ALLUMÉE
ALLUMER
ALLURÉE
ALLUSIF
ALMA-ATA
ALMAGRO
AL-MAHDI
ALMERÍA
ALOMPRA
ALOUATE

ALOURDI
ALOYAUX
ALPAGUÉ
ALPISTE
ALSTHOM
AL-TABQA
ALTDORF
ALTÉRÉE
ALTÉRER
ALTERNE
ALTERNÉ
ALTESSE
ALTHÆA
ALTIÈRE
ALTISTE
ALUCITE
ALUETTE
ALUMINE
ALUMINÉ
ALUNAGE
ALUNANT
ALUNITE
ALVÉOLE
ALVÉOLÉ
ALYSSON
ALZETTE
AMADOUÉ
AMAIGRI
AMANITE
AMARILE
AMARINÉ
AMARRÉE
AMARRER
AMASSÉE
AMASSER
AMATEUR
A MAXIMA
AMAZONE
AMAZONE
AMBAGES
AMBAZAC
AMBIANT
AMBIGUË
AMBLANT
AMBLEUR
AMBOINE
AMBOISE
AMBRANT
AMÉLIEN
AMÉNAGÉ
AMENANT
AMENDÉE
AMENDER
AMÉNITÉ
AMERICA
AMERLOT
AMERRIR

AMEUBLI
AMEUTÉE
AMEUTER
AMHERST
AMIABLE
AMIANTE
AMIBIEN
À MI-BOIS
AMICALE
AMICAUX
À MI-CÔTE
AMINCIE
AMINCIR
A MINIMA
AMIRALE
AMIRAUX
À MI-VOIX
AMNÉSIE
AMNIOTE
AMOCHÉE
AMOCHER
AMODIÉE
AMODIER
AMOLLIE
AMOLLIR
AMORALE
AMORAUX
AMORCÉE
AMORCER
AMORPHE
AMORTIE
AMORTIR
AMPHION
AMPHORE
AMPLEUR
AMPOULE
AMPOULÉ
AMPUTÉE
AMPUTER
AMURANT
AMUSANT
AMUSEUR
AMYLACÉ
AMYLASE
AMYLÈNE
AMYLOSE
AMYNTAS
ANABASE
ANACLET
ANAHEIM
ANÁHUAC
ANALITÉ
ANALYSE
ANALYSÉ
ANASAZI
ANATIDÉ
ANATIFE

ANCENIS
ANCÊTRE
ANCHISE
ANCHOIS
ANCOLIE
ANCRAGE
ANCRANT
ANDALOU
ANDALOU
ANDAMAN
ANDANTE
ANDENNE
ÁNDHROS
ANDIJAN
ANDORRE
ANDRADE
ANDRÉAS
ANDRÉSY
ANDREWS
ANDRIEU
ANÉANTI
ANÉMIÉE
ANÉMIER
ANÉMONE
ANERGIE
ANÉTAIS
ANGARIE
ANGARSK
ANGELES
ANGELOT
ANGÉLUS
ANGEVIN
ANGEVIN
ANGIOME
ANGLAIS
ANGLAIS
ANGLOYE
ANGROIS
ANGUIER
ANHÉLER
ANHYDRE
ANICIEN
ANILINE
ANIMALE
ANIMANT
ANIMAUX
ANISANT
ANISOLE
ANJOUAN
ANNALES
ANNEAUX
ANNELÉE
ANNELER
ANNELET
ANNEXÉE
ANNEXER
ANNOBÓN
ANNONAY
ANNONCE
ANNONCÉ
ANNOTÉE
ANNOTER
ANNUITÉ
ANNULÉE
ANNULER
ANOBLIE
ANOBLIR
ANODINE
ANODISÉ
ANOMALE
ANOMAUX
ÂNONNÉE
ÂNONNER
ANONYME
ANORMAL
ANOSMIE
ANOUILH
ANSELME
ANTAKYA
ANTALYA
ANTENNE
ANTÊNOR
ANTHÉOR
ANTHÈRE
ANTHRAX
ANTIBES
ANTIFER
ANTIGEL
ANTIGUA
ANTIJEU
ANTINOË
ANTIOPE
ANTIOPE
ANTIQUE
ANTIROI
ANTIVOL
ANTOINE
ANTONIN
ANTUNES
ANXIÉTÉ
ANXIEUX
AORISTE
AORTITE
AOÛTIEN
APACHES
APADANA
APAISÉE
APAISER
APANAGE
APATHIE
APATITE
APENNIN
APEPSIE
APERÇUE
APÉTALE
APEURÉE
APEURER
APHASIE
APHÉLIE
APHONIE
APHTEUX
APHYLLE
APICALE
APICAUX
APICIUS
APICOLE
APIFUGE
APIQUÉE
APIQUER
APITOYÉ
APIVORE
APLANAT
APLANIE
APLANIR
APLASIE
APLATIE
APLATIR
APLOMBÉ
APOCOPE
APOCOPÉ
APODOSE
APOLLON
APOLLON
APOSTAT
APOSTÉE
APOSTER
APPARAT
APPARIÉ
APPÂTÉE
APPÂTER
APPEAUX
APPELÉE
APPELER
APPENDU
APPÉTIT
APPOINT
APPONDU
APPONSE
APPONTÉ
APPONYI
APPORTÉ
APPOSÉE
APPOSER
APPRÊTÉ
APPRISE
APPUYÉE
APPUYER
APRAXIE
A PRIORI
À-PROPOS
APTÉRYX
APTOISE
APURANT
APUSENI
AQUAGYM
AQUAVIT
AQUEDUC
AQUEUSE
AQUILÉE
AQUILIN
AQUILON
ARABICA
ARABISÉ
ARACAJU
ARACHNÉ
ARAMÉEN
ARAMIDE
ARAPAHO
ARASANT
ARBÈLES
ARBITRE
ARBITRÉ
ARBORÉE
ARBORER
ARBOUSE
ARBUSTE
ARCADIE
ARCEAUX
ARCHÉEN
ARCHIVÉ
ARÇONNÉ
ARCUEIL
ARDABIL
ARDÈCHE
ARDENNE
ARDENTE
ARDOISE
ARDOISÉ
ARÊCHES
ARECIBO
ARÉDIEN
ARÉIQUE
ARÉISME
ARÉNITE
ARÊTIER
ARÉTINE
ARGELÈS
ARGENTÉ
ARGHEZI
ARGIOPE
ARGONNE
ARGOVIE
ARGUANT
ARGUTIE
ARIDITÉ
ARIENNE
ARIETTE
ARIOSTE
ARISANT
ARIZONA
ARLANDA
ARLBERG
ARLETTY
ARLOING
ARMAVIR
ARMÉNIE
ARMOIRE
ARMOISE
ARMORIÉ
ARNAQUE
ARNAQUÉ
ARNAULD
ARNOLFO
AROBASE
AROMATE
ARPAJON
ARPÉGÉE
ARPÉGER
ARPENTÉ
ARPETTE
ARQUANT
ARRABAL
ARRACHÉ
ARRANGÉ
ARRÊTÉE
ARRÊTER
ARRIÈRE
ARRIÉRÉ
ARRIMÉE
ARRIMER
ARRISÉE
ARRISER
ARRIVÉE
ARRIVER
ARROBAS
ARROCHE
ARROGÉE
ARROGER
ARRONDI
ARROSÉE
ARROSER
ARSENAL
ARSENIC
ARSÉNIÉ
ARSINOÉ
ARTABAN
ARTÉMIA
ARTÉMIS
ARTENAY
ARTHAUD
ARTICLE
ARTIGAS
ARTIMON
ARTISAN
ARTISTE

ARUNDEL
ARYENNE
ASANSOL
ASBESTE
ASCAGNE
ASCALON
ASCÉIEN
ASCIDIE
ASEPSIE
ASEXUÉE
ASHANTI
ASHTART
ASIALIE
ASIENTO
ASINIEN
ASMODÉE
ASOCIAL
ASPASIE
ASPERGE
ASPERGÉ
ASPERME
ASPIRÉE
ASPIRER
ASQUITH
ASSAGIE
ASSAGIR
ASSAINI
ASSEAUX
ASSÉCHÉ
ASSEDIC
ASSÉNÉE
ASSÉNER
ASSEOIR
ASSERVI
ASSETTE
ASSIDUE
ASSIÉGÉ
ASSIGNÉ
ASSIOUT
ASSISES
ASSISTÉ
ASSOCIÉ
ASSOLÉE
ASSOLER
ASSOMMÉ
ASSORTI
ASSOUAN
ASSOUPI
ASSOUVI
ASSUMÉE
ASSUMER
ASSURÉE
ASSURER
ASSYRIE
ASTAIRE
ASTARTÉ
ASTÉRIE
ASTÉRIX
ASTICOT
ASTIQUÉ
ASTRALE
ASTRAUX
ASTYAGE
ATACAMA
ATAKORA
À TÂTONS
ATATÜRK
ATELIER
ATÉRIEN
ATHALIE
ATHANOR
ATHAULF
ATHÉNÉE
ATHÉNÉE
ATHÈNES
ATHLÈTE
ATHYMIE
ATLANTA
ATLANTE
ATOMISÉ
ATONALE
ATONALS
ATONAUX
ATRÉSIE
ATRIAUX
ATRIDES
ATROPOS
ATTABLÉ
ATTACHE
ATTACHÉ
ATTALOS
ATTAQUE
ATTAQUÉ
ATTARDÉ
ATTEINT
ATTELÉE
ATTELER
ATTELLE
ATTENDU
ATTENTE
ATTENTÉ
ATTÉNUÉ
ATTERRÉ
ATTERRI
ATTESTÉ
ATTIÉDI
ATTIFÉE
ATTIFER
ATTIGER
ATTIGNY
ATTIQUE
ATTIQUE
ATTIRÉE
ATTIRER
ATTISÉE
ATTISER
ATTITRÉ
ATTRAIT
ATTRAPE
ATTRAPÉ
ATURINE
ATYRAOU
AUBAGNE
AUBAINE
AUBANEL
AUBENAS
AUBERGE
AUBERON
AUBETTE
AUBIÈRE
AUBIGNÉ
AUBOISE
AUBRIOT
AUDENGE
AUDIBLE
AUDIMAT
AUDITÉE
AUDITER
AUDITIF
AUDOISE
AUDUBON
AUGERON
AUGERON
AUGETTE
AUGMENT
AUGURÉE
AUGURER
AUGUSTA
AUGUSTE
AUGUSTE
AULIQUE
AULNAIE
AULOFÉE
AULTOIS
AUNAISE
AUNEUIL
AURELIA
AURÉLIE
AURÉOLE
AURÉOLÉ
AURIGNY
AURIQUE
AUROCHS
AURORAL
AUSPICE
AUSTÈRE
AUSTRAL
AUSTRAL
AUTEUIL
AUTISME
AUTISTE
AUTOBUS
AUTOCAR
AUTOMNE
AUTRANS
AUXERRE
AUXOISE
AUXONNE
AVACHIE
AVACHIR
AVALANT
AVALEUR
AVALINE
AVALISÉ
AVALLON
AVALOIR
À-VALOIR
AVANCÉE
AVANCER
AVARICE
AVARIÉE
AVARIER
AVDEÏEV
AVELINE
AVENANT
AVENTIN
AVENTIS
AVÉRANT
AVERTIE
AVERTIR
AVESNES
AVEUGLE
AVEUGLÉ
AVEULIE
AVEULIR
AVEYRON
AVIAIRE
AVICOLE
AVIDITÉ
AVIGNON
AVINANT
AVISANT
AVIVAGE
AVIVANT
AVOCATE
AVODIRÉ
AVORIAZ
AVORTÉE
AVORTER
AVORTON
AVOUANT
AVRILLÉ
AXÉENNE
AXOLOTL
AYENTÔT
AYODHYA
AYUTHIA
AZEGLIO
AZEROLE
AZEVEDO
AZILIEN
AZIMUTÉ
AZOÏQUE
AZONALE
AZONAUX
AZOTURE
AZTÈQUE
AZTÈQUE
AZULEJO
AZULÈNE
AZURAGE
AZURANT
AZURÉEN
AZURÉEN
AZURITE
BAALBEK
BABBAGE
BABILLÉ
BABIOLE
BABISME
BABOLER
BABOUIN
BACANTE
BACCARA
BACCHUS
BÂCHAGE
BÂCHANT
BACHKIR
BACHOTÉ
BACILLE
BÂCLAGE
BÂCLANT
BACOLOD
BADAJOZ
BADAUDE
BADERNE
BADIANE
BADINER
BADOHOU
BADOISE
BADUILA
BAESINE
BAFOUÉE
BAFOUER
BÂFRANT
BÂFREUR
BAGANDA
BAGARRE
BAGARRÉ
BAGASSE
BAGEHOT
BAGGARA
BAGNARD
BAGNEUX
BAGNOLE

BAGNOLS	BALLOTE	BARDAGE	BASSINÉ	**BEAUFRE**
BAGUAGE	**BALMÉEN**	BARDANE	**BASSOIS**	**BEAUJEU**
BAGUANT	**BALMONT**	BARDANT	**BASSORA**	BEAUPRÉ
BAGUIER	**BALNÉEN**	BARDEAU	BASTANT	BÉCARRE
BAHAMAS	BÂLOISE	**BARDEEN**	**BASTIAT**	BÉCASSE
BAHREÏN	**BÂLOISE**	**BARÈGES**	BASTIDE	BÊCHAGE
BAIGNÉE	BALOURD	**BARENTS**	**BASTIDE**	BÊCHANT
BAIGNER	**BALTARD**	BARÉTER	BASTION	BÊCHEUR
BAILLÉE	**BALTHUS**	BARIBAL	**BATALHA**	**BECKETT**
BAILLER	BALZANE	BARIOLÉ	BÂTARDE	**BÉCLÈRE**
BÂILLER	**BAMANAN**	**BARISAL**	BATAVIA	BÉCOTÉE
BAILLON	**BAMBARA**	**BARISAN**	**BATAVIA**	BÉCOTER
BÂILLON	**BAMBERG**	**BARJOLS**	BATEAUX	BECQUÉE
BAINAIS	**BAMENDA**	**BARLACH**	BATELET	**BÉCQUER**
BAISANT	**BAMIYAN**	BARLONG	**BATESON**	BECQUET
BAISOTÉ	BANCALE	BARMAID	**BÁTHORY**	BECTANT
BAISSÉE	BANCHÉE	**BARNABÉ**	BATHYAL	BEDAINE
BAISSER	BANCHER	**BARNARD**	**BATILLY**	**BEDDOES**
BAJAZET	BANDAGE	**BARNAVE**	BÂTISSE	BEDEAUX
BAJOYER	BANDANA	**BAROCCI**	**BATISTA**	BÉDÉGAR
BAKLAVA	BANDANT	**BAROCHE**	BATISTE	**BEDFORD**
BAKONGO	BANDEAU	BARONET	BÂTONNÉ	**BEDNORZ**
BALADÉE	BANDERA	BARONNE	BATOUDE	BEDONNÉ
BALADER	**BANDUNG**	BAROQUE	**BATOUMI**	BÉDOUIN
BALADIN	BANGIÉE	BAROUFE	**BATOUTA**	**BÉDOUIN**
BALAFON	**BANGKOK**	BARRAGE	BATTAGE	**BEECHAM**
BALAFRE	BANQUER	BARRANT	BATTANT	**BEERSEL**
BALAFRÉ	BANQUET	BARREAU	BATTEUR	BEFFROI
BALAGNE	**BANTING**	BARREUR	BATTOIR	BÉGAYÉE
BALAISE	BANTOUE	**BARROIS**	BATTURE	BÉGAYER
BALANCE	**BANTOUE**	**BARSACQ**	**BATZIEN**	**BÉGLAIS**
BALANCE	BANYULS	**BARTHES**	**BAUDAIS**	**BEG-MEIL**
BALANCÉ	**BAODING**	**BARTHOU**	**BAUHAUS**	BÉGONIA
BALARUC	**BAPAUME**	BARYTON	**BAULIEU**	BÉGUINE
BALASSA	BAPTÊME	BASALTE	**BAULOIS**	**BÉHOBIE**
BALASSI	BAPTISÉ	BASANÉE	BAUMIER	**BEHRENS**
BALATON	**BARABAS**	BASANER	**BAUMOIS**	**BEHRING**
BALAYÉE	**BARADAI**	**BASARAB**	**BAUTZEN**	BEIGNET
BALAYER	**BARADÉE**	BAS-BLEU	BAUXITE	**BEIJING**
BALDUNG	**BARAJAS**	BAS-CÔTÉ	BAVARDE	**BEIPIAO**
BALDWIN	**BARANTE**	BASCULE	BAVARDÉ	BÉJAUNE
BALÉARE	BARAQUE	BASCULÉ	BAVASSÉ	BÊLANTE
BALEINE	BARAQUÉ	**BASEDOW**	BAVETTE	**BELARUS**
BALEINÉ	BARATIN	BASELLE	BAVEUSE	BELETTE
BALÈVRE	BARATTE	BAS-FOND	**BAVIÈRE**	**BELFAST**
BALFOUR	BARATTÉ	BASILIC	**BÂVILLE**	**BELFORT**
BALILLA	**BARBADE**	BASIQUE	BAVOLET	**BELGAUM**
BALISÉE	BARBANT	BASMATI	**BAYAMÓN**	BÉLIÈRE
BALISER	**BARBARA**	BAS-MÂTS	**BAYEZID**	BÉLÎTRE
BALISTE	BARBARE	BASOCHE	**BAYONNE**	**BELLARY**
BALKANS	BARBEAU	**BAS-RHIN**	**BAZAINE**	**BELLEAU**
BALKARS	BARBELÉ	**BASSANI**	BAZARDÉ	**BELLÊME**
BALLADE	BARBIER	**BASSANO**	**BAZILLE**	**BELLINI**
BALLANT	BARBOTE	**BASSÉEN**	BAZOOKA	**BELLMAN**
BALLARD	BARBOTÉ	**BASSEIN**	**BEATLES**	**BELLMER**
BALLAST	**BARBUDA**	**BASSENS**	BEATNIK	**BELLONE**
BALLIOL	BARBULE	BASSINE	**BEATRIX**	**BELLUNO**

BELŒIL
BÉLOUGA
BÉNARDE
BÉNARÈS
BENEDEK
BENELUX
BÉNEZET
BENFELD
BENGALE
BENGALI
BENGALI
BÉNIGNE
BÉNIOFF
BENJOIN
BENNETT
BÉNODET
BENOÎTE
BENTHAM
BENTHOS
BENZÈNE
BENZINE
BENZYLE
BEOGRAD
BÉOTIEN
BÉOTIEN
BEOWULF
BÉQUETÉ
BERBERA
BERBÈRE
BERCAIL
BERÇANT
BERCEAU
BERCEUR
BERCHEM
BERGAME
BERGÈRE
BERGIUS
BERGMAN
BERGSON
BERGUES
BERKANE
BERLAGE
BERLIER
BERLIET
BERLINE
BERLIOZ
BERMEJO
BERMUDA
BERNANT
BERNARD
BERNIER
BERNINA
BERNOIS
BERNOIS
BERRYER
BERTAUT
BERTRAN

BÉRULLE
BERWICK
BÉSIGUE
BESOGNE
BESOGNÉ
BESSINE
BESSOIS
BESTIAL
BESTIAU
BÊTASSE
BETHLEN
BÉTHUNE
BÊTIFIÉ
BÉTIQUE
BÉTOINE
BÉTONNÉ
BEUGLÉE
BEUGLER
BEURRÉE
BEURRER
BEUVRAY
BEVEREN
BEYNOIS
BÉZIERS
BÉZOARD
BEZWADA
BHARHUT
BHOUTAN
BIACIDE
BIAISÉE
BIAISER
BIARROT
BIARROT
BIBANDE
BIBELOT
BIBERON
BIBIENA
BICARRÉ
BICHANT
BICHKEK
BICOQUE
BICORNE
BICROSS
BICYCLE
BIDACHE
BIDASSE
BIDAULT
BIDOCHE
BIDONNÉ
BIÊN HOA
BIENNAL
BIENTÔT
BIERGOL
BIERMER
BIÈVRES
BIFFAGE
BIFFANT

BIFFURE
BIFIDUS
BIFOCAL
BIFTECK
BIGAMIE
BIGARRÉ
BIG BAND
BIG BANG
BIGEARD
BIGLANT
BIGLEUX
BIGNONE
BIGORNE
BIGORNÉ
BIGORRE
BIGOUDI
BIGUINE
BIJAPUR
BIKANER
BILEUSE
BILIEUX
BILLAGE
BILLANT
BILLARD
BILLÈRE
BILLETÉ
BILLION
BILOBÉE
BIMÉTAL
BINAIRE
BINETTE
BINEUSE
BINFORD
BINOCLE
BIOCIDE
BIOPSIE
BIOPUCE
BIOTINE
BIOTITE
BIOTOIS
BIOTOPE
BIOTYPE
BIOXYDE
BIPARTI
BIPASSE
BIPÉDIE
BIPENNE
BIPENNÉ
BIPHASÉ
BIPLACE
BIPOINT
BIRAGUE
BIRMANE
BIRMANE
BIROTOR
BIROUTE
BISAYAN

BISCAYE
BISCHOF
BISCÔME
BISCOTO
BISCUIT
BISEAUX
BISEXUÉ
BISMUTH
BISQUER
BISSANT
BISTRÉE
BISTROT
BITONAL
BITTURE
BITTURÉ
BITUMÉE
BITUMER
BITURÉE
BITURER
BIVALVE
BIVOUAC
BIZARRE
BIZERTE
BIZUTÉE
BIZUTER
BLAFARD
BLAGNAC
BLAGUÉE
BLAGUER
BLAIRÉE
BLAIRER
BLÂMANT
BLANCHE
BLANCHE
BLANCHI
BLANQUI
BLASANT
BLATÉRÉ
BLAYAIS
BLENNIE
BLÉRIOT
BLÉROIS
BLÉSANT
BLÉSITÉ
BLÉSOIS
BLÉSOIS
BLESSÉE
BLESSER
BLETTIR
BLEULER
BLEUTÉE
BLIBLIS
BLINDÉE
BLINDER
BLINOIS
BLINQUÉ
BLISTER

BLOCAGE
BLOC-EAU
BLONDEL
BLONDEL
BLONDIE
BLONDIN
BLONDIN
BLONDIR
BLOOMER
BLOQUÉE
BLOQUER
BLOTTIE
BLOTTIR
BLOUSÉE
BLOUSER
BLOUSON
BLOUSSE
BLÜCHER
BLUETTE
BLUFFÉE
BLUFFER
BLUTAGE
BLUTANT
BLUTOIR
BOABDIL
BOBÈCHE
BOBÈCHE
BOBETTE
BOBIGNY
BOBINÉE
BOBINER
BOBINOT
BOBONNE
BOBTAIL
BOCAGER
BOCARDÉ
BOCCACE
BÖCKLIN
BOCSKAI
BOEGNER
BOÉLANE
BOESSET
BOGARDE
BOGHEAD
BOHRIUM
BOIARDO
BOILEAU
BOISAGE
BOISANT
BOISEUR
BOISSON
BOITANT
BOITEUX
BOÎTIER
BOJADOR
BOKASSA
BOLDINI

BOLIVAR
BOLÍVAR
BOLIVIE
BOLLAND
BOLLARD
BOLLÈNE
BOLOGNE
BOLSENA
BOLZANO
BOMBAGE
BOMBANT
BOMBARD
BONAIRE
BONAMIA
BONASSE
BONDRÉE
BONDUES
BONHEUR
BONICHE
BONIFIÉ
BONJOUR
BONNARD
BONNIER
BONNOIS
BON-PAPA
BONSOIR
BOOLÉEN
BOOLIEN
BOORMAN
BOOSTER
BOOTHIA
BORAINE
BORAINE
BORASSE
BORATÉE
BORDAIS
BORDANT
BORDIER
BORDUAS
BORDURE
BORÉALE
BORÉALS
BORÉAUX
BORIQUE
BORIQUÉ
BORMANN
BORNAGE
BORNANT
BORNOYÉ
BOROTRA
BOROUGH
BORTSCH
BORZAGE
BOSCÉEN
BOSCOYO
BOSKOOP
BOSQUET
BOSQUET
BOSSAGE
BOSSANT
BOSSELÉ
BOSSEUR
BOSSOIR
BOSSUÉE
BOSSUER
BOSSUET
BOTTANT
BOTTELÉ
BOTTEUR
BOTTIER
BOTTINE
BOTTROP
BOUCAIN
BOUCANÉ
BOUCAUD
BOUCAUX
BOUCHÉE
BOUCHER
BOUCHER
BOUCHON
BOUCHOT
BOUCLÉE
BOUCLER
BOU CRAA
BOUDANT
BOUDDHA
BOUDDHA
BOUDEUR
BOUDIAF
BOUDINÉ
BOUDOIR
BOUÉLER
BOUETTE
BOUEUSE
BOUFFÉE
BOUFFER
BOUFFIE
BOUFFIR
BOUFFON
BOUGNAT
BOUGRAN
BOUGUER
BOUILLE
BOUILLI
BOULAIE
BOULANT
BOULEAU
BOULETÉ
BOULIER
BOULLÉE
BOUMANT
BOUNINE
BOUQUET
BOUQUET
BOUQUIN
BOURBON
BOURBON
BOURCAT
BOURDON
BOURDON
BOUREÏA
BOURGES
BOURGET
BOURRÉE
BOURRER
BOURRIN
BOURRUE
BOURVIL
BOUSEUX
BOUSIER
BOUTADE
BOUTANT
BOUTEUR
BOUTOIR
BOUTURE
BOUTURÉ
BOUVARD
BOUVIER
BOUVIER
BOVOISE
BOWLING
BOX-CALF
BOXEURS
BOXEUSE
BOYAUTÉ
BOYCOTT
BOYSSET
BOZOULS
BRABANT
BRABANT
BRABHAM
BRACHET
BRACTÉE
BRADANT
BRADEUR
BRADLEY
BRADYPE
BRAGARD
BRAILLE
BRAILLE
BRAILLÉ
BRAISÉE
BRAISER
BRAMANT
BRANCHE
BRANCHÉ
BRANCHU
BRANDES
BRANDIE
BRANDIR
BRANDON
BRANDON
BRANLÉE
BRANLER
BRANNER
BRAQUÉE
BRAQUER
BRAQUET
BRASAGE
BRASANT
BRASERO
BRASIER
BRASQUE
BRASSAÏ
BRASSÉE
BRASSER
BRASSIN
BRASURE
BRAUDEL
BRAUNER
BRAVADE
BRAVAIS
BRAVANT
BRAYANT
BRÉCHET
BREGENZ
BREGUET
BREJNEV
BREMOND
BRENDEL
BRENNER
BRENNOU
BRENNUS
BRESCIA
BRESDIN
BRESLAU
BRESSAN
BRESSAN
BRESSON
BRETZEL
BREVETÉ
BRIANSK
BRIARDE
BRIARDE
BRICOLE
BRICOLÉ
BRIDANT
BRIDGER
BRIDOIS
BRIEFÉE
BRIEFER
BRIENNE
BRIENON
BRIÉRON
BRIFFÉE
BRIFFER
BRIGADE
BRIGAND
BRIGIDE
BRIGUÉE
BRIGUER
BRILLER
BRIMADE
BRIMANT
BRINELL
BRINGÉE
BRINGUE
BRINGUÉ
BRIOCHE
BRIOCHÉ
BRIOCHÉ
BRIONNE
BRIOTIN
BRIOUDE
BRIQUÉE
BRIQUER
BRIQUET
BRISANT
BRISÉES
BRISEUR
BRISQUE
BRISSAC
BRISTOL
BRISTOL
BRISURE
BRITTEN
BRIZEUX
BROCARD
BROCART
BROCCIO
BROCHÉE
BROCHER
BROCHET
BROCKEN
BROCOLI
BRODANT
BRODEUR
BRODSKY
BROGLIE
BROMATE
BROMURE
BRONCHE
BRONCHÉ
BRONSON
BRONZÉE
BRONZER
BROONZY
BROSSÉE
BROSSER
BROSSES
BROUAGE
BROUSSE
BROUSSE
BROUTÉE
BROUTER

7

BROUWER
BROWNIE
BROYAGE
BROYANT
BROYEUR
BRUCINE
BRUEGEL
BRUGNON
BRUINER
BRUISSÉ
BRUITÉE
BRUITER
BRÛLAGE
BRÛLANT
BRÛLEUR
BRÛLOIR
BRÛLURE
BRUMEUX
BRUNCHS
BRUNHES
BRÜNING
BRUNNEN
BRUSQUE
BRUSQUÉ
BRUSSEL
BRUTALE
BRUTAUX
BRUTION
BRUYANT
BRUYÈRE
BRUZOIS
BUCCALE
BUCCAUX
BÛCHANT
BUCHEHR
BÛCHEUR
BUCHNER
BÜCHNER
BUCOISE
BUCRANE
BUDGÉTÉ
BUFFALO
BUFFLON
BUGANDA
BUGATTI
BUGEAUD
BUGRANE
BUGUOIS
BUISSON
BUISSON
BULBEUX
BULGARE
BULGARE
BULLANT
BULLANT
BULLDOG
BULLEUX

BUNRAKU
BURAYDA
BURBAGE
BURDWAN
BUREAUX
BURELÉE
BURELLE
BURETTE
BURGAUX
BURGESS
BURGIEN
BURIDAN
BURINÉE
BURINER
BURKINA
BURNABY
BURNOUS
BURUNDI
BUSHIDO
BUSHMEN
BUSQUÉE
BUSQUER
BUSSANG
BUSTIER
BUTEUSE
BUTINÉE
BUTINER
BUTTAGE
BUTTANT
BUTTEUR
BUTTOIR
BUVABLE
BUVETTE
BUVEUSE
BUXOISE
BUZZATI
BYZANCE
CABALER
CABALLÉ
CABANÉE
CABANER
CABANIS
CABANON
CABARET
CABÈCHE
CABEZÓN
CABIMAS
CABINDA
CABINET
CÂBLAGE
CÂBLANT
CÂBLEAU
CÂBLÉES
CÂBLEUR
CÂBLIER
CABOCHE
CABOCHE

CABOSSE
CABOSSÉ
CABOTER
CABOTIN
CABOURG
CABRANT
CACABER
CACAOTÉ
CACAOUI
CACARDÉ
CACCINI
CÁCERES
CACHANT
CACHÈRE
CACHETÉ
CACIQUE
CADAVRE
CADEAUX
CADENCE
CADENCÉ
CADENET
CADETTE
CADMIÉE
CADMIER
CADMIUM
CADOGAN
CADORNA
CADRAGE
CADRANT
CADREUR
CADUCÉE
CADUQUE
CÆCALE
CÆCAUX
CAELIUS
CÆSIUM
CAETANO
CAFARDE
CAFARDÉ
CAFÉIER
CAFÉINE
CAFETAN
CAFTANT
CAFTEUR
CAGETTE
CAGNARD
CAGNEUX
CAGNOIS
CAGOULE
CAGOULE
CAHOKIA
CAHOTÉE
CAHOTER
CAILLÉE
CAILLER
CAILLIÉ
CAILLOT

CAILLOU
CAÏMANS
CAIROTE
CAIROTE
CAISSON
CAJETAN
CAJOLÉE
CAJOLER
CALABRE
CALAMAR
CALAMUS
CALCÉEN
CALCHAS
CALCINÉ
CALCITE
CALCIUM
CALCULÉ
CALÈCHE
CALECIF
CALEÇON
CALEPIN
CALETÉE
CALETER
CALFATÉ
CALGARY
CALIBAN
CALIBRE
CALIBRÉ
CALICHE
CALICOT
CALICUT
CALIFAT
CÂLINÉE
CÂLINER
CALIXTE
CALLEUX
CALLIAS
CALMANT
CALONNE
CALORIE
CALOTIN
CALOTTE
CALOTTÉ
CALOYER
CALQUÉE
CALQUER
CALTANT
CALUGER
CALUIRE
CALUKYA
CALUMET
CALVAIS
CALVINO
CALYPSO
CALYPSO
CAMAÏEU
CAMARDE

CAMARET
CAMARGO
CAMBANT
CAMBIAL
CAMBIUM
CAMBOAR
CAMBRAI
CAMBRÉE
CAMBRER
CAMBUSE
CAMBYSE
CAMÉLIA
CAMELLE
CAMELOT
CAMERON
CAMOENS
CAMORRA
CAMPANA
CAMPANE
CAMPANT
CAMPEUR
CAMPHRE
CAMPHRÉ
CAMPINE
CAMPING
CAM RANH
CANAQUE
CANAQUE
CANARDÉ
CANARIS
CANASTA
CANCALE
CANCALE
CANCANÉ
CANDÉEN
CANDELA
CANDEUR
CANDIAC
CANDIDA
CANDIDE
CANDIDE
CANETON
CANETTE
CANETTI
CANEVAS
CANEZOU
CANICHE
CANIGOU
CANISSE
CANITIE
CANNAGE
CANNAIE
CANNANT
CANNELÉ
CANNEUR
CANNIER
CANNING

CANNOIS
CANONNÉ
CANOPÉE
CANOSSA
CANOTER
CANSADO
CANTATE
CANTINE
CANTINÉ
CANULAR
CANULÉE
CANULER
CANZONE
CANZONI
CAO BANG
CAPABLE
CAP-D'AIL
CAPÉANT
CAPELAN
CAPELÉE
CAPELER
CAPELET
CAPEYER
CAPITAL
CAPITAN
CAPITON
CAPONNE
CAPORAL
CAPOTÉE
CAPOTER
CAPOUAN
CAPRARA
CAPRERA
CAPRICE
CÂPRIER
CAPRINE
CAPRINÉ
CAPRIVI
CAPSAGE
CAPSIDE
CAPSIEN
CAPSULE
CAPSULÉ
CAPTAGE
CAPTANT
CAPTEUR
CAPTIVE
CAPTIVÉ
CAPTURE
CAPTURÉ
CAPUCHE
CAPUCIN
CAPVERN
CAP-VERT
CAQUANT
CAQUETÉ
CARABIN
CARACAL
CARACAS
CARACUL
CARAFON
CARAÏBE
CARAÏBE
CARAÏTE
CARAÏTE
CARAJÁS
CARAMEL
CARAQUE
CARBONE
CARBONÉ
CARBURE
CARBURÉ
CARDAGE
CARDANT
CARDÈRE
CARDEUR
CARDIAL
CARDIFF
CARDIJN
CARDOSO
CARÉLIE
CARENCE
CARÉNÉE
CARÉNER
CARESSE
CARESSÉ
CARGUÉE
CARGUER
CARHAIX
CARIANT
CARIBOU
CARIEUX
CARIOCA
CARIOCA
CARISTE
CARLINE
CARLSON
CARLYLE
CARMAUX
CARMINÉ
CARMONA
CARNAGE
CARNAUX
CARNEAU
CARNIER
CARNUTE
CARONTE
CAROTTE
CAROTTÉ
CAROUBE
CAROUGE
CAROUGE
CARPEAU
CARPIEN
CARRANT
CARRARE
CARRARE
CARREAU
CARRELÉ
CARRERA
CARRICK
CARRIER
CARRIER
CARROLL
CARROYÉ
CARRURE
CARRYEN
CARTANT
CARTIER
CARTOON
CARUARU
CASAQUE
CASARÈS
CASCADE
CASÉEUX
CASÉINE
CASERIO
CASERNE
CASERNÉ
CASERTE
CASETTE
CASIMIR
CASQUÉE
CASQUER
CASSAGE
CASSANT
CASSARD
CASSATE
CASSATT
CASSEAU
CASSEUR
CASSIER
CASSINE
CASSINI
CASSINO
CASSOLA
CASSURE
CASTARD
CASTINE
CASTING
CASTRAT
CASTRÉE
CASTRER
CASTRES
CASTRUM
CATAIRE
CATALAN
CATALAN
CATALPA
CATCHER
CATELLE
CATHARE
CATHODE
CATINAT
CATOGAN
CATROUX
CATTELL
CATULLE
CAUCASE
CAUCHON
CAUDALE
CAUDAUX
CAUDRON
CAULNES
CAUSALE
CAUSALS
CAUSANT
CAUSAUX
CAUSEUR
CAUSSES
CAUTÈLE
CAUTÈRE
CAUTION
CAUVERY
CAVALÉE
CAVALER
CAVALLI
CAVEAUX
CAVEÇON
CAVERNE
CAVISTE
CAYENNE
CAYOLLE
CAZÈRES
CAZETTE
CAZOTTE
CÉBISTE
CÉCIDIE
CÉCILIE
CÉCROPS
CÉDANTE
CÉDÉROM
CÉDILLE
CÉDRAIE
CEINDRE
CÉLADON
CÉLÈBES
CÉLÈBRE
CÉLÉBRÉ
CÉLESTA
CÉLESTE
CÉLIBAT
CELLE-CI
CELLE-LÀ
CELLIER
CELLINI
CELLOIS
CELLULE
CELSIUS
CELUI-CI
CELUI-LÀ
CÉMENTÉ
CÉNACLE
CÉNACLE
CENDRÉE
CENDRER
CENELLE
CENNINI
CENSEUR
CENSIER
CENSIVE
CENSURE
CENSURÉ
CENTAVO
CENTILE
CENTIME
CENTRAL
CENTRÉE
CENTRER
CÉRASTE
CERBÈRE
CERBÈRE
CERCEAU
CERCLÉE
CERCLER
CERDANE
CERDANE
CÉRÉALE
CÉRETAN
CÉRITHE
CERIZAY
CERNANT
CERNEAU
CERNÉEN
CERTAIN
CÉRUMEN
CÉRUSÉE
CERVEAU
CERVIDÉ
CÉSAIRE
CÉSARÉE
CESSANT
CESSION
CESTODE
CÉTEAUX
CÉTOINE
CÉVENOL
CÉVENOL
CÉZANNE
CHAALIS
CHABLÉE
CHABLER
CHABLIS
CHABLIS

CHABLON
CHABROL
CHABROL
CHABROT
CHACONE
CHACUNE
CHADOUF
CHAGALL
CHAGRIN
CHAHINE
CHAHUTÉ
CHAÎNÉE
CHAÎNER
CHAÎNON
CHAÏOTE
CHAKHTY
CHALAIS
CHALAND
CHALAZE
CHALDÉE
CHALEUR
CHALLES
CHALOIR
CHÂLONS
CHAMADE
CHAMBLY
CHAMBRE
CHAMBRÉ
CHAMEAU
CHAMOIS
CHAMOUN
CHAMPIS
CHAMSIN
CHAMSON
CHANCEL
CHANCIR
CHANCRE
CHANDOS
CHANGAN
CHANGÉE
CHANGER
CHANNEL
CHANSON
CHANTÉE
CHANTER
CHANTRE
CHANVRE
CHAOUCH
CHAOUÏA
CHAPAIS
CHAPALA
CHAPEAU
CHAPLIN
CHAPPAZ
CHAPSKA
CHAPTAL
CHARADE
CHARBON
CHARCOT
CHARDIN
CHARDJA
CHARDON
CHAREAU
CHARGÉE
CHARGER
CHARIOT
CHARITÉ
CHARLES
CHARLOT
CHARLOT
CHARMÉE
CHARMER
CHARMES
CHARNEL
CHARNEY
CHARNUE
CHARPAK
CHARPIE
CHARRAT
CHARRET
CHARRIÉ
CHARROI
CHARRON
CHARRON
CHARRUE
CHARTER
CHARTRE
CHASLES
CHASLES
CHASSÉE
CHASSER
CHÂSSES
CHASSIE
CHÂSSIS
CHASTEL
CHÂTAIN
CHÂTEAU
CHATHAM
CHÂTIÉE
CHÂTIER
CHÂTIÉS
CHATOYÉ
CHÂTRÉE
CHÂTRER
CHAUCER
CHAUDET
CHAUFFE
CHAUFFÉ
CHAULÉE
CHAULER
CHAUMÉE
CHAUMER
CHAUSEY
CHAUSSÉ
CHAUVET
CHAUVIN
CHAVIRÉ
CHAYOTE
CHÉBÉLI
CHÉCHIA
CHECK-UP
CHÉDAIL
CHEDDAR
CHÉLATE
CHELIFF
CHELLES
CHELMNO
CHELSEA
CHEMINÉ
CHEMISE
CHEMISÉ
CHÊNAIE
CHENAUX
CHÉNEAU
CHENGDU
CHÉNIER
CHENNAI
CHENÔVE
CHEPTEL
CHERCHÉ
CHÉREAU
CHERGUI
CHERGUI
CHERMÈS
CHERRYS
CHESSEX
CHESTER
CHESTER
CHÉTIVE
CHEVALÉ
CHEVAUX
CHEVELU
CHEVEUX
CHEVIOT
CHEVRER
CHEVRON
CHEYNEY
CHEZ-MOI
CHEZ-SOI
CHEZ-TOI
CHIADÉE
CHIADER
CHIALER
CHIANTE
CHIANTI
CHIANTI
CHIAPAS
CHIASMA
CHIASME
CHIASSE
CHIASSO
CHIBCHA
CHIBOUK
CHICAGO
CHICANE
CHICANÉ
CHICANO
CHICOTE
CHIENNE
CHIFFON
CHIFFRE
CHIFFRÉ
CHIGNON
CHIISME
CHILIEN
CHILIEN
CHILLÁN
CHILLON
CHIMÈNE
CHIMÈRE
CHINAGE
CHINANT
CHINARD
CHINDER
CHINEUR
CHINOIS
CHINOIS
CHINOOK
CHINURE
CHIOTTE
CHIPANT
CHIPEUR
CHIPOTÉ
CHIQUÉE
CHIQUER
CHIRALE
CHIRAUX
CHIRICO
CHITINE
CHLEUHE
CHLORÉE
CHNOQUE
CHOCANO
CHOCARD
CHOISIE
CHOISIR
CHOLÉRA
CHOLINE
CHÔMAGE
CHÔMANT
CHÔMEUR
CHOMSKY
CHONDRE
CHONGJU
CHOPANT
CHOPINE
CHOPPER
CHOQUÉE
CHOQUER
CHORALE
CHORALS
CHORAUX
CHORÈGE
CHORION
CHORIZO
CHORZÓW
CHOUCAS
CHOUINÉ
CHOURÉE
CHOURER
CHOYANT
CHRAÏBI
CHRISME
CHRISTO
CHROMÉE
CHROMER
CHUINTÉ
CHUQUET
CHUTANT
CHUTEUR
CHUTNEY
CI-APRÈS
CIBICHE
CIBISTE
CIBLANT
CIBOIRE
CIBOULE
CIBOURE
CICÉRON
CICLANT
CIÉNAGA
CIGOGNE
CI-JOINT
CILICIE
CILLANT
CIMABUE
CIMAISE
CIMBRES
CIMENTÉ
CINABRE
CINGLÉE
CINGLER
CINGRIA
CINOCHE
CINOQUE
CINTRÉE
CINTRER
CIPOLIN
CIRCUIT
CIRCULÉ
CIREBON
CIREUSE
CIRIÈRE
CIRONNÉ
CISEAUX

CISELÉE	CLEPHTE	COCAÏER	COLLABO	COMMUTÉ
CISELER	**CLÉROIS**	COCAÏNE	COLLAGE	**COMNÈNE**
CISELET	**CLÉTIEN**	COCARDE	COLLANT	**COMORES**
CISTRON	CLICHÉE	COCASSE	COLLÈGE	**COMORIN**
CISTUDE	CLICHER	COCHANT	COLLETÉ	COMPACT
CITADIN	CLIENTE	CÔCHANT	COLLEUR	COMPARÉ
CÎTEAUX	CLIGNÉE	COCHÈRE	COLLIER	COMPARU
CITERNE	CLIGNER	**COCHISE**	COLLIGÉ	COMPATI
CITHARE	CLINFOC	COCHLÉE	COLLINE	COMPÈRE
CITOYEN	CLINKER	COCKNEY	**COLLINS**	COMPILÉ
CITRATE	**CLINTON**	COCKPIT	**COLLOIS**	COMPLET
CITRINE	CLIPART	COCOLÉE	COLLURE	COMPLOT
CITROËN	CLIPPER	COCOLER	COLLYRE	COMPONÉ
ÇIVAÏTE	CLIQUER	COCOTER	COLMATÉ	COMPOSÉ
CIVELLE	CLIQUES	COCOTTE	**COLOGNE**	COMPOST
CIVETTE	CLIQUET	COCOTTÉ	**COLOMBA**	COMPOTE
CIVIÈRE	CLISSÉE	**COCTEAU**	COLOMBE	COMPRIS
CIVILIS	CLISSER	COCUAGE	**COLOMBE**	COMPTÉE
CIVIQUE	CLISSÉS	COCUFIÉ	COLOMBO	COMPTER
CIVISME	**CLISSON**	CODÉINE	**COLOMBO**	**COMPTON**
CLABAUD	CLIVAGE	CODEUSE	COLONAT	COMTALE
CLABOTÉ	CLIVANT	CODIFIÉ	COLONEL	COMTAUX
CLAIRET	CLOACAL	COÉDITÉ	COLONES	COMTOIS
CLAIRON	CLOAQUE	CŒLOME	COLONIE	**COMTOIS**
CLAIRON	CLOCHER	CŒNURE	**COLONNA**	**CONAKRY**
CLAMANT	**CLODION**	**COETZEE**	COLONNE	CONARDE
CLAMART	**CLODIUS**	COFFRÉE	**COLONNE**	CONASSE
CLAMECÉ	CLOISON	COFFRER	COLORÉE	CONATUS
CLAMECY	CLOÎTRE	COFFRET	COLORER	CONCAVE
CLAMEUR	CLOÎTRÉ	COGÉRÉE	COLORIÉ	CONCÉDÉ
CLAMSER	CLONAGE	COGÉRER	COLORIS	CONCEPT
CLAPIER	CLONANT	COGITÉE	COLOSSE	CONCERT
CLAPOTÉ	CLOPINÉ	COGITER	COLTINÉ	**CONCHES**
CLAPPER	CLOQUÉE	COGNANT	**COLUCHE**	CONCILE
CLAPTON	CLOQUER	**COGOLIN**	COLVERT	**CONCINI**
CLAQUÉE	CLOSANT	COHÉSIF	COMBAVA	CONCISE
CLAQUER	CLOSEAU	COHORTE	COMBIEN	CONCLUE
CLARAIN	CLÔTURE	COIFFÉE	COMBINE	**CONCORD**
CLARENS	CLÔTURÉ	COIFFER	COMBINÉ	CONCRET
CLARINE	CLOUAGE	**COIMBRA**	COMBLÉE	**CONDÉEN**
CLASHES	CLOUANT	COINCÉE	COMBLER	**CONDROZ**
CLASSÉE	CLOUTÉE	COINCER	**COMECON**	CONDUIT
CLASSER	CLOUTER	**COIRONS**	COMÉDIE	CONDYLE
CLAUDEL	**CLOUZOT**	COÏTANT	COMÉDON	CONFÉRÉ
CLAUSEL	**CLUSIEN**	COITRON	**COMINES**	CONFIÉE
CLAUZEL	CLUSTER	COKÉFIÉ	COMIQUE	CONFIER
CLAVANT	CNÉMIDE	COKERIE	COMMAND	CONFINÉ
CLAVEAU	**CNOSSOS**	COLBACK	COMMENT	CONFINS
CLAVELÉ	COACHES	**COLBERT**	COMMÈRE	CONFIRE
CLAVETÉ	COAGULÉ	COL-BLEU	COMMÉRÉ	CONFITE
CLAVIER	COALISÉ	**COLEMAN**	COMMISE	CONFLIT
CLAYÈRE	COALTAR	**COLETTE**	COMMODE	CONFLUÉ
CLAYOIS	COASSER	COLIBRI	**COMMODE**	CONFORT
CLÉBARD	COAXIAL	**COLIGNY**	COMMUÉE	CONFUSE
CLÉMENT	**COBBETT**	COLINOT	COMMUER	CONGAYE
CLÉMENT	**COBOURG**	COLIQUE	COMMUNE	CONGELÉ
CLENCHE	COCAGNE	**COLISÉE**	COMMUNS	CONGÈRE

CONGRÉÉ
CONGRÈS
CONGRUE
CONIDIE
CONIQUE
CONJURÉ
CONNARD
CONNEAU
CONNERY
CONNEXE
CONNOTÉ
CONOÏDE
CONOPÉE
CONQUES
CONQUIS
CONRART
CONSEIL
CONSOLE
CONSOLÉ
CONSORT
CONSPUÉ
CONSTAT
CONSUMÉ
CONTACT
CONTAGE
CONTANT
CONTENT
CONTENU
CONTEUR
CONTIGU
CONTINU
CONTOIS
CONTOUR
CONTRAT
CONTRÉE
CONTRER
CONTRES
CONTRIT
CONTUSE
CONVENT
CONVENU
CONVERS
CONVEXE
CONVIÉE
CONVIER
CONVIVE
CONVOLÉ
CONVOYÉ
COOPÉRÉ
COOPTÉE
COOPTER
COPAÏER
COPAYER
COPEAUX
COPIAGE
COPIANT
COPIEUR
COPIEUX
COPINER
COPISTE
COPLAND
COPPENS
COPPOLA
COPULER
COQUARD
COQUART
COQUETÉ
COQUINE
CORBEAU
CORBÉEN
CORBEIL
CORBLEU
CORCYRE
CORDAGE
CORDAIS
CORDANT
CORDEAU
CORDIAL
CORDIER
CORDIER
CORDITE
CORDOBA
CÓRDOBA
CORDOUE
CORELLI
CORIACE
CORINTH
CORMACK
CORMIER
CORNAGE
CORNANT
CORNARD
CORNARO
CORNÉEN
CORNIER
CORNIOT
COROLLE
CORONAL
CORONER
CORRECT
CORRÈGE
CORRÉLÉ
CORRÈZE
CORRIDA
CORRIGÉ
CORRODÉ
CORROYÉ
CORSAGE
CORSANT
CORSETÉ
CORTÈGE
CORTINE
CORTONE
CORVIDÉ
CORYMBE
COSAQUE
COSAQUE
COSENZA
COSIGNÉ
COSINUS
COSNOIS
COSQUER
COSSANT
COSSARD
COSSÉEN
COSSIGA
COSTALE
COSTARD
COSTAUD
COSTAUX
COSTUME
COSTUMÉ
COTABLE
COTEAUX
CÔTE-D'OR
CÔTELÉE
COTERIE
COTIDAL
CÔTIÈRE
COTISÉE
COTISER
CÔTOISE
COTONNÉ
COTONOU
CÔTOYÉE
CÔTOYER
COTTAGE
COTTBUS
COUARDE
COUCHÉE
COUCHER
COUCHIS
COUDANT
COUDOYÉ
COUDRES
COUENNE
COUËRON
COUETTE
COUFFIN
COUGUAR
COUILLE
COUILLU
COUINER
COULAGE
COULANT
COULEUR
COULOIR
COULOMB
COULOMB
COULURE
COUMANS
COUNAXA
COUNTRY
COUPAGE
COUPANT
COUPEUR
COUPLÉE
COUPLER
COUPLÉS
COUPLET
COUPOLE
COUPURE
COURAGE
COURANT
COURATE
COURBÉE
COURBER
COURBET
COURÇON
COURÇON
COUREUR
COURIER
COURLIS
COURNON
COURNOT
COURSAN
COURSÉE
COURSER
COURSON
COUSANT
COUSEUR
COUSINE
COUSINÉ
COUSSIN
COUSTOU
COÛTANT
COUTEAU
COÛTEUX
COUTHON
COUTRAS
COUTUME
COUTURE
COUTURE
COUTURÉ
COUVADE
COUVAIN
COUVANT
COUVENT
COUVERT
COUVOIR
COUVRIR
COVILHÃ
COW-BOYS
CRABOTÉ
CRACHAT
CRACHÉE
CRACHER
CRACHIN
CRACKER
CRAILLÉ
CRAINTE
CRAIOVA
CRAMANT
CRAMANT
CRAMINE
CRAMPON
CRANACH
CRÂNANT
CRÂNEUR
CRÂNIEN
CRANMER
CRANSON
CRANTÉE
CRANTER
CRANTÉS
CRAONNE
CRAPAUD
CRAPULE
CRAQUÉE
CRAQUER
CRASHAW
CRASHÉE
CRASHER
CRASHES
CRASSUS
CRATÈRE
CRAVATE
CRAVATÉ
CRAWLER
CRAWLEY
CRAYEUX
CRÉANCE
CRÉATIF
CRÉCÉEN
CRÉCHER
CRÉÇOIS
CRÉDITÉ
CRÉDULE
CRÉMANT
CRÉMÉES
CRÉMEUX
CRÉMIER
CRÉMIEU
CRÉMONE
CRÉMONE
CRÉNEAU
CRÈNELÉ
CRÉNELÉ
CRÊPAGE
CRÊPANT
CRÊPELÉ
CRÊPIER
CRÉPINE
CRÉPITÉ
CRÊPURE

CRESPIN
CRESSON
CRESSON
CRÉTACÉ
CRÉTEIL
CRÉTINE
CRÉTOIS
CRÉTOIS
CRETONS
CREUSÉE
CREUSER
CREUSET
CREVANT
CREVARD
CREVAUX
CREVOTÉ
CRIANTE
CRIARDE
CRIBLÉE
CRIBLER
CRICKET
CRIEUSE
CRILLON
CRIQUET
CRISPÉE
CRISPER
CRISPIN
CRISSER
CRISTAL
CRISTAL
CRITÈRE
CRITIAS
CROASSÉ
CROATIE
CROBARD
CROCHÉE
CROCHER
CROCHET
CROCHUE
CROISÉE
CROISER
CROISSY
CROÎTRE
CROLLÉE
CROOKES
CROONER
CROQUÉE
CROQUER
CROQUET
CROQUIS
CROTALE
CROTONE
CROTTÉE
CROTTER
CROTTIN
CROULER
CROUPIE
CROUPIR
CROUPON
CROÛTER
CROÛTON
CROWLEY
CROYANT
CROZIER
CRUAUTÉ
CRUCHON
CRUCIAL
CRUDITÉ
CRUELLE
CRUENTÉ
CRUISER
CRUMBLE
CRÛMENT
CRURALE
CRURAUX
CRYPTÉE
CRYPTER
CSARDAS
CTÉSIAS
CUBAINE
CUBAINE
CUBILOT
CUBIQUE
CUBISME
CUBISTE
CUBITAL
CUBITUS
CUBOÏDE
CUEILLI
CUGNAUX
CUILLER
CUISANT
CUISEUR
CUISINE
CUISINÉ
CUISSON
CUISSOT
CUISTAX
CUISTOT
CUISTRE
CUITANT
CUIVRÉE
CUIVRER
CULASSE
CULBUTE
CULBUTÉ
CULERON
CULMINÉ
CULOTTE
CULOTTÉ
CULTIVÉ
CULTUEL
CULTURE
CUMBRIA
CUMULÉE
CUMULER
CUMULET
CUMULUS
CUNAULT
CUPESSE
CUPIDON
CUPRITE
CURABLE
CURAÇAO
CURAÇAO
CURATIF
CURCUMA
CURETÉE
CURETER
CURETON
CURETTE
CURIALE
CURIAUX
CURIEUX
CURISTE
CURLING
CURSEUR
CURSIVE
CURTIUS
CUSCUTE
CUSHING
CUSTINE
CUSTODE
CUSTOZA
CUTANÉE
CUTTACK
CUVELÉE
CUVELER
CUVETTE
CYANOSE
CYANOSÉ
CYANURE
CYANURÉ
CYAXARE
CYCLISÉ
CYCLONE
CYCLOPE
CYMAISE
CYMBALE
CYNIQUE
CYNISME
CYPHOSE
CYPRIEN
CYRILLE
CYSOING
CYSTITE
CYTHÈRE
CYZIQUE
CZARDAS
CZIFFRA
DACTYLE
DACTYLO
DAHOMEY
DAIGNER
DAIMLER
DALBERG
DALEAUX
DALLAGE
DALLANT
DALLEUR
DALMATE
DALMATE
DAMASSÉ
DAMEUSE
DAMIENS
DAMNANT
DAMODAR
DAMPIER
DANAÏDE
DANAKIL
DANCING
DANDINÉ
DANDOLO
DANDONG
DANGEAU
DANIELE
DANIELL
DANOISE
DANOISE
DANSANT
DANSEUR
DANSOTÉ
DANTZIG
DAPHNIE
DAPHNIS
DA PONTE
DARAISE
DARBOUX
DARDANT
DARFOUR
DARIOLE
DARIQUE
DARKHAN
DARLING
DARNAND
DARNLEY
DARRACQ
DARSANA
DARTOIS
DASYURE
DATABLE
DATEUSE
DATTIER
DAUBANT
DAUBEUR
DAUMIER
DAUPHIN
DAURADE
DAUSSET
DAVILER
DAZIBAO
DEALANT
DÉBÂCHÉ
DÉBÂCLE
DÉBÂCLÉ
DÉBALLÉ
DÉBANDÉ
DÉBARDÉ
DÉBARRÉ
DÉBÂTÉE
DEBATER
DÉBÂTER
DÉBÂTIE
DÉBÂTIR
DÉBATTU
DÉBECTÉ
DEBENEY
DÉBINÉE
DÉBINER
DÉBITÉE
DÉBITER
DÉBLAYÉ
DÉBOGUÉ
DÉBOISÉ
DÉBOÎTÉ
DÉBONDÉ
DÉBORAH
DÉBORDÉ
DÉBOTTÉ
DÉBOULÉ
DÉBOURS
DÉBOUTÉ
DÉBRASÉ
DÉBRAYÉ
DÉBRIDÉ
DÉBUCHÉ
DEBURAU
DEBUSSY
DÉBUTÉE
DÉBUTER
DÉCALÉE
DÉCALER
DÉCAMPÉ
DECAMPS
DÉCANAT
DÉCANTÉ
DÉCAPÉE
DÉCAPER
DÉCATIE
DÉCATIR
DÉCAVÉE
DÉCAVER
DÉCÉDER
DÉCELÉE
DÉCELER

DÉCENCE
DÉCENTE
DÉCERNÉ
DÉCHANT
DÉCHAUX
DÉCHIRÉ
DÉCHOIR
DÉCIBEL
DÉCIDÉE
DÉCIDER
DÉCIDUE
DÉCIMAL
DÉCIMÉE
DÉCIMER
DÉCINES
DÉCISIF
DÉCITEX
DÉCLAMÉ
DÉCLARÉ
DÉCLINÉ
DÉCLIVE
DÉCLORE
DÉCLOSE
DÉCLOUÉ
DÉCOCHÉ
DÉCODÉE
DÉCODER
DÉCOLLÉ
DÉCONNÉ
DÉCORDÉ
DÉCORÉE
DÉCORER
DÉCORNÉ
DÉCORUM
DÉCOULÉ
DÉCOUPE
DÉCOUPÉ
DÉCOURS
DÉCOUSU
DÉCRÊPÉ
DÉCRÉPI
DÉCRÉTÉ
DÉCRIÉE
DÉCRIER
DÉCRIRE
DÉCRITE
DECROLY
DE CUJUS
DÉCUPLE
DÉCUPLÉ
DÉCURIE
DÉCUSSÉ
DÉCUVÉE
DÉCUVER
DÉDIANT
DÉDORÉE
DÉDORER
DÉDUIRE
DÉDUITE
DE FACTO
DÉFAIRE
DÉFAITE
DE FALLA
DÉFENDS
DÉFENDU
DÉFENSE
DÉFENSE
DÉFÉQUÉ
DÉFÉRÉE
DÉFÉRER
DÉFERLÉ
DÉFERRÉ
DEFFAND
DÉFIANT
DÉFIBRÉ
DÉFICIT
DÉFILÉE
DÉFILER
DÉFINIE
DÉFINIR
DÉFLORÉ
DÉFOLIÉ
DÉFONCE
DÉFONCÉ
DÉFORCÉ
DÉFORMÉ
DÉFOULÉ
DÉFRAYÉ
DÉFRIPÉ
DÉFRISÉ
DE FUNÈS
DÉFUNTE
DÉGAGÉE
DÉGAGER
DÉGAINE
DÉGAINÉ
DÉGANTÉ
DÉGARNI
DÉGAZÉE
DÉGAZER
DÉGELÉE
DÉGELER
DÉGERMÉ
DÉGIVRÉ
DÉGLACÉ
DÉGLUÉE
DÉGLUER
DÉGLUTI
DÉGOISÉ
DÉGOMMÉ
DÉGORGÉ
DÉGOTÉE
DÉGOTER
DÉGOTTÉ
DÉGOÛTÉ
DE GRAAF
DÉGRADÉ
DÉGRAFÉ
DÉGRÉÉE
DÉGRÉER
DÉGREVÉ
DÉGRISÉ
DÉGUISÉ
DÉGUSTÉ
DEHAENE
DÉHALÉE
DÉHALER
DEHMELT
DE HOOCH
DE HOOGH
DÉICIDE
DÉIFIÉE
DÉIFIER
DÉJANTÉ
DÉJAUGÉ
DÉJETÉE
DÉJETER
DÉJEUNÉ
DÉJOUÉE
DÉJOUER
DÉJUCHÉ
DÉJUGÉE
DÉJUGER
DE KLERK
DÉLABRÉ
DÉLACÉE
DÉLACER
DELAGOA
DÉLAINÉ
DÉLAITÉ
DELANOË
DÉLASSÉ
DELAUNE
DE LAVAL
DÉLAVÉE
DÉLAVER
DÉLAYÉE
DÉLAYER
DÉLECTÉ
DELEDDA
DÉLÉGUÉ
DELERUE
DÉLESTÉ
DELEUZE
DELGADO
DÉLIANT
DELIBES
DÉLICAT
DELIGNE
DELILLE
DÉLINÉÉ
DÉLIRER
DÉLITÉE
DÉLITER
DÉLIVRE
DÉLIVRÉ
DELLOIS
DÉLOGÉE
DÉLOGER
DELORME
DÉLOYAL
DELPHES
DÉLURÉE
DÉLURER
DELVAUX
DEMANDE
DEMANDÉ
DÉMANGÉ
DÉMARIÉ
DÉMARRÉ
DÉMÂTÉE
DÉMÂTER
D'EMBLÉE
DÉMÊLÉE
DÉMÊLER
DÉMENCE
DÉMENÉE
DÉMENER
DÉMENTE
DÉMENTI
DÉMERDÉ
DÉMÉTER
DEMEURE
DEMEURÉ
DEMIARD
DEMI-BAS
DEMIDOF
DEMIDOV
DE MILLE
DEMI-MAL
DEMI-MOT
DÉMINÉE
DÉMINER
DEMIREL
DEMI-SEL
DEMI-TON
DEMI-VIE
DÉMODÉE
DÉMODER
DEMODEX
DÉMOLIE
DÉMOLIR
DEMOLON
DÉMONTÉ
DÉMORDU
DÉMOULÉ
DEMPSEY
DÉMUNIE
DÉMUNIR
DÉNANTI
DÉNATTÉ
DÉNEIGÉ
DENEUVE
DEN HAAG
DÉNIANT
DÉNICHÉ
DÉNIGRÉ
DÉNITRÉ
DENIZLI
DENNERY
DÉNOMMÉ
DÉNONCÉ
DÉNOTÉE
DÉNOTER
DÉNOUÉE
DÉNOUER
DÉNOYÉE
DÉNOYER
DENSITÉ
DENTALE
DENTAUX
DENTELÉ
DENTIER
DENTINE
DENTURE
DÉNUANT
DÉNUDÉE
DÉNUDER
DÉNUTRI
DÉPANNÉ
DÉPARÉE
DÉPARER
DÉPARIÉ
DÉPARLÉ
DÉPARTI
DÉPASSÉ
DÉPAVÉE
DÉPAVER
DÉPAYSÉ
DÉPECÉE
DÉPECER
DÉPÊCHE
DÉPÊCHÉ
DÉPEINT
DÉPENDU
DÉPENSE
DÉPENSÉ
DÉPÉRIR
DÉPÊTRÉ
DÉPHASÉ
DÉPILÉE
DÉPILER
DÉPIQUÉ
DÉPISTÉ
DÉPITÉE

DÉPITER
DÉPLACÉ
DÉPLIÉE
DÉPLIER
DÉPLORÉ
DÉPLOYÉ
DÉPLUMÉ
DÉPOLIE
DÉPOLIR
DÉPORTÉ
DÉPOSÉE
DÉPOSER
DÉPOTÉE
DÉPOTER
DÉPRAVÉ
DÉPRIME
DÉPRIMÉ
DÉPRISE
DÉPRISÉ
DÉPULPÉ
DÉPURÉE
DÉPURER
DÉPUTÉE
DÉPUTER
DÉRAGER
DÉRAIDI
DÉRAMÉE
DÉRAMER
DÉRANGÉ
DÉRAPER
DÉRATÉE
DÉRAYÉE
DÉRAYER
DÉRÉGLÉ
DÉRIDÉE
DÉRIDER
DÉRIVÉE
DÉRIVER
DERMATO
DERMITE
DERNIER
DÉROBÉE
DÉROBER
DÉROCHÉ
DÉROGER
DÉROUGI
DÉROULÉ
DÉROUTE
DÉROUTÉ
DERRICK
DERRIDA
DERVOIS
DÉSALPE
DESANTI
DÉSARMÉ
DÉSAVEU
DÉSAXÉE
DÉSAXER
DÉSERTE
DÉSERTÉ
DÉSIGNÉ
DÉSILÉE
DÉSILER
DÉSIRÉE
DÉSIRÉE
DÉSIRER
DÉSISTÉ
DÉSOBÉI
DÉSODÉE
DÉSOLÉE
DÉSOLER
DÉSOSSÉ
DESPIAU
DESPOTE
DES PRÉS
DESSALÉ
DESSEIN
DESSERT
DESSINÉ
DESSOLÉ
DESSOUS
DE STIJL
DESTINÉ
DESTOUR
DESTRÉE
DÉSUÈTE
DÉSUNIE
DÉSUNIR
DESVRES
DÉTACHÉ
DÉTALER
DÉTAXÉE
DÉTAXER
DÉTECTÉ
DÉTEINT
DÉTELÉE
DÉTELER
DÉTENDU
DÉTENIR
DÉTENTE
DÉTENUE
DÉTERGÉ
DÉTERRÉ
DÉTESTÉ
DÉTONER
DÉTONNÉ
DÉTORDU
DÉTORSE
DÉTOURÉ
DETROIT
DÉTROIT
DÉTRÔNÉ
DÉTRUIT
DÉVALÉE
DÉVALER
DÉVALUÉ
DEVANCÉ
DÉVASTÉ
DÉVEINE
DEVENIR
DEVÉRIA
DÉVERNI
DÉVERSÉ
DÉVÊTIR
DÉVÊTUE
DÉVIANT
DÉVIDÉE
DÉVIDER
DÉVILLE
DEVINÉE
DEVINER
DÉVIRÉE
DÉVIRER
DEVISÉE
DEVISER
DÉVISSÉ
DÉVOILÉ
DÉVOISÉ
DÉVOLTÉ
DÉVOLUE
DÉVOLUY
DÉVORÉE
DÉVORER
DÉVOUÉE
DÉVOUER
DÉVOYÉE
DÉVOYER
DE VRIES
DE WITTE
DHAHRAN
DHANBAD
DIABÈTE
DIABOLO
DIACIDE
DIADÈME
DIALYSE
DIALYSÉ
DIAMANT
DIAMIDE
DIAMINE
DIANTRE
DIAPRÉE
DIAPRER
DIAZOTE
DICKENS
DICLINE
DICTAME
DICTANT
DICTION
DIDELOT
DIDEROT
DIDYMES
DIÉRÈSE
DIERGOL
DIESTER
DIFFAMÉ
DIFFÉRÉ
DIFFUSE
DIFFUSÉ
DIGAMMA
DIGÉRÉE
DIGÉRER
DIGESTE
DIGITAL
DIGITÉE
DIGNITÉ
DIGNOIS
DILATÉE
DILATER
DILBEEK
DILEMME
DILTHEY
DILUANT
DIMINUÉ
DÎNETTE
DÎNEUSE
DINGHYS
DINGUER
DIOCÈSE
DIODORE
DIOGÈNE
DIOÏQUE
DIOMÈDE
DIOPTRE
DIORAMA
DIORITE
DIOXINE
DIOXYDE
DIPHASÉ
DIPLÔME
DIPLÔMÉ
DIPTÈRE
DIRECTE
DIRIGÉE
DIRIGER
DISCALE
DISCAUX
DISCRET
DISCUTÉ
DISERTE
DISETTE
DISEUSE
DISPARU
DISPOSE
DISPOSÉ
DISPUTE
DISPUTÉ
DISSIPÉ
DISSOLU
DISSONÉ
DISSOUS
DISTALE
DISTANT
DISTAUX
DIURÈSE
DIURNAL
DIVAGUÉ
DIVAISE
DIVERGÉ
DIVERSE
DIVERTI
DIVISÉE
DIVISER
DIVISIA
DIVONNE
DIVORCE
DIVORCÉ
DIX-CORS
DIX-HUIT
DIXIÈME
DIXMUDE
DIX-NEUF
DIX-SEPT
DIZAINE
DJEMILA
DJERACH
DMOWSKI
DNIESTR
DOCTEUR
DODERER
DODINER
DOG-CART
DOIGTÉE
DOIGTER
DOILLON
DOLENTE
DOLIQUE
DOLOISE
DOLOMIE
DOLOSIF
DOMAINE
DOMÉRAT
DOMINÉE
DOMINER
DOMINGO
DOM JUAN
DOMMAGE
DOMPTÉE
DOMPTER
DOMRÉMY
DONACIE
DONBASS
DONETSK
DÔNG SON
DON JUAN

DON JUAN
DONNANT
DONNEUR
DONSKOÏ
DONZÈRE
DOPANTE
DOPPLER
DOREUSE
DORIENS
DORIQUE
DORLOTÉ
DORMANS
DORMANT
DORMEUR
DORNIER
DORSALE
DORSAUX
DORTOIR
DOSABLE
DOS-D'ÂNE
DOSSARD
DOSSIER
DOUAIRE
DOUBIEN
DOUBLÉE
DOUBLER
DOUBLET
DOUBLON
DOUÇAIN
DOUCEUR
DOUCHÉE
DOUCHER
DOUCINE
DOUELLE
DOUGLAS
DOUILLE
DOUILLÉ
DOULEUR
DOURDAN
DOURINE
DOUTANT
DOUTEUR
DOUTEUX
DOUVAIN
DOUVRES
DOUVRIN
DOUZAIN
DOWDING
DOWLAND
DOYENNE
DOYENNÉ
DRACHER
DRACHME
DRACULA
DRAGAGE
DRAGEON
DRAGOON
DRAGUÉE
DRAGUER
DRAILLE
DRAINÉE
DRAINER
DRAKKAR
DRAPANT
DRAPEAU
DRAPIER
DRAVANT
DRAVEIL
DRAVEUR
DRAYAGE
DRAYANT
DRAYTON
DREISER
DRENTHE
DRESDEN
DRESSÉE
DRESSER
DREYFUS
DRIBBLE
DRIBBLÉ
DRIESCH
DRIFTER
DRIVANT
DRIVE-IN
DRIVEUR
DROGMAN
DROGUÉE
DROGUER
DRÔMOIS
DROPANT
DROPPÉE
DROPPER
DROSERA
DROSSÉE
DROSSER
DROUAIS
DRUMLIN
DRUMMER
DRUMONT
DUALISÉ
DUALITÉ
DU BARRY
DUBNIUM
DU BOURG
DU CANGE
DUCASSE
DUCASSE
DUCHAMP
DUCLAIR
DUCLAUX
DUCTILE
DUFOURT
DUHAMEL
DUMÉZIL
DUMPING
DUNEDIN
DUNETTE
DUNOISE
DUNOYER
DUNSTAN
DUOPOLE
DUPERIE
DUPERRÉ
DUPEUSE
DUPLEIX
DUPLEXÉ
DUPLICE
DURABLE
DURAMEN
DURANCE
DURANGO
DURANTY
DURATIF
DURAZZO
DURRELL
DURRUTI
DURUFLÉ
DUTOURD
DUUMVIR
DUVETÉE
DUVETER
DYNASTE
DYSPNÉE
DYSURIE
DYTIQUE
EASTMAN
ÉBARBÉE
ÉBARBER
ÉBATTRE
ÉBATTUE
ÉBAUBIE
ÉBAUCHE
ÉBAUCHÉ
ÉBAUDIE
ÉBAUDIR
ÉBAVURÉ
ÉBÉNIER
ÉBERLUÉ
ÉBLOUIE
ÉBLOUIR
ÉBONITE
ÉBORGNÉ
ÉBOUEUR
ÉBOULÉE
ÉBOULER
ÉBOULIS
ÉBOUTÉE
ÉBOUTER
ÉBRANLÉ
ÉBRASÉE
ÉBRASER
ÉBRÉCHÉ
ÉBREUIL
ÉBRIÉTÉ
ÉBRIQUÉ
ÉBROUÉE
ÉBROUER
ÉBRUITÉ
ÉBURNÉE
ÉBURONS
ÉCACHÉE
ÉCACHER
ÉCAILLE
ÉCAILLÉ
ÉCALANT
ÉCALURE
ÉCARTÉE
ÉCARTER
ECCÉITÉ
ÉCHALAS
ÉCHANGE
ÉCHANGÉ
ÉCHAPPÉ
ÉCHARDE
ÉCHARNÉ
ÉCHARPE
ÉCHARPÉ
ÉCHASSE
ÉCHAUDÉ
ÉCHÉANT
ÉCHELLE
ÉCHELON
ÉCHEVIN
ÉCHIDNÉ
ÉCHINÉE
ÉCHINER
ÉCHOPPE
ÉCHOUÉE
ÉCHOUER
ÉCIMAGE
ÉCIMANT
ECKHART
ECKMÜHL
ÉCLAIRE
ÉCLAIRÉ
ÉCLATÉE
ÉCLATER
ÉCLIPSE
ÉCLIPSÉ
ÉCLISSE
ÉCLOPÉE
ÉCLUSÉE
ÉCLUSER
ÉCOBUÉE
ÉCOBUER
ÉCŒURÉ
ÉCOLAGE
ÉCOLIER
ÉCOMMOY
ÉCONOME
ÉCOPANT
ÉCORCÉE
ÉCORCER
ÉCORCHÉ
ÉCORNÉE
ÉCORNER
ÉCOSSÉE
ÉCOSSER
ÉCOTAXE
ÉCOTONE
ÉCOULÉE
ÉCOULER
ÉCOURTÉ
ÉCOUTÉE
ÉCOUTER
ÉCOUVES
ÉCRASÉE
ÉCRASER
ÉCRÉMÉE
ÉCRÉMER
ÉCRÊTÉE
ÉCRÊTER
ÉCRIANT
ÉCROUÉE
ÉCROUER
ÉCROUIE
ÉCROUIR
ÉCROULÉ
ÉCROÛTÉ
ECSTASY
ECTHYMA
ECTOPIE
ÉCUBIER
ÉCUELLE
ÉCUMAGE
ÉCUMANT
ÉCUMEUR
ÉCUMEUX
ÉCURANT
ÉCUSSON
ÉCUYÈRE
ÉDENTÉE
ÉDENTER
ÉDICTÉE
ÉDICTER
ÉDICULE
ÉDIFICE
ÉDIFIÉE
ÉDIFIER
ÉDILITÉ
ÉDITANT
ÉDITEUR
ÉDITION
ÉDOMITE
ÉDOUARD

ÉDREDON
ÉDUQUÉE
ÉDUQUER
EDWARDS
EEKHOUD
EFFACÉE
EFFACER
EFFANÉE
EFFANER
EFFARÉE
EFFARER
EFFENDI
EFFIGIE
EFFILÉE
EFFILER
EFFLUVE
EFFORCÉ
EFFRAIE
EFFRAYÉ
EFFRÉNÉ
EFFRITÉ
EFFUSIF
ÉGAILLÉ
ÉGALANT
ÉGALISÉ
ÉGALITÉ
ÉGARANT
ÉGAYANT
ÉGÉENNE
EGHEZÉE
ÉGINÈTE
ÉGISTHE
ÉGLEFIN
ÉGLOGUE
ÉGOÏSME
ÉGOÏSTE
ÉGORGÉE
ÉGORGER
ÉGOUTTÉ
ÉGRAINÉ
ÉGRAPPÉ
ÉGRENÉE
ÉGRENER
ÉGRISÉE
ÉGRISER
ÉGRUGÉE
ÉGRUGER
ÉGUEULÉ
ÉHONTÉE
EHRLICH
EIJKMAN
EINAUDI
EINHARD
ÉJACULÉ
ÉJECTÉE
ÉJECTER
ÉJOINTÉ

EKELUND
EKOFISK
ÉLABORÉ
ÉLAGAGE
ÉLAGUÉE
ÉLAGUER
ÉLANCÉE
ÉLANCER
ÉLAPIDÉ
ÉLARGIE
ÉLARGIR
EL-ASNAM
ELBASAN
EL-BEIDA
ELBOURZ
ELBROUS
ELBROUZ
ÉLECTIF
ÉLECTRE
ÉLÉGANT
ÉLÉMENT
ÉLEUSIS
ÉLEVAGE
ÉLEVANT
ÉLEVEUR
EL-GOLÉA
ÉLIDANT
ÉLIMINÉ
ÉLINGUE
ÉLINGUÉ
ÉLISANT
ÉLISION
ELLIPSE
EL-OBEÏD
ÉLOIGNÉ
ÉLONGÉE
ÉLONGER
ELSKAMP
ELSSLER
EL TAJÍN
ELTSINE
ÉLUCIDÉ
ÉLUDANT
ÉLUSATE
ÉLUSIVE
ÉLUTION
ÉLUVIAL
ÉLUVION
ÉLYSÉEN
ELZÉVIR
ELZÉVIR
ÉMACIÉE
ÉMACIER
ÉMAILLÉ
ÉMANANT
ÉMARGÉE
ÉMARGER

EMBÂCLE
EMBALLÉ
EMBARGO
EMBARRÉ
EMBAUMÉ
EMBELLI
EMBÊTÉE
EMBÊTER
EMBLAVÉ
EMBLÈME
EMBOÎTÉ
EMBOLIE
EMBOLUS
EMBOSSÉ
EMBOUTI
EMBRASÉ
EMBRAYÉ
EMBREVÉ
EMBRUMÉ
EMBRYON
EMBUANT
EMBÛCHE
EMBUÉES
ÉMÉCHÉE
ÉMÉCHER
ÉMERGÉE
ÉMERGER
ÉMERISÉ
ÉMÉRITE
EMERSON
ÉMÉTINE
ÉMETTRE
ÉMIETTÉ
ÉMIGRÉE
ÉMIGRER
ÉMINCÉE
ÉMINCER
ÉMINENT
ÉMIRIEN
ÉMISSIF
EMMÊLÉE
EMMÊLER
EMMENÉE
EMMENER
EMMERDE
EMMERDÉ
EMMOTTÉ
EMMURÉE
EMMURER
ÉMONDÉE
ÉMONDER
ÉMONDES
ÉMOSSON
ÉMOTION
ÉMOTIVE
ÉMOTTÉE
ÉMOTTER

ÉMOULUE
ÉMOUSSÉ
EMPALÉE
EMPALER
EMPALMÉ
EMPANNÉ
EMPARÉE
EMPARER
EMPÂTÉE
EMPÂTER
EMPATTÉ
EMPAUMÉ
EMPÊCHÉ
EMPENNE
EMPENNÉ
EMPERLÉ
EMPESÉE
EMPESER
EMPESTÉ
EMPÊTRÉ
EMPHASE
EMPIÉTÉ
EMPILÉE
EMPILER
EMPIRER
EMPLOYÉ
EMPLUMÉ
EMPOCHÉ
EMPORTÉ
EMPOTÉE
EMPOTER
EMPRISE
EMPRUNT
EMPYÈME
EMPYRÉE
ÉMULANT
ÉMULSIF
ÉNARQUE
EN-AVANT
ENCADRÉ
ENCAGÉE
ENCAGER
ENCAQUÉ
ENCARTÉ
ENCEINT
ENCENSÉ
ENCHÈRE
ENCHÉRI
ENCLAVE
ENCLAVÉ
ENCLINE
ENCLORE
ENCLOSE
ENCLOUÉ
ENCLUME
ENCOCHE
ENCOCHÉ

ENCODÉE
ENCODER
ENCOLLÉ
ENCORDÉ
ENCORNÉ
EN-COURS
ENCOURU
ENCRAGE
ENCRANT
ENCREUR
ENCRIER
ENCRINE
ENCROUÉ
ENCUVÉE
ENCUVER
ENDÉANS
ENDÉMIE
ENDETTÉ
ENDÊVER
ENDIGUÉ
ENDORMI
ENDOSSÉ
ENDROIT
ENDUIRE
ENDUITE
ENDURCI
ENDURÉE
ENDURER
EN EFFET
ÉNERGIE
ÉNERVÉE
ÉNERVER
ENFAÎTÉ
ENFANCE
ENFANTÉ
ENFARGÉ
ENFERMÉ
ENFERRÉ
ENFICHÉ
ENFILÉE
ENFILER
ENFLANT
ENFLURE
ENFOIRÉ
ENFONCÉ
ENFOUIE
ENFOUIR
ENFUMÉE
ENFUMER
ENFÛTÉE
ENFÛTER
ENGAGÉE
ENGAGER
ENGAINÉ
ENGAMÉE
ENGAMER
ENGERBÉ

ENGHIEN
ENGLACÉ
ENGLAND
ENGLOBÉ
ENGLUÉE
ENGLUER
ENGOBÉE
ENGOBER
ENGOMMÉ
ENGONCÉ
ENGORGÉ
ENGOUÉE
ENGOUER
ENGRAIS
ENGRÊLÉ
ENGRENÉ
ENGROIS
ENHARDI
ENHERBÉ
ENIVRÉE
ENIVRER
ENJAMBÉ
ENJOINT
ENJÔLÉE
ENJÔLER
ENJOUÉE
ENJUGUÉ
ENKYSTÉ
ENLACÉE
ENLACER
ENLAIDI
ENLEVÉE
ENLEVER
ENLIANT
ENLISÉE
ENLISER
ENNÉADE
ENNEIGÉ
ENNEMIE
ENNEZAT
ENNOBLI
ENNOYÉE
ENNOYER
ENNUAGÉ
ENNUYÉE
ENNUYER
ÉNOLATE
ÉNONCÉE
ÉNONCER
ÉNOUANT
ENQUÊTE
ENQUÊTÉ
ENQUISE
ENRAGÉE
ENRAGER
ENRAYÉE
ENRAYER
ENRÊNÉE
ENRÊNER
ENRHUMÉ
ENRICHI
ENROBÉE
ENROBER
ENROCHÉ
ENRÔLÉE
ENRÔLER
ENROUÉE
ENROUER
ENROULÉ
ENSABLÉ
ENSACHÉ
ENSELLÉ
ENSERRÉ
ENSILÉE
ENSILER
ENSUITE
ENSUIVI
ENSUQUÉ
ENTABLÉ
ENTACHÉ
ENTAMÉE
ENTAMER
ENTASSÉ
ENTEBBE
ENTELLE
ENTENDU
ENTENTE
ENTERRÉ
ENTÊTÉE
ENTÊTER
EN-TÊTES
ENTICHÉ
ENTIÈRE
ENTOILÉ
ENTÔLÉE
ENTÔLER
ENTONNÉ
ENTORSE
ENTOURÉ
ENTRAIN
ENTRAIT
ENTRANT
ENTRAVE
ENTRAVÉ
ENTREVU
ENTUBÉE
ENTUBER
ÉNUCLÉÉ
ÉNUMÉRÉ
ÉNUQUÉE
ÉNUQUER
ENVAHIE
ENVAHIR
ENVASÉE
ENVASER
ENVIANT
ENVIEUX
ENVINÉE
ENVIRON
ENVOLÉE
ENVOLER
ENVOÛTÉ
ENVOYÉE
ENVOYER
ÉONISME
ÉPAISSE
ÉPAISSI
ÉPAMPRÉ
ÉPANCHÉ
ÉPANDRE
ÉPANDUE
ÉPANOUI
ÉPARGNE
ÉPARGNÉ
ÉPARQUE
ÉPARVIN
ÉPATANT
ÉPAULÉE
ÉPAULER
ÉPEICHE
ÉPÉISTE
ÉPELANT
ÉPÉPINÉ
ÉPERDUE
ÉPERLAN
ÉPERNAY
ÉPERNON
ÉPERVIN
ÉPEURÉE
ÉPEURER
ÉPHÉBIE
ÉPHÉDRA
ÉPHORAT
ÉPHRAÏM
ÉPIAIRE
ÉPIÇANT
ÉPICÈNE
ÉPICIER
ÉPICURE
ÉPIDOTE
ÉPIERRÉ
ÉPIEUSE
ÉPIGONE
ÉPIGYNE
ÉPILANT
ÉPILEUR
ÉPILLET
ÉPILOBE
ÉPINARD
ÉPINEUX
ÉPINGLE
ÉPINGLÉ
ÉPINIER
ÉPISODE
ÉPISSÉE
ÉPISSER
ÉPITOGE
ÉPLORÉE
ÉPLOYÉE
ÉPLOYER
ÉPLUCHÉ
ÉPONGÉE
ÉPONGER
ÉPONYME
ÉPOUSÉE
ÉPOUSER
ÉPOXYDE
ÉPREINT
ÉPREUVE
ÉPROUVÉ
EPSILON
EPSTEIN
ÉPUÇANT
ÉPUISÉE
ÉPUISER
ÉPULIDE
ÉPURANT
ÉQUARRI
ÉQUERRE
ÉQUEUTÉ
ÉQUILLE
ÉQUIPÉE
ÉQUIPER
ÉRAFLÉE
ÉRAFLER
ÉRAILLÉ
ÉREINTÉ
ERGATIF
ERGOTÉE
ERGOTER
ÉRIGÈNE
ERIKSON
ÉRINYES
ÉRODANT
ÉROGÈNE
ÉROSION
ÉROSIVE
ÉROTISÉ
ERRANCE
ERRANTE
ERRATUM
ERRONÉE
ERSEAUX
ERSTEIN
ÉRUCTÉE
ÉRUCTER
ÉRUDITE
ÉRUPTIF
ERZURUM
ESBIGNÉ
ESBJERG
ESCADRE
ESCARPE
ESCARPÉ
ESCARRE
ESCHANT
ESCHARE
ESCHINE
ESCHYLE
ESCIENT
ESCLAVE
ESCOBAR
ESCORTE
ESCORTÉ
ESCRIME
ESCRIMÉ
ÉSÉRINE
ESPACÉE
ESPACER
ESPADON
ESPAGNE
ESPÉRÉE
ESPÉRER
ESPINEL
ESQUIRE
ESQUIVE
ESQUIVÉ
ESSAIMÉ
ESSARTÉ
ESSARTS
ESSAYÉE
ESSAYER
ESSENCE
ESSEULÉ
ESSIEUX
ESSLING
ESSONNE
ESSORÉE
ESSORER
ESSUYÉE
ESSUYER
ESTAING
ESTAMPE
ESTAMPÉ
ESTAQUE
ESTEREL
ESTHÈTE
ESTIMÉE
ESTIMER
ESTIVAL
ESTIVÉE
ESTIVER
ESTOMAC
ESTOMPE
ESTOMPÉ

ESTONIE
ESTORIL
ESTRADE
ESTRÉES
ESTRELA
ESTRIEN
ESTROPE
ÉTABLÉE
ÉTABLER
ÉTABLES
ÉTABLIE
ÉTABLIR
ÉTAGÈRE
ÉTALAGE
ÉTALAGÉ
ÉTALANT
ÉTAMAGE
ÉTAMANT
ÉTAMBOT
ÉTAMEUR
ÉTAMINE
ÉTAMPES
ÉTAMURE
ÉTANCHE
ÉTANCHÉ
ÉTANÇON
ÉTAPLES
ÉTARQUÉ
ÉTATISÉ
ÉTAYAGE
ÉTAYANT
ÉTEINTE
ÉTENDRE
ÉTENDUE
ÉTÉOCLE
ÉTERNEL
ÉTERNUÉ
ÉTÉSIEN
ÉTÊTAGE
ÉTÊTANT
ÉTHANAL
ÉTHANOL
ÉTHÉRÉE
ÉTHIQUE
ÉTIENNE
ÉTIOLÉE
ÉTIOLER
ÉTIRAGE
ÉTIRANT
ÉTOFFÉE
ÉTOFFER
ÉTOILÉE
ÉTOILER
ÉTONNÉE
ÉTONNER
ÉTOUFFÉ
ÉTOUPÉE

ÉTOUPER
ÉTOURDI
ÉTRANGE
ÉTRÉCHY
ÉTRÉCIE
ÉTRÉCIR
ÉTREINT
ÉTRENNE
ÉTRENNÉ
ÉTRETAT
ÉTRILLE
ÉTRILLÉ
ÉTRIPÉE
ÉTRIPER
ÉTRIQUÉ
ÉTROITE
ÉTRURIE
ÉTUDIÉE
ÉTUDIER
ÉTUVAGE
ÉTUVANT
ETZIONI
EUCLIDE
EUDÉMIS
EUDISTE
EUDOISE
EUDOXIE
EUGÉNIE
EUGLÈNE
EULALIE
EUMENÊS
EUNECTE
EUNUQUE
EURASIE
EURATOM
EUROTAS
EUSKARA
EUSKERA
EUTERPE
EUTEXIE
EUTOCIE
ÉVACUÉE
ÉVACUER
ÉVADANT
ÉVALUÉE
ÉVALUER
ÉVANOUI
ÉVAPORÉ
ÉVASANT
ÉVASION
ÉVASIVE
ÉVASURE
ÉVEILLÉ
EVENKES
ÉVENTÉE
ÉVENTER
ÉVENTRÉ

EVEREST
EVERGEM
ÉVERTUÉ
ÉVIDAGE
ÉVIDANT
ÉVIDENT
ÉVIDURE
ÉVINCÉE
ÉVINCER
ÉVITAGE
ÉVITANT
ÉVOLUÉE
ÉVOLUER
ÉVOQUÉE
ÉVOQUER
EX AEQUO
EXAGÉRÉ
EXALTÉE
EXALTER
EXAMINÉ
EXARQUE
EXAUCÉE
EXAUCER
EXCAVÉE
EXCAVER
EXCÉDÉE
EXCÉDER
EXCELLÉ
EXCEPTÉ
EXCIPER
EXCISÉE
EXCISER
EXCITÉE
EXCITER
EXCLAMÉ
EXCLURE
EXCORIÉ
EXCRÉTÉ
EXCUSÉE
EXCUSER
EXÉCRÉE
EXÉCRER
EXÉCUTÉ
EXÉGÈSE
EXÉGÈTE
EXÉKIAS
EXEMPLE
EXEMPTE
EXEMPTÉ
EXERCÉE
EXERCER
EXÉRÈSE
EXERGUE
EXFOLIÉ
EXHALÉE
EXHALER
EXHAURE

EXHIBÉE
EXHIBER
EXHORTÉ
EXHUMÉE
EXHUMER
EXILANT
EXISTER
EXOGAME
EXOGÈNE
EXONDÉE
EXONDER
EXONÉRÉ
EXPANSÉ
EXPÉDIÉ
EXPERTE
EXPIANT
EXPIRÉE
EXPIRER
EXPLOIT
EXPLORÉ
EXPLOSÉ
EXPORTÉ
EXPOSÉE
EXPOSER
EXPRESS
EXPRIMÉ
EXPULSÉ
EXPURGÉ
EXQUISE
EXSUDAT
EXSUDER
EXTASIÉ
EXTENSO
EXTÉNUÉ
EXTERNE
EXTIRPÉ
EXTRADÉ
EXTRAIT
EXTRÊME
EXTRUDÉ
EXULTER
EYADEMA
EYSENCK
EYSINES
EYSKENS
ÉZASQUE
FABACÉE
FABERGÉ
FABIOLA
FABLIAU
FABULER
FACÉTIE
FACETTE
FACETTÉ
FÂCHANT
FÂCHEUX
FACHODA

FACIALE
FACIAUX
FACONDE
FAÇONNÉ
FACTAGE
FACTEUR
FACTICE
FACTION
FACTUEL
FACTURE
FACTURE
FACTURÉ
FACULTÉ
FADAISE
FADASSE
FADEÏEV
FAGNARD
FAGOTÉE
FAGOTER
FAIBLIR
FAÏENCE
FAÏENCÉ
FAILLÉE
FAILLER
FAILLIE
FAIRFAX
FAIRWAY
FAISANE
FAISANS
FAISANT
FAISEUR
FAÎTAGE
FAÎTEAU
FAÎTIER
FAITOUT
FAIZANT
FALAISE
FALAISE
FALBALA
FALERNE
FALIERO
FALLADA
FALLOIR
FALLOPE
FALLOUX
FALSAFA
FALSTER
FALUCHE
FALUNÉE
FALUNER
FAMENNE
FAMEUSE
FAMILLE
FANCHON
FAN-CLUB
FANEUSE
FANFANI

7

- FANFARE
- FANGEUX
- **FAN KUAN**
- FANTÔME
- FANZINE
- FARADAY
- **FARADAY**
- FARAUDE
- FARCEUR
- FARDAGE
- FARDANT
- FARDEAU
- FARDIER
- FARFELU
- FARGUES
- FARINÉE
- FARINER
- **FARNÈSE**
- FAROUCH
- FARRAGO
- **FARRELL**
- FARTAGE
- FARTANT
- **FAR WEST**
- FASCIÉE
- FASCINE
- FASCINÉ
- FASCISÉ
- FASEYER
- **FASTNET**
- FATIGUE
- FATIGUÉ
- FATUITÉ
- FAUBERT
- FAUCARD
- FAUCHÉE
- FAUCHER
- **FAUCHER**
- FAUCHET
- FAUCHON
- FAUFILÉ
- FAUSSÉE
- FAUSSER
- FAUSSET
- **FAUSTIN**
- **FAUTAIS**
- FAUTANT
- FAUTEUR
- FAUTIVE
- FAUX-CUL
- FAVEURS
- FAVORIS
- **FAWCETT**
- **FAYENCE**
- **FAYOLLE**
- FAYOTER
- **FAYROUZ**

- FAZENDA
- **F'DERICK**
- FÉBRILE
- **FECHNER**
- FÉCIAUX
- FÉCONDE
- FÉCONDÉ
- FÉCULÉE
- FÉCULER
- FEDAYIN
- FÉDÉRAL
- FÉDÉRÉE
- FÉDÉRER
- FEELING
- FEHLING
- FEINDRE
- FEINTÉE
- FEINTER
- FELLAGA
- **FELLINI**
- FÉLONIE
- FÉLONNE
- FEMELLE
- FÉMELOT
- FÉMININ
- FÉMORAL
- FENDAGE
- FENDANT
- FENDARD
- FENDART
- FENDEUR
- FENDOIR
- **FÉNELON**
- FENÊTRE
- FENÊTRÉ
- FENIANE
- FENOUIL
- FÉODALE
- FÉODAUX
- **FERAOUN**
- **FERGANA**
- FERLANT
- FERMAGE
- FERMAIL
- FERMANT
- FERMAUX
- FERMENT
- FERMETÉ
- FERMIER
- FERMION
- FERMIUM
- FERMOIR
- FÉROÏEN
- **FÉROÏEN**
- **FÉROISE**
- FERRADE
- FERRAGE

- FERRANT
- **FERRARE**
- **FERRARI**
- FERRATE
- **FERRERI**
- FERREUX
- **FERRIER**
- FERRIES
- FERRITE
- FERRURE
- FERTILE
- **FERTOIS**
- FERVENT
- FERVEUR
- FESSANT
- FESSIER
- FESTIVE
- FEST-NOZ
- FESTOYÉ
- FÊTARDE
- FÉTIAUX
- FÉTICHE
- FÉTUQUE
- FEUILLE
- FEUILLU
- FEULANT
- FEUTRÉE
- FEUTRER
- FÉVRIER
- **FEYDEAU**
- **FEYNMAN**
- FIANCÉE
- FIANCER
- FIASQUE
- FIBREUX
- FIBRINE
- FIBROME
- FIBROSE
- FICAIRE
- FICELÉE
- FICELER
- FICELLE
- FICHAGE
- FICHANT
- FICHIER
- FICHOIR
- FICHTRE
- FICTION
- FICTIVE
- FIDJIEN
- **FIDJIEN**
- FIDUCIE
- FIEFFÉE
- FIENTER
- FIÉROTE
- **FIESCHI**
- **FIESOLE**

- **FIESQUE**
- FIFILLE
- FIGEANT
- FIGNOLÉ
- FIGUIER
- FIGURÉE
- FIGURER
- FILABLE
- FIL-À-FIL
- FILAIRE
- FILANTE
- FILASSE
- FILETÉE
- FILETER
- FILEUSE
- FILIALE
- FILIAUX
- FILIÈRE
- FILLEUL
- FILMAGE
- FILMANT
- FILOCHÉ
- FILOUTÉ
- FILTRAT
- FILTRÉE
- FILTRER
- FINANCE
- FINANCÉ
- FINASSÉ
- FINAUDE
- FINESSE
- FINETTE
- FINNOIS
- **FINNOIS**
- **FIRDUSI**
- **FIRENZE**
- **FIRMINY**
- FISCALE
- FISCAUX
- **FISCHER**
- FISH-EYE
- **FISMOIS**
- FISSILE
- FISSION
- FISSURE
- FISSURÉ
- FISTULE
- FITNESS
- FIXATIF
- FIXETTE
- FIXISME
- FIXISTE
- **FLACHAT**
- FLA-FLAS
- FLAGADA
- FLAIRÉE
- FLAIRER

- FLAMAND
- **FLAMAND**
- FLAMANT
- FLAMBÉE
- FLAMBER
- FLAMINE
- FLAMMÉE
- FLÂNANT
- FLANCHÉ
- **FLANDRE**
- FLÂNEUR
- FLANQUÉ
- FLASHÉE
- FLASHER
- FLASHES
- FLASQUE
- FLATTÉE
- FLATTER
- FLAVEUR
- **FLAVIEN**
- **FLAXMAN**
- FLÉCHÉE
- FLÉCHER
- FLÉCHIE
- FLÉCHIR
- FLEGMON
- **FLEMING**
- **FLÉRIEN**
- FLÉTRIE
- FLÉTRIR
- FLEURER
- FLEURET
- FLEURIE
- **FLEURIE**
- FLEURIR
- FLEURON
- **FLEURUS**
- FLEXION
- FLEXURE
- FLICAGE
- FLINGUE
- FLINGUÉ
- **FLINOIS**
- FLIPPER
- FLIQUÉE
- FLIQUER
- FLIRTER
- FLOCAGE
- FLOCULÉ
- **FLOIRAC**
- FLOQUÉE
- FLOQUER
- **FLOQUET**
- FLORALE
- FLORAUX
- FLORÉAL
- **FLORIAN**

FLORIDE	FORCLOS	FOURNIL	FRÉTEUR	FUCHSIA
FLORIOT	FOREUSE	FOURNIR	FRETTÉE	FUÉGIEN
FLOTTÉE	FORFAIT	**FOURONS**	FRETTER	**FUÉGIEN**
FLOTTER	FORGEUR	FOURRÉE	FRIABLE	FUEL-OIL
FLOUANT	**FORGION**	FOURRER	FRIANDE	**FUENTES**
FLUCTUÉ	FORJETÉ	FOUTANT	FRICHTI	FUGITIF
FLUENTE	FORLANE	FOUTOIR	FRICOTÉ	FUGUANT
FLUETTE	FORMAGE	FOUTRAL	**FRIDMAN**	FUGUEUR
FLUORÉE	FORMANT	**FOVEAUX**	**FRIEDEL**	**FUKUOKA**
FLUSHES	FORMATÉ	FOX-TROT	FRIGIDE	**FULBERT**
FLUSTRE	FORMICA	**FOYENNE**	FRILEUX	FULGURÉ
FLÛTEAU	**FORMION**	**FRACHON**	FRIMANT	FULMINÉ
FLÛTIAU	FORMOLÉ	FRACTAL	FRIMEUR	FUMABLE
FLUTTER	**FORMOSE**	FRAGILE	FRINGUE	FUMANTE
FLUVIAL	FORMULE	FRAÎCHE	FRINGUÉ	FUMERIE
FLUXION	FORMULÉ	FRAÎCHI	FRIPANT	FUMETTE
FŒTALE	FORTIFS	FRAISÉE	FRIPIER	FUMEUSE
FŒTAUX	FORTRAN	FRAISER	FRIQUÉE	FUMISTE
FOFOLLE	FORTUIT	**FRAISSE**	FRIQUET	**FUNCHAL**
FOGGARA	FORTUNE	FRANCHE	FRISAGE	FUNÈBRE
FOIRADE	**FORTUNE**	FRANCHI	FRISANT	FUNESTE
FOIRAIL	FORTUNÉ	**FRANCIS**	FRISBEE	FURANNE
FOIRANT	FOSBURY	FRANGÉE	FRISSON	FURCULA
FOIREUX	**FOSCARI**	FRANGER	FRISURE	FURETER
FOLACHE	**FOSCOLO**	**FRANGIÉ**	FRITTÉE	**FURGLER**
FOLASSE	FOSSILE	FRANGIN	FRITTER	FURIEUX
FOLÂTRE	FOSSOYÉ	FRANQUE	FRITURE	**FURTADO**
FOLÂTRÉ	FOUCADE	FRAPPÉE	FRIVOLE	FURTIVE
FOLENGO	FOUETTÉ	FRAPPER	FROISSÉ	FUSANTE
FOLIACÉ	FOUGÈRE	FRASANT	FRÔLANT	FUSEAUX
FOLIOLE	FOUILLE	**FRASNES**	FRÔLEUR	FUSELÉE
FOLIOTÉ	FOUILLÉ	FRASQUE	FROMAGE	FUSELER
FOLIQUE	FOUINER	FRATRIE	FROMEGI	FUSETTE
FOLLAIN	**FOUJITA**	FRAUDÉE	FROMENT	FUSIBLE
FOMENTÉ	FOULAGE	FRAUDER	**FROMENT**	FUSILLÉ
FONÇAGE	**FOULANI**	FRAYANT	FROMTON	FUSTIGÉ
FONÇANT	FOULANT	FRAYÈRE	FRONCÉE	FUYANTE
FONCEUR	FOULARD	FRAYEUR	FRONCER	FUYARDE
FONCIER	**FOULLON**	FREESIA	FRONCIS	GABARIT
FONDANT	FOULOIR	FREEZER	FRONDÉE	GABARRE
FONDEUR	FOULQUE	FRÉGATE	FRONDER	GABEGIE
FONDOIR	**FOULQUE**	FRÉGATÉ	**FRONSAC**	GABELLE
FONDOUK	FOULURE	FREINÉE	FRONTAL	GABELOU
FONSECA	**FOUQUET**	FREINER	FRONTON	**GABRIEL**
FONTANA	FOURBIE	**FREINET**	**FRONTON**	**GABROVO**
FONTANE	FOURBIR	FREINTE	FROTTÉE	GÂCHAGE
FONTEYN	FOURBUE	FRELATÉ	FROTTER	GÂCHANT
FONTINE	FOURCHE	**FRÉMIET**	FROTTIS	GÂCHEUR
FOOTING	FOURCHÉ	FRÊNAIE	FROUANT	**GADAMER**
FORAINE	FOURCHU	**FRÉNAUD**	**FROUNZE**	**GADITAN**
FORBACH	**FOUREAU**	**FREPPEL**	FROUSSE	GAFFANT
FORÇAGE	FOURGON	**FRESNAY**	FRUCTUS	GAFFEUR
FORÇANT	FOURGUE	**FRESNEL**	FRUGALE	GAGEANT
FORCENÉ	FOURGUÉ	**FRESNES**	FRUGAUX	GAGEURE
FORCEPS	**FOURIER**	**FRESNOY**	FRUITÉE	GAGEUSE
FORCING	FOURNÉE	FRESQUE	FRUSTRÉ	GAGISTE
FORCLAZ	FOURNIE	FRÉTANT	**FUALDÈS**	GAGNAGE

7

GAGNANT
GAGNEUR
GAÏACOL
GAILLAC
GAILLET
GAILLON
GAÎMENT
GAINAGE
GAINANT
GAINIER
GALANTE
GALATÉE
GALATIE
GALAXIE
GALBANT
GALÉACE
GALÉJER
GALÉRER
GALERIE
GALERNE
GALETAS
GALETÉE
GALETER
GALETTE
GALEUSE
GALICIE
GALIGAÏ
GALILÉE
GALIPOT
GALLANT
GALLEUX
GALLIEN
GALLIUM
GALLOIS
GALLOIS
GALOCHE
GALONNÉ
GALOPER
GALOPIN
GALURIN
GALVANI
GAMBADE
GAMBADÉ
GAMBIEN
GAMBIER
GAMELAN
GAMELIN
GAMELLE
GAMINER
GAMMARE
GANACHE
GANESHA
GANGTOK
GANGUÉE
GANIVET
GANOÏDE
GANSANT

GANTANT
GANTIER
GANTOIS
GANTOIS
GANZHOU
GAPERON
GÂPETTE
GARABIT
GARANCE
GARANTE
GARANTI
GARBORG
GARBURE
GARCHES
GARDANT
GARDEUR
GARDIAN
GARDIEN
GARDNER
GARDOIS
GARENNE
GARGANO
GARGOTE
GARIZIM
GARLAND
GARNEAU
GARNIER
GARONNE
GARRETT
GARRICK
GAS-OILS
GASPARD
GASPERI
GASSION
GASSMAN
GASTAUT
GÂTEAUX
GÂTERIE
GÂTEUSE
GÂTIFIÉ
GÂTISME
GATTANT
GATWICK
GAUCHER
GAUCHIE
GAUCHIR
GAUFRÉE
GAUFRER
GAUGUIN
GAUHATI
GAULAGE
GAULANT
GAULOIS
GAULOIS
GAUMAIS
GAUMONT
GAUSSÉE

GAUSSEN
GAUSSER
GAUTIER
GAVARNI
GAVEUSE
GAVOTTE
GAXOTTE
GAYMARD
GAZELLE
GAZETTE
GAZEUSE
GAZIÈRE
GAZODUC
GAZONNÉ
GÉASTER
GÉDYMIN
GEELONG
GEFFROY
GÉHENNE
GEINDRE
GÉLIFIÉ
GÉLIMER
GÉLISOL
GEMAYEL
GÉMEAUX
GÉMEAUX
GÉMELLE
GÉMINÉE
GÉMINER
GEMMAGE
GEMMAIL
GEMMANT
GEMMAUX
GEMMEUR
GEMMULE
GÉMOZAC
GÊNANTE
GENAPPE
GENCIVE
GÉNÉRAL
GÉNÉRÉE
GÉNÉRER
GENETTE
GENETTE
GÊNEUSE
GÉNIALE
GÉNIAUX
GÉNIQUE
GÉNISSE
GÉNITAL
GÉNITIF
GENNOIS
GÉNOISE
GÉNOISE
GENTILE
GENTILÉ
GENTZEN

GEÔLIER
GEORGES
GÉORGIE
GÉRABLE
GÉRANCE
GÉRANTE
GERBAGE
GERBANT
GERBERA
GERBEUR
GERBIER
GERÇANT
GERÇURE
GERFAUT
GERLACH
GERMAIN
GERMAIN
GERMANT
GERMOIR
GÉRONTE
GÉRONTE
GERSOIS
GERVAIS
GESSNER
GESTAPO
GESTION
GESTUEL
GÉTULES
GÉVRIEN
GEXOISE
GEZELLE
GEZIREH
GHANÉEN
GHANÉEN
GIA LONG
GIAUQUE
GIBBEUX
GIBBONS
GIBELIN
GIBERNE
GICLANT
GICLEUR
GIELGUD
GIFFOIS
GIFLANT
GIGOGNE
GIGOTÉE
GIGOTER
GIGOTTÉ
GILBERT
GIL BLAS
GILEPPE
GILLRAY
GIMMICK
GIN-FIZZ
GIN-RAMI
GINSENG

GIRAFON
GIRELLE
GIROFLE
GIROLLE
GIRONDE
GIRONDE
GIRONNÉ
GISANTE
GISCARD
GISELLE
GIULINI
GIVERNY
GIVRAGE
GIVRANT
GIVREUX
GIVRURE
GLAÇAGE
GLAÇANT
GLACIAL
GLACIEL
GLACIER
GLAÇURE
GLAÏEUL
GLAMOUR
GLANAGE
GLANANT
GLANDÉE
GLANDER
GLANEUR
GLASGOW
GLASHOW
GLAUQUE
GLAVIOT
GLEIZES
GLIÈRES
GLISSÉE
GLISSER
GLIWICE
GLOBALE
GLOBAUX
GLOBINE
GLOBULE
GLOSANT
GLOTTAL
GLOUSSÉ
GLOUTON
GLUANTE
GLUCIDE
GLUCOSE
GLUCOSÉ
GLYCINE
GNIEZNO
GNOCCHI
GOAJIRO
GOBELET
GOBERGÉ
GOBEUSE

GODASSE
GODBOUT
GODDARD
GODICHE
GODILLE
GODILLÉ
GODTHÅB
GOÉLAND
GOERING
GOFFMAN
GOGEANT
GOIÂNIA
GOINFRE
GOINFRÉ
GOLBÉEN
GOLDING
GOLDMAN
GOLDONI
GOLFECH
GOLFEUR
GOLIATH
GOLMOTE
GOMARUS
GOMINÉE
GOMINER
GOMMAGE
GOMMANT
GOMMEUX
GOMMIER
GOMMOSE
GOMPERS
GOMULKA
GONANGE
GONDOLE
GONDOLÉ
GONELLE
GONESSE
GONFLÉE
GONFLER
GÓNGORA
GONTRAN
GOODMAN
GORDIEN
GORDIEN
GORDION
GORE-TEX
GORGONE
GORILLE
GORIZIA
GÖRLITZ
GORTYNE
GOSETTE
GOSPORT
GOSSART
GOTIQUE
GOTLAND
GOUACHE

GOUACHÉ
GOUBERT
GOUDRON
GOUFFRE
GOUGÈRE
GOUILLE
GOUMIER
GOURAMI
GOURANT
GOURAUD
GOURBET
GOURDIN
GOURDON
GOURIEV
GOURMÉE
GOURMET
GOURNAY
GOUSSET
GOÛTANT
GOÛTEUR
GOÛTEUX
GOUTTER
GOZZOLI
GRABUGE
GRACIÉE
GRACIER
GRACILE
GRADINE
GRADUAT
GRADUÉE
GRADUEL
GRADUER
GRAILLÉ
GRAILLY
GRAINER
GRAISSE
GRAISSÉ
GRAMONT
GRAMSCI
GRANDET
GRANDIE
GRANDIR
GRANGÉE
GRANGES
GRANITE
GRANITÉ
GRANSON
GRANULE
GRANULÉ
GRAPHIE
GRAPPIN
GRASSET
GRASSET
GRATIEN
GRATINÉ
GRATTÉE
GRATTER

GRATUIT
GRAULEN
GRAVANT
GRAVATS
GRAVEUR
GRAVIDE
GRAVIER
GRAVITÉ
GRAVOIS
GRAVURE
GRÉBIGE
GRÉCISÉ
GRÉCITÉ
GRECQUE
GRECQUE
GREDINE
GREFFÉE
GREFFER
GREFFON
GREGORY
GRÈGUES
GREIMAS
GRÊLANT
GRENADE
GRENADE
GRENADÉ
GRENAGE
GRENANT
GRENELÉ
GRENIER
GRENURE
GRÉSAGE
GRÉSANT
GRÉSEUX
GRESHAM
GRESSIN
GRETZKY
GREVANT
GRIAULE
GRIFFÉE
GRIFFER
GRIFFON
GRIFFUE
GRIGNAN
GRIGNER
GRIGNON
GRILLÉE
GRILLER
GRILLON
GRIMACE
GRIMACÉ
GRIMAGE
GRIMANT
GRIMAUD
GRIMAUD
GRIMPÉE
GRIMPER

GRIMSBY
GRIMSEL
GRINCER
GRINCHE
GRINGUE
GRIOTTE
GRIPPAL
GRIPPÉE
GRIPPER
GRISANT
GRISARD
GRIS-NEZ
GRISONS
GRIVELÉ
GRIVOIS
GRIZZLI
GRIZZLY
GROGNER
GROGNON
GROISIL
GROMYKO
GRONDÉE
GRONDER
GRONDIN
GROPIUS
GROS-BEC
GROSSIE
GROSSIR
GROTIUS
GROUCHY
GROUPAL
GROUPÉE
GROUPER
GROUPIE
GROZNYÏ
GRUMEAU
GRUMELÉ
GRUMIER
GRUTANT
GRUTIER
GRUYÈRE
GRYPHÉE
GUAJIRO
GUANACO
GUANGXI
GUANINE
GUAPORÉ
GUARANI
GUARANI
GUARINI
GUELDRE
GUÉPARD
GUÉPÉOU
GUÊPIER
GUÉRITE
GUETALI
GUÊTRÉE

GUÊTRER
GUÊTRON
GUETTÉE
GUETTER
GUEULÉE
GUEULER
GUEULES
GUEUSER
GUEVARA
GUGUSSE
GUIBERT
GUIBOLE
GUICHEN
GUICHET
GUIDAGE
GUIDANT
GUIDEAU
GUIGNÉE
GUIGNER
GUIGNOL
GUIGNOL
GUIGNON
GUILLEM
GUILLÉN
GUILLON
GUIMARD
GUINCHÉ
GUINDÉE
GUINDER
GUINÉEN
GUINÉEN
GUÎNOIS
GUIPAGE
GUIPANT
GUIPURE
GUISARD
GUITARE
GUITTON
GUIYANG
GUIZHOU
GUJERAT
GUNITÉE
GUNITER
GÜNTHER
GÜNTHÖR
GUPPIES
GUSTAVE
GUTLAND
GUTTMAN
GUTZKOW
GUYANES
GUYENNE
GWALIOR
GYMNASE
GYMNOTE
GYNÉCÉE
GYPAÈTE

GYPSEUX	**HANRIOT**	**HÉCATÉE**	**HERRERA**	HOCHANT
GYPSIER	HANSART	HECTARE	**HERRICK**	**HOCKNEY**
HAARLEM	**HAN SHUI**	**HEDAYAT**	**HERRIOT**	**HODEÏDA**
HABACUC	HANTANT	**HEERLEN**	HERSAGE	**HODGKIN**
HABILLÉ	HANTISE	**HEIBERG**	HERSANT	**HOFFMAN**
HABITAT	**HAN WUDI**	**HEIFETZ**	**HERSANT**	**HOFMANN**
HABITÉE	**HAOUSSA**	**HEINKEL**	HERSCHÉ	**HOGARTH**
HABITER	HAPPANT	HÉLICON	HERSEUR	HO! HISSE!
HABITUÉ	HAPTÈNE	**HÉLICON**	**HERSTAL**	**HOHNECK**
HABITUS	HARASSE	**HELLADE**	**HERTWIG**	**HOHOKAM**
HÂBLEUR	HARASSÉ	HELLÈNE	**HÉRULES**	**HOKUSAI**
HACHAGE	HARCELÉ	**HELLENS**	**HERZELE**	**HOLBACH**
HACHANT	HARD BOP	**HELMAND**	**HESBAYE**	**HOLBEIN**
HACHEUR	**HARDING**	**HELMOND**	**HÉSIODE**	**HOLBERG**
HACHOIR	HARD-TOP	**HELMONT**	HÉSITER	HOLDING
HACHURE	HARFANG	HÉLODÉE	HESSOIS	**HOLGUÍN**
HACHURÉ	HARICOT	**HÉLOÏSE**	**HESSOIS**	**HOLIDAY**
HADDOCK	**HARI RUD**	**HÉLOUÂN**	HÉTAÏRE	HOLISME
HADRIEN	HARISSA	HELVÈTE	HÉTÉRIE	HOLISTE
HAECKEL	**HARNACK**	HÉMATIE	HÊTRAIE	HOLMIUM
HAENDEL	HARNAIS	HÉMIONE	HEUREUX	HOLSTER
HAFNIUM	HARNOIS	**HÉMOISE**	HEURTÉE	HOMÉLIE
HAGANAH	HARPAIL	**HENDAYE**	HEURTER	HOMMAGE
HAGARDE	**HARPIES**	**HENDRIX**	**HEYMANS**	HONGRÉE
HAÏDOUK	**HARPYES**	**HENGELO**	**HEYTING**	HONGRER
HAILLON	**HARTUNG**	**HENLEIN**	HIATALE	**HONGRIE**
HAINAUT	**HARVARD**	**HENRIOT**	HIATAUX	**HONIARA**
HAINEUX	**HARYANA**	**HENZADA**	HIBERNÉ	HONNÊTE
HAINING	HASARDÉ	**HEPBURN**	HICKORY	HONNEUR
HAÏTIEN	HAS BEEN	HEPTANE	HIDALGO	**HONORAT**
HAÏTIEN	**HASKOVO**	**HÉRAULT**	HIDEUSE	HONORÉE
HAITINK	**HASSELT**	HERBACÉ	HIÉMALE	HONORER
HALBRAN	HASSIUM	HERBAGE	HIÉMAUX	HONTEUX
HALDANE	HASTATI	HERBAGÉ	**HIIUMAA**	**HOOGHLY**
HALEINE	HAUBANÉ	**HERBART**	HILAIRE	HÔPITAL
HALENÉE	HAUBERT	**HERBERT**	**HILAIRE**	**HOPKINS**
HALENER	**HAURIOU**	HERBEUX	**HILBERT**	HOPLITE
HALETER	HAUSSÉE	HERBIER	**HILLARY**	HOQUETÉ
HALEUSE	HAUSSER	**HERBLAY**	**HILMAND**	**HORACES**
HALICTE	HAUTAIN	HERCHER	HILOIRE	HORAIRE
HALIFAX	HAUTEUR	HERCULE	**HIMMLER**	HORIZON
HALLALI	HAVENET	**HERCULE**	**HINAULT**	HORLOGE
HALLIER	HAVEUSE	**HEREDIA**	**HINCMAR**	HORMONE
HALLUIN	**HAVRAIS**	HÉRÉSIE	HINDOUE	HORREUR
HALTÈRE	HAWAÏEN	**HERISAU**	**HIPPIAS**	HORSAIN
HAMBURG	**HAWAÏEN**	HÉRISSÉ	**HIPPONE**	HORS-JEU
HAMEAUX	**HAWKINS**	HÉRITÉE	HIRCINE	HORS-SOL
HAMEÇON	**HAWKYNS**	HÉRITER	HIRSUTE	**HORVÁTH**
HAMHUNG	**HAWORTH**	**HERMANN**	HISPIDE	**HORYU-JI**
HAMMETT	**HAWTREY**	HERMINE	HISSANT	HOSANNA
HAMOISE	**HAYANGE**	**HERMITE**	HISTONE	HOSPICE
HAMPDEN	HÉBERGE	**HERMLIN**	**HITACHI**	**HOSSEIN**
HAMPTON	HÉBERGÉ	**HERNANI**	HITTITE	HOSTILE
HAMSTER	HÉBÉTÉE	HERNIÉE	**HITTORF**	HOT DOGS
HANCHÉE	HÉBÉTER	HÉROÏDE	HIVERNÉ	HÔTESSE
HANCHER	HÉBREUX	HÉROÏNE	**HOBBEMA**	HOT LINE
HANOVRE	**HÉBREUX**	**HÉROULT**	HOBBIES	HOTTANT

7

HOUACHE
HOUBLON
HOUDAIN
HOUILLE
HOULEUX
HOULQUE
HOURDÉE
HOURDER
HOURDIS
HOURTIN
HOUSARD
HOUSSAY
HOUSSÉE
HOUSSER
HOUSTON
HSINCHU
HUAINAN
HUANG HE
HUCHANT
HUICHOL
HUILAGE
HUILANT
HUILEUX
HUILIER
HUITAIN
HULLOIS
HULOTTE
HULULER
HUMAGNE
HUMAINE
HUMBERT
HUMBLES
HUMECTÉ
HUMÉRAL
HUMÉRUS
HUMILIÉ
HUMIQUE
HUMORAL
HUNGNAM
HUNYADI
HUPPERT
HURAULT
HURDLER
HURLANT
HURLEUR
HURONNE
HURONNE
HURTADO
HUSSARD
HUSSEIN
HUSSERL
HUSSITE
HUTOISE
HUYGENS
HYALINE
HYALITE
HYBRIDE
HYBRIDÉ
HYDRANT
HYDRATE
HYDRATÉ
HYDRURE
HYÉROIS
HYGIÈNE
HYGROMA
HYMÉNÉE
HYMETTE
HYPATIE
HYPÉRON
HYPNOSE
HYPOGÉE
HYPOÏDE
HYPOXIE
IAKOUTE
IAPYGES
IAXARTE
IBÉRIDE
IBN SAUD
IBN SINA
IBRAHIM
ICEBERG
ICHTHUS
ICTINOS
IDÉELLE
IDIOTIE
IGNOBLE
IGNORÉE
IGNORER
IKEBANA
ILIAQUE
ÎLIENNE
ILIESCU
ILLAMPU
ILLÉGAL
ILLIERS
ILLYRIE
ILLZACH
ÎLOTAGE
ÎLOTIER
IMABARI
IMAGEUR
IMAGIER
IMAGINÉ
IMAMURA
IMBERBE
IMBIBÉE
IMBIBER
IMBRÛLÉ
IMÉRIEN
IMERINA
IMHOTEP
IMITANT
IMMENSE
IMMERGÉ
IMMIGRÉ
IMMISCÉ
IMMOLÉE
IMMOLER
IMMONDE
IMMORAL
IMPAIRE
IMPARTI
IMPASSE
IMPAYÉE
IMPERIA
IMPIÉTÉ
IMPLANT
IMPLORÉ
IMPLOSÉ
IMPOLIE
IMPORTÉ
IMPOSÉE
IMPOSER
IMPOSTE
IMPRÉVU
IMPRIMÉ
IMPULSÉ
IMPUNIE
IMPUTÉE
IMPUTER
INACTIF
INALPÉE
INALPER
INANIMÉ
INANITÉ
INAVOUÉ
INCARNÉ
INCESTE
INCIPIT
INCISÉE
INCISER
INCISIF
INCITÉE
INCITER
INCIVIL
INCLINÉ
INCLURE
INCLUSE
INCOMBÉ
INCONEL
INCONNU
INCRÉÉE
INCUBÉE
INCUBER
INCULPÉ
INCULTE
INCURIE
INCURVÉ
INDÉCIS
INDEMNE
INDEXÉE
INDEXER
INDIANA
INDIGNE
INDIGNÉ
INDIQUÉ
INDIVIS
IN-DOUZE
INDUIRE
INDUITE
INDURÉE
INDUVIE
INÉDITE
INÉGALE
INÉGALÉ
INÉGAUX
INEPTIE
INERTÉE
INERTER
INERTIE
INEXACT
INEXPIÉ
INFAMIE
INFANTE
INFARCI
INFATUÉ
INFECTE
INFECTÉ
INFÉODÉ
INFÉRÉE
INFÉRER
INFESTÉ
INFICHU
INFINIE
INFIRME
INFIRMÉ
INFLIGÉ
INFLUER
IN-FOLIO
INFONDÉ
INFORME
INFORMÉ
INFOUTU
INFUSÉE
INFUSER
INGAMBE
INGÉNIÉ
INGÉNUE
INGÉRÉE
INGÉRER
INGRATE
INHALÉE
INHALER
INHIBÉE
INHIBER
INHUMÉE
INHUMER
INIMITÉ
INITIAL
INITIÉE
INITIER
INJECTÉ
INJURIÉ
INJUSTE
INKATHA
INNÉITÉ
INNERVÉ
INNOMÉE
INNOMMÉ
INNOVER
INOCULÉ
INOCYBE
INODORE
INONDÉE
INONDER
INOPINÉ
IN PETTO
IN-PLANO
IQALUIT
INQUIET
IN SALAH
INSCRIT
INSECTE
IN-SEIZE
INSENSÉ
INSÉRÉE
INSÉRER
INSIGHT
INSIGNE
INSINUÉ
INSISTÉ
INSOLÉE
INSOLER
INSPIRÉ
INSTANT
INSULTE
INSULTÉ
INSURGÉ
INTACTE
INTÈGRE
INTÉGRÉ
INTELLO
INTENSE
INTENTÉ
INTÉRÊT
INTÉRIM
INTERNE
INTERNÉ
INTIMÉE
INTIMER
INTRANT
INTROÏT
INTRUSE
INTUBÉE
INTUBER

INULINE	ISOLANT	**JARGEAU**	**JOLIVET**	JUPIÈRE
INUPIAT	ISOLOIR	JARRETÉ	**JOLLIET**	**JUPITER**
INUSITÉ	ISOMÈRE	JASEUSE	JONÇANT	JUPONNÉ
INUSUEL	ISOPODE	JASPANT	JONCHÉE	JURANDE
IN UTERO	ISOTOPE	**JASPERS**	JONCHER	JURISTE
INUTILE	**ISPAHAN**	JASPINÉ	JONCHET	JUSQUES
INVASIF	**ISSOIRE**	JASPURE	JONGLER	JUSSIÉE
INVENDU	**ISTRATI**	**JAUBERT**	**JOSÈPHE**	**JUSSIEU**
INVENTÉ	**ISTRÉEN**	JAVELÉE	**JOSQUIN**	JUSSION
INVERSE	ITALIEN	JAVELER	JOUABLE	JUSTICE
INVERSÉ	**ITALIEN**	JAVELLE	**JOUARRE**	JUTEUSE
INVERTI	**ITHAQUE**	JAVELOT	JOUASSE	**JÜTLAND**
INVESTI	**IVANHOÉ**	JAZZMAN	**JOUBERT**	**JUVARRA**
INVIOLÉ	**IVANOVO**	JAZZMEN	JOUETTE	**JUVÉNAL**
INVITÉE	IVOIRIN	**JEANNIN**	JOUEUSE	JUVÉNAT
INVITER	IVRESSE	**JÉHOVAH**	JOUFFLU	**JYLLAND**
IN VITRO	IVROGNE	JÉJUNAL	**JOUHAUX**	**JYTOMYR**
INVOQUÉ	**IWO JIMA**	JÉJUNUM	JOUJOUX	**KABARDE**
IODIQUE	**IXELLES**	**JELACIC**	**JOURDAN**	KABBALE
IODLANT	**IZANAGI**	**JELGAVA**	JOURNAL	**KABYLIE**
IODURÉE	**IZANAMI**	**JÉRÉMIE**	JOURNÉE	**KACHGAR**
IONESCO	JABLANT	**JÉRICHO**	JOUTANT	KADDISH
IONIQUE	JABLOIR	JERKANT	JOUTEUR	**KADHAFI**
IONISÉE	JACASSÉ	**JESSORE**	JOUXTÉE	**KAESONG**
IONISER	JACHÈRE	JÉSUITE	JOUXTER	**KAIFENG**
IOULANT	JACKPOT	JETABLE	JOVIALE	**KALMOUK**
IPSWICH	**JACKSON**	JETEUSE	JOVIALS	**KALOUGA**
IQUIQUE	JACOBIN	JET-SETS	JOVIAUX	**KAMENEV**
IQUITOS	JACONAS	**JEUMONT**	JOYEUSE	KAMICHI
IRAKIEN	JACQUES	JEÛNANT	**JOYEUSE**	**KAMPALA**
IRAKIEN	**JACQUES**	JEÛNEUR	JUBARTE	**KANANGA**
IRANIEN	JACQUET	**JÉZABEL**	JUBILER	**KANÁRIS**
IRANIEN	JACQUOT	**JIAMUSI**	JUCHANT	KANDJAR
IRIDIÉE	JACTANT	**JIANGSU**	JUCHOIR	**KANGGYE**
IRIDIUM	JACUZZI	**JIANGXI**	JUDAÏSÉ	KANNARA
IRIENNE	JADÉITE	**JIAXING**	JUDAÏTÉ	KANTIEN
IRISANT	JAILLIR	**JIMÉNEZ**	JUDÉITÉ	**KAOLACK**
IRLANDE	**JAKARTA**	**JINGMEN**	JUDELLE	**KAPITSA**
IRONISÉ	**JALGAON**	JINISME	JUGEANT	**KAPTEYN**
IRRADIÉ	**JALISCO**	**JINZHOU**	JUGEOTE	**KARABÜK**
IRRIGUÉ	JALONNÉ	**JITOMIR**	JUGEUSE	**KARACHI**
IRRITÉE	JALOUSE	**JOACHIM**	JUGULÉE	KARAÏTE
IRRITER	JALOUSÉ	JOBARDE	JUGULER	**KARAÏTE**
ISABEAU	JAMBAGE	JOBARDÉ	JUILLET	**KARAJAN**
ISARIEN	JAMBIER	JOBISTE	JUJITSU	KARAKUL
ISCHION	JAMBOSE	JOCASSE	JUKE-BOX	KARAOKÉ
ISERNIA	**JAMISON**	**JOCASTE**	**JULIANA**	**KARBALA**
ISÉROIS	**JANÁCEK**	JOCISTE	**JULIERS**	KARBAUX
ISIAQUE	JANGADA	**JOCONDE**	**JULLIAN**	**KARIKAL**
ISIDORE	**JANNINA**	**JODELLE**	JUMEAUX	**KÁROLYI**
ISLANDE	**JANSSEN**	**JODHPUR**	JUMELÉE	KARTING
ISOBARE	JANVIER	JODLANT	JUMELER	**KARVINÁ**
ISOCÈLE	**JANVIER**	JOGGEUR	JUMELLE	**KASHIWA**
ISODOME	**JANZÉEN**	JOGGING	JUMPING	KASSITE
ISOGONE	JAPPANT	**JOHNSON**	**JUNCKER**	**KASTLER**
ISOLANA	JAQUIER	JOINDRE	**JUNKERS**	**KÄSTNER**
ISOLANE	JARDINÉ	JOINTIF	JUPETTE	**KASTRUP**

KASUGAI
KATAÏEV
KATANGA
KATIVIK
KATSINA
KATSURA
KAUTSKY
KAWAGOE
KAYSERI
KAZAKHE
KAZAKHE
KEATING
KEELING
KEELUNG
KEFFIEH
KELLOGG
KELOWNA
KENDALL
KENITRA
KENNEDY
KENYANE
KENYANE
KÉRABAU
KEROUAC
KERTÉSZ
KETCHUP
KEY WEST
KHALIFE
KHALKHA
KHALKÍS
KHAMSIN
KHANTYS
KHARBIN
KHAREZM
KHARKIV
KHARKOV
KHATAMI
KHATIBI
KHAYBAR
KHAYYAM
KHAZARS
KHÉDIVE
KHERSON
KHINGAN
KHNOPFF
KHOISAN
KHOTINE
KIÉVIEN
KINÉSIE
KINOISE
KINOISE
KIOSQUE
KIPLING
KIPPOUR
KIPPOUR
KIRCHER
KIRGHIZ

KIRGHIZ
KIRUNDI
Kleenex
KLEIBER
KLEPHTE
KLESTIL
KLINGER
KNESSET
KNICKER
KNOSSÓS
KNOW-HOW
KOBLENZ
KOIZUMI
KOLAMBA
KOLKATA
KOLKHOZ
KOLOMNA
KOLWEZI
KONTICH
KONZERN
KÖPRÜLÜ
KORCULA
KORCZAK
KORHOGO
KORIAKS
KOROLEV
KOSOVAR
KOSOVAR
KOSSUTH
KOUGLOF
KOULDJA
KOUMYKS
KOURGAN
KOWLOON
KRAJINA
KREFELD
KREISKY
KREMLIN
KREMLIN
KREUZER
KRISHNA
KROEBER
KRYPTON
KUBELÍK
KUBRICK
KUCHING
KUFIQUE
KUMQUAT
KUNDERA
KUNMING
KURNOOL
KUSHANA
KUSHIRO
KUZNETS
KVARNER
KWANGJU
KYONGJU

LA BARRE
LABARUM
LA BAULE
LABELLE
LABIALE
LABIAUX
LABICHE
LABORIT
LABOURÉ
LA BRÈDE
LACANAU
LA CANÉE
LACAUNE
LACAUNE
LACÉRÉE
LACÉRER
LACERIE
LACEUSE
LÂCHAGE
LÂCHANT
LÂCHETÉ
LÂCHEUR
LACHINE
LACHUTE
LACINIÉ
LACONIE
LACOSTE
LACROIX
LACTAME
LACTASE
LACTATE
LACTONE
LACTOSE
LADAKHI
LADANUM
LAENNEC
LÆRDAL
LAETOLI
LA FERTÉ
LA FORCE
LA FOSSE
LAGACHE
LA GARDE
LAGIDES
LAGNIEU
LA GRAVE
LA HARPE
LAÏCISÉ
LAÏCITÉ
LAIDEUR
LAINAGE
LAINANT
LAINEUX
LAINIER
LAISSÉE
LAISSER
LAITAGE

LAITEUX
LAITIER
LAÏUSSÉ
LAKANAL
LAKISTE
LA LANDE
LALANDE
LALINDE
LA LÍNEA
LALIQUE
LA LOUPE
LAMALOU
LA MARCK
LAMARCK
LAMBADA
LAMBEAU
LAMBERT
LAMBESC
LAMBÈSE
LAMBETH
LAMBICK
LAMBINE
LAMBINÉ
LAMBLIA
LAMBRIS
LAMELLE
LAMELLÉ
LAMENTÉ
LAMENTO
LAMIFIÉ
LAMINÉE
LAMINER
LA MOTHE
LA MOTTE
LAMPANT
LAMPARO
LAMPION
LAMPYRE
LANAKEN
LANÇAGE
LANÇANT
LANCÉEN
LANCEUR
LANCIER
LANCINÉ
LANCRET
LANDAIS
LANDAIS
LAND ART
LANDIER
LANDTAG
LANERET
LANGAGE
LANGDON
LANGEAC
LANGREO
LANGRES

LANGRES
LANG SON
LANGTON
LANGUIE
LANGUIR
LANIÈRE
LANISTE
LANMEUR
LANNION
LANSING
LANTANA
LANVAUX
LANVÉOC
LANZHOU
LAOCOON
LAODICE
LAOTIEN
LAOTIEN
LAO-TSEU
LA PALMA
LA PANNE
LAPIDÉE
LAPIDER
LAPILLI
LAPINER
LAPLACE
LA PLATA
LAPONIE
LAPONNE
LAPONNE
LA PORTA
LAPPING
LAQUAGE
LAQUAIS
LAQUANT
LAQUEUR
LAQUEUX
L'AQUILA
LARAIRE
LARBAUD
LARDANT
LA RÉOLE
LARGAGE
LARGEUR
LARGUÉE
LARGUER
LA RIOJA
LÁRISSA
LARIVEY
LARMIER
LARMOYÉ
LÁRNAKA
LA ROCHE
LAROQUE
LARYNGÉ
LASAGNE
LA SALLE

LASALLE
LASCAUX
LASCIVE
LA SEYNE
LASHLEY
LASKINE
LASSANT
LASTING
LATENCE
LATENTE
LATÉRAL
LA TESTE
LATIMER
LATINUS
LATTAGE
LATTANT
LATTOIS
LA TUQUE
LAUBEUF
LAURANA
LAURÉAT
LAURENS
LAURENT
LAURIER
LAURIER
LAURION
LAUTREC
LAVABLE
LAVANDE
LAVARET
LAVASSE
LAVATER
LAVE-DOS
LAVELLI
LA VENTA
LAVERAN
LAVERIE
LAVETTE
LAVEUSE
LAVISSE
LAWFELD
LAXATIF
LAXISME
LAXISTE
LAXNESS
LAYETTE
LAZARET
LAZZINI
LÉANDRE
LEASING
LEAVITT
LE BARDO
LEBBEKE
LE BLANC
LEBLANC
LE BUGUE
LE CAIRE
LE CARRÉ
LÉCHAGE
LÉCHANT
LÉCHEUR
LECLAIR
LECLERC
LÉCLUSE
LECOMTE
LECQUES
LECTEUR
LECTURE
LÉCYTHE
LE DORAT
LE FAYET
LEFÈVRE
LÉGENDE
LÉGENDÉ
LEGGINS
LEGHORN
LÉGISTE
LEGNICA
LEGRAND
LÉGUANT
LE HAVRE
LEIBNIZ
LEIPZIG
LE JEUNE
LEJEUNE
LE LOCLE
LELOUCH
LEMAIRE
LE MARIN
LEMBERG
LEMELIN
LEMIEUX
LEMMING
LE MOULE
LEMOYNE
LEMPIRA
LENCLOS
LENGLEN
LÉNIFIÉ
LÉNITIF
LE NÔTRE
LENSOIS
LENTEUR
LENTIGO
LÉOGNAN
LÉONARD
LÉONARD
LÉONINE
LÉOPARD
LÉOPOLD
LÉOTARD
LÉPANTE
LEPAUTE
LÉPIOTE
LE PIRÉE
LÉPISME
LE POIRÉ
LÉPREUX
LÉPROME
LEPTINE
LEPTURE
LERICHE
LES ARCS
LE SAUZE
LES BAUX
LESBIEN
LESBIEN
LES GETS
LÉSINER
LES MÉES
LESOTHO
LESQUIN
LESSEPS
LESSING
LESSIVE
LESSIVÉ
LESTAGE
LESTANT
LESTREM
LE SUEUR
LES ULIS
LES VANS
LE TEMPS
LETTONE
LETTONE
LETTRÉE
LEUCADE
LEUCATE
LEUCINE
LEUCITE
LEUCOME
LEUCOSE
LEURRÉE
LEURRER
LÈVE-TÔT
LE VIGAN
LEVINAS
LÉVIRAT
LEVRAUT
LÉVRIER
LEVROUX
LEXICAL
LEXIQUE
LÉZARDE
LÉZARDÉ
LHOMOND
LIAISON
LIAKHOV
LIARDER
LIBELLE
LIBELLÉ
LIBÉRAL
LIBEREC
LIBÉRÉE
LIBÉRER
LIBERIA
LIBERTÉ
LIBERTY
LICENCE
LICHANT
LICHUAN
LICITÉE
LICITER
LICORNE
LICTEUR
LIÉNART
LIEPAJA
LIESTAL
LIEU-DIT
LIEUVIN
LIFTANT
LIFTIER
LIFTING
LIGNAGE
LIGNANT
LIGNEUL
LIGNEUX
LIGNINE
LIGNITE
LIGOTÉE
LIGOTER
LIGUANT
LIGUEIL
LIGUEUR
LIGULÉE
LIGURES
LIGURIE
LILIALE
LILIAUX
LILLERS
LILLOIS
LILYBÉE
LIMAÇON
LIMAGNE
LIMANDE
LIMBOUR
LIMETTE
LIMEUSE
LIMINAL
LIMITÉE
LIMITER
LIMOGÉE
LIMOGER
LIMOGES
LIMOGNE
LIMOSIN
LIMOURS
LIMPIDE
LIMPOPO
LINAIRE
LINARES
LIN BIAO
LINCEUL
LINÇOIR
LINCOLN
LINETTE
LINGÈRE
LINGONS
LINGUAL
LINIÈRE
LINKAGE
LINNÉEN
LINOTTE
LINSANG
LINSOIR
LINTEAU
LINTERS
LIOTARD
LIPATTI
LIPÉMIE
LIPETSK
LIPOVEN
LIQUEUR
LIQUIDE
LIQUIDÉ
LIRETTE
LISERÉE
LISERER
LISERON
LISETTE
LISEUSE
LISIBLE
LISIÈRE
LISIEUX
LISLOIS
LISSAGE
LISSANT
LISSEUR
LISSIER
LISSOIR
LISTAGE
LISTANT
LISTEAU
LISTING
LI TAIBO
LITANIE
LIT-CAGE
LITEAUX
LITERIE
LITHINE
LITHINÉ
LITHIUM
LITIÈRE
LITORNE
LIVAROT

LIVAROT	**LORENTZ**	**LUCKNER**	**MAASEIK**	MAGNANT
LIVÈCHE	LORETTE	**LUCKNOW**	MABOULE	**MAGNARD**
LIVONIE	**LORETTE**	**LUÇOISE**	MACABRE	MAGNÉTO
LIVRANT	LORGNÉE	**LUCQUES**	MACACHE	MAGYARE
LIVREUR	LORGNER	**LUCRÈCE**	MACADAM	**MAGYARE**
LIXIVIÉ	LORGNON	LUDDITE	**MACAIRE**	MAHATMA
LOBAIRE	**LORGUES**	LUDIQUE	MACAQUE	**MAHATMA**
LOBBIES	**LORIENT**	LUDISME	MACARON	MAH-JONG
LOBÉLIE	**LORMONT**	**LUDOISE**	**MACBETH**	**MAHOMET**
LOBULÉE	LORRAIN	LUGEANT	MACÉRÉE	MAHONIA
LOCARNO	**LORRAIN**	LUGEUSE	MACÉRER	MAÏEURE
LOCATIF	LORRIES	**LUGONES**	MACERON	**MAIGRET**
LOCHANT	LORSQUE	LUGUBRE	**MACHADO**	MAIGRIE
LOCHIES	LOSANGE	LUISANT	**MACHALA**	MAIGRIR
LOCHNER	LOSANGÉ	LUMBAGO	MÂCHANT	MAILING
LOCHOIS	LOTERIE	**LUMBINI**	MACHAON	MAILLÉE
LOCK-OUT	**LOTOISE**	**LUMBRES**	**MACHAUT**	MAILLER
LOCKYER	LOUABLE	LUMIÈRE	MÂCHEUR	MAILLET
LOCLOIS	LOUANGE	**LUMIÈRE**	**MACHIDA**	**MAILLET**
LOCMINÉ	LOUANGÉ	**LUMUMBA**	MACHINE	**MAILLOL**
LOCRIDE	LOUBARD	LUNAIRE	MACHINÉ	MAILLON
LOCRIEN	LOUCHER	LUNCHES	MÂCHURE	MAILLOT
LOCTUDY	LOUCHET	LUNETTE	MÂCHURÉ	**MAINARD**
LOCUSTE	LOUCHON	LUNETTÉ	**MACLEOD**	MAINATE
LOCUSTE	**LOUDÉAC**	**LUOYANG**	MAÇONNE	**MAÏNOTE**
LOFOTEN	LOUEUSE	LUPANAR	MAÇONNÉ	MAÏORAL
LOGEANT	LOUFIAT	LUPIQUE	MACRAMÉ	MAÏORAT
LOGETTE	**LOUHANS**	LUPULIN	**MACROBE**	**MAIRENA**
LOGEUSE	LOUKOUM	LURETTE	MACULÉE	**MAISTRE**
LOGIQUE	LOUPAGE	LURONNE	MACULER	MAÏZENA
LOGROÑO	LOUPANT	**LURONNE**	MACUMBA	MAJESTÉ
LOISEAU	LOUPIOT	LUSTRAL	**MADEIRA**	MAJEURE
LOKEREN	**LOUQSOR**	LUSTRÉE	**MADELIN**	MA-JONGS
LOLETTE	LOURANT	LUSTRER	**MADERNA**	MAJORAT
LOLLAND	LOURDÉE	LUTÉALE	**MADERNO**	MAJORÉE
LOLLARD	LOURDER	LUTÉAUX	**MADISON**	MAJORER
LOMAGNE	**LOURDES**	LUTHIER	MADRASA	**MAJUNGA**
LOMBAGO	LOUSTIC	**LUTHULI**	MADRIER	MAKAIRE
LOMBARD	**LOUVAIN**	LUTINÉE	MADRURE	MAKHZEN
LOMBARD	**LOUVOIS**	LUTINER	**MADURAI**	**MAKONDE**
LOMBRIC	LOUVOYÉ	LUTTANT	MAESTRO	MALABAR
LOMÉNIE	**LOUVRES**	LUTTEUR	MAFFLUE	**MALABAR**
LOMMOIS	LOYAUTÉ	**LUXEUIL**	MAFIEUX	**MALACCA**
LONDRES	**LOYAUTÉ**	LUXUEUX	MAFIOSI	MALADIE
LONGANE	**LUALABA**	**LUZENAC**	MAFIOSO	MALADIF
LONGÈRE	**LUBANGÓ**	LUZERNE	**MAGADAN**	MAL-AIMÉ
LONGMEN	**LUBBERS**	**LYAUTEY**	MAGANÉE	MALAIRE
LONGUET	**LUBBOCK**	LYCHNIS	MAGANER	MALAISE
LONGVIC	**LUBERON**	LYNCHÉE	MAGASIN	**MALAISE**
LÖNNROT	**LUCANIE**	LYNCHER	MAGENTA	MALAISÉ
LONSOIS	LUCARNE	**LYOTARD**	**MAGENTA**	**MALAMUD**
LOOPING	**LUCAYES**	LYRIQUE	**MAGHNIA**	**MÄLAREN**
LOPBURI	**LUCERNE**	LYRISME	**MAGHREB**	MALARIA
LOPETTE	**LUCHINI**	**LYSIPPE**	MAGHZEN	**MALATYA**
LOQUACE	**LUCIFER**	**LYSSOIS**	**MAGINOT**	MALAXÉE
LORDOSE	LUCILIE	LYTIQUE	MAGIQUE	MALAXER
LORELEI	LUCIOLE	**MAALOUF**	**MAGNANI**	MALBÂTI

MALCOLM
MAL-ÊTRE
MALFAMÉ
MALFRAT
MALHEUR
MALIGNE
MALINES
MALINES
MALINKÉ
MALIQUE
MAL-LOGÉ
MALMÉDY
MALMENÉ
MALOTRU
MALOUEL
MALOUIN
MALOUIN
MALPOLI
MALRAUX
MALSAIN
MALTAGE
MALTAIS
MALTAIS
MALTANT
MALTASE
MALTEUR
MALTHUS
MALTOSE
MALTÔTE
MALVENU
MAMELLE
MAMELON
MAMELUE
MAMELUK
MAMMITE
MAMOURS
MANAGÉE
MANAGER
MANAGUA
MANASLU
MANASSÉ
MANCEAU
MANCEAU
MANCHON
MANCHOT
MANCHOU
MANCHOU
MANCINI
MANDALA
MANDALE
MANDANT
MANDATÉ
MANDÉEN
MANDELA
MANDRIN
MANDRIN
MANETON

MANETTE
MANFRED
MANGEUR
MANIANT
MANICLE
MANIÈRE
MANIÉRÉ
MANIEUR
MANILLE
MANILLE
MANIPUR
MANIQUE
MANITOU
MANNING
MANNITE
MANNONI
MANNOSE
MANOQUE
MANQUÉE
MANQUER
MANRESA
MANSART
MANSION
MANTAIS
MANTEAU
MANTELÉ
MANTOUE
MANYTCH
MANZONI
MAOÏSME
MAOÏSTE
MAOUSSE
MAPUCHE
MAQUANT
MARACAY
MARANGE
MARAÑÓN
MARANTA
MARANTE
MARASME
MARATHE
MARATHE
MARATHI
MARÂTRE
MARAUDE
MARAUDÉ
MARBRÉE
MARBRER
MARBURG
MARCEAU
MARCHAL
MARCHER
MARCHES
MARCION
MARCONI
MARCONI
MARCUSE

MARDOUK
MARELLE
MAREMME
MARENGO
MARENGO
MAREUIL
MARGATE
MARGAUX
MARGAUX
MARGEUR
MARGINÉ
MARGOTÉ
MARIAGE
MARIALE
MARIALS
MARIANO
MARIANT
MARIAUX
MARIBOR
MARIEUR
MARIGNY
MARIGOT
MARIGOT
MARIMBA
MARINÉE
MARINER
MARINES
MARINGÁ
MARIOLE
MARIOUT
MARIS EL
MARISTE
MARITAL
MARITZA
MARKHAM
MARKKAA
MARLIEN
MARLOWE
MARMARA
MARMITE
MARMONT
MARNAGE
MARNAIS
MARNANT
MARNEUX
MAROMME
MARONNÉ
MAROTTE
MARQUÉE
MARQUER
MARQUET
MARQUIS
MARRANE
MARRANT
MARRAST
MARRONS
MARRUBE

MARSAIS
MARSALA
MARSALA
MARSEAU
MARSILE
MARSTON
MARSYAS
MARTEAU
MARTELÉ
MARTENS
MARTIAL
MARTIAL
MARTIEN
MARTIEN
MARTINI
MARTINI
MARTINU
MARTYRE
MARVELL
MARXIEN
MASARYK
MASBATE
MASCARA
MASCARA
MASCATE
MASPERO
MASQUÉE
MASQUER
MASSADA
MASSAGE
MASSANT
MASSÉNA
MASSEUR
MASSIAC
MASSIER
MASSINE
MASSIVE
MASSORE
MASTABA
MASTARD
MASTÈRE
MASTIFF
MASTITE
MASTOSE
M'AS-TU-VU
MATADOR
MATANZA
MATAPAN
MATARAM
MATCHES
MATELAS
MATELOT
MATERNÉ
MATHEUX
MATHIAS
MATHIEU
MATHIEZ

MATHURA
MATIÈRE
MATINAL
MATINÉE
MÂTINÉE
MÂTINER
MATINES
MATISSE
MATOISE
MATONNE
MATOURY
MATRICE
MATRICÉ
MATRONE
MATSUDO
MATURIN
MATURÍN
MAUCHLY
MAUDIRE
MAUDITE
MAUDUIT
MAUGHAM
MAUGRÉÉ
MAUGUIO
MAULÉON
MAUNICK
MAUPEOU
MAURIAC
MAURICE
MAUROIS
MAURRAS
MAUSOLE
MAUVAIS
MAXENCE
MAXILLE
MAXIMAL
MAXIMIN
MAXIMUM
MAXWELL
MAXWELL
MAYENCE
MAYENNE
MAYEURE
MAYNARD
MAYORAL
MAYORAT
MAYOTTE
MAZAGAN
MAZAMET
MAZARIN
MAZDÉEN
MAZENOD
MAZEPPA
MAZETTE
MAZOUTÉ
MAZOVIE
MAZURIE

MAZURKA
MAZZINI
MBABANE
MCCAREY
MCCLURE
MCLAREN
MCLUHAN
MÉANDRE
MÉANDRE
MÉAULTE
MECCANO
MÉCÉNAT
MÉCHAGE
MÉCHAIN
MÉCHANT
MECHHED
MÉCHOUI
MÉCONNU
MEDAWAR
MÉDECIN
MEDERSA
MÉDIALE
MÉDIANE
MÉDIATE
MÉDICAL
MÉDICIS
MÉDIQUE
MÉDITÉE
MÉDITER
MÉDULLA
MÉDUSÉE
MÉDUSER
MEETING
MÉFIANT
MÉFORME
MÉGABIT
MÉGARDE
MÉGARON
MEGIDDO
MÉGISSÉ
MÉGOTER
MÉHARÉE
MÉHARIS
MEILHAC
MEILLET
MEISSEN
MEITNER
MÉJUGÉE
MÉJUGER
MELÆNA
MÉLANGE
MÉLANGÉ
MÉLASSE
MELDOIS
MELDOIS
MELILLA
MÉLILOT
MÉLISSE
MÉLITTE
MELKART
MELKITE
MELLONI
MÉLODIE
MÉLOPÉE
MELORIA
MELOZZO
MELQART
MELSENS
MEMBRÉE
MEMBRON
MEMBRUE
MÉMENTO
MÉMÉRER
MEMLINC
MEMLING
MÉMOIRE
MEMPHIS
MENACÉE
MENACER
MÉNAGÉE
MÉNAGER
MENCIUS
MENDIÉE
MENDIER
MENDOIS
MENDOLE
MENDOZA
MENEAUX
MÉNÉLAS
MÉNÉLIK
MENEUSE
MÉNINES
MÉNINGE
MÉNINGÉ
MÉNIPPE
MENNECY
MENOTTE
MENOTTI
MENSUEL
MENTALE
MENTANA
MENTANT
MENTAUX
MENTEUR
MENTHOL
MENTHON
MENTION
MENUHIN
MENUISE
MENUISÉ
MÉPLATE
MÉPRISE
MÉPRISÉ
MERCIER
MERCIER
MERCURE
MERCURE
MERDANT
MERDEUX
MERDIER
MERDOYÉ
MERGUEZ
MERGULE
MÉRIBEL
MÉRIMÉE
MÉRINOS
MÉRISME
MÉRITÉE
MÉRITER
MÉROVÉE
MERRAIN
MERSOIS
MERTENS
MERTERT
MÉSAISE
MÉSANGE
MESCLUN
MESLIER
MESQUIN
MESSAGE
MESSIER
MESSINE
MESSINE
MESSIRE
MESSMER
MESSNER
MESURÉE
MESURER
MÉSUSER
MÉTALLO
MÉTAURE
METAXÁS
MÉTAYER
MÉTÉORE
MÉTÈQUE
MÉTHANE
MÉTHODE
MÉTHODE
MÉTHYLE
METICAL
MÉTISSE
MÉTISSÉ
MÉTRAGE
MÉTRANT
MÉTRAUX
MÉTREUR
MÉTRITE
METSIJS
METTANT
METTEUR
MEUBLÉE
MEUBLER
MEUGLER
MEULAGE
MEULANT
MEUNIER
MEUNIER
MEURTHE
MEURTRE
MEURTRI
MEUSIEN
MÉVENTE
MEXIQUE
MEYZIEU
MÉZIDON
MÉZIGUE
MÉZOISE
MIAULER
MICACÉE
MICELLE
MICHALS
MICHAUX
MICIPSA
MI-CLOSE
MI-CORPS
MICROBE
MICTION
MIDRASH
MIDWEST
MIELLAT
MIELLÉE
MIESZKO
MIGNARD
MIGNARD
MIGNOTÉ
MIGRANT
MI-JAMBE
MIJOTÉE
MIJOTER
MILDIOU
MILHAUD
MILIEUX
MILITER
MILLAGE
MILLAIS
MILLIER
MILLION
MILLOSS
MILONGA
MILOUIN
MI-LOURD
MILVIUS
MIMIQUE
MIMIZAN
MIMOUNI
MI-MOYEN
MINABLE
MINARET
MINAUDÉ
MINCEUR
MINDORO
MINERAI
MINÉRAL
MINERVE
MINERVE
MINETTE
MINEURE
MINIBUS
MINICAR
MINIÈRE
MINIMAL
MINIMEX
MINIMUM
MINITEL
MINORÉE
MINORER
MINUTÉE
MINUTER
MINUTIE
MIOCÈNE
MI-PARTI
MIRABEL
MIRACLE
MIRADOR
MIRADOR
MIRAMAS
MIRANDA
MIRANDE
MIRAUDE
MIRBANE
MIRBEAU
MIREUSE
MIRIBEL
MIROITÉ
MIROTON
MISAINE
MISKITO
MISKOLC
MISSILE
MISSION
MISSIVE
MISTRAL
MISTRAL
MITAINE
MITANNI
MITCHUM
MI-TEMPS
MITEUSE
MITIDJA
MITIGÉE
MITIGER
MITONNÉ
MITOYEN
MITRALE
MITRAUX

MIXTION
MIXTURE
MIZORAM
MOABITE
MOCHARD
MOCHETÉ
MOCHICA
MODELÉE
MODELER
MODÉRÉE
MODÉRER
MODERNE
MODESTE
MODESTO
MODIANO
MODIFIÉ
MODIQUE
MODISTE
MODULÉE
MODULER
Modulor
MOEBIUS
MOELLON
MOFETTE
MOFLANT
MOGADOR
MOGETTE
MOGHOLS
MOHICAN
MOIGNON
MOINDRE
MOINEAU
MOIRAGE
MOIRANS
MOIRANT
MOIRURE
MOISANT
MOISSAC
MOISSAN
MOISSON
MOITEUR
MOJETTE
MOLAIRE
MÔLAIRE
MOLASSE
MOLDAVE
MOLDAVE
MOLESTÉ
MOLETÉE
MOLETER
MOLETTE
MOLIÈRE
MOLIÈRE
MOLINOS
MOLITOR
MOLLARD
MOLLIEN

MOLOSSE
MOLOTOV
MOMBASA
MOMERIE
MÔMERIE
MÔMIÈRE
MOMIFIÉ
MOMMSEN
MONACAL
MONATTE
MONCEAU
MONCTON
MONDAIN
MONDANT
MONDEGO
MONDIAL
MONDORF
MONGKUT
MONGOLE
MONGOLE
MONIALE
MONILIA
MONIQUE
MONISME
MONITOR
MONNAIE
MONNAYÉ
MONNIER
MONOCLE
MONODIE
MONOSKI
MONSOIS
MONSTRE
MONTAGE
MONTALE
MONTANA
MONTAND
MONTANT
MONTECH
MONTEUR
MONTEUX
MONTHEY
MONTIER
MONTLUC
MONTOIR
MONTOIR
MONTOIS
MONTOIS
MONTPON
MONTRÉE
MONTRER
MONTURE
MOQUANT
MOQUEUR
MORACÉE
MORAINE
MORALES

MORANDI
MORANTE
MORASSE
MORATÍN
MORAVIA
MORAVIE
MORBIDE
MORBIER
MORBLEU
MORCEAU
MORCELÉ
MORCELI
MORCENX
MORDANT
MORDORÉ
MORDVES
MORELIA
MORELLE
MORELOS
MORETTI
MOREUIL
MORFALE
MORFLER
MORGIEN
MORIANI
MORILLE
MORINGA
MORIOKA
MORISOT
MORLAÀS
MORLAIX
MORMANT
MORMONE
MORNANT
MORPHÉE
MORPION
MORRICE
MORSANG
MORSURE
MORTAIN
MORTEAU
MORTIER
MORTIER
MORT-NÉE
MORT-NÉS
MORTSEL
MORVEUX
MORZINE
MOSELEY
MOSELLE
MOSKOVA
MOSQUÉE
MOSSOUL
MOTARDE
MOT-CLEF
MOTELLE
MOTIVÉE

MOTIVER
MOTRICE
MOTTANT
MOTTEUX
MOUCHÉE
MOUCHER
MOUCHET
MOUCHET
MOUCHEZ
MOUETTE
MOUFETÉ
MOUFLET
MOUFLON
MOUFTER
MOUGINS
MOUILLE
MOUILLÉ
MOUKDEN
MOUKÈRE
MOULAGE
MOULANT
MOULEUR
MOULINÉ
MOULINS
MOULOUD
MOULURE
MOULURÉ
MOUNDOU
MOUNIER
MOURANT
MOURENX
MOUROIR
MOUSSER
MOUSSEY
MOUSSON
MOUSSUE
MOUTARD
MOUTIER
MOUTURE
MOUVANT
MOUVAUX
MOUVOIR
Moviola
MOYENNE
MOYENNÉ
MOYETTE
MOYNIER
MUAWIYA
MUDÉJAR
MUEZZIN
MUFLIER
MUGELLO
MULARDE
MULÂTRE
MULETTE
MULSION
MÜNCHEN

MUNSTER
MUNSTER
MÜNSTER
MUNTJAC
MÜNTZER
MUQUEUX
MURDOCH
MURETTE
MURILLO
MURMURE
MURMURÉ
MURORAN
MURUROA
MURVIEL
MUSACÉE
MUSARDE
MUSARDÉ
MUSCADE
MUSCARI
MUSCLÉE
MUSCLER
MUSÉALE
MUSEAUX
MUSÉAUX
MUSELÉE
MUSELER
MUSELET
MUSETTE
MUSICAL
MUSIQUE
MUSQUÉE
MÜSTAIR
MUSTANG
MUTABLE
MUTANTE
MUTILÉE
MUTILER
MUTINÉE
MUTINER
MUTIQUE
MUTISME
MUTTENZ
MYALGIE
MYANMAR
MYCÈNES
MYÉLINE
MYÉLITE
MYÉLOME
MYKONOS
MYOSINE
MYOSITE
MYRIADE
MYSTÈRE
Mystère
MZABITE
MZABITE
NABOKOV

NACELLE
NACRANT
NAEVIUS
NAGAÏKA
NAGAOKA
NAGEANT
NAGEUSE
NAGUÈRE
NAHUATL
NAIPAUL
NAIROBI
NAÏVETÉ
NAM DINH
NAMIBIE
NAMPULA
NANAIMO
NANIFIÉ
NANISÉE
NANISER
NANISME
NANNING
NANSOUK
NANTAIS
NANTONG
NANZOUK
NAPHTOL
NAPPAGE
NAPPANT
NARBADA
NARCOSE
NARGUÉE
NARGUER
NARMADA
NARRANT
NARTHEX
NARVÁEZ
NASARDE
NASEAUX
NASILLÉ
NASIQUE
NATOIRE
NATSUME
NATTAGE
NATTANT
NATTIER
NATTIER
NATUREL
NAUCORE
NAUPLIE
NAURUAN
NAURUAN
NAUSSAC
NAUTILE
NAVARIN
NAVARIN
NAVARRE
NAVETTE
NAVIGUÉ
NAVRANT
NAYAISE
NAZISME
NDEBELE
NÉARQUE
NECHAKO
NÉCROSE
NÉCROSÉ
NÉFASTE
NÉFLIER
NÉGATIF
NÉGATON
NÉGLIGÉ
NÉGOCIÉ
NÉGONDO
NÉGRIER
NEGUNDO
NÉHÉMIE
NEIGEUX
NÉLATON
NELLORE
NÉLOMBO
NELUMBO
NÉMÉENS
NÉMERTE
NÉMÉSIS
NEMEYRI
NEMOURS
NÉNETTE
NÉODYME
NÉOGÈNE
NÉOGREC
NÉONAZI
NÉOTTIE
NÉPHRON
NEPTUNE
NÉRÉIDE
NERPRUN
NERVEUX
NERVINE
NERVURE
NERVURÉ
NESCAFÉ
NESEBAR
NETANYA
NETSUKE
NETTETÉ
NETTOYÉ
NEUHOFF
NEUILLY
NEUMANN
NEURALE
NEURATH
NEURAUX
NEURONE
NEURULA
NEUTRON
NEUVAIN
NEVILLE
NÉVRAXE
NÉVRITE
NÉVROSE
NÉVROSÉ
NEWCOMB
NEW DEAL
NEW-LOOK
NEWPORT
NEW WAVE
NEW YORK
NIAGARA
NIAISER
NIAOULI
NICHANT
NICHOIR
NICKELÉ
NICOBAR
NIÇOISE
NIÇOISE
NICOLAS
NICOLLE
NICOSIE
NIDIFIÉ
NIDWALD
NIELLÉE
NIELLER
NIELSEN
NIGAUDE
NIGELLE
NIGERIA
NIIGATA
NIIHAMA
NIKOPOL
NILGAUT
NILGIRI
NIMBANT
NIMÈGUE
NÎMOISE
NIMROUD
NINGXIA
NIOBIUM
NIPIGON
NIPPANT
NIPPONE
NIPPONE
NIPPOUR
NIQUANT
NIRVANA
NISIBIS
NISSART
NITERÓI
NITHARD
NITRANT
NITRATE
NITRATÉ
NITREUX
NITRILE
NITRITE
NITROSÉ
NITRURE
NITRURÉ
NIVÉALE
NIVEAUX
NIVÉAUX
NIVELÉE
NIVELER
NIVELLE
NIVELLE
NIVÉOLE
NIVKHES
NKRUMAH
NOBLIAU
NOCEUSE
NOCTULE
NOCUITÉ
NOETHER
NOGARET
NOIRAUD
NOIRCIE
NOIRCIR
NOISÉEN
NOISIEL
NOLISÉE
NOLISER
NOMBRÉE
NOMBRER
NOMBRIL
NOMINAL
NOMINÉE
NOMINER
NOMINOË
NOMMAGE
NOMMANT
NONANTE
NON-DITS
NON-ÊTRE
NON-LIEU
NON-SENS
NON-STOP
NONTRON
NONUPLÉ
NORBERT
NORD-EST
NORD-EST
NORFOLK
NORIEGA
NORILSK
NORIQUE
NORMALE
NORMAND
NORMAND
NORMAUX
NORODOM
NORROIS
NORVÈGE
NORWICH
NOSSI-BÉ
NOTABLE
NOTAIRE
NOTARIÉ
NOTIFIÉ
NOTOIRE
NOUEUSE
NOUGARO
NOUILLE
NOUKOUS
NOUMÈNE
NOURRIE
NOURRIR
NOUVEAU
NOUVEAU
NOVALIS
NOVERRE
NOVI SAD
NOVOTNY
NOYAUTÉ
NUAGEUX
NUANCÉE
NUANCER
NUCELLE
NUCLÉÉE
NUCLÉON
NUCLEUS
NUCLÉUS
NUCLIDE
NUDISME
NUDISTE
NUEMENT
NUISANT
NULLARD
NULLITÉ
NUMANCE
NUMÉRAL
NUMÉRIS
NUMIDES
NUMIDIE
NUMITOR
NUNATAK
NUNAVIK
NUNAVUT
NUNUCHE
NUOC-MÂM
NU-PIEDS
NUPTIAL
NURAGHE
NURAGHI
NURSAGE
NURSERY

NURSING
NYERERE
NYMPHAL
NYMPHÉA
NYMPHÉE
OAKLAND
OBALDIA
OBÉRANT
OBERNAI
OBÉSITÉ
OBIHIRO
OBJECTÉ
OBLATIF
OBLIGÉE
OBLIGER
OBLIQUE
OBLIQUÉ
OBOMBRÉ
OBSCÈNE
OBSCURE
OBSÉDÉE
OBSÉDER
OBSERVÉ
OBSTINÉ
OBSTRUÉ
OBTENIR
OBTENUE
OBTURÉE
OBTURER
OBUSIER
OBVIANT
OCARINA
OCCIPUT
OCCITAN
OCCITAN
OCCULTE
OCCULTÉ
OCCUPÉE
OCCUPER
OCÉANIE
OCELLÉE
O'CONNOR
OCTANTE
OCTAVIE
OCTAVIÉ
OCTOBRE
OCTROYÉ
OCTUPLE
OCTUPLÉ
ODAWARA
ODIEUSE
ODOACRE
ODONATE
ODORANT
ODYSSÉE
ODYSSÉE
ŒILLET

ŒRSTED
ŒRSTED
OESLING
ŒSTRAL
ŒSTRUS
ŒUVRER
OFFENSE
OFFENSÉ
OFFERTE
OFFICES
OFFICIÉ
OFFRANT
OFFREUR
OGIVALE
OGIVAUX
OGRESSE
OHMIQUE
OIGNANT
OIGNIES
OÏRATES
OISEAUX
OISELET
OISELLE
OISEUSE
OKAYAMA
OKAZAKI
O'KEEFFE
OKEGHEM
OKHOTSK
OKINAWA
OLDOWAY
OLDUVAI
OLÉACÉE
OLÉFINE
OLÉIQUE
OLENIOK
OLÉODUC
OLIFANT
OLIVAIE
OLIVIER
OLIVIER
OLIVINE
OLSZTYN
OLTÉNIE
OLYMPIA
OLYMPIE
OLYMPIO
OLYNTHE
OMALIUS
OMANAIS
OMANAIS
OMBELLE
OMBELLÉ
OMBILIC
OMBRAGE
OMBRAGÉ
OMBRANT

OMBREUX
OMBRIEN
OMBRIEN
OMBRINE
OMETTRE
OMICRON
OMNIBUS
OMPHALE
ONCIALE
ONCIAUX
ONCQUES
ONCTION
ONDATRA
ONDOYÉE
ONDOYER
ONDULÉE
ONDULER
ONÉREUX
ONÉSIEN
ONE-STEP
ONGUENT
ONGULÉE
ONITSHA
ONSAGER
ONTARIO
ONTIQUE
ONUSIEN
ONZIÈME
OOGAMIE
OOLITHE
OPACITÉ
OPALINE
OPALISÉ
OPARINE
OPÉABLE
OPÉRANT
OPHIURE
OPIACÉE
OPILION
OPINANT
OPINION
OPOSSUM
OPPIDUM
OPPOSÉE
OPPOSER
OPPRIMÉ
OPTATIF
OPTIMAL
OPTIMUM
OPTIQUE
OPULENT
OPUNTIA
OPUS DEI
ORADOUR
ORAGEUX
ORAISON
ORALISÉ

ORALITÉ
ORANAIS
ORANGÉE
ORANGER
ORATEUR
ORBIGNY
ORBITAL
ORBITER
ORCADES
ORCAGNA
ORCHIES
ORCHITE
ORCIVAL
ORDALIE
ORDINAL
ORDONNÉ
OREILLE
ORESTIE
ØRESUND
ORFÈVRE
ORFÉVRÉ
ORFRAIE
ORGANDI
ORGANON
ORGASME
ORGELET
ORGUEIL
ORIBASE
ORIENTÉ
ORIFICE
ORIGAMI
ORIGÈNE
ORIGINE
ORIGNAL
ORIZABA
ORLANDO
ORLÉANS
ORMEAUX
ORMONDE
ORNAISE
ORNIÈRE
OROGÈNE
ORPHÉON
ORTHÈSE
ORTHOSE
ORTOLAN
ORVAULT
ORVIETO
OSBORNE
OSCILLÉ
OSEILLE
OSERAIE
OSHOGBO
OSMANLI
OSMANLI
OSMIQUE
OSMIURE

OSMONDE
OSSÉINE
OSSELET
OSSÈTES
OSSEUSE
OSSIFIÉ
OSTÉITE
OSTENDE
OSTÉOME
OSTIOLE
OSTRACA
OSTRAVA
OSTWALD
OSTYAKS
OTALGIE
OTHELLO
OTOCYON
OTOPENI
OTTERLO
OTTOKAR
OTTOMAN
OUADDAÏ
OUAILLE
OUARGLA
OUATANT
OUATINE
OUATINÉ
OUBLIÉE
OUBLIER
OUDINOT
OUED-ZEM
OUGANDA
OUGARIT
OUGRIEN
OUGUIYA
OUÏ-DIRE
OUÏGOUR
OUILLÉE
OUILLER
OULLINS
OURAGAN
OURALSK
OURANOS
OURAQUE
OURLANT
OURLIEN
OUTARDE
OUTILLÉ
OUTRAGE
OUTRAGÉ
OUTRANT
OUTREAU
OUVERTE
OUVRAGE
OUVRAGÉ
OUVRANT
OUVRARD

OUVREAU
OUVREUR
OUVRIER
OUVROIR
OUZBÈKE
OUZOUER
OVALISÉ
OVARIEN
OVARITE
OVATION
OVIPARE
OVOCYTE
OVOÏDAL
OVOTIDE
OVULANT
OXACIDE
OXALATE
OXALIDE
OXONIEN
OXONIUM
OXYDANT
OXYDASE
OXYGÈNE
OXYGÉNÉ
OXYMORE
OYAPOCK
OYASHIO
OYONNAX
OZONANT
OZONEUR
OZONIDE
PACAGÉE
PACAGER
PACHTOU
PACIFIÉ
PACIOLI
PACKAGE
PACQUÉE
PACQUER
PACSANT
PACTISÉ
PACTOLE
PACTOLE
PADDOCK
PADICHA
PADIRAC
PADOUAN
PAESTUM
PAGAYER
PAGELLE
PAGINÉE
PAGINER
PAGNOTÉ
PAGODON
PAHLAVI
PAHLAVI
PAHOUIN

PAÏENNE
PAIERIE
PAILLÉE
PAILLER
PAILLIS
PAILLON
PAIMPOL
PAIRAGE
PAISLEY
PALABRE
PALABRÉ
PALACKY
PALADIN
PALADRU
PALAFOX
PALAMAS
PALAMÁS
PALATAL
PALATIN
PALATIN
PALÂTRE
PALAUAN
PALAUAN
PALAVAS
PALAWAN
PALE-ALE
PALÉMON
PALERME
PALERON
PALETOT
PALETTE
PALGHAT
PALIÈRE
PALIKAS
PALIKIR
PALISSÉ
PALISSY
PALIURE
PALLAVA
PALLÉAL
PALLIÉE
PALLIER
PALLIUM
PALMIER
PALMIRA
PALMITE
PALMURE
PALMYRE
PALOISE
PALOISE
PALOMAR
PALOMBE
PÂLOTTE
PALPANT
PALPEUR
PALPITÉ
PALUCHE

PAMIERS
PAMPERO
PANACÉE
PANACHE
PANACHÉ
PANAIRE
PANARDE
PANARIS
PANCHIR
PANDORE
PANDORE
PANERÉE
PANETON
PANHARD
PANIÈRE
PANIFIÉ
PANINIS
PANIQUE
PANIQUÉ
PANNEAU
PANNINI
PANORPE
PANOSSE
PANOSSÉ
PANSAGE
PANSANT
PANTELÉ
PANTÈNE
PANTOIS
PANTOUM
PANURGE
PAPAGOS
PAPAÏNE
PAPAUTÉ
PAPAYER
PAPEETE
PAPESSE
PAPETTE
PAPILLE
PAPISME
PAPISTE
PAPOTER
PAPRIKA
PAPYRUS
PAQUETÉ
PARACAS
PARACEL
PARADER
PARADIS
PARADOR
PARADOS
PARAFÉE
PARAFER
PARAGES
PARAÍBA
PARANAL
PARAPET

PARAPHE
PARAPHÉ
PARASOL
PARÂTRE
PARBLEU
PARCAGE
PARCHET
PAR-DELÀ
PARDIEU
PARÉAGE
PARÈDRE
PARE-FEU
PARÉLIE
PARENTE
PARENTÉ
PARÉSIE
PARESSE
PARESSÉ
PARFAIT
PARFILÉ
PARFOIS
PARFUMÉ
PARIADE
PARIAGE
PARIANT
PARIEUR
PARIGOT
PARISIS
PARISIS
PARJURE
PARJURÉ
PARKING
PARLANT
PARLEUR
PARLOIR
PARLOTE
PARLURE
PARNELL
PARODIE
PARODIÉ
PARQUÉE
PARQUER
PARQUES
PARQUET
PARRAIN
PARSEMÉ
PARSONS
PARTAGE
PARTAGÉ
PARTANT
PARTHES
PARTIAL
PARTIEL
PARTITA
PARTITE
PARTOUT
PARVENU

PAS-À-PAS
PASCALE
PASCALS
PASCAUX
PASCOLI
PAS-D'ÂNE
PASSADE
PASSAGE
PASSANT
PASSERO
PASSEUR
PASSION
PASSIVE
PASSIVÉ
PASTEUR
PASTEUR
PASTURE
PATACHE
PATARAS
PATARIN
PATAUDE
PATAUGÉ
PATELIN
PATELLE
PATENTE
PATENTÉ
PATERNE
PÂTEUSE
PATHMOS
PATIALA
PATIENT
PATINÉE
PATINER
PATINIR
PÂTISSÉ
PATOCHE
PATRICE
PATRICE
PATRICK
PATTERN
PATTIER
PÂTURÉE
PÂTURER
PÂTURIN
PATURON
PAULHAN
PAULIEN
PAULING
PAUMANT
PAUMOYÉ
PAUSANT
PAUVRET
PAVANÉE
PAVANER
PAVELIC
PAVILLY
PAVLOVA

PAVOISÉ
PAYABLE
PAYANTE
PAYERNE
PAYEUSE
PAYSAGE
PAYS-BAS
PEACOCK
PÉAGÈRE
PEARSON
PÉBRINE
PÉCAÏRE
PECCANT
PÉCHANT
PÊCHANT
PECHÈRE
PÉCHEUR
PÊCHEUR
PÉCLOTÉ
PECQUET
PECTINE
PECTINÉ
PÉDALER
PÉDANTE
PEDIBUS
PÉDIEUX
PEDZANT
PEELING
PÉGUEUX
PEIGNÉE
PEIGNER
PEINANT
PEINARD
PEINDRE
PEINTRE
PEÏPOUS
PÉKINÉE
PÉLADAN
PELAGOS
PELAUDE
PÈLERIN
PÈLERIN
PÉLIADE
PÉLICAN
PELISSE
PELLANT
PELLÉAS
PELLETÉ
PELLICO
PELLIOT
PELOTAS
PELOTÉE
PELOTER
PELOTON
PELOUSE
PELTIER
PELUCHE

PELUCHÉ
PELVIEN
PELVOUX
PENALTY
PÉNATES
PENAUDE
PENCHÉE
PENCHER
PENDAGE
PENDANT
PENDARD
PENDJAB
PENDOIR
PENDULE
PENDULÉ
PÉNÉTRÉ
PÉNIBLE
PÉNICHE
PENNAGE
PENNIES
PENROSE
PENSANT
PENSEUR
PENSION
PENSIVE
PENTANE
PENTOSE
PENTURE
PÉNURIE
PENZIAS
PÉPÈTES
PÉPIANT
PEPSINE
PEPTIDE
PERÇAGE
PERCALE
PERÇANT
PERCEUR
PERCHÉE
PERCHER
PERCHIS
PERCIER
PERCLUS
PERÇOIR
PERCUTÉ
PERDANT
PERDRIX
PERDURÉ
PEREIRA
PEREIRE
PÉRENNE
PERFIDE
PERFORÉ
PERFUSÉ
PERGAME
PERGAUD
PERGOLA

PÉRIDOT
PÉRIERS
PÉRIGÉE
PÉRIMÉE
PÉRIMER
PÉRINÉE
PÉRIODE
PÉRIPLE
PÉRITEL
PERLANT
PERLIER
PERLITE
PERMEKE
PERMIEN
PERMISE
PERMUTÉ
PÉRONNE
PÉRORER
PÉROTIN
PÉROUSE
PERPÈTE
PERRÉAL
PERREUX
PERRIER
PERROUX
PERSANE
PERSANE
PERSONÉ
PERSSON
PERTHUS
PERTINI
PERTUIS
PERTUIS
PÉRUGIN
PERUZZI
PERVERS
PESANTE
PESCARA
PÈSE-SEL
PESETTE
PESEUSE
PÈSE-VIN
PESTANT
PESTEUX
PÉTANGE
PÉTANTE
PÉTAURE
PÈTE-SEC
PÉTEUSE
PÉTILLÉ
PÉTIOLE
PÉTIOLÉ
PETIOTE
PÉTOCHE
PÉTOIRE
PÉTREUX
PÉTROLE

PÉTRONE
PETSAMO
PÉTUNER
PÉTUNIA
PEUGEOT
PEUPLÉE
PEUPLER
PEUREUX
PEVSNER
PEYRONY
PEYRUIS
PÉZENAS
PFENNIG
PHAÉTON
PHAÉTON
PHALÈNE
PHALLUS
PHANÈRE
PHARAON
PHARYNX
PHÉNATE
PHÉNYLE
PHIDIAS
PHILIPE
PHILIPS
PHILTRE
PHLÉOLE
PHLOÈME
PH-MÈTRE
PHOCÉEN
PHOCÉEN
PHOCIDE
PHOCION
PHOENIX
PHŒNIX
PHOLADE
PHONÈME
PHOTIOS
PHOTIUS
PHRASÉE
PHRASER
PHRYGIE
PHTISIE
PHYLLIE
PIAFFER
PIAILLÉ
PIANOTÉ
PIASTRE
PIAULER
PICABIA
PICADOR
PICARDE
PICARDE
PICAREL
PICASSO
PICCARD
PICCOLI

PICCOLO
PICENUM
PICKLES
PICOLÉE
PICOLER
PICORÉE
PICORER
PICOTÉE
PICOTER
PICOTIN
PICPOUL
PICRATE
PICRIDE
PICTAVE
PICTONS
PIC-VERT
PIÉGEUR
PIE-MÈRE
PIÉMONT
PIÉMONT
PIÉRIDE
PIERRÉE
PIERROT
PIERROT
PIÉTANT
PIÉTINÉ
PIEUTÉE
PIEUTER
PIEUVRE
PIFFANT
PIGALLE
PIGEANT
PIGISTE
PIGMENT
PIGNADA
PIGNADE
PIGNOUF
PILAIRE
PILÂTRE
PILEUSE
PILLAGE
PILLANT
PILLARD
PILLEUR
PILNIAK
PILONNÉ
PILOTÉE
PILOTER
PILOTIN
PILOTIS
PIMBINA
PIMENTÉ
PIMPANT
PINACÉE
PINACLE
PINASSE
PINÇAGE

PINÇANT
PINÇARD
PINCEAU
PINÇURE
PINDARE
PINÉALE
PINEAUX
PINÉAUX
PINIÈRE
PINNULE
PINTADE
PINTANT
PIOCHÉE
PIOCHER
PIONCÉE
PIONCER
PIORNER
PIPEAUX
PIPELET
PIPERIE
PIPETTE
PIPEUSE
PIPIÈRE
PIPRIAC
PIQUAGE
PIQUANT
PIQUETÉ
PIQUEUR
PIQUEUX
PIQUIER
PIRANHA
PIRATÉE
PIRATER
PIRENNE
PIROGUE
PIROJKI
PIRQUET
PISCINE
PISSANT
PISSEUR
PISSEUX
PISSOIR
PISTAGE
PISTANT
PISTARD
PISTEUR
PISTOIA
PISTOLE
PITANCE
PITBULL
PITE ÄLV
PITESTI
PITEUSE
PITOËFF
PITONNÉ
PITUITE
PIVOINE
PIVOTER
PIZARRO
PLACAGE
PLAÇANT
PLACARD
PLACEBO
PLACEUR
PLACIDE
PLACIER
PLACOTÉ
PLAÇURE
PLAFOND
PLAGIAT
PLAGIÉE
PLAGIER
PLAIDÉE
PLAIDER
PLAINTE
PLAISIR
PLAISIR
PLANAGE
PLANANT
PLANCHE
PLANCHE
PLANCHÉ
PLANÇON
PLANÈTE
PLANEUR
PLANÈZE
PLANIOL
PLANOIR
PLANQUE
PLANQUÉ
PLANTÉE
PLANTER
PLANTIN
PLANTON
PLANUDE
PLAQUÉE
PLAQUER
PLASTIC
PLASTIE
PLATANE
PLATEAU
PLATEAU
PLATÉES
PLATINE
PLATINÉ
PLATINI
PLATODE
PLÂTRAS
PLÂTRÉE
PLÂTRER
PLAY-BOY
PLECTRE
PLÉIADE
PLÉIADE
PLÉNEUF
PLÉNIER
PLESSIS
PLESTIN
PLEURAL
PLEURÉE
PLEURER
PLEUTRE
PLEYBEN
PLIABLE
PLIANTE
PLIEUSE
PLINTHE
PLISSÉE
PLISSER
PLOESTI
PLOMBÉE
PLOMBER
PLONGÉE
PLONGER
PLOUTOS
PLOVDIV
PLOYANT
PLUCHÉE
PLUCHER
PLUCHES
PLÜCKER
PLUMAGE
PLUMANT
PLUMARD
PLUMEAU
PLUMEUX
PLUMIER
PLUMULE
PLURALE
PLURAUX
PLURIEL
PLUVIAL
PLUVIAN
PLUVIER
PLUVINÉ
POBIEDY
POCHADE
POCHANT
POCHARD
POCHOIR
PODAGRE
PODAIRE
PODOLIE
PODOLSK
PŒCILE
POÊLANT
POÉTISÉ
POGROME
POIGNÉE
POIGNET
POILANT
POINÇON
POINDRE
POINTÉE
POINTER
POINTIL
POINTUE
POINTUE
POIREAU
POIRIER
POIROTÉ
POISSÉE
POISSER
POISSON
POISSON
POIVRÉE
POIVRER
POIVRON
POIVROT
POLAIRE
POLAIRE
POLANYI
POLAQUE
POLARDE
POLENTA
POLÉSIE
POLICÉE
POLICER
POLIERI
POLIGNY
POLISTE
POLÍTIS
POLLACK
POLLINI
POLLOCK
POLLUÉE
POLLUER
POLOGNE
POLTAVA
POLTRON
POLTROT
POLYSOC
POMEROL
POMEROL
POMIANE
POMMADE
POMMADÉ
POMMANT
POMMARD
POMMARD
POMMEAU
POMMELÉ
POMMIER
POMPAGE
POMPANT
POMPEUX
POMPIER
POMPILE
PONÇAGE
PONÇANT
PONCEAU
PONCEUX
PONCTUÉ
PONDANT
PONDÉRÉ
PONDEUR
PONDOIR
PONETTE
PONGIDÉ
PONSARD
PONTACQ
PONTAGE
PONTANO
PONTANT
PONTIAC
PONTIER
PONTIFE
PONTINE
PONTINS
PONTIVY
PONTOIS
POP ARTS
POPAYÁN
POP-CORN
POPINÉE
POPLITÉ
POPOTIN
POQUANT
PORCHER
PORCINE
POREUSE
PORREAU
PORTAGE
PORTAIL
PORTALE
PORTANT
PORTAUX
PORT-BOU
PORTEUR
PORTICI
PORTIER
PORTIER
PORTION
PORTOIS
POSADAS
POSEUSE
POSITIF
POSITON
POSSÉDÉ
POSTAGE
POSTALE
POSTANT
POSTAUX
POSTIER
POSTULÉ

POSTURE
POTABLE
POTACHE
POTAGER
POTAMOT
POTASSE
POTASSÉ
POTEAUX
POTELÉE
POTENCE
POTENCÉ
POTENZA
POTERIE
POTERNE
POTHIER
POTICHE
POTIDÉE
POTIÈRE
POTINER
POTIRON
POTOCKI
POTOMAC
POTSDAM
POTTIER
POTTOCK
POUACRE
POUANCÉ
POUÇANT
POUCIER
POUDING
POUDRÉE
POUDRER
POUDRIN
POUFFER
POUGNER
POUGUES
POUILLE
POUILLY
POUILLY
POULAIN
POULBOT
POULBOT
POULENC
POULINÉ
POULIOT
POUPARD
POUPINE
POURBUS
POURPRE
POURPRÉ
POURRAT
POURRIE
POURRIR
POURVOI
POURVUE
POUSSAH
POUSSÉE
POUSSER
POUSSIF
POUSSIN
POUSSIN
POUTINE
POUTSÉE
POUTSER
POUVANT
POUVOIR
PRADÉEN
PRADIER
PRAGOIS
PRAGOIS
PRAIRIE
PRAIRIE
PRAKRIT
PRALINE
PRALINÉ
PRA-LOUP
PRANDTL
PRASLIN
PRÉAULT
PRÉAVIS
PRÉCÉDÉ
PRÊCHÉE
PRÊCHER
PRÉCISE
PRÉCISÉ
PRÉCITÉ
PRÉCOCE
PRÉCUIT
PRÉDATÉ
PRÉDIRE
PRÉDITE
PRÉFACE
PRÉFACÉ
PRÉFÉRÉ
PRÉFÈTE
PRÉFIXE
PRÉFIXÉ
PRÉJUGÉ
PRÉLART
PRÉLEVÉ
PRÉLUDE
PRÉLUDÉ
PRÉMERY
PREMIER
PRÉMUNI
PRENANT
PRENDRE
PRENEUR
PRÉORAL
PRÉPARÉ
PRÉPAYÉ
PRÉPOSÉ
PRÉPUCE
PRÉSAGE
PRÉSAGÉ
PRÉ-SALÉ
PRÉSENT
PRÉSIDE
PRÉSIDÉ
PRESLEY
PRESQUE
PRESSÉE
PRESSER
PRESTÉE
PRESTER
PRESTON
PRÉSUMÉ
PRÉSURE
PRÉSURÉ
PRÊTANT
PRÉTEUR
PRÊTEUR
PRÉTURE
PRÉVALU
PRÉVENU
PRÉVERT
PRÉVOIR
PRÉVOST
PRÉVÔTÉ
PRIAPÉE
PRIEURE
PRIEURÉ
PRIMALE
PRIMANT
PRIMATE
PRIMAUX
PRIMEUR
PRIORAT
PRIPIAT
PRISANT
PRISEUR
PRIVANT
PROBANT
PROBITÉ
PROCÉDÉ
PROCLUS
PROCOPE
PROCRÉÉ
PROCURE
PROCURÉ
PRODIGE
PRO DOMO
PRODUIT
PROFANE
PROFANÉ
PROFÉRÉ
PROFILÉ
PROFITÉ
PROFOND
PROFUSE
PROGRÈS
PROHIBÉ
PROJETÉ
PROLIXE
PROMENÉ
PROMISE
PROMPTE
PRÔNANT
PRONAOS
PRÔNEUR
PROPAGÉ
PROPANE
PROPÈNE
PROPICE
PROPOSÉ
PROPRET
PROPRIO
PRORATA
PROROGÉ
PROSPER
PROSTRÉ
PROTAIS
PROTASE
PROTÉGÉ
PROTÈLE
PROTIDE
PROTOMÉ
PROUVÉE
PROUVER
PROVENU
PROVINS
PROXÈNE
PROXIMA
PRUDENT
PRUD'HON
PRUNEAU
PRUNIER
PRURIGO
PRUSIAS
PRUSSIK
PRYTANE
PSCHENT
PSELLOS
PUBERTÉ
PUBLIÉE
PUBLIER
PUCCINI
PUCEAUX
PUCELLE
PUCELLE
PUCERON
PUCHEUX
PUDDING
PUDDLÉE
PUDDLER
PUDIQUE
PUÉRILE
PUGILAT
PUGNACE
PUISAGE
PUISANT
PUISARD
PUISAYE
PUISQUE
PULIGNY
PULLMAN
PULLMAN
PULLULÉ
PULMONÉ
PULPEUX
PULPITE
PULSANT
PULSION
PULTACÉ
PUNAISE
PUNAISÉ
PUNAKHA
PUNCTUM
PUNIQUE
PUNITIF
PUPILLE
PUPITRE
PURCELL
PUREAUX
PURGEUR
PURIFIÉ
PURIQUE
PURISME
PURISTE
PUROTIN
PURPURA
PUR-SANG
PURUSHA
PUSTULE
PUTATIF
PUTEAUX
PUTRIDE
PUTTANT
PUTTING
PYCNOSE
PYNCHON
PYOGÈNE
PYRANNE
PYREXIE
PYROSIS
PYRRHON
PYRRHOS
PYRRHUS
PYRROLE
PYTHÉAS
PYTHIEN
QARAÏTE
QARAÏTE
QINGDAO
QINGHAI

QINLING
QIQIHAR
QUALITÉ
QUANTON
QUANTUM
QUARTÉE
QUARTER
QUARTON
QUASSIA
QUATUOR
QUECHUA
QUECHUA
QUEIRÓS
QUELLIN
QUEL QUE
QUELQUE
QUENEAU
QUENTAL
QUERCIA
QUÈSACO
QUESNAY
QUESNEL
QUESNOY
QUÊTANT
QUÊTEUR
QUETZAL
QUEUSOT
QUEUTER
QUEVEDO
QUEYRAS
QUICHUA
QUIERZY
QUIGNON
QUILLAN
QUILMES
QUIMPER
QUINAUD
QUINCKE
QUI NHON
QUININE
QUINONE
QUINQUA
QUINTAL
QUINTET
QUINTIN
QUINTON
QUIRITE
QUISSAC
QUITTÉE
QUITTER
QUI VIVE
QUI-VIVE
QUÔC-NGU
QUOIQUE
QUOTITÉ
RABÂCHÉ
RABANNE

RABATTU
RABIOTÉ
RABIQUE
RABONNI
RABOTÉE
RABOTER
RABOUTÉ
RABROUÉ
RACCARD
RACCORD
RACCROC
RACCUSÉ
RACHETÉ
RACH GIA
RACIALE
RACIAUX
RACINAL
RACISME
RACISTE
RACLAGE
RACLANT
RACLEUR
RACLOIR
RACLURE
RACOLÉE
RACOLER
RACONTÉ
RACORNI
RADEAUX
RADEUSE
RADIALE
RADIANT
RADIAUX
RADICAL
RADIEUX
RADINÉE
RADINER
RADINES
RADOTÉE
RADOTER
RADOUBÉ
RADOUCI
RAEBURN
RAFFINÉ
RAFFOLÉ
RAFFÛTÉ
RAFIAUX
RAFLANT
RAFTING
RAGEANT
RAGEUSE
RAGRÉÉE
RAGRÉER
RAGTIME
RAGUANT
RAÏATEA
RAIDEUR

RAIFORT
RAILLÉE
RAILLER
RAIMOND
RAINANT
RAINIER
RAINURE
RAINURÉ
RAISINÉ
RAISMES
RAJEUNI
RAJOUTÉ
RAJUSTÉ
RÁKÓCZI
RÂLANTE
RALEIGH
RALENTI
RÂLEUSE
RALLIDÉ
RALLIÉE
RALLIER
RALLUMÉ
RAMADAN
RAMAGÉE
RAMAGER
RAMASSÉ
RAMBERT
RAMEAUX
RAMENDÉ
RAMENÉE
RAMENER
RAMETTE
RAMEUSE
RAMEUTÉ
RAMIFIÉ
RAMILLE
RAMOLLI
RAMOLLO
RAMONÉE
RAMONER
RAMPANT
RAMSDEN
RANATRE
RANCARD
RANCART
RANCHER
RANCHES
RANCUNE
RANDERS
RANGOON
RANGPUR
RANIMÉE
RANIMER
RANKINE
RANVIER
RAPALLO
RÂPEUSE

RAPHAËL
RAPHIDE
RAPIATE
RAPIÉCÉ
RAPIÈRE
RAPINÉE
RAPINER
RAPLATI
RAPPANT
RAPPELÉ
RAPPEUR
RAPPORT
RAPPRIS
RAPSODE
RAQUANT
RARÉFIÉ
RASANTE
RASETTE
RASEUSE
RASIBUS
RASPAIL
RASSISE
RASSURÉ
RASTADT
RASTATT
RATAFIA
RÂTEAUX
RÂTELÉE
RÂTELER
RATIÈRE
RATIFIÉ
RÄTIKON
RATINÉE
RATINER
RATISSÉ
RATURÉE
RATURER
RAUCHÉE
RAUCHER
RAUCITÉ
RAUQUER
RAVAGÉE
RAVAGER
RAVALÉE
RAVALER
RAVAUDÉ
RAVELLO
RAVENNE
RAVILIE
RAVILIR
RAVINÉE
RAVINER
RAVIOLE
RAVIOLI
RAVISÉE
RAVISER
RAVIVÉE

RAVIVER
RAYMOND
RAYNAUD
RAYONNE
RAYONNÉ
RAZILLY
RAZZIÉE
RAZZIER
RÉACTIF
READING
RÉADMIS
RÉALÉSÉ
RÉALGAR
RÉALISÉ
RÉALITÉ
RÉANIMÉ
RÉARMÉE
RÉARMER
RÉAUMUR
REBÂTIE
REBÂTIR
REBATTU
RÉBECCA
REBELLE
REBELLÉ
REBIFFÉ
REBIQUÉ
REBOIRE
REBOISÉ
REBONDI
REBORDÉ
REBOURS
REBRODÉ
REBRÛLÉ
REBUTÉE
REBUTER
RECADRÉ
RECALÉE
RECALER
RECASÉE
RECASER
RECAUSÉ
RECÉDÉE
RECÉDER
RECELÉE
RECELER
RÉCENCE
RECENSÉ
RÉCENTE
RECEPÉE
RECEPER
RECETTE
RECHAPÉ
RÉCHAUD
RECHUTE
RECHUTÉ
RÉCIFAL

RÉCITAL
RÉCITÉE
RÉCITER
RÉCLAME
RÉCLAMÉ
RECLOUÉ
RECLUSE
RÉCOLÉE
RÉCOLER
RECOLLÉ
RÉCOLTE
RÉCOLTÉ
RECONNU
RECOPIÉ
RECORDÉ
RECOUPE
RECOUPÉ
RECOURS
RECOURU
RECOUSU
RECRÉÉE
RÉCRÉÉE
RECRÉER
RÉCRÉER
RECRÉPI
RÉCRIÉE
RÉCRIER
RÉCRIRE
RÉCRITE
RECRUTÉ
RECTALE
RECTAUX
RECTEUR
RECTION
RECTITE
RECUEIL
RECUIRE
RECUITE
RECULÉE
RECULER
RÉCURÉE
RÉCURER
RÉCUSÉE
RÉCUSER
RECYCLÉ
RED DEER
REDDING
REDENTÉ
REDFORD
RÉDIGÉE
RÉDIGER
REDIMÉE
RÉDIMÉE
RÉDIMER
REDONNÉ
REDORÉE
REDORER
REDOUTE
REDOUTÉ
REDOUTÉ
RÉDUIRE
RÉDUITE
RÉÉCRIT
RÉÉDITÉ
RÉÉLIRE
REFAIRE
REFAITE
REFENDU
RÉFÉRÉE
RÉFÉRER
REFERMÉ
REFILÉE
REFILER
REFLÉTÉ
RÉFLEXE
REFLUER
REFONDÉ
REFONDU
REFONTE
REFORMÉ
RÉFORME
RÉFORME
RÉFORMÉ
REFOULÉ
REFRAIN
REFRÉNÉ
RÉFRÉNÉ
RÉFUGIÉ
REFUSÉE
REFUSER
RÉFUTÉE
RÉFUTER
REGAGNÉ
RÉGALEC
RÉGALÉE
RÉGALER
REGARDÉ
REGARNI
RÉGATER
REGELÉE
REGELER
RÉGENCE
RÉGENCE
REGENCY
RÉGENTE
RÉGENTÉ
REGGANE
REGIMBÉ
RÉGLAGE
RÉGLANT
RÉGLEUR
RÉGLURE
RÉGNANT
REGNARD
RÉGNIER
REGNITZ
REGORGÉ
REGRÉÉE
REGRÉER
RÉGULÉE
RÉGULER
REGULUS
RÉIFIÉE
RÉIFIER
REINACH
RÉITÉRÉ
REJETÉE
REJETER
REJETON
REJOINT
REJOUÉE
REJOUER
RÉJOUIE
RÉJOUIR
REJUGÉE
REJUGER
RELÂCHE
RELÂCHÉ
RELANCE
RELANCÉ
RELAPSE
RÉLARGI
RELATÉE
RELATER
RELATIF
RELAVÉE
RELAVER
RELAXÉE
RELAXER
RELAYÉE
RELAYER
RELÉGUÉ
RELEVÉE
RELEVER
RELIAGE
RELIANT
RELIEUR
RELIQUE
RELIURE
RELOGÉE
RELOGER
RELOOKÉ
RELOUÉE
RELOUER
RELUIRE
RELUQUÉ
REMÂCHÉ
REMANGÉ
REMANIÉ
REMARIÉ
REMBLAI
REMÉDIÉ
REMISÉE
REMISER
REMIXER
REMIXES
REMIZOV
REMMENÉ
RÉMOISE
RÉMOISE
REMONTE
REMONTÉ
REMORDS
REMORDU
REMOULU
REMPART
REMPILÉ
REMPLIE
REMPLIÉ
REMPLIR
REMPLOI
REMPOTÉ
REMUAGE
REMUANT
REMUEUR
REMUGLE
RÉMUSAT
RENÂCLÉ
RENARDE
RENAUDÉ
RENAULT
RENCARD
RENDANT
RENÉGAT
RENEIGÉ
RÉNETTE
RENFILÉ
RENFLÉE
RENFLER
RENFORT
RENGAGÉ
RENIANT
RENIFLÉ
RENNAIS
RENOMMÉ
RENONCE
RENONCÉ
RENOUÉE
RENOUER
RÉNOVÉE
RÉNOVER
RENTAMÉ
RENTANT
RENTIER
RENTRÉE
RENTRER
RENVIDÉ
RENVOYÉ
RÉOPÉRÉ
REPAIRE
REPAIRÉ
RÉPANDU
RÉPARÉE
RÉPARER
REPARLÉ
REPARTI
RÉPARTI
REPARUE
REPASSÉ
REPAVÉE
REPAVER
REPAYÉE
REPAYER
REPÊCHÉ
REPEINT
REPENDU
REPENSÉ
REPENTI
REPERCÉ
REPERDU
REPÉRÉE
REPÉRER
RÉPÉTÉE
RÉPÉTER
REPIQUE
REPIQUÉ
REPLACÉ
REPLÈTE
REPLIÉE
REPLIER
REPLOYÉ
REPOLIE
REPOLIR
RÉPONDU
RÉPONSE
REPORTÉ
REPOSÉE
REPOSER
RÉPRIMÉ
REPRINT
REPRISE
REPRISÉ
REPTILE
RÉPUDIÉ
RÉPUGNÉ
RÉPUTÉE
REQUETÉ
REQUÊTE
REQUÊTÉ
REQUIEM
REQUISE
RESALÉE
RESALER
RESALIE
RESALIR

RESCAPÉ
RESCRIT
RÉSEAUX
RÉSÉQUÉ
RÉSERVE
RÉSERVÉ
RÉSIDER
RÉSIGNÉ
RÉSILIÉ
RÉSILLE
RÉSINÉE
RÉSINER
RÉSISTÉ
RESITUÉ
RESNAIS
RÉSOLUE
RÉSONNÉ
RÉSORBÉ
RESPECT
RESPIRÉ
RESSAUT
RESSAYÉ
RESSEMÉ
RESSORT
RESSUER
RESSUYÉ
RESTANT
RESTAUX
RESTOUT
RESUCÉE
RÉSULTÉ
RÉSUMÉE
RÉSUMER
RESURGI
RETABLE
RÉTABLI
RÉTAISE
RÉTAMÉE
RÉTAMER
RETAPÉE
RETAPER
RETARDÉ
RETÂTÉE
RETÂTER
RETENDU
RETENIR
RETENTÉ
RETENTI
RETENUE
RETENUS
RETIERS
RÉTINOL
RÉTIQUE
RETIRÉE
RETIRER
RETISSÉ
RETOMBÉ
RETONDU
RETOQUÉ
RETORDU
RETORSE
RETRACÉ
RETRAIT
RETRAYÉ
RÉTRÉCI
RETSINA
REUBELL
RÉUNION
RÉUNION
RÉUSSIE
RÉUSSIR
REUTERS
REVALUE
RÊVASSÉ
REVÊCHE
REVÉCUE
RÉVÉLÉE
RÉVÉLER
REVENDU
REVENIR
REVENTE
REVENUE
REVERDI
REVERDY
RÉVÉRÉE
RÉVÉRER
RÊVERIE
REVERSÉ
REVERSI
REVÊTIR
REVÊTUE
RÊVEUSE
REVIENT
REVIGNY
RÉVISÉE
RÉVISER
REVISSÉ
REVIVAL
REVIVRE
REVOICI
REVOILÀ
REVOLER
RÉVOLTE
RÉVOLTÉ
RÉVOLUE
RÉVOQUÉ
REVOTÉE
REVOTER
REVOULU
RÉVULSÉ
REWBELL
REWRITÉ
REXISME
REXISTE
REYMONT
REYNAUD
REYNOSA
RHÉNANE
RHÉNIUM
RHÉTEUR
RHINITE
RHIZOME
RHODIÉE
RHODIUM
RHODOÏD
RHODOPE
RHONDDA
RHÔXANE
RHUMANT
RHYTINE
RIANTEC
RIBALTA
RIBAUDE
RIBÉRAC
RIBOUIS
RIBOULÉ
RICAINE
RICAINE
RICANER
RICARDO
RICHARD
RICHARD
RICHIER
RICHTER
RICIMER
RICOCHÉ
RICŒUR
RICOTTA
RIDEAUX
RIDELLE
RIDGWAY
RIÉCOIS
RIEMANN
RIEUMES
RIFAINE
RIFAINE
RIFLARD
RIFLOIR
RIGODON
RIGOLER
RIGOTTE
RIGUEUR
RIGVEDA
RILLONS
RIMBAUD
RIMEUSE
RINÇAGE
RINÇANT
RINCEAU
RINCEUR
RINÇURE
RINGARD
RINGGIT
RINTALA
RIOMOIS
RÍO MUNI
RIORGES
RIOTANT
RIOURIK
RIPATON
RIPIENO
RIPOLIN
RIPOSTE
RIPOSTÉ
RISETTE
RISIBLE
RISOTTO
RISQUÉE
RISQUER
RISSOLE
RISSOLÉ
RIVAROL
RIVETÉE
RIVETER
RIVETTE
RIVIERA
RIVIÈRE
RIVIÈRE
RIXHEIM
RIZERIE
RIZETTE
RIZIÈRE
ROBBINS
ROBERTI
ROBINET
ROBUSTA
ROBUSTE
ROCHAGE
ROCHANT
ROCHEUX
ROCHIER
ROCKEUR
ROCOUÉE
ROCOUER
RODÉRIC
RÔDEUSE
RODIÈRE
ROGATON
ROGNAGE
ROGNANT
ROGNEUX
ROGNURE
ROGOMME
ROIDEUR
ROI LEAR
ROILLÉE
ROILLER
ROLANDO
ROLLAND
ROLLEUR
ROLLIER
ROLLINS
ROMAGNE
ROMAINE
ROMAINE
ROMAINS
ROMANCE
ROMANCÉ
ROMANDE
ROMANDE
ROMANÉE
ROMANIA
ROMANOS
ROMANOV
ROMARIN
ROMILLY
ROMPANT
ROMUALD
ROMULUS
RONCEUX
RONCHIN
RONCHON
RONCIER
RONCONI
RONDADE
RONDEAU
RONDEUR
RONDIER
RONÉOTÉ
RONFLER
RONGEUR
RONSARD
RÖNTGEN
RÖNTGEN
ROQUANT
RORAIMA
RORQUAL
ROSACÉE
ROSAIRE
ROSARIO
ROSÂTRE
ROSCOFF
ROSEAUX
ROSELET
ROSÉOLE
ROSETTE
ROSEVAL
ROSHEIM
ROSIÈRE
ROSNÉEN
ROSSANT
ROSSARD
ROSSINI
ROSTAND
ROSTOCK

ROSTRAL
ROTACÉE
ROTATIF
ROTGANG
ROTHARI
ROTONDA
ROTONDE
ROTRING
ROUABLE
ROUANNE
ROUAULT
ROUBAIX
ROUBAUD
ROUBLEV
ROUELLE
ROUERIE
ROUGAIL
ROUGEUR
ROUILLE
ROUILLÉ
ROULADE
ROULAGE
ROULANT
ROULEAU
ROULERS
ROULEUR
ROULIER
ROULURE
ROUMAIN
ROUMAIN
ROUQUIN
ROUSSEL
ROUSSIE
ROUSSIN
ROUSSIN
ROUSSIR
ROUSTAN
ROUTAGE
ROUTANT
ROUTARD
ROUTEUR
ROUTIER
ROUTINE
ROUVERT
ROUVIER
ROUVRAY
ROUVRIR
ROUVROY
ROWLAND
ROYAUME
ROYAUMÉ
ROYAUTÉ
ROYENNE
RUBANÉE
RUBANER
RUBÉOLE
RUBICAN
RUBICON
RUBROEK
RUCHANT
RUCHARD
RUDENTÉ
RUDÉRAL
RUDESSE
RUDISTE
RUDOYÉE
RUDOYER
RUFFIAN
RUFIYAA
RUGUEUX
RUINANT
RUINEUX
RUINURE
RUMFORD
RUMILLY
RUMINÉE
RUMINER
RUNIQUE
RUPTEUR
RUPTURE
RURBAIN
RUSHDIE
RUSSÉEN
RUSSELL
RUSSULE
RUSTAUD
RUSTINE
RUTACÉE
RUTHÈNE
RUTHÈNE
RUTILER
RUTULES
RUY BLAS
RUZANTE
RUZICKA
RYBINSK
RYDBERG
RYSWICK
RYTHMÉE
RYTHMER
RZESZÓW
SAAS FEE
SABAYON
SABELLE
SABINUS
SABLAGE
SABLAIS
SABLANT
SABLEUR
SABLEUX
SABLIER
SABORDÉ
SABOTÉE
SABOTER
SABOULÉ
SABRAGE
SABRAIS
SABRANT
SABREUR
SACCADE
SACCADÉ
SACCAGE
SACCAGÉ
SACCULE
SACHANT
SACOCHE
SACQUÉE
SACQUER
SACRALE
SACRANT
SACRAUX
SADIENS
SADIQUE
SADISME
SADOLET
SAFRANÉ
SAGASTA
SAGESSE
SAGETTE
SAGITTÉ
SAGONTE
SAGOUIN
SAIGNÉE
SAIGNER
SAIKAKU
SAILLAT
SAILLIE
SAILLIR
SAÏMIRI
SAINTES
SAINT-LÔ
SAISIES
SAISINE
SAISSET
SAKARYA
SALADIN
SALAGOU
SALAIRE
SALARIÉ
SALAVAT
SALAZAR
SALAZIE
SALBRIS
SALCHOW
SALERNE
SALERON
SALGADO
SALIÈRE
SALIERI
SALIFIÉ
SALINAS
SALIOUT
SALIQUE
SALIVER
SALLUIT
SALOMON
SALOPÉE
SALOPER
SALOUEN
SALUANT
SALUBRE
SALUCES
SALZACH
SAMARIE
SAMARRA
SAMATAN
SAMNITE
SAMNIUM
SAMOANE
SAMOANE
SAMOËNS
SAMOVAR
SAMPAIO
SAMPANG
SAMPLÉE
SAMPLER
SAMPRAS
SANCTUS
SANDAGE
SANDALE
SANDEAU
SANDJAK
SANGLÉE
SANGLER
SANGLON
SANGLOT
SANGRIA
SANGSUE
SANGUIN
SANICLE
SANIEUX
SAN JOSE
SAN JOSÉ
SAN JUAN
SANNOIS
SANRAKU
SAN REMO
SANS-FIL
SANTA FE
SANTIAG
SÃO LUÍS
SÃO TOMÉ
SAOULÉE
SAOULER
SAPAJOU
SAPÈQUE
SAPERDE
SAPHÈNE
SAPPORO
SAQUANT
SARAGAT
SARANSK
SARAPIS
SARASIN
SARATOV
SARAWAK
SARAZIN
SARCINE
SARCLÉE
SARCLER
SARCOME
SARDANE
SARDINE
SARIGUE
SARISSE
SARKOZY
SARMENT
SARNATH
SAROUAL
SAROUEL
SAROYAN
SARRAIL
SARRANS
SARRAUT
SARRÈTE
SARROIS
SARTÈNE
SARTINE
SARZEAU
SASHIMI
SASSANT
SASSARI
SATANÉE
SATIÉTÉ
SATINÉE
SATINER
SATLEDJ
SATOLAS
SATPURA
SATRAPE
SATURÉE
SATURER
SATURNE
SAUÇANT
SAUCIER
SAUGUES
SAUGUET
SAULAIE
SAULDRE
SAULIEU
SAUMONÉ
SAUMURE
SAUMURÉ
SAUNAGE
SAUNANT

SAUNIER
SAURAGE
SAURANT
SAURIEN
SAUTAGE
SAUTANT
SAUTEUR
SAUTIER
SAUTOIR
SAUVAGE
SAUVAGE
SAUVANT
SAUVETÉ
SAUVEUR
SAUVEUR
SAVANTE
SAVARIN
SAVENAY
SAVERNE
SAVIGNY
SAVINIO
SAVONNÉ
SAVOURÉ
SAXHORN
SAXONNE
SAXONNE
SAYNÈTE
SCALÈNE
SCALPÉE
SCALPEL
SCALPER
SCANDÉE
SCANDER
SCANNÉE
SCANNER
SCAPULA
SCAROLE
SCARRON
SCÉENNE
SCELLÉE
SCELLER
SCELLÉS
SCEPTRE
SCHACHT
SCHADER
SCHAPPE
SCHEELE
SCHEIDT
SCHELEM
SCHELER
SCHERZO
SCHIELE
SCHILDE
SCHINDÉ
SCHINER
SCHISME
SCHISTE

SCHLASS
SCHLEUE
SCHLICK
SCHMIDT
SCHMITT
SCHNAPS
SCHNOCK
SCHNOUF
SCHOFAR
SCHOLEM
SCHOLIE
SCHORRE
SCHOTEN
SCHULTZ
SCHUMAN
SCHWANN
SCHWEDT
SCIABLE
SCIANTE
SCIENCE
SCIERIE
SCIEUSE
SCINDÉE
SCINDER
SCINQUE
SCIOTTE
SCIPION
SCLÉRAL
SCOLYTE
SCOOTER
SCORBUT
SCOTCHÉ
SCOTCHS
SCOTOME
SCOURED
SCRAPER
SCRATCH
SCRIBAN
SCRIPTE
SCROTAL
SCROTUM
SCRUTÉE
SCRUTER
SCRUTIN
SCUDÉRY
SCULPTÉ
SCUTARI
SCYTHES
SCYTHIE
SEABORG
SEA-LINE
SEATTLE
SÉBACÉE
SÉBASTE
SEBONDE
SÉCABLE
SÉCANTE

SÉCHAGE
SÉCHANT
SÉCHEUR
SÉCHOIR
SECONDE
SECONDÉ
SECOUÉE
SECOUER
SECOURS
SECOURU
SECRÈTE
SECRÉTÉ
SÉCRÉTÉ
SECTEUR
SECTION
SECUNDO
SECURIT
SEDAINE
SÉDATIF
SÉDUIRE
SÉDUITE
SEEBECK
SEFÉRIS
SEGALEN
SÉGESTE
SEGHERS
SEGMENT
SÉGOVIE
SEGRAIS
SEGRÉEN
SÉGUIER
SEICHES
SEIFERT
SEILLON
SÉISMAL
SÉISTAN
SÉLECTE
SÉLECTÉ
SELKIRK
SELLANT
SELLARS
SELLIER
SELLOIS
SEMAINE
SEMBENE
SEMBLER
SEMELLE
SEMENCE
SEMEUSE
SÉMINAL
SÉMIQUE
SEMONCE
SEMONCÉ
SEMOULE
SEMPACH
SEMPRUN
SÉNEÇON

SENEFFE
SÉNÉGAL
SÉNÈQUE
SENGHOR
SENNETT
SENNEUR
SENONES
SÉNOUFO
SENSASS
SENSEUR
SENSUEL
SENTANT
SENTEUR
SENTIER
SENTINE
SÉPARÉE
SÉPARER
SÉPIOLE
SEPPUKU
SEPTAIN
SEPTALE
SEPTAUX
SEPTIMO
SEPTUOR
SÉQUOIA
SERAING
SÉRAPIS
SEREINE
SÉRÈRES
SÉREUSE
SERFOUI
SERGENT
SERGIPE
SÉRIANT
SÉRIEUX
SERINÉE
SERINER
SERINGA
SÉRIQUE
SERMENT
SERPENT
SERPULE
SERRAGE
SERRANT
SERRURE
SERVAGE
SERVANT
SERVEUR
SERVIAN
SERVICE
SERVILE
SERVITE
SESSILE
SESSION
SÉTACÉE
SÉTOISE
SETTONS

SETÚBAL
SÉVERAC
SÉVÈRES
SÉVERIN
SÉVICES
SÉVIGNÉ
SÉVILLE
SEVRAGE
SEVRANT
SÉVRIEN
SEXISME
SEXISTE
SEX-SHOP
SEXTANT
SEXTINE
SEXTUOR
SEYANTE
SEYMOUR
SEYNOIS
SEYSSEL
SÉZANNE
SÉZIGUE
SFUMATO
SHAANXI
SHABBAT
SHAHNAÏ
SHÂHPUR
SHAMASH
SHANKAR
SHANNON
SHANTOU
SHAPLEY
SHARAKU
SHEBELI
SHELLEY
SHEPARD
SHERMAN
SHERRYS
SHIATSU
SHIHEZI
SHIJING
SHIKOKU
SHILLUK
SHIMIZU
SHINGLE
SHKODËR
SHKODRA
SHOGOUN
SHOOTÉE
SHOOTER
SHOTOKU
SHOW-BIZ
SHUMWAY
SHUNTÉE
SHUNTER
SIALKOT
SIAMANG

- SIAMOIS
- **SIBÉRIE**
- SIBYLLE
- SICAIRE
- **SICANES**
- SICCITÉ
- **SICHUAN**
- **SICULES**
- **SICYONE**
- SIDE-CAR
- SIDÉRAL
- SIDÉRÉE
- SIDÉRER
- **SIDOBRE**
- SIEMENS
- **SIEMENS**
- SIEVERT
- SIFFLÉE
- SIFFLER
- SIFFLET
- SIFILET
- SIGILLÉ
- SIGNALÉ
- SIGNANT
- SIGNAUX
- **SIKASSO**
- SILENCE
- **SILÉSIE**
- SILIQUE
- SILLAGE
- **SILLÉEN**
- **SILLERY**
- SIMARRE
- **SIMENON**
- **SIMIAND**
- SIMILOR
- **SIMITIS**
- SIMONIE
- **SIMONOV**
- SIMPLET
- SIMPLEX
- **SIMPLON**
- **SIMPSON**
- SIMULÉE
- SIMULER
- SIMULIE
- **SINATRA**
- SINCÈRE
- SINE DIE
- SINGLET
- SINISÉE
- SINISER
- **SINOISE**
- SINOPLE
- SINOQUE
- SINUANT
- SINUEUX
- **SINUIJU**
- SINUSAL
- SIROCCO
- SIROTÉE
- SIROTER
- SIRTAKI
- SISMALE
- SISMAUX
- **SISYPHE**
- SITTÈLE
- SITTIDÉ
- SITUANT
- SIVAÏTE
- **SIWALIK**
- SIX-HUIT
- SIXIÈME
- **SIXTINE**
- SIZERIN
- SKETCHS
- SKIABLE
- SKI-BOBS
- SKIEUSE
- **SKINNER**
- SKIPPER
- SKYDOME
- SLALOMÉ
- **SLÁNSKY**
- SLASHES
- SLAVISÉ
- **SLESVIG**
- SLIÇANT
- **SLIPHER**
- SLOUGHI
- SLOVÈNE
- **SLOVÈNE**
- **SMALLEY**
- SMASHÉE
- SMASHER
- SMASHES
- **SMETANA**
- SMICARD
- SMOKING
- SNIFFÉE
- SNIFFER
- SNOBANT
- **SNOWDON**
- **SNYDERS**
- **SOBIBÓR**
- **SOCHAUX**
- SOCIALE
- SOCIAUX
- SOCIÉTÉ
- **SOCOTRA**
- **SOCRATE**
- SODIQUE
- SODOMIE
- SOFFITE
- **SOFIOTE**
- SOIERIE
- SOIGNÉE
- SOIGNER
- **SOIGNES**
- **SOISÉEN**
- SOLAIRE
- **SOLARIO**
- SOLDANT
- SOLDATE
- SOLDEUR
- SOLERET
- **SOLEURE**
- SOLFÈGE
- SOLFIÉE
- SOLFIER
- **SOLIGNY**
- **SOLIMAN**
- SOLISTE
- **SOLLERS**
- **SOLOGNE**
- **SOLOMÓS**
- SOLUBLE
- **SOLUTRÉ**
- SOLVANT
- SOLVATE
- SOMALIE
- **SOMALIE**
- **SOMALIS**
- **SOMBART**
- SOMBRER
- SOMMANT
- SOMMEIL
- **SOMMERS**
- SOMMIER
- SOMMITÉ
- SOMNOLÉ
- **SOMPORT**
- SONDAGE
- SONDANT
- SONDEUR
- **SONDRIO**
- SONGEUR
- **SONGHAÏ**
- **SONGNAM**
- **SONINKÉ**
- SONIQUE
- SONNANT
- SONNEUR
- **SONNINI**
- **SONRHAÏ**
- SOPHORA
- SOPRANI
- SOPRANO
- **SORABES**
- SORBIER
- SORCIER
- SORDIDE
- **SORGUES**
- **SOROKIN**
- SORORAL
- SORORAT
- SORTANT
- **SOTATSU**
- **SOTHEBY**
- SOTTISE
- **SOUBISE**
- SOUCHET
- **SOUCHON**
- SOUCIÉE
- SOUCIER
- SOUDAGE
- SOUDAIN
- SOUDANT
- SOUDARD
- SOUDEUR
- SOUDOYÉ
- SOUDURE
- SOUFFLE
- SOUFFLÉ
- SOUFRÉE
- SOUFRER
- SOUHAIT
- SOUILLE
- SOUILLÉ
- **SOUILLY**
- SOUKKOT
- SOULAGÉ
- SOULANE
- SOÛLANT
- SOÛLARD
- SOÛLAUD
- SOULEVÉ
- SOULIER
- SOÛLOTE
- SOUMISE
- **SOUMMAM**
- **SOUNION**
- SOUPANT
- SOUPAPE
- SOUPÇON
- SOUPESÉ
- SOUPEUR
- SOUPIRÉ
- SOUQUÉE
- SOUQUER
- SOURATE
- SOURCIL
- **SOURDIS**
- SOURDRE
- SOURIRE
- SOUSLIK
- SOUS-OFF
- SOUS-SOL
- SOUTANE
- SOUTENU
- **SOUTHEY**
- SOUTIEN
- SOUTIER
- **SOUTINE**
- SOUTIRÉ
- SOUVENT
- SOUVENU
- **SOUZDAL**
- SOVKHOZ
- SOYEUSE
- **SOYINKA**
- SPADICE
- **SPADOIS**
- **SPALATO**
- SPALTER
- **SPANDAU**
- SPARIDÉ
- SPATIAL
- SPATULE
- SPATULÉ
- SPEAKER
- SPÉCIAL
- SPECTRE
- SPÉCULÉ
- SPEECHS
- SPEEDER
- **SPEMANN**
- SPENCER
- **SPENCER**
- **SPENSER**
- SPHINGE
- SPICULE
- SPIEGEL
- SPINALE
- SPINAUX
- **SPINOLA**
- **SPÍNOLA**
- **SPINOZA**
- SPIRALE
- SPIRALÉ
- SPIRAUX
- SPIRITE
- SPITANT
- **SPLÜGEN**
- **SPOERRI**
- SPOILER
- **SPOKANE**
- **SPOLÈTE**
- SPOLIÉE
- SPOLIER
- SPONSOR
- SPORTIF
- SPORULÉ
- **SPRATLY**
- **SPRINGS**

SPRINTÉ
SPUMEUX
SQUATTÉ
SQUEEZE
SQUEEZÉ
SQUILLE
SQUIRRE
STABIES
STADIER
STAFFÉE
STAFFER
STAGNER
STALINE
STALINO
STAMINÉ
STAMITZ
STAND-BY
STANLEY
STANOIS
STANTON
STARETS
STARTER
START-UP
STATÈRE
STATICE
STATINE
STATION
STATUER
STATURE
STEAMER
STEEMAN
STEEPLE
STEINER
STEKENE
STELVIO
STENCIL
STÉNOPÉ
STÉNOSE
STENTOR
STENTOR
STEPPER
STÉRANT
STÉRILE
STERLET
STERNAL
STERNUM
STETTIN
STEVENS
STEWARD
STEWART
STIBIÉE
STIBINE
STIBITZ
STICKER
STIFTER
STIGLER
STILLER
STILTON
STIMULÉ
STIMULI
STIPULE
STIPULÉ
STIRING
STIRNER
ST. JOHN'S
STOCKÉE
STOCKER
STODOLA
STOÏQUE
STOMATE
STOMISÉ
STOMOXE
STOPPÉE
STOPPER
STRABON
STRASSE
STRATON
STRATUS
STRAUSS
STRESSÉ
STRETCH
STRETTE
STRIANT
STRICTE
STRIDOR
STRIURE
STROMBE
STROPHE
STROUVE
STROZZI
STRUDEL
STUCAGE
STUPEUR
STUPIDE
STUQUÉE
STUQUER
STYLANT
STYLISÉ
STYLITE
STYRÈNE
SUAVITÉ
SUBAIGU
SUBIACO
SUBLANT
SUBLIME
SUBLIMÉ
SUBORNÉ
SUBROGÉ
SUBSIDE
SUBSUMÉ
SUBTILE
SUBVENU
SUCCÉDÉ
SUCCION
SUCCUBE
SUCEAVA
SUCETTE
SUCEUSE
SUÇOTÉE
SUÇOTER
SUCRAGE
SUCRANT
SUCRATE
SUCRIER
SUCRINE
SUDBURY
SUDÈTES
SUDISTE
SUDORAL
SUÉDINE
SUÉDOIS
SUÉDOIS
SUENENS
SUÉTONE
SUFFÈTE
SUFFIRE
SUFFIXE
SUFFIXÉ
SUFFOLK
SUFFREN
SUGGÉRÉ
SUHARTO
SUICIDE
SUICIDÉ
SUIFFÉE
SUIFFER
SUINTER
SUIPPAS
SUIPPES
SUIVANT
SUIVEUR
SUIVIES
SUJETTE
SUKARNO
SULFATE
SULFATÉ
SULFITE
SULFONE
SULFONÉ
SULFURE
SULFURÉ
SULLANA
SULPICE
SULTANE
SUMATRA
SUMBAVA
SUMBAWA
SUNDGAU
SUNNITE
SUPERBE
SUPPLÉÉ
SUPPLIÉ
SUPPORT
SUPPOSÉ
SUPPURÉ
SUPPUTÉ
SUPRÊME
SURAIGU
SURANNÉ
SURBAUX
SURBOUM
SURCOTE
SURCOUF
SURCOÛT
SURDENT
SURDITÉ
SURDOSE
SURDOUÉ
SUREAUX
SURELLE
SURETTE
SURFACE
SURFACÉ
SURFAIT
SURFAIX
SURFANT
SURFEUR
SURFILÉ
SURFINE
SURGELÉ
SURGEON
SURINAM
SURINÉE
SURINER
SURJALÉ
SURJETÉ
SURLOUÉ
SURMENÉ
SURNAGÉ
SURPAYE
SURPAYÉ
SURPLIS
SURPLUS
SURPRIS
SURRÉEL
SURSAUT
SURTAXE
SURTAXÉ
SURTOUT
SURVÉCU
SURVENU
SURVIRÉ
SURVOLÉ
SUSCITÉ
SUSDITE
SUSIANE
SUSPECT
SUSPENS
SUSURRÉ
SUSVISÉ
SUTURÉE
SUTURER
SUZANNE
SVOBODA
SWAHILI
SWAHILI
SWANSEA
SWEATER
SWINDON
SWINGUÉ
SYBARIS
SYCOSIS
SYÉNITE
SYLLABE
SYLVAIN
SYLVAIN
SYLVITE
SYLVIUS
SYMBOLE
SYNAPSE
SYNCOPE
SYNCOPÉ
SYNODAL
SYNOPSE
SYNOVIE
SYNTAXE
SYNTONE
SYSTÈME
SYSTOLE
SYZYGIE
SZILARD
SZOLNOK
TABAGIE
TABARIN
TABARKA
TABARLY
TABASKI
TABASSÉ
TABELLE
TABLANT
TABLARD
TABLEAU
TABLEUR
TABLIER
TABLOÏD
TABOULÉ
TACHANT
TÂCHANT
TACHETÉ
TACHINA
TACHINE
TACLANT
TACTILE
TADORNE
TAGALOG

7

TAGALOG
TAGARIN
TAGETES
TAGETTE
TAGUANT
TAGUEUR
TAI-CHIS
TAILLÉE
TAILLER
TAILLIS
TAIPING
TAISANT
TAISEUX
TAIYUAN
TAKAOKA
TAKE-OFF
TALENCE
TALIBAN
TALIPOT
TALITRE
TALLAGE
TALLANT
TALLIEN
TALLINN
TALLITH
TALMONT
TALOCHE
TALOCHÉ
TALONNÉ
TALQUÉE
TALQUER
TALUTÉE
TAMARIN
TAMARIS
TAMARIS
TAMARIX
TAMBOUR
TAMISÉE
TAMISER
TAMMOUZ
TAMOULE
TAMOURÉ
TAMPERE
TAMPICO
TAMPICO
TAM-TAMS
TANAGRA
TANAGRA
TANÇANT
TANGAGE
TANGARA
TANGENT
TANGUER
TANIÈRE
TANISÉE
TANISER
TANJORE

TANNAGE
TANNANT
TANNEUR
TANNISÉ
TAN-SADS
TANTALE
TANTALE
TANTINE
TANUCCI
TAOÏSME
TAOÏSTE
TAO QIAN
TAOYUAN
TAPAJÓS
TAPANTE
TAPECUL
TAPETTE
TAPEUSE
TAPINER
TAPIOCA
TAPISSÉ
TAPOTÉE
TAPOTER
TAQUAGE
TAQUANT
TAQUINE
TAQUINÉ
TAQUOIR
TARANIS
TARAUDÉ
TARBAIS
TARBELA
TARDANT
TARDIEU
TARDIVE
TARENTE
TARENTE
TARGUÉE
TARGUER
TARGUIE
TARIÈRE
TARIFÉE
TARIFER
TARNAIS
TARNIER
TARNOVO
TARPEIA
TARQUIN
TARRASA
TARSIEN
TARSIER
TARTARE
TARTARE
TARTINE
TARTINÉ
TARTINI
TARTUFE

TARTUFE
TASSANT
TASSEAU
TASSILI
TASSONI
TATARIE
TÂTE-VIN
TATLINE
TÂTONNÉ
TATOUÉE
TATOUER
TAUBATÉ
TAULARD
TAULIER
TAUNTON
TAUPANT
TAUPIER
TAUREAU
TAUREAU
TAURIDE
TAURINE
TAVELÉE
TAVELER
TAVERNE
TAVERNY
TAVIANI
TAXABLE
TAXACÉE
TAXIMAN
TAXIMEN
TAXIWAY
TAYGÈTE
TAZIEFF
TAZOULT
TCHADOR
TCHADRI
TCHAMPA
TCHÈQUE
TCHÈQUE
TÉBESSA
TÉCHINÉ
TECTITE
TÉHÉRAN
TEILLÉE
TEILLER
TEINDRE
TEINTÉE
TEINTER
TÉLAMON
TÉLÉFAX
TÉLÈGUE
TÉLÉSKI
TÉLÉTEL
TÉLEXÉE
TÉLEXER
TELLIER
TELLURE

TEMENOS
TEMPERA
TEMPÉRÉ
TEMPÊTE
TEMPÊTÉ
TENABLE
TENANTE
TENDANT
TENDEUR
TENDRON
TÉNESME
TENEUSE
TENIERS
TENONNÉ
TENSEUR
TENSIFT
TENSION
TENTANT
TENTURE
TÉNUITÉ
TEOCALI
TEPLICE
TEQUILA
TERBIUM
TÉRENCE
TERFÈZE
TERGITE
TERMINÉ
TERMITE
TERNAUX
TERPÈNE
TERPINE
TERRAIN
TERRANT
TERREAU
TERREUR
TERREUX
TERRIEN
TERRIER
TERRINE
TERROIR
TESSÈRE
TESSIER
TEST ACT
TESTAGE
TESTANT
TESTEUR
TÉTANIE
TÉTANOS
TÊTIÈRE
TÉTOUAN
TÉTRADE
TEUTONS
TEXTILE
TEXTUEL
TEXTURE
TEXTURÉ

TÉZIGUE
THADDÉE
THALWEG
THALWIL
THAPSUS
THÁSSOS
THÉATIN
THÉÂTRE
THÉBAIN
THÉBAIN
THÉIÈRE
THÉISME
THÉISTE
THÉLÈME
THENARD
THÉODAT
THÉORBE
THÉORIE
THÉOULE
THÉRÈSE
THERMAL
THERMES
THERMIE
THERMOS
THÉSARD
THIBAUD
THIERRI
THIERRY
THIMPHU
THLASPI
THOMIRE
THOMISE
THOMSEN
THOMSON
THÔNAIN
THONIER
THONINE
THOREAU
THORENS
THORINE
THORIUM
THOUARS
THULIUM
THYESTE
THYIADE
THYMINE
THYSSEN
TIANJIN
TIBESTI
TIBIALE
TIBIAUX
TIBULLE
TIÉDEUR
TIEPOLO
TIERCÉE
TIFFANY
TIGELLE

TIGHINA
TIGNARD
TIGRANE
TIGRÉEN
TIHANGE
TIJUANA
TILBURG
TILBURY
TILLAGE
TILLANT
TILLEUL
TILLICH
TILLIER
TILTANT
TIMBALE
TIMBRÉE
TIMBRER
TIMMINS
TIMORÉE
TINAMOU
TINDOUF
TINETTE
TINTANT
TIOUMEN
TIPPANT
TIPPETT
TIQUANT
TIQUETÉ
TIQUEUR
TIRASSE
TIRETTE
TIREUSE
TIRNOVO
TIRPITZ
TISONNÉ
TISSAGE
TISSANT
TISSEUR
TISSURE
TITANIC
TITILLÉ
TITISEE
TITISME
TITISTE
TITRAGE
TITRANT
TITUBER
TLEMCEN
TLINGIT
TOASTER
TOBROUK
TOCANTE
TOCARDE
TOCCATA
TOILAGE
TOISANT
TOITURE

TOKAIDO
TOKAMAK
TOKYOTE
TOKYOTE
TÔLARDE
TOLBIAC
TOLEARA
TOLÉRÉE
TOLÉRER
TÔLERIE
TOLIARA
TÔLIÈRE
TOLKIEN
TOLSTOÏ
TOLUÈNE
TOMBALE
TOMBALS
TOMBANT
TOMBAUX
TOMBEAU
TOMBEUR
TOMBOLA
TOMBOLO
TOMETTE
TOMMIES
TONDANT
TONDEUR
TONGHUA
TONGRES
TONIFIÉ
TONIQUE
TONLIEU
TONNAGE
TONNANT
TONNEAU
TÖNNIES
TONSURE
TONSURÉ
TONTINE
TONTINÉ
TONTURE
TOP-CASE
TÖPFFER
TOPHACÉ
TOPIQUE
TOPKAPI
TOPLESS
TOQUADE
TOQUANT
TOQUARD
TORBALL
TORCHÉE
TORCHER
TORCHIS
TORCHON
TORDAGE
TORDANT

TORDEUR
TORD-NEZ
TORDOIR
TORÉANT
TORELLI
TORHOUT
TORIGNI
TORIQUE
TORNADE
TORNGAT
TORONTO
TORPÉDO
TORPEUR
TORPIDE
TORRENT
TORREÓN
TORRIDE
TORSADE
TORSADÉ
TORSION
TORTORÉ
TORTOSA
TORTURE
TORTURÉ
TOSCANE
TOSCANE
TOSSANT
TÔT-FAIT
TOUAREG
TOUAREG
TOUBKAL
TOUCHAU
TOUCHÉE
TOUCHER
TOUFFUE
TOUILLE
TOUILLÉ
TOULADI
TOULOIS
TOUNDRA
TOUPAYE
TOUPINE
TOUPINÉ
TOURANE
TOURFAN
TOURIER
TOURNAI
TOURNAN
TOURNÉE
TOURNER
TOURNIS
TOURNOI
TOURNON
TOURNUS
TOURNUS
TOUSSER
TOUSSUS

TOUTIME
TOXÉMIE
TOXIQUE
TOYNBEE
TRAÇAGE
TRAÇANT
TRACEUR
TRACHÉE
TRACIEN
TRACLET
TRAÇOIR
TRACTÉE
TRACTER
TRACTIF
TRACTUS
TRADUIT
TRAILLE
TRAÎNÉE
TRAÎNER
TRAITÉE
TRAITER
TRAÎTRE
TRAJANE
TRALALA
TRALUIT
TRAMAGE
TRAMAIL
TRAMANT
TRAMWAY
TRANCHE
TRANCHÉ
TRANSAT
TRANSFO
TRANSIE
TRANSIR
TRANSIT
TRAPANI
TRAPÈZE
TRAPPÉE
TRAPPER
TRAPPES
TRAQUÉE
TRAQUER
TRAQUET
TRAUNER
TRAVAIL
TRAVAUX
TRAVELO
TRAVERS
TRAYANT
TRAYEUR
TRÉBOUL
TRÉFILÉ
TRÉFLÉE
TREILLE
TRÉLAZÉ
TRÉMAIL

TRÉMATÉ
TREMBLE
TREMBLÉ
TRÉMOLO
TREMPÉE
TREMPER
TRÉMULÉ
TRENTIN
TRENTON
TRÉPANÉ
TRÉPANG
TRÉPIDÉ
TRÉPIED
TRESSÉE
TRESSER
TRÉTEAU
TRÉVIRE
TRÉVIRÉ
TRÉVISE
TRÉVISE
TRÉVOUX
TRIALLE
TRIANON
TRIBADE
TRIBALE
TRIBALS
TRIBART
TRIBAUX
TRIBORD
TRIBUNE
TRICARD
TRICEPS
TRICHER
TRICHUR
TRICÔNE
TRICOTÉ
TRIDENT
TRIÈDRE
TRIESTE
TRIEUSE
TRIGONE
TRILLER
TRILOBÉ
TRIMANT
TRIMARD
TRIMÈRE
TRIMMER
TRINGLE
TRINGLÉ
TRINITÉ
TRINÔME
TRINQUÉ
TRIOLET
TRIOLET
TRIONYX
TRIPALE
TRIPANG

TRIPANT
TRIPIER
TRIPLAN
TRIPLÉE
TRIPLER
TRIPLÉS
TRIPLET
TRIPLEX
TRIPLEX
TRIPODE
TRIPOLI
TRIPOTÉ
TRIPOUS
TRIPOUX
TRIPURA
TRIQUET
TRIRÈME
TRISMUS
TRISSÉE
TRISSER
TRISSIN
TRISTAM
TRISTAN
TRISTÃO
TRITIUM
TRITURÉ
TRIVIAL
TROCART
TROCHÉE
TROCHES
TROCHIN
TROGNON
TROLLEY
TROMMEL
TROMPÉE
TROMPER
TRÔNANT
TRONCHE
TRONÇON
TRONQUÉ
TROPHÉE
TROPPAU
TROQUÉE
TROQUER
TROQUET
TROTSKI
TROTTÉE
TROTTER
TROTTIN
TROUANT
TROUBLE
TROUBLÉ
TROUSSE
TROUSSÉ
TROUVÉE
TROUVER
TROYENS

TRUANDE
TRUANDÉ
TRUCAGE
TRUCIDÉ
TRUDEAU
TRUELLE
TRUFFÉE
TRUFFER
TRUISME
TRUITÉE
TRULLOS
TRUMEAU
TRUQUÉE
TRUQUER
TRUSTEE
TRUSTÉE
TRUSTER
TRUSTIS
TRUYÈRE
TSARINE
T-SHIRTS
TSHOKWE
TSIGANE
TSIGANE
TSUGARU
TSUNAMI
TUAMOTU
TUBAIRE
TUBARDE
TUBIANA
TUBIFEX
TUBISTE
TUBULÉE
TUDJMAN
TUE-TÊTE
TUFEAUX
TUFFEAU
TUILANT
TUILEAU
TUILIER
TULLINS
TUMÉFIÉ
TUMORAL
TUMULTE
TUMULUS
TUNIQUE
TUNIQUÉ
TUNISIE
TUPOLEV
TURBIDE
TURBIGO
TURBINE
TURBINÉ
TURDIDÉ
TURENNE
TURGIDE
TURISTA

TURKANA
TURPIDE
TURQUIE
TURQUIN
TUSSAUX
TUSSORE
TUTELLE
TUTEURÉ
TUTORAT
TUTOYÉE
TUTOYER
TUTRICE
TUYAUTÉ
TWEETER
TWIN-SET
TWISTER
TYNDALL
TYNDARE
TYPESSE
TYPHOSE
TYPIQUE
TZARINE
TZELTAL
TZIGANE
TZIGANE
TZOTZIL
UBERABA
UCAYALI
UCCELLO
UDAIPUR
UGINOIS
UKRAINE
UKULÉLÉ
ULCÉRÉE
ULCÉRER
ULFILAS
ULLMANN
ULLUQUE
ULMACÉE
ULMISTE
ULNAIRE
ULULANT
UMBANDA
UNAMUNO
UNANIME
UNCINÉE
UNGUÉAL
UNICITÉ
UNIFIÉE
UNIFIER
UNIMENT
UNIPARE
UNISEXE
UNISSON
UNIVERS
UPÉRISÉ
UPPSALA

UPSILON
URACILE
URANAIS
URANATE
URANEUX
URANIUM
URANYLE
URBAINE
URCÉOLÉ
URETÈRE
URÉTRAL
URGENCE
URGENTE
URINANT
URINAUX
URINOIR
URODÈLE
UROPODE
URRAQUE
URUGUAY
USHUAIA
USINAGE
USINANT
USINGER
ÜSKÜDAR
USUELLE
USURIER
USURPÉE
USURPER
UTAMARO
UTÉRINE
UTILISÉ
UTILITÉ
UTRECHT
UTRILLO
UVA-URSI
UZERCHE
UZÉTIEN
VACANCE
VACANTE
VACARME
VACCINE
VACCINÉ
VACHARD
VACHÈRE
VACIEUX
VACILLÉ
VACUITÉ
VACUOLE
VAGINAL
VAGUANT
VAINCRE
VAINCUE
VAISHYA
VALABLE
VALADON
VALAQUE

VALAQUE
VALBERG
VALDOIE
VALENCE
VALENCE
VAL-HALL
VALIDÉE
VALIDER
VALLEJO
VALMIKI
VALOCHE
VALRÉAS
VALSANT
VALSEUR
VALSOIS
VALVULE
VAMPANT
VAMPIRE
VANDALE
VANDALE
VAN DIJK
VAN DYCK
VANESSE
VAN EYCK
VAN GOGH
VANILLE
VANILLÉ
VANISÉE
VAN LAAR
VAN LAER
VANNAGE
VANNANT
VANNEAU
VANNEUR
VANNIER
VANNURE
VANOISE
VANSÉEN
VANTAIL
VANTANT
VANTARD
VANTAUX
VANUATU
VAQUANT
VARADES
VARAPPE
VARAPPÉ
VAREUSE
VARIANT
VARIÉTÉ
VARIOLE
VARLOPE
VARLOPÉ
VAROISE
VASARDE
VASCONS
VASEUSE

7

VASIÈRE
VASSALE
VASSAUX
VASSILI
VATICAN
VÄTTERN
VAUDAIS
VAUDOIS
VAUDOIS
VAUDOUE
VAUGHAN
VAU-L'EAU
VAURÉAL
VAURÉEN
VAURIEN
Vaurien
VAUTOUR
VAUTRÉE
VAUTRER
VAUTRIN
VAUVERT
VEAUCHE
VECTEUR
VEDETTE
VÉDIQUE
VÉDISME
VÉGÉTAL
VÉGÉTER
VEILLÉE
VEILLER
VEINANT
VEINARD
VEINEUX
VEINULE
VEINURE
VEKSLER
VÉLAIRE
VÉL'D'HIV
VÊLEUSE
VÉLIQUE
VELLAVE
VELLAVE
VELLÉDA
VELLORE
VÉLOSKI
VELOURS
VELOUTÉ
VELPEAU
VELVOTE
VENAREY
VENÇOIS
VENDANT
VENDÉEN
VENDÉEN
VENDEUR
VENDÔME
VENELLE

VÉNÉRÉE
VÉNÉRER
VÉNERIE
VÉNÈTES
VÉNÉTIE
VENETTE
VENGEUR
VENTAGE
VENTAIL
VENTAUX
VENTEUX
VENTILÉ
VENTÔSE
VENTOUX
VENTRAL
VENTRÉE
VENTRUE
VENTURA
VENTURI
VENTURI
VÉNUSTÉ
VÉRANDA
VÉRATRE
VERBALE
VERBAUX
VERBEUX
VERBIER
VERCEIL
VERCORS
VERDEUR
VERDICT
VERDIER
VERDOYÉ
VERDURE
VÉREUSE
VERFEIL
VERGETÉ
VERGÈZE
VERGLAS
VÉRIFIÉ
VÉRISME
VÉRISTE
VERITAS
VERJUTÉ
VERMEER
VERMEIL
VERMINE
VERMONT
VERMOUT
VERNALE
VERNANT
VERNAUX
VERNEAU
VERNIER
VERNIER
VERNOUX
VÉROLÉE

VERRIER
VERRINE
VERSANT
VERSEAU
VERSEAU
VERSEUR
VERSION
VERSOIR
VERTIGE
VERVEUX
VERVINS
VÉSANIE
VÉSICAL
VESPIDÉ
VESPUCE
VESSANT
VESTALE
VESTIGE
VESTRIS
VÉTÉRAN
VÉTILLE
VÉTILLÉ
VÉTIVER
VÉTUSTE
VÉTUSTÉ
VEUVAGE
VEXANTE
VEXILLE
VEYNOIS
VÉZELAY
VIAGÈRE
VIANDÉE
VIANDEN
VIANDER
VIANNEY
VIARMES
VIBRAGE
VIBRANT
VIBRATO
VIBRAYE
VIBREUR
VIBRION
VICAIRE
VIC-BILH
VICENCE
VICENTE
VICE-ROI
VICIANT
VICIEUX
VICINAL
VICOISE
VICOMTE
VICOMTÉ
VICTIME
VIDANGE
VIDANGÉ
VIDELLE

VIDEUSE
VIDICON
VIDUITÉ
VIEILLE
VIEILLI
VIERGES
VIERZON
VIETNAM
VIÊT NAM
VIFOISE
VIGNEAU
VIGNETÉ
VIGNEUX
VIGNOLE
VIGNORY
VIGOGNE
VIGUEUR
VIGUIER
VIHIERS
VIIPURI
VIKINGS
VILAINE
VILAINE
VILAYET
VILENIE
VILIOUÏ
VILLACH
VILLAGE
VILLARD
VILLARS
VILLÈLE
VILLERS
VILNIUS
VIMINAL
VINAIRE
VINASSE
VINAVER
VINCENT
VINDHYA
VINEUIL
VINEUSE
VINIFIÉ
VINLAND
VINOISE
VINTAGE
VIOLACÉ
VIOLANT
VIOLENT
VIOLETÉ
VIOLEUR
VIOLIER
VIOLINE
VIOLONÉ
VIONNET
VIPÉRIN
VIRCHOW
VIRELAI

VIREUSE
VIRGILE
VIRGULE
VIRIATE
VIROÏDE
VIROISE
VIROLET
VIRTUEL
VIRUNGA
VIS-À-VIS
VISAYAS
VISCÈRE
VISCHER
VISCOSE
VISHNOU
VISIBLE
VISIÈRE
VISITÉE
VISITER
VISSAGE
VISSANT
VISTULE
VITACÉE
VITEBSK
VITERBE
VITESSE
VITIGÈS
VITORIA
VITÓRIA
VITRAGE
VITRAIL
VITRAIN
VITRANT
VITRAUX
VITRÉEN
VITREUX
VITRIER
VITRINE
VITRIOL
VITRIOT
VITRUVE
VITRYAT
VIVABLE
VIVALDI
VIVANTE
VIVE-EAU
Vivendi
VIVEUSE
VIVIANI
VIVIERS
VIVIFIÉ
VIVONNE
VIVOTER
VIVRIER
VIZILLE
VIZIRAT
VLASSOV

7

VOCABLE
VOCATIF
VOCEROS
VOGUANT
VOILAGE
VOILANT
VOILIER
VOILURE
VOISARD
VOISINE
VOISINÉ
VOITURE
VOITURE
VOITURÉ
VOÏVODE
VOLABLE
VOLANTE
VOLAPÜK
VOLATIL
VOLERIE
VOLETER
VOLEUSE
VOLIÈRE
VOLIGÉE
VOLIGER
VOLITIF
VOLJSKI
VOLLARD
VOLLEYÉ
VOLOGDA
VOLONTÉ
VOLPONE
VOLTAGE
VOLTANT
VOLTIGE
VOLTIGÉ
VOLUPTÉ
VOMIQUE
VOMITIF
VOREPPE
VORONEJ
VORSTER
VOSGIEN
VOSGIEN
VOSSIUS
VOTANTE
VOTYAKS
VOUGEOT
VOUILLÉ
VOUIVRE
VOULANT

VOULOIR
VOÛTAIN
VOÛTANT
VOUVOYÉ
VOUVRAY
VOUVRAY
VOYAGER
VOYAGER
VOYANCE
VOYANTE
VOYELLE
VOYEUSE
VRANGEL
VRENELI
VRILLÉE
VRILLER
VROMBIR
VROUBEL
VULCAIN
VULCAIN
VULGATE
VULGATE
VULPIAN
VULVITE
VUMÈTRE
VUNG TAU
WAIKIKI
WAKSMAN
WALCOTT
WALKMAN
WALLABY
WALLACE
WALPOLE
WALSALL
WALTARI
WALTHER
WANG WEI
WANNSEE
WARBURG
WAREGEM
WAREMME
WARGAME
WARNING
WARRANT
WARWICK
WASATCH
WATTEAU
WATTMAN
WATTMEN
WEBSTER
WEEK-END

WEGENER
WEHNELT
WEHNELT
WEIDMAN
WEIFANG
WELLAND
WELSCHE
WEMBLEY
WENDAKE
WENDERS
WENZHOU
WERGELD
WERTHER
WEST END
WESTERN
WEYGAND
WHARTON
WHEELER
WHIPPET
WHIPPLE
WHISKEY
WHISKYS
WHITMAN
WHITNEY
WHITTLE
WHYALLA
WHYMPER
WICHITA
WIELAND
WILKINS
WILLAYA
WINCHES
WINDSOR
WINGLES
WIRSUNG
WISEMAN
WISSANT
WITKACY
WITLOOF
WOJTYLA
WOLFRAM
WOLFRAM
WOUTERS
WOYZECK
WRANGEL
WROCLAW
WRONSKI
WULFILA
WYOMING
XANTHIE
XANTHOS

XENAKIS
XI JIANG
XIMENIA
XIMÉNIE
XUANHUA
YAKOUTE
YAMASKA
YAOUNDÉ
YARKAND
YATAGAN
YENNOIS
YEOMANS
YERROIS
YESHIVA
YICHANG
YIDDISH
YINGKOU
YODLANT
YOGOURT
YONKERS
YONNAIS
YOUPPIE
YPÉRITE
YPRÉAUX
YPROISE
YTTRIUM
YUCATÁN
YUEYANG
YUNGANG
YVERDON
ZABULON
ZADKINE
ZAGAZIG
ZAGORSK
ZAHEDAN
ZAÏROIS
ZAÏROIS
ZAMBÈZE
ZAMBIEN
ZAMBIEN
ZANDJAN
ZÁPOLYA
ZAPOPAN
ZAPPANT
ZAPPEUR
ZAPPING
ZÁTOPEK
ZAVATTA
ZAYDITE
ZAZOUES
ZÉBRANT

ZÉBRURE
ZÉLANDE
ZELLIGE
ZELZATE
ZEMSTVO
ZÉNÈTES
ZÉNOBIE
ZÉOLITE
ZERMATT
ZERMELO
ZERNIKE
ZEROUAL
ZESTANT
ZETLAND
ZEUZÈRE
ZÉZAYER
ZIEUTÉE
ZIEUTER
ZINCAGE
ZINCATE
ZINGAGE
ZINGUÉE
ZINGUER
ZIPPANT
ZIRABLE
ZIRCONE
ZIRIDES
ZIZANIA
ZIZANIE
ZOERSEL
ZONARDE
ZONIÈRE
ZOOGLÉE
ZOOMANT
ZOONOSE
ZOOPSIE
ZORILLE
ZOSTÈRE
ZOULOUE
ZOULOUE
ZOZOTER
ZUCCARI
ZÜLPICH
ZUTIQUE
ZUTISTE
ZWANZER
ZWICKAU
ZWINGLI
ZYEUTÉE
ZYEUTER
ZYRIÈNE

8

AARSCHOT
ABAILARD
ABAISSÉE
ABAISSER
ABÂTARDI
ABAT-JOUR
ABAT-SONS
ABATTAGE
ABATTANT
ABATTEUR
ABATTOIR
ABAT-VENT
ABBATIAL
ABCÉDANT
ABDALLAH
ABD ALLAH
ABDIQUÉE
ABDIQUER
ABDULLAH
ABEOKUTA
ABERDEEN
ABERRANT
ABHORRÉE
ABHORRER
ABJURANT
ABKHAZES
ABKHAZIE
ABLATION
ABLUTION
ABOMINÉE
ABOMINER
ABONDANT
ABONNANT
ABORDAGE
ABORDANT
ABORTIVE
ABOUCHÉE
ABOUCHER
ABOULANT
ABOUTAGE
ABOUTANT
ABOYEUSE
ABRAHAMS
ABRASANT
ABRASION
ABRASIVE
ABREUVÉE
ABREUVER
ABRICOTÉ
ABRITANT
ABRIVENT
ABRUZZES
ABSCISSE
ABSCONSE
ABSENTÉE
ABSENTER
ABSIDALE

ABSIDAUX
ABSIDIAL
ABSINTHE
ABSORBÉE
ABSORBER
ABSOUDRE
ABSTENIR
ABSTENUE
ABSTRACT
ABSTRAIT
ABSTRUSE
ABU DHABI
ABU NUWAS
ABYSSALE
ABYSSAUX
ABYSSINE
ABYSSINE
ACADÉMIE
ACADÉMIE
ACALÈPHE
ACAPULCO
ACCABLÉE
ACCABLER
ACCALMIE
ACCAPARÉ
ACCÉDANT
ACCÉLÉRÉ
ACCENTUÉ
ACCEPTÉE
ACCEPTER
ACCESSIT
ACCIDENT
ACCLAMÉE
ACCLAMER
ACCOINTÉ
ACCOLADE
ACCOLAGE
ACCOLANT
ACCOMPLI
ACCONAGE
ACCONIER
ACCORDÉE
ACCORDER
ACCOSTÉE
ACCOSTER
ACCOTANT
ACCOTOIR
ACCOUCHÉ
ACCOUDÉE
ACCOUDER
ACCOUPLE
ACCOUPLÉ
ACCOURCI
ACCOURIR
ACCOUTRÉ
ACCRÉTÉE
ACCRÉTER

ACCROCHE
ACCROCHÉ
ACCROIRE
ACCROUPI
ACCULANT
ACCUMULÉ
ACCUSANT
ACÉPHALE
ACÉRACÉE
ACERBITÉ
ACESCENT
ACÉTIFIÉ
ACÉTIQUE
ACHALANT
ACHARNÉE
ACHARNER
ACHÉENNE
ACHÉENNE
ACHEMINÉ
ACHÉROIS
ACHETANT
ACHETEUR
ACHEVANT
ACHGABAT
ACHILLÉE
ACHOPPER
ACHROMAT
ACHROMIE
ACIDIFIÉ
ACID JAZZ
ACIDULÉE
ACIDULER
ACIÉRANT
ACINÉSIE
ACINEUSE
ACMÉISME
ACNÉIQUE
ACOLYTAT
ACOQUINÉ
ACQUÉRIR
ACQUITTÉ
ACRIDIDÉ
ACRIDIEN
ACROBATE
ACROMION
ACRONYME
ACROPOLE
ACROPOLE
ACROTÈRE
ACTINIDE
ACTINITE
ACTINIUM
ACTINOTE
ACTIONNÉ
ACTIVANT
ACTIVITÉ
ACTUAIRE

ACTUELLE
ACULÉATE
ACUMINÉE
ADAMAOUA
ADAMISME
ADAMOISE
ADAPTANT
ADDICTIF
ADDITION
ADDITIVE
ADDITIVÉ
ADÉLAÏDE
À DEMI-MOT
ADENAUER
ADÉNOÏDE
ADÉQUATE
ADHÉRANT
ADHERBAL
ADHÉRENT
ADHÉSION
ADHÉSIVE
ADIANTUM
ADIPEUSE
ADIPIQUE
ADJACENT
ADJECTIF
ADJOINTE
ADJUDANT
ADJURANT
ADJUVANT
ADLISWIL
ADMETTRE
ADMIRANT
ADO-EKITI
ADONNANT
ADOPTANT
ADOPTION
ADOPTIVE
ADORABLE
ADOSSANT
ADOUBANT
AD PATRES
ADRESSÉE
ADRESSER
ADSORBÉE
ADSORBER

8

ADULAIRE
ADULTÈRE
ADULTÉRÉ
ADVENANT
ADVENTIF
ADYGUÉEN
ADYNAMIE
ÆGYRINE
AÉRATEUR
AÉRATION
AÉRICOLE
AÉRIENNE
AÉRO-CLUB
AÉRODYNE
AÉROGARE
AÉROPORT
AÉROSTAT
AFFABULÉ
AFFAIBLI
AFFAIRÉE
AFFAIRER
AFFAISSÉ
AFFALANT
AFFAMANT
AFFAMEUR
AFFECTÉE
AFFECTER
AFFECTIF
AFFÉRENT
AFFERMÉE
AFFERMER
AFFERMIE
AFFERMIR
AFFIANTE
AFFICHÉE
AFFICHER
AFFILAGE
AFFILANT
AFFILIÉE
AFFILIER
AFFILOIR
AFFINAGE
AFFINANT
AFFINEUR
AFFINITÉ
AFFIQUET
AFFIRMÉE
AFFIRMER
AFFIXALE
AFFIXAUX
AFFLEURÉ
AFFLIGÉE
AFFLIGER
AFFLUANT
AFFLUENT
AFFOLANT
AFFOUAGE

AFFOUAGÉ
AFFRÉTÉE
AFFRÉTER
AFFREUSE
AFFRIOLÉ
AFFRONTÉ
AFFRUITÉ
AFFUBLÉE
AFFUBLER
AFFÛTAGE
AFFÛTANT
AFRICAIN
AFRICAIN
AFRO-ROCK
AFTALION
AGAÇANTE
AGACERIE
AGALAXIE
AGAR-AGAR
AGARTALA
AGATHOIS
AGAUNOIS
AGAVACÉE
AGENAISE
AGENÇANT
AGENDANT
AGÉNÉSIE
AGERATUM
AGÉSILAS
AGGRAVÉE
AGGRAVER
AGHA KHAN
AGIOTAGE
AGISSANT
AGIT-PROP
AGNATION
AGNELAGE
AGNELANT
AGNELINE
AGNUS-DEI
AGONISER
AGONISTE
AGRAFAGE
AGRAFANT
AGRAINÉE
AGRAINER
AGRANDIE
AGRANDIR
AGRAPHIE
AGRARIEN
AGRÉABLE
AGRÉMENT
AGRESSÉE
AGRESSER
AGRESSIF
AGRICOLA
AGRICOLE

AGRIFFÉE
AGRIFFER
AGRIPPÉE
AGRIPPER
AGRONOME
AGROSTIS
AGUARUNA
AGUERRIE
AGUERRIR
AGUEUSIE
AGUICHÉE
AGUICHER
AHUNOISE
AIGLEFIN
AIGLONNE
AIGLONNE
AIGREFIN
AIGRELET
AIGRETTE
AIGUIÈRE
AIGUILLE
AIGUILLE
AIGUILLÉ
AIGUISÉE
AIGUISER
AILLAGON
AILLERET
AILLEURS
AIMANTÉE
AIMANTER
AIREDALE
AIRVAULT
AISÉMENT
AISSEAUX
AISSELLE
AJACCIEN
AJOINTÉE
AJOINTER
AJOURANT
AJOURNÉE
AJOURNER
AJOUTANT
AJUSTAGE
AJUSTANT
AJUSTEUR
AKINÉSIE
AKKADIEN
AKKADIEN
AKOSOMBO
À LA COULE
ALACRITÉ
AL-AKHTAL
ALANDIER
ALANGUIE
ALANGUIR
ALARMANT
ALAWITES

ALBACETE
ALBANAIS
ALBANAIS
ALBATROS
ALBERONI
ALBERTIN
ALBINONI
AL-BIRUNI
ALBORNOZ
ALBRAQUE
ALBRIGHT
ALBUMINE
ALBUMINÉ
ALCALINE
ALCALOSE
ALCAMÈNE
AL CAPONE
ALCHIMIE
ALCINOOS
ALCOBAÇA
ALCOOLAT
ALCOTEST
ALDÉHYDE
AL-DJAHIZ
ALEMBERT
ALENTEJO
ALENTOUR
ALÉOUTES
ALEPPINE
ALERTANT
ALÉSEUSE
À L'ÉTUVÉE
ALEURITE
ALEURODE
ALEURONE
ALEVINÉE
ALEVINER
AL-FARABI
ALFATIER
ALFONSÍN
ALGARADE
ALGÉRIEN
ALGÉRIEN
ALGÉROIS
ALGÉROIS
ALGIDITÉ
ALGINATE
ALGRANGE
ALHAMBRA
AL-HARIRI
ALICANTE
ALICANTE
ALIÉNANT
ALIGNANT
ALIMENTÉ
À L'INSU DE
ALI PACHA

ALIQUOTE
AL-KHALIL
ALLAITÉE
ALLAITER
ALLÉCHÉE
ALLÉCHER
ALLÉGUÉE
ALLÉGUER
ALLÉLUIA
ALLEMAND
ALLEMAND
ALLEMANE
ALLEPPEY
ALLERGIE
ALLEVARD
ALLIACÉE
ALLIAIRE
ALLIANCE
ALLOGÈNE
ALLONGÉE
ALLONGER
ALLONNES
ALLOSOME
ALLOUANT
ALLUMAGE
ALLUMANT
ALLUMEUR
ALLUSION
ALLUSIVE
ALLUVIAL
ALLUVION
ALMANACH
ALMANDIN
AL-MANSUR
ALMANZOR
AL-MASUDI
ALMATOIS
ALMQUIST
ALOGIQUE
ALOPÉCIE
ALOUETTE
ALOURDIE
ALOURDIR
AL PACINO
ALPAGUÉE
ALPAGUER
ALPESTRE
ALPHABET
ALPHONSE
ALPILLES
ALRÉENNE
ALSACIEN
ALSACIEN
ALTAÏENS
ALTAÏQUE
ALTAMIRA
ALTÉRANT

ALTER EGO
ALTÉRITE
ALTÉRITÉ
ALTERNAT
ALTERNÉE
ALTERNER
ALTIPORT
ALTITUDE
ALTKIRCH
ALTUGLAS
ALUMINÉE
ALUMINER
ALVARADO
ALVÉOLÉE
AL-WASITI
AMADOUÉE
AMADOUER
AMAIGRIE
AMAIGRIR
AMALGAME
AMALGAMÉ
AMALTHÉE
AMANDAIE
AMANDIER
AMANDINE
AMARANTE
AMARILLO
AMARINÉE
AMARINER
AMARNIEN
AMARRAGE
AMARRANT
AMASSANT
AMATRICE
AMAUROSE
AMAZONAS
AMAZONES
AMAZONIE
AMBÉRIEU
AMBIANCE
AMBIANCÉ
AMBIANTE
AMBITION
AMBLEUSE
AMBLYOPE
AMBRETTE
AMBROISE
AMBULANT
AMÉLIORÉ
AMÉNAGÉE
AMÉNAGER
AMENDANT
AMENUISÉ
AMÉRIQUE
AMERTUME
AMÉTROPE
AMEUBLIE

AMEUBLIR
AMEUTANT
AMIBIASE
AMIBOÏDE
À MI-CORPS
AMIDONNÉ
AMIÉNOIS
À MI-JAMBE
AMIMIQUE
AMIN DADA
AMIRAUTÉ
AMIRAUTÉ
AMITABHA
AMITIEUX
AMMOCÈTE
AMMONIAC
AMMONITE
AMMONIUM
AMNISTIE
AMNISTIÉ
AMOCHANT
AMODIANT
AMOINDRI
AMONCELÉ
AMONTONS
AMORÇAGE
AMORÇANT
AMORÇOIR
AMOSSOIS
AMOUREUX
AMOVIBLE
AMPÉRAGE
AMPHIBIE
AMPLIFIÉ
AMPOULÉE
AMPURIAS
AMPUTANT
AMRAVATI
AMRITSAR
AMROUCHE
AMULETTE
AMUNDSEN
AMUSANTE
AMUSETTE
AMUSEUSE
AMYGDALE
AMYLACÉE
AMYLIQUE
ANABLEPS
ANACARDE
ANACONDA
ANACRÉON
ANAGOGIE
ANALOGIE
ANALOGUE
ANALYSÉE
ANALYSER

ANALYSTE
ANAMNÈSE
ANAPHASE
ANAPHORE
ANÁPOLIS
ANARCHIE
ANASTASE
ANATEXIE
ANATHÈME
ANATOLIE
ANATOMIE
ANCENIEN
ANCIENNE
ANDERNOS
ANDERSCH
ANDERSEN
ANDERSON
ANDÉSITE
ANDORRAN
ANDORRAN
ANDRÁSSY
ANDRAULT
ANDREÏEV
ANDROCÉE
ANDROÏDE
ANDRONIC
ANDROPOV
ANÉANTIE
ANÉANTIR
ANECDOTE
ANÉMIANT
ANÉMIQUE
ANÉROÏDE
ANÉTAISE
ANGELICO
ANGÉRIEN
ANGEVINE
ANGEVINE
ANGINEUX
ANGLAISE
ANGLAISE
ANGLESEY
ANGLICAN
ANGOISSE
ANGOISSÉ
ANGOLAIS
ANGOLAIS
ANGSTRÖM
ÅNGSTRÖM
ANGUILLA
ANGUILLE
ANGULEUX
ANHÉLANT
ANIANAIS
ANICHOIS
ANIDROSE
ANIMISME

8

ANIMISTE
ANISETTE
ANKARIEN
ANKYLOSE
ANKYLOSÉ
ANNALITÉ
ANNAMITE
ANN ARBOR
ANNECIEN
ANNELANT
ANNÉLIDE
ANNENSKI
ANNEXANT
ANNEXION
ANNEXITE
ANNIHILÉ
ANNONCÉE
ANNONCER
ANNONÉEN
ANNOTANT
ANNUAIRE
ANNUELLE
ANNULANT
ANODIQUE
ANODISÉE
ANODISER
ANODONTE
ANOMALIE
ANOMIQUE
ANOMOURE
ANONACÉE
ÂNONNANT
ANONYMAT
ANOPHÈLE
ANOREXIE
ANORMALE
ANORMAUX
ANOXÉMIE
ANQUETIL
ANSARIEH
ANSÉRINE
ANSERMET
ANTABUSE
ANTALGIE
ANTEBOIS
ANTÉFIXE
ANTENAIS
ANTÉPOSÉ
ANTHÉMIS
ANTHRÈNE
ANTIBOIS
ANTIBOIS
ANTICHAR
ANTICHOC
ANTICIPÉ
ANTIDATE
ANTIDATÉ
ANTIDOTE
ANTIENNE
ANTIGANG
ANTIGÈNE
ANTIGONE
ANTIHALO
ANTIJEUX
ANTILLES
ANTILOPE
ANTIMITE
ANTINAZI
ANTINOÜS
ANTIOCHE
ANTIPAPE
ANTIPODE
ANTITOUT
ANTONIEN
ANTONINS
ANTONYME
ANXIEUSE
ANZINOIS
AORTIQUE
APAGOGIE
APAISANT
APATRIDE
APCHÉRON
APENNINS
APERGHIS
APÉRITIF
À PERPÈTE
APERTURE
À-PEU-PRÈS
APEURANT
APHÉRÈSE
APHIDIEN
APHTEUSE
APIÉCEUR
APIQUAGE
APIQUANT
APITOYÉE
APITOYER
APLOMBÉE
APLOMBER
APNÉISTE
APOASTRE
APOCOPÉE
APOGAMIE
APOLOGIE
APOLOGUE
APOMIXIE
APOPHYSE
APOPTOSE
APOSTANT
APOSTATE
APOTHÈME
APPAMÉEN
APPARAUX
APPAREIL
APPARENT
APPARIÉE
APPARIER
APPAROIR
APPÂTANT
APPAUVRI
APPELANT
APPENDRE
APPENDUE
APPENTIS
APPIENNE
APPLAUDI
APPLETON
APPLIQUE
APPLIQUÉ
APPOINTÉ
APPONDRE
APPONDUE
APPONTER
APPORTÉE
APPORTER
APPOSANT
APPRÉCIÉ
APPRENTI
APPRÊTÉE
APPRÊTER
APPROCHE
APPROCHÉ
APPROUVÉ
APPUYANT
ÂPREMENT
APRÈS QUE
APRÈS-SKI
APTÉSIEN
APTITUDE
APURÍMAC
APYREXIE
AQUACOLE
AQUARIUM
AQUICOLE
AQUIFÈRE
AQUITAIN
AQUITAIN
AQUOSITÉ
ARABIQUE
ARABIQUE
ARABISÉE
ARABISER
ARABISME
ARACHIDE
ARAGUAIA
ARAIGNÉE
ARALDITE
ARAMÉENS
ARANÉIDE
ARANJUEZ
ARATOIRE
ARAUCANS
ARAVALLI
ARBALÈTE
ARBITRAL
ARBITRÉE
ARBITRER
ARBOGAST
ARBORANT
ARBORISÉ
ARBUSTIF
ARCACHON
ARCADIEN
ARCADIUS
ARCATURE
ARC-BOUTÉ
ARCHANGE
ARCHELLE
ARCHERIE
ARCHIDUC
ARCHIPEL
ARCHIVÉE
ARCHIVER
ARCHIVES
ARCHONTE
ARCISIEN
ARÇONNÉE
ARÇONNER
ARCTIQUE
ARCTIQUE
ARDENNES
ARDENTES
ARDILLON
ARDOISÉE
À REBOURS
ARÉCACÉE
ARÉOPAGE
ARÉQUIER
AREQUIPA
ARÊTIÈRE
ARGANIER
ARGENSON
ARGENTAN
ARGENTAN
ARGENTAT
ARGENTÉE
ARGENTER
ARGENTIN
ARGENTIN
ARGENTON
ARGENTON
ARGENTRÉ
ARGERICH
ARGIENNE
ARGIENNE
ARGILEUX
ARGININE

ARGOLIDE
ARGOTIER
ARGOUSIN
ARGOVIEN
ARGUEDAS
ARGUMENT
ARISTIDE
ARISTOTE
ARKANSAS
ARLANDES
ARLEQUIN
ARLEQUIN
ARLÉSIEN
ARLÉSIEN
ARLONAIS
ARMAGNAC
ARMAGNAC
ARMAILLI
ARMANÇON
ARMATEUR
ARMATURE
ARMEMENT
ARMÉNIEN
ARMÉNIEN
ARMINIEN
ARMINIUS
ARMORIAL
ARMORIÉE
ARMORIER
ARMURIER
ARNAQUÉE
ARNAQUER
ARNÉTOIS
ARPENTÉE
ARPENTER
ARRACHÉE
ARRACHER
ARRACHIS
ARRANGÉE
ARRANGER
ARRÊTANT
ARRIÉRÉE
ARRIMAGE
ARRIMANT
ARRIMEUR
ARRISANT
ARRIVAGE
ARRIVANT
ARROBASE
ARROGANT
ARRONDIE
ARRONDIR
ARROSAGE
ARROSANT
ARROSEUR
ARROSOIR
ARSENAUX

ARSÉNIÉE
ARSÉNITE
ARSONVAL
ARTAGNAN
ARTEFACT
ARTÉMISE
ARTÉRIEL
ARTÉRITE
ARTÉSIEN
ARTÉSIEN
ARTHRITE
ARTHROSE
ARTICULÉ
ARTIFICE
ARTISANE
ARUSPICE
ARVERNES
ARYTHMIE
ASBESTOS
ASCYENNE
ASEPTISÉ
ASHIKAGA
ASHKELON
ASHQELON
ASILAIRE
ASNIÈRES
ASOCIALE
ASOCIAUX
ASPARTAM
ASPENDOS
ASPERGÉE
ASPERGER
ASPERGÈS
ASPÉRITÉ
ASPERMIE
ASPHALTE
ASPHALTÉ
ASPHYXIE
ASPHYXIÉ
ASPIRANT
ASPIRINE
ASSAILLI
ASSAINIE
ASSAINIR
ASSAMAIS
ASSASSIN
ASSÉCHÉE
ASSÉCHER
ASSEMBLÉ
ASSÉNANT
ASSERVIE
ASSERVIR
ASSEYANT
ASSIÉGÉE
ASSIÉGER
ASSIETTE
ASSIGNAT

ASSIGNÉE
ASSIGNER
ASSIMILÉ
ASSISTÉE
ASSISTER
ASSOCIÉE
ASSOCIER
ASSOIFFÉ
ASSOLANT
ASSOMBRI
ASSOMMÉE
ASSOMMER
ASSORTIE
ASSORTIR
ASSOUPIE
ASSOUPIR
ASSOUPLI
ASSOURDI
ASSOUVIE
ASSOUVIR
ASSUÉRUS
ASSUMANT
ASSURAGE
ASSURANT
ASSUREUR
ASSYRIEN
ASSYRIEN
ASTÉRIDE
ASTÉRIEN
ASTHÉNIE
ASTICOTÉ
ASTIQUÉE
ASTIQUER
ASTOLPHE
ASTRAKAN
ASTRAKAN
ASTREINT
ASTRONEF
ASTURIAS
ASTURIEN
ASTURIES
ASTYANAX
ASUNCIÓN
ASYNDÈTE
ASYSTOLE
ATALANTE
ATARAXIE
ATAVIQUE
ATAVISME
ATAXIQUE
ATCHINSK
ATERMOYÉ
ATHANASE
ATHÉGIEN
ATHÉISME
ATHÉNIEN
ATHÉNIEN

ATHÉROME
ATHÉTOSE
ATOMIQUE
ATOMISÉE
ATOMISER
ATOMISME
ATOMISTE
ATONIQUE
ATOXIQUE
ATRABILE
ATROCITÉ
ATROPHIE
ATROPHIÉ
ATROPINE
ATTABLÉE
ATTABLER
ATTACHÉE
ATTACHER
ATTAGÈNE
ATTAQUÉE
ATTAQUER
ATTARDÉE
ATTARDER
ATTEINTE
ATTELAGE
ATTELANT
ATTENANT
ATTENDRE
ATTENDRI
ATTENDUE
ATTENTAT
ATTENTER
ATTENTIF
ATTÉNUÉE
ATTÉNUER
ATTERRÉE
ATTERRER
ATTERRIR
ATTESTÉE
ATTESTER
ATTIÉDIE
ATTIÉDIR
ATTIFANT
ATTIRAIL
ATTIRANT
ATTISANT
ATTITRÉE
ATTITUDE
ATTORNEY
ATTRAIRE
ATTRAITE
ATTRAPÉE
ATTRAPER
ATTRIBUÉ
ATTRIBUT
ATTRISTÉ
ATTROUPÉ

À TUE-TÊTE
ATYPIQUE
ATYPISME
AUBÉPINE
AUBIGNAC
AUBISQUE
AUBUSSON
AUCASSIN
AUCKLAND
AU-DEDANS
AU-DEHORS
AU-DESSUS
AU-DEVANT
AUDIENCE
AUDIERNE
AUDIOTEX
AUDITANT
AUDITEUR
AUDITION
AUDITIVE
AUDONIEN
AUDONIEN
AUDRUICQ
AUDUNOIS
AUGEREAU
AUGMENTÉ
AUGSBURG
AUGURANT
AUGUSTIN
AUGUSTIN
AULOFFÉE
AULTOISE
AUMALOIS
AUMÔNIER
AUNISIEN
AUPRÈS DE
AURÉLIEN
AURÉOLÉE
AURÉOLER
AURICULE
AURIFÈRE
AURIGNAC
AURILLAC
AURORALE
AURORAUX
AUSCULTÉ
AUSSIÈRE
AUSSITÔT
AUSTRALE
AUSTRALS
AUSTRAUX
AUTARCIE
AUTERIVE
AUTOCOAT
AUTODAFÉ
AUTOGAME
AUTOGÈNE
AUTOGÉRÉ
AUTOGIRE
AUTOLYSE
AUTOMATE
AUTOMNAL
AUTONOME
AUTONYME
AUTOPSIE
AUTOPSIÉ
AUTORAIL
AUTORISÉ
AUTORITÉ
AUTOSOME
AUTO-STOP
AUTOTOUR
AUTOUR DE
AUTRICHE
AUTRUCHE
AUTUNITE
AUTUNOIS
AUVERGNE
AUXILOIS
AUXQUELS
AVALANTE
AVALEUSE
AVALISÉE
AVALISER
AVALOIRE
AVALOIRS
AVANÇANT
AVANTAGE
AVANTAGÉ
AVANT-BEC
AVARIANT
AVARICUM
À VAU-L'EAU
AVELLINO
AVE MARIA
AVEMPACE
AVENANTE
AVENTURE
AVENTURÉ
AVENZOAR
AVERCAMP
AVERROÈS
AVERSION
AVESNOIS
AVEUGLÉE
AVEUGLER
AVIATEUR
AVIATION
AVICENNE
AVIFAUNE
AVOCETTE
AVOGADRO
AVOISINÉ
AVONNAIS
AVORTANT
AVORTEUR
AVOUABLE
AVULSION
AVVAKOUM
AXÉNIQUE
AYACUCHO
AYENTÔTE
AYES-AYES
AZIMUTAL
AZIMUTÉE
AZNAVOUR
AZTÈQUES
BABA COOL
BABEURRE
BABILLER
BABINSKI
BABOLANT
BABOUCHE
BABY-BEEF
BABY-BOOM
BABY-FOOT
BABYLONE
BABY-TEST
BACCARAT
BACCARAT
BACHELOT
BACHIQUE
BACHKIRE
BACHKIRS
BACHMANN
BACHOTER
BACICCIA
BACICCIO
BACTÉRIE
BADABOUM
BADALONA
BADAMIER
BADGEANT
BADGEUSE
BADIGEON
BADINAGE
BADINANT
BADINTER
BAD-LANDS
BADOGLIO
BAD RAGAZ
BAEDEKER
BAFOUANT
BÂFREUSE
BAGARRER
BAGAUDES
BAGNÈRES
BAGNOLET
BAGUETTE
BAGUIRMI
BAHAÏSME
BAHAMIEN
BAIA MARE
BAIGNADE
BAIGNANT
BAIGNEUR
BAILLANT
BÂILLANT
BAILLEUL
BAILLEUR
BÂILLEUR
BAINAISE
BAISOTÉE
BAISOTER
BAISSANT
BAISSIER
BAKCHICH
BAKÉLITE
BALADANT
BALADEUR
BALAFRÉE
BALAFRER
BALAGUER
BALAKOVO
BALANCÉE
BALANCER
BALANITE
BALAYAGE
BALAYANT
BALAYEUR
BALBUTIÉ
BALÉARES
BALEINÉE
BALINAIS
BALINAIS
BALISAGE
BALISANT
BALISEUR
BALISIER
BALIVAGE
BALIVEAU
BALKHACH
BALLADUR
BALLANTE
BALLASTÉ
BALLEROY
BALLONNÉ
BALLOTIN
BALLOTTÉ
BALL-TRAP
BALOURDE
BALTIQUE
BALTIQUE
BALUCHON
BALUSTRE
BAMAKOIS
BAMBOCHE
BAMBOCHÉ

BAMBOULA
BAMILÉKÉ
BANALISÉ
BANALITÉ
BANANIER
BANCABLE
BANCAIRE
BANCHAGE
BANCHANT
BANCROFT
BANDEAUX
BANDEIRA
BANDELLO
BANDE-SON
BANDOENG
BANDUNDU
BANI SADR
BANLIEUE
BANNALEC
BANNERET
BANNETON
BANNETTE
BANNIÈRE
BANQUANT
BANQUETÉ
BANQUIER
BANQUISE
BANVILLE
BAPTISÉE
BAPTISER
BAPTISME
BAPTISTE
BARABBAS
BARALBIN
BARAQUÉE
BARAQUER
BARATINÉ
BARATTÉE
BARATTER
BARBANTE
BARBAQUE
BARBARIE
BARBARIE
BARBEAUX
BARBECUE
BARBELÉE
BARBETTE
BARBICHE
BARBICHU
BARBIFIÉ
BARBIZON
BARBOTAN
BARBOTÉE
BARBOTER
BARBOTIN
BARBOTTE
BARBOUZE
BARBUSSE
BARCASSE
BARCLAYS
BARDEAUX
BARE-FOOT
BAREILLY
BARENTIN
BARENTSZ
BARÉTANT
BARFLEUR
BARGELLO
BARILLET
BARIOLÉE
BARIOLER
BARISIEN
BARJAQUÉ
BARJAVEL
BARKHANE
BAR-LE-DUC
BARLETTA
BARNACHE
BARNAOUL
BAROCCIO
BARONNET
BARONNIE
BARRABAN
BARRABAS
BARRANCO
BARRAQUÉ
BARRAULT
BARREAUX
BARREIRO
BARRETTE
BARREUSE
BARRIÈRE
BARRIQUE
BARROISE
BARYTINE
BARYTITE
BASANANT
BAS-BLEUS
BAS-CÔTÉS
BASCULÉE
BASCULER
BASE-BALL
BASELITZ
BAS-FONDS
BASICITÉ
BASILDON
BASILEUS
BASILIDE
BASQUIAT
BASQUINE
BAS-ROUGE
BASSESSE
BASSIGNY
BASSINÉE
BASSINER
BASSINET
BASSISTE
BASSOISE
BASTAING
BASTAQUE
BASTIAIS
BASTIAIS
BASTIDON
BASTILLE
BASTILLE
BASTOGNE
BASTONNÉ
BATACLAN
BATAILLE
BATAILLE
BATAILLÉ
BATANGAS
BATELAGE
BATELEUR
BATELIER
BAT-FLANC
BATHILDE
BATHURST
BATHYALE
BATHYAUX
BATIFOLÉ
BÂTIMENT
BATOILLÉ
BÂTONNAT
BÂTONNÉE
BÂTONNER
BÂTONNET
BATTANTE
BATTERIE
BATTEUSE
BAUCHANT
BAUDAISE
BAUDOUIN
BAUDRIER
BAUDROIE
BAUGEOIS
BAULOISE
BAUMOISE
BAVARDER
BAVAROIS
BAVAROIS
BAVASSER
BAYADÈRE
BAYREUTH
BAZADAIS
BAZARDÉE
BAZARDER
BÉARNAIS
BÉARNAIS
BÉATIFIÉ
BÉATRICE
BEAUCOUP
BEAU-FILS
BEAUFORT
BEAUFORT
BEAULIEU
BEAUMONT
BEAUNOIS
BEAU-PÈRE
BEAUPORT
BEAUVAIS
BEAUVOIR
BECCARIA
BECFIGUE
BÉCHAMEL
BÊCHEUSE
BECKMANN
BÉCOTANT
BECQUETÉ
BECTANCE
BEDONNER
BÉDOUINE
BÉDOUINE
BÉGAYANT
BÉGLAISE
BÉGUEULE
BÉHAÏSME
BÉHANZIN
BEHISTUN
BEKTACHI
BÉLANGER
BEL CANTO
BÊLEMENT
BEL-ÉTAGE
BELGIQUE
BELGOROD
BELGRADE
BELGRAND
BELGRANO
BELINSKI
BELITUNG
BÉLIZIEN
BELLANGE
BELLÂTRE
BELLE-ÎLE
BELLERIN
BELLONTE
BELLOTTE
BELMONDO
BELMOPAN
BELZÉBUL
BÉMOLISÉ
BEN BELLA
BÉNÉFICE
BÉNÉVENT
BÉNÉVOLE
BENGALIE
BENGALIE

8

BENGALIS
BENGHAZI
BENGKULU
BENGUELA
BÉNICHON
BENIDORM
BÉNINOIS
BÉNITIER
BENJAMIN
BENJAMIN
BEN NEVIS
BENZOATE
BENZOYLE
BÉOTISME
BÉQUETÉE
BÉQUETER
BÉQUILLE
BÉQUILLÉ
BÉRANGER
BERÇANTE
BERCEAUX
BERCENAY
BERCEUSE
BERCKOIS
BÉRENGER
BÉRÉNICE
BERENSON
BEREZINA
BERGAMÍN
BERGANZA
BERGERAC
BERGERIE
BERGUOIS
BÉRIBÉRI
BÉRIMBAU
BERINGEN
BÉRINGIE
BERKELEY
BERLUGAN
BERMUDES
BERNÁCER
BERNACHE
BERNACLE
BERNANOS
BERNAYEN
BERNHARD
BERNICLE
BERNIQUE
BERNOISE
BERNOISE
BERRATIN
BERRUYER
BERRUYER
BERTHIER
BERTRADE
BERTRAND
BESANÇON

BÉSICLES
BESKIDES
BESOGNER
BESSÈGES
BESSEMER
BESSEMER
BESSINES
BESSOISE
BESSONNE
BESTIALE
BESTIAUX
BESTIOLE
BÊTATRON
BÊTEMENT
BÉTHANIE
BETHLÉEM
BÊTIFIER
BÉTIQUES
BÊTISIER
BÉTONNÉE
BÉTONNER
BETSILÉO
BEUGLANT
BEURETTE
BEURRANT
BEURRIER
BEUVERIE
BEXIENNE
BEYLICAL
BEYLICAT
BEYLISME
BEYNOISE
BEYROUTH
BHADGAUN
BHATGAON
BHATPARA
BIACHOIS
BIAISANT
BIARRITZ
BIARROTE
BIARROTE
BIATHLON
BIBLIQUE
BIBLISTE
BIBRACTE
BICARRÉE
BICHETTE
BICHONNE
BICHONNÉ
BICKFORD
BICOLORE
BIDASSOA
BIDONNÉE
BIDONNER
BIEN-AIMÉ
BIENAYMÉ
BIEN-DIRE

BIEN-ÊTRE
BIENFAIT
BIEN-JUGÉ
BIENNALE
BIENNAUX
BIENNOIS
BIENVENU
BIERMANN
BIFLÈCHE
BIFOCALE
BIFOCAUX
BIFURQUÉ
BIGARADE
BIGARRÉE
BIGARRER
BIG BANDS
BIGLEUSE
BIGNONIA
BIGORNÉE
BIGORNER
BIGOUDEN
BIGOUDEN
BIHOREAU
BIJECTIF
BILABIAL
BILASPUR
BILIAIRE
BILIEUSE
BILINGUE
BILLETÉE
BILLETTE
BILLITON
BIMESTRE
BIMOTEUR
BINCHOIS
BINICAIS
BINOMIAL
BIOLOGIE
BIOMASSE
BIONIQUE
BIOTIQUE
BIOTOISE
BIPARTIE
BIPENNÉE
BIPHASÉE
BIPOUTRE
BIPS-BIPS
BIQUETTE
BIRKENAU
BIRKHOFF
BIRMANIE
BISAÏEUL
BISBILLE
BISCAÏEN
BISCAYEN
BISCORNU
BISCOTTE

BISCUITÉ
BISEAUTÉ
BISEXUÉE
BISEXUEL
BISMARCK
BISONTIN
BISONTIN
BISQUANT
BISSAGOS
BISSIÈRE
BISTORTE
BISTOURI
BITCHOIS
BITHYNIE
BITONALE
BITONALS
BITONAUX
BITONIAU
BITTURÉE
BITTURER
BITUMAGE
BITUMANT
BITUMEUX
BITURANT
BIVALENT
BIZINGUE
BIZUTAGE
BIZUTANT
BJERKNES
BJØRNSON
BLACK-OUT
BLACK-ROT
BLAFARDE
BLAGUANT
BLAGUEUR
BLAIRANT
BLAIREAU
BLÂMABLE
BLANC-BEC
BLANCHET
BLANCHIE
BLANCHIR
BLANCHON
BLANCHOT
BLANCOIS
BLANDICE
BLANDINE
BLANTYRE
BLASONNÉ
BLASTULA
BLATÉRER
BLAYAISE
BLENHEIM
BLÉROISE
BLÉSOISE
BLÉSOISE
BLESSANT

BLESSURE
BLEUÂTRE
BLINDAGE
BLINDANT
BLINOISE
BLINQUER
BLIZZARD
BLOCS-EAU
BLONDEUR
BLONDINE
BLOQUANT
BLOUSANT
BLUE-JEAN
BLUFFANT
BLUFFEUR
BLUMENAU
BLUTERIE
BOADICÉE
BOBINAGE
BOBINANT
BOBINEAU
BOBINEUR
BOBINOIR
BOCAGÈRE
BOCARDÉE
BOCARDER
BOCCIONI
BODENSEE
BODH-GAYA
BOFFRAND
BOGAZKÖY
BOGOMILE
BOHÉMIEN
BOHÉMOND
BOISERIE
BOISSEAU
BOITERIE
BOITEUSE
BOITILLÉ
BOKSBURG
BOLETALE
BOLIVIEN
BOLIVIEN
BOLONAIS
BOLONAIS
BOMBANCE
BOMBARDE
BOMBARDÉ
BOMBELLI
BOMBONNE
BONAMPAK
BONBONNE
BONCOURT
BONDELLE
BONDUOIS
BONHOMIE
BONHOMME
BONHOMME
BONICHON
BONIFACE
BONIFIÉE
BONIFIER
BONIMENT
BONIVARD
BONNEFOY
BONNETTE
BONNEUIL
BONNEVAL
BONNICHE
BONNIVET
BONNOISE
BONTEMPS
BONZESSE
BOOSTANT
BORA BORA
BORASSUS
BORCHTCH
BORDAISE
BORDEAUX
BORDEAUX
BORDÈRES
BORDERIE
BORDIÈRE
BORDIGUE
BORGHÈSE
BORGHOLM
BORINAGE
BORIQUÉE
BORNHOLM
BORNOYÉE
BORNOYER
BORODINE
BORODINO
BORRASSÀ
BORROMÉE
BOSCOTTE
BOSPHORE
BOSSELÉE
BOSSELER
BOSSETTE
BOSSEUSE
BOSSUANT
BOSWORTH
BOTHWELL
BOTRANGE
BOTRYTIS
BÓTSARIS
BOTSWANA
BOTTELÉE
BOTTELER
BOTZARIS
BOUCAINE
BOUCANÉE
BOUCANER
BOUCHAGE
BOUCHAIN
BOUCHANT
BOUCHARD
BOUCHÈRE
BOUCHOYÉ
BOUCLAGE
BOUCLANT
BOUCLIER
BOUDERIE
BOUDEUSE
BOUDICCA
BOUDINÉE
BOUDINER
BOUÉLANT
BOUFFANT
BOUFFEUR
BOUGANDA
BOUGEANT
BOUGEOIR
BOUGIVAL
BOUGONNE
BOUGONNÉ
BOUHOURS
BOUI-BOUI
BOUILLIE
BOUILLIR
BOUILLON
BOUILLON
BOUKHARA
BOULANGE
BOULANGÉ
BOULEAUX
BOULETÉE
BOULETTE
BOULGOUR
BOULIMIE
BOULISTE
BOULOCHÉ
BOULOGNE
BOULONNÉ
BOULOTTE
BOULOTTÉ
BOUQUETÉ
BOUQUINÉ
BOURASSA
BOURBAKI
BOURBEUX
BOURBIER
BOURCAIN
BOURCATE
BOURDIEU
BOURGADE
BOURGAIN
BOURGEON
BOURIATE
BOURMONT
BOURONNÉ
BOURRADE
BOURRAGE
BOURRANT
BOURREAU
BOURRELÉ
BOURRIDE
BOURSIER
BOU SAADA
BOUSCULÉ
BOUSILLÉ
BOUSQUET
BOUSSOIS
BOUSSOLE
BOUTEFAS
BOUTEFEU
BOUTHOUL
BOUTIQUE
BOUTISSE
BOUTONNÉ
BOUT-RIMÉ
BOUTURÉE
BOUTURER
BOUVERIE
BOUVIÈRE
BOUVINES
BOUYGUES
BOUZOUKI
BOX-CALFS
BOYAUTÉE
BOYAUTER
BOYCOTTÉ
BOY-SCOUT
BRACELET
BRACHIAL
BRACONNÉ
BRADBURY
BRADERIE
BRADFORD
BRAGANCE
BRAGARDE
BRAHMANE
BRAILLÉE
BRAILLER
BRAIMENT
BRAINOIS
BRAISAGE
BRAISANT
BRAMANTE
BRAMPTON
BRANCARD
BRANCHÉE
BRANCHER
BRANCHIE
BRANCHUE
BRANCUSI
BRANDADE

BRANLANT
BRANLEUR
BRANTING
BRANTÔME
BRAQUAGE
BRAQUANT
BRAQUEUR
BRASÍLIA
BRASILLÉ
BRASSAGE
BRASSANT
BRASSARD
BRASSENS
BRASSEUR
BRASSEUR
BRATIANU
BRATTAIN
BRAVACHE
BRAVOURE
BRAYTOIS
BRÉHATIN
BRELOQUE
BRENNOUE
BRENTANO
BRÉSILLÉ
BRESSANE
BRESSANE
BRESTOIS
BRETAGNE
BRETÈCHE
BRETELLE
BRETESSE
BRETESSÉ
BRETEUIL
BRÉTIGNY
BRETONNE
BRETONNE
BRETTEUR
BREUGHEL
BREUVAGE
BREVETÉE
BREVETER
BREWSTER
BRIANÇON
BRIAROIS
BRICELET
BRICOLÉE
BRICOLER
BRIDGEUR
BRIDGMAN
BRIDOISE
BRIECOIS
BRIEFANT
BRIEFING
BRIÈVETÉ
BRIFFANT
BRIGANDÉ

BRIG-GLIS
BRIGHTON
BRIGITTE
BRIGNAIS
BRIGUANT
BRILLANT
BRIMBALÉ
BRINDISI
BRINGUÉE
BRINGUER
BRIOCHÉE
BRIOCHIN
BRIOCHIN
BRIOTINE
BRIQUANT
BRIQUETÉ
BRISANCE
BRISANTE
BRISBANE
BRISCARD
BRISE-FER
BRISE-JET
BRISEUSE
BRISOLÉE
BRIVISTE
BROADWAY
BROCANTE
BROCANTÉ
BROCARDÉ
BROCHAGE
BROCHANT
BROCHEUR
BROCHURE
BRODERIE
BRODEUSE
BROMIQUE
BRONCHER
BRØNSTED
BRONZAGE
BRONZANT
BRONZEUR
BRONZIER
BRONZINO
BROOKLYN
BROSSAGE
BROSSANT
BROSSARD
BROSSIER
BROTONNE
BROUETTE
BROUETTÉ
BROUHAHA
BROUILLE
BROUILLÉ
BROUILLY
BROUSSEL
BROUSSIN

BROUTAIN
BROUTANT
BROUTARD
BROWNIEN
BROWNING
BROWNING
BROYEUSE
BRUCELLA
BRUCKNER
BRUGEAIS
BRUGEOIS
BRUINEUX
BRUISSER
BRUITAGE
BRUITANT
BRUITEUR
BRÛLANTE
BRÛLERIE
BRUMAIRE
BRUMEUSE
BRUMMELL
BRUNANTE
BRUNÂTRE
BRUNCHES
BRUNÉIEN
BRUNETTE
BRUNOYEN
BRUSHING
BRUSQUÉE
BRUSQUER
BRUTTIUM
BRUXISME
BRUYANTE
BRUYÈRES
BRUZOISE
BUANDIER
BUCAREST
BUCHANAN
BÛCHERON
BÛCHETTE
BÛCHEUSE
BUCOVINE
BUDAPEST
BUDDLEIA
BUDGÉTÉE
BUDGÉTER
BUGLOSSE
BUGUOISE
BUILDING
BULAWAYO
BULBAIRE
BULBEUSE
BULBILLE
BULGARIE
BULLAIRE
BULLETIN
BULLEUSE

BULTMANN
BUNGALOW
BUPRESTE
BURGDORF
BURGOYNE
BURGRAVE
BURINAGE
BURINANT
BUSHNELL
BUSINESS
BUSQUANT
BUSSENET
BUSSOTTI
BUSTIÈRE
BUTINANT
BUTINEUR
BUTYLÈNE
BUTYRATE
BUTYREUX
BUTYRINE
BUVETIER
BUZENVAL
BYZANTIN
BYZANTIN
CAATINGA
CABALANT
CABANANT
CABERNET
CABESTAN
CABILLOT
CÂBLEAUX
CÂBLERIE
CÂBLEUSE
CÂBLISTE
CABOCHON
CABOSSÉE
CABOSSER
CABOSSÉS
CABOTAGE
CABOTANT
CABOTEUR
CABOTINE
CABOTINÉ
CABOULOT
CABRIOLE
CABRIOLÉ
CACABANT
CACAILLE
CACAOTÉE
CACAOYER
CACARDER
CACATOÈS
CACATOIS
CACHALOT
CACHE-COL
CACHE-NEZ
CACHE-POT

CACHETÉE
CACHETER
CACHETTE
CACHEXIE
CACHUCHA
CACIENNE
CACOSMIE
CACTACÉE
CADASTRE
CADASTRÉ
CADEAUTÉ
CADENCÉE
CADENCER
CADILLAC
CADMIAGE
CADMIANT
CADOUDAL
CADRATIN
CADREUSE
CADUCITÉ
CAENNAIS
CAENNAIS
CAFARDÉE
CAFARDER
CAFÉIÈRE
CAFETIER
CAFFIERI
CAFRERIE
CAFTEUSE
CAGLIARI
CAGNEUSE
CAGNOISE
CAGNOTTE
CAHOTANT
CAHOTEUX
CAILLAGE
CAILLANT
CAILLAUX
CAILLOIS
CAILLOUX
CAISSIER
CAJOLANT
CAJOLEUR
CAKE-WALK
CALADION
CALADIUM
CALADOIS
CALAISON
CALAMBAC
CALAMINE
CALAMINÉ
CALAMITE
CALAMITÉ
CALANCHÉ
CALANDRE
CALANDRÉ
CALANQUE
CALATHÉA
CALCAIRE
CALCÉMIE
CALCIFIÉ
CALCINÉE
CALCINER
CALCIQUE
CALCULÉE
CALCULER
CALCUTTA
CALDEIRA
CALDERÓN
CALDOCHE
CALDWELL
CALENDES
CALENDOS
CALE-PIED
CALEPINO
CALETANT
CALFATÉE
CALFATER
CALIBRÉE
CALIBRER
CALICULE
CALIGULA
CÂLINANT
CALIORNE
CALISSON
CALLEUSE
CALL-GIRL
CALLIOPE
CALLISTE
CALLISTO
CALLOWAY
CALMANTE
CALMETTE
CALOMNIE
CALOMNIÉ
CALOOCAN
CALOTTÉE
CALOTTER
CALOYÈRE
CALQUAGE
CALQUANT
CALVADOS
CALVADOS
CALVAIRE
CALVAISE
CALVILLE
CALVITIE
CAMAGÜEY
CAMAÏEUS
CAMAÏEUX
CAMARADE
CAMARGUE
CAMBIALE
CAMBIAUX
CAMBISTE
CAMBOARE
CAMBODGE
CAMBOUIS
CAMBRAGE
CAMBRANT
CAMBRIEN
CAMBRURE
CAMÉLÉON
CAMÉLIDÉ
CAMELINE
CAMELLIA
CAMELOTE
CAMÉRIER
CAMERONE
CAMEROUN
CAMILLUS
CAMIONNÉ
CAMISARD
CAMISOLE
CAMOUFLÉ
CAMPAGNE
CAMPANIE
CAMPECHE
CAMPÊCHE
CAMPEUSE
CAMPHRÉE
CAMPINAS
CANADAIR
CANADIEN
CANADIEN
CANAILLE
CANALISÉ
CANANÉEN
CANANÉEN
CANARDÉE
CANARDER
CANARIEN
CANARIES
CANASSON
CANBERRA
CANCANER
CANDIDAT
CANDOLLE
CANETAGE
CANÉTOIS
CANICULE
CANISIUS
CANIVEAU
CANJUERS
CANNABIS
CANNELÉE
CANNELLE
CANNETTE
CANNEUSE
CANNIÈRE
CANNISSE
CANNOISE
CANONIAL
CANONISÉ
CANONNÉE
CANONNER
CANOTAGE
CANOTANT
CANOTEUR
CANOTIER
CANTELEU
CANTEMIR
CANTINER
CANTIQUE
CANTONAL
CANTONNÉ
CANULANT
CANYCAIS
CANZONES
CAOUANNE
CAPACITÉ
CAPDENAC
CAPELAGE
CAPELANT
CAPELINE
CAPELLEN
CAPÉSIEN
CAPÉTIEN
CAPE TOWN
CAPEYANT
CAPITALE
CAPITANT
CAPITAUX
CAPITEUX
CAPITOLE
CAPITOLE
CAPITOUL
CAPITULE
CAPITULÉ
CAPOEIRA
CAPORAUX
CAPOTAGE
CAPOTANT
CAPOUANE
CAPRIQUE
CAP-ROUGE
CAPSELLE
CAPSULÉE
CAPSULER
CAPTATIF
CAPTIEUX
CAPTIVÉE
CAPTIVER
CAPTURÉE
CAPTURER
CAPUCHON
CAPUCINE
CAPULETS

8

CAPYBARA
CAQUELON
CAQUETER
CARABIDÉ
CARABINE
CARABINÉ
CARABOBO
CARACOLÉ
CARAÏBES
CARAMÉLÉ
CARANTEC
CARAPACE
CARAPATÉ
CARAQUET
CARASSIN
CARAVAGE
CARAVANE
CARBONÉE
CARBONNE
CARBURÉE
CARBURER
CARBUROL
CARCAJOU
CARCASSE
CARCÉRAL
CÁRDENAS
CARDEUSE
CARDIALE
CARDIAUX
CARDIGAN
CARDINAL
CARDUCCI
CARÉLIEN
CARÉNAGE
CARÉNANT
CARENTAN
CARESSÉE
CARESSER
CAR-FERRY
CARGUANT
CARIACOU
CARIBÉEN
CARIBÉEN
CARIBERT
CARIEUSE
CARIGNAN
CARILLON
CARILLON
CARINATE
CARLETON
CARLISLE
CARLISME
CARLISTE
CARLITTE
CARLOMAN
CARLSBAD
CARLSSON

CARMINÉE
CARNATIC
CARNAVAL
CARNÉADE
CARNEAUX
CARNEGIE
CARNIOLE
CARNUTES
CAROBERT
CAROLINE
CARONADE
CAROTÈNE
CAROTIDE
CAROTTÉE
CAROTTER
CARPATES
CARPEAUX
CARPEAUX
CARPELLE
CARPETTE
CARQUOIS
CARRACHE
CARREAUX
CARRELÉE
CARRELER
CARRELET
CARRERAS
CARRIERA
CARRIÈRE
CARRIÈRE
CARRILLO
CARRIOLE
CARROSSE
CARROSSÉ
CARROYÉE
CARROYER
CARTABLE
CARTERET
CARTERIE
CARTHAGE
CARTONNÉ
CARYOPSE
CASANIER
CASANOVA
CASAQUIN
CASAUBON
CASCADES
CASÉEUSE
CASEMATE
CASERNÉE
CASERNER
CASH-FLOW
CASHMERE
CASQUANT
CASSABLE
CASSANTE
CASSEAUX

CASSE-COU
CASSE-CUL
CASSETIN
CASSETTE
CASSEUSE
CASSIDEN
CASSIRER
CASTAGNE
CASTAGNO
CASTANET
CASTARDE
CASTERET
CASTILLE
CASTILLO
CASTRAIS
CASTRANT
CASTRIES
CASTRUMS
CASUELLE
CASUISTE
CATALANE
CATALANE
CATALYSE
CATALYSÉ
CATARRHE
CATCHANT
CATCHEUR
CATÉSIEN
CATHÈDRE
CATHÉTER
CATILINA
CATIMINI
CATOVIEN
CATTÉGAT
CATTENOM
CATTERJI
CATTLEYA
CAUCHOIS
CAUCHOIS
CAUDEBEC
CAUDILLO
CAUDINES
CAULERPE
CAULNAIS
CAUSANTE
CAUSATIF
CAUSERIE
CAUSETTE
CAUSEUSE
CAUSSADE
CAVALANT
CAVALEUR
CAVALIER
CAVALIER
CAVATINE
CAVENTOU
CAVIARDÉ

CAWNPORE
CAYOLAIS
CAZÉRIEN
CÉDRIÈRE
CÉGÉPIEN
CEIGNANT
CEINTURE
CEINTURÉ
CÉLÉBRÉE
CÉLÉBRER
CELEBRET
CÉLÉRITÉ
CÉLESTIN
CÉLESTIN
CÉLIMÈNE
CELLES-CI
CELLES-LÀ
CELLOISE
CELLULAR
CELTIQUE
CELTIQUE
CÉMENTÉE
CÉMENTER
CENDRANT
CENDRARS
CENDREUX
CENDRIER
CÉNOBITE
CENSORAT
CENSURÉE
CENSURER
CENTAINE
CENTAURE
CENTAURE
CENTIARE
CENTIÈME
CENTRAGE
CENTRALE
CENTRANT
CENTRAUX
CENTUPLE
CENTUPLÉ
CENTURIE
CÉPHALÉE
CÉPHÉIDE
CÉRAMIDE
CERCAIRE
CERCEAUX
CERCLAGE
CERCLANT
CERCUEIL
CERDAGNE
CÉRÉBRAL
CÉRETANE
CERFEUIL
CÉRIFÈRE
CERISAIE

CERISIER
CERNEAUX
CERTAINE
CERTAINS
CERTIFIÉ
CÉRULÉEN
CERVEAUX
CERVELAS
CERVELET
CERVELLE
CERVICAL
CERVIONE
CERVOISE
CÉSALPIN
CÉSARIEN
CÉSARISÉ
CESSANTE
CESSIBLE
CÉVENNES
CÉVENOLE
CÉVENOLE
CHABEUIL
CHABLAIS
CHABLANT
CHABRIER
CHACHLIK
CHACONNE
CHADBURN
CHADWICK
CHAFOUIN
CHAGRINE
CHAGRINÉ
CHAH-NAMÈ
CHÂHPUHR
CHAHUTÉE
CHAHUTER
CHAILLOT
CHAÎNAGE
CHAÎNANT
CHAÎNEUR
CHAÎNIER
CHAISIER
CHALAMOV
CHALANDE
CHALDÉEN
CHALDÉEN
CHALETTE
CHALEURS
CHALGRIN
CHALLANS
CHALOSSE
CHALOUPE
CHALOUPÉ
CHALUKYA
CHAMARRÉ
CHAMBARD
CHAMBERS
CHAMBÉRY
CHAMBORD
CHAMBRAY
CHAMBRAY
CHAMBRÉE
CHAMBRER
CHAMEAUX
CHAMELLE
CHAMELON
CHAMFORT
CHAMOISÉ
CHAMONIX
CHAMORRO
CHAMOTTE
CHAMPART
CHAMPION
CHAMPMOL
CHANÇARD
CHANCELÉ
CHANCEUX
CHANCHÁN
CHANDAIL
CHANDLER
CHANGEUR
CHANGEUX
CHANG-HAI
CHANGHUA
CHANGSHA
CHANLATE
CHANOINE
CHANTAGE
CHANTANT
CHANTEUR
CHANTIER
CHANTOIR
CHAOURCE
CHAOURCE
CHAPARDÉ
CHAPEAUX
CHAPELET
CHAPELLE
CHAPERON
CHAPITRE
CHAPITRÉ
CHAPONNÉ
CHARABIA
CHARANGO
CHARCUTÉ
CHARENTE
CHARGEUR
CHARIATI
CHARIOTÉ
CHARISME
CHARISSE
CHARITES
CHARLIER
CHARLIEU
CHARLOIS
CHARMANT
CHARMEUR
CHARNIER
CHAROGNE
CHARRIÉE
CHARRIER
CHARRIER
CHARROYÉ
CHARTIER
CHARTRES
CHARYBDE
CHASSANT
CHASSÉEN
CHASSEUR
CHASSOIR
CHASTETÉ
CHASUBLE
CHATAIRE
CHÂTEAUX
CHÂTELET
CHÂTELET
CHÂTIANT
CHÂTIÉES
CHATIÈRE
CHATOYER
CHÂTRANT
CHATRIAN
CHAUDEAU
CHAUDRON
CHAUFFÉE
CHAUFFER
CHAULAGE
CHAULANT
CHAUMANT
CHAUMARD
CHAUMINE
CHAUMONT
CHAUNOIS
CHAURIEN
CHAUSSÉE
CHAUSSER
CHAUSSES
CHAUSSON
CHAUSSON
CHAUVEAU
CHAUVINE
CHAUVIRÉ
CHAVILLE
CHAVIRÉE
CHAVIRER
CHEDDITE
CHEF-LIEU
CHÉILITE
CHELLOIS
CHÉLOÏDE
CHEMETOV
CHEMILLÉ
CHEMINÉE
CHEMINER
CHEMINOT
CHEMISÉE
CHEMISER
CHEMNITZ
CHEMULPO
CHENAPAN
CHÉNEAUX
CHÈNEVIS
CHENILLE
CHENILLÉ
CHÉPHREN
CHÉQUIER
CHERCHÉE
CHERCHER
CHEROKEE
CHÉRONÉE
CHERRIES
CHÉRUBIN
CHÉRUBIN
CHESHIRE
CHEVAINE
CHEVALÉE
CHEVALER
CHEVALET
CHEVALIN
CHEVÊCHE
CHEVELUE
CHEVENNE
CHEVERNY
CHEVESNE
CHEVÊTRE
CHEVILLE
CHEVILLÉ
CHEVILLY
CHEVRANT
CHEVREAU
CHEVREUL
CHEVRIER
CHEVROTÉ
CHEYENNE
CHIADANT
CHIALANT
CHIALEUR
CHICANÉE
CHICANER
CHICHETÉ
CHICLAYO
CHICORÉE
CHICOTIN
CHICOTTE
CHIENLIT
CHIFFRÉE
CHIFFRER
CHIGNOLE

8

CHILLIDA
CHILLOUK
CHIMBOTE
CHIMIQUE
CHIMISTE
CHINDANT
CHINDWIN
CHINEUSE
CHINOISE
CHINOISE
CHINOISÉ
CHIOGGIA
CHIOURME
CHIPEUSE
CHIPOTÉE
CHIPOTER
CHIPPEWA
CHIQUANT
CHIQUEUR
CHISINAU
CHISTERA
CHLAMYDE
CHLINGUÉ
CHLOASMA
CHLODION
CHLORAGE
CHLORATE
CHLORITE
CHLOROSE
CHLORURE
CHLORURÉ
CHOCOLAT
CHOISEUL
CHOISYEN
CHOLTITZ
CHÔMABLE
CHOMÉRAC
CHÔMEUSE
CHONGJIN
CHOP SUEY
CHOQUANT
CHOQUARD
CHORÉGIE
CHOREUTE
CHORISTE
CHOROÏDE
CHOSIFIÉ
CHOSROÊS
CHOUCHEN
CHOUCHOU
CHOUETTE
CHOUINER
CHOUÏSKI
CHOULEUR
CHOURANT
CHOU-RAVE
CHOURAVÉ
CHOURINÉ
CHOW-CHOW
CHRÉTIEN
CHRÉTIEN
CHRISTIE
CHRISTUS
CHROMAGE
CHROMANT
CHROMATE
CHROMEUX
CHROMISÉ
CHROMITE
CHTONIEN
CHUCHOTÉ
CHUINTER
CHURINGA
CHYMKENT
CIBORIUM
CIBOULOT
CICÉRONE
CI-CONTRE
CICUTINE
CI-DESSUS
CI-DEVANT
CIDRERIE
CIGARIER
CI-INCLUS
CI-JOINTE
CI-JOINTS
CILIAIRE
CIMAROSA
CIMENTÉE
CIMENTER
CIMENTÉS
CINACIEN
CINÉASTE
CINÉ-CLUB
CINÉ-PARC
CINÉRITE
CINGLANT
CINQ-MARS
CINTRAGE
CINTRANT
CIOTADEN
CIPRIANI
CIPRIÈRE
CIRCAÈTE
CIRCULER
CIRONNÉE
CIRRHOSE
CISAILLE
CISAILLÉ
CISALPIN
CISELAGE
CISELANT
CISELEUR
CISELURE
CISNEROS
CITADINE
CITATION
CITRIQUE
CITRONNÉ
ÇIVAÏSME
CIVILISÉ
CIVILITÉ
CLABAUDÉ
CLABOTÉE
CLABOTER
CLADISME
CLADONIE
CLAIRAUT
CLAIROIX
CLAMECER
CLAMSANT
CLANIQUE
CLANISME
CLAPOTER
CLAPOTIS
CLAPPANT
CLAQUAGE
CLAQUANT
CLAQUETÉ
CLAQUOIR
CLARENCE
CLARIFIÉ
CLARISSE
CLASSANT
CLASSEUR
CLAUDIEN
CLAUSIUS
CLAUSTRA
CLAUSTRÉ
CLAUSULE
CLAVAIRE
CLAVARDÉ
CLAVEAUX
CLAVECIN
CLAVELÉE
CLAVETÉE
CLAVETER
CLAVETTE
CLAVISTE
CLAYETTE
CLAYMORE
CLAYOISE
CLAYONNÉ
CLEARING
CLÉMENCE
CLÉMENTE
CLEMENTI
CLÉOMÈNE
CLÉRICAL
CLERMONT
CLÉROISE
CLERVAUX
CLIC-CLAC
CLICHAGE
CLICHANT
CLICHEUR
CLICHOIS
CLICQUOT
CLIGNANT
CLIGNOTÉ
CLINAMEN
CLINIQUE
CLIPPANT
CLIQUANT
CLIQUETÉ
CLISSANT
CLISSÉES
CLITORIS
CLIVABLE
CLOACALE
CLOACAUX
CLOCHANT
CLOCHARD
CLODOALD
CLODOMIR
CLOÎTRÉE
CLOÎTRER
CLONIQUE
CLOPINER
CLOPORTE
CLOQUANT
CLOSEAUX
CLOSERIE
CLOTAIRE
CLOTILDE
CLÔTURÉE
CLÔTURER
CLOUTAGE
CLOUTANT
CLOVISSE
CLOYSIEN
CLUPÉIDÉ
CLYSTÈRE
CNIDAIRE
COACCUSÉ
COAGULÉE
COAGULER
COAGULUM
COALESCÉ
COALISÉE
COALISER
COAPTEUR
COASSANT
COAUTEUR
COAXIALE
COAXIAUX
COBLENCE
COCA-COLA

COCANADA
COCCIDIE
COCHETTE
COCHEVIS
COCHONNE
COCHONNÉ
COCHYLIS
COCKTAIL
COCOLANT
COCONNAS
COCONNAT
COCORICO
COCOTANT
COCOTIER
COCOTTER
COCUFIÉE
COCUFIER
CODÉTENU
CODIFIÉE
CODIFIER
COÉDITÉE
COÉDITER
COENZYME
COÉPOUSE
COËVRONS
COEXISTÉ
COFFRAGE
COFFRANT
COFFREUR
COGÉRANT
COGITANT
COGNITIF
COHABITÉ
COHÉRENT
COHÉRITÉ
COHÉSION
COHÉSIVE
COIFFAGE
COIFFANT
COIFFEUR
COIFFURE
COINÇAGE
COINÇANT
COÏNCIDÉ
COIN-COIN
COINTRIN
COKÉFIÉE
COKÉFIER
COLCHIDE
COLCOTAR
COLÉREUX
COLINEAU
COLLANTE
COLLECTE
COLLECTÉ
COLLÈGUE
COLLEONI
COLLETÉE
COLLETER
COLLEUSE
COLLIGÉE
COLLIGER
COLLINÉE
COLLOÏDE
COLLOISE
COLLOQUE
COLMATÉE
COLMATER
COLOCASE
COLOMBAN
COLOMBES
COLOMBEY
COLOMBIE
COLOMBIN
COLONAGE
COLONIAL
COLONISÉ
COLORADO
COLORANT
COLORIÉE
COLORIER
COLORISÉ
COLOSSAL
COLOURED
COLPORTÉ
COLTINÉE
COLTINER
COLTRANE
COLUMBIA
COLUMBUS
COMANCHE
COMANECI
COMATEUX
COMBATIF
COMBATTU
COMBINAT
COMBINÉE
COMBINER
COMBLANT
COMBLOUX
COMBOURG
COME-BACK
COMÉDIEN
COMENIUS
COMINOIS
COMITIAL
COMMANDE
COMMANDÉ
COMMANDO
COMMENCÉ
COMMENDE
COMMENTÉ
COMMERCE
COMMERCÉ
COMMERCY
COMMÉRER
COMMINES
COMMODAT
COMMUANT
COMMUNAL
COMMUNIÉ
COMMUTÉE
COMMUTER
COMMYNES
COMORIEN
COMORIEN
COMPACTE
COMPACTÉ
COMPAGNE
COMPARÉE
COMPARER
COMPARSE
COMPASSÉ
COMPATIR
COMPENSÉ
COMPILÉE
COMPILER
COMPISSÉ
COMPLÈTE
COMPLÉTÉ
COMPLEXE
COMPLEXÉ
COMPLICE
COMPLIES
COMPLOTÉ
COMPONÉE
COMPORTE
COMPORTÉ
COMPOSÉE
COMPOSER
COMPOSTÉ
COMPOUND
COMPRIMÉ
COMPRISE
COMPTAGE
COMPTANT
COMPTEUR
COMPTINE
COMPTOIR
COMPULSÉ
COMTESSE
COMTOISE
COMTOISE
CONCASSÉ
CONCÉDÉE
CONCÉDER
CONCERNÉ
CONCERTÉ
CONCERTO
CONCETTI
CONCHOIS
CONCILIÉ
CONCLAVE
CONCLURE
CONCOCTÉ
CONCORDE
CONCORDE
CONCORDÉ
CONCOURS
CONCOURU
CONCRÈTE
CONCUBIN
CONDAMNÉ
CONDENSÉ
CONDRIEU
CONDRIOT
CONDUIRE
CONDUITE
CONFÉRÉE
CONFÉRER
CONFESSE
CONFESSÉ
CONFETTI
CONFIANT
CONFINÉE
CONFINER
CONFIRMÉ
CONFLANS
CONFLENT
CONFLUER
CONFONDU
CONFORME
CONFORMÉ
CONFORTÉ
CONFRÈRE
CONGÉDIÉ
CONGELÉE
CONGELER
CONGRÉÉE
CONGRÉER
CONGREVE
CONICINE
CONIFÈRE
CONJOINT
CONJUGAL
CONJUGUÉ
CONJURÉE
CONJURER
CONNACHT
CONNARDE
CONNASSE
CONNEAUX
CONNECTÉ
CONNERIE
CONNOTÉE
CONNOTER
CONQUÊTE
CONQUISE

CONRADIN
CONSACRÉ
CONSALVI
CONSCRIT
CONSENTI
CONSERVE
CONSERVÉ
CONSIGNE
CONSIGNÉ
CONSISTÉ
CONSŒUR
CONSOLÉE
CONSOLER
CONSOMMÉ
CONSONNE
CONSORTS
CONSOUDE
CONSPIRÉ
CONSPUÉE
CONSPUER
CONSTANT
CONSTANT
CONSTATÉ
CONSTIPÉ
CONSULAT
CONSULAT
CONSULTE
CONSULTÉ
CONSUMÉE
CONSUMER
CONTACTÉ
CONTENIR
CONTENTE
CONTENTÉ
CONTENUE
CONTESTE
CONTESTÉ
CONTEUSE
CONTEXTE
CONTIGUË
CONTINUE
CONTINUÉ
CONTINUO
CONTOISE
CONTRANT
CONTRE-UT
CONTRITE
CONTROIS
CONTRÔLE
CONTRÔLÉ
CONTUMAX
CONVENIR
CONVENUE
CONVERGÉ
CONVERSE
CONVERSÉ
CONVERTI
CONVIANT
CONVOITÉ
CONVOLER
CONVOQUÉ
CONVOYÉE
CONVOYER
CONVULSÉ
COOBLIGÉ
COOLIDGE
COOPÉRER
COOPTANT
COPÉPODE
COPERNIC
COPIEUSE
COPILOTE
COPINAGE
COPINANT
COPPÉLIA
COPPÉTAN
COPULANT
COQ-À-L'ÂNE
COQUELET
COQUEMAR
COQUERET
COQUERIE
COQUERON
COQUETEL
COQUETER
COQUETTE
COQUILLE
COQUIMBO
CORBEAUX
CORBEHEM
CORBIÈRE
CORDAISE
CORDEAUX
CORDERIE
CORDIALE
CORDIAUX
CORDIÈRE
CORDONNÉ
CORDOUAN
CORDOUAN
CORÉENNE
CORÉENNE
CORÉGONE
CORICIDE
CORINDON
CORINTHE
CORIOLAN
CORIOLIS
CORMORAN
CORNACÉE
CORNAQUÉ
CORNE D'OR
CORNELIA
CORNETTE
CORNIAUD
CORNICHE
CORNIÈRE
CORNIQUE
CORNISTE
CORN LAWS
CORNWALL
CORONALE
CORONAUX
COROSSOL
CORPORAL
CORPOREL
CORRECTE
CORRÉLAT
CORRÉLÉE
CORRÉLER
CORRIDOR
CORRIGÉE
CORRIGER
CORRODÉE
CORRODER
CORROMPU
CORROSIF
CORROYÉE
CORROYER
CORSAIRE
CORSELET
CORSETÉE
CORSETER
CORTÁZAR
CORTICAL
CORTISOL
CORVETTE
CORYPHÉE
COSAQUES
COSGRAVE
COSIGNÉE
COSIGNER
COSMIQUE
COSNOISE
COSSARDE
COSSETTE
COSTAUDE
COSTAUDS
COSTELEY
COSTIÈRE
COSTUMÉE
COSTUMER
COTATION
CÔTE-NORD
COTENTIN
COTHURNE
COTIDALE
COTIDAUX
COTIGNAC
COTIGNAC
COTILLON
COTISANT
COTONNÉE
COTONNER
COTOPAXI
CÔTOYANT
COTRIADE
COTUTEUR
COUCHAGE
COUCHANT
COUCHEUR
COUCHOIR
COUDIÈRE
COUDOYÉE
COUDOYER
COUDRAIE
COUDRIEN
COUDRIER
COUESNON
COUFIQUE
COUGOUAR
COUILLON
COUILLUE
COUINANT
COULANTE
COULISSE
COULISSÉ
COUPABLE
COUPANTE
COUPE-FEU
COUPELLE
COUPERET
COUPERIN
COUPERUS
COUPEUSE
COUPLAGE
COUPLANT
COUPLÉES
COUPLEUR
COURANTE
COURBANT
COURBATU
COURBURE
COURETTE
COUREUSE
COURLIEU
COURNAND
COURONNE
COURONNÉ
COURRIEL
COURRIER
COURROIE
COURROUX
COURSANT
COURSIER
COURSIVE
COURTAGE
COURTAUD

COURTIER
COURTINE
COURTISÉ
COURT-JUS
COURTOIS
COURTOIS
COURTRAI
COUSCOUS
COUSETTE
COUSEUSE
COUSINER
COUSINET
COUSTEAU
COUTEAUX
COUTELAS
COÛTEUSE
COUTURÉE
COUVERTE
COUVEUSE
COUVRANT
COUVREUR
COUVRURE
COVALENT
COVENTRY
COXALGIE
COYSEVOX
COYZEVOX
CRABOTÉE
CRABOTER
CRACHANT
CRACHEUR
CRACHINÉ
CRACHOIR
CRACHOTÉ
CRACKING
CRACOVIE
CRAFOORD
CRAIGNOS
CRAILLER
CRAINDRE
CRAINTIF
CRAMCRAM
CRAMIQUE
CRAMOISI
CRAMPTON
CRÂNERIE
CRÂNEUSE
CRANTANT
CRANTÉES
CRAPAÜTÉ
CRAPETTE
CRAPONNE
CRAQUAGE
CRAQUANT
CRAQUELÉ
CRAQUETÉ
CRAQUEUR
CRASHANT
CRASSANE
CRASSEUX
CRASSIER
CRAUROIS
CRAVACHE
CRAVACHÉ
CRAVATÉE
CRAVATER
CRAW-CRAW
CRAWFORD
CRAWLANT
CRAWLEUR
CRAYEUSE
CRAYONNÉ
CRÉATEUR
CRÉATINE
CRÉATION
CRÉATIVE
CRÉATURE
CRÉCELLE
CRÉCHANT
CRÉÇOISE
CRÉDENCE
CRÉDIBLE
CRÉDITÉE
CRÉDITER
CRÉMAZIE
CRÉMERIE
CRÉMEUSE
CRÉMIÈRE
CRÉMIEUX
CRÉNEAUX
CRÉNELÉE
CRÉNELER
CRÉOLISÉ
CRÉOSOTE
CRÉOSOTÉ
CRÊPELÉE
CRÊPERIE
CRÊPIÈRE
CRÉPITER
CRESSENT
CRESSIER
CRESTOIS
CRÉTACÉE
CRÉTELLE
CRÉTOISE
CRÉTOISE
CRETONNE
CREUSAGE
CREUSANT
CREUSOIS
CREVANTE
CREVARDE
CREVASSE
CREVASSÉ
CREVETTE
CREVOTER
CRIAILLÉ
CRIBLAGE
CRIBLANT
CRIBLEUR
CRICOÏDE
CRIMINEL
CRINCRIN
CRINIÈRE
CRINOÏDE
CRIOCÈRE
CRISPANT
CRISSANT
CRISTAUX
CRITIQUE
CRITIQUÉ
CRIVELLI
CRNA GORA
CROASSER
CROCHANT
CROCHETÉ
CROCKETT
CROCHEUR
CROISADE
CROISANT
CROISEUR
CROISIEN
CROLLIUS
CROMALIN
CROMLECH
CROMWELL
CROQUANT
CROQUEUR
CROSKILL
CROSSMAN
CROSSMEN
CROTTANT
CROULANT
CROUPADE
CROUPIER
CROUPION
CROÛTANT
CROÛTEUX
CROW-CROW
CROYABLE
CROYANCE
CROYANTE
CRUCIALE
CRUCIAUX
CRUCIFIÉ
CRUCIFIX
CRUENTÉE
CRUSTACÉ
CRYOGÈNE
CRYOLITE
CRYOSTAT
CRYPTAGE
CRYPTANT
CTÉNAIRE
CUBATURE
CUBITALE
CUBITAUX
CUCHAULE
CUDDAPAH
CUEILLIE
CUEILLIR
CUERSOIS
CUILLÈRE
CUIRASSE
CUIRASSÉ
CUISANTE
CUISINÉE
CUISINER
CUISSAGE
CUISSARD
CUISSEAU
CUIVRAGE
CUIVRANT
CUIVREUX
CUL-BLANC
CULBUTÉE
CULBUTER
CUL-DE-SAC
CULIACÁN
CULLBERG
CULLMANN
CULLODEN
CULMINER
CULOTTÉE
CULOTTER
CULTISME
CULTIVAR
CULTIVÉE
CULTIVER
CULTURAL
CULTUREL
CUMMINGS
CUMULANT
CUMULARD
CUPIDITÉ
CUPRIQUE
CURATEUR
CURATIVE
CURE-DENT
CURE-PIPE
CURETAGE
CURETANT
CURIACES
CURIEUSE
CURITIBA
CUSTOZZA
CUTICULE
CUVAISON

8

CUVELAGE
CUVELANT
CYANELLE
CYANOSÉE
CYANOSER
CYANURÉE
CYANURER
CYCADALE
CYCLABLE
CYCLADES
CYCLAMEN
CYCLIQUE
CYCLISÉE
CYCLISER
CYCLISME
CYCLISTE
CYCLOÏDE
CYCLONAL
CYCLOPES
CYLINDRE
CYLINDRÉ
CYMBALUM
CYNEWULF
CYNIPIDÉ
CYPRIÈRE
CYPRIOTE
CYPRIOTE
CYPSÉLOS
CYSONIEN
CYSTÉINE
CYSTIQUE
CYTOKINE
CYTOLYSE
CYTOSINE
DACQUOIS
DACQUOIS
DADAÏSME
DADAÏSTE
D'AFFILÉE
DAGERMAN
DAGOBERT
DAGUERRE
DAHOMÉEN
DAHOMÉEN
DAIGNANT
DAÏQUIRI
DAKAROIS
DALADIER
DALMATIE
DAMANHUR
DAMASSÉE
DAMASSER
DAMIETTE
DAMMARIE
DAMNABLE
DAMOCLÈS
DAMVILLE

DANAÏDES
DANCOURT
DANDINÉE
DANDINER
DANDRIEU
DANDYSME
DANEMARK
DANIÉLOU
DANSANTE
DANSEUSE
DANSOTER
DANSOTTÉ
DANUBIEN
DARBOUKA
DARBYSME
DARBYSTE
DARDANOS
DARE-DARE
DARGUINE
DARNÉTAL
DARRIEUX
DARSHANA
DARTROSE
DASSAULT
DATATION
DAUBEUSE
DAUBIÈRE
D'AUBIGNÉ
DAUBIGNY
DAUPHINE
DAUPHINÉ
DAVIDIEN
DAVIDSON
DAVISSON
DEAD-HEAT
DÉAMBULÉ
DE AMICIS
DEARBORN
DÉBÂCHÉE
DÉBÂCHER
DÉBÂCLÉE
DÉBÂCLER
DÉBALLÉE
DÉBALLER
DÉBANDÉE
DÉBANDER
DÉBARDÉE
DÉBARDER
DÉBARQUÉ
DÉBARRAS
DÉBARRÉE
DÉBARRER
DÉBÂTANT
DÉBATTRE
DÉBATTUE
DÉBAUCHE
DÉBAUCHÉ

DÉBECTÉE
DÉBECTER
DEBIERNE
DÉBILITÉ
DÉBINANT
DÉBINEUR
DÉBITAGE
DÉBITANT
DÉBITEUR
DÉBLAYÉE
DÉBLAYER
DÉBLOQUÉ
DÉBOBINÉ
DÉBOGAGE
DÉBOGUÉE
DÉBOGUER
DÉBOIRES
DÉBOISÉE
DÉBOISER
DÉBOÎTÉE
DÉBOÎTER
DÉBONDÉE
DÉBONDER
DÉBORDÉE
DÉBORDER
DÉBOTTÉE
DÉBOTTER
DÉBOUCHÉ
DÉBOUCLÉ
DÉBOULÉE
DÉBOULER
DÉBOUQUÉ
DÉBOURBÉ
DÉBOURRÉ
DÉBOURSÉ
DÉBOUTÉE
DÉBOUTER
DÉBRASÉE
DÉBRASER
DÉBRAYÉE
DÉBRAYER
DEBRECEN
DÉBRIDÉE
DÉBRIDER
DÉBRIEFÉ
DÉBROCHÉ
DÉBUCHÉE
DÉBUCHER
DÉBUSQUÉ
DÉBUTANT
DÉCADENT
DÉCAÈDRE
DÉCAGONE
DÉCAISSÉ
DÉCALAGE
DÉCALANT
DÉCALQUE

DÉCALQUÉ
DÉCAMPER
DÉCANTÉE
DÉCANTER
DÉCAPAGE
DÉCAPANT
DÉCAPELÉ
DÉCAPITÉ
DÉCAPODE
DÉCAPOLE
DÉCAPOTÉ
DÉCAVANT
DÉCÉBALE
DÉCÉDANT
DÉCELANT
DÉCÉLÉRÉ
DÉCEMBRE
DÉCEMVIR
DÉCENNAL
DÉCENNIE
DÉCENTRÉ
DÉCERCLÉ
DÉCERNÉE
DÉCERNER
DÉCEVANT
DÉCEVOIR
DÉCHAÎNÉ
DÉCHANTÉ
DÉCHARGE
DÉCHARGÉ
DÉCHARNÉ
DÉCHAUMÉ
DÉCHIRÉE
DÉCHIRER
DÉCIBELS
DÉCIDANT
DÉCIDEUR
DÉCILAGE
DÉCIMALE
DÉCIMANT
DÉCIMAUX
DÉCINTRÉ
DÉCISION
DÉCISIVE
DECIZOIS
DÉCLAMÉE
DÉCLAMER
DÉCLARÉE
DÉCLARER
DÉCLASSÉ
DÉCLINÉE
DÉCLINER
DÉCLOUÉE
DÉCLOUER
DÉCOCHÉE
DÉCOCHER
DÉCODAGE

DÉCODANT
DÉCODEUR
DÉCOFFRÉ
DÉCOIFFÉ
DÉCOINCÉ
DÉCOLÉRÉ
DÉCOLLÉE
DÉCOLLER
DÉCOLORÉ
DÉCOMPTE
DÉCOMPTÉ
DÉCONFIT
DÉCONNER
DÉCORANT
DÉCORDÉE
DÉCORDER
DÉCORNÉE
DÉCORNER
DE COSTER
DÉCOUCHÉ
DÉCOUDRE
DECOUFLÉ
DÉCOULER
DÉCOUPÉE
DÉCOUPER
DÉCOUPLÉ
DÉCOUSUE
DÉCRASSÉ
DE CRAYER
DÉCRÊPÉE
DÉCRÊPER
DÉCRÉPIE
DÉCRÉPIR
DÉCRÉPIT
DÉCRÉTÉE
DÉCRÉTER
DÉCREUSÉ
DÉCRIANT
DÉCRISPÉ
DÉCROCHÉ
DÉCROISÉ
DÉCROTTÉ
DÉCRYPTÉ
DÉCUIVRÉ
DÉCUPLÉE
DÉCUPLER
DÉCURION
DÉCUSSÉE
DÉCUVAGE
DÉCUVANT
DÉDAIGNÉ
DÉDALÉEN
DEDEKIND
DÉDICACE
DÉDICACÉ
DÉDISANT
DÉDORANT
DÉDOUANÉ
DÉDOUBLÉ
DÉDUCTIF
DÉFAILLI
DÉFALQUÉ
DÉFANANT
DÉFAUSSE
DÉFAUSSÉ
DÉFAVEUR
DÉFECTIF
DÉFENDRE
DÉFENDUE
DÉFENSIF
DÉFÉQUÉE
DÉFÉQUER
DÉFÉRANT
DÉFÉRENT
DÉFERLÉE
DÉFERLER
DÉFERRÉE
DÉFERRER
DÉFEUTRÉ
DEFFERRE
DÉFIANCE
DÉFIANTE
DÉFIBRÉE
DÉFIBRER
DÉFICELÉ
DÉFIGURÉ
DÉFILANT
DÉFILÉES
DÉFLAGRÉ
DÉFLEURI
DÉFLOQUÉ
DÉFLORÉE
DÉFLORER
DÉFLUENT
DÉFOLIÉE
DÉFOLIER
DÉFONCÉE
DÉFONCER
DÉFORCÉE
DÉFORCER
DE FOREST
DÉFORMÉE
DÉFORMER
DÉFOULÉE
DÉFOULER
DÉFOURNÉ
DÉFRAYÉE
DÉFRAYER
DÉFRICHE
DÉFRICHÉ
DÉFRIPÉE
DÉFRIPER
DÉFRISÉE
DÉFRISER
DÉFRONCÉ
DÉFROQUE
DÉFROQUÉ
DÉFRUITÉ
DÉGAINÉE
DÉGAINER
DÉGANTÉE
DÉGANTER
DÉGARNIE
DÉGARNIR
DÉGAUCHI
DE GAULLE
DÉGAZAGE
DÉGAZANT
DÉGELANT
DÉGÉNÉRÉ
DÉGERMÉE
DÉGERMER
DÉGIVRÉE
DÉGIVRER
DÉGLACÉE
DÉGLACER
DÉGLUANT
DÉGLUTIE
DÉGLUTIR
DÉGOISÉE
DÉGOISER
DÉGOMMÉE
DÉGOMMER
DÉGONFLÉ
DÉGORGÉE
DÉGORGER
DÉGOTANT
DÉGOTTÉE
DÉGOTTER
DÉGOURDI
DÉGOÛTÉE
DÉGOÛTER
DÉGOUTTÉ
DÉGRADÉE
DÉGRADER
DÉGRAFÉE
DÉGRAFER
DÉGRÉANT
DEGRELLE
DÉGREVÉE
DÉGREVER
DÉGRIFFÉ
DÉGRIPPÉ
DÉGRISÉE
DÉGRISER
DÉGROSSI
DÉGROUPÉ
DÉGUERPI
DÉGUEULÉ
DÉGUILLÉ
DÉGUISÉE
DÉGUISER
DÉGUSTÉE
DÉGUSTER
DÉHALANT
DÉHANCHÉ
DE HOOGHE
DEHRA DUN
DÉIFIANT
DÉJANIRE
DÉJANTÉE
DÉJANTER
DÉJAUGER
DÉJETANT
DÉJEUNER
DÉJOUANT
DÉJUCHÉE
DÉJUCHER
DÉLABRÉE
DÉLABRER
DÉLAÇANT
DELAHAYE
DÉLAINÉE
DÉLAINER
DÉLAISSÉ
DÉLAITÉE
DÉLAITER
DE LA MARE
DELAMBRE
DELANNOY
DÉLASSÉE
DÉLASSER
DÉLATEUR
DÉLATION
DE LATTRE
DELAUNAY
DÉLAVAGE
DÉLAVANT
DELAWARE
DÉLAYAGE
DÉLAYANT
DELBRÜCK
DELCASSÉ
DELEATUR
DÉLÉBILE
DÉLECTÉE
DÉLECTER
DÉLÉGANT
DÉLÉGUÉE
DÉLÉGUER
DELÉMONT
DÉLESTÉE
DÉLESTER
DÉLÉTÈRE
DÉLÉTION
DELEVOYE
DÉLIBÉRÉ
DÉLICATE

8

DÉLIMITÉ
DÉLINÉÉE
DÉLINÉER
DÉLIRANT
DÉLITAGE
DÉLITANT
DÉLIVRÉE
DÉLIVRER
DELLOISE
DÉLOYALE
DÉLOYAUX
DEL PONTE
DELSARTE
DELTOÏDE
DELUMEAU
DÉLURANT
DÉLUSTRÉ
DÉMAIGRI
DÉMAILLÉ
DÉMANCHÉ
DEMANDÉE
DEMANDER
DÉMANGÉE
DÉMANGER
DÉMARCHE
DÉMARCHÉ
DÉMARIÉE
DÉMARIER
DÉMARQUE
DÉMARQUÉ
DÉMARRÉE
DÉMARRER
DÉMASCLÉ
DÉMASQUÉ
DÉMÂTAGE
DÉMÂTANT
DÉMATINÉ
DEMAVEND
DÉMÊLAGE
DÉMÊLANT
DÉMÊLOIR
DÉMÊLURE
DÉMEMBRÉ
DÉMÉNAGÉ
DÉMENANT
DÉMENTIE
DÉMENTIR
DÉMERDÉE
DÉMERDER
DÉMÉRITE
DÉMÉRITÉ
DÉMESURE
DÉMESURÉ
DÉMETTRE
DÉMEUBLÉ
DEMEURÉE
DEMEURER

DEMI-CLEF
DEMI-DIEU
DÉMIELLÉ
DEMI-FOND
DEMI-GROS
DEMI-JOUR
DEMI-LUNE
DEMI-MAUX
DÉMINAGE
DÉMINANT
DÉMINEUR
DEMI-PLAN
DEMI-SANG
DEMI-TONS
DEMI-TOUR
DÉMIURGE
DEMI-VIES
DÉMODANT
DÉMODULÉ
DEMOLDER
DE MOMPER
DÉMONTÉE
DÉMONTER
DÉMONTRÉ
DÉMORDRE
DE MORGAN
DÉMOTIVÉ
DÉMOULÉE
DÉMOULER
DÉMUSELÉ
DÉNANTIE
DÉNANTIR
DÉNATTÉE
DÉNATTER
DÉNATURÉ
DENDÉRAH
DENDRITE
DÉNÉBULÉ
DÉNEIGÉE
DÉNEIGER
DÉNIAISÉ
DÉNICHÉE
DÉNICHER
DÉNIGRÉE
DÉNIGRER
DENIKINE
DÉNITRÉE
DÉNITRER
DÉNIVELÉ
DÉNOMBRÉ
DÉNOMMÉE
DÉNOMMER
DÉNONCÉE
DÉNONCER
DÉNOTANT
DÉNOUANT
DÉNOYAGE

DÉNOYANT
DENPASAR
DENSIFIÉ
DENTAIRE
DENTELÉE
DENTELER
DENTELLE
DENTISTE
DÉNUDANT
DÉNUTRIE
DÉPAILLÉ
DÉPANNÉE
DÉPANNER
DÉPARANT
DEPARDON
DÉPARIÉE
DÉPARIER
DÉPARLER
DÉPARTIE
DÉPARTIR
DÉPASSÉE
DÉPASSER
DÉPATRIÉ
DÉPAVAGE
DÉPAVANT
DÉPAYSÉE
DÉPAYSER
DÉPEÇAGE
DÉPEÇANT
DÉPECEUR
DÉPÊCHÉE
DÉPÊCHER
DÉPEIGNÉ
DÉPEINTE
DÉPENDRE
DÉPENDUE
DÉPENSÉE
DÉPENSER
DEPESTRE
DÉPÊTRÉE
DÉPÊTRER
DÉPEUPLÉ
DÉPHASÉE
DÉPHASER
DÉPIAUTÉ
DÉPICAGE
DÉPILAGE
DÉPILANT
DÉPIQUÉE
DÉPIQUER
DÉPISTÉE
DÉPISTER
DÉPITANT
DÉPLACÉE
DÉPLACER
DÉPLAIRE
DÉPLANTÉ

DÉPLÂTRÉ
DÉPLIAGE
DÉPLIANT
DÉPLISSÉ
DÉPLOMBÉ
DÉPLORÉE
DÉPLORER
DÉPLOYÉE
DÉPLOYER
DÉPLUMÉE
DÉPLUMER
DÉPOLLUÉ
DÉPONENT
DÉPORTÉE
DÉPORTER
DÉPOSANT
DÉPOTAGE
DÉPOTANT
DÉPOTOIR
DÉPOURVU
DÉPRAVÉE
DÉPRAVER
DÉPRÉCIÉ
DEPRETIS
DÉPRIMÉE
DÉPRIMER
DÉPRISÉE
DÉPRISER
DÉPUCELÉ
DÉPULPÉE
DÉPULPER
DÉPURANT
DÉPUTANT
DÉRACINÉ
DÉRAIDIE
DÉRAIDIR
DÉRAILLÉ
DÉRAISON
DÉRAMANT
DÉRANGÉE
DÉRANGER
DÉRAPAGE
DÉRAPANT
DÉRATISÉ
DÉRAYAGE
DÉRAYANT
DÉRAYURE
DERBOUKA
DERECHEF
DÉRÉELLE
DÉRÉGLÉE
DÉRÉGLER
DÉRÉGULÉ
DÉRIDANT
DÉRISION
DÉRIVANT
DÉRIVETÉ

DÉRIVEUR
DERMESTE
DERMIQUE
DERNIÈRE
DÉROBADE
DÉROBANT
DÉROCHÉE
DÉROCHER
DÉROUGIR
DÉROULÉE
DÉROULER
DÉROUTÉE
DÉROUTER
DERRIÈRE
DERVICHE
DERVOISE
DÉSABUSÉ
DÉSAMOUR
DÉSARÊTÉ
DÉSARMÉE
DÉSARMER
DÉSARROI
DÉSASTRE
DÉSAVEUX
DÉSAVOUÉ
DÉSAXANT
DESCAMPS
DESCELLÉ
DESCENDU
DESCENTE
DÉSEMBUÉ
DÉSEMPLI
DÉSENCRÉ
DÉSENFLÉ
DÉSERTÉE
DÉSERTER
DÉSERTÉS
DÉSHERBÉ
DÉSHUILÉ
DÉSIGNÉE
DESIGNER
DÉSIGNER
DÉSILANT
DÉSIRANT
DÉSIREUX
DÉSISTÉE
DÉSISTER
DE SITTER
DÉSOBÉIR
DÉSOLANT
DÉSOPILÉ
DÉSORDRE
DÉSOSSÉE
DÉSOSSER
DESPOTAT
DESQUAMÉ
DESSABLÉ
DESSAISI
DESSALÉE
DESSALER
DESSÉCHÉ
DESSELLÉ
DESSERRÉ
DESSERTE
DESSERTI
DESSERVI
DESSILLÉ
DESSINÉE
DESSINER
DESSOLÉE
DESSOLER
DESSOUDÉ
DESSOÛLÉ
DESTINÉE
DESTINER
DESTITUÉ
DÉSTOCKÉ
D'ESTRÉES
DESTRIER
DÉSUNION
DESVROIS
DÉTACHÉE
DÉTACHER
DÉTAILLÉ
DÉTALANT
DÉTARTRÉ
DÉTAXANT
DÉTECTÉE
DÉTECTER
DÉTEINTE
DÉTELAGE
DÉTELANT
DÉTENANT
DÉTENDRE
DÉTENDUE
DÉTERGÉE
DÉTERGER
DÉTERRÉE
DÉTERRER
DÉTERSIF
DÉTESTÉE
DÉTESTER
DÉTHÉINÉ
DÉTONANT
DÉTONNER
DÉTORDRE
DÉTORDUE
DÉTOURÉE
DÉTOURER
DÉTOURNÉ
DÉTRACTÉ
DÉTRAQUE
DÉTRAQUÉ
DÉTREMPE
DÉTREMPÉ
DÉTRESSE
DÉTRITUS
DÉTROITS
DÉTROMPÉ
DÉTRÔNÉE
DÉTRÔNER
DÉTROQUÉ
DÉTRUIRE
DÉTRUITE
DEUTÉRON
DEUXIÈME
DEUX-MÂTS
DÉVALANT
DE VALERA
DÉVALISÉ
DÉVALOIR
DE VALOIS
DÉVALUÉE
DÉVALUER
DEVANCÉE
DEVANCER
DÉVASTÉE
DÉVASTER
DEVENANT
DEVENTER
DÉVERBAL
DEVEREUX
DÉVERGUÉ
DÉVERNIE
DÉVERNIR
DÉVERSÉE
DÉVERSER
DÉVÊTANT
DÉVIANCE
DÉVIANTE
DÉVIDAGE
DÉVIDANT
DÉVIDOIR
DEVINANT
DÉVIRANT
DÉVISAGÉ
DEVISANT
DÉVISSÉE
DÉVISSER
DÉVOILÉE
DÉVOILER
DÉVOISÉE
DÉVOLTÉE
DÉVOLTER
DÉVONIEN
DÉVORANT
DÉVOREUR
DÉVOTION
DÉVOUANT
DÉVOYANT
DE WAILLY
DEXTRINE
DIACLASE
DIACONAT
DIADOQUE
DIAGNOSE
DIAGONAL
DIALCOOL
DIALECTE
DIALOGUE
DIALOGUÉ
DIALYSÉE
DIALYSER
DIAMANTÉ
DIAMÈTRE
DIAPASON
DIAPAUSE
DIAPHANE
DIAPHYSE
DIAPRANT
DIAPRURE
DIARISTE
DIARRHÉE
DIASCOPE
DIASPORA
DIASPORA
DIASTOLE
DIATHÈSE
DIATOMÉE
DIATRIBE
DICARYON
DICENTRA
DICÉTONE
DIEKIRCH
DIEPPOIS
DIES IRAE
DIETIKON
DIETRICH
DIFFAMÉE
DIFFAMER
DIFFÉRÉE
DIFFÉRER
DIFFORME
DIFFUSÉE
DIFFUSER
DIGÉRANT
DIGESTIF
DIGICODE
DIGITALE
DIGITAUX
DIGNOISE
DIGRAMME
DILACÉRÉ
DILAPIDÉ
DILATANT
DILIGENT
DILUTION
DILUVIEN

8

DIMANCHE
DIMINUÉE
DIMINUER
DIMITROV
DIMORPHE
DINDONNÉ
DINGHIES
DINGUANT
DINORNIS
DIONYSOS
DIOPTRIE
DIPHASÉE
DIPHÉNOL
DIPLOÏDE
DIPLÔMÉE
DIPLÔMER
DIPLOPIE
DIPSACÉE
DIPTYQUE
DIRECTIF
DIRIMANT
DISCERNÉ
DISCIPLE
DISCOÏDE
DISCORDE
DISCORDÉ
DISCOUNT
DISCOURS
DISCOURU
DISCRÈTE
DISCULPÉ
DISCUTÉE
DISCUTER
DISGRÂCE
DISJOINT
DISLOQUÉ
DISPARUE
DISPENSE
DISPENSÉ
DISPERSÉ
DISPOSÉE
DISPOSER
DISPUTÉE
DISPUTER
DISRAELI
DISSÉQUÉ
DISSERTÉ
DISSIPÉE
DISSIPER
DISSOCIÉ
DISSOLUE
DISSONER
DISSOUTE
DISSUADÉ
DISTANCE
DISTANCÉ
DISTANTE

DISTENDU
DISTHÈNE
DISTILLÉ
DISTINCT
DISTIQUE
DISTORDU
DISTRAIT
DISTRICT
DIURNAUX
DIVAGUER
DIVALENT
DIVERGER
DIVERSES
DIVERTIE
DIVERTIR
DIVINISÉ
DIVINITÉ
DIVISANT
DIVISEUR
DIVISION
DIVORCÉE
DIVORCER
DIVULGUÉ
DIX MILLE
DIZYGOTE
DJAKARTA
DJAMBOUL
DJELLABA
DJERASSI
DJÉZIREH
DJIBOUTI
DJURJURA
DOBERMAN
DOCILITÉ
DOCTORAL
DOCTORAT
DOCTRINE
DOCUMENT
DODELINÉ
DODINANT
DODOMAIS
DOG-CARTS
DOIGTANT
DOIGTIER
DOISNEAU
DOLDRUMS
DOLÉANCE
DOLGANES
DOLLFUSS
DOLOMIEU
DOLOMITE
DOLOSIVE
DOMANIAL
DOMBASLE
DOMBISTE
DOMÉNOIS
DOMIENNE

DOMFRONT
DOMICILE
DOMINANT
DOMINION
DOMITIEN
DOMPTAGE
DOMPTANT
DOMPTEUR
DONATEUR
DONATION
DONGEOIS
DONGGUAN
DONGTING
DONGYING
DONG YUAN
DONIAMBO
DONNEUSE
DONZELLE
DONZENAC
DOPAMINE
DORACHON
DORDOGNE
DORGELÈS
DORIENNE
DORLOTÉE
DORLOTER
DORMANCE
DORMANTE
DORMEUSE
DORMITIF
DOROTHÉE
DORTMUND
DOSSERET
DOSSIÈRE
DOSSISTE
DOTATION
DOUANIER
DOUBISTE
DOUBLAGE
DOUBLANT
DOUBLEAU
DOUBLEUR
DOUBLURE
DOUCETTE
DOUCHANT
DOUCHEUR
DOUDOUNE
DOUESSIN
DOUGLASS
DOUILLÉE
DOUILLER
DOUILLET
DOUILLET
DOULLENS
DOUTEUSE
DOUVAINE
DOUVELLE

DOUVRAIS
DOUX-AMER
DOUZAINE
DOUZIÈME
DOVJENKO
DOW JONES
DRAGEOIR
DRAGLINE
DRAGONNE
DRAGSTER
DRAGUANT
DRAGUEUR
DRAINAGE
DRAINANT
DRAINEUR
DRAISINE
DRANCÉEN
DRAPEAUX
DRAPERIE
DRAPIÈRE
DRAVEUSE
DRAWBACK
DREIFUSS
DRESSAGE
DRESSANT
DRESSEUR
DRESSING
DRESSOIR
DRIBBLÉE
DRIBBLER
DROGHEDA
DROGUANT
DROIT-FIL
DROITIER
DROITURE
DRÔLERIE
DRÔLESSE
DRÔLETTE
DRÔMOISE
DROP-GOAL
DROPPAGE
DROPPANT
DROSSANT
DROUAISE
DRUILLET
DUALISÉE
DUALISER
DUALISME
DUALISTE
DU BARTAS
DU BELLAY
DUBREUIL
DUBUFFET
DUC-D'ALBE
DUCÉENNE
DUCHARME
DUCHÂTEL

DUCHENNE
DUCHESNE
DUCHESSE
DUCOMMUN
DUCRETET
DUCROIRE
DUFRESNE
DUISBURG
DUJARDIN
DULCIFIÉ
DULCINÉE
DULCINÉE
DUMOULIN
DUNHUANG
DUNS SCOT
DUODÉNAL
DUODÉNUM
DU PERRON
DUPLEXÉE
DUPLEXER
DUPLIQUÉ
DUQUESNE
DURANDAL
DURATIVE
DUREMENT
DURE-MÈRE
DURENDAL
DURGAPUR
DURILLON
DURKHEIM
DUVALIER
DUVERGER
DUVERNOY
DUVETANT
DUVETEUX
DUVIVIER
DUXELLES
DYADIQUE
DYARCHIE
DYNAMISÉ
DYNAMITE
DYNAMITÉ
DYNASTIE
DYSLALIE
DYSLEXIE
DYSTOCIE
DYSTONIE
EASTMAIN
EASTWOOD
EAUBONNE
EAU-DE-VIE
EAU-FORTE
ÉBARBAGE
ÉBARBANT
ÉBARBOIR
ÉBARBURE
ÉBATTANT
ÉBAUCHÉE
ÉBAUCHER
ÉBAVURÉE
ÉBAVURER
ÉBÉNACÉE
ÉBÉNISTE
ÉBERLUÉE
ÉBERLUER
ÉBIONITE
ÉBORGNÉE
ÉBORGNER
ÉBOULANT
ÉBOUTANT
ÉBRANCHÉ
ÉBRANLÉE
ÉBRANLER
ÉBRASANT
ÉBRASURE
ÉBRÉCHÉE
ÉBRÉCHER
ÉBRIQUER
ÉBROUANT
ÉBRUITÉE
ÉBRUITER
ÉBURNÉEN
ÉCACHANT
ÉCAILLÉE
ÉCAILLER
ÉCARLATE
ÉCARTANT
ÉCARTELÉ
ÉCARTEUR
ECBATANE
ECCE HOMO
ECCLÉSIA
ECDYSONE
ÉCERVELÉ
ÉCHAFAUD
ÉCHALIER
ÉCHALOTE
ÉCHANCRÉ
ÉCHANGÉE
ÉCHANGER
ÉCHANSON
ÉCHAPPÉE
ÉCHAPPER
ÉCHARNÉE
ÉCHARNER
ÉCHARPÉE
ÉCHARPER
ÉCHAUDÉE
ÉCHAUDER
ÉCHAUFFÉ
ÉCHÉANCE
ÉCHÉANTE
ÉCHELIER
ÉCHEVEAU
ÉCHEVELÉ
ÉCHEVINE
ÉCHIFFRE
ÉCHINANT
ÉCHOTIER
ÉCHOUAGE
ÉCHOUANT
ÉCLAIRCI
ÉCLAIRÉE
ÉCLAIRER
ÉCLATANT
ÉCLATEUR
ÉCLIPSÉE
ÉCLIPSER
ÉCLOGITE
ÉCLOSION
ÉCLUSAGE
ÉCLUSANT
ÉCLUSIER
ECMNÉSIE
ÉCOBILAN
ÉCOBUAGE
ÉCOBUANT
ÉCŒURÉE
ÉCŒURER
ÉCOINÇON
ÉCOLABEL
ÉCOLÂTRE
ÉCOLIÈRE
ÉCOLOGIE
ÉCOLOGUE
ÉCOMMÉEN
ÉCOMUSÉE
ÉCONDUIT
ÉCONOMAT
ÉCONOMIE
ÉCOPHASE
ÉCORÇAGE
ÉCORÇANT
ÉCORCEUR
ÉCORCHÉE
ÉCORCHER
ÉCORNANT
ÉCORNURE
ÉCOSSAIS
ÉCOSSAIS
ÉCOSSANT
ÉCOULANT
ÉCOUMÈNE
ÉCOURTÉE
ÉCOURTER
ÉCOUTANT
ÉCOUTEUR
ÉCRASANT
ÉCRASEUR
ÉCRÉMAGE
ÉCRÉMANT
ÉCRÊTANT
ÉCRITEAU
ÉCRITURE
ÉCRIVAIN
ÉCRIVANT
ÉCROUANT
ÉCROULÉE
ÉCROULER
ÉCROÛTÉE
ÉCROÛTER
ÉCULLOIS
ÉCUMANTE
ÉCUMEUSE
ÉCUMOIRE
ÉCUREUIL
ÉDÉNIQUE
ÉDENTANT
EDIACARA
ÉDICTANT
ÉDIFIANT
ÉDITRICE
EDMONTON
ÉDOMITES
ÉDUCABLE
ÉDUCATIF
ÉDULCORÉ
ÉDUQUANT
ÉFAUFILÉ
EFFAÇANT
EFFACEUR
EFFANANT
EFFANURE
EFFARANT
EFFECTIF
EFFECTUÉ
EFFÉMINÉ
EFFÉRENT
EFFICACE
EFFILAGE
EFFILANT
EFFILURE
EFFLEURÉ
EFFLUENT
EFFONDRÉ
EFFORCÉE
EFFORCER
EFFRANGÉ
EFFRAYÉE
EFFRAYER
EFFRÉNÉE
EFFRITÉE
EFFRITER
EFFRONTÉ
EFFUSION
EFFUSIVE
ÉGAILLÉE
ÉGAILLER

8

ÉGALABLE
ÉGALISÉE
ÉGALISER
ÉGAYANTE
ÉGINHARD
ÉGLETONS
ÉGLOGUES
EGOLZWIL
ÉGORGEUR
ÉGOSILLÉ
ÉGOTISME
ÉGOTISTE
ÉGOUTIER
ÉGOUTTÉE
ÉGOUTTER
ÉGRAINÉE
ÉGRAINER
ÉGRAPPÉE
ÉGRAPPER
ÉGRENAGE
ÉGRENANT
ÉGRISAGE
ÉGRISANT
ÉGROTANT
ÉGUEULÉE
ÉGUEULER
ÉGYPTIEN
ÉGYPTIEN
EICHMANN
EINSTEIN
EISENACH
ÉJACULÉE
ÉJACULER
ÉJECTANT
ÉJECTEUR
ÉJECTION
ÉJOINTÉE
ÉJOINTER
ÉLABORÉE
ÉLABORER
ÉLAGABAL
ÉLAGUANT
ÉLAGUEUR
ÉLANÇANT
EL-AOUÏNA
ÉLASTINE
EL CALLAO
ELDORADO
ELDORADO
ÉLECTEUR
ÉLECTION
ÉLECTIVE
ÉLECTRET
ÉLECTRON
ÉLECTRUM
EL-EDRISI
ÉLÉGANCE

ÉLÉGANTE
ÉLÉONORE
ÉLÉPHANT
ÉLEVEUSE
EL-HADJAR
ÉLIGIBLE
ÉLIMINÉE
ÉLIMINER
ÉLINGUÉE
ÉLINGUER
ÉLITAIRE
ÉLITISME
ÉLITISTE
EL-JADIDA
ELLÉBORE
EL-MENIAA
ÉLOGIEUX
ÉLOIGNÉE
ÉLOIGNER
ÉLOQUENT
EL-SADATE
ELSENEUR
ELSEVIER
ÉLUCIDÉE
ÉLUCIDER
ÉLUCUBRÉ
ÉLUVIALE
ÉLUVIAUX
ELVINOIS
ELZEVIER
ÉMACIANT
ÉMAILLÉE
ÉMAILLER
ÉMANCIPÉ
ÉMASCULÉ
EMBALLÉE
EMBALLER
EMBARDÉE
EMBARQUÉ
EMBARRAS
EMBARRÉE
EMBARRER
EMBAUCHE
EMBAUCHÉ
EMBAUMÉE
EMBAUMER
EMBELLIE
EMBELLIR
EMBÊTANT
EMBLAVÉE
EMBLAVER
EMBOBINÉ
EMBOÎTÉE
EMBOÎTER
EMBOSSÉE
EMBOSSER
EMBOUCHE

EMBOUCHÉ
EMBOUQUÉ
EMBOURBÉ
EMBOUTIE
EMBOUTIR
EMBRAQUÉ
EMBRASÉE
EMBRASER
EMBRASSE
EMBRASSÉ
EMBRAYÉE
EMBRAYER
EMBREVÉE
EMBREVER
EMBROCHÉ
EMBRUMÉE
EMBRUMER
EMBUSQUÉ
EMBUVAGE
ÉMÉCHANT
ÉMERAUDE
ÉMERGENT
ÉMERISÉE
ÉMERISER
ÉMÉRITAT
ÉMERSION
ÉMÉTIQUE
ÉMETTANT
ÉMETTEUR
ÉMEUTIER
ÉMIETTÉE
ÉMIETTER
ÉMIGRANT
ÉMINÇANT
ÉMINENCE
ÉMINENTE
EMINESCU
ÉMISSION
ÉMISSIVE
ÉMISSOLE
EMMANCHÉ
EMMANUEL
EMMÊLANT
EMMÉNAGÉ
EMMENANT
EMMENTAL
EMMENTAL
EMMERDÉE
EMMERDER
EMMIELLÉ
EMMOTTÉE
EMMURANT
ÉMONDAGE
ÉMONDANT
ÉMONDEUR
ÉMONDOIR
ÉMOTTAGE

ÉMOTTANT
ÉMOUCHET
ÉMOUSSÉE
ÉMOUSSER
ÉMOUVANT
ÉMOUVOIR
EMPAILLÉ
EMPALANT
EMPALMÉE
EMPALMER
EMPANNER
EMPARANT
EMPÂTANT
EMPATHIE
EMPATTÉE
EMPATTER
EMPAUMÉE
EMPAUMER
EMPÊCHÉE
EMPÊCHER
EMPEIGNE
EMPENNÉE
EMPENNER
EMPEREUR
EMPERLÉE
EMPERLER
EMPESAGE
EMPESANT
EMPESTÉE
EMPESTER
EMPÊTRÉE
EMPÊTRER
EMPIERRÉ
EMPIÉTER
EMPIFFRÉ
EMPILAGE
EMPILANT
EMPIRANT
EMPLÂTRE
EMPLETTE
EMPLOYÉE
EMPLOYER
EMPLUMÉE
EMPLUMER
EMPOCHÉE
EMPOCHER
EMPOIGNE
EMPOIGNÉ
EMPORIUM
EMPORTÉE
EMPORTER
EMPOSIEU
EMPOTAGE
EMPOTANT
EMPREINT
EMPRESSÉ
EMPRUNTÉ

EMPUANTI
ÉMULSEUR
ÉMULSINE
ÉMULSION
ÉMULSIVE
ENAMOURÉ
ÉNARCHIE
ENCABANÉ
ENCADRÉE
ENCADRER
ENCAISSE
ENCAISSÉ
ENCAQUÉE
ENCAQUER
ENCARTÉE
ENCARTER
ENCASTRÉ
ENCAVEUR
ENCEINTE
ENCEINTÉ
ENCENSÉE
ENCENSER
ENCERCLÉ
ENCHAÎNÉ
ENCHANTÉ
ENCHÂSSÉ
ENCHÉRIR
ENCLAVÉE
ENCLAVER
ENCLOUÉE
ENCLOUER
ENCOCHÉE
ENCOCHER
ENCODAGE
ENCODANT
ENCODEUR
ENCOLLÉE
ENCOLLER
ENCOLURE
ENCOMBRE
ENCOMBRÉ
ENCONTRE
ENCORDÉE
ENCORDER
ENCORNÉE
ENCORNER
ENCORNET
ENCOUBLE
ENCOUBLÉ
ENCOURIR
ENCOURUE
ENCRASSÉ
ENCROUÉE
ENCROÛTÉ
ENCUVAGE
ENCUVANT
EN DEDANS

EN-DEHORS
ENDETTÉE
ENDETTER
ENDÊVANT
ENDIABLÉ
ENDIGUÉE
ENDIGUER
ENDOGAME
ENDOGÈNE
ENDOLORI
ENDORMIE
ENDORMIR
ENDOSSÉE
ENDOSSER
ENDURANT
ENDURCIE
ENDURCIR
ENDYMION
ENDYMION
ÉNERVANT
ENFAÎTÉE
ENFAÎTER
ENFANTÉE
ENFANTER
ENFANTIN
ENFANTIN
ENFARGER
ENFARINÉ
ENFERMÉE
ENFERMER
ENFERRÉE
ENFERRER
ENFICHÉE
ENFICHER
ENFIELLÉ
ENFIÉVRÉ
ENFILADE
ENFILAGE
ENFILANT
ENFILEUR
ENFLAMMÉ
ENFLEURÉ
ENFOIRÉE
ENFONCÉE
ENFONCER
ENFOURNÉ
ENFREINT
ENFUMAGE
ENFUMANT
ENFÛTAGE
ENFÛTANT
ENFUYANT
ENGADINE
ENGAINÉE
ENGAINER
ENGAMANT
ENGEANCE

ENGELURE
ENGENDRÉ
ENGERBÉE
ENGERBER
ENGLACÉE
ENGLOBÉE
ENGLOBER
ENGLOUTI
ENGLUAGE
ENGLUANT
ENGOBAGE
ENGOBANT
ENGOMMÉE
ENGOMMER
ENGONCÉE
ENGONCER
ENGORGÉE
ENGORGER
ENGOUANT
ENGOURDI
ENGRAMME
ENGRANGÉ
ENGRÊLÉE
ENGRENÉE
ENGRENER
ENGROSSÉ
ENGUEULÉ
ENHARDIE
ENHARDIR
ENHERBÉE
ENHERBER
ENIVRANT
ENJAMBÉE
ENJAMBER
ENJAVELÉ
ENJOINTE
ENJÔLANT
ENJÔLEUR
ENJOLIVÉ
ENJUGUÉE
ENJUGUER
ENKYSTÉE
ENKYSTER
ENLAÇANT
ENLAÇURE
ENLAIDIE
ENLAIDIR
ENLEVAGE
ENLEVANT
ENLISANT
ENLUMINÉ
ENNÉADES
ENNEIGÉE
ENNEIGER
ENNOBLIE
ENNOBLIR
ENNOYAGE

ENNOYANT
ENNUAGÉE
ENNUAGER
ENNUYANT
ENNUYEUX
ÉNONÇANT
ÉNORMITÉ
ENQUÉRIR
ENQUERRE
ENQUÊTÉE
ENQUÊTER
ENRACINÉ
ENRAYAGE
ENRAYANT
ENRAYURE
ENRÊNANT
ENRHUMÉE
ENRHUMER
ENRICHIE
ENRICHIR
ENROBAGE
ENROBANT
ENROCHÉE
ENROCHER
ENRÔLANT
ENRÔLEUR
ENROUANT
ENROULÉE
ENROULER
ENSABLÉE
ENSABLER
ENSACHÉE
ENSACHER
ENSCHEDE
ENSEIGNE
ENSEIGNÉ
ENSELLÉE
ENSEMBLE
ENSENADA
ENSERRÉE
ENSERRER
ENSÉRUNE
ENSEVELI
ENSILAGE
ENSILANT
ENSIMAGE
ENSOUFRÉ
ENSOUPLE
ENSUIVIE
ENSUIVIS
ENSUIVRE
ENSUQUÉE
ENTABLÉE
ENTABLER
ENTACHÉE
ENTACHER
ENTAILLE

8

ENTAILLÉ
ENTAMANT
ENTARTRÉ
ENTASSÉE
ENTASSER
ENTENDRE
ENTENDUE
ENTÉRINÉ
ENTÉRITE
ENTERRÉE
ENTERRER
ENTÊTANT
ENTICHÉE
ENTICHER
ENTOILÉE
ENTOILER
ENTÔLAGE
ENTÔLANT
ENTÔLEUR
ENTOLOME
ENTONNÉE
ENTONNER
ENTOURÉE
ENTOURER
ENTRACTE
ENTRAIDE
ENTRAIDÉ
ENTR'AIMÉ
ENTRAÎNÉ
ENTRANTE
ENTRAVÉE
ENTRAVER
ENTREFER
ENTRE-HAÏ
ENTREMIS
ENTREPÔT
ENTRESOL
ENTRE-TUÉ
ENTREVUE
ENTRISME
ENTROPIE
ENTROQUE
ENTUBANT
ENTZHEIM
ÉNUCLÉÉE
ÉNUCLÉER
ÉNUMÉRÉE
ÉNUMÉRER
ÉNUQUANT
ÉNURÉSIE
ENVALIRA
ENVASANT
ENVENIMÉ
ENVERGUÉ
ENVERMEU
ENVIABLE
ENVIEUSE
ENVIRONS
ENVISAGÉ
ENVOLANT
ENVOÛTÉE
ENVOÛTER
ENVOYANT
ENVOYEUR
ENZOOTIE
ÉOLIENNE
ÉOLIENNE
ÉOLIPILE
ÉOLIPYLE
ÉPAGNEUL
ÉPAISSIE
ÉPAISSIR
ÉPAMPRÉE
ÉPAMPRER
ÉPANCHÉE
ÉPANCHER
ÉPANDAGE
ÉPANDANT
ÉPANDEUR
ÉPANNELÉ
ÉPANOUIE
ÉPANOUIR
ÉPARCHIE
ÉPARGNÉE
ÉPARGNER
ÉPATANTE
ÉPAULANT
ÉPAULARD
ÉPAVISTE
ÉPEAUTRE
ÉPENDYME
ÉPÉPINÉE
ÉPÉPINER
ÉPERONNÉ
ÉPERVIER
ÉPEURANT
ÉPHÉLIDE
ÉPHÉMÈRE
ÉPHIALTE
ÉPHRUSSI
ÉPIAISON
ÉPICARPE
ÉPICERIE
ÉPICIÈRE
ÉPICLÈSE
ÉPICTÈTE
ÉPICYCLE
ÉPIDAURE
ÉPIDÉMIE
ÉPIDERME
ÉPIDURAL
ÉPIERRÉE
ÉPIERRER
ÉPIGÉNIE
ÉPILEUSE
ÉPILOGUE
ÉPILOGUÉ
ÉPINCETÉ
ÉPINETTE
ÉPINEUSE
ÉPINGLÉE
ÉPINGLER
ÉPINIÈRE
ÉPINOCHE
ÉPIPHANE
ÉPIPHANE
ÉPIPHYSE
ÉPIPHYTE
ÉPIPLOON
ÉPISCOPE
ÉPISSANT
ÉPISSOIR
ÉPISSURE
ÉPISTATE
ÉPISTÉMÊ
ÉPITAPHE
ÉPITAXIE
ÉPITHÈTE
ÉPLOYANT
ÉPLUCHÉE
ÉPLUCHER
ÉPOISSES
ÉPONYMIE
ÉPOUILLÉ
ÉPOUMONÉ
ÉPOUSANT
ÉPOUSEUR
ÉPREINTE
ÉPRENANT
ÉPRENDRE
ÉPROUVÉE
ÉPROUVER
ÉPUISANT
ÉPULPEUR
ÉPURATIF
ÉPYORNIS
ÉQUARRIE
ÉQUARRIR
ÉQUATEUR
ÉQUATEUR
ÉQUATION
ÉQUESTRE
ÉQUEUTÉE
ÉQUEUTER
ÉQUINOXE
ÉQUIPAGE
ÉQUIPANT
ÉQUIPIER
ÉQUIPOLÉ
ÉQUIVALU
ÉRADIQUÉ
ÉRAFLANT
ÉRAFLURE
ÉRAGNIEN
ÉRAILLÉE
ÉRAILLER
ÉRATHÈME
ERCKMANN
ÉRECTEUR
ÉRECTILE
ÉRECTION
ÉREINTÉE
ÉREINTER
ÉRÉMISTE
ERGONOME
ERGOTAGE
ERGOTANT
ERGOTEUR
ÉRICACÉE
ÉRIGEANT
ÉRIGÉRON
ÉRISTALE
ERLANGEN
ERLANGER
ERMITAGE
ERNÉENNE
ÉROTIQUE
ÉROTISÉE
ÉROTISER
ÉROTISME
ERPE-MÈRE
ÉRUCIQUE
ÉRUCTANT
ÉRUPTION
ÉRUPTIVE
ÉRYTHÈME
ÉRYTHRÉE
ESAKI LEO
ESBIGNÉE
ESBIGNER
ESBROUFE
ESBROUFÉ
ESCABEAU
ESCADRON
ESCALADE
ESCALADÉ
ESCALIER
ESCALOPE
ESCALOPÉ
ESCAMOTÉ
ESCAPADE
ESCARBOT
ESCARÈNE
ESCARGOT
ESCARPÉE
ESCARPIN
ESCLAFFÉ
ESCLAVES

ESCOMPTE
ESCOMPTÉ
ESCORTÉE
ESCORTER
ESCOUADE
ESCRIMÉE
ESCRIMER
ESCROQUÉ
ESCUDERO
ESCULAPE
ESCURIAL
ESGOURDE
ESPAÇANT
ESPAGNOL
ESPAGNOL
ESPALIER
ESPALION
ESPÉRANT
ESPIÈGLE
ESPIONNE
ESPIONNÉ
ESPONTON
ESQUARRE
ESQUICHÉ
ESQUILIN
ESQUILLE
ESQUIMAU
Esquimau
ESQUIMAU
ESQUINTÉ
ESQUIROL
ESQUISSE
ESQUISSÉ
ESQUIVÉE
ESQUIVER
ESSAIMER
ESSARTÉE
ESSARTER
ESSAYAGE
ESSAYANT
ESSAYEUR
ESSÉNIEN
ESSENINE
ESSEULÉE
ESSORAGE
ESSORANT
ESSOUCHÉ
ESSUYAGE
ESSUYANT
ESSUYEUR
ESTACADE
ESTAFIER
ESTAGNON
ESTAMPÉE
ESTAMPER
ESTANCIA
EST-CE QUE
ESTÉRASE
ESTERLIN
ESTHÉSIE
ESTIENNE
ESTIMANT
ESTIVAGE
ESTIVALE
ESTIVANT
ESTIVAUX
ESTOCADE
ESTOMPÉE
ESTOMPER
ESTONIEN
ESTONIEN
ESTOPPEL
ESTOURBI
ESTRAGON
ESTROPIÉ
ESTUAIRE
ÉTABLANT
ÉTAGEANT
ÉTAGISTE
ÉTALAGÉE
ÉTALAGER
ÉTALONNÉ
ÉTAMBRAI
ÉTAMPOIS
ÉTAMPURE
ÉTANCHÉE
ÉTANCHER
ÉTAPLOIS
ÉTARQUÉE
ÉTARQUER
ÉTAT CHAN
ÉTATIQUE
ÉTATISÉE
ÉTATISER
ÉTATISME
ÉTATISTE
ET CETERA
ÉTEINDRE
ÉTELLOIS
ÉTENDAGE
ÉTENDANT
ÉTENDARD
ÉTENDOIR
ÉTERNISÉ
ÉTERNITÉ
ÉTERNUER
ÉTHIOPIE
ETHMOÏDE
ETHNIQUE
ÉTHYLÈNE
ÉTIEMBLE
ÉTINCELÉ
ÉTIOLANT
ÉTIOLLES
ÉTIQUETÉ
ÉTIRABLE
ÉTOFFANT
ÉTOILANT
ÉTONNANT
ÉTOUFFÉE
ÉTOUFFER
ÉTOUPANT
ÉTOURDIE
ÉTOURDIR
ÉTRANGER
ÉTRANGLÉ
ÉTREINTE
ÉTRENNÉE
ÉTRENNER
ÉTRILLÉE
ÉTRILLER
ÉTRIPAGE
ÉTRIPANT
ÉTRIQUÉE
ÉTRIQUER
ÉTRUSQUE
ÉTRUSQUE
ÉTUDIANT
EUBÉENNE
EUCARIDE
EUCOLOGE
EUPHONIE
EUPHORBE
EUPHORIE
EUPHRATE
EURASIEN
EURASIEN
EURIPIDE
Eurocity
EURONEWS
EUROPÉEN
EUROPÉEN
EUROPIUM
EURYDICE
EUSKEMEN
EUSTACHE
EUSTACHE
EUTYCHÈS
ÉVACUANT
ÉVALUANT
ÉVANGILE
ÉVANOUIE
ÉVANOUIR
ÉVAPORÉE
ÉVAPORER
ÉVARISTE
ÉVEILLÉE
ÉVEILLER
ÉVEINAGE
ÉVENTAIL
ÉVENTANT
ÉVENTRÉE
ÉVENTRER
ÉVENTUEL
ÉVERSION
ÉVERTUÉE
ÉVERTUER
ÉVHÉMÈRE
ÉVIANAIS
ÉVICTION
ÉVIDENCE
ÉVIDENTE
ÉVINÇANT
ÉVISCÉRÉ
ÉVITABLE
ÉVOCABLE
ÉVOLUANT
ÉVOLUTIF
ÉVOQUANT
ÉVRYENNE
EXACERBÉ
EXACTEUR
EXACTION
EXAGÉRÉE
EXAGÉRER
EXALTANT
EXAMINÉE
EXAMINER
EXARCHAT
EXASPÉRÉ
EXAUÇANT
EXCAVANT
EXCÉDANT
EXCÉDENT
EXCELLER
EXCENTRÉ
EXCEPTÉE
EXCEPTER
EXCESSIF
EXCIPANT
EXCISANT
EXCISEUR
EXCISION
EXCITANT
EXCLAMÉE
EXCLAMER
EXCLUANT
EXCLUSIF
EXCORIÉE
EXCORIER
EXCRÉTÉE
EXCRÉTER
EXCUSANT
EXÉCRANT
EXÉCUTÉE
EXÉCUTER
EXÉCUTIF
EXELMANS

EXEMPTÉE
EXEMPTER
EXERÇANT
EXERCICE
EXFILTRÉ
EXFOLIÉE
EXFOLIER
EXHALANT
EXHAUSSÉ
EXHIBANT
EXHORTÉE
EXHORTER
EXHUMANT
EXIGEANT
EXIGENCE
EXIGIBLE
EXIGUÏTÉ
EXISTANT
EX-LIBRIS
EX NIHILO
EXOCRINE
EXOGAMIE
EXONDANT
EXONÉRÉE
EXONÉRER
EXORBITÉ
EXORCISÉ
EXOSTOSE
EXOTIQUE
EXOTISME
EXPANSÉE
EXPANSIF
EXPATRIÉ
EXPÉDIÉE
EXPÉDIER
EXPIABLE
EXPIRANT
EXPLÉTIF
EXPLIQUÉ
EXPLOITÉ
EXPLORÉE
EXPLORER
EXPLOSER
EXPLOSIF
EXPORTÉE
EXPORTER
EXPOSANT
EXPRESSE
EXPRESSO
EXPRIMÉE
EXPRIMER
EXPULSÉE
EXPULSER
EXPURGÉE
EXPURGER
EXSANGUE
EXSUDANT

EXTASIÉE
EXTASIER
EXTENSIF
EXTÉNUÉE
EXTÉNUER
EXTERNAT
EXTIRPÉE
EXTIRPER
EXTORQUÉ
EXTRADÉE
EXTRADER
EXTRADOS
EXTRA-DRY
EXTRAFIN
EXTRAIRE
EXTRAITE
EXTRANET
EXTRÉMAL
EXTREMUM
EXTRORSE
EXTRUDÉE
EXTRUDER
EXTRUSIF
EXULTANT
EXUTOIRE
EYE-LINER
EYMÉTOIS
EYSINAIS
ÉZÉCHIEL
FABLIAUX
FABRIQUE
FABRIQUÉ
FABULANT
FABULEUX
FACETTÉE
FACETTER
FÂCHERIE
FÂCHEUSE
FACILITÉ
FAÇONNÉE
FAÇONNER
FACTIEUX
FACTITIF
FACTOTUM
FACTRICE
FACTURÉE
FACTURER
FADEMENT
FAGNARDE
FAGOTAGE
FAGOTANT
FAGOTIER
FAIBLARD
FAÏENCÉE
FAIGNANT
FAILLANT
FAILLITE

FAINÉANT
FAIR-PLAY
FAISABLE
FAISANDÉ
FAISCEAU
FAISEUSE
FAÎTEAUX
FAÎTIÈRE
FAIT-TOUT
FALACHAS
FALASHAS
FALCONET
FALÉRIES
FALKLAND
FALSIFIÉ
FALSTAFF
FALUNANT
FAMILIAL
FAMILIER
FANAISON
FANATISÉ
FANDANGO
FANFARON
FANGEUSE
FANTASIA
FANTASME
FANTASMÉ
FANTOCHE
FANTÔMAS
FARCEUSE
FARDEAUX
FAREWELL
FARFADET
FARFELUE
FARIBOLE
FARINACÉ
FARINAGE
FARINANT
FARINEUX
FARLOUSE
FAROUCHE
FARQUHAR
FARRAGUT
FASCINÉE
FASCINER
FASCISÉE
FASCISER
FASCISME
FASCISTE
FASEYANT
FAST-FOOD
FASTIGIÉ
FASTOCHE
FASTUEUX
FATALITÉ
FATIGANT
FATIGUÉE

FATIGUER
FATRASIE
FAUBOURG
FAUCARDÉ
FAUCHAGE
FAUCHANT
FAUCHARD
FAUCHEUR
FAUCHEUX
FAUCIGNY
FAUCILLE
FAUCILLE
FAUFILÉE
FAUFILER
FAULKNER
FAUNESSE
FAUNIQUE
FAUSSANT
FAUSSETÉ
FAUTAISE
FAUTEUIL
FAUTRICE
FAUTRIER
FAUVERIE
FAUVETTE
FAUVISME
FAUX-BORD
FAUX-CULS
FAUX-SENS
FAVERGES
FAVEROLE
FAVORISÉ
FAVORITE
FAYOTANT
FÉCALOME
FÉCONDÉE
FÉCONDER
FÉCULANT
FÉCULENT
FÉCULIER
FÉDÉRALE
FÉDÉRANT
FÉDÉRAUX
FEED-BACK
FÉERIQUE
FEIGNANT
FEIGNIES
FEINTANT
FEINTEUR
FEINTISE
FÉLIBIEN
FÉLICITÉ
FÉLICITÉ
FÉLINITÉ
FELLAGHA
FELLETIN
FELOUQUE

FÉMININE
FÉMINISÉ
FÉMINITÉ
FÉMORALE
FENAISON
FENDANTE
FENDILLÉ
FENÊTRÉE
FENÊTRER
FENG SHUI
FENOGLIO
FÉRALIES
FER-BLANC
FERDOWSI
FERENCZI
FERGHANA
FERMENTÉ
FERMETTE
FERMIÈRE
FÉROCITÉ
FERRANTE
FERREIRA
FERREUSE
FERRIÈRE
FERRIQUE
FERROUTÉ
FERTOISE
FERTONNE
FERVENTE
FESSIÈRE
FESTIVAL
FESTONNÉ
FESTOYER
FÊTE-DIEU
FÉTIDITÉ
FEUDISTE
FEUILLÉE
FEUILLET
FEUILLET
FEUILLUE
FEUTRAGE
FEUTRANT
FEUTRINE
FÉVEROLE
FIANÇANT
FIBRANNE
FIBREUSE
FIBRILLE
FIBRILLÉ
FIBROÏNE
FICARDIN
FICELAGE
FICELANT
FICHANTE
FIDÉENNE
FIDÉISME
FIDÉISTE

FIDÉLISÉ
FIDÉLITÉ
FIELDING
FIELLEUX
FIENTANT
FIÉVREUX
FIFRELIN
FIGEMENT
FIGNOLÉE
FIGNOLER
FIGURANT
FIGURINE
FILAMENT
FILANDRE
FILARETE
FILATEUR
FILATURE
FILETAGE
FILETANT
FILIOQUE
FILITOSA
FILLASSE
FILLETTE
FILLEULE
FILMIQUE
FILOCHER
FILONIEN
FILOUTÉE
FILOUTER
FILTRAGE
FILTRANT
FINALISÉ
FINALITÉ
FINANCÉE
FINANCER
FINANCES
FINASSER
FINE GAEL
FINEMENT
FINITION
FINITUDE
FINLANDE
FINNMARK
FINNOISE
FINNOISE
FISCHART
FISH-EYES
FISMOISE
FISSIBLE
FISSURÉE
FISSURER
FIXATEUR
FIXATION
FIXEMENT
FLACHEUX
FLAGELLE
FLAGELLÉ

FLAGEOLÉ
FLAGORNÉ
FLAGRANT
FLAGSTAD
FLAHERTY
FLAIRANT
FLAIREUR
FLAMANDE
FLAMANDE
FLAMBAGE
FLAMBANT
FLAMBARD
FLAMBART
FLAMBEAU
FLAMBEUR
FLAMBOYÉ
FLAMENCA
FLAMENCO
FLAMICHE
FLANCHER
FLANCHET
FLANDRES
FLANDRIN
FLANDRIN
FLANELLE
FLÂNERIE
FLÂNEUSE
FLANQUÉE
FLANQUER
FLASHAGE
FLASHANT
FLATTANT
FLATTERS
FLATTEUR
FLAUBERT
FLAVIENS
FLÉCHAGE
FLÉCHANT
FLÉCHIER
FLÉCHOIS
FLÉMALLE
FLEMMARD
FLETCHER
FLEURANT
FLEURETÉ
FLEXIBLE
FLEXUEUX
FLIBUSTE
FLIC FLAC
FLINGUÉE
FLINGUER
FLINOISE
FLIPPANT
FLIRTANT
FLIRTEUR
FLOCONNÉ
FLOCULER

FLODOARD
FLONFLON
FLOQUANT
FLORANGE
FLORENCE
FLORENCE
FLORIDÉE
FLOTTAGE
FLOTTANT
FLOTTEUR
FLOURENS
FLOURNOY
FLUCTUER
FLUIDISÉ
FLUIDITÉ
FLUORINE
FLUORITE
FLUORURE
FLÛTEAUX
FLÛTIAUX
FLÛTISTE
FLUVIALE
FLUVIAUX
FOCALISÉ
FOCILLON
FOIREUSE
FOISONNÉ
FOLÂTRER
FOLIACÉE
FOLIAIRE
FOLICHON
FOLIOTÉE
FOLIOTER
FOLKLORE
FOMENTÉE
FOMENTER
FONCEUSE
FONCIÈRE
FONCTION
FONDANTE
FONDERIE
FONDEUSE
FONGIBLE
FONGIQUE
FONGUEUX
FONTAINE
FONTAINE
FONTANES
FONTENAY
FONTENOY
FOOTBALL
FORAMINÉ
FORCENÉE
FORCERIE
FORCLORE
FORCLOSE
FORDISME

8

FORÉZIEN
FORFAIRE
FORGEAGE
FORGEANT
FORGERON
FORGEUSE
FORILLON
FORJETÉE
FORJETER
FORLANCÉ
FORLIGNÉ
FORLONGÉ
FORMATÉE
FORMATER
FORMATIF
FORMELLE
FORMERET
FORMERIE
FORMIATE
FORMIGNY
FORMIQUE
FORMOLÉE
FORMOLER
FORMULÉE
FORMULER
FORNIQUÉ
FORSYTHE
FORTICHE
FORTIFIÉ
FORT-LAMY
FORTUITE
FORTUNAT
FORTUNÉE
FOSSETTE
FOSSOYÉE
FOSSOYER
FOUACIER
FOUAILLE
FOUAILLÉ
FOUCAULD
FOUCAULT
FOUCHTRA
FOUCQUET
FOUDROYÉ
FOUETTÉE
FOUETTER
FOUGASSE
FOUGÈRES
FOUGUEUX
FOUILLÉE
FOUILLER
FOUILLIS
FOUINANT
FOUINARD
FOUINEUR
FOULANTE
FOULONNÉ

FOULQUES
FOURBURE
FOURCHÉE
FOURCHER
FOURCHET
FOURCHON
FOURCHUE
FOURCROY
FOURGUÉE
FOURGUER
FOURMIES
FOURNEAU
FOURNEAU
FOURNIER
FOURRAGE
FOURRAGÉ
FOURRANT
FOURREAU
FOURREUR
FOURRIER
FOURRURE
FOURVOYÉ
FOUTAISE
FOUTRALE
FOX-HOUND
FOYALAIS
FRACASSÉ
FRACTALE
FRACTION
FRACTURE
FRACTURÉ
FRAENKEL
FRAGMENT
FRAGRANT
FRAÎCHIN
FRAÎCHIR
FRAISAGE
FRAISANT
FRAISEUR
FRAISIER
FRAISURE
FRANÇAIS
FRANÇAIS
FRANCHIE
FRANCHIR
FRANCIEN
FRANCISÉ
FRANCITÉ
FRANCIUM
FRANÇOIS
FRANGINE
FRANKLIN
FRANQUIN
FRAPPANT
FRAPPEUR
FRASCATI
FRAUDANT

FRAUDEUR
FREDAINE
FRÉDÉRIC
FREDONNÉ
FREE-JAZZ
FREE-SHOP
FREETOWN
FRÉGATÉE
FRÉGATER
FREIBERG
FREINAGE
FREINANT
FRELATÉE
FRELATER
FRÉNÉSIE
FRÉQUENT
FRESCATY
FRESNEAU
FRESNOIS
FRESSURE
FRÉTILLÉ
FRETTAGE
FRETTANT
FREUDIEN
FREYMING
FRIBOURG
FRIBOURG
FRICASSE
FRICASSÉ
FRIC-FRAC
FRICOTÉE
FRICOTER
FRICTION
FRIDOLIN
FRIEDMAN
FRIGORIE
FRILEUSE
FRILEUSE
FRIMAIRE
FRIMEUSE
FRINGALE
FRINGANT
FRINGUÉE
FRINGUER
FRIPERIE
FRIPIÈRE
FRIPONNE
FRISANTE
FRISELIS
FRISETTE
FRISOLÉE
FRISONNE
FRISONNE
FRISOTTÉ
FRISQUET
FRITERIE
FRITEUSE

FRITTAGE
FRITTANT
FRIVILLE
FROIDEUR
FROIDURE
FROISSÉE
FROISSER
FRÔLEUSE
FROMAGER
FROMETON
FRONÇANT
FRONDANT
FRONDEUR
FRONTALE
FRONTAUX
FRONTEAU
FROTTAGE
FROTTANT
FROTTEUR
FROTTOIR
FROUFROU
FRUCTOSE
FRUGEOIS
FRUITIER
FRUSQUES
FRUSTRÉE
FRUSTRER
FUCHSINE
FUÉGIENS
FUEL-OILS
FUGACITÉ
FUGITIVE
FUGUEUSE
FUJIMORI
FUJISAWA
FUJIWARA
FUJI-YAMA
FUKUYAMA
FULGENCE
FULGURER
FULIGULE
FULMINÉE
FULMINER
FUMACIEN
FUMAGINE
FUMAISON
FUMÉLOIS
FUMIGÈNE
FUMIVORE
FUNAFUTI
FUNBOARD
FUNICULE
FURETAGE
FURETANT
FURETEUR
FURFURAL
FURIBARD

FURIBOND
FURIEUSE
FURONCLE
FUSELAGE
FUSELANT
FUSILIER
FUSILLÉE
FUSILLER
FUSIONNÉ
FUSTIGÉE
FUSTIGER
FUTAILLE
FUTILITÉ
FUXÉENNE
GABARIER
GABONAIS
GABONAIS
GABORIAU
GABORONE
GABRIELI
GACÉENNE
GÂCHETTE
GÂCHEUSE
GADITANE
GAÉLIQUE
GAFFEUSE
GAGAOUZE
GAGARINE
GAGNABLE
GAGNANTE
GAGNEUSE
GAIEMENT
GAILLARD
GAILLARD
GAINERIE
GAINIÈRE
GALANTIN
GALAPIAT
GALÉASSE
GALÉJADE
GALÉJANT
GALÉRANT
GALÉRIEN
GALETAGE
GALETANT
GALIBIER
GALICIEN
GALICIEN
GALILÉEN
GALILÉEN
GALIPOTE
GALIPOTÉ
GALLEGOS
GALLÉRIE
GALLEUSE
GALLICAN
GALLIENI
GALLIQUE
GALLOISE
GALLOISE
GALONNÉE
GALONNER
GALOPADE
GALOPANT
GALOPEUR
GALUCHAT
GALVAUDÉ
GAMACHES
GAMBADER
GAMBERGE
GAMBERGÉ
GAMBETTA
GAMBETTE
GAMBILLÉ
GAMBUSIE
GAMINANT
GANAPATI
GANDHARA
GANDOURA
GANGEOIS
GANGLION
GANGRENÉ
GANGRÈNE
GANGSTER
GANSETTE
GANTELET
GANTERIE
GANTIÈRE
GANTOISE
GANTOISE
GANYMÈDE
GAOXIONG
GARAMOND
GARAMONT
GARANTIE
GARANTIR
GARCETTE
GARCHOIS
GARÇONNE
GARDAFUI
GARDANNE
GARDE-FEU
GARDE-FOU
GARDÉNIA
GARDERIE
GARDEUSE
GARDE-VUE
GARDINER
GARDOISE
GARGALLO
GARGEOIS
GARIFUNA
GARNERIN
GARNISON
GAROUSTE
GARRIGUE
GARROTTE
GARROTTÉ
GASCOGNE
GASCONNE
GASCONNE
GASPACHO
GASPARIN
GASPÉSIE
GASPILLÉ
GASSENDI
GASTRITE
GASTRULA
GÂTE-BOIS
GÂTIFIER
GÂTINAIS
GATINEAU
GATINOIS
GÂTIONNE
GAUCHÈRE
GAUFRAGE
GAUFRANT
GAUFRIER
GAUFROIR
GAUFRURE
GAULETTE
GAULLIEN
GAULOISE
GAULOISE
GAULTIER
GAUMAISE
GAUSSANT
GAVARNIE
GAVRINIS
GAVROCHE
GAVROCHE
GAZÉIFIÉ
GAZOGÈNE
GAZOLINE
GAZONNÉE
GAZONNER
GEIGNANT
GEIGNARD
GEISÉRIC
GÉLATINE
GÉLATINÉ
GÉLIFIÉE
GÉLIFIER
GÉLINIER
GÉLIVITÉ
GÉLIVURE
GELL-MANN
GEMBLOUX
GÉMINANT
GEMMEUSE
GÉMONIES
GENDARME
GENDARMÉ
GÉNÉRALE
GÉNÉRANT
GÉNÉRAUX
GÉNÉREUX
GENÉSIEN
GENEVOIS
GENEVOIS
GENEVOIX
GENIÈVRE
GÉNITALE
GÉNITAUX
GÉNITEUR
GENNOISE
GÉNOCIDE
GÉNOTYPE
GENSCHER
GENSÉRIC
GENSONNÉ
GENTIANE
GENTILLE
GENTILLY
GÉODÉSIE
GEOFFRIN
GEOFFROI
GEÔLIÈRE
GÉOLOGIE
GÉOLOGUE
GÉOMÈTRE
GÉOPHAGE
GÉOPHILE
GÉOPHONE
GÉORGIEN
GÉORGIEN
GÉOTRUPE
GÉRANIUM
GERBAULT
GERBILLE
GERBOISE
GERGOVIE
GERHARDT
GÉRIATRE
GERMAINE
GERMAINE
GERMAINS
GERMANIE
GERMINAL
GÉROMOIS
GÉRONDIF
GERONIMO
GERSHWIN
GERSOISE
GERTRUDE
GESUALDO
GÉVAUDAN
GHADAMÈS

GHARDAÏA
GHIBERTI
GHURIDES
GIBBEUSE
GIBBSITE
GIBELINE
GIBOULÉE
GIBOYEUX
GIENNOIS
GIFFOISE
GIGONDAS
GIGOTANT
GIGOTTÉE
GILBRETH
GILETIER
GINGIVAL
GIN-RAMIS
GIN-RUMMY
GINSBERG
GIOBERTI
GIOLITTI
GIORDANO
GIOVANNI
GIRAFEAU
GIRARDET
GIRARDIN
GIRARDON
GIRATION
GIRAUMON
GIRAVION
GIRODYNE
GIROFLÉE
GIRONDIN
GIRONDIN
GIRONNÉE
GISEMENT
GIULIANO
GIVETOIS
GIVORDIN
GIVRANTE
GIVREUSE
GLABELLE
GLAÇANTE
GLACE BAY
GLACERIE
GLACEUSE
GLACIALE
GLACIALS
GLACIAUX
GLACIÈRE
GLAIREUX
GLAISEUX
GLANDAGE
GLANDANT
GLANDEUR
GLANEUSE
GLARÉOLE

GLASNOST
GLAUCOME
GLENDALE
GLEN MORE
GLÉNOÏDE
GLISSADE
GLISSAGE
GLISSANT
GLISSANT
GLISSEUR
GLISSOIR
GLOMÉRIS
GLORIEUX
GLORIFIÉ
GLORIOLE
GLOSSINE
GLOSSITE
GLOTTALE
GLOTTAUX
GLOUCHKO
GLOUGLOU
GLOUSSER
GLUCAGON
GLUCOSÉE
GLUMELLE
GLYCÉMIE
GLYCÉRIE
GLYCÉROL
GNANGNAN
GNOCCHIS
GNOGNOTE
GNOMIQUE
GOBANAIS
GOBELINS
GOBERGÉE
GOBERGER
GOBINEAU
GODAILLÉ
GODAVARI
GODILLER
GODILLOT
GODIVEAU
GODOUNOV
GOEBBELS
GOÉLETTE
GOETHITE
GOGUETTE
GOINFRÉE
GOINFRER
GOITREUX
GOLCONDE
GOLDBACH
GOLDMANN
GOLESTAN
GOLFEUSE
GOLGOTHA
GOLMOTTE

GOLTZIUS
GOMBRICH
GOMINANT
GOMMETTE
GOMMEUSE
GOMORRHE
GONCOURT
GONDOLÉE
GONDOLER
GONDWANA
GONFALON
GONFANON
GONFLAGE
GONFLANT
GONFLEUR
GONNELLE
GONOCYTE
GONOSOME
GONZAGUE
GONZÁLEZ
GONZALVE
GONZESSE
GOODYEAR
GORCHKOV
GORDIMER
GORGEANT
GORGERIN
GORGONES
GORLOVKA
GOSCINNY
GOSSAERT
GÖTALAND
GÖTEBORG
GOTHIQUE
GOTTWALD
GOUACHÉE
GOUACHER
GOUAILLE
GOUAILLÉ
GOUDIMEL
GOUDSMIT
GOUFFIER
GOUJONNÉ
GOULACHE
GOULAFRE
GOULASCH
GOULOTTE
GOUPILLE
GOUPILLÉ
GOURANCE
GOURANTE
GOURETTE
GOURGAUD
GOURMAND
GOURMONT
GOÛTEUSE
GOUTTANT

GOUTTEUR
GOUTTEUX
GOUVERNE
GOUVERNÉ
GOUVIEUX
GOYAVIER
GOYIGAMA
GRACCHUS
GRACIANT
GRACIEUX
GRACQUES
GRADIENT
GRADUANT
GRAFFEUR
GRAFFITI
GRAFIGNÉ
GRAILLÉE
GRAILLER
GRAILLON
GRAINAGE
GRAINANT
GRAINIER
GRAISSÉE
GRAISSER
GRAMINÉE
GRAMMAGE
GRAMMONT
GRANADOS
GRANBYEN
GRAND-DUC
GRANDEUR
GRANDIER
GRAND-PRÉ
GRANDSON
GRANDVAL
GRANIQUE
GRANITÉE
GRANULAT
GRANULÉE
GRANULER
GRANULIE
GRAPHÈME
GRAPHEUR
GRAPHITE
GRAPHITÉ
GRASSEYÉ
GRASSOIS
GRATERON
GRATIFIÉ
GRATINÉE
GRATINER
GRATTAGE
GRATTANT
GRATTEUR
GRATTOIR
GRATTONS
GRATTURE

GRATUITE
GRATUITÉ
GRAULHET
GRAVELLE
GRAVEROT
GRAVEUSE
GRAVIÈRE
GRAVITER
GRAVITON
GRAYLOIS
GRAZIANI
GRÉBICHE
GRÉCISÉE
GRÉCISER
GRÉEMENT
GREENOCK
GREFFAGE
GREFFANT
GREFFIER
GREFFOIR
GRÉGAIRE
GRÉGEOIS
GRÉGOIRE
GRELOTTÉ
GRELUCHE
GRÉMILLE
GRENACHE
GRENADÉE
GRENADER
GRENADIN
GRENADIN
GRENCHEN
GRENELÉE
GRENELER
GRÈNETIS
GRENOBLE
GRÉSEUSE
GRÉSILLÉ
GRETCHKO
GREUBONS
GREVISSE
GRÉVISTE
GRIBICHE
GRIERSON
GRIFFADE
GRIFFANT
GRIFFEUR
GRIFFITH
GRIFFTON
GRIFFURE
GRIGNANT
GRIGNARD
GRIGNARD
GRIGNOIS
GRIGNOTÉ
GRILLADE
GRILLAGE

GRILLAGÉ
GRILLANT
GRILLOIR
GRIMACER
GRIMALDI
GRIMAULT
GRIMOIRE
GRIMPANT
GRIMPEUR
GRIMPION
GRINÇANT
GRINGORE
GRIPPAGE
GRIPPALE
GRIPPANT
GRIPPAUX
GRISANTE
GRISÂTRE
GRISERIE
GRISETTE
GRIS-GRIS
GRISOLLÉ
GRISONNE
GRISONNE
GRISONNÉ
GRIVELÉE
GRIVETON
GRIVOISE
GRODDECK
GROGNANT
GROGNARD
GROGNEUR
GROGNONS
GROMAIRE
GROMMELÉ
GRONDANT
GRONDEUR
GROS-BECS
GROSCHEN
GROSJEAN
GROSSETO
GROSSEUR
GROSSIER
GROUILLÉ
GROUPAGE
GROUPALE
GROUPANT
GROUPAUX
GROUSSET
GRUÉRIEN
GRUGEANT
GRUGEOIR
GRUISSAN
GRULETTE
GRUMEAUX
GRUMELÉE
GRUMELER

GRUNWALD
GRUTIÈRE
GRUYÈRES
GRYPHIUS
GUADIANA
GUARNERI
GUATTARI
GUDERIAN
GUÉHENNO
GUENILLE
GUÊPIÈRE
GUÉRANDE
GUERCHIN
GUERICKE
GUÉRIDON
GUÉRIGNY
GUÉRILLA
GUÉRISON
GUERRIER
GUERROYÉ
GUERTSEN
GUESCLIN
GUÉTHARY
GUÊTRANT
GUETTANT
GUETTEUR
GUEUGNON
GUEULANT
GUEULARD
GUEUSANT
GUIBOLLE
GUIDANCE
GUIDEAUX
GUIDE-FIL
GUIGNANT
GUIGNARD
GUIGNIER
GUILBERT
GUILFORD
GUILLAIN
GUILLOUX
GUIMAUVE
GUINCHER
GUINDANT
GUINDEAU
GUINGAMP
GUINGOIS
GUINNESS
GUÎNOISE
GUIPAVAS
GUISARDE
GUISCARD
GUITOUNE
GUITTONE
GUJANAIS
GUJARATI
GU KAIZHI

GULBARGA
GULDBERG
GULISTAN
GULLIVER
GUNDULIC
GUNITAGE
GUNITANT
GUO MORUO
GURVITCH
GUSTATIF
GUSTAVIA
GUTERRES
GUTTURAL
GUYANAIS
GUYANAIS
GUYANIEN
GUYNEMER
GYMKHANA
GYMNASTE
GYMNIQUE
GYNÉRIUM
GYPSERIE
GYPSEUSE
GYROSTAT
HAALTERT
HAAVELMO
HABANERA
HABENECK
HABERMAS
HABILETÉ
HABILITÉ
HABILLÉE
HABILLER
HABITANT
HABITUDE
HABITUÉE
HABITUEL
HABITUER
HÂBLERIE
HÂBLEUSE
HABSHEIM
HACHETTE
HACHETTE
HACHIOJI
HACHISCH
HACHURÉE
HACHURER
HACIENDA
HADAMARD
HADRIANA
HAFSIDES
HAGEDORN
HAGETMAU
HAGUENAU
HAICHENG
HAIGNERÉ
HAINEUSE

HAINUYER
HAINUYER
HAIPHONG
HAÏSSANT
HAKODATE
HALENANT
HALETANT
HALFFTER
HALLYDAY
HALMSTAD
HALOGÈNE
HALOGÉNÉ
HAMADHAN
HAMBOURG
HAMILCAR
HAMILTON
HAMMAMET
HANCHANT
HANDBALL
HANDICAP
HANGZHOU
HANNETON
HANNIBAL
HANNOVER
HANOTAUX
HANOUKKA
HAPLOÏDE
HAPPY END
HAPPY FEW
HAPTIQUE
HAQUENÉE
HARA-KIRI
HARANGUE
HARANGUÉ
HARARAIS
HARASSÉE
HARASSER
HARCELÉE
HARCELER
HARD ROCK
HARD-TOPS
HARDWARE
HARFLEUR
HARGEISA
HARGNEUX
HARMONIE
HARNACHÉ
HARPAGON
HARPAGON
HARPISTE
HARPONNÉ
HARRIMAN
HARRISON
HARTFORD
HÄRTLING
HARTMANN
HARUNOBU

HASARDÉE
HASARDER
HASSIDIM
HASTINGS
HÂTIVEAU
HATTERAS
HATTÉRIA
HATTOUSA
HAUBANÉE
HAUBANER
HAUPTMAN
HAUSSANT
HAUSSIER
HAUTAINE
HAUTBOIS
HAUT-FOND
HAUTMONT
HAUT-RHIN
HAVANAIS
HAVANAIS
HAVENEAU
HAVRAISE
HAVRESAC
HAWAIIEN
HAWAIIEN
HAYWORTH
HEATHROW
HÉBERGÉE
HÉBERGER
HÉBÉTANT
HÉBÉTUDE
HÉBRAÏSÉ
HÉBRIDES
HECTIQUE
HÉGÉLIEN
HEIDUQUE
HEIMLICH
HEINSIUS
HÉLIAQUE
HÉLIASTE
HÉLIGARE
HÉLINAND
HÉLIPORT
HELSINKI
HELVELLE
HELVÈTES
HELVÉTIE
HÉMATITE
HÉMATOME
HÉMATOSE
HEMIKSEM
HÉMOLYSE
HENGYANG
HÉNINOIS
HENNUYER
HENNUYER
HÉPARINE

HÉPATITE
HÉRACLÈS
HERBACÉE
HERBAGÉE
HERBAGER
HERBEUSE
HERCHANT
HERCHEUR
HERD-BOOK
HÉRÉDITÉ
HEREFORD
HÉRISSÉE
HÉRISSER
HÉRISSON
HÉRITAGE
HÉRITANT
HÉRITIER
HÉRITIER
HERMIONE
HÉRODIAS
HÉRODOTE
HÉROÏQUE
HÉROÏSME
HERRMANN
HERSCHEL
HERSCHER
HERSEUSE
HERTFORD
HERTZIEN
HERZBERG
HÉSITANT
HESSOISE
HESSOISE
HÉTAIRIE
HÉTAIRIE
HEUREUSE
HEURTANT
HEURTOIR
HEVELIUS
HEXAÈDRE
HEXAGONE
HEXAPODE
HEYDRICH
HEYRIEUX
HIBERNAL
HIBERNER
HIBISCUS
HIGH-TECH
HILARANT
HILARION
HILARITÉ
HIMALAYA
HIMATION
HIMILCON
HINAYANA
HINTIKKA
HIPPIQUE

HIPPISME
HIRAGANA
HIRAKATA
HIROHITO
HIRUDINE
HISPANIE
HISTOIRE
HISTORIÉ
HISTRION
HITTITES
HITTORFF
HIVERNAL
HIVERNÉE
HIVERNER
HOBEREAU
HOBSBAWM
HOCHEPOT
HOCQUART
HŒNHEIM
HOFFMANN
HOKKAIDO
HOLLANDE
HOLLANDE
HOLOCÈNE
HOLOSIDE
HOLOTYPE
HOLSTEIN
HOMBOURG
HOMELAND
HOME RULE
HOMESPUN
HOMICIDE
HOMINIDÉ
HOMINIEN
HOMININÉ
HOMMAGES
HOMMASSE
HOMOGÈNE
HOMONYME
HONCHETS
HONDURAS
HONECKER
HONEGGER
HONFLEUR
HONGKONG
HONGRANT
HONGREUR
HONGROIS
HONGROIS
HONGROYÉ
HONOLULU
HONORANT
HONORIUS
HONTEUSE
HOOLIGAN
HOPEWELL
HÔPITAUX

HOQUETER
HOQUETON
HORATIUS
HORDE D'OR
HORLIVKA
HORLOGER
HORMONAL
HORODATÉ
HOROWITZ
HORRIBLE
HORRIFIÉ
HORS-BORD
HORS-COTE
HORTENSE
HOSPODAR
HOSSEGOR
HÔTELIER
HOTMANUS
HOT MONEY
HOUAICHE
HOUCHARD
HOUHEHOT
HOUILLER
HOUILLES
HOULETTE
HOULEUSE
HOULGATE
HOULIGAN
HOUPPIER
HOURDAGE
HOURDANT
HOURVARI
HOUSSAIE
HOUSSANT
HOUSSINE
HOUSSINÉ
HOUSSOIR
HUANCAYO
HUBERTIN
HUELGOAT
HUGUENOT
HUILERIE
HUILEUSE
HUIS CLOS
HUISSIER
HUITAINE
HUITANTE
HUITIÈME
HUÎTRIER
HUIZINGA
HULLOISE
HULULANT
HUMANISÉ
HUMANITÉ
HUMBOLDT
HUMECTÉE
HUMECTER
HUMÉRALE
HUMÉRAUX
HUMIDITÉ
HUMILIÉE
HUMILIER
HUMILITÉ
HUMORALE
HUMORAUX
HUMPHREY
HUNINGUE
HUNJIANG
HUNNIQUE
HUNSRÜCK
HUREPOIX
HURLANTE
HURLEUSE
HURONIEN
HUSSARDE
HUSSARDS
HUYSMANS
HYBRIDÉE
HYBRIDER
HYDATIDE
HYDE PARK
HYDRAIRE
HYDRANTE
HYDRATÉE
HYDRATER
HYDRIQUE
HYDROGEL
HYDROMEL
HYDROSOL
HYÉROISE
HYMÉNIUM
HYPERGOL
HYPÉRIDE
HYPNOÏDE
HYPOCRAS
HYPOGYNE
HYPONYME
HYPOSODÉ
HYRCANIE
HYSTÉRIE
IAKOUTIE
IAKOUTSK
IAMBIQUE
IAROSLAV
IBÁRRURI
IBÉRIQUE
IBÉRIQUE
IBN ARABI
IBN SÉOUD
ICAQUIER
ICAUNAIS
ICAUNAIS
ICE-CREAM
ICEFIELD
ICE-SHELF
ICHIHARA
ICHIKAWA
ICHTYOSE
ICONIQUE
IDÉALISÉ
IDÉALITÉ
IDÉATION
IDENTITÉ
IDLEWILD
IDOLÂTRE
IDOLÂTRÉ
IDOMÉNÉE
IDUMÉENS
IELTSINE
IENISSEÏ
IFRIQIYA
IGNIFUGE
IGNIFUGÉ
IGNITION
IGNITRON
IGNIVOME
IGNORANT
IJMUIDEN
ILAHABAD
ILLÉGALE
ILLÉGAUX
ILLETTRÉ
ILLICITE
ILLIMANI
ILLIMITÉ
ILLINOIS
ILLKIRCH
ILLUMINÉ
ILLUSION
ILLUSTRE
ILLUSTRÉ
ILLUVIAL
ILLUVIUM
ILLYRIEN
ILLYRIEN
ILMÉNITE
ILOTISME
IMAGERIE
IMAGEUSE
IMAGIÈRE
IMAGINAL
IMAGINÉE
IMAGINER
IMBÉCILE
IMBIBANT
IMBRIQUÉ
IMITABLE
IMITATIF
IMMACULÉ
IMMANENT
IMMATURE
IMMÉDIAT
IMMERGÉE
IMMERGER
IMMÉRITÉ
IMMERSIF
IMMEUBLE
IMMIGRÉE
IMMIGRER
IMMINENT
IMMISCÉE
IMMISCER
IMMOBILE
IMMODÉRÉ
IMMOLANT
IMMORALE
IMMORAUX
IMMORTEL
IMMOTIVÉ
IMMUABLE
IMMUNISÉ
IMMUNITÉ
IMPALUDÉ
IMPARITÉ
IMPARTIE
IMPARTIR
IMPAVIDE
IMPENSES
IMPÉRIAL
IMPERIUM
IMPÉTIGO
IMPLANTÉ
IMPLIQUÉ
IMPLORÉE
IMPLORER
IMPLOSER
IMPLOSIF
IMPORTÉE
IMPORTER
IMPORTUN
IMPOSANT
IMPOTENT
IMPRÉCIS
IMPRÉGNÉ
IMPRÉVUE
IMPRIMÉE
IMPRIMER
IMPROPRE
IMPUBÈRE
IMPUDENT
IMPUDEUR
IMPULSÉE
IMPULSER
IMPULSIF
IMPUNITÉ
IMPURETÉ
IMPUTANT
INABOUTI

8

INABRITÉ
INACHEVÉ
INACTION
INACTIVE
INACTIVÉ
INACTUEL
INADAPTÉ
INALPAGE
INALPANT
INALTÉRÉ
INAMICAL
INANIMÉE
INAPAISÉ
INAPERÇU
INAUGURÉ
INAVOUÉE
INCARNAT
INCARNÉE
INCARNER
INCENDIE
INCENDIÉ
INCHANGÉ
INCIDENT
INCINÉRÉ
INCISANT
INCISION
INCISIVE
INCISURE
INCITANT
INCIVILE
INCLINÉE
INCLINER
INCLUANT
INCLUSIF
INCOLORE
INCOMBER
INCONGRU
INCONNUE
INCRUSTÉ
INCUBANT
INCULPÉE
INCULPER
INCULQUÉ
INCURVÉE
INCURVER
INDÉCENT
INDÉCISE
INDÉFINI
INDEXAGE
INDEXANT
INDEXEUR
INDICIEL
INDIENNE
INDIENNE
INDIGÈNE
INDIGENT
INDIGNÉE
INDIGNER
INDIQUÉE
INDIQUER
INDIRECT
INDIVIDU
INDIVISE
INDOCILE
INDOLENT
INDOLORE
INDOMPTÉ
INDUCTIF
INDULINE
INDÛMENT
INDURÁIN
INÉCOUTÉ
INÉGALÉE
INEMPLOI
INENTAMÉ
INÉPUISÉ
INERTAGE
INERTANT
INERTIEL
INESPÉRÉ
INÉTENDU
INEXACTE
INEXAUCÉ
INEXERCÉ
INEXPERT
INEXPIÉE
INFAMANT
INFARCIE
INFATUÉE
INFATUER
INFÉCOND
INFECTÉE
INFECTER
INFÉODÉE
INFÉODER
INFÉRANT
INFERNAL
INFESTÉE
INFESTER
INFICHUE
INFIDÈLE
INFILTRÉ
INFINITÉ
INFIRMÉE
INFIRMER
INFLÉCHI
INFLIGÉE
INFLIGER
INFLUANT
INFLUENT
INFONDÉE
INFORMÉE
INFORMEL
INFORMER
INFOUTUE
INFRASON
INFUSANT
INFUSION
INGÉNIÉE
INGÉNIER
INGÉRANT
INGOUCHE
INGRISME
INGUINAL
INHABILE
INHABITÉ
INHALANT
INHELDER
INHÉRENT
INHIBANT
INHUMAIN
INHUMANT
INIMITÉE
INIMITIÉ
INIQUITÉ
INITIALE
INITIALÉ
INITIANT
INITIAUX
INJECTÉE
INJECTER
INJECTIF
INJURIÉE
INJURIER
INNÉISME
INNERVÉE
INNERVER
INNOCENT
INNOCENT
INNOMMÉE
INNOVANT
INOCCUPÉ
IN-OCTAVO
INOCULÉE
INOCULER
INONDANT
INOPINÉE
INOTROPE
IN-QUARTO
INQUIÈTE
INQUIÉTÉ
INQUILIN
INSANITÉ
INSATURÉ
INSCRIRE
INSCRITE
INSCULPÉ
INSÉMINÉ
INSENSÉE
INSÉRANT
INSINUÉE
INSINUER
INSIPIDE
INSISTER
INSOLANT
INSOLENT
INSOLITE
INSOMNIE
INSONORE
INSOUMIS
INSPECTÉ
INSPIRÉE
INSPIRER
INSTABLE
INSTALLÉ
INSTANCE
INSTANTE
INSTAURÉ
INSTIGUÉ
INSTILLÉ
INSTINCT
INSTITUÉ
INSTITUT
INSTRUIT
INSUCCÈS
INSUFFLÉ
INSULINE
INSULTÉE
INSULTER
INSURGÉE
INSURGER
INTAILLE
INTÉGRAL
INTÉGRÉE
INTÉGRER
INTELSAT
INTENSIF
INTENTÉE
INTENTER
INTERAGI
INTERDIT
INTERNAT
INTERNÉE
INTERNER
INTERNET
INTERPOL
INTESTAT
INTESTIN
INTIFADA
INTIMANT
INTIMIDÉ
INTIMITÉ
INTITULÉ
INTRADOS
INTRANET
INTRIGUE
INTRIGUÉ
INTRIQUÉ

INTRORSE
INTUBANT
INTUITIF
INUKJUAK
INUSABLE
INUSITÉE
INVAINCU
INVALIDE
INVALIDÉ
INVASION
INVASIVE
INVENDUE
INVENTÉE
INVENTER
INVENTIF
INVERSÉE
INVERSER
INVERTIE
INVERTIR
INVESTIE
INVESTIR
INVÉTÉRÉ
INVIOLÉE
INVITANT
INVOLUTÉ
INVOQUÉE
INVOQUER
IOÁNNINA
IONIENNE
IONIENNE
IONISANT
IPATINGA
IRÁKLION
IRAPUATO
IRAQUIEN
IRAQUIEN
IRÉNIQUE
IRÉNISME
IRIDACÉE
IRISABLE
IRKOUTSK
IRONIQUE
IRONISER
IRONISTE
IROQUOIS
IRRADIÉE
IRRADIER
IRRÉELLE
IRRÉFUTÉ
IRRÉSOLU
IRRIGUÉE
IRRIGUER
IRRITANT
ISABELLE
ISABELLE
ISCHÉMIE
ISENGRIN

ISÉROISE
ISLAMISÉ
ISMAÏLIA
ISOBATHE
ISOCARDE
ISOCHORE
ISOCLINE
ISOCRATE
ISOGAMIE
ISOHYÈTE
ISOHYPSE
ISOLABLE
ISOLANTE
ISOMÉRIE
ISOPRÈNE
ISOPTÈRE
ISOSISTE
ISOTONIE
ISOTROPE
ISSÉENNE
ISSOUDUN
ISTANBUL
ISTIQLAL
ITALIQUE
ITANAGAR
ITELMÈNE
ITÉRATIF
ITURBIDE
IVOIRIEN
IVOIRIEN
IVOIRINE
IVRYENNE
IVUJIVIK
JABALPUR
JABLIÈRE
JABLOIRE
JACASSER
JACINTHE
JACOBINE
JACOBINS
JACOBITE
JACOBSEN
JACQUARD
JACQUARD
JACQUIER
JACTANCE
JAGUENNE
JAÏNISME
JAKOBSON
JALONNÉE
JALONNER
JALOUSÉE
JALOUSER
JALOUSIE
JAMAÏQUE
JAMAIS-VU
JAMBETTE

JAMBIÈRE
JAMBOREE
JAMNAGAR
JANEQUIN
JANICULE
JAN MAYEN
JAPONAIS
JAPONAIS
JAQUELIN
JAQUETTE
JARDINÉE
JARDINER
JARDINET
JARGONNÉ
JARRETÉE
JARRETER
JARVILLE
JASPINER
JAUCOURT
JAUGEAGE
JAUGEANT
JAUMIÈRE
JAUNÂTRE
JAUNETTE
JAUNISSE
JAVANAIS
JAVANAIS
JAVELAGE
JAVELANT
JAVELEUR
JAVELINE
JAYADEVA
JAYAPURA
JAZZ-BAND
JAZZIQUE
JAZZMANS
JAZZ-ROCK
JEAN-PAUL
JÉJUNALE
JÉJUNAUX
JELLICOE
JEMMAPES
JÉROBOAM
JÉROBOAM
JÉRÔMIEN
JERRICAN
JERRYCAN
JERSIAIS
JERSIAIS
JEUNESSE
JEUNESSE
JEUNETTE
JEÛNEUSE
JEUNISME
JEUNOTTE
JIU-JITSU
JOBARDÉE

JOBARDER
JOCRISSE
JODHPURS
JOGGEUSE
JOHANNOT
JOHN BULL
JOIGNANT
JOINTIVE
JOINTOYÉ
JOINTURE
JOLIESSE
JOLIETTE
JOLIETTE
JOLIMENT
JONCACÉE
JONCHAIE
JONCHANT
JONCHÈRE
JONCTION
JONGKIND
JONGLANT
JONGLEUR
JORASSES
JORDAENS
JORDANIE
JOSAPHAT
JOSSELIN
JOUAILLÉ
JOUBARBE
JOUFFLUE
JOUFFROY
JOUISSIF
JOURDAIN
JOURNAUX
JOUTEUSE
JOUVENCE
JOUVENEL
JOUVENET
JOUXTANT
JOVACIEN
JOVIENNE
JOVINIEN
JOYSTICK
JUAN JOSÉ
JUBILANT
JUDAÏQUE
JUDAÏSÉE
JUDAÏSER
JUDAÏSME
JUDICAËL
JUGEMENT
JUGULANT
JUGURTHA
JUIVERIE
JUJUBIER
JULIÉNAS
JULIÉNAS

8

JULIENNE
JULIETTE
JUMBO-JET
JUMELAGE
JUMELANT
JUMELLES
JUMIÈGES
JUNGFRAU
JUNONIEN
JUPONNÉE
JUPONNER
JURANÇON
JURANÇON
JUREMENT
JUSSIEUA
JUSTESSE
JUSTIFIÉ
JUVÉNILE
JUVISIEN
KABARDES
KADIEVKA
KAFKAÏEN
KAIROUAN
KAKATOÈS
KAKEMONO
KAKIEMON
KAKINADA
KAKOGAWA
KALA-AZAR
KALAHARI
KALAMÁTA
KALEVALA
KALIDASA
KALIÉMIE
KALININE
KALMOUKS
KAMAKURA
KAMAYURÁ
KAMIKAZE
KAMLOOPS
KANAZAWA
KANDAHAR
KANTISME
KAOLIANG
KAPELLEN
KAPOKIER
KAPOSVÁR
KARADZIC
KARAKOUM
KARATÉKA
KARDINER
KARELLIS
KARLSBAD
KARLSTAD
KASHROUT
KASPAROV
KASSITES

KATAKANA
KATCHINA
KATOWICE
KATTEGAT
KAWABATA
KAWASAKI
KAZANLAK
KEEPSAKE
KEEWATIN
KEFLAVÍK
KÉGRESSE
KEIRETSU
KEKKONEN
KEMEROVO
KÉNOTRON
KENTUCKY
KENYATTA
KÉRABAUX
KÉRATINE
KÉRATITE
KÉRATOSE
KERENSKI
KERHORRE
KERMADEC
KERMESSE
KÉROGÈNE
KÉROSÈNE
KETTELER
KHADIDJA
KHÂGNEUX
KHAKASSE
KHALIFAT
KHAMENEI
KHARTOUM
KHÉDIVAT
KHEPHREN
KHODJENT
KHOMEYNI
KHORASAN
KHURASAN
KIBBOUTZ
KICHINEV
KIDNAPPÉ
KIENHOLZ
KILOVOLT
KILOWATT
KIMCHAEK
KINABALU
KINECHMA
KINGSLEY
KINGSTON
KINKAJOU
KINSHASA
KIRCHNER
KIRGHIZE
KIRGHIZE
KIRIBATI

KIRKLAND
KISARAZU
KISMAAYO
KLAIPEDA
KLAPROTH
KLAXONNÉ
KLITZING
KLONDIKE
KLYSTRON
KNIASEFF
KNICKERS
KNOCK-OUT
KNOROZOV
KŒCHLIN
KOESTLER
KOIVISTO
KOKSIJDE
KOLATIER
KOLHAPUR
KOLINSKI
KOLKHOZE
KOLTCHAK
KOMSOMOL
KONSTANZ
KOOLHAAS
KOOPMANS
KORDOFAN
KORIYAMA
KORNILOV
KORRIGAN
KOSOVARE
KOSOVARE
KOSTANAÏ
KOSTENKI
KOSTROMA
KOSZALIN
KOTZEBUE
KOUCHNER
KOULIKOV
KOUMASSI
KOURGANE
KOURILES
KOUROUMA
KOUTCHMA
KOUZBASS
KOWALSKI
KRAKATAU
KRAKATOA
KRASICKI
KREISLER
KREUTZER
KRÜDENER
KSATRIYA
KUFSTEIN
KUHLMANN
KUMAMOTO
KUMANOVO

KUROSAWA
KUROSHIO
KURTZMAN
KUUJJUAQ
KWAKIUTL
KYRIELLE
KYSTIQUE
KYZYLJAR
LA BASSÉE
LA BÂTHIE
LABDANUM
LABÉLISÉ
LABIENUS
LABILITÉ
LA BOÉTIE
LABOURÉE
LABOURER
LABRADOR
LABRADOR
LA BRESSE
LA BRIGUE
LA BROSSE
LA CAILLE
LACANDON
LACEMENT
LACEPÈDE
LACÉRANT
LA CHAISE
LA CHAIZE
LA CHÂTRE
LÂCHEUSE
LA CIERVA
LACINIÉE
LA CIOTAT
LA CLUSAZ
LACQUOIS
LACRYMAL
LACTAIRE
LACTANCE
LACTIQUE
LACUNEUX
LACUSTRE
LÀ-DEDANS
LADISLAS
LADRERIE
LADRIÈRE
LAETOLIL
LAFARGUE
LAFÉROIS
LAFFEMAS
LAFFITTE
LA FLÈCHE
LAFORGUE
LAGERLÖF
LAGHOUAT
LAGOPÈDE
LA GRANGE

LAGRANGE
LA GUAIRA
LAGUIOLE
LAGUIOLE
LAGUNAGE
LA HABANA
LA HAVANE
LA HONTAN
LAÏCISÉE
LAÏCISER
LAÏCISME
LAÏCISTE
LAIDERON
LAINEUSE
LAINIÈRE
LAISSANT
LAISSÉES
LAITANCE
LAITERIE
LAITERON
LAITEUSE
LAITIÈRE
LAITONNÉ
LAÏUSSER
LA JARRIE
LALIBALA
LALIBELA
LAMAÏQUE
LAMAÏSME
LAMANAGE
LA MANCHA
LAMANEUR
LAMANTIN
LA MARCHE
LAMARQUE
LAMASTRE
LAMBALLE
LAMBEAUX
LAMBINER
LA MECQUE
LAMELLÉE
LAMENTÉE
LAMENTER
LAMENTIN
LAMIACÉE
LAMIFIÉE
LAMINAGE
LAMINANT
LAMINEUR
LAMINEUX
LAMINOIR
LA MOLINA
LA MONGIE
LAMOUTES
LAMPANTE
LAMPASSÉ
LAMPISTE
LAMPROIE
LANCELOT
LANCÉOLÉ
LANCETTE
LANCEUSE
LANCINÉE
LANCINER
LANDAISE
LANDAISE
LAND ARTS
LAND'S END
LANDSHUT
LANESTER
LANFRANC
LANGEAIS
LANGEANT
LANGEVIN
LANGLADE
LANGLAND
LANGLOIS
LANGMUIR
LANGOGNE
LANGROIS
LANGUEUR
LANGUEUX
LANGUIDE
LANIAQUE
LANIFÈRE
LANIGÈRE
LANLAIRE
LANNILIS
LANOLINE
LANTERNE
LANTERNÉ
LANTHANE
LAODICÉE
LAONNOIS
LA PALICE
LAPEMENT
LAPEREAU
LAPICQUE
LAPIDANT
LAPINANT
LAPITHES
LA PLAGNE
LA PLAINE
LAPOINTE
LAQUELLE
LAQUEUSE
LARDOIRE
LARDONNÉ
LA REYNIE
LARGABLE
LARGESSE
LARGUANT
LARGUEUR
LARIONOV
LARMOYER
LA ROCQUE
LAROUSSE
LARTIGUE
LARVAIRE
LARYNGÉE
LASAGNES
LASCARIS
LAS CASAS
LAS CASES
LA SERENA
LASKARIS
LA SPEZIA
LASSALLE
LASSANTE
LASSERIE
LASSIGNY
LASSWELL
LAS VEGAS
LATANIER
LATÉRALE
LATÉRAUX
LATÉRITE
LATINISÉ
LATINITÉ
LATITUDE
LATOMIES
LATOUCHE
LATRINES
LATTOISE
LA TURBIE
LAUDANUM
LAUDATIF
LAUGHTON
LAURACÉE
LAURASIA
LAURASIE
LAURÉATE
LAUSANNE
LAUTARET
LAVANDIN
LAVARDAC
LAVE-AUTO
LAVEMENT
LAVENTIE
LAVE-PONT
LAVE-TÊTE
LAVINIUM
LA VOULTE
LAWRENCE
LAXATIVE
LAXOVIEN
LAZAREFF
LAZURITE
LÉAUTAUD
LEBESGUE
LE BOULOU
LE CANNET
LECANUET
LÈCHE-CUL
LÉCHEUSE
LE CLÉZIO
LECOURBE
LE CROTOY
LECTORAT
LECTOURE
LECTRICE
LE DANTEC
LEDERMAN
LÉDONIEN
LÊ DUC THO
LE FAOUËT
LEFEBVRE
LEFOREST
LÉGALISÉ
LÉGALITÉ
LÉGATION
LÉGENDÉE
LÉGENDER
LEGENDRE
LÉGÈRETÉ
LEGGINGS
LÉGIFÉRÉ
LÉGITIME
LÉGITIMÉ
LE GOSIER
LÉGUEVIN
LÉGUMIER
LÉGUMINE
LE HELDER
LEINSTER
LE LARDIN
LE LOROUX
LELYSTAD
LEMAITRE
LEMAÎTRE
LÉMURIEN
LÉNIFIÉE
LÉNIFIER
LÉNITIVE
LENSOISE
LENTILLE
LÉONARDE
LÉONARDE
LÉONIDAS
LEONTIEF
LÉOPARDÉ
LEOPARDI
LE PALAIS
LEPAUTRE
LE PONTET
LÉPORIDÉ
LE PORTEL
LE POULDU

8

LE PRADET
LÉPREUSE
LE PRIEUR
LEPRINCE
LE RAINCY
LE RELECQ
LE ROBERT
LE RUSSEY
LÉSINANT
LÉSINEUR
LES LILAS
LESNEVEN
LESOTHAN
LESPARRE
LES PIEUX
LESPUGUE
LESSINES
LESSIVÉE
LESSIVER
L'ESTOILE
LÉTALITÉ
LE TAMPON
LE TOUVET
LETTONIE
LETTONNE
LETTONNE
LETTRAGE
LETTRINE
LEUCANIE
LEUCÉMIE
LEUCIPPE
LEUCTRES
LEURRANT
LEVANTIN
LEVANTIN
LEVASSOR
LE VERDON
LEVERTIN
LÉVESQUE
LÈVE-TARD
LÉVISIEN
LÉVOGYRE
LEVRETTE
LEVRETTÉ
LEVRONNE
LÉVULOSE
LEXICALE
LEXICAUX
LEXOVIEN
LÉZARDÉE
LÉZARDER
LEZGUIEN
LÉZIGNAN
L'HERBIER
L'HERMITE
LIANG KAI
LIAODONG

LIAONING
LIAOYANG
LIAOYUAN
LIARDANT
LIASIQUE
LIBANAIS
LIBANAIS
LIBATION
LIBECCIO
LIBELLÉE
LIBELLER
LIBÉRALE
LIBÉRANT
LIBÉRAUX
LIBÉRIEN
LIBÉRIEN
LIBÉRINE
LIBERTIN
LIBOURET
LIBOURNE
LIBRAIRE
LIBYENNE
LIBYENNE
LICENCIÉ
LICHETTE
LICITANT
LIE-DE-VIN
LIÉGEOIS
LIÉGEOIS
LIFFRÉEN
LIFTIÈRE
LIGAMENT
LIGATURE
LIGATURÉ
LIGÉRIEN
LIGÉRIEN
LIGNEUSE
LIGNIFIÉ
LIGOTAGE
LIGOTANT
LIGUEUSE
LIGUGÉEN
LIGURIEN
LIGURIEN
LILASIEN
L'ÎLE-D'YEU
LILIACÉE
LILLIPUT
LILLOISE
LILONGWE
LIMAGNES
LIMAILLE
LIMASSOL
LIMBIQUE
LIMBOURG
LIMÉNIEN
LIMERICK

LIMERICK
LIMICOLE
LIMINALE
LIMINAUX
LIMITANT
LIMITEUR
LIMIVORE
LIMONADE
LIMONAGE
LIMONÈNE
LIMONEST
LIMONEUX
LIMONITE
LIMOUSIN
LIMOUSIN
LIMOUXIN
LINCHUAN
LINDBLAD
LINÉAIRE
LINÉENNE
LINÉIQUE
LINGERIE
LINGETTE
LINGUALE
LINGUAUX
LINIMENT
LINOLÉUM
LINOTYPE
LINTEAUX
LIONCEAU
LIPCHITZ
LIPIZZAN
LIPOSOME
LIPPMANN
LIPPONEN
LIPSCOMB
LIQUÉFIÉ
LIQUETTE
LIQUIDÉE
LIQUIDER
LISBONNE
LISERANT
LI SHIMIN
LISLOISE
LISSEUSE
LISTEAUX
LITHARGE
LITHIASE
LITHINÉE
LITHIQUE
LITHOBIE
LITHOSOL
LITTÉRAL
LITTORAL
LITUANIE
LITURGIE
LITVINOV

LIVERDUN
LIVIDITÉ
LIVOURNE
LIVRABLE
LIVREUSE
LIXIVIÉE
LIXIVIER
LOBBYING
LOBBYSME
LOCALIER
LOCALISÉ
LOCALITÉ
LOCATION
LOCATIVE
LOCHOISE
LOCLOISE
LOCRONAN
LOCUTEUR
LOCUTION
LODÉVOIS
LOGEABLE
LOGEMENT
LOGICIEL
LOGICIEN
LOGOPÈDE
LOGOTYPE
LOI-CADRE
LOINTAIN
LOISIBLE
LOMBAIRE
LOMBARDE
LOMBARDE
LOMBARDO
LOMBARDS
LOMBROSO
LOMÉENNE
LOMMOISE
LONDRINA
LONGEANT
LONGEOLE
LONGERON
LONGHENA
LONGOTTE
LONGRINE
LONGUEAU
LONGUÉEN
LONGUEUR
LONGUYON
LONGWOOD
LONSOISE
LOOSSOIS
LORESTAN
LORGNANT
LORIQUET
LORRAINE
LORRAINE
LOSANGÉE

LOTHAIRE
LOTIONNÉ
LOUANGÉE
LOUANGER
LOUCHANT
LOUCHEUR
LOUCHEUR
LOUÉSIEN
LOUFOQUE
LOUGANSK
LOUHANSK
LOULOUTE
LOUPIOTE
LOURDAIS
LOURDANT
LOURDAUD
LOURDEUR
LOUVETOU
LOUVETTE
LOUVIERS
LOUVIGNÉ
LOUVOYER
LOVELACE
LOVELACE
LOVÉRIEN
LOWENDAL
LOWLANDS
LOZÉRIEN
LUANDAIS
LUANSHYA
LUBERSAC
LUBITSCH
LUBRIFIÉ
LUBRIQUE
LUCÉENNE
LUCIDITÉ
LUCIFUGE
LUCILIUS
LUCQUOIS
LUCRATIF
LUCULLUS
LUDDISME
LÜDERITZ
LUDHIANA
LUDICIEL
LUDWIGIA
LUGDUNUM
LUGNÉ-POE
LUISANCE
LUISANTE
LUMIGNON
LUMINEUX
LUMITYPE
LUNAISON
LÜNEBURG
LUNETIER
LUNETTÉE

LUPARIEN
LUPÉENNE
LUPERCUS
LUPERQUE
LUPULINE
LURISTAN
LUSAKOIS
LUSIGNAN
LUSITAIN
LUSITAIN
LUSTIGER
LUSTRAGE
LUSTRALE
LUSTRANT
LUSTRAUX
LUSTRINE
LUTÉCIUM
LUTHERIE
LUTHISTE
LUTINANT
LUTRAIRE
LUTTEUSE
LUXATION
LUXMÈTRE
LUXOVIEN
LUXUEUSE
LUZIENNE
LYALLPUR
LYCAONIE
LYCÉENNE
LYCOPODE
LYCURGUE
LYDIENNE
LYDIENNE
LYMPHOME
LYNCHAGE
LYNCHANT
LYONNAIS
LYOPHILE
LYSANDRE
LYSOSOME
LYSOZYME
LYSSENKO
LYSSOISE
MABILLON
MACABÉES
MACAREUX
MACARONI
MACASSAR
MACASSAR
MACAULAY
MACÉRANT
MACERATA
MACHAULT
MÂCHEFER
MACHETTE
MÂCHEUSE

MACHINAL
MACHINÉE
MACHINER
MACHISME
MACHISTE
MÂCHOIRE
MÂCHONNÉ
MÂCHURÉE
MÂCHURER
MAC-MAHON
MAÇONNÉE
MAÇONNER
MAC ORLAN
MACREUSE
MACROURE
MACULAGE
MACULANT
MADÉRISÉ
MADRAGUE
MADRIGAL
MADURAIS
MAEBASHI
MAELWAEL
MAESTRIA
MAFFIEUX
MAFFIOSI
MAFFIOSO
MAFIEUSE
MAGANANT
MAGASINÉ
MAGAZINE
MAGELLAN
MAGENDIE
MAGICIEN
MAGISTER
MAGNASCO
MAGNELLI
MAGNÉSIE
MAGNÉSIE
MAGNÉTON
MAGNIFIÉ
MAGNOLIA
MAGOGOIS
MAGRITTE
MAHARAJA
MAHARANÉ
MAHARANI
MAHAVIRA
MAHAYANA
MAHDISME
MAH-JONGS
MAHORAIS
MAHOUSSE
MAHRATTE
MAÏDANEK
MAIGREUR
MAIGRIOT

MAILLAGE
MAILLANE
MAILLANT
MAILLART
MAILLURE
MAINLAND
MAINMISE
MAINTENU
MAINTIEN
MAÏORALE
MAÏORAUX
MAIRESSE
MAÏSERIE
MAÎTRISE
MAÎTRISÉ
MAJDANEK
MAJORANT
MAJORITÉ
MAJORQUE
MAKÁRIOS
MAKAROVA
MAKASSAR
MAKIIVKA
MAKIMONO
MALACHIE
MALADETA
MALADIVE
MAL-AIMÉE
MAL-AIMÉS
MALAISÉE
MALAISIE
MALAKOFF
MALANDRE
MALASSIS
MALAUNAY
MALAURIE
MALAVISÉ
MALAWITE
MALAXAGE
MALAXANT
MALAXEUR
MALAYSIA
MALBÂTIE
MALCOLM X
MALDEGEM
MALDIVES
MALDONNE
MALÉFICE
MALEGAON
MALEMORT
MALENKOV
MALFAÇON
MALFAMÉE
MALGACHE
MALGACHE
MALHERBE
MALIBRAN

8

MALIENNE
MALIENNE
MALINCHE
MALINGRE
MALINOIS
MALINOIS
MALLARMÉ
MALLÉOLE
MALLETTE
MAL-LOGÉE
MAL-LOGÉS
MALMENÉE
MALMENER
MALOTRUE
MALOUINE
MALOUINE
MALPIGHI
MALPOLIE
MALSAINE
MALSÉANT
MALSTROM
MALSTROM
MALTAISE
MALTAISE
MALTERIE
MALVACÉE
MALVENUE
MAL-VIVRE
MAMELOUK
MAMELOUK
MAMERTIN
MAMMAIRE
MAMMOUTH
MAM'SELLE
MAM'ZELLE
MANAGEUR
MANAMÉEN
MANCEAUX
MANCEAUX
MANCELLE
MANCELLE
MANCHOIS
MANCHOTE
MANCHOUE
MANCHOUE
MANDALAY
MANDANTE
MANDARIN
MANDATÉE
MANDATER
MANDCHOU
MANDCHOU
MANDEURE
MANDORLE
MANDRILL
MANÉ-KATZ
MANÉTHON
MANGALIA
MANGALUR
MANGBETU
MANGEANT
MANGE-MIL
MANGEURE
MANGEUSE
MANGLIER
MANGROVE
MANGUIER
MANIABLE
MANIAQUE
MANIÉRÉE
MANIEUSE
MANIFOLD
MANILLON
MANIPULE
MANIPULÉ
MANITOBA
MANNHEIM
MANNITOL
MANOLETE
MANOSQUE
MANOSTAT
MANOUCHE
MANQUANT
MANRIQUE
MANSARDE
MANSARDÉ
MANSFELD
MANSHOLT
MANSTEIN
MANTAISE
MANTEAUX
MANTEGNA
MANTELÉE
MANTELET
MANTILLE
MANTINÉE
MANTIQUE
MANTISSE
MANTOUAN
MANUCURE
MANUCURÉ
MANUÉLIN
MANUELLE
MANYO-SHU
MAPUTAIS
MAQUETTE
MAQUILLÉ
MARABOUT
MARACANÃ
MARADONA
MARAGHEH
MARAGING
MARANHÃO
MARASQUE
MARATHON
MARATHON
MARAUDER
MARBELLA
MARBRANT
MARBRIER
MARBRURE
MARCELLO
MARCHAIS
MARCHAND
MARCHAND
MARCHANT
MARCHEUR
MARCIANO
MARCIGNY
MARCOING
MARCOTTE
MARCOTTÉ
MARCOULE
MARÉCAGE
MARÉCHAL
MARÉCHAL
MARENNES
MARENNES
MARÉOTIS
MAREYAGE
MAREYEUR
MARGAUDÉ
MARGEANT
MARGELLE
MARGEUSE
MARGINAL
MARGINÉE
MARGINER
MARGOTER
MARGOTTÉ
MARGRAVE
MARIACHI
MARIAMNE
MARIANNE
MARIETTE
MARIEUSE
MARIGNAN
MARILLAC
MARINADE
MARINAGE
MARINANT
MARINIER
MARIOLLE
MARIOTTE
MARISQUE
MARITAIN
MARITALE
MARITAUX
MARITIME
MARIVAUX
MARMANDE
MARMITÉE
MARMITON
MARMONNÉ
MARMOTTE
MARMOTTÉ
MARNAISE
MARNEUSE
MARNIÈRE
MAROCAIN
MAROCAIN
MAROLLES
MARONITE
MARONNER
MAROQUIN
MAROUFLÉ
MARQUAGE
MARQUANT
MARQUETÉ
MARQUEUR
MARQUÈZE
MARQUISE
MARQUISE
MARQUOIR
MARRAINE
MARRANTE
MARRONNE
MARSAULT
MARSEAUX
MARSHALL
MARSOUIN
MARTABAN
MARTAGON
MARTEAUX
MARTELÉE
MARTELER
MARTENOT
MARTIALE
MARTIAUX
MARTIGNY
MARTINET
MARTINET
MARTINON
MARTONNE
MARXISME
MARXISTE
MARYLAND
MARYLAND
MASACCIO
MASCAGNI
MASCARET
MASCARON
MASCARON
MASCOGNE
MASCOTTE
MASCULIN
MASÉROIS
MASEVAUX

MASMOUDA
MASOLINO
MASQUAGE
MASQUANT
MASSACRE
MASSACRÉ
MASSALIA
MASSAOUA
MASSENET
MASSÉTER
MASSETTE
MASSEUBE
MASSEUSE
MASSICOT
MASSIÈRE
MASSIFIÉ
MASSIQUE
MASSORAH
MASTIQUÉ
MASTOÏDE
MASTURBÉ
MATA HARI
MATAMORE
MATAMORE
MATANAIS
MATANZAS
MATEFAIM
MATELOTE
MÂTEREAU
MATÉRIAU
MATÉRIEL
MATERNÉE
MATERNEL
MATERNER
MATHEUSE
MATHILDE
MATHURIN
MATIGNON
MATINALE
MÂTINANT
MATINAUX
MATINEUX
MATINIER
MATORRAL
MATOUTOU
MATRAQUE
MATRAQUÉ
MATRICÉE
MATRICER
MATTHEWS
MATTHIAS
MATTHIEU
MATURITÉ
MAUBÈCHE
MAUBEUGE
MAUGRÉÉE
MAUGRÉER

MAUNA KEA
MAUNOURY
MAUREPAS
MAURICIE
MAURISTE
MAUSOLÉE
MAUSSADE
MAUVAISE
MAUVÉINE
MAXIMALE
MAXIMAUX
MAXIMIEN
MAXIMISÉ
MAXIMUMS
MAYORALE
MAYORAUX
MAZAGRAN
MAZARINE
MAZATLÁN
MAZOUTÉE
MAZOUTER
MBANDAKA
MCCARTHY
MCKINLEY
MCMILLAN
MEA CULPA
MÉCANISÉ
MÉCHANTE
MECHELEN
MÉCOMPTE
MÉCONIUM
MÉCONNUE
MÉCRÉANT
MÉDAILLE
MÉDAILLÉ
MÉDECINE
MEDELLÍN
MÉDIANTE
MÉDIATOR
MÉDICALE
MÉDICAUX
MÉDIÉVAL
MÉDIOCRE
MÉDISANT
MÉDITANT
MEDJERDA
MÉDUSANT
MÉFIANCE
MÉFIANTE
MÉGAPODE
MÉGAPOLE
MÉGISSÉE
MÉGISSER
MÉGOTAGE
MÉGOTANT
MEHRGARH
MEHUNOIS

MEILLEUR
MÉLAMINE
MÉLAMINÉ
MÉLANGÉE
MÉLANGER
MÉLANINE
MÉLANOME
MÉLANOSE
MELCHIOR
MELCHITE
MELDOISE
MELDOISE
MÊLÉ-CASS
MÊLE-TOUT
MÉLIACÉE
MÉLI-MÉLO
MÉLINITE
MELLIFLU
MÉLOMANE
MELUNAIS
MÉLUSINE
MELVILLE
MEMBRANE
MEMBRURE
MÊMEMENT
MÉMÉRANT
MÉMORIAL
MÉMORIEL
MÉMORISÉ
MENAÇANT
MÉNAGÈRE
MÉNANDRE
MENDERES
MENDIANT
MENDIGOT
MENDOISE
MÉNEPTAH
MÉNINGÉE
MÉNISCAL
MÉNISQUE
MÉNOLOGE
MENSONGE
MENTERIE
MENTEUSE
MENTHOLÉ
MENTISME
MENUIRES
MENUISÉE
MENUISER
MÉPRISÉE
MÉPRISER
MERCALLI
MERCANTI
MERCATOR
MERCERIE
MERCIÈRE
MERCŒUR

MERCOSUR
MERCREDI
MERCUREY
MERCUREY
MERDEUSE
MERDIQUE
MERDOYER
MEREDITH
MÉRIDIEN
MÉRIGNAC
MERINGUE
MERINGUÉ
MERISIER
MÉRITANT
MERLETTE
MERLUCHE
MERSENNE
MERSOISE
MERVILLE
MÉRYSIEN
MÉSALLIÉ
MESKHETS
MÉSOMÈRE
MESQUINE
MESSAGER
MESSAGER
MESSÉANT
MESSÉNIE
MESSEOIR
MESSIAEN
MESSIDOR
MESURAGE
MESURANT
MESUREUR
MÉSUSAGE
MÉSUSANT
MÉTABIEF
MÉTABOLE
MÉTAIRIE
MÉTAMÈRE
MÉTAYAGE
MÉTAYÈRE
MÉTELLUS
MÉTÉORES
MÉTEZEAU
MÉTHANAL
MÉTHANOL
MÉTISSÉE
MÉTISSER
MÉTREUSE
MÉTRIQUE
METTABLE
MEUBLANT
MEUGLANT
MEULETTE
MEULIÈRE
MEUNERIE

MEUNIÈRE
MEURETTE
MEURTRIE
MEURTRIR
MEXICAIN
MEXICAIN
MEXICALI
MEYERHOF
MEYERSON
MÉZIÈRES
MIAM-MIAM
MIANYANG
MIAULANT
MI-CARÊME
MICHELET
MICHELIN
MI-CHEMIN
MICHETON
MICHIGAN
MI-CLOSES
MI-COURSE
MICROBUS
MIDLANDS
MIDRASHS
MIELLEUX
MIESCHER
MIGENNES
MIGNARDE
MIGNONNE
MIGNOTÉE
MIGNOTER
MIGRAINE
MIGRANTE
MIJAURÉE
MIJOTANT
MILANAIS
MILANAIS
MILIAIRE
MILICIEN
MILITANT
MILLASSE
MILLIARD
MILLIBAR
MILLIÈME
MILLIKAN
MILONAIS
MI-LOURDS
MILTIADE
MI-MOYENS
MINAMOTO
MINAUDER
MINDANAO
MINEPTAH
MINÉRALE
MINÉRAUX
MINERVAL
MINIGOLF
MINIJUPE
MINIMALE
MINIMAUX
MINIMEXÉ
MINIMISÉ
MINISTRE
MINNELLI
MINOENNE
MINORANT
MINORITÉ
MINORQUE
MINOTIER
MINUTAGE
MINUTANT
MINUTEUR
MINUTIER
MI-PARTIE
MI-PARTIS
MIQUELON
MIRABEAU
MIRACULÉ
MIREBEAU
MIREILLE
MIRE-ŒUF
MIREPOIX
MIREPOIX
MIRETTES
MIRLITON
MIRMIDON
MIROITER
MIRONTON
MIRZAPUR
MISANDRE
MISCIBLE
MISERERE
MISÉREUX
MISOGYNE
MISSOURI
MISTELLE
MISTIGRI
MISTONNE
MISURATA
MITCHELL
MITIGEUR
MITONNÉE
MITONNER
MIXTÈQUE
MIYAZAKI
MNÉSIQUE
MOABITES
MOBILIER
MOBILISÉ
MOBILITÉ
MOBY DICK
MOCASSIN
MOCENIGO
MOCHARDE
MODALITÉ
MODANAIS
MODELAGE
MODELANT
MODELEUR
MODÉLISÉ
MODÉRANT
MODERATO
MODESTIE
MODICITÉ
MODIFIÉE
MODIFIER
MODILLON
MODULANT
MOELLEUX
MOGOLLON
MOGUILEV
MOHAMMED
MOINEAUX
MOINERIE
MOISSINE
MOLALITÉ
MOLARITÉ
MOLDAVIE
MOLÉCULE
MOLESTÉE
MOLESTER
MOLETAGE
MOLETANT
MOLFETTA
MOLLASSE
MOLLESSE
MOLLETON
MOLLETTE
MOLLISOL
MOLOSSES
MOLSHEIM
MOLUQUES
MOMBASSA
MOMIFIÉE
MOMIFIER
MONACALE
MONACAUX
MONANDRE
MONARQUE
MONASTIR
MONAURAL
MONAZITE
MONCEAUX
MONDAINE
MONDIALE
MONDIAUX
MONDRIAN
MONERGOL
MONÉTISÉ
MONFREID
MONGOLIE
MONITEUR
MONITION
MÔN-KHMER
MONMOUTH
MONNAYÉE
MONNAYER
MONNOYER
MONOBASE
MONOBLOC
MONOCYTE
MONŒCIE
MONOGAME
MONOÏQUE
MONOKINI
MONOMÈRE
MONOPLAN
MONOPOLE
Monopoly
MONORAIL
MONOTONE
MONOTYPE
Monotype
MONOXYDE
MONOXYLE
MONREALE
MONROVIA
MONSIEUR
MONSIGNY
MONSOISE
MONSTERA
MONTAGNE
MONTAGNE
MONTAIGU
MONTANTE
MONTANUS
MONTBARD
MONTBRON
MONTCALM
MONTCEAU
MONT-DORE
MONTEMOR
MONTÉPIN
MONTERÍA
MONTE-SAC
MONTEUSE
MONTFORT
MONTIGNY
MONT-JOIE
MONTJOIE
MONTLUEL
MONTMÉDY
MONTOIRE
MONTOISE
MONTOISE
MONTRANT
MONTRÉAL
MONTREUR

8

MONTREUX
MONTROSE
MONTSÛRS
MONTUEUX
MONUMENT
MOOSE JAW
MOQUERIE
MOQUETTE
MOQUETTÉ
MOQUEUSE
MORALISÉ
MORALITÉ
MORANGIS
MORATOIS
MORBIHAN
MORCEAUX
MORCELÉE
MORCELER
MORDACHE
MORDANCÉ
MORDANTE
MORDICUS
MORDILLÉ
MORDORÉE
MORDOVIE
MORELLET
MORESQUE
MORESTEL
MORFLANT
MORFONDU
MORGAGNI
MORIBOND
MORICAUD
MORIGÉNÉ
MORILLON
MORI OGAI
MORISQUE
MORNIFLE
MORONAIS
MORONOBU
MOROSINI
MOROSITÉ
MORPHÈME
MORPHINE
MORPHING
MORRISON
MORTAGNE
MORTAISE
MORTAISÉ
MORT-BOIS
MORTE-EAU
MORTELLE
MORTIFIÉ
MORTIMER
MORT-NÉES
MORUTIER
MORVEUSE
MOSAÏQUE
MOSAÏSME
MOSAÏSTE
MOSCOVIE
MOSELLAN
MOSQUITO
MOTILITÉ
MOTIVANT
MOTO-BALL
MOTORISÉ
MOTS-CLÉS
MOUBARAK
MOUCHAGE
MOUCHANT
MOUCHARD
MOUCHETÉ
MOUCHOIR
MOUCHURE
MOUCLADE
MOUFETER
MOUFETTE
MOUFTANT
MOUILLÉE
MOUILLER
MOUILLON
MOULANTE
MOULIÈRE
MOULINÉE
MOULINER
MOULINET
MOULMEIN
MOULOUYA
MOULURÉE
MOULURER
MOUMOUTE
MOUQUÈRE
MOURANTE
MOUSCRON
MOUSQUET
MOUSSAGE
MOUSSAKA
MOUSSANT
MOUSSEUX
MOUSSOIR
MOUTARDE
MOÛTIERS
MOUTONNÉ
MOUVANCE
MOUVANTE
MOYEN ÂGE
MOYEN ÂGE
MOYENNÉE
MOYENNER
MOYEUVRE
MOZABITE
MOZABITE
MOZARABE
MOZARABE
MUCILAGE
MUCOSITÉ
MUDÉJARE
MUFLERIE
MUFULIRA
MUHAMMAD
MÜHLBERG
MULETIER
MULHACÉN
MULHOUSE
MULLIKEN
MULRONEY
MULTIPLE
MUNICIPE
MUNTANER
MUNTÉNIE
MUQARNAS
MUQDISHO
MUQUEUSE
MURAD BEY
MURAILLE
MURASAKI
MURATORI
MÛREMENT
MURÉNIDÉ
MURÉTAIN
MUREYBAT
MURMURÉE
MURMURER
MUSAGÈTE
MUSARDER
MUSCADET
MUSCADIN
MUSCINAL
MUSCLANT
MUSEIFIÉ
MUSELANT
MUSICALE
MUSICAUX
MUSICIEN
MUSSIDAN
MUSULMAN
MUTAGÈNE
MUTATEUR
MUTATION
MUTILANT
MUTINANT
MUTUELLE
MUZILLAC
MYCÉLIEN
MYCÉLIUM
MYCÉNIEN
MYCÉNIEN
MYDRIASE
MYÉLOÏDE
MYINGYAN
MYKOLAÏV
MYLONITE
MYOCARDE
MYOLOGIE
MYOPATHE
MYOSOTIS
MYOTIQUE
MYRMIDON
MYROSINE
MYROXYLE
MYRTACÉE
MYRTILLE
MYSTIFIÉ
MYSTIQUE
MYTHIFIÉ
MYTHIQUE
MYTILÈNE
NABATÉEN
NABONIDE
NABORIEN
NAGALAND
NAGASAKI
NAGEOIRE
NAISSAIN
NAISSANT
NAKASONE
NAKHODKA
NALTCHIK
NAMANGAN
NAMIBIEN
NAMIBIEN
NAMUROIS
NANCÉIEN
NANCHANG
NANCHONG
NANIFIÉE
NANIFIER
NANISANT
NANTAISE
NANTERRE
NANTEUIL
NAPLOUSE
NAPOLÉON
NAPOLÉON
NAPPERON
NARAM-SIN
NARBONNE
NARCISSE
NARCISSE
NARGHILÉ
NARGUANT
NARGUILÉ
NARQUOIS
NARRATIF
NASALISÉ
NASALITÉ
NASILLER

8

NASRIDES
NATALITÉ
NATATION
NATIONAL
NATIVITÉ
NATRÉMIE
NATTIÈRE
NAUCELLE
NAUFRAGE
NAUFRAGÉ
NAUMBURG
NAUNDORF
NAUPACTE
NAUPLIUS
NAUROUZE
NAURUANE
NAUSÉEUX
NAUSICAA
NAUTIQUE
NAUTISME
NAVICULE
NAVIGANT
NAVIGUER
NAVRANTE
NAZARÉEN
NAZARÉEN
NAZARETH
NAZILLON
N'DJAMENA
NDZOUANI
NÉANTISÉ
NEBRASKA
NÉBULEUX
NÉBULISÉ
NÉCROBIE
NÉCROSÉE
NÉCROSER
NECTAIRE
NÉGATEUR
NÉGATION
NÉGATIVE
NÉGLIGÉE
NÉGLIGER
NÉGOCIÉE
NÉGOCIER
NÉGRESSE
NÉGRIÈRE
NÉGRILLE
NÉGRITOS
NÉGROÏDE
NEGRUZZI
NEIGEOTÉ
NEIGEUSE
NEIPPERG
NELLIGAN
NÉMATODE
NÉNUPHAR
NÉOFORMÉ
NÉOLOCAL
NÉOLOGIE
NÉONATAL
NÉONAZIE
NÉOPHYTE
NÉOPRÈNE
NÉORURAL
NÉOTÉNIE
NÉPALAIS
NÉPALAIS
NÉPÉRIEN
NÉPHRITE
NEPHTALI
NÉRACAIS
NÉRÉIDES
NÉRONIEN
NERVEUSE
NERVIENS
NERVURÉE
NERVURER
NETTOYÉE
NETTOYER
NEUMEIER
NEURONAL
NEUSIEDL
NEUSTRIE
NEUTRINO
NEUVAINE
NEUVIÈME
NEUVILLE
NÉVICIEN
NÉVROSÉE
NEWCOMEN
NEW DELHI
NEW HAVEN
NEWHAVEN
NEW WAVES
NGAZIDJA
NGULTRUM
NHA TRANG
NIAISANT
NIAISEUX
NIAMÉYEN
NIASSAIS
NIBELUNG
NICHIREN
NICKELÉE
NICKELER
NICKLAUS
NICODÈME
NICODÈME
NICOMÈDE
NICOSIEN
NICOTINE
NIDATION
NID-DE-PIE
NIDIFIER
NIELLAGE
NIELLANT
NIELLURE
NIEMEYER
NIEUPORT
NIGÉRIAN
NIGÉRIAN
NIGÉRIEN
NIGÉRIEN
NIJINSKA
NIJINSKI
NIKOLAIS
N'IMPORTE
NINIVITE
NIORTAIS
NIPPONNE
NIPPONNE
NITRANTE
NITRATÉE
NITRATER
NITREUSE
NITRIFIÉ
NITRIQUE
NITROSÉE
NITRURÉE
NITRURER
NIVELAGE
NIVELANT
NIVELEUR
NIVELLES
NIVICOLE
NOAILLES
NOBÉLIUM
NOBLESSE
NOBLIAUX
NOBUNAGA
NOCÉENNE
NOCIVITÉ
NOCTUIDÉ
NOCTURNE
NODOSITÉ
NODULEUX
NOÉTIQUE
NOGUÈRES
NOIRÂTRE
NOIRAUDE
NOIRCEUR
NOISETTE
NOLISANT
NOMADISÉ
NOMBRANT
NOMBREUX
NOMINALE
NOMINANT
NOMINAUX
NON ANIMÉ
NON-CUMUL
NON-DROIT
NON-LIEUX
NON-MÉTAL
NONNETTE
NON-TISSÉ
NONUPLER
NON-USAGE
NORDESTE
NORDIQUE
NORDIQUE
NORDISTE
NORDISTE
NORMANDE
NORMANDE
NORMATIF
NORRLAND
NORTH BAY
NOSÉMOSE
NOTA BENE
NOTARIAL
NOTARIAT
NOTARIÉE
NOTATEUR
NOTATION
NOTIFIÉE
NOTIFIER
NOUAISON
NOUMÉNAL
NOUNOURS
NOUREÏEV
NOURRAIN
NOURRICE
NOUVEAUX
NOUVELLE
NOVARTIS
NOVATEUR
NOVATIEN
NOVATION
NOVEMBRE
NOVGOROD
NOVICIAT
NOWA HUTA
NOYAUTÉE
NOYAUTER
NOYELLES
NUAGEUSE
NUANÇANT
NUANCIER
NUBIENNE
NUBIENNE
NUBILITÉ
NUCÉRIEN
NUCLÉIDE
NUCLÉOLE
NUISANCE
NUISETTE

NUISIBLE
NUITONNE
NUKU-HIVA
NULLARDE
NUMÉRALE
NUMÉRAUX
NUMÉRISÉ
NUMÉROTÉ
NUNCHAKU
NUPTIALE
NUPTIAUX
NURAGHES
NURSERYS
NUTATION
NUTRITIF
NYAMWEZI
NYKÖPING
NYMPHALE
NYMPHALS
NYMPHAUX
NYMPHOSE
NYONNAIS
NYONSAIS
OAK RIDGE
OAKVILLE
OARISTYS
OASIENNE
OBASANJO
OBJECTAL
OBJECTÉE
OBJECTER
OBJECTIF
OBLATION
OBLATIVE
OBLIQUER
OBLITÉRÉ
OBLONGUE
OBNUBILÉ
OBOMBRÉE
OBOMBRER
OBSCURCI
OBSÉDANT
OBSÈQUES
OBSERVÉE
OBSERVER
OBSOLÈTE
OBSTACLE
OBSTINÉE
OBSTINER
OBSTRUÉE
OBSTRUER
OBTENANT
OBTURANT
OCCASION
OCCIDENT
OCCIDENT
OCCITANE
OCCITANE
OCCLUSIF
OCCULTÉE
OCCULTER
OCCUPANT
OCÉANIEN
OCÉANIEN
OCHOZIAS
OCKEGHEM
O'CONNELL
OCTAÈDRE
OCTAVIEN
OCTAVIER
OCTOGONE
OCTOPODE
OCTROYÉE
OCTROYER
OCTUPLER
OCULAIRE
OCULISTE
ODENWALD
ODOMÈTRE
ODORANTE
ŒDIPIEN
ŒILLADE
ŒILLÈRE
ŒNANTHE
ŒSTRALE
ŒSTRAUX
ŒUFRIER
ŒUVRANT
OFFEMONT
OFFENSÉE
OFFENSER
OFFENSIF
OFFICIAL
OFFICIEL
OFFICIER
OFFICINE
OFFRANDE
OFFREUSE
OFFSHORE
OFFUSQUÉ
O'HIGGINS
OHMMÈTRE
OISELEUR
OISELIER
OISILLON
OISIVETÉ
OÏSTRAKH
OKLAHOMA
OLBRACHT
OLÉASTRE
OLÉCRANE
OLÉICOLE
OLÉIFÈRE
OLFACTIF
OLIBRIUS
OLIBRIUS
OLIGISTE
OLIGURIE
OLIPHANT
OLIVARES
OLIVÂTRE
OLIVEIRA
OLIVETTE
OLIVETTI
OLIVIERS
OLLIVIER
OLMÈQUES
OLYBRIUS
OLYMPIAS
OLYMPIEN
OMANAISE
OMANAISE
OMBELLÉE
OMBRAGÉE
OMBRAGER
OMBRELLE
OMBRETTE
OMBREUSE
OMDURMAN
OMELETTE
OMETTANT
OMISSION
OMNIVORE
OMOPLATE
ONANISME
ONCLE SAM
ONCOGÈNE
ONCTUEUX
ONDAATJE
ONDOYANT
ONDULANT
ONDULEUR
ONDULEUX
ONÉREUSE
ONE-STEPS
ONIRIQUE
ONIRISME
ONTARIEN
OOSPHÈRE
OOSTKAMP
OOTHÈQUE
OPACIFIÉ
OPALISÉE
OPALISER
OPÉRABLE
OPÉRANDE
OPÉRANTE
OPERCULE
OPERCULÉ
OPÉRETTE
OPHIDIEN
OPIOMANE
OPOPANAX
OPPIDUMS
OPPORTUN
OPPOSANT
OPPOSITE
OPPRESSÉ
OPPRIMÉE
OPPRIMER
OPPROBRE
OPSONINE
OPTATIVE
OPTICIEN
OPTIMALE
OPTIMAUX
OPTIMISÉ
OPTIMUMS
OPULENCE
OPULENTE
OPUSCULE
ORAGEUSE
ORALISÉE
ORALISER
ORANAISE
ORANGEAT
ORATOIRE
ORATORIO
ORATRICE
ORBITALE
ORBITANT
ORBITAUX
ORBITEUR
ORCANÈTE
ORCÉENNE
ORCHIDÉE
ORCIÈRES
ORDINALE
ORDINAND
ORDINAUX
ORDONNÉE
ORDONNER
ORDURIER
OREILLER
OREILLON
ORÉNOQUE
ORFÉVRÉE
ORGANEAU
ORGANISÉ
ORGANITE
ORGANSIN
ORGIAQUE
ORIENTAL
ORIENTAL
ORIENTÉE
ORIENTER
ORIGINAL
ORIGINEL

8

ORIGNAUX
ORIPEAUX
ORISTANO
ORMESSON
ORNEMENT
ORPHELIN
ORPHIQUE
ORPHISME
ORPIMENT
ORSEILLE
OSCILLER
OSIANDER
OSMANLIE
OSMANLIE
OSSATURE
OSSIFIÉE
OSSIFIER
OSSO-BUCO
OSSUAIRE
OSTINATO
OSTRACON
OSTROGOT
OSWIECIM
OTOLITHE
OTOLOGIE
OTO-RHINO
OTORRHÉE
OTOSCOPE
OTTOMANE
OTTOMANS
OTTONIEN
OUATINÉE
OUATINER
OUBANGUI
OUBLIANT
OUBLIEUX
OUESSANT
OUÏGOURS
OUILLAGE
OUILLANT
OUILLÈRE
OUISTITI
OULIPIEN
OULLIÈRE
OURALIEN
OURARTOU
OUSSOURI
OUSTACHA
OUTCAULT
OUTILLÉE
OUTILLER
OUTRAGÉE
OUTRAGER
OUTRANCE
OUTRE-MER
OUTREMER
OUTSIDER

OUVRABLE
OUVRAGÉE
OUVRAGER
OUVRANTE
OUVREAUX
OUVREUSE
OUVRIÈRE
OVALISÉE
OVALISER
OVERDOSE
OVERIJSE
OVERLORD
OVIDUCTE
OVILLOIS
OVOGÉNIE
OVOGONIE
OVOÏDALE
OVOÏDAUX
OVULAIRE
OXALIQUE
OXYDABLE
OXYDANTE
OXYGÉNÉE
OXYGÉNER
OXYLITHE
OXYMORON
OXYUROSE
OZOIRIEN
PACANIER
PACÉNIEN
PACHALIK
PACHTOUN
PACHYURE
PACIFIÉE
PACIFIER
PACKAGER
PACQUAGE
PACQUANT
PACTISER
PADICHAH
PADOUANE
PAGAILLE
PAGANINI
PAGANISÉ
PAGAYANT
PAGAYEUR
PAGINANT
PAGNOTÉE
PAGNOTER
PAHOUINE
PAHOUINS
PAIEMENT
PAILLAGE
PAILLANT
PAILLARD
PAILLETÉ
PAILLOTE

PAIMPONT
PAINLEVÉ
PAIRESSE
PAISIBLE
PAISSANT
PAISSEAU
PAKISTAN
PALABRER
PALANCHE
PALANÇON
PALANGRE
PALANQUE
PALANQUÉ
PALANTIN
PALASTRE
PALATALE
PALATAUX
PALATIAL
PALATINE
PALATINE
PALAUANE
PALE-ALES
PALEFROI
PALENCIA
PALENQUE
PALÉOSOL
PALESTRE
PÂLICHON
PALISSÉE
PALISSER
PALISSON
PALLADIO
PALLANZA
PALLÉALE
PALLÉAUX
PALLIANT
PALMACÉE
PALMAIRE
PALMARÈS
PALMETTE
PALMISTE
PALO ALTO
PALOURDE
PALPABLE
PALPITER
PALUDÉEN
PALUDIER
PALUDINE
PALUSTRE
PÂMOISON
PAMPHLET
PAMPILLE
PANACHÉE
PANACHER
PANAMÉEN
PANAMÉEN
PANAMIEN

PANAMIEN
PANATELA
PANCARTE
PANCETTA
PANCRACE
PANCRÉAS
PANDANUS
PANDÉMIE
PANETIER
PANGOLIN
PANICAUT
PANICULE
PANICULÉ
PANIFIÉE
PANIFIER
PANIQUÉE
PANIQUER
PANMIXIE
PANNEAUX
PANNETON
PANNONIE
PANOFSKY
PANOPLIE
PANORAMA
PANOSSÉE
PANOSSER
PANSLAVE
PANTACLE
PANTALON
PANTALON
PANTELER
PANTENNE
PANTHÉON
PANTHÉON
PANTHÈRE
PANTIÈRE
PANTOIRE
PANTOISE
PAPÁGHOS
PAPANINE
PAPELARD
PAPETIER
PAPILLON
PAPINEAU
PAPINIEN
PAPIVORE
PAPOTAGE
PAPOTANT
PAPULEUX
PAPY-BOOM
PAQUEBOT
PAQUETÉE
PAQUETER
PARABOLE
PARACLET
PARADANT
PARADEUR

PARADOXE
PARAFANT
PARAFEUR
PARAGUAY
PARAISON
PARAÎTRE
PARALYSÉ
PARANGON
PARANOÏA
PARAPHÉE
PARAPHER
PARAPODE
PARASITE
PARASITÉ
PARATAXE
PARAVENT
PARCELLE
PARCE QUE
PARCOURS
PARCOURU
PARDONNÉ
PAREILLE
PARELOUP
PAREMENT
PARENTAL
PARENTIS
PARESSER
PARFAIRE
PARFAITE
PARFILÉE
PARFILER
PARFONDU
PARFUMÉE
PARFUMER
PARHÉLIE
PARIÉTAL
PARIEUSE
PARIGOTE
PARISIEN
PARISIEN
PARIZEAU
PARJURÉE
PARJURER
PARLANTE
PARLEUSE
PARLOTTE
PARMÉLIE
PARMESAN
PARMESAN
PARNASSE
PARODIÉE
PARODIEN
PARODIER
PAROISSE
PAROLIER
PARONYME
PAROTIDE
PAROUSIE
PARPAING
PARQUANT
PARQUETÉ
PARQUEUR
PARQUIER
PARRAINÉ
PARROCEL
PARSEMÉE
PARSEMER
PARSIFAL
PARTAGÉE
PARTAGER
PARTANCE
PARTANTE
PARTERRE
PARTIALE
PARTIAUX
PARTISAN
PARTITAS
PARTITIF
PARTOUSE
PARTOUZE
PARURIER
PARUTION
PARVENIR
PARVENUE
PASADENA
PASHMINA
PASIPHAÉ
PASOLINI
PASQUIER
PASSABLE
PASSAGER
PASSANTE
PASSE-BAS
PASSEUSE
PASSIBLE
PASSIVÉE
PASSIVER
PASSOIRE
PASTÈQUE
PASTICHE
PASTICHÉ
PASTILLE
PASTORAL
PASTORAT
PATACHON
PATAGIUM
PATAPOUF
PATAQUÈS
PATATRAS
PATAUGAS
PATAUGER
PATELINE
PATELINÉ
PATENIER
PATENTÉE
PATENTER
PATERNEL
PATERSON
PATICHON
PATIENCE
PATIENTE
PATIENTÉ
PATINAGE
PATINANT
PATINEUR
PATINKIN
PÂTISSER
PÂTISSON
PATRAQUE
PATRIOTE
PATROCLE
PATRONAL
PATRONAT
PATRONNE
PATRONNÉ
PÂTURAGE
PÂTURANT
PAUILLAC
PAULETTE
PAULISTE
PAULISTE
PAUMELLE
PAUMOYÉE
PAUMOYER
PAUPIÈRE
PAUVRETÉ
PAVANANT
PAVEMENT
PAVILLON
PAVILLON
PAVLODAR
PAVOISÉE
PAVOISER
PAYEMENT
PAYSAGER
PAYSANDÚ
PAYSANNE
PÉAGEOIS
PÉAGISTE
PEAUCIER
PEAU D'ÂNE
PEAUFINÉ
PÉBROQUE
PECCANTE
PÊCHERIE
PÊCHETTE
PÊCHEUSE
PECHINEY
PÉCLOTER
PECQUEUR
PECTINÉE
PECTIQUE
PECTORAL
PÉCUCHET
PÉDALAGE
PÉDALANT
PÉDALEUR
PÉDALIER
PÉDESTRE
PÉDIATRE
PÉDICULE
PÉDICULÉ
PÉDICURE
PÉDIEUSE
PEDIGREE
PÉDILUVE
PÉDIMENT
PEER GYNT
PÉGOSITÉ
PÉGUEUSE
PEIGNAGE
PEIGNANT
PEIGNOIR
PEINARDE
PEINTURE
PEINTURÉ
PÉKINOIS
PÉKINOIS
PÉLAGIEN
PÉLAMIDE
PÉLAMYDE
PÉLASGES
PÉLÉENNE
PÊLE-MÊLE
PÈLERINE
PELETIER
PELLAGRE
PELLERIN
PELLETAN
PELLETÉE
PELLETER
PÉLOBATE
PÉLODYTE
PELOTAGE
PELOTANT
PELOTARI
PELOTEUR
PELUCHÉE
PELUCHER
PÉLUSSIN
PEMMICAN
PÉNALISÉ
PÉNALITÉ
PENALTYS
PENCHANT
PENDABLE
PENDANTE
PENDARDE

PENDERIE
PENDILLÉ
PENDJABI
PENDULER
PÉNÉLOPE
PÉNÉTRÉE
PÉNÉTRER
PÉNICAUD
PÉNIENNE
PÉNITENT
PENMARCH
PENNINES
PÉNOMBRE
PENSABLE
PENSANTE
PENSEUSE
PENTACLE
PENTRITE
PÉPETTES
PÉPONIDE
PÉQUENOT
PÉQUISTE
PERÇANTE
PERCEUSE
PERCEVAL
PERCHAGE
PERCHANT
PERCHEUR
PERCHMAN
PERCHOIR
PERCLUSE
PERCUTÉE
PERCUTER
PERDABLE
PERDANTE
PERDREAU
PERDURER
PÉRÉFIXE
PÉRÉGRIN
PERELMAN
PERFIDIE
PERFOLIÉ
PERFORÉE
PERFORER
PERFUSÉE
PERFUSER
PÉRIBOLE
PÉRICLÈS
PÉRIGNON
PÉRIGORD
PÉRIMANT
PÉRINÉAL
PÉRIOSTE
PÉRIPATE
PERLANTE
PERLÈCHE
PERLIÈRE
PERLOUSE
PERLOUZE
PERMAGEL
PERMOSER
PERMUTÉE
PERMUTER
PÉRONIER
PÉRONNAS
PÉRORANT
PÉROREUR
PÉROUGES
PEROXYDE
PEROXYDÉ
PERPENNA
PERPÉTRÉ
PERPETTE
PERPÉTUÉ
PERPLEXE
PERRAULT
PERREAUX
PERRIÈRE
PERRONET
PERRUCHE
PERRUQUE
PERSHING
PERSIFLÉ
PERSIGNY
PERSILLÉ
PERSIQUE
PERSIQUE
PERSISTÉ
PERSONÉE
PERSONNE
PERSUADÉ
PERTINAX
PERTURBÉ
PÉRUVIEN
PÉRUVIEN
PERUWELZ
PERVERSE
PERVERTI
PERVIBRÉ
PÈSE-BÉBÉ
PÈSE-LAIT
PÈSE-MOÛT
PÈSE-SELS
PESHAWAR
PESSAIRE
PESSIÈRE
PESTEUSE
PÉTANQUE
PÉTARADE
PÉTARADÉ
PETCHORA
PÉTÉCHIE
PETERHOF
PETER PAN
PETERSON
PÉTILLER
PÉTIOLÉE
PÉTITION
PÉTONCLE
PETRASSI
PÉTREUSE
PÉTRIFIÉ
PETRUCCI
PÉTULANT
PÉTUNANT
PEUCÉDAN
PEUCHÈRE
PEUPLADE
PEUPLANT
PEUPLIER
PEUREUSE
PEUT-ÊTRE
PEYRONET
PEZIZALE
PFLIMLIN
PHAISTOS
PHALANGE
PHALARIS
PHARNACE
PHARSALE
PHARYNGÉ
PHASMIDE
PHÉNICIE
PHÉNIQUE
PHÉNIQUÉ
PHILÉMON
PHILIDOR
PHILIPPE
PHILLIPS
PHIMOSIS
PHLÉBITE
PHLEGMON
PH-MÈTRES
PHOBIQUE
PHOLIOTE
PHONIQUE
PHORMION
PHORMIUM
PHOSGÈNE
PHRAATÈS
PHRASANT
PHRASEUR
PHRATRIE
PHRYGANE
PHRYGIEN
PHRYGIEN
PHYLLADE
PHYSALIE
PHYSALIS
PHYSIQUE
PIAFFANT
PIAILLER
PIANISTE
PIANO-BAR
PIANOTER
PIAPIATÉ
PIASSAVA
PIAULANT
PICARDIE
PICCINNI
PICHEGRU
PICKFORD
PICKWICK
PICOLANT
PICORANT
PICOTAGE
PICOTANT
PICOULET
PICRIQUE
PICTAVES
PICTURAL
PIÉCETTE
PIEDMONT
PIED-NOIR
PIED-PLAT
PIÉDROIT
PIÉGEAGE
PIÉGEANT
PIÉGEUSE
PIERCING
PIERREUX
PIERRIER
PIÉTINÉE
PIÉTINER
PIÉTISME
PIÉTISTE
PIÉTONNE
PIÉTRAIN
PIEUTANT
PIGEONNE
PIGEONNÉ
PIGMENTÉ
PIGNEROL
PIGNOCHÉ
PILASTRE
PILCHARD
PILE-POIL
PILIFÈRE
PILI-PILI
PILIPINO
PILLARDE
PILLEUSE
PILLNITZ
PILONNÉE
PILONNER
PILOSITÉ
PILOTAGE
PILOTANT

PILULIER	PIZZERIA	**PLÉIADES**	PODESTAT
PIMBÊCHE	PLACARDÉ	PLÉNIÈRE	PODIATRE
PIMENTÉE	PLACENTA	**PLESETSK**	POÉTESSE
PIMENTER	PLACETTE	PLÉTHORE	POÉTIQUE
PIMPANTE	PLACEUSE	**PLEUMEUR**	POÉTISÉE
PINAILLÉ	PLACOTER	PLEURAGE	POÉTISER
PINATUBO	PLAFONNÉ	PLEURALE	POIGNANT
PINÇARDE	PLAGIANT	PLEURANT	POIGNARD
PINCEAUX	PLAGISTE	PLEURARD	POILANTE
PINCE-NEZ	PLAIDANT	PLEURAUX	**POINCARÉ**
PINCETTE	PLAIDEUR	PLEUREUR	POINTAGE
PINCHARD	PLAINDRE	PLEUROTE	POINTANT
PINCOURT	**PLAINOIS**	PLEUVANT	POINTEAU
PINERAIE	PLAINTIF	PLEUVINÉ	POINTEUR
PINGOUIN	PLAISANT	PLEUVOIR	POINTURE
PING-PONG	PLANAIRE	PLEUVOTÉ	POIREAUX
PINGTUNG	PLANANTE	PLIEMENT	POIROTER
PINOCHET	PLANCHER	PLIOCÈNE	POISSANT
PINSCHER	**PLANCHON**	**PLISNIER**	POISSARD
PINTOCHÉ	**PLANCOËT**	PLISSAGE	POISSEUX
PIOCHAGE	PLANCTON	PLISSANT	**POISSONS**
PIOCHANT	PLANÉITÉ	PLOCÉIDÉ	POITEVIN
PIOCHEUR	PLANELLE	**PLOEMEUR**	**POITEVIN**
PIOMBINO	PLANEUSE	**PLOËRMEL**	**POITIERS**
PIONÇANT	PLANIFIÉ	**PLOIESTI**	POITRAIL
PIONNIER	PLANNING	PLOMBAGE	POITRINE
PIORNANT	PLANORBE	PLOMBANT	POIVRADE
PIOUPIOU	PLAN-PLAN	PLOMBEUR	POIVRANT
PIPELINE	PLANQUÉE	PLOMBEUX	POIVRIER
PIPERADE	PLANQUER	PLOMBIER	POIVROTE
PIQUANTE	PLANTAGE	PLOMBURE	**POKROVSK**
PIQUE-FEU	PLANTAIN	PLONGEON	**POLANSKI**
PIQUETÉE	PLANTANT	PLONGEUR	POLARISÉ
PIQUETER	PLANTARD	**PLOUAGAT**	POLARITÉ
PIQUETTE	PLANTEUR	**PLOUARET**	POLAROID
PIQUEUSE	PLANTOIR	**PLOUZANÉ**	**POLIAKOV**
PIRANÈSE	PLANTULE	PLOYABLE	POLIÇANT
PIRATAGE	PLAQUAGE	PLUCHANT	POLICIER
PIRATANT	PLAQUANT	PLUCHEUX	**POLIDORO**
PIS-ALLER	PLAQUEUR	PLUM-CAKE	**POLIGNAC**
PISCATOR	**PLASKETT**	PLUMEAUX	POLIMENT
PISOLITE	PLASMIDE	PLUMETIS	POLISSON
PISSARRO	PLASMODE	PLUMEUSE	**POLITIEN**
PISSETTE	PLASTRON	PLUMITIF	POLITISÉ
PISSEUSE	PLAT-BORD	PLUVIALE	**POLLENSA**
PISTACHE	PLATEAUX	PLUVIAUX	POLLINIE
PISTARDE	PLATEURE	PLUVIEUX	POLLUANT
PISTOLET	PLATINÉE	PLUVINER	POLLUEUR
PISTONNÉ	PLATINER	PLUVIÔSE	POLOCHON
PIT-BULLS	**PLATONOV**	**PLYMOUTH**	POLONAIS
PITCAIRN	PLÂTRAGE	**POCATOIS**	**POLONAIS**
PITCHOUN	PLÂTRANT	POCHARDE	POLONIUM
PITCHPIN	PLÂTREUX	POCHARDÉ	POLYÈDRE
PITONNÉE	PLÂTRIER	POCHETÉE	POLYGALA
PITONNER	PLAY-BACK	POCHETTE	POLYGALE
PITRERIE	PLAY-BOYS	POCHOUSE	POLYGAME
PIVOTANT	PLÉBÉIEN	**PODENSAC**	POLYGONE

8

POLYLOBÉ
POLYMÈRE
POLYMNIE
POLYNICE
POLYNÔME
POLYPIER
POLYPNÉE
POLYPODE
POLYPORE
POLYTRIC
POLYURIE
POMERIUM
POMMADÉE
POMMADER
POMMEAUX
POMMELÉE
POMMELER
POMMELLE
POMMETTE
POMPÉIEN
POMPETTE
POMPEUSE
POMPIDOU
POMPIÈRE
POMPISTE
POMPONNE
POMPONNÉ
PONCEAUX
PONCELET
PONCEUSE
PONCTION
PONCTUÉE
PONCTUEL
PONCTUER
PONDÉRAL
PONDÉRÉE
PONDÉRER
PONDEUSE
PONGISTE
PONT-AVEN
PONT-D'AIN
PONTHIEU
PONTIFIÉ
PONTIGNY
PONTMAIN
PONTOISE
PONTORMO
PONT-RAIL
POPELINE
POPLITÉE
POP MUSIC
POPULACE
POPULAGE
POPULEUX
POQUELIN
PORCELET
PORC-ÉPIC
PORCHÈRE
POROSITÉ
PORPHYRA
PORPHYRE
PORPHYRE
PORREAUX
PORRIDGE
PORSENNA
PORTABLE
PORTALIS
PORTANCE
PORTANTE
PORTATIF
PORT-CROS
PORTERIE
PORTEUSE
PORTIÈRE
PORTIQUE
PORTLAND
PORTLAND
PORTOISE
PORTRAIT
PORT-SAÏD
PORTSALL
PORTUGAL
PORTULAN
PORT-VILA
POSÉIDON
POSÉMENT
POSITION
POSITIVE
POSITIVÉ
POSITRON
POSNANIE
POSSÉDÉE
POSSÉDER
POSSIBLE
POSTCURE
POSTDATE
POSTDATÉ
POSTFACE
POSTHITE
POSTHUME
POSTICHE
POSTIÈRE
POSTPOSÉ
POSTULAT
POSTULÉE
POSTULER
POSTUMUS
POSTURAL
POTAGÈRE
POTASSÉE
POTASSER
POT-AU-FEU
POT-DE-VIN
POTENCÉE
POTENTAT
POTINANT
POTINIER
POTLATCH
POTO-POTO
POUBELLE
POUDRAGE
POUDRANT
POUDREUX
POUDRIER
POUDROYÉ
POUFFANT
POUGNANT
POUILLES
POUILLES
POUILLET
POUILLON
POUILLOT
POULAINE
POULARDE
POULETTE
POULICHE
POULINER
POULOTTE
POUPARDE
POUPONNÉ
POURCEAU
POURPIER
POURPRÉE
POURQUOI
POURTANT
POURTOUR
POURVOIR
POUSSAGE
POUSSANT
POUSSEUR
POUSSEUR
POUSSIER
POUSSINE
POUSSIVE
POUSSOIR
POUTRAGE
POUTSANT
POYAUDIN
POZA RICA
PRACTICE
PRADINES
PRAGOISE
PRAGOISE
PRAGUOIS
PRAGUOIS
PRAÏENNE
PRAIRIAL
PRAIRIES
PRALINÉE
PRALINER
PRANDIAL
PRATIQUE
PRATIQUÉ
PRATTELN
PRÉALPES
PRÉALPIN
PRÉAVISÉ
PRÉBENDE
PRÉBENDÉ
PRÉCAIRE
PRÉCÉDÉE
PRÉCÉDER
PRÉCEPTE
PRÊCHANT
PRÊCHEUR
PRÉCIEUX
PRÉCIPUT
PRÉCISÉE
PRÉCISER
PRÉCITÉE
PRÉCONÇU
PRÉCUIRE
PRÉCUITE
PRÉDATÉE
PRÉDELLE
PRÉDICAT
PRÉDIQUÉ
PRÉEMPTÉ
PRÉFACÉE
PRÉFACER
PRÉFÉRÉE
PRÉFÉRER
PRÉFIXAL
PRÉFIXÉE
PRÉFIXER
PRÉFORME
PRÉFORMÉ
PRÉGNANT
PRÉJUGÉE
PRÉJUGER
PRÉLASSÉ
PRÉLATIN
PRÉLEVÉE
PRÉLEVER
PRÉLUDER
PREM CAND
PRÉMICES
PREMIÈRE
PRÉMISSE
PRÉMUNIE
PRÉMUNIR
PRENABLE
PRENANTE
PRÉNATAL
PRÉNESTE
PRENEUSE
PRÉNOMMÉ
PRÉORALE

PRÉORAUX
PRÉPARÉE
PRÉPARER
PRÉPAYÉE
PRÉPAYER
PRÉPOSÉE
PRÉPOSER
PRÉRÉGLÉ
PRÉROMAN
PRÉSAGÉE
PRÉSAGER
PRESBYTE
PRESCRIT
PRÉSENCE
PRÉSENTE
PRÉSENTÉ
PRÉSÉRIE
PRÉSERVÉ
PRÉSIDÉE
PRÉSIDER
PRESSAGE
PRESSANT
PRESSEUR
PRESSING
PRESSION
PRESSOIR
PRESSURÉ
PRESTANT
PRESTIGE
PRÉSUMÉE
PRÉSUMER
PRÉSURÉE
PRÉSURER
PRÉTENDU
PRÊTE-NOM
PRÉTÉRIT
PRÊTEUSE
PRÉTEXTE
PRÉTEXTÉ
PRÉTOIRE
PRETORIA
PRÊTRISE
PRÉVALUE
PRÉVENIR
PRÉVENUE
PRÉVERBE
PRÉVÔTAL
PRIBILOF
PRIE-DIEU
PRIMAIRE
PRIMATIE
PRIMAUTÉ
PRIMITIF
PRINCEPS
PRINCIER
PRINCIPE
PRÍNCIPE

PRIORITÉ
PRISEUSE
PRISTINA
PRIVATIF
PRIVAUTÉ
PROBABLE
PROBANTE
PROBLÈME
PROCÉDER
PROCHAIN
PROCLAMÉ
PROCLIVE
PROCORDÉ
PROCRÉÉE
PROCRÉER
PROCTITE
PROCURÉE
PROCURER
PROCUSTE
PRODIGUE
PRODIGUÉ
PRODROME
PRODUIRE
PRODUITE
PROFANÉE
PROFANER
PROFÉRÉE
PROFÉRER
PROFESSE
PROFESSÉ
PROFILÉE
PROFILER
PROFITER
PROFONDE
PRO FORMA
PROHIBÉE
PROHIBER
PROJETÉE
PROJETER
PROLEPSE
PROLOGUE
PROLONGÉ
PROMENÉE
PROMENER
PROMESSE
PRÔNEUSE
PRONONCÉ
PROPAGÉE
PROPAGER
PROPERCE
PROPHASE
PROPHÈTE
PROPOLIS
PROPOSÉE
PROPOSER
PROPRETÉ
PROPULSÉ

PROPYLÉE
PROROGÉE
PROROGER
PROSCRIT
PROSODIE
PROSPECT
PROSPÈRE
PROSPÉRÉ
PROSTATE
PROSTRÉE
PROSTYLE
PROTÉASE
PROTÉGÉE
PROTÉGER
PROTÉINE
PROTÉINÉ
PROTESTÉ
PROTHÈSE
PROTIQUE
PROTISTE
PROTOURE
PROUDHON
PROUESSE
PROUSIAS
PROUVANT
PROVENCE
PROVENDE
PROVENIR
PROVENUE
PROVERBE
PROVIGNÉ
PROVINCE
PROVOQUÉ
PROXIMAL
PRUDENCE
PRUDENCE
PRUDENTE
PRUDERIE
PRUNEAUX
PRUNELLE
PRUNELLI
PRUSINER
PRUSSIEN
PRUSSIEN
PRYTANÉE
PRZEMYSL
PSAUTIER
PSILOTUM
PSYCHOSE
PSYLLIUM
PTOLÉMÉE
PTOMAÏNE
PUANTEUR
PUBALGIE
PUBIENNE
PUBLIANT
PUBLICIS

PUBLIQUE
PUCCINIA
PUCCINIE
PUCELAGE
PUDDLAGE
PUDDLANT
PUDIBOND
PUDICITÉ
PUISEAUX
PUISETTE
PUISSANT
PULITZER
PULL-OVER
PULLULER
PULPAIRE
PULPEUSE
PULTACÉE
PULVÉRIN
PUNAAUIA
PUNAISÉE
PUNAISER
PUNCHEUR
PUNCTURE
PUNITION
PUNITIVE
PUPIPARE
PUREMENT
PURGATIF
PURGEANT
PURGEOIR
PURIFIÉE
PURIFIER
PURITAIN
PURPURIN
PURULENT
PUSH-PULL
PUTATIVE
PUTIPHAR
PUTRÉFIÉ
PUY-DU-FOU
PYGARGUE
PYORRHÉE
PYRALÈNE
PYRAMIDE
PYRAMIDÉ
PYRÉNÉEN
PYRÉNÉEN
PYRÉNÉES
PYRÈTHRE
PYRIDINE
PYROGÈNE
PYROLYSE
PYROMANE
PYROXÈNE
QANDAHAR
QATARIEN
QIANLONG

8

QUADRANT
QUADRIGE
QUALIFIÉ
QUANTITÉ
QUARANTE
QUARTAGE
QUARTANT
QUARTAUT
QUARTIER
QUARTILE
QUASSIER
QUATERNE
QUATORZE
QUATRAIN
QUE DALLE
QUELLIEN
QUELQU'UN
QUELS QUE
QUÉMANDÉ
QUENELLE
QUENOTTE
QUÉRABLE
QUERELLE
QUERELLÉ
QUESTEUR
QUESTION
QUESTURE
QUÉTELET
QUÊTEUSE
QUETIGNY
QUETSCHE
QUEUILLE
QUEUTANT
QUIBERON
QUIDDITÉ
QUIÉTUDE
QUILLEUR
QUINAIRE
QUINAUDE
QUINAULT
QUINQUET
QUINTAUX
QUINTEUX
QUIRINAL
QUIRINUS
QUISCALE
QUISLING
QUITTANT
QUNAYTRA
QUOLIBET
QUOTIENT
RABÂCHÉE
RABÂCHER
RABAISSÉ
RABATTRE
RABATTUE
RABBINAT

RABELAIS
RABIOTÉE
RABIOTER
RABONNIR
RABOTAGE
RABOTANT
RABOTEUR
RABOTEUX
RABOUGRI
RABOUTÉE
RABOUTER
RABROUÉE
RABROUER
RACAHOUT
RACAILLE
RACCORDÉ
RACCUSER
RACHETÉE
RACHETER
RACINAGE
RACINAUX
RACKETTÉ
RACLETTE
RACLEUSE
RACOLAGE
RACOLANT
RACOLEUR
RACONTAR
RACONTÉE
RACONTER
RACORNIE
RACORNIR
RACOVITA
RADETZKY
RADIAIRE
RADIANCE
RADIANTE
RADIATIF
RADICALE
RADICANT
RADICAUX
RADICULE
RADIEUSE
RADIGUET
RADINANT
RADISSON
RADOTAGE
RADOTANT
RADOTEUR
RADOUBÉE
RADOUBER
RADOUCIE
RADOUCIR
RAFFARIN
RAFFERMI
RAFFINAT
RAFFINÉE

RAFFINER
RAFFOLER
RAFFÛTÉE
RAFFÛTER
RAGEANTE
RAGONDIN
RAGRÉANT
RAILLANT
RAILLEUR
RAIMONDI
RAINETTE
RAINURÉE
RAINURER
RAIPONCE
RAISINET
RAISONNÉ
RAJEUNIE
RAJEUNIR
RAJOUTÉE
RAJOUTER
RAJSHAHI
RAJUSTÉE
RAJUSTER
RÂLEMENT
RALENTIE
RALENTIR
RALINGUE
RALINGUÉ
RALLIANT
RALLONGE
RALLONGÉ
RALLUMÉE
RALLUMER
RAMADIER
RAMANUJA
RAMASSÉE
RAMASSER
RAMASSIS
RAMAT GAN
RAMAYANA
RAMBARDE
RAMENANT
RAMENDÉE
RAMENDER
RAMEQUIN
RAMEUTÉE
RAMEUTER
RAMIFIÉE
RAMIFIER
RAMINGUE
RAMOLLIE
RAMOLLIR
RAMONAGE
RAMONANT
RAMONEUR
RAMPANTE
RAMSGATE

RANCAGUA
RANCARDÉ
RANCŒUR
RANÇONNÉ
RANDONNÉ
RANGEANT
RANIMANT
RAPACITÉ
RAPAILLÉ
RAPATRIÉ
RAPERCHÉ
RAPICOLÉ
RAPIDITÉ
RAPIÉCÉE
RAPIÉCER
RAPINANT
RAPLAPLA
RAPLATIE
RAPLATIR
RAPPARIÉ
RAPPELÉE
RAPPELER
RAPPEUSE
RAPPORTÉ
RAPPRISE
RAPSODIE
RAQUETTE
RARÉFIÉE
RARÉFIER
RAREMENT
RASCASSE
RAS DU COU
RAS-LE-BOL
RASSASIÉ
RASSEOIR
RASSORTI
RASSURÉE
RASSURER
RATAPLAN
RATATINÉ
RÂTELAGE
RÂTELANT
RÂTELEUR
RÂTELIER
RATHENAU
RATICIDE
RATIFIÉE
RATIFIER
RATINAGE
RATINANT
RATIONAL
RATIONNÉ
RATISSÉE
RATISSER
RATTACHÉ
RAT-TAUPE
RATTRAPÉ

RATURAGE
RATURANT
RAUCHAGE
RAUCHANT
RAUQUANT
RAVACHOL
RAVAGEUR
RAVALANT
RAVALEUR
RAVAUDÉE
RAVAUDER
RAVENALA
RAVIGOTE
RAVIGOTÉ
RAVINANT
RAVIOLIS
RAVISANT
RAVIVAGE
RAVIVANT
RAWLINGS
RAY-GRASS
RAYLEIGH
RAYONNÉE
RAYONNER
RAZZIANT
RÉABONNÉ
RÉACTANT
RÉACTEUR
RÉACTION
RÉACTIVE
RÉACTIVÉ
RÉADAPTÉ
RÉADMISE
RÉAJUSTÉ
RÉALÉSÉE
RÉALÉSER
RÉALIGNÉ
RÉALISÉE
RÉALISER
RÉALISME
RÉALISTE
RÉALMONT
RÉAMORCÉ
RÉANIMÉE
RÉANIMER
RÉAPPARU
RÉAPPRIS
RÉARMANT
RÉASSORT
RÉASSURÉ
REBACIEN
REBAISSÉ
REBATTRE
REBATTUE
REBELLÉE
REBELLER
REBELOTE

RÉBÉTIKO
REBIFFÉE
REBIFFER
REBIQUER
REBOISÉE
REBOISER
REBONDIE
REBONDIR
REBORDÉE
REBORDER
REBOUCHÉ
REBRODÉE
REBRODER
REBRÛLÉE
REBRÛLER
REBUTANT
REBUVANT
RECADRÉE
RECADRER
RECALAGE
RECALANT
RÉCAMIER
RECASANT
RECAUSER
RECCARED
RECÉDANT
RECELANT
RECELEUR
RECENSÉE
RECENSER
RECENTRÉ
RECEPAGE
RECEPANT
RÉCEPTIF
RECERCLÉ
RÉCESSIF
RECEVANT
RECEVEUR
RECEVOIR
RÉCHAMPI
RECHANGE
RECHANGÉ
RECHANTÉ
RECHAPÉE
RECHAPER
RÉCHAPPÉ
RECHARGE
RECHARGÉ
RECHASSÉ
RECHIGNÉ
RECHUTER
RÉCIDIVE
RÉCIDIVÉ
RÉCIFALE
RÉCIFAUX
RECINGLE
RÉCITANT

RÉCLAMÉE
RÉCLAMER
RECLASSÉ
RECLOUÉE
RECLOUER
RECOIFFÉ
RÉCOLANT
RECOLLÉE
RECOLLER
RÉCOLLET
RÉCOLTÉE
RÉCOLTER
RECOMPTÉ
RECONNUE
RECOPIÉE
RECOPIER
RECORDÉE
RECORDER
RECOUCHÉ
RECOUDRE
RECOUPÉE
RECOUPER
RECOURBÉ
RECOURIR
RECOURUE
RECOUSUE
RECOUVRÉ
RECRACHÉ
RECRÉANT
RÉCRÉANT
RECRÉPIE
RECRÉPIR
RECREUSÉ
RÉCRIANT
RECRUTÉE
RECRUTER
RECTIFIÉ
RECTORAL
RECTORAT
RECTRICE
RECULADE
RECULANT
RECULONS
RÉCUPÉRÉ
RÉCURAGE
RÉCURANT
RÉCURSIF
RÉCUSANT
RECYCLÉE
RECYCLER
REDÉFAIT
REDÉFINI
REDENTÉE
REDEVANT
REDEVENU
REDEVOIR
RÉDIMANT

REDISANT
REDONNÉE
REDONNER
REDORANT
REDOUBLÉ
REDOUTÉE
REDOUTER
REDRESSE
REDRESSÉ
RED RIVER
RÉÉCOUTÉ
RÉÉCRIRE
RÉÉCRITE
RÉÉDIFIÉ
RÉÉDITÉE
RÉÉDITER
RÉÉDUQUÉ
RÉEMPLOI
RÉENGAGÉ
RÉESSAYÉ
RÉÉTUDIÉ
RÉÉVALUÉ
RÉEXAMEN
REFENDRE
REFENDUE
RÉFÉRANT
RÉFÉRENT
REFERMÉE
REFERMER
REFILANT
RÉFLÉCHI
REFLÉTÉE
REFLÉTER
REFLEURI
RÉFLEXIF
REFLUANT
REFONDÉE
REFONDER
REFONDRE
REFONDUE
REFORMÉE
RÉFORMÉE
REFORMER
RÉFORMER
REFOULÉE
REFOULER
RÉFRACTÉ
RÉFRÉNÉE
RÉFRÉNER
REFROIDI
RÉFUGIÉE
RÉFUGIER
REFUSANT
RÉFUTANT
REFUZNIK
REGAGNÉE
REGAGNER

8

RÉGALADE
RÉGALAGE
RÉGALANT
RÉGALIEN
REGARDÉE
REGARDER
REGARNIE
REGARNIR
RÉGATANT
RÉGATIER
REGELANT
RÉGENDAT
RÉGÉNÉRÉ
RÉGENTÉE
RÉGENTER
REGGIANI
RÉGICIDE
REGIMBÉE
REGIMBER
RÉGIMENT
RÉGINÉEN
RÉGIONAL
REGISTRE
REGISTRÉ
RÉGLABLE
RÉGLETTE
RÉGLEUSE
RÉGLISSE
RÉGNANTE
REGNAULT
RÉGOLITE
REGONFLÉ
REGORGER
REGRATTÉ
REGRÉANT
REGREFFÉ
RÉGRESSÉ
REGRETTÉ
REGRIMPÉ
REGROSSI
REGROUPÉ
RÉGULANT
RÉGULIER
REHAUSSÉ
RÉHOBOAM
RÉIFIANT
REIGNIER
RÉIMPOSÉ
REINETTE
RÉINSÉRÉ
RÉINVITÉ
RÉITÉRÉE
RÉITÉRER
REJAILLI
REJETANT
REJOINTE
REJOUANT

RELÂCHÉE
RELÂCHER
RELAISSÉ
RELANCÉE
RELANCER
RÉLARGIE
RÉLARGIR
RELATANT
RELATION
RELATIVE
RELAVANT
RELAXANT
RELAYANT
RELAYEUR
RELÉGUÉE
RELÉGUER
RELEVAGE
RELEVANT
RELEVEUR
RELIEUSE
RELIGION
RELIQUAT
RELISANT
RELIZANE
RELOOKÉE
RELOOKER
RELOUANT
RELUQUÉE
RELUQUER
REMÂCHÉE
REMÂCHER
REMAILLÉ
RÉMANENT
REMANGÉE
REMANGER
REMANIÉE
REMANIER
REMARCHÉ
REMARIÉE
REMARIER
REMARQUE
REMARQUE
REMARQUÉ
REMBALLÉ
REMBARRÉ
REMBLAVÉ
REMBLAYÉ
REMBOÎTÉ
REMBRUNI
REMBUCHÉ
REMÉDIER
REMEMBRÉ
REMÉMORÉ
REMERCIÉ
REMETTRE
REMEUBLÉ
REMISAGE

REMISANT
REMISIER
REMIXANT
REMMENÉE
REMMENER
REMMOULÉ
REMODELÉ
REMONTÉE
REMONTER
REMONTRÉ
REMORDRE
REMORDUE
REMORQUE
REMORQUÉ
REMOUDRE
REMOULUE
REMPILÉE
REMPILER
REMPLACÉ
REMPLAGE
REMPLIÉE
REMPLIER
REMPLOYÉ
REMPLUMÉ
REMPOCHÉ
REMPORTÉ
REMPOTÉE
REMPOTER
REMUANTE
REMUEUSE
RÉMUNÉRÉ
RENÂCLER
RENAÎTRE
RENANAIS
RENAUDER
RENAUDIN
RENAUDOT
RENCARDÉ
RENCHÉRI
RENCOGNÉ
RENDORMI
RENDOSSÉ
RENDZINE
RENÉGATE
RENEIGER
RENFERMÉ
RENFILÉE
RENFILER
RENFLANT
RENFLOUÉ
RENFONCÉ
RENFORCÉ
RENFORMI
RENGAGÉE
RENGAGER
RENGAINE
RENGAINÉ

RENGORGÉ
RENGRÉNÉ
RENIFLÉE
RENIFLER
RÉNITENT
RENNAISE
RENOMMÉE
RENOMMER
RENONCÉE
RENONCER
RENOUANT
RÉNOVANT
RENTABLE
RENTAMÉE
RENTAMER
RENTIÈRE
RENTOILÉ
RENTRAIT
RENTRANT
RENTRAYÉ
RENVERSE
RENVERSÉ
RENVIDÉE
RENVIDER
RENVOYÉE
RENVOYER
RÉOCCUPÉ
RÉOPÉRÉE
RÉOPÉRER
REPAIRER
REPAÎTRE
RÉPANDRE
RÉPANDUE
RÉPARANT
REPARLER
REPARTIE
RÉPARTIE
REPARTIR
RÉPARTIR
REPASSÉE
REPASSER
REPAVAGE
REPAVANT
REPAYANT
REPÊCHÉE
REPÊCHER
REPEINTE
REPENDRE
REPENDUE
REPENSÉE
REPENSER
REPENTIE
REPENTIR
REPÉRAGE
REPÉRANT
REPERCÉE
REPERCER

REPERDRE
REPERDUE
RÉPÉTANT
RÉPÉTEUR
REPEUPLÉ
REPIQUÉE
REPIQUER
REPLACÉE
REPLACER
REPLANTÉ
REPLÂTRÉ
REPLIANT
RÉPLIQUE
RÉPLIQUÉ
REPLISSÉ
REPLONGÉ
REPLOYÉE
REPLOYER
RÉPONDRE
RÉPONDUE
REPORTÉE
REPORTER
REPOSANT
REPOSOIR
REPOURVU
REPOUSSE
REPOUSSÉ
RÉPRIMÉE
RÉPRIMER
REPRISÉE
REPRISER
REPROCHE
REPROCHÉ
RÉPROUVÉ
RÉPUDIÉE
RÉPUDIER
RÉPUGNER
RÉPULSIF
REQUÉRIR
REQUÊTÉE
REQUÊTER
RÉQUISIT
RÉQUISTA
REQUITTÉ
RESALANT
RESCAPÉE
RESCINDÉ
RÉSÉQUÉE
RÉSÉQUER
RÉSERVÉE
RÉSERVER
RÉSIDANT
RÉSIDENT
RÉSIDUEL
RÉSIGNÉE
RÉSIGNER
RÉSILIÉE
RÉSILIER
RÉSINANT
RÉSINEUX
RÉSINGLE
RÉSINIER
RÉSISTER
RÉSISTOR
RESITUER
RÉSONANT
RÉSONNER
RÉSORBÉE
RÉSORBER
RÉSOUDRE
RESPECTÉ
RESPIGHI
RESPIRÉE
RESPIRER
RESSAISI
RESSASSÉ
RESSAUTÉ
RESSAYÉE
RESSAYER
RESSEMÉE
RESSEMER
RESSENTI
RESSERRE
RESSERRÉ
RESSERVI
RESSORTI
RESSOUDÉ
RESSUAGE
RESSUANT
RESSURGI
RESSUYÉE
RESSUYER
RESTANTE
RESTAURÉ
RESTITUÉ
RÉSULTAT
RÉSULTÉE
RÉSULTER
RÉSUMANT
RESURGIR
RÉTABLIE
RÉTABLIR
RETAILLE
RETAILLÉ
RÉTAMAGE
RÉTAMANT
RÉTAMEUR
RETAPAGE
RETAPANT
RETARDÉE
RETARDER
RETÂTANT
RETENANT
RETENDRE
RETENDUE
RETENTÉE
RETENTER
RETENTIR
RÉTIAIRE
RÉTICENT
RÉTICULE
RÉTICULÉ
RÉTINIEN
RÉTINITE
RETIRAGE
RETIRANT
RETISSÉE
RETISSER
RÉTIVITÉ
RETOMBÉE
RETOMBER
RETONDRE
RETONDUE
RETOQUER
RETORDRE
RETORDUE
RÉTORQUÉ
RETOUCHE
RETOUCHÉ
RETOURNE
RETOURNÉ
RETRACÉE
RETRACER
RÉTRACTÉ
RETRAITE
RETRAITÉ
RETRAYÉE
RÉTRÉCIE
RÉTRÉCIR
RÉTREINT
RETREMPE
RETREMPÉ
RÉTRIBUÉ
RÉTROAGI
RETROUVÉ
REUCHLIN
RÉUNIFIÉ
RÉUSSITE
REVALANT
REVALOIR
REVANCHE
REVANCHÉ
RÊVASSER
RÉVEILLÉ
RÉVÉLANT
REVÉLOIS
REVENANT
REVENDRE
REVENDUE
REVENEZ-Y
RÉVÉRANT
REVERDIE
REVERDIR
RÉVÉREND
REVERSÉE
REVERSER
REVERSIS
REVÊTANT
REVIGORÉ
RÉVISANT
RÉVISEUR
RÉVISION
REVISITÉ
REVISSÉE
REVISSER
REVIVANT
REVOLANT
RÉVOLTÉE
RÉVOLTER
REVOLVER
RÉVOQUÉE
RÉVOQUER
REVOTANT
REVOULUE
REVOYANT
REVOYURE
REVUISTE
RÉVULSÉE
RÉVULSER
RÉVULSIF
REWRITÉE
REWRITER
REYNOLDS
REYRIEUX
REZÉENNE
RHABILLÉ
RHADAMÈS
RHAPSODE
RHÉNANIE
RHÉOSTAT
RHÉTIQUE
RHIZOÏDE
RHIZOPUS
RHODÉSIE
RHODIAGE
RHODOPES
RHÔMANOS
RHUBARBE
RHUMERIE
RHURIDES
RHYOLITE
RIBEMONT
RIBOSOME
RIBOULER
RIBOZYME
RICANANT
RICANEUR
RICHARDE

8

RICHELET
RICHEPIN
RICHESSE
RICHMOND
RICKSHAW
RICOCHER
RICOCHET
RIDEMENT
RIDICULE
RIECCOIS
RIÉCOISE
RIESENER
RIESLING
RIFBJERG
RIFLETTE
RIGAUDON
RIGIDITÉ
RIGOLADE
RIGOLAGE
RIGOLANT
RIGOLARD
RIGOLEUR
RIGOLOTE
RILLIARD
RILLIEUX
RIMAILLÉ
RIMOUSKI
RINCEAUX
RINCETTE
RINCEUSE
RINGARDE
RINGARDÉ
RÍO BRAVO
RÍO DE ORO
RIOMOISE
RIOPELLE
RÍO TINTO
RIPAILLE
RIPAILLÉ
RIPEMENT
RIPOLINÉ
RIPOSTÉE
RIPOSTER
RIPUAIRE
RIQUIQUI
RISBERME
RISQUANT
RISSOLÉE
RISSOLER
RITTMANN
RITUELLE
RIVALISÉ
RIVALITÉ
RIVERAIN
RIVETAGE
RIVETANT
RIYADIEN

RIZICOLE
ROADSTER
ROANNAIS
ROBELAGE
ROBERVAL
ROBINIER
ROBINSON
ROBOTISÉ
ROBUCHON
ROCAILLE
ROCHDALE
ROCHEUSE
ROCKEUSE
ROCKFORD
ROCOUANT
ROCOUYER
RÔDAILLÉ
RODOGUNE
RODOLPHE
RODOMONT
RODRIGUE
ROENTGEN
ROENTGEN
ROGNEUSE
ROGNONNÉ
ROHRBACH
ROILLANT
ROITELET
ROLLMOPS
ROMAÏQUE
ROMANAIS
ROMANCÉE
ROMANCER
ROMANCHE
ROMANCHE
ROMANDIE
ROMANISÉ
ROMANITÉ
ROMBIÈRE
ROMILLON
ROMSTECK
RONCEUSE
RONCHAMP
RONCIÈRE
RONDACHE
RONDEAUX
RONDELET
RONDELLE
RONDÔNIA
RONÉOTÉE
RONÉOTER
RÔNERAIE
RONFLANT
RONFLEUR
RONGEANT
RONGEUSE
RONRONNÉ

ROOKERIE
ROQUERIE
ROQUETIN
ROQUETTE
ROQUETTE
ROSALBIN
ROSCELIN
ROSEMÈRE
ROSERAIE
ROSIÈRES
ROSKILDE
ROSSARDE
ROSSBACH
ROSSERIE
ROSSETTI
ROSSOLIS
ROSTRALE
ROSTRAUX
ROTATEUR
ROTATION
ROTATIVE
ROTENGLE
ROTÉNONE
ROTHARIS
ROTIFÈRE
ROTULIEN
ROTURIER
ROUBLARD
ROUBLIOV
ROUCOULÉ
ROUERGAT
ROUERGAT
ROUERGUE
ROUFFACH
ROUGEAUD
ROUGEOLE
ROUGEOYÉ
ROUILLÉE
ROUILLER
ROULANTE
ROULEAUX
ROULETTE
ROULEUSE
ROULOTTE
ROULOTTÉ
ROUMAINE
ROUMAINE
ROUMANIE
ROUMÉLIE
ROUPILLÉ
ROUQUINE
ROURKELA
ROUSPÉTÉ
ROUSSEAU
ROUSSEAU
ROUSSEUR
ROUSTAVI

ROUTARDE
ROUTIÈRE
ROUVERIN
ROUVERTE
ROUVRAIE
ROUVRANT
ROXELANE
ROYAUMÉE
ROYAUMER
ROZEBEKE
RÓZEWICZ
RUBANANT
RUBANIER
RUBÉNIEN
RUBIACÉE
RUBICOND
RUBIDIUM
RUBRIQUE
RUBRIQUÉ
RUDEMENT
RUDENTÉE
RUDÉRALE
RUDÉRAUX
RUDIMENT
RUDNICKI
RUDOYANT
RUFISQUE
RUGBYMAN
RUGBYMEN
RUGGIERI
RUGOSITÉ
RUGUEUSE
RUHLMANN
RUINEUSE
RUISDAEL
RUISSEAU
RUISSELÉ
RUITELOT
RUMINANT
RUMSTECK
RUNABOUT
RUNEBERG
RUPESTRE
RUPICOLE
RURALITÉ
RURBAINE
RUSHMORE
RUSSIFIÉ
RUSTAUDE
RUSTIQUE
RUSTIQUÉ
RUTABAGA
RUTEBEUF
RUTILANT
RUTOSIDE
RUYSDAEL
RUZZANTE

RWANDAIS
RWANDAIS
RYTHMANT
SAADIENS
SAAREMAA
SAARINEN
SABADELL
SABATIER
SABÉENNE
SABÉENNE
SABÉISME
SABLAISE
SABLERIE
SABLEUSE
SABLIÈRE
SABLONNÉ
SABOLIEN
SABORDÉE
SABORDER
SABOTAGE
SABOTANT
SABOTEUR
SABOTIER
SABOULÉE
SABOULER
SABRAISE
SABREUSE
SABURRAL
SACCADÉE
SACCADER
SACCAGÉE
SACCAGER
SACHERIE
SACQUANT
SACRIFIÉ
SACRISTI
SADUCÉEN
SAFRANÉE
SAFRANER
SAGACITÉ
SAGEMENT
SAGIENNE
SAGITTAL
SAGITTÉE
SAGOUINE
SAGUENAY
SAHARIEN
SAHARIEN
SAHÉLIEN
SAHRAOUI
SAHRAOUI
SAIGNANT
SAIGNEUR
SAIGNEUX
SAILLANT
SAINBOIS
SAINDOUX
SAINFOIN
SAINTAIS
SAINT-AVÉ
SAINT-CYR
SAINT-DIÉ
SAINTETÉ
SAINT-GUY
SAINT-LEU
SAINT-LUC
SAINT-LYS
SAINT-MAX
SAINT-NOM
SAINTOIS
SAINT-POL
SAKALAVA
SAKALAVE
SAKHAROV
SAKKARAH
SALACITÉ
SALACROU
SALADIER
SALAISON
SALAMINE
SALARIAL
SALARIAT
SALARIÉE
SALARIER
SALBANDE
SALDANHA
SALÉENNE
SALEMENT
SALENGRO
SALERNES
SALÉSIEN
SALICETI
SALICOLE
SALICYLÉ
SALIENNE
SALIFÈRE
SALIFIÉE
SALIFIER
SALIGAUD
SALIGNON
SALINGER
SALINIER
SALINITÉ
SALISIEN
SALISSON
SALIVANT
SALLUSTE
SALONAIS
SALONARD
SALOPANT
SALOPARD
SALOPIAU
SALOPIOT
SALPÊTRE
SALPÊTRÉ
SALPICON
SALSIFIS
SALSIGNE
SALTILLO
SALVADOR
SALVIATI
SAMARIUM
SAMIZDAT
SAMNITES
SAMOURAÏ
SAMOYÈDE
SAMOYÈDE
SAMPLANT
SAMPLING
SANCERRE
SANCERRE
SANCHUNG
SANCOINS
SANCTION
SANDBURG
SANDGATE
SAN DIEGO
SANDWICH
SANDWICH
SANGALLO
SANGATTE
SANGLANT
SANGLIER
SANGLOTÉ
SANG-MÊLÉ
SANGNIER
SANGUINE
SANHADJA
SANICULE
SANIEUSE
SANJURJO
SAN PEDRO
SAN-PRIOT
SANS-ABRI
SANSCRIT
SANS-GÊNE
SANSKRIT
SANTA ANA
SANTARÉM
SANTERRE
SANTIAGO
SANTORIN
SÃO PAULO
SAOUDIEN
SAOUDIEN
SAOUDITE
SAOULANT
SAPEMENT
SAPHIQUE
SAPHISME
SAPIDITÉ
SAPIENCE
SAPITEUR
SAPONACÉ
SAPONINE
SAPONITE
SAPOTIER
SAPRISTI
SAQQARAH
SARAJEVO
SARAKOLÉ
SARAMAGO
SARAMAKA
SARANAIS
SARASATE
SARATOGA
SARCASME
SARCELLE
SARCLAGE
SARCLANT
SARCLOIR
SARCOÏDE
SARCOPTE
SARDOINE
SARDONYX
SARGASSE
SARGODHA
SARMATES
SARMENTÉ
SARRALBE
SARRASIN
SARRAUTE
SARRAZIN
SARRETTE
SARRETTE
SARROISE
SARTHOIS
SASSETTA
SATHONAY
SATINAGE
SATINANT
SATIRISÉ
SATRAPIE
SATU MARE
SATURANT
SATURNIE
SATURNIN
SATURNIN
SAUCIÈRE
SAUCISSE
SAUGRENU
SAUMÂTRE
SAUMONÉE
SAUMURÉE
SAUMURER
SAUNIÈRE
SAUSSAIE
SAUSSURE

8

SAUTERIE
SAUTEUSE
SAUTIÈRE
SAUTILLÉ
SAUVAGIN
SAUVETTE
SAVANNAH
SAVERDUN
SAVETIER
SAVIGNAC
SAVINIEN
SAVONNÉE
SAVONNER
SAVOURÉE
SAVOURER
SAVOYARD
SAVOYARD
SAXATILE
SAXICOLE
SCABIEUX
SCABREUX
SCAEVOLA
SCALAIRE
SCALDIEN
SCALIGER
SCALPANT
SCANDALE
SCANDANT
SCANDIUM
SCANNANT
SCANNEUR
SCANSION
SCAPHITE
SCARABÉE
SCARIEUX
SCARIFIÉ
SCÉLÉRAT
SCELLAGE
SCELLANT
SCENARII
SCÉNARIO
SCÉNIQUE
SCHADANT
SCHAPSKA
SCHAROUN
SCHAWLOW
SCHÉHADÉ
SCHEINER
SCHENGEN
SCHIEDAM
SCHIEDAM
SCHILLER
SCHINDER
SCHINKEL
SCHIPHOL
SCHLAGUE
SCHLAMMS
SCHLEGEL
SCHLITTE
SCHLITTÉ
SCHLUCHT
SCHLÜTER
SCHNABEL
SCHNEBEL
SCHNOQUE
SCHNOUFF
SCHÖFFER
SCHOONER
SCHPROUM
SCHRÖDER
SCHUBERT
SCHUMANN
SCHWARTZ
SCHWERIN
SCIASCIA
SCINDANT
SCISSION
SCISSURE
SCIURIDÉ
SCLÉRALE
SCLÉRAUX
SCLÉREUX
SCLÉROSE
SCLÉROSÉ
SCLÉROTE
SCOLAIRE
SCOLIOSE
SCORIACÉ
SCORPÈNE
SCORPION
SCORPION
SCORSESE
SCOTCHÉE
SCOTCHER
SCOTCHES
SCOTISME
SCOTLAND
SCOUT-CAR
SCRABBLE
SCRABBLÉ
SCRANTON
SCRATCHÉ
SCRATCHS
SCROFULE
SCROTALE
SCROTAUX
SCRUPULE
SCRUTANT
SCULPTÉE
SCULPTER
SEA-LINES
SÉBILLET
SÉCATEUR
SÉCHERIE
SÉCHEUSE
SECONDÉE
SECONDER
SECOUANT
SECOUEUR
SECOURIR
SECOURUE
SECOUSSE
SECRÉTAN
SECRÉTÉE
SÉCRÉTÉE
SECRÉTER
SÉCRÉTER
SECTAIRE
SÉCULIER
SÉCURISÉ
SÉCURITÉ
SEDANAIS
SÉDATION
SÉDATIVE
SÉDÉCIAS
SÉDIMENT
SÉDITION
SÉDUNOIS
SÉFARADE
SÉFARADE
SEGMENTÉ
SEGONZAC
SEIGNEUR
SÉISMALE
SÉISMAUX
SEIZIÈME
SÉJOURNÉ
SÉLACIEN
SELBORNE
SÉLECTÉE
SÉLECTER
SÉLECTIF
SÉLÉNATE
SÉLÉNITE
SÉLÉNIUM
SÉLESTAT
SÉLEUCIE
SÉLEUCOS
SELLERIE
SELLETTE
SELLOISE
SELONGEY
SEMARANG
SEMBLANT
SEMELAGE
SEMESTRE
SEMI-COKE
SEMI-FINI
SÉMILLON
SÉMINALE
SÉMINAUX
SÉMINOLE
SÉMINOME
SEMONCÉE
SEMONCER
SEMUROIS
SÉNANQUE
SÉNATEUR
SÉNÉCHAL
SENESTRE
SÉNILITÉ
SÉNIORIE
SENNECEY
SÉNONAIS
SÉNONAIS
SEÑORITA
SENOUSIS
SENSIBLE
SENSILLE
SENSITIF
SENTENCE
SÉOULIEN
SÉPARANT
SEPTANTE
SEPTANTE
SEPTÈMES
SEPTIÈME
SEPT-ÎLES
SEPTIQUE
SEPT-LAUX
SEPTUPLE
SEPTUPLÉ
SÉPULCRE
SÉQUANES
SÉQUELLE
SÉQUENCE
SERAPEUM
SERAPEUM
SÉRAPHIN
SEREMBAN
SÉRÉNADE
SÉRÉNITÉ
SERFOUIE
SERFOUIR
SÉRICINE
SÉRIELLE
SÉRIEUSE
SERINANT
SERINGAT
SERINGUE
SERINGUÉ
SERMONNÉ
SÉROSITÉ
SERPENTÉ
SERPETTE
SERPOLET
SERRAULT
SERRETTE

SERRISTE
SÉRURIER
SÉRUSIER
SERVANCE
SERVANTE
SERVANTY
SERVEUSE
SESBANIA
SESBANIE
SESTERCE
SEULETTE
SEURROIS
SEVERINI
SÉVÉRITÉ
SÉVILLAN
SEX-RATIO
SEX-SHOPS
SEXTOLET
SEXTUPLE
SEXTUPLÉ
SEXUELLE
SEYNOISE
SHABOUOT
SHAMISEN
SHANDONG
SHANGHAI
SHANGRAO
SHANTUNG
SHAOXING
SHENYANG
SHENZHEN
SHEN ZHOU
SHERATON
SHERIDAN
SHERRIES
SHETLAND
SHETLAND
SHIGELLE
SHIKHARA
SHILLING
SHILLONG
SHIRTING
SHIVAÏTE
SHIZUOKA
SHLONSKY
SHOCKING
SHOCKLEY
SHOGUNAL
SHOLAPUR
SHOOTANT
SHOPPING
SHORT TON
SHOSHONE
SHOWROOM
SHRAPNEL
SHUNTANT
SIAMOISE

SIBELIUS
SIBÉRIEN
SIBÉRIEN
SIBILANT
SIBYLLIN
SICCATIF
SICILIEN
SICILIEN
SIDE-CARS
SIDÉENNE
SIDÉRALE
SIDÉRANT
SIDÉRAUX
SIDÉRITE
SIDÉROSE
SIEGBAHN
SIÉGEANT
SIENNOIS
SIERENTZ
SIERROIS
SIFFLAGE
SIFFLANT
SIFFLEUR
SIFFLEUX
SIFFLOTÉ
SIGEBERT
SIGILLÉE
SIGIRIYA
SIGISBÉE
SIGMOÏDE
SIGNALÉE
SIGNALER
SIGNIFIÉ
SIGNORET
SIGÜENZA
SIHANOUK
SIKHISME
SIKORSKI
SILÉSIEN
SILÉSIEN
SILICATE
SILICATÉ
SILICEUX
SILICIUM
SILICONE
SILICOSE
SILICULE
SILIGURI
SILIONNE
SILLITOE
SILLONNÉ
SILOTAGE
SILURIEN
SIMAGRÉE
SIMA QIAN
SIMARUBA
SIMBIRSK

SIMBLEAU
SIMIENNE
SIMILISÉ
SIMONIDE
SIMPLEXE
SIMULANT
SINCIPUT
SINCLAIR
SINÉCURE
SINGEANT
SINGERIE
SINISANT
SINISTRE
SINISTRÉ
SIN-KIANG
SINN FÉIN
SINUEUSE
SINUSALE
SINUSAUX
SINUSIEN
SINUSITE
SIONISME
SIONISTE
SIPHOÏDE
SIPHONNÉ
SIRACIDE
SIRÉNIEN
SIRMIONE
SIROTANT
SIRUPEUX
SISMIQUE
SISMONDI
SISSONNE
SISTERON
SISYMBRE
SITTELLE
SIVAÏSME
SIX-FOURS
SIX-JOURS
SJÖSTRÖM
SKETCHES
SKINHEAD
SKOPIOTE
SLALOMER
SLAVISÉE
SLAVISER
SLAVONIE
SLEEPING
SLOVAQUE
SLOVAQUE
SLOVÉNIE
SLOWACKI
SMASHANT
SMICARDE
SMILLAGE
SMOLENSK
SMOLLETT

SNACK-BAR
SNELLIUS
SNIFFANT
SNIJDERS
SNOBISME
SNOILSKY
SNOW-BOOT
SOBRIÉTÉ
SOCIABLE
SOCIÉTAL
SOCINIEN
SOCOTORA
SODOMISÉ
SODOMITE
SOEKARNO
SOFTBALL
SOFTWARE
SOGDIANE
SOIFFARD
SOIGNANT
SOIGNEUR
SOIGNEUX
SOIGNIES
SOISSONS
SOIXANTE
SOLARIUM
SOLDERIE
SOLDEUSE
SOLÉAIRE
SOLENNEL
SOLESMES
SOLFIANT
SOLIDAGE
SOLIDAGO
SOLIDITÉ
SOLIHULL
SOLIMENA
SOLINGEN
SOLITUDE
SOLIVEAU
SOLOGNOT
SOLOGNOT
SOLSTICE
SOLUTION
SOLVABLE
SOMALIEN
SOMALIEN
SOMATISÉ
SOMBRANT
SOMBRERO
SOMERSET
SOMMABLE
SOMMAIRE
SOMMITAL
SOMNOLER
SONATINE
SONDEUSE

8

SONÉGIEN
SONGEANT
SONGERIE
SONGEUSE
SÔNG HÔNG
SONNANTE
SONNERIE
SONNETTE
SONORISÉ
SONORITÉ
SOO CANAL
SOPHISME
SOPHISTE
SOPHOCLE
SOPRANOS
SORBITOL
SORBONNE
SORCIÈRE
SORELOIS
SØRENSEN
SORGUAIS
SORNETTE
SOROCABA
SORORALE
SORORAUX
SORRENTE
SORTABLE
SORTANTE
SOTHEBY'S
SOTTSASS
SOUAHÉLI
SOU-CHONG
SOUCIANT
SOUCIEUX
SOUCOUPE
SOUDABLE
SOUDAINE
SOUDEUSE
SOUDOYÉE
SOUDOYER
SOUFFERT
SOUFFLÉE
SOUFFLER
SOUFFLET
SOUFFLOT
SOUFFRIR
SOUFISME
SOUFRAGE
SOUFRANT
SOUHAITÉ
SOUILLAC
SOUILLÉE
SOUILLER
SOUILLON
SOULAGÉE
SOULAGER
SOULAGES

SOÛLANTE
SOÛLARDE
SOÛLAUDE
SOÛLERIE
SOULEVÉE
SOULEVER
SOULIGNÉ
SOUMAGNE
SOUMGAIT
SOUNGARI
SOUPAULT
SOUPENTE
SOUPESÉE
SOUPESER
SOUPEUSE
SOUPIÈRE
SOUPIRÉE
SOUPIRER
SOUQUANT
SOURCIER
SOURDINE
SOURGOUT
SOURIANT
SOURNOIS
SOUS-BOIS
SOUS-CHEF
SOUSCRIT
SOUS-LOUÉ
SOUS-MAIN
SOUS-OFFS
SOUS-PAYÉ
SOUS-PIED
SOUS-PLAT
SOUS-PULL
SOUS-SOLS
SOUSTONS
SOUS-VIRÉ
SOUTACHE
SOUTACHÉ
SOUTENIR
SOUTENUE
SOUTIRÉE
SOUTIRER
SOUTRAGE
SOUVENIR
SOUVENUE
SOUVLAKI
SOUVOROV
SOVKHOZE
SPACELAB
SPACIEUX
SPADOISE
SPAETZLI
SPATIALE
SPATIAUX
SPATULÉE
SPEARMAN

SPÉCIALE
SPÉCIAUX
SPÉCIEUX
SPÉCIFIÉ
SPÉCIMEN
SPECTRAL
SPÉCULER
SPÉCULOS
SPÉCULUM
SPEECHES
SPEEDANT
SPENGLER
SPERGULE
SPETSNAZ
SPHACÈLE
SPHAIGNE
SPHYRÈNE
SPINELLE
SPIRALÉE
SPIRIFER
SPIRILLE
SPIRORBE
SPITANTE
SPOLIANT
SPONDIAS
SPONDYLE
SPONTANÉ
SPONTINI
SPORADES
SPORANGE
SPORTIVE
SPORTULE
SPORULER
SPOUTNIK
SPRANGER
SPRIMONT
SPRINGER
SPRINTER
SPUMEUSE
SQUAMATE
SQUAMEUX
SQUAMULE
SQUATTÉE
SQUATTER
SQUEEZÉE
SQUEEZER
SQUIRRHE
SRI LANKA
SRINAGAR
SRINAGER
STABROEK
STACCATO
STAFFANT
STAFFEUR
STAFFORD
STAGNANT
STAINOIS

STAKNING
STALINSK
STAMFORD
STAMINAL
STAMINÉE
STAMP ACT
STANDARD
STANDING
STANHOPE
STANNEUX
STANOISE
STANOVOÏ
STARIETS
STARKING
STAROSTE
STATIQUE
STATISME
STATUANT
STATUFIÉ
STATU QUO
STAVELOT
STAVISKY
STÉARATE
STÉARINE
STÉATITE
STÉATOSE
STEENBOK
STEGOMYA
STEICHEN
STEINERT
STEINLEN
STEINWAY
STEINWEG
STELLAGE
STELLITE
STEMMATE
STENDHAL
STEPPAGE
STEPPEUR
STÉRILET
STÉRIQUE
STERLING
STERNALE
STERNAUX
STERNITE
STÉROÏDE
STIGMATE
STILICON
STILWELL
STIMULÉE
STIMULER
STIMULUS
STIPULÉE
STIPULER
STIRLING
STOCKAGE
STOCKANT

STOCK-CAR
STOCKTON
STŒTZEL
STOFFLET
STOÏCIEN
STOJANOV
STOMACAL
STOMISÉE
STOPPAGE
STOPPANT
STOPPEUR
STORISTE
STRACHEY
STRADIOT
STRATÈGE
STRAWSON
STREHLER
STRESSÉE
STRESSER
STRIDENT
STRIDULÉ
STRIGIDÉ
STRIGILE
STRIPAGE
STROBILE
STROHEIM
STRONGLE
STRUTHOF
STUD-BOOK
STUDETTE
STUDIEUX
STUPÉFIÉ
STUQUANT
STURNIDÉ
STUTTHOF
STYLIQUE
STYLISÉE
STYLISER
STYLISME
STYLISTE
STYLOÏDE
SUBAIGUË
SUBALPIN
SUBARIDE
SUBÉREUX
SUBÉRINE
SUBJUGUÉ
SUBLIMÉE
SUBLIMER
SUBMERGÉ
SUBODORÉ
SUBORNÉE
SUBORNER
SUBOTICA
SUBROGÉE
SUBROGER
SUBSIDIÉ
SUBSISTÉ
SUBSTRAT
SUBSUMÉE
SUBSUMER
SUBVENIR
SUBVERTI
SUCCÉDER
SUCCINCT
SUCCOMBÉ
SUCEMENT
SUÇOTANT
SUCRANTE
SUCRERIE
SUCRETTE
SUCRIÈRE
SUDATION
SUDISTES
SU DONGPO
SUDORALE
SUDORAUX
SUD-OUEST
SUÉDOISE
SUÉDOISE
SUFFIXAL
SUFFIXÉE
SUFFIXER
SUFFOQUÉ
SUFFRAGE
SUGGÉRÉE
SUGGÉRER
SUICIDÉE
SUICIDER
SUIFFANT
SUIFFEUX
SUIFORME
SUINTANT
SUINTINE
SUIVANTE
SUIVEUSE
SUIVISME
SUIVISTE
SUJÉTION
SULAWESI
SULFATÉE
SULFATER
SULFONÉE
SULFOSEL
SULFURÉE
SULFURER
SULLIVAN
SULTANAT
SUMÉRIEN
SUMOTORI
SUNNISME
SUPERFIN
SUPERFLU
SUPERMAN
SUPERMAN
SUPERMEN
SUPPLÉÉE
SUPPLÉER
SUPPLICE
SUPPLIÉE
SUPPLIER
SUPPORTÉ
SUPPOSÉE
SUPPOSER
SUPPRIMÉ
SUPPURÉE
SUPPURER
SUPPUTÉE
SUPPUTER
SURABAYA
SURAIGUË
SURANNÉE
SURCHOIX
SURCOUPE
SURCOUPÉ
SURCROÎT
SURDOUÉE
SURÉLEVÉ
SÛREMENT
SURESNES
SURFACÉE
SURFACER
SURFAIRE
SURFAITE
SURFEUSE
SURFILÉE
SURFILER
SURFONDU
SURGELÉE
SURGELER
SURGÈRES
SURHOMME
SURICATE
SURIKATE
SURINAME
SURINANT
SURJALÉE
SURJALER
SURJETÉE
SURJETER
SURLIGNÉ
SURLIURE
SURLONGE
SURLOUÉE
SURLOUER
SURLOYER
SURMENÉE
SURMENER
SURMONTÉ
SURMOULE
SURMOULÉ
SURMULET
SURMULOT
SURNAGER
SURNOMMÉ
SUROFFRE
SUROXYDÉ
SURPASSÉ
SURPATTE
SURPAYÉE
SURPAYER
SURPÊCHE
SURPIQUÉ
SURPLACE
SURPLOMB
SURPOIDS
SURPRIME
SURPRISE
SURRÉNAL
SURSAUTÉ
SURSEOIR
SURTAXÉE
SURTAXER
SURTITRE
SURTITRÉ
SURVENDU
SURVENIR
SURVENTE
SURVENUE
SURVIRER
SURVIVRE
SURVOLÉE
SURVOLER
SURVOLTÉ
SUSCITÉE
SUSCITER
SUSNOMMÉ
SUSPECTE
SUSPECTÉ
SUSPENDU
SUSPENSE
SUSPENTE
SUSTENTÉ
SUSURRÉE
SUSURRER
SUSVISÉE
SUTURANT
SUZERAIN
SVALBARD
SVASTIKA
SVEALAND
SVERDRUP
SVIZZERA
SWAHILIE
SWASTIKA
SWINGUER
SYAGRIUS
SYBARITE

8

SYCOMORE
SYDENHAM
SYLLABUS
SYLLABUS
SYLLEPSE
SYLPHIDE
SYLVANER
SYLVIIDÉ
SYMBIOSE
SYMBIOTE
SYMÉTRIE
SYMMAQUE
SYMPHYSE
SYMPTÔME
SYNCOPAL
SYNCOPÉE
SYNCOPER
SYNDERME
SYNDICAL
SYNDICAT
SYNDIQUÉ
SYNDROME
SYNÉCHIE
SYNÉRÈSE
SYNERGIE
SYNODALE
SYNODAUX
SYNONYME
SYNOPSIE
SYNOPSIS
SYNOVIAL
SYNOVITE
SYNTAGME
SYNTHÈSE
SYNTONIE
SYPHILIS
SYRACUSE
SYR-DARIA
SYRIAQUE
SYRIENNE
SYRIENNE
SYRPHIDÉ
SZCZECIN
TABASSÉE
TABASSER
TABLEAUX
TABLETTE
TABLOÏDE
TABORITE
TABOURET
TABOUROT
TÂCHERON
TACHETÉE
TACHETER
TACHISME
TACHISTE
TACHKENT

TACONEOS
TACTIQUE
TACTISME
TADEMAÏT
TAFFETAS
TAFILELT
TAGANROG
TAGARINE
TAGLIONI
TAGUEUSE
TAHITIEN
TAHITIEN
TAICHUNG
TAILLADE
TAILLADÉ
TAILLAGE
TAILLANT
TAILLEUR
TAILLOIR
TAILLOLE
TAISEUSE
TAJ MAHAL
TAKASAKI
TAKORADI
TALISMAN
TALK-SHOW
TALOCHÉE
TALOCHER
TALONNÉE
TALONNER
TALQUANT
TALQUEUX
TAMANDUA
TAMANOIR
TAMATAVE
TAMAZIRT
TAMERLAN
TAMISAGE
TAMISANT
TAMPONNÉ
TANAISIE
TANCRÈDE
TANDOORI
TANGENCE
TANGENTE
TANGIBLE
TANGSHAN
TANGUANT
TANINGES
TANISAGE
TANISANT
TANIZAKI
TANKISTE
TANNANTE
TANNERIE
TANNEUSE
TANNIQUE

TANNISÉE
TANNISER
TANTIÈME
TANTINET
TANZANIE
TAORMINA
TAPAGEUR
TAPEMENT
TAPENADE
TAPINANT
TAPINOIS
TAPISSÉE
TAPISSER
TAPOTANT
TAQUINÉE
TAQUINER
TARARAGE
TARARIEN
TARASCON
TARASCOS
TARASQUE
TARASQUE
TARATATA
TARAUDÉE
TARAUDER
TARBAISE
TARBOUCH
TARENTIN
TARGETTE
TARGUANT
TARIFANT
TARNAISE
TARTARIN
TARTARIN
TARTINÉE
TARTINER
TARTRATE
TARTREUX
TARTUFFE
TARTUFFE
TARUSATE
TASMANIE
TASSEAUX
TASSILON
TASTE-VIN
TATILLON
TÂTONNER
TATOUAGE
TATOUANT
TATOUEUR
TAULARDE
TAULIÈRE
TAUPIÈRE
TAUPINÉE
TAUREAUX
TAUTAVEL
TAVELANT

TAVELURE
TAVILLON
TAXATEUR
TAXATION
TAXIMANS
TAXODIER
TAXODIUM
TBILISSI
TCHADIEN
TCHADIEN
TCHAPALO
TCHATCHE
TCHATCHÉ
TCHEKHOV
TCHERSKI
TCHITOLA
TCHOUDES
TECTRICE
TECUMSEH
TEEN-AGER
TEE-SHIRT
TEFILLIN
TÉGUMENT
TEIGNANT
TEIGNEUX
TEILHARD
TEILLAGE
TEILLANT
TEINTANT
TEINTURE
TEISSIER
TE KANAWA
TÉLÉCOMS
TÉLÉCRAN
TÉLÉFILM
TELEMANN
TELEMARK
TÉLÉPORT
TÉLÉTYPE
TÉLÉVISÉ
TÉLEXANT
TÉLOMÈRE
TÉLOUGOU
TÉMÉRITÉ
TEMESVÁR
TÉMOIGNÉ
TEMPÉRÉE
TEMPÉRER
TEMPÊTER
TEMPLIER
TEMPORAL
TEMPOREL
TÉNACITÉ
TENAILLE
TENAILLÉ
TENDANCE
TENDELLE

TENDERIE	**THÉBAÏDE**	TIMBRANT	TOMBELLE
TENDEUSE	THÉBAINE	TIMIDITÉ	TOMBEUSE
TENDRETÉ	**THÉBAINE**	**TIMOLÉON**	TOMIENNE
TÉNÈBRES	THÉBAÏNE	TIMONIER	**TOM JONES**
TENERIFE	**THÉODORA**	TIMORAIS	TOMMETTE
TÉNICIDE	**THÉODORE**	**TIMOTHÉE**	**TOMONAGA**
TENNYSON	**THÉODOSE**	**TINGUELY**	TONALITÉ
TENONNÉE	**THÉODULF**	**TINQUEUX**	TONDEUSE
TENONNER	THÉORÈME	**TINTORET**	**TONGUIEN**
TÉNORINO	THÉORISÉ	TINTOUIN	**TONG YUAN**
TÉNORISÉ	THÉRAPIE	TIQUETÉE	TONICITÉ
TENTANTE	THERMALE	TIQUEUSE	TONIFIÉE
TEOCALLI	THERMAUX	TIRAILLÉ	TONIFIER
TÉPHRITE	THERMITE	TIRAMISU	TONITRUÉ
TÉRASPIC	THÉSARDE	**TIRANAIS**	**TONLÉ SAP**
TERAUCHI	THÉURGIE	**TIRASPOL**	TONLIEUX
TERBORCH	THIAMINE	TIRE-CLOU	TONNANTE
TERCEIRA	THIAZOLE	TIRE-FOND	TONNEAUX
TÉRÉSIEN	THIBAUDE	TIRE-LAIT	**TONNEINS**
TERESINA	**THIBAULT**	TIRELIRE	TONNELET
TERFESSE	THIOFÈNE	TIRE-NERF	TONNELLE
TERGNIER	THIONATE	**TIRÉSIAS**	TONNERRE
TERMINAL	THIONINE	**TIRIDATE**	**TONNERRE**
TERMINÉE	THIO-URÉE	**TIRUPPUR**	TONSURÉE
TERMINER	**THIVIERS**	**TIRYNTHE**	TONSURER
TERMINUS	**THIZEROT**	TISONNÉE	TONTINÉE
TERMONDE	THOMISME	TISONNER	TONTINER
TERNAIRE	THOMISTE	TISSERIN	TOP-CASES
TERNOPIL	**THOMPSON**	TISSEUSE	**TOPELIUS**
TERPINOL	**THÔNAINE**	**TITE-LIVE**	TOPHACÉE
TERRAQUÉ	THONAIRE	**TITICACA**	TOPIAIRE
TERRASSE	**THONBURI**	TITILLÉE	TOP MODEL
TERRASSÉ	**THORIGNY**	TITILLER	TOPONYME
TERREAUX	**THOUTMÈS**	**TITOGRAD**	TOQUANTE
TERREUSE	THRILLER	TITREUSE	**TORCELLO**
TERRIBLE	THROMBUS	TITUBANT	TORCHANT
TERRIFIÉ	**THURINGE**	**TJIREBON**	TORCHÈRE
TERVUREN	**THURROCK**	TOASTEUR	TORDANTE
TÉRYLÈNE	THYMIQUE	TOBOGGAN	TORDEUSE
TERZETTO	THYROÏDE	TOBOGGAN	TORÉADOR
TERZIEFF	**TIAN SHAN**	TOGOLAIS	TORGNOLE
TESSELLE	TIBÉTAIN	**TOGOLAIS**	TOROÏDAL
TESTABLE	**TIBÉTAIN**	TOHU-BOHU	TORPILLE
TÉTANISÉ	**TIDIKELT**	TOILERIE	TORPILLÉ
TÉTRODON	TIE-BREAK	TOILETTE	**TORRANCE**
TEUF-TEUF	TIÉDASSE	TOILETTÉ	TORRÉFIÉ
TEUTATÈS	**T'IEN-TSIN**	**TOKIMUNE**	TORSADÉE
TEUTONNE	**TIGNARDE**	**TOKUGAWA**	TORSADER
TEXTURÉE	TIGNASSE	TOKYOÏTE	TORTILLA
TEXTURER	**TIGRÉENS**	**TOKYOÏTE**	TORTILLE
THALAMUS	TIGRESSE	TOLÉRANT	TORTILLÉ
THALLIUM	TIGRIDIE	**TOLIATTI**	TORTORÉE
THANATOS	TIGRIGNA	**TOLTÈQUE**	TORTORER
THANNOIS	**TIGRINYA**	TOMAHAWK	TORTUEUX
THATCHER	TILLEUSE	TOMAISON	TORTURÉE
THÉÂTRAL	**TILLIEUX**	TOMBANTE	TORTURER
THÉBAÏDE	TIMBRAGE	TOMBEAUX	TOTALISÉ

8

TOTALITÉ
TÔT-FAITS
TOUAILLE
TOUCHANT
TOUCHAUD
TOUCHAUX
TOUCHEAU
TOUCHEUR
TOUFFEUR
TOUILLÉE
TOUILLER
TOUJOURS
TOULOISE
TOULOUPE
TOULOUSE
TOUPILLÉ
TOUPINER
TOUPOLEV
TOURAINE
TOURBEUX
TOURBIER
TOURELLE
TOURIÈRE
TOURISME
TOURISTE
TOURMENT
TOURNAGE
TOURNANT
TOURNEUR
TOURNEUR
TOURNIER
TOURNOIS
TOURNOYÉ
TOURNURE
TOURTEAU
TOUSSANT
TOUSSEUR
TOUSSOTÉ
TOUTATIS
TOUT DE GO
TOWNSHIP
TOXICITÉ
TOYONAKA
TOYOTOMI
TRABENDO
TRABOULE
TRABOULÉ
TRAÇANTE
TRACASSÉ
TRACERET
TRACEUSE
TRACHÉAL
TRACHÉEN
TRACHOME
TRACHYTE
TRACTAGE
TRACTANT
TRACTEUR
TRACTION
TRACTIVE
TRADUIRE
TRADUITE
TRAFIQUÉ
TRAGÉDIE
TRAGIQUE
TRAHISON
TRAÎNAGE
TRAÎNANT
TRAÎNARD
TRAÎNEAU
TRAÎNEUR
TRAINING
TRAITANT
TRAITEUR
TRALUIRE
TRAMELOT
TRAMINOT
TRAMPING
TRANCHÉE
TRANCHER
TRANCHET
TRANSEPT
TRANSIGÉ
TRANSITÉ
TRANSKEI
TRANSMIS
TRANSMUÉ
TRANTRAN
TRAPPANT
TRAPPEUR
TRAQUANT
TRAQUEUR
TRAVERSE
TRAVERSÉ
TRAVESTI
TRAVIATA
TRAVIOLE
TRAYEUSE
TRÉBUCHÉ
TRÉCHEUR
TRÉFILÉE
TRÉFILER
TRÉFONDS
TRÉFOUËL
TRÉGUIER
TREILLIS
TREKKEUR
TREKKING
TRÉMATÉE
TRÉMATER
TREMBLAY
TREMBLÉE
TREMBLER
TRÉMELLE
TRÉMIÈRE
TREMPAGE
TREMPANT
TREMPLIN
TRÉMULER
TRENTAIN
TRÉPANÉE
TRÉPANER
TRÉPASSÉ
TRÉPIDER
TRÉPIGNÉ
TRESSAGE
TRESSANT
TRÉTEAUX
TRETSOIS
TREUILLÉ
TRÉVIRÉE
TRÉVIRER
TRÉVIRES
TRÉVISAN
TRIACIDE
TRIANGLE
TRIBALLE
TRIBALLÉ
TRIBUNAL
TRIBUNAT
TRIBUNAT
TRICARDE
TRICHANT
TRICHEUR
TRICHINE
TRICHOMA
TRICHOME
TRICORNE
TRICOTÉE
TRICOTER
TRICTRAC
TRICYCLE
TRIDACNE
TRIDENTÉ
TRIENNAL
TRIESTER
TRILLANT
TRILLION
TRILOBÉE
TRILOGIE
TRIMARAN
TRIMARDÉ
TRIMBALÉ
TRIMÉTAL
TRIMÈTRE
TRIMURTI
TRINGLÉE
TRINGLER
TRINGLOT
TRINQUER
TRINQUET
TRIOMPHE
TRIOMPHÉ
TRIPANTE
TRIPARTI
TRIPERIE
TRIPETTE
TRIPHASÉ
TRIPIÈRE
TRIPLACE
TRIPLANT
TRIPLÉES
TRIPLICE
TRIPLURE
TRÍPOLIS
TRIPOTÉE
TRIPOTER
TRISKÈLE
TRISOMIE
TRISSANT
TRISSINO
TRITHÈME
TRITURÉE
TRITURER
TRIUMVIR
TRIVALVE
TRIVIALE
TRIVIAUX
TRIVULCE
TROCHLÉE
TROCHURE
TROLLOPE
TROMBINE
TROMBLON
TROMBONE
TROMPANT
TROMPÉES
TROMPETÉ
TROMPEUR
TRONÇAIS
TRONCHET
TRONCHET
TRONQUÉE
TRONQUER
TROPICAL
TROPIQUE
TROPISME
TROQUANT
TROQUEUR
TROTTANT
TROTTEUR
TROTTINÉ
TROTTOIR
TROUBLÉE
TROUBLER
TROUFION
TROUILLE
TROUPEAU

TROUPIER
TROUSSÉE
TROUSSER
TROU-TROU
TROUVANT
TROUVÈRE
TROUVEUR
TROYENNE
TROYENNE
TRUANDÉE
TRUANDER
TRUBLION
TRUCIDÉE
TRUCIDER
TRUDAINE
TRUELLÉE
TRUFFANT
TRUFFAUT
TRUFFIER
TRUJILLO
TRUMEAUX
TRUQUAGE
TRUQUANT
TRUQUEUR
TRUSQUIN
TRUSTANT
TRYPSINE
TSARISME
TSARISTE
TSHIKAPA
TS'ING-TAO
TSUSHIMA
TUBELESS
TUBÉRACÉ
TUBÉRALE
TUBÉREUX
TUBÉRISÉ
TUBICOLE
TÜBINGEN
TUBIPORE
TUBULEUX
TUBULURE
TUDESQUE
TUE-CHIEN
TUFFEAUX
TUILEAUX
TUILERIE
TUILIÈRE
TULIPIER
TULLERIE
TULLISTE
TULLISTE
TULSI DAS
TUMBLING
TUMÉFIÉE
TUMÉFIER
TUMORALE

TUMORAUX
TUNICIER
TUNIQUÉE
TUNISIEN
TUNISIEN
TUNISOIS
TUNISOIS
TURBINÉE
TURBINER
TURBOTIN
TURCIQUE
TURFISTE
TURINOIS
TURKMÈNE
TURKMÈNE
TURLUPIN
TURLUTTE
TURNHOUT
TURNOVER
TUTEURÉE
TUTEURER
TUTOYANT
TUTOYEUR
TUVALUAN
TUVULUAN
TUYAUTÉE
TUYAUTER
TWIN-SETS
TWIRLING
TWISTANT
TYMPANAL
TYMPANON
TYPHACÉE
TYPHIQUE
TYPHLITE
TYPHOÏDE
TYPICITÉ
TYRANNIE
TYRIENNE
TYRIENNE
TYROLIEN
TYROLIEN
TYROSINE
UBIQUITÉ
UBUESQUE
UFOLOGIE
UGINOISE
ULBRICHT
ULCÉRANT
ULCÉREUX
ULISSIEN
ULTRASON
UNCLE SAM
UNETELLE
UNGUÉALE
UNGUÉAUX
UNICORNE

UNIFIANT
UNIFLORE
UNIFOLIÉ
UNIFORME
UNIONAIS
UNIOVULÉ
UNISEXUÉ
UNISSANT
UNITAIRE
UNIVALVE
UNIVOQUE
UPÉRISÉE
UPÉRISER
UPPERCUT
URANAISE
URANIQUE
URANISME
URBANISÉ
URBANITÉ
URCÉOLÉE
URÉMIQUE
URÉTÉRAL
URÉTHANE
URÉTRALE
URÉTRAUX
URÉTRITE
URICÉMIE
URINAIRE
UROCORDÉ
UROLOGIE
UROLOGUE
URSULINE
URTICANT
USTARITZ
USUFRUIT
USURAIRE
USURIÈRE
USURPANT
UTILISÉE
UTILISER
UTOPIQUE
UTOPISME
UTOPISTE
UTRICULE
UVULAIRE
VACATION
VACCARÈS
VACCINAL
VACCINÉE
VACCINER
VACHARDE
VACHERIE
VACHERIN
VACHETTE
VACILLER
VADODARA
VAGABOND

VAGANOVA
VAGINALE
VAGINAUX
VAGINITE
VAIGRAGE
VAILLAND
VAILLANT
VAILLANT
VAISSEAU
VALACHIE
VALAISAN
VALAISAN
VALBONNE
VAL-CENIS
VALDAHON
VAL D'ARLY
VALDEMAR
VALDIVIA
VAL-D'OISE
VALENÇAY
VALENÇAY
VALENCIA
VALENTIA
VALENTIN
VALENTON
VALÉRIEN
VALIDANT
VALIDITÉ
VALLEUSE
VALLOIRE
VALLONNÉ
VALLORBE
VALMOREL
VALOGNES
VALORISÉ
VALROMEY
VALSEUSE
VALSOISE
VALVAIRE
VAN ACKER
VANADIUM
VANADZOR
VAN ALLEN
VANBRUGH
VAN BUREN
VAN CLEVE
VANDALES
VAN DIJCK
VANDOISE
VANGERON
VAN GOYEN
VANIKORO
VANILLÉE
VANILLON
VANISAGE
VANITEUX
VANNEAUX

8

VANNELLE
VANNERIE
VANNEUSE
VAN ORLEY
VANTARDE
VANTELLE
VAN'T HOFF
VAN VELDE
VAN VLECK
VANZETTI
VAPOREUX
VAPORISÉ
VARAIGNE
VARANASI
VARANGUE
VARAPPER
VARÈGUES
VARENNES
VARIABLE
VARIANCE
VARIANTE
VARIÉTAL
VARIGNON
VARILHES
VARLOPÉE
VARLOPER
VARSOVIE
VASARELY
VASELINE
VASISTAS
VASSIEUX
VÄSTERÅS
VATANAIS
VATICANE
VATICINÉ
VAUCLUSE
VAUDAIRE
VAUDAISE
VAUDOISE
VAUDOISE
VAUGELAS
VAUTRAIT
VAUTRANT
VECTRICE
VÉDRINES
VÉGÉTALE
VÉGÉTANT
VÉGÉTAUX
VÉHÉMENT
VÉHICULE
VÉHICULÉ
VEILLANT
VEILLEUR
VEINARDE
VEINEUSE
VÉLARIUM
VÊLEMENT
VÉLIVOLE
VÉLIZIEN
VELLÉITÉ
VÉLOCITÉ
VELOUTÉE
VELOUTER
VENAISON
VÉNALITÉ
VENÇOISE
VENDABLE
VENDANGE
VENDANGÉ
VENDETTA
VENDEUSE
VENDREDI
VÉNÉNEUX
VÉNÉRANT
VÉNÉRIEN
VENGEANT
VENGERON
VÉNIELLE
VENIMEUX
VÉNITIEN
VÉNITIEN
VENTEUSE
VENTILÉE
VENTILER
VENTOUSE
VENTRALE
VENTRAUX
VÉNUSIEN
VÉNUSIEN
VÉRACITÉ
VERACRUZ
VÉRAISON
VERBATIM
VERBEUSE
VERBIAGE
VERDÂTRE
VERDELET
VERDOYER
VERGENCE
VERGETÉE
VERGETTE
VERGEURE
VERGLACÉ
VERGOGNE
VÉRIFIÉE
VÉRIFIER
VERJUTÉE
VERLAINE
VERMILLÉ
VERMOULÉ
VERMOULU
VERMOUTH
VERNEUIL
VERNISSÉ
VÉRONAIS
VÉRONÈSE
VERRANNE
VERRERIE
VERRIÈRE
VERSEAUX
VERSEUSE
VERSIFIÉ
VERTÈBRE
VERTÉBRÉ
VERTICAL
VERTISOL
VERTUEUX
VERTUMNE
VERVEINE
VERVEUSE
VERVIERS
VERWOERD
VÉSICALE
VÉSICANT
VÉSICAUX
VÉSICULE
VESPÉRAL
VESPUCCI
VESSIGON
VESTDIJK
VÉSULIEN
VESZPRÉM
VÊTEMENT
VÉTÉRANE
VÉTILLER
VEUILLOT
VEULERIE
VEVEYSAN
VEXATEUR
VEXATION
VEXILLUM
VEYNOISE
VÉZELIEN
VIANDANT
VIATIQUE
VIBRANTE
VIBRISSE
VICARIAT
VICELARD
VICENNAL
VICENTIN
VICE-ROIS
VICHYSTE
VICIABLE
VICIEUSE
VICINALE
VICINAUX
VICOMTAL
VICQUOIS
VICTOIRE
VICTORIA
VICTORIA
VIDANGÉE
VIDANGER
VIDÉASTE
VIDE-CAVE
VIDÉOTEX
VIDE-VITE
VIEILLIE
VIEILLIR
VIEILLOT
VIELLEUR
VIELLEUX
VIENNOIS
VIENNOIS
VIÊT-CONG
VIÊT-MINH
VIGANAIS
VIGEVANO
VIGILANT
VIGNEAUX
VIGNERON
VIGNETER
VIGNETTE
VIGNOBLE
VIGNOBLE
VIGNOLES
VIGOUSSE
VIGUERIE
VILEMENT
VILLARDE
VILLEBON
VILLEMIN
VILLEMUR
VILLEPIN
VILLERMÉ
VILLEROI
VILLETTE
VILLIERS
VILVORDE
VIMYNOIS
VINAIGRE
VINAIGRÉ
VINDICTE
VINICOLE
VINIFÈRE
VINIFIÉE
VINIFIER
VINNITSA
VINOLIEN
VINOSITÉ
VINYLITE
VIOLACÉE
VIOLACER
VIOLENCE
VIOLENTE
VIOLENTÉ
VIOLETÉE

VIOLETER
VIOLETTE
VIOLEUSE
VIOLISTE
VIOLONÉE
VIPEREAU
VIPÉRIAU
VIPÉRIDÉ
VIPÉRINE
VIREMENT
VIRGINAL
VIRGINIE
VIRGINIE
VIRIATHE
VIRILISÉ
VIRILITÉ
VIROCIDE
VIROFLAY
VIRTUOSE
VIRUCIDE
VIRULENT
VISCACHE
VISCÉRAL
VISCONTI
VISIONNÉ
VISITANT
VISITEUR
VISQUEUX
VISSERIE
VISSEUSE
VISUELLE
VITALITÉ
VITAMINE
VITAMINÉ
VITELLIN
VITELLUS
VITICOLE
VITI LEVU
VITILIGO
VITOULET
VITRERIE
VITREUSE
VITRIFIÉ
VITRIOLÉ
VITRIOTE
VITRYATE
VITUPÉRÉ
VIVACITÉ
VIVARAIS
VIVARINI
VIVARIUM
VIVAROIS
VIVEMENT
VIVIFIÉE
VIVIFIER
VIVIPARE
VIVOTANT

VIVRIÈRE
VLADIMIR
VLAMINCK
VOCALISE
VOCALISÉ
VOCATION
VOCIFÉRÉ
VOCODEUR
VOGELPIK
VOGOULES
VOÏÉVODE
VOILERIE
VOILETTE
VOISINER
VOITURÉE
VOITURER
VOÏVODAT
VOÏVODIE
VOLAILLE
VOLATILE
VOLETANT
VOLHYNIE
VOLITION
VOLITIVE
VOLLEYÉE
VOLLEYER
VOLOGÈSE
VOLSQUES
VOLTAIRE
VOLTAIRE
VOLTERRA
VOLTIGER
VOLUBILE
VOLVAIRE
VOLVULUS
VOMITIVE
VON TRIER
VORACITÉ
VOTATION
VOUGLANS
VOULTAIN
VOUSSEAU
VOUSSOIR
VOUSSOYÉ
VOUSSURE
VOUVOYÉE
VOUVOYER
VOUZIERS
VOYAGEUR
VRAI-FAUX
VRAIMENT
VRAQUIER
VRILLAGE
VRILLANT
VUILLARD
VULGAIRE
VULTUEUX

VULVAIRE
VYGOTSKI
WAGON-LIT
WAGONNET
WAKAYAMA
WALBURGE
WALCOURT
WALDHEIM
WALENSEE
WALEWSKI
WALHALLA
WALKYRIE
WALLABYS
WALLASEY
WALLONIE
WALLONNE
WALLONNE
WALSCHAP
WANG MENG
WARANGAL
WARRANTÉ
WARSZAWA
WARTBURG
WASSEYEN
WATERLOO
WATTMANS
WAT TYLER
WEDEKIND
WEDGWOOD
WEEK-ENDS
WEINBERG
WEISMANN
WEITLING
WEIZMANN
WELHAVEN
WERNICKE
WESTERLO
WESTWOOD
WETTEREN
WETZIKON
WEVELGEM
WHIPCORD
WHISKIES
WHISTLER
WICKSELL
WIECHERT
WIENERLI
WILLAERT
WILLIAMS
WILLIAMS
WIMEREUX
WIMPFFEN
WINDHOEK
WINDSURF
WINGLOIS
WINNIPEG
WINSTEIN

WISHBONE
WISIGOTH
WÖLFFLIN
WOLINSKI
WOLSELEY
WOODWARD
WORMHOUT
WORTHING
WÜRZBURG
WYCLIFFE
XANTHINE
XANTHOME
XÉNOLITE
XÉNOPHON
XERTIGNY
XIANGTAN
XIANYANG
XINJIANG
XINXIANG
XIPHOÏDE
XYLIDINE
XYLOCOPE
YACHTING
YACHTMAN
YACHTMEN
YACIRETÁ
YAMAGATA
YAMAMOTO
YANGQUAN
YANGZHOU
YANOMAMI
YANOMANI
YARMOUTH
YAZDGARD
YEARLING
YÉMÉNITE
YÉMÉNITE
YENNOISE
YEOMANRY
YERROISE
YERSINIA
YERVILLE
YESHIVAS
YESHIVOT
YINCHUAN
YOGHOURT
YOKOHAMA
YOKOSUKA
YONNAISE
YORITOMO
YORKTOWN
YSENGRIN
YTTRIQUE
YUPANQUI
YVELINES
YVOISIEN
YZEURIEN

8

ZAANSTAD
ZACHARIE
ZAIBATSU
ZAÏROISE
ZAÏROISE
ZAKOPANE
ZAKOUSKI
ZAMENHOF
ZANGWILL
ZANZIBAR
ZANZIBAR
ZANZOTTO
ZAO WOU-KI
ZAPPEUSE
ZARZUELA
ZAVENTEM
ZEDELGEM
ZEHRFUSS
ZÉLATEUR
ZELENSKI
ZÉNITHAL
ZÉOLITHE
ZEPPELIN
ZEPPELIN
ZEROMSKI
ZÉROTAGE
ZÉRUMBET
ZÉZAYANT
ZHEJIANG
ZHUANGZI
ZIA UL-HAQ
ZIBELINE
ZIEULANT
ZIEUTANT
ZIGZAGUÉ
ZIMBABWE
ZINCIQUE
ZINGUANT
ZINGUEUR
ZINOVIEV
ZODIACAL
ZODIAQUE
ZONALITÉ
ZONHOVEN
ZOOLOGIE
ZOOLOGUE
ZOOPHAGE
ZOOPHILE
ZOOPHYTE
ZOOSPORE
ZOREILLE
ZOTTEGEM
ZOZOTANT
ZURBARÁN
ZWANZANT
ZWANZEUR
ZWEVEGEM
ZWIEBACK
ZWORYKIN
ZYEUTANT
ZYRIÈNES

9

ABAISSANT
ABAISSEUR
ABANDONNÉ
ABASOURDI
ABÂTARDIE
ABÂTARDIR
ABATTABLE
ABBADIDES
ABBASSIDE
ABBATIALE
ABBATIAUX
ABBEVILLE
ABD AL-AZIZ
ABD EL-KRIM
ABDIQUANT
ABDOMINAL
ABDUCTEUR
ABDUCTION
ABDÜLAZIZ
ABÉLIENNE
ABERRANCE
ABERRANTE
ABER-VRAC'H
ABER-WRACH
ABHORRANT
ABIÉTACÉE
ABIÉTINÉE
ABIOTIQUE
ABJECTION
ABOIEMENT
ABOLITION
ABOMINANT
ABONDANCE
ABONDANCE
ABONDANTE
ABORDABLE
ABORIGÈNE
ABORIGÈNE
ABOUCHANT
ABOULIQUE
ABRAYSIEN
ABRÉGEANT
ABREUVANT
ABREUVOIR
ABRICOTÉE
ABROGATIF
ABROGEANT
ABRUZZAIS
ABSENTANT
ABSIDIALE
ABSIDIAUX
ABSIDIOLE
ABSOLUITÉ
ABSOLVANT
ABSORBANT
ABSORBEUR
ABSTENANT
ABSTINENT
ABSTRAIRE
ABSTRAITE
ABSURDITÉ
ABU TAMMAM
ABYSSINIE
ACADIENNE
ACADIENNE
ACALCULIE
A CAPPELLA
ACARIÂTRE
ACARICIDE
ACCABLANT
ACCAPARÉE
ACCAPARER
ACCÉLÉRÉE
ACCÉLÉRER
ACCENTEUR
ACCENTUÉE
ACCENTUEL
ACCENTUER
ACCEPTANT
ACCEPTEUR
ACCEPTION
ACCESSION
ACCIDENTÉ
ACCLAMANT
ACCLIMATÉ
ACCOINTÉE
ACCOINTER
ACCOMMODÉ
ACCOMPLIE
ACCOMPLIR
ACCORDANT
ACCORDÉON
ACCORDEUR
ACCORDOIR
ACCOSTAGE
ACCOSTANT
ACCOUCHÉE
ACCOUCHER
ACCOUDANT
ACCOUDOIR
ACCOUPLÉE
ACCOUPLER
ACCOURANT
ACCOURCIE
ACCOURCIR
ACCOUTRÉE
ACCOUTRER
ACCOUTUMÉ
ACCOUVAGE
ACCOUVEUR
ACCRÉDITÉ
ACCRÉENNE
ACCRÉTANT
ACCRÉTION
ACCROCHÉE
ACCROCHER
ACCROÎTRE
ACCROUPIE
ACCROUPIR
ACCUEILLI
ACCULTURÉ
ACCUMULÉE
ACCUMULER
ACCUSATIF
ACESCENCE
ACESCENTE
ACÉTAMIDE
ACÉTIFIÉE
ACÉTIFIER
ACÉTYLÈNE
ACÉTYLURE
ACHALANDÉ
ACHALASIE
ACHARISME
ACHARNANT
ACHEMINÉE

ACHEMINER
ACHÉROISE
ACHETABLE
ACHETEUSE
ACHEULÉEN
ACHKHABAD
ACHOPPANT
ACIDIFIÉE
ACIDIFIER
ACIDULANT
ACIÉRISTE
ACLINIQUE
ACONCAGUA
ACONITINE
ACOQUINÉE
ACOQUINER
ACOUPHÈNE
ACQUÉRANT
ACQUÉREUR
ACQUIESCÉ
ACQUITTÉE
ACQUITTER
ACRIMONIE
ACROBATIE
ACRODYNIE
ACROLÉINE
ACROSPORT
ACRYLIQUE
ACTANCIEL
ACTING-OUT
ACTINIDIA
ACTINIQUE
ACTINISME
ACTIONNÉE
ACTIONNER
ACTIVISME
ACTIVISTE
ACTUALISÉ
ACTUALITÉ
ACTUARIAT
ACTUARIEL
ACUTANGLE
ACYCLIQUE
ACYLATION
ADALBÉRON
ADAMANTIN
ADAPAZARI
ADAPTABLE
ADAPTATIF
ADDICTION
ADDICTIVE
ADDINGTON
ADDITIVÉE
ADDUCTEUR
ADDUCTION
ADELBODEN
ADÉNOSINE

ADHÉRENCE
ADHÉRENTE
AD HOMINEM
ADIPOSITÉ
ADJACENTE
ADJECTIVE
ADJECTIVÉ
ADJOINDRE
ADJUGEANT
ADJUVANTE
AD LIBITUM
ADMETTANT
ADMIRABLE
ADMIRATIF
ADMISSION
ADMONESTÉ
ADOPTABLE
ADOPTANTE
ADORATEUR
ADORATION
ADRAGANTE
ADRESSAGE
ADRESSANT
ADSORBANT
ADULATEUR
ADULATION
ADULTÉRÉE
ADULTÉRER
ADULTÉRIN
AD VALOREM
ADVECTION
ADVENTICE
ADVENTIVE
ADVERBIAL
ADVERSITÉ
ADYGUÉENS
À ENQUERRE
ÆPYORNIS
AÉROBIOSE
AÉRO-CLUBS
AÉROCOLIE
AÉRODROME
AÉROFREIN
AÉROLOGIE
AÉRONAUTE
AÉRONAVAL
AÉRONOMIE
AÉROPLANE
AÉROPORTÉ
AÉROSCOPE
AÉROSTIER
AÉROTRAIN
AFFABULER
AFFAIBLIE
AFFAIBLIR
AFFAIRANT
AFFAISSÉE

AFFAISSER
AFFAITAGE
AFFAMEUSE
AFFECTANT
AFFECTION
AFFECTIVE
AFFÉRENTE
AFFERMAGE
AFFERMANT
AFFÉTERIE
AFFICHAGE
AFFICHANT
AFFICHEUR
AFFIDAVIT
AFFILIANT
AFFINERIE
AFFINEUSE
AFFIRMANT
AFFLEURÉE
AFFLEURER
AFFLICTIF
AFFLUENCE
AFFLUENTE
AFFOLANTE
AFFOUAGÉE
AFFOUAGER
AFFOUILLÉ
AFFOURAGÉ
AFFOURCHÉ
AFFRANCHI
AFFRÉTANT
AFFRÉTEUR
AFFRIANDÉ
AFFRIOLÉE
AFFRIOLER
AFFRIQUÉE
AFFRONTÉE
AFFRONTER
AFFRUITER
AFFUBLANT
AFFÛTEUSE
AFFÛTIAUX
A FORTIORI
AFRICAINE
AFRICAINE
AFRIKAANS
AFRIKANER
AFRIKANER
AFRO-ROCKS
AGACEMENT
AGALACTIE
AGAMEMNON
AGAPANTHE
AGARICALE
AGATHOCLE
AGATHOISE
AGAUNOISE

AGÉSINATE
AGGLOMÉRÉ
AGGLUTINÉ
AGGRAVANT
AGILEMENT
AGISSANTE
AGITATEUR
AGITATION
AGNATIQUE
AGNOSIQUE
AGONISANT
AGRAFEUSE
AGRAINANT
AGRÉATION
AGRÉGATIF
AGRÉGEANT
AGRÉMENTÉ
AGRESSANT
AGRESSEUR
AGRESSION
AGRESSIVE
AGRIFFANT
AGRIGENTE
AGRIPAUME
AGRIPPANT
AGRIPPINE
AGROLOGIE
AGRONOMIE
AGROSTIDE
AGUESSEAU
AGUICHANT
AGUICHEUR
AHASVÉRUS
AHMADABAD
AHMEDABAD
AHTISAARI
AÏD-EL-ADHA
AÏD-EL-FITR
AIGRE-DOUX
AIGREMENT
AIGUILLAT
AIGUILLÉE
AIGUILLER
AIGUILLES
AIGUILLON
AIGUILLON
AIGUILLOT
AIGUISAGE
AIGUISANT
AIGUISOIR
AIMANTANT
AIMARGUES
AIR FRANCE
AIX-EN-OTHE
AJOINTANT
AJOURNANT
AJUSTEUSE

AKHENATON
AKHMATOVA
AKUTAGAWA
AKWESASNE
ALAMBIQUÉ
ALAOUITES
ALARMANTE
ALARMISME
ALARMISTE
À LA VA-VITE
À L'AVENANT
ALBA IULIA
ALBANAISE
ALBANAISE
AL-BARZANI
AL-BATTANI
ALBERTINA
ALBERTINE
ALBIGEOIS
ALBIGEOIS
ALBINISME
ALBUGINÉE
ALBUMINÉE
ALCALOÏDE
ALCÁNTARA
ALCARAZAS
ALCIBIADE
ALCOOLISÉ
Alcootest
AL-DJAZA'IR
AL-DJOFFRA
ALÉATOIRE
ALENTOURS
ALÉOUTIEN
ALÉSIENNE
ALÉTHIQUE
ALEVINAGE
ALEVINANT
ALEVINIER
ALEXANDER
ALEXANDRA
ALEXANDRE
ALFATIÈRE
ALGAZELLE
ALGÉROISE
ALGÉROISE
ALGÉSIRAS
AL-GHAZALI
ALGINIQUE
ALGONQUIN
AL-HALLADJ
AL-HOCEIMA
ALICAMENT
ALIÉNABLE
ALIÉNANTE
ALIÉNISTE
ALIMENTÉE
ALIMENTER
ALISCAMPS
ALITEMENT
ALIZARINE
ALKÉKENGE
ALLAHABAD
ALLAITANT
ALLAUDIEN
ALLÉCHANT
ALLÉGEANT
ALLEGHANY
ALLEGHENY
ALLÉGORIE
ALLÉGUANT
ALLEMAGNE
ALLEMANDE
ALLEMANDE
ALLENTOWN
ALLERGÈNE
ALLERGIDE
ALLEUTIER
ALLIGATOR
ALLOGAMIE
ALLONNAIS
ALLOPHONE
ALLOSAURE
ALLSCHWIL
ALLUME-FEU
ALLUME-GAZ
ALLUMETTE
ALLUMEUSE
ALLUVIALE
ALLUVIAUX
ALLYLIQUE
ALMAGESTE
ALMA MATER
ALMATOISE
ALMODÓVAR
ALMOHADES
AL-MUKALLA
AL-NIMAYRI
ALPAGUANT
ALPHABÈTE
ALPINISME
ALPINISTE
ALQUIFOUX
AL-RHAZALI
ALTDORFER
ALTÉRABLE
ALTÉRANTE
ALTERNANT
ALTHUSSER
ALTIMÈTRE
ALTIPLANO
ALTRUISME
ALTRUISTE
ALTYNTAGH
ALUMINANT
ALUMINATE
ALUMINEUX
ALUMINIUM
ALUMINURE
ALVÉOLITE
ALYSCAMPS
ALZHEIMER
AMABILITÉ
AMADOUANT
AMAGASAKI
AMALGAMÉE
AMALGAMER
AMARAPURA
AMARAVATI
AMAREYEUR
AMARINANT
AMARYLLIS
AMATERASU
AMAZONIEN
AMAZONIEN
AMAZONITE
AMBARROIS
AMBASSADE
AMBERTOIS
AMBIANCER
AMBIGUÏTÉ
AMBISEXUÉ
AMBITIEUX
AMBLYOPIE
AMBOISIEN
AMBROISIE
AMBROSIEN
AMBULACRE
AMBULANCE
AMBULANTE
AMBYSTOME
AMÉLIENNE
AMÉLIORÉE
AMÉLIORER
AMÉNAGEUR
AMENDABLE
AMENEMHAT
AMÉNOPHIS
AMENUISÉE
AMENUISER
AMÈREMENT
AMÉRICAIN
AMÉRICAIN
AMÉRICIUM
AMERLOQUE
AMÉTABOLE
AMÉTHYSTE
AMÉTROPIE
AMHARIQUE
AMHARIQUE
AMIBIENNE
À MI-CHEMIN
À MI-COURSE
AMIDONNÉE
AMIDONNER
AMIÉNOISE
AMIRANTES
AMITIEUSE
AMMONITES
AMMOPHILE
AMNÉSIQUE
AMNÉVILLE
AMNISTIÉE
AMNISTIER
AMOINDRIE
AMOINDRIR
AMONCELÉE
AMONCELER
AMORALITÉ
AMORRITES
AMOSSOISE
AMOU-DARIA
AMOURACHÉ
AMOURETTE
AMOUREUSE
AMPHIBIEN
AMPHIBOLE
AMPHIOXUS
AMPHIPODE
AMPHOLYTE
AMPHOTÈRE
AMPLEMENT
AMPLEPUIS
AMPLIATIF
AMPLIFIÉE
AMPLIFIER
AMPLITUDE
AMSTERDAM
AMUÏSSANT
AMUSEMENT
ANABOLITE
ANACLINAL
ANACROUSE
ANAÉROBIE
ANAGLYPHE
ANAGRAMME
ANALGÉSIE
ANALYCITÉ
ANALYSANT
ANALYSEUR
ANAPLASIE
ANARTHRIE
ANASARQUE
ANATOLIEN
ANATOXINE
ANAXAGORE
ANAXIMÈNE
ANCESTRAL

ANCHOÏADE
ANCHORAGE
ANDALOUSE
ANDALOUSE
ANDANTINO
ANDERLUES
ANDERMATT
ANDORRANE
ANDORRANE
ANDO TADAO
ANDOUILLE
ANDREOTTI
ANDRÉSIEN
ANDROGÈNE
ANDROGYNE
ANDROMÈDE
ANÉVRISME
ANÉVRYSME
ANGÉLIQUE
ANGÉLIQUE
ANGÉLISME
ANGILBERT
ANGINEUSE
ANGIOLINI
ANGLEBERT
ANGLICANE
ANGLICISÉ
ANGLOMANE
ANGOISSÉE
ANGOISSER
ANGOLAISE
ANGOLAISE
ANGOULÊME
ANGOUMOIS
ANGULAIRE
ANGULEUSE
ANGUSTURA
ANGUSTURE
ANG VODDEY
ANHIDROSE
ANHYDRIDE
ANHYDRITE
ANIANAISE
ANICHOISE
ANICIENNE
ANICROCHE
ANIMALIER
ANIMALISÉ
ANIMALITÉ
ANIMATEUR
ANIMATION
ANIMELLES
ANIMOSITÉ
ANIONIQUE
ANKYLOSÉE
ANKYLOSER
ANNALISTE
ANNAPOLIS
ANNAPURNA
ANNEMASSE
ANNIHILÉE
ANNIHILER
ANNONACÉE
ANNONÇANT
ANNONCEUR
ANNONCIER
ANNUALISÉ
ANNUALITÉ
ANNULABLE
ANNULAIRE
ANNULATIF
ANODISANT
ANODONTIE
ANOMALURE
ANSARIYYA
ANSCHAIRE
ANSCHLUSS
ANTAIMORO
ANTAISAKA
ANTANDROY
ANTENAISE
ANTÉNATAL
ANTENNATE
ANTÉPOSÉE
ANTÉPOSER
ANTÉRIEUR
ANTHÉMIOS
ANTHONOME
ANTHURIUM
ANTHYLLIS
ANTIACIDE
ANTI-ATLAS
ANTIATOME
ANTIBOISE
ANTIBRUIT
ANTICIPÉE
ANTICIPER
ANTICORPS
ANTICOSTI
ANTIDATÉE
ANTIDATER
ANTIFUMÉE
ANTIGÉLIF
ANTIGONOS
ANTIGRÈVE
ANTIGUAIS
ANTIHÉROS
ANTI-LIBAN
ANTILLAIS
ANTILLAIS
ANTIMOINE
ANTIMONIÉ
ANTINAZIE
ANTINOMIE
ANTIOCHOS
ANTIPATER
ANTIQUARK
ANTIQUITÉ
ANTIQUITÉ
ANTIRADAR
ANTIREJET
ANTIRIDES
ANTISÈCHE
ANTITABAC
ANTITACHE
ANTITHÈSE
ANTITRUST
ANTIVIRAL
ANTIVIRUS
ANTONELLI
ANTONELLO
ANTONESCU
ANTONIONI
ANTONYMIE
ANTSIRABÉ
ANTWERPEN
ANUSCOPIE
ANVERSOIS
ANXIOGÈNE
ANZINOISE
AOÛTEMENT
AOÛTIENNE
APAISANTE
APARTHEID
APATHIQUE
APELDOORN
APÉRITEUR
APÉRITIVE
À PERPETTE
APHASIQUE
APHORISME
APHRODITE
APHRODITE
APIÉCEUSE
APITOYANT
APLOMBANT
APOCRYPHE
APOENZYME
APOLLONIA
APOMORPHE
APOPLEXIE
APOSTASIE
APOSTASIÉ
APOSTILLE
APOSTOLAT
APOTHÉCIE
APOTHÉOSE
APPARENCE
APPARENTE
APPARENTÉ
APPARIANT
APPARTENU
APPAUVRIE
APPAUVRIR
APPELANTE
APPELETTE
APPENDANT
APPENDICE
APPENZELL
APPENZELL
APPESANTI
APPÉTENCE
APPLAUDIE
APPLAUDIR
APPLICAGE
APPLIQUÉE
APPLIQUER
APPOINTÉE
APPOINTER
APPONDANT
APPONTAGE
APPONTANT
APPORTANT
APPORTEUR
APPRÉCIÉE
APPRÉCIER
APPRENANT
APPRENDRE
APPRENTIE
APPRÊTANT
APPROCHÉE
APPROCHER
APPROPRIÉ
APPROUVÉE
APPROUVER
APPUI-BRAS
APPUI-TÊTE
APRAXIQUE
APRÈS-COUP
APRÈS-MIDI
APRÈS-SKIS
APUREMENT
APYROGÈNE
AQUANAUTE
AQUAPLANE
AQUARELLE
AQUARELLÉ
AQUATINTE
AQUATIQUE
AQUITAINE
AQUITAINE
ARABESQUE
ARABISANT
ARACHNÉEN
ARACHNIDE
ARAGONAIS
ARAGONAIS
ARAGONITE

ARALIACÉE
ARAMÉENNE
ARAMONAIS
ARASEMENT
ARAUCARIA
ARBITRAGE
ARBITRALE
ARBITRANT
ARBITRAUX
ARBOISIEN
ARBORETUM
ARBORISÉE
ARBOUSIER
ARBOVIRUS
ARBUSTIVE
ARC-BOUTÉE
ARC-BOUTER
ARC-BOUTÉS
ARC-EN-CIEL
ARCHAÏQUE
ARCHAÏSME
ARCHÉENNE
ARCHÉGONE
ARCHÉLAOS
ARCHETIER
ARCHÉTYPE
ARCHICUBE
ARCHIMÈDE
ARCHINARD
ARCHIVAGE
ARCHIVANT
ARCHONTAT
ARÇONNANT
ARDÉCHOIS
ARDEMMENT
ARDENNAIS
ARDENNAIS
ARDENTAIS
ARDOISIER
ARDRÉSIEN
À RECULONS
ARÉDIENNE
ARÉFLEXIE
ARÉNICOLE
ARÉOLAIRE
ARÉOMÈTRE
ARGENLIEU
ARGENTAGE
ARGENTAIS
ARGENTANT
ARGENTIER
ARGENTINA
ARGENTINE
ARGENTINE
ARGENTITE
ARGENTURE
ARGILEUSE
ARGINUSES
ARGONAUTE
ARGONNAIS
ARGOTIQUE
ARGOTISME
ARGOTISTE
ARGOUSIER
ARGUMENTÉ
ARGYRISME
ARIANISME
ARIÉGEOIS
ARIOVISTE
ARKWRIGHT
ARLANCOIS
ARLINGTON
ARLONAISE
ARMAGNACS
ARMISTICE
ARMOIRIES
ARMORIALE
ARMORIANT
ARMORIAUX
ARMORIQUE
ARMSTRONG
ARMURERIE
ARNAQUANT
ARNAQUEUR
ARNÉTOISE
AROMATISÉ
ARPÉGEANT
ARPENTAGE
ARPENTANT
ARPENTEUR
ARQUEBUSE
ARRACHAGE
ARRACHANT
ARRACHEUR
ARRACHOIR
ARRAGEOIS
ARRANGEUR
ARRÉRAGES
ARRÊTISTE
ARRHENIUS
ARRIVANTE
ARRIVISME
ARRIVISTE
ARROGANCE
ARROGANTE
ARROGEANT
ARROSABLE
ARROSEUSE
ARROW-ROOT
ARSACIDES
ARSÉNIATE
ARSENICAL
ARSÉNIEUX
ARSÉNIQUE
ARSÉNIURE
ARSOUILLE
ARTÉRIOLE
ARTEVELDE
ARTHRODIE
ARTICHAUT
ARTICULÉE
ARTICULER
ARTILLEUR
ARTISANAL
ARTISANAT
ARTOCARPE
ARYABHATA
ARYLAMINE
ASAHIKAWA
ASBESTOSE
ASCANIENS
ASCÉIENNE
ASCENDANT
ASCENSEUR
ASCENSION
ASCENSION
ASCÉTIQUE
ASCÉTISME
ASCITIQUE
ASCLÉPIAS
ASCLÉPIOS
ASEPTIQUE
ASEPTISÉE
ASEPTISER
ASHANINKA
ASHKÉNAZE
ASHKÉNAZE
ASIATIQUE
ASIATIQUE
ASINIENNE
ASISMIQUE
ASMONÉENS
ASNIÉROIS
ASPARAGUS
ASPARTAME
ASPERSEUR
ASPERSION
ASPERSOIR
ASPHALTÉE
ASPHALTER
ASPHODÈLE
ASPHYXIÉE
ASPHYXIER
ASPIRANTE
ASPLÉNIUM
ASSAILLIE
ASSAILLIR
ASSASSINE
ASSASSINÉ
ASSÉCHANT
ASSEMBLÉE
ASSEMBLER
ASSERTION
ASSESSEUR
ASSIDUITÉ
ASSIETTÉE
ASSIGNANT
ASSIMILÉE
ASSIMILER
ASSISTANT
ASSOCIANT
ASSOIFFÉE
ASSOIFFER
ASSOMBRIE
ASSOMBRIR
ASSOMMANT
ASSOMMEUR
ASSOMMOIR
ASSONANCE
ASSONANCÉ
ASSOUPLIE
ASSOUPLIR
ASSOURDIE
ASSOURDIR
ASSUÉTUDE
ASSUJETTI
ASSURANCE
ASTATIQUE
ASTÉRACÉE
ASTÉROÏDE
ASTICOTÉE
ASTICOTER
ASTIGMATE
ASTIQUAGE
ASTIQUANT
ASTRAGALE
ASTRAKHAN
ASTREINTE
ASTROLABE
ASTRONOME
ASTUCIEUX
ASYMÉTRIE
ASYMPTOTE
ASYNERGIE
ATAHUALPA
ATELLANES
ATEMPOREL
ATÉRIENNE
ATERMOYER
ATHABASCA
ATHABASKA
ATHIS-MONS
ATHREPSIE
ATLANTIDE
ATOMICITÉ
ATOMISANT
ATOMISEUR
ATONALITÉ

ATROPHIÉE
ATROPHIER
ATTABLANT
ATTACHANT
ATTALIDES
ATTAQUANT
ATTARDANT
ATTEINDRE
ATTENANTE
ATTENDANT
ATTENDRIE
ATTENDRIR
ATTENTANT
ATTENTION
ATTENTIVE
ATTÉNUANT
ATTERRAGE
ATTERRANT
ATTESTANT
ATTICISME
ATTIGEANT
ATTIRABLE
ATTIRANCE
ATTIRANTE
ATTRACTIF
ATTRAPADE
ATTRAPANT
ATTRAYANT
ATTRIBUÉE
ATTRIBUER
ATTRISTÉE
ATTRISTER
ATTRITION
ATTROUPÉE
ATTROUPER
AUBAGNAIS
AUBARNOIS
AUBERGINE
AUDACIEUX
AUDENARDE
AUDERGHEM
AU-DESSOUS
AUDIBERTI
AUDIENCIA
AUDIMÈTRE
AUDITOIRE
AUDITRICE
AUDUNOISE
AUERSTEDT
AUGERONNE
AUGERONNE
AUGMENTÉE
AUGMENTER
AUGSBOURG
AUGUSTINE
AUGUSTULE
AULNATOIS

AULU-GELLE
AUMALOISE
AUMÔNERIE
AUMÔNIÈRE
AURANGZEB
AUREILHAN
AURÉOLANT
AUROBINDO
AUSCHWITZ
AUSCITAIN
AUSCITAIN
AUSCULTÉE
AUSCULTER
AUSTÉNITE
AUSTÉRITÉ
AUSTRALIE
AUSTRASIE
AUTOCLAVE
AUTOCOPIE
AUTOCRATE
AUTO-ÉCOLE
AUTOFOCUS
AUTOGAMIE
AUTOGÉRÉE
AUTOGUIDÉ
AUTO-IMMUN
AUTOMNALE
AUTOMNAUX
AUTONEIGE
AUTONOMIE
AUTONYMIE
AUTOPOMPE
AUTOPSIÉE
AUTOPSIER
AUTORADIO
AUTORISÉE
AUTORISER
AUTOROUTE
AUTOTOMIE
AUTREFOIS
AUTREMENT
AUTRUCHON
AUTUNOISE
AUVERGNAT
AUVERGNAT
AUVERSOIS
AUXERROIS
AUXILOISE
AUXONNAIS
AVALANCHE
AVALISANT
AVANTAGÉE
AVANTAGER
AVANT-BECS
AVANT-BRAS
AVANT-CALE
AVANT-CLOU

AVANT-COUR
AVANT-GOÛT
AVANT-HIER
AVANT-MAIN
AVANT-MIDI
AVANT-MONT
AVANT-PAYS
AVANT-PLAN
AVANT-PORT
AVANT-TOIT
AVANT-TROU
AVELINIER
AVÈNEMENT
AVENTURÉE
AVENTURER
AVESNOISE
AVESTIQUE
AVEUGLANT
AVEUGLE-NÉ
AVIATRICE
AVICÉBRON
AVIDEMENT
AVIONIQUE
AVIONNEUR
AVITAILLÉ
AVIVEMENT
AVOCATIER
AVOISINÉE
AVOISINER
AVONNAISE
AVORTEUSE
AVRANCHES
AVUNCULAT
AWRANGZIB
AXILLAIRE
AXIOLOGIE
AYATOLLAH
AYERS ROCK
AYYUBIDES
AZÉOTROPE
AZEROLIER
AZILIENNE
AZIMUTALE
AZIMUTAUX
AZINCOURT
AZURÉENNE
AZURÉENNE
BABANGIDA
BABAS COOL
BABÉLISME
BABENBERG
BABILLAGE
BABILLANT
BABILLARD
BABINGTON
BÂBORDAIS
BABOUCHKA

BABY-BOOMS
BABYLONIE
BABY-TESTS
BACCHANTE
BACHAMOIS
BACHELARD
BACHELIER
BACHELIER
BACHKIRIE
BACHOTAGE
BACHOTANT
BACTÉRIEN
BACTRIANE
BADINERIE
BADINGUET
BADMINTON
BAEKELAND
BAFOUILLE
BAFOUILLÉ
BAFOUSSAM
BAGAGISTE
BAGARRANT
BAGARREUR
BAGATELLE
BAGDADIEN
BAGNÉRAIS
BAGNOLAIS
BAGRATION
BAIGNEUSE
BAIGNOIRE
BAÏKONOUR
BAILLARGÉ
BÂILLEUSE
BAILLIAGE
BÂILLONNÉ
BAIN-MARIE
BAINVILLE
BAISEMAIN
BAISEMENT
BAISOTANT
BAISSIÈRE
BAJOCASSE
BAKOUNINE
BALADEUSE
BALAFRANT
BALAÏTOUS
BALAKIREV
BALAKLAVA
BALALAÏKA
BALANÇANT
BALANCIER
BALANCINE
BALAYETTE
BALAYEUSE
BALAYURES
BALBUTIÉE
BALBUTIER

9

BALBUZARD
BALBYNIEN
BALCONNET
BALDAQUIN
BALEINEAU
BALEINIER
BALESTRON
BÂLE-VILLE
BALIKESIR
BALINAISE
BALINAÍSE
BALIVEAUX
BALIVERNE
BALKANISÉ
BALLANCHE
BALLASTÉE
BALLASTER
BALLERINE
BALLONNÉE
BALLONNER
BALLONNET
BALLOTTÉE
BALLOTTER
BALL-TRAPS
BALLUCHON
BALMÉENNE
BALNÉAIRE
BALNÉENNE
BALOUTCHE
BALSAMIER
BALSAMINE
BALTHASAR
BALTHASAR
BALTHAZAR
BALTHAZAR
BALTHILDE
BALTIMORE
BALZACIEN
BAMAKOISE
BAMBOCCIO
BAMBOCHER
BANALISÉE
BANALISER
BANANIÈRE
BANCROCHE
BANC-TITRE
BANDEROLE
BANDES-SON
BANDOLAIS
BANDONÉON
BANGALORE
BANGWEULU
BANJA LUKA
BANJOÏSTE
BANJULAIS
BANQUABLE
BANQUETER

BANQUETTE
BANQUIÈRE
BANQUISTE
BANYULENC
BAPALMOIS
BAPTISANT
BAPTISMAL
BARABUDUR
BARACALDO
BARACHOIS
BARAGOUIN
BARALBINE
BARAQUANT
BARATERIE
BARATIERI
BARATINÉE
BARATINER
BARATTAGE
BARATTANT
BARBACANE
BARBADIEN
BARBAROUX
BARBELURE
BARBERINI
BARBICHUE
BARBIFIÉE
BARBIFIER
BARBILLON
BARBOTAGE
BARBOTANT
BARBOTEUR
BARBOTINE
BARBUDIEN
BARCELONA
BARCELONE
BARDOLINO
BARÉMIQUE
BARENBOÏM
BARGUIGNÉ
BAR-HILLEL
BARIGOULE
BARIOLAGE
BARIOLANT
BARIOLURE
BARJAQUER
BARJOLAIS
BAR-KOKHBA
BARLINOIS
BARLONGUE
BAR-MITSVA
BARNABITE
BAROMÈTRE
BARONNAGE
BARONNIES
BAROQUEUX
BAROUDEUR
BARQUETTE

BARRABANE
BARRACUDA
BARRICADE
BARRICADÉ
BARSACAIS
BARTHOLDI
BASCULANT
BASCULEUR
BASDEVANT
BASE-BALLS
BAS-EMPIRE
BASILAIRE
BASILICAL
BASILIQUE
BAS-JOINTÉ
BASOPHILE
BASQUAISE
BAS-RELIEF
BAS-ROUGES
BASSE-COUR
BASSÉENNE
BASSEMENT
BASSENAIS
BASSE-SAXE
BASSINANT
BASTELICA
BASTIAISE
BASTIAISE
BASTIONNÉ
BASTONNÉE
BASTONNER
BAS-VENTRE
BATAILLER
BATAILLON
BATARDEAU
BÂTARDISE
BATEAU-FEU
BATELEUSE
BATELIÈRE
BATHOLITE
BATIFOLER
BATILLAGE
BÂTISSANT
BÂTISSEUR
BATOILLER
BÂTONNANT
BÂTONNIER
BATRACIEN
BATTEMENT
BATTHYÁNY
BATZIENNE
BAUDRUCHE
BAUGEOISE
BAUQUIÈRE
BAVAISIEN
BAVARDAGE
BAVARDANT

BAVAROISE
BAVAROISE
BAVASSANT
BAYEUSAIN
BAYONNAIS
BAZADAISE
BAZARDANT
BAZEILLES
BEARDSLEY
BÉARNAISE
BÉARNAISE
BÉATEMENT
BÉATIFIÉE
BÉATIFIER
BÉATITUDE
BEAUCAIRE
BEAUCERON
BEAUCERON
BEAUCHAMP
BEAUCOURT
BEAUDOUIN
BEAU-FRÈRE
BEAUGENCY
BEAUNEVEU
BEAUNOISE
BEAUPRÉAU
BEAUX-ARTS
BEAUX-FILS
BÉCANCOUR
BÉCASSEAU
BÉCASSINE
BÉCASSINE
BECCAFUMI
BEC-CROISÉ
BEC-DE-CANE
BÊCHEVETÉ
BECHTEREV
BECQUEREL
BECQUEREL
BECQUETÉE
BECQUETER
BÉDARIEUX
BÉDÉPHILE
BEDONNANT
BEERNAERT
BEERSHEBA
BEER-SHEVA
BEETHOVEN
BÉGARROIS
BÉGAYANTE
BÉGUINAGE
BÉHISTOUN
BEIGEASSE
BEIGEÂTRE
BÉLAIROIS
BÉLEMNITE
BÉLISAIRE

BELLACHON
BELLADONE
BELLARMIN
BELLE-DAME
BELLE-ISLE
BELLEMENT
BELLE-MÈRE
BELLÊMOIS
BELLERINE
BELLERIVE
BELLEYSAN
BELLIÈVRE
BELLILOIS
BELLUAIRE
BELPHÉGOR
BELVÉDÈRE
BELZÉBUTH
BÉMOLISÉE
BÉMOLISER
BENAVENTE
BENEDETTO
BÉNÉFICIÉ
BÉNÉFIQUE
BÉNÉVOLAT
BÉNIGNITÉ
BENIN CITY
BÉNINOISE
BÉNISSANT
BÉNISSEUR
BENJAMINE
BEN JONSON
BENSERADE
BENTHIQUE
BENTONITE
BEN YEHUDA
BENZIDINE
BENZOÏQUE
BÉOTIENNE
BÉOTIENNE
BÉQUETANT
BÉQUILLÉE
BÉQUILLER
BERBERATI
BERBEROVA
BERCEMENT
BERCKOISE
BÉRÉGOVOY
BÉRENGÈRE
BEREZNIKI
BERGAMOTE
BERGUOISE
BERKÉLIUM
BERLINGOT
BERLINOIS
BERLINOIS
BERLUGANE
BERMUDIEN
BERNARDIN
BERNARDIN
BERNHARDT
BERNOULLI
BERNSTEIN
BERRATINE
BERRICHON
BERRICHON
BERRUYÈRE
BERRUYÈRE
BERTHELOT
BERTILLON
BÉRYLLIUM
BERZELIUS
BERZINGUE
BESOGNANT
BESOGNEUX
BESSARION
BESSIÈRES
BESTIAIRE
BETHLEHEM
BETHSABÉE
BÉTHUNOIS
BÊTIFIANT
BÉTONNAGE
BÉTONNANT
BETTERAVE
BÉTULACÉE
BÉTULINÉE
BEUGLANTE
BEURETTES
BEURRERIE
BEUVE-MÉRY
BEVERIDGE
BÉVEZIERS
BEYLICALE
BEYLICAUX
BHAGALPUR
BHAVNAGAR
BIACHOISE
BIALYSTOK
BIATHLÈTE
BIBASIQUE
BIBERONNÉ
BIBLIOBUS
BICAMÉRAL
BICÉPHALE
BICHLAMAR
BICHONNÉE
BICHONNER
BICHROMIE
BICIPITAL
BICONCAVE
BICONVEXE
BICOURANT
BICUSPIDE
BIDONNAGE
BIDONNANT
BIDOUILLÉ
BIELEFELD
BIELGOROD
BIELINSKI
BIELLETTE
BIEN-AIMÉE
BIEN-AIMÉS
BIÉNERGIE
BIEN-FONDÉ
BIEN-FONDS
BIEN-JUGÉS
BIENNOISE
BIENSÉANT
BIENVENIR
BIENVENUE
BIENVENÜE
BIFFEMENT
BIFURQUER
BIGARRANT
BIGARREAU
BIGARRURE
BIGOPHONE
BIGOPHONÉ
BIGORNANT
BIGORNEAU
BIGOTERIE
BIGOTISME
BIGOURDAN
BIGOURDAN
BIGREMENT
BIHOREAUX
BIJECTION
BIJECTIVE
BIJOUTIER
BILABIALE
BILABIAUX
BILATÉRAL
BILBOQUET
BILHARZIA
BILHARZIE
BILLOMOIS
BIMENSUEL
BINCHOISE
BINICAISE
BINOCLARD
BINOMIALE
BINOMIAUX
BINOMINAL
BIOCÉNOSE
BIOCHIMIE
BIOCLIMAT
BIOGENÈSE
BIOGRAPHE
BIOMÉTRIE
BIORYTHME
BIOSPHÈRE
BIOSTASIE
BIPARTITE
BIPHÉNYLE
BIPOLAIRE
BIRAPPORT
BIR HAKEIM
BISAÏEULE
BISANNUEL
BISCHHEIM
BISCORNUE
BISCOTEAU
BISCUITÉE
BISCUITER
BISEAUTÉE
BISEAUTER
BISONTINE
BISONTINE
BISSALIEN
BISTOURNÉ
BISULFATE
BISULFITE
BISULFURE
BITCHOISE
BITENSION
BITERROIS
BITERROIS
BITONIAUX
BITTURANT
BITUMEUSE
BITURBINE
BITURIGES
BIVALENCE
BIVALENTE
BIVOUAQUÉ
BIZARDIEN
BLA-BLA-BLA
BLACK-BASS
BLACKBURN
BLACKFOOT
BLACK JACK
BLACKPOOL
BLACK-ROTS
BLAGUEUSE
BLAIREAUX
BLANC-ÉTOC
BLANCHARD
BLANCHEUR
BLANCOISE
BLANGEOIS
BLASEMENT
BLASONNÉE
BLASONNER
BLASPHÈME
BLASPHÉMÉ
BLATÉRANT
BLAVATSKY
BLÈSEMENT

9

BLESSANTE
BLEUETIER
BLEUETIES
BLINQUANT
BLOC-ÉVIER
BLOCKHAUS
BLOC-NOTES
BLOEMAERT
BLONDASSE
BLONDINET
BLOTZHEIM
BLOUSANTE
BLUE-JEANS
BLUFFEUSE
BOBINEAUX
BOBINETTE
BOBINEUSE
BOBROUÏSK
BOBSLEIGH
BOCARDANT
BOCHIMANS
BODYBOARD
BOIELDIEU
BOISCHAUT
BOIS-D'ARCY
BOISEMENT
BOIS-LE-DUC
BOISSEAUX
BOITEMENT
BOITILLER
BOLBÉCAIS
BOLCHEVIK
BOLÍVARES
BOLIVIANO
BOLLÉNOIS
BOLOGNAIS
BOLOGNAIS
BOLOMÈTRE
BOLONAISE
BOLONAISE
BOLTANSKI
BOLTZMANN
BOMBARDÉE
BOMBARDER
BOMBARDON
BOMBEMENT
BONAPARTE
BONCHAMPS
BONDÉRISÉ
BONDOUFLE
BONDUOISE
BONDYNOIS
BON ENFANT
BONG RANGE
BONIFACIO
BONIFIANT
BONIMENTÉ
BONINGTON
BON MARCHÉ
BONNE-MAIN
BONNEMENT
BONNETEAU
BONNETEUR
BONNETIER
BONNIÈRES
BONS-PAPAS
BOOKMAKER
BOOLÉENNE
BOOLIENNE
BOOMERANG
BOQUETEAU
BORDELAIS
BORDELAIS
BORDEREAU
BORNANDIN
BORNOYANT
BOROBUDUR
BOROILLOT
BORROMÉES
BORROMINI
BORUDJERD
BOSCÉENNE
BOSNIAQUE
BOSNIAQUE
BOSSA-NOVA
BOSSCHÈRE
BOSSELANT
BOSSELURE
BOSTONIEN
BOSTRYCHE
BOTANIQUE
BOTANISTE
BOTTELAGE
BOTTELANT
BOTTILLON
BOTULIQUE
BOTULISME
BOUCANAGE
BOUCANANT
BOUCANIER
BOUCHARDE
BOUCHARDÉ
BOUCHERIE
BOUCHONNÉ
BOUCHOYER
BOUCICAUT
BOUCLETTE
BOUDINAGE
BOUDINANT
BOUFFANTE
BOUFFARDE
BOUFFETTE
BOUFFEUSE
BOUFFLERS
BOUFFONNE
BOUFFONNÉ
BOUGEOTTE
BOUGILLON
BOUGLIONE
BOUGONNÉE
BOUGONNER
BOUGRESSE
BOUILLANT
BOUILLAUD
BOUILLEUR
BOULANGÉE
BOULANGER
BOULANGER
BOULETAGE
BOULEVARD
BOULGAKOV
BOULMERKA
BOULOCHER
BOULONNÉE
BOULONNER
BOULOTTÉE
BOULOTTER
BOULOURIS
BOUQUETÉE
BOUQUETIN
BOUQUINÉE
BOUQUINER
BOURBEUSE
BOURBONNE
BOURBOURG
BOURBRIAC
BOURCAINE
BOURDAINE
BOURDELLE
BOURDIGUE
BOURDONNÉ
BOURGELAT
BOURGEOIS
BOURGEOIS
BOURGEOYS
BOURGOGNE
BOURGOGNE
BOURGOING
BOURGUEIL
BOURGUEIL
BOURGUIBA
BOURIATES
BOURIATIE
BOURNAZEL
BOURONNER
BOURRACHE
BOURRATIF
BOURREAUX
BOURRELÉE
BOURRELET
BOURRETTE
BOURRICHE
BOURRICOT
BOURRIQUE
BOURSAULT
BOURSIÈRE
BOUSCUEIL
BOUSCULÉE
BOUSCULER
BOUSILLÉE
BOUSILLER
BOUTARGUE
BOUTEFEUX
BOUTE-HORS
BOUTEILLE
BOUTON-D'OR
BOUTONNÉE
BOUTONNER
BOUTURAGE
BOUTURANT
BOUVILLON
BOUVREUIL
BOUZIGUES
BOVARYSME
BOW-STRING
BOW-WINDOW
BOX-OFFICE
BOYAUDIER
BOYAUTANT
BOYCOTTÉE
BOYCOTTER
BOY-SCOUTS
BRABANÇON
BRABANÇON
BRACHIALE
BRACHIAUX
BRACONNER
BRAGUETTE
BRAILLANT
BRAILLARD
BRAILLEUR
BRAINOISE
BRAISETTE
BRAISIÈRE
BRAMEMENT
BRANCARDÉ
BRANCHAGE
BRANCHANT
BRANCHIAL
BRANLANTE
BRANLE-BAS
BRANLEUSE
BRANTFORD
BRAQUEUSE
BRAS DE FER
BRASILIEN
BRASILLER
BRASSERIE

BRASSEUSE
BRASSIÈRE
BRAVEMENT
BRAY-DUNES
BRAYTOISE
BREAKFAST
BREENDONK
BRÉGANÇON
BRÉHAIGNE
BRÉHATINE
BRÉSILIEN
BRÉSILIEN
BRÉSILLÉE
BRÉSILLER
BRÉSILLET
BRESSUIRE
BRESTOISE
BRETÉCHER
BRETESSÉE
BRETOLIEN
BREVETANT
BRÉVIAIRE
BRIALMONT
BRIAROISE
BRIC-À-BRAC
BRICOLAGE
BRICOLANT
BRICOLEUR
BRIÇONNET
BRIDGEANT
BRIDGEUSE
BRIECOISE
BRIENNOIS
BRIÉRONNE
BRIGADIER
BRIGANDÉE
BRIGANDER
BRIGANTIN
BRIGNOLES
BRILLANCE
BRILLANTE
BRILLANTÉ
BRILLOUIN
BRIMBALÉE
BRIMBALER
BRINDILLE
BRINGEURE
BRINGUANT
BRIOCHINE
BRIOCHINE
BRIONNAIS
BRIQUETÉE
BRIQUETER
BRIQUETTE
BRISE-BISE
BRISE-JETS
BRISEMENT
BRISE-TOUT
BRISE-VENT
BRISQUARD
BRIVADOIS
BROCANTER
BROCARDÉE
BROCARDER
BROCHANTE
BROCHETON
BROCHETTE
BROCHEUSE
BRODEQUIN
BROIEMENT
BROMFIELD
BRONCHANT
BRONCHITE
BRONZANTE
BRONZETTE
BRONZEUSE
BRONZIÈRE
BROQUELIN
BROSSERIE
BROSSIÈRE
BROUCKÈRE
BROUETTÉE
BROUETTER
BROUILLÉE
BROUILLER
BROUILLON
BROUSSAIS
BROUSSARD
BROUTAINE
BROUTILLE
BRUAYSIEN
BRUCELLES
BRUGEAISE
BRUGEOISE
BRUINEUSE
BRUISSANT
BRUITEUSE
BRUNEHAUT
BRUNSWICK
BRUSQUANT
BRUTALISÉ
BRUTALITÉ
BRUXELLES
BRUYÉROIS
BRYOPHYTE
BRZEZINKA
BUANDERIE
BUANDIÈRE
BUBONIQUE
BUCÉPHALE
BUCKINOIS
BUCOLIQUE
BUDGÉTANT
BUDGÉTISÉ
BUFFETIER
BUFFLESSE
BUFFLETIN
BUFFLONNE
BUJUMBURA
BULLDOZER
BULL-FINCH
BUNDESRAT
BUNDESTAG
BURALISTE
BURGIENNE
BURGKMAIR
BURGONDES
BURINISTE
BURKINABÉ
BURKINABÉ
BURKINAIS
BURKINAIS
BURLESQUE
BURLINGUE
BURROUGHS
BURUNDAIS
BURUNDAIS
BUSSEROLE
BUTADIÈNE
BUTENANDT
BUTHELEZI
BUTINEUSE
BUTYLIQUE
BUTYREUSE
BUTYRIQUE
BUVETIÈRE
BUXTEHUDE
BUZANÇAIS
BUZANCÉEN
BYDGOSZCZ
BYZANTINE
BYZANTINE
CABALISTE
CABALLERO
CABESTANY
CABILLAUD
CABOCHARD
CABOSSANT
CABOSSÉES
CABOTINER
CABRIOLER
CABRIOLET
CAB-SIGNAL
CACAHUÈTE
CACAOTIER
CACAOYÈRE
CACARDANT
CACHANAIS
CACHE-COLS
CACHEMIRE
CACHEMIRE
CACHE-POTS
CACHE-SEXE
CACHETAGE
CACHETANT
CACOCHYME
CA'DA MOSTO
CADARACHE
CADASTRAL
CADASTRÉE
CADASTRER
CADEAUTER
CADENASSÉ
CADENÇANT
CADENETTE
CADURCIEN
CADURCIEN
CAENNAISE
CAENNAISE
CAFARDAGE
CAFARDANT
CAFARDEUR
CAFARDEUX
CAFÉTÉRIA
CAFETIÈRE
CAFOUILLÉ
CAGEROTTE
CAGOUILLE
CAGOULARD
CAHIN-CAHA
CAHOTANTE
CAHOTEUSE
CAILLANTE
CAILLASSE
CAILLASSÉ
CAILLETTE
CAILLOUTÉ
CAISSERIE
CAISSETTE
CAISSIÈRE
CAJOLERIE
CAJOLEUSE
CAKE-WALKS
ÇAKUNTALA
ÇAKYAMUNI
CALABRAIS
CALADOISE
CALAFERTE
CALAISIEN
CALAMBOUR
CALAMINÉE
CALAMINER
CALANCHER
CALANDRÉE
CALANDRER
CALCANÉUM
CALCÉENNE
CALCICOLE

CALCIFIÉE
CALCIFUGE
CALCINANT
CALCIURIE
CALCULANT
CALCULEUX
CALDAGUÈS
CALDARIUM
CALEBASSE
CALÉDONIE
CALEMBOUR
CALENDULA
CALE-PIEDS
CALFATAGE
CALFATANT
CALFEUTRÉ
CALIBRAGE
CALIBRANT
CALIBREUR
CÂLINERIE
CALINESCU
CALLACOIS
CALLAGHAN
CALL-GIRLS
CALLIÈRES
CALLIPYGE
CALLOSITÉ
CALMEMENT
CALOMNIÉE
CALOMNIER
CALORIQUE
CALOTTANT
CALUGEANT
CAMALDULE
CAMARILLA
CAMBIAIRE
CAMBRÉSIS
CAMBRIDGE
CAMBRIOLÉ
CAMBRONNE
CAMBROUSE
CAMBUSIER
CAMEMBERT
CAMERAMAN
CAMERAMEN
CAMÉRISTE
CAMÉSCOPE
CAMIONNÉE
CAMIONNER
CAMOMILLE
CAMOUFLÉE
CAMOUFLER
CAMOUFLET
CAMPAGNOL
CAMPANIEN
CAMPANILE
CAMPANULE
CAMP DAVID
CAMPEMENT
CAMPHRIER
CAMPIDANO
CAMPINOIS
CANALETTO
CANALISÉE
CANALISER
CANANÉENS
CANAPÉ-LIT
CANARDANT
CANARDEAU
CANAVERAL
CANCALAIS
CANCANANT
CANCANIER
CANCÉREUX
CANCÉRISÉ
CANCRELAT
CANDÉENNE
CANDIDATE
CANDIDOSE
CANDOMBLÉ
CANEBIÈRE
CANÉPHORE
CANETIÈRE
CANÉTOISE
CANIVEAUX
CANNE-ÉPÉE
CANNELIER
CANNELURE
CANNETAGE
CANNETTAN
CANNIBALE
CANOÉISME
CANOÉISTE
CANONIALE
CANONIAUX
CANONICAT
CANONIQUE
CANONISÉE
CANONISER
CANONISTE
CANONNADE
CANONNAGE
CANONNANT
CANONNIER
CANOTEUSE
CANROBERT
CANTABILE
CANTABRES
CANTALIEN
CANTALIEN
CANTALOUP
CANTILÈNE
CANTILIEN
CANTILLON
CANTINANT
CANTINIER
CANTONADE
CANTONAIS
CANTONAIS
CANTONALE
CANTONAUX
CANTONNÉE
CANTONNER
CANULANTE
CANYCAISE
CANYONING
CAODAÏSME
CAPACITIF
CAPARAÇON
CAP-BRETON
CAPBRETON
CAPCIRAIS
CAPELLOIS
CAPESTANG
CAPÉTIENS
CAP-FERRAT
CAP-FERRET
CAPITAINE
CAPITEUSE
CAPITOLIN
CAPITOLIN
CAPITONNÉ
CAPITULER
CAP-MARTIN
CAPORETTO
CAPPADOCE
CAPPIELLO
CAPRICANT
CAPRICCIO
CAPSIENNE
CAPSULAGE
CAPSULANT
CAPTATEUR
CAPTATION
CAPTATIVE
CAPTIEUSE
CAPTIVANT
CAPTIVITÉ
CAPTURANT
CAQUETAGE
CAQUETANT
CARABINÉE
CARACALLA
CARACOLER
CARACTÈRE
CARAGIALE
CARAMBOLE
CARAMBOLÉ
CARAMÉLÉE
CARAPATÉE
CARAPATER
CARAVELLE
CARBAMATE
CARBONADO
CARBONARI
CARBONARO
CARBONATE
CARBONATÉ
CARBONISÉ
CARBONYLE
CARBONYLÉ
CARBORANE
CARBOXYLE
CARBURANT
CARCAILLÉ
CARCÉRALE
CARCÉRAUX
CARCINOME
CARCOPINO
CARDAMINE
CARDAMOME
CARDIAQUE
CARDINALE
CARDINALE
CARDINAUX
CARDIOÏDE
CARÉLIENS
CARENTIEL
CARESSANT
CAR-FERRYS
CARGAISON
CARGNEULE
CARIATIDE
CARINTHIE
CARIOGÈNE
CARISSIMI
CARITATIF
CARLINGUE
CARMAUSIN
CARMÉLITE
CARNACOIS
CARNATION
CARNIVORE
CARNOTSET
CARNOTZET
CAROLINES
CARONCULE
CAROTHERS
CAROTTAGE
CAROTTANT
CAROTTEUR
CAROTTIER
CAROUBIER
CARPACCIO
CARPACCIO
CARPIAGNE
CARPIENNE
CARPILLON

CARPINIEN	CASUARINA	CAVIARDER	CERTAINES
CARQUEFOU	CATACOMBE	CAVITAIRE	CERTIFIÉE
CARREAUTÉ	CATALOGNE	**CAYENNAIS**	CERTIFIER
CARREFOUR	**CATALOGNE**	**CAYLUSIEN**	CERTITUDE
CARRELAGE	CATALOGUE	**CAYOLAISE**	**CÉRULAIRE**
CARRELANT	CATALOGUÉ	**CEAUSESCU**	**CERVANTÈS**
CARRELEUR	CATALYSÉE	**CECCHETTI**	**CERVETERI**
CARRÉMENT	CATALYSER	CÉDÉTISTE	CERVICALE
CARRIÈRES	CATAMARAN	CÉDRATIER	CERVICAUX
CARROSSÉE	**CATANZARO**	CÉGÉSIMAL	CERVICITE
CARROSSER	CATAPHOTE	CÉGÉTISTE	CÉSARISÉE
CARROUSEL	CATAPULTE	CEINTURÉE	CÉSARISER
CARROYAGE	CATAPULTÉ	CEINTURER	CÉSARISME
CARROYANT	CATARACTE	CEINTURON	CESSATION
CARRYENNE	CATARRHAL	CÉLÉBRANT	C'EST-À-DIRE
CARTAGENA	CATATONIE	CÉLÉBRITÉ	CÉTONÉMIE
CARTÉSIEN	CATCHEUSE	**CELLAMARE**	CÉTONIQUE
CARTILAGE	CATÉCHÈSE	CELLÉRIER	CÉTONURIE
CARTISANE	CATÉCHISÉ	CELLULASE	**CEYZÉRIAT**
CARTONNÉE	CATÉGORIE	CELLULITE	**CÉZALLIER**
CARTONNER	CATÉNAIRE	CELLULOÏD	CÉZANNIEN
CARTOUCHE	CATHARSIS	CELLULOSE	**CHABANAIS**
CARTOUCHE	CATHÉDRAL	**CEMAL PASA**	**CHABANNES**
CARVINOIS	**CATHERINE**	CÉMENTANT	CHABICHOU
CARYATIDE	CATISSAGE	CÉMENTITE	CHABRAQUE
CARYOTYPE	CATISSANT	CENDREUSE	CHA-CHA-CHA
CASADESUS	CAUCASIEN	CENELLIER	CHAFIISME
CASAMANCE	**CAUCASIEN**	**CENONNAIS**	CHAFOUINE
CASANIÈRE	CAUCHEMAR	CÉNOTAPHE	**CHAGNOTIN**
CASCADEUR	CAUCHOISE	CENSÉMENT	CHAGRINÉE
CASÉATION	**CAUCHOISE**	CENSURANT	CHAGRINER
CASERNANT	**CAUDANAIS**	CENTAURÉE	CHAHUTANT
CASH-FLOWS	CAUDRETTE	**CENTAURES**	CHAHUTEUR
CASPIENNE	**CAULNAISE**	CENTENNAL	CHAÎNETTE
CASQUETTE	CAUSALGIE	CENT-GARDE	CHAÎNEUSE
CASSAGNAC	CAUSALITÉ	CENTILAGE	CHAÎNISTE
CASSANDRE	CAUSATIVE	**CENT-JOURS**	CHAISIÈRE
CASSANDRE	CAUSTIQUE	CENT-PIEDS	CHALAZION
CASSATION	CAUTELEUX	CENTRIOLE	CHALLENGE
CASSEMENT	**CAUTERETS**	CENTRISME	**CHALONNES**
CASSE-NOIX	CAUTÉRISÉ	CENTRISTE	CHALOUPÉE
CASSE-PIPE	CAUTIONNÉ	CENTUPLÉE	CHALOUPER
CASSEROLE	**CAVAIGNAC**	CENTUPLER	CHALUMEAU
CASSE-TÊTE	**CAVAILLÈS**	CENTURION	**CHALUSIEN**
CASSONADE	CAVAILLON	CEPENDANT	CHALUTAGE
CASSOULET	**CAVAILLON**	CÉRAMIQUE	CHALUTIER
CASTANÉEN	**CAVALAIRE**	CÉRAMISTE	CHAMAILLE
CASTELLAN	CAVALCADE	**CERBÉRIEN**	CHAMAILLÉ
CASTELNAU	CAVALCADÉ	CERDAGNOL	CHAMARRÉE
CASTILLAN	CAVALERIE	**CERDAGNOL**	CHAMARRER
CASTILLAN	CAVALEUSE	CÉRÉALIER	CHAMBARDÉ
CASTILLON	CAVALIÈRE	CÉRÉBRALE	**CHAMBIGES**
CASTORÉUM	**CAVALIERI**	CÉRÉBRAUX	**CHAMBLYEN**
CASTRAISE	**CAVALLINI**	CÉRÉMONIE	**CHAMBOLLE**
CASTRIOTE	**CAVENDISH**	**CERNÉENNE**	CHAMBOULÉ
CASTRISME	CAVERNEUX	**CERNUNNOS**	CHAMBRANT
CASTRISTE	CAVIARDÉE	**CERNUSCHI**	CHAMBREUR

CHAMBRIER
CHAMELIER
CHAMÉROPS
CHAMOISÉE
CHAMOISER
CHAMPAGNE
CHAMPAGNE
CHAMPEAUX
CHAMPÊTRE
CHAMPIGNY
CHAMPISSE
CHAMPLAIN
CHAMPLEVÉ
CHAMPSAUR
CHANÇARDE
CHANCELER
CHANCEUSE
CHANDELLE
CHANFREIN
CHANGCHUN
CHANGEANT
CHANGZHOU
CHANITOIS
CHANLATTE
CHANTANTE
CHANTEUSE
CHANTILLY
CHANTILLY
CHANTONNÉ
CHANTOUNG
CHAOTIQUE
CHAPARDÉE
CHAPARDER
CHAPEAUTÉ
CHAPELAIN
CHAPELAIN
CHAPELIER
CHAPELURE
CHAPITEAU
CHAPITRÉE
CHAPITRER
CHAPONNÉE
CHAPONNER
CHARANÇON
CHARBONNÉ
CHARCUTÉE
CHARCUTER
CHARDONAY
CHARDONNE
CHARENTON
CHARGEANT
CHARGEUSE
CHARIBERT
CHARIOTER
CHARITOIS
CHARIVARI
CHARLATAN
CHARLEROI
CHARLOISE
CHARLOTTE
CHARLOTTE
CHARMANTE
CHARMEUSE
CHARMILLE
CHARNELLE
CHARNIÈRE
CHAROLAIS
CHAROLAIS
CHAROLLES
CHARONTON
CHARPENTE
CHARPENTÉ
CHARRETÉE
CHARRETIN
CHARRETON
CHARRETON
CHARRETTE
CHARRIAGE
CHARRIANT
CHARROYÉE
CHARROYER
CHARTISME
CHARTISTE
CHARTRAIN
CHARTRAIN
CHARTREUX
CHARTRIER
CHASSANTE
CHASSELAS
CHASSEPOT
CHASSEUSE
CHASSIEUX
CHÂTAIGNE
CHÂTELAIN
CHÂTENOIS
CHAT-HUANT
CHÂTILLON
CHÂTIMENT
CHATOYANT
CHATTERIE
CHATTERJI
CHAT-TIGRE
CHAUDEAUX
CHAUDIÈRE
CHAUDIÈRE
CHAUFFAGE
CHAUFFANT
CHAUFFARD
CHAUFFEUR
CHAUMETTE
CHAUMIÈRE
CHAUNOISE
CHAUSSANT
CHAUSSEUR
CHAUSSURE
CHAUTEMPS
CHAUVELIN
CHAUVIGNY
CHAVIRANT
CHAZELLES
CHECK-LIST
CHEFFERIE
CHEFTAINE
CHÉLATEUR
CHÉLICÈRE
CHELLOISE
CHÉLONIEN
CHEMINANT
CHEMINEAU
CHEMISAGE
CHEMISANT
CHEMISIER
CHENILLÉE
CHÉNOPODE
CHERBOURG
CHERCHANT
CHERCHELL
CHERCHEUR
CHÈREMENT
CHÉRIFIEN
CHERUBINI
CHEVALANT
CHEVALIER
CHEVALIER
CHEVALINE
CHEVALLEY
CHEVAUCHÉ
CHEVELURE
CHEVILLÉE
CHEVILLER
CHEVIOTTE
CHEVREAUX
CHEVRETTE
CHEVREUIL
CHEVREUSE
CHEVRIÈRE
CHEVROLET
CHEVRONNÉ
CHEVROTER
CHEVROTIN
CHEVROTIN
CHIALEUSE
CHIANGMAI
CHIBOUQUE
CHICANANT
CHICANEUR
CHICANIER
CHIC-CHOCS
CHIENDENT
CHIEN-LOUP
CHIFFONNE
CHIFFONNÉ
CHIFFRAGE
CHIFFRANT
CHIFFREUR
CHIFFRIER
CHIGASAKI
CHIHUAHUA
CHIHUAHUA
CHILDÉRIC
CHILIENNE
CHILIENNE
CHILPÉRIC
CHIMACIEN
CHIMPANZÉ
CHINCHARD
CHINOISER
CHINONAIS
CHIPOLATA
CHIPOTAGE
CHIPOTANT
CHIPOTEUR
CHIQUEUSE
CHIRALITÉ
CHIRIAEFF
CHIRONOME
CHIRURGIE
CHISASIBI
CHITINEUX
CHKLOVSKI
CHLAMYDIA
CHLINGUER
CHLORELLE
CHLORIQUE
CHLORURÉE
CHLORURER
CHOCHOTTE
CHOCOLATÉ
CHOCOTTES
CHOÉPHORE
CHOKE-BORE
CHOLETAIS
CHOLOKHOV
CHONDRITE
CHONDROME
CHONGQING
CHOP SUEYS
CHOQUANTE
CHORÉIQUE
CHOSIFIÉE
CHOSIFIER
CHOU EN-LAI
CHOU-FLEUR
CHOUINANT
CHOU-NAVET
CHOURAVÉE
CHOURAVER
CHOURINÉE

CHOURINER
CHRISTIAN
CHRISTIE'S
CHRISTINE
CHRISTMAS
CHROMEUSE
CHROMIQUE
CHROMISÉE
CHROMISER
CHRONIQUE
CHRYSIPPE
CHTHONIEN
CHUCHOTÉE
CHUCHOTER
CHUCHOTIS
CHUINTANT
CHURCHILL
CHYLIFÈRE
CHYPRIOTE
CHYPRIOTE
CICATRICE
CICATRISÉ
CICINDÈLE
CICONIIDÉ
CI-DESSOUS
CIGARETTE
CIGARIÈRE
CIGARILLO
CIGOGNEAU
CI-INCLUSE
CI-JOINTES
CILLEMENT
CIMENTANT
CIMENTIER
CIMETERRE
CIMETIÈRE
CIMICAIRE
CINECITTÀ
CINÉ-CLUBS
CINÉ-PARCS
CINÉPHILE
CINÉRAIRE
CINÉTIQUE
CINÉTISME
CINGLANTE
CINNAMOME
CINQ-CENTS
CINQUANTE
CINQUIÈME
CINTREUSE
CIRCADIEN
CIRCASSIE
CIRCONCIS
CIRCULANT
CIRRIPÈDE
CISAILLÉE
CISAILLER

CISALPINE
CISALPINE
CISELEUSE
CISPADANE
CITADELLE
CITHARÈDE
CITOYENNE
CITRONNÉE
CIVILISÉE
CIVILISER
CIVILISTE
CLABAUDER
CLABOTAGE
CLABOTANT
CLADOCÈRE
CLAFOUTIS
CLAIRANCE
CLAIRETTE
CLAIRIÈRE
CLAIRONNÉ
CLAIRSEMÉ
CLAIRVAUX
CLAMARIOT
CLAMEÇANT
CLAPARÈDE
CLAPEYRON
CLAPOTAGE
CLAPOTANT
CLAPOTEUX
CLAQUANTE
CLAQUETER
CLAQUETTE
CLARENDON
CLARIFIÉE
CLARIFIER
CLASSABLE
CLASSIFIÉ
CLASSIQUE
CLASTIQUE
CLAUDIQUÉ
CLAUSTRAL
CLAUSTRÉE
CLAUSTRER
CLAVARDER
CLAVELEUX
CLAVETAGE
CLAVETANT
CLAVICULE
CLAYONNÉE
CLAYONNER
CLEARANCE
CLÉGUÉREC
CLÉMATITE
CLÉOPÂTRE
CLEPSYDRE
CLERGYMAN
CLERGYMEN

CLÉRICALE
CLÉRICAUX
CLÉROUQUE
CLÉTIENNE
CLEVELAND
CLICHERIE
CLICHEUSE
CLICHOISE
CLIENTÈLE
CLIGNOTER
CLIMATISÉ
CLIN D'ŒIL
CLINICIEN
CLINQUANT
CLIQUETER
CLIQUETIS
CLIQUETTE
CLISTHÈNE
CLITOCYBE
CLOCHARDE
CLOCHETON
CLOCHETTE
CLOISONNÉ
CLOÎTRANT
CLOPINANT
CLÔTURANT
CLOUTERIE
CLOWNERIE
CLOWNESSE
CLUNISIEN
CLUNYSOIS
CLUSIACÉE
CLUSIENNE
COACCUSÉE
COACERVAT
COAGULANT
COALESCÉE
COALESCER
COALISANT
COALITION
COASSOCIÉ
COBALTINE
COBALTITE
COCARDIER
COCCOLITE
COCCYGIEN
COCHEREAU
COCHONNÉE
COCHONNER
COCHONNET
COCKCROFT
COCKERILL
COCOONING
COCOTTANT
COCUFIANT
CODÉTENUE
CODICILLE

CODIFIANT
COÉDITANT
COÉDITEUR
COÉDITION
CŒLIAQUE
CŒLOMATE
COERCIBLE
COERCITIF
COEXISTER
COFACTEUR
COFINANCÉ
COGÉRANCE
COGÉRANTE
COGESTION
COGNAÇAIS
COGNATION
COGNEMENT
COGNERAUD
COGNITION
COGNITIVE
COHABITER
COHÉRENCE
COHÉRENTE
COHÉRITER
COIFFANTE
COIFFEUSE
COÏNCIDER
COÏNCULPÉ
COKÉFIANT
COLCHIQUE
COLÉREUSE
COLERIDGE
COLÉRIQUE
COLIMAÇON
COLINEAUX
COLISTIER
COLLABORÉ
COLLAGÈNE
COLLAPSUS
COLLATION
COLLECTÉE
COLLECTER
COLLECTIF
COLLECTOR
COLLÉGIAL
COLLÉGIEN
COLLETANT
COLLINÉEN
COLLIOURE
COLLISION
COLLODION
COLLOÏDAL
COLLUSION
COLLUVION
COLMARIEN
COLMATAGE
COLMATANT

9

COLOMBAGE
COLOMBIEN
COLOMBIEN
COLOMBIER
COLOMBINE
COLOMBINE
COLOMIERS
COLONELLE
COLONIALE
COLONIAUX
COLONISÉE
COLONISER
COLONNADE
COLOPHANE
COLORANTE
COLORIAGE
COLORIANT
COLORISÉE
COLORISER
COLORISTE
COLOSSALE
COLOSSAUX
COLOSTRUM
COLPOCÈLE
COLPORTÉE
COLPORTER
COLS-BLEUS
COLTINAGE
COLTINANT
COLUBRIDÉ
COLUMBIDÉ
COLUMELLE
COLUMELLE
COLUMÉRIN
COMANDANT
COMATEUSE
COMBATIVE
COMBATTRE
COMBATTUE
COMBINANT
COMBINARD
COMBURANT
COMENCINI
COMÉTAIRE
COMÉTIQUE
COMINOISE
COMITIALE
COMITIAUX
COMMAGÈNE
COMMANDÉE
COMMANDER
COMMÉMORÉ
COMMENCÉE
COMMENCER
COMMENSAL
COMMENTÉE
COMMENTER

COMMENTRY
COMMÉRAGE
COMMÉRANT
COMMERCER
COMMETTRE
COMMINGES
COMMODITÉ
COMMODORE
COMMOTION
COMMUABLE
COMMUNALE
COMMUNARD
COMMUNAUX
COMMUNIER
COMMUNION
COMMUTANT
COMPACITÉ
COMPACTÉE
COMPACTER
COMPAGNIE
COMPAGNON
COMPARANT
COMPASSÉE
COMPENSÉE
COMPENSER
COMPÉRAGE
COMPÉTENT
COMPIÈGNE
COMPILANT
COMPISSÉE
COMPISSER
COMPLAIRE
COMPLANTÉ
COMPLÉTÉE
COMPLÉTER
COMPLÉTIF
COMPLEXÉE
COMPLEXER
COMPLIQUÉ
COMPLOTÉE
COMPLOTER
COMPORTÉE
COMPORTER
COMPOSANT
COMPOSEUR
COMPOSITE
COMPOSTÉE
COMPOSTER
COMPOTIER
COMPRADOR
COMPRESSE
COMPRESSÉ
COMPRIMÉE
COMPRIMER
COMPROMIS
COMPTABLE
COMPULSÉE

COMPULSER
COMPULSIF
CONCASSÉE
CONCASSER
CONCAVITÉ
CONCÉDANT
CONCENTRÉ
CONCERNÉE
CONCERNER
CONCERTÉE
CONCERTER
CONCESSIF
CONCEVANT
CONCEVOIR
CONCHOÏDE
CONCHOISE
CONCHYLIS
CONCIERGE
CONCILIÉE
CONCILIER
CONCISION
CONCLUANT
CONCLUSIF
CONCOCTÉE
CONCOCTER
CONCOMBRE
CONCORDAT
CONCORDAT
CONCORDER
CONCOURIR
CONCUBINE
CONDAMNÉE
CONDAMNER
CONDÉENNE
CONDENSAT
CONDENSÉE
CONDENSER
CONDILLAC
CONDIMENT
CONDITION
CONDOMOIS
CONDORCET
CONDRIOTE
CONDYLIEN
CONDYLOME
CONFÉDÉRÉ
CONFÉRANT
CONFESSÉE
CONFESSER
CONFIANCE
CONFIANTE
CONFIDENT
CONFINANT
CONFIRMÉE
CONFIRMER
CONFISANT
CONFISEUR

CONFISQUÉ
CONFITEOR
CONFITURE
CONFLUANT
CONFLUENT
CONFOLENS
CONFONDRE
CONFONDUE
CONFORMÉE
CONFORMER
CONFORTÉE
CONFORTER
CONFRÉRIE
CONFRONTÉ
CONFUCÉEN
CONFUCIUS
CONFUSION
CONGÉABLE
CONGÉDIÉE
CONGÉDIER
CONGELANT
CONGÉNÈRE
CONGESTIF
CONGIAIRE
CONGOLAIS
CONGOLAIS
CONGRÉANT
CONJOINTE
CONJUGALE
CONJUGAUX
CONJUGUÉE
CONJUGUER
CONJURANT
CONNAÎTRE
CONNAUGHT
CONNECTÉE
CONNECTER
CONNECTIF
CONNEMARA
CONNEXION
CONNEXITÉ
CONNIVENT
CONNOTANT
CONQUÉRIR
CONSACRÉE
CONSACRER
CONSCIENT
CONSEILLÉ
CONSENSUS
CONSENTIE
CONSENTIR
CONSERVÉE
CONSERVER
CONSIDÉRÉ
CONSIGNÉE
CONSIGNER
CONSISTER

CONSOLANT
CONSOLIDÉ
CONSOMMÉE
CONSOMMER
CONSONANT
CONSPIRÉE
CONSPIRER
CONSPUANT
CONSTABLE
CONSTABLE
CONSTANCE
CONSTANCE
CONSTANTA
CONSTANTE
CONSTATÉE
CONSTATER
CONSTELLÉ
CONSTERNÉ
CONSTIPÉE
CONSTIPER
CONSTITUÉ
CONSTRUIT
CONSULTÉE
CONSULTER
CONSUMANT
CONTACTÉE
CONTACTER
CONTAGION
CONTAINER
CONTAMINÉ
CONTARINI
CONTEMPLÉ
CONTENANT
CONTENEUR
CONTENTÉE
CONTENTER
CONTESTÉE
CONTESTER
CONTINENT
CONTINUÉE
CONTINUEL
CONTINUER
CONTINUUM
CONTOURNÉ
CONTRACTE
CONTRACTÉ
CONTRAINT
CONTRAIRE
CONTRALTO
CONTRARIÉ
CONTRASTE
CONTRASTÉ
CONTRAVIS
CONTRE-ARC
CONTREBAS
CONTREDIT
CONTRE-FER
CONTRE-FEU
CONTRE-FIL
CONTREPET
CONTRIBUÉ
CONTRISTÉ
CONTROISE
CONTRÔLÉE
CONTRÔLER
CONTROUVÉ
CONTUMACE
CONTUSION
CONVAINCU
CONVENANT
CONVENTUM
CONVERGER
CONVERSER
CONVERTIE
CONVERTIR
CONVEXION
CONVEXITÉ
CONVIVIAL
CONVOITÉE
CONVOITER
CONVOLANT
CONVOLUTÉ
CONVOQUÉE
CONVOQUER
CONVOYAGE
CONVOYANT
CONVOYEUR
CONVULSÉE
CONVULSER
CONVULSIF
COOBLIGÉE
COOPÉRANT
COORDONNÉ
COPARTAGE
COPERMUTÉ
COPINERIE
COPPÉTANE
COPRODUIT
COPULATIF
COPYRIGHT
COQUELEUX
COQUELLES
COQUERICO
COQUETANT
COQUETIER
CORACOÏDE
CORALLIEN
CORALLINE
CORANIQUE
CORBASIEN
CORBÉENNE
CORBEILLE
CORBIÈRES
CORBIÈRES
CORBILLON
CORDELIER
CORDONNÉE
CORDONNER
CORDONNET
CORDOUANE
CORDOUANE
CORÉOPSIS
CORIANDRE
CORMELLES
CORNALINE
CORNAQUÉE
CORNAQUER
CORNÉENNE
CORNEILLE
CORNEILLE
CORNÉLIEN
CORNEMUSE
CORNFORTH
CORNICHON
CORONAIRE
CORONELLE
CORONILLE
CORPORAUX
CORPS-MORT
CORPULENT
CORRASION
CORRECTIF
CORRÉLANT
CORRÉZIEN
CORRÉZIEN
CORROBORÉ
CORRODANT
CORROMPRE
CORROMPUE
CORROSION
CORROSIVE
CORROYAGE
CORROYANT
CORROYEUR
CORSETANT
CORSETIER
CORTENAIS
CORTICALE
CORTICAUX
CORTISONE
CORUSCANT
CORVÉABLE
CORVISART
CORYBANTE
COSIGNANT
COSSÉENNE
COSTA RICA
COSTAUDES
COSTUMANT
COSTUMIER
CÔTE D'AZUR
CÔTE-DE-L'OR
CÔTELETTE
COTISANTE
COTISSANT
COTONNADE
COTONNANT
COTONNEUX
COTONNIER
COTON-TIGE
COTTEREAU
COTUTRICE
COTYLÉDON
COTYLOÏDE
COUARDISE
COUBERTIN
COUCHANTE
COUCHERIE
COUCHE-TÔT
COUCHETTE
COUCHEUSE
COU-DE-PIED
COUDOYANT
COULEUVRE
COULISSÉE
COULISSER
COULONGES
COUMARINE
COUPAILLÉ
COUPE-CHOU
COUPE-FAIM
COUPE-FILE
COUPEROSE
COUPE-VENT
COURAGEUX
COURAILLÉ
COURBATUE
COURBETTE
COURGETTE
COURLANDE
COURLIEUX
COURONNÉE
COURONNER
COURPIÈRE
COURRÈGES
COURROUCÉ
COURSIÈRE
COURSONNE
COURTAUDE
COURTAUDÉ
COURTENAY
COURTIÈRE
COURTISAN
COURTISÉE
COURTISER
COURTOISE
COURTS-JUS
COURT-VÊTU

9

COURVILLE
COUSERANS
COUSINAGE
COUSINANT
COUSSINET
COUTANCES
COUTELIER
COUTUMIER
COUTURIER
COUVAISON
COUVERCLE
COUVRANTE
COUVRE-FEU
COUVRE-LIT
COVALENCE
COVALENTE
COVENDEUR
COVER-GIRL
CRABOTAGE
CRABOTANT
CRACHEUSE
CRACHINER
CRACHOTER
CRADINGUE
CRAIGNANT
CRAILLANT
CRAINTIVE
CRAMOISIE
CRAMPONNÉ
CRÂNEMENT
CRÂNIENNE
CRAONNAIS
CRAPAHUTÉ
CRAPAÜTER
CRAPOTEUX
CRAPULEUX
CRAQUANTE
CRAQUELÉE
CRAQUELER
CRAQUELIN
CRAQUETER
CRASSEUSE
CRATÉRISÉ
CRAUROISE
CRAVACHÉE
CRAVACHER
CRAVATANT
CRAWLEUSE
CRAYONNÉE
CRAYONNER
CRÉANCIER
CRÉATRICE
CRÉBILLON
CRÉCÉENNE
CRÉDITANT
CRÉDITEUR
CRÉDULITÉ
CREILLOIS
CRÉMATION
CRÉNELANT
CRÉNELURE
CRÉODONTE
CRÉOLISÉE
CRÉOLISER
CRÉOLISME
CRÉOSOTÉE
CRÉOSOTER
CRÊPELURE
CRÉPINIEN
CRÉPITANT
CRÉPYNOIS
CRESCENDO
CRESTOISE
CRÉTINISÉ
CREUSOISE
CREUSOTIN
CREVAISON
CREVASSÉE
CREVASSER
CREVOTANT
CRIAILLER
CRIELLOIS
CRINOLINE
CRISPANTE
CRITÉRIUM
CRITIQUÉE
CRITIQUER
CROASSANT
CROCHETÉE
CROCHETER
CROCHEUSE
CROCODILE
CROISETTE
CROISIÈRE
CROISSANT
CRO-MAGNON
CRONQUIST
CRONSTADT
CROQUANTE
CROQUENOT
CROQUETTE
CROQUEUSE
CROSSMANS
CROULANTE
CROUPIÈRE
CROUSILLE
CROUSTADE
CROÛTEUSE
CRUCIFÈRE
CRUCIFIÉE
CRUCIFIER
CRUSTACÉE
CRYOGÉNIE
CRYOLITHE
CRYOLOGIE
CRYPTIQUE
CTÉSIPHON
CUBITIÈRE
CUCURBITE
CUEILLAGE
CUEILLANT
CUEILLEUR
CUEILLOIR
CUERSOISE
CUGNALAIS
CUILLERÉE
CUILLERON
CUIRASSÉE
CUIRASSER
CUISINANT
CUISINIER
CUISSARDE
CUISSEAUX
CUISTANCE
CUIVREUSE
CUIVRIQUE
CULBUTAGE
CULBUTANT
CULBUTEUR
CUL-DE-FOUR
CUL-DE-PORC
CULINAIRE
CULMINANT
CULOTTAGE
CULOTTANT
CULOTTIER
CULS-DE-SAC
CULTIVANT
CULTUELLE
CULTURALE
CULTURAUX
CUMULABLE
CUMULARDE
CUMULATIF
CUPRIFÈRE
CURAILLON
CURATELLE
CURATRICE
CURE-DENTS
CURE-ONGLE
CURE-PIPES
CURETTAGE
CURIOSITÉ
CURNONSKY
CUSSÉTOIS
CUVILLIÉS
CYANAMIDE
CYANOGÈNE
CYANOSANT
CYANURANT
CYBERCAFÉ
CYCLISANT
CYCLOÏDAL
CYCLONALE
CYCLONAUX
CYCLOPÉEN
CYCLORAMA
CYCLOTRON
CYLINDRÉE
CYLINDRER
CYMBALIER
CYNODROME
CYNOPHILE
CYPÉRACÉE
CYPRINIDÉ
CYTOLOGIE
CZIMBALUM
DABROWSKA
DABROWSKI
DACQUOISE
DACQUOISE
DAGHESTAN
DAGUESTAN
DAINVILLE
DAKAROISE
DALAÏ-LAMA
D'ALEMBERT
DALHOUSIE
DALMATIEN
DALTONIEN
DAMANHOUR
DAMASCÈNE
DAMASSANT
DAMASSINE
DAMMARTIN
DAMNATION
DAMOISEAU
DAMPIERRE
DANDINANT
DANGEREUX
DANJOUTIN
D'ANNUNZIO
DANSOTANT
DANSOTTER
DANTESQUE
DAODEJING
DARBHANGA
DAREMBERG
DARGUINES
DARJILING
DARMSTADT
D'ARTAGNAN
DARTMOUTH
DARWINIEN
DAUBENTON
DAUBERVAL
DAUMESNIL
DAVANGERE

DAVANTAGE
DAVID-NEEL
DEAD-HEATS
DÉAMBULER
DEAUVILLE
DÉBÂCHANT
DÉBÂCLANT
DÉBAGOULÉ
DÉBALLAGE
DÉBALLANT
DÉBANDADE
DÉBANDANT
DÉBAPTISÉ
DÉBARDAGE
DÉBARDANT
DÉBARDEUR
DÉBARQUÉE
DÉBARQUER
DÉBARRANT
DÉBATTANT
DÉBATTEUR
DÉBAUCHÉE
DÉBAUCHER
DÉBECTANT
DÉBILITÉE
DÉBILITER
DÉBINEUSE
DÉBITABLE
DÉBITANTE
DÉBITRICE
DÉBLATÉRÉ
DÉBLAYAGE
DÉBLAYANT
DÉBLOCAGE
DÉBLOQUÉE
DÉBLOQUER
DÉBOBINÉE
DÉBOBINER
DÉBOGUANT
DÉBOISANT
DÉBOÎTANT
DÉBONDANT
DÉBORDANT
DÉBOSSELÉ
DÉBOTTANT
DÉBOUCHÉE
DÉBOUCHER
DÉBOUCLÉE
DÉBOUCLER
DÉBOULANT
DÉBOUQUER
DÉBOURBÉE
DÉBOURBER
DÉBOURRÉE
DÉBOURRER
DÉBOURSÉE
DÉBOURSER
DÉBOUTANT
DÉBRAILLÉ
DÉBRANCHÉ
DÉBRASAGE
DÉBRASANT
DÉBRAYAGE
DÉBRAYANT
DÉBRIDANT
DÉBRIEFER
DÉBROCHÉE
DÉBROCHER
DE BROGLIE
DÉBROUSSÉ
DÉBUCHANT
DEBUCOURT
DÉBUSQUÉE
DÉBUSQUER
DÉBUTANTE
DÉCACHETÉ
DÉCADAIRE
DÉCADENCE
DÉCADENTE
DÉCADRAGE
DÉCAFÉINÉ
DÉCAGONAL
DÉCAISSÉE
DÉCAISSER
DÉCALITRE
DÉCALOGUE
DÉCALOTTÉ
DÉCALQUÉE
DÉCALQUER
DÉCALVANT
DÉCAMÉRON
DÉCAMÈTRE
DÉCAMPANT
DÉCANILLÉ
DÉCANTAGE
DÉCANTANT
DÉCANTEUR
DÉCAPANTE
DÉCAPELÉE
DÉCAPELER
DÉCAPEUSE
DÉCAPITÉE
DÉCAPITER
DÉCAPOTÉE
DÉCAPOTER
DÉCAPSULÉ
DÉCARBURÉ
DÉCATHLON
DÉCELABLE
DÉCÉLÉRER
DÉCEMMENT
DÉCENNALE
DÉCENNAUX
DÉCENTRÉE
DÉCENTRER
DÉCEPTION
DÉCERCLÉE
DÉCERCLER
DÉCÉRÉBRÉ
DÉCERNANT
DÉCERVELÉ
DÉCEVANTE
DÉCHAÎNÉE
DÉCHAÎNER
DÉCHANTER
DÉCHARGÉE
DÉCHARGER
DÉCHARNÉE
DÉCHARNER
DÉCHAUMÉE
DÉCHAUMER
DÉCHAUSSÉ
DÉCHÉANCE
DÉCHIFFRÉ
DÉCHIRANT
DE CHIRICO
DÉCHIRURE
DÉCIDABLE
DÉCIDEUSE
DÉCIDUALE
DÉCIGRADE
DÉCILITRE
DÉCIMÈTRE
DÉCINTRÉE
DÉCINTRER
DÉCISOIRE
DECIZOISE
DÉCLAMANT
DÉCLARANT
DÉCLASSÉE
DÉCLASSER
DÉCLAVETÉ
DÉCLENCHÉ
DÉCLINANT
DÉCLIVITÉ
DÉCLOSANT
DÉCLOUANT
DÉCOCHAGE
DÉCOCHANT
DÉCOCTION
DÉCODEUSE
DÉCOFFRÉE
DÉCOFFRER
DÉCOIFFÉE
DÉCOIFFER
DÉCOINCÉE
DÉCOINCER
DÉCOLÉRER
DÉCOLLAGE
DÉCOLLANT
DÉCOLLETÉ
DÉCOLORÉE
DÉCOLORER
DÉCOMBRES
DÉCOMPOSÉ
DÉCOMPTÉE
DÉCOMPTER
DÉCONFITE
DÉCONGELÉ
DÉCONNANT
DÉCORATIF
DÉCORDANT
DÉCORNANT
DÉCOUCHER
DÉCOULANT
DÉCOUPAGE
DÉCOUPANT
DÉCOUPEUR
DÉCOUPLÉE
DÉCOUPLER
DÉCOUPOIR
DÉCOUPURE
DÉCOURAGÉ
DÉCOUSANT
DÉCOUSURE
DÉCOUVERT
DÉCOUVRIR
DÉCRASSÉE
DÉCRASSER
DÉCRÉMENT
DÉCRÊPAGE
DÉCRÊPANT
DÉCRÉPITE
DÉCRÉPITÉ
DÉCRÉTALE
DÉCRÉTANT
DÉCRET-LOI
DÉCREUSÉE
DÉCREUSER
DÉCRISPÉE
DÉCRISPER
DÉCRIVANT
DÉCROCHÉE
DÉCROCHER
DÉCROISÉE
DÉCROISER
DÉCROÎTRE
DÉCROTTÉE
DÉCROTTER
DÉCRYPTÉE
DÉCRYPTER
DÉCUBITUS
DÉCUIVRÉE
DÉCUIVRER
DÉCULOTTÉ
DÉCUMATES
DÉCUPLANT
DÉDAIGNÉE

9

DÉDAIGNER
DÉDICACÉE
DÉDICACER
DÉDOMMAGÉ
DÉDOUANÉE
DÉDOUANER
DÉDOUBLÉE
DÉDOUBLER
DÉDUCTION
DÉDUCTIVE
DÉDUISANT
DÉFAILLIR
DÉFAISANT
DÉFALQUÉE
DÉFALQUER
DÉFATIGUÉ
DÉFAUFILÉ
DÉFAUSSÉE
DÉFAUSSER
DÉFECTION
DÉFECTIVE
DÉFENDANT
DÉFENDEUR
DÉFENSEUR
DÉFENSIVE
DÉFÉQUANT
DÉFÉRENCE
DÉFÉRENTE
DÉFERLAGE
DÉFERLANT
DÉFERRAGE
DÉFERRANT
DÉFERRURE
DÉFEUTRÉE
DÉFEUTRER
DÉFIBRAGE
DÉFIBRANT
DÉFIBREUR
DÉFICELÉE
DÉFICELER
DÉFICIENT
DÉFIGURÉE
DÉFIGURER
DE FILIPPO
DÉFINITIF
DÉFLAGRER
DÉFLATION
DÉFLEURIE
DÉFLEURIR
DÉFLEXION
DÉFLOCAGE
DÉFLOQUÉE
DÉFLOQUER
DÉFLORANT
DÉFOLIANT
DÉFONÇAGE
DÉFONÇANT

DÉFORÇANT
DÉFORMANT
DÉFOULANT
DÉFOULOIR
DÉFOURNÉE
DÉFOURNER
DÉFRAÎCHI
DÉFRAYANT
DÉFRICHÉE
DÉFRICHER
DÉFRIPANT
DÉFRISANT
DÉFROISSÉ
DÉFRONCÉE
DÉFRONCER
DÉFROQUÉE
DÉFROQUER
DÉFRUITÉE
DÉFRUITER
DÉGAGEANT
DÉGAINANT
DÉGANTANT
DE GASPERI
DÉGAUCHIE
DÉGAUCHIR
DÉGAZONNÉ
DÉGÉNÉRÉE
DÉGÉNÉRER
DÉGERMANT
DÉGIVRAGE
DÉGIVRANT
DÉGIVREUR
DÉGLAÇAGE
DÉGLAÇANT
DÉGLINGUE
DÉGLINGUÉ
DÉGOBILLÉ
DÉGOISANT
DÉGOMMAGE
DÉGOMMANT
DÉGONFLÉE
DÉGONFLER
DÉGOTTANT
DÉGOULINÉ
DÉGOURDIE
DÉGOURDIR
DÉGOÛTANT
DÉGOUTTER
DÉGRADANT
DÉGRAFANT
DÉGRAISSÉ
DÉGRAVOYÉ
DÉGRESSIF
DÉGREVANT
DÉGRIFFÉE
DÉGRIPPÉE
DÉGRIPPER

DÉGRISANT
DÉGROSSIE
DÉGROSSIR
DÉGROUPÉE
DÉGROUPER
DÉGUERPIR
DÉGUEULÉE
DÉGUEULER
DÉGUILLÉE
DÉGUILLER
DÉGUISANT
DÉGURGITÉ
DÉGUSTANT
DÉHANCHÉE
DÉHANCHER
DÉHISCENT
DÉICTIQUE
DEIR EZ-ZOR
DÉJANTANT
DÉJECTION
DÉJEUNANT
DÉJUCHANT
DÉJUGEANT
DE KOONING
DÉLABRANT
DELACROIX
DÉLAINAGE
DÉLAINANT
DÉLAISSÉE
DÉLAISSER
DÉLAITAGE
DÉLAITANT
DELALANDE
DELAMURAZ
DELAROCHE
DÉLASSANT
DÉLATRICE
DELAVIGNE
DÉLECTANT
DÉLÉGANTE
DÉLÉGUANT
DELESSERT
DÉLESTAGE
DÉLESTANT
DÉLIBÉRÉE
DÉLIBÉRER
DÉLICIEUX
DÉLICTUEL
DÉLIEMENT
DÉLIGNAGE
DÉLIMITÉE
DÉLIMITER
DÉLINÉANT
DÉLIRANTE
DÉLIVRANT
DEL MONACO
DÉLOGEANT

DÉLOYAUTÉ
DELTAÏQUE
DÉLUSTRÉE
DÉLUSTRER
DÉMAGOGIE
DÉMAGOGUE
DÉMAIGRIE
DÉMAIGRIR
DÉMAILLÉE
DÉMAILLER
DÉMANCHÉE
DÉMANCHER
DEMANDANT
DEMANDEUR
DEMANGEON
DÉMANTELÉ
DÉMARCAGE
DÉMARCHÉE
DÉMARCHER
DÉMARIAGE
DÉMARIANT
DÉMARQUÉE
DÉMARQUER
DÉMARRAGE
DÉMARRANT
DÉMARREUR
DÉMASCLÉE
DÉMASCLER
DÉMASQUÉE
DÉMASQUER
DÉMATINÉE
DÉMATINER
DÉMAZOUTÉ
DÉMÊLANTE
DÉMEMBRÉE
DÉMEMBRER
DÉMÉNAGÉE
DÉMÉNAGER
DÉMENTANT
DÉMENTIEL
DÉMERDANT
DÉMÉRITER
DÉMESURÉE
DÉMÉTRIOS
DÉMETTANT
DÉMEUBLÉE
DÉMEUBLER
DEMEURANT
DEMI-CLEFS
DEMI-DEUIL
DEMI-DIEUX
DÉMIELLÉE
DÉMIELLER
DEMI-FRÈRE
DEMI-HEURE
DEMI-JOURS
DEMI-LITRE

DEMI-LUNES
DEMI-PAUSE
DEMI-PIÈCE
DEMI-PLACE
DEMI-PLANS
DEMI-QUEUE
DEMI-RONDE
DEMI-SŒUR
DEMI-SOLDE
DÉMISSION
DEMI-TARIF
DEMI-TOURS
DEMI-VOLÉE
DÉMIXTION
DÉMOCRATE
DÉMOCRITE
DÉMODULÉE
DÉMODULER
DÉMONISME
DÉMONTAGE
DÉMONTANT
DÉMONTRÉE
DÉMONTRER
DÉMORDANT
DÉMOTIQUE
DÉMOTIVÉE
DÉMOTIVER
DÉMOULAGE
DÉMOULANT
DÉMOULEUR
DÉMUSELÉE
DÉMUSELER
DENAISIEN
DÉNATTANT
DÉNATURÉE
DÉNATURER
DÉNAZIFIÉ
DÉNÉBULÉE
DÉNÉBULER
DÉNIAISÉE
DÉNIAISER
DÉNICHANT
DÉNICHEUR
DÉNIGRANT
DÉNIGREUR
DÉNITRANT
DÉNIVELÉE
DÉNIVELER
DÉNOMBRÉE
DÉNOMBRER
DÉNOMMANT
DÉNONÇANT
DÉNOYAUTÉ
DENSÉMENT
DENSIFIÉE
DENSIFIER
DENTELANT
DENTELURE
DENTICULE
DENTICULÉ
DENTITION
DÉNUEMENT
DÉODATIEN
DÉODORANT
DÉONTIQUE
DÉPAILLÉE
DÉPAILLER
DÉPALISSÉ
DÉPANNAGE
DÉPANNANT
DÉPANNEUR
DÉPAQUETÉ
DEPARDIEU
DÉPARIANT
DÉPARLANT
DÉPARTAGÉ
DÉPARTANT
DÉPASSANT
DÉPATRIÉE
DÉPATRIER
DÉPAYSANT
DÉPECEUSE
DÉPÊCHANT
DÉPEIGNÉE
DÉPEIGNER
DÉPEINDRE
DÉPENDANT
DÉPENDEUR
DÉPENSANT
DÉPENSIER
DÉPERLANT
DÉPÊTRANT
DÉPEUPLÉE
DÉPEUPLER
DÉPHASAGE
DÉPHASANT
DÉPHASEUR
DÉPIAUTÉE
DÉPIAUTER
DÉPIQUAGE
DÉPIQUANT
DÉPISTAGE
DÉPISTANT
DÉPLAÇANT
DÉPLAISIR
DÉPLANTÉE
DÉPLANTER
DÉPLÂTRÉE
DÉPLÂTRER
DÉPLÉTION
DÉPLIANTE
DÉPLISSÉE
DÉPLISSER
DÉPLOMBÉE
DÉPLOMBER
DÉPLORANT
DÉPLOYANT
DÉPLUMANT
DÉPOÉTISÉ
DÉPOLLUÉE
DÉPOLLUER
DÉPONENTE
DÉPORTANT
DÉPOSANTE
DÉPOSSÉDÉ
DÉPOUILLE
DÉPOUILLÉ
DÉPOURVUE
DÉPRAVANT
DÉPRÉCIÉE
DÉPRÉCIER
DÉPRENANT
DÉPRENDRE
DÉPRESSIF
DÉPRIMANT
DÉPRISANT
DÉPUCELÉE
DÉPUCELER
DEPUIS QUE
DÉPULPANT
DÉPURATIF
DE QUINCEY
DÉRACINÉE
DÉRACINER
DÉRAGEANT
DÉRAILLER
DÉRATISÉE
DÉRATISER
DÉRAYEUSE
DÉRÉGLANT
DÉRÉGULÉE
DÉRÉGULER
DÉRISOIRE
DÉRIVABLE
DÉRIVATIF
DÉRIVETÉE
DÉRIVETER
DERJAVINE
DERMATITE
DERMATOSE
DERNIER-NÉ
DÉROCHAGE
DÉROCHANT
DÉROCTAGE
DÉROGEANT
DÉROUILLÉ
DÉROULAGE
DÉROULANT
DÉROULÈDE
DÉROULEUR
DÉROUTAGE
DÉROUTANT
DÉSABONNÉ
DÉSABUSÉE
DÉSABUSER
DÉSACCORD
DÉSACTIVÉ
DÉSADAPTÉ
DES ADRETS
DÉSAGRÉGÉ
DÉSAJUSTÉ
DÉSALIÉNÉ
DÉSALIGNÉ
DÉSALTÉRÉ
DÉSAMORCÉ
DÉSAPPRIS
DÉSARÊTÉE
DÉSARÊTER
DESARGUES
DÉSARMANT
DÉSARRIMÉ
DES AUTELS
DÉSAVOUÉE
DÉSAVOUER
DESCARTES
DESCELLÉE
DESCELLER
DESCENDRE
DESCENDUE
DESCHAMPS
DESCHANEL
DÉSÉCHOUÉ
DÉSEMBUÉE
DÉSEMBUER
DÉSEMPARÉ
DÉSEMPLIE
DÉSEMPLIR
DÉSENCRÉE
DÉSENCRER
DÉSENFLÉE
DÉSENFLER
DÉSENFUMÉ
DÉSENGAGÉ
DÉSENIVRÉ
DÉSENNUYÉ
DÉSENRAYÉ
DÉSENVASÉ
DÉSÉQUIPÉ
DÉSERTANT
DÉSERTEUR
DÉSERTION
DÉSESPÉRÉ
DÉSESPOIR
DÉSEXCITÉ
DES FORÊTS
DÉSHERBÉE
DÉSHERBER
DÉSHÉRITÉ

DÉSHONORÉ
DÉSHUILÉE
DÉSHUILER
DÉSIGNANT
DÉSINDEXÉ
DÉSINENCE
DÉSINHIBÉ
DÉSIRABLE
DÉSIREUSE
DÉSISTANT
DESMARETS
DES MOINES
DESMOSOME
DÉSOBLIGÉ
DÉSŒUVRÉ
DÉSOLANTE
DÉSOPILÉE
DÉSOPILER
DÉSORMAIS
DÉSOSSANT
DESPERADO
DESPORTES
DESQUAMÉE
DESQUAMER
DESSABLÉE
DESSABLER
DESSAISIE
DESSAISIR
DESSALAGE
DESSALANT
DESSALEUR
DESSALURE
DESSANGLÉ
DESSAOULÉ
DESSÉCHÉE
DESSÉCHER
DESSELLÉE
DESSELLER
DESSERRÉE
DESSERRER
DESSERTIE
DESSERTIR
DESSERVIE
DESSERVIR
DESSÉVAGE
DESSILLÉE
DESSILLER
DESSINANT
DESSOLANT
DESSOUCHÉ
DESSOUDÉE
DESSOUDER
DESSOÛLÉE
DESSOÛLER
DESSUINTÉ
DESTINANT
DESTITUÉE
DESTITUER
DÉSTOCKÉE
DÉSTOCKER
DESTROYER
DÉSUÉTUDE
DÉSULFITÉ
DÉSULFURÉ
DESVROISE
DÉTACHAGE
DÉTACHANT
DÉTACHEUR
DÉTAILLÉE
DÉTAILLER
DÉTARTRÉE
DÉTARTRER
DÉTECTANT
DÉTECTEUR
DÉTECTION
DÉTECTIVE
DÉTEINDRE
DÉTENDANT
DÉTENDEUR
DÉTENTEUR
DÉTENTION
DÉTERGENT
DÉTÉRIORÉ
DÉTERMINÉ
DÉTERRAGE
DÉTERRANT
DÉTERREUR
DÉTERSION
DÉTERSIVE
DÉTESTANT
DÉTHÉINÉE
DÉTONANTE
DÉTONNANT
DÉTORDANT
DÉTORSION
DÉTOURAGE
DÉTOURANT
DÉTOURNÉE
DÉTOURNER
DÉTRACTÉE
DÉTRACTER
DÉTRAQUÉE
DÉTRAQUER
DÉTREMPÉE
DÉTREMPER
DÉTRIMENT
DÉTROMPÉE
DÉTROMPER
DÉTRÔNANT
DÉTROQUÉE
DÉTROQUER
DÉTROUSSÉ
DEUCALION
DEUILLOIS
DEUTÉRIUM
DEUX-PONTS
DEUX-PONTS
DEUX-ROSES
DEUX-ROUES
DEUX-TEMPS
DÉVALISÉE
DÉVALISER
DÉVALUANT
DEVANÇANT
DEVANCIER
DEVANTURE
DÉVASTANT
DÉVELOPPÉ
DÉVERBAUX
DÉVERGUÉE
DÉVERGUER
DÉVERSANT
DÉVERSOIR
DÉVIATEUR
DÉVIATION
DEVINABLE
DEVINETTE
DÉVISAGÉE
DÉVISAGER
DÉVISSAGE
DÉVISSANT
DÉVOILANT
DÉVOLTAGE
DÉVOLTANT
DÉVOLTEUR
DÉVOLUTIF
DÉVORANTE
DÉVOREUSE
DEWOITINE
DEXTÉRITÉ
DÉZINGUER
DIABLERIE
DIABLESSE
DIABLOTIN
DIABOLISÉ
DIACHYLON
DIAGENÈSE
DIAGHILEV
DIAGONALE
DIAGONAUX
DIAGRAMME
DIALECTAL
DIALOGUER
DIALYSANT
DIALYSEUR
DIAMANTÉE
DIAMANTER
DIAMANTIN
DIAMÉTRAL
DIAPÉDÈSE
DIAPHONIE
DIAPORAMA
DIATHERME
DIATOMITE
DIAZOÏQUE
DIBASIQUE
DICASTÈRE
DICHOTOME
DICHROMIE
DICKINSON
DICTATEUR
DICTATURE
DIDACTYLE
DIEPPOISE
DIÉSÉLISÉ
DIETERLEN
DIEUDONNÉ
DIEULEFIT
DIFFAMANT
DIFFÉRANT
DIFFÉREND
DIFFÉRENT
DIFFICILE
DIFFLUENT
DIFFRACTÉ
DIFFUSANT
DIFFUSEUR
DIFFUSION
DIGESTEUR
DIGESTION
DIGESTIVE
DIGLOSSIE
DIGNEMENT
DIGOINAIS
DIGRAPHIE
DIJONNAIS
DIKSMUIDE
DIKTONIUS
DILACÉRÉE
DILACÉRER
DILAPIDÉE
DILAPIDER
DILATABLE
DILATANTE
DILATOIRE
DILECTION
DILIGENCE
DILIGENTE
DILIGENTÉ
DIMENSION
DIMINUANT
DIMINUTIF
DIMITROVO
DINANDIER
DINANNAIS
DINARDAIS
DÎNATOIRE
DINDONNÉE

DINDONNER
DINGUERIE
DINOSAURE
DIOCÉSAIN
DIOLÉFINE
DIONYSIEN
DIONYSIEN
DIONYSIES
DIOPHANTE
DIOSCURES
DIOXYGÈNE
DIPHÉNYLE
DIPHTÉRIE
DIPLÔMANT
DIPLOMATE
DIPNEUSTE
DIPOLAIRE
DIPSOMANE
DIRECTEUR
DIRECTION
DIRECTIVE
DIRÉDAOUA
DIRICHLET
DIRIGEANT
DIRIGISME
DIRIGISTE
DIRIMANTE
DISCERNÉE
DISCERNER
DISCOBOLE
DISCOÏDAL
DISCOMPTE
DISCOMPTÉ
DISCORDER
DISCOUNTÉ
DISCOURIR
DISCRÉDIT
DISCULPÉE
DISCULPER
DISCURSIF
DISCUTANT
DISCUTEUR
DISETTEUX
DISGRACIÉ
DISJOINTE
DISJONCTÉ
DISLOQUÉE
DISLOQUER
DISPARATE
DISPARITÉ
DISPATCHÉ
DISPENSÉE
DISPENSER
DISPERSÉE
DISPERSER
DISPERSIF
DISPOSANT

DISPUTANT
DISQUAIRE
DISQUETTE
DISRUPTIF
DISSÉMINÉ
DISSÉQUÉE
DISSÉQUER
DISSERTER
DISSIDENT
DISSIMULÉ
DISSIPANT
DISSOCIÉE
DISSOCIER
DISSONANT
DISSOUDRE
DISSUADÉE
DISSUADER
DISSUASIF
DISTANCÉE
DISTANCER
DISTANCIÉ
DI STEFANO
DISTENDRE
DISTENDUE
DISTILLAT
DISTILLÉE
DISTILLER
DISTINCTE
DISTINGUÉ
DISTINGUO
DISTORDRE
DISTORDUE
DISTRAIRE
DISTRAITE
DISTRIBUÉ
DISULFURE
DIVAGUANT
DIVALENTE
DIVERGENT
DIVERSION
DIVERSITÉ
DIVIDENDE
DIVINISÉE
DIVINISER
DIVISEUSE
DIVISIBLE
DIVONNAIS
DIVORÇANT
DIVULGUÉE
DIVULGUER
DIXIELAND
DJAÏNISME
DJIDJELLI
DJURDJURA
DOBROUDJA
DOCÉTISME
DOCIMASIE

DOCTEMENT
DOCTORALE
DOCTORANT
DOCTORAUX
DOCTRINAL
DOCUMENTÉ
DODELINER
DODOMAISE
DOGARESSE
DOGMATISÉ
DOLCE VITA
DÖLLINGER
DOLOMITES
DOLORISME
DOMANIALE
DOMANIAUX
DOMÉNOISE
DOMICILIÉ
DOMINANCE
DOMINANTE
DOMINICAL
DOMINIQUE
DOM MIGUEL
DOMONTOIS
DOMOTIQUE
DOMPIERRE
DOMPTABLE
DOMPTEUSE
DONATAIRE
DONATELLO
DONATISME
DONATISTE
DONATRICE
DONCASTER
DONGEOISE
DONIZETTI
DONS JUANS
DONZÉROIS
DORDRECHT
DORLOTANT
DORMITION
DORMITIVE
DORSALGIE
DORVALOIS
DORYPHORE
DOSIMÈTRE
DOS PASSOS
DOS SANTOS
DOTREMONT
DOUAISIEN
DOUANIÈRE
DOUAUMONT
DOUBIENNE
DOUBLANTE
DOUBLEAUX
DOUBLEUSE
DOUBLONNÉ

DOUCEÂTRE
DOUCEMENT
DOUCEREUX
DOUCHANBE
DOUCHETTE
DOUCHEUSE
DOUCHIÈRE
DOUESSINE
DOUILLANT
DOUMERGUE
DOUNGANES
DOUVRAISE
DOUX-AMERS
DOUZE-HUIT
DOXOLOGIE
DOYENNETÉ
DRACÉNOIS
DRACHMANN
DRACONIEN
DRAGÉIFIÉ
DRAGEONNÉ
DRAGUEUSE
DRAINEUSE
DRAMATISÉ
DRAPEMENT
DRASTIQUE
DRAVIDIEN
DRAVIDIEN
DRESSEUSE
DRIBBLANT
DRIBBLEUR
DROGUERIE
DROGUISTE
DROITIÈRE
DROITISME
DROITISTE
DRÔLEMENT
DROP-GOALS
DRUGSTORE
DRUIDESSE
DRUIDIQUE
DRUIDISME
DUALISANT
DÜBENDORF
DUBILLARD
DUBITATIF
DUBLINOIS
DU BOUCHET
DUBROVNIK
DU CAURROY
DU CERCEAU
DU CHASTEL
DUCS-D'ALBE
DUCTILITÉ
DU DEFFAND
DUDELANGE
DUELLISTE

9

DUETTISTE
DUGOMMIER
DU GUILLET
DULCICOLE
DULCIFIÉE
DULCIFIER
DUMARSAIS
DUMAS FILS
DUMAS PÈRE
DU MAURIER
DUMOURIEZ
DUMOÛTIER
DUNGENESS
DUNKERQUE
DUNSTABLE
DUODÉNALE
DUODÉNAUX
DUODÉNITE
DUPANLOUP
DUPLESSIS
DUPLEXANT
DUPLICATA
DUPLICATE
DUPLICITÉ
DUPLIQUÉE
DUPLIQUER
DUPUYTREN
DUQUESNOY
DURALUMIN
DUTILLEUX
DUTROCHET
DUUMVIRAT
DUVETEUSE
DUVEYRIER
DYNAMIQUE
DYNAMISÉE
DYNAMISER
DYNAMISME
DYNAMISTE
DYNAMITÉE
DYNAMITER
DYSIDROSE
DYSMATURE
DYSPEPSIE
DYSPHAGIE
DYSPHASIE
DYSPHONIE
DYSPHORIE
DYSPLASIE
DYSTHYMIE
DYSURIQUE
DZERJINSK
EAU D'HEURE
EAUX-DE-VIE
ÉBAUCHAGE
ÉBAUCHANT
ÉBAUCHOIR

ÉBAVURAGE
ÉBAVURANT
ÉBERLUANT
ÉBORGNAGE
ÉBORGNANT
ÉBOURIFFÉ
ÉBRANCHÉE
ÉBRANCHER
ÉBRANLANT
ÉBRÉCHANT
ÉBRÉCHURE
ÉBRIQUANT
ÉBROÏCIEN
ÉBROÏCIEN
ÉBRUITANT
ÉCAILLAGE
ÉCAILLANT
ÉCAILLÈRE
ÉCAILLEUR
ÉCAILLEUX
ÉCAILLURE
ÉCARTELÉE
ÉCARTELER
ÉCART-TYPE
ECBALLIUM
ECCHYMOSE
ECCLÉSIAL
ÉCERVELÉE
ÉCHAFAUDÉ
ÉCHALASSÉ
ÉCHANCRÉE
ÉCHANCRER
ÉCHANGEUR
ÉCHAPPANT
ÉCHARNAGE
ÉCHARNANT
ÉCHARPANT
ÉCHASSIER
ÉCHAUDAGE
ÉCHAUDANT
ÉCHAUDOIR
ÉCHAUFFÉE
ÉCHAUFFER
ECHEGARAY
ÉCHELETTE
ÉCHELONNÉ
ÉCHENILLÉ
ÉCHEVEAUX
ÉCHEVELÉE
ÉCHEVELER
ÉCHEVETTE
ÉCHEVINAL
ÉCHEVINAT
ÉCHIQUÉEN
ÉCHIQUETÉ
ÉCHIQUIER
ÉCHIURIEN

ÉCHOLALIE
ÉCHOTIÈRE
ÉCLAIRAGE
ÉCLAIRANT
ÉCLAIRCIE
ÉCLAIRCIR
ÉCLAIREUR
ÉCLAMPSIE
ÉCLATANTE
ÉCLIPSANT
ÉCLOSERIE
ÉCLUSIÈRE
ÉCŒURANT
ÉCONDUIRE
ÉCONDUITE
ÉCONOMISÉ
ÉCOPERCHE
ÉCORCEUSE
ÉCORCHAGE
ÉCORCHANT
ÉCORCHEUR
ÉCORCHURE
ÉCOSSAISE
ÉCOSSAISE
ÉCOURGEON
ÉCOURTANT
ÉCOUTANTE
ÉCOUTILLE
ÉCRASANTE
ÉCRASEUSE
ÉCRÉMEUSE
ÉCREVISSE
ÉCRITEAUX
ÉCRITOIRE
ÉCRIVASSÉ
ÉCROULANT
ÉCROÛTANT
ECTODERME
ECTROPION
ÉCULLOISE
ÉCUSSONNÉ
ÉDAPHIQUE
EDDINGTON
EDELWEISS
ÉDIFIANTE
ÉDIMBOURG
ÉDITORIAL
ÉDUCATEUR
ÉDUCATION
ÉDUCATIVE
ÉDULCORÉE
ÉDULCORER
ÉDULCORÉS
ÉFAUFILÉE
ÉFAUFILER
EFFAÇABLE
EFFANEUSE

EFFARANTE
EFFECTEUR
EFFECTIVE
EFFECTUÉE
EFFECTUER
EFFÉMINÉE
EFFÉMINER
EFFÉRENTE
EFFEUILLÉ
EFFICIENT
EFFILOCHE
EFFILOCHÉ
EFFLANQUÉ
EFFLEURÉE
EFFLEURER
EFFLUENTE
EFFONDRÉE
EFFONDRER
EFFORÇANT
EFFRANGÉE
EFFRANGER
EFFRAYANT
EFFRITANT
EFFRONTÉE
ÉGAIEMENT
ÉGAILLANT
ÉGALEMENT
ÉGALISANT
ÉGALISEUR
ÉGAREMENT
ÉGAYEMENT
ÉGLANTIER
ÉGLANTINE
ÉGORGEANT
ÉGORGEUSE
ÉGOSILLÉE
ÉGOSILLER
ÉGOUTTAGE
ÉGOUTTANT
ÉGOUTTOIR
ÉGOUTTURE
ÉGRAINAGE
ÉGRAINANT
ÉGRAPPAGE
ÉGRAPPANT
ÉGRAPPOIR
ÉGRATIGNÉ
ÉGRENEUSE
ÉGRESSION
ÉGRILLARD
ÉGROTANTE
ÉGRUGEAGE
ÉGRUGEANT
ÉGRUGEOIR
ÉGUEULANT
EHRENFELS
EIDÉTIQUE

EIDÉTISME
EINDHOVEN
EINTHOVEN
ÉJACULANT
ÉJECTABLE
ÉJOINTANT
ÉLABORANT
EL-ALAMEIN
ÉLANCOURT
ÉLASTIQUE
ELBEUVIEN
ELCHINGEN
ÉLÉATIQUE
ÉLECTORAL
ÉLECTORAT
ÉLECTRICE
ÉLECTRISÉ
ÉLECTRODE
ÉLÉGIAQUE
ELEPHANTA
ÉLÉPHANTE
ÉLÉVATEUR
ÉLÉVATION
EL-HARRACH
ÉLIMINANT
ÉLINGUANT
ÉLISABETH
ELIZABETH
EL-KANTARA
ELLESMERE
ELLINGTON
ÉLOCUTION
ÉLOGIEUSE
ÉLOIGNANT
ÉLONGEANT
ÉLOQUENCE
ÉLOQUENTE
ELSHEIMER
ÉLUCIDANT
ÉLUCUBRÉE
ÉLUCUBRER
ELVINOISE
ÉLYSÉENNE
ÉMAILLAGE
ÉMAILLANT
ÉMAILLEUR
ÉMANATION
ÉMANCIPÉE
ÉMANCIPER
ÉMARGEANT
ÉMASCULÉE
ÉMASCULER
EMBALLAGE
EMBALLANT
EMBALLEUR
EMBARQUÉE
EMBARQUER

EMBARRANT
EMBARRURE
EMBAUCHÉE
EMBAUCHER
EMBAUMANT
EMBAUMEUR
EMBÉGUINÉ
EMBÊTANTE
EMBLAVAGE
EMBLAVANT
EMBLAVURE
EMBOBINÉE
EMBOBINER
EMBOÎTAGE
EMBOÎTANT
EMBOÎTURE
EMBOSSAGE
EMBOSSANT
EMBOUCHÉE
EMBOUCHER
EMBOUQUÉE
EMBOUQUER
EMBOURBÉE
EMBOURBER
EMBRANCHÉ
EMBRAQUÉE
EMBRAQUER
EMBRASANT
EMBRASSÉE
EMBRASSER
EMBRASURE
EMBRAYAGE
EMBRAYANT
EMBRAYEUR
EMBREVANT
EMBRIGADÉ
EMBRINGUÉ
EMBROCHÉE
EMBROCHER
EMBRUMANT
EMBRUNAIS
EMBUSCADE
EMBUSQUÉE
EMBUSQUER
ÉMERGEANT
ÉMERGENCE
ÉMERGENTE
ÉMERILLON
ÉMERISANT
ÉMÉTISANT
ÉMETTRICE
ÉMEUTIÈRE
ÉMIETTANT
ÉMIGRANTE
ÉMIRIENNE
ÉMISSAIRE
EMMANCHÉE

EMMANCHER
EMMÉNAGER
EMMENTHAL
EMMENTHAL
EMMERDANT
EMMERDEUR
EMMÉTROPE
EMMIELLÉE
EMMIELLER
ÉMOLLIENT
ÉMOLUMENT
ÉMONDEUSE
ÉMOTIONNÉ
ÉMOTIVITÉ
ÉMOTTEUSE
ÉMOUSSANT
ÉMOUVANTE
EMPAILLÉE
EMPAILLER
EMPALMANT
EMPANACHÉ
EMPANNAGE
EMPANNANT
EMPAQUETÉ
EMPATTANT
EMPAUMANT
EMPAUMURE
EMPÊCHANT
EMPÊCHEUR
EMPÉDOCLE
EMPENNAGE
EMPENNANT
EMPERLANT
EMPESTANT
EMPÊTRANT
EMPHYSÈME
EMPIERRÉE
EMPIERRER
EMPIÉTANT
EMPIFFRÉE
EMPIFFRER
EMPILABLE
EMPIRIQUE
EMPIRISME
EMPIRISTE
EMPLOYANT
EMPLOYEUR
EMPLUMANT
EMPOCHANT
EMPOIGNÉE
EMPOIGNER
EMPORTANT
EMPOSIEUS
EMPOURPRÉ
EMPREINTE
EMPRESSÉE
EMPRESSER

EMPRÉSURÉ
EMPRUNTÉE
EMPRUNTER
EMPUANTIE
EMPUANTIR
ÉMULATEUR
ÉMULATION
ÉMULSIFIÉ
ENAMOURÉE
ENAMOURER
ÉNANTHÈME
ENCABANÉE
ENCABANER
ENCABLURE
ENCADRANT
ENCADREUR
ENCAGEANT
ENCAGOULÉ
ENCAISSÉE
ENCAISSER
ENCALMINÉ
ENCANTEUR
ENCAQUANT
ENCARTAGE
ENCARTANT
ENCASERNÉ
ENCASTELÉ
ENCASTRÉE
ENCASTRER
ENCAVEUSE
ENCEINDRE
ENCEINTÉE
ENCEINTER
ENCENSANT
ENCENSEUR
ENCENSOIR
ENCÉPHALE
ENCERCLÉE
ENCERCLER
ENCHAÎNÉE
ENCHAÎNER
ENCHANTÉE
ENCHANTER
ENCHÂSSÉE
ENCHÂSSER
ENCHÂTELÉ
ENCHAUSSÉ
ENCLAVANT
ENCLENCHÉ
ENCLOSURE
ENCLOUAGE
ENCLOUANT
ENCLOUURE
ENCOCHAGE
ENCOCHANT
ENCOLLAGE
ENCOLLANT

9

ENCOMBRÉE
ENCOMBRER
ENCORDANT
ENCORNANT
ENCOUBLÉE
ENCOUBLER
ENCOURAGÉ
ENCOURANT
ENCRASSÉE
ENCRASSER
ENCROÛTÉE
ENCROÛTER
ENDÉMIQUE
ENDÉMISME
EN DESSOUS
ENDETTANT
ENDEUILLÉ
ENDIABLÉE
ENDIABLER
ENDIGUANT
ENDOCARDE
ENDOCARPE
ENDOCRINE
ENDODERME
ENDOGAMIE
ENDOLORIE
ENDOLORIR
ENDOMÈTRE
ENDOMMAGÉ
ENDORMANT
ENDORMEUR
ENDOSCOPE
ENDOSSANT
ENDUCTION
ENDUISANT
ENDURABLE
ENDURANCE
ENDURANTE
ÉNERGIQUE
ÉNERVANTE
ENFAÎTANT
ENFAÎTEAU
ENFANTANT
ENFANTINE
ENFARGANT
ENFARINÉE
ENFARINER
ENFERMANT
ENFERRANT
ENFICHANT
ENFIELLÉE
ENFIELLER
ENFIÉVRÉE
ENFIÉVRER
ENFILEUSE
ENFLAMMÉE
ENFLAMMER

ENFLEURÉE
ENFLEURER
ENFONÇANT
ENFONCEUR
ENFONÇURE
ENFOURCHÉ
ENFOURNÉE
ENFOURNER
ENFREINTE
ENGAGEANT
ENGAINANT
ENGAZONNÉ
ENGELBERG
ENGENDRÉE
ENGENDRER
ENGERBAGE
ENGERBANT
ENGILBERT
ENGLOBANT
ENGLOUTIE
ENGLOUTIR
ENGOMMAGE
ENGOMMANT
ENGONÇANT
ENGOUFFRÉ
ENGOURDIE
ENGOURDIR
ENGRAISSÉ
ENGRANGÉE
ENGRANGER
ENGRÊLURE
ENGRENAGE
ENGRENANT
ENGRENURE
ENGROSSÉE
ENGROSSER
ENGUEULÉE
ENGUEULER
ENHERBANT
ENIVRANTE
ENJAMBANT
ENJAVELÉE
ENJAVELER
ENJOINDRE
ENJÔLEUSE
ENJOLIVÉE
ENJOLIVER
ENJUGUANT
ENKYSTANT
ENLUMINÉE
ENLUMINER
ENLUMINÉS
ENNÉAGONE
ENNUYANTE
ENNUYEUSE
ENQUÉRANT
ENQUÊTANT

ENQUÊTEUR
ENRACINÉE
ENRACINER
ENRAGEANT
ENRHUMANT
ENROBEUSE
ENROCHANT
ENROULANT
ENROULEUR
ENRUBANNÉ
ENSABLANT
ENSACHAGE
ENSACHANT
ENSEIGNÉE
ENSEIGNER
ENSELLURE
ENSEMENCÉ
ENSERRANT
ENSEVELIE
ENSEVELIR
ENSIFORME
ENSILEUSE
ENSISHEIM
ENSORCELÉ
ENSOUFRÉE
ENSOUFRER
ENSUIVANT
ENSUIVIES
ENTABLANT
ENTABLURE
ENTACHANT
ENTAILLÉE
ENTAILLER
ENTARTRÉE
ENTARTRER
ENTASSANT
ENTENDANT
ENTENDEUR
ENTÉNÉBRÉ
ENTÉRINÉE
ENTÉRINER
ENTÉRIQUE
ENTERRANT
ENTÊTANTE
ENTHALPIE
ENTHYMÈME
ENTICHANT
ENTIÈRETÉ
ENTOILAGE
ENTOILANT
ENTÔLEUSE
ENTONNAGE
ENTONNANT
ENTONNOIR
ENTOURAGE
ENTOURANT
ENTRAGUES

ENTRAIDÉE
ENTRAIDER
ENTR'AIMÉE
ENTR'AIMER
ENTRAÎNÉE
ENTRAÎNER
ENTRAVANT
ENTRECHAT
ENTRECÔTE
ENTRE-DEUX
ENTREGENT
ENTRE-HAÏE
ENTRE-HAÏR
ENTRE-HAÏS
ENTRELACÉ
ENTRELACS
ENTREMÊLÉ
ENTREMETS
ENTREMISE
ENTREMONT
ENTREPONT
ENTREPOSÉ
ENTREPRIS
ENTRE-RAIL
ENTRETENU
ENTRETIEN
ENTRE-TUÉE
ENTRE-TUER
ENTRE-TUÉS
ENTREVAUX
ENTREVOIE
ENTREVOIR
ENTREVOUS
ENTROPION
ÉNUCLÉANT
ÉNUMÉRANT
ENVELOPPE
ENVELOPPÉ
ENVENIMÉE
ENVENIMER
ENVERGUÉE
ENVERGUER
ENVERGURE
ENVERJURE
ENVER PASA
ENVIRONNÉ
ENVISAGÉE
ENVISAGER
ENVOÛTANT
ENVOÛTEUR
ENVOYEUSE
ÉOLIENNES
ÉPAGNEULE
ÉPAISSEUR
ÉPAMPRAGE
ÉPAMPRANT
ÉPANCHANT

ÉPANDEUSE
ÉPANNELÉE
ÉPANNELER
ÉPARGNANT
ÉPARPILLÉ
ÉPATEMENT
ÉPAUFRURE
ÉPAULETTE
ÉPENTHÈSE
ÉPÉPINANT
ÉPERONNÉE
ÉPERONNER
ÉPERVIÈRE
ÉPHÉDRINE
ÉPICENTRE
ÉPICURIEN
ÉPIDIDYME
ÉPIDURALE
ÉPIDURAUX
ÉPIERRAGE
ÉPIERRANT
ÉPIERREUR
ÉPIGASTRE
ÉPIGENÈSE
ÉPIGLOTTE
ÉPIGRAMME
ÉPIGRAPHE
ÉPILATEUR
ÉPILATION
ÉPILEPSIE
ÉPILOGUER
ÉPIMÉTHÉE
ÉPINACOIS
ÉPINCETÉE
ÉPINCETER
ÉPINGLAGE
ÉPINGLANT
ÉPINICIES
ÉPIPHANIE
ÉPIPHYTIE
ÉPISCOPAL
ÉPISCOPAT
ÉPISSOIRE
ÉPISTAXIS
ÉPIZOOTIE
ÉPLUCHAGE
ÉPLUCHANT
ÉPLUCHEUR
ÉPLUCHURE
ÉPONGEAGE
ÉPONGEANT
ÉPONTILLE
ÉPOUILLÉE
ÉPOUILLER
ÉPOUMONÉE
ÉPOUMONER
ÉPOUSSETÉ

ÉPOUVANTE
ÉPOUVANTÉ
ÉPREINDRE
ÉPREINTES
ÉPROUVANT
ÉPUISABLE
ÉPUISANTE
ÉPUISETTE
ÉPURATEUR
ÉPURATION
ÉPURATIVE
ÉPUREMENT
ÉQUERRAGE
ÉQUEUTAGE
ÉQUEUTANT
ÉQUILIBRE
ÉQUILIBRÉ
ÉQUINISME
ÉQUIPIÈRE
ÉQUIPOLLÉ
ÉQUITABLE
ÉQUIVOQUE
ÉQUIVOQUÉ
ÉRABLIÈRE
ÉRADIQUÉE
ÉRADIQUER
ÉRAILLANT
ÉRAILLURE
ÉRECTRICE
ÉREINTAGE
ÉREINTANT
ÉREINTEUR
ÉRÉSIPÈLE
ÉRÉTHISME
ERGASTULE
ERGOLOGIE
ERGOMÈTRE
ERGONOMIE
ERGOTERIE
ERGOTEUSE
ERGOTISME
ÉRISTIQUE
ERMINETTE
ERMONTOIS
ÉROSTRATE
ÉROTISANT
ÉROTOMANE
ERRATIQUE
ERREMENTS
ÉRUDITION
ÉRUGINEUX
ÉRYMANTHE
ÉRYSIPÈLE
ÉRYTHRÉEN
ÉRYTHRÉEN
ÉRYTHRINE
ÉRYTHROSE

ERZBERGER
ESBIGNANT
ESBROUFÉE
ESBROUFER
ESCABEAUX
ESCABÈCHE
ESCABELLE
ESCAGASSÉ
ESCALADÉE
ESCALADER
Escalator
ESCALOPÉE
ESCALOPER
ESCAMOTÉE
ESCAMOTER
ESCAUDAIN
ESCLAFFÉE
ESCLAFFER
ESCLANDRE
ESCLAVAGE
ESCOFFIER
ESCOMPTÉE
ESCOMPTER
ESCOPETTE
ESCORTANT
ESCORTEUR
ESCRIMANT
ESCRIMEUR
ESCROQUÉE
ESCROQUER
ESKISEHIR
ESMÉRALDA
ESPAGNOLE
ESPAGNOLE
ESPARTERO
ESPÉRANCE
ESPÉRANTO
ESPINGOLE
ESPINOUSE
ESPIONITE
ESPIONNÉE
ESPIONNER
ESPLANADE
ESQUICHÉE
ESQUICHER
ESQUIMAUX
ESQUIMAUX
ESQUINTÉE
ESQUINTER
ESQUISSÉE
ESQUISSER
ESQUIVANT
ESSAIMAGE
ESSAIMANT
ESSAOUIRA
ESSARTAGE
ESSARTAIS

ESSARTANT
ESSAYEUSE
ESSAYISTE
ESSENTIEL
ESSEQUIBO
ESSLINGEN
ESSONNIEN
ESSOREUSE
ESSORILLÉ
ESSOUCHÉE
ESSOUCHER
ESSOUFFLÉ
ESSUYEUSE
ESTAFETTE
ESTAMINET
ESTAMPAGE
ESTAMPANT
ESTAMPEUR
ESTERHÁZY
ESTÉRIFIÉ
ESTHÉTISÉ
ESTIMABLE
ESTIMATIF
ESTIVANTE
ESTOMAQUÉ
ESTOMPAGE
ESTOMPANT
ESTOURBIE
ESTOURBIR
ESTRADIOT
ESTRAPADE
ESTRIENNE
ESTROGÈNE
ESTROPIÉE
ESTROPIER
ESTUARIEN
ESTURGEON
ESZTERGOM
ÉTAGEMENT
ÉTAIEMENT
ÉTALEMENT
ÉTALINGUÉ
ÉTALONNÉE
ÉTALONNER
ÉTAMPOISE
ÉTANCHANT
ÉTANÇONNÉ
ÉTAPLOISE
ÉTARQUANT
ÉTATISANT
ÉTAT LIBRE
ÉTAT-MAJOR
ÉTATS-UNIS
ÉTAYEMENT
ET CÆTERA
ÉTEIGNANT
ÉTEIGNOIR

9

ÉTELLOISE
ÉTENDERIE
ÉTERNELLE
ÉTERNISÉE
ÉTERNISER
ÉTERNUANT
ÉTÊTEMENT
ÉTHÉRIFIÉ
ÉTHIOPIEN
ÉTHIOPIEN
ETHMOÏDAL
ETHNARQUE
ETHNOCIDE
ETHNONYME
ÉTHOLOGIE
ÉTHOLOGUE
ÉTHYLIQUE
ÉTHYLISME
ÉTINCELER
ÉTINCELLE
ÉTIOLOGIE
ÉTIOPATHE
ÉTIQUETÉE
ÉTIQUETER
ÉTIQUETTE
ÉTIREMENT
ETOBICOKE
ÉTONNANTE
ÉTOUFFADE
ÉTOUFFAGE
ÉTOUFFANT
ÉTOUFFOIR
ÉTOUPILLE
ÉTOUPILLÉ
ÉTOURNEAU
ÉTRANGÈRE
ÉTRANGETÉ
ÉTRANGLÉE
ÉTRANGLER
ÉTREINDRE
ÉTRENNANT
ÉTRÉPAGNY
ÉTRILLANT
ÉTRIQUANT
ÉTRIVIÈRE
ÉTRUSQUES
ETTERBEEK
ÉTUDIANTE
ÉTUVEMENT
EUCARYOTE
EUCLIDIEN
EUGÉNIQUE
EUGÉNISME
EUGÉNISTE
EUMÉNIDES
EUPATOIRE
EUPATRIDE
EUPHORISÉ
EUPHRAISE
EUPHUISME
EUROCORPS
EUROCRATE
EUROFRANC
EUROPOORT
EURYHALIN
EURYMÉDON
EURYSTHÉE
EURYTHMIE
EUSKARIEN
EUSKARIEN
EUSKÉRIEN
EUSKÉRIEN
EUTHÉRIEN
EUTOCIQUE
ÉVAHONIEN
ÉVALUABLE
ÉVALUATIF
ÉVAPORANT
ÉVAPORITE
ÉVASEMENT
ÉVEILLANT
ÉVEILLEUR
ÉVÉNEMENT
ÉVENTAIRE
ÉVENTRANT
ÉVENTREUR
ÉVERTUANT
ÉVIANAISE
ÉVIDEMENT
ÉVISCÉRÉE
ÉVISCÉRER
ÉVITEMENT
ÉVOCATEUR
ÉVOCATION
ÉVOLUTION
ÉVOLUTIVE
ÉVRONNAIS
EX ABRUPTO
EXACERBÉE
EXACERBER
EXAGÉRANT
EXALTANTE
EXAMINANT
EXANTHÈME
EXASPÉRÉE
EXASPÉRER
EXCÉDANTE
EXCELLANT
EXCELLENT
EXCENTRÉE
EXCENTRER
EXCEPTANT
EXCEPTION
EXCESSIVE
EXCIPIENT
EXCITABLE
EXCITANTE
EXCLAMANT
EXCLUSION
EXCLUSIVE
EXCORIANT
EXCRÉMENT
EXCRÉTANT
EXCRÉTEUR
EXCRÉTION
EXCURSION
EXCUSABLE
EXÉCRABLE
EXÉCUTANT
EXÉCUTEUR
EXÉCUTION
EXÉCUTIVE
EXEMPTANT
EXEMPTION
EXEQUATUR
EXERÇANTE
EXFILTRÉE
EXFILTRER
EXFOLIANT
EXHAUSSÉE
EXHAUSSER
EXHAUSTIF
EXHORTANT
EXIGEANTE
EXINSCRIT
EXISTANTE
EXISTENCE
EXONÉRANT
EXORBITÉE
EXORCISÉE
EXORCISER
EXORCISME
EXORCISTE
EXORÉIQUE
EXORÉISME
EXOSPHÈRE
EXOTOXINE
EXPANSION
EXPANSIVE
EXPATRIÉE
EXPATRIER
EXPECTANT
EXPECTORÉ
EXPÉDIANT
EXPÉDIENT
EXPÉDITIF
EXPERTISE
EXPERTISÉ
EXPIATEUR
EXPIATION
EXPIRANTE
EXPLÉTIVE
EXPLICITE
EXPLICITÉ
EXPLIQUÉE
EXPLIQUER
EXPLOITÉE
EXPLOITER
EXPLORANT
EXPLOSANT
EXPLOSEUR
EXPLOSION
EXPLOSIVE
EXPORTANT
EXPOSANTE
EXPRESSIF
EXPRIMAGE
EXPRIMANT
EXPROPRIÉ
EXPULSANT
EXPULSION
EXQUISITÉ
EXTASIANT
EXTATIQUE
EXTENDEUR
EXTENSEUR
EXTENSION
EXTENSIVE
EXTÉNUANT
EXTÉRIEUR
EXTERMINÉ
EXTINCTIF
EXTIRPANT
EXTORQUÉE
EXTORQUER
EXTORSION
EXTRACTIF
EXTRADANT
EXTRAFINE
EXTRAFORT
EXTRAPOLÉ
EXTRAVASÉ
EXTRAYANT
EXTRÉMALE
EXTRÉMAUX
EXTRÉMITÉ
EXTRUDANT
EXTRUSION
EXTRUSIVE
EXUBÉRANT
EYE-LINERS
EYGUIÈRES
EYMÉTOISE
EYSINAISE
FABRICANT
FABRIQUÉE
FABRIQUER
FABULEUSE

FABULISTE
FACE-À-FACE
FACE-À-MAIN
FACÉTIEUX
FACETTANT
FACILITÉE
FACILITER
FAÇONNAGE
FAÇONNANT
FAÇONNEUR
FAÇONNIER
FAC-SIMILÉ
FACTICITÉ
FACTIEUSE
FACTITIVE
FACTORIEL
FACTORING
FACTORISÉ
FACTUELLE
FACTURANT
FACTURIER
FAGOTIÈRE
FAIBLARDE
FAIBLESSE
FAIDHERBE
FAÏENÇAGE
FAÏENCIER
FAIGNANTE
FAILLIBLE
FAINÉANTE
FAINÉANTÉ
FAIRBANKS
FAIRE-PART
FAISANDÉE
FAISANDER
FAISCEAUX
FAISSELLE
FALAISIEN
FALCONIDÉ
FALLIÈRES
FALSIFIÉE
FALSIFIER
FALUNIÈRE
FAMECKOIS
FAMÉLIQUE
FAMILIALE
FAMILIAUX
FAMILIÈRE
FANATIQUE
FANATISÉE
FANATISER
FANATISME
FANCY-FAIR
FANS-CLUBS
FANTAISIE
FANTASMER
FANTASQUE
FANTASSIN
FAOUËTAIS
FARANDOLE
FARDOCHES
FARIDABAD
FARIGOULE
FARINACÉE
FARINELLI
FARINEUSE
FARLOUCHE
FARNÉSINE
FARNIENTE
FASCICULE
FASCICULÉ
FASCINAGE
FASCINANT
FASCISANT
FAST-FOODS
FASTIGIÉE
FASTUEUSE
FATALISME
FATALISTE
FATIDIQUE
FATIGABLE
FATIGANTE
FATIGUANT
FATIMIDES
FAUCARDÉE
FAUCARDER
FAUCHEUSE
FAUFILAGE
FAUFILANT
FAUFILURE
FAUNESQUE
FAUSSAIRE
FAUX-BORDS
FAUX-FILET
FAVERGIEN
FAVORABLE
FAVORISÉE
FAVORISER
FAYDHERBE
FAYENÇOIS
FÉBRICULE
FÉBRIFUGE
FÉBRILITÉ
FÉCAMPOIS
FÉCONDANT
FÉCONDITÉ
FÉCULENCE
FÉCULENTE
FÉCULERIE
FÉCULIÈRE
FÉDÉRATIF
FEIGNANTE
FEININGER
FEINTEUSE
FELDSPATH
FELDWEBEL
FÉLIBRIGE
FÉLICITÉE
FÉLICITER
FELLATION
FELLINIEN
FÉMINISÉE
FÉMINISER
FÉMINISME
FÉMINISTE
FENDILLÉE
FENDILLER
FENESTRON
FENÊTRAGE
FENÊTRANT
FÉODALITÉ
FERDINAND
FÉRINGIEN
FÉRINGIEN
FERLOUCHE
FERMEMENT
FERMENTÉE
FERMENTER
FERMETURE
FERNANDEL
FERNÁNDEZ
FÉROÏENNE
FÉROÏENNE
FERRAILLE
FERRAILLÉ
FERRARAIS
FERRASSIE
FERREMENT
FERRIÈRES
FERROUTÉE
FERROUTER
FERRY-BOAT
FERTÉSIEN
FERTILISÉ
FERTILITÉ
FESTINGER
FESTIVITÉ
FESTONNÉE
FESTONNER
FESTOÙ-NOZ
FESTOYANT
FÉTICHEUR
FEUERBACH
FEUILLADE
FEUILLAGE
FEUILLANT
FEUILLARD
FEUILLÈRE
FEUILLETÉ
FEUILLURE
FEULEMENT
FEYZINOIS
FIABILISÉ
FIABILITÉ
FIBONACCI
FIBRINEUX
FIBROCYTE
FIDÉLISÉE
FIDÉLISER
FIDJIENNE
FIDJIENNE
FIELLEUSE
FIER-À-BRAS
FIÈREMENT
FIÉVREUSE
FIGEACOIS
FIGNOLAGE
FIGNOLANT
FIGNOLEUR
FIGURANTE
FIGURATIF
FILARIOSE
FILIALISÉ
FILIATION
FILICINÉE
FILIFORME
FILIGRANE
FILIGRANÉ
FILLASTRE
FILLIOZAT
FILMOGÈNE
FILOCHANT
FILOGUIDÉ
FILOSELLE
FILOUTAGE
FILOUTANT
FILTRABLE
FILTRANTE
FINALISÉE
FINALISER
FINALISME
FINALISTE
FINANÇANT
FINANCIER
FINASSANT
FINASSEUR
FINASSIER
FINISSAGE
FINISSANT
FINISSEUR
FINISSURE
FINISTÈRE
FINITISME
FIORITURE
FIRMAMENT
FIROZABAD
FISCALISÉ
FISCALITÉ

9

FISSIONNÉ
FISSURANT
FISTULEUX
FISTULINE
FITZ-JAMES
FIUMICINO
FIXATRICE
FLACHERIE
FLACHEUSE
FLAGELLÉE
FLAGELLER
FLAGELLUM
FLAGEOLER
FLAGEOLET
FLAGORNÉE
FLAGORNER
FLAGRANTE
FLAIREUSE
FLAMBANTE
FLAMBEAUX
FLAMBERGE
FLAMBEUSE
FLAMBOYER
FLAMMÈCHE
FLAMSTEED
FLANCHANT
FLANQUANT
FLASH-BACK
FLASHEUSE
FLATTERIE
FLATTEUSE
FLATULENT
FLÉCHETTE
FLÉCHOISE
FLEMMARDE
FLEMMARDÉ
FLENSBURG
FLÉRIENNE
FLEURANCE
FLEURETER
FLEURETTE
FLEURISTE
FLEURONNÉ
FLEVOLAND
FLEXUEUSE
FLINGUANT
FLIRTEUSE
FLOCK-BOOK
FLOCONNER
FLOCULANT
FLONFLONS
FLORACOIS
FLORAISON
FLORALIES
FLORENNES
FLORENSAC
FLORENTIN

FLORENTIN
FLORICOLE
FLORIFÈRE
FLORILÈGE
FLOTTABLE
FLOTTANTE
FLOTTILLE
FLUCTUANT
FLUIDIFIÉ
FLUIDIQUE
FLUIDISÉE
FLUIDISER
FLUXMÈTRE
FOCALISÉE
FOCALISER
FOCOMÈTRE
FOGAZZARO
FOISONNER
FOLÂTRANT
FOLIATION
FOLIOTAGE
FOLIOTANT
FOLIOTEUR
FOLLEMENT
FOLLEREAU
FOLLICULE
FOMENTANT
FONÇAILLE
FONDATEUR
FONDATION
FONDEMENT
FONDRIÈRE
FONGICIDE
FONGOSITÉ
FONGUEUSE
FONSCHOIS
FONT-ROMEU
FONVIZINE
FORAMINÉE
FORCEMENT
FORCÉMENT
FORESTAGE
FORESTIER
FORESTOIS
FORFICULE
FORGEABLE
FORGIONNE
FORJETANT
FORLANCÉE
FORLANCER
FORLIGNER
FORLONGÉE
FORLONGER
FORMALISÉ
FORMALITÉ
FORMATAGE
FORMATANT

FORMATEUR
FORMATION
FORMATIVE
FORMIONNE
FORMOLANT
FORMULANT
FORNIQUER
FORRESTER
FORSYTHIA
FORTALEZA
FORTEMENT
FORTIFIÉE
FORTIFIER
FORTUNÉES
FORT WAYNE
FORT WORTH
FOSSILISÉ
FOSSORIER
FOSSOYANT
FOSSOYEUR
FOS-SUR-MER
FOUAILLÉE
FOUAILLER
FOUDROYÉE
FOUDROYER
FOUESNANT
FOUETTANT
FOUETTARD
FOUGERAIE
FOUGERAIS
FOUGUEUSE
FOUILLANT
FOUILLEUR
FOUINARDE
FOUINEUSE
FOUISSAGE
FOUISSANT
FOUISSEUR
FOULONNÉE
FOULONNER
FOURASTIÉ
FOURBERIE
FOURCHANT
FOURGONNÉ
FOURGUANT
FOURMILLÉ
FOURNAISE
FOURNAISE
FOURNEAUX
FOURRAGER
FOURREAUX
FOURRIÈRE
FOURVIÈRE
FOURVOYÉE
FOURVOYER
FOX-HOUNDS
FOYALAISE

FRACASSÉE
FRACASSER
FRACTURÉE
FRACTURER
FRAGILISÉ
FRAGILITÉ
FRAGMENTÉ
FRAGONARD
FRAGRANCE
FRAGRANTE
FRAÎCHEUR
FRAISEUSE
FRAISIÈRE
FRAMBOISE
FRAMBOISÉ
FRAMERIES
FRANÇAISE
FRANÇAISE
FRANC-BORD
FRANCESCA
FRANC-FIEF
FRANCFORT
FRANCHISE
FRANCHISÉ
FRANCIQUE
FRANCISÉE
FRANCISER
FRANCOLIN
FRANCONIE
FRANGEANT
FRANGLAIS
FRANKFORT
FRANKLAND
FRAPPANTE
FRATERNEL
FRAUDEUSE
FRAXINIEN
FRÉCHETTE
FREDONNÉE
FREDONNER
FREE-LANCE
FREE-SHOPS
FRÉGATAGE
FRÉGATANT
FRÉJUSIEN
FRELATAGE
FRELATANT
FRELUQUET
FRÉNATEUR
FRÉQUENCE
FRÉQUENTE
FRÉQUENTÉ
FRÈRE ÉLIE
FRESNOISE
FRÉTILLER
FREUDISME
FREYCINET

FRIANDISE
FRICASSÉE
FRICASSER
FRICATIVE
FRICOTAGE
FRICOTANT
FRICOTEUR
FRIEDLAND
FRIEDRICH
FRIGIDITÉ
FRILOSITÉ
FRIMOUSSE
FRINGANTE
FRINGUANT
FRISOTTÉE
FRISOTTER
FRISOTTIS
FRISSONNÉ
FRIVOLITÉ
FROBENIUS
FROBERGER
FROBISHER
FROISSANT
FROISSART
FROISSURE
FRÔLEMENT
FROMAGÈRE
FROMENTIN
FRONDEUSE
FRONTEAUX
FRONTENAC
FRONTENAY
FRONTIÈRE
FRONTISTE
FROSINONE
FROTTANTE
FROTTEUSE
FROUSSARD
FRUCTIDOR
FRUCTIFIÉ
FRUCTUEUX
FRUGALITÉ
FRUGEOISE
FRUGIVORE
FRUITERIE
FRUITIÈRE
FRUSTRANT
FUÉGIENNE
FUÉGIENNE
FUKUSHIMA
FULGURANT
FULLERÈNE
FULMINANT
FULMINATE
FUMÉLOISE
FUMEROLLE
FUMETERRE
FUNABASHI
FUNAMBULE
FUNÉRAIRE
FURETEUSE
FURETIÈRE
FURIBARDE
FURIBONDE
FURTIVITÉ
FUSARIOSE
FUSIFORME
FUSILLADE
FUSILLANT
FUSILLEUR
FUSINISTE
FUSIONNÉE
FUSIONNEL
FUSIONNER
FUTURISME
FUTURISTE
GABARDINE
GABARIAGE
GABARRIER
GABCÍKOVO
GABONAISE
GABONAISE
GADGÉTISÉ
GADOUILLE
GAGAOUZES
GAGNE-PAIN
GAGUESQUE
GAILLARDE
GALACTOSE
GALAMMENT
GALANDAGE
GALANTINE
GALÁPAGOS
GALBRAITH
GALÉNIQUE
GALERISTE
GALÉRUQUE
GALETTEUX
GALHAUBAN
GALIPETTE
GALIPOTÉE
GALIPOTER
GALITZINE
GALLICANE
GALLICOLE
GALLIFFET
GALLIMARD
GALLINACÉ
GALLINULE
GALLIPOLI
GALLITZIN
GALONNANT
GALOPANTE
GALOPEUSE
GALVANISÉ
GALVAUDÉE
GALVAUDER
GALVAUDÉS
GAMACHOIS
GAMBADANT
GAMBERGÉE
GAMBERGER
GAMBIENNE
GAMBILLER
GAMINERIE
GANADERIA
GANDRANGE
GANGEOISE
GANGRENÉE
GANGRENER
GANNATOIS
GANSHOREN
GAPENÇAIS
GARAGISTE
GARCHOISE
GARÇONNET
GARDE-BOUE
GARDE-CÔTE
GARDE-FEUX
GARDE-FOUS
GARDE-PORT
GARDE-ROBE
GARDE-VOIE
GARDIENNE
GARENNOIS
GARGANTUA
GARGANTUA
GARGARISÉ
GARGEOISE
GARGOTIER
GARGOUSSE
GARIBALDI
GARNEMENT
GARNITURE
GARRIGUES
GARROTTÉE
GARROTTER
GASCOIGNE
GASPÉSIEN
GASPILLÉE
GASPILLER
GASTÉRALE
GASTRIQUE
GÂTE-SAUCE
GÂTIFIANT
GATINOISE
GATTILIER
GAUCHERIE
GAUCHISME
GAUCHISTE
GAUDRIOLE
GAUFRETTE
GAUFREUSE
GAULEITER
GAULLISME
GAULLISTE
GAY-LUSSAC
GAZÉIFIÉE
GAZÉIFIER
GAZIANTEP
GAZINIÈRE
GAZOMÈTRE
GAZONNAGE
GAZONNANT
GAZOUILLÉ
GEIGNARDE
GÉLATINÉE
GÉLIFIANT
GÉLINOTTE
GÉMELLITÉ
GÉMISSANT
GEMMATION
GEMMIFÈRE
GENDARMÉE
GENDARMER
GÉNÉRALAT
GÉNÉRATIF
GÉNÉREUSE
GÉNÉRIQUE
GÉNÉSIQUE
GÉNÉTIQUE
GÉNÉTISME
GENEVIÈVE
GENEVOISE
GENEVOISE
GENÉVRIER
GÉNIALITÉ
GÉNISSIAT
GÉNITRICE
GÉNOMIQUE
GENOUILLÉ
GENTILITÉ
GENTILLET
GENTIMENT
GENTLEMAN
GENTLEMEN
GÉOCHIMIE
GÉODÉSIEN
GÉOGLYPHE
GÉOGRAPHE
GÉOMANCIE
GÉOMÉTRAL
GÉOMÉTRIE
GÉOPHAGIE
GÉORGIQUE
GÉOSPHÈRE
GÉRARDMER
GERCEMENT

9

GERGOLIEN
GÉRIATRIE
GÉRICAULT
GERMANISÉ
GERMANIUM
GERMICIDE
GERMINALE
GERMINAUX
GERMISTON
GERNSBACK
GÉROMOISE
GERPINNES
GERZATOIS
GESTATION
GESTICULÉ
GESTUELLE
GÉVRIENNE
GHANÉENNE
GHANÉENNE
GHAZIABAD
GHILIZANE
GIBBOSITÉ
GIBECIÈRE
GIBELOTTE
GIBOYEUSE
GIBRALTAR
GICLEMENT
GIENNOISE
GIESEKING
GIGNACOIS
GILETIÈRE
GILGAMESH
GILLESPIE
GIMONTOIS
GINGEMBRE
GINGIVALE
GINGIVAUX
GINGIVITE
GIN-RUMMYS
GIORGIONE
GIRAFEAUX
GIRANDOLE
GIRATOIRE
GIRAUDOUX
GIRAUMONT
GIROFLIER
GIROMAGNY
GIRONDINE
GIRONDINE
GIRONDINS
GIROUETTE
GISORSIEN
GÎTOLOGIE
GIVERNOIS
GIVETOISE
GIVORDINE
GJELLERUP

GLACIAIRE
GLACIELLE
GLADSTONE
GLAIREUSE
GLAISEUSE
GLAISIÈRE
GLAMORGAN
GLANDEUSE
GLANEMENT
GLAUCONIE
GLAZOUNOV
GLISSANCE
GLISSANDO
GLISSANTE
GLISSIÈRE
GLISSOIRE
GLOBALISÉ
GLOBALITÉ
GLOBULEUX
GLOBULINE
GLOMÉRULE
GLORIETTE
GLORIEUSE
GLORIFIÉE
GLORIFIER
GLOSSAIRE
GLOSSETTE
GLOTTIQUE
GLOUSSANT
GLOUTONNE
GLUCOSIDE
GLUTAMATE
GLUTINEUX
GLYCÉRIDE
GLYCÉRINE
GLYCÉRINÉ
GLYCÉROLÉ
GLYCOGÈNE
GLYCOLYSE
GLYPTIQUE
GLYPTODON
GNEISENAU
GNEISSEUX
GNOGNOTTE
GNOSTIQUE
GOBANAISE
GODAILLER
GODENDART
GODILLANT
GODIVEAUX
GOGUENARD
GOGUENOTS
GOINFRANT
GOITREUSE
GOLBÉENNE
GOLD COAST
GOLDSMITH

GOLDSTEIN
GOLFE-JUAN
GOLITSYNE
GOMARISME
GOMARISTE
GOMMIFÈRE
GONÇALVES
GONDEBAUD
GONDOBALD
GONDOLAGE
GONDOLANT
GONDOLIER
GONESSIEN
GONFLABLE
GONFLANTE
GONFLETTE
GONOCOQUE
GONOPHORE
GONORRHÉE
GONOZOÏDE
GORAKHPUR
GORDIENNE
GOTTFRIED
GÖTTINGEN
GOTTSCHED
GOUACHANT
GOUAILLER
GOUALANTE
GOUALEUSE
GOUDRONNÉ
GOUJONNÉE
GOUJONNER
GOULEYANT
GOULÛMENT
GOUPILLÉE
GOUPILLER
GOUPILLON
GOURMANDE
GOURMANDÉ
GOURMETTE
GOURNABLE
GOUTHIÈRE
GOUTTEUSE
GOUTTIÈRE
GOUVERNÉE
GOUVERNER
GOUVERNÉS
GOYTISOLO
GRACIABLE
GRACIEUSE
GRACILITÉ
GRADATION
GRADIGNAN
GRADUELLE
GRAFFEUSE
GRAFFITIS
GRAFIGNÉE

GRAFIGNER
GRAILLANT
GRAINIÈRE
GRAISSAGE
GRAISSANT
GRAISSEUR
GRAISSEUX
GRAMATOIS
GRAMMAIRE
GRAMPIANS
GRAN CHACO
GRAND BELT
GRANDBOIS
GRANDELET
GRANDETTE
GRANDIOSE
GRAND-LIEU
GRAND-MÈRE
GRAND-MÈRE
GRAND-PAPA
GRAND-PÈRE
GRAND TREK
GRANITEUX
GRANIVORE
GRANULANT
GRANULEUX
GRANULITE
GRANULOME
GRANVELLE
GRANVILLE
GRAPHIOSE
GRAPHIQUE
GRAPHISME
GRAPHISTE
GRAPHITÉE
GRAPHITER
GRAPPELLI
GRAPPILLÉ
GRASSERIE
GRASSEYÉE
GRASSEYER
GRASSMANN
GRASSOISE
GRATIFIÉE
GRATIFIER
GRATINANT
GRATITUDE
GRATTE-CUL
GRATTE-DOS
GRATTELLE
GRATTERON
GRATTEUSE
GRAULENNE
GRAVELEUX
GRAVELURE
GRAVEMENT
GRAVEROTE

GRAVIDITÉ
GRAVILLON
GRAVITANT
GRAYLOISE
GRÉCISANT
GREENWICH
GREFFIÈRE
GRÉGARINE
GRÉGORIEN
GRELOTTER
GRELUCHON
GRÉMILLON
GRENADAGE
GRENADANT
GRENADEUR
GRENADIEN
GRENADIER
GRENADINE
GRENADINE
GRENAILLE
GRENAILLÉ
GRENAISON
GRENELANT
GRENVILLE
GRÉSILLER
GRÉSILLON
GRÉSYLIEN
GRIFFEUSE
GRIFFONNÉ
GRIGNARDE
GRIGNOISE
GRIGNOTÉE
GRIGNOTER
GRILLAGÉE
GRILLAGER
GRILL-ROOM
GRIMAÇANT
GRIMACIER
GRIMPANTE
GRIMPETTE
GRIMPEUSE
GRINÇANTE
GRINCHEUX
GRINGALET
GRINGOIRE
GRIOTTIER
GRIPPE-SOU
GRISAILLE
GRISAILLÉ
GRISOLLER
GRISOLLES
GRISONNER
GROENLAND
GROGNASSE
GROGNASSÉ
GROGNERIE
GROGNEUSE
GROGNONNE
GROGNONNÉ
GROMMELÉE
GROMMELER
GRONDANTE
GRONDERIE
GRONDEUSE
GRONINGUE
GROSEILLE
GROS-GRAIN
GROS-MORNE
GROS-PLANT
GROSSE-ÎLE
GROSSERIE
GROSSESSE
GROSSIÈRE
GROSSISTE
GROTESQUE
GROTEWOHL
GROTOWSKI
GROUILLÉE
GROUILLER
GROUILLOT
GRUDZIADZ
GRUIFORME
GRUMELANT
GRUMELEUX
GRUNDTVIG
GRÜNEWALD
GRUPPETTI
GRUPPETTO
GRUYÉRIEN
GRYSÉLIEN
GUACAMOLE
GUADALUPE
GUANGDONG
GUANGZHOU
GUARDAFUI
GUARRAZAR
GUARULHOS
GUATEMALA
GUAYAQUIL
GUÉGUERRE
GUÉPRATTE
GUÉRANGER
GUÉRÉTOIS
GUERLÉDAN
GUERNESEY
GUERRIÈRE
GUERROYER
GUET-APENS
GUEULANTE
GUEULARDE
GUEULETON
GUEUSERIE
GUIDE-FILS
GUIDEROPE
GUIGNARDE
GUIGNOLET
GUILDFORD
GUILLAUME
GUILLAUME
GUILLEDOU
GUILLEMET
GUILLEMIN
GUILLEMOT
GUILLERET
GUILLEVIC
GUILLOCHÉ
GUILLOTIN
GUILVINEC
GUIMARÃES
GUIMBARDE
GUINCHANT
GUINDEAUX
GUINÉENNE
GUINÉENNE
GUIPÚZCOA
GUIRLANDE
GUJANAISE
GUMMIFÈRE
GURDJIEFF
GURU NANAK
GUSTATION
GUSTATIVE
GUTENBERG
GÜTERSLOH
GUTTURALE
GUTTURAUX
GUYANAISE
GUYANAISE
GYMNASIAL
GYROLASER
GYROMÈTRE
GYROMITRE
GYROPHARE
GYROSCOPE
HABILITÉE
HABILITER
HABILLAGE
HABILLANT
HABILLEUR
HABITABLE
HABITACLE
HABITANTE
HABITUANT
HABSBOURG
HACHEMENT
HACHINOHE
HACHURANT
HADRUMÈTE
HAEBERLIN
HAHNEMANN
HAINUYÈRE
HAINUYÈRE
HAÏSSABLE
HAÏTIENNE
HAÏTIENNE
HALBWACHS
HALETANTE
HALF COURT
HALF-TRACK
HALIOTIDE
HALLOWEEN
HALLSTADT
HALLSTATT
HALLUCINÉ
HALMAHERA
HALOGÉNÉE
HALOPHILE
HALOPHYTE
HALOTHANE
HAMADRYAS
HAMAMATSU
HAMAMÉLIS
HAMBURGER
HAMBURGER
HAMERLING
HAMMAGUIR
HAMMAM-LIF
HAMPSHIRE
HANAFISME
HANDICAPÉ
HANOVRIEN
HAPPEMENT
HAPPENING
HAPPY ENDS
HARA-KIRIS
HARANGUÉE
HARANGUER
HARARAISE
HARASSANT
HARCELANT
HARCELEUR
HARDIESSE
HARDIMENT
HARELBEKE
HARENGÈRE
HARGNEUSE
HARIDELLE
HARMATTAN
HARMONICA
HARMONISÉ
HARMONIUM
HARNACHÉE
HARNACHER
HARNÉSIEN
HARPAILLE
HARPONNÉE
HARPONNER
HARROGATE

HARUSPICE
HASARDANT
HASARDEUX
HASCHISCH
HASDRUBAL
HASPARREN
HASSI RMEL
HÂTIVEAUX
HAUBANAGE
HAUBANANT
HAUPTMANN
HAUSDORFF
HAUSSE-COL
HAUSSIÈRE
HAUSSMANN
HAUT-ALPIN
HAUT-BRION
HAUTEFORT
HAUTEMENT
HAUTURIER
HAVANAISE
HAVANAISE
HAVENEAUX
HAWAÏENNE
HAWAÏENNE
HAWTHORNE
HAYDAR ALI
HAYTILLON
HAZPANDAR
HEAVISIDE
HÉBERGEUR
HÉBRAÏQUE
HÉBRAÏSÉE
HÉBRAÏSER
HÉBRAÏSME
HÉBRAÏSTE
HÉCATOMBE
HÉDÉRACÉE
HÉDONISME
HÉDONISTE
HÉGÉMONIE
HEIDEGGER
HEILBRONN
HEINEMANN
HELGOLAND
HÉLIANTHE
HÉLICOÏDE
HÉLIODORE
HÉLIODORE
HÉLIOSTAT
HÉLIPORTÉ
HELLÉBORE
HELLÉNISÉ
HELMHOLTZ
HELMINTHE
HÉLODERME
HELSINGØR

HELVÉTIUS
HÉMATIQUE
HÉMATURIE
HÉMICORDÉ
HÉMICYCLE
HEMINGWAY
HÉMIOXYDE
HÉMIPTÈRE
HÉMOPHILE
HÉMOSTASE
HENDAYAIS
HENDERSON
HENDIADIS
HENDIADYS
HENDRICKS
HÉNINOISE
HENNEBONT
HENNUYÈRE
HENNUYÈRE
HÉPATIQUE
HEPTAÈDRE
HEPTAGONE
HÉRACLITE
HÉRACLIUS
HÉRAKLION
HERBAGÈRE
HERBICIDE
HERBIGNAC
HERBIVORE
HERBORISÉ
HERCHEUSE
HERCULANO
HERCULÉEN
HERCYNIEN
HERD-BOOKS
HERENTALS
HÉRÉTIQUE
HÉRICOURT
HÉRISSANT
HÉRITIÈRE
HERMANDAD
HERNÁNDEZ
HERNIAIRE
HÉRODIADE
HÉROÏCITÉ
HÉRONNEAU
HERSCHANT
HERSCHEUR
HESBIGNON
HESDINOIS
HÉSITANTE
HÉTÉROSIS
HEXACORDE
HEXAGONAL
HEXAMÈTRE
HEXASTYLE
HEZBOLLAH

HIBERNALE
HIBERNANT
HIBERNAUX
HIC ET NUNC
HIDEYOSHI
HIÉRARQUE
HIÉRODULE
HIGHLANDS
HIGHSMITH
HIGOUMÈNE
HILALIENS
HILARANTE
HILVERSUM
HIMALAYEN
HINDEMITH
HINDU KUCH
HIPPARION
HIPPARQUE
HIPPOLYTE
HIPPOPHAÉ
HIRATSUKA
HIRONDEAU
HIROSHIGE
HIROSHIMA
HIRSINGUE
HIRUDINÉE
HISPANISÉ
HISTAMINE
HISTIDINE
HISTOLYSE
HISTORIÉE
HISTORIEN
HITCHCOCK
HITLÉRIEN
HIT-PARADE
HIVERNAGE
HIVERNALE
HIVERNANT
HIVERNAUX
HJELMSLEV
HOBEREAUX
HOCHEMENT
HÔ CHI MINH
HÖCHSTÄDT
HOCKEYEUR
HOHENLOHE
HÖLDERLIN
HOLLANDIA
HOLLERITH
HOLLYWOOD
HOLOSTÉEN
HOMÉCOURT
HOME FLEET
HOME GUARD
HOMÉRIQUE
HOMINOÏDE
HOMODONTE

HOMOFOCAL
HOMOGAMIE
HOMOLOGIE
HOMOLOGUE
HOMOLOGUÉ
HOMONCULE
HOMONYMIE
HOMOPHOBE
HOMOPHONE
HOMOPTÈRE
HOMUNCULE
HONDURIEN
HONDURIEN
HONGROISE
HONGROISE
HONGROYÉE
HONGROYER
HONNÊTETÉ
HONORABLE
HONORAIRE
HOOVER DAM
HOQUETANT
HORLOGÈRE
HORMONALE
HORMONAUX
HORODATÉE
HOROSCOPE
HORRIFIÉE
HORRIFIER
HORRIPILÉ
HORSE-BALL
HORS-LA-LOI
HORS-MÉDIA
HORS-PISTE
HORS-PLACE
HORS-SÉRIE
HORS-TEXTE
HORTENSIA
HORTICOLE
HOSTILITÉ
HÔTEL-DIEU
HÔTELIÈRE
HOTEMANUS
HOTTENTOT
HOTTENTOT
HOUBLONNÉ
HOUCHARDE
HOUDANAIS
HOUILLÈRE
HOUPPETTE
HOURRITES
HOUSE-BOAT
HOUSPILLÉ
HOUSSINÉE
HOUSSINER
HOVERPORT
HUASCARÁN

HUBERTINE
HUGUENOTE
HUISSERIE
HUÎTRIÈRE
HUMANISÉE
HUMANISER
HUMANISME
HUMANISTE
HUMANOÏDE
HUMECTAGE
HUMECTANT
HUMECTEUR
HUMIDIFIÉ
HUMILIANT
HUMORISTE
HUNEDOARA
HUNTZIGER
HURLEMENT
HURRICANE
HU YAOBANG
HYACINTHE
HYACINTHE
HYBRIDANT
HYBRIDITÉ
HYBRIDOME
HYDATIQUE
HYDERABAD
HYDRACIDE
HYDRANTHE
HYDRARGIE
HYDRASTIS
HYDRATANT
HYDRAVION
HYDRAZINE
HYDROBASE
HYDROCÈLE
HYDROFOIL
HYDROFUGE
HYDROFUGÉ
HYDROGÈNE
HYDROGÉNÉ
HYDROLASE
HYDROLYSE
HYDROLYSÉ
HYDROXYDE
HYDROXYLE
HYGROSTAT
HYPALLAGE
HYPERBARE
HYPERBATE
HYPERBOLE
HYPERÉMIE
HYPERLIEN
HYPERPLAN
HYPHOLOME
HYPNOTISÉ
HYPOCRITE

HYPODERME
HYPOMANIE
HYPOPHYSE
HYPOSODÉE
HYPOSTASE
HYPOSTYLE
HYPOTAUPE
HYPOTENDU
HYPOTHÈSE
HYPOTONIE
HYPOXÉMIE
IAROSLAVL
IATROGÈNE
IBÉRIQUES
IBERVILLE
IBN TUFAYL
ICAUNAISE
ICAUNAISE
ICE-CREAMS
ICE-SHELFS
ICHNEUMON
ICOSAÈDRE
ICTÉRIQUE
IDÉALISÉE
IDÉALISER
IDÉALISME
IDÉALISTE
IDÉE-FORCE
IDENTIFIÉ
IDENTIQUE
IDÉOLOGIE
IDÉOLOGUE
IDIOLECTE
IDIOTISME
IDOLÂTRÉE
IDOLÂTRER
IDOLÂTRIE
IDRISIDES
IDYLLIQUE
IESSENINE
IGNIFUGÉE
IGNIFUGER
IGNISSOIS
IGNOMINIE
IGNORANCE
IGNORANTE
IGUANODON
ILDEFONSE
ILLETTRÉE
ILLIMITÉE
ILLISIBLE
ILLOGIQUE
ILLOGISME
ILLUMINÉE
ILLUMINER
ILLUSOIRE
ILLUSTRÉE

ILLUSTRER
ILLUVIALE
ILLUVIAUX
IMAGINALE
IMAGINANT
IMAGINAUX
IMBRIQUÉE
IMBRIQUER
IMBROGLIO
IMBUVABLE
IMÉRIENNE
IMITATEUR
IMITATION
IMITATIVE
IMMACULÉE
IMMANENCE
IMMANENTE
IMMÉDIATE
IMMELMANN
IMMENSITÉ
IMMÉRITÉE
IMMERSION
IMMERSIVE
IMMIGRANT
IMMINENCE
IMMINENTE
IMMISÇANT
IMMIXTION
IMMODÉRÉE
IMMODESTE
IMMONDICE
IMMOTIVÉE
IMMUNISÉE
IMMUNISER
IMPACTITE
IMPALUDÉE
IMPARABLE
IMPARFAIT
IMPARTIAL
IMPATIENS
IMPATIENT
IMPAYABLE
IMPÉDANCE
IMPÉRATIF
IMPÉRIALE
IMPÉRIAUX
IMPÉRIEUX
IMPÉRITIE
IMPÉTRANT
IMPÉTUEUX
IMPLANTÉE
IMPLANTER
IMPLICITE
IMPLIQUÉE
IMPLIQUER
IMPLORANT
IMPLOSANT

IMPLOSION
IMPLOSIVE
IMPLUVIUM
IMPORTANT
IMPORTUNE
IMPORTUNÉ
IMPOSABLE
IMPOSANTE
IMPOSTEUR
IMPOSTURE
IMPOTENCE
IMPOTENTE
IMPRÉCISE
IMPRÉGNÉE
IMPRÉGNER
IMPRESSIF
IMPRIMANT
IMPRIMEUR
IMPROBITÉ
IMPROMPTU
IMPROVISÉ
IMPRUDENT
IMPUDENCE
IMPUDENTE
IMPUDIQUE
IMPULSANT
IMPULSION
IMPULSIVE
IMPUTABLE
INABOUTIE
INABRITÉE
INACHEVÉE
INACTIVÉE
INACTIVER
INADAPTÉE
INADÉQUAT
INALTÉRÉE
INAMICALE
INAMICAUX
INANITION
INAPAISÉE
INAPERÇUE
INASSOUVI
INATTENDU
INAUDIBLE
INAUGURAL
INAUGURÉE
INAUGURER
INCAPABLE
INCARCÉRÉ
INCARNANT
INCARNATE
INCARTADE
INCASIQUE
INCENDIÉE
INCENDIER
INCERTAIN

9

INCESSANT
INCHANGÉE
INCHOATIF
INCIDENCE
INCIDENTE
INCINÉRÉE
INCINÉRER
INCITATIF
INCIVIQUE
INCIVISME
INCLÉMENT
INCLINANT
INCLUSION
INCLUSIVE
INCOGNITO
INCOMBANT
INCOMMODE
INCOMMODÉ
INCOMPLET
INCOMPRIS
INCONFORT
INCONGRUE
INCONSOLÉ
INCORPORÉ
INCORRECT
INCRÉDULE
INCRÉMENT
INCRIMINÉ
INCROYANT
INCRUSTÉE
INCRUSTER
INCULPANT
INCULQUÉE
INCULQUER
INCULTURE
INCUNABLE
INCURABLE
INCURIEUX
INCURSION
INCURVANT
INDATABLE
INDÉCENCE
INDÉCENTE
INDÉFINIE
INDÉLICAT
INDEMNISÉ
INDEMNITÉ
INDICATIF
INDICIBLE
INDIFFÉRÉ
INDIGÉNAT
INDIGENCE
INDIGENTE
INDIGESTE
INDIGNANT
INDIGNITÉ
INDIQUANT
INDIRECTE
INDISCRET
INDISCUTÉ
INDISPOSÉ
IN-DIX-HUIT
INDO-ARYEN
INDOCHINE
INDOLENCE
INDOLENTE
INDOMPTÉE
INDONESIA
INDONÉSIE
INDUCTEUR
INDUCTION
INDUCTIVE
INDUISANT
INDULGENT
INDUSTRIE
INÉCOUTÉE
INEFFABLE
INÉGALITÉ
INÉLÉGANT
INEMPLOYÉ
INENTAMÉE
INÉPROUVÉ
INÉPUISÉE
INESPÉRÉE
INÉTENDUE
INEXAUCÉE
INEXÉCUTÉ
INEXERCÉE
INEXPERTE
INEXPLORÉ
INEXPRIMÉ
IN EXTENSO
INFAMANTE
INFANTILE
INFARCTUS
INFATUANT
INFÉCONDE
INFECTANT
INFECTION
INFÉODANT
INFÉRENCE
INFÉRIEUR
INFERNALE
INFERNAUX
INFERTILE
INFESTANT
INFILTRAT
INFILTRÉE
INFILTRER
INFINITIF
INFIRMANT
INFIRMIER
INFIRMITÉ
INFLATION
INFLÉCHIE
INFLÉCHIR
INFLEXION
INFLUENCE
INFLUENCÉ
INFLUENTE
INFLUENZA
INFORMANT
INFORMULÉ
INFOROUTE
INFORTUNE
INFORTUNÉ
INFUMABLE
INFUSETTE
INFUSIBLE
INFUSOIRE
INGÉNIANT
INGÉNIEUR
INGÉNIEUX
INGÉNUITÉ
INGÉRABLE
INGÉRENCE
INGESTION
INGOUCHES
INGOUCHIE
INGRESQUE
INGUINALE
INGUINAUX
INGURGITÉ
INHABITÉE
INHÉRENCE
INHÉRENTE
INHUMAINE
ININTÉRÊT
INITIALÉE
INITIALER
INJECTANT
INJECTEUR
INJECTION
INJECTIVE
INJONCTIF
INJOUABLE
INJURIANT
INJURIEUX
INJUSTICE
INLANDSIS
INNERVANT
INNOCENCE
INNOCENTE
INNOCENTÉ
INNOCUITÉ
INNOVANTE
INNSBRUCK
INOBSERVÉ
INOCCUPÉE
INOCULANT
INONDABLE
INOPÉRANT
INQUIÉTÉE
INQUIÉTER
INQUILINE
INRATABLE
INRAYABLE
INSALUBRE
INSATURÉE
INSCULPÉE
INSCULPER
INSÉCABLE
INSELBERG
INSÉMINÉE
INSÉMINER
INSÉRABLE
INSERTION
INSIDIEUX
INSINCÈRE
INSINUANT
INSISTANT
INSOLENCE
INSOLENTE
INSOLUBLE
INSOUMISE
INSPECTÉE
INSPECTER
INSPIRANT
INSTALLÉE
INSTALLER
INSTAURÉE
INSTAURER
INSTIGUÉE
INSTIGUER
INSTILLÉE
INSTILLER
INSTITUÉE
INSTITUER
INSTRUIRE
INSTRUITE
INSUFFLÉE
INSUFFLER
INSULAIRE
INSULINDE
INSULTANT
INSULTEUR
INTÉGRALE
INTÉGRANT
INTÉGRAUX
INTÉGRITÉ
INTELLECT
INTENABLE
INTENDANT
INTENSITÉ
INTENSIVE
INTENTANT
INTENTION
INTERAGIR

INTERCALÉ
INTERCÉDÉ
INTERDIRE
INTERDITE
INTÉRESSÉ
INTERFACE
INTERFÉRÉ
INTÉRIEUR
INTERJETÉ
INTERLOCK
INTERLOPE
INTERLUDE
INTERMÈDE
INTERNANT
INTERPOLÉ
INTERPOSÉ
INTERROGÉ
INTERVENU
INTERVIEW
INTESTINE
INTIMIDÉE
INTIMIDER
INTIMISME
INTIMISTE
INTITULÉE
INTITULER
INTONATIF
INTOXIQUÉ
INTRÉPIDE
INTRIGANT
INTRIGUÉE
INTRIGUER
INTRIQUÉE
INTRIQUER
INTRODUIT
INTRONISÉ
INTRUSION
INTUITION
INTUITIVE
INUKTITUT
INUSUELLE
INUTILISÉ
INUTILITÉ
INVAINCUE
INVALIDÉE
INVALIDER
INVALIDES
INVARIANT
INVECTIVE
INVECTIVÉ
INVENTANT
INVENTEUR
INVENTION
INVENTIVE
INVERNESS
INVERSANT
INVERSEUR
INVERSION
INVERTASE
INVÉTÉRÉE
INVÉTÉRER
INVISIBLE
INVITANTE
INVIVABLE
INVOLUCRE
INVOLUTÉE
INVOLUTIF
INVOQUANT
IODOFORME
IONIENNES
IONISANTE
IPHIGÉNIE
IPSO FACTO
IRAKIENNE
IRAKIENNE
IRANIENNE
IRANIENNE
IRASCIBLE
IRISATION
IRLANDAIS
IRLANDAIS
IRONISANT
IROQUOIEN
IROQUOISE
IRRADIANT
IRRAWADDY
IRRÉALISÉ
IRRÉALITÉ
IRRÉFUTÉE
IRRÉSOLUE
IRRESPECT
IRRIGABLE
IRRIGUANT
IRRITABLE
IRRITANTE
IRRITATIF
IRRUPTION
ISAAC ANGE
ISARIENNE
ISBERGUES
ISCARIOTE
ISLAMABAD
ISLAMIQUE
ISLAMISÉE
ISLAMISER
ISLAMISME
ISLAMISTE
ISLANDAIS
ISLANDAIS
ISMAÉLIEN
ISMAÉLITE
ISMAÏLIEN
ISOCARÈNE
ISOCHRONE
ISOCLINAL
ISOGLOSSE
ISOGREFFE
ISOLATEUR
ISOLATION
ISOLEMENT
ISOLÉMENT
ISOMÉRASE
ISOMÉTRIE
ISOMORPHE
ISOSÉISTE
ISOSTASIE
ISOTHERME
ISOTROPIE
ISRAÉLIEN
ISRAÉLIEN
ISRAÉLITE
ISSAMBRES
ISSENHEIM
ISSOIRIEN
ISSYK-KOUL
ISTHMIQUE
ISTRÉENNE
ITALIENNE
ITALIENNE
ITELMÈNES
ITÉRATION
ITÉRATIVE
ITINÉRANT
IVOIRERIE
JABORANDI
JACARANDA
JACASSANT
JACASSEUR
JACASSIER
JACCOTTET
JACQUERIE
JACQUERIE
JAGELLONS
JALON-MIRE
JALONNANT
JALONNEUR
JALOUSANT
JAMAÏCAIN
JAMAÏCAIN
JAMBLIQUE
JAMBOSIER
JAMESTOWN
JANSÉNIUS
JANZÉENNE
JAPONAISE
JAPONAISE
JAPONERIE
JAPONISME
JAPPEMENT
JAQUELINE
JAQUEMART
JARDINAGE
JARDINANT
JARDINIER
JARGONNER
JARLANDIN
JARNACAIS
JARRETANT
JASPINANT
JAVANAISE
JAVANAISE
JAVELEUSE
JAVELLISÉ
JAZZ-BANDS
JAZZ-ROCKS
JEAN BODEL
JEAN BOSCO
JEAN EUDES
JEAN LE BON
JEANNETTE
JÉBUSÉENS
JEFFERSON
JÉRÉMIADE
JERSIAISE
JERSIAISE
JÉRUSALEM
JESPERSEN
JET-STREAM
JETTATURA
JEUNEMENT
JEUNE-TURC
JHARKHAND
JIANG QING
JOAILLIER
JOBARDANT
JOBARDISE
JOCASSIEN
JOCONDIEN
JOHANNAIS
JOIGNABLE
JOINTOYÉE
JOINTOYER
JOINVILLE
JONGLERIE
JONGLEUSE
JÖNKÖPING
JONQUIÈRE
JONQUILLE
JONZACAIS
JORDANIEN
JORDANIEN
JØRGENSEN
JOSEFINOS
JOSÉPHINE
JOSEPHSON
JOTTEREAU
JOTUNHEIM
JOUAILLER

9

JOUISSANT
JOUISSEUR
JOUISSIVE
JOUKOVSKI
JOUMBLATT
JOVIALITÉ
JOYEUSETÉ
JUBILAIRE
JUBILANTE
JUDAÏCITÉ
JUDAÏSANT
JUDICIEUX
JUGULAIRE
JUKE-BOXES
JULLUNDUR
JUMBO-JETS
JUMELLOIS
JUPONNANT
JURASSIEN
JURASSIEN
JURIDIQUE
JURIDISME
JUSQUIAME
JUSTEMENT
JUSTICIER
JUSTIFIÉE
JUSTIFIER
JUSTINIEN
JUXTAPOSÉ
JYVÄSKYLÄ
KABOULIEN
KABUTO-CHO
KAGOSHIMA
KAHNAWAKE
KALA-AZARS
KALMOUKIE
KALMTHOUT
KAMARHATI
KAMA-SUTRA
KAMPUCHÉA
KANDINSKY
KANGOUROU
KANTIENNE
KAOHSIUNG
KAOLINITE
KARA-BOGAZ
KARAGANDA
KARAGANDY
KARAKORAM
KARAKORUM
KARAMAZOV
KARAMZINE
KARATCHAÏ
KARAVELOV
KARKEMISH
KARLFELDT
KARLOWITZ

KARLSRUHE
KARNATAKA
KARSAVINA
KARSTIQUE
KASSERINE
KASTERLEE
KATHAKALI
KATHIAWAR
KATMANDOU
KAWAGUCHI
KAYAKABLE
KAYAKISTE
KECSKEMÉT
KÉMALISME
KERGUELEN
KERKENNAH
KEYNÉSIEN
KHÂGNEUSE
KHAJURAHO
KHAKASSES
KHAKASSIE
KHARAGPUR
KHÉDIVIAT
KHORSABAD
KHOURIBGA
KHURSABAD
KHUZESTAN
KHUZISTAN
KIDNAPPÉE
KIDNAPPER
KIESINGER
KIÉVIENNE
KIG HA FARZ
KILOFRANC
KILOHERTZ
KILOMÈTRE
KILOMÉTRÉ
KILOTONNE
KIMBERLEY
KIM IL-SONG
KIM IL-SUNG
KIM JONG-IL
KINÉSISTE
KINGSTOWN
KINOSHITA
KIOSQUIER
KIRCHHOFF
KIRIKKALE
KIROVABAD
KIROVAKAN
KISANGANI
KISFALUDY
KISHIWADA
KISSINGER
KITCHENER
KITTITIEN
KITZBÜHEL

KLARSFELD
KLAXONNER
KLEMPERER
KLOPSTOCK
KNOCK-DOWN
KNOXVILLE
KØBENHAVN
KOKOSCHKA
KOMINFORM
KOMINTERN
KOROLENKO
KORRIGANE
KORSAKOFF
KOSCIUSKO
KOULECHOV
KOULIBIAC
KOUTAÏSSI
KOUTOUSOV
KOUTOUZOV
KOUZNETSK
KOWEÏTIEN
KOWEÏTIEN
KOZHIKODE
KRAEPELIN
KRASINSKI
KRASNODAR
KRIVOÏ-ROG
KRONECKER
KRONPRINZ
KRONPRINZ
KRONSTADT
KROUMIRIE
KRYVYÏ RIH
KSHATRIYA
KURASHIKI
KURDISTAN
KUSTURICA
KUTNÁ HORA
KUTUBIYYA
KYPRIANOÚ
KYZYLKOUM
KYZYLORDA
LABÉLISÉE
LABÉLISER
LABELLISÉ
LA BÉRARDE
LABIALISÉ
LABORIEUX
LABOURAGE
LABOURANT
LABOUREUR
LABOUREUR
LABROUSSE
LABROUSTE
LA BRUYÈRE
LA CAPELLE
LACAUNAIS

LACCOLITE
LA CHARITÉ
LÂCHEMENT
LACHENAIE
LACHENOIS
LACHINOIS
LACHUTOIS
LACONIQUE
LACONISME
LA COROGNE
LACQUOISE
LACRYMALE
LACRYMAUX
LACTARIUM
LACTATION
LACTIFÈRE
LACUNAIRE
LACUNEUSE
LA FAYETTE
LAFAYETTE
LAFÉROISE
LA GACILLY
LA GALAXIE
LA GARENNE
LAGOTHRIX
LA GUARDIA
LA GUERCHE
LAGUNAIRE
LAÏCISANT
LAIDEMENT
LAIMARGUE
LAITONNÉE
LAITONNER
LAÏUSSANT
LAÏUSSEUR
LA LÉCHÈRE
LALLATION
LALOUVESC
LA MACHINE
LA MALBAIE
LA MARMORA
LAMARTINE
LAMASERIE
LAMBARÉNÉ
LAMBINANT
LAMBLIASE
LAMBOURDE
LAMBRISSÉ
LAMBSWOOL
LAMELLEUX
LA MENNAIS
LAMENTANT
LA METTRIE
LAMINAIRE
LAMOIGNON
LAMOUREUX
LAMPASSÉE

LAMPEDUSA
LAMPOURDE
LAMPRECHT
LA NAPOULE
LANAUDOIS
LANCASTER
LANCASTRE
LANCÉENNE
LANCEMENT
LANCÉOLÉE
LANCINANT
LANDERNAU
LANDGRAVE
LANDOWSKA
LANDOWSKI
LANFRANCO
LANGAGIER
LANGONAIS
LANGOUSTE
LANGROISE
LANGUEDOC
LANGUETTE
LANTANIER
LANTERNER
LANTERNON
LANZAROTE
LAONNOISE
LAOTIENNE
LAOTIENNE
LAPALISSE
LA PALLICE
LA PASTURE
LAPEREAUX
LA PÉROUSE
LAPERRINE
LAPIDAIRE
LAPINIÈRE
LAPINISME
LAPLANCHE
LA PLUPART
LAPPARENT
LA PRAIRIE
LA RAVOIRE
L'ARBRESLE
LARDONNÉE
LARDONNER
LARGEMENT
LARGHETTO
LARIFORME
LARMORIEN
LARMOYANT
LAROSIÈRE
LARVICIDE
LARYNGIEN
LARYNGITE
LA SALETTE
LASALLOIS
LASCIVETÉ
LASCIVITÉ
LA SKHIRRA
LAS PALMAS
LASSITUDE
LATÉCOÈRE
LATICLAVE
LATIFOLIÉ
LATINISÉE
LATINISER
LATINISME
LATINISTE
LATO SENSU
LA TRANCHE
LATREILLE
LA TRINITÉ
LATTAQUIÉ
LATUQUOIS
LAUDATEUR
LAUDATIVE
LAUENBURG
LAURAGAIS
LAURENCIN
LAURISTON
LA VALETTE
LAVALLOIS
LAVAUDANT
LAVE-AUTOS
LAVE-GLACE
LAVELANET
LAVE-LINGE
LAVE-MAINS
LAVE-PONTS
LAVIGERIE
LAVOISIER
LAVROVSKI
LAZARISTE
LAZZARONE
LAZZARONI
LE BOURGET
LE BOUSCAT
LE BUISSON
LE CANADEL
LE CHAMBON
LE CHÂTEAU
LÈCHEMENT
LE CHESNAY
LÉCITHINE
LECLANCHÉ
LE CONQUET
LE CORBIER
LE CREUSOT
LE CROISIC
LE FOLGOËT
LÉGALISÉE
LÉGALISER
LÉGALISME
LÉGALISTE
LE GARDEUR
LÉGATAIRE
LÉGENDANT
LÉGIFÉRER
LÉGITIMÉE
LÉGITIMER
LÉGUMIÈRE
LE HAILLAN
LEICESTER
LÉIOMYOME
LEITMOTIV
LE LORRAIN
LE LOUROUX
LEMAISTRE
LÉMANIQUE
LEMERCIER
LEMONNIER
LÉMOVICES
LENDEMAIN
LÉNIFIANT
LENINABAD
LENINAKAN
LENINGRAD
LÉNINISME
LÉNINISTE
LE NOUVION
LENTEMENT
LENTICULE
LENTICULÉ
LENTIGINE
LENTISQUE
LÉOCHARÈS
LEONHARDT
LÉOPARDÉE
LÉOVIGILD
LE PASSAGE
LE PERREUX
LE PLESSIS
LE QUESNOY
LERMONTOV
LES ABYMES
LESBIENNE
LESBIENNE
LES CLAYES
LES EYZIES
LÉSINERIE
LÉSINEUSE
LÉSIONNEL
LESNEVIEN
LESOTHANE
LES PENNES
LESSIVAGE
LESSIVANT
LESSIVIEL
LESSIVIER
LESTEMENT
LE TELLIER
LÉTHARGIE
LE THILLOT
LE TOUQUET
LE TRÉPORT
LETTRISME
LEUCOCYTE
LEUVIELLE
LEVALLOIS
LEVANTINE
LEVANTINE
LEVASSEUR
LÈVE-GLACE
LE VERRIER
LE VÉSINET
LÈVE-VITRE
LÉVIATHAN
LÉVITIQUE
LEVRETTÉE
LEVRETTER
LÉVY-BRUHL
LEYSENOND
LÉZARDANT
LEZGUIENS
L'HOSPITAL
LIAISONNÉ
LIANCOURT
LIAOCHENG
LIBANAISE
LIBANAISE
LIBELLANT
LIBELLULE
LIBÉRABLE
LIBÉRISTE
LIBERTINE
LIBIDINAL
LIBRAIRIE
LIBRATION
LIBREMENT
LICENCIÉE
LICENCIER
LIDOCAÏNE
LIÉGEOISE
LIÉGEOISE
LIEUX-DITS
LIÉVINOIS
LIGATURÉE
LIGATURER
LIGNICOLE
LIGNIFIÉE
LIGNIFIER
LILANGENI
LIMETTIER
LIMINAIRE
LIMITATIF
LIMOGEAGE
LIMOGEANT
LIMONAIRE
LIMONEUSE
LIMONIÈRE
LIMOURIEN

9

LIMOUSINE
LIMOUSINE
LIMOUXINE
LIMPIDITÉ
LINDBERGH
LINDEMANN
LINÉAMENT
LINÉARITÉ
LINÉATURE
LINGUETTE
LINGUISTE
LINKÖPING
LINNÉENNE
LINOLÉINE
LINOTYPIE
LINSELLES
LIONCEAUX
LIOUVILLE
LIPIDÉMIE
LIPIDIQUE
LIPOPHILE
LIPOPHOBE
LIQUATION
LIQUÉFIÉE
LIQUÉFIER
LIQUIDANT
LIQUIDIEN
LIQUIDITÉ
LIQUOREUX
LISBONNIN
LISBONNIN
L'ISLE-ADAM
LISPECTOR
LISSAJOUS
LISSITZKY
LITHERGOL
LITHOPONE
LITIGIEUX
LITS-CAGES
LITTÉRALE
LITTÉRAUX
LITTORALE
LITTORAUX
LITTORINE
LITUANIEN
LITUANIEN
LIU SHAOQI
LIUTPRAND
LIUVIGILD
LIVERPOOL
LIVRADOIS
LIVRAISON
LIVRESQUE
LIXIVIANT
LJUBLJANA
LLOBREGAT
LOBBYISTE

LOBOTOMIE
LOBULAIRE
LOCALISÉE
LOCALISER
LOCATAIRE
LOCATELLI
LOCHRISTI
LOCRIENNE
LOCUTRICE
LODÉVOISE
LOGICISME
LOGOPÉDIE
LOGORRHÉE
LOHENGRIN
LOINTAINE
LOMBALGIE
LOMBARDIE
LOMBOSTAT
LONDONIEN
LONDONIEN
LONG BEACH
LONGCHAMP
LONG DRINK
LONGÉVITÉ
LONGITUDE
LONGTEMPS
LONGUETTE
LONGUEUIL
LONGUE-VUE
LOON-PLAGE
LOOSSOISE
LOQUACITÉ
LOQUETEAU
LOQUETEUX
LORD-MAIRE
LORETTAIN
LORGNETTE
LORICAIRE
LOROUSAIN
LORRIÇOIS
LOS ALAMOS
LOSCHMIDT
LOTIONNÉE
LOTIONNER
LOTISSANT
LOTISSEUR
LOUANGEUR
LOUCHERIE
LOUCHEUSE
LOUDUNAIS
LOUISIADE
LOUISIANE
LOUP-GAROU
LOURDAISE
LOURDAUDE
LOUVETEAU
LOUVETIER

LOUVETOUE
LOUVOYAGE
LOUVOYANT
LOVECRAFT
LOYALISME
LOYALISTE
LUANDAISE
LUBRICITÉ
LUBRIFIÉE
LUBRIFIER
LUCKY LUKE
LUÇONNAIS
LUCQUOISE
LUCRATIVE
LUC-SUR-MER
LUDOLOGUE
LUFTWAFFE
LUMINAIRE
LUMINANCE
LUMINEUSE
LUMINISME
LUMINISTE
LUNATIQUE
LUNCEFORD
LUNELLOIS
LUNENBURG
LUNETIÈRE
LUNÉVILLE
LUSAKOISE
LUSITAINE
LUSITAINE
LUSITANIA
LUSITANIE
LUSOPHONE
LUSTRERIE
LUTHÉRIEN
LUXEMBURG
LUXURIANT
LUXURIEUX
LUZARCHES
LYCABETTE
LYCOPHRON
LYCOPHYTE
LYMPHOÏDE
LYONNAISE
LYSERGIDE
LYSIMAQUE
LYSIMAQUE
MACARONIS
MACARTHUR
MACCABÉES
MACCHABÉE
MACDONALD
MACÉDOINE
MACÉDOINE
MACHECOUL
MÂCHEMENT

MACHIAVEL
MACHIAVEL
MACHINALE
MACHINANT
MACHINAUX
MACHMÈTRE
MÂCHONNÉE
MÂCHONNER
MÂCHURANT
MACKENSEN
MACKENZIE
MACKINDER
MACLAURIN
MACMILLAN
MAÇONNAGE
MÂCONNAIS
MAÇONNANT
MACROLIDE
MACROPODE
MACULAIRE
MADAPOLAM
MADELEINE
MADELEINE
MADELINOT
MADÉRISÉE
MADÉRISER
MADRÉPORE
MADRIGAUX
MADRILÈNE
MADRILÈNE
MAELSTRÖM
MAELSTRÖM
MAFFIEUSE
MAGASINER
MAGDALENA
MAGDUNOIS
MAGHRÉBIN
MAGHRÉBIN
MAGISTÈRE
MAGISTRAL
MAGISTRAT
MAGNANIER
MAGNANIME
MAGNÉSIEN
MAGNÉSITE
MAGNÉSIUM
MAGNÉTISÉ
MAGNÉTITE
MAGNÉTRON
MAGNIFIÉE
MAGNIFIER
MAGNITOIS
MAGNITUDE
MAGNOLIER
MAGNYCOIS
MAGOGOISE
MAGOUILLE

MAGOUILLÉ
MAGUELONE
MAHAJANGA
MAHOMÉTAN
MAHORAISE
MAIDSTONE
MAIDUGURI
MAIGNELAY
MAIGRELET
MAIL-COACH
MAILLANTE
MAILLOCHE
MAILLOTIN
MAIMONIDE
MAIN-FORTE
MAINLEVÉE
MAINMORTE
MAINTENIR
MAINTENON
MAINTENUE
MAÏOLIQUE
MAIQUETÍA
MAISONNÉE
MAÎTRESSE
MAÎTRISÉE
MAÎTRISER
MAIZIÈRES
MAJOLIQUE
MAJORDOME
MAJORELLE
MAJORETTE
MAJORQUIN
MAJORQUIN
MAJUSCULE
MAKARENKO
MAKEIEVKA
MALACHITE
MALADROIT
MAL-AIMÉES
MALAISIEN
MALAISIEN
MALANDRIN
MALAPARTE
MALAPPRIS
MALATESTA
MALAUCÈNE
MALAVISÉE
MALAYALAM
MALBOUFFE
MALCHANCE
MALDIVIEN
MALÉFIQUE
MALÉKISME
MALEVILLE
MALEVITCH
MALGRÉ QUE
MALHABILE

MALICIEUX
MALIGNITÉ
MALIKISME
MALINOISE
MALINVAUD
MALLÉABLE
MAL-LOGÉES
MALMAISON
MALMENANT
MALONIQUE
MALOUINES
MALPIGHIE
MALPROPRE
MALSÉANTE
MALTE-BRUN
MALTRAITÉ
MALVOISIE
MALVOYANT
MAMELONNÉ
MAMELOUKS
MAMERTINE
MAMMALIEN
MAMMIFÈRE
MANAGEANT
MANAGEUSE
MANCHERON
MANCHETTE
MANCHETTE
MANCHOISE
MANDARINE
MANDATANT
MANDATURE
MANDCHOUE
MANDCHOUE
MANDÉENNE
MANDÉISME
MANDELIEU
MANDEMENT
MANDIBULE
MANDINGUE
MANDINGUE
MANDOLINE
MANESSIER
MANGALORE
MANGANATE
MANGANÈSE
MANGANEUX
MANGANINE
MANGANITE
MANGEABLE
MANGEOIRE
MANGEOTTÉ
MANGE-TOUT
MANGOUSTE
MANHATTAN
MANICHÉEN
MANIEMENT

MANIFESTE
MANIFESTÉ
MANIGANCE
MANIGANCÉ
MANILLAIS
MANIPULÉE
MANIPULER
MANIVELLE
MANIZALES
MANNEQUIN
MANŒUVRE
MANŒUVRÉ
MANOMÈTRE
MANOSQUIN
MANQUANTE
MANSARDÉE
MANSFIELD
MANSOURAH
MANTOUANE
MANUBRIUM
MANUCURÉE
MANUCURER
MANUÉLINE
MANUSCRIT
MAO ZEDONG
MAPUTAISE
MAQUEREAU
MAQUIGNON
MAQUILLÉE
MAQUILLER
MAQUISARD
MARABOUTÉ
MARACAIBO
MARACUDJA
MARAÎCHER
MARAÎCHIN
MARAMURES
MARASQUIN
MARAUDAGE
MARAUDANT
MARAUDEUR
MARAVÉDIS
MARBRERIE
MARBRIÈRE
MARCASITE
MARCASSIN
MARCELLIN
MARCELLUS
MARCHANDE
MARCHANDÉ
MARCHANTE
MARCHÉAGE
MARCHEUSE
MARCILLAC
MARCOMANS
MARCO POLO
MARCOTTÉE

MARCOTTER
MARDOCHÉE
MARDONIOS
MARÉCHALE
MARÉCHAUX
MAREYEUSE
MARGARINE
MARGARITA
MARGAUDER
MARGERIDE
MARGINALE
MARGINANT
MARGINAUX
MARGOTANT
MARGOTTER
MARGOULIN
MARIANNES
MARIAZELL
MARIEMONT
MARIENBAD
MARIGNANE
MARIHUANA
MARIJUANA
MARINETTI
MARINGUES
MARINIDES
MARINIÈRE
MARIOUPOL
MARITORNE
MARIVAUDÉ
MARKETING
MARKOWITZ
MARKSTEIN
MARLIENNE
MARMAILLE
MARMELADE
MARMOLADA
MARMONNÉE
MARMONNER
MARMONTEL
MARMORÉEN
MARMOTTÉE
MARMOTTER
MARMOUSET
MAROCAINE
MAROCAINE
MAROILLES
MAROILLES
MAROLLIEN
MARONNANT
MAROQUINÉ
MAROUETTE
MAROUFLÉE
MAROUFLER
MARQUANTE
MARQUÉSAN
MARQUETÉE

9

MARQUETER
MARQUETTE
MARQUEUSE
MARQUISAT
MARQUISES
MARRAKECH
MARSANNAY
MARSEILLE
MARSUPIAL
MARSUPIUM
MARTELAGE
MARTELANT
MARTIENNE
MARTIENNE
MARTIGNAC
MARTIGNAS
MARTIGUES
MARTINSON
MARTYRISÉ
MARTYRIUM
MARVEJOLS
MARXIENNE
MARXISANT
MASCARADE
MASCATAIS
MASCOUCHE
MASCULINE
MASÉROISE
MASINISSA
MASKELYNE
MASSACRÉE
MASSACRER
MASSEPAIN
MASSICOIS
MASSICOTÉ
MASSIFIÉE
MASSIFIER
MASSIGNON
MASSILLON
MASSINGER
MASSIVITÉ
MASS MEDIA
MASSORÈTE
MASTICAGE
MASTIQUÉE
MASTIQUER
MASTOCYTE
MASTURBÉE
MASTURBER
MATABICHE
MATAMOROS
MATANAISE
MATCHICHE
MATCH-PLAY
MATELASSÉ
MÂTEREAUX
MATÉRIAUX

MATERNAGE
MATERNANT
MATERNISÉ
MATERNITÉ
MATIFIANT
MATINEUSE
MATINIÈRE
MATISSANT
MATRAQUÉE
MATRAQUER
MATRIÇAGE
MATRIÇANT
MATRICIDE
MATRICIEL
MATRICLAN
MATRICULE
MATRONYME
MATSUMOTO
MATSUYAMA
MATTEOTTI
MATTHIOLE
MATUTINAL
MAUGRÉANT
MAUMUSSON
MAURANDIE
MAURESQUE
MAURICIEN
MAURICIEN
MAURIENNE
MAUVIETTE
MAX DE BADE
MAXIMISÉE
MAXIMISER
MAYENNAIS
MAYERLING
MAYFLOWER
MAZDÉENNE
MAZDÉISME
MAZOUTANT
MBABANAIS
MBUJI-MAYI
MCCORMICK
MCCULLERS
MÉCANIQUE
MÉCANISÉE
MÉCANISER
MÉCANISME
MÉCANISTE
MÉCHITHAR
MÉCONDUIT
MÉCONTENT
MÉCOPTÈRE
MÉCRÉANTE
MÉDAILLÉE
MÉDAILLER
MÉDAILLON
MEDAL PLAY

MÉDIASTIN
MÉDIATEUR
MÉDIATION
MÉDIATISÉ
MÉDICINAL
MÉDIÉVALE
MÉDIÉVAUX
MÉDISANCE
MÉDISANTE
MÉDITATIF
MÉDULLEUX
MÉGACÉROS
MÉGACÔLON
MÉGAFLOPS
MÉGAHERTZ
MÉGALITHE
MÉGAOCTET
MÉGAPHONE
MÉGAPTÈRE
MÉGATONNE
MEGHALAYA
MÉGISSANT
MÉGISSIER
MÉHARISTE
MEHUNOISE
MEILLEURE
MÉIOTIQUE
MEIRINGEN
MÉJUGEANT
MÉKHITHAR
MÉLAMPYRE
MÉLANÉSIE
MÉLANGEUR
MÉLANIQUE
MÉLANISME
MELBOURNE
MÊLÉ-CASSE
MELGORIEN
MÉLISANDE
MELITOPOL
MELLIFÈRE
MELLIFLUE
MÉLODIEUX
MÉLODIQUE
MÉLODISTE
MÉLODRAME
MÉLOMANIE
MÉLONGÈNE
MÉLONGINE
MÉLOPHAGE
MELPOMÈNE
MELUNAISE
MÉMORABLE
MÉMORIAUX
MÉMORISÉE
MÉMORISER
MENAÇANTE

MÉNAGEANT
MÉNAGERIE
MÉNAGISTE
MÉNAPIENS
MENCHEVIK
MENCHIKOV
MENDÉLIEN
MENDIANTE
MENDICITÉ
MENDIGOTE
MENDIGOTÉ
MÉNESTREL
MÉNÉTRIER
MÉNINGITE
MÉNISCALE
MÉNISCAUX
MENNONITE
MÉNOPAUSE
MENSONGER
MENSTRUEL
MENSTRUES
MENSUELLE
MENTALITÉ
MENTHOLÉE
MENTIONNÉ
MENTONNET
MENU-CARTE
MENUISANT
MENUISIER
MÉNYANTHE
MÉPRENANT
MÉPRENDRE
MÉPRISANT
MERCAPTAN
MERCERISÉ
MERCUREUX
MERCURIEL
MERDOYANT
MÈRE-GRAND
MERELBEKE
MÉRÉVILLE
MÉRICOURT
MERINGUÉE
MERINGUER
MÉRINIDES
MÉRISTÈME
MÉRITANTE
MÉRITOIRE
MERLEBACH
MÉROSTOME
MERSEBURG
MERVEILLE
MÉRYCISME
MÉSADAPTÉ
MÉSALLIÉE
MÉSALLIER
MESA VERDE

MESCALINE
MÉSENTÈRE
MÉSESTIME
MÉSESTIMÉ
MÉSOCARPE
MÉSODERME
MÉSOMÉRIE
MÉSOPAUSE
MESSAGÈRE
MESSAGIER
MESSALINE
MESTRANCE
MESURABLE
MESURETTE
MÉTACARPE
MÉTALLIER
MÉTALLISÉ
MÉTAMÉRIE
MÉTAPHASE
MÉTAPHORE
MÉTAPHYSE
MÉTASTASE
MÉTASTASE
MÉTASTASÉ
MÉTATARSE
MÉTATHÈSE
MÉTÉORITE
MÉTHADONE
MÉTHANIER
MÉTHANISÉ
MÉTHYLÈNE
MÉTISSAGE
MÉTISSANT
MÉTONYMIE
MÉTRONOME
MÉTROPOLE
MEUBLANTE
MEULANAIS
MEURSAULT
MEURSAULT
MEURTRIER
MEUSIENNE
MÉVENNAIS
MEXICAINE
MEXICAINE
MEXIMIEUX
MEYERBEER
MEYERHOLD
MEYLANAIS
MEYMACOIS
MEYRINOIS
MEZZANINE
MEZZA VOCE
MIAULÉTOU
MI-CARÊMES
MICHELINE
MICHELSON

MICOQUIEN
MICROBIEN
MICROFILM
MICROLITE
MICRONISÉ
MICRO-ONDE
MICROPYLE
MICROSOFT
MICROTOME
MIDINETTE
MIDRASHIM
MIELLEUSE
MIEUX-ÊTRE
MIÈVRERIE
MIGENNOIS
MIGMATITE
MIGNONNET
MIGNOTANT
MIGRATEUR
MIGRATION
MIJOTEUSE
MIKHALKOV
MILANAISE
MILANAISE
MILDIOUSÉ
MILIOUKOV
MILITAIRE
MILITANCE
MILITANTE
MILK-SHAKE
MILLARDET
MILLAVOIS
MILLE-ÎLES
MILLENIUM
MILLÉPORE
MILLERAND
MILLÉSIME
MILLÉSIMÉ
MILLEVOYE
MILLIAIRE
MILLIASSE
MILLIVOLT
MILONAISE
MILOSEVIC
MILWAUKEE
MIMÉTIQUE
MIMÉTISME
MIMODRAME
MIMOLETTE
MIMOSACÉE
MINAUDANT
MINAUDIER
MINEHASSA
MINERVOIS
MINERVOIS
MINIATURE
MINIMEXÉE

MINIMISÉE
MINIMISER
MINISTÈRE
MINI-VAGUE
MINKOWSKI
MINNESANG
MINNESOTA
MINORATIF
MINORQUIN
MINORQUIN
MINOTAURE
MINOTERIE
MINUSCULE
MINUTAIRE
MINUTERIE
MINUTIEUX
MI-PARTIES
MIRABELLE
MIRABILIS
MIRACULÉE
MIRANDAIS
MIRANDOLE
MIRECOURT
MIRE-ŒUFS
MIRIFIQUE
MIRLIFLOR
MIRMILLON
MIROITANT
MIROITIER
MISANDRIE
MISÉRABLE
MISÉREUSE
MISOGYNIE
MISOURATA
MISPICKEL
MISSILIER
MISTOUFLE
MITIGEANT
MITONNANT
MITOTIQUE
MITOYENNE
MITRAILLE
MITRAILLÉ
MITRY-MORY
MIXTÈQUES
MIZOGUCHI
MNÉMOSYNE
MNÉSICLÈS
MOBIL-HOME
MOBILIÈRE
MOBILISÉE
MOBILISER
MOBYLETTE
MOCTEZUMA
MODANAISE
MODELEUSE
MODÉLISÉE

MODÉLISER
MODÉLISME
MODÉLISTE
MODERNISÉ
MODERNITÉ
MODIFIANT
MODULABLE
MODULAIRE
MODULANTE
MOELLEUSE
MOGADISHU
MOINILLON
MOÏSSEÏEV
MOISSONNÉ
MOLESKINE
MOLESTANT
MOLINISME
MOLINISTE
MOLLASSON
MOLLEMENT
MOLLUSCUM
MOLLUSQUE
MOLYBDÈNE
MOMENTANÉ
MOMIFIANT
MONADISME
MONARCHIE
MONASTÈRE
MONAURALE
MONAURAUX
MONDANITÉ
MONÉTAIRE
MONÉTIQUE
MONÉTISÉE
MONÉTISER
MONGOLIEN
MONILIOSE
MONISTROL
MONITOIRE
MONITORAT
MONITRICE
MÔN-KHMÈRE
MÔN-KHMERS
MONNAYAGE
MONNAYANT
MONNAYEUR
MONOACIDE
MONOAMINE
MONOCÂBLE
MONOCOQUE
MONOCORDE
MONOCORPS
MONOCYCLE
MONODIQUE
MONOGAMIE
MONOLITHE
MONOLOGUE

9

MONOLOGUÉ
MONOMANIE
MONOPHASÉ
MONOPLACE
MONOPSONE
MONOPTÈRE
MONOSPACE
MONOTONIE
MONOTRACE
MONOTRÈME
MONPAZIER
MONROVIEN
MONSIGNOR
MONTAGNAC
MONTAIGNE
MONTAIGUS
MONTAISON
MONTARGIS
MONTAUBAN
MONTBAZON
MONT-BLANC
MONT-BLANC
MONTCENIS
MONTENDRE
MONTE-PLAT
MONTEREAU
MONTERREY
MONTE-SACS
MONTESPAN
MONTESSON
MONTEZUMA
MONTGERON
MONTHERMÉ
MONTHOLON
MONTICOLE
MONTICULE
MONTIGNAC
MONTILIEN
MONTLHÉRY
MONT-LOUIS
MONTLUÇON
MONTMAGNY
MONTRABLE
MONTREDON
MONTREUIL
MONTREUSE
MONTROUGE
MONT-ROYAL
MONTSÉGUR
MONTS-JOIE
MONTUEUSE
MOQUETTÉE
MOQUETTER
MORADABAD
MORAILLON
MORALISÉE
MORALISER

MORALISME
MORALISTE
MORATOIRE
MORATOISE
MORBIDITÉ
MORCELANT
MORDACITÉ
MORDANCÉE
MORDANCER
MORDELLES
MORDICANT
MORDILLÉE
MORDILLER
MORDORURE
MORFONDRE
MORFONDUE
MORGANITE
MORGARTEN
MORGIENNE
MORIBONDE
MORICAUDE
MORIENVAL
MORIGÉNÉE
MORIGÉNER
MORLANAIS
MORONAISE
MORRICONE
MORTAISÉE
MORTAISER
MORTALITÉ
MORT-HOMME
MORTIFÈRE
MORTIFIÉE
MORTIFIER
MORTILLET
MORTS-BOIS
MORTUAIRE
MORUTIÈRE
MOSCOVITE
MOSCOVITE
MOSELLANE
MOSSADEGH
MÖSSBAUER
MOTIVANTE
MOTO-BALLS
MOTOCISTE
MOTOCROSS
MOTOCYCLE
MOTONEIGE
MOTOPAVER
MOTOPOMPE
MOTOR-HOME
MOTORISÉE
MOTORISER
MOTORISTE
MOTORSHIP
MOTRICITÉ

MOTS-CLEFS
MOTTERAIN
MOT-VALISE
MOUCHARDE
MOUCHARDÉ
MOUCHERON
MOUCHETÉE
MOUCHETER
MOUCHETIS
MOUCHETTE
MOUCHOTTE
MOUDJAHID
MOUFETANT
MOUFFETTE
MOUFLETTE
MOUILLAGE
MOUILLANT
MOUILLÈRE
MOUILLEUR
MOUILLOIR
MOUILLURE
MOUJINGUE
MOULINAGE
MOULINANT
MOULINOIS
MOULURANT
MOURMANSK
MOURMELON
MOUSSANTE
MOUSSERON
MOUSSEUSE
MOUSTACHE
MOUSTACHU
MOUSTIERS
MOUSTIQUE
MOUTONNÉE
MOUTONNER
MOUVEMENT
MOYENNANT
MOYEN-PAYS
MUGISSANT
MULASSIER
MULE-JENNY
MULETIÈRE
MULTATULI
MULTIPARE
MULTIPLET
MULTIPLEX
MULTIPLIÉ
MULTITUBE
MULTITUDE
MULTIVOIE
MUNDURUKU
MUNICHOIS
MUNICHOIS
MUNICIPAL
MUNISSANT

MUNITIONS
MURALISME
MURALISTE
MURÉTAINE
MURIAUTIN
MÛRISSAGE
MÛRISSANT
MURMURANT
MUROMACHI
MUR-RIDEAU
MUSARDANT
MUSARDISE
MUSCADIER
MUSCADINE
MUSCARDIN
MUSCARINE
MUSCINALE
MUSCINAUX
MUSCOVITE
MUSCULEUX
MUSÉIFIER
MUSELIÈRE
MUSEROLLE
MUSIC-HALL
MUSSOLINI
MUSTÉLIDÉ
MUSULMANE
MUTILANTE
MUTINERIE
MUTSUHITO
MUTUALISÉ
MUTUALITÉ
MUYBRIDGE
MYCODERME
MYCOLOGIE
MYCOLOGUE
MYCORHIZE
MYCOSIQUE
MYÉLINISÉ
MYÉLOCYTE
MYKÉRINOS
MYKERINUS
MYOCASTOR
MYOPATHIE
MYRIAPODE
MYRMIDONS
MYROBALAN
MYROBOLAN
MYROXYLON
MYSTICÈTE
MYSTIFIÉE
MYSTIFIER
MYTHIFIÉE
MYTHIFIER
MYTHOMANE
MYXŒDÈME
NABATÉENS

NACHTIGAL
NADER CHAH
NADIR CHAH
NAGARJUNA
NAGERCOIL
NAIROBIEN
NAISSANCE
NAISSANTE
NAÏVEMENT
NAMUROISE
NANA SAHIB
NANDA DEVI
NANIFIANT
NANOMÈTRE
NANTUCKET
NARGHILEH
NARQUOISE
NARRATEUR
NARRATION
NARRATIVE
NASALISÉE
NASALISER
NASHVILLE
NASILLANT
NASILLARD
NASILLEUR
NATALISTE
NATATOIRE
NATIONALE
NATIONAUX
NATIVISME
NATOUFIEN
NATURELLE
NATURISME
NATURISTE
NAUCRATIS
NAUFRAGÉE
NAUFRAGER
NAUMACHIE
NAUNDORFF
NAUPATHIE
NAUSÉEUSE
NAUTONIER
NAVARRAIS
NAVARRAIS
NAVETTEUR
NAVIGABLE
NAVIGANTE
NAVIGUANT
NAVIPLANE
NAVREMENT
NAZAIRIEN
NÉANMOINS
NÉANTISÉE
NÉANTISER
NÉBULEUSE
NÉBULISÉE
NÉBULISER
NÉCESSITÉ
NÉCROLOGE
NÉCROMANT
NÉCROPOLE
NÉCROPSIE
NÉCROSANT
NECTANEBO
NECTARINE
NEDERLAND
NÉFERTARI
NÉFERTITI
NÉGATRICE
NÉGLIGENT
NÉGOCIANT
NÈGREPONT
NÉGRILLON
NÉGRITUDE
NEIGEOTER
NEKRASSOV
NÉMATIQUE
NÉMERTIEN
NEMRUT DAG
NÉOCORTEX
NÉODOMIEN
NÉOFORMÉE
NÉOLOCALE
NÉOLOCAUX
NÉONATALE
NÉOPILINA
NÉOPLASIE
NÉOPLASME
NÉORURALE
NÉORURAUX
NÉPALAISE
NÉPALAISE
NÉPENTHÈS
NÉPHÉLINE
NÉPHRIDIE
NÉPOTISME
NEPTUNIUM
NÉRACAISE
NÉRITIQUE
NERVATION
NERVOSITÉ
NERVURANT
N'EST-CE PAS
NESTORIEN
NESTORIUS
NETCHAÏEV
NETTEMENT
NETTOYAGE
NETTOYANT
NETTOYEUR
NEUCHÂTEL
NEUILLÉEN
NEURINOME
NEURONALE
NEURONAUX
NEVERSOIS
NÉVRALGIE
NÉVROGLIE
NEWCASTLE
NEW JERSEY
NEW MEXICO
NEWTONIEN
NIAISERIE
NIAISEUSE
NICARAGUA
NICÉPHORE
NICHOLSON
NICKELAGE
NICKELANT
NICOLAIER
NICOLAÏTE
NICOLETTE
NICOLLIER
NICOMÉDIE
NICOPOLIS
NICTITANT
NIDIFIANT
NIDS-DE-PIE
NIEMÖLLER
NIETZSCHE
NIGÉRIANE
NIGÉRIANE
NIGHT-CLUB
NIHILISME
NIHILISTE
NIKI LAUDA
NIKOLAÏEV
NILOTIQUE
NIORTAISE
NITRATANT
NITRATION
NITRIFIÉE
NITRIFIER
NITROGÈNE
NITROSYLE
NITRURANT
NIVELEURS
NIVELEUSE
NIVELLOIS
NIVERNAIS
NIVERNAIS
NOBLEMENT
NOCTUELLE
NODULAIRE
NODULEUSE
NOGENTAIS
NOHANT-VIC
NOISÉENNE
NOISERAIE
NOISETIER
NOMADISER
NOMADISME
NOMBRABLE
NOMBREUSE
NOMINATIF
NOMMÉMENT
NOMOTHÈTE
NON-ALIGNÉ
NON ANIMÉE
NON ANIMÉS
NON-CUMULS
NON-DROITS
NON-FUMEUR
NON-INITIÉ
NON-MÉTAUX
NONPAREIL
NON-RETOUR
NON-TISSÉS
NONUPLANT
NON-USAGES
NON-VALEUR
NON-VOYANT
NORDICITÉ
NORD-OUEST
NORD-OUEST
NORMALIEN
NORMALISÉ
NORMALITÉ
NORMANDIE
NORMATIVE
NORTH YORK
NORVÉGIEN
NORVÉGIEN
NOSOLOGIE
NOSTALGIE
NOTAMMENT
NOTARIALE
NOTARIAUX
NOTATRICE
NOTIFIANT
NOTIONNEL
NOTONECTE
NOTORIÉTÉ
NOTRE-DAME
NOUGATINE
NOUMÉNALE
NOUMÉNAUX
NOUVEAU-NÉ
NOUVEAUTÉ
NOVATOIRE
NOVATRICE
NOVLANGUE
NOYAUTAGE
NOYAUTANT
NOYONNAIS
NUCLÉAIRE
NUCLÉIQUE

9

NUKUALOFA
NULLEMENT
NULLIPARE
NUMÉRAIRE
NUMÉRIQUE
NUMÉRISÉE
NUMÉRISER
NUMÉROTÉE
NUMÉROTER
NUMISMATE
NUMMULITE
NUNGESSER
NURAGIQUE
NUREMBERG
NURSERIES
NUTRIMENT
NUTRITION
NUTRITIVE
NYCTALOPE
NYMPHETTE
NYONNAISE
NYONSAISE
NYSTAGMUS
OBÉDIENCE
OBÉISSANT
OBÉLISQUE
OBERKAMPF
OBITUAIRE
OBJECTALE
OBJECTANT
OBJECTAUX
OBJECTEUR
OBJECTION
OBJECTIVE
OBJECTIVÉ
OBLIGEANT
OBLIQUANT
OBLIQUITÉ
OBLITÉRÉE
OBLITÉRER
OBNUBILÉE
OBNUBILER
OBODRITES
OBOMBRANT
OBRADOVIC
OBRENOVIC
OBSCÉNITÉ
OBSCURCIE
OBSCURCIR
OBSCURITÉ
OBSÉDANTE
OBSERVANT
OBSESSION
OBSTINANT
OBSTRUANT
OBTEMPÉRÉ
OBTENTION

OBWALDIEN
OCCIPITAL
OCCITANIE
OCCLUSION
OCCLUSIVE
OCCULTANT
OCCUPANTE
OCCURRENT
OCÉANIDES
OCÉANIQUE
OCTAVIANT
OCTEVILLE
OCTOGONAL
OCTOSTYLE
OCTROYANT
OCTUPLANT
OCULOGYRE
OCYTOCINE
ODALISQUE
ODONTOÏDE
ŒDÉMATIÉ
ŒDICNÈME
OEHMICHEN
ŒIL-DE-PIE
ŒILLETON
ŒILLETTE
ŒKOUMÈNE
ŒNOLISME
ŒNOLOGIE
ŒNOLOGUE
ŒNOTHERA
ŒNOTHÈRE
ŒSOPHAGE
ŒUVRETTE
OFFENBACH
OFFENSANT
OFFENSEUR
OFFENSIVE
OFFICIANT
OFFICIAUX
OFFICIEUX
OFFICINAL
OFFUSQUÉE
OFFUSQUER
OGBOMOSHO
OGHAMIQUE
OIGNINOIS
OIGNONADE
OISELIÈRE
OLDENBURG
OLÉOMÈTRE
OLFACTION
OLFACTIVE
OLIGARQUE
OLIGOCÈNE
OLIGOMÈRE
OLIGOPOLE

OLIVAISON
OLIVERAIE
OLIVETAIN
OLIVÉTAIN
OLLIOULES
OLOGRAPHE
OLORONAIS
OLYMPIADE
OLYMPIQUE
OLYMPISME
OMBELLULE
OMBILICAL
OMBILIQUÉ
OMBRAGEUX
OMBRIENNE
OMBRIENNE
OMBUDSMAN
OMDOURMAN
OMEYYADES
OMMATIDIE
ONAGRACÉE
ONCOLOGIE
ONCOTIQUE
ONCTUEUSE
ONDEMÈTRE
ONDOYANTE
ONDULANTE
ONDULEUSE
ONÉSIENNE
ONGUICULÉ
ONTOGÉNIE
ONTOLOGIE
ONUSIENNE
OPACIFIÉE
OPACIFIER
OPALISANT
OPENFIELD
OPÉRATEUR
OPÉRATION
OPERCULÉE
OPHIOLITE
OPHTALMIE
OPINIÂTRE
OPIOMANIE
OPPENHEIM
OPPENORDT
OPPORTUNE
OPPOSABLE
OPPOSANTE
OPPRESSÉE
OPPRESSER
OPPRESSIF
OPPRIMANT
OPTIMISÉE
OPTIMISER
OPTIMISME
OPTIMISTE

OPTIONNEL
OPTOMÈTRE
ORALEMENT
ORALISANT
ORANGEADE
ORANGEOIS
ORANGERIE
ORANGETTE
ORANGISTE
ORATORIEN
ORBITAIRE
ORCANETTE
ORCHÉSIEN
ORCHESTRE
ORCHESTRÉ
ORCHOMÈNE
ORDALIQUE
ORDINAIRE
ORDONNANT
ORDURIÈRE
OREILLARD
ORENBOURG
ORGANEAUX
ORGANELLE
ORGANIQUE
ORGANISÉE
ORGANISER
ORGANISME
ORGANISTE
ORGANSINÉ
ORHAN GAZI
ORIENTALE
ORIENTALE
ORIENTANT
ORIENTAUX
ORIENTAUX
ORIENTEUR
ORIFLAMME
ORIGINALE
ORIGINAUX
ORLÉANAIS
ORNEMENTÉ
ORNIÉRAGE
ORNITHOSE
OROBANCHE
OROGENÈSE
ORPHELINE
ORTHÉZIEN
ORTHODOXE
ORTHOPNÉE
ORTHOPTIE
OSCABRION
OSCILLANT
OSMAN GAZI
OSMOMÈTRE
OSMOTIQUE
OSNABRÜCK

OSSEMENTS
OSSIFIANT
OSTÉALGIE
OSTENSOIR
OSTÉOCYTE
OSTÉOGÈNE
OSTÉOLYSE
OSTRACODE
OSTROGOTE
OSTROGOTH
OSTROVSKI
OTO-RHINOS
OTORRAGIE
OTOSCOPIE
OTTIGNIES
OUAGALAIS
OUAOUARON
OUARSENIS
OUATINANT
OUBLIABLE
OUBLIETTE
OUBLIEUSE
OUDMOURTE
OUGANDAIS
OUGANDAIS
OUGRIENNE
OUILLIÈRE
OULAN-OUDE
OULED NAÏL
OURLIENNE
OURO PRETO
OUROUMTSI
OUSTIOURT
OUTAOUAIS
OUTILLAGE
OUTILLANT
OUTILLEUR
OUTRAGEUX
OUTREMONT
OUTRE-RHIN
OUVERTURE
OUVRAISON
OUYANG XIU
OVALISANT
OVARIENNE
OVATIONNÉ
OVERDRIVE
OVILLOISE
OVIMBUNDU
OVIPARITÉ
OVISCAPTE
OVOGENÈSE
OVULATION
OXFORDIEN
OXHYDRYLE
OXONIENNE
OXYDATION
OXYGÉNANT
OYAMA IWAO
OZONATION
PACAGEANT
PACEMAKER
PACHELBEL
PACIFIANT
PACIFIQUE
PACIFIQUE
PACIFISME
PACIFISTE
PACKAGEUR
PACKAGING
PACOTILLE
PACTISANT
PADERBORN
PADISCHAH
PAESIELLO
PAGANISÉE
PAGANISER
PAGANISME
PAGAYEUSE
PAGE-ÉCRAN
PAGNOTANT
PAILLARDE
PAILLASSE
PAILLASSE
PAILLETÉE
PAILLETER
PAILLETTE
PAIMBŒUF
PAISIELLO
PAISSANCE
PAISSEAUX
PAKANBARU
PALABRANT
PALAFITTE
PALAISEAU
PALAISIEN
PALALDÉEN
PALANQUÉE
PALANQUER
PALANQUIN
PALANTINE
PALATIALE
PALATIAUX
PALATINAT
PALATINAT
PALEMBANG
PALÉOCÈNE
PALÉOGÈNE
PALESTINE
PALETTISÉ
PALILALIE
PALINODIE
PALISSADE
PALISSADÉ
PALISSAGE
PALISSANT
PÂLISSANT
PALLADIEN
PALLADIUM
PALLIATIF
PALMARIUM
PALMATURE
PALM BEACH
PALMERAIE
PALMIFIDE
PALMIPÈDE
PALMITINE
PALONNIER
PALPATION
PALPÉBRAL
PALPITANT
PALTOQUET
PALUDIÈRE
PALUDIQUE
PALUDISME
PAMPELUNE
PAMPHYLIE
PAMUKKALE
PANACHAGE
PANACHANT
PANACHURE
PANATELLA
PAN-BAGNAT
PANETERIE
PANETIÈRE
PANICULÉE
PANIFIANT
PANIQUANT
PANIQUARD
PANKHURST
PANMUNJOM
PANNEAUTÉ
PANNICULE
PANNONIEN
PANONCEAU
PANOSSANT
PANSEMENT
PANTELANT
PANTINOIS
PANTOMIME
PANTOUFLE
PANTOUFLÉ
PAPARAZZI
PAPELARDE
PAPERASSE
PAPETERIE
PAPETIÈRE
PAPILLOME
PAPILLOTE
PAPILLOTÉ
PAPOUASIE
PAPOUILLE
PAPULEUSE
PAPY-BOOMS
PAQUETAGE
PAQUETANT
PARABIOSE
PARACELSE
PARACHEVÉ
PARACHUTE
PARACHUTÉ
PARADEUSE
PARADIGME
PARADOXAL
PARAFFINE
PARAFFINÉ
PARAGRÊLE
PARALLAXE
PARALLÈLE
PARALYSÉE
PARALYSER
PARALYSIE
PARAMÉCIE
PARAMÈTRE
PARAMÉTRÉ
PARANOÏDE
PARAPENTE
PARAPHANT
PARAPHEUR
PARAPHYSE
PARAPLUIE
PARASCÈVE
PARASITÉE
PARASITER
PARATEXTE
PARCHEMIN
PARCMÈTRE
PARCOURIR
PARCOURUE
PAR-DESSUS
PARDESSUS
PAR-DEVANT
PAR-DEVERS
PARDONNÉE
PARDONNER
PARDUBICE
PARE-BRISE
PARE-CHOCS
PARE-FUMÉE
PAREMENTÉ
PARENTALE
PARENTAUX
PARENTÈLE
PARESSANT
PARESSEUX
PARFILAGE
PARFILANT
PARFONDRE

9

PARFONDUE
PARFUMANT
PARFUMEUR
PARICUTÍN
PARIÉTALE
PARIÉTAUX
PARIPENNÉ
PARISETTE
PARITAIRE
PARJURANT
PARKINSON
PARLEMENT
PARMÉNIDE
PARMÉNION
PARMESANE
PARMESANE
PARODIANT
PARODIQUE
PARODISTE
PARODONTE
PAROLIÈRE
PARONYMIE
PARONYQUE
PAROXYSME
PAROXYTON
PARQUETÉE
PARQUETER
PARQUEUSE
PARQUIÈRE
PARRAINÉE
PARRAINER
PARRICIDE
PARSEMANT
PARSEMÉES
PARTAGEUR
PARTAGEUX
PARTHENAY
PARTHÉNON
PARTIAIRE
PARTICIPE
PARTICIPÉ
PARTICULE
PARTIELLE
PARTISANE
PARTITEUR
PARTITION
PARTITIVE
PARURERIE
PARURIÈRE
PARVENANT
PASCALIEN
PASDELOUP
PASO DOBLE
PASSAGÈRE
PASSATION
PASSAVANT
PASSE-HAUT

PASSÉISME
PASSÉISTE
PASSEMENT
PASSE-PIED
PASSE-PLAT
PASSEPOIL
PASSEPORT
PASSERAGE
PASSEREAU
PASSERINE
PASSEROSE
PASSE-VITE
PASSIONNÉ
PASSIVANT
PASSIVITÉ
PASTERNAK
PASTICHÉE
PASTICHER
PASTORALE
PASTORAUX
PASTORIEN
PATAGONIE
PATAÑJALI
PATAOUÈTE
PATATOÏDE
PATAUGEUR
PATCHOULI
PATCHWORK
PATELINER
PATENÔTRE
PATENTAGE
PATENTANT
PATENTEUX
PATERNITÉ
PATHET LAO
PATHOGÈNE
PATIENTER
PATINETTE
PATINEUSE
PATINOIRE
PÂTISSANT
PÂTISSIER
PATOISANT
PATOUILLÉ
PATRICIAT
PATRICIEN
PATRICLAN
PATRONAGE
PATRONALE
PATRONAUX
PATRONNÉE
PATRONNER
PATRONYME
PATTE-D'OIE
PÂTURABLE
PAUCHOUSE
PAUL ÉMILE

PAULIENNE
PAULINIEN
PAULOWNIA
PAUMOYANT
PAUPÉRISÉ
PAUPIETTE
PAUSANIAS
PAUSE-CAFÉ
PAUVRESSE
PAUVRETTE
PAVAROTTI
PAVLOVIEN
PAVOISANT
PAYERNOIS
PAYSAGÈRE
PAYSANNAT
PÉAGEOISE
PEAUFINÉE
PEAUFINER
PEAU-ROUGE
PEAU-ROUGE
PEAUSSIER
PECH-MERLE
PÉCLOTANT
PECTORALE
PECTORAUX
PÉDAGOGIE
PÉDAGOGUE
PÉDALEUSE
PÉDÉRASTE
PÉDIATRIE
PÉDICELLE
PÉDICELLÉ
PÉDICULÉE
PÉDIPALPE
PÉDOLOGIE
PÉDOLOGUE
PÉDONCULE
PÉDONCULÉ
PÉDOPHILE
PEGMATITE
PEIGNE-CUL
PEIGNETTE
PEIGNEUSE
PEIGNURES
PEINTURÉE
PEINTURER
PÉJORATIF
PÉKINOISE
PÉKINOISE
PÉLAGIQUE
PÉLISSIER
PELLETAGE
PELLETANT
PELLETEUR
PELLETIER
PELLETIER

PELLICULE
PELLICULÉ
PELLUCIDE
PÉLOPIDAS
PELOTEUSE
PELOTONNÉ
PELUCHANT
PELUCHEUX
PELVIENNE
PEMPHIGUS
PÉNALISÉE
PÉNALISER
PÉNALISTE
PENALTIES
PENDAISON
PENDENTIF
PENDILLER
PENDILLON
PENDULANT
PENDULIER
PÉNÉTRANT
PÉNINSULE
PÉNITENCE
PÉNITENTE
PÉNOLOGIE
PENSE-BÊTE
PENSIONNÉ
PENTAÈDRE
PENTAGONE
PENTAGONE
PENTAMÈRE
PENTAPOLE
PENTATOME
PENTECÔTE
PÉPIEMENT
PÉPINIÈRE
PÉQUENAUD
PERBORATE
PERCALINE
PERCEMENT
PERCEPTIF
PERCEVANT
PERCEVOIR
PERCHERON
PERCHERON
PERCHEUSE
PERCHISTE
PERCUTANÉ
PERCUTANT
PERCUTEUR
PERDICCAS
PERDITION
PERDREAUX
PERDURANT
PÉRENNANT
PÉRENNISÉ
PÉRENNITÉ

PEREVALSK
PERFECTIF
PERFOLIÉE
PERFORAGE
PERFORANT
PERFUSANT
PERFUSION
PERGOLÈSE
PÉRIANDRE
PÉRIANTHE
PÉRIASTRE
PÉRIBONKA
PÉRICARDE
PÉRICARPE
PÉRICLITÉ
PÉRICYCLE
PÉRIDURAL
PÉRIGUEUX
PÉRIHÉLIE
PÉRILLEUX
PÉRIMÈTRE
PÉRINATAL
PÉRINÉALE
PÉRINÉAUX
PÉRIPÉTIE
PÉRIPTÈRE
PÉRISCOPE
PÉRISSANT
PÉRISTOME
PÉRISTYLE
PÉRITHÈCE
PÉRITOINE
PERMANENT
PERMÉABLE
PERMETTRE
PERMIENNE
PERMISSIF
PERMUTANT
PÉRONIÈRE
PÉRONISME
PÉRONISTE
PÉRONNAIS
PÉROREUSE
PEROXYDÉE
PEROXYDER
PERPÉTRÉE
PERPÉTRER
PERPÉTUÉE
PERPÉTUEL
PERPÉTUER
PERPIGNAN
PERRÉGAUX
PERROQUET
PERROSIEN
PERSÉCUTÉ
PERSÉIDES
PERSÉVÉRÉ
PERSIENNE
PERSIFLÉE
PERSIFLER
PERSILLÉE
PERSISTER
PERSONNEL
PERSUADÉE
PERSUADER
PERSUASIF
PERTINENT
PERTURBÉE
PERTURBER
PERVENCHE
PERVERTIE
PERVERTIR
PERVIBRÉE
PERVIBRER
PESAMMENT
PESANTEUR
PÈSE-ACIDE
PÈSE-BÉBÉS
PÈSE-MOÛTS
PÈSE-SIROP
PESTICIDE
PESTIFÉRÉ
PÉTARADER
PETCHENGA
PETERMANN
PÉTILLANT
PETIT BELT
PETIT-BOIS
PETITESSE
PETITE-ÎLE
PETIT-FILS
PETIT-FOUR
PETIT-GRIS
PETIT-LAIT
PÉTITOIRE
PETIT POIS
PETLIOURA
PÉTOUILLÉ
PÉTRARQUE
PÉTRIFIÉE
PÉTRIFIER
PÉTROGALE
PETROGRAD
PÉTROLIER
PÉTULANCE
PÉTULANTE
PEUTINGER
PEYROLLES
PEYRONNET
PFORZHEIM
PHAGOCYTE
PHAGOCYTÉ
PHALANGER
PHALAROPE
PHALLIQUE
PHALLOÏDE
PHANOTRON
PHANTASME
PHARAMOND
PHARILLON
PHARISIEN
PHARMACIE
PHARYNGAL
PHARYNGÉE
PHÉACIENS
PHÉNICIEN
PHÉNICIEN
PHÉNIQUÉE
PHÉNOLATE
PHÉNOMÈNE
PHÉNOTYPE
PHÉROMONE
PHILANTHE
PHILIBERT
PHILIPPES
PHILIPPIN
PHILIPPIN
PHILISTIN
PHILOMÈLE
PHLYCTÈNE
PHNOM PENH
PHOCÉENNE
PHOCÉENNE
PHONATEUR
PHONATION
PHONIATRE
PHONOLITE
PHOSPHATE
PHOSPHATÉ
PHOSPHÈNE
PHOSPHINE
PHOSPHITE
PHOSPHORE
PHOSPHORÉ
PHOSPHURE
PHOTOLYSE
PHOTOPILE
PHOTOTYPE
PHRAGMITE
PHRASEUSE
PHRÉNIQUE
PHTALÉINE
PHTALIQUE
PHTIRIASE
PHTISIQUE
PHYSIATRE
PHYSICIEN
PHYTOCIDE
PHYTOTRON
PIAFFANTE
PIAILLANT
PIAILLARD
PIAILLEUR
PIANOTAGE
PIANOTANT
PIAPIATER
PIAZZETTA
PIAZZOLLA
PICHOLINE
PICKERING
PICQUIGNY
PICS-VERTS
PICTURALE
PICTURAUX
PIED-DE-ROI
PIED-DROIT
PIÉDESTAL
PIED-NOIRE
PIÉDOUCHE
PIERREUSE
PIES-MÈRES
PIÉTAILLE
PIÉTEMENT
PIÉTINANT
PIFOMÈTRE
PIGEONNÉE
PIGEONNER
PIGMENTÉE
PIGMENTER
PIGNOCHER
PILCOMAYO
PILOCARPE
PILONNAGE
PILONNANT
PILSUDSKI
PILULAIRE
PIMENTANT
PINAILLER
PINARDIER
PINCELIER
PINCEMENT
PINCEVENT
PINCHARDE
PING-PONGS
PINGRERIE
PINGXIANG
PINK FLOYD
PINNIPÈDE
PINOCCHIO
PINTADEAU
PINTADINE
PINTOCHER
PIOCHEUSE
PIONNIÈRE
PIPELETTE
PIPÉRACÉE
PIPÉRONAL

9

PIQUE-FEUX
PIQUE-NOTE
PIQUETAGE
PIQUETANT
PIQUETEUR
PIRATERIE
PIRIFORME
PIRITHOOS
PIRMASENS
PIROGUIER
PIROUETTE
PIROUETTÉ
PISANELLO
PISCÉNOIS
PISCICOLE
PISCIVORE
PISIFORME
PISOLITHE
PISSEMENT
PISSENLIT
PISTOLEUR
PISTONNÉE
PISTONNER
PITCHOUNE
PITONNAGE
PITONNANT
PITOYABLE
PIVOTANTE
PIZZAIOLI
PIZZAIOLO
PIZZICATI
PIZZICATO
PLABENNEC
PLACARDÉE
PLACARDER
PLACEMENT
PLACIDITÉ
PLACOTAGE
PLACOTANT
PLAFONNÉE
PLAFONNER
PLAGIAIRE
PLAIDABLE
PLAIDANTE
PLAIDEUSE
PLAIDOYER
PLAIGNANT
PLAINOISE
PLAIN-PIED
PLAINTIVE
PLAISANCE
PLAISANCE
PLAISANTE
PLAISANTÉ
PLANCHANT
PLANCHÉIÉ
PLANIFIÉE
PLANIFIER
PLAN-MASSE
PLANQUANT
PLANTAIRE
PLANTEUSE
PLAQUETTE
PLAQUEUSE
PLASMIQUE
PLASTIFIÉ
PLASTIQUE
PLASTIQUÉ
PLASTISOL
PLATELAGE
PLATEMENT
PLATINAGE
PLATINANT
PLATINITE
PLATITUDE
PLÂTRERIE
PLÂTREUSE
PLÂTRIÈRE
PLAUSIBLE
PLEIN-VENT
PLEKHANOV
PLÉNITUDE
PLÉONASME
PLESSETSK
PLEURARDE
PLEURÉSIE
PLEUREUSE
PLEURTUIT
PLEUVASSÉ
PLEUVINER
PLEUVOTER
PLEXIGLAS
PLISSEUSE
PLOIEMENT
PLOMBERIE
PLOMBEUSE
PLONGEANT
PLONGEOIR
PLONGEUSE
PLOUBALAY
PLOUESCAT
PLUCHEUSE
PLUMAISON
PLUM-CAKES
PLURALITÉ
PLURIELLE
PLUSIEURS
PLUS-VALUE
PLUTARQUE
PLUTONIUM
PLUVIEUSE
PLUVIGNER
PNEUMONIE
POCHARDÉE
POCHARDER
PODGORICA
PODGORNYÏ
PODOLOGIE
PODOLOGUE
PODOMÈTRE
POÉTISANT
POIGNANTE
POIGNARDÉ
POINÇONNÉ
POINTEAUX
POINTEUSE
POINTILLÉ
POIREAUTÉ
POIROTANT
POISSARDE
POISSEUSE
POITEVINE
POITEVINE
POIVRIÈRE
POLARISÉE
POLARISER
POLÉMIQUE
POLÉMIQUÉ
POLÉMISTE
POLIAKOFF
POLICEMAN
POLICEMEN
POLICIÈRE
POLIPHILE
POLISARIO
POLISSAGE
POLISSANT
POLISSOIR
POLITBURO
POLITESSE
POLITIQUE
POLITISÉE
POLITISER
POLLAIOLO
POLLINOSE
POLLUANTE
POLLUEUSE
POLLUTION
POLNAREFF
POLONAISE
POLONAISE
POLTRONNE
POLYACIDE
POLYAKÈNE
POLYAMIDE
POLYAMINE
POLYANDRE
POLYCARPE
POLYCHÈTE
POLYCLÈTE
POLYCOPIÉ
POLYCRATE
POLYESTER
POLYÉTHER
POLYEUCTE
POLYGAMIE
POLYGNOTE
POLYGONAL
POLYGYNIE
POLYLOBÉE
POLYMÉRIE
POLYNÉSIE
POLYOSIDE
POLYPHASÉ
POLYPHÈME
POLYPTÈRE
POLYSÉMIE
POLYTONAL
POMÉRANIE
POMMADANT
POMMELANT
POMMERAIE
POMŒRIUM
POMOLOGIE
POMOLOGUE
POMPADOUR
POMPIGNAN
POMPONNÉE
POMPONNER
PONANTAIS
PONCTUANT
PONDAISON
PONDÉRALE
PONDÉRANT
PONDÉRAUX
PONDÉREUX
PONT-CANAL
PONT-EUXIN
PONTIANAK
PONTIFIER
PONTIVYEN
PONT-L'ABBÉ
PONT-LEVIS
PONTORSON
PONT-ROUTE
PONTUSEAU
POPERINGE
POP MUSICS
POPULAIRE
POPULEUSE
POPULISME
POPULISTE
PORCHERIE
PORDENONE
PORNICAIS
PORNICHET
POROPHORE
PORPHYRIE

PORTATIVE
PORT BLAIR
PORT-BOUËT
PORTE-BÉBÉ
PORTE-CLÉS
PORTE-ÉPÉE
PORTEFAIX
PORTE-FORT
PORTE-LAME
PORTELONE
PORTEMENT
PORTE-MENU
PORTEMINE
PORTÉSIEN
PORTE-VOIX
PORTFOLIO
PORTICCIO
PORTILLON
PORTINARI
PORT LOUIS
PORT-LOUIS
PORTO-NOVO
PORTO RICO
PORT-ROYAL
PORT-SALUT
PORTUAIRE
PORTUGAIS
PORTUGAIS
POSEMÈTRE
POSIDONIE
POSITIVER
POSOLOGIE
POSSÉDANT
POSSESSIF
POSTDATÉE
POSTDATER
POSTÉRITÉ
POSTILLON
POSTNATAL
POSTPOSÉE
POSTPOSER
POSTULANT
POSTURALE
POSTURAUX
POTASSANT
POTASSIUM
POTEMKINE
POTENTIEL
POTINIÈRE
POTOMANIE
POTOMÈTRE
POT-POURRI
POTS-DE-VIN
POUCE-PIED
POUCHKINE
POUDINGUE
POUDRERIE
POUDRETTE
POUDREUSE
POUDRIÈRE
POUDROYER
POUILLARD
POUILLEUX
POULINANT
POUPONNER
POURBOIRE
POURCEAUX
POURFENDU
POURLÈCHE
POURLÉCHÉ
POURPOINT
POURRIDIÉ
POURSUITE
POURSUIVI
POURVU QUE
POUSSETTE
POUSSIÈRE
POUTARGUE
POUTRELLE
POUZAUGES
POUZZOLES
POYAUDINE
PRADÉENNE
PRAGUERIE
PRAGUOISE
PRAGUOISE
PRAJAPATI
PRALINAGE
PRALINANT
PRALOGNAN
PRANDIALE
PRANDIAUX
PRATICIEN
PRATICITÉ
PRATIQUÉE
PRATIQUER
PRATOLINI
PRAXITÈLE
PRÉACCORD
PRÉALABLE
PRÉALPINE
PRÉAMBULE
PRÉAVISÉE
PRÉAVISER
PRÉCARISÉ
PRÉCARITÉ
PRÉCÉDANT
PRÉCÉDENT
PRÉCEINTE
PRÊCHEUSE
PRÉCIEUSE
PRÉCIPICE
PRÉCIPITÉ
PRÉCISANT
PRÉCISION
PRÉCOCITÉ
PRÉCOMPTE
PRÉCOMPTÉ
PRÉCONÇUE
PRÉCONISÉ
PRÉDATEUR
PRÉDATION
PRÉDICANT
PRÉDICTIF
PRÉDIGÉRÉ
PRÉDIQUÉE
PRÉDIQUER
PRÉDISANT
PRÉDOMINÉ
PRÉEMPTÉE
PRÉEMPTER
PRÉ-EN-PAIL
PRÉÉTABLI
PRÉEXISTÉ
PRÉFAÇANT
PRÉFACIER
PRÉFÉRANT
PRÉFIGURÉ
PRÉFIXALE
PRÉFIXANT
PRÉFIXAUX
PRÉFIXION
PRÉFORMÉE
PRÉFORMER
PRÉGNANCE
PRÉGNANTE
PRÉJUDICE
PRÉLASSÉE
PRÉLASSER
PRÉLATINE
PRÉLATURE
PRÉLAVAGE
PRÉLEVANT
PRÉLUDANT
PRÉMATURÉ
PRÉMÉDITÉ
PREMIER-NÉ
PREMINGER
PRÉMONTRÉ
PRÉMONTRÉ
PRÉNATALE
PRÉNATALS
PRÉNATAUX
PRÉNOMMÉE
PRÉNOMMER
PRÉNOTION
PRÉOCCUPÉ
PRÉPARANT
PRÉPAYANT
PRÉPOSANT
PRÉPRESSE
PRÉRÉGLÉE
PRÉRÉGLER
PRÉREQUIS
PRÉROMANE
PRESBOURG
PRESBYTIE
PRESCIENT
PRESCRIRE
PRESCRITE
PRÉSÉANCE
PRÉSÉNILE
PRÉSENTÉE
PRÉSENTER
PRÉSERVÉE
PRÉSERVER
PRÉSIDANT
PRÉSIDENT
PRÉSIDIAL
PRÉSIDIUM
PRESQU'ÎLE
PRÉS-SALÉS
PRESSANTE
PRESS-BOOK
PRESSENTI
PRESSEUSE
PRESSPAHN
PRESSURÉE
PRESSURER
PRESTANCE
PRESTESSE
PRÉSUMANT
PRÉSURANT
PRÉTENDRE
PRÉTENDUE
PRÊTE-NOMS
PRÉTÉRITÉ
PRÉTEXTAT
PRÉTEXTÉE
PRÉTEXTER
PRÉTORIAL
PRÉTORIEN
PRETORIUS
PRÉTRAITÉ
PRÊTRESSE
PRÉVALANT
PRÉVALOIR
PRÉVENANT
PRÉVENTIF
PRÉVISION
PRÉVÔTALE
PRÉVÔTAUX
PRÉVOYANT
PRIAPISME
PRIESTLEY
PRIGOGINE
PRIMARITÉ
PRIMATIAL

9

PRIMATICE
PRIMEROSE
PRIME TIME
PRIMEVÈRE
PRIMIPARE
PRIMIPILE
PRIMITIVE
PRIMOGUET
PRINCESSE
PRINCETON
PRINCIÈRE
PRINCIPAL
PRINCIPAT
PRINTEMPS
PRITCHARD
PRIVADOIS
PRIVATION
PRIVATISÉ
PRIVATIVE
PRIVILÈGE
PROBATION
PROCÉDANT
PROCÉDURE
PROCESSIF
PROCESSUS
PROCHAINE
PROCLAMÉE
PROCLAMER
PROCONSUL
PROCRÉANT
PROCRUSTE
PROCURANT
PROCUREUR
PRODIGUÉE
PRODIGUER
PRODUCTIF
PROFANANT
PROFECTIF
PROFÉRANT
PROFESSÉE
PROFESSER
PROFILAGE
PROFILANT
PROFILEUR
PROFITANT
PROFITEUR
PROFUSION
PROGÉNOTE
PROGICIEL
PROGNATHE
PROGRAMME
PROGRAMMÉ
PROGRESSÉ
PROHIBANT
PROJECTIF
PROJETANT
PROKHOROV
PROKOFIEV
PROLAPSUS
PROLIFÉRÉ
PROLIXITÉ
PROLONGÉE
PROLONGER
PROMENADE
PROMENANT
PROMENEUR
PROMENOIR
PROMÉTHÉE
PROMETTRE
PROMOTEUR
PROMOTION
PROMPTEUR
PROMULGUÉ
PRONATEUR
PRONATION
PRONONCÉE
PRONONCER
PRONOSTIC
PROPAGULE
PROPERGOL
PROPHÉTIE
PROPOSANT
PROPRETTE
PROPRIANO
PROPRIÉTÉ
PROPULSÉE
PROPULSER
PROPULSIF
PROPYLÈNE
PROSAÏQUE
PROSAÏSME
PROSATEUR
PROSCRIRE
PROSCRITE
PROSÉLYTE
PROSIMIEN
PROSPECTÉ
PROSPÉRER
PROSTERNÉ
PROSTHÈSE
PROSTITUÉ
PROTAMINE
PROTÉINÉE
PROTÉIQUE
PROTESTÉE
PROTESTER
PROTHALLE
PROTHORAX
PROTOCOLE
PROTONÉMA
PROTOTYPE
PROTOXYDE
PROUSTIEN
PROUVABLE
PROVENANT
PROVENÇAL
PROVENÇAL
PROVIGNÉE
PROVIGNER
PROVINOIS
PROVISEUR
PROVISION
PROVOCANT
PROVOQUÉE
PROVOQUER
PROXÉNÈTE
PROXIMALE
PROXIMAUX
PROXIMITÉ
PRUD'HOMAL
PRUD'HOMIE
PRUD'HOMME
PRUSSIATE
PRUSSIQUE
PSALLIOTE
PSALMISTE
PSALMODIE
PSALMODIÉ
PSILOCYBE
PSORALÈNE
PSORIASIS
PSYCHIQUE
PSYCHISME
PTÉROPODE
PTÉRYGOTE
PTOLÉMAÏS
PTYALISME
PUBESCENT
PUBLIABLE
PUBLICAIN
PUBLICIEL
PUBLICITÉ
PUBLICOLA
PUDIBONDE
PUÉRILITÉ
PUERPÉRAL
PUFENDORF
PUGILISTE
PUGNACITÉ
PUIFORCAT
PUIGCERDÁ
PUISATIER
PUISEMENT
PUISSANCE
PUISSANTE
PUISSANTS
PULCHÉRIE
PULICAIRE
PULLIÉRAN
PULLOROSE
PULL-OVERS
PULLULANT
PULSATION
PULVÉRISÉ
PUNAISANT
PUNISSANT
PUPITREUR
PURGATION
PURGATIVE
PURIFIANT
PURITAINE
PURPURINE
PURULENCE
PURULENTE
PUSEYISME
PUSTULEUX
PUTASSIER
PUTÉOLIEN
PUTONGHUA
PUTRAJAYA
PUTRÉFIÉE
PUTRÉFIER
PUTRIDITÉ
PUY-DE-DÔME
PUYMORENS
PYGMALION
PYLORIQUE
PYONGYANG
PYRAMIDAL
PYRAMIDÉE
PYRAMIDES
PYROMANIE
PYROMÈTRE
PYROPHORE
PYROPHYTE
PYRRHIQUE
PYTHAGORE
PYTHIENNE
PYTHIQUES
QACENTINA
QADHDHAFI
QUADRETTE
QUADRILLE
QUADRILLÉ
QUADRIQUE
QUADRUPLE
QUADRUPLÉ
QUALIFIÉE
QUALIFIER
QUANT-À-SOI
QUANTIÈME
QUANTIFIÉ
QUANTIQUE
QUAREGNON
QUARENGHI
QUARTERON
QUARTETTE
QUARTZEUX

QUARTZITE
QUASIMENT
QUASIMODO
QUASIMODO
QUATRIÈME
QUAT'ZARTS
QUÉBÉCOIS
QUÉBÉCOIS
QUEBRACHO
QUELIMANE
QUELLE QUE
QUELLINUS
QUELQU'UNE
QUÉMANDÉE
QUÉMANDER
QUERELLÉE
QUERELLER
QUERÉTARO
QUÉRULENT
QUETZALES
QUICAGEON
QUICONQUE
QUIESCENT
QUIÉTISME
QUIÉTISTE
QUIÉVRAIN
QUILLEUSE
QUIMPERLÉ
QUINCONCE
QUINOCÉEN
QUINOLONE
QUINQUINA
QUINTAINE
QUINTETTE
QUINTEUSE
QUINTOLET
QUINTUPLE
QUINTUPLÉ
QUINZAINE
QUINZIÈME
QUINZISTE
QUIPROQUO
QUIQUAJON
QUITÉNIEN
QUITTANCE
QUOTE-PART
QUOTIDIEN
RABÂCHAGE
RABÂCHANT
RABÂCHEUR
RABAISSÉE
RABAISSER
RABAN MAUR
RABASTENS
RABAT-JOIE
RABATTAGE
RABATTANT

RABATTEUR
RABIBOCHÉ
RABIOTANT
RABOTEUSE
RABOUGRIE
RABOUGRIR
RABOUTAGE
RABOUTANT
RABROUANT
RACCORDÉE
RACCORDER
RACCOURCI
RACCROCHÉ
RACCUSANT
RACÉMIQUE
RACHETANT
RACHIDIEN
RACKETTÉE
RACKETTER
RACLEMENT
RACOLEUSE
RACONTANT
RACONTEUR
RADARISTE
RADCLIFFE
RADEGONDE
RADIATEUR
RADIATION
RADIATIVE
RADICANTE
RADICELLE
RADINERIE
RADIOLYSE
RADIO-TAXI
RADOTEUSE
RADOUBANT
RADZIWILL
RAFFERMIE
RAFFERMIR
RAFFINAGE
RAFFINANT
RAFFINEUR
RAFFLESIA
RAFFLÉSIE
RAFFOLANT
RAFFÛTANT
RAFISTOLÉ
RAFRAÎCHI
RAGOÛTANT
RAIDILLON
RAILLERIE
RAILLEUSE
RAIL-ROUTE
RAINURAGE
RAINURANT
RAISONNÉE
RAISONNER

RAJASTHAN
RAJOUTANT
RAJUSTANT
RALINGUÉE
RALINGUER
RALLONGÉE
RALLONGER
RALLUMANT
RAMAGEANT
RAMASSAGE
RAMASSANT
RAMASSEUR
RAMBUTEAU
RAMENDANT
RAMENDEUR
RAMEUTANT
RAMIFIANT
RAMILLIES
RAMPEMENT
RAMPONEAU
RANCARDÉE
RANCARDER
RANÇONNÉE
RANÇONNER
RANCUNIER
RANDOMISÉ
RANDONNÉE
RANDONNER
RANGEMENT
RAPAILLER
RAPATRIÉE
RAPATRIER
RAPERCHÉE
RAPERCHER
RAPETASSÉ
RAPETISSÉ
RAPICOLER
RAPIÉÇAGE
RAPIÉÇANT
RAPINERIE
RAPOINTIS
RAPPARIÉE
RAPPARIER
RAPPELANT
RAPPLIQUÉ
RAPPORTÉE
RAPPORTER
RAPPROCHÉ
RARÉFIANT
RARESCENT
RARISSIME
RAROTONGA
RASMUSSEN
RASSASIÉE
RASSASIER
RASSEMBLÉ
RASSÉRÉNÉ

RASSEYANT
RAS SHAMRA
RASSORTIE
RASSORTIR
RASSURANT
RASTAFARI
RASTIGNAC
RASTRELLI
RATATINÉE
RATATINER
RAT-DE-CAVE
RÂTELEUSE
RATIBOISÉ
RATIFIANT
RATINEUSE
RATIOCINÉ
RATIONAUX
RATIONNÉE
RATIONNEL
RATIONNER
RATISSAGE
RATISSANT
RATONNADE
RATSIRAKA
RATTACHÉE
RATTACHER
RATTRAPÉE
RATTRAPER
RATZINGER
RAUWOLFIA
RAVAGEANT
RAVAGEUSE
RAVAILLAC
RAVAUDAGE
RAVAUDANT
RAVAUDEUR
RAVENELLE
RAVE-PARTY
RAVIGOTÉE
RAVIGOTER
RAVISSANT
RAVISSEUR
RAYONNAGE
RAYONNANT
RAYONNEUR
RÉABONNÉE
RÉABONNER
RÉABSORBÉ
RÉACTANCE
RÉACTIVÉE
RÉACTIVER
RÉADAPTÉE
RÉADAPTER
READY-MADE
RÉAFFIRMÉ
RÉAJUSTÉE
RÉAJUSTER

9

RÉALÉSAGE
RÉALÉSANT
RÉALIGNÉE
RÉALIGNER
RÉALISANT
RÉAMÉNAGÉ
RÉAMORCÉE
RÉAMORCER
RÉANIMANT
RÉAPPARUE
RÉAPPRISE
RÉARGENTÉ
RÉARRANGÉ
RÉASSIGNÉ
RÉASSORTI
RÉASSURÉE
RÉASSURER
REBAISSÉE
REBAISSER
REBAPTISÉ
REBATTANT
REBELLANT
RÉBELLION
REBIFFANT
REBIQUANT
REBLANCHI
REBLOCHON
REBOISANT
REBORDANT
REBOUCHÉE
REBOUCHER
REBOUTEUR
REBOUTEUX
REBRODANT
REBROUSSÉ
REBRÛLANT
REBUFFADE
REBUTANTE
RECACHETÉ
RECADRAGE
RECADRANT
RECALCULÉ
RECARBURÉ
RECAUSANT
RECELEUSE
RÉCEMMENT
RECENSANT
RECENSEUR
RECENSION
RECENTRÉE
RECENTRER
RÉCÉPISSÉ
RÉCEPTEUR
RÉCEPTION
RÉCEPTIVE
RECERCLÉE
RECERCLER

RÉCESSION
RÉCESSIVE
RECEVABLE
RECEVEUSE
RÉCHAMPIE
RÉCHAMPIR
RECHANGÉE
RECHANGER
RECHANTÉE
RECHANTER
RECHAPAGE
RECHAPANT
RÉCHAPPÉE
RÉCHAPPER
RECHARGÉE
RECHARGER
RECHASSÉE
RECHASSER
RÉCHAUFFÉ
RECHAUSSÉ
RECHERCHE
RECHERCHÉ
RECHIGNER
RECHUTANT
RÉCIDIVER
RÉCIPIENT
RÉCITANTE
RÉCITATIF
RÉCLAMANT
RECLASSÉE
RECLASSER
RECLOUANT
RÉCLUSION
RECOIFFÉE
RECOIFFER
RECOLLAGE
RECOLLANT
RÉCOLTANT
RECOMBINÉ
RECOMPOSÉ
RECOMPTÉE
RECOMPTER
RECONDUIT
RÉCONFORT
RECONQUIS
RECOPIANT
RECORDANT
RECORDMAN
RECORDMEN
RECORRIGÉ
RECOUCHÉE
RECOUCHER
RECOUPAGE
RECOUPANT
RECOURANT
RECOURBÉE
RECOURBER

RECOUSANT
RECOUVERT
RECOUVRÉE
RECOUVRER
RECOUVRIR
RECRACHÉE
RECRACHER
RÉCRÉANCE
RÉCRÉATIF
RECREUSÉE
RECREUSER
RÉCRIMINÉ
RÉCRIVANT
RECROÎTRE
RECRUTANT
RECRUTEUR
RECTANGLE
RECTIFIÉE
RECTIFIER
RECTITUDE
RECTORALE
RECTORAUX
RECUEILLI
RECUISANT
RECULOTTÉ
RÉCUPÉRÉE
RÉCUPÉRER
RÉCURRENT
RÉCURSIVE
RÉCUSABLE
RECYCLAGE
RECYCLANT
RÉDACTEUR
RÉDACTION
REDDITION
REDÉFAIRE
REDÉFAITE
REDÉFINIE
REDÉFINIR
REDEMANDÉ
REDÉMARRÉ
REDÉPLOYÉ
REDEVABLE
REDEVANCE
REDEVENIR
REDEVENUE
REDIFFUSÉ
RÉDIGEANT
REDINGOTE
REDISCUTÉ
REDONDANT
REDONNAIS
REDONNANT
REDOUBLÉE
REDOUBLER
REDOUTANT
REDRESSÉE

REDRESSER
RÉDUCTEUR
RÉDUCTION
RÉDUISANT
RÉÉCOUTÉE
RÉÉCOUTER
RÉÉDIFIÉE
RÉÉDIFIER
RÉÉDITANT
RÉÉDITION
RÉÉDUQUÉE
RÉÉDUQUER
RÉÉLISANT
RÉEMPLOYÉ
RÉENGAGÉE
RÉENGAGER
RÉESSAYÉE
RÉESSAYER
RÉÉTUDIÉE
RÉÉTUDIER
RÉÉVALUÉE
RÉÉVALUER
RÉEXAMINÉ
RÉEXPÉDIÉ
RÉEXPORTÉ
REFAÇONNÉ
RÉFACTION
REFAISANT
RÉFECTION
REFENDANT
RÉFÉRENCE
RÉFÉRENCÉ
REFERMANT
RÉFLÉCHIE
RÉFLÉCHIR
REFLÉTANT
REFLEURIE
REFLEURIR
RÉFLEXION
RÉFLEXIVE
REFONDANT
REFORMAGE
REFORMANT
RÉFORMANT
REFORMEUR
REFORMULÉ
REFOUILLÉ
REFOULANT
REFOULOIR
RÉFRACTÉE
RÉFRACTER
RÉFRÉNANT
RÉFRIGÉRÉ
REFROIDIE
REFROIDIR
RÉFUGIANT
REFUSABLE

RÉFUTABLE
REGAGNANT
REGARDANT
REGARDEUR
RÉGATIÈRE
RÉGÉNÉRÉE
RÉGÉNÉRER
RÉGENTANT
REGIMBANT
REGIMBEUR
RÉGIONALE
RÉGIONAUX
RÉGISSANT
RÉGISSEUR
REGISTRÉE
REGISTRER
RÈGLEMENT
REGONFLÉE
REGONFLER
REGRATTÉE
REGRATTER
REGREFFÉE
REGREFFER
RÉGRESSER
RÉGRESSIF
REGRETTÉE
REGRETTER
REGRIMPÉE
REGRIMPER
REGROSSIR
REGROUPÉE
REGROUPER
RÉGULIÈRE
RÉGURGITÉ
RÉHABITUÉ
REHAUSSÉE
REHAUSSER
RÉHYDRATÉ
REICHSRAT
REICHSTAG
RÉIMPORTÉ
RÉIMPOSÉE
RÉIMPOSER
RÉIMPRIMÉ
RÉINCARNÉ
REINHARDT
RÉINSCRIT
RÉINSÉRÉE
RÉINSÉRER
RÉINTÉGRÉ
RÉINVENTÉ
RÉINVESTI
RÉINVITÉE
RÉINVITER
RÉITÉRANT
REJAILLIR
REJETABLE
REJOINDRE
REJUGEANT
RELÂCHANT
RELAISSÉE
RELAISSER
RELANÇANT
RELAXANTE
RELAYEUSE
RELECTURE
RELÉGUANT
RELEVABLE
RELEVEUSE
RELIGIEUX
RELOGEANT
RELOOKANT
RELUISANT
RELUQUANT
REMÂCHANT
REMAILLÉE
REMAILLER
RÉMANENCE
RÉMANENTE
REMANIANT
REMARCHER
REMARIAGE
REMARIANT
REMARQUÉE
REMARQUER
REMBALLÉE
REMBALLER
REMBARQUÉ
REMBARRÉE
REMBARRER
REMBAUCHÉ
REMBLAVÉE
REMBLAVER
REMBLAYÉE
REMBLAYER
REMBOBINÉ
REMBOÎTÉE
REMBOÎTER
REMBOURRÉ
REMBOURSÉ
REMBRANDT
REMBRUNIE
REMBRUNIR
REMBUCHÉE
REMBUCHER
REMÉDIANT
REMEMBRÉE
REMEMBRER
REMÉMORÉE
REMÉMORER
REMERCIÉE
REMERCIER
REMETTANT
REMEUBLÉE
REMEUBLER
REMINGTON
RÉMISSION
RÉMITTENT
REMMAILLÉ
REMMANCHÉ
REMMENANT
REMMOULÉE
REMMOULER
REMODELÉE
REMODELER
REMONTAGE
REMONTANT
REMONTOIR
REMONTRÉE
REMONTRER
REMORDANT
REMORQUÉE
REMORQUER
REMOUILLÉ
RÉMOULADE
REMOULAGE
REMOULANT
RÉMOULEUR
REMOULINS
REMPAILLÉ
REMPILANT
REMPLACÉE
REMPLACER
REMPLIANT
REMPLOYÉE
REMPLOYER
REMPLUMÉE
REMPLUMER
REMPOCHÉE
REMPOCHER
REMPORTÉE
REMPORTER
REMPOTAGE
REMPOTANT
REMPRUNTÉ
REMSCHEID
REMUEMENT
RÉMUNÉRÉE
RÉMUNÉRER
RENÂCLANT
RENANAISE
RENARDEAU
RENAUDANT
RENAUDINE
RENCAISSÉ
RENCARDÉE
RENCARDER
RENCHÉRIR
RENCOGNÉE
RENCOGNER
RENCONTRE
RENCONTRÉ
RENDEMENT
RENDORMIE
RENDORMIR
RENDOSSÉE
RENDOSSER
RENÉGOCIÉ
RENÉ LE BON
RENFERMÉE
RENFERMER
RENFILANT
RENFLOUÉE
RENFLOUER
RENFONCÉE
RENFONCER
RENFORCÉE
RENFORCER
RENFORMIE
RENFORMIR
RENFORMIS
RENFROGNÉ
RENGAINÉE
RENGAINER
RENGORGÉE
RENGORGER
RENGRÉNÉE
RENGRÉNER
RENIEMENT
RENIFLANT
RENIFLARD
RENIFLEUR
RÉNIFORME
RÉNITENTE
RENNEQUIN
RENOMMANT
RENONÇANT
RENONCULE
RENOUVEAU
RENOUVELÉ
RENSEIGNÉ
RENTAMANT
RENTOILÉE
RENTOILER
RENTRAIRE
RENTRAITE
RENTRANTE
RENTRAYÉE
RENTRAYER
RENVERSÉE
RENVERSER
RENVIDAGE
RENVIDANT
RENVIDEUR
RENVOYANT
RÉOCCUPÉE
RÉOCCUPER
RÉOPÉRANT

9

RÉORIENTÉ
REPAIRANT
RÉPANDANT
RÉPARABLE
REPARLANT
REPARTAGÉ
REPARTANT
REPASSAGE
REPASSANT
REPASSEUR
REPÊCHAGE
REPÊCHANT
REPEINDRE
REPENDANT
REPENSANT
REPENTANT
REPÉRABLE
REPERÇANT
RÉPERCUTÉ
REPERDANT
RÉPÉTITIF
REPEUPLÉE
REPEUPLER
REPIQUAGE
REPIQUANT
REPLAÇANT
REPLANTÉE
REPLANTER
REPLÂTRÉE
REPLÂTRER
RÉPLÉTION
REPLIABLE
RÉPLIQUÉE
RÉPLIQUER
REPLISSÉE
REPLISSER
REPLONGÉE
REPLONGER
REPLOYANT
RÉPONDANT
RÉPONDEUR
REPORTAGE
REPORTANT
REPORTEUR
REPOSANTE
REPOURVUE
REPOUSSÉE
REPOUSSER
REPRENANT
REPRENDRE
REPRENEUR
RÉPRESSIF
RÉPRIMANT
REPRISAGE
REPRISANT
REPROCHÉE
REPROCHER

REPRODUIT
RÉPROUVÉE
RÉPROUVER
REPTATION
REPTILIEN
RÉPUDIANT
RÉPUGNANT
RÉPULSION
RÉPULSIVE
REQUÉRANT
REQUÊTANT
REQUINQUÉ
REQUITTÉE
REQUITTER
RESCINDÉE
RESCINDER
RESCISION
RESCOUSSE
RÉSECTION
RÉSÉQUANT
RÉSERPINE
RÉSERVANT
RÉSERVOIR
RÉSIDANAT
RÉSIDANTE
RÉSIDENCE
RÉSIDENTE
RÉSIGNANT
RÉSILIANT
RÉSILIENT
RÉSINEUSE
RÉSINIÈRE
RÉSISTANT
RESITUANT
RÉSOLUBLE
RÉSOLUTIF
RÉSOLVANT
RÉSONANCE
RÉSONANTE
RÉSONNANT
RÉSORBANT
RÉSORCINE
RESPECTÉE
RESPECTER
RESPECTIF
RESPIRANT
RESPLENDI
RESQUILLE
RESQUILLÉ
RESSAIGNÉ
RESSAISIE
RESSAISIR
RESSASSÉE
RESSASSER
RESSAUTÉE
RESSAUTER
RESSAYAGE

RESSAYANT
RESSEMANT
RESSEMBLÉ
RESSEMELÉ
RESSENTIE
RESSENTIR
RESSERRÉE
RESSERRER
RESSERVIE
RESSERVIR
RESSORTIE
RESSORTIR
RESSOUDÉE
RESSOUDER
RESSOURCE
RESSOURCÉ
RESSURGIR
RESSUYANT
RESTAURÉE
RESTAURER
RESTITUÉE
RESTITUER
RESTREINT
RÉSULTANT
RÉSURGENT
RETAILLÉE
RETAILLER
RETARDANT
RETASSURE
RETENDANT
RETENTANT
RÉTENTEUR
RÉTENTION
RETHONDES
RÉTICENCE
RÉTICENTE
RÉTICULÉE
RÉTICULER
RÉTICULUM
RÉTINOÏDE
RETIRABLE
RETISSANT
RETOMBANT
RETONDANT
RETOQUANT
RETORDAGE
RETORDANT
RÉTORQUÉE
RÉTORQUER
RÉTORSION
RETOUCHÉE
RETOUCHER
RETOURNAC
RETOURNÉE
RETOURNER
RETRAÇANT
RÉTRACTÉE

RÉTRACTER
RÉTRACTIF
RETRADUIT
RETRAITÉE
RETRAITER
RETRANCHÉ
RETRAYANT
RÉTREINTE
RETREMPÉE
RETREMPER
RÉTRIBUÉE
RÉTRIBUER
RETRIEVER
RÉTROAGIR
RÉTROCÉDÉ
RETROUSSÉ
RETROUVÉE
RETROUVER
RÉUNIFIÉE
RÉUNIFIER
RÉUTILISÉ
REVACCINÉ
REVANCHÉE
REVANCHER
RÊVASSANT
RÊVASSEUR
RÉVEILLÉE
RÉVEILLER
RÉVEILLON
REVÉLOISE
REVENDANT
REVENDEUR
RÉVERBÈRE
RÉVERBÉRÉ
REVERCHON
REVERDOIR
RÉVÉRENCE
RÉVÉRENDE
REVERMONT
REVERSANT
RÉVERSION
REVERSOIR
REVIGORÉE
REVIGORER
RÉVISABLE
RÉVISEUSE
REVISITÉE
REVISITER
REVISSANT
REVIVIFIÉ
RÉVOCABLE
RÉVOLTANT
REVOLVING
RÉVOQUANT
REVOULANT
REVOULOIR
RÉVULSANT

RÉVULSION
RÉVULSIVE
REWRITANT
REWRITING
REYKJAVÍK
RHABILLÉE
RHABILLER
RHAMNACÉE
RHAPSODIE
RHÉOLOGIE
RHINANTHE
RHIZOBIUM
RHIZOPODE
RHIZOTOME
RHODAMINE
RHODANIEN
RHODANIEN
RHOMBIQUE
RHOMBOÏDE
RHÔNALPIN
RHÔNALPIN
RHYNCHITE
RHYTIDOME
RIBÉCOURT
RIBOSOMAL
RIBOULANT
RIBOVIRUS
RICANANTE
RICANEUSE
RICCOBONI
RICERCARE
RICERCARI
RICHELIEU
RICHELIEU
RICHEMENT
RICHEMONT
RICOCHANT
RIDELLOIS
RIECCOISE
RIGIDIFIÉ
RIGOLARDE
RIGOLEUSE
RIGORISME
RIGORISTE
RIGOUREUX
RILLETTES
RILLIARDE
RIMAILLÉE
RIMAILLER
RINGARDÉE
RINGARDER
RINGUETTE
RIO BRANCO
RIO GRANDE
RIPAILLER
RIPOLINÉE
RIPOLINER
RIPOSTANT
RIQUEWIHR
RISSOLANT
RISTOURNE
RISTOURNÉ
RISTRETTE
RITUALISÉ
RIVA-BELLA
RIVALISER
RIVELAINE
RIVERAINE
RIVETEUSE
RIVULAIRE
RIXENSART
ROAD-MOVIE
ROANNAISE
ROAST-BEEF
ROBERTSON
ROBORATIF
ROBOTIQUE
ROBOTISÉE
ROBOTISER
ROCAMBOLE
ROCAMBOLE
ROCASSIER
ROCHEFORT
ROCHELAIS
ROCHE-MÈRE
ROCHESTER
ROCHEUSES
RÔDAILLER
RODENBACH
RODRIGUES
ROESELARE
ROETTIERS
ROGATIONS
ROGATOIRE
ROGNONNER
ROI DE ROME
ROI-SOLEIL
RÔLE-TITRE
ROMANAISE
ROMANÇANT
ROMANCERO
ROMANCHES
ROMANCIER
ROMANÈCHE
ROMANISÉE
ROMANISER
ROMANISME
ROMANISTE
RONCERAIE
RONCEVAUX
RONCHONNE
RONCHONNÉ
RONDEMENT
ROND-POINT
RONÉOTANT
RONÉOTYPÉ
RONFLANTE
RONFLEUSE
RONGEMENT
RONRONNER
ROOSEVELT
ROQUEFORT
ROQUEFORT
ROQUENTIN
RORSCHACH
ROSCOVITE
ROSE-CROIX
ROSE-CROIX
ROSELIÈRE
ROSENBERG
ROSENFELD
ROSISSANT
ROSNÉENNE
ROSNY AÎNÉ
ROSPORDEN
ROSSIGNOL
ROSTRENEN
ROTATOIRE
ROTATRICE
ROTHÉNEUF
RÔTISSAGE
RÔTISSANT
RÔTISSEUR
ROTONDITÉ
ROTOPLOTS
ROTTERDAM
ROTURIÈRE
ROUBLARDE
ROUCOULÉE
ROUCOULER
ROUCOULIS
ROUDOUDOU
ROUENNAIS
ROUE-PELLE
ROUERGATE
ROUERGATE
ROUGEÂTRE
ROUGEAUDE
ROUGEMONT
ROUGEOYER
ROUILLANT
ROUILLURE
ROUISSAGE
ROUISSANT
ROUISSOIR
ROULEAUTÉ
ROULEMENT
ROULOTTÉE
ROUPILLER
ROUPILLON
ROUQUETTE
ROUSPÉTER
ROUSSÂTRE
ROUSSEAUX
ROUSSETTE
ROUTINIER
ROUVERAIN
ROYALISME
ROYALISTE
ROYALTIES
ROYANNAIS
ROYAUMANT
ROYAUMONT
RUBANERIE
RUBANIÈRE
RUBÉFIANT
RUBÉOLEUX
RUBESCENT
RUBICONDE
RUBRIQUÉE
RUBRIQUER
RUBRUQUIS
RUDBECKIA
RUDENTURE
RUFFLETTE
RUGBYMANS
RUGISSANT
RUHMKORFF
RUISSEAUX
RUISSELER
RUISSELET
RUITELOTE
RUMINANTE
RUNDSTEDT
RURALISME
RUSSÉENNE
RUSSIFIÉE
RUSSIFIER
RUSTICAGE
RUSTICITÉ
RUSTIQUÉE
RUSTIQUER
RUTHÉNIUM
RUTHÉNOIS
RUTHÉNOIS
RUTILANCE
RUTILANTE
RUWENZORI
RUYSBROEK
RWANDAISE
RWANDAISE
RYTHMIQUE
SABELLIUS
SABLONNÉE
SABLONNER
SABORDAGE
SABORDANT
SABOTERIE

SABOTEUSE
SABOTIÈRE
SABOULANT
SABURRALE
SABURRAUX
SACCADANT
SACCAGEUR
SACCHARIN
SACCHETTI
SACCULINE
SACERDOCE
SACRALISÉ
SACREBLEU
SACREDIEU
SACREMENT
SACRÉMENT
SACRIFICE
SACRIFIÉE
SACRIFIER
SACRILÈGE
SACRIPANT
SACRISTIE
SADDUCÉEN
SADOVEANU
SAENREDAM
SAFRANANT
SAGE-FEMME
SAGITTALE
SAGITTAUX
SAGOUTIER
SAGRANIER
SAHRAOUIE
SAHRAOUIE
SAID PACHA
SAIGNANTE
SAIGNEUSE
SAILLANTE
SAINEMENT
SAINTAISE
SAINT-ANGE
SAINT-CAST
SAINT-CÉRÉ
SAINT-CIRQ
SAINTE-FOY
SAINT-FONS
SAINT-GALL
SAINT-GOND
SAINT-JEAN
SAINT-JOHN
SAINT-JUST
SAINT-LARY
SAINT-LÉON
SAINT-LOIS
SAINT-LOUP
SAINT-MALO
SAINT-MARC
SAINT-MARS
SAINT-MAUR
SAINT-MÉEN
SAINT-OGAN
SAINTOISE
SAINT-OMER
SAINTONGE
SAINT-OUEN
SAINT-PAUL
SAINT-PÈRE
SAINT-PÈRE
SAINT-PONS
SAINT-QUAY
SAINT-RÉMY
SAKALAVES
SAKHALINE
SALAFIYYA
SALANGANE
SALARIALE
SALARIANT
SALARIAUX
SALICACÉE
SALICAIRE
SALICETTI
SALICORNE
SALICYLÉE
SALIFIANT
SALIGAUDE
SALINDRES
SALISBURY
SALISSANT
SALISSURE
SALIVAIRE
SALLUMIUQ
SALMONIDÉ
SALONAISE
SALONARDE
SALONIQUE
SALONNARD
SALOPERIE
SALOPETTE
SALOPIAUD
SALOPIAUX
SALPÊTRÉE
SALPÊTRER
SALTATION
SALUBRITÉ
SALUTAIRE
SALUTISTE
SALVAGNIN
SALVATEUR
SALZBOURG
SAMANIDES
SAMARINDA
SAMARKAND
SAMBOÏSTE
SAMOYÈDES
SAMUELSON
SANANDADJ
SAN-BENITO
SANCTIFIÉ
SANDHURST
SANDWICHS
SANG-FROID
SANGLANTE
SANGLOTER
SANHÉDRIN
SANISETTE
SANITAIRE
SAN MARTÍN
SAN MIGUEL
SAN-PRIOTE
SANS-CŒUR
SANSCRITE
SANS-FAÇON
SANS-FAUTE
SANS-GRADE
SANSKRITE
SANS-LE-SOU
SANS-LOGIS
SANSONNET
SANSOVINO
SANS-PARTI
SANS-PLOMB
SANS-SOUCI
SANTA ANNA
SANTA CRUZ
SANTANDER
SANTOLINE
SANTOMÉEN
SÃO MIGUEL
SAPINETTE
SAPINIÈRE
SAPONACÉE
SAPONAIRE
SAPONIFIÉ
SAPOTACÉE
SAPOTILLE
SAPROPÈLE
SARABANDE
SARAGOSSE
SARANAISE
SARBACANE
SARCELLES
SARCLETTE
SARDAIGNE
SARDINIER
SARGASSES
SARLADAIS
SARMENTÉE
SARMENTER
SARMIENTO
SARODISTE
SARRASINE
SARRIETTE
SARTENAIS
SARTHOISE
SASKATOON
SASOLBURG
SASSAFRAS
SASSANIDE
SASSEMENT
SASSENAGE
SASSENAGE
SATANIQUE
SATANISME
SATANISTE
SATELLISÉ
SATELLITE
SATIATION
SATINETTE
SATIRICON
SATIRIQUE
SATIRISÉE
SATIRISER
SATIRISTE
SATISFAIT
SATURABLE
SATURANTE
SATURNIEN
SATURNINE
SATYRIQUE
SAUCISSON
SAUGRENUE
SAULXURES
SAULXURON
SAUMONEAU
SAUMURAGE
SAUMURANT
SAUMUROIS
SAUNAISON
SAUPIQUET
SAUPOUDRÉ
SAUT-DE-LIT
SAUTEREAU
SAUTERNES
SAUTERNES
SAUTILLER
SAUVAGEON
SAUVAGINE
SAUVETAGE
SAUVETEUR
SAUVIGNON
SAVAMMENT
SAVERNOIS
SAVOISIEN
SAVOISIEN
SAVONNAGE
SAVONNANT
SAVONNEUX
SAVONNIER
SAVOURANT

SAVOUREUX
SAVOYARDE
SAVOYARDE
SAXIFRAGE
SAXOPHONE
SCABIEUSE
SCABREUSE
SCALDIQUE
SCALIGERI
SCAMANDRE
SCAPA FLOW
SCAPHOÏDE
SCARIEUSE
SCARIFIÉE
SCARIFIER
SCARLATTI
SCÉLÉRATE
SCÉNARISÉ
SCEPTIQUE
SCHAEFFER
SCHATZMAN
SCHEIDAGE
SCHELLING
SCHERCHEN
SCHICKARD
SCHILLING
SCHINDANT
SCHIRMECK
SCHISTEUX
SCHIZOÏDE
SCHLESWIG
SCHLINGUÉ
SCHLITTÉE
SCHLITTER
SCHNAUZER
SCHNEIDER
SCHNITTKE
SCHNORKEL
SCHOMBERG
SCHÖNBERG
SCHRIBAUX
SCHWECHAT
SCHWINGER
SCIATIQUE
SCIEMMENT
SCINTILLÉ
SCIONZIER
SCLÉREUSE
SCLÉROSÉE
SCLÉROSER
SCOLARISÉ
SCOLARITÉ
SCOLIASTE
SCOMBRIDÉ
SCORIACÉE
SCOTCHANT
SCOTOMISÉ
SCOUMOUNE
SCOUT-CARS
SCOUTISME
SCRABBLER
SCRATCHÉE
SCRATCHER
SCRATCHES
SCRIABINE
SCRIBANNE
SCRIPTEUR
SCULPTANT
SCULPTEUR
SCULPTURE
SCYTHIQUE
SÉBASTIEN
SÉBORRHÉE
SÉCESSION
SÈCHEMENT
SECLINOIS
SECONDANT
SECOURANT
SECOUREUR
SECRÉTAGE
SECRÉTANT
SÉCRÉTANT
SÉCRÉTEUR
SÉCRÉTINE
SÉCRÉTION
SECTATEUR
SECTIONNÉ
SECTORIEL
SECTORISÉ
SÉCULAIRE
SÉCULIÈRE
SÉCURISÉE
SÉCURISER
SEDANAISE
SÉDIMENTÉ
SÉDITIEUX
SÉDUCTEUR
SÉDUCTION
SÉDUISANT
SÉDUNOISE
SÉFÉVIDES
SEGANTINI
SEGMENTÉE
SEGMENTER
SEGRÉENNE
SEICHAMPS
SEIGNELAY
SEIGNOBOS
SEIGNOSSE
SÉISMIQUE
SÉJOURNER
SÉLECTANT
SÉLECTEUR
SÉLECTION
SÉLECTIVE
SÉLÉNIATE
SÉLÉNIEUX
SÉLÉNIQUE
SÉLÉNIURE
SÉLINONTE
SELONGÉEN
SEMAILLES
SEMAINIER
SÉMANTÈME
SÉMAPHORE
SEMBLABLE
SEMENCIER
SEMI-ARIDE
SEMI-FINIS
SÉMILLANT
SÉMINAIRE
SÉMINOLES
SEMI-OUVRÉ
SÉMIRAMIS
SÉMITIQUE
SÉMITISME
SEMMERING
SEMONÇANT
SEMOULIER
SEMUROISE
SENANCOUR
SENDERENS
SÉNÉCHAUX
SENELLIER
SÉNESCENT
SÉNILISME
SÉNIORITÉ
SENLISIEN
SÉNOLOGIE
SÉNONAISE
SÉNONAISE
SENONCHES
SÉNOUSRET
SENSATION
SENSÉMENT
SENSITIVE
SENSORIEL
SENSUELLE
SENTIMENT
SÉPARABLE
SÉPIOLITE
SEPTEMBRE
SEPTÉMOIS
SEPTENNAL
SEPTENNAT
SEPTILIEN
SEPTUPLÉE
SEPTUPLER
SÉPULCRAL
SÉPULTURE
SÉQUANAIS
SÉQUESTRE
SÉQUESTRÉ
SÉRAPHINE
SÉRAPHINS
SERENGETI
SERFOUAGE
SÉRIALITÉ
SÉRIATION
SERINETTE
SERINGAGE
SERINGUÉE
SERINGUER
SERLIENNE
SERMONNÉE
SERMONNER
SÉROLOGIE
SERPENTER
SERPENTIN
SERPOLLET
SERRANIDÉ
SERRATULE
SERRE-FILE
SERRE-FILS
SERREMENT
SERRE-TÊTE
SERRURIER
SERTORIUS
SERVIABLE
SERVIETTE
SERVILITÉ
SERVITEUR
SERVITUDE
SÉSAMOÏDE
SÉSOSTRIS
SEULEMENT
SEURROISE
SÉVILLANE
SÉVISSANT
SEVRANAIS
SÉVRIENNE
SÉVRIENNE
SEX-APPEAL
SEXOLOGIE
SEXOLOGUE
SEX-RATIOS
SEX-SYMBOL
SEXTUPLÉE
SEXTUPLER
SEXTUPLÉS
SEXUALISÉ
SEXUALITÉ
SEYNODIEN
SEYSSELAN
SEYSSINET
SÉZANNAIS
SFORZANDO
SGRAFFITE

9

SHAKTISME
SHAMPOING
SHANTOUNG
SHEFFIELD
SHIMAZAKI
SHIVAÏSME
SHOGOUNAL
SHOGUNALE
SHOGUNAUX
SHORTHORN
SHORT TONS
SHRAPNELL
SIBILANTE
SIBYLLINE
SICAMBRES
SICCATIVE
SIDÉRANTE
SIEGFRIED
SIENNOISE
SIERROISE
SIFFLANTE
SIFFLEUSE
SIFFLOTÉE
SIFFLOTER
SIGEANAIS
SIGISMOND
SIGLAISON
SIGNALANT
SIGNALEUR
SIGNALISÉ
SIGNATURE
SIGNIFIÉE
SIGNIFIER
SILICAGEL
SILICATÉE
SILICEUSE
SILICIQUE
SILICIURE
SILLANPÄÄ
SILLÉENNE
SILLEROIS
SILLONNÉE
SILLONNER
SILVACANE
SILVESTRE
SIMBLEAUX
SIMIESQUE
SIMILAIRE
SIMILISÉE
SIMILISER
SIMILISTE
SIMMENTAL
SIMPLETTE
SIMPLIFIÉ
SIMPLISME
SIMPLISTE
SIMULACRE

SIMULTANÉ
SINAPISME
SINCÉRITÉ
SINGAPOUR
SINGLETON
SINGULIER
SINISANTE
SINISTRÉE
SINNAMARY
SINOLOGIE
SINOLOGUE
SINTÉRISÉ
SINUOSITÉ
SINUSOÏDE
SIPHONNÉE
SIPHONNER
SIQUEIROS
SIROPERIE
SIRUPEUSE
SISMICITÉ
SITARISTE
SITOLOGUE
SITUATION
SJAELLAND
SKAGERRAK
SKRIABINE
SLALOMANT
SLALOMEUR
SLAVEJKOV
SLAVIANSK
SLAVISANT
SLOVAQUIE
SLOVIANSK
SMALKALDE
SMECTIQUE
SMORZANDO
SNACK-BARS
SNOBINARD
SNOWBOARD
SNOW-BOOTS
SOAP OPERA
SOBREMENT
SOBRIQUET
SOCHALIEN
SOCIALISÉ
SOCIÉTALE
SOCIÉTAUX
SOCQUETTE
SODOMISÉE
SODOMISER
SŒURETTE
SOFT-DRINK
SOI-DISANT
SOIFFARDE
SOIGNANTE
SOIGNEUSE
SOISÉENNE

SOLANACÉE
SOLÉCISME
SOLENNISÉ
SOLENNITÉ
SOLÉNOÏDE
SOLENZARA
SOLEUROIS
SOLFATARE
SOLFERINO
SOLICITOR
SOLIDAIRE
SOLIDIFIÉ
SOLIFLORE
SOLILOQUE
SOLILOQUÉ
SOLITAIRE
SOLIVEAUX
SOLLICITÉ
SOLOGNOTE
SOLOGNOTE
SOLUTRÉEN
SOMATIQUE
SOMATISÉE
SOMATISER
SOMMATION
SOMMEILLÉ
SOMMELIER
SOMMIÈRES
SOMMITALE
SOMMITAUX
SOMNIFÈRE
SOMNOLANT
SOMNOLENT
SOMPTUEUX
SONNAILLE
SONNAILLÉ
SONOMÈTRE
SONORISÉE
SONORISER
SORDIDITÉ
SORELOISE
SORGUAISE
SORTILÈGE
SOSNOWIEC
SOSTENUTO
SOTTEMENT
SOTTISIER
SOUAHÉLIE
SOUBRETTE
SOUCHETTE
SOUCIEUSE
SOUDANAIS
SOUDANAIS
SOUDOYANT
SOUFFERTE
SOUFFLAGE
SOUFFLANT

SOUFFLARD
SOUFFLETÉ
SOUFFLEUR
SOUFFLURE
SOUFFRANT
SOUFREUSE
SOUFRIÈRE
SOUFRIÈRE
SOUHAITÉE
SOUHAITER
SOUILLANT
SOUILLARD
SOUILLURE
SOUIMANGA
SOUK AHRAS
SOUKHOUMI
SOULEVANT
SOULIGNÉE
SOULIGNER
SOUL MUSIC
SOULOUQUE
SOUMETTRE
SOUPÇONNÉ
SOUPESANT
SOUPIRAIL
SOUPIRANT
SOUPIRAUX
SOUPLESSE
SOURCILLÉ
SOURDEVAL
SOURD-MUET
SOURIANTE
SOURICEAU
SOURNOISE
SOUS-BARBE
SOUS-CHEFS
SOUSCRIRE
SOUSCRITE
SOUS-FAÎTE
SOUS-FIFRE
SOUS-GARDE
SOUS-GORGE
SOUS-HOMME
SOUS-LOUÉE
SOUS-LOUER
SOUS-LOUÉS
SOUS-MARIN
SOUS-NAPPE
SOUS-ORDRE
SOUS-PALAN
SOUS-PAYÉE
SOUS-PAYER
SOUS-PAYÉS
SOUS-PIEDS
SOUS-PLATS
SOUS-PULLS
SOUS-SEING

SOUSSIGNÉ
SOUS-TASSE
SOUSTELLE
SOUS-TENDU
SOUS-TITRE
SOUS-TITRÉ
SOUSTRAIT
SOUS-VERGE
SOUS-VERRE
SOUS-VIRER
SOUTACHÉE
SOUTACHER
SOUTENANT
SOUTENEUR
SOUTH BEND
SOUTHPORT
SOUTIRAGE
SOUTIRANT
SOUVENANT
SOUVERAIN
SOVIÉTISÉ
SPACIEUSE
SPADASSIN
SPAGHETTI
SPARADRAP
SPARTACUS
SPARTERIE
SPARTIATE
SPATANGUE
SPATIONEF
SPÉCIEUSE
SPÉCIFIÉE
SPÉCIFIER
SPECTACLE
SPECTRALE
SPECTRAUX
SPÉCULANT
SPÉCULAUS
SPÉCULOOS
SPERMATIE
SPHÉNODON
SPHÉNOÏDE
SPHÉRIQUE
SPHÉROÏDE
SPHINCTER
SPHINGIDÉ
SPICILÈGE
SPIELBERG
SPINALIEN
SPINALIEN
SPINNAKER
SPINOLIEN
SPIRITAIN
SPIRITUAL
SPIRITUEL
SPIROGYRE
SPIROÏDAL
SPIRULINE
SPITSBERG
SPITTELER
SPITZBERG
SPLENDEUR
SPLENDIDE
SPLÉNIQUE
SPONGIEUX
SPONGILLE
SPONSORAT
SPONTANÉE
SPORIFÈRE
SPOROGONE
SPORULANT
SPRINGBOK
SPRINKLER
SPRINTANT
SPUMOSITÉ
SQUAMEUSE
SQUATTANT
SQUEEZANT
SQUELETTE
SQUIRREUX
STABILISÉ
STABILITÉ
STAGIAIRE
STAGNANTE
STAINOISE
STAKHANOV
STALINIEN
STAMINALE
STAMINAUX
STANISLAS
STANKOVIC
STANNIQUE
STAPHYLIN
STARLETTE
STASSFURT
STATIONNÉ
STATUAIRE
STATUETTE
STATUFIÉE
STATUFIER
STAVANGER
STAVROPOL
STÉARIQUE
STÉGOMYIE
STEINBECK
STEINBERG
STEINBOCK
STELLAIRE
STÉNOTYPE
STEPPIQUE
STÉRADIAN
STERCORAL
STÉRILISÉ
STÉRILITÉ
STERNBACH
STERNBERG
STEVENAGE
STEVENSON
STHÉNIQUE
STIEGLITZ
STIMULANT
STIMULINE
STIPENDIÉ
STIPULANT
STOCK-CARS
STOCKHOLM
STOCKISTE
STOCKPORT
STOCK-SHOT
STOÏCISME
STOKOWSKI
STOLYPINE
STOMACALE
STOMACAUX
STOMATITE
STOP-AND-GO
STOPPEUSE
STRABIQUE
STRABISME
STRADELLA
STRAFFORD
STRALSUND
STRAMOINE
STRAPPING
STRATÉGIE
STRATFORD
STRATIFIÉ
STRATIOME
STREISAND
STRESSANT
STRIATION
STRICTION
STRIDENCE
STRIDENTE
STRIDULER
STRIP-LINE
STRIPPING
STROMBOLI
STRONGYLE
STRONTIUM
STRUCTURE
STRUCTURÉ
STRUENSEE
STRYCHNÉE
STRYCHNOS
STUCATEUR
STUD-BOOKS
STUDENICA
STUDIEUSE
STUPÉFAIT
STUPÉFIÉE
STUPÉFIER
STUPIDITÉ
STUPOREUX
STUTTGART
STYLICIEN
STYLISANT
STYLOBATE
STYLOMINE
STYMPHALE
STYROLÈNE
SUAVEMENT
SUBADULTE
SUBAÉRIEN
SUBALPINE
SUBDIVISÉ
SUBÉREUSE
SUBISSANT
SUBJACENT
SUBJECTIF
SUBJUGUÉE
SUBJUGUER
SUBLEYRAS
SUBLIMANT
SUBLIMITÉ
SUBMERGÉE
SUBMERGER
SUBODORÉE
SUBODORER
SUBORNANT
SUBORNEUR
SUBSIDIÉE
SUBSIDIER
SUBSISTER
SUBSTANCE
SUBSTITUÉ
SUBSTITUT
SUBSUMANT
SUBTILISÉ
SUBTILITÉ
SUBURBAIN
SUBVENANT
SUBVERSIF
SUBVERTIE
SUBVERTIR
SUCCÉDANÉ
SUCCÉDANT
SUCCESSIF
SUCCINCTE
SUCCOMBER
SUCCULENT
SUDATOIRE
SUD-CORÉEN
SUD-CORÉEN
SUFFISANT
SUFFIXALE
SUFFIXANT
SUFFIXAUX

SUFFOCANT
SUFFOQUÉE
SUFFOQUER
SUFFUSION
SUGGÉRANT
SUGGESTIF
SUICIDANT
SUIFFEUSE
SUINTANTE
SUISSESSE
SUKHOTHAI
SULFAMIDE
SULFATAGE
SULFATANT
SULFITAGE
SULFOXYDE
SULFURAGE
SULFURANT
SULFUREUX
SULFURISÉ
SULLOM VOE
SULPICIEN
SUMÉRIENS
SUNDANAIS
SUNDSVALL
SUN YAT-SEN
SUPERAMAS
SUPÉRETTE
SUPERFINE
SUPERFLUE
SUPER-HUIT
SUPÉRIEUR
SUPÉRIEUR
SUPERMANS
SUPERNOVA
SUPERPOSÉ
SUPERSTAR
SUPERVISÉ
SUPPLANTÉ
SUPPLÉANT
SUPPLÉTIF
SUPPLIANT
SUPPLICIÉ
SUPPLIQUE
SUPPORTÉE
SUPPORTER
SUPPOSANT
SUPPRIMÉE
SUPPRIMER
SUPPURANT
SUPPUTANT
SURABONDÉ
SURACTIVÉ
SURAJOUTÉ
SURAKARTA
SURBAISSÉ
SURCHARGE
SURCHARGÉ
SURCLASSÉ
SURCONTRE
SURCONTRÉ
SURCOUPÉE
SURCOUPER
SURDOSAGE
SURÉLEVÉE
SURÉLEVER
SUREMPLOI
SURÉQUIPÉ
SURESNOIS
SURESTIMÉ
SURÉVALUÉ
SUREXCITÉ
SUREXPOSÉ
SURFAÇAGE
SURFAÇANT
SURFILAGE
SURFILANT
SURFONDUE
SURFUSION
SURGELANT
SURHAUSSÉ
SURHUMAIN
SURIMPOSÉ
SURISSANT
SURJALANT
SURJECTIF
SURJETANT
SURLIGNÉE
SURLIGNER
SURLOUANT
SURMENAGE
SURMENANT
SUR-MESURE
SURMONTÉE
SURMONTER
SURMOULÉE
SURMOULER
SURNOMBRE
SURNOMMÉE
SURNOMMER
SUROXYDÉE
SUROXYDER
SURPASSÉE
SURPASSER
SURPAYANT
SURPEUPLÉ
SURPIQUÉE
SURPIQUER
SURPIQÛRE
SURPLOMBÉ
SURREMISE
SURRÉNALE
SURRÉNAUX
SURSATURÉ
SURSAUTER
SURSOYANT
SURTAXANT
SURTITRÉE
SURTITRER
SURVEILLÉ
SURVENANT
SURVENDRE
SURVENDUE
SURVIRAGE
SURVIRANT
SURVIREUR
SURVIVANT
SURVOLANT
SURVOLTÉE
SURVOLTER
SURVOLTÉS
SUSCITANT
SUS-JACENT
SUSNOMMÉE
SUSPECTÉE
SUSPECTER
SUSPENDRE
SUSPENDUE
SUSPENSIF
SUSPICION
SUSTENTÉE
SUSTENTER
SUSURRANT
SUZERAINE
SVELTESSE
SWAZILAND
SWEELINCK
SWINBURNE
SWINGUANT
SYKTYVKAR
SYLVESTER
SYLVESTRE
SYLVESTRE
SYLVICOLE
SYLVINITE
SYMBOLISÉ
SYMPATHIE
SYMPHONIE
SYMPOSIUM
SYNAGOGUE
SYNALÈPHE
SYNARCHIE
SYNCHRONE
SYNCITIUM
SYNCLINAL
SYNCOPALE
SYNCOPANT
SYNCOPAUX
SYNCYTIAL
SYNCYTIUM
SYNDICALE
SYNDICAUX
SYNDIQUÉE
SYNDIQUER
SYNERGIDE
SYNGNATHE
SYNODIQUE
SYNONYMIE
SYNOSTOSE
SYNOVIALE
SYNOVIAUX
SYPHILIDE
SZAPOLYAI
TABAGIQUE
TABAGISME
TABASSAGE
TABASSANT
TABATIÈRE
TABELLION
TABÉTIQUE
TABLATURE
TABLETIER
TABULAIRE
TACHETANT
TACHETURE
TACITURNE
TACTICIEN
TACTICITÉ
TADOUSSAC
TAEKWONDO
TAFILALET
TAILLABLE
TAILLADÉE
TAILLADER
TAILLAULE
TAILLERIE
TAÏWANAIS
TAÏWANAIS
TAKAMATSU
TAKATSUKI
TALAT PASA
TALK-SHOWS
TALLOIRES
TALOCHANT
TALONNADE
TALONNAGE
TALONNANT
TALONNEUR
TALQUEUSE
TAMAZIGHT
TAMBOURIN
TAMIL NADU
TAMISEUSE
TAMPONNÉE
TAMPONNER
TANDIS QUE
TANGERINE
TANNISAGE

TANNISANT
TANTRIQUE
TANTRISME
TANZANIEN
TANZANIEN
TAO-TÖ-KING
TAPAGEUSE
TAPISSANT
TAPISSIER
TAPUSCRIT
TAQUINANT
TARABUSTÉ
TARANTINO
TARASQUES
TARAUDAGE
TARAUDANT
TARBOUCHE
TARDILLON
TARDIVETÉ
TARENTAIS
TARENTINE
TARENTULE
TARIFAIRE
TARISSANT
TARKOVSKI
TARLATANE
TARQUINIA
TARRAGONE
TARSIENNE
TARTAGLIA
TARTINANT
TARTREUSE
TARTRIQUE
TASMANIEN
TASSEMENT
TATABÁNYA
TATARSTAN
TÂTONNANT
TAULÉSIEN
TAURILLON
TAUROBOLE
TAUTOMÈRE
TAVERNIER
TAVERNIER
TAVOLIERE
TAXATRICE
TAXAUDIER
TAXIMÈTRE
TAXINOMIE
TAXIPHONE
TAYLORISÉ
TCHARCHAF
TCHATCHER
TCHIMKENT
TECHNIQUE
TEDDY-BEAR
TEEN-AGERS

TEE-SHIRTS
TÉGÉNAIRE
TEIGNEUSE
TEILLEUSE
TEINTANTE
TÉLÉACHAT
TÉLÉBENNE
TÉLÉCARTE
TÉLÉCOPIE
TÉLÉCOPIÉ
TÉLÉGUIDÉ
TÉLÉMAQUE
TÉLÉMÈTRE
TÉLÉNOMIE
TÉLÉPATHE
TÉLÉPÉAGE
TÉLÉPHONE
TÉLÉPHONÉ
TÉLÉRADAR
TÉLÉRADIO
TÉLÉROMAN
TÉLESCOPE
TÉLESCOPÉ
TÉLÉSIÈGE
TÉLÉTEXTE
TÉLÉTOXIE
TÉLÉVENTE
TÉLÉVISÉE
TÉLÉVISER
TÉLEXISTE
TELLEMENT
TELLURATE
TELLUREUX
TELLURIEN
TELLURURE
TÉLOPHASE
TÉMÉRAIRE
TEMIRTAOU
TÉMOIGNÉE
TÉMOIGNER
TEMPELHOF
TEMPÉRANT
TEMPÊTANT
TEMPLIERS
TEMPORALE
TEMPORAUX
TEMPORISÉ
TENAILLÉE
TENAILLER
TENAILLES
TENANCIER
TENDASQUE
TENDINEUX
TENDINITE
TENDRESSE
TÉNÉBREUX
TÉNÉBRION

TÉNÉRIFFE
TENNESSEE
TENNISMAN
TENNISMEN
TENONNANT
TÉNORISER
TÉNOTOMIE
TENSORIEL
TENTACULE
TENTATEUR
TENTATION
TENTATIVE
TEPHILLIN
TÉRÉBRANT
TERMINALE
TERMINANT
TERMINAUX
TERNEUZEN
TERPINÉOL
TERRAQUÉE
TERRARIUM
TERRASSÉE
TERRASSER
TERRASSON
TERREAUTÉ
TERRESTRE
TERRICOLE
TERRIENNE
TERRIFIÉE
TERRIFIER
TERRIGÈNE
TERRORISÉ
TERTIAIRE
TERVUEREN
TERZA RIMA
TERZE RIME
TESSINOIS
TESSITURE
TESTAMENT
TESTATEUR
TESTICULE
TEST-MATCH
TÉTANIQUE
TÉTANISÉE
TÉTANISER
TÊTE-À-TÊTE
TÊTE-BÊCHE
TÉTERELLE
TÉTRAÈDRE
TÉTRAGONE
TÉTRAMÈRE
TÉTRAPODE
TÉTRARQUE
TEXTUELLE
TEXTURANT
TEYJATOIS
THACKERAY

THAÏLANDE
THANJAVUR
THANNOISE
THAONNAIS
THÉÂTRALE
THÉÂTRAUX
THÉÂTREUX
THÉBAÏQUE
THÉOCRITE
THÉODAHAT
THÉODICÉE
THÉODORIC
THÉODOROS
THÉODULFE
THÉOGONIE
THÉOGONIE
THÉOLOGAL
THÉOLOGIE
THÉORIQUE
THÉORISÉE
THÉORISER
THÉOSOPHE
THÉRAMÈNE
THERAVADA
THÉRIAQUE
THÉRIDION
THERIDIUM
THERMIDOR
THERMIQUE
THÉROPODE
THÉSAURUS
THESSALIE
THIAISIEN
THIBAUDET
THIBÉRIEN
THIÉRACHE
THIERNOIS
THILLOTIN
THIOACIDE
THIONIQUE
THIOPHÈNE
THIO-URÉES
THIZEROTE
THONÉSIEN
THONONAIS
THORBECKE
THORNDIKE
THOUROTTE
THRÉONINE
THROMBINE
THROMBOSE
THUCYDIDE
THURGOVIE
THURSTONE
THYLACINE
THYRATRON
THYRISTOR

THYROXINE
TIAN'ANMEN
TIBÉRIADE
TIBÉTAINE
TIBÉTAINE
TIE-BREAKS
TIÈDEMENT
TIERCELET
TIERCERON
TIGRÉENNE
TIMBALIER
TIMISOARA
TIMONERIE
TIMORAISE
TIMURIDES
TIMUR LANG
TINBERGEN
TINDEMANS
TINTEMENT
TINTÉNIAC
TIOURATAM
TIPPERARY
TIPU SAHIB
TIQUETURE
TIRAILLÉE
TIRAILLER
TIRANAISE
TIRE-AU-CUL
TIRE-BONDE
TIRE-BOTTE
TIRE-CLOUS
TIRE-D'AILE
TIRE-LAINE
TIRE-LIGNE
TIRE-NERFS
TIRE-VEINE
TIRLEMONT
TISANIÈRE
TISONNANT
TISONNIER
TISSERAND
TISSERAND
TITANIQUE
TITCHENER
TITELOUZE
TITILLANT
TITUBANTE
TITULAIRE
TIZI OUZOU
TOAMASINA
TOCANTINS
TOGLIATTI
TOGOLAISE
TOGOLAISE
TOILETTÉE
TOILETTER
TOISON D'OR
TOJOLABAL
TOKHARIEN
TOKUSHIMA
TOLENTINO
TOLÉRABLE
TOLÉRANCE
TOLÉRANTE
TOLTÈQUES
TOLUIDINE
TOMAKOMAI
TOMBEREAU
TOMBLAINE
TOMENTEUX
TONDAISON
TONIFIANT
TONITRUER
TONKINOIS
TONNELAGE
TONNELIER
TONOLOGIE
TONSURANT
TONTINANT
TOP-MODÈLE
TOP MODELS
TOP NIVEAU
TOPO-GUIDE
TOPOLOGIE
TOPONYMIE
TOP SECRET
TORAILLER
TORCHONNÉ
TOROÏDALE
TOROÏDAUX
TORONTAIS
TORPILLÉE
TORPILLER
TORRAILLÉ
TORRÉFIÉE
TORRÉFIER
TORSADANT
TORTELIER
TORTILLÉE
TORTILLER
TORTILLON
TORTORANT
TORTUEUSE
TORTURANT
TOSCANINI
TOTALISÉE
TOTALISER
TOTÉMIQUE
TOTÉMISME
TOTONAQUE
TOUARÈGUE
TOUCHANTE
TOUCHEAUX
TOUCYCOIS
TOUGGOURT
TOUILLAGE
TOUILLANT
TOULOUGES
TOUNGOUSE
TOUNGOUZE
TOUPILLÉE
TOUPILLER
TOUPILLON
TOUPINANT
TOURAILLE
TOURANIEN
TOURANIEN
TOURBEUSE
TOURBIÈRE
TOURCOING
TOURILLON
TOURMALET
TOURMENTE
TOURMENTÉ
TOURNANTE
TOURNEDOS
TOURNERIE
TOURNESOL
TOURNEUSE
TOURNEVIS
TOURNIOLE
TOURNIQUÉ
TOURNOYER
TOURTEAUX
TOURTIÈRE
TOURVILLE
TOUSSAINT
TOUSSERIE
TOUSSEUSE
TOUSSOTER
TOUSSUIRE
TOUT À FAIT
TOUT À TRAC
TOUTEFOIS
TOUT-PARIS
TOUT-PETIT
TOYOHASHI
TRABOULER
TRACASSÉE
TRACASSER
TRACASSIN
TRACEMENT
TRACHÉALE
TRACHÉAUX
TRACHÉIDE
TRACHÉITE
TRACIENNE
TRACTABLE
TRACTRICE
TRADITION
TRAFALGAR
TRAFICOTÉ
TRAFIQUÉE
TRAFIQUER
TRAGÉDIEN
TRAÎNANTE
TRAÎNARDE
TRAÎNASSÉ
TRAÎNEAUX
TRAÎNEUSE
TRAINGLOT
TRAIN-PARC
TRAIN-TRAM
TRAITABLE
TRAITANTE
TRAÎTRISE
TRAM-TRAIN
TRANCHAGE
TRANCHAIS
TRANCHANT
TRANCHEUR
TRANCHOIR
TRANSCODÉ
TRANSCRIT
TRANSFÉRÉ
TRANSFERT
TRANSFILÉ
TRANSFUGE
TRANSFUSÉ
TRANSGÈNE
TRANSHUMÉ
TRANSIGER
TRANSITÉE
TRANSITER
TRANSITIF
TRANSMISE
TRANSMUÉE
TRANSMUER
TRANSMUTÉ
TRANSPARU
TRANSPIRÉ
TRANSPORT
TRANSPOSÉ
TRANSVAAL
TRANSVASÉ
TRANSVIDÉ
TRAPILLON
TRAPPISTE
TRAPPISTE
TRAQUELET
TRAQUEUSE
TRASIMÈNE
TRATTORIA
TRAVAILLÉ
TRAVELAGE
TRAVERSÉE
TRAVERSER
TRAVERSIN

TRAVERTIN
TRAVESTIE
TRAVESTIR
TREBLINKA
TRÉBUCHER
TRÉBUCHET
TRÉFILAGE
TRÉFILANT
TRÉFILEUR
TRÉFLIÈRE
TRÉGASTEL
TRÉGOROIS
TRÉHALOSE
TREILLAGE
TREILLAGÉ
TREIZIÈME
TREIZISTE
TRÉLAZÉEN
TRÉLONAIS
TRÉMATAGE
TRÉMATANT
TRÉMATODE
TREMBLAIE
TREMBLANT
TREMBLANT
TREMBLEUR
TREMBLOTE
TREMBLOTÉ
TRÉMOLITE
TRÉMOUSSÉ
TREMPETTE
TRÉMULANT
TRENTAINE
TRENTE-SIX
TRENTIÈME
TRÉPANANT
TRÉPASSÉE
TRÉPASSER
TRÉPASSÉS
TRÉPIDANT
TRÉPIGNER
TRÉPOINTE
TRÉPONÈME
TRÉSAILLE
TRESCHEUR
TRÉSORIER
TRESSAUTÉ
TRETSOISE
TREUILLÉE
TREUILLER
TRÉVIRANT
TRÉVISANE
TRIALCOOL
TRIANDINE
TRIANDRIE
TRIANGULÉ
TRIASIQUE

TRIATHLON
TRIBALLÉE
TRIBALLER
TRIBONIEN
TRIBOULET
TRIBOULET
TRIBUNAUX
TRICASTIN
TRICENNAL
TRICHERIE
TRICHEUSE
TRICHROME
TRICKSTER
TRICOISES
TRICOLORE
TRICOTAGE
TRICOTANT
TRICOTEUR
TRIDENTÉE
TRIELLOIS
TRIENNALE
TRIENNAUX
TRIFORIUM
TRIGLYPHE
TRIGRAMME
TRIJUMEAU
TRILINGUE
TRILITÈRE
TRILOBITE
TRIMARDER
TRIMBALÉE
TRIMBALER
TRIMBALLÉ
TRIMESTRE
TRIMÉTAUX
TRIMOTEUR
TRINGLANT
TRINITAIN
TRINQUANT
TRINQUEUR
TRIOLISME
TRIOMPHAL
TRIOMPHER
TRIPAILLE
TRIPARTIE
TRIPHASÉE
TRIPLETTE
TRIPLOÏDE
TRIPOTAGE
TRIPOTANT
TRIPOTEUR
TRIPTYQUE
TRISAÏEUL
TRISTESSE
TRITICALE
TRITURANT
TRIVALENT

TROCADÉRO
TROCHITER
TROISGROS
TROIS-HUIT
TROISIÈME
TROIS-MÂTS
TROMPERIE
TROMPETÉE
TROMPETER
TROMPETTE
TROMPEUSE
TRONÇONNÉ
TRONDHEIM
TRONQUANT
TROPÉZIEN
TROPHIQUE
TROPICALE
TROPICAUX
TROP-PERÇU
TROP-PLEIN
TROQUEUSE
TROTTEUSE
TROTTINER
TROUBLANT
TROUBLEAU
TROUPEAUX
TROUPIALE
TROUSSAGE
TROUSSANT
TROUSSEAU
TROUSSEAU
TROUSSEUR
TROU-TROUS
TROUVABLE
TROUVEUSE
TROUVILLE
TRUANDANT
TRUCIDANT
TRUCMUCHE
TRUCULENT
TRUFFIÈRE
TRUQUEUSE
TRUQUISTE
TRUSQUINÉ
TSIRANANA
TSITSIHAR
TSUBOUCHI
TUBÉRACÉE
TUBERCULE
TUBÉREUSE
TUBÉRISÉE
TUBULAIRE
TUBULEUSE
TUE-DIABLE
TUILERIES
TULARÉMIE
TULUNIDES

TUMÉFIANT
TUMESCENT
TUMULAIRE
TUNGSTATE
TUNGSTÈNE
TUNISOISE
TUNISOISE
TUNNELIER
TUPINAMBA
TURBIDITÉ
TURBINAGE
TURBINANT
TURBULENT
TURCKHEIM
TURINOISE
TURKESTAN
TURLUPINÉ
TURLUTUTU
TURPITUDE
TURQUERIE
TURQUETTE
TURQUOISE
TUSSILAGE
TUTÉLAIRE
TUTEURAGE
TUTEURANT
TUTICORIN
TUTOYEUSE
TUVULUANE
TUYAUTAGE
TUYAUTANT
TYLENCHUS
TYMPANAUX
TYNEMOUTH
TYPOLOGIE
TYPOMÈTRE
TYRANNEAU
TYRANNISÉ
TZELTALES
TZOTZILES
UBIQUISTE
UHLENBECK
UKRAINIEN
UKRAINIEN
ULCÉREUSE
ULTÉRIEUR
ULTIMATUM
ULTRAVIDE
ULULATION
ULULEMENT
UMAYYADES
UNANIMITÉ
UNGARETTI
UNGUIFÈRE
UNICOLORE
UNIFOLIÉE
UNILINGUE

UNIONAISE
UNIONISME
UNIONISTE
UNION JACK
UNIOVULÉE
UNISEXUÉE
UNISEXUEL
UNIVALENT
UNIVERSEL
UNIVOCITÉ
UNTERWALD
UPANISHAD
UPÉRISANT
UPWELLING
URANIFÈRE
URANINITE
URBANISÉE
URBANISER
URBANISME
URBANISTE
URÉDINALE
URÉTÉRALE
URÉTÉRAUX
URÉTÉRITE
URÉTHANNE
URGEMMENT
URINIFÈRE
UROBILINE
UROKINASE
UROPYGIAL
UROPYGIEN
URTICACÉE
URTICAIRE
URTICANTE
URUGUAYEN
URUGUAYEN
USSELLOIS
USTENSILE
USUCAPION
UTILEMENT
UTILISANT
UZÉTIENNE
VACANCIER
VACATAIRE
VACCINALE
VACCINANT
VACCINAUX
VACHEMENT
VACILLANT
VADE-MECUM
VA-ET-VIENT
VAGABONDE
VAGABONDÉ
VAGINISME
VAGISSANT
VAGOTOMIE
VAGOTONIE
VAGUEMENT
VAILLANCE
VAILLANTE
VAINEMENT
VAINQUANT
VAINQUEUR
VAISSEAUX
VAISSELLE
VALAISANE
VAL-BÉLAIR
VAL D'AOSTE
VALDINGUÉ
VAL-D'ISÈRE
VALDORIEN
VALDÔTAIN
VALDÔTAIN
VALENCÉEN
VALENCIEN
VALENSOLE
VALENTINO
VALÉRIANE
VALÉRIQUE
VALEUREUX
VALIDEUSE
VALKYRIES
VALLAURIS
VALLEROIS
VALLESPIR
VALLETAIS
VALLONNÉE
VALLOTTON
VALNIGRIN
VALOGNAIS
VALORISÉE
VALORISER
VALTELINE
VAMPIRISÉ
VANADIQUE
VAN CAMPEN
VANCOUVER
VANDALISÉ
VAN DONGEN
VAN GENNEP
VANIÉROIS
VANILLIER
VANILLINE
VANITEUSE
VAN MANDER
VANNETAIS
VAN OSTADE
VAN SCOREL
VANSÉENNE
VANUA LEVU
VANUATUAN
VA-NU-PIEDS
VAPOREUSE
VAPORISÉE
VAPORISER
VARAPPANT
VARAPPEUR
VARENNOIS
VARIATEUR
VARIATION
VARICELLE
VARIÉTALE
VARIÉTAUX
VARILHOIS
VARIOLEUX
VARIQUEUX
VARLOPANT
VARSOVIEN
VARSOVIEN
VASOTOMIE
VASOUILLÉ
VASSALISÉ
VASSALITÉ
VASSELAGE
VASSILIEV
VASSIVEAU
VASTEMENT
VATANAISE
VATICINER
VAUCANSON
VAUCHÉRIE
VAUDÉMONT
VAUDREUIL
VAUGNERAY
VAUQUELIN
VAURÉENNE
VAURIENNE
VAVASSEUR
VECTORIEL
VÉGÉTATIF
VÉHÉMENCE
VÉHÉMENTE
VÉHICULÉE
VÉHICULER
VEILLEUSE
VEINOSITÉ
VÉLASQUEZ
VELÁZQUEZ
VÉLOCISTE
VÉLOCROSS
VÉLODROME
VELOUTANT
VELOUTEUX
VELOUTIER
VELOUTINE
VENAISSIN
VENCESLAS
VENDANGÉE
VENDANGER
VENDÉENNE
VENDÉENNE
VENDEUVRE
VENDÔMOIS
VÉNÉNEUSE
VÉNÉRABLE
VENEZIANO
VENEZUELA
VENGEANCE
VENIMEUSE
VÉNISSIAN
VENIZÉLOS
VENTAILLE
VENTILANT
VENTILÉES
VENTRÈCHE
VENTRIÈRE
VÉPÉCISTE
VERBALISÉ
VERBOQUET
VERBOSITÉ
VERCHÈRES
VERDOYANT
VERDUNOIS
VÉRÉTILLE
VERGENNES
VERGEOISE
VERGETURE
VERGLACÉE
VERGLACER
VERGNIAUD
VERGOBRET
VERHAEREN
VÉRIDIQUE
VÉRIFIANT
VÉRIFIEUR
VÉRITABLE
VERMEILLE
VERMICIDE
VERMICULÉ
VERMIFUGE
VERMILLER
VERMILLON
VERMINEUX
VERMINOSE
VERMOULÉE
VERMOULER
VERMOULUE
VERNATION
VERNIOLAN
VERNISSÉE
VERNISSER
VERNOLIEN
VÉRONAISE
VÉRONIQUE
VÉRONIQUE
VERRAZANE
VERRAZANO
VERRIÈRES

VERSATILE
VERSEMENT
VERSIFIÉE
VERSIFIER
VERTAIZON
VERTAVIEN
VERTÉBRAL
VERTÉBRÉE
VERTEMENT
VERTICALE
VERTICAUX
VERTUBLEU
VERTUCHOU
VERTUDIEU
VERTUEUSE
VERTUSIEN
VERVINOIS
VESCOVATO
VÉSICANTE
VESPASIEN
VESPÉRALE
VESPÉRAUX
VESTIAIRE
VESTIBULE
VÉTÉCISTE
VÉTÉTISTE
VÉTILLANT
VÉTILLARD
VÉTILLEUX
VEVEYSANE
VEXATOIRE
VEXATRICE
VIABILISÉ
VIABILITÉ
VIAREGGIO
VIBRATEUR
VIBRATILE
VIBRATION
VIBRIONNÉ
VICARIANT
VICELARDE
VICENNALE
VICENNAUX
VICENTINE
VICÉSIMAL
VICE VERSA
VICIATEUR
VICIATION
VICKSBURG
VICOMTALE
VICOMTAUX
VICOMTOIS
VICQ D'AZYR
VICQUOISE
VICTORIEN
VIDANGEUR
VIDE-CAVES
VIDÉO-CLIP
VIDÉOCLUB
VIDE-POCHE
VIDE-POMME
VIEILLARD
VIELLEUSE
VIENNOISE
VIENNOISE
VIENTIANE
VIF-ARGENT
VIGANAISE
VIGILANCE
VIGILANTE
VIGNEAULT
VIGNEMALE
VIGNETAGE
VIGNETANT
VIGOUREUX
VILIPENDÉ
VILLAINES
VILLANDRY
VILLEDIEU
VILLEJUIF
VILLEMAIN
VILLENAVE
VILLEREST
VILLERIER
VILLERUPT
VILLOSITÉ
VIMYNOISE
VINAIGRÉE
VINAIGRER
VINCAMINE
VINCENNES
VINGTAINE
VINGT-DEUX
VINGT-ET-UN
VINGTIÈME
VINIFIANT
VINNYTSIA
VINYLIQUE
VIOLAÇANT
VIOLATEUR
VIOLATION
VIOLENTÉE
VIOLENTER
VIOLETANT
VIOLONEUX
VIPEREAUX
VIPÉRIAUX
VIREVOLTE
VIREVOLTÉ
VIRGINALE
VIRGINAUX
VIRGINITÉ
VIRILISÉE
VIRILISER
VIRILISME
VIRILOCAL
VIROLOGIE
VIROLOGUE
VIRTUELLE
VIRULENCE
VIRULENTE
VISAGISME
VISAGISTE
VISCÉRALE
VISCÉRAUX
VISCOSITÉ
VISIGOTHS
VISIONNÉE
VISIONNER
VISITEUSE
VISQUEUSE
VISUALISÉ
VITALISME
VITALISTE
VITAMINÉE
VITELLINE
VITELLIUS
VITELOTTE
VITRÉENNE
VITRIFIÉE
VITRIFIER
VITRIOLÉE
VITRIOLER
VITROLLES
VITTORINI
VITULAIRE
VITUPÉRÉE
VITUPÉRER
VIVANDIER
VIVAROISE
VIVERRIDÉ
VIVES-EAUX
VIVIFIANT
VIVONNOIS
VIZILLOIS
VOCALIQUE
VOCALISÉE
VOCALISER
VOCALISME
VOCIFÉRÉE
VOCIFÉRER
VOGELHERD
VOÏÉVODAT
VOÏÉVODIE
VOILEMENT
VOISEMENT
VOISINAGE
VOISINANT
VOITURAGE
VOITURANT
VOITURIER
VOJVODINE
VOLAILLER
VOL-AU-VENT
VOLETANTE
VOLGOGRAD
VOLIGEAGE
VOLIGEANT
VOLLEYANT
VOLLEYEUR
VOLTAÏQUE
VOLTAÏQUE
VOLTE-FACE
VOLTIGEUR
VOLTMÈTRE
VOLUBILIS
VOLUBILIS
VOLUCELLE
VOLUMIQUE
VOLVICOIS
VOMIQUIER
VOMISSANT
VOMISSURE
VOMITOIRE
VOSGIENNE
VOSGIENNE
VOULTAINE
VOUSSEAUX
VOUSSOYÉE
VOUSSOYER
VOUVOYANT
VOUZINOIS
VOX POPULI
VOYAGEAGE
VOYAGEANT
VOYAGEUSE
VOYAGISTE
VRAIS-FAUX
VRANITZKY
VRILLETTE
VUILLEMIN
VULCANIEN
VULCANISÉ
VULGARISÉ
VULGARITÉ
VULNÉRANT
VULTUEUSE
WADDENZEE
WÄDENSWIL
WAGON-LITS
WAHHABITE
WALBRZYCH
WALDERSEE
WALDSTEIN
WALKYRIES
WALLABIES
WALLENSEE
WALLISIEN

9

WALLISIEN
WALPURGIS
WALVIS BAY
WARRANTÉE
WARRANTER
WASQUEHAL
WASSINGUE
WATERBURY
WATERFORD
WATERGANG
WATERGATE
WATER-POLO
WATERZOEI
WATERZOOI
WATTHEURE
WATTMÈTRE
WATTRELOS
WEBCAMÉRA
WEBMESTRE
WEHRMACHT
WEISSHORN
WELLESLEY
WERGELAND
WESTMOUNT
WEST POINT
WETTINGEN
WHITEHALL
WHITEHEAD
WIELICZKA
WIESBADEN
WILKINSON
WILLIBROD
WILTSHIRE
WIMBLEDON
WINGLOISE
WINNICOTT
WINOGRAND
WISCONSIN
WISIGOTHE
WISIGOTHS
WLOCLAWEK
WOLFSBURG
WOLLASTON
WOODSTOCK
WORCESTER
WOUWERMAN
WUPPERTAL
WYANDOTTE
WYCHERLEY
XANTHIQUE
XÉNARTHRE
XÉNOCRATE
XÉNOPHANE
XÉNOPHILE
XÉNOPHOBE
XÉROCOPIE
XÉROPHILE
XÉROPHYTE
XYLOPHAGE
XYLOPHONE
YACHT-CLUB
YACHTMANS
YACHTSMAN
YACHTSMEN
YAMAGUCHI
YAOUNDÉEN
YGGDRASIL
YINGCHENG
YOHIMBEHE
YOHIMBINE
YOKKAICHI
YORKSHIRE
YORKSHIRE
YOSA BUSON
YOSHIHITO
YOURCENAR
YPSILANTI
YTTERBINE
YTTERBIUM
YUNUS EMRE
YVELINOIS
YVETOTAIS
ZACATECAS
ZAGRÉBOIS
ZAHER CHAH
ZÁKYNTHOS
ZAMBIENNE
ZAMBIENNE
ZAMBOANGA
ZAMIATINE
ZAOZHUANG
ZAPATEADO
ZAPOROJIE
ZEEBRUGGE
ZÉLANDAIS
ZÉLATRICE
ZELL AM SEE
ZÉNITHALE
ZÉNITHAUX
ZÉPHYRIEN
ZERAVCHAN
ZERMATTEN
ZHANJIANG
ZHENGZHOU
ZHOU ENLAI
ZHU RONGJI
ZIEULANTE
ZIG ET PUCE
ZIGGOURAT
ZIGOUILLÉ
ZIGZAGUER
ZIMMERMAN
ZINCIFÈRE
ZIRCONIUM
ZLATOOUST
ZODIACALE
ZODIACAUX
ZONGULDAK
ZOOGAMÈTE
ZOOLÂTRIE
ZOOMORPHE
ZOOPATHIE
ZOOPHILIE
ZOOPHOBIE
ZOOTHÈQUE
ZOROASTRE
ZOROBABEL
ZOSTÉRIEN
ZRENJANIN
ZSIGMONDY
ZUGSPITZE
ZUIDERZEE
ZURICHOIS
ZURICHOIS
ZWINGLIEN

10

AAR-GOTHARD
ABAISSABLE
ABAISSANTE
ABANDONNÉE
ABANDONNER
ABASOURDIE
ABASOURDIR
ABATTEMENT
ABBAS HILMI
ABBASSIDES
ABD AL-MUMIN
ABD EL-KADER
ABDEL WAHAB
ABDICATION
ABDOMINALE
ABDOMINAUX
ABDÜLHAMID
ABDÜLMECID
ABÉCÉDAIRE
ABENGOUROU
ABERRATION
ABÊTISSANT
ABIDJANAIS
AB INTESTAT
ABJURATION
ABNÉGATION
ABOLISSANT
ABOMINABLE
ABONDEMENT
ABONNEMENT
ABOU-SIMBEL
ABOUTEMENT
ABRAMOVITZ
ABRÉACTION
ABRÈGEMENT
ABRÉVIATIF
ABRICOTIER
ABRICOTINE
ABROGATION
ABROGATIVE
ABROGEABLE
ABRUZZAISE
ABSOLUMENT
ABSOLUTION
ABSORBABLE

ABSORBANTE
ABSORPTION
ABSTENTION
ABSTINENCE
ABSTINENTE
ABSTRAYANT
ABYSSINIEN
ABYSSINIEN
ACADÉMIQUE
ACADÉMISME
ACALORIQUE
ACANTHACÉE
ACCABLANTE
ACCAPARANT
ACCAPAREUR
ACCASTILLÉ
ACCÉLÉRANT
ACCENTUANT
ACCEPTABLE
ACCEPTANTE
ACCESSIBLE
ACCESSOIRE
ACCIAIUOLI
ACCIDENTÉE
ACCIDENTEL
ACCIDENTER
ACCLIMATÉE
ACCLIMATER
ACCOINTANT
ACCOLEMENT
ACCOMMODAT
ACCOMMODÉE
ACCOMMODER
ACCOMPAGNÉ
ACCORDABLE
ACCORDEUSE
ACCOTEMENT
ACCOUCHANT
ACCOUCHEUR
ACCOUPLANT
ACCOUTRANT
ACCOUTUMÉE
ACCOUTUMER
ACCOUVEUSE
ACCRÉDITÉE
ACCRÉDITER
ACCRÉDITIF
ACCRESCENT
ACCROCHAGE
ACCROCHANT
ACCROCHEUR
ACCUEILLIE
ACCUEILLIR
ACCULTURÉE
ACCUMULANT
ACCUSATEUR
ACCUSATION

ACETABULUM
ACÉTIFIANT
ACÉTIMÈTRE
ACÉTOMÈTRE
ACÉTONÉMIE
ACÉTONURIE
ACHALANDÉE
ACHALANDER
ACHÉMÉNIDE
ACHEMINANT
ACHÈVEMENT
ACICULAIRE
ACIDIFIANT
ACIDIMÈTRE
ACIDIPHILE
ACIDOPHILE
ACŒLOMATE
A CONTRARIO
ACOQUINANT
ACOUMÉTRIE
ACOUSTIQUE
ACQUIESCER
ACQUISITIF
ACQUITTANT
ACROSTICHE
ACTIONNANT
ACTIONNEUR
ACTIVATEUR
ACTIVATION
ACTIVEMENT
ACTUALISÉE
ACTUALISER
ACTUALISME
ADAMANTINE
ADAPTATEUR
ADAPTATION
ADAPTATIVE
ADDIS-ABABA
ADDIS-ABEBA
ADDITIONNÉ
ADÉNOVIRUS
ADÉQUATION
ADHÉSIVITÉ
ADIRONDACK
ADJECTIVAL
ADJECTIVÉE
ADJECTIVER
ADJOIGNANT
ADJONCTION
ADJURATION
ADMINICULE
ADMINISTRÉ
ADMIRATEUR
ADMIRATION
ADMIRATIVE
ADMISSIBLE
ADMITTANCE

ADMONESTÉE
ADMONESTER
ADMONITION
ADOLESCENT
ADORATRICE
ADOSSEMENT
ADOUBEMENT
ADRÉNALINE
ADRIATIQUE
ADSORBANTE
ADSORPTION
ADULATRICE
ADULTÉRANT
ADULTÉRINE
ADVENTISTE
ADVERBIALE
ADVERBIAUX
ADVERSAIRE
ADVERSATIF
ADYGUÉENNE
AÉRAULIQUE
AÉROGRAMME
AÉROGRAPHE
AÉROMOBILE
AÉRONAVALE
AÉROPHAGIE
AÉROPORTÉE
AÉROPOSTAL
AFFABILITÉ
AFFABULANT
AFFAIRISME
AFFAIRISTE
AFFAISSANT
AFFALEMENT
AFFECTUEUX
AFFICHETTE
AFFICHEUSE
AFFICHISTE
AFFINEMENT
AFFIRMATIF
AFFLEURANT
AFFLICTION
AFFLICTIVE
AFFLIGEANT
AFFOLEMENT
AFFOUILLÉE
AFFOUILLER
AFFOURAGÉE
AFFOURAGER
AFFOURCHÉE
AFFOURCHER
AFFRANCHIE
AFFRANCHIR
AFFRIANDÉE
AFFRIANDER
AFFRIOLANT
AFFRONTANT

AFFRUITANT
AFICIONADO
AFRICANISÉ
AFRO-CUBAIN
AFRO-CUBAIN
AFTER-SHAVE
AGARS-AGARS
AGENCEMENT
AGENOUILLÉ
AGGLOMÉRAT
AGGLOMÉRÉE
AGGLOMÉRER
AGGLUTINÉE
AGGLUTINER
AGGRAVANTE
AGHLABIDES
AGISSEMENT
AGITATRICE
AGNOSTIQUE
AGONISANTE
AGONISSANT
AGORAPHOBE
AGRARIENNE
AGRÉGATION
AGRÉGATIVE
AGRÉMENTÉE
AGRÉMENTER
AGROCHIMIE
AGUICHANTE
AGUICHEUSE
AHMADNAGAR
AHURA-MAZDÂ
AHURISSANT
AHVENANMAA
AÏD-EL-KÉBIR
AIGRE-DOUCE
AIGRELETTE
AIGREMOINE
AIGRES-DOUX
AIGRISSANT
AIGUEPERSE
AIGUILLAGE
AIGUILLANT
AIGUILLETÉ
AIGUILLEUR
AIGUILLIER
AIRVAUDAIS
AJACCIENNE
AKKADIENNE
AKKADIENNE
À LA DÉROBÉE
ALAMBIQUÉE
ALAUNGPAYA
ALBE ROYALE
ALBIGEOISE
ALBIGEOISE
ALCALINISÉ
ALCALINITÉ
ALCHÉMILLE
ALCHIMIQUE
ALCHIMISTE
ALCOOLÉMIE
ALCOOLIQUE
ALCOOLISÉE
ALCOOLISER
ALCOOLISME
ALCOOLOGIE
ALCOOLOGUE
ALCOOMÈTRE
ALCYONAIRE
ALDROVANDI
ALECHINSKY
ALECSANDRI
ALEIXANDRE
ALÉMANIQUE
ALÉMANIQUE
ALERTEMENT
ALEVINIÈRE
ALEXANDRIE
ALEXANDRIN
ALEXANDRIN
ALEXIS ANGE
AL-FARAZDAQ
ALGÉBRIQUE
ALGÉBRISTE
ALGÉRIENNE
ALGÉRIENNE
ALGONQUIEN
ALGONQUINE
ALGONQUINS
ALGORITHME
ALIBOUFIER
ALIÉNATION
ALIGNEMENT
ALIMENTANT
À L'INSTAR DE
AL-KHAREZMI
ALKYLATION
ALLANTOÏDE
ALLANTOÏNE
ALLÉCHANTE
ALLÉGATION
ALLÉGEANCE
ALLÈGEMENT
ALLÉGEMENT
ALLÉGRESSE
ALLEGRETTO
ALLERGIQUE
ALLOBROGES
ALLOCATION
ALLOCHTONE
ALLOCUTION
ALLOGREFFE
ALLONGEANT
ALLONNAISE
ALLOPATHIE
ALLOSTÉRIE
ALLOTROPIE
ALLUME-FEUX
À L'OPPOSITE
ALSACIENNE
ALSACIENNE
ALTÉRATION
ALTERNANCE
ALTERNANTE
ALTERNATIF
ALTIMÉTRIE
ALUMINERIE
ALUMINEUSE
ALUMINIAGE
ALUNISSAGE
ALUNISSANT
ALVÉOLAIRE
AMADOURIEN
AMADOUVIER
AMALASONTE
AMALÉCITES
AMALGAMANT
AMANDINOIS
AMAREYEUSE
AMARNIENNE
AMBARROISE
AMBERTOISE
AMBIANÇANT
AMBIANCEUR
AMBIDEXTRE
AMBIGUMENT
AMBISEXUÉE
AMBITIEUSE
AMBITIONNÉ
AMBIVALENT
AMBLYSTOME
AMÉLIORANT
AMÉNAGEANT
AMÉNAGEUSE
AMÉNAGISTE
AMENDEMENT
AMÉNORRHÉE
AMENUISANT
AMÉRICAINE
AMÉRICAINE
AMÉRINDIEN
AMERSFOORT
AMIDONNAGE
AMIDONNANT
AMIDONNIER
AMINOACIDE
AMMONIACAL
AMMONIAQUE
AMNIOTIQUE
AMNISTIANT

AMODIATEUR
AMODIATION
AMONCELANT
AMORALISME
AMOURACHÉE
AMOURACHER
AMOURETTES
AMPÉLOPSIS
AMPHICTYON
AMPHIGOURI
AMPHIMIXIE
AMPHINEURE
AMPHIPHILE
AMPHIPOLIS
AMPHISBÈNE
AMPHITRITE
AMPHITRYON
AMPHITRYON
AMPLIATION
AMPLIATIVE
AMPLIFIANT
AMPLIFORME
AMPLI-TUNER
AMPUTATION
AMR IBN AL-AS
AMYGDALITE
ANABOLISME
ANACARDIER
ANACHORÈTE
ANACLINALE
ANACLINAUX
ANACOLUTHE
ANACROISÉS
ANALOGIQUE
ANALYSABLE
ANALYSANTE
ANALYTIQUE
ANAPHORÈSE
ANARCHIQUE
ANARCHISME
ANARCHISTE
ANASTOMOSE
ANASTOMOSÉ
ANASTROPHE
ANASTYLOSE
ANATOCISME
ANATOMIQUE
ANATOMISTE
ANCENIENNE
ANCERVILLE
ANCESTRALE
ANCESTRAUX
ANCIENNETÉ
ANCILLAIRE
ANCONITAIN
ANDALOUSIE
ANDELYSIEN
ANDERLECHT
ANDOLSHEIM
ANDOUILLER
ANDRÉZIEUX
ANDRINOPLE
ANDROGÉNIE
ANDROGYNIE
ANDROLOGIE
ANDROMAQUE
ANDROPAUSE
ANECDOTIER
ANÉMOMÈTRE
ANÉMOPHILE
ANÉRECTION
ANESTHÉSIE
ANESTHÉSIÉ
ANÉVRISMAL
ANÉVRYSMAL
ANGÉRIENNE
ANGIOLOGIE
ANGLETERRE
ANGLICISÉE
ANGLICISER
ANGLICISME
ANGLICISTE
ANGLO-ARABE
ANGLOMANIE
ANGLOPHILE
ANGLOPHOBE
ANGLOPHONE
ANGLO-SAXON
ANGLO-SAXON
ANGOISSANT
ANGUIFORME
ANGUILLÈRE
ANGUILLULE
ANIMALCULE
ANIMALERIE
ANIMALIÈRE
ANIMALISÉE
ANIMALISER
ANIMATRICE
ANISOGAMIE
ANISOTROPE
ANKARIENNE
ANKYLOSANT
ANNE BOLEYN
ANNECIENNE
ANNE STUART
ANNIHILANT
ANNONCEUSE
ANNONCIÈRE
ANNONÉENNE
ANNOTATEUR
ANNOTATION
ANNUALISÉE
ANNUALISER
ANNULATION
ANNULATIVE
ÂNONNEMENT
ANOREXIQUE
ANORGASMIE
ANORMALITÉ
ANTALCIDAS
ANTALGIQUE
ANTAMANIDE
ANTARCTIDE
ANTÉCÉDENT
ANTÉCHRIST
ANTÉNATALE
ANTENNISTE
ANTÉPOSANT
ANTÉRIEURE
ANTHÉRIDIE
ANTHOLOGIE
ANTHRACÈNE
ANTHRACITE
ANTHRACOSE
ANTHYLLIDE
ANTIAÉRIEN
ANTIBÉLIER
ANTICHRÈSE
ANTICIPANT
ANTICLINAL
ANTIDATANT
ANTIDOPAGE
ANTIDOPING
ANTIÉMEUTE
ANTIFADING
ANTIGLISSE
ANTIGUAISE
ANTILLAISE
ANTILLAISE
ANTIMONIÉE
ANTIPATHIE
ANTIPATROS
ANTIPHRASE
ANTIPOISON
ANTIPROTON
ANTIQUAIRE
ANTIREFLET
ANTIROULIS
ANTISÉMITE
ANTISEPSIE
ANTISOCIAL
ANTISTHÈNE
ANTISTRESS
ANTITOXINE
ANTITUSSIF
ANTIVIRALE
ANTIVIRAUX
ANTOINISME
ANTONIENNE
ANTONOMASE

ANTRUSTION
ANVERSOISE
APAISEMENT
APATOSAURE
APERCEVANT
APERCEVOIR
APÉRITRICE
APESANTEUR
APHÉLANDRA
APICULTEUR
APICULTURE
APOCALYPSE
APOLITIQUE
APOLITISME
APOLLINIEN
APOLLODORE
APOLLONIOS
APOLOGISTE
APOMORPHIE
APONÉVROSE
APOPHTEGME
APORÉTIQUE
APOSIOPÈSE
APOSTASIÉE
APOSTASIER
APOSTROPHE
APOSTROPHÉ
APPALACHES
APPAMÉENNE
APPARAÎTRE
APPAREILLÉ
APPARENTÉE
APPARENTER
APPARITEUR
APPARITION
APPARTENIR
APPELLATIF
APPESANTIE
APPESANTIR
APPLICABLE
APPLIQUANT
APPOINTAGE
APPOINTANT
APPOMATTOX
APPOSITION
APPRÉCIANT
APPRÉHENDÉ
APPRIVOISÉ
APPROBATIF
APPROCHANT
APPROFONDI
APPROPRIÉE
APPROPRIER
APPROUVANT
APPUIE-BRAS
APPUIE-TÊTE
APPUIS-BRAS
APPUIS-TÊTE
APRÈS-COUPS
APRÈS-DÎNER
APRÈS-VENTE
APRIORIQUE
APTÉRYGOTE
APTÉSIENNE
APYRÉTIQUE
AQUAMANILE
AQUARELLÉE
ARABI PACHA
ARABISANTE
ARABOPHONE
ARACHNOÏDE
ARAGONAISE
ARAGONAISE
ARAMONAISE
ARBITRAIRE
ARBORICOLE
ARBOVIROSE
ARBRESLOIS
ARBRISSEAU
ARCADIENNE
ARC-BOUTANT
ARC-BOUTÉES
ARCHAÏSANT
ARCHÈTERIE
ARCHETIÈRE
ARCHÉTYPAL
ARCHEVÊCHÉ
ARCHEVÊQUE
ARCHILOQUE
ARCHIPENKO
ARCHITECTE
ARCHITRAVE
ARCHIVISTE
ARCHIVOLTE
ARCIMBOLDI
ARCIMBOLDO
ARCISIENNE
ARCS-EN-CIEL
ARDÉCHOISE
ARDENNAISE
ARDENNAISE
ARDENTAISE
ARDOISIÈRE
ARELIGIEUX
ARÉOMÉTRIE
ARGELANDER
ARGELÉSIEN
ARGENTAISE
ARGENTERIE
ARGENTEUIL
ARGENTIQUE
ARGENTRÉEN
ARGONAUTES
ARGONNAISE
ARGOVIENNE
ARGUMENTÉE
ARGUMENTER
ARGYRONÈTE
ARHLABIDES
ARIÉGEOISE
ARISTARQUE
ARISTOBULE
ARLANCOISE
ARLÉSIENNE
ARLÉSIENNE
ARMÉE ROUGE
ARMÉNIENNE
ARMÉNIENNE
ARMILLAIRE
ARMINIENNE
ARMORICAIN
ARMORICAIN
ARNAQUEUSE
ARNAY-LE-DUC
ARNOUVILLE
AROMATIQUE
AROMATISÉE
AROMATISER
ARPENTEUSE
ARRACHEUSE
ARRAGEOISE
ARRAISONNÉ
ARRANGEANT
ARRANGEUSE
ARRIÈRE-BAN
ARRIÈRE-BEC
ARROSEMENT
ARROW-ROOTS
ARSENICALE
ARSENICAUX
ARTAXERXÈS
ARTÉMISION
ARTÉRIELLE
ARTÉSIENNE
ARTÉSIENNE
ARTHRALGIE
ARTHRODÈSE
ARTHROPODE
ARTICULANT
ARTIFICIEL
ARTIFICIER
ARTILLERIE
ARTISANALE
ARTISANAUX
ARTISTIQUE
ARTOCARPUS
ARTOTHÈQUE
ARYTÉNOÏDE
ARYTHMIQUE
ASA FŒTIDA
ASBESTRIEN

ASCENDANCE
ASCENDANTE
ASCLÉPIADE
ASCLÉPIADE
ASCOMYCÈTE
ASCORBIQUE
ASÉISMIQUE
ASEPTISANT
ASHKÉNAZES
ASNIÉROISE
ASPARAGINE
ASPARTIQUE
ASPERGEANT
ASPERGILLE
ASPHALTAGE
ASPHALTANT
ASPHALTIER
ASPHYXIANT
ASPIDISTRA
ASPIRATEUR
ASPIRATION
ASPROMONTE
ASSAILLANT
ASSAISONNÉ
ASSASSINAT
ASSASSINÉE
ASSASSINER
ASSEMBLAGE
ASSEMBLANT
ASSEMBLEUR
ASSERMENTÉ
ASSIDÛMENT
ASSIÉGEANT
ASSIMILANT
ASSISTANAT
ASSISTANCE
ASSISTANTE
ASSOCIATIF
ASSOIFFANT
ASSOLEMENT
ASSOMMANTE
ASSOMMEUSE
ASSOMPTION
ASSONANCÉE
ASSUJETTIE
ASSUJETTIR
ASSURÉMENT
ASSYRIENNE
ASSYRIENNE
ASTÉRIENNE
ASTÉRISQUE
ASTHÉNIQUE
ASTICOTANT
ASTREINDRE
ASTRINGENT
ASTROBLÈME
ASTROLOGIE

ASTROLOGUE
ASTRONAUTE
ASTRONOMIE
ASTUCIEUSE
ASTURIENNE
ASYNCHRONE
ATERMOYANT
ATHABASCAN
ATHAPASCAN
ATHÉGIENNE
ATHÉNIENNE
ATHÉNIENNE
ATHERMIQUE
ATHLÉTIQUE
ATHLÉTISME
À TIRE-D'AILE
ATLANTIQUE
ATLANTIQUE
ATLANTISME
ATMOSPHÈRE
ATOCATIÈRE
ATROCEMENT
ATROPHIANT
ATTACHANTE
ATTAQUABLE
ATTAQUANTE
ATTEIGNANT
ATTENTISME
ATTENTISTE
ATTÉNUANTE
ATTERRANTE
ATTIFEMENT
ATTISEMENT
ATTRACTION
ATTRACTIVE
ATTRAYANTE
ATTRIBUANT
ATTRIBUTIF
ATTRISTANT
ATTROUPANT
AUBAGNAISE
AUBARNOISE
AUBERGISTE
AUCHELLOIS
AUCUNEMENT
AUDACIEUSE
AU-DEDANS DE
AU-DEHORS DE
AUDENGEOIS
AU-DESSUS DE
AU-DEVANT DE
AUDIBILITÉ
AUDIENCIER
AUDIERNAIS
AUDIMÉTRIE
AUDIMUTITÉ
AUDINCOURT

AUDIOLOGIE
AUDIOMÈTRE
AUDIOPHONE
AUDITIONNÉ
AUDITORIUM
AUDOMAROIS
AUDOMAROIS
AUDONIENNE
AUDONIENNE
AUFKLÄRUNG
AUGMENTANT
AUJOURD'HUI
AULNAISIEN
AULNATOISE
AUNISIENNE
AUPARAVANT
AURANGABAD
AURÉLIENNE
AUSCITAINE
AUSCITAINE
AUSCULTANT
AUSTERLITZ
AUSTRALIEN
AUSTRALIEN
AUTANT-LARA
AUTARCIQUE
AUTERIVAIN
AUTISTIQUE
AUTOCENTRÉ
AUTOCHROME
AUTOCHTONE
AUTOCRATIE
AUTODICTÉE
AUTO-ÉCOLES
AUTOGRAPHE
AUTOGREFFE
AUTOGUIDÉE
AUTO-IMMUNE
AUTO-IMMUNS
AUTOMATION
AUTOMATISÉ
AUTOMOBILE
AUTOMOTEUR
AUTOPSIANT
AUTORISANT
AUTOSCOPIE
AUTOTRACTÉ
AUTOTROPHE
AUTRICHIEN
AUTRICHIEN
AUVERGNATE
AUVERGNATE
AUVERSOISE
AUXERROISE
AUXILIAIRE
AUXONNAISE
AUXQUELLES

AVANCEMENT
AVANT-CALES
AVANT-CLOUS
AVANT-CORPS
AVANT-COURS
AVANT-GARDE
AVANT-GOÛTS
AVANT-MAINS
AVANT-MONTS
AVANT-PLANS
AVANT-PORTS
AVANT-POSTE
AVANT-SCÈNE
AVANT-TEXTE
AVANT-TOITS
AVANT-TRAIN
AVANT-TROUS
AVARICIEUX
AVELLANEDA
AVENTURANT
AVENTUREUX
AVENTURIER
AVENTURINE
AVEUGLANTE
AVEUGLE-NÉE
AVEUGLETTE
AVICULTEUR
AVICULTURE
AVILISSANT
AVION-CARGO
AVION-ÉCOLE
AVIONNERIE
AVITAILLÉE
AVITAILLER
AVOCAILLON
AVOCASSIER
AVOISINANT
AVORTEMENT
AXÉROPHTOL
AXIOMATISÉ
AYANT CAUSE
AYANT DROIT
AZAÑA Y DÍAZ
AZNAR LÓPEZ
BABILLARDE
BABIROUSSA
BABOUVISME
BABY-BOOMER
BABYLONIEN
BABY-SITTER
BACCHANALE
BACHAMOISE
BACHELIÈRE
BACILLAIRE
BACKGAMMON
BACKGROUND
BACK-OFFICE
BADAKHCHAN
BADEN-BADEN
BADGASTEIN
BADIGEONNÉ
BADINIÈRES
BAFOUILLÉE
BAFOUILLER
BAGARREUSE
BAGNÉRAISE
BAGNOLAISE
BAGUENAUDE
BAGUENAUDÉ
BAHAMIENNE
BAHAWALPUR
BAHREÏNIEN
BAIE-COMEAU
BAIE-COMIEN
BAILLAIRGÉ
BÂILLEMENT
BÂILLONNÉE
BÂILLONNER
BAINS-MARIE
BAÏONNETTE
BALANCELLE
BALANCHINE
BALANÇOIRE
BALBUTIANT
BALEINEAUX
BALEINIÈRE
BALENCIAGA
BALGENCIEN
BALIKPAPAN
BALISTIQUE
BALKANIQUE
BALKANISÉE
BALKANISER
BALLAN-MIRÉ
BALLASTAGE
BALLASTANT
BALLONNANT
BALLOTTAGE
BALLOTTANT
BALLOTTINE
BALNÉOLAIS
BALOURDISE
BALOUTCHES
BALSAMIQUE
BALUSTRADE
BAMBOCHADE
BAMBOCHANT
BAMBOCHARD
BAMBOCHEUR
BANALEMENT
BANALISANT
BANANERAIE
BANCOULIER
BANDELETTE
BANDERILLE
BANDE-VIDÉO
BANDIAGARA
BANDINELLI
BANDITISME
BANDOLAISE
BANGKOKIEN
BANGLADAIS
BANGLADAIS
BANGLADESH
BANJULAISE
BANNISSANT
BANQUETANT
BANTOUSTAN
BAPALMOISE
BAPTISMALE
BAPTISMAUX
BAPTISTÈRE
BARAGOUINÉ
BARATINANT
BARATINEUR
BARBARISME
BARBAROSSA
BARBE-BLEUE
BARBEZIEUX
BARBIFIANT
BARBOTEUSE
BARBOUILLE
BARBOUILLÉ
BARCAROLLE
BARDDHAMAN
BARGUIGNER
BARISIENNE
BARJAQUANT
BARJOLAISE
BARLINOISE
BARLOTIÈRE
BAROMÉTRIE
BAROQUEUSE
BAROQUISME
BAROUDEUSE
BARRAGISTE
BARRICADÉE
BARRICADER
BARRISSANT
BARSACAISE
BAR-SUR-AUBE
BARTAVELLE
BARTHÉLEMY
BARTOLOMEO
BARYCENTRE
BARYONIQUE
BASALTIQUE
BASCULANTE
BAS-DE-CASSE
BASILICALE
BASILICATE

BASILICAUX
BAS-JOINTÉE
BAS-JOINTÉS
BASKET-BALL
BASKETTEUR
BAS-NORMAND
BAS-RELIEFS
BAS-RHINOIS
BASSE-FOSSE
BASSE-INDRE
BASSENAISE
BASSE-TERRE
BASSETERRE
BASSINANTE
BASSINOIRE
BASSONISTE
BASTINGAGE
BASTIONNÉE
BASTOGNARD
BASTONNADE
BASTONNANT
BASTRINGUE
BASUTOLAND
BAS-VENTRES
BATAILLANT
BATAILLEUR
BATARDEAUX
BATELLERIE
BATHYMÈTRE
BATIFOLAGE
BATIFOLANT
BATIFOLEUR
BÂTISSEUSE
BATOILLANT
BATON ROUGE
BATTAMBANG
BATZ-SUR-MER
BAUDELAIRE
BAUMGARTEN
BAYEUSAINE
BAYONNAISE
BAZEILLAIS
BEACHY HEAD
BÉATIFIANT
BÉATIFIQUE
BEAUCHEMIN
BEAUFORTIN
BEAUJOLAIS
BEAUJOLAIS
BEAUMANOIR
BEAU-PARENT
BEAUSOLEIL
BEAUSSETAN
BEAUVAISIS
BEAUVALLON
BEAUX-PÈRES
BÉCASSEAUX
BÊCHEVETÉE
BÊCHEVETER
BECQUETANT
BECS-DE-CANE
BÉDARICIEN
BÉDARRIDES
BEDONNANTE
BÉGAIEMENT
BÉGARROISE
BÉKÉSCSABA
BÉLAIROISE
BELFORTAIN
BELGICISME
BELGIOJOSO
BELGRADOIS
BÉLIZIENNE
BELLE-DOCHE
BELLEDONNE
BELLE-FILLE
BELLEGAMBE
BELLEGARDE
BELLÊMOISE
BELLE-SŒUR
BELLÉTRIEN
BELLEVILLE
BELLEYSANE
BELLICISME
BELLICISTE
BELLILOISE
BELLINZONA
BELLIQUEUX
BÉMOLISANT
BÉNÉDICITÉ
BÉNÉDICTIN
BÉNÉFICIER
BENFELDOIS
BEN GOURION
BENI MELLAL
BÉNI-OUI-OUI
BÉNISSEUSE
BEN JELLOUN
BÉNODETOIS
BENVENISTE
BENZÉNIQUE
BENZYLIQUE
BÉQUILLANT
BÉQUILLARD
BERJALLIEN
BERLAIMONT
BERLINGUER
BERLINOISE
BERLINOISE
BERLUSCONI
BERNADOTTE
BERNARD GUI
BERNARDINE
BERNARDINO
BERNAYENNE
BERNISSART
BERRUGUETE
BERSAGLIER
BERTHOLLET
BERTOLUCCI
BESOGNEUSE
BESSARABIE
BESSÉGEOIS
BESTIALITÉ
BEST-SELLER
BÉTAILLÈRE
BETANCOURT
BÉTHUNOISE
BÊTIFIANTE
BÉTONNEUSE
BÉTONNIÈRE
BETTELHEIM
BETTIGNIES
BETTONNAIS
BEUGLEMENT
BEUZEVILLE
BEYROUTHIN
BHAVABHUTI
BHOUTANAIS
BIANCIOTTI
BIBERONNÉE
BIBERONNER
BICAMÉRALE
BICAMÉRAUX
BICHELAMAR
BICHONNAGE
BICHONNANT
BICHROMATE
BICIPITALE
BICIPITAUX
BICULTUREL
BICYCLETTE
BIDONNANTE
BIDONVILLE
BIDOUILLÉE
BIDOUILLER
BIÉLORUSSE
BIÉLORUSSE
BIEN-AIMÉES
BIEN-FONDÉS
BIENSÉANCE
BIENSÉANTE
BIENS-FONDS
BIFURQUANT
BIGARADIER
BIGARREAUX
BIGOPHONER
BIGORNEAUX
BIGOURDANE
BIGOURDANE
BIJOUTERIE

BIJOUTIÈRE
BILATÉRALE
BILATÉRAUX
BILINÉAIRE
BILIRUBINE
BILLBERGIA
BILLETDOUX
BILLEVESÉE
BILLOMOISE
BILLONNAGE
BIMESTRIEL
BINATIONAL
BINET-SIMON
BINOCLARDE
BINOMINALE
BINOMINAUX
BIOCŒNOSE
BIOÉLÉMENT
BIOÉNERGIE
BIOÉTHIQUE
BIOGRAPHIE
BIOLOGIQUE
BIOLOGISTE
BIOMÉDICAL
BIPARTISME
BIPOLARISÉ
BIPOLARITÉ
BIRATNAGAR
BIRÉACTEUR
BIRKENHEAD
BIRMINGHAM
BIROBIDJAN
BISCAÏENNE
BISCAYENNE
BISCOTEAUX
BISCUITANT
BISCUITIER
BISEAUTAGE
BISEAUTANT
BISEXUELLE
BISSECTEUR
BISSECTION
BISSEXTILE
BISTOUILLE
BISTOURNÉE
BISTOURNER
BISTROTIER
BITERROISE
BITERROISE
BITUMINEUX
BIUNIVOQUE
BIVITELLIN
BIVOUAQUER
BIZARRERIE
BIZARROÏDE
BLACKBOULÉ
BLACK JACKS

BLACKSTONE
BLAGNACAIS
BLAINVILLE
BLANC-ESTOC
BLANCHÂTRE
BLANCS-BECS
BLANC-SEING
BLANGEOISE
BLANQUETTE
BLANQUISME
BLANZYNOIS
BLASONNANT
BLASPHÉMÉE
BLASPHÉMER
BLASTOMÈRE
BLASTOPORE
BLÊMISSANT
BLENKINSOP
BLÉPHARITE
BLEUETERIE
BLEUETIÈRE
BLEUISSANT
BLEUSAILLE
BLOC-MOTEUR
BLOCS-NOTES
BLOODY MARY
BLOOMFIELD
BLUNTSCHLI
BOAT PEOPLE
BOCCANEGRA
BOCCHERINI
BODLÉIENNE
BOHÉMIENNE
BÖHM-BAWERK
BOISBRIAND
BOISROBERT
BOISSELIER
BOITILLANT
BOLBÉCAISE
BOLIVIENNE
BOLIVIENNE
BOLLÉNOISE
BOLOGNAISE
BOLOGNAISE
BOMBARDANT
BOMBARDIER
BOMBARDIER
BOMBINETTE
BONASSERIE
BONDÉRISÉE
BONDÉRISER
BONDISSANT
BONDYNOISE
BONHOEFFER
BONIFACIEN
BONIMENTER
BONNE FEMME

BONNE-MAMAN
BONNÉTABLE
BONNETEAUX
BONNETERIE
BONNETIÈRE
BONNEVILLE
BONNIÉROIS
BOOTLEGGER
BOQUETEAUX
BORBORYGME
BORDELAISE
BORDELAISE
BORDÉLIQUE
BORDEREAUX
BORDERLINE
BORDIGHERA
BORDURETTE
BORNANDINE
BOROILLOTE
BORRÉLIOSE
BORURATION
BOTSWANAIS
BOTTELEUSE
BOTTICELLI
BOUC-BEL-AIR
BOUCHARDÉE
BOUCHARDER
BOUCHARDON
BOUCHE-TROU
BOUCHOLEUR
BOUCHONNÉE
BOUCHONNER
BOUCHOTEUR
BOUCHOYANT
BOUCLEMENT
BOUDDHIQUE
BOUDDHISME
BOUDDHISTE
BOUDINEUSE
BOUFFONNER
BOUGONNANT
BOUGREMENT
BOUGUENAIS
BOUGUEREAU
BOUILLANTE
BOUILLASSE
BOUILLOIRE
BOUILLONNÉ
BOUILLOTTE
BOUILLOTTÉ
BOUIS-BOUIS
BOUKHARINE
BOULAGEOIS
BOULANGÈRE
BOULDER DAM
BOULEDOGUE
BOULEVERSÉ

BOULGANINE
BOULIMIQUE
BOULINGRIN
BOULLONGNE
BOULOCHAGE
BOULOCHANT
BOULODROME
BOULONNAGE
BOULONNAIS
BOULONNAIS
BOULONNANT
BOULOTTANT
BOUMEDIENE
BOUQUINANT
BOUQUINEUR
BOURBILLON
BOURBONIEN
BOURDALOUE
BOURDICHON
BOURDONNER
BOURGANEUF
BOURGEOISE
BOURGEONNÉ
BOURGUESAN
BOURGUISAN
BOURLINGUE
BOURLINGUÉ
BOURONNANT
BOURRASQUE
BOURRATIVE
BOURRELIER
BOURRICHON
BOURRIENNE
BOURRIQUET
BOURSICOTÉ
BOURSOUFLÉ
BOUSCATAIS
BOUSCULADE
BOUSCULANT
BOUSILLAGE
BOUSILLANT
BOUSILLEUR
BOUT-DEHORS
BOUTEFLIKA
BOUTEILLER
BOUTEILLON
BOUTEROLLE
BOUTILLIER
BOUTIQUIER
BOUTONNAGE
BOUTONNANT
BOUTONNEUX
BOUTONNIER
BOUTONS-D'OR
BOUTS-RIMÉS
BOUVERESSE
BOUVETEUSE

BOUXWILLER
BOUZOULAIS
BOW-STRINGS
BOW-WINDOWS
BOXER-SHORT
BOX-OFFICES
BOYAUDERIE
BOYAUDIÈRE
BOYCOTTAGE
BOYCOTTANT
BOYCOTTEUR
BRACHYCÈRE
BRACHYOURE
BRACONNAGE
BRACONNANT
BRACONNIER
BRAILLARDE
BRAILLEUSE
BRAIN-TRUST
BRANCARDÉE
BRANCARDER
BRANCHETTE
BRANCHIALE
BRANCHIAUX
BRANLEMENT
BRANTÔMAIS
BRAQUEMART
BRAQUEMENT
BRASILLACH
BRASILLANT
BRASSCHAAT
BRASSICOLE
BRATISLAVA
BRAVISSIMO
BRAY-DUNOIS
BREAKDANCE
BREDOUILLE
BREDOUILLÉ
BRÉMONTIER
BRÉSILLANT
BRETONNANT
BRETONNEAU
BREVETABLE
BRÉVILIGNE
BRICOLEUSE
BRICQUEBEC
BRIDGEPORT
BRIDGETOWN
BRIENNOISE
BRIÈVEMENT
BRIGANDAGE
BRIGANDANT
BRIGANTINE
BRIGNOLAIS
BRIGUE-GLIS
BRILLANTÉE
BRILLANTER

BRIMBALANT
BRIMBORION
BRIONNAISE
BRIQUETAGE
BRIQUETANT
BRIQUETEUR
BRIQUETIER
BRISE-BÉTON
BRISE-GLACE
BRISE-LAMES
BRIVADOISE
BROCANTANT
BROCANTEUR
BROCARDANT
BROCATELLE
BROEDERLAM
BRONCHIOLE
BRONCHIQUE
BRONGNIART
BROUETTAGE
BROUETTANT
BROUILLAGE
BROUILLANT
BROUILLARD
BROUILLEUR
BROUSSARDE
BROUSSILOV
BROUTEMENT
BRUCELLOSE
BRUGNONIER
BRUNDTLAND
BRUNÉIENNE
BRUNETIÈRE
BRUNISSAGE
BRUNISSANT
BRUNISSOIR
BRUNISSURE
BRUNOYENNE
BRUSQUERIE
BRUTALISÉE
BRUTALISER
BRUTALISME
BRUXELLOIS
BRUXELLOIS
BRUXOMANIE
BRUYAMMENT
BRUYÉROISE
BRYOZOAIRE
BUCENTAURE
BUCHENWALD
BÛCHERONNE
BUCKINGHAM
BUCKINOISE
BUCOLIQUES
BUDGÉTAIRE
BUDGÉTISÉE
BUDGÉTISER

10

BUFFETIÈRE
BULL-FINCHS
BULLYGEOIS
BUNDESBANK
BUNDESWEHR
BUONARROTI
BURCKHARDT
BURGAUDINE
BURGENLAND
BURKINAISE
BURKINAISE
BURLINGTON
BURNE-JONES
BURSÉRACÉE
BURUNDAISE
BURUNDAISE
BUSSENETTE
BUYS-BALLOT
CABANATUAN
CABANEMENT
CABARETIER
CABOCHARDE
CABOCHIENS
CABOTINAGE
CABOTINANT
CABRIOLANT
CAB-SIGNAUX
CACAHOUÈTE
CACAOTIÈRE
CACHANAISE
CACHE-CACHE
CACHE-CŒUR
CACHE-PRISE
CACHE-SEXES
CACHETONNÉ
CACHOTTIER
CACOGRAPHE
CACOPHONIE
CADASTRALE
CADASTRANT
CADASTRAUX
CADAVÉREUX
CADEAUTANT
CADENASSÉE
CADENASSER
CAFARDEUSE
CAFOUILLER
CAFOUILLIS
CAGLIOSTRO
CAHOTEMENT
CAILLASSER
CAILLE-LAIT
CAILLEMENT
CAILLOUTÉE
CAILLOUTER
CAILLOUTIS
CAKCHIQUEL

CALABRAISE
CALAMINAGE
CALAMINANT
CALAMISTRÉ
CALAMITEUX
CALANCHANT
CALANDRAGE
CALANDRANT
CALCÉDOINE
CALCIFÉROL
CALCULABLE
CALCULETTE
CALCULEUSE
CALDAGUÈSE
CALÉDONIEN
CALÉDONIEN
CALE-ÉTALON
CALENDAIRE
CALENDRIER
CALFEUTRÉE
CALFEUTRER
CALIBREUSE
CALIFORNIE
CALLACOISE
CALLIMAQUE
CALMISSANT
CALOMNIANT
CALOMNIEUX
CALORIFÈRE
CALORIFUGE
CALORIFUGÉ
CALVINISME
CALVINISTE
CAMARÉTOIS
CAMARGUAIS
CAMARGUAIS
CAMBACÉRÈS
CAMBODGIEN
CAMBODGIEN
CAMBREMENT
CAMBRÉSIEN
CAMBRÉSIEN
CAMBRIENNE
CAMBRIOLÉE
CAMBRIOLER
CAMBROUSSE
CAMERAMANS
CAMERARIUS
CAMIONNAGE
CAMIONNANT
CAMIONNEUR
CAMOUFLAGE
CAMOUFLANT
CAMPAGNARD
CAMPANELLA
CAMPING-CAR
CAMPING-GAZ

CAMPINOISE
CAMPOBASSO
CANADIENNE
CANADIENNE
CANALICULE
CANALISANT
CANANÉENNE
CANANÉENNE
CANARDEAUX
CANARDIÈRE
CANARIENNE
CANAVÉROIS
CANCALAISE
CANCANIÈRE
CANCÉREUSE
CANCÉRISÉE
CANCÉRISER
CANDÉLABRE
CANDIACOIS
CANDISSANT
CANÉFICIER
CANGUILHEM
CANNABACÉE
CANNABIQUE
CANNABISME
CANNEBERGE
CANNELLONI
CANNETIÈRE
CANNETILLE
CANNETTANE
CANNIZZARO
CANOË-KAYAK
CANONICITÉ
CANONISANT
CANONNIÈRE
CANTATILLE
CANTATRICE
CANTERBURY
CANTHARIDE
CANTILEVER
CANTINIÈRE
CANTONAISE
CANTONAISE
CANTONNANT
CANTONNIER
CANTORBÉRY
CANYONISTE
CAOUTCHOUC
CAPACITIVE
CAPCIRAISE
CAPELLOISE
CAPÉSIENNE
CAPESTERRE
CAPÉTIENNE
CAP-HAÏTIEN
CAPHARNAÜM
CAPHARNAÜM

CAP-HORNIER
CAPILLAIRE
CAPILOTADE
CAPITALISÉ
CAPITATION
CAPITOLINE
CAPITONNÉE
CAPITONNER
CAPITULANT
CAPITULARD
CAPONNIÈRE
CAPORALISÉ
CAPPA MAGNA
CAPPUCCINO
CAPRICANTE
CAPRICIEUX
CAPRICORNE
CAPRICORNE
CAPRYLIQUE
CAPTATRICE
CAPTIVANTE
CAPUCHONNÉ
CAPUCINADE
CAP-VERDIEN
CAPVERDIEN
CAPVERDIEN
CAQUETANTE
CARABINIER
CARACCIOLO
CARACOLANT
CARAMANLIS
CARAMBOLÉE
CARAMBOLER
CARAMÉLISÉ
CARAPATANT
CARAVANAGE
CARAVANIER
CARAVANING
CARBAMIQUE
CARBONADES
CARBONAROS
CARBONATÉE
CARBONATER
CARBONIQUE
CARBONISÉE
CARBONISER
CARBONNAIS
CARBONNIER
CARBONYLÉE
CARCAILLER
CARCINOÏDE
CARDIALGIE
CARDINALAT
CARÉLIENNE
CARESSANTE
CAR-FERRIES
CARHAISIEN

CARIBÉENNE
CARIBÉENNE
CARICATURE
CARICATURÉ
CARILLONNÉ
CARITATIVE
CARMAGNOLA
CARMAGNOLE
CARMAUSINE
CARNACOISE
CARNASSIER
CARNAVALET
CAROTIDIEN
CAROTTEUSE
CAROTTIÈRE
CAROUGEOIS
CARPATIQUE
CARPENTIER
CARPENTRAS
CARPOCAPSE
CARPOPHORE
CARREAUTÉE
CARRIÉROIS
CARROSSAGE
CARROSSANT
CARROSSIER
CARSON CITY
CARTELLIER
CARTELLISÉ
CARTHAGÈNE
CARTONNAGE
CARTONNANT
CARTONNEUX
CARTONNIER
CARTON-PÂTE
CARTOPHILE
CARTULAIRE
CARTWRIGHT
CARVINOISE
CARYOGAMIE
CASABLANCA
CASCABELLE
CASCADEUSE
CASCATELLE
CASSAVETES
CASSE-PIEDS
CASSE-PIPES
CASSIDENNE
CASSIODORE
CASSISSIER
CASSOLETTE
CASTELLANE
CASTELLION
CASTILLANE
CASTILLANE
CASTORETTE
CASTRATEUR

CASTRATION
CASUS BELLI
CATABOLITE
CATACHRÈSE
CATACLYSME
CATAFALQUE
CATALEPSIE
ÇATAL HÖYÜK
CATALOGAGE
CATALOGUÉE
CATALOGUER
CATALYSANT
CATALYSEUR
CATAPLASME
CATAPLEXIE
CATAPULTÉE
CATAPULTER
CATARRHALE
CATARRHAUX
CATÉCHISÉE
CATÉCHISER
CATÉCHISME
CATÉCHISTE
CATÉGORIEL
CATÉGORISÉ
CATÉSIENNE
CATHARISME
CATHÉDRALE
CATHÉDRAUX
CATHODIQUE
CATHOLICOS
CATHOLIQUE
CATIONIQUE
CATOBLÉPAS
CATOVIENNE
CAUCASIQUE
CAUDANAISE
CAUDATAIRE
CAUDRÉSIEN
CAULINAIRE
CAUSSADAIS
CAUSSENARD
CAUSSENARD
CAUSTICITÉ
CAUTELEUSE
CAUTÉRISÉE
CAUTÉRISER
CAUTIONNÉE
CAUTIONNER
CAVALCADER
CAVALCANTI
CAVERNEUSE
CAVIARDAGE
CAVIARDANT
CAVITATION
CAYENNAISE
CAZÉRIENNE

CÉGÉPIENNE
CÉGÉSIMALE
CÉGÉSIMAUX
CEINTURAGE
CEINTURANT
CÉLERI-RAVE
CELLÉRIÈRE
CELLOPHANE
CELLULAIRE
CELTIBÈRES
CENDRILLON
CENDRILLON
CENONNAISE
CÉNOZOÏQUE
CENSITAIRE
CENSURABLE
CENTENAIRE
CENTENNALE
CENTENNAUX
CENTÉSIMAL
CENT-GARDES
CENTIGRADE
CENTILITRE
CENTIMÈTRE
CENTRALIEN
CENTRALISÉ
CENTRATION
CENTRIFUGE
CENTRIFUGÉ
CENTRIPÈTE
CENTROMÈRE
CENTROSOME
CENT-SUISSE
CENTUPLANT
CÉPHALIQUE
CÉPHALONIE
CERDAGNOLE
CERDAGNOLE
CÉRÉALIÈRE
CÉRÉMONIAL
CÉRÉMONIEL
CERF-VOLANT
CERGYSSOIS
CERTIFIANT
CERTIFICAT
CÉRULÉENNE
CÉRUMINEUX
CÉSARIENNE
CÉSARISANT
CESSONNAIS
CEYZÉRIATI
CHABLISIEN
CHAGNOTINE
CHAGRINANT
CHAH DJAHAN
CHAHUTEUSE
CHAÎNETIER
CHALAISIEN
CHALANDISE
CHALCOSINE
CHALCOSITE
CHALDÉENNE
CHALDÉENNE
CHALEUREUX
CHALIAPINE
CHALLENGER
CHALLÉSIEN
CHALONNAIS
CHALOUPANT
CHALUMEAUX
CHAMÆROPS
CHAMAILLÉE
CHAMAILLER
CHAMANISME
CHAMARRANT
CHAMARRURE
CHAMBARDÉE
CHAMBARDER
CHAMBELLAN
CHAMBÉRIEN
CHAMBERTIN
CHAMBOULÉE
CHAMBOULER
CHAMBOURCY
CHAMBRANLE
CHAMBRETTE
CHAMBRIÈRE
CHAMILLART
CHAMOISAGE
CHAMOISANT
CHAMOISEUR
CHAMOISINE
CHAMONIARD
CHAMONIARD
CHAMPAGNEY
CHAMPAIGNE
CHAMPENOIS
CHAMPENOIS
CHAMPIGNON
CHAMPIONNE
CHAMPLEVÉE
CHAMPLEVER
CHAMPLITTE
CHAMPMESLÉ
CHAMROUSSE
CHANCELADE
CHANCELANT
CHANCELIER
CHANCELLOR
CHANCRELLE
CHANDELEUR
CHANDELIER
CHANDIGARH
CHANFREINÉ
CHANGEABLE
CHANGEANTE
CHANGEMENT
CHANITOISE
CHANTELOUP
CHANTONNAY
CHANTONNÉE
CHANTONNER
CHANTOURNÉ
CHAO PHRAYA
CHAPARDAGE
CHAPARDANT
CHAPARDEUR
CHAPEAUTÉE
CHAPEAUTER
CHAPELAINE
CHAPELIÈRE
CHAPERONNÉ
CHAPITEAUX
CHAPITRANT
CHAPONNAGE
CHAPONNANT
CHAPTALISÉ
CHARAVINES
CHARBONNÉE
CHARBONNER
CHARCUTAGE
CHARCUTANT
CHARCUTIER
CHARDONNAY
CHARENTAIS
CHARENTAIS
CHARGEMENT
CHARIOTAGE
CHARIOTANT
CHARITABLE
CHARITOISE
CHARLEBOIS
CHARLESTON
CHARLESTON
CHARLEVOIX
CHARNYCOIS
CHAROGNARD
CHAROLAISE
CHAROLAISE
CHAROLLAIS
CHAROPHYTE
CHARPENTÉE
CHARPENTER
CHARRETIER
CHARROYANT
CHARTRAINE
CHARTRAINE
CHARTRAINS
CHARTREUSE
CHARTREUSE
CHASSE-CLOU

CHASSÉENNE
CHASSÉRIAU
CHASSE-ROUE
CHASSIEUSE
CHASSIGNET
CHASTEMENT
CHÂTEAUDUN
CHÂTEAULIN
CHATEILLON
CHÂTELAINE
CHATOUILLE
CHATOUILLÉ
CHATOYANTE
CHATTEMITE
CHATTERTON
CHATTERTON
CHAUDEMENT
CHAUD-FROID
CHAUFFANTE
CHAUFFE-EAU
CHAUFFERIE
CHAUFFEUSE
CHAURIENNE
CHAUSSANTE
CHAUSSETTE
CHAUVINOIS
CHAVILLOIS
CHAZELLOIS
CHECK-LISTS
CHEFS-LIEUX
CHÉLIDOINE
CHELTENHAM
CHEMINEAUX
CHEMISERIE
CHEMISETTE
CHEMISIÈRE
CHÊNE-LIÈGE
CHÈNEVIÈRE
CHERBULIEZ
CHERCHEUSE
CHÉRISSANT
CHERSONÈSE
CHÉRUSQUES
CHESAPEAKE
CHESTERTON
CHEVALERIE
CHEVALIÈRE
CHEVAUCHÉE
CHEVAUCHER
CHEVIGNOIS
CHEVILLANT
CHEVILLARD
CHEVILLIER
CHEVRONNÉE
CHEVROTAGE
CHEVROTAIN
CHEVROTANT

CHEVROTINE
CHEVROTINE
CHEWING-GUM
CHICANERIE
CHICANEUSE
CHICANIÈRE
CHICHEMENT
CHICHITEUX
CHICOUTIMI
CHIEN-ASSIS
CHIENNERIE
CHIFFONNÉE
CHIFFONNER
CHIFFRABLE
CHIFFREUSE
CHIKAMATSU
CHILDEBERT
CHIMBORAZO
CHIMÉRIQUE
CHIMIQUIER
CHINCHILLA
CHINETOQUE
CHINOISANT
CHINONAISE
CHIPOTEUSE
CHIROPTÈRE
CHIROQUOIS
CHIROUBLES
CHIRURGIEN
CHITINEUSE
CHITTAGONG
CHLAMYDIAE
CHLAMYDIAS
CHLINGUANT
CHLORATION
CHLORURANT
CHOCOLATÉE
CHOÉPHORES
CHOISYENNE
CHOKE-BORES
CHOLAGOGUE
CHOLÉDOQUE
CHOLÉRIQUE
CHOLETAISE
CHONDRIOME
CHOROÏDIEN
CHOSIFIANT
CHOUCHOUTE
CHOUCHOUTÉ
CHOUCROUTE
CHOUQUETTE
CHOURAVANT
CHOURINANT
CHOUX-RAVES
CHOWS-CHOWS
CHRÉTIENNE
CHRÉTIENTÉ

CHRIS-CRAFT
CHRISTIQUE
CHRISTOFLE
CHRISTOPHE
CHRODEGANG
CHROMATIDE
CHROMATINE
CHROMISANT
CHROMOGÈNE
CHROMOSOME
CHRONICISÉ
CHRONICITÉ
CHRYSALIDE
CHRYSOLITE
CHRYSOMÈLE
CHTONIENNE
CHUCHOTANT
CHUCHOTEUR
CHUINTANTE
CHUQUISACA
CIBOULETTE
CICATRISÉE
CICATRISER
CIDAMBARAM
CIENFUEGOS
CIGOGNEAUX
CI-INCLUSES
CIMENTERIE
CIMMÉRIENS
CINACIENNE
CINCINNATI
CINDYNIQUE
CINÉPHILIE
CINGHALAIS
CINGHALAIS
CINNAMIQUE
CIOTADENNE
CIRCASSIEN
CIRCASSIEN
CIRCONCIRE
CIRCONCISE
CIRCONVENU
CIRCULAIRE
CIRCULANTE
CISAILLANT
CISÈLEMENT
CISTERCIEN
CITÉ-JARDIN
CITHARISTE
CITRONNADE
CITRONNIER
CITROUILLE
CIUDAD REAL
CIVILEMENT
CIVILISANT
CLABAUDAGE
CLABAUDANT

10

CLAIREMENT
CLAIRE-VOIE
CLAIRONNÉE
CLAIRONNER
CLAIRSEMÉE
CLAMARIOTE
CLAMARTOIS
CLANDESTIN
CLAPISSANT
CLAPOTANTE
CLAPOTEUSE
CLAPPEMENT
CLAPPERTON
CLAQUEMENT
CLAQUEMURÉ
CLAQUETANT
CLARIFIANT
CLARINETTE
CLASSEMENT
CLASSIFIÉE
CLASSIFIER
CLAUDICANT
CLAUDIQUER
CLAUSEWITZ
CLAUSTRALE
CLAUSTRANT
CLAUSTRAUX
CLAVARDAGE
CLAVARDANT
CLAVELEUSE
CLAVICORDE
CLAYETTOIS
CLAYONNAGE
CLAYONNANT
CLEMENCEAU
CLÉMENTINE
CLEPTOMANE
CLERGYMANS
CLÉROUQUIE
CLIGNEMENT
CLIGNOTANT
CLIGNOTEUR
CLIMATIQUE
CLIMATISÉE
CLIMATISER
CLINOMÈTRE
CLINQUANTE
CLINS D'ŒIL
CLIPPERTON
CLIQUETANT
CLOCHE-PIED
CLOISONNÉE
CLOISONNER
CLOWNESQUE
CLOYSIENNE
CLUJ-NAPOCA
CLUNYSOISE

CNIDOCYSTE
COADJUTEUR
COAGULABLE
COAGULANTE
COALESÇANT
COALESCENT
COAPTATION
COASSEMENT
COASSOCIÉE
COBALAMINE
COCAÏNISME
COCARDIÈRE
COCASSERIE
COCCIDIOSE
COCCINELLE
COCHABAMBA
COCHENILLE
COCHLÉAIRE
COCHONCETÉ
COCHONNANT
COCOTERAIE
COCYCLIQUE
CODE-BARRES
CODÉBITEUR
CODÉCISION
CODOMINANT
CODONATEUR
COÉDITRICE
CŒLENTÉRÉ
CŒLOMIQUE
COÉQUIPIER
COERCITION
COERCITIVE
COËTQUIDAN
COEXISTANT
COEXTENSIF
COFFRE-FORT
COFINANCÉE
COFINANCER
COGITATION
COGNAÇAISE
COGNASSIER
COGNATIQUE
COGNERAUDE
COGOLINOIS
COHABITANT
COHÉRITANT
COHÉRITIER
COIMBATORE
COINCEMENT
COÏNCIDANT
COÏNCIDENT
COÏNCULPÉE
COKÉFIABLE
COLCHESTER
COLCHICINE
COLÉOPTÈRE

COLICITANT
COLIFICHET
COLINÉAIRE
COLISTIÈRE
COLLABORER
COLLATÉRAL
COLLECTAGE
COLLECTANT
COLLECTEUR
COLLECTION
COLLECTIVE
COLLÉGIALE
COLLÉGIAUX
COLLEMBOLE
COLLERETTE
COLLIGEANT
COLLOÏDALE
COLLOÏDAUX
COLLUSOIRE
COLLUTOIRE
COLOCATION
COLONISANT
COLONNETTE
COLOPATHIE
COLOQUINTE
COLORATION
COLORATURE
COLORISANT
COLOSCOPIE
COLOSTOMIE
COLPORTAGE
COLPORTANT
COLPORTEUR
COLUMÉRIEN
COLUMÉRINE
COMBATTANT
COMBINABLE
COMBINARDE
COMBI-SHORT
COMBLEMENT
COMBRAILLE
COMBURANTE
COMBUSTION
COMÉDIENNE
COMESTIBLE
COMMANDANT
COMMANDEUR
COMMANDEUR
COMMANDITE
COMMANDITÉ
COMMÉMORÉE
COMMÉMORER
COMMENÇANT
COMMENSALE
COMMENSAUX
COMMENTANT
COMMERÇANT

COMMERCIAL
COMMERCIEN
COMMETTAGE
COMMETTANT
COMMINUTIF
COMMISSION
COMMISSURE
COMMODITÉS
COMMUNARDE
COMMUNAUTÉ
COMMUNIANT
COMMUNIQUÉ
COMMUNISME
COMMUNISME
COMMUNISTE
COMMUTABLE
COMMUTATIF
COMORIENNE
COMORIENNE
COMOURANTS
COMPACTAGE
COMPACTANT
COMPACTEUR
COMPARABLE
COMPARATIF
COMPASSION
COMPATIBLE
COMPENDIUM
COMPENSANT
COMPÉTENCE
COMPÉTENTE
COMPÉTITIF
COMPISSANT
COMPLAINTE
COMPLANTÉE
COMPLANTER
COMPLÉMENT
COMPLÉTANT
COMPLÉTION
COMPLÉTIVE
COMPLÉTUDE
COMPLEXANT
COMPLEXION
COMPLEXITÉ
COMPLICITÉ
COMPLIMENT
COMPLIQUÉE
COMPLIQUER
COMPLOTANT
COMPLOTEUR
COMPLUVIUM
COMPORTANT
COMPOSANTE
COMPOSEUSE
COMPOSTAGE
COMPOSTANT
COMPOSTEUR

COMPRADORE
COMPRENANT
COMPRENDRE
COMPRESSÉE
COMPRESSER
COMPRESSIF
COMPRIMANT
COMPROMISE
COMPTE-FILS
COMPULSANT
COMPULSION
COMPULSIVE
CONAN DOYLE
CONCARNEAU
CONCARNOIS
CONCASSAGE
CONCASSANT
CONCASSEUR
CONCÉLÉBRÉ
CONCENTRÉE
CONCENTRER
CONCEPCIÓN
CONCEPTEUR
CONCEPTION
CONCEPTUEL
CONCERNANT
CONCERTANT
CONCERTINO
CONCESSION
CONCESSIVE
CONCEVABLE
CONCHOÏDAL
CONCILIANT
CONCITOYEN
CONCLUANTE
CONCLUSION
CONCLUSIVE
CONCOCTANT
CONCORDANT
CONCOURANT
CONCRÉTION
CONCRÉTISÉ
CONCURRENT
CONCUSSION
CONDAMNANT
CONDENSANT
CONDENSEUR
CONDOMOISE
CONDRUSIEN
CONDUCTEUR
CONDUCTION
CONDUISANT
CONFECTION
CONFÉDÉRAL
CONFÉDÉRÉE
CONFÉDÉRER
CONFÉDÉRÉS

CONFÉRENCE
CONFESSANT
CONFESSEUR
CONFESSION
CONFIDENCE
CONFIRMAND
CONFIRMANT
CONFISERIE
CONFISEUSE
CONFISQUÉE
CONFISQUER
CONFLANAIS
CONFLUENCE
CONFONDANT
CONFORMANT
CONFORMITÉ
CONFORTANT
CONFRONTÉE
CONFRONTER
CONGÉDIANT
CONGELABLE
CONGÉNITAL
CONGESTION
CONGESTIVE
CONGLOMÉRÉ
CONGO BELGE
CONGOLAISE
CONGOLAISE
CONGO-OCÉAN
CONGRATULÉ
CONGRUENCE
CONGRÛMENT
CONJECTURE
CONJECTURÉ
CONJONCTIF
CONJUGABLE
CONJUGUANT
CONNECTANT
CONNECTEUR
CONNÉTABLE
CONNIVENCE
CONNIVENTE
CONQUÉRANT
CONSACRANT
CONSANGUIN
CONSCIENCE
CONSCIENCE
CONSCIENTE
CONSÉCUTIF
CONSEILLÉE
CONSEILLER
CONSENSUEL
CONSENTANT
CONSÉQUENT
CONSERVANT
CONSERVEUR
CONSIDÉRÉE

10

CONSIDÉRER
CONSIGNANT
CONSISTANT
CONSOLABLE
CONSOLANTE
CONSOLIDÉE
CONSOLIDER
CONSOMMANT
CONSONANCE
CONSONANTE
CONSORTAGE
CONSORTIAL
CONSORTIUM
CONSPIRANT
CONSTANTAN
CONSTANTIN
CONSTATANT
CONSTELLÉE
CONSTELLER
CONSTERNÉE
CONSTERNER
CONSTIPANT
CONSTITUÉE
CONSTITUER
CONSTRUIRE
CONSTRUITE
CONSULAIRE
CONSULTANT
CONSULTEUR
CONTACTANT
CONTACTEUR
CONTAGIEUX
CONTAMINÉE
CONTAMINER
CONTEMPLÉE
CONTEMPLER
CONTENANCE
CONTENTANT
CONTENTION
CONTESTANT
CONTEXTUEL
CONTEXTURE
CONTIGUÏTÉ
CONTINENCE
CONTINENTE
CONTINGENT
CONTINUANT
CONTINUITÉ
CONTONDANT
CONTORSION
CONTOURNÉE
CONTOURNER
CONTRACTÉE
CONTRACTER
CONTRAINTE
CONTRARIÉE
CONTRARIER

CONTRASTÉE
CONTRASTER
CONTRE-ARCS
CONTREBUTÉ
CONTRE-CHOC
CONTRECOUP
CONTREDIRE
CONTREDITE
CONTREFAIT
CONTRE-FERS
CONTRE-FEUX
CONTRE-FILS
CONTREFORT
CONTRE-HAUT
CONTRE-JOUR
CONTRE-MINE
CONTRE-PIED
CONTRE-POIL
CONTRE-RAIL
CONTRESENS
CONTRETYPE
CONTRETYPÉ
CONTRE-VAIR
CONTREVENT
CONTREVENU
CONTRE-VOIE
CONTRIBUER
CONTRISTÉE
CONTRISTER
CONTRITION
CONTRÔLANT
CONTRÔLEUR
CONTRORDRE
CONTROUVÉE
CONVAINCRE
CONVAINCUE
CONVECTEUR
CONVECTION
CONVENABLE
CONVENANCE
CONVENTION
CONVENTUEL
CONVERGENT
CONVERSANT
CONVERSION
CONVICTION
CONVIVIALE
CONVIVIAUX
CONVOCABLE
CONVOITANT
CONVOITISE
CONVOLUTÉE
CONVOQUANT
CONVOYEUSE
CONVULSANT
CONVULSION
CONVULSIVE

COOCCUPANT
COOPÉRATIF
COOPTATION
COORDONNÉE
COORDONNER
COORDONNÉS
COPACABANA
COPENHAGUE
COPERMUTÉE
COPERMUTER
COPLANAIRE
COPOLYMÈRE
COPRODUIRE
COPRODUITE
COPROLALIE
COPROLITHE
COPROLOGIE
COPROPHAGE
COPROPHILE
COPULATEUR
COPULATION
COPULATIVE
COQUELEUSE
COQUELICOT
COQUELLOIS
COQUELUCHE
COQUERELLE
COQUETIÈRE
COQUILLAGE
COQUILLARD
COQUILLART
COQUILLIER
COQUINERIE
CORAILLEUR
CORBILLARD
CORDELETTE
CORDELIÈRE
CORDELIERS
CORDIALITÉ
CORDIÉRITE
CORDIFORME
CORDILLÈRE
CÓRDOBA ORO
CORDON-BLEU
CORDONNANT
CORDONNIER
CORÉE DU SUD
CORINTHIEN
CORINTHIEN
CORMEILLES
CORMELLOIS
CORMOPHYTE
CORNAQUANT
CORNED-BEEF
CORN FLAKES
CORNOUILLE
CORN-PICKER

CORNWALLIS
COROLLAIRE
COROMANDEL
CORONARIEN
CORONARITE
CORPORATIF
CORPORELLE
CORPS-MORTS
CORPULENCE
CORPULENTE
CORPUSCULE
CORRECTEUR
CORRECTION
CORRECTIVE
CORREGIDOR
CORRÉLATIF
CORRIENTES
CORRIGEANT
CORRIGIBLE
CORROBORÉE
CORROBORER
CORROIERIE
CORROMPANT
CORROYEUSE
CORRUPTEUR
CORRUPTION
CORSE-DU-SUD
CORSETERIE
CORSETIÈRE
CORTENAISE
CORTICOÏDE
CORTINAIRE
CORUSCANTE
COSMÉTIQUE
COSMODROME
COSMOGONIE
COSMOLOGIE
COSMOLOGUE
COSMONAUTE
COSTA BRAVA
COSTUMIÈRE
COSY-CORNER
COTANGENTE
CÔTE D'AMOUR
CÔTE D'OPALE
COTISATION
CÔTOIEMENT
COTONNERIE
COTONNEUSE
COTONNIÈRE
COUCHAILLÉ
COUCHE-TARD
COUCI-COUÇA
COUDRIENNE
COUILLONNÉ
COUINEMENT
COULEMELLE

COULISSANT
COULISSEAU
COUPAILLÉE
COUPAILLER
COUPE-CHOUX
COUPE-COUPE
COUPE-FILES
COUPE-GORGE
COUPONNAGE
COURAGEUSE
COURAILLER
COURAMIAUD
COURAMMENT
COURANT-JET
COURBATURE
COURBATURÉ
COURBEMENT
COURBEVOIE
COURCAILLÉ
COURCELLES
COURCHEVEL
COURMAYEUR
COURONNAIS
COURONNANT
COURRIÈRES
COURROUCÉE
COURROUCER
COURTAUDÉE
COURTAUDER
COURTELINE
COURTISANE
COURTISANT
COURTOISIE
COURT-VÊTUE
COURT-VÊTUS
COUS-DE-PIED
COUTANÇAIS
COUTELIÈRE
COUTRASIEN
COUTUMIÈRE
COUTURIÈRE
COUVENTINE
COUVERTURE
COUVRE-CHEF
COUVRE-FEUX
COUVRE-LITS
COUVREMENT
COUVRE-PIED
COUVRE-PLAT
COVARIANCE
COVENDEUSE
COVER-GIRLS
CRACHEMENT
CRACHOTANT
CRAMPILLON
CRAMPONNÉE
CRAMPONNER

CRAONNAISE
CRAPAHUTER
CRAPAUDINE
CRAPAÜTANT
CRAPONNAIS
CRAPOTEUSE
CRAPULERIE
CRAPULEUSE
CRAQUELAGE
CRAQUELANT
CRAQUELURE
CRAQUEMENT
CRAQUETANT
CRATERELLE
CRATÉRISÉE
CRAVACHANT
CRAYONNAGE
CRAYONNANT
CRAYONNEUR
CRÉANCIÈRE
CRÉATININE
CRÉATIVITÉ
CRÉCERELLE
CRÉDIT-BAIL
CRÉDITRICE
CREILLOISE
CRÉMATISTE
CRÉMATOIRE
CRÉOLISANT
CRÉOSOTAGE
CRÉOSOTANT
CRÉPINETTE
CRÉPISSAGE
CRÉPISSANT
CRÉPUSCULE
CRÉPYNOISE
CRÊTE-DE-COQ
CRÉTINERIE
CRÉTINISÉE
CRÉTINISER
CRÉTINISME
CREUSEMENT
CREUSOTINE
CREUTZWALD
CREVASSANT
CRÈVE-CŒUR
CRÈVECŒUR
CREVETTIER
CRIAILLANT
CRIAILLEUR
CRIELLOISE
CRIMINELLE
CRISPATION
CRISSEMENT
CRISTALLIN
CRISTOFORI
CRISTOLIEN

CRITICISME
CRITICISTE
CRITIQUANT
CRITIQUEUR
CROCHE-PIED
CROCHETAGE
CROCHETANT
CROCHETEUR
CROISEMENT
CROISICAIS
CROISIENNE
CROISILLON
CROISSANCE
CROISSANTE
CROIX-DE-FEU
CROIX DU SUD
CROIX-ROUGE
CROQUE-MORT
CROSSWOMAN
CROSSWOMEN
CROTELLOIS
CROUSTILLE
CROUSTILLÉ
CROZONNAIS
CRUCIFIANT
CRUCIFORME
CRUIKSHANK
CRUSEILLES
CRYOCHIMIE
CRYOMÉTRIE
CRYOSCOPIE
CRYPTOGAME
CTÉNOPHORE
CUAUHTÉMOC
CUBITAINER
CUBOMÉDUSE
CUCURBITIN
CUEILLETTE
CUEILLEUSE
CUERNAVACA
CUGNALAISE
CUIRASSANT
CUIRASSIER
CUISINETTE
CUISINIÈRE
CUISINISTE
CUISSETTES
CUISTRERIE
CUL-DE-JATTE
CUL-DE-LAMPE
CUL-DE-POULE
CULMINANTE
CULOTTIÈRE
CULS-BLANCS
CULS-DE-FOUR
CULS-DE-PORC
CUL-TERREUX

CULTIVABLE
CULTURELLE
CULTURISME
CULTURISTE
CUMBERLAND
CUMULATIVE
CUMULO-DÔME
CUNÉIFORME
CUNNINGHAM
CUPIDEMENT
CUPROPLOMB
CUPULIFÈRE
CURABILITÉ
CURARISANT
CURE-ONGLES
CURIA REGIS
CURRICULUM
CURVILIGNE
CURVIMÈTRE
CUSSÉTOISE
CYANOPHYTE
CYBERMONDE
CYBERNAUTE
CYCLADIQUE
CYCLO-CROSS
CYCLOÏDALE
CYCLOÏDAUX
CYCLONIQUE
CYCLOSTOME
CYLINDRAGE
CYLINDRANT
CYLINDREUR
CYMBALAIRE
CYMBALIÈRE
CYMBALISTE
CYNOGLOSSE
CYNORHODON
CYPHOTIQUE
CYRÉNAÏQUE
CYRÉNAÏQUE
CYRILLIQUE
CYSONIENNE
CYTOCHROME
CYTOPLASME
DAHOMÉENNE
DAHOMÉENNE
DAISHIMIZU
DALAÏ-LAMAS
DALÉCARLIE
DALMATIQUE
DALTONISME
DAMALISQUE
DAMAN-ET-DIU
DAMASKINOS
DAMASQUINÉ
DAME-JEANNE
DAMOISEAUX

DAMOISELLE
DAMVILLAIS
DANDINETTE
DANGEREUSE
DANIEL-ROPS
DANNEMARIE
DANSOTTANT
DANUBIENNE
DAR EL-BEIDA
DARJEELING
DARLINGTON
DARWINISME
DARWINISTE
DAUGAVPILS
DAUPHINOIS
DAUPHINOIS
DAVIDIENNE
DÉAMBULANT
DÉBAGOULÉE
DÉBAGOULER
DÉBALLONNÉ
DÉBAPTISÉE
DÉBAPTISER
DÉBARQUANT
DÉBARRASSÉ
DÉBAUCHAGE
DÉBAUCHANT
DÉBECQUETÉ
DÉBILEMENT
DÉBILITANT
DÉBILLARDÉ
DÉBITMÈTRE
DÉBLATÉRER
DÉBLOQUANT
DÉBOBINANT
DÉBONNAIRE
DÉBORDANTE
DÉBOSSELÉE
DÉBOSSELER
DÉBOUCHAGE
DÉBOUCHANT
DÉBOUCHEUR
DÉBOUCLANT
DÉBOULONNÉ
DÉBOUQUANT
DÉBOURBAGE
DÉBOURBANT
DÉBOURBEUR
DÉBOURRAGE
DÉBOURRANT
DÉBOURSANT
DÉBOUSSOLÉ
DÉBOUTONNÉ
DÉBRAILLÉE
DÉBRAILLER
DÉBRANCHÉE
DÉBRANCHER

D É B R I E F A N T
D É B R I E F I N G
D É B R O C H A G E
D É B R O C H A N T
D É B R O U I L L E
D É B R O U I L L É
D É B R O U S S É E
D É B R O U S S E R
D É B U S Q U A N T
D É C A B R I S T E
D É C A C H E T É E
D É C A C H E T E R
D É C A F É I N É E
D É C A G O N A L E
D É C A G O N A U X
D É C A I S S A N T
D É C A L A M I N É
D É C A L C I F I É
D É C A L O T T É E
D É C A L O T T E R
D É C A L Q U A G E
D É C A L Q U A N T
D É C A L V A N T E
D É C A N I L L E R
D É C A P E L A N T
D É C A P I T A N T
D É C A P O T A N T
D É C A P S U L É E
D É C A P S U L E R
D É C A R B U R É E
D É C A R B U R E R
D É C A R C A S S É
D E C A U V I L L E
D É C É L É R A N T
D É C E M V I R A T
D É C E N T R A G E
D É C E N T R A N T
D É C E R C L A N T
D É C É R É B R É E
D É C É R É B R E R
D É C E R V E L É E
D É C E R V E L E R
D É C H A Î N A N T
D É C H A N T A N T
D É C H A R N A N T
D É C H A U M A G E
D É C H A U M A N T
D É C H A U S S É E
D É C H A U S S E R
D É C H E L E T T E
D É C H I F F R É E
D É C H I F F R E R
D É C H I Q U E T É
D É C H I R A N T E
D É C H L O R U R É
D É C I D É M E N T
D É C I G R A M M E
D É C I M A L I S É
D É C I M A T E U R
D É C I M A T I O N
D É C I N T R A G E
D É C I N T R A N T
D É C L A R A N T E
D É C L A R A T I F
D É C L A S S A N T
D É C L A V E T É E
D É C L A V E T E R
D É C L E N C H É E
D É C L E N C H E R
D É C L I N A B L E
D É C L I N A N T E
D É C L I Q U E T É
D É C O F F R A G E
D É C O F F R A N T
D É C O I F F A N T
D É C O I N Ç A G E
D É C O I N Ç A N T
D É C O L É R A N T
D É C O L L E T É E
D É C O L L E T E R
D É C O L L E U S E
D É C O L O N I S É
D É C O L O R A N T
D É C O M M A N D É
D É C O M P E N S É
D É C O M P L E X É
D É C O M P O S É E
D É C O M P O S E R
D É C O M P R I M É
D É C O M P T A N T
D É C O N C E R T É
D É C O N G E L É E
D É C O N G E L E R
D É C O N N E C T É
D E C O N S E R V E
D É C O N S I G N É
D É C O N V E N U E
D É C O R A T E U R
D É C O R A T I O N
D É C O R A T I V E
D É C O R T I Q U É
D É C O U C H A N T
D É C O U P E U S E
D É C O U P L A G E
D É C O U P L A N T
D É C O U R A G É E
D É C O U R A G E R
D É C O U R O N N É
D É C O U V E R T E
D É C O U V R A N T
D É C O U V R E U R
D É C R A S S A G E
D É C R A S S A N T
D É C R É P I T É E
D É C R É P I T E R
D É C R E U S A G E
D É C R E U S A N T
D É C R I S P A N T
D É C R O C H A G E
D É C R O C H A N T
D É C R O C H E U R
D É C R O I S A N T
D É C R O T T A G E
D É C R O T T A N T
D É C R O T T E U R
D É C R O T T O I R
D É C R Y P T A G E
D É C R Y P T A N T
D É C U I V R A N T
D É C U L O T T É E
D É C U L O T T E R
D É C U V A I S O N
D É D A I G N A N T
D É D A I G N E U X
D É D A L É E N N E
D É D I C A Ç A N T
D É D O M M A G É E
D É D O M M A G E R
D É D O U A N A G E
D É D O U A N A N T
D É D O U B L A G E
D É D O U B L A N T
D É D U C T I B L E
D É F A I L L A N T
D É F A I T I S M E
D É F A I T I S T E
D É F A L Q U A N T
D É F A T I G A N T
D É F A T I G U É E
D É F A T I G U E R
D É F A U F I L É E
D É F A U F I L E R
D É F A U S S A N T
D É F A V O R I S É
D É F É C A T I O N
D É F E C T U E U X
D É F E N D A B L E
D É F E N E S T R É
D É F E R L A N T E
D É F E U T R A N T
D É F I C E L A N T
D É F I C I E N C E
D É F I C I E N T E
D É F I G U R A N T
D É F I L E M E N T
D É F I N I T E U R
D É F I N I T I O N
D É F I N I T I V E
D É F L A G R A N T
D É F L E C T E U R
D É F L O Q U A N T

DÉFOLIANTE
DÉFONCEUSE
DÉFORMABLE
DÉFORMANTE
DÉFOURNAGE
DÉFOURNANT
DÉFRAÎCHIE
DÉFRAÎCHIR
DÉFRICHAGE
DÉFRICHANT
DÉFRICHEUR
DÉFROISSÉE
DÉFROISSER
DÉFRONÇANT
DÉFROQUANT
DÉFRUITANT
DÉGAGEMENT
DÉGASOLINÉ
DÉGAZOLINÉ
DÉGAZONNÉE
DÉGAZONNER
DÉGÉNÉRANT
DÉGINGANDÉ
DÉGLINGUÉE
DÉGLINGUER
DÉGOBILLÉE
DÉGOBILLER
DÉGONFLAGE
DÉGONFLANT
DÉGORGEANT
DÉGORGEOIR
DÉGOULINER
DÉGOUPILLÉ
DÉGOÛTANTE
DÉGOUTTANT
DÉGRADANTE
DÉGRAISSÉE
DÉGRAISSER
DÉGRAVOYÉE
DÉGRAVOYER
DÉGRESSIVE
DÉGRILLAGE
DÉGRINGOLÉ
DÉGRIPPANT
DÉGROUILLÉ
DÉGROUPANT
DÉGUENILLÉ
DÉGUEULANT
DÉGUILLANT
DE GUINGOIS
DÉGURGITÉE
DÉGURGITER
DÉHANCHANT
DÉHARNACHÉ
DÉHISCENCE
DÉHISCENTE
DÉJAUGEANT

DÉLAI-CONGÉ
DÉLAISSANT
DÉLAMINAGE
DÉLASSANTE
DÉLECTABLE
DÉLÉGATEUR
DÉLÉGATION
DÉLÉGITIMÉ
DELESCLUZE
DÉLIBÉRANT
DÉLICIEUSE
DÉLICTUEUX
DÉLIGNEUSE
DÉLIMITANT
DÉLIMITEUR
DÉLINQUANT
DÉLITEMENT
DÉLIVRANCE
DELLA PORTA
DELLA SCALA
DELLA VALLE
DÉLOCALISÉ
DELPHINIDÉ
DELPHINIUM
DELTAPLANE
DELTOÏDIEN
DÉLUSTRAGE
DÉLUSTRANT
DÉMAILLAGE
DÉMAILLANT
DÉMAILLOTÉ
DÉMANCHANT
DEMANDEUSE
DÉMANGEANT
DÉMANTELÉE
DÉMANTELER
DÉMAQUILLÉ
DÉMARCATIF
DÉMARCHAGE
DÉMARCHANT
DÉMARCHEUR
DÉMARQUAGE
DÉMARQUANT
DÉMARQUEUR
DÉMASCLAGE
DÉMASCLANT
DÉMASQUANT
DÉMASTIQUÉ
DÉMATINANT
DÉMAZOUTÉE
DÉMAZOUTER
DÉMÊLEMENT
DÉMEMBRANT
DÉMÉNAGEUR
DÉMÉRITANT
DÉMEUBLANT
DEMI-CANTON

DEMI-CERCLE
DEMI-DEUILS
DEMI-DROITE
DÉMIELLANT
DEMI-FIGURE
DEMI-FINALE
DEMI-FRÈRES
DEMI-HEURES
DEMI-LITRES
DEMI-MESURE
DEMI-PAUSES
DEMI-PIÈCES
DEMI-PLACES
DEMI-POINTE
DEMI-QUEUES
DEMI-RELIEF
DEMI-RONDES
DEMI-SAISON
DEMI-SŒURS
DEMI-SOLDES
DEMI-SOUPIR
DEMI-TARIFS
DEMI-TEINTE
DEMI-VIERGE
DEMI-VOLÉES
DÉMOBILISÉ
DÉMOCRATIE
DÉMODULANT
DÉMOGRAPHE
DEMOISELLE
DÉMOLITION
DÉMONÉTISÉ
DÉMONIAQUE
DÉMONTABLE
DÉMONTRANT
DÉMORALISÉ
DÉMOSTHÈNE
DÉMOTIVANT
DÉMOUCHETÉ
DÉMUSELANT
DÉMYSTIFIÉ
DÉMYTHIFIÉ
DÉNASALISÉ
DÉNATALITÉ
DÉNATURANT
DÉNAZIFIÉE
DÉNAZIFIER
DÉNÉBULANT
DÉNÉBULISÉ
DÉNÉGATION
DÉNEIGEANT
DÉNIAISANT
DÉNICHEUSE
DÉNIGREUSE
DÉNITRIFIÉ
DÉNIVELANT
DÉNOMBRANT

DÉNOTATION
DÉNOUEMENT
DÉNOYAUTÉE
DÉNOYAUTER
DENSIFIANT
DENSIMÈTRE
DENT-DE-LION
DENTELAIRE
DENTELLIER
DENTICULÉE
DENTIFRICE
DÉNUDATION
DÉPAILLAGE
DÉPAILLANT
DÉPALISSÉE
DÉPALISSER
DÉPANNEUSE
DÉPAQUETÉE
DÉPAQUETER
DÉPARASITÉ
DÉPAREILLÉ
DÉPARTAGÉE
DÉPARTAGER
DÉPATRIANT
DÉPAYSANTE
DÉPÈCEMENT
DÉPEIGNANT
DÉPENAILLÉ
DÉPÉNALISÉ
DÉPENDANCE
DÉPENDANTE
DÉPENSIÈRE
DÉPERLANCE
DÉPERLANTE
DÉPEUPLANT
DÉPIAUTANT
DÉPILATION
DÉPLAFONNÉ
DÉPLAISANT
DÉPLANTAGE
DÉPLANTANT
DÉPLANTOIR
DÉPLÂTRAGE
DÉPLÂTRANT
DÉPLIEMENT
DÉPLISSAGE
DÉPLISSANT
DÉPLOMBAGE
DÉPLOMBANT
DÉPLORABLE
DÉPOÉTISÉE
DÉPOÉTISER
DÉPOLARISÉ
DÉPOLITISÉ
DÉPOLLUANT
DÉPOSITION
DÉPOSSÉDÉE
DÉPOSSÉDER
DÉPOTEMENT
DÉPÔT-VENTE
DÉPOUILLÉE
DÉPOUILLER
DÉPRAVANTE
DÉPRÉCIANT
DÉPRESSION
DÉPRESSIVE
DÉPRIMANTE
DÉPUCELAGE
DÉPUCELANT
DÉPURATIVE
DÉPUTATION
DÉQUALIFIÉ
DÉRACINANT
DÉRAILLANT
DÉRAILLEUR
DÉRAISONNÉ
DÉRANGEANT
DÉRATISANT
DÉRÉGULANT
DÉRIVATION
DÉRIVATIVE
DÉRIVETANT
DÉROGATION
DÉROGEANCE
DÉROUILLÉE
DÉROUILLER
DÉROULANTE
DÉROULEUSE
DÉROUTANTE
DÉSABONNÉE
DÉSABONNER
DÉSABUSANT
DÉSACCORDÉ
DÉSACTIVÉE
DÉSACTIVER
DÉSADAPTÉE
DÉSADAPTER
DÉSAFFECTÉ
DÉSAFFILIÉ
DÉSAGRÉGÉE
DÉSAGRÉGER
DÉSAIMANTÉ
DÉSAJUSTÉE
DÉSAJUSTER
DÉSALIÉNÉE
DÉSALIÉNER
DÉSALIGNÉE
DÉSALIGNER
DÉSALTÉRÉE
DÉSALTÉRER
DÉSAMIANTÉ
DÉSAMORCÉE
DÉSAMORCER
DÉSAPPARIÉ
DÉSAPPRISE
DÉSARÇONNÉ
DÉSARÊTANT
DÉSARGENTÉ
DÉSARMANTE
DÉSARRIMÉE
DÉSARRIMER
DÉSASSORTI
DÉSASTREUX
DÉSAUGIERS
DÉSAVOUANT
DESCARTOIS
DESCELLANT
DESCENDANT
DESCENDEUR
DESCRIPTIF
DÉSÉCHOUÉE
DÉSÉCHOUER
DÉSEMBUAGE
DÉSEMBUANT
DÉSEMPARÉE
DÉSEMPARER
DÉSENCADRÉ
DÉSENCLAVÉ
DÉSENCRAGE
DÉSENCRANT
DÉSENDETTÉ
DÉSENFLANT
DÉSENFUMÉE
DÉSENFUMER
DÉSENGAGÉE
DÉSENGAGER
DÉSENGORGÉ
DÉSENGRENÉ
DÉSENIVRÉE
DÉSENIVRER
DÉSENNUYÉE
DÉSENNUYER
DÉSENRAYÉE
DÉSENRAYER
DÉSENSABLÉ
DÉSENTOILÉ
DÉSENTRAVÉ
DÉSENVASÉE
DÉSENVASER
DÉSÉPAISSI
DÉSÉQUIPÉE
DÉSÉQUIPER
DÉSERTIFIÉ
DÉSERTIQUE
DÉSESPÉRÉE
DÉSESPÉRER
DÉSÉTATISÉ
DÉSEXCITÉE
DÉSEXCITER
DÉSHABILLÉ
DÉSHABITUÉ

DÉSHERBAGE
DÉSHERBANT
DÉSHÉRENCE
DÉSHÉRITÉE
DÉSHÉRITER
DÉSHONNÊTE
DÉSHONNEUR
DÉSHONORÉE
DÉSHONORER
DÉSHUILAGE
DÉSHUILANT
DÉSHUILEUR
DÉSHYDRATÉ
DESIDERATA
DÉSIDÉRIEN
DÉSINCARNÉ
DÉSINDEXÉE
DÉSINDEXER
DÉSINFECTÉ
DÉSINFORMÉ
DÉSINHIBÉE
DÉSINHIBER
DÉSINTÉGRÉ
DÉSINTÉRÊT
DÉSINVESTI
DÉSINVOLTE
DESJARDINS
DESLANDRES
DESMOULINS
DÉSOBLIGÉE
DÉSOBLIGER
DÉSOBSTRUÉ
DÉSODORISÉ
DÉSŒUVRÉE
DÉSOLATION
DÉSOPILANT
DÉSORDONNÉ
DÉSORIENTÉ
DÉSORPTION
DÉSOXYDANT
DÉSOXYGÉNÉ
DES PÉRIERS
DESPOTIQUE
DESPOTISME
DESQUAMANT
DESSABLAGE
DESSABLANT
DESSALINES
DESSANGLÉE
DESSANGLER
DESSAOULÉE
DESSAOULER
DESSÉCHANT
DESSELLANT
DESSERRAGE
DESSERRANT
DESSERVANT

DESSILLANT
DESSOUCHÉE
DESSOUCHER
DESSOUDANT
DESSOÛLANT
DESSUINTÉE
DESSUINTER
DESTITUANT
DÉSTOCKAGE
DÉSTOCKANT
DESTOUCHES
DESTRUCTIF
DÉSULFITÉE
DÉSULFITER
DÉSULFURÉE
DÉSULFURER
DÉTACHABLE
DÉTACHANTE
DÉTAILLANT
DÉTARTRAGE
DÉTARTRANT
DÉTARTREUR
DÉTAXATION
DÉTECTABLE
DÉTECTRICE
DÉTEIGNANT
DÉTENTRICE
DÉTERGEANT
DÉTERGENCE
DÉTERGENTE
DÉTÉRIORÉE
DÉTÉRIORER
DÉTERMINÉE
DÉTERMINER
DÉTERREUSE
DÉTESTABLE
DÉTONATEUR
DÉTONATION
DÉTORTILLÉ
DÉTOURNANT
DÉTRACTANT
DÉTRACTEUR
DÉTRACTION
DÉTRAQUANT
DE TRAVIOLE
DÉTREMPANT
DÉTRITIQUE
DÉTROMPANT
DÉTROQUAGE
DÉTROQUANT
DÉTROUSSÉE
DÉTROUSSER
DÉTRUISANT
DEUILLOISE
DEUX-PIÈCES
DEUX-POINTS
DEUX-QUATRE

DEUX-SÈVRES
DÉVALISANT
DÉVALORISÉ
DEVANAGARI
DEVANCIÈRE
DÉVELOPPÉE
DÉVELOPPER
DÉVERGONDÉ
DÉVERGUANT
DÉVIATRICE
DÉVIRILISÉ
DE VISSCHER
DÉVITALISÉ
DÉVITAMINÉ
DÉVITRIFIÉ
DÉVOIEMENT
DÉVOLUTION
DÉVOLUTION
DÉVOLUTIVE
DÉVONIENNE
DEVONSHIRE
DÉVORATEUR
DÉVOTEMENT
DÉVOUEMENT
DEXTROGYRE
DEXTRORSUM
DÉZINGUANT
DHAULAGIRI
DIABÉTIQUE
DIABLEMENT
DIABLERETS
DIABOLIQUE
DIABOLISÉE
DIABOLISER
DIACHROMIE
DIACHRONIE
DIACONESSE
DIAGNOSTIC
DIAGRAPHIE
DIALECTALE
DIALECTAUX
DIALECTISÉ
DIALOGIQUE
DIALOGUANT
DIAMANTANT
DIAMANTINE
DIAMÉTRALE
DIAMÉTRAUX
DIAPHRAGME
DIAPHRAGMÉ
DIARTHROSE
DIATHERMIE
DIATOMIQUE
DIATONIQUE
DIATONISME
DIAZOCOPIE
DICHLORURE

DICHOTOMIE
DICHROÏQUE
DICHROÏSME
DICTAPHONE
DIDACTIQUE
DIDACTISME
DIDASCALIE
DIEPENBEEK
DIÉSÉLISÉE
DIÉSÉLISER
DIÉSÉLISTE
DIÉTÉTIQUE
DIÉTÉTISTE
DIEULOUARD
DIFFAMANTE
DIFFÉRENCE
DIFFÉRENTE
DIFFICULTÉ
DIFFLUENCE
DIFFLUENTE
DIFFORMITÉ
DIFFRACTÉE
DIFFRACTER
DIFFUSABLE
DIFFUSANTE
DIGESTIBLE
DIGITALINE
DIGITALISÉ
DIGNITAIRE
DIGOINAISE
DIGRESSION
DIHOLOSIDE
DIJONNAISE
DILACÉRANT
DILAPIDANT
DILATATEUR
DILATATION
DILETTANTE
DILIGENTÉE
DILIGENTER
DILUVIENNE
DIMÉTRODON
DIMINUENDO
DIMINUTION
DIMINUTIVE
DINANDERIE
DINANDIÈRE
DINANNAISE
DINARDAISE
DINARIQUES
DINDONNANT
DINDONNEAU
DIOCÉSAINE
DIOCLÉTIEN
DIOPTRIQUE
DIPHTONGUE
DIPHTONGUÉ
DIPLOCOQUE
DIPLODOCUS
DIPLOMATIE
DIPSACACÉE
DIPSOMANIE
DIRECTOIRE
DIRECTOIRE
DIRECTORAT
DIRECTRICE
DIRIGEABLE
DIRIGEANTE
DISCERNANT
DISCIPLINE
DISCIPLINÉ
DISC-JOCKEY
DISCOÏDALE
DISCOÏDAUX
DISCOMPTÉE
DISCOMPTER
DISCONTINU
DISCONVENU
DISCOPHILE
DISCORDANT
DISCOUNTÉE
DISCOUNTER
DISCOURANT
DISCOUREUR
DISCRÉDITÉ
DISCRÉTION
DISCRIMINÉ
DISCULPANT
DISCURSIVE
DISCUSSION
DISCUTABLE
DISCUTEUSE
DISETTEUSE
DISGRACIÉE
DISGRACIER
DISJOINDRE
DISJONCTER
DISLOQUANT
DISNEYLAND
DISPATCHÉE
DISPATCHER
DISPENSANT
DISPERSANT
DISPERSION
DISPERSIVE
DISPONIBLE
DISPOSANTE
DISPOSITIF
DISRUPTION
DISRUPTIVE
DISSECTION
DISSÉMINÉE
DISSÉMINER
DISSENSION
DISSÉQUANT
DISSERTANT
DISSIDENCE
DISSIDENTE
DISSIMULÉE
DISSIMULER
DISSIPATIF
DISSOCIANT
DISSOLVANT
DISSONANCE
DISSONANTE
DISSUADANT
DISSUASION
DISSUASIVE
DISSYLLABE
DISTANÇANT
DISTANCIÉE
DISTANCIER
DISTENDANT
DISTENSION
DISTILLANT
DISTINCTIF
DISTINGUÉE
DISTINGUER
DISTORDANT
DISTORSION
DISTRACTIF
DISTRAYANT
DISTRIBUÉE
DISTRIBUER
DITHYRAMBE
DIURÉTIQUE
DIVAGATION
DIVERGEANT
DIVERGENCE
DIVERGENTE
DIVERSIFIÉ
DIVINATEUR
DIVINATION
DIVINEMENT
DIVINISANT
DIVIONNAIS
DIVONNAISE
DIVULGUANT
DIYARBAKIR
DJIBOUTIEN
DJIBOUTIEN
DJOUNGARIE
DOBRO POLJE
DOBZHANSKY
DOCILEMENT
DOCTORANTE
DOCTORESSE
DOCTRINALE
DOCTRINAUX
DOCUMENTÉE
DOCUMENTER

10

DODÉCAÈDRE
DODÉCAGONE
DODÉCANÈSE
DODELINANT
DOGMATIQUE
DOGMATISER
DOGMATISME
DOLGOROUKI
DOMBASLOIS
DOMBROWSKA
DOMBROWSKI
DOMESTIQUE
DOMESTIQUÉ
DOMICILIÉE
DOMICILIER
DOMINATEUR
DOMINATION
DOMINGUOIS
DOMINICAIN
DOMINICAIN
DOMINICALE
DOMINICAUX
DOMINIQUIN
DOMODEDOVO
DOMONTOISE
DONNEMARIE
DONZÉROISE
DORACHONNE
DORCHESTER
DORÉNAVANT
DORVALOISE
DOSIMÉTRIE
DOSSO DOSSI
DOUAIRIÈRE
DOUARNENEZ
DOUBLE-CLIC
DOUBLEMENT
DOUBLONNER
DOUCE-AMÈRE
DOUCEREUSE
DOUCISSAGE
DOUDEVILLE
DOUILLETTE
DOULOUREUX
DOUVAINOIS
DOUVRINOIS
DRACÉNOISE
DRAGÉIFIÉE
DRAGÉIFIER
DRAGEONNER
DRAGONNADE
DRAGONNIER
DRAGUIGNAN
DRAISIENNE
DRAMATIQUE
DRAMATISÉE
DRAMATISER

DRAMATURGE
DRANCÉENNE
DRAP-HOUSSE
DREADLOCKS
DREUX-BRÉZÉ
DREYFUSARD
DRIBBLEUSE
DRINGUELLE
DROITEMENT
DROITS-FILS
DROLATIQUE
DROMADAIRE
DROSOPHILE
DRUMETTANT
DRY-FARMING
DUBITATIVE
DUBLINOISE
DU CHÂTELET
DUCLAIROIS
DUFFEL-COAT
DUFFLE-COAT
DU GUESCLIN
DULCIFIANT
DUMONSTIER
DUMOUSTIER
DUODÉCIMAL
DUPLICATAS
DUPLIQUANT
DURABILITÉ
DURAND-RUEL
DURCISSANT
DURCISSEUR
DURES-MÈRES
DÜRRENMATT
DÜSSELDORF
DYNAMISANT
DYNAMITAGE
DYNAMITANT
DYNAMITEUR
DYNASTIQUE
DYSARTHRIE
DYSCHROMIE
DYSCINÉSIE
DYSENTERIE
DYSGÉNÉSIE
DYSGÉNIQUE
DYSGRAPHIE
DYSHIDROSE
DYSKINÉSIE
DYSLEXIQUE
DYSMORPHIE
DYSPNÉIQUE
DYSPROSIUM
DYSTOCIQUE
DYSTROPHIE
DZERJINSKI
DZOUNGARIE

EAST ANGLIA
EASTBOURNE
EAST LONDON
EAUBONNAIS
EAUX-BONNES
EAUX-FORTES
EAUX-VANNES
ÉBAHISSANT
EBBINGHAUS
ÉBOULEMENT
ÉBOURIFFÉE
ÉBOURIFFER
ÉBRANCHAGE
ÉBRANCHANT
ÉBRANCHOIR
ÉBRASEMENT
ÉBROUEMENT
ÉBULLITION
ÉBURNÉENNE
ÉCAILLEUSE
ÉCARQUILLÉ
ÉCARTELANT
ÉCARTEMENT
ECCLÉSIALE
ECCLÉSIAUX
ÉCHAFAUDÉE
ÉCHAFAUDER
ÉCHALASSÉE
ÉCHALASSER
ÉCHANCRANT
ÉCHANCRURE
ÉCHANGEANT
ÉCHANGISME
ÉCHANGISTE
ÉCHARNEUSE
ÉCHAUFFANT
ÉCHÉANCIER
ÉCHELONNÉE
ÉCHELONNER
ÉCHENILLÉE
ÉCHENILLER
ÉCHEVELANT
ÉCHEVINAGE
ÉCHEVINALE
ÉCHEVINAUX
ÉCHIQUETÉE
ÉCHIROLLES
ÉCHOUEMENT
ECHTERNACH
ECKERSBERG
ÉCLABOUSSÉ
ÉCLAIRANTE
ÉCLAIREUSE
ÉCLATEMENT
ÉCLECTIQUE
ÉCLECTISME
ÉCLIPTIQUE

ÉCŒURANTE
ÉCOLOGIQUE
ÉCOLOGISME
ÉCOLOGISTE
ÉCOMMÉENNE
ÉCONOMÈTRE
ÉCONOMIQUE
ÉCONOMISÉE
ÉCONOMISER
ÉCONOMISME
ÉCONOMISTE
ÉCOPRODUIT
ÉCOSYSTÈME
ÉCOUENNAIS
ÉCOULEMENT
ÉCOUVILLON
ÉCRASEMENT
ÉCRÊTEMENT
ÉCRIVAILLÉ
ÉCRIVASSER
ÉCROUELLES
ECTOBLASTE
ECTOPLASME
ECTOPROCTE
ECTOTHERME
ÉCUSSONNÉE
ÉCUSSONNER
ECZÉMATEUX
ÉDITORIALE
ÉDITORIAUX
EDMOND RICH
EDMUNDSTON
ÉDUCATRICE
ÉDULCORANT
ÉDULCORÉES
ÉFAUFILANT
EFFACEMENT
EFFAREMENT
EFFAROUCHÉ
EFFARVATTE
EFFECTRICE
EFFECTUANT
EFFÉMINANT
EFFEUILLÉE
EFFEUILLER
EFFEUILLES
EFFICACITÉ
EFFICIENCE
EFFICIENTE
EFFILEMENT
EFFILOCHÉE
EFFILOCHER
EFFLANQUÉE
EFFLEURAGE
EFFLEURANT
EFFONDRANT
EFFRACTION
EFFRAYANTE
EFFROYABLE
ÉGAGROPILE
ÉGALITAIRE
ÉGORGEMENT
ÉGOSILLANT
ÉGRATIGNÉE
ÉGRATIGNER
ÉGRILLARDE
ÉGYPTIENNE
ÉGYPTIENNE
EHRENBOURG
EINSIEDELN
EISENHOWER
EISENSTADT
EISENSTEIN
EKTACHROME
ÉLANCEMENT
ÉLASTHANNE
ÉLASTICITÉ
ÉLASTOMÈRE
ÉLECTIVITÉ
ÉLECTORALE
ÉLECTORAUX
ÉLECTRIFIÉ
ÉLECTRIQUE
ÉLECTRISÉE
ÉLECTRISER
ÉLECTUAIRE
ÉLÉGAMMENT
ÉLÉPHANTIN
ÉLÉVATOIRE
ÉLÉVATRICE
EL-HADJ OMAR
ELLIPSOÏDE
ELLIPTIQUE
ÉLONGATION
EL SALVADOR
EL TENIENTE
ÉLUCUBRANT
ÉMACIATION
ÉMACIEMENT
ÉMAILLERIE
ÉMAILLEUSE
ÉMANCIPANT
ÉMARGEMENT
ÉMASCULANT
EMBALLEUSE
EMBARQUANT
EMBARRASSÉ
EMBASTILLÉ
EMBAUCHAGE
EMBAUCHANT
EMBAUCHOIR
EMBÉGUINÉE
EMBÉGUINER
EMBÊTEMENT
EMBIELLAGE
EMBOBELINÉ
EMBOBINANT
EMBOÎTABLE
EMBONPOINT
EMBOUCHANT
EMBOUCHOIR
EMBOUCHURE
EMBOUQUANT
EMBOURBANT
EMBRANCHÉE
EMBRANCHER
EMBRAQUANT
EMBRASSADE
EMBRASSANT
EMBRASSEUR
EMBRIGADÉE
EMBRIGADER
EMBRINGUÉE
EMBRINGUER
EMBROCHANT
EMBROUILLE
EMBROUILLÉ
EMBRUNAISE
EMBUSQUANT
ÉMERGEMENT
ÉMERVEILLÉ
ÉMÉTISANTE
ÉMIGRATION
ÉMINEMMENT
EMMAGASINÉ
EMMAILLOTÉ
EMMANCHANT
EMMANCHURE
EMMÊLEMENT
EMMERDANTE
EMMERDEUSE
EMMÉTROPIE
EMMIELLANT
EMMITOUFLÉ
ÉMOLLIENTE
ÉMONCTOIRE
ÉMOTIONNÉE
ÉMOTIONNEL
ÉMOTIONNER
ÉMOTTEMENT
ÉMOUCHETTE
ÉMOUSTILLÉ
EMPAILLAGE
EMPAILLANT
EMPAILLEUR
EMPALEMENT
EMPANACHÉE
EMPANACHER
EMPAQUETÉE
EMPAQUETER
EMPÂTEMENT

E M P A T H I Q U E
E M P Ê C H E U S E
E M P H A T I Q U E
E M P H Y T É O S E
E M P I E R R A N T
E M P I F F R A N T
E M P I L E M E N T
E M P I R E I N C A
E M P L A N T U R E
E M P L I S S A G E
E M P L I S S A N T
E M P L O Y A B L E
E M P L O Y E U S E
E M P O I G N A D E
E M P O I G N A N T
E M P O I N T U R E
E M P O I S O N N É
E M P O T E M E N T
E M P O U R P R É E
E M P O U R P R E R
E M P R E I N D R E
E M P R E S S A N T
E M P R É S U R É E
E M P R É S U R E R
E M P R I S O N N É
E M P R U N T A N T
E M P R U N T E U R
É M U L S I F I É E
É M U L S I F I E R
É M U L S I O N N É
E N A M O U R A N T
É N A R T H R O S E
E N C A B A N A G E
E N C A B A N A N T
E N C A D R E U S E
E N C A G E M E N T
E N C A G O U L É E
E N C A I S S A G E
E N C A I S S A N T
E N C A I S S E U R
E N C A L M I N É E
E N C A N A I L L É
E N C A R T E U S E
E N C A S E R N É E
E N C A S E R N E R
E N C A S T E L É E
E N C A S T E L E R
E N C A S T R A N T
E N C A T I M I N I
E N C E I G N A N T
E N C E I N T A N T
E N C E N S E U S E
E N C E R C L A N T
E N C H A Î N A N T
E N C H A N T A N T
E N C H A N T E U R
E N C H Â S S A N T

E N C H Â T E L É E
E N C H Â T E L E R
E N C H A U S S É E
E N C H A U S S E R
E N C H E V Ê T R É
E N C H I F R E N É
E N C L E N C H É E
E N C L E N C H E R
E N C L I Q U E T É
E N C L I T I Q U E
E N C O I G N U R E
E N C O L L E U S E
E N C O M B R A N T
E N C O M I E N D A
E N C O P R É S I E
E N C O U B L A N T
E N C O U R A G É E
E N C O U R A G E R
E N C R A S S A N T
E N C R O Û T A N T
E N C Y C L I Q U E
E N D É M I C I T É
E N D E U I L L É E
E N D E U I L L E R
E N D I A B L A N T
E N D I M A N C H É
E N D O B L A S T E
E N D O C T R I N É
E N D O D O N T I E
E N D O M M A G É E
E N D O M M A G E R
E N D O P L A S M E
E N D O R É I Q U E
E N D O R É I S M E
E N D O R M A N T E
E N D O R M E U S E
E N D O R P H I N E
E N D O S C O P I E
E N D O S P E R M E
E N D O S S A B L E
E N D O T H E R M E
E N D O T O X I N E
É N E R G I S A N T
É N E R G I V O R E
É N E R G U M È N E
É N E R V A T I O N
É N E R V E M E N T
E N F A Î T E A U X
E N F A R I N A N T
E N F I C H A B L E
E N F I E L L A N T
E N F I É V R A N T
E N F L A M M A N T
E N F L É C H U R E
E N F L E U R A G E
E N F L E U R A N T
E N F O N C E U S E

E N F O U R C H É E
E N F O U R C H E R
E N F O U R N A G E
E N F O U R N A N T
E N F R E I N D R E
E N F U T A I L L É
E N G A G E A N T E
E N G A G E M E N T
E N G A I N A N T E
E N G A Z O N N É E
E N G A Z O N N E R
E N G E N D R A N T
E N G L U E M E N T
E N G O R G E A N T
E N G O U E M E N T
E N G O U F F R É E
E N G O U F F R E R
E N G R A I S S É E
E N G R A I S S E R
E N G R O S S A N T
E N G U E U L A D E
E N G U E U L A N T
E N H A R M O N I E
E N I V R E M E N T
E N J A V E L A N T
E N J O I G N A N T
E N J Ô L E M E N T
E N J O L I V A N T
E N J O L I V E U R
E N J O L I V U R E
E N J O U E M E N T
E N L A C E M E N T
E N L È V E M E N T
E N L I S E M E N T
E N L U M I N A N T
E N L U M I N É E S
E N L U M I N E U R
E N L U M I N U R E
E N N É A G O N A L
E N N E I G E A N T
E N N O I E M E N T
E N N U A G E A N T
É N O N C I A T I F
É N O R M É M E N T
E N Q U Ê T E U S E
E N Q U Ê T R I C E
E N Q U I Q U I N É
E N R A C I N A N T
E N R A G E A N T E
E N R A I E M E N T
E N R A Y E M E N T
E N R E G I S T R É
E N R Ê N E M E N T
E N R O B E M E N T
E N R Ô L E M E N T
E N R O U E M E N T
E N R O U L A B L E

ENROULEUSE
ENRUBANNÉE
ENRUBANNER
ENSACHEUSE
ENSEIGNANT
ENSEMBLIER
ENSEMENCÉE
ENSEMENCER
ENSOLEILLÉ
ENSORCELÉE
ENSORCELER
ENSOUFRANT
ENTAILLAGE
ENTAILLANT
ENTARTRAGE
ENTARTRANT
ENTÉLÉCHIE
ENTÉNÉBRÉE
ENTÉNÉBRER
ENTÉRINANT
ENTÊTEMENT
ENTORTILLÉ
ENTOURNURE
ENTRAIDANT
ENTRAILLES
ENTR'AIMANT
ENTRAÎNANT
ENTRAÎNEUR
ENTR'APERÇU
ENTRAPERÇU
ENTRE-BANDE
ENTRECOUPÉ
ENTREFILET
ENTR'ÉGORGÉ
ENTRE-HAÏES
ENTREJAMBE
ENTRELACÉE
ENTRELACER
ENTRELARDÉ
ENTREMÊLÉE
ENTREMÊLER
ENTRE-NŒUD
ENTREPOSÉE
ENTREPOSER
ENTREPRISE
ENTRE-RAILS
ENTRE-TEMPS
ENTRETENIR
ENTRETENUE
ENTRE-TISSÉ
ENTRETOISE
ENTRETOISÉ
ENTRE-TUANT
ENTRE-TUÉES
ENTROUVERT
ENTROUVRIR
ENTURBANNÉ

ÉNUMÉRATIF
ÉNURÉTIQUE
ENVASEMENT
ENVELOPPÉE
ENVELOPPER
ENVENIMANT
ENVERGEURE
ENVERGUANT
ENVIRONNÉE
ENVIRONNER
ENVOÛTANTE
ENVOÛTEUSE
ÉPANNELANT
ÉPARGNANTE
ÉPARPILLÉE
ÉPARPILLER
ÉPATAMMENT
ÉPAULÉ-JETÉ
ÉPAULEMENT
ÉPEICHETTE
ÉPERDUMENT
ÉPERONNANT
ÉPHÉMÉRIDE
ÉPICANTHUS
ÉPICONDYLE
ÉPICRÂNIEN
ÉPICURISME
ÉPIDÉMIQUE
ÉPIGRAPHIE
ÉPILATOIRE
ÉPILOGUANT
ÉPINACOISE
ÉPINCETANT
ÉPINEURIEN
ÉPINGLETTE
ÉPIPHYSITE
ÉPISCOPALE
ÉPISCOPAUX
ÉPISODIQUE
ÉPISPADIAS
ÉPISTOLIER
ÉPITHALAME
ÉPITHÉLIAL
ÉPITHÉLIUM
ÉPLUCHETTE
ÉPLUCHEUSE
ÉPOUILLAGE
ÉPOUILLANT
ÉPOUMONANT
ÉPOUSSETÉE
ÉPOUSSETER
ÉPOUVANTÉE
ÉPOUVANTER
ÉPOXYDIQUE
ÉPREIGNANT
ÉPROUVANTE
ÉPROUVETTE

ÉPUISEMENT
ÉPURATOIRE
ÉQUANIMITÉ
ÉQUATORIAL
ÉQUATORIEN
ÉQUATORIEN
ÉQUILATÈRE
ÉQUILIBRÉE
ÉQUILIBRER
ÉQUINOXIAL
ÉQUIPEMENT
ÉQUIPOTENT
ÉQUITATION
ÉQUIVALANT
ÉQUIVALENT
ÉQUIVALOIR
ÉQUIVOQUER
ÉRADIQUANT
ÉRAFLEMENT
ÉRAGNIENNE
ÉREINTANTE
ÉREINTEUSE
ÉRÉMITIQUE
ÉRÉMITISME
ERGOMÉTRIE
ERGOSTÉROL
ERGOTAMINE
ERLENMEYER
ERMONTOISE
ÉROTISANTE
ÉROTOLOGIE
ÉROTOLOGUE
ÉROTOMANIE
ERSTEINOIS
ÉRUBESCENT
ÉRUCTATION
ÉRUGINEUSE
ÉRYTHRASMA
ERZGEBIRGE
ESBROUFANT
ESBROUFEUR
ESCADRILLE
ESCAGASSER
ESCALADANT
ESCALOPANT
ESCAMOTAGE
ESCAMOTANT
ESCAMOTEUR
ESCAMPETTE
ESCARBILLE
ESCARCELLE
ESCARÉNOIS
ESCLAFFANT
ESCOGRIFFE
ESCOMPTANT
ESCOURGEON
ESCRIMEUSE

ESCROQUANT
ESKILSTUNA
ESMERALDAS
ÉSOTÉRIQUE
ÉSOTÉRISME
ESPACEMENT
ESPADRILLE
ESPIONNAGE
ESPIONNANT
ESPIONNITE
ESPRESSIVO
ESPRONCEDA
ESQUICHANT
ESQUIMAUDE
ESQUIMAUDE
ESQUINTANT
ESQUISSANT
ESSARTAISE
ESSENCERIE
ESSÉNIENNE
ESSORILLÉE
ESSORILLER
ESSOUCHAGE
ESSOUCHANT
ESSOUFFLÉE
ESSOUFFLER
ESSUIE-TOUT
ESTAFILADE
ESTAMPEUSE
ESTAMPILLE
ESTAMPILLÉ
ESTÉRIFIÉE
ESTÉRIFIER
ESTHÉTIQUE
ESTHÉTISÉE
ESTHÉTISER
ESTHÉTISME
ESTIMATEUR
ESTIMATION
ESTIMATIVE
ESTIVATION
ESTOMAQUÉE
ESTOMAQUER
ESTONIENNE
ESTONIENNE
ESTOUFFADE
ESTRAMAÇON
ESTROPIANT
ESZTERHÁZY
ÉTALAGEANT
ÉTALAGISTE
ÉTALINGUÉE
ÉTALINGUER
ÉTALONNAGE
ÉTALONNANT
ÉTAMPERCHE
ÉTANCHÉITÉ
ÉTANÇONNÉE
ÉTANÇONNER
ÉTANT DONNÉ
ÉTATS-UNIEN
ÉTATS-UNIEN
ÉTAU-LIMEUR
ÉTEMPERCHE
ÉTERNISANT
ÉTHANOÏQUE
ÉTHÉRIFIÉE
ÉTHÉRIFIER
ETHMOÏDALE
ETHMOÏDAUX
ETHNARCHIE
ETHNOLOGIE
ETHNOLOGUE
ÉTHOGRAMME
ÉTHYLAMINE
ÉTHYLOTEST
ÉTINCELAGE
ÉTINCELANT
ÉTIOLEMENT
ÉTIOPATHIE
ÉTIQUETAGE
ÉTIQUETANT
ÉTIQUETEUR
ÉTOILEMENT
ÉTONNEMENT
ÉTOUFFANTE
ÉTOUPILLÉE
ÉTOUPILLER
ÉTOURDERIE
ÉTOURNEAUX
ÉTRANGLANT
ÉTRANGLEUR
ÉTREIGNANT
ÉTRÉSILLON
ÉTRETATAIS
ÉTROITESSE
ÉTYMOLOGIE
EUBACTÉRIE
EUCALYPTUS
EUDIOMÈTRE
EUPHÉMIQUE
EUPHÉMISME
EUPHONIQUE
EUPHORIQUE
EUPHORISÉE
EUPHORISER
EUPHOTIQUE
EUPHRONIOS
EURAFRIQUE
EURASIENNE
EURASIENNE
EURE-ET-LOIR
EUROBANQUE
EURODÉPUTÉ
EURODEVISE
EURODOLLAR
EUROMARCHÉ
EUROPÉENNE
EUROPÉENNE
EUROVISION
EURYHALINE
EURYTHERME
EUSTACHOIS
EUSTATIQUE
EUSTATISME
EUTECTIQUE
EUTHANASIE
EUTHANASIÉ
ÉVACUATEUR
ÉVACUATION
ÉVALUATEUR
ÉVALUATION
ÉVALUATIVE
ÉVANESCENT
ÉVANGÉLISÉ
EVANSVILLE
ÉVAPORABLE
ÉVEILLEUSE
ÉVENTUELLE
EVERGLADES
ÉVIDEMMENT
ÉVINCEMENT
ÉVISCÉRANT
ÉVOCATOIRE
ÉVOCATRICE
ÉVRONNAISE
EXACERBANT
EXACTEMENT
EXACTITUDE
EXALTATION
EXASPÉRANT
EXAUCEMENT
EX CATHEDRA
EXCAVATEUR
EXCAVATION
EXCELLENCE
EXCELLENTE
EXCENTRANT
EXCITATEUR
EXCITATION
EXCLAMATIF
EXCOMMUNIÉ
EXCRÉTOIRE
EXCRÉTRICE
EXÉCRATION
EXÉCUTABLE
EXÉCUTANTE
EXÉCUTOIRE
EXÉCUTRICE
EXÉGÉTIQUE
EXEMPLAIRE

EXEMPLIFIÉ
EXERCISEUR
EXFILTRANT
EXFOLIANTE
EXHALAISON
EXHALATION
EXHAUSSANT
EXHAUSTEUR
EXHAUSTION
EXHAUSTIVE
EXHIBITION
EXHUMATION
EXINSCRITE
EXOGAMIQUE
EXOPLANÈTE
EXORBITANT
EXORCISANT
EXOTÉRIQUE
EXPANSIBLE
EXPATRIANT
EXPECTANTE
EXPECTORÉE
EXPECTORER
EXPÉDIENTE
EXPÉDITEUR
EXPÉDITION
EXPÉDITIVE
EXPÉRIENCE
EXPERTISÉE
EXPERTISER
EXPIATOIRE
EXPIATRICE
EXPIRATEUR
EXPIRATION
EXPLICABLE
EXPLICATIF
EXPLICITÉE
EXPLICITER
EXPLIQUANT
EXPLOITANT
EXPLOITEUR
EXPLOSIBLE
EXPORTABLE
EXPOSITION
EXPRESSION
EXPRESSIVE
EXPRIMABLE
EXPROPRIÉE
EXPROPRIER
EXPURGEANT
EXSUDATION
EXTENSIBLE
EXTÉNUANTE
EXTÉRIEURE
EXTERMINÉE
EXTERMINER
EXTINCTEUR
EXTINCTION
EXTINCTIVE
EXTIRPABLE
EXTORQUANT
EXTRACTEUR
EXTRACTION
EXTRACTIVE
EXTRAFORTE
EXTRALÉGAL
EXTRA-MUROS
EXTRANÉITÉ
EXTRAPOLÉE
EXTRAPOLER
EXTRARÉNAL
EXTRAVAGUÉ
EXTRAVASÉE
EXTRAVASER
EXTRAVERTI
EXTRÉMISME
EXTRÉMISTE
EXTRUDEUSE
EXUBÉRANCE
EXUBÉRANTE
EXULTATION
EYMOUTIERS
FABRICANTE
FABRIQUANT
FABULATEUR
FABULATION
FACES-À-MAIN
FACÉTIEUSE
FACILEMENT
FACILITANT
FAÇONNEUSE
FAÇONNIÈRE
FAC-SIMILÉS
FACTORERIE
FACTORISÉE
FACTORISER
FACTURETTE
FACTURIÈRE
FACULTATIF
FAHRENHEIT
FAIBLEMENT
FAÏENCERIE
FAÏENCIÈRE
FAINÉANTER
FAISALABAD
FAISANDAGE
FAISANDANT
FAISANDEAU
FAIT DIVERS
FAKHR AL-DIN
FALCIFORME
FALKENHAYN
FALLACIEUX
FALSIFIANT
FAMAGOUSTE
FAMECKOISE
FANATISANT
FANCY-FAIRS
FANFARONNE
FANFARONNÉ
FANGATAUFA
FANTASMANT
FAOUËTAISE
FARAMINEUX
FARCIENNES
FARCISSANT
FARFOUILLÉ
FASCIATION
FASCICULÉE
FASCINANTE
FASCISANTE
FASSBINDER
FASTIDIEUX
FATALEMENT
FAUBOURIEN
FAUCARDANT
FAUCHAISON
FAUCONNEAU
FAUCONNIER
FAUSSEMENT
FAUVILLAIS
FAUX-FILETS
FAUX-FUYANT
FAVORISANT
FAYENÇOISE
FÉCAMPOISE
FÉCONDABLE
FÉCONDANTE
FÉDÉRALISÉ
FÉDÉRATEUR
FÉDÉRATION
FÉDÉRATIVE
FÉLICITANT
FÉMINISANT
FEMMELETTE
FENDILLANT
FENESTRAGE
FÉODALISME
FER-À-CHEVAL
FERMENTANT
FERMENTEUR
FERNEYSIEN
FÉROCEMENT
FERRAILLÉE
FERRAILLER
FERRARAISE
FERRIÉROIS
FERRONNIER
FERROUTAGE
FERROUTANT
FERRY-BOATS

FERRYVILLE
FERS-BLANCS
FERTILISÉE
FERTILISER
FESSENHEIM
FESTONNANT
FÉTICHISME
FÉTICHISTE
FEUDATAIRE
FEUILLANTS
FEUILLERET
FEUILLETÉE
FEUILLETER
FEUILLETIS
FEUILLETON
FEUILLETTE
FEYERABEND
FEYZINOISE
FIABILISÉE
FIABILISER
FIANNA FÁIL
FIBRINEUSE
FIBROMYOME
FIBROSCOPE
FICELLERIE
FICTIONNEL
FIDÈLEMENT
FIDÉLISANT
FIDUCIAIRE
FIERS-À-BRAS
FIFTY-FIFTY
FIGEACOISE
FIGNOLEUSE
FIGURATION
FIGURATIVE
FIGURÉMENT
FILANDIÈRE
FILANDREUX
FILIALISÉE
FILIALISER
FILIGRANÉE
FILIGRANER
FILMOLOGIE
FILOGUIDÉE
FILONIENNE
FILOUTERIE
FILTRATION
FINALEMENT
FINALISANT
FINANÇABLE
FINANCIÈRE
FINASSERIE
FINASSEUSE
FINASSIÈRE
FINAUDERIE
FINIGUERRA
FINISSANTE
FINISSEUSE
FINISTERRE
FINLANDAIS
FINLANDAIS
FISCALISÉE
FISCALISER
FISCALISTE
FISSIONNÉE
FISSIONNER
FISTULAIRE
FISTULEUSE
FITZGERALD
FLACCIDITÉ
FLACONNAGE
FLAGELLANT
FLAGEOLANT
FLAGORNANT
FLAGORNEUR
FLAMBEMENT
FLAMBOYANT
FLAMINGANT
FLAMININUS
FLAMMARION
FLANC-GARDE
FLATULENCE
FLATULENTE
FLATUOSITÉ
FLAVESCENT
FLEMMARDER
FLESSELLES
FLESSINGUE
FLEURANTIN
FLEURETANT
FLEURIATON
FLEURIMONT
FLEURONNÉE
FLEXIONNEL
FLEXUOSITÉ
FLIBUSTIER
FLINT-GLASS
FLOCK-BOOKS
FLOCONNANT
FLOCONNEUX
FLOIRACAIS
FLORACOISE
FLORENTINE
FLORENTINE
FLORISSANT
FLOTTAISON
FLOTTATION
FLOTTEMENT
FLUATATION
FLUCTUANTE
FLUIDIFIÉE
FLUIDIFIER
FLUIDISANT
FLUORATION
FLUVIATILE
FOCALISANT
FŒTOLOGIE
FOISONNANT
FOLÂTRERIE
FOLICHONNE
FOLKESTONE
FONCTIONNÉ
FONDATRICE
FONGIFORME
FONSCHOISE
FONTAINIER
FONTAINOIS
FONTANELLE
FONTARABIE
FONTENELLE
FONTEVRAUD
FONTFROIDE
FORBACHOIS
FORCISSANT
FORCLUSION
FORESTERIE
FORESTIÈRE
FORESTOISE
FORÊT-NOIRE
FORÊT-NOIRE
FORÉZIENNE
FORFAITURE
FORLANÇANT
FORLIGNANT
FORMALISÉE
FORMALISER
FORMALISME
FORMALISTE
FORMARIAGE
FORMATRICE
FORMENTERA
FORMIDABLE
FORMULABLE
FORMULAIRE
FORNIQUANT
FORTERESSE
FORTIFIANT
FORTISSIMO
FOSSILISÉE
FOSSILISER
FOSSOYEUSE
FOUAILLANT
FOUDROYAGE
FOUDROYANT
FOUGERAISE
FOUILLEUSE
FOUISSEUSE
FOULONNANT
FOULTITUDE
FOURCHETTE
FOURGONNER

FOURMILIER
FOURMILION
FOURMILLER
FOURMISIEN
FOURNEYRON
FOURNIMENT
FOURNITURE
FOURRAGÈRE
FOURRAGEUR
FOURRE-TOUT
FOURVOYANT
FOUTIMASSÉ
FOUTREMENT
FOUTRIQUET
FOX QUESADA
FOX-TERRIER
FRACASSANT
FRACTIONNÉ
FRACTURANT
FRAGILISÉE
FRAGILISER
FRAGMENTÉE
FRAGMENTER
FRAISERAIE
FRAMBOISÉE
FRAMBOISER
FRANC-ALLEU
FRANCASTEL
FRANCHISÉE
FRANCHISER
FRANCILIEN
FRANCILIEN
FRANCISANT
FRANCISQUE
FRANC-MAÇON
FRANGIPANE
FRANQUETTE
FRANQUISME
FRANQUISTE
FRAPPEMENT
FRATELLINI
FRATERNISÉ
FRATERNITÉ
FRATRICIDE
FRAUDULEUX
FRAUENFELD
FRAUNHOFER
FRAXINELLE
FRÉDÉGONDE
FREDONNANT
FREE-LANCES
FREE-MARTIN
FRÉJORGUES
FRÉMISSANT
FRÉNATRICE
FRÉNÉTIQUE
FRÉQUENTÉE
FRÉQUENTER
FRÈRE-ORBAN
FRESQUISTE
FRÉTILLANT
FREUDIENNE
FREYSSINET
FRIABILITÉ
FRICADELLE
FRICANDEAU
FRICASSANT
FRICOTEUSE
FRICTIONNÉ
FRIGIDAIRE
FRIGORIFIÉ
FRIGORISTE
FRIPOUILLE
FRISOTTANT
FRISQUETTE
FRISSONNER
FRIVILLOIS
FRIVOLITÉS
FRŒBÉLIEN
FROIDEMENT
FROISSABLE
FROMAGERIE
FROMENTINE
FRONCEMENT
FRONDAISON
FRONSADAIS
FRONTALIER
FRONTALITÉ
FRONTIGNAN
FRONTIGNAN
FROTTEMENT
FROUFROUTÉ
FROUS-FROUS
FROUSSARDE
FRUCTIFÈRE
FRUCTIFIER
FRUCTUEUSE
FRUSTRANTE
FULGURANCE
FULGURANTE
FULIGINEUX
FULMICOTON
FULMINANTE
FULMINIQUE
FUMACIENNE
FUMARIACÉE
FUME-CIGARE
FUMIGATEUR
FUMIGATION
FUMISTERIE
FUNÉRARIUM
FUSAINISTE
FUSÉE-SONDE
FUSÉOLOGIE
FUSIBILITÉ
FUSIONNANT
FUSTANELLE
FUSTIGEANT
FUTILEMENT
GABALITAIN
GABORONAIS
GADGÉTISÉE
GADGÉTISER
GADOLINIUM
GADROUILLE
GADROUILLÉ
GAGNE-PETIT
GAIGNIÈRES
GAILLACOIS
GAILLARDIE
GAILLARDIN
GAINSBOURG
GALACTIQUE
GALANTERIE
GALETTEUSE
GALICIENNE
GALICIENNE
GALILÉENNE
GALILÉENNE
GALIMATIAS
GALIPOTANT
GALLICISME
GALLIFORME
GALLO-ROMAN
GALSWINTHE
GALSWORTHY
GALVANIQUE
GALVANISÉE
GALVANISER
GALVANISME
GALVAUDAGE
GALVAUDANT
GALVAUDÉES
GAMACHOISE
GAMBILLANT
GAMOPÉTALE
GAMOSÉPALE
GANGÉTIQUE
GANGRENANT
GANGRENEUX
GANNATOISE
GAPENÇAISE
GARÇONNIER
GARDANNAIS
GARDE-À-VOUS
GARDE-BŒUF
GARDE-CORPS
GARDE-CÔTES
GARDE-PÊCHE
GARDE-PLACE
GARDE-ROBES

GARDES-PORT
GARDES-VOIE
GARDE-TEMPS
GARENNOISE
GARGARISÉE
GARGARISER
GARGARISME
GARGILESSE
GARGOTIÈRE
GARGOUILLE
GARGOUILLÉ
GARIGLIANO
GARIGUETTE
GARNIÉRITE
GARNISSAGE
GARNISSANT
GARROTTAGE
GARROTTANT
GASCONNADE
GASHERBRUM
GASPILLAGE
GASPILLANT
GASPILLEUR
GASTRALGIE
GASTRONOME
GASTROPODE
GÂTE-SAUCES
GAUCHEMENT
GAUCHISANT
GAULLIENNE
GAULTHERIA
GAULTHÉRIE
GAZÉIFIANT
GAZONNANTE
GAZOUILLER
GAZOUILLIS
GEIGNEMENT
GÉLATINEUX
GÉMELLAIRE
GÉMINATION
GÉMISSANTE
GEMMOLOGIE
GEMMOLOGUE
GENDARMANT
GÉNÉALOGIE
GÉNÉRALISÉ
GÉNÉRALITÉ
GÉNÉRATEUR
GÉNÉRATION
GÉNÉRATIVE
GÉNÉROSITÉ
GÉNÉSARETH
GENÉSIENNE
GÉNÉTICIEN
GENGIS KHAN
GENNASSIEN
GENOUILLÉE
GÉNOVÉFAIN
GENTLEMANS
GÉODÉSIQUE
GÉOGRAPHIE
GÉOLOGIQUE
GÉOMÉTRALE
GÉOMÉTRAUX
GÉOMÉTRIDÉ
GEORGE TOWN
GEORGETOWN
GÉORGIENNE
GÉORGIENNE
GÉORGIQUES
GÉOSCIENCE
GÉOTEXTILE
GÉOTHERMIE
GÉRANIACÉE
GERMANDRÉE
GERMANICUS
GERMANIQUE
GERMANISÉE
GERMANISER
GERMANISME
GERMANISTE
GERMINATIF
GERSONIDES
GERZATOISE
GESTICULER
GESTUALITÉ
GETHSÉMANI
GETTYSBURG
GHELDERODE
GIACOMETTI
GIBRIAÇOIS
GIGANTISME
GIGNACOISE
GIGOTEMENT
GILLINGHAM
GIMONTOISE
GIOBERTITE
GIOTTESQUE
GIVERNOISE
GLACIATION
GLADIATEUR
GLANDULEUX
GLAPISSANT
GLARONNAIS
GLATISSANT
GLAUCONITE
GLISSEMENT
GLOBALISÉE
GLOBALISER
GLOBULAIRE
GLOBULEUSE
GLORIEUSES
GLORIFIANT
GLOUCESTER
GLOUGLOUTÉ
GLOUSSANTE
GLUCIDIQUE
GLUCOMÈTRE
GLUCONIQUE
GLUCOSERIE
GLUTAMIQUE
GLUTINEUSE
GLYCÉRINÉE
GLYCÉRINER
GLYCÉRIQUE
GLYCOCOLLE
GLYCOLIQUE
GLYCOSURIE
GNEISSEUSE
GNEISSIQUE
GNÉTOPHYTE
GNOMONIQUE
GOBERGEANT
GODAILLANT
GODELUREAU
GODERVILLE
GOG ET MAGOG
GOGUENARDE
GOINFRERIE
GOMBROWICZ
GOMME-GUTTE
GOMME-LAQUE
GONDOLANTE
GONFLEMENT
GONGORISME
GONIOMÈTRE
GONOCOCCIE
GONTCHAROV
GORBATCHEV
GORGONZOLA
GORGONZOLA
GORRONNAIS
GORTCHAKOV
GOSAINTHAN
GOTTWALDOV
GOUAILLANT
GOUAILLEUR
GOUDRONNÉE
GOUDRONNER
GOUGNAFIER
GOUJATERIE
GOUJONNANT
GOULEYANTE
GOUPILLANT
GOURMANDÉE
GOURMANDER
GOUTTEREAU
GOUVERNAIL
GOUVERNANT
GOUVERNEUR
GRABATAIRE

GRADUATION
GRAFFITEUR
GRAFIGNANT
GRAILLONNÉ
GRAINETIER
GRAISSEUSE
GRAMATOISE
GRAMINACÉE
GRANBYENNE
GRAND-ANGLE
GRAND CANAL
GRAND-CHAMP
GRAND-CHOSE
GRAND-CROIX
GRAND-DUCAL
GRAND-DUCHÉ
GRANDEMENT
GRAND-LIVRE
GRAND-MAMAN
GRAND-MÈRES
GRAND-MESSE
GRAND-ONCLE
GRAND-PEINE
GRAND-PLACE
GRANDPUITS
GRANDS-DUCS
GRANDS LACS
GRAND-TANTE
GRANDVILLE
GRAND-VOILE
GRANITEUSE
GRANITIQUE
GRANITOÏDE
GRANULAIRE
GRANULEUSE
GRAPE-FRUIT
GRAPHITANT
GRAPHITEUX
GRAPPILLÉE
GRAPPILLER
GRAPPILLON
GRAPTOLITE
GRAS-DOUBLE
GRASSEMENT
GRASSEYANT
GRATIFIANT
GRATTE-CIEL
GRATTEMENT
GRAUBÜNDEN
GRAVELEUSE
GRAVELINES
GRAVELOTTE
GRAVENHAGE
GRAVETTIEN
GRAVIDIQUE
GRAVIMÈTRE
GRAVISSANT

GRAVISSIME
GRÈCE D'ASIE
GRÉCO-LATIN
GREDINERIE
GREENPEACE
GREENSBORO
GRÉGAMISTE
GRÉGARISME
GRELOTTANT
GRENADILLE
GRENADINES
GRENAILLÉE
GRENAILLER
GRENOBLOIS
GRENOUILLE
GRENOUILLÉ
GRÉSILLANT
GRIBEAUVAL
GRIBOÏEDOV
GRIBOUILLE
GRIBOUILLÉ
GRIÈVEMENT
GRIFFONNÉE
GRIFFONNER
GRIGNOTAGE
GRIGNOTANT
GRIGORESCU
GRILLARDIN
GRILLE-PAIN
GRILL-ROOMS
GRIMAÇANTE
GRIMACIÈRE
GRIMAUDOIS
GRIMBERGEN
GRIMPEREAU
GRINCEMENT
GRINCHEUSE
GRIPPE-SOUS
GRISAILLÉE
GRISAILLER
GRISOLLAIS
GRISOLLANT
GRISONNANT
GRISOUTEUX
GRIVÈLERIE
GROGNASSER
GROGNEMENT
GROGNONNER
GROGNONNES
GROIZILLON
GROMMELANT
GRONDEMENT
GROS-GRAINS
GROS-PLANTS
GROSSO MODO
GROSS ROSEN
GROTESQUES

GROUILLANT
GROUPEMENT
GRUÉRIENNE
GRUMELEUSE
GRUPPETTOS
GUADARRAMA
GUADELOUPE
GUANAJUATO
GUANTÁNAMO
GUARNERIUS
GUAYASAMÍN
GUEBWILLER
GUÉRANDAIS
GUÉRÉTOISE
GUÉRILLERO
GUÉRISSANT
GUÉRISSEUR
GUERROYANT
GUETHARIAR
GUETS-APENS
GUÈVREMONT
GUGGENHEIM
GUICHARDIN
GUICHETIER
GUI D'AREZZO
GUIGNOLADE
GUILI-GUILI
GUILLAUMAT
GUILLAUMET
GUILLAUMIN
GUILLEMETÉ
GUILLESTRE
GUILLOCHÉE
GUILLOCHER
GUILLOCHIS
GUILLOTINE
GUILLOTINÉ
GUINDAILLE
GUINDAILLÉ
GUINEGATTE
GUINGUETTE
GUINIZELLI
GUITARISTE
GUJRANWALA
GULBENKIAN
GULF STREAM
GUOMINDANG
GUYANCOURT
GUYANIENNE
GYLLENSTEN
GYMNASIALE
GYMNASIAUX
GYMNOCARPE
GYPSOPHILE
GYROCOMPAS
GYROPILOTE
HABILEMENT

HABILITANT
HABILLABLE
HABILLEUSE
HABITATION
HABITUELLE
HACHÉMITES
HACHIMITES
HADRAMAOUT
HAGONDANGE
HALÈTEMENT
HALF COURTS
HALF-TRACKS
HALLEBARDE
HALLUCINÉE
HALLUCINER
HALLUINOIS
HALOGÉNURE
HALQ EL-OUED
HAMADRYADE
HAMMADIDES
HAMMERFEST
HAMMERLESS
HAMMOURABI
HAMMOU-RAPI
HANBALISME
HANCHEMENT
HANDICAPÉE
HANDICAPER
HANDISPORT
HANTAVIRUS
HAPLOLOGIE
HAPTONOMIE
HARANGUANT
HARANGUEUR
HARASSANTE
HARCELANTE
HARDENBERG
HARENGUIER
HARMONIEUX
HARMONIQUE
HARMONISÉE
HARMONISER
HARMONISTE
HARNACHANT
HARPIGNIES
HARPONNAGE
HARPONNANT
HARPONNEUR
HARRISBURG
HARTLEPOOL
HASARDEUSE
HASMONÉENS
HASSIDIQUE
HASSIDISME
HÂTIVEMENT
HAUBOURDIN
HAUSSE-COLS
HAUSSEMENT
HAUT-ALPINE
HAUTBOÏSTE
HAUTECOMBE
HAUTE-CORSE
HAUTE-LOIRE
HAUTE-MARNE
HAUTE-SAÔNE
HAUTEVILLE
HAUTE-VOLTA
HAUT-RELIEF
HAUTS-FONDS
HAUTURIÈRE
HAWAIIENNE
HAWAIIENNE
HAYANGEOIS
HAZEBROUCK
HAZPANDARE
HÉBERGEANT
HÉBERTISME
HÉBERTISTE
HÉBÉTEMENT
HÉBRAÏSANT
HECTOLITRE
HECTOMÈTRE
HÉGÉLIENNE
HEIDELBERG
HEISENBERG
HÉLICOÏDAL
HÉLIGOLAND
HÉLIOGABAL
HÉLIOMARIN
HÉLIOPOLIS
HÉLIOTROPE
HÉLIPORTÉE
HELLADIQUE
HELLÉNIQUE
HELLÉNISÉE
HELLÉNISER
HELLÉNISME
HELLÉNISTE
HELLESPONT
HELSINKIEN
HELVÉTIQUE
HELVÉTISME
HÉMANGIOME
HÉMATÉMÈSE
HÉMIPLÉGIE
HÉMISPHÈRE
HÉMISTICHE
HÉMOGRAMME
HÉMOPATHIE
HÉMOPHILIE
HÉMOPTYSIE
HÉMORRAGIE
HÉMORROÏDE
HENDAYAISE
HENDIADYIN
HENNEBIQUE
HENNISSANT
HÉPATALGIE
HÉPATOCYTE
HÉPHAÏSTOS
HEPTAGONAL
HEPTAMÉRON
HEPTARCHIE
HEPTATHLON
HÉRACLIDES
HÉRALDIQUE
HÉRALDISTE
HÉRAULTAIS
HERBAGEANT
HERBLINOIS
HERBORISER
HERBORISTE
HERBRETAIS
HERCULANUM
HERMÉTIQUE
HERMÉTISME
HERMÉTISTE
HERMINETTE
HERMOPOLIS
HERMOSILLO
HÉRONNEAUX
HÉRONNIÈRE
HÉROUVILLE
HERPÉTIQUE
HERREWEGHE
HERSCHBACH
HERSCHEUSE
HERTZIENNE
HESDINOISE
HÉSITATION
HESPÉRIDES
HÉSYCHASME
HÉTÉRODOXE
HÉTÉRODYNE
HÉTÉROGÈNE
HÉTÉRONOME
HÉTÉROSIDE
HEXADÉCANE
HEXAGONALE
HEXAGONAUX
HIBERNANTE
HIDDEN PEAK
HIÉRAPOLIS
HIÉRARCHIE
HIÉRATIQUE
HIÉRATISME
HIÉROGAMIE
HIGHLANDER
HILDEBRAND
HILDEGARDE
HILDESHEIM

HILFERDING
HINDENBURG
HINDOUISME
HINDOUISTE
HINDOUSTAN
HIPPOCAMPE
HIPPOCRATE
HIPPODROME
HIPPOLOGIE
HIRONDEAUX
HIRONDELLE
HIRSONNAIS
HIRSUTISME
HISPANIOLA
HISPANIQUE
HISPANISER
HISPANISME
HISPANISTE
HISTIOCYTE
HISTOLOGIE
HISTORIQUE
HITLÉRISME
HIT-PARADES
HIVERNANTE
HOCHEQUEUE
HOCHFELDEN
HOCKEYEUSE
HODOGRAPHE
HOFSTADTER
HOLISTIQUE
HOLLANDAIS
HOLLANDAIS
HOLOCAUSTE
HOLOCAUSTE
HOLOGRAMME
HOLOGRAPHE
HOLOPHERNE
HOLOTHURIE
HOMARDERIE
HOMÉOPATHE
HOMÉOTIQUE
HOMOCENTRE
HOMOCERQUE
HOMOFOCALE
HOMOFOCAUX
HOMOGRAPHE
HOMOGREFFE
HOMOLOGUÉE
HOMOLOGUER
HOMOPHOBIE
HOMOPHONIE
HOMOSEXUEL
HOMOSPHÈRE
HOMOTHÉTIE
HOMOZYGOTE
HONGROYAGE
HONGROYANT
HONNISSANT
HONORAIRES
HONORARIAT
HORIZONTAL
HORKHEIMER
HORLOGERIE
HORNBLENDE
HORODATEUR
HORRIFIANT
HORRIFIQUE
HORRIPILÉE
HORRIPILER
HORSE-BALLS
HORSE-GUARD
HORS-ŒUVRE
HORS-PISTES
HORS-SÉRIES
HORS STATUT
HÔTELLERIE
HÔTELS-DIEU
HOTTENTOTE
HOTTENTOTE
HOTTENTOTS
HÖTZENDORF
HOUBLONNÉE
HOUBLONNER
HOUDANAISE
HOUNSFIELD
HOURTINAIS
HOUSE-BOATS
HOUSE MUSIC
HOUSPILLÉE
HOUSPILLER
HOUSSINANT
HOVERCRAFT
HUA GUOFENG
HUAXTÈQUES
HULULEMENT
HUMANISANT
HUMBLEMENT
HUMIDIFIÉE
HUMIDIFIER
HUMILIANTE
HUNINGUOIS
HUNTSVILLE
HURLUBERLU
HURONIENNE
HUSSEIN DEY
HYBRIDISME
HYDRAMNIOS
HYDRATABLE
HYDRATANTE
HYDROFUGÉE
HYDROFUGER
HYDROGÉNÉE
HYDROGÉNER
HYDROLOGIE
HYDROLOGUE
HYDROLYSÉE
HYDROLYSER
HYDROMÈTRE
HYDROPHILE
HYDROPHOBE
HYDROPHONE
HYDROPISIE
HYDROPTÈRE
HYGIAPHONE
HYGIÉNIQUE
HYGIÉNISTE
HYGROMÈTRE
HYGROPHILE
HYGROPHORE
HYGROSCOPE
HYLOZOÏSME
HYPERACTIF
HYPERDULIE
HYPERFOCAL
HYPERGAMIE
HYPERHÉMIE
HYPERMÉDIA
HYPERONYME
HYPERTÉLIE
HYPERTENDU
HYPERTEXTE
HYPERTONIE
HYPNOTIQUE
HYPNOTISÉE
HYPNOTISER
HYPNOTISME
HYPOCAPNIE
HYPOCAUSTE
HYPOCENTRE
HYPOCHROME
HYPOCONDRE
HYPOCRISIE
HYPOGASTRE
HYPOGLOSSE
HYPOKHÂGNE
HYPOPLASIE
HYPOSTASIÉ
HYPOTENDUE
HYPOTENSIF
HYPOTÉNUSE
HYPOTHÉNAR
HYPOTHÈQUE
HYPOTHÉQUÉ
HYPSOMÈTRE
HYSTÉRÉSIS
HYSTÉRIQUE
IABLONOVYÏ
IBN BADJDJA
IBN BATTUTA
IBN KHALDUN
ICHINOMIYA

ICHNOLOGIE
ICHTYORNIS
ICONOLOGIE
ICONOSCOPE
ICONOSTASE
IDÉALEMENT
IDÉALISANT
IDEMPOTENT
IDENTIFIÉE
IDENTIFIER
IDÉOGRAMME
IDÉOMOTEUR
IDIOTEMENT
IDOLÂTRANT
IGNIMBRITE
IGNISSOISE
IGNORANTIN
IJSSELMEER
IKE NO TAIGA
ILANG-ILANG
ILÉO-CÆCAL
ILIOUCHINE
ILLÉGALITÉ
ILLÉGITIME
ILLIBÉRIEN
ILLUMINANT
ILLUSIONNÉ
ILLUSTRANT
ILLYRIENNE
ILLYRIENNE
IMAGINABLE
IMAGINAIRE
IMAGINATIF
IMBATTABLE
IMBIBITION
IMBRIQUANT
IMERCURIEN
IMITATRICE
IMMATÉRIEL
IMMATURITÉ
IMMÉMORIAL
IMMERGEANT
IMMETTABLE
IMMIGRANTE
IMMOBILIER
IMMOBILISÉ
IMMOBILITÉ
IMMODESTIE
IMMOLATION
IMMORALITÉ
IMMORTELLE
IMMUNISANT
IMMUNOGÈNE
IMPALPABLE
IMPANATION
IMPARFAITE
IMPARTIALE
IMPARTIAUX
IMPASSIBLE
IMPATIENCE
IMPATIENTE
IMPATIENTÉ
IMPECCABLE
IMPÉNITENT
IMPENSABLE
IMPÉRATIVE
IMPERATRIZ
IMPERDABLE
IMPÉRIEUSE
IMPÉTRANTE
IMPÉTUEUSE
IMPLACABLE
IMPLANTANT
IMPLIQUANT
IMPLORANTE
IMPOLIMENT
IMPORTABLE
IMPORTANCE
IMPORTANTE
IMPORTUNÉE
IMPORTUNER
IMPOSITION
IMPOSSIBLE
IMPRÉGNANT
IMPRENABLE
IMPRESARII
IMPRÉSARIO
IMPRESSION
IMPRESSIVE
IMPRIMABLE
IMPRIMANTE
IMPRIMATUR
IMPRIMERIE
IMPROBABLE
IMPROMPTUE
IMPROVISÉE
IMPROVISER
IMPROVISTE
IMPRUDENCE
IMPRUDENTE
IMPUDICITÉ
IMPUISSANT
IMPUNÉMENT
IMPUREMENT
IMPUTATION
INACCENTUÉ
INACCOMPLI
INACTIVANT
INACTIVITÉ
INACTUELLE
INADÉQUATE
INAMOVIBLE
INAPPARENT
INAPPLIQUÉ
INAPPRÉCIÉ
INAPTITUDE
INARTICULÉ
INASSIMILÉ
INASSOUVIE
INATTENDUE
INATTENTIF
INAUGURALE
INAUGURANT
INAUGURAUX
INAVOUABLE
INCAPACITÉ
INCARCÉRÉE
INCARCÉRER
INCASSABLE
INCENDIANT
INCERTAINE
INCESSANTE
INCESSIBLE
INCESTUEUX
INCHOATIVE
INCINÉRANT
INCITATEUR
INCITATION
INCITATIVE
INCIVILITÉ
INCLÉMENCE
INCLÉMENTE
INCLINABLE
INCOHÉRENT
INCOLLABLE
INCOMMODÉE
INCOMMODER
INCOMPLÈTE
INCOMPRISE
INCONDUITE
INCONSOLÉE
INCONSTANT
INCONTESTÉ
INCONTRÔLÉ
INCORPORÉE
INCORPOREL
INCORPORER
INCORRECTE
INCRÉMENTÉ
INCREVABLE
INCRIMINÉE
INCRIMINER
INCROYABLE
INCROYANCE
INCROYANTE
INCRUSTANT
INCUBATEUR
INCUBATION
INCULQUANT
INCURIEUSE
INDÉCISION

INDÉLÉBILE
INDÉLICATE
INDEMNISÉE
INDEMNISER
INDÉNIABLE
INDEXATION
INDIANISME
INDIANISTE
INDICATEUR
INDICATION
INDICATIVE
INDICIAIRE
INDICIELLE
INDIFFÉRÉE
INDIFFÉRER
INDIGOTIER
INDIGOTINE
INDIGUIRKA
INDISCRÈTE
INDISCUTÉE
INDISPOSÉE
INDISPOSER
INDISTINCT
INDIVIDUEL
INDIVISION
INDO-ARYENS
INDOCILITÉ
INDONÉSIEN
INDONÉSIEN
INDOPHÉNOL
INDUCTANCE
INDUCTRICE
INDULGENCE
INDULGENTE
INDURATION
INDUSTRIEL
INÉDUCABLE
INEFFICACE
INÉGALABLE
INÉLÉGANCE
INÉLÉGANTE
INÉLIGIBLE
INEMPLOYÉE
INÉPROUVÉE
INÉQUATION
INERTIELLE
INÉVITABLE
INEXÉCUTÉE
INEXIGIBLE
INEXISTANT
INEXORABLE
INEXPIABLE
INEXPLIQUÉ
INEXPLOITÉ
INEXPLORÉE
INEXPRIMÉE
IN EXTREMIS

INFAISABLE
INFANTERIE
INFECTANTE
INFECTIEUX
INFÉRIEURE
INFIDÉLITÉ
INFILTRANT
INFINIMENT
INFINITIVE
INFINITUDE
INFIRMATIF
INFIRMERIE
INFIRMIÈRE
INFLEXIBLE
INFLIGEANT
INFLUENCÉE
INFLUENCER
INFORMATIF
INFORMELLE
INFORMULÉE
INFORTUNÉE
INFRACTION
INFRAROUGE
INGAGNABLE
INGEN-HOUSZ
INGÉNIERIE
INGÉNIEUSE
INGÉNUMENT
INGOLSTADT
INGRÉDIENT
INGURGITÉE
INGURGITER
INHABILETÉ
INHABILITÉ
INHABITUEL
INHALATEUR
INHALATION
INHIBITEUR
INHIBITION
INHOMOGÈNE
INHUMANITÉ
INHUMATION
INIMITABLE
INIQUEMENT
INITIALANT
INITIALISÉ
INITIATEUR
INITIATION
INITIATIVE
INJECTABLE
INJONCTION
INJONCTIVE
INJURIEUSE
INJUSTIFIÉ
INLASSABLE
INNOCENTÉE
INNOCENTER

INNOMMABLE
INNOVATEUR
INNOVATION
INOBSERVÉE
INOCULABLE
INOFFENSIF
INONDATION
INOPÉRABLE
INOPÉRANTE
INOPPORTUN
INORGANISÉ
INOXYDABLE
IN PARTIBUS
INQUIÉTANT
INQUIÉTUDE
INQUILISME
INSATIABLE
INSCRIVANT
INSCULPANT
INSÉCURITÉ
INSÉMINANT
INSENSIBLE
INSERMENTÉ
INSIDIEUSE
INSINUANTE
INSIPIDITÉ
INSISTANCE
INSISTANTE
INSITUABLE
INSOCIABLE
INSOLATION
INSOLVABLE
INSOMNIEUX
INSONDABLE
INSONORISÉ
INSONORITÉ
INSOUCIANT
INSOUCIEUX
INSPECTANT
INSPECTEUR
INSPECTION
INSPIRANTE
INSTALLANT
INSTAMMENT
INSTANTANÉ
INSTAURANT
INSTIGUANT
INSTILLANT
INSTINCTIF
INSTITUANT
INSTRUCTIF
INSTRUMENT
INSUFFLANT
INSULARITÉ
INSULTANTE
INSULTEUSE
INSUPPORTÉ

INSURGEANT
INTANGIBLE
INTÉGRABLE
INTÉGRANTE
INTÉGRATIF
INTÉGRISME
INTÉGRISTE
INTEMPÉRIE
INTEMPOREL
INTENDANCE
INTENDANTE
INTENSIFIÉ
INTERACTIF
INTERALLIÉ
INTERARABE
INTERARMES
INTERCALÉE
INTERCALER
INTERCÉDER
INTERCEPTÉ
INTERCLUBS
INTERCOURS
INTÉRESSÉE
INTÉRESSER
INTERFÉRER
INTERFÉRON
INTERFLUVE
INTÉRIEURE
INTÉRIEURE
INTERJETÉE
INTERJETER
INTERLAKEN
INTERLIGNE
INTERLIGNÉ
INTERLOQUÉ
INTERMEZZO
INTERMODAL
INTERNAUTE
INTERNONCE
INTERPELLÉ
INTERPHASE
INTERPHONE
INTERPOLÉE
INTERPOLER
INTERPOSÉE
INTERPOSER
INTERPRÈTE
INTERPRÉTÉ
INTERRÈGNE
INTERRÈGNE
INTERROGÉE
INTERROGER
INTERROMPU
INTERSIGNE
INTERSTICE
INTERTIDAL
INTERTITRE
INTERTRIGO
INTERVALLE
INTERVENIR
INTERVERTI
INTERVIEWÉ
INTESTINAL
INTIMATION
INTIMEMENT
INTIMIDANT
INTITULANT
INTOLÉRANT
INTONATION
INTONATIVE
INTOXIQUÉE
INTOXIQUER
INTRA-MUROS
INTRIGANTE
INTRIGUANT
INTRIQUANT
INTRODUIRE
INTRODUITE
INTRONISÉE
INTRONISER
INTROVERTI
INTUBATION
INUTILISÉE
INVALIDANT
INVALIDITÉ
INVARIABLE
INVARIANCE
INVARIANTE
INVECTIVÉE
INVECTIVER
INVENDABLE
INVENTAIRE
INVENTORIÉ
INVENTRICE
INVERSABLE
INVERSIBLE
INVERTÉBRÉ
INVESTIGUÉ
INVÉTÉRANT
INVINCIBLE
INVIOLABLE
INVITATION
INVOCATEUR
INVOCATION
INVOLUTION
INVOLUTIVE
IOCHKAR-OLA
IODO-IODURÉ
IONISATION
IONOGRAMME
IONOSPHÈRE
IPÉCACUANA
IPOUSTEGUY
IRAQUIENNE
IRAQUIENNE
IRIDOLOGIE
IRLANDAISE
IRLANDAISE
IRRADIANTE
IRRAISONNÉ
IRRÉALISÉE
IRRÉALISME
IRRÉALISTE
IRRÉFLÉCHI
IRRÉGULIER
IRRÉLIGION
IRRIGATION
IRRITATION
IRRITATIVE
ISALLOBARE
ISBERGUOIS
ISCHÉMIQUE
ISKENDERUN
ISLAMISANT
ISLANDAISE
ISLANDAISE
ISMAÉLISME
ISOCLINALE
ISOCLINAUX
ISODYNAMIE
ISOÉDRIQUE
ISOGLUCOSE
ISOÏONIQUE
ISOLEUCINE
ISOTONIQUE
ISOTOPIQUE
IS-SUR-TILLE
ITALIANISÉ
ITINÉRAIRE
ITINÉRANTE
IVAN KALITA
IVOIRIENNE
IVOIRIENNE
IVROGNERIE
IVROGNESSE
JACASSEUSE
JACASSIÈRE
JACQUELINE
JACQUEMART
JACQUEMART
JALONNEUSE
JAMAÏCAINE
JAMAÏCAINE
JAMAÏQUAIN
JAMAÏQUAIN
JAMBONNEAU
JAM-SESSION
JAMSHEDPUR
JANISSAIRE
JANSÉNISME
JANSÉNISTE

JAPONISANT
JARDINERIE
JARDINIÈRE
JARGONNANT
JARGONNEUX
JARLANDINE
JARNACAISE
JARNICOTON
JARRETELLE
JARRETIÈRE
JARUZELSKI
JARVILLOIS
JAUNISSANT
JAVASCRIPT
JAVELLISÉE
JAVELLISER
JEAN DE DIEU
JEAN DE MEUN
JEAN FISHER
JEAN-FOUTRE
JEAN HYRCAN
JEANNE D'ARC
JEANNE GREY
JÉRÔMIENNE
JERSEY CITY
JÉSUITIQUE
JÉSUITISME
JET-SOCIETY
JET-STREAMS
JEU DE PAUME
JEUMONTOIS
JIANG ZEMIN
JINGDEZHEN
JOAILLERIE
JOAILLIÈRE
JOÃO PESSOA
JOBARDERIE
JOERGENSEN
JOGJAKARTA
JOHANNAISE
JOHANNIQUE
JOINTOYANT
JOLIETTAIN
JONCHERAIE
JONZACAISE
JOSÉPHISME
JOTRANCIEN
JOTTEREAUX
JOUAILLANT
JOUHANDEAU
JOUISSANCE
JOUISSANTE
JOUISSEUSE
JOUR-AMENDE
JOURNALIER
JOUVENCEAU
JOVACIENNE

JOVINIENNE
JUAN CARLOS
JUAN DE FUCA
JUAN DE JUNI
JUAN DE NOVA
JUBBULPORE
JUBILATION
JUDICIAIRE
JUDICIEUSE
JUIF ERRANT
JUIZ DE FORA
JUMELLOISE
JUMIÉGEOIS
JUNONIENNE
JUPITÉRIEN
JURASSIQUE
JUSTICIÈRE
JUSTIFIANT
JUVÉNILITÉ
JUVISIENNE
JUXTAPOSÉE
JUXTAPOSER
KABALEVSKI
KABBALISTE
KAFKAÏENNE
KAHNWEILER
KALIMANTAN
KAMECHLIYÉ
KAMTCHATKA
KANDERSTEG
KANESATAKE
KANO EITOKU
KANSAS CITY
KARAKALPAK
KARAMANLÍS
KARATCHAÏS
KARAWANKEN
KARKONOSZE
KARLSKRONA
KAZAKHSTAN
KEBNEKAISE
KELDERMANS
KELLERMANN
KENKO HOSHI
KÉRATINISÉ
KÉRATOCÔNE
KERMANCHAH
KESSELRING
KHABAROVSK
KHARIDJITE
KHLEBNIKOV
KIAROSTAMI
KIBBOUTZIM
KIDNAPPANT
KIDNAPPEUR
KIDNAPPING
KIESLOWSKI

KILOGRAMME
KILOMÉTRÉE
KILOMÉTRER
KIMBERLITE
KIM DAE-JUNG
KIOSQUIÈRE
KIOSQUISTE
KIRIBATIEN
KIRITIMATI
KIROVOGRAD
KIROVOHRAD
KITA-KYUSHU
KITWE-NKANA
KIZIL IRMAK
KLAGENFURT
KLAXONNANT
KLEPTOMANE
KLOSSOWSKI
KOEKELBERG
KOFFI ANNAN
KOHLRAUSCH
KOLAKOWSKI
KOLKHOZIEN
KOLMOGOROV
KOMPONG SOM
KONDRATIEV
KÖNIGSBERG
KÖNIGSMARK
KORTENBERG
KOSCIUSZKO
KOSSYGUINE
KOTA BAHARU
KOUÏBYCHEV
KRAGUJEVAC
KRAMATORSK
KREMLINOIS
KRETSCHMER
KREUTZBERG
KRONCHTADT
KROPOTKINE
KRUSNÉ HORY
KUOMINTANG
KU KLUX KLAN
KURYLOWICZ
LA BÉDOYÈRE
LABÉLISANT
LABELLISÉE
LABELLISER
LABIALISÉE
LABIALISER
LABORANTIN
LABORIEUSE
LABOURABLE
LABYRINTHE
LABYRINTHE
LACAUNAISE
LACÉDÉMONE

LACÉRATION
LA CHAPELLE
LA CHAUSSÉE
LACHENOISE
LACHINOISE
LACHUTOISE
LA CLAYETTE
LACORDAIRE
LA COURONNE
LACRETELLE
LACTESCENT
LACTOMÈTRE
LACTOSÉRUM
LA DÉSIRADE
LADOUMÈGUE
LA FONTAINE
LAFONTAINE
LA FRESNAYE
LAGERKVIST
LAGOMORPHE
LAGOTRICHE
LA GOULETTE
LAIDERONNE
L'AIGUILLON
LAITONNAGE
LAITONNANT
LAÏUSSEUSE
LAKE PLACID
LA LOUVIÈRE
L'ALPE-D'HUEZ
LAMBALLAIS
LAMBERSART
LAMBERTOIS
LAMBREQUIN
LAMBRISSÉE
LAMBRISSER
LAMELLAIRE
LAMELLEUSE
LAMENTABLE
LA MONTAGNE
LAMOURETTE
LAMPADAIRE
LANAUDIÈRE
LANAUDOISE
LANCASHIRE
LANCE-BOMBE
LANCE-FUSÉE
LANCINANTE
LANDAMMANN
LANDERNAUX
LANDERNEAU
LANDERNEAU
LANDERNÉEN
LANDRECIES
LANGAGIÈRE
LANGEADOIS
LANGERHANS
LANGONAISE
LANGOUREUX
LANJUINAIS
LANN-BIHOUÉ
LANNEMEZAN
LANSQUENET
LANTERNANT
LANTERNEAU
LANTHANIDE
LANUGINEUX
LAPIDATION
LAPOUTROIE
LAPRAIRIEN
LA PROVENCE
LAQUEDIVES
LARDERELLO
LARDONNANT
LARGE WHITE
LARME-DE-JOB
LARMOYANTE
LA ROCHELLE
LA ROCHETTE
LA SABLIÈRE
LASALLOISE
LATÉRALISÉ
LATÉRALITÉ
LATICIFÈRE
LATIFOLIÉE
LATINISANT
LATUQUOISE
LA TURBALLE
LAUDATRICE
LAURENTIEN
LAURENTIEN
LAURIER-TIN
LAUSANNOIS
LA VALLIÈRE
LAVALLIÈRE
LAVALLOISE
LAVANDIÈRE
LAVE-GLACES
LAWRENCIUM
LAXOVIENNE
LAZARSFELD
LAZZARONES
LEADERSHIP
LEAMINGTON
LE BARCARÈS
LE BEAUSSET
LE CHÂTELET
LÈCHEFRITE
LE CHEYLARD
LECOUVREUR
LÉDONIENNE
LEEUWARDEN
LE FRANÇOIS
LÉGALEMENT
LÉGALISANT
LÉGENDAIRE
LÉGÈREMENT
LÉGIFÉRANT
LÉGIONELLE
LÉGISLATIF
LÉGITIMANT
LÉGITIMITÉ
LEISHMANIA
LEISHMANIE
LEITMOTIVE
LEITMOTIVS
LE LAMENTIN
LE LAVANDOU
LEMNISCATE
LE MONT-DORE
LENCLOÎTRE
LE NEUBOURG
LÉNIFIANTE
LENTICELLE
LENTICULÉE
LENTIVIRUS
LÉOGNANAIS
LÉONARDOIS
LE PELETIER
LE PELLERIN
LÉPIDOLITE
LÉPIDOSTÉE
LÉPISOSTÉE
LÉPROLOGIE
LÉPROSERIE
LEPTONIQUE
LEPTOSPIRE
LE RICOLAIS
LEROI JONES
LES ANDELYS
LES AUBRAIS
LES ÉPARGES
LES ESSARTS
LES HOUCHES
LES MUREAUX
LESPARRAIN
LESPINASSE
LES ROUSSES
LESSIVABLE
LESSIVEUSE
L'ÉTANG-SALÉ
LETHBRIDGE
LE THORONET
LEUCÉMIQUE
LEUCOBRYUM
LEUCODERME
LEUCOPÉNIE
LEUCOPETRA
LEUCORRHÉE
LEUCOTOMIE
LE VAL-ANDRÉ

LÈVE-GLACES
LEVERKUSEN
LÈVE-VITRES
LÉVIGATION
LÉVISIENNE
LÉVITATION
LEXICALISÉ
LEXOVIENNE
LEYSENONDE
LEZAMA LIMA
LEZGUIENNE
LIAISONNÉE
LIAISONNER
LIANESCENT
LIBELLISTE
LIBÉRALISÉ
LIBÉRALITÉ
LIBÉRATEUR
LIBÉRATION
LIBÉRIENNE
LIBÉRIENNE
LIBERTAIRE
LIBIDINALE
LIBIDINAUX
LIBIDINEUX
LIBOURNAIS
LIBREVILLE
LICENCIANT
LICENCIEUX
LICITATION
LICITEMENT
LIEBKNECHT
LIEUTENANT
LIÉVINOISE
LIFFRÉENNE
LIGATURANT
LIGÉRIENNE
LIGÉRIENNE
LIGNIFIANT
LIGNOMÈTRE
LIGUGÉENNE
LIGURIENNE
LIGURIENNE
LILASIENNE
L'ÎLE-ROUSSE
LILIENTHAL
LILLEBONNE
LIMÉNIENNE
LIMITATION
LIMITATIVE
LIMITROPHE
LIMNOLOGIE
LIMONADIER
LIMOUGEAUD
LIMOUGEAUD
LINGOTIÈRE
LINGUATULE

LINOLÉIQUE
LION-SUR-MER
LIOUBERTSY
LIPOCHROME
LIPOGRAMME
LIPOTHYMIE
LIQUÉFIANT
LIQUIDABLE
LIQUIDATIF
LIQUOREUSE
LIQUORISTE
LISBONNAIS
LISBONNAIS
LISBONNINE
LISBONNINE
LISIBILITÉ
LISTÉRIOSE
LITHOLOGIE
LITHOPHAGE
LITIGIEUSE
LITTÉRAIRE
LITTLE NEMO
LITTLE ROCK
LITURGIQUE
LIVING-ROOM
LI XIANNIAN
LOBECTOMIE
LOCALEMENT
LOCALISANT
LOCOMOBILE
LOCOMOTEUR
LOCOMOTION
LOCOMOTIVE
LOCTUDISTE
LOEWENDAHL
LOGARITHME
LOGICIELLE
LOGICIENNE
LOGISTIQUE
LOGITHÈQUE
LOGOGRAPHE
LOGOGRIPHE
LOGOMACHIE
LOIR-ET-CHER
LOIS-CADRES
LOMBO-SACRÉ
LOMONOSSOV
LONDERZEEL
LONG DRINKS
LONGFELLOW
LONGICORNE
LONGILIGNE
LONG ISLAND
LONG-JOINTÉ
LONGJUMEAU
LONGUÉENNE
LONGUEMENT

LOPE DE VEGA
LOPHOPHORE
LOQUETEAUX
LOQUETEUSE
LORENZETTI
LORETTAINE
LORIENTAIS
LOROUSAINE
LORRIÇOISE
LOS ANGELES
LOSANGIQUE
LOTIONNANT
LOTISSEUSE
LÖTSCHBERG
LOUANGEANT
LOUANGEUSE
LOUBAVITCH
LOUCHEMENT
LOUDÉACIEN
LOUDUNAISE
LOUÉSIENNE
LOUHANNAIS
LOUISBOURG
LOUIS-MARIE
LOUISVILLE
LOURDEMENT
LOURDINGUE
LOUVERTURE
LOUVETEAUX
LOUVETERIE
LOUVIGNÉEN
LOVÉRIENNE
LOXODROMIE
LOYALEMENT
LOYALISTES
LOZÉRIENNE
LUBRIFIANT
LUBUMBASHI
LUCERNAIRE
LUCHONNAIS
LUCIDEMENT
LUCIENNOIS
LUCIFÉRIEN
LUCIFÉRINE
LUÇONNAISE
LUDENDORFF
LUDOTHÈQUE
LUDOVICIEN
LUIS DE LEÓN
LULUABOURG
LUMACHELLE
LUMINOSITÉ
LUNDEGÅRDH
LUNELLOISE
LUNETTERIE
LUPARIENNE
LUPERCALES

LURCY-LÉVIS
LUSITANIEN
LUSITANIEN
LUSTRATION
LUTÉINIQUE
LUXEMBOURG
LUXOVIENNE
LUXURIANCE
LUXURIANTE
LUXURIEUSE
LUZERNIÈRE
LYCOPERDON
LYMPHOCYTE
LYMPHOKINE
LYOPHILISÉ
LYSERGIQUE
MAASTRICHT
MACADAMISÉ
MACÉDONIEN
MACÉDONIEN
MACÉRATEUR
MACÉRATION
MACHINERIE
MACHINISME
MACHINISTE
MÂCHONNANT
MÂCHOUILLÉ
MACKINTOSH
MÂCONNAISE
MAÇONNERIE
MAÇONNIQUE
MACPHERSON
MACROCOSME
MACROCYSTE
MACROFAUNE
MACROPHAGE
MACROSPORE
MACULATURE
MADAGASCAR
MADELINOIS
MADELINOTE
MADÉRISANT
MAGASINAGE
MAGASINANT
MAGASINIER
MAGDEBOURG
MAGDUNOISE
MAGHRÉBINE
MAGHRÉBINE
MAGICIENNE
MAGISTRALE
MAGISTRAUX
MAGMATIQUE
MAGMATISME
MAGNANERIE
MAGNANIÈRE
MAGNÉTIQUE

MAGNÉTISÉE
MAGNÉTISER
MAGNÉTISME
MAGNIFIANT
MAGNIFICAT
MAGNIFIQUE
MAGNITOISE
MAGNYCOISE
MAGNY-COURS
MAGOUILLÉE
MAGOUILLER
MAGUELONNE
MAHARADJAH
MAHOMÉTANE
MAÏAKOVSKI
MAÏEUTIQUE
MAIGREMENT
MAIGRICHON
MAIGRIOTTE
MAIL-COACHS
MAILLANAIS
MAINTENANT
MAINTENEUR
MAISONNAIS
MAISTRANCE
MAÎTRISANT
MAJESTUEUX
MAJORATION
MAJORQUINE
MAJORQUINE
MALADRERIE
MALADRESSE
MALADROITE
MALAPPRISE
MALCOMMODE
MALEBO POOL
MAL-EN-POINT
MALENTENDU
MALESTROIT
MALFAISANT
MALFAITEUR
MALHEUREUX
MALHONNÊTE
MALICIEUSE
MALINOVSKI
MALINOWSKI
MALLE-POSTE
MALLOPHAGE
MALODORANT
MALPLAQUET
MALSONNANT
MALTHUSIEN
MALTRAITÉE
MALTRAITER
MALVOYANTE
MALZÉVILLE
MAMELONNÉE

MAMILLAIRE
MAMMALOGIE
MANAGEMENT
MANAGÉRIAL
MANAGUAYEN
MANAMÉENNE
MANCENILLE
MANCHESTER
MANCO CÁPAC
MANDARINAT
MANDATAIRE
MANDELBROT
MANDELSTAM
MANDEVILLE
MANDINGUES
MANDRAGORE
MANGANIQUE
MANGEAILLE
MANGEOTTÉE
MANGEOTTER
MANGONNEAU
MANGOUSTAN
MANIÉRISME
MANIÉRISTE
MANIFESTÉE
MANIFESTER
MANIGANCÉE
MANIGANCER
MANIGUETTE
MANILLAISE
MANIPULANT
MANITOULIN
MANKIEWICZ
MANNERHEIM
MANŒUVRÉE
MANŒUVRER
MANOGRAPHE
MANOMÉTRIE
MANOSQUINE
MANOUVRIER
MANQUEMENT
MANSONNIEN
MANSUÉTUDE
MANTEUFFEL
MANUCURANT
MANUSCRITE
MANZANARES
MANZANILLA
MAO TSÖ-TONG
MAPPEMONDE
MAQUEREAUX
MAQUERELLE
MAQUILLAGE
MAQUILLANT
MAQUILLEUR
MARABOUTÉE
MARABOUTER

MARAÎCHAGE
MARAÎCHÈRE
MARAÎCHINE
MARAUDEUSE
MARCASSITE
MARC AURÈLE
MARCESCENT
MARCHANDÉE
MARCHANDER
MARCHANTIA
MARCHEPIED
MARCINELLE
MARCOTTAGE
MARCOTTANT
MARÉCAGEUX
MARÉCHALAT
MARÉGRAPHE
MARÉMOTEUR
MARGAUDANT
MARGOTTANT
MARGOUSIER
MARGRAVIAT
MARGUERITE
MARGUERITE
MARIANISTE
MARIE TUDOR
MARIN DE TYR
MARINGOUIN
MARIOLOGIE
MARIVAUDER
MARIVERAIN
MARJOLAINE
MARLYCHOIS
MARLY-LE-ROI
MARMANDAIS
MARMENTEAU
MARMONNANT
MARMOTTANT
MARMOUTIER
MAROQUINÉE
MAROQUINER
MAROUFLAGE
MAROUFLANT
MARQUE-PAGE
MARQUÉSANE
MARQUETANT
MARQUETEUR
MARQUISIEN
MARRONNIER
MARSUPIALE
MARSUPIAUX
MARTENSITE
MARTINGALE
MARTINIQUE
MARTINISME
MARTYRISÉE
MARTYRISER
MARXISANTE
MASANIELLO
MASCARPONE
MASCATAISE
MASKINONGÉ
MASKOUTAIN
MASOCHISME
MASOCHISTE
MASSACRANT
MASSACREUR
MASSAGÈTES
MASSALIOTE
MASSALIOTE
MASSELOTTE
MASSIACOIS
MASSICOISE
MASSICOTÉE
MASSICOTER
MASSIFIANT
MASSINISSA
MASTIQUANT
MASTODONTE
MASTOÏDIEN
MASTOÏDITE
MASTOLOGIE
MASTROQUET
MASTURBANT
MATCH-PLAYS
MATELASSÉE
MATELASSER
MATELOTAGE
MATÉRIELLE
MATERNELLE
MATERNISÉE
MATHUSALEM
MATHUSALEM
MATIÉRISME
MATIÉRISTE
MATIFIANTE
MATO GROSSO
MATRAQUAGE
MATRAQUANT
MATRAQUEUR
MATRIARCAL
MATRIARCAT
MATRICAIRE
MATRILOCAL
MATRIOCHKA
MATSUSHIMA
MATTATHIAS
MATTERHORN
MATURATION
MATUTINALE
MATUTINAUX
MAUDISSANT
MAUPASSANT
MAUPERTUIS
MAURÉTANIE
MAURIACOIS
MAURITANIE
MAUTHAUSEN
MAXILLAIRE
MAXIMALISÉ
MAXIMILIEN
MAXIMISANT
MAXIPONTIN
MAYENNAISE
MAYONNAISE
MAZAMÉTAIN
MAZARINADE
MAZOWIECKI
MBABANAISE
MCCLINTOCK
MÉCANICIEN
MÉCANISANT
MÉCHAMMENT
MÉCHANCETÉ
MÉCONDUIRE
MÉCONDUITE
MÉCONTENTE
MÉCONTENTÉ
MÉDAILLANT
MÉDAILLEUR
MÉDAILLIER
MEDAL PLAYS
MÉDIATIQUE
MÉDIATISÉE
MÉDIATISER
MÉDIATRICE
MÉDICALISÉ
MÉDICAMENT
MÉDICASTRE
MÉDICATION
MÉDICINALE
MÉDICINAUX
MÉDICINIER
MÉDIÉVISME
MÉDIÉVISTE
MÉDIOCRITÉ
MÉDITATION
MÉDITATIVE
MÉDIUMNITÉ
MÉDULLAIRE
MÉDULLEUSE
MÉGALOMANE
MÉGALOPOLE
MÉGISSERIE
MÉHÉMET-ALI
MEIJI TENNO
MEISSONIER
MEITNERIUM
MÉLANCOLIE
MÉLANÉSIEN
MÉLANÉSIEN

MÉLANGEANT
MÉLANOCYTE
MÉLATONINE
MÉLÉAGRINE
MÊLÉ-CASSIS
MELENCOLIA
MÉLIORATIF
MÉLIS-MÉLOS
MELLIFIQUE
MÉLODIEUSE
MELONNIÈRE
MELTING-POT
MEMBRANEUX
MÉMORANDUM
MÉMORIELLE
MÉMORISANT
MÉNAGEMENT
MENDELEÏEV
MENDELSOHN
MENDIGOTÉE
MENDIGOTER
MÉNINGIOME
MÉNOPAUSÉE
MÉNORRAGIE
MENSONGÈRE
MENSUALISÉ
MENSUALITÉ
MENTALISME
MENTIONNÉE
MENTIONNER
MENTONNAIS
MENTONNIER
MENUISERIE
MÉPHITIQUE
MÉPHITISME
MÉPRISABLE
MÉPRISANTE
MERCANTILE
MERCANTOUR
MERCATIQUE
MERCENAIRE
MERCERISÉE
MERCERISER
MERCURIALE
MERCURIQUE
MERDRIGNAC
MÈRES-GRAND
MÉRIDIENNE
MÉRIDIONAL
MÉRIDIONAL
MERINGUANT
MERRIFIELD
MÉRYSIENNE
MÉSADAPTÉE
MÉSALLIANT
MÉSANGETTE
MÉSAXONIEN
MÉSENCHYME
MÉSENTENTE
MÉSESTIMÉE
MÉSESTIMER
MESMÉRISME
MÉSOBLASTE
MÉSOMORPHE
MÉSOSPHÈRE
MÉSOTHORAX
MÉSOZOAIRE
MÉSOZOÏQUE
MESSAGERIE
MÉTABOLISÉ
MÉTABOLITE
MÉTACENTRE
MÉTALANGUE
MÉTALLERIE
MÉTALLIÈRE
MÉTALLIQUE
MÉTALLISÉE
MÉTALLISER
MÉTALLOÏDE
MÉTAMÉRISÉ
MÉTAPLASIE
MÉTASTABLE
MÉTASTASER
MÉTATHORAX
MÉTAZOAIRE
METCHNIKOV
MÉTÉORIQUE
MÉTÉORISME
MÉTHANIÈRE
MÉTHANISÉE
MÉTHANISER
MÉTHIONINE
MÉTHODIQUE
MÉTHODISME
MÉTHODISTE
MÉTHYLIQUE
MÉTICULEUX
MÉTROLOGIE
MÉTROLOGUE
METTERNICH
MEUDONNAIS
MEUGLEMENT
MEULANAISE
MEURTRIÈRE
MÉVENNAISE
MEYLANAISE
MEYMACOISE
MEYRINOISE
MEZZOTINTO
MIAULEMENT
MIAULÉTOUE
MICELLAIRE
MICHEL-ANGE
MICHELOZZO
MICKIEWICZ
MICROBILLE
MICROCLINE
MICROCOSME
MICROFAUNE
MICROFIBRE
MICROFICHE
MICROFILMÉ
MICROFLORE
MICROFORME
MICROGRENU
MICROLITHE
MICROMÈTRE
MICRONÉSIE
MICRONISÉE
MICRONISER
MICRO-ONDES
MICROPHONE
MICROSCOPE
MICROSONDE
MICROSPORE
MIDDELBURG
MIDDLE JAZZ
MIDDLE WEST
MIDI D'OSSAU
MIÈVREMENT
MIGENNOISE
MIGNARDISE
MIGRAINEUX
MIGRATOIRE
MIGRATRICE
MIHAILOVIC
MILANKOVIC
MILDIOUSÉE
MILICIENNE
MILITARISÉ
MILK-SHAKES
MILLAVOISE
MILLEFIORI
MILLÉNAIRE
MILLERAIES
MILLERANDÉ
MILLÉSIMÉE
MILLÉSIMER
MILLILITRE
MILLIMÈTRE
MILLIMÉTRÉ
MINATITLÁN
MINAUDERIE
MINAUDIÈRE
MINAUDIÈRE
MINCISSANT
MINDSZENTY
MINÉRALIER
MINÉRALISÉ
MINESTRONE
MINICHAÎNE

MINIDISQUE
MINIMALISÉ
MINIMISANT
MINIPILULE
MINORATION
MINORATIVE
MINORQUINE
MINORQUINE
MINUTIEUSE
MIRACIDIUM
MIRACULEUX
MIRANDAISE
MIREBALAIS
MIRLIFLORE
MIROBOLANT
MIROITANTE
MIROITERIE
MIROITIÈRE
MIROMESNIL
MISONÉISME
MISONÉISTE
MISTASSINI
MISTER HYDE
MITHRADATE
MITHRAÏSME
MITHRIAQUE
MITHRIDATE
MITIGATION
MITRAILLÉE
MITRAILLER
MITSOTÁKIS
MITSUBISHI
MITTELLAND
MITTERRAND
MNÉMONIQUE
MNOUCHKINE
MOBILE HOME
MOBIL-HOMES
MOBILISANT
MODÉLISANT
MODÉNATURE
MODÉRATEUR
MODÉRATION
MODÉRÉMENT
MODERNISÉE
MODERNISER
MODERNISME
MODERNISTE
MODIFIABLE
MODIGLIANI
MODULATEUR
MODULATION
MOGADISCIO
MOHAMMEDIA
MOHOLY-NAGY
MOINS-PERÇU
MOINS-VALUE

MOISISSANT
MOISISSURE
MOISSAGAIS
MOISSONNÉE
MOISSONNER
MOITISSANT
MOLLETIÈRE
MOLLETONNÉ
MOLLISSANT
MOLOSSOÏDE
MOLYBDIQUE
MOMENTANÉE
MONACHISME
MONADELPHE
MONARCHIEN
MONASTIQUE
MONCOUTANT
MONDEVILLE
MONDIALISÉ
MONÉGASQUE
MONÉGASQUE
MONÉTISANT
MONGOLISME
MONGOLOÏDE
MONITORAGE
MONITORING
MÔN-KHMÈRES
MONNAYABLE
MONOCHROME
MONOCLINAL
MONOCLONAL
MONOCOLORE
MONOGATARI
MONOGRAMME
MONOLINGUE
MONOLOGUER
MONOMOTAPA
MONOMOTEUR
MONONUCLÉÉ
MONOPHASÉE
MONOPHONIE
MONOPLÉGIE
MONOPOLEUR
MONOPOLISÉ
MONOSPERME
MONOVALENT
MONOZYGOTE
MONSIGNORE
MONSIGNORI
MONSTRANCE
MONSTRUEUX
MONTAGNAIS
MONTAGNARD
MONTAGNEUX
MONTAGNIER
MONTALIVET
MONTANISME

MONTANISTE
MONTARGOIS
MONTASTRUC
MONTATAIRE
MONTAUSIER
MONTBRISON
MONTCHANIN
MONTDIDIER
MONTE ALBÁN
MONTEBOURG
MONTE-CARLO
MONTEGO BAY
MONTÉLIMAR
MONTEMAYOR
MONTÉNÉGRO
MONTENOTTE
MONTE-PLATS
MONTÉRÉGIE
MONTESSORI
MONTEVERDI
MONTEVIDEO
MONTFAUCON
MONTFERRAT
MONTGOMERY
MONTHEYSAN
MONTICELLI
MONTMAJOUR
MONTMARTRE
MONTMAURIN
MONTMÉDIEN
MONTMÉLIAN
MONTMIRAIL
MONTPELIER
MONTRACHET
MONTRACHET
MONTRÉJEAU
MONTSERRAT
MONT-VERDUN
MONUMENTAL
MOQUETTANT
MORAINIQUE
MORALEMENT
MORALISANT
MORBIDESSE
MORBILLEUX
MORCELABLE
MORDANÇAGE
MORDANÇANT
MORDICANTE
MORDILLAGE
MORDILLANT
MORFONDANT
MORIGÉNANT
MORLAISIEN
MORLANAISE
MORLANWELZ
MORNE-À-L'EAU

MORPHOGÈNE
MORTADELLE
MORTAGNAIS
MORTAISAGE
MORTAISANT
MORTES-EAUX
MORTIFIANT
MORTUACIEN
MORVANDEAU
MORVANDEAU
MORVANDIAU
MORVANDIAU
MOSTAGANEM
MOTHERWELL
MOTIVATION
MOTOMARINE
MOTOR-HOMES
MOTORISANT
MOTTERAINE
MOTTEVILLE
MOUCHARDÉE
MOUCHARDER
MOUCHETANT
MOUCHETURE
MOUILLABLE
MOUILLANCE
MOUILLANTE
MOUILLERON
MOUILLETTE
MOULINETTE
MOULINOISE
MOULURIÈRE
MOUSQUETON
MOUSSELINE
MOUSTACHUE
MOUSTÉRIEN
MOUTARDIER
MOUTONNANT
MOUTONNEUX
MOUTONNIER
MOUVEMENTÉ
MOUZONNAIS
MOYENÂGEUX
MOYEN-CONGO
MOZAMBIQUE
MOZZARELLA
MOZZARELLE
MUDANJIANG
MUGISSANTE
MULASSIÈRE
MULÂTRESSE
MULE-JENNYS
MULHOUSIEN
MULTICARTE
MULTICOQUE
MULTIFORME
MULTIGRADE

MULTIMÉDIA
MULTIMÈTRE
MULTINORME
MULTIPLEXE
MULTIPLIÉE
MULTIPLIER
MULTIPOINT
MULTIPOSTE
MULTIPRISE
MULTISALLE
MULTITÂCHE
MULTIVARIÉ
MUNICHOISE
MUNICHOISE
MUNICIPALE
MUNICIPAUX
MUNIFICENT
MURIAUTINE
MÛRISSANTE
MÛRISSERIE
MURMURANTE
MUSARAIGNE
MUSCARDINE
MUSCULAIRE
MUSCULEUSE
MUSÉIFIANT
MUSÉOLOGIE
MUSÉOLOGUE
MUSICALITÉ
MUSIC-HALLS
MUSICIENNE
MUSIQUETTE
MUTABILITÉ
MUTAGENÈSE
MUTAZILITE
MUTILATEUR
MUTILATION
MUTUALISÉE
MUTUALISER
MUTUALISME
MUTUALISTE
MYASTHÉNIE
MYCÉLIENNE
MYCÉNIENNE
MYCÉNIENNE
MYCOPLASME
MYÉLINISÉE
MYMENSINGH
MYOCARDITE
MYOGLOBINE
MYRTIFORME
MYSTÉRIEUX
MYSTICISME
MYSTIFIANT
MYTHIFIANT
MYTHOLOGIE
MYTHOLOGUE

MYTHOMANIE
MYXOMATOSE
MYXOMYCÈTE
NABATÉENNE
NABORIENNE
NADJAFABAD
NAHMANIDES
NAMBIKWARA
NAMIBIENNE
NAMIBIENNE
NANCÉIENNE
NANDROLONE
NANTERRIEN
NANTISSANT
NANTUATIEN
NAPA VALLEY
NAPHTALÈNE
NAPHTALINE
NAPOLITAIN
NAPOLITAIN
NARBONNAIS
NARCOTIQUE
NARRATRICE
NASALISANT
NASILLARDE
NASILLEUSE
NATITINGOU
NATURALISÉ
NAUFRAGEUR
NAUSÉABOND
NAVARRAISE
NAVARRAISE
NAVETTEUSE
NAVIGATEUR
NAVIGATION
NAVISPHÈRE
NAZARÉENNE
NAZARÉENNE
NEANDERTAL
NÉANTISANT
NÉBULISANT
NÉBULISEUR
NÉBULOSITÉ
NÉCESSAIRE
NÉCESSITÉE
NÉCESSITER
NECKARSULM
NÉCROLOGIE
NÉCROLOGUE
NÉCROPHAGE
NÉCROPHILE
NÉCROPHORE
NÉCROTIQUE
NEERWINDEN
NÉGATIVITÉ
NÉGLIGEANT
NÉGLIGENCE

NÉGLIGENTE
NÉGOCIABLE
NÉGOCIANTE
NÉMATOCÈRE
NÉOGRECQUE
NÉOLOGIQUE
NÉOLOGISME
NÉONAZISME
NÉOPTOLÈME
NÉOUVIELLE
NÉPÉRIENNE
NEPTUNISME
NÉRONIENNE
NESSELRODE
NETANYAHOU
NETTOYEUSE
NEUCHÂTEAU
NEUENGAMME
NEUFCHÂTEL
NEUFCHÂTEL
NEUMÜNSTER
NEUROLOGIE
NEUROLOGUE
NEURONIQUE
NEUROTOMIE
NEUROTONIE
NEUROTROPE
NEUTRALISÉ
NEUTRALITÉ
NEUVILLOIS
NE VARIETUR
NEVERSOISE
NÉVICIENNE
NÉVRITIQUE
NÉVROPATHE
NÉVROPTÈRE
NÉVROTIQUE
NEW ORLEANS
NEW WINDSOR
NEW-YORKAIS
NEW-YORKAIS
NIAISEMENT
NIAMÉYENNE
NIBELUNGEN
NICOLAÏSME
NICOSIENNE
NICTITANTE
NID-DE-POULE
NID-D'OISEAU
NIDWALDIEN
NIEMCEWICZ
NIGAUDERIE
NIGÉRIENNE
NIGÉRIENNE
NIGHT-CLUBS
NIJNEKAMSK
NINO PISANO
NITRIFIANT
NIVELLOISE
NIVERNAISE
NIVERNAISE
N'KONGSAMBA
NOBILIAIRE
NOBLAILLON
NOCTAMBULE
NOCTILUQUE
NOGAROLIEN
NOGENTAISE
NOISY-LE-SEC
NOMADISANT
NO MAN'S LAND
NOMINALISÉ
NOMINATION
NOMINATIVE
NON-ALIGNÉE
NON-ALIGNÉS
NONANCOURT
NON ANIMÉES
NONANTAINE
NONANTIÈME
NONCHALANT
NONCIATURE
NON-CROYANT
NON-FERREUX
NON-FUMEURS
NON-FUMEUSE
NON-INITIÉE
NON-INITIÉS
NON-INSCRIT
NONOBSTANT
NON-RÉPONSE
NON-RESPECT
NON-RETOURS
NON-SALARIÉ
NON-VALEURS
NON-VIOLENT
NON-VOYANTE
NON-VOYANTS
NORD-CORÉEN
NORD-CORÉEN
NORDISSANT
NÖRDLINGEN
NORMALISÉE
NORMALISER
NORRKÖPING
NOSOCOMIAL
NOSOPHOBIE
NOTABILITÉ
NOTTINGHAM
NOUADHIBOU
NOUAKCHOTT
NOURRICIER
NOURRISSON
NOURRITURE
NOUVEAU-NÉE
NOUVEAU-NÉS
NOVA IGUAÇU
NOVA LISBOA
NOYONNAISE
NUCÉRIENNE
NUCLÉARISÉ
NUCLÉOLYSE
NUCLÉOSIDE
NUCLÉOTIDE
NUITAMMENT
NUMÉRATEUR
NUMÉRATION
NUMÉRISANT
NUMÉRISEUR
NUMÉROTAGE
NUMÉROTANT
NUMÉROTEUR
NUMMULAIRE
NUPTIALITÉ
NYASSALAND
NYCTALOPIE
NYCTHÉMÈRE
NYIRAGONGO
NYMPHALIDÉ
NYMPHOMANE
OBÉISSANCE
OBÉISSANTE
OBERHAUSEN
OBJECTIVÉE
OBJECTIVER
OBLIGATION
OBLIGEANCE
OBLIGEANTE
OBLITÉRANT
OBNUBILANT
OBSÉQUIEUX
OBSERVABLE
OBSERVANCE
OBSIDIENNE
OBSIDIONAL
OBSTRUCTIF
OBTEMPÉRER
OBTURATEUR
OBTURATION
OBTUSANGLE
OCCASIONNÉ
OCCIDENTAL
OCCIDENTAL
OCCIPITALE
OCCIPITAUX
OCCULTISME
OCCULTISTE
OCCUPATION
OCCURRENCE
OCCURRENTE
OCÉANIENNE

OCÉANIENNE
OCTODURIEN
OCTOGONALE
OCTOGONAUX
OCULARISTE
ODER-NEISSE
ODONTALGIE
ODONTOCÈTE
ŒDÉMATEUX
ŒDÉMATIÉE
ŒDIPIENNE
ŒIL-DE-CHAT
ŒILS-DE-PIE
ŒNOMÉTRIE
ŒNOTHÈQUE
ŒSTRADIOL
ŒSTROGÈNE
OFFENSANTE
OFFERTOIRE
OFFICIELLE
OFFICIEUSE
OFFICINALE
OFFICINAUX
OFFUSQUANT
OIGNINOISE
OISEAU-LYRE
OISELLERIE
OLAUS PETRI
OLÉAGINEUX
OLÉORÉSINE
OLIGARCHIE
OLIGOCHÈTE
OLIGOCLASE
OLIGOPSONE
OLIVETAINE
OLIVÉTAINE
OLORONAISE
OLYMPIENNE
OMBILICALE
OMBILICAUX
OMBILIQUÉE
OMBRAGEANT
OMBRAGEUSE
OMNICOLORE
OMNIPOTENT
OMNISCIENT
OMNISPORTS
ONCTUOSITÉ
ONDOIEMENT
ONDULATION
ONE-MAN-SHOW
ONGUICULÉE
ONOMATOPÉE
ONTARIENNE
ONTOGENÈSE
OOLITHIQUE
OPACIFIANT
OPALESCENT
OPÉRATOIRE
OPÉRATRICE
OPPOSITION
OPPRESSANT
OPPRESSEUR
OPPRESSION
OPPRESSIVE
OPPRIMANTE
OPTICIENNE
OPTIMALISÉ
OPTIMISANT
OPTOMÉTRIE
OPTRONIQUE
ORANGEOISE
ORANGERAIE
ORANG-OUTAN
ORCHESTRAL
ORCHESTRÉE
ORCHESTRER
ORCHIDACÉE
ORDINATEUR
ORDINATION
ORDONNANCE
ORDONNANCÉ
ORDOVICIEN
OREILLARDE
OREILLETTE
ORFÈVRERIE
ORGANICIEN
ORGANISANT
ORGANISEUR
ORGANSINÉE
ORGANSINER
ORGASMIQUE
ORGASTIQUE
ORICHALQUE
ORIENTABLE
ORIENTEUSE
ORIGINAIRE
ORIGINELLE
ORLÉANAISE
ORLÉANISME
ORLÉANISTE
ORNEMENTAL
ORNEMENTÉE
ORNEMENTER
OROGÉNIQUE
OROGRAPHIE
OROPHARYNX
ORPAILLAGE
ORPAILLEUR
ORPHELINAT
ORS Y ROVIRA
ORTHODOXIE
ORTHOGÉNIE
ORTHOGONAL
ORTHONORMÉ
ORTHOPÉDIE
ORTHOPTÈRE
ORTHOSTATE
ORTHOTROPE
ORYCTÉROPE
ORZESZKOWA
OSCILLAIRE
OSCILLANTE
OSCULATEUR
OSTENSIBLE
OSTÉOGÉNIE
OSTÉOLOGIE
OSTÉOPATHE
OSTÉOPHYTE
OSTÉOTOMIE
ÖSTERREICH
OSTRACISME
OSTRÉICOLE
OSTROGOTHE
OSTROGOTHS
OTTOBEUREN
OTTONIENNE
OUAD-MÉDANI
OUAGALAISE
OUANANICHE
OUARZAZATE
OUDENAARDE
OUDMOURTES
OUDMOURTIE
OUESSANTIN
OUGANDAISE
OUGANDAISE
OUISTREHAM
OULAN-BATOR
OULIANOVSK
OULIPIENNE
OUM ER-REBIA
OUM KALSOUM
OURALIENNE
OURDISSAGE
OURDISSANT
OURDISSOIR
OUSSOURISK
OUTAOUAISE
OUTRAGEANT
OUTRAGEUSE
OUTRANCIER
OUTREPASSÉ
OUTRE-TOMBE
OUVRAGEANT
OUVRE-BOÎTE
OVALBUMINE
OVATIONNÉE
OVATIONNER
OVERIJSSEL
OVULATOIRE

OXHYDRIQUE
OXYCARBONÉ
OXYCOUPAGE
OXYSULFURE
OYONNAXIEN
OZAWA SEIJI
OZOIRIENNE
PACÉNIENNE
PACHYDERME
PADEREWSKI
PAGANISANT
PAGINATION
PAILLASSON
PAILLETAGE
PAILLETANT
PAIMBLOTIN
PAIMPOLAIS
PALANQUANT
PALATALISÉ
PALÉOLOGUE
PALESTRINA
PALETTISÉE
PALETTISER
PALÉTUVIER
PÂLICHONNE
PALINDROME
PALISSADÉE
PALISSADER
PÂLISSANTE
PALISSONNÉ
PALLIATIVE
PALMERSTON
PALMITIQUE
PALPÉBRALE
PALPÉBRAUX
PALPITANTE
PALPLANCHE
PALSAMBLEU
PALUDÉENNE
PANAMÉENNE
PANAMÉENNE
PANAMIENNE
PANAMIENNE
PANCARTAGE
PANCKOUCKE
PANDATERIA
PANIFIABLE
PANIQUANTE
PANIQUARDE
PANNEAUTER
PANNERESSE
PANONCEAUX
PANOPTIQUE
PANTAGRUEL
PANTELANTE
PANTHÉISME
PANTHÉISTE
PANTINOISE
PANTOMÈTRE
PANTOUFLER
PANURGISME
PAPARAZZIS
PAPAVÉRINE
PAPILLAIRE
PAPILLONNÉ
PAPILLOTER
PÂQUERETTE
PARABELLUM
PARACHEVÉE
PARACHEVER
PARACHIMIE
PARACHUTAL
PARACHUTÉE
PARACHUTER
PARADISIER
PARADJANOV
PARADOXALE
PARADOXAUX
PARAFFINÉE
PARAFFINER
PARAFISCAL
PARAFOUDRE
PARAGRAPHE
PARAGUAYEN
PARAGUAYEN
PARAISSANT
PARALYSANT
PARAMARIBO
PARAMÉTRÉE
PARAMÉTRER
PARANGONNÉ
PARANORMAL
PARAPHASIE
PARAPHRASE
PARAPHRASÉ
PARAPLÉGIE
PARAPUBLIC
PARASITANT
PARASITOSE
PARASTATAL
PARCELLISÉ
PARCHEMINÉ
PARCIMONIE
PARCOTRAIN
PARCOURANT
PAR-DESSOUS
PARDONNANT
PARE-BALLES
PARE-ÉCLATS
PAREMENTÉE
PAREMENTER
PARENCHYME
PARENTALES
PARENTÉRAL
PARENTHÈSE
PARE-SOLEIL
PARESSEUSE
PARFONDANT
PARFUMERIE
PARFUMEUSE
PARIDIGITÉ
PARIÉTAIRE
PARIPENNÉE
PARIS-BREST
PARISIENNE
PARISIENNE
PARLEMENTÉ
PARLER-VRAI
PAR MÉGARDE
PARMENTIER
PARMENTIER
PARNASSIEN
PARODIENNE
PARODONTAL
PAROISSIAL
PAROISSIEN
PARONOMASE
PAROTIDIEN
PAROTIDITE
PAROXYSMAL
PARPAILLOT
PARQUETAGE
PARQUETANT
PARQUETEUR
PARQUETIER
PARRAINAGE
PARRAINANT
PARRAINEUR
PARRHASIOS
PARTAGEANT
PARTAGEUSE
PARTENAIRE
PARTIALITÉ
PARTICELLI
PARTICIPER
PARTISANTE
PASARGADES
PAS-DE-PORTE
PASIONARIA
PASIONARIA
PASSE-BANDE
PASSE-DROIT
PASSE-LACET
PASSE-PASSE
PASSE-PIEDS
PASSE-PLATS
PASSEPOILÉ
PASSEREAUX
PASSERELLE
PASSE-TEMPS
PASSIFLORE

10

PASSIONNÉE
PASSIONNEL
PASSIONNER
PASTENAGUE
PASTEURIEN
PASTEURISÉ
PASTICHANT
PASTICHEUR
PASTILLAGE
PASTOUREAU
PATAUGEAGE
PATAUGEANT
PATAUGEUSE
PATELINANT
PATENTEUSE
PATERNELLE
PATHÉTIQUE
PATHÉTISME
PATHOGÉNIE
PATHOLOGIE
PATHOMIMIE
PATICHONNE
PATIEMMENT
PATIENTANT
PÂTISSERIE
PÂTISSIÈRE
PATOISANTE
PATOUILLÉE
PATOUILLER
PATRIARCAL
PATRIARCAT
PATRIARCHE
PATRILOCAL
PATRIMOINE
PATROLOGIE
PATRONNANT
PATROUILLE
PATROUILLÉ
PATTADAKAL
PATTES-D'OIE
PAUL DIACRE
PAUPÉRISÉE
PAUPÉRISER
PAUPÉRISME
PAUSES-CAFÉ
PAUVREMENT
PAYERNOISE
PAYSAGISTE
PAYS BASQUE
PEAUFINANT
PEAUSSERIE
PECCADILLE
PECHBLENDE
PÉCHERESSE
PÉCOPTÉRIS
PÉCUNIAIRE
PÉDANTERIE
PÉDANTISME
PÉDÉRASTIE
PÉDICELLÉE
PÉDICULOSE
PÉDIPLAINE
PÉDOGENÈSE
PÉDONCULÉE
PÉDOPHILIE
PEENEMÜNDE
PEIGNE-CULS
PEINTURANT
PÉJORATIVE
PEKALONGAN
PÉLAGIENNE
PÈLERINAGE
PELISSANNE
PELLAGREUX
PELLE-BÊCHE
PELLETERIE
PELLETEUSE
PELLETIÈRE
PELLICULÉE
PELLICULER
PELLOUTIER
PELOTONNÉE
PELOTONNER
PELUCHEUSE
PÉNALEMENT
PÉNALISANT
PENDELOQUE
PENDERECKI
PENDILLANT
PENDOUILLÉ
PENDULAIRE
PENDULETTE
PENDULIÈRE
PÉNÉPLAINE
PÉNÉTRABLE
PÉNÉTRANTE
PÉNIBILITÉ
PENNIFORME
PENSE-BÊTES
PENSIONNAT
PENSIONNÉE
PENSIONNER
PENTAGONAL
PENTAMÈTRE
PENTARADIÉ
PENTARCHIE
PENTATHLON
PENTÉLIQUE
PENTHIÈVRE
PÉNULTIÈME
PEPPERMINT
PEPTIDIQUE
PÉQUENAUDE
PERCE-NEIGE
PERCEPTEUR
PERCEPTION
PERCEPTIVE
PERCEVABLE
PERCIFORME
PERCIPIENT
PERCUSSION
PERCUTANÉE
PERCUTANTE
PERDIGUIER
PERDITANCE
PÈRE DAMIEN
PÈRE GORIOT
PÉREMPTION
PÉRENNANTE
PÉRENNISÉE
PÉRENNISER
PERFECTION
PERFORANTE
PERFORMANT
PERGÉLISOL
PÉRICLITER
PÉRIDINIEN
PÉRIDOTITE
PÉRIDURALE
PÉRIDURAUX
PÉRIGORDIN
PÉRIGORDIN
PÉRILLEUSE
PÉRINATALE
PÉRINATALS
PÉRINATAUX
PERIODIQUE
PÉRIODIQUE
PÉRIOSTITE
PÉRIPHÉRIE
PÉRIPHRASE
PÉRISÉLÈNE
PÉRISPERME
PÉRISSABLE
PÉRISSOIRE
PÉRITONÉAL
PÉRITONITE
PÉRIURBAIN
PERLINGUAL
PERMAFROST
PERMANENCE
PERMANENTE
PERMETTANT
PERMISSION
PERMISSIVE
PERMUTABLE
PERNAMBOUC
PERNICIEUX
PÉRONNAISE
PÉRONNELLE
PÉRORAISON

PEROXYDANT
PEROXYDASE
PERPÉTRANT
PERPÉTUANT
PERPÉTUITÉ
PERPLEXITÉ
PERRONNEAU
PERRUQUIER
PERSÉCUTÉE
PERSÉCUTER
PERSÉPHONE
PERSÉPOLIS
PERSÉVÉRER
PERSICAIRE
PERSIFLAGE
PERSIFLANT
PERSIFLEUR
PERSILLADE
PERSILLÈRE
PERSISTANT
PERSONNAGE
PERSPECTIF
PERSPICACE
PERSUADANT
PERSUASION
PERSUASIVE
PERSULFATE
PERSULFURE
PERTHARITE
PERTINENCE
PERTINENTE
PERTUISANE
PERTURBANT
PÉRUVIENNE
PÉRUVIENNE
PERVERSION
PERVERSITÉ
PERVIBRAGE
PERVIBRANT
PESCADORES
PÈSE-ACIDES
PÈSE-ALCOOL
PÈSE-ESPRIT
PÈSE-LETTRE
PÈSE-SIROPS
PESSIMISME
PESSIMISTE
PESTALOZZI
PESTIFÉRÉE
PESTILENCE
PETAH-TIKVA
PÉTAINISTE
PÉTARADANT
PÉTAUDIÈRE
PÉTAURISTE
PET-DE-NONNE
PÉTILLANTE
PETIT-BOURG
PETITEMENT
PETIT-ÎLOIS
PÉTITIONNÉ
PETIT-NÈGRE
PETIT-NEVEU
PETIT RENAU
PETITS-BOIS
PETITS-FILS
PETITS-GRIS
PETITS POIS
PÉTOUILLER
PÉTRIFIANT
PÉTRISSAGE
PÉTRISSANT
PÉTRISSEUR
PÉTROLETTE
PÉTROLEUSE
PÉTROLIÈRE
PÉTROLOGIE
PÉTROLOGUE
PETRÓPOLIS
PETROUCHKA
PEUPLEMENT
PEUPLERAIE
PEYREFITTE
PHACOCHÈRE
PHAGOCYTÉE
PHAGOCYTER
PHALANGÈRE
PHALANGINE
PHALSBOURG
PHANARIOTE
PHARAONIEN
PHARMACIEN
PHARYNGALE
PHARYNGAUX
PHARYNGIEN
PHARYNGITE
PHASEMÈTRE
PHASIANIDÉ
PHELLOGÈNE
PHÉLYPEAUX
PHÉNÉTIQUE
PHÉNOLIQUE
PHÉNOLOGIE
PHÉNOMÉNAL
PHÉNYLIQUE
PHÉOPHYCÉE
PHÉRORMONE
PHILATÉLIE
PHILIPPINE
PHILIPPINE
PHILISTINS
PHILOCTÈTE
PHILOLOGIE
PHILOLOGUE
PHILOSOPHE
PHILOSOPHÉ
PHLÉBOTOME
PHOCOMÉLIE
PHONATOIRE
PHONATRICE
PHONÉMIQUE
PHONÉTIQUE
PHONÉTISME
PHONIATRIE
PHONOGÉNIE
PHONOLOGIE
PHONOLOGUE
PHOSPHATÉE
PHOSPHATER
PHOSPHORÉE
PHOSPHORER
PHOTOCOPIE
PHOTOCOPIÉ
PHOTODIODE
PHOTOMATON
PHOTOMÈTRE
PHOTONIQUE
PHOTOPHORE
PHOTO-ROBOT
PHOTO-ROMAN
PHOTOSTYLE
PHOTOTAXIE
PHOTOTYPIE
PHRASTIQUE
PHRÉATIQUE
PHRYGIENNE
PHRYGIENNE
PHYLACTÈRE
PHYLÉTIQUE
PHYLLOXÉRA
PHYLOGÉNIE
PHYSIATRIE
PHYTOPHAGE
PIACULAIRE
PIAFFEMENT
PIAILLARDE
PIAILLERIE
PIAILLEUSE
PIANISSIMI
PIANISSIMO
PIANOFORTE
PIANOS-BARS
PIAPIATANT
PIAULEMENT
PICAILLONS
PICARESQUE
PICCADILLY
PICHENETTE
PICKPOCKET
PICOTEMENT
PIED-À-TERRE

10

PIED-DE-LION
PIED-DE-LOUP
PIED-DE-VEAU
PIÉDESTAUX
PIEDS-DE-ROI
PIEDS-NOIRS
PIEDS-NOIRS
PIEDS-PLATS
PIE-GRIÈCHE
PIÉMONTAIS
PIÉMONTAIS
PIERRAILLE
PIERRERIES
PIÉTINANTE
PIÉTONNIER
PIÈTREMENT
PIEUSEMENT
PIÉZOMÈTRE
PIGEONNANT
PIGEONNEAU
PIGEONNIER
PIGMENTANT
PIGNOCHANT
PIGNORATIF
PIGOUILLER
PILAT-PLAGE
PILLOW-LAVA
PILO-SÉBACÉ
PINAILLAGE
PINAILLANT
PINAILLEUR
PINNOTHÈRE
PINOCYTOSE
PINTADEAUX
PINTOCHANT
PIQUE-BŒUF
PIQUE-FLEUR
PIQUE-NIQUE
PIQUE-NIQUÉ
PIQUE-NOTES
PIQUETEUSE
PIRANDELLO
PIROUETTER
PISCÉNOISE
PISCIACAIS
PISCIFORME
PISISTRATE
PISSE-FROID
PISSOTIÈRE
PISTACHIER
PISTONNANT
PITCHOUNET
PITHIVIERS
PITHIVIERS
PITTSBURGH
PITUITAIRE
PITYRIASIS

PIVOTEMENT
PIZZAIOLOS
PIZZICATOS
PLACARDANT
PLACARDISÉ
PLACODERME
PLAFONNAGE
PLAFONNANT
PLAFONNEUR
PLAFONNIER
PLAIDOIRIE
PLAIGNANTE
PLAIN-CHANT
PLAISANTÉE
PLAISANTER
PLAISANTIN
PLAN CARPIN
PLANCHÉIÉE
PLANCHÉIER
PLANCHETTE
PLANCHISTE
PLANÉTAIRE
PLANIFIANT
PLANIMÈTRE
PLANIPENNE
PLAN-RELIEF
PLANTATION
PLANTAUREL
PLANTUREUX
PLAQUEMINE
PLASMOCYTE
PLASMODIUM
PLASMOLYSE
PLASMOPARA
PLASTICAGE
PLASTICIEN
PLASTICINE
PLASTICITÉ
PLASTIFIÉE
PLASTIFIER
PLASTIQUÉE
PLASTIQUER
PLASTRONNÉ
PLASTURGIE
PLATANISTE
PLATE-BANDE
PLATE-FORME
PLATINOÏDE
PLATONIQUE
PLATONISME
PLATS-BORDS
PLÉBÉIENNE
PLÉBISCITE
PLÉBISCITÉ
PLÉCOPTÈRE
PLEINEMENT
PLEIN-TEMPS

PLEURNICHÉ
PLEUTRERIE
PLEUVASSER
PLISSEMENT
PLOMBAGINE
PLOMBIÈRES
PLOMBIÈRES
PLOMBIFÈRE
PLONGEANTE
PLONGEMENT
PLOUFRAGAN
PLOUGASTEL
PLOUIGNEAU
PLOUMANAC'H
PLUMASSIER
PLURALISME
PLURALISTE
PLURIVOQUE
PLUS-VALUES
PLUTONIQUE
PLUTONISME
PLUVIOSITÉ
POCATOISES
POCHARDANT
PODZOLIQUE
POIGNARDÉE
POIGNARDER
POINÇONNÉE
POINÇONNER
POINSETTIA
POINT DE VUE
POINTILLÉE
POINTILLER
POIREAUTER
POISEUILLE
POLARISANT
POLARISEUR
POLATOUCHE
POLÉMARQUE
POLÉMIQUER
POLICEMANS
POLISSABLE
POLISSEUSE
POLISSONNE
POLISSONNÉ
POLITICARD
POLITICIEN
POLITISANT
POLLINIQUE
POLYALCOOL
POLYANDRIE
POLYCHROME
POLYCOPIÉE
POLYCOPIER
POLYDIPSIE
POLYGLOTTE
POLYGONALE

POLYGONAUX
POLYGRAPHE
POLYIODURE
POLYMÉRISÉ
POLYMORPHE
POLYNÉSIEN
POLYNÉSIEN
POLYNOMIAL
POLYPHASÉE
POLYPHONIE
POLYPLOÏDE
POLYPTYQUE
POLYTHERME
POLYTONALE
POLYTONAUX
POLYVALENT
POLYVINYLE
POMÉRANIEN
POMPÉIENNE
POMPONNANT
PONANTAISE
PONCTIONNÉ
PONCTUELLE
PONDÉRABLE
PONDÉREUSE
PONDICHÉRY
PONT-À-MARCQ
PONTARLIER
PONT-DE-VAUX
PONTEVEDRA
PONTIFIANT
PONTIFICAL
PONTIFICAT
PONTOISIEN
PONTON-GRUE
PONTONNIER
PONTRESINA
PONT-SCORFF
PONTS-LEVIS
PONTS-RAILS
PONTUSEAUX
POOL MALEBO
PÖPPELMANN
POPULACIER
POPULARISÉ
POPULARITÉ
POPULATION
PORCARTOIS
PORCELAINE
PORCHAISON
PORCS-ÉPICS
PORNICAISE
PORPHYRINE
PORRENTRUY
PORT-ARTHUR
PORT-DE-BOUC
PORTE-À-FAUX
PORTE-AUTOS
PORTE-BALAI
PORTE-BARGE
PORTE-BÉBÉS
PORTE-CARTE
PORTE-CLEFS
PORTE-COPIE
PORTE-CROIX
PORTE-ÉPÉES
PORTE-LAMES
PORTE-MENUS
PORTE-OBJET
PORTE-OUTIL
PORTE-PLUME
PORTE-QUEUE
PORTE-SAVON
PORT-GENTIL
PORT-JÉRÔME
PORT-NAVALO
PORTO VELHO
PORTOVIEJO
PORTSMOUTH
PORT-SOUDAN
PORT TALBOT
PORTUGAISE
PORTUGAISE
PORT-VILAIS
POSIDONIUS
POSITIONNÉ
POSITIVANT
POSITIVITÉ
POSITONIUM
POSSÉDANTE
POSSESSEUR
POSSESSION
POSSESSIVE
POSTDATANT
POSTÉRIEUR
POST-MARCHÉ
POST MORTEM
POSTNATALE
POSTNATALS
POSTNATAUX
POST-PARTUM
POSTPOSANT
POSTSÉRIEL
POSTULANTE
POTASSIQUE
POTENTILLE
POTESTATIF
POTIMARRON
POUDOVKINE
POUDROYANT
POUGATCHEV
POUILLERIE
POUILLEUSE
POUJADISME
POUJADISTE
POULAILLER
POULINIÈRE
POUPONNANT
POURCHASSÉ
POURFENDRE
POURFENDUE
POURLÉCHÉE
POURLÉCHER
POURRITURE
POURSUIVIE
POURSUIVRE
POURVOIRIE
POURVOYANT
POURVOYEUR
POUSSE-CAFÉ
POUTRAISON
POUZZOLANE
PRAESIDIUM
PRAETORIUS
PRANDTAUER
PRASÉODYME
PRATICABLE
PRATIQUANT
PRÉAVISANT
PRÉCARISÉE
PRÉCARISER
PRÉCAUTION
PRÉCÉDENTE
PRÉCEPTEUR
PRÉCESSION
PRÉCHAMBRE
PRÉCHAUFFÉ
PRÉCIOSITÉ
PRÉCIPITÉE
PRÉCIPITER
PRÉCOMPTÉE
PRÉCOMPTER
PRÉCONISÉE
PRÉCONISER
PRÉCORDIAL
PRÉCUISANT
PRÉCUISSON
PRÉCURSEUR
PRÉDATRICE
PRÉDÉCOUPÉ
PRÉDESTINÉ
PRÉDICABLE
PRÉDICATIF
PRÉDICTION
PRÉDICTIVE
PRÉDIGÉRÉE
PRÉDIQUANT
PRÉDISPOSÉ
PRÉDOMINER
PRÉEMBALLÉ
PRÉÉMINENT

10

PRÉEMPTANT
PRÉEMPTION
PRÉENCOLLÉ
PRÉÉTABLIE
PRÉÉTABLIR
PRÉEXISTER
PRÉFAILLES
PRÉFECTURE
PRÉFÉRABLE
PRÉFÉRENCE
PRÉFIGURÉE
PRÉFIGURER
PRÉFORMAGE
PRÉFORMANT
PRÉGÉNITAL
PRÉHENSEUR
PRÉHENSILE
PRÉHENSION
PRÉJUDICIÉ
PRÉJUGEANT
PRÉLASSANT
PRÉLOGIQUE
PRÉMATURÉE
PRÉMÉDITÉE
PRÉMÉDITER
PRÉMOLAIRE
PRÉMONTRÉE
PRÉNOMMANT
PRÉNUPTIAL
PRÉOCCUPÉE
PRÉOCCUPER
PRÉPARATIF
PRÉPENSION
PRÉPOSITIF
PRÉRÉGLAGE
PRÉRÉGLANT
PRÉRENTRÉE
PRÉSAGEANT
PRÉSALAIRE
PRESBYOPIE
PRESBYTÈRE
PRESCIENCE
PRESCIENTE
PRÉSENTANT
PRÉSENTOIR
PRÉSERVANT
PRÉSIDENCE
PRÉSIDENTE
PRÉSIDIAUX
PRÉSOMPTIF
PRESS-BOOKS
PRESSENTIE
PRESSENTIR
PRESSOSTAT
PRESSURAGE
PRESSURANT
PRESSURISÉ
PRESTATION
PRESTEMENT
PRÉSUMABLE
PRÉSUPPOSÉ
PRÉTENDANT
PRÉTENTION
PRÉTÉRITÉE
PRÉTÉRITER
PRÉTEXTANT
PRÉTORIALE
PRÉTORIAUX
PRÊTRAILLE
PRÉTRAITÉE
PRÉVALENCE
PRÉVENANCE
PRÉVENANTE
PRÉVENTION
PRÉVENTIVE
PRÉVISIBLE
PRÉVOYANCE
PRÉVOYANTE
PRILLIÉRAN
PRIMA DONNA
PRIMATIALE
PRIMATIAUX
PRIMAUGUET
PRIME DONNE
PRIME TIMES
PRIMORDIAL
PRIMULACÉE
PRIM Y PRATS
PRINCE NOIR
PRINCIPALE
PRINCIPAUX
PRINTANIER
PRISONNIER
PRIVADOISE
PRIVATISÉE
PRIVATISER
PRIVATISTE
PRIVILÉGIÉ
PRJEVALSKI
PROBATOIRE
PROCARYOTE
PROCÉDURAL
PROCESSEUR
PROCESSION
PROCESSIVE
PROCIDENCE
PROCLAMANT
PROCTALGIE
PROCUREURE
PROCYONIDÉ
PRODIGIEUX
PRODIGUANT
PRODUCTEUR
PRODUCTION
PRODUCTIVE
PRODUISANT
PROÉMINENT
PROFECTIVE
PROFESSANT
PROFESSEUR
PROFESSION
PROFITABLE
PROFITANTE
PROFITEUSE
PROFONDEUR
PROGLOTTIS
PROGRAMMÉE
PROGRAMMER
PROGRESSER
PROGRESSIF
PROHIBITIF
PROJECTEUR
PROJECTILE
PROJECTION
PROJECTIVE
PROLACTINE
PROLÉTAIRE
PROLIFÉRER
PROLIFIQUE
PROMENEUSE
PROMÉTHÉEN
PROMÉTHÉUM
PROMETTANT
PROMETTEUR
PROMOTRICE
PROMOUVANT
PROMOUVOIR
PROMULGUÉE
PROMULGUER
PRONATRICE
PRONOMINAL
PRONONÇANT
PROPADIÈNE
PROPAGANDE
PROPAGEANT
PROPENSION
PROPHÉTISÉ
PROPONTIDE
PROPORTION
PROPOSABLE
PROPREMENT
PROPRÉTEUR
PROPRÉTURE
PROPULSANT
PROPULSEUR
PROPULSION
PROPULSIVE
PROROGATIF
PROROGEANT
PROSCENIUM
PROSERPINE

PROSODIQUE
PROSOPOPÉE
PROSPECTÉE
PROSPECTER
PROSPECTIF
PROSPECTUS
PROSPÉRANT
PROSPÉRITÉ
PROSTATITE
PROSTERNÉE
PROSTERNER
PROSTITUÉE
PROSTITUER
PROTAGORAS
PROTANDRIE
PROTECTEUR
PROTECTION
PROTÉGEANT
PROTÈGE-BAS
PROTÉOLYSE
PROTESTANT
PROTIDIQUE
PROTOGYNIE
PROTONIQUE
PROTOPHYTE
PROTOPTÈRE
PROVENANCE
PROVENÇALE
PROVENÇALE
PROVENÇAUX
PROVENÇAUX
PROVERBIAL
PROVIDENCE
PROVIDENCE
PROVIGNAGE
PROVIGNANT
PROVINCIAL
PROVINOISE
PROVISOIRE
PROVOCANTE
PROVOQUANT
PROXÉMIQUE
PRUDEMMENT
PRUDHOE BAY
PRUD'HOMALE
PRUD'HOMAUX
PRUNELLIER
PRUSSIENNE
PRUSSIENNE
PSALMODIÉE
PSALMODIER
PSALTÉRION
PSEUDONYME
PSEUDOPODE
PSILOPHYTE
PSITTACIDÉ
PSITTACOSE

PSYCHIATRE
PSYCHOGÈNE
PTÉRANODON
PTÉRYGOÏDE
PUBERTAIRE
PUBESCENCE
PUBESCENTE
PUBLICISTE
PUBLIPHONE
PUÉRILISME
PUERPÉRALE
PUERPÉRAUX
PUERTO RICO
PUGET SOUND
PULLIÉRANE
PULMONAIRE
PULSIONNEL
PULTRUSION
PULVÉRISÉE
PULVÉRISER
PUNISSABLE
PUPILLAIRE
PUPITREUSE
PURGATOIRE
PURIFIANTE
PUSTULEUSE
PUTASSIÈRE
PUTRÉFIANT
PUTSCHISTE
PUVIRNITUQ
PUYLAURENS
PUY-L'ÉVÊQUE
PYCNOMÈTRE
PYLA-SUR-MER
PYODERMITE
PYRACANTHA
PYRAMIDALE
PYRAMIDAUX
PYRAMIDION
PYRÉNÉENNE
PYRÉNÉENNE
PYRÉTHRINE
PYRIDOXINE
PYRIMIDINE
PYROCORISE
PYROGALLOL
PYROGRAPHE
PYROLUSITE
PYROMÉTRIE
PYRRHONIEN
PYRRHOTITE
PYRROLIQUE
PYTHONISSE
QALAT SIMAN
QATARIENNE
QUADRANGLE
QUADRATURE

QUADRICEPS
QUADRIFIDE
QUADRILLÉE
QUADRILLER
QUADRILOBE
QUADRIPÔLE
QUADRUMANE
QUADRUPÈDE
QUADRUPLÉE
QUADRUPLER
QUADRUPLÉS
QUADRUPLET
QUADRUPLEX
QUAKERESSE
QUALIFIANT
QUALITATIF
QUANTIFIÉE
QUANTIFIER
QUARTANIER
QUART-MONDE
QUARTZEUSE
QUASI-DÉLIT
QUATERNION
QUATRE-MÂTS
QUÉBÉCISME
QUÉBÉCOISE
QUÉBÉCOISE
QUEENSLAND
QUELCONQUE
QUELLES QUE
QUÉMANDANT
QUÉMANDEUR
QUENOUILLE
QUERCINOIS
QUERCINOIS
QUERCITAIN
QUERCITRON
QUERCYNOIS
QUERCYNOIS
QUERELLANT
QUERELLEUR
QUÉRULENCE
QUÉRULENTE
QUESTIONNÉ
QUEUE-DE-PIE
QUEUE-DE-RAT
QUEVILLAIS
QUEZON CITY
QUIESCENCE
QUIESCENTE
QUILLANAIS
QUIMPÉROIS
QUINOLÉINE
QUINTILIEN
QUINTUPLÉE
QUINTUPLER
QUINTUPLÉS

QUIRATAIRE
RABÂCHEUSE
RABAISSANT
RABATTABLE
RABATTANTE
RABATTEUSE
RABBINIQUE
RABBINISME
RABIBOCHÉE
RABIBOCHER
RACCOMMODÉ
RACCORDANT
RACCOURCIE
RACCOURCIR
RACCROCHÉE
RACCROCHER
RACHETABLE
RACHIALGIE
RACHITIQUE
RACHITISME
RACKETTANT
RACKETTEUR
RACONTABLE
RACONTEUSE
RADICALISÉ
RADICALITÉ
RADICULITE
RADIOACTIF
RADIOGUIDÉ
RADIOLAIRE
RADIOLOGIE
RADIOLOGUE
RADIOMÈTRE
RADIOPHARE
RADIOSONDE
RADIO-TAXIS
RAFFINERIE
RAFFINEUSE
RAFISTOLÉE
RAFISTOLER
RAFRAÎCHIE
RAFRAÎCHIR
RAGOÛTANTE
RAIDISSANT
RAIDISSEUR
RAISONNANT
RAISONNEUR
RALINGUANT
RALLIEMENT
RALLIFORME
RAMAKRISNA
RAMASSETTE
RAMASSEUSE
RAMASSOIRE
RAMENDEUSE
RAMONVILLE
RAMPONEAUX

RAMPONNEAU
RANAVALONA
RANCARDANT
RANCISSANT
RANÇONNANT
RANÇONNEUR
RANCUNIÈRE
RANDOMISÉE
RANDOMISER
RANDONNANT
RANDONNEUR
RANIMATION
RANTANPLAN
RAON-L'ÉTAPE
RAPAILLANT
RAPATRIANT
RAPERCHANT
RAPETASSÉE
RAPETASSER
RAPETISSÉE
RAPETISSER
RAPHAËLOIS
RAPICOLANT
RAPIDEMENT
RAPPARIANT
RAPPLIQUER
RAPPOINTIS
RAPPORTANT
RAPPORTEUR
RAPPRENANT
RAPPRENDRE
RAPPROCHÉE
RAPPROCHER
RAQUETTEUR
RARÉFIABLE
RARESCENTE
RASE-MOTTES
RASPOUTINE
RASSASIANT
RASSEMBLÉE
RASSEMBLER
RASSÉRÉNÉE
RASSÉRÉNER
RASSISSANT
RASSURANTE
RAS TANNURA
RATATINANT
RATIBOISÉE
RATIBOISER
RATIOCINER
RATIONNANT
RATISBONNE
RATS-DE-CAVE
RATS-TAUPES
RATTACHANT
RATTRAPAGE
RATTRAPANT

RAVALEMENT
RAVAUDEUSE
RAVE-PARTYS
RAVIGOTANT
RAVINEMENT
RAVISSANTE
RAVISSEUSE
RAVITAILLÉ
RAWALPINDI
RAYONNANTE
RAZ DE MARÉE
RÉABONNANT
RÉABSORBÉE
RÉABSORBER
RÉACTIVANT
RÉACTIVITÉ
RÉACTOGÈNE
RÉADAPTANT
RÉADMETTRE
READY-MADES
RÉAFFIRMÉE
RÉAFFIRMER
RÉAGISSANT
RÉAJUSTANT
RÉALIGNANT
RÉALISABLE
RÉAMÉNAGÉE
RÉAMÉNAGER
RÉAMORÇANT
RÉARGENTÉE
RÉARGENTER
RÉARMEMENT
RÉARRANGÉE
RÉARRANGER
RÉASSIGNÉE
RÉASSIGNER
RÉASSORTIE
RÉASSORTIR
RÉASSURANT
RÉASSUREUR
REBACIENNE
REBAISSANT
REBAPTISÉE
REBAPTISER
RÉBARBATIF
REBEYROLLE
REBLANCHIE
REBLANCHIR
REBOUCHAGE
REBOUCHANT
REBOUTEUSE
REBOUTONNÉ
REBROUSSÉE
REBROUSSER
RECACHETÉE
RECACHETER
RECALCIFIÉ

RECALCULÉE
RECALCULER
RÉCAPITULÉ
RECARBURÉE
RECENSEUSE
RECENTRAGE
RECENTRANT
RÉCEPTACLE
RÉCEPTRICE
RECERCLANT
RECHANTANT
RÉCHAPPANT
RECHASSANT
RÉCHAUFFÉE
RÉCHAUFFER
RECHAUSSÉE
RECHAUSSER
RECHERCHÉE
RECHERCHER
RECHIGNANT
RÉCIDIVANT
RÉCIPROQUE
RÉCIPROQUÉ
RÉCITATION
RÉCLAMANTE
RECLASSANT
RÉCOGNITIF
RECOIFFANT
RÉCOLEMENT
RÉCOLTABLE
RÉCOLTANTE
RECOMBINÉE
RECOMBINER
RECOMMANDÉ
RECOMMENCÉ
RÉCOMPENSE
RÉCOMPENSÉ
RECOMPOSÉE
RECOMPOSER
RECOMPTANT
RÉCONCILIÉ
RECONDUIRE
RECONDUITE
RÉCONFORTÉ
RECONQUÊTE
RECONQUISE
RECONVERTI
RECORDMANS
RECORRIGÉE
RECORRIGER
RECOUCHANT
RECOURBANT
RECOURBURE
RECOUVERTE
RECOUVRAGE
RECOUVRANT
RECRACHANT
RECRÉATION
RÉCRÉATION
RÉCRÉATIVE
RECREUSANT
RÉCRIMINER
RECRUTEUSE
RECTIFIANT
RECTILIGNE
RECUEILLIE
RECUEILLIR
RECULEMENT
RECULOTTÉE
RECULOTTER
RÉCUPÉRANT
RÉCURRENCE
RÉCURRENTE
RÉCURSOIRE
RÉCUSATION
RECYCLABLE
RÉDACTRICE
REDEMANDÉE
REDEMANDER
REDÉMARRER
RÉDEMPTEUR
RÉDEMPTION
REDÉPLOYÉE
REDÉPLOYER
REDESCENDU
REDEVENANT
REDIFFUSÉE
REDIFFUSER
REDISCUTÉE
REDISCUTER
REDONDANCE
REDONDANTE
REDONNAISE
REDOUBLANT
REDOUTABLE
REDRESSAGE
REDRESSANT
REDRESSEUR
RÉDUCTIBLE
RÉDUCTRICE
RÉÉCOUTANT
RÉÉCRITURE
RÉÉCRIVANT
RÉÉDIFIANT
RÉÉDUQUANT
RÉÉLECTION
RÉÉLIGIBLE
RÉELLEMENT
RÉEMBAUCHÉ
RÉÉMETTEUR
RÉEMPLOYÉE
RÉEMPLOYER
RÉEMPRUNTÉ
RÉESCOMPTE
RÉESCOMPTÉ
RÉESSAYAGE
RÉESSAYANT
RÉÉTUDIANT
RÉÉVALUANT
RÉEXAMINÉE
RÉEXAMINER
RÉEXPÉDIÉE
RÉEXPÉDIER
RÉEXPORTÉE
RÉEXPORTER
REFAÇONNÉE
REFAÇONNER
RÉFECTOIRE
RÉFÉRENCÉE
RÉFÉRENCER
RÉFÉRENDUM
RÉFLECTEUR
RÉFLEXIBLE
RÉFORMABLE
RÉFORMETTE
RÉFORMISME
RÉFORMISTE
REFORMULÉE
REFORMULER
REFOUILLÉE
REFOUILLER
RÉFRACTANT
RÉFRACTEUR
RÉFRACTION
RÉFRIGÉRÉE
RÉFRIGÉRER
RÉFRINGENT
RÉFUTATION
RÉGALEMENT
RÉGALIENNE
REGARDANTE
REGARDEUSE
RÉGÉNÉRANT
REGENSBURG
REGIMBEUSE
RÉGINÉENNE
RÉGIONALES
REGISTRANT
RÉGLEMENTÉ
REGONFLAGE
REGONFLANT
REGORGEANT
REGRATTAGE
REGRATTANT
REGRATTIER
REGREFFANT
RÉGRESSANT
RÉGRESSION
RÉGRESSIVE
REGRETTANT
REGRIMPANT

10

REGROUPANT
RÉGULARISÉ
RÉGULARITÉ
RÉGULATEUR
RÉGULATION
RÉGURGITÉE
RÉGURGITER
RÉHABILITÉ
RÉHABITUÉE
RÉHABITUER
REHAUSSANT
REHAUSSEUR
RÉHYDRATÉE
RÉHYDRATER
REICHSMARK
REICHSTADT
REICHSTETT
REICHSWEHR
RÉIMPLANTÉ
RÉIMPORTÉE
RÉIMPORTER
RÉIMPOSANT
RÉIMPRIMÉE
RÉIMPRIMER
RÉINCARNÉE
RÉINCARNER
RÉINSCRIRE
RÉINSCRITE
RÉINSÉRANT
RÉINSTALLÉ
RÉINTÉGRÉE
RÉINTÉGRER
RÉINVENTÉE
RÉINVENTER
RÉINVESTIE
RÉINVESTIR
RÉINVITANT
RÉITÉRATIF
REJOIGNANT
REJOINTOYÉ
RELAISSANT
RELATIVISÉ
RELATIVITÉ
RELAXATION
RELECQUOIS
RELÉGATION
RELÈVEMENT
RELIGIEUSE
RELIQUAIRE
RELOGEMENT
RÉLUCTANCE
RELUISANTE
REMAILLAGE
REMAILLANT
REMANGEANT
REMANIABLE
REMAQUILLÉ
REMARCHANT
REMARQUANT
REMASTIQUÉ
REMBALLAGE
REMBALLANT
REMBARQUÉE
REMBARQUER
REMBARRANT
REMBAUCHÉE
REMBAUCHER
REMBLAVANT
REMBLAYAGE
REMBLAYANT
REMBOBINÉE
REMBOBINER
REMBOÎTAGE
REMBOÎTANT
REMBOURRÉE
REMBOURRER
REMBOURSÉE
REMBOURSER
REMBUCHANT
REMÉDIABLE
REMEMBRANT
REMÉMORANT
REMERCIANT
REMEUBLANT
REMIREMONT
RÉMISSIBLE
RÉMITTENTE
REMMAILLÉE
REMMAILLER
REMMANCHÉE
REMMANCHER
REMMOULAGE
REMMOULANT
REMODELAGE
REMODELANT
REMONTANTE
REMONTRANT
REMORQUAGE
REMORQUANT
REMORQUEUR
REMOUILLÉE
REMOUILLER
REMPAILLÉE
REMPAILLER
REMPAQUETÉ
REMPLAÇANT
REMPLOYANT
REMPLUMANT
REMPOCHANT
REMPORTANT
REMPRUNTÉE
REMPRUNTER
RÉMUNÉRANT
RENAISSANT
RENARDEAUX
RENARDIÈRE
RENCAISSÉE
RENCAISSER
RENCARDANT
RENCOGNANT
RENCONTRÉE
RENCONTRER
RENDEZ-VOUS
RENDORMANT
RENDOSSANT
RENÉGOCIÉE
RENÉGOCIER
RENÉ GOUPIL
RENFERMANT
RENFLEMENT
RENFLOUAGE
RENFLOUANT
RENFONÇANT
RENFORÇANT
RENFROGNÉE
RENFROGNER
RENGAGEANT
RENGAINANT
RENGRAISSÉ
RENGRÉNANT
RENIFLEUSE
RENOUVEAUX
RENOUVELÉE
RENOUVELER
RÉNOVATEUR
RÉNOVATION
RENSEIGNÉE
RENSEIGNER
RENTOILAGE
RENTOILANT
RENTOILEUR
RENTRAYANT
RENVERSANT
RÉOCCUPANT
RÉORGANISÉ
RÉORIENTÉE
RÉORIENTER
REPAISSANT
REPARAÎTRE
RÉPARATEUR
RÉPARATION
REPARTAGÉE
REPARTAGER
REPARUTION
REPASSEUSE
REPEIGNANT
REPENTANCE
REPENTANTE
REPENTIGNY
RÉPERCUTÉE
RÉPERCUTER

RÉPERTOIRE
RÉPERTORIÉ
RÉPÉTITEUR
RÉPÉTITION
RÉPÉTITIVE
REPEUPLANT
REPLANTANT
REPLÂTRAGE
REPLÂTRANT
REPLEUVANT
REPLEUVOIR
REPLIEMENT
RÉPLIQUANT
REPLISSANT
RÉPONDANTE
RÉPONDEUSE
REPORTRICE
REPOSE-PIED
REPOSE-TÊTE
REPOURVOIR
REPOUSSAGE
REPOUSSANT
REPOUSSOIR
REPRÉSENTÉ
RÉPRESSEUR
RÉPRESSION
RÉPRESSIVE
RÉPRIMANDE
RÉPRIMANDÉ
REPROCHANT
REPRODUIRE
REPRODUITE
RÉPROUVANT
RÉPUBLIQUE
RÉPUGNANCE
RÉPUGNANTE
RÉPUTATION
REQUALIFIÉ
REQUÉRANTE
REQUINQUÉE
REQUINQUER
REQUITTANT
RESCINDANT
RESCISOIRE
RÉSERVISTE
RÉSIDUAIRE
RÉSIDUELLE
RÉSILIABLE
RÉSILIENCE
RÉSILIENTE
RÉSINIFÈRE
RÉSISTANCE
RÉSISTANTE
RÉSISTIBLE
RÉSOLUMENT
RÉSOLUTION
RÉSOLUTIVE
RÉSOLVANTE
RÉSONATEUR
RÉSONNANTE
RÉSORBABLE
RÉSORCINOL
RÉSORPTION
RESPECTANT
RESPECTIVE
RESPIRABLE
RESPLENDIR
RESQUILLÉE
RESQUILLER
RESSAIGNER
RESSASSANT
RESSAUTANT
RESSEMBLER
RESSEMELÉE
RESSEMELER
RESSENTANT
RESSERRANT
RESSERVANT
RESSORTANT
RESSOUDANT
RESSOURCÉE
RESSOURCER
RESSOUVENU
RESSUSCITÉ
RESTAURANT
RESTITUANT
RESTOROUTE
RESTREINTE
RESTRICTIF
RÉSULTANTE
RÉSURGENCE
RÉSURGENTE
RETAILLANT
RÉTICULANT
RÉTINIENNE
RETIRATION
RETOMBANTE
RÉTORQUANT
RETOUCHANT
RETOUCHEUR
RETOURNAGE
RETOURNANT
RÉTRACTANT
RÉTRACTILE
RÉTRACTION
RÉTRACTIVE
RETRADUIRE
RETRADUITE
RETRAITANT
RETRANCHÉE
RETRANCHER
RETRANSMIS
RETRAVERSÉ
RETRAYANTE
RÉTREINDRE
RETREMPANT
RÉTRIBUANT
RÉTROACTES
RÉTROACTIF
RÉTROCÉDÉE
RÉTROCÉDER
RÉTROFLEXE
RÉTROFUSÉE
RÉTROGRADE
RÉTROGRADÉ
RETROUSSÉE
RETROUSSER
RETROUSSIS
RETROUVANT
RÉTROVIRUS
RÉUNIFIANT
RÉUNISSAGE
RÉUNISSANT
RÉUTILISÉE
RÉUTILISER
REUTLINGEN
REVACCINÉE
REVACCINER
REVALORISÉ
REVANCHANT
REVANCHARD
RÊVASSERIE
RÊVASSEUSE
RÉVEILLANT
RÉVÉLATEUR
RÉVÉLATION
REVENDEUSE
REVENDIQUÉ
RÉVERBÉRÉE
RÉVERBÉRER
RÉVERSIBLE
REVÊTEMENT
REVIGORANT
REVIREMENT
REVISITANT
REVITALISÉ
REVIVIFIÉE
REVIVIFIER
RÉVOCATION
RÉVOLTANTE
RÉVOLUTION
REZONVILLE
RHABILLAGE
RHABILLANT
RHEA SILVIA
RHÉTORIQUE
RHÉTO-ROMAN
RHINOCÉROS
RHINOLOPHE
RHIZOCTONE
RHIZOSTOME

RHODOPSINE
RHOMBOÈDRE
RHOMBOÏDAL
RHÔNALPINE
RHÔNALPINE
RHÔNE-ALPES
RHOTACISME
RHUMATISME
RHUMATOÏDE
RIBAMBELLE
RIBBENTROP
RIBOSOMALE
RIBOSOMAUX
RIBOULANTE
RICANEMENT
RICHARDSON
RICHISSIME
RICHTHOFEN
RICKETTSIE
RIDELLOISE
RIDICULISÉ
RIEDISHEIM
RIEMANNIEN
RIFT VALLEY
RIGIDEMENT
RIGIDIFIÉE
RIGIDIFIER
RIGOUREUSE
RIMAILLANT
RIMAILLEUR
RIMOUSKOIS
RINGARDAGE
RINGARDANT
RINGARDISÉ
RINK-HOCKEY
RIPAGÉRIEN
RIPAILLANT
RIPAILLEUR
RIPOLINANT
RIPPLE-MARK
RIS-ORANGIS
RISQUE-TOUT
RISTOURNÉE
RISTOURNER
RITARDANDO
RITUALISÉE
RITUALISER
RITUALISME
RITUALISTE
RIVALISANT
RIVE-DE-GIER
RIVESALTES
RIVESALTES
RIYADIENNE
RIZ-PAIN-SEL
ROAD-MOVIES
ROAST-BEEFS
ROBERTIENS
ROBINETIER
ROBORATIVE
ROBOTICIEN
ROBOTISANT
ROBUSTESSE
ROCAILLAGE
ROCAILLEUX
ROCAMADOUR
ROCAMADOUR
ROCASSIÈRE
ROCHAMBEAU
ROCHELAISE
ROCHETTOIS
ROCK FOREST
RÔDAILLANT
RODTCHENKO
ROGNONNADE
ROGNONNANT
ROIDISSANT
ROLIVALOIS
ROLLER BALL
ROMANCIÈRE
ROMANESQUE
ROMANICHEL
ROMANISANT
ROMAN-PHOTO
ROMANTIQUE
ROMANTISME
ROMILLONNE
ROMORANTIN
ROMUALDIEN
RONCHONNER
ROND-DE-CUIR
RONDE-BOSSE
RONDELETTE
RONÉOTYPÉE
RONÉOTYPER
RONFLEMENT
RONRONNANT
ROODEPOORT
ROQUEBRUNE
ROQUEMAURE
ROQUEVAIRE
ROSANILINE
ROSEMÈROIS
ROSENZWEIG
ROSIÉRISTE
ROSNY JEUNE
ROSSELLINI
ROSSELLINO
ROSSINANTE
ROSTRENOIS
ROTHSCHILD
RÔTISSERIE
RÔTISSEUSE
RÔTISSOIRE
ROTULIENNE
ROUBAISIEN
ROUBTSOVSK
ROUCOULADE
ROUCOULANT
ROUENNAISE
ROUFFIGNAC
ROUGE-GORGE
ROUGEOLEUX
ROUGEOYANT
ROUGE-QUEUE
ROUGISSANT
ROULEAUTÉE
ROULÉ-BOULÉ
ROUMANILLE
ROUPILLANT
ROUSCAILLÉ
ROUSPÉTANT
ROUSPÉTEUR
ROUSSILLON
ROUTINIÈRE
ROWLANDSON
ROYALEMENT
ROYANNAISE
RUB AL-KHALI
RUBÉFIANTE
RUBÉNIENNE
RUBÉOLEUSE
RUBESCENTE
RUBIGINEUX
RUBINSTEIN
RUBRIQUANT
RUDA SLASKA
RUDOIEMENT
RUGISSANTE
RUINIFORME
RUISSELANT
RUMINATION
RUSSIFIANT
RUSSOPHILE
RUSSOPHONE
RUSTENBURG
RUSTIQUANT
RUTHÉNOISE
RUTHÉNOISE
RUTHERFORD
RUTILEMENT
RUYSBROECK
RYDZ-SMIGLY
RYTHMICITÉ
SABBATIQUE
SABLONNANT
SABLONNEUX
SABOLIENNE
SABRETACHE
SÁ-CARNEIRO
SACCAGEANT

SACCAGEUSE
SACCHARASE
SACCHARATE
SACCHARIDE
SACCHARINE
SACCHAROSE
SACERDOTAL
SACRALISÉE
SACRALISER
SACRAMENTO
SACRÉ-CŒUR
SACRÉ-CŒUR
SACRIFIANT
SACRISTAIN
SACRISTINE
SACRO-SAINT
SADUCÉENNE
SAGAMIHARA
SAGITTAIRE
SAGITTAIRE
SAGRANIÈRE
SAHARANPUR
SAHARIENNE
SAHARIENNE
SAHÉLIENNE
SAIGNEMENT
SAILLATAIS
SAINT-AMAND
SAINT-AMANT
SAINT-AMOUR
SAINT-AMOUR
SAINT-ANDRÉ
SAINT-ANTON
SAINT-AUBAN
SAINT-AUBIN
SAINT-AVOLD
SAINT-BRIAC
SAINT-BRICE
SAINT-BRUNO
SAINT-CHÉLY
SAINT-CIERS
SAINT CLAIR
SAINT-CLOUD
SAINT-CYRAN
SAINT DENIS
SAINT-DENIS
SAINT-DONAT
SAINTE-ANNE
SAINT ELIAS
SAINTEMENT
SAINTE-MÈRE
SAINTE-ROSE
SAINT-FLOUR
SAINT-GENIS
SAINT-GRAAL
SAINT-HÉAND
SAINT-IMIER

SAINT-JACUT
SAINT-JAMES
SAINT JOHN'S
SAINT-JOUIN
SAINT-JUÉRY
SAINT KILDA
SAINT-LOISE
SAINT LOUIS
SAINT-LOUIS
SAINT-MANDÉ
SAINT-MARIN
SAINT-PÉRAY
SAINT-RENAN
SAINT-SAËNS
SAINT-SAVIN
SAINT-SEVER
SAINT-SIÈGE
SAINT-SIMON
SAINT-TROND
SAINT-VAURY
SAINT-VÉRAN
SAINT-VRAIN
SAINT-YORRE
SAISISSANT
SAISONNIER
SALAMALECS
SALAMANDRE
SALAMANDRE
SALAMANQUE
SALÉSIENNE
SALICYLATE
SALIFIABLE
SALISIENNE
SALISSANTE
SALIVATION
SALLANCHES
SALMANASAR
SALMANAZAR
SALMONELLE
SALOMONAIS
SALONNARDE
SALPÊTRANT
SALPINGITE
SALTATOIRE
SALUTATION
SALVATRICE
SALZGITTER
SAMARITAIN
SAMARITAIN
SAMATANAIS
SAMMARTINI
SAMOTHRACE
SAN AGUSTÍN
SAN ANDREAS
SAN ANTONIO
SAN-ANTONIO
SANATORIUM

SAN-BENITOS
SANCERROIS
SANCTIFIÉE
SANCTIFIER
SANCTIONNÉ
SANCTUAIRE
SANDALETTE
SANDARAQUE
SANDERLING
SANDINISME
SANDINISTE
SANDOMIERZ
SANDWICHES
SANFLORAIN
SANG-DRAGON
SANGLOTANT
SANITAIRES
SAN LORENZO
SANNAZZARO
SANS-EMPLOI
SANSEVIÈRE
SAN STEFANO
SANTA CLARA
SANTA MARIA
SANTA MARTA
SANTILLANA
SANTO ANDRÉ
SANTONNIER
SÃO GONÇALO
SAOUDIENNE
SAOUDIENNE
SAPIENTIEL
SAPINDACÉE
SAPONIFIÉE
SAPONIFIER
SAPROPHAGE
SAPROPHYTE
SARAJÉVIEN
SARCELLOIS
SARCOÏDOSE
SARCOPHAGE
SARDINELLE
SARDINERIE
SARDINIÈRE
SARDONIQUE
SARLADAISE
SARMENTANT
SARMENTEUX
SARRACENIA
SARRACÉNIE
SARREBOURG
SARREBRUCK
SARRELOUIS
SARRE-UNION
SARTENAISE
SARZEAUTIN
SASSANIDES

SATAVAHANA
SATELLISÉE
SATELLISER
SATIRISANT
SATISFAIRE
SATISFAITE
SATISFECIT
SATO EISAKU
SATURATEUR
SATURATION
SATURNALES
SATURNISME
SATYRIASIS
SAUJONNAIS
SAUMONEAUX
SAUMONETTE
SAUMUROISE
SAUPOUDRÉE
SAUPOUDRER
SAURISSAGE
SAURISSEUR
SAUROPSIDÉ
SAUT-DE-LOUP
SAUTEREAUX
SAUTERELLE
SAUTILLANT
SAUTS-DE-LIT
SAUVAGERIE
SAUVEGARDE
SAUVEGARDÉ
SAUVETERRE
SAVERNOISE
SAVINIENNE
SAVONAROLE
SAVONNERIE
SAVONNERIE
SAVONNETTE
SAVONNEUSE
SAVONNIÈRE
SAVOUREUSE
SAXE-ANHALT
SAXE-WEIMAR
SCAFERLATI
SCALDIENNE
SCANDALEUX
SCANDALISÉ
SCANDERBEG
SCANDINAVE
SCANDINAVE
SCAPHANDRE
SCAPHOPODE
SCAPULAIRE
SCARABÉIDÉ
SCARIFIAGE
SCARIFIANT
SCARLATINE
SCATOLOGIE

SCATOPHILE
SCELLEMENT
SCÉNARISÉE
SCÉNARISER
SCÉNARISTE
SCHABRAQUE
SCHAERBEEK
SCHÉMATISÉ
SCHILIKOIS
SCHISTEUSE
SCHLEICHER
SCHLIEFFEN
SCHLIEMANN
SCHLINGUER
SCHLITTAGE
SCHLITTANT
SCHLITTEUR
SCHLŒSING
SCHNITZLER
SCHNORCHEL
SCHŒLCHER
SCHOENBERG
SCHOLIASTE
SCHÖNBRUNN
SCHONGAUER
SCHRIEFFER
SCHTROUMPF
SCHUMACHER
SCHUMPETER
SCHWEITZER
SCHWITTERS
SCIENTISME
SCIENTISTE
SCINTILLER
SCISSIPARE
SCLÉRANTHE
SCLÉROSANT
SCOLARISÉE
SCOLARISER
SCORPÉNIDÉ
SCORPIOÏDE
SCORSONÈRE
SCORZONÈRE
SCOTOMISÉE
SCOTOMISER
SCRABBLANT
SCRABBLEUR
SCRATCHANT
SCRATCHING
SCRIPT-GIRL
SCRIPTURAL
SCROFULEUX
SCRUPULEUX
SCRUTATEUR
SCULPTRICE
SCULPTURAL
SEABORGIUM

SÉBASTOPOL
SÈCHE-LINGE
SÈCHE-MAINS
SÉCHERESSE
SECLINOISE
SECONDAIRE
SECOND PITT
SECOUEMENT
SECOURABLE
SECOUREUSE
SECOURISME
SECOURISTE
SECRÉTAIRE
SÉCRÉTEUSE
SÉCRÉTOIRE
SÉCRÉTRICE
SECTARISME
SECTATRICE
SECTIONNÉE
SECTIONNER
SECTORISÉE
SECTORISER
SÉCULARISÉ
SÉCURISANT
SÉDÉLOCIEN
SÉDENTAIRE
SÉDIMENTÉE
SÉDIMENTER
SÉDITIEUSE
SÉDUCTRICE
SÉDUISANTE
SEERSUCKER
SEGMENTANT
SÉGRÉGATIF
SÉGUEDILLE
SEGUIDILLA
SEICHANAIS
SEIGNEURIE
SÉISMICITÉ
SÉJOURNANT
SÉLEUCIDES
SEMAINIÈRE
SÉMANTIQUE
SEMBLANÇAY
SEMENCIÈRE
SEMESTRIEL
SEMI-ARIDES
SEMI-COCKES
SÉMILLANTE
SÉMINIFÈRE
SEMI-NOMADE
SÉMIOLOGIE
SÉMIOTIQUE
SEMI-OUVERT
SEMI-OUVRÉE
SEMI-OUVRÉS
SEMI-PEIGNÉ

SEMI-PUBLIC
SEMI-RIGIDE
SÉMITISANT
SEMMELWEIS
SEMOULERIE
SENANAYAKE
SÉNATORIAL
SENEFELDER
SÉNÉGALAIS
SÉNÉGALAIS
SÉNÉGAMBIE
SÉNESCENCE
SÉNESCENTE
SENONCHOIS
SENSUALITÉ
SENTINELLE
SEO DE URGEL
SÉOULIENNE
SÉPARATEUR
SÉPARATION
SÉPARÉMENT
SEPTÉMOISE
SEPTÉNAIRE
SEPTENNALE
SEPTENNAUX
SEPTICÉMIE
SEPTIMANIE
SEPTMONCEL
SEPTUPLANT
SÉPULCRALE
SÉPULCRAUX
SÉQUENÇAGE
SÉQUENCEUR
SÉQUENTIEL
SÉQUESTRÉE
SÉQUESTRER
SÉRAPHIQUE
SERFOUETTE
SÉRIALISME
SÉRICICOLE
SÉRICIGÈNE
SERINGUANT
SERMONNANT
SERMONNEUR
SÉROTONINE
SERPA PINTO
SERPENTANT
SERPENTEAU
SERPENTINE
SERPOUKHOV
SERRE-FILES
SERRE-JOINT
SERRURERIE
SERTISSAGE
SERTISSANT
SERTISSEUR
SERTISSURE

SERVANDONI
SERVOFREIN
SERVRANCKX
SESTRIÈRES
SÉVÈREMENT
SEVRANAISE
SEXAGÉSIME
SEX-APPEALS
SEXPARTITE
SEX PISTOLS
SEX-SYMBOLS
SEXTILLION
SEXTUPLANT
SEXTUPLÉES
SEXUALISÉE
SEXUALISER
SEYCHELLES
SEYSSELANE
SÉZANNAISE
SGANARELLE
SHACKLETON
SHAKUNTALA
SHAKYAMUNI
SHAMPOOING
SHAMPOUINÉ
SHAWINIGAN
SHERBROOKE
SHINTOÏSME
SHINTOÏSTE
SHOGOUNALE
SHOGOUNAUX
SHORT-TRACK
SHOWA TENNO
SHREVEPORT
SHREWSBURY
SIALAGOGUE
SIALORRHÉE
SIBÉRIENNE
SIBÉRIENNE
SICILIENNE
SICILIENNE
SIDÉRATION
SIDÉROLITE
SIDÉROSTAT
SIDÉRURGIE
SIDI-BRAHIM
SIERPINSKI
SIFFLEMENT
SIFFLOTANT
SIGEANAISE
SIGILLAIRE
SIGMOÏDITE
SIGNALISÉE
SIGNALISER
SIGNATAIRE
SIGNIFIANT
SIGNORELLI

SIKELIANÓS
SILENCIEUX
SILENTBLOC
SILÉSIENNE
SILÉSIENNE
SILHOUETTE
SILHOUETTE
SILHOUETTÉ
SILICICOLE
SILLEROISE
SILLONNANT
SILURIENNE
SIMFEROPOL
SIMILARITÉ
SIMILICUIR
SIMILISAGE
SIMILISANT
SIMILITUDE
SIMONIAQUE
SIMONSTOWN
SIMPLEMENT
SIMPLICITÉ
SIMPLIFIÉE
SIMPLIFIER
SIMULATEUR
SIMULATION
SIMULTANÉE
SINE QUA NON
SINGALETTE
SINGULIÈRE
SINISATION
SINISTROSE
SIN-LE-NOBLE
SINTÉRISÉE
SINTÉRISER
SINT-GILLIS
SINUSIENNE
SINUSOÏDAL
SIPHONNANT
SISMOLOGIE
SISMOLOGUE
SISSONNAIS
SISTER-SHIP
SITOSTÉROL
SIXTE QUINT
SIYAD BARRE
SKANDERBEG
SKATEBOARD
SKELLEFTEÅ
SKIASCOPIE
SKY-SURFING
SLALOMEUSE
SLAUERHOFF
SLAVISANTE
SLAVOPHILE
SLOCHTEREN
SMARAGDITE

SNAKE RIVER
SNOBINARDE
SOAP OPERAS
SOCIALISÉE
SOCIALISER
SOCIALISME
SOCIALISTE
SOCIÉTAIRE
SOCINIENNE
SOCIODRAME
SOCIOLOGIE
SOCIOLOGUE
SOCRATIQUE
SÖDERTÄLJE
SODOMISANT
SOFT-DRINKS
SOGNEFJORD
SOKOLOVSKI
SOLDANELLE
SOLENNELLE
SOLENNISÉE
SOLENNISER
SOLÉNOÏDAL
SOLEUROISE
SOLIDARISÉ
SOLIDARITÉ
SOLIDEMENT
SOLIDIFIÉE
SOLIDIFIER
SOLILOQUER
SOLIPSISME
SOLLICITÉE
SOLLICITER
SOLSTICIAL
SOLUBILISÉ
SOLUBILITÉ
SOLUTIONNÉ
SOMALIENNE
SOMALIENNE
SOMATISANT
SOMMEILLER
SOMMELIÈRE
SOMMERFELD
SOMMIÉROIS
SOMNAMBULE
SOMNOLENCE
SOMNOLENTE
SOMOSIERRA
SOMPTUAIRE
SOMPTUEUSE
SONAGRAMME
SONAGRAPHE
SONDERBUND
SONÉGIENNE
SONGE-CREUX
SONNAILLER
SONORISANT
SONOTHÈQUE
SOPHONISBE
SOPRANISTE
SORBETIÈRE
SORBONNARD
SORLINGUES
SOSTRANIEN
SOTTEVILLE
SOUBRESAUT
SOUDAINETÉ
SOUDANAISE
SOUDANAISE
SOUFFLANTE
SOUFFLERIE
SOUFFLETÉE
SOUFFLETER
SOUFFLEUSE
SOUFFRANCE
SOUFFRANTE
SOUHAITANT
SOUILLARDE
SOUI-MANGAS
SOULAGEANT
SOULIGNAGE
SOULIGNANT
SOUL MUSICS
SOUMAROKOV
SOUMETTANT
SOUMISSION
SOUNDANAIS
SOUPÇONNÉE
SOUPÇONNER
SOUPLEMENT
SOURCILIER
SOURCILLER
SOURDEMENT
SOURDINGUE
SOURICEAUX
SOURICIÈRE
SOUS-ASSURÉ
SOUS-BARBES
SOUS-CAVAGE
SOUS-CLASSE
SOUS-COMITÉ
SOUS-COUCHE
SOUS-CUTANÉ
SOUS-DIACRE
SOUS-EMPLOI
SOUS-ÉQUIPÉ
SOUS-ESPACE
SOUS-ESPÈCE
SOUS-ESTIMÉ
SOUS-ÉVALUÉ
SOUS-EXPOSÉ
SOUS-FAÎTES
SOUS-FIFRES
SOUS-GARDES
SOUS-GROUPE
SOUS-HOMMES
SOUS-JACENT
SOUS-LE-VENT
SOUS-LOUANT
SOUS-LOUÉES
SOUS-MARINE
SOUS-MARINS
SOUS-MARQUE
SOUS-NAPPES
SOUS-ŒUVRE
SOUS-ORDRES
SOUS-PAYANT
SOUS-PAYÉES
SOUS-PEUPLÉ
SOUS-PRÉFET
SOUS-SATURÉ
SOUSSIGNÉE
SOUS-SOLAGE
SOUS-TASSES
SOUS-TENDRE
SOUS-TENDUE
SOUS-TENDUS
SOUS-TITRÉE
SOUS-TITRER
SOUS-TITRES
SOUS-TITRÉS
SOUSTRAIRE
SOUS-TRAITÉ
SOUSTRAITE
SOUS-VIRANT
SOUS-VIREUR
SOUTACHANT
SOUTENABLE
SOUTENANCE
SOUTERRAIN
SOUVENANCE
SOUVERAINE
SOVIÉTIQUE
SOVIÉTISÉE
SOVIÉTISER
SPACE OPERA
SPALLATION
SPANIACIEN
SPARNACIEN
SPARNONIEN
SPATIALISÉ
SPATIALITÉ
SPEAKERINE
SPÉCIALISÉ
SPÉCIALITÉ
SPÉCIATION
SPÉCIFIANT
SPÉCIFIQUE
SPÉCIOSITÉ
SPECTATEUR
SPÉCULAIRE

SPÉCULATIF
SPERMACETI
SPERMATIDE
SPERMICIDE
SPHÉNOÏDAL
SPHÉRICITÉ
SPHÉROÏDAL
SPIEGELMAN
SPILLIAERT
SPINOSAURE
SPINOZISME
SPINOZISTE
SPIONCELLE
SPIRITISME
SPIRITUEUX
SPIROCHÈTE
SPIROÏDALE
SPIROÏDAUX
SPIROMÈTRE
SPOLIATEUR
SPOLIATION
SPONDYLITE
SPONGIAIRE
SPONGIEUSE
SPONSORING
SPONSORISÉ
SPORADIQUE
SPOROPHYTE
SPORTIVITÉ
SPORTSWEAR
SPRINTEUSE
SPUMESCENT
SQUAMIFÈRE
SRI LANKAIS
SRI LANKAIS
STABILISÉE
STABILISER
STADHOUDER
STAGNATION
STALACTITE
STALAGMITE
STALINABAD
STALINGRAD
STALINISME
STANNIFÈRE
STAPHYLIER
STAPHYLINE
STAR-SYSTEM
STATHOUDER
STATIONNER
STATOCYSTE
STATUFIANT
STATUTAIRE
STAUDINGER
STAUROTIDE
STÉATOPYGE
STÉGOSAURE

STENAISIEN
STÉNOHALIN
STÉNOTYPIE
STÉPHANAIS
STÉPHANOIS
STÉPHANOIS
STEPHENSON
STERCORALE
STERCORAUX
STÉRÉOTYPE
STÉRÉOTYPÉ
STÉRILISÉE
STÉRILISER
STÉROÏDIEN
STERTOREUX
STÉSICHORE
STIGMATISÉ
STIMULANTE
STIPENDIÉE
STIPENDIER
STIPULANTE
STOCKFISCH
STOCK-OUTIL
STOCK-SHOTS
STOÏCIENNE
STOMOCORDÉ
STONEHENGE
STORY-BOARD
STRADIVARI
STRAPONTIN
STRASBOURG
STRATAGÈME
STRATIFIÉE
STRATIFIER
STRATONICE
STRAVINSKY
STRELITZIA
STRESEMANN
STRESSANTE
STRETCHING
STRIDULANT
STRIDULEUX
STRINDBERG
STRIP-LINES
STRIP-POKER
STRIP-TEASE
STROSMAJER
STRUCTURAL
STRUCTURÉE
STRUCTUREL
STRUCTURER
STRYCHNINE
STUPÉFAIRE
STUPÉFAITE
STUPÉFIANT
STUPOREUSE
SUBALTERNE

SUBCARENCE
SUBDÉLÉGUÉ
SUBDIVISÉE
SUBDIVISER
SUBDUCTION
SUBINTRANT
SUBITEMENT
SUBJACENTE
SUBJECTILE
SUBJECTIVE
SUBJONCTIF
SUBJUGUANT
SUBLIMINAL
SUBLINGUAL
SUBLUNAIRE
SUBMERSION
SUBODORANT
SUBORBITAL
SUBORDONNÉ
SUBORNEUSE
SUBREPTICE
SUBROGATIF
SUBROGEANT
SUBSÉQUENT
SUBSIDENCE
SUBSIDIANT
SUBSISTANT
SUBSONIQUE
SUBSTANTIF
SUBSTITUÉE
SUBSTITUER
SUBSTRATUM
SUBTERFUGE
SUBTILISÉE
SUBTILISER
SUBURBAINE
SUBVENTION
SUBVERSION
SUBVERSIVE
SUCCESSEUR
SUCCESSION
SUCCESSIVE
SUCCINIQUE
SUCCOMBANT
SUCCULENCE
SUCCULENTE
SUCCURSALE
SUCY-EN-BRIE
SUD-CORÉENS
SUD-CORÉENS
SUDORIFÈRE
SUDORIPARE
SUFFISANCE
SUFFISANTE
SUFFOCANTE
SUFFOQUANT
SUFFRAGANT

SUGGESTION
SUGGESTIVE
SUHRAWARDI
SUICIDAIRE
SUICIDANTE
SUI GENERIS
SUINTEMENT
SULCIFORME
SULFATEUSE
SULFUREUSE
SULFURIQUE
SULFURISÉE
SUMÉRIENNE
SUNDERLAND
SUPERACIDE
SUPERBESSE
SUPERFICIE
SUPERFORME
SUPER-GÉANT
SUPERGRAND
SUPÉRIEURE
SUPERLATIF
SUPER-LÉGER
SUPER-LOURD
SUPERNOVAE
SUPERORDRE
SUPEROXYDE
SUPERPOSÉE
SUPERPOSER
SUPERVISÉE
SUPERVISER
SUPINATEUR
SUPINATION
SUPPLANTÉE
SUPPLANTER
SUPPLÉANCE
SUPPLÉANTE
SUPPLÉMENT
SUPPLÉTIVE
SUPPLIANTE
SUPPLICIÉE
SUPPLICIER
SUPPORTANT
SUPPORTEUR
SUPPOSABLE
SUPPRIMANT
SUPPURANTE
SUPRÉMATIE
SURABONDER
SURACTIVÉE
SURAJOUTÉE
SURAJOUTER
SURARBITRE
SURBAISSÉE
SURBAISSER
SURCHARGÉE
SURCHARGER
SURCHAUFFE
SURCHAUFFÉ
SURCHEMISE
SURCLASSÉE
SURCLASSER
SURCOMPOSÉ
SURCONTRÉE
SURCONTRER
SURCOUPANT
SURÉLEVANT
SURÉMINENT
SURENCHÈRE
SURENCHÉRI
SURÉQUIPÉE
SURÉQUIPER
SURESNOISE
SURESTARIE
SURESTIMÉE
SURESTIMER
SURÉVALUÉE
SURÉVALUER
SUREXCITÉE
SUREXCITER
SUREXPOSÉE
SUREXPOSER
SURFACEUSE
SURFACIQUE
SURFAISANT
SURGISSANT
SURHAUSSÉE
SURHAUSSER
SURHUMAINE
SURIMPOSÉE
SURIMPOSER
SURINAMAIS
SURINAMIEN
SURINFORMÉ
SURJECTION
SURJECTIVE
SUR-LE-CHAMP
SURLIGNANT
SURLIGNEUR
SURMONTANT
SURMONTOIR
SURMOULAGE
SURMOULANT
SURNAGEANT
SURNATUREL
SURNOMMANT
SUROXYDANT
SUROXYGÉNÉ
SURPASSANT
SURPEUPLÉE
SURPIQUANT
SURPLOMBÉE
SURPLOMBER
SURPRENANT
SURPRENDRE
SURPRODUIT
SURPROTÉGÉ
SURRECTION
SURSALAIRE
SURSATURÉE
SURSATURER
SURSAUTANT
SURSITAIRE
SURTENSION
SURTITRAGE
SURTITRANT
SURVEILLÉE
SURVEILLER
SURVENDANT
SURVIREUSE
SURVITESSE
SURVITRAGE
SURVIVANCE
SURVIVANTE
SURVOLTAGE
SURVOLTANT
SURVOLTÉES
SURVOLTEUR
SUS-DÉNOMMÉ
SUS-JACENTE
SUS-JACENTS
SUSPECTANT
SUSPENDANT
SUSPENSEUR
SUSPENSION
SUSPENSIVE
SUSPENSOIR
SUSPICIEUX
SUSTENTANT
SUS-TONIQUE
SUSURRANTE
SUTHERLAND
SVERDLOVSK
SWAMMERDAM
SWEAT-SHIRT
SWEDENBORG
SYCOPHANTE
SYKES-PICOT
SYLLABAIRE
SYLLABIQUE
SYLLOGISME
SYMBOLIQUE
SYMBOLISÉE
SYMBOLISER
SYMBOLISME
SYMBOLISTE
SYMÉTRIQUE
SYMPATHISÉ
SYMPHORINE
SYNAPTIQUE
SYNCHRONIE

SYNCINÉSIE
SYNCLINALE
SYNCLINAUX
SYNCYTIALE
SYNCYTIAUX
SYNDIQUANT
SYNECDOQUE
SYNERGIQUE
SYNERGISTE
SYNOPTIQUE
SYNTAXIQUE
SYNTHÉTASE
SYNTHÉTISÉ
SYSTÉMIQUE
SYSTOLIQUE
SZIGLIGETI
SZYMBORSKA
TABELLAIRE
TABERNACLE
TABLEAUTIN
TABLETIÈRE
TABULATEUR
TABULATION
TACHYMÈTRE
TACITEMENT
TADJ MAHALL
TAHITIENNE
TAHITIENNE
TAILLADANT
TAILLE-HAIE
TAÏWANAISE
TAÏWANAISE
TAKLA-MAKAN
TAKLIMAKAN
TALCAHUANO
TALENTUEUX
TALLEYRAND
TALMUDIQUE
TALMUDISTE
TALONNETTE
TALONNIÈRE
TAMARINIER
TAMBOUILLE
TAMBOURINÉ
TAMMERFORS
TAMPONNADE
TAMPONNAGE
TAMPONNANT
TAMPONNEUR
TAMPONNOIR
TANANARIVE
TANEZROUFT
TANGANYIKA
TANGE KENZO
TANGENTIEL
TANNENBERG
TANNHÄUSER
TAPE-À-L'ŒIL
TAPISSERIE
TAPISSIÈRE
TAPOTEMENT
TAQUINERIE
TARABISCOT
TARABUSTÉE
TARABUSTER
TARARIENNE
TARAUDEUSE
TARDIGRADE
TARENTAISE
TARENTAISE
TARENTELLE
TÂRGOVISTE
TÂRGU MURES
TARISSABLE
TARMACADAM
TARNOBRZEG
TAROUDANNT
TARPÉIENNE
TARTELETTE
TARTEMPION
TARTISSANT
TARTUFERIE
TASCHEREAU
TATILLONNE
TÂTONNANTE
TAUPINIÈRE
TAUTOLOGIE
TAUTOMÉRIE
TAVERNIÈRE
TAXIDERMIE
TAYLORISÉE
TAYLORISER
TAYLORISME
TCHADIENNE
TCHADIENNE
TCHARDJOOU
TCHATCHANT
TCHATCHEUR
TCHEBYCHEV
TCHERENKOV
TCHERKASSY
TCHERKESSE
TCHERKESSK
TCHERNENKO
TCHERNIGOV
TCHERNIHIV
TCHERNOBYL
TCHERNOZEM
TCHÉTCHÈNE
TCHÉTCHÈNE
TCHIATOURA
TCHIN-TCHIN
TCHIRTCHIK
TCHOUKTCHE
TCHOUVACHE
TECHNÉTIUM
TECHNICIEN
TECHNICISÉ
TECHNICITÉ
TECHNOPOLE
TECHNOPÔLE
TECTONIQUE
TECTOSAGES
TEDDY-BEARS
TÉHÉRANAIS
TEINTURIER
TEISSERENC
TEKAKWITHA
TÉLÉACTEUR
TÉLÉALARME
TÉLÉCABINE
TÉLÉCHARGÉ
TÉLÉCINÉMA
TÉLÉCOPIER
TÉLÉGRAMME
TÉLÉGRAPHE
TÉLÉGUIDÉE
TÉLÉGUIDER
TÉLÉMESURE
TÉLÉMÉTRIE
TÉLÉOLOGIE
TÉLÉONOMIE
TÉLÉOSTÉEN
TÉLÉPATHIE
TÉLÉPHONÉE
TÉLÉPHONER
TÉLÉPHONIE
TÉLESCOPÉE
TÉLESCOPER
TÉLÉVÉRITÉ
TÉLÉVISANT
TÉLÉVISEUR
TÉLÉVISION
TÉLÉVISUEL
TELL AL-HIBA
TELL HARIRI
TELLURIQUE
TÉMOIGNAGE
TÉMOIGNANT
TEMPÉRANCE
TEMPÉRANTE
TEMPÉTUEUX
TEMPORAIRE
TEMPORELLE
TEMPORISER
TENACEMENT
TENAILLANT
TENANCIÈRE
TENASSERIM
TENDANCIEL
TENDINEUSE

TENDREMENT
TÉNÉBREUSE
TENNISMANS
TENONNEUSE
TÉNORISANT
TENTATRICE
TEPIDARIUM
TÉRATOGÈNE
TÉRÉBINTHE
TÉRÉBRANTE
TERECHKOVA
TÉRÉSIENNE
TERGIVERSÉ
TERMITIÈRE
TERNISSANT
TERNISSURE
TERPÉNIQUE
TERPÉNOÏDE
TERRASSANT
TERRASSIER
TERREAUTÉE
TERREAUTER
TERREBONNE
TERRE DE FEU
TERRE-NEUVE
TERRE-NEUVE
TERRE-PLEIN
TERRIFIANT
TERRITOIRE
TERRORISÉE
TERRORISER
TERRORISME
TERRORISTE
TERTULLIEN
TESSINOISE
TESTACELLE
TESTATRICE
TEST-MATCHS
TÉTANISANT
TÊTE-À-QUEUE
TÊTE-DE-CLOU
TÊTE-DE-LOUP
TÉTRACORDE
TÉTRALOGIE
TÉTRAMÈTRE
TÉTRAPTÈRE
TÉTRARCHIE
TÉTRAS-LYRE
TÉTRASTYLE
TEUFS-TEUFS
TEUTONIQUE
TEUTONIQUE
TEWKESBURY
TEYJATOISE
THALAMIQUE
THAONNAISE
THÉÂTREUSE

THÉMATIQUE
THÉOCRATIE
THÉODEBALD
THÉODOLITE
THÉOLOGALE
THÉOLOGAUX
THÉOLOGIEN
THÉORICIEN
THÉORISANT
THÉOSOPHIE
THÉRAPEUTE
THERMALITÉ
THERMICIEN
THERMICITÉ
THERMOGÈNE
THERMOLYSE
THERMOSTAT
THÉROPSIDÉ
THÉSAURISÉ
THESSALIEN
THESSALIEN
THIERNOISE
THILLOTINE
THIMONNIER
THIONVILLE
THOMAS MORE
THONONAISE
THORACIQUE
THOUARSAIS
THOUTMOSIS
THRASYBULE
THUNDER BAY
THURGOVIEN
THYROÏDIEN
THYROÏDITE
THYSANOURE
TIAHUANACO
TICHODROME
TIÉDISSANT
TIERS-MONDE
TIERS-POINT
TILLANDSIA
TIMIDEMENT
TIMMERMANS
TIMOCHENKO
TIMOURIDES
TINCHEBRAY
TINCTORIAL
TINTAMARRE
TIRAILLANT
TIRAILLEUR
TIRE-BONDES
TIRE-BOTTES
TIRE-BRAISE
TIRE-FESSES
TIRE-LIGNES
TIRE-VEILLE

TIRE-VEINES
TISSANDIER
TISSERANDE
TISSULAIRE
TISSU-PAGNE
TITANESQUE
TITULARISÉ
TITULATURE
TLAPANÈQUE
TLATELOLCO
TOCOPHÉROL
TOILETTAGE
TOILETTANT
TOJO HIDEKI
TOKOROZAWA
TOMBEREAUX
TOMBOUCTOU
TOMENTEUSE
TONGUIENNE
TONIFIANTE
TONITRUANT
TONKINOISE
TONNERROIS
TONOMÉTRIE
TOP-MODÈLES
TOP NIVEAUX
TOPOGRAPHE
TOPO-GUIDES
TOPOMÉTRIE
TORCHONNÉE
TORCHONNER
TORD-BOYAUX
TOREUTIQUE
TORONNEUSE
TORONTAISE
TORPILLAGE
TORPILLANT
TORPILLEUR
TORQUEMADA
TORRAILLER
TORRÉFIANT
TORRENTIEL
TORRICELLI
TORRINGTON
TORTICOLIS
TORTILLAGE
TORTILLANT
TORTILLARD
TORTILLÈRE
TORTURANTE
TOTALEMENT
TOTALISANT
TOTALISEUR
TOTIPOTENT
TOTONAQUES
TOUCOULEUR
TOUCYCOISE

TOULONNAIS
TOULOUSAIN
TOUNGOUSES
TOUNGOUSKA
TOUPILLANT
TOUPILLEUR
TOURAILLON
TOURANGEAU
TOURANGEAU
TOURBILLON
TOURMALINE
TOURMENTÉE
TOURMENTER
TOURMENTIN
TOURNAILLÉ
TOURNANAIS
TOURNEFORT
TOURNEMAIN
TOURNEMIRE
TOURNE-VENT
TOURNICOTÉ
TOURNIQUER
TOURNIQUET
TOURNONAIS
TOURNOYANT
TOURNUSIEN
TOURTEREAU
TOUSSAINES
TOUSSOTANT
TOUTE-ÉPICE
TOUT-PETITS
TOUT-VENANT
TOWNSVILLE
TOXICOMANE
TOXIDERMIE
TOXOPLASME
TRABOULANT
TRACASSANT
TRACASSIER
TRACHÉENNE
TRACTATION
TRADE-UNION
TRADUCTEUR
TRADUCTION
TRADUISANT
TRAFICOTÉE
TRAFICOTER
TRAFIQUANT
TRAHISSANT
TRAÎNAILLÉ
TRAÎNASSER
TRAÎNEMENT
TRAIN-TRAIN
TRAITEMENT
TRAÎTRESSE
TRALUISANT
TRAMONTANE

TRAMPOLINE
TRANCHAISE
TRANCHANTE
TRANCHEUSE
TRANQUILLE
TRANSALPIN
TRANSANDIN
TRANSBORDÉ
TRANSCENDÉ
TRANSCODÉE
TRANSCODER
TRANSCRIRE
TRANSCRITE
TRANSFÉRÉE
TRANSFÉRER
TRANSFILÉE
TRANSFILER
TRANSFORMÉ
TRANSFUSÉE
TRANSFUSER
TRANSHUMÉE
TRANSHUMER
TRANSISTOR
TRANSITANT
TRANSITION
TRANSITIVE
TRANSLATIF
TRANSMIGRÉ
TRANSMUANT
TRANSMUTÉE
TRANSMUTER
TRANSPERCÉ
TRANSPIRER
TRANSPLANT
TRANSPORTÉ
TRANSPOSÉE
TRANSPOSER
TRANSPOSON
TRANSSUDAT
TRANSVASÉE
TRANSVASER
TRANSVERSE
TRANSVIDÉE
TRANSVIDER
TRAPÉZISTE
TRAPÉZOÏDE
TRAPPILLON
TRAQUENARD
TRAUMATISÉ
TRAVAILLÉE
TRAVAILLER
TRAVANCORE
TRAVELLING
TRAVERSANT
TRAVERSIER
TRAVERSINE
TRÉBEURDEN

TRÉBIZONDE
TRÉBUCHANT
TRÉFILERIE
TRÉFILEUSE
TRÉFONCIER
TRÉGOROISE
TRÉGORROIS
TREILLAGÉE
TREILLAGER
TREILLISSÉ
TRÉLONAISE
TREMBLANTE
TREMBLEUSE
TREMBLOTER
TRÉMOUSSÉE
TRÉMOUSSER
TRÉMULANTE
TRENCH-COAT
TRÉPASSANT
TRÉPIDANTE
TRÉPIGNANT
TRÉSORERIE
TRÉSORIÈRE
TRESSAILLI
TRESSAUTER
TREUILLAGE
TREUILLANT
TREVITHICK
TRÉVOLTIEN
TRIANGULÉE
TRIANGULER
TRIATHLÈTE
TRIBALISME
TRIBALLANT
TRIBOLOGIE
TRIBORDAIS
TRIBUTAIRE
TRICENNALE
TRICENNAUX
TRICÉPHALE
TRICHINOSE
TRICHOLOME
TRICHROMIE
TRICLINIUM
TRICOTEUSE
TRICUSPIDE
TRIDACTYLE
TRIELLOISE
TRIÉRARQUE
TRIFLUVIEN
TRIFOLIOLÉ
TRIFOUILLÉ
TRIGONELLE
TRIJUMEAUX
TRILATÉRAL
TRIMARDANT
TRIMARDEUR

TRIMBALAGE
TRIMBALANT
TRIMBALLÉE
TRIMBALLER
TRINITAINE
TRINITAIRE
TRINITAIRE
TRINITRINE
TRINQUETTE
TRINQUEUSE
TRIOMPHALE
TRIOMPHANT
TRIOMPHAUX
TRIPARTITE
TRIPLEMENT
TRIPLICATA
TRIPLOÏDIE
TRIPORTEUR
TRIPOTEUSE
TRISAÏEULE
TRISANNUEL
TRISECTEUR
TRISECTION
TRISOMIQUE
TRISTEMENT
TRISTOUNET
TRISYLLABE
TRIUMVIRAT
TRIVALENTE
TRIVANDRUM
TRIVIALITÉ
TROCHANTER
TROCHILIDÉ
TROGLODYTE
TROIS-PONTS
TROLLEYBUS
TROMBIDION
TROMPETANT
TRONCATION
TRONCATURE
TRONÇONNÉE
TRONÇONNER
TROPOPAUSE
TROP-PERÇUS
TROP-PLEINS
TROTSKISME
TROTSKISTE
TROTTE-MENU
TROTTINANT
TROUBADOUR
TROUBLANTE
TROUBLEAUX
TROUILLARD
TROU-MADAME
TROUSSEAUX
TROUVAILLE
TRUANDERIE
TRUCHEMENT
TRUCULENCE
TRUCULENTE
TRUSQUINÉE
TRUSQUINER
TSARÉVITCH
TSARITSYNE
TSKHINVALI
TSVETAÏEVA
TUBÉROSITÉ
TUE-MOUCHES
TUMESCENCE
TUMESCENTE
TUMULTUEUX
TUNGSTIQUE
TUNISIENNE
TUNISIENNE
TÚPAC AMARU
TUPINAMBIS
TURBOPOMPE
TURBOTIÈRE
TURBOTRAIN
TURBULENCE
TURBULENTE
TURCOPHONE
TURGESCENT
TURLUPINÉE
TURLUPINER
TURRITELLE
TUTOIEMENT
TUYAUTERIE
TUYÊN QUANG
TWICKENHAM
TYMPANIQUE
TYMPANISME
TYPOGRAPHE
TYPTOLOGIE
TYRANNEAUX
TYRANNIQUE
TYRANNISÉE
TYRANNISER
TYROLIENNE
TYROLIENNE
TYROSINASE
TZARÉVITCH
UBERLÂNDIA
UITLANDERS
ULCÉRATION
ULHASNAGAR
ULISSIENNE
ULTÉRIEURE
ULTRALÉGER
UNANIMISME
UNANIMISTE
UNGERSHEIM
UNIÈMEMENT
UNIFILAIRE
UNIFORMISÉ
UNIFORMITÉ
UNIGENITUS
UNILATÉRAL
UNINOMINAL
UNIPOLAIRE
UNIQUEMENT
UNIVALENTE
UNIVERSAUX
UNIVERSITÉ
URABI PACHA
URANOSCOPE
URBANISANT
URBI ET ORBI
URGENTISTE
URO-GÉNITAL
UROGRAPHIE
UROPYGIALE
UROPYGIAUX
URTICATION
USSELLOISE
USURPATEUR
USURPATION
UTILISABLE
UTILITAIRE
UTRAQUISTE
UTSUNOMIYA
UXORILOCAL
VACANCIÈRE
VACCINABLE
VACILLANTE
VACUOLAIRE
VADROUILLE
VADROUILLÉ
VAGABONDER
VAGISSANTE
VAGUELETTE
VAISONNAIS
VAISSELIER
VAKHTANGOV
VALAISANNE
VALAISANNE
VAL-DE-GRÂCE
VAL DE LOIRE
VAL-DE-MARNE
VAL-DE-REUIL
VALDÉS LEAL
VALDINGUER
VALDOISIEN
VALDÔTAINE
VALDÔTAINE
VALETAILLE
VALEUREUSE
VALIDATION
VALIDEMENT
VALLADOLID
VALLAURIEN

VALLEDUPAR
VALLEROISE
VALLETAISE
VALLONNAIS
VALLORBIER
VALLORCINE
VALNIGRINE
VALOGNAISE
VALORISANT
VALPARAÍSO
VAL-THORENS
VALVULAIRE
VAMPIRISÉE
VAMPIRISER
VAMPIRISME
VANADINITE
VAN BENEDEN
VANDALISÉE
VANDALISER
VANDALISME
VANDENBERG
VAN DE POELE
VAN DER GOES
VAN DER MEER
VAN DE VELDE
VANDŒUVRE
VAN HELMONT
VANIÉROISE
VANITY-CASE
VANNETAISE
VANTARDISE
VANUATUANE
VAN ZEELAND
VAPORISAGE
VAPORISANT
VARAPPEUSE
VARDHAMANA
VARENNOISE
VARICOCÈLE
VARILHOISE
VARIOLEUSE
VARIOLIQUE
VARIOMÈTRE
VARIQUEUSE
VARISTANCE
VARSOVIENS
VASALOPPET
VASCULAIRE
VASECTOMIE
VASOMOTEUR
VASOUILLER
VASSALIQUE
VASSALISÉE
VASSALISER
VASSIVEAUX
VASSIVIÈRE
VATICINANT
VAUCLUSIEN
VAUCLUSIEN
VAUDEVILLE
VEGA CARPIO
VÉGÉTALIEN
VÉGÉTALISÉ
VÉGÉTARIEN
VÉGÉTATION
VÉGÉTATIVE
VÉHICULANT
VÉHICULEUR
VÉLIZIENNE
VÉLOCIPÈDE
VÉLOMOTEUR
VELOUTEUSE
VENDANGEUR
VENDÔMOISE
VÉNÉRATION
VÉNÉRIENNE
VENGERESSE
VÉNISSIANE
VÉNISSIEUX
VÉNITIENNE
VÉNITIENNE
VENTILEUSE
VENTRICULE
VÉNUSIENNE
VÉNUSIENNE
VERBALISÉE
VERBALISER
VERBALISME
VERBÉNACÉE
VERBRUGGEN
VERDELETTE
VERDISSAGE
VERDISSANT
VERDOYANTE
VERDUNOISE
VERGERETTE
VERGLAÇANT
VÉRIDICITÉ
VÉRIFIABLE
VÉRIFIEUSE
VERMANDOIS
VERMICELLE
VERMICULÉE
VERMIFORME
VERMILLANT
VERMINEUSE
VERMISSEAU
VERMOULANT
VERMOULURE
VERNIOLANE
VERNISSAGE
VERNISSANT
VERNISSEUR
VERNONNAIS
VERRAZZANO
VERROCCHIO
VERROTERIE
VERROUILLÉ
VERRUQUEUX
VERSAILLES
VERSIFIANT
VERT-DE-GRIS
VERTÉBRALE
VERTÉBRAUX
VERTICILLE
VERTICILLÉ
VERTUGADIN
VERVINOISE
VÉSICATION
VÉSICULEUX
VÉSIGONDIN
VESTERÅLEN
VÉSULIENNE
VÉTILLARDE
VÉTILLEUSE
VÉZELIENNE
VIABILISÉE
VIABILISER
VIBRAPHONE
VIBRATOIRE
VIBRAYSIEN
VIBRIONNER
VICARIANTE
VICE-AMIRAL
VICE-CONSUL
VICÉSIMALE
VICÉSIMAUX
VICHYSSOIS
VICHYSSOIS
VICIATRICE
VICINALITÉ
VIC-LE-COMTE
VICOMTESSE
VICOMTOISE
VIC-SUR-CÈRE
VICTORIEUX
VIDANGEANT
VIDÉO-CLIPS
VIDE-POCHES
VIDE-POMMES
VIEILLARDE
VIEILLERIE
VIEILLESSE
VIEILLOTTE
VIETNAMIEN
VIETNAMIEN
VIEUX-CONDÉ
VIEUX-LILLE
VIGNERONNE
VIGNEUSIEN
VIGOUREUSE

VIHIERSOIS
VIJAYAVADA
VILIPENDÉE
VILIPENDER
VILLAGEOIS
VILLA-LOBOS
VILLANELLE
VILLARDIEN
VILLARDOIS
VILLENAUXE
VILLENEUVE
VILLEPINTE
VILLEQUIER
VILLERIÈRE
VIMOUTIERS
VIÑA DEL MAR
VINAIGRANT
VINAIGRIER
VINCENNOIS
VINDICATIF
VINOGRADOV
VINOLIENNE
VINTIMILLE
VIOLATRICE
VIOLEMMENT
VIOLENTANT
VIOLONISTE
VIRESCENCE
VIREVOLTER
VIRILEMENT
VIRILISANT
VIRILOCALE
VIRILOCAUX
VIRTUALITÉ
VIRTUOSITÉ
VISIBILITÉ
VISIONIQUE
VISIONNAGE
VISIONNANT
VISIOPHONE
VISITATION
VISONNIÈRE
VISUALISÉE
VISUALISER
VITRIFIANT
VITRIOLAGE
VITRIOLANT
VITRIOLEUR
VITROLLAIS
VITTELLOIS
VITUPÉRANT
VIVANDIÈRE
VIVIFIANTE
VIVIPARITÉ
VIVONNOISE
VIZILLOISE
VLISSINGEN
VOCALEMENT
VOCALISANT
VOCIFÉRANT
VOIRONNAIS
VOITURE-BAR
VOITURE-LIT
VOITURETTE
VOLAILLÈRE
VOLAILLEUR
VOLATILISÉ
VOLATILITÉ
VOLCANIQUE
VOLCANISME
VÖLKLINGEN
VOLKSWAGEN
VOLLEY-BALL
VOLLEYEUSE
VOLONTAIRE
VOLONTIERS
VOLTAIRIEN
VOLTAMÈTRE
VOLTAMPÈRE
VOLTIGEANT
VOLUBILITÉ
VOLUMÉTRIE
VOLUMINEUX
VOLUPTUEUX
VOLVICOISE
VON SUTTNER
VORACEMENT
VORARLBERG
VOROCHILOV
VÖRÖSMARTY
VORTICELLE
VOUSSOYANT
VOUVRILLON
VOUZINOISE
VOYAGEMENT
VOYEURISME
VULCANISÉE
VULCANISER
VULGARISÉE
VULGARISER
VULNÉRABLE
VULNÉRAIRE
VULNÉRANTE
WAGON-POSTE
WAGONS-LITS
WAHHABISME
WALLINGANT
WALLONISME
WALL STREET
WARCOLLIER
WARNEMÜNDE
WARRANTANT
WARRINGTON
WASHINGTON
WASSELONNE
WASSERMANN
WASSEYENNE
WATERINGUE
WATER-POLOS
WATERPROOF
WATSON-WATT
WATTASIDES
WATTIGNIES
WAZIRISTAN
WEIZSÄCKER
WELLINGTON
WERTHEIMER
WESSELMANN
WESTERWALD
WESTPHALIE
WETTERHORN
WHEATSTONE
WHITEHORSE
WIENERWALD
WILHELMINE
WILLEBROEK
WILLEMSTAD
WILLIAMINE
WILLIBRORD
WILMINGTON
WINCHESTER
WINCHESTER
WINTERTHUR
WITKIEWICZ
WITTENBERG
WITTENHEIM
WOLLONGONG
WORDSWORTH
WORLD MUSIC
WURTEMBERG
WUUSTWEZEL
WYSPIANSKI
XÉNOGREFFE
XÉNOPHILIE
XÉNOPHOBIE
XÉRANTHÈME
XÉRODERMIE
XIPHOÏDIEN
XIPHOPHORE
XIXABANGMA
YACHT-CLUBS
YACHTSMANS
YAOURTIÈRE
YASAR KEMAL
YATSUSHIRO
YAZILIKAYA
YERVILLAIS
YLANG-YLANG
YOM KIPPOUR
YOUGOSLAVE
YOUGOSLAVE

YOUSSOUFIA
YPONOMEUTE
YSSINGEAUX
YUAN SHIKAI
YVELINOISE
YVETOTAISE
YVOISIENNE
YZEURIENNE
ZAFFARINES
ZAGRÉBOISE
ZAPORIJJIA
ZAPOROGUES
ZAPOTÈQUES
ZÉLANDAISE
ZÉNON D'ÉLÉE
ZÉZAIEMENT
ZHAO MENGFU
ZHAO ZIYANG
ZIDOVUDINE
ZIGOUILLÉE
ZIGOUILLER
ZIGUINCHOR
ZIGZAGUANT
ZIMBABWÉEN
ZIMBABWÉEN
ZIMMERMANN
ZINZENDORF
ZOANTHAIRE
ZOETERMEER
ZOLLVEREIN
ZOOLOGIQUE
ZOOLOGISTE
ZOOTECHNIE
ZOZOTEMENT
ZURBRIGGEN
ZURICHOISE
ZURICHOISE
ZYGOMORPHE
ZYGOMYCÈTE
ZYGOPÉTALE

10

11

ABAISSEMENT
ABANDONNANT
ABBEVILLOIS
ABD AL-RAHMAN
ABDICATAIRE
ABDUL RAHMAN
ABÊTISSANTE
ABIDJANAISE
ABJECTEMENT
ABOMINATION
ABONDAMMENT
ABONNISSANT
ABOUCHEMENT
ABOUTISSANT
ABRACADABRA
ABRASIMÈTRE
ABRAYSIENNE
ABREUVEMENT
ABRÉVIATION
ABRÉVIATIVE
ABROGATOIRE
ABRUPTEMENT
ABRUTISSANT
ABSENTÉISME
ABSENTÉISTE
ABSOLUTISME
ABSOLUTISTE
ABSTRACTION
ABSURDEMENT
ABUSIVEMENT
ACADÉMICIEN
ACCABLEMENT
ACCAPARANTE
ACCAPAREUSE
ACCASTILLÉE
ACCASTILLER
ACCELERANDO
ACCENTUELLE
ACCEPTATION
ACCIDENTANT
ACCLAMATION
ACCLIMATANT
ACCOMMODANT
ACCOMPAGNÉE
ACCOMPAGNER
ACCORD-CADRE
ACCOUCHEUSE
ACCOUDEMENT
ACCOUTUMANT
ACCRÉDITANT
ACCRÉDITEUR
ACCRÉDITIVE
ACCRESCENTE
ACCROCHEUSE
ACCROISSANT
ACCUEILLANT
ACCUSATOIRE
ACCUSATRICE
ACÉTOBACTER
ACHALANDAGE
ACHALANDANT
ACHARNEMENT
ACHÉMÉNIDES
ACHEULÉENNE
ACHOPPEMENT
ACHROMATISÉ
ACIDE-ALCOOL
ACIDIFIABLE
ACIDIFIANTE
ACIDIMÉTRIE
ACIDOCÉTOSE
À CLOCHE-PIED
À CONTRE-POIL
ACOUSTICIEN
ACQUIESÇANT
ACQUISITION
ACQUISITIVE
ACQUITTABLE
ACRIMONIEUX
ACROBATIQUE
ACROCYANOSE
ACROMÉGALIE
À CROUPETONS
ACTANCIELLE
ACTINOLOGIE
ACTIONNABLE
ACTIONNAIRE
ACTIONNISME
ACTIVATRICE
ACTUALISANT
ACTUARIELLE
ACUPONCTEUR
ACUPONCTURE
ACUPUNCTEUR
ACUPUNCTURE
ADAM LE BOSSU
ADAPTATRICE
ADDITIONNÉE
ADDITIONNEL
ADDITIONNER
ADÉNOGRAMME
ADÉNOPATHIE
ADIABATIQUE
ADIRONDACKS
ADJECTIVALE

ADJECTIVANT
ADJECTIVAUX
ADJECTIVISÉ
ADMINISTRÉE
ADMINISTRER
ADMIRATRICE
ADMONESTANT
ADOLESCENCE
ADOLESCENTE
ADOUCISSANT
ADOUCISSEUR
ADROITEMENT
ADVERSATIVE
ÆGAGROPILE
AÉROGASTRIE
AÉROLOGIQUE
AÉROPOSTALE
AÉROPOSTAUX
AÉROSONDAGE
AÉROSPATIAL
AÉROSTATION
AFFABLEMENT
AFFACTURAGE
AFFADISSANT
AFFAIREMENT
AFFAITEMENT
AFFECTATION
AFFECTIONNÉ
AFFECTIVITÉ
AFFECTUEUSE
AFFILIATION
AFFIRMATION
AFFIRMATIVE
AFFLIGEANTE
AFFOUAGEANT
AFFOUAGISTE
AFFOUILLANT
AFFOURCHANT
AFFRÈTEMENT
AFFRIANDANT
AFFRIOLANTE
AFFUBLEMENT
AFGHANISTAN
AFRICANISÉE
AFRICANISER
AFRICANISME
AFRICANISTE
AFRIKAANDER
AFRIKAANDER
AFRIKAKORPS
AFRO-CUBAINE
AFRO-CUBAINE
AFRO-CUBAINS
AFRO-CUBAINS
AGENOUILLÉE
AGENOUILLER
AGGLOMÉRANT
AGGLUTINANT
AGGLUTININE
AGGRAVATION
AGNUS-CASTUS
AGORAPHOBIE
À GRAND-PEINE
AGRÉMENTANT
AGRESSIVITÉ
AGRICULTEUR
AGRICULTURE
AGRIPPEMENT
AGRONOMIQUE
AGUARDIENTE
AHURISSANTE
AÏD-EL-SÉGHIR
AIDE-MÉMOIRE
AIGUE-MARINE
AIGUILLETÉE
AIGUILLETER
AIGUILLETTE
AIGUILLONNÉ
AIGUISEMENT
AIMABLEMENT
AIMANTATION
AIRVAUDAISE
AIX-LES-BAINS
AJDUKIEWICZ
AJOURNEMENT
À LA REDRESSE
À LA SAUVETTE
ALBANOPHONE
ALBENASSIEN
ALBERTVILLE
ALBUMINURIE
ALBUQUERQUE
ALCALIFIANT
ALCALIMÈTRE
ALCALINISÉE
ALCALINISER
ALCMÉONIDES
ALCOOLATURE
ALCOOLISANT
ALCOOMÉTRIE
ALCOYLATION
ALDÉHYDIQUE
ALDOSTÉRONE
ALEIJADINHO
ALENÇONNAIS
ALEXANDRINE
ALEXANDRINE
ALEXANDRITE
ALEXITHYMIE
ALFORTVILLE
ALGOCULTURE
ALIMENTAIRE
ALIPHATIQUE
ALISMATACÉE
ALLAITEMENT
ALLAUDIENNE
ALLÉGORIQUE
ALLÈGREMENT
ALLERGISANT
ALLER-RETOUR
ALLEVARDAIS
ALLIOT-MARIE
ALLOCATAIRE
ALLOCUTAIRE
ALLONGEMENT
ALLOTISSANT
ALMORAVIDES
AL-MUTANABBI
ALOXE-CORTON
ALPHABÉTISÉ
ALTERCATION
ALTERNATEUR
ALTERNATIVE
ALTKIRCHOIS
ALTOCUMULUS
ALTOSTRATUS
AMANDINOISE
AMARANTACÉE
AMATEURISME
AMAZONIENNE
AMAZONIENNE
AMBASSADEUR
AMBIOPHONIE
AMBITIONNÉE
AMBITIONNER
AMBIVALENCE
AMBIVALENTE
AMBLYOSCOPE
AMBOISIENNE
AMBROSIENNE
AMBULANCIER
AMBULATOIRE
AMÉLIORABLE
AMÉLIORANTE
AMÉNAGEABLE
AMÉNAGEMENT
AMÉRICANISÉ
AMÉRINDIENS
AMERRISSAGE
AMERRISSANT
AMEUBLEMENT
AMICALEMENT
AMIDONNERIE
AMIDONNIÈRE
AMINCISSANT
AMMONIACALE
AMMONIACAUX
AMNÉVILLOIS
AMNIOSCOPIE
AMNISTIABLE
AMNISTIANTE

AMODIATAIRE
AMODIATRICE
AMOLLISSANT
AMONTILLADO
AMORTISSANT
AMORTISSEUR
AMOUILLANTE
AMOURACHANT
AMOUR-EN-CAGE
AMOUR-PROPRE
AMOVIBILITÉ
AMPÉLIDACÉE
AMPÈREMÈTRE
AMPHÉTAMINE
AMPHIBOLITE
AMPLIFIANTE
AMUÏSSEMENT
AMUSE-BOUCHE
AMUSE-GUEULE
AMYOTROPHIE
ANABAPTISME
ANABAPTISTE
ANABOLISANT
ANACYCLIQUE
ANAÉROBIOSE
ANALEPTIQUE
ANALGÉSIQUE
ANALPHABÈTE
ANALYTICITÉ
ANAMORPHOSE
ANAPHORIQUE
ANAPHYLAXIE
ANARCHISANT
ANASTOMOSÉE
ANASTOMOSER
ANATOLIENNE
ANAXIMANDRE
ANCONITAINE
ANCY-LE-FRANC
ANDRÉSIENNE
ANDROGENÈSE
ANECDOTIÈRE
ANECDOTIQUE
ANÉLASTIQUE
ANÉMOGRAPHE
ANÉMOPHILIE
ANENCÉPHALE
ANÉPIGRAPHE
ANESTHÉSIÉE
ANESTHÉSIER
ANÉVRISMALE
ANÉVRISMAUX
ANÉVRYSMALE
ANÉVRYSMAUX
ANGÉIOLOGIE
ANGIECTASIE
ANGIOGENÈSE

ANGIOMATOSE
ANGIOSPERME
ANGLICISANT
ANGLO-ARABES
ANGLOPHILIE
ANGLOPHOBIE
ANGLO-SAXONS
ANGLO-SAXONS
ANGOISSANTE
ANGOUMOISIN
ANIMALISANT
ANISOTROPIE
ANKYLOSAURE
ANKYLOSTOME
ANNAMITIQUE
ANNE COMNÈNE
ANNEMASSIEN
ANNOTATRICE
ANNUALISANT
ANOBLISSANT
ANODISATION
ANONYMEMENT
ANOREXIGÈNE
ANORGANIQUE
ANOVULATION
ANSÉRIFORME
ANTAGONIQUE
ANTAGONISME
ANTAGONISTE
ANTARCTIQUE
ANTARCTIQUE
ANTÉCÉDENCE
ANTÉCÉDENTE
ANTÉRIORITÉ
ANTÉROGRADE
ANTÉVERSION
ANTHOZOAIRE
ANTHRACNOSE
ANTHROPIQUE
ANTHROPOÏDE
ANTIACARIEN
ANTIADHÉSIF
ANTIBLOCAGE
ANTICABREUR
ANTICATHODE
ANTICHAMBRE
ANTICHÔMAGE
ANTICLINALE
ANTICLINAUX
ANTICYCLONE
ANTIDOULEUR
ANTIGÉNIQUE
ANTIGIVRANT
ANTIGONIDES
ANTIMATIÈRE
ANTIMISSILE
ANTIMONIATE

ANTIMONIURE
ANTINEUTRON
ANTINOMIQUE
ANTIOXYDANT
ANTIPODISTE
ANTIPUTRIDE
ANTIQUAILLE
ANTIQUISANT
ANTIRABIQUE
ANTIRACISME
ANTIRACISTE
ANTIROUILLE
ANTISOCIALE
ANTISOCIAUX
ANTISPORTIF
ANTISTROPHE
ANTISUDORAL
ANTITUSSIVE
ANTOFAGASTA
ANTOMMARCHI
ANTONMARCHI
ANTSIRANANA
APERCEPTION
APÉRIODIQUE
APICULTRICE
APITOIEMENT
APLANÉTIQUE
APLANÉTISME
APLANISSANT
APLATISSANT
APLATISSEUR
APODICTIQUE
APOLLINAIRE
APOPHYSAIRE
APOSTASIANT
A POSTERIORI
APOSTOLIQUE
APOSTROPHÉE
APOSTROPHER
APOTHICAIRE
APPALACHIEN
APPARATCHIK
APPAREILLÉE
APPAREILLER
APPAREMMENT
APPARENTANT
APPARIEMENT
APPARTEMENT
APPARTENANT
APPELLATION
APPELLATIVE
APPENDICITE
APPÉTISSANT
APPLICATEUR
APPLICATION
APPLIQUETTE
APPONTEMENT

APPRÉCIABLE
APPRÉCIATIF
APPRÉHENDÉE
APPRÉHENDER
APPRÉHENSIF
APPRIVOISÉE
APPRIVOISER
APPROBATEUR
APPROBATION
APPROBATIVE
APPROCHABLE
APPROCHANTE
APPROFONDIE
APPROFONDIR
APPROPRIANT
APPROUVABLE
APRÈS-DEMAIN
APRÈS-DÎNERS
APRÈS-GUERRE
APRÈS-RASAGE
APRÈS-SOLEIL
AQUACULTEUR
AQUACULTURE
AQUAPLANAGE
AQUAPLANING
AQUATINTIEN
AQUICULTEUR
AQUICULTURE
ARABISATION
ARACHNÉENNE
ARBALÉTRIER
ARBOISIENNE
ARBORESCENT
ARBRE-DE-NOËL
ARBRESLOISE
ARBRISSEAUX
ARC-DOUBLEAU
ARC-ET-SENANS
ARCHAÏSANTE
ARCHÉOLOGIE
ARCHÉOLOGUE
ARCHÉTYPALE
ARCHÉTYPAUX
ARCHIDIACRE
ARCHIMÉDIEN
ARCHIPRÊTRE
ARCUEILLAIS
ARCY-SUR-CURE
ARDRÉSIENNE
ARELIGIEUSE
ARÉNISATION
ARÉOGRAPHIE
ARGENTACOIS
ARGENTANAIS
ARGENTIFÈRE
ARGUMENTANT
ARISTOCRATE
ARISTOLOCHE
ARISTOPHANE
ARKHANGELSK
ARLEQUINADE
ARMENTIÈRES
ARMORICAINE
ARMORICAINE
AROMATISANT
ARPAJONNAIS
ARQUEBUSADE
ARQUEBUSIER
ARRACHE-CLOU
ARRACHEMENT
ARRACHE-PIED
ARRAISONNÉE
ARRAISONNER
ARRANGEABLE
ARRANGEANTE
ARRANGEMENT
ARRESTATION
ARRÊTE-BŒUF
ARRIÉRATION
ARRIÈRE-BANS
ARRIÈRE-BECS
ARRIÈRE-COUR
ARRIÈRE-FOND
ARRIÈRE-GOÛT
ARRIÈRE-MAIN
ARRIÈRE-PAYS
ARRIÈRE-PLAN
ARRIÈRE-PORT
ARROGAMMENT
ARROMANCHES
ARTÉRITIQUE
ARTHRITIQUE
ARTHRITISME
ARTICULAIRE
ARTIFICIEUX
ARTISTEMENT
ASCARIDIASE
ASCARIDIOSE
ASÉMANTIQUE
ASIE MINEURE
ASPERGILLUS
ASPHYXIANTE
ASPIRATOIRE
ASSAGISSANT
ASSAILLANTE
ASSAISONNÉE
ASSAISONNER
ASSARHADDON
ASSASSINANT
ASSÈCHEMENT
ASSEMBLEUSE
ASSENTIMENT
ASSERMENTÉE
ASSERMENTER
ASSIÉGEANTE
ASSIGNATION
ASSIMILABLE
ASSINIBOINE
ASSOCIATION
ASSOCIATIVE
ASSORTIMENT
ASTHMATIQUE
ASTREIGNANT
ASTRINGENCE
ASTRINGENTE
ASTROMÉTRIE
ASYMÉTRIQUE
ATÉLECTASIE
ATEMPORELLE
ATHÉMATIQUE
ATHÊNAGORAS
ATHÉTOSIQUE
ATHYMHORMIE
ATOME-GRAMME
ATOMISATION
ATRABILAIRE
ATTACHÉ-CASE
ATTACHEMENT
ATTENTIONNÉ
ATTÉNUATEUR
ATTÉNUATION
ATTESTATION
ATTITUDINAL
ATTRAPE-TOUT
ATTRIBUABLE
ATTRIBUTION
ATTRIBUTIVE
ATTRISTANTE
AUCHELLOISE
AU DEMEURANT
AUDENGEOISE
AU-DESSOUS DE
AUDIERNAISE
AUDIODISQUE
AUDIOGRAMME
AUDIOMÉTRIE
AUDIOVISUEL
AUDITIONNÉE
AUDITIONNER
AUDOMAROISE
AUDOMAROISE
AUGMENTATIF
AUGUSTINIEN
AUGUSTINOIS
AURICULAIRE
AURIGNACIEN
AURIGNACIEN
AURILLACOIS
AUSTÈREMENT
AUTERIVAINE
AUTHENTIFIÉ

AUTHENTIQUE
AUTOADHÉSIF
AUTOANALYSE
AUTOCARISTE
AUTOCENSURE
AUTOCENSURÉ
AUTOCENTRÉE
AUTOCÉPHALE
AUTOCOLLANT
AUTOCOPIANT
AUTOCUISEUR
AUTODÉFENSE
AUTODIDACTE
AUTOÉDITION
AUTOFICTION
AUTOFINANCÉ
AUTOGESTION
AUTOGRAPHIE
AUTOGUIDAGE
AUTO-IMMUNES
AUTOMATIQUE
AUTOMATISÉE
AUTOMATISER
AUTOMATISME
AUTOMOTRICE
AUTONOMISTE
AUTOPLASTIE
AUTOPORTANT
AUTOPORTEUR
AUTOPUNITIF
AUTORÉGLAGE
AUTOREVERSE
AUTORITAIRE
AUTOROUTIER
AUTO-SCOOTER
AUTOSEXABLE
AUTOSOMIQUE
AUTOTRACTÉE
AUTOTROPHIE
AUXILIARIAT
AVACHISSANT
AVALANCHEUX
AVALLONNAIS
AVANTAGEANT
AVANT-BASSIN
AVANT-CENTRE
AVANT-GARDES
AVANT-GUERRE
AVANT-POSTES
AVANT-PROJET
AVANT-PROPOS
AVANT-SCÈNES
AVANT-SOIRÉE
AVANT-TEXTES
AVANT-TRAINS
AVANT-VEILLE
AVARICIEUSE
AVENTUREUSE
AVENTURIÈRE
AVENTURISME
AVENTURISTE
AVERTISSANT
AVERTISSEUR
AVEUGLEMENT
AVEUGLÉMENT
AVEUGLES-NÉS
AVEULISSANT
AVEYRONNAIS
AVICULTRICE
AVIGNONNAIS
AVILISSANTE
AVITAILLANT
AVITAILLEUR
AVITAMINOSE
AVOCASSERIE
AVOCASSIÈRE
AVOIRDUPOIS
AVOISINANTE
AVUNCULAIRE
AXIOLOGIQUE
AXIOMATIQUE
AXIOMATISÉE
AXIOMATISER
AXONOMÉTRIE
AYANTS CAUSE
AYANTS DROIT
AZERBAÏDJAN
AZOOSPERMIE
AZOTOBACTER
BAB AL-MANDAB
BAB EL-MANDEB
BABY-BOOMERS
BABY-SITTERS
BABY-SITTING
BACK-OFFICES
BACTÉRICIDE
BACTÉRIÉMIE
BACTÉRIENNE
BADA SHANREN
BADEN-POWELL
BADIGEONNÉE
BADIGEONNER
BADIGOINCES
BAFOUILLAGE
BAFOUILLANT
BAFOUILLEUR
BAGDADIENNE
BAGNOLETAIS
BAGUENAUDER
BAHÍA BLANCA
BAHR EL-ABIAD
BAHR EL-AZRAK
BAIE-MAHAULT
BAILLERESSE
BAILLEULOIS
BÂILLONNANT
BALAI-BROSSE
BALANCEMENT
BALBUTIANTE
BALBYNIENNE
BALÉNOPTÈRE
BALISTICIEN
BALKANISANT
BALLASTIÈRE
BALLETOMANE
BALLON-SONDE
BALNÉOLAISE
BALZACIENNE
BAMBOCHARDE
BAMBOCHEUSE
BANANA SPLIT
BANCS-TITRES
BANDAR ABBAS
BANDES-VIDÉO
BANDOTHÈQUE
BANDOULIÈRE
BANGLADAISE
BANGLADAISE
BANGLADESHI
BANGLADESHI
BANGUISSOIS
BANLIEUSARD
BANNALÉCOIS
BANNOCKBURN
BANQUEROUTE
BARAGOUINÉE
BARAGOUINER
BARAQUEMENT
BARATINEUSE
BARBADIENNE
BARBARESQUE
BARBEROUSSE
BARBEZILIEN
BARBICHETTE
BARBOUILLÉE
BARBOUILLER
BARBOUILLIS
BARBUDIENNE
BARCELONAIS
BARCELONAIS
BARDONNÈCHE
BARENTINOIS
BARESTHÉSIE
BARGUIGNANT
BAROQUISANT
BARRICADANT
BAR-SUR-SEINE
BARTHOLOMÉE
BARYCHNIKOV
BARYSHNIKOV
BASCULEMENT

11

BAS-EN-BASSET
BAS-JOINTÉES
BASKET-BALLS
BASKETTEUSE
BAS-RHINOISE
BASSES-COURS
BASSE-TAILLE
BASSIN ROUGE
BASTOGNARDE
BATAILLEUSE
BATEAU-PHARE
BATEAU-POMPE
BATEAU-PORTE
BATEAUX-FEUX
BATHYMÉTRIE
BATHYSCAPHE
BATIFOLEUSE
BATTLE-DRESS
BAUDELOCQUE
BAUDRICOURT
BAUDRILLARD
BAUMGARTNER
BAVAISIENNE
BAZEILLAISE
BEACH-VOLLEY
BEAUCAIROIS
BEAUCERONNE
BEAUCERONNE
BEAUFORTAIN
BEAUFORTAIS
BEAUHARNAIS
BEAUJOLAISE
BEAUMONTOIS
BEAUPERTHUY
BEAUPORTOIS
BEAUREPAIRE
BEAUSSETANE
BEAUVAISIEN
BEAUX-FRÈRES
BEC-DE-LIÈVRE
BEC-HELLOUIN
BÊCHEVETANT
BECKENBAUER
BECS-CROISÉS
BÉDARRIDAIS
BEIDERBECKE
BEKTACHIYYA
BELFORTAINE
BELGRADOISE
BELIN-BÉLIET
BELLACHONNE
BELLE-DE-JOUR
BELLE-DE-NUIT
BELLÉROPHON
BELLES-DAMES
BELLES-MÈRES
BELLIGÉRANT
BELLIQUEUSE
BELŒILLOIS
BÉNÉDICTINE
BÉNÉDICTINE
BÉNÉDICTION
BÉNÉFICIANT
BENFELDOISE
BÉNODETOISE
BENOÎTEMENT
BENTIVOGLIO
BENZOPYRÈNE
BÉQUILLARDE
BERGAMASQUE
BERGAMASQUE
BERGAMOTIER
BERGERACOIS
BERMUDIENNE
BERRE-L'ÉTANG
BERRICHONNE
BERRICHONNE
BERTELSMANN
BERTIN L'AÎNÉ
BESSÉGEOISE
BESSONNIÈRE
BEST-SELLERS
BÉTHENCOURT
BETTEMBOURG
BETTERAVIER
BETTONNAISE
BEYNE-HEUSAY
BEYROUTHINE
BHARTRIHARI
BHILAINAGAR
BHOUTANAISE
BHUBANESWAR
BIBERONNANT
BIBLIOLOGIE
BIBLIOPHILE
BICAMÉRISME
BICARBONATE
BICARBONATÉ
BICATÉNAIRE
BIDOUILLAGE
BIDOUILLANT
BIDOUILLEUR
BIEDERMEIER
BIÉLORUSSIE
BIENFACTURE
BIENFAISANT
BIENFAITEUR
BIENHEUREUX
BIEN-PENSANT
BIFURCATION
BIGNONIACÉE
BIGOPHONANT
BILHARZIOSE
BILINGUISME
BILLETTERIE
BILLETTISTE
BIMBELOTIER
BIMENSUELLE
BINATIONALE
BINATIONAUX
BINOCULAIRE
BIOCHIMIQUE
BIOCHIMISTE
BIOLOGISANT
BIOMATÉRIAU
BIOMÉDICALE
BIOMÉDICAUX
BIOPHYSIQUE
BIOSCIENCES
BIOSYNTHÈSE
BIOTHÉRAPIE
BIOY CASARES
BIPARTITION
BIPOLARISÉE
BIQUOTIDIEN
BISANNUELLE
BISBROUILLE
BISCARROSSE
BISCHWILLER
BISCOTTERIE
BISCUITERIE
BISEXUALITÉ
BISSALIENNE
BISSECTRICE
BISTOURNAGE
BISTOURNANT
BISTROTIÈRE
BITUMINEUSE
BIVITELLINE
BIVOUAQUANT
BIZARDIENNE
BIZARREMENT
BLACKBOULÉE
BLACKBOULER
BLAGNACAISE
BLANCHAILLE
BLANCHIMENT
BLANC-MANGER
BLANCS-ÉTOCS
BLANQUEFORT
BLANZYNOISE
BLASPHÉMANT
BLASTODERME
BLAUE REITER
BLAVATSKAÏA
BLETTISSANT
BLETTISSURE
BLOC-CUISINE
BLOCS-ÉVIERS
BLONDINETTE
BLONDISSANT

BLOTTISSANT
BODHISATTVA
BOISMORTIER
BOLCHEVIQUE
BOLCHEVISME
BOLINGBROKE
BOLLANDISTE
BONAVENTURE
BONBONNIÈRE
BON-CHRÉTIEN
BONCOURTOIS
BONDÉRISANT
BONDOUFLOIS
BONIMENTANT
BONIMENTEUR
BONNES-MAINS
BONNEVALAIS
BONNIÉROISE
BORAGINACÉE
BOSSAS-NOVAS
BOSTONIENNE
BOTSWANAISE
BOTULINIQUE
BOUCHARDANT
BOUCHE-PORES
BOUCHE-TROUS
BOUCHONNANT
BOUCHONNIER
BOUFFETANCE
BOUFFISSAGE
BOUFFISSANT
BOUFFISSURE
BOUFFONNANT
BOUGILLONNE
BOUGIVALAIS
BOUGONNEUSE
BOUILLONNÉE
BOUILLONNER
BOUILLOTTER
BOULAGEOISE
BOULANGEANT
BOULANGERIE
BOULANGISME
BOULANGISTE
BOULEVERSÉE
BOULEVERSER
BOULONNAISE
BOULONNAISE
BOULONNERIE
BOULOUNENCQ
BOUQUETIÈRE
BOUQUINEUSE
BOUQUINISTE
BOURBONNAIS
BOURBONNAIS
BOURBOUILLE
BOURBOULIEN
BOURDONNANT
BOURGANIAUD
BOURGEOISIE
BOURGEONNER
BOURG-MADAME
BOURGMESTRE
BOURGUESANE
BOURGUIGNON
BOURGUIGNON
BOURGUISANE
BOURLINGUER
BOURNEMOUTH
BOURRELIÈRE
BOURSICOTER
BOURSOUFLÉE
BOURSOUFLER
BOUSCATAISE
BOUSILLEUSE
BOUTIQUIÈRE
BOUTONNEUSE
BOUTONNIÈRE
BOUTS-DEHORS
BOUZONVILLE
BOUZOULAISE
BOXER-SHORTS
BOYCOTTEUSE
BRABANÇONNE
BRABANÇONNE
BRACHIATION
BRACHIOPODE
BRACONNIÈRE
BRACQUEMOND
BRADYCARDIE
BRAHMAGUPTA
BRAHMANIQUE
BRAHMANISME
BRAILLEMENT
BRAIN-TRUSTS
BRANCARDAGE
BRANCARDANT
BRANCARDIER
BRANCHEMENT
BRANCHE-MÈRE
BRANDEBOURG
BRANDEBOURG
BRANDISSANT
BRANTÔMAISE
BRASILIENNE
BRAS-LE-CORPS
BRASSEMPOUY
BRAUCHITSCH
BRAY-DUNOISE
BRAZZAVILLE
BREDOUILLÉE
BREDOUILLER
BREDOUILLIS
BREMERHAVEN
BRÉSILIENNE
BRÉSILIENNE
BRESSUIRAIS
BRETOLIENNE
BRETONNANTE
BRÉVÉTOXINE
BRIGNOLAISE
BRILLAMMENT
BRILLANTAGE
BRILLANTANT
BRILLANTEUR
BRILLANTINE
BRILLANTINÉ
BRINGUEBALÉ
BRINQUEBALÉ
BRIQUETERIE
BRISE-GLACES
BRISE-MOTTES
BRISE-SOLEIL
BRITANNICUS
BRITANNIQUE
BRITANNIQUE
BRITTONIQUE
BROCANTEUSE
BROCÉLIANDE
BROMÉLIACÉE
BRONDILLANT
BRONTOSAURE
BROODTHAERS
BROQUEVILLE
BROSSARDOIS
BROSSOLETTE
BROUILLERIE
BROUILLONNE
BROUILLONNÉ
BROUSSAILLE
BRUAYSIENNE
BRUISSEMENT
BRÛLE-GUEULE
BRÛLE-PARFUM
BRUMISATEUR
BRUNSCHVICG
BRUNTRUTAIN
BRUSQUEMENT
BRUTALEMENT
BRUTALISANT
BRUXELLOISE
BRUXELLOISE
BRY-SUR-MARNE
BUCARAMANGA
BUCARESTOIS
BUCCINATEUR
BUDAPESTOIS
BUDGÉTISANT
BUDGÉTIVORE
BUENOS AIRES
BUFFALO BILL

11

BUFFLETERIE
BUISSONNAIS
BUISSONNEUX
BUISSONNIER
BUJUMBURIEN
BULL-FINCHES
BULLIONISME
BULL-TERRIER
BULLYGEOISE
BUONTALENTI
BUREAUCRATE
BUREAUTIQUE
BUSINESSMAN
BUSINESSMEN
BUTYROMÈTRE
BUZANCÉENNE
CABARETIÈRE
CABORA BASSA
CABOURGEAIS
CACHE-CŒURS
CACHECTIQUE
CACHE-FLAMME
CACHE-MISÈRE
CACHE-PRISES
CACHE-TAMPON
CACHETONNER
CACHOTTERIE
CACHOTTIÈRE
CACOGRAPHIE
CADAVÉREUSE
CADAVÉRIQUE
CADENASSANT
CADILLACAIS
CADUCIFOLIÉ
CADURCIENNE
CADURCIENNE
CAFÉ-CONCERT
CAFÉ-THÉÂTRE
CAFOUILLAGE
CAFOUILLANT
CAFOUILLEUR
CAFOUILLEUX
CAHORA BASSA
CAILLASSAGE
CAILLASSANT
CAILLEBOTIS
CAILLEBOTTE
CAILLEBOTTE
CAILLOUTAGE
CAILLOUTANT
CAILLOUTEUX
CALAISIENNE
CALAMISTRÉE
CALAMITEUSE
CALCÉOLAIRE
CALCINATION
CALCITONINE

CALCSCHISTE
CALCULATEUR
CALEBASSIER
CALEÇONNADE
CALÉFACTION
CALFEUTRAGE
CALFEUTRANT
CALIBRATION
CALIFORNIEN
CALIFORNIEN
CALIFORNIUM
CALLICRATÈS
CALLIGRAMME
CALLIGRAPHE
CALOMNIEUSE
CALOPORTEUR
CALORIFIQUE
CALORIFUGÉE
CALORIFUGER
CALORIMÈTRE
CALVADOSIEN
CALVO SOTELO
CAMARADERIE
CAMARÉTOISE
CAMARGUAISE
CAMARGUAISE
CAMBRIOLAGE
CAMBRIOLANT
CAMBRIOLEUR
CAMBROUSARD
CAMERLINGUE
CAMEROUNAIS
CAMEROUNAIS
CAMIONNETTE
CAMPAGNARDE
CAMPANIENNE
CAMPING-CARS
CAMPO DEL ORO
CAMPOFORMIO
CAMPO GRANDE
CANAILLERIE
CANALISABLE
CANAPÉS-LITS
CANAVÉROISE
CANCÉRIGÈNE
CANCÉRISANT
CANCÉROGÈNE
CANDIACOISE
CANDIDATURE
CANDIDEMENT
CANDISATION
CANDRAGUPTA
CANEPETIÈRE
CANICULAIRE
CANNELLONIS
CANNES-ÉPÉES
CANNIBALISÉ

CANONISABLE
CANOURGUAIS
CANTABRIQUE
CANTACUZÈNE
CANTALIENNE
CANTALIENNE
CANTILIENNE
CANTONNIÈRE
CAOUTCHOUTÉ
CAPACIMÈTRE
CAPACITAIRE
CAPACITANCE
CAPARAÇONNÉ
CAP-D'AILLOIS
CAPDENACOIS
CAPESTANAIS
CAP-HORNIERS
CAPILLARITE
CAPILLARITÉ
CAPITALISÉE
CAPITALISER
CAPITALISME
CAPITALISTE
CAPITONNAGE
CAPITONNANT
CAPITULAIRE
CAPITULARDE
CAPODISTRIA
CAPORAL-CHEF
CAPORALISÉE
CAPORALISER
CAPORALISME
CAPPADOCIEN
CAPPADOCIEN
CAPPA MAGNAS
CAPRICIEUSE
CAPTATIVITÉ
CAPUCHONNÉE
CAQUÈTEMENT
CARACASSIEN
CARACTÉRIEL
CARACTÉRISÉ
CARAMBOLAGE
CARAMBOLANT
CARAMBOLIER
CARAMÉLISÉE
CARAMÉLISER
CARAVAGISME
CARAVAGISTE
CARAVANIÈRE
CARBOCATION
CARBOCHIMIE
CARBONATANT
CARBON-BLANC
CARBONIFÈRE
CARBONISAGE
CARBONISANT

CARBONNADES
CARBONNAISE
CARBORUNDUM
CARBOXYLASE
CARBURATEUR
CARBURATION
CARCAILLANT
CARCASSONNE
CARCINOGÈNE
CARDINALICE
CARDIOLOGIE
CARDIOLOGUE
CARDIOTOMIE
CARENTANAIS
CARENTIELLE
CARICATURAL
CARICATURÉE
CARICATURER
CARILLONNÉE
CARILLONNER
CARMONTELLE
CARNASSIÈRE
CARNON-PLAGE
CAROLINGIEN
CAROTÉNOÏDE
CAROUGEOISE
CARPENTARIE
CARPINIENNE
CARRIÉRISME
CARRIÉRISTE
CARRIÉROISE
CARROSSABLE
CARROSSERIE
CARTE-LETTRE
CARTELLISÉE
CARTELLISER
CARTÉSIENNE
CARTOGRAPHE
CARTOMANCIE
CARTONNERIE
CARTONNEUSE
CARTONNIÈRE
CARTOPHILIE
CARTOTHÈQUE
CARYOCINÈSE
CASERNEMENT
CASSE-CROÛTE
CASSE-GRAINE
CASSE-GUEULE
CASSE-PATTES
CASSE-PIERRE
CASSITÉRITE
CASTANÉENNE
CASTÉLORIEN
CASTIGLIONE
CASTLEREAGH
CASTRATRICE

CASUISTIQUE
CATABATIQUE
CATABOLISME
CATACLYSMAL
CATADIOPTRE
CATALOGUANT
CATALYTIQUE
CATAPULTAGE
CATAPULTANT
CATARHINIEN
CATASTROPHE
CATASTROPHÉ
CATATONIQUE
CATÉCHISANT
CATÉCHUMÈNE
CATÉGORIQUE
CATÉGORISÉE
CATÉGORISER
CATHARTIQUE
CATHELINEAU
CATHOLICITÉ
CATOPTRIQUE
CATTENOMOIS
CAUCASIENNE
CAUCASIENNE
CAUCHEMARDÉ
CAUSSADAISE
CAUSSENARDE
CAUSSENARDE
CAUTERÉSIEN
CAUTÉRISANT
CAUTIONNANT
CAVACO SILVA
CAVALAIROIS
CAVALCADANT
CAVERNICOLE
CAXIAS DO SUL
CAYLUSIENNE
CEDAR RAPIDS
CÉLASTRACÉE
CÉLÉBRATION
CÉLIBATAIRE
CÉMENTATION
CÉNESTHÉSIE
CÉNOBITIQUE
CÉNOBITISME
CENTÉSIMALE
CENTÉSIMAUX
CENTIGRAMME
CENTRALISÉE
CENTRALISER
CENTRALISME
CENTRALISTE
CENTRAL PARK
CENTRE-AVANT
CENTRE-VILLE
CENTRIFUGÉE

CENTRIFUGER
CENT-SUISSES
CÉPHALALGIE
CÉPHALOPODE
CÉRAMBYCIDÉ
CÉRAMOLOGUE
CERBÉRIENNE
CÉRÉBELLEUX
CÉRÉBRALITÉ
CÉRÉMONIEUX
CERF-VOLISTE
CERGYSSOISE
CÉRUMINEUSE
CERVICALGIE
CESSEZ-LE-FEU
CESSIBILITÉ
CESSONNAISE
CEYZÉRIATIE
CÉZANNIENNE
CHÆNICHTYS
CHAGRINANTE
CHAÎNETIÈRE
CHALCÉDOINE
CHALCIDIQUE
CHALEUREUSE
CHALLANDAIS
CHALLENGEUR
CHALONNAISE
CHALUSIENNE
CHAMAILLANT
CHAMAILLEUR
CHAMALIÈRES
CHAMBARDANT
CHAMBERLAIN
CHAMBLYENNE
CHAMBOULANT
CHAMOISERIE
CHAMOISETTE
CHAMOISEUSE
CHAMONIARDE
CHAMONIARDE
CHAMPAGNISÉ
CHAMPAGNOLE
CHAMP-DE-MARS
CHAMPDIVERS
CHAMPENOISE
CHAMPENOISE
CHAMPFLEURY
CHAMPIONNAT
CHAMPLEVANT
CHAMPOLLION
CHANCELANTE
CHANCELIÈRE
CHANCISSANT
CHANFREINÉE
CHANFREINER
CHANGARNIER

CHANOINESSE
CHANSONNIER
CHANTEFABLE
CHANTEMESSE
CHANTERELLE
CHANTIGNOLE
CHANTONNANT
CHANTOURNÉE
CHANTOURNER
CHAPARDEUSE
CHAPDELAINE
CHAPEAUTANT
CHAPELLENIE
CHAPELLERIE
CHAPERONNÉE
CHAPERONNER
CHAPTALISÉE
CHAPTALISER
CHARADRIIDÉ
CHARANÇONNÉ
CHARBONNAGE
CHARBONNANT
CHARBONNEUX
CHARBONNIER
CHARCUTERIE
CHARCUTIÈRE
CHARENTAISE
CHARENTAISE
CHARLEMAGNE
CHARLEMAGNE
CHARLES-JEAN
CHARLEVILLE
CHARLIANDIN
CHARNYCOISE
CHAROLLAISE
CHARPENTAGE
CHARPENTANT
CHARPENTIER
CHARPENTIER
CHARRETIÈRE
CHARRONNAGE
CHASSE-CLOUS
CHASSE-MARÉE
CHASSE-NEIGE
CHASSERESSE
CHASSE-ROUES
CHASTELLAIN
CHÂTAIGNIER
CHÂTEAUGUAY
CHÂTEAUNEUF
CHÂTEAUROUX
CHÂTELGUYON
CHÂTELLENIE
CHATOIEMENT
CHATOUILLÉE
CHATOUILLER
CHATOUILLIS

CHATS-HUANTS
CHATS-TIGRES
CHATT AL-ARAB
CHATTANOOGA
CHATTISGARH
CHAUDE-PISSE
CHAUFFE-BAIN
CHAUFFE-PLAT
CHAUMONTAIS
CHAUMONTOIS
CHAUSSE-PIED
CHAUVINISME
CHAUVINOISE
CHÁVEZ FRÍAS
CHAVILLOISE
CHAVIREMENT
CHAZELLOISE
CHEBIN EL-KOM
CHEF-D'ŒUVRE
CHÉIROPTÈRE
CHÉLICÉRATE
CHEMIN DE FER
CHEMINEMENT
CHENEVELIER
CHENILLETTE
CHENONCEAUX
CHERCHE-MIDI
CHÉRIFIENNE
CHERRAPUNJI
CHESNAYSIEN
CHESTROLAIS
CHÉTOGNATHE
CHEVALEMENT
CHEVAUCHANT
CHEVAU-LÉGER
CHEVÈNEMENT
CHEVIGNOISE
CHEVILLETTE
CHEVRILLARD
CHEVROTANTE
CHEVTCHENKO
CHEWING-GUMS
CHIBOUGAMAU
CHICHE-KEBAB
CHICHÉN ITZÁ
CHICHITEUSE
CHIENS-ASSIS
CHIENS-LOUPS
CHIFFONNADE
CHIFFONNAGE
CHIFFONNANT
CHIFFONNIER
CHIFFREMENT
CHIMACIENNE
CHINOISERIE
CHIPPENDALE
CHIPPENDALE

CHIQUENAUDE
CHIROMANCIE
CHIROPRAXIE
CHIROQUOISE
CHIRURGICAL
CHLOROFIBRE
CHLOROFORME
CHLOROPHÈNE
CHOCOLATIER
CHOISISSANT
CHOISY-LE-ROI
CHOLESTÉROL
CHOMÉRACOIS
CHORÉGRAPHE
CHOUANNERIE
CHOUCHOUTÉE
CHOUCHOUTER
CHOUX-FLEURS
CHOUX-NAVETS
CHRISTALLER
CHRISTIANIA
CHRISTIANIA
CHROMATIQUE
CHROMATISME
CHROMINANCE
CHRONICISÉE
CHRONICISER
CHRONIQUEUR
CHRONOLOGIE
CHRONOMÈTRE
CHRONOMÉTRÉ
CHRYSOBÉRYL
CHRYSOCOLLE
CHRYSOPRASE
CHRYSOSTOME
CHTHONIENNE
CHUCHOTERIE
CHUCHOTEUSE
CHUINTEMENT
CHURRIGUERA
CIBA-GEIGY AG
CICATRICIEL
CICATRICULE
CICATRISANT
CIGARETTIER
CIMENTATION
CINCINNATUS
CINÉMASCOPE
CINÉMATIQUE
CINÉMOMÈTRE
CINESTHÉSIE
CINGHALAISE
CINGHALAISE
CINQ NATIONS
CIRCADIENNE
CIRCASSIENS
CIRCONFLEXE

CIRCONSCRIT
CIRCONSPECT
CIRCONVENIR
CIRCONVENUE
CIRCULARISÉ
CIRCULARITÉ
CIRCULATION
CIRRHOTIQUE
CISJORDANIE
CITÉ-DORTOIR
CITIZEN BAND
CITOYENNETÉ
CITRONNELLE
CLABAUDERIE
CLADISTIQUE
CLADOGRAMME
CLAIR-OBSCUR
CLAIRONNANT
CLAIRVOYANT
CLAMARTOISE
CLAMECYCOIS
CLANDESTINE
CLAPOTEMENT
CLAQUEMURÉE
CLAQUEMURER
CLASSICISME
CLASSIFIANT
CLAUDICANTE
CLAUDIQUANT
CLAVIÉRISTE
CLAYETTOISE
CLEPTOMANIE
CLÉRAMBAULT
CLERMONTAIS
CLERMONTOIS
CLERMONTOIS
CLIGNOTANTE
CLIMATISANT
CLIMATISEUR
CLINICIENNE
CLIQUETANTE
CLISSONNAIS
CLITORIDIEN
CLOCHARDISÉ
CLODOALDIEN
CLOISONNAGE
CLOISONNANT
CLOPINETTES
CLOSE-COMBAT
CLOSTERMANN
CLOSTRIDIUM
CLOS-VOUGEOT
CLUNISIENNE
CNIDOBLASTE
COACQUÉREUR
COAGULATION
COALESCENCE
COALESCENTE
COARCTATION
COASSURANCE
COAST RANGES
COCAÏNOMANE
COCCYGIENNE
COCHINCHINE
COCHONNERIE
CODÉBITRICE
CODES-BARRES
CODÉTENTEUR
CODIRECTEUR
CODIRECTION
CODOMINANCE
CODOMINANTE
CODONATAIRE
CODONATRICE
COEFFICIENT
CŒLACANTHE
COÉQUIPIÈRE
COÉVOLUTION
COEXISTENCE
COEXTENSIVE
COFINANÇANT
COFONDATEUR
COGNITICIEN
COGOLINOISE
COHÉRITIÈRE
COÏNCIDENCE
COÏNCIDENTE
COKÉFACTION
COLBERTISME
COLÉGATAIRE
COLFONTAINE
COLIBACILLE
COLICITANTE
COLIN-TAMPON
COLLABORANT
COLLAGÉNOSE
COLLATÉRALE
COLLATÉRAUX
COLLATIONNÉ
COLLECTRICE
COLLÉGIENNE
COLLENCHYME
COLLETAILLÉ
COLLIMATEUR
COLLIMATION
COLLINÉENNE
COLLIOURENC
COLLOCATION
COLMARIENNE
COLOCATAIRE
COLOMBIENNE
COLOMBIENNE
COLONISABLE
COLORIMÈTRE
COLPORTEUSE
COLPOSCOPIE
COLUMBARIUM
COMBARELLES
COMBATIVITÉ
COMBATTANTE
COMBINAISON
COMBINATEUR
COMBI-SHORTS
COMBRAILLES
COMBUSTIBLE
COMESTIBLES
COMIQUEMENT
COMITIALITÉ
COMMANDERIE
COMMANDITÉE
COMMANDITER
COMMÉMORANT
COMMENÇANTE
COMMENTAIRE
COMMENTRYEN
COMMERÇANTE
COMMERCIALE
COMMERCIAUX
COMMINUTIVE
COMMISSAIRE
COMMISSOIRE
COMMISSURAL
COMMODÉMENT
COMMOTIONNÉ
COMMUNALISÉ
COMMUNÉMENT
COMMUNIANTE
COMMUNICANT
COMMUNIQUÉE
COMMUNIQUER
COMMUNISANT
COMMUTATEUR
COMMUTATION
COMMUTATIVE
Compact Disc
COMPARAISON
COMPARAÎTRE
COMPARATEUR
COMPARATIVE
COMPARUTION
COMPATRIOTE
COMPENDIEUX
COMPENSABLE
COMPÉTITEUR
COMPÉTITION
COMPÉTITIVE
COMPIÉGNOIS
COMPILATEUR
COMPILATION
COMPLAISANT
COMPLANTANT

11

COMPLEXIFIÉ
COMPLIMENTÉ
COMPLIQUANT
COMPLOTEUSE
COMPONCTION
COMPOSITEUR
COMPOSITION
COMPOSTELLE
COMPRENETTE
COMPRESSANT
COMPRESSEUR
COMPRESSION
COMPRESSIVE
COMPRIMABLE
COMPTE RENDU
COMPTE-TOURS
CONCARNOISE
CONCÉLÉBRÉE
CONCÉLÉBRER
CONCENTRANT
CONCEPTACLE
CONCEPTISME
CONCEPTRICE
CONCERTANTE
CONCERTISTE
CONCHOÏDALE
CONCHOÏDAUX
CONCILIABLE
CONCILIAIRE
CONCILIANTE
CONCOMITANT
CONCORDANCE
CONCORDANTE
CONCOURANTE
CONCOURISTE
CONCRÉTISÉE
CONCRÉTISER
CONCUBINAGE
CONCURRENCE
CONCURRENCÉ
CONCURRENTE
CONDAMNABLE
CONDENSABLE
CONDESCENDU
CONDISCIPLE
CONDITIONNÉ
CONDOMINIUM
CONDOTTIERE
CONDOTTIERI
CONDUCTANCE
CONDUCTIBLE
CONDUCTRICE
CONDYLIENNE
CONFÉDÉRALE
CONFÉDÉRANT
CONFÉDÉRAUX
CONFINEMENT
CONFIRMANDE
CONFIRMATIF
CONFISCABLE
CONFISQUANT
CONFITURIER
CONFLANAISE
CONFLICTUEL
CONFONDANTE
CONFORMISME
CONFORMISTE
CONFORTABLE
CONFRÉRIQUE
CONFRONTANT
CONFUCÉENNE
CONFUSÉMENT
CONGÉDIABLE
CONGÉLATEUR
CONGÉLATION
CONGÉNITALE
CONGÉNITAUX
CONGLOMÉRAT
CONGLOMÉRÉE
CONGLOMÉRER
CONGRATULÉE
CONGRATULER
CONJECTURAL
CONJECTURÉE
CONJECTURER
CONJONCTEUR
CONJONCTION
CONJONCTIVE
CONJONCTURE
CONJUGAISON
CONJUGALITÉ
CONJUGATEUR
CONJURATION
CONNAISSANT
CONNAISSEUR
CONNECTABLE
CONNECTICUT
CONNECTIQUE
CONNÉTABLIE
CONNOTATION
CONQUÉRANTE
CONSANGUINE
CONSÉCUTIVE
CONSEILLANT
CONSEILLÈRE
CONSEILLEUR
CONSENTANTE
CONSÉQUENCE
CONSÉQUENTE
CONSERVERIE
CONSIDÉRANT
CONSIDÉRANT
CONSISTANCE
CONSISTANTE
CONSISTOIRE
CONSOLATEUR
CONSOLATION
CONSOLIDANT
CONSOMMABLE
CONSOMPTION
CONSORTIALE
CONSORTIAUX
CONSTAMMENT
CONSTANTINE
CONSTATABLE
CONSTELLANT
CONSTERNANT
CONSTIPANTE
CONSTITUANT
CONSTITUTIF
CONSTRICTIF
CONSTRICTOR
CONSTRUCTIF
CONSULTABLE
CONSULTANTE
CONSULTATIF
CONTAGIEUSE
CONTAMINANT
CONTAMINARD
CONTEMPLANT
CONTEMPTEUR
CONTENTIEUX
CONTESTABLE
CONTINENTAL
CONTINGENCE
CONTINGENTE
CONTINGENTÉ
CONTINUELLE
CONTINÛMENT
CONTONDANTE
CONTOURNANT
CONTRACTANT
CONTRACTILE
CONTRACTION
CONTRACTUEL
CONTRACTURE
CONTRACTURÉ
CONTRAINDRE
CONTRARIANT
CONTRARIÉTÉ
CONTRASTANT
CONTRE-ALLÉE
CONTRE-APPEL
CONTREBANDE
CONTREBASSE
CONTREBUTÉE
CONTREBUTER
CONTRECARRÉ
CONTRECHAMP
CONTRE-CHANT
CONTRE-CHOCS

CONTRECŒUR
CONTRECOLLÉ
CONTREDANSE
CONTRE-DIGUE
CONTRE-ÉCROU
CONTRE-ESSAI
CONTREFAÇON
CONTREFAIRE
CONTREFAITE
CONTREFICHE
CONTREFICHÉ
CONTRE-FILET
CONTREFOUTU
CONTRE-FUGUE
CONTRE-JOURS
CONTRE-MINES
CONTRE-PASSÉ
CONTRE-PENTE
CONTRE-PIEDS
CONTREPOIDS
CONTREPOINT
CONTRE-PORTE
CONTRE-RAILS
CONTRE-REJET
CONTRESEING
CONTRESIGNÉ
CONTRE-SUJET
CONTRETEMPS
CONTRETYPÉE
CONTRETYPER
CONTRE-VAIRS
CONTREVENIR
CONTREVENTÉ
CONTRE-VOIES
CONTRIBUANT
CONTRISTANT
CONTRÔLABLE
CONTRÔLEUSE
CONTROVERSE
CONTROVERSÉ
CONTUSIONNÉ
CONURBATION
CONVAINCANT
CONVENANCES
CONVENTIONS
CONVENTUELS
CONVERGEANT
CONVERGENCE
CONVERGENTE
CONVERTIBLE
CONVOCATION
CONVOIEMENT
COOCCUPANTE
COOPÉRATEUR
COOPÉRATION
COOPÉRATIVE
COORDINENCE
COORDONNANT
COPATERNITÉ
COPERMUTANT
COPERNICIEN
COPPERFIELD
COPRÉSIDENT
COPROPHAGIE
COPROPHILIE
COPROPRIÉTÉ
COQUECIGRUE
COQUELLOISE
COQUETTERIE
COQUILLETTE
COQUILLIÈRE
CORAILLEUSE
CORALLIENNE
CORALLIFÈRE
CORBASIENNE
CORBEHEMOIS
CORDONNERIE
CORDONNIÈRE
CORÉE DU NORD
CORMEILLAIS
CORMELLOISE
CORNÉLIENNE
CORNEMUSEUR
CORNEMUSEUX
CORNER BROOK
CORNETTISTE
CORNOUAILLE
CORNOUILLER
CORN-PICKERS
CORN-SHELLER
COROSSOLIER
CORPORATION
CORPORATIVE
CORPS-À-CORPS
CORRECTRICE
CORRÉLATION
CORRÉLATIVE
CORRESPONDU
CORRÉZIENNE
CORRÉZIENNE
CORROBORANT
CORRUPTIBLE
CORRUPTRICE
COSMOPOLITE
COSTA DEL SOL
COSTA-GAVRAS
COSTARICAIN
COSTARICAIN
COSY-CORNERS
CÔTE D'ARGENT
CÔTE DES BARS
CÔTE D'IVOIRE
CÔTES-D'ARMOR
CÔTES-DU-NORD
COTIGNACÉEN
COTONÉASTER
COTON-POUDRE
COTTERÉZIEN
COUCHAILLER
COUCHITIQUE
COUCOUMELLE
COUDE-À-COUDE
COUDEKERQUE
COUDOIEMENT
COUILLONNÉE
COUILLONNER
COULABILITÉ
COULEUVREAU
COULEUVRINE
COULISSANTE
COULISSEAUX
COULOMMIERS
COULOMMIERS
COULONGEOIS
COUPAILLANT
COUP-DE-POING
COUPE-CIGARE
COUPE-JAMBON
COUPE-JARRET
COUPE-ONGLES
COUPE-PAPIER
COUPE-RACINE
COURAILLANT
COURAMIAUDE
COURBATURÉE
COURBATURER
COURCAILLER
COURCAILLET
COURNEUVIEN
COURNONNAIS
COURONNAISE
COURROUÇANT
COURSANNAIS
COURSEULLES
COURTAUDANT
COURTILIÈRE
COURT-JOINTÉ
COURT-VÊTUES
COURVILLOIS
COUTANÇAISE
COUTEAU-SCIE
COUTELLERIE
COUVRE-CHEFS
COUVRE-JOINT
COUVRE-LIVRE
COUVRE-NUQUE
COUVRE-OBJET
COUVRE-PIEDS
COUVRE-PLATS
COVENANTERS
COVOITURAGE

COWANSVILLE
COXARTHROSE
COXO-FÉMORAL
CRACHOTANTE
CRACHOUILLÉ
CRACOVIENNE
CRAMPONNANT
CRAN-GEVRIER
CRAPAHUTANT
CRAPONNAISE
CRAPOUILLOT
CRASSULACÉE
CRAYONNEUSE
CRÉDIBILISÉ
CRÉDIBILITÉ
CRÉMAILLÈRE
CRÉMATORIUM
CRÉOLOPHONE
CRÉPITATION
CRÉPITEMENT
CRESSIACOIS
CREST-VOLAND
CRÊTES-DE-COQ
CRÉTINISANT
CRÈVE-LA-FAIM
CRIAILLERIE
CRIAILLEUSE
CRIEL-SUR-MER
CRIMINALISÉ
CRIMINALITÉ
CRIMINOGÈNE
CRISTALLINE
CRISTALLISÉ
CRISTALLITE
CRISTOPHINE
CRITICAILLÉ
CRITIQUABLE
CRITIQUEUSE
CROASSEMENT
CROC-EN-JAMBE
CROCHE-PATTE
CROCHE-PIEDS
CROCHETABLE
CROCODILIEN
CROISICAISE
CROMMELYNCK
CROQUE-AU-SEL
CROQUE-MORTS
CROQUIGNOLE
CROSSWOMANS
CROTELLOISE
CROUPISSANT
CROUSTILLER
CROZONNAISE
CRUCIFIXION
CRUELLEMENT
CRYOCLASTIE

CRYOGÉNIQUE
CRYPTOGAMIE
CRYPTOLOGIE
CRYPTOMERIA
CRYPTOPHYTE
CUCURBITAIN
CUEILLAISON
CULBUTEMENT
CULMINATION
CULPABILISÉ
CULPABILITÉ
CULS-DE-JATTE
CULS-DE-LAMPE
CULS-TERREUX
CULTIPACKER
CULTIVATEUR
CUMULO-DÔMES
CUNICULTURE
CUNNILINGUS
CUPRESSACÉE
CUPRONICKEL
CURARISANTE
CURE-OREILLE
CURIAE REGIS
CURIAS REGIS
CYANOPHYCÉE
CYANURATION
CYBERESPACE
CYCLISATION
CYCLOALCANE
CYCLOALCÈNE
CYCLOHEXANE
CYCLOMOTEUR
CYCLOPÉENNE
CYCLO-POUSSE
CYCLORAMEUR
CYCLOTHYMIE
CYLINDREUSE
CYLINDRIQUE
CYLINDROÏDE
CYNÉGÉTIQUE
CYNIQUEMENT
CYNOCÉPHALE
CYSTECTOMIE
CYSTICERQUE
CYSTOSCOPIE
CYSTOSTOMIE
CYTAPHÉRÈSE
CYTOLOGIQUE
CYTOLOGISTE
CYTOLYTIQUE
CYTOTOXIQUE
CZARTORYSKI
CZESTOCHOWA
DAKOTA DU SUD
DALMATIENNE
DALTONIENNE

DAMASQUINÉE
DAMASQUINER
DAMVILLAISE
DANDINEMENT
DANGEROSITÉ
DANNEMARIEN
DARDANELLES
DAR ES-SALAAM
DARGOMYJSKI
DARWINIENNE
DAUPHINELLE
DAUPHINOISE
DAUPHINOISE
DEATH VALLEY
DÉBAGOULANT
DÉBÂILLONNÉ
DÉBALLONNÉE
DÉBALLONNER
DÉBAPTISANT
DÉBARCADÈRE
DÉBARRASSÉE
DÉBARRASSER
DÉBÂTISSANT
DÉBATTEMENT
DÉBECQUETÉE
DÉBECQUETER
DÉBILITANTE
DÉBILLARDÉE
DÉBILLARDER
DÉBIRENTIER
DÉBLAIEMENT
DÉBLATÉRANT
DÉBOISEMENT
DÉBOÎTEMENT
DÉBORDEMENT
DÉBOSSELANT
DÉBOULONNÉE
DÉBOULONNER
DÉBOUSSOLÉE
DÉBOUSSOLER
DÉBOUTONNÉE
DÉBOUTONNER
DÉBRAILLANT
DÉBRANCHANT
DÉBRIDEMENT
DÉBROUILLÉE
DÉBROUILLER
DÉBROUSSANT
DÉBUDGÉTISÉ
DÉCACHETAGE
DÉCACHETANT
DÉCADENASSÉ
DÉCALAMINÉE
DÉCALAMINER
DÉCALCIFIÉE
DÉCALCIFIER
DÉCALOTTANT

DÉCANILLANT
DÉCANTATION
DÉCAPOTABLE
DÉCAPSULAGE
DÉCAPSULANT
DÉCAPSULEUR
DÉCARBURANT
DÉCARCASSÉE
DÉCARCASSER
DÉCASYLLABE
DÉCATISSAGE
DÉCATISSANT
DECAZEVILLE
DÉCEMBRISTE
DÉCÉRÉBRANT
DÉCERVELAGE
DÉCERVELANT
DÉCHARGEANT
DÉCHAUMEUSE
DÉCHAUSSAGE
DÉCHAUSSANT
DÉCHETTERIE
DÉCHIFFONNÉ
DÉCHIFFRAGE
DÉCHIFFRANT
DÉCHIFFREUR
DÉCHIQUETÉE
DÉCHIQUETER
DÉCHIREMENT
DÉCHLORURÉE
DÉCHLORURER
DÉCIMALISÉE
DÉCIMALISER
DÉCISIONNEL
DÉCLAMATEUR
DÉCLAMATION
DÉCLARATION
DÉCLARATIVE
DÉCLASSIFIÉ
DÉCLAVETANT
DÉCLENCHANT
DÉCLENCHEUR
DÉCLINAISON
DÉCLIQUETÉE
DÉCLIQUETER
DÉCLOISONNÉ
DÉCOLLATION
DÉCOLLEMENT
DÉCOLLETAGE
DÉCOLLETANT
DÉCOLONISÉE
DÉCOLONISER
DÉCOLORANTE
DÉCOMMANDÉE
DÉCOMMANDER
DÉCOMPENSÉE
DÉCOMPLEXÉE
DÉCOMPLEXER
DÉCOMPOSANT
DÉCOMPOSEUR
DÉCOMPRESSÉ
DÉCOMPRIMÉE
DÉCOMPRIMER
DÉCONCENTRÉ
DÉCONCERTÉE
DÉCONCERTER
DÉCONFITURE
DÉCONGELANT
DÉCONNECTÉE
DÉCONNECTER
DÉCONNEXION
DÉCONSEILLÉ
DÉCONSIDÉRÉ
DÉCONSIGNÉE
DÉCONSIGNER
DÉCONSTRUIT
DÉCONTAMINÉ
DÉCONTRACTÉ
DÉCORATRICE
DÉCORTICAGE
DÉCORTIQUÉE
DÉCORTIQUER
DÉCOURONNÉE
DÉCOURONNER
DÉCOUVREUSE
DÉCRÉPITANT
DÉCRÉPITUDE
DECRESCENDO
DÉCRETS-LOIS
DÉCROCHEUSE
DÉCROISSANT
DÉCULOTTANT
DÉCUPLEMENT
DÉDAIGNABLE
DÉDAIGNEUSE
DÉDICATAIRE
DÉDRAMATISÉ
DÉFAILLANCE
DÉFAILLANTE
DÉFALCATION
DÉFATIGANTE
DÉFATIGUANT
DÉFAUFILANT
DÉFAVORABLE
DÉFAVORISÉE
DÉFAVORISER
DÉFECTUEUSE
DÉFENESTRÉE
DÉFENESTRER
DÉFERLEMENT
DÉFERREMENT
DÉFICITAIRE
DÉFINISSANT
DÉFINITOIRE
DÉFISCALISÉ
DÉFLAGRANTE
DÉFLORAISON
DÉFLORATION
DÉFOLIATION
DÉFONCEMENT
DÉFORMATION
DÉFOULEMENT
DÉFRICHEUSE
DÉFROISSANT
DÉGASOLINÉE
DÉGASOLINER
DÉGAZOLINÉE
DÉGAZOLINER
DÉGAZONNAGE
DÉGAZONNANT
DÉGÉNÉRATIF
DÉGINGANDÉE
DÉGLACEMENT
DÉGLINGUANT
DÉGLUTITION
DÉGOBILLANT
DÉGORGEMENT
DÉGOULINADE
DÉGOULINANT
DÉGOUPILLÉE
DÉGOUPILLER
DÉGOÛTATION
DÉGRADATION
DÉGRAISSAGE
DÉGRAISSANT
DÉGRAISSEUR
DÉGRAVOYANT
DÉGRÈVEMENT
DÉGRINGOLÉE
DÉGRINGOLER
DÉGRISEMENT
DÉGROUILLÉE
DÉGROUILLER
DÉGUENILLÉE
DÉGUEULASSE
DÉGUISEMENT
DÉGURGITANT
DÉGUSTATEUR
DÉGUSTATION
DÉHARNACHÉE
DÉHARNACHER
DE HAVILLAND
DÉHOUSSABLE
DÉIFICATION
DÉLABREMENT
DÉLAITEMENT
DÉLASSEMENT
DÉLECTATION
DÉLÉGATAIRE
DÉLÉGATRICE
DÉLÉGITIMÉE

DÉLÉGITIMER
DELESTRAINT
DÉLIBÉRANTE
DÉLIBÉRATIF
DÉLICATESSE
DÉLICTUELLE
DÉLICTUEUSE
DÉLINÉAMENT
DÉLINÉATEUR
DÉLINQUANCE
DÉLINQUANTE
DÉLITESCENT
DELLA ROBBIA
DELLA ROVERE
DÉLOCALISÉE
DÉLOCALISER
DÉMAGNÉTISÉ
DÉMAGOGIQUE
DÉMAILLOTÉE
DÉMAILLOTER
DÉMANTELANT
DÉMANTIBULÉ
DÉMAQUILLÉE
DÉMAQUILLER
DÉMARCATION
DÉMARCATIVE
DÉMARCHEUSE
DÉMARQUEUSE
DÉMASTIQUÉE
DÉMASTIQUER
DÉMAZOUTANT
DÉMÉNAGEANT
DÉMÉNAGEUSE
DÉMENTIELLE
DEMI-BRIGADE
DEMI-CANTONS
DEMI-CERCLES
DEMI-COLONNE
DEMI-DROITES
DEMI-FIGURES
DEMI-FINALES
DEMI-JOURNÉE
DEMI-MESURES
DEMI-PENSION
DEMI-POINTES
DEMI-PORTION
DEMI-PRODUIT
DEMI-RELIEFS
DEMI-SAISONS
DEMI-SOMMEIL
DEMI-SOUPIRS
DÉMISSIONNÉ
DEMI-TEINTES
DEMI-VIERGES
DÉMOBILISÉE
DÉMOBILISER
DÉMOCRATISÉ
DÉMOGRAPHIE
DÉMOLISSAGE
DÉMOLISSANT
DÉMOLISSEUR
DÉMONÉTISÉE
DÉMONÉTISER
DÉMONOLOGIE
DÉMONTE-PNEU
DÉMONTRABLE
DÉMORALISÉE
DÉMORALISER
DÉMOTIVANTE
DÉMOUCHETÉE
DÉMOUCHETER
DÉMOUSTIQUÉ
DÉMULTIPLIÉ
DÉMUNISSANT
DÉMYSTIFIÉE
DÉMYSTIFIER
DÉMYTHIFIÉE
DÉMYTHIFIER
DENAISIENNE
DÉNASALISÉE
DÉNASALISER
DÉNATURANTE
DÉNAZIFIANT
DENDERLEEUW
DENDERMONDE
DENDRITIQUE
DÉNÉBULISÉE
DÉNÉBULISER
DÉNEIGEMENT
DÉNERVATION
DÉNIGREMENT
DÉNITRIFIÉE
DÉNITRIFIER
DÉNOMBRABLE
DÉNOMINATIF
DÉNOYAUTAGE
DÉNOYAUTANT
DÉNOYAUTEUR
DENSIMÉTRIE
DENTELLIÈRE
DENTISTERIE
DENTS-DE-LION
DÉNUTRITION
DÉODATIENNE
DÉONTOLOGIE
DÉPALISSANT
DÉPAQUETAGE
DÉPAQUETANT
DÉPARASITÉE
DÉPARASITER
DÉPAREILLÉE
DÉPAREILLER
DÉPARTEMENT
DÉPARTITEUR
DÉPASSEMENT
DÉPASSIONNÉ
DÉPATOUILLÉ
DÉPAYSEMENT
DÉPENAILLÉE
DÉPÉNALISÉE
DÉPÉNALISER
DÉPERDITION
DÉPÉRISSANT
DÉPHOSPHATÉ
DÉPHOSPHORÉ
DÉPILATOIRE
DÉPLACEMENT
DÉPLAFONNÉE
DÉPLAFONNER
DE PLAIN-PIED
DÉPLAISANTE
DÉPLOIEMENT
DÉPLORATION
DÉPOÉTISANT
DÉPOLARISÉE
DÉPOLARISER
DÉPOLISSAGE
DÉPOLISSANT
DÉPOLITISÉE
DÉPOLITISER
DÉPOLLUANTE
DÉPOLLUTION
DÉPORTATION
DÉPORTEMENT
DÉPOSITAIRE
DÉPOSSÉDANT
DÉPOUILLAGE
DÉPOUILLANT
DÉPOUSSIÉRÉ
DÉPRAVATION
DÉPRÉCATION
DÉPRÉCIATIF
DÉPRÉDATEUR
DÉPRÉDATION
DE PROFUNDIS
DÉPROGRAMMÉ
DÉQUALIFIÉE
DÉQUALIFIER
DÉRACINABLE
DÉRAISONNER
DÉRANGEANTE
DÉRANGEMENT
DÉRÈGLEMENT
DÉRÉLICTION
DERNIÈRE-NÉE
DERNIERS-NÉS
DÉROCHEMENT
DÉROGATOIRE
DÉROUILLANT
DÉROULEMENT
DÉROUTEMENT

DÉSABONNANT
DÉSACCORDÉE
DÉSACCORDER
DÉSACCOUPLÉ
DÉSACRALISÉ
DÉSACTIVANT
DÉSADAPTANT
DÉSAFFECTÉE
DÉSAFFECTER
DÉSAFFILIÉE
DÉSAFFILIER
DÉSAGRÉABLE
DÉSAGRÉMENT
DÉSAIMANTÉE
DÉSAIMANTER
DÉSAJUSTANT
DÉSALIÉNANT
DÉSALIGNANT
DÉSALTÉRANT
DÉSAMIANTER
DÉSAMIDONNÉ
DÉSAMORÇAGE
DÉSAMORÇANT
DÉSAPPARIÉE
DÉSAPPARIER
DÉSAPPOINTÉ
DÉSAPPROUVÉ
DÉSARÇONNÉE
DÉSARÇONNER
DÉSARGENTÉE
DÉSARGENTER
DÉSARMEMENT
DÉSARRIMAGE
DÉSARRIMANT
DÉSARTICULÉ
DÉSASSEMBLÉ
DÉSASSORTIE
DÉSASSORTIR
DÉSASTREUSE
DÉSATELLISÉ
DÉSAVANTAGE
DÉSAVANTAGÉ
DESCARTOISE
DESCENDANCE
DESCENDANTE
DESCENDERIE
DESCENDEUSE
DÉSCOLARISÉ
DESCRIPTEUR
DESCRIPTION
DESCRIPTIVE
DÉSÉCHOUANT
DÉSECTORISÉ
DÉSEMBOURBÉ
DÉSEMPARANT
DÉSENCADRÉE
DÉSENCADRER

DÉSENCHAÎNÉ
DÉSENCHANTÉ
DÉSENCLAVÉE
DÉSENCLAVER
DÉSENCOMBRÉ
DÉSENCRASSÉ
DÉSENDETTÉE
DÉSENDETTER
DÉSENFUMAGE
DÉSENFUMANT
DÉSENGORGÉE
DÉSENGORGER
DÉSENGRENÉE
DÉSENGRENER
DÉSENIVRANT
DÉSENNUYANT
DÉSENRAYANT
DÉSENSABLÉE
DÉSENSABLER
DÉSENTOILÉE
DÉSENTOILER
DÉSENTRAVÉE
DÉSENTRAVER
DÉSENVASANT
DÉSENVENIMÉ
DÉSENVERGUÉ
DÉSÉPAISSIE
DÉSÉPAISSIR
DÉSÉQUIPANT
DÉSERTIFIÉE
DÉSERTIFIER
DÉSESCALADE
DÉSESPÉRANT
DÉSÉTATISÉE
DÉSÉTATISER
DÉSEXCITANT
DÉSEXUALISÉ
DÉSHABILLÉE
DÉSHABILLER
DÉSHABITUÉE
DÉSHABITUER
DÉSHERBANTE
DÉSHÉRITANT
DÉSHONORANT
DÉSHUMANISÉ
DÉSHYDRATÉE
DÉSHYDRATER
DÉSIGNATION
DÉSILLUSION
DÉSINCARNÉE
DÉSINCARNER
DÉSINCRUSTÉ
DÉSINDEXANT
DÉSINENTIEL
DÉSINFECTÉE
DÉSINFECTER
DÉSINFORMÉE

DÉSINFORMER
DÉSINHIBANT
DÉSINTÉGRÉE
DÉSINTÉGRER
DÉSINVESTIE
DÉSINVESTIR
DÉSISTEMENT
DÉSOBSTRUÉE
DÉSOBSTRUER
DÉSOCIALISÉ
DÉSODORISÉE
DÉSODORISER
DÉSOPERCULÉ
DÉSOPILANTE
DÉSORDONNÉE
DÉSORGANISÉ
DÉSORIENTÉE
DÉSORIENTER
DÉSOSSEMENT
DÉSOXYDANTE
DÉSOXYGÉNÉE
DÉSOXYGÉNER
DESSALAISON
DESSALEMENT
DESSANGLANT
DESSAOULANT
DESSÉCHANTE
DESSINATEUR
DESSOUCHAGE
DESSOUCHANT
DESSUINTAGE
DESSUINTANT
DESSUS-DE-LIT
DÉSTABILISÉ
DÉSTALINISÉ
DESTINATEUR
DESTINATION
DESTITUABLE
DESTITUTION
DESTRUCTEUR
DESTRUCTION
DESTRUCTIVE
DÉSTRUCTURÉ
DÉSULFITANT
DÉSULFURANT
DÉSUNISSANT
DÉTACHEMENT
DÉTAILLANTE
DÉTARTRANTE
DÉTÉRIORANT
DÉTERMINANT
DÉTERREMENT
DÉTESTATION
DÉTORTILLÉE
DÉTORTILLER
DÉTRACTRICE
DÉTRITIVORE

11

DÉTROUSSANT
DÉTROUSSEUR
DEUTÉRONOME
DEUTSCHLAND
DEUX-SÉVRIEN
DEUX-SICILES
DÉVALORISÉE
DÉVALORISER
DÉVALUATION
DEVANCEMENT
DÉVASTATEUR
DÉVASTATION
DÉVELOPPANT
DÉVELOPPEUR
DÉVERGONDÉE
DÉVERGONDER
DÉVERSEMENT
DÉVESTITURE
DEVINERESSE
DÉVIRGINISÉ
DÉVIRILISÉE
DÉVIRILISER
DÉVISAGEANT
DEVISE-TITRE
DÉVITALISÉE
DÉVITALISER
DÉVITAMINÉE
DÉVITRIFIÉE
DÉVITRIFIER
DÉVOILEMENT
DÉVORATRICE
DHAMASKINÓS
DIABOLISANT
DIACRITIQUE
DIALECTIQUE
DIALECTISÉE
DIALECTISER
DIALOGUISTE
DIALYPÉTALE
DIALYSÉPALE
DIAMANTAIRE
DIAMORPHINE
DIAPHRAGMÉE
DIAPHRAGMER
DIAPOSITIVE
DIARRHÉIQUE
DIASTOLIQUE
DIATHERMANE
DICARBONYLÉ
DICTATORIAL
DICTYOPTÈRE
DIDACTHÈQUE
DIDACTICIEL
DIEFENBAKER
DIEGO GARCIA
DIÉGO-SUAREZ
DIÊN BIÊN PHU

DIENCÉPHALE
DIÉSÉLISANT
DIÉTÉTICIEN
DIFFAMATEUR
DIFFAMATION
DIFFERDANGE
DIFFÉRENCIÉ
DIFFÉRENTIÉ
DIFFRACTANT
DIFFRACTION
DIFFUSÉMENT
DIGASTRIQUE
DIGITALIQUE
DIGITALISÉE
DIGITALISER
DIGITIFORME
DIGITIGRADE
DIHYDROGÈNE
DILATATRICE
DILATOMÈTRE
DILIGEMMENT
DILIGENTANT
DIMENSIONNÉ
DIMORPHISME
DINDONNEAUX
DINOSAURIEN
DINOTHÉRIUM
DION CASSIUS
DIONYSIAQUE
DIONYSIENNE
DIONYSIENNE
DIPHTÉRIQUE
DIPHTONGUÉE
DIPHTONGUER
DIRECTEMENT
DIRECTIVITÉ
DIRECTORIAL
DISCERNABLE
DISCIPLINÉE
DISCIPLINER
DISC-JOCKEYS
DISCOMPTANT
DISCOMPTEUR
DISCOMYCÈTE
DISCONTINUE
DISCONTINUÉ
DISCONVENIR
DISCOPATHIE
DISCOPHILIE
DISCORDANCE
DISCORDANTE
DISCOTHÈQUE
DISCOUNTANT
DISCOUREUSE
DISCOURTOIS
DISCRÉDITÉE
DISCRÉDITER

DISCRIMINÉE
DISCRIMINER
DISCUTAILLÉ
DISERTEMENT
DISGRACIANT
DISGRACIEUX
DISHARMONIE
DISJOIGNANT
DISJONCTANT
DISJONCTEUR
DISJONCTION
DISLOCATION
DISPARAÎTRE
DISPARITION
DISPATCHANT
DISPATCHING
DISPENDIEUX
DISPENSABLE
DISPENSAIRE
DISPERSANTE
DISPOSITION
DISQUALIFIÉ
DISSÉMINANT
DISSIMULANT
DISSIPATEUR
DISSIPATION
DISSIPATIVE
DISSOCIABLE
DISSOLUTION
DISSOLVANTE
DISSYMÉTRIE
DISTANCIANT
DISTILLERIE
DISTINCTION
DISTINCTIVE
DISTINGUANT
DISTOMATOSE
DISTRACTION
DISTRACTIVE
DISTRAYANTE
DISTRIBUANT
DISTRIBUTIF
DIVERSEMENT
DIVERSIFIÉE
DIVERSIFIER
DIVERTICULE
DIVES-SUR-MER
DIVINATOIRE
DIVINATRICE
DIVIONNAISE
DIVULGATEUR
DIVULGATION
DIX-HUITIÈME
DIXIÈMEMENT
DIX-NEUVIÈME
DIX-SEPTIÈME
DJAMAL PACHA

DOCIMOLOGIE
DOCTRINAIRE
DOCUMENTANT
DODÉCAGONAL
DODÉCASTYLE
DOGMATISANT
DOLCHARDIEN
DOLGOROUKOV
DOLOMITIQUE
DOMANIALITÉ
DOMBASLOISE
DOMESTICITÉ
DOMESTIQUÉE
DOMESTIQUER
DOMFRONTAIS
DOMICILIANT
DOMINATRICE
DOMINGUOISE
DOMINICAINE
DOMINICAINE
DOMINIQUAIS
DOMINOTERIE
DOMMAGEABLE
DOMODOSSOLA
DOMPTE-VENIN
DONG QICHANG
DONJUANISME
DONZENACOIS
DORLOTEMENT
DORTMUND-EMS
DOSTOÏEVSKI
DOUAISIENNE
DOUBLE-CRÈME
DOUBLE-SCULL
DOUBLONNANT
DOUGLAS-HOME
DOULLENNAIS
DOULOUREUSE
DOURDANNAIS
D'OUTRE-TOMBE
DOUVAINOISE
DOUVRINOISE
DRACONIENNE
DRAGÉIFIANT
DRAGEONNANT
DRAKENSBERG
DRAMATISANT
DRAMATURGIE
DRAVEILLOIS
DRAVIDIENNE
DRAVIDIENNE
DREADNOUGHT
DREYFUSARDE
DRUMETTANTE
DRY-FARMINGS
DUCHÉ-PAIRIE
DUCLAIROISE
DUFFEL-COATS
DUFFLE-COATS
DUNAÚJVÁROS
DUNKERQUOIS
DUN-SUR-AURON
DUODÉCIMAIN
DUODÉCIMALE
DUODÉCIMAUX
DUPLICATEUR
DUPLICATION
DUPUY DE LÔME
DURABLEMENT
DYNAMISANTE
DYNAMITEUSE
DYNAMOMÈTRE
DYSCALCULIE
DYSEMBRYOME
DYSFONCTION
DYSHARMONIE
DYSMORPHOSE
DYSPAREUNIE
DYSPEPSIQUE
DYSPEPTIQUE
DYSTROPHINE
EAUBONNAISE
EAUX-CHAUDES
ÉBAUDISSANT
ÉBÉNISTERIE
ÉBLOUISSANT
ÉBORGNEMENT
ÉBOUILLANTÉ
ÉBOURGEONNÉ
ÉBOURIFFAGE
ÉBOURIFFANT
ÉBRANLEMENT
ÉBRÈCHEMENT
ÉBROÏCIENNE
ÉBROÏCIENNE
ÉBRUITEMENT
ÉCARQUILLÉE
ÉCARQUILLER
ÉCARTS-TYPES
ECCLÉSIASTE
ÉCHAFAUDAGE
ÉCHAFAUDANT
ÉCHALASSANT
ÉCHANGEABLE
ÉCHANTILLON
ÉCHAPPEMENT
ÉCHAUDEMENT
ÉCHAUGUETTE
ÉCHELONNANT
ÉCHENILLAGE
ÉCHENILLANT
ÉCHENILLOIR
ÉCHINOCOQUE
ÉCHINODERME
ÉCHIQUÉENNE
ÉCHIROLLOIS
ÉCHOGRAPHIE
ÉCHOGRAPHIÉ
ÉCHOSONDAGE
ÉCLABOUSSÉE
ÉCLABOUSSER
ÉCLAIREMENT
ÉCLAMPTIQUE
ÉCŒUREMENT
ÉCONDUISANT
ÉCONOMÉTRIE
ÉCONOMISANT
ÉCONOMISEUR
ÉCORCHEMENT
ÉCORECHARGE
ÉCORNIFLEUR
ÉCOUENNAISE
ÉCRABOUILLÉ
ÉCRIVAILLER
ÉCRIVAILLON
ÉCRIVASSANT
ÉCRIVASSIER
ÉCROUISSAGE
ÉCROUISSANT
ÉCROULEMENT
ÉCUSSONNAGE
ÉCUSSONNANT
ÉCUSSONNOIR
ECZÉMATEUSE
EDDY MITCHEL
ÉDIFICATION
ÉDULCORANTE
EFFAROUCHÉE
EFFAROUCHER
EFFECTIVITÉ
EFFEUILLAGE
EFFEUILLANT
EFFILOCHAGE
EFFILOCHANT
EFFILOCHURE
EFFLORAISON
EFFRANGEANT
EFFRITEMENT
EFFRONTERIE
ÉGALISATEUR
ÉGALISATION
ÉGLETONNAIS
ÉGLISE-HALLE
ÉGOÏSTEMENT
ÉGOUTTEMENT
ÉGRATIGNANT
ÉGRATIGNURE
ÉGYPTOLOGIE
ÉGYPTOLOGUE
EICHENDORFF
EINSTEINIUM

ÉJACULATION
ÉLABORATION
ÉLARGISSANT
ELBEUVIENNE
ÉLECTRICIEN
ÉLECTRICITÉ
ÉLECTRIFIÉE
ÉLECTRIFIER
ÉLECTRISANT
ÉLECTROCHOC
ÉLECTROCUTÉ
ÉLECTROGÈNE
ÉLECTROLYSE
ÉLECTROLYSÉ
ÉLECTROLYTE
ELEKTROSTAL
ÉLÉMENTAIRE
ÉLÉPHANTEAU
ÉLÉPHANTINE
ÉLÉPHANTINE
ÉLIE D'ASSISE
ÉLIGIBILITÉ
ÉLIMINATEUR
ÉLIMINATION
ELLIPSOÏDAL
ÉLOIGNEMENT
ÉLOQUEMMENT
ELSTER NOIRE
ÉLUCIDATION
EMBALLEMENT
EMBARCADÈRE
EMBARCATION
EMBARDOUFLÉ
EMBARRASSÉE
EMBARRASSER
EMBASTILLÉE
EMBASTILLER
EMBAUMEMENT
EMBÉGUINANT
EMBLAVEMENT
EMBOBELINÉE
EMBOBELINER
EMBOÎTEMENT
EMBOUTEILLÉ
EMBRANCHANT
EMBRASEMENT
EMBRASSEUSE
EMBRÈVEMENT
EMBRIGADANT
EMBRINGUANT
EMBROCATION
EMBROUILLÉE
EMBROUILLER
EMBRYOGÉNIE
EMBRYOLOGIE
ÉMERILLONNÉ
ÉMERVEILLÉE

ÉMERVEILLER
ÉMIETTEMENT
EMMAGASINÉE
EMMAGASINER
EMMAILLOTÉE
EMMAILLOTER
EMMÉNAGEANT
EMMÉNAGOGUE
EMMERDEMENT
EMMITOUFLÉE
EMMITOUFLER
ÉMOTIONNANT
ÉMOUSTILLÉE
ÉMOUSTILLER
EMPAILLEUSE
EMPANACHANT
EMPAQUETAGE
EMPAQUETANT
EMPATTEMENT
EMPÊCHEMENT
EMPIÈCEMENT
EMPIÉTEMENT
EMPLACEMENT
EMPOISONNÉE
EMPOISONNER
EMPOISSONNÉ
EMPORTEMENT
EMPOURPRANT
EMPOUSSIÉRÉ
EMPREIGNANT
EMPRÉSURANT
EMPRISONNÉE
EMPRISONNER
EMPRUNTEUSE
ÉMULSIFIANT
ÉMULSIONNÉE
ÉMULSIONNER
ÉNANTIOMÈRE
ENCADREMENT
ENCAISSABLE
ENCAISSANTE
ENCANAILLÉE
ENCANAILLER
ENCAQUEMENT
ENCARTOUCHÉ
ENCASERNANT
ENCASTELANT
ENCASTELURE
ENCASTRABLE
ENCAUSTIQUE
ENCAUSTIQUÉ
ENCENSEMENT
ENCÉPHALINE
ENCÉPHALITE
ENCHÂTELANT
ENCHAUSSANT
ENCHEVAUCHÉ

ENCHEVÊTRÉE
ENCHEVÊTRER
ENCHIFRENÉE
ENCLAVEMENT
ENCLENCHANT
ENCLENCHEUR
ENCLIQUETÉE
ENCLIQUETER
ENCOCHEMENT
ENCOMBRANTE
EN CONTREBAS
ENDETTEMENT
ENDEUILLANT
ENDIGUEMENT
ENDIMANCHÉE
ENDIMANCHER
ENDOCARDITE
ENDOCRINIEN
ENDOCTRINÉE
ENDOCTRINER
ENDOGAMIQUE
ENDOMÉTRITE
ENDOSSEMENT
ENDOTHÉLIAL
ENDOTHÉLIUM
ÉNERGÉTIQUE
ÉNERGISANTE
ENFAÎTEMENT
ENFANTEMENT
ENFERMEMENT
ENFONCEMENT
ENFOUISSANT
ENFOURCHANT
ENFOURCHURE
ENFREIGNANT
ENFUTAILLÉE
ENFUTAILLER
ENGAZONNANT
ENGHIENNOIS
ENGINEERING
ENGORGEMENT
ENGOUFFRANT
ENGOULEVENT
ENGRAISSAGE
ENGRAISSANT
ENGRAISSEUR
ENGRANGEANT
ENGUIRLANDÉ
ÉNIGMATIQUE
ENJAMBEMENT
ENJOLIVEUSE
ENKÉPHALINE
ENKYSTEMENT
ENLUMINEUSE
ENNÉAGONALE
ENNÉAGONAUX
ENNEIGEMENT

ÉNONCIATION
ÉNONCIATIVE
ÉNOPHTALMIE
ENORGUEILLI
ENQUÊTEUSES
ENQUÊTRICES
ENQUIQUINÉE
ENQUIQUINER
ENRÉGIMENTÉ
ENREGISTRÉE
ENREGISTRER
ENROCHEMENT
ENROULEMENT
ENRUBANNAGE
ENRUBANNANT
ENSABLEMENT
ENSANGLANTÉ
ENSEIGNANTE
ENSEMBLISTE
ENSEMENÇANT
ENSOLEILLÉE
ENSOLEILLER
ENSOMMEILLÉ
ENSORCELANT
ENSORCELEUR
ENTABLEMENT
ENTASSEMENT
ENTENDEMENT
ENTÉNÉBRANT
ENTÉROCOQUE
ENTÉROVIRUS
ENTERREMENT
ENTICHEMENT
ENTIÈREMENT
ENTOMOLOGIE
ENTOMOPHAGE
ENTOMOPHILE
ENTONNAISON
ENTONNEMENT
ENTORTILLÉE
ENTORTILLER
ENTOURLOUPE
ENTRAÎNABLE
ENTRAÎNANTE
ENTRAÎNEUSE
ENTR'APERÇUE
ENTRAPERÇUE
ENTREBÂILLÉ
ENTRE-BANDES
ENTRECHOQUÉ
ENTRECOUPÉE
ENTRECOUPER
ENTRECROISÉ
ENTRECUISSE
ENTRE-DÉVORÉ
ENTREFAITES
ENTR'ÉGORGÉE
ENTR'ÉGORGER
ENTRE-HEURTÉ
ENTREJAMBES
ENTRELAÇANT
ENTRELARDÉE
ENTRELARDER
ENTREMÊLANT
ENTREMETTRE
ENTRE-NŒUDS
ENTREPOSAGE
ENTREPOSANT
ENTREPOSEUR
ENTRETAILLÉ
ENTRETENANT
ENTRE-TISSÉE
ENTRE-TISSER
ENTRE-TISSÉS
ENTRETOISÉE
ENTRETOISER
ENTREVOYANT
ENTROUVERTE
ENTROUVRANT
ENTURBANNÉE
ÉNUCLÉATION
ÉNUMÉRATION
ÉNUMÉRATIVE
ENVAHISSANT
ENVAHISSEUR
ENVELOPPANT
ENVIRONNANT
ENVISAGEANT
ENVOÛTEMENT
ENZYMATIQUE
ENZYMOLOGIE
ÉOSINOPHILE
ÉPAMINONDAS
ÉPAMPREMENT
ÉPANCHEMENT
ÉPARPILLANT
ÉPHÉMÉRIDES
ÉPICURIENNE
ÉPICYCLOÏDE
ÉPIDERMIQUE
ÉPIDIDYMITE
ÉPIERREMENT
ÉPILEPTIQUE
ÉPINOCHETTE
ÉPISCLÉRITE
ÉPISIOTOMIE
ÉPISTOLAIRE
ÉPISTOLIÈRE
ÉPITHÉLIALE
ÉPITHÉLIAUX
ÉPITHÉLIOMA
ÉPIZOOTIQUE
ÉPOUSAILLES
ÉPOUSSETAGE
ÉPOUSSETANT
ÉPOUSTOUFLÉ
ÉPOUVANTAIL
ÉPOUVANTANT
ÉQUATORIALE
ÉQUATORIAUX
ÉQUIDISTANT
ÉQUILATÉRAL
ÉQUILIBRAGE
ÉQUILIBRANT
ÉQUIMOLAIRE
ÉQUINOXIALE
ÉQUINOXIAUX
ÉQUIPOLLENT
ÉQUIPOTENCE
ÉQUIVALENCE
ÉQUIVALENTE
ÉQUIVOQUANT
ÉRADICATION
ÉRAILLEMENT
ÉRATOSTHÈNE
ÉRECHTHÉION
ÉREINTEMENT
ERGONOMIQUE
ERGONOMISTE
ERIK LE ROUGE
ÉROTISATION
ERPÉTOLOGIE
ERSTEINOISE
ÉRUBESCENTE
ÉRYTHRÉENNE
ÉRYTHRÉENNE
ÉRYTHROCYTE
ÉRYTHROSINE
ESBROUFEUSE
ESCAGASSANT
ESCAMOTABLE
ESCAMOTEUSE
ESCARBOUCLE
ESCARÉNOISE
ESCARMOUCHE
ESCARPEMENT
ESCAUDINOIS
ESCOMPTABLE
ESCOUMINOIS
ESCROQUERIE
ESPACE-TEMPS
ESPERLUETTE
ESPIÈGLERIE
ESQUINTANTE
ESSARTEMENT
ESSENTIELLE
ESSONNIENNE
ESSORILLANT
ESSOUFFLANT
ESSUIE-GLACE
ESSUIE-MAINS

ESSUIE-PIEDS
ESSUIE-VERRE
EST-ALLEMAND
ESTAMPILLÉE
ESTAMPILLER
ESTÉRIFIANT
ESTHÉTICIEN
ESTHÉTISANT
ESTIMATOIRE
ESTOMAQUANT
ESTOMPEMENT
ESTREMADURA
ESTRÉMADURE
ESTUARIENNE
ESTUDIANTIN
ÉTABLISSANT
ÉTALINGUANT
ÉTANCHEMENT
ÉTANÇONNANT
ÉTANG-SALÉEN
ÉTATISATION
ÉTATS-MAJORS
ÉTATS-UNIENS
ÉTATS-UNIENS
ÉTERNUEMENT
ÉTHÉRIFIANT
ÉTHÉROMANIE
ÉTHIOPIENNE
ÉTHIOPIENNE
ETHNOGENÈSE
ETHNOGRAPHE
ÉTHOLOGIQUE
ÉTHYLÉNIQUE
ÉTHYLOMÈTRE
ÉTINCELANTE
ÉTIOLOGIQUE
ÉTIQUETEUSE
ÉTONNAMMENT
ÉTOUFFEMENT
ÉTOUPILLANT
ÉTOURDIMENT
ÉTRANGEMENT
ÉTRANGLEUSE
ÉTRÉCISSANT
ÉTRETATAISE
ÉTROITEMENT
EUCHARISTIE
EUCLIDIENNE
EUDÉMONISME
EUPHAUSIACÉ
EUPHORISANT
EUPLECTELLE
EURAFRICAIN
EUROMISSILE
EUROMONNAIE
EUROPÉANISÉ
EUROPÉENNES

EURYTHMIQUE
EUSKALDUNAK
EUSKARIENNE
EUSKARIENNE
EUSKÉRIENNE
EUSKÉRIENNE
EUSTACHOISE
EUTHANASIÉE
EUTHANASIER
ÉVACUATRICE
ÉVAGINATION
ÉVAHONIENNE
ÉVANESCENCE
ÉVANESCENTE
ÉVANGÉLIQUE
ÉVANGÉLISÉE
ÉVANGÉLISER
ÉVANGÉLISME
ÉVANGÉLISTE
ÉVAPORATEUR
ÉVAPORATION
ÉVASIVEMENT
ÉVENTRATION
ÉVENTUALITÉ
ÉVHÉMÉRISME
EVTOUCHENKO
EXAGÉRATION
EXAGÉRÉMENT
EXAMINATEUR
EXASPÉRANTE
EXCAVATRICE
EXCENTRIQUE
EXCITATRICE
EXCLAMATION
EXCLAMATIVE
EXCLUSIVITÉ
EXCOMMUNIÉE
EXCOMMUNIER
EXCORIATION
EXCURSIONNÉ
EXEMPLARITÉ
EXEMPLIFIÉE
EXEMPLIFIER
EXFOLIATION
EXHORTATION
EXIGIBILITÉ
EXISTENTIEL
EXOBIOLOGIE
EXONÉRATION
EXOPHTALMIE
EXORBITANTE
EXPANSIVITÉ
EXPECTATIVE
EXPECTORANT
EXPÉDITRICE
EXPÉRIMENTÉ
EXPERTEMENT

EXPERTISANT
EXPIRATOIRE
EXPLICATION
EXPLICATIVE
EXPLICITANT
EXPLOITABLE
EXPLOITANTE
EXPLOITEUSE
EXPLORATEUR
EXPLORATION
EXPONENTIEL
EXPORTATEUR
EXPORTATION
EXPROPRIANT
EXPURGATION
EXTEMPORANÉ
EXTÉNUATION
EXTÉRIORISÉ
EXTÉRIORITÉ
EXTERMINANT
EXTERNALITÉ
EXTINCTRICE
EXTIRPATEUR
EXTIRPATION
EXTRACTIBLE
EXTRADITION
EXTRALÉGALE
EXTRALÉGAUX
EXTRALUCIDE
EXTRAPOLANT
EXTRARÉNALE
EXTRARÉNAUX
EXTRA-UTÉRIN
EXTRAVAGANT
EXTRAVAGUER
EXTRAVASANT
EXTRAVERTIE
EXTRÊMEMENT
EXTRINSÈQUE
FABRICATEUR
FABRICATION
FABULATRICE
FAÇONNEMENT
FACTICEMENT
FACTORIELLE
FACTORISANT
FACTURATION
FACULTATIVE
FAIBLISSANT
FAINÉANTANT
FAINÉANTISE
FAIRE-VALOIR
FAISABILITÉ
FAISANDEAUX
FAISANDERIE
FAITS DIVERS
FALAISIENNE

FALLACIEUSE
FALSIFIABLE
FAMEUSEMENT
FAMILIARISÉ
FAMILIARITÉ
FAMILISTÈRE
FANFARONNER
FANFRELUCHE
FANTAISISTE
FANTASTIQUE
FARAMINEUSE
FARFOUILLER
FARNBOROUGH
FASCINATEUR
FASCINATION
FASCISATION
FASTIDIEUSE
FAUCONNEAUX
FAUCONNERIE
FAULQUEMONT
FAUNISTIQUE
FAUSSE-ROUTE
FAUTIVEMENT
FAUVILLAISE
FAUX-BOURDON
FAUX-FUYANTS
FAVERGIENNE
FAVORISANTE
FAVORITISME
FAYA-LARGEAU
FÉBRILEMENT
FÉCONDATEUR
FÉCONDATION
FÉDÉRALISÉE
FÉDÉRALISER
FÉDÉRALISME
FÉDÉRALISTE
FÉDÉRATRICE
FÉLIX LE CHAT
FELLETINOIS
FELLINIENNE
FÉMINISANTE
FERBLANTIER
FÉRINGIENNE
FÉRINGIENNE
FERMENTABLE
FERNANDO POO
FERRAILLAGE
FERRAILLANT
FERRAILLEUR
FERRÉDOXINE
FERRIÉROISE
FERROCÉRIUM
FERROCHROME
FERRONICKEL
FERRONNERIE
FERRONNIÈRE
FERROVIAIRE
FERRUGINEUX
FERS-À-CHEVAL
FERTÉSIENNE
FERTILISANT
FESTIVALIER
FESTOIEMENT
FEUILLAISON
FEUILLETAGE
FEUILLETANT
FIABILISANT
FIANÇAILLES
FIBRILLAIRE
FIBRINOGÈNE
FIBRINOLYSE
FIBROBLASTE
FIBROCIMENT
FIBROMATEUX
FIBROMATOSE
FIBROSCOPIE
FICHTREMENT
FICTIVEMENT
FIDÉICOMMIS
FILAMENTEUX
FILANDREUSE
FILIALEMENT
FILIALISANT
FILICOPHYTE
FILICOPSIDE
FILIGRANANT
FILMOTHÈQUE
FINANCEMENT
FINISTÉRIEN
FINLANDAISE
FINLANDAISE
FISCALEMENT
FISCALISANT
FISSIONNANT
FISSURATION
FLACON-POMPE
FLAGELLAIRE
FLAGEOLANTE
FLAGORNERIE
FLAGORNEUSE
FLAMANVILLE
FLAMBOYANCE
FLAMBOYANTE
FLAMINGANTE
FLANQUEMENT
FLAVESCENTE
FLÉCHISSANT
FLÉCHISSEUR
FLEGMATIQUE
FLEMMARDANT
FLEMMARDISE
FLÉTRISSANT
FLÉTRISSURE
FLEURANTINE
FLEURDELISÉ
FLEURISSANT
FLEURYSSOIS
FLEXIBILISÉ
FLEXIBILITÉ
FLOCONNEUSE
FLOCULATION
FLOIRACAISE
FLORANGEOIS
FLORISSANTE
FLORISTIQUE
FLOSSENBÜRG
FLUCTUATION
FLUIDIFIANT
FLUORESCENT
FLUVIOMÈTRE
FŒTOPATHIE
FŒTOSCOPIE
FOIE-DE-BŒUF
FOISONNANTE
FOLKLORIQUE
FOLKLORISTE
FOLLICULINE
FOLLICULITE
FOMENTATION
FONCTIONNEL
FONCTIONNER
FONDAMENTAL
FONTAINOISE
FONT-DE-GAUME
FONTVIEILLE
FOOTBALLEUR
FORBACHOISE
FORCALQUIER
FORFAITAIRE
FORFANTERIE
FORLONGEANT
FORMALISANT
FORMULATION
FORNICATEUR
FORNICATION
FORT-GOURAUD
FORTIFIANTE
FOSBURY FLOP
FOSSILIFÈRE
FOSSILISANT
FOUDROYANTE
FOUETTEMENT
FOUGEROLLES
FOURBISSAGE
FOURBISSANT
FOURGONNANT
FOURIÉRISME
FOURIÉRISTE
FOURMILIÈRE
FOURMILLANT

11

FOURNISSANT
FOURNISSEUR
FOURRAGEANT
FOUTA-DJALON
FOUTIMASSER
FOX-TERRIERS
FRA ANGELICO
FRACASSANTE
FRACTIONNÉE
FRACTIONNEL
FRACTIONNER
FRAGILISANT
FRAGMENTANT
FRAÎCHEMENT
FRAMBOISANT
FRAMBOISIER
FRANCE LIBRE
FRANCEVILLE
FRANCHEMENT
FRANCHISAGE
FRANCHISANT
FRANCHISEUR
FRANCHISING
FRANCISANTE
FRANCISCAIN
FRANCOPHILE
FRANCOPHOBE
FRANCOPHONE
FRANC-PARLER
FRANCS-BORDS
FRANCS-FIEFS
FRANC-TIREUR
FRATERNELLE
FRATERNISER
FRAUDULEUSE
FRAXINIENNE
FRAYSSINOUS
FREDERICTON
FREE-MARTINS
FREILIGRATH
FRÉJUSIENNE
FRÉMISSANTE
FRÉQUEMMENT
FRÉQUENTANT
FRÉQUENTIEL
FRESCOBALDI
FRESNOYSIEN
FRÉTILLANTE
FRICANDEAUX
FRICTIONNÉE
FRICTIONNEL
FRICTIONNER
FRIEDLINGEN
FRIGIDARIUM
FRIGORIFIÉE
FRIGORIFIER
FRIGORIGÈNE
FRINGILLIDÉ
FRIPONNERIE
FRISON-ROCHE
FRISOTTANTE
FRISSONNANT
FRITILLAIRE
FRIVILLOISE
FRIVOLEMENT
FROISSEMENT
FRONSADAISE
FRONTALIÈRE
FRONTISPICE
FRONTONNAIS
FROUFROUTER
FRUCTIFIANT
FRUGALEMENT
FRUMENTAIRE
FRUSTRATION
FULGURATION
FULIGINEUSE
FULL-CONTACT
FULMINATION
FUMEROLLIEN
FUNÉRAILLES
FUNESTEMENT
FUNICULAIRE
FURONCULEUX
FURONCULOSE
FÜRSTENBERG
FURTIVEMENT
FURTWÄNGLER
FUSIONNELLE
FUSTIGATION
FUTUROLOGIE
FUTUROLOGUE
FUTUROSCOPE
GABALITAINE
GABORONAISE
GADGÉTISANT
GADROUILLER
GAILLACOISE
GAILLARDINE
GAILLARDISE
GAILLONNAIS
GALACTOGÈNE
GALLO-ROMAIN
GALLO-ROMANE
GALLO-ROMANS
GALVANISANT
GALVANOTYPE
GAMBERGEANT
GAMÉTOPHYTE
GANDHINAGAR
GANGRENEUSE
GAO XINGJIAN
GARCÍA LORCA
GARCÍA PÉREZ
GARÇONNIÈRE
GARDANNAISE
GARDE-BŒUFS
GARDE-CHASSE
GARDE-MALADE
GARDE-MANGER
GARDE-MEUBLE
GARDEN-PARTY
GARDE-PLACES
GARDES-CÔTES
GARDES-PÊCHE
GARDES-PORTS
GARDES-VOIES
GARDIENNAGE
GARGARISANT
GARGOUILLER
GARGOUILLIS
GARGOULETTE
GARIBALDIEN
GASPÉSIENNE
GASPILLEUSE
GASTÉROPODE
GASTRONOMIE
GATTAMELATA
GAUCHISANTE
GAUCHISSANT
GAULOISERIE
GAZONNEMENT
GAZOUILLANT
GAZOUILLEUR
GÉLATINEUSE
GÉMELLIPARE
GÉMISSEMENT
GEMMIPARITÉ
GENDARMERIE
GÉNÉRALISÉE
GÉNÉRALISER
GÉNÉRALISTE
GÉNÉRATRICE
GÉNIALEMENT
GÉNOCIDAIRE
GENOUILLÈRE
GÉNOVÉFAINE
GENTAMICINE
GENTILESCHI
GENTILHOMME
GENTILLESSE
GENTILLETTE
GÉNUFLEXION
GÉOCHIMIQUE
GÉOCHIMISTE
GÉOCROISEUR
GÉODÉSIENNE
GÉOMÉTRIQUE
GÉOPHYSIQUE
GÉOTROPISME
GERGOLIENNE

GÉRIATRIQUE
GERLACHOVKA
GERMANISANT
GERMINATION
GERMINATIVE
GESTALTISME
GESTICULANT
GHAZNÉVIDES
GHERARDESCA
GHIRLANDAIO
GHISONACCIA
GIAMBOLOGNA
GIBRIAÇOISE
GIGANTESQUE
GIOVANNETTI
GIRAVIATION
GIROMAGNIEN
GISLEBERTUS
GISORSIENNE
GLACIÉRISME
GLACIÉRISTE
GLACIOLOGIE
GLACIOLOGUE
GLANDOUILLÉ
GLANDULAIRE
GLANDULEUSE
GLAPISSANTE
GLARONNAISE
GLOBALEMENT
GLOBALISANT
GLOBIGÉRINE
GLOSSODYNIE
GLOSSOLALIE
GLOUGLOUTER
GLOUSSEMENT
GLYCÉRINANT
GLYCOGENÈSE
GLYCOLIPIDE
GLYPTODONTE
GNOSÉOLOGIE
GNOSTICISME
GOAL-AVERAGE
GOBELETERIE
GOBE-MOUCHES
GODELUREAUX
GOLDSCHMIDT
GOMBERVILLE
GOMME-RÉSINE
GONADOTROPE
GONDOLEMENT
GONESSIENNE
GONFALONIER
GONFANONIER
GONFREVILLE
GONIOMÉTRIE
GÖNNERSDORF
GONOCYTAIRE

GONTCHAROVA
GORRONNAISE
GOUAILLERIE
GOUAILLEUSE
GOUDRONNAGE
GOUDRONNANT
GOUDRONNEUR
GOUDRONNEUX
GOUJONNETTE
GOUJONNIÈRE
GOURDONNAIS
GOURGANDINE
GOURMANDANT
GOURMANDISE
GOUTTELETTE
GOUTTEREAUX
GOUVERNABLE
GOUVERNANCE
GOUVERNANTE
GRACIEUSETÉ
GRADUALISME
GRAFFITEUSE
GRAILLONNER
GRAINETERIE
GRAINETIÈRE
GRAMMAIRIEN
GRAMMATICAL
GRAND BALLON
GRAND BASSIN
GRAND CANYON
GRAND COULEE
GRAND-DUCALE
GRAND-DUCAUX
GRANDE ARCHE
GRANDE-GRÈCE
GRANDELETTE
GRANDE-TERRE
GRANDISSANT
GRANDISSIME
GRAND-MAMANS
GRAND-MÉROIS
GRAND-MESSES
GRAND RAPIDS
GRANDS-CROIX
GRANDS-MÈRES
GRANDS-PAPAS
GRANDS-PÈRES
GRAND-TANTES
GRAND-VOILES
GRANGEMOUTH
GRANNY-SMITH
GRANULATION
GRANULOCYTE
GRANVILLAIS
GRAPE-FRUITS
GRAPHITEUSE
GRAPHITIQUE

GRAPHOLOGIE
GRAPHOLOGUE
GRAPPILLAGE
GRAPPILLANT
GRAPPILLEUR
GRAS-DOUBLES
GRASSEYANTE
GRATIENNOIS
GRATIFIANTE
GRATTE-PIEDS
GRATTOUILLÉ
GRAULHETOIS
GRAVELINOIS
GRAVILLONNÉ
GRAVIMÉTRIE
GRAVITATION
GRÉCO-LATINE
GRÉCO-LATINS
GRÉCO-ROMAIN
GRÉGORIENNE
GRELOTTANTE
GRENADIENNE
GRENAILLAGE
GRENAILLANT
GRENOBLOISE
GRENOUILLER
GRÉSILLONNE
GRÉSIVAUDAN
GRÉSYLIENNE
GRÉSY-SUR-AIX
GREZ-DOICEAU
GRIBOUILLÉE
GRIBOUILLER
GRIBOUILLIS
GRIFFONNAGE
GRIFFONNANT
GRIFFONNEUR
GRIGNOTEUSE
GRILLADERIE
GRILLAGEANT
GRILLE-ÉCRAN
GRILLPARZER
GRIMAUDOISE
GRIMPEREAUX
GRINDELWALD
GRISAILLANT
GRISOLLAISE
GRISONNANTE
GRISOUMÈTRE
GRISOUTEUSE
GRIVOISERIE
GRŒNENDAEL
GROGNASSANT
GROGNONNANT
GROSEILLIER
GROS-PORTEUR
GROSSIÈRETÉ

11

GROSSISSANT
GROUILLANTE
GROUPUSCULE
GRUSS JUNIOR
GRUYÉRIENNE
GRYSÉLIENNE
GUADALAJARA
GUADALCANAL
GUAN HANQING
GUATÉMALIEN
GUÉRANDAISE
GUÉRISSABLE
GUÉRISSEUSE
GUERNESIAIS
GUETHARIARE
GUEULETONNÉ
GUICHETIÈRE
GUILLEMETÉE
GUILLEMETER
GUILLERETTE
GUILLOCHAGE
GUILLOCHANT
GUILLOCHURE
GUILLOTINÉE
GUILLOTINER
GUILVINISTE
GUINDAILLER
GUINGAMPAIS
GUIPAVASIEN
GUSTAVE VASA
GUTTA-PERCHA
GYMNASTIQUE
GYMNOSPERME
GYNÉCOLOGIE
GYNÉCOLOGUE
HABILLEMENT
HABITUATION
HACHE-PAILLE
HAGIOGRAPHE
HAGUENOVIEN
HAILLONNEUX
HALIEUTIQUE
HALLUCINANT
HALLUCINOSE
HALLUINOISE
HANDBALLEUR
HANDICAPANT
HANDICAPEUR
HANOVRIENNE
HANSÉATIQUE
HARANGUEUSE
HARASSEMENT
HARCÈLEMENT
HARENGAISON
HARFLEURAIS
HARMONIEUSE
HARMONISANT

HARNÉSIENNE
HARNONCOURT
HATSHEPSOUT
HAUT-DE-FORME
HAUTE-CONTRE
HAUTES-ALPES
HAUTE-SAVOIE
HAUTE-VIENNE
HAUT-LE-CŒUR
HAUT-LE-CORPS
HAUT-MARNAIS
HAUTMONTOIS
HAUT-NORMAND
HAUT-PARLEUR
HAUT-RHINOIS
HAUT-SAÔNOIS
HAUT-SEINAIS
HAYANGEOISE
HAYE-DU-PUITS
HAYTILLONNE
HÉBÉPHRÉNIE
HÉBERGEMENT
HÉBRAÏSANTE
HECTOGRAMME
HECTOPASCAL
HÉGÉMONIQUE
HÉGÉMONISME
HEILLECOURT
HÉLIANTHÈME
HÉLIANTHINE
HÉLICOÏDALE
HÉLICOÏDAUX
HÉLICOPTÈRE
HÉLIOGABALE
HÉLIOGRAPHE
HÉLIOMARINE
HÉLIPORTAGE
HELLÉNISANT
HELSINGBORG
HÉMARTHROSE
HÉMATOCRITE
HÉMATOLOGIE
HÉMATOLOGUE
HÉMATOPHAGE
HÉMÉRALOPIE
HÉMÉROCALLE
HÉMIANOPSIE
HÉMOCULTURE
HÉMODIALYSE
HÉMOGLOBINE
HÉMOLYTIQUE
HÉMORROÏDAL
HENDÉCAGONE
HENRI LE LION
HÉPATOLOGIE
HEPPLEWHITE
HEPTAGONALE

HEPTAGONAUX
HÉRAULTAISE
HERBLAYSIEN
HERBLINOISE
HERBORISANT
HERBRETAISE
HERCULÉENNE
HERCYNIENNE
HÉRÉDITAIRE
HÉRÉSIARQUE
HÉRISSEMENT
HERMANVILLE
HERMÉTICITÉ
HÉROÏNOMANE
HERTZSPRUNG
HERZÉGOVINE
HESBIGNONNE
HÉTÉROCLITE
HÉTÉROCYCLE
HÉTÉRODONTE
HÉTÉRODOXIE
HÉTÉROGAMIE
HÉTÉRONOMIE
HÉTÉROPTÈRE
HEURISTIQUE
HEXADÉCIMAL
HEXAÉDRIQUE
HIBERNATION
HIDEUSEMENT
HIÉRARCHISÉ
HIÉROGLYPHE
HIÉRONYMITE
HIÉROPHANTE
HILDEBRANDT
HIMALAYENNE
HINDOUSTANI
HIPPOGRIFFE
HIPPOMOBILE
HIPPOPHAGIE
HIPPOPOTAME
HIRSONNAISE
HISPANISANT
HISTOCHIMIE
HISTOGENÈSE
HISTOGRAMME
HISTORICITÉ
HISTORIENNE
HISTORIETTE
HITLÉRIENNE
HOHENLINDEN
HOLLANDAISE
HOLLANDAISE
HOLOGRAPHIE
HOMÉOMORPHE
HOMÉOPATHIE
HOMÉOSTASIE
HOMÉOTHERME

HOME-TRAINER
HOMOCHROMIE
HOMOGÉNÉISÉ
HOMOGÉNÉITÉ
HOMOGRAPHIE
HOMOLOGUANT
HOMONYMIQUE
HONDSCHOOTE
HONDURIENNE
HONDURIENNE
HONFLEURAIS
HONGKONGAIS
HONGROIERIE
HONNÊTEMENT
HONORIFIQUE
HOOGSTRATEN
HORIZONTALE
HORIZONTAUX
HORODATRICE
HORRIFIANTE
HORRIPILANT
HORS-D'ŒUVRE
HORSE-GUARDS
HOSPITALIER
HOSPITALISÉ
HOSPITALITÉ
HOSTELLERIE
HOSTILEMENT
HOUBLONNAGE
HOUBLONNANT
HOUBLONNIER
HOUPPELANDE
HOURTINAISE
HOUSE MUSICS
HOUSPILLANT
HUELGOATAIS
HUGUES CAPET
HUIT-REFLETS
HUMAINEMENT
HUMANITAIRE
HUMIDIFIANT
HUMIDIMÈTRE
HUMILIATION
HUNINGUOISE
HURLUBERLUE
HYALOPLASME
HYBRIDATION
HYDARTHROSE
HYDRATATION
HYDRAULIQUE
HYDROCOTYLE
HYDROCUTION
HYDROGÉNANT
HYDROGRAPHE
HYDROLYSANT
HYDROMÉTRIE
HYDROSPHÈRE

HYDROZOAIRE
HYGROMÉTRIE
HYGROSCOPIE
HYMÉNOPTÈRE
HYPERACTIVE
HYPERBORÉEN
HYPERCAPNIE
HYPERFOCALE
HYPERFOCAUX
HYPERMARCHÉ
HYPERMNÉSIE
HYPERPLASIE
HYPERSOMNIE
HYPERTENDUE
HYPERTENSIF
HYPNOTISANT
HYPNOTISEUR
HYPOACOUSIE
HYPOCONDRIE
HYPODERMOSE
HYPONEURIEN
HYPONOMEUTE
HYPOSPADIAS
HYPOSTASIÉE
HYPOSTASIER
HYPOSULFITE
HYPOTENSEUR
HYPOTENSION
HYPOTENSIVE
HYPOTHÉQUÉE
HYPOTHÉQUER
HYPOTHERMIE
HYPOTONIQUE
HYPOTROPHIE
HYPSOMÉTRIE
ICHTYOCOLLE
ICHTYOLOGIE
ICHTYOPHAGE
ICHTYOSAURE
ICHTYOSTÉGA
ICONOCLASME
ICONOCLASTE
ICONOGRAPHE
IDÉES-FORCES
IDEMPOTENTE
IDENTIFIANT
IDENTIFIEUR
IDENTITAIRE
IDÉOLOGIQUE
IDÉOMOTRICE
IDIOMATIQUE
IDOLÂTRIQUE
IGNIFUGEANT
IGNOBLEMENT
IGNOMINIEUX
ÎLE-DE-FRANCE
ILÉO-CÆCALE

ILÉO-CÆCAUX
ILLETTRISME
ILLUMINISME
ILLUSIONNÉE
ILLUSIONNER
ILLUSTRATIF
ILLUVIATION
IMAGINATION
IMAGINATIVE
IMBÉCILLITÉ
IMBRICATION
IMMANGEABLE
IMMANQUABLE
IMMATRICULÉ
IMMÉDIATETÉ
IMMÉMORIALE
IMMÉMORIAUX
IMMENSÉMENT
IMMIGRATION
IMMOBILIÈRE
IMMOBILISÉE
IMMOBILISER
IMMOBILISME
IMMOBILISTE
IMMORALISME
IMMORALISTE
IMMORTALISÉ
IMMORTALITÉ
IMMUABILITÉ
IMMUNITAIRE
IMMUNOLOGIE
IMPARIPENNÉ
IMPARTITION
IMPATIENTÉE
IMPATIENTER
IMPATRONISÉ
IMPEACHMENT
IMPÉCUNIEUX
IMPEDIMENTA
IMPÉNITENTE
IMPÉRATRICE
IMPERFECTIF
IMPERMÉABLE
IMPERSONNEL
IMPERTINENT
IMPESANTEUR
IMPÉTRATION
IMPÉTUOSITÉ
IMPITOYABLE
IMPLANTABLE
IMPLICATION
IMPLORATION
IMPOLITESSE
IMPOLITIQUE
IMPOPULAIRE
IMPORTATEUR
IMPORTATION

IMPORTUNANT
IMPORTUNITÉ
IMPRÉCATEUR
IMPRÉCATION
IMPRÉCISION
IMPRÉVISION
IMPRÉVOYANT
IMPROBATEUR
IMPROBATION
IMPRODUCTIF
IMPROPRIÉTÉ
IMPROUVABLE
IMPROVISANT
IMPUBLIABLE
IMPUDEMMENT
IMPUISSANCE
IMPUISSANTE
IMPULSIVITÉ
INABORDABLE
INACCENTUÉE
INACCOMPLIE
INACCOUTUMÉ
INACTINIQUE
INACTUALITÉ
INADAPTABLE
INALIÉNABLE
INALTÉRABLE
INAMISSIBLE
INAPAISABLE
INAPPARENTE
INAPPÉTENCE
INAPPLIQUÉE
INAPPRÉCIÉE
INAPPROPRIÉ
INARTICULÉE
INASSIMILÉE
INATTENTION
INATTENTIVE
INCANTATION
INCARCÉRANT
INCARNATION
INCENDIAIRE
INCERTITUDE
INCESTUEUSE
INCIDEMMENT
INCITATRICE
INCLASSABLE
INCLINAISON
INCLINATION
INCOERCIBLE
INCOHÉRENCE
INCOHÉRENTE
INCOMMODANT
INCOMMODITÉ
INCOMPÉTENT
INCONGRUITÉ
INCONSCIENT

INCONSIDÉRÉ
INCONSTANCE
INCONSTANTE
INCONTESTÉE
INCONTINENT
INCONTRÔLÉE
INCONVENANT
INCORPORANT
INCRÉDULITÉ
INCRÉMENTÉE
INCRÉMENTER
INCRIMINANT
INCRUSTANTE
INCUBATRICE
INCULCATION
INCULPATION
INCURIOSITÉ
INCURVATION
INDÉCELABLE
INDÉCEMMENT
INDÉCIDABLE
INDÉCODABLE
INDÉHISCENT
INDEMNISANT
INDÉMODABLE
INDÉNOUABLE
INDENTATION
INDÉPENDANT
INDÉSIRABLE
INDÉTERMINÉ
INDICATRICE
INDIFFÉRANT
INDIFFÉRENT
INDIGÉNISME
INDIGESTION
INDIGNATION
INDIGNEMENT
INDISPOSANT
INDISTINCTE
INDIVISAIRE
INDIVISIBLE
INDO-ARYENNE
INDOCHINOIS
INDOCHINOIS
INDOLEMMENT
INDOMPTABLE
INDUBITABLE
INDULGENCIÉ
INDUSTRIEUX
INEFFAÇABLE
INÉGALEMENT
INÉLASTIQUE
INÉLUCTABLE
INÉNARRABLE
INÉPUISABLE
INÉQUITABLE
INESTIMABLE

INEXCITABLE
INEXCUSABLE
INEXÉCUTION
INEXISTANTE
INEXISTENCE
INEXPLIQUÉE
INEXPLOITÉE
INEXPRESSIF
INFAILLIBLE
INFANTICIDE
INFANTILISÉ
INFATIGABLE
INFATUATION
INFÉCONDITÉ
INFECTIEUSE
INFÉODATION
INFÉRIORISÉ
INFÉRIORITÉ
INFERTILITÉ
INFESTATION
INFEUTRABLE
INFIRMATION
INFIRMATIVE
INFLAMMABLE
INFLUENÇANT
INFOGRAPHIE
INFORMATEUR
INFORMATION
INFORMATISÉ
INFORMATIVE
INFRANGIBLE
INFRASONORE
INFRUCTUEUX
INGÉNIOSITÉ
INGRATITUDE
INGURGITANT
INHABITABLE
INHIBITRICE
INITIALISÉE
INITIALISER
INITIATIQUE
INITIATRICE
INJOIGNABLE
INJUSTEMENT
INJUSTIFIÉE
INNERVATION
INNOCEMMENT
INNOCENTANT
INNOMBRABLE
INNOVATRICE
INOCULATION
INOFFENSIVE
INOPINÉMENT
INOPPORTUNE
INOPPOSABLE
INORGANIQUE
INORGANISÉE

INOUBLIABLE
INQUIÉTANTE
INQUISITEUR
INQUISITION
INQUISITION
INSALUBRITÉ
INSATISFAIT
INSCRIPTION
INSCRIVANTE
INSECTARIUM
INSECTICIDE
INSECTIVORE
INSÉPARABLE
INSINCÉRITÉ
INSINUATION
INSOLEMMENT
INSOMNIAQUE
INSOMNIEUSE
INSONORISÉE
INSONORISER
INSOUCIANCE
INSOUCIANTE
INSOUCIEUSE
INSOUPÇONNÉ
INSPECTORAT
INSPECTRICE
INSPIRATEUR
INSPIRATION
INSTABILITÉ
INSTANTANÉE
INSTIGATEUR
INSTIGATION
INSTINCTIVE
INSTINCTUEL
INSTITUTEUR
INSTITUTION
INSTRUCTEUR
INSTRUCTION
INSTRUCTIVE
INSTRUISANT
INSTRUMENTÉ
INSUFFISANT
INSULINIQUE
INSUPPORTÉE
INSUPPORTER
INTÉGRALITÉ
INTÉGRATEUR
INTÉGRATION
INTÉGRATIVE
INTÈGREMENT
INTELLIGENT
INTEMPÉRANT
INTEMPESTIF
INTENSÉMENT
INTENSIFIÉE
INTENSIFIER
INTENTIONNÉ
INTERACTION
INTERACTIVE
INTERALLIÉE
INTERARMÉES
INTERCALANT
INTERCÉDANT
INTERCEPTÉE
INTERCEPTER
INTERCLASSE
INTERCLASSÉ
INTERCOSTAL
INTERDISANT
INTÉRESSANT
INTERFÉCOND
INTERFÉRANT
INTERFÉRENT
INTERFRANGE
INTERGROUPE
INTERHUMAIN
INTÉRIMAIRE
INTÉRIORISÉ
INTÉRIORITÉ
INTERJECTIF
INTERJETANT
INTERLIGNÉE
INTERLIGNER
INTERLOQUÉE
INTERLOQUER
INTERMODALE
INTERMODAUX
INTERNEMENT
INTEROSSEUX
INTERPELLÉE
INTERPELLER
INTERPOLANT
INTERPOSANT
INTERPRÉTÉE
INTERPRÉTER
INTERRACIAL
INTERROMPRE
INTERROMPUE
INTERSAISON
INTERTIDALE
INTERTIDAUX
INTERURBAIN
INTERVENANT
INTERVERTIE
INTERVERTIR
INTERVIEWÉE
INTERVIEWER
INTESTINALE
INTESTINAUX
INTIMIDABLE
INTIMIDANTE
INTOLÉRABLE
INTOLÉRANCE
INTOLÉRANTE
INTOUCHABLE
INTOXIQUANT
INTRAITABLE
INTRANSITIF
INTRA-UTÉRIN
INTRÉPIDITÉ
INTRICATION
INTRINSÈQUE
INTRODUCTIF
INTRONISANT
INTROUVABLE
INTROVERTIE
INUKJUAMIUT
INUTILEMENT
INVALIDANTE
INVECTIVANT
INVENTIVITÉ
INVENTORIÉE
INVENTORIER
INVERSEMENT
INVERTÉBRÉE
INVESTIGUER
INVESTITURE
INVOCATOIRE
INVOCATRICE
IODHYDRIQUE
IODO-IODURÉE
IODO-IODURÉS
IONOPLASTIE
IRIDECTOMIE
IRISH-COFFEE
IROQUOIENNE
IRRADIATION
IRRAISONNÉE
IRRATIONNEL
IRRECEVABLE
IRRÉCUSABLE
IRRÉFLÉCHIE
IRRÉFLEXION
IRRÉFUTABLE
IRRÉGULIÈRE
IRRÉLIGIEUX
IRRÉPARABLE
IRRÉVÉRENCE
IRRÉVOCABLE
ISAAC JOGUES
ISBERGUOISE
ISCHIATIQUE
ISLAMOLOGIE
ISMAÉLIENNE
ISMAÏLIENNE
ISMAÏL PACHA
ISOMÉTRIQUE
ISOSTATIQUE
ISOTHÉRAPIE
ISRAÉLIENNE
ISRAÉLIENNE

ISSOIRIENNE
ISSOLDUNOIS
ITALIANISÉE
ITALIANISER
ITALIANISME
ITALIANISTE
IVAN LE GRAND
IZETBEGOVIC
JACASSEMENT
JACOBINISME
JACULATOIRE
JAILLISSANT
JAKARTANAIS
JALONNEMENT
JALONS-MIRES
JALOUSEMENT
JAMAÏQUAINE
JAMAÏQUAINE
JAMBONNEAUX
JAM-SESSIONS
JAPONISANTE
JARGONNEUSE
JARVILLOISE
JAUFRÉ RUDEL
JAUNISSANTE
JAVELLISANT
JAYAWARDENE
JAZZISTIQUE
JEAN CASIMIR
JEAN COMNÈNE
JEAN DE DAMAS
JEAN DE LEYDE
JEAN DE MATHA
JEAN DE MEUNG
JEAN LE GRAND
JEAN LE PIEUX
JELATCHITCH
JELENIA GÓRA
JÉSUS-CHRIST
JET-SOCIETYS
JEUMONTOISE
JEUNES-TURCS
JEUNES-TURCS
JEUNE-TURQUE
JIANG JIESHI
JOCASSIENNE
JOCONDIENNE
JOINVILLAIS
JOINVILLOIS
JOLIETTAINE
JOLIOT-CURIE
JONQUIÉROIS
JORDANIENNE
JORDANIENNE
JOSSELINAIS
JOURNALIÈRE
JOURNALISME

JOURNALISTE
JOUVENCEAUX
JOUVENCELLE
JOUY-EN-JOSAS
JOVIALEMENT
JOYEUSEMENT
JUAN-LES-PINS
JUBILATOIRE
JUDICIARISÉ
JUMIÉGEOISE
JUPE-CULOTTE
JURASSIENNE
JURASSIENNE
JURIDICTION
JUSTAUCORPS
JUSTE-À-TEMPS
JUSTICIABLE
JUSTIFIABLE
JUSTIFIANTE
JUXTAPOSANT
KABOULIENNE
KAFR EL-DAWAR
KALACHNIKOV
KALININGRAD
KAMMERSPIEL
KANCHIPURAM
KANO SANRAKU
KAPILAVASTU
KARADJORDJE
KARAGEORGES
KARAKALPAKS
KARLOVY VARY
KAYSERSBERG
KAZANTZÁKIS
KÉRATINISÉE
KÉRATOTOMIE
KEROULARIOS
KEYNÉSIENNE
KHARIDJISME
KHMELNITSKI
KHORRAMABAD
KIDNAPPEUSE
KIERKEGAARD
KILOMÉTRAGE
KILOMÉTRANT
KIMURA MOTOO
KIM YOUNG-SAM
KINESTHÉSIE
KINÉTOSCOPE
KING-CHARLES
KINGERSHEIM
KIRGHIZSTAN
KITCHENETTE
KITTITIENNE
KLEPTOMANIE
KLINEFELTER
KNOKKE-HEIST

KNUD LE GRAND
KNUD LE SAINT
KNUT LE GRAND
KNUT LE SAINT
KOCHANOWSKI
KOLAROVGRAD
KOMMOUNARSK
KÖNIGSMARCK
KORAÏCHITES
KOUIGN-AMANN
KOUO-MIN-TANG
KOWEÏTIENNE
KOWEÏTIENNE
KRAFFT-EBING
KRASNOÏARSK
KREMLINOISE
KREUZLINGEN
KRUGERSDORP
KSAR EL-KÉBIR
KUALA LUMPUR
KUBILAY KHAN
KULTURKAMPF
KUMARATUNGA
KUUJJUAMIUT
KWASHIORKOR
KWASNIEWSKI
LABELLISANT
LABIALISANT
LABORANTINE
LABORATOIRE
LA BOURBOULE
LABOUR PARTY
LABRUGUIÈRE
LA CANOURGUE
LACERTILIEN
LA CHALOTAIS
LA CONDAMINE
LA COURNEUVE
LACRYMOGÈNE
LACTESCENCE
LACTESCENTE
LA FERTÉ-MACÉ
LA FEUILLADE
LAFRANÇAISE
LAÏCISATION
LAKSHADWEEP
LA LAURENCIE
LA MADELEINE
LAMALOUSIEN
LAMARCKISME
LAMBALLAISE
LAMBERTOISE
LAMBRISSAGE
LAMBRISSANT
LAMENTATION
LAMORICIÈRE
LAMPISTERIE

LAMPROPHYRE
LANCE-AMARRE
LANCE-BOMBES
LANCE-FLAMME
LANCE-FUSÉES
LANCE-PIERRE
LANDERNEAUX
LANDGRAVIAT
LANDIVISIAU
LANDIVISIEN
LANDSTEINER
LANESTÉRIEN
LANGEADOISE
LANGEAISIEN
LANGOUREUSE
LANGOUSTIER
LANGOUSTINE
LANGUISSANT
LANNIONNAIS
LANTERNEAUX
LAPALISSADE
LAPALISSOIS
LAPAROTOMIE
LAPIS-LAZULI
LA POCATIÈRE
LAPOUTROYEN
LA QUINTINIE
LARGENTIÈRE
LARGILLIÈRE
LA RICAMARIE
LARMES-DE-JOB
LARMOIEMENT
LARMORIENNE
LARMOR-PLAGE
LARYNGIENNE
LASCIVEMENT
L'ASSOMPTION
LATÉRALISÉE
LATÉRITIQUE
LATIFUNDIUM
LATIGNACIEN
LATINISANTE
LA TOUR-DU-PIN
LA TREMBLADE
LA TRÉMOILLE
LAURENTIDES
LAURIER-ROSE
LAUSANNOISE
LAUTERBOURG
LAUTRÉAMONT
LA VÉRENDRYE
LA VRILLIÈRE
LA WANTZENAU
LE CASTELLET
LE CÉRAMIQUE
LE CHAPELIER
LE CHATELIER
LÈCHE-BOTTES
LE CORBUSIER
LEDRU-ROLLIN
LED ZEPPELIN
LEEUWENHOEK
LÉGIONNAIRE
LÉGISLATEUR
LÉGISLATION
LÉGISLATIVE
LÉGISLATURE
LÉGITIMISME
LÉGITIMISTE
LE GRAU-DU-ROI
LÉGUMINEUSE
LÉOGNANAISE
LÉONARDOISE
LEONCAVALLO
LÉON LE GRAND
LÉPIDOPTÈRE
LE POULIGUEN
LÉPROMATEUX
LEPTIS MAGNA
LESBIANISME
LÈSE-MAJESTÉ
LES HERBIERS
LÉSIONNAIRE
LÉSIONNELLE
LESNEVIENNE
LESPARRAINE
LESSIVIELLE
LESZCZYNSKI
LÉTHARGIQUE
LEUCODERMIE
LEUCOPLASIE
LEUCOPOÏÈSE
LE VAUDREUIL
LÉVI-STRAUSS
LEXICALISÉE
LEXICOLOGIE
LEXICOLOGUE
LÉZIGNANAIS
LIAISONNANT
LIANESCENTE
LIBÉRALISÉE
LIBÉRALISER
LIBÉRALISME
LIBÉRATOIRE
LIBÉRATRICE
LIBERTICIDE
LIBERTINAGE
LIBERUM VETO
LIBIDINEUSE
LIBOURNAISE
LIBRE-PENSÉE
LIBRETTISTE
LICENCIEUSE
LIDDELL HART
LIGAMENTEUX
LILLEHAMMER
LILLIPUTIEN
LIMONADIÈRE
LIMOUGEAUDE
LIMOUGEAUDE
LIMOURIENNE
LINAIGRETTE
LINE ISLANDS
LINGOLSHEIM
LINOGRAVURE
LINOTYPISTE
LIPOSOLUBLE
LIPOSUCCION
LIQUÉFIABLE
LIQUÉFIANTE
LIQUIDAMBAR
LIQUIDATEUR
LIQUIDATION
LIQUIDATIVE
LIQUIDIENNE
LISBONNAISE
LISBONNAISE
LISIBLEMENT
L'ISLE-D'ABEAU
LITHIASIQUE
LITHINIFÈRE
LITHOGRAPHE
LITHOPHANIE
LITHOSPHÈRE
LITHOTRITIE
LITTÉRALITÉ
LITTÉRARITÉ
LITTÉRATEUR
LITTÉRATURE
LITUANIENNE
LITUANIENNE
LIVING-ROOMS
LIVINGSTONE
LIVRY-GARGAN
LIXIVIATION
LLOYD GEORGE
LOBO ANTUNES
LOCALISABLE
LOCOMOTRICE
LOFING-MATCH
LOGIQUEMENT
LOGISTICIEN
LOMBO-SACRÉE
LOMBO-SACRÉS
LONDONDERRY
LONDONIENNE
LONDONIENNE
LONGANIMITÉ
LONG-JOINTÉE
LONG-JOINTÉS
LONG-MÉTRAGE

11

LONGOVICIEN
LONGUENESSE
LONGUES-VUES
LONGUEVILLE
LORDS-MAIRES
LORENZACCIO
LORIENTAISE
LOTHARINGIE
LOTISSEMENT
LOUFOQUERIE
LOUHANNAISE
LOUISE-BONNE
LOUISE-MARIE
LOUIS-GENTIL
LOUIS LE GROS
LOUIS LE LION
LOUP-CERVIER
LOUPERIVOIS
LOUPS-GAROUS
LOUVOIEMENT
LUBRIFIANTE
LUCANOPHILE
LUCHONNAISE
LUCIENNOISE
LUGUBREMENT
LUKASIEWICZ
LUMINESCENT
LUMINOPHORE
LUNÉVILLOIS
LUNI-SOLAIRE
LUTHÉRIENNE
LUTOSLAWSKI
LYCANTHROPE
LYCOPODIALE
LYMPHANGITE
LYMPHATIQUE
LYMPHOPÉNIE
LYOPHILISAT
LYOPHILISÉE
LYOPHILISER
LYOPHILISÉS
LYRIQUEMENT
LYSERGAMIDE
MACADAMISÉE
MACADAMISER
MACARONIQUE
MACCARTISME
MACCHIAIOLI
MÂCHICOULIS
MACHINATION
MÂCHOUILLÉE
MÂCHOUILLER
MACHU PICCHU
MACROCHEIRE
MACROCYSTIS
MACROCYTOSE
MACROSÉISME

MADELEINOIS
MADELINOISE
MAETERLINCK
MAGASINIÈRE
MAGDALÉENNE
MAGDALÉNIEN
MAGIQUEMENT
MAGNAC-LAVAL
MAGNANIMITÉ
MAGNÉSIENNE
MAGNÉTISANT
MAGNÉTISEUR
MAGNOLIACÉE
MAGOUILLAGE
MAGOUILLANT
MAGOUILLEUR
MAHABHARATA
MAHARASHTRA
MAIGRELETTE
MAIGRISSANT
MAIL-COACHES
MAILLANAISE
MAILLECHORT
MAIN-D'ŒUVRE
MAINTENANCE
MAISONNAISE
MAISONNETTE
MAISONNEUVE
MAÎTRE-AUTEL
MAÎTRE-CHIEN
MAÎTRISABLE
MAJESTUEUSE
MAJORITAIRE
MALACOLOGIE
MALAISÉMENT
MALAISIENNE
MALAISIENNE
MALAKOFFIOT
MALCHANCEUX
MALDIVIENNE
MALEBRANCHE
MALÉDICTION
MALENGUEULÉ
MALESHERBES
MALFAISANCE
MALFAISANTE
MALGRACIEUX
MALHEUREUSE
MALIGNEMENT
MALLÉOLAIRE
MALLES-POSTE
MALLET DU PAN
MALLET-JORIS
MALMIGNATTE
MALODORANTE
MALPOSITION
MALPROPRETÉ

MALSONNANTE
MALTRAITANT
MALVEILLANT
MAMMALIENNE
MAMMECTOMIE
MAMMOTH CAVE
MANAGÉRIALE
MANAGÉRIAUX
MANDARINIER
MANDAT-CARTE
MANDATEMENT
MANDCHOURIE
MANDIBULATE
MANDUCATION
MANGEOTTANT
MANGONNEAUX
MANGUYCHLAK
MANIABILITÉ
MANIAQUERIE
MANICHÉENNE
MANICHÉISME
MANICOUAGAN
MANIFESTANT
MANIGANÇANT
MANIPULABLE
MANNEQUINAT
MANŒUVRANT
MANŒUVRIER
MANUFACTURE
MANUFACTURÉ
MANUTENTION
MAO TSÉ-TOUNG
MAQUERAISON
MAQUETTISTE
MAQUIGNONNÉ
MAQUILLEUSE
MARABOUTAGE
MARABOUTANT
MARATHONIEN
MARC-ANTOINE
MARCESCENCE
MARCESCENTE
MARCHANDAGE
MARCHANDANT
MARCHANDEUR
MARCHANDISE
MARCHIENNES
MARCIONISME
MARCOPHILIE
MAR DEL PLATA
MARÉCAGEUSE
MARÉMOTRICE
MARGINALISÉ
MARGINALITÉ
MARGOUILLAT
MARGOUILLIS
MARGOULETTE

MARGUILLIER
MARIE-AMÉLIE
MARIE-JEANNE
MARIE-LOUISE
MARIE-LOUISE
MARIE-SALOPE
MARIE STUART
MARIGNANAIS
MARIONNETTE
MARIVAUDAGE
MARIVAUDANT
MARIVERAINE
MARLBOROUGH
MARLYCHOISE
MARMANDAISE
MARMENTEAUX
MARMORÉENNE
MAROQUINAGE
MAROQUINANT
MAROQUINIER
MARQUE-PAGES
MARQUETERIE
MARSEILLAIS
MARSEILLAIS
MARSHALLAIS
MARSHMALLOW
MARTÈLEMENT
MARTELLANGE
MARTYRISANT
MARTYROLOGE
MARVEJOLAIS
MASCOUCHOIS
MASCULINISÉ
MASCULINITÉ
MASKOUTAINE
MASQUE DE FER
MASSACRANTE
MASSACREUSE
MASSIACOISE
MASSICOTANT
MASSIVEMENT
MASTECTOMIE
MASTICATEUR
MASTICATION
MASTOPATHIE
MASTROIANNI
MATELASSAGE
MATELASSANT
MATELASSIER
MATELASSURE
MATÉRIALISÉ
MATÉRIALITÉ
MATHÉMATISÉ
MATRAQUEUSE
MATRIARCALE
MATRIARCAUX
MATRICIELLE
MATRILOCALE
MATRILOCAUX
MATRIMONIAL
MAUBEUGEOIS
MAUBOURGUET
MAULBERTSCH
MAURIACOISE
MAURICIENNE
MAURICIENNE
MAURITANIEN
MAURITANIEN
MAUSSADERIE
MAXILLIPÈDE
MAXIMALISÉE
MAXIMALISER
MAXIMALISME
MAXIMALISTE
MAXIMIN DAIA
MAXIPONTINE
MAZAMÉTAINE
MÉCONNAÎTRE
MÉCONTENTÉE
MÉCONTENTER
MÉDIATHÈQUE
MÉDIATISANT
MÉDICALISÉE
MÉDICALISER
MEDICINE HAT
MÉDICO-LÉGAL
MÉDIOCRATIE
MÉDIUMNIQUE
MÉGALOMANIE
MEGALOPOLIS
MÉGALOPOLIS
MÉGALOPTÈRE
MÉGATHÉRIUM
MEHMED FATIH
MEHMED RESAD
MEISSONNIER
MELANCHTHON
MÉLANÉSIENS
MÉLANODERME
MELGORIENNE
MÉLIORATIVE
MELTING-POTS
MELUN-SÉNART
MEMBRANAIRE
MEMBRANEUSE
MÉMORISABLE
MENCHEVIQUE
MENDÉLÉVIUM
MENDÉLIENNE
MENDELSSOHN
MENDES PINTO
MENDIGOTANT
MÉNEHILDIEN
MENSTRUELLE
MENSUALISÉE
MENSUALISER
MENSURATION
MENTALEMENT
MENTIONNANT
MENTONNAISE
MENTONNIÈRE
MENUS-CARTES
MERCATICIEN
MERCERISAGE
MERCERISANT
MERCURIELLE
MEREJKOVSKI
MÉRIDIONALE
MÉRIDIONALE
MÉRIDIONAUX
MÉRIDIONAUX
MÉROVINGIEN
MERS EL-KÉBIR
MERVEILLEUX
MÉRY-SUR-OISE
MÉSALLIANCE
MÉSAVENTURE
MÉSESTIMANT
MÉSOPOTAMIE
MESQUINERIE
MESSALI HADJ
MESSIANIQUE
MESSIANISME
MÉTABOLIQUE
MÉTABOLISÉE
MÉTABOLISER
MÉTABOLISME
MÉTACARPIEN
MÉTALANGAGE
MÉTALDÉHYDE
MÉTALLIFÈRE
MÉTALLISANT
MÉTALLISEUR
MÉTALLURGIE
MÉTALOGIQUE
MÉTAMÉRISÉE
MÉTASTASANT
MÉTATARSIEN
MÉTATHÉORIE
MÉTATHÉRIEN
METCHNIKOFF
MÉTHANISANT
MÉTHANOÏQUE
MÉTICULEUSE
MÉTONYMIQUE
MÉTRISATION
MÉTROPOLITE
MÉTRORRAGIE
MEUDONNAISE
MÉZIDONNAIS
MEZZOGIORNO

MIAJA MENANT
MIASMATIQUE
MICASCHISTE
MICKEY MOUSE
MICOCOULIER
MICOQUIENNE
MICROBIENNE
MICROCHIMIE
MICROCLIMAT
MICROCYTOSE
MICROFILMÉE
MICROFILMER
MICROGRENUE
MICROMÉTRIE
MICROMODULE
MICRONÉSIEN
MICRONÉSIEN
MICRONISANT
MICROPILULE
MICROSCOPIE
MICROSÉISME
MICROSILLON
MICROTUBULE
MIDDELKERKE
MIGNONNETTE
MIGRAINEUSE
MILITARISÉE
MILITARISER
MILITARISME
MILITARISTE
MILLE-FLEURS
MILLE-PATTES
MILLERANDÉE
MILLÉSIMANT
MILLEVACHES
MILLIAMPÈRE
MILLIGRAMME
MILLIMÉTRÉE
MILLIONIÈME
MIMIZANNAIS
MINABLEMENT
MINANGKABAU
MINAS GERAIS
MINÉRALISÉE
MINÉRALISER
MINÉRALOGIE
MINIATURISÉ
MINIMALISÉE
MINIMALISER
MINIMALISME
MINIMALISTE
MINIMESSAGE
MINISTÉRIEL
MINISTRABLE
MINITÉLISTE
MINNEAPOLIS
MINNESÄNGER
MINORITAIRE
MIRABELLIER
MIRABELLOIS
MIRACULEUSE
MIRAMASSÉEN
MIREBALAISE
MIRECURTIEN
MIROBOLANTE
MIROITEMENT
MISANTHROPE
MISCIBILITÉ
MISÉRICORDE
MISSISSAUGA
MISSISSIPPI
MISSOLONGHI
MISTINGUETT
MITCHOURINE
MITOYENNETÉ
MITRAILLADE
MITRAILLAGE
MITRAILLANT
MITRAILLEUR
MOBILE HOMES
MOBILISABLE
MODÉRATRICE
MODERN DANCE
MODERNISANT
MODERN STYLE
MODESTEMENT
MODIFICATIF
MODIQUEMENT
MODULATRICE
MOHENJO-DARO
MOHOROVICIC
MOINDREMENT
MOINE-SOLDAT
MOINS-DISANT
MOINS-PERÇUS
MOINS-VALUES
MOISSAGAISE
MOISSONNAGE
MOISSONNANT
MOISSONNEUR
MOLÉCULAIRE
MOLIÉRESQUE
MOLLASSERIE
MOLLASSONNE
MOLLETONNÉE
MOLLETONNER
MOLYBDÉNITE
MONADOLOGIE
MONADOLOGIE
MONARCHIQUE
MONARCHISME
MONARCHISTE
MONBAZILLAC
MONDIALISÉE
MONDIALISER
MONDIALISME
MONDIALISTE
MONDOVISION
MONÉTARISME
MONÉTARISTE
MONFLANQUIN
MONGOLIENNE
MONNERVILLE
MONOBASIQUE
MONOCAMÉRAL
MONOCHROMIE
MONOCLINALE
MONOCLINAUX
MONOCLONALE
MONOCLONAUX
MONOCRISTAL
MONOCULAIRE
MONOCULTURE
MONOGAMIQUE
MONOGÉNIQUE
MONOGÉNISME
MONOGRAPHIE
MONOLOGUANT
MONONUCLÉÉE
MONOPHYSITE
MONOPOLEUSE
MONOPOLISÉE
MONOPOLISER
MONOPOLISTE
MONOSÉMIQUE
MONOSYLLABE
MONOTHÉISME
MONOTHÉISTE
MONOVALENTE
MONROVIENNE
MONSEIGNEUR
MONSTRUEUSE
MONTAGNARDE
MONTAGNARDS
MONTAGNEUSE
MONTARGOISE
MONTBARDOIS
MONTBÉLIARD
MONTBÉLIARD
MONTCELLIEN
MONT-DAUPHIN
MONT-DE-PIÉTÉ
MONTE-CHARGE
MONTECRISTO
MONTE-EN-L'AIR
MONTÉNÉGRIN
MONTÉNÉGRIN
MONTÉRÉGIEN
MONTERELAIS
MONTESQUIEU
MONTÉVIDÉEN

MONTFERMEIL
MONTFERRAND
MONTFORTAIS
MONTGENÈVRE
MONTGOLFIER
MONTHERLANT
MONTHEYSANE
MONTILIENNE
MONT-LAURIER
MONTMORENCY
MONTMORENCY
MONTPELLIER
MONTPENSIER
MONTRÉALAIS
MONTRÉALAIS
MONTREUSIEN
MONTRICHARD
MONTROUGIEN
MONTS-BLANCS
MONUMENTALE
MONUMENTAUX
MORALISANTE
MORBILLEUSE
MOREAU L'AÎNÉ
MORGANFIELD
MORGENSTERN
MORPHINIQUE
MORPHOLOGIE
MORTAGNAISE
MORTAISEUSE
MORT-AUX-RATS
MORTE-SAISON
MORTIFIANTE
MORVANDEAUX
MORVANDEAUX
MORVANDELLE
MORVANDELLE
MORVANDIAUX
MORVANDIAUX
MOTEUR-FUSÉE
MOTOCULTEUR
MOTOCULTURE
MOTS CROISÉS
MOTS-VALISES
MOTU PROPRIO
MOUCHARDAGE
MOUCHARDANT
MOUCHERONNÉ
MOUDJAHIDIN
MOUILLEMENT
MOULIN-À-VENT
MOULIN-ROUGE
MOULURATION
MOUNET-SULLY
MOUNTBATTEN
MOUNT VERNON
MOUSSAILLON

MOUSSORGSKI
MOUTONNERIE
MOUTONNEUSE
MOUTONNIÈRE
MOUVEMENTÉE
MOUVEMENTER
MOUZONNAISE
MOXIBUSTION
MOYENÂGEUSE
MOYENNEMENT
MOYEN-ORIENT
MOZAMBICAIN
MOZAMBICAIN
MUDDY WATERS
MUGISSEMENT
MULTICOLORE
MULTICOUCHE
MULTILINGUE
MULTIPARITÉ
MULTIPLIANT
MULTIPLIEUR
MULTIPOINTS
MULTIRACIAL
MULTIRISQUE
MULTISALLES
MULTISTADES
MULTIVARIÉE
MÜNCHHAUSEN
MUNDOLSHEIM
MUNICIPALES
MUNIFICENCE
MUNIFICENTE
MÛRISSEMENT
MURS-RIDEAUX
MUSCULATION
MUSCULATURE
MUSELLEMENT
MUSÉOGRAPHE
MUSICOLOGIE
MUSICOLOGUE
MUSSITATION
MUTAZILISME
MUTILATRICE
MUTUALISANT
MUTUELLISME
MUTUELLISTE
MUZAFFARPUR
MYCOLOGIQUE
MYDRIATIQUE
MYÉLOGRAMME
MYÉLOMATOSE
MYÉLOPATHIE
MYOFIBRILLE
MYOMECTOMIE
MYORELAXANT
MYRIOPHYLLE
MYSTÉRIEUSE

MYSTIFIABLE
MYSTIFIANTE
NAGANO OSAMI
NAHUEL HUAPÍ
NAIROBIENNE
NAMAQUALAND
NANGA PARBAT
NAPOLÉONIEN
NAPOLITAINE
NAPOLITAINE
NARAYANGANJ
NARBONNAISE
NARCISSIQUE
NARCISSISME
NARCODOLLAR
NARCOLEPSIE
NASILLEMENT
NASONNEMENT
NATIONALISÉ
NATIONALITÉ
NATOUFIENNE
NATURALISÉE
NATURALISER
NATURALISME
NATURALISTE
NATUROPATHE
NAUFRAGEANT
NAUFRAGEUSE
NAUSÉABONDE
NAVIGATRICE
NAVIRE-ÉCOLE
NAVIRE-USINE
NAVRATILOVA
NAZAIRIENNE
NÉCESSITANT
NÉCESSITEUX
NÉCROMANCIE
NÉCROPHILIE
NECTARIFÈRE
NECTARIVORE
NÉERLANDAIS
NÉERLANDAIS
NÉGATIVISME
NÉGATOSCOPE
NÉGLIGEABLE
NÉGOCIATEUR
NÉGOCIATION
NÉGRILLONNE
NÉMATOCYSTE
NÉOCASTRIEN
NÉODOMIENNE
NÉOFASCISME
NÉOFASCISTE
NÉOGOTHIQUE
NÉOKANTISME
NÉOLITHIQUE
NÉOPLASIQUE

NÉORÉALISME
NÉORÉALISTE
NÉOTHOMISME
NÉPHRÉTIQUE
NÉPHROLOGIE
NÉPHROLOGUE
NESTORIENNE
NETÉCONOMIE
NETTOIEMENT
NEUF-BRISACH
NEUFCHÂTEAU
NEUILLÉENNE
NEUNKIRCHEN
NEUROPATHIE
NEUROTOXINE
NEUTRALISÉE
NEUTRALISER
NEUTRALISME
NEUTRALISTE
NEUTRONIQUE
NEUTROPÉNIE
NEUTROPHILE
NEUVILLOISE
NÉVRALGIQUE
NÉVROPATHIE
NEWPORT NEWS
NEWTONIENNE
NEW-YORKAISE
NEW-YORKAISE
NGÔ DINH DIÊM
NICOTINIQUE
NIDS-DE-POULE
NIDS-D'OISEAU
NIEDERBRONN
NIETZSCHÉEN
NIGHTINGALE
NIJNI TAGUIL
NISHINOMIYA
NITRATATION
NITRATE-FUEL
NITRIFIANTE
NITROBACTER
NITROSATION
NITRURATION
NIVELLEMENT
NIVO-PLUVIAL
NOBÉLISABLE
NOCICEPTION
NOGENT-LE-ROI
NOIRCISSANT
NOIRCISSURE
NOIRMOUTIER
NOIRMOUTRIN
NOMBRILISME
NOMBRILISTE
NOMINALISÉE
NOMINALISER
NOMINALISME
NOMINALISTE
NON ACCOMPLI
NON-ACTIVITÉ
NONAGÉNAIRE
NON-ALIGNÉES
NONCHALANCE
NONCHALANTE
NON-CROYANTE
NON-CROYANTS
NON DIRECTIF
NON-FUMEUSES
NON-INITIÉES
NON-INSCRITE
NON-INSCRITS
NON MARCHAND
NON-PAIEMENT
NONPAREILLE
NON-RECEVOIR
NON-RÉPONSES
NON-RÉSIDENT
NON-RESPECTS
NON-SALARIÉE
NON-SALARIÉS
NON STANDARD
NONTRONNAIS
NON-VIOLENCE
NON-VIOLENTE
NON-VIOLENTS
NON-VOYANTES
NORD-CORÉENS
NORD-CORÉENS
NORMALEMENT
NORMALIENNE
NORMALISANT
NORMATIVITÉ
NORMOGRAPHE
NORTHAMPTON
NORTHUMBRIE
NORVÉGIENNE
NORVÉGIENNE
NOSOCOMIALE
NOSOCOMIAUX
NOSOGRAPHIE
NOSTALGIQUE
NOSTRADAMUS
NOTABLEMENT
NOTIFICATIF
NOTIONNELLE
NOTOIREMENT
NOURRICIÈRE
NOURRISSAGE
NOURRISSANT
NOURRISSEUR
NOUVEAU-NÉES
NOUVELLISTE
NOUZONVILLE
NOVOROSSISK
NUCLÉARISÉE
NUCLÉARISER
NUCLÉONIQUE
NUCLÉOPHILE
NUDIBRANCHE
NUEVO LAREDO
NUMÉROLOGIE
NUMÉROLOGUE
NYCTHÉMÉRAL
NYÍREGYHÁZA
NYMPHOMANIE
NYSA LUZYCKA
OBJECTIVANT
OBJECTIVITÉ
OBJURGATION
OBLIGATAIRE
OBLIGATOIRE
OBLIQUEMENT
OBRÉNOVITCH
OBSCURÉMENT
OBSÉQUIEUSE
OBSERVATEUR
OBSERVATION
OBSIDIONALE
OBSIDIONAUX
OBSOLESCENT
OBSTÉTRICAL
OBSTÉTRIQUE
OBSTINATION
OBSTINÉMENT
OBSTRUCTION
OBSTRUCTIVE
OBTEMPÉRANT
OBTURATRICE
OBWALDIENNE
OCCASIONNÉE
OCCASIONNEL
OCCASIONNER
OCCIDENTALE
OCCIDENTALE
OCCIDENTAUX
OCCIDENTAUX
OCCITANISME
OCCULTATION
OCÉANOLOGIE
OCÉANOLOGUE
OCTAÉDRIQUE
OCTOGÉNAIRE
OCTOSYLLABE
OCULOMOTEUR
ODA NOBUNAGA
ODIEUSEMENT
ODONTOLOGIE
ODONTOMÈTRE
ODORIFÉRANT
ŒCOLAMPADE

ŒCUMÉNIQUE
ŒCUMÉNISME
ŒCUMÉNISTE
ŒDÉMATEUSE
ŒIL-DE-BŒUF
ŒIL-DE-TIGRE
ŒILLETONNÉ
ŒILS-DE-CHAT
OE KENZABURO
ŒNANTHIQUE
ŒNOLOGIQUE
ŒSOPHAGIEN
ŒSOPHAGITE
OFFICIALISÉ
OFFRANVILLE
OFFSETTISTE
OLÉAGINEUSE
OLÉICULTEUR
OLÉICULTURE
OLIGOPHRÈNE
OLIVER TWIST
OMBELLIFÈRE
OMNIPOTENCE
OMNIPOTENTE
OMNIPRÉSENT
OMNISCIENCE
OMNISCIENTE
ONDULATOIRE
ONGULIGRADE
ONIROMANCIE
ONOMASTIQUE
ONTOLOGIQUE
ONYCHOPHORE
ONZIÈMEMENT
OPACIMÉTRIE
OPALESCENCE
OPALESCENTE
OPALISATION
OPÉRA-BALLET
OPÉRA-BOUFFE
OPERCULAIRE
OPHIOGLOSSE
OPHTALMIQUE
OPINIÂTRETÉ
OPISTHODOME
OPPENHEIMER
OPPORTUNITÉ
OPPRESSANTE
OPTIMALISÉE
OPTIMALISER
OPTIONNELLE
ORANG-OUTANG
ORBICULAIRE
ORCHÉSIENNE
ORCHESTRALE
ORCHESTRANT
ORCHESTRAUX

ORDONNANCÉE
ORDONNANCER
ORDONNATEUR
ORGANICISME
ORGANICISTE
ORGANISABLE
ORGANOLOGIE
ORGANSINANT
ORGNAC-L'AVEN
ORGUEILLEUX
ORIENTATION
ORIENTEMENT
ORIGINALITÉ
ORNEMANISTE
ORNEMENTALE
ORNEMENTANT
ORNEMENTAUX
ORNITHOGALE
ORPHÉONISTE
ORTHÉZIENNE
ORTHOCENTRE
ORTHODONTIE
ORTHODROMIE
ORTHOGENÈSE
ORTHOGONALE
ORTHOGONAUX
ORTHOGRAPHE
ORTHONORMAL
ORTHONORMÉE
ORTHOPHONIE
ORTHOPTIQUE
ORTHOPTISTE
OSCILLATEUR
OSCILLATION
OSCULATRICE
OSTÉICHTYEN
OSTENTATION
OSTÉOBLASTE
OSTÉOCLASTE
OSTÉOGENÈSE
OSTÉOPATHIE
OSTÉOPOROSE
OTTAWA RIVER
OUAGADOUGOU
OUESSANTINE
OUTRAGEANTE
OUTRANCIÈRE
OUTRE-MANCHE
OUTREPASSÉE
OUTREPASSER
OUVERTEMENT
OUVRABILITÉ
OUVRE-BOÎTES
OUVRE-HUÎTRE
OUVRIÉRISME
OUVRIÉRISTE
OUZBÉKISTAN

OVALISATION
OVATIONNANT
OVIPOSITEUR
OVOVIVIPARE
OXENSTIERNA
OXFORDIENNE
OXYCARBONÉE
OXYCHLORURE
OXYGÉNATION
OZONOSPHÈRE
OZU YASUJIRO
PACHYDERMIE
PACY-SUR-EURE
PAGES-ÉCRANS
PAILLARDISE
PAIMBLOTINE
PAIMPOLAISE
PAIN DE SUCRE
PAIR-NON-PAIR
PAKISTANAIS
PAKISTANAIS
PALAISIENNE
PALAIS-ROYAL
PALALDÉENNE
PALANGROTTE
PALATALISÉE
PALATALISER
PALEFRENIER
PALÉOCLIMAT
PALÉOGRAPHE
PALÉORELIEF
PALÉOZOÏQUE
PALERMITAIN
PALESTINIEN
PALESTINIEN
PALETTISANT
PALETTISEUR
PALICINÉSIE
PALIMPSESTE
PALISSADANT
PALISSANDRE
PALISSONNÉE
PALISSONNER
PALLADIENNE
PALMATIFIDE
PALMATILOBÉ
PALPITATION
PALYNOLOGIE
PANAFRICAIN
PANARABISME
PANATHÉNÉES
PANCHEN-LAMA
PANCLASTITE
PANCRÉATITE
PANDÉMONIUM
PANÉGYRIQUE
PANÉGYRISTE

11

PANIER-REPAS
PANNEAUTANT
PANORAMIQUE
PANS-BAGNATS
PANSLAVISME
PANTELLERIA
PANTHALASSA
PANTOGRAPHE
PANTOUFLANT
PANTOUFLARD
PAOUSTOVSKI
PAPANDHRÉOU
PAPAVÉRACÉE
PAPELARDISE
PAPERASSIER
PAPHLAGONIE
PAPIER-ÉMERI
PAPILIONACÉ
PAPILLONNER
PAPILLOTAGE
PAPILLOTANT
PAPYROLOGIE
PAPYROLOGUE
PARABOLIQUE
PARABOLOÏDE
PARACENTÈSE
PARACÉTAMOL
PARACHEVANT
PARACHUTAGE
PARACHUTALE
PARACHUTANT
PARACHUTAUX
PARAFFINAGE
PARAFFINANT
PARAFFINÉES
PARAFISCALE
PARAFISCAUX
PARALANGAGE
PARALOGISME
PARALYSANTE
PARALYTIQUE
PARAMÉDICAL
PARAMÉTRANT
PARANGONNÉE
PARANGONNER
PARANOÏAQUE
PARANORMALE
PARANORMAUX
PARAPHRASÉE
PARAPHRASER
PARAPHRÉNIE
PARASITAIRE
PARASITISME
PARASTATALE
PARASTATAUX
PARCELLAIRE
PARCELLISÉE

PARCELLISER
PARCHEMINÉE
PAR-DERRIÈRE
PARDONNABLE
PARÉGORIQUE
PAREMENTANT
PAREMENTURE
PARENTALIES
PARENTALITÉ
PARENTÉRALE
PARENTÉRAUX
PARESTHÉSIE
PARIDIGITÉE
PARITARISME
PARLEMENTER
PARLERS-VRAI
PARODONTALE
PARODONTAUX
PAROISSIALE
PAROISSIAUX
PAROPAMISUS
PAROXYSMALE
PAROXYSMAUX
PARPAILLOTE
PARTAGEABLE
PARTENARIAL
PARTENARIAT
PARTICIPANT
PARTICIPIAL
PARTICULIER
PARTURIENTE
PARTURITION
PASCALIENNE
PAS-DE-CALAIS
PAS DE LA CASE
PASSACAILLE
PASSAROWITZ
PASSE-DROITS
PASSE-LACETS
PASSEPOILÉE
PASSING-SHOT
PASSIONISTE
PASSIONNANT
PASSIVATION
PASSIVEMENT
PASTELLISTE
PASTEURELLA
PASTEURISÉE
PASTEURISER
PASTICHEUSE
PASTILLEUSE
PASTORIENNE
PASTOUREAUX
PASTOURELLE
PATALIPUTRA
PATAUGEOIRE
PATHOGENÈSE

PATIBULAIRE
PATOUILLANT
PATRIARCALE
PATRIARCAUX
PATRICIENNE
PATRILOCALE
PATRILOCAUX
PATRIMONIAL
PATRIOTIQUE
PATRIOTISME
PATRISTIQUE
PATRONNESSE
PATROUILLER
PATTE-DE-LOUP
PAUL-BONCOUR
PAULINIENNE
PAUPÉRISANT
PAVIMENTEUX
PAVLOVIENNE
PAVOISEMENT
PAYSANNERIE
PEARL HARBOR
PEAUX'-ROUGES
PEAUX-ROUGES
PÉDAGOGIQUE
PÉDANTESQUE
PÉDIATRIQUE
PÉDICULAIRE
PEI IEOH MING
PEINTURLURÉ
PÉLARGONIUM
PELLAGREUSE
PELLE-PIOCHE
PELLICULAGE
PELLICULANT
PELLICULEUX
PÉLOPONNÈSE
PELOTONNANT
PELVIMÉTRIE
PÉNALISANTE
PENDOUILLER
PÉNÉTRATION
PÉNIBLEMENT
PÉNICILLINE
PÉNICILLIUM
PÉNITENCIER
PÉNITENTIEL
PENIVAUXOIS
PENSIONNANT
PENSIVEMENT
PENTAGONALE
PENTAGONAUX
PENTARADIÉE
PENTATEUQUE
PENTHÉSILÉE
PÉPIN LE BREF
PERCE-PIERRE

PERCEPTIBLE
PERCHERONNE
PERCHERONNE
PERCHLORATE
PERCNOPTÈRE
PERCOLATEUR
PERCOLATION
PÉREMPTOIRE
PÉRENNISANT
PÉRÉQUATION
PERESTROÏKA
PÉREZ GALDÓS
PERFECTIBLE
PERFIDEMENT
PERFORATEUR
PERFORATION
PERFORMANCE
PERFORMANTE
PERFORMATIF
PÉRICARDITE
PÉRICHONDRE
PÉRICLITANT
PÉRIGORDIEN
PÉRIGORDINE
PÉRIGORDINE
PÉRIGOURDIN
PÉRIGOURDIN
PÉRIODICITÉ
PÉRITONÉALE
PÉRITONÉAUX
PÉRIURBAINE
PERLINGUALE
PERLINGUAUX
PERMUTATION
PERNICIEUSE
PERPÉTUELLE
PERROSIENNE
PERSÉCUTANT
PERSÉCUTEUR
PERSÉCUTION
PERSÉVÉRANT
PERSIFLEUSE
PERSISTANCE
PERSISTANTE
PERSONNELLE
PERSONNIFIÉ
PERSPECTIVE
PÈSE-ESPRITS
PÈSE-LETTRES
PÈSE-LIQUEUR
PÉTARADANTE
PÉTILLEMENT
PETIT-BEURRE
PETITE-FILLE
PETITE-NIÈCE
PÉTITIONNER
PETIT-MAÎTRE
PETITPIERRE
PETIT POUCET
PETIT PRINCE
PETITS-FOURS
PETITS-LAITS
PETIT-SUISSE
PÉTOUILLANT
PÉTRIFIANTE
PÉTRISSEUSE
PÉTROCHIMIE
PÉTRODOLLAR
PÉTROGENÈSE
PÉTROGLYPHE
PÉTROGRAPHE
PÉTROLIFÈRE
PETS-DE-NONNE
PEYREHORADE
PHAGOCYTANT
PHAGOCYTOSE
PHALANGETTE
PHALANGISTE
PHALANSTÈRE
PHALLOCRATE
PHAM VAN DÔNG
PHANARIOTES
PHANÉROGAME
PHARAONIQUE
PHARISAÏSME
PHARISIENNE
PHARMACOPÉE
PHASMOPTÈRE
PHELLODERME
PHÉNICIENNE
PHÉNICIENNE
PHÉNOMÉNALE
PHÉNOMÉNAUX
PHÉNOPLASTE
PHILIPPINES
PHILIPPIQUE
PHILIPSBURG
PHILOPŒMEN
PHILOSOPHER
PHILOSOPHIE
PHLÉBOLOGIE
PHLÉBOLOGUE
PHONÉTICIEN
PHONOGRAMME
PHONOGRAPHE
PHONOTHÈQUE
PHOSPHATAGE
PHOSPHATANT
PHOSPHATASE
PHOSPHORANT
PHOSPHOREUX
PHOSPHORITE
PHOSPHORYLE
PHOTOCHIMIE
PHOTOCOPIÉE
PHOTOCOPIER
PHOTO-FINISH
PHOTOGENÈSE
PHOTOGRAMME
PHOTOGRAPHE
PHOTOMÉTRIE
PHOTOPHOBIE
PHOTOSPHÈRE
PHOTOTHÈQUE
PHRÉNOLOGIE
PHYCOMYCÈTE
PHYLLOTAXIE
PHYLOGENÈSE
PHYSICIENNE
PHYSIOCRATE
PHYSIOLOGIE
PHYSIONOMIE
PHYSOSTIGMA
PHYTÉLÉPHAS
PHYTOZOAIRE
PIAILLEMENT
PIANISSIMOS
PIANISTIQUE
PIATRA NEAMT
PICCOLOMINI
PICTOGRAMME
PIED-DE-BICHE
PIED-DE-POULE
PIED-D'OISEAU
PIEDS-DE-LION
PIEDS-DE-LOUP
PIEDS-DE-VEAU
PIEDS-DROITS
PIEDS-NOIRES
PIÉMONTAISE
PIÉMONTAISE
PIERREFITTE
PIERREFONDS
PIERRELATTE
PIÉTINEMENT
PIÉTONNIÈRE
PIETRAGALLA
PIÉZOGRAPHE
PIGEONNANTE
PIGEONNEAUX
PIGMENTAIRE
PIGNORATIVE
PIGOUILLANT
PILLOW-LAVAS
PILOCARPINE
PILO-SÉBACÉE
PILO-SÉBACÉS
PIMPRENELLE
PINAILLEUSE
PINAR DEL RÍO
PINCOURTOIS

PIPISTRELLE
PIQUE-BŒUFS
PIQUE-FLEURS
PIQUE-NIQUER
PIQUE-NIQUES
PIROUETTANT
PISCIACAISE
PISOLITIQUE
PITEUSEMENT
PITHIATISME
PITHIVÉRIEN
PITTORESQUE
PITTOSPORUM
PIXERÉCOURT
PLACARDISER
PLACENTAIRE
PLACIDEMENT
PLACOPLÂTRE
PLAGIOCLASE
PLAISAMMENT
PLAISANCIER
PLAISANTANT
PLANCHÉIAGE
PLANCHÉIANT
PLAN-CONCAVE
PLAN-CONVEXE
PLANÉTARIUM
PLANIFIABLE
PLANIMÉTRIE
PLANISPHÈRE
PLANSICHTER
PLANS-MASSES
PLANTAGENÊT
PLANTIGRADE
PLANTUREUSE
PLASMATIQUE
PLASTIFIANT
PLASTIQUAGE
PLASTIQUANT
PLASTIQUEUR
PLASTRONNER
PLATERESQUE
PLATINIFÈRE
PLATONICIEN
PLÉBISCITÉE
PLÉBISCITER
PLEIN-EMPLOI
PLEINS-TEMPS
PLEINS-VENTS
PLÉISTOCÈNE
PLÉSIOSAURE
PLÉTHORIQUE
PLEURÉTIQUE
PLEURNICHER
PLEURODYNIE
PLOUTOCRATE
PLUMASSERIE
PLUMASSIÈRE
PLUM-PUDDING
PLURIANNUEL
PLURICAUSAL
PLURILINGUE
PLURIVALENT
PLUVIOMÈTRE
PNEUMATIQUE
PNEUMOCOQUE
PNEUMOLOGIE
PNEUMOLOGUE
POCHOTHÈQUE
POÉTISATION
POGONOPHORE
POIGNARDANT
POINÇONNAGE
POINÇONNANT
POINÇONNEUR
POINTE-NOIRE
POINTILLAGE
POINTILLANT
POINTILLEUX
POINTS DE VUE
POIREAUTANT
POISSON-CHAT
POISSON-ÉPÉE
POISSON-LUNE
POISSONNEUX
POISSONNIER
POISSON-SCIE
POITRINAIRE
POLARIMÈTRE
POLÉMIQUANT
POLÉMOLOGIE
POLICOLOGIE
POLISSONNER
POLITICARDE
POLITOLOGIE
POLITOLOGUE
POLLAKIURIE
POLONNARUWA
POLYCHROMIE
POLYCOPIANT
POLYCOURANT
POLYCULTURE
POLYÉDRIQUE
POLYGÉNIQUE
POLYGÉNISME
POLYGONACÉE
POLYMÉRISÉE
POLYMÉRISER
POLYNÉVRITE
POLYNOMIALE
POLYNOMIAUX
POLYOLÉFINE
POLYPEPTIDE
POLYSÉMIQUE
POLYSTYRÈNE
POLYSULFURE
POLYSYLLABE
POLYSYNODIE
POLYTHÉISME
POLYTHÉISTE
POLYVALENCE
POLYVALENTE
POMICULTEUR
POMOLOGISTE
POMPIÉRISME
PONCTIONNÉE
PONCTIONNER
PONCTUALITÉ
PONCTUATION
PONDÉRATEUR
PONDÉRATION
PONIATOWSKI
PONT-À-CELLES
PONTA GROSSA
PONT-AUDEMER
PONT-BASCULE
PONTCHÂTEAU
PONT-DE-ROIDE
PONTE-LECCIA
PONTEVALOIS
PONTIFIANTE
PONTIFICALE
PONTIFICAUX
PONTIVYENNE
PONT-L'ÉVÊQUE
PONT-L'ÉVÊQUE
PONTOPPIDAN
PONTS-CANAUX
PONTS-ROUTES
POPULACIÈRE
POPULARISÉE
POPULARISER
PORCARTOISE
PORNOGRAPHE
PORPHYRIQUE
PORPHYROÏDE
PORTABILITÉ
PORT-CARTIER
PORTE-AMARRE
PORTE-À-PORTE
PORTE-AVIONS
PORTE-BALAIS
PORTE-BARGES
PORTE-BILLET
PORTE-CARTES
PORTE-CIGARE
PORTE-COPIES
PORTE-CRAYON
PORTE-FANION
PORTE-GLAIVE
PORTE-GLAIVE

PORTE-GREFFE
PORTE-HAUBAN
PORTE-MONTRE
PORTE-OBJETS
PORTE-OUTILS
PORTE-PAPIER
PORTE-PAQUET
PORTE-PAROLE
PORTE-PLUMES
PORTE-QUEUES
PORTE-REVUES
PORTE-SAVONS
PORTES DE FER
PORTÉSIENNE
PORT-ÉTIENNE
PORT-GRIMAUD
PORT-LYAUTEY
PORT MORESBY
PORTO ALEGRE
PORT OF SPAIN
PORTO-NOVIEN
PORTORICAIN
PORTORICAIN
PORTRAITURÉ
PORT-VENDRES
PORT-VILAISE
PORTZAMPARC
PORTZMOGUER
POSITIONNÉE
POSITIONNER
POSITIVISME
POSITIVISTE
POSITRONIUM
POSSESSOIRE
POSSIBILITÉ
POSTÉRIEURE
POSTILLONNÉ
POST-MARCHÉS
POSTMODERNE
POTAMOCHÈRE
POTAMOLOGIE
POTENTIELLE
POTESTATIVE
POTRON-MINET
POTS-POURRIS
POUCES-PIEDS
POUGATCHIOV
POULO CONDOR
POUPONNIÈRE
POURCENTAGE
POURCHASSÉE
POURCHASSER
POURFENDANT
POURFENDEUR
POURLÉCHANT
POURPARLERS
POURRISSAGE
POURRISSANT
POURRISSOIR
POURSUITEUR
POURSUIVANT
POURVOYEUSE
POUSSIÉREUX
POUSSINIÈRE
PRAGMATIQUE
PRAGMATISME
PRAGMATISTE
PRATICIENNE
PRATIQUANTE
PRÉBIOTIQUE
PRÉCAMBRIEN
PRÉCAMPAGNE
PRÉCARISANT
PRÉCELLENCE
PRÉCEPTORAT
PRÉCEPTRICE
PRÉCHAUFFÉE
PRÉCHAUFFER
PRÉCIPITANT
PRÉCISÉMENT
PRÉCOCEMENT
PRÉCOMPTANT
PRÉCONISANT
PRÉCORDIALE
PRÉCORDIAUX
PRÉDÉCOUPÉE
PRÉDESTINÉE
PRÉDESTINER
PRÉDICATEUR
PRÉDICATION
PRÉDICATIVE
PRÉDICTIBLE
PRÉDISPOSÉE
PRÉDISPOSER
PRÉDOMINANT
PRÉEMBALLÉE
PRÉÉMINENCE
PRÉÉMINENTE
PRÉENCOLLÉE
PRÉEXISTANT
PRÉFABRIQUÉ
PRÉFECTORAL
PRÉFIGURANT
PRÉFIXATION
PRÉGÉNITALE
PRÉGÉNITAUX
PRÉHISTOIRE
PRÉHOMINIEN
PRÉJUDICIÉE
PRÉJUDICIEL
PRÉLÈVEMENT
PRÉMATURITÉ
PRÉMÉDITANT
PREMIÈRE-NÉE
PREMIER PITT
PREMIERS-NÉS
PRÉMONITION
PREMYSLIDES
PRÉNUPTIALE
PRÉNUPTIAUX
PRÉOCCUPANT
PRÉŒDIPIEN
PRÉPARATEUR
PRÉPARATION
PRÉPOSITION
PRÉPOSITIVE
PRÉPSYCHOSE
PRÉRETRAITE
PRÉRETRAITÉ
PRÉROGATIVE
PRESBYTÉRAL
PRÉSCOLAIRE
PRESCRIVANT
PRÉSENTABLE
PRÉSENTATIF
PRÉSERVATIF
PRÉSOMPTION
PRÉSOMPTIVE
PRESSENTANT
PRESSE-PURÉE
PRESSIGNOIS
PRESSURISÉE
PRESSURISER
PRESTATAIRE
PRESTIGIEUX
PRESTISSIMO
PRÉSUPPOSÉE
PRÉSUPPOSER
PRÊT-À-COUDRE
PRÊT-À-MONTER
PRÉTANTAINE
PRÊT-À-PORTER
PRÉTENDANTE
PRÉTENTAINE
PRÉTENTIEUX
PRÉTÉRITANT
PRÉTÉRITION
PRÉTORIENNE
PRILLIÉRANE
PRIMEURISTE
PRIMORDIALE
PRIMORDIAUX
PRINCIPAUTÉ
PRINTANIÈRE
PRIORITAIRE
PRISCILLIEN
PRISMATIQUE
PRISONNIÈRE
PRIVATISANT
PRIVILÉGIÉE
PRIVILÉGIER

PROBABILITÉ
PROCÉDURALE
PROCÉDURAUX
PROCÉDURIER
PROCLITIQUE
PROCONSULAT
PROCRÉATEUR
PROCRÉATION
PROCTOLOGIE
PROCTOLOGUE
PROCURATEUR
PROCURATION
PRODIGALITÉ
PRODIGIEUSE
PRODROMIQUE
PRODUCTIBLE
PRODUCTIQUE
PRODUCTRICE
PROÉMINENCE
PROÉMINENTE
PROFANATEUR
PROFANATION
PROFESSORAL
PROFESSORAT
PROFITEROLE
PROGÉNITURE
PROGESTATIF
PROGRAMMANT
PROGRAMMEUR
PROGRESSANT
PROGRESSION
PROGRESSIVE
PROHIBITION
PROHIBITIVE
PROKOPIEVSK
PROLÉTARIAT
PROLÉTARIEN
PROLÉTARISÉ
PROLIFÉRANT
PROLONGEANT
PROMETTEUSE
PROMISCUITÉ
PROMONTOIRE
PROMPTEMENT
PROMPTITUDE
PROMULGUANT
PRONOMINALE
PRONOMINAUX
PRONONÇABLE
PRONOSTIQUE
PRONOSTIQUÉ
PROPAGATEUR
PROPAGATION
PROPHÉTESSE
PROPHÉTIQUE
PROPHÉTISÉE
PROPHÉTISER
PROPHÉTISME
PROPHYLAXIE
PROPITHÈQUE
PROPOSITION
PROPRE-À-RIEN
PROROGATION
PROROGATIVE
PROSCRIVANT
PROSPECTANT
PROSPECTEUR
PROSPECTION
PROSPECTIVE
PROSTATIQUE
PROSTERNANT
PROSTITUANT
PROSTRATION
PROTECTORAT
PROTECTRICE
PROTÈGE-SLIP
PROTÉIFORME
PROTÉINIQUE
PROTÉINURIE
PROTESTABLE
PROTESTANTE
PROTHÉSISTE
PROTHÉTIQUE
PROTOCOCCUS
PROTOÉTOILE
PROTOPLASMA
PROTOPLASME
PROTOTYPAGE
PROTOZOAIRE
PROTRACTILE
PROTUBÉRANT
PROUDHONIEN
PROUSTIENNE
PROVERBIALE
PROVERBIAUX
PROVINCIALE
PROVINCIAUX
PROVISIONNÉ
PROVITAMINE
PROVOCATEUR
PROVOCATION
PRURIGINEUX
PSALMODIANT
PSAMMÉTIQUE
PSILOCYBINE
PSITTACISME
PSYCHIATRIE
PSYCHODRAME
PSYCHOLOGIE
PSYCHOLOGUE
PSYCHOPATHE
PSYCHOPOMPE
PSYCHOTIQUE
PSYCHOTROPE
PTOLÉMAÏQUE
PUBLICATION
PUDIQUEMENT
PUÉRILEMENT
PUERTOLLANO
PUERTO MONTT
PUISSAMMENT
PUJOL I SOLEY
PULLULATION
PULLULEMENT
PULPECTOMIE
PULVÉRISANT
PULVÉRISEUR
PULVÉRULENT
PUNTA ARENAS
PUPILLARITÉ
PURITANISME
PUSILLANIME
PUTÉOLIENNE
PUTRÉFIABLE
PUTRESCENCE
PUTRESCIBLE
PYCNOGONIDE
PYOCYANIQUE
PYRIMIDIQUE
PYROGRAVURE
PYROLIGNEUX
PYROTECHNIE
PYRRHOCORIS
PYRRHONISME
QALAAT SIMAN
QUADRATIQUE
QUADRIENNAL
QUADRILLAGE
QUADRILLANT
QUADRUPLANT
QUADRUPLÉES
QUALIFIABLE
QUALIFIANTE
QUALITATIVE
QUALITICIEN
QUANTIFIANT
QUANTITATIF
QUARANTAINE
QUARANTIÈME
QUARTANNIER
QUART-DE-ROND
QUARTERONNE
QUARTZIFÈRE
QUASI-DÉLITS
QUATERNAIRE
QUATORZIÈME
QUATRE-TEMPS
QUATRE-VINGT
QUATRILLION
QUEDLINBURG
QUELQUEFOIS

QUELQUE PART
QUELQUES-UNS
QUÉMANDEUSE
QU'EN-DIRA-T-ON
QUERCINOISE
QUERCINOISE
QUERCITAINE
QUERCYNOISE
QUERCYNOISE
QUERELLEUSE
QUESNOYSIEN
QUESTEMBERT
QUESTIONNÉE
QUESTIONNER
QUEUES-DE-PIE
QUEUES-DE-RAT
QUEVILLAISE
QUICHENOTTE
QUILLANAISE
QUIMBOISEUR
QUIMPERLOIS
QUIMPÉROISE
QUINOCÉENNE
QUINQUENNAL
QUINQUENNAT
QUINTE-CURCE
QUINTILLION
QUINTUPLANT
QUINTUPLÉES
QUITÉNIENNE
QUOTES-PARTS
QUOTIDIENNE
QURAYCHITES
RABATTEMENT
RABELAISIEN
RABIBOCHANT
RABOUILLÈRE
RABOUILLEUR
RACCOMMODÉE
RACCOMMODER
RACCOMPAGNÉ
RACCROCHAGE
RACCROCHANT
RACHIDIENNE
RACHMANINOV
RACKETTEUSE
RACQUET-BALL
RADICALAIRE
RADICALISÉE
RADICALISER
RADICALISME
RADICOTOMIE
RADICULAIRE
RADIOACTIVE
RADIOBALISE
RADIOBALISÉ
RADIOCOBALT
RADIOCOMPAS
RADIO FRANCE
RADIOGUIDÉE
RADIOGUIDER
RADIOLARITE
RADIOLÉSION
RADIOPHONIE
RADIORÉVEIL
RADIOSCOPIE
RADIOSOURCE
RAFFINEMENT
RAFISTOLAGE
RAFISTOLANT
RAFSANDJANI
RAGAILLARDI
RAGEUSEMENT
RAGGAMUFFIN
RAGOUGNASSE
RAHAT-LOKOUM
RAISONNABLE
RAISONNEUSE
RAJAHMUNDRY
RAJUSTEMENT
RAKHMANINOV
RALLONGEANT
RAMAKRISHNA
RAMBOLITAIN
RAMBOUILLET
RAMÓN Y CAJAL
RAMPONNEAUX
RANÇONNEUSE
RANDOMISANT
RANDONNEUSE
RANJIT SINGH
RAPATRIABLE
RAPETASSAGE
RAPETASSANT
RAPETISSANT
RAPHAÉLIQUE
RAPHAËLOISE
RAPIÈCEMENT
RAPPAREILLÉ
RAPPLIQUANT
RAPPORTEUSE
RAPPROCHAGE
RAPPROCHANT
RAQUETTEUSE
RARÉFACTION
RAS AL-KHAYMA
RASKOLNIKOV
RASPOUTITSA
RASSEMBLANT
RASSEMBLEUR
RASSÉRÉNANT
RATATOUILLE
RATIBOISANT
RATIOCINANT
RATIONALISÉ
RATIONALITÉ
RATIONNAIRE
RATIONNELLE
RATTACHISTE
RATTRAPABLE
RAVENSBRÜCK
RAVE-PARTIES
RAVIGOTANTE
RAVILISSANT
RAVISSEMENT
RAVITAILLÉE
RAVITAILLER
RAYONNEMENT
RÉABSORBANT
RÉACCOUTUMÉ
RÉACTIONNEL
RÉACTUALISÉ
RÉADMETTANT
RÉADMISSION
RÉAFFIRMANT
RÉALISATEUR
RÉALISATION
REALITY-SHOW
REALPOLITIK
RÉANIMATEUR
RÉANIMATION
RÉAPPRENANT
RÉAPPRENDRE
RÉARGENTANT
RÉASSIGNANT
RÉASSURANCE
REBAPTISANT
RÉBARBATIVE
REBÂTISSANT
REBATTEMENT
REBOISEMENT
REBOUTONNÉE
REBOUTONNER
REBROUSSANT
RECACHETANT
RECALCIFIÉE
RECALCIFIER
RECALCULANT
RÉCAPITULÉE
RÉCAPITULER
RECENSEMENT
RÉCEPTIONNÉ
RÉCEPTIVITÉ
RÉCESSIVITÉ
RECHANGEANT
RECHARGEANT
RÉCHAUFFAGE
RÉCHAUFFANT
RÉCHAUFFEUR
RECHAUSSANT
RECHERCHANT

11

RÉCIDIVANTE
RÉCIDIVISTE
RÉCIPROCITÉ
RÉCIPROQUÉE
RÉCIPROQUER
RÉCLAMATION
RÉCOGNITION
RECOLLEMENT
RECOMBINANT
RECOMMANDÉE
RECOMMANDER
RECOMMENCÉE
RECOMMENCER
RÉCOMPENSÉE
RÉCOMPENSER
RECOMPOSANT
RÉCONCILIÉE
RÉCONCILIER
RÉCONFORTÉE
RÉCONFORTER
RECONNAÎTRE
RECONQUÉRIR
RECONQUISTA
RECONSIDÉRÉ
RECONSTITUÉ
RECONSTRUIT
RECONVERTIE
RECONVERTIR
RECORDWOMAN
RECORDWOMEN
RECOUPEMENT
RECOUVRABLE
RÉCRIMINANT
RECROISSANT
RECRUTEMENT
RECTIFIABLE
RECTIFIEUSE
RECTO-COLITE
RECTOSCOPIE
RECUEILLANT
RECULOTTANT
RÉCUPÉRABLE
RÉCURSIVITÉ
REDÉCOUVERT
REDÉCOUVRIR
REDÉFAISANT
REDEMANDANT
REDÉMARRAGE
REDÉMARRANT
RÉDEMPTRICE
REDÉPLOYANT
REDESCENDRE
REDESCENDUE
RÉDHIBITION
REDIFFUSANT
REDIFFUSION
REDISCUTANT
REDISTRIBUÉ
REDOUBLANTE
REDRESSEUSE
RÉÉCHELONNÉ
RÉÉDUCATION
RÉEMBAUCHÉE
RÉEMBAUCHER
RÉEMPLOYANT
RÉEMPRUNTÉE
RÉEMPRUNTER
RÉENGAGEANT
RÉENSEMENCÉ
RÉÉQUILIBRÉ
RÉESCOMPTÉE
RÉESCOMPTER
RÉEXAMINANT
RÉEXPÉDIANT
RÉEXPORTANT
REFAÇONNANT
RÉFÉRENÇANT
RÉFÉRENTIEL
RÉFLEXIVITÉ
RÉFLEXOGÈNE
REFONDATION
RÉFORMATEUR
RÉFORMATION
REFORMULANT
REFOUILLANT
REFOULEMENT
RÉFRACTAIRE
RÉFRANGIBLE
RÉFRÈNEMENT
RÉFRIGÉRANT
RÉFRINGENCE
RÉFRINGENTE
RÉGIONALISÉ
REGISTRAIRE
RÉGLEMENTÉE
RÉGLEMENTER
REGORGEMENT
REGRATTIÈRE
REGRETTABLE
RÉGULARISÉE
RÉGULARISER
RÉGULATRICE
RÉGURGITANT
RÉHABILITÉE
RÉHABILITER
RÉHABITUANT
RÉHYDRATANT
REICHENBACH
RÉIFICATION
RÉIMPLANTÉE
RÉIMPLANTER
RÉIMPORTANT
RÉIMPRIMANT
RÉINCARCÉRÉ
RÉINCARNANT
RÉINCORPORÉ
REINE-CLAUDE
REINE MARGOT
RÉINSERTION
RÉINSTALLÉE
RÉINSTALLER
RÉINTÉGRANT
RÉINTRODUIT
RÉINVENTANT
RÉITÉRATION
RÉITÉRATIVE
REJOINTOYÉE
REJOINTOYER
RÉJOUISSANT
RELÂCHEMENT
RELATIONNEL
RELATIVISÉE
RELATIVISER
RELATIVISME
RELATIVISTE
RELECQUOISE
RELEVAILLES
RELIGIOSITÉ
REMANIEMENT
REMAQUILLÉE
REMAQUILLER
REMARQUABLE
REMASTÉRISÉ
REMASTICAGE
REMASTIQUÉE
REMASTIQUER
REMBARQUANT
REMBAUCHANT
REMBLAYEUSE
REMBOBINANT
REMBOURRAGE
REMBOURRANT
REMBOURRURE
REMBOURSANT
REMMAILLAGE
REMMAILLANT
REMMAILLOTÉ
REMMANCHANT
REMONTRANCE
REMORQUEUSE
REMOUILLANT
REMOULINOIS
REMPAILLAGE
REMPAILLANT
REMPAILLEUR
REMPAQUETÉE
REMPAQUETER
REMPLAÇABLE
REMPLAÇANTE
REMPLISSAGE
REMPLISSANT

REMPRUNTANT
REMUE-MÉNAGE
RENAISSANCE
RENAISSANCE
RENAISSANTE
RENCAISSAGE
RENCAISSANT
RENCONTRANT
RENÉGOCIANT
RENFROGNANT
RENGAGEMENT
RENGORGEANT
RENGRAISSER
RENIER DE HUY
RENIFLEMENT
RENONCEMENT
RENOUVELANT
RÉNOVATRICE
RENSEIGNANT
RENTABILISÉ
RENTABILITÉ
RENTOILEUSE
RENTRAITURE
RENVERSANTE
RÉORCHESTRÉ
RÉORGANISÉE
RÉORGANISER
RÉORIENTANT
RÉOUVERTURE
RÉPARATRICE
RÉPARTITEUR
RÉPARTITION
RÉPERCUTANT
RÉPERTORIÉE
RÉPERTORIER
RÉPÉTITRICE
REPLACEMENT
RÉPLICATION
REPLOIEMENT
REPLONGEANT
REPOLISSAGE
REPOLISSANT
REPOSE-PIEDS
REPOUSSANTE
REPRÉSENTÉE
REPRÉSENTER
RÉPRIMANDÉE
RÉPRIMANDER
RÉPROBATEUR
RÉPROBATION
REPRODUCTIF
REPROGRAMMÉ
REPTILIENNE
RÉPUBLICAIN
RÉPUDIATION
REQUALIFIÉE
REQUALIFIER
REQUINQUANT
REQUIN-TAUPE
REQUIN-TIGRE
RÉQUISITION
RESALISSANT
RESCINDABLE
RESCINDANTE
RÉSERVATION
RÉSIDENTIEL
RÉSIGNATION
RÉSILIATION
RESISTENCIA
RÉSISTIVITÉ
RESOCIALISÉ
RÉSOLUTOIRE
RESPECTABLE
RESPECTUEUX
RESPIRATEUR
RESPIRATION
RESPONSABLE
RESQUILLAGE
RESQUILLANT
RESQUILLEUR
RESSAIGNANT
RESSEMBLANT
RESSEMELAGE
RESSEMELANT
RESSOURÇANT
RESSOUVENIR
RESSOUVENUE
RESSUSCITÉE
RESSUSCITER
RESTITUABLE
RESTITUTION
RESTREINDRE
RESTRICTION
RESTRICTIVE
RESTRUCTURÉ
RETARDATEUR
RETARDEMENT
RÉTICULAIRE
RETORDEMENT
RETOUCHEUSE
RÉTRACTABLE
RETRAITANTE
RETRANCHANT
RETRANSCRIT
RETRANSMISE
RETRAVAILLÉ
RETRAVERSÉE
RETRAVERSER
RÉTREIGNANT
RÉTRIBUTION
RÉTROACTION
RÉTROACTIVE
RÉTROCÉDANT
RÉTROGRADÉE
RÉTROGRADER
RETROUSSANT
RÉTROVISEUR
RÉUNIONNAIS
RÉUNIONNAIS
RÉUNIONNITE
RÉUSSISSANT
RÉUTILISANT
REVACCINANT
REVALORISÉE
REVALORISER
REVANCHARDE
REVANCHISME
RÉVEILLONNÉ
RÉVÉLATRICE
REVENDIQUÉE
REVENDIQUER
RÉVERBÉRANT
REVERSEMENT
RÊVEUSEMENT
RÉVISIONNEL
REVITALISÉE
REVITALISER
REVIVIFIANT
REVIVISCENT
RÉVOCATOIRE
REZ-DE-JARDIN
RHADAMANTHE
RHAZNÉVIDES
RHÉOLOGIQUE
RHÉTORICIEN
RHÉTO-ROMANE
RHÉTO-ROMANS
RHEXISTASIE
RHINOSCOPIE
RHIZOMATEUX
RHODANIENNE
RHODANIENNE
RHODE ISLAND
RHODOPHYCÉE
RHOMBOÏDALE
RHOMBOÏDAUX
RHUMATISANT
RHUMATISMAL
RIBEAUVILLÉ
RIBOFLAVINE
RIBOSOMIQUE
RICAMANDOIS
RICHARD'S BAY
RIDICULISÉE
RIDICULISER
RIEFENSTAHL
RIEUPEYROUX
RIGIDIFIANT
RIMAILLEUSE
RIMOUSKOISE
RINCE-BOUCHE

RINCE-DOIGTS
RINFORZANDO
RINGARDISÉE
RINGARDISER
RINK-HOCKEYS
RIOURIKIDES
RIPAILLEUSE
RIPPLE-MARKS
RISTOURNANT
RITOURNELLE
RITUALISANT
RIVERAINETÉ
RIZICULTEUR
RIZICULTURE
ROBERT BRUCE
ROBERT LE BON
ROBERVALOIS
ROBESPIERRE
ROCAILLEUSE
ROCHES-MÈRES
ROCHETTOISE
ROCH HA-SHANA
ROCK AND ROLL
ROCKEFELLER
RODOMONTADE
ROHAN-CHABOT
ROKOSSOVSKI
RÔLES-TITRES
ROLIVALOISE
ROLLER BALLS
ROMAINVILLE
ROMAN-FLEUVE
ROMÉ DE L'ISLE
RONCHONNANT
RONCHONNEUR
RONDS-DE-CUIR
RONDS-POINTS
RONÉOTYPANT
ROQUECOURBE
ROSÉ-DES-PRÉS
ROSEMÈROISE
ROSH HA-SHANA
ROSICRUCIEN
ROSTOPCHINE
ROSTRENOISE
ROTATIVISTE
ROTOGRAVURE
ROTTWEILER
ROUBLARDISE
ROUCOULANTE
ROUES-PELLES
ROUGEOLEUSE
ROUGEOYANTE
ROUGISSANTE
ROUSCAILLER
ROUSPÉTANCE
ROUSPÉTEUSE
ROUSSEROLLE
ROUSSISSANT
ROZAY-EN-BRIE
RUBÉFACTION
RUBIGINEUSE
RUGISSEMENT
RUINE-DE-ROME
RUISSELANTE
RÜSSELSHEIM
SABLONNEUSE
SABLONNIÈRE
SABORDEMENT
SACCHARIFIÉ
SACCHAROÏDE
SACERDOTALE
SACERDOTAUX
SAC-POUBELLE
SACRALISANT
SACRAMENTAL
SACRAMENTEL
SACRIFICIEL
SACRO-SAINTE
SACRO-SAINTS
SADDUCÉENNE
SÁ DE MIRANDA
SADIQUE-ANAL
SADIQUEMENT
SAFARI-PHOTO
SAGES-FEMMES
SAILLATAISE
SAILLISSANT
SAINT-ACHEUL
SAINT-AGNANT
SAINT-AGRÈVE
SAINT-AIGNAN
SAINT ALBANS
SAINT-AMARIN
SAINT-ARNAUD
SAINT-ASTIER
SAINT-AYGULF
SAINT-BENOÎT
SAINT-BLAISE
SAINT-BONNET
SAINT-BRÉVIN
SAINT-BRIEUC
SAINT-CALAIS
SAINT-CÉRÉEN
SAINT-CHÉRON
SAINT-CLAUDE
SAINT-CRÉPIN
SAINT-CYRIEN
SAINT-CYRIEN
SAINT-DIDIER
SAINT-DIZIER
SAINTE-BARBE
SAINTE-BAUME
SAINTE-BEUVE
SAINTE-CROIX
SAINT-ÉGRÈVE
SAINTE-JULIE
SAINTE LIGUE
SAINTE-LUCIE
SAINTE-MARIE
SAINTE-MAURE
SAINTE-MAURE
SAINTE-ODILE
SAINT-ESPRIT
SAINT-ESPRIT
SAINT-ESTÈVE
SAINTE UNION
SAINTE-VEHME
SAINT-GELAIS
SAINT-GENEST
SAINT-GENIEZ
SAINT GEORGE
SAINT-GILDAS
SAINT-GILLES
SAINT-GIRONS
SAINT-GOBAIN
SAINT HELENS
SAINT-HÉLIER
SAINT-HONORÉ
SAINT-HONORÉ
SAINT-HUBERT
SAINT-ISMIER
SAINT-JAMAIS
SAINT-JEOIRE
SAINT-JÉRÔME
SAINT-JOSEPH
SAINT-JULIEN
SAINT-JUNIEN
SAINT-LAZARE
SAINT-LIZIER
SAINT-LUCIEN
SAINT-MARTIN
SAINT-MÉDARD
SAINT-MICHEL
SAINT-MIHIEL
SAINT-MORITZ
SAINT-OFFICE
SAINT-PALAIS
SAINTPAULIA
SAINT-PAULIN
SAINT PHALLE
SAINT-PIERRE
SAINT-PIERRE
SAINT-PRIEST
SAINT-PRIVAT
SAINT-RÉMOIS
SAINT-ROMAIN
SAINT-SAULVE
SAINT-SERVAN
SAINTS-PÈRES
SAINT-SYNODE

SAINT THOMAS
SAINT-TROJAN
SAINT-TROPEZ
SAINT-VALERY
SAINT-VARENT
SAINT-VULBAS
SAINT-YRIEIX
SAISIE-ARRÊT
SAISISSABLE
SAISISSANTE
SAISONNIÈRE
SALDJUQIDES
SALICULTURE
SALICYLIQUE
SALLAUMINES
SALMIGONDIS
SALOMONAISE
SALPÊTRIÈRE
SALVADORIEN
SALVADORIEN
SAMARITAINE
SAMARITAINE
SAMATANAISE
SAMBREVILLE
SAMMIELLOIS
SAMORY TOURÉ
SAN BERNARDO
SANCHO PANÇA
SANCLAUDIEN
SANCTIFIANT
SANCTIONNÉE
SANCTIONNER
SANCTUARISÉ
SANDOUVILLE
SANFLORAINE
SANFORISAGE
SANGUINAIRE
SANGUISORBE
SANKT PÖLTEN
SAN SALVADOR
SANS-CULOTTE
SANS-PAPIERS
SANTA ISABEL
SANTA MONICA
SANTOMÉENNE
SÃO VINCENTE
SAPIENTIAUX
SAPONIFIANT
SAPOTILLIER
SARCASTIQUE
SARCELLOISE
SARCOMATEUX
SARDANAPALE
SARMENTEUSE
SARRANCOLIN
SARZEAUTINE
SATELLISANT
SATISFIABLE
SATURNIENNE
SAUCISSONNÉ
SAUF-CONDUIT
SAUJONNAISE
SAULXURONNE
SAUPOUDRAGE
SAUPOUDRANT
SAURISCHIEN
SAURISSERIE
SAURISSEUSE
SAUTE-MOUTON
SAUTILLANTE
SAUTS-DE-LOUP
SAUVAGEMENT
SAUVAGEONNE
SAUVEGARDÉE
SAUVEGARDER
SAVANNAKHET
SAVENAISIEN
SAVERDUNOIS
SAVOIR-FAIRE
SAVOIR-VIVRE
SAVOISIENNE
SAVOISIENNE
SAXE-COBOURG
SCANDALEUSE
SCANDALISÉE
SCANDALISER
SCANDINAVIE
SCANOGRAPHE
SCARAMOUCHE
SCARBOROUGH
SCÉNARIMAGE
SCÉNARISANT
SCÉNOGRAPHE
SCEPTICISME
SCHAFFHOUSE
SCHARNHORST
SCHÉMATIQUE
SCHÉMATISÉE
SCHÉMATISER
SCHÉMATISME
SCHICKHARDT
SCHIFFLANGE
SCHILIKOISE
SCHISTOSITÉ
SCHIZOGAMIE
SCHIZOGONIE
SCHLINGUANT
SCHLÖNDORFF
SCHRÖDINGER
SCHTROUMPFS
SCHUSCHNIGG
SCHWARZKOPF
SCHWEINFURT
SCIALYTIQUE
SCINTILLANT
SCLÉRODERME
SCLÉROSANTE
SCLÉROTIQUE
SCOLARISANT
SCOLASTICAT
SCOLASTIQUE
SCOLIOTIQUE
SCOLOPACIDÉ
SCOLOPENDRE
SCOOTÉRISTE
SCOPOLAMINE
SCORBUTIQUE
SCOT ÉRIGÈNE
SCOTOMISANT
SCRABBLEUSE
SCRIPT-GIRLS
SCRIPTURALE
SCRIPTURAUX
SCROFULAIRE
SCROFULEUSE
SCRUPULEUSE
SCRUTATRICE
SCULPTURALE
SCULPTURAUX
SCUTELLAIRE
SECOND-BAKOU
SECRÉTARIAT
SECRÈTEMENT
SÉCRÉTEUSES
SÉCRÉTRICES
SECTIONNANT
SECTIONNEUR
SECTORIELLE
SECTORISANT
SÉCULARISÉE
SÉCULARISER
SÉCURISANTE
SÉCURITAIRE
SÉDENTARISÉ
SÉDENTARITÉ
SÉDIMENTANT
SEFERIÁDHIS
SEGMENTAIRE
SEGONZACAIS
SÉGRÉGATION
SÉGRÉGATIVE
SEICHANAISE
SEIGNEURIAL
SEIGNOSSAIS
SEINE-ET-OISE
SEI SHONAGON
SÉISMOLOGIE
SÉLAGINELLE
SÉLECTIONNÉ
SÉLECTIVITÉ
SÉLÉNOLOGIE

SÉLESTADIEN
SELF-CONTROL
SELF-MADE-MAN
SELF-MADE-MEN
SELF-SERVICE
SELONGÉENNE
SÉMANTICIEN
SÉMÉIOLOGIE
SEMI-DURABLE
SEMI-GLOBALE
SEMI-LIBERTÉ
SEMI-LUNAIRE
SÉMINARISTE
SEMI-NOMADES
SÉMIOTICIEN
SEMI-OUVERTE
SEMI-OUVERTS
SEMI-OUVRÉES
SEMI-PEIGNÉS
SEMI-POLAIRE
SEMI-PRODUIT
SEMI-PUBLICS
SEMI-RIGIDES
SÉMITISANTE
SEMI-VOYELLE
SEMPITERNEL
SÉNATORIALE
SÉNATORIAUX
SÉNÉGALAISE
SÉNÉGALAISE
SENLISIENNE
SENNACHÉRIB
SENONCHOISE
SENSIBILISÉ
SENSIBILITÉ
SENSIBLERIE
SENSORIELLE
SENSUALISME
SENSUALISTE
SENTENCIEUX
SENTIMENTAL
SÉPARATISME
SÉPARATISTE
SÉPARATRICE
SEPTANTAINE
SEPTANTIÈME
SEPTENTRION
SEPTILIENNE
SEPTOMYCÈTE
SÉQUESTRANT
SERBO-CROATE
SEREINEMENT
SÉRÉNISSIME
SERGENT-CHEF
SÉRIGRAPHIE
SERMONNAIRE
SERMONNEUSE
SÉROLOGIQUE
SÉRONÉGATIF
SÉROPOSITIF
SERPENTAIRE
SERPENTEAUX
SERPILLIÈRE
SERRE-JOINTS
SERRE-LIVRES
SERRE-PONÇON
SERTISSEUSE
SERVILEMENT
SERVOMOTEUR
SEXAGÉNAIRE
SEXAGÉSIMAL
SEXUALISANT
SEYCHELLOIS
SEYCHELLOIS
SEYNODIENNE
SHAFTESBURY
SHAKESPEARE
SHAMPOUINÉE
SHAMPOUINER
SHÉHÉRAZADE
SHERRINGTON
SHIMONOSEKI
SHORT-TRACKS
SHU QINGCHUN
SICCATIVITÉ
SIDÉROLITHE
SIDÉROXYLON
SIDI-FERRUCH
SIENKIEWICZ
SIERRA LEONE
SIGMARINGEN
SIGNALEMENT
SIGNALISANT
SIGNIFIANTE
SILENCIEUSE
SILHOUETTÉE
SILHOUETTER
SILICOTIQUE
SILLIMANITE
SILLON ALPIN
SILURIFORME
SILVERSTONE
SIMA XIANGRU
SIMPLIFIANT
SIMULATRICE
SINANTHROPE
SINCÈREMENT
SINGULARISÉ
SINGULARITÉ
SINTÉRISANT
SINT-TRUIDEN
SINUSOÏDALE
SINUSOÏDAUX
SIPHOMYCÈTE
SISMOGRAMME
SISMOGRAPHE
SISMOMÉTRIE
SISSONNAISE
SISTERONAIS
SISTER-SHIPS
SITTING BULL
SIX-FOURNAIS
SIXIÈMEMENT
SKYE-TERRIER
SKY-SURFINGS
SLAVISTIQUE
SLEEPING-CAR
SMITHSONITE
SOCHALIENNE
SOCIABILISÉ
SOCIABILITÉ
SOCIALEMENT
SOCIALISANT
SOCIÉTARIAT
SOCIOGENÈSE
SOCIOGRAMME
SOCIOMÉTRIE
SOCIOPATHIE
SOISSONNAIS
SOIXANTAINE
SOIXANTE-DIX
SOIXANTIÈME
SOJALDICIEN
SOLDATESQUE
SOLENNISANT
SOLÉNOÏDALE
SOLÉNOÏDAUX
SOLIDARISÉE
SOLIDARISER
SOLIDARNOSC
SOLIDIFIANT
SOLIFLUXION
SOLILOQUANT
SOLLICITANT
SOLLICITEUR
SOLLICITUDE
SOLLIÈS-PONT
SOLSTICIALE
SOLSTICIAUX
SOLUBILISÉE
SOLUBILISER
SOLUTIONNÉE
SOLUTIONNER
SOLUTRÉENNE
SOLVABILITÉ
SOLVATATION
SOMATOTROPE
SOMESTHÉSIE
SOMMEILLANT
SOMMELLERIE
SOMMIÉROISE

11

SOMNILOQUIE
SOMPTUOSITÉ
SONNAILLANT
SOPHISTIQUE
SOPHISTIQUÉ
SOPHROLOGIE
SOPHROLOGUE
SOPORIFIQUE
SORBONNARDE
SORCELLERIE
SORDIDEMENT
SORTIE-DE-BAL
SOT-L'Y-LAISSE
SOUBREVESTE
SOUDABILITÉ
SOUFFLEMENT
SOUFFLETANT
SOUFFRETEUX
SOUHAITABLE
SOUILLAGAIS
SOULAGEMENT
SOULÈVEMENT
SOÛLOGRAPHE
SOUPÇONNANT
SOUPÇONNEUX
SOUQUENILLE
SOURCILIÈRE
SOURCILLANT
SOURCILLEUX
SOURDS-MUETS
SOUS-ASSURÉE
SOUS-ASSURER
SOUS-ASSURÉS
SOUS-CALIBRÉ
SOUS-CAVAGES
SOUS-CHEMISE
SOUS-CLASSES
SOUS-CLAVIER
SOUS-COMITÉS
SOUS-COUCHES
SOUSCRIVANT
SOUS-CUTANÉE
SOUS-CUTANÉS
SOUS-DÉCLARÉ
SOUS-DIACRES
SOUS-EMPLOIS
SOUS-EMPLOYÉ
SOUS-ENTENDU
SOUS-ÉQUIPÉE
SOUS-ÉQUIPÉS
SOUS-ESPACES
SOUS-ESPÈCES
SOUS-ESTIMÉE
SOUS-ESTIMER
SOUS-ESTIMÉS
SOUS-ÉVALUÉE
SOUS-ÉVALUER

SOUS-ÉVALUÉS
SOUS-EXPOSÉE
SOUS-EXPOSER
SOUS-EXPOSÉS
SOUS-FAMILLE
SOUS-GROUPES
SOUS-JACENTE
SOUS-JACENTS
SOUS-MARINES
SOUS-MARQUES
SOUS-NORMALE
SOUS-ORBITAL
SOUS-PEUPLÉE
SOUS-PEUPLÉS
SOUS-PRÉFÈTE
SOUS-PRÉFETS
SOUS-PRODUIT
SOUS-SATURÉE
SOUS-SATURÉS
SOUS-SECTEUR
SOUS-SOLAGES
SOUS-SOLEUSE
SOUS-STATION
SOUS-SYSTÈME
SOUS-TENDANT
SOUS-TENDUES
SOUS-TENSION
SOUS-TITRAGE
SOUS-TITRANT
SOUS-TITRÉES
SOUSTRACTIF
SOUS-TRAITÉE
SOUS-TRAITER
SOUS-TRAITÉS
SOUSTRAYANT
SOUS-UTILISÉ
SOUS-VIREURS
SOUS-VIREUSE
SOUTÈNEMENT
SOUTERRAINE
SOUTHAMPTON
SOVIÉTISANT
SPACE OPERAS
SPALLANZANI
SPANISH TOWN
SPARTAKISME
SPARTAKISTE
SPASMODIQUE
SPASMOPHILE
SPATIALISÉE
SPATIALISER
SPATIONAUTE
SPÉCIALISÉE
SPÉCIALISER
SPÉCIALISTE
SPÉCIFICITÉ
SPECTATRICE

SPÉCULATEUR
SPÉCULATION
SPÉCULATIVE
SPÉLÉOLOGIE
SPÉLÉOLOGUE
SPERGULAIRE
SPERMAPHYTE
SPERMATIQUE
SPERMOPHILE
SPHÉNISCIDÉ
SPHÉNOÏDALE
SPHÉNOÏDAUX
SPHÉROÏDALE
SPHÉROÏDAUX
SPHÉROMÈTRE
SPINA-BIFIDA
SPINALIENNE
SPINALIENNE
SPINOLIENNE
SPIRITUELLE
SPIRITUEUSE
SPIROGRAPHE
SPIROMÉTRIE
SPOLIATRICE
SPONGIFORME
SPONGIOSITÉ
SPONSORISÉE
SPONSORISER
SPONTANÉITÉ
SPOROZOAIRE
SPORT-NATURE
SPORULATION
SPRINGFIELD
SPUMESCENTE
SQUATTÉRISÉ
SQUAW VALLEY
SRI LANKAISE
SRI LANKAISE
STABAT MATER
STABILISANT
STABULATION
STAGFLATION
STALINIENNE
STAMINIFÈRE
STANDARDISÉ
STANLEY POOL
STARA ZAGORA
STARISATION
STAROBINSKI
STAR-SYSTÈME
STAR-SYSTEMS
STATION-AVAL
STATIONNANT
STATISTIQUE
STATTHALTER
STÉATOPYGIE
STEENKERQUE

11

STEENVOORDE
STEINKERQUE
STENDHALIEN
STÉNOGRAMME
STÉNOGRAPHE
STÉNOHALINE
STÉNOTHERME
STEPANAKERT
STÉPHANAISE
STÉPHANOISE
STÉPHANOISE
STERCORAIRE
STÉRÉOSCOPE
STÉRÉOTAXIE
STÉRÉOTOMIE
STÉRÉOTYPÉE
STÉRÉOTYPIE
STÉRILEMENT
STÉRILISANT
STERLITAMAK
STÉROÏDIQUE
STERTOREUSE
STÉTHOSCOPE
STIERNHIELM
STIGMATIQUE
STIGMATISÉE
STIGMATISER
STIGMATISME
STIGMOMÈTRE
STIMULATEUR
STIMULATION
STIPENDIANT
STIPULATION
STIRINGEOIS
STOCKHAUSEN
STOCK-OPTION
STOÏQUEMENT
STOLONIFÈRE
STOMACHIQUE
STORY-BOARDS
STRATÉGIQUE
STRATIFIANT
STRATOPAUSE
STRICTEMENT
STRIDULANTE
STRIDULEUSE
STRIOSCOPIE
STRIP-POKERS
STRIP-TEASES
STROBOSCOPE
STROMBOLIEN
STRONGYLOSE
STROPHANTUS
STROSSMAYER
STRUCTURALE
STRUCTURANT
STRUCTURAUX

STUPÉFIANTE
STUPIDEMENT
STYLICIENNE
STYLISATION
STYLISTIQUE
STYLO-FEUTRE
STYLOGRAPHE
SUBAÉRIENNE
SUBATOMIQUE
SUBDÉLÉGUÉE
SUBDÉLÉGUER
SUBDIVISANT
SUBDIVISION
SUBINTRANTE
SUBJONCTIVE
SUBLIMATION
SUBLIMINALE
SUBLIMINAUX
SUBLINGUALE
SUBLINGUAUX
SUBMERGEANT
SUBMERSIBLE
SUBORBITALE
SUBORBITAUX
SUBORDONNÉE
SUBORDONNER
SUBORNATION
SUBRÉCARGUE
SUBROGATEUR
SUBROGATION
SUBROGATIVE
SUBSAHARIEN
SUBSÉQUENTE
SUBSIDIAIRE
SUBSISTANCE
SUBSISTANTE
SUBSTANTIEL
SUBSTANTIVE
SUBSTANTIVÉ
SUBSTITUANT
SUBSTITUTIF
SUBTILEMENT
SUBTILISANT
SUBTROPICAL
SUCCENTURIÉ
SUCCESSIBLE
SUCCESSORAL
SUD-AFRICAIN
SUD-AFRICAIN
SUD-CORÉENNE
SUD-CORÉENNE
SUDORIFIQUE
SUFFIXATION
SUFFOCATION
SUFFRAGETTE
SUGGESTIBLE
SULFATATION

SULFHYDRYLE
SULFONATION
SULPICIENNE
SUPERBEMENT
SUPERCHERIE
SUPERFICIEL
SUPERFLUIDE
SUPERFLUITÉ
SUPER-GÉANTS
SUPÉRIORITÉ
SUPER-LÉGERS
SUPERLIORAN
SUPER-LOURDS
SUPERMARCHÉ
SUPERPOSANT
SUPERPROFIT
SUPERTANKER
SUPERVIELLE
SUPERVISANT
SUPERVISEUR
SUPERVISION
SUPPLANTANT
SUPPLÉTOIRE
SUPPLICIANT
SUPPORTABLE
SUPPORTRICE
SUPPOSITION
SUPPRESSEUR
SUPPRESSION
SUPPURATION
SUPPUTATION
SUPRÊMEMENT
SURABONDANT
SURACTIVITÉ
SURAJOUTANT
SURALIMENTÉ
SURARMEMENT
SURBAISSANT
SURCAPACITÉ
SURCHAUFFÉE
SURCHAUFFER
SURCLASSANT
SURCOMPOSÉE
SURCOMPRIMÉ
SURCONTRANT
SURDI-MUTITÉ
SUREFFECTIF
SURÉMINENTE
SURÉMISSION
SURENCHÉRIR
SURENTRAÎNÉ
SURÉQUIPANT
SURESTIMANT
SURÉVALUANT
SUREXCITANT
SUREXPLOITÉ
SUREXPOSANT

SURGÉLATEUR
SURGÉLATION
SURHAUSSANT
SURIMPOSANT
SURINAMAISE
SURINFORMÉE
SURINFORMER
SURMONTABLE
SUROXYGÉNÉE
SURPÂTURAGE
SURPLOMBANT
SURPRENANTE
SURPRESSION
SURPRODUIRE
SURPRODUITE
SURPROTÉGÉE
SURPROTÉGER
SURRÉALISME
SURRÉALISTE
SURRÉNALIEN
SURSATURANT
SURVEILLANT
SURVÊTEMENT
SUSCEPTIBLE
SUSCRIPTION
SUS-DÉNOMMÉE
SUS-DÉNOMMÉS
SUS-JACENTES
SUSPICIEUSE
SUSQUEHANNA
SUS-TONIQUES
SUSURREMENT
SUZERAINETÉ
SWEAT-SHIRTS
SYBARITIQUE
SYBARITISME
SYLLABATION
SYMBIOTIQUE
SYMBOLISANT
SYMPATHIQUE
SYMPATHISER
SYMPHONIQUE
SYMPHONISTE
SYNARTHROSE
SYNCHRONISÉ
SYNCHROTRON
SYNCRÉTIQUE
SYNCRÉTISME
SYNCRÉTISTE
SYNDACTYLIE
SYNDICALISÉ
SYNDICATION
SYNESTHÉSIE
SYNGNATHIDÉ
SYNONYMIQUE
SYNOPTIQUES
SYNTHÉTIQUE

SYNTHÉTISÉE
SYNTHÉTISER
SYNTHÉTISME
SYNTONISEUR
SYSTÉMATISÉ
SZOMBATHELY
SZYMANOWSKI
TABERNACIEN
TABLETTERIE
TACHÉOMÈTRE
TACHYCARDIE
TACHYGRAPHE
TACHYPHÉMIE
TACTICIENNE
TADJIKISTAN
TAGLIATELLE
TAI-CHI-CHUAN
TAILLANDIER
TAILLEBOURG
TAILLE-DOUCE
TAILLE-HAIES
TAISHO TENNO
TALENTUEUSE
TALLAHASSEE
TAMANRASSET
TAMBOURINÉE
TAMBOURINER
TAMPONNEUSE
TANCARVILLE
TANEGASHIMA
TANGIBILITÉ
TANG TAIZONG
TANZANIENNE
TANZANIENNE
TAO YUANMING
TAPIS-BROSSE
TARABISCOTÉ
TARABUSTANT
TARDILLONNE
TARDIVEMENT
TARISSEMENT
TARSIIFORME
TARTIFLETTE
TARTUFFERIE
TASMANIENNE
TASSILUNOIS
TATE GALLERY
TÂTONNEMENT
TAULÉSIENNE
TAUROMACHIE
TAXI-BROUSSE
TAXINOMIQUE
TAXINOMISTE
TAYLORISANT
TCHAÏKOVSKI
TCHEBOKSARY
TCHÉRÉMISSE

TCHERKESSES
TCHERNIVTSI
TCHERNOVTSY
TCHERNOZIOM
TCHÉTCHÈNES
TCHÉTCHÉNIE
TCHOIBALSAN
TCHOUKTCHES
TCHOUVACHES
TCHOUVACHIE
TECHNICISÉE
TECHNICISER
TECHNICISTE
TECHNICOLOR
TECHNOCRATE
TECHNOLOGIE
TECHNOLOGUE
TEGUCIGALPA
TÉHÉRANAISE
TEHUANTEPEC
TEINTURERIE
TEINTURIÈRE
TÉLÉCHARGÉE
TÉLÉCHARGER
TÉLÉCOPIANT
TÉLÉCOPIEUR
TÉLÉDIFFUSÉ
TÉLÉFÉRIQUE
TÉLÉGÉNIQUE
TÉLÉGESTION
TÉLÉGRAPHIE
TÉLÉGRAPHIÉ
TÉLÉGUIDAGE
TÉLÉGUIDANT
TÉLÉKINÉSIE
TÉLÉMATIQUE
TÉLÉMESSAGE
TÉLÉPHONANT
TÉLESCOPAGE
TÉLESCOPANT
TÉLÉTRAVAIL
TÉLÉTRAVAUX
TÉLÉVENDEUR
TELLURIENNE
TÉLOLÉCITHE
TELUK BETUNG
TEMPÉRAMENT
TEMPÉRATURE
TEMPÉTUEUSE
TEMPORALITÉ
TEMPORISANT
TENDANCIEUX
TENNIS-ELBOW
TENSIOACTIF
TENSIOMÈTRE
TENSORIELLE
TÉNUIROSTRE

11

TEOTIHUACÁN
TÉRATOGÉNIE
TÉRATOLOGIE
TERBRUGGHEN
TÉRÉBRATULE
TERGIVERSER
TERMAILLAGE
TERMINAISON
TERMINATEUR
TERPSICHORE
TERRE À TERRE
TERREAUTAGE
TERREAUTANT
TERRE-NEUVAS
TERRE-PLEINS
TERRIFIANTE
TERRITORIAL
TERRORISANT
TESTIMONIAL
TEST-MATCHES
TÊTE-DE-MAURE
TÊTE-DE-NÈGRE
TÊTES-DE-CLOU
TÊTES-DE-LOUP
TÉTRADYNAME
TÉTRAPLÉGIE
TÉTRAPLOÏDE
TÉTRAS-LYRES
TEXTURATION
TEZUKA OSAMU
THAÏLANDAIS
THAÏLANDAIS
THALASSÉMIE
THALIDOMIDE
THALLOPHYTE
THÉÂTRALISÉ
THÉÂTRALITÉ
THÉMISTOCLE
THÉOGONIQUE
THÉOLOGIQUE
THÉOPHRASTE
THÉORÉTIQUE
THERMALISME
THERMOCLINE
THERMOMÈTRE
THERMOPYLES
THERMOSCOPE
THÉSAURISÉE
THÉSAURISER
THESMOTHÈTE
THETFORDOIS
THIAISIENNE
THIBÉRIENNE
THIOSULFATE
THIXOTROPIE
THOMAS MORUS
THONÉSIENNE

THORVALDSEN
THOUARSAISE
THROMBOCYTE
THROMBOLYSE
THYRÉOTROPE
TIERS-MONDES
TIERS-POINTS
TIMBRE-POSTE
TIME-SHARING
TINCTORIALE
TINCTORIAUX
TIPPOO SAHIB
TIRE-AU-FLANC
TIRE-BOUCHON
TIRE-BRAISES
TIRE-LARIGOT
TIRUNELVELI
TISSAPHERNE
TISSU-ÉPONGE
TITILLATION
TITRIMÉTRIE
TITRISATION
TITULARISÉE
TITULARISER
TLAPANÈQUES
TOCQUEVILLE
TOLBOUKHINE
TOMBLAINOIS
TOMOGRAPHIE
TONITRUANTE
TONNACQUOIS
TONNELLERIE
TONNERROISE
TOPINAMBOUR
TOPOGRAPHIE
TOPOLOGIQUE
TOPONYMIQUE
TORCHONNANT
TORDESILLAS
TORRAILLANT
TORRENTUEUX
TORSTENSSON
TOTALITAIRE
TOTIPOTENCE
TOTIPOTENTE
TOUCHE-À-TOUT
TOULONNAISE
TOULOUSAINE
TOUPILLEUSE
TOURAILLAGE
TOURANGEAUX
TOURANGEAUX
TOURANGELLE
TOURANGELLE
TOURANIENNE
TOURANIENNE
TOURGUENIEV

TOURILLONNÉ
TOURISTIQUE
TOURLAVILLE
TOURMENTANT
TOURNAILLER
TOURNAISIEN
TOURNANAISE
TOURNEBOULÉ
TOURNICOTER
TOURNIQUANT
TOURNONAISE
TOURNOYANTE
TOURTEREAUX
TOURTERELLE
TOUT-À-L'ÉGOUT
TOUT-TERRAIN
TOXICOLOGIE
TOXICOLOGUE
TOXICOMANIE
TRABENDISTE
TRAÇABILITÉ
TRACASSERIE
TRACASSIÈRE
TRACÉOLOGIE
TRACTOPELLE
TRACTORISTE
TRADE-UNIONS
TRADUCTRICE
TRADUISIBLE
TRAFICOTANT
TRAFIQUANTE
TRAGÉDIENNE
TRAÎNAILLER
TRAÎNASSANT
TRAINS-PARCS
TRAINS-TRAMS
TRAIT D'UNION
TRAJECTOIRE
TRAMS-TRAINS
TRANCHEFILE
TRANSACTION
TRANSALPINE
TRANSALPINE
TRANSANDINE
TRANSBAHUTÉ
TRANSBORDÉE
TRANSBORDER
TRANSCENDÉE
TRANSCENDER
TRANSCODAGE
TRANSCODANT
TRANSCUTANÉ
TRANSFÉRANT
TRANSFÉRASE
TRANSFIGURÉ
TRANSFILANT
TRANSFORMÉE

TRANSFORMER
TRANSFUSANT
TRANSFUSION
TRANSGENÈSE
TRANSGÉNOSE
TRANSGRESSÉ
TRANSHUMANT
TRANSIGEANT
TRANSISSANT
TRANSITAIRE
TRANSITOIRE
TRANSLATION
TRANSLATIVE
TRANSLUCIDE
TRANSMANCHE
TRANSMETTRE
TRANSMIGRER
TRANSMUABLE
TRANSMUTANT
TRANSOXIANE
TRANSPARENT
TRANSPERCÉE
TRANSPERCER
TRANSPIRANT
TRANSPLANTÉ
TRANSPORTÉE
TRANSPORTER
TRANSPOSANT
TRANSSEXUEL
TRANSVASANT
TRANSVERSAL
TRANSVIDANT
TRANSYLVAIN
TRANSYLVAIN
TRAPÉZOÏDAL
TRAPPISTINE
TRAUMATIQUE
TRAUMATISÉE
TRAUMATISER
TRAUMATISME
TRAVAILLANT
TRAVAILLEUR
TRAVAILLOTÉ
TRAVERSABLE
TRAVERSANTE
TRAVERS-BANC
TRAVERSIÈRE
TRAVESTISME
TRÉBUCHANTE
TRÉFONCIÈRE
TREILLISSÉE
TREILLISSER
TRÉLAZÉENNE
TREMBLADAIS
TREMBLEMENT
TREMBLOTANT
TRÉMOUSSANT
TRÉMULATION
TRENCH-COATS
TRENTENAIRE
TRÉPANATION
TRÉPIDATION
TRESSAILLIR
TRESSAUTANT
TRES ZAPOTES
TRIANGLE D'OR
TRIANGULANT
TRIATOMIQUE
TRIBOMÉTRIE
TRIBUNITIEN
TRICALCIQUE
TRICÉRATOPS
TRICHOMONAS
TRICHOPTÈRE
TRICLINIQUE
TRICYCLIQUE
TRIFOLIOLÉE
TRIFOUILLER
TRILATÉRALE
TRILATÉRAUX
TRIMBALLAGE
TRIMBALLANT
TRIMESTRIEL
TRINIDADIEN
TRINIDADIEN
TRINTIGNANT
TRIOMPHANTE
TRIPARTISME
TRIPHTONGUE
TRIPLICATAS
TRIPOLITAIN
TRIQUEBALLE
TRISECTRICE
TRITHÉRAPIE
TRITURATEUR
TRITURATION
TROCHOPHORE
TROIS-QUARTS
TROIS-QUATRE
TROMBONISTE
TROMPE-L'ŒIL
TRONCONIQUE
TRONÇONNAGE
TRONÇONNANT
TRONCULAIRE
TROPÉZIENNE
TROPICALISÉ
TROPOSPHÈRE
TROTTINETTE
TROUBETSKOÏ
TROUBLE-FÊTE
TROUILLARDE
TROUS-MADAME
TROUSSE-PIED
TROUSSEQUIN
TROUVILLAIS
TRUSQUINANT
TRYPANOSOME
TRYPTOPHANE
TSELINOGRAD
TSIOLKOVSKI
TUBERCULEUX
TUBERCULINE
TUBERCULOSE
TUBÉRIFORME
TUBULIDENTÉ
TUBULIFLORE
TUMÉFACTION
TUMULTUEUSE
TUPI-GUARANI
TURBELLARIÉ
TURBOFORAGE
TURBOMOTEUR
TURGESCENCE
TURGESCENTE
TURLUPINANT
TURRIPINOIS
TUTTI FRUTTI
TUTTI QUANTI
TYPHOÏDIQUE
TYPIQUEMENT
TYPOGRAPHIE
TYPOLOGIQUE
TYRANNICIDE
TYRANNISANT
UEDA AKINARI
UKRAINIENNE
UKRAINIENNE
ULENSPIEGEL
ULTRAFILTRE
ULTRALÉGÈRE
ULTRA-PETITA
ULTRAPROPRE
ULTRASONORE
ULTRAVIOLET
UNANIMEMENT
UNDERGROUND
UNIFICATEUR
UNIFICATION
UNIFORMISÉE
UNIFORMISER
UNIJAMBISTE
UNILATÉRALE
UNILATÉRAUX
UNILINÉAIRE
UNINOMINALE
UNINOMINAUX
UNISEXUELLE
UNIVERSELLE
UNIVITELLIN
UPÉRISATION

UQBA IBN NAFI
URO-GÉNITALE
URO-GÉNITAUX
UROPYGIENNE
URUGUAYENNE
URUGUAYENNE
USINABILITÉ
USUELLEMENT
USUFRUITIER
USURPATOIRE
USURPATRICE
UTILISATEUR
UTILISATION
UTRICULAIRE
UTTARANCHAL
UXELLODUNUM
UXORILOCALE
UXORILOCAUX
VACCINATION
VACILLEMENT
VADROUILLER
VAGABONDAGE
VAGABONDANT
VAGISSEMENT
VAGOLYTIQUE
VAGOTONIQUE
VAGUEMESTRE
VAILLAMMENT
VAISONNAISE
VALABLEMENT
VALCOLOROIS
VALDINGUANT
VALDORIENNE
VALENCÉENNE
VALENCIENNE
VALENTIGNEY
VALENTINIEN
VALENTINITE
VALENTINOIS
VALENTINOIS
VALLE-INCLÁN
VALLEYFIELD
VALLISNÉRIE
VALLONNAISE
VALLORBIÈRE
VALORISANTE
VALRAS-PLAGE
VALRÉASSIEN
VAMPIRISANT
VAN COEHOORN
VANDALISANT
VAN DE GRAAFF
VAN DEN BOSCH
VANDERSTEEN
VANDERVELDE
VAN DER WAALS
VANDOPÉRIEN
VANITY-CASES
VAN RUISDAEL
VAN RUYSDAEL
VAN SCHENDEL
VARGAS LLOSA
VARIABILITÉ
VARSOVIENNE
VARSOVIENNE
VASCO DE GAMA
VASCULARISÉ
VASOMOTRICE
VASOUILLANT
VASOUILLARD
VASSALISANT
VASSILEVSKI
VA-T-EN-GUERRE
VATNAJÖKULL
VAUCOULEURS
VAUX-LE-PÉNIL
VECTORIELLE
VEDETTARIAT
VÉGÉTALISÉE
VÉGÉTALISER
VÉGÉTALISME
VÉGÉTALISTE
VÉGÉTARISME
VÉHICULAIRE
VÉLIVOLISTE
VELLÉITAIRE
VÉLOCIMÈTRE
VELOUTEMENT
VENDANGEANT
VENDANGEOIR
VENDANGEROT
VENDANGEUSE
VENDÉMIAIRE
VENDEUVROIS
VÉNÉZUÉLIEN
VÉNÉZUÉLIEN
VENTILATEUR
VENTILATION
VENTRILOQUE
VERBALEMENT
VERBALISANT
VERDOIEMENT
VEREENIGING
VERFEILLOIS
VÉRIFICATIF
VERKHOÏANSK
VERMICULURE
VERMILLONNÉ
VERMISSEAUX
VERNISSEUSE
VERNOLIENNE
VERNONNAISE
VERNOUILLET
VERROUILLÉE
VERROUILLER
VERRUCOSITÉ
VERRUQUEUSE
VERSAILLAIS
VERSAILLAIS
VERSATILITÉ
VERSICOLORE
VERTAVIENNE
VERT-DE-GRISÉ
VERTICALITÉ
VERTICILLÉE
VERTIGINEUX
VERTUSIENNE
VÉSICATOIRE
VÉSICULAIRE
VÉSICULEUSE
VÉSIGONDINE
VESPASIENNE
VESSE-DE-LOUP
VÉTÉRINAIRE
VEYRE-MONTON
VIABILISANT
VIBRIONNANT
VICE-AMIRAUX
VICE-CONSULS
VICE-RECTEUR
VICE-ROYAUTÉ
VIC-FEZENSAC
VICHYSSOISE
VICHYSSOISE
VICISSITUDE
VICTORIENNE
VICTORIEUSE
VICTUAILLES
VIDÉODISQUE
VIDÉOGRAMME
VIDE-ORDURES
VIDÉOTHÈQUE
VIEIL-ARMAND
VIENTIANAIS
VIERZONNAIS
VIFS-ARGENTS
VIGÉE-LEBRUN
VIGILAMMENT
VIGNETTISTE
VIHIERSOISE
VIJAYANAGAR
VILAINEMENT
VILEBREQUIN
VILIPENDANT
VILLAGEOISE
VILLARDOISE
VILLE-D'AVRAY
VILLEMOMBLE
VILLEMURIEN
VILLERSEXEL
VINAIGRERIE

11

VINAIGRETTE
VINBLASTINE
VINCENNOISE
VINDICATIVE
VINGT-QUATRE
VIOLONCELLE
VIREVOLTANT
VIRILISANTE
VIROLOGIQUE
VIROLOGISTE
VISHNOUISME
VISIBLEMENT
VISIOCASQUE
VISIONNAIRE
VISIONNEUSE
VISIOPHONIE
VISITANDINE
VISUALISANT
VITAMINIQUE
VITICULTEUR
VITICULTURE
VITRIFIABLE
VITRIOLEUSE
VITROLLAISE
VITROPHANIE
VITTELLOISE
VIVARO-ALPIN
VIVISECTION
VLAARDINGEN
VLADIKAVKAZ
VLADIVOSTOK
VOCABULAIRE
VOCERATRICE
VOIRONNAISE
VOITURE-LITS
VOLAILLEUSE
VOLATILISÉE
VOLATILISER
VOLLEY-BALLS
VOLONTARIAT
VOLTIGEMENT
VOLUMINEUSE
VOLUPTUEUSE
VOMISSEMENT
VOMITO NEGRO
VOUGLAISIEN
VOUVOIEMENT
VOYOUCRATIE
VRAIE-FAUSSE
VROMBISSANT
VULCANIENNE
VULCANISANT
VULGARISANT
VULGUM PECUS
WACKENRODER
WAGON-FOUDRE
WAGONS-POSTE
WAGON-TRÉMIE
WALLENSTEIN
WALLINGANTE
WALLISIENNE
WALLISIENNE
WALTER TYLER
WATER-CLOSET
WATTASSIDES
WEIERSTRASS
WEISSMULLER
WELWITSCHIA
WESTMINSTER
WHITE-SPIRIT
WILLSTÄTTER
WIMEREUSIEN
WINCKELMANN
WINTERGREEN
WINTZENHEIM
WISSEMBOURG
WITTELSBACH
WITTELSHEIM
WORLD MUSICS
WOUNDED KNEE
XANTHÉLASMA
XANTHODERME
XÉNOCRISTAL
XÉROGRAPHIE
XYLOGRAPHIE
YALONG JIANG
YANGZI JIANG
YAOUNDÉENNE
YELLOWKNIFE
YELLOWSTONE
YERVILLAISE
YOUGOSLAVIE
YSSINGELAIS
ZELENTCHOUK
ZÉPHYRIENNE
ZHOUKOUDIAN
ZIELONA GÓRA
ZIGOUILLANT
ZOOFLAGELLÉ
ZOOPLANCTON
ZOOTHÉRAPIE
ZOROASTRIEN
ZOSTÉRIENNE
ZWIJNDRECHT
ZWINGLIENNE
ZYGOMATIQUE
ZYGOPETALUM

12

ABANDONNIQUE
ABBAS LE GRAND
ABBEVILLOISE
ABDALWADIDES
ABÊTISSEMENT
ABONDANCISTE
ABOUTISSANTS
À BRAS-LE-CORPS
ABRUTISSANTE
ABSORPTIVITÉ
ABU AL-ATAHIYA
ABYSSINIENNE
ABYSSINIENNE
ACCAPAREMENT
ACCASTILLAGE
ACCASTILLANT
ACCÉLÉRATEUR
ACCÉLÉRATION
ACCENTUATION
ACCESSOIRISÉ
ACCIDENTELLE
ACCLIMATABLE
ACCOINTANCES
ACCOMMODANTE
ACCOMPAGNANT
ACCORDAILLES
ACCOUCHEMENT
ACCOUPLEMENT
ACCOUTREMENT
ACCOUTUMANCE
ACCRÉDITEUSE
ACCROCHE-PLAT
ACCUEILLANTE
ACCUMULATEUR
ACCUMULATION
ACÉRICULTEUR
ACÉRICULTURE
ACÉTABULAIRE
ACÉTALDÉHYDE

12

ACÉTONÉMIQUE
ACÉTYLÉNIQUE
ACHEMINEMENT
ACHROMATIQUE
ACHROMATISÉE
ACHROMATISER
ACHROMATISME
ACIDO-BASIQUE
À CONTRECŒUR
ACOQUINEMENT
ACQUITTEMENT
ACRIMONIEUSE
ACROCÉPHALIE
ACTINOMÉTRIE
ACTINOMYCÈTE
ACTIONNARIAT
ACTORS STUDIO
ACTUELLEMENT
ACUPONCTRICE
ACUPUNCTRICE
ADAPTABILITÉ
ADDITIONNANT
ADDITIONNEUR
ADÉQUATEMENT
ADJECTIVISÉE
ADJECTIVISER
ADJUDANT-CHEF
ADJUDICATEUR
ADJUDICATION
ADMINISTRANT
ADOPTIANISME
ADORABLEMENT
ADOUCISSANTE
ADRÉNERGIQUE
ADULTÉRATION
AÉROGLISSEUR
AÉROMOBILITÉ
AÉRONAUTIQUE
AÉROSPATIALE
AÉROSPATIAUX
AÉROSTATIQUE
AFARS ET ISSAS
AFFABULATION
AFFADISSANTE
AFFAISSEMENT
AFFECTIONNÉE
AFFECTIONNER
AFFERMISSANT
AFFLEUREMENT
AFFOURAGEANT
AFFREUSEMENT
AFFRONTEMENT
AFRANCESADOS
AFRICANISANT
AFRIQUE DU SUD
AFRIQUE NOIRE
AFRO-CUBAINES

AFRO-CUBAINES
AGENOUILLANT
AGENOUILLOIR
AGGLUTINANTE
AGNÈS DE MÉRAN
AGNOSTICISME
AGRAMMATICAL
AGRAMMATISME
AGRANDISSANT
AGRANDISSEUR
AGRÉABLEMENT
AGRICULTRICE
AGRITOURISME
AGROCHIMIQUE
AGROCHIMISTE
AGROPASTORAL
AGUERRISSANT
AHURISSEMENT
AIDE-SOIGNANT
AIGOS-POTAMOS
AIGREFEUILLE
AIGRES-DOUCES
AIGRISSEMENT
AIGUEPERSOIS
AIGUES-MORTES
AIGUILLETAGE
AIGUILLETANT
AIGUILLONNÉE
AIGUILLONNER
AILLY-SUR-NOYE
AIRE-SUR-LA-LYS
ALANGUISSANT
À L'AVEUGLETTE
ALBE LA LONGUE
ALCALÁ ZAMORA
ALCALIFIANTE
ALCALIMÉTRIE
ALCALINISANT
ALCOOLISABLE
ALENÇONNAISE
À L'ENCONTRE DE
ALÉOUTIENNES
ALEXANDRETTE
ALGONQUIENNE
ALGOTHÉRAPIE
ALIÉNABILITÉ
ALIMENTATION
À L'IMPROVISTE
ALIX DE SAVOIE
ALLANTOÏDIEN
ALLÉLOMORPHE
ALLERGISANTE
ALLERGOLOGIE
ALLERGOLOGUE
ALLEVARDAISE
ALLITÉRATION
ALLOPATHIQUE

ALLOSTÉRIQUE
ALLOTROPIQUE
ALLUME-CIGARE
ALLUSIVEMENT
ALMICANTARAT
ALOURDISSANT
ALPHABÉTIQUE
ALPHABÉTISÉE
ALPHABÉTISER
ALPHABÉTISME
ALTÉRABILITÉ
ALTKIRCHOISE
AMADOURIENNE
AMAIGRISSANT
AMALGAMATION
AMANDINOISES
AMBASSADRICE
AMBITIONNANT
AMBULACRAIRE
AMBULANCIÈRE
AMÉLIORATION
AMENUISEMENT
AMÉRICANISÉE
AMÉRICANISER
AMÉRICANISME
AMÉRICANISTE
AMÉRINDIENNE
AMEUBLISSANT
AMINCISSANTE
AMNÉVILLOISE
AMNIOCENTÈSE
AMOLLISSANTE
AMORTISSABLE
AMOURS-EN-CAGE
AMPHIBOLOGIE
AMPHICTYONIE
AMPHITHÉÂTRE
AMPLIS-TUNERS
AMUSE-BOUCHES
AMUSE-GUEULES
ANABOLISANTE
ANACARDIACÉE
ANACHRONIQUE
ANACHRONISME
ANAGLYPTIQUE
ANAPHRODISIE
ANARCHISANTE
ANASTOMOSANT
ANATHÉMATISÉ
ANCIENNEMENT
ANCUS MARTIUS
ANDELYSIENNE
ANDERSEN NEXØ
ANDOUILLETTE
ANDREA PISANO
ANDRÉ-DESHAYS
ANDROCÉPHALE

ANDRZEJEWSKI
ANÉANTISSANT
ANÉLASTICITÉ
ANENCÉPHALIE
ANESTHÉSIANT
ANESTHÉSIQUE
ANESTHÉSISTE
ANGÈLE MERICI
ANGELOPOULOS
ANGIOCHOLITE
ANGIOGRAPHIE
ANGIOPLASTIE
ANGIOTENSINE
ANGLICANISME
ANGLO-NORMAND
ANGLO-NORMAND
ANGLO-SAXONNE
ANGLO-SAXONNE
ANGOUMOISINE
ANHARMONIQUE
ANHYDROBIOSE
ANNA IVANOVNA
ANNA KARENINE
ANNE DE CLÈVES
ANNÉE-LUMIÈRE
ANNIHILATION
ANNIVERSAIRE
ANNONCIATEUR
ANNONCIATION
ANNUELLEMENT
ANORMALEMENT
ANOVULATOIRE
ANTANANARIVO
ANTÉDILUVIEN
ANTHÉROZOÏDE
ANTHRACITEUX
ANTHROPONYME
ANTIACNÉIQUE
ANTIACRIDIEN
ANTIADHÉSIVE
ANTIAÉRIENNE
ANTIAGRÉGANT
ANTIANGINEUX
ANTIANGOREUX
ANTIATOMIQUE
ANTIBIOTIQUE
ANTICALCAIRE
ANTICIPATION
ANTICLÉRICAL
ANTICYCLONAL
ANTIDÉRAPANT
ANTIDÉTONANT
ANTIÉMÉTIQUE
ANTIÉTATIQUE
ANTIFASCISTE
ANTIFONGIQUE
ANTIFRICTION
ANTIGIVRANTE
ANTIMÉRIDIEN
ANTINATIONAL
ANTIONCOGÈNE
ANTIPALUDÉEN
ANTIPARASITE
ANTIPARASITÉ
ANTIPATHIQUE
ANTIPHONAIRE
ANTIPROTÉASE
ANTIQUISANTE
ANTISEPTIQUE
ANTISISMIQUE
ANTISPORTIVE
ANTISTATIQUE
ANTISUDORALE
ANTISUDORAUX
ANTISYNDICAL
ANTITHÉTIQUE
ANTIULCÉREUX
ANTIVÉNÉNEUX
ANTIVÉNÉRIEN
ANTIVENIMEUX
ANTOINE-MARIE
ANURADHAPURA
ANXIEUSEMENT
ANXIOLYTIQUE
APOLLINIENNE
APOLOGÉTIQUE
APOPHANTIQUE
APOPLECTIQUE
APOSTOLICITÉ
APOSTROPHANT
APPARAISSANT
APPAREILLADE
APPAREILLAGE
APPAREILLANT
APPARTENANCE
APPENZELLOIS
APPÉTISSANTE
APPOGGIATURE
APPRÉCIATEUR
APPRÉCIATION
APPRÉCIATIVE
APPRÉHENDANT
APPRÉHENSION
APPRÉHENSIVE
APPRIVOISANT
APPROBATRICE
APPROXIMATIF
APRAGMATIQUE
APRAGMATISME
APRÈS-GUERRES
APRÈS-RASAGES
APRÈS-SOLEILS
APRIORITIQUE
AQUACULTRICE
AQUAFORTISTE
AQUARELLISTE
AQUARIOPHILE
AQUICULTRICE
ARABO-SWAHILI
ARBITRAGISTE
ARBORESCENCE
ARBORESCENTE
ARBORISATION
ARBRES-DE-NOËL
ARCACHONNAIS
ARC-BOUTEMENT
ARCHÉOPTÉRYX
ARCHÉTYPIQUE
ARCHIDIOCÈSE
ARCHIPHONÈME
ARCHITECTURE
ARCHITECTURÉ
ARCIS-SUR-AUBE
ARCS-BOUTANTS
ARCUEILLAISE
ARDANT DU PICQ
ARGELÉSIENNE
ARGENTACOISE
ARGENTANAISE
ARGENTIÉROIS
ARGENTONNAIS
ARGENTRÉENNE
ARGUMENTAIRE
ARGUMENTATIF
ARIAS SÁNCHEZ
ARISTOCRATIE
ARITHMÉTIQUE
ARITHMOMANIE
ARLES-SUR-TECH
ARMENTIÉROIS
ARMINIANISME
AROMATISANTE
ARPAJONNAISE
ARRACHE-CLOUS
ARRAISONNANT
ARRIÈRE-CORPS
ARRIÈRE-COURS
ARRIÈRE-FONDS
ARRIÈRE-GARDE
ARRIÈRE-GORGE
ARRIÈRE-GOÛTS
ARRIÈRE-MAINS
ARRIÈRE-NEVEU
ARRIÈRE-NIÈCE
ARRIÈRE-PLANS
ARRIÈRE-PORTS
ARRIÈRE-SALLE
ARRIÈRE-TRAIN
ARRONDISSANT
ARRONDISSURE
ARTÉRIOTOMIE

12

ARTHROPATHIE
ARTHROSCOPIE
ARTICULATEUR
ARTICULATION
ARTIFICIELLE
ARTIFICIEUSE
ARTIODACTYLE
ASBESTRIENNE
ASCENSIONNEL
ASCENSORISTE
ASCOLI PICENO
ASEPTISATION
ASIE CENTRALE
ASIE DU SUD-EST
ASPERGILLOSE
ASSAINISSANT
ASSAINISSEUR
ASSAISONNANT
ASSERMENTANT
ASSERTORIQUE
ASSERVISSANT
ASSIBILATION
ASSIMILATEUR
ASSIMILATION
ASSINIBOINES
ASSORTISSANT
ASSOUPISSANT
ASSOUVISSANT
ASSURANCE-VIE
ASSYRIOLOGIE
ASSYRIOLOGUE
ASTIGMATISME
ASTREIGNANTE
ASTROLOGIQUE
ASTRONOMIQUE
ASYMPTOTIQUE
ATERMOIEMENT
ATHIS-DE-L'ORNE
À TIRE-LARIGOT
ATLANTIC CITY
ATTENTATOIRE
ATTENTIONNÉE
ATTERRISSAGE
ATTERRISSANT
ATTIÉDISSANT
ATTITUDINALE
ATTITUDINAUX
ATTOUCHEMENT
ATTRACTIVITÉ
ATTRIBUTAIRE
ATTROUPEMENT
AUBUSSONNAIS
AUDITIONNANT
AUDRUICQUOIS
AUDUN-LE-ROMAN
AUGMENTATION
AUGMENTATIVE
AUGUSTINISME
AUGUSTINOISE
AULNAISIENNE
AUNAY-SUR-ODON
AURILLACOISE
AUSCULTATION
AUSTÉNITIQUE
AUSTRALIENNE
AUSTRALIENNE
AUSTRONÉSIEN
AUTHENTICITÉ
AUTHENTIFIÉE
AUTHENTIFIER
AUTOADHÉSIVE
AUTOALLUMAGE
AUTOAMORÇAGE
AUTOBLOQUEUR
AUTOBRONZANT
AUTOCARAVANE
AUTOCASSABLE
AUTOCENSURÉE
AUTOCENSURER
AUTOCHENILLE
AUTOCOLLANTE
AUTOCOPIANTE
AUTOCRATIQUE
AUTOCRITIQUE
AUTODÉRISION
AUTOÉROTIQUE
AUTOÉROTISME
AUTOFINANCÉE
AUTOFINANCER
AUTO-IMMUNITÉ
AUTOMATICIEN
AUTOMATICITÉ
AUTOMATISANT
AUTOPORTANTE
AUTOPORTEUSE
AUTOPORTRAIT
AUTOPROCLAMÉ
AUTOPROPULSÉ
AUTOPUNITION
AUTOPUNITIVE
AUTORISATION
AUTOROUTIÈRE
AUTO-STOPPEUR
AUTOTREMPANT
AUTRICHIENNE
AUTRICHIENNE
AVALANCHEUSE
AVALLONNAISE
AVANT-BASSINS
AVANT-CONTRAT
AVANT-COUREUR
AVANT-DERNIER
AVANT-GUERRES
AVANT-PROJETS
AVANT-SOIRÉES
AVANT-VEILLES
AVERTISSEUSE
AVEUGLES-NÉES
AVEYRONNAISE
AVIGNONNAISE
AVILISSEMENT
AVION-CITERNE
AVIONS-CARGOS
AVIONS-ÉCOLES
AVOIRDUPOIDS
AVRANCHINAIS
AXIOMATISANT
AX-LES-THERMES
AYLWIN AZÓCAR
AYUNTAMIENTO
AZAY-LE-RIDEAU
AZOTHYDRIQUE
BABYLONIENNE
BABY-SITTINGS
BACCALAURÉAT
BACHI-BOUZOUK
BADIGEONNAGE
BADIGEONNANT
BADIGEONNEUR
BAFOUILLEUSE
BAGNOLETAISE
BAGUENAUDANT
BAGUENAUDIER
BAGUETTISANT
BAHREÏNIENNE
BAHR EL-GHAZAL
BAIE-COMIENNE
BAIERIVERAIN
BAILLEULOISE
BAISE-EN-VILLE
BALANOGLOSSE
BALBUTIEMENT
BÂLE-CAMPAGNE
BALGENCIENNE
BALLETTOMANE
BALLONNEMENT
BALLOTTEMENT
BALTRUSAÏTIS
BANALISATION
BANDARANAIKE
BANDE-ANNONCE
BANDERILLERO
BANGIOPHYCÉE
BANGKOKIENNE
BANGUISSOISE
BANJERMASSIN
BANLIEUSARDE
BANNALÉCOISE
BANNISSEMENT
BANYULENCQUE
BANZER SUÁREZ

BARAGOUINAGE
BARAGOUINANT
BARAGOUINEUR
BARANOVITCHI
BARAQUEVILLE
BARBITURIQUE
BARBOUILLANT
BARBOUILLEUR
BARCELONAISE
BARCELONAISE
BARENTINOISE
BAROMÉTRIQUE
BAROQUISANTE
BARQUISIMETO
BARRAGE-POIDS
BARRAGE-VOÛTE
BARRANQUILLA
BARRISSEMENT
BARSURAUBOIS
BARTHOLINITE
BASSE-NAVARRE
BASSES-FOSSES
BASSE-TERRIEN
BASSOMPIERRE
BATEAU-LAVOIR
BATEAU-LAVOIR
BATEAU-MOUCHE
BATEAU-PILOTE
BATTELLEMENT
BAUDELAIRIEN
BEACH-VOLLEYS
BEACONSFIELD
BEAUCAIROISE
BEAUCHAMPOIS
BEAUCOURTOIS
BEAU DE ROCHAS
BEAUFORTAINE
BEAUFORTAISE
BEAUMARCHAIS
BEAUMONTOISE
BEAUPORTOISE
BEAUVILLIERS
BEAUX-ENFANTS
BEAUX-PARENTS
BÉCANCOUROIS
BEC-DE-CORBEAU
BECHUANALAND
BECS-DE-LIÈVRE
BÉDARICIENNE
BÉDARRIDAISE
BEECHER-STOWE
BÉHAVIORISME
BÉHAVIORISTE
BÉLINOGRAMME
BÉLINOGRAPHE
BELLE-FAMILLE
BELLEFEUILLE
BELLEGARDIEN
BELLES-DE-JOUR
BELLES-DE-NUIT
BELLES-DOCHES
BELLES-FILLES
BELLES-SŒURS
BELLÉTRIENNE
BELLEVILLOIS
BELLIFONTAIN
BELLIFONTAIN
BELLIGÉRANCE
BELLIGÉRANTE
BELLIGÉRANTS
BELLOPRATAIN
BELŒILLOISE
BÉNÉFICIAIRE
BÉNÉVOLEMENT
BERBÉRIDACÉE
BERBÉROPHONE
BERGEN-BELSEN
BERGEN OP ZOOM
BERGERACOISE
BERJALLIENNE
BERTHEVINOIS
BERZÉ-LA-VILLE
BESTIALEMENT
BÊTABLOQUANT
BÊTATHÉRAPIE
BETTERAVIÈRE
BEUZEVILLAIS
BEVERLY HILLS
BHAGAVAD-GITA
BIBLIOGRAPHE
BIBLIOPHILIE
BIBLIOTHÈQUE
BICARBONATÉE
BICENTENAIRE
BICULTURELLE
BIDOUILLEUSE
BIELSKO-BIALA
BIENFAISANCE
BIENFAISANTE
BIENFAITRICE
BIENHEUREUSE
BIEN-PENSANTE
BIEN-PENSANTS
BIENVEILLANT
BILATÉRALITÉ
BIMBELOTERIE
BIMBELOTIÈRE
BIMESTRIELLE
BIMÉTALLIQUE
BIMÉTALLISME
BIMILLÉNAIRE
BIOCARBURANT
BIODIVERSITÉ
BIOGRAPHIQUE
BIO-INDUSTRIE
BIOLOGISANTE
BIOMATÉRIAUX
BIOMÉCANIQUE
BIOMORPHIQUE
BIOMORPHISME
BIOTECHNIQUE
BIOTYPOLOGIE
BIOVIGILANCE
BIRÉFRINGENT
BISCHHEIMOIS
BLACKBOULAGE
BLACKBOULANT
BLACK MUSLIMS
BLAINVILLAIS
BLAINVILLOIS
BLANCHE-NEIGE
BLANCHISSAGE
BLANCHISSANT
BLANCHISSEUR
BLANCS-ESTOCS
BLANCS-SEINGS
BLANKENBERGE
BLASCO IBÁÑEZ
BLASTOGENÈSE
BLÊMISSEMENT
BLENNORRAGIE
BLEUISSEMENT
BLOCS-MOTEURS
BLOEMFONTEIN
BODYBUILDING
BOIS-COLOMBES
BOISGUILBERT
BOISSELLERIE
BOÎTE-BOISSON
BOITILLEMENT
BOIT-SANS-SOIF
BOMBARDEMENT
BONAPARTISME
BONAPARTISTE
BONCOURTOISE
BONDIEUSERIE
BONDISSEMENT
BONDOUFLOISE
BONIFACIENNE
BONIFICATION
BONIMENTEUSE
BONNES FEMMES
BONNES-MAMANS
BONNÉTABLIEN
BONNEUILLOIS
BONNEVALAISE
BONNEVILLOIS
BOOGIE-WOOGIE
BOROSILICATE
BOROSILICATÉ
BORRAGINACÉE

BOSSELLEMENT
BOUCHERVILLE
BOUCHONNIÈRE
BOUFFONNERIE
BOUGAINVILLE
BOUGIVALAISE
BOUGONNEMENT
BOUILLARGUES
BOUILLONNANT
BOUILLOTTANT
BOULE-DE-NEIGE
BOULEVARDIER
BOULEVERSANT
BOURBONIENNE
BOURBON-LANCY
BOURBONNAISE
BOURBONNAISE
BOURDONNANTE
BOURGANIAUDE
BOURG-DE-PÉAGE
BOURGEOISIAL
BOURGEONNANT
BOURG-LA-REINE
BOURG-LÉOPOLD
BOURGUIGNONS
BOURLINGUANT
BOURLINGUEUR
BOURNONVILLE
BOURRÈLEMENT
BOURRELLERIE
BOURSICOTAGE
BOURSICOTANT
BOURSICOTEUR
BOURSOUFLAGE
BOURSOUFLANT
BOURSOUFLURE
BOUSSINGAULT
BOUSTIFAILLE
BOUTE-EN-TRAIN
BOUTEILLERIE
BOUTROS-GHALI
BRACHIOSAURE
BRADYPSYCHIE
BRAHMAPOUTRE
BRANCARDIÈRE
BRANCHIOPODE
BRAY-SUR-SEINE
BREDOUILLAGE
BREDOUILLANT
BREDOUILLEUR
BREIL-SUR-ROYA
BRESSUIRAISE
BREST-LITOVSK
BRÉTIGNOLAIS
BRETTON WOODS
BRIANÇONNAIS
BRILLANTINÉE
BRILLANTINER
BRINDEZINGUE
BRINGUEBALÉE
BRINGUEBALER
BRINQUEBALÉE
BRINQUEBALER
BRINVILLIERS
BRISE-COPEAUX
BRITANNIQUES
BROMHYDRIQUE
BRONCHIOLITE
BRONCHITIQUE
BRONCHORRHÉE
BRONCHOSCOPE
BRONDILLANTE
BROSSARDOISE
BROUILLAMINI
BROUILLONNÉE
BROUILLONNER
BROWN-SÉQUARD
BRÛLE-PARFUMS
BRUNELLESCHI
BRUNISSEMENT
BRUNTRUTAINE
BUCARESTOISE
BUCCO-GÉNITAL
BUDAPESTOISE
BUENAVENTURA
BUENOS-AIRIEN
BUISSONNAISE
BUISSONNEUSE
BUISSONNIÈRE
BULBICULTURE
BULL-TERRIERS
BUREAUCRATIE
BUREAUTICIEN
BUSINESSMANS
BUSSY-RABUTIN
BYZANTINISME
BYZANTINISTE
CABALISTIQUE
CABESTANYENC
CABEZA DE VACA
CABOURGEAISE
CACHE-FLAMMES
CACHE-TAMPONS
CACHETONNANT
CACOPHONIQUE
CADILLACAISE
CADUCIFOLIÉE
CAFOUILLEUSE
CAGAYAN DE ORO
CAGNES-SUR-MER
CAILLOUTEUSE
CALCULATOIRE
CALCULATRICE
CALÉDONIENNE
CALÉDONIENNE
CALES-ÉTALONS
CALIFOURCHON
CALLIGRAPHIE
CALLIGRAPHIÉ
CALOMNIATEUR
CALORIMÉTRIE
CALORISATION
CALTANISETTA
CALVAIRIENNE
CAMBODGIENNE
CAMBODGIENNE
CAMBRÉSIENNE
CAMBRÉSIENNE
CAMBRIOLEUSE
CAMBROUSSARD
CAMEROUNAISE
CAMEROUNAISE
CAMPANIFORME
CAMPANULACÉE
CANADIANISME
CANALISATION
CANCÉROLOGIE
CANCÉROLOGUE
CANCOILLOTTE
CANNIBALISÉE
CANNIBALISER
CANNIBALISME
CANOËS-KAYAKS
CANONISATION
CANOURGUAISE
CANTABRIQUES
CANTHARIDINE
CANTONNEMENT
CANULARESQUE
CANY-BARVILLE
CAOUTCHOUTÉE
CAOUTCHOUTER
CAPARAÇONNÉE
CAPARAÇONNER
CAP-D'AILLOISE
CAPDENAC-GARE
CAPDENACOISE
CAPESTANAISE
CAPESTERRIEN
CAPITAINERIE
CAPITALISANT
CAPITULATION
CAPORALISANT
CAPROLACTAME
CAPSULE-CONGÉ
CAP-VERDIENNE
CAPVERDIENNE
CAPVERDIENNE
CARACTÉRISÉE
CARACTÉRISER
CARAMBOUILLE

CARAMÉLISANT
CARAVAGESQUE
CARBONARISME
CARBOXYLIQUE
CARCINOLOGIE
CARDIOPATHIE
CARENTANAISE
CARHAISIENNE
CARICATURALE
CARICATURANT
CARICATURAUX
CARILLONNANT
CARILLONNEUR
CAROLINGIENS
CAROLORÉGIEN
CAROLUS-DURAN
CAROTIDIENNE
CARPETBAGGER
CARPICULTURE
CARRY-LE-ROUET
CARTELLISANT
CARTE-RÉPONSE
CARTHAGINOIS
CARTHAGINOIS
CARTOGRAPHIE
CARTOGRAPHIÉ
CARTOMANCIEN
CARTON-FEUTRE
CARTON-PAILLE
CARTONS-PÂTES
CARTOUCHERIE
CARTOUCHIÈRE
CARYOLYTIQUE
CARYOPHYLLÉE
CASABLANCAIS
CASSE-PIERRES
CASSITÉRIDES
CASTAGNETTES
CASTELJALOUX
CASTELLANAIS
CASTELLINOIS
CASTELNOVIEN
CASTELVIROIS
CASTILLE-LEÓN
CATACLYSMALE
CATACLYSMAUX
CATALEPTIQUE
CATASTROPHÉE
CATASTROPHER
CATÉCHUMÉNAT
CATÉGORIELLE
CATÉGORISANT
CATHERINETTE
CATHÉTÉRISME
CATHÉTOMÈTRE
CATHOLICISME
CATON D'UTIQUE

CATTENOMOISE
CAUCHEMARDER
CAUDRÉSIENNE
CAULAINCOURT
CAVAILLÉ-COLL
CAVALAIROISE
CAVALIER BLEU
CAYEUX-SUR-MER
CÉLERIS-RAVES
CELLULITIQUE
CELLULOSIQUE
CENT-ASSOCIÉS
CENTRALIENNE
CENTRALISANT
CENTRIFUGEUR
CÉPHALOCORDÉ
CÉRÉBELLEUSE
CÉRÉMONIELLE
CÉRÉMONIEUSE
CERFS-VOLANTS
CERRO BOLÍVAR
CERRO DE PASCO
CERRO PARANAL
CERTAINEMENT
CESKY KRUMLOV
CESSIONNAIRE
CHABAN-DELMAS
CHABLISIENNE
CHALAISIENNE
CHALCOPYRITE
CHALLANDAISE
CHALLÉSIENNE
CHAMAILLERIE
CHAMAILLEUSE
CHAMALIÉROIS
CHAMBÉRIENNE
CHAMBONNAIRE
CHAMPAGNISÉE
CHAMPAGNISER
CHANCELADAIS
CHANCELLERIE
CHANDERNAGOR
CHANDRAGUPTA
CHANFREINANT
CHANSONNETTE
CHANSONNIÈRE
CHANTEPLEURE
CHANTIGNOLLE
CHANTOURNANT
CHAPERONNANT
CHAPLINESQUE
CHAPOCHNIKOV
CHAPTALISANT
CHARANÇONNÉE
CHARBONNERIE
CHARBONNEUSE
CHARBONNIÈRE

CHARDONNERET
CHARLESBOURG
CHARLES-FÉLIX
CHARLES LE BEL
CHARLES QUINT
CHARLIANDINE
CHARPENTERIE
CHARPENTIÈRE
CHARTE-PARTIE
CHASSÉ-CROISÉ
CHÂTEAUBOURG
CHÂTEAUGIRON
CHÂTEAUGUOIS
CHÂTENAISIEN
CHÂTILLONAIS
CHATOUILLANT
CHATOUILLEUX
CHAUDRONNIER
CHAUDS-FROIDS
CHAUFFAGISTE
CHAUFFAILLES
CHAUFFAILLON
CHAUFFE-BAINS
CHAUFFE-PIEDS
CHAUFFE-PLATS
CHAUFFERETTE
CHAUMONTAISE
CHAUMONTOISE
CHAUSSE-PIEDS
CHAUSSE-TRAPE
CHAUVE-SOURIS
CHEESEBURGER
CHEF-BOUTONNE
CHEFS-D'ŒUVRE
CHEMINS DE FER
CHÉMOCEPTEUR
CHÊNES-LIÈGES
CHENEVELIÈRE
CHENNEVIÈRES
CHEREMETIEVO
CHESTERFIELD
CHESTROLAISE
CHEVAL-ARÇONS
CHEVAL-VAPEUR
CHEVARDNADZE
CHEVAUCHANTE
CHEVAU-LÉGERS
CHEVROTEMENT
CHHATTISGARH
CHIBOUGAMOIS
CHICHIMÈQUES
CHICOUTIMIEN
CHIFFONNIÈRE
CHIMIOTHÈQUE
CHIMIQUEMENT
CHIROMANCIEN
CHIROPRACTIE

CHIRURGICALE
CHIRURGICAUX
CHIRURGIENNE
CHLORHYDRATE
CHLOROMÉTRIE
CHLOROPHYCÉE
CHLOROPHYLLE
CHLOROPHYTUM
CHLOROPLASTE
CHOCOLATERIE
CHOCOLATIÈRE
CHOLÉCYSTITE
CHOLÉRÉTIQUE
CHOLÉRIFORME
CHOMÉRACOISE
CHONDROSTÉEN
CHOPPING-TOOL
CHORÉGRAPHIE
CHORÉGRAPHIÉ
CHOROÏDIENNE
CHOUCHOUTAGE
CHOUCHOUTANT
CHOUETTEMENT
CHRISTCHURCH
CHRISTIANISÉ
CHRISTOLOGIE
CHROMATOPSIE
CHROMISATION
CHROMOSPHÈRE
CHRONICISANT
CHRONIQUEUSE
CHRONOGRAMME
CHRONOGRAPHE
CHRONOMÉTRÉE
CHRONOMÉTRER
CHRONOMÉTRIE
CHRYSANTHÈME
CHRYSOMÉLIDÉ
CHRYSOPHYCÉE
CHUCHOTEMENT
CHUQUICAMATA
CICATRISANTE
CICLOSPORINE
CICONIIFORME
CID CAMPEADOR
CINÉMATHÈQUE
CINÉMA-VÉRITÉ
CINÉMOGRAPHE
CINQUANTAINE
CINQUANTIÈME
CINTEGABELLE
CIRCASSIENNE
CIRCASSIENNE
CIRCONCISANT
CIRCONCISION
CIRCONSCRIRE
CIRCONSCRITE
CIRCONSPECTE
CIRCONSTANCE
CIRCONVENANT
CIRCONVOISIN
CIRCULARISÉE
CIRCULARISER
CIRCULATOIRE
CIRROCUMULUS
CIRROSTRATUS
CISAILLEMENT
CISLEITHANIE
CISTERCIENNE
CITÉS-JARDINS
CITIZEN BANDS
CITLALTÉPETL
CIUDAD JUÁREZ
CIVILISATEUR
CIVILISATION
CLAIRES-VOIES
CLAIRONNANTE
CLAIRVOYANCE
CLAIRVOYANTE
CLAMECYCOISE
CLAQUEMURANT
CLAUDICATION
CLAUSTRATION
CLAVECINISTE
CLAYE-SOUILLY
CLÉGUÉRECOIS
CLÉMENTINIER
CLÉRICALISME
CLERMONTAISE
CLERMONTOISE
CLERMONTOISE
CLIENTÉLISME
CLIENTÉLISTE
CLIGNOTEMENT
CLIMATÉRIQUE
CLIMATOLOGIE
CLIMATOLOGUE
CLINIQUEMENT
CLIQUÈTEMENT
CLISSONNAISE
CLOCHARDISÉE
CLOCHARDISER
CLOISONNISME
CLOSE-COMBATS
CLYTEMNESTRE
COCAÏNOMANIE
COCHONNAILLE
COCONISATION
CODÉTENTRICE
CODICILLAIRE
CODIFICATEUR
CODIFICATION
CODIRECTRICE
CŒLIOSCOPIE
CŒNESTHÉSIE
COENTREPRISE
COFFRES-FORTS
COFONDATRICE
COGÉNÉRATION
COGNITIVISME
COGNITIVISTE
COHABITATION
COLA DI RIENZO
COLLATIONNÉE
COLLATIONNER
COLLECTIONNÉ
COLLECTIVISÉ
COLLECTIVITÉ
COLLÉGIALITÉ
COLLETAILLER
COLOCOTRONIS
COLOGARITHME
COLOMB-BÉCHAR
COLOMBOPHILE
COLONIALISME
COLONIALISTE
COLONISATEUR
COLONISATION
COLONOSCOPIE
COLORIMÉTRIE
COLORISATION
COLUMBIFORME
COLUMÉRIENNE
COMANDATAIRE
COMBIENTIÈME
COMBINATOIRE
COMBLANCHIEN
COMBOURGEOIS
COMBS-LA-VILLE
COMMANDEMENT
COMMANDITANT
COMMÉMORATIF
COMMENCEMENT
COMMENTATEUR
COMMERCIENNE
COMMINATOIRE
COMMISSARIAT
COMMISSIONNÉ
COMMISSURALE
COMMISSURAUX
COMMONWEALTH
COMMOTIONNÉE
COMMOTIONNER
COMMUNALISÉE
COMMUNALISER
COMMUNICABLE
COMMUNICANTE
COMMUNICATIF
COMMUNIQUANT
COMMUNISANTE
COMMUTATRICE

COMPARATISME
COMPARATISTE
COMPARTIMENT
COMPATISSANT
COMPENDIEUSE
COMPENSATEUR
COMPENSATION
COMPÉTITRICE
COMPIÉGNOISE
COMPILATRICE
COMPLAISANCE
COMPLAISANTE
COMPLÈTEMENT
COMPLEXIFIÉE
COMPLEXIFIER
COMPLICATION
COMPLIMENTÉE
COMPLIMENTER
COMPOGRAVEUR
COMPOGRAVURE
COMPORTEMENT
COMPOSITRICE
COMPRÉHENSIF
COMPRESSIBLE
COMPROMETTRE
COMPTABILISÉ
COMPTABILITÉ
CONCÉLÉBRANT
CONCENTRIQUE
CONCEPTUELLE
CONCERTATION
CONCIERGERIE
CONCIERGERIE
CONCILIABULE
CONCILIATEUR
CONCILIATION
CONCITOYENNE
CONCOMITANCE
CONCOMITANTE
CONCRÈTEMENT
CONCRÉTISANT
CONCUPISCENT
CONCURRENCÉE
CONCURRENCER
CONDAMNATION
CONDENSATEUR
CONDENSATION
CONDESCENDRE
CONDITIONNÉE
CONDITIONNEL
CONDITIONNER
CONDOLÉANCES
CONDOTTIERES
CONDRUSIENNE
CONDUCTIVITÉ
CONFECTIONNÉ
CONFÉRENCIER
CONFIDENTIEL
CONFIRMATION
CONFIRMATIVE
CONFISCATION
CONFITURERIE
CONFITURIÈRE
CONFOLENTAIS
CONFORMATEUR
CONFORMATION
CONFRATERNEL
CONFUSIONNEL
CONGÉDIEMENT
CONGESTIONNÉ
CONGLOMÉRANT
CONGRATULANT
CONGRÉGATION
CONGRESSISTE
CONJECTURALE
CONJECTURANT
CONJECTURAUX
CONJONCTIVAL
CONJONCTUREL
CONJURATOIRE
CONNAISSABLE
CONNAISSANCE
CONNAISSEUSE
CONNECTIVITE
CONQUISTADOR
CONSCIEMMENT
CONSCIENTISÉ
CONSCRIPTION
CONSÉCRATION
CONSEILLEUSE
CONSENSUELLE
CONSENTEMENT
CONSERVATEUR
CONSERVATION
CONSIDÉRABLE
CONSIGNATION
CONSISTORIAL
CONSOLATRICE
CONSOMMATEUR
CONSOMMATION
CONSOMPTIBLE
CONSPIRATEUR
CONSPIRATION
CONSTATATION
CONSTERNANTE
CONSTIPATION
CONSTITUANTE
CONSTITUANTE
CONSTITUTION
CONSTITUTIVE
CONSTRICTEUR
CONSTRICTION
CONSTRICTIVE
CONSTRUCTEUR
CONSTRUCTION
CONSTRUCTIVE
CONSTRUISANT
CONSULTATION
CONSULTATIVE
CONSUMÉRISME
CONSUMÉRISTE
CONTAGIOSITÉ
CONTAINÉRISÉ
CONTAMINARDE
CONTEMPLATIF
CONTEMPORAIN
CONTEMPTRICE
CONTENEURISÉ
CONTENTEMENT
CONTENTIEUSE
CONTESTATEUR
CONTESTATION
CONTEXTUELLE
CONTINENTALE
CONTINENTAUX
CONTINGENCES
CONTINGENTÉE
CONTINGENTER
CONTINUATEUR
CONTINUATION
CONTORSIONNÉ
CONTRACEPTIF
CONTRACTANTE
CONTRACTURÉE
CONTRACTURER
CONTRAGESTIF
CONTRAIGNANT
CONTRARIANTE
CONTRASTANTE
CONTRE-ALLÉES
CONTRE-AMIRAL
CONTRE-APPELS
CONTREBASSON
CONTRE-BRAQUÉ
CONTREBUTANT
CONTRECARRÉE
CONTRECARRER
CONTRE-CHANTS
CONTRECOLLÉE
CONTRE-COURBE
CONTRE-DIGUES
CONTREDISANT
CONTRE-ÉCROUS
CONTRE-EMPLOI
CONTRE-ESSAIS
CONTREFICHÉE
CONTREFICHER
CONTRE-FILETS
CONTREFOUTRE
CONTREFOUTUE
CONTRE-FUGUES

CONTRE-LETTRE
CONTREMAÎTRE
CONTREMARCHE
CONTREMARQUE
CONTREMARQUÉ
CONTRE-MESURE
CONTREPARTIE
CONTRE-PASSÉE
CONTRE-PASSER
CONTRE-PASSÉS
CONTRE-PENTES
CONTREPLAQUÉ
CONTRE-POINTE
CONTREPOISON
CONTRE-PORTES
CONTRE-PROJET
CONTRE-REJETS
CONTRESCARPE
CONTRESIGNÉE
CONTRESIGNER
CONTRE-SUJETS
CONTRE-TAILLE
CONTRE-TIMBRE
CONTRETYPANT
CONTRE-VALEUR
CONTREVENANT
CONTREVENTÉE
CONTREVENTER
CONTREVÉRITÉ
CONTRE-VISITE
CONTRIBUABLE
CONTRIBUTEUR
CONTRIBUTION
CONTROVERSÉE
CONTROVERSER
CONTUSIONNÉE
CONTUSIONNER
CONVAINCANTE
CONVAINQUANT
CONVALESCENT
CONVENTIONNÉ
CONVENTUELLE
CONVERSATION
CONVIVIALITÉ
CONVULSIONNÉ
COOCCURRENCE
COOPÉRATISME
COOPÉRATRICE
COORDINATEUR
COORDINATION
COPARTAGEANT
COPENHAGUOIS
COPIER-COLLER
COPIEUSEMENT
COPRÉSIDENCE
COPRÉSIDENTE
COPROCESSEUR
COPROCULTURE
COPRODUCTION
COPRODUISANT
COPROLOGIQUE
COQUELUCHEUX
COQUETTEMENT
CORACIIFORME
CORBEHEMOISE
CORDIALEMENT
CORDONS-BLEUS
CORINTHIENNE
CORINTHIENNE
CORMEILLAISE
CORNOUAILLES
CORN-SHELLERS
CORONARIENNE
CORONOGRAPHE
CORPORATISME
CORPORATISTE
CORRECTEMENT
CORRESPONDRE
COSIGNATAIRE
COSME L'ANCIEN
COSMÉTOLOGIE
COSMÉTOLOGUE
COSMOGONIQUE
COSMOGRAPHIE
COSMOLOGIQUE
COSMOLOGISTE
COSSÉ-BRISSAC
COSTARICAINE
COSTARICAINE
CÔTE-SAINT-LUC
CÔTES-DU-RHÔNE
COUCHAILLANT
COUILLONNADE
COUILLONNANT
COULEUVREAUX
COULISSEMENT
COULONGEOISE
COUPE-CIGARES
COUPE-CIRCUIT
COUPE-JARRETS
COUPE-LÉGUMES
COUPELLATION
COUPE-PAPIERS
COUPE-RACINES
COUPER-COLLER
COUPS-DE-POING
COURANTS-JETS
COURBATURANT
COURCAILLANT
COURNONNAISE
COURONNEMENT
COURRIÉRISTE
COURSANNAISE
COURSEULLAIS
COURT-CIRCUIT
COURTEPOINTE
COURT-JOINTÉE
COURT-JOINTÉS
COURT-MÉTRAGE
COURVILLOISE
COUSCOUSSIER
COÛTEUSEMENT
COUTRASIENNE
COUVRE-JOINTS
COUVRE-LIVRES
COUVRE-NUQUES
COUVRE-OBJETS
COXO-FÉMORALE
COXO-FÉMORAUX
CRACHOTEMENT
CRACHOUILLER
CRAQUÈLEMENT
CRAQUÈTEMENT
CRATÉRIFORME
CRAYON-FEUTRE
CRÉDIBILISÉE
CRÉDIBILISER
CRÉDIRENTIER
CRÉDITS-BAILS
CRÉOLISATION
CRÉPICORDIEN
CRESSIACOISE
CRESSONNETTE
CRESSONNIÈRE
CRÉTINISANTE
CRIAILLEMENT
CRIMINALISÉE
CRIMINALISER
CRIMINALISTE
CRIMINOLOGIE
CRIMINOLOGUE
CRISTALLERIE
CRISTALLISÉE
CRISTALLISER
CRISTE-MARINE
CRISTOLIENNE
CRITICAILLÉE
CRITICAILLER
CROCHE-PATTES
CROCS-EN-JAMBE
CROISIÉRISTE
CROQUE-MADAME
CROQUIGNOLET
CROSS-COUNTRY
CROSSING-OVER
CROUPISSANTE
CROUSTILLANT
CRUCIFIEMENT
CRYOFRACTURE
CRYOPHYSIQUE
CRYOTHÉRAPIE

CRYPTOGRAMME
CRYPTOGRAPHE
CUCURBITACÉE
CUIRASSEMENT
CULPABILISÉE
CULPABILISER
CULTÉRANISME
CULTIVATRICE
CULTURALISME
CULTURALISTE
CUMULO-NIMBUS
CUNNILINCTUS
CUPROALLIAGE
CURARISATION
CURCULIONIDÉ
CURE-OREILLES
CURIEUSEMENT
CUTI-RÉACTION
CYANHYDRIQUE
CYBERNÉTIQUE
CYCLIQUEMENT
CYCLOPENTANE
CYCLOSPORINE
CYRUS LE GRAND
CYRUS LE JEUNE
DACTYLOLOGIE
DAKOTA DU NORD
DALLAPICCOLA
DAMASQUINAGE
DAMASQUINANT
DAMES-JEANNES
D'ARRACHE-PIED
DAYTONA BEACH
DÉAMBULATEUR
DÉAMBULATION
DÉBÂILLONNÉE
DÉBÂILLONNER
DÉBALLASTAGE
DÉBALLONNANT
DÉBARBOUILLÉ
DÉBARQUEMENT
DÉBARRASSANT
DÉBECQUETANT
DÉBILLARDANT
DÉBIRENTIÈRE
DÉBONNAIRETÉ
DÉBOULONNAGE
DÉBOULONNANT
DÉBOUQUEMENT
DÉBOURREMENT
DÉBOURSEMENT
DÉBOUSSOLANT
DÉBOUTONNAGE
DÉBOUTONNANT
DÉBROUILLAGE
DÉBROUILLANT
DÉBROUILLARD
DÉBUDGÉTISÉE
DÉBUDGÉTISER
DÉBUSQUEMENT
DÉCADENASSÉE
DÉCADENASSER
DÉCAISSEMENT
DÉCALAMINAGE
DÉCALAMINANT
DÉCALCIFIANT
DÉCALCOMANIE
DÉCAMÉTRIQUE
DÉCAPITALISÉ
DÉCAPITATION
DÉCAPUCHONNÉ
DÉCARCASSANT
DÉCATHLONIEN
DÉCÉLÉRATION
DÉCENTRALISÉ
DÉCENTREMENT
DÉCHAÎNEMENT
DÉCHAPERONNÉ
DÉCHARGEMENT
DÉCHAUSSEUSE
DÉCHIFFONNÉE
DÉCHIFFONNER
DÉCHIFFRABLE
DÉCHIFFREUSE
DÉCHIQUETAGE
DÉCHIQUETANT
DÉCHIQUETEUR
DÉCHIQUETURE
DÉCHLORURANT
DÉCIDABILITÉ
DÉCIMALISANT
DÉCIMÉTRIQUE
DÉCINTREMENT
DÉCLAMATOIRE
DÉCLAMATRICE
DÉCLARATOIRE
DÉCLASSEMENT
DÉCLASSIFIER
DÉCLINATOIRE
DÉCLIQUETAGE
DÉCLIQUETANT
DÉCLOISONNÉE
DÉCLOISONNER
DÉCOINCEMENT
DÉCOLLETEUSE
DÉCOLONISANT
DÉCOLORATION
DÉCOMMANDANT
DÉCOMPLEXANT
DÉCOMPOSABLE
DÉCOMPRESSER
DÉCOMPRIMANT
DÉCONCENTRÉE
DÉCONCENTRER
DÉCONCERTANT
DÉCONGESTION
DÉCONNECTANT
DÉCONSEILLÉE
DÉCONSEILLER
DÉCONSIDÉRÉE
DÉCONSIDÉRER
DÉCONSIGNANT
DÉCONSTRUIRE
DÉCONSTRUITE
DÉCONTAMINÉE
DÉCONTAMINER
DÉCONTENANCÉ
DÉCONTRACTÉE
DÉCONTRACTER
DÉCORTIQUANT
DÉCOURAGEANT
DÉCOURONNANT
DÉCOUVERTURE
DÉCRASSEMENT
DÉCRÉPISSAGE
DÉCRÉPISSANT
DÉCRISPATION
DÉCROCHEMENT
DÉCROISEMENT
DÉCROISSANCE
DÉCROISSANTE
DÉCRYPTEMENT
DÉDOMMAGEANT
DÉDOUANEMENT
DÉDOUBLEMENT
DÉDRAMATISÉE
DÉDRAMATISER
DÉFAVORISANT
DÉFECTUOSITÉ
DÉFENDERESSE
DÉFENESTRANT
DÉFINISSABLE
DÉFISCALISÉE
DÉFISCALISER
DÉFLAGRATION
DÉFLUVIATION
DÉFOURNEMENT
DÉFRICHEMENT
DÉGARNISSAGE
DÉGARNISSANT
DÉGASOLINAGE
DÉGASOLINANT
DÉGAZOLINAGE
DÉGAZOLINANT
DÉGÉNÉRATIVE
DÉGLACIATION
DÉGLUTISSANT
DÉGONFLEMENT
DÉGOUPILLANT
DÉGOÛTAMMENT
DÉGRAISSANTE

DÉGRAISSEUSE
DÉGRESSIVITÉ
DÉGRINGOLADE
DÉGRINGOLANT
DÉGROUILLANT
DÉGROUPEMENT
DÉGUSTATRICE
DÉHANCHEMENT
DÉHARNACHANT
DÉICUSTODIEN
DEIR EL-BAHARI
DÉLAIS-CONGÉS
DÉLAISSEMENT
DÉLÉGITIMANT
DÉLIBÉRATION
DÉLIBÉRATIVE
DÉLIBÉRÉMENT
DÉLICATEMENT
DÉLIMITATION
DÉLIQUESCENT
DÉLITESCENCE
DÉLITESCENTE
DELLA QUERCIA
DÉLOCALISANT
DÉLOYALEMENT
DELPHINARIUM
DELTOÏDIENNE
DÉMAGNÉTISÉE
DÉMAGNÉTISER
DÉMAILLOTANT
DÉMANCHEMENT
DEMANDERESSE
DÉMANGEAISON
DÉMANTIBULÉE
DÉMANTIBULER
DÉMAQUILLAGE
DÉMAQUILLANT
DÉMASTIQUANT
DÉMÉDICALISÉ
DÉMEMBREMENT
DÉMÉNAGEMENT
DÉMESURÉMENT
DEMI-BRIGADES
DEMI-COLONNES
DEMI-DOUZAINE
DEMI-JOURNÉES
DÉMILITARISÉ
DEMI-LONGUEUR
DEMI-MONDAINE
DÉMINÉRALISÉ
DEMI-PENSIONS
DEMI-PORTIONS
DEMI-PRODUITS
DEMI-SOMMEILS
DÉMISSIONNÉE
DÉMISSIONNER
DÉMOBILISANT

DÉMOCRATIQUE
DÉMOCRATISÉE
DÉMOCRATISER
DÉMODULATEUR
DÉMODULATION
DÉMOLISSEUSE
DÉMONÉTISANT
DÉMONSTRATIF
DÉMONTE-PNEUS
DÉMORALISANT
DÉMOTIVATION
DÉMOUCHETANT
DÉMOUSTIQUÉE
DÉMOUSTIQUER
DÉMULTIPLEXÉ
DÉMULTIPLIÉE
DÉMULTIPLIER
DÉMUTISATION
DÉMYSTIFIANT
DÉMYTHIFIANT
DÉNANTISSANT
DÉNASALISANT
DÉNATURALISÉ
DÉNATURATION
DÉNÉBULATION
DÉNÉBULISANT
DENG XIAOPING
DÉNICOTINISÉ
DÉNITRIFIANT
DÉNOMBREMENT
DÉNOMINATEUR
DÉNOMINATION
DÉNOMINATIVE
DÉNONCIATEUR
DÉNONCIATION
DÉNUCLÉARISÉ
DENYS L'ANCIEN
DENYS LE JEUNE
DENYS LE PETIT
DÉPARASITANT
DÉPAREILLANT
DÉPARTAGEANT
DÉPARTISSANT
DÉPASSIONNÉE
DÉPASSIONNER
DÉPATOUILLÉE
DÉPATOUILLER
DÉPÉNALISANT
DÉPEUPLEMENT
DÉPHOSPHATÉE
DÉPHOSPHATER
DÉPHOSPHORÉE
DÉPHOSPHORER
DÉPIGEONNAGE
DÉPLAFONNANT
DÉPLANTATION
DÉPOITRAILLÉ

DÉPOLARISANT
DÉPOLITISANT
DÉPOPULATION
DÉPOSSESSION
DÉPÔTS-VENTES
DÉPOUSSIÉRÉE
DÉPOUSSIÉRER
DÉPRÉCIATEUR
DÉPRÉCIATION
DÉPRÉCIATIVE
DÉPRÉDATRICE
DÉPRESSURISÉ
DÉPROGRAMMÉE
DÉPROGRAMMER
DÉQUALIFIANT
DÉRACINEMENT
DÉRAIDISSANT
DÉRAILLEMENT
DÉRAISONNANT
DÉRATISATION
DÉRÉGLEMENTÉ
DÉRÉGULATION
DERMATOLOGIE
DERMATOLOGUE
DERMOGRAPHIE
DERNIÈREMENT
DÉROUGISSANT
DÉSACCORDANT
DÉSACCOUPLÉE
DÉSACCOUPLER
DÉSACCOUTUMÉ
DÉSACRALISÉE
DÉSACRALISER
DÉSAFFECTANT
DÉSAFFECTION
DÉSAFFILIANT
DÉSAGRÉGEANT
DÉSAIMANTANT
DÉSALTÉRANTE
DÉSAMBIGUÏSÉ
DÉSAMIANTAGE
DÉSAMIANTANT
DÉSAMIDONNÉE
DÉSAMIDONNER
DÉSAPPARIANT
DÉSAPPOINTÉE
DÉSAPPOINTER
DÉSAPPRENANT
DÉSAPPRENDRE
DÉSAPPROUVÉE
DÉSAPPROUVER
DÉSARÇONNANT
DÉSARGENTANT
DÉSARTICULÉE
DÉSARTICULER
DÉSASSEMBLÉE
DÉSASSEMBLER

DÉSATELLISÉE
DÉSATELLISER
DÉSAVANTAGÉE
DÉSAVANTAGER
DESCELLEMENT
DÉSCOLARISÉE
DÉSCOLARISER
DESCRIPTIBLE
DESCRIPTRICE
DÉSECTORISÉE
DÉSECTORISER
DÉSEMBOURBÉE
DÉSEMBOURBER
DÉSENCADRANT
DÉSENCHAÎNÉE
DÉSENCHAÎNER
DÉSENCHANTÉE
DÉSENCHANTER
DÉSENCLAVANT
DÉSENCOMBRÉE
DÉSENCOMBRER
DÉSENCRASSÉE
DÉSENCRASSER
DÉSENDETTANT
DÉSENGAGEANT
DÉSENGRENANT
DÉSENSABLANT
DÉSENSORCELÉ
DÉSENTOILANT
DÉSENTRAVANT
DÉSENVELOPPÉ
DÉSENVENIMÉE
DÉSENVENIMER
DÉSENVERGUÉE
DÉSENVERGUER
DÉSÉQUILIBRE
DÉSÉQUILIBRÉ
DÉSERTIFIANT
DÉSESPÉRANCE
DÉSESPÉRANTE
DÉSÉTATISANT
DÉSEXUALISÉE
DÉSEXUALISER
DÉSHABILLAGE
DÉSHABILLANT
DÉSHABITUANT
DÉSHONORANTE
DESHOULIÈRES
DÉSHUMANISÉE
DÉSHUMANISER
DÉSHUMIDIFIÉ
DÉSHYDRATANT
DÉSHYDROGÉNÉ
DÉSIDÉRIENNE
DÉSINCARCÉRÉ
DÉSINCARNANT
DÉSINCRUSTÉE
DÉSINCRUSTER
DÉSINFECTANT
DÉSINFECTION
DÉSINFLATION
DÉSINFORMANT
DÉSINSECTISÉ
DÉSINSERTION
DÉSINTÉGRANT
DÉSINTÉRESSÉ
DÉSINTOXIQUÉ
DÉSINVOLTURE
DÉSOBÉISSANT
DÉSOBLIGEANT
DÉSOBSTRUANT
DÉSOCIALISÉE
DÉSODORISANT
DÉSOLIDARISÉ
DÉSOPERCULÉE
DÉSOPERCULER
DÉSORGANISÉE
DÉSORGANISER
DÉSORIENTANT
DÉSOXYDATION
DÉSOXYGÉNANT
DÉSOXYRIBOSE
DESQUAMATION
DESSABLEMENT
DESSÈCHEMENT
DESSERREMENT
DESSICCATEUR
DESSICCATION
DESSINATRICE
DÉSTABILISÉE
DÉSTABILISER
DÉSTALINISÉE
DÉSTALINISER
DESTELBERGEN
DESTINATAIRE
DESTRUCTIBLE
DESTRUCTRICE
DÉSTRUCTURÉE
DÉSTRUCTURER
DÉTERMINABLE
DÉTERMINANTE
DÉTERMINATIF
DÉTERMINISME
DÉTERMINISTE
DÉTORTILLANT
DÉTOURNEMENT
DÉTOXICATION
DÉTRAQUEMENT
DÉTUMESCENCE
DEUIL-LA-BARRE
DEUTSCHE MARK
DEUXIÈMEMENT
DÉVALORISANT
DÉVASTATRICE
DÉVELOPPABLE
DÉVELOPPANTE
DÉVERGONDAGE
DÉVERGONDANT
DÉVERNISSANT
DÉVERROUILLÉ
DÉVIRGINISÉE
DÉVIRGINISER
DÉVIRILISANT
DÉVITALISANT
DÉVITRIFIANT
DEXTROCARDIE
DIABÉTOLOGIE
DIABÉTOLOGUE
DIACHRONIQUE
DIACOUSTIQUE
DIAGNOSTIQUE
DIAGNOSTIQUÉ
DIALECTICIEN
DIALECTISANT
DIAMANTIFÈRE
DIAPHRAGMANT
DIATHERMIQUE
DICARBONYLÉE
DICHOTOMIQUE
DICOTYLÉDONE
DICTATORIALE
DICTATORIAUX
DICTIONNAIRE
DIÉLECTRIQUE
DIEULEFITOIS
DIFFAMATOIRE
DIFFAMATRICE
DIFFÉREMMENT
DIFFÉRENCIÉE
DIFFÉRENCIER
DIFFÉRENTIÉE
DIFFÉRENTIEL
DIFFÉRENTIER
DIGITALISANT
DILACÉRATION
DILAPIDATEUR
DILAPIDATION
DILATABILITÉ
DIMENSIONNÉE
DIMENSIONNEL
DIMENSIONNER
DINOFLAGELLÉ
DIOSCORÉACÉE
DIPHTONGUANT
DIPLOMATIQUE
DIRECTIONNEL
DIRECTIVISME
DIRECTORIALE
DIRECTORIAUX
DISACCHARIDE
DISCARTHROSE

12

DISCERNEMENT
DISCIPLINANT
DISCOGRAPHIE
DISCONTINUER
DISCONVENANT
DISCOURTOISE
DISCRÉDITANT
DISCRÈTEMENT
DISCRIMINANT
DISCULPATION
DISCUTAILLER
DISGRACIEUSE
DISPENDIEUSE
DISPENSATEUR
DISPERSEMENT
DISQUALIFIÉE
DISQUALIFIER
DISSEMBLABLE
DISSEMBLANCE
DISSENTIMENT
DISSERTATION
DISSIPATRICE
DISSOCIATION
DISTANCEMENT
DISTILLATEUR
DISTILLATION
DISTINGUABLE
DISTRIBUABLE
DISTRIBUTEUR
DISTRIBUTION
DISTRIBUTIVE
DIVERSIFIANT
DIVERTIMENTO
DIVERTISSANT
DIVINISATION
DIVISIBILITÉ
DIVORTIALITÉ
DIVULGATRICE
DIX-HUITIÈMES
DIX-NEUVIÈMES
DIX-SEPTIÈMES
DJIBOUTIENNE
DJIBOUTIENNE
DOCUMENTAIRE
DODÉCAGONALE
DODÉCAGONAUX
DODELINEMENT
DOKOUTCHAÏEV
DOLICHOCÔLON
DOMESTICABLE
DOMESTIQUANT
DOMFRONTAISE
DOMICILIAIRE
DOMINIQUAISE
DONJUANESQUE
DON QUICHOTTE
DON QUICHOTTE

DONZENACOISE
DOUARNENISTE
DOUBLE-CLIQUÉ
DOUBLE-CROCHE
DOUBLE-RIDEAU
DOUBLES-CLICS
DOUBLE-SCULLS
DOUCES-AMÈRES
DOUCETTEMENT
DOUDEVILLAIS
DOULLENNAISE
DOURA-EUROPOS
DOURDANNAISE
DOUTEUSEMENT
DOUWES DEKKER
DOUZIÈMEMENT
DRAMATISANTE
DRAPS-HOUSSES
DRAVEILLOISE
DRESSING-ROOM
DRYOPITHÈQUE
DUBOIS-CRANCÉ
DUGUAY-TROUIN
DULÇAQUICOLE
DUNKERQUOISE
DUN LAOGHAIRE
DUODÉCIMAINE
DUPONT-SOMMER
DURCISSEMENT
DUST MOHAMMAD
DYNAMISATION
DYSENTÉRIQUE
DYSGÉNÉSIQUE
DYSMÉNORRHÉE
DYSTROPHIQUE
EAST KILBRIDE
ÉBAHISSEMENT
ÉBLOUISSANTE
ÉBOUILLANTÉE
ÉBOUILLANTER
ÉBOURGEONNÉE
ÉBOURGEONNER
ÉBOURIFFANTE
ÉBRANCHEMENT
ÉBULLIOMÈTRE
ÉBULLIOSCOPE
EÇA DE QUEIRÓS
ÉCARQUILLANT
ÉCARTÈLEMENT
ÉCHAPPATOIRE
ÉCHAUFFEMENT
ÉCHAUFFOURÉE
ÉCHINOCACTUS
ÉCHIROLLOISE
ÉCHOGRAPHIÉE
ÉCHOGRAPHIER
ÉCHOLOCATION

ÉCLABOUSSANT
ÉCLABOUSSURE
ÉCLAIRAGISME
ÉCLAIRAGISTE
ÉCORNIFLEUSE
ÉCOUVILLONNÉ
ÉCRABOUILLÉE
ÉCRABOUILLER
ÉCRIVAILLANT
ÉCRIVAILLEUR
ÉCRIVASSIÈRE
ECTODERMIQUE
ECTOPARASITE
ÉDULCORATION
EFFAROUCHANT
EFFERVESCENT
EFFEUILLEUSE
EFFICACEMENT
EFFILOCHEUSE
EFFLEUREMENT
EFFLORESCENT
EFFONDREMENT
EFFRONTÉMENT
ÉGALISATRICE
ÉGALITARISME
ÉGLETONNAISE
ÉGOCENTRIQUE
ÉGOCENTRISME
ÉLANCOURTOIS
ÉLECTRIFIANT
ÉLECTRISABLE
ÉLECTRISANTE
ÉLECTROCOPIE
ÉLECTROCUTÉE
ÉLECTROCUTER
ÉLECTROLOGIE
ÉLECTROLYSÉE
ÉLECTROLYSER
ÉLECTROMÈTRE
ÉLECTRONIQUE
ÉLECTRONVOLT
ÉLECTROPHILE
ÉLECTROPHONE
ÉLECTROSCOPE
ÉLECTROVALVE
ÉLECTROVANNE
ÉLÉPHANTEAUX
ELF AQUITAINE
ÉLIMINATOIRE
ÉLIMINATRICE
ÉLISABÉTHAIN
ELLIPSOÏDALE
ELLIPSOÏDAUX
EL-MOHAMMADIA
ÉLUCUBRATION
ÉMANCIPATEUR
ÉMANCIPATION

ÉMASCULATION
EMBARBOUILLÉ
EMBARDOUFLÉE
EMBARDOUFLER
EMBARQUEMENT
EMBARRASSANT
EMBASTILLANT
EMBELLISSANT
EMBLÉMATIQUE
EMBOBELINANT
EMBOLISATION
EMBOUQUEMENT
EMBOURGEOISÉ
EMBOUTEILLÉE
EMBOUTEILLER
EMBOUTISSAGE
EMBOUTISSANT
EMBRASSEMENT
EMBROCHEMENT
EMBROUILLAGE
EMBROUILLANT
EMBRYOGENÈSE
EMBRYONNAIRE
EMBRYOPATHIE
EMBRYOSCOPIE
ÉMERILLONNÉE
ÉMERVEILLANT
EMMAGASINAGE
EMMAGASINANT
EMMAILLOTANT
EMMANCHEMENT
EMMARCHEMENT
EMMÉNAGEMENT
EMMITOUFLANT
EMMOUSCAILLÉ
ÉMOTIONNABLE
ÉMOTIONNANTE
ÉMOTIONNELLE
ÉMOUSTILLANT
EMPIERREMENT
EMPOISONNANT
EMPOISONNEUR
EMPOISSONNÉE
EMPOISSONNER
EMPORTE-PIÈCE
EMPOUSSIÉRÉE
EMPOUSSIÉRER
EMPRESSEMENT
EMPRISONNANT
ÉMULSIFIABLE
ÉMULSIFIANTE
ÉMULSIONNANT
ÉNANTIOTROPE
ENCAISSEMENT
ENCANAILLANT
ENCAPUCHONNÉ
ENCARTOUCHÉE

ENCASTREMENT
ENCAUSTIQUÉE
ENCAUSTIQUER
ENCÉPAGEMENT
ENCÉPHALIQUE
ENCERCLEMENT
ENCHAÎNEMENT
ENCHANTEMENT
ENCHÂSSEMENT
ENCHÉRISSANT
ENCHÉRISSEUR
ENCHEVAUCHÉE
ENCHEVAUCHER
ENCHEVÊTRANT
ENCHEVÊTRURE
ENCLIQUETAGE
ENCLIQUETANT
ENCOMBREMENT
EN CONTRE-HAUT
ENCOURAGEANT
ENCRASSEMENT
ENCROÛTEMENT
EN CUL-DE-POULE
ENCYCLOPÉDIE
ENDIMANCHANT
ENDIVISIONNÉ
ENDOCTRINANT
ENDODERMIQUE
ENDOMÉTRIOSE
ENDOMMAGEANT
ENDOMORPHINE
ENDOPARASITE
ENDOSCOPIQUE
ENDOTHÉLIALE
ENDOTHÉLIAUX
ENDURCISSANT
ÉNERGÉTICIEN
ENFANTILLAGE
ENFOURNEMENT
ENFUTAILLANT
ENGENDREMENT
ENGHIENNOISE
ENGRAISSEUSE
ENGRANGEMENT
ENGUIRLANDÉE
ENGUIRLANDER
ENHARDISSANT
ENHARMONIQUE
ENJOLIVEMENT
ENLAIDISSANT
ENNOBLISSANT
ENORGUEILLIE
ENORGUEILLIR
ENQUIQUINANT
ENQUIQUINEUR
ENRACINEMENT
ENRÉGIMENTÉE

ENRÉGIMENTER
ENREGISTRANT
ENREGISTREUR
ENRÉSINEMENT
ENRICHISSANT
ENSANGLANTÉE
ENSANGLANTER
ENSEIGNEMENT
ENSOLEILLANT
ENSOMMEILLÉE
ENSORCELANTE
ENSORCELEUSE
ENTÉRINEMENT
ENTÉROCOLITE
ENTÉROKINASE
ENTHOUSIASME
ENTHOUSIASMÉ
ENTHOUSIASTE
ENTOMOSTRACÉ
ENTORTILLAGE
ENTORTILLANT
ENTRAÎNEMENT
ENTREBÂILLÉE
ENTREBÂILLER
ENTRECHOQUÉE
ENTRECHOQUER
ENTRECOUPANT
ENTRECROISÉE
ENTRECROISER
ENTRE-DÉCHIRÉ
ENTRE-DÉVORÉE
ENTRE-DÉVORER
ENTRE-DÉVORÉS
ENTRÉE-SORTIE
ENTRE-HEURTÉE
ENTRE-HEURTER
ENTRE-HEURTÉS
ENTRELARDANT
ENTREMETTANT
ENTREMETTEUR
ENTREPRENANT
ENTREPRENDRE
ENTREPRENEUR
ENTRETAILLÉE
ENTRETAILLER
ENTRE-TISSANT
ENTRE-TISSÉES
ENTRETOISANT
ENVAHISSANTE
ENVELOPPANTE
ENVENIMATION
ENVIEUSEMENT
ENVIRONNANTE
ENVISAGEABLE
ENZENSBERGER
ENZYMOPATHIE
ÉPAISSISSANT

12

ÉPAISSISSEUR
ÉPANOUISSANT
ÉPAULÉS-JETÉS
ÉPICONDYLITE
ÉPICRÂNIENNE
ÉPICYCLOÏDAL
ÉPIGASTRIQUE
ÉPIGRAPHIQUE
ÉPIGRAPHISTE
ÉPINEURIENNE
ÉPINE-VINETTE
ÉPIPÉLAGIQUE
ÉPIPHÉNOMÈNE
ÉPISCOPALIEN
ÉPOUSTOUFLÉE
ÉPOUSTOUFLER
ÉPOUVANTABLE
ÉQUARRISSAGE
ÉQUARRISSANT
ÉQUARRISSEUR
ÉQUATORIENNE
ÉQUATORIENNE
ÉQUIDISTANCE
ÉQUIDISTANTE
ÉQUILATÉRALE
ÉQUILATÉRAUX
ÉQUILIBRANTE
ÉQUILIBRISTE
ÉQUIPOLLENCE
ÉQUIPOLLENTE
ÉQUIPROBABLE
ÉREUTOPHOBIE
ERGOTHÉRAPIE
ERMENONVILLE
ÉROTIQUEMENT
ÉRYTHÉMATEUX
ESCARGOTIÈRE
ESCARPOLETTE
ESCAUDINOISE
ESCHATOLOGIE
ESCLAVAGISME
ESCLAVAGISTE
ESCOUMINOISE
ESPACES-TEMPS
ESPAGNOLETTE
ESPALIONNAIS
ESPÉRANTISTE
ESQUIMAUTAGE
ESSOUCHEMENT
ESSUIE-GLACES
ESSUIE-VERRES
EST-ALLEMANDE
EST-ALLEMANDS
ESTAMPILLAGE
ESTAMPILLANT
ESTHÉTISANTE
ESTUDIANTINE

ÉTALONNEMENT
ÉTATS-UNIENNE
ÉTATS-UNIENNE
ÉTAUX-LIMEURS
ETCHMIADZINE
ETHNIQUEMENT
ETHNOGRAPHIE
ETHNOLOGIQUE
ÉTOURDISSANT
ÉTRANGLEMENT
ÉTRÉSILLONNÉ
ÉTYMOLOGIQUE
ÉTYMOLOGISTE
EUPHORBIACÉE
EUPHORISANTE
EURAFRICAINE
EURASIATIQUE
EUROPÉANISÉE
EUROPÉANISER
EUTHANASIANT
EUTHANASIQUE
ÉVANGÉLIAIRE
ÉVANGÉLISANT
ÉVANOUISSANT
ÉVAPORATOIRE
ÉVÉNEMENTIEL
ÉVISCÉRATION
EXACERBATION
EXAMINATRICE
EXASPÉRATION
EXCÉDENTAIRE
EXCELLEMMENT
EXCENTRATION
EXCENTRICITÉ
EXCEPTIONNEL
EXCITABILITÉ
EXCLUSIVISME
EXCOMMUNIANT
EXCRÉMENTIEL
EXCROISSANCE
EXCURSIONNER
EXEMPLIFIANT
EXFILTRATION
EXHAUSSEMENT
EXHAUSTIVITÉ
EXHÉRÉDATION
EXORCISATION
EXOSQUELETTE
EXOTHERMIQUE
EXPATRIATION
EXPECTORANTE
EXPÉRIMENTAL
EXPÉRIMENTÉE
EXPÉRIMENTER
EXPLOITATION
EXPLORATOIRE
EXPLORATRICE

EXPLOSIMÈTRE
EXPORTATRICE
EXPRESSÉMENT
EXPRESSIVITÉ
EXTEMPORANÉE
EXTENSIONNEL
EXTENSOMÈTRE
EXTÉRIORISÉE
EXTÉRIORISER
EXTÉROCEPTIF
EXTRA-COURANT
EXTRASOLAIRE
EXTRASYSTOLE
EXTRA-UTÉRINE
EXTRA-UTÉRINS
EXTRAVAGANCE
EXTRAVAGANTE
EXTRAVAGUANT
EXTRAVERSION
EXULCÉRATION
FABIUS PICTOR
FABRE D'OLIVET
FABRICATRICE
FÂCHEUSEMENT
FACILITATION
FACTIONNAIRE
FAIBLISSANTE
FAILLIBILITÉ
FAMILIARISÉE
FAMILIARISER
FANATISATION
FANFARONNADE
FANFARONNANT
FANTIN-LATOUR
FANTOMATIQUE
FARADISATION
FARFOUILLANT
FAROUCHEMENT
FASCINATRICE
FATHPUR-SIKRI
FATIGABILITÉ
FAUBOURIENNE
FAUX-BOURDONS
FAUX-SEMBLANT
FÉCONDATRICE
FÉDÉRALISANT
FELD-MARÉCHAL
FELLETINOISE
FÉMINISATION
FENDILLEMENT
FENESTRATION
FERBLANTERIE
FERMENTATION
FERNEYSIENNE
FERRICYANURE
FERROALLIAGE
FERROCYANURE

FERRUGINEUSE
FERTILISABLE
FERTILISANTE
FESSE-MATHIEU
FESTIVALIÈRE
FEUILLANTINE
FEUILLE-MORTE
FIANARANTSOA
FIBRILLATION
FIBROMATEUSE
FICTIONNELLE
FIDÉLISATION
FIFTY-FIFTIES
FILAMENTEUSE
FILDEFÉRISTE
FILMOGRAPHIE
FILTRE-PRESSE
FINALISATION
FINNO-OUGRIEN
FLAGELLATEUR
FLAGELLATION
FLAMBOIEMENT
FLANCS-GARDES
FLANDRICISME
FLEGMATISANT
FLEURDELISÉE
FLEURETTISTE
FLEURIATONNE
FLEURYSSOISE
FLEXIBILISÉE
FLEXIBILISER
FLEXIONNELLE
FLEXOGRAPHIE
FLINT-GLASSES
FLORANGEOISE
FLORENSACOIS
FLORICULTURE
FLOTTABILITÉ
FLUIDIFIANTE
FLUIDISATION
FLUORESCÉINE
FLUORESCENCE
FLUORESCENTE
FLUOTOURNAGE
FLUVIOGRAPHE
FOCALISATION
FOIES-DE-BŒUF
FOISONNEMENT
FOLLE-BLANCHE
FOLLICULAIRE
FOLSCHVILLER
FONCIÈREMENT
FONCTIONNANT
FONDAMENTALE
FONDAMENTAUX
FONTENAISIEN
FONTENAYSIEN
FOOTBALLEUSE
FORAMINIFÈRE
FORÊT D'ORIENT
FORÊT-GALERIE
FORÊTS-NOIRES
FORMALDÉHYDE
FORMELLEMENT
FORNICATRICE
FORT-DE-FRANCE
FORT MCMURRAY
FORTUITEMENT
FOSBURY FLOPS
FOSSATUSSIEN
FOUDROIEMENT
FOUESNANTAIS
FOUETTE-QUEUE
FOUGEROLLAIS
FOURGONNETTE
FOURGON-POMPE
FOURMISIENNE
FOURNISSEUSE
FOURVOIEMENT
FOUTIMASSANT
FRACASSEMENT
FRACTIONNANT
FRACTURATION
FRAGMENTAIRE
FRAÎCHISSANT
FRANC-COMTOIS
FRANC-COMTOIS
FRANCHE-COMTÉ
FRANCHEVILLE
FRANCHISSANT
FRANCILIENNE
FRANCILIENNE
FRANCISATION
FRANCISCAINE
FRANC-MAÇONNE
FRANCONVILLE
FRANCOPHILIE
FRANCOPHOBIE
FRANCOPHONIE
FRANCS-ALLEUX
FRANCS-MAÇONS
FRANGIPANIER
FRANKENSTEIN
FRANSQUILLON
FRATERNISANT
FREDONNEMENT
FREI MONTALVA
FRÉMISSEMENT
FRENCH CANCAN
FRÉQUENTABLE
FRÉQUENTATIF
FRÉTILLEMENT
FRIBOURGEOIS
FRICTIONNANT
FRIGORIFIANT
FRIGORIFIQUE
FRILEUSEMENT
FRISSONNANTE
FROBISHER BAY
FRŒBÉLIENNE
FRONTONNAISE
FROTTE-MANCHE
FROUFROUTANT
FUGITIVEMENT
FUKUI KENICHI
FULL-CONTACTS
FURIEUSEMENT
FURONCULEUSE
FUSÉES-SONDES
FUSIONNEMENT
GADROUILLANT
GAILLONNAISE
GAINE-CULOTTE
GAINSBOROUGH
GALACTOPHORE
GALLICANISME
GALLO-ROMAINE
GALLO-ROMAINS
GALLO-ROMANES
GALVANOMÈTRE
GALVANOTYPIE
GAMÉTOGENÈSE
GAMMAGRAPHIE
GANDRANGEOIS
GANGSTÉRISME
GARANTISSANT
GARDE-MEUBLES
GARDEN-PARTYS
GARDE-RIVIÈRE
GARDES-CHASSE
GARDES-MALADE
GARGILESSOIS
GARGOUILLANT
GARNIER-PAGÈS
GASTON DE FOIX
GASTRECTOMIE
GASTRULATION
GAULOISEMENT
GAZOUILLANTE
GAZOUILLEUSE
GEISPOLSHEIM
GÉLIFICATION
GÉLIFRACTION
GEMMOLOGISTE
GÉNÉALOGIQUE
GÉNÉALOGISTE
GÉNÉRALEMENT
GÉNÉRALISANT
GÉNÉTHLIAQUE
GÉNÉTICIENNE
GENNASSIENNE

GÉNOTHÉRAPIE
GÉOCENTRIQUE
GÉOCENTRISME
GÉODYNAMIQUE
GÉOGRAPHIQUE
GÉOPHYSICIEN
GÉOPOLITIQUE
GÉORGIE DU SUD
GÉOSTRATÉGIE
GÉOSYNCHRONE
GÉOSYNCLINAL
GÉOTECHNIQUE
GÉOTHERMIQUE
GERMANOPHILE
GERMANOPHOBE
GERMANOPHONE
GÉRONTOLOGIE
GÉRONTOLOGUE
GESTICULANTE
GESTIONNAIRE
GHEORGHIU-DEJ
GIBBÉRELLINE
GIF-SUR-YVETTE
GILLOCRUCIEN
GIULIO ROMANO
GLACIALEMENT
GLAGOLITIQUE
GLANDOUILLER
GLAPISSEMENT
GLOBALISANTE
GLOBE-TROTTER
GLOBICÉPHALE
GLOCKENSPIEL
GLOSSECTOMIE
GLOUGLOUTANT
GLOUTONNERIE
GLYCOGÉNIQUE
GLYCOSURIQUE
GLYNDEBOURNE
GLYPTOTHÈQUE
GOAL-AVERAGES
GOGUENARDISE
GOMMES-GUTTES
GOMMES-LAQUES
GONOCHORIQUE
GONOCHORISME
GORNO-ALTAÏSK
GOUDRONNEUSE
GOURDONNAISE
GOUVERNEMENT
GRADIGNANAIS
GRAILLONNANT
GRAMMATICALE
GRAMMATICAUX
GRAND DAUPHIN
GRAND-DUCALES
GRANDE BRIÈRE
GRANDE-SYNTHE
GRANDISSANTE
GRAND KHINGAN
GRAND LAC SALÉ
GRAND-MÉROISE
GRAND PARADIS
GRANDS-ANGLES
GRANDS-DUCHÉS
GRANDS-LIVRES
GRANDS-MAMANS
GRANDS-MESSES
GRANDS-ONCLES
GRANDS-TANTES
GRANDS-VOILES
GRAND TRIANON
GRANDVELLAIS
GRANDVILLARS
GRANVILLAISE
GRAPPILLEUSE
GRASSEYEMENT
GRASSOUILLET
GRATIENNOISE
GRATTE-PAPIER
GRATTOUILLÉE
GRATTOUILLER
GRATUITEMENT
GRAUFESENQUE
GRAULHETOISE
GRAVELINOISE
GRAVETTIENNE
GRAVILLONNÉE
GRAVILLONNER
GRÉCO-LATINES
GRÉCO-ROMAINE
GRÉCO-ROMAINS
GRELOTTEMENT
GRENOUILLAGE
GRENOUILLANT
GRENOUILLÈRE
GRÉSILLEMENT
GREVENMACHER
GRIBOUILLAGE
GRIBOUILLANT
GRIBOUILLEUR
GRIFFONNEUSE
GRIGNOTEMENT
GRIGOROVITCH
GRISONNEMENT
GROENLANDAIS
GROIZILLONNE
GROS-PORTEURS
GROSSE BERTHA
GROSSISSANTE
GROTHENDIECK
GROUILLEMENT
GUADALQUIVIR
GUADELOUPÉEN
GUADELOUPÉEN
GUERNESIAISE
GUEUGNONNAIS
GUEULE-DE-LOUP
GUEULETONNER
GUIDO D'AREZZO
GUILLEMETANT
GUILLOTINANT
GUINDAILLANT
GUINÉE-BISSAU
GUINGAMPAISE
GUINGUETTOIS
GUIRY-EN-VEXIN
GUJAN-MESTRAS
GUTTIFÉRACÉE
GYNÉCOMASTIE
GYROSCOPIQUE
HABEAS CORPUS
HABILITATION
HABITABILITÉ
HAGIOGRAPHIE
HAILLONNEUSE
HAINEUSEMENT
HALICARNASSE
HALLEBARDIER
HALLSTATTIEN
HALLUCINANTE
HALOGÉNATION
HALTÉROPHILE
HAMBOURGEOIS
HAMMARSKJÖLD
HAMPTON COURT
HAMPTON ROADS
HANDBALLEUSE
HANDICAPANTE
HARFLEURAISE
HARMONICISTE
HARNACHEMENT
HARPONNEMENT
HARTZENBUSCH
HAUSSMANIEN
HAUTEFORTAIS
HAUTE-GARONNE
HAUTES-CONTRE
HAUTES-FAGNES
HAUTEVILLOIS
HAUT-FOURNEAU
HAUT-KARABAKH
HAUT-MARNAISE
HAUTMONTOISE
HAUT-PARLEURS
HAUT-RHINOISE
HAUT-SAÔNOISE
HAUT-SAVOYARD
HAUTS-DE-FORME
HAUTS-DE-SEINE
HAUT-SEINAISE

HAUTS-RELIEFS
HAUT-VIENNOIS
HEBDOMADAIRE
HÉDONISTIQUE
HÉGÉLIANISME
HEILIGENBLUT
HEILONGJIANG
HÉLIOGRAPHIE
HÉLIOGRAVEUR
HÉLIOGRAVURE
HÉLIOTROPINE
HÉLITREUILLÉ
HELMINTHIASE
HELSINKIENNE
HÉMATOPOÏÈSE
HÉMATOZOAIRE
HÉMIPLÉGIQUE
HÉMIPTÉROÏDE
HÉMORRAGIQUE
HÉMORROÏDALE
HÉMORROÏDAUX
HÉMOSTATIQUE
HENNEBONTAIS
HENNISSEMENT
HENRI LE CRUEL
HENRI LE SAINT
HEPTAÉDRIQUE
HEPTASYLLABE
HÉRICOURTOIS
HÉRIMONCOURT
HÉRITABILITÉ
HÉROÏ-COMIQUE
HÉROÏNOMANIE
HÉROÏQUEMENT
HÉRON L'ANCIEN
HÉROUVILLAIS
HERPÉTOLOGIE
HERTOGENWALD
HÉTÉROCERQUE
HÉTÉROGREFFE
HÉTÉROMORPHE
HÉTÉROPHORIE
HÉTÉROSEXUEL
HÉTÉROSPHÈRE
HÉTÉROTHERME
HÉTÉROTROPHE
HÉTÉROZYGOTE
HEUREUSEMENT
HEXACHLORURE
HEXADÉCIMALE
HEXADÉCIMAUX
HEXAFLUORURE
HIÉRARCHIQUE
HIÉRARCHISÉE
HIÉRARCHISER
HIGASHIOSAKA
HIGGINS CLARCK
HIPPOLOGIQUE
HIPPOTECHNIE
HISPANO-ARABE
HISPANOPHONE
HISTAMINIQUE
HISTOLOGIQUE
HISTORICISME
HISTORICISTE
HISTRIONISME
HOFMANNSTHAL
HOHENSTAUFEN
HOHENZOLLERN
HOJO TOKIMUNE
HOLLYWOODIEN
HOLOMÉTABOLE
HOLOPROTÉINE
HOMBOURGEOIS
HOMBOURG-HAUT
HOMÉOTHERMIE
HOME-TRAINERS
HOMINISATION
HOMOGÉNÉISÉE
HOMOGÉNÉISER
HOMOLOGATION
HOMOPHONIQUE
HOMOSEXUELLE
HOMOTHÉTIQUE
HONFLEURAISE
HONGKONGAISE
HONORABILITÉ
HONORIS CAUSA
HONTEUSEMENT
HOOLIGANISME
HORRIBLEMENT
HORRIPILANTE
HORTICULTEUR
HORTICULTURE
HOSPITALIÈRE
HOSPITALISÉE
HOSPITALISER
HOSPITALISME
HOUBLONNIÈRE
HOULIGANISME
HUBERTSBOURG
HUDDERSFIELD
HUELGOATAISE
HUITIÈMEMENT
HUMANISATION
HUMIFICATION
HUMORISTIQUE
HUSAYN IBN ALI
HYDRAULICIEN
HYDRE DE LERNE
HYDROCARBONÉ
HYDROCARBURE
HYDROCÉPHALE
HYDROFUGEANT
HYDROGRAPHIE
HYDROLOGIQUE
HYDROLOGISTE
HYDROLYSABLE
HYDROMINÉRAL
HYDROPONIQUE
HYDROQUINONE
HYDROSOLUBLE
HYDROTHERMAL
HYPERACOUSIE
HYPERBOLIQUE
HYPERBOLOÏDE
HYPERLIPÉMIE
HYPERMÉTROPE
HYPERSONIQUE
HYPERTENSEUR
HYPERTENSION
HYPERTENSIVE
HYPERTHERMIE
HYPERTONIQUE
HYPERTROPHIE
HYPERTROPHIÉ
HYPNAGOGIQUE
HYPNOTISEUSE
HYPOCALCÉMIE
HYPOCHLOREUX
HYPOCHLORITE
HYPOCYCLOÏDE
HYPODERMIQUE
HYPOESTHÉSIE
HYPOGLYCÉMIE
HYPOKALIÉMIE
HYPONATRÉMIE
HYPOPHYSAIRE
HYPOSTASIANT
HYPOSTATIQUE
HYPOTHALAMUS
HYPOTHÉCABLE
HYPOTHÉCAIRE
HYPOTHÉQUANT
HYPOTHÉTIQUE
IBN AL-HAYTHAM
IBN AL-MUQAFFA
IBRAHIM PACHA
ICONOGRAPHIE
ICONOLOGIQUE
IDÉALISATEUR
IDÉALISATION
IDENTIFIABLE
IDIOPATHIQUE
IELIZAVETPOL
IEVTOUCHENKO
IGNIFUGATION
IGNIFUGEANTE
IGNOMINIEUSE
ILANGS-ILANGS
ILÉO-CÆCALES

ILLÉGALEMENT
ILLÉGITIMITÉ
ILLIBÉRIENNE
ILLICITEMENT
ILLISIBILITÉ
ILLUMINATION
ILLUSIONNANT
ILLUSTRATEUR
ILLUSTRATION
ILLUSTRATIVE
IMBÉCILEMENT
IMERCURIENNE
IMMATÉRIELLE
IMMATRICULÉE
IMMATRICULER
IMMATURATION
IMMOBILISANT
IMMODÉRÉMENT
IMMORALEMENT
IMMORTALISÉE
IMMORTALISER
IMMUABLEMENT
IMMUNISATION
IMMUTABILITÉ
IMPALUDATION
IMPARIDIGITÉ
IMPARIPENNÉE
IMPARTIALITÉ
IMPARTISSANT
IMPATIEMMENT
IMPATIENTANT
IMPATRONISÉE
IMPATRONISER
IMPÉCUNIEUSE
IMPÉNÉTRABLE
IMPERFECTION
IMPERFECTIVE
IMPÉRIALISME
IMPÉRIALISTE
IMPÉRISSABLE
IMPERTINENCE
IMPERTINENTE
IMPLANTATION
IMPONDÉRABLE
IMPOPULARITÉ
IMPORTATRICE
IMPORT-EXPORT
IMPRATICABLE
IMPRÉCATOIRE
IMPRÉCATRICE
IMPRÉGNATION
IMPRESSIONNÉ
IMPRÉVISIBLE
IMPRÉVOYANCE
IMPRÉVOYANTE
IMPROBATRICE
IMPRODUCTIVE
IMPROPREMENT
IMPRUDEMMENT
IMPUTABILITÉ
INACCEPTABLE
INACCESSIBLE
INACCORDABLE
INACCOUTUMÉE
INACHÈVEMENT
INACTIVATION
INADAPTATION
INADÉQUATION
INADMISSIBLE
INADVERTANCE
INALIÉNATION
INANALYSABLE
INAPPLICABLE
INAPPRIVOISÉ
INAPPROPRIÉE
INATTAQUABLE
INAUGURATION
INCALCULABLE
INCANDESCENT
INCANTATOIRE
INCAPACITANT
INCESSAMMENT
INCHAUFFABLE
INCHAVIRABLE
INCHIFFRABLE
INCINÉRATEUR
INCINÉRATION
INCLINOMÈTRE
INCOAGULABLE
INCOMMODANTE
INCOMMUTABLE
INCOMPARABLE
INCOMPATIBLE
INCOMPÉTENCE
INCOMPÉTENTE
INCOMPLÉTUDE
INCONCEVABLE
INCONGRÛMENT
INCONSCIENCE
INCONSCIENTE
INCONSÉQUENT
INCONSIDÉRÉE
INCONSISTANT
INCONSOLABLE
INCONTINENCE
INCONTINENTE
INCONVENANCE
INCONVENANTE
INCONVÉNIENT
INCORPORABLE
INCORPORELLE
INCORRECTION
INCORRIGIBLE
INCRÉMENTANT
INCRÉMENTIEL
INCRIMINABLE
INCRUSTATION
INCULTIVABLE
INCURABILITÉ
INDÉCHIRABLE
INDÉCLINABLE
INDÉCOLLABLE
INDÉFECTIBLE
INDÉFENDABLE
INDÉFINIMENT
INDÉFORMABLE
INDÉFRISABLE
INDÉHISCENTE
INDÉLÉBILITÉ
INDEMNISABLE
INDEMNITAIRE
INDÉMONTABLE
INDÉPASSABLE
INDÉPENDANCE
INDÉPENDANTE
INDÉRÉGLABLE
INDÉTECTABLE
INDÉTERMINÉE
INDIANAPOLIS
INDIFFÉRENCE
INDIFFÉRENTE
INDISCIPLINE
INDISCIPLINÉ
INDISCRÉTION
INDISCUTABLE
INDISPONIBLE
INDISSOLUBLE
INDIVIDUELLE
INDO-ARYENNES
INDOCHINOISE
INDOCHINOISE
INDO-EUROPÉEN
INDO-EUROPÉEN
INDONÉSIENNE
INDONÉSIENNE
INDRE-ET-LOIRE
INDULGENCIÉE
INDULGENCIER
INDUSTRIELLE
INDUSTRIEUSE
INÉBRANLABLE
INEFFICACITÉ
INÉGALITAIRE
INÉLÉGAMMENT
INEMPLOYABLE
INÉS DE CASTRO
INESTHÉTIQUE
INEXACTEMENT
INEXACTITUDE
INEXÉCUTABLE
INEXPÉRIENCE

INEXPLICABLE
INEXPLORABLE
INEXPLOSIBLE
INEXPRESSIVE
INEXPRIMABLE
INEXPUGNABLE
INEXTENSIBLE
INEXTIRPABLE
INEXTRICABLE
INFANTILISÉE
INFANTILISER
INFANTILISME
INFÉRIORISÉE
INFÉRIORISER
INFIBULATION
INFIDÈLEMENT
INFILTRATION
INFLAMMATION
INFLUENÇABLE
INFORMATIQUE
INFORMATISÉE
INFORMATISER
INFORMATRICE
INFROISSABLE
INFRUCTUEUSE
INFUSIBILITÉ
INGÉNIERISTE
INHABITUELLE
INHARMONIEUX
INIMAGINABLE
ININTERROMPU
INITIALEMENT
INITIALISANT
INOBSERVABLE
INOBSERVANCE
INOCCUPATION
INQUISITOIRE
INQUISITRICE
INRACONTABLE
INSALISSABLE
INSATISFAITE
INSCRIPTIBLE
INSÉCABILITÉ
INSÉMINATEUR
INSÉMINATION
INSIGNIFIANT
INSOLUBILISÉ
INSOLUBILITÉ
INSONORISANT
INSOUMISSION
INSOUPÇONNÉE
INSOUTENABLE
INSPIRATOIRE
INSPIRATRICE
INSTALLATEUR
INSTALLATION
INSTAURATEUR
INSTAURATION
INSTIGATRICE
INSTILLATION
INSTITUTRICE
INSTRUMENTAL
INSTRUMENTÉE
INSTRUMENTER
INSUBORDONNÉ
INSUFFISANCE
INSUFFISANTE
INSUFFLATION
INSUPPORTANT
INSURRECTION
INTARISSABLE
INTELLECTION
INTELLECTUEL
INTELLIGENCE
INTELLIGENTE
INTELLIGIBLE
INTEMPÉRANCE
INTEMPÉRANTE
INTEMPESTIVE
INTEMPORELLE
INTENSIFIANT
INTENSIONNEL
INTENTIONNÉE
INTENTIONNEL
INTERCALAIRE
INTERCEPTANT
INTERCEPTEUR
INTERCEPTION
INTERCESSEUR
INTERCESSION
INTERCLASSÉE
INTERCLASSER
INTERCOSTALE
INTERCOSTAUX
INTERCOTIDAL
INTERCURRENT
INTERDICTION
INTERDIGITAL
INTÉRESSANTE
INTERFÉCONDE
INTERFÉRENCE
INTERFÉRENTE
INTERHUMAINE
INTÉRIORISÉE
INTÉRIORISER
INTERJECTION
INTERJECTIVE
INTERLEUKINE
INTERLIGNAGE
INTERLIGNANT
INTERLOQUANT
INTERMINABLE
INTERMITTENT
INTERNÉGATIF
INTÉROCEPTIF
INTEROSSEUSE
INTERPELLANT
INTERPÉNÉTRÉ
INTERPOSITIF
INTERPRÉTANT
INTERPRÉTEUR
INTERRACIALE
INTERRACIAUX
INTERROGATIF
INTERROGEANT
INTERROMPANT
INTERRUPTEUR
INTERRUPTION
INTERSECTION
INTERSESSION
INTERSIDÉRAL
INTERSTITIEL
INTERTEXTUEL
INTERURBAINE
INTERVENANTE
INTERVENTION
INTERVERSION
INTERVIEWANT
INTERVIEWEUR
INTIMIDATEUR
INTIMIDATION
INTOXICATION
INTRACRÂNIEN
INTRANSITIVE
INTRA-UTÉRINE
INTRA-UTÉRINS
INTRAVEINEUX
INTRODUCTEUR
INTRODUCTION
INTRODUCTIVE
INTRODUISANT
INTROJECTION
INTROMISSION
INTROSPECTIF
INTROVERSION
INTUMESCENCE
INUKJUAMIUTE
INUTILISABLE
INVAGINATION
INVALIDATION
INVENTORIAGE
INVENTORIANT
INVÉRIFIABLE
INVERTISSANT
INVESTIGUANT
INVESTISSANT
INVESTISSEUR
INVISIBILITÉ
INVOLONTAIRE
INVULNÉRABLE
IODO-IODURÉES

12

IRASCIBILITÉ
IRISH-COFFEES
IRISH-TERRIER
IRONIQUEMENT
IRRÉALISABLE
IRRÉDENTISME
IRRÉDENTISTE
IRRÉDUCTIBLE
IRRÉFORMABLE
IRRÉFRAGABLE
IRRÉGULARITÉ
IRRÉLIGIEUSE
IRRÉMÉDIABLE
IRRÉMISSIBLE
IRRÉSISTIBLE
IRRÉSOLUTION
IRRESPIRABLE
IRRÉVERSIBLE
IRRITABILITÉ
ISAAC COMNÈNE
ISENTROPIQUE
ISIGNY-LE-BUAT
ISIGNY-SUR-MER
ISLAMISATION
ISMAÏL-SAMANI
ISOCHRONIQUE
ISOCHRONISME
ISOMORPHISME
ISSOLDUNOISE
ITALIANISANT
IVRESSOMÈTRE
IVRY-SUR-SEINE
IVUJIVIMMIUQ
IWASZKIEWICZ
JACKSONVILLE
JAILLISSANTE
JAKARTANAISE
JANKÉLÉVITCH
JAPONAISERIE
JAROVISATION
JAUNISSEMENT
JEAN-BAPTISTE
JEAN GUALBERT
JEANNE D'ANJOU
JEAN SANS PEUR
JEAN SOBIESKI
JE-NE-SAIS-QUOI
JET-SOCIETIES
JIANG JINGGUO
JOHANNESBURG
JOHANNISBERG
JOHORE BAHARU
JOINTOIEMENT
JOINT-VENTURE
JOINVILLAISE
JOINVILLOISE
JONQUIÉROISE
JOSSELINAISE
JOTRANCIENNE
JOUÉ-LÈS-TOURS
JOUJOUTHÈQUE
JOURS-AMENDES
JUÁREZ GARCÍA
JUDICIARISER
JUILLETTISTE
JULIEVILLOIS
JUPITÉRIENNE
JURANÇONNAIS
JUSTIFICATIF
JUXTAPOSABLE
KALÉIDOSCOPE
KAMPTOZOAIRE
KANKAN MOUSSA
KANO MASANOBU
KANO MOTONOBU
KANTOROVITCH
KARAKALPAKIE
KHIEU SAMPHAN
KHMERS ROUGES
KHORRAMCHAHR
KHROUCHTCHEV
KILIMANDJARO
KILOMÉTRIQUE
KILOTONNIQUE
KIMBANGUISME
KIRGHIZISTAN
KIRIBATIENNE
KOLKHOZIENNE
KOLOKOTRÓNIS
KOMMANDANTUR
KOTA KINABALU
KOUIGN-AMANNS
KOVALEVSKAÏA
KREMENTCHOUG
KREMENTCHOUK
KRISTIANSAND
KRISTIANSTAD
KUUJJUAMIUTE
KUUJJUARAPIK
KWAZULU-NATAL
KYRIE ELEISON
LABANOTATION
LABIODENTALE
LABYRINTHITE
LA CALPRENÈDE
LACÉDÉMONIEN
LACÉDÉMONIEN
LA CHAISE-DIEU
LACRYMO-NASAL
LACTALBUMINE
LACTOFLAVINE
LA FERTÉ-ALAIS
LA FERTÉ-MILON
LAGOS ESCOBAR
LA GRAND-COMBE
LA GRAND-CROIX
LA GRAND-MOTTE
LAISSÉ-COURRE
LAISSER-ALLER
LAISSER-FAIRE
LAKE DISTRICT
LA MEILLERAYE
LAMELLÉ-COLLÉ
LAMELLIFORME
LAMINECTOMIE
LAMPE-TEMPÊTE
LANCE-AMARRES
LANCE-FLAMMES
LANCE-GRENADE
LANCE-MISSILE
LANCE-PIERRES
LANDERNÉENNE
LANEUVEVILLE
LANGUE-DE-CERF
LANGUE-DE-CHAT
LANGUEDOCIEN
LANGUEDOCIEN
LANGUISSANTE
LANNIONNAISE
LAPALISSOISE
LAPAROSCOPIE
LA POSSESSION
LAPPEENRANTA
LAPRAIRIENNE
LARGILLIERRE
LARIBOISIÈRE
LA ROCHE-POSAY
LARYNGOLOGIE
LARYNGOSCOPE
LARYNGOTOMIE
LATÉRALEMENT
LATÉRISATION
LATIFUNDISTE
LATINISATION
LAURENTIDIEN
LAURENTIENNE
LAURENTIENNE
LAURIER-SAUCE
LAURIERS-TINS
LAVANDOURAIN
LAVELANÉTIEN
LE BAR-SUR-LOUP
LÈCHE-VITRINE
LECH-OBERLECH
LÉGALISATION
LE GARDEUROIS
LÉGIONELLOSE
LÉGISLATIVES
LÉGISLATRICE
LÉGITIMATION
LÉGITIMEMENT

LE GRAND-LEMPS
LEISHMANIOSE
LENTICULAIRE
LÉON LE KHAZAR
LEOPOLDSBURG
LÉOPOLDVILLE
LÉPROMATEUSE
LEPTOCÉPHALE
LEPTOSPIROSE
LE PUY-EN-VELAY
LEROI-GOURHAN
LE ROY LADURIE
LES DEUX-ALPES
LESDIGUIÈRES
LES ESCOUMINS
LES PAVILLONS
LES PONTS-DE-CÉ
LEUCOCYTAIRE
LE VAL-DE-MEUSE
LEVALLOISIEN
LEXICOGRAPHE
LÉZIGNANAISE
L'HAŸ-LES-ROSES
LIBANISATION
LIBÉRALEMENT
LIBÉRALISANT
LIBRE-ÉCHANGE
LIBRE-PENSEUR
LIBRE-SERVICE
LIBREVILLOIS
LICENCIEMENT
LICHTENSTEIN
LIGAMENTAIRE
LIGAMENTEUSE
LILLEBONNAIS
LIMNOLOGIQUE
LINÉAIREMENT
LINGUA FRANCA
LINGUISTIQUE
LIPOPROTÉINE
LIQUÉFACTEUR
LIQUÉFACTION
LIQUIDATRICE
L'ISLE-EN-DODON
LISLE-SUR-TARN
LISSITCHANSK
LITHOGRAPHIE
LITHOGRAPHIÉ
LITHOLOGIQUE
LITHOTRIPSIE
LITHOTRITEUR
LIZY-SUR-OURCQ
LOBATCHEVSKI
LOCALISATEUR
LOCALISATION
LOCMARIAQUER
LOCORÉGIONAL
LOCOTRACTEUR
LOGORRHÉIQUE
LOI-PROGRAMME
LOIS DE MENDEL
LOLLOBRIGIDA
LOMBO-SACRÉES
LONG-COURRIER
LONGITUDINAL
LONG-JOINTÉES
LONGUYONNAIS
LONGYEARBYEN
LORETTEVILLE
LOT-ET-GARONNE
LOUDÉACIENNE
LOUIS LE BÈGUE
LOUIS LE GRAND
LOUIS LE HUTIN
LOUIS LE JEUNE
LOUIS LE JUSTE
LOUIS L'ENFANT
LOUIS LE PIEUX
LOUPERIVOISE
LOUVECIENNES
LOUVIGNÉENNE
LOXODROMIQUE
LUANG PRABANG
LUBRIQUEMENT
LUCAS DE LEYDE
LUCIFÉRIENNE
LUDO-ÉDUCATIF
LUDOTHÉCAIRE
LUDOVICIENNE
LUDWIGSHAFEN
LUMINESCENCE
LUMINESCENTE
LUNÉVILLOISE
LUNI-SOLAIRES
LUSITANIENNE
LUSITANIENNE
LUTHÉRANISME
LUXUEUSEMENT
LYCANTHROPIE
LYMPHANGIOME
LYMPHOBLASTE
LYMPHOCYTOSE
LYONS-LA-FORÊT
LYOPHILISANT
LYOPHILISÉES
LYS-LEZ-LANNOY
LYSSYTCHANSK
MAASMECHELEN
MACADAMISANT
MACCARTHYSME
MACÉDONIENNE
MACÉDONIENNE
MACHINE-OUTIL
MÂCHONNEMENT
MÂCHOUILLANT
MACÍAS NGUEMA
MACROCÉPHALE
MACROGRAPHIE
MACROSCÉLIDE
MADAME BOVARY
MADELEINOISE
MADEMOISELLE
MADÉRISATION
MADRÉPORAIRE
MADRIGALISTE
MAGISTRATURE
MAGNANARELLE
MAGNÉTISABLE
MAGNÉTISANTE
MAGNÉTISEUSE
MAGNÉTOMÈTRE
MAGNÉTOPAUSE
MAGNÉTOPHONE
MAGNÉTOSCOPE
MAGNÉTOSCOPÉ
MAGNIFICENCE
MAGNITOGORSK
MAGNY-EN-VEXIN
MAGNYMONTOIS
MAGOUILLEUSE
MAIGRICHONNE
MAILLY-LE-CAMP
MAINE DE BIRAN
MAINE-ET-LOIRE
MAINMORTABLE
MAINS-D'ŒUVRE
MAINVILLIERS
MAÎTRE-COUPLE
MAÎTRE ECKART
MAKHATCHKALA
MALACOSTRACÉ
MALADIVEMENT
MALAKOFFIOTE
MALCHANCEUSE
MALENGUEULÉE
MALENTENDANT
MALFORMATION
MALGRACIEUSE
MALHONNÊTETÉ
MALLÉABILISÉ
MALLÉABILITÉ
MALNUTRITION
MALO-LES-BAINS
MALTHUSIENNE
MALTRAITANCE
MALVEILLANCE
MALVEILLANTE
MALVERSATION
MALZÉVILLOIS
MAMELONNAIRE
MAMMOGRAPHIE

12

MAMMOPLASTIE
MANAGUAYENNE
MANCENILLIER
MANDAT-LETTRE
MANDCHOUKOUO
MANDIBULAIRE
MANDOLINISTE
MANÉCANTERIE
MANIFESTANTE
MANIPULATEUR
MANIPULATION
MANŒUVRABLE
MANŒUVRIÈRE
MANOMÉTRIQUE
MANON LESCAUT
MANSONNIENNE
MANTEVILLOIS
MANUELLEMENT
MANUFACTURÉE
MANUFACTURER
MANU MILITARI
MAQUIGNONNÉE
MAQUIGNONNER
MARAIS BRETON
MARCHANDEUSE
MARCKOLSHEIM
MARCY-L'ÉTOILE
MARÉCHALERIE
MARÉCHAUSSÉE
MARGINALISÉE
MARGINALISER
MARGINALISME
MARGUERITTES
MARIE-GALANTE
MARIE-THÉRÈSE
MARIGNANAISE
MARITALEMENT
MARMONNEMENT
MARMOTTEMENT
MAROQUINERIE
MAROQUINIÈRE
MARQUENTERRE
MARQUISIENNE
MARSA EL-BREGA
MARSEILLAISE
MARSEILLAISE
MARSHALLAISE
MARTEAU-PILON
MARTIGNERAIN
MARTIN DU GARD
MARTINIQUAIS
MARTINIQUAIS
MARVEJOLAISE
MARX BROTHERS
MASCAREIGNES
MASCOUCHOISE
MASCULINISÉE
MASCULINISER
MASHTEUIATSH
MAS-SOUBEYRAN
MASTICATOIRE
MASTICATRICE
MASTOÏDIENNE
MASTURBATION
MATELASSIÈRE
MATÉRIALISÉE
MATÉRIALISER
MATÉRIALISME
MATÉRIALISTE
MATHÉMATIQUE
MATHÉMATISÉE
MATHÉMATISER
MATRILIGNAGE
MATRIMONIALE
MATRIMONIAUX
MAUBEUGEOISE
MAVROCORDATO
MAXIMALISANT
MAXIMISATION
MAZAR-E CHARIF
MÉCANICIENNE
MÉCANISATION
MÉCANOGRAPHE
MECKLEMBOURG
MÉCONDUISANT
MÉCONTENTANT
MÉDECINE-BALL
MÉDICALEMENT
MÉDICALISANT
MEDICINE-BALL
MÉDICO-LÉGALE
MÉDICO-LÉGAUX
MÉDICO-SOCIAL
MÉDIOCREMENT
MÉDITERRANÉE
MÉGALITHIQUE
MÉGALITHISME
MÉLANCOLIQUE
MÉLANÉSIENNE
MÉLANÉSIENNE
MÉLANODERMIE
MELCHISÉDECH
MÉLITOCOCCIE
MÉMORIALISTE
MÉMORISATION
MEMPHRÉMAGOG
MENDÈS FRANCE
MÉNILMONTANT
MÉNINGITIQUE
MÉNINGOCOQUE
MÉNOPAUSIQUE
MENSTRUATION
MENSUALISANT
MERGENTHALER
MÉRITOCRATIE
MERLEAU-PONTY
MÉROVINGIENS
MERS-LES-BAINS
MERVEILLEUSE
MÉSENCÉPHALE
MÉSENTÉRIQUE
MÉSO-AMÉRIQUE
MÉSODERMIQUE
MÉSOÉCONOMIE
MÉSOLITHIQUE
MÉSOPOTAMIEN
MÉSOPOTAMIEN
MÉSOTHÉRAPIE
MESQUINEMENT
MESSEIGNEURS
MÉTABOLISANT
MÉTALLIFÈRES
MÉTALLOGÉNIE
MÉTAMORPHISÉ
MÉTAMORPHOSE
MÉTAMORPHOSÉ
MÉTAPHORIQUE
MÉTAPHYSIQUE
MÉTASTATIQUE
MÉTEMPSYCOSE
MÉTENCÉPHALE
MÉTÉORITIQUE
MÉTÉOROLOGIE
MÉTÉOROLOGUE
MÉTHACRYLATE
MÉTHODOLOGIE
MÉTHYLORANGE
MÉTICULOSITÉ
MÉTROLOGIQUE
MÉTROLOGISTE
MEURTRISSANT
MEURTRISSURE
MÉZIDON-CANON
MÉZIDONNAISE
MEZZO-SOPRANO
MICHEL DOUKAS
MICROALVÉOLE
MICROANALYSE
MICROBALANCE
MICROCÉPHALE
MICROCIRCUIT
MICRO-CRAVATE
MICROCRISTAL
MICROCUVETTE
MICROÉDITION
MICROFILMANT
MICROGRAPHIE
MICROGRAVITÉ
MICROLITIQUE
MICROVOITURE
MIDI-PYRÉNÉES

MIEROSLAWSKI
MILFORD HAVEN
MILITANTISME
MILITARISANT
MILLE-FEUILLE
MILLÉNARISME
MILLÉNARISTE
MILLEPERTUIS
MILLERANDAGE
MILLIARDAIRE
MILLIARDIÈME
MILLIONNAIRE
MILLY-LA-FORÊT
MILNE-EDWARDS
MIMIZANNAISE
MINA AL-AHMADI
MINÉRALISANT
MINÉRALURGIE
MINIATURISÉE
MINIATURISER
MINIATURISTE
MINICASSETTE
MINICASSETTE
MINIMALISANT
MINIMISATION
MIRABELLOISE
MISANTHROPIE
MISCELLANÉES
MISHIMA YUKIO
MISSIONNAIRE
MITHRIACISME
MITHRIDATISÉ
MITOCHONDRIE
MITRAILLETTE
MITRAILLEUSE
MITSCHERLICH
MOBILISATEUR
MOBILISATION
MODALISATION
MODÉLISATION
MODERN DANCES
MODIFICATEUR
MODIFICATION
MODIFICATIVE
MODUS VIVENDI
MOHAMMAD REZA
MOINS-DISANTS
MOISSONNEUSE
MOLLETONNANT
MOMIFICATION
MONDEVILLAIS
MONDIALEMENT
MONDIALISANT
MONÉTISATION
MONOATOMIQUE
MONOCAMÉRALE
MONOCAMÉRAUX
MONOCLINIQUE
MONOCRISTAUX
MONOCYCLIQUE
MONOCYLINDRE
MONOLITHIQUE
MONOLITHISME
MONOMANIAQUE
MONONUCLÉOSE
MONOPARENTAL
MONOPARTISME
MONOPHONIQUE
MONOPHYSISME
MONOPOLISANT
MONOTHÉLISME
MONSTRUOSITÉ
MONTALBANAIS
MONTALBANAIS
MONTALEMBERT
MONTATAIRIEN
MONTBARDOISE
MONTBÉLIARDE
MONT-DE-MARSAN
MONTDIDÉRIEN
MONTE-CHARGES
MONTECUCCOLI
MONTECUCCULI
MONTÉNÉGRINE
MONTÉNÉGRINE
MONTERELAISE
MONTES CLAROS
MONTFORTAISE
MONTGOLFIÈRE
MONTIER-EN-DER
MONTLOUISIEN
MONTMARTROIS
MONTMÉDIENNE
MONTMORILLON
MONTPARNASSE
MONTRÉALAISE
MONTRÉALAISE
MONTRÉAL-NORD
MONTREVÉLOIS
MONTS-DE-PIÉTÉ
MORALISATEUR
MORALISATION
MORANGISSOIS
MORBIHANNAIS
MORCELLEMENT
MORDILLEMENT
MORGANATIQUE
MORIANI-PLAGE
MORLAISIENNE
MORO-GIAFFERI
MORPHINOMANE
MORPHOGENÈSE
MORTELLEMENT
MORTUACIENNE
MOTOCYCLETTE
MOTOCYCLISME
MOTOCYCLISTE
MOTONAUTIQUE
MOTONAUTISME
MOTONEIGISME
MOTONEIGISTE
MOTORISATION
MOUCHARABIEH
MOUCHERONNER
MOUDJAHIDINE
MOUSQUETAIRE
MOUSQUETERIE
MOUSTÉRIENNE
MOUSTIQUAIRE
MOUTONNEMENT
MOUVEMENTANT
MOYEN-MÉTRAGE
MOZAMBICAINE
MOZAMBICAINE
MUCILAGINEUX
MUHAMMAD RIZA
MULHOUSIENNE
MULTICRITÈRE
MULTIFENÊTRE
MULTIFILAIRE
MULTILATÉRAL
MULTINÉVRITE
MULTIPARTITE
MULTIPLEXAGE
MULTIPLEXEUR
MULTIPLIABLE
MULTIPLICITÉ
MULTIPOLAIRE
MULTIRACIALE
MULTIRACIAUX
MULTISERVICE
MULTISUPPORT
MUNICIPALISÉ
MUNICIPALITÉ
MURRUMBIDGEE
MUSÉOGRAPHIE
MUSICALEMENT
MUSICOGRAPHE
MUSSIPONTAIN
MUSSIPONTAIN
MUTUELLEMENT
MYCOBACTÉRIE
MYÉLOGRAPHIE
MYORELAXANTE
MYRMÉCOPHILE
MYTHOLOGIQUE
NABOPOLASSAR
NAGELMACKERS
NAKHITCHEVAN
NAKHON PATHOM
NANOPHYSIQUE

NANTERRIENNE
NANTISSEMENT
NANTUATIENNE
NARASIMHA RAO
NARCOANALYSE
NASALISATION
NATIONALISÉE
NATIONALISER
NATIONALISME
NATIONALISTE
NATIONS UNIES
NATURALISANT
NATUROPATHIE
NAVALISATION
NAVIGABILITÉ
NAVIRE-JUMEAU
NÉBULISATION
NÉCESSITEUSE
NEC PLUS ULTRA
NÉCROLOGIQUE
NÉCROMANCIEN
NÉERLANDAISE
NÉERLANDAISE
NÉGATIVEMENT
NÉGLIGEMMENT
NÉGOCIATRICE
NÈGREPELISSE
NÉGUENTROPIE
NÉMATOBLASTE
NÉOCLASSIQUE
NÉOFORMATION
NÉOMORTALITÉ
NÉONATALOGIE
NÉO-ZÉLANDAIS
NÉO-ZÉLANDAIS
NÉPHRECTOMIE
NÉPHROPATHIE
NERVEUSEMENT
NEUCHÂTELOIS
NEURASTHÉNIE
NEUROLOGIQUE
NEUROPEPTIDE
NEUROTONIQUE
NEUTRALISANT
NEUVIÈMEMENT
NEWFOUNDLAND
NEW HAMPSHIRE
NEWSMAGAZINE
NEW-YORKAISES
NEW-YORKAISES
NIAGARA FALLS
NICARAGUAYEN
NICARAGUAYEN
NICOLA PISANO
NICOLAS-FAVRE
NICOTINAMIDE
NID-D'ABEILLES
NIDIFICATION
NIDWALDIENNE
NIELSBOHRIUM
NILO-SAHARIEN
NIMBO-STRATUS
NITROBENZÈNE
NITROSOMONAS
NIVO-PLUVIALE
NIVO-PLUVIAUX
NOBELTUSSOIS
NOËL CHABANEL
NOGAROLIENNE
NOIRMOUTRINE
NOISY-LE-GRAND
NOMENCLATURE
NOMENKLATURA
NOMINALEMENT
NOMINALISANT
NON ACCOMPLIE
NON ACCOMPLIS
NON-ACTIVITÉS
NON-AGRESSION
NON-COMPARANT
NON COMPTABLE
NON-CROYANTES
NON DIRECTIVE
NON EUCLIDIEN
NON-ÉVÉNEMENT
NON-EXÉCUTION
NON-EXISTENCE
NON-FIGURATIF
NON-INGÉRENCE
NON-INSCRITES
NON MARCHANDE
NON MARCHANDS
NON-PAIEMENTS
NON-RÉSIDENTS
NON-SALARIÉES
NONTRONNAISE
NON-VIOLENCES
NON-VIOLENTES
NORD-AFRICAIN
NORD-AFRICAIN
NORD-CORÉENNE
NORD-CORÉENNE
NORD-DU-QUÉBEC
NORDENSKJÖLD
NORT-SUR-ERDRE
NOSSEIGNEURS
NOTIFICATION
NOTIFICATIVE
NOURRISSANTE
NOUVELLEMENT
NOVÉLISATION
NOVOMOSKOVSK
NOVOSSIBIRSK
NUCLÉARISANT
NUE-PROPRIÉTÉ
NUMÉRISATION
NUMÉROTATION
NUMISMATIQUE
NUMMULITIQUE
NUTRITIONNEL
NYCTAGINACÉE
NYCTHÉMÉRALE
NYCTHÉMÉRAUX
OBERAMMERGAU
OBJECTIVISME
OBLIGEAMMENT
OBLITÉRATEUR
OBLITÉRATION
OBNUBILATION
OBSÉQUIOSITÉ
OBSERVATOIRE
OBSERVATRICE
OBSESSIONNEL
OBSOLESCENCE
OBSOLESCENTE
OBSTÉTRICALE
OBSTÉTRICAUX
OBSTÉTRICIEN
OCCASIONNANT
OCÉANOGRAPHE
OCTODURIENNE
OCULOMOTRICE
ODORIFÉRANTE
ŒILLETONNÉE
ŒILLETONNER
ŒILS-DE-BŒUF
ŒILS-DE-TIGRE
ŒNOMÉTRIQUE
ŒNOTHÉRACÉE
ŒSOPHAGIQUE
OFFICIALISÉE
OFFICIALISER
OGINO KYUSAKU
OISEAU-MOUCHE
OISEAUX-LYRES
OKLAHOMA CITY
OLÉICULTRICE
OLIGARCHIQUE
OLIGOÉLÉMENT
OLIGOPHRÉNIE
OLONNE-SUR-MER
OMNIDIRECTIF
OMNIPRÉSENCE
OMNIPRÉSENTE
ONCHOCERCOSE
ONIROMANCIEN
ONYCHOPHAGIE
OPÉRA-COMIQUE
OPÉRA-COMIQUE
OPÉRATIONNEL
OPHIOLITIQUE

OPISTHOTONOS
OPPORTUNISME
OPPORTUNISTE
OPPOSABILITÉ
OPTIMALISANT
OPTIMISATION
ORAGEUSEMENT
ORANGE-NASSAU
ORANGS-OUTANS
ORCADES DU SUD
ORDINOGRAMME
ORDJONIKIDZE
ORDONNANÇANT
ORDONNANCIER
ORDONNATRICE
ORDOVICIENNE
OREILLE-DE-MER
ORÉOPITHÈQUE
ORGANICIENNE
ORGANIGRAMME
ORGANISATEUR
ORGANISATION
ORGANOCHLORÉ
ORGANOGENÈSE
ORGUEILLEUSE
ORIENTALISME
ORIENTALISTE
ORLÉANSVILLE
ORMESSONNAIS
ORNITHOLOGIE
ORNITHOLOGUE
OROGRAPHIQUE
ORTHOGÉNISME
ORTHOGRAPHIÉ
ORTHONORMALE
ORTHONORMAUX
ORTHOPÉDIQUE
ORTHOPÉDISTE
OSCILLATOIRE
OSCILLOSCOPE
OSHIMA NAGISA
OSSÉTIE DU SUD
OSSIFICATION
OSTENTATOIRE
OSTÉOMALACIE
OSTÉOMYÉLITE
OSTÉOPLASTIE
OSTÉOSARCOME
OTOSPONGIOSE
OTTON LE GRAND
OUTPLACEMENT
OUTRECUIDANT
OUTREMONTAIS
OUTREPASSANT
OUVRE-HUÎTRES
OVARIECTOMIE
OYONNAXIENNE

PACIFICATEUR
PACIFICATION
PAILLASSONNÉ
PAISIBLEMENT
PAKISTANAISE
PAKISTANAISE
PALATALISANT
PALEFRENIÈRE
PALÉOGRAPHIE
PALÉOTHÉRIUM
PALERMITAINE
PALETTISABLE
PALINGÉNÉSIE
PALISSADIQUE
PALISSONNANT
PALMA LE JEUNE
PALMA LE VIEUX
PALMATILOBÉE
PALMATISÉQUÉ
PAMPHLÉTAIRE
PAMPLEMOUSSE
PANAFRICAINE
PANAMÉRICAIN
PANCHEN-LAMAS
PANCHRONIQUE
PANCRÉATIQUE
PANIERS-REPAS
PANIFICATION
PANISLAMIQUE
PANISLAMISME
PANOPHTALMIE
PANTALONNADE
PANTOUFLARDE
PAPERASSERIE
PAPERASSIÈRE
PAPIER-CALQUE
PAPIER-FILTRE
PAPIERS-ÉMERI
PAPILIONACÉE
PAPILLONNAGE
PAPILLONNANT
PAPILLONNEUR
PAPILLOTANTE
PARACHUTISME
PARACHUTISTE
PARADISIAQUE
PARAGUAYENNE
PARAGUAYENNE
PARALLÉLISME
PARALYMPIQUE
PARAMÉDICALE
PARAMÉDICAUX
PARAMÉTRIQUE
PARANGONNAGE
PARANGONNANT
PARAPENTISTE
PARAPHIMOSIS

PARAPHLÉBITE
PARAPHRASANT
PARAPLÉGIQUE
PARAPUBLIQUE
PARASCOLAIRE
PARASISMIQUE
PARATHORMONE
PARATHYROÏDE
PARATONNERRE
PARATYPHIQUE
PARATYPHOÏDE
PARAVALANCHE
PARCELLARISÉ
PARCELLISANT
PARCIMONIEUX
PAREILLEMENT
PARFAITEMENT
PARISIANISME
PARK CHUNG-HEE
PARKINSONIEN
PARLEMENTANT
PARNASSIENNE
PARODONTISTE
PAROISSIENNE
PAROTIDIENNE
PAROXYSMIQUE
PAROXYSTIQUE
PARTENARIALE
PARTENARIAUX
PARTIALEMENT
PARTICIPANTE
PARTICIPATIF
PARTICIPIALE
PARTICIPIAUX
PARTICULIÈRE
PASSABLEMENT
PASSEMENTIER
PASSE-PARTOUT
PASSÉRIFORME
PASSE-VELOURS
PASSING-SHOTS
PASSIONNANTE
PASSIONNELLE
PASTEURIENNE
PASTEURISANT
PASTORALISME
PATAPHYSIQUE
PATATI PATATA
PATERNALISME
PATERNALISTE
PATHOGÉNIQUE
PATHOLOGIQUE
PATHOLOGISTE
PATRILIGNAGE
PATRIMONIALE
PATRIMONIAUX
PATRONYMIQUE

12

PATROUILLANT
PATROUILLEUR
PATTEMOUILLE
PATTES-DE-LOUP
PATTINSONAGE
PAULIN DE NOLA
PAVIMENTEUSE
PÉDÉRASTIQUE
PÉDESTREMENT
PÉDICELLAIRE
PÉDONCULAIRE
PEINARDEMENT
PEINTURLURÉE
PEINTURLURER
PÉLAGIANISME
PELLES-BÊCHES
PELLICULAIRE
PELLICULEUSE
PÉNALISATION
PENDOUILLANT
PÉNÉTROMÈTRE
PÉNINSULAIRE
PÉNITENCERIE
PÉNITENTIAUX
PENIVAUXOISE
PENNSYLVANIE
PENSIONNAIRE
PENTADACTYLE
PENTATONIQUE
PENTECÔTISME
PENTECÔTISTE
PÉPINIÉRISTE
PÉPIN L'ANCIEN
PÉPIN LE JEUNE
PERCE-OREILLE
PERCE-PIERRES
PERCHLORIQUE
PÈRE-LACHAISE
PÉREZ DE AYALA
PERFECTIONNÉ
PERFORATRICE
PERFORMATIVE
PÉRIARTHRITE
PÉRICARDIQUE
PÉRIGOURDINE
PÉRIGOURDINE
PÉRINATALITÉ
PÉRIPHÉRIQUE
PÉRIPHLÉBITE
PÉRISCOLAIRE
PÉRISCOPIQUE
PERLIMPINPIN
PERMANENCIER
PERMANGANATE
PERMÉABILITÉ
PERMISSIVITÉ
PERMITTIVITÉ
PERMSÉLECTIF
PERPÉTRATION
PERPÉTUATION
PERPIGNANAIS
PERQUISITION
PERROS-GUIREC
PERSÉCUTRICE
PERSÉVÉRANCE
PERSÉVÉRANTE
PERSONA GRATA
PERSONNALISÉ
PERSONNALITÉ
PERSONNIFIÉE
PERSONNIFIER
PERSPICACITÉ
PERSPIRATION
PERTINEMMENT
PERTURBATEUR
PERTURBATION
PERVIBRATEUR
PERVIBRATION
PERVOOURALSK
PÈSE-LIQUEURS
PÈSE-PERSONNE
PESSÕA CÂMARA
PESTILENTIEL
PETCHENÈGUES
PETERBOROUGH
PETIT-DÉJEUNÉ
PETITE-ÎLOISE
PÉTITIONNANT
PETIT KHINGAN
PETITS-BEURRE
PETITS-NEVEUX
PETIT TRIANON
PÉTRARQUISME
PÉTRIFONTAIN
PETRODVORETS
PÉTROGRAPHIE
PETROZAVODSK
PEUREUSEMENT
PHAGOCYTAIRE
PHALLOCRATIE
PHALLOTOXINE
PHARAONIENNE
PHARMACIENNE
PHARYNGIENNE
PHÉNANTHRÈNE
PHÉNOCRISTAL
PHÉNOMÉNISME
PHÉNOTYPIQUE
PHILADELPHIE
PHILANTHROPE
PHILATÉLIQUE
PHILATÉLISTE
PHILHARMONIE
PHILIPPE NERI
PHILIPPIQUES
PHILODENDRON
PHILOLOGIQUE
PHILOSOPHALE
PHILOSOPHANT
PHLOGISTIQUE
PHNOMPENHOIS
PHONÉMATIQUE
PHONOCAPTEUR
PHONOGÉNIQUE
PHONOLITIQUE
PHONOLOGIQUE
PHOSPHOREUSE
PHOSPHORIQUE
PHOTOCATHODE
PHOTOCOMPOSÉ
PHOTOCOPIANT
PHOTOCOPIEUR
PHOTOGÉNIQUE
PHOTOGRAPHIE
PHOTOGRAPHIÉ
PHOTOGRAVEUR
PHOTOGRAVURE
PHOTOMONTAGE
PHOTOPÉRIODE
PHOTOS-FINISH
PHOTOS-ROBOTS
PHOTOS-ROMANS
PHRASÉOLOGIE
PHTISIOLOGIE
PHYCOCYANINE
PHYLLOXÉRIEN
PHYLOGÉNIQUE
PHYSICALISME
PHYSIOCRATIE
PHYSIQUEMENT
PHYTOHORMONE
PICROCHOLINE
PICTOGRAPHIE
PIED-DE-CHEVAL
PIED-DE-MOUTON
PIEDS-DE-BICHE
PIEDS-DE-POULE
PIEDS-D'OISEAU
PIERRE-BÉNITE
PIERRE DAMIEN
PIES-GRIÈCHES
PIGMENTATION
PILO-SÉBACÉES
PINACOTHÈQUE
PINCE-OREILLE
PINCOURTOISE
PINTURICCHIO
PIQUE-NIQUANT
PIQUE-NIQUEUR
PIRIAC-SUR-MER
PIROPLASMOSE

PISCICULTEUR
PISCICULTURE
PISOLITHIQUE
PISSALADIÈRE
PITCHOUNETTE
PLACARDISANT
PLACENTATION
PLAFONNEMENT
PLAINS-CHANTS
PLAISANCIÈRE
PLAISANTERIE
PLAN-CONCAVES
PLAN-CONVEXES
PLANCTONIQUE
PLAN-DE-CUQUES
PLANÉTOLOGIE
PLANIMÉTRAGE
PLAN-SÉQUENCE
PLANS-RELIEFS
PLAQUEMINIER
PLAQUE-MODÈLE
PLAQUETTAIRE
PLASTICIENNE
PLASTIQUEUSE
PLASTRONNANT
PLASTURGISTE
PLATEAU-REPAS
PLATES-BANDES
PLATES-FORMES
PLATYRHINIEN
PLAUSIBILITÉ
PLÉBISCITANT
PLÉONASTIQUE
PLÉSIOMORPHE
PLEURNICHANT
PLEURNICHARD
PLEURNICHEUR
PLINE L'ANCIEN
PLINE LE JEUNE
PLISSETSKAÏA
PLŒUC-SUR-LIÉ
PLOUGASTELLE
PLOUTOCRATIE
PLUM-PUDDINGS
PLURICAUSALE
PLURICAUSALS
PLURICAUSAUX
PLURILATÉRAL
PLURIVALENTE
PLUVIOMÉTRIE
PNEUMOPATHIE
PNEUMOTHORAX
POÉTIQUEMENT
POINÇONNEUSE
POINTE-À-PITRE
POINTE-CLAIRE
POINTILLEUSE
POINTILLISME
POINTILLISTE
POINT-VIRGULE
POISSON-GLOBE
POISSONNERIE
POISSONNEUSE
POISSONNIÈRE
POLARIMÉTRIE
POLARISATION
POLE POSITION
POLICHINELLE
POLICHINELLE
POLICLINIQUE
POLIOMYÉLITE
POLISSONNANT
POLITICIENNE
POLITISATION
POLTRONNERIE
POLYADDITION
POLYARTHRITE
POLYCARPIQUE
POLYCHLORURE
POLYCHROÏSME
POLYCLINIQUE
POLYCYCLIQUE
POLYDACTYLIE
POLYÉTHYLÈNE
POLYGLOBULIE
POLYGONATION
POLYHOLOSIDE
POLYMÉRISANT
POLYNÉSIENNE
POLYNÉSIENNE
POLYPHONIQUE
POLYPHONISTE
POLYTONALITÉ
POLYTROPIQUE
POLYURÉTHANE
POLYVITAMINE
POMÉRANIENNE
POMICULTRICE
POMME DE TERRE
POMPEUSEMENT
PONCTIONNANT
PONDÉRATRICE
PONTA DELGADA
PONT-À-MOUSSON
PONT-DE-CHÉRUY
PONT-DE-L'ARCHE
PONTEVALOISE
PONTISSALIEN
PONT-L'ABBISTE
PONTOISIENNE
PONTONS-GRUES
PONT-SUR-YONNE
POPOCATÉPETL
POPULARISANT
PORCELAINIER
PORNOGRAPHIE
PORQUEROLLES
PORT-AU-PRINCE
PORT-CAMARGUE
PORTE-AMARRES
PORTE-BAGAGES
PORTE-BILLETS
PORTE-BONHEUR
PORTE-BOUQUET
PORTE-CIGARES
PORTE-COUTEAU
PORTE-CRAYONS
PORTE-DRAPEAU
PORTE-FANIONS
PORTE-FENÊTRE
PORTEFEUILLE
PORTE-GLAIVES
PORTE-GREFFES
PORTE-HAUBANS
PORTE-MALHEUR
PORTEMANTEAU
PORTE-MONNAIE
PORTE-MONTRES
PORTE-PAPIERS
PORTE-PAQUETS
PORT HARCOURT
PORT-LOUISIEN
PORTORICAINE
PORTORICAINE
PORTO-VECCHIO
PORTRAITISTE
PORTRAITURÉE
PORTRAITURER
PORT-SUR-SAÔNE
POSITIONNANT
POSITIONNEUR
POSITIVEMENT
POSSESSIVITÉ
POSSIBLEMENT
POSTÉRIORITÉ
POSTILLONNER
POSTPOSITION
POSTPRANDIAL
POSTSCOLAIRE
POST-SCRIPTUM
POSTSÉRIELLE
POTENTIALISÉ
POTENTIALITÉ
POUDROIEMENT
POURCHASSANT
POURFENDEUSE
POURRISSANTE
POURSUITEUSE
POURSUIVANTE
POUSSE-POUSSE
POUSSIÉREUSE

POUSSIVEMENT
POZZO DI BORGO
PRATIQUEMENT
PRÉ-AUX-CLERCS
PRÉCAIREMENT
PRÉCANCÉREUX
PRÉCAUTIONNÉ
PRÉCÉDEMMENT
PRÉCÉRAMIQUE
PRÉCHAUFFAGE
PRÉCHAUFFANT
PRÊCHI-PRÊCHA
PRÉCIPUTAIRE
PRÉCLASSIQUE
PRÉCOLOMBIEN
PRÉCONSCIENT
PRÉCONTRAINT
PRÉDÉCESSEUR
PRÉDESTINANT
PRÉDÉTERMINÉ
PRÉDICATRICE
PRÉDILECTION
PRÉDISPOSANT
PRÉDOMINANCE
PRÉDOMINANTE
PRÉÉLECTORAL
PRÉEXISTANTE
PRÉEXISTENCE
PRÉFABRIQUÉE
PRÉFABRIQUER
PRÉFECTORALE
PRÉFECTORAUX
PRÉFÉRENTIEL
PRÉFLORAISON
PRÉFOLIAISON
PRÉFOLIATION
PRÉFOURRIÈRE
PRÉGLACIAIRE
PRÉHISTORIEN
PRÉISLAMIQUE
PRÉLIMINAIRE
PRÉMENSTRUEL
PREMIÈREMENT
PRÉMILITAIRE
PRÉMONITOIRE
PRÉMUNISSANT
PRÉOCCUPANTE
PRÉOLYMPIQUE
PRÉPARATOIRE
PRÉPARATRICE
PRÉPENSIONNÉ
PRÉPONDÉRANT
PRÉPROGRAMMÉ
PRÉRETRAITÉE
PRESBYTÉRALE
PRESBYTÉRAUX
PRESBYTÉRIEN
PRESCRIPTEUR
PRESCRIPTION
PRÉSÉLECTEUR
PRÉSÉLECTION
PRÉSENTATEUR
PRÉSENTATION
PRÉSENTEMENT
PRÉSERVATEUR
PRÉSERVATION
PRÉSERVATIVE
PRÉSIDENTIEL
PRÉSIDIALITÉ
PRÉSOMPTUEUX
PRESSE-AGRUME
PRESSE-BOUTON
PRESSE-CITRON
PRESSE-ÉTOUPE
PRESSE-FRUITS
PRESSIGNOISE
PRESSURISANT
PRESTIGIEUSE
PRÉSUPPOSANT
PRÉTENDUMENT
PRÉTENTIEUSE
PRÊTS-À-COUDRE
PRÊTS-À-MONTER
PRÊTS-À-PORTER
PRÉVENTORIUM
PRÉVISIONNEL
PRIMATOLOGIE
PRIMATOLOGUE
PRIMESAUTIER
PRIM'HOLSTEIN
PRIMITIVISME
PRINCE ALBERT
PRINCE EUGÈNE
PRINCE GEORGE
PRINCE RUPERT
PRIVAT-DOCENT
PRIVATISABLE
PRIVILÉGIANT
PROBABILISME
PROBABILISTE
PROBABLEMENT
PROBOSCIDIEN
PROCÉDURIÈRE
PROCÈS-VERBAL
PROCHE-ORIENT
PROCLAMATION
PROCRÉATIQUE
PROCRÉATRICE
PRODUCTIVITÉ
PROFANATRICE
PROFESSORALE
PROFESSORAUX
PROFONDÉMENT
PROGESTATIVE
PROGESTÉRONE
PROGNATHISME
PROGRAMMABLE
PROGRAMMEUSE
PROGRESSISME
PROGRESSISTE
PROLÉGOMÈNES
PROLÉTARISÉE
PROLÉTARISER
PROLONGATEUR
PROLONGATION
PROLONGEMENT
PROMÉTHÉENNE
PROMOTIONNEL
PROMULGATION
PRONOSTIQUÉE
PRONOSTIQUER
PROPAGATRICE
PROPAROXYTON
PROPHÉTISANT
PROPITIATION
PROPORTIONNÉ
PROPRES-À-RIEN
PROPRIÉTAIRE
PROSCRIPTEUR
PROSCRIPTION
PROSÉLYTISME
PROSOBRANCHE
PROSPECTRICE
PROSTHÉTIQUE
PROSTITUTION
PROTACTINIUM
PROTAGONISTE
PROTÉAGINEUX
PROTÈGE-DENTS
PROTÈGE-SLIPS
PROTÈGE-TIBIA
PROTÉRANDRIE
PROTÉROGYNIE
PROTESTATION
PROTHROMBINE
PROTOCOLAIRE
PROTOGALAXIE
PROTONOTAIRE
PROTOPLANÈTE
PROTOSTOMIEN
PROTOTHÉRIEN
PROTUBÉRANCE
PROTUBÉRANTE
PROVIDENTIEL
PROVIGNEMENT
PROVISIONNÉE
PROVISIONNEL
PROVISIONNER
PROVOCATRICE
PROXÉNÉTISME
PRURIGINEUSE

PSEUDOTUMEUR
PSYCHANALYSE
PSYCHANALYSÉ
PSYCHIATRISÉ
PSYCHOGENÈSE
PSYCHOMÉTRIE
PSYCHOMOTEUR
PSYCHOPATHIE
PSYCHORIGIDE
PSYCHOSOCIAL
PSYCHROMÈTRE
PTÉRIDOPHYTE
PTÉROBRANCHE
PTÉRODACTYLE
PTÉROSAURIEN
PUBLICITAIRE
PUBLIPOSTAGE
PUBLIQUEMENT
PUDIBONDERIE
PUEBLO BONITO
PUÉRICULTEUR
PUÉRICULTURE
PUERTO LA CRUZ
PUGILISTIQUE
PULSIONNELLE
PULVÉRISABLE
PULVÉRULENCE
PULVÉRULENTE
PUNCHING-BALL
PUNTA DEL ESTE
PUPINISATION
PURIFICATEUR
PURIFICATION
PUTRÉFACTION
PUVATHÉRAPIE
PYRÉNOMYCÈTE
PYROGALLIQUE
PYROGÉNATION
PYROLIGNEUSE
PYROMÉTRIQUE
PYRRHONIENNE
PYTHAGORIQUE
PYTHAGORISME
QUADRAGÉSIME
QUADRIENNALE
QUADRIENNAUX
QUADRIJUMEAU
QUADRILATÈRE
QUADRIMOTEUR
QUADRIPHONIE
QUADRIPLÉGIE
QUADRIVALENT
QUALIFICATIF
QUANTIFIABLE
QUANTITATIVE
QUARTS-DE-ROND
QUARTS-MONDES
QUASI-CONTRAT
QUASI-CRISTAL
QUASI-MONNAIE
QUATRE-ÉPICES
QUATRE-QUARTS
QUATRE-QUATRE
QUATRE-VINGTS
QUATTROCENTO
QUELQUE CHOSE
QUELQUES-UNES
QUESTIONNANT
QUESTIONNEUR
QUETZALCÓATL
QUEUE-D'ARONDE
QUEUE-DE-MORUE
QUIBERONNAIS
QUIMPERLOISE
QUINCAILLIER
QUINDÉCEMVIR
QUINQUENNALE
QUINQUENNAUX
QUINTESSENCE
QUINZE-VINGTS
RABAISSEMENT
RABONNISSANT
RABOUILLEUSE
RACCOMMODAGE
RACCOMMODANT
RACCOMMODEUR
RACCOMPAGNÉE
RACCOMPAGNER
RACCORDEMENT
RACORNISSANT
RACQUET-BALLS
RADICALEMENT
RADICALISANT
RADICULALGIE
RADIESTHÉSIE
RADIOAMATEUR
RADIOBALISÉE
RADIOBALISER
RADIOCARBONE
RADIODERMITE
RADIODIFFUSÉ
RADIOÉLÉMENT
RADIOGALAXIE
RADIOGRAPHIE
RADIOGRAPHIÉ
RADIOGUIDAGE
RADIOGUIDANT
RADIO-ISOTOPE
RADIOLOGIQUE
RADIOLOGISTE
RADIONÉCROSE
RADIOSONDAGE
RADOUCISSANT
RAGAILLARDIE
RAGAILLARDIR
RAHAT-LOKOUMS
RAHAT-LOUKOUM
RAIDISSEMENT
RAISONNEMENT
RAJEUNISSANT
RALENTISSANT
RALENTISSEUR
RALLONGEMENT
RAMBOLITAINE
RAMIFICATION
RAMOLLISSANT
RANCISSEMENT
RANÇONNEMENT
RAPATRIEMENT
RAPHAÉLESQUE
RAPLATISSANT
RAPPAREILLÉE
RAPPAREILLER
RAPPARIEMENT
RASSASIEMENT
RASSEMBLEUSE
RASSISSEMENT
RASSORTIMENT
RASTAQUOUÈRE
RATIFICATION
RATIONALISÉE
RATIONALISER
RATIONALISME
RATIONALISTE
RATIONNEMENT
RATTACHEMENT
RAUSCHENBERG
RAVITAILLANT
RAVITAILLEUR
RÉABONNEMENT
RÉABSORPTION
RÉACCOUTUMÉE
RÉACCOUTUMER
RÉACTIVATION
RÉACTUALISÉE
RÉACTUALISER
RÉADAPTATION
RÉAJUSTEMENT
RÉALIGNEMENT
RÉALISATRICE
REALITY-SHOWS
RÉAMÉNAGEANT
RÉANIMATRICE
RÉAPPARAÎTRE
RÉAPPARITION
RÉARRANGEANT
REBONDISSANT
REBOUTONNANT
RECALCIFIANT
RÉCALCITRANT
RECAPITALISÉ

RÉCAPITULANT
RÉCEPTIONNÉE
RÉCEPTIONNER
RECEVABILITÉ
RECHARGEABLE
RECHARGEMENT
RECHERCHISTE
RÉCIPROQUANT
RECLASSEMENT
RÉCOLLECTION
RECOMBINANTE
RECOMMANDANT
RECOMMENÇANT
RÉCOMPENSANT
RECOMPOSABLE
RÉCONCILIANT
RECONDUCTION
RECONDUISANT
RÉCONFORTANT
RECONQUÉRANT
RECONSIDÉRÉE
RECONSIDÉRER
RECONSTITUÉE
RECONSTITUER
RECONSTRUIRE
RECONSTRUITE
RECONVENTION
RECONVERSION
RECORDWOMANS
RECORRIGEANT
RECOURBEMENT
RECOUVREMENT
RECRÉPISSAGE
RECRÉPISSANT
RECRUDESCENT
RECTIFICATIF
RECTO-COLITES
RÉCUPÉRATEUR
RÉCUPÉRATION
RÉDACTIONNEL
REDÉCOUVERTE
REDÉCOUVRANT
REDÉFINITION
REDESCENDANT
RÉDHIBITOIRE
REDISTRIBUÉE
REDISTRIBUER
REDOUBLEMENT
REDRESSEMENT
RÉÉCHELONNER
RÉEMBAUCHANT
RÉEMPRUNTANT
RÉENGAGEMENT
RÉENREGISTRÉ
RÉENSEMENCÉE
RÉENSEMENCER
RÉÉQUILIBRÉE
RÉÉQUILIBRER
RÉESCOMPTANT
RÉÉVALUATION
RÉEXPÉDITION
RÉFÉRENDAIRE
RÉFLECTORISÉ
RÉFORMATRICE
RÉFRIGÉRANTE
RÉFUTABILITÉ
REGARNISSANT
RÉGÉNÉRATEUR
RÉGÉNÉRATION
RÉGIMENTAIRE
RÉGIONALISÉE
RÉGIONALISER
RÉGIONALISME
RÉGIONALISTE
REGISTRATION
RÉGLEMENTANT
REGONFLEMENT
REGROUPEMENT
RÉGULARISANT
RÉHABILITANT
REHAUSSEMENT
REICHSHOFFEN
RÉIMPLANTANT
RÉIMPRESSION
RÉINCARCÉRÉE
RÉINCARCÉRER
RÉINCORPORÉE
RÉINCORPORER
REINE-DES-PRÉS
RÉINSCRIVANT
RÉINSTALLANT
RÉINTÉGRABLE
RÉINTÉGRANDE
RÉINTRODUIRE
RÉINTRODUITE
REJOINTOYANT
RÉJOUISSANCE
RÉJOUISSANTE
RÉLARGISSANT
RELATIVEMENT
RELATIVISANT
REMAQUILLANT
REMASTÉRISER
REMASTIQUANT
REMBLAIEMENT
REMBOÎTEMENT
REMBOURSABLE
REMBRANESQUE
REMBUCHEMENT
REMEMBREMENT
REMÉMORATION
REMERCIEMENT
REMILITARISÉ
RÉMINISCENCE
REMMAILLEUSE
REMMAILLOTÉE
REMMAILLOTER
REMNOGRAPHIE
REMONTE-PENTE
REMOULINOISE
REMPAILLEUSE
REMPAQUETANT
REMPIÈTEMENT
REMPLACEMENT
REMPOISSONNÉ
RÉMUNÉRATEUR
RÉMUNÉRATION
RENFERMEMENT
RENFLOUEMENT
RENFONCEMENT
RENFORÇATEUR
RENFORCEMENT
RENGRAISSANT
RENONCIATEUR
RENONCIATION
RENONCULACÉE
RENOUVELABLE
RENOUVELANTE
RENTABILISÉE
RENTABILISER
RENTRE-DEDANS
RENVERSEMENT
RÉOCCUPATION
RÉORCHESTRÉE
RÉORCHESTRER
RÉORGANISANT
REPARAISSANT
REPARTAGEANT
RÉPARTISSANT
RÉPARTITRICE
REPENTIGNOIS
RÉPERCUSSION
RÉPERTORIANT
RÉPÉTITIVITÉ
REPEUPLEMENT
REPLANTATION
REPOPULATION
REPOSITIONNÉ
REPOURVOYANT
REPRÉSAILLES
REPRÉSENTANT
RÉPRIMANDANT
RÉPROBATRICE
REPRODUCTEUR
REPRODUCTION
REPRODUCTIVE
REPRODUISANT
REPROGRAMMÉE
REPROGRAMMER
REPROGRAPHIE
REPROGRAPHIÉ

RÉPUBLICAINE
REQUALIFIANT
RÉQUISITOIRE
RÉSERVATAIRE
RÉSIPISCENCE
RESOCIALISÉE
RESOCIALISER
RESPECTUEUSE
RESPIRATOIRE
RESQUILLEUSE
RESSEMBLANCE
RESSEMBLANTE
RESSENTIMENT
RESSERREMENT
RESSOUVENANT
RESSUSCITANT
RESTAURATEUR
RESTAURATION
RESTREIGNANT
RESTRUCTURÉE
RESTRUCTURER
RESURCHAUFFE
RESURCHAUFFÉ
RESURGISSANT
RÉSURRECTION
RÉTABLISSANT
RETARDATAIRE
RETARDATRICE
RETENTISSANT
RÉTICULATION
RÉTICULOCYTE
RÉTINOPATHIE
RETOURNEMENT
RÉTRACTATION
RÉTRACTILITÉ
RETRADUISANT
RETRAITEMENT
RETRANSCRIRE
RETRANSCRITE
RETRAVAILLÉE
RETRAVAILLER
RETRAVERSANT
RÉTRÉCISSANT
RÉTROCESSION
RÉTROGRADANT
RÉTROSPECTIF
RÉTROVERSION
RÉUNIONNAISE
RÉUNIONNAISE
RÉUTILISABLE
REVALORISANT
RÉVEILLONNER
REVENDICATIF
REVENDIQUANT
RÉVERBÉRANTE
REVERDISSANT
RÉVÉRENCIEUX

REVITALISANT
REVIVISCENCE
REVIVISCENTE
RÉVOCABILITÉ
RÉVOLUTIONNÉ
RHABDOMANCIE
RHÉTORIQUEUR
RHÉTO-ROMANES
RHINO-PHARYNX
RHINOPLASTIE
RHIZOMATEUSE
RHODODENDRON
RHÔNE-POULENC
RHUMATISANTE
RHUMATISMALE
RHUMATISMAUX
RHUMATOLOGIE
RHUMATOLOGUE
RHYNCHONELLE
RIBONUCLÉASE
RIBOULDINGUE
RICAMANDOISE
RICKETTSIOSE
RIDICULEMENT
RIDICULISANT
RIEC-SUR-BELON
RIEMANNIENNE
RINGARDISANT
RIO DE JANEIRO
RÍO DE LA PLATA
RIPAGÉRIENNE
RISORGIMENTO
RITUELLEMENT
RIVIÈRE ROUGE
RIVIÈRE-SALÉE
RIZICULTRICE
ROBBE-GRILLET
ROBERT-HOUDIN
ROBERT LE FORT
ROBERT LE SAGE
ROBERVALOISE
ROBIN DES BOIS
ROBINETTERIE
ROBOTICIENNE
ROBOTISATION
ROCHECHOUART
ROCHEFORTAIS
ROCHE-MAGASIN
ROCKING-CHAIR
ROCQUENCOURT
ROI-GUILLAUME
ROISSY-EN-BRIE
ROLAND-GARROS
ROMAIN ARGYRE
ROMAINMÔTIER
ROMANICHELLE
ROMANISATION

ROMANS-PHOTOS
ROMEUFONTAIN
ROMUALDIENNE
RONCHONNEUSE
RONCHOPATHIE
RONDES-BOSSES
RONDOUILLARD
RONRONNEMENT
ROQUEBRUNOIS
ROQUECOURBIN
ROQUEMAUROIS
ROQUEVAIROIS
ROSÉS-DES-PRÉS
ROUBAISIENNE
ROUCOULEMENT
ROUFLAQUETTE
ROUGEOIEMENT
ROUGES-GORGES
ROUGES-QUEUES
ROUGISSEMENT
ROULÉS-BOULÉS
ROUSCAILLANT
ROUYN-NORANDA
ROYER-COLLARD
RUDIMENTAIRE
RUINES-DE-ROME
SABOT-DE-VÉNUS
SACCHARIFÈRE
SACCHARIFIÉE
SACCHARIFIER
SACHER-MASOCH
SACRAMENTAUX
SACRO-ILIAQUE
SACRO-SAINTES
SACS-POUBELLE
SÁ DA BANDEIRA
SADIQUE-ANALE
SAINT-AMBROIX
SAINT ANDREWS
SAINT-ANTOINE
SAINT-ARNOULT
SAINT-AVERTIN
SAINT-BERNARD
SAINT-CHAMOND
SAINT-CYPRIEN
SAINT-CYRIENS
SAINTE-ENIMIE
SAINTE-HÉLÈNE
SAINTE-MARIEN
SAINTE-MARTHE
SAINTE-MAXIME
SAINT-ÉMILION
SAINT-ÉMILION
SAINTE-ROSIEN
SAINTE-SAVINE
SAINTE-SOPHIE
SAINT-ESTÈPHE

SAINT-ÉTIENNE
SAINT-EXUPÉRY
SAINT-FARGEAU
SAINT-FERRÉOL
SAINT-FLORENT
SAINT-FONIARD
SAINT-FULGENT
SAINT-GALLOIS
SAINT-GALMIER
SAINT-GAUDENS
SAINT-GEORGES
SAINT-GERMAIN
SAINT-GERVAIS
SAINT-GILLOIS
SAINT-GOTHARD
SAINT-GRATIEN
SAINT-GUÉNOLÉ
SAINT-GUILHEM
SAINT-HILAIRE
SAINT-HONORAT
SAINT-JACQUES
SAINT-JAMAISE
SAINT-JUNIAUD
SAINT-LAMBERT
SAINT LAURENT
SAINT-LAURENT
SAINT-LÉONARD
SAINT-LUNAIRE
SAINT-MACAIRE
SAINT-MAIXENT
SAINT-MANDÉEN
SAINT-MAURICE
SAINT-MAURIEN
SAINT-MAXIMIN
SAINT-NAZAIRE
SAINT-NICOLAS
SAINT-NICOLAS
SAINTONGEAIS
SAINT-POL ROUX
SAINT-QUENTIN
SAINTRAILLES
SAINT-RAMBERT
SAINT-RAPHAËL
SAINT-RÉMOISE
SAINT-RIQUIER
SAINT-ROMUALD
SAINT-SAUVEUR
SAINT-SULPICE
SAINT-VALLIER
SAINT-VINCENT
SAISISSEMENT
SAISONNALITÉ
SALIFICATION
SALMONELLOSE
SALTIMBANQUE
SALT LAKE CITY
SAMMIELLOISE

SANARY-SUR-MER
SAN CRISTÓBAL
SANCTIFIANTE
SANCTIONNANT
SANCTUARISER
SAN FRANCISCO
SANG-DE-DRAGON
SAN GIMIGNANO
SANGLOTEMENT
SANGUINAIRES
SANGUINOLENT
SANKT FLORIAN
SAN PEDRO SULA
SANS CONTESTE
SANS-CULOTTES
SANSKRITISTE
SANTOS-DUMONT
SÃO FRANCISCO
SAÔNE-ET-LOIRE
SAPIENTIELLE
SAPONIFIABLE
SARAJÉVIENNE
SARCOMATEUSE
SARGON D'AKKAD
SARTROUVILLE
SASKATCHEWAN
SASSENAGEOIS
SATELLISABLE
SATELLITAIRE
SATHONAY-CAMP
SATISFACTION
SATISFAISANT
SAUCISSONNÉE
SAUCISSONNER
SAUF-CONDUITS
SAUPOUDREUSE
SAUROPHIDIEN
SAUT-DE-MOUTON
SAUTILLEMENT
SAUVEGARDANT
SAUVE-QUI-PEUT
SAUVETERRIEN
SAVERDUNOISE
SAXIFRAGACÉE
SAXOPHONISTE
SCAMPI FRITTI
SCANDALISANT
SCANOGRAPHIE
SCAPHANDRIER
SCATOLOGIQUE
SCÉLÉRATESSE
SCÉNIQUEMENT
SCÉNOGRAPHIE
SCHÉHÉRAZADE
SCHÉMATISANT
SCHIAPARELLI
SCHILTIGHEIM

SCHIRMECKOIS
SCHISMATIQUE
SCHIZOPHASIE
SCHIZOPHRÈNE
SCHLUMBERGER
SCHOLASTIQUE
SCHOPENHAUER
SCHWEINFURTH
SCIENTIFIQUE
SCIENTOLOGIE
SCINTILLANTE
SCISSIPARITÉ
SCLÉRENCHYME
SCLÉRODERMIE
SCLÉROPHYLLE
SCOLARISABLE
SCOTLAND YARD
SCRIPOPHILIE
SCRIPTURAIRE
SCYPHOZOAIRE
SÈCHE-CHEVEUX
SÉCULARISANT
SÉCURISATION
SÉDÉLOCIENNE
SÉDENTARISÉE
SÉDENTARISER
SÉDIMENTAIRE
SEFER HA-ZOHAR
SEGMENTATION
SEGONZACAISE
SEIGNEURIALE
SEIGNEURIAUX
SEIGNOSSAISE
SEINE-ET-MARNE
SÉISMOGRAPHE
SEIZIÈMEMENT
SELDJOUKIDES
SÉLECTIONNÉE
SÉLECTIONNER
SELF-CONTROLS
SELF-MADE-MANS
SELF-SERVICES
SÉMASIOLOGIE
SEMESTRIELLE
SEMI-CHENILLÉ
SEMI-CONSERVE
SEMI-CONSONNE
SEMI-DRESSANT
SEMI-DURABLES
SEMI-GLOBALES
SEMI-LIBERTÉS
SEMI-LUNAIRES
SEMI-OFFICIEL
SÉMIOLOGIQUE
SEMI-OUVERTES
SEMI-POLAIRES
SEMI-PRODUITS

SEMI-PUBLIQUE
SEMI-REMORQUE
SEMI-VOYELLES
SEMPERVIRENT
SÉNATORIALES
SÉNÉCHAUSSÉE
SENESTRORSUM
SENSATIONNEL
SENSIBILISÉE
SENSIBILISER
SENSIBLEMENT
SENSITOMÈTRE
SENTENCIEUSE
SENTIMENTALE
SENTIMENTAUX
SEPTENNALITÉ
SEPTICÉMIQUE
SEPTIÈMEMENT
SEPTUAGÉSIME
SÉQUENTIELLE
SERBO-CROATES
SERFOUISSAGE
SERFOUISSANT
SERGENT-MAJOR
SÉRIEUSEMENT
SÉRONÉGATIVE
SÉROPOSITIVE
SÉROTHÉRAPIE
SERPENTEMENT
SERRICULTURE
SERVIABILITÉ
SEVERODVINSK
SEXAGÉSIMALE
SEXAGÉSIMAUX
SEXOTHÉRAPIE
SEXUELLEMENT
SEYCHELLOISE
SEYCHELLOISE
SHAHJAHANPUR
SHAMPOUINANT
SHAMPOUINEUR
SHERBROOKOIS
SHIJIAZHUANG
SHIPCHANDLER
SHISHA PANGMA
SHOW-BUSINESS
SIDÉRURGIQUE
SIDÉRURGISTE
SIDI BEL ABBES
SIFFLOTEMENT
SIGNALÉTIQUE
SIGNIFICATIF
SIKHOTE-ALINE
SILHOUETTANT
SIMPLIFIABLE
SIMULTANÉITÉ
SINDELFINGEN
SINGAPOURIEN
SINGAPOURIEN
SINGULARISÉE
SINGULARISER
SINISTRALITÉ
SINISTREMENT
SINO-TIBÉTAIN
SIPHONAPTÈRE
SIPHONOGAMIE
SIPHONOPHORE
SISMOLOGIQUE
SISTERONAISE
SIVAPITHÈQUE
SIX-FOURNAISE
SKYE-TERRIERS
SLEEPING-CARS
SNEL VAN ROYEN
SOCIABILISÉE
SOCIABILISER
SOCIALISANTE
SOCIÉTÉ-ÉCRAN
SOCINIANISME
SOCIOLOGIQUE
SOCIOLOGISME
SOISSONNAISE
SOLIDARISANT
SOLJENITSYNE
SOLLICITEUSE
SOLUBILISANT
SOLUTIONNANT
SOMATISATION
SOMMAIREMENT
SONORISATION
SOPHISTIQUÉE
SOPHISTIQUER
SORTIE-DE-BAIN
SORTIES-DE-BAL
SOSTRANIENNE
SOTTEVILLAIS
SOUBASSEMENT
SOUDAINEMENT
SOUFFLENHEIM
SOUFFRETEUSE
SOUILLAGAISE
SOULAC-SUR-MER
SOULIGNEMENT
SOÛLOGRAPHIE
SOUMAINTRAIN
SOUMISSIONNÉ
SOUPÇONNABLE
SOUPÇONNEUSE
SOURCILLEUSE
SOURDE-MUETTE
SOURNOISERIE
SOUS-ALIMENTÉ
SOUS-ASSURANT
SOUS-ASSURÉES
SOUS-CALIBRÉE
SOUS-CALIBRÉS
SOUS-CHEMISES
SOUS-CLAVIÈRE
SOUS-CLAVIERS
SOUS-CORTICAL
SOUSCRIPTEUR
SOUSCRIPTION
SOUS-CUTANÉES
SOUS-DÉCLARÉE
SOUS-DÉCLARER
SOUS-DÉCLARÉS
SOUS-DIACONAT
SOUS-EFFECTIF
SOUS-EMPLOYÉE
SOUS-EMPLOYER
SOUS-EMPLOYÉS
SOUS-ENSEMBLE
SOUS-ENTENDRE
SOUS-ENTENDUE
SOUS-ENTENDUS
SOUS-ÉQUIPÉES
SOUS-ESTIMANT
SOUS-ESTIMÉES
SOUS-ÉVALUANT
SOUS-ÉVALUÉES
SOUS-EXPLOITÉ
SOUS-EXPOSANT
SOUS-EXPOSÉES
SOUS-FAMILLES
SOUS-HUMANITÉ
SOUS-JACENTES
SOUS-LOCATION
SOUS-MARINIER
SOUS-MINISTRE
SOUS-MULTIPLE
SOUS-NORMALES
SOUS-OFFICIER
SOUS-ORBITALE
SOUS-ORBITAUX
SOUS-PEUPLÉES
SOUS-PRÉFÈTES
SOUS-PRESSION
SOUS-PRODUITS
SOUS-SATURÉES
SOUS-SECTEURS
SOUS-SOLEUSES
SOUS-STATIONS
SOUS-SYSTÈMES
SOUS-TANGENTE
SOUS-TENSIONS
SOUS-TITRAGES
SOUSTRACTEUR
SOUSTRACTION
SOUSTRACTIVE
SOUS-TRAITANT
SOUS-TRAITÉES

SOUS-UTILISÉE
SOUS-UTILISER
SOUS-UTILISÉS
SOUS-VÊTEMENT
SOUS-VIREUSES
SOUTH SHIELDS
SOUTIEN-GORGE
SOUVERAINETÉ
SOVIÉTOLOGUE
SPANIACIENNE
SPARNACIENNE
SPARNONIENNE
SPASMOPHILIE
SPATIALISANT
SPÉCIALEMENT
SPÉCIALISANT
SPECTROMÈTRE
SPECTROSCOPE
SPÉCULATRICE
SPERMATOCYTE
SPERMOGRAMME
SPHINCTÉRIEN
SPIRIPONTAIN
SPIRITUALISÉ
SPIRITUALITÉ
SPIROCHÉTOSE
SPLANCHNIQUE
SPLÉNECTOMIE
SPONSORISANT
SPONTANÉISME
SPONTANÉMENT
SPORTIVEMENT
SPORTS-NATURE
SQUATTÉRISÉE
SQUATTÉRISER
SQUELETTIQUE
SRI LANKAISES
SRI LANKAISES
STABILISANTE
STALINOGORSK
STAMBOLIJSKI
STANDARDISÉE
STANDARDISER
STANDARDISTE
STANISLAVSKI
STANLEYVILLE
STAPHISAIGRE
STARA PLANINA
STAR-SYSTÈMES
STARTING-GATE
STATEN ISLAND
STATIONNAIRE
STATIONS-AVAL
STATIQUEMENT
STATISTICIEN
STAUFFENBERG
STEEPLE-CHASE
STÉGOCÉPHALE
STENAISIENNE
STÉNODACTYLO
STÉNOGRAPHIE
STÉNOGRAPHIÉ
STÉNOTYPISTE
STERCULIACÉE
STÉRÉOCHIMIE
STÉRÉOGNOSIE
STÉRÉOGRAMME
STÉRÉOMÉTRIE
STÉRÉOPHONIE
STÉRÉOSCOPIE
STÉRÉOVISION
STÉRILISANTE
STERNUTATION
STÉROÏDIENNE
STERPINACIEN
STIGMATISANT
STILLIGOUTTE
STIRINGEOISE
STOCHASTIQUE
STOCKHOLMOIS
STOCK-OPTIONS
STOCKS-OUTILS
STOKE-ON-TRENT
STOMATOLOGIE
STOMATOLOGUE
STRADIVARIUS
STRADIVARIUS
STRATOSPHÈRE
STREPSIPTÈRE
STREPTOCOQUE
STRICTO SENSU
STRIDULATION
STRIP-TEASEUR
STROBOSCOPIE
STRUCTURABLE
STRUCTURANTE
STRUCTURELLE
STUPÉFACTION
STURE L'ANCIEN
STURE LE JEUNE
STYLISTICIEN
SUBAQUATIQUE
SUBCONSCIENT
SUBDÉLÉGUANT
SUBJECTIVITÉ
SUBLIME-PORTE
SUBLIMINAIRE
SUBORDONNANT
SUBROGATOIRE
SUBSIDIARITÉ
SUBSTANTIVÉE
SUBSTANTIVER
SUBSTITUABLE
SUBSTITUTION
SUBSTITUTIVE
SUBSTRUCTION
SUBSTRUCTURE
SUBTROPICALE
SUBTROPICAUX
SUBURBICAIRE
SUBVENTIONNÉ
SUCCENTURIÉE
SUCCESSORALE
SUCCESSORAUX
SUD-AFRICAINE
SUD-AFRICAINE
SUD-AFRICAINS
SUD-AFRICAINS
SUD-AMÉRICAIN
SUD-AMÉRICAIN
SUD-CORÉENNES
SUD-CORÉENNES
SUFFISAMMENT
SUGGESTIONNÉ
SUGGESTIVITÉ
SULFHYDRIQUE
SUN ZHONGSHAN
SUPERALLIAGE
SUPERDÉVOLUY
SUPERFAMILLE
SUPERPOSABLE
SUPERSONIQUE
SUPERSTITION
SUPPLICATION
SUPPOSITOIRE
SUPRÉMATISME
SURABONDANCE
SURABONDANTE
SURALIMENTÉE
SURALIMENTER
SURBRILLANCE
SURCHARGEANT
SURCHAUFFANT
SURCHAUFFEUR
SURCOMPRIMÉE
SURCOMPRIMER
SURDÉTERMINÉ
SURDÉVELOPPÉ
SURDI-MUTITÉS
SURÉLÉVATION
SURENTRAÎNÉE
SURENTRAÎNER
SUREXCITABLE
SUREXCITANTE
SUREXPLOITÉE
SUREXPLOITER
SURGISSEMENT
SURINAMIENNE
SURINFECTION
SURINFORMANT
SURINTENDANT

SURINTENSITÉ
SURLENDEMAIN
SURMORTALITÉ
SURMULTIPLIÉ
SURNATURELLE
SURNUMÉRAIRE
SURPASSEMENT
SURPLOMBANTE
SURVEILLANCE
SURVEILLANTE
SUS-DÉNOMMÉES
SUS-DOMINANTE
SUS-HÉPATIQUE
SUSMENTIONNÉ
SUSTENTATION
SVEN TVESKÄGG
SYLVICULTEUR
SYLVICULTURE
SYMPATHISANT
SYNCHRONIQUE
SYNCHRONISÉE
SYNCHRONISER
SYNCHRONISME
SYNDICALISÉE
SYNDICALISER
SYNDICALISME
SYNDICALISTE
SYNDICATAIRE
SYNOVECTOMIE
SYNTACTICIEN
SYNTHÉTISANT
SYNTHÉTISEUR
SYPHILITIQUE
SYSTÉMATIQUE
SYSTÉMATISÉE
SYSTÉMATISER
SZENT-GYÖRGYI
TACHÉOMÉTRIE
TACHYPSYCHIE
TACTIQUEMENT
TADOUSSACIEN
TAGLIATELLES
TAI-CHI-CHUANS
TAILLANDERIE
TAILLE-CRAYON
TALANÇONNAIS
TALISMANIQUE
TALKIE-WALKIE
TAMANGHASSET
TAMBOURINAGE
TAMBOURINANT
TAMBOURINEUR
TAMBOUR-MAJOR
TAMPONNEMENT
TANANARIVIEN
TANGENTIELLE
TANGIBLEMENT
TAPIS-BROSSES
TARABISCOTÉE
TARASCONNAIS
TARASS BOULBA
TARIFICATION
TARRACONAISE
TASSILUNOISE
TAUPE-GRILLON
TAUTOLOGIQUE
TAXIDERMISTE
TAXIS-BROUSSE
TCHELIABINSK
TCHÉRÉMISSES
TCHEREMKHOVO
TCHEREPOVETS
TCHISTIAKOVO
TCHITCHERINE
TECHNICIENNE
TECHNICISANT
TECHNOCRATIE
TÉGUMENTAIRE
TEL-AVIV-JAFFA
TÉLÉACHETEUR
TÉLÉCOMMANDE
TÉLÉCOMMANDÉ
TÉLÉDIFFUSÉE
TÉLÉDIFFUSER
TÉLÉÉCRITURE
TÉLÉGRAPHIÉE
TÉLÉGRAPHIER
TÉLÉMÉDECINE
TÉLENCÉPHALE
TÉLÉOBJECTIF
TÉLÉOLOGIQUE
TÉLÉPAIEMENT
TÉLÉPATHIQUE
TÉLÉPHÉRIQUE
TÉLÉPHONIQUE
TÉLÉPHONISTE
TÉLÉPOINTAGE
TÉLESCOPIQUE
TÉLÉVENDEUSE
TÉLÉVISUELLE
TELL AL-AMARNA
TELLUROMÈTRE
TENAILLEMENT
TENDANCIELLE
TENDANCIEUSE
TENNIS-BALLON
TENNIS-ELBOWS
TENOCHTITLÁN
TENSIOACTIVE
TENTACULAIRE
TENZIN GYATSO
TÉRATOGENÈSE
TÉRÉBENTHINE
TERGIVERSANT
TERMINOLOGIE
TERMINOLOGUE
TERNISSEMENT
TERRASSEMENT
TERREBONNIEN
TERRE-NEUVIEN
TERRE-NEUVIEN
TERRE-NEUVIER
TERRIBLEMENT
TERRITORIALE
TERRITORIAUX
TERRORISANTE
TESTICULAIRE
TESTIMONIALE
TESTIMONIAUX
TESTOSTÉRONE
TÉTANISATION
TÊTES-DE-MAURE
TÉTRACYCLINE
TÉTRADRACHME
TÉTRAÉDRIQUE
TÉTRAPLOÏDIE
TÉTRASYLLABE
TEZCATLIPOCA
THAÏLANDAISE
THAÏLANDAISE
THANATOLOGIE
THANKSGIVING
THÉÂTRALISÉE
THÉÂTRALISER
THÉÂTRALISME
THÉÂTRE-LIBRE
THÉOCRATIQUE
THÉOLOGIENNE
THÉOPHYLLINE
THÉORICIENNE
THÉORISATION
THÉOSOPHIQUE
THERMICIENNE
THERMIDORIEN
THERMISTANCE
THERMOCHIMIE
THERMOCOUPLE
THERMOGENÈSE
THERMOMÉTRIE
THERMOSPHÈRE
THÉSAURISANT
THÉSAURISEUR
THESSALIENNE
THESSALIENNE
THETFORDOISE
THIONVILLOIS
THOMAS BECKET
THOMAS D'AQUIN
THORACENTÈSE
THORACOTOMIE
THROMBOPÉNIE

THROMBOTIQUE
THURGOVIENNE
THURIFÉRAIRE
THYROÏDIENNE
THYSANOPTÈRE
TIBÉTO-BIRMAN
TIBIO-TARSIEN
TIÉDISSEMENT
TIMBRE-AMENDE
TIMBRES-POSTE
TIME-SHARINGS
TINCHEBRAYEN
TINTINNABULÉ
TIRAILLEMENT
TIRE-BOUCHONS
TIROIR-CAISSE
TISSUS-PAGNES
TITULARISANT
TLALNEPANTLA
TOMBLAINOISE
TONNACQUOISE
TONNEINQUAIS
TORRÉFACTEUR
TORRÉFACTION
TORREMOLINOS
TORRENTIELLE
TORRENTUEUSE
TORTILLEMENT
TORTIONNAIRE
TOTALFINAELF
TOTALISATEUR
TOTALISATION
TOUCHE-TOUCHE
TOURBILLONNÉ
TOURILLONNÉE
TOURILLONNER
TOURNAILLANT
TOURNEBOULÉE
TOURNEBOULER
TOURNEBROCHE
TOURNE-DISQUE
TOURNE-PIERRE
TOURNICOTANT
TOURNOIEMENT
TOURNUSIENNE
TOURQUENNOIS
TOUSSOTEMENT
TOUTANKHAMON
TOUTES-BOÎTES
TOUTES-ÉPICES
TOUT-PUISSANT
TOXOPLASMOSE
TRACHÉOTOMIE
TRADESCANTIA
TRADITIONNEL
TRAGI-COMÉDIE
TRAGI-COMIQUE

TRAGIQUEMENT
TRAÎNAILLANT
TRAITS D'UNION
TRANQUILLISÉ
TRANQUILLITÉ
TRANSAMINASE
TRANSBAHUTÉE
TRANSBAHUTER
TRANSBORDANT
TRANSBORDEUR
TRANSCENDANT
TRANSCRIVANT
TRANSCUTANÉE
TRANSDUCTEUR
TRANSDUCTION
TRANSFECTION
TRANSFÉRABLE
TRANSFIGURÉE
TRANSFIGURER
TRANSFORMANT
TRANSGÉNIQUE
TRANSGRESSÉE
TRANSGRESSER
TRANSHORIZON
TRANSHUMANCE
TRANSHUMANTE
TRANSITIVITÉ
TRANSLUMINAL
TRANSMETTANT
TRANSMETTEUR
TRANSMIGRANT
TRANSMISSION
TRANSMUTABLE
TRANSNISTRIE
TRANSPALETTE
TRANSPARENCE
TRANSPARENTE
TRANSPERÇANT
TRANSPLANTÉE
TRANSPLANTER
TRANSPOLAIRE
TRANSPONDEUR
TRANSPORTANT
TRANSPORTEUR
TRANSPOSABLE
TRANSSONIQUE
TRANSURANIEN
TRANSVERSALE
TRANSVERSAUX
TRANSYLVAINE
TRANSYLVAINE
TRANSYLVANIE
TRAPÉZOÏDALE
TRAPÉZOÏDAUX
TRÁS-OS-MONTES
TRAUMATISANT
TRAVAILLEUSE

TRAVAILLISME
TRAVAILLISTE
TRAVAILLOTER
TRAVERS-BANCS
TRAVERSOUIRE
TREILLAGEANT
TREILLISSANT
TREMBLADAISE
TREMBLAYSIEN
TREMBLOTANTE
TREMPABILITÉ
TRÉPIGNEMENT
TRESSAILLANT
TRÉVOLTIENNE
TRIANGULAIRE
TRIBULATIONS
TRICHINOPOLY
TRICHOGRAMME
TRICHOPHYTON
TRIFLUVIENNE
TRIFOUILLANT
TRIGLYCÉRIDE
TRILOCULAIRE
TRIMBALEMENT
TRINQUEBALLE
TRIOMPHATEUR
TRIPARTITION
TRIPATOUILLÉ
TRIPHOSPHATE
TRIPOLITAINE
TRIRECTANGLE
TRISANNUELLE
TRISTOUNETTE
TRIVIALEMENT
TROCHOSPHÈRE
TROIS-ÉTOILES
TROIS-ÉVÊCHÉS
TROIS-VALLÉES
TROMPE-LA-MORT
TROMPETTISTE
TRONÇONNEUSE
TROPHALLAXIE
TROPHOBLASTE
TROPICALISÉE
TROPICALISER
TROTTINEMENT
TROUBLE-FÊTES
TROUSSE-QUEUE
TROUVILLAISE
TRYPSINOGÈNE
TUBERCULEUSE
TUBERCULOÏDE
TUBÉRISATION
TURBIDIMÈTRE
TURBOMACHINE
TURKMÉNISTAN
TURRIPINOISE

TYRANNOSAURE
TYROTHRICINE
TYRRHÉNIENNE
TZIN TZUN TZAN
UILENSPIEGEL
UJUNG PANDANG
ULTRABASIQUE
ULTRAMODERNE
ULTRAMONTAIN
ULTRASONIQUE
UNIFICATRICE
UNIFORMÉMENT
UNIFORMISANT
UNILOCULAIRE
UNIPERSONNEL
UNIVERSALISÉ
UNIVERSALITÉ
UNIVITELLINE
URBANISATION
URBANISTIQUE
URGENTOLOGUE
URO-GÉNITALES
USTILAGINALE
ÚSTÍ NAD LABEM
USUFRUITIÈRE
UTILISATRICE
UTILITARISME
UTILITARISTE
UTTAR PRADESH
VACCINOSTYLE
VADROUILLANT
VADROUILLEUR
VAILLYSIENNE
VAISSELLERIE
VALCOLOROISE
VAL-DE-MARNAIS
VALDEMAR SEJR
VALDOISIENNE
VALENCE-D'AGEN
VALENCIENNES
VALENCIENNES
VALENTINOISE
VALENTINOISE
VALÈRE MAXIME
VALÉRIANACÉE
VALÉRIANELLE
VALLAURIENNE
VALLERY-RADOT
VALLONNEMENT
VALORISATION
VALPOLICELLA
VALS-LES-BAINS
VAN ARTEVELDE
VAN DEN BERGHE
VAN DER MEULEN
VAN DER WEYDEN
VAN HONTHORST
VAN RUUSBROEC
VAPOCRAQUAGE
VAPOCRAQUEUR
VAPORISATEUR
VAPORISATION
VASCULARISÉE
VASOPRESSINE
VASOUILLARDE
VATICINATEUR
VATICINATION
VAUCLUSIENNE
VAUCLUSIENNE
VAULX-EN-VELIN
VAUVENARGUES
VÉGÉTALIENNE
VÉGÉTALISANT
VÉGÉTARIENNE
VÉLIDELTISTE
VÉLOCIMÉTRIE
VENDEUVROISE
VENTRIPOTENT
VERBEUSEMENT
VERDISSEMENT
VERFEILLOISE
VÉRIFICATEUR
VÉRIFICATION
VÉRIFICATIVE
VERMICULAIRE
VERMILLONNER
VERNACULAIRE
VERROUILLAGE
VERROUILLANT
VERROUILLEUR
VERSAILLAISE
VERSAILLAISE
VERS-LIBRISTE
VERT-DE-GRISÉE
VERT-DE-GRISÉS
VERTIGINEUSE
VESPERTILION
VESSES-DE-LOUP
VESTIBULAIRE
VEXILLOLOGIE
VIBO VALENTIA
VIBRAYSIENNE
VIBROMASSEUR
VICE-CONSULAT
VIC-EN-BIGORRE
VICE-RECTEURS
VICE-ROYAUTÉS
VICIEUSEMENT
VICTIMOLOGIE
VICTOR-AMÉDÉE
VIDE-GRENIERS
VIDÉOGRAPHIE
VIDÉOLECTEUR
VIEILLEVILLE
VIEILLISSANT
VIELÉ-GRIFFIN
VIENNOISERIE
VIENTIANAISE
VIERZONNAISE
VIETNAMIENNE
VIETNAMIENNE
VIEUX-CONDÉEN
VIEUX-CROYANT
VIGNEUSIENNE
VILLACOUBLAY
VILLAHERMOSA
VILLARDIENNE
VILLAVICIOSA
VILLECRESNES
VILLE-DORTOIR
VILLEFRANCHE
VILLÉGIATURE
VILLÉGIATURÉ
VILLEJUIFOIS
VILLENEUVIEN
VILLENEUVOIS
VILLEPARISIS
VILLEPINTOIS
VILLERS-LE-LAC
VILLERUPTIEN
VILLETANEUSE
VILLEURBANNE
VINIFICATEUR
VINIFICATION
VIOLLET-LE-DUC
VIRILISATION
VIROFLAYSIEN
VISCOSIMÈTRE
VISUELLEMENT
VITICULTRICE
VITIVINICOLE
VITUPÉRATION
VIVARO-ALPINS
VIVIFICATEUR
VIVIFICATION
VOCALISATEUR
VOCALISATION
VOCIFÉRATEUR
VOCIFÉRATION
VOITURE-BALAI
VOITURE-POSTE
VOITURES-BARS
VOITURES-LITS
VOLATILISANT
VOLCANOLOGIE
VOLCANOLOGUE
VOLONTARISME
VOLONTARISTE
VOLTAIRIENNE
VOLTA REDONDA
VOLUCOMPTEUR

VOLUMÉTRIQUE
VO NGUYÊN GIAP
VOSGES DU NORD
VOSNE-ROMANÉE
VOUVRILLONNE
VULCANOLOGIE
VULCANOLOGUE
VULGAIREMENT
WAGON-CITERNE
WARWICKSHIRE
WASQUEHALIEN
WASSELONNAIS
WASSERBILLIG
WATER-CLOSETS
WATTRELOSIEN
WELLINGTONIA
WEST BROMWICH
WESTER WEMYSS
WESTINGHOUSE
WESTMOUNTAIS
WHITE-SPIRITS
WINNIPEGOSIS
WINNIPEGUIEN
WINSTON-SALEM
WINTERHALTER
WISIGOTHIQUE
WITTGENSTEIN
WORLD WIDE WEB
XAINTRAILLES
XANTHOPHYCÉE
XANTHOPHYLLE
XÉNOCRISTAUX
XÉROPHTALMIE
XIPHOÏDIENNE
YAMOUSSOUKRO
YLANGS-YLANGS
YSSINGELAISE
YUKAWA HIDEKI
ZARATHOUSTRA
ZARATHUSHTRA
ZIMBABWÉENNE
ZIMBABWÉENNE
ZINGIBÉRACÉE
ZINJANTHROPE
ZOOMORPHIQUE
ZOOMORPHISME
ZOOTECHNIQUE
ZOROASTRISME

13

ABAISSE-LANGUE
ABÂTARDISSANT
ABBAYE-AUX-BOIS
ABERDEEN-ANGUS
ABONNISSEMENT
ABOUTISSEMENT
ABRACADABRANT
ABRI-SOUS-ROCHE
ABRUTISSEMENT
ABSTRAITEMENT
ACADÉMICIENNE
À CALIFOURCHON
ACCÉLÉRATRICE
ACCÉLÉROMÈTRE
ACCEPTABILITÉ
ACCESSIBILITÉ
ACCESSOIRISÉE
ACCESSOIRISER
ACCESSOIRISTE
ACCLIMATATION
ACCLIMATEMENT
ACCOMMODATION
ACCOMMODEMENT
ACCOMPLISSANT
ACCORDÉONISTE
ACCORDS-CADRES
ACCOURCISSANT
ACCRÉDITATION
ACCROCHE-CŒUR
ACCROCHE-PLATS
ACCROISSEMENT
ACCROUPISSANT
ACCULTURATION
ACÉRICULTRICE
ACÉTIFICATION
ACÉTYLCHOLINE
ACHROMATISANT
ACHROMATOPSIE
ACIDES-ALCOOLS
ACIDIFICATION
ACIDO-BASIQUES
ACOUSTICIENNE
ACQUIESCEMENT
ACRYLONITRILE
ACTUALISATION
ADAM DE LA HALLE
ADDITIONNELLE
ADJECTIVEMENT
ADJECTIVISANT
ADJUDICATAIRE
ADJUDICATRICE
ADMINISTRATIF
ADMIRABLEMENT
ADMISSIBILITÉ
ADMONESTATION
ADOUCISSEMENT
ADRÉNOLYTIQUE
AÉRODYNAMIQUE
AÉRODYNAMISME
AÉROMODÉLISME
AÉROPORTUAIRE
AÉROTECHNIQUE
AÉROTERRESTRE
AÉROTHERMIQUE
AFFADISSEMENT
AFFAIBLISSANT
AFFECTIONNANT
AFFOUILLEMENT
AFFOURAGEMENT
AFRIQUE DU NORD
AFRO-AMÉRICAIN
AFRO-AMÉRICAIN
AFRO-ASIATIQUE
AFRO-BRÉSILIEN
AFRO-BRÉSILIEN
AGGIORNAMENTO
AGGLOMÉRATION
AGGLUTINATION
AGGLUTINOGÈNE
AGNÈS DE FRANCE
AGRAMMATICALE
AGRAMMATICAUX
AGRESSIVEMENT
AGRO-INDUSTRIE
AGROPASTORALE
AGROPASTORAUX
AGRUMICULTURE
AHMAD IBN TULUN
AIDE-ÉDUCATEUR
AIDE-SOIGNANTE
AIGUEPERSOISE
AIGUES-MARINES
AIGUES-MORTAIS
AIGUILLONNANT
AIGUISE-CRAYON
AÏN TÉMOUCHENT
AIRE-SUR-L'ADOUR
AISEAU-PRESLES
AIX-EN-PROVENCE

AIXE-SUR-VIENNE
AIX-LA-CHAPELLE
AKADEMGORODOK
ALAIN-FOURNIER
ALBENASSIENNE
ALBERT LE GRAND
ALBERTVILLOIS
ALCOOLISATION
ALÉATOIREMENT
ALEKSANDROPOL
ALEXIS COMNÈNE
ALFORTVILLAIS
ALFRED LE GRAND
ALGORITHMIQUE
ALLERS-RETOURS
ALLOCENTRISME
ALLUME-CIGARES
ALLUVIONNAIRE
AL-NAHHAS PACHA
ALPHABÉTISANT
ALPHONSE LE BON
ALPHONSE-MARIE
ALTO-SÉQUANAIS
ALUMINISATION
AMADIS DE GAULE
AMAIGRISSANTE
AMAN ALLAH KHAN
AMARYLLIDACÉE
AMBARTSOUMIAN
AMÉRICANISANT
AMÉRIC VESPUCE
AMÉRIQUE DU SUD
AMIANTE-CIMENT
AMINCISSEMENT
AMOINDRISSANT
AMOLLISSEMENT
AMONCELLEMENT
AMORTISSEMENT
AMOUREUSEMENT
AMOURS-PROPRES
AMPÉLOGRAPHIE
AMPHIARTHROSE
AMPHIGOURIQUE
AMPLIFICATEUR
AMPLIFICATION
ANACRÉONTIQUE
ANATHÉMATISÉE
ANATHÉMATISER
ANDHRA PRADESH
ANDREAS-SALOMÉ
ANESTHÉSIANTE
ANFRACTUOSITÉ
ANGÉLIQUEMENT
ANGLICISATION
ANGLO-NORMANDE
ANGLO-NORMANDE
ANGLO-NORMANDS
ANGLO-NORMANDS
ANGLO-SAXONNES
ANGLO-SAXONNES
ANIMADVERSION
ANNECY-LE-VIEUX
ANNE D'AUTRICHE
ANNE DE BEAUJEU
ANNÉES-LUMIÈRE
ANNEMASSIENNE
ANNEXIONNISME
ANNEXIONNISTE
ANNONCIATRICE
ANNUALISATION
ANOBLISSEMENT
ANTÉHYPOPHYSE
ANTÉISLAMIQUE
ANTHRACITEUSE
ANTHRAQUINONE
ANTHROPOLOGIE
ANTHROPOLOGUE
ANTHROPONYMIE
ANTHROPOPHAGE
ANTHROPOPHILE
ANTIACARIENNE
ANTIBIOGRAMME
ANTICANCÉREUX
ANTICIPATOIRE
ANTICLÉRICALE
ANTICLÉRICAUX
ANTICOAGULANT
ANTICORROSION
ANTICYCLONALE
ANTICYCLONAUX
ANTIDÉMARRAGE
ANTIDÉRAPANTE
ANTIDÉTONANTE
ANTIÉMÉTISANT
ANTIKOMINTERN
ANTIMITOTIQUE
ANTIMYCOSIQUE
ANTINATALISTE
ANTINATIONALE
ANTINATIONAUX
ANTINUCLÉAIRE
ANTIPALUDIQUE
ANTIPARASITÉE
ANTIPARASITER
ANTIPARTICULE
ANTIPERSONNEL
ANTIPOLLUTION
ANTIPYRÉTIQUE
ANTIRADIATION
ANTIRELIGIEUX
ANTISALISSURE
ANTISATELLITE
ANTISÉMITISME
ANTI-SOUS-MARIN
ANTISYNDICALE
ANTISYNDICAUX
ANTITÉTANIQUE
ANTIULCÉREUSE
ANTIVÉNÉNEUSE
ANTIVENIMEUSE
ANTOINE DANIEL
AOL TIME WARNER
APATHIQUEMENT
APHRODISIAQUE
APLANISSEMENT
APLATISSEMENT
APOCALYPTIQUE
APONÉVROTIQUE
APPALACHIENNE
APPARENTEMENT
APPAUVRISSANT
APPENZELLOISE
APPERTISATION
APPLAUDIMÈTRE
APPLAUDISSANT
APPLAUDISSEUR
APPLICABILITÉ
APPOINTEMENTS
APPRÉCIATRICE
APPRENTISSAGE
APPRIVOISABLE
APPROPRIATION
APPROVISIONNÉ
APPROXIMATION
APPROXIMATIVE
AQUARIOPHILIE
AQUATINTIENNE
AQUATUBULAIRE
ARABO-PERSIQUE
ARBITRALEMENT
ARBORICULTEUR
ARBORICULTURE
ARCACHONNAISE
ARCHÉOLOGIQUE
ARCHIDUCHESSE
ARCHIMANDRITE
ARCHIMÉDIENNE
ARCHITECTURAL
ARCHITECTURÉE
ARCHITECTURER
ARCHIVISTIQUE
ARCS-DOUBLEAUX
ARGELÈS-GAZOST
ARGELÈS-SUR-MER
ARGENTIÉROISE
ARGENTONNAISE
ARGUMENTATEUR
ARGUMENTATION
ARGUMENTATIVE
ARISTOTÉLISME
ARITHMÉTICIEN

13

ARITHMOMANCIE
ARMENTIÉROISE
AROMATHÉRAPIE
AROMATISATION
ARRIÈRE-CHŒUR
ARRIÈRE-COUSIN
ARRIÈRE-GARDES
ARRIÈRE-GORGES
ARRIÈRE-NEVEUX
ARRIÈRE-NIÈCES
ARRIÈRE-PENSÉE
ARRIÈRE-SAISON
ARRIÈRE-SALLES
ARRIÈRE-TRAINS
ARRIÈRE-VASSAL
ARS-SUR-FORMANS
ARS-SUR-MOSELLE
ARTÉRIECTOMIE
ARTÉRIOPATHIE
ARTHROGRAPHIE
ARTHROPLASTIE
ARTICHAUTIÈRE
ARTICULATOIRE
ASCHAFFENBURG
ASCLÉPIADACÉE
ASOMATOGNOSIE
ASPIRO-BATTEUR
ASSAGISSEMENT
ASSERVISSANTE
ASSIMILATRICE
ASSOCIATIVITÉ
ASSOMBRISSANT
ASSOUPISSANTE
ASSOUPLISSANT
ASSOUPLISSEUR
ASSOURBANIPAL
ASSOURDISSANT
ASSURANCES-VIE
ASTACICULTURE
ASTÉRÉOGNOSIE
ASTHÉNOSPHÈRE
ASTROMÉTRIQUE
ASTROMÉTRISTE
ASTRONAUTIQUE
ASTROPHYSIQUE
ASYNCHRONISME
ATD QUART MONDE
ATMOSPHÉRIQUE
ATOMES-GRAMMES
À TOUCHE-TOUCHE
ATTACHÉS-CASES
ATTENDRISSANT
ATTENDRISSEUR
ATTENTIVEMENT
ATTRAPE-MOUCHE
ATTRAPE-NIGAUD
AUBERGENVILLE
AUBERT DE GASPÉ
AUBERVILLIERS
AUBUSSONNAISE
AUDINCOURTOIS
AUDIOVISUELLE
AUDRUICQUOISE
AUGUSTINIENNE
AUNG SAN SUU KYI
AUREC-SUR-LOIRE
AURIGNACIENNE
AURIGNACIENNE
AUSCULTATOIRE
AUTHENTIFIANT
AUTO-ANTICORPS
AUTOBIOGRAPHE
AUTOBRONZANTE
AUTOCENSURANT
AUTOCINÉTISME
AUTOCOUCHETTE
AUTODIRECTEUR
AUTOÉLÉVATEUR
AUTOFINANÇANT
AUTO-IMMUNITÉS
AUTO-INDUCTION
AUTOMOBILISTE
AUTOMORPHISME
AUTONETTOYANT
AUTOPALPATION
AUTOPROCLAMÉE
AUTOPROCLAMER
AUTOPROPULSÉE
AUTORÉFÉRENCE
AUTORÉPARABLE
AUTORITARISME
AUTOS-SCOOTERS
AUTO-STOPPEURS
AUTO-STOPPEUSE
AUTOSUFFISANT
AUTOTREMPANTE
AUVERS-SUR-OISE
AUXI-LE-CHÂTEAU
AVACHISSEMENT
AVANT-CONTRATS
AVANT-COUREURS
AVANT-DERNIÈRE
AVANT-DERNIERS
AVANT-GARDISME
AVANT-GARDISTE
AVANT-PREMIÈRE
AVANTS-CENTRES
AVERTISSEMENT
AVEULISSEMENT
AVITAILLEMENT
AVRANCHINAISE
AXISYMÉTRIQUE
AXONOMÉTRIQUE
BACHI-BOUZOUKS
BACHKORTOSTAN
BACTÉRIOLOGIE
BACTÉRIOPHAGE
BADIGEONNEUSE
BAIERIVERAINE
BAIE-SAINT-PAUL
BÂILLONNEMENT
BAINS-LES-BAINS
BALAIS-BROSSES
BALISTICIENNE
BALKANISATION
BALLONS-SONDES
BALOUTCHISTAN
BANCARISATION
BANCASSURANCE
BANQUEROUTIER
BANYULS-SUR-MER
BARAGOUINEUSE
BARBEZILIENNE
BARBOUILLEUSE
BARCELONNETTE
BARRAGES-POIDS
BARSURAUBOISE
BAS-DE-CHAUSSES
BASIDIOMYCÈTE
BASILE LE GRAND
BASSAS DA INDIA
BASSE-AUTRICHE
BASSE-GOULAINE
BASSE-NORMANDE
BASSES-TAILLES
BASSIN-VERSANT
BATEAU-CITERNE
BATEAUX-PHARES
BATEAUX-POMPES
BATEAUX-PORTES
BATHYMÉTRIQUE
BAUME-LES-DAMES
BÉATIFICATION
BEAUCHAMPOISE
BEAUCOURTOISE
BEAUREPAIROIS
BEAUVAISIENNE
BEAUVILLÉSOIS
BÉCANCOUROISE
BECS-DE-CORBEAU
BELLE CORDIÈRE
BELLES-LETTRES
BELLEVILLOISE
BELLIFONTAINE
BELLIFONTAINE
BELLOPRATAINE
BELO HORIZONTE
BÉLOUTCHISTAN
BENOÎT D'ANIANE
BERCHTESGADEN
BERGERONNETTE

BERLAIMONTOIS
BERTHEVINOISE
BERTRAN DE BORN
BÊTABLOQUANTE
BÊTASTIMULANT
BETSIMISARAKA
BEUZEVILLAISE
BIBLIOGRAPHIE
BICAMÉRALISME
BICARBURATION
BIEN-PENSANTES
BIENVEILLANCE
BIENVEILLANTE
BIOASTRONOMIE
BIOCLIMATIQUE
BIOCOMPATIBLE
BIOCONVERSION
BIODÉGRADABLE
BIOÉLECTRIQUE
BIOGÉOGRAPHIE
BIO-INDUSTRIES
BIOMAGNÉTISME
BIOTERRORISME
BIOTERRORISTE
BIQUOTIDIENNE
BIRÉFRINGENCE
BIRÉFRINGENTE
BISCHHEIMOISE
BISSAU-GUINÉEN
BLACK PANTHERS
BLAINVILLAISE
BLAINVILLOISE
BLANCHISSANTE
BLANCHISSERIE
BLANCHISSEUSE
BLANCS-MANGERS
BLASPHÉMATEUR
BLETTISSEMENT
BLOC-CYLINDRES
BLOC-DIAGRAMME
BLOCS-CUISINES
BLUE MOUNTAINS
BOBO-DIOULASSO
BOCAGE NORMAND
BOCAGE VENDÉEN
BOEING COMPANY
BOISBRIANNAIS
BOIS-GUILLAUME
BOISSY D'ANGLAS
BONDÉRISATION
BONHEUR-DU-JOUR
BONNEUILLOISE
BONNEVILLOISE
BONS-CHRÉTIENS
BOOGIE-WOOGIES
BORIS GODOUNOV
BORNE-FONTAINE
BOROSILICATÉE
BORT-LES-ORGUES
BOUCHE-À-BOUCHE
BOUFFONNEMENT
BOUGAINVILLÉE
BOUGUENAISIEN
BOUILLABAISSE
BOUILLON-BLANC
BOUILLONNANTE
BOULAY-MOSELLE
BOULES-DE-NEIGE
BOULEVARDIÈRE
BOULEVERSANTE
BOULOUNENCQUE
BOURBON-SICILE
BOURBOULIENNE
BOURBOURGEOIS
BOURDONNEMENT
BOURG-ARGENTAL
BOURG-EN-BRESSE
BOURGEOISIALE
BOURGEOISIAUX
BOURGUIGNONNE
BOURGUIGNONNE
BOURLINGUEUSE
BOURSICOTEUSE
BOUSTROPHÉDON
BOUTON-D'ARGENT
BOUZONVILLOIS
BRABANT WALLON
BRACHYCÉPHALE
BRAINE-L'ALLEUD
BRAINE-LE-COMTE
BRAINSTORMING
BRANCHES-MÈRES
BRAZZAVILLOIS
BREDOUILLEUSE
BREITSCHWANTZ
BRÉTIGNOLAISE
BRIANÇONNAISE
BRIAND-KELLOGG
BRICK-GOÉLETTE
BRICQUEBÉTAIS
BRIÈRE DE L'ISLE
BRIGADIER-CHEF
BRILLANTINANT
BRINGUEBALANT
BRINQUEBALANT
BRITISH MUSEUM
BRONCHECTASIE
BRONCHOSCOPIE
BROUILLONNANT
BROUSSAILLEUX
BRUAY-EN-ARTOIS
BUCCO-DENTAIRE
BUCCO-GÉNITALE
BUCCO-GÉNITAUX
BUDGÉTISATION
BUISSON-ARDENT
BUJUMBURIENNE
BULLY-LES-MINES
BUREAUCRATISÉ
BUREAU VERITAS
BURLESQUEMENT
BUSINESSWOMAN
BUSINESSWOMEN
BUSSY D'AMBOISE
CAFÉS-CONCERTS
CAFÉS-THÉÂTRES
CALCIFICATION
CALCIOTHERMIE
CALCULABILITÉ
CALEMBREDAINE
CALFEUTREMENT
CALIDIFONTAIN
CALIFORNIENNE
CALIFORNIENNE
CALLIGRAPHIÉE
CALLIGRAPHIER
CALOMNIATRICE
CALORIFUGEAGE
CALORIFUGEANT
CALTANISSETTA
CALVADOSIENNE
CAMARET-SUR-MER
CAMBO-LES-BAINS
CAMÉLÉONESQUE
CAMION-CITERNE
CAMPINA GRANDE
CANADIAN RIVER
CANAL IMPÉRIAL
CANCÉRISATION
CANCÉROGENÈSE
CANCÉROPHOBIE
CANNE-BÉQUILLE
CANNIBALESQUE
CANNIBALISANT
CANONIQUEMENT
CANTHARELLALE
CANTONS-DE-L'EST
CAOUTCHOUTAGE
CAOUTCHOUTANT
CAOUTCHOUTEUX
CAPARAÇONNANT
CAPBRETONNAIS
CAPITALISABLE
CAPITAL-RISQUE
CAPORAUX-CHEFS
CAPPADOCIENNE
CAPPADOCIENNE
CAPRIFICATION
CAPRIFOLIACÉE
CARACASSIENNE
CARACTÉRIELLE

CARACTÉRISANT
CARAVANSÉRAIL
CARBONATATION
CARBONISATION
CARBURÉACTEUR
CARCASSONNAIS
CARCINOGENÈSE
CARCINOMATEUX
CARDIOMÉGALIE
CARDIOTONIQUE
CARÊME-PRENANT
CARICATURISTE
CARILLONNEUSE
CARNAVALESQUE
CAROLINE DU SUD
CAROLINGIENNE
CARQUEFOLLIEN
CARRERO BLANCO
CARTÉSIANISME
CARTES-LETTRES
CARTES-RÉPONSE
CARTHAGINOISE
CARTHAGINOISE
CARTILAGINEUX
CARTOGRAPHIÉE
CARTOGRAPHIER
CARTOPHILISTE
CASABLANCAISE
CASÉIFICATION
CASIMIR-PERIER
CASSE-NOISETTE
CASTELLANAISE
CASTELLINOISE
CASTELNAUDAIS
CASTELNAUDARY
CASTELNEUVIEN
CASTELNEUVOIS
CASTELO BRANCO
CASTÉLORIENNE
CASTELROUSSIN
CASTELVIROISE
CASTILLONNAIS
CATACLYSMIQUE
CATALAUNIQUES
CATAPLECTIQUE
CATASTROPHANT
CATÉCHOLAMINE
CATHERINE PARR
CAUCHEMARDANT
CAUCHEMARDEUX
CAUDEBECQUAIS
CAUTERÉSIENNE
CAUTÉRISATION
CAUTIONNEMENT
CAVAILLONNAIS
CAVALIÈREMENT
CÉNESTHÉSIQUE
CENTIMÉTRIQUE
CENTRAFRICAIN
CENTRAFRICAIN
CENTRES-VILLES
CENTRIFUGEANT
CENTRIFUGEUSE
CÉPHALOTHORAX
CERCOPITHÈQUE
CÉRÉBRO-SPINAL
CERFS-VOLISTES
CERTIFICATEUR
CERTIFICATION
CÉSALPINIACÉE
CESSON-SÉVIGNÉ
CHALCOCONDYLE
CHALCOGRAPHIE
CHAMALIÉROISE
CHAMBARDEMENT
CHAMBONNIÈRES
CHAMBOULEMENT
CHAMPAGNISANT
CHAMPAGNOLAIS
CHAMPS ÉLYSÉES
CHANCELADAISE
CHANDRASEKHAR
CHANTONNEMENT
CHARENTONNAIS
CHARISMATIQUE
CHARLATANERIE
CHARLATANISME
CHARLES-ALBERT
CHARLES D'ANJOU
CHARLES LE GROS
CHARLES LE SAGE
CHARLES MARTEL
CHARLES ROBERT
CHARLOTTETOWN
CHARNELLEMENT
CHASSE-MOUCHES
CHASSE-PIERRES
CHÂSSIS-PRESSE
CHÂTAIGNERAIE
CHÂTEAU-ARNOUX
CHÂTEAU-BOUGON
CHATEAUBRIAND
CHATEAUBRIAND
CHÂTEAUBRIANT
CHÂTEAUBRIANT
CHÂTEAU-CHINON
CHÂTEAU-DU-LOIR
CHÂTEAU-D'YQUEM
CHÂTEAUGUOISE
CHÂTEAU-LAFITE
CHÂTEAU-LANDON
CHÂTEAU-LATOUR
CHÂTEAULINOIS
CHÂTEAUPONSAC
CHÂTEAURENARD
CHÂTEAU-SALINS
CHÂTELLERAULT
CHÂTILLONNAIS
CHÂTILLONAISE
CHATOUILLEUSE
CHAUDES-AIGUES
CHAUDES-PISSES
CHAUDFONTAINE
CHAUDRONNERIE
CHAUDRONNIÈRE
CHAUSSE-TRAPES
CHAUSSE-TRAPPE
CHAUVES-SOURIS
CHÉLEUTOPTÈRE
CHÉMOCEPTRICE
CHÉNOPODIACÉE
CHÈQUE-SERVICE
CHERBOURGEOIS
CHESNAYSIENNE
CHEVAL-D'ARÇONS
CHEVALERESQUE
CHEVAUCHEMENT
CHEVAUX-VAPEUR
CHEVEU-DE-VÉNUS
CHEVILLY-LARUE
CHÈVREFEUILLE
CHIANG CHIN-KUO
CHIBOUGAMOISE
CHICHES-KEBABS
CHIFFONNEMENT
CHILLY-MAZARIN
CHIROPRACTEUR
CHIROPRATIQUE
CHLAMYDOMONAS
CHLORHYDRIQUE
CHOLINERGIQUE
CHONDRICHTYEN
CHONDROMATOSE
CHOPPING-TOOLS
CHORÉGRAPHIÉE
CHORÉGRAPHIER
CHOSIFICATION
CHOSTAKOVITCH
CHRESTOMATHIE
CHRISTIANISÉE
CHRISTIANISER
CHRISTIANISME
CHROMATOPHORE
CHROMOSOMIQUE
CHRONIQUEMENT
CHRONOLOGIQUE
CHRONOMÉTRAGE
CHRONOMÉTRANT
CHRONOMÉTREUR
CHRYSOSTOMIEN
CICATRICIELLE

CICATRISATION
CINESTHÉSIQUE
CINO DA PISTOIA
CINQUIÈMEMENT
CIRCONFÉRENCE
CIRCONSTANCIÉ
CIRCONVOISINE
CIRCULARISANT
CIRCUMDUCTION
CIRCUMPOLAIRE
CITÉ INTERDITE
CITÉS-DORTOIRS
CIUDAD BOLÍVAR
CIUDAD DEL ESTE
CIUDAD GUAYANA
CIUDAD OBREGÓN
CIVILISATRICE
CIVITAVECCHIA
CLAIRS-OBSCURS
CLANDESTINITÉ
CLARIFICATION
CLARINETTISTE
CLASSIQUEMENT
CLAUSTROPHOBE
CLÉGUÉRECOISE
CLIENT-SERVEUR
CLIMATISATION
CLIQUETTEMENT
CLITORIDIENNE
CLOCHARDISANT
CLODOALDIENNE
CLOISONNEMENT
CLOPIN-CLOPANT
COATZACOALCOS
COBALTHÉRAPIE
COBELLIGÉRANT
COCARCINOGÈNE
COCONTRACTANT
COCOTTE-MINUTE
CODIFICATRICE
CŒUR-DE-PIGEON
COFINANCEMENT
COGNITICIENNE
COLIBACILLOSE
COLIN-MAILLARD
COLLABORATEUR
COLLABORATION
COLLATIONNANT
COLLATIONNURE
COLLECTIONNÉE
COLLECTIONNER
COLLECTIVISÉE
COLLECTIVISER
COLLECTIVISME
COLLECTIVISTE
COLLIOURENQUE
COLLISIONNEUR
COLLOR DE MELLO
COLOMBOPHILIE
COLONISATRICE
COLOSSALEMENT
COMBOURGEOISE
COMESTIBILITÉ
COMMANDITAIRE
COMMÉMORAISON
COMMÉMORATION
COMMÉMORATIVE
COMMENDATAIRE
COMMENSALISME
COMMENSURABLE
COMMENTATRICE
COMMENTRYENNE
COMMERCIALISÉ
COMMISÉRATION
COMMISSIONNÉE
COMMISSIONNER
COMMOTIONNANT
COMMUNALISANT
COMMUNAUTAIRE
COMMUNICATEUR
COMMUNICATION
COMMUNICATIVE
COMMUTATIVITÉ
COMPAGNONNAGE
COMPARABILITÉ
COMPARAISSANT
COMPARTIMENTÉ
COMPASSIONNEL
COMPATIBILITÉ
COMPATISSANTE
COMPENSATOIRE
COMPENSATRICE
COMPÈRE-LORIOT
COMPÉTITIVITÉ
COMPLEXIFIANT
COMPLIMENTANT
COMPLIMENTEUR
COMPRÉHENSION
COMPRÉHENSIVE
COMPROMETTANT
COMPROMISSION
COMPTABILISÉE
COMPTABILISER
COMPTE CHÈQUES
COMPTE-GOUTTES
COMPTES RENDUS
COMPULSIONNEL
CONCATÉNATION
CONCENTRATEUR
CONCENTRATION
CONCEPTUALISÉ
CONCILIATOIRE
CONCILIATRICE
CONCORDATAIRE
CONCUPISCENCE
CONCUPISCENTE
CONCURREMMENT
CONCURRENÇANT
CONCURRENTIEL
CONDESCENDANT
CONDITIONNANT
CONDITIONNEUR
CONFECTIONNÉE
CONFECTIONNER
CONFÉDÉRATION
CONFÉRENCIÈRE
CONFESSIONNAL
CONFESSIONNEL
CONFIGURATION
CONFISCATOIRE
CONFLAGRATION
CONFLICTUELLE
CONFOLENTAISE
CONFORMÉMENT À
CONFRATERNITÉ
CONFRONTATION
CONFUCIANISME
CONFUCIANISTE
CONGESTIONNÉE
CONGESTIONNER
CONGO-KINSHASA
CONGRÉGANISTE
CONJOINTEMENT
CONJONCTIVALE
CONJONCTIVAUX
CONJONCTIVITE
CONJUGALEMENT
CONNAISSEMENT
CONQUISTADORS
CONSANGUINITÉ
CONSCIENCIEUX
CONSCIENTISÉE
CONSCIENTISER
CONSÉQUEMMENT
CONSERVATISME
CONSERVATOIRE
CONSERVATRICE
CONSIDÉRATION
CONSIGNATAIRE
CONSISTORIALE
CONSISTORIAUX
CONSOLIDATION
CONSOMMATRICE
CONSONANTIQUE
CONSONANTISME
CONSPIRATRICE
CONSTANTINIEN
CONSTANTINOIS
CONSTELLATION
CONSTERNATION
CONSTRUCTIBLE

CONSTRUCTRICE
CONTACTOLOGIE
CONTAINÉRISÉE
CONTAINÉRISER
CONTAMINATION
CONTEMPLATEUR
CONTEMPLATION
CONTEMPLATIVE
CONTEMPORAINE
CONTENEURISÉE
CONTENEURISER
CONTESTATAIRE
CONTESTATRICE
CONTEXTUALISÉ
CONTINGENTANT
CONTINUATRICE
CONTORSIONNÉE
CONTORSIONNER
CONTOURNEMENT
CONTRACEPTION
CONTRACEPTIVE
CONTRACTILITÉ
CONTRACTUELLE
CONTRACTURANT
CONTRADICTEUR
CONTRADICTION
CONTRAGESTIVE
CONTRAIGNABLE
CONTRAIGNANTE
CONTRAROTATIF
CONTRAVENTION
CONTRE-AMIRAUX
CONTRE-ATTAQUE
CONTRE-ATTAQUÉ
CONTREBALANCÉ
CONTREBANDIER
CONTRE-BRAQUÉE
CONTRE-BRAQUER
CONTRE-BRAQUÉS
CONTRECARRANT
CONTRE-COURANT
CONTRE-COURBES
CONTRE-CULTURE
CONTRE-EMPLOIS
CONTRE-ENQUÊTE
CONTRE-ÉPREUVE
CONTRE-EXEMPLE
CONTREFACTEUR
CONTREFAISANT
CONTRE-FENÊTRE
CONTREFICHANT
CONTREFOUTANT
CONTRE-HERMINE
CONTRE-INDIQUÉ
CONTRE-LETTRES
CONTREMARQUÉE
CONTREMARQUER
CONTRE-MESURES
CONTRE-PASSANT
CONTRE-PASSÉES
CONTREPÈTERIE
CONTREPLACAGE
CONTREPLAQUÉE
CONTREPLAQUER
CONTRE-PLONGÉE
CONTRE-POINTES
CONTRE-POUVOIR
CONTRE-PROJETS
CONTRE-RÉFORME
CONTRESIGNANT
CONTRE-SOCIÉTÉ
CONTRE-TAILLES
CONTRE-TIMBRES
CONTRE-VALEURS
CONTREVENANTE
CONTREVENTANT
CONTRE-VISITES
CONTREXÉVILLE
CONTRIBUTRICE
CONTROLATÉRAL
CONTROVERSANT
CONTUSIONNANT
CONVALESCENCE
CONVALESCENTE
CONVENTIONNÉE
CONVENTIONNEL
CONVENTIONNER
CONVERTISSAGE
CONVERTISSANT
CONVERTISSEUR
CONVOLVULACÉE
CONVULSIONNÉE
CONVULSIONNER
COORDINATRICE
COORDONNATEUR
COPARENTALITÉ
COPARTAGEANTE
COPARTICIPANT
COPENHAGUOISE
COPERNICIENNE
COPROCESSEURS
COQUELUCHEUSE
CORDES-SUR-CIEL
CORESPONSABLE
CORNOUAILLAIS
CORONOGRAPHIE
CORPUS CHRISTI
CORPUSCULAIRE
CORRECTIONNEL
CORRESPONDANT
CORROBORATION
COSSÉ-LE-VIVIEN
CÔTE-DE-BEAUPRÉ
CÔTE D'ÉMERAUDE
CÔTE VERMEILLE
COTIGNACÉENNE
COTONS-POUDRES
COTTERÉZIENNE
COUCHE-CULOTTE
COUDEKERQUOIS
COUPE-CIRCUITS
COUPON-RÉPONSE
COURBEVOISIEN
COURCOURONNES
COURNEUVIENNE
COURSEULLAISE
COURT-BOUILLON
COURT-CIRCUITÉ
COURT-COURRIER
COURTISANERIE
COURT-JOINTÉES
COURTOISEMENT
COUTEAUX-SCIES
COWANSVILLOIS
COXO-FÉMORALES
CRACHOUILLANT
CRAINTIVEMENT
CRAMPONNEMENT
CRANIOSTÉNOSE
CRAPAUD-BUFFLE
CRAQUETTEMENT
CRÉATIONNISME
CRÉATIONNISTE
CRÉBILLON FILS
CRÉDIBILISANT
CRÉDIRENTIÈRE
CRÉNOTHÉRAPIE
CRÉPUSCULAIRE
CRÉPY-EN-VALOIS
CRÉTINISATION
CREYS-MALVILLE
CRIMINALISANT
CRISTALLINIEN
CRISTALLISANT
CRISTALLISOIR
CRITICAILLANT
CROQUEMBOUCHE
CROQUE-MITAINE
CROSS-COUNTRYS
CROUPISSEMENT
CROUSTILLANTE
CRUCIVERBISTE
CRYOCHIRURGIE
CRYOTECHNIQUE
CRYOTURBATION
CRYPTOGAMIQUE
CRYPTOGRAPHIE
CRYPTORCHIDIE
CSOKONAI VITÉZ
CULPABILISANT
CURIETHÉRAPIE

CUTI-RÉACTIONS
CYANOACRYLATE
CYANOBACTÉRIE
CYBERNÉTICIEN
CYCLOTHYMIQUE
CYCLOTOURISME
CYLINDRE-SCEAU
CYNOSCÉPHALES
CYPHOSCOLIOSE
CYTOGÉNÉTIQUE
CYTOPLASMIQUE
CYTOSQUELETTE
DACRYOCYSTITE
DACTYLOGRAMME
DACTYLOGRAPHE
DACTYLOSCOPIE
DAGUERRÉOTYPE
DANNEMARIENNE
DARIOS CODOMAN
DÉAMBULATOIRE
DÉBÂILLONNANT
DÉBARBOUILLÉE
DÉBARBOUILLER
DÉBRANCHEMENT
DÉBROUILLARDE
DÉBROUSSAILLÉ
DÉBUDGÉTISANT
DÉCADENASSANT
DÉCAPITALISER
DÉCAPUCHONNÉE
DÉCAPUCHONNER
DÉCARBURATION
DÉCAVAILLONNÉ
DECAZEVILLOIS
DÉCENTRALISÉE
DÉCENTRALISER
DÉCÉRÉBRATION
DÉCHAPERONNÉE
DÉCHAPERONNER
DÉCHAUSSEMENT
DÉCHIFFONNANT
DÉCHIFFREMENT
DÉCISIONNAIRE
DÉCISIONNELLE
DÉCLASSIFIANT
DÉCLENCHEMENT
DÉCLOISONNANT
DÉCOMPOSITION
DÉCOMPRESSANT
DÉCOMPRESSEUR
DÉCOMPRESSION
DÉCONCENTRANT
DÉCONCERTANTE
DÉCONDITIONNÉ
DÉCONGÉLATION
DÉCONSEILLANT
DÉCONSIDÉRANT
DÉCONTAMINANT
DÉCONTENANCÉE
DÉCONTENANCER
DÉCONTRACTANT
DÉCONTRACTION
DÉCORTICATION
DÉCOURAGEANTE
DÉCOURAGEMENT
DÉCRÉDIBILISÉ
DÉCRIMINALISÉ
DÉCROISSEMENT
DÉCULPABILISÉ
DÉCULTURATION
DÉDIFFÉRENCIÉ
DÉDOMMAGEMENT
DÉDRAMATISANT
DÉDUCTIBILITÉ
DÉFENSIVEMENT
DÉFERVESCENCE
DÉFEUILLAISON
DÉFINITIONNEL
DÉFISCALISANT
DÉFLEURISSANT
DÉFORESTATION
DÉGAUCHISSAGE
DÉGAUCHISSANT
DÉGAZONNEMENT
DÉGLUTINATION
DÉGOULINEMENT
DÉGOURDISSANT
DÉGRAVOIEMENT
DÉGROSSISSAGE
DÉGROSSISSANT
DÉGUERPISSANT
DE KEERSMAEKER
DÉLIBÉRATOIRE
DÉLIQUESCENCE
DÉLIQUESCENTE
DELPHINOLOGIE
DÉMAGNÉTISANT
DÉMAIGRISSANT
DÉMANTÈLEMENT
DÉMANTIBULANT
DÉMAQUILLANTE
DÉMATÉRIALISÉ
DÉMÉDICALISÉE
DÉMÉDICALISER
DEMI-BOUTEILLE
DEMI-DOUZAINES
DEMI-FINALISTE
DÉMILITARISÉE
DÉMILITARISER
DEMI-LONGUEURS
DEMI-MONDAINES
DÉMINÉRALISÉE
DÉMINÉRALISER
DÉMISSIONNANT
DEMI-TENDINEUX
DÉMOBILISABLE
DÉMOCRATISANT
DÉMOGRAPHIQUE
DÉMONSTRATEUR
DÉMONSTRATION
DÉMONSTRATIVE
DÉMORALISANTE
DÉMOUSTIQUANT
DÉMULTIPLEXÉE
DÉMULTIPLEXER
DÉMULTIPLIANT
DÉMYSTIFIANTE
DÉNATIONALISÉ
DÉNATURALISÉE
DÉNATURALISER
DÉNICOTINISÉE
DÉNICOTINISER
DÉNITRATATION
DÉNIVELLATION
DÉNIVELLEMENT
DÉNONCIATRICE
DENSIFICATION
DENSIMÉTRIQUE
DÉNUCLÉARISÉE
DÉNUCLÉARISER
DÉONTOLOGIQUE
DÉPARTEMENTAL
DÉPASSIONNANT
DÉPATOUILLANT
DÉPÉRISSEMENT
DÉPHOSPHATANT
DÉPHOSPHORANT
DÉPOITRAILLÉE
DÉPOLARISANTE
DÉPOLISSEMENT
DÉPOUILLEMENT
DÉPOUSSIÉRAGE
DÉPOUSSIÉRANT
DÉPOUSSIÉREUR
DÉPRÉCIATRICE
DÉPRESSURISÉE
DÉPRESSURISER
DÉPROGRAMMANT
DÉRAISONNABLE
DÉRÉALISATION
DÉRÉGLEMENTÉE
DÉRÉGLEMENTER
DÉRISOIREMENT
DERMATOGLYPHE
DERNIÈRES-NÉES
DÉSACCOUPLANT
DÉSACCOUTUMÉE
DÉSACCOUTUMER
DÉSACRALISANT
DÉSACTIVATION
DÉSADAPTATION

13

DÉSAGRÉGATION
DÉSALIGNEMENT
DÉSAMBIGUÏSÉE
DÉSAMBIGUÏSER
DÉSAMIDONNANT
DÉSAPPOINTANT
DÉSAPPROUVANT
DÉSARTICULANT
DÉSASSEMBLANT
DÉSATELLISANT
DÉSAVANTAGEUX
DÉSCOLARISANT
DÉSECTORISANT
DÉSÉGRÉGATION
DÉSEMBOURBANT
DÉSEMPLISSANT
DÉSENCHAÎNANT
DÉSENCHANTANT
DÉSENCOMBRANT
DÉSENCRASSANT
DÉSENGAGEMENT
DÉSENGORGEANT
DÉSENSIBILISÉ
DÉSENSORCELÉE
DÉSENSORCELER
DÉSENTORTILLÉ
DÉSENVELOPPÉE
DÉSENVELOPPER
DÉSENVENIMANT
DÉSENVERGUANT
DÉSÉQUILIBRÉE
DÉSÉQUILIBRER
DÉSERTISATION
DÉSESPÉRÉMENT
DÉSEXCITATION
DÉSEXUALISANT
DÉSHÉRITEMENT
DÉSHUMANISANT
DÉSHUMIDIFIÉE
DÉSHUMIDIFIER
DÉSHYDRATANTE
DÉSHYDROGÉNÉE
DÉSHYDROGÉNER
DÉSILLUSIONNÉ
DÉSINCARCÉRÉE
DÉSINCARCÉRER
DÉSINCRUSTANT
DÉSINENTIELLE
DÉSINFECTANTE
DÉSINSECTISÉE
DÉSINSECTISER
DÉSINTÉRESSÉE
DÉSINTÉRESSER
DÉSINTOXIQUÉE
DÉSINTOXIQUER
DESMODROMIQUE
DÉSOBÉISSANCE

DÉSOBÉISSANTE
DÉSOBLIGEANTE
DÉSODORISANTE
DÉSŒUVREMENT
DÉSOLIDARISÉE
DÉSOLIDARISER
DÉSOPERCULANT
DÉSORBITATION
DÉSORGANISANT
DESSAISISSANT
DESSERTISSAGE
DESSERTISSANT
DESSOUS-DE-BRAS
DESSOUS-DE-PLAT
DESSUS-DE-PORTE
DÉSTABILISANT
DÉSTALINISANT
DÉSTRUCTURANT
DÉSULFURATION
DÉSYNCHRONISÉ
DÉTÉRIORATION
DÉTERMINATION
DÉTERMINATIVE
DEUS EX MACHINA
DEUTSCHE MARKS
DEUX-MONTAGNES
DEUX-SÉVRIENNE
DÉVALORISANTE
DÉVELOPPEMENT
DÉVERROUILLÉE
DÉVERROUILLER
DÉVIRGINISANT
DEVISES-TITRES
DIABOLISATION
DIAGNOSTIQUÉE
DIAGNOSTIQUER
DIAGONALEMENT
DIALECTALISME
DIALECTOLOGIE
DIALECTOLOGUE
DIALECTOPHONE
DIAMAGNÉTIQUE
DIAMAGNÉTISME
DIANE DE FRANCE
DIANE DE VALOIS
DIEFFENBACHIA
DIENTZENHOFER
DIÉSÉLISATION
DIÉTÉTICIENNE
DIÉTHYLÉNIQUE
DIEULEFITOISE
DIFFÉRENCIANT
DIFFÉRENTIANT
DIFFICILEMENT
DIFFICULTUEUX
DIGESTIBILITÉ
DIGITOPLASTIE

DIGNE-LES-BAINS
DILAPIDATRICE
DILETTANTISME
DILSEN-STOKKEM
DIMENSIONNANT
DIOGÈNE LAËRCE
DIPHTONGAISON
DISCIPLINABLE
DISCIPLINAIRE
DISCONTINUANT
DISCONTINUITÉ
DISCONVENANCE
DISCOTHÉCAIRE
DISCOURTOISIE
DISCRIMINANTE
DISCUTAILLANT
DISCUTAILLEUR
DISPARAISSANT
DISPENSATRICE
DISPONIBILITÉ
DISPROPORTION
DISQUALIFIANT
DISSÉMINATION
DISSIMILATION
DISSIMILITUDE
DISSIMULATEUR
DISSIMULATION
DISSYLLABIQUE
DISSYMÉTRIQUE
DISTANCIATION
DISTINCTEMENT
DISTRAITEMENT
DISTRIBUTAIRE
DISTRIBUTRICE
DITHYRAMBIQUE
DIVERTICULOSE
DIVERTISSANTE
DIVISIONNAIRE
DIVISIONNISME
DIVISIONNISTE
DOCTEUR JEKYLL
DOCTEUR JIVAGO
DOCTORALEMENT
DOCUMENTATION
DODÉCASYLLABE
DOLCHARDIENNE
DOL-DE-BRETAGNE
DOLLARISATION
DOMESTICATION
DOMICILIATION
DONNEAU DE VISÉ
DORA-MITTELBAU
DOUBLE-CLIQUER
DOUBLE-FENÊTRE
DOUBLES-CRÈMES
DOUDEVILLAISE
DOWNING STREET

DRAGEONNEMENT
DRAMATISATION
DRÉPANOCYTOSE
DRESSING-ROOMS
DRUMMONDVILLE
DUCHAMP-VILLON
DUCHÉS-PAIRIES
DUCOS DU HAURON
DUCRAY-DUMINIL
DUMBARTON OAKS
DUPONT DE L'EURE
DUQUE DE CAXIAS
DYNAMIQUEMENT
ÉBLOUISSEMENT
ÉBOUILLANTAGE
ÉBOUILLANTANT
ÉBOURGEONNAGE
ÉBOURGEONNANT
ÉBULLIOMÉTRIE
ÉBULLIOSCOPIE
ECCLÉSIOLOGIE
ÉCHANTILLONNÉ
ÉCHELONNEMENT
ÉCHINOCOCCOSE
ÉCHOGRAPHIANT
ÉCLAIRCISSAGE
ÉCLAIRCISSANT
ÉCONOMÉTRIQUE
ÉCOUVILLONNÉE
ÉCOUVILLONNER
ÉCRABOUILLAGE
ÉCRABOUILLANT
ÉCRIVAILLEUSE
ECTOBLASTIQUE
EDGAR ATHELING
ÉDIMBOURGEOIS
ÉDITORIALISTE
EFFECTIVEMENT
EFFERVESCENCE
EFFERVESCENTE
EFFEUILLAISON
EFFEUILLEMENT
EFFLORESCENCE
EFFLORESCENTE
ÉGLISES-HALLES
EKATERINBOURG
ÉLANCOURTOISE
ÉLARGISSEMENT
ÉLECTORALISME
ÉLECTORALISTE
ÉLECTRICIENNE
ÉLECTRISATION
ÉLECTROAIMANT
ÉLECTROCHIMIE
ÉLECTROCUTANT
ÉLECTROCUTION
ÉLECTROFAIBLE
ÉLECTROLYSANT
ÉLECTROLYSEUR
ÉLECTROMÉTRIE
ÉLECTROMOTEUR
ÉLECTRONICIEN
ÉLECTRO-OSMOSE
ÉLÉPHANTESQUE
ÉLÉPHANTIASIS
ÉLISABÉTHAINE
ÉLOGIEUSEMENT
ELSTER BLANCHE
ÉMANCIPATRICE
EMBARBOUILLÉE
EMBARBOUILLER
EMBARDOUFLANT
EMBARRASSANTE
EMBERLIFICOTÉ
EMBOURGEOISÉE
EMBOURGEOISER
EMBOUTEILLAGE
EMBOUTEILLANT
EMBOUTISSEUSE
EMBRANCHEMENT
EMBRIGADEMENT
EMBROUSSAILLÉ
EMBRYOLOGIQUE
EMBRYOLOGISTE
ÉMILIE-ROMAGNE
EMMOUSCAILLÉE
EMMOUSCAILLER
ÉMOUSTILLANTE
EMPHYSÉMATEUX
EMPHYTÉOTIQUE
EMPIRE OTTOMAN
EMPIRIQUEMENT
EMPLOYABILITÉ
EMPOISONNANTE
EMPOISONNEUSE
EMPOISSONNANT
EMPORTE-PIÈCES
EMPOUSSIÉRANT
EMPUANTISSANT
ÉMULSIONNABLE
ÉMULSIONNANTE
ÉNANTIOMORPHE
ENCAPUCHONNÉE
ENCAPUCHONNER
ENCAUSTIQUAGE
ENCAUSTIQUANT
ENCHANTERESSE
ENCHÉRISSEUSE
ENCHEVAUCHANT
ENCHEVAUCHURE
ENCLENCHEMENT
ENCOURAGEANTE
ENCOURAGEMENT
ENDIVISIONNÉE
ENDIVISIONNER
ENDOBLASTIQUE
ENDOCRINIENNE
ENDOLORISSANT
ENDOMMAGEMENT
ENDOMORPHISME
ENDOPLASMIQUE
ENDOTHERMIQUE
ÉNERGIQUEMENT
ENFOUISSEMENT
ENFOURCHEMENT
ENGAZONNEMENT
ENGLOUTISSANT
ENGOUFFREMENT
ENGOURDISSANT
ENGRAISSEMENT
ENGUIRLANDANT
ENQUIQUINANTE
ENQUIQUINEUSE
ENRÉGIMENTANT
ENREGISTRABLE
ENREGISTREUSE
ENRICHISSANTE
ENSANGLANTANT
ENSEMENCEMENT
ENSEVELISSANT
ENTÉROPNEUSTE
ENTHOUSIASMÉE
ENTHOUSIASMER
ENTOMOLOGIQUE
ENTOMOLOGISTE
ENTREBÂILLANT
ENTREBÂILLEUR
ENTRECASTEAUX
ENTRECHOQUANT
ENTRECROISANT
ENTRE-DÉCHIRÉE
ENTRE-DÉCHIRER
ENTRE-DÉCHIRÉS
ENTRE-DEUX-MERS
ENTRE-DÉVORANT
ENTRE-DÉVORÉES
ENTR'ÉGORGEANT
ENTRE-HAÏSSANT
ENTRE-HEURTANT
ENTRE-HEURTÉES
ENTRELACEMENT
ENTREMÊLEMENT
ENTREMETTEUSE
ENTREPRENANTE
ENTREPRENEUSE
ENTRETAILLANT
ENVAHISSEMENT
ENVELOPPEMENT
ENVIRONNEMENT
ÉPAISSISSANTE
ÉPANOUISSANTE

ÉPARPILLEMENT
ÉPICYCLOÏDALE
ÉPICYCLOÏDAUX
ÉPIDÉMIOLOGIE
ÉPISCOPALISME
ÉPISTÉMOLOGIE
ÉPISTÉMOLOGUE
ÉPOUSTOUFLANT
ÉQUATO-GUINÉEN
ÉQUILIBRATION
ÉQUIPARTITION
ÉQUIPEMENTIER
ÉQUIPOTENTIEL
ÉQUISÉTOPHYTE
ÉQUITABLEMENT
ERGASTOPLASME
ERNEST-AUGUSTE
ERPÉTOLOGIQUE
ERPÉTOLOGISTE
ÉRYTHÉMATEUSE
ÉRYTHROBLASTE
ÉRYTHRODERMIE
ÉRYTHROPHOBIE
ÉRYTHROPOÏÈSE
ESPALIONNAISE
ESPÍRITO SANTO
ESSENTIALISME
ESSEY-LÈS-NANCY
ESSOUFFLEMENT
ESTABLISHMENT
EST-ALLEMANDES
ESTHÉTICIENNE
ESTOURBISSANT
ÉTABLES-SUR-MER
ÉTABLISSEMENT
ÉTANÇONNEMENT
ÉTANG-SALÉENNE
ÉTANT DONNÉ QUE
ÉTATS-UNIENNES
ÉTATS-UNIENNES
ÉTERNELLEMENT
ETHNOBIOLOGIE
ÉTIENNE-MARTIN
ÉTINCELLEMENT
ÉTOILE-D'ARGENT
ÉTOURDISSANTE
ÉTRÉSILLONNÉE
ÉTRÉSILLONNER
EUCHARISTIQUE
EUDOXE DE CNIDE
EUROCENTRISME
EUROPÉANISANT
EUROSCEPTIQUE
ÉVAUX-LES-BAINS
ÉVIAN-LES-BAINS
EXCESSIVEMENT
EXCLUSIVEMENT

EXCURSIONNANT
EXÉCRABLEMENT
EXISTENTIELLE
EXOPHTALMIQUE
EXPANSIBILITÉ
EXPECTORATION
EXPÉRIMENTALE
EXPÉRIMENTANT
EXPÉRIMENTAUX
EXPLICITATION
EXPLICITEMENT
EXPLOSIBILITÉ
EXPONENTIELLE
EXPROPRIATION
EXTENSIBILITÉ
EXTÉRIORISANT
EXTERMINATEUR
EXTERMINATION
EXTÉROCEPTIVE
EXTRACONJUGAL
EXTRACORPOREL
EXTRA-COURANTS
EXTRAPOLATION
EXTRASCOLAIRE
EXTRASENSIBLE
EXTRA-UTÉRINES
EXTRÊME-ORIENT
FABIAN SOCIETY
FABULEUSEMENT
FACTORISATION
FALSIFICATEUR
FALSIFICATION
FAMILIARISANT
FAMILIÈREMENT
FANATIQUEMENT
FANGOTHÉRAPIE
FANTASMAGORIE
FANTASMATIQUE
FASTUEUSEMENT
FAUSSES-ROUTES
FAUX-FACTURIER
FAUX-MONNAYEUR
FAUX-SEMBLANTS
FAVORABLEMENT
FELD-MARÉCHAUX
FELDSPATHIQUE
FELDSPATHOÏDE
FÉLICITATIONS
FERENC RÁKÓCZI
FERRALLITIQUE
FERRER GUARDIA
FERROSILICIUM
FERTILISATION
FESSE-MATHIEUX
FIÉVREUSEMENT
FILIALISATION
FINISTÉRIENNE

FINNO-OUGRIENS
FISCALISATION
FLACONS-POMPES
FLAGELLATRICE
FLATTEUSEMENT
FLAVIUS VALENS
FLÉCHISSEMENT
FLEURIMONTOIS
FLEURY-MÉROGIS
FLEXIBILISANT
FLINS-SUR-SEINE
FLORENSACOISE
FLORIANÓPOLIS
FLORIDABLANCA
FLUORHYDRIQUE
FŒTO-MATERNEL
FONCTIONNAIRE
FONCTIONNELLE
FONTAINEBLEAU
FONTAINEBLEAU
FORCALQUIÉREN
FOREIGN OFFICE
FORGES-LES-EAUX
FORMALISATION
FORTIFICATION
FOSSILISATION
FOUESNANTAISE
FOUETTE-QUEUES
FOUGEROLLAISE
FOUGUEUSEMENT
FOULQUES NERRA
FOURMILLEMENT
FRACTIONNAIRE
FRACTIONNELLE
FRACTIONNISME
FRACTIONNISTE
FRAGILISATION
FRAGMENTATION
FRANC-COMTOISE
FRANC-COMTOISE
FRANCE TÉLÉCOM
FRANCHISSABLE
FRANC-MAÇONNES
FRANÇOIS RÉGIS
FRANCORCHAMPS
FRANC-QUARTIER
FRANCS-COMTOIS
FRANCS-COMTOIS
FRANCS-PARLERS
FRANCS-TIREURS
FRÉDÉRIC-HENRI
FREDERIKSBERG
FREDERIKSBORG
FREI RUIZ-TAGLE
FRENCH CANCANS
FRÉQUENTATION
FRÉQUENTATIVE

FRÉQUENTIELLE
FRESNOYSIENNE
FRIBOURGEOISE
FRICTIONNELLE
FRIPOUILLERIE
FRISSONNEMENT
FRONTIGNANAIS
FROTTE-MANCHES
FROUFROUTANTE
FUERTEVENTURA
FUME-CIGARETTE
FUMEROLLIENNE
FUNAMBULESQUE
GAILLARDEMENT
GALÉOPITHÈQUE
GALLA PLACIDIA
GALLO-ROMAINES
GALVANISATION
GANDRANGEOISE
GANGLIONNAIRE
GARCÍA MÁRQUEZ
GARDE-BARRIÈRE
GARDE-CHIOURME
GARDEN-PARTIES
GARDES-CHASSES
GARDES-MALADES
GARDES-RIVIÈRE
GARGANTUESQUE
GARGILESSOISE
GARIBALDIENNE
GASTÉROMYCÈTE
GASTRONOMIQUE
GAUCHISSEMENT
GAULE CELTIQUE
GAULE CHEVELUE
GAZÉIFICATION
GAZOUILLEMENT
GÉBRÉSÉLASSIÉ
GÉLITURBATION
GELSENKIRCHEN
GÉMELLIPARITÉ
GEMMOTHÉRAPIE
GÉNÉRALISABLE
GÉNÉRALISANTE
GÉNÉRALISSIME
GENERAL MOTORS
GENERAL SANTOS
GÉNÉRATIONNEL
GÉNÉREUSEMENT
GÉNÉTIQUEMENT
GENNEVILLIERS
GEOFFROI LE BEL
GÉOMAGNÉTIQUE
GÉOMAGNÉTISME
GÉOSTROPHIQUE
GÉOSYNCLINAUX
GÉOTECHNICIEN

GÉRARD LE GRAND
GERBIER-DE-JONC
GERMANISATION
GERMANOPHILIE
GERMANOPHOBIE
GERMANOPRATIN
GÉRONTOCRATIE
GÉRONTOPHILIE
GESTICULATION
GHETTOÏSATION
GIGANTOMACHIE
GIGANTOSTRACÉ
GIROMAGNIENNE
GLACIOLOGIQUE
GLANDOUILLANT
GLOBALISATEUR
GLOBALISATION
GLOBE-TROTTERS
GLORIEUSEMENT
GLORIFICATEUR
GLORIFICATION
GLOUTONNEMENT
GLYCOPROTÉINE
GOEPPERT-MAYER
GOMMES-RÉSINES
GONÇALVES DIAS
GONFREVILLAIS
GONIOMÉTRIQUE
GONPONTOLVIEN
GORGE-DE-PIGEON
GOURNAY-EN-BRAY
GOUSSAINVILLE
GOUTTE-À-GOUTTE
GRABATISATION
GRÂCE-HOLLOGNE
GRACIEUSEMENT
GRADIGNANAISE
GRADUELLEMENT
GRAFFENSTADEN
GRAMMAIRIENNE
GRAND-COURONNE
GRANDE RIVIÈRE
GRAND-FOUGERAY
GRANDILOQUENT
GRANDISSEMENT
GRANDS MOGHOLS
GRANDS-PARENTS
GRAND-SYNTHOIS
GRANDVILLIERS
GRANULOMÉTRIE
GRAPHIQUEMENT
GRAPHOLOGIQUE
GRATIFICATION
GRATTOUILLANT
GRAVILLONNAGE
GRAVILLONNANT
GRAVIMÉTRIQUE

GREAT SALT LAKE
GREAT YARMOUTH
GRÉCO-ROMAINES
GRENOUILLETTE
GRIBOUILLEUSE
GRILLES-ÉCRANS
GRISÉOFULVINE
GROENLANDAISE
GROMMELLEMENT
GROSSGLOCKNER
GROSSIÈREMENT
GROSSISSEMENT
GUATÉMALIENNE
GUATÉMALTÈQUE
GUATÉMALTÈQUE
GUEBWILLEROIS
GUÉMENÉ-PENFAO
GUERNICA Y LUNO
GUEUGNONNAISE
GUEULES-DE-LOUP
GUEULETONNANT
GUI DE LUSIGNAN
GUILLAUME TELL
GUIMARÃES ROSA
GUINGUETTOISE
GUIPAVASIENNE
GUTTAS-PERCHAS
GYNÉCOLOGIQUE
HAGONDANGEOIS
HAGUENOVIENNE
HAILÉ SÉLASSIÉ
HALLUCINATION
HALLUCINOGÈNE
HALTE-GARDERIE
HALTÉROPHILIE
HAMBOURGEOISE
HAMILCAR BARCA
HARALD BLÅTAND
HARGNEUSEMENT
HARMONISATION
HARUN AL-RACHID
HASSI MESSAOUD
HAUBOURDINOIS
HAUT-DE-CHAUSSE
HAUTE-AUTRICHE
HAUTE-FIDÉLITÉ
HAUTEFORTAISE
HAUTE-NORMANDE
HAUTEVILLOISE
HAUT-GARONNAIS
HAUT-SAVOYARDE
HAUT-VIENNOISE
HAZEBROUCKOIS
HECTOMÉTRIQUE
HÉLICICULTEUR
HÉLICICULTURE
HÉLIOGRAVEUSE

HÉLIOTHÉRAPIE
HÉLITREUILLÉE
HELITREUILLER
HELLÉNISATION
HELLÉNISTIQUE
HÉMATOLOGIQUE
HÉMATOLOGISTE
HÉMISPHÉRIQUE
HÉMODYNAMIQUE
HÉMORROÏDAIRE
HÉMOVIGILANCE
HÉNIN-BEAUMONT
HENNEBONTAISE
HENRI LE SÉVÈRE
HÉPATOMÉGALIE
HERBE-AUX-CHATS
HERBLAYSIENNE
HERBORISATION
HERBORISTERIE
HÉRICOURTOISE
HERMAPHRODITE
HERMAPHRODITE
HERMÉNEUTIQUE
HÉRODE AGRIPPA
HÉRODE ANTIPAS
HÉRODE LE GRAND
HÉROÏ-COMIQUES
HÉROUVILLAISE
HERTFORDSHIRE
HÉTÉROGÉNÉITÉ
HÉTÉROMORPHIE
HEUSDEN-ZOLDER
HIÉRARCHISANT
HIPPOCRATIQUE
HIPPOCRATISME
HIPPOPHAGIQUE
HISPANISATION
HISPANO-ARABES
HODJATOLESLAM
HOLOGRAPHIQUE
HOMBOURGEOISE
HOMÉOPATHIQUE
HOMME-SANDWICH
HOMOCENTRIQUE
HOMOCINÉTIQUE
HOMOGAMÉTIQUE
HOMOGÉNÉISANT
HOMOGRAPHIQUE
HOMOMORPHISME
HOMOSEXUALITÉ
HONORABLEMENT
HORIZONTALITÉ
HORRIPILATEUR
HORRIPILATION
HORTICULTRICE
HORTILLONNAGE
HOSPITALISANT
HRADEC KRÁLOVÉ
HUANG GONGWANG
HUGUES DE CLUNY
HUGUES DE PAINS
HUGUES DE PAYNS
HUGUES LE BLANC
HUGUES LE GRAND
HUMANITARISME
HUNDERTWASSER
HYALOCLASTITE
HYDRARGYRISME
HYDROCARBONÉE
HYDROCÉPHALIE
HYDROCLASSEUR
HYDROCRAQUAGE
HYDROFILICALE
HYDROFUGATION
HYDROGÉNATION
HYDROGÉOLOGIE
HYDROGÉOLOGUE
HYDROGLISSEUR
HYDROMINÉRALE
HYDROMINÉRAUX
HYDRONÉPHROSE
HYDROPEROXYDE
HYDROSILICATE
HYDROSTATIQUE
HYDROTHÉRAPIE
HYDROTHERMALE
HYDROTHERMAUX
HYDROTIMÉTRIE
HYDROXYLAMINE
HYGROMÉTRIQUE
HYGROSCOPIQUE
HYPERACTIVITÉ
HYPERBORÉENNE
HYPERCALCÉMIE
HYPERESTHÉSIE
HYPERGLYCÉMIE
HYPERKALIÉMIE
HYPERMÉTROPIE
HYPERNATRÉMIE
HYPERRÉALISME
HYPERRÉALISTE
HYPERSENSIBLE
HYPERSTATIQUE
HYPERTROPHIÉE
HYPERTROPHIER
HYPOCALORIQUE
HYPOCRITEMENT
HYPOCYCLOÏDAL
HYPOGASTRIQUE
HYPONEURIENNE
HYPOPHOSPHITE
HYPOSULFUREUX
HYPOTHYROÏDIE
HYPSOMÉTRIQUE
HYSTÉRECTOMIE
HYSTÉROMÉTRIE
HYSTÉROSCOPIE
ICHTYOLOGIQUE
ICHTYOLOGISTE
IDÉALISATRICE
IDENTIQUEMENT
IDÉOGRAPHIQUE
IDIOSYNCRASIE
IEKATERINODAR
ILLE-ET-VILAINE
ILLISIBLEMENT
ILLOGIQUEMENT
ILLUSIONNISME
ILLUSIONNISTE
ILLUSOIREMENT
ILLUSTRATRICE
ILLUSTRISSIME
IMAMURA SHOHEI
IMMARCESCIBLE
IMMATÉRIALITÉ
IMMATRICULANT
IMMÉDIATEMENT
IMMORTALISANT
IMMUNODÉPRIMÉ
IMMUNOLOGIQUE
IMMUNOLOGISTE
IMPARDONNABLE
IMPARIDIGITÉE
IMPARTAGEABLE
IMPASSIBILITÉ
IMPATRONISANT
IMPÉCUNIOSITÉ
IMPERCEPTIBLE
IMPERFECTIBLE
IMPERFORATION
IMPÉRIALEMENT
IMPERSONNELLE
IMPERTURBABLE
IMPLACABILITÉ
IMPLANTOLOGIE
IMPLICITEMENT
IMPOLARISABLE
IMPORTUNÉMENT
IMPOSSIBILITÉ
IMPRÉDICTIBLE
IMPRÉPARATION
IMPRESSIONNÉE
IMPRESSIONNER
IMPRIMABILITÉ
IMPROBABILITÉ
IMPRONONÇABLE
IMPROVISATEUR
IMPROVISATION
IMPUDIQUEMENT
IMPULSIVEMENT
IMPUTRESCIBLE

INACCEPTATION
INAFFECTIVITÉ
INAMOVIBILITÉ
INAPPLICATION
INAPPRÉCIABLE
INAPPRIVOISÉE
INAPPROCHABLE
INASSIMILABLE
INAUTHENTIQUE
INCANDESCENCE
INCANDESCENTE
INCAPACITANTE
INCARCÉRATION
INCESSIBILITÉ
INCLUSIVEMENT
INCOMBUSTIBLE
INCONCILIABLE
INCONDITIONNÉ
INCONFORTABLE
INCONSÉQUENCE
INCONSÉQUENTE
INCONSISTANCE
INCONSISTANTE
INCONSOMMABLE
INCONSTATABLE
INCONTESTABLE
INCONTRÔLABLE
INCONVERTIBLE
INCORPORATION
INCORRUPTIBLE
INCRÉDIBILITÉ
INCRIMINATION
INCROCHETABLE
INCURABLEMENT
INDÉCROTTABLE
INDE FRANÇAISE
INDÉFRICHABLE
INDÉLICATESSE
INDÉMAILLABLE
INDEMNISATION
INDÉMONTRABLE
INDÉNOMBRABLE
INDÉRACINABLE
INDICIBLEMENT
INDIFFÉRENCIÉ
INDIRECTEMENT
INDISCERNABLE
INDISCIPLINÉE
INDISPENSABLE
INDISPOSITION
INDISSOCIABLE
INDIVIDUALISÉ
INDIVIDUALITÉ
INDIVIDUATION
INDO-EUROPÉENS
INDO-EUROPÉENS
INDULGENCIANT

INDUSTRIALISÉ
INÉCHANGEABLE
INEFFABLEMENT
INÉLIGIBILITÉ
INEXIGIBILITÉ
INEXORABILITÉ
INEXPÉRIMENTÉ
INEXPLOITABLE
INEXTINGUIBLE
INFALSIFIABLE
INFANTILISANT
INFECTIOLOGIE
INFÉRIORISANT
INFINITÉSIMAL
INFLAMMATOIRE
INFLÉCHISSANT
INFLEXIBILITÉ
INFLORESCENCE
INFOGRAPHISTE
INFORMATICIEN
INFORMATISANT
INGOUVERNABLE
INGUÉRISSABLE
INGURGITATION
INHARMONIEUSE
INHOSPITALIER
INHUMAINEMENT
ININFLAMMABLE
ININTELLIGENT
ININTÉRESSANT
ININTERROMPUE
INJUSTIFIABLE
INOBSERVATION
INOPPORTUNITÉ
INORGANISABLE
INQUALIFIABLE
INQUISITORIAL
INSAISISSABLE
INSATIABILITÉ
INSÉMINATRICE
INSENSIBILISÉ
INSENSIBILITÉ
INSIGNIFIANCE
INSIGNIFIANTE
INSOLUBILISÉE
INSOLUBILISER
INSOLVABILITÉ
INSTALLATRICE
INSTANTANÉITÉ
INSTAURATRICE
INSTINCTUELLE
INSTRUMENTALE
INSTRUMENTANT
INSTRUMENTAUX
INSUBMERSIBLE
INSUBORDONNÉE
INSUPPORTABLE

INSURMONTABLE
INSURPASSABLE
INTANGIBILITÉ
INTÉGRALEMENT
INTEMPORALITÉ
INTENSIVEMENT
INTERACTIVITÉ
INTERAFRICAIN
INTERAGISSANT
INTERALLEMAND
INTERBANCAIRE
INTERCALATION
INTERCLASSANT
INTERCOMMUNAL
INTERCONNECTÉ
INTERCOTIDALE
INTERCOTIDAUX
INTERCULTUREL
INTERCURRENTE
INTERDIGITALE
INTERDIGITAUX
INTÉRESSEMENT
INTERETHNIQUE
INTÉRIORISANT
INTERLOCUTEUR
INTERMÉDIAIRE
INTERMITTENCE
INTERMITTENTE
INTERNATIONAL
INTÉROCEPTIVE
INTERPÉNÉTRÉE
INTERPÉNÉTRER
INTERPOLATION
INTERPOSITION
INTERPRÉTABLE
INTERPRÉTATIF
INTERQUARTILE
INTERRÉGIONAL
INTERROGATEUR
INTERROGATION
INTERROGATIVE
INTERROGEABLE
INTERSIDÉRALE
INTERSIDÉRAUX
INTERSYNDICAL
INTERTROPICAL
INTERVIEWEUSE
INTIMIDATRICE
INTRA-ATOMIQUE
INTRADERMIQUE
INTRADUISIBLE
INTRANSIGEANT
INTRAOCULAIRE
INTRA-UTÉRINES
INTRAVEINEUSE
INTRÉPIDEMENT
INTRODUCTRICE

INTRONISATION
INTROSPECTION
INTROSPECTIVE
INTUITIVEMENT
INVARIABILITÉ
INVESTIGATEUR
INVESTIGATION
INVESTISSEUSE
INVINCIBILITÉ
INVIOLABILITÉ
INVISIBLEMENT
IONOSPHÉRIQUE
IRISH-TERRIERS
IRLANDE DU NORD
IRRATIONALITÉ
IRRATIONNELLE
IRRATTRAPABLE
IRRÉCOUVRABLE
IRRÉCUPÉRABLE
IRREMPLAÇABLE
IRRÉPRESSIBLE
IRRÉPROCHABLE
IRRESPECTUEUX
IRRESPONSABLE
ISOÉLECTRIQUE
ISOMÉRISATION
ISOSYLLABIQUE
ITALIANISANTE
ITÉRATIVEMENT
ITHYPHALLIQUE
JACQUES STUART
JAILLISSEMENT
JARGONAPHASIE
JAURÉGUIBERRY
JAVELLISATION
JEAN BERCHMANS
JEAN DAMASCÈNE
JEAN DE BRÉBEUF
JEAN DE BRIENNE
JEAN DE LA CROIX
JEAN DE LA LANDE
JEAN LE CLÉMENT
JEAN LE FORTUNÉ
JEAN LE PARFAIT
JEANNE D'ALBRET
JEANNE LA FOLLE
JEANNE SEYMOUR
JEAN SANS TERRE
JEAN TZIMISKÈS
JEFFERSON CITY
JE-M'EN-FICHISME
JE-M'EN-FICHISTE
JE-M'EN-FOUTISME
JE-M'EN-FOUTISTE
JEUNES-TURQUES
JOINT-VENTURES
JOURNELLEMENT

JOUY-LE-MOUTIER
JUAN D'AUTRICHE
JUAN FERNÁNDEZ
JUDAS MACCABÉE
JUDÉO-ALLEMAND
JUDÉO-CHRÉTIEN
JUDÉO-ESPAGNOL
JUDICIARISANT
JULIEVILLOISE
JUPES-CULOTTES
JURANÇONNAISE
JURIDIQUEMENT
JURISCONSULTE
JURISPRUDENCE
JUSTIFICATEUR
JUSTIFICATION
JUSTIFICATIVE
JUVISY-SUR-ORGE
JUXTALINÉAIRE
JUXTAPOSITION
KABBALISTIQUE
KAHRAMANMARAS
KANGCHENJUNGA
KAOLINISATION
KAPOUSTINE IAR
KARL-MARX-STADT
KÉRATOPLASTIE
KEYNÉSIANISME
KILOWATTHEURE
KINESTHÉSIQUE
KITANO TAKESHI
KREMLINOLOGUE
KUROSAWA AKIRA
KYOKUTEI BAKIN
LA BOURDONNAIS
LABYRINTHIQUE
LACONIQUEMENT
LACRYMO-NASAUX
LADISLAS ÁRPÁD
LA FAUTE-SUR-MER
LAGNY-SUR-MARNE
LAISSER-COURRE
LAISSÉS-COURRE
LAISSEZ-PASSER
LAMALOUSIENNE
LAMBERSARTOIS
LAMELLIROSTRE
LA MOTHE-ACHARD
LA MOTTE-FOUQUÉ
LAMPES-TEMPÊTE
LANCE-GRENADES
LANCELOT DU LAC
LANCE-MISSILES
LANCE-ROQUETTE
LANCE-TORPILLE
LANDIVISIENNE
LANDSGEMEINDE

LANESTÉRIENNE
LANGEAISIENNE
LANGUE-DE-BŒUF
LANGUE-DE-CHIEN
LANGUES-DE-CERF
LANGUES-DE-CHAT
LANS-EN-VERCORS
LAPOUTROYENNE
LA QUEUE-EN-BRIE
LARGENTIÉROIS
LA ROCHE-SUR-YON
LARYNGECTOMIE
LARYNGOSCOPIE
LA SEYNE-SUR-MER
LA SOUTERRAINE
LA TESTE-DE-BUCH
LATIGNACIENNE
LATOUR-DE-CAROL
LA TOUR-DE-PEILZ
LAUGERIE-HAUTE
LAUREL ET HARDY
LAURIER-CERISE
LAURIERS-ROSES
LAURIERS-SAUCE
LAUTERBRUNNEN
LAVANDOURAINE
LA VERPILLIÈRE
LAVE-VAISSELLE
LE BEC-HELLOUIN
LE BLANC-MESNIL
LÈCHE-VITRINES
LECOMTE DU NOÜY
LE GARDEUROISE
LÈGE-CAP-FERRET
LE LION-D'ANGERS
LE MÉE-SUR-SEINE
LÉON L'AFRICAIN
LÉON L'ARMÉNIEN
LÉON L'ISAURIEN
LÉPIDODENDRON
LE POIRÉ-SUR-VIE
LE PONT-DE-CLAIX
LES CHARMETTES
LES CONTAMINES
LESPARRE-MÉDOC
LES QUATRE-BRAS
LEVI BEN GERSON
LÉVIS-MIREPOIX
LEXICOGRAPHIE
LEXICOLOGIQUE
LIBÉRO-LIGNEUX
LIBRES-PENSÉES
LIBREVILLOISE
LIECHTENSTEIN
LIGNIFICATION
L'ÎLE-AUX-MOINES
LILLEBONNAISE

LILLIPUTIENNE
L'ISLE-JOURDAIN
LITHOGRAPHIÉE
LITHOGRAPHIER
LITHOTHAMNIUM
LITHOTRIPTEUR
LITISPENDANCE
LITTÉRALEMENT
LITTLE RICHARD
LIVING THEATRE
LIVRE-CASSETTE
LIVRE STERLING
LLANO ESTACADO
LOCALISATRICE
LOCATION-VENTE
LOCORÉGIONALE
LOCORÉGIONAUX
LOFING-MATCHES
LOGARITHMIQUE
LOGISTICIENNE
LOIR-ET-CHÉRIEN
LOMAS DE ZAMORA
LONG-COURRIERS
LONGITUDINALE
LONGITUDINAUX
LONGJUMELLOIS
LONGOVICIENNE
LONGS-MÉTRAGES
LONGUENESSOIS
LONGUEUILLOIS
LONGUYONNAISE
LONS-LE-SAUNIER
LÓPEZ ARELLANO
LORRAINE BELGE
LOUIS DE FRANCE
LOUISES-BONNES
LOUIS-PHILIPPE
LOUPS-CERVIERS
LOUVECIENNOIS
LUBRIFICATION
LUCRATIVEMENT
LUCRÈCE BORGIA
LUDO-ÉDUCATIFS
LUDO-ÉDUCATIVE
LUDOVIC SFORZA
LUMINEUSEMENT
LYMPHOGRAPHIE
MACHIAVÉLIQUE
MACHIAVÉLISME
MACHINALEMENT
MACKENZIE KING
MACROBIOTIQUE
MACROCÉPHALIE
MACROCOSMIQUE
MACROÉCONOMIE
MACROMOLÉCULE
MACROMUTATION

MACROSCOPIQUE
MACROSPORANGE
MADHYA PRADESH
MAGDALÉNIENNE
MAGNANIMEMENT
MAGNÉTISATION
MAGNÉTOCHIMIE
MAGNÉTOMÉTRIE
MAGNÉTOMOTEUR
MAGNÉTOSCOPÉE
MAGNÉTOSCOPER
MAGNÉTOSPHÈRE
MAGNYMONTOISE
MAHABALIPURAM
MAINTENONNAIS
MAISON-BLANCHE
MAISONS-ALFORT
MAÎTRE-À-DANSER
MAÎTRE ECKHART
MAÎTRE JACQUES
MAÎTRE-PENSEUR
MAÎTRES-AUTELS
MAÎTRES-CHIENS
MALABSORPTION
MALENCONTREUX
MALENTENDANTE
MALHABILEMENT
MALLÉABILISÉE
MALLÉABILISER
MALLET-STEVENS
MALPROPREMENT
MALZÉVILLOISE
MANDATS-CARTES
MANGOUSTANIER
MANIFESTATION
MANIFESTEMENT
MANIPULATRICE
MANODÉTENDEUR
MANTES-LA-JOLIE
MANTES-LA-VILLE
MANTEVILLOISE
MANUCE L'ANCIEN
MANUCE LE JEUNE
MANUEL COMNÈNE
MANUEL DEUTSCH
MANUEL LE GRAND
MANUFACTURANT
MANUFACTURIER
MANUTENTIONNÉ
MAQUIGNONNAGE
MAQUIGNONNANT
MARAIS VENDÉEN
MARATHONIENNE
MARCHANDISAGE
MARGINALEMENT
MARGINALISANT
MARIE-CAROLINE

MARIE DE FRANCE
MARIES-LOUISES
MARIES-SALOPES
MARIE-VICTORIN
MARIN LA MESLÉE
MARNE-LA-VALLÉE
MARTEAU-PIOLET
MARTENSITIQUE
MARTIGNERAINE
MARTINIQUAISE
MARTINIQUAISE
MARTIN-PÊCHEUR
MASCULINISANT
MASSACHUSETTS
MASSIF CENTRAL
MASSIFICATION
MATÉRIALISANT
MATHÉMATICIEN
MATHÉMATISANT
MATHIAS CORVIN
MATRILINÉAIRE
MAURITANIENNE
MAURITANIENNE
MAXILLO-FACIAL
MÉCANIQUEMENT
MÉCANOGRAPHIE
MÉCONNAISSANT
MÉDECINE-BALLS
MÉDIAPLANNEUR
MÉDIAPLANNING
MÉDIATISATION
MÉDICAMENTEUX
MEDICINE-BALLS
MÉDICO-LÉGALES
MÉDICO-SOCIALE
MÉDICO-SOCIAUX
MÉDICO-SPORTIF
MÉDITERRANÉEN
MÉDITERRANÉEN
MÉGACARYOCYTE
MÉGALÉRYTHÈME
MEHUN-SUR-YÈVRE
MELLIFICATION
MÉNEHILDIENNE
MENÉNDEZ PIDAL
MENSUELLEMENT
MENTALISATION
MERCANTILISME
MERCANTILISTE
MERCATICIENNE
MERCHANDISING
MERCUROCHROME
MERDRIGNACIEN
MÉROVINGIENNE
MERTHYR TYDFIL
MESLAY-DU-MAINE
MÉSO-AMÉRICAIN

13

MÉSOBLASTIQUE
MESSERSCHMITT
MÉTACARPIENNE
MÉTACENTRIQUE
MÉTACOGNITION
MÉTALLISATION
MÉTALLURGIQUE
MÉTALLURGISTE
MÉTAMORPHIQUE
MÉTAMORPHISÉE
MÉTAMORPHISER
MÉTAMORPHISME
MÉTAMORPHOSÉE
MÉTAMORPHOSER
MÉTAPHYSICIEN
MÉTAPSYCHIQUE
MÉTATARSIENNE
MÉTÉORISATION
MÉTHACRYLIQUE
MÉTROPOLITAIN
MEUNG-SUR-LOIRE
MEZZO-SOPRANOS
MICHEL LE BÈGUE
MICHEL LE BRAVE
MICHEL RANGABÉ
MICROBIOLOGIE
MICROCASSETTE
MICROCÉPHALIE
MICROCOSMIQUE
MICROCRISTAUX
MICROÉCONOMIE
MICROLITHIQUE
MICROMÉTRIQUE
MICROMUTATION
MICRONÉSIENNE
MICRONÉSIENNE
MICRONISATION
MICROPHONIQUE
MICROPHYSIQUE
MICROSCOPIQUE
MICROSPORANGE
MICROTRACTEUR
MICRO-TROTTOIR
MIDDLESBROUGH
MIDI DE BIGORRE
MIELLEUSEMENT
MILITAIREMENT
MILLE-FEUILLES
MILLIMÉTRIQUE
MINÉRALOGIQUE
MINÉRALOGISTE
MINIATURISANT
MINISATELLITE
MINISTÉRIELLE
MINO DA FIESOLE
MINUCIUS FELIX
MIRAMASSÉENNE

MIRCEA LE GRAND
MIRECURTIENNE
MISÉRABILISME
MISÉRABILISTE
MISÉRABLEMENT
MISSI DOMINICI
MITHRIDATISÉE
MITHRIDATISER
MITHRIDATISME
MOBILISATRICE
MODERNISATEUR
MODERNISATION
MODIFICATRICE
MOELLEUSEMENT
MOINES-SOLDATS
MOMENTANÉMENT
MONDEVILLAISE
MONNAIE-DU-PAPE
MONOCAMÉRISME
MONOCATÉNAIRE
MONOCINÉTIQUE
MONOGRAPHIQUE
MONOLINGUISME
MONONUCLÉAIRE
MONOPARENTALE
MONOPARENTAUX
MONS-EN-BARŒUL
MONTAGNE NOIRE
MONTALBANAISE
MONTALBANAISE
MONTARVILLOIS
MONTCELLIENNE
MONTCHANINOIS
MONTCHRESTIEN
MONTÉRÉGIENNE
MONTESSONNAIS
MONTÉVIDÉENNE
MONTGERONNAIS
MONTIVILLIERS
MONTLUÇONNAIS
MONTMARTROISE
MONTMORENCÉEN
MONTREUILLOIS
MONTREUSIENNE
MONTREVELLOIS
MONTREVÉLOISE
MONTROUGIENNE
MONUMENTALITÉ
MORALISATRICE
MORANGISSOISE
MORBIHANNAISE
MOREAU LE JEUNE
MORELOS Y PAVÓN
MORETO Y CABAÑA
MORET-SUR-LOING
MORPHINOMANIE
MORPHOLOGIQUE

MORTES-SAISONS
MORTIFICATION
MORTINATALITÉ
MOTEURS-FUSÉES
MOTS-CROISISTE
MOUCHERONNANT
MOUILLABILITÉ
MOYEN-COURRIER
MOYEN-ORIENTAL
MUCILAGINEUSE
MUCOVISCIDOSE
MUHAMMAD ABDUH
MULTICULTUREL
MULTIETHNIQUE
MULTIFONCTION
MULTILATÉRALE
MULTILATÉRAUX
MULTILINÉAIRE
MULTINATIONAL
MULTIPARTISME
MULTIPLICANDE
MULTIPLICATIF
MULTISOUPAPES
MULTISTANDARD
MUNICIPALISÉE
MUNICIPALISER
MUR-DE-BRETAGNE
MUSICOGRAPHIE
MUSICOLOGIQUE
MUSSIPONTAINE
MUSSIPONTAINE
MUSSY-SUR-SEINE
MUTATIONNISME
MUTATIONNISTE
MUZAFFAR AL-DIN
MYÉLENCÉPHALE
MYSTIFICATEUR
MYSTIFICATION
MYTHOMANIAQUE
MYTILICULTEUR
MYTILICULTURE
NAGUMO CHUICHI
NAPOLÉONIENNE
NAQSH-I ROUSTEM
NATIONALISANT
NATSUME SOSEKI
NATURELLEMENT
NAVAS DE TOLOSA
NAVIRE-ATELIER
NAVIRE-CITERNE
NAVIRE-HÔPITAL
NAVIRES-ÉCOLES
NAVIRES-USINES
NAY-BOURDETTES
NÉANDERTALIEN
NÉGATIONNISME
NÉGOCIABILITÉ

NÉGRO-AFRICAIN
NÉO-CALÉDONIEN
NÉO-CALÉDONIEN
NÉOCASTRIENNE
NÉOCOMMUNISME
NÉODARWINISME
NÉOPLATONISME
NÉOTECTONIQUE
NÉO-ZÉLANDAISE
NÉO-ZÉLANDAISE
NÉPHÉLÉMÉTRIE
NÉRIS-LES-BAINS
NESTORIANISME
NEUCHÂTELOISE
NEUCHÂTELOISE
NEUROBIOLOGIE
NEUROLEPTIQUE
NEUROPLÉGIQUE
NEUROSCIENCES
NEUTRALISANTE
NEUVES-MAISONS
NEVADO DEL RUIZ
NEVEU DE RAMEAU
NEW PROVIDENCE
NICOLAS DE CUES
NICOLAS DE FLUE
NIDS-D'ABEILLES
NIETZSCHÉENNE
NIJNEVARTOVSK
NIJNI NOVGOROD
NILO-SAHARIENS
NITRATES-FUELS
NITRIFICATION
NIVO-GLACIAIRE
NIVO-PLUVIALES
NOBELTUSSOISE
NOCTAMBULISME
NŒUX-LES-MINES
NOGENT-SUR-OISE
NOIRCISSEMENT
NON ACCOMPLIES
NON-AGRESSIONS
NON-ALIGNEMENT
NON-ASSISTANCE
NONCHALAMMENT
NON-COMBATTANT
NON-COMPARANTE
NON-COMPARANTS
NON COMPTABLES
NON-CONFORMITÉ
NON DESTRUCTIF
NON DIRECTIVES
NON EUCLIDIENS
NON-ÉVÉNEMENTS
NON-EXÉCUTIONS
NON-EXISTENCES
NON-FIGURATIFS
NON-FIGURATION
NON-FIGURATIVE
NON-INGÉRENCES
NON-JOUISSANCE
NON MARCHANDES
NORADRÉNALINE
NORD-AFRICAINE
NORD-AFRICAINE
NORD-AFRICAINS
NORD-AFRICAINS
NORD-AMÉRICAIN
NORD-AMÉRICAIN
NORD-CORÉENNES
NORD-CORÉENNES
NORMALISATEUR
NORMALISATION
NOUAKCHOTTOIS
NOUVEAU-QUÉBEC
NOVOKOUZNETSK
NUMA POMPILIUS
NUMÉRIQUEMENT
OBJECTIVATION
OBJECTIVEMENT
OBLITÉRATRICE
OBSCURANTISME
OBSCURANTISTE
OBSCURCISSANT
OCCASIONNELLE
OCCIDENTALISÉ
OCÉANOGRAPHIE
OCÉANOLOGIQUE
ODONTOLOGISTE
ŒIL-DE-PERDRIX
ŒILLETONNAGE
ŒILLETONNANT
ŒSOPHAGIENNE
OFFENSIVEMENT
OFFICIALISANT
OJOS DEL SALADO
OLIGOTHÉRAPIE
OMNIDIRECTIVE
OMNIPRATICIEN
ONET-LE-CHÂTEAU
ONIROTHÉRAPIE
ONOMASIOLOGIE
ONOMATOPÉIQUE
OPACIFICATION
OPÉRAS-BALLETS
OPÉRAS-BOUFFES
OPHTALMOLOGIE
OPHTALMOLOGUE
OPHTALMOMÈTRE
OPHTALMOSCOPE
OPINIÂTREMENT
OPPORTUNÉMENT
OPPOSITIONNEL
ORANGS-OUTANGS
ORCHESTRATEUR
ORCHESTRATION
ORDINAIREMENT
OREILLES-DE-MER
ORGANIQUEMENT
ORGANISATRICE
ORGANOCHLORÉE
ORIGINALEMENT
ORMESSONNAISE
ORNEMENTATION
ORNITHISCHIEN
ORNITHOMANCIE
ORNITHOPHILIE
ORNITHORYNQUE
ORTEGA Y GASSET
ORTHODONTISTE
ORTHODROMIQUE
ORTHOGONALITÉ
ORTHOGRAPHIÉE
ORTHOGRAPHIER
ORTHOPHONIQUE
ORTHOPHONISTE
ORTHOSCOPIQUE
ORTHOSTATIQUE
ORTHOSTATISME
OSCILLOGRAMME
OSCILLOGRAPHE
OSIÉRICULTURE
OSSÉTIE DU NORD
OSTÉOSYNTHÈSE
OSTERMUNDIGEN
OSTRÉICULTEUR
OSTRÉICULTURE
OSTROGOTHIQUE
OUBANGUI-CHARI
OUEST-ALLEMAND
OUTRECUIDANCE
OUTRECUIDANTE
OUTREMONTAISE
OVOVIVIPARITÉ
PACHUCA DE SOTO
PACIFICATRICE
PACIFIQUEMENT
PAILLASSONNÉE
PAILLASSONNER
PAILLE-EN-QUEUE
PALAIS-BOURBON
PALÉOCHRÉTIEN
PALÉOÉCOLOGIE
PALÉOLITHIQUE
PALÉONTOLOGIE
PALÉONTOLOGUE
PALÉOSIBÉRIEN
PALESTINIENNE
PALESTINIENNE
PALETTISATION
PALLADIANISME

13

PALMATISÉQUÉE
PANAMÉRICAINE
PANAMÉRICAINE
PANGERMANISME
PANGERMANISTE
PANHELLÉNIQUE
PANTOTHÉNIQUE
PAPADHÓPOULOS
PAPIER-MONNAIE
PAPIERS-CALQUE
PAPILLONNANTE
PAPILLONNEUSE
PAPILLOTEMENT
PARACHÈVEMENT
PARACHRONISME
PARAFISCALITÉ
PARALLACTIQUE
PARALLÈLEMENT
PARAMILITAIRE
PARAPÉTROLIER
PARAPHARMACIE
PARAPSYCHIQUE
PARASEXUALITÉ
PARASITOLOGIE
PARAY-LE-MONIAL
PARCELLARISÉE
PARCELLARISER
PARCIMONIEUSE
PÂRIS-DUVERNEY
PARKÉRISATION
PARLEMENTAIRE
PARODONTOLYSE
PARTHENAISIEN
PARTICIPATION
PARTICIPATIVE
PARTICULARISÉ
PARTICULARITÉ
PARTIELLEMENT
PASCAL-SECONDE
PAS-GRAND-CHOSE
PASSAGÈREMENT
PASSAMAQUODDY
PASSE-CRASSANE
PASSEMENTERIE
PASSEMENTIÈRE
PASSE-MONTAGNE
PASSIONNÉMENT
PASTEURELLOSE
PATERFAMILIAS
PATRILINÉAIRE
PATTE-MÂCHOIRE
PAUL DE LA CROIX
PAUPÉRISATION
PAUSE-CARRIÈRE
PAVILLONNAIRE
PAVILLONNERIE
PAYS DE LA LOIRE

PAZ ESTENSSORO
PEINTURLURANT
PÉLÉCANIFORME
PELLES-PIOCHES
PÉLOPONNÉSIEN
PÉLOPONNÉSIEN
PELOTONNEMENT
PÉNÉTRABILITÉ
PÉNICILLINASE
PÉNITENTIAIRE
PÉNITENTIELLE
PENNE-D'AGENAIS
PENNSYLVANIEN
PENTADÉCAGONE
PENTÉDÉCAGONE
PÉPIN DE LANDEN
PERCE-MURAILLE
PERCE-OREILLES
PÉRÉGRINATION
PÉRENNISATION
PERFECTIONNÉE
PERFECTIONNER
PÉRIGLACIAIRE
PÉRINATALOGIE
PÉRISTALTIQUE
PÉRISTALTISME
PERMANENCIÈRE
PERMANGANIQUE
PERMSÉLECTIVE
PERMUTABILITÉ
PERPIGNANAISE
PERSÉVÉRATION
PERSONNALISÉE
PERSONNALISER
PERSONNALISME
PERSONNALISTE
PERSONNIFIANT
PERTURBATRICE
PERVERTISSANT
PÈSE-PERSONNES
PETIT-COURONNE
PETIT DÉJEUNER
PETIT-DÉJEUNER
PETITE-ENTENTE
PETITES-FILLES
PETITES-NIÈCES
PÉTITIONNAIRE
PETITS-ENFANTS
PETITS-MAÎTRES
PETITS-SUISSES
PÉTRIFICATION
PÉTRIFONTAINE
PÉTROCHIMIQUE
PÉTROCHIMISTE
PETROPAVLOVSK
PHARMACOLOGIE
PHARMACOLOGUE

PHENCYCLIDINE
PHÉNOBARBITAL
PHÉNOCRISTAUX
PHÉNOTHIAZINE
PHÉNYLALANINE
PHILADELPHIEN
PHILANTHROPIE
PHILIPPE LE BEL
PHILIPPE LE BON
PHILIPPEVILLE
PHILISTINISME
PHILOSOPHIQUE
PHLÉBOGRAPHIE
PHNOMPENHOISE
PHONÉTICIENNE
PHONOCAPTRICE
PHOSPHATATION
PHOSPHOLIPIDE
PHOTOCHIMIQUE
PHOTOCOMPOSÉE
PHOTOCOMPOSER
PHOTOCOPIEUSE
PHOTOÉMETTEUR
PHOTOGÉOLOGIE
PHOTOGRAPHIÉE
PHOTOGRAPHIER
PHOTOMÉTRIQUE
PHOTOPOLYMÈRE
PHOTOSENSIBLE
PHOTOSTOPPEUR
PHOTOSYNTHÈSE
PHOTOTACTISME
PHOTOTHÉRAPIE
PHOTOTROPISME
PHYLLOXÉRIQUE
PHYSICO-CHIMIE
PHYSIOLOGIQUE
PHYSIOLOGISTE
PHYSIONOMISTE
PHYSISORPTION
PHYTOFLAGELLÉ
PHYTOPLANCTON
PHYTOTHÉRAPIE
PICTORIALISME
PIED-D'ALOUETTE
PIEDS-DE-CHEVAL
PIEDS-DE-MOUTON
PIERO DI COSIMO
PIERRE FOURIER
PIERRE LE CRUEL
PIERRE LE GRAND
PIERRE L'ERMITE
PIERRE LOMBARD
PIÉZOMÉTRIQUE
PINCE-OREILLES
PINCE-SANS-RIRE
PIQUE-ASSIETTE

PIQUE-NIQUEURS
PIQUE-NIQUEUSE
PISCICULTRICE
PISSE-VINAIGRE
PITHIVÉRIENNE
PITOYABLEMENT
PLAINTIVEMENT
PLANARISATION
PLAN-DE-CUQUOIS
PLANIFICATEUR
PLANIFICATION
PLANIMÉTRIQUE
PLASMAPHÉRÈSE
PLASMOCYTAIRE
PLASTICULTURE
PLATEAUX-REPAS
PLATHELMINTHE
PLATONICIENNE
PLÉBISCITAIRE
PLÉLAN-LE-GRAND
PLÉSIOMORPHIE
PLEUMEUR-BODOU
PLEURNICHARDE
PLEURNICHERIE
PLEURNICHEUSE
PLOMB DU CANTAL
PLOUDALMÉZEAU
PLURIANNUELLE
PLURIETHNIQUE
PLURILATÉRALE
PLURILATÉRAUX
PLURIPARTISME
PNEUMATOPHORE
PNEUMOCONIOSE
PNEUMOCYSTOSE
POBEDONOSTSEV
PODZOLISATION
PŒCILOTHERME
POÏKILOTHERME
POIL-DE-CAROTTE
POINÇONNEMENT
POISSONS-CHATS
POISSONS-ÉPÉES
POISSONS-LUNES
POISSONS-SCIES
POLAROGRAPHIE
POLDÉRISATION
POLE POSITIONS
POLIORCÉTIQUE
POLISSONNERIE
POLITIQUEMENT
POLLICITATION
POLLINISATION
POLYACRYLIQUE
POLYBUTADIÈNE
POLYCARBONATE
POLYCENTRIQUE
POLYCENTRISME
POLYCONDENSAT
POLYEMBRYONIE
POLYMÉRISABLE
POLYMORPHISME
POLYNUCLÉAIRE
POLYPROPYLÈNE
POLYTECHNIQUE
POLYTRANSFUSÉ
POLYURÉTHANNE
POLYVINYLIQUE
POMMES DE TERRE
PONTCHARTRAIN
PONT-DU-CHÂTEAU
PONT-PROMENADE
PONTS-BASCULES
POPULAIREMENT
POPULICULTEUR
POPULICULTURE
PORCELAINIÈRE
PORT-DE-BOUCAIN
PORTE-AÉRONEFS
PORTE-AIGUILLE
PORTE-BANNIÈRE
PORTE-BOUQUETS
PORTE-BRANCARD
PORTE-COUTEAUX
PORTE-DOCUMENT
PORTE-DRAPEAUX
PORTE-ÉTENDARD
PORT ELIZABETH
PORTEMANTEAUX
PORT-JOINVILLE
PORTO-NOVIENNE
PORTRAIT-ROBOT
PORTRAITURANT
POSSESSIONNEL
POSTCLASSIQUE
POSTGLACIAIRE
POSTHYPOPHYSE
POSTILLONNANT
POSTMODERNITÉ
POSTPRANDIALE
POSTPRANDIAUX
POTENTIALISÉE
POTENTIALISER
POTENTIOMÈTRE
POTRON-JACQUET
POURRISSEMENT
PRÉADOLESCENT
PRÉALABLEMENT
PRÉCAMBRIENNE
PRÉCANCÉREUSE
PRÉCARISATION
PRÉCAUTIONNÉE
PRÉCAUTIONNER
PRÉCIEUSEMENT
PRÉCIPITATION
PRÉCOMBUSTION
PRÉCONCEPTION
PRÉCONISATION
PRÉCONTRAINTE
PRÉCORDIALGIE
PRÉDÉLINQUANT
PRÉDÉTERMINÉE
PRÉDÉTERMINER
PRÉÉLECTORALE
PRÉÉLECTORAUX
PRÉENREGISTRÉ
PRÉEXCELLENCE
PRÉFABRIQUANT
PRÉFIGURATION
PRÉHELLÉNIQUE
PRÉHISPANIQUE
PRÉHISTORIQUE
PRÉINDUSTRIEL
PRÉJUDICIABLE
PRÉJUDICIELLE
PRÉLIMINAIRES
PRÉMATURÉMENT
PRÉMÉDICATION
PRÉMÉDITATION
PREMIÈRES-NÉES
PRÉOCCUPATION
PRÉŒDIPIENNE
PRÉOPÉRATOIRE
PRÉPENSIONNÉE
PRÉPONDÉRANCE
PRÉPONDÉRANTE
PRÉPROGRAMMÉE
PRÉRAPHAÉLITE
PRÉROMANTIQUE
PRÉROMANTISME
PRESCRIPTIBLE
PRÉSENTATRICE
PRÉSERVATRICE
PRÉSOCRATIQUE
PRÉSOMPTUEUSE
PRESSE-AGRUMES
PRESSE-CITRONS
PRESSE-ÉTOUPES
PRESSENTIMENT
PRESSE-PAPIERS
PRÊTRE-OUVRIER
PRÉVARICATEUR
PRÉVARICATION
PRÉVISIBILITÉ
PRIMESAUTIÈRE
PRIMITIVEMENT
PRIMO DE RIVERA
PRIMOGÉNITURE
PRINCE-ÉDOUARD
PRINCIÈREMENT
PRIVAT-DOCENTS

PRIVATISATION
PROBLÉMATIQUE
PROCÈS-VERBAUX
PROCHAINEMENT
PROCONSULAIRE
PRODUCTIVISME
PRODUCTIVISTE
PROFESSIONNEL
PROFILOGRAPHE
PROGRAMMATEUR
PROGRAMMATION
PROGRESSIVITÉ
PROKOP LE GRAND
PROLÉTARIENNE
PROLÉTARISANT
PROLIFÉRATION
PRONONCIATION
PRONOSTIQUANT
PRONOSTIQUEUR
PRO-OCCIDENTAL
PROPAGANDISTE
PROPÉDEUTIQUE
PROPHARMACIEN
PROPITIATOIRE
PROPORTIONNÉE
PROPORTIONNEL
PROPORTIONNER
PROPRIOCEPTIF
PROSAÏQUEMENT
PROSENCÉPHALE
PROSOPAGNOSIE
PROSTERNATION
PROSTERNEMENT
PROTÉAGINEUSE
PROTÈGE-CAHIER
PROTÈGE-TIBIAS
PROTÉOLYTIQUE
PROTÉROZOÏQUE
PROTESTATAIRE
PROTOHISTOIRE
PROUDHONIENNE
PROVISIONNANT
PRUSSE-RHÉNANE
PSEUDARTHROSE
PSEUDOSCIENCE
PSYCHANALYSÉE
PSYCHANALYSER
PSYCHANALYSTE
PSYCHASTHÉNIE
PSYCHÉDÉLIQUE
PSYCHIATRIQUE
PSYCHIATRISÉE
PSYCHIATRISER
PSYCHOKINÉSIE
PSYCHOLOGIQUE
PSYCHOLOGISME
PSYCHOMOTRICE
PSYCHOSOCIALE
PSYCHOSOCIAUX
PSYCHOTONIQUE
PSYCHROMÉTRIE
PTOLÉMÉE SÔTÊR
PUÉRICULTRICE
PUERTO CABELLO
PULSORÉACTEUR
PULVÉRISATEUR
PULVÉRISATION
PUNCHING-BALLS
PURIFICATOIRE
PURIFICATRICE
PUSILLANIMITÉ
PYÉLONÉPHRITE
PYROCLASTIQUE
PYROMÉCANISME
PYROTECHNIQUE
PYTHAGORICIEN
QIN SHI HUANGDI
QUADRAGÉNAIRE
QUADRAGÉSIMAL
QUADRICHROMIE
QUADRIJUMEAUX
QUADRIPARTITE
QUADRIPOLAIRE
QUADRISYLLABE
QUADRIVALENTE
QUALIFICATION
QUALIFICATIVE
QUALITICIENNE
QUARANTENAIRE
QUART-BOUILLON
QUASI-CONTRATS
QUASI-CRISTAUX
QUASI-MONNAIES
QUATRE-CANTONS
QUATRE-SAISONS
QUATRIÈMEMENT
QUEIPO DE LLANO
QUESNOYSIENNE
QUESTIONNAIRE
QUESTIONNEUSE
QUEUE-DE-CHEVAL
QUEUE-DE-COCHON
QUEUE-DE-RENARD
QUEUES-D'ARONDE
QUEUES-DE-MORUE
QUEZALTENANGO
QUIBERONNAISE
QUINCAILLERIE
QUINCAILLIÈRE
QUINQUAGÉSIME
QUINTEFEUILLE
QUINZIÈMEMENT
QUOTIDIENNETÉ
RABELAISIENNE
RABEMANANJARA
RABOUGRISSANT
RACCOMMODABLE
RACCOMMODEUSE
RACCOMPAGNANT
RADIOACTIVITÉ
RADIOBALISAGE
RADIOBALISANT
RADIOBIOLOGIE
RADIOCASSETTE
RADIOCOMMANDE
RADIODIFFUSÉE
RADIODIFFUSER
RADIOGRAPHIÉE
RADIOGRAPHIER
RADIO-ISOTOPES
RADIONAVIGANT
RADIOPHONIQUE
RADIOREPÉRAGE
RADIOTÉLÉVISÉ
RADIOTHÉRAPIE
RADIOTROTTOIR
RAFFERMISSANT
RAHAT-LOUKOUMS
RAJEUNISSANTE
RAMBERVILLERS
RAMOLLISSANTE
RANDOMISATION
RAPETISSEMENT
RAPPAREILLANT
RAPPROCHEMENT
RASSEMBLEMENT
RASSORTISSANT
RATIOCINATION
RATIONALISANT
RAVITAILLEUSE
RÉACCOUTUMANT
RÉACTIONNAIRE
RÉACTIONNELLE
RÉACTUALISANT
RÉAMÉNAGEMENT
RÉARRANGEMENT
RÉASSIGNATION
RÉASSORTIMENT
REBROUSSEMENT
REBROUSSE-POIL
RÉCALCITRANTE
RECAPITALISÉE
RECAPITALISER
RÉCAPITULATIF
RECARBURATION
RÉCEPTIONNANT
RÉCHAMPISSAGE
RÉCHAMPISSANT
RÉCHAUFFEMENT
RECHAUSSEMENT
RÉCIPIENDAIRE

RECOMBINAISON
RECOMMANDABLE
RECOMPOSITION
RECONDUCTIBLE
RÉCONFORTANTE
RECONNAISSANT
RECONSIDÉRANT
RECONSTITUANT
RÉCRIMINATEUR
RÉCRIMINATION
RECRISTALLISÉ
RECROQUEVILLÉ
RECRUDESCENCE
RECRUDESCENTE
RECTANGULAIRE
RECTIFICATEUR
RECTIFICATION
RECTIFICATIVE
RECTILINÉAIRE
RECUEILLEMENT
RÉCUPÉRATRICE
REDÉFINISSANT
RÉDEMPTORISTE
REDÉPLOIEMENT
REDIMENSIONNÉ
REDISTRIBUANT
RÉDUCTIBILITÉ
RÉDUPLICATION
RÉÉCHELONNANT
RÉÉDIFICATION
RÉENREGISTRÉE
RÉENREGISTRER
RÉENSEMENÇANT
RÉÉQUILIBRAGE
RÉÉQUILIBRANT
RÉEXPORTATION
RÉFÉRÉ-LIBERTÉ
RÉFÉRENCEMENT
RÉFÉRENTIELLE
REFINANCEMENT
RÉFLÉCHISSANT
RÉFLECTORISÉE
REFLEURISSANT
RÉFLEXOGRAMME
REFORESTATION
RÉFRACTOMÈTRE
RÉFRIGÉRATEUR
RÉFRIGÉRATION
REFROIDISSANT
REFROIDISSEUR
RÉGÉNÉRATRICE
RÉGINABORGIEN
REGIOMONTANUS
RÉGIONALISANT
RÉGLEMENTAIRE
REGROSSISSANT
RÉGULIÈREMENT
RÉGURGITATION
RÉHABILITABLE
RÉIMPORTATION
RÉINCARCÉRANT
RÉINCARNATION
RÉINCORPORANT
REINES-CLAUDES
REINES-DES-PRÉS
RÉINSCRIPTION
RÉINTÉGRATION
REJAILLISSANT
RELATIONNELLE
RELATIONNISTE
RELECQ-KERHUON
RELIGIONNAIRE
REMASTÉRISANT
REMBARQUEMENT
REMBOURSEMENT
REMBRUNISSANT
REMILITARISÉE
REMILITARISER
REMMAILLOTANT
REMONTE-PENTES
REMPOISSONNÉE
REMPOISSONNER
REMUE-MÉNINGES
RÉMUNÉRATOIRE
RÉMUNÉRATRICE
RENCAISSEMENT
RENCHÉRISSANT
RENCHÉRISSEUR
RENÉE DE FRANCE
RENÉGOCIATION
RENFORMISSANT
RENGER-PATZSCH
RENONCIATAIRE
RENONCIATRICE
RENSEIGNEMENT
RENTABILISANT
RÉORCHESTRANT
RÉORIENTATION
REPENTIGNOISE
REPOSITIONNÉE
REPOSITIONNER
RÉPRÉHENSIBLE
REPRÉSENTABLE
REPRÉSENTANTE
REPRÉSENTATIF
REPRODUCTIBLE
REPRODUCTRICE
REPROGRAMMANT
REPROGRAPHIÉE
REPROGRAPHIER
REQUIN-MARTEAU
REQUIN-PÈLERIN
REQUINS-TAUPES
REQUINS-TIGRES
RÉQUISITIONNÉ
RÉQUISITORIAL
RÉSIDENTIELLE
RESOCIALISANT
RESSAISISSANT
RESSORTISSANT
RESSOURCEMENT
RESSURGISSANT
RESTAURATRICE
RESTRUCTURANT
RESURCHAUFFÉE
RESURCHAUFFER
RETENTISSANTE
RETRANCHEMENT
RETRANSMETTRE
RETRAVAILLANT
RÉTROACTIVITÉ
RÉTROAGISSANT
RÉTROCONTRÔLE
RÉTROGRESSION
RÉTROPÉDALAGE
RÉTROSPECTIVE
RETROUSSEMENT
RETROUVAILLES
RÉUNIFICATION
RÉUTILISATION
REVACCINATION
REVASCULARISÉ
RÉVEILLE-MATIN
RÉVEILLONNANT
REVENDICATEUR
REVENDICATION
REVENDICATIVE
RÉVERBÉRATION
RÉVÉRENCIEUSE
RÉVERSIBILITÉ
RÉVISIONNELLE
RÉVISIONNISME
RÉVISIONNISTE
RÉVOLUTIONNÉE
RÉVOLUTIONNER
REZ-DE-CHAUSSÉE
RHABDOMANCIEN
RHÉTORICIENNE
RHINENCÉPHALE
RHINO-PHARYNGÉ
RHIZOFLAGELLÉ
RHOMBOÉDRIQUE
RIBEAUVILLÉEN
RIBEIRÃO PRETO
RIBONUCLÉIQUE
RICHARD-LENOIR
RIESENGEBIRGE
RITUALISATION
RIVIÈRE-DU-LOUP
RIVIÈRE-PILOTE
ROBERT LE NOBLE

ROBERT LE PIEUX
ROCAMBOLESQUE
ROCHEFORTAISE
ROCHESERVIÈRE
ROCKING-CHAIRS
ROJAS ZORRILLA
ROLLING STONES
ROLL ON-ROLL OFF
ROMAIN DIOGÈNE
ROMANS-FLEUVES
ROMARIMONTAIN
ROMEUFONTAINE
ROMORANTINAIS
RONCHONNEMENT
RONDOUILLARDE
ROQUEBRUNOISE
ROQUECOURBINE
ROQUEMAUROISE
ROQUEVAIROISE
ROSICRUCIENNE
ROSNY-SOUS-BOIS
ROSTROPOVITCH
ROUGET DE LISLE
ROUSSISSEMENT
ROUYNORANDIEN
RUISSELLEMENT
RUPIFICALDIEN
RURBANISATION
RUSSIE BLANCHE
RUSSIFICATION
RUTHERFORDIUM
SABELLIANISME
SABOTS-DE-VÉNUS
SACCHARIFIANT
SACCHARIMÈTRE
SACCHAROMYCES
SACHSENHAUSEN
SACRALISATION
SACRAMENTAIRE
SACRAMENTELLE
SACRIFICATEUR
SACRIFICIELLE
SACRO-ILIAQUES
SADIQUES-ANAUX
SAFARIS-PHOTOS
SAINT-AFFRIQUE
SAINT-AMANDOIS
SAINT-AVOLDIEN
SAINT-BERTRAND
SAINT-CÉRÉENNE
SAINT-CONSTANT
SAINT-CYRIENNE
SAINT-CYRIENNE
SAINT-DOMINGUE
SAINTE-ADRESSE
SAINTE-HERMINE
SAINTE-LIVRADE

SAINTE-PÉLAGIE
SAINTES-BARBES
SAINTES-MARIES
SAINTE-SUZANNE
SAINTE-THÉRÈSE
SAINT-EUSTACHE
SAINT-ÉVREMOND
SAINT-FONIARDE
SAINT-FRANÇOIS
SAINT-FRUSQUIN
SAINT-GALLOISE
SAINT-GAULTIER
SAINT-GEOIRIEN
SAINT-GHISLAIN
SAINT-GILLOISE
SAINT-GLINGLIN
SAINT-HERBLAIN
SAINT-JEANNAIS
SAINT-JUNIAUDE
SAINT-LUCIENNE
SAINT-MANDRIER
SAINT-MARINAIS
SAINT-NECTAIRE
SAINT-NECTAIRE
SAINTONGEAISE
SAINT-ORENNAIS
SAINT-PHILBERT
SAINT-POLITAIN
SAINT-POURÇAIN
SAINT-SAVINIEN
SAINT-SÉPULCRE
SAINT-SIMONIEN
SAINTS-SYNODES
SAISIE-BRANDON
SAISIE-GAGERIE
SAISIES-ARRÊTS
SALAISONNERIE
SALIES-DE-BÉARN
SALIES-DU-SALAT
SALIN-DE-GIRAUD
SALSEPAREILLE
SALVADORIENNE
SALVADORIENNE
SALZKAMMERGUT
SAN BERNARDINO
SANCHE RAMÍREZ
SANCLAUDIENNE
SANCTUARISANT
SANGUINOLENTE
SAN LUIS POTOSÍ
SANS CONTREDIT
SANTA CATARINA
SAPEUR-POMPIER
SARRALBIGEOIS
SARREGUEMINES
SASSENAGEOISE
SATELLISATION

SATIRIQUEMENT
SATISFAISANTE
SAUCISSONNAGE
SAUCISSONNANT
SAUTE-RUISSEAU
SAUTS-DE-MOUTON
SAVENAISIENNE
SCARIFICATEUR
SCARIFICATION
SCHAFFHOUSOIS
SCHIRMECKOISE
SCHIZOPHRÉNIE
SCHWARZENBERG
SCIENTIFICITÉ
SCINTIGRAPHIE
SCINTILLATEUR
SCINTILLATION
SCINTILLEMENT
SCISSIONNISTE
SCOLARISATION
SCRIBOUILLARD
SCRIBOUILLEUR
SECRÉTAIRERIE
SECTIONNEMENT
SECTORISATION
SÉDENTARISANT
SÉDIMENTATION
SÉGRÉGABILITÉ
SEINE-MARITIME
SÉLECTIONNANT
SÉLECTIONNEUR
SÉLECTIVEMENT
SÉLÉNHYDRIQUE
SÉLÉNOGRAPHIE
SÉLESTADIENNE
SELF-INDUCTION
SELLES-SUR-CHER
SÉMANTICIENNE
SEMBLABLEMENT
SÉMÉIOLOGIQUE
SEMI-CHENILLÉE
SEMI-CHENILLÉS
SEMI-CONSERVES
SEMI-CONSONNES
SEMI-DRESSANTS
SEMI-GROSSISTE
SEMI-NOMADISME
SEMI-OFFICIELS
SÉMIOTICIENNE
SEMIPALATINSK
SEMI-PERMÉABLE
SEMI-PUBLIQUES
SEMI-REMORQUES
SEMNOPITHÈQUE
SEMPERVIRENTE
SEMPITERNELLE
SEMUR-EN-AUXOIS

SÉNÈQUE LE PÈRE
SENESTROCHÈRE
SENSIBILISANT
SENSITOMÉTRIE
SENSORI-MOTEUR
SEPTENTRIONAL
SEPTIME SÉVÈRE
SEPTUAGÉNAIRE
SÉQUESTRATION
SERGENTS-CHEFS
SÉRICICULTEUR
SÉRICICULTURE
SERPENTIFORME
SÉRUMALBUMINE
SERVOCOMMANDE
SÈVRE NANTAISE
SEXUALISATION
SHAKESPAERIEN
SHAMPOUINEUSE
SHAWINIGANAIS
SHAWINIGAN-SUD
SHERBROOKOISE
SHETLAND DU SUD
SHOTOKU TAISHI
SIDÉROLITIQUE
SIERRA-LÉONAIS
SIGISMOND VASA
SIGNALISATION
SIGNIFICATION
SIGNIFICATIVE
SIHANOUKVILLE
SILICON VALLEY
SIMÉON L'ANCIEN
SIMÉON LE GRAND
SIMÉON STYLITE
SIMILIGRAVURE
SIMON DE BRUGES
SIMULTANÉISME
SIMULTANÉMENT
SINGE-ARAIGNÉE
SINGULARISANT
SINO-TIBÉTAINE
SINO-TIBÉTAINS
SINTÉRISATION
SION-VAUDÉMONT
SISMOTHÉRAPIE
SIX-QUATRE-DEUX
SOCIABILISANT
SOCIALISATION
SOCIOBIOLOGIE
SOCIOCRITIQUE
SOCIOCULTUREL
SOCIO-ÉDUCATIF
SOCIOTHÉRAPIE
SOIGNEUSEMENT
SOJALDICIENNE
SOLIDAIREMENT

SOLITAIREMENT
SOLLICITATION
SOMNAMBULIQUE
SOMNAMBULISME
SOPHISTIQUANT
SORTIES-DE-BAIN
SOTTEVILLAISE
SOUCIEUSEMENT
SOUMISSIONNÉE
SOUMISSIONNER
SOUPHANOUVONG
SOURNOISEMENT
SOUS-ACQUÉREUR
SOUS-ALIMENTÉE
SOUS-ALIMENTER
SOUS-ALIMENTÉS
SOUS-CALIBRÉES
SOUS-CLAVIÈRES
SOUS-CONTINENT
SOUS-CORTICALE
SOUS-CORTICAUX
SOUS-DÉCLARANT
SOUS-DÉCLARÉES
SOUS-DÉVELOPPÉ
SOUS-DIACONATS
SOUS-DIRECTEUR
SOUS-DOMINANTE
SOUS-EFFECTIFS
SOUS-EMPLOYANT
SOUS-EMPLOYÉES
SOUS-ENSEMBLES
SOUS-ENTENDANT
SOUS-ENTENDUES
SOUS-EXPLOITÉE
SOUS-EXPLOITER
SOUS-EXPLOITÉS
SOUS-GLACIAIRE
SOUS-HUMANITÉS
SOUS-LOCATAIRE
SOUS-LOCATIONS
SOUS-MAÎTRESSE
SOUS-MARINIERS
SOUS-MINISTRES
SOUS-MULTIPLES
SOUS-OFFICIERS
SOUS-ORBITALES
SOUS-PRESSIONS
SOUS-PROGRAMME
SOUS-TANGENTES
SOUS-TRAITANCE
SOUS-TRAITANTS
SOUS-UTILISANT
SOUS-UTILISÉES
SOUS-VENTRIÈRE
SOUS-VÊTEMENTS
SOUTHEND-ON-SEA
SOUTIENS-GORGE

SOUVENIR-ÉCRAN
SOUVERAINISME
SOUVERAINISTE
SPACIEUSEMENT
SPASMOLYTIQUE
SPÉCIEUSEMENT
SPÉCIFICATION
SPECTACULAIRE
SPECTROGRAMME
SPECTROGRAPHE
SPECTROMÉTRIE
SPECTROSCOPIE
SPÉLÉOLOGIQUE
SPERMATOGONIE
SPERMATOPHORE
SPERMATOPHYTE
SPERMATOZOÏDE
SPIRIPONTAINE
SPIRITUALISÉE
SPIRITUALISER
SPIRITUALISME
SPIRITUALISTE
SPLENDIDEMENT
SPLÉNOMÉGALIE
SPOROTRICHOSE
SQUATTÉRISANT
STAAL DE LAUNAY
STABILISATEUR
STABILISATION
STAËL-HOLSTEIN
STAFFELFELDEN
STAKHANOVISME
STAKHANOVISTE
STANDARDISANT
STAPHYLOCOQUE
STARTING-BLOCK
STARTING-GATES
STATIONNEMENT
STATORÉACTEUR
STATUE-COLONNE
STEEPLE-CHASES
STEFANÓPOULOS
STENDHALIENNE
STÉNOGRAPHIÉE
STÉNOGRAPHIER
STÉRÉO-ISOMÈRE
STÉRILISATEUR
STÉRILISATION
STERNUTATOIRE
STIRING-WENDEL
STOCKHOLMOISE
STRANGULATION
STRATIGRAPHIE
STRATO-CUMULUS
STRÉPINIACOIS
STREPTOCOCCIE
STRIP-TEASEURS

13

STRIP-TEASEUSE
STROMBOLIENNE
STRUCTURATION
STUDIEUSEMENT
STURM UND DRANG
STYLOS-FEUTRES
SUBCONSCIENTE
SUBDÉSERTIQUE
SUBÉQUATORIAL
SUBJECTIVISME
SUBJECTIVISTE
SUBORDINATION
SUBSAHARIENNE
SUBSÉQUEMMENT
SUBSTANTIELLE
SUBSTANTIVANT
SUBTILISATION
SUBVENTIONNÉE
SUBVENTIONNER
SUBVERTISSANT
SUCCINCTEMENT
SUCCURSALISME
SUCCURSALISTE
SUD-AFRICAINES
SUD-AFRICAINES
SUD-AMÉRICAINE
SUD-AMÉRICAINE
SUD-AMÉRICAINS
SUD-AMÉRICAINS
SUD-VIETNAMIEN
SUD-VIETNAMIEN
SUGGESTIONNÉE
SUGGESTIONNER
SUISSE SAXONNE
SULFINISATION
SULLY-SUR-LOIRE
SULPICE SÉVÈRE
SUPERBAGNÈRES
SUPERBÉNÉFICE
SUPERCHAMPION
SUPERCRITIQUE
SUPERFICIELLE
SUPERFINITION
SUPERFLUIDITÉ
SUPERMOLÉCULE
SUPERPOSITION
SUPERSTITIEUX
SUPRANATIONAL
SUPRASENSIBLE
SURALIMENTANT
SURBAISSEMENT
SURCOMPRIMANT
SURCREUSEMENT
SURDÉTERMINÉE
SURDÉTERMINER
SURDÉVELOPPÉE
SURENTRAÎNANT
SURÉQUIPEMENT
SURESTIMATION
SURÉVALUATION
SUREXCITATION
SUREXPLOITANT
SUREXPOSITION
SURGÉNÉRATEUR
SURGÉNÉRATION
SURHAUSSEMENT
SURIMPOSITION
SURIMPRESSION
SURINTENDANCE
SURINTENDANTE
SURMÉDICALISÉ
SURMULTIPLIÉE
SURPEUPLEMENT
SURPLOMBEMENT
SURPOPULATION
SURPRODUCTEUR
SURPRODUCTION
SURPRODUISANT
SURPROTECTION
SURPROTÉGEANT
SURRÉNALIENNE
SURSATURATION
SUS-DOMINANTES
SUS-HÉPATIQUES
SUSMENTIONNÉE
SVEND TVESKAEG
SYLLOGISTIQUE
SYLVICULTRICE
SYMBOLISATION
SYMPATHISANTE
SYMPTOMATIQUE
SYNAPOMORPHIE
SYNCHRONISANT
SYNCHRONISEUR
SYNDICALISANT
SYNOVIORTHÈSE
SYNTAGMATIQUE
SYNTHÉTISABLE
SYNTONISATEUR
SYNTONISATION
SYRINGOMYÉLIE
SYSTÉMATICIEN
SYSTÉMATISANT
TABERNACIENNE
TACHISTOSCOPE
TACHYARYTHMIE
TAILLE-CRAYONS
TAILLES-DOUCES
TALANÇONNAISE
TAMBOURINAIRE
TAMBOURINEUSE
TAPAGEUSEMENT
TARASCONNAISE
TARIQ IBN ZIYAD
TARN-ET-GARONNE
TAUROMACHIQUE
TAYLORISATION
TCHANG KAÏ-CHEK
TECHNIQUEMENT
TECHNOCRATISÉ
TECHNOLOGIQUE
TECHNOLOGISTE
TECHNOSCIENCE
TÉLÉACHETEUSE
TÉLÉAFFICHAGE
TÉLÉCHARGEANT
TÉLÉCOMMANDÉE
TÉLÉCOMMANDER
TÉLÉDÉTECTION
TÉLÉDIFFUSANT
TÉLÉDIFFUSION
TÉLÉGRAPHIANT
TÉLÉGRAPHIQUE
TÉLÉGRAPHISTE
TÉLÉIMPRIMEUR
TÉLÉMARKETING
TÉLÉPROMPTEUR
TÉLÉSCRIPTEUR
TÉLÉSOUFFLEUR
TÉMISCAMINGUE
TEMPORISATEUR
TEMPORISATION
TENNIS-BALLONS
TÉRÉPHTALIQUE
TERRE-NEUVIENS
TERRE-NEUVIENS
TERRE-NEUVIERS
TESSIN LE JEUNE
TESTAMENTAIRE
TÉTRACHLORURE
TÉTRAPLÉGIQUE
TÉTRODOTOXINE
TEXTUELLEMENT
THANATOPRAXIE
THÉÂTRALEMENT
THÉÂTRALISANT
THÉOCENTRISME
THÉORIQUEMENT
THÉOULE-SUR-MER
THÉRAPEUTIQUE
THÉRÈSE D'ÁVILA
THERMIQUEMENT
THERMOCLASTIE
THERMOCOLLAGE
THERMOCOLLANT
THERMOFORMAGE
THERMOGRAPHIE
THERMOÏONIQUE
THÉSAURISEUSE
THESMOPHORIES
THESSALONIQUE

THETFORD MINES
THIONVILLOISE
THOMAS A KEMPIS
THOMAS BECKETT
THROMBOPOÏÈSE
TIBÉTO-BIRMANS
TIBIO-TARSIENS
TIERCEFEUILLE
TIERS-MONDISME
TIERS-MONDISTE
TINTINNABULER
TIRE-BOUCHONNÉ
TIRSO DE MOLINA
TISSUS-ÉPONGES
TOLUCA DE LERDO
TONICARDIAQUE
TONNEINQUAISE
TOPOGRAPHIQUE
TORRE DEL GRECO
TORRES QUEVEDO
TORTUEUSEMENT
TOSA MITSUNOBU
TOTALITARISME
TOURBILLONNER
TOURILLONNANT
TOURNAISIENNE
TOURNAN-EN-BRIE
TOURNE-À-GAUCHE
TOURNEBOULANT
TOURNE-DISQUES
TOURNEFEUILLE
TOURNE-PIERRES
TOUR-OPÉRATEUR
TOURQUENNOISE
TOUT-PUISSANTS
TOXICOLOGIQUE
TOXI-INFECTION
TRACHÉE-ARTÈRE
TRAGI-COMÉDIES
TRAGI-COMIQUES
TRAÎNE-SAVATES
TRANCHE-SUR-MER
TRANQUILLISÉE
TRANQUILLISER
TRANSBAHUTANT
TRANSCAUCASIE
TRANSCENDANCE
TRANSCENDANTE
TRANSCRIPTEUR
TRANSCRIPTION
TRANSCULTUREL
TRANSDERMIQUE
TRANSFÈREMENT
TRANSFIGURANT
TRANSFORMABLE
TRANSFORMANTE
TRANSFORMISME
TRANSFORMISTE
TRANSGABONAIS
TRANSGRESSANT
TRANSGRESSION
TRANSHIMALAYA
TRANSISTORISÉ
TRANSITIONNEL
TRANSJORDANIE
TRANSLOCATION
TRANSLUCIDITÉ
TRANSLUMINALE
TRANSLUMINAUX
TRANSMISSIBLE
TRANSMUTATION
TRANSNATIONAL
TRANSPARAÎTRE
TRANSPIRATION
TRANSPLANTANT
TRANSPORTABLE
TRANSPORTEUSE
TRANSPOSITEUR
TRANSPOSITION
TRANSPYRÉNÉEN
TRANSSAHARIEN
TRANSSEXUELLE
TRANSSIBÉRIEN
TRANSSTOCKEUR
TRANSVASEMENT
TRANSVESTISME
TRANSYLVANIEN
TRANSYLVANIEN
TRAUMATISANTE
TRAUMATOLOGIE
TRAUMATOLOGUE
TRAVAILLOTANT
TRAVESTISSANT
TREIZIÈMEMENT
TREMBLOTEMENT
TRÉMOUSSEMENT
TRÉPONÉMATOSE
TRIANGULATION
TRIBUNITIENNE
TRICENTENAIRE
TRICHOCÉPHALE
TRIEL-SUR-SEINE
TRIGONOMÉTRIE
TRIMBALLEMENT
TRIMESTRIELLE
TRINIDADIENNE
TRINIDADIENNE
TRIOMPHALISME
TRIOMPHALISTE
TRIOMPHATRICE
TRIPATOUILLÉE
TRIPATOUILLER
TRIPLE-ENTENTE
TRISYLLABIQUE
TROGLODYTIQUE
TROISIÈMEMENT
TROIS-RIVIÈRES
TROMBINOSCOPE
TROMPEUSEMENT
TRONÇONNEMENT
TROPICALISANT
TROUILLOMÈTRE
TRUCHTERSHEIM
TRUCIAL STATES
TRUFFICULTURE
TRUTTICULTURE
TSARSKOÏE SELO
TUC-D'AUDOUBERT
TURBORÉACTEUR
TWIRLING BÂTON
TYPOGRAPHIQUE
ULTRAMONTAINE
ULTRAPRESSION
ULTRAPROPRETÉ
ULTRASENSIBLE
ULTRAVIOLETTE
UNICELLULAIRE
UNITED KINGDOM
UNIVERSALISÉE
UNIVERSALISER
UNIVERSALISME
UNIVERSALISTE
UNIVERSITAIRE
URÉTÉROSTOMIE
USUFRUCTUAIRE
UZTARIZTARRAK
VADROUILLEUSE
VAL-DE-MARNAISE
VALENCE-GRAMME
VALENCIENNOIS
VALÉTUDINAIRE
VALLÉE DES ROIS
VALRÉASSIENNE
VAN DER MEERSCH
VANDOPÉRIENNE
VAN HEEMSKERCK
VANITEUSEMENT
VAN RUYSBROECK
VARIOLISATION
VASOMOTRICITÉ
VATICINATRICE
VAUX-LE-VICOMTE
VECTORISATION
VÉHÉMENTEMENT
VELIKO TARNOVO
VÉNÉZUÉLIENNE
VÉNÉZUÉLIENNE
VENTRICULAIRE
VENTRIPOTENTE
VERBALISATEUR
VERBALISATION

13

VERBICRUCISTE
VERBIGÉRATION
VERCINGÉTORIX
VÉRIDIQUEMENT
VÉRIFICATRICE
VÉRITABLEMENT
VERMILLONNANT
VERNALISATION
VERNIX CASEOSA
VERSIFICATEUR
VERSIFICATION
VERS-LIBRISTES
VERTACOMIRIEN
VERT-DE-GRISÉES
VERTICALEMENT
VERTUEUSEMENT
VESTIMENTAIRE
VIARDOT-GARCÍA
VIBRAPHONISTE
VICE-CONSULATS
VICE-PRÉSIDENT
VICTORIAVILLE
VIDE-BOUTEILLE
VIDÉOCASSETTE
VIEILLISSANTE
VIEIRA DA SILVA
VIEUX-CROYANTS
VILLARD-DE-LANS
VILLAVICENCIO
VILLECRESNOIS
VILLEFONTAINE
VILLÉGIATURER
VILLEHARDOUIN
VILLEJUIFOISE
VILLEMOMBLOIS
VILLEMURIENNE
VILLENEUVOISE
VILLEPARISIEN
VILLEPINTOISE
VILLERS-BOCAGE
VILLERS-SUR-MER
VILLIERS-LE-BEL
VIMONASTÉRIEN
VINCENT DE PAUL
VINGTIÈMEMENT
VINIFICATRICE
VIRGINIA BEACH
VIRTUELLEMENT
VIRY-CHÂTILLON
VISAKHAPATNAM
VISCÉRALEMENT
VISUALISATION
VITRIFICATEUR
VITRIFICATION
VITRY-EN-ARTOIS
VITRY-SUR-SEINE
VIVIFICATRICE
VOCALISATRICE
VOCIFÉRATRICE
VOITURES-POSTE
VOLATILISABLE
VOMITOS NEGROS
VOUGLAISIENNE
VRAIES-FAUSSES
VRAISEMBLABLE
VRAISEMBLANCE
VROMBISSEMENT
VULCANISATION
VULGARISATEUR
VULGARISATION
VULNÉRABILISÉ
VULNÉRABILITÉ
WAGNER-JAUREGG
WAGONS-FOUDRES
WAGONS-TRÉMIES
WASHINGTONIEN
WASSELONNAISE
WESTMOUNTAISE
WILHELMSHAVEN
WIMEREUSIENNE
WINDISCHGRÄTZ
WITWATERSRAND
WOLVERHAMPTON
XANTHOGÉNIQUE
XYLOGRAPHIQUE
ZEAMI MOTOKIYO
ZÉNON DE CITIUM
ZÉNON DE KITION
ZOOGÉOGRAPHIE
ZOOTECHNICIEN
ZOROASTRIENNE
ZWINGLIANISME

14

ABAISSE-LANGUES
ABASOURDISSANT
ABOLITIONNISME
ABOLITIONNISTE
ABOMINABLEMENT
ABRACADABRANTE
ABRIS-SOUS-ROCHE
ACADÉMIQUEMENT
ACANTHOCÉPHALE
ACCÉLÉROGRAPHE
ACCESSOIREMENT
ACCESSOIRISANT
ACCIDENTOLOGIE
ACCOMPAGNATEUR
ACCOMPAGNEMENT
ACCROCHE-CŒURS
ACHONDROPLASIE
ACQUIT-À-CAUTION
ACTINOTHÉRAPIE
ACTION RESEARCH
ADÉNOCARCINOME
ADÉNOÏDECTOMIE
ADIPOSO-GÉNITAL
ADJUDANTS-CHEFS
ADMINISTRATEUR
ADMINISTRATION
ADMINISTRATIVE
ADMIRATIVEMENT
ADVERBIALEMENT
AÉROCONDENSEUR
AÉROGÉNÉRATEUR
AÉROTRANSPORTÉ

AFFAIBLISSANTE
AFFERMISSEMENT
AFFRANCHISSANT
AFRICANISATION
AFRIQUE ROMAINE
AFRO-AMÉRICAINE
AFRO-AMÉRICAINE
AFRO-AMÉRICAINS
AFRO-AMÉRICAINS
AFRO-ASIATIQUES
AFRO-BRÉSILIENS
AFRO-BRÉSILIENS
AGENOUILLEMENT
AGRANDISSEMENT
AGRANULOCYTOSE
AGRO-INDUSTRIEL
AGRO-INDUSTRIES
AGUASCALIENTES
AIDES-SOIGNANTS
AIGUES-MORTAISE
AIGUISE-CRAYONS
À LA CROQUE-AU-SEL
ALANGUISSEMENT
ALBERTVILLOISE
ALCATEL ALSTHOM
ALFORTVILLAISE
ALGÉBRIQUEMENT
ALLANTOÏDIENNE
ALLENDE GOSSENS
ALLERGOLOGISTE
ALLUVIONNEMENT
ALMEIDA GARRETT
ALOURDISSEMENT
ALPES-MARITIMES
ALPES RHÉTIQUES
ALPHANUMÉRIQUE
ALPHONSE LE SAGE
ALSACE-LORRAINE
ALTO-SÉQUANAISE
ALUMINOTHERMIE
AMAIGRISSEMENT
AMBITIEUSEMENT
AMÉDÉE DE SAVOIE
AMÉRINDIANISME
AMÉRIQUE DU NORD
AMÉRIQUE LATINE
AMEUBLISSEMENT
AMMONIOS SACCAS
AMPHÉTAMINIQUE
AMPHIBOLOGIQUE
AMPLIFICATRICE
AMSTELLODAMIEN
AMYGDALECTOMIE
ANAGRAMMATIQUE
ANAGRAMMATISME
ANALOGIQUEMENT
ANALPHABÉTISME
ANALYTIQUEMENT
ANAPHYLACTIQUE
ANARCHIQUEMENT
ANATHÉMATISANT
ANATOMIQUEMENT
ANDREA DEL SARTO
ANÉANTISSEMENT
ANGLO-AMÉRICAIN
ANGLO-AMÉRICAIN
ANGLO-NORMANDES
ANGLO-NORMANDES
ANHYPOTHÉTIQUE
ANNE DE BRETAGNE
ANNE DE GONZAGUE
ANTÉDILUVIENNE
ANTÉPÉNULTIÈME
ANTÉPRÉDICATIF
ANTÉRIEUREMENT
ANTHROPOMÉTRIE
ANTHROPOMORPHE
ANTHROPOPHAGIE
ANTHROPOSOPHIE
ANTIACRIDIENNE
ANTIALCOOLIQUE
ANTIALLERGIQUE
ANTIBROUILLAGE
ANTIBROUILLARD
ANTICANCÉREUSE
ANTICOAGULANTE
ANTICOMMUNISME
ANTICOMMUNISTE
ANTICYCLONIQUE
ANTIDÉFLAGRANT
ANTIDÉPRESSEUR
ANTIDIURÉTIQUE
ANTIÉCONOMIQUE
ANTIEFFRACTION
ANTIÉMÉTISANTE
ANTIHYGIÉNIQUE
ANTI-INFECTIEUX
ANTIMIGRAINEUX
ANTIOCHOS MÉGAS
ANTIPALUDÉENNE
ANTIPARASITANT
ANTIPERSPIRANT
ANTIRELIGIEUSE
ANTI-SOUS-MARINE
ANTI-SOUS-MARINS
ANTISOVIÉTIQUE
ANTISYMÉTRIQUE
ANTITERRORISTE
ANTITHYROÏDIEN
ANTIVARIOLIQUE
ANTIVÉNÉRIENNE
ANTOINE LE GRAND
ANTONIN LE PIEUX
APPAREILLEMENT

APPENDICULAIRE
APPESANTISSANT
APPLAUDISSEUSE
APPRÉCIABILITÉ
APPRIVOISEMENT
APPROVISIONNÉE
APPROVISIONNER
ARABIE SAOUDITE
ARABO-ISLAMIQUE
ARBITRAIREMENT
ARBORICULTRICE
ARCHÉOBACTÉRIE
ARCHICHLAMYDÉE
ARCHICONFRÉRIE
ARCHIÉPISCOPAL
ARCHIÉPISCOPAT
ARCHITECTURALE
ARCHITECTURANT
ARCHITECTURAUX
ARCS-BOUTEMENTS
À REBROUSSE-POIL
ARGENTEUILLAIS
ARGUMENTATRICE
ARISTOCRATIQUE
ARISTOCRATISME
ARISTOTÉLICIEN
ARNAC-POMPADOUR
ARPAJON-SUR-CÈRE
ARRAISONNEMENT
ARRIÈRE-CHŒURS
ARRIÈRE-COUSINE
ARRIÈRE-COUSINS
ARRIÈRE-CUISINE
ARRIÈRE-PENSÉES
ARRIÈRE-SAISONS
ARRIÈRE-VASSAUX
ARRONDISSEMENT
ARTÉRIOGRAPHIE
ARTISANALEMENT
ARTISTIQUEMENT
ASCENSIONNELLE
ASPIRO-BATTEURS
ASSAINISSEMENT
ASSAISONNEMENT
ASSERMENTATION
ASSERVISSEMENT
ASSOUPISSEMENT
ASSOURDISSANTE
ASSOUVISSEMENT
ASSUJETTISSANT
ASTROPHYSICIEN
ASTUCIEUSEMENT
ASYMPTOMATIQUE
ATHÉROSCLÉROSE
À TOUT BERZINGUE
ATTENDRISSANTE
ATTERRISSEMENT
ATTIÉDISSEMENT
ATTRAPE-MOUCHES
ATTRAPE-NIGAUDS
AUBIGNY-SUR-NÈRE
AUDACIEUSEMENT
AUDINCOURTOISE
AUDIOFRÉQUENCE
AUDIONUMÉRIQUE
AU FUR ET À MESURE
AULNAY-SOUS-BOIS
AUSTRO-HONGROIS
AUSTRO-HONGROIS
AUSTRONÉSIENNE
AUTOACCUSATEUR
AUTOACCUSATION
AUTOBIOGRAPHIE
AUTOCASTRATION
AUTOCONDUCTION
AUTOCORRECTION
AUTOCOUCHETTES
AUTODIRECTRICE
AUTODISCIPLINE
AUTOÉLÉVATRICE
AUTOEXCITATEUR
AUTO-INDUCTANCE
AUTO-INDUCTIONS
AUTOLIMITATION
AUTOLUBRIFIANT
AUTOMATICIENNE
AUTOMATISATION
AUTOMÉDICATION
AUTOMUTILATION
AUTONETTOYANTE
AUTONOMISATION
AUTO-PATROUILLE
AUTOPROCLAMANT
AUTOPROPULSEUR
AUTOPROPULSION
AUTORÉGULATEUR
AUTORÉGULATION
AUTO-STOPPEUSES
AUTOSUFFISANCE
AUTOSUFFISANTE
AUTOSUGGESTION
AVANT-DERNIÈRES
AVANT-GARDISMES
AVANT-GARDISTES
AVANT-PREMIÈRES
AVESNES-LE-COMTE
AVIONS-CITERNES
AXIOMATISATION
AZERBAÏDJANAIS
AZERBAÏDJANAIS
AZIDOTHYMIDINE
BADE-WURTEMBERG
BAGNOLS-SUR-CÈZE
BAIN-DE-BRETAGNE

BALNÉOTHÉRAPIE
BALUCHITHÉRIUM
BANDES-ANNONCES
BANQUE MONDIALE
BANQUEROUTIÈRE
BANSKÁ BYSTRICA
BARBE-DE-CAPUCIN
BARCLAY DE TOLLY
BARRAGES-VOÛTES
BASSE-NORMANDIE
BASSE-TERRIENNE
BATEAUX-LAVOIRS
BATEAUX-MOUCHES
BATEAUX-PILOTES
BAUDELAIRIENNE
BEAT GENERATION
BEAULIEU-SUR-MER
BEAUREPAIROISE
BEAUSOLEILLOIS
BEAUVILLÉSOISE
BEAUVOIR-SUR-MER
BÉBÉ-ÉPROUVETTE
BEC-DE-PERROQUET
BELLEFEUILLOIS
BELLEGARDIENNE
BELLES-FAMILLES
BENOÎT DE NURSIE
BENZODIAZÉPINE
BERCENAY-EN-OTHE
BERLAIMONTOISE
BERNARD-L'ERMITE
BERNERIE-EN-RETZ
BERZÉLAVILLIEN
BÊTASTIMULANTE
BIBLIOTHÉCAIRE
BICULTURALISME
BIDIMENSIONNEL
BIHEBDOMADAIRE
BILATÉRALEMENT
BILLAUD-VARENNE
BIODÉGRADATION
BIOLUMINESCENT
BIOMOLÉCULAIRE
BIOSPÉLÉOLOGIE
BIOTECHNOLOGIE
BIPOLARISATION
BISCHWILLEROIS
BLANCHISSEMENT
BLANC-MESNILOIS
BLASPHÉMATOIRE
BLASPHÉMATRICE
BLENNORRAGIQUE
BLOCS-CYLINDRES
BOISBRIANNAISE
BOISGUILLEBERT
BOÎTES-BOISSONS
BONHEURS-DU-JOUR
BONNE-ESPÉRANCE
BONNÉTABLIENNE
BONNET-DE-PRÊTRE
BOPHUTHATSWANA
BOTHRIOCÉPHALE
BOUCHE-À-OREILLE
BOUCHERVILLOIS
BOUCHES-DU-RHÔNE
BOUCOURECHLIEV
BOUGAINVILLIER
BOUG MÉRIDIONAL
BOUG OCCIDENTAL
BOUILLONNEMENT
BOULEVERSEMENT
BOULOGNE-SUR-MER
BOURBOURGEOISE
BOURGEOISEMENT
BOURGEONNEMENT
BOURGTHEROULDE
BOURSE-À-PASTEUR
BOURSOUFLEMENT
BOUTON-PRESSION
BOUTONS-D'ARGENT
BOUZONVILLOISE
BRABANT FLAMAND
BRACELET-MONTRE
BRAZZAVILLOISE
BREDOUILLEMENT
BREUIL-CERVINIA
BRICQUEBÉTAISE
BRIDES-LES-BAINS
BRILLAT-SAVARIN
BRITISH AIRWAYS
BRONCHIECTASIE
BROUSSAILLEUSE
BRÛLE-POURPOINT
BUCCO-DENTAIRES
BUCCO-GÉNITALES
BUENOS-AIRIENNE
BUREAUCRATIQUE
BUREAUCRATISÉE
BUREAUCRATISER
BUREAUTICIENNE
BURES-SUR-YVETTE
BUSINESSWOMANS
BYZANTINOLOGIE
BYZANTINOLOGUE
CÂBLO-OPÉRATEUR
CABRERA INFANTE
CACHE-BRASSIÈRE
CACHE-POUSSIÈRE
CACHE-RADIATEUR
CALIDIFONTAINE
CALLIGRAPHIANT
CALLIGRAPHIQUE
CALORIMÉTRIQUE
CALUIRE-ET-CUIRE

CANCÉROLOGIQUE
CAOUTCHOUTEUSE
CAPBRETONNAISE
CAPESTERRIENNE
CAPILLICULTEUR
CAPILLICULTURE
CAPITALISATION
CAPITALISTIQUE
CAPSULES-CONGÉS
CARACTÉROLOGIE
CARAMBOUILLAGE
CARAMÉLISATION
CARBONBLANNAIS
CARCASSONNAISE
CARCINOMATEUSE
CARDIO-TRAINING
CARILLONNEMENT
CAROLINE DU NORD
CAROLOMACÉRIEN
CAROLORÉGIENNE
CARPENTRASSIEN
CARROZ-D'ARÂCHES
CARTELLISATION
CARTES-RÉPONSES
CARTIER-BRESSON
CARTILAGINEUSE
CARTOGRAPHIANT
CARTOGRAPHIQUE
CARTOMANCIENNE
CARTONS-FEUTRES
CARTONS-PAILLES
CARYOPHYLLACÉE
CASIMIR LE GRAND
CASSE-NOISETTES
CASSETTOTHÈQUE
CASTEL DEL MONTE
CASTEL GANDOLFO
CASTELNAUDAISE
CASTELNAU-LE-LEZ
CASTELNEUVOISE
CASTELNOVIENNE
CASTELROUSSINE
CASTELSALINOIS
CASTELSARRASIN
CASTILLONNAISE
CASTOR ET POLLUX
CASTRAMÉTATION
CASTRO Y BELLVÍS
CATADIOPTRIQUE
CATASTROPHIQUE
CATASTROPHISME
CATASTROPHISTE
CATÉGORISATION
CATHOLIQUEMENT
CAUCHEMARDEUSE
CAUDEBEC-EN-CAUX
CAUDEBECQUAISE
CAVAILLONNAISE
CELLES-SUR-BELLE
CÉNESTHOPATHIE
CENTRAFRICAINE
CENTRAFRICAINE
CENTRALISATEUR
CENTRALISATION
CENTRAMÉRICAIN
CENTRAMÉRICAIN
CENTRE-DU-QUÉBEC
CENTRIFUGATION
CÉPHALOSPORINE
CÉRÉALICULTURE
CÉRÉBRO-SPINALE
CÉRÉBRO-SPINAUX
CHABRA AL-KHAYMA
CHALAND-CITERNE
CHALCOLITHIQUE
CHALLES-LES-EAUX
CHALON-SUR-SAÔNE
CHAMPAGNOLAISE
CHAMPIGNEULLES
CHAMPS-SUR-MARNE
CHANTONNAISIEN
CHANTOURNEMENT
CHAPTALISATION
CHARADRIIFORME
CHARENTONNAISE
CHARITABLEMENT
CHARLATANESQUE
CHARLES GARNIER
CHARLES GUSTAVE
CHARLES LE GRAND
CHARLES LE NOBLE
CHARTES-PARTIES
CHASSE-GOUPILLE
CHASSÉS-CROISÉS
CHÂSSIS-PRESSES
CHÂTEAU-D'OLONNE
CHÂTEAU-GONTIER
CHÂTEAULINOISE
CHÂTEAU-MARGAUX
CHÂTEAU-QUEYRAS
CHÂTEAU-RENAULT
CHÂTEAU-THIERRY
CHÂTENAISIENNE
CHÂTILLONNAISE
CHATOUILLEMENT
CHAUFFAILLONNE
CHAUFFE-BIBERON
CHAUSSE-TRAPPES
CHAUX-DE-FONNIER
CHEMIN DES DAMES
CHÉMORÉCEPTEUR
CHÈQUES-SERVICE
CHERBOURGEOISE
CHEVAUX-D'ARÇONS

CHEVEUX-DE-VÉNUS
CHICOUTIMIENNE
CHIMIOSYNTHÈSE
CHIMIOTACTISME
CHIMIOTHÉRAPIE
CHIROGRAPHAIRE
CHIROMANCIENNE
CHIROPRATICIEN
CHLOROPHYLLIEN
CHOLEM ALEICHEM
CHOLINESTÉRASE
CHONDROSARCOME
CHORÉGRAPHIANT
CHORÉGRAPHIQUE
CHRÉTIENNEMENT
CHRISTIANISANT
CHRISTIAN-JAQUE
CHROMATOGRAMME
CHRONOBIOLOGIE
CHRONOMÉTREUSE
CHRONOMÉTRIQUE
CINÉMATOGRAPHE
CINÉTHÉODOLITE
CINQUANTENAIRE
CINTEGABELLOIS
CIRCONLOCUTION
CIRCONSCRIVANT
CIRCONSPECTION
CIRCONSTANCIÉE
CIRCONSTANCIEL
CIRCONVOLUTION
CIRCULAIREMENT
CIUDAD TRUJILLO
CIUDAD VICTORIA
CLASSIFICATEUR
CLASSIFICATION
CLAUDE DE FRANCE
CLAUDIUS CAECUS
CLAUSTROPHOBIE
CLICHY-SOUS-BOIS
CLIMATOLOGIQUE
COBELLIGÉRANTE
COCONTRACTANTE
CODE THÉODOSIEN
CŒURS-DE-PIGEON
COHEN-TANNOUDJI
COLIN-MAILLARDS
COLLABORATRICE
COLLECTIONNANT
COLLECTIONNEUR
COLLECTIONNITE
COLLECTIVEMENT
COLLECTIVISANT
COLLÉGIALEMENT
COLLOT D'HERBOIS
COLOCALISATION
COMBUSTIBILITÉ
COMMERCIALISÉE
COMMERCIALISER
COMMISSIONNANT
COMMUNICATRICE
COMPAGNONNIQUE
COMPARTIMENTÉE
COMPARTIMENTER
COMPLAISAMMENT
COMPLÉMENTAIRE
COMPLIMENTEUSE
COMPORTEMENTAL
COMPRÉHENSIBLE
COMPROMETTANTE
COMPROMISSOIRE
COMPTABILISANT
COMPTES CHÈQUES
COMPTON-BURNETT
CONCÉLÉBRATION
CONCEPTUALISÉE
CONCEPTUALISER
CONCEPTUALISME
CONCHES-EN-OUCHE
CONCRÉTISATION
CONDESCENDANCE
CONDESCENDANTE
CONDITIONNELLE
CONDUCTIBILITÉ
CONFECTIONNANT
CONFECTIONNEUR
CONFESSIONNAUX
CONFIDENTIELLE
CONFRATERNELLE
CONFUSIONNELLE
CONFUSIONNISME
CONGESTIONNANT
CONGLOMÉRATION
CONJONCTURELLE
CONJONCTURISTE
CONON DE BÉTHUNE
CONQUISTADORES
CONSCIENCIEUSE
CONSCIENTISANT
CONSTANTINESCU
CONSTANTINOISE
CONSTANTINOPLE
CONSUBSTANTIEL
CONTAINÉRISANT
CONTEMPLATRICE
CONTENEURISANT
CONTEXTUALISER
CONTINENTALITÉ
CONTORSIONNANT
CONTRACTUALISÉ
CONTRADICTOIRE
CONTRAIREMENT À
CONTRAPONTISTE
CONTRAPUNTIQUE

14

CONTRAPUNTISTE
CONTRAROTATIVE
CONTRE-ATTAQUÉE
CONTRE-ATTAQUER
CONTRE-ATTAQUES
CONTRE-ATTAQUÉS
CONTREBALANCÉE
CONTREBALANCER
CONTREBANDIÈRE
CONTREBASSISTE
CONTREBATTERIE
CONTRE-BRAQUANT
CONTRE-BRAQUÉES
CONTREBUTEMENT
CONTRE-COURANTS
CONTRE-CULTURES
CONTRE-ENQUÊTES
CONTRE-ÉPREUVES
CONTRE-ESPALIER
CONTRE-EXEMPLES
CONTREFACTRICE
CONTRE-FENÊTRES
CONTRE-HERMINES
CONTRE-INDIQUÉE
CONTRE-INDIQUER
CONTRE-INDIQUÉS
CONTRE-LA-MONTRE
CONTREMARQUANT
CONTREPLAQUANT
CONTRE-PLONGÉES
CONTRE-POUVOIRS
CONTRE-SOCIÉTÉS
CONTRÔLABILITÉ
CONTROLATÉRALE
CONTROLATÉRAUX
CONTROVERSABLE
CONTROVERSISTE
CONVENABLEMENT
CONVENTIONNANT
CONVERTIBILITÉ
CONVULSIONNANT
CONVULSIVEMENT
COORDONNATRICE
COPARTICIPANTE
COPROPRIÉTAIRE
COQUILHATVILLE
CORNELIUS NEPOS
CORNOUAILLAISE
CORONAROPATHIE
CORPORELLEMENT
CORRÉLATIONNEL
CORRESPONDANCE
CORRESPONDANTE
COSMOGRAPHIQUE
COSMOPOLITISME
COSTARMORICAIN
CÔTE DES PIRATES

COUDEKERQUOISE
COUPONS-RÉPONSE
COURAGEUSEMENT
COURCOURONNAIS
COURT-CIRCUITÉE
COURT-CIRCUITER
COURT-CIRCUITÉS
COURT-COURRIERS
COURTS-CIRCUITS
COURTS-MÉTRAGES
COWANSVILLOISE
CRANACH L'ANCIEN
CRANACH LE JEUNE
CRANS-SUR-SIERRE
CRAPULEUSEMENT
CRAYONS-FEUTRES
CRÉPICORDIENNE
CRIMINELLEMENT
CRIMINOLOGISTE
CRISTALLISABLE
CRISTALLISANTE
CRISTES-MARINES
CROISSANT-ROUGE
CROQUE-MITAINES
CROQUE-MONSIEUR
CROQUIGNOLETTE
CROSS-COUNTRIES
CRYOCONDUCTEUR
CULPABILISANTE
CULTURELLEMENT
CUMULATIVEMENT
CUPROALUMINIUM
CYCLOMOTORISTE
CYTODIAGNOSTIC
DACTYLOGRAPHIE
DACTYLOGRAPHIÉ
DAGUERRÉOTYPIE
DAMMARIE-LES-LYS
DANGEREUSEMENT
DANTE ALIGHIERI
DAPHNIS ET CHLOÉ
DÉBARBOUILLAGE
DÉBARBOUILLANT
DÉBONNAIREMENT
DÉBOULONNEMENT
DE BRIC ET DE BROC
DÉBROUSSAILLÉE
DÉBROUSSAILLER
DÉCAPITALISANT
DÉCAPUCHONNANT
DÉCASYLLABIQUE
DÉCAVAILLONNÉE
DÉCAVAILLONNER
DECAZEVILLOISE
DÉCENTRALISANT
DÉCHAPERONNANT
DÉCHRISTIANISÉ

DÉCIMALISATION
DÉCOLLECTIVISÉ
DÉCOLONISATION
DÉCOMPENSATION
DÉCONDITIONNÉE
DÉCONDITIONNER
DÉCONGESTIONNÉ
DÉCONSTRUCTION
DÉCONSTRUISANT
DÉCONTENANÇANT
DÉCONVENTIONNÉ
DÉCRÉDIBILISÉE
DÉCRÉDIBILISER
DÉCRIMINALISÉE
DÉCRIMINALISER
DÉCROCHEZ-MOI-ÇA
DÉCULPABILISÉE
DÉCULPABILISER
DÉDIFFÉRENCIÉE
DÉDIFFÉRENCIER
DÉFENESTRATION
DÉFIBRILLATEUR
DÉFIBRILLATION
DÉFINITIVEMENT
DÉFLATIONNISTE
DÉFRAÎCHISSANT
DÉGAUCHISSEUSE
DÉGÉNÉRESCENCE
DÉICUSTODIENNE
DÉLICIEUSEMENT
DELLA FRANCESCA
DELLA SCALIGERI
DÉLOCALISATION
DÉMATÉRIALISÉE
DÉMATÉRIALISER
DÉMÉDICALISANT
DÉMÉTRIOS SÔTER
DEMI-BOUTEILLES
DEMI-FINALISTES
DÉMILITARISANT
DÉMINÉRALISANT
DÉMISSIONNAIRE
DÉMOBILISATEUR
DÉMOBILISATION
DÉMONSTRATRICE
DÉMONTRABILITÉ
DÉMORALISATEUR
DÉMORALISATION
DÉMOUSTICATION
DÉMULTIPLEXAGE
DÉMULTIPLEXANT
DÉNASALISATION
DÉNATIONALISÉE
DÉNATIONALISER
DÉNATURALISANT
DÉNAZIFICATION
DÉNÉBULISATION
DÉNICOTINISANT
DÉNICOTINISEUR
DENIS LE LIBÉRAL
DENTUROLOGISTE
DÉNUCLÉARISANT
DÉPARTEMENTALE
DÉPARTEMENTAUX
DÉPÉNALISATION
DÉPERSONNALISÉ
DÉPIGMENTATION
DÉPLAFONNEMENT
DÉPLORABLEMENT
DÉPOLARISATION
DÉPOLITISATION
DÉPRESSURISANT
DÉRÉGLEMENTANT
DERMATOLOGIQUE
DERMATOMYOSITE
DERMOGRAPHISME
DÉSACCOUTUMANT
DÉSAFFECTATION
DÉSAIMANTATION
DÉSAISONNALISÉ
DÉSAMBIGUÏSANT
DÉSAPPROBATEUR
DÉSAPPROBATION
DÉSASSORTIMENT
DÉSAVANTAGEANT
DÉSAVANTAGEUSE
DÉSEMBOUTEILLÉ
DÉSENCADREMENT
DÉSENCLAVEMENT
DÉSENDETTEMENT
DÉSENSABLEMENT
DÉSENSIBILISÉE
DÉSENSIBILISER
DÉSENSORCELANT
DÉSENTORTILLÉE
DÉSENTORTILLER
DÉSENVELOPPANT
DÉSÉQUILIBRANT
DÉSHUMANISANTE
DÉSHUMIDIFIANT
DÉSHYDRATATION
DÉSHYDROGÉNANT
DÉSIDÉRABILITÉ
DÉSILLUSIONNÉE
DÉSILLUSIONNER
DÉSINCARCÉRANT
DÉSINCRUSTANTE
DÉSINFORMATEUR
DÉSINFORMATION
DÉSINSECTISANT
DÉSINTÉGRATION
DÉSINTÉRESSANT
DÉSINTOXIQUANT
DÉSOBSTRUCTION

DÉSOLIDARISANT
DÉSORIENTATION
DÉSOXYGÉNATION
DESPOTIQUEMENT
DESSOUS-DE-TABLE
DÉSTABILISANTE
DESTUTT DE TRACY
DÉSYNCHRONISÉE
DÉSYNCHRONISER
DÉTESTABLEMENT
DEUTÉROSTOMIEN
DEUTSCHE BANK AG
DEUX-MONTAGNAIS
DÉVALORISATION
DÉVERROUILLAGE
DÉVERROUILLANT
DÉVIATIONNISME
DÉVIATIONNISTE
DÉVIRILISATION
DÉVITALISATION
DIABOLIQUEMENT
DIAGNOSTIQUANT
DIALECTICIENNE
DIAMÉTRALEMENT
DIAPHANOSCOPIE
DIATONIQUEMENT
DIDACTIQUEMENT
DIES ACADEMICUS
DIFFÉRENTIABLE
DIFFÉRENTIELLE
DIFFICULTUEUSE
DIFFUSIONNISME
DIFFUSIONNISTE
DIGITOPUNCTURE
DIMENSIONNELLE
DIMITRI DONSKOÏ
DINITROTOLUÈNE
DION DE SYRACUSE
DIPLOBLASTIQUE
DIRECTIONNELLE
DISCOGRAPHIQUE
DISCRIMINATION
DISCUTAILLEUSE
DISSIMULATRICE
DISSOCIABILITÉ
DISTRIBUTIVITÉ
DIVERTISSEMENT
DNIPROPETROVSK
DOCUMENTALISTE
DOCUMENTARISTE
DODÉCAPHONIQUE
DODÉCAPHONISME
DODÉCAPHONISTE
DOGMATIQUEMENT
DOLICHOCÉPHALE
DOLNÍ VESTONICE
DOMICILIATAIRE
DONAUESCHINGEN
DONS QUICHOTTES
DOPAMINERGIQUE
DOUBLE-CLIQUANT
DOUBLES-CROCHES
DOUBLES-RIDEAUX
DOUCEREUSEMENT
DOUCHY-LES-MINES
DOUÉ-LA-FONTAINE
DOUILLETTEMENT
DOUR-SHARROUKÊN
DRAMATIQUEMENT
DROSTE-HÜLSHOFF
DUBITATIVEMENT
DUBOIS DE CRANCÉ
DUMONT D'URVILLE
DUPETIT-THOUARS
DUPONT DE L'ÉTANG
DYNAMOMÉTRIQUE
ECCLÉSIASTIQUE
ÉCHANTILLONNÉE
ÉCHANTILLONNER
ÉCLABOUSSEMENT
ÉCOLOGIQUEMENT
ÉCONOMÉTRICIEN
ÉCONOMIQUEMENT
ÉCOTOXICOLOGIE
ÉCOUVILLONNANT
EDGAR AETHELING
ÉDIMBOURGEOISE
ÉDOUARD L'ANCIEN
EFFAROUCHEMENT
EFFROYABLEMENT
ÉLASTICIMÉTRIE
ÉLECTRIQUEMENT
ÉLECTRODIALYSE
ÉLECTROÉROSION
ÉLECTROFORMAGE
ÉLECTROLYSABLE
ÉLECTROLYTIQUE
ÉLECTROMÉNAGER
ÉLECTROMOTRICE
ÉLECTRONÉGATIF
ÉLECTRO-OSMOSES
ÉLECTROPHORÈSE
ÉLECTROPOSITIF
ÉLECTROTHERMIE
ÉLECTROVALENCE
ÉLIE DE BEAUMONT
ÉLISABETHVILLE
ELLIPTIQUEMENT
EL-MARSA EL-KEBIR
EMBARBOUILLANT
EMBELLISSEMENT
EMBERLIFICOTÉE
EMBERLIFICOTER
EMBOURGEOISANT

EMBROUILLAMINI
EMBROUILLEMENT
EMBROUSSAILLÉE
EMBROUSSAILLER
ÉMERVEILLEMENT
EMMAGASINEMENT
EMMAILLOTEMENT
EMMOUSCAILLANT
EMPHATIQUEMENT
EMPHYSÉMATEUSE
EMPIRE BYZANTIN
EMPOISONNEMENT
EMPRISONNEMENT
ENCANAILLEMENT
ENCAPUCHONNANT
ENCHÉRISSEMENT
ENCHEVÊTREMENT
ENCORBELLEMENT
ENCYCLOPÉDIQUE
ENCYCLOPÉDISME
ENCYCLOPÉDISTE
ENDÉMOÉPIDÉMIE
ENDIVISIONNANT
ENDOCRINOLOGIE
ENDOCRINOLOGUE
ENDOCTRINEMENT
ENDORMISSEMENT
ENDURCISSEMENT
ÉNERGÉTICIENNE
ENLAIDISSEMENT
ENNOBLISSEMENT
ENQUIQUINEMENT
ENREGISTREMENT
ENRICHISSEMENT
ENSOLEILLEMENT
ENSORCELLEMENT
ENTÉROBACTÉRIE
ENTHOUSIASMANT
ENTORTILLEMENT
ENTOURLOUPETTE
ENTR'APERCEVANT
ENTRAPERCEVANT
ENTR'APERCEVOIR
ENTRAPERCEVOIR
ENTRE-DÉCHIRANT
ENTRE-DÉCHIRÉES
ENTRÉES-SORTIES
ENTREPOSITAIRE
ENTRETOISEMENT
ÉPAISSISSEMENT
ÉPANOUISSEMENT
ÉPICONTINENTAL
ÉPIGRAMMATIQUE
ÉPINAY-SUR-SEINE
ÉPINES-VINETTES
ÉPISCOPALIENNE
ÉPISODIQUEMENT
ÉPLUCHE-LÉGUMES
ÉPOUSTOUFLANTE
ÉQUEURDREVILLE
ERCILLA Y ZÚÑIGA
ERGOCALCIFÉROL
ERGOTHÉRAPEUTE
ÉRYTHROCYTAIRE
ESCHATOLOGIQUE
ESCH-SUR-ALZETTE
ESTÉRIFICATION
ESTHÉTIQUEMENT
ESTIENNE D'ORVES
ÉTATS DE L'ÉGLISE
ÉTHÉRIFICATION
ETHNOCENTRIQUE
ETHNOCENTRISME
ETHNOGRAPHIQUE
ÉTIENNE BÁTHORY
ÉTIENNE DE BLOIS
ÉTIENNE LE GRAND
ÉTIENNE NEMANJA
ÉTOILES-D'ARGENT
ÉTOURDISSEMENT
ÉTRÉSILLONNANT
EURO-OBLIGATION
EUSTHENOPTERON
EUTROPHISATION
ÉVANGÉLISATEUR
ÉVANGÉLISATION
ÉVANOUISSEMENT
EVANS-PRITCHARD
ÉVÉNEMENTIELLE
ÉVENTUELLEMENT
ÉVOLUTIONNISME
ÉVOLUTIONNISTE
ÉVRY-PETIT-BOURG
EXCEPTIONNELLE
EXCRÉMENTIELLE
EXCURSIONNISTE
EXEMPLAIREMENT
EXHAUSTIVEMENT
EXPANSIONNISME
EXPANSIONNISTE
EXPÉDITIVEMENT
EXPRESSIVEMENT
EXTENSIONNELLE
EXTÉRIEUREMENT
EXTERMINATRICE
EXTRACONJUGALE
EXTRACONJUGAUX
EXTRAORDINAIRE
EXTRAPYRAMIDAL
EXTRASENSORIEL
EXTRATERRESTRE
EXTRÊME-ONCTION
FACÉTIEUSEMENT
FALSIFIABILITÉ

FALSIFICATRICE
FANFAN LA TULIPE
FAUVILLE-EN-CAUX
FAUX-FACTURIERS
FAUX-MONNAYEURS
FEIRA DE SANTANA
FERMENTESCIBLE
FERNEY-VOLTAIRE
FERROMANGANÈSE
FERROMOLYBDÈNE
FEUILLETONISTE
FIBRINOLYTIQUE
FIDUCIAIREMENT
FILTRES-PRESSES
FINANCIÈREMENT
FINLANDISATION
FINNBOGADÓTTIR
FINNO-OUGRIENNE
FINSTERAARHORN
FISCHER-DIESKAU
FLAMINGANTISME
FLAVIUS JOSÈPHE
FLEURIMONTOISE
FLUIDIFICATION
FLUVIOMÉTRIQUE
FŒTO-MATERNELS
FOLLES-BLANCHES
FONCTIONNALISÉ
FONCTIONNALITÉ
FONCTIONNARIAT
FONCTIONNARISÉ
FONCTIONNEMENT
FONTAINEBLEAUX
FONTENAISIENNE
FONTENAYSIENNE
FORÊTS-GALERIES
FORMIDABLEMENT
FORT LAUDERDALE
FORT-MAHON-PLAGE
FOSSATUSSIENNE
FOULQUES LE NOIR
FOURGONS-POMPES
FRACTIONNEMENT
FRANC-BOURGEOIS
FRANC-COMTOISES
FRANC-COMTOISES
FRANCHEVILLOIS
FRANCHISSEMENT
FRANCHOUILLARD
FRANCO-CANADIEN
FRANCO-CANADIEN
FRANCO-FRANÇAIS
FRANÇOIS BORGIA
FRANÇOIS-JOSEPH
FRANÇOIS XAVIER
FRANCONVILLOIS
FRANSQUILLONNÉ

FRATERNISATION
FRÉDÉRIC LE SAGE
FRÉNÉTIQUEMENT
FRÉQUENCEMÈTRE
FRESNOY-LE-GRAND
FREUDO-MARXISME
FROMENT-MEURICE
FRONTIGNANAISE
FROUFROUTEMENT
FRUCTIFICATION
FRUCTUEUSEMENT
FURIUS CAMILLUS
GAÉTAN DE THIENE
GAINES-CULOTTES
GALVANOPLASTIE
GAMMAGLOBULINE
GARCÍA CALDERÓN
GARDE-FRANÇAISE
GARDES-BARRIÈRE
GARDES-CHIOURME
GARDES-RIVIÈRES
GARGOUILLEMENT
GASTRO-ENTÉRITE
GAULE CISALPINE
GÉMISTE PLÉTHON
GÉNÉRALISATEUR
GÉNÉRALISATION
GÉNITO-URINAIRE
GENTILHOMMIÈRE
GENTLEMAN-RIDER
GÉOCHRONOLOGIE
GÉOLOGIQUEMENT
GÉOMÉTRISATION
GÉOMORPHOLOGIE
GÉOMORPHOLOGUE
GÉOPHYSICIENNE
GÉOSTATISTIQUE
GÉOSTRATÉGIQUE
GÉOTHERMOMÈTRE
GERAARDSBERGEN
GERMANOPRATINE
GEWURZTRAMINER
GILLOCRUCIENNE
GIOVANNI PISANO
GIRAUD-SOULAVIE
GIRODET-TRIOSON
GLOBALISATRICE
GLORIFICATRICE
GÓMEZ DE LA SERNA
GONADOTROPHINE
GONFREVILLAISE
GÓNGORA Y ARGOTE
GORDIEN LE PIEUX
GOUVERNEMENTAL
GOYA Y LUCIENTES
GRAMMATICALITÉ
GRAND-ANGULAIRE

GRANDE BARRIÈRE
GRANDE-DUCHESSE
GRANDE MURAILLE
GRANDE-ROQUETTE
GRANDES PLAINES
GRANDES ROUSSES
GRANDILOQUENCE
GRANDILOQUENTE
GRAND-SYNTHOISE
GRAPHITISATION
GRASSOUILLETTE
GRAVITATIONNEL
GREENFIELD PARK
GRÉOUX-LES-BAINS
GRIMMELSHAUSEN
GROUPUSCULAIRE
GUADELOUPÉENNE
GUADELOUPÉENNE
GUEBWILLEROISE
GUI DE DAMPIERRE
GUILLAUME DE TYR
GUSTAVE ADOLPHE
GUYON DU CHESNOY
GYROMAGNÉTIQUE
HABITUELLEMENT
HAGIOGRAPHIQUE
HAGONDANGEOISE
HALLSTATTIENNE
HALLUCINATOIRE
HARALD HÅRDRÅDE
HARALD HÅRFAGER
HARMONIQUEMENT
HAROUN AL-RACHID
HARTMANN VON AUE
HARUNOBU SUZUKI
HASDRUBAL BARCA
HAUBOURDINOISE
HAUSSMANNIENNE
HAUT-DE-CHAUSSES
HAUTE-NORMANDIE
HAUTES-PYRÉNÉES
HAUT-GARONNAISE
HAUTS-DE-CHAUSSE
HAUTS-FOURNEAUX
HAZEBROUCKOISE
HÉBOÏDOPHRÉNIE
HÉCATÉE DE MILET
HEILLECOURTOIS
HEIST-OP-DEN-BERG
HÉLICICULTRICE
HÉLIOCENTRIQUE
HÉLIOCENTRISME
HÉLIOSYNCHRONE
HÉLITRANSPORTÉ
HÉLITREUILLAGE
HÉLITREUILLANT
HEMEL HEMPSTEAD
HÉMOCHROMATOSE
HÉMOGLOBINURIE
HENDÉCASYLLABE
HENLEY-ON-THAMES
HENRI BEAUCLERC
HENRI LE BOITEUX
HENRI LE MALADIF
HENRI L'OISELEUR
HÉPATOPANCRÉAS
HERBES-AUX-CHATS
HERMAPHRODISME
HERMÉTIQUEMENT
HERPÉTOLOGIQUE
HERPÉTOLOGISTE
HERRERA LE JEUNE
HERRERA LE VIEUX
HÉTÉROCYCLIQUE
HÉTÉROMÉTABOLE
HÉTÉROPROTÉINE
HÉTÉROSEXUELLE
HIÉRATIQUEMENT
HIÉROGLYPHIQUE
HILAIREMONTAIS
HISTORIOGRAPHE
HISTORIQUEMENT
HÔ CHI MINH-VILLE
HOLBEIN LE JEUNE
HOLLYWOODIENNE
HOLOCRISTALLIN
HOLOPHRASTIQUE
HOMÉOMORPHISME
HOMME-ORCHESTRE
HORATIUS COCLES
HUMIDIFICATEUR
HUMIDIFICATION
HUON DE BORDEAUX
HYDRAULICIENNE
HYDROCARBONATE
HYDROCORTISONE
HYDRODYNAMIQUE
HYDROGRAPHIQUE
HYDROMÉCANIQUE
HYPERÉMOTIVITÉ
HYPERFRÉQUENCE
HYPERINFLATION
HYPERLIPIDÉMIE
HYPERTHYROÏDIE
HYPERTROPHIANT
HYPERTROPHIQUE
HYPOCONDRIAQUE
HYPOCORISTIQUE
HYPOCYCLOÏDALE
HYPOCYCLOÏDAUX
HYPOGLYCÉMIANT
HYPOTHALAMIQUE
HYPOVITAMINOSE
HYSTÉROGRAPHIE

IAROSLAV LE SAGE
ICONOGRAPHIQUE
IDENTIFICATEUR
IDENTIFICATION
IEKATERINBOURG
IGNACE DE LOYOLA
ILHA DO PRÍNCIPE
ILLÉGITIMEMENT
ILLIERS-COMBRAY
IMMOBILISATION
IMMUNODÉPRIMÉE
IMMUNOTHÉRAPIE
IMPARFAITEMENT
IMPARTIALEMENT
IMPASSIBLEMENT
IMPECCABLEMENT
IMPÉRATIVEMENT
IMPÉRIEUSEMENT
IMPERMÉABILISÉ
IMPERMÉABILITÉ
IMPERSONNALITÉ
IMPÉTUEUSEMENT
IMPLACABLEMENT
IMPORTS-EXPORTS
IMPRESSIONNANT
IMPRODUCTIVITÉ
IMPROVISATRICE
INALIÉNABILITÉ
INALTÉRABILITÉ
INAUTHENTICITÉ
INCOERCIBILITÉ
INCOMMUNICABLE
INCOMPLÈTEMENT
INCOMPRÉHENSIF
INCOMPRESSIBLE
INCONDITIONNÉE
INCONDITIONNEL
INCONNAISSABLE
INCONSCIEMMENT
INCONTOURNABLE
INCOORDINATION
INCORRECTEMENT
INCRÉMENTIELLE
INCROYABLEMENT
INDÉCHIFFRABLE
INDÉCOMPOSABLE
INDÉFINISSABLE
INDÉNIABLEMENT
INDÉPENDAMMENT
INDESCRIPTIBLE
INDESTRUCTIBLE
INDÉTERMINABLE
INDÉTERMINISME
INDIFFÉREMMENT
INDIFFÉRENCIÉE
INDISCRÈTEMENT
INDIVIDUALISÉE
INDIVIDUALISER
INDIVIDUALISME
INDIVIDUALISTE
INDIVISIBILITÉ
INDO-EUROPÉENNE
INDO-EUROPÉENNE
INDO-GANGÉTIQUE
INDOLE-ACÉTIQUE
INDUSTRIALISÉE
INDUSTRIALISER
INDUSTRIALISME
INEFFICACEMENT
INÉLUCTABILITÉ
INÉVITABLEMENT
INEXCITABILITÉ
INEXORABLEMENT
INEXPÉRIMENTÉE
INFAILLIBILITÉ
INFANTILISANTE
INFÉRIEUREMENT
INFINITÉSIMALE
INFINITÉSIMAUX
INFLAMMABILITÉ
INFLATIONNISTE
INFLEXIBLEMENT
INFORMATIONNEL
INFORMATISABLE
INFRALIMINAIRE
INFRASTRUCTURE
INFRÉQUENTABLE
INGÉNIEUSEMENT
INHALOTHÉRAPIE
INHOSPITALIÈRE
ININTELLIGENCE
ININTELLIGENTE
ININTELLIGIBLE
ININTÉRESSANTE
INITIALISATION
INJURIEUSEMENT
INLASSABLEMENT
INOPPOSABILITÉ
INORGANISATION
INQUISITORIALE
INQUISITORIAUX
INSATIABLEMENT
INSATISFACTION
INSATISFAISANT
INSENSIBILISÉE
INSENSIBILISER
INSENSIBLEMENT
INSIDIEUSEMENT
INSOLUBILISANT
INSONORISATION
INSOUPÇONNABLE
INSTANTANÉMENT
INSTITUTIONNEL
INSTRUMENTAIRE

INSTRUMENTISTE
INSUFFISAMMENT
INTELLECTUELLE
INTELLIGEMMENT
INTELLIGENTSIA
INTENSIONNELLE
INTENTIONNELLE
INTERACTIONNEL
INTERAFRICAINE
INTERALLEMANDE
INTERAMÉRICAIN
INTERCOMMUNALE
INTERCOMMUNAUX
INTERCONNECTÉE
INTERCONNECTER
INTERCONNEXION
INTERDÉPENDANT
INTERFÉRENTIEL
INTERFÉROMÈTRE
INTERGLACIAIRE
INTÉRIEUREMENT
INTERLOCUTOIRE
INTERLOCUTRICE
INTERMÉDIATION
INTERNATIONALE
INTERNATIONALE
INTERNATIONAUX
INTEROCÉANIQUE
INTERPELLATEUR
INTERPELLATION
INTERPÉNÉTRANT
INTERPERSONNEL
INTERPRÉTARIAT
INTERPRÉTATION
INTERPRÉTATIVE
INTERRÉGIONALE
INTERRÉGIONAUX
INTERROGATOIRE
INTERROGATRICE
INTERRO-NÉGATIF
INTERSTELLAIRE
INTERSTITIELLE
INTERSUBJECTIF
INTERSYNDICALE
INTERSYNDICAUX
INTERTEXTUELLE
INTERTROPICALE
INTERTROPICAUX
INTERVERTÉBRAL
INTERVOCALIQUE
INTRA-ATOMIQUES
INTRACARDIAQUE
INTRACRÂNIENNE
INTRANSIGEANCE
INTRANSIGEANTE
INTRANSITIVITÉ
INTRANUCLÉAIRE
INTUITIONNISME
INVARIABLEMENT
INVESTIGATRICE
INVESTISSEMENT
INVINCIBLEMENT
IRRATIONALISME
IRRATIONALISTE
IRRECEVABILITÉ
IRRÉFUTABILITÉ
IRRESPECTUEUSE
IRRÉVÉRENCIEUX
IRRÉVOCABILITÉ
ISOLATIONNISME
ISOLATIONNISTE
IVAN LE TERRIBLE
IVANO-FRANKIVSK
IVRY-LA-BATAILLE
IVUJIVIMMIUQUE
JACOPONE DA TODI
JACQUES BARADAÏ
JACQUES BARADÉE
JACQUES LE JUSTE
JALAPA ENRÍQUEZ
JAQUES-DALCROZE
JEAN DE MONTFORT
JEAN LE POSTHUME
JEANNE DE FRANCE
JEANNE DE VALOIS
JEAN PALÉOLOGUE
JE-M'EN-FICHISMES
JE-M'EN-FICHISTES
JE-M'EN-FOUTISMES
JE-M'EN-FOUTISTES
JOACHIM DE FLORE
JOSQUIN DES PRÉS
JOURNALISTIQUE
JUDAS ISCARIOTE
JUDÉO-ALLEMANDE
JUDÉO-ALLEMANDS
JUDÉO-CHRÉTIENS
JUDÉO-ESPAGNOLS
JUDICIEUSEMENT
JULIEN L'APOSTAT
JULIO-CLAUDIENS
JURIDICTIONNEL
JUSTIFICATRICE
KAISERSLAUTERN
KARADJORDJEVIC
KARSTIFICATION
KÉRATINISATION
KHATCHATOURIAN
KINÉSITHÉRAPIE
KINOSHITA JUNJI
KLOSTERNEUBURG
KONSTANTINOVKA
KOSTIANTYNIVKA
LABORIEUSEMENT

LACAZE-DUTHIERS
LACÉDÉMONIENNE
LACÉDÉMONIENNE
LA CHAUX-DE-FONDS
LA COLLE-SUR-LOUP
LACRIMA-CHRISTI
LA FERTÉ-BERNARD
LA FERTÉ-GAUCHER
LA GALISSONIÈRE
LAMBERSARTOISE
LAMELLÉS-COLLÉS
LAMELLIBRANCHE
LAMENTABLEMENT
LA MOTHE LE VAYER
LAMOTTE-BEUVRON
LA MOTTE-PICQUET
LANCE-ROQUETTES
LANCE-TORPILLES
LANEUVEVILLOIS
LANGUEDOCIENNE
LANGUEDOCIENNE
LANGUES-DE-BŒUF
LANGUES-DE-CHIEN
LANGUISSAMMENT
LARGENTIÉROISE
LARGO CABALLERO
LATÉRALISATION
LATÉRITISATION
LA TOUR MAUBOURG
LAURENTIDIENNE
LAURIERMONTOIS
LA VALETTE-DU-VAR
LAVELANÉTIENNE
LE BOURG-D'OISANS
LE BOURGET-DU-LAC
LECONTE DE LISLE
LEEWARD ISLANDS
LE GRAND-BORNAND
LÉONARD DE VINCI
LEUCOPOÏÉTIQUE
LEUZE-EN-HAINAUT
LEVALLOISIENNE
LE VERDON-SUR-MER
LEXICALISATION
LIBÉRALISATION
LIBÉRO-LIGNEUSE
LIBRES-ÉCHANGES
LIBRES-PENSEURS
LIBRES-SERVICES
LICINIUS STOLON
LIGNY-EN-BARROIS
L'ISLE-D'ESPAGNAC
LITHOGRAPHIANT
LITHOGRAPHIQUE
LITHOSPHÉRIQUE
LITTÉRAIREMENT
LOÈCHE-LES-BAINS
LOIS-PROGRAMMES
LONGJUMELLOISE
LONGUÉ-JUMELLES
LONGUENESSOISE
LONGUEUILLOISE
LÓPEZ DE MENDOZA
LORETTEVILLOIS
LORIOL-SUR-DRÔME
LOT-ET-GARONNAIS
LOUIS DE BAVIÈRE
LOUIS D'OUTREMER
LOUISE DE SAVOIE
LOUVECIENNOISE
LUDO-ÉDUCATIVES
LUXEMBOURGEOIS
LUXEMBOURGEOIS
LYOPHILISATION
MACAIRE D'ÉGYPTE
MACHADO DE ASSIS
MACHINES-OUTILS
MACROGLOBULINE
MACROGRAPHIQUE
MACRONUTRIMENT
MACROSTRUCTURE
MADAME ADÉLAÏDE
MADAME SANS-GÊNE
MAGISTRALEMENT
MAGNÉTOMOTRICE
MAGNÉTO-OPTIQUE
MAGNÉTOSCOPANT
MAGNIFIQUEMENT
MAGNUS ERIKSSON
MAHMUD DE GHAZNI
MAINTENONNAISE
MAÎTRE-CYLINDRE
MAÎTRE PATHELIN
MAÎTRES-À-DANSER
MAÎTRES-COUPLES
MALADROITEMENT
MALENCONTREUSE
MALHONNÊTEMENT
MALICIEUSEMENT
MALINTENTIONNÉ
MALLÉABILISANT
MALTHUSIANISME
MANDATS-LETTRES
MANUFACTURIÈRE
MANUTENTIONNÉE
MANUTENTIONNER
MARAIS POITEVIN
MARCQ-EN-BARŒUL
MARIÁNSKÉ LÁZNE
MARIE-CHRISTINE
MARIE DE MAGDALA
MARIE DE MÉDICIS
MARIE MADELEINE
MARIONNETTISTE

MARTEAUX-PILONS
MARTIN-CHASSEUR
MARTÍNEZ CAMPOS
MATÉRIELLEMENT
MATERNELLEMENT
MAVROKORDHÁTOS
MAXILLO-FACIALE
MAXILLO-FACIAUX
MAXIMALISATION
MÉCANOTHÉRAPIE
MÉCONNAISSABLE
MÉCONNAISSANCE
MÉCONTENTEMENT
MÉDECIN-CONSEIL
MÉDIATIQUEMENT
MÉDICALISATION
MÉDICAMENTEUSE
MEDICI-RICCARDI
MÉDICO-SOCIALES
MÉDICO-SPORTIFS
MÉDICO-SPORTIVE
MÉGALOMANIAQUE
MÉLODIEUSEMENT
MÉLODRAMATIQUE
MELOZZO DA FORLI
MÉNISCOGRAPHIE
MENSONGÈREMENT
MENSUALISATION
MÉPHISTOPHÉLÈS
MÉSO-AMÉRICAINE
MÉSO-AMÉRICAINS
MÉSOPOTAMIENNE
MÉSOPOTAMIENNE
MÉTAL-CARBONYLE
MÉTALLOCHROMIE
MÉTALLOGRAPHIE
MÉTAMORPHISANT
MÉTAMORPHOSANT
MÉTÉOROLOGIQUE
MÉTÉOROLOGISTE
MÉTHÉMOGLOBINE
MÉTHODIQUEMENT
MÉTHODOLOGIQUE
MÉTROPOLITAINE
MICHEL L'IVROGNE
MICROBOUTURAGE
MICROBRASSERIE
MICROCHIRURGIE
MICROGLOBULINE
MICROGRAPHIQUE
MICROMÉCANIQUE
MICROMÉTÉORITE
MICRONUTRIMENT
MICRO-ORGANISME
MICROPESANTEUR
MICROPODIFORME
MICROSATELLITE
MICROS-CRAVATES
MICROSTRUCTURE
MICROTECHNIQUE
MICROVILLOSITÉ
MIES VAN DER ROHE
MILAN OBRENOVIC
MILITARISATION
MILLIVOLTMÈTRE
MILLY-LAMARTINE
MILON DE CROTONE
MILOS OBRENOVIC
MINÉRALISATEUR
MINÉRALISATION
MINIMALISATION
MINI-ORDINATEUR
MINUTIEUSEMENT
MISANTHROPIQUE
MISÉRICORDIEUX
MITHRIDATISANT
MIZOGUCHI KENJI
MNÉMOTECHNIQUE
MODERNISATRICE
MOISSY-CRAMAYEL
MOLÉCULE-GRAMME
MOLITG-LES-BAINS
MONDIALISATION
MONNAIES-DU-PAPE
MONOCHROMATEUR
MONOCOTYLÉDONE
MONOMÉTALLISME
MONOMÉTALLISTE
MONOPOLISATEUR
MONOPOLISATION
MONOPOLISTIQUE
MONOPROCESSEUR
MONOSACCHARIDE
MONOSYLLABIQUE
MONSU DESIDERIO
MONTAIGU-ZICHEM
MONTANA-VERMALA
MONTARVILLOISE
MONTATAIRIENNE
MONTBÉLIARDAIS
MONTBRISONNAIS
MONTCHANINOISE
MONT-DAUPHINOIS
MONTDIDÉRIENNE
MONTESSONNAISE
MONTGERONNAISE
MONTLOUISIENNE
MONTLUÇONNAISE
MONTPELLIÉRAIN
MONTRE-BRACELET
MONTREUILLOISE
MONTREVELLOISE
MORATÍN LE JEUNE
MORSANG-SUR-ORGE

MOTS-CROISISTES
MOUTON-DUVERNET
MOYEN-COURRIERS
MOYEN-ORIENTALE
MOYEN-ORIENTAUX
MOYENS-MÉTRAGES
MOYEUVRE-GRANDE
MULTIDIFFUSION
MULTIFONCTIONS
MULTILINGUISME
MULTINATIONALE
MULTINATIONAUX
MULTIPLICATEUR
MULTIPLICATION
MULTIPLICATIVE
MULTIPROGRAMMÉ
MULTIPROPRIÉTÉ
MULTITUBULAIRE
MULTIVIBRATEUR
MUNICIPALISANT
MUSICOTHÉRAPIE
MYSTIFICATRICE
MYTILICULTRICE
NABUCHODONOSOR
NABUCHODONOSOR
NÆVO-CARCINOME
NATURALISATION
NAVIRES-JUMEAUX
NÉCESSAIREMENT
NÉCROMANCIENNE
NÉERLANDOPHONE
NÉGRO-AFRICAINE
NÉGRO-AFRICAINS
NEGRO SPIRITUAL
NEISSE DE LUSACE
NÉMATHELMINTHE
NE-ME-TOUCHEZ-PAS
NÉO-CALÉDONIENS
NÉO-CALÉDONIENS
NÉOCLASSICISME
NÉOGRAMMAIRIEN
NÉOLIBÉRALISME
NÉOLITHISATION
NÉOPLASTICISME
NÉOPLATONICIEN
NÉOPOSITIVISME
NÉOPOSITIVISTE
NÉO-ZÉLANDAISES
NÉO-ZÉLANDAISES
NEUBRANDENBURG
NEURASTHÉNIQUE
NEUROCHIRURGIE
NEUROMÉDIATEUR
NEUROVÉGÉTATIF
NEUTRALISATION
NEW WESTMINSTER
NGUYÊN VAN THIÊU

NICARAGUAYENNE
NICARAGUAYENNE
NICOLAS LE GRAND
NIEDERBRONNAIS
NILO-SAHARIENNE
NITROCELLULOSE
NITROGLYCÉRINE
NIVO-GLACIAIRES
NOGENT-LE-ROTROU
NOGENT-SUR-MARNE
NOGENT-SUR-SEINE
NOMINALISATION
NOMINATIVEMENT
NON-ALIGNEMENTS
NON-ASSISTANCES
NON-BELLIGÉRANT
NON-COMBATTANTE
NON-COMBATTANTS
NON-COMPARANTES
NON-COMPARUTION
NON-CONCURRENCE
NON-CONFORMISME
NON-CONFORMISTE
NON-CONFORMITÉS
NON DESTRUCTIFS
NON DESTRUCTIVE
NON-DIRECTIVITÉ
NON EUCLIDIENNE
NON-FIGURATIONS
NON-FIGURATIVES
NON-JOUISSANCES
NON-SPÉCIALISTE
NORD-AFRICAINES
NORD-AFRICAINES
NORD-AMÉRICAINE
NORD-AMÉRICAINE
NORD-AMÉRICAINS
NORD-AMÉRICAINS
NORD-VIETNAMIEN
NORD-VIETNAMIEN
NORMALISATRICE
NORMANDIE-MAINE
NORTHUMBERLAND
NOUAKCHOTTOISE
NOUVEAU-MEXIQUE
NOUVELLE-ÉCOSSE
NOUVELLE-FRANCE
NOUVELLE-GUINÉE
NOUVELLE-ZEMBLE
NOVOTCHERKASSK
NUCLÉARISATION
NUCLÉOPROTÉIDE
NUCLÉOPROTÉINE
NUCLÉOSYNTHÈSE
NUES-PROPRIÉTÉS
NUMERUS CLAUSUS
NU-PROPRIÉTAIRE

NUR AL-DIN MAHMUD
NUTRITIONNELLE
NUTRITIONNISTE
OBSESSIONNELLE
OBSTÉTRICIENNE
OCCIDENTALISÉE
OCCIDENTALISER
OCCIDENTALISTE
OCTOSYLLABIQUE
OEHLENSCHLÄGER
ŒILS-DE-PERDRIX
OFFICIELLEMENT
OFFICIEUSEMENT
OISEAUX-MOUCHES
OLAV HARALDSSON
OLDENBARNEVELT
OLOF SKÖTKONUNG
OLUF HAAKONSSON
OMALIUS D'HALLOY
ONIROMANCIENNE
OPÉRAS-COMIQUES
OPÉRATIONNELLE
OPHTALMOMÉTRIE
OPHTALMOSCOPIE
OPISTHOBRANCHE
OPTIMALISATION
ORCHESTRATRICE
ORDONNANCEMENT
ORGANOLEPTIQUE
ORIGINAIREMENT
ORIGINELLEMENT
ORNITHOLOGIQUE
ORNITHOLOGISTE
ORTHOGRAPHIANT
ORTHOGRAPHIQUE
ORTHORHOMBIQUE
OSTENSIBLEMENT
OSTÉOCHONDRITE
OSTÉOCHONDROSE
OSTRÉICULTRICE
OTTOKAR PREMYSL
OUEST-ALLEMANDE
OUEST-ALLEMANDS
OURALO-ALTAÏQUE
OUTRAGEUSEMENT
OUVRE-BOUTEILLE
OXYDORÉDUCTASE
OXYDORÉDUCTION
OXYHÉMOGLOBINE
PAILLASSONNAGE
PAILLASSONNANT
PAILLES-EN-QUEUE
PALATALISATION
PALÉOBOTANIQUE
PALÉOGRAPHIQUE
PAMPLEMOUSSIER
PANAFRICANISME
PANCHROMATIQUE
PANTAGRUÉLIQUE
PAOLO VENEZIANO
PAPE-CARPANTIER
PAPIERS-FILTRES
PAPILLOMAVIRUS
PAPILLONNEMENT
PARADIGMATIQUE
PARADOXALEMENT
PARALITTÉRAIRE
PARAMAGNÉTIQUE
PARAMAGNÉTISME
PARAPÉTROLIÈRE
PARAPHRASTIQUE
PARATHYROÏDIEN
PARCELLARISANT
PARCELLISATION
PARE-ÉTINCELLES
PARENCHYMATEUX
PARENTIS-EN-BORN
PARESSEUSEMENT
PARISYLLABIQUE
PARKINSONIENNE
PARODONTOLOGIE
PARTHÉNOGENÈSE
PARTHÉNOPÉENNE
PARTICULARISÉE
PARTICULARISER
PARTICULARISME
PASCALS-SECONDE
PASSE-MONTAGNES
PASSE-TOUT-GRAIN
PASTEURISATION
PATERNELLEMENT
PATHÉTIQUEMENT
PAUL ET VIRGINIE
PAUSES-CARRIÈRE
PAVILLONS-NOIRS
PÉCUNIAIREMENT
PÉDOPSYCHIATRE
PEINTRE-GRAVEUR
PEISEY-NANCROIX
PÉJORATIVEMENT
PELLETIER-DOISY
PÉPIN DE HERSTAL
PERCE-MURAILLES
PERCEPTIBILITÉ
PÉREZ DE CUÉLLAR
PERFECTIBILITÉ
PERFECTIONNANT
PÉRILLEUSEMENT
PÉRIODIQUEMENT
PÉRIPATÉTICIEN
PÉRIPHRASTIQUE
PÉRISSODACTYLE
PÉRITÉLÉPHONIE
PÉRITÉLÉVISION

PERQUISITIONNÉ
PERSONNALISANT
PESTILENTIELLE
PETIT-BOURGEOIS
PETIT-DÉJEUNANT
PETITE-ROSSELLE
PÉTROGRAPHIQUE
PEUPLES DE LA MER
PHALLOCRATIQUE
PHARMACEUTIQUE
PHÉNOMÉNOLOGIE
PHÉNOMÉNOLOGUE
PHILHARMONIQUE
PHILIPPE DE LYON
PHILIPPE L'ARABE
PHILIPPE LE BEAU
PHILIPPE LE LONG
PHONÉTIQUEMENT
PHONOGRAPHIQUE
PHOSPHORESCENT
PHOTOCOMPOSANT
PHOTOCOMPOSEUR
PHOTOCOPILLAGE
PHOTOÉMETTRICE
PHOTOGRAPHIANT
PHOTOGRAPHIQUE
PHOTOMÉCANIQUE
PHOTORÉCEPTEUR
PHOTOREPORTAGE
PHOTORÉSISTANT
PHOTOSTOPPEUSE
PHOTOVOLTAÏQUE
PHYCOÉRYTHRINE
PHYLLOXÉRIENNE
PHYLOGÉNÉTIQUE
PHYSICO-CHIMIES
PHYSIOCRATIQUE
PHYSIOGNOMONIE
PHYSIOTHÉRAPIE
PHYTOPHARMACIE
PHYTOSANITAIRE
PIAZZA ARMERINA
PICTOGRAPHIQUE
PIEDS-D'ALOUETTE
PIERRE CANISIUS
PIERRE CÉLESTIN
PIERRE-DE-BRESSE
PIERRE MAUCLERC
PIERRE NOLASQUE
PINOCHET UGARTE
PIQUE-ASSIETTES
PIQUE-NIQUEUSES
PITHÉCANTHROPE
PLANCHE-CONTACT
PLAN-DE-CUQUOISE
PLANÉTAIREMENT
PLANIFICATRICE
PLANS-SÉQUENCES
PLAQUES-MODÈLES
PLASTIFICATION
PLATONIQUEMENT
PLEURNICHEMENT
PLOUTOCRATIQUE
PLURILINGUISME
PLURISÉCULAIRE
PLUS-QUE-PARFAIT
PLUVIOMÉTRIQUE
PNEUMALLERGÈNE
PNEUMONECTOMIE
POINTE-CLAIRAIS
POINTS-VIRGULES
POISSON-PARADIS
POISSONS-GLOBES
POIX-DE-PICARDIE
POLYMÉRISATION
POLYMÉTALLIQUE
POLYPEPTIDIQUE
POLYPLACOPHORE
POLYSACCHARIDE
POLYSYLLABIQUE
POLYTECHNICIEN
POLYTRANSFUSÉE
PONCTUELLEMENT
PONTAUDEMÉRIEN
PONTÉPISCOPIEN
PONTISSALIENNE
PONTRAMBERTOIS
PONTS-PROMENADE
POPULARISATION
POPULICULTRICE
PORNOGRAPHIQUE
PORPHYROGÉNÈTE
PORT-AU-PRINCIEN
PORT-DE-BOUCAINE
PORT-DES-BARQUES
PORTE-AIGUILLES
PORTE-BANNIÈRES
PORTE-BOUTEILLE
PORTE-BRANCARDS
PORTE-CIGARETTE
PORTE-DOCUMENTS
PORTE-ÉTENDARDS
PORTE-ÉTRIVIÈRE
PORTE-PARAPLUIE
PORTE-SERVIETTE
PORTES-FENÊTRES
PORT-LA-NOUVELLE
PORT-LOUISIENNE
PORT-SAINT-LOUIS
POSITIONNEMENT
POSTCOMBUSTION
POSTCOMMUNISME
POSTCOMMUNISTE
POSTINDUSTRIEL

POSTMODERNISME
POSTOPÉRATOIRE
POSTPRODUCTION
POSTROMANTIQUE
POTENTIALISANT
POUGUES-LES-EAUX
POURBUS L'ANCIEN
POURBUS LE JEUNE
POUSSETTE-CANNE
PRÉADOLESCENCE
PRÉADOLESCENTE
PRÉCAUTIONNANT
PRÉCAUTIONNEUX
PRÉCIPITAMMENT
PRÉCISIONNISME
PRÉCOLOMBIENNE
PRÉDÉLINQUANTE
PRÉDESTINATION
PRÉDÉTERMINANT
PRÉDICTIBILITÉ
PRÉDISPOSITION
PRÉÉLÉMENTAIRE
PRÉENREGISTRÉE
PRÉÉTABLISSANT
PRÉFABRICATION
PRÉFÉRABLEMENT
PRÉFÉRENTIELLE
PRÉFINANCEMENT
PRÉHISTORIENNE
PRÉINSCRIPTION
PRÉMENSTRUELLE
PRÉPOSITIONNEL
PRÉRAPHAÉLISME
PRESBYOPHRÉNIE
PRESBYTÉRIENNE
PRÉSÉLECTIONNÉ
PRÉSIDENTIABLE
PRÉSIDENTIELLE
PRESSE-RAQUETTE
PRESSURISATION
PRÉSUPPOSITION
PRÉTENSIONNEUR
PRETIUM DOLORIS
PRÉVARICATRICE
PRÉVENTIVEMENT
PRÉVISIONNELLE
PRÉVISIONNISTE
PRIMO-INFECTION
PRINCE-DE-GALLES
PRINCE-DE-GALLES
PRINCIPALEMENT
PRINTANISATION
PROBATIONNAIRE
PROCHE-ORIENTAL
PRODUCTIBILITÉ
PROGRAMMATIQUE
PROGRAMMATRICE
PROKOP LE CHAUVE
PROMOTIONNELLE
PRONOSTIQUEUSE
PRO-OCCIDENTALE
PRO-OCCIDENTAUX
PROPHYLACTIQUE
PROPORTIONNANT
PROPOSITIONNEL
PROPRIOCEPTIVE
PROSKOURIAKOFF
PROSPECTIVISTE
PROSTAGLANDINE
PROSTATECTOMIE
PROTÈGE-CAHIERS
PROTESTANTISME
PROTOHISTORIEN
PROTOPLASMIQUE
PROVIDENTIELLE
PROVINCES-UNIES
PROVINCIALISME
PROVISIONNELLE
PROVISOIREMENT
PSEUDOMEMBRANE
PSYCHANALYSANT
PSYCHIATRISANT
PSYCHOAFFECTIF
PSYCHOBIOLOGIE
PSYCHOCRITIQUE
PSYCHOLEPTIQUE
PSYCHOPHYSIQUE
PSYCHORIGIDITÉ
PSYCHOTHÉRAPIE
PTÉRIDOSPERMÉE
PUBLIREPORTAGE
PYROSULFURIQUE
PYROTECHNICIEN
QUADRAGÉSIMALE
QUADRAGÉSIMAUX
QUADRANGULAIRE
QUADRIRÉACTEUR
QUANTIFICATEUR
QUANTIFICATION
QUARTIER-MAÎTRE
QUATRE-FEUILLES
QUATRE-VINGT-DIX
QUENTIN DURWARD
QUESTIONNEMENT
QUEUES-DE-CHEVAL
QUEUES-DE-COCHON
QUEUES-DE-RENARD
QUINQUAGÉNAIRE
RACCOMMODEMENT
RACCOURCISSANT
RACHIANALGÉSIE
RACORNISSEMENT
RADCLIFFE-BROWN
RADICALISATION

RADIESTHÉSISTE
RADIOALTIMÈTRE
RADIOASTRONOME
RADIODIFFUSANT
RADIODIFFUSION
RADIOFRÉQUENCE
RADIOGRAPHIANT
RADIOGRAPHIQUE
RADIORÉCEPTEUR
RADIOREPORTAGE
RADIOTECHNIQUE
RADIOTÉLÉPHONE
RADIOTÉLESCOPE
RADIOTÉLÉVISÉE
RADOUCISSEMENT
RAFRAÎCHISSANT
RAJEUNISSEMENT
RALENTISSEMENT
RAMASSE-MIETTES
RAMOLLISSEMENT
RAVITAILLEMENT
RÉAPPARAISSANT
RÉASSORTISSANT
REBLANCHISSANT
REBONDISSEMENT
RECAPITALISANT
RÉCAPITULATION
RÉCAPITULATIVE
RÉCEPTIONNAIRE
RÉCEPTIONNISTE
RECHRISTIANISÉ
RÉCIPROQUEMENT
RECKLINGHAUSEN
RÉCLUSIONNAIRE
RECOMMANDATION
RECOMMENCEMENT
RÉCONCILIATION
RECONNAISSABLE
RECONNAISSANCE
RECONNAISSANTE
RECONSTITUANTE
RECONSTITUTION
RECONSTRUCTEUR
RECONSTRUCTION
RECONSTRUISANT
RÉCRIMINATRICE
RECRISTALLISÉE
RECRISTALLISER
RECROQUEVILLÉE
RECROQUEVILLER
RÉDACTIONNELLE
REDIMENSIONNÉE
REDIMENSIONNER
REDISTRIBUTION
REDOUTABLEMENT
RÉDUCTIONNISME
RÉENREGISTRANT

RÉFLÉCHISSANTE
RÉFRANGIBILITÉ
RÉGLEMENTATION
RÉGULARISATION
RÉHABILITATION
RÉIMPLANTATION
REINE-CHARLOTTE
REINE-ÉLISABETH
RÉINSCRIPTIBLE
RÉINSTALLATION
RÉINTRODUCTION
RÉINTRODUISANT
RÉINVESTISSANT
REJOINTOIEMENT
RELATIVISATION
RELIGIEUSEMENT
REMILITARISANT
RÉMIRE-MONTJOLY
REMPOISSONNANT
RENCHÉRISSEUSE
RENOUVELLEMENT
RENTABILISABLE
RÉORGANISATEUR
RÉORGANISATION
REPOSITIONNANT
REPRÉSENTATION
REPRÉSENTATIVE
REPROGRAPHIANT
RÉPUBLICANISME
RÉQUISITIONNÉE
RÉQUISITIONNER
RÉQUISITORIALE
RÉQUISITORIAUX
RESPECTABILISÉ
RESPECTABILITÉ
RESPECTIVEMENT
RESPLENDISSANT
RESPONSABILISÉ
RESPONSABILITÉ
RESSORTISSANTE
RESURCHAUFFANT
RESURCHAUFFEUR
RÉTABLISSEMENT
RETENTISSEMENT
RÉTRACTABILITÉ
RETRANSCRIVANT
RETRANSMETTANT
RETRANSMISSION
RÉTRÉCISSEMENT
RÉTROGRADATION
REVALORISATION
REVASCULARISÉE
REVASCULARISER
REVENDICATRICE
REVITALISATION
REVIVIFICATION
RÉVOLUTIONNANT

RHINO-PHARYNGÉE
RHINO-PHARYNGÉS
RHOMBENCÉPHALE
RHUMATOLOGIQUE
RHYNCHOCÉPHALE
RHYTHM AND BLUES
RICCI-CURBASTRO
RIGOUREUSEMENT
RILLIEUX-LA-PAPE
RIMSKI-KORSAKOV
RINCE-BOUTEILLE
RIO GRANDE DO SUL
ROBERT GUISCARD
ROBERT LE DIABLE
ROBINSON CRUSOÉ
ROCHE-LA-MOLIÈRE
ROCHE-RÉSERVOIR
ROCHES-MAGASINS
ROISSY-EN-FRANCE
ROMAIN LÉCAPÈNE
ROMANS-SUR-ISÈRE
ROMARIMONTAINE
ROMORANTINAISE
ROSTOV-SUR-LE-DON
ROUGON-MACQUART
ROUSSILLONNAIS
ROUSSILLONNAIS
RUEIL-MALMAISON
SABLÉ-SUR-SARTHE
SACCHARIMÉTRIE
SACRIFICATRICE
SADIQUES-ANALES
SADOMASOCHISME
SADOMASOCHISTE
SAINS-EN-GOHELLE
SAINT-AGNANTAIS
SAINT-AMANDOISE
SAINT-BERTHEVIN
SAINT-CHAMONAIS
SAINT-CYRIENNES
SAINT-CYR-L'ÉCOLE
SAINT-CYR-SUR-MER
SAINT-DOULCHARD
SAINTE-ALLIANCE
SAINTE-CHAPELLE
SAINTE-MARIENNE
SAINTE-NITOUCHE
SAINTE-ROSIENNE
SAINTE-SIGOLÈNE
SAINTE-VICTOIRE
SAINT-FLORENTIN
SAINT-FLORENTIN
SAINT-GAUDINOIS
SAINT-GERMANOIS
SAINT-GERVELAIN
SAINT-GERVOLAIN
SAINT-GIRONNAIS
SAINT-HIPPOLYTE
SAINT-HYACINTHE
SAINT-JEAN-D'ACRE
SAINT-JEAN-DE-LUZ
SAINT-JEANNAISE
SAINT-JOHN PERSE
SAINT-MANDÉENNE
SAINT-MARCELLIN
SAINT-MARCELLIN
SAINT-MARINAISE
SAINT-MARTINOIS
SAINT-MAURIENNE
SAINT-ORENNAISE
SAINT-PALAISIEN
SAINT-POL-DE-LÉON
SAINT-POLITAINE
SAINT-POL-SUR-MER
SAINT-PORCHAIRE
SAINT-SACREMENT
SAINT-SÉBASTIEN
SAINT-SIMONIENS
SAINT-SIMONISME
SAINT-THÉGONNEC
SALIDIURÉTIQUE
SALINS-LES-BAINS
SALMONICULTURE
SALTATIONNISME
SANCTIFICATEUR
SANCTIFICATION
SAN JUAN DE PASTO
SAÔNE-ET-LOIRIEN
SAPERLIPOPETTE
SAPONIFICATION
SARDONIQUEMENT
SARLAT-LA-CANÉDA
SARRALBIGEOISE
SARREBOURGEOIS
SARREGUEMINOIS
SARTROUVILLOIS
SATIRE MÉNIPPÉE
SAUVETERRIENNE
SAVIGNY-SUR-ORGE
SAVOUREUSEMENT
SCAPULO-HUMÉRAL
SCEAU-DE-SALOMON
SCÉNOGRAPHIQUE
SCHAFFHOUSOISE
SCHÉMATISATION
SCHISTOSOMIASE
SCHLEIERMACHER
SCHOLA CANTORUM
SCIENCE-FICTION
SCIPION ÉMILIEN
SCLÉROPROTÉINE
SCLÉROTHÉRAPIE
SCRIBOUILLEUSE
SCROFULARIACÉE

SÉCESSIONNISTE
SECONDAIREMENT
SÉCULARISATION
SÉDIMENTOLOGIE
SÉDIMENTOLOGUE
SEILLE LORRAINE
SEINE-ET-MARNAIS
SÉLECTIONNEUSE
SELF-GOVERNMENT
SELF-INDUCTANCE
SELF-INDUCTIONS
SEMI-AUXILIAIRE
SEMI-CHENILLÉES
SEMI-CIRCULAIRE
SEMI-CONDUCTEUR
SEMI-GROSSISTES
SEMI-NOMADISMES
SEMI-OFFICIELLE
SEMI-PERMÉABLES
SENSATIONNELLE
SENSIBILISANTE
SENSORI-MOTEURS
SENSORI-MOTRICE
SENTIMENTALITÉ
SEPTENTRIONALE
SEPTENTRIONAUX
SEPTICOPYOÉMIE
SERGENTS-MAJORS
SERGUIEV POSSAD
SÉRICICULTRICE
SÉROCONVERSION
SÉRODIAGNOSTIC
SÉROPOSITIVITÉ
SERRE-CHEVALIER
SERVIUS TULLIUS
SERVOMÉCANISME
SÈVRE NIORTAISE
SHAWINIGANAISE
SHÉRARDISATION
SHIMAZAKI TOSON
SIDÉROLITHIQUE
SIDÉROLITIQUES
SIERRA-LÉONAISE
SIGER DE BRABANT
SIGILLOGRAPHIE
SIMONIDE DE CÉOS
SIMPLIFICATEUR
SIMPLIFICATION
SINGAPOURIENNE
SINGAPOURIENNE
SINGULIÈREMENT
SINO-TIBÉTAINES
SINT-GILLIS-WAAS
SITUATIONNISME
SITUATIONNISTE
SOCIAL-CHRÉTIEN
SOCIÉTÉS-ÉCRANS

SOCIO-ÉDUCATIFS
SOCIO-ÉDUCATIVE
SOCIOPOLITIQUE
SOIT-COMMUNIQUÉ
SOLENNELLEMENT
SOLIDIFICATION
SOLLIÈSPONTOIS
SOLUBILISATION
SOMATOTROPHINE
SOMPTUEUSEMENT
SOPHISTICATION
SOUDAN FRANÇAIS
SOUFFRE-DOULEUR
SOULTZ-HAUT-RHIN
SOUMISSIONNANT
SOURDES-MUETTES
SOUS-ACQUÉREURS
SOUS-ADMINISTRÉ
SOUS-ALIMENTANT
SOUS-ALIMENTÉES
SOUS-AMENDEMENT
SOUS-ARBRISSEAU
SOUS-COMMISSION
SOUS-CONTINENTS
SOUS-CORTICALES
SOUS-DÉVELOPPÉE
SOUS-DÉVELOPPÉS
SOUS-DIRECTEURS
SOUS-DIRECTRICE
SOUS-DOMINANTES
SOUS-ÉQUIPEMENT
SOUS-ESTIMATION
SOUS-ÉVALUATION
SOUS-EXPLOITANT
SOUS-EXPLOITÉES
SOUS-EXPOSITION
SOUS-GLACIAIRES
SOUS-GOUVERNEUR
SOUS-LIEUTENANT
SOUS-LOCATAIRES
SOUS-MAÎTRESSES
SOUS-MAXILLAIRE
SOUS-MÉDICALISÉ
SOUS-PEUPLEMENT
SOUS-PRÉFECTURE
SOUS-PRODUCTION
SOUS-PROGRAMMES
SOUS-PROLÉTAIRE
SOUS-SCAPULAIRE
SOUS-SECRÉTAIRE
SOUS-TRAITANCES
SOUS-VENTRIÈRES
SOUVANNA PHOUMA
SOUVERAINEMENT
SPASMOPHILIQUE
SPATIALISATION
SPATIO-TEMPOREL

SPÉCIALISATION
SPÉCIFIQUEMENT
SPECTROGRAPHIE
SPERMATOGENÈSE
SPHINCTÉRIENNE
SPIRITUALISANT
SPORADIQUEMENT
SPRINGER VERLAG
STABILISATRICE
STAPHYLOCOCCIE
STARTING-BLOCKS
STATION-SERVICE
STATISTICIENNE
STATUTAIREMENT
STÉNOGRAPHIANT
STÉNOGRAPHIQUE
STÉRÉOCHIMIQUE
STÉRÉO-ISOMÈRES
STÉRÉO-ISOMÉRIE
STÉRÉOMÉTRIQUE
STÉRÉOPHONIQUE
STÉRÉORÉGULIER
STÉRÉOSCOPIQUE
STERPINACIENNE
STIGMATISATION
STOCKTON-ON-TEES
STŒCHIOMÉTRIE
STOMATOLOGISTE
STRASBOURGEOIS
STRASBOURGEOIS
STRATIFICATION
STRÉPINIACOISE
STRIP-TEASEUSES
STROBOSCOPIQUE
STRUCTURALISME
STRUCTURALISTE
STYLISTICIENNE
SUBÉQUATORIALE
SUBÉQUATORIAUX
SUBJECTIVEMENT
SUBREPTICEMENT
SUBSTANTIALITÉ
SUBSTANTIFIQUE
SUBVENTIONNANT
SUCCESSIBILITÉ
SUCCESSIVEMENT
SUD-AMÉRICAINES
SUD-AMÉRICAINES
SUD-VIETNAMIENS
SUD-VIETNAMIENS
SUGGESTIBILITÉ
SUGGESTIONNANT
SUISSE NORMANDE
SULLY PRUDHOMME
SUPERCARBURANT
SUPERFÉTATOIRE
SUPÉRIEUREMENT
SUPERINTENDANT
SUPERPHOSPHATE
SUPERPLASTIQUE
SUPERPRIVILÈGE
SUPERPUISSANCE
SUPERSTITIEUSE
SUPERSTRUCTURE
SUPPLÉMENTAIRE
SUPRANATIONALE
SUPRANATIONAUX
SUPRASEGMENTAL
SUPRATERRESTRE
SURABONDAMMENT
SURCOMPRESSION
SURDÉTERMINANT
SURDIMENSIONNÉ
SURENDETTEMENT
SURFACTURATION
SURGÉNÉRATRICE
SURINFORMATION
SURMÉDICALISÉE
SURMÉDICALISER
SURPRISE-PARTIE
SURPRODUCTRICE
SURRÉSERVATION
SUSCEPTIBILITÉ
SYMBOLIQUEMENT
SYMÉTRIQUEMENT
SYMPATHECTOMIE
SYNTACTICIENNE
SZÉKESFEHÉRVÁR
TADOUSSACIENNE
TAIN-L'HERMITAGE
TALKIES-WALKIES
TAMBOURINEMENT
TAMBOURS-MAJORS
TANANARIVIENNE
TARQUIN L'ANCIEN
TAUPES-GRILLONS
TAXCO DE ALARCÓN
TCHÉCOSLOVAQUE
TCHÉCOSLOVAQUE
TCHERNIKHOVSKY
TCHERNYCHEVSKI
TCHERRAPOUNDJI
TCHICAYA U TAM'SI
TECHNOCRATIQUE
TECHNOCRATISÉE
TECHNOCRATISER
TÉLANGIECTASIE
TÉLÉCHARGEMENT
TÉLÉCOMMANDANT
TÉLÉCONFÉRENCE
TÉLÉDIAGNOSTIC
TÉLÉIMPRESSION
TÉLÉMERCATIQUE
TÉLÉMESSAGERIE

14

TÉLÉSPECTATEUR
TÉLÉTRAITEMENT
TÉLÉVANGÉLISTE
TELLURHYDRIQUE
TEMPORAIREMENT
TEMPORISATRICE
TENSIOACTIVITÉ
TERGIVERSATION
TERMINOLOGIQUE
TERRA INCOGNITA
TERREBONNIENNE
TERRE-NEUVIENNE
TERRE-NEUVIENNE
TERRITORIALITÉ
TERTIARISATION
THABIT IBN QURRA
THALASSOCRATIE
THAON-LES-VOSGES
THERMIDORIENNE
THERMOCHIMIQUE
THERMOCOLLANTE
THERMOMÉTRIQUE
THERMOPROPULSÉ
THERMOSTATIQUE
THERMOTACTISME
THÉSAURISATION
THIOSULFURIQUE
THOMAS DE CELANO
THONON-LES-BAINS
THORACOCENTÈSE
THORENS-GLIÈRES
THYROÏDECTOMIE
TIBIO-TARSIENNE
TIERS-MONDISMES
TIERS-MONDISTES
TIGRANE LE GRAND
TIMBRES-AMENDES
TINCHEBRAYENNE
TINTINNABULANT
TIRE-BOUCHONNÉE
TIRE-BOUCHONNER
TIRE-BOUCHONNÉS
TIROIRS-CAISSES
TIRUCHIRAPALLI
TITULARISATION
TOGO HEIHACHIRO
TOKUGAWA IEYASU
TONNAY-CHARENTE
TORIGNI-SUR-VIRE
TORRES RESTREPO
TOUKHATCHEVSKI
TOURBILLONNANT
TOUR-OPÉRATEURS
TOUSSUS-LE-NOBLE
TOUTE-PUISSANCE
TOUTE-PUISSANTE
TOXICOMANIAQUE

TOXICOMANOGÈNE
TOXI-INFECTIONS
TRADITIONNELLE
TRAÎTREUSEMENT
TRANQUILLEMENT
TRANQUILLISANT
TRANSACTIONNEL
TRANSBORDEMENT
TRANSCAUCASIEN
TRANSCENDANTAL
TRANSFORMATEUR
TRANSFORMATION
TRANSFUSIONNEL
TRANSISTORISÉE
TRANSISTORISER
TRANSITIVEMENT
TRANSLEITHANIE
TRANSMIGRATION
TRANSNATIONALE
TRANSNATIONAUX
TRANSOCÉANIQUE
TRANSPLANTABLE
TRANSVERSALITÉ
TREMBLAYSIENNE
TRESSAILLEMENT
TRIFONCTIONNEL
TRIOMPHALEMENT
TRIPATOUILLAGE
TRIPATOUILLANT
TRIPATOUILLEUR
TRIPLE-ALLIANCE
TRISTAN DA CUNHA
TRISTAN ET ISEUT
TROPOSPHÉRIQUE
TRYPANOSOMIASE
TSUBOUCHI SHOYO
TUBERCULINIQUE
TURBOCOMPRESSÉ
TWIRLING BÂTONS
TYMPANOPLASTIE
TYNDALLISATION
TYRANNIQUEMENT
ULTÉRIEUREMENT
ULTRAORTHODOXE
ULTRAROYALISTE
UNIFORMISATION
UNION FRANÇAISE
UNIPERSONNELLE
UNIVERSALISANT
UNTER DEN LINDEN
UTHMAN IBN AFFAN
VAILLY-SUR-AISNE
VAIRES-SUR-MARNE
VALENCIENNOISE
VALEUREUSEMENT
VALLON-PONT-D'ARC
VAN DE WOESTIJNE

VAN LEEUWENHOEK
VASCULO-NERVEUX
VASODILATATEUR
VASODILATATION
VAUDEVILLESQUE
VÉGÉTALISATION
VÉLEZ DE GUEVARA
VELIKI NOVGOROD
VÉLIPLANCHISTE
VERBALISATRICE
VERMEER DE DELFT
VERNET-LES-BAINS
VERSIFICATRICE
VESTMANNAEYJAR
VICE-PRÉSIDENCE
VICE-PRÉSIDENTE
VICE-PRÉSIDENTS
VICTOR-EMMANUEL
VICTORIA NYANZA
VIDE-BOUTEILLES
VIDÉOFRÉQUENCE
VIDÉOGRAPHIQUE
VIEILLISSEMENT
VIEUX-CONDÉENNE
VIGOUREUSEMENT
VILA NOVA DE GAIA
VILLECRESNOISE
VILLEFRANCHOIS
VILLÉGIATURANT
VILLEMOMBLOISE
VILLENEUVIENNE
VILLERS-LA-VILLE
VILLERS-SEMEUSE
VILLERUPTIENNE
VILLE-SATELLITE
VILLES-DORTOIRS
VILLEURBANNAIS
VINCENT FERRIER
VIOLONCELLISTE
VIROFLAYSIENNE
VISCHER L'ANCIEN
VISCOÉLASTIQUE
VISCOPLASTIQUE
VISHAKHAPATNAM
VITROCÉRAMIQUE
VITTORIO VENETO
VOITURES-BALAIS
VOLATILISATION
VOLCANOLOGIQUE
VOLONTAIREMENT
VOLTAIRIANISME
VOROCHILOVGRAD
VOULTE-SUR-RHÔNE
VULCANOLOGIQUE
VULGARISATRICE
VULNÉRABILISÉE
VULNÉRABILISER
WAGONS-CITERNES
WAGON-TOMBEREAU
WALLIS-ET-FUTUNA
WASQUEHALIENNE
WATTRELOSIENNE
WILHELM MEISTER
WINNIPEGUIENNE
WOLLSTONECRAFT
YAMOUSSOUKROIS
YVES DE CHARTRES
ZORRILLA Y MORAL

14

15

ABASOURDISSANTE
ABÂTARDISSEMENT
À BRÛLE-POURPOINT
ABSORPTIOMÉTRIE
ABSTENTIONNISME
ABSTENTIONNISTE
ACCOMPAGNATRICE
ACCOMPLISSEMENT
ACCOURCISSEMENT
ACCROUPISSEMENT
ACÉTYLCOENZYME A
ACQUITS-À-CAUTION
ADÉMAR DE MONTEIL
ADIPOSO-GÉNITALE
ADIPOSO-GÉNITAUX
ADMINISTRATRICE
ADOLPHE DE NASSAU
ADOLPHE-FRÉDÉRIC
AEMILIUS LEPIDUS
AÉROTRANSPORTÉE
AFFAIBLISSEMENT
AFFECTUEUSEMENT
AFFIRMATIVEMENT
AFFRANCHISSABLE
AFIBRINOGÉNÉMIE
AFRO-AMÉRICAINES

15

AFRO-AMÉRICAINES
AFRO-BRÉSILIENNE
AFRO-BRÉSILIENNE
AGRIPPINE L'AÎNÉE
AGROALIMENTAIRE
AGRO-INDUSTRIELS
AIDES-ÉDUCATEURS
AIDES-SOIGNANTES
AIGUILLES-ROUGES
AIRBUS INDUSTRIE
AIREDALE-TERRIER
ALCALÁ DE HENARES
ALCALINO-TERREUX
ALCOOLIFICATION
ALEXANDRE NEVSKI
ALEXANDRE SÉVÈRE
ALIX DE CHAMPAGNE
ALLÉGORIQUEMENT
ALPES FRANÇAISES
ALPHABÉTISATION
ALPHONSE LE GRAND
ALPHONSE LE NOBLE
ALTERNATIVEMENT
ALUMINOSILICATE
AMBÉRIEU-EN-BUGEY
AMÉRICANISATION
AMIANTES-CIMENTS
AMMIEN MARCELLIN
AMOINDRISSEMENT
ANAPHRODISIAQUE
ANDRONIC COMNÈNE
ANESTHÉSIOLOGIE
ANGELUS SILESIUS
ANGLO-AMÉRICAINE
ANGLO-AMÉRICAINE
ANGLO-AMÉRICAINS
ANGLO-AMÉRICAINS
ANJERO-SOUDJENSK
ANTÉPRÉDICATIVE
ANTHROPOLOGIQUE
ANTHROPOLOGISTE
ANTIASTHMATIQUE
ANTIAUTORITAIRE
ANTIBIOTHÉRAPIE
ANTICAPITALISTE
ANTICONFORMISME
ANTICONFORMISTE
ANTIDÉFLAGRANTE
ANTIDÉPLACEMENT
ANTIDIPHTÉRIQUE
ANTI-INFECTIEUSE
ANTIMIGRAINEUSE
ANTIMILITARISME
ANTIMILITARISTE
ANTIMONARCHISTE
ANTIMONDIALISTE
ANTINÉVRALGIQUE
ANTIPATRIOTIQUE
ANTIPATRIOTISME
ANTIPERSPIRANTE
ANTIPRURIGINEUX
ANTIPSYCHIATRIE
ANTIPSYCHOTIQUE
ANTIRÉPUBLICAIN
ANTI-SOUS-MARINES
ANTISPASMODIQUE
ANTITUBERCULEUX
ANTOINE DE PADOUE
APOLIPOPROTÉINE
APOSTOLIQUEMENT
APPAUVRISSEMENT
APPENDICECTOMIE
APPLAUDISSEMENT
APPROBATIVEMENT
APPROFONDISSANT
APPROVISIONNANT
APPROVISIONNEUR
ARABO-ISLAMIQUES
ARCHICHANCELIER
ARCHIÉPISCOPALE
ARCHIÉPISCOPAUX
ARCHITECTONIQUE
ARGENTEUILLAISE
ARITHMÉTICIENNE
ARNAUD DE BRESCIA
ARNOLFO DI CAMBIO
ARRIÈRE-BOUTIQUE
ARRIÈRE-COUSINES
ARRIÈRE-CUISINES
ARTÉRIOSCLÉREUX
ARTÉRIOSCLÉROSE
ASIE MÉRIDIONALE
ASSOCIATED PRESS
ASSOMBRISSEMENT
ASSOMPTIONNISTE
ASSOMPTIONNISTE
ASSOUPLISSEMENT
ASSOURDISSEMENT
ASSUJETTISSANTE
ASSURANCE-CRÉDIT
À TOUTE BERZINGUE
ATRACTYLIGÉNINE
ATTENDRISSEMENT
AUDIOCONFÉRENCE
AULNOYE-AYMERIES
AURIGE DE DELPHES
AUSTRO-HONGROISE
AUSTRO-HONGROISE
AUTHENTIQUEMENT
AUTOACCUSATRICE
AUTOCÉLÉBRATION
AUTOCOMMUTATEUR
AUTOCONCURRENCE
AUTODESTRUCTEUR

AUTODESTRUCTION
AUTOEXCITATRICE
AUTOFÉCONDATION
AUTOFINANCEMENT
AUTO-INDUCTANCES
AUTOLUBRIFIANTE
AUTOMATIQUEMENT
AUTORÉGULATRICE
AUTORITAIREMENT
AUTO SACRAMENTAL
AUTOS-COUCHETTES
AUTOSUBSISTANCE
AUTOTRANSFUSION
AUTRICHE-HONGRIE
AVALOKITESHVARA
AVENTUREUSEMENT
AVESNES-SUR-HELPE
AZERBAÏDJANAISE
AZERBAÏDJANAISE
BACHELOT-NARQUIN
BACTÉRIOLOGIQUE
BACTÉRIOLOGISTE
BAGNOLES-DE-L'ORNE
BAGNOLS-LES-BAINS
BALARUC-LES-BAINS
BALLET-PANTOMIME
BANSKÁ STIAVNICA
BARBES-DE-CAPUCIN
BARÈRE DE VIEUZAC
BAROTRAUMATISME
BARRANCABERMEJA
BAS-SAINT-LAURENT
BASSE-CALIFORNIE
BASSINS-VERSANTS
BATEAUX-CITERNES
BEAUMES-DE-VENISE
BEAUMONT-LE-ROGER
BEAUMONT-SUR-OISE
BEAUNE-LA-ROLANDE
BEAUSOLEILLOISE
BÉBÉS-ÉPROUVETTE
BECS-DE-PERROQUET
BÈDE LE VÉNÉRABLE
BELLEFEUILLOISE
BERNARD-L'HERMITE
BETHMANN-HOLLWEG
BIBLIOGRAPHIQUE
BIENVEILLAMMENT
BIOCLIMATOLOGIE
BIOLUMINESCENCE
BIOLUMINESCENTE
BISCHWILLEROISE
BISSAU-GUINÉENNE
BLANC-MESNILOISE
BLANGY-SUR-BRESLE
BLOCS-DIAGRAMMES
BOKARO STEEL CITY
BONNETS-DE-PRÊTRE
BORNES-FONTAINES
BOUCHERVILLOISE
BOUÉ DE LAPEYRÈRE
BOUGUENAISIENNE
BOUILLONS-BLANCS
BOULAINVILLIERS
BOURG-LÈS-VALENCE
BOURGNEUF-EN-RETZ
BOURGOIN-JALLIEU
BOURSES-À-PASTEUR
BOUTONS-PRESSION
BRANDEBOURGEOIS
BRANDEBOURGEOIS
BRÉTIGNY-SUR-ORGE
BRICKS-GOÉLETTES
BRIE-COMTE-ROBERT
BRIGADIERS-CHEFS
BRUAY-SUR-L'ESCAUT
BUCKINGHAMSHIRE
BUISSONS-ARDENTS
BULLETIN-RÉPONSE
BUREAUCRATISANT
CABESTANYENCQUE
CÂBLO-OPÉRATEURS
CACHE-BRASSIÈRES
CACHE-RADIATEURS
CALOMNIEUSEMENT
CALPURNIUS PISON
CAMIONS-CITERNES
CAMPAGNE ROMAINE
CAMPIVALLENSIEN
CANNES-BÉQUILLES
CANNIBALISATION
CAPILLICULTRICE
CAPITAL-RISQUEUR
CAPRICIEUSEMENT
CARABISTOUILLES
CARACTÉRISATION
CARACTÉRISTIQUE
CARBONBLANNAISE
CARDIOMYOPATHIE
CARDIO-TRAININGS
CARÊMES-PRENANTS
CARHAIX-PLOUGUER
CARQUEFOLLIENNE
CARRIER-BELLEUSE
CASIMIR JAGELLON
CASTANET-TOLOSAN
CASTELBRIANTAIS
CASTELGIRONNAIS
CASTELJALOUSAIN
CASTELNEUVIENNE
CASTELPERRONIEN
CASTELSALINOISE
CASTROGONTÉRIEN
CATÉGORIQUEMENT

CATHERINE HOWARD
CAUCHEMARDESQUE
CAVALAIRE-SUR-MER
CENTRALISATRICE
CENTRAMÉRICAINE
CENTRAMÉRICAINE
CÉRÉBRO-SPINALES
CESKÉ BUDEJOVICE
CHALEUREUSEMENT
CHÂLONS-SUR-MARNE
CHAMPAGNISATION
CHAMPIGNEULLAIS
CHAMPIGNONNIÈRE
CHAMPIGNONNISTE
CHARENTON-LE-PONT
CHARLES BORROMÉE
CHARLES-DE-GAULLE
CHARLES-EMMANUEL
CHARLES LE CHAUVE
CHARLES LE SIMPLE
CHARLOTTESVILLE
CHASSE-GOUPILLES
CHÂTEAU-GAILLARD
CHÂTEAUMEILLANT
CHÂTELGUYONNAIS
CHÂTELLERAUDAIS
CHÂTELPERRONIEN
CHÂTENAY-MALABRY
CHAUFFE-ASSIETTE
CHAUFFE-BIBERONS
CHAUMONT-EN-VEXIN
CHAUVEAU-LAGARDE
CHAUX-DE-FONNIÈRE
CHAVÍN DE HUANTAR
CHÉMORÉCEPTRICE
CHLORO-ORGANIQUE
CHOLÉCALCIFÉROL
CHOLESTÉROLÉMIE
CHROMATOGRAPHIE
CHROMODYNAMIQUE
CHRYSANTHÉMIQUE
CHRYSÉLÉPHANTIN
CHRYSOSTOMIENNE
CHURRIGUERESQUE
CINÉMATOGRAPHIE
CINTEGABELLOISE
CIRCONSCRIPTION
CIRCONVALLATION
CIRCUMTERRESTRE
CLANDESTINEMENT
CLASSIFICATOIRE
CLASSIFICATRICE
CLERMONT-FERRAND
CLÉRY-SAINT-ANDRÉ
CLITORIDECTOMIE
CLOCHARDISATION
CLOYES-SUR-LE-LOIR

COBALTOTHÉRAPIE
COCCOLITHOPHORE
COLLATIONNEMENT
COLLECTIONNEUSE
COLLECTIONNISME
COLORADO SPRINGS
COMINES-WARNETON
COMMERCIALEMENT
COMMERCIALISANT
COMMISSIONNAIRE
COMMISSUROTOMIE
COMMUNAUTARISME
COMPARATIVEMENT
COMPARTIMENTAGE
COMPARTIMENTANT
COMPASSIONNELLE
COMPÈRES-LORIOTS
COMPLÉMENTARITÉ
COMPLÉMENTATION
COMPORTEMENTALE
COMPORTEMENTAUX
COMPRESSIBILITÉ
COMPULSIONNELLE
COMTAT VENAISSIN
CONCEPTUALISANT
CONCESSIONNAIRE
CONCHYLICULTEUR
CONCHYLICULTURE
CONCURRENTIELLE
CONCUSSIONNAIRE
CONDÉ-SUR-L'ESCAUT
CONDÉ-SUR-NOIREAU
CONDITIONNEMENT
CONFECTIONNEUSE
CONFESSIONNELLE
CONFIDENTIALITÉ
CONFORMATIONNEL
CONFORTABLEMENT
CONGÉNITALEMENT
CONGRATULATIONS
CONRAD LE SALIQUE
CONSÉCUTIVEMENT
CONSTANCE CHLORE
CONSTANTINIENNE
CONSTITUTIONNEL
CONSTRUCTIVISME
CONSTRUCTIVISTE
CONTEMPORANÉITÉ
CONTEXTUALISANT
CONTINGENTEMENT
CONTINUELLEMENT
CONTORSIONNISTE
CONTRACTUALISÉE
CONTRACTUALISER
CONTRE-ASSURANCE
CONTRE-ATTAQUANT
CONTRE-ATTAQUÉES

CONTREBALANÇANT
CONTRE-EMPREINTE
CONTRE-ESPALIERS
CONTRE-EXPERTISE
CONTRE-EXTENSION
CONTRE-INDIQUANT
CONTRE-INDIQUÉES
CONTREMAÎTRESSE
CONTRE-MANIFESTÉ
CONTRE-OFFENSIVE
CONTRE-PASSATION
CONTREPOINTISTE
CONTRE-PRODUCTIF
CONTRE-PUBLICITÉ
CONTRE-TRANSFERT
CONTREVALLATION
CONTREVENTEMENT
CONVENTIONNELLE
CONVERSATIONNEL
CONVULSIONNAIRE
COPARTICIPATION
CORALLI PERACINI
CORBEIL-ESSONNES
CORELIGIONNAIRE
CORNE DE L'AFRIQUE
CORNEILLE DE LYON
CORONAROGRAPHIE
CORPOPÉTRUSSIEN
CORRECTIONNELLE
CORRÉLATIVEMENT
CORTICOSTÉROÏDE
CORTICOSURRÉNAL
CORTICOTHÉRAPIE
CORTINA D'AMPEZZO
COSTARMORICAINE
COUCHES-CULOTTES
COUPOLE DU ROCHER
COURBEVOISIENNE
COURCOURONNAISE
COURSE-CROISIÈRE
COURSE-POURSUITE
COURT-CIRCUITANT
COURT-CIRCUITÉES
COURTS-BOUILLONS
COUSIN-MONTAUBAN
COUVE DE MURVILLE
CRAPAUDS-BUFFLES
CRÉCY-EN-PONTHIEU
CRÉCY-LA-CHAPELLE
CRIMINALISTIQUE
CRISTALLINIENNE
CRISTALLISATION
CRISTALLOCHIMIE
CRISTALLOGENÈSE
CRISTALLOGRAPHE
CRISTALLOMANCIE
CROSSOPTÉRYGIEN
CRYOCONDUCTRICE
CRYOTEMPÉRATURE
CRYPTOGÉNÉTIQUE
CRYPTOGRAPHIQUE
CUL-DE-BASSE-FOSSE
CULPABILISATION
CUNICULICULTURE
CUPROAMMONIAQUE
CURRICULUM VITAE
CYANOCOBALAMINE
CYBERNÉTICIENNE
CYLINDRES-SCEAUX
CYTOMÉGALOVIRUS
DACTYLOGRAPHIÉE
DACTYLOGRAPHIER
DAIMLERCHRYSLER
DAME-D'ONZE-HEURES
DANICAN-PHILIDOR
DÉBARBOUILLETTE
DÉBROUILLARDISE
DÉBROUSSAILLAGE
DÉBROUSSAILLANT
DÉBUDGÉTISATION
DÉBUREAUCRATISÉ
DÉCALCIFICATION
DÉCARBOXYLATION
DÉCAVAILLONNANT
DÉCHRISTIANISÉE
DÉCHRISTIANISER
DÉCINES-CHARPIEU
DÉCLOISONNEMENT
DÉCOLLECTIVISÉE
DÉCOLLECTIVISER
DÉCONCENTRATION
DÉCONDITIONNANT
DÉCONGESTIONNÉE
DÉCONGESTIONNER
DÉCONSIDÉRATION
DÉCONTAMINATION
DÉCONVENTIONNÉE
DÉCONVENTIONNER
DÉCRÉDIBILISANT
DÉCRIMINALISANT
DÉCULPABILISANT
DÉDAIGNEUSEMENT
DÉDIFFÉRENCIANT
DÉFAVORABLEMENT
DÉFECTUEUSEMENT
DÉFINITIONNELLE
DÉGAUCHISSEMENT
DÉGOURDISSEMENT
DÉGROSSISSEMENT
DELIRIUM TREMENS
DÉMAGNÉTISATION
DÉMAIGRISSEMENT
DÉMATÉRIALISANT
DÉMOBILISATRICE

15

DÉMOCRATISATION
DÉMORALISATRICE
DÉMYSTIFICATEUR
DÉMYSTIFICATION
DÉMYTHIFICATION
DÉNATIONALISANT
DÉNITRIFICATION
DÉPERSONNALISÉE
DÉPERSONNALISER
DÉPHOSPHATATION
DÉPHOSPHORATION
DÉPRESSIONNAIRE
DÉPROGRAMMATION
DÉQUALIFICATION
DÉSACCOUTUMANCE
DÉSACRALISATION
DÉSAGRÉABLEMENT
DÉSAISONNALISÉE
DÉSAISONNALISER
DÉSAPPOINTEMENT
DÉSAPPROBATRICE
DÉSARTICULATION
DÉSASSORTISSANT
DÉSASTREUSEMENT
DÉSATELLISATION
DÉSCOLARISATION
DÉSECTORISATION
DÉSEMBOURGEOISÉ
DÉSEMBOUTEILLÉE
DÉSEMBOUTEILLER
DÉSENCHANTEMENT
DÉSENCOMBREMENT
DÉSENSIBILISANT
DÉSENTORTILLANT
DÉSÉPAISSISSANT
DÉSERTIFICATION
DÉSHUMANISATION
DÉSILLUSIONNANT
DÉSINCRUSTATION
DÉSINFORMATRICE
DÉSINTOXICATION
DÉSINVESTISSANT
DÉSOBLIGEAMMENT
DÉSOCIALISATION
DÉSORGANISATEUR
DÉSORGANISATION
DESSAISISSEMENT
DÉSTABILISATEUR
DÉSTABILISATION
DÉSTALINISATION
DÉSTRUCTURATION
DÉSYNCHRONISANT
DEUTSCHLANDLIED
DEUX-MONTAGNAISE
DÉVILLE-LÈS-ROUEN
DÉVITRIFICATION
DIALECTIQUEMENT
DIANE DE POITIERS
DIAPHRAGMATIQUE
DICTIONNAIRIQUE
DIFFÉRENCIATEUR
DIFFÉRENCIATION
DIFFÉRENTIATEUR
DIFFÉRENTIATION
DIODORE DE SICILE
DIOGÈNE DE LAËRTE
DION CHRYSOSTOME
DISCRÉTIONNAIRE
DISCRIMINATOIRE
DISPROPORTIONNÉ
DISTRIBUTIONNEL
DIVERSIFICATION
DIVONNE-LES-BAINS
DJALAL AL-DIN RUMI
DNIEPROPETROVSK
DNIPRODZERJYNSK
DONATION-PARTAGE
DONQUICHOTTISME
DOUBLES-FENÊTRES
DOUDART DE LAGRÉE
DOULOUREUSEMENT
DRIEU LA ROCHELLE
DRUMMONDVILLOIS
DUPLESSIS-MORNAY
DUPONT DE NEMOURS
DURG-BHILAINAGAR
DYSCHROMATOPSIE
DYSEMBRYOPLASIE
DYSORTHOGRAPHIE
DYSTROPHISATION
ÉBOURGEONNEMENT
ÉCHANTILLONNAGE
ÉCHANTILLONNANT
ÉCHANTILLONNEUR
ÉCHOTOMOGRAPHIE
ÉCLAIRCISSEMENT
ÉCRABOUILLEMENT
ÉLECTRIFICATION
ÉLECTROAFFINITÉ
ÉLECTROBIOLOGIE
ÉLECTROCHIMIQUE
ÉLECTROLOCATION
ÉLECTROMÉNAGÈRE
ÉLECTRONÉGATIVE
ÉLECTRONICIENNE
ÉLECTROPONCTURE
ÉLECTROPORTATIF
ÉLECTROPOSITIVE
ÉLECTROPUNCTURE
ÉLECTROSTATIQUE
ÉLECTROTHÉRAPIE
ÉLECTROTROPISME
EMBERLIFICOTANT
EMBERLIFICOTEUR

EMBROUSSAILLANT
EMPOISSONNEMENT
EMPUANTISSEMENT
ENCÉPHALOPATHIE
ENDOLORISSEMENT
ENGHIEN-LES-BAINS
ENGLOUTISSEMENT
ENGOURDISSEMENT
ÉNIGMATIQUEMENT
ENSEVELISSEMENT
ENTHOUSIASMANTE
ENTREBÂILLEMENT
ENTRECHOQUEMENT
ENTRECROISEMENT
ENTREPRENEURIAL
ENTREPRENEURIAT
ENVIRONNEMENTAL
ÉPICONTINENTALE
ÉPICONTINENTAUX
ÉPIDÉMIOLOGIQUE
ÉPIDÉMIOLOGISTE
ÉPISTÉMOLOGIQUE
ÉPISTÉMOLOGISTE
ÉQUATO-GUINÉENNE
ÉQUIPOTENTIELLE
ERIK DE POMÉRANIE
ERIK JEDVARDSSON
ÉRYTHROPOÏÉTINE
ESNAULT-PELTERIE
ESQUIMAU-ALÉOUTE
ESSENTIELLEMENT
ÉTIENNE NEMANJIC
ÉTOUFFE-CHRÉTIEN
EURO-OBLIGATIONS
EUROPÉANISATION
EUSÈBE DE CÉSARÉE
ÉVANGÉLIQUEMENT
ÉVANGÉLISATRICE
EXCENTRIQUEMENT
EXCOMMUNICATION
EXEMPLIFICATION
EXHIBITIONNISME
EXHIBITIONNISTE
EXISTENTIALISME
EXISTENTIALISTE
EXPÉDITIONNAIRE
EXPÉRIMENTATEUR
EXPÉRIMENTATION
EXPERT-COMPTABLE
EXPRESSIONNISME
EXPRESSIONNISTE
EXTÉRIORISATION
EXTERNALISATION
EXTRACORPORELLE
EXTRAGALACTIQUE
EXTRAJUDICIAIRE
EXTRAPYRAMIDALE
EXTRAPYRAMIDAUX
EXTRASTATUTAIRE
EXTRÊME-ORIENTAL
FABRE D'ÉGLANTINE
FACHES-THUMESNIL
FACULTATIVEMENT
FALLACIEUSEMENT
FAMILIARISATION
FANTASMAGORIQUE
FANTASTIQUEMENT
FASTIDIEUSEMENT
FÈRE-CHAMPENOISE
FÈRE-EN-TARDENOIS
FERRIMAGNÉTISME
FERROÉLECTRIQUE
FERROMAGNÉTIQUE
FERROMAGNÉTISME
FINNO-OUGRIENNES
FLEGMATIQUEMENT
FLORIS DE VRIENDT
FLUVIO-GLACIAIRE
FŒTO-MATERNELLE
FOIRE-EXPOSITION
FONCTIONNALISÉE
FONCTIONNALISER
FONCTIONNALISME
FONCTIONNALISTE
FONCTIONNARISÉE
FONCTIONNARISER
FONDAMENTALISME
FONDAMENTALISTE
FONTAINE-L'ÉVÊQUE
FONTENAY-LE-COMTE
FOOTBALLISTIQUE
FORCALQUIÉRENNE
FORFAITAIREMENT
FORT-ARCHAMBAULT
FOULQUES LE JEUNE
FRANCE D'OUTRE-MER
FRANCHEVILLOISE
FRANCHOUILLARDE
FRANC-MAÇONNERIE
FRANCO-CANADIENS
FRANCO-CANADIENS
FRANCO-FRANÇAISE
FRANÇOIS D'ASSISE
FRANÇOIS DE PAULE
FRANÇOIS DE SALES
FRANÇOIS RÁKÓCZI
FRANCONVILLOISE
FRANCO-PROVENÇAL
FRANCS-BOURGEOIS
FRANCS-QUARTIERS
FRANSQUILLONNER
FRATERNELLEMENT
FRAUDULEUSEMENT
FRÉDÉRIC-AUGUSTE

15

FRÉDÉRIC-CHARLES
FRÉDÉRIC LE GRAND
FREUDO-MARXISMES
FRIEDRICHSHAFEN
GABRIEL LALEMANT
GARCÍA GUTIÉRREZ
GARDES-BARRIÈRES
GARDES-CHIOURMES
GARIN DE MONGLANE
GASTRO-ENTÉRITES
GAUTIER DE COINCY
GÉLATINO-BROMURE
GÉNÉRALISATRICE
GÉNÉRATIONNELLE
GÉNITO-URINAIRES
GENJI MONOGATARI
GENTLEMAN-FARMER
GENTLEMEN-RIDERS
GÉOMÉTRIQUEMENT
GÉOSTATIONNAIRE
GÉOTECHNICIENNE
GERMAIN D'AUXERRE
GESTALT-THÉRAPIE
GIOTTO DI BONDONE
GIOVANNI DA UDINE
GISCARD D'ESTAING
GLOMÉRULOPATHIE
GLUCOCORTICOÏDE
GONADOSTIMULINE
GONPONTOLVIENNE
GONZÁLEZ MÁRQUEZ
GOUSSAINVILLOIS
GOUVERNEMENTALE
GOUVERNEMENTAUX
GOUVION-SAINT-CYR
GRACIÁN Y MORALES
GRANDES JORASSES
GRAND-QUEVILLAIS
GRANOCLASSEMENT
GRÉCO-BOUDDHIQUE
GRÉGOIRE DE NYSSE
GRÉGOIRE DE TOURS
GRÉGOIRE LE GRAND
GRÉGOIRE PALAMAS
GUIBERT DE NOGENT
GUILLAUME D'OCCAM
GUILLAUME LE LION
GUILLAUME LE ROUX
GUINÉE ESPAGNOLE
GUITTONE D'AREZZO
GUYANE FRANÇAISE
GUYTON DE MORVEAU
HALTES-GARDERIES
HANSE TEUTONIQUE
HARDOUIN-MANSART
HARMONIEUSEMENT
HAUT-COMMISSAIRE

HAUTES-FIDÉLITÉS
HAUTS-DE-CHAUSSES
HEILLECOURTOISE
HÉLITRANSPORTÉE
HÉMATOPOÏÉTIQUE
HÉRÉDITAIREMENT
HÉRIMONCOURTOIS
HÉTÉROGAMÉTIQUE
HÉTÉROMORPHISME
HÉTÉROSEXUALITÉ
HEXACORALLIAIRE
HIÉRARCHISATION
HILAIREMONTAISE
HIMACHAL PRADESH
HIPPOPOTAMESQUE
HISPANO-MORESQUE
HISTORIOGRAPHIE
HOLOCRISTALLINE
HOMME-GRENOUILLE
HOMMES-SANDWICHS
HOMOGÉNÉISATEUR
HOMOGÉNÉISATION
HORIZONTALEMENT
HORMONOTHÉRAPIE
HOSPITALISATION
HOUPHOUËT-BOIGNY
HUNTINGTON BEACH
HYDROCHARITACÉE
HYDROÉLECTRIQUE
HYDROTRAITEMENT
HYPERCORRECTION
HYPERGLYCÉMIANT
HYPERVITAMINOSE
HYPOCHLORHYDRIE
HYPOGLYCÉMIANTE
HYPOŒSTROGÉNIE
HYPOPHOSPHOREUX
HYPOVENTILATION
IDENTIFICATOIRE
IMMANQUABLEMENT
IMMATRICULATION
IMMORTALISATION
IMMUNOCOMPÉTENT
IMMUNOGÉNÉTIQUE
IMMUNOGLOBULINE
IMMUNOSTIMULANT
IMPATRONISATION
IMPÉNÉTRABILITÉ
IMPERMÉABILISÉE
IMPERMÉABILISER
IMPITOYABLEMENT
IMPONDÉRABILITÉ
IMPRATICABILITÉ
IMPRESCRIPTIBLE
IMPRESSIONNABLE
IMPRESSIONNANTE
IMPRESSIONNISME

IMPRESSIONNISTE
IMPRÉVISIBILITÉ
INACCESSIBILITÉ
INADMISSIBILITÉ
INAPPRIVOISABLE
INCOMMENSURABLE
INCOMMUTABILITÉ
INCOMPATIBILITÉ
INCOMPRÉHENSION
INCOMPRÉHENSIVE
INCONSÉQUEMMENT
INCONSIDÉRÉMENT
INCONSTRUCTIBLE
INDÉBOULONNABLE
INDÉBROUILLABLE
INDÉFECTIBILITÉ
INDÉPENDANTISME
INDÉPENDANTISTE
INDES ORIENTALES
INDÉTERMINATION
INDIFFÉRENTISME
INDISPONIBILITÉ
INDISSOLUBILITÉ
INDISTINCTEMENT
INDIVIDUALISANT
INDO-EUROPÉENNES
INDO-EUROPÉENNES
INDOLE-ACÉTIQUES
INDUBITABLEMENT
INDUSTRIALISANT
INÉLUCTABLEMENT
INÉPUISABLEMENT
INEXTENSIBILITÉ
INFAILLIBILISTE
INFAILLIBLEMENT
INFANTILISATION
INFATIGABLEMENT
INFÉRIORISATION
INFLÉCHISSEMENT
INFORMATICIENNE
INFORMATISATION
INFRANCHISSABLE
INOPPORTUNÉMENT
INSATISFAISANTE
INSENSIBILISANT
INSÉPARABLEMENT
INSTINCTIVEMENT
INSTRUMENTALISÉ
INSTRUMENTATION
INSUBORDINATION
INSURRECTIONNEL
INTELLECTUALISÉ
INTELLECTUALITÉ
INTELLIGIBILITÉ
INTENSIFICATION
INTENTIONNALITÉ
INTERAMÉRICAINE
INTERATTRACTION
INTERCELLULAIRE
INTERCHANGEABLE
INTERCLASSEMENT
INTERCONNECTANT
INTERCULTURELLE
INTERDÉPENDANCE
INTERDÉPENDANTE
INTERFÉROMÉTRIE
INTERGALACTIQUE
INTERINDIVIDUEL
INTERINDUSTRIEL
INTÉRIORISATION
INTERMÉTALLIQUE
INTERNALISATION
INTERPLANÉTAIRE
INTERPROFESSION
INTERRO-NÉGATIFS
INTERRO-NÉGATIVE
INTERSPÉCIFIQUE
INTERSUBJECTIVE
INTERTEXTUALITÉ
INTERVENTIONNEL
INTERVERTÉBRALE
INTERVERTÉBRAUX
INTERVERTISSANT
INTRACELLULAIRE
INTRAMONTAGNARD
INTRAMUSCULAIRE
INTRANSMISSIBLE
INTRANSPORTABLE
INTRINSÈQUEMENT
INVRAISEMBLABLE
INVRAISEMBLANCE
INVULNÉRABILITÉ
IRRÉCONCILIABLE
IRRÉDUCTIBILITÉ
IRRÉFUTABLEMENT
IRRÉGULIÈREMENT
IRRÉPARABLEMENT
IRRÉPRÉHENSIBLE
IRRÉTRÉCISSABLE
IRRÉVÉRENCIEUSE
IRRÉVERSIBILITÉ
IRRÉVOCABLEMENT
JACQUES LE MAJEUR
JACQUES LE MINEUR
JASTRZEBIE-ZDRÓJ
JEAN CANTACUZÈNE
JEAN CHRYSOSTOME
JEAN DE CAPISTRAN
JEAN D'OUTREMEUSE
JEANNE DE NAVARRE
JEANNE-FRANÇOISE
JOINVILLE-LE-PONT
JOUFFROY D'ABBANS
JUDÉO-ALLEMANDES

15

JUDÉO-CHRÉTIENNE
JUDICIARISATION
JUDITH DE BAVIÈRE
JUGE-COMMISSAIRE
JURISPRUDENTIEL
JUSQU'AU-BOUTISME
JUSQU'AU-BOUTISTE
KALÉIDOSCOPIQUE
KAMENSK-OURALSKI
KAMERLINGH ONNES
KARAKALPAKISTAN
KAUNITZ-RIETBERG
KERSCHENSTEINER
KOLAR GOLD FIELDS
KUALA TERENGGANU
LA CHÂTAIGNERAIE
LACRETELLE L'AÎNÉ
LACTODENSIMÈTRE
LA GALISSONNIÈRE
LAMALOU-LES-BAINS
LA MOTTE-SERVOLEX
LANEUVEVILLOISE
LANGOUREUSEMENT
LANGUE-DE-SERPENT
LA ROCHEFOUCAULD
LA ROCHE-SUR-FORON
LA SUZE-SUR-SARTHE
LATINO-AMÉRICAIN
LATINO-AMÉRICAIN
LA TOUR D'AUVERGNE
LA TRANCHE-SUR-MER
LA TRINITÉ-SUR-MER
LAURIERMONTOISE
LAURIERS-CERISES
LAUTERBOURGEOIS
LA VALLÉE-POUSSIN
LAWRENCE D'ARABIE
LEFÈVRE D'ÉTAPLES
LE GOND-PONTOUVRE
LE GRAND-QUEVILLY
LEMAIRE DE BELGES
LEMAISTRE DE SACY
LÉONARD DE NOBLAT
LE PETIT-QUEVILLY
LEPRINCE-RINGUET
LE RELECQ-KERHUON
LES AIX-D'ANGILLON
LES ANCIZES-COMPS
LETTRE-TRANSFERT
LEVALLOIS-PERRET
LEXICOGRAPHIQUE
LIBÉRO-LIGNEUSES
LIBRE-ÉCHANGISME
LIBRE-ÉCHANGISTE
LIMEIL-BRÉVANNES
L'ISLE-SUR-LE-DOUBS
LIVRES-CASSETTES

LOCATION-GÉRANCE
LOCATIONS-VENTES
LOIRE-ATLANTIQUE
LOIR-ET-CHÉRIENNE
LORETTEVILLOISE
LOUIS DE GONZAGUE
LOUIS LE BIEN-AIMÉ
LOUIS LE FAINÉANT
LOURENÇO MARQUES
LUCIEN D'ANTIOCHE
LUXEMBOURGEOISE
LUXEMBOURGEOISE
LUXEUIL-LES-BAINS
LUZ-SAINT-SAUVEUR
MACROÉCONOMIQUE
MACRO-ORDINATEUR
MACROSOCIOLOGIE
MADELEINE-SOPHIE
MAGNÉSIOTHERMIE
MAGNÉTOCASSETTE
MAGNÉTO-OPTIQUES
MAGNÉTOSTATIQUE
MAGNY-LES-HAMEAUX
MAHAUT DE FLANDRE
MAISONS-LAFFITTE
MAÎTRES-PENSEURS
MAJESTUEUSEMENT
MAJORITAIREMENT
MALHEUREUSEMENT
MALINTENTIONNÉE
MANŒUVRABILITÉ
MANUEL LE FORTUNÉ
MANUTENTIONNANT
MARANGE-SILVANGE
MARCHANDISATION
MARCHE-EN-FAMENNE
MARCILLAC-VALLON
MARÉCHAL-FERRANT
MARGINALISATION
MARGUERITE-MARIE
MARIANNES DU NORD
MARIE-ANTOINETTE
MARIE DE BRAGANCE
MARSANNAY-LA-CÔTE
MARSILE DE PADOUE
MARTEAUX-PIOLETS
MARTINS-PÊCHEURS
MASCULINISATION
MATÉRIALISATION
MATHÉMATICIENNE
MATHÉMATISATION
MATO GROSSO DO SUL
MAULÉON-LICHARRE
MAURE-DE-BRETAGNE
MAURICE DE NASSAU
MAXILLO-FACIALES
MÉCANOGRAPHIQUE

MÉDICO-SPORTIVES
MÉDINET EL-FAYOUM
MÉDITERRANÉENNE
MÉDITERRANÉENNE
MÉHALLET EL-KOBRA
MENENIUS AGRIPPA
MENZEL-BOURGUIBA
MERDRIGNACIENNE
MÉSINTELLIGENCE
MÉSO-AMÉRICAINES
MÉTALLOPROTÉINE
MÉTAMORPHOSABLE
MÉTAPHYSICIENNE
MÉTAPSYCHOLOGIE
MÉTHYLACRYLIQUE
MÉTICULEUSEMENT
MICHEL OBRENOVIC
MICROBIOLOGIQUE
MICROBIOLOGISTE
MICRODISSECTION
MICROÉCONOMIQUE
MICRO-INTERVALLE
MICRO-IRRIGATION
MICRO-ORDINATEUR
MICRO-ORGANISMES
MICROPROCESSEUR
MICROSOCIOLOGIE
MICROS-TROTTOIRS
MINAS DE RÍOTINTO
MINÉRALISATRICE
MINIATURISATION
MINI-ORDINATEURS
MIRACULEUSEMENT
MISÉRICORDIEUSE
MITTELLANDKANAL
MÖNCHENGLADBACH
MONDORF-LES-BAINS
MONOCAMÉRALISME
MONOCHROMATIQUE
MONOCYLINDRIQUE
MONOPARENTALITÉ
MONOPOLISATRICE
MONSTRUEUSEMENT
MONTAGNE BLANCHE
MONTBÉLIARDAISE
MONTBRISONNAISE
MONT-DAUPHINOISE
MONTFERMEILLOIS
MONTFORT-L'AMAURY
MONTIGNY-LÈS-METZ
MONTMORENCÉENNE
MONTMORILLONITE
MONTPELLIÉRAINE
MONTREUIL-BELLAY
MONTREUIL-SUR-MER
MONT-SAINT-AIGNAN
MONT-SAINT-MARTIN
MOYEN-ORIENTALES
MUHAMMAD AL-SADUQ
MULTICELLULAIRE
MULTICULTURELLE
MULTIPLICATRICE
MULTIPROCESSEUR
MULTIPROGRAMMÉE
MULTITRAITEMENT
MURASAKI SHIKIBU
MUSICOGRAPHIQUE
MUTATIS MUTANDIS
MYOCARDIOPATHIE
MYSTÉRIEUSEMENT
NÆVO-CARCINOMES
NANOTECHNOLOGIE
NARCOTRAFIQUANT
NATIONALISATION
NAVIRES-ATELIERS
NAVIRES-CITERNES
NAVIRES-HÔPITAUX
NÉANDERTALIENNE
NÉGRO-AFRICAINES
NEGRO SPIRITUALS
NÉO-CALÉDONIENNE
NÉO-CALÉDONIENNE
NÉOCOLONIALISME
NÉOCOLONIALISTE
NETZAHUALCÓYOTL
NEUILLY-EN-THELLE
NEUILLY-SUR-MARNE
NEUILLY-SUR-SEINE
NEUROCHIRURGIEN
NEURODÉPRESSEUR
NEUROMUSCULAIRE
NEUROPSYCHIATRE
NEUROVÉGÉTATIVE
NEUTRONOGRAPHIE
NEUVILLE-AUX-BOIS
NICÉPHORE PHOKAS
NICOLAS DE VERDUN
NICOLO DELL'ABATE
NIEDERBRONNAISE
NIGÉRO-CONGOLAIS
NILO-SAHARIENNES
NON-BELLIGÉRANCE
NON-BELLIGÉRANTE
NON-BELLIGÉRANTS
NON-COMBATTANTES
NON-COMPARUTIONS
NON-CONCILIATION
NON-CONCURRENCES
NON-CONFORMISMES
NON-CONFORMISTES
NON-DÉNONCIATION
NON DESTRUCTIVES
NON-DIRECTIVITÉS
NON EUCLIDIENNES

15

NON-INTERVENTION
NON-SPÉCIALISTES
NORD-AMÉRICAINES
NORD-AMÉRICAINES
NORD-MONTRÉALAIS
NORD-PAS-DE-CALAIS
NORD-VIETNAMIENS
NORD-VIETNAMIENS
NORODOM SIHANOUK
NOUVELLE-ESPAGNE
NOUVELLE-GRENADE
NOUVELLE HÉLOÏSE
NOUVELLE-IRLANDE
NOUVELLE-SIBÉRIE
NOUVELLE-ZÉLANDE
NOYELLES-GODAULT
NUE-PROPRIÉTAIRE
OBERLAND BERNOIS
OBLIGATOIREMENT
OBSCURCISSEMENT
OBSÉQUIEUSEMENT
OCCASIONNALISME
OCCIDENTALISANT
OCÉANOGRAPHIQUE
OCTOCORALLIAIRE
OFFICIALISATION
OISEAU-TROMPETTE
OLAV TRYGGVESSON
OLÉOPNEUMATIQUE
OLIGODENDROCYTE
OMNIPRATICIENNE
OPHTALMOLOGIQUE
OPHTALMOLOGISTE
OPPOSITIONNELLE
ORADOUR-SUR-GLANE
OREILLE-DE-SOURIS
ORGANISATIONNEL
ORGANOMAGNÉSIEN
ORGANOPHOSPHORÉ
ORTHOGONALEMENT
OUEST-ALLEMANDES
OURALO-ALTAÏQUES
OUSMANE DAN FODIO
OUST-KAMENOGORSK
OUTRE-ATLANTIQUE
OUVRE-BOUTEILLES
OUZOUER-SUR-LOIRE
OXYACÉTYLÉNIQUE
OXYGÉNOTHÉRAPIE
OZOIR-LA-FERRIÈRE
PALAVAS-LES-FLOTS
PALÉOCHRÉTIENNE
PALÉOGÉOGRAPHIE
PALÉOHISTOLOGIE
PALÉOMAGNÉTISME
PALÉONTOLOGIQUE
PALÉONTOLOGISTE
PALÉOSIBÉRIENNE
PALMA DE MAJORQUE
PANAMÉRICANISME
PANCRÉATECTOMIE
PAPIERS-MONNAIES
PARABOLIQUEMENT
PARALITTÉRATURE
PARALLÉLÉPIPÈDE
PARALLÉLOGRAMME
PARANÉOPLASIQUE
PARAPSYCHOLOGIE
PARAPSYCHOLOGUE
PARASYMPATHIQUE
PARASYNTHÉTIQUE
PARENCHYMATEUSE
PARLEMENTARISME
PARODONTOPATHIE
PARTHENAISIENNE
PARTICULARISANT
PATHOGNOMONIQUE
PATRIOTIQUEMENT
PATTES-MÂCHOIRES
PÉDAGOGIQUEMENT
PÉDOPSYCHIATRIE
PÉLOPONNÉSIENNE
PÉLOPONNÉSIENNE
PEMATANGSIANTAR
PENNSYLVANIENNE
PERCEPTIBLEMENT
PERCUSSIONNISTE
PÉREMPTOIREMENT
PERFECTIONNISME
PERFECTIONNISTE
PERMISSIONNAIRE
PERNICIEUSEMENT
PERPENDICULAIRE
PERPÉTUELLEMENT
PERQUISITIONNÉE
PERQUISITIONNER
PERREUX-SUR-MARNE
PERSONNELLEMENT
PERVERTISSEMENT
PETITE-MAÎTRESSE
PETITS-BOURGEOIS
PETITS DÉJEUNERS
PHALLOCENTRISME
PHARMACODYNAMIE
PHARMACOLOGIQUE
PHARMACOLOGISTE
PHÉNAKISTISCOPE
PHÉNOMÉNALEMENT
PHÉNYLCÉTONURIE
PHILADELPHIENNE
PHILANTHROPIQUE
PHILIBERT LE BEAU
PHILIPPE AUGUSTE
PHILIPPE DE VITRY

PHILIPPE ÉGALITÉ
PHILIPPE LE HARDI
PHLÉBOTHROMBOSE
PHOSPHOCALCIQUE
PHOSPHOPROTÉINE
PHOSPHORESCENCE
PHOSPHORESCENTE
PHOSPHORYLATION
PHOTOCOMPOSEUSE
PHOTOCONDUCTEUR
PHOTOCONDUCTION
PHOTOÉLASTICITÉ
PHOTOÉLECTRIQUE
PHOTOGRAMMÉTRIE
PHOTOPÉRIODISME
PHOTORÉSISTANCE
PHOTORÉSISTANTE
PHOTOTRANSISTOR
PHYSICO-CHIMIQUE
PHYTOGÉOGRAPHIE
PHYTOPATHOLOGIE
PHYTOSOCIOLOGIE
PHYTOTHÉRAPEUTE
PIERRE DE CORTONE
PIETRO DA CORTONA
PIÉZO-ÉLECTRIQUE
PILÂTRE DE ROZIER
PLANÉTARISATION
PLANS DE PROVENCE
PLANTUREUSEMENT
PLÉNEUF-VAL-ANDRÉ
PLURICELLULAIRE
PLUS-QUE-PARFAITS
PNEUMOGASTRIQUE
PNEUMOPÉRITOINE
POINTE-CLAIRAISE
POISSONS-PARADIS
POITOU-CHARENTES
POLIOMYÉLITIQUE
POLYÉLECTROLYTE
POLYSYNTHÉTIQUE
POLYTOXICOMANIE
POLYTRAUMATISME
PONSON DU TERRAIL
PONTRAMBERTOISE
PONT-SAINT-ESPRIT
PONTS-PROMENADES
POPULATIONNISTE
PORT-AUX-FRANÇAIS
PORTE-BOUTEILLES
PORTE-CIGARETTES
PORTE-CONTENEURS
PORTE-ÉTRIVIÈRES
PORTE-PARAPLUIES
PORTE-SERVIETTES
PORTRAITS-ROBOTS
POSSESSIONNELLE

POSTÉRIEUREMENT
POSTSYNCHRONISÉ
POTENTIELLEMENT
POUILLY-SUR-LOIRE
PRÉCAUTIONNEUSE
PRÉINDUSTRIELLE
PRÉSÉLECTIONNÉE
PRÉSÉLECTIONNER
PRÉSONORISATION
PRESSE-RAQUETTES
PRÊTRES-OUVRIERS
PRIEUR-DUVERNOIS
PRIMEL-TRÉGASTEL
PRIMO-INFECTIONS
PRIORITAIREMENT
PROCESSIONNAIRE
PROCHE-ORIENTALE
PROCHE-ORIENTAUX
PRODIGIEUSEMENT
PROFESSIONNELLE
PROGRESSIVEMENT
PROJECTIONNISTE
PROLÉTARISATION
PRONOMINALEMENT
PRONUNCIAMIENTO
PRO-OCCIDENTALES
PROPHARMACIENNE
PROPHÉTIQUEMENT
PROPORTIONNELLE
PROTECTIONNISME
PROTECTIONNISTE
PROTOHISTORIQUE
PROVERBIALEMENT
PRUSSE-ORIENTALE
PSYCHANALYTIQUE
PSYCHASTHÉNIQUE
PSYCHOAFFECTIVE
PSYCHOCHIRURGIE
PSYCHOGÉNÉTIQUE
PSYCHOLINGUISTE
PSYCHOMÉTRICIEN
PSYCHOMOTRICIEN
PSYCHOMOTRICITÉ
PSYCHOPÉDAGOGIE
PSYCHOPÉDAGOGUE
PSYCHOSENSORIEL
PSYCHOSOMATIQUE
PSYCHOSTIMULANT
PSYCHOTECHNIQUE
PUCELLE D'ORLÉANS
PUY-SAINT-VINCENT
PYROÉLECTRICITÉ
PYTHAGORICIENNE
QUALITATIVEMENT
QUARANTE-HUITARD
QUATORZIÈMEMENT
QUATRE-DE-CHIFFRE

QUATRE-VINGTIÈME
QUESNOY-SUR-DEÛLE
QUINTILIUS VARUS
QUOTIDIENNEMENT
RACHIANESTHÉSIE
RADARASTRONOMIE
RADIOACTIVATION
RADIOALIGNEMENT
RADIOASTRONOMIE
RADIOCONDUCTEUR
RADIODIAGNOSTIC
RADIOÉLECTRIQUE
RADIOGONIOMÈTRE
RADIOMESSAGERIE
RADIO MONTE-CARLO
RADIONAVIGATION
RADIOPROTECTION
RADIORÉSISTANCE
RADIOTÉLÉPHONIE
RADIOTÉLÉVISION
RADIOTHÉRAPEUTE
RAFFERMISSEMENT
RAFRAÎCHISSANTE
RAIMOND BÉRENGER
RAISONNABLEMENT
RANDSTAD HOLLAND
RATIONALISATION
RATIONNELLEMENT
RÉACTUALISATION
RÉAPPROVISIONNÉ
RECALCIFICATION
RECHERCHE-ACTION
RECHRISTIANISÉE
RECHRISTIANISER
RECONSTRUCTRICE
RECONVENTIONNEL
RECONVERTISSANT
RECRISTALLISANT
RECROQUEVILLANT
REDIMENSIONNANT
RÉÉCHELONNEMENT
RÉENSEMENCEMENT
RÉFÉRÉS-LIBERTÉS
REFROIDISSEMENT
RÉGINABORGIENNE
RÉGIONALISATION
RÉGLEMENTARISME
RÉINCARCÉRATION
REINE-MARGUERITE
REJAILLISSEMENT
RELEASING FACTOR
REMARQUABLEMENT
RENCHÉRISSEMENT
RENTABILISATION
RÉORCHESTRATION
RÉORGANISATRICE
REPOSITIONNABLE
REQUALIFICATION
REQUINS-MARTEAUX
REQUINS-PÈLERINS
RÉQUISITIONNANT
RESOCIALISATION
RESPECTABILISÉE
RESPECTABILISER
RESPLENDISSANTE
RESPONSABILISÉE
RESPONSABILISER
RESSAISISSEMENT
RESTRUCTURATION
RETRANSCRIPTION
RÉTROACTIVEMENT
RÉTROPROJECTEUR
REVASCULARISANT
RÉVOLUTIONNAIRE
REZA CHAH PAHLAVI
RHABDOMANCIENNE
RHINO-PHARYNGÉES
RHINO-PHARYNGIEN
RHINO-PHARYNGITE
RIBEAUVILLÉENNE
RIEMENSCHNEIDER
RINCE-BOUTEILLES
RIOM-ÈS-MONTAGNES
ROBERT BELLARMIN
ROBERT DE COURÇON
ROCHECHOUARTAIS
ROMAN-FEUILLETON
ROMANOS LE MÉLODE
ROMÉO ET JULIETTE
ROMILLY-SUR-SEINE
ROUSSILLONNAISE
ROUSSILLONNAISE
ROUYNORANDIENNE
ROYAL DUTCH-SHELL
RUELLE-SUR-TOUVRE
RUPIFICALDIENNE
SABRE-BAÏONNETTE
SAINT-AGNANTAISE
SAINT-AVERTINOIS
SAINT-AVOLDIENNE
SAINT-BARTHÉLEMY
SAINT CATHARINES
SAINT-CHAMONAISE
SAINTE-CATHERINE
SAINTE-GENEVIÈVE
SAINTE-MENEHOULD
SAINT-GAUDINOISE
SAINT-GENIEZ-D'OLT
SAINT-GENIS-LAVAL
SAINT-GEOIRIENNE
SAINT-GERMANOISE
SAINT-GERVELAINE
SAINT-GERVOLAINE
SAINT-GIRONNAISE

SAINT-JEAN-DU-GARD
SAINT-JULIEN-L'ARS
SAINT-JULIENNOIS
SAINT-LARY-SOULAN
SAINT-LÉGER LÉGER
SAINT-LEU-LA-FORÊT
SAINT-MAIXENTAIS
SAINT-MARTIN-DE-RÉ
SAINT-MARTINOISE
SAINT-PAUL-LÈS-DAX
SAINT-PÈRE-EN-RETZ
SAINT PETERSBURG
SAINT-POURCINOIS
SAINT-QUENTINOIS
SAINT-SAVINIENNE
SAINT-SIMONIENNE
SAINT-SIMONISMES
SAINT-SYMPHORIEN
SAISIE-EXÉCUTION
SAISIES-BRANDONS
SAISIES-GAGERIES
SAKAIDA KAKIEMON
SALON-DE-PROVENCE
SAMOA ORIENTALES
SAMPIERO D'ORNANO
SANCHE O POVOADOR
SANCTIFICATRICE
SANCTO-JULIANAIS
SANGALLO L'ANCIEN
SANGALLO LE JEUNE
SAN JOSÉ DE CÚCUTA
SANTA FE DE BOGOTÁ
SÃO JOÃO DE MERITI
SAPEURS-POMPIERS
SARATOGA SPRINGS
SARCASTIQUEMENT
SARREBOURGEOISE
SARREGUEMINOISE
SARTROUVILLOISE
SAVIGNY-LE-TEMPLE
SAVIGNY-SUR-BRAYE
SCANDALEUSEMENT
SCAPULO-HUMÉRALE
SCAPULO-HUMÉRAUX
SCEAUX-DE-SALOMON
SCHÉMATIQUEMENT
SCHIZOPHRÉNIQUE
SCHWÄBISCH GMÜND
SCOTTISH-TERRIER
SCRUPULEUSEMENT
SE CLOCHARDISANT
SE COLLETAILLANT
SÉDENTARISATION
SEDIA GESTATORIA
SEINE-ET-MARNAISE
SEINE-SAINT-DENIS
SEKONDI-TAKORADI
SÉLÉNOGRAPHIQUE
SÉLEUCOS NIKATÔR
SELF-GOVERNMENTS
SELF-INDUCTANCES
SELIM LE TERRIBLE
SEMI-AUTOMATIQUE
SEMI-AUXILIAIRES
SEMI-CIRCULAIRES
SEMI-CONDUCTEURS
SEMI-CONDUCTRICE
SEMI-CONVERGENTE
SEMI-OFFICIELLES
SEMI-SUBMERSIBLE
SÉNATUS-CONSULTE
SENNECEY-LE-GRAND
SENSIBILISATEUR
SENSIBILISATION
SENSORI-MOTRICES
SENTIMENTALISME
SERGE DE RADONÈGE
SÉROVACCINATION
SERVIETTE-ÉPONGE
SÉVÈRE ALEXANDRE
SEVERNAÏA ZEMLIA
SEXTUS EMPIRICUS
SHAKESPEARIENNE
SILENCIEUSEMENT
SILLON RHODANIEN
SILVESTRE DE SACY
SIMON LE MAGICIEN
SIMPLIFICATRICE
SINGES-ARAIGNÉES
SNORRI STURLUSON
SOCIAL-DÉMOCRATE
SOCIOCULTURELLE
SOCIO-ÉCONOMIQUE
SOCIO-ÉDUCATIVES
SOIXANTE-DIXIÈME
SOIXANTE-HUITARD
SOLIGNY-LA-TRAPPE
SOLLIÈSPONTOISE
SONY CORPORATION
SOPHIA-ANTIPOLIS
SOUABE-FRANCONIE
SOUMISSIONNAIRE
SOUS-ADMINISTRÉE
SOUS-ADMINISTRÉS
SOUS-AMENDEMENTS
SOUS-ARBRISSEAUX
SOUS-COMMISSIONS
SOUS-DÉVELOPPÉES
SOUS-DIRECTRICES
SOUS-ÉQUIPEMENTS
SOUS-ESTIMATIONS
SOUS-ÉVALUATIONS
SOUS-EXPOSITIONS
SOUS-GOUVERNEURS

SOUS-LIEUTENANTS
SOUS-MAXILLAIRES
SOUS-MÉDICALISÉE
SOUS-MÉDICALISÉS
SOUS-PEUPLEMENTS
SOUS-PRÉFECTORAL
SOUS-PRÉFECTURES
SOUS-PRODUCTIONS
SOUS-PROLÉTAIRES
SOUS-PROLÉTARIAT
SOUS-SCAPULAIRES
SOUS-SECRÉTAIRES
SOUVENIRS-ÉCRANS
SPANIOMÉNORRHÉE
SPARRING-PARTNER
SPATIO-TEMPORELS
SPECTROCHIMIQUE
SPECTROMÉTRIQUE
SPECTROSCOPIQUE
SPIRITUELLEMENT
SPONDYLARTHRITE
STANDARDISATION
STATIONS-SERVICE
STATISTIQUEMENT
STATUES-COLONNES
STATURO-PONDÉRAL
STÉRÉOGRAPHIQUE
STÉRÉO-ISOMÉRIES
STÉRÉORÉGULIÈRE
STRASBOURGEOISE
STRASBOURGEOISE
STRATÉGIQUEMENT
STRATFORD-ON-AVON
STRATIGRAPHIQUE
STRATOSPHÉRIQUE
SUBSTANTIALISME
SUBSTANTIALISTE
SUBSTANTIVATION
SUBSTANTIVEMENT
SUD-VIETNAMIENNE
SUD-VIETNAMIENNE
SUPERCHAMPIONNE
SUPERFORTERESSE
SUPERORDINATEUR
SUPERPLASTICITÉ
SUPERPRODUCTION
SUPRACONDUCTEUR
SUPRACONDUCTION
SUPRASEGMENTALE
SUPRASEGMENTAUX
SURACCUMULATION
SURALIMENTATION
SURCOMPENSATION
SURCONSOMMATION
SURDIMENSIONNÉE
SURENCHÉRISSANT
SURENCHÉRISSEUR
SURENTRAÎNEMENT
SUREXPLOITATION
SURMÉDICALISANT
SURRÉGÉNÉRATEUR
SURRÉGÉNÉRATION
SYMPATHIQUEMENT
SYMPATHOLYTIQUE
SYMPTOMATOLOGIE
SYNALLAGMATIQUE
SYNCHRONISATION
SYNDICALISATION
SYNTHÉTIQUEMENT
SYSTÉMATICIENNE
SYSTÉMATISATION
TARN-ET-GARONNAIS
TASSILI DES AJJER
TCHÉCOSLOVAQUIE
TECHNOCRATISANT
TECHNOSTRUCTURE
TECTONOPHYSIQUE
TÉGLATH-PHALASAR
TÉLÉAVERTISSEUR
TÉLÉMAINTENANCE
TÉLÉSPECTATRICE
TÉLÉTRAVAILLEUR
TERRE-NEUVIENNES
TERRE-NEUVIENNES
TERTIAIRISATION
TÉTRASYLLABIQUE
THANKSGIVING DAY
THÉODOSE LE GRAND
THÉOLOGIQUEMENT
THERMODYNAMIQUE
THERMONUCLÉAIRE
THERMOPLASTIQUE
THERMOPROPULSÉE
THERMOPROPULSIF
THERMORÉCEPTEUR
THERMORÉSISTANT
THERMOSPHÉRIQUE
THROMBOPHLÉBITE
THYRÉOSTIMULINE
TIBIO-TARSIENNES
TIMBRE-QUITTANCE
TIRE-BOUCHONNANT
TIRE-BOUCHONNÉES
TOITURE-TERRASSE
TORRE ANNUNZIATA
TOSHUSAI SHARAKU
TOULOUSE-LAUTREC
TOURBILLONNAIRE
TOURBILLONNANTE
TOURNON-SUR-RHÔNE
TRACHÉES-ARTÈRES
TRADITIONALISME
TRADITIONALISTE
TRAFALGAR SQUARE

TRAJECTOGRAPHIE
TRANQUILLISANTE
TRANSATLANTIQUE
TRANS-AVANT-GARDE
TRANSCENDANTALE
TRANSCENDANTAUX
TRANSCULTURELLE
TRANSFIGURATION
TRANSFORMATRICE
TRANSFRONTALIER
TRANSISTORISANT
TRANSITIONNELLE
TRANSMODULATION
TRANSMUTABILITÉ
TRANSPARAISSANT
TRANSPHRASTIQUE
TRANSPLANTATION
TRANSPYRÉNÉENNE
TRANSSAHARIENNE
TRANSSEXUALISME
TRANSYLVANIENNE
TRANSYLVANIENNE
TRAUMATOLOGIQUE
TRAUMATOLOGISTE
TRAVELLER'S CHECK
TRAVESTISSEMENT
TRÉSORIER-PAYEUR
TRIBOÉLECTRIQUE
TRIDIMENSIONNEL
TRIGONOMÉTRIQUE
TRINITÉ-ET-TOBAGO
TRINITROTOLUÈNE
TRIPATOUILLEUSE
TRIPLOBLASTIQUE
TRISTAN L'HERMITE
TRITH-SAINT-LÉGER
TROIS GLORIEUSES
TROPHOBLASTIQUE
TROPICALISATION
TROUVILLE-SUR-MER
TRUJILLO Y MOLINA
TUBERCULINATION
TULLUS HOSTILIUS
TUMULTUEUSEMENT
TURBOCOMPRESSÉE
TURBOPROPULSEUR
TURBOSOUFFLANTE
TUXTLA GUTIÉRREZ
ULTRAFILTRATION
ULTRAMICROSCOPE
ULTRAMONTANISME
UNIDIMENSIONNEL
UNIDIRECTIONNEL
UNILATÉRALEMENT
UNION EUROPÉENNE
UNIVERSELLEMENT
VACCINOTHÉRAPIE
VAISON-LA-ROMAINE
VALDEMAR LE GRAND
VALENCES-GRAMMES
VAL-SAINT-LAMBERT
VALSE-HÉSITATION
VAN RYSSELBERGHE
VASCULARISATION
VASCULO-NERVEUSE
VASODILATATRICE
VASSILI CHOUÏSKI
VASSILI L'AVEUGLE
VAUDREUIL-DORION
VAUGHAN WILLIAMS
VENANCE FORTUNAT
VÉNÉTIE JULIENNE
VERNEUIL-SUR-AVRE
VERTACOMIRIENNE
VICE-PRÉSIDENCES
VICE-PRÉSIDENTES
VICTORIAVILLOIS
VICTORIEUSEMENT
VIDAL DE LA BLACHE
VIDÉOCONFÉRENCE
VIEUX-CATHOLIQUE
VIGNEUX-SUR-SEINE
VILLE-CHAMPIGNON
VILLEFRANCHOISE
VILLEMUR-SUR-TARN
VILLENAVE-D'ORNON
VILLENEUVE-D'ASCQ
VILLENEUVE-LE-ROI
VILLEPARISIENNE
VILLERSEXELLOIS
VILLERS-LÈS-NANCY
VILLEURBANNAISE
VIMONASTÉRIENNE
VINCENT DE LÉRINS
VISCOÉLASTICITÉ
VISCOPLASTICITÉ
VISIOCONFÉRENCE
VITIVINICULTURE
VITRY-LE-FRANÇOIS
VLADIMIR LE GRAND
VLADIMIR LE SAINT
VLADIMIR-SOUZDAL
VOLUPTUEUSEMENT
VREDEMAN DE VRIES
VULNÉRABILISANT
WAGON-RESTAURANT
WALDECK-ROUSSEAU
WASHINGTONIENNE
WINDWARD ISLANDS
WISSEMBOURGEOIS
YAMAMOTO ISOROKU
YAMOUSSOUKROISE
YVERDON-LES-BAINS
ZOOTECHNICIENNE

16

ABASOURDISSEMENT
ABD AL-AZIZ IBN SAUD
ABU AL-ALA AL-MAARRI
ACCIDENTELLEMENT
ACÉTYLCOENZYMES A
ADÉLAÏDE DE FRANCE
ADÉLAÏDE DE SAVOIE
ADÉLAÏDE D'ORLÉANS
ADÈLE DE CHAMPAGNE
ADHÉMAR DE MONTEIL
ADIPOSO-GÉNITALES
AFFRANCHISSEMENT
AFRO-BRÉSILIENNES
AFRO-BRÉSILIENNES
AGRIPPINE LA JEUNE
AGROCLIMATOLOGIE
AGRO-INDUSTRIELLE
AIREDALE-TERRIERS
À LA SAINT-GLINGLIN
À LA SIX-QUATRE-DEUX
ALCALINO-TERREUSE
ALEXANDRE FARNÈSE
ALEXANDRE LE GRAND
ALISE-SAINTE-REINE
ALPES SCANDINAVES
ALPHABÉTIQUEMENT
ALPHONSE LE CHASTE
AMAURY DE LUSIGNAN
AMBARÈS-ET-LAGRAVE
AMÉRIQUE CENTRALE
AMSTELLODAMIENNE
ANAXIMÈNE DE MILET
ANDAMAN ET NICOBAR
ANDERNOS-LES-BAINS
ANDORRE-LA-VIEILLE
ANGLES-SUR-L'ANGLIN
ANGLO-AMÉRICAINES
ANGLO-AMÉRICAINES
ANTHROPOBIOLOGIE
ANTHROPOMÉTRIQUE
ANTIAMÉRICANISME
ANTICLÉRICALISME
ANTICOLONIALISME
ANTICOLONIALISTE
ANTICONJONCTUREL
ANTIDÉMOCRATIQUE
ANTIESCLAVAGISTE
ANTIGUA-ET-BARBUDA
ANTIGUA GUATEMALA
ANTIHISTAMINIQUE
ANTI-IMPÉRIALISME
ANTI-IMPÉRIALISTE
ANTI-INFECTIEUSES
ANTIPELLICULAIRE
ANTIPHLOGISTIQUE
ANTIPRURIGINEUSE
ANTIRÉPUBLICAINE
ANTISCIENTIFIQUE
ANTITHYROÏDIENNE
ANTITUBERCULEUSE
ANTOINE DE BOURBON
APAMÉE-SUR-L'ORONTE
APPESANTISSEMENT
APPROVISIONNEUSE
ARCHÉOMAGNÉTISME
ARGENT-SUR-SAULDRE
ARISTOTÉLICIENNE
ARITHMÉTIQUEMENT
ARQUES-LA-BATAILLE
ARRIÈRE-BOUTIQUES
ARRIÈRE-GRAND-MÈRE
ARRIÈRE-GRAND-PÈRE
ARRIÈRE-PETIT-FILS
ARTÉRIOSCLÉREUSE
ARTIFICIELLEMENT
ARTIFICIEUSEMENT
ARUNACHAL PRADESH
ASNIÈRES-SUR-SEINE
ASSOCIATIONNISME
ASSUJETTISSEMENT
ASSURANCE-MALADIE
ASTRONOMIQUEMENT
ASTROPHYSICIENNE
AUDIOPROTHÉSISTE
AURICULOTHÉRAPIE
AUSTRALOPITHÈQUE
AUSTRO-HONGROISES
AUSTRO-HONGROISES
AUTHENTIFICATION
AUTOBIOGRAPHIQUE
AUTOCONSOMMATION
AUTODESTRUCTRICE
AUTOGESTIONNAIRE
AUTO-IMMUNISATION
AUTOMITRAILLEUSE
AUTORADIOGRAPHIE
AUTOSATISFACTION
AUTOS-PATROUILLES
AUTOSURVEILLANCE
BACILLARIOPHYCÉE
BACTÉRIOSTATIQUE
BAGNÈRES-DE-LUCHON

BAIE-SAINT-PAULOIS
BALLONS DES VOSGES
BARBEY D'AUREVILLY
BEAUFORT-EN-VALLÉE
BEHREN-LÈS-FORBACH
BERGISCH GLADBACH
BERLINER ENSEMBLE
BERNARD DE MENTHON
BERZÉLAVILLIENNE
BIACHE-SAINT-VAAST
BIDIMENSIONNELLE
BIGOT DE PRÉAMENEU
BIOBIBLIOGRAPHIE
BIODÉGRADABILITÉ
BIOTECHNOLOGIES
BLAGOVECHTCHENSK
BOILEAU-DESPRÉAUX
BOISSY-SAINT-LÉGER
BONNEUIL-SUR-MARNE
BORDJ BOU ARRÉRIDJ
BORGNIS-DESBORDES
BORMES-LES-MIMOSAS
BOURGEOIS DE PARIS
BOURG-SAINT-ANDÉOL
BRACELETS-MONTRES
BRANDEBOURGEOISE
BRANDEBOURGEOISE
BRIENNE-LE-CHÂTEAU
BRITISH PETROLEUM
BRIVE-LA-GAILLARDE
BRONCHO-PNEUMONIE
BRUAY-LA-BUISSIÈRE
BRUNON DE QUERFURT
BRUYÈRES-LE-CHÂTEL
BUCKINGHAM PALACE
BUIS-LES-BARONNIES
BULLETINS-RÉPONSE
CALDERA RODRÍGUEZ
CAP-DE-LA-MADELEINE
CAPITAL-RISQUEURS
CARBONITRURATION
CARDIO-PULMONAIRE
CARDIO-VASCULAIRE
CAROLOMACÉRIENNE
CARPENTRASSIENNE
CARREÑO DE MIRANDA
CARRÈRE D'ENCAUSSE
CASTELBRIANTAISE
CASTELGIRONNAISE
CASTELJALOUSAINE
CASTELNAU-DE-MÉDOC
CASTILLE-LA MANCHE
CATHERINE D'ARAGON
CATHERINE LABOURÉ
CEP COMMUNICATION
CÉPHALO-RACHIDIEN
CÉRÉMONIEUSEMENT

CHALANDS-CITERNES
CHALETTE-SUR-LOING
CHAMBOLLE-MUSIGNY
CHAMBRAY-LÈS-TOURS
CHAMITO-SÉMITIQUE
CHAMPAGNE-ARDENNE
CHAMPIGNEULLAISE
CHANTONNAISIENNE
CHARENTE-MARITIME
CHARLESBOURGEOIS
CHARLES DE BOURBON
CHARLES LE BOITEUX
CHARLES LE MAUVAIS
CHASSELOUP-LAUBAT
CHÂTEAU-CHINONAIS
CHÂTELAILLONNAIS
CHÂTELGUYONNAISE
CHÂTELLERAUDAISE
CHÂTILLON-COLIGNY
CHAUFFE-ASSIETTES
CHAUMONT-SUR-LOIRE
CHAZELLES-SUR-LYON
CHIMIORÉSISTANCE
CHIMIOTHÉRAPIQUE
CHIROPRATICIENNE
CHLORO-ORGANIQUES
CHLOROPHYLLIENNE
CHOLÉCYSTECTOMIE
CHONDROCALCINOSE
CHRÉTIEN DE TROYES
CHRISTIANISATION
CHRISTINE DE PISAN
CHRYSÉLÉPHANTINE
CIRCONSTANCIELLE
CIRCUMAMBULATION
CIRCUMNAVIGATION
CLAUDE LE GOTHIQUE
CLERMONT-L'HÉRAULT
CLERMONT-TONNERRE
COLLECTIVISATION
COLONNES D'HERCULE
COMÉDIE-FRANÇAISE
COMÉDIE-ITALIENNE
COMMEDIA DELL'ARTE
COMMERCIALISABLE
COMMUNICATIONNEL
COMPENDIEUSEMENT
COMPLEXIFICATION
COMPTABILISATION
CONCHYLICULTRICE
CONJECTURALEMENT
CONQUES-SUR-ORBIEL
CONSIDÉRABLEMENT
CONSTANTIN DOUKAS
CONSUBSTANTIELLE
CONTAINÉRISATION
CONTENEURISATION

CONTRACTUALISANT
CONTRE-ASSURANCES
CONTRE-EMPREINTES
CONTRE-ESPIONNAGE
CONTRE-EXPERTISES
CONTRE-EXTENSIONS
CONTRE-INDICATION
CONTRE-MANIFESTER
CONTRE-OFFENSIVES
CONTRE-PASSATIONS
CONTRE-PRESTATION
CONTRE-PRODUCTIFS
CONTRE-PRODUCTIVE
CONTRE-PROPAGANDE
CONTRE-PUBLICITÉS
CONTRE-RÉVOLUTION
CONTRESIGNATAIRE
CONTRE-TERRORISME
CONTRE-TERRORISTE
CONTRE-TORPILLEUR
CONTRE-TRANSFERTS
CONVENTIONNEMENT
COPOLYMÉRISATION
CORBEILLE-D'ARGENT
CORMELLES-LE-ROYAL
CORRECTIONNALISÉ
CORRÉLATIONNELLE
CORTICOSTIMULINE
CORTICOSURRÉNALE
CORTICOSURRÉNAUX
COURNON-D'AUVERGNE
COURVILLE-SUR-EURE
CRAPONNE-SUR-ARZON
CRENEY-PRÈS-TROYES
CREUTZFELDT-JAKOB
CRISTALLOGRAPHIE
CRYOCONSERVATION
CRYODESSICCATION
CRYOLUMINESCENCE
CRYPTOCOMMUNISTE
CUISSON-EXTRUSION
CULS-DE-BASSE-FOSSE
CYRANO DE BERGERAC
DACTYLOGRAPHIANT
DACTYLOGRAPHIQUE
DAMES-D'ONZE-HEURES
DAMMARTIN-EN-GOËLE
DAMPIERRE-EN-BURLY
DANGÉ-SAINT-ROMAIN
DAVID COPPERFIELD
DÉBROUSSAILLANTE
DÉBROUSSAILLEUSE
DÉBUREAUCRATISÉE
DÉBUREAUCRATISER
DÉCARTELLISATION
DÉCAVAILLONNEUSE
DÉCENTRALISATEUR
DÉCENTRALISATION
DÉCHRISTIANISANT
DÉCOLLECTIVISANT
DÉCONGESTIONNANT
DÉCONVENTIONNANT
DÉMÉDICALISATION
DÉMILITARISATION
DÉMINÉRALISATION
DEMI-PENSIONNAIRE
DÉMOCRATIQUEMENT
DÉMULTIPLICATEUR
DÉMULTIPLICATION
DÉMYSTIFICATRICE
DÉNATURALISATION
DENFERT-ROCHEREAU
DÉNICOTINISATION
DÉNUCLÉARISATION
DENYS L'ARÉOPAGITE
DÉPARTEMENTALISÉ
DÉPERSONNALISANT
DÉPIGEONNISATION
DÉPOLYMÉRISATION
DÉPRESSURISATION
DÉRÉGLEMENTATION
DÉRESPONSABILISÉ
DÉSAFFÉRENTATION
DÉSAISONNALISANT
DÉSAMBIGUÏSATION
DÉSAPPROVISIONNÉ
DESBORDES-VALMORE
DÉSEMBOURGEOISÉE
DÉSEMBOURGEOISER
DÉSEMBOUTEILLANT
DÉSHYDROGÉNATION
DÉSINCARCÉRATION
DÉSINDUSTRIALISÉ
DÉSINSECTISATION
DÉSINTÉRESSEMENT
DÉSORGANISATRICE
DÉSPÉCIALISATION
DÉSTABILISATRICE
DEUTÉROCANONIQUE
DIACÉTYLMORPHINE
DICTATORIALEMENT
DIESEL-ÉLECTRIQUE
DIFFÉRENCIATRICE
DIOGÈNE LE CYNIQUE
DIPLOMATIQUEMENT
DISCOURTOISEMENT
DISPENDIEUSEMENT
DISPROPORTIONNÉE
DISQUALIFICATION
DOMRÉMY-LA-PUCELLE
DORSALE GUINÉENNE
DOUANIER ROUSSEAU
DRUMMONDVILLOISE
DUHAMEL DU MONCEAU

DUQUESNOY LE VIEUX
DVINA OCCIDENTALE
DYNAMOÉLECTRIQUE
DYSCHONDROPLASIE
ÉCHANTILLONNEUSE
ÉCHOLOCALISATION
ÉCONOMÉTRICIENNE
EDGAR LE PACIFIQUE
EISENHÜTTENSTADT
ÉLECTROCINÉTIQUE
ÉLECTRODYNAMIQUE
ÉLECTROMÉCANIQUE
ÉLECTROMÉNAGISTE
ÉLECTROMYOGRAMME
ÉLECTRONIQUEMENT
ÉLECTRONUCLÉAIRE
ÉLECTROPORTATIVE
ÉLECTROSTRICTION
ÉLECTROTECHNIQUE
ÉLISABETH FARNÈSE
EMBERLIFICOTEUSE
EMBOURGEOISEMENT
ENCÉPHALOMYÉLITE
ENDOCRINOLOGISTE
ENORGUEILLISSANT
ENTRECOLONNEMENT
ENTRE-DEUX-GUERRES
ENTREPRENEURIALE
ENTREPRENEURIAUX
ENVIRONNEMENTALE
ENVIRONNEMENTAUX
ÉPINAY-SOUS-SÉNART
ÉPIPALÉOLITHIQUE
ÉPITHÉLIONEURIEN
ÉPOUVANTABLEMENT
ÉQUEURDREVILLAIS
ERCKMANN-CHATRIAN
ÉTATS PONTIFICAUX
ETHNOMUSICOLOGIE
ETHNOPSYCHIATRIE
ETHNOPSYCHOLOGIE
ÉTIENNE UROS DUSAN
ÉTRÉSILLONNEMENT
ÉTYMOLOGIQUEMENT
EUROPÉOCENTRISME
EXPÉRIMENTATRICE
EXTERRITORIALITÉ
EXTRAPATRIMONIAL
EXTRASENSORIELLE
EXTRATERRITORIAL
EXTRAVÉHICULAIRE
EXTRÊME-ORIENTALE
EXTRÊME-ORIENTAUX
EXTRÊMES-ONCTIONS
EXXON CORPORATION
FERDINAND LE GRAND
FERDINAND LE SAINT

FERROÉLECTRICITÉ
FICTIONALISATION
FISCHER VON ERLACH
FLANDRE-ORIENTALE
FLEURY-LES-AUBRAIS
FLEURY-SUR-ANDELLE
FLUVIO-GLACIAIRES
FŒTO-MATERNELLES
FONCTIONNALISANT
FONCTIONNARISANT
FONDAMENTALEMENT
FONTAINE-LÈS-DIJON
FONTENAY-AUX-ROSES
FONTENAY-LE-FLEURY
FONTENAY-SOUS-BOIS
FORD MOTOR COMPANY
FOULQUES LE RÉCHIN
FOUQUIER-TINVILLE
FRAGMENTAIREMENT
FRANCHET D'ESPEREY
FRANC-MAÇONNERIES
FRANCO-CANADIENNE
FRANCO-CANADIENNE
FRANCO-FRANÇAISES
FRANÇOISE ROMAINE
FRANCO-PROVENÇALE
FRANCO-PROVENÇAUX
FRANSQUILLONNANT
FRÉDÉRIC DE STYRIE
FRÉDÉRIC LE SIMPLE
FRESNAY-SUR-SARTHE
FUSIL-MITRAILLEUR
GALVANOPLASTIQUE
GARDES-FRANÇAISES
GARGES-LÈS-GONESSE
GASTRO-INTESTINAL
GAUTIER SANS AVOIR
GÉLATINO-BROMURES
GÉLATINO-CHLORURE
GÉNÉRATION PERDUE
GENTLEMANS-RIDERS
GENTLEMEN-FARMERS
GÉOCHRONOLOGIQUE
GÉOGRAPHIQUEMENT
GÉOMORPHOLOGIQUE
GERBERT D'AURILLAC
GERLACHE DE GOMERY
GERTRUDE LA GRANDE
GESTALT-THÉRAPIES
GEVREY-CHAMBERTIN
GIULIANO DA MAIANO
GLOSSO-PHARYNGIEN
GLYCÉROPHTALIQUE
GODESCALC D'ORBAIS
GOUSSAINVILLOISE
GRAMMATICALEMENT
GRANADOS Y CAMPIÑA

GRANDE-CHARTREUSE
GRANDES-DUCHESSES
GRAND-QUEVILLAISE
GRANDS-ANGULAIRES
GRAN SASSO D'ITALIA
GRAVITATIONNELLE
GRÉCO-BOUDDHIQUES
GRENADE-SUR-L'ADOUR
GUILLAUME D'OCKHAM
GUILLAUME D'ORANGE
GUILLAUME LE GRAND
GUINÉE PORTUGAISE
HAUT-COMMISSARIAT
HAUT-KŒNIGSBOURG
HEBDOMADAIREMENT
HENRI DE BOURGOGNE
HENRI L'IMPUISSANT
HENRI PLANTAGENÊT
HÉRIMONCOURTOISE
HÉRON D'ALEXANDRIE
HÉTÉROCHROMOSOME
HIDALGO Y COSTILLA
HIÉRARCHIQUEMENT
HISPANO-AMÉRICAIN
HISPANO-AMÉRICAIN
HISPANO-MAURESQUE
HISPANO-MORESQUES
HOMMES-ORCHESTRES
HOMOGÉNÉISATRICE
HOROKILOMÉTRIQUE
HURTADO DE MENDOZA
HYDROCORALLIAIRE
HYDROÉLECTRICITÉ
HYDROMÉTALLURGIE
HYDROPNEUMATIQUE
HYPERCHLORHYDRIE
HYPERCONTINENTAL
HYPERGLYCÉMIANTE
HYPERLEUCOCYTOSE
HYPERŒSTROGÉNIE
HYPERPLAQUETTOSE
HYPERSENSIBILITÉ
HYPERVENTILATION
HYPOALLERGÉNIQUE
HYPOTHÉTIQUEMENT
IGNOMINIEUSEMENT
IMMUNOCOMPÉTENTE
IMMUNODÉFICIENCE
IMMUNODÉPRESSEUR
IMMUNODÉPRESSION
IMMUNOSTIMULANTE
IMPARISYLLABIQUE
IMPERCEPTIBILITÉ
IMPERMÉABILISANT
IMPERTURBABILITÉ
IMPRÉDICTIBILITÉ
IMPUTRESCIBILITÉ

INASSOUVISSEMENT
INCOMBUSTIBILITÉ
INCOMPARABLEMENT
INCOMPRÉHENSIBLE
INCONCEVABLEMENT
INCONDITIONNELLE
INCONVERTIBILITÉ
INCORRIGIBLEMENT
INCORRUPTIBILITÉ
INDÉFECTIBLEMENT
INDISCUTABLEMENT
INDISSOLUBLEMENT
INDIVIDUELLEMENT
INDUSTRIELLEMENT
INÉBRANLABLEMENT
INEXPLICABLEMENT
INEXTRICABLEMENT
INFORMATIONNELLE
INFORMATIQUEMENT
INFRUCTUEUSEMENT
INFUNDIBULIFORME
INGÉNIEUR-CONSEIL
INHALOTHÉRAPEUTE
INSTITUTIONNELLE
INSTRUMENTALISER
INSTRUMENTALISME
INSUBMERSIBILITÉ
INSULINOTHÉRAPIE
INTARISSABLEMENT
INTELLECTUALISÉE
INTELLECTUALISER
INTELLECTUALISME
INTELLECTUALISTE
INTELLIGIBLEMENT
INTEMPESTIVEMENT
INTERACTIONNELLE
INTERACTIONNISME
INTERCIRCULATION
INTERCOMMUNALITÉ
INTERCONNECTABLE
INTERCONTINENTAL
INTERENTREPRISES
INTERFÉRENTIELLE
INTERMINABLEMENT
INTERMINISTÉRIEL
INTERMOLÉCULAIRE
INTERNATIONALISÉ
INTERNATIONALITÉ
INTEROPÉRABILITÉ
INTERPÉNÉTRATION
INTERPERSONNELLE
INTERRO-NÉGATIVES
INTRAMOLÉCULAIRE
INTRAMONTAGNARDE
INTRANSITIVEMENT
INVOLONTAIREMENT
IOUJNO-SAKHALINSK

IRRÉDUCTIBLEMENT
IRRÉMÉDIABLEMENT
IRRÉMISSIBLEMENT
IRRÉSISTIBLEMENT
IRRESPONSABILITÉ
IRRÉVERSIBLEMENT
ISABEAU DE BAVIÈRE
ISABELLE DE FRANCE
ISIDORE DE SÉVILLE
IZANAGI ET IZANAMI
JAMMU-ET-CACHEMIRE
JEAN DE LUXEMBOURG
JEAN L'ÉVANGÉLISTE
JEAN-MARIE VIANNEY
JEMEPPE-SUR-SAMBRE
JOSEPH D'ARIMATHIE
JUDÉO-CHRÉTIENNES
JUNIOR ENTREPRISE
JURIDICTIONNELLE
JUSQU'AU-BOUTISMES
JUSQU'AU-BOUTISTES
JUVÉNAL DES URSINS
KAWABATA YASUNARI
KINÉSITHÉRAPEUTE
KINGSTON-UPON-HULL
KOIZUMI JUNICHIRO
KUTCHUK-KAÏNARDJI
LA BAULE-ESCOUBLAC
LA CÔTE-SAINT-ANDRÉ
LADISLAS JAGELLON
LADISLAS LOKIETEK
LA FORÊT-FOUESNANT
L'AIGUILLON-SUR-MER
LAISSÉ-POUR-COMPTE
L'ANCIENNE-LORETTE
LANGUES-DE-SERPENT
LARAGNE-MONTÉGLIN
LA ROCHEJAQUELEIN
LA ROQUE-D'ANTHÉRON
LATINO-AMÉRICAINE
LATINO-AMÉRICAINE
LATINO-AMÉRICAINS
LATINO-AMÉRICAINS
LATTRE DE TASSIGNY
LAUTERBOURGEOISE
LA VOULTE-SUR-RHÔNE
LE CHÂTEAU-D'OLÉRON
LE CHÂTELET-EN-BRIE
LEFÈVRE D'ORMESSON
LE GRAND-PRESSIGNY
LE KREMLIN-BICÊTRE
LÉON LE PHILOSOPHE
LE PLESSIS-TRÉVISE
LES SABLES-D'OLONNE
LEUCO-ENCÉPHALITE
LEXINGTON-FAYETTE
LIBRE-ÉCHANGISMES

LIBRE-ÉCHANGISTES
LIECHTENSTEINOIS
LINGUISTIQUEMENT
L'ISLE-SUR-LA-SORGUE
LIVIUS ANDRONICUS
LOMÉNIE DE BRIENNE
LORENZO VENEZIANO
LOUISE DE MARILLAC
LOUVIGNÉ-DU-DÉSERT
LUCIEN DE SAMOSATE
LYMPHORÉTICULOSE
MACHINE-TRANSFERT
MACRO-INSTRUCTION
MACROMOLÉCULAIRE
MACRO-ORDINATEURS
MAGNÉSIE DU SIPYLE
MAGNÉTODYNAMIQUE
MAGNÉTOSTRICTION
MAÎTRES-CYLINDRES
MAIZIÈRES-LÈS-METZ
MALAYO-POLYNÉSIEN
MALLÉABILISATION
MANIACO-DÉPRESSIF
MANSART DE SAGONNE
MANUEL PALÉOLOGUE
MANUTENTIONNAIRE
MARGUERITE D'ANJOU
MARIA CHAPDELAINE
MARIE DE BOURGOGNE
MARIE L'ÉGYPTIENNE
MARIE LESZCZYNSKA
MARTÍNEZ DE LA ROSA
MARTÍNEZ MONTAÑÉS
MARTINS-CHASSEURS
MASDJED-E SOLEYMAN
MASDJID-I SULAYMAN
MASSIF ARMORICAIN
MATHÉMATIQUEMENT
MAUZÉ-SUR-LE-MIGNON
MAXIMILIEN DE BADE
MAXIMILIEN JOSEPH
MÉDECINS-CONSEILS
MÉDULLOSURRÉNALE
MEHMED VAHIDEDDIN
MÉLANCOLIQUEMENT
MÉPHISTOPHÉLIQUE
MÉRIBEL-LES-ALLUES
MERVEILLEUSEMENT
MÉTACONNAISSANCE
MÉTALINGUISTIQUE
MÉTALLOGRAPHIQUE
MÉTALLOPLASTIQUE
MÉTAMATHÉMATIQUE
MÉTAPHORIQUEMENT
MÉTAPHOSPHORIQUE
MÉTAPHYSIQUEMENT
MÉTAUX-CARBONYLES

16

MEURTHE-ET-MOSELLE
MICHEL PALÉOLOGUE
MICRO-INTERVALLES
MICRO-IRRIGATIONS
MICRO-ORDINATEURS
MICROPROPAGATION
MICROTRAUMATISME
MILLIAMPÈREMÈTRE
MITHRIDATISATION
MOLÉCULES-GRAMMES
MONOAMINE-OXYDASE
MONTCEAU-LES-MINES
MONTECATINI-TERME
MONTFERMEILLOISE
MONTMORILLONNAIS
MONTRES-BRACELETS
MONT-SAINT-HILAIRE
MORTAGNE-AU-PERCHE
MORTAGNE-SUR-SÈVRE
MOURMELON-LE-GRAND
MUHAMMAD IBN YUSUF
MÜLHEIM AN DER RUHR
MULTIRÉCIDIVISTE
MUNICIPALISATION
MUSTAFA KEMAL PASA
NAKASONE YASUHIRO
NAKHON RATCHASIMA
NARCOTRAFIQUANTE
NAVARRE FRANÇAISE
NÉO-CALÉDONIENNES
NÉO-CALÉDONIENNES
NÉOGRAMMAIRIENNE
NÉOMERCANTILISME
NÉOPLATONICIENNE
NEUFCHÂTEL-EN-BRAY
NEUILLY-PLAISANCE
NEUROCHIRURGICAL
NEUROENDOCRINIEN
NEUROFIBROMATOSE
NEUROPHYSIOLOGIE
NEUROPSYCHIATRIE
NEUROPSYCHOLOGIE
NEUROPSYCHOLOGUE
NEUVILLE-DE-POITOU
NEUVILLE-SUR-SAÔNE
NIGÉRO-CONGOLAISE
NOGENT-EN-BASSIGNY
NON-BELLIGÉRANCES
NON-BELLIGÉRANTES
NON-CONCILIATIONS
NON-CONTRADICTION
NON-DÉNONCIATIONS
NON-DISSÉMINATION
NON-INTERVENTIONS
NON-PROLIFÉRATION
NORD-MONTRÉALAISE
NORD-VIETNAMIENNE
NORD-VIETNAMIENNE
NOTRE-DAME DE PARIS
NOUVEAU-BRUNSWICK
NOUVELLE-BRETAGNE
NOYELLES-SOUS-LENS
NUAGES DE MAGELLAN
NUS-PROPRIÉTAIRES
OBSTRUCTIONNISME
OBSTRUCTIONNISTE
OLÉOPROTÉAGINEUX
OMNIDIRECTIONNEL
OPTOÉLECTRONIQUE
OREILLES-DE-SOURIS
ORGANOMÉTALLIQUE
ORGANOPHOSPHORÉE
ORGUEILLEUSEMENT
ORMESSON-SUR-MARNE
ORTHOCHROMATIQUE
ORTHOSYMPATHIQUE
OTTON DE BRUNSWICK
PALÉOTEMPÉRATURE
PARATHYROÏDIENNE
PARCELLARISATION
PARTICULIÈREMENT
PASSIONNELLEMENT
PATHOLOGIQUEMENT
PEINTRES-GRAVEURS
PEINTURE-ÉMULSION
PERFECTIONNEMENT
PÉRI-INFORMATIQUE
PÉRIPATÉTICIENNE
PERPENDICULARITÉ
PERQUISITIONNANT
PERSONNALISATION
PERSONNIFICATION
PETITE-BOURGEOISE
PHÉNOMÉNOLOGIQUE
PHÉOCHROMOCYTOME
PHILIPPE DE SOUABE
PHILIPPE DE VALOIS
PHOTOCOMPOSITEUR
PHOTOCOMPOSITION
PHOTOCONDUCTRICE
PHOTOÉLECTRICITÉ
PHOTOJOURNALISME
PHOTOJOURNALISTE
PHOTOSENSIBILITÉ
PHOTOSYNTHÉTIQUE
PHYSICO-CHIMIQUES
PHYSIOPATHOLOGIE
PIC DE LA MIRANDOLE
PIERRE D'ALCÁNTARA
PIETERMARITZBURG
PIÉZO-ÉLECTRICITÉ
PIÉZO-ÉLECTRIQUES
PINCE-MONSEIGNEUR
PLAISANCE-DU-TOUCH

PLANCHES-CONTACTS
PLÉNIPOTENTIAIRE
PLESTIN-LES-GRÈVES
PLEURONECTIFORME
POCHETTE-SURPRISE
POISSON-PERROQUET
POLITIQUE-FICTION
POLYCONDENSATION
POLYTECHNICIENNE
PONTAUDEMÉRIENNE
PONTAULT-COMBAULT
PONTÉPISCOPIENNE
PORT-AU-PRINCIENNE
PORTE-JARRETELLES
PORTES-LÈS-VALENCE
PORTET-SUR-GARONNE
POSTINDUSTRIELLE
POSTSYNCHRONISÉE
POSTSYNCHRONISER
POTENTIALISATION
POUSSETTES-CANNES
PRÉAMPLIFICATEUR
PRÉAPPRENTISSAGE
PRÉDÉTERMINATION
PRÉIMPLANTATOIRE
PRÉPOSITIONNELLE
PRESBYTÉRIANISME
PRÉSÉLECTIONNANT
PRÉSIDENTIALISME
PRESTIDIGITATEUR
PRESTIDIGITATION
PRÉTENTIEUSEMENT
PROCELLARIIFORME
PROCHE-ORIENTALES
PROFESSIONNALISÉ
PROHIBITIONNISTE
PROPORTIONNALITÉ
PROPOSITIONNELLE
PROTOHISTORIENNE
PSEUDOMEMBRANEUX
PSYCHIATRISATION
PSYCHOPATHOLOGIE
PSYCHOPLASTICITÉ
PSYCHOSOCIOLOGIE
PSYCHOSOCIOLOGUE
PSYCHOSTIMULANTE
PSYCHOTECHNICIEN
PSYCHOTHÉRAPEUTE
PSYCHOTHÉRAPIQUE
PTOLÉMÉE CÉSARION
PTOLÉMÉE ÉPIPHANE
PTOLÉMÉE ÉVERGÈTE
PUBLI-INFORMATION
PUVIS DE CHAVANNES
PYROPHOSPHORIQUE
PYROTECHNICIENNE
QUADRISYLLABIQUE
QUANTITATIVEMENT
QUARANTE-HUITARDE
QUARANTE-HUITARDS
QUARTIERS-MAÎTRES
QUATRE-VINGTIÈMES
QUEVEDO Y VILLEGAS
RACCOURCISSEMENT
RADIOCHRONOLOGIE
RADIOÉLECTRICIEN
RADIOÉLECTRICITÉ
RADIOGONIOMÉTRIE
RADIO-IMMUNOLOGIE
RADIOSENSIBILITÉ
RADIOTÉLÉGRAPHIE
RAFRAÎCHISSEMENT
RAGAILLARDISSANT
RAMASSEUSE-PRESSE
RÉAPPROVISIONNÉE
RÉAPPROVISIONNER
RECHRISTIANISANT
RÉENREGISTREMENT
REGGIO DI CALABRIA
REGGIO NELL'EMILIA
RELEASING FACTORS
REMILITARISATION
REMPOISSONNEMENT
RENAU D'ÉLIÇAGARAY
RENAU ÉLISSAGARAY
REPRÉSENTATIVITÉ
REPRODUCTIBILITÉ
RÉPUBLIQUE BATAVE
RESPECTABILISANT
RESPECTUEUSEMENT
RESPLENDISSEMENT
RESPONSABILISANT
RÉTROSYNTHÉTIQUE
RÉUNION-TÉLÉPHONE
REVIGNY-SUR-ORNAIN
RHINO-PHARYNGIENS
RHINO-PHARYNGITES
RHODE-SAINT-GENÈSE
RHÔMANOS LE MÉLODE
RÍO BRAVO DEL NORTE
RIO GRANDE DO NORTE
ROBERT D'ARBRISSEL
ROBERT DE MOLESMES
ROBERT LE VAILLANT
ROCHECHOUARTAISE
ROCHEFORT-EN-TERRE
ROCHES-RÉSERVOIRS
ROMAINMÔTIER-ENVY
ROMANÈCHE-THORINS
ROMULUS AUGUSTULE
SABLES-D'OR-LES-PINS
SACCHARIFICATION
SAHARA OCCIDENTAL
SAILLAT-SUR-VIENNE

SAINT-ALBAN-LEYSSE
SAINT-APOLLINAIRE
SAINT-AUBIN-SUR-MER
SAINT-AVERTINOISE
SAINT-BRIAC-SUR-MER
SAINT-CIRQ-LAPOPIE
SAINT-CYR-SUR-LOIRE
SAINTE-ANNE-D'AURAY
SAINTE-FOY-LÈS-LYON
SAINTE-MÈRE-ÉGLISE
SAINT-ÉMILIONNAIS
SAINTES-NITOUCHES
SAINT-JEAN-D'ANGÉLY
SAINT-JEAN-DE-BRAYE
SAINT-JEAN-DE-LOSNE
SAINT-JEAN-DE-MONTS
SAINT-JEAN-LE-BLANC
SAINT-JULIENNOISE
SAINT-MAIXENTAISE
SAINT-MÉEN-LE-GRAND
SAINT-OUEN-L'AUMÔNE
SAINT-PALAISIENNE
SAINT-PAUL-DE-VENCE
SAINT-PÉTERSBOURG
SAINT-POURCINOISE
SAINT-QUENTINOISE
SAINT-ROMAIN-EN-GAL
SAINT-SIMONIENNES
SALINAS DE GORTARI
SAMOA AMÉRICAINES
SANCTO-JULIANAISE
SAN-MARTINO-DI-LOTA
SÃO JOSÉ DOS CAMPOS
SAÔNE-ET-LOIRIENNE
SAULT-SAINTE-MARIE
SCAPULO-HUMÉRALES
SCIENCES-FICTIONS
SCIENTIFIQUEMENT
SCIPION L'AFRICAIN
SCOTTISH-TERRIERS
SÉGRÉGATIONNISME
SÉGRÉGATIONNISTE
SEICHES-SUR-LE-LOIR
SEMESTRIELLEMENT
SEMI-AUTOMATIQUES
SEMI-CONDUCTRICES
SEMI-CONVERGENTES
SEMI-PRÉSIDENTIEL
SEMI-SUBMERSIBLES
SEMUR-EN-BRIONNAIS
SÉNATUS-CONSULTES
SÉNÈQUE LE RHÉTEUR
SENSATIONNALISME
SENSIBILISATRICE
SENTENCIEUSEMENT
SENTIMENTALEMENT
SÉQUANODIONYSIEN

SESTO SAN GIOVANNI
SÉVÉRAC-LE-CHÂTEAU
SEYSSINET-PARISET
SIGILLOGRAPHIQUE
SIGISMOND LE VIEUX
SILLÉ-LE-GUILLAUME
SINT-GENESIUS-RODE
SINT-MARTENS-LATEM
SINT-PIETERS-LEEUW
SOCIAL-DÉMOCRATIE
SOCIALE-DÉMOCRATE
SOCIAUX-CHRÉTIENS
SOCIO-ÉCONOMIQUES
SOCIOLOGIQUEMENT
SOIXANTE-DIXIÈMES
SOIXANTE-HUITARDE
SOIXANTE-HUITARDS
SORGUE DE VAUCLUSE
SOULTZ-SOUS-FORÊTS
SOUPÇONNEUSEMENT
SOUS-ADMINISTRÉES
SOUS-ALIMENTATION
SOUS-CONSOMMATION
SOUS-ENTREPRENEUR
SOUS-EXPLOITATION
SOUS-MÉDICALISÉES
SOUS-PRÉFECTORALE
SOUS-PRÉFECTORAUX
SOUS-PROLÉTARIATS
SPARRING-PARTNERS
SPATIO-TEMPORELLE
SPECTROGRAPHIQUE
SPHYGMOMANOMÈTRE
SPIRITUALISATION
SPISSKÉ PODHRADIE
STATURO-PONDÉRALE
STATURO-PONDÉRAUX
STÉRÉORÉGULARITÉ
STÉRÉOSPÉCIFIQUE
STŒCHIOMÉTRIQUE
STRATOFORTERESSE
STRUCTURELLEMENT
SUBDIVISIONNAIRE
SUD-OUEST AFRICAIN
SUD-VIETNAMIENNES
SUD-VIETNAMIENNES
SUPERCALCULATEUR
SUPRACONDUCTRICE
SUPRAMOLÉCULAIRE
SUPRANATIONALITÉ
SURALCOOLISATION
SURAMPLIFICATEUR
SURDÉTERMINATION
SURENCHÉRISSEUSE
SURFRÉQUENTATION
SURPRISES-PARTIES
SURRÉGÉNÉRATRICE

SYMPLÉSIOMORPHIE
SYNCHROCYCLOTRON
SYNCHRONIQUEMENT
SYSTÉMATIQUEMENT
TAILLEUR-PANTALON
TANGENTIELLEMENT
TARN-ET-GARONNAISE
TARQUIN LE SUPERBE
TASSIN-LA-DEMI-LUNE
TEISSERENC DE BORT
TÉLÉDISTRIBUTION
TÉLÉENSEIGNEMENT
TÉLÉINFORMATIQUE
TÉLÉMANIPULATEUR
TÉLÉPHONIQUEMENT
TÉLÉRADIOGRAPHIE
TÉLÉSURVEILLANCE
TÉLÉTRANSMISSION
TENDANCIEUSEMENT
TERAUCHI HISAICHI
TERRITORIALEMENT
THALASSOTHÉRAPIE
THÉODORE LASCARIS
THÉODORIC LE GRAND
THÉON D'ALEXANDRIE
THÉOPHILANTHROPE
THERMODYNAMICIEN
THERMOÉLECTRIQUE
THERMOPROPULSION
THERMOPROPULSIVE
THERMORÉGULATEUR
THERMORÉGULATION
THERMORÉSISTANTE
THORIGNY-SUR-MARNE
THROMBOEMBOLIQUE
THYMOANALEPTIQUE
TILL EULENSPIEGEL
TOMODENSITOMÈTRE
TORRENTIELLEMENT
TOURBILLONNEMENT
TOUTES-PUISSANTES
TRACHÉO-BRONCHITE
TRANSACTIONNELLE
TRANSAMAZONIENNE
TRANS-AVANT-GARDES
TRANSCAUCASIENNE
TRANSCONTINENTAL
TRANSFRONTALIÈRE
TRANSFUSIONNELLE
TRANSLITTÉRATION
TRANSMISSIBILITÉ
TRANSVERSALEMENT
TRAVELLER'S CHECKS
TRAVELLER'S CHEQUE
TREMBLAY-EN-FRANCE
TRENTE-ET-QUARANTE
TRENTE GLORIEUSES
TRENTIN-HAUT-ADIGE
TRIBOÉLECTRICITÉ
TRICHLORÉTHYLÈNE
TRIFONCTIONNELLE
TRIPHÉNYLMÉTHANE
TURBOALTERNATEUR
TURBOCOMPRESSEUR
UNIVERSALISATION
VALDEMAR ATTERDAG
VAN MUSSCHENBROEK
VASCULO-NERVEUSES
VASOCONSTRICTEUR
VASOCONSTRICTION
VENAREY-LÈS-LAUMES
VERDUN-SUR-GARONNE
VERNEUIL-SUR-SEINE
VERTÉBROTHÉRAPIE
VICTORIAVILLOISE
VIEUX-CATHOLIQUES
VILLAINES-LA-JUHEL
VILLARS-LES-DOMBES
VILLENEUVE-DE-BERG
VILLENEUVE-LOUBET
VILLENEUVE-SUR-LOT
VILLÉNOGARENNOIS
VILLERS-COTTERÊTS
VILLERSEXELLOISE
VILLES-SATELLITES
VILLIERS-SUR-MARNE
VITAMINOTHÉRAPIE
WAGONS-TOMBEREAUX
WELWYN GARDEN CITY
WISSEMBOURGEOISE
YORKSHIRE-TERRIER
ZOOTHÉRAPEUTIQUE

17

ACÉTYLSALICYLIQUE
ACIDO-ALCALIMÉTRIE
AGRO-INDUSTRIELLES
ALBERT DE HABSBOURG
ALBERTIVILLIARIEN
ALCALINO-TERREUSES
ALEXANDRE JAGELLON

ALIÉNOR D'AQUITAINE
ALI PACHA DE TEBELEN
ALPHONSE HENRIQUES
ALPHONSE L'AFRICAIN
ANDREA DEL CASTAGNO
ANDROUET DU CERCEAU
ANTHROPOCENTRIQUE
ANTHROPOCENTRISME
ANTHROPOMORPHIQUE
ANTHROPOMORPHISME
ANTIBIORÉSISTANCE
ANTICHOLINERGIQUE
ANTICONCEPTIONNEL
ANTICONCURRENTIEL
ANTICRYPTOGAMIQUE
ANTI-IMPÉRIALISMES
ANTI-IMPÉRIALISTES
ANTI-INFLAMMATOIRE
ANTIOCHOS ÉPIPHANE
ANTIPARLEMENTAIRE
ANTIPSYCHIATRIQUE
ANTIRÉGLEMENTAIRE
APOLLODORE DE DAMAS
APOLLONIOS DE PERGA
APOLLONIOS DE TYANE
APPROFONDISSEMENT
APPROVISIONNEMENT
APPROXIMATIVEMENT
ARCHIPRÊTRE DE HITA
ARGENTON-SUR-CREUSE
ARGENTRÉ-DU-PLESSIS
ARISTARQUE DE SAMOS
ARRIÈRE-GRAND-ONCLE
ARRIÈRE-GRAND-TANTE
ARRIÈRE-PETIT-NEVEU
ARRIÈRE-PETITS-FILS
ASSURANCES-CRÉDITS
ASSURANCES-MALADIE
ASTROPHOTOGRAPHIE
AUTODÉTERMINATION
AUTO-IMMUNISATIONS
AUTOS SACRAMENTALS
BAGNÈRES-DE-BIGORRE
BAIE-SAINT-PAULOISE
BALLETS-PANTOMIMES
BANDAR SERI BEGAWAN
BARAGUEY D'HILLIERS
BAUME-LES-MESSIEURS
BEAULIEU-LÈS-LOCHES
BEAUMONT-DE-LOMAGNE
BENEDETTO DA MAIANO
BENOÎT-JOSEPH LABRE
BERNARDIN DE SIENNE
BHUMIBOL ADULYADEJ
BLAINVILLE-SUR-L'EAU
BLAINVILLE-SUR-ORNE
BLANCHE DE CASTILLE
BONNIÈRES-SUR-SEINE
BORDÈRES-SUR-L'ÉCHEZ
BOSNIE-HERZÉGOVINE
BOURBONNE-LES-BAINS
BOURG-SAINT-MAURICE
BOUVARD ET PÉCUCHET
BRACHIOCÉPHALIQUE
BRISSOT DE WARVILLE
BRONCHO-PNEUMONIES
BUREAUCRATISATION
CÂBLODISTRIBUTEUR
CÂBLODISTRIBUTION
CALDERÓN DE LA BARCA
CAMPBELL-BANNERMAN
CAMPIVALLENSIENNE
CANET-EN-ROUSSILLON
CARDIO-PULMONAIRES
CARDIO-VASCULAIRES
CAROLINE BONAPARTE
CARRIÈRES-SUR-SEINE
CASTELSARRASINOIS
CASTROGONTÉRIENNE
CATHERINE DE SIENNE
CATHERINE LA GRANDE
CAUDEBEC-LÈS-ELBEUF
CAVELIER DE LA SALLE
CÉPHALO-RACHIDIENS
CHALONNES-SUR-LOIRE
CHAMITO-SÉMITIQUES
CHAMONIX-MONT-BLANC
CHAMPIGNY-SUR-MARNE
CHAPEAUX ET BONNETS
CHARLESBOURGEOISE
CHARLES DE BELGIQUE
CHARLES LE BIEN-AIMÉ
CHARLOTTE DE NASSAU
CHASSEUR-CUEILLEUR
CHÂTEAU-CHINONAISE
CHÂTEAULANDONNAIS
CHÂTEAUNEUF-DU-FAOU
CHÂTEAUNEUF-DU-PAPE
CHÂTELAILLONNAISE
CHÂTELAILLON-PLAGE
CHÂTELPERRONIENNE
CHÂTILLON-SUR-INDRE
CHÂTILLON-SUR-LOIRE
CHÂTILLON-SUR-SEINE
CHAUSSÉE DES GÉANTS
CHIMILUMINESCENCE
CHODERLOS DE LACLOS
CHONDRODYSTROPHIE
CHORIO-ÉPITHÉLIOME
CHRÉTIEN-DÉMOCRATE
CHRISTINE DE FRANCE
CHRONOLOGIQUEMENT
CHRONOTACHYGRAPHE
CINÉMATOGRAPHIQUE

CLAUDIUS MARCELLUS
COHABITATIONNISTE
COLLIN D'HARLEVILLE
COLONNES D'HÉRAKLÈS
COMMERCIALISATION
COMODORO RIVADAVIA
COMPARTIMENTATION
COMPRÉHENSIBILITÉ
CONCEPTUALISATION
CONFESSIONNALISME
CONFLANS-EN-JARNISY
CONFORMATIONNELLE
CONSTANTIN LE GRAND
CONSTANTIN LE JEUNE
CONSTITUTIONNELLE
CONSUBSTANTIALITÉ
CONSUBSTANTIATION
CONTEXTUALISATION
CONTRACTUELLEMENT
CONTRE-ESPIONNAGES
CONTRE-INDICATIONS
CONTRE-MANIFESTANT
CONTRE-PERFORMANCE
CONTRE-PRESTATIONS
CONTRE-PRODUCTIVES
CONTRE-PROPAGANDES
CONTRE-PROPOSITION
CONTRE-RÉVOLUTIONS
CONTRE-TERRORISMES
CONTRE-TERRORISTES
CONTRE-TORPILLEURS
CONVENTIONNALISME
CONVERSATIONNELLE
CORBEILLES-D'ARGENT
CORBEILLESSONNOIS
CORNEILLE DE LA HAYE
CORPOPÉTRUSSIENNE
CORRECTIONNALISÉE
CORRECTIONNALISER
COUDENHOVE-KALERGI
COURSES-CROISIÈRES
COURSES-POURSUITES
COURSEULLES-SUR-MER
CRANIOPHARYNGIOME
CRÈVECŒUR-LE-GRAND
CRIQUETOT-L'ESNEVAL
CRISTALLOPHYLLIEN
CURZON OF KEDLESTON
DANIELE DA VOLTERRA
DÉBROUSSAILLEMENT
DÉBUREAUCRATISANT
DÉCENTRALISATRICE
DÉCONDITIONNEMENT
DÉCULPABILISATION
DÉDIFFÉRENCIATION
DE LA MADRID HURTADO
DÉMATÉRIALISATION
DEMI-PENSIONNAIRES
DÉMOCRATE-CHRÉTIEN
DÉMONSTRATIVEMENT
DÉNATIONALISATION
DENDROCHRONOLOGIE
DÉPARTEMENTALISÉE
DÉPARTEMENTALISER
DÉRAISONNABLEMENT
DÉRESPONSABILISÉE
DÉRESPONSABILISER
DÉSAPPROVISIONNÉE
DÉSAPPROVISIONNER
DÉSEMBOURGEOISANT
DÉSENSIBILISATION
DÉSHUMIDIFICATEUR
DÉSHUMIDIFICATION
DÉSILLUSIONNEMENT
DÉSINDUSTRIALISÉE
DÉSINDUSTRIALISER
DÉSINTERMÉDIATION
DÉSINVESTISSEMENT
DÉSYNCHRONISATION
DÉSYNDICALISATION
DISCIPLINAIREMENT
DISTRIBUTIONNELLE
DOLLARD DES ORMEAUX
DOMENICO VENEZIANO
DONATIONS-PARTAGES
DORSALE TUNISIENNE
DUNOYER DE SEGONZAC
DYSFONCTIONNEMENT
ECATEPEC DE MORELOS
ECHEVERRÍA ÁLVAREZ
ÉCHOCARDIOGRAPHIE
ÉLECTROACOUSTIQUE
ÉLECTRODÉPOSITION
ÉLECTRODIAGNOSTIC
ÉLECTRODOMESTIQUE
ÉLECTROMAGNÉTIQUE
ÉLECTROMAGNÉTISME
ÉLECTROMÉCANICIEN
ÉLECTROMYOGRAPHIE
ÉLECTRORADIOLOGIE
ÉLECTROTECHNICIEN
ÉLISABETH DE FRANCE
ÉMETTEUR-RÉCEPTEUR
ÉMIRATS ARABES UNIS
EMMANUEL-PHILIBERT
EMPIRIOCRITICISME
ÉQUEURDREVILLAISE
ESCRIVÁ DE BALAGUER
ESQUIMAUX-ALÉOUTES
ESTRÉES-SAINT-DENIS
ETHNOLINGUISTIQUE
ETHNOMÉTHODOLOGIE

EXPÉRIMENTALEMENT
EXPERTS-COMPTABLES
EXPONENTIELLEMENT
EXTRALINGUISTIQUE
EXTRAPATRIMONIALE
EXTRAPATRIMONIAUX
EXTRATERRITORIALE
EXTRATERRITORIAUX
EXTRÊME-ORIENTALES
EYQUEM DE MONTAIGNE
FLERS-EN-ESCREBIEUX
FOIRES-EXPOSITIONS
FONCTIONNELLEMENT
FONTEVRAUD-L'ABBAYE
FOULQUES DE NEUILLY
FRAISEUR-OUTILLEUR
FRANCFORT-SUR-L'ODER
FRANCO-CANADIENNES
FRANCO-CANADIENNES
FRANÇOIS-FERDINAND
FRANCO-PROVENÇALES
FRASNES-LEZ-ANVAING
FRÉDÉRIC-GUILLAUME
FREYMING-MERLEBACH
FRIBOURG-EN-BRISGAU
FUSION-ACQUISITION
FUSTEL DE COULANGES
GARCILASO DE LA VEGA
GASTRO-ENTÉROLOGIE
GASTRO-ENTÉROLOGUE
GASTRO-INTESTINALE
GASTRO-INTESTINAUX
GÉLATINO-CHLORURES
GENTILE DA FABRIANO
GENTLEMANS-FARMERS
GLOMÉRULONÉPHRITE
GLOSSO-PHARYNGIENS
GONZALVE DE CORDOUE
GOTTSCHALK D'ORBAIS
GRAND-GUIGNOLESQUE
GRAND-SAINT-BERNARD
GUILHERAND-GRANGES
GUILLAUME DE LORRIS
GUILLAUME DE NANGIS
GUILLAUME DE NASSAU
GUINÉE ÉQUATORIALE
GUYANE BRITANNIQUE
GUYANE HOLLANDAISE
HAUTEVILLE-LOMPNES
HAUTS-COMMISSAIRES
HÉMOGLOBINOPATHIE
HENRI DE LUXEMBOURG
HENRI LE MAGNIFIQUE
HENRI LE NAVIGATEUR
HERMANVILLE-SUR-MER
HISPANO-AMÉRICAINE
HISPANO-AMÉRICAINE
HISPANO-AMÉRICAINS
HISPANO-AMÉRICAINS
HISPANO-MAURESQUES
HOMMES-GRENOUILLES
HORTHY DE NAGYBÁNYA
HUSAYN IBN AL-HUSAYN
HYPERCONTINENTALE
HYPERCONTINENTAUX
HYPERÉOSINOPHILIE
HYPERSUSTENTATEUR
HYPERSUSTENTATION
IMMUNODÉFICITAIRE
IMMUNOSUPPRESSEUR
IMMUNOSUPPRESSION
IMPERCEPTIBLEMENT
IMPERMÉABILISANTE
IMPERSONNELLEMENT
IMPERTURBABLEMENT
INACCOMPLISSEMENT
INCOMMUNICABILITÉ
INCOMPRESSIBILITÉ
INCONDITIONNALITÉ
INCONFORTABLEMENT
INCONSTITUTIONNEL
INCONTESTABLEMENT
INDES OCCIDENTALES
INDESTRUCTIBILITÉ
INDIFFÉRENCIATION
INDIVIDUALISATION
INDUSTRIALISATION
ININTELLIGIBILITÉ
INSENSIBILISATION
INSTITUTIONNALISÉ
INSTRUMENTALISANT
INSULINODÉPENDANT
INSURRECTIONNELLE
INTELLECTUALISANT
INTERCONTINENTALE
INTERCONTINENTAUX
INTERINDIVIDUELLE
INTERINDUSTRIELLE
INTERNATIONALISÉE
INTERNATIONALISER
INTERNATIONALISME
INTERNATIONALISTE
INTERROGATIVEMENT
INTERSUBJECTIVITÉ
INTERVENTIONNELLE
INTERVENTIONNISME
INTERVENTIONNISTE
IRRÉPROCHABLEMENT
ISABELLE DE BAVIÈRE
ISABELLE DE HAINAUT
ISSY-LES-MOULINEAUX
JACQUES DE VORAGINE

JEANBON SAINT-ANDRÉ
JEAN-FRANÇOIS RÉGIS
JEFFERSON AIRPLANE
JEREZ DE LA FRONTERA
JOUVENEL DES URSINS
JUAN JOSÉ D'AUTRICHE
JUGES-COMMISSAIRES
JURISPRUDENTIELLE
KABARDINO-BALKARIE
KUUJJUARAAPIMMIUT
LA CELLE-SAINT-CLOUD
LA CHAPELLE-LA-REINE
LA CHARITÉ-SUR-LOIRE
LA CIERVA Y CODORNÍU
LA FERTÉ-SAINT-AUBIN
LA GARENNE-COLOMBES
LAISSÉE-POUR-COMPTE
LAISSÉS-POUR-COMPTE
LA NOUVELLE-ORLÉANS
LASSAY-LES-CHÂTEAUX
LATINO-AMÉRICAINES
LATINO-AMÉRICAINES
LE CATEAU-CAMBRÉSIS
LE LOROUX-BOTTEREAU
LE MONT-SAINT-MICHEL
LE MOYNE D'IBERVILLE
LENINSK-KOUZNETSKI
LE PERREUX-SUR-MARNE
LE PLESSIS-ROBINSON
LE PRÉ-SAINT-GERVAIS
LES BAUX-DE-PROVENCE
LES CLAYES-SOUS-BOIS
LES PENNES-MIRABEAU
LETTRES-TRANSFERTS
LEUCO-ENCÉPHALITES
LÉZIGNAN-CORBIÈRES
LIECHTENSTEINOISE
LIEUTENANT-COLONEL
LOCATION-ACCESSION
LOCATIONS-GÉRANCES
LONGITUDINALEMENT
LOUIS LE DÉBONNAIRE
LOUIS LE GERMANIQUE
LUSSAC-LES-CHÂTEAUX
MACROGLOBULINÉMIE
MACRO-INSTRUCTIONS
MACROPHOTOGRAPHIE
MAGNÉSIE DU MÉANDRE
MAGNÉTOÉLECTRIQUE
MAIGNELAY-MONTIGNY
MALAYO-POLYNÉSIENS
MANIACO-DÉPRESSIFS
MANIACO-DÉPRESSIVE
MARAÑÓN Y POSADILLO
MARÉCHAUX-FERRANTS
MARGUERITE DE PARME
MARQUETTE-LEZ-LILLE
MARTIGNAS-SUR-JALLE
MARTINEZ PASQUALIS
MARXISME-LÉNINISME
MARXISTE-LÉNINISTE
MATHILDE DE FLANDRE
MÉDICO-PÉDAGOGIQUE
MERLIN L'ENCHANTEUR
MÉTHÉMOGLOBINÉMIE
MICHEL FEDOROVITCH
MICROÉLECTRONIQUE
MICRO-INFORMATIQUE
MICROMANIPULATEUR
MICROPHOTOGRAPHIE
MITHRIDATE EUPATOR
MITHRIDATE LE GRAND
MOIRANS-EN-MONTAGNE
MONISTROL-SUR-LOIRE
MONODÉPARTEMENTAL
MONTFORT-LE-GESNOIS
MONTIGNY-EN-GOHELLE
MONTLOUIS-SUR-LOIRE
MONTMORILLONNAISE
MONTOIR-DE-BRETAGNE
MONTOIRE-SUR-LE-LOIR
MONTPON-MÉNESTÉROL
MONTREUIL-SOUS-BOIS
MONTREVEL-EN-BRESSE
MORPHOPSYCHOLOGIE
MULTICULTURALISME
MULTICULTURALISTE
MULTIDIMENSIONNEL
MULTIMILLIARDAIRE
MULTIMILLIONNAIRE
MURVIEL-LÈS-BÉZIERS
MUSCULO-MEMBRANEUX
NATIONAL-POPULISME
NAUCALPAN DE JUÁREZ
NEUILLY-SAINT-FRONT
NEUROCHIRURGICALE
NEUROCHIRURGICAUX
NEUROCHIRURGIENNE
NEUROLINGUISTIQUE
NEUROTRANSMETTEUR
NEUROTRANSMISSION
NEUVILLE-EN-FERRAIN
NEWCASTLE UPON TYNE
NIGÉRO-CONGOLAISES
NOIRMOUTIER-EN-L'ÎLE
NON-CONTRADICTIONS
NON-DISCRIMINATION
NON-DISSÉMINATIONS
NON-PROLIFÉRATIONS
NON-REPRÉSENTATION
NORD-VIETNAMIENNES
NORD-VIETNAMIENNES

NOUVELLE-AMSTERDAM
NOUVELLE-CALÉDONIE
NOUVELLES-HÉBRIDES
NUES-PROPRIÉTAIRES
NUITS-SAINT-GEORGES
OCCASIONNELLEMENT
OCCIDENTALISATION
ODORIC DA PORDENONE
ŒSTROPROGESTATIF
OISEAUX-TROMPETTES
OLÉOPROTÉAGINEUSE
OLORON-SAINTE-MARIE
ORGANISATIONNELLE
ORTHOPHOSPHORIQUE
PALÉOCLIMATOLOGIE
PAPOUAN-NÉO-GUINÉEN
PARAPSYCHOLOGIQUE
PARCIMONIEUSEMENT
PARTHÉNOGÉNÉTIQUE
PARTICULARISATION
PÉRI-INFORMATIQUES
PERSONNE-RESSOURCE
PESEUSE-ENSACHEUSE
PETITES-MAÎTRESSES
PETIT-SAINT-BERNARD
PHARMACOCINÉTIQUE
PHARMACODYNAMIQUE
PHARMACOVIGILANCE
PHILIPPE DE ROUVRES
PHILON D'ALEXANDRIE
PHILOSOPHIQUEMENT
PHOTODISSOCIATION
PHOTOLITHOGRAPHIE
PHOTOLUMINESCENCE
PHYSIOLOGIQUEMENT
PIERRE CHRYSOLOGUE
PIERRE DE COURTENAY
PIERRE DE MONTREUIL
PIERRE FEDOROVITCH
PIERRE LE JUSTICIER
PIERRE LE VÉNÉRABLE
PIERRE-SAINT-MARTIN
PIÉZO-ÉLECTRICITÉS
PINCES-MONSEIGNEUR
PLOUGASTEL-DAOULAS
PLURIDIMENSIONNEL
PONT-SAINTE-MAXENCE
PORTE-HÉLICOPTÈRES
PORT-SAINT-LOUISIEN
POSTSYNCHRONISANT
PRESTIDIGITATRICE
PRINCESSE DE CLÈVES
PRINCESSE PALATINE
PROBLÉMATIQUEMENT
PROFESSIONNALISÉE
PROFESSIONNALISER
PROFESSIONNALISME
PROSPER D'AQUITAINE
PRUSSE-OCCIDENTALE
PSEUDOMEMBRANEUSE
PSYCHOANALEPTIQUE
PSYCHODYSLEPTIQUE
PSYCHOLOGIQUEMENT
PSYCHOMÉTRICIENNE
PSYCHOPHYSIOLOGIE
PSYCHORÉÉDUCATEUR
PSYCHOSENSORIELLE
PUBLI-INFORMATIONS
PULIGNY-MONTRACHET
QUADRUPLE-ALLIANCE
QUARANTE-HUITARDES
RADETZKY VON RADETZ
RADICAL-SOCIALISME
RADICAL-SOCIALISTE
RADIOCONCENTRIQUE
RADIO-IMMUNOLOGIES
RADIOLOCALISATION
RADIOTÉLÉPHONISTE
RAIMOND DE PEÑAFORT
RAYMOND DE PEÑAFORT
RÉAPPROVISIONNANT
RECHERCHES-ACTIONS
RECONVENTIONNELLE
RECRISTALLISATION
RÉGLEMENTAIREMENT
REINES-MARGUERITES
RENAUD DE CHÂTILLON
REPORTER-CAMERAMAN
RÉPUBLIQUE TCHÈQUE
RÉTIF DE LA BRETONNE
RÉTROSPECTIVEMENT
REVASCULARISATION
RÉVOLUTIONNARISME
RHÉNANIE-PALATINAT
RHINO-PHARYNGIENNE
RHODES-EXTÉRIEURES
RHODES-INTÉRIEURES
ROBERT COURTEHEUSE
ROBERT DE COURTENAY
ROBERTS OF KANDAHAR
ROHRBACH-LÈS-BITCHE
ROMANS-FEUILLETONS
SABRES-BAÏONNETTES
SAINT-AMAND-LES-EAUX
SAINT-ANDRÉ-DE-L'EURE
SAINT-CAST-LE-GUILDO
SAINT-CHÉLY-D'APCHER
SAINT-CLAIR-SUR-EPTE
SAINT-CYR-AU-MONT-D'OR
SAINT-DENIS-D'OLÉRON
SAINTE-CATHERINOIS
SAINTE-FOY-LA-GRANDE

SAINT-ÉMILIONNAISE
SAINT-GILLES-DU-GARD
SAINT-JACUT-DE-LA-MER
SAINT-JEAN-BRÉVELAY
SAINT-JEAN-EN-ROYANS
SAINT-KITTS-ET-NEVIS
SAINT-LAURENT-DU-VAR
SAINT-LAURENT-MÉDOC
SAINT-LAURENT-NOUAN
SAINT-LEU-D'ESSERENT
SAINT-MARCELLINOIS
SAINT-MARS-LA-JAILLE
SAINT-MARTIN-DE-CRAU
SAINT-MARTIN-D'HÈRES
SAINT-MAURICE-L'EXIL
SAINT-PALAIS-SUR-MER
SAINT-PIERRE-D'IRUBE
SAINT-VALERY-EN-CAUX
SAISIES-EXÉCUTIONS
SANTIAGO DEL ESTERO
SÃO LUÍS DO MARANHÃO
SÃO TOMÉ ET PRÍNCIPE
SAVORGNAN DE BRAZZA
SCHLESWIG-HOLSTEIN
SECRÉTARIAT-GREFFE
SEDIAS GESTATORIAS
SEMI-LOGARITHMIQUE
SEMI-PRÉSIDENTIELS
SEMPITERNELLEMENT
SERRANO Y DOMÍNGUEZ
SERVIETTES-ÉPONGES
SIGISMOND JAGELLON
SIGNIFICATIVEMENT
SINT-JANS-MOLENBEEK
SINT-JOOST-TEN-NOODE
SINT-PIETERS-WOLUWE
SIX-FOURS-LES-PLAGES
SOCIAL-DÉMOCRATIES
SOCIALE-CHRÉTIENNE
SOCIAUX-DÉMOCRATES
SOCIOLINGUISTIQUE
SOIXANTE-HUITARDES
SOPHIE ALEKSEÏEVNA
SOUS-ALIMENTATIONS
SOUS-CONSOMMATIONS
SOUS-DÉVELOPPEMENT
SOUS-EMBRANCHEMENT
SOUS-ENTREPRENEURS
SOUS-EXPLOITATIONS
SOUS-PRÉFECTORALES
SPATIO-TEMPORELLES
SPECTROPHOTOMÈTRE
STATURO-PONDÉRALES
STÉRÉOCOMPARATEUR
STÉRÉOSPÉCIFICITÉ
STRATFORD-UPON-AVON
SUBSTANTIELLEMENT
SUPERFICIELLEMENT
SUPRACONDUCTIVITÉ
SURCAPITALISATION
SURENCHÉRISSEMENT
SURINVESTISSEMENT
SURMULTIPLICATION
SYMPATHOMIMÉTIQUE
TALAVERA DE LA REINA
TALLEMANT DES RÉAUX
TANIZAKI JUNICHIRO
TARASCON-SUR-ARIÈGE
TEILHARD DE CHARDIN
TÉLÉCOMMUNICATION
TÉLÉGRAPHIQUEMENT
TÉLÉSIGNALISATION
THÉOPHILANTHROPIE
THERMODURCISSABLE
THERMOÉLECTRICITÉ
THERMORÉGULATRICE
THIERRY D'ARGENLIEU
THOMAS D'ANGLETERRE
TIMBRES-QUITTANCES
TOITURES-TERRASSES
TOMASI DI LAMPEDUSA
TOMODENSITOMÉTRIE
TOYOTOMI HIDEYOSHI
TRACHÉO-BRONCHITES
TRANSCONTINENTALE
TRANSCONTINENTAUX
TRANSFORMATIONNEL
TRANSILLUMINATION
TRANSISTORISATION
TRAVELLER'S CHEQUES
TRAVERSÉE-JONCTION
TRÉSORIERS-PAYEURS
TRIBOLUMINESCENCE
TRIDIMENSIONNELLE
TRIMESTRIELLEMENT
TROMPETTE-DE-LA-MORT
TROMPETTE-DES-MORTS
TUBERCULINISATION
UNIDIMENSIONNELLE
UNIDIRECTIONNELLE
UNION SUD-AFRICAINE
VAILLANT-COUTURIER
VALERIUS PUBLICOLA
VALSES-HÉSITATIONS
VAN DE VELDE LE JEUNE
VARENNES-SUR-ALLIER
VARENNES-VAUZELLES
VASOCONSTRICTRICE
VASSIEUX-EN-VERCORS
VELVET UNDERGROUND
VENDEUVRE-SUR-BARSE
VÊPRES SICILIENNES

17

VERDAGUER I SANTALÓ
VÉRIFICATIONNISME
VERNOUX-EN-VIVARAIS
VIDÉOSURVEILLANCE
VIDÉOTRANSMISSION
VIEILLE-CATHOLIQUE
VILLEBON-SUR-YVETTE
VILLÉNOGARENNOISE
VILLES-CHAMPIGNONS
VINCENT DE BEAUVAIS
VLADIMIR MONOMAQUE
VOITURE-RESTAURANT
VOYAGEUR-KILOMÈTRE
VRAISEMBLABLEMENT
WAGONS-RESTAURANTS
WOLUWE-SAINT-PIERRE
YORKSHIRE-TERRIERS
ZOÉ PORPHYROGÉNÈTE

18

ABU AL-ABBAS ABD ALLAH
ACIDO-ALCALIMÉTRIES
ADMINISTRATIVEMENT
AGAMMAGLOBULINÉMIE
AIGREFEUILLE-D'AUNIS
AKUTAGAWA RYUNOSUKE
À LA BONNE FRANQUETTE
ALEXANDRA FEDOROVNA
ALEXANDRE OBRENOVIC
ALPES AUSTRALIENNES
ALPHONSE DE POITIERS
ANDRÉZIEUX-BOUTHÉON
ANDRONIC PALÉOLOGUE
ANTHÉMIOS DE TRALLES
ANTICONJONCTURELLE
ANTIGOUVERNEMENTAL
ANTI-INFLAMMATOIRES
ANTI-INFLATIONNISTE
ANTILLES FRANÇAISES
ANTIMONDIALISATION
ANTONELLO DA MESSINA
APOLLONIOS DE RHODES
ARISTOCRATIQUEMENT
ARNAUD DE VILLENEUVE
ARNOLD DE WINKELRIED
ARRIÈRE-GRANDS-MÈRES
ARRIÈRE-GRANDS-PÈRES
ARRIÈRE-PETITE-FILLE
ARRIÈRE-PETITE-NIÈCE
ARSINOÉ PHILADELPHE
ATTALOS PHILADELPHE
AUTOS SACRAMENTALES
BALLON DE GUEBWILLER
BARBOTAN-LES-THERMES
BARNEVILLE-CARTERET
BASILE LE MACÉDONIEN
BAUDOUIN DE BOULOGNE
BELLERIVE-SUR-ALLIER
BELLEVILLE-SUR-LOIRE
BERNARD DE CLAIRVAUX
BERNARD DE VENTADOUR
BÉROALDE DE VERVILLE
BERTRADE DE MONTFORT
BOHAIN-EN-VERMANDOIS
BONIFACE DE QUERFURT
BRIENON-SUR-ARMANÇON
CAPESTERRE-BELLE-EAU
CARBOXYHÉMOGLOBINE
CASTELLÓN DE LA PLANA
CASTELSARRASINOISE
CASTELTHÉODORICIEN
CASTROTHÉODORICIEN
CATHERINE DE MÉDICIS
CÉPHALO-RACHIDIENNE
CÉSARÉE DE CAPPADOCE
CHÂLONS-EN-CHAMPAGNE
CHAMISSO DE BONCOURT
CHARLES DE HABSBOURG
CHARLES LE TÉMÉRAIRE
CHARLOTTE-ÉLISABETH
CHARTRES-DE-BRETAGNE
CHÂTEAULANDONNAISE
CHÂTENOIS-LES-FORGES
CHIRURGIEN-DENTISTE
CHORIO-ÉPITHÉLIOMES
CHROMOLITHOGRAPHIE
CHRONOPHOTOGRAPHIE
CLÉMENT D'ALEXANDRIE
COLLABORATIONNISTE
COMMISSAIRE-PRISEUR
COMMUNAUTARISATION
COMMUNICATIONNELLE
COMPORTEMENTALISME
CONCENTRATIONNAIRE
CONDITIONNELLEMENT
CONFIDENTIELLEMENT
CONGRÉGATIONALISME

CONGRÉGATIONALISTE
CONSCIENCIEUSEMENT
CONSTITUTIONNALISÉ
CONSTITUTIONNALITÉ
CONTRACTUALISATION
CONTRADICTOIREMENT
CONTRE-DÉNONCIATION
CONTRE-MANIFESTANTE
CONTRE-MANIFESTANTS
CONTRE-PERFORMANCES
CONTRE-PROPOSITIONS
CONVULSIVOTHÉRAPIE
CORBEILLESSONNOISE
CORRECTIONNALISANT
COSNE-COURS-SUR-LOIRE
COUDEKERQUE-BRANCHE
CRISTALLOGRAPHIQUE
CUIRY-LES-CHAUDARDES
CUISSONS-EXTRUSIONS
DÉCHRISTIANISATION
DÉCONGESTIONNEMENT
DÉMÉTRIOS DE PHALÈRE
DENYS D'HALICARNASSE
DÉPARTEMENTALISANT
DÉPERSONNALISATION
DÉRESPONSABILISANT
DÉSAPPROVISIONNANT
DÉSAVANTAGEUSEMENT
DÉSINDUSTRIALISANT
DESSOUS-DE-BOUTEILLE
DIESELS-ÉLECTRIQUES
DOMBASLE-SUR-MEURTHE
DOMPIERRE-SUR-BESBRE
DONNEMARIE-DONTILLY
DRUMETTAZ-CLARAFOND
DUCHENNE DE BOULOGNE
ÉLECTROCAPILLARITÉ
ÉLECTROCOAGULATION
ÉLECTRODYNAMOMÈTRE
ÉLECTROLUMINESCENT
ÉLECTROMÉTALLURGIE
ÉLECTROPHYSIOLOGIE
ÉLISABETH D'AUTRICHE
ÉVAPOTRANSPIRATION
EXCEPTIONNELLEMENT
EXTRAORDINAIREMENT
EXTRAPARLEMENTAIRE
FEDERAL RESERVE BANK
FERDINAND DE BOURBON
FLANDRE-OCCIDENTALE
FLUSHING MEADOW PARK
FONCTIONNARISATION
FRANCFORT-SUR-LE-MAIN
FRIVILLE-ESCARBOTIN
FUSILS-MITRAILLEURS
GASTRO-ENTÉROLOGIES
GASTRO-ENTÉROLOGUES
GASTRO-INTESTINALES
GENEVIÈVE DE BRABANT
GEORGES DE PODEBRADY
GLOSSO-PHARYNGIENNE
GODEFROI DE BOUILLON
GONFREVILLE-L'ORCHER
GORZÓW WIELKOPOLSKI
GRAMMATICALISATION
GRANDE MADEMOISELLE
GRAND-GUIGNOLESQUES
GRANIER DE CASSAGNAC
GRÉGOIRE DE NAZIANZE
GRIGNION DE MONTFORT
GRIMOD DE LA REYNIÈRE
GUILLAUME DE CONCHES
GUILLAUME DE MACHAUT
GUILLAUME DE RUBROEK
HAUTS-COMMISSARIATS
HERRADE DE LANDSBERG
HISPANO-AMÉRICAINES
HISPANO-AMÉRICAINES
HISTOCOMPATIBILITÉ
HYDRODÉSULFURATION
HYDROGÉNOCARBONATE
ÎLE-DU-PRINCE-ÉDOUARD
IMMUNOFLUORESCENCE
IMPERMÉABILISATION
IMPRESCRIPTIBILITÉ
IMPRESSIONNABILITÉ
INCOMMENSURABILITÉ
INDOCHINE FRANÇAISE
INGÉNIEURS-CONSEILS
INSTITUTIONNALISÉE
INSTITUTIONNALISER
INSTITUTIONNALISME
INSULINODÉPENDANTE
INTELLECTUELLEMENT
INTENTIONNELLEMENT
INTERCHANGEABILITÉ
INTERCOMMUNAUTAIRE
INTERCOMPRÉHENSION
INTERDÉPARTEMENTAL
INTERDISCIPLINAIRE
INTERMINISTÉRIELLE
INTERNATIONALEMENT
INTERNATIONALISANT
INTERPROFESSIONNEL
INTRACOMMUNAUTAIRE
INTRADERMO-RÉACTION
INTRANSMISSIBILITÉ
IRRESPECTUEUSEMENT
ISABELLE D'ANGOULÊME
JACOPO DELLA QUERCIA
JACQUEMART DE HESDIN
JACQUES LE FATALISTE
JEAN DOUKAS VATATZÈS
JEANNE DE PENTHIÈVRE

JUDÉO-CHRISTIANISME
JULIEN L'HOSPITALIER
JURIEN DE LA GRAVIÈRE
KUUJJUARAAPIMMIUTE
LA CHAPELLE-SAINT-LUC
LA CHAPELLE-SUR-ERDRE
LAETHEM-SAINT-MARTIN
LA FERTÉ-SOUS-JOUARRE
LAISSÉES-POUR-COMPTE
LAMOIGNON DE BÂVILLE
LA SALETTE-FALLAVAUX
LA TOUR DU PIN CHAMBLY
LE BUISSON-DE-CADOUIN
LE LOUROUX-BÉCONNAIS
LE MOYNE DE BIENVILLE
LE PONT-DE-BEAUVOISIN
LEPRINCE DE BEAUMONT
LICINIUS LICINIANUS
LOUIS DE WITTELSBACH
MACHINES-TRANSFERTS
MADONNA DI CAMPIGLIO
MALAYO-POLYNÉSIENNE
MALEMORT-SUR-CORRÈZE
MALENCONTREUSEMENT
MANDELIEU-LA-NAPOULE
MANIACO-DÉPRESSIVES
MANLIUS CAPITOLINUS
MARGUERITE DE VALOIS
MAROLLES-LES-BRAULTS
MASOLINO DA PANICALE
MAURICIE-BOIS-FRANCS
MÉDICO-PÉDAGOGIQUES
MÉNINGO-ENCÉPHALITE
MICROFRACTOGRAPHIE
MICRO-INFORMATIQUES
MICROPROGRAMMATION
MILITARO-INDUSTRIEL
MINÉRALOCORTICOÏDE
MOISSONNEUSE-LIEUSE
MOLENBEEK-SAINT-JEAN
MONGOLIE-EXTÉRIEURE
MONGOLIE-INTÉRIEURE
MONOAMINES-OXYDASES
MONODÉPARTEMENTALE
MONODÉPARTEMENTAUX
MONTFAUCON-D'ARGONNE
MONTPELLIER-LE-VIEUX
MONTSAINTAIGNANAIS
MOUILLERON-EN-PAREDS
MOUNTBATTEN OF BURMA
MULTICONFESSIONNEL
MULTIDISCIPLINAIRE
MULTIMÉDIATISATION
MULTIPLICATIVEMENT
MULTIPROGRAMMATION
MUSCULO-MEMBRANEUSE
NABEREJNYIE TCHELNY
NANTEUIL-LE-HAUDOUIN
NATIONAL-SOCIALISME
NATIONAL-SOCIALISTE
NÉO-IMPRESSIONNISME
NÉO-IMPRESSIONNISTE
NEUROENDOCRINIENNE
NEUROPHYSIOLOGIQUE
NEUROPSYCHOLOGIQUE
NOGENT-SUR-VERNISSON
NON-DISCRIMINATIONS
NON-REPRÉSENTATIONS
NOUVELLE-ANGLETERRE
ODONTOSTOMATOLOGIE
ŒSTROPROGESTATIVE
OMNIDIRECTIONNELLE
PALÉOANTHROPOLOGIE
PALÉOANTHROPOLOGUE
PALÉOBIOGÉOGRAPHIE
PALÉOENVIRONNEMENT
PALÉO-OCÉANOGRAPHIE
PARALLÉLÉPIPÉDIQUE
PEINTURES-ÉMULSIONS
PÈLERIN DE MARICOURT
PELLÉAS ET MÉLISANDE
PÉNINSULE ACADIENNE
PERNES-LES-FONTAINES
PÉTION DE VILLENEUVE
PETIT CHAPERON ROUGE
PETITES-BOURGEOISES
PHARMACODÉPENDANCE
PHOTOGRAPHIQUEMENT
PLOMBIÈRES-LES-BAINS
PLURIDISCIPLINAIRE
POCHETTES-SURPRISES
POISSONS-PERROQUETS
POLITIQUES-FICTIONS
POLYNÉSIE FRANÇAISE
PRALOGNAN-LA-VANOISE
PRÉFÉRENTIELLEMENT
PROFESSIONNALISANT
PROSPECTEUR-PLACIER
PROVIDENTIELLEMENT
PROVINCES MARITIMES
PRUNELLI-DI-FIUMORBO
PSYCHOLINGUISTIQUE
PSYCHORÉÉDUCATRICE
PSYCHOTECHNICIENNE
PYRÉNÉES-ORIENTALES
QUATRE-VINGT-DIXIÈME
RADICAL-SOCIALISMES
RADIOCOMMUNICATION
RADIOÉLECTRICIENNE
RADIOTÉLÉGRAPHISTE
RAMASSEUSES-PRESSES
RAYOL-CANADEL-SUR-MER
REPORTERS-CAMERAMEN
RESPONSABILISATION

18

RESTIF DE LA BRETONNE
RHINO-PHARYNGIENNES
RICHARD CŒUR DE LION
RICHMOND UPON THAMES
ROBERT LE MAGNIFIQUE
ROLAND DE LA PLATIÈRE
ROSIÈRES-EN-SANTERRE
RUTHERFORD OF NELSON
SAINT-AMAND-MONTROND
SAINT-ANDRÉ-DE-CUBZAC
SAINT-ANDRÉ-LEZ-LILLE
SAINT-AUBIN-D'AUBIGNÉ
SAINT-BASILE-LE-GRAND
SAINT-BRÉVIN-LES-PINS
SAINT-BRICE-EN-COGLÈS
SAINT-CYR-COËTQUIDAN
SAINT-DIDIER-EN-VELAY
SAINTE-CATHERINOISE
SAINTE-LUCE-SUR-LOIRE
SAINT-GERMAIN-EN-LAYE
SAINT-GILDAS-DE-RHUYS
SAINT-GILDAS-DES-BOIS
SAINT-JEAN-CAP-FERRAT
SAINT-JEAN-DE-BOURNAY
SAINT-JEAN-DE-LOSNAIS
SAINT-JOSSE-TEN-NOODE
SAINT-JOUIN-DE-MARNES
SAINT-JULIEN-DU-SAULT
SAINT-LAURENT-BLANGY
SAINT-LAURENT-DU-PONT
SAINT-MAIXENT-L'ÉCOLE
SAINT-MARCELLINOISE
SAINT-MAUR-DES-FOSSÉS
SAINT-MICHEL-SUR-ORGE
SAINT-NICOLAS-DE-PORT
SAINT-NOM-LA-BRETÈCHE
SAINT-PIERRE-D'OLÉRON
SAINT-QUAY-PORTRIEUX
SAINT-VAAST-LA-HOUGUE
SAINT-VINCENT-DE-PAUL
SAN MIGUEL DE TUCUMÁN
SAN SALVADOR DE JUJUY
SÃO BERNARDO DO CAMPO
SELLERIE-GARNISSAGE
SEMI-LOGARITHMIQUES
SEMI-PRÉSIDENTIELLE
SEPTÈMES-LES-VALLONS
SÉQUANODIONYSIENNE
SIDOINE APOLLINAIRE
SIGEBERT DE GEMBLOUX
SINT-KATELIJNE-WAVER
SOCIALES-DÉMOCRATES
SOCIOPROFESSIONNEL
SOTTEVILLE-LÈS-ROUEN
SOUS-DÉVELOPPEMENTS
SOUS-EMBRANCHEMENTS
SPECTROHÉLIOGRAPHE
SPECTROPHOTOMÉTRIE
STÉRÉOPHOTOGRAPHIE
STRAITS SETTLEMENTS
STRATON DE LAMPSAQUE
SUPERSTITIEUSEMENT
TAILLEURS-PANTALONS
TALLEYRAND-PÉRIGORD
TARTARIN DE TARASCON
TASCHER DE LA PAGERIE
TECHNICO-COMMERCIAL
THERMODYNAMICIENNE
THERMOÉLECTRONIQUE
THERMOLUMINESCENCE
THEROULDEBOURGEOIS
TOMONAGA SHINICHIRO
TRADITIONNELLEMENT
TRANSATMOSPHÉRIQUE
TREMBLAY-LÈS-GONESSE
TROMPETTES-DE-LA-MORT
TROMPETTES-DES-MORTS
ULTRACENTRIFUGEUSE
VANDŒUVRE-LÈS-NANCY
VÉLIZY-VILLACOUBLAY
VERRIÈRES-LE-BUISSON
VIDÉOCOMMUNICATION
VILLEDIEU-LES-POÊLES
VILLEFRANCHE-SUR-MER
VILLENAUXE-LA-GRANDE
VILLENEUVE-DE-MARSAN
VILLENEUVE-SUR-YONNE
WATERMAEL-BOITSFORT
WOLUWE-SAINT-LAMBERT
YORCK VON WARTENBURG
ZEDILLO PONCE DE LEÓN
ZITA DE BOURBON-PARME

19

ABD AL-AZIZ IBN AL-HASAN
ABSTRACTION-CRÉATION
ALBERT DE BALLENSTEDT
ALBERT DE BRANDEBOURG
ALBERTIVILLIARIENNE
ALEXIS MIKHAÏLOVITCH
ALPES NÉO-ZÉLANDAISES

ALPHONSE LE MAGNANIME
AMBRIÈRES-LES-VALLÉES
ANALYSTE-PROGRAMMEUR
ANARCHO-SYNDICALISME
ANARCHO-SYNDICALISTE
ANTICONCEPTIONNELLE
ANTICONCURRENTIELLE
ANTICONSTITUTIONNEL
ANTIFERROMAGNÉTISME
ANTIGOUVERNEMENTALE
ANTIGOUVERNEMENTAUX
ANTI-INFLATIONNISTES
ANTIPARLEMENTARISME
ANTIPROTECTIONNISTE
ARRIÈRE-GRANDS-ONCLES
ARRIÈRE-GRANDS-TANTES
ARRIÈRE-PETITS-NEVEUX
ARROMANCHES-LES-BAINS
AUCASSIN ET NICOLETTE
BAUDOUIN DE COURTENAY
BEAULIEU-SUR-DORDOGNE
BENOÎT DE SAINTE-MAURE
BERCHEM-SAINTE-AGATHE
BERNADETTE SOUBIROUS
BERNARD DE SAXE-WEIMAR
BESSINES-SUR-GARTEMPE
BOULOGNE-BILLANCOURT
BOURBON-L'ARCHAMBAULT
BRONCHO-PNEUMOPATHIE
CAROLINE DE BRUNSWICK
CARRIÈRES-SOUS-POISSY
CASTILLON-LA-BATAILLE
CATHODOLUMINESCENCE
CÉPHALO-RACHIDIENNES
CHANTELOUP-LES-VIGNES
CHARETTE DE LA CONTRIE
CHARGEUSE-PELLETEUSE
CHARLES DE LUXEMBOURG
CHARLEVILLE-MÉZIÈRES
CHASSAGNE-MONTRACHET
CHASSEURS-CUEILLEURS
CHÂTEAUNEUF-LES-BAINS
CHÂTEAUNEUF-SUR-LOIRE
CHAUDIÈRE-APPALACHES
CHIKAMATSU MONZAEMON
CHLOROFLUOROCARBURE
CHRÉTIENNE-DÉMOCRATE
CHRÉTIENS-DÉMOCRATES
CHRONOSTRATIGRAPHIE
COLOMBIE-BRITANNIQUE
CONFÉDÉRATION SUISSE
CONRAD VON HÖTZENDORF
CONSTANTIN HÉRACLIUS
CONSTANTIN MONOMAQUE
CONSTITUTIONNALISÉE
CONSTITUTIONNALISER
CONSTITUTIONNALISTE
CONTRE-DÉNONCIATIONS
CONTRE-MANIFESTANTES
CONTRE-MANIFESTATION
CONVENTION NATIONALE
CONVENTIONNELLEMENT
CORMEILLES-EN-PARISIS
COULONGES-SUR-L'AUTIZE
CRISTALLOPHYLLIENNE
DÉMÉTRIOS POLIORCÈTE
DÉMOCRATE-CHRÉTIENNE
DÉMOCRATES-CHRÉTIENS
DÉSOXYRIBONUCLÉIQUE
DESROCHES NOBLECOURT
DISTRIBUTIONNALISME
DOUVRES-LA-DÉLIVRANDE
DUCCIO DI BUONINSEGNA
DU VERGIER DE HAURANNE
DVINA SEPTENTRIONALE
EASTMAN KODAK COMPANY
ÉDOUARD LE CONFESSEUR
ÉLECTROCARDIOGRAMME
ÉLECTROCARDIOGRAPHE
ÉLECTROLOCALISATION
ÉLECTROLUMINESCENCE
ÉLECTROLUMINESCENTE
ÉLECTROMÉCANICIENNE
ÉLECTROTECHNICIENNE
ÉLÉONORE DE HABSBOURG
ÉMETTEURS-RÉCEPTEURS
ENSEIGNANT-CHERCHEUR
ENVIRONNEMENTALISTE
ÉTATS LATINS DU LEVANT
EUGÈNE DE BEAUHARNAIS
FERDINAND DE PORTUGAL
FISHER OF KILVERSTONE
FONT-ROMEU-ODEILLO-VIA
FRAISEURS-OUTILLEURS
FRÉDÉRIC BARBEROUSSE
FRONTENAY-ROHAN-ROHAN
FUSIONS-ACQUISITIONS
GALOUZEAU DE VILLEPIN
GARGILESSE-DAMPIERRE
GENTLEMAN'S AGREEMENT
GIL BLAS DE SANTILLANE
GLOSSO-PHARYNGIENNES
GODOY ÁLVAREZ DE FARIA
GOVERNADOR VALADARES
GUILLAUME DE MACHAULT
HAM-SUR-HEURE-NALINNES
HARLAY DE CHAMPVALLON
HARTMANNSWILLERKOPF
HÉLINAND DE FROIDMONT
HENRIETTE-ANNE STUART
HOLLANDE-MÉRIDIONALE
HONDURAS BRITANNIQUE
HOUTHALEN-HELCHTEREN
HUGUES DE SAINT-VICTOR
HYPERFONCTIONNEMENT
HYPOTHÉTICO-DÉDUCTIF

INCOMMENSURABLEMENT
INCOMPRÉHENSIBILITÉ
INCONSTITUTIONNELLE
INSTITUTIONNALISANT
INTELLECTUALISATION
INTERDÉPARTEMENTALE
INTERDÉPARTEMENTAUX
INTERDISCIPLINARITÉ
INTERGOUVERNEMENTAL
INTRADERMO-RÉACTIONS
INVRAISEMBLABLEMENT
IRRÉVÉRENCIEUSEMENT
JACQUELINE DE BAVIÈRE
JACQUES LE CONQUÉRANT
JARVILLE-LA-MALGRANGE
JOSEPH LE RÉFORMATEUR
JUAN CARLOS DE BOURBON
JUDÉO-CHRISTIANISMES
KEKULÉ VON STRADONITZ
KERGUELEN DE TRÉMAREC
KOMSOMOLSK-SUR-L'AMOUR
LA CHAPELLE-AUX-SAINTS
LADISLAS LE MAGNANIME
LA GUERCHE-DE-BRETAGNE
LA GUERCHE-SUR-L'AUBOIS
LANGUEDOC-ROUSSILLON
LA NOUVELLE-AMSTERDAM
LA RÉVELLIÈRE-LÉPEAUX
L'ARGENTIÈRE-LA-BESSÉE
LAURENTIUS VALLENSIS
LAURENT LE MAGNIFIQUE
LE LARDIN-SAINT-LAZARE
LE TOUQUET-PARIS-PLAGE
LIEUTENANTS-COLONELS
LOCATIONS-ACCESSIONS
LOUISE-MARIE D'ORLÉANS
LUDOVIC SFORZA LE MORE
LUDWIGSHAFEN AM RHEIN
LYMPHOGRANULOMATOSE
MACHAULT D'ARNOUVILLE
MALAYO-POLYNÉSIENNES
MANDAT-CONTRIBUTIONS
MARGUERITE BOURGEOYS
MARGUERITE D'AUTRICHE
MARIE DE L'INCARNATION
MARXISTES-LÉNINISTES
MÉDICO-PSYCHOLOGIQUE
MENGISTU HAILÉ MARIAM
MÉNINGO-ENCÉPHALITES
MENTHON-SAINT-BERNARD
METTERNICH-WINNEBURG
MICROPHOTOGRAPHIQUE
MILITARO-INDUSTRIELS
MINÉRALIER-PÉTROLIER
MONTAUBAN-DE-BRETAGNE
MONTEREAU-FAULT-YONNE
MONTGOMERY OF ALAMEIN
MONTSAINTAIGNANAISE

MULTIDIMENSIONNELLE
MUSCULO-MEMBRANEUSES
NATIONALE-SOCIALISTE
NÉO-IMPRESSIONNISMES
NÉO-IMPRESSIONNISTES
NEUROENDOCRINOLOGIE
NEUVY-SAINT-SÉPULCHRE
NIEDERBRONN-LES-BAINS
NOUVELLE-GALLES DU SUD
ORGANISATEUR-CONSEIL
PALÉO-OCÉANOGRAPHIES
PARASYMPATHOLYTIQUE
PASTEUR VALLERY-RADOT
PERPENDICULAIREMENT
PERSONNES-RESSOURCES
PESEUSES-ENSACHEUSES
PÉTROLIER-MINÉRALIER
PEYROLLES-EN-PROVENCE
PHILIPPE LE MAGNANIME
PHOTOÉLASTICIMÉTRIE
PHOTO-INTERPRÉTATION
PHOTOMULTIPLICATEUR
PHYSICO-MATHÉMATIQUE
PIERO DELLA FRANCESCA
PIERREFITTE-SUR-SEINE
PIERRE LE CÉRÉMONIEUX
PIEYRE DE MANDIARGUES
PISTOLET-MITRAILLEUR
PLURIDIMENSIONNELLE
PLURIDISCIPLINARITÉ
POLYCHLOROBIPHÉNYLE
POLYRADICULONÉVRITE
PORT-EN-BESSIN-HUPPAIN
PORT-SAINT-LOUISIENNE
POSTIMPRESSIONNISME
POSTIMPRESSIONNISTE
POSTSYNCHRONISATION
PRÉCAUTIONNEUSEMENT
PROFESSIONNELLEMENT
PROPORTIONNELLEMENT
PSYCHOPHARMACOLOGIE
PSYCHOTHÉRAPEUTIQUE
PTOLÉMÉE PHILADELPHE
PYRÉNÉES-ATLANTIQUES
QUATRE-CENT-VINGT-ET-UN
QUATRE-VINGT-DIXIÈMES
QUINCTIUS FLAMININUS
RADICAUX-SOCIALISTES
RAMONVILLE-SAINT-AGNE
RÉAPPROVISIONNEMENT
REPORTER-PHOTOGRAPHE
REPORTERS-CAMERAMANS
RÉPUBLIQUE ARABE UNIE
RÉTICULO-ENDOTHÉLIAL
RODOLPHE DE HABSBOURG
ROMORANTIN-LANTHENAY
ROQUEBRUNE-CAP-MARTIN
ROQUEBRUNE-SUR-ARGENS

19

SAINT-VALLIER-DE-THIEY
SAINT-YRIEIX-LA-PERCHE
SAISIE-REVENDICATION
SALTYKOV-CHTCHEDRINE
SANCHE GARCÉS EL MAYOR
SANKT ANTON AM ARLBERG
SANTA CRUZ DE TENERIFE
SEBASTIANI DE LA PORTA
SEBASTIANO DEL PIOMBO
SECRÉTARIATS-GREFFES
SEMI-PRÉSIDENTIELLES
SÉNÈQUE LE PHILOSOPHE
SOCIALES-CHRÉTIENNES
SOLIMAN LE MAGNIFIQUE
SONNINI DE MANONCOURT
STÉNODACTYLOGRAPHIE
SURVOLTEUR-DÉVOLTEUR
TALMONT-SAINT-HILAIRE
TECHNICO-COMMERCIALE
TECHNICO-COMMERCIAUX
TERRITOIRE DE BELFORT
THEROULDEBOURGEOISE
TOUSSAINT LOUVERTURE
TRANSFORMATIONNELLE
TRANSSUBSTANTIATION
TRAVERSÉES-JONCTIONS
TRIGONOMÉTRIQUEMENT
ULTRACENTRIFUGATION
VIEILLES-CATHOLIQUES
VILLAFRANCA DI VERONA
VILLARD DE HONNECOURT
VILLENEUVE-LA-GARENNE
VILLIERS DE L'ISLE-ADAM
VIRGINIE-OCCIDENTALE
VOISINS-LE-BRETONNEUX
VOITURES-RESTAURANTS
VOYAGEURS-KILOMÈTRES

ROQUEFORT-SUR-SOULZON
SAINT-AUBIN-DU-CORMIER
SAINT-AUBIN-LÈS-ELBEUF
SAINT-BENOÎT-SUR-LOIRE
SAINT-BRICE-SOUS-FORÊT
SAINTE-ANNE-DE-BEAUPRÉ
SAINTE-CLAIRE-DEVILLE
SAINTE-LIVRADE-SUR-LOT
SAINTE-MARIE-AUX-MINES
SAINT-ÉTIENNE-DE-TINÉE
SAINT-FLORENT-LE-VIEIL
SAINT-FLORENT-SUR-CHER
SAINT-GENEST-MALIFAUX
SAINT-GERMAIN-DES-PRÉS
SAINT-HONORÉ-LES-BAINS
SAINT-JACQUES-DE-L'ÉPÉE
SAINT-JEAN-DE-LA-RUELLE
SAINT-JEAN-DE-LOSNAISE
SAINT-JEAN-PIED-DE-PORT
SAINT-JUST-EN-CHAUSSÉE
SAINT-LAURENT-DES-EAUX
SAINT-LOUIS-LÈS-BITCHE
SAINT-LOUP-SUR-SEMOUSE
SAINT-MANDRIER-SUR-MER
SAINT-MARTIN-BOULOGNE
SAINT-MARTIN-D'AUXIGNY
SAINT-MÉDARD-EN-JALLES
SAINT-NICOLAS-DE-REDON
SAINT-PIERRE-D'ALBIGNY
SAINT-PIERRE-DES-CORPS
SAINT-PIERRE-QUIBERON
SAINT-PIERRE-SUR-DIVES
SAINT-POL-SUR-TERNOISE
SAINT-RAMBERT-EN-BUGEY
SAINT-RÉMY-DE-PROVENCE
SAINT-RÉMY-SUR-DUROLLE
SAINT-TROJAN-LES-BAINS
SAINT-VALERY-SUR-SOMME

20

ALPHONSE LE BATAILLEUR
ALPHONSE LE BOULONNAIS
AMNESTY INTERNATIONAL
ANALYSTE-PROGRAMMEUSE
ANARCHO-SYNDICALISMES
ANARCHO-SYNDICALISTES
ANDRÉZIEN-BOUTHÉONAIS
ANTISÉGRÉGATIONNISTE
ANTISÉROTONINERGIQUE
ANTOINE-MARIE ZACCARIA
ARNOUVILLE-LÈS-GONESSE
ARRIÈRE-GRANDS-PARENTS
ARRIÈRE-PETITES-FILLES
ARRIÈRE-PETITES-NIÈCES
ARRIÈRE-PETITS-ENFANTS
AUSTRALIE-MÉRIDIONALE

ABITIBI-TÉMISCAMINGUE
AGRIPPA VON NETTESHEIM
AIGREFEUILLE-SUR-MAINE
ALPES-DE-HAUTE-PROVENCE

AUSTRALIE-OCCIDENTALE
BASILE LE BULGAROCTONE
BRABANT-SEPTENTRIONAL
BRONCHO-PNEUMOPATHIES
CASTELTHÉODORICIENNE
CASTROTHÉODORICIENNE
CATHERINE D'ALEXANDRIE
CHÂTEAUNEUF-SUR-SARTHE
CHENNEVIÈRES-SUR-MARNE
CHEVIGNY-SAINT-SAUVEUR
CHIRURGIENS-DENTISTES
COLONIA DEL SACRAMENTO
COMMISSAIRES-PRISEURS
CONFESSION D'AUGSBOURG
CONRAD DE HOHENSTAUFEN
CONSTANTIN PALÉOLOGUE
CONSTANTIN PAVLOVITCH
CONSTITUTIONNALISANT
CONTRE-ÉLECTROMOTRICE
CONTRE-INTERROGATOIRE
CONTRE-MANIFESTATIONS
DÉPARTEMENTALISATION
DÉSAPPROVISIONNEMENT
DJAMAL AL-DIN AL-AFGHANI
DJUBRAN KHALIL DJUBRAN
ÉLECTROCARDIOGRAPHIE
FERDINAND DE ANTEQUERA
FERDINAND DE HABSBOURG
FREYMING-MERLEBACHOIS
GENTLEMEN'S AGREEMENTS
GEOFFROY SAINT-HILAIRE
GUILLAUME DE CHAMPEAUX
HENRIETTE D'ANGLETERRE
HÉROUVILLE-SAINT-CLAIR
HYPERCHOLESTÉROLÉMIE
HYPOTHÉTICO-DÉDUCTIFS
HYPOTHÉTICO-DÉDUCTIVE
INCONDITIONNELLEMENT
INCONSTITUTIONNALITÉ
INTERGOUVERNEMENTALE
INTERGOUVERNEMENTAUX
INTERNATIONALISATION
INTERPROFESSIONNELLE
ISABELLE LA CATHOLIQUE
JACQUES ÉDOUARD STUART
LA CHAPELLE-DE-GUINCHAY
LAROCHE-SAINT-CYDROINE
LE CHAMBON-FEUGEROLLES
LE NOUVION-EN-THIÉRACHE
LES PAVILLONS-SOUS-BOIS
LICINIUS CRASSUS DIVES
MADELEINE-SOPHIE BARAT
MANDATS-CONTRIBUTIONS
MAREUIL-SUR-LAY-DISSAIS
MARGUERITE D'ANGOULÊME
MARGUERITE DE PROVENCE
MARIE-AMÉLIE DE BOURBON
MÉDICO-PSYCHOLOGIQUES
MEGAWATI SUKARNOPUTRI
MENDELE MOCHER SEFARIM
MENDELSSOHN-BARTHOLDY
MILITARO-INDUSTRIELLE
MOISSONNEUSE-BATTEUSE
MOISSONNEUSES-LIEUSES
MONTCALM DE SAINT-VÉRAN
MONTESQUIEU-VOLVESTRE
MONTIGNY-LE-BRETONNEUX
MONTREDON-LABESSONNIÉ
MOUSTIERS-SAINTE-MARIE
MULTICONFESSIONNELLE
MULTINATIONALISATION
NATIONAUX-SOCIALISTES
NICÉPHORE BOTANÉIATÈS
NICÉPHORE LE LOGOTHÈTE
NIKITA PETROVIC NJEGOS
OTO-RHINO-LARYNGOLOGIE
PAPOUANE-NÉO-GUINÉENNE
PAPOUASIE-OCCIDENTALE
PEÑARROYA-PUEBLONUEVO
PHOTOMULTIPLICATRICE
PHOTOSENSIBILISATION
PHYSICO-MATHÉMATIQUES
PIERRE KARADJORDJEVIC
PIERRE PETROVIC NJEGOS
POLIDORO DA CARAVAGGIO
PRATS-DE-MOLLO-LA-PRESTE
PROFESSIONNALISATION
PROSPECTEURS-PLACIERS
PROVINCES ATLANTIQUES
PROVINCES DES PRAIRIES
PSEUDOHERMAPHRODISME
PSYCHOPROPHYLACTIQUE
QUINCTIUS CINCINNATUS
RAIMOND DE SAINT-GILLES
RÉTICULO-ENDOTHÉLIALE
RÉTICULO-ENDOTHÉLIAUX
SAGUENAY-LAC-SAINT-JEAN
SAINT-ANDRÉ-LES-VERGERS
SAINT-BONNET-LE-CHÂTEAU
SAINT-CHARLES-BORROMÉE
SAINT-CIERS-SUR-GIRONDE
SAINTE-ANNE-DES-PLAINES
SAINTES-MARIES-DE-LA-MER
SAINT-GEORGES-SUR-LOIRE
SAINT-GERVAIS-LES-BAINS
SAINT-GUILHEM-LE-DÉSERT
SAINT-HIPPOLYTE-DU-FORT
SAINT-JEAN-CHRYSOSTOME
SAINT-JEAN-DE-JÉRUSALEM
SAINT-JEAN-DE-MAURIENNE
SAINT-LAURENT-DU-MARONI
SAINT-LÉONARD-DE-NOBLAT
SAINT-MARTIN-DE-LONDRES
SAINT-PIERRE-LE-MOÛTIER

20

SAINT-PONS-DE-THOMIÈRES
SAINT-ROMAIN-DE-COLBOSC
SAINT-SYMPHORIEN-D'OZON
SANCHE GARCÉS EL GRANDE
SCHERPENHEUVEL-ZICHEM
SELLERIE-BOURRELLERIE
SELLERIE-MAROQUINERIE
SELLERIES-GARNISSAGES
SERGENTS DE LA ROCHELLE
SINT-LAMBRECHTS-WOLUWE
SOCIOPROFESSIONNELLE
SOISY-SOUS-MONTMORENCY
SPORADES ÉQUATORIALES
STANISLAS LESZCZYNSKI
SUFFREN DE SAINT-TROPEZ
TANCRÈDE DE HAUTEVILLE
TECHNICO-COMMERCIALES
TERRASSON-LA-VILLEDIEU
THIBAUD LE CHANSONNIER
UKRAINE SUBCARPATIQUE
VALERA Y ALCALÁ GALIANO
VILLEFRANCHE-SUR-SAÔNE
VILLENEUVE-LÈS-AVIGNON
WATTIGNIES-LA-VICTOIRE
WOLFRAM VON ESCHENBACH
YOSEMITE NATIONAL PARK

21

ABU AL-FARADJ AL-ISFAHANI
ALEXANDRE DE BATTENBERG
AMÉLIE-LES-BAINS-PALALDA
ANALYSTES-PROGRAMMEURS
ANTICONSTITUTIONNELLE
ANTILLES NÉERLANDAISES
APOLLODORE LE DAMASCÈNE
ARCHIVISTE-PALÉOGRAPHE
BELSUNCE DE CASTELMORON
BENEDETTI MICHELANGELI
BERNIÈRES-SAINT-NICOLAS
BESSE-ET-SAINT-ANASTAISE
CHAPELLE-LEZ-HERLAIMONT
CHARGEUSES-PELLETEUSES
CHOMEDEY DE MAISONNEUVE
CHRÉTIENNES-DÉMOCRATES
CINÉMATOGRAPHIQUEMENT
CONSTITUTIONNELLEMENT
CONTRE-ÉLECTROMOTRICES
CONTRE-INTERROGATOIRES
CONTRE-RÉVOLUTIONNAIRE
DECAZES ET DE GLÜCKSBERG
DELAMARE-DEBOUTTEVILLE
DÉMOCRATES-CHRÉTIENNES
ENSEIGNANTS-CHERCHEURS
EUSTACHE DE SAINT-PIERRE
EXSANGUINO-TRANSFUSION
FERDINAND LE CATHOLIQUE
FRANÇOIS DE NEUFCHÂTEAU
FREYMING-MERLEBACHOISE
FRIOUL-VÉNÉTIE JULIENNE
GARMISCH-PARTENKIRCHEN
GOTTFRIED DE STRASBOURG
GRÉGOIRE L'ILLUMINATEUR
GUILLAUME DE CHAMPLITTE
GUILLAUME DE SAINT-AMOUR
GUILLAUME LE CONQUÉRANT
HEXACHLOROCYCLOHEXANE
HORTENSE DE BEAUHARNAIS

HYPOTHÉTICO-DÉDUCTIVES
ILLKIRCH-GRAFFENSTADEN
INSTITUTIONNALISATION
JEAN-BAPTISTE DE LA SALLE
KARATCHAÏS-TCHERKESSES
LES CONTAMINES-MONTJOIE
LOTHAIRE DE SUPPLINBURG
MAGNÉTOHYDRODYNAMIQUE
MARIE-THÉRÈSE D'AUTRICHE
MASSIF SCHISTEUX RHÉNAN
MILITARO-INDUSTRIELLES
MINÉRALIERS-PÉTROLIERS
MONTIGNY-LÈS-CORMEILLES
NATIONALES-SOCIALISTES
NICOLAS PETROVIC NJEGOS
NOTRE-DAME-DE-BELLECOMBE
NOTRE-DAME-DE-BONDEVILLE
NOTRE-DAME-DE-GRAVENCHON
OLAV HARALDSSON LE SAINT
ORGANISATEURS-CONSEILS
OTO-RHINO-LARYNGOLOGIES
PARASYMPATHOMIMÉTIQUE
PÉTROLIERS-MINÉRALIERS
PHOTOS-INTERPRÉTATIONS
PISTOLETS-MITRAILLEURS
PONTELLOIS-COMBALUSIEN
PORT-SAINT-LOUIS-DU-RHÔNE
RADIOCRISTALLOGRAPHIE
RECONVENTIONNELLEMENT
REPORTERS-PHOTOGRAPHES
RÉPUBLIQUE DOMINICAINE
RÉTICULO-ENDOTHÉLIALES
RIBÉCOURT-DRESLINCOURT
ROTHENBURG OB DER TAUBER
RUIZ DE ALARCÓN Y MENDOZA
RUTHÉNIE SUBCARPATIQUE
SAINT-BARTHÉLEMY-D'ANJOU
SAINTE-MAURE-DE-TOURAINE
SAINT-ÉTIENNE-DE-MONTLUC
SAINT-ÉTIENNE-DU-ROUVRAY
SAINT-GEOIRE-EN-VALDAINE
SAINT-GEORGES-DE-DIDONNE
SAINT-GILLES-CROIX-DE-VIE
SAINT-JACQUES-DE-LA-LANDE
SAINT-JEAN-SUR-RICHELIEU
SAINT-JULIEN-EN-GENEVOIS
SAINT-JUST-SAINT-RAMBERT
SAINT-MARTIN-DE-SEIGNANX
SAINT-MICHEL-DE-PROVENCE
SAINT-NICOLAS-DE-LA-GRAVE
SAINT-ORENS-DE-GAMEVILLE
SAINT-PAUL-DE-FENOUILLET
SAINT-PIERRE-ET-MIQUELON
SAINT-PIERRE-MONTLIMART
SAINT-SAUVEUR-LE-VICOMTE
SAINT-VINCENT-DE-TYROSSE
SAISIES-REVENDICATIONS

SAULXURES-SUR-MOSELOTTE
SIGISMOND DE LUXEMBOURG
SOCIAL-RÉVOLUTIONNAIRE
SURVOLTEURS-DÉVOLTEURS
THÉRÈSE DE L'ENFANT-JÉSUS
UNITED STATES OF AMERICA
VAUQUELIN DE LA FRESNAYE
VISITATION SAINTE-MARIE

21

22

ALPHONSE-MARIE DE LIGUORI
ANALYSTES-PROGRAMMEUSES
ANTARCTIQUE BRITANNIQUE
ANTIGONOS MONOPHTHALMOS
BARBEZIEUX-SAINT-HILAIRE
BARTHÉLEMY-SAINT-HILAIRE
BELLEGARDE-SUR-VALSERINE
BERNARDIN DE SAINT-PIERRE
CHÂTEAUNEUF-EN-THYMERAIS
CHÂTEAUNEUF-SUR-CHARENTE
CHÂTILLON-SUR-CHALARONNE
CHOUART DES GROSEILLIERS
COLOMBEY-LES-DEUX-ÉGLISES
CONFLANS-SAINTE-HONORINE
CONJONCTEUR-DISJONCTEUR
CONTRE-RÉVOLUTIONNAIRES
DESMARETS DE SAINT-SORLIN
DESSINATEUR-CARTOGRAPHE
DON QUICHOTTE DE LA MANCHE
ÉLECTROENCÉPHALOGRAMME
ÉLISABETH DE WITTELSBACH
EUGÈNE DE SAVOIE-CARIGNAN
EXSANGUINO-TRANSFUSIONS
FABIOLA DE MORA Y DE ARAGÓN
FABIUS MAXIMUS RULLIANUS
FLAHAUT DE LA BILLARDERIE
FRÉDÉRIC-AUGUSTE LE JUSTE
GUILHERANDAIS-GRANGEOIS
HENRIETTE-MARIE DE FRANCE
HOLLANDE-SEPTENTRIONALE
HOSPITALO-UNIVERSITAIRE
HYSTÉROSALPINGOGRAPHIE
LAMOIGNON DE MALESHERBES
L'HOSPITALET DE LLOBREGAT
MOISSONNEUSES-BATTEUSES
MUHAMMAD IBN ABD AL-WAHHAB
OTO-RHINO-LARYNGOLOGISTE
PAUL ÉMILE LE MACÉDONIQUE
PRIMO DE RIVERA Y ORBANEJA
PROTO-INDUSTRIALISATION
PROVENCE-ALPES-CÔTE D'AZUR
PUBLIUS QUINTILIUS VARUS
RECHERCHE-DÉVELOPPEMENT
ROYAUME LOMBARD-VÉNITIEN
SAINT-ARNOULT-EN-YVELINES

22

SAINT-DONAT-SUR-L'HERBASSE
SAINTE-GENEVIÈVE-DES-BOIS
SAINT-FARGEAU-PONTHIERRY
SAINT-FRANÇOIS-LONGCHAMP
SAINT-GERMAIN-LÈS-CORBEIL
SAINT-HILAIRE-DU-HARCOUËT
SAINT-LAZARE-DE-JÉRUSALEM
SAINT-MICHEL-DE-MAURIENNE
SAINT-PAUL-TROIS-CHÂTEAUX
SAINT-POURÇAIN-SUR-SIOULE
SAINT-QUENTIN-EN-YVELINES
SAINT-SÉBASTIEN-SUR-LOIRE
SALABERRY-DE-VALLEYFIELD
SELLERIES-BOURRELLERIES
SELLERIES-MAROQUINERIES
SOCIALE-RÉVOLUTIONNAIRE
STERNO-CLÉIDO-MASTOÏDIEN
THÉODORE DOUKAS LASCARIS
VILLEFRANCHE-DE-CONFLENT
VILLEFRANCHE-DE-ROUERGUE
VILLENEUVE-SAINT-GEORGES

23

AFRICAN NATIONAL CONGRESS
ALEXANDRE KARADJORDJEVIC
ANDRÉZIENNE-BOUTHÉONAISE
ANESTHÉSISTE-RÉANIMATEUR
ARCHIVISTES-PALÉOGRAPHES
BRIGADES INTERNATIONALES
CHAMPION DE CHAMBONNIÈRES
CHÂTEAUNEUF-LES-MARTIGUES
CONFÉDÉRATION GERMANIQUE
COUCY-LE-CHÂTEAU-AUFFRIQUE
DESSINATRICE-CARTOGRAPHE
ÉLECTROENCÉPHALOGRAPHIE
FABIUS MAXIMUS VERRUCOSUS
GRANDPUITS-BAILLY-CARROIS
HENRI DE FLANDRE ET HAINAUT
HOSPITALO-UNIVERSITAIRES
INCONSTITUTIONNELLEMENT
LANEUVEVILLE-DEVANT-NANCY
LES EYZIES-DE-TAYAC-SIREUIL
MARGUERITE-MARIE ALACOQUE
MARIE-CHRISTINE DE BOURBON
MARIE MADELEINE DE MAGDALA
MASSEUR-KINÉSITHÉRAPEUTE
MONTASTRUC-LA-CONSEILLÈRE
OTO-RHINO-LARYNGOLOGISTES
OTTIGNIES-LOUVAIN-LA-NEUVE
PAPOUASIE-NOUVELLE-GUINÉE
POLYTÉTRAFLUOROÉTHYLÈNE
PROTO-INDUSTRIALISATIONS
SAINT-BRUNO-DE-MONTARVILLE
SAINT-MARTIN-DE-BELLEVILLE
SAINT-SYMPHORIEN-SUR-COISE

SANTIAGO DE LOS CABALLEROS
SOCIAUX-RÉVOLUTIONNAIRES
STERNO-CLÉIDO-MASTOÏDIENS
UNION POSTALE UNIVERSELLE
VILLEFRANCHE-DE-LAURAGAIS
WALTHER VON DER VOGELWEIDE

24

ANESTHÉSISTE-RÉANIMATRICE
BOURGTHEROULDE-INFREVILLE
CONJONCTEURS-DISJONCTEURS
CONSTANTIN PORPHYROGÉNÈTE
DESSINATEURS-CARTOGRAPHES
GUILHERANDAISE-GRANGEOISE
GUILLAUME DE VILLEHARDOUIN
LA ROCHEFOUCAULD-LIANCOURT
LE PELETIER DE SAINT-FARGEAU
MASSEUSE-KINÉSITHERAPEUTE
MUHAMMAD AHMAD IBN ABD ALLAH
ORANIENBURG-SACHSENHAUSEN
PETROPAVLOVSK-KAMTCHATSKI
PONTELLOISE-COMBALUSIENNE
RECHERCHES-DÉVELOPPEMENTS
RÉPUBLIQUE CENTRAFRICAINE
RHÉNANIE-DU-NORD-WESTPHALIE
SAINT-AUGUSTIN-DE-DESMAURES
SAINT-BERTRAND-DE-COMMINGES
SAINT CHRISTOPHER AND NEVIS
SAINT-LAURENT-DE-LA-SALANQUE
SAINT-MICHEL-L'OBSERVATOIRE
SAINT-PHILBERT-DE-GRAND-LIEU
SAINT-RAPHAËL-DE-L'ÎLE-BIZARD
SIGISMOND AUGUSTE JAGELLON
SIMPLICIUS SIMPLICISSIMUS
SOCIALES-RÉVOLUTIONNAIRES
TANJUNG KARANG-TELUK BETUNG
THÉÂTRE NATIONAL POPULAIRE

25

AFRIQUE-ORIENTALE ALLEMANDE
ANESTHÉSISTES-RÉANIMATEURS
ANTICONSTITUTIONNELLEMENT
DESSINATRICES-CARTOGRAPHES
ÉQUEURDREVILLE-HAINNEVILLE
FRANCESCO DI GIORGIO MARTINI
GASPÉSIE-ÎLES-DE-LA-MADELEINE
MARGUERITE VALDEMARSDOTTER
MASSEURS-KINÉSITHÉRAPEUTES
REGNAUD DE SAINT-JEAN-D'ANGÉLY
SAINT-ÉTIENNE-DE-SAINT-GEOIRS
SAINT-JACQUES-DE-COMPOSTELLE
SAINT-MAXIMIN-LA-SAINTE-BAUME
SAINT-VINCENTAIS-ET-GRENADIN

ANESTHÉSISTES-RÉANIMATRICES
MASSEUSES-KINÉSITHERAPEUTES
REGNAULT DE SAINT-JEAN-D'ANGÉLY

26

AFRIQUE-ÉQUATORIALE FRANÇAISE
AFRIQUE-OCCIDENTALE FRANÇAISE
AFRIQUE-ORIENTALE BRITANNIQUE
CHARLOTTE-ÉLISABETH DE BAVIÈRE
EMPIRE LATIN DE CONSTANTINOPLE
FRANÇOIS DE HABSBOURG-LORRAINE
NICOLAS NIKOLAÏEVITCH ROMANOV
PHILIPPE DE GRÈCE ET DE DANEMARK
SAINT EMPIRE ROMAIN GERMANIQUE
SAINT-GEORGES-LÈS-BAILLARGEAUX
SAINT-VINCENTAISE-ET-GRENADINE
SAINT-VINCENT-ET-LES GRENADINES
STANISLAS AUGUSTE PONIATOWSKI

27

BOUCHER DE CRÈVECŒUR DE PERTHES
FRANÇOIS-FERDINAND DE HABSBOURG
LOUISE DE MECKLEMBOURG-STRELITZ
LOUIS-MARIE GRIGNION DE MONTFORT

28

MARIE-LOUISE DE HABSBOURG-LORRAINE

30

JEANNE-FRANÇOISE FRÉMYOT DE CHANTAL
PROVINCES-UNIES D'AMÉRIQUE CENTRALE

31

32 MECKLEMBOURG-POMÉRANIE-OCCIDENTALE

33 ERNEST-AUGUSTE DE BRUNSWICK-LUNEBOURG
MARIE-CHRISTINE DE HABSBOURG-LORRAINE

41 UNION DES RÉPUBLIQUES SOCIALISTES SOVIÉTIQUES

42 ROYAUME-UNI DE GRANDE-BRETAGNE ET D'IRLANDE DU NORD

CLASSEMENT INVERSE

1

A
À
B
C
D
E
F
G
H
I
J
K
L
M
N
O
Ô
P
Q
R
S
T
U
V
W
X
Y
Z

2

AA
AA
BA
BÂ
CA
ÇA
ÇÀ
DA
FA
GA
HA
KA
LA
LÀ
MA
NA
PA
RA
RÂ
SA
SA
TA
VA
CB
NB
OB
PB
RB
SB
TB
YB
AC
DC
EC
OC
PC
SC
TC
W.-C.
BD
CD
FD
GD
KD
MD
ND
PD
BE
CE
CE
DE
DÉ
FE
GE
GÉ
GÊ
HE
HÉ
JE
LE
LÉ
ME
NE
NÉ
OE
RE
RÉ
RÉ
RÊ
SE
TE
UE
VÉ
XE
CF
HF
IF
IF
KF
RF
SF
VF
AG
HG
MG
QG
RG
AH
EH
OH
PH
RH
TH
AÏ
BI
CI
FI
GI
HI
LI
LI
MI-
MI
NI
PI
QI
RI
SI
TI
XI
ZI
DJ
PJ
BK
EK
O.K.
PK
UK
AL
CL
IL-
IL
TL
AM
CM
FM
F-M
IM-
P.-M.
PM
SM
TM
AN
EN
IN-
IN
MN
ON
RN
SN
UN
ZN
BO
CO
DO
FO
GO
HO
HO
IO
J.O.
K.-O.
MO
NO
NO
NÔ
OÔ
PO
PÔ
VO
BP
BP
CP
LP
NP
AR
BR
CR
DR
ER
FR
GR
IR-
IR
KR
LR
OR
PR
S-R
SR
UR
ZR
AS
CS
E-S
ES
ÈS
HS
IS
NS
OS
P.-S.
PS
QS
SS
US
VS
YS
AT
ET
JT
MT
PT
UT
AU
BU
CU
DU
DÛ
EU
EU
LU
MU
MÛ
NU
OU
OÙ
PU
RU
SU
TU
VU
WU
CV
P.-V.
TV
UV
AX
CX
EX-
EX
AY
DY
EY
CZ

		ZAC	NID	BLÉ	AVE	**ZIG**	UNI
		ABC	**OJD**	CLÉ	**ÈVE**	ONG	COI
		ABC	**PLD**	ÎLE	IVE	**GOG**	FOI
		BBC	CND	OLÉ	OVE	**ZOG**	**FOI**
		NBC	COD	ÂME	OVÉ	ERG	GOÏ
		NBC	**COD**	**IME**	**EWE**	CSG	LOI
		PCC	**LOD**	PME	AXE	BUG	MOI
		BEC	YOD	SME	AXÉ	**BUG**	**MOI**
		MEC	**SPD**	ÂNE	BYE	IVG	**MOÏ**
		SEC	**IRD**	UNE	MYE	BAH	ROI
		TEC	LSD	**COE**	RYE	**VÁH**	SOI
		ZEC	OUD	**NOÉ**	**ÈZE**	**OCH**	TOI
ABA	**USA**	CFC	SUD	**POE**	CAF	**CFH**	API
DCA	**ETA**	**CGC**	**SUD**	ZOÉ	PAF	VIH	ÉPI
ICA	ÊTA	BIC	DVD	**ZOÉ**	**RAF**	DRH	NPI
ADA	**OUA**	FIC	PVD	IPÉ	**PCF**	**ATH**	**PPI**
IDA	**BVA**	GIC	SAE	OPE	SDF	EUH	SPI
ODA	TVA	HIC	**UBE**	ARE	**UDF**	BAI	**TPI**
RDA	KWA	PIC	ACE	ÈRE	**A.-É.F.**	GAI	**BRI**
BEA	EXA-	SIC	**BCE**	GRÉ	NEF	HAÏ	CRI
CEA	**BAB**	TIC	**EDE**	IRE	ZEF	LAI	TRI
DEA	CAB	**VIC**	IDE	ÖRE	OFF	MAI	**URI**
LÉA	DAB	MJC	ODE	ØRE	PFF	RAI	KSI
OEA	RAB	**OMC**	BÉE	PRÉ	**GIF**	RAÏ	PSI
RÉA	**RAB**	**RMC**	BÉÉ	URE	KIF	SAÏ	**CUI**
CFA	**ZAB**	VMC	**CEE**	ASE	PIF	TAI	FUI
RFA	PCB	**ANC**	**DEE**	**ISE**	RIF	**FBI**	GUI
AHA	DEB	**CNC**	**EEE**	OSE	**RIF**	OBI	**GUI**
CIA	WEB	**INC**	FÉE	OSÉ	TIF	**CCI**	HUI
DIA	**KGB**	ONC	**LEE**	USÉ	VIF	ICI	**HUI**
LIA	**DIB**	AOC	NÉE	ÉTÉ	**VIF**	**OCI**	LUI
RIA	NIB	DOC	RÉÉ	ÔTÉ	ZIF	**PCI**	NUI
VIA	PIB	FOC	**SÉE**	BUE	**MLF**	SCI	OUI
OKA	RIB	**JOC**	TEE	DUE	**JMF**	CD-I	OUÏ
OKA	PNB	ROC	ZÉE	EUE	**BNF**	CDI	QUI
SKA	BOB	SOC	**IFE**	GUÉ	**A.-O.F.**	EDI	**REJ**
HLA	COB	TOC	AGE	HUE	BOF	**BEI**	**NRJ**
ILA	**COB**	VPC	ÂGE	**HUE**	LOF	**CEI**	YAK
OLA	FOB	ARC	ÂGÉ	HUÉ	**RPF**	**KEI**	**ECK**
PLA	JOB	**ARC**	**CGE**	**HUÊ**	**CRF**	LEI	LEK
IMA	**JOB**	TTC	OHÉ	LUE	ISF	**PEI**	**LEK**
PMA	KOB	UTC	THÉ	MUE	TSF	**SEI**	TEK
ENA	LOB	VTC	AÏE	MUÉ	OUF	**FFI**	**NHK**
INA	MOB	**BUC**	CIE	NUE	TUF	AGI	**KOK**
BOA	PPB	DUC	**DIE**	NUÉ	**LVF**	KHI	**NOK**
CÔA	**ORB**	**LUC**	FIÉ	PUÉ	**WWF**	PHI	WOK
GOA	ESB	SUC	GIE	QUE	GAG	**UJI**	**KRK**
MOA	PUB	PVC	LIE	RUE	TAG	SKI	BAL
OPA	TUB	LAD	**LIE**	**RUE**	BCG	**ALI**	CAL
SPA	BAC	RAD	LIÉ	RUÉ	P-DG	**ILI**	DAL
SPA	CAC	ZAD	MIE	SUE	**AEG**	PLI	GAL
ARA	**DAC**	CDD	NIÉ	**SUE**	MÉG-	AMI	**HAL**
DRA	FAC	LED	OIE	SUÉ	REG	**FMI**	MAL
IRA	LAC	PED	PIE	TUE	TEG	**OMI**	PAL
KRA	MAC	MHD	**PIE**	TUÉ	GIG	PMI	SAL
CSA	SAC	**CID**	VIE	VUE	TIG	RMI	VAL
ESA	TAC	KID	ALE	YUE	ZIG	**ANI**	BEL

BÊL	ULM	**BON**	**STO**	JAR	**OAS**	BUS	RÔT
DEL	**ULM**	CON	DUO	**MAR**	PAS	**BUS**	SOT
GEL	AMM	DON	**IWO**	PAR	RAS	GUS	TÔT
MÉL.	DOM	**DON**	OXO	SAR	SAS	**HUS**	**APT**
SEL	NOM	ÉON	**OYO**	**SÂR**	TAS	JUS	ART
TEL	**QOM**	**ÉON**	CAP	TAR	ABS	PUS	**DST**
FFL	ROM	**FON**	GAP	VAR	**CBS**	SUS	EST
AIL	SOM	ION	**GAP**	**VAR**	**PDS**	LYS	**EST**
CIL	PPM	MON	RAP	**HCR**	RDS	**LYS**	MST
FIL	IRM	**MØN**	WAP	PCR	**BÈS**	BAT	OST
KIL	GSM	NON	**ACP**	LDR	DES	BÂT	PST
MIL	HUM	SON	CCP	**UDR**	DÈS	DAT	**ATT**
NIL	GYM	TON	FCP	BER	**FÈS**	FAT	**ITT**
OÏL	**PYM**	WON	SCP	DER	LÈS	**JAT**	**PTT**
SIL	BAN	ARN	BEP	**DER**	SES	MAT	RTT
VIL	DAN	BUN	CEP	FER	CGS	MÂT	VTT
WIL	**DAN**	**DUN**	HEP	**FER**	**IGS**	**NAT**	BUT
ILL	FAN	FUN	**NEP**	MER	CHS	PAT	CUT
XML	GAN	**KUN**	PEP	**MER**	IHS	QAT	DUT
GNL	HAN	**MUN**	SEP	RER	QHS	RAT	FÛT
BOL	**HAN**	**YUN**	TEP	TER	VHS	TAT	IUT
COL	KAN	**FYN**	ZEP	**UER**	AIS	DDT	LUT
DOL	MAN	CAO	**AF-P**	VER	BIS	CET	OUT
DOL	**MAN**	**CÃO**	CFP	UFR	**FIS**	JET	RUT
FOL	PAN	DAO	BIP	AIR	**KIS**	LET	ZUT
MOL	**PAN**	**DAO**	KIP	**AÏR**	LIS	NET	**FYT**
MOL	**SAN**	EAO	RIP	**GIR**	MIS	PET	AZT
SOL	TAN	**FAO**	TIP	KIR	**NIS**	SET	BAU
VOL	VAN	**GAO**	VIP	MIR	PIS	TET	EAU
GPL	**VAN**	LAO	ZIP	**MIR**	RIS	TÊT	**PAU**
ORL	ADN	**NAO**	**OLP**	SIR	SIS	**TÊT**	**RAU**
URL	**SDN**	PAO	AMP	TIR	VIS	**CGT**	TAU
RTL	BEN	**SAO**	**BNP**	**CNR**	**VIS**	UHT	VAU
CUL	**FEN**	TAO	**TNP**	**UNR**	ILS	BIT	**UBU**
NUL	SEN	**YAO**	BOP	**BOR**	**EMS**	**BIT**	ÉCU
CAM	**SEN**	**ÅBO**	HOP	COR	**OMS**	DIT	**CDU**
DAM	YEN	**IBO**	POP	FOR	SMS	GÎT	FEU
DAM	ZEN	**ECO**	TOP	**TOR**	**ANS**	KIT	HEU
HAM	**IGN**	ADO	**ARP**	OPR	ENS	LIT	JEU
LAM	**AIN**	**EDO**	**MRP**	**RPR**	**ENS**	**MIT**	LEU
MAM	FIN	**MEO**	VRP	QSR	COS	**OIT**	**LEU**
RAM	GIN	EGO	QSP	**SSR**	**COS**	VIT	PEU
SAM	LIN	**AHO**	ATP	DUR	DOS	**CLT**	**YEU**
IBM	MIN	RHÔ	BTP	FUR	**FOS**	**OLT**	CHU
QCM	**NIN**	**WHO**	FTP	MUR	**ÍOS**	**VLT**	**CHU**
F.É.M.	PIN	BIO	**FTP**	**MUR**	**JOS**	GMT	**DIU**
HEM	**QIN**	**CIO**	ZUP	MÛR	MOS	TNT	ALU
HEM	**SIN**	**OMO**	**BVP**	**OUR**	POS	BOT	ÉLU
NEM	TIN	**INO**	S.V.P.	PUR	SOS	DOT	GLU
REM	VIN	ZOO	EXP	SUR	APS	HOT	PLU
SEM	YIN	**APO**	FAQ	SÛR	EPS	KOT	CMU
UEM	**FLN**	EPO	COQ	**TYR**	GPS	LOT	ÉMU
OGM	ILN	PRO	**AAR**	BAS	ARS	**LOT**	PMU
OHM	RMN	**ASO**	BAR	CAS	**ARS**	MOT	**ONU**
OHM	**CNN**	**ESO**	**BAR**	JAS	CRS	POT	COU
HLM	**INN**	ISO	CAR	LAS	ERS	**POT**	**DOU**
ILM	BON	**ISO**	FAR	MAS	BTS	ROT	FOU

3

HOU	**CSU**	FIV	**SAX**	**FOX**	**SAY**	BOY	**PUY**
MOU	**FSU**	HIV	WAX	MOX	**TAY**	**FOY**	GAZ
POU	**PSU**	**TIV**	**BEX**	EUX	ZAY	GOY	**PAZ**
SOU	**TSU**	PLV	**GEX**	LUX	**ADY**	**ROY**	RAZ
ZOU	BTU	OPV	TEX	GAY	BEY	**BRY**	**RAZ**
BRU	**OZU**	**LAW**	**AIX**	**GAY**	DEY	DRY	FEZ
CRU	CDV	**OKW**	DIX	**JAY**	NEY	**FRY**	LEZ
CRÛ	LEV	WWW	SIX	NAY	**NEY**	PSY	NEZ
DRU	MEV	**DAX**	**VIX**	**NAY**	**REY**	**GUY**	RIZ
DRU	NGV	FAX	BOX	RAY	**ELY**	**HUY**	**LUZ**
KRU	TGV	**MAX**	FOX	**RAY**	**AMY**	PUY	RUZ

4

		MÉGA-	COLA	ULNA	**SYRA**	**NEVA**
		MÉGA	**COLA**	**ENNA**	**EZRA**	**ÇIVA**
		GIGA-	HOLÀ	DOÑA	**HASA**	DIVA
		RIGA	KOLA	**JONA**	**NASA**	**SIVA**
		INGA	**KOLA**	ZONA	**VASA**	**TIVA**
		YOGA	**POLA**	**ISNA**	MESA	**HOVA**
		NAHA	**ZOLA**	**ETNA**	VISA	NOVA
		ABHA	AULA	Buna	MKSA	**SUVA**
		AGHA	PULA	**CUNA**	**ROSA**	KAWA
		DOHA	**PULA**	**DUNA**	**TOSA**	**ADWA**
		GAIA	**TULA**	KUNA	**XOSA**	BIWA
		MAÏA	**PYLA**	**KUNA**	**ISSA**	**SIWA**
FAAA	Coca	RAÏA	**GAMA**	**LUNA**	**OSSA**	**IOWA**
DRAA	**ROCA**	**APIA**	**HAMA**	PUNA	**BAT'A**	TAXA
B.A.-BA	DADA	ARIA	**KAMA**	**CHOA**	**BATA**	MOXA
BABA	FADA	**FRIA**	LAMA	**CAPA**	KATA	**GAYA**
DABA	**ADDA**	QUIA	**RAMA**	PAPA	RATA	MAYA
GABA	**EDDA**	IXIA	**ZAMA**	TAPA	TATA	**MAYA**
KABA	**HEDA**	NAJA	**TEMA**	PIPA	**TATA**	RAYA
SABA	**LÉDA**	RAJA	**CIMA**	**KOPA**	BÊTA	**BIYA**
EMBA	**UEDA**	**BEJA**	**LIMA**	**BARA**	FETA	ILYA
TOBA	**VEDA**	**BÉJA**	SIMA	**KARA**	**GETA**	POYA
ISBA	NIDA	DÉJÀ	**ALMA**	**NARA**	Méta	**ROYA**
BUBA	SIDA	**CNJA**	COMA	PARA	**ŒTA**	**GAZA**
CUBA	CODA	SOJA	**MOMA**	**PARÁ**	PETA-	**TAZA**
JUBA	SODA	PUJA	SOMA	**SARA**	ZÊTA	**SIZA**
KUBA	**JUDA**	HAKA	PUMA	TARA	MITA	**CUZA**
LUBA	**LÜDA**	TAKA	**BANA**	VARA	**OITA**	**GHAB**
NUBA	**ÉDÉA**	**NIKA**	**CANA**	ACRA	PITA	**RHAB**
TUBA	DHEA	MOKA	**DANA**	**ODRA**	**ZITA**	**MOAB**
CACA	**RHÉA**	**MOKA**	FANA	FÉRA	Ekta	**MZAB**
PACA	**AIEA**	GALA	KANA	**GERA**	IOTA	**WEBB**
RACA	ALÉA	LALA	MANA	**HÉRA**	JOTA	CRIB
CECA	**BREA**	TALA	NANA	TÉRA-	**KOTA**	**LAMB**
DÉCA-	ALFA	**EBLA**	SANA	**AGRA**	NOTA	RUMB
DÉCA	SOFA	**BÉLA**	**TANA**	**INRA**	**ROTA**	SNOB
DEÇÀ	**URFA**	CELA	**IÉNA**	BORA	**ÁRTA**	CLUB
MICA	**OUFA**	**CELA**	**JENA**	KORA	SKUA	UBAC
PICA	GAGA	DELÀ	**LENA**	**TORA**	JAVA	ADAC
INCA	**NAGA**	**GELA**	**JINA**	AURA	**JAVA**	RÉAC
INCA	RAGA	**RILA**	KINA	**JURA**	KAVA	CLAC
COCA	SAGA	**VILA**	VINA	**TURA**	LEVA	FLAC

CNAC	TRUC	HARD	**WACE**	RÔDÉ	RAGE	**KNIE**
ARAC	STUC	JARD	**DÈCE**	SODÉ	RAGÉ	UNIE
CRAC	**ADAD**	LARD	LICE	**AUDE**	SAGE	FOIE
DRAC	**HEAD**	NARD	**NICE**	**BUDÉ**	**TAGE**	JOIE
FRAC	**MEAD**	TARD	VICE-	**EUDE**	LÈGE	MOIE
FRAC	**JOAD**	YARD	VICE	**JUDE**	**LÈGE**	SOIE
TRAC	**ARAD**	**BERD**	**INCE**	RUDE	**LEGÉ**	VOIE
VRAC	**ASAD**	**BIRD**	ONCE	**RUDE**	FIGÉ	ÉPIÉ
GAEC	**FUAD**	BORD	NOCE	**HYDE**	LIGE	BRIE
RIEC	QUAD	**FORD**	**CSCE**	IDÉE	PIGE	**BRIE**
APEC	PEBD	GORD	**OSCE**	ÂGÉE	PIGÉ	CRIÉ
AREC	SGBD	LORD	DUCE	**ÉGÉE**	TIGE	**ÉRIÉ**
GREC	PGCD	NORD	**LUCE**	**RHEE**	ANGE	PRIÉ
GREC	**TODD**	**NORD**	**LUCÉ**	FIÉE	**ANGE**	TRIÉ
AVEC	**JUDD**	**BYRD**	PUCE	LIÉE	DOGE	**ASIE**
PEGC	**REED**	ETTD	**PUCE**	NIÉE	GOGÉ	FUIE
LAÏC	SHED	BAUD	SUCÉ	**ÉLÉE**	LOGE	OUÏE
CHIC	LIED	**BAUD**	**BADE**	**KLEE**	LOGÉ	SUIE
CLIC	PIED	**LAUD**	CADE	**ÉNÉE**	TOGE	**JIJÉ**
FLIC	SIED	TAUD	FADE	ÉPÉE	CPGE	CAKE
SMIC	BLED	**VAUD**	FADÉ	**ÉPÉE**	ORGE	SAKÉ
À-PIC	**INED**	**KNUD**	GADE	**CREE**	URGÉ	**WAKE**
SPIC	**FRED**	**PNUD**	JADE	CRÉÉ	AUGE	BÉKÉ
BRIC	OUED	**ROUD**	**JADE**	GRÉÉ	**AUGE**	**TÉKÉ**
CRIC	**WAFD**	**NKVD**	RADE	ORÉE	**AUGÉ**	**YEKE**
ERIC	C.Q.F.D.	**YAZD**	RADÉ	URÉE	JUGE	**BOKÉ**
FRIC	**FAHD**	**YEZD**	**SADE**	**ISÉE**	JUGÉ	COKE
TALC	PEHD	DABE	**WADE**	OSÉE	LUGE	DYKE
TELC	TVHD	**LABÉ**	**OCDE**	**OSÉE**	LUGÉ	BALE
BANC	CAÏD	RABE	AÈDE	USÉE	MUGE	**BÂLE**
ZINC	LAID	ABBÉ	**BÈDE**	ÔTÉE	**MAHÉ**	CALE
DONC	RAID	BÉBÉ	CÉDÉ	BUÉE	ACHE	CALÉ
JONC	**REID**	**ALBE**	**LEDE**	HUÉE	ÈCHE	**DALE**
CHOC	MUID	**ELBE**	MÈDE	MUÉE	ÉCHÉ	GALE
VIOC	QUID	GOBÉ	**MÈDE**	NUÉE	**REHE**	**HALE**
BLOC	VELD	**KOBE**	PÉDÉ	RUÉE	**OTHE**	HÂLE
FLOC	**GAND**	LOBE	**ZÉDÉ**	SUÉE	BAIE	HALÉ
PLOC	LAND	LOBÉ	**AGDE**	TUÉE	GAIE	HÂLÉ
BROC	RAND	ROBE	AIDE	OVÉE	HAIE	KALÉ
CROC	**RAND**	ROBÉ	AIDÉ	UVÉE	HAÏE	MÂLE
FROC	**SAND**	ORBE	BIDE	AXÉE	LAIE	**MÂLE**
TROC	ZEND	**ORBE**	**GIDE**	CAFÉ	MAIE	**MALÉ**
ÉTOC	**SIND**	AUBE	RIDE	MAFÉ	PAIE	PALE
MARC	BOND	**AUBE**	RIDÉ	NIFE	RAIE	**PALE**
MARC	**BOND**	CUBE	VIDE	PIFÉ	SAIE	PÂLE
PARC	FOND	CUBÉ	VIDÉ	ELFE	TAIE	PALÉ
PORC	GOND	JUBÉ	**ALDE**	LOFÉ	SCIE	RÂLE
TURC	**GOND**	TUBE	**INDE**	**URFÉ**	SCIÉ	RÂLÉ
TURC	ROND	TUBÉ	ONDE	PTFE	GEIE	SALE
PESC	**BUND**	DACE	ONDÉ	CAGE	AGIE	SALÉ
FISC	**LUND**	**DACE**	CODE	**CAGE**	CHIÉ	**SALÉ**
RISC	**SUND**	FACE	CODÉ	GAGE	SKIÉ	TALÉ
NTSC	**WOOD**	**GACÉ**	GODÉ	GAGÉ	**ÉLIE**	WALÉ
BUSC	DARD	LACÉ	IODE	MAGE	GLIE	**YALE**
MUSC	**DARD**	**MACÉ**	IODÉ	NAGE	PLIE	**ÉBLÉ**
CFTC	FARD	RACE	MODE	NAGÉ	PLIÉ	**AELE**
BOUC	**GARD**	RACÉ	RODÉ	PAGE	AMIE	BÊLÉ

4

CELÉ	DAMÉ	GÊNÉ	PIPÉ	DIRE	BASÉ	HÂTE
FÊLÉ	FAMÉ	MENÉ	RIPE	**ÉIRE**	CASE	HÂTÉ
GELÉ	LAME	**MENÉ**	RIPÉ	LIRE	CASÉ	MATE
HÉLÉ	LAMÉ	NÉNÉ	TIPÉ	**LIRÉ**	HASE	MATÉ
MÊLÉ	PÂMÉ	PÊNE	ALPE	MIRE	JASÉ	MÂTÉ
PELÉ	RAME	RÊNE	**ANPE**	MIRÉ	NASE	PÂTE
PELÉ	RAMÉ	**RENÉ**	DOPE	PIRE	RASE	PÂTÉ
TÉLÉ	SAME	SÉNÉ	DOPÉ	**PIRE**	RASÉ	RATE
UÉLÉ	ACMÉ	IGNÉ	LOPE	RIRE	VASE	RATÉ
VÊLÉ	DÈME	AINE	**LOPE**	SIRE	LÈSE-	TÂTÉ
ZELE	MÊME	AÎNÉ	POPE	TIRE	LÉSÉ	**VATÉ**
ZÈLE	MÉMÉ	BINÉ	**POPE**	TIRÉ	PESÉ	ACTE
ZÉLÉ	SÈME	CINÉ	TOPÉ	VIRE	**DGSE**	ACTÉ
AILE	SEMÉ	DÎNÉ	ASPE	**VIRE**	AISE	BÊTE
AILÉ	**AIME**	FINE	**ASPE**	VIRÉ	AISÉ	FÊTE
BILE	AIMÉ	KINÉ	DUPE	ZIRE	BISE	FÊTÉ
BILÉ	CIME	MINE	DUPÉ	BORE	BISÉ	JETÉ
FILE	DÎME	MINÉ	JUPE	CORÉ	LISE	PÉTÉ
FILÉ	LIME	VINÉ	PUPE	**CORÉ**	MISE	**SÈTE**
HILE	LIMÉ	**ELNE**	RUPÉ	**DORE**	MISÉ	TÊTE
MILE	MIME	**ANNE**	TYPE	DORÉ	**OISE**	TÉTÉ
PILE	MIMÉ	INNÉ	TYPÉ	**DORÉ**	**PISE**	BITE
PILÉ	RIME	**BÔNE**	**AARE**	FORÉ	PISÉ	CITÉ
SILÉ	RIMÉ	CÔNE	FARÉ	GORE	SISE	**CITÉ**
VILE	BÔME	GONE	GARE	KORÊ	VISÉ	DITE
ALLÉ	BÔMÉ	NONE	GARÉ	MORE	**VISÉ**	GÎTE
ELLE	**CÔME**	ZONE	LARE	**MORE**	ANSE	GÎTÉ
ILLE	DÔME	ZONÉ	MARE	PORE	**ANSE**	LITÉ
OLLÉ	**DÔME**	**ERNE**	**MARÉ**	SORE	ANSÉ	MITE
COLE	HOME	ORNE	PARÉ	TORE	**BOSE**	MITÉ
DOLE	**HOME**	**ORNE**	**PARÉ**	ÂPRE	DOSE	PITE
DÔLE	**LOMÉ**	ORNÉ	RARE	ERRE	DOSÉ	RITE
DÔLE	MÔME	URNE	TARE	ERRÉ	POSE	SITE
ÉOLE	NOME	AUNE	TARÉ	ÂTRE	POSÉ	**TITE**
IOLE	**NOMÉ**	DUNE	ACRE	ÊTRE	ROSE	VITE
MOLE	**ROME**	HUNE	**ACRE**	**AURE**	**ROSE**	ANTE
MÔLE	TOME	LUNE	ÂCRE	BURE	ROSÉ	ENTE
MOLÉ	ARME	LUNÉ	OCRE	CURE	ERSE	ENTÉ
POLE	ARMÉ	**PUNE**	OCRÉ	CURÉ	**ASSE**	BOTE
PÔLE	ORME	RUNE	AÉRÉ	DURE	ESSE	COTE
RÔLE	FUMÉ	TUNE	**CÈRE**	DURÉ	BUSE	CÔTE
SOLE	**HUME**	FLOE	**FÈRE**	**EURE**	BUSÉ	COTÉ
TÔLE	HUMÉ	CAPE	GÉRÉ	HURE	**DUSE**	CÔTÉ
VOLE	**AYMÉ**	CAPÉ	HÈRE	JURE	FUSÉ	DOTÉ
VOLÉ	CYME	LAPÉ	**HÉRÉ**	JURÉ	MUSE	HÔTE
YOLE	LYME	PAPE	MÈRE	**KURE**	MUSÉ	LOTE
ORLE	CANE	RÂPE	**MÉRÉ**	**LURE**	RUSE	NOTE
ISLE	CANÉ	RÂPÉ	NÉRÉ	MÛRE	**RUSE**	NOTÉ
CULÉ	FANE	SAPE	PÈRE	MURÉ	RUSÉ	POTE
IULE	FANÉ	SAPÉ	SÉRÉ	PURE	**SUSE**	ROTE
IULE	**PANE**	TAPE	OGRE	SURE	**ZUSE**	ROTÉ
MULE	PANÉ	TAPÉ	**OHRE**	SÛRE	LYSE	VOTE
DYLE	ACNÉ	CÈPE	AIRE	**SÛRE**	LYSÉ	VOTÉ
RYLE	**BENE**	NÈPE	**AIRE**	IVRE	BÂTÉ	APTE
CAME	CÈNE	PÉPÉ	AIRÉ	**EYRE**	DATE	**EPTE**
CAMÉ	GÈNE	BIPÉ	CIRE	LYRE	DATÉ	OPTÉ
DAME	GÊNE	PIPE	CIRÉ	BASE	GÂTÉ	**ARTE**

ERTÉ	RÊVÉ	**PIAF**	GANG	**IPOH**	**RIGI**	**ZUÑI**
ESTE	SÈVE	**OLAF**	**LANG**	**SARH**	YOGI	OVNI
ESTE	CIVE	**GRAF**	RANG	CASH	MUGI	ABOI
BUTE	DIVE	**RTBF**	SANG	**NASH**	RUGI	**KHOÏ**
BUTÉ	LIVE	**SNCF**	**TANG**	RASH	SSII	ALOI
FUTÉ	PIVE	CHEF	YANG	**WASH**	**FUJI**	**ÉLOI**
JUTE	RIVE	BIEF	DING	**GISH**	**BAKI**	ÉMOI
JUTÉ	RIVÉ	FIEF	**KING**	**KISH**	KAKI	ÉPOI
LUTÉ	VIVE	KIEF	**LING**	BUSH	MAKI	QUOI
MUTÉ	ULVE	CLEF	**MING**	**BUSH**	RAKI	PAPI
PUTE	**HOVE**	BREF	OING	RUSH	SAKI	TAPI
LAUE	LOVÉ	RIFF	**QING**	BATH	KIKI	SCPI
FEUE	NOVÉ	**BOFF**	RING	**BATH**	TIKI	KÉPI
IGUE	**ARVE**	**YOFF**	**TING**	MATH	**ENKI**	PIPI
NIUE	CUVE	**ORFF**	**DONG**	ACTH	**BALI**	TIPI
ÉLUE	CUVÉ	**BAÏF**	DÔNG	**SETH**	**CALI**	MMPI
ÉLUÉ	**LOWE**	NAÏF	GONG	**LOTH**	**DALÍ**	**OMPI**
FLUÉ	FAXÉ	**TAIF**	**KONG**	**ROTH**	**KALI**	**COPI**
ÉMUE	SAXE	SKIF	LONG	LUTH	MALI	**HOPI**
BOUE	**SAXE**	SNIF	**LONG**	**RUTH**	**MALI**	**TUPI**
COUÉ	TAXE	UNIF	**SONG**	PEUH	PALI	**MU QI**
DOUÉ	TAXÉ	SOIF	TONG	GEAI	PÂLI	**BARI**
DOUÉ	SEXE	**CRIF**	**JUNG**	CHAI	SALI	CARI
HOUE	VEXÉ	JUIF	**KUNG**	THAÏ	WALI	DARI
HOUÉ	FIXE	**JUIF**	**KÜNG**	SKAÏ	**HÉLI**	GARI
JOUE	FIXÉ	SUIF	**BYNG**	BRAI	**DILI**	LARI
JOUÉ	MIXÉ	SELF	SMOG	FRAI	**YILI**	MARI
LOUÉ	NIXE	GOLF	GROG	VRAI	**COLI**	**MARI**
LOUÉ	RIXE	**WOLF**	**BERG**	ÉTAI	JOLI	PARI
MOUE	BOXE	RINF	**BORG**	GUAI	POLI	SARI
NOUE	BOXÉ	**OLOF**	**HAUG**	**HUAI**	KAMI	TARI
NOUÉ	FOXÉ	ROOF	DEUG	QUAI	RAMI	ABRI
ROUE	LUXE	PROF	THUG	NABI	DEMI	**NERI**
ROUÉ	LUXÉ	**CNPF**	**BOUG**	BIBI	GÉMI	PÉRI
SOUE	BAYÉ	CERF	JOUG	**ALBI**	NEMI	**PÉRI**
TOUÉ	**GAYE**	NERF	**ZOUG**	**GOBI**	**REMI**	**OMRI**
VOUÉ	**LAYE**	SERF	CHAH	**LOBI**	MIMI	**INRI**
CRUE	PAYE	SURF	SHAH	SUBI	**OLMI**	**CORI**
DRUE	PAYÉ	TURF	**OLAH**	**TUBI**	VOMI	LORI
GRUE	RAYÉ	**BASF**	**NOAH**	**OACI**	**MANI**	**MORI**
BAVE	YÉ-YÉ	SAUF	**PTAH**	CECI	RANI	**PORI**
BAVÉ	**SKYE**	KEUF	**UTAH**	DÉCI-	ZANI	**GURI**
CAVE	MOYE	MEUF	**BACH**	DÉCI	**BENI**	MÛRI
CAVÉ	MOYÉ	NEUF	MACH	CADI	BÉNI	SURI
GAVE	NOYÉ	ŒUF	**MACH**	**SADI**	DÉNI	**IASI**
GAVÉ	**ROYE**	TEUF	**CECH**	CÉDI	**RENI**	**RISI**
HÂVE	**GUYE**	VEUF	**LECH**	MIDI	**IFNI**	ROSI
HAVÉ	GAZE	**OLUF**	**BICH**	**MIDI**	**AGNI**	**ROSI**
LAVE	GAZÉ	POUF	**FOCH**	**LODI**	FINI	BÂTI
LAVÉ	**LAZE**	ROUF	**KOCH**	OBÉI	**FINI**	CATI
PAVÉ	NAZE	RAAG	LOCH	**SAFI**	MINI	MATI
RAVE	**BÈZE**	B.C.B.G.	**ROCH**	DÉFI	BONI	PÂTI
SAVE	**MÈZE**	**GREG**	**ESCH**	HI-FI	**BONI**	SATI
FÈVE	PÈZE	**HAIG**	**AUCH**	PAGI	**CONI**	**TATI**
LEVÉ	**REZÉ**	WHIG	**OUDH**	VAGI	**ERNI**	**BETI**
NÉVÉ	ONZE	BANG	**ACEH**	MÉGI	MUNI	**SÉTI**
RÊVE	PIAF	**FANG**	SIKH	RÉGI	PUNI	YETI

TITI	**BUCK**	ASBL	**TILL**	**GUAM**	**VIAN**	**BAIN**
COTI	TREK	**JODL**	**BÖLL**	ICBM	**XI'AN**	**CAÏN**
LOTI	**TREK**	**ABEL**	BULL	SLBM	**AKAN**	GAIN
LOTI	HAÏK	OBEL	**BULL**	IRBM	CLAN	JAÏN
RÔTI	**PAIK**	**GEEL**	FULL	MRBM	ÉLAN	MAIN
ASTI	**ERIK**	**NÉEL**	**HULL**	PPCM	FLAN	**MAIN**
ASTI	**PALK**	**PEEL**	PULL	**CAEM**	PLAN	NAIN
CUTI	**MELK**	RÉEL	SGML	F.C.É.M.	VLAN	PAIN
MUTI	FOLK	CIEL	HTML	IDEM	AMAN	SAIN
AGUI	**POLK**	FIEL	**CHOL**	**DIÊM**	**AMAN**	TAIN
AMUÏ	**RANK**	**KIEL**	KHÔL	**DJEM**	**OMAN**	**TAIN**
FOUI	TANK	MIEL	VIOL	ITEM	**ONAN**	VAIN
JOUI	**GENK**	**NIEL**	ÉNOL	STEM	**ARAN**	ZAIN
ROUI	**MONK**	RIEL	COOL	IUFM	BRAN	**ODIN**
ÉTUI	FUNK	**RIEL**	POOL	**BÖHM**	CRAN	HEIN
RAVI	PUNK	**DOEL**	BROL	**RÖHM**	**IRAN**	REIN
RAVI	**BLOK**	**JOËL**	STOL	DAIM	**ORAN**	SEIN
LEVI	AMOK	NOËL	VTOL	FAIM	**OTAN**	**SEIN**
LÉVI	BOOK	**NOËL**	EARL	**HEIM**	**JUAN**	**RHIN**
SÉVI	**COOK**	**BREL**	**MARL**	GOÏM	YUAN	SKIN
KIVI	LOOK	**OREL**	SARL	MALM	**YUAN**	**BLIN**
ENVI	MARK	**ÉTEL**	**BERL**	FILM	**IVAN**	CLIN
KIWI	**PARK**	DUEL	MERL	**HOLM**	IWAN	**ZLÍN**
MAXI	BERK	FUEL	GIRL	**HAMM**	**SWAN**	**AMIN**
TAXI	JERK	QUEL	SPRL	**ÉDOM**	CYAN	COIN
CIXI	**SIRK**	AXEL	EURL	**THOM**	ISBN	FOIN
JIXI	**CORK**	**FIGL**	ADSL	**RIOM**	**CAEN**	LOIN
AUXI	**YORK**	**DAHL**	**CISL**	BOOM	**JAÉN**	SOIN
WUXI	**RASK**	**KEHL**	MAUL	ZOOM	**ADEN**	SPIN
ANYI	**OMSK**	**COHL**	**PAUL**	**PERM**	**EDEN**	BRIN
PUYI	**ORSK**	**KOHL**	**SAÜL**	WÜRM	ÉDEN	CRIN
NAZI	SOUK	BAIL	ACUL	**DAUM**	**AGEN**	**ÉRIN**
ZIZI	ZOUK	**FAIL**	**PEUL**	KEUM	BIEN	ORIN
LOZI	**NUUK**	MAIL	SEUL	CHUM	**GIEN**	TRIN
MOZI	**BAAL**	RAIL	SOUL	RHUM	LIEN	JUIN
LUZI	TAAL	ŒIL	SOÛL	**BLUM**	MIEN	**JUIN**
HADJ	**VAAL**	**VEIL**	**TOUL**	BOUM	RIEN	OVIN
CLUJ	**WAAL**	**WEIL**	YAWL	DOUM	SIEN	**ZWIN**
DEÁK	DEAL	**BHIL**	**KAYL**	GOUM	TIEN	**KÖLN**
ARAK	FÉAL	FOIL	**WEYL**	SOUM	**VIEN**	**MANN**
ARAK	REAL	POIL	**OCAM**	ARUM	**WIEN**	**BENN**
IRAK	RÉAL	**BRIL**	**ADAM**	THYM	**OLEN**	**PENN**
KRAK	ÉGAL	GRIL	ÉDAM	**IBAN**	AMEN	**BONN**
BACK	RIAL	**GUIL**	**CHAM**	**DEAN**	**BOËN**	FAON
JACK	SIAL	EXIL	MIAM	JEAN	OPEN	KAON
PACK	**AMAL**	**EXIL**	**SIAM**	**JEAN**	BREN	**LAON**
RACK	ANAL	**BALL**	CLAM	**KEAN**	**WREN**	PAON
YACK	**BOAL**	**GALL**	**ÉLAM**	**LEAN**	AVEN	**RAON**
KECK	GOAL	HALL	IMAM	PÉAN	**SVEN**	TAON
NECK	**ARAL**	**HALL**	**CNAM**	**PÉAN**	**OWEN**	ACON
PECK	ORAL	**BELL**	**MNAM**	AHAN	**HAHN**	**ODON**
TECK	**ORAL**	TELL	**ARAM**	**CHAN**	**KAHN**	**DÉON**
KICK	ÉTAL	**TELL**	**CRAM**	KHAN	**LEHN**	**LÉON**
BOCK	DUAL	BILL	DRAM	**KHAN**	FÖHN	**LEÓN**
BOCK	AVAL	**BILL**	**GRAM**	PIAN	**JOHN**	NÉON
DOCK	UVAL	**GILL**	TRAM	**SIAN**	**KUHN**	PÉON
ROCK	**ÖZAL**	**MILL**	**ASAM**	TIAN	BAIN	THON

BION	**VICO**	**POLO**	**NOTO**	**LEAR**	VAIR	AMAS
DION	COCO	SOLO	**SOTO**	**AFAR**	**VAIR**	**BOAS**
FION	FADO	**SOLO**	TOTO	**AGAR**	**MEIR**	CPAS
LION	**YEDO**	**OSLO**	**TOTO**	CHAR	AGIR	UPAS
LION	LIDO	DÉMO	ATTO-	**CHAR**	ÉMIR	BRAS
PION	**LIDO**	HOMO	**OTTO**	**THAR**	**YMIR**	GRAS
RION	**ANDO**	SUMO	AUTO	**AJAR**	UNIR	KVAS
SION	DODO	**CANO**	BUTÔ	**OMAR**	COIR	KWAS
AMON	ORDO	**KANO**	FLUO	**UMAR**	HOIR	MSBS
ÂNON	JUDO	**RENO**	**HAXO**	ANAR	LOIR	SSBS
GNON	**OC-ÈO**	**TENO**	SAXO	ÉPAR	**LOIR**	LACS
ROON	**ISEO**	LINO	**NEXØ**	**ISAR**	NOIR	PACS
ARON	**YAFO**	**MIÑO**	**PEYO**	KSAR	**NOIR**	**PÉCS**
BRON	INFO	NIÑO	Yo-Yo	TSAR	SOIR	**EADS**
ATON	**DAGO**	MONO	**ENZO**	STAR	VOIR	LODS
ETON	**BEGO**	**NONO**	**GOZO**	**HVAR**	**ASIR**	**LODS**
ITON	Lego	SONO	ZOZO	CZAR	CUIR	BAES
HUON	**VIGO**	**ARNO**	OUZO	TZAR	FUIR	**WAES**
MUON	**ANGO**	**BRNO**	**GIAP**	MICR-	OUÏR	IDES
AVON	GOGO	KAPO	CLAP	**BADR**	**ADOR**	**SÉES**
LYON	LOGO	PIPO	DRAP	ABER	**GHOR**	**WIES**
NYON	**TOGO**	SIPO	SWAP	**ADER**	**THOR**	**ALÈS**
TARN	**HUGO**	TOPO	JEEP	**ODER**	**DIOR**	**CNES**
BERN	**LUGO**	EXPO	**ALEP**	BÉER	**GYÖR**	**INÉS**
CERN	ÉCHO	TYPO	**OPEP**	RÉER	**BARR**	**ARÈS**
BORN	**ÉCHO**	**CARO**	STEP	**EGER**	**KARR**	GRÈS
HORN	MOHO	FARO	WHIP	CHER	**BERR**	**GRÈS**
JORN	**SOHO**	**FARO**	SKIP	**CHER**	**KERR**	ORES
ZORN	**SFIO**	**GARO**	CLIP	FIER	BIRR	PRÈS
ISSN	AGIO	HARO	SLIP	HIER	TORR	TRÈS
JEUN	**CHIO**	TARO	GRIP	LIER	BRRR	**ASES**
AHUN	**OHIO**	**EBRO**	TRIP	NIER	**BAUR**	**CUES**
ALUN	**THIO**	ZÉRO	CAMP	AMER	GAUR	**IVES**
BRUN	**CLIO**	AFRO	VAMP	**YMER**	**MAUR**	**YVES**
IRÚN	BRIO	**GIRO**	LUMP	**ASER**	SAUR	**UZÈS**
DUUN	TRIO	MIRO	**IFOP**	OSER	BEUR	LEGS
CFAO	**BAJO**	**MIRÓ**	**DIOP**	USER	HEUR	**OCHS**
CIAO	DOJO	**NIRO**	FLOP	**YSER**	LEUR	DAIS
MIAO	JOJO	**CORO**	DROP	ATER	PEUR	JAIS
IMAO	**TOJO**	**MORO**	TROP	ÔTER	**CHUR**	LAIS
PRAO	**AKKO**	MASO	STOP	**GUER**	BOUR	**LAÏS**
GABO	CALO	PESO	**BOPP**	HUER	COUR	MAIS
LABO	HALO	**YESO**	WASP	MUER	**DOUR**	MAÏS
NÉBO	**LALO**	**TISO**	LISP	NUER	FOUR	**RAIS**
IGBO	**MALO**	**VISO**	**RATP**	**NUER**	GOUR	RAÏS
LI BO	**SALO**	**SUSO**	COUP	PUER	JOUR	**SAÏS**
ZIBO	MÉLO	**NATO**	HOUP	RUER	POUR	IBIS
BOBO	VÉLO	**LÉTO**	LOUP	SUER	**SOUR**	**ACIS**
BOBO	KILO-	**NETO**	**LOUP**	TUER	TOUR	REIS
ESBO	KILO	VETO	YOUP	**TVER**	AZUR	**AGIS**
JACO	**MILO**	DITO	**CUYP**	AXER	**MAYR**	**AMIS**
TACO	SILO	**MITO**	**IRAQ**	OXER	**WAAS**	ÉMIS
WACO	**SILO**	**TITO**	**LACQ**	**AYER**	**EGAS**	OMIS
DÉCO	ALLÔ	ALTO	**VICQ**	**BOHR**	CHAS	ANIS
PECO	COLO	KOTO	CINQ	**RUHR**	**DIAS**	RNIS
DICO	LOLO	LOTO	**BAAR**	HAÏR	LIAS	BOIS
PICO-	POLO	MOTO	MAAR	PAIR	GLAS	FOIS

4

GOIS	**GROS**	**SOUS**	RIFT	**SPOT**	MOÛT	**JÉHU**
GOÏS	LAPS	VOUS	LOFT	TROT	TOUT	**WUHU**
MOIS	REPS	OPUS	SOFT	STOT	BRUT	TÉJU
POIS	SEPS	**PRUS**	BAHT	**LYOT**	**PRUT**	PALU
APIS	MIPS	URUS	FAIT	RAPT	BEAU	VALU
BRIS	COPS	**ÉSUS**	LAIT	SEPT	**LÉAU**	**YALU**
CRIS	**ROPS**	USUS	RAIT	**BART**	PEAU	RELU
GRIS	**FARS**	**OXUS**	OBIT	FART	SEAU	VELU
GRIS	GARS	NEWS	ZCIT	KART	VEAU	TOLU
IRIS	JARS	PAYS	ÉDIT	PART	**THAU**	LULU
IRIS	MARS	**RAYS**	SHIT	**BERT**	**VIAU**	**OULU**
PRIS	**MARS**	**THYS**	COÏT	VERT	**BLAU**	**SULU**
ISIS	**VARS**	GOYS	DOIT	**VERT**	UNAU	**ZULU**
BUIS	CERS	**ATYS**	SOIT	FORT	**CRAU**	SAMU
HUIS	FERS	**GUYS**	TOIT	**FORT**	GRAU	**MANU**
LUIS	**GERS**	**PUYS**	FRIT	**GORT**	**ÉSAÜ**	MENU
PUIS	**MERS**	**MAÂT**	CUIT	MORT	ÉTAU	TENU
AVIS	PERS	ABAT	HUIT	**MORT**	**CABU**	TÉNU
AXIS	**SERS**	SCAT	NUIT	**NORT**	**CEBU**	VENU
HALS	VERS	BEAT	EXIT	**OORT**	REBU	CHOU
VALS	**CNRS**	BÉAT	**FIJT**	PORT	ZÉBU	**THOU**
VALS	FORS	**DÉAT**	MALT	SORT	EMBU	CLOU
WELS	HORS	MÉAT	**SALT**	TORT	IMBU	FLOU
IGLS	LORS	AFAT	**BELT**	HAST	ACCU	ÉMOU
AILS	MORS	CHAT	KILT	LEST	DÉÇU	**ANOU**
FILS	TORS	KHAT	SILT	**PEST**	REÇU	GNOU
PILS	GPRS	**FIAT**	TILT	TEST	VÉCU	BROU
WOLS	OURS	IKAT	COLT	**WEST**	COCU	**BROU**
HOMS	**OURS**	FLAT	VOLT	ZEST	REDÛ	PROU
DANS	**BASS**	PLAT	**AULT**	**LIST**	INDU	TROU
LANS	JASS	**PRAT**	**SYLT**	**RIST**	DODU	**ISOU**
SANS	**TASS**	VSAT	GANT	ZIST	ARDU	ITOU
CENS	YASS	ÉTAT	**KANT**	HOST	URDU	REPU
GENS	DESS	KYAT	TANT	**MOST**	DIEU	**DARU**
LENS	**HESS**	OYAT	CENT	**FUST**	LIEU	PARU
SENS	MESS	TACT	DENT	**FÜST**	PIEU	ÉCRU
SENS	**NESS**	HECT-	GENT	MUST	BLEU	FÉRU
BIN'S	MISS	**CFDT**	**KENT**	OUST	**BLEU**	**MÉRU**
PIN'S	RISS	**TODT**	LENT	**GATT**	ÉMEU	GURU
PINS	BOSS	BLET	VENT	WATT	PNEU	KURU
ENNS	**ROSS**	**CLET**	**VENT**	**WATT**	VŒU	VISU
LONS	**VOSS**	FLET	OINT	**PITT**	AREU	INSU
MONS	**URSS**	ÎLET	DONT	**WITT**	AVEU	ISSU
PONS	LATS	**ANET**	MONT	**MOTT**	**IDFU**	OSSU
HUNS	METS	**ONET**	PONT	**POTT**	**GIFU**	**OTSU**
LAOS	RETS	SPET	**PONT**	**BUTT**	**MI FU**	**BATU**
NAOS	UMTS	CRÊT	**HUNT**	PUTT	**KOFU**	VATU
ADOS	**CAUS**	FRET	ÉCOT	HAUT	TOFU	FÉTU
NIÓS	ABUS	PRÊT	**SCOT**	SAUT	**DU FU**	TÊTU
CLOS	OBUS	GUET	PHOT	PFUT	**QUFU**	VÊTU
AMOS	**PCUS**	**HUET**	**THOT**	CHUT	BÉGU	HOTU
BOOS	**REUS**	MUET	**BIOT**	**CNUT**	**PEGU**	POTU
LOOS	**ZEUS**	SUET	FLOT	**KNUT**	AIGU	**HUTU**
CROS	PLUS	RAFT	ÎLOT	AOÛT	**ZOGU**	TUTU
ÉROS	ANUS	**TAFT**	PLOT	BOUT	DAHU	**TUTU**
ÉROS	NOUS	PFFT	FOOT	COÛT	**OAHU**	REVU
GROS	SOUS	LIFT	SPOT	GOÛT	ÉCHU	**KIVU**

4

ADAV	**FOIX**	YEUX	**DUBY**	**GÉNY**	**CITY**	**BELZ**
OLAV	NOIX	FLUX	**JUBY**	**IGNY**	**COTY**	RANZ
KIEV	POIX	DOUX	**TUBY**	**OSNY**	**ROTY**	**BENZ**
LVIV	VOIX	HOUX	**PACY**	**BLOY**	**HAÜY**	**LENZ**
KYÏV	PRIX	**JOUX**	**LUCY**	**AMOY**	**JOUY**	BINZ
LVOV	**ICKX**	POUX	**SUCY**	PAPY	**MOUY**	**LINZ**
AZOV	AULX	ROUX	LADY	CARY	**DAVY**	GÜNZ
MERV	LYNX	**ROUX**	**EDDY**	**GARY**	SEXY	**BOOZ**
MIRV	INOX	TOUX	**INDY**	**MARY**	**BUXY**	**HARZ**
SHAW	**KNOX**	ONYX	BODY	**DÉRY**	**JAZY**	**MERZ**
SHOW	**MARX**	**PNYX**	**GREY**	**MÉRY**	**LIZY**	**BATZ**
BLOW	BAUX	ORYX	**UREY**	**AIRY**	**LUZY**	**GETZ**
SLOW	**CAUX**	**STYX**	**DUFY**	TORY	**DÍAZ**	**METZ**
CROW	EAUX	**AGAY**	**NAGY**	**TORY**	**GRAZ**	**RETZ**
SFAX	FAUX	**CLAY**	**LELY**	**ORRY**	**LODZ**	WITZ
AJAX	MAUX	**AMAY**	**ORLY**	**BURY**	**BAEZ**	**WITZ**
APAX	TAUX	**BRAY**	**ISLY**	JURY	**PÁEZ**	LUTZ
TRAX	VAUX	GRAY	**LYLY**	**ÉVRY**	CHEZ	**YUTZ**
ONEX	**VAUX**	**GRAY**	**LAMY**	**IVRY**	**DIEZ**	**BRUZ**
APEX	CEUX	**WRAY**	MAMY	AISY	**RIEZ**	**CRUZ**
FAIX	DEUX	K-WAY	**DEMY**	COSY	**SUEZ**	JAZZ
PAIX	FEUX	BABY	**REMY**	**ASSY**	QUIZ	
PAIX	JEUX	TOBY	**VIMY**	**ISSY**	**RUIZ**	
ALIX	LEUX	**AUBY**	**CANY**	**BATY**	**AVIZ**	

5

BKAA	TACCA	**LUNDA**	**VOLGA**		
SANAA	DECCA	**MUNDA**	GANGA		
BEQAA	YUCCA	BARDA	MANGA		
KAABA	IPÉCA	**VARDA**	**MANGA**		
SHABA	**ARICA**	**BORDA**	**TANGA**		
AKABA	**TALCA**	**KORDA**	LINGA		
AQABA	PANCA	**LAUDA**	CONGA		
CHIBA	**LENCA**	**ZHU DA**	**TONGA**		
GALBA	**BROCA**	GOUDA	**VARGA**		
MELBA	ATOCA	**GOUDA**	**VERGA**		
GAMBA	**LORCA**	**SAYDA**	**IORGA**		
KAMBA	**CAUCA**	COBÉA	**TORGA**		
MAMBA	**NAZCA**	**MÉDÉA**	**DURGA**	**GOTHA**	**LAMÍA**
SAMBA	**GADDA**	**LULEÅ**	**OURGA**	**DAWHA**	TAMIA
BEMBA	**LYDDA**	**FNSEA**	**OMAHA**	**HOXHA**	ZAMIA
PEMBA	**BREDA**	HÉVÉA	**SEBHA**	**PRAIA**	TÉNIA
NIMBA	**SAÏDA**	FOVEA	KACHA	TIBIA	SÉPIA
ZOMBA	**BLIDA**	**JAFFA**	**MÁCHA**	MÉDIA	**APPIA**
RUMBA	**AMIDA**	DIFFA	PACHA	MAFIA	PARIA
SUMBA	**WAJDA**	LUFFA	**AÏCHA**	TAFIA	VARIA
BARBA	**OUJDA**	**HAÏFA**	**ROCHA**	**SOFIA**	**ZARIA**
ENSB-A	**FULDA**	LOOFA	**MUCHA**	**BAHIA**	**BERIA**
NOUBA	**GANDA**	**BLAGA**	**SAKHA**	**ASKIA**	FERIA
ARUBA	PANDA	**BRAGA**	**CUNHA**	**MALIA**	**DORIA**
TSUBA	VANDA	OMÉGA	ALPHA	MELIA	NORIA
ABACA	**BENDA**	**ONEGA**	**CERHA**	**IULIA**	**SORIA**
VRACA	VENDA	SAÏGA	**MATHA**	**JULIA**	FURIA
ATACA	**VENDA**	TAÏGA	**BOTHA**	**ZULIA**	**LURIA**
DACCA	**FONDA**	VALGA	GOTHA	**DAMIA**	À QUIA

BEDJA	**ÉBOLA**	**CINNA**	**LARRA**	**MATTA**	PLOMB
HODJA	**SCOLA**	SUNNA	SERRA	**NATTA**	RHUMB
ÉCIJA	**NDOLA**	**SHONA**	**BASRA**	ZETTA-	**CRUMB**
JINJA	**DIOLA**	**POONA**	**MÁTRA**	**BOTTA**	**JACOB**
RIOJA	**AKOLA**	**ÉPONA**	**PÉTRA**	**MOTTA**	**GHARB**
RIOJA	**IMOLA**	KRONA	**NITRA**	YOTTA-	**RHARB**
ABUJA	**ISOLA**	**VARNA**	ULTRA	**CEUTA**	SCRUB
CHAKA	COPLA	**BATNA**	SUTRA	**OMUTA**	**ISAAC**
DHAKA	TESLA	**PATNA**	EXTRA	**NAHUA**	TABAC
OSAKA	**TESLA**	SAUNA	**SAURA**	CAOUA	**LUBAC**
NEBKA	**MITLA**	**DALOA**	**PIURA**	**ADOUA**	**LE GAC**
BUBKA	**TOULA**	**SAMOA**	GOURA	**JURUÁ**	GAÏAC
VODKA	UVULA	**AMAPÁ**	**KOURA**	**ÁLAVA**	**DULAC**
KAFKA	**ABYLA**	PRÉPA	LAVRA	**OPAVA**	HAMAC
HAKKA	GUZLA	**WEIPA**	**VAASA**	**AREVA**	SUMAC
POLKA	**TUZLA**	PAMPA	**GAFSA**	CUEVA	**NÉRAC**
PANKA	**GLÅMA**	**PAMPA**	BALSA	**NEIVA**	SÉRAC
TANKA	**OYAMA**	**TAMPA**	SALSA	**SHIVA**	**DIRAC**
DINKA	**PADMA**	SYMPA	**TULSA**	**OLIVA**	COUAC
TONKA	ULÉMA	CAPPA	XHOSA	CALVA	REBEC
TRNKA	TRÉMA	KAPPA	**XHOSA**	HALVA	**ORBEC**
AÇOKA	MAGMA	KIPPA	**MJØSA**	SELVA	ÉCHEC
KUPKA	SIGMA	COPPA	**AROSA**	**NARVA**	**IDHEC**
MARKA	**KLIMA**	**FOPPA**	**BURSA**	**NERVA**	**BRIEC**
PARKA	**BALMA**	VESPA	**MASSA**	**TOUVA**	**PEREC**
FURKA	**PALMA**	STUPA	YASSA	**URAWA**	**PÉREC**
RUSKA	**TALMA**	**RAQQA**	**LISSA**	**OZAWA**	**AUREC**
KOTKA	GAMMA	**ZARQA**	**COSSA**	FATWA	ORSEC
NJUKA	COMMA	**CEARÁ**	**PLATA**	**OMIYA**	KABIC
HOUKA	KARMA	**AMARA**	RECTA	ORIYA	INDIC
STUKA	**LERMA**	**TZARA**	THÊTA	**KENYA**	ASDIC
ZIZKA	**KOSMA**	SABRA	PIETÀ	**KONYA**	DOLIC
SCALA	FATMA	COBRA	DZÊTA	**SURYA**	PANIC
VIALA	**RAUMA**	**COBRA**	**NAFTA**	THUYA	**BINIC**
SMALA	DOUMA	DOBRA	**KEITA**	**ICAZA**	**TEPIC**
KOALA	**ADANA**	**ACCRA**	**SEITA**	**IBIZA**	ASPIC
TABLA	**AGANA**	**LICRA**	**AKITA**	COLZA	**AURIC**
QIBLA	**GHANA**	LYCRA	**UNITA**	SANZA	LYRIC
VOILÀ	**OHANA**	**INDRA**	**SUITA**	**PENZA**	BASIC
MSILA	SHANA	MUDRA	**IALTA**	**MONZA**	COUIC
ÁVILA	**THANA**	SUDRA	**MALTA**	**HUNZA**	BLANC
HEKLA	**PIANA**	**HYDRA**	**SALTA**	**TISZA**	**BLANC**
BALLA	GRANA	**ONERA**	**YALTA**	**COUZA**	FLANC
FALLA	ASANA	OPÉRA	DELTA	PIZZA	FRANC
GALLA	**HODNA**	**BRERA**	**DELTA**	NABAB	AJONC
VALLA	**PYDNA**	INFRA	**VOLTA**	RABAB	TRONC
CELLA	FAENA	NAIRA	MANTA	REBAB	MÉDOC
PELLA	**ADENA**	**BEIRA**	**MANTA**	**ACHAB**	**MÉDOC**
HILLA	**ALENA**	AGORA	**TANTA**	**ASSAB**	AD HOC
MILLA	ARÉNA	**THORA**	QUOTA	**AKYAB**	ALLOC
VILLA	**TAFNA**	**VLORA**	**GUPTA**	**GLUBB**	SINOC
VILLA	CAGNA	**EVORA**	**WARTA**	ACHEB	**MAROC**
MULLA	JAÏNA	**ÉVORA**	**CIRTA**	**HOREB**	**DUROC**
SULLA	**MAÏNA**	**CAPRA**	**HORTA**	**KATEB**	ESTOC
SYLLA	**JAMNA**	COPRA	BASTA	SAHIB	CLERC
SIMLA	**JUMNA**	SUPRA	RASTA	**NAMIB**	CADUC
SAOLA	**SENNA**	**CARRÀ**	**VESTA**	**CARIB**	**LEDUC**

5

TU DUC	GOURD	DAUBE	PERCE	AVIDE	LARDÉ
DELUC	HOURD	DAUBÉ	PERCÉ	ÉVIDÉ	SARDE
LE LUC	LOURD	**LAUBE**	**PERCÉ**	**OVIDE**	**SARDE**
PLOUC	SOURD	**TAUBE**	**CIRCÉ**	GILDE	**TARDE**
BAGAD	TOURD	AGACE	FORCE	TILDE	TARDÉ
TCHAD	CHAUD	AGACÉ	FORCÉ	**WILDE**	MERDE
AKKAD	NŒUD	GLACE	**KORÇË**	**NOLDE**	MERDÉ
ÁRPÁD	**FREUD**	**GLACE**	MORCE	SOLDE	BORDE
FARAD	**NUFUD**	GLACÉ	FASCE	SOLDÉ	BORDÉ
MURAD	PALUD	PLACE	FASCÉ	BANDE	CORDE
ENSAD	MULUD	PLACÉ	VESCE	BANDÉ	CORDÉ
ASSAD	**CLOUD**	GRÂCE	SAUCE	**CANDÉ**	HORDE
FOUAD	**LLOYD**	TRACE	SAUCÉ	LANDE	NORDÉ
RIYAD	**DANAÉ**	TRACÉ	DOUCE	MANDÉ	KURDE
TWEED	**PIRAE**	**STACE**	POUCE	**MANDÉ**	**KURDE**
TWEED	NOVAE	**LECCE**	POUCÉ	**ZANDÉ**	CAUDÉ
AHMED	ARABE	**SDECE**	ÉPUCÉ	**MENDE**	GAUDE
PLAID	**ARABE**	NIÈCE	**BRUCE**	**MENDÉ**	TAUDE
IRBID	CRABE	PIÈCE	**JOYCE**	**PENDE**	LEUDE
FROID	LABBE	**BOÈCE**	**BAADE**	**TENDE**	**ZHU DE**
OHRID	NIÉBÉ	**GRÈCE**	**MEADE**	DINDE	ÉLUDÉ
DAVID	GLÈBE	**ALICE**	**READE**	**LINDE**	BOUDÉ
NADJD	PLÈBE	SLICE	CLADE	**PINDE**	COUDE
NEDJD	GRÈBE	SLICÉ	BRADÉ	BONDE	COUDÉ
WEALD	AMIBE	JOICE	CRADE	BONDÉ	SOUDE
FIELD	BRIBE	ÉPICE	GRADE	CONDÉ	SOUDÉ
FJELD	GALBE	ÉPICÉ	GRADÉ	**CONDÉ**	PRUDE
FOULD	GALBÉ	**ERICE**	STADE	FONDÉ	ÉTUDE
GOULD	BULBE	**GANCE**	RUADE	MONDE	**LEYDE**
ÅLAND	CAMBÉ	LANCE	ÉVADÉ	**MONDE**	**CLYDE**
ÉLAND	IAMBE	LANCÉ	DYADE	MONDÉ	OXYDE
GLAND	JAMBE	RANCE	**EGEDE**	RONDE	OXYDÉ
ÖLAND	LIMBE	**RANCE**	TIÈDE	SONDE	**ALBEE**
AMAND	NIMBE	**RANCÉ**	GUÈDE	**SONDE**	**ELBÉE**
GRAND	NIMBÉ	TANCÉ	SUÈDE	SONDÉ	COBÉE
STAND	BOMBE	PENCE	**SUÈDE**	GÉODE	GOBÉE
QUAND	BOMBÉ	**TENCE**	SUÉDÉ	DIODE	LOBÉE
TREND	COMBE	**VENCE**	LAIDE	ANODE	ROBÉE
SVEND	TOMBE	MINCE	RAIDE	APODE	CUBÉE
BLOND	TOMBÉ	PINCE	ACIDE	ÉPODE	**EUBÉE**
POUND	ADOBE	PINCÉ	SÉIDE	BRODÉ	TUBÉE
ROUND	**NIOBÉ**	RINCÉ	ÉGIDE	**ERODE**	JACÉE
ÉPHOD	GLOBE	FONCÉ	**ÉLIDE**	ÉRODÉ	LACÉE
MONOD	SNOBÉ	JONCÉ	ÉLIDÉ	EXODE	RACÉE
FLOOD	PROBE	NONCE	AMIDE	IXODE	**NICÉE**
SAROD	BARBE	PONCE	IMIDE	BARDE	SUCÉE
ÉGARD	**BARBE**	**PONCE**	**CNIDE**	BARDÉ	LYCÉE
LIARD	BARBÉ	PONCÉ	ROIDE	CARDE	FADÉE
ÉRARD	GERBE	RONCE	APIDÉ	CARDÉ	RADÉE
ISARD	GERBÉ	**CROCE**	ARIDE	DARDÉ	CÉDÉE
ITARD	HERBE	DARCE	BRIDE	FARDE	**MÉDÉE**
HUARD	SERBE	FARCE	BRIDÉ	FARDÉ	AIDÉE
TYARD	**SERBE**	GARCE	OSIDE	GARDE	RIDÉE
BAIRD	VERBE	BERCE	GUIDE	**GARDE**	VIDÉE
LAIRD	BIRBE	BERCÉ	**GUIDE**	GARDÉ	ONDÉE
ABORD	SORBE	GERCE	GUIDÉ	HARDE	CODÉE
FJORD	TÜRBE	GERCÉ	SUIDÉ	JARDE	IODÉE

RODÉE	PÂMÉE	**NÉRÉE**	PÉTÉE	PIFFÉ	VENGÉ
SODÉE	RAMÉE	**PÉRÉE**	TÉTÉE	RIFFE	LINGE
JUDÉE	**LE MÉE**	AGRÉÉ	CITÉE	TIFFE	SINGE
CRÉÉE	**NÉMÉE**	CIRÉE	LITÉE	GOLFE	SINGÉ
GRÉÉE	SEMÉE	MIRÉE	MITÉE	**GOLFE**	CONGE
PIFÉE	AIMÉE	TIRÉE	**ANTÉE**	**WOLFE**	CONGÉ
GAGÉE	LIMÉE	VIRÉE	ENTÉE	SURFÉ	LONGE
NAGÉE	MIMÉE	BORÉE	COTÉE	ADAGE	LONGÉ
TÉGÉE	RIMÉE	**BORÉE**	DOTÉE	PÉAGE	**MONGE**
AGGÉE	BÔMÉE	**CORÉE**	NOTÉE	PHAGE	**PONGE**
FIGÉE	ARMÉE	DORÉE	POTÉE	LIAGE	PONGÉ
PIGÉE	FUMÉE	FORÉE	VOTÉE	PLAGE	RONGÉ
GOGÉE	HUMÉE	**GORÉE**	BUTÉE	IMAGE	SONGE
LOGÉE	FANÉE	**MORÉE**	FUTÉE	IMAGÉ	SONGÉ
AUGÉE	PANÉE	TORÉÉ	LUTÉE	ORAGE	**BUNGE**
JUGÉE	GÊNÉE	**SPREE**	MUTÉE	USAGE	**SYNGE**
LUGÉE	MENÉE	**ARRÉE**	ÉLUÉE	USAGÉ	ÉLOGE
ÉCHÉE	**RENÉE**	CURÉE	BOUÉE	ÉTAGE	BARGE
ATHÉE	IGNÉE	DURÉE	DOUÉE	ÉTAGÉ	LARGE
SCIÉE	AÎNÉE	JURÉE	HOUÉE	OTAGE	MARGE
CHIÉE	BINÉE	MURÉE	JOUÉE	STAGE	MARGÉ
PLIÉE	MINÉE	PURÉE	LOUÉE	NUAGE	TARGE
ÉPIÉE	VINÉE	**IVRÉE**	NOUÉE	SUAGE	BERGE
CRIÉE	ANNÉE	BASÉE	ROUÉE	BADGÉ	**HERGÉ**
PRIÉE	INNÉE	CASÉE	TOUÉE	LIÈGE	SERGE
TRIÉE	ZONÉE	RASÉE	VOUÉE	**LIÈGE**	**SERGE**
CALÉE	APNÉE	LÉSÉE	CAVÉE	LIÉGÉ	SERGÉ
HALÉE	**ERNÉE**	PESÉE	GAVÉE	PIÈGE	VERGE
HÂLÉE	ORNÉE	AISÉE	HAVÉE	PIÉGÉ	VERGÉ
PALÉE	USNÉE	BISÉE	LAVÉE	SIÈGE	FORGE
SALÉE	AUNÉE	MISÉE	PAVÉE	SIÉGÉ	FORGÉ
TALÉE	LUNÉE	RISÉE	LEVÉE	DRÈGE	GORGE
VALÉE	CAPÉE	VISÉE	RÊVÉE	**FREGE**	GORGÉ
CELÉE	CAPÉÉ	ANSÉE	RIVÉE	GRÈGE	**NORGE**
FÊLÉE	LAPÉE	**INSEE**	LOVÉE	**POGGE**	PURGE
GELÉE	NAPÉE	DOSÉE	NOVÉE	**ADIGE**	PURGÉ
HÉLÉE	RÂPÉE	POSÉE	BUVÉE	BEIGE	BAUGE
MÊLÉE	SAPÉE	ROSÉE	CUVÉE	NEIGE	**BAUGÉ**
PELÉE	TAPÉE	BUSÉE	FAXÉE	**NEIGE**	JAUGE
PELÉE	CÉPÉE	FUSÉE	TAXÉE	NEIGÉ	JAUGÉ
PÉLÉE	**L'ÉPÉE**	JUSÉE	VEXÉE	ÉPIGÉ	SAUGE
ZÉLÉE	PÉPÉE	MUSÉE	FIXÉE	ÉRIGÉ	**KLUGE**
AILÉE	BIPÉE	RUSÉE	MIXÉE	EXIGÉ	BOUGE
BILÉE	PIPÉE	LYSÉE	BOXÉE	BELGE	BOUGÉ
FILÉE	RIPÉE	BATÉE	FOXÉE	**BELGE**	GOUGE
PILÉE	TIPÉE	BÂTÉE	LUXÉE	BULGE	**NOUGÉ**
ALLÉE	DOPÉE	DATÉE	PAYÉE	**BANGE**	ROUGE
BOLÉE	DUPÉE	GÂTÉE	RAYÉE	**CANGE**	**ROUGÉ**
COLÉE	RUPÉE	HÂTÉE	MOYÉE	**DANGÉ**	**SOUGE**
GOLÉE	TYPÉE	MATÉE	NOYÉE	FANGE	VOUGE
TÔLÉE	GARÉE	MÂTÉE	GAZÉE	**GANGE**	GRUGÉ
VOLÉE	MARÉE	PÂTÉE	BAFFE	LANGE	**BRAHE**
CULÉE	PARÉE	RATÉE	GAFFE	LANGÉ	BÂCHE
CAMÉE	TARÉE	TÂTÉE	GAFFÉ	MANGÉ	BÂCHÉ
DAMÉE	OCRÉE	ACTÉE	TAFFE	RANGÉ	CACHE
FAMÉE	AÉRÉE	FÊTÉE	BIFFE	**TANGE**	CACHÉ
LAMÉE	GÉRÉE	JETÉE	BIFFÉ	TENGE	FÂCHÉ

5

GÂCHE	BÛCHE	ORGIE	FÉRIE	**LÜBKE**	BÂCLÉ
GÂCHÉ	BÛCHÉ	PÂLIE	FÉRIÉ	**LOCKE**	MACLE
HACHE	DUCHÉ	SALIE	SÉRIE	**SPEKE**	MACLÉ
HACHÉ	HUCHE	DÉLIÉ	SÉRIÉ	**RILKE**	RACLE
KACHE	HUCHÉ	RELIÉ	GIRIE	**POLKE**	RACLÉ
LÂCHE	JUCHÉ	VÉLIE	BORIE	**RANKE**	TACLE
LÂCHÉ	OUCHE	BILIÉ	STRIE	CHOKE	TACLÉ
MÂCHE	**OUCHE**	CILIÉ	STRIÉ	**HOOKE**	**UCCLE**
MÂCHÉ	PUCHE	ALLIÉ	CURIE	JERKÉ	CICLÉ
TACHE	RUCHE	ENLIÉ	**CURIE**	**BURKE**	GICLÉ
TÂCHE	RUCHÉ	**ÉOLIE**	FURIE	**HAWKE**	SICLE
TACHÉ	**HAI HE**	FOLIE	MÛRIE	**SAALE**	ONCLE
TÂCHÉ	RAPHÉ	FOLIÉ	KYRIE	ÉCALE	SOCLE
VACHE	HYPHE	JOLIE	**SYRIE**	ÉCALÉ	CYCLE
BÊCHE	**NASHE**	POLIE	**BASIE**	DEALÉ	IODLÉ
BÊCHÉ	**MOSHÉ**	DULIE	**MÉSIE**	FÉALE	JODLÉ
DÈCHE	**MATHÉ**	**JULIE**	ROSIE	RÉALE	YODLÉ
LÈCHE	**PATHÉ**	LAMIE	SOSIE	ÉGALE	OBÈLE
LÉCHÉ	**BETHE**	MAMIE	**SOSIE**	ÉGALÉ	VIÈLE
MÈCHE	**LÉTHÉ**	RAMIE	**MYSIE**	CHÂLE	**GLÉLÉ**
MÉCHÉ	**BOTHE**	DEMIE	BÂTIE	ANALE	POÊLE
PÊCHE	MYTHE	MOMIE	CATIE	OPALE	POÊLÉ
PÉCHÉ	THAÏE	VOMIE	MATIE	ORALE	ÉPELÉ
PÊCHÉ	CLAIE	MANIE	**SATIE**	ÉTALE	FRÊLE
RÊCHE	PLAIE	MANIÉ	PITIÉ	ÉTALÉ	GRÊLE
SÈCHE	CRAIE	SANIE	COTIE	DUALE	GRÊLÉ
SÉCHÉ	VRAIE	BÉNIE	LOTIE	AVALÉ	PRÈLE
AICHE	**ÉSAÏE**	DÉNIÉ	RÔTIE	OVALE	PRÊLE
AICHÉ	**ISAÏE**	GÉNIE	SOTIE	UVALE	ATÈLE
BICHE	LABIÉ	**HENIE**	ORTIE	AWALÉ	STÈLE
BICHÉ	GOBIE	RENIÉ	**OSTIE**	CÂBLE	RAFLE
FICHE	**TOBIE**	FINIE	PLUIE	CÂBLÉ	RAFLÉ
FICHÉ	LUBIE	**IONIE**	AMUÏE	FABLE	NÈFLE
LICHÉ	**NUBIE**	SONIE	FOUIE	**GABLE**	GIFLE
MICHE	SUBIE	MUNIE	ROUIE	GÂBLE	GIFLÉ
NICHE	**DACIE**	PUNIE	TRUIE	JABLE	RIFLE
NICHÉ	**SICIÉ**	GROIE	PAVIE	JABLÉ	ENFLÉ
RICHE	VICIÉ	PROIE	**PAVIE**	NABLE	MOFLÉ
ELCHE	**LUCIE**	**TROIE**	RAVIE	RÂBLE	MUFLE
ANCHE	**LYCIE**	LAPIÉ	OBVIE	RÂBLÉ	RÈGLE
BOCHE	**DADIÉ**	TAPIE	OBVIÉ	SABLE	RÉGLÉ
COCHE	RADIÉ	PÉPIE	DÉVIÉ	SABLÉ	AIGLE
COCHÉ	**BÉDIÉ**	PÉPIÉ	**LIVIE**	**SABLÉ**	**AIGLE**
CÔCHÉ	DÉDIÉ	IMPIE	ENVIE	TABLE	BIGLE
HOCHE	**MÉDIE**	COPIE	ENVIÉ	TABLÉ	BIGLÉ
HOCHÉ	RÉDIE	COPIÉ	**BOWIE**	YÈBLE	SIGLE
LOCHE	**LYDIE**	EXPIÉ	**LOWIE**	BIBLE	SIGLÉ
LOCHÉ	OBÉIE	CARIE	TAXIE	**BIBLE**	ANGLE
MOCHE	DÉFIÉ	**CARIE**	LEXIE	CIBLE	ONGLE
MOCHE	MÉFIÉ	CARIÉ	DIXIE	CIBLÉ	ONGLÉ
POCHE	MAGIE	**MARIE**	NAZIE	PIBLE	BUGLE
POCHÉ	MÉGIE	MARIÉ	GADJÉ	AMBLE	**ZAHLÉ**
ROCHE	RÉGIE	PARIÉ	**MEIJE**	AMBLÉ	ÉDILE
ROCHÉ	LIGIE	TARIE	POLJÉ	OMBLE	**ODILE**
ARCHE	VIGIE	VARIÉ	KOTJE	NOBLE	AGILE
ESCHE	ALGIE	ABRIÉ	**BLAKE**	SUBLÉ	**ÉMILE**
ESCHÉ	BOGIE	ÉCRIÉ	**DRAKE**	BÂCLE	POILÉ

TOILE	**ROLLE**	MEULÉ	ÉTAMÉ	GNOME	GLANÉ
TOILÉ	TOLLÉ	SEULE	THÈME	ZOOMÉ	PLANE
VOILE	BULLE	VEULE	NIÈME	ARÔME	PLANÉ
VOILÉ	BULLÉ	**THULÉ**	BLÊME	BROME	ÉMANÉ
ÉPILÉ	**LULLE**	ALULE	NOÈME	BROMÉ	**CRANE**
ASILE	NULLE	ULULÉ	POÈME	DROME	CRÂNE
UTILE	TULLE	ÉMULE	BRÈME	**DRÔME**	CRÂNÉ
HUILE	**TULLE**	ÉMULÉ	**BRÊME**	**PROME**	HYDNE
HUILÉ	OBOLE	INULE	CRÈME	ATOME	ÉBÈNE
TUILE	ÉCOLE	BOULE	CRÉMÉ	MYOME	SCÈNE
TUILÉ	IDOLE	**BOULE**	TAGME	**CGPME**	CHÊNE
EXILÉ	GEÔLE	BOULÉ	DOGME	CARME	DIÈNE
BALLE	DHOLE	BOULÊ	**VEHME**	LARME	**WIENE**
BALLÉ	FIOLE	COULE	**BÖHME**	PARME	AKÈNE
DALLE	VIOLE	COULÉ	ABÎME	**PARME**	ALÊNE
DALLÉ	VIOLÉ	FOULE	ABÎMÉ	BERME	GLÈNE
GALLE	**NKOLE**	FOULÉ	ÉCIMÉ	DERME	AMÈNE
GALLE	GNÔLE	GOULE	SEIME	FERME	AMENÉ
GALLÉ	**BOOLE**	HOULE	ÉLIMÉ	FERMÉ	FOÈNE
HALLE	**POOLE**	IOULÉ	ANIMÉ	GERME	ARÈNE
HALLE	**OPOLE**	JOULE	BRIMÉ	GERMÉ	FRÊNE
MALLE	DRÔLE	**JOULE**	CRIME	TERME	GRENÉ
MALLE	FRÔLÉ	MOULE	FRIME	FIRME	**IRÈNE**
PALLE	GROLE	MOULÉ	FRIMÉ	CORME	AXÈNE
SALLE	ISOLÉ	POULE	GRIMÉ	FORME	HYÈNE
SALLÉ	ÉTOLE	ROULÉ	PRIME	FORMÉ	OZÈNE
TALLE	AMPLE	**SOULE**	PRIMÉ	**LORME**	BAGNE
TALLÉ	ASPLE	SOÛLE	TRIMÉ	NORME	CAGNE
BELLE	**CARLE**	SOÛLÉ	OXIME	NORMÉ	FAGNE
CELLE	HARLE	BRÛLÉ	CALME	**COSME**	GAGNE
CELLE	**KARLE**	OVULE	CALMÉ	BAUME	GAGNÉ
DELLE	**MARLE**	OVULÉ	PALME	**GAUME**	**MAGNE**
MELLE	PARLÉ	UVULE	**PALME**	PAUME	MAGNÉ
PELLE	FERLÉ	**GÄVLE**	PALMÉ	PAUMÉ	PAGNE
PELLÉ	MERLE	**BAYLE**	FILMÉ	ÉCUME	RÈGNE
SELLE	**MERLE**	ACYLE	GAMME	ÉCUMÉ	RÉGNÉ
SELLÉ	PERLE	**BEYLE**	**HAMME**	NEUME	DIGNE
TELLE	PERLÉ	CHYLE	FEMME	RHUME	**DIGNE**
AILLÉ	BURLE	AMYLE	GEMME	RHUMÉ	LIGNE
BILLE	HURLÉ	**BOYLE**	GEMMÉ	**FIUME**	**LIGNE**
BILLE	OURLÉ	**DOYLE**	LEMME	GLUME	LIGNÉ
BILLÉ	**NESLE**	**HOYLE**	COMME	PLUME	**LIGNÉ**
CILLÉ	**VESLE**	ARYLE	**DOMME**	PLUMÉ	**MIGNE**
FILLE	**LISLE**	STYLE	GOMME	BOUMÉ	PIGNE
LILLE	**BAULE**	STYLÉ	GOMMÉ	BRUME	SIGNE
MILLE	GAULE	**SAAME**	HOMME	GRUME	SIGNÉ
MILLE	**GAULE**	AGAME	**LOMME**	ABYME	VIGNE
NILLE	GAULÉ	BLÂME	NOMMÉ	CHYME	COGNE
PILLÉ	**MAULE**	BLÂMÉ	POMME	AZYME	COGNÉ
SILLÉ	SAULE	CLAMÉ	POMMÉ	AHANÉ	POGNE
TILLE	TAULE	BRAME	SOMME	THANE	ROGNE
TILLÉ	**TAULÉ**	BRAMÉ	**SOMME**	DIANE	ROGNÉ
VILLE	ÉCULÉ	CRAMÉ	SOMMÉ	**DIANE**	BUGNE
COLLE	ADULÉ	DRAME	TOMME	LIANE	CYGNE
COLLÉ	**DEULE**	PRAME	CHÔMÉ	FLÂNE	DAINE
FOLLE	FEULÉ	TRAME	BIOME	FLÂNÉ	FAÎNE
MOLLE	MEULE	TRAMÉ	AMOME	GLANE	GAINE

5

GAINÉ	CANNE	DARNE	GUÊPE	JASPÉ	CADRÉ
HAINE	CANNÉ	MARNE	CHIPÉ	GAUPE	LADRE
JAÏNE	MANNE	**MARNE**	FRIPE	TAUPE	**MADRE**
LAINE	PANNE	MARNÉ	FRIPÉ	TAUPÉ	MADRÉ
LAINÉ	PANNÉ	BERNE	TRIPE	COUPE	CÈDRE
MAINE	TANNE	**BERNE**	STIPE	COUPÉ	CIDRE
NAINE	TANNÉ	BERNÉ	GUIPÉ	LOUPE	**ANDRÉ**
PAINE	VANNE	CERNE	**CALPÉ**	LOUPÉ	**INDRE**
RAINÉ	VANNÉ	CERNÉ	PALPE	POUPE	**ERDRE**
SAINE	BENNE	**HERNE**	PALPÉ	SOUPE	ORDRE
TAINE	HENNÉ	**LERNE**	SALPE	SOUPÉ	ORDRÉ
VAINE	PENNE	TERNE	PULPE	DRUPE	HYDRE
UDINE	**PENNE**	VERNE	CAMPÉ	**ICARE**	**CAERE**
HEINE	PENNÉ	**VERNE**	HAMPE	SCARE	IBÈRE
LEINE	RENNE	BORNE	LAMPE	ÉGARÉ	OBÉRÉ
PEINE	SENNE	BORNÉ	LAMPÉ	**O'HARE**	ACÉRÉ
PEINÉ	**SENNE**	CORNE	RAMPE	PHARE	CHÈRE
REINE	**YENNE**	CORNÉ	RAMPÉ	TIARE	BIÈRE
SEINE	**LINNÉ**	MORNE	VAMPÉ	TIARÉ	FIÈRE
SEINE	**MINNE**	**TORNE**	**SEMPÉ**	AVARE	**IKERE**
VEINE	PINNE	TURNE	TEMPE	CABRÉ	**BLÉRÉ**
VEINÉ	BONNE	**LASNE**	LOMPE	**FABRE**	AMÈRE
ZÉINE	CONNE	**AISNE**	POMPE	**HABRÉ**	MOERE
ÉGINE	DONNE	**COSNE**	POMPÉ	LABRE	OPÉRÉ
UGINE	**DONNE**	FAUNE	ÉCOPE	SABRE	FRÈRE
CHINE	DONNÉ	JAUNE	ÉCOPÉ	SABRÉ	**FRÈRE**
CHINE	NONNE	**JAUNE**	SCOPE	ZABRE	**ISÈRE**
CHINÉ	SONNÉ	SAUNÉ	CHOPE	**DEBRÉ**	STÈRE
RHINE	TONNE	JEUNE	CHOPÉ	ZÈBRE	STÉRÉ
PLINE	TONNÉ	JEÛNE	CLOPE	ZÉBRÉ	GUÈRE
AMINE	**YONNE**	JEÛNÉ	DROPÉ	FIBRE	AVÉRÉ
AMINÉ	**SAÔNE**	THUNE	TROPE	LIBRE	**EVERE**
IMINE	ICÔNE	ALUNÉ	**ÉSOPE**	**TIBRE**	BÂFRÉ
KOINÈ	LEONE	BRUNE	MYOPE	VIBRÉ	CAFRE
MOINE	**LEONE**	**BRUNE**	HAPPE	AMBRE	SAFRE
ÉPINE	PHONE	PRUNE	HAPPÉ	AMBRÉ	**AFFRE**
OPINÉ	**RHÔNE**	**RIVNE**	JAPPÉ	OMBRE	OFFRE
TRINE	CLONE	**PAYNE**	NAPPE	OMBRÉ	FIFRE
URINE	CLONÉ	**WAYNE**	NAPPÉ	SOBRE	PAGRE
URINÉ	ANONE	**VEYNE**	RAPPÉ	ARBRE	DEGRÉ
USINE	**BOONE**	**BOYNE**	ZAPPÉ	MACRE	NÈGRE
USINÉ	DRONE	**DEFOE**	CIPPE	NACRE	PÈGRE
PUÎNÉ	IRONE	MÉLOÉ	LIPPE	NACRÉ	**SÈGRE**
QUINE	KRONE	**CHLOÉ**	**LIPPE**	SACRE	**SEGRÈ**
QUINE	PRÔNE	**SILOÉ**	NIPPE	SACRÉ	**SEGRÉ**
QUINÉ	PRÔNÉ	**COMOÉ**	NIPPÉ	**SACRÉ**	AIGRE
RUINE	TRÔNE	CANOË	TIPPÉ	RÉCRÉ	BIGRE
RUINÉ	TRÔNÉ	**FÉROÉ**	ZIPPÉ	ANCRE	MIGRÉ
AVINÉ	ATONE	**MÉROÉ**	HUPPE	**ANCRE**	TIGRE
OVINE	**STONE**	AGAPE	HUPPÉ	ANCRÉ	**TIGRE**
OVINÉ	AXONE	CHAPE	**JUPPÉ**	ENCRE	TIGRÉ
AULNE	OZONE	CHAPÉ	CARPE	ENCRÉ	**TIGRÉ**
AULNE	OZONÉ	**SHAPE**	HARPE	LUCRE	**INGRÉ**
DAMNÉ	HYPNE	DRAPÉ	HERPE	SUCRE	FAIRE
TEMNE	CARNE	ÉTAPE	SERPE	**SUCRE**	HAIRE
HYMNE	CARNÉ	CRÊPE	**GASPÉ**	SUCRÉ	MAIRE
BANNE	**CARNÉ**	CRÊPÉ	JASPE	CADRE	PAIRE

5

RAIRE	**SARRE**	LOURÉ	BOISÉ	DARSE	**BOSSE**
TAIRE	**BERRE**	**TOURÉ**	MOISE	NARSE	BOSSÉ
VAIRÉ	FERRÉ	APURÉ	MOÏSE	TARSE	COSSE
ZAÏRE	**FERRÉ**	ÉPURE	**MOÏSE**	HERSE	COSSÉ
ZAÏRE	PERRÉ	ÉPURÉ	MOISÉ	HERSÉ	**COSSÉ**
SBIRE	SERRE	USURE	NOISE	PERSE	DOSSE
ÉLIRE	**SERRE**	**STURE**	POISE	**PERSE**	FOSSE
BOIRE	SERRÉ	AZURÉ	TOISE	VERSE	**FOSSE**
COIRE	TERRE	**FAVRE**	TOISÉ	VERSÉ	FOSSÉ
DOIRE	TERRÉ	HAVRE	VOISÉ	CIRSE	GOSSE
FOIRE	VERRE	NAVRÉ	ARISÉ	CORSE	ROSSE
FOIRÉ	CIRRE	**WAVRE**	BRISE	**CORSE**	ROSSÉ
LOIRE	PÂTRE	LÈVRE	BRISÉ	CORSÉ	TOSSÉ
MOIRE	HÊTRE	SEVRÉ	CRISE	MORSE	GUSSE
MOIRE	MÈTRE	GIVRE	FRISE	**MORSE**	RUSSE
MOIRÉ	MÉTRÉ	GIVRÉ	**FRISE**	TORSE	**RUSSE**
NOIRE	LITRE	LIVRE	FRISÉ	NURSE	**ROTSÉ**
NOIRE	MITRE	LIVRÉ	GRISE	OURSE	CAUSE
POIRE	**MITRE**	VIVRE	GRISÉ	**OURSE**	CAUSÉ
POIRÉ	MITRÉ	OUVRÉ	IRISÉ	BASSE	LAUSE
VOIRE	NITRE	**LEYRE**	PRISE	CASSE	PAUSE
ÉPIRE	NITRÉ	**VEYRE**	PRISÉ	CASSÉ	PAUSÉ
SPIRE	PITRE	**KOYRÉ**	GUISE	**HASSE**	ABUSÉ
SPIRE	TITRE	APYRE	**GUISE**	LASSE	**MEUSE**
FRIRE	TITRÉ	**CHASE**	PUISÉ	LASSÉ	YEUSE
ÉTIRÉ	VITRE	PHASE	AVISÉ	MASSE	CLUSE
BUIRE	VITRÉ	UKASE	VALSE	MASSÉ	AMUSÉ
CUIRE	**VITRÉ**	BLASE	VALSÉ	NASSE	BOUSE
LUIRE	ANTRE	BLASÉ	**CELSE**	PASSE	HOUSE
NUIRE	ENTRE	**ANASE**	**HULSE**	PASSÉ	PAYSE
GENRE	ENTRÉ	**COASE**	PULSÉ	SASSÉ	PHYSE
ACORE	COTRE	ARASÉ	DANSE	TASSE	**ABATE**
SCORE	NOTRE	BRASÉ	DANSÉ	**TASSE**	BÉATE
ADORÉ	NÔTRE	CRASE	GANSE	TASSÉ	**ÉFATÉ**
NKORE	VOTRE	FRASÉ	GANSÉ	**BESSE**	AGATE
CLORE	VÔTRE	**OTASE**	HANSE	CESSE	SKATE
FLORE	ASTRE	STASE	**HANSE**	CESSÉ	PLATE
FLORE	AUTRE	ÉVASÉ	MANSE	FESSE	ÉPATE
VLORË	OUTRE	PACSÉ	PANSE	FESSÉ	ÉPATÉ
MOORE	OUTRÉ	OBÈSE	PANSÉ	GESSE	URATE
SPORE	**AYTRÉ**	THÈSE	CENSÉ	**HESSE**	OUATE
STORE	**FAURE**	DIÈSE	DENSE	MESSE	OUATÉ
CÂPRE	**FAURÉ**	ALÈSE	MENSE	PESSE	JACTÉ
LÈPRE	LAURE	ALÉSÉ	PENSÉ	VESSE	LACTÉ
LE PRÉ	LAURÉ	BLÉSÉ	SENSÉ	VESSÉ	PACTE
CIPRE	MAURE	TMÈSE	**RONSE**	BISSE	BECTÉ
DUPRÉ	**MAURE**	NOÈSE	CHOSE	BISSÉ	SECTE
BARRE	SAURÉ	GRÉSÉ	ALOSE	**CISSÉ**	DICTÉ
BARRE	TAURE	BAISE	CLOSE	HISSE	DOCTE
BARRÉ	ÉCURÉ	**BAÏSE**	GLOSE	HISSÉ	**GAÈTE**
CARRE	HEURE	BAISÉ	GLOSÉ	LISSE	DIÈTE
CARRÉ	LIURE	**MEISE**	GNOSE	LISSÉ	PIÉTÉ
JARRE	AMURE	ALISE	**OROSE**	PISSE	**VIÈTE**
JARRE	AMURÉ	ÉMISE	PROSE	PISSÉ	GNÈTE
MARRE	BOURE	OMISE	PTÔSE	TISSÉ	BOËTE
MARRÉ	GOURÉ	ANISÉ	**LIPSE**	VISSÉ	POÈTE
NARRÉ	LOURE	**BOISE**	GYPSE	BOSSE	ARÊTE

5

CRÈTE	**FANTE**	VERTE	BETTE	**LEYTE**	DILUÉ
CRÊTE	GANTÉ	AORTE	CETTE	ALYTE	REMUE
CRÊTÉ	HANTÉ	**CORTE**	DETTE	REBUE	REMUÉ
FRÉTÉ	JANTE	FORTE	**JETTE**	EMBUE	DÉNUÉ
PRÊTE	MANTE	MORTE	LETTE	EMBUÉ	MENUE
PRÊTÉ	PANTE	**MORTE**	NETTE	IMBUE	TENUE
ÉTÊTÉ	SANTÉ	PORTE	BITTE	DÉÇUE	TÉNUE
GUÈTE	TANTE	**PORTE**	**VITTE**	REÇUE	VENUE
QUÊTE	VANTÉ	PORTÉ	**WITTE**	VÉCUE	SINUÉ
QUÊTÉ	**XANTE**	SORTE	BOTTE	COCUE	**ÉBOUÉ**
CAFTÉ	**ZANTE**	MYRTE	BOTTÉ	REDUE	CLOUÉ
LIFTÉ	DENTÉ	**SYRTE**	COTTE	INDUE	FLOUE
APHTE	FENTE	BASTE	**COTTE**	DODUE	FLOUÉ
FAITE	LENTE	BASTÉ	HOTTE	ARDUE	ÉNOUÉ
FAÎTE	PENTE	CASTE	HOTTÉ	LIEUE	FROUÉ
GAÎTÉ	RENTE	FASTE	LOTTE	BLEUE	PROUE
LAITÉ	RENTÉ	HASTÉ	MOTTE	QUEUE	TROUÉ
SAÏTE	SENTE	VASTE	MOTTÉ	BAGUE	AVOUÉ
ÉDITÉ	TENTE	CESTE	SOTTE	BAGUÉ	REPUE
DÉITÉ	TENTÉ	GESTE	BUTTE	DAGUE	CAQUE
AGITÉ	VENTE	LESTE	BUTTÉ	**HAGUE**	CAQUÉ
WHITE	VENTÉ	LESTÉ	HUTTE	RAGUÉ	**ÉAQUE**
ALITÉ	OINTE	PESTE	LUTTE	TAGUÉ	JAQUE
ÉLITE	PINTE	PESTÉ	LUTTÉ	VAGUE	LAQUE
IMITÉ	PINTÉ	RESTE	PUTTÉ	VAGUÉ	LAQUÉ
UNITÉ	TINTÉ	RESTÉ	FAUTE	BÈGUE	MAQUÉ
BOÎTE	BONTÉ	TESTÉ	FAUTÉ	BÉGUË	PÂQUE
BOITÉ	CONTE	VESTE	HAUTE	LÉGUÉ	RAQUÉ
COITE	CONTÉ	ZESTE	SAUTE	AIGUË	SAQUÉ
COÏTÉ	**CONTÉ**	ZESTÉ	SAUTÉ	BIGUE	TAQUE
MOITE	FONTE	CISTE	MEUTE	CIGUË	TAQUÉ
FRITE	HONTE	LISTE	CHUTE	DIGUE	VAQUÉ
USITÉ	MONTE	LISTÉ	CHUTÉ	FIGUE	BIQUE
OTITE	MONTÉ	PISTE	BLUTÉ	GIGUE	**MIQUE**
CUITE	PONTE	PISTÉ	FLÛTE	LIGUE	NIQUE
CUITÉ	PONTÉ	**AOSTE**	FLÛTÉ	LIGUÉ	NIQUÉ
DUITE	TONTE	POSTE	AOÛTÉ	ZIGUE	PIQUE
FUITE	JUNTE	POSTÉ	BOUTÉ	ALGUE	PIQUÉ
SUITE	À-CÔTÉ	BUSTE	COÛTÉ	BOGUE	TIQUE
ÉVITÉ	**LHOTE**	JUSTE	DOUTE	BOGUÉ	TIQUÉ
BALTE	RIOTÉ	**JUSTE**	DOUTÉ	DOGUE	COQUE
BALTE	**FLOTE**	OUSTE	GOÛTÉ	ROGUE	LOQUE
CALTÉ	ILOTE	**YUSTE**	JOUTE	ROGUÉ	MOQUE
HALTE	PROTE	KYSTE	JOUTÉ	VOGUE	MOQUÉ
MALTE	AZOTE	XYSTE	ROUTE	VOGUÉ	POQUÉ
MALTÉ	AZOTÉ	BATTE	ROUTÉ	**VOGÜÉ**	ROQUE
CELTE	CAPTÉ	DATTE	SOUTE	ARGUÉ	ROQUÉ
CELTE	LEPTE	GATTÉ	TOUTE	ORGUE	TOQUE
PELTÉ	COPTE	JATTE	VOÛTE	FUGUE	TOQUÉ
TILTÉ	CARTE	LATTE	VOÛTÉ	FUGUÉ	ARQUÉ
VOLTE	CARTÉ	LATTÉ	BRUTE	ÉCHUE	ORQUE
VOLTÉ	FARTÉ	MATTE	GRUTÉ	COHUE	ASQUE
CULTE	MARTE	NATTE	SEXTE	**BALUE**	OSQUE
COMTE	TARTE	NATTÉ	TEXTE	SALUÉ	NUQUE
COMTE	FERTÉ	PATTE	MIXTE	VALUE	TUQUE
COMTÉ	PERTE	PATTÉ	SIXTE	RELUE	ÉCRUE
DANTE	SERTE	RATTE	**SIXTE**	VELUE	FÉRUE

5

MORUE	VALVE	ALIZE	**WOOLF**	**ROACH**	**TRITH**
SPRUE	VALVÉ	ALIZÉ	WOLOF	KRACH	**LINTH**
JOSUÉ	SELVE	BRIZE	**WOLOF**	**REICH**	**BOOTH**
ISSUE	VOLVÉ	**AVIZE**	WHARF	RANCH	**BARTH**
OSSUE	VULVE	**JANZÉ**	**WHORF**	**HENCH**	**HARTH**
TÊTUE	SYLVE	**WANZE**	SMURF	WINCH	**PERTH**
VÊTUE	SANVE	**HENZE**	BEAUF	**MÖNCH**	**FIRTH**
SITUÉ	LARVE	BONZE	BŒUF	LUNCH	**FORTH**
POTUE	LARVÉ	GONZE	**CHOUF**	**MUNCH**	**WORTH**
BÉVUE	VARVE	**BERZÉ**	**DIOUF**	PUNCH	**FÜRTH**
REVUE	**HERVE**	**EAUZE**	PLOUF	**LYNCH**	**ABDUH**
SEXUÉ	SERVE	LAUZE	**SOHAG**	**BLOCH**	BAHAÏ
AGAVE	VERVE	**MAUZÉ**	OFLAG	**ÉNOCH**	BÉHAÏ
AGAVÉ	MORVE	**LEUZE**	**GRIEG**	**HOOCH**	**BOHAI**
PIAVE	TORVE	DOUZE	**BRAGG**	**BROCH**	**SAKAI**
CLAVÉ	FAUVE	DRUZE	**FRIGG**	HASCH	**JÓKAI**
ÉLAVÉ	MAUVE	**DRUZE**	**CRAIG**	**PASCH**	TOKAÏ
SLAVE	SAUVE	**GRAAF**	KABIG	**FESCH**	BALAI
SLAVE	SAUVÉ	PILAF	**ZADIG**	**BOSCH**	DÉLAI
ÉPAVE	NEUVE	TARAF	**ZWEIG**	**KUSCH**	**SINAÏ**
BRAVE	ŒUVÉ	MATAF	ANTI-G	CATCH	**CORAÏ**
BRAVÉ	VEUVE	**MEDEF**	MÉZIG	MATCH	KORAI
CRAVE	COUVÉ	GRIEF	SÉZIG	PATCH	**KASAÏ**
DRAVE	DOUVE	**LE KEF**	TÉZIG	**PATCH**	**MASAI**
DRAVE	**JOUVE**	**CHLEF**	XIANG	KETCH	ASSAI
DRAVÉ	LOUVE	BÉNEF	SLANG	KITCH	ESSAI
GRAVE	ÉTUVE	BÉSEF	ÉTANG	PITCH	**ALTAÏ**
GRAVE	ÉTUVÉ	BÉZEF	**LAING**	KOTCH	**DOUAI**
GRAVÉ	**KABWE**	BLAFF	SEING	**ROUCH**	**HAWAÏ**
SUAVE	BIAXE	GRAFF	COING	**AOUDH**	RABBI
SCÈVE	**ARAXE**	STAFF	**LOING**	**ATJEH**	ALIBI
ÉLÈVE	**UBAYE**	**RUEFF**	POING	**ESNÈH**	HALBI
ÉLEVÉ	ÉGAYÉ	SKIFF	DRING	**GIZEH**	**JAMBI**
BRÈVE	**BLAYE**	SNIFF	**EWING**	**NEAGH**	LAMBI
CRÈVE	DRAYÉ	**WOLFF**	SWING	**LEIGH**	ZOMBI
CREVÉ	FRAYÉ	**BANFF**	**ALONG**	**HOOGH**	**RICCI**
DRÈVE	**YSAYE**	**LWOFF**	**MEUNG**	**KROGH**	COCCI
GRÈVE	ÉTAYÉ	BLUFF	**YOUNG**	**WAUGH**	VOICI
GRÈVE	DEBYE	RÉCIF	**MAGOG**	ROUGH	**PULCI**
GREVÉ	**DEBYE**	NOCIF	**KHARG**	**SALIH**	RANCI
TRÊVE	**LIBYE**	GÉLIF	BOURG	ALEPH	**SANCI**
JAHVÉ	**SELYE**	CANIF	**BOURG**	**STOPH**	**CENCI**
YAHVÉ	ABOYÉ	MANIF	**RABAH**	CLASH	MINCI
NAÏVE	CHOYÉ	TARIF	**SABAH**	FLASH	**VINCI**
OGIVE	PLOYÉ	PÉRIF	RAJAH	SLASH	FARCI
CLIVE	BROYÉ	OISIF	**ALLAH**	SMASH	MERCI
CLIVÉ	**BARYE**	DATIF	**SHOAH**	CRASH	FORCI
OLIVE	BLAZE	HÂTIF	POPAH	AMISH	DURCI
BRIVE	PEDZÉ	MATIF	**SARAH**	**WALSH**	DOUCI
DRIVE	PIÈZE	NATIF	**TORAH**	BLUSH	SOUCI
DRIVÉ	ALÉZÉ	ACTIF	SURAH	FLUSH	**SAADI**
GRIVE	**BRÉZÉ**	RÉTIF	SYRAH	SLUSH	**ALADI**
PRIVÉ	GUÈZE	**SÉTIF**	**PHTAH**	**BAATH**	**GADDI**
JUIVE	GAIZE	MOTIF	POUAH	**HEATH**	TIÉDI
JUIVE	LAIZE	VOTIF	**LEACH**	SPATH	MAHDI
AVIVÉ	**TAIZÉ**	BOUIF	COACH	ANETH	RAIDI
SALVE	SEIZE	SHELF	**LOACH**	**SMITH**	ROIDI

CANDI
HINDI
BONDI
GONDI
LUNDI
PRODI
HARDI
MARDI
PARDI
TARDI
VERDI
VERDI
NORDI
OURDI
GAUDÍ
JEUDI
HEBEI
HUBEI
HEFEI
UNKEI
SEMEÏ
SUFFI
SOUFI
RÉAGI
CHIGI
GOLGI
GOLGI
SURGI
ROUGI
ÉBAHI
SPAHI
TRAHI
RACHI
RACHI
KOCHI
BODHI
RIGHI
DELHI
AMPHI
KASHI
RASHI
HU SHI
SU SHI
SUSHI
ASCII
TORII
HADJI
FIDJI
TAIJI
MEIJI
SHIJI
KANJI
XINJI
OGAKI
ESAKI
IWAKI
MBEKI
KINKI
HARKI
GORKI
HUBLI
OUBLI
HUGLI
CHILI
CHILI
MOILI
AVILI
MILLI-
MOLLI
LULLI
PAOLI
ABOLI
AÏOLI
REPLI
AMPLI
EMPLI
MARLI
SIRLI
FORLI
MUSLI
RÜTLI
PAULI
GAZLI
ZEAMI
AGAMI
MIAMI
DJAMI
ITAMI
À DEMI
BLÊMI
FRÉMI
ATÉMI
CALMI
OTOMI
PARMI
FERMI
DORMI
NURMI
ROUMI
CHENI
MBINI
ACINI
BLINI
LUINI
BANNI
ZANNI
HENNI
NENNI
NENNI
HONNI
LEONI
AGONI
NGONI
OGONI
RIONI
GARNI
BERNI
TERNI
TERNI
VERNI
FORNI
JAUNI
RÉUNI
ALUNI
BRUNI
HANOI
MONOÏ
PAROI
ARROI
ENVOI
OKAPI
CLAPI
FLAPI
GLAPI
CRÉPI
HAMPI
LIPPI
COPPI
YOUPI
BENQI
CHARI
INARI
CABRI
LABRI
DÉCRI
INDRI
CHÉRI
ÉMERI
GUÉRI
AZÉRI
AZÉRI
NEGRI
AIGRI
GUMRI
HENRI
MAORI
DIORI
CAPRI
BARRI
MARRI
FERRI
TERRI
PETRI
PÉTRI
CAURI
AHURI
HOURI
SOURI
STASI
QUASI
SAISI
MOISI
GRISI
HANSI
AINSI
LAPSI
FARSI
PARSI
KISSI
SISSI
MOSSI
ROSSI
AUSSI
TUTSI
GLATI
AMATI
COATI
ABÊTI
RIETI
PRETI
MUFTI
LAHTI
HAÏTI
MOITI
BALTI
SOLTI
FANTI
NANTI
CENTI-
MENTI
SENTI
CONTI
MONTI
PONTI
MOPTI
MARTÍ
PARTI
TARTI
SERTI
CORTI
SORTI
MISTI
INSTI
RÖSTI
GATTI
HATTI
PITTI
COTTI
PUTTI
TUTTI
MBUTI
PIAUÍ
BLEUI
ENFUI
ANHUI
FUKUI
CELUI
RELUI
ENNUI
INOUÏ
TEPUI
APPUI
GRAVI
SUIVI
CALVI
CARVI
NERVI
NERVI
SERVI
COUVI
GLAWI
LOEWI
CRAXI
BENXI
GUO XI
ZHU XI
BELYÏ
SWAZI
SWAZI
ZANZI
SUN ZI
LAOZI
LAZZI
PAZZI
GOZZI
TOKAJ
TOKAJ
SPAAK
ISAAK
BREAK
STEAK
ZAMAK
POMAK
KANAK
KANAK
NANAK
GOPAK
HOPAK
BARAK
HUSÁK
BATAK
DAYAK
KAYAK
BLACK
BLACK
SNACK
ARACK
CRACK
PIECK
TIECK
CLICK
BRICK
CRICK
STICK
QUICK
PENCK
FONCK
MONCK
BLOCK
PLOCK
KNOCK
GROCK
STOCK
BERCK
YORCK
GLUCK
KLUCK
TRUCK
UZBEK
UZBEK
ZADEK
CREEK
KRIEK
CAPEK
HASEK
HAYEK
CHEIK
IZNIK
NASIK
BATIK
FRANK
BRINK
DRINK
E-BOOK
BROOK
BROOK
KAPOK
YUROK
CLARK
STARK
QUARK
OZARK
BEURK
BIISK
TOMSK
MINSK
SULUK
PLOUK
GRAAL
KRAAL
STAAL
IQBAL
FÉCAL
BOCAL
FOCAL
LOCAL
VOCAL
DUCAL
HADAL
VIDAL
WIDAL
MODAL

NODAL	**VITAL**	MONEL	AVRIL	CRAWL	BÉGUM
IDÉAL	DOTAL	**LUNEL**	FUSIL	BÉRYL	**NAHUM**
ILÉAL	TOTAL	NAPEL	**MUSIL**	**KYZYL**	OPIUM
BRÉAL	FUTAL	APPEL	OUTIL	**HERZL**	VÉLUM
TAGAL	JOUAL	**FAREL**	DEUIL	**OCCAM**	PILUM
TAGAL	**LAVAL**	**BOREL**	FEUIL	SECAM	FANUM
VAGAL	NAVAL	**FOREL**	SEUIL	NICAM	BROUM
LÉGAL	RAVAL	**SOREL**	CIVIL	**IRCAM**	VROUM
RÉGAL	**FÉVAL**	**BASEL**	**ANVIL**	**PRIAM**	**AXOUM**
TEGAL	**REVAL**	**USSEL**	**STIJL**	**SALAM**	SÉRUM
JUGAL	NIVAL	NATEL	**TRAKL**	ISLAM	FORUM
GLIAL	RIVAL	RATEL	**ABELL**	**MÉNAM**	FATUM
TRIAL	**ORVAL**	**VATEL**	**GSELL**	**ANNAM**	**TATUM**
AXIAL	**DUVAL**	BÉTEL	**LYELL**	**CÉRAM**	TAXUM
CAJAL	COXAL	UNTEL	**NEILL**	**AGRAM**	OPCVM
AIJAL	GAYAL	HÔTEL	**WEILL**	**HIRAM**	CABAN
MAKAL	RIYAL	MOTEL	**THILL**	**ENSAM**	**LABAN**
TIKAL	LOYAL	ARTEL	DRILL	**ASSAM**	RABAN
HALAL	ROYAL	AUTEL	GRILL	MODEM	**KEBAN**
BILAL	**RIZAL**	CRUEL	KRILL	**DUHEM**	**LIBAN**
HILAL	**LEIBL**	USUEL	**CROLL**	**SALEM**	**ZIBAN**
KEMAL	**STAËL**	**DAVEL**	TROLL	**BELÉM**	**ALBAN**
UXMAL	**BABEL**	**HAVEL**	ATOLL	GOLEM	RUBAN
BANAL	LABEL	**JAVEL**	COBOL	**KANEM**	**LACAN**
CANAL	**BEBEL**	NAVEL	**TOBOL**	**SANEM**	**RACAN**
FANAL	**LE BEL**	**RAVEL**	LICOL	**MENEM**	DÉCAN
PÉNAL	LEBEL	TAVEL	NICOL	HAREM	PÉCAN
RÉNAL	**REBEL**	**REVEL**	**NICOL**	TOTEM	ENCAN
VÉNAL	NOBEL	**TEXEL**	ALDOL	CLAIM	PADAN
FINAL	**NOBEL**	PIXEL	SHÉOL	**JOBIM**	**MEDAN**
ANNAL	RECEL	**STAHL**	ALGOL	**ICHIM**	**MÉDAN**
SONAL	**VEDEL**	**BRÜHL**	**GOGOL**	**SELIM**	REDAN
TONAL	**BODEL**	E-MAIL	ERGOL	KILIM	**SEDAN**
ZONAL	**GÖDEL**	ÉMAIL	**JEHOL**	DENIM	**ALDAN**
PAPAL	**MODEL**	TRAIL	KOHOL	**ARNIM**	PÆAN
NÉPAL	IDÉEL	BABIL	THIOL	**TARIM**	OCÉAN
COPAL	**EFFEL**	**ARBIL**	TRIOL	**PERIM**	CLEAN
NOPAL	**EIFEL**	**ERBIL**	BÉMOL	**VITIM**	**ASEAN**
FÉRAL	**KAGEL**	**CECIL**	**CAROL**	GOYIM	**PAGAN**
VIRAL	PAGEL	VIEIL	**TYROL**	STAMM	**SAGAN**
MORAL	DÉGEL	**BREIL**	ENVOL	STEMM	**LOGAN**
DURAL	**HEGEL**	**CREIL**	TAXOL	**GRIMM**	**MAHAN**
MURAL	REGEL	**BUEIL**	**FAYOL**	**FROMM**	**BEHAN**
OURAL	**URGEL**	**RUEIL**	**MAYOL**	**RADOM**	HI-HAN
RURAL	**SAHEL**	ÉVEIL	**RAYOL**	RENOM	**ROHAN**
SURAL	**AMIEL**	VIGIL	MAËRL	BLOOM	**WUHAN**
BASAL	**CRIEL**	**IDJIL**	**KABUL**	GROOM	**SAÏAN**
NASAL	ORIEL	**ENLIL**	RECUL	VROOM	**TAI'AN**
SISAL	**TRIEL**	TAMIL	CUCUL	CD-ROM	**IRIAN**
FATAL	**JIJEL**	**TAMIL**	AÏEUL	EPROM	**ÉVIAN**
NATAL	**MEMEL**	FENIL	**MÉHUL**	**EPSOM**	**SÉJAN**
NATAL	**GOMEL**	**GENIL**	**ELLUL**	**BYTOM**	**GUJAN**
OCTAL	**FUMEL**	PÉNIL	CUMUL	**STORM**	PÉKAN
LÉTAL	JUMEL	BARIL	**RAOUL**	SÉBUM	PALAN
MÉTAL	PANEL	PÉRIL	SAOUL	ALBUM	**SALAN**
RITAL	**VANEL**	VIRIL	**SÉOUL**	SEDUM	**CELAN**
VITAL	**PINEL**	TORIL	FIOUL	OLÉUM	UHLAN

5

BILAN	**GITAN**	**MENEN**	LADIN	VENIN	**ARTIN**
MILAN	MITAN	**DONEN**	RADIN	**BONIN**	BUTIN
MILAN	TITAN	**LÜNEN**	ALDIN	RÔNIN	LUTIN
GOLAN	**TITAN**	**PAPEN**	ANDIN	KHOIN	MUTIN
HOLAN	ANTAN	**LE PEN**	**ANDIN**	GROIN	**THUIN**
ATLAN	**HOTAN**	**EUPEN**	ONDIN	LAPIN	**BOUIN**
DYLAN	**WOTAN**	**KAREN**	**BODIN**	**PAPIN**	**GOUIN**
DAMAN	AUTAN	**YAREN**	**RODIN**	RAPIN	**AQUIN**
DAMAN	ROUAN	**LOREN**	**AYDIN**	SAPIN	ÉQUIN
MAMAN	**LAVAN**	**NORÉN**	**RHEIN**	TAPIN	RAVIN
RAMAN	**BEVAN**	**BUREN**	FLEIN	PÉPIN	**AÇVIN**
DE MAN	**SEVAN**	**DÜREN**	**KLEIN**	**PÉPIN**	**BEVIN**
LEMAN	DIVAN	**IBSEN**	PLEIN	ALPIN	DEVIN
LÉMAN	TEXAN	**ASSEN**	FREIN	LOPIN	**REVIN**
ZEMAN	**TEXAN**	**ESSEN**	**STEIN**	ORPIN	DIVIN
LIMAN	**DAYAN**	**OLTEN**	ENFIN	**DUPIN**	BOVIN
AMMAN	**ROYAN**	**ROUEN**	VAGIN	LUPIN	**LEWIN**
ROMAN	**BRYAN**	**ELVEN**	**BEGIN**	**LUPIN**	**NE WIN**
TOMAN	**KAZAN**	**BOWEN**	**BÉGIN**	RUPIN	**ERWIN**
ARMAN	**NI ZAN**	MAYEN	**ELGIN**	SUPIN	**VEXIN**
OSMAN	**NIZAN**	**PAYEN**	ENGIN	**GARIN**	**FUXIN**
ATMAN	**HAYDN**	DOYEN	TCHIN	MARIN	**BAZIN**
NANAN	**ŒBEN**	**FOYEN**	**BA JIN**	**MARIN**	**ANZIN**
YAN'AN	**RUBEN**	MOYEN	**BAKIN**	TARIN	LUZIN
HENAN	**BADEN**	**ROYEN**	**DAKIN**	SARIN	**THANN**
RENAN	**EMDEN**	ARYEN	**PA KIN**	**VARIN**	**GLENN**
SÉNAN	LODEN	**PLZEN**	PÉKIN	**WARIN**	**BRENN**
AGNAN	**ARDEN**	**BOZEN**	**PÉKIN**	ÉCRIN	DJINN
DINAN	**AUDEN**	FŒHN	CÂLIN	SERIN	**QUINN**
JINAN	**SCÉEN**	CROHN	MALIN	VÉRIN	**BRÜNN**
SINAN	**AGÉEN**	**CHAIN**	SALIN	BORIN	**FLYNN**
ANNAN	ÉGÉEN	DJAÏN	**SALIN**	DORIN	**THAON**
CONAN	GREEN	**ALAIN**	**BELIN**	**KORIN**	**CRAON**
HUNAN	**GREEN**	**BLAIN**	FÉLIN	**MORIN**	**GABON**
EMPAN	**STEEN**	**CLAIN**	VÉLIN	BURIN	**ABBON**
COPÁN	**AXÉEN**	PLAIN	**AHLIN**	**JURIN**	**EBBON**
SARAN	**HAGEN**	DRAIN	**OHLIN**	MURIN	**LE BON**
VARAN	**EIGEN**	GRAIN	FILIN	PURIN	**LEBON**
ÉCRAN	**RÜGEN**	TRAIN	**JILIN**	SURIN	AMBON
TIRAN	**COHEN**	ÉTAIN	COLIN	**TURIN**	**AMBON**
CORAN	PAÏEN	**ÉTAIN**	**COLIN**	GYRIN	**ARBON**
CORAN	CHIEN	**YVAIN**	**DOLIN**	BASIN	BUBON
JORAN	ÎLIEN	**TWAIN**	**ROLIN**	**BASIN**	BACON
LORAN	ARIEN	**GABIN**	SOLIN	LUSIN	**BACON**
DURAN	IRIEN	**RABIN**	**SOLIN**	CATIN	FAÇON
TYRAN	**AIKEN**	**SABIN**	**WOLIN**	LATIN	**MACON**
HASAN	**BALEN**	**YIBIN**	GAMIN	**LATIN**	MÂCON
MASAN	**ALLEN**	ROBIN	**TEMIN**	MATIN	**MÂCON**
PISAN	SOLEN	**ROBIN**	CUMIN	MÂTIN	MAÇON
PISAN	**YÉMEN**	**TOBIN**	CANIN	PATIN	TACON
ULSAN	**ILMEN**	AUBIN	**JANIN**	**PATIN**	ACCON
MOSAN	**EMMEN**	**AUBIN**	**MANIN**	SATIN	LEÇON
PUSAN	LUMEN	**FICIN**	TANIN	TÉTIN	COCON
PATAN	RUMEN	RICIN	BÉNIN	SIT-IN	ARÇON
SATAN	**SUMEN**	**SOCIN**	**BÉNIN**	**ANTIN**	**LUÇON**
VATAN	**YUMEN**	BADIN	MENIN	POTIN	SUÇON
GITAN	HYMEN	GADIN	**MENIN**	ROTIN	RADON

5

BEDON	CÔLON	**PERÓN**	**LUTON**	**NÉKAO**	IMAGO
REDON	**COLÓN**	**BIRON**	TAUON	CALAO	**ARAGO**
BIDON	**FOLON**	CIRON	GLUON	FILAO	**RIEGO**
DIDON	**HOLON**	GIRON	**DRUON**	**DAMÃO**	FRIGO
SIDON	**SOLON**	**MIRON**	GRUON	**DURÃO**	VULGO
CODON	**ARLON**	**OIRON**	**BAVON**	**DAVAO**	TANGO
ODÉON	ORLON	**PIRON**	SAVON	**BALBO**	BINGO
ODÉON	MULON	**AKRON**	DEVON	**CAMBO**	DINGO
THÉON	NYLON	CORON	**DEVON**	MAMBO	BONGO
CLÉON	**RAMON**	GORON	**SUWON**	SAMBO	**BONGO**
ILÉON	DÉMON	**MORÓN**	PAXON	**BEMBO**	**CONGO**
CRÉON	**HÉMON**	TORON	SAXON	COMBO	**KONGO**
FRÉON	**CIMON**	ÉTRON	**SAXON**	GOMBO	**LONGO**
LAGON	LIMON	**AURON**	TAXON	JUMBO	**MONGO**
WAGON	**LIMÓN**	BURON	**NEXON**	**GLOBO**	MUNGO
ANGON	**SIMON**	HURON	**NIXON**	**GARBO**	À GOGO
DOGON	TIMON	**HURON**	HAYON	TURBO	CARGO
ARGON	**AMMON**	JURON	LAYON	**CHACO**	LARGO
ORGON	JOMON	LURON	**LAYON**	**SACCO**	**BORGO**
MAHÓN	ARMON	**LURON**	RAYON	**LECCO**	**IDAHO**
OTHON	BANON	MÛRON	SAYON	SECCO	FACHO
SCION	CANON	**ÉVRON**	**NOYON**	HOCCO	MACHO
ILION	CAÑON	**BYRON**	**GUYON**	**GRECO**	**JOCHO**
ILION	FANON	**MYRON**	GAZON	**GRÉCO**	**MINHO**
PLION	**CENON**	**JASON**	**ALZON**	DELCO	**SAPHO**
ANION	**DENON**	MÉSON	**LUZON**	BANCO	XIPHO
UNION	PENON	PESON	**BÉARN**	**BIOCO**	**BASHO**
APION	RENON	BISON	**AHERN**	CROCO	LITHO
ARION	TENON	**DISON**	**STERN**	**CARCO**	SOTHO
BRION	XÉNON	**MI SON**	CAIRN	CASCO	**SOTHO**
BRION	**ZÉNON**	OISON	**BRAUN**	DISCO	**MY THO**
ORION	**AGNON**	**PISON**	AUCUN	BOSCO	RADIO
PRION	LINON	TISON	**AUDUN**	**BOSCO**	AUDIO
AVION	MINON	VISON	À JEUN	**CUZCO**	HÉLIO
AVION	SINON	BOSON	**MEHUN**	**AMADO**	**OGLIO**
IXION	**CONON**	**BOSON**	CAJUN	CRADO	FOLIO
DIJON	**DONON**	**BUSON**	**CAJUN**	**PRADO**	POLIO
GIJÓN	**JUNON**	BÂTON	**JUKUN**	HEBDO	FONIO
NIKON	CAPON	**CATON**	FALUN	CREDO	**DARÍO**
YUKON	JAPON	MATON	**MELUN**	**VALDO**	**BERIO**
GALON	**JAPON**	PÂTON	IMMUN	BOLDO	MORIO
JALON	LAPON	RATON	KANUN	KENDO	**BOSIO**
SALON	**LAPON**	BÉTON	QANUN	**HONDO**	PATIO
TALON	TAPON	JETON	**TORUN**	KONDO	RATIO
TALON	PÉPON	PETON	**OSSUN**	RONDO	**ANZIO**
BELON	IPPON	SÉTON	PÉTUN	CLODO	**ENZIO**
BELON	JUPON	TÉTON	**TETUN**	KYUDO	GADJO
DELON	TYPON	GITON	**AUTUN**	VIDÉO	BANJO
FÉLON	**AARON**	PITON	**LU XUN**	RODÉO	BARJO
GÉLON	BARON	COTON	**SHAWN**	**ORFEO**	SHAKO
MELON	**BARON**	**COTON**	CLOWN	**ROMÉO**	GECKO
SELON	**CARON**	GOTON	**BROWN**	**MONEO**	**NIKKO**
FILON	**FARON**	**POTON**	CROWN	RONÉO	**KENKO**
MILON	VARON	TOTON	**KATYN**	**CUNEO**	**BIOKO**
PILON	HÉRON	**ASTON**	CACAO	PARÉO	**PABLO**
PILON	**HÉRON**	**OTTON**	**MACAO**	MÉTÉO	RÉGLO
COLON	**NÉRON**	FUTON	TCHAO	**CGT-FO**	AGGLO

PHILO	RÉTRO	**LE CAP**	**GOMAR**	GODER	HALER
EEKLO	**DOURO**	JALAP	**TOMAR**	IODER	HÂLER
GALLO	**GOURO**	HANAP	NANAR	RODER	RÂLER
GALLO	**ORURO**	CÉGEP	DENAR	RÔDER	SALER
BELLO	AVISO	MONEP	DINAR	**SPEER**	TALER
HELLO	PERSO	MANIP	SONAR	CRÉER	**ADLER**
TELLO	VERSO	SCALP	ESPAR	GRÉER	BÊLER
MOLLO	**TIRSO**	CHAMP	**HARAR**	MI-FER	CELER
VENLO	CORSO	CLAMP	**ADRAR**	PIFER	FÊLER
ÉCOLO	LASSO	TRAMP	CÉSAR	ENFER	GELER
NIOLO	**ROSSO**	**TROMP**	**CÉSAR**	LOFER	HÉLER
NIOLO	**ÉRATO**	BE-BOP	**KATAR**	GAGER	MÊLER
PROLO	**PRATO**	GALOP	**QATAR**	NAGER	PELER
STYLO	FACTO	SALOP	TATAR	RAGER	VÊLER
ALAMO	HECTO-	**SINOP**	**TATAR**	LÉGER	BILER
PRIMO	HECTO	SCOOP	SETAR	**LÉGER**	FILER
MALMÖ	RECTO	SLOOP	SITAR	**REGER**	MILER
OROMO	YOCTO-	SIROP	**ATTAR**	**EIGER**	PILER
PROMO	**ANETO**	**ALSOP**	**SHUAR**	FIGER	SILER
IZUMO	ÉDITO	**SHEPP**	DOUAR	**NIGER**	ALLER
PEANO	**BOITO**	**KRUPP**	INVAR	PIGER	VOLER
CIANO	**QUITO**	PIN-UP	DEWAR	**SIGER**	CULER
PIANO	**AALTO**	À-COUP	**DEWAR**	**ALGER**	**EULER**
PIANO	SALTO	CROUP	**NEWAR**	GOGER	**TYLER**
GUANO	**SALTO**	**BUNAQ**	**NAYAR**	LOGER	**WYLER**
STÉNO	**DOLTO**	**GRACQ**	BAZAR	**ROGER**	CAMER
OGINO	FEMTO-	**RONCQ**	**BALDR**	URGER	DAMER
PHONO	**KANTO**	**MARCQ**	**POSDR**	JUGER	LAMER
GIONO	**CENTO**	**SERCQ**	**SCAËR**	LUGER	**MAMER**
PORNO	LENTO	**OURCQ**	**BABER**	**SUGER**	PÂMER
BRUNO	**CINTO**	**FARUQ**	**HABER**	ÉCHER	RAMER
ROVNO	**PINTO**	**AKBAR**	**GEBER**	**POHER**	**SAMER**
IGLOO	**TINTO**	OSCAR	WEBER	ÉTHER	SEMER
ESPOO	PHOTO	**OSCAR**	**WEBER**	OBIER	KHMER
DIAPO	**KROTO**	**JÚCAR**	LIBER	ACIER	**KHMER**
SWAPO	**KYOTO**	**KÁDÁR**	GOBER	SCIER	AIMER
QUIPO	ZEPTO-	**NADAR**	LOBER	**MEIER**	LIMER
MOKPO	**SARTO**	RADAR	ROBER	CHIER	MIMER
CAMPO	**FERTÖ**	**ZADAR**	**AUBER**	SKIER	RIMER
NAMPO	PORTO	LIDAR	**BUBER**	**BLIER**	**AJMER**
TEMPO	**PORTO**	**LIFAR**	CUBER	**GLIER**	**RÖMER**
POOPÓ	**PASTO**	**SAGAR**	**HUBER**	**OLIER**	VOMER
TAUPO	RESTO	**ABGAR**	SUBER	PLIER	ARMER
MACRO	HOSTO	**EDGAR**	TUBER	ÂNIER	FUMER
ACCRO	**LOTTO**	**ELGAR**	CYBER-	ÉPIER	HUMER
MICRO-	POTTO	LAHAR	LACER	CRIER	**SUMER**
MICRO	PUTTO	**LEHÁR**	RACER	PRIER	**BANÉR**
PIERO	SEXTO	**BIHAR**	**BUCER**	TRIER	CANER
MOERO	TEXTO	**ZOHAR**	SUCER	OSIER	FANER
APÉRO	BRAVO	**DAKAR**	**NADER**	ÉTIER	PANER
DUERO	**NIEVO**	**TIKAR**	RADER	ÉVIER	**ABNER**
FUERO	**SVEVO**	**ISKAR**	CÉDER	**AJJER**	GÊNER
NEGRO	**BORVO**	VÉLAR	AIDER	**BOJER**	MENER
NUORO	**TOKYO**	**VILAR**	EIDER	**BAKER**	BINER
IMPRO	DIAZO	POLAR	RIDER	JOKER	DÎNER
ZORRO	**ZAZZO**	TOLAR	VIDER	POKER	LINER
MÉTRO	**POZZO**	**SAMAR**	CODER	CALER	MINER

VINER	VISER	CAVER	VOMIR	**ARMOR**	**GOIÁS**
TONER	DOSER	GAVER	**IZMIR**	TÉNOR	TRIAS
ZONER	LOSER	HAVER	BÉNIR	**AFNOR**	**ROJAS**
ORNER	POSER	LAVER	TENIR	**TOPOR**	**CUJAS**
TUNER	ROSER	**LAVER**	VENIR	**KOROR**	**DUKAS**
CAPER	BUSER	PAVER	FINIR	**ENSOR**	**CALAS**
LAPER	FUSER	LEVER	MUNIR	ESSOR	HÉLAS
RÂPER	MUSER	RÊVER	PUNIR	**KOTOR**	LILAS
SAPER	RUSER	HIVER	SEOIR	ROTOR	**ELLÁS**
TAPER	LYSER	RIVER	CHOIR	BUTOR	**JOLAS**
IEPER	BÂTER	**DOVER**	AVOIR	**BUTOR**	ATLAS
NEPER	DATER	LOVER	**OZOIR**	FLUOR	**ATLAS**
BIPER	GÂTER	NOVER	**SAPIR**	**ARVOR**	DAMAS
PIPER	HÂTER	CUVER	TAPIR	**NAZOR**	**DAMAS**
RIPER	MATER	FAXER	TARIR	**VIAUR**	FAMAS
TIPER	MÂTER	TAXER	FÉRIR	**BABUR**	**HAMAS**
IMPER	PATER	VEXER	PÉRIR	**TIBUR**	RAMAS
DOPER	**PATER**	FIXER	MÛRIR	ODEUR	**DUMAS**
TOPER	RATER	MIXER	SURIR	RIEUR	**GENAS**
DUPER	TÂTER	BOXER	DÉSIR	SIEUR	**LINAS**
RUPER	ACTER	LUXER	GÉSIR	FLEUR	NINAS
SUPER	FÊTER	BAYER	ROSIR	PLEUR	**JONAS**
HYPER	JETER	**BAYER**	BÂTIR	CŒUR	PSOAS
TYPER	PÉTER	**MAYER**	CATIR	**CŒUR**	PAPAS
GARER	TÉTER	PAYER	MATIR	SŒUR	TAPAS
PARER	CITER	RAYER	PÂTIR	LUEUR	REPAS
TARER	GÎTER	**MEYER**	VÊTIR	SUEUR	APPAS
OCRER	LITER	**BOYER**	COTIR	TUEUR	HARAS
AÉRER	MITER	FOYER	LOTIR	REGUR	**BORÅS**
GÉRER	ENTER	LOYER	RÔTIR	**SÉGUR**	**ARRAS**
SERER	INTER	NOYER	**THUIR**	**NAMUR**	STRAS
AIRER	COTER	**VOYER**	AMUÏR	FÉMUR	**DURAS**
CIRER	DOTER	GAZER	FOUIR	**SEMUR**	**ROSAS**
MIRER	NOTER	CHAIR	JOUIR	**ADOUR**	**ASSAS**
TIRER	ROTER	BLAIR	ROUIR	AJOUR	**ISSAS**
VIRER	VOTER	**BLAIR**	RAVIR	AMOUR	PATAS
DORER	OPTER	CLAIR	SÉVIR	**AMOUR**	LITAS
FORER	ASTER	**CLAIR**	VIZIR	KSOUR	**CRUAS**
ERRER	ESTER	FLAIR	**GABOR**	**KSOUR**	**HAVAS**
CURER	**USTER**	ÉPAIR	TABOR	IMPUR	**RIVAS**
DURER	BUTER	**KABIR**	**TABOR**	FUTUR	**SIVAS**
DÜRER	JUTER	SABIR	DÉCOR	**FREYR**	**TIVAS**
JURER	LUTER	SUBIR	MUCOR	**STEYR**	**TEXAS**
MURER	MUTER	NADIR	CADOR	CABAS	**MAYAS**
MURER	**BAUER**	OBÉIR	**NADOR**	LÀ-BAS	**BAZAS**
BASER	**LAUER**	KÉFIR	**FÉDOR**	**ABBAS**	**GIBBS**
CASER	ÉLUER	VAGIR	**VIDOR**	**LE BAS**	CLEBS
JASER	FLUER	MÉGIR	**WIDOR**	MI-BAS	**KREBS**
LASER	DOUER	RÉGIR	**TUDOR**	EN-CAS	**COMBS**
MASER	HOUER	MUGIR	ANGOR	**LUCAS**	**DOUBS**
RASER	JOUER	RUGIR	**BOGOR**	CYCAS	AWACS
LÉSER	LOUER	FAKIR	**BIHOR**	**MIDAS**	**DODDS**
PESER	NOUER	PÂLIR	MAJOR	JUDAS	**LEEDS**
WESER	ROUER	SALIR	**MAJOR**	**JUDAS**	LIEDS
BISER	TOUER	POLIR	**CUKOR**	**DEGAS**	POIDS
MISER	VOUER	**PAMIR**	**TYLOR**	ALIAS	FONDS
RISER	BAVER	GÉMIR	**TIMOR**	**ELIAS**	**WOODS**

GABÈS	**YEPES**	MACIS	LEXIS	ÉCLOS	LŒSS
TABÈS	**ALPES**	OCCIS	**HICKS**	**DÉLOS**	**SUESS**
AMBÈS	**FARÈS**	JADIS	**BANKS**	**ALLOS**	**WEISS**
ABCÈS	PARÉS	RADIS	LINKS	**VÓLOS**	CRISS
ACCÈS	**CÉRÈS**	ÉLÉIS	**TURKS**	**PYLOS**	KRISS
DÉCÈS	**PERES**	MÉGIS	**HAWKS**	**SAMOS**	**JOOSS**
FÈCES	**XERES**	LOGIS	ÉTALS	**TÊNOS**	CROSS
RECÈS	XÉRÈS	**BUGIS**	**GAËLS**	**MINOS**	**GROSS**
VÉCÉS	AGRÈS	**ATHIS**	CIELS	**TÍNOS**	**STOSS**
EXCÈS	KORÊS	**TAKIS**	**DIELS**	**NEPOS**	GAUSS
GADES	APRÈS	PALIS	ŒILS	REPOS	**GAUSS**
HADÈS	**YPRES**	COLIS	**WELLS**	**MAROS**	**MAUSS**
MÈDES	ÊTRES	VOLIS	**DÉOLS**	PAROS	**HEUSS**
ANDES	**AURÈS**	**AULIS**	**PEULS**	**PÁROS**	**NEUSS**
INDES	**BURES**	TAMIS	POULS	SAROS	**REUSS**
EUDES	**MURES**	ADMIS	**RAWLS**	HÉROS	**GRUSS**
DREES	**ROSES**	DÉMIS	**ADAMS**	PER OS	ABATS
BAGES	**MUSES**	**FEMIS**	**REIMS**	**PÔROS**	ÉBATS
JUGES	**GATES**	REMIS	**FLIMS**	**RØROS**	**KEATS**
GYGÈS	**OATES**	SEMIS	**WORMS**	SUROS	**YEATS**
BAÏES	**JUTES**	**KOMIS**	DRUMS	**SYROS**	**GHATS**
VÉIES	BLUES	**TANIS**	CÉANS	**IPSOS**	**PRATS**
THIÈS	**DAVES**	**CENIS**	JEANS	**ISSOS**	**TRETS**
ARIÈS	**NAVES**	**DENIS**	**JEANS**	MATOS	PUITS
VRIES	**DIVES**	PÉNIS	**RIANS**	BITOS	FONTS
HALES	**RIVES**	**AUNIS**	**CRANS**	**DAVOS**	**MONTS**
WALES	**BOVES**	**TUNIS**	**STANS**	**DE VOS**	**SCOTS**
GELÉS	**NOVES**	**DIOIS**	**EVANS**	**DEVOS**	BOOTS
WILES	**VOVES**	**BLOIS**	**GIENS**	**NAXOS**	**VERTS**
ELLES	**DAWES**	TROIS	**OWENS**	**NÁXOS**	**SMUTS**
ARLES	**COWES**	LAPIS	**JOHNS**	**HOYOS**	**BOUTS**
JULES	**BAYES**	TAPIS	**SAINS**	BLAPS	**CLAUS**
JULES	**HAYES**	**MARIS**	**FLINS**	CHIPS	**KLAUS**
EAMES	**KAYES**	**PARIS**	MOINS	TEMPS	UNAUS
JAMES	**REYES**	**PÂRIS**	PÉONS	FLOPS	**KRAUS**
HIMES	**LAZES**	**IDRIS**	**LIONS**	CORPS	CABUS
LIMES	**MENGS**	**NÉRIS**	SKONS	**AFARS**	RÉBUS
NÎMES	**SACHS**	**BORIS**	**NYONS**	ÉPARS	GIBUS
SOMES	RASHS	DORIS	**BURNS**	**AVARS**	**ARBUS**
CUMES	RUSHS	**DORIS**	SKUNS	**GIERS**	**CACUS**
EANES	MATHS	LORIS	**DOWNS**	TIERS	REÇUS
MÂNES	**GOTHS**	ÉPRIS	CHAOS	**FLERS**	FICUS
MANÈS	REAIS	OASIS	**DU BOS**	**BOERS**	INCUS
VANES	**THAÏS**	ASSIS	**DUBOS**	**CUERS**	LOCUS
BENES	BIAIS	PÂTIS	**COCOS**	AVERS	FUCUS
GÊNES	LIAIS	**FÉTIS**	**DUCOS**	**CHORS**	MUCUS
GENÈS	NIAIS	MÉTIS	**BIDOS**	ALORS	**INDUS**
MÉNÈS	**BLAIS**	**ATTIS**	ENDOS	**DOORS**	ILÉUS
AGNÈS	ÉPAIS	LOUIS	**ORDOS**	**MAURS**	**CREUS**
FINES	**DRAIS**	**LOUIS**	SPÉOS	BEURS	REFUS
JONES	FRAIS	**DAVIS**	**LAGOS**	**FEURS**	PAGUS
NONES	GUAIS	LAVIS	LOGOS	COURS	NÉGUS
DUNES	OUAIS	DEVIS	**ARGOS**	**TOURS**	ARGUS
FUNÈS	**NABIS**	**LÉVIS**	**ATHOS**	**MIASS**	**ARGUS**
ALOÈS	PUBIS	**NEVIS**	ETHOS	GLASS	**ÅRHUS**
CAPES	RUBIS	DIVIS	ALIOS	**GLASS**	**GAIUS**
VAPES	LACIS	**LEWIS**	**PALOS**	**GRASS**	LAÏUS

ARIUS	EXEAT	BIDET	**PÉRET**	MÉDIT	PUANT
MALUS	DÉGÂT	GODET	**SIRET**	REDIT	RUANT
MALUS	LÉGAT	SKEET	TIRET	ON-DIT	SUANT
TALUS	ACHAT	DÉFET	**VIRET**	AUDIT	TUANT
CAMUS	**DALAT**	EFFET	FORET	DUDIT	AVANT
CAMUS	OBLAT	CAGET	FORÊT	CI-GÎT	AXANT
RAMUS	ÉCLAT	**PAGET**	GORET	DÉLIT	AYANT
REMUS	**EILAT**	**ATGET**	**MORET**	**SPLIT**	ADENT
HUMUS	**PILAT**	AUGET	ARRÊT	**ARLIT**	AGENT
JANUS	À-PLAT	**PUGET**	FURET	SAMIT	**TRENT**
LANÚS	**DOMAT**	QUIET	**FURET**	**IZMIT**	AVENT
VÉNUS	**ASMAT**	OBJET	MURET	**TANIT**	ÉVENT
VÉNUS	BANAT	REJET	**MURET**	BÉNIT	MAINT
MINUS	**BANAT**	SUJET	SURET	CROÎT	SAINT
SINUS	MANAT	PÉKET	BISET	DROIT	CEINT
BONUS	SÉNAT	GALET	OCTET	DÉPIT	FEINT
TONUS	AGNAT	**MALET**	MOTET	RÉPIT	GEINT
MAOUS	**DONAT**	PALET	BLUET	PIPIT	PEINT
PAPUS	APPÂT	TALET	FLUET	**YU'PIT**	TEINT
LUPUS	CARAT	VALET	FOUET	ÉCRIT	FLINT
VARUS	**HARAT**	FILET	GOUET	ÉFRIT	**FLINT**
VARUS	**MARAT**	GILET	JOUET	DURIT	JOINT
VERUS	**PARAT**	**MILET**	NOUET	PETIT	POINT
XÉRUS	CÉRAT	PILET	ROUET	**PETIT**	**POINT**
VIRUS	**HERAT**	BOLET	**VOUET**	INUIT	SUINT
HORUS	**OÏRAT**	**COLET**	CAVET	**INUIT**	AMONT
MORUS	**DORAT**	**DOLET**	NAVET	BRUIT	FRONT
PURUS	**JORAT**	TOLET	CIVET	FRUIT	SHUNT
CYRUS	**MORAT**	VOLET	**GIVET**	SMALT	**BLUNT**
JÉSUS	SPRAT	MULET	LIVET	**TIELT**	**POUNT**
JÉSUS	JURAT	**SAMET**	RIVET	SMOLT	CABOT
ISSUS	**MURAT**	ARMET	**RIVET**	MOULT	**CABOT**
OBTUS	**SURAT**	ORMET	**BOVET**	**SOULT**	JABOT
ICTUS	ROSAT	FUMET	ORVET	**KLIMT**	NABOT
TITUS	LYSAT	**EYMET**	DUVET	BÉANT	RABOT
LOTUS	**HOUAT**	**CANET**	**MAYET**	GÉANT	SABOT
MOTUS	**TOUAT**	**JANET**	**POYET**	NÉANT	REBOT
ARTUS	SQUAT	**MANET**	BIZET	RÉANT	**RIBOT**
FAVUS	VIVAT	BENÊT	**BIZET**	SÉANT	ELBOT
ANZUS	**ROYAT**	GENET	KRAFT	CHANT	ROBOT
LADYS	**DRYAT**	**GENET**	**SWIFT**	**THANT**	JACOT
DENYS	TRACT	GENÊT	**DELFT**	FIANT	TACOT
PEPYS	EXACT	VENET	**HOOFT**	LIANT	ACCOT
TORYS	**BILDT**	**BINET**	DOIGT	NIANT	BÉCOT
COSYS	**KUNDT**	MINET	VINGT	RIANT	BICOT
BEUYS	**WUNDT**	**VINET**	**RACHT**	PLANT	**NICOT**
RHUYS	**HARDT**	**MONET**	YACHT	AMANT	PICOT
LOUYS	**GERDT**	CAPET	**RECHT**	**BRANT**	**ASCOT**
POWYS	**CABET**	**CAPET**	**WIGHT**	**GRANT**	**DIDOT**
LABAT	DÉBET	PAPET	TRAIT	ORANT	**BAGOT**
RABAT	GIBET	CARET	**DABIT**	OSANT	CAGOT
RABAT	**TIBET**	**FARET**	HABIT	USANT	FAGOT
DÉBAT	BOBET	HARET	DÉBIT	ÉTANT	MAGOT
RIBAT	**BOBET**	TARET	SUBIT	ÔTANT	RAGOT
VICAT	LACET	ADRET	RÉCIT	HUANT	MÉGOT
DUCAT	TACET	BÉRET	DÉDIT	MUANT	BIGOT
AYDAT	CADET	**CÉRET**	LEDIT	NUANT	GIGOT

LIGOT
ARGOT
ERGOT
CAHOT
IDIOT
CHIOT
ELIOT
GRIOT
PAJOT
CALOT
DALOT
FALOT
MALOT
PALOT
PÂLOT
DÉLOT
VELOT
LILOT
PILOT
COLOT
BULOT
CULOT
MULOT
JAMOT
CANOT
GENOT
MINOT
PINOT
PONOT
JUNOT
SHOOT
CAPOT
DÉPÔT
IMPÔT
SOPOT
MAROT
TAROT
LÉROT
COROT
PUROT
PITOT
SITÔT
PAVOT
DÉVOT
PIVOT
FAYOT
AMYOT
GUYOT
MAZOT
BUZOT
ÉCART
BÉART
SMART
ÉPART
OP ART
SPART
START

HUART
QUART
EBERT
IBERT
EVERT
FLIRT
SHORT
NIORT
SPORT
YPORT
HEURT
COURT
PIAST
TOAST
PABST
ID EST
DIEST
BREST
CREST
OUEST
ZEIST
WHIST
TWIST
AALST
ZEMST
RANST
ERNST
ALOST
FROST
PROST
KARST
KARST
DORST
HORST
FÜRST
FAUST
DEUST
TRUST
PRATT
PSITT
GANTT
MONTT
SCOTT
CHOTT
CHAUT
DÉBUT
REBUT
EN-BUT
ISEUT
AFFÛT
BAHUT
SALUT
SALUT
CANUT
RAOUT
ABOUT
ABOUT

SCOUT
AGOUT
ÉGOUT
AJOUT
KNOUT
BROUT
PROUT
ATOUT
STOUT
INPUT
ASYUT
BIZUT
LISZT
BACAU
SCEAU
FLÉAU
PRÉAU
BAJAU
PALAU
BELAU
EYLAU
CA MAU
HANAU
LENAU
SENAU
DONAU
AARAU
ARRAU
OSSAU
MITAU
GLUAU
GRUAU
LE VAU
BOYAU
HOYAU
JOYAU
NOYAU
TUYAU
BUZAU
TRIBU
BARBU
HERBU
URUBU
CONÇU
PERÇU
FENDU
PENDU
RENDU
TENDU
VENDU
FONDU
PONDU
TONDU
PERDU
PERDU
MORDU
TORDU

ENFEU
CAÏEU
ADIEU
ÉPIEU
IZIEU
ENJEU
LEKEU
ALLEU
VIMEU
NEVEU
CAYEU
MOYEU
TAEGU
EXIGU
XINGU
ENUGU
DÉCHU
FICHU
SIBIU
HAEJU
CHEJU
HAÏKU
TURKU
ALUKU
EXCLU
RÉÉLU
GOGLU
POILU
FALLU
UPOLU
DÉPLU
REPLU
CARLU
MERLU
GOULU
MOULU
VOULU
RAIMU
CHIMÚ
JAMMU
PROMU
CHENU
CHENU
GRENU
AVENU
CONNU
INÖNÜ
CORNU
HORNU
MIAOU
TABOU
SEBOU
HIBOU
LICOU
ROCOU
CADOU
PADOU

EDFOU
BAGOU
CAGOU
SAGOU
SÉGOU
PIGOU
AEIOU
CAJOU
PAJOU
SAJOU
BIJOU
ANJOU
BAKOU
DUKOU
DALOU
RELOU
IGLOU
FILOU
PILOU
GENOU
RENOU
AÏNOU
MINOU
PAPOU
PAPOU
RIPOU
GAROU
ÉCROU
MÉROU
PÉROU
VESOU
BISOU
MATOU
PATOU
TATOU
LAXOU
BAYOU
VOYOU
ZAZOU
BIZOU
ZIZOU
AOZOU
TRAPU
CRÉPU
QUIPU
ROMPU
LIPPU
THARU
OTARU
ACCRU
DÉCRU
RECRU
RECRÛ
GWERU
MWERU
NEHRU
PATRU

BAURU
NAURU
UHURU
ELURU
ULURU
COURU
GANSU
PANSU
MASSU
FESSU
TISSU
BOSSU
COSSU
METSU
COUSU
BANTU
BANTU
PENTU
TARTU
VERTU
TORTU
BATTU
PATTU
FOUTU
PRÉVU
HAN YU
XINYU
SICAV
JELEV
ZELEV
KONEV
BOTEV
PSKOV
ORLOV
POPOV
KIROV
VAZOV
PILAW
SQUAW
NAREW
ARZEW
SOLOW
BÜLOW
GAMOW
ARROW
ADDAX
RELAX
PANAX
DONAX
HAPAX
ALPAX
BORAX
FURAX
CEDEX
INDEX
CODEX
TÉLEX

SILEX
Solex
RUMEX
CAREX
SIREX
Lurex
MUREX
Pyrex
ESSEX
LATEX
ÉTAIX
CADIX
FÉLIX
HÉLIX
REMIX
CHOIX
CROIX
CROIX
GROIX
VAULX
BRONX
REDOX
PALOX
PHLOX
INTOX
DIERX
BEAUX
FÉAUX
MEAUX
PEAUX
RÉAUX
SEAUX
VEAUX
ÉGAUX
CHAUX
CHAUX
NIAUX
ÉMAUX
ANAUX
UNAUX
ORAUX
ÉTAUX
DUAUX
ÉVAUX
UVAUX
ICEUX
THEUX
AÏEUX
CIEUX
DIEUX
LIEUX
MIEUX
PIEUX
VIEUX

VŒUX
CREUX
DREUX
FREUX
PREUX
GUEUX
QUEUX
AVEUX
Velux
CHOUX
SIOUX
SIOUX
ÉPOUX
ORBAY
MCCAY
DU FAY
DUFAY
TOKAY
TOKAY
DELAY
VELAY
INLAY
MOLAY
GAMAY
LIMAY
FUMAY
PANAY
PINAY
VINAY
ARNAY
AUNAY
PARAY
MORAY
SPRAY
AURAY
PASAY
ORSAY
HATAY
PATAY
BRUAY
BAVAY
OTWAY
LEZAY
NOZAY
ROZAY
LIBBY
HOBBY
LOBBY
RUGBY
RUGBY
Dolby
DANBY
DERBY
DERBY

KIRBY
VISBY
TRACY
CHÉCY
CRÉCY
LANCY
NANCY
SANCY
MARCY
BERCY
PERCY
TORCY
LURCY
COUCY
TOUCY
CADDY
PADDY
SODDY
DANDY
KANDY
D'INDY
BONDY
FUNDY
HARDY
LARDY
ARUDY
TOBEY
DUCEY
BUGEY
BRIEY
HALEY
AILEY
RILEY
CINEY
PONEY
CAREY
MAREY
PEREY
SIREY
COREY
LOSEY
ESSEY
PUSEY
VEVEY
DEWEY
BUGGY
CERGY
LEAHY
VICHY
VICHY
IMPHY
SULKY
FUNKY
JUNKY

GORKY
HUSKY
MABLY
BOËLY
BALLY
LALLY
KELLY
AILLY
KILLY
MILLY
TILLY
BULLY
LULLY
PULLY
SULLY
PENLY
MARLY
VALMY
MAMMY
SAMMY
TOMMY
SOUMY
ARANY
GAGNY
LAGNY
MAGNY
LIGNY
VIGNY
FANNY
JENNY
PENNY
PRONY
PARNY
DERNY
MORNY
ROSNY
CLUNY
GODOY
SEMOY
VINOY
LE ROY
LEROY
SAVOY
TAVOY
CRÉPY
HIPPY
GUPPY
PEARY
FABRY
OUDRY
CLÉRY
ÉMERY
AVERY
GEHRY

THIRY
CUIRY
GUIRY
HENRY
HENRY
FLORY
IVORY
BARRY
CARRY
CARRY
JARRY
PARRY
BERRY
FERRY
FERRY
LORRY
CURRY
TATRY
MITRY
VITRY
MAURY
GIVRY
LIVRY
LOWRY
GRÉSY
LOISY
NOISY
SOISY
MASSY
PASSY
WASSY
BUSSY
MUSSY
HILTY
CONTY
ZLOTY
MARTY
RORTY
GETTY
BADUY
DEGUY
PÉGUY
LE MUY
LE PUY
ERQUY
DURUY
GRÉVY
SAUVY
NEUVY
LOEWY
ÉPOXY
THIZY
JAZZY
ACHAZ

LA PAZ
TARAZ
AHVAZ
GÖNCZ
RECEZ
RODEZ
HAFEZ
NÚÑEZ
JEREZ
PÉREZ
FOREZ
MOREZ
TOREZ
ASSEZ
VITEZ
POTEZ
NAVEZ
CÁDIZ
HAFIZ
RÉMIZ
KÖNIZ
MONIZ
RUOLZ
MAINZ
HEINZ
CULOZ
CHOOZ
IMROZ
SZASZ
REISZ
HILSZ
GROSZ
ABETZ
BLETZ
LEITZ
OPITZ
SPITZ
SPITZ
FRITZ
RUITZ
SELTZ
WILTZ
HERTZ
HERTZ
WURTZ
VADUZ
RAMUZ
ORMUZ
HAOUZ
TAIZZ

DJAMAA
DJEMAA
VANTAA
CUIABÁ
ANNABA
KOUBBA
KARIBA
JOJOBA
DJERBA
AUCUBA
BAKUBA
BALUBA
DJOUBA
YORUBA
MARACA
OAXACA
BOYACÁ
ZENICA
ARNICA
MARICA
DE SICA
CUENCA
BRONCA
HUESCA
MUISCA
TOLUCA
JOIADA
HAMADA
ARMADA
ARMADA
CANADA
CANADA
MASADA
NEVADA
LAMBDA
DJEDDA
ÁGREDA
RÉSÉDA
DALIDA
OPPIDA
LÉRIDA
MÉRIDA
QASIDA
SKIKDA
ARANDA
LUANDA
RUANDA
RWANDA
RWANDA
AGENDA
OLINDA
KAUNDA
BARODA
NERUDA
COBÆA
ÉPICÉA
MIRCEA

ORADEA
GOUDÉA
QUÉLÉA
NOUMÉA
CYANEA
ALINÉA
MOOREA
RUSAFA
SRAFFA
STAFFA
HAIFFA
DJELFA
MALAGA
MÁLAGA
SANAGA
ALPAGA
TÉLÉGA
ORTEGA
FRIGGA
DOUGGA
PA'ANGA
THONGA
TSONGA
TSONGA
LADOGA
BÉLUGA
KWACHA
REICHA
DATCHA
SANGHA
SEBKHA
GURKHA
BOUKHA
VIELHA
PYRRHA
ILESHA
GEISHA
HARSHA
LEITHA
BERTHA
PLOUHA
BÉJAÏA
MAMAIA
TUPAÏA
RUBBIA
ACACIA
GARCÍA
FASCIA
STADIA
KINDIA
CARDIA
MAFFIA
FOGGIA
LOGGIA
BORGIA
ISCHIA
SEGHIA

RAPHIA
ARALIA
DAHLIA
DHULIA
OURMIA
KHANIÁ
TÆNIA
ZINNIA
MARNIA
SARNIA
GDYNIA
CHARIA
IKARÍA
ANDRIA
ALÉRIA
PEORIA
GLORIA
KERRIA
YTTRIA
LOURIA
ALÉSIA
KENTIA
BASTIA
HESTIA
SEGUIA
ZAOUÏA
CHOUIA
LLÍVIA
RAZZIA
TORAJA
NAVAJA
GANDJA
GRANJA
BAROJA
MELAKA
TANAKA
BARAKA
LUSAKA
JATAKA
BOUBKA
TCHEKA
RIJEKA
HANEKA
TOPEKA
EURÊKA
EURÊKA
KOFFKA
BANGKA
VEDIKA
TROÏKA
MARKKA
GLINKA
JUDOKA
ASHOKA
CHAPKA
IGARKA
ALASKA

POLSKA
VIATKA
TEZUKA
SUZUKA
SÉGALA
SÉGALA
CANALA
IMPALA
KERALA
MUSALA
MOTALA
POTALA
DOUALA
KAVÁLA
OUVALA
BLA-BLA
PUEBLA
AU-DELÀ
ÊTRE-LÀ
TETELA
AZUELA
FAVELA
FLA-FLA
BRAILA
ULFILA
ORFILA
MAKILA
BIKILA
DALILA
TOTILA
ATTILA
TAXILA
BARKLA
PAELLA
BIELLA
VIELLA
STELLA
AZOLLA
SCYLLA
NICOLA
ANGOLA
ORIOLA
AKMOLA
BITOLA
FIBULA
MACULA
RADULA
DIOULA
DIOULA
MORULA
INSULA
CEUX-LÀ
SAJAMA
PYJAMA
MANAMA
PANAMA
PANAMÁ

TARAMA
ALSAMA
TOYAMA
MAZAMA
VIEDMA
SCHÉMA
D'ALEMA
OULÉMA
CINÉMA
ECZÉMA
SMEGMA
BREGMA
STIGMA
ZEUGMA
BRAHMA
KOHIMA
OSHIMA
TOLIMA
MINIMA
FATIMA
FÁTIMA
OPTIMA
MAXIMA
GUELMA
GLOMMA
TACOMA
DODOMA
SODOMA
ZYGOMA
NUJOMA
STROMA
DHARMA
PLASMA
ALISMA
TRAUMA
STRUMA
KOLYMA
VIMANA
CUMANÁ
XANANA
ESPAÑA
PARANÁ
TIRANA
TORANA
PURANA

ASTANA
TSWANA
TSWANA
GUYANA
ATHÉNA
HELENA
MÉLÉNA
MORENA
CESENA
JAFFNA
MICHNA
MISHNA
MACINA
ENCINA
MÉDINA
REGINA
KALIÑA
ZILINA
MOLINA
FEMINA
GOMINA
FARINA
MARINA
MARINA
MERINA
MASINA
LATINA
KHULNA
SALONA
KATONA
ZOURNA
KISTNA
KADUNA
YAMUNA
KIRUNA
KORUNA
FUTUNA
HRIVNA
BALBOA
BALBOA
LISBOA
FOZ CÔA
GAGNOA
QUINOA
LEIPOA
VARROA
PESSOA
MACAPÁ
JALAPA
MAZEPA
PETIPA
CHAMPA
EUROPA
GRAPPA
SCARPA
SHERPA
SHERPA

STOUPA
ATBARA
ANGARA
SAHARA
MÉHARA
VIHARA
AMHARA
ANKARA
CÂMARA
SAMARA
SAMARA
ASMARA
AYMARA
AYMARA
APSARA
JUVARA
HAZARA
CRACRA
QUADRA
SHUDRA
LIBERA
RIBERA
KAGERA
VALERA
CAMÉRA
MATERA
LAVÉRA
RIVERA
BIAFRA
KOUFRA
ANDHRA
MITHRA
VIEIRA
SEBKRA
BISKRA
TABORA
DEBORA
ANGORA
ELLORA
ZAMORA
RÉMORA
MENORA
CAMPRA
SIERRA
HOURRA
MANTRA
TANTRA
SINTRA
CONTRA
CASTRA
MISTRA
NEUTRA
SOUTRA
MADURA
KIMURA
JAPURÁ
YAPURÁ

GOPURA
DATURA
TIPASA
GERASA
WALESA
TERESA
STRESA
MANISA
MIMOSA
LHASSA
NYASSA
ODESSA
ÉLISSA
ORISSA
PURUSA
GALATA
ZENATA
NAPATA
ZAPATA
ERRATA
PATATA
MULETA
MESETA
PESETA
MECHTA
NAPHTA
GUAÏTA
TCHITA
NIKITA
LOLITA
LOLITA
NARITA
RESITA
AOUITA
VUELTA
AJANTA
QUANTA
QUANT À
BOGOTÁ
DAKOTA
LAKOTA
TOYOTA
OMERTA
HUERTA
FIESTA
CUESTA
AVESTA
ELISTA
QUETTA
CÚCUTA
PUSZTA
LENGUA
JINHUA
PAPOUA
GAROUA
MAROUA
NANTUA

UNGAVA
SUMAVA
MORAVA
VLTAVA
MOSKVA
HUELVA
CANOVA
OSHAWA
YUKAWA
TARAWA
OTTAWA
OJIBWA
SADOWA
RÉDOWA
LULUWA
CUNAXA
CELAYA
WILAYA
PIRAYA
VISAYA
ZAWIYA
ZAWIYA
LAGOYA
NAGOYA
MALOYA
MAURYA
VAISYA
CAITYA
TIPAZA
KRLEZA
CUANZA
KWANZA
KWANZA
MWANZA
FAENZA
OUENZA
SFORZA
YAKUZA
CORYZA
PIAZZA
BRAZZA
OREZZA
BAOBAB
TOUBAB
SERDAB
HIDJAB
SKYLAB
CHENAB
MIHRAB
ZAGREB
TOUBIB
GHALIB
GOTLIB
COLOMB
APLOMB
SKI-BOB
SCHWOB

RADOUB
TOMBAC
FIGEAC
SÉMÉAC
ZODIAC
PIRIAC
CALLAC
BELLAC
TILLAC
SOULAC
MICMAC
MICMAC
TARMAC
MEYMAC
GIGNAC
SIGNAC
COGNAC
COGNAC
ROGNAC
ORGNAC
ÉPINAC
CARNAC
JARNAC
CORNAC
PIBRAC
AUBRAC
RIC-RAC
CHIRAC
FLORAC
VITRAC
BARSAC
PESSAC
RESSAC
CUSSAC
LUSSAC
TIC-TAC
QUÉZAC
BALZAC
JONZAC
LARZAC
CHEBEC
QUÉBEC
MALBEC
BOLBEC
KARDEC
RUFFEC
GALLEC
GALLEC
FENNEC
TANREC
TENREC
PARSEC
GOSSEC
BELZEC
CFE-CGC
LAMBIC
SYNDIC

UNEDIC
TRAFIC
PUBLIC
DÉCLIC
STAMIC
PORNIC
AGARIC
ALARIC
DOBRIC
ANDRIC
ODORIC
MASTIC
VOLVIC
NEUVIC
ARLANC
MÉZENC
MANIOC
TLALOC
PÉBROC
ACCROC
ESCROC
RADSOC
TRISOC
MASTOC
NOSTOC
DU PARC
DUPARC
ZAMOSC
VIADUC
BOLDUC
PLŒUC
DELLUC
MONLUC
GSTAAD
BAGDAD
TIMGAD
DJIHAD
ERSHAD
CONRAD
MOURAD
AL-ASAD
TAN-SAD
MOSSAD
NYSTAD
BEHZAD
BIHZAD
CNUCED
NANDED
SZEGED
BIPIED
MEHMED
ALFRED
ØRSTED
EL-OUED
CHEDID
OZALID
MADRID

DJÉRID
ASTRID
HASSID
NORWID
BONALD
HARALD
OBWALD
KOBOLD
ALFÖLD
INGOLD
ARNOLD
HAROLD
HÉROLD
ARCAND
LIGAND
BRIAND
FRIAND
KOKAND
UHLAND
ROLAND
ARLAND
ROMAND
ROMAND
ARMAND
MORAND
STRAND
TRUAND
REFEND
REBOND
SEBOND
FÉCOND
SECOND
SECOND
EDMOND
LEMOND
DUPOND
GIROND
FREUND
ASHDOD
GOUNOD
SEYNOD
ATWOOD
NEMROD
BOBARD
JOBARD
TUBARD
BÉCARD
PICARD
PICARD
SICARD
BOCARD
NOCARD
ROCARD
TOCARD
BÉDARD
MÉDARD
GODARD

CAFARD
HAGARD
SAGARD
BÉGARD
BÉGARD
REGARD
ACHARD
ERHARD
CHIARD
THIARD
BRIARD
BRIARD
CRIARD
BALARD
MALARD
PELARD
POLARD
TÔLARD
CULARD
MULARD
CAMARD
HOMARD
CANARD
PANARD
BÉNARD
LENARD
RENARD
RENARD
DINARD
PINARD
PINARD
CONARD
ZONARD
IZOARD
GÉRARD
GIRARD
HASARD
VASARD
BUSARD
MUSARD
BÂTARD
FÊTARD
PÉTARD
RETARD
TÊTARD
MITARD
MOTARD
POTARD
ELUARD
COUARD
BAVARD
SAVARD
REVARD
BUVARD
COWARD
HOWARD
BAYARD

FAYARD
BOYARD
FOYARD
FUYARD
BAZARD
HAZARD
LÉZARD
LIZARD
BÂBORD
SABORD
DEBORD
DÉBORD
REBORD
IN-BORD
ACCORD
RECORD
RICORD
OXFORD
OXFORD
MILORD
BITORD
SIGURD
RIBAUD
TACAUD
BÉCAUD
BADAUD
NADAUD
NIGAUD
RIGAUD
BLIAUD
SALAUD
PELAUD
PENAUD
RENAUD
FINAUD
ARNAUD
FARAUD
MARAUD
TARAUD
GIRAUD
MIRAUD
PATAUD
PATAUD
ARTAUD
MAHMUD
TALMUD
NEFOUD
PÉGOUD
LIKOUD
BAROUD
ORMUZD
REGGAE
PHILAE
BASSÆ
CACABÉ
MUGABE
CARABE

ZARABE
SORABE
SOUABE
CRABBE
CUBÈBE
ACHEBE
ÉPHÈBE
EUSÈBE
REBIBE
IMBIBÉ
INHIBÉ
EXHIBÉ
TALIBÉ
CARIBE
SCRIBE
SCRIBE
FOULBÉ
FLAMBE
FLAMBÉ
CRAMBE
DJEMBÉ
RHOMBE
PLOMBE
PLOMBÉ
TROMBE
ENGOBE
ENGOBÉ
BILOBÉ
COLOBE
ARNOBE
DÉROBÉ
ENROBÉ
AKTOBE
ÉBARBÉ
ACERBE
TÉORBE
BOURBE
COURBE
COURBÉ
FOURBE
TOURBE
THISBÉ
HÉCUBE
INCUBE
INCUBÉ
JUJUBE
DANUBE
ADOUBÉ
TITUBÉ
ENTUBÉ
INTUBÉ
POLYBE
NOSY BE
SÉBACÉ
MICACÉ
AUDACE
EFFACÉ

BIFACE	COTICE	CHIADÉ	**NUMIDE**	**SPONDE**
SAGACE	NOTICE	**ELIADE**	CANIDÉ	ARONDE
FUGACE	NOVICE	**ILIADE**	RANIDÉ	FRONDE
OPIACÉ	**KIELCE**	TRIADE	GÉOÏDE	**FRONDE**
PALACE	BÉANCE	BALADE	FROIDE	FRONDÉ
SALACE	SÉANCE	BALADÉ	OVOÏDE	GRONDÉ
DÉLACÉ	CHANCE	MALADE	HYOÏDE	EXONDÉ
ENLACÉ	FIANCÉ	SALADE	LAPIDÉ	DÉCODÉ
LIMACE	ÉLANCÉ	PELADE	RAPIDE	ENCODÉ
PANACE	**FRANCE**	**PYLADE**	SAPIDE	PAGODE
MENACE	STANCE	NOMADE	**LÉPIDE**	TRIODE
MENACÉ	NUANCE	MANADE	LIPIDE	DÉMODÉ
TENACE	NUANCÉ	PANADE	CUPIDE	SYNODE
IGNACE	AVANCE	MÉNADE	DÉRIDÉ	SARODE
RAPACE	AVANCÉ	GONADE	**DORIDE**	**HÉRODE**
IN PACE	AGENCE	MONADE	MURIDÉ	DÉSODÉ
ESPACE	AGENCÉ	**TROADE**	BASIDE	LIARDÉ
ESPACÉ	ÉMINCÉ	PARADE	ABSIDE	ABORDÉ
THRACE	COINCÉ	PARADÉ	RÉSIDÉ	CHORDE
THRACE	GRINCÉ	TIRADE	APSIDE	CHORDÉ
HORACE	PRINCE	DORADE	URSIDÉ	EXORDE
VORACE	**PRINCE**	RASADE	FÉTIDE	BOURDE
BESACE	ÉVINCÉ	PESADE	FLUIDE	GOURDE
ALSACE	PIONCÉ	NOYADE	ÉQUIDÉ	HOURDÉ
ALSACE	ÉNONCÉ	DRYADE	DRUIDE	LOURDE
ROSACE	OPONCE	ABCÉDÉ	DÉVIDÉ	LOURDÉ
ROSACÉ	FRONCE	ACCÉDÉ	LIVIDE	SOURDE
LUSACE	FRONCÉ	DÉCÉDÉ	BOVIDÉ	TOURDE
CÉTACÉ	NÉGOCE	RECÉDÉ	PYXIDE	**DRESDE**
SÉTACÉ	VÉLOCE	EXCÉDÉ	SCALDE	**GUESDE**
ROTACÉ	FÉROCE	SPEEDÉ	**CHILDE**	CHAUDE
FOUACE	ATROCE	**TOLÈDE**	GHILDE	**CLAUDE**
VIVACE	**NIÉPCE**	**LA MÈDE**	GUILDE	FRAUDE
VÉGÈCE	TIERCE	REMÈDE	SCANDÉ	FRAUDÉ
DÉPECÉ	TIERCÉ	PINÈDE	VIANDE	PALUDE
ESPÈCE	**TIERCÉ**	BIPÈDE	VIANDÉ	**LE LUDE**
LUTÈCE	EXERCÉ	OBSÉDÉ	CLANDÉ	DÉNUDÉ
VIBICE	**PEIRCE**	PLAIDÉ	GLANDE	**FROUDE**
INDICE	ÉCORCE	CÉBIDÉ	GLANDÉ	EXSUDÉ
OFFICE	ÉCORCÉ	DÉCIDÉ	AMANDE	GALBÉE
CALICE	AMORCE	LUCIDE	BRANDE	CAMBÉE
GALICE	AMORCÉ	GADIDÉ	GRANDE	NIMBÉE
MALICE	SOURCE	**ÉNÉIDE**	**GRANDE**	BOMBÉE
DÉLICE	**BEAUCE**	AFFIDÉ	AGENDÉ	TOMBÉE
HÉLICE	EXAUCÉ	BIFIDE	BLENDE	SNOBÉE
CILICE	**MANUCE**	RIGIDE	AMENDE	BARBÉE
MILICE	ASTUCE	ALGIDE	AMENDÉ	GERBÉE
SILICE	AUBADE	APHIDÉ	SCINDÉ	DAUBÉE
ELLICE	FAÇADE	VALIDE	AFIN DE	AGACÉE
POLICE	DÉCADE	VALIDÉ	CHINDÉ	GLACÉE
POLICÉ	ALCADE	FÉLIDÉ	BLINDÉ	PLACÉE
COMICE	ROCADE	BOLIDE	ÉLINDE	ARACÉE
LANICE	TOCADE	**ÉOLIDE**	GUINDÉ	TRACÉE
VARICE	ARCADE	SOLIDE	ABONDÉ	SLICÉE
SIRICE	ORÉADE	TIMIDE	BLONDE	ÉPICÉE
KOSICE	SCHADÉ	HUMIDE	ÉMONDÉ	LANCÉE
NATICE	NAÏADE	NUMIDE	INONDÉ	TANCÉE

PINCÉE
RINCÉE
FONCÉE
JONCÉE
PONCÉE
PHOCÉE
BERCÉE
GERCÉE
PERCÉE
FORCÉE
FASCÉE
SAUCÉE
ÉPUCÉE
BRADÉE
GRADÉE
ÉVADÉE
AMÉDÉE
SUÉDÉE
ÉLIDÉE
BRIDÉE
GUIDÉE
ÉVIDÉE
SOLDÉE
BANDÉE
MANDÉE
VENDÉE
BONDÉE
FONDÉE
MONDÉE
SONDÉE
DUNDEE
ÉLODÉE
BRODÉE
ÉRODÉE
BARDÉE
CARDÉE
DARDÉE
FARDÉE
GARDÉE
LARDÉE
MERDÉE
BORDÉE
CORDÉE
CAUDÉE
ÉLUDÉE
BOUDÉE
COUDÉE
SOUDÉE
OXYDÉE
AGRÉÉE
GAFFÉE
BIFFÉE
PIFFÉE
IMAGÉE
DRAGÉE
USAGÉE
ÉTAGÉE

LIÉGÉE
PIÉGÉE
ÉPIGÉE
ÉRIGÉE
EXIGÉE
LANGÉE
MANGÉE
PANGÉE
RANGÉE
VENGÉE
SINGÉE
LONGÉE
PONGÉE
RONGÉE
APOGÉE
MARGÉE
VERGÉE
FORGÉE
GORGÉE
PURGÉE
JAUGÉE
BOUGÉE
GRUGÉE
BÂCHÉE
CACHÉE
FÂCHÉE
GÂCHÉE
HACHÉE
LÂCHÉE
MÂCHÉE
SACHÉE
TACHÉE
TÂCHÉE
ZACHÉE
BÊCHÉE
LÉCHÉE
MÉCHÉE
PÊCHÉE
SÉCHÉE
AICHÉE
FICHÉE
LICHÉE
MICHÉE
NICHÉE
COCHÉE
CÔCHÉE
HOCHÉE
LOCHÉE
POCHÉE
ESCHÉE
BÛCHÉE
HUCHÉE
JUCHÉE
RUCHÉE
LYCHEE
ALPHÉE
ORPHÉE

LABIÉE
VICIÉE
RADIÉE
DÉDIÉE
DÉFIÉE
MÉFIÉE
DÉLIÉE
HÉLIÉE
RELIÉE
BILIÉE
CILIÉE
ALLIÉE
ENLIÉE
FOLIÉE
MANIÉE
DÉNIÉE
RENIÉE
COPIÉE
EXPIÉE
CARIÉE
MARIÉE
PARIÉE
VARIÉE
ÉCRIÉE
FÉRIÉE
SÉRIÉE
STRIÉE
DÉVIÉE
ENVIÉE
YANKEE
ÉCALÉE
DEALÉE
ÉGALÉE
TRÂLÉE
ÉTALÉE
AVALÉE
AZALÉE
CÂBLÉE
JABLÉE
RÂBLÉE
SABLÉE
TABLÉE
CIBLÉE
EMBLÉE
BÂCLÉE
MACLÉE
RACLÉE
TACLÉE
CICLÉE
GICLÉE
SICLÉE
NUCLÉÉ
POÊLÉE
ÉPELÉE
GRÊLÉE
RAFLÉE
GIFLÉE

ENFLÉE
MOFLÉE
RÉGLÉE
BIGLÉE
SIGLÉE
ONGLÉE
POILÉE
TOILÉE
VOILÉE
ÉPILÉE
HUILÉE
TUILÉE
EXILÉE
DALLÉE
VALLÉE
GELLÉE
PELLÉE
SELLÉE
AILLÉE
BILLÉE
PILLÉE
TILLÉE
BOLLÉE
COLLÉE
BULLÉE
VIOLÉE
FRÔLÉE
ISOLÉE
PARLÉE
FERLÉE
PERLÉE
HURLÉE
OURLÉE
ATTLEE
GAULÉE
SAULÉE
ÉCULÉE
ADULÉE
MEULÉE
ÉMULÉE
COULÉE
FOULÉE
GOULÉE
MOULÉE
ROULÉE
SOÛLÉE
APULÉE
BRÛLÉE
STYLÉE
BLÂMÉE
CLAMÉE
APAMÉE
CRAMÉE
FRAMÉE
TRAMÉE
ÉTAMÉE
CADMÉE

CRÉMÉE
PYGMÉE
PYGMÉE
ABÎMÉE
ÉCIMÉE
ÉLIMÉE
ANIMÉE
BRIMÉE
CRIMÉE
GRIMÉE
PRIMÉE
CALMÉE
PALMÉE
FILMÉE
GAMMÉE
GEMMÉE
GOMMÉE
NOMMÉE
POMMÉE
SOMMÉE
CHÔMÉE
IPOMÉE
BROMÉE
FERMÉE
GERMÉE
VERMÉE
FORMÉE
NORMÉE
PAUMÉE
ÉCUMÉE
IDUMÉE
RHUMÉE
PLUMÉE
GLANÉE
PLANÉE
CYANÉE
AMENÉE
GRENÉE
IRÉNÉE
GAGNÉE
MAGNÉE
LIGNÉE
SIGNÉE
COGNÉE
ROGNÉE
GAINÉE
LAINÉE
RAINÉE
PEINÉE
VEINÉE
CHINÉE
AMINÉE
URINÉE
USINÉE
GUINÉE
GUINÉE
PUÎNÉE

QUINÉE	VIBRÉE	APURÉE	TISSÉE	LESTÉE
RUINÉE	AMBRÉE	ÉPURÉE	VISSÉE	RESTÉE
AVINÉE	OMBRÉE	AZURÉE	BOSSÉE	TESTÉE
DAMNÉE	NACRÉE	NAVRÉE	ROSSÉE	ZESTÉE
LIMNÉE	SACRÉE	SEVRÉE	CAUSÉE	LISTÉE
CANNÉE	RECRÉÉ	GIVRÉE	NAUSÉE	PISTÉE
PANNÉE	RÉCRÉÉ	LIVRÉE	ABUSÉE	POSTÉE
TANNÉE	ANCRÉE	OUVRÉE	AMUSÉE	GATTÉE
VANNÉE	ENCRÉE	BLASÉE	**ÉLYSÉE**	JATTÉE
PENNÉE	INCRÉÉ	ARASÉE	ABATÉE	LATTÉE
DONNÉE	SUCRÉE	BRASÉE	PLATÉE	NATTÉE
SONNÉE	CADRÉE	FRASÉE	ÉPATÉE	PATTÉE
DIONÉE	MADRÉE	ÉVASÉE	OUATÉE	BOTTÉE
CLONÉE	ORDRÉE	PACSÉE	CACTÉE	HOTTÉE
PRÔNÉE	OBÉRÉE	**THÉSÉE**	LACTÉE	MOTTÉE
OZONÉE	ACÉRÉE	ALÉSÉE	BECTÉE	BUTTÉE
CARNÉE	OPÉRÉE	GRÉSÉE	DICTÉE	SAUTÉE
MARNÉE	STÉRÉE	BAISÉE	CRÊTÉE	BLUTÉE
BERNÉE	AVÉRÉE	**ÉLISÉE**	FRÉTÉE	FLÛTÉE
CERNÉE	BÂFRÉE	ANISÉE	PRÊTÉE	AOÛTÉE
BORNÉE	RAGRÉÉ	BOISÉE	ÉTÊTÉE	BOUTÉE
CORNÉE	DÉGRÉÉ	MOISÉE	QUÊTÉE	COÛTÉE
ALUNÉE	REGRÉÉ	TOISÉE	CAFTÉE	DOUTÉE
DRAPÉE	TIGRÉE	VOISÉE	LIFTÉE	GOÛTÉE
CRÊPÉE	**OUGRÉE**	ARISÉE	LAITÉE	ROUTÉE
CHIPÉE	MOIRÉE	BRISÉE	ÉDITÉE	VOÛTÉE
FRIPÉE	POIRÉE	FRISÉE	AGITÉE	GRUTÉE
GUIPÉE	SOIRÉE	GRISÉE	ALITÉE	EMBUÉE
PALPÉE	SPIRÉE	IRISÉE	IMITÉE	BAGUÉE
CAMPÉE	ÉTIRÉE	PRISÉE	USITÉE	TAGUÉE
LAMPÉE	DENRÉE	PUISÉE	CUITÉE	LÉGUÉE
VAMPÉE	ADORÉE	AVISÉE	NUITÉE	LIGUÉE
POMPÉE	CHORÉE	VALSÉE	SUITÉE	BOGUÉE
POMPÉE	BARRÉE	PULSÉE	ÉVITÉE	ROGUÉE
ÉCOPÉE	CARRÉE	DANSÉE	MALTÉE	ARGUÉE
CHOPÉE	MARRÉE	GANSÉE	PELTÉE	FUGUÉE
FLOPÉE	NARRÉE	PANSÉE	GANTÉE	SALUÉE
ÉPOPÉE	FERRÉE	CENSÉE	HANTÉE	DILUÉE
DROPÉE	SERRÉE	PENSÉE	VANTÉE	REMUÉE
HAPPÉE	TERRÉE	SENSÉE	DENTÉE	DÉNUÉE
NAPPÉE	VERRÉE	GLOSÉE	RENTÉE	SINUÉE
LIPPÉE	TORRÉE	HERSÉE	TENTÉE	CLOUÉE
NIPPÉE	MÉTRÉE	**PERSÉE**	VENTÉE	FLOUÉE
TIPPÉE	MITRÉE	VERSÉE	PINTÉE	ÉNOUÉE
ZIPPÉE	NITRÉE	CORSÉE	TINTÉE	TROUÉE
COPPÉE	TITRÉE	CASSÉE	CONTÉE	AVOUÉE
POPPÉE	VITRÉE	LASSÉE	MONTÉE	CAQUÉE
HUPPÉE	ENTRÉE	MASSÉE	PONTÉE	LAQUÉE
JASPÉE	**ASTRÉE**	PASSÉE	PROTÉE	MAQUÉE
TAUPÉE	OUTRÉE	SASSÉE	**PROTÉE**	RAQUÉE
COUPÉE	LAURÉE	TASSÉE	AZOTÉE	SAQUÉE
LOUPÉE	SAURÉE	CESSÉE	CAPTÉE	TAQUÉE
POUPÉE	ÉCURÉE	FESSÉE	CARTÉE	BÉQUÉE
ÉGARÉE	AMURÉE	BISSÉE	FARTÉE	NIQUÉE
CABRÉE	COURÉE	HISSÉE	PORTÉE	PIQUÉE
SABRÉE	GOURÉE	LISSÉE	**TYRTÉE**	MOQUÉE
ZÉBRÉE	LOURÉE	PISSÉE	HASTÉE	TOQUÉE

ARQUÉE	BOUFFE	MANAGÉ	RAVAGE	ABROGÉ
SITUÉE	BOUFFÉ	MÉNAGE	RAVAGÉ	DÉROGÉ
SEXUÉE	**GOUFFÉ**	**MÉNAGE**	LEVAGE	ARROGÉ
CHAVÉE	POUFFÉ	MÉNAGÉ	RIVAGE	CHARGE
CLAVÉE	TOUFFE	BINAGE	CUVAGE	CHARGÉ
ÉLAVÉE	TRUFFE	FINAGE	**NEW AGE**	ÉMARGÉ
BRAVÉE	TRUFFÉ	MINAGE	TAXAGE	CIERGE
DRAVÉE	**RECIFE**	VINAGE	SEXAGE	VIERGE
GRAVÉE	CALIFE	ZONAGE	FIXAGE	**VIERGE**
TRAVÉE	TARIFÉ	**ARNAGE**	MIXAGE	CLERGÉ
ÉLEVÉE	ATTIFÉ	TUNAGE	RAYAGE	ÉMERGÉ
CREVÉE	GUELFE	RÂPAGE	VOYAGE	**GEORGE**
GREVÉE	LIBAGE	TAPAGE	VOYAGÉ	ÉGORGÉ
CLIVÉE	ROBAGE	CÉPAGE	GAZAGE	COURGE
DRIVÉE	CUBAGE	**LEPAGE**	BRIDGE	ÉPURGE
PRIVÉE	TUBAGE	RIPAGE	BRIDGÉ	REFUGE
AVIVÉE	LAÇAGE	ALPAGE	**ARIÈGE**	**LIGUGÉ**
VALVÉE	PACAGE	DOPAGE	ALLÈGE	ADJUGÉ
LARVÉE	PACAGÉ	GARAGE	ALLÉGÉ	DÉJUGÉ
CORVÉE	RACAGE	PARAGE	MANÈGE	MÉJUGÉ
SAUVÉE	PICAGE	TARAGE	ARPÈGE	REJUGÉ
ŒUVÉE	ENCAGÉ	AÉRAGE	ARPÉGÉ	CALUGÉ
COUVÉE	BOCAGE	DÉRAGÉ	ABRÉGÉ	DÉLUGE
ÉTUVÉE	RIDAGE	CIRAGE	AGRÉGÉ	ÉGRUGÉ
ÉGAYÉE	VIDAGE	MIRAGE	**BRUGGE**	STRYGE
DRAYÉE	CODAGE	TIRAGE	RÉDIGÉ	ÉCACHÉ
FRAYÉE	GODAGE	VIRAGE	DREIGE	**BIACHE**
ÉTAYÉE	RODAGE	ENRAGÉ	OBLIGÉ	FLACHE
CHOYÉE	BAGAGE	DORAGE	VOLIGE	APACHE
PLOYÉE	DÉGAGÉ	FORAGE	VOLIGÉ	**APACHE**
BROYÉE	ENGAGÉ	CURAGE	RÉMIGE	CRACHÉ
ALÉZÉE	SCIAGE	MURAGE	DIRIGÉ	DRACHE
CARAFE	PLIAGE	RASAGE	STRIGE	DRACHÉ
PARAFE	ÉPIAGE	**LESAGE**	AURIGE	**BUACHE**
PARAFÉ	TRIAGE	PESAGE	LITIGE	**ABÉCHÉ**
AGRAFE	**URIAGE**	LISAGE	MITIGÉ	CHÈCHE
AGRAFÉ	ÉTIAGE	VISAGE	ATTIGÉ	BLÈCHE
GIRAFE	CALAGE	DOSAGE	CHANGE	FLÈCHE
RÉSAFÉ	HALAGE	DATAGE	CHANGÉ	FLÉCHÉ
BRIEFÉ	SALAGE	MATAGE	FRANGE	ÉMÉCHÉ
PIAFFÉ	**DELAGE**	RATAGE	FRANGÉ	**LOÈCHE**
TIAFFE	PELAGE	JETAGE	GRANGE	BRÈCHE
STAFFÉ	**PÉLAGE**	VÊTAGE	ORANGE	CRÈCHE
FIEFFÉ	VÊLAGE	MITAGE	**ORANGE**	CRÉCHÉ
GREFFE	FILAGE	POTAGE	ORANGÉ	DRÊCHE
GREFFÉ	PILAGE	MUTAGE	BRINGÉ	PRÊCHE
CHIFFE	RÔLAGE	FLUAGE	GRINGE	PRÊCHÉ
SNIFFÉ	VOLAGE	FOUAGE	ÉLONGÉ	ÉVÊCHÉ
COIFFE	DAMAGE	LOUAGE	PLONGE	LAÎCHE
COIFFÉ	LAMAGE	NOUAGE	PLONGÉ	MAICHE
BRIFFÉ	RAMAGE	ROUAGE	ÉPONGE	**MAÎCHE**
GRIFFE	RAMAGÉ	TOUAGE	ÉPONGÉ	SEICHE
GRIFFÉ	LIMAGE	CAVAGE	ORONGE	CHICHE
SUIFFÉ	FUMAGE	GAVAGE	DÉLOGÉ	CLICHÉ
ÉTOFFE	HUMAGE	HAVAGE	RELOGÉ	**ANICHE**
ÉTOFFÉ	FANAGE	LAVAGE	LIMOGÉ	FRICHE
BLUFFÉ	**MANAGE**	PAVAGE	HYPOGÉ	TRICHE

TRICHÉ
GUICHE
QUICHE
QUICHÉ
VELCHE
WELCHE
BANCHE
BANCHÉ
CANCHE
HANCHE
HANCHÉ
MANCHE
MANCHE
RANCHE
SANCHE
TANCHE
PENCHÉ
BINCHE
JONCHÉ
LYNCHÉ
MIOCHE
PIOCHE
PIOCHÉ
CLOCHE
CLOCHÉ
FLOCHE
SLOCHE
AMOCHÉ
BROCHE
BROCHÉ
CROCHE
CROCHÉ
PROCHE
TROCHE
SUOCHE
LARCHE
MARCHE
MARCHE
MARCHÉ
HERCHÉ
LERCHE
PERCHE
PERCHE
PERCHÉ
PORCHE
TORCHE
TORCHÉ
CATCHÉ
BITCHE
FAUCHE
FAUCHÉ
GAUCHE
RAUCHÉ
PLUCHÉ
BOUCHE
BOUCHÉ
COUCHE
COUCHÉ
DOUCHE
DOUCHÉ
FOUCHÉ
LOUCHE
LOUCHÉ
MOUCHE
MOUCHÉ
SOUCHE
TOUCHE
TOUCHÉ
BRUCHE
CRUCHE
PRUCHE
PSYCHÉ
PSYCHÉ
HOOGHE
HUYGHE
GRAPHE
CAÏPHE
SILPHE
SYLPHE
LYMPHE
NYMPHE
SYRPHE
GLYPHE
CIRRHE
MYRRHE
FLASHÉ
SMASHÉ
CRASHÉ
LAO SHE
AGATHE
SPATHE
GOETHE
XANTHE
MENTHE
SYNTHÉ
MARTHE
SARTHE
BERTHE
BERTHE
OURTHE
MOUTHE
SCYTHE
LA BAIE
PAGAIE
PAGAÏE
SAGAIE
ACHAÏE
ORMAIE
AUNAIE
IVRAIE
FUTAIE
ARABIE
TRÉBIE
STIBIÉ
GAMBIE
ZAMBIE
ZOMBIE
PHOBIE
ANOBIE
SERBIE
CORBIE
ÉMACIÉ
GRACIÉ
ZOÉCIE
MANCIE
RANCIE
MINCIE
FARCIE
MERCIE
FORCIE
DURCIE
MURCIE
FASCIÉ
DOUCIE
SOUCIÉ
ACADIE
CADDIE
CADDIE
TIÉDIE
RAIDIE
ROIDIE
IRIDIÉ
CANDIE
CANDIE
MENDIÉ
RHODIÉ
AMODIÉ
HARDIE
VERDIE
OURDIE
ÉTUDIÉ
RUFFIÉ
ÉDIFIÉ
DÉIFIÉ
RÉIFIÉ
UNIFIÉ
SOLFIÉ
CONFIÉ
SOUFIE
PLAGIÉ
ÉLÉGIE
BOGGIE
BOUGIE
BOUGIE
ROUGIE
ÉBAHIE
TRAHIE
ORPHIE
PYTHIE
JUNKIE
COOKIE
HARKIE
THALIE
ITALIE
OUBLIE
OUBLIÉ
PUBLIÉ
ADÉLIE
AVILIE
PALLIÉ
RALLIÉ
MOLLIE
ABOLIE
SCOLIE
COOLIE
SPOLIÉ
ÉTOLIE
DÉPLIÉ
REPLIÉ
EMPLIE
POULIE
APULIE
ÉPULIE
AGAMIE
CADMIÉ
ANÉMIE
ANÉMIÉ
TRÉMIE
URÉMIE
CHIMIE
AMIMIE
ANOMIE
STOMIE
KETMIE
THYMIE
SCANIE
PHANIE
URANIE
URANIE
AVANIE
ETHNIE
BANNIE
HONNIE
AGONIE
PHONIE
FIONIE
CLONIE
IRONIE
ATONIE
GARNIE
HERNIE
HERNIÉ
TERNIE
VERNIE
MISNIE
BOSNIE
BOTNIE
JAUNIE
RÉUNIE
BRUNIE
ORMOIE
SAVOIE
FLAPIE
CRÉPIE
CHIPIE
SCOPIE
UTOPIE
MYOPIE
HIPPIE
YUPPIE
HARPIE
ROUPIE
TOUPIE
ATYPIE
ACARIE
ICARIE
OTARIE
STARIE
AVARIE
AVARIÉ
OMBRIE
DÉCRIÉ
RÉCRIÉ
HYDRIE
IBÉRIE
FÉERIE
ÉGÉRIE
ÉGÉRIE
CHÉRIE
ÂNERIE
GUÉRIE
TUERIE
AZÉRIE
AZÉRIE
AIGRIE
MAIRIE
PAIRIE
HOIRIE
VOIRIE
SCORIE
APORIE
BARRIE
JARRIE
MARRIE
FERRIÉ
KERRIE
LATRIE
PATRIE
PÉTRIE
ESTRIE
ISTRIE
ÉCURIE
AHURIE
ANURIE
TOURIE

PYURIE
STYRIE
POÉSIE
SAISIE
MOISIE
GNOSIE
PARSIE
CASSIE
MESSIE
VESSIE
RUSSIE
AMUSIE
CHÂTIÉ
ABÊTIE
RHÉTIE
BOÉTIE
GOÉTIE
STÉTIÉ
AMITIÉ
INITIÉ
MOITIE
MOITIÉ
NANTIE
SENTIE
SCOTIE
BÉOTIE
PARTIE
SERTIE
SORTIE
BASTIÉ
HOSTIE
SOTTIE
BLEUIE
ENFUIE
INOUÏE
ESSUIE
GRAVIE
SUIVIE
CONVIÉ
SERVIE
SURVIE
EXUVIE
PRAXIE
ATAXIE
ALEXIE
ANOXIE
SWAZIE
RAZZIÉ
GALÉJÉ
SKOPJE
BINTJE
REMAKE
KANAKE
KANAKE
BOUAKÉ
MIYAKE
COECKE
STOCKÉ
BRÜCKE
HANDKE
BATÉKÉ
UPDIKE
MÖRIKE
SLIKKE
CLARKE
MOLTKE
CABALE
CABALÉ
PIBALE
BUBALE
DÉCALÉ
FÉCALE
RECALÉ
FOCALE
LOCALE
VOCALE
ESCALE
DUCALE
MYCALE
HADALE
DÉDALE
DÉDALE
PÉDALE
PÉDALÉ
MODALE
NODALE
IDÉALE
ILÉALE
RAFALE
AFFALÉ
FAGALE
VAGALE
LÉGALE
RÉGALE
RÉGALÉ
CIGALE
JUGALE
MYGALE
ACHALÉ
DÉHALÉ
INHALÉ
EXHALÉ
CHIALÉ
GLIALE
AXIALE
TAMALE
AUMALE
BANALE
PÉNALE
RÉNALE
VÉNALE
FINALE
ANNALE
TONALE
ZONALE
PAPALE
SÉPALE
TÉPALE
BIPALE
EMPALÉ
FÉRALE
VIRALE
MORALE
DURALE
MURALE
RURALE
SURALE
PYRALE
BASALE
LA SALE
NASALE
RESALÉ
VÉSALE
FATALE
NATALE
OCTALE
DÉTALÉ
LÉTALE
PÉTALE
RITALE
VITALE
DOTALE
TOTALE
SQUALE
CAVALE
CAVALÉ
NAVALE
RAVALÉ
DÉVALÉ
NIVALE
RIVALE
ARVALE
COXALE
LOYALE
ROYALE
CHÂBLE
CHABLÉ
DIABLE
FIABLE
NIABLE
VIABLE
ARABLE
ÉRABLE
ÉTABLE
ÉTABLÉ
STABLE
HUBBLE
HIÈBLE
FAIBLE
À PIBLE
CRIBLE
CRIBLÉ
SEMBLÉ
COMBLE
COMBLÉ
HUMBLE
MEUBLE
MEUBLÉ
DOUBLE
DOUBLÉ
ROUBLE
TRUBLE
ORACLE
SIÈCLE
CHICLE
CHICLÉ
CINCLE
SARCLÉ
CERCLE
CERCLÉ
MUSCLE
MUSCLÉ
MOT-CLÉ
BOUCLE
BOUCLÉ
PUDDLÉ
CYBÈLE
DÉCELÉ
RECELÉ
FICELÉ
FIDÈLE
MODÈLE
MODELÉ
STEELE
DÉGELÉ
REGELÉ
ANGÈLE
ANHÉLÉ
THIÈLE
ALLÈLE
DÉMÊLÉ
SÉMÉLÉ
EMMÊLÉ
JUMELÉ
AGNELÉ
ANNELÉ
CAPELÉ
APPELÉ
BURÈLE
BURELÉ
CISELÉ
FUSELÉ
MUSELÉ
RÂTELÉ
DÉTELÉ
CÔTELÉ
POTELÉ
ATTELÉ
BOUÉLÉ
JAVELÉ
TAVELÉ
RÉVÉLÉ
NIVELÉ
CUVELÉ
ÉRAFLÉ
TRÈFLE
TRÉFLÉ
BAFFLE
RAFFLE
RIFFLE
SIFFLÉ
BUFFLE
RENFLÉ
GONFLE
GONFLÉ
RONFLÉ
MORFLÉ
MOUFLE
BEAGLE
BEAGLE
L'AIGLE
SEIGLE
TRIGLE
MANGLE
SANGLE
SANGLÉ
CINGLÉ
JINGLE
SINGLE
JONGLÉ
JUNGLE
BEUGLÉ
MEUGLÉ
HABILE
LABILE
DÉBILE
SÉBILE
MOBILE
MOBILE
NOBILE
JUBILÉ
NUBILE
FACILE
CÉCILE
DÉCILE
SICILE
DOCILE
DÉFILÉ
REFILÉ
AFFILÉ
EFFILÉ
ENFILÉ
VAGILE
VIGILE
ARGILE

SÉNILE
ÉTOILE
ÉTOILE
ÉTOILÉ
DÉPILÉ
EMPILE
EMPILÉ
AGRILE
VIRILE
BASILE
DÉSILÉ
ENSILÉ
FUTILE
MUTILÉ
RUTILE
RUTILÉ
CIVILE
THALLE
STALLE
ICELLE
OCELLE
OCELLÉ
SCELLÉ
RÉELLE
BIELLE
MIELLÉ
NIELLE
NIELLÉ
VIELLE
MOELLE
APELLE
ASELLE
DUELLE
QUELLE
RUELLE
BAILLE
BAILLÉ
BÂILLÉ
CAILLE
CAILLÉ
FAILLE
FAILLÉ
MAILLE
MAILLÉ
PAILLE
PAILLÉ
RAILLÉ
TAILLE
TAILLÉ
SCILLE
REILLE
SEILLE
SEILLE
TEILLE
TEILLÉ
VEILLE
VEILLÉ

SMILLE
BOILLE
ROILLE
ROILLÉ
ARILLE
BRILLÉ
DRILLE
GRILLE
GRILLÉ
TRILLE
TRILLÉ
VRILLE
VRILLÉ
OUILLE
OUILLÉ
QUILLE
AROLLE
CROLLE
CROLLÉ
GROLLE
TROLLE
ZWOLLE
GAULLE
BOULLE
IDYLLE
PSYLLE
BRANLE
BRANLÉ
BABOLÉ
EMBOLE
RACOLÉ
ACCOLÉ
RÉCOLÉ
NICOLE
PICOLÉ
COCOLÉ
ARCOLE
INDOLE
FLÉOLE
OLÉ OLÉ
ARÉOLE
CRÉOLE
AFFOLÉ
RIGOLE
RIGOLÉ
AIHOLE
GNIOLE
ORIOLE
ÉTIOLÉ
CAJOLÉ
ENJÔLÉ
SAMOLE
IMMOLÉ
DIPÔLE
PAROLE
VÉROLE
VÉROLÉ

PIROLE
VIROLE
ENRÔLÉ
PYROLE
DÉSOLÉ
INSOLÉ
ASSOLÉ
PÉTOLE
ENTÔLÉ
REVOLÉ
ENVOLÉ
GAZOLE
TRIPLE
TRIPLÉ
SAMPLE
SAMPLÉ
SEMPLE
TEMPLE
TEMPLE
SIMPLE
PEUPLE
PEUPLÉ
COUPLE
COUPLÉ
SOUPLE
SEARLE
PAIRLE
BRESLE
NESTLÉ
CHAULÉ
MIAULÉ
PIAULE
PIAULÉ
GNAULE
ÉPAULE
ÉPAULÉ
FABULÉ
TABULÉ
FIBULE
LOBULE
LOBULÉ
TUBULE
TUBULÉ
FACULE
MACULE
MACULÉ
ACCULÉ
FÉCULE
FÉCULÉ
PÉCULE
RECULÉ
OSCULE
CÉDULE
BIDULE
RIDULE
ONDULÉ
MODULE

MODULÉ
NODULE
GUDULE
AÏEULE
ÉTEULE
GUEULE
GUEULÉ
INFULE
RÉGULE
RÉGULÉ
LIGULE
LIGULÉ
ONGULÉ
JUGULÉ
KEKULÉ
GÉLULE
PILULE
HULULÉ
RAMULE
LIMULE
SIMULÉ
CUMULÉ
CANULE
CANULÉ
ANNULÉ
LUNULE
BAOULÉ
SAOULE
SAOULÉ
ABOULÉ
ÉBOULÉ
ÉCOULÉ
SIOULE
CROULE
CROULÉ
PAPULE
TIPULE
COPULE
COPULÉ
CUPULE
FÉRULE
MÉRULE
CURULE
URSULE
NOTULE
ROTULE
MUTULE
LUZULE
CRAWLÉ
KABYLE
KABYLE
ÉTHYLE
ALKYLE
ALLYLE
VINYLE
BÉTYLE
COTYLE

BUTYLE
PUZZLE
MADAME
VIDAME
AFFAMÉ
INFÂME
BIGAME
ENGAMÉ
CALAME
BILAME
PANAME
IGNAME
PARAMÉ
CÉRAME
DÉRAMÉ
PYRAME
SÉSAME
RÉTAMÉ
ENTAME
ENTAMÉ
SQUAME
ŒDÈME
SCHÈME
BOHÈME
BOHÊME
BOHÊME
ÉNIÈME
UNIÈME
FALÉMÉ
XYLÈME
SÉMÈME
MONÈME
BARÈME
CARÊME
CARÊME
ÉCRÉMÉ
CHRÊME
BIRÈME
LEXÈME
FLEGME
ÉNIGME
ZEUGME
ASTHME
ISTHME
RYTHME
RYTHMÉ
DÉCIME
DÉCIMÉ
REDIMÉ
RÉDIMÉ
INFIME
RÉGIME
RANIMÉ
MINIME
PÉRIMÉ
ARRIMÉ
ULTIME

INTIME
INTIMÉ
ESTIME
ESTIMÉ
MAXIME
MAXIME
FLAMME
FLAMMÉ
GRAMME
GRAMME
FLEMME
PACÔME
RADÔME
SODOME
IDIOME
GLIOME
AXIOME
SALOMÉ
SALOMÉ
GÉNOME
BINÔME
INNOMÉ
MONÔME
LIPOME
GÉRÔME
GÉROMÉ
JÉRÔME
CHROME
CHROMÉ
BUTOME
RÉARMÉ
CHARME
CHARMÉ
ALARME
ALARMÉ
INERME
SPERME
DHORME
ÉNORME
FOURME
GOURME
GOURMÉ
PHASME
MIASME
SPASME
ÉRASME
ORESME
DÉISME
SÉISME
AGISME
ALISME
PRISME
TRISME
MOUSMÉ
HEAUME
CHAUME
CHAUMÉ

PSAUME
ENFUMÉ
LÉGUME
INHUMÉ
EXHUMÉ
ALLUMÉ
VOLUME
OKOUMÉ
AGRUME
KURUME
RÉSUMÉ
ASSUMÉ
BITUME
BITUMÉ
DIDYME
ABZYME
ENZYME
CABANE
CABANÉ
RABANE
ALBANE
RUBANÉ
PACANE
BÉCANE
RICANÉ
ALCANE
ARCANE
LUCANE
PADANE
BÉDANE
ZIDANE
MODANE
OCÉANE
OCÉANE
EFFANÉ
MAGANÉ
ENGANE
ORGANE
ÉTHANE
ANIANE
ARIANE
RÉJANE
BALANE
SILANE
BIMANE
ROMANE
BANANE
SÉNANE
CHOANE
BORANE
MORANE
BASANE
BASANÉ
PISANE
PISANE
TISANE
INSANE

MOSANE
CATANE
MATANE
SATANÉ
TATANE
OCTANE
CÉTANE
GITANE
GITANE
TITANE
BUTANE
CUTANÉ
IGUANE
DOUANE
HAVANE
PAVANE
PAVANÉ
SAVANE
HEXANE
TEXANE
TEXANE
ROXANE
GUYANE
MÉCÈNE
MÉCÈNE
ALCÈNE
ÉOCÈNE
LYCÈNE
CADÈNE
INDÈNE
MODÈNE
KLEENE
GREENE
EUGENE
EUGÈNE
ZYGÈNE
SPHÈNE
SCIÈNE
ALIÉNÉ
PRIÈNE
GALÈNE
HALENÉ
HÉLÈNE
SÉLÉNÉ
SÉLÈNE
SILÈNE
SILÈNE
ALLÈNE
MOLÈNE
MOLÈNE
XYLÈNE
RAMENÉ
DÉMENÉ
EMMENÉ
DOMÈNE
ISMÈNE
PINÈNE

TROÈNE
CARÈNE
CARÉNÉ
ÉGRENÉ
THRÈNE
SIRÈNE
ENRÊNÉ
MORÈNE
MURÈNE
CYRÈNE
PYRÈNE
MISÈNE
ELSENE
ASSENÉ
ASSÉNÉ
LA TÈNE
PATÈNE
CÉTÈNE
BUTÈNE
FOUËNE
KHÂGNE
STAGNÉ
DUÈGNE
BAIGNÉ
DAIGNÉ
SAIGNÉ
BEIGNE
PEIGNE
PEIGNÉ
TEIGNE
ALIGNÉ
CLIGNÉ
AMIGNE
POIGNE
SOIGNÉ
ÉRIGNE
GRIGNE
GRIGNÉ
GUIGNE
GUIGNÉ
GROGNE
GROGNÉ
TROGNE
HARGNE
VERGNE
BORGNE
LORGNÉ
JOUGNE
POUGNÉ
DAPHNÉ
DAPHNÉ
CHAÎNE
CHAÎNÉ
DJAÏNE
FLAINE
PLAINE
BRAINE

DRAINE
DRAINÉ
GRAINE
GRAINÉ
TRAÎNE
TRAÎNÉ
BABINE
CABINE
SABINE
DÉBINE
DÉBINÉ
BIBINE
BOBINE
BOBINÉ
RACINE
RACINE
UNCINÉ
MUCINE
BADINE
BADINÉ
MADINE
PADINE
RADINE
RADINÉ
FEDINE
MÉDINE
ALDINE
ANDINE
ANDINE
ONDINE
DODINE
DODINÉ
THÉINE
OLÉINE
PLEINE
À PEINE
FREINÉ
AFFINE
AFFINÉ
PAGINÉ
SAGINE
TAGINE
ALGINE
ANGINE
RUGINE
VAHINÉ
ÉCHINE
ÉCHINÉ
TAJINE
PÉKINÉ
FOKINE
CÂLINE
CÂLINÉ
SALINE
VALINE
CÉLINE
FÉLINE

MÉLINE
DOLINE
BYLINE
FAMINE
GAMINE
GAMINÉ
LAMINÉ
DÉMINÉ
GÉMINÉ
DOMINÉ
GOMINÉ
NOMINÉ
RUMINÉ
CANINE
PANINE
LÉNINE
MENINE
RÉNINE
IDOINE
ÉGOÏNE
AVOINE
AVOINE
LAPINE
LAPINÉ
RAPINE
RAPINÉ
SAPINE
TAPINÉ
LÉPINE
REPINE
ALPINE
COPINE
COPINÉ
RUPINE
FARINE
FARINÉ
MARINE
MARINE
MARINÉ
NARINE
SARINE
SERINE
SÉRINE
SERINÉ
VÉRINE
BORINE
BURINÉ
PURINE
SURINÉ
GÉSINE
LÉSINE
LÉSINÉ
RÉSINE
RÉSINÉ
ÉOSINE
ARSINE
LYSINE

GÂTINE
GÂTINE
LATINE
LATINE
MÂTINE
MÂTINÉ
PATINE
PATINÉ
RATINE
RATINÉ
SATINÉ
RÉTINE
TÉTINE
POTINÉ
BUTINÉ
CUTINE
LUTINE
LUTINÉ
MUTINE
MUTINÉ
RUTINE
COUINÉ
FOUINE
FOUINÉ
GOUINE
ÉQUINE
BRUINE
BRUINÉ
PRUINE
RAVINE
RAVINÉ
DEVINÉ
DIVINE
ENVINÉ
BOVINE
BOVINÉ
ARVINE
TOXINE
AUXINE
MYXINE
RAZINE
MEZINE
SCANNÉ
JEANNE
CHANNE
JOANNE
ROANNE
BIENNE
MIENNE
SIENNE
SIENNE
TIENNE
VIENNE
DJENNÉ
BRENNE
CRENNE
DRENNE

PAONNE
ABONNÉ
ADONNÉ
LIONNE
LIONNE
PIONNE
OLONNE
ÂNONNÉ
ÉTONNÉ
ANCÔNE
MADONE
DODONE
SAGONE
LOGONE
OOGONE
APHONE
SALONE
SILONE
PYLÔNE
RAMONÉ
DÉMONE
POMONE
AUMÔNE
DANONE
ANNONE
IONONE
LAPONE
LAPONE
GÉRONE
PÉRONÉ
VÉRONE
ERRONÉ
AUSONE
LATONE
CÉTONE
DÉTONÉ
SAVONE
BRYONE
EVZONE
LIERNE
PIERNÉ
VIERNE
STERNE
STERNE
EDIRNE
ÉCORNÉ
PIORNE
PIORNÉ
VIORNE
HOORNE
ÉBURNÉ
VEURNE
DIURNE
TOURNE
TOURNÉ
SMYRNE
DAISNE

HUISNE
CROSNE
MORT-NÉ
BEAUNE
LACUNE
PÉCUNE
AUCUNE
LAGUNE
FALUNÉ
IMMUNE
THOUNE
PÉTUNÉ
BROWNE
ALCYNE
PHRYNÉ
HAÜYNE
CHILOÉ
MONROE
DÉCAPÉ
PRIAPE
CANAPÉ
DÉRAPÉ
RETAPE
RETAPÉ
GOUAPE
RECEPÉ
EXCIPÉ
ŒDIPE
ŒDIPE
TULIPE
MANIPE
ÉTRIPÉ
EURIPE
ÉQUIPE
ÉQUIPÉ
SCALPÉ
INALPE
INALPÉ
COULPE
POULPE
CRAMPE
TREMPE
TREMPÉ
GRIMPE
GRIMPÉ
GUIMPE
TROMPE
TROMPÉ
OLYMPE
OLYMPE
LYCOPE
GALOPÉ
SALOPE
SALOPÉ
ÉCLOPÉ
CANOPE
CANOPE

SINOPE
EUROPE
HYSOPE
MÉTOPE
CHAPPE
CLAPPÉ
FRAPPE
FRAPPÉ
GRAPPE
TRAPPE
TRAPPE
TRAPPÉ
DIEPPE
STEPPE
CLIPPÉ
FLIPPÉ
KLIPPE
GRIPPE
GRIPPÉ
DROPPÉ
STOPPÉ
HOUPPE
SCARPE
SCIRPE
USURPÉ
CRISPÉ
OCCUPÉ
CROUPE
GROUPE
GROUPÉ
TROUPE
ÉTOUPE
ÉTOUPÉ
POLYPE
GABARE
KADARÉ
ARÉARÉ
EFFARÉ
MÉGARE
CIGARE
BRIARE
HILARE
SAMARE
POMARÉ
TÉNARE
IGNARE
DÉPARÉ
RÉPARÉ
SÉPARÉ
BIPARE
EMPARÉ
HARARE
TARARE
TARARE
CURARE
TATARE
TATARE

PETARE	PUBÈRE	PARÈRE	HÉGIRE	PAMPRE
MUTARE	LACÉRÉ	**SÉRÈRE**	**LA HIRE**	ROMPRE
SQUARE	MACÉRÉ	LISERÉ	DÉLIRE	PROPRE
NOVARE	ULCÈRE	MISÈRE	DÉLIRÉ	STUPRE
LAZARE	ULCÉRÉ	INSÉRÉ	RELIRE	**CHYPRE**
NAZARÉ	MADÈRE	PATÈRE	**RAMIRE**	CHARRE
GLABRE	**MADÈRE**	ICTÈRE	ADMIRÉ	AMARRE
GUÈBRE	**ABDÈRE**	ALTÉRÉ	**LEMIRE**	AMARRÉ
GUIBRE	FÉDÉRÉ	APTÈRE	**RÉMIRE**	LIERRE
CAMBRE	SIDÉRÉ	ARTÈRE	GLOIRE	**LIERRE**
CAMBRÉ	MODÉRÉ	RÉVÉRÉ	CROIRE	PIERRE
SAMBRE	**LA FÈRE**	SÉVÈRE	IVOIRE	**PIERRE**
MEMBRE	DÉFÉRÉ	**SÉVÈRE**	EMPIRE	PIERRÉ
MEMBRÉ	RÉFÉRÉ	TUYÈRE	EMPIRÉ	**SIERRE**
TIMBRE	INFÈRE	**VÉZÈRE**	ASPIRÉ	GUERRE
TIMBRÉ	INFÉRÉ	**ANZÈRE**	EXPIRÉ	BEURRE
NOMBRE	LÉGÈRE	**LOZÈRE**	ÉCRIRE	BEURRÉ
NOMBRÉ	MÉGÈRE	**LIFFRÉ**	DÉSIRÉ	LEURRE
SOMBRE	**MÉGÈRE**	COFFRE	SATIRE	LEURRÉ
SOMBRÉ	DIGÉRÉ	COFFRÉ	RETIRÉ	**SEURRE**
MARBRE	INGÉRÉ	**JOFFRE**	ATTIRÉ	BOURRE
MARBRÉ	COGÉRÉ	GAUFRE	BRUIRE	BOURRÉ
DIACRE	ADHÉRÉ	GAUFRÉ	NAVIRE	COURRE
DIACRE	SPHÈRE	SOUFRE	DÉVIRÉ	FOURRE
FIACRE	ÉTHÉRÉ	SOUFRÉ	ARBORÉ	FOURRÉ
FIACRE	ACIÉRÉ	ONAGRE	ACCORE	MOURRE
EXÉCRÉ	ÂNIÈRE	MAIGRE	DÉCORÉ	CHÂTRÉ
CANCRE	**BRIÈRE**	VAIGRE	PÉCORE	PLÂTRE
PHÈDRE	PRIÈRE	ÉMIGRÉ	PICORÉ	PLÂTRÉ
DIÈDRE	TRIÈRE	MALGRÉ	ENCORE	QUATRE
EXÈDRE	GALÈRE	PINGRE	DÉDORÉ	PIÈTRE
SANDRE	**GALÈRE**	CONGRE	REDORÉ	PRÊTRE
CENDRE	GALÉRÉ	HONGRE	**INDORE**	URÈTRE
CENDRÉ	SCLÈRE	HONGRÉ	**TAGORE**	GUÊTRE
FENDRE	COLÈRE	BOUGRE	**LAHORE**	GUÊTRÉ
GENDRE	TOLÉRÉ	LOUGRE	ÉPHORE	MAÎTRE
PENDRE	MÉMÈRE	CHAIRE	MAJORÉ	NAÎTRE
RENDRE	MÉMÉRÉ	ALAIRE	ÉCLORE	PAÎTRE
TENDRE	RÉMÉRÉ	BLAIRÉ	CHLORE	REÎTRE
VENDRE	KHMÈRE	CLAIRE	CHLORÉ	GOITRE
OINDRE	**KHMÈRE**	**CLAIRE**	**ELLORE**	ÉPÎTRE
FONDRE	DIMÈRE	FLAIRÉ	COLORÉ	HUÎTRE
PONDRE	**HIMÈRE**	GLAIRE	ÉPLORÉ	FILTRE
TONDRE	**ALMERE**	PLAIRE	PYLORE	FILTRÉ
PERDRE	**HOMÈRE**	ARAIRE	**MAMORÉ**	CANTRE
MORDRE	GÉNÉRÉ	BRAIRE	TIMORÉ	CENTRE
TORDRE	**TÉNÉRÉ**	PRAIRE	IGNORÉ	**CENTRE**
SEUDRE	VÉNÉRÉ	TRAIRE	MINORÉ	CENTRÉ
COUDRE	**LEPÈRE**	SUAIRE	HONORÉ	RENTRÉ
FOUDRE	PÉPÈRE	OVAIRE	SONORE	VENTRE
MOUDRE	REPÈRE	OCCIRE	PÉRORÉ	CINTRE
POUDRE	REPÉRÉ	DÉDIRE	AURORE	CINTRÉ
POUDRÉ	VIPÈRE	MÉDIRE	ESSORÉ	CONTRE
LIBÈRE	AMPÈRE	REDIRE	**MYSORE**	CONTRÉ
LIBÉRÉ	**AMPÈRE**	CHEIRE	FLUORÉ	MONTRE
TIBÈRE	ESPÉRÉ	ÉPEIRE	DÉVORÉ	MONTRÉ
AUBÈRE	SUPÈRE	**FREIRE**	DIAPRÉ	APÔTRE

DARTRE
MARTRE
SARTRE
TARTRE
TERTRE
CASTRÉ
ŒSTRE
BISTRE
BISTRÉ
CISTRE
SISTRE
ROSTRE
LUSTRE
LUSTRÉ
RUSTRE
BATTRE
LETTRE
LETTRÉ
METTRE
LITTRÉ
VAUTRÉ
FEUTRE
FEUTRÉ
NEUTRE
BOUTRE
COUTRE
FOUTRE
LOUTRE
POUTRE
DEXTRE
ÉLYTRE
RÉCURÉ
ARCURE
VIDURE
ENDURÉ
INDURÉ
IODURE
IODURÉ
ORDURE
FLEURÉ
PLEURÉ
APEURÉ
ÉPEURÉ
YZEURE
PAGURE
FIGURE
FIGURÉ
LIGURE
LIGURE
AUGURE
AUGURÉ
SCIURE
CHIURE
PLIURE
ABJURÉ
ADJURÉ
DE JURE

INJURE
CALURE
GALURE
SALURE
TALURE
DÉLURÉ
FÊLURE
GELURE
PELURE
SILURE
ALLURE
ALLURÉ
MOLURE
LA MURE
RAMURE
LÉMURE
EMMURÉ
ARMURE
FUMURE
PANURE
CÉNURE
MÉNURE
TENURE
ZONURE
LUNURE
CHOURÉ
AJOURÉ
ANOURE
RÂPURE
TAPURE
DÉPURÉ
IMPURE
PIQÛRE
PARURE
VIRURE
BORURE
DORURE
FORURE
LASURE
MASURE
CÉSURE
MESURE
MESURÉ
ASSURÉ
MATURE
MÂTURE
NATURE
PÂTURE
PÂTURÉ
RATURE
RATURÉ
SATURÉ
OBTURÉ
VÊTURE
BITURE
BITURÉ
ENTURE

ROTURE
FUTURE
SUTURE
SUTURÉ
NOUURE
BAVURE
LAVURE
LEVURE
RIVURE
LUXURE
RAYURE
OXYURE
FEBVRE
CHÈVRE
CHEVRÉ
BIÈVRE
FIÈVRE
LIÈVRE
MIÈVRE
NIÈVRE
PLÈVRE
WOËVRE
ENIVRÉ
MOIVRE
POIVRE
POIVRÉ
CUIVRE
CUIVRÉ
GUIVRE
SUIVRE
PAUVRE
ŒUVRE
ŒUVRÉ
LOUVRE
ROUVRE
ANCYRE
LA HYRE
SATYRE
EMBASE
OCCASE
RECASÉ
PÉGASE
PÉGASE
LIGASE
OUKASE
GÉLASE
DAMASE
ZYMASE
KINASE
LIPASE
ABRASÉ
ÉBRASÉ
ÉCRASÉ
PHRASE
PHRASÉ
PÉTASE
EXTASE

ENVASÉ
ASCÈSE
ÉPHÈSE
GENÈSE
CINÈSE
EMPESÉ
VARÈSE
PAVESE
CHAISE
BIAISE
BIAISÉ
NIAISE
NIAISÉ
ALAISE
ALAISÉ
GLAISE
APAISÉ
BRAISE
BRAISÉ
FRAISE
FRAISÉ
OCCISE
INCISE
INCISÉ
EXCISE
EXCISÉ
BALISE
BALISÉ
VALISE
ÉGLISE
ENLISÉ
MOLISE
NOLISÉ
TAMISE
TAMISÉ
ADMISE
DÉMISE
REMISE
REMISÉ
NANISÉ
TANISÉ
VANISÉ
VENISE
SINISÉ
IONISÉ
DIOISE
CROISÉ
IROISE
CERISE
MERISE
ÉGRISÉ
ÉPRISE
ARRISÉ
ASSISE
ASSISE
BÊTISE
ALTISE

COTISÉ
ATTISÉ
CYTISE
LOUISE
MOUISE
ÉPUISÉ
RAVISÉ
DEVISE
DEVISÉ
RÉVISÉ
DIVISE
DIVISÉ
CLAMSÉ
TRANSE
ODENSE
ORENSE
SCONSE
RIBOSE
LYCOSE
MYCOSE
ALDOSE
MÉIOSE
ARKOSE
GÉLOSE
OSMOSE
DÉPOSE
DÉPOSÉ
REPOSE
REPOSÉ
IMPOSÉ
APPOSÉ
OPPOSÉ
EXPOSÉ
VIROSE
MOROSE
ARROSÉ
CÉTOSE
MITOSE
NIVÔSE
HEXOSE
ÉPARSE
À VERSE
AVERSE
BOURSE
COURSE
COURSÉ
THYRSE
AGASSE
CHASSE
CHÂSSE
CHASSÉ
LIASSE
CLASSE
CLASSÉ
AMASSÉ
COASSÉ
BRASSE

BRASSÉ
CRASSE
GRASSE
GRASSE
GRASSÉ
ÉDESSE
DÉESSE
LIESSE
BLESSÉ
ÂNESSE
BRESSE
DRESSÉ
PRESSE
PRESSÉ
TRESSE
TRESSÉ
BAISSE
BAISSÉ
CAISSE
LAISSE
LAISSÉ
NEISSE
CLISSE
CLISSÉ
GLISSE
GLISSÉ
PLISSÉ
POISSE
POISSÉ
ÉPISSÉ
CRISSÉ
DRISSE
TRISSÉ
CUISSE
SUISSE
SUISSE
ÉCOSSE
ÉCOSSÉ
ADOSSÉ
BROSSE
BROSSE
BROSSÉ
CROSSE
CROSSÉ
DROSSE
DROSSÉ
GROSSE
CAUSSE
FAUSSE
FAUSSÉ
GAUSSÉ
HAUSSE
HAUSSÉ
GOUSSE
HOUSSE
HOUSSÉ
LOUSSE

MOUSSE
MOUSSÉ
POUSSE
POUSSÉ
ROUSSE
SOUSSE
TOUSSÉ
PRUSSE
PRUSSE
RAYSSE
ABYSSE
ALYSSE
ULYSSE
BUYSSE
BLETSE
TSÉ-TSÉ
SUN TSE
LHOTSE
POUTSÉ
CLAUSE
MABUSE
REBUSE
ACCUSÉ
RÉCUSÉ
INCUSE
BOCUSE
EXCUSE
EXCUSÉ
MÉDUSE
MÉDUSE
MÉDUSÉ
LIEUSE
PIEUSE
RIEUSE
CREUSE
CREUSE
CREUSÉ
GUEUSE
GUEUSÉ
TUEUSE
REFUSÉ
INFUSE
INFUSÉ
RAGUSE
ÉTHUSE
ÉCLUSE
ÉCLUSÉ
PÉLUSE
CAMUSE
CANUSE
BLOUSE
BLOUSÉ
FLOUSE
ÉPOUSE
ÉPOUSÉ
GROUSE
EMPUSE

CÉRUSE
CÉRUSÉ
MÉSUSÉ
OBTUSE
ABBATE
DÉBÂTÉ
HÉCATE
SADATE
IODATE
ÉLÉATE
OLÉATE
RÉGATE
RÉGATÉ
UNIATE
ASIATE
GALATE
OBLATE
ÉCLATÉ
BELATE
RELATÉ
VELATE
DILATÉ
PILATE
DÉMÂTÉ
TOMATE
AGNATE
ANNATE
SONATE
CROATE
CROATE
EMPÂTÉ
APPÂTÉ
KARATÉ
DÉRATÉ
OÏRATE
PIRATE
PIRATÉ
BORATE
BORATÉ
STRATE
SURATE
PATATE
RETÂTÉ
ASTATE
SAVATE
DRYATE
ÉPACTE
TRACTÉ
EXACTE
ÉJECTÉ
ÉDICTÉ
ÉRUCTÉ
URAÈTE
BÉBÊTE
HÉBÉTÉ
EMBÊTÉ
ASCÈTE

AFFÉTÉ
TAGÈTE
VÉGÉTÉ
ACHÈTE
ACHETÉ
GAIETÉ
QUIÈTE
DÉJETÉ
REJETÉ
CALETÉ
GALETÉ
HALETÉ
SALETÉ
FILETÉ
MOLETÉ
VOLETÉ
GAMÈTE
COMÈTE
ZÉNÈTE
ISOÈTE
RÉPÉTÉ
ARPÈTE
BARÉTÉ
RARETÉ
ÂCRETÉ
ÉCRÊTÉ
ÂPRETÉ
ARRÊTÉ
CURETÉ
DURETÉ
FURETÉ
PURETÉ
SÛRETÉ
OSSÈTE
MATÉTÉ
EN-TÊTE
ENTÊTÉ
FIVETE
RIVETÉ
DUVETÉ
MOUFTÉ
DOIGTÉ
FICHTE
NAPHTE
JEPHTÉ
TRAITE
TRAITÉ
HABITÉ
BÉBITE
DÉBITÉ
BIBITE
ALBITE
ORBITE
ORBITÉ
SUBITE
TACITE
TACITE

CÉCITÉ
RÉCITÉ
LICITE
LICITÉ
INCITÉ
ASCITE
LUCITE
EXCITÉ
LADITE
DÉDITE
MÉDITÉ
REDITE
AUDITÉ
NUDITÉ
ILÉITE
UVÉITE
DIGITÉ
COGITÉ
OPHITE
CHIITE
HALITE
DÉLITÉ
VÉLITE
MILITÉ
ILLITE
COLITE
OOLITE
TOLITE
APLITE
SÉMITE
SÉMITE
LIMITE
LIMITÉ
COMITÉ
SOMITE
ERMITE
VANITÉ
BÉNITE
SINITÉ
BONITE
GUNITE
GUNITÉ
DROITE
CAPITE
DÉPITÉ
PÉPITE
KARITÉ
PARITÉ
ABRITÉ
ÉCRITE
HÉRITÉ
MÉRITE
MÉRITÉ
VÉRITÉ
SORITE
IRRITÉ
PYRITE

HÉSITÉ
VISITE
VISITÉ
MATITÉ
RATITE
AÉTITE
PETITE
ENTITÉ
MUTITÉ
ACUITÉ
ÉQUITÉ
BRUITÉ
FRUITÉ
TRUITE
TRUITÉ
CAVITÉ
VA-VITE
LÉVITE
INVITE
INVITÉ
LAXITÉ
FIXITÉ
MIXITÉ
EXALTÉ
SVELTE
ADULTE
SOULTE
VOULTE
EXULTÉ
BÉANTE
GÉANTE
SÉANTE
CHANTÉ
LIANTE
RIANTE
PLANTE
PLANTÉ
AMANTE
BRANTE
CRANTÉ
ORANTE
USANTE
PUANTE
SUANTE
TUANTE
EX ANTE
ÉDENTÉ
FIENTE
FIENTÉ
TRENTE
TRENTE
ÉVENTÉ
MAINTE
SAINTE
CEINTE
FEINTE
FEINTÉ
PEINTE
TEINTE
TEINTÉ
JOINTE
POINTE
POINTÉ
QUINTE
QUINTÉ
SUINTÉ
ÉHONTÉ
ÉPONTE
BRONTË
DRONTE
ORONTE
SHUNTÉ
CABOTÉ
NABOTE
RABOTÉ
SABOTÉ
RIBOTE
ACCOTÉ
BÉCOTÉ
DÉCOTE
MI-CÔTE
PICOTE
PICOTÉ
COCOTÉ
SUÇOTÉ
RADOTÉ
CAGOTE
FAGOTÉ
RAGOTE
DÉGOTÉ
MÉGOTÉ
BIGOTE
GIGOTÉ
LIGOTÉ
ERGOTÉ
ZYGOTE
CAHOTÉ
IDIOTE
MIJOTÉ
FALOTE
BELOTE
PELOTE
PELOTÉ
ZÉLOTE
HILOTE
LILOTE
PILOTE
PILOTÉ
CANOTÉ
DÉNOTÉ
GENOTE
ANNOTÉ
PONOTE
SHOOTÉ
GROOTE
CAPOTE
CAPOTE
CAPOTÉ
PAPOTÉ
SAPOTE
TAPOTÉ
DÉPOTÉ
EMPOTÉ
POPOTE
TYPOTE
SIROTÉ
LITOTE
DÉVOTE
REVOTÉ
PIVOTÉ
VIVOTÉ
FAYOTÉ
COYOTE
ZOZOTÉ
ADAPTÉ
INAPTE
ADEPTE
INEPTE
COMPTE
COMPTÉ
DOMPTÉ
ADOPTÉ
COOPTÉ
ÉGYPTE
CRYPTE
CRYPTÉ
ÉCARTÉ
CHARTE
CLARTÉ
APARTÉ
SPARTE
SPARTE
DUARTE
QUARTE
QUARTÉ
SWARTE
CHERTÉ
FIERTÉ
ALERTE
ALERTÉ
INERTE
INERTÉ
FLIRTÉ
AVORTÉ
HEURTÉ
COURTE
IOURTE
TOURTE
YOURTE
CHASTE
PLASTE
SIESTE
ORESTE
PRESTE
PRESTÉ
DÉISTE
AJISTE
RMISTE
TRISTE
TWISTÉ
EXISTÉ
BOOSTÉ
APOSTÉ
VERSTE
AJUSTÉ
ROUSTE
FRUSTE
TRUSTE
TRUSTÉ
CHATTE
BLATTE
FLATTÉ
GRATTE
GRATTÉ
MIETTE
BLETTE
BOETTE
BRETTE
FRETTE
FRETTÉ
GUETTE
GUETTÉ
LUETTE
MUETTE
QUETTE
SUETTE
IVETTE
BOITTE
FRITTE
FRITTÉ
QUITTE
QUITTÉ
CHOTTE
FLOTTE
FLOTTE
FLOTTÉ
GLOTTE
ÉMOTTÉ
CROTTE
CROTTÉ
FROTTÉ
GROTTE
TROTTE
TROTTÉ
GOUTTE
GOUTTÉ
BEAUTÉ
BEAUTÉ
PIAUTE
PLAUTE
DÉBUTÉ
REBUTÉ
PIEUTÉ
ZIEUTÉ
BLEUTÉ
AMEUTÉ
ÉMEUTE
QUEUTÉ
ZYEUTÉ
RÉFUTÉ
AFFÛTÉ
ENFÛTÉ
CAHUTE
TALUTÉ
SOLUTÉ
VOLUTE
MINUTE
MINUTÉ
ABOUTÉ
ÉBOUTÉ
ÉCOUTE
ÉCOUTÉ
SCOUTE
CHOUTE
AJOUTE
AJOUTÉ
CLOUTÉ
BROUTÉ
CROÛTE
CROÛTÉ
DÉPUTÉ
RÉPUTÉ
AMPUTÉ
IMPUTÉ
SCRUTÉ
MATUTE
BIZUTÉ
JOUXTÉ
COCYTE
OOCYTE
BARYTE
ÉCOBUÉ
BARBUE
HERBUE
ÉVACUÉ
CONÇUE
PERÇUE
GRADUÉ
FENDUE
PENDUE
RENDUE
TENDUE
VENDUE
FONDUE
PONDUE

TONDUE	GOULUE	TRAQUE	CERQUE	DÉCAVÉ
PERDUE	MOULUE	TRAQUÉ	CIRQUE	EXCAVÉ
MORDUE	VOULUE	PACQUÉ	PORQUE	**MOHAVE**
TORDUE	COMMUÉ	SACQUÉ	TORQUE	**MOJAVE**
IBAGUÉ	PROMUE	**BECQUE**	TURQUE	DÉLAVÉ
BLAGUE	CHENUE	SOCQUE	**TURQUE**	RELAVÉ
BLAGUÉ	GRENUE	CHÈQUE	BASQUE	**GONÂVE**
ÉLAGUÉ	AVENUE	THÈQUE	**BASQUE**	DÉPAVÉ
DRAGUE	CONNUE	ÉVÊQUE	CASQUE	REPAVÉ
DRAGUÉ	CORNUE	CAÏQUE	CASQUÉ	MORAVE
PRAGUE	TABOUE	LAÏQUE	MASQUE	**MORAVE**
BRIGUE	SECOUÉ	CHIQUE	MASQUÉ	ÉTRAVE
BRIGUE	ROCOUÉ	CHIQUÉ	VASQUE	BATAVE
BRIGUÉ	GADOUE	CLIQUE	BISQUE	**BATAVE**
EXIGUË	PADOUE	CLIQUÉ	BISQUÉ	OCTAVE
CANGUE	**PADOUE**	FLIQUÉ	DISQUE	**OCTAVE**
GANGUE	BAFOUÉ	INIQUE	RISQUE	ZOUAVE
GANGUÉ	ENGOUÉ	UNIQUE	RISQUÉ	GOYAVE
LANGUE	ÉCHOUÉ	APIQUÉ	BUSQUÉ	**MORDVE**
MANGUE	BAJOUE	ÉPIQUE	JUSQUE	ENDÊVÉ
TANGUE	DÉJOUÉ	BRIQUE	MUSQUÉ	**LODÈVE**
TANGUÉ	REJOUÉ	BRIQUÉ	RAUQUE	**MEGÈVE**
DENGUE	ENJOUÉ	CRIQUE	RAUQUÉ	ACHEVÉ
DINGUE	RELOUÉ	FRIQUÉ	ÉDUQUÉ	**SALÈVE**
DINGUÉ	ALLOUÉ	TRIQUE	ÉNUQUÉ	RELÈVE
LINGUE	**LA NOUE**	URIQUE	COUQUE	RELEVÉ
ZINGUÉ	**BÉNOUÉ**	ÉTIQUE	**FOUQUÉ**	ENLEVÉ
LONGUE	DÉNOUÉ	OTIQUE	HOUQUE	**GENÈVE**
LONGUE	RENOUÉ	**UTIQUE**	SOUQUÉ	SÉNEVÉ
DROGUE	**OGOOUÉ**	CALQUE	TOUQUE	**ESTÈVE**
DROGUÉ	**CAPOUE**	CALQUÉ	TRUQUÉ	GLAIVE
CARGUE	PAPOUE	TALQUÉ	STUQUÉ	VACIVE
CARGUÉ	**PAPOUE**	PULQUE	ACCRUE	NOCIVE
FARGUE	ÉBROUÉ	BANQUE	DÉCRUE	ENDIVE
LARGUE	ÉCROUÉ	BANQUÉ	RECRUE	SALIVE
LARGUÉ	ENROUÉ	MANQUE	VERRUE	SALIVÉ
NARGUÉ	TATOUÉ	MANQUÉ	COURUE	GÉLIVE
TARGUÉ	DÉVOUÉ	MINQUE	PANSUE	SOLIVE
VERGUE	ZAZOUE	CONQUE	MASSUE	**NINIVE**
MORGUE	TRAPUE	JONQUE	FESSUE	DÉRIVE
FOUGUE	CRÉPUE	CHOQUÉ	RESSUÉ	DÉRIVÉ
HOUGUE	ROMPUE	PHOQUE	BOSSUE	ARRIVÉ
ADYGUÉ	LIPPUE	VIOQUE	BOSSUÉ	OISIVE
DÉCHUE	ABAQUE	BLOQUÉ	COSSUE	DATIVE
FICHUE	ICAQUE	CLOQUE	**MATSUE**	HÂTIVE
ÉVALUÉ	CHAQUE	CLOQUÉ	COUSUE	NATIVE
EXCLUE	CLAQUE	FLOQUÉ	STATUE	ACTIVE
RÉÉLUE	CLAQUÉ	ÉPOQUE	STATUÉ	ACTIVÉ
REFLUÉ	FLAQUE	CROQUÉ	LAITUE	RÉTIVE
AFFLUÉ	PLAQUE	TROQUE	PENTUE	MOTIVÉ
INFLUÉ	PLAQUÉ	TROQUÉ	TORTUE	VOTIVE
DÉGLUÉ	OPAQUE	PSOQUE	**TORTUE**	ESTIVE
ENGLUÉ	BRAQUE	ÉVOQUÉ	BATTUE	ESTIVÉ
POILUE	**BRAQUE**	BARQUE	PATTUE	RAVIVÉ
POLLUÉ	BRAQUÉ	MARQUE	FOUTUE	ALCÔVE
ÉVOLUÉ	CRAQUE	MARQUÉ	PRÉVUE	RÉNOVÉ
BERLUE	CRAQUÉ	PARQUÉ	ASEXUÉ	**NINOVE**

6

INNOVÉ
ÉNERVÉ
CHAUVE
DÉCUVÉ
ENCUVÉ
RÉDUVE
FLEUVE
PREUVE
FLOUVE
PROUVÉ
PROUVÉ
TROUVÉ
STRUVE
VÉSUVE
CHOKWE
SITTWE
VELUWE
UNIAXE
MALAXÉ
RELAXE
RELAXÉ
DÉSAXÉ
DÉTAXE
DÉTAXÉ
INDEXÉ
TÉLEXÉ
ANNEXE
ANNEXÉ
AFFIXE
AFFIXÉ
INFIXE
REMIXÉ
EUDOXE
ABBAYE
COBAYE
AYE-AYE
PAGAYE
PAGAYÉ
BÉGAYÉ
LA HAYE
BALAYÉ
DÉLAYÉ
RELAYÉ
RIMAYE
PAPAYE
REPAYÉ
CIPAYE
IMPAYÉ
DÉRAYÉ
ENRAYÉ
ESSAYÉ
BOUAYE
REZAYE
ZÉZAYÉ
BYE-BYE
CAPEYÉ
POPEYE

OUPEYE
FASEYÉ
SONGYE
RALLYE
ONDOYÉ
RUDOYÉ
ÉPLOYÉ
DÉNOYÉ
ENNOYÉ
CÔTOYÉ
TUTOYÉ
DÉVOYÉ
ENVOYÉ
ENNUYÉ
APPUYÉ
ESSUYÉ
DÉGAZÉ
TOPAZE
BALÈZE
MÉLÈZE
FRAIZE
TUBIZE
DECIZE
TREIZE
BELIZE
PEZIZE
ZWANZE
ZWANZÉ
KLENZE
DEINZE
QUINZE
BRONZE
BRONZÉ
ZABRZE
ANDUZE
DIEUZE
GREUZE
GUEUZE
FLOUZE
LA SUZE
NADJAF
URSSAF
EDF-GDF
UNICEF
RELIEF
JÓZSEF
CANIFF
LE GOFF
KEMPFF
ROSBIF
CALCIF
PONCIF
LASCIF
TARDIF
KIF-KIF
WYCLIF
CHÉLIF

CHÉRIF
SHÉRIF
ÉVASIF
PENSIF
ÉROSIF
CURSIF
MASSIF
PASSIF
ABUSIF
ÉLUSIF
STATIF
FICTIF
CHÉTIF
ÉMOTIF
CAPTIF
FURTIF
FESTIF
RESTIF
FAUTIF
ESQUIF
ARNULF
BICHOF
NEUHOF
EKELÖF
OUOLOF
OUOLOF
DYOLOF
BEST OF
BABEUF
ELBEUF
CHNOUF
BAROUF
Air Bag
STALAG
ELBLAG
GOULAG
KURTÁG
ZIGZAG
TALWEG
LIEBIG
KŒNIG
HENNIG
BINNIG
WITTIG
FIGUIG
HEDWIG
ELAZIG
DANZIG
MUTZIG
LADANG
PADANG
HEGANG
POHANG
MALANG
SALANG
SEMANG
DA NANG

PENANG
KUPANG
LI TANG
ROTANG
ANYANG
POYANG
LI PENG
HARENG
TUBING
FADING
WADING
BOEING
YIJING
VIKING
ÖSLING
TIMING
XINING
HONING
ZONING
COPING
DAQING
BÉRING
GÖRING
STRING
TURING
EYRING
CASING
RATING
LIVING
IRVING
FIXING
OUDONG
ZIGONG
DUGONG
GUGONG
MA-JONG
MÉKONG
OBLONG
DULONG
SARONG
DATONG
GURUNG
HOT DOG
QUAHOG
PRELOG
PROLOG
KHOROG
HERZOG
SUPER-G
ÅLBORG
VYBORG
MOLITG
TAUSUG
STAWUG
CASBAH
DADDAH
RUPIAH

RADJAH
SMALAH
FELLAH
MELLAH
MOLLAH
MULLAH
BRAMAH
JINNAH
COPRAH
HURRAH
HOWRAH
PESSAH
TUSSAH
TANTAH
SIOUAH
MADÁCH
BÜLACH
BANACH
SPEECH
LAMECH
VARECH
REMICH
MUNICH
ZURICH
FRENCH
TRENCH
BRUNCH
MOLOCH
MOLOCH
HÉNOCH
CHURCH
FRISCH
MERSCH
HIRSCH
KIRSCH
KITSCH
PUTSCH
BAUSCH
FLYSCH
SKETCH
SCOTCH
Scotch
KERTCH
BARUCH
IRTYCH
TURBEH
SAKIEH
MINÎÈH
ZAHLEH
GUIZÈH
ARMAGH
RALEGH
SLOUGH
LADAKH
KAZAKH
KAZAKH
CHEIKH

JOSEPH	CHANCI	RIKIKI	APLANI	**VASARI**
PÉRIPH	AMINCI	**TARSKI**	**SAMANI**	HOUARI
GUELPH	NOIRCI	KABUKI	ROMANI	**JAVARI**
LAGASH	ADOUCI	BUZUKI	**ANAGNI**	**YAVARI**
SQUASH	CEUX-CI	ALCALI	DÉFINI	CRICRI
KADESH	AFFADI	**KIGALI**	INFINI	QUADRI
QADESH	**MARADI**	SOMALI	BIKINI	VOCERI
FINISH	**MATADI**	**SOMALI**	**BIKINI**	CÉLERI
HEWISH	SAMEDI	**BEN ALI**	**RIMINI**	DÉPÉRI
LAMETH	BRANDI	NÉPALI	**JOMINI**	**KAVERI**
HADITH	GRANDI	RESALI	PANINI	MAIGRI
JUDITH	ÉFENDI	ÉTABLI	**PANINI**	GRI-GRI
LILITH	BLONDI	FAIBLI	**VANINI**	**KEDIRI**
ZÉNITH	**URUNDI**	ANOBLI	**PAPINI**	**KAVIRI**
AVIOTH	**GUARDI**	**CHADLI**	**MARINI**	**LABORI**
EBERTH	ÉBAUDI	**MOHÉLI**	**PARINI**	**TABORI**
OBERTH	BOGHEI	**SANGLI**	**ORSINI**	PILORI
DULUTH	NIKKEI	SIMILI	**LATINI**	**AOMORI**
BIZUTH	**CISKEI**	RAVILI	ABONNI	SATORI
CHLEUH	**BRUNEI**	BAILLI	**BODONI**	FAVORI
CHLEUH	**TAIPEI**	FAILLI	SOMONI	AMERRI
MUMBAI	**POMPÉI**	JAILLI	**BENONI**	NOURRI
OUADAÏ	**MATTEI**	SAILLI	**CARONÍ**	POURRI
VALDAÏ	BOUFFI	AMOLLI	**MARONI**	FLÉTRI
SENDAI	RIFIFI	TRULLI	**MORONI**	**AMAURI**
BAO DAI	**AMALFI**	DÉMOLI	**BUSONI**	FLEURI
CONGAÏ	**PETOFI**	DÉPOLI	FOURNI	JORURI
LAOGAI	ASSAGI	REPOLI	DÉMUNI	**LIKASI**
CABIAI	FROMGI	IMPOLI	IMPUNI	**DALASI**
HAÏKAÏ	JUDOGI	NÉROLI	DÉSUNI	**KUMASI**
DÉBLAI	ÉLARGI	**RIVOLI**	EMPLOI	CHOISI
ADONAÏ	ENVAHI	**TIVOLI**	NON-MOI	**IDRISI**
KORNAI	AVACHI	REMPLI	SURMOI	**JHANSI**
BIDPAI	**SECCHI**	MUESLI	**ROCROI**	TRANSI
SÉRRAI	FLÉCHI	**FÜSSLI**	EFFROI	TIFOSI
PÁTRAI	TAI-CHI	**GRÜTLI**	OCTROI	**RÁKOSI**
KANSAI	CHICHI	AVEULI	**UBU ROI**	**KAPOSI**
BONSAÏ	**RANCHI**	TUMULI	RENVOI	**POTOSÍ**
KASSAÏ	**KARCHI**	**LUTULI**	CONVOI	**ALESSI**
MASSAÏ	LETCHI	**FUZULI**	BARZOÏ	GROSSI
TESSAI	LITCHI	**BADAMI**	GÉNÉPI	RÉUSSI
HANTAÏ	**SOTCHI**	SALAMI	SCAMPI	ROUSSI
YANTAI	GAUCHI	**BEL-AMI**	CHAMPI	**CHIUSI**
TUBUAÏ	**GANDHI**	**KANAMI**	**CIAMPI**	**SANUSI**
BOLYAI	DIVEHI	TATAMI	**CIOMPI**	DÉBÂTI
POLABÍ	**LONGHI**	**NEZAMI**	**CRESPI**	REBÂTI
OURÉBI	**AKASHI**	**NIZAMI**	**CRISPI**	DÉCATI
CAGIBI	**XÁNTHI**	ENNEMI	CROUPI	**GALATI**
GALIBI	**TS'EU-HI**	BRAHMI	PÉCARI	APLATI
BIRIBI	**SAVAII**	SURIMI	SAFARI	**TURATI**
VROMBI	**HAWAII**	CH'TIMI	NAGARI	PATATI
JACOBI	**PANAJI**	**ENGÓMI**	**FIGARI**	**LIGETI**
FOURBI	**HIMEJI**	**ENKOMI**	**PAHARI**	**CHIETI**
GOURBI	**KAINJI**	FOURMI	MÉHARI	MUPHTI
GRISBI	**RUDAKI**	**GUAYMI**	**SOLARI**	ARDITI
ÉBAUBI	**AORAKI**	**ADJANI**	CANARI	**TAHITI**
ÉTRÉCI	**SOSEKI**	VÉLANI	**LIPARI**	WAPITI

ALLOTI	**LÜBECK**	AFOCAL	VERNAL	LAMBEL
AVERTI	**FAMECK**	PASCAL	**RAYNAL**	**FRÖBEL**
CHORTI	KOPECK	**PASCAL**	**RAMPAL**	MARCEL
AMORTI	**PLANCK**	DISCAL	**BHOPAL**	**MARCEL**
RŒSTI	**FRANCK**	FISCAL	**CABRAL**	BRADEL
BLETTI	YAPOCK	QUE DAL	SACRAL	**HÄNDEL**
ONETTI	**STARCK**	FÉODAL	ZICRAL	**MANDEL**
VIOTTI	NUBUCK	**MYRDAL**	CHIRAL	**MENDEL**
BLOTTI	CHEBEK	CAUDAL	AMIRAL	**WENDEL**
ABOUTI	**BALBEK**	PINÉAL	FOIRAL	**FINDEL**
AGOUTI	**KAZBEK**	BORÉAL	SPIRAL	MINDEL
ABRUTI	OUZBEK	MUSÉAL	CHORAL	RONDEL
CUI-CUI	**OUZBEK**	LUTÉAL	FLORAL	**GARDEL**
XIA GUI	**DUBCEK**	NIVÉAL	AMORAL	BORDEL
BANGUI	**OSIJEK**	MORFAL	CORRAL	**SCHEEL**
LANGUI	**OLENEK**	INÉGAL	MITRAL	DÉRÉEL
TARGUI	**GIEREK**	GALGAL	ASTRAL	IRRÉEL
ICELUI	**MROZEK**	**NERGAL**	NEURAL	**EIFFEL**
GLAOUI	**DOMAGK**	TERGAL	PLURAL	**DUFFEL**
ENFOUI	SCHEIK	FRUGAL	CRURAL	**WERFEL**
RÉJOUI	TADJIK	**TSAHAL**	DORSAL	**MACHEL**
ÉBLOUI	**TADJIK**	**BRÉHAL**	VASSAL	**RACHEL**
ÉCROUI	MOUJIK	**IMPHAL**	CAUSAL	**MICHEL**
CRÉQUI	**BIALIK**	LABIAL	**FAYSAL**	**AUCHEL**
SESQUI-	**RYBNIK**	TIBIAL	HIATAL	**FRÉHEL**
AUTRUI	**PERNIK**	FACIAL	RECTAL	**RETHEL**
RESSUI	**PUTNIK**	RACIAL	ACÉTAL	**DANIEL**
PEHLVI	TUGRIK	FÉCIAL	FŒTAL	VÉNIEL
À L'ENVI	**NARVIK**	ONCIAL	COMTAL	SÉRIEL
KAKAWI	**WERVIK**	SOCIAL	CANTAL	**HURIEL**
MALAWI	**INUVIK**	RADIAL	**CANTAL**	TECKEL
KANGXI	**LOMBOK**	**BÉLIAL**	SANTAL	NICKEL
JINGXI	**BARTÓK**	FILIAL	DENTAL	**MOCKEL**
SHANXI	**VOSTOK**	LILIAL	MENTAL	SHEKEL
CHIAYI	**NEWARK**	GÉNIAL	SEPTAL	**HILLEL**
BIELYÏ	**GDANSK**	MARIAL	PORTAL	**FLAMEL**
BO JUYI	**SLUPSK**	SERIAL	**PORTAL**	**PRIMEL**
MENGZI	**KOURSK**	CURIAL	**DURTAL**	**KEMMEL**
RIENZI	**BRATSK**	FÉTIAL	COSTAL	RIMMEL
PIAZZI	**IJEVSK**	GAVIAL	POSTAL	**SIMMEL**
HADJDJ	**KIRKUK**	JOVIAL	BRUTAL	**LOMMEL**
SUTLEJ	**FAROUK**	**BAÏKAL**	**ÖTZTAL**	**ROMMEL**
BITOLJ	**OUROUK**	**HAYKAL**	**CHAVAL**	**HUMMEL**
KODIAK	**MOHAWK**	HIÉMAL	CHEVAL	KUMMEL
OUMIAK	**KOUMYK**	ANIMAL	**CHEVAL**	**RUMMEL**
KORIAK	**HRABAL**	PRIMAL	OGIVAL	**CARMEL**
KOULAK	TRIBAL	ANOMAL	NARVAL	FORMEL
ODANAK	**POMBAL**	NORMAL	**DERVAL**	MURMEL
KARNAK	TOMBAL	SISMAL	**NERVAL**	**CHANEL**
ANORAK	GLOBAL	**DAUMAL**	SERVAL	OPINEL
DVORÁK	VERBAL	CHENAL	**DORVAL**	TUNNEL
ROHTAK	CHACAL	SIGNAL	**NEZVAL**	**BRUNEL**
ARAWAK	BUCCAL	**ÉPINAL**	**CHAZAL**	**CHAPEL**
ARAWAK	CÆCAL	SPINAL	**ISMAËL**	**SEIPEL**
VOTYAK	AMICAL	URINAL	**ISRAËL**	RAPPEL
OSTYAK	APICAL	ATONAL	**HEBBEL**	GOSPEL
OSTYAK	BANCAL	AZONAL	DJEBEL	**SOSPEL**

COYPEL
CARREL
PÉTREL
LAUREL
DIESEL
DIESEL
WIESEL
ROISEL
PERSEL
CASSEL
KASSEL
BESSEL
KESSEL
BISSEL
MISSEL
OISSEL
IJSSEL
KOSSEL
CHÂTEL
KEITEL
DHÔTEL
CARTEL
MARTEL
MARTEL
HERTEL
MORTEL
CASTEL
PASTEL
RASTEL
LISTEL
POSTEL
FUSTEL
VATTEL
VITTEL
LEFUEL
GOGUEL
PALUEL
SAMUEL
MANUEL
MANUEL
ANNUEL
BUÑUEL
LEQUEL
AUQUEL
DUQUEL
TERUEL
CASUEL
VISUEL
ACTUEL
RITUEL
MUTUEL
SEXUEL
CREVEL
NOUVEL
NOUVEL
PLEYEL
MAAZEL

MENZEL
GLOZEL
RATZEL
HETZEL
TETZEL
DU FAIL
CAMAIL
ISMAÏL
SÉRAIL
CORAIL
CORAIL
BÉTAIL
DÉTAIL
SOLEIL
LIMEIL
PAREIL
LE TEIL
MÉTEIL
ORTEIL
ÉCUEIL
RÉVEIL
PROFIL
MORFIL
SURFIL
FAUFIL
HASKIL
CHAMIL
GRÉMIL
CHENIL
GAS-OIL
COMPIL
GOUPIL
AMARIL
PUÉRIL
TERRIL
BRASIL
FRASIL
BRÉSIL
BRÉSIL
GRÉSIL
PERSIL
SUBTIL
GENTIL
GENTIL
PONTIL
TORTIL
PISTIL
COUTIL
BREUIL
TREUIL
BACALL
ANTALL
SAVALL
GESELL
CAVELL
WAVELL
LOWELL

POWELL
ORWELL
O'NEILL
BOFILL
ARGYLL
JEKYLL
JAMBOL
TORCOL
GLYCOL
BANDOL
SCHÉOL
MONGOL
MONGOL
WARHOL
BALIOL
MARIOL
LORIOL
AURIOL
ESHKOL
RASKOL
FORMOL
THYMOL
PHÉNOL
PAGNOL
LON NOL
ALCOOL
STÉROL
FERROL
PYRROL
CAYROL
CRÉSOL
CONSOL
SURVOL
POLYOL
PODZOL
BENZOL
PEYOTL
RABAUL
CALCUL
NABEUL
DEZFUL
BANJUL
IATMUL
KABOUL
MABOUL
SOBOUL
SADOUL
FRIOUL
TAMOUL
TAMOUL
ARNOUL
BÉROUL
VESOUL
RISOUL
CONSUL
JAMBYL
CRÉSYL

RHOVYL
WEBCAM
NETCAM
MCADAM
QUIDAM
RAMDAM
VAN DAM
LINGAM
GRAHAM
DUNHAM
DIRHAM
DURHAM
DURHAM
LITHAM
MIRIAM
JHELAM
DAMMAM
HAMMAM
OZANAM
PUTNAM
ROBOAM
WAGRAM
ASHRAM
BAÏRAM
BEÏRAM
BAYRAM
LITSAM
TAM-TAM
WIGWAM
BAT YAM
IBIDEM
TANDEM
EDEGEM
IZEGEM
SACHEM
SICHEM
ARNHEM
CHELEM
SKOLEM
HARLEM
DRANEM
BORNEM
ÉPHREM
KASSEM
MÉGOHM
LE DAIM
BEHAIM
ESSAIM
RÓHEIM
PANJIM
SIKKIM
POURIM
PASSIM
TOUTIM
NAPALM
DIRCOM
SITCOM

CONDOM
CONDOM
SLALOM
CHILOM
SHILOM
BILLOM
CRÉNOM
PRÉNOM
PRONOM
SURNOM
DVD-ROM
POGROM
KEESOM
DOM-TOM
ORSTOM
CUSTOM
INSERM
CÆCUM
DUM-DUM
TE DEUM
MUSÉUM
PARFUM
TARGUM
BOCHUM
ZYTHUM
LABIUM
ERBIUM
RADIUM
MEDIUM
OÏDIUM
INDIUM
PODIUM
SODIUM
HÉLIUM
OSMIUM
MINIUM
OMNIUM
CÉRIUM
ATRIUM
CURIUM
CÉSIUM
LATIUM
ACTIUM
JHELUM
PÉPLUM
PHYLUM
SUMMUM
GLANUM
PLÉNUM
MAGNUM
BARNUM
LOKOUM
SALOUM
BAMOUM
AKSOUM
BATOUM
FAYOUM

SACRUM	**AFGHAN**	BIRMAN	CAFTAN	**LOMÉEN**
QUORUM	**WAKHAN**	**BIRMAN**	**MULTAN**	**LINÉEN**
NATRUM	**LESHAN**	FIRMAN	SULTAN	**ERNÉEN**
PENSUM	**ANSHAN**	**FORMAN**	D'ANTAN	**LUPÉEN**
RECTUM	**FOSHAN**	**NORMAN**	**MONTAN**	**ALRÉEN**
GNETUM	**NATHAN**	**TASMAN**	**KHOTAN**	CORÉEN
SEPTUM	**PATHAN**	DESMAN	**CARTAN**	**CORÉEN**
BARYUM	RADIAN	**BATMAN**	TARTAN	**ISSÉEN**
CANAAN	MÉDIAN	HETMAN	TARTAN	**FUXÉEN**
GRÉBAN	RUFIAN	**ALTMAN**	**SISTAN**	**REZÉEN**
SERBAN	**FUJIAN**	**HOTMAN**	**LÊ DUAN**	**SIEGEN**
FORBAN	**DALIAN**	**NAUMAN**	CHOUAN	**WENGEN**
DURBAN	**KYLIAN**	**TRUMAN**	**BUTUAN**	**JONGEN**
TURBAN	BANIAN	**NEWMAN**	**MA YUAN**	**BERGEN**
HAUBAN	FENIAN	**CAYMAN**	**QU YUAN**	**HORGEN**
VAUBAN	**OSSIAN**	**GUZMÁN**	**EREVAN**	**AACHEN**
KOUBAN	**TRAJAN**	RHÉNAN	**ERIVAN**	LICHEN
DECCAN	**ABAKAN**	**GLÉNAN**	**MORVAN**	**RIEHEN**
VOLCAN	**ARAKAN**	MAGNAN	**TAÏWAN**	**WU ZHEN**
CANCAN	**SEIKAN**	**MAGNAN**	**HILWAN**	**PRAÏEN**
DUNCAN	**DEKKAN**	**AIGNAN**	KENYAN	**FABIEN**
CARCAN	**BALKAN**	**PIGNAN**	**KENYAN**	**ROBIEN**
HYRCAN	**KANKAN**	**HAINAN**	**BUNYAN**	NUBIEN
TOSCAN	**PLÉLAN**	**TAINAN**	**RIAZAN**	**NUBIEN**
TOSCAN	**BOÉLAN**	**YUNNAN**	ALEZAN	PUBIEN
BOUCAN	BRELAN	**POZNAN**	**KENZAN**	**CACIEN**
TOUCAN	RAGLAN	SAMOAN	TARZAN	ANCIEN
ABADAN	**RAGLAN**	**SAMOAN**	**TARZAN**	**LUCIEN**
IBADAN	**PELLAN**	TRÉPAN	**FEZZAN**	INDIEN
BOGDAN	**TOLLAN**	**CAMPAN**	GRABEN	**INDIEN**
HANDAN	**KAPLAN**	SAMPAN	**LEOBEN**	LYDIEN
CARDAN	BIPLAN	TYMPAN	**PERBEN**	**LYDIEN**
CARDAN	**DARLAN**	TARPAN	**OGADEN**	**SAGIEN**
MARDAN	MERLAN	**GIBRAN**	**COBDEN**	ARGIEN
CERDAN	PERLAN	CADRAN	**WADDEN**	**ARGIEN**
CERDAN	VERLAN	**AUDRAN**	**TILDEN**	**GALIEN**
JORDAN	**MEULAN**	**ISERAN**	GOLDEN	MALIEN
CAUDAN	**CEYLAN**	SAFRAN	**SÖLDEN**	**MALIEN**
HOUDAN	**MEYLAN**	**QUMRAN**	GULDEN	SALIEN
HOUDAN	CHAMAN	**CIORAN**	**MINDEN**	ÉOLIEN
SOUDAN	**TUBMAN**	**LIORAN**	**DRYDEN**	**ÉOLIEN**
SIGEAN	**ZEEMAN**	SERRAN	SABÉEN	JULIEN
MÉJEAN	**ALEMÁN**	**LATRAN**	**SABÉEN**	**JULIEN**
NEPEAN	**WIGMAN**	ESTRAN	**EUBÉEN**	**DAMIEN**
STEFAN	**RAHMAN**	**SEVRAN**	**GACÉEN**	SIMIEN
REAGAN	CAÏMAN	**NAZRAN**	**NOCÉEN**	DOMIEN
ILIGAN	**LOKMAN**	**SYZRAN**	**ORCÉEN**	TOMIEN
ORIGAN	**ULLMAN**	FAISAN	**DUCÉEN**	PÉNIEN
KALGAN	DOLMAN	**GUISAN**	**LUCÉEN**	IONIEN
MINGAN	**TOLMAN**	RILSAN	LYCÉEN	**IONIEN**
TONGAN	YEOMAN	**WONSAN**	**FIDÉEN**	**ULPIEN**
SLOGAN	**LUQMAN**	**KUNSAN**	SIDÉEN	**APPIEN**
GORGAN	BARMAN	PERSAN	ACHÉEN	**DARIEN**
MORGAN	**FARMAN**	**PERSAN**	**ACHÉEN**	**DARIÉN**
CACHAN	KARMAN	**HASSAN**	**SALÉEN**	**O'BRIEN**
KACHAN	**KARMAN**	PAYSAN	PÉLÉEN	**ADRIEN**
AFGHAN	**KERMAN**	FLÉTAN	SPLEEN	AÉRIEN

DORIEN
ARRIEN
CURIEN
SYRIEN
SYRIEN
TYRIEN
TYRIEN
OASIEN
TATIEN
TITIEN
JOVIEN
JOVIEN
BEXIEN
LUZIEN
LAEKEN
VEBLEN
BAILÉN
MEILEN
NIJLEN
POLLEN
KJØLEN
XIAMEN
EXAMEN
NIÉMEN
DOLMEN
YEOMEN
CARMEN
GERMEN
SAANEN
TIENEN
SARNEN
MINOEN
KÖPPEN
DAIREN
BARREN
WARREN
MÜRREN
GOUREN
KELSEN
VELSEN
PILSEN
HANSEN
NANSEN
JENSEN
FINSEN
BUNSEN
HUN SEN
LARSEN
FERSEN
HESSEN
PECTEN
KLOTEN
AUSTEN
SUSTEN
WITTEN
HUTTEN
GLUTEN
PLAUEN
JAGUEN
ÉCOUEN
PLEVEN
ALFVÉN
SLIVEN
SIRVEN
LEUVEN
BLIXEN
LIBYEN
LIBYEN
ASCYEN
TROYEN
TROYEN
ÉVRYEN
IVRYEN
HERZEN
LÜTZEN
DESIGN
URBAIN
URBAIN
AUBAIN
CUBAIN
CUBAIN
RICAIN
RICAIN
LUCAIN
DÉDAIN
LE DAIN
ANDAIN
RIFAIN
RIFAIN
REGAIN
BOHAIN
UJJAIN
LEKAIN
VILAIN
DEMAIN
ROMAIN
ROMAIN
SOMAIN
HUMAIN
DENAIN
LE NAIN
COPAIN
BERAIN
DERAIN
AIRAIN
BORAIN
BORAIN
FORAIN
FORAIN
DURAIN
FUSAIN
PÉTAIN
PUTAIN
LEVAIN
SIXAIN
DIZAIN
SIZAIN
ONZAIN
RABBIN
BAMBIN
LAMBIN
SAMBIN
MOMBIN
HARBIN
LARBIN
HERBIN
FORBIN
TURBIN
VACCIN
BUCCIN
SUCCIN
CALCIN
TENCIN
FARCIN
LARCIN
HIRCIN
PORCIN
PASCIN
DOUCIN
ALADIN
GRADIN
GREDIN
DANDIN
GANDIN
RONDIN
ANODIN
CARDIN
JARDIN
HESDIN
BAUDIN
GAUDIN
NAUDIN
BOUDIN
BOUDIN
MADE IN
ESMEIN
MONEIN
SEREIN
SEREIN
DASEIN
BAFFIN
BIFFIN
MUFFIN
PUFFIN
SURFIN
PIDGIN
MANGIN
LONGIN
CHAHIN
CACHIN
KACHIN
MACHIN
COCHIN
KEIHIN
MUSHIN
POTHIN
NANKIN
NANKIN
TONKIN
RUSKIN
ZETKIN
CHALIN
OPALIN
PRALIN
AVALIN
HYALIN
DÖBLIN
DUBLIN
LUBLIN
DÉCLIN
SECLIN
ENCLIN
GMELIN
DRELIN
GRELIN
GUILIN
BALLIN
ROLLIN
DULLIN
KAOLIN
UGOLIN
JOPLIN
BARLIN
CARLIN
MARLIN
VARLIN
BERLIN
MERLIN
MERLIN
ROSLIN
PAULIN
BOULIN
MOULIN
MOULIN
POULIN
CHEMIN
CARMIN
JASMIN
JASMIN
COGNIN
TANNIN
HENNIN
LÉONIN
BERNIN
SERNIN
ALBOÏN
RECOIN
DIGOIN
TÉMOIN
ÉBROÏN
BESOIN
SCAPIN
CRÉPIN
VULPIN
CAMPIN
CHOPIN
JOSPIN
TAUPIN
POUPIN
TOUPIN
CLARÍN
MACRIN
SUCRIN
ALDRIN
PLÉRIN
UTÉRIN
GUÉRIN
KEIRIN
FLORIN
ILORIN
AZORÍN
CAPRIN
COPRIN
CYPRIN
PERRIN
PÉTRIN
LUTRIN
SAURIN
TAURIN
GOURIN
TOURIN
ATURIN
MEYRIN
TOCSIN
RAISIN
VOISIN
VOISIN
MERSIN
YERSIN
HORSIN
OURSIN
BASSIN
CASSIN
TASSIN
BESSIN
DESSIN
MESSIN
MESSIN
TESSIN
BOUSIN
COUSIN
COUSIN
LEYSIN
GRATIN
PIÉTIN

6

ARÉTIN
CRÉTIN
FRETIN
PANTIN
PANTIN
TINTIN
TINTIN
PLOTIN
MARTIN
BERTIN
FORTIN
DESTIN
FESTIN
AUSTIN
JUSTIN
BOTTIN
BOTTIN
HAUTIN
ALCUIN
BÉGUIN
SEGUIN
SÉGUIN
DAQUIN
FAQUIN
TAQUIN
PÉQUIN
REQUIN
SEQUIN
COQUIN
LIÉVIN
ALEVIN
GRÉVIN
STEVIN
ASHVIN
CALVIN
KELVIN
KELVIN
PROVIN
CARVIN
CERVIN
NERVIN
CORVIN
COUVIN
KAZVIN
QAZVIN
GODWIN
DARWIN
PINYIN
ZINZIN
TAUZIN
FEYZIN
HAMANN
LYCAON
KUMAON
YANAON
GIBBON
GIBBON

TREBON
CAMBON
JAMBON
BONBON
BARBON
SORBON
FLACON
GLAÇON
DRACON
CHICON
BALCON
LANÇON
RANÇON
PINÇON
FLOCON
GARÇON
GARÇON
ZIRCON
GASCON
GASCON
FAUCON
PHÉDON
AVEDON
AMIDON
BRIDON
GUIDON
TENDON
DINDON
BONDON
DONDON
LONDON
DIODON
CARDON
GARDON
GARDON
JARDON
LARDON
PARDON
VERDON
CORDON
GORDON
MEUDON
BOUDON
HOUDON
GÉDÉON
PIGEON
SIMÉON
FÉNÉON
ACTÉON
BUFFON
ARAGON
DRAGON
FRAGON
OREGON
SAIGON
LANGON
TANGON

JARGON
SARGON
MORGON
BOUGON
BOUGON
MÂCHON
BICHON
NICHON
INCHON
COCHON
POCHON
LUCHON
SIPHON
TYPHON
PYTHON
PYTHON
ZYTHON
GABION
ALBION
PODION
LUDION
LÉGION
RÉGION
GALION
TALION
HÉLION
HÉLION
LE LION
PÉLION
CAMION
FANION
L'UNION
PAPION
COPION
ARPION
ESPION
SUPION
MARION
AGRION
VIRION
HORION
MORION
PORION
TURION
LÉSION
VISION
FUSION
CATION
DATION
GÂTION
NATION
RATION
ACTION
PÉTION
LOTION
MOTION
NOTION

POTION
OPTION
DIVION
TAEJON
DANJON
DONJON
SAUJON
GOUJON
GOUJON
HAAKON
CHALON
DRALON
ÉTALON
AVALON
SABLON
RIBLON
RUCLON
POÊLON
FRELON
GRÊLON
TRÉLON
TEFLON
AIGLON
AIGLON
TIGLON
ONGLON
ODILON
PHILON
QUILON
ZYKLON
BALLON
GALLON
TALLON
VALLON
WALLON
WALLON
BILLON
DILLON
FILLON
SILLON
VILLON
ROLLON
CHO LON
VIOLON
STOLON
MERLON
PERLON
MEULON
BOULON
FOULON
SOÛLON
TOULON
ÉPULON
BRÛLON
BEAMON
ARAMON
ARAMON

GOÉMON
MAMMON
LEMMON
GNOMON
GERMON
HERMON
PERMON
SERMON
MORMON
SAUMON
POUMON
ÉTYMON
STÉNON
GUENON
GUÉNON
LIGNON
MIGNON
OIGNON
PIGNON
PIGNON
VIGNON
POGNON
ROGNON
CHINON
MEMNON
HANNON
PENNON
PHONON
THONON
VERNON
BRUNON
SALOON
CHAPON
CRÉPON
FRIPON
RAMPON
TAMPON
POMPON
PIN-PON
NIPPON
NIPPON
HARPON
TARPON
COUPON
POUPON
CHARON
SHARON
HÉBRON
DACRON
MICRON
MUCRON
HADRON
CÉDRON
GODRON
OBERON
HIÉRON
PIÉRON

FLÉRON
OLÉRON
ÉPERON
OPÉRON
FRÉRON
TIGRON
VAIRON
CHIRON
COIRON
VOIRON
AVIRON
RONRON
THORON
OLORON
SOPRON
CARRON
LARRON
MARRON
VARRON
VARRON
FERRON
PERRON
GORRON
NATRON
PATRON
CITRON
LITRON
MITRON
MAURON
MOURON
TOURON
LEVRON
STYRON
BLASON
GIBSON
HOBSON
PACSON
TUCSON
HUDSON
MAISON
RAISON
SAISON
VAISON
EDISON
FOISON
POISON
TOISON
FRISON
FRISON
GRISON
GRISON
PRISON
NELSON
TELSON
GILSON
WILSON
SAMSON

HANSON
LANSON
SANSON
TENSON
PINSON
VINSON
JONSON
PONSON
PAQSON
CARSON
GERSON
HIRSON
OURSON
BASSON
MASSON
BESSON
BESSON
CESSON
TESSON
WATSON
DAWSON
LOYSON
KEATON
CHATON
PLATON
CRATON
NECTON
DICTON
PIÉTON
BRETON
BRETON
ASHTON
LAITON
CHITON
BOITON
FRITON
TRITON
NUITON
DALTON
GALTON
PELTON
MILTON
BOLTON
FULTON
CANTON
CANTON
DANTON
SANTON
MENTON
MENTON
PONTON
TONTON
PHOTON
CROTON
PROTON
LEPTON
BARTON

CARTON
FERTON
MERTON
VIRTON
CORTON
HORTON
HORTON
MORTON
BURTON
BASTON
GASTON
FESTON
HESTON
TESTON
VESTON
WESTON
FISTON
LISTON
MISTON
PISTON
BOSTON
BOSTON
HUSTON
PATTON
BETTON
LETTON
LETTON
COTTON
DUTTON
HUTTON
LYTTON
DEUTON
TEUTON
PLUTON
PLUTON
BOUTON
MOUTON
MOUTON
NEWTON
NEWTON
PAXTON
DAYTON
RHYTON
GUYTON
OXYTON
SLAVON
ÉLEVON
KLAXON
CLAYON
CRAYON
TRAYON
ALCYON
PLEYON
CANYON
BARYON
GÉRYON
MERYON

QUEZÓN
D'ALZON
PINZÓN
CROZON
CURZON
MOUZON
TROARN
WEBERN
VÄNERN
TAUERN
SEVERN
BAYERN
AUBURN
TRIBUN
CHACUN
CANCÚN
MAO DUN
VERDUN
LOUDUN
SHOGUN
YICHUN
FUSHUN
LÜSHUN
EL-AIUN
KUNLUN
COMMUN
ARGOUN
IRGOUN
MIMOUN
SIMOUN
LEBRUN
EMBRUN
EMBRUN
HAMSUN
SAMSUN
LAUZUN
HUSAYN
BAILYN
BILBAO
CAO CAO
CÔN DAO
GALEÃO
NÉCHAO
RIZHAO
CALLAO
GUSMÃO
SHI TAO
SERTÃO
MALABO
LAVABO
NOCEBO
SASEBO
GBAGBO
NINGBO
HUAMBO
PIOMBO
BONOBO

MONACO
CARACO
ZYDECO
HÉLICO
ILLICO
MEXICO
TOXICO
BLANCO
FRANCO-
FRANCO
FRANCO
ROCOCO
SIROCO
FIASCO
OSASCO
ENESCO
UNESCO
TEMUCO
OROZCO
ABBADO
MIKADO
SALADO
MANADO
MENADO
ALBÉDO
OVIEDO
TOLEDO
OLMEDO
LAREDO
LIVEDO
LIBIDO
AÏKIDO
BRANDO
ESCUDO
BORNÉO
STÉRÉO
SENUFO
TOBAGO
ASIAGO
GALAGO
VIRAGO
JIVAGO
INDIGO
GINKGO
LOANGO
GRINGO
ALBUGO
PONCHO
GAUCHO
SORGHO
SAPPHO
TAISHO
CAN THO
NEBBIO
BOBBIO
GUBBIO
IBIBIO

6

DUCCIO
AFL-CIO
RANCIO
MINCIO
TERCIO
STUDIO
MACEIÓ
ADAGIO
REGGIO
FANGIO
SAGLIO
SERLIO
DAÏMIO
KUOPIO
DEUSIO
TERTIO
BAGUIO
BAGUIO
DEUZIO
MARAJÓ
NAVAJO
AHIDJO
BAMAKO
ROTHKO
CRANKO
PÉDALO
MÉGALO
PUEBLO
ALMELO
POMELO
ILOILO
IVAJLO
FOLKLO
OTELLO
CUELLO
APOLLO
TRULLO
GIGOLO
RIGOLO
BAROLO
AIROLO
AMERLO
MODULO
POPULO
DYNAMO
TERAMO
BAYAMO
ESKIMO
ESKIMO
COSIMO
ULTIMO
CHROMO
NAGUMO
MÉCANO
ELCANO
TUCANO
NAGANO

LUGANO
MAIANO
TUKANO
CELANO
ORNANO
MERANO
MURANO
CYRANO
PISANO
KITANO
KLADNO
GRODNO
MORENO
TECHNO
URBINO
PACINO
LADINO
DOMINO
EL NIÑO
MARINO
CASINO
LATINO
AQUINO
KIMONO
CHRONO
ADORNO
OSORNO
FRESNO
VAN LOO
KARROO
DA CAPO
QUEIPO
OULIPO
FIGARO
FIGARO
NOGARO
PESARO
MATARÓ
JIVARO
GABBRO
ÖREBRO
VELCRO
CUADRO
LIBERO
VOCERO
BOLÉRO
NUMÉRO
HERERO
TORERO
HÉTÉRO
BOTERO
AVEIRO
DE NIRO
BORORO
DNIPRO
KHOSRÔ
CASTRO

BISTRO
ENDURO
MAJURO
EL PASO
JANCSÓ
SEVESO
TROMSØ
ALONSO
ARIOSO
DONOSO
CARUSO
SÁBATO
AMBATO
RUBATO
LEGATO
PARETO
MORETO
SOWETO
PACHTO
PACHTO
LOBITO
SUBITO
COGITO
RIALTO
TIENTO
SHINTO
QUINTO
ZIGOTO
SOKOTO
EX-VOTO
QUARTO
PRESTO
GHETTO
DUETTO
SCOTTO
GIOTTO
BHUTTO
TENUTO
MAPUTO
IN VIVO
EX VIVO
KOSOVO
TAMAYO
DAIMYO
ARROYO
ARROYO
RIENZO
ISONZO
COROZO
UDERZO
STURZO
AREZZO
CARNAP
PRILEP
BIP-BIP
FÉCAMP
DU CAMP

HIP-HOP
BISHOP
MAÏKOP
PROKOP
DUNLOP
NATORP
HOLD-UP
PICK-UP
GALLUP
NASDAQ
LE PECQ
LECOCQ
VIDOCQ
TAWFIQ
ANABAR
MALBAR
MINBAR
CROBAR
LOUBAR
LASCAR
LESCAR
CLÉDAR
GONDAR
VARDAR
SIRDAR
TULÉAR
ALVEAR
HOGGAR
HANGAR
CONGAR
TUNGAR
BÉCHAR
MECIAR
CAVIAR
QADJAR
BANJAR
OTAKAR
NECKAR
BALKAR
TABLAR
JUGLAR
DOLLAR
KOLLÁR
GOSLAR
KEVLAR
WEIMAR
CALMAR
KALMAR
COLMAR
WISMAR
THÉNAR
MOLNÁR
MANNAR
CASOAR
GASPAR
JASPAR
QUASAR

PULSAR
AVATAR
NECTAR
SEHTAR
ISHTAR
INSTAR
COSTAR
MOSTAR
JAGUAR
MAGYAR
MAGYAR
FALZAR
GLABER
KLÉBER
GALBER
FELBER
CAMBER
NIMBER
BOMBER
TOMBER
HUMBER
SNOBER
BARBER
GERBER
DAUBER
FAUBER
GRUBER
GRÜBER
KHYBER
AGACER
GLACER
PLACER
TRACER
SOCCER
SLICER
ÉPICER
CANCER
CANCER
LANCER
TANCER
PINCER
RINCER
FONCER
JONCER
PONCER
BERCER
GERCER
PERCER
FORCER
SAUCER
POUCER
ÉPUCER
LEADER
LOADER
BRADER
ÉVADER
TEDDER

RAEDER
FEEDER
LIEDER
RAIDER
ÉLIDER
SPIDER
BRIDER
GUIDER
ÉVIDER
BALDER
CALDER
WILDER
POLDER
SOLDER
ZOLDER
BANDER
GANDER
LÄNDER
MANDER
SANDER
BENDER
TENDER
LINDER
ZINDER
FONDER
MONDER
SONDER
WONDER
BRODER
ÉRODER
BARDER
CARDER
DARDER
FARDER
GARDER
LARDER
TARDER
HERDER
MERDER
BORDER
CORDER
ÉLUDER
BOUDER
COUDER
SOUDER
FEYDER
OXYDER
DE GEER
CAPÉER
AGRÉER
TORÉER
KIEFER
GAFFER
BIFFER
PIFFER
À MI-FER
CONFER

WOOFER
SURFER
PÉAGER
VIAGER
AMAGER
USAGER
ÉTAGER
BADGER
PIÉGER
SIÉGER
JIGGER
DOGGER
FUGGER
GEIGER
NEIGER
ÉRIGER
EXIGER
DANGER
LANGER
MANGER
RANGER
SANGER
TANGER
MENGER
VENGER
BINGER
SINGER
SINGER
LONGER
RONGER
SONGER
JÜNGER
MARGER
BERGER
BERGER
VERGER
FORGER
GORGER
BURGER
BÜRGER
MURGER
MURGER
PURGER
JAUGER
BOUGER
GRUGER
KRUGER
BÂCHER
CACHER
FÂCHER
GÂCHER
HACHER
LÂCHER
MÂCHER
PACHER
TACHER
TÂCHER

VACHER
BÊCHER
LÉCHER
MÉCHER
PÉCHER
PÊCHER
SÉCHER
AICHER
BICHER
FICHER
LICHER
NICHER
RICHER
COCHER
CÔCHER
HOCHER
KOCHER
LOCHER
NOCHER
POCHER
ROCHER
ARCHER
ESCHER
BÛCHER
HUCHER
JUCHER
RUCHER
CASHER
KASHER
FISHER
ESTHER
LUTHER
ROUHER
GABIER
GIBIER
AUBIER
DACIER
LICIER
VICIER
PUCIER
RADIER
BÉDIER
DÉDIER
DIDIER
NODIER
THÉIER
DÉFIER
MÉFIER
ROGIER
AUGIER
CAHIER
FALIER
PALIER
ABLIER
BÉLIER
BÉLIER
DÉLIER

RELIER
AILIER
PILIER
ALLIER
ALLIER
ENLIER
BOLIER
TÔLIER
DAMIER
LAMIER
RAMIER
TAMIER
ZAMIER
GÉMIER
CIMIER
LIMIER
NIMIER
MÔMIER
ORMIER
FUMIER
CANIER
LANIER
MANIER
PANIER
VANIER
DENIER
DÉNIER
RENIER
LINIER
MINIER
RÔNIER
ZONIER
HUNIER
NAPIER
PAPIER
PÉPIER
PIPIER
COPIER
JUPIER
EXPIER
CARIER
MARIER
PARIER
VARIER
ABRIER
ÉCRIER
PERIER
SÉRIER
CIRIER
ÉTRIER
STRIER
MÛRIER
CASIER
GÉSIER
LISIER
GOSIER
ROSIER

RATIER
MÉTIER
SETIER
ALTIER
ENTIER
CÔTIER
LOTIER
POTIER
PUTIER
DAVIER
FAVIER
RAVIER
OBVIER
DÉVIER
FÉVIER
LEVIER
LEVIER
VIVIER
VIVIER
ENVIER
CUVIER
CUVIER
GAZIER
HOZIER
SHAKER
QUAKER
HACKER
BECKER
NECKER
KICKER
COCKER
COCKER
DOCKER
ROCKER
DEKKER
FOKKER
TANKER
BUNKER
JUNKER
HOOKER
BROKER
STOKER
PARKER
JERKER
ÉCALER
DEALER
ÉGALER
THALER
ÉTALER
AVALER
CÂBLER
JABLER
SABLER
TABLER
CIBLER
AMBLER
SUBLER

6

BÂCLER	ISOLER	SOMMER	TONNER	SOUPER
RACLER	**KEPLER**	**KUMMER**	CLONER	COWPER
TACLER	PARLER	**SUMMER**	KRONER	**COWPER**
CICLER	**PARLER**	CHÔMER	PRÔNER	ÉGARER
GICLER	FERLER	BOOMER	TRÔNER	CABRER
HODLER	PERLER	ZOOMER	OZONER	SABRER
IODLER	HURLER	FERMER	**GARNER**	ZÉBRER
JODLER	OURLER	GERMER	MARNER	VIBRER
YODLER	**HITLER**	**GERMER**	BERNER	AMBRER
OUDLER	**ORTLER**	FORMER	CERNER	OMBRER
POÊLER	**BUTLER**	**MESMER**	**WERNER**	NACRER
ÉPELER	GAULER	PAUMER	BORNER	SACRER
GRÊLER	**TAULER**	ÉCUMER	CORNER	ANCRER
RAFLER	ADULER	RHUMER	**CORNER**	ENCRER
GIFLER	FEULER	PLUMER	**TURNER**	SUCRER
ENFLER	MEULER	BOUMER	**GESNER**	CADRER
MOFLER	ULULER	**DOUMER**	SAUNER	OBÉRER
RÉGLER	ÉMULER	AHANER	JEÛNER	ACÉRER
BIGLER	BOULER	FLÂNER	ALUNER	OPÉRER
KAHLER	COULER	GLANER	**BRUNER**	STÉRER
MAHLER	FOULER	PLANER	DRAPER	AVÉRER
KÖHLER	IOULER	ÉMANER	**DRAPER**	BÂFRER
WÖHLER	MOULER	CRÂNER	CRÊPER	MIGRER
MAILER	ROULER	**WIENER**	CHIPER	**ROHRER**
SAILER	SOÛLER	AMENER	FRIPER	FÜHRER
POILER	BRÛLER	GRENER	GUIPER	FOIRER
VOILER	OVULER	GAGNER	**KUIPER**	MOIRER
ÉPILER	**FOWLER**	MAGNER	PALPER	ÉTIRER
HUILER	STYLER	**WAGNER**	CAMPER	ADORER
TUILER	BLÂMER	RÉGNER	DAMPER	BARRER
EXILER	CLAMER	**TEGNÉR**	LAMPER	CARRER
BALLER	BRAMER	LIGNER	RAMPER	**KARRER**
DALLER	CRAMER	SIGNER	VAMPER	MARRER
TALLER	**CRAMER**	**WIGNER**	POMPER	NARRER
WALLER	TRAMER	COGNER	DUMPER	FERRER
DELLER	ÉTAMER	ROGNER	ÉCOPER	SERRER
KELLER	**BODMER**	**RAHNER**	CHOPER	TERRER
PELLER	CRÉMER	GAINER	**COOPER**	MÉTRER
SELLER	**KREMER**	LAINER	DROPER	NITRER
TELLER	**ROHMER**	RAINER	HAPPER	TITRER
AILLER	ABÎMER	PEINER	JAPPER	VITRER
BILLER	ÉCIMER	VEINER	NAPPER	ENTRER
CILLER	ANIMER	CHINER	RAPPER	OUTRER
CILLER	BRIMER	OPINER	ZAPPER	SAURER
MILLER	FRIMER	URINER	KIPPER	ÉCURER
PILLER	GRIMER	USINER	NIPPER	AMURER
TILLER	PRIMER	RUINER	RIPPER	GOURER
COLLER	TRIMER	AVINER	TIPPER	LOURER
ROLLER	**BALMER**	DAMNER	ZIPPER	APURER
TOLLER	CALMER	CANNER	**HOPPER**	ÉPURER
BULLER	PALMER	TANNER	**POPPER**	AZURER
FULLER	**PALMER**	**TANNER**	JASPER	NAVRER
MULLER	FILMER	VANNER	**JASPER**	SEVRER
MÜLLER	GEMMER	**JENNER**	TAUPER	GIVRER
MÜLLER	GOMMER	**RENNER**	COUPER	LIVRER
VIOLER	NOMMER	DONNER	**COUPER**	OUVRER
FRÔLER	POMMER	SONNER	LOUPER	TEASER

BLASER
GLASER
ARASER
BRASER
FRASER
FRASER
ÉVASER
PACSER
ALÉSER
BLÉSER
GRÉSER
BAISER
KAISER
KAISER
REISER
ANISER
BOISER
MOISER
TOISER
ARISER
BRISER
FRISER
GRISER
IRISER
PRISER
PUISER
AVISER
VALSER
WALSER
PULSER
DANSER
GANSER
PANSER
PENSER
DJOSER
GLOSER
HERSER
VERSER
CORSER
CASSER
GASSER
LASSER
MASSER
NASSER
PASSER
SASSER
TASSER
CESSER
FESSER
MESSER
VESSER
BISSER
HISSER
LISSER
PISSER
TISSER
VISSER

BOSSER
COSSER
ROSSER
TOSSER
CAUSER
HAUSER
MAUSER
PAUSER
ABUSER
AMUSER
GEYSER
ÉPATER
OUATER
QUATER
JACTER
BECTER
DICTER
PIÉTER
FRÉTER
PRÊTER
ÉTÊTER
QUÊTER
EXETER
CAFTER
LIFTER
ÉDITER
AGITER
ALITER
IMITER
BOITER
COÏTER
CUITER
ÉVITER
AALTER
CALTER
MALTER
WALTER
WELTER
TILTER
HOLTER
VOLTER
CANTER
GANTER
HANTER
SANTER
VANTER
RENTER
TENTER
VENTER
PINTER
PINTER
TINTER
CONTER
MONTER
PONTER
HUNTER
RIOTER

CAPTER
CARTER
CARTER
FARTER
PORTER
PORTER
BASTER
LESTER
PESTER
RESTER
TESTER
ZESTER
LISTER
LISTER
PISTER
ULSTER
FOSTER
POSTER
AUSTER
GATTER
LATTER
NATTER
GETTER
SETTER
BITTER
RITTER
BOTTER
HOTTER
MOTTER
POTTER
BUTTER
CUTTER
LUTTER
PUTTER
FAUTER
LAUTER
SAUTER
CHUTER
BLUTER
SLUTER
BOUTER
COÛTER
DOUTER
GOÛTER
JOUTER
ROUTER
VOÛTER
GRUTER
RUYTER
EMBUER
BREUER
BAGUER
RAGUER
TAGUER
VAGUER
LÉGUER
LIGUER

VOGUER
ARGUER
FUGUER
SALUER
DILUER
REMUER
DÉNUER
SINUER
CLOUER
FLOUER
ÉNOUER
FROUER
TROUER
AVOUER
CAQUER
LAQUER
MAQUER
RAQUER
SAQUER
TAQUER
VAQUER
NIQUER
PIQUER
TIQUER
MOQUER
POQUER
ROQUER
TOQUER
ARQUER
SITUER
WEAVER
CLAVER
BRAVER
DRAVER
GRAVER
ÉLEVER
CREVER
GREVER
CLIVER
OLIVER
DRIVER
PRIVER
AVIVER
DENVER
HOOVER
SAUVER
COUVER
ÉTUVER
ÉGAYER
DRAYER
FRAYER
ÉTAYER
STAYER
BAEYER
DREYER
ABOYER
CHOYER

PLOYER
BROYER
PROYER
CARYER
DU RYER
ÉCUYER
HEUYER
BLAZER
FRAZER
PEDZER
PANZER
MÜNZER
BUTZER
ABWEHR
MOHAIR
ÉCLAIR
IMPAIR
DU VAIR
DJABIR
RANCIR
MINCIR
CAPCIR
FARCIR
FORCIR
DURCIR
AGADIR
TIÉDIR
RAIDIR
ROIDIR
CANDIR
BENDIR
BONDIR
VERDIR
NORDIR
OURDIR
RÉAGIR
SURGIR
ROUGIR
ÉBAHIR
TRAHIR
MENHIR
SAPHIR
KÉPHIR
AVILIR
MOLLIR
ABOLIR
EMPLIR
SHAMIR
BLÊMIR
FRÉMIR
CALMIR
DORMIR
AVENIR
BANNIR
HENNIR
HONNIR
AGONIR

6

GARNIR	RASSIR	VIDEUR	ERREUR	AUTOUR
TERNIR	GLATIR	CODEUR	FUREUR	**CAVOUR**
VERNIR	ABÊTIR	RÔDEUR	JUREUR	**NAGPUR**
JAUNIR	MOITIR	ARDEUR	JASEUR	**JAIPUR**
RÉUNIR	NANTIR	PUDEUR	RASEUR	**RAIPUR**
ALUNIR	MENTIR	GRÉEUR	PESEUR	**RAMPUR**
BRUNIR	SENTIR	GAGEUR	DISEUR	**KANPUR**
SUÇOIR	PARTIR	NAGEUR	LISEUR	**DISPUR**
RIDOIR	TARTIR	RAGEUR	VISEUR	**GUNTUR**
VIDOIR	SERTIR	LOGEUR	DOSEUR	**ANADYR**
RODOIR	SORTIR	JUGEUR	POSEUR	ZÉPHYR
ÉCHOIR	BLEUIR	LUGEUR	ROSEUR	**TAÏMYR**
PLIOIR	ENFUIR	MAÏEUR	DATEUR	MARTYR
HÂLOIR	GRAVIR	SCIEUR	TÂTEUR	**VESAAS**
SALOIR	SERVIR	CHIEUR	ACTEUR	ICI-BAS
VALOIR	ÉLIXIR	SKIEUR	JETEUR	**COMBAS**
SEMOIR	**THABOR**	PLIEUR	PÉTEUR	**ROMBAS**
FUMOIR	**KALDOR**	ÉPIEUR	COTEUR	AROBAS
MANOIR	**VAL-D'OR**	CRIEUR	MOTEUR	**CORBAS**
LENOIR	**BENDOR**	PRIEUR	AUTEUR	FRACAS
RENOIR	CONDOR	TRIEUR	BUTEUR	TRACAS
ESPOIR	**CONDOR**	MAJEUR	TUTEUR	**HALDAS**
PAROIR	**MONDOR**	**MAJEUR**	BOUEUR	**GILDAS**
MIROIR	**FIODOR**	HALEUR	JOUEUR	**MORÉAS**
TIROIR	**SAUGOR**	PÂLEUR	LOUEUR	**TAIFAS**
RASOIR	**HATHOR**	RÂLEUR	TOUEUR	**VARGAS**
MUSOIR	SENIOR	VALEUR	FAVEUR	**BURGAS**
MATOIR	JUNIOR	FILEUR	GAVEUR	**NICIAS**
BUTOIR	**ANGKOR**	VOLEUR	LAVEUR	**AUGIAS**
BAVOIR	**TAYLOR**	RAMEUR	PAVEUR	**HÉLIAS**
LAVOIR	**LARMOR**	SEMEUR	RAVEUR	**NAMIAS**
RAVOIR	**LOB NOR**	LIMEUR	SAVEUR	**JOSIAS**
SAVOIR	INDOOR	RIMEUR	RÊVEUR	**LYSIAS**
DEVOIR	TRÉSOR	FUMEUR	VIVEUR	**PUSKAS**
REVOIR	TUSSOR	HUMEUR	BUVEUR	**DOUKAS**
RIVOIR	STATOR	RUMEUR	MIXEUR	**CALLAS**
VIVOIR	**HECTOR**	TUMEUR	BOXEUR	**DALLAS**
DIAPIR	**VICTOR**	FANEUR	MAYEUR	**PALLAS**
CLAPIR	**CANTOR**	GÊNEUR	PAYEUR	**HELLAS**
GLAPIR	**KANTOR**	MENEUR	VOYEUR	MILLAS
CRÉPIR	MENTOR	TENEUR	**TOZEUR**	**MILLAS**
SOUPIR	**MENTOR**	VENEUR	**ARTHUR**	FRIMAS
DJARIR	**CASTOR**	BINEUR	**SUKKUR**	PALMAS
CHÉRIR	CASTOR	DÎNEUR	**VELLUR**	THOMAS
GUÉRIR	**NESTOR**	MINEUR	**SAUMUR**	**THOMAS**
QUÉRIR	OCTUOR	CHŒUR	GIAOUR	ANANAS
OFFRIR	**LOUXOR**	SAPEUR	LABOUR	**KAUNAS**
AIGRIR	**DNIEPR**	TAPEUR	**ARBOUR**	TRÉPAS
BARRIR	**LAVAUR**	VAPEUR	**DUFOUR**	LAMPAS
PÉTRIR	OBSCUR	PIPEUR	SÉJOUR	COMPAS
AHURIR	LABEUR	DUPEUR	**LAMOUR**	**SCOPAS**
COURIR	GOBEUR	CIREUR	HUMOUR	**MAUPAS**
MOURIR	LACEUR	MIREUR	**ASSOUR**	REBRAS
OUVRIR	NOCEUR	TIREUR	**LA TOUR**	MADRAS
SAISIR	SUCEUR	VIREUR	DÉTOUR	**MADRAS**
LOISIR	FADEUR	DOREUR	RETOUR	**ESDRAS**
MOISIR	HIDEUR	FOREUR	ENTOUR	DÉGRAS

VALRAS
WALRAS
BARRAS
FATRAS
MATRAS
PATRAS
TATRAS
TÉTRAS
FOURAS
KANSAS
SENSAS
BARTAS
TARTAS
CESTAS
KAPUAS
CUEVAS
PRIVAS
TOUVAS
JACOBS
MOHÁCS
LUKÁCS
ÉCHECS
COMICS
FRANCS
FIELDS
CHILDS
À-FONDS
MOGODS
LLOYD'S
HOBBES
THÈBES
LIMBES
COMBES
DOMBES
LOMBES
BARBÈS
TARBES
GRÂCES
SUCCÈS
PROCÈS
FORCES
PRADES
QUADES
AGIDES
ALIDES
BRIDES
VALDÈS
VALDÉS
LANDES
WENDES
RHODES
HARDES
SARDES
BORDES
CORDES
GORDES
LAUDES
GELÉES
MENÉES
PARÉES
PROFÈS
TERFÈS
NEIGES
GANGES
DONGES
GARGES
BORGES
FORGES
MORGES
VOSGES
BAUGES
MAUGES
GOUGES
BRUGES
FRUGES
LOCHES
ARCHES
DUCHÉS
HUGHES
ARRHES
RASHES
RUSHES
BRAIES
FACIÈS
LADIES
SALIES
MÉLIÈS
NÉNIES
TÀPIES
TORIES
FURIES
COSIES
DAVIES
WILKES
STOKES
STOKES
HAWKES
REALES
THALÈS
CÂBLÉS
BÈGLES
ANGLES
RUGLES
AVILÉS
GALLES
HALLES
VALLÈS
CELLES
SELLES
WELLES
GILLES
GILLES
NILLES
DULLES
SHOLES
NAPLES
ORTLES
BOWLES
THAMES
N-IÈMES
CRÉMÉS
OPIMES
HOLMES
JAMMES
HERMÈS
HERMÈS
KERMÈS
BORMES
FISMES
EVÈNES
CAGNES
TIGNES
LOGNES
GUÎNES
MEKNÈS
CANNES
LANNES
VANNES
GENNES
RENNES
CONNES
LEONES
PÉONES
THÔNES
BARNES
HARNES
PERNES
VERNES
BORNES
HORNES
FURNES
TOWNES
BEYNES
KEYNES
VEYNES
LUYNES
CAMÕES
HERPÈS
ÉTUPES
CHARÈS
SOARES
SUARÈS
SABRES
ARDRES
IBÈRES
MIERES
CLÈRES
GUÈRES
HYÈRES
AFFRES
SOFRES
INGRES
VAIRES
AÇORES
WEÖRES
FLORES
FLORÈS
D'APRÈS
VÊPRES
AUPRÈS
EXPRÈS
CYPRÈS
BARRÈS
SERRES
VERRÈS
YERRES
GÖRRES
TORRES
DURRËS
ISTRES
CAURES
JAURÈS
MAURES
SÈVRES
SÈVRES
SALSES
RAMSÈS
NARSÈS
FOSSES
CLUSES
DRUSES
ÉGATES
PICTES
BALTES
CELTES
KOLTÈS
MANTES
NANTES
CONTES
MONTES
À-CÔTÉS
COPTES
CERTES
SERTES
CORTES
CORTÉS
SYRTES
FASTES
COSTES
POSTES
LATTES
EMBUÉS
REÇUES
GOGUES
NOGUÈS
ORGUES
HUGUES
PÂQUES
PÂQUES
ONQUES
ARQUES
OSQUES
GRAVES
GRAVES
REEVES
CLÈVES
TRÈVES
SUÈVES
VANVES
XERXÈS
SIEYÈS
ILLYÉS
CLOYES
TROYES
DRUZES
SWINGS
COACHS
RANCHS
WINCHS
LUNCHS
MATCHS
CLASHS
FLASHS
SLASHS
SMASHS
CRASHS
FLUSHS
RABAIS
REBAIS
DADAIS
THIAIS
BALAIS
CALAIS
MALAIS
MALAIS
PALAIS
VALAIS
RELAIS
ALLAIS
JAMAIS
HOMAIS
PANAIS
TANAÏS
ORNAIS
AUNAIS
MARAIS
MARAIS
KORAÍS
MORAIS
RÉTAIS
DIVAIS
NAYAIS
BREBIS
ANUBIS
GLACIS

6

PRÉCIS
CONCIS
BAUCIS
FONDIS
BARDIS
TAUDIS
ELÆIS
NÉRÉIS
HAGGIS
NANGIS
RUNGIS
GÂCHIS
HACHIS
RACHIS
ORCHIS
SIALIS
OXALIS
TIFLIS
WALLIS
MULLIS
GENLIS
SENLIS
GAULIS
ADULIS
COULIS
ROULIS
ÉPULIS
BRÛLIS
THÉMIS
SALMIS
COMMIS
PROMIS
PERMIS
VERMIS
HORMIS
KOUMIS
SOUMIS
CHENIS
TENNIS
ADONIS
ADONIS
BERNIS
PERNIS
VERNIS
MI-BOIS
ARBOIS
AUBOIS
DU BOIS
DUBOIS
NIÇOIS
NIÇOIS
VICOIS
BUCOIS
LUÇOIS
BADOIS
AUDOIS
EUDOIS
LUDOIS
VIFOIS
BÂLOIS
BÂLOIS
GALOIS
PALOIS
PALOIS
VALOIS
DOLOIS
HAMOIS
HÉMOIS
RÉMOIS
RÉMOIS
SEMOIS
NÎMOIS
DANOIS
DANOIS
GÉNOIS
GÉNOIS
KINOIS
KINOIS
MINOIS
SINOIS
VINOIS
DUNOIS
EMPOIS
VAROIS
FÉROIS
AIROIS
VIROIS
NOROIS
YPROIS
MATOIS
PATOIS
SÉTOIS
CÔTOIS
LOTOIS
APTOIS
ARTOIS
HUTOIS
PUTOIS
PAVOIS
BOVOIS
GEXOIS
AIXOIS
AIXOIS
AUXOIS
BUXOIS
MÉZOIS
KEMPIS
GLARIS
DÉBRIS
PICRIS
IBÉRIS
MŒRIS
AZÉRIS
LEIRIS
OSIRIS
FLORIS
DÉPRIS
MÉPRIS
REPRIS
APPRIS
CYPRIS
HARRIS
GERRIS
LORRIS
MORRIS
NORRIS
CAURIS
SAURIS
TAURIS
SOURIS
BLASIS
AMASIS
BRISIS
MANSIS
PTÔSIS
MYOSIS
SURSIS
CASSIS
CASSIS
LASSIS
RASSIS
ABATIS
GRATIS
ISATIS
THÉTIS
IRITIS
SÄNTIS
FONTIS
SERTIS
PASTIS
LATTIS
ELYTIS
LAGUIS
DALUIS
DEPUIS
MAQUIS
ACQUIS
REQUIS
ENQUIS
EXQUIS
ARAVIS
ALEVIS
SUIVIS
PELVIS
CLOVIS
PARVIS
TARVIS
MAUVIS
PRAXIS
ALEXIS
ZEUXIS
ONYXIS
SWAZIS
LAZZIS
POMAKS
SMOCKS
SKUNKS
BROOKS
IDÉALS
FINALS
FÉRALS
CASALS
ENGELS
E-MAILS
ÉMAILS
OPHULS
BAD EMS
BRAHMS
CAROMS
BIBANS
ALBANS
DEDANS
LE MANS
ROMANS
ORNANS
MARANS
MARANS
OISANS
TITANS
ALBENS
RUBENS
EYBENS
ENCENS
QUEENS
DÉFENS
ARGENS
AMIENS
KRIENS
VALENS
RENENS
DÉPENS
WARENS
MÉRENS
ÉDUENS
LEVENS
ARYENS
ALAINS
STAINS
SABINS
RADINS
AFFINS
SALINS
ÉCRINS
LÉRINS
MORINS
URSINS
SÉNONS
BROONS
RÉPONS
JEVONS
SAXONS
BEZONS
CAJUNS
CILAOS
OVIBOS
LESBOS
CAICOS
MARCOS
ARADOS
GALDÓS
SURDOS
ABYDOS
CHAGOS
BURGOS
AZYGOS
PAPHOS
PATHOS
HÉLIOS
AMNIOS
DARIOS
BYBLOS
LACLOS
DÉCLOS
MI-CLOS
ENCLOS
DUCLOS
THOLOS
CARLOS
CADMOS
COSMOS
PÁTMOS
LLANOS
LEMNOS
LÍMNOS
CRONOS
KRONOS
TARNOS
DESNOS
CAMPOS
CAMPOS
MOMPÓS
PROPOS
DISPOS
PHAROS
CLAROS
ÍMBROS
ANDROS
ZAGROS
LEGROS
NEGROS
REGROS
ZÁKROS
CARROS
GARROS
PERROS

COUROS
KOUROS
SKYROS
HYKSOS
NESSOS
RÍTSOS
SANTOS
BASTOS
PUTTOS
EÖTVÖS
RELAPS
BICEPS
CYNIPS
THRIPS
BE-BOPS
CHÉOPS
KHEOPS
PÉLOPS
MFLOPS
CRIPPS
À-COUPS
ADJARS
TATARS
ALBERS
ANDERS
ENFERS
ANGERS
ROGERS
THIERS
SALERS
SALERS
MAMERS
SOMERS
WATERS
PETERS
HAVERS
DÉVERS
NEVERS
REVERS
REVERS
DIVERS
RIVERS
ANVERS
ENVERS
AUVERS
BOXERS
NOYERS
CAHORS
CAHORS
DEHORS
DELORS
GISORS
DÉTORS
RETORS
GIVORS
MŒURS
ATOURS
BY-PASS
STRASS
STRESS
GNEISS
SCHUSS
OBLATS
À-PLATS
NENETS
DONETS
ADRETS
AGUETS
VINGTS
BABITS
GÉANTS
CLOOTS
OP ARTS
EMMAÜS
MANAUS
PHÉBUS
EREBUS
PROBUS
AIRBUS
PINCUS
BLOCUS
CROCUS
MARCUS
CAUCUS
EXODUS
URÆUS
COLÉUS
AUREUS
DIFFUS
CONFUS
PROFUS
TRAGUS
VALGUS
MINGUS
FONGUS
LONGUS
TOPHUS
TYPHUS
AARHUS
FABIUS
MÖBIUS
MÖBIUS
DECIUS
RADIUS
MÉDIUS
ENNIUS
NONIUS
DARIUS
MARIUS
SIRIUS
TATIUS
AETIUS
FRÉJUS
VERJUS
CHÂLUS
RECLUS
RECLUS
INCLUS
PAULUS
OCULUS
CAYLUS
ORÉMUS
THYMUS
URANUS
MAGNUS
ACINUS
CLONUS
TAUNUS
PRUNUS
MAHOUS
REMOUS
AÏNOUS
RIPOUS
ABSOUS
CIXOUS
ZAZOUS
CAMPUS
PAPPUS
CORPUS
UTÉRUS
CHORUS
CIRRUS
BURRUS
CITRUS
INTRUS
TAURUS
RHÉSUS
CRÉSUS
CRÉSUS
LAPSUS
TARSUS
VERSUS
CURSUS
LASSUS
DESSUS
NESSUS
COSSUS
BYSSUS
ABUSUS
HIATUS
CACTUS
RICTUS
FŒTUS
QUITUS
CONTUS
RAPTUS
VERTUS
PLUTUS
BRUTUS
SIXTUS
NÆVUS
PLEXUS
FLUXUS
HOBBYS
LOBBYS
TÉTHYS
TOMMYS
KOUMYS
GUPPYS
OPHRYS
FERRYS
LORRYS
MASSYS
METSYS
GRABAT
SABBAT
COMBAT
WOMBAT
BOUBAT
LAÏCAT
AVOCAT
FORÇAT
LURÇAT
MUSCAT
CAÏDAT
SOLDAT
MANDAT
ORGEAT
ARAFAT
CALFAT
MORGAT
NOUGAT
RACHAT
BICHAT
BRÉHAT
ALCIAT
MÉDIAT
EFFIAT
RAPIAT
VIRIAT
GOUJAT
TEYJAT
PIALAT
PRÉLAT
VIOLAT
ISOLAT
MÉPLAT
REPLAT
SARLAT
BURLAT
IMAMAT
GRAMAT
CLIMAT
PRIMAT
BALMAT
FERMAT
FORMAT
BAS-MÂT
KHANAT
GRENAT
MAGNAT
COGNAT
AULNAT
GANNAT
BONNAT
DORPAT
BHARAT
ARARAT
CADRAT
CÉDRAT
INGRAT
ÉMIRAT
QUIRAT
ODORAT
DUPRAT
FERRAT
VERRAT
DAURAT
SEURAT
RESSAT
PISSAT
DIKTAT
VALTAT
COMTAT
COMTAT
SETTAT
AOÛTAT
BROYAT
TROYAT
GERZAT
IMPACT
INTACT
AFFECT
INFECT
ABJECT
SÉLECT
ASPECT
DIRECT
STRICT
BRANDT
ARENDT
BARBET
CARBET
SORBET
LOUBET
PLACET
EXOCET
EXOCET
PERCET
TERCET
DOUCET
GUADET
BORDET
NORDET
BAUDET

DAUDET
PRÉFET
RAFFET
BUFFET
BUFFET
PIAGET
GADGET
BUDGET
PINGET
GORGET
ROUGET
CACHET
SACHET
BECHET
DÉCHET
FICHET
NICHET
PICHET
RICHET
COCHET
COCHET
HOCHET
ROCHET
ROCHET
ARCHET
SUCHET
DUGHET
SYLHET
JAPHET
DOUHET
JOLIET
JOLIET
PUTIET
SOVIET
TRAJET
PROJET
SURJET
RACKET
BECKET
TICKET
ROCKET
ROCKET
SOCKET
BASKET
PHUKET
CHALET
POBLET
REFLET
RÉGLET
ANGLET
ANGLET
ONGLET
BALLET
VALLET
PELLET
BILLET
MILLET

MILLET
SILLET
COLLET
FOLLET
MOLLET
MOLLET
NOLLET
HAMLET
CHOLET
PIOLET
VIOLET
DRÔLET
CAPLET
REPLET
APPLET
VARLET
OURLET
SEULET
BOULET
GOULET
NOULET
POULET
POULET
STYLET
GUIMET
HIKMET
SOMMET
CARMET
CERMET
VERMET
FLUMET
PLUMET
GRANET
ADENET
CHENET
TRENET
MAGNET
MIGNET
SIGNET
QUINET
BONNET
BONNET
MONNET
SONNET
BARNET
CARNET
VERNET
CORNET
JAUNET
JEUNET
BRUNET
PEYNET
VOYNET
CLAPET
PRIPET
CLOPET
ISOPET

YSOPET
COPPET
TOUPET
TIARET
LEBRET
ALBRET
SACRET
DÉCRET
SECRET
CHÉRET
GUÉRET
GUÉRET
MAGRET
REGRET
MAIRET
LOIRET
NOIRET
POIRET
APPRÊT
JARRET
FERRET
FERRET
PERRET
THURET
TOURET
LIVRET
UNDSET
OFFSET
GRISET
LIPSET
VERSET
CORSET
DORSET
BASSET
CUSSET
MUSSET
JET-SET
PICTET
PONTET
PROTÊT
LARTET
FUSTET
SAUTET
BLEUET
DAGUET
BOGUET
HUGUET
MUGUET
MENUET
CLOUET
AROUET
BROUET
DROUET
BAQUET
CAQUET
PAQUET
TAQUET

ACQUÊT
BÉQUET
PÉQUET
BIQUET
PIQUET
PIQUET
RIQUET
COQUET
HOQUET
LOQUET
POQUET
ROQUET
SOQUET
DÉSUET
BLAVET
CHEVET
BREVET
OLIVET
OLIVET
VELVET
SERVET
VERVET
BOUVET
BOUVET
JOUVET
LOUVET
RAIZET
CROZET
KRAFFT
BRECHT
BRIGHT
WRIGHT
DÉFAIT
MÉFAIT
REFAIT
ACABIT
GAMBIT
INÉDIT
CRÉDIT
PRÉDIT
BANDIT
PANDIT
LENDIT
NON-DIT
SUSDIT
MAUDIT
ÉRUDIT
KOWEÏT
CONFIT
PROFIT
CHÂLIT
CARLIT
GRANIT
CHENIT
ACONIT
BENOIT
BENOÎT

BENOÎT
ADROIT
NOROÎT
ÉTROIT
SUROÎT
PITPIT
UGARIT
LABRIT
DÉCRIT
RÉCRIT
ESPRIT
PRURIT
TILSIT
TILSIT
FOOTIT
INSTIT
POST-IT
RECUIT
INCUIT
ADDUIT
DÉDUIT
RÉDUIT
SÉDUIT
ENDUIT
INDUIT
DUGUIT
MINUIT
ACQUIT
ECEVIT
KIKWIT
SEECKT
COBALT
ANHALT
BRAULT
INDULT
RAOULT
AGOULT
GOBANT
LOBANT
ROBANT
CUBANT
TUBANT
LAÇANT
VACANT
SÉCANT
SUÇANT
DADANT
RADANT
CÉDANT
PÉDANT
AIDANT
RIDANT
VIDANT
CODANT
GODANT
IODANT
RODANT

6

RÔDANT
CRÉANT
GRÉANT
PIFANT
ENFANT
INFANT
LOFANT
ÉCHANT
NOHANT
SCIANT
CHIANT
SKIANT
PLIANT
ÉPIANT
CRIANT
DRIANT
PRIANT
TRIANT
BALANT
CALANT
GALANT
HALANT
HÂLANT
RÂLANT
SALANT
TALANT
TALANT
VALANT
BÊLANT
CELANT
FÊLANT
GELANT
HÉLANT
MÊLANT
PELANT
VÊLANT
BILANT
FILANT
PILANT
SILANT
ALLANT
VOLANT
CULANT
CAMANT
DAMANT
LAMANT
PÂMANT
RAMANT
SEMANT
AIMANT
LIMANT
MIMANT
RIMANT
ARMANT
FUMANT
HUMANT
CANANT
FANANT
MANANT
PANANT
GÊNANT
MENANT
TENANT
VENANT
BINANT
DINANT
DÎNANT
MINANT
VINANT
PONANT
ZONANT
ORNANT
DUNANT
CAPANT
LAPANT
RÂPANT
SAPANT
TAPANT
BIPANT
PIPANT
RIPANT
TIPANT
DOPANT
TOPANT
DUPANT
RUPANT
TYPANT
GARANT
PARANT
TARANT
OCRANT
AÉRANT
GÉRANT
AIRANT
CIRANT
MIRANT
TIRANT
VIRANT
DORANT
FORANT
ERRANT
CURANT
DURANT
JURANT
MURANT
BASANT
CASANT
JASANT
RASANT
BESANT
LÉSANT
PESANT
BISANT
DISANT
GISANT
LISANT
MISANT
VISANT
DOSANT
POSANT
ROSANT
BUSANT
FUSANT
JUSANT
MUSANT
RUSANT
LYSANT
BÂTANT
DATANT
GÂTANT
HÂTANT
MATANT
MÂTANT
RATANT
TÂTANT
ACTANT
OCTANT
FÊTANT
JETANT
PÉTANT
TÉTANT
VÊTANT
CITANT
GÎTANT
LITANT
MITANT
ENTANT
COTANT
DOTANT
NOTANT
ROTANT
VOTANT
OPTANT
AUTANT
BUTANT
JUTANT
LUTANT
MUTANT
ÉLUANT
FLUANT
GLUANT
HOUANT
JOUANT
LOUANT
NOUANT
ROUANT
TOUANT
VOUANT
BRUANT
BRUANT
BAVANT
CAVANT
GAVANT
HAVANT
LAVANT
PAVANT
SAVANT
TAVANT
DEVANT
LEVANT
LEVANT
RÊVANT
RIVANT
VIVANT
LOVANT
NOVANT
BUVANT
CUVANT
FAXANT
TAXANT
VEXANT
FIXANT
MIXANT
BOXANT
LUXANT
BAYANT
PAYANT
RAYANT
SEYANT
NOYANT
VOYANT
FUYANT
GAZANT
ACCENT
DÉCENT
RÉCENT
REDENT
ARDENT
RÉGENT
RÉGENT
NOGENT
ARGENT
URGENT
CLIENT
ORIENT
ORIENT
TALENT
RELENT
DOLENT
CÉMENT
DÉMENT
CIMENT
PIMENT
MOMENT
DÛMENT
JUMENT
NÛMENT
ARPENT
PARENT
HERENT
ABSENT
LATENT
PATENT
FLUENT
AUVENT
PLAINT
CRAINT
ÉTEINT
BALINT
FORINT
SPRINT
EGMONT
GIMONT
DOMONT
ERMONT
CUMONT
DU MONT
DUMONT
LE PONT
DUPONT
GRAUNT
DÉFUNT
CHABOT
CHABOT
CLABOT
CRABOT
TALBOT
TURBOT
CHICOT
FRICOT
TRICOT
SURCOT
LESCOT
BOSCOT
BOUCOT
CRADOT
BARDOT
BARDOT
BAUDOT
CAGEOT
PAGEOT
ALIGOT
LINGOT
MARGOT
TURGOT
BACHOT
CACHOT
HOHHOT
RABIOT
FAFIOT
RAFIOT
FOLIOT
DORIOT
GORIOT
LORIOT

PETIOT
BARJOT
RAJKOT
CÂBLOT
MOBLOT
HUBLOT
OCELOT
GRELOT
BALLOT
CALLOT
GALLOT
GALLOT
BELLOT
BILLOT
ROLLOT
MERLOT
PERLOT
BOULOT
GOULOT
POULOT
SOÛLOT
BRÛLOT
MARMOT
PECNOT
CUÉNOT
PAGNOT
VIGNOT
CUGNOT
BONNOT
CARNOT
JEUNOT
BRUNOT
FLIPOT
TRIPOT
POL POT
SAMPOT
SUPPÔT
LOUPOT
CHÉROT
FIÉROT
FRÉROT
POIROT
BARROT
BARROT
GARROT
PARROT
PERROT
YVETOT
TANTÔT
CORTOT
PLUTÔT
DROUOT
PRÉVÔT
GUIZOT
SCRIPT
EXEMPT
PROMPT

ABRUPT
HOBART
ENCART
HOCART
BIDART
BOGART
BÉJART
ECKART
MALART
RENART
SÉNART
DÉPART
POP ART
STUART
FAVART
JAVART
SAVART
SAVART
MOZART
HÉBERT
EGBERT
ALBERT
AMBERT
ROBERT
ROBERT
HUBERT
OFFERT
ECKERT
MAMERT
RIPERT
APPERT
APPERT
RUPERT
EXPERT
DÉSERT
DISERT
INSERT
DUTERT
PIVERT
OUVERT
T-SHIRT
ACCORT
EFFORT
DÉPORT
LE PORT
REPORT
EMPORT
APPORT
DU PORT
ERFURT
YAOURT
SUD-EST
DIGEST
GENEST
FOREST
KLEIST
CHRIST

CHRIST
RIEMST
NERNST
EX POST
HEARST
PROUST
OLCOTT
ESCAUT
DÉFAUT
LÀ-HAUT
MAHAUT
REHAUT
TAÏAUT
BLIAUT
ARNAUT
HÉRAUT
ASSAUT
TAYAUT
TRIBUT
RAFFUT
CATGUT
CHAHUT
CHALUT
AZIMUT
HANNUT
DEBOUT
EMBOUT
DUBOUT
BAGOUT
RAGOÛT
DÉGOÛT
KOHOUT
RAJOUT
VA-TOUT
DAVOUT
MAZOUT
BÉZOUT
AUZOUT
RAJPUT
COMPUT
OUTPUT
MEERUT
BIERUT
BAYRUT
STATUT
KARBAU
SURBAU
BOUCAU
MOLDAU
LANDAU
LANDAU
LINDAU
LEBEAU
ARCEAU
PUCEAU
CADEAU
RADEAU

BEDEAU
RIDEAU
TUFEAU
DALEAU
HAMEAU
RAMEAU
RAMEAU
GÉMEAU
ORMEAU
JUMEAU
MENEAU
AGNEAU
PINEAU
ANNEAU
AUNEAU
JUNEAU
PIPEAU
COPEAU
COPEAU
APPEAU
MOREAU
YPRÉAU
BUREAU
BUREAU
PUREAU
SUREAU
NASEAU
RÉSEAU
BISEAU
CISEAU
OISEAU
ROSEAU
ROSEAU
ERSEAU
ASSEAU
FUSEAU
MUSEAU
BATEAU
GÂTEAU
RATEAU
RÂTEAU
CÉTEAU
LITEAU
COTEAU
POTEAU
CAVEAU
NIVEAU
FIZEAU
AARGAU
TORGAU
BURGAU
DACHAU
RAFIAU
ATRIAU
MILLAU
CARNAU
MURNAU

BEZNAU
LA CRAU
LE GRAU
SARRAU
NASSAU
PASSAU
DESSAU
BISSAU
GOSSAU
TUSSAU
RESTAU
LITTAU
ALOYAU
BENGBU
THIMBU
FOURBU
IGUAÇU
REVÉCU
VAINCU
APERÇU
ENESCU
ULLUCU
DÉCIDU
RÉSIDU
ASSIDU
ÉPANDU
ÉTENDU
MBUNDU
ÉPERDU
VACIEU
TUDIEU
MILIEU
MILIEU
JURIEU
ESSIEU
SCHLEU
NEUNEU
DEBREU
HÉBREU
HÉBREU
CHEVEU
GRIFFU
TOUFFU
KUNG-FU
BAKUFU
HULAGU
AMBIGU
TELUGU
COPAHU
CROCHU
TROCHU
HONSHU
SESSHU
KYUSHU
RENQIU
ESPRIU
FRANJU

CHINJU	BINIOU	**POINTU**	TEX MEX	FÉRAUX
CHONJU	ACAJOU	ABATTU	**THÔNEX**	VIRAUX
GAGAKU	JOUJOU	ÉBATTU	**WESSEX**	CORAUX
SODOKU	**HAIKOU**	**MOBUTU**	**SUSSEX**	MORAUX
EITOKU	**HANKOU**	DÉJÀ-VU	VERTEX	DURAUX
MASUKU	**BORKOU**	**BUKAVU**	CORTEX	MURAUX
CEFALU	**MACLOU**	POURVU	VORTEX	RURAUX
PAGALU	MARLOU	**HONGWU**	**CASTEX**	SURAUX
MAKALU	LOULOU	**RYUKYU**	LASTEX	BASAUX
REVALU	ZOULOU	**CHO OYU**	**RENAIX**	NASAUX
TUVALU	**ZOULOU**	**KIKUYU**	**DESAIX**	OCTAUX
CONCLU	**BORNOU**	**NUMAZU**	PRÉFIX	LÉTAUX
MAMELU	**DAUNOU**	**KONIEV**	**WEENIX**	MÉTAUX
MAFFLU	NOUNOU	**DRUMEV**	PHÉNIX	VITAUX
ABSOLU	QUIPOU	**LAPTEV**	**PHÉNIX**	DOTAUX
RÉSOLU	**SPIROU**	**NÉGUEV**	**MARNIX**	TOTAUX
DÉVOLU	**MARROU**	**UME ÄLV**	MI-VOIX	GLUAUX
RÉVOLU	VERROU	**TAMBOV**	**LE BRIX**	GRUAUX
COMPLU	**ROTROU**	**MARKOV**	**MERCKX**	**TAVAUX**
ÉMOULU	GOUROU	**LESKOV**	SPHINX	**DEVAUX**
KISUMU	**KOUROU**	**JOUKOV**	SYRINX	**CIVAUX**
INGÉNU	**BAYROU**	**JIVKOV**	**SYRINX**	NIVAUX
OBTENU	GRISOU	**ZIVKOV**	LARYNX	RIVAUX
DÉTENU	**GIRSOU**	**PAVLOV**	COW-POX	COXAUX
RETENU	**CASSOU**	**KRYLOV**	**MATTOX**	BOYAUX
ADVENU	**KOSSOU**	**ADAMOV**	VOLVOX	HOYAUX
DEVENU	**CHATOU**	**ASIMOV**	**DECAUX**	JOYAUX
REVENU	**POITOU**	**JDANOV**	FÉCAUX	LOYAUX
VISHNU	BANTOU	**IVANOV**	BOCAUX	NOYAUX
CHARNU	**BANTOU**	**LEONOV**	FOCAUX	ROYAUX
CHAUNU	**BAOTOU**	**KARPOV**	LOCAUX	**SOYAUX**
AKTAOU	**VERTOU**	**TAIROV**	VOCAUX	TUYAUX
BAMBOU	PISTOU	**KOVROV**	DUCAUX	**CAZAUX**
BOUBOU	FOUTOU	**BRASOV**	HADAUX	HIDEUX
TOUBOU	POUTOU	**PRESOV**	**BEDAUX**	CAÏEUX
TORCOU	TOUTOU	**BASSOV**	MODAUX	ADIEUX
MOSCOU	YOUYOU	**VERTOV**	NODAUX	ODIEUX
COUCOU	**ITAIPÚ**	**ROSTOV**	SCEAUX	ÉPIEUX
AMADOU	REPARU	OUTLAW	**SCEAUX**	ENJEUX
AMADOU	APPARU	SANDOW	IDÉAUX	GALEUX
ÉRIDOU	MEMBRU	**KRAKÓW**	FLÉAUX	BILEUX
NANDOU	**LANDRU**	**PANKOW**	ILÉAUX	PILEUX
HINDOU	**SEMERU**	**BELLOW**	**PLEAUX**	ALLEUX
SARDOU	**MASERU**	**BARLOW**	PRÉAUX	**ARLEUX**
OURDOU	CONGRU	**HARLOW**	VAGAUX	FAMEUX
VAUDOU	JABIRU	**TARNÓW**	LÉGAUX	RAMEUX
DOUDOU	BOURRU	**BARROW**	JUGAUX	FUMEUX
CORFOU	VENTRU	**SWATOW**	GLIAUX	VINEUX
GORFOU	**NAKURU**	**ROSTOW**	AXIAUX	**ESNEUX**
FOUFOU	**IEYASU**	**SYPHAX**	BANAUX	RÂPEUX
GRIGOU	DE VISU	SPALAX	CANAUX	SÉREUX
CACHOU	**BOUSSU**	CLIMAX	FANAUX	VÉREUX
FUZHOU	MOUSSU	THORAX	PÉNAUX	CIREUX
HUZHOU	**KOETSU**	STORAX	RÉNAUX	VIREUX
LUZHOU	DÉVÊTU	STYRAX	VÉNAUX	POREUX
QUZHOU	REVÊTU	**VINDEX**	FINAUX	**ÉVREUX**
SUZHOU	IN SITU	REFLEX	ANNAUX	VASEUX
WUZHOU	**PLANTU**	SCOLEX	ZONAUX	OISEUX
XUZHOU	POINTU	DUPLEX	PAPAUX	OSSEUX

GÂTEUX
PÂTEUX
PÉTEUX
MITEUX
PITEUX
JUTEUX
BOUEUX
NOUEUX
AQUEUX
BAVEUX
NEVEUX
BAYEUX
CAYEUX
CAYEUX
JOYEUX
MOYEUX
SOYEUX
GAZEUX
REFLUX
AFFLUX
INFLUX
POLLUX
HIBOUX
DECOUX
LEDOUX
REDOUX
GRÉOUX
BIJOUX
MIJOUX
JALOUX
LIMOUX
GENOUX
RIPOUX
LEROUX
LEZOUX
BOMBYX
COCCYX
CAMBAY
BOMBAY
D'ORBAY
TORBAY
NANÇAY
OGODAY
CORDAY
MARGAY
SACLAY
BELLAY
TANLAY
FINLAY
LE PLAY
HARLAY
MESLAY
BOULAY
CHIMAY
FRENAY
STENAY
ÉPINAY
VOLNAY
VOLNAY

AULNAY
TONNAY
BERNAY
CERNAY
MORNAY
LAUNAY
PILPAY
MAN RAY
TERRAY
MURRAY
CIVRAY
RAMSAY
LASSAY
DESSAY
PLOUAY
SOLVAY
MIDWAY
GALWAY
BOWLBY
GRANBY
ROSSBY
WHITBY
ANNECY
DRANCY
QUERCY
POBEDY
BRANDY
ISABEY
GOLBEY
BRÉCEY
MONCEY
LEAKEY
BLAKEY
MICKEY
HOCKEY
JOCKEY
BODLEY
DUDLEY
SMILEY
HALLEY
BELLEY
COLLEY
VOLLEY
HARLEY
MARLEY
MORLEY
WESLEY
SISLEY
COWLEY
HUXLEY
CAYLEY
NIAMEY
ABOMEY
HEANEY
SIDNEY
RODNEY
SYDNEY
CRENEY
VOLNEY

ROMNEY
STONEY
SARNEY
FERNEY
HORNEY
DISNEY
FLOREY
LARREY
SURREY
GEVREY
O'CASEY
PEISEY
WOLSEY
RAMSEY
JERSEY
JERSEY
MERSEY
MASSEY
HARVEY
CAVAFY
GROGGY
BLANGY
CLICHY
CAUCHY
DOUCHY
DINGHY
MURPHY
ZWICKY
WHISKY
JANSKY
MINSKY
KODÁLY
BAILLY
MAILLY
SCILLY
AMILLY
BOILLY
PRILLY
JUILLY
ÉCULLY
BRANLY
CHARLY
SHIMMY
ALBANY
BÁRÁNY
CHAGNY
ÉRAGNY
BLÉGNY
JOIGNY
GRIGNY
IRIGNY
ISIGNY
POUGNY
BAKONY
ANTONY
CHARNY
CZERNY
TOURNY
CHAUNY

COW-BOY
ANGLOY
QUEMOY
AULNOY
BRUNOY
DE TROY
MAUROY
FONTOY
SNOOPY
WOIPPY
SANARY
ROTARY
SAVARY
BOVARY
LANDRY
CAUDRY
GAUDRY
VALÉRY
SAVERY
THOIRY
O. HENRY
MALORY
MONORY
SATORY
CHERRY
SHERRY
SPERRY
GRATRY
GRÉTRY
GUITRY
GENTRY
TERTRY
DAUTRY
AMAURY
FLEURY
HEVESY
CHOISY
JUVISY
MOISSY
POISSY
ROISSY
ROUSSY
ALMATY
BOUNTY
BEATTY
DURBUY
TANGUY
CRÉQUY
HALÉVY
LONGWY
DUBAYY
VÉLIZY
CHANZY
BLANZY
ABKHAZ
LAPIAZ
HEDJAZ
CHIRAZ
PRAVAZ

MÓRICZ
AGADEZ
VALDEZ
BUCHEZ
ORTHEZ
EMBIEZ
BOULEZ
SUÁREZ
THOREZ
MONTEZ
TABRIZ
CURTIZ
RIVALZ
SCHULZ
BRIENZ
LORENZ
SBRINZ
YOCCOZ
DALLOZ
MERMOZ
CARROZ
KALISZ
MILOSZ
ERSATZ
SLODTZ
KROETZ
NIMITZ
DÖNITZ
KONITZ
MORITZ
SOULTZ
FRANTZ
QUANTZ
CHINTZ
QUARTZ
WIERTZ
SCHÜTZ
OLMÜTZ
PERUTZ
MAHFUZ
QUELUZ
HORMUZ
SOÏOUZ
SOYOUZ
SCHWYZ

MARKKAA
HIIUMAA
BOU CRAA
RUFIYAA
ALI BABA
LUALABA
UBERABA
MASTABA
ORIZABA
PARAÍBA
KOLAMBA
MARIMBA
COLOMBA
MACUMBA
LUMUMBA
CORDOBA
CÓRDOBA
OSTRACA
MALACCA
RÉBECCA
FONSECA
ARABICA
MOCHICA
FORMICA
LEGNICA
AMERICA
TAPIOCA
CARIOCA
CARIOCA
LAMBADA
NARBADA
FLAGADA
JANGADA
FALLADA
NARMADA
PIGNADA
MASSADA
BEZWADA
HENZADA
DELEDDA
RHONDDA
VELLÉDA
RIGVEDA
VOLOGDA
CANDIDA
EL-BEIDA
HODEÏDA
MACHIDA
DERRIDA
CORRIDA
UMBANDA
BAGANDA
BUGANDA
OUGANDA
ARLANDA
VÉRANDA
MIRANDA

ADDENDA
BAMENDA
FAZENDA
CABINDA
ROTONDA
SVOBODA
FACHODA
BARBUDA
BERMUDA
BURAYDA
ALTHÆA
NYMPHÉA
EL-GOLÉA
LA LÍNEA
CHELSEA
SWANSEA
RAÏATEA
FALSAFA
FELLAGA
CIÉNAGA
NORIEGA
COSSIGA
KANANGA
KATANGA
MARINGÁ
SERINGA
MORINGA
MILONGA
MAJUNGA
VIRUNGA
KALOUGA
BÉLOUGA
CHIBCHA
PADICHA
BOUDDHA
BOUDDHA
PUNAKHA
KHALKHA
BATALHA
COVILHÃ
PIRANHA
GANESHA
ONITSHA
PURUSHA
INKATHA
AL-DAWHA
USHUAIA
PICABIA
QUERCIA
BRESCIA
HEREDIA
OBALDIA
TARPEIA
BOUREÏA
RATAFIA
RACH GIA
CHÉCHIA

BOOTHIA
AYUTHIA
CAHOKIA
LAMBLIA
CAMÉLIA
MORELIA
AURELIA
MONILIA
BONAMIA
ARTÉMIA
GOIÂNIA
ROMANIA
ZIZANIA
XIMENIA
MAGHNIA
BÉGONIA
MAHONIA
ISERNIA
PÉTUNIA
PISTOIA
SÉQUOIA
OLYMPIA
MALARIA
CUMBRIA
LIBERIA
NIGERIA
ALMERÍA
IMPERIA
DEVÉRIA
ALEGRÍA
SANGRIA
CINGRIA
MELORIA
VITORIA
VITÓRIA
FREESIA
FUCHSIA
DIVISIA
QUASSIA
OPUNTIA
CHAOUÏA
MORAVIA
BATAVIA
BATAVIA
NINGXIA
GORIZIA
LIEPAJA
MITIDJA
KOULDJA
CHARDJA
LA RIOJA
LÁRNAKA
RUZICKA
NAGAÏKA
PAPRIKA
GOMULKA
SOYINKA

NAGAOKA
TAKAOKA
MORIOKA
BAZOOKA
FUKUOKA
TABARKA
MAZURKA
YAMASKA
CHAPSKA
FALBALA
KARBALA
MANDALA
MACHALA
PATIALA
TRALALA
CHAPALA
KAMPALA
UPPSALA
MARSALA
MARSALA
RINTALA
TARBELA
CANDELA
MANDELA
PAR-DELÀ
CELLE-LÀ
ESTRELA
OUARGLA
WULFILA
DJEMILA
REVOILÀ
BADUILA
CELUI-LÀ
L'AQUILA
TEQUILA
DE FALLA
WHYALLA
BALILLA
MELILLA
MÉDULLA
TOMBOLA
STODOLA
PERGOLA
FABIOLA
MOVIOLA
SPINOLA
SPÍNOLA
COPPOLA
CASSOLA
DRACULA
KORCULA
FURCULA
SCAPULA
NAMPULA
NEURULA
WOJTYLA
ALABAMA

ATACAMA
NIIHAMA
DIORAMA
OKAYAMA
HOBBEMA
EYADEMA
RORAIMA
IWO JIMA
A MINIMA
A MAXIMA
PROXIMA
LA PALMA
DIGAMMA
HYGROMA
CHIASMA
MAHATMA
MAHATMA
CURCUMA
ECTHYMA
IKEBANA
APADANA
BANDANA
FERGANA
KUSHANA
TUBIANA
INDIANA
JULIANA
TURKANA
SULLANA
ISOLANA
CAMPANA
LAURANA
DARSANA
SMETANA
LANTANA
MENTANA
FONTANA
MONTANA
TIJUANA
NIRVANA
HARYANA
MELÆNA
BIBIENA
MAIRENA
BOLSENA

7

MASSÉNA	TOUNDRA	AGLOSSA	WILLAYA	GROS-BEC
MAÏZENA	**SHKODRA**	**CANOSSA**	**VINDHYA**	RÉGALEC
ORCAGNA	**BERBERA**	**HAOUSSA**	**AYODHYA**	**LAENNEC**
KRISHNA	GERBERA	**KAPITSA**	VAISHYA	**LIBEREC**
PIMBINA	BANDERA	**ALMA-ATA**	OUGUIYA	NÉOGREC
TACHINA	**KUNDERA**	TOCCATA	**MUAWIYA**	**LAUTREC**
TIGHINA	**RIVIERA**	**NIIGATA**	**ANTAKYA**	PÈTE-SEC
KRAJINA	EUSKERA	**KOLKATA**	**CALUKYA**	**RIANTEC**
BURKINA	CHOLÉRA	**LA PLATA**	**ANTALYA**	ALAMBIC
JANNINA	TEMPERA	PRORATA	**ZÁPOLYA**	AÉROBIC
BERNINA	**CAPRERA**	**WICHITA**	**NETANYA**	**JELACIC**
OCARINA	**CARRERA**	**FOUJITA**	**SAKARYA**	**ASSEDIC**
IMERINA	**HERRERA**	PARTITA	**MALATYA**	**PAVELIC**
IBN SINA	DROSERA	**RIBALTA**	**MATANZA**	OMBILIC
KATSINA	**CZIFFRA**	**ATLANTA**	**COSENZA**	BASILIC
RETSINA	TANAGRA	MARANTA	**POTENZA**	**TITANIC**
KARVINÁ	**TANAGRA**	MAGENTA	**MENDOZA**	ARSENIC
KOLOMNA	**MADEIRA**	**MAGENTA**	**SPINOZA**	LOMBRIC
AL-BANNA	**PEREIRA**	POLENTA	**CUSTOZA**	**RODÉRIC**
HOSANNA	**PALMIRA**	**LA VENTA**	**MARITZA**	PLASTIC
COLONNA	LEMPIRA	**JAKARTA**	**GODTHÅB**	LOUSTIC
CARMONA	**GÓNGORA**	**ALBERTA**	**PENDJAB**	**LONGVIC**
ARIZONA	SOPHORA	**LA PORTA**	**BASARAB**	**MISKOLC**
MADERNA	**ATAKORA**	**SAGASTA**	**MAGHREB**	**LE BLANC**
CADORNA	**BASSORA**	CANASTA	**NEWCOMB**	**LEBLANC**
KELOWNA	**ALOMPRA**	CÉLESTA	COULOMB	**POULENC**
DELAGOA	**SAMARRA**	TURISTA	**COULOMB**	**MEMLINC**
BIÊN HOA	**JUVARRA**	**BATISTA**	FAN-CLUB	**LANVÉOC**
MURUROA	CAMORRA	ROBUSTA	**LOUDÉAC**	CLINFOC
BON-PAPA	ONDATRA	**AUGUSTA**	**LANGEAC**	RACCROC
CATALPA	**SUMATRA**	**ZAVATTA**	**MEILHAC**	POLYSOC
TCHAMPA	**SINATRA**	RICOTTA	**TOLBIAC**	**LECLERC**
MAZEPPA	**KENITRA**	**BATOUTA**	**CANDIAC**	**LAMBESC**
AGRIPPA	**SOCOTRA**	**MANAGUA**	**PIPRIAC**	**HABACUC**
AL-TABQA	**BOROTRA**	**ANTIGUA**	**MAURIAC**	AQUEDUC
BAMBARA	**MATHURA**	QUECHUA	**MASSIAC**	OLÉODUC
BARBARA	**IMAMURA**	**QUECHUA**	**PONTIAC**	GAZODUC
BACCARA	ACHOURA	QUICHUA	MUNTJAC	**MONTLUC**
MASCARA	**TRIPURA**	**TONGHUA**	**GAILLAC**	**BALARUC**
MASCARA	PURPURA	**XUANHUA**	**POTOMAC**	**DHANBAD**
PESCARA	**SATPURA**	QUINQUA	ESTOMAC	BOGHEAD
TOLEARA	**KATSURA**	COMBAVA	**LUZENAC**	**BEOGRAD**
NIAGARA	**VENTURA**	**SUMBAVA**	**BLAGNAC**	**NOVI SAD**
BAGGARA	**MOMBASA**	**SUCEAVA**	**RIBÉRAC**	**MECHHED**
FOGGARA	**ALI PASA**	**JELGAVA**	**SÉVERAC**	TRÉPIED
TANGARA	MADRASA	BAKLAVA	**PADIRAC**	**MANFRED**
TOLIARA	**TARRASA**	**PALLAVA**	**FLOIRAC**	SCOURED
HONIARA	**MANRESA**	**OSTRAVA**	**FRONSAC**	ŒRSTED
EUSKARA	**REYNOSA**	**POLTAVA**	**MOISSAC**	**ŒRSTED**
MARMARA	**TORTOSA**	YESHIVA	**BRISSAC**	BARMAID
KANNARA	**MICIPSA**	**CRAIOVA**	**QUISSAC**	**EL-OBEÏD**
CAPRARA	MEDERSA	**MOSKOVA**	**NAUSSAC**	RHODOÏD
GUEVARA	**BOKASSA**	**PAVLOVA**	**ANÁHUAC**	TABLOÏD
ODAWARA	**BALASSA**	**SUMBAWA**	**KEROUAC**	**BAYEZID**
ALDABRA	**TÉBESSA**	**OKINAWA**	BIVOUAC	**ROMUALD**
COIMBRA	HARISSA	**KASHIWA**	**AMBAZAC**	**NIDWALD**
ÉPHÉDRA	**LÁRISSA**	**COUNAXA**	**GÉMOZAC**	**OSTWALD**

KREFELD
BENFELD
LAWFELD
WERGELD
LÉOPOLD
ARNAULD
BIG BAND
DEFFAND
BRIGAND
WEYGAND
SIMIAND
YARKAND
CHALAND
WIELAND
GOÉLAND
ENGLAND
OAKLAND
WELLAND
BOLLAND
LOLLAND
ROLLAND
JYLLAND
VINLAND
COPLAND
GARLAND
ZETLAND
GOTLAND
GUTLAND
JÜTLAND
DOWLAND
ROWLAND
FLAMAND
FLAMAND
HELMAND
HILMAND
COMMAND
NORMAND
NORMAND
DARNAND
LEGRAND
MONTAND
ROSTAND
WEEK-END
WEST END
PLAFOND
PROFOND
BAS-FOND
BREMOND
RAIMOND
HELMOND
LHOMOND
RAYMOND
EKELUND
ØRESUND
MACLEOD
BACOLOD
MAZENOD

CLÉBARD
BOMBARD
LOMBARD
LOMBARD
CROBARD
LOUBARD
PLACARD
RACCARD
PICCARD
SMICARD
TRICARD
RANCARD
RENCARD
PINÇARD
CHOCARD
BROCARD
GISCARD
FAUCARD
GODDARD
FENDARD
PENDARD
SOUDARD
BIGEARD
BLAFARD
BRAGARD
RINGARD
VACHARD
RICHARD
RICHARD
MOCHARD
POCHARD
RUCHARD
PANHARD
EINHARD
NITHARD
DEMIARD
TABLARD
ABÉLARD
RIFLARD
SZILARD
BALLARD
BILLARD
PILLARD
VILLARD
BOLLARD
LOLLARD
MOLLARD
VOLLARD
NULLARD
TAULARD
FOULARD
SOÛLARD
TRIMARD
GUIMARD
POMMARD
POMMARD
PLUMARD

GAYMARD
THENARD
BAGNARD
CAGNARD
FAGNARD
MAGNARD
REGNARD
MIGNARD
MIGNARD
TIGNARD
MAINARD
PEINARD
VEINARD
CHINARD
ÉPINARD
BONNARD
CONNARD
LÉONARD
LÉONARD
BARNARD
BERNARD
CORNARD
MAYNARD
BÉZOARD
SHEPARD
GUÉPARD
LÉOPARD
GASPARD
POUPARD
OUVRARD
THÉSARD
VOISARD
GRISARD
GUISARD
PUISARD
PONSARD
RONSARD
CASSARD
COSSARD
DOSSARD
ROSSARD
HUSSARD
HOUSARD
BALTARD
VANTARD
LÉOTARD
LIOTARD
LYOTARD
CASTARD
MASTARD
PISTARD
COSTARD
MOUTARD
ROUTARD
ÉDOUARD
COQUARD
TOQUARD

CREVARD
HARVARD
BOUVARD
STEWARD
TRIBORD
RACCORD
CONCORD
BEDFORD
REDFORD
RUMFORD
BINFORD
BALOURD
MI-LOURD
DUTOURD
CLABAUD
THIBAUD
RIMBAUD
LARBAUD
ROUBAUD
BOUCAUD
BUGEAUD
PERGAUD
RÉCHAUD
MILHAUD
ARTHAUD
AILLAUD
SOÛLAUD
GRIMAUD
GRIMAUD
FRÉNAUD
QUINAUD
RAYNAUD
REYNAUD
CRAPAUD
NOIRAUD
GOURAUD
IBN SAUD
COSTAUD
RUSTAUD
GIELGUD
MALAMUD
EEKHOUD
MOULOUD
NIMROUD
HARI RUD
SYLLABE
BARNABÉ
ENTEBBE
CARAÏBE
CARAÏBE
PROHIBÉ
NOSSI-BÉ
INGAMBE
MI-JAMBE
ENJAMBÉ
REGIMBÉ
INCOMBÉ

PALOMBE
COLOMBE
COLOMBE
APLOMBÉ
STROMBE
RETOMBÉ
CORYMBE
ENGLOBÉ
ÉPILOBE
TRILOBÉ
MACROBE
MICROBE
IMBERBE
ENGERBÉ
ENHERBÉ
SUPERBE
VITERBE
ADVERBE
THÉORBE
ABSORBÉ
ADSORBÉ
RÉSORBÉ
SUCCUBE
RADOUBÉ
CAROUBE
MARRUBE
INOCYBE
HERBACÉ
BOCCACE
GALÉACE
PRÉFACE
PRÉFACÉ
SURFACE
SURFACÉ
TOPHACÉ
ALLIACÉ
FOLIACÉ
CORIACE
DÉGLACÉ
ENGLACÉ
WALLACE
VIOLACÉ
LAPLACE
DÉPLACÉ
REPLACÉ
BIPLACE
AMYLACÉ
GRIMACE
GRIMACÉ
PUGNACE
RETRACÉ
CRÉTACÉ
PULTACÉ
LOQUACE
RAPIÉCÉ
CLAMECÉ
LUCRÈCE

7

SPADICE	URGENCE	PLÉIADE	GLUCIDE	BASTIDE
LAODICE	FAÏENCE	**PLÉIADE**	TRUCIDÉ	**BASTIDE**
ÉDIFICE	FAÏENCÉ	PÉLIADE	CANDIDE	SITTIDÉ
ORIFICE	SCIENCE	PARIADE	**CANDIDE**	LIQUIDE
TEPLICE	**TALENCE**	MYRIADE	SORDIDE	LIQUIDÉ
DUPLICE	VALENCE	THYIADE	TURDIDÉ	GRAVIDE
SULPICE	**VALENCE**	BALLADE	NÉRÉIDE	RENVIDÉ
PROPICE	SILENCE	**HELLADE**	PERFIDE	CERVIDÉ
HOSPICE	DÉMENCE	AILLADE	**BRIGIDE**	CORVIDÉ
AUSPICE	SEMENCE	PHOLADE	FRIGIDE	**SCHILDE**
AVARICE	CARENCE	ROULADE	PONGIDÉ	DÉBANDÉ
CAPRICE	**TÉRENCE**	CHAMADE	TURGIDE	BIBANDE
MORRICE	ABSENCE	BRIMADE	RAPHIDE	FRIANDE
MATRICE	ESSENCE	POMMADE	OXALIDE	**LA LANDE**
MATRICÉ	LATENCE	POMMADÉ	**EUCLIDE**	**LALANDE**
PATRICE	POTENCE	GRENADE	NUCLIDE	**ZÉLANDE**
PATRICE	POTENCÉ	**GRENADE**	RALLIDÉ	**IRLANDE**
ACTRICE	**MAXENCE**	GRENADÉ	ÉPULIDE	**ISLANDE**
MOTRICE	**FAYENCE**	PIGNADE	AGAMIDÉ	DEMANDE
TUTRICE	**MAYENCE**	TORNADE	DIAMIDE	DEMANDÉ
MAURICE	DÉFONCE	CHARADE	ARAMIDE	LIMANDE
STATICE	DÉFONCÉ	**ANDRADE**	CNÉMIDE	ROMANDE
FACTICE	ENFONCÉ	DÉGRADÉ	OZONIDE	**ROMANDE**
JUSTICE	ENGONCÉ	FOIRADE	CUBOÏDE	**MIRANDE**
SERVICE	SEMONCE	FERRADE	GANOÏDE	JURANDE
GLIWICE	SEMONCÉ	TÉTRADE	CONOÏDE	TRUANDE
VACANCE	DÉNONCÉ	ESTRADE	HYPOÏDE	TRUANDÉ
CRÉANCE	RENONCE	EXTRADÉ	HÉROÏDE	LAVANDE
ENFANCE	RENONCÉ	DAURADE	VIROÏDE	LÉGENDE
BALANCE	ANNONCE	TORSADE	ÉLAPIDÉ	LÉGENDÉ
BALANCE	ANNONCÉ	TORSADÉ	TRÉPIDÉ	**ALLENDE**
BALANCÉ	PRÉCOCE	PASSADE	LIMPIDE	RAMENDÉ
RELANCE	REPERCÉ	PINTADE	TORPIDE	**OSTENDE**
RELANCÉ	**LA FORCE**	BOUTADE	TURPIDE	SCHINDÉ
ROMANCE	DÉFORCÉ	TOQUADE	VESPIDÉ	**LALINDE**
ROMANCÉ	EFFORCÉ	BRAVADE	HISPIDE	DÉBONDÉ
NUMANCE	DIVORCE	COUVADE	STUPIDE	**SEBONDE**
FINANCE	DIVORCÉ	SUCCÉDÉ	SPARIDÉ	FACONDE
FINANCÉ	IMMISCÉ	PRÉCÉDÉ	DÉBRIDÉ	FÉCONDE
GARANCE	PRÉPUCE	CONCÉDÉ	HYBRIDE	FÉCONDÉ
GÉRANCE	BIOPUCE	PROCÉDÉ	HYBRIDÉ	SECONDE
ERRANCE	**VESPUCE**	**DIOMÈDE**	PICRIDE	SECONDÉ
DURANCE	TRIBADE	**LA BRÈDE**	**LOCRIDE**	**JOCONDE**
AISANCE	GAMBADE	POSSÉDÉ	IBÉRIDE	REFONDÉ
PITANCE	GAMBADÉ	DANAÏDE	PIÉRIDE	INFONDÉ
POUANCÉ	**BARBADE**	MORBIDE	**FLORIDE**	**MAKONDE**
DEVANCÉ	SACCADE	TURBIDE	TORRIDE	IMMONDE
VOYANCE	SACCADÉ	BIACIDE	PUTRIDE	**ORMONDE**
BYZANCE	CASCADE	DIACIDE	**TAURIDE**	OSMONDE
DÉCENCE	MUSCADE	PLACIDE	SUBSIDE	GIRONDE
RÉCENCE	**LEUCADE**	OXACIDE	PRÉSIDE	**GIRONDE**
LICENCE	FOUCADE	DÉICIDE	PRÉSIDÉ	ROTONDE
VICENCE	ALIDADE	SUICIDE	CAPSIDE	**YAOUNDÉ**
CADENCE	RONDADE	SUICIDÉ	ANATIDÉ	INFÉODÉ
CADENCÉ	ENNÉADE	**PHOCIDE**	PROTIDE	CATHODE
RÉGENCE	BRIGADE	BIOCIDE	OVOTIDE	MÉTHODE
RÉGENCE	POCHADE	ÉLUCIDÉ	PEPTIDE	**MÉTHODE**

PÉRIODE	ATTARDÉ	DÉROBÉE	RECÉDÉE	TRUFFÉE
HÉSIODE	OUTARDE	ENROBÉE	EXCÉDÉE	TARIFÉE
COMMODE	COUARDE	ÉBARBÉE	OBSÉDÉE	ATTIFÉE
COMMODE	BAVARDE	COURBÉE	PLAIDÉE	AULOFÉE
TRIPODE	BAVARDÉ	FRISBEE	DÉCIDÉE	**SAAS FEE**
UROPODE	FUYARDE	INCUBÉE	AFFIDÉE	PACAGÉE
ISOPODE	BAZARDÉ	ADOUBÉE	VALIDÉE	ENCAGÉE
REBRODÉ	LÉZARDE	ENTUBÉE	LAPIDÉE	DÉGAGÉE
CORRODÉ	LÉZARDÉ	INTUBÉE	DÉRIDÉE	ENGAGÉE
ÉPISODE	DÉMERDÉ	**LILYBÉE**	**POTIDÉE**	RAMAGÉE
RAPSODE	EMMERDE	FABACÉE	DÉVIDÉE	MANAGÉE
PLATODE	EMMERDÉ	SÉBACÉE	**CHALDÉE**	MÉNAGÉE
CESTODE	SAPERDE	MICACÉE	SCANDÉE	ENRAGÉE
CUSTODE	SABORDÉ	OLÉACÉE	VIANDÉE	RAVAGÉE
VOÏVODE	DÉBORDÉ	EFFACÉE	GLANDÉE	ALLÉGÉE
KABARDE	REBORDÉ	OPIACÉE	AGENDÉE	ARPÉGÉE
DÉBARDÉ	ACCORDÉ	DÉLACÉE	AMENDÉE	ABRÉGÉE
JOBARDE	DÉCORDÉ	ENLACÉE	SCINDÉE	AGRÉGÉE
JOBARDÉ	RECORDÉ	ULMACÉE	BLINDÉE	RÉDIGÉE
TUBARDE	ENCORDÉ	PANACÉE	GUINDÉE	OBLIGÉE
CACARDÉ	ABSURDE	MENACÉE	ÉMONDÉE	VOLIGÉE
PICARDE	RIBAUDE	PINACÉE	INONDÉE	PÉRIGÉE
PICARDE	BADAUDE	ESPACÉE	FRONDÉE	DIRIGÉE
BOCARDÉ	NIGAUDE	MORACÉE	GRONDÉE	MITIGÉE
COCARDE	ÉCHAUDÉ	ROSACÉE	EXONDÉE	CHANGÉE
TOCARDE	**PELAUDE**	MUSACÉE	DÉCODÉE	FRANGÉE
CAFARDE	PENAUDE	SÉTACÉE	ENCODÉE	GRANGÉE
CAFARDÉ	RENAUDÉ	VITACÉE	HÉLODÉE	ORANGÉE
HAGARDE	FINAUDE	ROTACÉE	DÉMODÉE	BRINGÉE
LA GARDE	MINAUDÉ	RUTACÉE	**ASMODÉE**	ÉLONGÉE
MÉGARDE	FARAUDE	TAXACÉE	DÉSODÉE	PLONGÉE
REGARDÉ	MARAUDE	GYNÉCÉE	ABORDÉE	ÉPONGÉE
ALGARDE	MARAUDÉ	DÉPECÉE	HOURDÉE	DÉLOGÉE
BOGARDE	TARAUDÉ	POLICÉE	LOURDÉE	RELOGÉE
ÉCHARDE	MIRAUDE	FIANCÉE	FRAUDÉE	LIMOGÉE
BRIARDE	PATAUDE	ÉLANCÉE	DÉNUDÉE	HYPOGÉE
BRIARDE	RAVAUDÉ	NUANCÉE	NUCLÉÉE	ABROGÉE
CRIARDE	PRÉLUDE	AVANCÉE	RECRÉÉE	ARROGÉE
POLARDE	PRÉLUDÉ	AGENCÉE	RÉCRÉÉE	CHARGÉE
TÔLARDE	**DIXMUDE**	ÉMINCÉE	INCRÉÉE	ÉMARGÉE
MULARDE	**PLANUDE**	COINCÉE	RAGRÉÉE	ÉMERGÉE
CAMARDE	ACCOUDÉ	ÉVINCÉE	DÉGRÉÉE	ÉGORGÉE
CANARDÉ	**BRIOUDE**	PIONCÉE	REGRÉÉE	ADJUGÉE
PANARDE	BATOUDE	ÉNONCÉE	PARAFÉE	DÉJUGÉE
BÉNARDE	EXTRUDÉ	FRONCÉE	AGRAFÉE	MÉJUGÉE
RENARDE	CISTUDE	TIERCÉE	BRIEFÉE	REJUGÉE
CONARDE	BIOXYDE	EXERCÉE	STAFFÉE	ÉGRUGÉE
ZONARDE	DIOXYDE	ÉCORCÉE	FIEFFÉE	ÉCACHÉE
HASARDÉ	ÉPOXYDE	AMORCÉE	GREFFÉE	CRACHÉE
NASARDE	IMBIBÉE	EXAUCÉE	SNIFFÉE	TRACHÉE
VASARDE	INHIBÉE	CADUCÉE	COIFFÉE	FLÉCHÉE
MUSARDE	EXHIBÉE	RESUCÉE	BRIFFÉE	ÉMÉCHÉE
MUSARDÉ	FLAMBÉE	CHIADÉE	GRIFFÉE	PRÊCHÉE
BÂTARDE	PLOMBÉE	BALADÉE	SUIFFÉE	CLICHÉE
FÊTARDE	**TOYNBEE**	**BARADÉE**	ÉTOFFÉE	BANCHÉE
RETARDÉ	ENGOBÉE	**THADDÉE**	BLUFFÉE	HANCHÉE
MOTARDE	BILOBÉE	ABCÉDÉE	BOUFFÉE	PENCHÉE

JONCHÉE
LYNCHÉE
PIOCHÉE
AMOCHÉE
BROCHÉE
CROCHÉE
TROCHÉE
PERCHÉE
TORCHÉE
FAUCHÉE
RAUCHÉE
PLUCHÉE
BOUCHÉE
COUCHÉE
DOUCHÉE
MOUCHÉE
TOUCHÉE
NYMPHÉE
TROPHÉE
MORPHÉE
GRYPHÉE
FLASHÉE
SMASHÉE
CRASHÉE
STIBIÉE
ÉMACIÉE
GRACIÉE
FASCIÉE
SOUCIÉE
IRIDIÉE
MENDIÉE
RHODIÉE
AMODIÉE
ÉTUDIÉE
ÉDIFIÉE
DÉIFIÉE
RÉIFIÉE
UNIFIÉE
SOLFIÉE
CONFIÉE
PLAGIÉE
BANGIÉE
OUBLIÉE
PUBLIÉE
PALLIÉE
RALLIÉE
SPOLIÉE
DÉPLIÉE
REPLIÉE
CADMIÉE
ANÉMIÉE
HERNIÉE
AVARIÉE
DÉCRIÉE
RÉCRIÉE
JUSSIÉE
CHÂTIÉE

INITIÉE
CONVIÉE
RAZZIÉE
STOCKÉE
DÉCALÉE
RECALÉE
AFFALÉE
RÉGALÉE
DÉHALÉE
INHALÉE
EXHALÉE
EMPALÉE
RESALÉE
CAVALÉE
RAVALÉE
DÉVALÉE
CHABLÉE
ÉTABLÉE
CRIBLÉE
D'EMBLÉE
COMBLÉE
MEUBLÉE
DOUBLÉE
SARCLÉE
CERCLÉE
MUSCLÉE
ÉNUCLÉÉ
BOUCLÉE
PUDDLÉE
DÉCELÉE
RECELÉE
FICELÉE
MODELÉE
DÉGELÉE
REGELÉE
DÉMÊLÉE
EMMÊLÉE
JUMELÉE
AGNELÉE
ANNELÉE
CAPELÉE
APPELÉE
BURELÉE
CISELÉE
FUSELÉE
MUSELÉE
RÂTELÉE
DÉTELÉE
CÔTELÉE
POTELÉE
ATTELÉE
JAVELÉE
TAVELÉE
RÉVÉLÉE
NIVELÉE
CUVELÉE
ÉRAFLÉE

TRÉFLÉE
SIFFLÉE
RENFLÉE
GONFLÉE
SANGLÉE
CINGLÉE
ZOOGLÉE
BEUGLÉE
COCHLÉE
DÉFILÉE
REFILÉE
AFFILÉE
EFFILÉE
ENFILÉE
GALILÉE
ÉTOILÉE
DÉPILÉE
EMPILÉE
DÉSILÉE
ENSILÉE
MUTILÉE
AQUILÉE
OCELLÉE
SCELLÉE
MIELLÉE
NIELLÉE
BAILLÉE
CAILLÉE
FAILLÉE
MAILLÉE
PAILLÉE
RAILLÉE
TAILLÉE
TEILLÉE
VEILLÉE
ROILLÉE
GRILLÉE
VRILLÉE
OUILLÉE
CROLLÉE
BOULLÉE
BRANLÉE
RACOLÉE
ACCOLÉE
RÉCOLÉE
PICOLÉE
COCOLÉE
AFFOLÉE
ÉTIOLÉE
CAJOLÉE
ENJÔLÉE
IMMOLÉE
VÉROLÉE
ENRÔLÉE
DÉSOLÉE
INSOLÉE
ASSOLÉE

ENTÔLÉE
ENVOLÉE
TRIPLÉE
SAMPLÉE
SUPPLÉÉ
PEUPLÉE
COUPLÉE
CHAULÉE
ÉPAULÉE
LOBULÉE
TUBULÉE
MACULÉE
ACCULÉE
FÉCULÉE
RECULÉE
ONDULÉE
MODULÉE
GUEULÉE
RÉGULÉE
LIGULÉE
ONGULÉE
JUGULÉE
SIMULÉE
CUMULÉE
CANULÉE
ANNULÉE
SAOULÉE
ABOULÉE
ÉBOULÉE
ÉCOULÉE
AFFAMÉE
ENGAMÉE
DÉRAMÉE
RÉTAMÉE
ENTAMÉE
ÉCRÉMÉE
RYTHMÉE
DÉCIMÉE
REDIMÉE
RÉDIMÉE
RANIMÉE
MÉRIMÉE
PÉRIMÉE
ARRIMÉE
INTIMÉE
ESTIMÉE
FLAMMÉE
INNOMÉE
CHROMÉE
RÉARMÉE
CHARMÉE
ALARMÉE
GOURMÉE
CHAUMÉE
ENFUMÉE
INHUMÉE
EXHUMÉE

ALLUMÉE
RÉSUMÉE
ASSUMÉE
BITUMÉE
CABANÉE
RUBANÉE
LA CANÉE
EFFANÉE
MAGANÉE
ROMANÉE
BASANÉE
SATANÉE
CUTANÉE
PAVANÉE
ATHÉNÉE
ATHÉNÉE
ALIÉNÉE
HALENÉE
RAMENÉE
DÉMENÉE
EMMENÉE
HYMÉNÉE
CARÉNÉE
ÉGRENÉE
ENRÊNÉE
ASSÉNÉE
BAIGNÉE
SAIGNÉE
PEIGNÉE
ALIGNÉE
CLIGNÉE
POIGNÉE
SOIGNÉE
GUIGNÉE
LORGNÉE
CHAÎNÉE
DRAINÉE
TRAÎNÉE
DÉBINÉE
BOBINÉE
UNCINÉE
RADINÉE
FREINÉE
AFFINÉE
PAGINÉE
ÉCHINÉE
PÉKINÉE
CÂLINÉE
DÉLINÉÉ
LAMINÉE
DÉMINÉE
GÉMINÉE
DOMINÉE
GOMINÉE
NOMINÉE
RUMINÉE
RAPINÉE

POPINÉE
FARINÉE
MARINÉE
PÉRINÉE
SERINÉE
BURINÉE
SURINÉE
RÉSINÉE
MATINÉE
MÂTINÉE
PATINÉE
RATINÉE
SATINÉE
BUTINÉE
LUTINÉE
MUTINÉE
RAVINÉE
DEVINÉE
ENVINÉE
SCANNÉE
ABONNÉE
ADONNÉE
ÂNONNÉE
ÉTONNÉE
RAMONÉE
ERRONÉE
DYSPNÉE
ÉCORNÉE
ÉBURNÉE
FOURNÉE
JOURNÉE
TOURNÉE
MORT-NÉE
FALUNÉE
DÉCAPÉE
PRIAPÉE
RETAPÉE
RECEPÉE
ÉTRIPÉE
ÉQUIPÉE
SCALPÉE
INALPÉE
TREMPÉE
GRIMPÉE
TROMPÉE
SALOPÉE
ÉCLOPÉE
MÉLOPÉE
CANOPÉE
CONOPÉE
FRAPPÉE
TRAPPÉE
GRIPPÉE
DROPPÉE
STOPPÉE
USURPÉE
CRISPÉE
OCCUPÉE
GROUPÉE
ÉTOUPÉE
EFFARÉE
MÉHARÉE
DÉPARÉE
RÉPARÉE
SÉPARÉE
EMPARÉE
CÉSARÉE
CAMBRÉE
MEMBRÉE
TIMBRÉE
NOMBRÉE
MARBRÉE
EXÉCRÉE
PROCRÉÉE
CENDRÉE
BONDRÉE
POUDRÉE
LIBÉRÉE
LACÉRÉE
MACÉRÉE
ULCÉRÉE
FÉDÉRÉE
SIDÉRÉE
MODÉRÉE
DÉFÉRÉE
RÉFÉRÉE
INFÉRÉE
DIGÉRÉE
INGÉRÉE
COGÉRÉE
ÉTHÉRÉE
ACIÉRÉE
TOLÉRÉE
PANERÉE
GÉNÉRÉE
VÉNÉRÉE
REPÉRÉE
ESPÉRÉE
LISERÉE
INSÉRÉE
ALTÉRÉE
RÉVÉRÉE
COFFRÉE
GAUFRÉE
SOUFRÉE
ÉMIGRÉE
CONGRÉÉE
HONGRÉE
MAUGRÉÉE
BLAIRÉE
FLAIRÉE
ADMIRÉE
LE PIRÉE
ASPIRÉE
EXPIRÉE
DÉSIRÉE
DÉSIRÉE
RETIRÉE
ATTIRÉE
DÉVIRÉE
ARBORÉE
DÉCORÉE
PICORÉE
DÉDORÉE
REDORÉE
MAJORÉE
CHLORÉE
COLORÉE
ÉPLORÉE
TIMORÉE
IGNORÉE
MINORÉE
HONORÉE
ESSORÉE
FLUORÉE
DÉVORÉE
DIAPRÉE
AMARRÉE
PIERRÉE
BEURRÉE
LEURRÉE
BOURRÉE
FOURRÉE
CHÂTRÉE
PLÂTRÉE
GUÊTRÉE
FILTRÉE
CENTRÉE
RENTRÉE
VENTRÉE
CINTRÉE
CONTRÉE
MONTRÉE
CASTRÉE
DESTRÉE
BISTRÉE
LUSTRÉE
LETTRÉE
VAUTRÉE
FEUTRÉE
RÉCURÉE
ENDURÉE
INDURÉE
IODURÉE
PLEURÉE
APEURÉE
ÉPEURÉE
FIGURÉE
AUGURÉE
ABJURÉE
ADJURÉE
DÉLURÉE
ALLURÉE
EMMURÉE
CHOURÉE
AJOURÉE
DÉPURÉE
MESURÉE
ASSURÉE
PÂTURÉE
RATURÉE
SATURÉE
OBTURÉE
BITURÉE
SUTURÉE
ENIVRÉE
POIVRÉE
CUIVRÉE
EMPYRÉE
RECASÉE
ABRASÉE
ÉBRASÉE
ÉCRASÉE
PHRASÉE
ENVASÉE
EMPESÉE
BIAISÉE
ALAISÉE
APAISÉE
BRAISÉE
FRAISÉE
INCISÉE
EXCISÉE
BALISÉE
ENLISÉE
COLISÉE
NOLISÉE
TAMISÉE
REMISÉE
NANISÉE
TANISÉE
VANISÉE
SINISÉE
IONISÉE
CROISÉE
ÉGRISÉE
ARRISÉE
TITISEE
COTISÉE
ATTISÉE
ÉPUISÉE
RAVISÉE
DEVISÉE
RÉVISÉE
DIVISÉE
WANNSEE
DÉPOSÉE
REPOSÉE
IMPOSÉE
APPOSÉE
OPPOSÉE
EXPOSÉE
ARROSÉE
COURSÉE
CHASSÉE
CLASSÉE
AMASSÉE
BRASSÉE
BLESSÉE
DRESSÉE
PRESSÉE
TRESSÉE
BAISSÉE
LAISSÉE
CLISSÉE
GLISSÉE
PLISSÉE
POISSÉE
ÉPISSÉE
TRISSÉE
ÉCOSSÉE
ADOSSÉE
BROSSÉE
DROSSÉE
FAUSSÉE
GAUSSÉE
HAUSSÉE
HOUSSÉE
POUSSÉE
ODYSSÉE
ODYSSÉE
POUTSÉE
ACCUSÉE
RÉCUSÉE
EXCUSÉE
MÉDUSÉE
CREUSÉE
REFUSÉE
INFUSÉE
ÉCLUSÉE
BLOUSÉE
ÉPOUSÉE
CÉRUSÉE
DÉBÂTÉE
HÉCATÉE
GALATÉE
ÉCLATÉE
RELATÉE
DILATÉE
DÉMÂTÉE
EMPÂTÉE
APPÂTÉE
DÉRATÉE
PIRATÉE
BORATÉE

7

RETÂTÉE
BRACTÉE
TRACTÉE
ÉJECTÉE
ÉDICTÉE
ÉRUCTÉE
HÉBÉTÉE
EMBÊTÉE
AFFÉTÉE
ACHETÉE
DÉJETÉE
REJETÉE
CALETÉE
GALETÉE
FILETÉE
MOLETÉE
RÉPÉTÉE
ÉCRÊTÉE
ARRÊTÉE
CURETÉE
ENTÊTÉE
RIVETÉE
DUVETÉE
DOIGTÉE
TRAITÉE
HABITÉE
DÉBITÉE
RÉCITÉE
LICITÉE
INCITÉE
EXCITÉE
MÉDITÉE
AUDITÉE
DIGITÉE
COGITÉE
DÉLITÉE
LIMITÉE
GUNITÉE
DÉPITÉE
ABRITÉE
HÉRITÉE
MÉRITÉE
IRRITÉE
VISITÉE
BRUITÉE
FRUITÉE
TRUITÉE
INVITÉE
EXALTÉE
CHANTÉE
PLANTÉE
CRANTÉE
ÉDENTÉE
ÉVENTÉE
FEINTÉE
TEINTÉE
POINTÉE

ÉHONTÉE
SHUNTÉE
RABOTÉE
SABOTÉE
ACCOTÉE
BÉCOTÉE
PICOTÉE
SUÇOTÉE
RADOTÉE
FAGOTÉE
DÉGOTÉE
GIGOTÉE
LIGOTÉE
ERGOTÉE
CAHOTÉE
MIJOTÉE
PELOTÉE
PILOTÉE
DÉNOTÉE
ANNOTÉE
SHOOTÉE
CAPOTÉE
TAPOTÉE
DÉPOTÉE
EMPOTÉE
SIROTÉE
REVOTÉE
ADAPTÉE
COMPTÉE
DOMPTÉE
ADOPTÉE
COOPTÉE
CRYPTÉE
ÉCARTÉE
QUARTÉE
ALERTÉE
INERTÉE
AVORTÉE
HEURTÉE
PRESTÉE
APOSTÉE
AJUSTÉE
TRUSTEE
TRUSTÉE
ABATTÉE
FLATTÉE
GRATTÉE
FRETTÉE
GUETTÉE
FRITTÉE
QUITTÉE
FLOTTÉE
ÉMOTTÉE
CROTTÉE
FROTTÉE
TROTTÉE
DÉBUTÉE

REBUTÉE
PIEUTÉE
ZIEUTÉE
BLEUTÉE
AMEUTÉE
ZYEUTÉE
RÉFUTÉE
AFFÛTÉE
ENFÛTÉE
TALUTÉE
MINUTÉE
ABOUTÉE
ÉBOUTÉE
ÉCOUTÉE
AJOUTÉE
CLOUTÉE
BROUTÉE
DÉPUTÉE
RÉPUTÉE
AMPUTÉE
IMPUTÉE
SCRUTÉE
BIZUTÉE
JOUXTÉE
ÉCOBUÉE
ÉVACUÉE
GRADUÉE
BLAGUÉE
ÉLAGUÉE
DRAGUÉE
BRIGUÉE
GANGUÉE
ZINGUÉE
DROGUÉE
CARGUÉE
LARGUÉE
NARGUÉE
TARGUÉE
ADYGUÉE
ÉVALUÉE
DÉGLUÉE
ENGLUÉE
POLLUÉE
ÉVOLUÉE
COMMUÉE
SECOUÉE
ROCOUÉE
BAFOUÉE
ENGOUÉE
ÉCHOUÉE
DÉJOUÉE
REJOUÉE
ENJOUÉE
RELOUÉE
ALLOUÉE
DÉNOUÉE
RENOUÉE

ÉBROUÉE
ÉCROUÉE
ENROUÉE
TATOUÉE
DÉVOUÉE
CLAQUÉE
PLAQUÉE
BRAQUÉE
CRAQUÉE
TRAQUÉE
PACQUÉE
SACQUÉE
BECQUÉE
CHIQUÉE
FLIQUÉE
APIQUÉE
BRIQUÉE
FRIQUÉE
CALQUÉE
TALQUÉE
MANQUÉE
CHOQUÉE
BLOQUÉE
CLOQUÉE
FLOQUÉE
CROQUÉE
TROQUÉE
ÉVOQUÉE
MARQUÉE
PARQUÉE
CASQUÉE
MASQUÉE
RISQUÉE
MOSQUÉE
BUSQUÉE
MUSQUÉE
ÉDUQUÉE
ÉNUQUÉE
SOUQUÉE
TRUQUÉE
STUQUÉE
BOSSUÉE
ASEXUÉE
DÉCAVÉE
EXCAVÉE
DÉLAVÉE
RELAVÉE
DÉPAVÉE
REPAVÉE
ACHEVÉE
RELEVÉE
ENLEVÉE
DÉRIVÉE
ARRIVÉE
ACTIVÉE
MOTIVÉE
ESTIVÉE

RAVIVÉE
RÉNOVÉE
MÉROVÉE
ÉNERVÉE
DÉCUVÉE
ENCUVÉE
PROUVÉE
TROUVÉE
MALAXÉE
RELAXÉE
DÉSAXÉE
DÉTAXÉE
INDEXÉE
TÉLEXÉE
ANNEXÉE
AFFIXÉE
BÉGAYÉE
BALAYÉE
DÉLAYÉE
RELAYÉE
REPAYÉE
IMPAYÉE
DÉRAYÉE
ENRAYÉE
ESSAYÉE
ONDOYÉE
RUDOYÉE
ÉPLOYÉE
DÉNOYÉE
ENNOYÉE
CÔTOYÉE
TUTOYÉE
DÉVOYÉE
ENVOYÉE
ENNUYÉE
APPUYÉE
ESSUYÉE
DÉGAZÉE
EGHEZÉE
BRONZÉE
COETZEE
NESCAFÉ
DÉGRAFÉ
SANTA FE
O'KEEFFE
SENEFFE
REBIFFÉ
AGRIFFÉ
CHAUFFE
CHAUFFÉ
ÉTOUFFÉ
KHALIFE
ANATIFE
PONTIFE
BAROUFE
TARTUFE
TARTUFE

BABBAGE	FICHAGE	AMÉNAGÉ	ALÉSAGE	ENNUAGÉ
JAMBAGE	ROCHAGE	GRENAGE	GRÉSAGE	CLOUAGE
BOMBAGE	RELIAGE	GAGNAGE	PRÉSAGE	**BROUAGE**
GERBAGE	ALLIAGE	LIGNAGE	PRÉSAGÉ	LAQUAGE
HERBAGE	COPIAGE	ROGNAGE	BOISAGE	TAQUAGE
HERBAGÉ	MARIAGE	GAINAGE	FRISAGE	PIQUAGE
BURBAGE	PARIAGE	LAINAGE	PUISAGE	ÉLEVAGE
GLAÇAGE	PACKAGE	CHINAGE	PANSAGE	CLIVAGE
PLACAGE	LINKAGE	USINAGE	CAPSAGE	AVIVAGE
TRAÇAGE	ÉTALAGE	CANNAGE	HERSAGE	SERVAGE
SACCAGE	ÉTALAGÉ	TANNAGE	CORSAGE	SAUVAGE
SACCAGÉ	CÂBLAGE	VANNAGE	NURSAGE	**SAUVAGE**
FLICAGE	SABLAGE	PENNAGE	CASSAGE	VEUVAGE
LANÇAGE	BÂCLAGE	TONNAGE	MASSAGE	ÉTUVAGE
PINÇAGE	RACLAGE	ACONAGE	PASSAGE	DRAYAGE
RINÇAGE	RÉGLAGE	CLONAGE	MESSAGE	ÉTAYAGE
ZINCAGE	TOILAGE	CARNAGE	LISSAGE	BROYAGE
FONÇAGE	VOILAGE	MARNAGE	TISSAGE	**ASTYAGE**
PONÇAGE	HUILAGE	BORNAGE	VISSAGE	**BORZAGE**
BLOCAGE	DALLAGE	CORNAGE	BOSSAGE	SOLFÈGE
FLOCAGE	TALLAGE	SURNAGÉ	PAYSAGE	ASSIÉGÉ
PARCAGE	BILLAGE	SAUNAGE	ABATAGE	COLLÈGE
PERÇAGE	MILLAGE	ALUNAGE	FACTAGE	CHORÈGE
FORÇAGE	PILLAGE	CRÊPAGE	ÉTÊTAGE	**CORRÈGE**
LIT-CAGE	SILLAGE	GUIPAGE	FAÎTAGE	PROTÉGÉ
TRUCAGE	TILLAGE	POMPAGE	LAITAGE	CORTÈGE
STUCAGE	VILLAGE	PROPAGÉ	ÉVITAGE	**NORVÈGE**
GUIDAGE	COLLAGE	NAPPAGE	MALTAGE	GRÉBIGE
ÉVIDAGE	ÉCOLAGE	COUPAGE	VOLTAGE	PRODIGE
BANDAGE	**BERLAGE**	LOUPAGE	VENTAGE	DÉNEIGÉ
SANDAGE	GAULAGE	SABRAGE	VINTAGE	RENEIGÉ
FENDAGE	MEULAGE	VIBRAGE	CONTAGE	ENNEIGÉ
PENDAGE	COULAGE	OMBRAGE	MONTAGE	AFFLIGÉ
SONDAGE	FOULAGE	OMBRAGÉ	PONTAGE	INFLIGÉ
BARDAGE	MOULAGE	ANCRAGE	ÎLOTAGE	NÉGLIGÉ
CARDAGE	ROULAGE	ENCRAGE	CAPTAGE	ZELLIGE
FARDAGE	SOULAGÉ	SUCRAGE	FARTAGE	COLLIGÉ
CORDAGE	BRÛLAGE	CADRAGE	PARTAGE	CORRIGÉ
TORDAGE	TRAMAGE	PAIRAGE	PARTAGÉ	VOLTIGE
SOUDAGE	ÉTAMAGE	MOIRAGE	PORTAGE	VOLTIGÉ
PARÉAGE	ÉCIMAGE	ÉTIRAGE	LESTAGE	VERTIGE
BIFFAGE	GRIMAGE	BARRAGE	TESTAGE	VESTIGE
ÉLAGAGE	FILMAGE	FERRAGE	LISTAGE	FUSTIGÉ
DRAGAGE	GEMMAGE	SERRAGE	PISTAGE	**DU CANGE**
LANGAGE	DOMMAGE	MÉTRAGE	POSTAGE	VIDANGE
TANGAGE	GOMMAGE	TITRAGE	BATTAGE	VIDANGÉ
RENGAGÉ	HOMMAGE	VITRAGE	LATTAGE	ÉCHANGE
ZINGAGE	NOMMAGE	OUTRAGE	NATTAGE	ÉCHANGÉ
LARGAGE	CHÔMAGE	OUTRAGÉ	COTTAGE	**TIHANGE**
BÂCHAGE	FROMAGE	SAURAGE	BUTTAGE	MÉLANGE
GÂCHAGE	FERMAGE	COURAGE	SAUTAGE	MÉLANGÉ
HACHAGE	FORMAGE	AZURAGE	AJUTAGE	DÉMANGÉ
LÂCHAGE	ÉCUMAGE	SEVRAGE	BLUTAGE	REMANGÉ
BÊCHAGE	PLUMAGE	GIVRAGE	ROUTAGE	GONANGE
LÉCHAGE	GLANAGE	OUVRAGE	COCUAGE	**MARANGE**
MÉCHAGE	PLANAGE	OUVRAGÉ	BAGUAGE	DÉRANGÉ
SÉCHAGE	APANAGE	BRASAGE	REMUAGE	ARRANGÉ

ÉTRANGE	ENSACHÉ	CLENCHE	**HUANG HE**	MALADIE
MÉSANGE	PATACHE	GRINCHE	KAZAKHE	IRRADIÉ
LOSANGE	DÉTACHÉ	GUINCHÉ	**KAZAKHE**	REMÉDIÉ
LOSANGÉ	ENTACHÉ	BRONCHE	PARAPHE	COMÉDIE
PÉTANGE	POTACHE	BRONCHÉ	PARAPHÉ	SINE DIE
LOUANGE	ATTACHE	TRONCHE	**JOSÈPHE**	BIPÉDIE
LOUANGÉ	ATTACHÉ	CABOCHE	STROPHE	EXPÉDIÉ
HAYANGE	GOUACHE	**CABOCHE**	AMORPHE	**RUSHDIE**
AUDENGE	GOUACHÉ	SACOCHE	**SISYPHE**	CÉCIDIE
SPHINGE	HOUACHE	DÉCOCHÉ	AGNATHE	ASCIDIE
MÉNINGE	CABÈCHE	RICOCHÉ	MARATHE	**NUMIDIE**
MÉNINGÉ	BOBÈCHE	ENCOCHE	**MARATHE**	CONIDIE
ALLONGE	**BOBÈCHE**	ENCOCHÉ	OOLITHE	BRANDIE
ALLONGÉ	**ARDÈCHE**	BIDOCHE	CÉRITHE	GRANDIE
LARYNGÉ	CALÈCHE	BRIOCHE	ACANTHE	BLONDIE
MAL-LOGÉ	ALLÉCHÉ	BRIOCHÉ	**DRENTHE**	MÉLODIE
HORLOGE	DÉPÊCHE	**BRIOCHÉ**	PLINTHE	MONODIE
SUBROGÉ	DÉPÊCHÉ	GALOCHE	**OLYNTHE**	PARODIE
PROROGÉ	REPÊCHÉ	TALOCHE	**LA MOTHE**	PARODIÉ
ÉPITOGE	EMPÊCHÉ	TALOCHÉ	**MEURTHE**	ÉBAUDIE
ENFARGÉ	ÉBRÉCHÉ	VALOCHE	**ÉGISTHE**	RÉPUDIÉ
FABERGÉ	ASSÉCHÉ	FILOCHÉ	LÉCYTHE	COKÉFIÉ
HÉBERGE	REVÊCHE	CINOCHE	CHLEUHE	TUMÉFIÉ
HÉBERGÉ	LIVÈCHE	EMPOCHÉ	SAULAIE	RARÉFIÉ
GOBERGÉ	FRAÎCHE	**BAROCHE**	BOULAIE	BOUFFIE
AUBERGE	**LABICHE**	**LA ROCHE**	CHÊNAIE	PACIFIÉ
IMMERGÉ	CIBICHE	DÉROCHÉ	FRÊNAIE	NIDIFIÉ
ASPERGE	GODICHE	ENROCHÉ	AULNAIE	CODIFIÉ
ASPERGÉ	ÉPEICHE	ARROCHE	CANNAIE	MODIFIÉ
DÉTERGÉ	AFFICHE	BASOCHE	MONNAIE	SALIFIÉ
DIVERGÉ	AFFICHÉ	PATOCHE	CÉDRAIE	GÉLIFIÉ
DÉGORGÉ	ENFICHÉ	PÉTOCHE	OSERAIE	LAMIFIÉ
REGORGÉ	CALICHE	CHERCHÉ	EFFRAIE	RAMIFIÉ
ENGORGÉ	CANICHE	**UZERCHE**	ORFRAIE	MOMIFIÉ
PANURGE	DÉNICHÉ	ÉCORCHÉ	HÊTRAIE	NANIFIÉ
EXPURGÉ	PÉNICHE	FOURCHE	OLIVAIE	PANIFIÉ
INSURGÉ	BONICHE	FOURCHÉ	ÉPHÉBIE	LÉNIFIÉ
DÉJAUGÉ	**LERICHE**	WELSCHE	**NAMIBIE**	VINIFIÉ
PATAUGÉ	FÉTICHE	HERSCHÉ	**BÉHOBIE**	BONIFIÉ
GRABUGE	ENTICHÉ	SCOTCHÉ	**ZÉNOBIE**	TONIFIÉ
APIFUGE	POTICHE	ÉBAUCHE	AÉROBIE	VÉRIFIÉ
PRÉJUGÉ	AGUICHE	ÉBAUCHÉ	FOURBIE	PURIFIÉ
CAROUGE	AGUICHÉ	**VEAUCHE**	ÉBAUBIE	OSSIFIÉ
CAROUGE	BLANCHE	DÉBUCHÉ	DONACIE	GÂTIFIÉ
RABÂCHÉ	**BLANCHE**	EMBÛCHE	ÉTRÉCIE	RATIFIÉ
DÉBÂCHÉ	FLANCHÉ	DÉJUCHÉ	OFFICIÉ	BÊTIFIÉ
MACACHE	PLANCHE	FALUCHE	**GALICIE**	NOTIFIÉ
BIDACHE	**PLANCHE**	PALUCHE	**CILICIE**	VIVIFIÉ
LAGACHE	PLANCHÉ	PELUCHE	AMINCIE	COCUFIÉ
RELÂCHE	ÉPANCHÉ	PELUCHÉ	NÉGOCIÉ	TABAGIE
RELÂCHÉ	BRANCHE	**COLUCHE**	ASSOCIÉ	ASSAGIE
FOLACHE	BRANCHÉ	ÉPLUCHÉ	EUTOCIE	GABEGIE
REMÂCHÉ	FRANCHE	NUNUCHE	NOIRCIE	EFFIGIE
GANACHE	TRANCHE	ABOUCHÉ	FIDUCIE	OTALGIE
PANACHE	TRANCHÉ	CAPUCHE	ADOUCIE	MYALGIE
PANACHÉ	ÉTANCHE	**MAPUCHE**	**ARCADIE**	**FRANGIÉ**
ARRACHÉ	ÉTANCHÉ	NURAGHE	AFFADIE	ÉLARGIE

ANERGIE
ÉNERGIE
GÉORGIE
RÉFUGIÉ
PHRYGIE
SYZYGIE
ENVAHIE
AVACHIE
FLÉCHIE
GAUCHIE
GRAPHIE
APATHIE
XANTHIE
SCYTHIE
ORDALIE
ATHALIE
ASIALIE
EULALIE
SOMALIE
SOMALIE
RESALIE
ÉTABLIE
ANOBLIE
LOBÉLIE
APHÉLIE
HOMÉLIE
CARÉLIE
PARÉLIE
AURÉLIE
BROGLIE
CÉCILIE
LUCILIE
AFFILIÉ
HUMILIÉ
RÉSILIÉ
RAVILIE
CAILLIÉ
FAILLIE
SAILLIE
AMOLLIE
PHYLLIE
EMBOLIE
ANCOLIE
PODOLIE
DÉFOLIÉ
EXFOLIÉ
ACHOLIE
SCHOLIE
DÉMOLIE
DÉPOLIE
REPOLIE
IMPOLIE
REMPLIE
REMPLIÉ
SUPPLIÉ
NAUPLIE
AVEULIE
SIMULIE
ABOULIE
KABYLIE
ACHYLIE
INFAMIE
BIGAMIE
OOGAMIE
ENDÉMIE
NÉHÉMIE
ENNEMIE
LIPÉMIE
JÉRÉMIE
TOXÉMIE
SODOMIE
DOLOMIE
THERMIE
ANOSMIE
ATHYMIE
ALBANIE
LUCANIE
OCÉANIE
APLANIE
REMANIÉ
VÉSANIE
TÉTANIE
LITANIE
ZIZANIE
INGÉNIÉ
EUGÉNIE
VILENIE
XIMÉNIE
LOMÉNIE
ARMÉNIE
ARSÉNIÉ
OLTÉNIE
DAPHNIE
LACINIÉ
DÉFINIE
INFINIE
ACTINIE
BLENNIE
ABONNIE
LACONIE
APHONIE
FÉLONIE
COLONIE
SIMONIE
LAPONIE
ESTONIE
LIVONIE
FOURNIE
DÉMUNIE
IMPUNIE
DÉSUNIE
BROWNIE
VALDOIE
OLYMPIE
RECOPIÉ
ECTOPIE
YOUPPIE
CHARPIE
CROUPIE
GROUPIE
INEXPIÉ
ANGARIE
ADJARIE
SALARIÉ
SAMARIE
DÉMARIÉ
REMARIÉ
DÉPARIÉ
APPARIÉ
TATARIE
NOTARIÉ
SIBÉRIE
LACERIE
ALGÉRIE
PAIERIE
ACIÉRIE
SCIERIE
SOIERIE
COKERIE
GALERIE
TÔLERIE
VOLERIE
MOMERIE
MÔMERIE
FUMERIE
VÉNERIE
PIPERIE
DUPERIE
GÂTERIE
HÉTÉRIE
LITERIE
COTERIE
LOTERIE
POTERIE
ASTÉRIE
ROUERIE
LAVERIE
RÊVERIE
RIZERIE
MAIGRIE
HONGRIE
PRAIRIE
PRAIRIE
EXCORIÉ
THÉORIE
CALORIE
COLORIÉ
ARMORIÉ
CHARRIÉ
NOURRIE
POURRIE
FRATRIE
FLÉTRIE
DÉCURIE
INCURIE
FLEURIE
FLEURIE
LIGURIE
INJURIÉ
PÉNURIE
ÉTRURIE
DYSURIE
MAZURIE
ILLYRIE
ASSYRIE
APHASIE
APLASIE
ASPASIE
EURASIE
EXTASIÉ
SILÉSIE
POLÉSIE
KINÉSIE
AMNÉSIE
PARÉSIE
HÉRÉSIE
ATRÉSIE
TUNISIE
CHOISIE
PHTISIE
TRANSIE
NICOSIE
AGNOSIE
APEPSIE
ASEPSIE
BIOPSIE
ZOOPSIE
CHASSIE
GROSSIE
RÉUSSIE
ROUSSIE
DÉBÂTIE
REBÂTIE
DÉCATIE
GALATIE
APLATIE
HÉMATIE
CROATIE
HYPATIE
FACÉTIE
VÉNÉTIE
CANITIE
IDIOTIE
ALLOTIE
INEPTIE
INERTIE
AVERTIE
AMORTIE
PLASTIE
ORESTIE
NÉOTTIE
BLOTTIE
ARGUTIE
MINUTIE
ABOUTIE
ABRUTIE
LANGUIE
TARGUIE
ENFOUIE
RÉJOUIE
ÉBLOUIE
ÉCROUIE
TURQUIE
MORAVIE
OCTAVIE
OCTAVIÉ
BOLIVIE
DEMI-VIE
LIXIVIÉ
SÉGOVIE
ARGOVIE
SYNOVIE
MAZOVIE
INDUVIE
GALAXIE
APRAXIE
PYREXIE
EUTEXIE
EUDOXIE
HYPOXIE
SALAZIE
WENDAKE
QUINCKE
LEBBEKE
OUZBÈKE
PERMEKE
ZERNIKE
MALINKÉ
SONINKÉ
KARAOKÉ
RELOOKÉ
NETSUKE
KABBALE
TRIBALE
TIMBALE
TOMBALE
CYMBALE
GLOBALE
VERBALE
BUCCALE
CÆCALE
AMICALE
APICALE
BANCALE
CANCALE

CANCALE
AFOCALE
PERCALE
PASCALE
DISCALE
FISCALE
MANDALE
SANDALE
VANDALE
VANDALE
FÉODALE
CAUDALE
PALE-ALE
PINÉALE
CÉRÉALE
BORÉALE
MUSÉALE
LUTÉALE
NIVÉALE
MORFALE
INÉGALE
INÉGALÉ
BENGALE
FRUGALE
OMPHALE
LABIALE
TIBIALE
FACIALE
RACIALE
ONCIALE
SOCIALE
RADIALE
MÉDIALE
FILIALE
LILIALE
GÉNIALE
MONIALE
MARIALE
CURIALE
JOVIALE
SURJALÉ
HIÉMALE
ANIMALE
PRIMALE
ANOMALE
NORMALE
SISMALE
SIGNALÉ
SPINALE
ATONALE
AZONALE
VERNALE
TRIPALE
SACRALE
CHIRALE
AMIRALE
SPIRALE

SPIRALÉ
CHORALE
FLORALE
AMORALE
MITRALE
ASTRALE
NEURALE
PLURALE
CRURALE
PRÉ-SALÉ
DORSALE
VASSALE
DESSALÉ
CAUSALE
HIATALE
RECTALE
FŒTALE
APÉTALE
COMTALE
TANTALE
TANTALE
DENTALE
MENTALE
MONTALE
CROTALE
SEPTALE
PORTALE
VESTALE
DISTALE
COSTALE
POSTALE
BRUTALE
CHEVALÉ
OGIVALE
ACCABLÉ
SÉCABLE
VOCABLE
OPÉABLE
AFFABLE
SCIABLE
SKIABLE
PLIABLE
AMIABLE
FRIABLE
VALABLE
FILABLE
VOLABLE
AIMABLE
FUMABLE
TENABLE
MINABLE
CAPABLE
GÉRABLE
ZIRABLE
CURABLE
DURABLE
ENSABLÉ

DOSABLE
DATABLE
JETABLE
RETABLE
ENTABLÉ
COTABLE
NOTABLE
POTABLE
ATTABLÉ
MUTABLE
JOUABLE
LOUABLE
ROUABLE
LAVABLE
VIVABLE
BUVABLE
TAXABLE
PAYABLE
DRIBBLE
DRIBBLÉ
AUDIBLE
PÉNIBLE
LISIBLE
RISIBLE
VISIBLE
FUSIBLE
TREMBLE
TREMBLÉ
CRUMBLE
IGNOBLE
AFFUBLÉ
SOLUBLE
TROUBLE
TROUBLÉ
DÉBÂCLE
DÉBÂCLÉ
EMBÂCLE
CÉNACLE
CÉNACLE
RENÂCLÉ
PINACLE
MIRACLE
MANICLE
SANICLE
ARTICLE
ÉTÉOCLE
LE LOCLE
BINOCLE
MONOCLE
RECYCLÉ
BICYCLE
NDEBELE
BARBELÉ
ISOCÈLE
HARCELÉ
MORCELÉ
URODÈLE

SCHEELE
CONGELÉ
SURGELÉ
SCHIELE
DANIELE
NICKELÉ
VILLÈLE
UKULÉLÉ
POMMELÉ
GRUMELÉ
CRÈNELÉ
CRÉNELÉ
GRENELÉ
CANNELÉ
CRÊPELÉ
RAPPELÉ
ENGRÊLÉ
CARRELÉ
CORRÉLÉ
BOSSELÉ
MANTELÉ
PANTELÉ
DENTELÉ
PROTÈLE
MARTELÉ
SITTÈLE
BOTTELÉ
CAUTÈLE
CLAVELÉ
GRIVELÉ
HERZELE
SOUFFLE
SOUFFLÉ
RENIFLÉ
GIROFLE
DURUFLÉ
DÉRÉGLÉ
SHINGLE
ÉPINGLE
ÉPINGLÉ
TRINGLE
TRINGLÉ
AVEUGLE
AVEUGLÉ
REMUGLE
GRACILE
URACILE
PŒCILE
CONCILE
TRÉFILÉ
RENFILÉ
PROFILÉ
PARFILÉ
SURFILÉ
FAUFILÉ
FRAGILE
VIRGILE

ENTOILÉ
DÉVOILÉ
REMPILÉ
COMPILÉ
POMPILE
AMARILE
FÉBRILE
STÉRILE
PUÉRILE
NITRILE
MARSILE
SESSILE
FISSILE
MISSILE
FOSSILE
SUBTILE
TACTILE
DUCTILE
CENTILE
GENTILE
GENTILÉ
VENTILÉ
REPTILE
FERTILE
HOSTILE
NAUTILE
INUTILE
TEXTILE
SERVILE
CABALLÉ
DÉBALLÉ
EMBALLÉ
PIGALLE
TRIALLE
LA SALLE
LASALLE
GABELLE
LABELLE
SABELLE
TABELLE
REBELLE
REBELLÉ
LIBELLE
LIBELLÉ
OMBELLE
OMBELLÉ
NACELLE
FICELLE
MICELLE
NUCELLE
PUCELLE
PUCELLE
EXCELLÉ
RIDELLE
VIDELLE
JODELLE
JUDELLE

IDÉELLE
PAGELLE
NIGELLE
TIGELLE
ÉCHELLE
CAMELLE
GAMELLE
LAMELLE
LAMELLÉ
MAMELLE
FEMELLE
GÉMELLE
SEMELLE
JUMELLE
CENELLE
VENELLE
AGNELLE
GONELLE
MARELLE
AIRELLE
GIRELLE
MORELLE
BURELLE
SURELLE
BASELLE
GISELLE
OISELLE
ENSELLÉ
MOSELLE
CATELLE
PATELLE
ENTELLE
MOTELLE
ATTELLE
TUTELLE
ÉCUELLE
DOUELLE
ROUELLE
CRUELLE
TRUELLE
USUELLE
JAVELLE
CIVELLE
NIVELLE
NIVELLE
VOYELLE
GAZELLE
GEZELLE
ÉCAILLE
ÉCAILLÉ
ÉGAILLÉ
PIAILLÉ
ÉMAILLÉ
BRAILLE
BRAILLE
BRAILLÉ
CRAILLÉ

DRAILLE
ÉRAILLÉ
GRAILLÉ
TRAILLE
OUAILLE
BABILLÉ
HABILLÉ
BACILLE
VACILLÉ
OSCILLÉ
CÉDILLE
GODILLE
GODILLÉ
ABEILLE
VIEILLE
OREILLE
TREILLE
OSEILLE
ÉVEILLÉ
FIFILLE
SIGILLÉ
ACHILLE
DELILLE
FAMILLE
RAMILLE
DE MILLE
MANILLE
MANILLE
VANILLE
VANILLÉ
PAPILLE
PUPILLE
GORILLE
MORILLE
ZORILLE
ÉTRILLE
ÉTRILLÉ
AVRILLÉ
CYRILLE
NASILLÉ
RÉSILLE
FUSILLÉ
PÉTILLÉ
VÉTILLE
VÉTILLÉ
TITILLÉ
OUTILLÉ
FEUILLE
BOUILLE
COUILLE
DOUILLE
DOUILLÉ
FOUILLE
FOUILLÉ
GOUILLE
HOUILLE
MOUILLE

MOUILLÉ
NOUILLE
POUILLE
ROUILLE
ROUILLÉ
SOUILLE
SOUILLÉ
TOUILLE
TOUILLÉ
VOUILLÉ
ÉQUILLE
SQUILLE
BÂVILLE
DÉVILLE
NEVILLE
SÉVILLE
MAXILLE
VEXILLE
BAZILLE
VIZILLE
DÉCOLLÉ
RECOLLÉ
NICOLLE
ENCOLLÉ
FOFOLLE
GIROLLE
COROLLE
CAYOLLE
FAYOLLE
TIBULLE
BÉRULLE
CATULLE
SIBYLLE
APHYLLE
ÉBRANLÉ
GUIBOLE
SYMBOLE
APICOLE
BRICOLE
BRICOLÉ
AVICOLE
MENDOLE
GONDOLE
GONDOLÉ
RUBÉOLE
URCÉOLÉ
PHLÉOLE
LA RÉOLE
AURÉOLE
AURÉOLÉ
ROSÉOLE
NIVÉOLE
ALVÉOLE
ALVÉOLÉ
RAFFOLÉ
MONGOLE
MONGOLE

BABIOLE
LUCIOLE
FOLIOLE
SÉPIOLE
BARIOLÉ
DARIOLE
MARIOLE
VARIOLE
PÉTIOLE
PÉTIOLÉ
OSTIOLE
RAVIOLE
INVIOLÉ
FORMOLÉ
BAGNOLE
FIGNOLÉ
VIGNOLE
SOMNOLÉ
WALPOLE
DUOPOLE
COUPOLE
SCAROLE
AZEROLE
PYRROLE
PÉTROLE
FIESOLE
ANISOLE
CONSOLE
CONSOLÉ
DESSOLÉ
RISSOLE
RISSOLÉ
MAUSOLE
PACTOLE
PACTOLE
PISTOLE
SYSTOLE
VACUOLE
FRIVOLE
CONVOLÉ
SURVOLÉ
STEEPLE
PÉRIPLE
EXEMPLE
SINOPLE
WHIPPLE
DÉCUPLE
DÉCUPLÉ
NONUPLÉ
OCTUPLE
OCTUPLÉ
DÉPARLÉ
REPARLÉ
DÉFERLÉ
EMPERLÉ
SEATTLE
WHITTLE

LA BAULE
GRIAULE
GLOBULE
BARBULE
ÉJACULÉ
SACCULE
SPÉCULÉ
ÉDICULE
SPICULE
CALCULÉ
FLOCULÉ
INOCULÉ
HERCULE
HERCULE
CIRCULÉ
BASCULE
BASCULÉ
CRÉDULE
ACIDULÉ
PENDULE
PENDULÉ
ESSEULÉ
ÉGUEULÉ
COAGULÉ
MERGULE
VIRGULE
CELLULE
PULLULÉ
TRÉMULÉ
STIMULÉ
GEMMULE
FORMULE
FORMULÉ
PLUMULE
GRANULE
GRANULÉ
VEINULE
PINNULE
MABOULE
SABOULÉ
TABOULÉ
DÉBOULÉ
CIBOULE
RIBOULÉ
DÉCOULÉ
THÉOULE
DÉFOULÉ
REFOULÉ
CAGOULE
CAGOULE
TAMOULE
DÉMOULÉ
LE MOULE
SEMOULE
AMPOULE
AMPOULÉ
ÉCROULÉ

DÉROULÉ
ENROULÉ
CRAPULE
STIPULE
STIPULÉ
SERPULE
REBRÛLÉ
EMBRÛLÉ
SPORULÉ
CAPSULE
CAPSULÉ
RUSSULE
SPATULE
SPATULÉ
NOCTULE
FISTULE
VISTULE
POSTULÉ
PUSTULE
VALVULE
CONDYLE
ESCHYLE
MÉTHYLE
CARLYLE
URANYLE
PHÉNYLE
ALCOYLE
DACTYLE
ACÉTYLE
BENZYLE
DIFFAMÉ
MALFAMÉ
EXOGAME
WARGAME
BERGAME
PERGAME
ACCLAMÉ
DÉCLAMÉ
RÉCLAME
RÉCLAMÉ
EXCLAMÉ
MACRAMÉ
LACTAME
DICTAME
RENTAMÉ
DIADÈME
DIXIÈME
SIXIÈME
ONZIÈME
EMBLÈME
THÉLÈME
BELLÊME
PHONÈME
PHLOÈME
TRIRÈME
SUPRÊME
EXTRÊME

PARSEMÉ
RESSEMÉ
BAPTÊME
ABSTÈME
SYSTÈME
EMPYÈME
DRACHME
MAL-AIMÉ
ESSAIMÉ
SUBLIME
SUBLIMÉ
RÉANIMÉ
INANIMÉ
UNANIME
ESCRIME
ESCRIMÉ
DÉPRIME
DÉPRIMÉ
RÉPRIMÉ
IMPRIMÉ
OPPRIMÉ
EXPRIMÉ
VICTIME
RAGTIME
CENTIME
TOUTIME
EMPALMÉ
ANSELME
DILEMME
MAREMME
WAREMME
DÉGOMMÉ
ENGOMMÉ
ROGOMME
DÉNOMMÉ
RENOMMÉ
INNOMMÉ
MAROMME
ASSOMMÉ
SARCOME
BISCÔME
LEUCOME
VENDÔME
ISODOME
SKYDOME
OSTÉOME
ANGIOME
SLALOMÉ
CŒLOME
MYÉLOME
DIPLÔME
DIPLÔMÉ
ADÉNOME
TRINÔME
ÉCONOME
FIBROME
POGROME

ACHROME
LÉPROME
FANTÔME
SÃO TOMÉ
SCOTOME
PROTOMÉ
RHIZOME
VACARME
DÉSARMÉ
REFERMÉ
AFFERMÉ
ENFERMÉ
DÉGERMÉ
PALERME
ASPERME
AFFIRMÉ
INFIRME
INFIRMÉ
DÉFORMÉ
MÉFORME
RÉFORME
RÉFORME
REFORMÉ
RÉFORMÉ
INFORME
INFORMÉ
DELORME
ORGASME
CHIASME
MARASME
TÉNESME
BABISME
CUBISME
RACISME
SADISME
VÉDISME
LUDISME
NUDISME
THÉISME
ARÉISME
SCHISME
CHIISME
HOLISME
NANISME
JINISME
ÉONISME
MONISME
CYNISME
MAOÏSME
TAOÏSME
ÉGOÏSME
PAPISME
LÉPISME
MÉRISME
VÉRISME
CHRISME
PURISME

LYRISME
GÂTISME
TITISME
AUTISME
MUTISME
TRUISME
CIVISME
LAXISME
REXISME
SEXISME
FIXISME
NAZISME
EMBAUMÉ
BAPAUME
EMPAUMÉ
ROYAUME
ROYAUMÉ
PARFUMÉ
ENRHUMÉ
ENCLUME
RALLUMÉ
DÉPLUMÉ
EMPLUMÉ
EMBRUMÉ
SUBSUMÉ
PRÉSUMÉ
CONSUMÉ
NATSUME
COSTUME
COSTUMÉ
COUTUME
NÉODYME
ANONYME
ÉPONYME
MBABANE
MIRBANE
HAUBANÉ
CHICANE
CHICANÉ
CANCANÉ
TOSCANE
TOSCANE
BOUCANÉ
HALDANE
BARDANE
SARDANE
CERDANE
CERDANE
PAS-D'ÂNE
DOS-D'ÂNE
PROFANE
PROFANÉ
REGGANE
TSIGANE
TSIGANE
TZIGANE
TZIGANE

LONGANE
AFGHANE
AFGHANE
MÉTHANE
BADIANE
MÉDIANE
POMIANE
FENIANE
SUSIANE
TRAJANE
SPOKANE
BERKANE
BOÉLANE
ISOLANE
FORLANE
SOULANE
BIRMANE
BIRMANE
RHÉNANE
SAMOANE
SAMOANE
TRÉPANÉ
CAMPANE
PROPANE
BUCRANE
SAFRANÉ
TIGRANE
BUGRANE
MARRANE
TOURANE
FAISANE
PERSANE
PERSANE
PLATANE
SULTANE
PENTANE
FONTANE
HEPTANE
SOUTANE
PRYTANE
RHÔXANE
KENYANE
KENYANE
ALEZANE
BALZANE
ÉCHIDNÉ
DEHAENE
SEMBENE
ÉPICÈNE
MIOCÈNE
FORCENÉ
OBSCÈNE
ÉRIGÈNE
ORIGÈNE
NÉOGÈNE
DIOGÈNE
ÉROGÈNE

OROGÈNE	MALIGNE	MORAINE	**ESCHINE**	**BOUNINE**
EXOGÈNE	**DELIGNE**	MISAINE	LITHINE	**AMBOINE**
PYOGÈNE	BÉNIGNE	MITAINE	LITHINÉ	HÉROÏNE
OXYGÈNE	ÉLOIGNÉ	**BAZAINE**	**ZADKINE**	BÉTOINE
OXYGÉNÉ	DÉSIGNÉ	DIZAINE	**RANKINE**	CÉTOINE
SAPHÈNE	RÉSIGNÉ	STIBINE	**LASKINE**	**ANTOINE**
RUTHÈNE	INSIGNE	LAMBINE	SEA-LINE	PIVOINE
RUTHÈNE	COSIGNÉ	LAMBINÉ	OPALINE	ALÉPINE
HYGIÈNE	ASSIGNÉ	COMBINE	PRALINE	ÉPÉPINÉ
ZYRIÈNE	**SÉVIGNÉ**	COMBINÉ	PRALINÉ	CRÉPINE
STEKENE	CIGOGNE	GLOBINE	**STALINE**	**CAMPINE**
SCALÈNE	GIGOGNE	TURBINE	**AVALINE**	CHOPINE
PHALÈNE	VIGOGNE	TURBINÉ	HYALINE	CLOPINÉ
EUGLÈNE	**BOLOGNE**	VACCINE	DÉCLINÉ	INOPINÉ
ABILENE	**COLOGNE**	VACCINÉ	DICLINE	TERPINE
HELLÈNE	**POLOGNE**	CALCINÉ	ENCLINE	JASPINÉ
BOLLÈNE	**SOLOGNE**	LANCINÉ	INCLINÉ	POUPINE
AZULÈNE	**LIMOGNE**	SARCINE	AVELINE	TOUPINE
AMYLÈNE	IVROGNE	HIRCINE	MYÉLINE	TOUPINÉ
ALCMÈNE	BESOGNE	PORCINE	ANILINE	CLARINE
CHIMÈNE	BESOGNÉ	FASCINE	COLLINE	AMARINÉ
MALMENÉ	ÉPARGNE	FASCINÉ	CHOLINE	**OPARINE**
REMMENÉ	ÉPARGNÉ	PISCINE	VIOLINE	TSARINE
PROMENÉ	ÉBORGNÉ	LEUCINE	CARLINE	TZARINE
SURMENÉ	RÉPUGNÉ	DOUCINE	BERLINE	PÉBRINE
NOUMÈNE	**ARACHNÉ**	BRUCINE	**TATLINE**	FIBRINE
COMNÈNE	ÆSCHNE	GLYCINE	HOT LINE	OMBRINE
PROPÈNE	URBAINE	GRADINE	INULINE	ENCRINE
TERPÈNE	AUBAINE	GREDINE	MOULINÉ	SUCRINE
REFRÉNÉ	CUBAINE	SUÉDINE	POULINÉ	ÉSÉRINE
RÉFRÉNÉ	**CUBAINE**	DANDINÉ	DIAMINE	UTÉRINE
EFFRÉNÉ	RICAINE	ANODINE	FLAMINE	THORINE
ENGRENÉ	**RICAINE**	JARDINÉ	CRAMINE	CAPRINE
STYRÈNE	COCAÏNE	SARDINE	ÉTAMINE	CAPRINÉ
PANTÈNE	BEDAINE	BOUDINÉ	STAMINÉ	TERRINE
HAPTÈNE	**SEDAINE**	CODÉINE	EXAMINÉ	VERRINE
SARTÈNE	RIFAINE	CAFÉINE	**LOCMINÉ**	CITRINE
TOLUÈNE	**RIFAINE**	BALEINE	CHEMINÉ	VITRINE
SLOVÈNE	DÉGAINE	BALEINÉ	ÉLIMINÉ	TAURINE
SLOVÈNE	DÉGAINÉ	HALEINE	CULMINÉ	DOURINE
PROXÈNE	ENGAINÉ	SEREINE	FULMINÉ	**ATURINE**
BENZÈNE	ACHAINE	CASÉINE	ABOMINÉ	BAESINE
AUBAGNE	DÉLAINÉ	OSSÉINE	CARMINÉ	RAISINÉ
COCAGNE	VILAINE	DÉVEINE	HERMINE	SAISINE
ASCAGNE	**VILAINE**	OLÉFINE	TERMINÉ	VOISINE
REGAGNÉ	SEMAINE	RAFFINÉ	VERMINE	VOISINÉ
BALAGNE	DOMAINE	CONFINÉ	ACUMINÉ	CUISINE
LIMAGNE	ROMAINE	SURFINE	ALUMINE	CUISINÉ
LOMAGNE	**ROMAINE**	IMAGINÉ	ALUMINÉ	MYOSINE
ROMAGNE	HUMAINE	ORIGINE	THYMINE	PEPSINE
HUMAGNE	PAPAÏNE	MARGINÉ	ALANINE	BASSINE
ESPAGNE	AGRAINÉ	**CHAHINE**	GUANINE	BASSINÉ
LASAGNE	ÉGRAINÉ	**LACHINE**	ADÉNINE	CASSINE
ESBIGNÉ	**UKRAINE**	MACHINE	LIGNINE	**MASSINE**
AUBIGNÉ	BORAINE	MACHINÉ	QUININE	**BESSINE**
INDIGNE	**BORAINE**	TACHINE	LÉONINE	DESSINÉ
INDIGNÉ	FORAINE	**TÉCHINÉ**	THONINE	MESSINE

MESSINE
ELTSINE
COUSINE
COUSINÉ
PLATINE
PLATINÉ
GRATINÉ
STATINE
OUATINE
OUATINÉ
PECTINE
PECTINÉ
PIÉTINÉ
ÉMÉTINE
ARÉTINE
CRÉTINE
CHITINE
COLTINÉ
CANTINE
CANTINÉ
TANTINE
DENTINE
SENTINE
FONTINE
PONTINE
TONTINE
TONTINÉ
KHOTINE
BIOTINE
LEPTINE
SARTINE
TARTINE
TARTINÉ
CORTINE
CASTINE
OBSTINÉ
DESTINÉ
CUSTINE
RUSTINE
BOTTINE
POUTINE
ROUTINE
SOUTINE
SEXTINE
SIXTINE
RHYTINE
BÉGUINE
BIGUINE
CHOUINÉ
TAQUINE
TAQUINÉ
COQUINE
ALEVINÉ
OLIVINE
NERVINE
PLUVINÉ
DIOXINE

FANZINE
BENZINE
MORZINE
INDEMNE
AUTOMNE
RABANNE
LA PANNE
DÉPANNÉ
EMPANNÉ
FURANNE
SURANNÉ
PYRANNE
ROUANNE
CÉZANNE
SÉZANNE
SUZANNE
ANDENNE
ARDENNE
SCÉENNE
AGÉENNE
ÉGÉENNE
AXÉENNE
GÉHENNE
PAÏENNE
CHIENNE
ÎLIENNE
ARIENNE
BRIENNE
IRIENNE
ÉTIENNE
FAMENNE
BIPENNE
BIPENNÉ
EMPENNE
EMPENNÉ
GARENNE
PÉRENNE
PIRENNE
ÉTRENNE
ÉTRENNÉ
TURENNE
ANTENNE
COUENNE
RAVENNE
CAYENNE
MAYENNE
DOYENNE
DOYENNÉ
FOYENNE
MOYENNE
MOYENNÉ
ROYENNE
ARYENNE
GUYENNE
CRAONNE
BOBONNE
FAÇONNÉ

MAÇONNE
MAÇONNÉ
DÉCONNÉ
ARÇONNÉ
BEDONNÉ
REDONNÉ
BIDONNÉ
ORDONNÉ
ARGONNE
BRIONNE
CALONNE
GALONNÉ
JALONNÉ
TALONNÉ
FÉLONNE
PILONNÉ
COLONNE
COLONNE
CANONNÉ
TENONNÉ
CAPONNE
LAPONNE
LAPONNE
JUPONNÉ
BARONNE
GARONNE
MARONNÉ
PÉRONNE
CIRONNÉ
GIRONNÉ
HURONNE
HURONNE
LURONNE
LURONNE
RÉSONNÉ
TISONNÉ
ESSONNE
BÂTONNÉ
MATONNE
TÂTONNÉ
BÉTONNÉ
DÉTONNÉ
MITONNÉ
PITONNÉ
ENTONNÉ
COTONNÉ
SAVONNÉ
DIVONNE
VIVONNE
SAXONNE
SAXONNE
AUXONNE
BAYONNE
RAYONNE
RAYONNÉ
GAZONNÉ
CARBONE

CARBONÉ
CHACONE
TRICÔNE
ZIRCONE
SULFONE
SULFONÉ
ÉPIGONE
TRIGONE
ISOGONE
GORGONE
HÉMIONE
CYCLONE
BELLONE
VIOLONÉ
ANÉMONE
CRÉMONE
CRÉMONE
PULMONÉ
HORMONE
MORMONE
SAUMONÉ
BIGNONE
QUINONE
VOLPONE
COMPONÉ
HIPPONE
NIPPONE
NIPPONE
MATRONE
DÉTRÔNÉ
PÉTRONE
NEURONE
PERSONÉ
DISSONÉ
LACTONE
ACÉTONE
SUÉTONE
SYNTONE
ÉCOTONE
CROTONE
CORTONE
HISTONE
LETTONE
LETTONE
SICYONE
AMAZONE
AMAZONE
CANZONE
INCARNÉ
LUCARNE
ACHARNÉ
ÉCHARNÉ
GIBERNE
HIBERNÉ
DÉCERNÉ
LUCERNE
BADERNE

MODERNE
FALERNE
GALERNE
SALERNE
CASERNE
CASERNÉ
MATERNÉ
PATERNE
CITERNE
ALTERNE
ALTERNÉ
INTERNE
INTERNÉ
POTERNE
EXTERNE
CAVERNE
SAVERNE
TAVERNE
HIVERNÉ
PAYERNE
LUZERNE
OSBORNE
SUBORNÉ
DÉCORNÉ
BICORNE
LICORNE
ENCORNÉ
TADORNE
BIGORNE
BIGORNÉ
LITORNE
AJOURNÉ
SATURNE
LACAUNE
LACAUNE
BÉJAUNE
DELAUNE
TRIBUNE
CHACUNE
RANCUNE
DÉJEUNÉ
LE JEUNE
LEJEUNE
BÉTHUNE
COMMUNE
NEPTUNE
FORTUNE
FORTUNE
FORTUNÉ
LA SEYNE
ÉPIGYNE
LEMOYNE
GORTYNE
KAWAGOE
IVANHOÉ
DELANOË
NOMINOË

ARSINOÉ
ANTINOË
RESCAPÉ
RECHAPÉ
SOUPAPE
SATRAPE
ATTRAPE
ATTRAPÉ
DÉCRÊPÉ
SERGIPE
PHILIPE
DÉFRIPÉ
DISSIPÉ
DÉSALPE
INCULPÉ
DÉPULPÉ
DÉCAMPÉ
ESTAMPE
ESTAMPÉ
ESTOMPE
ESTOMPÉ
SYNCOPE
SYNCOPÉ
APOCOPE
APOCOPÉ
PROCOPE
RHODOPE
ARGIOPE
ANTIOPE
ANTIOPE
CYCLOPE
FALLOPE
VARLOPE
VARLOPÉ
STÉNOPÉ
ESTROPE
BIOTOPE
ISOTOPE
ÉCHAPPÉ
SCHAPPE
GENAPPE
VARAPPE
VARAPPÉ
ÉGRAPPÉ
GILEPPE
VOREPPE
MÉNIPPE
AGRIPPÉ
LYSIPPE
ACHOPPÉ
ÉCHOPPE
ESCARPE
ESCARPÉ
LA HARPE
ÉCHARPE
ÉCHARPÉ
EUTERPE

EXTIRPÉ
PANORPE
DÉCOUPE
DÉCOUPÉ
RECOUPE
RECOUPÉ
LA LOUPE
BRADYPE
BIOTYPE
ISOBARE
BARBARE
PINDARE
TYNDARE
BALÉARE
FANFARE
BULGARE
BULGARE
ESCHARE
CATHARE
CITHARE
DÉCLARÉ
GAMMARE
PRÉPARÉ
UNIPARE
OVIPARE
COMPARÉ
CARRARE
CARRARE
FERRARE
HECTARE
GUITARE
TARTARE
TARTARE
CYAXARE
MAGYARE
MAGYARE
MACABRE
CALABRE
PALABRE
PALABRÉ
DÉLABRÉ
CINABRE
ALGÈBRE
CÉLÈBRE
CÉLÉBRÉ
FUNÈBRE
DÉFIBRÉ
CALIBRE
CALIBRÉ
CHAMBRE
CHAMBRÉ
OBOMBRÉ
SIDOBRE
OCTOBRE
LUGUBRE
SALUBRE
ODOACRE

POUACRE
CHANCRE
VAINCRE
RECADRÉ
ENCADRÉ
ESCADRE
TRIÈDRE
PARÈDRE
GUELDRE
SAULDRE
LÉANDRE
MÉANDRE
MÉANDRE
FLANDRE
ÉPANDRE
PRENDRE
ÉTENDRE
CEINDRE
FEINDRE
GEINDRE
PEINDRE
TEINDRE
JOINDRE
MOINDRE
POINDRE
CHONDRE
SOURDRE
ANHYDRE
BERBÈRE
CERBÈRE
CERBÈRE
SINCÈRE
VISCÈRE
PONDÉRÉ
CARDÈRE
PRÉFÉRÉ
DIFFÉRÉ
CONFÉRÉ
PROFÉRÉ
PÉAGÈRE
VIAGÈRE
ÉTAGÈRE
EXAGÉRÉ
SUGGÉRÉ
LINGÈRE
CONGÈRE
LONGÈRE
BERGÈRE
FOUGÈRE
GOUGÈRE
CACHÈRE
JACHÈRE
VACHÈRE
PECHÈRE
ENCHÈRE
COCHÈRE
ANTHÈRE

CYTHÈRE
AUBIÈRE
RODIÈRE
THÉIÈRE
PALIÈRE
SALIÈRE
BÉLIÈRE
FILIÈRE
MOLIÈRE
MOLIÈRE
TÔLIÈRE
VOLIÈRE
MÔMIÈRE
LUMIÈRE
LUMIÈRE
LANIÈRE
MANIÈRE
MANIÉRÉ
PANIÈRE
TANIÈRE
LINIÈRE
MINIÈRE
PINIÈRE
ZONIÈRE
ORNIÈRE
RAPIÈRE
PIPIÈRE
JUPIÈRE
TARIÈRE
CIRIÈRE
ARRIÈRE
ARRIÉRÉ
VASIÈRE
LISIÈRE
VISIÈRE
ROSIÈRE
MATIÈRE
RATIÈRE
TÊTIÈRE
LITIÈRE
ALTIÈRE
ENTIÈRE
CÔTIÈRE
POTIÈRE
BAVIÈRE
CIVIÈRE
RIVIÈRE
RIVIÈRE
GAZIÈRE
RIZIÈRE
MOUKÈRE
BÉCLÈRE
BILLÈRE
PIE-MÈRE
CHIMÈRE
TRIMÈRE
COMMÈRE

COMMÉRÉ
ISOMÈRE
ÉNUMÉRÉ
PHANÈRE
EXONÉRÉ
TAMPERE
TEMPÉRÉ
COMPÈRE
RÉOPÉRÉ
COOPÉRÉ
NYERERE
TESSÈRE
BLATÉRÉ
CRATÈRE
STATÈRE
URETÈRE
RÉITÉRÉ
CRITÈRE
HALTÈRE
DIPTÈRE
MASTÈRE
ZOSTÈRE
AUSTÈRE
MYSTÈRE
MYSTÈRE
CAUTÈRE
NAGUÈRE
CLAYÈRE
FRAYÈRE
ÉCUYÈRE
BRUYÈRE
GRUYÈRE
TRUYÈRE
DONZÈRE
ZEUZÈRE
BALAFRE
BALAFRÉ
CHIFFRE
CHIFFRÉ
GOUFFRE
GOINFRE
GOINFRÉ
BEAUFRE
PODAGRE
ALLÈGRE
ALLÈGRE
INTÈGRE
INTÉGRÉ
IMMIGRÉ
DÉNIGRÉ
CAMPHRE
CAMPHRÉ
LOBAIRE
TUBAIRE
MACAIRE
LE CAIRE
PÉCAÏRE

7

FICAIRE
SICAIRE
VICAIRE
PODAIRE
DÉFAIRE
REFAIRE
AFFAIRE
AFFAIRÉ
ÉPIAIRE
AVIAIRE
MAKAIRE
MALAIRE
SALAIRE
ÉCLAIRE
ÉCLAIRÉ
VÉLAIRE
FILAIRE
HILAIRE
HILAIRE
PILAIRE
ALLAIRE
MOLAIRE
MÔLAIRE
POLAIRE
POLAIRE
SOLAIRE
LEMAIRE
PANAIRE
BINAIRE
LINAIRE
VINAIRE
ULNAIRE
BONAIRE
LUNAIRE
REPAIRE
REPAIRÉ
IMPAIRE
LARAIRE
AGRAIRE
HORAIRE
CÉSAIRE
ROSAIRE
CATAIRE
HÉTAÏRE
NOTAIRE
ASTAIRE
DOUAIRE
PRÉDIRE
OUÏ-DIRE
AVODIRÉ
MAUDIRE
PEREIRE
SUFFIRE
CONFIRE
DÉCHIRÉ
RÉÉLIRE
THOMIRE

REBOIRE
CIBOIRE
ENFOIRÉ
HILOIRE
MÉMOIRE
ARMOIRE
LE POIRÉ
ISSOIRE
NATOIRE
PÉTOIRE
NOTOIRE
VAMPIRE
RESPIRÉ
INSPIRÉ
SOUPIRÉ
DÉCRIRE
RÉCRIRE
SOURIRE
MESSIRE
SOUTIRÉ
RECUIRE
DÉDUIRE
RÉDUIRE
SÉDUIRE
ENDUIRE
INDUIRE
CALUIRE
RELUIRE
ESQUIRE
CHAVIRÉ
TRÉVIRE
TRÉVIRÉ
SURVIRÉ
ÉLABORÉ
NAUCORE
ISIDORE
PANDORE
PANDORE
DIODORE
INODORE
MORDORÉ
MÉTÉORE
PERFORÉ
AMPHORE
TANJORE
DÉCLORE
ENCLORE
DÉFLORÉ
NELLORE
VELLORE
DÉPLORÉ
IMPLORÉ
EXPLORÉ
OXYMORE
GUAPORÉ
ÉVAPORÉ
MASSORE

JESSORE
TUSSORE
TORTORÉ
APIVORE
ÉPAMPRÉ
POURPRE
POURPRÉ
BEAUPRÉ
GABARRE
LA BARRE
DÉBARRÉ
EMBARRÉ
BÉCARRE
LE CARRÉ
BICARRÉ
ESCARRE
BAGARRE
BAGARRÉ
BIGARRÉ
DÉMARRÉ
SIMARRE
JOUARRE
NAVARRE
BIZARRE
DÉFERRÉ
ENFERRÉ
ÉPIERRÉ
DUPERRÉ
ENSERRÉ
DÉTERRÉ
ENTERRÉ
ATTERRÉ
ÉQUERRE
NOVERRE
AUXERRE
SQUIRRE
ANDORRE
BIGORRE
ABHORRÉ
SCHORRE
SUSURRÉ
ALBÂTRE
THÉÂTRE
PALÂTRE
PILÂTRE
FOLÂTRE
FOLÂTRÉ
MULÂTRE
RANATRE
MARÂTRE
PARÂTRE
VÉRATRE
ROSÂTRE
ÉLECTRE
PLECTRE
SPECTRE
ANCÊTRE

MAL-ÊTRE
PH-MÈTRE
VUMÈTRE
FENÊTRE
FENÊTRÉ
PÉNÉTRÉ
NON-ÊTRE
DÉPÊTRÉ
EMPÊTRÉ
FICHTRE
TRAÎTRE
ARBITRE
ARBITRÉ
TALITRE
BÉLÎTRE
DÉNITRÉ
CLOÎTRE
CLOÎTRÉ
CROÎTRE
PUPITRE
ATTITRÉ
PHILTRE
CHANTRE
DIANTRE
ÉVENTRÉ
PEINTRE
LE NÔTRE
SCEPTRE
DIOPTRE
CHARTRE
MEURTRE
PIASTRE
MAISTRE
CUISTRE
MONSTRE
PROSTRÉ
FLUSTRE
FRUSTRÉ
ABATTRE
ÉBATTRE
ÉMETTRE
OMETTRE
PLEUTRE
SOLUTRÉ
EXHAURE
MÉTAURE
PÉTAURE
CARBURE
CARBURÉ
GARBURE
GLAÇURE
PLAÇURE
ÉPICURE
PINÇURE
RINÇURE
PROCURE
PROCURÉ

GERÇURE
MERCURE
MERCURE
OBSCURE
ÉVIDURE
PERDURÉ
VERDURE
BORDURE
SOUDURE
GAGEURE
MAÏEURE
PRIEURE
PRIEURÉ
MAJEURE
SOLEURE
DEMEURE
DEMEURÉ
MINEURE
ÉCŒURÉ
TUTEURÉ
MAYEURE
BIFFURE
SULFURE
SULFURÉ
FULGURÉ
HACHURE
HACHURÉ
MÂCHURE
MÂCHURÉ
OPHIURE
PALIURE
RELIURE
OSMIURE
STRIURE
CONJURÉ
PARJURE
PARJURÉ
ÉCALURE
RACLURE
MCCLURE
INCLURE
EXCLURE
ENFLURE
RÉGLURE
VOILURE
TELLURE
COLLURE
PARLURE
COULURE
FOULURE
MOULURE
MOULURÉ
ROULURE
BRÛLURE
ÉTAMURE
PALMURE
BROMURE

MURMURE	PRÉTURE	COLLYRE	CONCISE	DANOISE
MURMURÉ	TOITURE	**PALMYRE**	FASCISÉ	**DANOISE**
SAUMURE	VOITURE	LAMPYRE	ANODISÉ	**VANOISE**
SAUMURÉ	**VOITURE**	MARTYRE	**ANCHISE**	GÉNOISE
CYANURE	VOITURÉ	**ANABASE**	**COCHISE**	**GÉNOISE**
CYANURÉ	FRITURE	**ORIBASE**	RÉALISÉ	KINOISE
CŒNURE	TRITURÉ	AROBASE	ÉGALISÉ	**KINOISE**
GRENURE	CULTURE	TOP-CASE	COALISÉ	**SINOISE**
ROGNURE	DENTURE	**CAUCASE**	OPALISÉ	**VINOISE**
RAINURE	PENTURE	OXYDASE	ORALISÉ	**DUNOISE**
RAINURÉ	TENTURE	DÉPHASÉ	DUALISÉ	**VAROISE**
VEINURE	MONTURE	BIPHASÉ	AVALISÉ	**FÉROISE**
CHINURE	TONTURE	DIPHASÉ	OVALISÉ	**AIROISE**
RUINURE	CLÔTURE	EMPHASE	CYCLISÉ	**VIROISE**
VANNURE	CLÔTURÉ	AMYLASE	UTILISÉ	**YPROISE**
LABOURÉ	AZOTURE	GYMNASE	STYLISÉ	MATOISE
CIBOURE	CAPTURE	DÉBRASÉ	CHEMISE	**SÉTOISE**
TAMOURÉ	CAPTURÉ	EMBRASÉ	CHEMISÉ	**CÔTOISE**
DÉTOURÉ	LEPTURE	LACTASE	COMMISE	**LOTOISE**
ENTOURÉ	RUPTURE	MALTASE	THOMISE	**APTOISE**
SAVOURÉ	TORTURE	PROTASE	PROMISE	**HUTOISE**
CRÊPURE	TORTURÉ	**LAMBÈSE**	ATOMISÉ	PAVOISÉ
GUIPURE	**PASTURE**	DIOCÈSE	STOMISÉ	DÉVOISÉ
SUPPURÉ	POSTURE	EXÉGÈSE	PERMISE	**BOVOISE**
JASPURE	BATTURE	ORTHÈSE	SOUMISE	**GEXOISE**
COUPURE	BITTURE	RÉALÉSÉ	TANNISÉ	AIXOISE
ZÉBRURE	BITTURÉ	**FARNÈSE**	AGONISÉ	**AIXOISE**
MADRURE	BOUTURE	SOUPESÉ	IRONISÉ	**AUXOISE**
HYDRURE	BOUTURÉ	**THÉRÈSE**	DÉBOISÉ	**BUXOISE**
MOIRURE	COUTURE	DIÉRÈSE	REBOISÉ	**MÉZOISE**
CARRURE	**COUTURE**	EXÉRÈSE	**AMBOISE**	ÉMERISÉ
FERRURE	COUTURÉ	DIURÈSE	**AUBOISE**	UPÉRISÉ
SERRURE	MOUTURE	FADAISE	NIÇOISE	DÉFRISÉ
NITRURE	TEXTURE	JUDAÏSÉ	**NIÇOISE**	DÉGRISÉ
NITRURÉ	TEXTURÉ	BALAISE	**VICOISE**	DÉPRISE
GIVRURE	MIXTURE	FALAISE	**BUCOISE**	DÉPRISÉ
BRASURE	ÉBAVURÉ	**FALAISE**	**LUÇOISE**	MÉPRISE
ÉVASURE	GRAVURE	MALAISE	**BADOISE**	MÉPRISÉ
PRÉSURE	NERVURE	**MALAISE**	ARDOISE	REPRISE
PRÉSURÉ	NERVURÉ	MALAISÉ	ARDOISÉ	REPRISÉ
BRISURE	FLEXURE	CIMAISE	**AUDOISE**	EMPRISE
FRISURE	DASYURE	CYMAISE	**EUDOISE**	APPRISE
CENSURE	CADAVRE	**ORNAISE**	**LUDOISE**	RASSISE
CENSURÉ	**LE HAVRE**	**AUNAISE**	**VIFOISE**	ÉTATISÉ
TONSURE	**LEFÈVRE**	PUNAISE	DÉGOISÉ	PACTISÉ
TONSURÉ	ORFÈVRE	PUNAISÉ	BÂLOISE	POÉTISÉ
MORSURE	ORFÉVRÉ	DARAISE	**BÂLOISE**	HANTISE
CASSURE	BALÈVRE	MÉSAISE	PALOISE	ÉROTISÉ
RASSURÉ	DÉGIVRÉ	**RÉTAISE**	**PALOISE**	BAPTISÉ
FISSURE	DÉLIVRE	**DIVAISE**	**HÉLOÏSE**	SOTTISE
FISSURÉ	DÉLIVRÉ	**NAYAISE**	**DOLOISE**	DÉGUISÉ
TISSURE	VOUIVRE	ARABISÉ	**HAMOISE**	AIGUISÉ
STATURE	REVIVRE	**SOUBISE**	**HÉMOISE**	MENUISE
FACTURE	CHANVRE	GRÉCISÉ	RÉMOISE	MENUISÉ
FACTURE	**HANOVRE**	PRÉCISE	**RÉMOISE**	ACQUISE
FACTURÉ	PIEUVRE	PRÉCISÉ	**NÎMOISE**	REQUISE
LECTURE	**CORCYRE**	LAÏCISÉ	ARMOISE	ENQUISE

EXQUISE
SLAVISÉ
TRÉVISE
TRÉVISE
SUSVISÉ
IMPULSÉ
EXPULSÉ
RÉVULSÉ
EXPANSÉ
RECENSÉ
ENCENSÉ
DÉFENSE
DÉFENSE
OFFENSE
OFFENSÉ
IMMENSE
DÉPENSE
DÉPENSÉ
REPENSÉ
INSENSÉ
INTENSE
RÉPONSE
APPONSE
JAMBOSE
NARCOSE
VISCOSE
LEUCOSE
GLUCOSE
GLUCOSÉ
ACIDOSE
APODOSE
LORDOSE
SURDOSE
CYPHOSE
TYPHOSE
ORTHOSE
SAN JOSE
SAN JOSÉ
DÉCLOSE
MI-CLOSE
ENCLOSE
IMPLOSÉ
EXPLOSÉ
AMYLOSE
GOMMOSE
FORMOSE
CYANOSE
CYANOSÉ
PYCNOSE
STÉNOSE
MANNOSE
ZOONOSE
HYPNOSE
PRÉPOSÉ
COMPOSÉ
PROPOSÉ
SUPPOSÉ

DISPOSE
DISPOSÉ
FIBROSE
NÉCROSE
NÉCROSÉ
PENROSE
NITROSÉ
NÉVROSE
NÉVROSÉ
LACTOSE
MALTOSE
PENTOSE
VENTÔSE
MASTOSE
RELAPSE
SYNAPSE
ÉCLIPSE
ÉCLIPSÉ
ELLIPSE
SYNOPSE
ADVERSE
DÉVERSÉ
REVERSÉ
DIVERSE
INVERSE
INVERSÉ
DÉTORSE
RETORSE
ENTORSE
ACCURSE
TABASSÉ
JACASSÉ
BÉCASSE
COCASSE
JOCASSE
DUCASSE
DUCASSE
FADASSE
BIDASSE
GODASSE
BAGASSE
ÉCHASSE
CHIASSE
DÉLASSÉ
MÉLASSE
FILASSE
FOLASSE
MOLASSE
CULASSE
DAMASSÉ
RAMASSÉ
MANASSÉ
FINASSÉ
PINASSE
VINASSE
BONASSE
CONASSE

CROASSÉ
DÉPASSÉ
REPASSÉ
BIPASSE
IMPASSE
HARASSE
HARASSÉ
TIRASSE
BORASSE
MORASSE
STRASSE
BÊTASSE
ENTASSÉ
POTASSE
POTASSÉ
JOUASSE
BAVASSÉ
LAVASSE
RÊVASSÉ
ABBESSE
RUDESSE
SAGESSE
VANESSE
AÎNESSE
FINESSE
GONESSE
PAPESSE
CUPESSE
TYPESSE
CARESSE
CARESSÉ
PARESSE
PARESSÉ
ADRESSE
ADRESSÉ
AGRESSÉ
OGRESSE
STRESSÉ
IVRESSE
VITESSE
ALTESSE
HÔTESSE
ABAISSE
ABAISSÉ
ÉPAISSE
FRAISSE
GRAISSE
GRAISSÉ
MÉGISSÉ
HO! HISSE!
PALISSÉ
ÉCLISSE
MÉLISSE
PELISSE
CANISSE
GÉNISSE
FROISSÉ

TAPISSÉ
SARISSE
HÉRISSÉ
BÂTISSE
MATISSE
PÂTISSÉ
RATISSÉ
MÉTISSE
MÉTISSÉ
RETISSÉ
BRUISSÉ
LAVISSE
DÉVISSÉ
REVISSÉ
CABOSSE
CABOSSÉ
EMBOSSÉ
ENDOSSÉ
LA FOSSE
COLOSSE
MOLOSSE
PANOSSE
PANOSSÉ
DÉSOSSÉ
CHAUSSÉ
DÉCUSSÉ
GUGUSSE
LAÏUSSÉ
MAOUSSE
BLOUSSE
GLOUSSÉ
ÉMOUSSÉ
BROUSSE
BROUSSE
FROUSSE
TROUSSE
TROUSSÉ
RECAUSÉ
CAMBUSE
RACCUSÉ
MARCUSE
GOBEUSE
LACEUSE
NOCEUSE
SUCEUSE
RADEUSE
HIDEUSE
VIDEUSE
CODEUSE
RÔDEUSE
GAGEUSE
NAGEUSE
RAGEUSE
LOGEUSE
JUGEUSE
LUGEUSE
SCIEUSE

ODIEUSE
SKIEUSE
PLIEUSE
ÉPIEUSE
CRIEUSE
TRIEUSE
GALEUSE
HALEUSE
RÂLEUSE
VÊLEUSE
BILEUSE
FILEUSE
PILEUSE
VOLEUSE
DAMEUSE
FAMEUSE
RAMEUSE
SEMEUSE
LIMEUSE
RIMEUSE
FUMEUSE
FANEUSE
GÊNEUSE
MENEUSE
TENEUSE
BINEUSE
DÎNEUSE
VINEUSE
RÂPEUSE
TAPEUSE
PIPEUSE
DUPEUSE
VAREUSE
SÉREUSE
VÉREUSE
CIREUSE
MIREUSE
TIREUSE
VIREUSE
DOREUSE
FOREUSE
POREUSE
JASEUSE
RASEUSE
VASEUSE
PESEUSE
DISEUSE
LISEUSE
OISEUSE
POSEUSE
OSSEUSE
DATEUSE
GÂTEUSE
PÂTEUSE
JETEUSE
PÉTEUSE
MITEUSE

PITEUSE
BUTEUSE
JUTEUSE
BOUEUSE
JOUEUSE
LOUEUSE
NOUEUSE
AQUEUSE
BAVEUSE
GAVEUSE
HAVEUSE
LAVEUSE
RÊVEUSE
VIVEUSE
BUVEUSE
BOXEUSE
PAYEUSE
JOYEUSE
JOYEUSE
SOYEUSE
VOYEUSE
GAZEUSE
DIFFUSE
DIFFUSÉ
CONFUSE
PROFUSE
PERFUSÉ
ÆTHUSE
LÉCLUSE
RECLUSE
INCLUSE
ARBOUSE
JALOUSE
JALOUSÉ
PELOUSE
PÉROUSE
INTRUSE
CONTUSE
DÉPAYSÉ
CAMBYSE
DIALYSE
DIALYSÉ
ANALYSE
ANALYSÉ
MASBATE
TAUBATÉ
ZINCATE
AVOCATE
MASCATE
LEUCATE
PRÉDATÉ
SOLDATE
MANDATÉ
CALFATÉ
SULFATE
SULFATÉ
FRÉGATE

FRÉGATÉ
VULGATE
VULGATE
MARGATE
MÉDIATE
RAPIATE
VIRIATE
OXALATE
CHÉLATE
FRELATÉ
ÉNOLATE
MÉPLATE
TRÉMATÉ
PRIMATE
DALMATE
DALMATE
COLMATÉ
AROMATE
BROMATE
STOMATE
FORMATÉ
URANATE
PHÉNATE
MAINATE
ODONATE
PICRATE
SOCRATE
SUCRATE
HYDRATE
HYDRATÉ
AGÉRATE
INGRATE
FERRATE
CITRATE
NITRATE
NITRATÉ
COURATE
SOURATE
CASSATE
ÉLUSATE
LACTATE
ACÉTATE
CANTATE
ALOUATE
CRAVATE
CRAVATÉ
SOLVATE
ZELZATE
INTACTE
DÉBECTÉ
AFFECTÉ
INFECTE
INFECTÉ
ABJECTE
OBJECTÉ
INJECTÉ
DÉLECTÉ

SÉLECTE
SÉLECTÉ
HUMECTÉ
EUNECTE
DIRECTE
INSECTE
DÉTECTÉ
HALICTE
STRICTE
GYPAÈTE
DIABÈTE
PAPEETE
PRÉFÈTE
SUFFÈTE
MOUFETÉ
BUDGÉTÉ
EXÉGÈTE
VERGETÉ
TAYGÈTE
CACHETÉ
LÂCHETÉ
RACHETÉ
TACHETÉ
MOCHETÉ
ESTHÈTE
SOCIÉTÉ
EMPIÉTÉ
IMPIÉTÉ
VARIÉTÉ
ÉBRIÉTÉ
SATIÉTÉ
ANXIÉTÉ
PROJETÉ
FORJETÉ
SURJETÉ
REFLÉTÉ
ATHLÈTE
PELLETÉ
BILLETÉ
COLLETÉ
VIOLETÉ
SPOLÈTE
REPLÈTE
BOULETÉ
FERMETÉ
PLANÈTE
VIGNETÉ
ÉGINÈTE
HONNÊTE
SAYNÈTE
TEMPÊTE
TEMPÊTÉ
PERPÈTE
ACCRÉTÉ
DÉCRÉTÉ
SECRÈTE
SECRÉTÉ

SÉCRÉTÉ
EXCRÉTÉ
AFFRÉTÉ
APPRÊTÉ
JARRETÉ
SARRÈTE
CORSETÉ
TUE-TÊTE
NETTETÉ
CAQUETÉ
PAQUETÉ
BÉQUETÉ
REQUÊTE
REQUETÉ
REQUÊTÉ
PIQUETÉ
TIQUETÉ
ENQUÊTE
ENQUÊTÉ
COQUETÉ
HOQUETÉ
DÉSUÈTE
CLAVETÉ
BREVETÉ
NAÏVETÉ
HELVÈTE
SAUVETÉ
CLEPHTE
KLEPHTE
JUDAÏTÉ
DÉFAITE
REFAITE
ENFAÎTÉ
DÉLAITÉ
ALLAITÉ
CARAÏTE
CARAÏTE
KARAÏTE
KARAÏTE
QARAÏTE
QARAÏTE
ÇIVAÏTE
SIVAÏTE
MOABITE
MZABITE
MZABITE
PROBITÉ
OPACITÉ
SICCITÉ
GRÉCITÉ
PRÉCITÉ
LAÏCITÉ
UNICITÉ
CALCITE
SUSCITÉ
RAUCITÉ
LEUCITE

ALUCITE
LUDDITE
RÉÉDITÉ
INÉDITE
COÉDITÉ
CRÉDITÉ
PRÉDITE
ACIDITÉ
ARIDITÉ
AVIDITÉ
CORDITE
SURDITÉ
SUSDITE
MAUDITE
CRUDITÉ
ÉRUDITE
ZAYDITE
ECCÉITÉ
JADÉITE
JUDÉITÉ
INNÉITÉ
OSTÉITE
SOFFITE
SULFITE
CONFITE
PROFITÉ
TERGITE
ORCHITE
MELKITE
RÉALITÉ
ÉGALITÉ
ANALITÉ
ORALITÉ
DUALITÉ
QUALITÉ
HYALITE
MYÉLITE
ÉDILITÉ
AGILITÉ
UTILITÉ
NULLITÉ
ZÉOLITE
HOPLITE
POPLITÉ
PERLITE
STYLITE
INIMITÉ
PALMITE
MAMMITE
SOMMITÉ
ÉDOMITE
MARMITE
DERMITE
HERMITE
TERMITE
AMANITE
INANITÉ

GRANITE
GRANITÉ
ADÉNITE
AMÉNITÉ
ARÉNITE
SYÉNITE
DIGNITÉ
LIGNITE
RHINITE
TRINITÉ
SAMNITE
MANNITE
SUNNITE
ÉBONITE
ALUNITE
DÉBOÎTÉ
EMBOÎTÉ
BENOÎTE
ADROITE
MIROITÉ
ÉTROITE
CRÉPITÉ
PALPITÉ
PULPITE
CHARITÉ
OVARITE
DÉCRITE
RÉCRITE
ÉMÉRITE
YPÉRITE
GUÉRITE
EFFRITÉ
SPIRITE
QUIRITE
DIORITE
CUPRITE
FERRITE
MÉTRITE
NITRITE
AZURITE
NÉVRITE
REWRITÉ
OBÉSITÉ
BLÉSITÉ
DENSITÉ
MYOSITE
KASSITE
HUSSITE
INUSITÉ
APATITE
RECTITE
TECTITE
BIOTITE
QUOTITÉ
PARTITE
AORTITE
MASTITE

CYSTITE
HITTITE
VACUITÉ
RECUITE
NOCUITÉ
DÉDUITE
RÉDUITE
SÉDUITE
VIDUITÉ
ENDUITE
INDUITE
TÉNUITÉ
ANNUITÉ
ÉBRUITÉ
JÉSUITE
ENSUITE
FATUITÉ
PITUITE
GRAVITÉ
SUAVITÉ
VULVITE
SYLVITE
SERVITE
BAUXITE
BASALTE
RÉCOLTE
RÉCOLTÉ
DÉVOLTÉ
RÉVOLTE
RÉVOLTÉ
MÉAULTE
FACULTÉ
OCCULTE
OCCULTÉ
INCULTE
TUMULTE
RÉSULTÉ
INSULTE
INSULTÉ
LECOMTE
VICOMTE
VICOMTÉ
BACANTE
VACANTE
DÉCANTÉ
SÉCANTE
TOCANTE
CÉDANTE
PÉDANTE
ANDANTE
ENFANTÉ
INFANTE
DÉGANTÉ
SCIANTE
ADIANTE
CHIANTE
PLIANTE

AMIANTE
CRIANTE
DÉJANTÉ
GALANTE
RÂLANTE
BÊLANTE
AILANTE
FILANTE
ALLANTE
VOLANTE
ATLANTE
AIMANTE
AIMANTÉ
FUMANTE
GÊNANTE
TENANTE
NONANTE
TAPANTE
LÉPANTE
DOPANTE
BARANTE
GARANTE
MARANTE
GÉRANTE
MORANTE
ERRANTE
RASANTE
PESANTE
GISANTE
FUSANTE
OCTANTE
PÉTANTE
VOTANTE
MUTANTE
GLUANTE
SAVANTE
VIVANTE
VEXANTE
PAYANTE
SEYANTE
VOYANTE
FUYANTE
RUZANTE
DÉCENTE
RÉCENTE
VICENTE
REDENTÉ
AL DENTE
ARDENTE
RUDENTÉ
RÉGENTE
RÉGENTÉ
ARGENTÉ
URGENTE
CLIENTE
ORIENTÉ
DOLENTE

LAMENTÉ
CÉMENTÉ
DÉMENTE
CIMENTÉ
PIMENTÉ
FOMENTÉ
ARPENTÉ
PARENTE
PARENTÉ
TARENTE
TARENTE
ABSENTE
ABSENTÉ
LATENTE
PATENTE
PATENTÉ
DÉTENTE
RETENTÉ
ENTENTE
INTENTÉ
ATTENTE
ATTENTÉ
FLUENTE
CRUENTÉ
MÉVENTE
REVENTE
INVENTÉ
PLAINTE
CRAINTE
ÉREINTÉ
FREINTE
ÉTEINTE
AJOINTÉ
ÉJOINTÉ
SPRINTÉ
CHUINTÉ
RACONTÉ
REFONTE
SAGONTE
VOLONTÉ
DÉMONTÉ
REMONTE
REMONTÉ
DA PONTE
APPONTÉ
CARONTE
GÉRONTE
GÉRONTE
DÉFUNTE
CACAOTÉ
CLABOTÉ
CRABOTÉ
BARBOTE
BARBOTÉ
PLACOTÉ
CHICOTE
À MI-CÔTE

FRICOTÉ
TRICOTÉ
SURCOTE
BAS-CÔTÉ
ÉPIDOTE
JUGEOTE
RONÉOTÉ
ALIGOTÉ
GARGOTE
MARGOTÉ
BACHOTÉ
CHAÏOTE
RABIOTÉ
SOFIOTE
FOLIOTÉ
AMNIOTE
LÉPIOTE
AGRIOTE
PETIOTE
PÉCLOTÉ
BALLOTE
PARLOTE
DORLOTÉ
SOÛLOTE
GOLMOTE
PIANOTÉ
PAGNOTÉ
MIGNOTÉ
MAÏNOTE
GYMNOTE
CONNOTÉ
CLAPOTÉ
CHIPOTÉ
TRIPOTÉ
REMPOTÉ
COMPOTE
DESPOTE
FIÉROTE
CAIROTE
CAIROTE
POIROTÉ
BAISOTÉ
DANSOTÉ
MALTÔTE
CREVOTÉ
PRÉVÔTÉ
VELVOTE
CHAYOTE
TOKYOTE
TOKYOTE
DIAZOTE
ACCEPTÉ
EXCEPTÉ
SCRIPTE
SCULPTÉ
EXEMPTE
EXEMPTÉ

ACOMPTE	**THYESTE**	ACCOSTÉ	**HYMETTE**	CIVETTE
PROMPTE	CÉBISTE	**ARIOSTE**	CANETTE	**RIVETTE**
VOLUPTÉ	CIBISTE	RIPOSTE	MANETTE	BUVETTE
ABRUPTE	JOBISTE	RIPOSTÉ	GENETTE	CUVETTE
JUBARTE	CUBISTE	IMPOSTE	**GENETTE**	FIXETTE
ENCARTÉ	TUBISTE	ROBUSTE	NÉNETTE	LAYETTE
ESSARTÉ	RACISTE	ARBUSTE	RÉNETTE	MOYETTE
ASTARTÉ	JOCISTE	LOCUSTE	VENETTE	CAZETTE
IAXARTE	MODISTE	**LOCUSTE**	BINETTE	GAZETTE
LIBERTÉ	EUDISTE	DÉGUSTÉ	DÎNETTE	MAZETTE
PUBERTÉ	NUDISTE	AUGUSTE	FINETTE	RIZETTE
LA FERTÉ	RUDISTE	**AUGUSTE**	LINETTE	**ALZETTE**
OFFERTE	SUDISTE	RAJUSTÉ	MINETTE	SAGITTÉ
NÉMERTE	THÉISTE	INJUSTE	TINETTE	MÉLITTE
EXPERTE	ÉPÉISTE	VÉNUSTÉ	PONETTE	**DE WITTE**
CASERTE	GAGISTE	VÉTUSTE	DUNETTE	DÉBOTTÉ
DÉSERTE	LÉGISTE	VÉTUSTÉ	LUNETTE	COCOTTE
DÉSERTÉ	PIGISTE	ENKYSTÉ	LUNETTÉ	COCOTTÉ
DISERTE	SCHISTE	DÉNATTÉ	GÂPETTE	DÉGOTTÉ
OUVERTE	LAKISTE	**MONATTE**	PAPETTE	GIGOTTÉ
BIZERTE	BALISTE	EMPATTÉ	TAPETTE	RIGOTTE
ACCORTE	HOLISTE	BARATTE	PIPETTE	SCIOTTE
ESCORTE	POLISTE	BARATTÉ	LOPETTE	CHIOTTE
ESCORTÉ	SOLISTE	SQUATTÉ	ARPETTE	GRIOTTE
COHORTE	ULMISTE	BOBETTE	JUPETTE	CALOTTE
EXHORTÉ	FUMISTE	AUBETTE	LIRETTE	CALOTTÉ
DÉPORTÉ	LANISTE	FACETTE	TIRETTE	PÂLOTTE
REPORTÉ	MAOÏSTE	FACETTÉ	LORETTE	CULOTTE
EMPORTÉ	TAOÏSTE	RECETTE	**LORETTE**	CULOTTÉ
IMPORTÉ	ÉGOÏSTE	SUCETTE	STRETTE	HULOTTE
APPORTÉ	PAPISTE	CADETTE	BURETTE	**LA MOTTE**
EXPORTÉ	DÉPISTÉ	VEDETTE	CURETTE	EMMOTTÉ
ÉCOURTÉ	ALPISTE	ENDETTÉ	LURETTE	MENOTTE
SÉBASTE	COPISTE	MOFETTE	MURETTE	LINOTTE
JOCASTE	CARISTE	CAGETTE	SURETTE	CAROTTE
NÉFASTE	MARISTE	SAGETTE	CASETTE	CAROTTÉ
DYNASTE	VÉRISTE	TAGETTE	RASETTE	MAROTTE
CÉRASTE	AORISTE	LOGETTE	PESETTE	GAVOTTE
DÉVASTÉ	CURISTE	MOGETTE	DISETTE	**GAXOTTE**
ASBESTE	JURISTE	AUGETTE	LISETTE	**MAYOTTE**
ALCESTE	PURISTE	ÉMIETTÉ	RISETTE	**CAZOTTE**
INCESTE	DÉSISTÉ	ARIETTE	GOSETTE	ÉGOUTTÉ
MODESTE	RÉSISTÉ	MOJETTE	ROSETTE	PAPAUTÉ
INFESTÉ	INSISTÉ	SUJETTE	ASSETTE	**LEPAUTE**
SÉGESTE	ASSISTÉ	GALETTE	FUSETTE	CRUAUTÉ
DIGESTE	BATISTE	PALETTE	MUSETTE	BOYAUTÉ
TRIESTE	TITISTE	ABLETTE	ALUETTE	LOYAUTÉ
MAJESTÉ	ALTISTE	BELETTE	BLUETTE	**LOYAUTÉ**
CÉLESTE	ARTISTE	AILETTE	FLUETTE	NOYAUTÉ
DÉLESTÉ	AUTISTE	**COLETTE**	BOUETTE	ROYAUTÉ
MOLESTÉ	ZUTISTE	LOLETTE	COUETTE	TUYAUTÉ
FUNESTE	CAVISTE	MOLETTE	FOUETTÉ	CULBUTE
EMPESTÉ	LAXISTE	MULETTE	JOUETTE	CULBUTÉ
AGRESTE	REXISTE	RAMETTE	MOUETTE	EXÉCUTÉ
LA TESTE	SEXISTE	LIMETTE	BAVETTE	PERCUTÉ
DÉTESTÉ	FIXISTE	TOMETTE	LAVETTE	DISCUTÉ
ATTESTÉ	**LACOSTE**	FUMETTE	NAVETTE	CUSCUTE

7

RAMEUTÉ
ÉQUEUTÉ
RAFFÛTÉ
CHAHUTÉ
LACHUTE
RECHUTE
RECHUTÉ
VERJUTÉ
AZIMUTÉ
COMMUTÉ
PERMUTÉ
CARNUTE
RABOUTÉ
DÉBOUTÉ
REDOUTE
REDOUTÉ
REDOUTÉ
ALÉOUTE
DÉGOÛTÉ
RAJOUTÉ
IAKOUTE
YAKOUTE
VELOUTÉ
FILOUTÉ
ÉCROÛTÉ
DÉROUTE
DÉROUTÉ
BIROUTE
ABSOUTE
ENVOÛTÉ
MAZOUTÉ
SUPPUTÉ
DISPUTE
DISPUTÉ
RECRUTÉ
HIRSUTE
CALIXTE
OVOCYTE
ACOLYTE
SCOLYTE
CIMABUE
FOURBUE
REVÉCUE
VAINCUE
APERÇUE
DÉCIDUE
ASSIDUE
ÉPANDUE
ÉTENDUE
ÉPERDUE
SCHLEUE
GRIFFUE
TOUFFUE
ALPAGUÉ
BIRAGUE
DIVAGUÉ
DÉLÉGUÉ

RELÉGUÉ
TÉLÈGUE
ALLÉGUÉ
NIMÈGUE
AMBIGUË
ENDIGUÉ
SARIGUE
IRRIGUÉ
BÉSIGUE
FATIGUE
FATIGUÉ
NAVIGUÉ
CÉZIGUE
MÉZIGUE
SÉZIGUE
TÉZIGUE
ÉLINGUE
ÉLINGUÉ
FLINGUE
FLINGUÉ
BRINGUE
BRINGUÉ
FRINGUE
FRINGUÉ
GRINGUE
SWINGUÉ
DÉBOGUÉ
ÉGLOGUE
PIROGUE
EXERGUE
FOURGUE
FOURGUÉ
LE BUGUE
ENJUGUÉ
CROCHUE
DÉVALUÉ
REVALUE
CONCLUE
MAMELUE
MAFFLUE
CONFLUÉ
ABSOLUE
RÉSOLUE
DÉVOLUE
RÉVOLUE
ÉBERLUÉ
ÉMOULUE
INGÉNUE
OBTENUE
DÉTENUE
RETENUE
ATTÉNUÉ
EXTÉNUÉ
REVENUE
DIMINUÉ
INSINUÉ
CHARNUE

ÉTERNUÉ
AMADOUÉ
HINDOUE
CORDOUE
SURDOUÉ
VAUDOUE
ABAJOUE
DÉCLOUÉ
RECLOUÉ
ENCLOUÉ
SURLOUÉ
ZOULOUE
ZOULOUE
RABROUÉ
ENCROUÉ
BANTOUE
BANTOUE
MANTOUE
INAVOUÉ
CONSPUÉ
MACAQUE
ENCAQUÉ
ITHAQUE
ILIAQUE
ISIAQUE
VALAQUE
VALAQUE
POLAQUE
CANAQUE
CANAQUE
ARNAQUE
ARNAQUÉ
CLOAQUE
BARAQUE
BARAQUÉ
CARAQUE
URRAQUE
OURAQUE
CASAQUE
COSAQUE
COSAQUE
ESTAQUE
ATTAQUE
ATTAQUÉ
GRECQUE
GRECQUE
DÉFÉQUÉ
TCHÈQUE
TCHÈQUE
SÉNÈQUE
SAPÈQUE
RÉSÉQUÉ
MÉTÈQUE
AZTÈQUE
AZTÈQUE
RABIQUE
REBIQUÉ

CUBIQUE
CACIQUE
SADIQUE
ABDIQUÉ
MÉDIQUE
VÉDIQUE
INDIQUÉ
IODIQUE
MODIQUE
SODIQUE
LUDIQUE
PUDIQUE
OLÉIQUE
ARÉIQUE
KUFIQUE
MAGIQUE
ALGIQUE
LOGIQUE
ÉTHIQUE
LALIQUE
MALIQUE
SALIQUE
OBLIQUE
OBLIQUÉ
RELIQUE
VÉLIQUE
SILIQUE
COLIQUE
DOLIQUE
FOLIQUE
AULIQUE
SÉMIQUE
OHMIQUE
MIMIQUE
COMIQUE
VOMIQUE
OSMIQUE
HUMIQUE
MANIQUE
PANIQUE
PANIQUÉ
GÉNIQUE
CONIQUE
IONIQUE
MONIQUE
SONIQUE
TONIQUE
PUNIQUE
RUNIQUE
TUNIQUE
TUNIQUÉ
CYNIQUE
DIOÏQUE
STOÏQUE
QUOIQUE
AZOÏQUE
DÉPIQUÉ

REPIQUE
REPIQUÉ
TOPIQUE
LUPIQUE
TYPIQUE
DARIQUE
ÉBRIQUÉ
SÉRIQUE
AFRIQUE
BORIQUE
BORIQUÉ
DORIQUE
NORIQUE
TORIQUE
ÉTRIQUÉ
AURIQUE
PURIQUE
LYRIQUE
BASIQUE
NASIQUE
MUSIQUE
BÉTIQUE
RÉTIQUE
ANTIQUE
ONTIQUE
GOTIQUE
OPTIQUE
ASTIQUÉ
ATTIQUE
ATTIQUE
MUTIQUE
ZUTIQUE
DYTIQUE
LYTIQUE
IQUIQUE
CIVIQUE
LEXIQUE
MEXIQUE
TOXIQUE
CYZIQUE
QUEL QUE
QUELQUE
FOULQUE
FOULQUE
HOULQUE
FLANQUÉ
PLANQUE
PLANQUÉ
FRANQUE
SCINQUE
AFIN QUE
BLINQUÉ
TRINQUÉ
TRONQUÉ
BICOQUE
MANOQUE
CHNOQUE

CINOQUE
SINOQUE
BAROQUE
LAROQUE
RETOQUÉ
RÉVOQUÉ
INVOQUÉ
NÉARQUE
ÉNARQUE
ÉPARQUE
ÉTARQUÉ
EXARQUE
FIASQUE
FLASQUE
BRASQUE
FRASQUE
ÉZASQUE
FIESQUE
FRESQUE
PRESQUE
BRISQUE
PUISQUE
KIOSQUE
LORSQUE
BRUSQUE
BRUSQUÉ
GIAUQUE
GLAUQUE
CADUQUE
RELUQUÉ
ULLUQUE
EUNUQUE
ENSUQUÉ
LA TUQUE
FÉTUQUE
REPARUE
MEMBRUE
DELERUE
CONGRUE
CHARRUE
BOURRUE
VENTRUE
OBSTRUÉ
SANGSUE
MOUSSUE
INFATUÉ
PONCTUÉ
FLUCTUÉ
DÉVÊTUE
REVÊTUE
HABITUÉ
RESITUÉ
POINTUE
POINTUE
ÉVERTUÉ
ABATTUE
ÉBATTUE

POURVUE
BISEXUÉ
CONCAVE
MOLDAVE
MOLDAVE
EMBLAVÉ
ENCLAVE
ENCLAVÉ
ESCLAVE
VELLAVE
VELLAVE
BARNAVE
LA GRAVE
AGGRAVÉ
DÉPRAVÉ
ENTRAVE
ENTRAVÉ
PICTAVE
GUSTAVE
NEW WAVE
PRÉLEVÉ
SOULEVÉ
EMBREVÉ
DÉGREVÉ
GENCIVE
LASCIVE
KHÉDIVE
TARDIVE
ARCHIVÉ
DÉCLIVE
ÉVASIVE
CENSIVE
PENSIVE
ÉROSIVE
CURSIVE
MASSIVE
PASSIVE
PASSIVÉ
LESSIVE
LESSIVÉ
MISSIVE
ABUSIVE
ÉLUSIVE
FICTIVE
CHÉTIVE
CULTIVÉ
ÉMOTIVE
CAPTIVE
CAPTIVÉ
FURTIVE
FESTIVE
FAUTIVE
ESQUIVE
ESQUIVÉ
QUI VIVE
QUI-VIVE
CONVIVE

BIVALVE
CHENÔVE
ALGARVE
MINERVE
MINERVE
INNERVÉ
OBSERVÉ
RÉSERVE
RÉSERVÉ
INCURVÉ
DENEUVE
ABREUVÉ
ÉPREUVE
EFFLUVE
ÉPROUVÉ
STROUVE
VITRUVE
TSHOKWE
MARLOWE
NÉVRAXE
SYNTAXE
ÉCOTAXE
SURTAXE
SURTAXÉ
RÉFLEXE
DUPLEXÉ
CONNEXE
UNISEXE
CONVEXE
PRÉFIXE
PRÉFIXÉ
SUFFIXE
SUFFIXÉ
PROLIXE
STOMOXE
HESBAYE
BISCAYE
HENDAYE
CONGAYE
DÉBLAYÉ
MONNAYÉ
PRÉPAYÉ
SURPAYE
SURPAYÉ
TOUPAYE
DÉBRAYÉ
VIBRAYE
EMBRAYÉ
DÉFRAYÉ
EFFRAYÉ
RETRAYÉ
PUISAYE
RESSAYÉ
FISH-EYE
VOLLEYÉ
KANGGYE
MERDOYÉ

VERDOYÉ
COUDOYÉ
SOUDOYÉ
ANGLOYE
DÉPLOYÉ
REPLOYÉ
EMPLOYÉ
LARMOYÉ
PAUMOYÉ
BORNOYÉ
CARROYÉ
CORROYÉ
OCTROYÉ
FOSSOYÉ
CHATOYÉ
APITOYÉ
FESTOYÉ
NETTOYÉ
RENVOYÉ
CONVOYÉ
LOUVOYÉ
VOUVOYÉ
RESSUYÉ
ABKHAZE
CHALAZE
TRÉLAZÉ
ZAMBÈZE
SQUEEZE
SQUEEZÉ
TERFÈZE
VERGÈZE
PLANÈZE
TRAPÈZE
CORRÈZE
IN-SEIZE
FIRENZE
FROUNZE
LE SAUZE
DELEUZE
IN-DOUZE
DE GRAAF
BOUDIAF
MOT-CLEF
AÉRONEF
TAZIEFF
PITOËFF
CARDIFF
CHELIFF
MASTIFF
ROSCOFF
TAKE-OFF
NEUHOFF
BÉNIOFF
SOUS-OFF
KHNOPFF
CALECIF
MALADIF

ABRASIF
INVASIF
ADHÉSIF
COHÉSIF
DÉCISIF
INCISIF
ÉMULSIF
DOLOSIF
ÉMISSIF
POUSSIF
EFFUSIF
ALLUSIF
LOCATIF
VOCATIF
SÉDATIF
CRÉATIF
NÉGATIF
ERGATIF
ABLATIF
OBLATIF
RELATIF
CURATIF
DURATIF
ROTATIF
OPTATIF
PUTATIF
LAXATIF
FIXATIF
RÉACTIF
INACTIF
TRACTIF
ÉLECTIF
ADDITIF
AUDITIF
FUGITIF
VOLITIF
VOMITIF
GÉNITIF
LÉNITIF
PUNITIF
POSITIF
JOINTIF
ADOPTIF
ÉRUPTIF
ABORTIF
SPORTIF
BOX-CALF
AISTOLF
ATHAULF
BEOWULF
DEMIDOF
BISCHOF
KOUGLOF
WITLOOF
MONDORF
ALTDORF
HITTORF

7

LAUBEUF
PLÉNEUF
DIX-NEUF
AL-HUFUF
SURCOUF
CHADOUF
TINDOUF
MAALOUF
PIGNOUF
SCHNOUF
DEN HAAG
SANTIAG
LANDTAG
TOUAREG
TOUAREG
THALWEG
KELLOGG
PFENNIG
SLESVIG
HERTWIG
ZAGAZIG
LEIPZIG
DANTZIG
BIG BANG
CAO BANG
WEIFANG
HARFANG
YUNGANG
ROTGANG
YICHANG
XI JIANG
SIAMANG
TRÉPANG
TRIPANG
SAMPANG
LINSANG
MORSANG
PUR-SANG
BUSSANG
MUSTANG
YUEYANG
GUIYANG
LUOYANG
KAIFENG
GINSENG
SERAING
ESTAING
DANCING
FORCING
READING
REDDING
PUDDING
GOLDING
HOLDING
BAODING
HARDING
POUDING

DOWDING
JOGGING
KUCHING
CUSHING
BEIJING
SHIJING
SMOKING
PARKING
FEELING
KEELING
PEELING
FEHLING
MAILING
MEMLING
QINLING
KIPLING
DARLING
CURLING
OESLING
ESSLING
PAULING
BOWLING
FLEMING
LEMMING
KUNMING
WYOMING
HAINING
CANNING
MANNING
NANNING
WARNING
BRÜNING
ARLOING
CYSOING
TAIPING
CAMPING
DUMPING
JUMPING
LOOPING
LAPPING
ZAPPING
GOERING
BEHRING
STIRING
ROTRING
LEASING
LANSING
NURSING
LESSING
KEATING
MEETING
RAFTING
LIFTING
BANTING
FOOTING
KARTING
CASTING

LASTING
LISTING
PUTTING
HEYTING
JIAXING
DANDONG
MAH-JONG
GIA LONG
GEELONG
BARLONG
KAESONG
NANTONG
BALDUNG
BANDUNG
HAMHUNG
KEELUNG
WIRSUNG
HARTUNG
BULLDOG
TAGALOG
TAGALOG
RYDBERG
ICEBERG
HEIBERG
DALBERG
VALBERG
HOLBERG
ARLBERG
BAMBERG
LEMBERG
ESBJERG
SEABORG
AALBORG
GARBORG
TILBURG
HAMBURG
MARBURG
WARBURG
CABOURG
COBOURG
DU BOURG
IN SALAH
NKRUMAH
HAGANAH
DÉBORAH
POUSSAH
JÉHOVAH
HOLBACH
FORBACH
VILLACH
BARLACH
GERLACH
CRANACH
REINACH
SEMPACH
DJERACH
SALZACH

ILLZACH
GOLFECH
MONTECH
TILLICH
EHRLICH
ZÜLPICH
ALDRICH
KONTICH
NORWICH
IPSWICH
MURDOCH
DE HOOCH
DRIESCH
ALETSCH
BORTSCH
SCRATCH
WASATCH
STRETCH
MANYTCH
ALLAUCH
CHAOUCH
LELOUCH
FAROUCH
KEFFIEH
GEZIREH
RALEIGH
VAN GOGH
DE HOOGH
BOROUGH
VIC-BILH
ANOUILH
CAM RANH
NAM DINH
ALIGARH
SHAMASH
MIDRASH
KADDISH
YIDDISH
GOLIATH
SARNATH
NEURATH
HORVÁTH
MACBETH
LAMBETH
TALLITH
ASQUITH
CORINTH
HOGARTH
HAWORTH
BISMUTH
KOSSUTH
BARADAI
OUADDAÏ
GALIGAÏ
KASUGAI
QINGHAI
SONGHAÏ

SONRHAÏ
BOCSKAI
REMBLAI
VIRELAI
SHAHNAÏ
CHENNAI
OBERNAI
TOURNAI
CAMBRAI
MINERAI
MADURAI
BRASSAÏ
HOKUSAI
OLDUVAI
CHRAÏBI
KHATIBI
ABITIBI
NAIROBI
BAROCCI
TANUCCI
CELLE-CI
RÉTRÉCI
REVOICI
PORTICI
CELUI-CI
INFARCI
ENDURCI
GRAMSCI
RADOUCI
TOULADI
HUNYADI
ATTIÉDI
AL-MAHDI
ENLAIDI
DÉRAIDI
VIVALDI
ORGANDI
AGRANDI
MORANDI
EFFENDI
VIVENDI
AL-KINDI
REBONDI
ARRONDI
KIRUNDI
BURUNDI
ENHARDI
REVERDI
ALOURDI
ÉTOURDI
EINAUDI
BIGOUDI
HAN WUDI
DÉSOBÉI
OPUS DEI
LORELEI
WANG WEI

7

KADHAFI	VIEILLI	**LUCHINI**	ASSOUPI	GARANTI
IZANAGI	CUEILLI	**BELLINI**	**IMABARI**	**DESANTI**
FROMEGI	LAPILLI	**CELLINI**	**ZUCCARI**	RALENTI
RÉLARGI	BOUILLI	**FELLINI**	**FOSCARI**	DÉMENTI
RESURGI	RAMOLLI	**POLLINI**	MUSCARI	REPENTI
DÉROUGI	OSMANLI	**GIULINI**	**ROTHARI**	RETENTI
KARACHI	**OSMANLI**	**PANNINI**	**AKINARI**	DÉPARTI
HITACHI	**PICCOLI**	**CENNINI**	**FERRARI**	REPARTI
GNOCCHI	BROCOLI	**SONNINI**	**SASSARI**	RÉPARTI
FRAÎCHI	**PASCOLI**	**GUARINI**	**WALTARI**	BIPARTI
KAMICHI	**PACIOLI**	**CASSINI**	**SCUTARI**	MI-PARTI
ENRICHI	RAVIOLI	**ROSSINI**	COLIBRI	IMPARTI
BLANCHI	AILLOLI	**PLATINI**	TCHADRI	**ALBERTI**
FRANCHI	**TRIPOLI**	MARTINI	ENCHÉRI	**ROBERTI**
FIESCHI	MALPOLI	**MARTINI**	**ALFIERI**	DIVERTI
NURAGHI	**LAETOLI**	**TARTINI**	**SALIERI**	INVERTI
SLOUGHI	**GOZZOLI**	**PERTINI**	**POLIERI**	ASSORTI
LADAKHI	**LUTHULI**	**LAZZINI**	**GASPERI**	**TIBESTI**
MARATHI	STIMULI	**MAZZINI**	**FERRERI**	**PLOESTI**
HORYU-JI	NIAOULI	**MITANNI**	**KAYSERI**	**PITESTI**
SIRTAKI	**DENIZLI**	RABONNI	AMAIGRI	INVESTI
OKAZAKI	GRIZZLI	**RONCONI**	**NILGIRI**	**BUGATTI**
POTOCKI	ORIGAMI	MARCONI	SAÏMIRI	**LIPATTI**
WAIKIKI	**IZANAMI**	**MARCONI**	A PRIORI	**CANETTI**
VALMIKI	TSUNAMI	**GOLDONI**	ÉQUARRI	**MORETTI**
PIROJKI	GIN-RAMI	**ETZIONI**	**THIERRI**	**MENOTTI**
TABASKI	GOURAMI	**MELLONI**	**SPOERRI**	DÉGLUTI
TÉLÉSKI	**KHATAMI**	**MANNONI**	ATTERRI	EMBOUTI
VOLJSKI	SASHIMI	**TASSONI**	AGUERRI	**DURRUTI**
WRONSKI	AFFERMI	CANZONI	MEURTRI	ALANGUI
VÉLOSKI	ENDORMI	**MANZONI**	DÉNUTRI	CHERGUI
MONOSKI	**BATOUMI**	DÉGARNI	**LOPBURI**	**CHERGUI**
TROTSKI	**KOIZUMI**	REGARNI	**VIIPURI**	**HAN SHUI**
DMOWSKI	**FANFANI**	**GAVARNI**	VENTURI	CACAOUI
TEOCALI	AFGHANI	DÉVERNI	**VENTURI**	SERFOUI
BENGALI	**MORIANI**	RACORNI	**NEMEYRI**	MÉCHOUI
BENGALI	**TAVIANI**	RAJEUNI	MAFIOSI	**VILIOUÏ**
HALLALI	**VIVIANI**	PRÉMUNI	REVERSI	ÉPANOUI
GUETALI	**FOULANI**	**RÍO MUNI**	UVA-URSI	ÉVANOUI
UCAYALI	**MAGNANI**	**MIMOUNI**	**BALASSI**	**BLANQUI**
RÉTABLI	**HERNANI**	**DONSKOÏ**	ÉPAISSI	PAHLAVI
ENNOBLI	**TRAPANI**	REMPLOI	**FIRDUSI**	**PAHLAVI**
AMEUBLI	GUARANI	CHEZ-MOI	**JIAMUSI**	**CAPRIVI**
CHÉBÉLI	**GUARANI**	TOURNOI	MALBÂTI	ENSUIVI
SHEBELI	SOPRANI	VICE-ROI	**GAUHATI**	ASSERVI
MORCELI	**BASSANI**	**NITERÓI**	RAPLATI	ASSOUVI
VRENELI	**GALVANI**	BEFFROI	BASMATI	**JIANGXI**
ZWINGLI	**OTOPENI**	ANTIROI	COMPATI	**GUANGXI**
SWAHILI	**APUSENI**	CHARROI	**ISTRATI**	**SHAANXI**
SWAHILI	**TORIGNI**	CHEZ-SOI	HASTATI	**KÁROLYI**
TASSILI	ASSAINI	**TOLSTOÏ**	**BUZZATI**	**POLANYI**
VASSILI	**LUMBINI**	CHEZ-TOI	FRICHTI	**APPONYI**
CAVALLI	**CACCINI**	POURVOI	ANÉANTI	**GROZNYÏ**
EMBELLI	**PUCCINI**	**TOPKAPI**	**ASHANTI**	NÉONAZI
CORELLI	**MANCINI**	DÉCRÉPI	CHIANTI	**ANASAZI**
TORELLI	**CONCINI**	RECRÉPI	**CHIANTI**	**RÁKÓCZI**
LAVELLI	**BOLDINI**	THLASPI	DÉNANTI	**ARGHEZI**

7

SHIHEZI
KOLWEZI
ALBIZZI
STROZZI
JACUZZI
PERUZZI
SATLEDJ
VORONEJ
PILNIAK
SANDJAK
TOKAMAK
CHARPAK
NUNATAK
SARAWAK
KORCZAK
COLBACK
POLLACK
KAOLACK
CORMACK
HARNACK
CUTTACK
SEEBECK
HOHNECK
BIFTECK
WOYZECK
LAMBICK
SCHLICK
GIMMICK
MAUNICK
KUBRICK
F'DERICK
CARRICK
GARRICK
DERRICK
HERRICK
PATRICK
WARWICK
BERWICK
RYSWICK
GATWICK
EYSENCK
LUBBOCK
PEACOCK
HADDOCK
PADDOCK
POLLOCK
SCHNOCK
OYAPOCK
ROSTOCK
POTTOCK
LA MARCK
LAMARCK
VAN DYCK
VAN EYCK
BAALBEK
JANÁCEK
BENEDEK

DILBEEK
BICHKEK
RUBROEK
ZÁTOPEK
MAASEIK
SIWALIK
KUBELÍK
MÉNÉLIK
SOUSLIK
BEATNIK
RIOURIK
PRUSSIK
NUNAVIK
KATIVIK
VAN DIJK
SUFFOLK
NORFOLK
ALFRINK
HAITINK
OLENIOK
BANGKOK
SZOLNOK
NEW-LOOK
CHINOOK
GANGTOK
DE KLERK
SELKIRK
NEW YORK
ATATÜRK
VITEBSK
EKOFISK
OURALSK
NORILSK
PODOLSK
BRIANSK
SARANSK
RYBINSK
ANGARSK
ZAGORSK
DONETSK
LIPETSK
OKHOTSK
KARABÜK
MAMELUK
SHILLUK
CHIBOUK
HAÏDOUK
FONDOUK
MARDOUK
KALMOUK
TOBROUK
NANSOUK
NANZOUK
VOLAPÜK
MASARYK
ARRABAL
BARIBAL

SETÚBAL
MONACAL
CLOACAL
CARACAL
RADICAL
MÉDICAL
VÉSICAL
MUSICAL
METICAL
LEXICAL
BIFOCAL
OVOÏDAL
ABSIDAL
COTIDAL
SYNODAL
LÆRDAL
SOUZDAL
NEW DEAL
PALLÉAL
FLORÉAL
PERRÉAL
VAURÉAL
UNGUÉAL
RÉCIFAL
ILLÉGAL
SÉNÉGAL
FUNCHAL
MARCHAL
NYMPHAL
CAMBIAL
GLACIAL
SPÉCIAL
ASOCIAL
CRUCIAL
MONDIAL
CARDIAL
CORDIAL
SPATIAL
INITIAL
NUPTIAL
MARTIAL
MARTIAL
PARTIAL
BESTIAL
TRIVIAL
ÉLUVIAL
FLUVIAL
PLUVIAL
COAXIAL
TOUBKAL
KARIKAL
DÉCIMAL
DEMI-MAL
MINIMAL
OPTIMAL
MAXIMAL
THERMAL

ANORMAL
SÉISMAL
ÉTHANAL
LAKANAL
PARANAL
ARSENAL
JUVÉNAL
ORIGNAL
RACINAL
VICINAL
ORDINAL
VAGINAL
SÉMINAL
LIMINAL
VIMINAL
NOMINAL
MATINAL
BIENNAL
CORONAL
BITONAL
STERNAL
DIURNAL
JOURNAL
JÉJUNAL
GRIPPAL
GROUPAL
LIBÉRAL
FÉDÉRAL
SIDÉRAL
RUDÉRAL
SCLÉRAL
HUMÉRAL
NUMÉRAL
GÉNÉRAL
MINÉRAL
LATÉRAL
SUDORAL
PRÉORAL
MAÏORAL
FÉMORAL
IMMORAL
HUMORAL
TUMORAL
CAPORAL
SORORAL
AURORAL
MAYORAL
URÉTRAL
CENTRAL
VENTRAL
ŒSTRAL
MISTRAL
MISTRAL
ROSTRAL
AUSTRAL
AUSTRAL
LUSTRAL

FOUTRAL
PLEURAL
BARISAL
ABYSSAL
SINUSAL
PALATAL
FRACTAL
VÉGÉTAL
BIMÉTAL
ORBITAL
CUBITAL
RÉCITAL
DIGITAL
GÉNITAL
CAPITAL
HÔPITAL
MARITAL
TZELTAL
QUENTAL
QUINTAL
FRONTAL
SCROTAL
CHAPTAL
LIESTAL
CRISTAL
CRISTAL
HERSTAL
GLOTTAL
LINGUAL
AIGOUAL
SAROUAL
ZEROUAL
RORQUAL
DE LAVAL
ROSEVAL
ORCIVAL
ESTIVAL
REVIVAL
AFFIXAL
BATHYAL
DÉLOYAL
QUETZAL
RAPHAËL
MIRABEL
JÉZABEL
DÉCIBEL
MÉRIBEL
MIRIBEL
VROUBEL
PARACEL
CHANCEL
FRIEDEL
HAENDEL
BRENDEL
BLONDEL
BLONDEL
ARUNDEL

CLAUDEL
BRAUDEL
STRUDEL
SURRÉEL
SPIEGEL
BRUEGEL
ANTIGEL
VRANGEL
WRANGEL
AÉROGEL
GLACIEL
GABRIEL
PLURIEL
NOISIEL
PARTIEL
MURVIEL
HAECKEL
HEINKEL
DUHAMEL
CARAMEL
TROMMEL
AUBANEL
ESPINEL
CHANNEL
INCONEL
COLONEL
CHARNEL
ÉTERNEL
FRESNEL
QUESNEL
SCALPEL
FREPPEL
PICAREL
ESTEREL
DEMIREL
NATUREL
PÈSE-SEL
DEMI-SEL
MARIS EL
GRIMSEL
BEERSEL
ZOERSEL
ROUSSEL
BRUSSEL
SEYSSEL
MORTSEL
CLAUSEL
ALCATEL
TÉLÉTEL
MINITEL
PÉRITEL
CHEPTEL
CHASTEL
GRADUEL
MALOUEL
SAROUEL
MENSUEL
SENSUEL
INUSUEL
FACTUEL
CULTUEL
VIRTUEL
GESTUEL
TEXTUEL
GEMAYEL
BRETZEL
CLAUZEL
ECKMÜHL
BERCAIL
CHÉDAIL
CAP-D'AIL
ROUGAIL
TRAMAIL
TRÉMAIL
GEMMAIL
FERMAIL
HARPAIL
RASPAIL
FOIRAIL
SARRAIL
VITRAIL
BOBTAIL
VANTAIL
VENTAIL
PORTAIL
AIGUAIL
TRAVAIL
ARDABIL
STENCIL
SOURCIL
BOABDIL
CORBEIL
VERCEIL
VERFEIL
BEG-MEIL
SOMMEIL
VERMEIL
BELŒIL
CONSEIL
CRÉTEIL
ACCUEIL
RECUEIL
ARCUEIL
LIGUEIL
ORGUEIL
DRAVEIL
FIL-À-FIL
SANS-FIL
DANAKIL
FOURNIL
FUEL-OIL
NOMBRIL
ESTORIL
GROISIL
VOLATIL
POINTIL
KLESTIL
VINEUIL
AUNEUIL
MAREUIL
ÉBREUIL
MOREUIL
AUTEUIL
LUXEUIL
FENOUIL
INCIVIL
BOURVIL
THALWIL
DUMÉZIL
TZOTZIL
DE STIJL
TORBALL
KENDALL
TYNDALL
CHAGALL
VAL-HALL
WALSALL
REUBELL
REWBELL
PURCELL
DANIELL
BRINELL
PARNELL
FARRELL
DURRELL
RUSSELL
CATTELL
MARVELL
MAXWELL
MAXWELL
CARROLL
PITBULL
GAÏACOL
BIERGOL
DIERGOL
HUICHOL
MENTHOL
BALLIOL
PLANIOL
VITRIOL
MAILLOL
ÉTHANOL
CÉVENOL
CÉVENOL
GUIGNOL
GUIGNOL
RÉTINOL
KURNOOL
PAIMPOL
NIKOPOL
RIVAROL
CHABROL
CHABROL
POMEROL
POMEROL
PARASOL
GÉLISOL
ASANSOL
AÉROSOL
HORS-SOL
SOUS-SOL
NAPHTOL
BRISTOL
BRISTOL
ANTIVOL
HUSSERL
NAHUATL
PRANDTL
AXOLOTL
NAIPAUL
CARACUL
TAPECUL
FAUX-CUL
LINCEUL
GLAÏEUL
FILLEUL
TILLEUL
LIGNEUL
KARAKUL
TRÉBOUL
PICPOUL
MOSSOUL
MACADAM
POTSDAM
ABRAHAM
BRABHAM
BEECHAM
MAUGHAM
MARKHAM
GRESHAM
CHATHAM
BENTHAM
HOHOKAM
NUOC-MÂM
SOUMMAM
SONGNAM
HUNGNAM
SURINAM
EL-ASNAM
VIÊT NAM
VIETNAM
MATARAM
WOLFRAM
WOLFRAM
MIZORAM
TRISTAM
KHAYYAM
WAREGEM
EVERGEM
BERCHEM
OKEGHEM
REQUIEM
SCHELEM
GUILLEM
SCHOLEM
HAARLEM
LESTREM
AD LITEM
OUED-ZEM
ÉPHRAÏM
ANAHEIM
ROSHEIM
RIXHEIM
IBRAHIM
JOACHIM
AL-HAKIM
INTÉRIM
GARIZIM
MALCOLM
NORODOM
ALSTHOM
CÉDÉROM
EURATOM
BELGAUM
OPPIDUM
MITCHUM
CAMBIUM
NIOBIUM
TERBIUM
CALCIUM
IRIDIUM
RHODIUM
LITHIUM
GALLIUM
PALLIUM
THULIUM
CADMIUM
HOLMIUM
FERMIUM
URANIUM
DUBNIUM
RHÉNIUM
HAFNIUM
SAMNIUM
OXONIUM
BOHRIUM
THORIUM
YTTRIUM
CÆSIUM
HASSIUM
TRITIUM
MINIMUM
OPTIMUM
MAXIMUM
LADANUM

7

PICENUM
STERNUM
JÉJUNUM
SURBOUM
LOUKOUM
PANTOUM
LABARUM
DÉCORUM
CASTRUM
ERZURUM
OPOSSUM
ERRATUM
PUNCTUM
QUANTUM
SCROTUM
PAESTUM
AD NUTUM
AQUAGYM
KHAREZM
ARTABAN
CALIBAN
TALIBAN
SCRIBAN
RUBICAN
MOHICAN
PÉLICAN
VATICAN
MAGADAN
PÉLADAN
RAMADAN
ZAHEDAN
BURIDAN
DOURDAN
JOURDAN
TOURFAN
OURAGAN
YATAGAN
MAZAGAN
ACHIGAN
LE VIGAN
CHANGAN
KHINGAN
CADOGAN
CATOGAN
KOURGAN
ISPAHAN
VAUGHAN
DARKHAN
PAULHAN
MCLUHAN
GARDIAN
RUFFIAN
JULLIAN
VULPIAN
TAO QIAN
FLORIAN
SERVIAN

PLUVIAN
KARAJAN
ABIDJAN
ZANDJAN
ANDIJAN
CATALAN
CATALAN
GAMELAN
CAPELAN
CHILLÁN
QUILLAN
ORTOLAN
TRIPLAN
ÉPERLAN
ANDAMAN
WEIDMAN
FRIDMAN
GOLDMAN
GOODMAN
STEEMAN
COLEMAN
WISEMAN
GOFFMAN
HOFFMAN
DROGMAN
BERGMAN
SOLIMAN
AHRIMAN
TAXIMAN
TUDJMAN
EIJKMAN
WALKMAN
BELLMAN
PULLMAN
PULLMAN
FEYNMAN
OTTOMAN
SHERMAN
BOORMAN
WAKSMAN
GASSMAN
WHITMAN
EASTMAN
WATTMAN
GUTTMAN
SCHUMAN
FLAXMAN
JAZZMAN
BAMANAN
GRIGNAN
LÉOGNAN
HUAINAN
TOURNAN
MATAPAN
ZAPOPAN
HALBRAN
TÉHÉRAN

VÉTÉRAN
LAVERAN
BOUGRAN
DHAHRAN
MURORAN
GONTRAN
BERTRAN
FORTRAN
ELBASAN
KHOISAN
BARISAN
ARTISAN
COURSAN
BRESSAN
BRESSAN
MOISSAN
YUCATÁN
SAMATAN
CAFETAN
CAJETAN
CÉRETAN
OCCITAN
OCCITAN
GADITAN
CAPITAN
SÉISTAN
TRISTAN
DUNSTAN
ROUSTAN
BHOUTAN
PALAUAN
PALAUAN
LICHUAN
SICHUAN
DOM JUAN
SAN JUAN
DON JUAN
DON JUAN
FAN KUAN
PADOUAN
ANJOUAN
HÉLOUÂN
CAPOUAN
ASSOUAN
TÉTOUAN
NAURUAN
NAURUAN
TAIYUAN
TAOYUAN
PALAWAN
BURDWAN
POPAYÁN
BISAYAN
BAMIYAN
SAROYAN
MIMIZAN
PLEYBEN

TLEMCEN
MOUKDEN
VIANDEN
HAMPDEN
DRESDEN
RAMSDEN
GOLBÉEN
CORBÉEN
HAS BEEN
CRÉCÉEN
CALCÉEN
LANCÉEN
PHOCÉEN
PHOCÉEN
BOSCÉEN
PRADÉEN
CANDÉEN
MANDÉEN
VENDÉEN
VENDÉEN
CONDÉEN
BARDEEN
MAZDÉEN
ARCHÉEN
SILLÉEN
BOOLÉEN
ARAMÉEN
BALMÉEN
GHANÉEN
GHANÉEN
GUINÉEN
GUINÉEN
BALNÉEN
LINNÉEN
CERNÉEN
CORNÉEN
ROSNÉEN
ACCRÉEN
SEGRÉEN
TIGRÉEN
VITRÉEN
ISTRÉEN
VAURÉEN
AZURÉEN
AZURÉEN
NOISÉEN
SOISÉEN
VANSÉEN
BASSÉEN
COSSÉEN
RUSSÉEN
ÉLYSÉEN
JANZÉEN
RÖNTGEN
RÖNTGEN
SPLÜGEN
GUICHEN

MÜNCHEN
HAWAÏEN
HAWAÏEN
AMIBIEN
GAMBIEN
ZAMBIEN
ZAMBIEN
COMBIEN
LESBIEN
LESBIEN
DOUBIEN
TRACIEN
ANICIEN
ACADIEN
ACADIEN
ARÉDIEN
GARDIEN
GORDIEN
GORDIEN
ASCÉIEN
FUÉGIEN
FUÉGIEN
MORGIEN
BURGIEN
VOSGIEN
VOSGIEN
ENGHIEN
PYTHIEN
FIDJIEN
FIDJIEN
IRAKIEN
IRAKIEN
TOLKIEN
ITALIEN
ITALIEN
ABÉLIEN
AMÉLIEN
CHILIEN
CHILIEN
AZILIEN
GALLIEN
TALLIEN
MOLLIEN
BOOLIEN
MARLIEN
OURLIEN
PAULIEN
PERMIEN
CRÂNIEN
IRANIEN
IRANIEN
ASINIEN
OXONIEN
FÉROÏEN
FÉROÏEN
CARPIEN
ACARIEN

ISARIEN
OVARIEN
OMBRIEN
OMBRIEN
LOCRIEN
HADRIEN
FLÉRIEN
IMÉRIEN
ATÉRIEN
OUGRIEN
ÉMIRIEN
CYPRIEN
TERRIEN
ESTRIEN
SAURIEN
VAURIEN
Vaurien
GÉVRIEN
SÉVRIEN
ALÉSIEN
ONÉSIEN
ÉTÉSIEN
CAPSIEN
TARSIEN
MEUSIEN
CLUSIEN
ONUSIEN
GRATIEN
CLÉTIEN
UZÉTIEN
HAÏTIEN
HAÏTIEN
KANTIEN
LAOTIEN
LAOTIEN
BÉOTIEN
BÉOTIEN
MARTIEN
MARTIEN
AOÛTIEN
SOUTIEN
FLAVIEN
KIÉVIEN
PELVIEN
MARXIEN
BATZIEN
LANAKEN
BROCKEN
SEGALEN
LENGLEN
BETHLEN
GUILLÉN
HEERLEN
GRAULEN
DURAMEN
JINGMEN
LONGMEN

BUSHMEN
TAXIMEN
ABDOMEN
WATTMEN
ALBUMEN
TIOUMEN
CÉRUMEN
JAZZMEN
BRUNNEN
CITROËN
MÄLAREN
MCLAREN
LOKEREN
BEVEREN
SUFFREN
NIELSEN
MOMMSEN
THOMSEN
MEISSEN
JANSSEN
GAUSSEN
THYSSEN
AERTSEN
LOFOTEN
SCHOTEN
BRITTEN
SALOUEN
LIPOVEN
MI-MOYEN
CITOYEN
MITOYEN
CARRYEN
ALHAZEN
MAGHZEN
MAKHZEN
GENTZEN
BAUTZEN
THÉBAIN
THÉBAIN
RURBAIN
VULCAIN
VULCAIN
BOUCAIN
DOUÇAIN
MONDAIN
HOUDAIN
SOUDAIN
MÉCHAIN
FOLLAIN
POULAIN
GERMAIN
GERMAIN
ROUMAIN
ROUMAIN
THÔNAIN
CLARAIN
REFRAIN

PARRAIN
MERRAIN
TERRAIN
LORRAIN
LORRAIN
VITRAIN
ENTRAIN
MALSAIN
HORSAIN
CHÂTAIN
HUITAIN
SEPTAIN
CERTAIN
MORTAIN
HAUTAIN
VOÛTAIN
SYLVAIN
SYLVAIN
NEUVAIN
COUVAIN
DOUVAIN
LOUVAIN
DOUZAIN
CARABIN
JACOBIN
KHARBIN
MÉDECIN
CAPUCIN
BALADIN
PALADIN
SALADIN
CITADIN
DUNEDIN
BLONDIN
BLONDIN
GRONDIN
CHARDIN
GOURDIN
BRESDIN
HOLBEIN
HENLEIN
BAHREÏN
BASSEIN
DESSEIN
HOSSEIN
HUSSEIN
EPSTEIN
ERSTEIN
DRIVE-IN
ÉGLEFIN
COUFFIN
FRANGIN
PÉRUGIN
CRACHIN
RONCHIN
TROCHIN
DAUPHIN

BAS-RHIN
MENUHIN
EL TAJÍN
TIANJIN
HODGKIN
SOROKIN
ALCALIN
GIBELIN
MADELIN
GAMELIN
LEMELIN
PATELIN
AQUILIN
BÖCKLIN
QUELLIN
KREMLIN
KREMLIN
HERMLIN
DRUMLIN
COGOLIN
CIPOLIN
Ripolin
CHAPLIN
PRASLIN
LUPULIN
MAXIMIN
GÉDYMIN
FÉMININ
JEANNIN
APENNIN
ANTONIN
BENJOIN
CALEPIN
GALOPIN
GRAPPIN
ALEPPIN
CRESPIN
CRISPIN
TABARIN
TAGARIN
TAMARIN
LE MARIN
ROMARIN
PATARIN
NAVARIN
NAVARIN
SAVARIN
MAZARIN
MANDRIN
MANDRIN
POUDRIN
PÈLERIN
PÈLERIN
VIPÉRIN
SÉVERIN
SIZERIN
CHAGRIN

IVOIRIN
COMORIN
BOURRIN
VAUTRIN
GALURIN
MATURIN
MATURÍN
PÂTURIN
DOUVRIN
MAGASIN
SARASIN
CHAMSIN
KHAMSIN
LIMOSIN
AGASSIN
BRASSIN
GRESSIN
TRISSIN
COUSSIN
POUSSIN
POUSSIN
ROUSSIN
ROUSSIN
ABYSSIN
ABYSSIN
THÉATIN
PALATIN
PALATIN
BARATIN
MORATÍN
PLANTIN
TRENTIN
AVENTIN
QUINTIN
CABOTIN
PICOTIN
BRIOTIN
CALOTIN
PILOTIN
POPOTIN
PÉROTIN
PUROTIN
HOURTIN
PLESTIN
FAUSTIN
STETTIN
CROTTIN
TROTTIN
SCRUTIN
HOLGUÍN
SANGUIN
GAUGUIN
HALLUIN
BABOUIN
BÉDOUIN
BÉDOUIN
SAGOUIN

7

PAHOUIN	**ALENÇON**	**PYRRHON**	PORTION	**SIMENON**
MALOUIN	POINÇON	**MENTHON**	BASTION	CHIGNON
MALOUIN	TRONÇON	**COUTHON**	GESTION	MOIGNON
MILOUIN	SOUPÇON	SUCCION	CAUTION	**GRIGNON**
TARQUIN	**ALARCÓN**	**PHOCION**	ÉLUTION	GUIGNON
TURQUIN	COURÇON	**MARCION**	BRUTION	QUIGNON
LESQUIN	**COURÇON**	**CLODION**	MIXTION	**AVIGNON**
MESQUIN	**VALADON**	**GORDION**	ÉLUVION	GROGNON
JOSQUIN	CÉLADON	**FORGION**	FLEXION	TROGNON
BOUQUIN	ESPADON	ISCHION	FLUXION	LORGNON
ROUQUIN	COMÉDON	**AMPHION**	**ARPAJON**	BRUGNON
ANGEVIN	ÉDREDON	OPILION	**RÄTIKON**	CHAÎNON
ANGEVIN	**LANGDON**	BILLION	**ASCALON**	**SHANNON**
ÉCHEVIN	**CUPIDON**	MILLION	**ABSALON**	**ÉPERNON**
PÈSE-VIN	**MÉZIDON**	FERMION	CHABLON	**COURNON**
TÂTE-VIN	ABANDON	**FORMION**	DOUBLON	**TOURNON**
ÉPARVIN	BRANDON	OPINION	HOUBLON	**LAOCOON**
ÉPERVIN	**BRANDON**	**LANNION**	ÉCHELON	**DRAGOON**
CHAUVIN	**SWINDON**	RÉUNION	MAMELON	**RANGOON**
LIEUVIN	PAGODON	**RÉUNION**	**FÉNELON**	**KOWLOON**
BALDWIN	RIGODON	**SOUNION**	BUFFLON	CARTOON
FEDAYIN	CHARDON	**SCIPION**	MOUFLON	CRAMPON
SARAZIN	**YVERDON**	LAMPION	SANGLON	**MONTPON**
MUEZZIN	BOURDON	MORPION	EPSILON	CROUPON
CARDIJN	**BOURDON**	VIBRION	UPSILON	MACARON
LINCOLN	**GOURDON**	ALÉRION	AQUILON	MÉGARON
RIEMANN	**SNOWDON**	CHORION	**AVALLON**	MEMBRON
SPEMANN	DRAGEON	**LAURION**	MOELLON	OMICRON
HOFMANN	SURGEON	ÉVASION	**BAILLON**	TENDRON
ULLMANN	ORPHÉON	ÉLISION	BÂILLON	**CAUDRON**
HERMANN	NUCLÉON	MULSION	**GAILLON**	GOUDRON
BORMANN	**MAULÉON**	PULSION	HAILLON	BIBERON
NEUMANN	**TORREÓN**	MANSION	MAILLON	**AUBERON**
SCHWANN	BALAFON	PENSION	PAILLON	**LUBERON**
TALLINN	CARAFON	TENSION	SEILLON	MACERON
JALGAON	GIRAFON	ÉROSION	**CHILLON**	**CICÉRON**
MACHAON	GREFFON	VERSION	**DOILLON**	PUCERON
PHARAON	CHIFFON	TORSION	**CRILLON**	AUGERON
STRABON	GRIFFON	**GASSION**	GRILLON	**AUGERON**
CIREBON	BOUFFON	PASSION	GUILLON	**ACHÉRON**
ANNOBÓN	**NIPIGON**	CESSION	APOLLON	**BRIÉRON**
CHARBON	FOURGON	SESSION	**APOLLON**	PALERON
BOURBON	**FRACHON**	FISSION	**FOULLON**	SALERON
BOURBON	FANCHON	MISSION	**DEMOLON**	AILERON
AUDUBON	MANCHON	JUSSION	**SIMPLON**	CULERON
LIMAÇON	RONCHON	STATION	**ZABULON**	**CAMERON**
CALEÇON	**PYNCHON**	OVATION	TÉLAMON	GAPERON
HAMEÇON	TORCHON	FACTION	**BAYAMÓN**	HYPÉRON
COMECON	**CAUCHON**	RECTION	PALÉMON	LISERON
SÉNEÇON	FAUCHON	SECTION	FLEGMON	**COUËRON**
CAVEÇON	BOUCHON	DICTION	ARTIMON	NÉPHRON
RUBICON	LOUCHON	FICTION	**SALOMON**	CLAIRON
VIDICON	**SOUCHON**	MICTION	CABANON	**CLAIRON**
HÉLICON	CRUCHON	ONCTION	**ORGANON**	POTIRON
HÉLICON	**PRUD'HON**	ÉDITION	**TRIANON**	ENVIRON
PLANÇON	**AGULHON**	MENTION	**MARAÑÓN**	**SCARRON**
ÉTANÇON	**QUI NHON**	ÉMOTION	**BRIENON**	CHARRON

CHARRON
GUÊTRON
COITRON
POLTRON
NONTRON
CISTRON
NEUTRON
FLEURON
PATURON
CHEVRON
POIVRON
AVEYRON
ACHESON
BATESON
LANG SON
DÔNG SON
BERGSON
LIAISON
ORAISON
MADISON
ADDISON
JAMISON
CLOISON
JACKSON
ERIKSON
CARLSON
CHAMSON
THOMSON
CHANSON
CRANSON
GRANSON
JOHNSON
BRONSON
SIMPSON
PEARSON
KHERSON
EMERSON
COURSON
BRESSON
CRESSON
CRESSON
CAISSON
CLISSON
UNISSON
BOISSON
MOISSON
POISSON
POISSON
FRISSON
BUISSON
BUISSON
CUISSON
ÉMOSSON
PERSSON
ÉCUSSON
MOUSSON
ALYSSON

ABAT-SON
BLOUSON
NÉGATON
ROGATON
BALATON
NÉLATON
RIPATON
STRATON
MONCTON
PHAÉTON
PHAÉTON
REJETON
CANETON
MANETON
PANETON
CURETON
LANGTON
DEMI-TON
CAPITON
POSITON
STILTON
FROMTON
PLANTON
STANTON
QUANTON
TRENTON
CLINTON
QUINTON
FRONTON
FRONTON
TAUNTON
PELOTON
MIROTON
CLAPTON
HAMPTON
COMPTON
KRYPTON
WHARTON
QUARTON
AVORTON
PRESTON
MARSTON
HOUSTON
GUITTON
GLOUTON
CROÛTON
DRAYTON
BARYTON
SABAYON
OTOCYON
EMBRYON
CABEZÓN
HORIZON
VIERZON
WESTERN
PATTERN
VÄTTERN

CAPVERN
KONZERN
POP-CORN
LEGHORN
SAXHORN
RAEBURN
HEPBURN
MESCLUN
FERAOUN
SHOGOUN
CHAMOUN
SEMPRUN
NERPRUN
FONTEYN
KAPTEYN
OLSZTYN
DAZIBAO
CURAÇAO
CURAÇAO
QINGDAO
LIN BIAO
BEIPIAO
TRISTÃO
COLLABO
PLACEBO
OSHOGBO
LI TAIBO
ARECIBO
NÉLOMBO
COLOMBO
COLOMBO
NELUMBO
ABE KOBO
SUBIACO
GUANACO
QUÈSACO
SIROCCO
PELLICO
TAMPICO
TAMPICO
CHIRICO
IONESCO
JALISCO
SALGADO
DELGADO
MACHADO
CANSADO
FURTADO
HURTADO
MEGIDDO
TORPÉDO
QUEVEDO
AZEVEDO
TOKAIDO
BUSHIDO
ROLANDO
ORLANDO

NÉGONDO
SECUNDO
NEGUNDO
LE BARDO
RICARDO
BOIARDO
MATSUDO
LANGREO
ARNOLFO
TRANSFO
SÉNOUFO
LOMBAGO
LUMBAGO
CHICAGO
FARRAGO
MONDEGO
TURBIGO
PRURIGO
LENTIGO
HIDALGO
LUBANGÓ
DURANGO
FOLENGO
MARENGO
MARENGO
DOMINGO
BAKONGO
KORHOGO
EMBARGO
CAMARGO
ARAPAHO
JÉRICHO
LESOTHO
SAMPAIO
AJACCIO
BROCCIO
OYASHIO
AZEGLIO
ABELLIO
IN-FOLIO
SAVINIO
OLYMPIO
SOLARIO
ROSARIO
ONTARIO
SONDRIO
CASERIO
PROPRIO
MAUGUIO
STELVIO
VALLEJO
AZULEJO
BERMEJO
NECHAKO
GROMYKO
MIESZKO
BUFFALO

HENGELO
ZERMELO
TRAVELO
RAPALLO
MÉTALLO
UCCELLO
MUGELLO
OTHELLO
INTELLO
RAVELLO
UTRILLO
MURILLO
RAMOLLO
DIABOLO
TOMBOLO
PICCOLO
FOSCOLO
DANDOLO
TRÉMOLO
TIEPOLO
OTTERLO
SAINT-LÔ
DACTYLO
PETSAMO
SAN REMO
NANAIMO
SEPTIMO
PRO DOMO
MECCANO
CHICANO
CHOCANO
GARGANO
MODIANO
MARIANO
IN-PLANO
SOPRANO
BASSANO
CAETANO
PONTANO
BOLZANO
RIPIENO
STALINO
CASSINO
CALVINO
CHELMNO
LOGROÑO
LOCARNO
SUKARNO
MADERNO
A GIORNO
BELLUNO
UNAMUNO
GNIEZNO
GESTAPO
LIMPOPO
NOUGARO
UTAMARO

CORNARO
LAMPARO
FALIERO
PAMPERO
MASPERO
BRASERO
PASSERO
IN UTERO
ALMAGRO
ALLEGRO
OBIHIRO
KUSHIRO
GOAJIRO
GUAJIRO
MINDORO
SAPPORO
PIZARRO
IN VITRO
MAESTRO
EXTENSO
CARDOSO
MAFIOSO
CALYPSO
CALYPSO
PICASSO
CHIASSO
SIKASSO
SPALATO
DERMATO
SFUMATO
VIBRATO
DE FACTO
ORVIETO
MAGNÉTO
AKIHITO
MISKITO
ASIENTO
LAMENTO
MÉMENTO
TORONTO
BISCOTO
SUHARTO
MODESTO
CHRISTO
IN PETTO
RISOTTO
EX AEQUO
CENTAVO
HASKOVO
IVANOVO
TARNOVO
TIRNOVO
GABROVO
ZEMSTVO
BOSCOYO
CHORIZO
SCHERZO

DURAZZO
MELOZZO
IMHOTEP
ONE-STEP
DUCHAMP
ELSKAMP
HARD BOP
SEX-SHOP
BOSKOOP
BOTTROP
HARD-TOP
NON-STOP
KETCHUP
CHECK-UP
PRA-LOUP
KASTRUP
START-UP
DARRACQ
BARSACQ
PONTACQ
VAN LAAR
ALKMAAR
MALABAR
MALABAR
NESEBAR
NICOBAR
ESCOBAR
KHAYBAR
SIDE-CAR
MINICAR
ALENCAR
AUTOCAR
CHEDDAR
DAMODAR
ÜSKÜDAR
ROI LEAR
SCHOFAR
BÉDÉGAR
KACHGAR
RÉALGAR
QIQIHAR
AL-AZHAR
KANDJAR
MUDÉJAR
DRAKKAR
SHANKAR
OTTOKAR
CANULAR
CALAMAR
HINCMAR
MYANMAR
PALOMAR
LUPANAR
CAMBOAR
COALTAR
COUGUAR
BOLIVAR

BOLÍVAR
SAMOVAR
KOSOVAR
KOSOVAR
MEDAWAR
ALCAZAR
SALAZAR
VAN LAER
CACABER
KROEBER
IMBIBER
KLEIBER
INHIBER
EXHIBER
FLAMBER
PLOMBER
ENGOBER
DÉROBER
ENROBER
ÉBARBER
COURBER
INCUBER
ADOUBER
TITUBER
ENTUBER
INTUBER
EFFACER
DÉLACER
ENLACER
MENACER
ESPACER
DÉPECER
POLICER
FIANCER
ÉLANCER
NUANCER
AVANCER
AGENCER
SPENCER
SPENCER
ÉMINCER
COINCER
GRINCER
ÉVINCER
PIONCER
ÉNONCER
FRONCER
EXERCER
ÉCORCER
AMORCER
CHAUCER
EXAUCER
SCHADER
CHIADER
BALADER
PARADER
ABCÉDER

ACCÉDER
DÉCÉDER
RECÉDER
EXCÉDER
SPEEDER
OBSÉDER
PLAIDER
DÉCIDER
VALIDER
LAPIDER
DÉRIDER
RÉSIDER
DÉVIDER
SCANDER
VIANDER
GLANDER
AGENDER
AMENDER
SCINDER
CHINDER
BLINDER
GUINDER
ABONDER
ÉMONDER
INONDER
FRONDER
GRONDER
EXONDER
DÉCODER
ENCODER
SHKODËR
DÉMODER
LIARDER
ABORDER
HOURDER
LOURDER
FRAUDER
DÉNUDER
EXSUDER
RED DEER
VERMEER
RECRÉER
RÉCRÉER
RAGRÉER
DÉGRÉER
REGRÉER
PARAFER
AGRAFER
BRIEFER
PIAFFER
STAFFER
GREFFER
SNIFFER
COIFFER
BRIFFER
GRIFFER
SUIFFER

ÉTOFFER
TÖPFFER
BLUFFER
BOUFFER
POUFFER
TRUFFER
LUCIFER
TARIFER
ANTIFER
ATTIFER
PACAGER
ENCAGER
BOCAGER
DÉGAGER
ENGAGER
RAMAGER
MANAGER
MÉNAGER
DÉRAGER
ENRAGER
ONSAGER
POTAGER
RAVAGER
VOYAGER
VOYAGER
BRIDGER
ALLÉGER
ARPÉGER
ABRÉGER
AGRÉGER
RÉDIGER
OBLIGER
VOLIGER
DIRIGER
MITIGER
ATTIGER
CHANGER
FRANGER
ORANGER
KLINGER
USINGER
ÉLONGER
PLONGER
ÉPONGER
DÉLOGER
RELOGER
LIMOGER
ABROGER
DÉROGER
ARROGER
CHARGER
ÉMARGER
ÉMERGER
ÉGORGER
ADJUGER
DÉJUGER
MÉJUGER

REJUGER
CALUGER
ÉGRUGER
ÉCACHER
CRACHER
DRACHER
FLÉCHER
ÉMÉCHER
CRÉCHER
PRÊCHER
CLICHER
TRICHER
BANCHER
HANCHER
RANCHER
PENCHER
JONCHER
LYNCHER
PIOCHER
CLOCHER
AMOCHER
BROCHER
CROCHER
MARCHER
HERCHER
PERCHER
KIRCHER
PORCHER
TORCHER
FISCHER
VISCHER
CATCHER
FAUCHER
FAUCHER
GAUCHER
RAUCHER
BLÜCHER
PLUCHER
BOUCHER
BOUCHER
COUCHER
DOUCHER
LOUCHER
MOUCHER
TOUCHER
SLIPHER
FLASHER
SMASHER
CRASHER
NOETHER
WALTHER
GÜNTHER
WERTHER
COCAÏER
COPAÏER
GAMBIER
JAMBIER
BARBIER
GERBIER
HERBIER
VERBIER
MORBIER
SORBIER
ÉCUBIER
GLACIER
PLACIER
ÉMACIER
GRACIER
ÉPICIER
LANCIER
FONCIER
RONCIER
MERCIER
MERCIER
PERCIER
SORCIER
SAUCIER
POUCIER
SOUCIER
PRADIER
STADIER
LANDIER
MENDIER
RONDIER
AMODIER
FARDIER
MERDIER
VERDIER
BORDIER
CORDIER
CORDIER
ÉTUDIER
CAFÉIER
ÉDIFIER
DÉIFIER
RÉIFIER
UNIFIER
SOLFIER
CONFIER
PLAGIER
IMAGIER
FICHIER
RICHIER
ROCHIER
POTHIER
LUTHIER
CÂBLIER
SABLIER
TABLIER
OUBLIER
PUBLIER
ATELIER
NÉFLIER
MUFLIER
VOILIER
HUILIER
TUILIER
HALLIER
PALLIER
RALLIER
CELLIER
SELLIER
TELLIER
MILLIER
TILLIER
COLLIER
ROLLIER
ÉCOLIER
GEÔLIER
VIOLIER
SPOLIER
DÉPLIER
REPLIER
BERLIER
PERLIER
MESLIER
TAULIER
BOULIER
ROULIER
SOULIER
CADMIER
ANÉMIER
CRÉMIER
PREMIER
PALMIER
GOMMIER
POMMIER
SOMMIER
LARMIER
FERMIER
CORMIER
BAUMIER
DAUMIER
PLUMIER
GOUMIER
GRUMIER
ÉBÉNIER
CHÉNIER
PLÉNIER
GRENIER
RÉGNIER
GAINIER
LAINIER
RAINIER
ÉPINIER
CANNIER
VANNIER
BONNIER
MONNIER
ACONIER
THONIER
CARNIER
GARNIER
TARNIER
BERNIER
DERNIER
VERNIER
VERNIER
CORNIER
DORNIER
SAUNIER
MEUNIER
MEUNIER
MOUNIER
PRUNIER
MOYNIER
CLAPIER
DRAPIER
CRÊPIER
GUÊPIER
FRIPIER
TRIPIER
DAMPIER
POMPIER
TAUPIER
AVARIER
DÉCRIER
RÉCRIER
ENCRIER
SUCRIER
MADRIER
NÉGRIER
POIRIER
CÂPRIER
CARRIER
CARRIER
FERRIER
PERRIER
TERRIER
VERRIER
VITRIER
LAURIER
LAURIER
COURIER
FOURIER
TOURIER
USURIER
FÉVRIER
LÉVRIER
VIVRIER
OUVRIER
BRASIER
ALISIER
CENSIER
GYPSIER
TARSIER
CASSIER
MASSIER
FESSIER
MESSIER
TESSIER
LISSIER
DOSSIER
OBUSIER
BOUSIER
CHÂTIER
ARÊTIER
LIFTIER
FAÎTIER
LAITIER
INITIER
BOÎTIER
PELTIER
GANTIER
DENTIER
RENTIER
SENTIER
MONTIER
PONTIER
ÎLOTIER
CARTIER
MORTIER
MORTIER
PORTIER
PORTIER
POSTIER
BUSTIER
DATTIER
NATTIER
NATTIER
PATTIER
BOTTIER
POTTIER
GAUTIER
SAUTIER
MOUTIER
ROUTIER
SOUTIER
GRUTIER
BAGUIER
SÉGUIER
FIGUIER
VIGUIER
ANGUIER
JAQUIER
PIQUIER
CLAVIER
GRAVIER
OLIVIER
OLIVIER
JANVIER
JANVIER
RANVIER
CONVIER
PLUVIER

BOUVIER
BOUVIER
ROUVIER
ALIZIER
CROZIER
RAZZIER
GALÉJER
SPEAKER
CRACKER
KNICKER
STICKER
JUNCKER
STOCKER
PLÜCKER
CLINKER
CABALER
DÉCALER
RECALER
PÉDALER
AFFALER
RÉGALER
ACHALER
DÉHALER
INHALER
EXHALER
CHIALER
EMPALER
RESALER
DÉTALER
CAVALER
RAVALER
DÉVALER
CHABLER
ÉTABLER
CRIBLER
SEMBLER
COMBLER
MEUBLER
DOUBLER
SARCLER
CERCLER
MUSCLER
BOUCLER
PUDDLER
HURDLER
DÉCELER
RECELER
FICELER
MODELER
WHEELER
DÉGELER
REGELER
SCHELER
ANHÉLER
DÉMÊLER
EMMÊLER
JUMELER

AGNELER
ANNELER
CAPELER
APPELER
CISELER
FUSELER
MUSELER
RÂTELER
DÉTELER
ATTELER
BOUÉLER
JAVELER
TAVELER
RÉVÉLER
NIVELER
CUVELER
ÉRAFLER
SIFFLER
RENFLER
GONFLER
RONFLER
MORFLER
STIGLER
SANGLER
CINGLER
JONGLER
FURGLER
BEUGLER
MEUGLER
JUBILER
DÉFILER
REFILER
AFFILER
EFFILER
ENFILER
SPOILER
ÉTOILER
DÉPILER
EMPILER
DÉSILER
ENSILER
MUTILER
RUTILER
DAVILER
SCELLER
NIELLER
BAILLER
BÂILLER
CAILLER
FAILLER
MAILLER
PAILLER
RAILLER
TAILLER
TEILLER
VEILLER
ROILLER

BRILLER
GRILLER
TRILLER
VRILLER
STILLER
CUILLER
OUILLER
DAIMLER
HIMMLER
BRANLER
BABOLER
RACOLER
ACCOLER
RÉCOLER
PICOLER
COCOLER
AFFOLER
RIGOLER
ÉTIOLER
CAJOLER
ENJÔLER
IMMOLER
ENRÔLER
DÉSOLER
INSOLER
ASSOLER
ENTÔLER
REVOLER
ENVOLER
TRIPLER
SAMPLER
DOPPLER
PEUPLER
COUPLER
VEKSLER
ELSSLER
KASTLER
CHAULER
MIAULER
PIAULER
ÉPAULER
FABULER
MACULER
ACCULER
FÉCULER
RECULER
ONDULER
MODULER
BLEULER
GUEULER
RÉGULER
JUGULER
HULULER
SIMULER
CUMULER
CANULER
ANNULER

SAOULER
ABOULER
ÉBOULER
ÉCOULER
CROULER
COPULER
CRAWLER
GADAMER
STEAMER
AFFAMER
ENGAMER
DÉRAMER
RÉTAMER
ENTAMER
ÉCRÉMER
RYTHMER
DÉCIMER
RICIMER
RÉDIMER
GÉLIMER
RANIMER
PÉRIMER
ARRIMER
LATIMER
INTIMER
ESTIMER
BELLMER
TRIMMER
DRUMMER
CRANMER
BLOOMER
CHROMER
RÉARMER
CHARMER
ALARMER
BIERMER
MESSMER
CHAUMER
ENFUMER
INHUMER
EXHUMER
ALLUMER
RÉSUMER
ASSUMER
BITUMER
CABANER
RUBANER
RICANER
EFFANER
MAGANER
BIKANER
BASANER
PAVANER
GARDNER
WEGENER
ALIÉNER
HALENER

RAMENER
DÉMENER
EMMENER
CARÉNER
ÉGRENER
ENRÊNER
ASSÉNER
STAGNER
BOEGNER
BAIGNER
DAIGNER
SAIGNER
PEIGNER
ALIGNER
CLIGNER
SOIGNER
GRIGNER
GUIGNER
GROGNER
LORGNER
POUGNER
FECHNER
LOCHNER
BUCHNER
BÜCHNER
CHAÎNER
DRAINER
GRAINER
TRAÎNER
DÉBINER
BOBINER
BADINER
RADINER
DODINER
FREINER
STEINER
AFFINER
PAGINER
ÉCHINER
SCHINER
CÂLINER
GAMINER
LAMINER
DÉMINER
GÉMINER
DOMINER
GOMINER
NOMINER
RUMINER
LAPINER
RAPINER
TAPINER
COPINER
FARINER
MARINER
SERINER
BURINER

SURINER	**WHYMPER**	INSÉRER	FIGURER	CLAMSER
LÉSINER	GALOPER	ALTÉRER	AUGURER	**SPENSER**
RÉSINER	SALOPER	RÉVÉRER	ABJURER	DÉPOSER
MÂTINER	CLAPPER	COFFRER	ADJURER	REPOSER
PATINER	FRAPPER	GAUFRER	DÉLURER	IMPOSER
RATINER	TRAPPER	SOUFRER	EMMURER	APPOSER
SATINER	STEPPER	ÉMIGRER	CHOURER	OPPOSER
POTINER	SKIPPER	HONGRER	AJOURER	EXPOSER
BUTINER	CLIPPER	BLAIRER	DÉPURER	ARROSER
LUTINER	FLIPPER	FLAIRER	MESURER	COURSER
MUTINER	GRIPPER	DÉLIRER	ASSURER	CHASSER
COUINER	CHOPPER	ADMIRER	PÂTURER	CLASSER
FOUINER	DROPPER	EMPIRER	RATURER	AMASSER
BRUINER	STOPPER	ASPIRER	SATURER	COASSER
RAVINER	USURPER	EXPIRER	OBTURER	BRASSER
DEVINER	CRISPER	DÉSIRER	BITURER	BLESSER
LUCKNER	**PROSPER**	RETIRER	SUTURER	DRESSER
SCANNER	OCCUPER	ATTIRER	CHEVRER	PRESSER
BRANNER	GROUPER	DÉVIRER	ENIVRER	TRESSER
BRENNER	ÉTOUPER	ARBORER	POIVRER	BAISSER
SKINNER	EFFARER	DÉCORER	CUIVRER	LAISSER
ABONNER	DÉPARER	PICORER	ŒUVRER	CLISSER
ADONNER	RÉPARER	DÉDORER	RECASER	GLISSER
ÂNONNER	SÉPARER	REDORER	ABRASER	PLISSER
ÉTONNER	EMPARER	MAJORER	ÉBRASER	POISSER
RAMONER	CAMBRER	COLORER	ÉCRASER	ÉPISSER
CROONER	TIMBRER	IGNORER	PHRASER	CRISSER
CORONER	NOMBRER	MINORER	ENVASER	TRISSER
DÉTONER	SOMBRER	HONORER	EMPESER	ÉCOSSER
KVARNER	MARBRER	PÉRORER	BIAISER	ADOSSER
STIRNER	EXÉCRER	ESSORER	NIAISER	BROSSER
ÉCORNER	CENDRER	DÉVORER	APAISER	DROSSER
PIORNER	POUDRER	DIAPRER	BRAISER	FAUSSER
TOURNER	LIBÉRER	AMARRER	FRAISER	GAUSSER
GESSNER	LACÉRER	BEURRER	INCISER	HAUSSER
MESSNER	MACÉRER	LEURRER	EXCISER	HOUSSER
PEVSNER	ULCÉRER	BOURRER	**DREISER**	MOUSSER
MEITNER	FÉDÉRER	FOURRER	BALISER	POUSSER
KÄSTNER	SIDÉRER	CHÂTRER	ENLISER	TOUSSER
BRAUNER	**DODERER**	PLÂTRER	NOLISER	POUTSER
TRAUNER	MODÉRER	GUÊTRER	TAMISER	ACCUSER
FALUNER	DÉFÉRER	FILTRER	REMISER	RÉCUSER
PÉTUNER	RÉFÉRER	CENTRER	NANISER	EXCUSER
DÉCAPER	INFÉRER	RENTRER	TANISER	MÉDUSER
SCRAPER	DIGÉRER	CINTRER	SINISER	CREUSER
DÉRAPER	INGÉRER	CONTRER	IONISER	GUEUSER
RETAPER	COGÉRER	MONTRER	CROISER	REFUSER
RECEPER	ADHÉRER	CASTRER	ÉGRISER	INFUSER
EXCIPER	ACIÉRER	LUSTRER	ARRISER	ÉCLUSER
ÉTRIPER	GALÉRER	VAUTRER	COTISER	BLOUSER
ÉQUIPER	TOLÉRER	FEUTRER	ATTISER	ÉPOUSER
SCALPER	MÉMÉRER	RÉCURER	ÉPUISER	MÉSUSER
INALPER	GÉNÉRER	ENDURER	CRUISER	DEBATER
TREMPER	VÉNÉRER	FLEURER	RAVISER	DÉBÂTER
GRIMPER	REPÉRER	PLEURER	DEVISER	SWEATER
QUIMPER	ESPÉRER	APEURER	RÉVISER	RÉGATER
TROMPER	LISERER	ÉPEURER	DIVISER	ÉCLATER

RELATER
DILATER
DÉMÂTER
EMPÂTER
APPÂTER
PIRATER
RETÂTER
LAVATER
TRACTER
ÉJECTER
ÉDICTER
ÉRUCTER
HÉBÉTER
EMBÊTER
TWEETER
VÉGÉTER
ACHETER
DÉJETER
REJETER
CALETER
GALETER
HALETER
FILETER
MOLETER
VOLETER
DÉMÉTER
RÉPÉTER
BARÉTER
ÉCRÊTER
ARRÊTER
CURETER
FURETER
ENTÊTER
RIVETER
DUVETER
DRIFTER
STIFTER
MOUFTER
DOIGTER
RICHTER
TRAITER
HABITER
DÉBITER
ORBITER
RÉCITER
LICITER
INCITER
EXCITER
MÉDITER
AUDITER
COGITER
DÉLITER
MILITER
LIMITER
GUNITER
DÉPITER
JUPITER

ABRITER
HÉRITER
MÉRITER
IRRITER
HÉSITER
VISITER
BRUITER
INVITER
SPALTER
EXALTER
EXULTER
CHANTER
PLANTER
CRANTER
ÉDENTER
FIENTER
ÉVENTER
FEINTER
TEINTER
POINTER
SUINTER
SHUNTER
CABOTER
RABOTER
SABOTER
ACCOTER
BÉCOTER
PICOTER
COCOTER
SUÇOTER
RADOTER
FAGOTER
DÉGOTER
MÉGOTER
GIGOTER
LIGOTER
ERGOTER
CAHOTER
MIJOTER
PELOTER
PILOTER
CANOTER
DÉNOTER
ANNOTER
SCOOTER
SHOOTER
CAPOTER
PAPOTER
TAPOTER
DÉPOTER
EMPOTER
SIROTER
REVOTER
PIVOTER
VIVOTER
FAYOTER
ZOZOTER

ADAPTER
COMPTER
DOMPTER
ADOPTER
COOPTER
CRYPTER
ÉCARTER
CHARTER
STARTER
QUARTER
ALERTER
INERTER
FLIRTER
AVORTER
HEURTER
GÉASTER
TOASTER
WEBSTER
CHESTER
CHESTER
DIESTER
PRESTER
BLISTER
TWISTER
EXISTER
FALSTER
HOLSTER
HAMSTER
MUNSTER
MUNSTER
MÜNSTER
BOOSTER
APOSTER
VORSTER
AJUSTER
CLUSTER
TRUSTER
FLATTER
GRATTER
FRETTER
GUETTER
FRITTER
QUITTER
FLOTTER
ÉMOTTER
CROTTER
FROTTER
TROTTER
FLUTTER
GOUTTER
DÉBUTER
REBUTER
PIEUTER
ZIEUTER
AMEUTER
QUEUTER
ZYEUTER

RÉFUTER
AFFÛTER
ENFÛTER
MINUTER
ABOUTER
ÉBOUTER
ÉCOUTER
AJOUTER
CLOUTER
BROUTER
CROÛTER
DÉPUTER
AMPUTER
IMPUTER
SCRUTER
BIZUTER
JOUXTER
ÉCOBUER
ÉVACUER
GRADUER
BLAGUER
ÉLAGUER
DRAGUER
BRIGUER
TANGUER
DINGUER
ZINGUER
DROGUER
CARGUER
LARGUER
NARGUER
TARGUER
BOUGUER
ÉVALUER
REFLUER
AFFLUER
INFLUER
DÉGLUER
ENGLUER
POLLUER
ÉVOLUER
COMMUER
SECOUER
ROCOUER
BAFOUER
ENGOUER
ÉCHOUER
DÉJOUER
REJOUER
RELOUER
ALLOUER
DÉNOUER
RENOUER
ÉBROUER
ÉCROUER
ENROUER
TATOUER

DÉVOUER
OUZOUER
CLAQUER
PLAQUER
BRAQUER
CRAQUER
TRAQUER
PACQUER
SACQUER
BÉCQUER
CHIQUER
CLIQUER
FLIQUER
APIQUER
BRIQUER
CALQUER
TALQUER
BANQUER
MANQUER
CHOQUER
BLOQUER
CLOQUER
FLOQUER
CROQUER
TROQUER
ÉVOQUER
MARQUER
PARQUER
CASQUER
MASQUER
BISQUER
RISQUER
COSQUER
BUSQUER
RAUQUER
ÉDUQUER
ÉNUQUER
SOUQUER
TRUQUER
STUQUER
RESSUER
BOSSUER
STATUER
DÉCAVER
EXCAVER
DÉLAVER
RELAVER
VINAVER
DÉPAVER
REPAVER
ENDÊVER
ACHEVER
RELEVER
ENLEVER
SALIVER
DÉRIVER
ARRIVER

ACTIVER
VÉTIVER
MOTIVER
ESTIVER
RAVIVER
RÉNOVER
INNOVER
ÉNERVER
DÉCUVER
ENCUVER
PROUVER
TROUVER
BROUWER
MALAXER
RELAXER
DÉSAXER
DÉTAXER
INDEXER
TÉLEXER
ANNEXER
REMIXER
PAGAYER
BÉGAYER
BALAYER
DÉLAYER
RELAYER
PAPAYER
REPAYER
COPAYER
DÉRAYER
ENRAYER
ESSAYER
MÉTAYER
ZÉZAYER
CAPEYER
FASEYER
LOCKYER
ONDOYER
RUDOYER
BAJOYER
CALOYER
ÉPLOYER
DÉNOYER
ENNOYER
DUNOYER
CÔTOYER
TUTOYER
DÉVOYER
ENVOYER
BERRYER
ENNUYER
APPUYER
ESSUYER
DÉGAZER
FREEZER
ZWANZER
BRONZER
MÜNTZER
KREUZER
BUCHEHR
LECLAIR
DUCLAIR
MÜSTAIR
VROMBIR
FOURBIR
ÉTRÉCIR
CHANCIR
AMINCIR
NOIRCIR
ADOUCIR
AFFADIR
BRANDIR
GRANDIR
BLONDIR
ÉBAUDIR
BOUFFIR
ASSAGIR
ÉLARGIR
ENVAHIR
AVACHIR
FLÉCHIR
PANCHIR
GAUCHIR
BACHKIR
PALIKIR
ABOUKIR
RESALIR
ÉTABLIR
FAIBLIR
ANOBLIR
RAVILIR
JAILLIR
SAILLIR
AMOLLIR
DÉMOLIR
DÉPOLIR
REPOLIR
REMPLIR
AVEULIR
CASIMIR
JITOMIR
APLANIR
OBTENIR
DÉTENIR
RETENIR
ADVENIR
DEVENIR
REVENIR
DÉFINIR
PATINIR
ABONNIR
FOURNIR
DÉMUNIR
DÉSUNIR
TRAÇOIR
LINÇOIR
PERÇOIR
FENDOIR
PENDOIR
FONDOIR
PONDOIR
TORDOIR
BOUDOIR
ASSEOIR
HACHOIR
DÉCHOIR
SÉCHOIR
FICHOIR
NICHOIR
POCHOIR
JUCHOIR
CHALOIR
À-VALOIR
AVALOIR
JABLOIR
RACLOIR
RIFLOIR
FALLOIR
ISOLOIR
PARLOIR
COULOIR
FOULOIR
VOULOIR
BRÛLOIR
FERMOIR
GERMOIR
PLANOIR
URINOIR
TERROIR
MOUROIR
OUVROIR
ALÉSOIR
LINSOIR
BONSOIR
VERSOIR
LISSOIR
PISSOIR
BOSSOIR
MONTOIR
MONTOIR
DORTOIR
BATTOIR
BUTTOIR
SAUTOIR
BLUTOIR
BOUTOIR
FOUTOIR
TAQUOIR
PRÉVOIR
COUVOIR
MOUVOIR
POUVOIR
CROUPIR
DÉPÉRIR
MAIGRIR
AMERRIR
NOURRIR
POURRIR
FLÉTRIR
FLEURIR
COUVRIR
ROUVRIR
PLAISIR
PLAISIR
CHOISIR
TRANSIR
GROSSIR
RÉUSSIR
ROUSSIR
DÉBÂTIR
REBÂTIR
DÉCATIR
APLATIR
DÉVÊTIR
REVÊTIR
ALLOTIR
AVERTIR
AMORTIR
BLETTIR
BLOTTIR
ABOUTIR
ABRUTIR
LANGUIR
ENFOUIR
RÉJOUIR
ÉBLOUIR
ÉCROUIR
ARMAVIR
ELZÉVIR
ELZÉVIR
DUUMVIR
ABU BAKR
SOBIBÓR
MARIBOR
PICADOR
MOGADOR
TCHADOR
BOJADOR
PARADOR
MIRADOR
MIRADOR
MATADOR
CÔTE-D'OR
STRIDOR
ANTHÉOR
SENGHOR
GÜNTHÖR
GWALIOR
SIMILOR
MODULOR
ATHANOR
ALIÉNOR
ANTÊNOR
O'CONNOR
WINDSOR
SPONSOR
LOUQSOR
MOLITOR
NUMITOR
MONITOR
STENTOR
STENTOR
BIROTOR
QUATUOR
SEPTUOR
SEXTUOR
DNIESTR
TOMBEUR
GERBEUR
DAUBEUR
PLACEUR
TRACEUR
LANCEUR
MINCEUR
RINCEUR
FONCEUR
FARCEUR
BERCEUR
PERCEUR
DOUCEUR
BRADEUR
TIÉDEUR
LAIDEUR
RAIDEUR
ROIDEUR
SOLDEUR
CANDEUR
FENDEUR
TENDEUR
VENDEUR
FONDEUR
PONDEUR
RONDEUR
SONDEUR
TONDEUR
BRODEUR
CARDEUR
GARDEUR
VERDEUR
TORDEUR
BOUDEUR
SOUDEUR
GAFFEUR
GOLFEUR
SURFEUR

IMAGEUR	FRIMEUR	SENSEUR	JOUTEUR	**PAYS-BAS**
PIÉGEUR	PRIMEUR	TENSEUR	ROUTEUR	**CARACAS**
JOGGEUR	GEMMEUR	HERSEUR	TAGUEUR	**PARACAS**
MANGEUR	**LANMEUR**	VERSEUR	LIGUEUR	CHOUCAS
VENGEUR	CHÔMEUR	CURSEUR	RIGUEUR	**POSADAS**
RONGEUR	DORMEUR	CASSEUR	VIGUEUR	CSARDAS
SONGEUR	ÉCUMEUR	MASSEUR	FUGUEUR	CZARDAS
LARGEUR	FLÂNEUR	PASSEUR	REMUEUR	**PYTHÉAS**
MARGEUR	GLANEUR	LISSEUR	ÉBOUEUR	**PELLÉAS**
FORGEUR	PLANEUR	PISSEUR	LAQUEUR	**ANDRÉAS**
PURGEUR	CRÂNEUR	TISSEUR	LIQUEUR	**VALRÉAS**
ROUGEUR	PRENEUR	BOSSEUR	PIQUEUR	**ARTIGAS**
GÂCHEUR	GAGNEUR	CAUSEUR	TIQUEUR	**CALCHAS**
HACHEUR	CHINEUR	AMUSEUR	MOQUEUR	**PHIDIAS**
LÂCHEUR	CANNEUR	COUSEUR	**LE SUEUR**	**MATHIAS**
MÂCHEUR	TANNEUR	AMATEUR	FLAVEUR	**EXÉKIAS**
BÊCHEUR	VANNEUR	ORATEUR	DRAVEUR	**CALLIAS**
LÉCHEUR	SENNEUR	FACTEUR	GRAVEUR	**HIPPIAS**
PÉCHEUR	DONNEUR	LECTEUR	ÉLEVEUR	**CTÉSIAS**
PÊCHEUR	HONNEUR	RECTEUR	DRIVEUR	**PRUSIAS**
SÉCHEUR	SONNEUR	SECTEUR	SUIVEUR	**CRITIAS**
BÛCHEUR	PRÔNEUR	VECTEUR	FERVEUR	**PENZIAS**
MALHEUR	OZONEUR	LICTEUR	SERVEUR	**BARAJAS**
BONHEUR	JEÛNEUR	DOCTEUR	SAUVEUR	**CARAJÁS**
RELIEUR	**RICŒUR**	RHÉTEUR	**SAUVEUR**	**PALIKAS**
MANIEUR	CHIPEUR	FRÉTEUR	FRAYEUR	ÉCHALAS
COPIEUR	PALPEUR	PRÉTEUR	TRAYEUR	**GIL BLAS**
MARIEUR	CAMPEUR	PRÊTEUR	ABOYEUR	**RUY BLAS**
PARIEUR	RAPPEUR	QUÊTEUR	BROYEUR	**MÉNÉLAS**
ROCKEUR	ZAPPEUR	CAFTEUR	**TRICHUR**	MATELAS
CHALEUR	TORPEUR	ÉDITEUR	**RÉAUMUR**	FLA-FLAS
AVALEUR	COUPEUR	MOITEUR	TAMBOUR	VERGLAS
CÂBLEUR	SOUPEUR	MALTEUR	**LIMBOUR**	**DOUGLAS**
HÂBLEUR	STUPEUR	LENTEUR	**ORADOUR**	**ULFILAS**
SABLEUR	SABREUR	MENTEUR	**BALFOUR**	**NICOLAS**
TABLEUR	VIBREUR	SENTEUR	**DARFOUR**	**SATOLAS**
AMBLEUR	ENCREUR	CONTEUR	OUÏGOUR	**BAHAMAS**
RACLEUR	CADREUR	MONTEUR	BONJOUR	**PALAMAS**
GICLEUR	BÂFREUR	CAPTEUR	GLAMOUR	**PALAMÁS**
RÉGLEUR	OFFREUR	RUPTEUR	**SEYMOUR**	**MIRAMAS**
ÉPILEUR	AIGREUR	PORTEUR	KIPPOUR	**CABIMAS**
DALLEUR	BARREUR	PASTEUR	**KIPPOUR**	**GREIMAS**
PILLEUR	TERREUR	**PASTEUR**	**NIPPOUR**	**AUBENAS**
ROLLEUR	HORREUR	TESTEUR	CONTOUR	**PÉZENAS**
COLLEUR	MÉTREUR	PISTEUR	**DESTOUR**	**SALINAS**
VIOLEUR	COUREUR	BATTEUR	VAUTOUR	**LEVINAS**
FRÔLEUR	LIVREUR	METTEUR	**BIJAPUR**	JACONAS
AMPLEUR	OUVREUR	BOTTEUR	**RANGPUR**	**ALAGOAS**
PARLEUR	FAISEUR	BUTTEUR	**SHÂHPUR**	**CHIAPAS**
HURLEUR	BOISEUR	LUTTEUR	**JODHPUR**	PAS-À-PAS
COULEUR	BRISEUR	FAUTEUR	**UDAIPUR**	**SUIPPAS**
DOULEUR	PRISEUR	HAUTEUR	**MANIPUR**	PATARAS
MOULEUR	CUISEUR	SAUTEUR	**JYTOMYR**	**SAMPRAS**
ROULEUR	VALSEUR	CHUTEUR	**MORLAÀS**	**MAURRAS**
BRÛLEUR	DANSEUR	BOUTEUR	**BARABAS**	PLÂTRAS
CLAMEUR	CENSEUR	DOUTEUR	DEMI-BAS	**COUTRAS**
ÉTAMEUR	PENSEUR	GOÛTEUR	ARROBAS	**QUEYRAS**

GALETAS	**ARÊCHES**	COUPLÉS	**SÉRÈRES**	**ÉCOUVES**
VERITAS	**SEICHES**	**CHARLES**	**SÉVÈRES**	REMIXES
AMYNTAS	RANCHES	CHASLES	**CAZÈRES**	**LUCAYES**
PELOTAS	WINCHES	**CHASLES**	LANGRES	**ÉRINYES**
EUROTAS	**CONCHES**	**BEATLES**	**LANGRES**	**HARPYES**
BORDUAS	LUNCHES	**SICULES**	CONGRÈS	**GLEIZES**
PALAVAS	TROCHES	GUEULES	**TONGRES**	FORTIFS
CANEVAS	**GARCHES**	**HÉRULES**	PROGRÈS	**VIKINGS**
METAXÁS	**MARCHES**	**GÉTULES**	**COMORES**	**SPRINGS**
VISAYAS	MATCHES	**RUTULES**	CI-APRÈS	MA-JONGS
MARSYAS	PLUCHES	**QUILMES**	**DES PRÉS**	HOT DOGS
SKI-BOBS	**NIVKHES**	**CHARMES**	**CONTRES**	SPEECHS
LES ARCS	**BRUNHES**	**VIARMES**	**CASTRES**	BRUNCHS
TAN-SADS	**DELPHES**	CHERMÈS	**LIGURES**	AUROCHS
NU-PIEDS	CLASHES	THERMES	**BIÈVRES**	SKETCHS
DÉFENDS	FLASHES	**RAISMES**	**DESVRES**	SCOTCHS
ACHARDS	SLASHES	**RIEUMES**	**DOUVRES**	**TARBAIS**
EDWARDS	SMASHES	**DIDYMES**	**LOUVRES**	LANDAIS
REMORDS	CRASHES	**SICANES**	ACCISES	**LANDAIS**
SORABES	FLUSHES	**GUYANES**	ASSISES	**BORDAIS**
CÉLÈBES	**BARTHES**	**MYCÈNES**	CHÂSSES	**CORDAIS**
DELIBES	**PARTHES**	**ATHÈNES**	CLISSÉS	**BAUDAIS**
ANTIBES	**SCYTHES**	**EUMENÊS**	**BROSSES**	**VAUDAIS**
HORACES	**STABIES**	**SOIGNES**	**CAUSSES**	**CHALAIS**
OFFICES	HOBBIES	**DÉCINES**	**ÆGATES**	**SABLAIS**
SÉVICES	LOBBIES	RADINES	PÉNATES	**BÉGLAIS**
SALUCES	LOCHIES	MALINES	**OÏRATES**	ANGLAIS
ORCADES	**ORCHIES**	**MALINES**	**SUDÈTES**	**ANGLAIS**
VARADES	TOMMIES	**COMINES**	TAGETES	**MILLAIS**
LAGIDES	**OIGNIES**	**MÉNINES**	**VÉNÈTES**	**GAUMAIS**
NUMIDES	PENNIES	**MARINES**	**ZÉNÈTES**	OMANAIS
ZIRIDES	**TÖNNIES**	**EYSINES**	PÉPÈTES	**OMANAIS**
ATRIDES	GUPPIES	MATINES	**OSSÈTES**	**ORANAIS**
FUALDÈS	**HARPIES**	**CAULNES**	EN-TÊTES	**URANAIS**
BRANDES	FERRIES	**LUGONES**	CRANTÉS	**AGENAIS**
ÉMONDES	LORRIES	COLONES	**FUENTES**	**BAINAIS**
LOURDES	**DE VRIES**	**SENONES**	**SAINTES**	**RENNAIS**
CÂBLÉES	**SAISIES**	**FRASNES**	**BONDUES**	**YONNAIS**
CRÉMÉES	CHÂTIÉS	**FRESNES**	GRÈGUES	HARNAIS
LES MÉES	SUIVIES	**AVESNES**	FARGUES	**MARNAIS**
ESTRÉES	**EVENKES**	MORT-NÉS	**BERGUES**	**TARNAIS**
BRISÉES	**CROOKES**	**DE FUNÈS**	**LORGUES**	**RESNAIS**
PLATÉES	ANNALES	**ANTUNES**	**SORGUES**	**CHAPAIS**
EMBUÉES	**MORALES**	**BEDDOES**	**SAUGUES**	**SABRAIS**
AMBAGES	**ÉTABLES**	**ÉTAMPES**	**POUGUES**	**SEGRAIS**
PARAGES	HUMBLES	**TRAPPES**	**ADYGUÉS**	ENGRAIS
BARÈGES	**ARBÈLES**	**SUIPPES**	ZAZOUES	**HAVRAIS**
VITIGÈS	**ANGELES**	**BÉNARÈS**	JACQUES	**MARSAIS**
GRANGES	**ARGELÈS**	**LINARES**	**JACQUES**	**ANÉTAIS**
LIMOGES	**WINGLES**	**CASARÈS**	**LECQUES**	MALTAIS
VIERGES	PICKLES	**CIMBRES**	ONCQUES	**MALTAIS**
GEORGES	**CHALLES**	**LUMBRES**	**LUCQUES**	**MANTAIS**
RIORGES	SCELLÉS	**LONDRES**	CLIQUES	**NANTAIS**
BOURGES	**CHELLES**	**COUDRES**	**CONQUES**	**PROTAIS**
IAPYGES	**IXELLES**	**CÁCERES**	**PARQUES**	**FAUTAIS**
COACHES	**ÉTAPLES**	**ACHÈRES**	JUSQUES	**DROUAIS**
APACHES	TRIPLÉS	**GLIÈRES**	**MORDVES**	LAQUAIS

BRAVAIS
CALVAIS
GERVAIS
MAUVAIS
BLAYAIS
NISIBIS
INDÉCIS
MÉDICIS
FRANCIS
FRONCIS
PARADIS
HOURDIS
SOURDIS
TAI-CHIS
PERCHIS
TORCHIS
COUCHIS
MEMPHIS
XENAKIS
KHALKÍS
CHAALIS
SOMALIS
NOVALIS
CHABLIS
CHABLIS
BLIBLIS
CIVILIS
PAILLIS
TAILLIS
SURPLIS
COURLIS
ÉBOULIS
LES ULIS
RÉADMIS
EUDÉMIS
ARTÉMIS
CABANIS
TARANIS
ANCENIS
LYCHNIS
DAPHNIS
PANINIS
TOURNIS
À MI-BOIS
RIÉCOIS
CRÉÇOIS
VENÇOIS
SPADOIS
SUÉDOIS
SUÉDOIS
BRIDOIS
MELDOIS
MELDOIS
MENDOIS
GARDOIS
VAUDOIS
VAUDOIS
GIFFOIS
PARFOIS
PRAGOIS
PRAGOIS
ANCHOIS
LOCHOIS
LOCLOIS
GALLOIS
GALLOIS
CELLOIS
DELLOIS
SELLOIS
LILLOIS
COLLOIS
HULLOIS
LISLOIS
BAULOIS
GAULOIS
GAULOIS
TOULOIS
ADAMOIS
CHAMOIS
SIAMOIS
LOMMOIS
RIOMOIS
DRÔMOIS
FISMOIS
BAUMOIS
STANOIS
ALÉNOIS
CAGNOIS
DIGNOIS
UGINOIS
CHINOIS
CHINOIS
BLINOIS
FLINOIS
GUÎNOIS
CANNOIS
SANNOIS
GENNOIS
YENNOIS
FINNOIS
FINNOIS
BONNOIS
HARNOIS
BERNOIS
BERNOIS
COSNOIS
AHUNOIS
BEYNOIS
SEYNOIS
VEYNOIS
BLÉROIS
CLÉROIS
ISÉROIS
HYÉROIS
ANGROIS
ENGROIS
ZAÏROIS
ZAÏROIS
BARROIS
SARROIS
YERROIS
NORROIS
MAUROIS
BLÉSOIS
BLÉSOIS
VALSOIS
LENSOIS
LONSOIS
MONSOIS
GERSOIS
MERSOIS
BASSOIS
BESSOIS
HESSOIS
HESSOIS
LYSSOIS
CRÉTOIS
CRÉTOIS
AULTOIS
COMTOIS
COMTOIS
GANTOIS
GANTOIS
PANTOIS
CONTOIS
MONTOIS
MONTOIS
PONTOIS
BIOTOIS
DARTOIS
FERTOIS
PORTOIS
LATTOIS
BUGUOIS
GRAVOIS
GRIVOIS
DERVOIS
LOUVOIS
CLAYOIS
BRUZOIS
SARAPIS
SÉRAPIS
CHAMPIS
SYBARIS
MÉHARIS
TAMARIS
TAMARIS
CANARIS
KANÁRIS
PANARIS
SALBRIS
LAMBRIS
SEFÉRIS
NUMÉRIS
COLORIS
FAVORIS
COMPRIS
RAPPRIS
SURPRIS
VESTRIS
NÉMÉSIS
PARISIS
PARISIS
SYCOSIS
AHMOSIS
PYROSIS
CHÂSSIS
PLESSIS
ÉLEUSIS
POLÍTIS
SIMITIS
AVENTIS
PILOTIS
AGROTIS
TRUSTIS
ABATTIS
FROTTIS
SÃO LUÍS
RIBOUIS
CONQUIS
CROQUIS
MARQUIS
PEYRUIS
PERTUIS
PERTUIS
PRÉAVIS
VIS-À-VIS
INDIVIS
METSIJS
KORIAKS
VOTYAKS
OSTYAKS
KOUMYKS
TRIBALS
TOMBALS
PASCALS
BORÉALS
MICHALS
MARIALS
JOVIALS
ATONALS
CHORALS
CAUSALS
GAS-OILS
MOGHOLS
BARJOLS
BAGNOLS
BOZOULS
BANYULS
TAM-TAMS
ENDÉANS
ORLÉANS
LOUHANS
BALKANS
ALAMANS
CAÏMANS
YEOMANS
DORMANS
COUMANS
HEYMANS
MOIRANS
SARRANS
AUTRANS
FAISANS
LES VANS
ACHÉENS
NÉMÉENS
HUYGENS
SADIENS
DAMIENS
DORIENS
DICKENS
EYSKENS
HELLENS
SIEMENS
SIEMENS
SUENENS
CAMOENS
SAMOËNS
COPPENS
SUSPENS
CLARENS
BEHRENS
THORENS
LAURENS
MELSENS
NON-SENS
BASSENS
MARTENS
MERTENS
STEVENS
TROYENS
ST. JOHN'S
ALBAINS
ROMAINS
ROBBINS
CONFINS
LEGGINS
MOUGINS
WILKINS
HOPKINS
HAWKINS
COLLINS
ROLLINS
OULLINS

TULLINS	**ÁNDHROS**	REBOURS	**VILNIUS**	COW-BOYS
MOULINS	**QUEIRÓS**	DÉCOURS	**GROPIUS**	CHERRYS
TIMMINS	**THÁSSOS**	RECOURS	**CELSIUS**	SHERRYS
PONTINS	**CNOSSOS**	SECOURS	**VOSSIUS**	**KHANTYS**
PROVINS	**KNOSSÓS**	EN-COURS	**PHOTIUS**	SHABBAT
VERVINS	**IQUITOS**	VELOURS	**GROTIUS**	CÉLIBAT
GIBBONS	**PLOUTOS**	MAMOURS	**CURTIUS**	DÉLICAT
VASCONS	SCHNAPS	**NEMOURS**	**NAEVIUS**	**BOURCAT**
ABSCONS	TRICEPS	**LIMOURS**	**MILVIUS**	**THÉODAT**
LINGONS	FORCEPS	**DONBASS**	SYLVIUS	EXSUDAT
CHÂLONS	**LESSEPS**	SCHLASS	DE CUJUS	LAURÉAT
RILLONS	**PHILIPS**	SENSASS	**PROCLUS**	CALIFAT
COIRONS	**DECAMPS**	**BURGESS**	PERCLUS	**SARAGAT**
MARRONS	**LE TEMPS**	TOPLESS	ANGÉLUS	RENÉGAT
ÉBURONS	MI-TEMPS	FITNESS	PHALLUS	AGRÉGAT
FOURONS	**CÉCROPS**	**LAXNESS**	EMBOLUS	**TORNGAT**
GRISONS	MI-CORPS	EXPRESS	SURPLUS	**FLACHAT**
PARSONS	**BALKARS**	**MILLOSS**	**REGULUS**	CRACHAT
À TÂTONS	**SELLARS**	BICROSS	**ROMULUS**	**PALGHAT**
PICTONS	**VILLARS**	**STRAUSS**	CUMULUS	LOUFIAT
CRETONS	**THOUARS**	BAS-MÂTS	TUMULUS	PLAGIAT
SETTONS	**KHAZARS**	GRAVATS	CALAMUS	**PRIPIAT**
TEUTONS	**LUBBERS**	**LES GETS**	TRISMUS	**INUPIAT**
COMMUNS	**RANDERS**	**KUZNETS**	RETENUS	**BASTIAT**
HAWKYNS	**WENDERS**	STARETS	**SABINUS**	PUGILAT
PRONAOS	**SNYDERS**	JET-SETS	COSINUS	MIELLAT
PARADOS	**SEGHERS**	NON-DITS	**LATINUS**	**SAILLAT**
LAVE-DOS	**VIHIERS**	**BARENTS**	**BRENNUS**	AUDIMAT
CHANDOS	**ILLIERS**	POP ARTS	TOURNUS	DÉCANAT
PELAGOS	**JULIERS**	ESSARTS	**TOURNUS**	APLANAT
PAPAGOS	**PAMIERS**	T-SHIRTS	**NOUKOUS**	MÉCÉNAT
PYRRHOS	**TENIERS**	**BAUHAUS**	BURNOUS	JUVÉNAT
XANTHOS	**PÉRIERS**	PEDIBUS	**PEÏPOUS**	BOUGNAT
BENTHOS	**RETIERS**	MINIBUS	TRIPOUS	**CATINAT**
PHOTIOS	**VIVIERS**	OMNIBUS	**ELBROUS**	COLONAT
TAPAJÓS	**BÉZIERS**	ABRIBUS	DESSOUS	APPARAT
ATTALOS	**YONKERS**	RASIBUS	DISSOUS	**GUJERAT**
LENCLOS	**JUNKERS**	AUTOBUS	**BELARUS**	**DOMÉRAT**
FORCLOS	**LILLERS**	**POURBUS**	**GOMARUS**	MALFRAT
MORELOS	**VILLERS**	**COTTBUS**	HUMÉRUS	LÉVIRAT
PSELLOS	**SOLLERS**	BIFIDUS	ABSTRUS	VIZIRAT
TRULLOS	**ROULERS**	NUCLEUS	ŒSTRUS	**LE DORAT**
PATHMOS	**SOMMERS**	NUCLÉUS	**FLEURUS**	ÉPHORAT
SOLOMÓS	**GOMPERS**	**DREYFUS**	PAPYRUS	MAÏORAT
THERMOS	**JASPERS**	**BACCHUS**	**THAPSUS**	PRIORAT
ROMANOS	LINTERS	**PYRRHUS**	**CRASSUS**	MAJORAT
OURANOS	**REUTERS**	ICHTHUS	**TOUSSUS**	**HONORAT**
TÉTANOS	**WOUTERS**	**BALTHUS**	CONATUS	SORORAT
TEMENOS	TRAVERS	**MALTHUS**	STRATUS	TUTORAT
ALBINOS	UNIVERS	**PERTHUS**	TRACTUS	MAYORAT
MOLINOS	CONVERS	**MOEBIUS**	SANCTUS	**CHARRAT**
MÉRINOS	PERVERS	**APICIUS**	FRUCTUS	**POURRAT**
ICTINOS	**VERCORS**	**MENCIUS**	HABITUS	FILTRAT
MYKONOS	DIX-CORS	**CLODIUS**	CUBITUS	CONTRAT
À-PROPOS	FAVEURS	**BERGIUS**	**ANDREWS**	CASTRAT
ATROPOS	**BOXEURS**	**OMALIUS**	DINGHYS	ADSTRAT
VOCEROS	DÉBOURS	**CAELIUS**	WHISKYS	TRANSAT

7

- **RÉMUSAT**
- **ÉTRETAT**
- HABITAT
- CONSTAT
- APOSTAT
- GRADUAT
- ADÉQUAT
- KUMQUAT
- **SALAVAT**
- **HEDAYAT**
- **VITRYAT**
- **ENNEZAT**
- COMPACT
- CONTACT
- **TEST ACT**
- INEXACT
- RESPECT
- SUSPECT
- CORRECT
- VERDICT
- **RASTADT**
- **SCHWEDT**
- **SCHEIDT**
- **SCHMIDT**
- **COURBET**
- GOURBET
- GRANDET
- **BÉNODET**
- **CHAUDET**
- EN EFFET
- **BOURGET**
- **BRACHET**
- BRÉCHET
- GUICHET
- JONCHET
- BROCHET
- CROCHET
- PARCHET
- FAUCHET
- LOUCHET
- MOUCHET
- **MOUCHET**
- SOUCHET
- **JOLLIET**
- **BERLIET**
- **FRÉMIET**
- INQUIET
- CRICKET
- DOUBLET
- **ANACLET**
- TRACLET
- GOBELET
- ORGELET
- AGNELET
- ANNELET
- CAPELET
- PIPELET
- CISELET
- OISELET
- ROSELET
- OSSELET
- MUSELET
- BATELET
- SIFFLET
- MOUFLET
- SINGLET
- SIFILET
- GAILLET
- MAILLET
- **MAILLET**
- **MEILLET**
- ŒILLET
- ÉPILLET
- JUILLET
- **SADOLET**
- TRIOLET
- **TRIOLET**
- VIROLET
- BAVOLET
- TRIPLET
- SIMPLET
- COMPLET
- COUPLET
- STERLET
- CUMULET
- **MAZAMET**
- **MAHOMET**
- GOURMET
- CALUMET
- **CADENET**
- HAVENET
- BEIGNET
- POIGNET
- CABINET
- ROBINET
- **FREINET**
- **VIONNET**
- BARONET
- **FASTNET**
- PARAPET
- WHIPPET
- CABARET
- **NOGARET**
- **CAMARET**
- MINARET
- LAVARET
- LAZARET
- **LANCRET**
- CONCRET
- DISCRET
- ABLERET
- SOLERET
- LANERET
- INTÉRÊT
- COFFRET
- **MAIGRET**
- CLAIRET
- PROPRET
- CHARRET
- FLEURET
- PAUVRET
- TWIN-SET
- GRASSET
- **GRASSET**
- **KNESSET**
- **BOESSET**
- **SAISSET**
- **DAUSSET**
- FAUSSET
- GOUSSET
- **BOYSSET**
- CREUSET
- QUINTET
- **BREGUET**
- LONGUET
- **SAUGUET**
- BRAQUET
- TRAQUET
- JACQUET
- BECQUET
- **PECQUET**
- CLIQUET
- BRIQUET
- CRIQUET
- FRIQUET
- TRIQUET
- BANQUET
- **FLOQUET**
- CROQUET
- TROQUET
- **MARQUET**
- PARQUET
- **PIRQUET**
- BOSQUET
- **BOSQUET**
- **CHUQUET**
- BOUQUET
- **BOUQUET**
- **FOUQUET**
- **BOSSUET**
- **JOLIVET**
- **GANIVET**
- **CHAUVET**
- **LE FAYET**
- VILAYET
- **BAJAZET**
- **BÉNEZET**
- **TENSIFT**
- **SCHACHT**
- **UTRECHT**
- INSIGHT
- PARFAIT
- FORFAIT
- SURFAIT
- TÔT-FAIT
- SOUHAIT
- RETRAIT
- ENTRAIT
- ATTRAIT
- EXTRAIT
- MÉGABIT
- **GARABIT**
- DÉFICIT
- LIEU-DIT
- RINGGIT
- **TLINGIT**
- CONFLIT
- EXPLOIT
- ENDROIT
- **DETROIT**
- DÉTROIT
- INTROÏT
- INCIPIT
- COCKPIT
- GABARIT
- **OUGARIT**
- RÉÉCRIT
- RESCRIT
- INSCRIT
- PRAKRIT
- **LABORIT**
- CONTRIT
- SECURIT
- TRANSIT
- APPÉTIT
- PRÉCUIT
- CIRCUIT
- BISCUIT
- TRADUIT
- CONDUIT
- PRODUIT
- **MAUDUIT**
- DIX-HUIT
- SIX-HUIT
- **IQALUIT**
- TRALUIT
- **SALLUIT**
- DÉTRUIT
- GRATUIT
- FORTUIT
- AQUAVIT
- AKVAVIT
- **DEHMELT**
- WEHNELT
- **WEHNELT**
- **HASSELT**
- **BIDAULT**
- **PRÉAULT**
- **RENAULT**
- **HINAULT**
- **CUNAULT**
- **HÉRAULT**
- **HURAULT**
- **ROUAULT**
- **ORVAULT**
- **HÉROULT**
- **TAZOULT**
- BRABANT
- **BRABANT**
- GALBANT
- CAMBANT
- NIMBANT
- BOMBANT
- TOMBANT
- SNOBANT
- PROBANT
- BARBANT
- GERBANT
- DAUBANT
- AGAÇANT
- GLAÇANT
- PLAÇANT
- TRAÇANT
- PECCANT
- SLIÇANT
- ÉPIÇANT
- LANÇANT
- TANÇANT
- PINÇANT
- RINÇANT
- FONÇANT
- JONÇANT
- PONÇANT
- BERÇANT
- GERÇANT
- PERÇANT
- FORÇANT
- SAUÇANT
- POUÇANT
- ÉPUÇANT
- BRADANT
- ÉVADANT
- ÉLIDANT
- BRIDANT
- GUIDANT
- ÉVIDANT
- SOLDANT
- BANDANT
- MANDANT
- FENDANT
- PENDANT
- RENDANT
- TENDANT
- VENDANT
- FONDANT

MONDANT
PONDANT
SONDANT
TONDANT
BRODANT
ÉRODANT
BARDANT
CARDANT
DARDANT
FARDANT
GARDANT
LARDANT
TARDANT
MERDANT
PERDANT
BORDANT
CORDANT
MORDANT
TORDANT
ÉLUDANT
BOUDANT
COUDANT
SOUDANT
OXYDANT
GAGEANT
NAGEANT
RAGEANT
FIGEANT
PIGEANT
GOGEANT
LOGEANT
JUGEANT
LUGEANT
ÉCHÉANT
CAPÉANT
AGRÉANT
TORÉANT
GAFFANT
BIFFANT
PIFFANT
OLIFANT
SURFANT
ÉLÉGANT
BÂCHANT
CACHANT
FÂCHANT
GÂCHANT
HACHANT
LÂCHANT
MÂCHANT
SACHANT
TACHANT
TÂCHANT
BÊCHANT
DÉCHANT
LÉCHANT
MÉCHANT
PÉCHANT
PÊCHANT
SÉCHANT
AICHANT
BICHANT
FICHANT
LICHANT
NICHANT
COCHANT
CÔCHANT
HOCHANT
LOCHANT
POCHANT
ROCHANT
ESCHANT
BÛCHANT
HUCHANT
JUCHANT
RUCHANT
AMBIANT
VICIANT
RADIANT
DÉDIANT
DÉFIANT
MÉFIANT
AFFIANT
DÉLIANT
RELIANT
ALLIANT
ENLIANT
MANIANT
DÉNIANT
RENIANT
PÉPIANT
COPIANT
EXPIANT
CARIANT
MARIANT
PARIANT
VARIANT
ABRIANT
ÉCRIANT
SÉRIANT
STRIANT
OBVIANT
DÉVIANT
ENVIANT
JERKANT
ÉCALANT
DEALANT
ÉGALANT
ÉTALANT
AVALANT
CÂBLANT
JABLANT
SABLANT
TABLANT
CIBLANT
AMBLANT
SUBLANT
BÂCLANT
RACLANT
TACLANT
CICLANT
GICLANT
IODLANT
JODLANT
YODLANT
POÊLANT
ÉPELANT
GRÊLANT
RAFLANT
GIFLANT
ENFLANT
MOFLANT
RÉGLANT
BIGLANT
POILANT
VOILANT
ÉPILANT
HUILANT
TUILANT
EXILANT
BALLANT
DALLANT
GALLANT
TALLANT
PELLANT
SELLANT
AILLANT
BILLANT
CILLANT
PILLANT
TILLANT
COLLANT
BULLANT
BULLANT
VIOLANT
FRÔLANT
ISOLANT
IMPLANT
PARLANT
FERLANT
PERLANT
HURLANT
OURLANT
GAULANT
ADULANT
FEULANT
MEULANT
ULULANT
ÉMULANT
BOULANT
COULANT
FOULANT
IOULANT
MOULANT
ROULANT
SOÛLANT
VOULANT
BRÛLANT
OVULANT
STYLANT
DIAMANT
BLÂMANT
CLAMANT
FLAMANT
BRAMANT
CRAMANT
CRAMANT
TRAMANT
ÉTAMANT
CRÉMANT
ABÎMANT
ÉCIMANT
ANIMANT
BRIMANT
FRIMANT
GRIMANT
PRIMANT
TRIMANT
CALMANT
FILMANT
GEMMANT
GOMMANT
NOMMANT
POMMANT
SOMMANT
CHÔMANT
ZOOMANT
FERMANT
GERMANT
DORMANT
FORMANT
MORMANT
PAUMANT
ÉCUMANT
RHUMANT
PLUMANT
BOUMANT
AHANANT
FLÂNANT
GLANANT
PLANANT
ÉMANANT
CRÂNANT
AMENANT
GRENANT
PRENANT
AVENANT
GAGNANT
MAGNANT
RÉGNANT
LIGNANT
OIGNANT
SIGNANT
COGNANT
ROGNANT
GAINANT
LAINANT
RAINANT
PEINANT
VEINANT
CHINANT
OPINANT
URINANT
USINANT
RUINANT
AVINANT
DAMNANT
CANNANT
TANNANT
VANNANT
DONNANT
SONNANT
TONNANT
CLONANT
PRÔNANT
TRÔNANT
OZONANT
MARNANT
BERNANT
CERNANT
VERNANT
BORNANT
CORNANT
MORNANT
SAUNANT
JEÛNANT
ALUNANT
DRAPANT
CRÊPANT
CHIPANT
FRIPANT
TRIPANT
GUIPANT
PALPANT
CAMPANT
LAMPANT
RAMPANT
VAMPANT
PIMPANT
POMPANT
ROMPANT
ÉCOPANT
CHOPANT
DROPANT
HAPPANT

JAPPANT
NAPPANT
RAPPANT
ZAPPANT
NIPPANT
TIPPANT
ZIPPANT
JASPANT
TAUPANT
COUPANT
LOUPANT
SOUPANT
ÉGARANT
CABRANT
SABRANT
ZÉBRANT
VIBRANT
AMBRANT
OMBRANT
NACRANT
SACRANT
ANCRANT
ENCRANT
SUCRANT
CADRANT
HYDRANT
OBÉRANT
ACÉRANT
OPÉRANT
STÉRANT
AVÉRANT
BÂFRANT
OFFRANT
MIGRANT
FOIRANT
MOIRANT
ÉTIRANT
ADORANT
ODORANT
BARRANT
CARRANT
MARRANT
NARRANT
WARRANT
FERRANT
SERRANT
TERRANT
MÉTRANT
NITRANT
TITRANT
VITRANT
ENTRANT
INTRANT
OUTRANT
SAURANT
ÉCURANT
AMURANT

COURANT
GOURANT
LOURANT
MOURANT
APURANT
ÉPURANT
AZURANT
NAVRANT
SEVRANT
GIVRANT
LIVRANT
OUVRANT
BLASANT
ARASANT
BRASANT
FRASANT
ÉVASANT
PACSANT
ALÉSANT
BLÉSANT
GRÉSANT
BAISANT
FAISANT
TAISANT
ÉLISANT
ANISANT
BOISANT
MOISANT
TOISANT
ARISANT
BRISANT
FRISANT
GRISANT
IRISANT
PRISANT
CUISANT
LUISANT
NUISANT
PUISANT
AVISANT
VALSANT
PULSANT
DANSANT
GANSANT
PANSANT
PENSANT
CLOSANT
GLOSANT
HERSANT
HERSANT
VERSANT
CORSANT
CASSANT
LASSANT
MASSANT
PASSANT
SASSANT

TASSANT
CESSANT
FESSANT
VESSANT
BISSANT
HISSANT
LISSANT
PISSANT
TISSANT
VISSANT
WISSANT
BOSSANT
COSSANT
ROSSANT
TOSSANT
CAUSANT
PAUSANT
ABUSANT
AMUSANT
COUSANT
ÉPATANT
OUATANT
JACTANT
BECTANT
DICTANT
PIÉTANT
FRÉTANT
PRÊTANT
ÉTÊTANT
QUÊTANT
CAFTANT
LIFTANT
ÉDITANT
AGITANT
ALITANT
IMITANT
BOITANT
COÏTANT
SPITANT
CUITANT
ÉVITANT
CALTANT
MALTANT
TILTANT
VOLTANT
GANTANT
HANTANT
VANTANT
MENTANT
RENTANT
SENTANT
TENTANT
PINTANT
TINTANT
CONTANT
MONTANT
PONTANT

RIOTANT
CAPTANT
CARTANT
FARTANT
PARTANT
PORTANT
SORTANT
BASTANT
LESTANT
PESTANT
RESTANT
TESTANT
ZESTANT
DISTANT
LISTANT
PISTANT
INSTANT
POSTANT
BATTANT
GATTANT
LATTANT
NATTANT
METTANT
BOTTANT
HOTTANT
MOTTANT
BUTTANT
LUTTANT
PUTTANT
FAUTANT
SAUTANT
CHUTANT
BLUTANT
BOUTANT
COÛTANT
DOUTANT
FOUTANT
GOÛTANT
JOUTANT
ROUTANT
VOÛTANT
GRUTANT
SEXTANT
EMBUANT
BAGUANT
RAGUANT
TAGUANT
VAGUANT
LÉGUANT
LIGUANT
VOGUANT
ARGUANT
FUGUANT
SALUANT
DILUANT
REMUANT
DÉNUANT

SINUANT
CLOUANT
FLOUANT
ÉNOUANT
FROUANT
TROUANT
AVOUANT
CAQUANT
LAQUANT
MAQUANT
RAQUANT
SAQUANT
TAQUANT
VAQUANT
NIQUANT
PIQUANT
TIQUANT
MOQUANT
POQUANT
ROQUANT
TOQUANT
ARQUANT
SITUANT
CLAVANT
EN-AVANT
BRAVANT
DRAVANT
GRAVANT
ÉLEVANT
CREVANT
GREVANT
CLIVANT
DRIVANT
PRIVANT
SUIVANT
AVIVANT
SOLVANT
SERVANT
SAUVANT
COUVANT
MOUVANT
POUVANT
ÉTUVANT
ÉGAYANT
BRAYANT
DRAYANT
FRAYANT
TRAYANT
ÉTAYANT
ABOYANT
CHOYANT
PLOYANT
BROYANT
CROYANT
BRUYANT
PEDZANT
FAIZANT

VINCENT
TRIDENT
ÉVIDENT
SURDENT
PRUDENT
TANGENT
SERGENT
PSCHENT
ESCIENT
LORIENT
PATIENT
REVIENT
VIOLENT
OPULENT
CLÉMENT
CLÉMENT
ÉLÉMENT
NUEMENT
SEGMENT
PIGMENT
AUGMENT
GAÎMENT
ALIMENT
UNIMENT
COMMENT
FROMENT
FROMENT
SARMENT
FERMENT
SERMENT
CRÛMENT
ÉMINENT
SERPENT
TORRENT
LAURENT
PRÉSENT
CONTENT
ONGUENT
CONVENT
FERVENT
COUVENT
SOUVENT
ENCEINT
DÉPEINT
REPEINT
ÉPREINT
ÉTREINT
DÉTEINT
ATTEINT
ADJOINT
REJOINT
CI-JOINT
ENJOINT
BIPOINT
APPOINT
REPRINT
GRAMONT

PIÉMONT
PIÉMONT
BALMONT
TALMONT
HELMONT
MARMONT
VERMONT
LORMONT
GAUMONT
JEUMONT
DRUMONT
REYMONT
AFFRONT
EMPRUNT
POULBOT
POULBOT
ÉTAMBOT
CALICOT
HARICOT
ABRICOT
ASTICOT
CHARCOT
PÉRIDOT
PEUGEOT
VOUGEOT
MARIGOT
MARIGOT
PARIGOT
MANCHOT
BOUCHOT
BAGEHOT
PELLIOT
POULIOT
CORNIOT
LOUPIOT
CHARIOT
AUBRIOT
BLÉRIOT
HANRIOT
HENRIOT
FLORIOT
HERRIOT
VITRIOT
GLAVIOT
CHEVIOT
SOUKKOT
SIALKOT
BIBELOT
DIDELOT
ANGELOT
CAMELOT
FÉMELOT
MATELOT
JAVELOT
SANGLOT
CUBILOT
MÉLILOT

CAILLOT
MAILLOT
COMPLOT
CHARLOT
CHARLOT
AMERLOT
POTAMOT
DEMI-MOT
BOBINOT
OUDINOT
MAGINOT
COLINOT
COURNOT
GALIPOT
TALIPOT
JACKPOT
LIVAROT
LIVAROT
CHABROT
DIDEROT
LÖNNROT
BIARROT
BIARROT
PIERROT
PIERROT
POLTROT
BISTROT
FOX-TROT
POIVROT
MORISOT
CUISSOT
QUEUSOT
PALETOT
LÈVE-TÔT
BIENTÔT
AYENTÔT
CUISTOT
JACQUOT
CLOUZOT
CONCEPT
DIX-SEPT
TRIBART
SOMBART
HERBART
DOG-CART
RANCART
BROCART
TROCART
LAND ART
FENDART
ECKHART
MELKART
PRÉLART
CLAMART
LIÉNART
CLIPART
REMPART

MELQART
CONRART
HANSART
MANSART
NISSART
GOSSART
ASHTART
COQUART
STEWART
GUIBERT
GILBERT
HILBERT
COLBERT
FULBERT
LAMBERT
RAMBERT
HUMBERT
HERBERT
NORBERT
FAUBERT
HAUBERT
JAUBERT
GOUBERT
JOUBERT
CONCERT
SEIFERT
HUPPERT
DESSERT
MERTERT
PIC-VERT
SIEVERT
PRÉVERT
COLVERT
CAP-VERT
VAUVERT
COUVERT
ROUVERT
RAIFORT
BELFORT
RENFORT
CONFORT
SOMPORT
RAPPORT
SUPPORT
GOSPORT
NEWPORT
CONSORT
RESSORT
DUFOURT
YOGOURT
BELFAST
BALLAST
MARRAST
NORD-EST
NORD-EST
EVEREST
MIDWEST

FAR WEST
KEY WEST
COMPOST
PRÉVOST
AMHERST
ZERMATT
CASSATT
RASTATT
COBBETT
FAWCETT
BECKETT
HAMMETT
BENNETT
SENNETT
TIPPETT
GARRETT
SCHMITT
LEAVITT
WALCOTT
BOYCOTT
GERFAUT
NILGAUT
MACHAUT
HAINAUT
SARRAUT
LEVRAUT
SURSAUT
RESSAUT
BERTAUT
GASTAUT
SCORBUT
CALICUT
BHARHUT
MONGKUT
GODBOUT
SURCOÛT
TORHOUT
SALIOUT
MARIOUT
ASSIOUT
LOCK-OUT
VERMOUT
FAITOUT
PARTOUT
SURTOUT
RESTOUT
OCCIPUT
NUNAVUT
KÉRABAU
SPANDAU
ISABEAU
LAMBEAU
TOMBEAU
BARBEAU
MIRBEAU
CORBEAU
MANCEAU

MANCEAU
PINCEAU
RINCEAU
MONCEAU
PONCEAU
BLOC-EAU
MARCEAU
BERCEAU
CERCEAU
MORCEAU
GUIDEAU
BANDEAU
SANDEAU
RONDEAU
BARDEAU
FARDEAU
CORDEAU
TRUDEAU
FEYDEAU
VIVE-EAU
TUFFEAU
DANGEAU
JARGEAU
CÂBLEAU
TABLEAU
BOILEAU
TUILEAU
BELLEAU
VAU-L'EAU
BOULEAU
ROULEAU
CHAMEAU
POMMEAU
PLUMEAU
GRUMEAU
TRUMEAU
CHÉNEAU
CRÉNEAU
QUENEAU
VIGNEAU
MOINEAU
PANNEAU
VANNEAU
CONNEAU
TONNEAU
CARNEAU
GARNEAU
CERNEAU
VERNEAU
PRUNEAU
CHAPEAU
DRAPEAU
VELPEAU
CARPEAU
CHAREAU
CHÉREAU
POIREAU

THOREAU
BARREAU
CARREAU
TERREAU
PORREAU
OUTREAU
TAUREAU
TAUREAU
FOUREAU
OUVREAU
LOISEAU
CLOSEAU
MARSEAU
VERSEAU
VERSEAU
CASSEAU
TASSEAU
AISSEAU
CHÂTEAU
PLATEAU
PLATEAU
COCTEAU
TRÉTEAU
FAÎTEAU
MANTEAU
LINTEAU
MARTEAU
MORTEAU
LISTEAU
WATTEAU
FLÛTEAU
COUTEAU
CLAVEAU
CERVEAU
NOUVEAU
NOUVEAU
SARZEAU
SUNDGAU
TOUCHAU
FABLIAU
NOBLIAU
DESPIAU
BESTIAU
FLÛTIAU
ZWICKAU
BRESLAU
LACANAU
TROPPAU
DEBURAU
HERISAU
VUNG TAU
SURVÉCU
ILIESCU
CHENGDU
RÉPANDU
DÉFENDU
REFENDU

DÉPENDU
REPENDU
APPENDU
DÉTENDU
RETENDU
ENTENDU
ATTENDU
REVENDU
INVENDU
REFONDU
RÉPONDU
APPONDU
RETONDU
REPERDU
DÉMORDU
REMORDU
DÉTORDU
RETORDU
PARE-FEU
CAMAÏEU
PARDIEU
TARDIEU
MATHIEU
NON-LIEU
TONLIEU
BAULIEU
SAULIEU
CRÉMIEU
LAGNIEU
ANDRIEU
JUSSIEU
MEYZIEU
ANTIJEU
HORS-JEU
BEAUJEU
COL-BLEU
PARBLEU
CORBLEU
MORBLEU
BAS-BLEU
LAO-TSEU
DÉSAVEU
SUBAIGU
SURAIGU
CONTIGU
QUÔC-NGU
INFICHU
BRANCHU
HSINCHU
FOURCHU
THIMPHU
ARACAJU
KWANGJU
CHONGJU
KYONGJU
SINUIJU
SAIKAKU

SHARAKU
SANRAKU
BUNRAKU
SHIKOKU
SHOTOKU
SEPPUKU
PRÉVALU
FARFELU
CHEVELU
JOUFFLU
FEUILLU
COUILLU
DISSOLU
MANASLU
REMOULU
REVOULU
KÖPRÜLÜ
CONTENU
ABSTENU
SOUTENU
SUBVENU
PRÉVENU
MALVENU
CONVENU
PROVENU
PARVENU
SURVENU
SOUVENU
CONTINU
MARTINU
MÉCONNU
RECONNU
INCONNU
ATYRAOU
CARIBOU
PORT-BOU
MOUNDOU
GUÉPÉOU
MAUPEOU
SALAGOU
CANIGOU
MANCHOU
MANCHOU
BADOHOU
BARTHOU
GUIZHOU
GANZHOU
LANZHOU
WENZHOU
JINZHOU
MILDIOU
HAURIOU
SAPAJOU
YINGKOU
ANDALOU
ANDALOU
LAMALOU

GABELOU
CAILLOU
TINAMOU
VISHNOU
BRENNOU
COTONOU
PACHTOU
MANITOU
SHANTOU
COUSTOU
CANEZOU
ILLAMPU
TSUGARU
COMPARU
DISPARU
CARUARU
PALADRU
MALOTRU
ACCOURU
RECOURU
SECOURU
ENCOURU
JIANGSU
SHIATSU
SOTATSU
JUJITSU
DÉCOUSU
RECOUSU
VANUATU
TUAMOTU
RABATTU
DÉBATTU
REBATTU
INFOUTU
IMPRÉVU
ENTREVU
M'AS-TU-VU
SHIMIZU
KATAÏEV
FADEÏEV
AVDEÏEV
GOURIEV
ROUBLEV
TUPOLEV
KOROLEV
KAMENEV
BREJNEV
PLOVDIV
VÉL'D'HIV
KHARKIV
PITE ÄLV
DEMIDOV
LIAKHOV
AKSAKOV
NABOKOV
KHARKOV
ROMANOV

SIMONOV
VLASSOV
SARATOV
MOLOTOV
REMIZOV
CRASHAW
WROCLAW
BASEDOW
GLASGOW
SALCHOW
VIRCHOW
GLASHOW
KNOW-HOW
GUTZKOW
LUCKNOW
CHORZÓW
RZESZÓW
TÉLÉFAX
HALIFAX
FAIRFAX
OYONNAX
ANTHRAX
CUISTAX
DEMODEX
TUBIFEX
NARTHEX
TRIPLEX
Triplex
SIMPLEX
MINIMEX
Kleenex
CHESSEX
Gore-Tex
DÉCITEX
ROUBAIX
SURFAIX
CARHAIX
MORLAIX
DUPLEIX
PHOENIX
PHŒNIX
LACROIX
À MI-VOIX
TAMARIX
HENDRIX
PERDRIX
ASTÉRIX
BEATRIX
MORCENX
MOURENX
PHARYNX
JUKE-BOX
PALAFOX
TRIBAUX
TOMBAUX
GLOBAUX
KARBAUX
VERBAUX
SURBAUX
LES BAUX
BUCCAUX
CÆCAUX
AMICAUX
APICAUX
AFOCAUX
LASCAUX
PASCAUX
DISCAUX
FISCAUX
BOUCAUX
FÉODAUX
CAUDAUX
ARCEAUX
PUCEAUX
CADEAUX
RADEAUX
BEDEAUX
RIDEAUX
TUFEAUX
DALEAUX
HAMEAUX
RAMEAUX
GÉMEAUX
GÉMEAUX
ORMEAUX
JUMEAUX
MENEAUX
AGNEAUX
PINEAUX
PINÉAUX
ANNEAUX
PIPEAUX
COPEAUX
APPEAUX
BORÉAUX
YPRÉAUX
BUREAUX
PUREAUX
SUREAUX
NASEAUX
RÉSEAUX
BISEAUX
CISEAUX
OISEAUX
ROSEAUX
ERSEAUX
ASSEAUX
FUSEAUX
MUSEAUX
MUSÉAUX
BATEAUX
GÂTEAUX
RÂTEAUX
CÉTEAUX
CÎTEAUX
LITEAUX
COTEAUX
POTEAUX
LUTÉAUX
PUTEAUX
CAVEAUX
NIVEAUX
NIVÉAUX
FOVEAUX
INÉGAUX
MARGAUX
MARGAUX
BURGAUX
FRUGAUX
DÉCHAUX
MICHAUX
SOCHAUX
JOUHAUX
LABIAUX
TIBIAUX
FACIAUX
RACIAUX
FÉCIAUX
ONCIAUX
SOCIAUX
RADIAUX
RAFIAUX
FILIAUX
LILIAUX
GÉNIAUX
MARIAUX
ATRIAUX
CURIAUX
FÉTIAUX
JOVIAUX
DUCLAUX
HIÉMAUX
ANIMAUX
PRIMAUX
GEMMAUX
ANOMAUX
CARMAUX
FERMAUX
NORMAUX
SISMAUX
CHENAUX
SIGNAUX
CUGNAUX
SPINAUX
URINAUX
ATONAUX
AZONAUX
CARNAUX
TERNAUX
VERNAUX
SACRAUX
CHIRAUX
AMIRAUX
SPIRAUX
MALRAUX
CHORAUX
FLORAUX
AMORAUX
MÉTRAUX
MITRAUX
VITRAUX
ASTRAUX
NEURAUX
PLURAUX
CRURAUX
DORSAUX
VASSAUX
TUSSAUX
CAUSAUX
HIATAUX
RECTAUX
FŒTAUX
COMTAUX
VANTAUX
DENTAUX
MENTAUX
VENTAUX
SEPTAUX
PORTAUX
RESTAUX
DISTAUX
COSTAUX
POSTAUX
BRUTAUX
TRAVAUX
CHEVAUX
CREVAUX
OGIVAUX
DELVAUX
LANVAUX
MOUVAUX
ALOYAUX
GIBBEUX
BULBEUX
HERBEUX
VERBEUX
PONCEUX
RONCEUX
MERDEUX
CASÉEUX
ORAGEUX
NUAGEUX
NEIGEUX
FANGEUX
FÂCHEUX
ROCHEUX
PUCHEUX
MATHEUX
VACIEUX
VICIEUX
RADIEUX
PÉDIEUX
MAFIEUX
BILIEUX
MILIEUX
LEMIEUX
SANIEUX
COPIEUX
CARIEUX
SÉRIEUX
CURIEUX
FURIEUX
LISIEUX
ESSIEUX
ENVIEUX
ANXIEUX
SABLEUX
BIGLEUX
FRILEUX
HUILEUX
CALLEUX
GALLEUX
BULLEUX
HOULEUX
CRÉMEUX
GOMMEUX
ÉCUMEUX
PLUMEUX
SPUMEUX
BRUMEUX
URANEUX
BAGNEUX
CAGNEUX
LIGNEUX
VIGNEUX
ROGNEUX
HAINEUX
LAINEUX
VEINEUX
ÉPINEUX
RUINEUX
MARNEUX
ADIPEUX
PULPEUX
POMPEUX
HÉBREUX
HÉBREUX
FIBREUX
OMBREUX
ONÉREUX
AFFREUX
FOIREUX
LÉPREUX
FERREUX
PERREUX

7

TERREUX	FARADAY	**SHELLEY**	GRIZZLY	**DEBUSSY**
PÉTREUX	**FARADAY**	TROLLEY	**DOMRÉMY**	**CHAKHTY**
NITREUX	**HOLIDAY**	**STANLEY**	**TIFFANY**	PENALTY
VITREUX	**HERBLAY**	**DARNLEY**	**BOBIGNY**	**DURANTY**
HEUREUX	**VÉZELAY**	**SHAPLEY**	**ORBIGNY**	LIBERTY
PEUREUX	**ARTENAY**	**PRESLEY**	**COLIGNY**	**ARLETTY**
GIVREUX	**SAVENAY**	**PAISLEY**	**POLIGNY**	**DÉVOLUY**
GRÉSEUX	**AIZENAY**	**CRAWLEY**	**SOLIGNY**	**PONTIVY**
TAISEUX	**ANNONAY**	**CROWLEY**	**PULIGNY**	**BROONZY**
GYPSEUX	**ÉPERNAY**	**DAHOMEY**	**MARIGNY**	**SARKOZY**
PISSEUX	**GOURNAY**	**DEBENEY**	**AURIGNY**	**QUIERZY**
BOUSEUX	**FRESNAY**	COCKNEY	**ATTIGNY**	**AVORIAZ**
APHTEUX	**QUESNAY**	**HOCKNEY**	**SAVIGNY**	**FORCLAZ**
LAITEUX	**GILLRAY**	**VIANNEY**	**REVIGNY**	**CHAPPAZ**
BOITEUX	**BEUVRAY**	**CHARNEY**	**FIRMINY**	**NARVÁEZ**
VENTEUX	**ROUVRAY**	**WHITNEY**	**PEYRONY**	**MOUCHEZ**
HONTEUX	VOUVRAY	CHUTNEY	**TAVERNY**	**MATHIEZ**
MONTEUX	**VOUVRAY**	**CHEYNEY**	**GIVERNY**	TORD-NEZ
PESTEUX	**HOUSSAY**	**MCCAREY**	**NOVOTNY**	**JIMÉNEZ**
MOTTEUX	**URUGUAY**	**VENAREY**	PLAY-BOY	**GRIS-NEZ**
COÛTEUX	**RIDGWAY**	**HAWTREY**	**ÉCOMMOY**	MERGUEZ
DOUTEUX	TAXIWAY	**DEMPSEY**	**FRESNOY**	SHOW-BIZ
GOÛTEUX	TRAMWAY	**MOUSSEY**	**QUESNOY**	KIRGHIZ
PÉGUEUX	**SHUMWAY**	**CHAUSEY**	**GEFFROY**	**KIRGHIZ**
RUGUEUX	**OLDOWAY**	**LYAUTEY**	**ROUVROY**	**LEIBNIZ**
SINUEUX	FAIRWAY	**LARIVEY**	**CALGARY**	**ALBÉNIZ**
LAQUEUX	**CERIZAY**	**ÉTRÉCHY**	**BELLARY**	**AGASSIZ**
PIQUEUX	WALLABY	**GROUCHY**	**HILLARY**	**BREGENZ**
MUQUEUX	**BURNABY**	**PALACKY**	**SCUDÉRY**	**KOBLENZ**
LUXUEUX	STAND-BY	**BRODSKY**	**SILLERY**	**MUTTENZ**
CHEVEUX	**SOTHEBY**	**KREISKY**	**PRÉMERY**	KOLKHOZ
NERVEUX	**ALLENBY**	**CHOMSKY**	**DENNERY**	SOVKHOZ
VERVEUX	**GRIMSBY**	**SLÁNSKY**	**CONNERY**	**BERLIOZ**
MORVEUX	**WITKACY**	**KAUTSKY**	NURSERY	**BADAJOZ**
CRAYEUX	**CLAMECY**	**GRETZKY**	**CAUVERY**	FEST-NOZ
BRIZEUX	**MENNECY**	**CHAMBLY**	**CONAKRY**	**CONDROZ**
BENELUX	REGENCY	**MAUCHLY**	**GREGORY**	**BEDNORZ**
DARBOUX	**POBIEDY**	**HOOGHLY**	**BÁTHORY**	**ELBOURZ**
JOUJOUX	**MALMÉDY**	**GRAILLY**	HICKORY	**KERTÉSZ**
FALLOUX	**KENNEDY**	**ROMILLY**	**VIGNORY**	**HEIFETZ**
VERNOUX	**REVERDY**	**RUMILLY**	**DU BARRY**	**STIBITZ**
TRIPOUX	**LOCTUDY**	**BATILLY**	**THIERRY**	**GÖRLITZ**
PERROUX	**DILTHEY**	**NEUILLY**	COUNTRY	**STAMITZ**
CATROUX	**MONTHEY**	POUILLY	**SUDBURY**	**REGNITZ**
LEVROUX	**SOUTHEY**	**POUILLY**	TILBURY	**TIRPITZ**
VENTOUX	WHISKEY	**SOUILLY**	FOSBURY	**SCHULTZ**
TRÉVOUX	**WEMBLEY**	**PAVILLY**	**MATOURY**	**LORENTZ**
PELVOUX	**BRADLEY**	**RAZILLY**	ECSTASY	**TAMMOUZ**
TRIONYX	**MOSELEY**	**DECROLY**	**ANDRÉSY**	**ELBROUZ**
APTÉRYX	**LASHLEY**	**TABARLY**	**PALISSY**	**FAYROUZ**
MARACAY	**SMALLEY**	**SPRATLY**	**CROISSY**	GIN-FIZZ

NAUSICAA
EL-MENIAA
SAAREMAA
SOROCABA
DJELLABA
CURITIBA
MANITOBA
SIMARUBA
ALCOBAÇA
TITICACA
BOUDICCA
POZA RICA
SUBOTICA
FLAMENCA
BOU SAADA
AMIN DADA
INTIFADA
COCANADA
ENSENADA
KAKINADA
DROGHEDA
KLAIPEDA
EL-JADIDA
CHILLIDA
BOUGANDA
HACIENDA
ANACONDA
MEDJERDA
MASMOUDA
CALATHÉA
MAUNA KEA
RUTABAGA
ASHIKAGA
TOMONAGA
NOBUNAGA
CHURINGA
CAATINGA
IPATINGA
HUIZINGA
SARATOGA
GULBARGA
BROUHAHA
AMITABHA
ALI PACHA
OUSTACHA
LA MANCHA
CACHUCHA
SARGODHA
FELLAGHA
SALDANHA
CHANGSHA
GOLGOTHA
JUGURTHA
GHARDAÏA
ARAGUAIA
CHARABIA
COLUMBIA

BACICCIA
ESTANCIA
PALENCIA
VALENCIA
SCIASCIA
BUDDLEIA
CHIOGGIA
LUDWIGIA
MANGALIA
MASSALIA
CORNELIA
COPPÉLIA
ISMAÏLIA
BRASÍLIA
CAMELLIA
MAGNOLIA
SESBANIA
GARDÉNIA
PUCCINIA
YERSINIA
RONDÔNIA
BIGNONIA
PARANOÏA
BECCARIA
SYR-DARIA
AVE MARIA
MONTERÍA
HATTÉRIA
PIZZERIA
VICTORIA
VICTORIA
PRETORIA
MAESTRIA
LAURASIA
FANTASIA
ECCLÉSIA
MALAYSIA
VALENTIA
PUNAAUIA
ALLÉLUIA
GUSTAVIA
VALDIVIA
MONROVIA
LA SPEZIA
MAHARAJA
SANHADJA
KHADIDJA
NGAZIDJA
RAMANUJA
MBANDAKA
SARAMAKA
TOYONAKA
MOUSSAKA
NAKHODKA
KARATÉKA
SVASTIKA
SWASTIKA

HINTIKKA
HANOUKKA
SRI LANKA
SHIZUOKA
NEBRASKA
NIJINSKA
SCHAPSKA
DARBOUKA
DERBOUKA
YOKOSUKA
KADIEVKA
MAKIIVKA
HORLIVKA
GORLOVKA
LALIBALA
POLYGALA
RAVENALA
AGARTALA
KALEVALA
LALIBELA
ROURKELA
PANATELA
BENGUELA
ZARZUELA
PORT-VILA
WALHALLA
BEN BELLA
MARBELLA
BRUCELLA
GUÉRILLA
TORTILLA
ANGUILLA
COCA-COLA
AGRICOLA
TCHITOLA
SCAEVOLA
RAPLAPLA
CELLES-LÀ
CALIGULA
BAMBOULA
GASTRULA
BLASTULA
GOYIGAMA
YOKOHAMA
PANORAMA
WAKAYAMA
FUJI-YAMA
KORIYAMA
FUKUYAMA
KINECHMA
KOUTCHMA
TSUSHIMA
OKLAHOMA
TRICHOMA
KOSTROMA
PRO FORMA
CHLOASMA

KOUROUMA
SANTA ANA
LA HABANA
MARACANÃ
HIRAGANA
FERGHANA
GYMKHANA
DARSHANA
GUADIANA
LUDHIANA
HADRIANA
KATAKANA
GONDWANA
BOTSWANA
MAHAYANA
RAMAYANA
HINAYANA
PASADENA
LONGHENA
N'DJAMENA
SOLIMENA
LA SERENA
MANTEGNA
TIGRIGNA
KATCHINA
CATILINA
LA MOLINA
PASHMINA
TAORMINA
IOÁNNINA
LONDRINA
TERESINA
PRISTINA
EL-AOUÏNA
BEREZINA
PERPENNA
PORSENNA
MARADONA
BADALONA
GARIFUNA
AGUARUNA
BIDASSOA
KRAKATOA
TSHIKAPA
AREQUIPA

MEA CULPA
CAPYBARA
EDIACARA
VADODARA
GANDHARA
ICHIHARA
SHIKHARA
BOUKHARA
BHATPARA
FUJIWARA
ALHAMBRA
CARRIERA
DE VALERA
HABANERA
ET CETERA
CHISTERA
MONSTERA
SVIZZERA
LA GUAIRA
TERCEIRA
CALDEIRA
BANDEIRA
CAPOEIRA
FERREIRA
OLIVEIRA
ENVALIRA
MUFULIRA
ALTAMIRA
MAHAVIRA
BORA BORA
THÉODORA
CRNA GORA
PETCHORA
DIASPORA
DIASPORA
SOCOTORA
CANBERRA
VOLTERRA
FOUCHTRA
DICENTRA
CLAUSTRA
QUNAYTRA
DJURJURA
KAMAKURA
GANDOURA
JAYAPURA
KAMAYURÁ
PORPHYRA
KALIDASA
KINSHASA
HARGEISA
POLLENSA
CIMAROSA
FILITOSA
MOMBASSA
BORRASSÀ
BOURASSA

VINNITSA
HATTOUSA
KAWABATA
YAMAGATA
TRAVIATA
HIRAKATA
KALAMÁTA
MACERATA
MISURATA
TARATATA
MALADETA
YACIRETÁ
SEÑORITA
RACOVITA
PLACENTA
DJAKARTA
RÉQUISTA
KENYATTA
GAMBETTA
PANCETTA
VENDETTA
MOLFETTA
BARLETTA
SASSETTA
CALCUTTA
NOWA HUTA
ABEOKUTA
TAMANDUA
JUSSIEUA
RANCAGUA
CHANGHUA
ADAMAOUA
MASSAOUA
SAKALAVA
PIASSAVA
JAYADEVA
NUKU-HIVA
VAGANOVA
CASANOVA
MAKAROVA
LA CIERVA
KAKOGAWA
TOKUGAWA
ICHIKAWA
TE KANAWA
FUJISAWA
KUROSAWA
KANAZAWA
WARSZAWA
CHIPPEWA
SURABAYA
BODH-GAYA
HIMALAYA
CATTLEYA
LUANSHYA
IFRIQIYA
SIGIRIYA

KSATRIYA
CHALUKYA
STEGOMYA
TIGRINYA
MOULOUYA
BERGANZA
PALLANZA
SIGÜENZA
CUSTOZZA
SPACELAB
LIPSCOMB
SURPLOMB
CINÉ-CLUB
AÉRO-CLUB
CALAMBAC
LAVARDAC
AMMONIAC
CLIC-CLAC
FLIC FLAC
CADILLAC
MARILLAC
AURILLAC
PAUILLAC
SOUILLAC
MUZILLAC
APURÍMAC
CAPDENAC
DONZENAC
ARMAGNAC
ARMAGNAC
AUBIGNAC
POLIGNAC
MÉRIGNAC
AURIGNAC
COTIGNAC
COTIGNAC
SAVIGNAC
BERGERAC
CHOMÉRAC
FRIC-FRAC
TRICTRAC
CUL-DE-SAC
HAVRESAC
MONTE-SAC
PODENSAC
LUBERSAC
SEGONZAC
BLANC-BEC
CAUDEBEC
AVANT-BEC
KERMADEC
BANNALEC
LE DANTEC
CARANTEC
GUNDULIC
ANDRONIC
COPERNIC

PORC-ÉPIC
TÉRASPIC
FRÉDÉRIC
GEISÉRIC
GENSÉRIC
POLYTRIC
POP MUSIC
CARNATIC
KARADZIC
CUL-BLANC
FER-BLANC
BAT-FLANC
LANFRANC
ANTICHOC
MONOBLOC
CINÉ-PARC
GRAND-DUC
BAR-LE-DUC
ARCHIDUC
SAINT-LUC
ILAHABAD
CARLSBAD
KARLSBAD
SKINHEAD
LINDBLAD
MUHAMMAD
TITOGRAD
FLAGSTAD
KARLSTAD
HALMSTAD
ZAANSTAD
LELYSTAD
CALE-PIED
SOUS-PIED
MOHAMMED
RECCARED
COLOURED
BRØNSTED
PORT-SAÏD
MONFREID
POLAROID
CLODOALD
ODENWALD
GRUNWALD
GOTTWALD
MANSFELD
ICEFIELD
IDLEWILD
MANIFOLD
FOUCAULD
JAZZ-BAND
PREM CAND
MARCHAND
MARCHAND
SVEALAND
NAGALAND
GÖTALAND

HOMELAND
LANGLAND
AUCKLAND
FALKLAND
KIRKLAND
VAILLAND
MAINLAND
NORRLAND
SHETLAND
SHETLAND
SCOTLAND
PORTLAND
PORTLAND
MARYLAND
MARYLAND
ALLEMAND
ALLEMAND
GOURMAND
ORDINAND
HÉLINAND
COURNAND
BOFFRAND
BELGRAND
BERTRAND
RÉVÉREND
LAND'S END
DEMAVEND
HAPPY END
DEDEKIND
WEDEKIND
JONGKIND
VAGABOND
PUDIBOND
MORIBOND
FURIBOND
INFÉCOND
RUBICOND
TIRE-FOND
DEMI-FOND
HAUT-FOND
GARAMOND
BOHÉMOND
RICHMOND
DORTMUND
FOX-HOUND
COMPOUND
FAST-FOOD
WEDGWOOD
LONGWOOD
EASTWOOD
WESTWOOD
BELGOROD
NOVGOROD
FURIBARD
SVALBARD
CHAMBARD
FLAMBARD

MONTBARD
CHANÇARD
BRANCARD
BRISCARD
GUISCARD
STANDARD
ÉTENDARD
SOIFFARD
YAZDGARD
PILCHARD
PINCHARD
CLOCHARD
FAUCHARD
BOUCHARD
HOUCHARD
MOUCHARD
TEILHARD
ÉGINHARD
BERNHARD
MILLIARD
RILLIARD
FAIBLARD
ROUBLARD
VICELARD
PAPELARD
ABAILARD
GAILLARD
GAILLARD
PAILLARD
VUILLARD
RIGOLARD
ÉPAULARD
GUEULARD
CUMULARD
HADAMARD
FLEMMARD
CHAUMARD
GEIGNARD
POIGNARD
GRIGNARD
GRIGNARD
GUIGNARD
GROGNARD
TRAÎNARD
FOUINARD
SALONARD
FUNBOARD
FLODOARD
SALOPARD
PLEURARD
CAMISARD
BRASSARD
POISSARD
CUISSARD
BROSSARD
LÈVE-TARD
PLANTARD

BROUTARD
JACQUARD
JACQUARD
CHOQUARD
ALLEVARD
BONIVARD
WOODWARD
SAVOYARD
SAVOYARD
BLIZZARD
VERWOERD
CHAMBORD
HORS-BORD
PLAT-BORD
FAUX-BORD
WHIPCORD
BRADFORD
HEREFORD
STAFFORD
BICKFORD
PICKFORD
ROCKFORD
GUILFORD
STAMFORD
HARTFORD
HERTFORD
CRAWFORD
PÉRIGORD
OVERLORD
CÔTE-NORD
CRAFOORD
PÉNICAUD
MORICAUD
LOURDAUD
ROUGEAUD
ÉCHAFAUD
SALIGAUD
GOURGAUD
TOUCHAUD
CORNIAUD
COURTAUD
LÉAUTAUD
IBN SÉOUD
PASIPHAÉ
DIES IRAE
MOZARABE
MOZARABE
PÈSE-BÉBÉ
DIATRIBE
DUC-D'ALBE
SARRALBE
À MI-JAMBE
SUCCOMBÉ
DÉPLOMBÉ
POLYLOBÉ
RHUBARBE
JOUBARBE

EXACERBÉ
MALHERBE
DÉSHERBÉ
PRÉVERBE
PROVERBE
EUPHORBE
VALLORBE
PLANORBE
SPIRORBE
DÉBOURBÉ
EMBOURBÉ
LECOURBE
RECOURBÉ
PERTURBÉ
MASTURBÉ
MASSEUBE
DÉDICACE
DÉDICACÉ
EFFICACE
BONIFACE
POSTFACE
SCORIACÉ
LOVELACE
LOVELACE
VERGLACÉ
TRIPLACE
REMPLACÉ
SURPLACE
POPULACE
FARINACÉ
SAPONACÉ
PHARNACE
CARAPACE
AVEMPACE
PANCRACE
TUBÉRACÉ
DISGRÂCE
CRUSTACÉ
EXERCICE
BLANDICE
EURYDICE
MALÉFICE
BÉNÉFICE
ARTIFICE
LA PALICE
TRIPLICE
COMPLICE
SUPPLICE
BÉRÉNICE
POLYNICE
ARUSPICE
NOURRICE
BÉATRICE
AMATRICE
ORATRICE
FACTRICE
LECTRICE

RECTRICE
TECTRICE
VECTRICE
ÉDITRICE
FAUTRICE
PRACTICE
SOLSTICE
KATOWICE
TRIVULCE
BOMBANCE
GUIDANCE
TENDANCE
MORDANCÉ
ENGEANCE
ÉCHÉANCE
DOLÉANCE
BRAGANCE
ÉLÉGANCE
AMBIANCE
AMBIANCÉ
RADIANCE
DÉFIANCE
MÉFIANCE
ALLIANCE
VARIANCE
DÉVIANCE
FORLANCÉ
DORMANCE
TORRANCE
OUTRANCE
GOURANCE
BRISANCE
LUISANCE
NUISANCE
JACTANCE
LACTANCE
BECTANCE
LAITANCE
PARTANCE
PORTANCE
DISTANCE
DISTANCÉ
INSTANCE
SERVANCE
MOUVANCE
CROYANCE
CRÉDENCE
ÉVIDENCE
PRUDENCE
PRUDENCE
EXIGENCE
FULGENCE
TANGENCE
VERGENCE
AUDIENCE
SAPIENCE
PATIENCE

COBLENCE
VIOLENCE
OPULENCE
CLÉMENCE
COMMENCÉ
ÉMINENCE
CLARENCE
FLORENCE
FLORENCE
LAWRENCE
PRÉSENCE
SENTENCE
SÉQUENCE
PROVENCE
JOUVENCE
DÉCOINCÉ
LEPRINCE
PROVINCE
RENFONCÉ
PRONONCÉ
RAIPONCE
DÉFRONCÉ
COMMERCE
COMMERCÉ
PROPERCE
SESTERCE
INEXERCÉ
RENFORCÉ
RÉAMORCÉ
CHAOURCE
CHAOURCE
COALESCÉ
INEXAUCÉ
DÉROBADE
ESTACADE
ESTOCADE
BRANDADE
CARNÉADE
GRIFFADE
BOURGADE
SCHÉHADÉ
COTRIADE
MILTIADE
GALÉJADE
ESCALADE
ESCALADÉ
RÉGALADE
MOUCLADE
LANGLADE
ENFILADE
TAILLADE
TAILLADÉ
ŒILLADE
GRILLADE
PHYLLADE
ACCOLADE
RIGOLADE

PEUPLADE
RECULADE
TAPENADE
SÉRÉNADE
BAIGNADE
MARINADE
LIMONADE
CARONADE
ESCAPADE
GALOPADE
CROUPADE
SÉFARADE
SÉFARADE
BIGARADE
ALGARADE
CAMARADE
PÉTARADE
PÉTARADÉ
PIPERADE
BELGRADE
BOURRADE
BERTRADE
POIVRADE
CROISADE
GLISSADE
CAUSSADE
MAUSSADE
ESCOUADE
PERSUADÉ
DISSUADÉ
CHARYBDE
ENSCHEDE
NICOMÈDE
GANYMÈDE
LACEPÈDE
LAGOPÈDE
LOGOPÈDE
TANCRÈDE
SAMOYÈDE
SAMOYÈDE
THÉBAÏDE
THÉBAÏDE
ADÉLAÏDE
ENTRAIDE
ENTRAIDÉ
CARABIDÉ
ITURBIDE
TRIACIDE
SIRACIDE
RÉGICIDE
HOMICIDE
TÉNICIDE
CORICIDE
RATICIDE
COÏNCIDÉ
GÉNOCIDE
VIROCIDE

VIRUCIDE
ACRIDIDÉ
PLOCÉIDÉ
CÉPHÉIDE
NUCLÉIDE
ARANÉIDE
CLUPÉIDÉ
STRIGIDÉ
ARACHIDE
COLCHIDE
SYLPHIDE
SYRPHIDÉ
SYLVIIDÉ
INVALIDE
INVALIDÉ
ÉPHÉLIDE
CAMÉLIDÉ
ANNÉLIDE
BASILIDE
ARGOLIDE
PÉLAMIDE
CÉRAMIDE
PYRAMIDE
PYRAMIDÉ
INTIMIDÉ
PHASMIDE
PLASMIDE
MURÉNIDÉ
HOMINIDÉ
ACTINIDE
NABONIDE
SIMONIDE
PÉPONIDE
STURNIDÉ
AMIBOÏDE
CRICOÏDE
SARCOÏDE
DISCOÏDE
SIPHOÏDE
XIPHOÏDE
TYPHOÏDE
TABLOÏDE
CYCLOÏDE
CHÉLOÏDE
MYÉLOÏDE
COLLOÏDE
HAPLOÏDE
DIPLOÏDE
STYLOÏDE
SIGMOÏDE
ETHMOÏDE
ADÉNOÏDE
GLÉNOÏDE
CRINOÏDE
HYPNOÏDE
ANDROÏDE
ANÉROÏDE

STÉROÏDE
NÉGROÏDE
CHOROÏDE
THYROÏDE
DELTOÏDE
MASTOÏDE
RHIZOÏDE
DILAPIDÉ
CYNIPIDÉ
EURIPIDE
INSIPIDE
SUBARIDE
EUCARIDE
VIPÉRIDÉ
HYPÉRIDE
ASTÉRIDE
LÉPORIDÉ
BOURRIDE
APATRIDE
SCIURIDÉ
HOLOSIDE
RUTOSIDE
HYDATIDE
CAROTIDE
PAROTIDE
ARISTIDE
LANGUIDE
NOCTUIDÉ
IMPAVIDE
KOKSIJDE
VAN VELDE
BATHILDE
MATHILDE
ROSKILDE
CLOTILDE
SALBANDE
BRIGANDÉ
CHALANDE
HOLLANDE
HOLLANDE
FINLANDE
FLAMANDE
FLAMANDE
QUÉMANDÉ
COMMANDE
COMMANDÉ
MARMANDE
NORMANDE
NORMANDE
OPÉRANDE
GUÉRANDE
OFFRANDE
FAISANDÉ
PRÉBENDE
PRÉBENDÉ
COMMENDE
PROVENDE
RESCINDÉ
GOLCONDE
PROFONDE
TERMONDE
DIGICODE
PLASMODE
DÉCAPODE
MÉGAPODE
PARAPODE
HEXAPODE
COPÉPODE
ANTIPODE
LYCOPODE
OCTOPODE
POLYPODE
ALEURODE
HYPOSODÉ
RHAPSODE
NÉMATODE
VOÏÉVODE
RAMBARDE
BOMBARDE
BOMBARDÉ
LOMBARDE
LOMBARDE
PLACARDÉ
ANACARDE
SMICARDE
TRICARDE
RANCARDÉ
RENCARDÉ
PINÇARDE
BROCARDÉ
ISOCARDE
MYOCARDE
FAUCARDÉ
PENDARDE
BLAFARDE
BRAGARDE
RINGARDE
RINGARDÉ
VACHARDE
RICHARDE
MOCHARDE
POCHARDE
POCHARDÉ
CAVIARDÉ
PILLARDE
VILLARDE
NULLARDE
TAULARDE
POULARDE
SOÛLARDE
TRIMARDÉ
FAGNARDE
MIGNARDE
TIGNARDE
PEINARDE
VEINARDE
CONNARDE
LÉONARDE
LÉONARDE
CHAPARDÉ
LÉOPARDÉ
POUPARDE
THÉSARDE
GUISARDE
MANSARDE
MANSARDÉ
COSSARDE
ROSSARDE
HUSSARDE
VANTARDE
CASTARDE
PISTARDE
MOUTARDE
ROUTARDE
CLAVARDÉ
CREVARDE
RACCORDÉ
CONCORDE
CONCORDE
CONCORDÉ
PROCORDÉ
UROCORDÉ
DISCORDE
DISCORDÉ
VILVORDE
ESGOURDE
BALOURDE
PALOURDE
AUTOUR DE
AUPRÈS DE
CLABAUDÉ
THIBAUDE
MARGAUDÉ
SOÛLAUDE
QUINAUDE
ÉMERAUDE
NOIRAUDE
COSTAUDE
RUSTAUDE
GALVAUDÉ
IMPALUDÉ
CONSOUDE
DESSOUDÉ
RESSOUDÉ
GERTRUDE
À L'INSU DE
HÉBÉTUDE
QUIÉTUDE
HABITUDE
SOLITUDE
FINITUDE
LATITUDE
ALTITUDE
APTITUDE
ATTITUDE
ALDÉHYDE
PÉLAMYDE
CHLAMYDE
MONOXYDE
PEROXYDE
PEROXYDÉ
SUROXYDÉ
SCARABÉE
PROHIBÉE
ENJAMBÉE
REGIMBÉE
APLOMBÉE
RETOMBÉE
ENGLOBÉE
TRILOBÉE
ENGERBÉE
ENHERBÉE
ABSORBÉE
ADSORBÉE
RÉSORBÉE
SIGISBÉE
RADOUBÉE
HERBACÉE
ARÉCACÉE
ÉRICACÉE
JONCACÉE
IRIDACÉE
PRÉFACÉE
SURFACÉE
TOPHACÉE
TYPHACÉE
RUBIACÉE
MÉLIACÉE
LILIACÉE
ALLIACÉE
FOLIACÉE
LAMIACÉE
DÉGLACÉE
ENGLACÉE
VIOLACÉE
DÉPLACÉE
ENGLACÉE
REPLACÉE
AMYLACÉE
PALMACÉE
ÉBÉNACÉE
ANONACÉE
CORNACÉE
ACÉRACÉE
RETRACÉE
LAURACÉE
DIPSACÉE
CACTACÉE

CRÉTACÉE
PULTACÉE
MYRTACÉE
AGAVACÉE
MALVACÉE
RAPIÉCÉE
BOADICÉE
LAODICÉE
MATRICÉE
BALANCÉE
RELANCÉE
ROMANCÉE
FINANCÉE
DEVANCÉE
CADENCÉE
FAÏENCÉE
POTENCÉE
DÉFONCÉE
ENFONCÉE
ENGONCÉE
SEMONCÉE
DÉNONCÉE
RENONCÉE
ANNONCÉE
ANDROCÉE
REPERCÉE
DÉFORCÉE
EFFORCÉE
DIVORCÉE
IMMISCÉE
SACCADÉE
POMMADÉE
GRENADÉE
DÉGRADÉE
EXTRADÉE
TORSADÉE
PRÉCÉDÉE
CONCÉDÉE
POSSÉDÉE
SUICIDÉE
ÉLUCIDÉE
TRUCIDÉE
ORCHIDÉE
DÉBRIDÉE
HYBRIDÉE
FLORIDÉE
PRÉSIDÉE
LIQUIDÉE
RENVIDÉE
DÉBANDÉE
DEMANDÉE
TRUANDÉE
LÉGENDÉE
RAMENDÉE
DÉBONDÉE
FÉCONDÉE
SECONDÉE
REFONDÉE
INFONDÉE
INFÉODÉE
REBRODÉE
CORRODÉE
DÉBARDÉE
EMBARDÉE
JOBARDÉE
BOCARDÉE
CAFARDÉE
REGARDÉE
CANARDÉE
HASARDÉE
RETARDÉE
ATTARDÉE
BAZARDÉE
LÉZARDÉE
DÉMERDÉE
EMMERDÉE
SABORDÉE
DÉBORDÉE
REBORDÉE
ACCORDÉE
DÉCORDÉE
RECORDÉE
ENCORDÉE
ÉCHAUDÉE
TARAUDÉE
RAVAUDÉE
ACCOUDÉE
EXTRUDÉE
ÉNUCLÉÉE
SUPPLÉÉE
DÉLINÉÉE
PROCRÉÉE
CONGRÉÉE
MAUGRÉÉE
DÉGRAFÉE
REBIFFÉE
AGRIFFÉE
AULOFFÉE
CHAUFFÉE
ÉTOUFFÉE
HERBAGÉE
SACCAGÉE
RENGAGÉE
ÉTALAGÉE
SOULAGÉE
AMÉNAGÉE
PROPAGÉE
OMBRAGÉE
OUTRAGÉE
OUVRAGÉE
PRÉSAGÉE
PARTAGÉE
ENNUAGÉE
ASSIÉGÉE
PROTÉGÉE
DÉNEIGÉE
ENNEIGÉE
AFFLIGÉE
INFLIGÉE
NÉGLIGÉE
COLLIGÉE
CORRIGÉE
FUSTIGÉE
VIDANGÉE
ÉCHANGÉE
MÉLANGÉE
DÉMANGÉE
REMANGÉE
DÉRANGÉE
ARRANGÉE
LOSANGÉE
LOUANGÉE
MÉNINGÉE
ALLONGÉE
LARYNGÉE
MAL-LOGÉE
SUBROGÉE
PROROGÉE
HÉBERGÉE
GOBERGÉE
IMMERGÉE
ASPERGÉE
DÉTERGÉE
DÉGORGÉE
ENGORGÉE
EXPURGÉE
INSURGÉE
PRÉJUGÉE
RABÂCHÉE
DÉBÂCHÉE
RELÂCHÉE
REMÂCHÉE
PANACHÉE
ARRACHÉE
ENSACHÉE
DÉTACHÉE
ENTACHÉE
ATTACHÉE
GOUACHÉE
ALLÉCHÉE
DÉPÊCHÉE
REPÊCHÉE
EMPÊCHÉE
ÉBRÉCHÉE
ASSÉCHÉE
AFFICHÉE
ENFICHÉE
DÉNICHÉE
ENTICHÉE
AGUICHÉE
ÉPANCHÉE
BRANCHÉE
TRANCHÉE
ÉTANCHÉE
DÉCOCHÉE
ENCOCHÉE
BRIOCHÉE
TALOCHÉE
EMPOCHÉE
DÉROCHÉE
ENROCHÉE
CHERCHÉE
ÉCORCHÉE
FOURCHÉE
SCOTCHÉE
ÉBAUCHÉE
DÉBUCHÉE
DÉJUCHÉE
PELUCHÉE
ÉPLUCHÉE
ABOUCHÉE
PARAPHÉE
CORYPHÉE
DIARRHÉE
OTORRHÉE
PYORRHÉE
AMALTHÉE
TIMOTHÉE
DOROTHÉE
NÉGOCIÉE
ASSOCIÉE
IRRADIÉE
EXPÉDIÉE
PARODIÉE
RÉPUDIÉE
COKÉFIÉE
TUMÉFIÉE
RARÉFIÉE
PACIFIÉE
CODIFIÉE
MODIFIÉE
SALIFIÉE
GÉLIFIÉE
LAMIFIÉE
RAMIFIÉE
MOMIFIÉE
NANIFIÉE
PANIFIÉE
LÉNIFIÉE
VINIFIÉE
BONIFIÉE
TONIFIÉE
VÉRIFIÉE
PURIFIÉE
OSSIFIÉE
RATIFIÉE
NOTIFIÉE
VIVIFIÉE

COCUFIÉE
RÉFUGIÉE
AFFILIÉE
HUMILIÉE
RÉSILIÉE
DÉFOLIÉE
EXFOLIÉE
REMPLIÉE
SUPPLIÉE
REMANIÉE
INGÉNIÉE
ARSÉNIÉE
LACINIÉE
RECOPIÉE
INEXPIÉE
SALARIÉE
DÉMARIÉE
REMARIÉE
DÉPARIÉE
APPARIÉE
NOTARIÉE
EXCORIÉE
COLORIÉE
ARMORIÉE
CHARRIÉE
INJURIÉE
EXTASIÉE
LIXIVIÉE
RELOOKÉE
CHEROKEE
INÉGALÉE
CÉPHALÉE
SURJALÉE
SIGNALÉE
SPIRALÉE
DESSALÉE
CHEVALÉE
ACCABLÉE
ENSABLÉE
ENTABLÉE
ATTABLÉE
DRIBBLÉE
TREMBLÉE
AFFUBLÉE
TROUBLÉE
DÉBÂCLÉE
RECYCLÉE
BARBELÉE
HARCELÉE
MORCELÉE
CONGELÉE
SURGELÉE
NICKELÉE
POMMELÉE
GRUMELÉE
CRÉNELÉE
GRENELÉE

CANNELÉE
CRÊPELÉE
RAPPELÉE
ENGRÊLÉE
CARRELÉE
CORRÉLÉE
BOSSELÉE
MANTELÉE
DENTELÉE
MARTELÉE
BOTTELÉE
CLAVELÉE
GRIVELÉE
SOUFFLÉE
RENIFLÉE
GIROFLÉE
DÉRÉGLÉE
ÉPINGLÉE
TRINGLÉE
AVEUGLÉE
TROCHLÉE
TRÉFILÉE
D'AFFILÉE
RENFILÉE
PROFILÉE
PARFILÉE
SURFILÉE
FAUFILÉE
ENTOILÉE
DÉVOILÉE
REMPILÉE
COMPILÉE
VENTILÉE
DÉBALLÉE
EMBALLÉE
REBELLÉE
LIBELLÉE
OMBELLÉE
LAMELLÉE
ENSELLÉE
TRUELLÉE
ÉCAILLÉE
ÉGAILLÉE
ÉMAILLÉE
BRAILLÉE
ÉRAILLÉE
GRAILLÉE
HABILLÉE
ÉVEILLÉE
SIGILLÉE
ACHILLÉE
VANILLÉE
ÉTRILLÉE
FUSILLÉE
TITILLÉE
OUTILLÉE
FEUILLÉE

DOUILLÉE
FOUILLÉE
MOUILLÉE
ROUILLÉE
SOUILLÉE
TOUILLÉE
DÉCOLLÉE
RECOLLÉE
ENCOLLÉE
ÉBRANLÉE
BRICOLÉE
GONDOLÉE
URCÉOLÉE
AURÉOLÉE
ALVÉOLÉE
BARIOLÉE
PÉTIOLÉE
INVIOLÉE
FORMOLÉE
FIGNOLÉE
BRISOLÉE
FRISOLÉE
CONSOLÉE
DESSOLÉE
RISSOLÉE
MAUSOLÉE
SURVOLÉE
DÉCUPLÉE
DÉFERLÉE
EMPERLÉE
ÉJACULÉE
CALCULÉE
INOCULÉE
BASCULÉE
ACIDULÉE
ESSEULÉE
ÉGUEULÉE
COAGULÉE
STIMULÉE
FORMULÉE
GRANULÉE
SABOULÉE
DÉBOULÉE
GIBOULÉE
DÉFOULÉE
REFOULÉE
DÉMOULÉE
AMPOULÉE
ÉCROULÉE
DÉROULÉE
ENROULÉE
STIPULÉE
REBRÛLÉE
CAPSULÉE
SPATULÉE
POSTULÉE
PROPYLÉE

DIFFAMÉE
MALFAMÉE
ACCLAMÉE
DÉCLAMÉE
RÉCLAMÉE
EXCLAMÉE
RENTAMÉE
PTOLÉMÉE
PARSEMÉE
RESSEMÉE
MAL-AIMÉE
SUBLIMÉE
RÉANIMÉE
INANIMÉE
ESCRIMÉE
DÉPRIMÉE
RÉPRIMÉE
IMPRIMÉE
OPPRIMÉE
EXPRIMÉE
EMPALMÉE
DÉGOMMÉE
ENGOMMÉE
DÉNOMMÉE
RENOMMÉE
INNOMMÉE
ASSOMMÉE
DIPLÔMÉE
BORROMÉE
DIATOMÉE
DÉSARMÉE
REFERMÉE
AFFERMÉE
ENFERMÉE
DÉGERMÉE
AFFIRMÉE
INFIRMÉE
DÉFORMÉE
REFORMÉE
RÉFORMÉE
INFORMÉE
EMBAUMÉE
EMPAUMÉE
ROYAUMÉE
PARFUMÉE
ENRHUMÉE
RALLUMÉE
DÉPLUMÉE
EMPLUMÉE
EMBRUMÉE
SUBSUMÉE
PRÉSUMÉE
CONSUMÉE
COSTUMÉE
HAUBANÉE
CHICANÉE
BOUCANÉE

PROFANÉE
TRÉPANÉE
SAFRANÉE
PRYTANÉE
FORCENÉE
OXYGÉNÉE
MALMENÉE
REMMENÉE
IDOMÉNÉE
PROMENÉE
SURMENÉE
RÉFRÉNÉE
EFFRÉNÉE
ENGRENÉE
HAQUENÉE
REGAGNÉE
ARAIGNÉE
ESBIGNÉE
INDIGNÉE
ÉLOIGNÉE
DÉSIGNÉE
RÉSIGNÉE
COSIGNÉE
ASSIGNÉE
ÉPARGNÉE
ÉBORGNÉE
DÉGAINÉE
ENGAINÉE
DÉLAINÉE
AGRAINÉE
ÉGRAINÉE
COMBINÉE
TURBINÉE
VACCINÉE
CALCINÉE
DULCINÉE
DULCINÉE
LANCINÉE
FASCINÉE
DANDINÉE
JARDINÉE
BOUDINÉE
BALEINÉE
RAFFINÉE
CONFINÉE
IMAGINÉE
MARGINÉE
MACHINÉE
LITHINÉE
PRALINÉE
DÉCLINÉE
INCLINÉE
COLLINÉE
MOULINÉE
GRAMINÉE
STAMINÉE
EXAMINÉE
CHEMINÉE
ÉLIMINÉE
FULMINÉE
ABOMINÉE
CARMINÉE
TERMINÉE
ACUMINÉE
ALUMINÉE
ÉPÉPINÉE
INOPINÉE
TAUPINÉE
AMARINÉE
CUISINÉE
BASSINÉE
DESSINÉE
PLATINÉE
GRATINÉE
OUATINÉE
PECTINÉE
PIÉTINÉE
COLTINÉE
MANTINÉE
TONTINÉE
TARTINÉE
OBSTINÉE
DESTINÉE
TAQUINÉE
ALEVINÉE
DÉPANNÉE
SURANNÉE
BIPENNÉE
EMPENNÉE
ÉTRENNÉE
MOYENNÉE
FAÇONNÉE
MAÇONNÉE
ARÇONNÉE
REDONNÉE
BIDONNÉE
ORDONNÉE
GALONNÉE
JALONNÉE
TALONNÉE
PILONNÉE
CANONNÉE
TENONNÉE
JUPONNÉE
CIRONNÉE
GIRONNÉE
TISONNÉE
BÂTONNÉE
BÉTONNÉE
MITONNÉE
PITONNÉE
ENTONNÉE
COTONNÉE
SAVONNÉE
RAYONNÉE
GAZONNÉE
CARBONÉE
SULFONÉE
VIOLONÉE
SAUMONÉE
COMPONÉE
CHÉRONÉE
DÉTRÔNÉE
PERSONÉE
POLYPNÉE
INCARNÉE
ACHARNÉE
ÉCHARNÉE
DÉCERNÉE
CASERNÉE
MATERNÉE
ALTERNÉE
INTERNÉE
HIVERNÉE
SUBORNÉE
DÉCORNÉE
ENCORNÉE
BIGORNÉE
AJOURNÉE
FORTUNÉE
RESCAPÉE
RECHAPÉE
ATTRAPÉE
DÉCRÊPÉE
DÉFRIPÉE
DISSIPÉE
INCULPÉE
DÉPULPÉE
ESTAMPÉE
ESTOMPÉE
SYNCOPÉE
APOCOPÉE
VARLOPÉE
ÉCHAPPÉE
ÉGRAPPÉE
AGRIPPÉE
ESCARPÉE
ÉCHARPÉE
EXTIRPÉE
DÉCOUPÉE
RECOUPÉE
DÉCLARÉE
PRÉPARÉE
COMPARÉE
DÉLABRÉE
CÉLÉBRÉE
DÉFIBRÉE
CALIBRÉE
CHAMBRÉE
OBOMBRÉE
RECADRÉE
ENCADRÉE
PONDÉRÉE
PRÉFÉRÉE
DIFFÉRÉE
CONFÉRÉE
PROFÉRÉE
EXAGÉRÉE
SUGGÉRÉE
MANIÉRÉE
ARRIÉRÉE
ÉNUMÉRÉE
EXONÉRÉE
TEMPÉRÉE
RÉOPÉRÉE
RÉITÉRÉE
BALAFRÉE
CHIFFRÉE
GOINFRÉE
SIMAGRÉE
INTÉGRÉE
PEDIGREE
IMMIGRÉE
DÉNIGRÉE
CAMPHRÉE
ÉRYTHRÉE
AFFAIRÉE
ÉCLAIRÉE
DÉCHIRÉE
ENFOIRÉE
RESPIRÉE
INSPIRÉE
SOUPIRÉE
SOUTIRÉE
CHAVIRÉE
TRÉVIRÉE
ÉLABORÉE
JAMBOREE
CHICORÉE
MORDORÉE
PERFORÉE
DÉFLORÉE
DÉPLORÉE
IMPLORÉE
EXPLORÉE
ÉVAPORÉE
TORTORÉE
ÉPAMPRÉE
POURPRÉE
DÉBARRÉE
EMBARRÉE
BICARRÉE
BIGARRÉE
DÉMARRÉE
DÉFERRÉE
ENFERRÉE
ÉPIERRÉE
ENSERRÉE

DÉTERRÉE
ENTERRÉE
ATTERRÉE
ABHORRÉE
SUSURRÉE
FENÊTRÉE
PÉNÉTRÉE
DÉPÊTRÉE
EMPÊTRÉE
ARBITRÉE
DÉNITRÉE
CLOÎTRÉE
ATTITRÉE
ÉVENTRÉE
PROSTRÉE
FRUSTRÉE
MIJAURÉE
CARBURÉE
PROCURÉE
DEMEURÉE
ÉCŒURÉE
TUTEURÉE
SULFURÉE
HACHURÉE
MÂCHURÉE
CONJURÉE
PARJURÉE
MOULURÉE
MURMURÉE
SAUMURÉE
CYANURÉE
RAINURÉE
LABOURÉE
THIO-URÉE
DÉTOURÉE
ENTOURÉE
SAVOURÉE
SUPPURÉE
NITRURÉE
PRÉSURÉE
CENSURÉE
TONSURÉE
RASSURÉE
FISSURÉE
FACTURÉE
VOITURÉE
TRITURÉE
CLÔTURÉE
CAPTURÉE
TORTURÉE
BITTURÉE
BOUTURÉE
COUTURÉE
TEXTURÉE
ÉBAVURÉE
NERVURÉE
ORFÉVRÉE
DÉGIVRÉE
DÉLIVRÉE
DÉPHASÉE
BIPHASÉE
DIPHASÉE
DÉBRASÉE
EMBRASÉE
RÉALÉSÉE
SOUPESÉE
JUDAÏSÉE
MALAISÉE
PUNAISÉE
ARABISÉE
GRÉCISÉE
PRÉCISÉE
LAÏCISÉE
FASCISÉE
ANODISÉE
RÉALISÉE
ÉGALISÉE
COALISÉE
OPALISÉE
ORALISÉE
DUALISÉE
AVALISÉE
OVALISÉE
CYCLISÉE
UTILISÉE
STYLISÉE
CHEMISÉE
ATOMISÉE
STOMISÉE
TANNISÉE
DÉBOISÉE
REBOISÉE
ARDOISÉE
DÉGOISÉE
PAVOISÉE
DÉVOISÉE
ÉMERISÉE
UPÉRISÉE
DÉFRISÉE
DÉGRISÉE
DÉPRISÉE
MÉPRISÉE
REPRISÉE
ÉTATISÉE
POÉTISÉE
ÉROTISÉE
BAPTISÉE
DÉGUISÉE
AIGUISÉE
MENUISÉE
SLAVISÉE
SUSVISÉE
IMPULSÉE
EXPULSÉE
RÉVULSÉE
EXPANSÉE
RECENSÉE
ENCENSÉE
BODENSEE
OFFENSÉE
WALENSEE
DÉPENSÉE
REPENSÉE
INSENSÉE
GLUCOSÉE
CYANOSÉE
PRÉPOSÉE
COMPOSÉE
PROPOSÉE
SUPPOSÉE
DISPOSÉE
NÉCROSÉE
NITROSÉE
NÉVROSÉE
ÉCLIPSÉE
DÉVERSÉE
REVERSÉE
INVERSÉE
LA BASSÉE
TABASSÉE
DÉLASSÉE
DAMASSÉE
RAMASSÉE
DÉPASSÉE
REPASSÉE
HARASSÉE
ENTASSÉE
POTASSÉE
CARESSÉE
ADRESSÉE
AGRESSÉE
STRESSÉE
ABAISSÉE
GRAISSÉE
MÉGISSÉE
PALISSÉE
FROISSÉE
TAPISSÉE
HÉRISSÉE
RATISSÉE
MÉTISSÉE
RETISSÉE
DÉVISSÉE
REVISSÉE
CABOSSÉE
EMBOSSÉE
ENDOSSÉE
PANOSSÉE
DÉSOSSÉE
CHAUSSÉE
DÉCUSSÉE
ÉMOUSSÉE
TROUSSÉE
DIFFUSÉE
PERFUSÉE
ÉCOMUSÉE
JALOUSÉE
DÉPAYSÉE
DIALYSÉE
ANALYSÉE
PRÉDATÉE
MANDATÉE
CALFATÉE
SULFATÉE
FRÉGATÉE
FRELATÉE
TRÉMATÉE
COLMATÉE
FORMATÉE
HYDRATÉE
NITRATÉE
CRAVATÉE
DÉBECTÉE
AFFECTÉE
INFECTÉE
OBJECTÉE
INJECTÉE
DÉLECTÉE
SÉLECTÉE
HUMECTÉE
DÉTECTÉE
BUDGÉTÉE
VERGETÉE
CACHETÉE
RACHETÉE
TACHETÉE
POCHETÉE
PROJETÉE
FORJETÉE
SURJETÉE
REFLÉTÉE
PELLETÉE
BILLETÉE
COLLETÉE
VIOLETÉE
BOULETÉE
ACCRÉTÉE
DÉCRÉTÉE
SECRÉTÉE
SÉCRÉTÉE
EXCRÉTÉE
AFFRÉTÉE
APPRÊTÉE
JARRETÉE
CORSETÉE
PAQUETÉE
BÉQUETÉE
REQUÊTÉE

8

PIQUETÉE
TIQUETÉE
ENQUÊTÉE
CLAVETÉE
BREVETÉE
ENFAÎTÉE
DÉLAITÉE
ALLAITÉE
PRÉCITÉE
SUSCITÉE
RÉÉDITÉE
COÉDITÉE
CRÉDITÉE
POPLITÉE
INIMITÉE
MARMITÉE
GRANITÉE
DÉBOÎTÉE
EMBOÎTÉE
EFFRITÉE
REWRITÉE
INUSITÉE
ÉBRUITÉE
RÉCOLTÉE
DÉVOLTÉE
RÉVOLTÉE
OCCULTÉE
RÉSULTÉE
INSULTÉE
DÉCANTÉE
ENFANTÉE
DÉGANTÉE
DÉJANTÉE
AIMANTÉE
REDENTÉE
RUDENTÉE
RÉGENTÉE
ARGENTÉE
ORIENTÉE
LAMENTÉE
CÉMENTÉE
CIMENTÉE
PIMENTÉE
FOMENTÉE
ARPENTÉE
ABSENTÉE
PATENTÉE
RETENTÉE
INTENTÉE
CRUENTÉE
INVENTÉE
ÉREINTÉE
AJOINTÉE
ÉJOINTÉE
RACONTÉE
DÉMONTÉE
REMONTÉE

CACAOTÉE
CLABOTÉE
CRABOTÉE
BARBOTÉE
FRICOTÉE
TRICOTÉE
RONÉOTÉE
RABIOTÉE
FOLIOTÉE
DORLOTÉE
PAGNOTÉE
MIGNOTÉE
CONNOTÉE
CHIPOTÉE
TRIPOTÉE
REMPOTÉE
BAISOTÉE
ACCEPTÉE
EXCEPTÉE
SCULPTÉE
EXEMPTÉE
ENCARTÉE
ESSARTÉE
DÉSERTÉE
ESCORTÉE
EXHORTÉE
DÉPORTÉE
REPORTÉE
EMPORTÉE
IMPORTÉE
APPORTÉE
EXPORTÉE
ÉCOURTÉE
DÉVASTÉE
INFESTÉE
DÉLESTÉE
MOLESTÉE
EMPESTÉE
DÉTESTÉE
ATTESTÉE
DÉPISTÉE
DÉSISTÉE
ASSISTÉE
ACCOSTÉE
RIPOSTÉE
DÉGUSTÉE
RAJUSTÉE
ENKYSTÉE
DÉNATTÉE
EMPATTÉE
BARATTÉE
SQUATTÉE
FACETTÉE
ENDETTÉE
ÉMIETTÉE
LUNETTÉE
FOUETTÉE

SAGITTÉE
DÉBOTTÉE
DÉGOTTÉE
GIGOTTÉE
CALOTTÉE
CULOTTÉE
EMMOTTÉE
CAROTTÉE
ÉGOUTTÉE
BOYAUTÉE
NOYAUTÉE
TUYAUTÉE
CULBUTÉE
EXÉCUTÉE
PERCUTÉE
DISCUTÉE
RAMEUTÉE
ÉQUEUTÉE
RAFFÛTÉE
CHAHUTÉE
VERJUTÉE
AZIMUTÉE
COMMUTÉE
PERMUTÉE
RABOUTÉE
DÉBOUTÉE
REDOUTÉE
DÉGOÛTÉE
RAJOUTÉE
VELOUTÉE
FILOUTÉE
ÉCROÛTÉE
DÉROUTÉE
ENVOÛTÉE
MAZOUTÉE
SUPPUTÉE
DISPUTÉE
RECRUTÉE
ALPAGUÉE
DÉLÉGUÉE
RELÉGUÉE
ALLÉGUÉE
ENDIGUÉE
IRRIGUÉE
FATIGUÉE
ÉLINGUÉE
FLINGUÉE
BRINGUÉE
FRINGUÉE
DÉBOGUÉE
FOURGUÉE
ENJUGUÉE
DÉVALUÉE
ÉBERLUÉE
ATTÉNUÉE
EXTÉNUÉE
DIMINUÉE

INSINUÉE
AMADOUÉE
SURDOUÉE
DÉCLOUÉE
RECLOUÉE
ENCLOUÉE
SURLOUÉE
RABROUÉE
ENCROUÉE
INAVOUÉE
CONSPUÉE
ENCAQUÉE
ARNAQUÉE
BARAQUÉE
ATTAQUÉE
DÉFÉQUÉE
RÉSÉQUÉE
ABDIQUÉE
INDIQUÉE
PANIQUÉE
TUNIQUÉE
DÉPIQUÉE
REPIQUÉE
BORIQUÉE
ÉTRIQUÉE
ASTIQUÉE
FLANQUÉE
PLANQUÉE
TRONQUÉE
RÉVOQUÉE
INVOQUÉE
ÉTARQUÉE
BRUSQUÉE
RELUQUÉE
ENSUQUÉE
OBSTRUÉE
INFATUÉE
PONCTUÉE
HABITUÉE
ÉVERTUÉE
BISEXUÉE
EMBLAVÉE
ENCLAVÉE
AGGRAVÉE
DÉPRAVÉE
ENTRAVÉE
PRÉLEVÉE
SOULEVÉE
EMBREVÉE
DÉGREVÉE
ARCHIVÉE
PASSIVÉE
LESSIVÉE
CULTIVÉE
CAPTIVÉE
ESQUIVÉE
INNERVÉE

OBSERVÉE
RÉSERVÉE
INCURVÉE
ABREUVÉE
ÉPROUVÉE
À L'ÉTUVÉE
SURTAXÉE
DUPLEXÉE
PRÉFIXÉE
SUFFIXÉE
DÉBLAYÉE
MONNAYÉE
PRÉPAYÉE
SURPAYÉE
DÉBRAYÉE
EMBRAYÉE
DÉFRAYÉE
EFFRAYÉE
RETRAYÉE
RESSAYÉE
VOLLEYÉE
COUDOYÉE
SOUDOYÉE
DÉPLOYÉE
REPLOYÉE
EMPLOYÉE
PAUMOYÉE
BORNOYÉE
CARROYÉE
CORROYÉE
OCTROYÉE
FOSSOYÉE
APITOYÉE
NETTOYÉE
RENVOYÉE
CONVOYÉE
VOUVOYÉE
RESSUYÉE
SQUEEZÉE
AUTODAFÉ
DÉBRIEFÉ
ESCLAFFÉ
REGREFFÉ
WYCLIFFE
DÉCOIFFÉ
RECOIFFÉ
ASSOIFFÉ
DÉGRIFFÉ
ÉCHAUFFÉ
TARTUFFE
TARTUFFE
TENERIFE
ESBROUFE
ESBROUFÉ
FLAMBAGE
PLOMBAGE
ENGOBAGE
ENROBAGE
ÉBARBAGE
DÉPEÇAGE
MARÉCAGE
DÉPICAGE
COINÇAGE
ÉCORÇAGE
AMORÇAGE
SOLIDAGE
DÉVIDAGE
GLANDAGE
ÉPANDAGE
ÉTENDAGE
BLINDAGE
ÉMONDAGE
DÉCODAGE
ENCODAGE
ABORDAGE
HOURDAGE
PIÉGEAGE
FORGEAGE
JAUGEAGE
AGRAFAGE
GREFFAGE
COIFFAGE
RÉENGAGÉ
DÉBOGAGE
FLÉCHAGE
CLICHAGE
BANCHAGE
LYNCHAGE
PIOCHAGE
BROCHAGE
PERCHAGE
FAUCHAGE
RAUCHAGE
BOUCHAGE
COUCHAGE
MOUCHAGE
GÉOPHAGE
ZOOPHAGE
FLASHAGE
CARTHAGE
VERBIAGE
RHODIAGE
DÉPLIAGE
CADMIAGE
STOCKAGE
DÉCALAGE
RECALAGE
PÉDALAGE
RÉGALAGE
CRIBLAGE
DOUBLAGE
SARCLAGE
CERCLAGE
BOUCLAGE
PUDDLAGE
ROBELAGE
FICELAGE
PUCELAGE
MODELAGE
DÉMÊLAGE
SEMELAGE
JUMELAGE
AGNELAGE
CAPELAGE
CISELAGE
FUSELAGE
BATELAGE
RÂTELAGE
DÉTELAGE
ATTELAGE
JAVELAGE
NIVELAGE
CUVELAGE
SIFFLAGE
GONFLAGE
DÉCILAGE
MUCILAGE
AFFILAGE
EFFILAGE
ENFILAGE
DÉPILAGE
EMPILAGE
ENSILAGE
SCELLAGE
NIELLAGE
STELLAGE
CAILLAGE
MAILLAGE
PAILLAGE
TAILLAGE
TEILLAGE
SMILLAGE
GRILLAGE
GRILLAGÉ
VRILLAGE
OUILLAGE
RACOLAGE
ACCOLAGE
RIGOLAGE
ENTÔLAGE
REMPLAGE
COUPLAGE
CHAULAGE
MACULAGE
POPULAGE
RÉTAMAGE
ÉCRÉMAGE
ARRIMAGE
ENSIMAGE
GRAMMAGE
CHROMAGE
ENFUMAGE
ALLUMAGE
BITUMAGE
LAMANAGE
DÉMÉNAGÉ
EMMÉNAGÉ
CARÉNAGE
ÉGRENAGE
MOYEN ÂGE
MOYEN ÂGE
PEIGNAGE
CHAÎNAGE
DRAINAGE
GRAINAGE
TRAÎNAGE
BOBINAGE
RACINAGE
BADINAGE
FREINAGE
ÉVEINAGE
AFFINAGE
LAMINAGE
DÉMINAGE
COPINAGE
FARINAGE
MARINAGE
BORINAGE
BURINAGE
PATINAGE
RATINAGE
SATINAGE
ACCONAGE
COLONAGE
RAMONAGE
LIMONAGE
TOURNAGE
LAGUNAGE
DÉCAPAGE
DÉRAPAGE
RETAPAGE
RECEPAGE
ÉTRIPAGE
STRIPAGE
ÉQUIPAGE
INALPAGE
TREMPAGE
ARÉOPAGE
STEPPAGE
GRIPPAGE
DROPPAGE
STOPPAGE
GROUPAGE
TARARAGE
CAMBRAGE
TIMBRAGE
POUDRAGE
REPÉRAGE

AMPÉRAGE
COFFRAGE
SUFFRAGE
GAUFRAGE
NAUFRAGE
NAUFRAGÉ
SOUFRAGE
VAIGRAGE
RETIRAGE
CHLORAGE
ESSORAGE
AMARRAGE
BOURRAGE
FOURRAGE
FOURRAGÉ
PLÂTRAGE
FILTRAGE
CENTRAGE
CINTRAGE
LUSTRAGE
LETTRAGE
FEUTRAGE
POUTRAGE
SOUTRAGE
RÉCURAGE
PLEURAGE
MESURAGE
ASSURAGE
PÂTURAGE
RATURAGE
CUIVRAGE
EMPESAGE
BRAISAGE
FRAISAGE
BALISAGE
TAMISAGE
REMISAGE
TANISAGE
VANISAGE
ÉGRISAGE
DÉVISAGÉ
ENVISAGÉ
ARROSAGE
BRASSAGE
DRESSAGE
PRESSAGE
TRESSAGE
GLISSAGE
PLISSAGE
CUISSAGE
BROSSAGE
MOUSSAGE
POUSSAGE
CREUSAGE
ÉCLUSAGE
NON-USAGE
MÉSUSAGE

DÉMÂTAGE
PIRATAGE
TRACTAGE
GALETAGE
BEL-ÉTAGE
FILETAGE
MOLETAGE
CANETAGE
CURETAGE
FURETAGE
RIVETAGE
DÉBITAGE
DÉLITAGE
ERMITAGE
GUNITAGE
HÉRITAGE
BRUITAGE
CHANTAGE
PLANTAGE
AVANTAGE
AVANTAGÉ
POINTAGE
CABOTAGE
RABOTAGE
SABOTAGE
PICOTAGE
RADOTAGE
FAGOTAGE
MÉGOTAGE
LIGOTAGE
ERGOTAGE
AGIOTAGE
PELOTAGE
PILOTAGE
SILOTAGE
CANOTAGE
CAPOTAGE
PAPOTAGE
DÉPOTAGE
EMPOTAGE
ZÉROTAGE
COMPTAGE
DOMPTAGE
CRYPTAGE
QUARTAGE
INERTAGE
COURTAGE
AJUSTAGE
ABATTAGE
GRATTAGE
FRETTAGE
FRITTAGE
FLOTTAGE
ÉMOTTAGE
FROTTAGE
AFFÛTAGE
ENFÛTAGE

MINUTAGE
ABOUTAGE
CLOUTAGE
BIZUTAGE
ÉCOBUAGE
ENGLUAGE
AFFOUAGE
AFFOUAGÉ
ÉCHOUAGE
TATOUAGE
CLAQUAGE
PLAQUAGE
BRAQUAGE
CRAQUAGE
PACQUAGE
APIQUAGE
CALQUAGE
MARQUAGE
MASQUAGE
TRUQUAGE
RESSUAGE
DÉLAVAGE
DÉPAVAGE
REPAVAGE
CARAVAGE
RELEVAGE
ENLEVAGE
BALIVAGE
ARRIVAGE
ESTIVAGE
RAVIVAGE
EMBUVAGE
DÉCUVAGE
ENCUVAGE
BREUVAGE
MALAXAGE
INDEXAGE
BALAYAGE
DÉLAYAGE
DÉRAYAGE
ENRAYAGE
ESSAYAGE
MÉTAYAGE
MAREYAGE
DÉNOYAGE
ENNOYAGE
ESSUYAGE
DÉGAZAGE
BRONZAGE
COOLIDGE
OAK RIDGE
PORRIDGE
CAMBODGE
STRATÈGE
COOBLIGÉ
QUADRIGE
TRANSIGÉ

PRESTIGE
VENDANGE
VENDANGÉ
RECHANGE
RECHANGÉ
INCHANGÉ
ARCHANGE
PHALANGE
BELLANGE
BOULANGE
BOULANGÉ
EFFRANGÉ
LA GRANGE
LAGRANGE
ALGRANGE
ENGRANGÉ
FLORANGE
SPORANGE
BOTRANGE
THURINGE
RALLONGE
RALLONGÉ
PROLONGÉ
REPLONGÉ
FORLONGÉ
SURLONGE
MENSONGE
PHARYNGÉ
EUCOLOGE
MÉNOLOGE
DÉCHARGE
DÉCHARGÉ
RECHARGE
RECHARGÉ
LITHARGE
GAMBERGE
GAMBERGÉ
SUBMERGÉ
CONVERGÉ
RENGORGÉ
WALBURGE
DÉMIURGE
MAUBEUGE
LUCIFUGE
IGNIFUGE
IGNIFUGÉ
BIEN-JUGÉ
CAP-ROUGE
BAS-ROUGE
VISCACHE
RONDACHE
MORDACHE
MALGACHE
MALGACHE
GOULACHE
GRENACHE
BARNACHE

HARNACHÉ
BERNACHE
RECRACHÉ
CARRACHE
PISTACHE
EUSTACHE
EUSTACHE
RATTACHÉ
SOUTACHE
SOUTACHÉ
BRAVACHE
CRAVACHE
CRAVACHÉ
PIMBÊCHE
MAUBÈCHE
LA FLÈCHE
BIFLÈCHE
PERLÈCHE
CAMPECHE
CAMPÊCHE
SURPÊCHE
DESSÉCHÉ
BRETÈCHE
CHEVÊCHE
HOUAICHE
GRÉBICHE
GRIBICHE
BARBICHE
POULICHE
FLAMICHE
BONNICHE
CORNICHE
DÉFRICHE
DÉFRICHÉ
AUTRICHE
FORTICHE
PASTICHE
PASTICHÉ
POSTICHE
ESQUICHÉ
DERVICHE
DÉHANCHÉ
CALANCHÉ
PALANCHE
DÉMANCHÉ
DIMANCHE
EMMANCHÉ
COMANCHE
ROMANCHE
ROMANCHE
ÉBRANCHÉ
REVANCHE
REVANCHÉ
MALINCHE
BAMBOCHE
BAMBOCHÉ
CALDOCHE

ANTIOCHE
BOULOCHÉ
PIGNOCHÉ
ÉPINOCHE
REMPOCHÉ
DÉBROCHÉ
EMBROCHÉ
ACCROCHE
ACCROCHÉ
DÉCROCHÉ
REPROCHE
REPROCHÉ
APPROCHE
APPROCHÉ
GAVROCHE
GAVROCHE
FANTOCHE
PINTOCHÉ
FASTOCHE
LA MARCHE
DÉMARCHE
DÉMARCHÉ
REMARCHÉ
RAPERCHÉ
QUETSCHE
TCHATCHE
TCHATCHÉ
SCRATCHÉ
DÉBAUCHE
DÉBAUCHÉ
EMBAUCHE
EMBAUCHÉ
TRÉBUCHÉ
REMBUCHÉ
GRELUCHE
MERLUCHE
BABOUCHE
DÉBOUCHÉ
REBOUCHÉ
EMBOUCHE
EMBOUCHÉ
ACCOUCHÉ
DÉCOUCHÉ
RECOUCHÉ
INGOUCHE
MANOUCHE
FAROUCHE
AMROUCHE
ESSOUCHÉ
LATOUCHE
RETOUCHE
RETOUCHÉ
PERRUCHE
AUTRUCHE
DE HOOGHE
ÉPITAPHE
ACALÈPHE

RODOLPHE
ASTOLPHE
TRIOMPHE
TRIOMPHÉ
DIMORPHE
CATARRHE
SQUIRRHE
GOMORRHE
ISOBATHE
VIRIATHE
MYOPATHE
ZÉOLITHE
OTOLITHE
OXYLITHE
ŒNANTHE
JACINTHE
CORINTHE
ABSINTHE
TIRYNTHE
FORSYTHE
AMANDAIE
JONCHAIE
COUDRAIE
PINERAIE
RÔNERAIE
ROSERAIE
ROUVRAIE
CERISAIE
SAUSSAIE
HOUSSAIE
AMPHIBIE
COLOMBIE
LITHOBIE
NÉCROBIE
LA TURBIE
MONŒCIE
ALOPÉCIE
DÉPRÉCIÉ
APPRÉCIÉ
RÉTRÉCIE
PHÉNICIE
MAURICIE
LICENCIÉ
DISSOCIÉ
DYSTOCIE
INFARCIE
AUTARCIE
REMERCIÉ
ENDURCIE
SÉLEUCIE
RADOUCIE
TRAGÉDIE
CONGÉDIÉ
ATTIÉDIE
ENLAIDIE
DÉRAIDIE
COCCIDIE

PERFIDIE
TIGRIDIE
SUBSIDIÉ
ROMANDIE
AGRANDIE
INCENDIE
INCENDIÉ
MAGENDIE
REBONDIE
ARRONDIE
PROSODIE
RAPSODIE
VOÏVODIE
PICARDIE
ENHARDIE
REVERDIE
ALOURDIE
ÉTOURDIE
SAINT-DIÉ
RÉÉTUDIÉ
STUPÉFIÉ
TORRÉFIÉ
PUTRÉFIÉ
LIQUÉFIÉ
BARBIFIÉ
OPACIFIÉ
SPÉCIFIÉ
CALCIFIÉ
DULCIFIÉ
CRUCIFIÉ
RÉÉDIFIÉ
ACIDIFIÉ
MUSÉIFIÉ
GAZÉIFIÉ
MYTHIFIÉ
QUALIFIÉ
AMPLIFIÉ
PLANIFIÉ
MAGNIFIÉ
LIGNIFIÉ
SIGNIFIÉ
RÉUNIFIÉ
SCARIFIÉ
CLARIFIÉ
LUBRIFIÉ
SACRIFIÉ
GLORIFIÉ
TERRIFIÉ
HORRIFIÉ
PÉTRIFIÉ
NITRIFIÉ
VITRIFIÉ
FALSIFIÉ
DENSIFIÉ
CHOSIFIÉ
VERSIFIÉ
MASSIFIÉ

RUSSIFIÉ
BÉATIFIÉ
GRATIFIÉ
RECTIFIÉ
ACÉTIFIÉ
PONTIFIÉ
CERTIFIÉ
FORTIFIÉ
MORTIFIÉ
JUSTIFIÉ
MYSTIFIÉ
STATUFIÉ
CARNEGIE
CHORÉGIE
FASTIGIÉ
PUBALGIE
ANTALGIE
COXALGIE
BÉRINGIE
LA MONGIE
ANAGOGIE
APAGOGIE
ANALOGIE
TRILOGIE
ÉCOLOGIE
GÉOLOGIE
NÉOLOGIE
UFOLOGIE
BIOLOGIE
ZOOLOGIE
APOLOGIE
UROLOGIE
OTOLOGIE
MYOLOGIE
RÉLARGIE
ALLERGIE
SYNERGIE
THÉURGIE
LITURGIE
MALACHIE
VALACHIE
SYNÉCHIE
PÉTÉCHIE
ENRICHIE
BLANCHIE
BRANCHIE
FRANCHIE
ANARCHIE
ÉNARCHIE
ÉPARCHIE
DYARCHIE
AGRAPHIE
ATROPHIE
ATROPHIÉ
LA BÂTHIE
EMPATHIE
BENGALIE
BENGALIE
DYSLALIE
ANOMALIE
PHYSALIE
RÉTABLIE
ENNOBLIE
AMEUBLIE
PARHÉLIE
PARMÉLIE
ROUMÉLIE
CONCILIÉ
SWAHILIE
MÉSALLIÉ
EMBELLIE
VIEILLIE
CUEILLIE
BOUILLIE
RAMOLLIE
OSMANLIE
OSMANLIE
UNIFOLIÉ
PERFOLIÉ
MONGOLIE
MALPOLIE
ANATOLIE
PANOPLIE
GRANULIE
APOGAMIE
ISOGAMIE
EXOGAMIE
ADYNAMIE
URICÉMIE
CALCÉMIE
LEUCÉMIE
GLYCÉMIE
ACADÉMIE
ACADÉMIE
ÉPIDÉMIE
PANDÉMIE
ISCHÉMIE
KALIÉMIE
NATRÉMIE
ANOXÉMIE
ARYTHMIE
ALCHIMIE
BOULIMIE
ACCALMIE
BONHOMIE
ÉCONOMIE
ACHROMIE
TRISOMIE
ANATOMIE
AFFERMIE
ASPERMIE
ENDORMIE
CACOSMIE
ÉPONYMIE
SESBANIE
HYRCANIE
LEUCANIE
JORDANIE
BÉTHANIE
GERMANIE
BIRMANIE
TASMANIE
ROUMANIE
RHÉNANIE
POSNANIE
CAMPANIE
HISPANIE
LITUANIE
TANZANIE
ÉPIGÉNIE
OVOGÉNIE
ASTHÉNIE
MESSÉNIE
MUNTÉNIE
NÉOTÉNIE
SLOVÉNIE
ASSAINIE
PUCCINIE
VIRGINIE
VIRGINIE
POLLINIE
CALOMNIE
CALOMNIÉ
INSOMNIE
POLYMNIE
TYRANNIE
DÉCENNIE
BARONNIE
LYCAONIE
CLADONIE
OVOGONIE
EUPHONIE
WALLONIE
HARMONIE
PANNONIE
SYNTONIE
ISOTONIE
DYSTONIE
LETTONIE
SLAVONIE
AMAZONIE
DÉGARNIE
REGARNIE
GAVARNIE
DÉVERNIE
RACORNIE
SATURNIE
RAJEUNIE
PRÉMUNIE
COMMUNIÉ
LA REYNIE
VOLHYNIE
BITHYNIE
MONT-JOIE
MONTJOIE
BAUDROIE
LAMPROIE
COURROIE
THÉRAPIE
SATRAPIE
NID-DE-PIE
DÉCRÉPIE
RECRÉPIE
ÉTHIOPIE
DIPLOPIE
ENTROPIE
ESTROPIÉ
ASSOUPIE
BARBARIE
BARBARIE
BULGARIE
ZACHARIE
DAMMARIE
RAPPARIÉ
AGACERIE
GLACERIE
ÉPICERIE
MERCERIE
FORCERIE
GLYCÉRIE
BRADERIE
SOLDERIE
PENDERIE
TENDERIE
FONDERIE
BRODERIE
GARDERIE
BORDERIE
CORDERIE
BOUDERIE
PRUDERIE
IMAGERIE
LINGERIE
SINGERIE
SONGERIE
BERGERIE
FÂCHERIE
SACHERIE
VACHERIE
PÊCHERIE
SÉCHERIE
ARCHERIE
LUTHERIE
ROOKERIE
CÂBLERIE
HÂBLERIE
SABLERIE
MUFLERIE

TOILERIE
VOILERIE
HUILERIE
TUILERIE
GALLÉRIE
SELLERIE
TULLERIE
DRÔLERIE
VEULERIE
SOÛLERIE
BRÛLERIE
CRÉMERIE
ISOMÉRIE
FORMERIE
RHUMERIE
FLÂNERIE
CRÂNERIE
GAINERIE
MOINERIE
TANNERIE
VANNERIE
CONNERIE
SONNERIE
MEUNERIE
DRAPERIE
CRÊPERIE
FRIPERIE
TRIPERIE
SUCRERIE
LADRERIE
CIDRERIE
CAFRERIE
VERRERIE
PITRERIE
VITRERIE
PRÉSÉRIE
MAÏSERIE
BOISERIE
GRISERIE
CLOSERIE
GYPSERIE
LASSERIE
VISSERIE
ROSSERIE
CAUSERIE
BACTÉRIE
LAITERIE
BOITERIE
FRITERIE
MALTERIE
GANTERIE
MENTERIE
CARTERIE
PORTERIE
HYSTÉRIE
BATTERIE
SAUTERIE
BLUTERIE
VIGUERIE
COQUERIE
MOQUERIE
ROQUERIE
JUIVERIE
FAUVERIE
BEUVERIE
BOUVERIE
AMAIGRIE
HÉTAIRIE
HÉTAIRIE
MÉTAIRIE
FRIGORIE
EUPHORIE
SÉNIORIE
HISTORIÉ
LA JARRIE
ÉQUARRIE
AGUERRIE
RAPATRIÉ
DÉPATRIÉ
EXPATRIÉ
PHRATRIE
SYMÉTRIE
DIOPTRIE
MEURTRIE
NEUSTRIE
DÉNUTRIE
MALAURIE
OLIGURIE
CENTURIE
POLYURIE
WALKYRIE
FATRASIE
LAURASIE
RASSASIÉ
GÉODÉSIE
RHODÉSIE
ESTHÉSIE
AGÉNÉSIE
FRÉNÉSIE
MAGNÉSIE
MAGNÉSIE
ACINÉSIE
AKINÉSIE
ECMNÉSIE
GASPÉSIE
ÉNURÉSIE
MALAISIE
TANAISIE
SYNOPSIE
AUTOPSIE
AUTOPSIÉ
ÉPAISSIE
GAMBUSIE
AGUEUSIE
JALOUSIE
PAROUSIE
MALBÂTIE
RAPLATIE
PRIMATIE
DALMATIE
LA BOÉTIE
HELVÉTIE
INIMITIÉ
CALVITIE
ANÉANTIE
DÉNANTIE
GARANTIE
RALENTIE
DÉMENTIE
REPENTIE
LAVENTIE
ENZOOTIE
DÉPARTIE
REPARTIE
RÉPARTIE
BIPARTIE
MI-PARTIE
IMPARTIE
DIVERTIE
INVERTIE
ASSORTIE
DYNASTIE
MODESTIE
INVESTIE
AMNISTIE
AMNISTIÉ
CHRISTIE
BALBUTIÉ
DÉGLUTIE
EMBOUTIE
IAKOUTIE
ALANGUIE
SERFOUIE
ÉPANOUIE
ÉVANOUIE
MOLDAVIE
EAU-DE-VIE
ENSUIVIE
CRACOVIE
MOSCOVIE
MORDOVIE
GERGOVIE
VARSOVIE
ASSERVIE
ASSOUVIE
AGALAXIE
ATARAXIE
ÉPITAXIE
CACHEXIE
DYSLEXIE
ANOREXIE
APYREXIE
ANATEXIE
PANMIXIE
APOMIXIE
ASPHYXIE
ASPHYXIÉ
ABKHAZIE
CRÉMAZIE
NÉONAZIE
ONDAATJE
PLUM-CAKE
KEEPSAKE
WERNICKE
GUERICKE
DÉSTOCKÉ
ROZEBEKE
BAMILÉKÉ
KLONDIKE
SEMI-COKE
DÉCÉBALE
BRIMBALÉ
TRIMBALÉ
MONACALE
CLOACALE
RADICALE
MÉDICALE
VÉSICALE
MUSICALE
LEXICALE
BIFOCALE
QUISCALE
CYCADALE
AIREDALE
AMYGDALE
ROCHDALE
OVOÏDALE
ABSIDALE
COTIDALE
SCANDALE
GLENDALE
SYNODALE
PALLÉALE
MONREALE
UNGUÉALE
RÉCIFALE
ILLÉGALE
FRINGALE
POLYGALE
ACÉPHALE
NYMPHALE
CAMBIALE
GLACIALE
SPÉCIALE
ASOCIALE
CRUCIALE
MONDIALE
CARDIALE

CORDIALE
SPATIALE
INITIALE
INITIALÉ
NUPTIALE
MARTIALE
PARTIALE
BESTIALE
TRIVIALE
ÉLUVIALE
FLUVIALE
PLUVIALE
COAXIALE
DÉCIMALE
MINIMALE
OPTIMALE
MAXIMALE
THERMALE
ANORMALE
SÉISMALE
VICINALE
ORDINALE
VAGINALE
SÉMINALE
LIMINALE
NOMINALE
MATINALE
BIENNALE
CORONALE
BITONALE
STERNALE
JÉJUNALE
GRIPPALE
GROUPALE
LIBÉRALE
TUBÉRALE
FÉDÉRALE
SIDÉRALE
RUDÉRALE
SCLÉRALE
HUMÉRALE
NUMÉRALE
GÉNÉRALE
MINÉRALE
LATÉRALE
SUDORALE
PRÉORALE
MAÏORALE
FÉMORALE
IMMORALE
HUMORALE
TUMORALE
SORORALE
AURORALE
MAYORALE
URÉTRALE
CENTRALE
VENTRALE
ŒSTRALE
ROSTRALE
AUSTRALE
LUSTRALE
FOUTRALE
PLEURALE
PHARSALE
ABYSSALE
SINUSALE
PALATALE
FRACTALE
VÉGÉTALE
BOLETALE
ORBITALE
CUBITALE
DIGITALE
GÉNITALE
CAPITALE
MARITALE
FRONTALE
SCROTALE
ÉRISTALE
GLOTTALE
LINGUALE
ESTIVALE
AFFIXALE
BATHYALE
DÉLOYALE
PEZIZALE
PROBABLE
BANCABLE
ÉVOCABLE
ÉDUCABLE
PENDABLE
VENDABLE
PERDABLE
SOUDABLE
OXYDABLE
LOGEABLE
AGRÉABLE
LARGABLE
VICIABLE
SOCIABLE
ENDIABLÉ
MANIABLE
EXPIABLE
VARIABLE
ENVIABLE
ÉGALABLE
CYCLABLE
RÉGLABLE
ISOLABLE
BLÂMABLE
SOMMABLE
CHÔMABLE
PRENABLE
GAGNABLE
DAMNABLE
PALPABLE
COUPABLE
OPÉRABLE
QUÉRABLE
ÉTIRABLE
ADORABLE
LIVRABLE
OUVRABLE
FAISABLE
IRISABLE
PENSABLE
CASSABLE
PASSABLE
DESSABLÉ
INUSABLE
IMITABLE
ÉVITABLE
RENTABLE
CARTABLE
PORTABLE
SORTABLE
TESTABLE
INSTABLE
METTABLE
IMMUABLE
AVOUABLE
CLIVABLE
SOLVABLE
PLOYABLE
CROYABLE
SCRABBLE
SCRABBLÉ
MISCIBLE
CRÉDIBLE
ÉLIGIBLE
EXIGIBLE
TANGIBLE
FONGIBLE
TERRIBLE
HORRIBLE
PAISIBLE
LOISIBLE
NUISIBLE
SENSIBLE
PASSIBLE
CESSIBLE
FISSIBLE
POSSIBLE
AMOVIBLE
FLEXIBLE
ÉTIEMBLE
ENSEMBLE
ASSEMBLÉ
GRENOBLE
VIGNOBLE
VIGNOBLE
DÉMEUBLÉ
REMEUBLÉ
IMMEUBLE
ENCOUBLE
ENCOUBLÉ
DÉDOUBLÉ
REDOUBLÉ
CHASUBLE
BERNACLE
PANTACLE
PENTACLE
OBSTACLE
BERNICLE
FURONCLE
PÉTONCLE
SOPHOCLE
PATROCLE
DÉCERCLÉ
RECERCLÉ
ENCERCLÉ
DÉMASCLÉ
DÉBOUCLÉ
ÉPICYCLE
TRICYCLE
SPHACÈLE
DÉFICELÉ
CHANCELÉ
ÉTINCELÉ
AMONCELÉ
DÉPUCELÉ
INFIDÈLE
REMODELÉ
ANOPHÈLE
TRISKÈLE
CARAMÉLÉ
PÊLE-MÊLE
SANG-MÊLÉ
GROMMELÉ
ÉPANNELÉ
DÉCAPELÉ
BOURRELÉ
RUISSELÉ
DÉMUSELÉ
ÉCARTELÉ
CRAQUELÉ
ENJAVELÉ
ÉCHEVELÉ
DÉNIVELÉ
ÉCERVELÉ
INSUFFLÉ
MORNIFLE
PERSIFLÉ
DÉSENFLÉ
DÉGONFLÉ
REGONFLÉ
DECOUFLÉ

8

CAMOUFLÉ
MAROUFLÉ
ESPIÈGLE
PRÉRÉGLÉ
TRIANGLE
ÉTRANGLÉ
ROTENGLE
RECINGLE
RÉSINGLE
STRONGLE
INHABILE
ATRABILE
DÉLÉBILE
IMMOBILE
STROBILE
VOLUBILE
OBNUBILÉ
IMBÉCILE
DOMICILE
INDOCILE
BELLE-ÎLE
ÉFAUFILÉ
STRIGILE
ÉVANGILE
NARGHILÉ
ANNIHILÉ
GÉOPHILE
ZOOPHILE
LYOPHILE
ASSIMILÉ
BOGOMILE
JUVÉNILE
RENTOILÉ
L'ESTOILE
ÉOLIPILE
DÉSOPILÉ
VOLATILE
SAXATILE
ÉRECTILE
QUARTILE
NARGUILÉ
DÉSHUILÉ
INCIVILE
TRIBALLE
TRIBALLÉ
LAMBALLE
REMBALLÉ
QUE DALLE
FLÉMALLE
LASSALLE
INSTALLÉ
GLABELLE
ISABELLE
ISABELLE
TOMBELLE
POUBELLE
CRÉCELLE

MANCELLE
MANCELLE
PARCELLE
SARCELLE
DESCELLÉ
NAUCELLE
PRÉDELLE
TENDELLE
BONDELLE
RONDELLE
DÉRÉELLE
IRRÉELLE
FLAGELLE
FLAGELLÉ
SHIGELLE
MARGELLE
ARCHELLE
ENFIELLÉ
DÉMIELLÉ
EMMIELLÉ
VÉNIELLE
SÉRIELLE
KYRIELLE
CHAMELLE
TRÉMELLE
POMMELLE
FORMELLE
PAUMELLE
GLUMELLE
FLANELLE
PLANELLE
CYANELLE
QUENELLE
SPINELLE
CANNELLE
VANNELLE
GONNELLE
TONNELLE
PRUNELLE
CHAPELLE
RIOPELLE
CARPELLE
COUPELLE
OMBRELLE
QUERELLE
QUERELLÉ
DEGRELLE
TOURELLE
MAM'SELLE
CAPSELLE
DESSELLÉ
TESSELLE
AISSELLE
UNETELLE
BRETELLE
CRÉTELLE
VANTELLE

DENTELLE
MORTELLE
MISTELLE
SITTELLE
MANUELLE
ANNUELLE
LAQUELLE
SÉQUELLE
CASUELLE
VISUELLE
ACTUELLE
RITUELLE
MUTUELLE
SEXUELLE
GRAVELLE
HELVELLE
CERVELLE
DOUVELLE
NOUVELLE
MAM'ZELLE
DONZELLE
CACAILLE
LA CAILLE
RACAILLE
ROCAILLE
MÉDAILLE
MÉDAILLÉ
GODAILLÉ
RÔDAILLÉ
PAGAILLE
CRIAILLÉ
VOLAILLE
DÉMAILLÉ
REMAILLÉ
LIMAILLE
RIMAILLÉ
CANAILLE
TENAILLE
TENAILLÉ
PINAILLÉ
RAPAILLÉ
DÉPAILLÉ
RIPAILLE
RIPAILLÉ
EMPAILLÉ
DÉRAILLÉ
TIRAILLÉ
MURAILLE
CISAILLE
CISAILLÉ
BATAILLE
BATAILLE
BATAILLÉ
DÉTAILLÉ
RETAILLE
RETAILLÉ
ENTAILLE

ENTAILLÉ
INTAILLE
FUTAILLE
FOUAILLE
FOUAILLÉ
GOUAILLE
GOUAILLÉ
JOUAILLÉ
TOUAILLE
RHABILLÉ
BULBILLE
GAMBILLÉ
GERBILLE
BISBILLE
FAUCILLE
FAUCILLE
FENDILLÉ
PENDILLÉ
MORDILLÉ
PAREILLE
MIREILLE
ZOREILLE
ORSEILLE
RÉVEILLÉ
CHEMILLÉ
GRÉMILLE
VERMILLÉ
DIX MILLE
CHENILLE
CHENILLÉ
GUENILLE
BATOILLÉ
PAMPILLE
TORPILLE
TORPILLÉ
GASPILLÉ
GOUPILLE
GOUPILLÉ
ROUPILLÉ
TOUPILLÉ
FIBRILLE
FIBRILLÉ
NÉGRILLE
SPIRILLE
BRASILLÉ
BRÉSILLÉ
GRÉSILLÉ
SENSILLE
ÉGOSILLÉ
PERSILLÉ
DESSILLÉ
BOUSILLÉ
FRÉTILLÉ
BOITILLÉ
MANTILLE
GENTILLE
LENTILLE

TORTILLE
TORTILLÉ
MYRTILLE
BASTILLE
BASTILLE
CASTILLE
PASTILLE
DISTILLÉ
INSTILLÉ
SAUTILLÉ
TREUILLÉ
QUEUILLE
DÉGUILLÉ
AIGUILLE
AIGUILLE
AIGUILLÉ
ANGUILLE
ÉPOUILLÉ
BROUILLE
BROUILLÉ
GROUILLÉ
TROUILLE
MAQUILLÉ
BÉQUILLE
BÉQUILLÉ
COQUILLE
ESQUILLE
CHAVILLE
CHEVILLE
CHEVILLÉ
FRIVILLE
OAKVILLE
CALVILLE
MELVILLE
DAMVILLE
BANVILLE
JARVILLE
MERVILLE
YERVILLE
NEUVILLE
GUIBOLLE
CANDOLLE
MARIOLLE
GRISOLLÉ
DE GAULLE
PARABOLE
MÉTABOLE
FARIBOLE
PÉRIBOLE
CARACOLÉ
AQUACOLE
TUBICOLE
OLÉICOLE
SALICOLE
LIMICOLE
VINICOLE
RAPICOLÉ

RUPICOLE
AÉRICOLE
AGRICOLE
VITICOLE
AQUICOLE
NIVICOLE
SAXICOLE
RIZICOLE
LANCÉOLÉ
FLAGEOLÉ
LONGEOLE
ROUGEOLE
NUCLÉOLE
MALLÉOLE
GLARÉOLE
BATIFOLÉ
MENTHOLÉ
CARNIOLE
CABRIOLE
CABRIOLÉ
AFFRIOLÉ
GLORIOLE
CARRIOLE
VITRIOLÉ
BESTIOLE
LAGUIOLE
LAGUIOLE
TRAVIOLE
SARAKOLÉ
TAILLOLE
CÉVENOLE
CÉVENOLE
CHIGNOLE
TORGNOLE
SÉMINOLE
DÉCAPOLE
MÉGAPOLE
ÉQUIPOLÉ
MONOPOLE
ACROPOLE
ACROPOLE
FAVEROLE
FÉVEROLE
CONTRÔLE
CONTRÔLÉ
CAMISOLE
ÉMISSOLE
BOUSSOLE
CAPITOLE
CAPITOLE
DIASTOLE
ASYSTOLE
BÉNÉVOLE
VÉLIVOLE
THIAZOLE
DISCIPLE
MULTIPLE

DÉPEUPLÉ
REPEUPLÉ
ACCOUPLE
ACCOUPLÉ
DÉCOUPLÉ
ENSOUPLE
CENTUPLE
CENTUPLÉ
SEPTUPLE
SEPTUPLÉ
SEXTUPLE
SEXTUPLÉ
MANDORLE
DOMBASLE
CARLISLE
CUCHAULE
AFFABULÉ
DÉNÉBULÉ
DÉAMBULÉ
IMMACULÉ
MIRACULÉ
MOLÉCULE
RADICULE
PÉDICULE
PÉDICULÉ
RIDICULE
VÉHICULE
VÉHICULÉ
CALICULE
SILICULE
CANICULE
JANICULE
PANICULE
PANICULÉ
SANICULE
FUNICULE
UTRICULE
AURICULE
VÉSICULE
RÉTICULE
RÉTICULÉ
ARTICULÉ
CUTICULE
NAVICULE
OPERCULE
OPERCULÉ
ÉMASCULÉ
BOUSCULÉ
OPUSCULE
STRIDULÉ
DÉMODULÉ
FILLEULE
BÉGUEULE
DÉGUEULÉ
ENGUEULÉ
SCROFULE
DÉRÉGULÉ

FULIGULE
SPERGULE
SQUAMULE
ACCUMULÉ
TRABOULE
TRABOULÉ
À LA COULE
MARCOULE
ROUCOULÉ
REMMOULÉ
VERMOULÉ
SURMOULE
SURMOULÉ
DESSOÛLÉ
MANIPULE
MANIPULÉ
SCRUPULE
HOME RULE
CLAUSULE
CAPITULE
CAPITULÉ
INTITULÉ
PLANTULE
SPORTULE
UNIOVULÉ
SALICYLÉ
SPONDYLE
BENZOYLE
ÉOLIPYLE
PROSTYLE
MONOXYLE
MYROXYLE
AMALGAME
AMALGAMÉ
ENDOGAME
MONOGAME
AUTOGAME
POLYGAME
PROCLAMÉ
CHAH-NAMÈ
SURINAME
INENTAMÉ
DESQUAMÉ
NICODÈME
NICODÈME
GRAPHÈME
MORPHÈME
ANATHÈME
ÉRATHÈME
TRITHÈME
APOTHÈME
ÉRYTHÈME
MILLIÈME
HUITIÈME
TANTIÈME
CENTIÈME
SEPTIÈME

NEUVIÈME	GENDARMÉ	THOMISME	ANTONYME
DEUXIÈME	**DUCHARME**	ATOMISME	AUTONYME
SEIZIÈME	**MALLARMÉ**	CLANISME	COENZYME
DOUZIÈME	RISBERME	ONANISME	RIBOZYME
PROBLÈME	ÉPIDERME	URANISME	LYSOZYME
MI-CARÊME	SYNDERME	IRÉNISME	ENCABANÉ
THÉORÈME	RENFERMÉ	JAÏNISME	**BRISBANE**
ÉPISTÉMÊ	**VILLERMÉ**	SUNNISME	VATICANE
SYNTAGME	CONFIRMÉ	SIONISME	**PEAU D'ÂNE**
BIEN-AIMÉ	PRÉFORME	JEUNISME	KOURGANE
ENTR'AIMÉ	PRÉFORMÉ	HÉROÏSME	PHRYGANE
NON ANIMÉ	DIFFORME	TROPISME	BARKHANE
ENVENIMÉ	UNIFORME	UTOPISME	DIAPHANE
COMPRIMÉ	SUIFORME	HIPPISME	ÉPIPHANE
SUPPRIMÉ	CONFORME	ATYPISME	**ÉPIPHANE**
SURPRIME	CONFORMÉ	CHARISME	URÉTHANE
BOUT-RIMÉ	NÉOFORMÉ	TSARISME	LANTHANE
LÉGITIME	CHIOURME	INGRISME	**SOGDIANE**
LÉGITIMÉ	SARCASME	ONIRISME	GENTIANE
MARITIME	FANTASME	ENTRISME	COQ-À-L'ÂNE
ENFLAMMÉ	FANTASMÉ	TOURISME	CATALANE
DIGRAMME	DADAÏSME	ÉTATISME	**CATALANE**
ENGRAMME	JUDAÏSME	STATISME	**ROXELANE**
BONHOMME	BAHAÏSME	TACTISME	**MAILLANE**
BONHOMME	BÉHAÏSME	PIÉTISME	**ALLEMANE**
SURHOMME	LAMAÏSME	ÉLITISME	BRAHMANE
PRÉNOMMÉ	MOSAÏSME	CULTISME	OPIOMANE
SURNOMMÉ	ÇIVAÏSME	KANTISME	MÉLOMANE
SUSNOMMÉ	SIVAÏSME	MENTISME	PYROMANE
CONSOMMÉ	ARABISME	SCOTISME	OTTOMANE
GLAUCOME	SNOBISME	BÉOTISME	**ZAKOPANE**
TRACHOME	LAÏCISME	ÉGOTISME	MAHARANÉ
TRICHOME	FASCISME	ILOTISME	MEMBRANE
LYMPHOME	CLADISME	ÉROTISME	OLÉCRANE
XANTHOME	LUDDISME	EXOTISME	VÉTÉRANE
FÉCALOME	MAHDISME	BAPTISME	**COLTRANE**
ENTOLOME	FORDISME	NAUTISME	ARTISANE
MÉLANOME	SABÉISME	ATAVISME	CRASSANE
SÉMINOME	FIDÉISME	SUIVISME	BRESSANE
ERGONOME	ATHÉISME	FAUVISME	**BRESSANE**
AGRONOME	ACMÉISME	MARXISME	**ECBATANE**
AUTONOME	INNÉISME	BRUXISME	**CÉRETANE**
POLYNÔME	SOUFISME	LOBBYSME	OCCITANE
SYNDROME	MACHISME	DARBYSME	**OCCITANE**
PRODROME	TACHISME	DANDYSME	**GADITANE**
ATHÉROME	SIKHISME	DÉCHAUMÉ	SPONTANÉ
RIBOSOME	SAPHISME	POSTHUME	**PALAUANE**
ALLOSOME	SOPHISME	REMPLUMÉ	**PADOUANE**
GONOSOME	ORPHISME	AMERTUME	DÉDOUANÉ
LIPOSOME	RÉALISME	**BIENAYMÉ**	**CAPOUANE**
LYSOSOME	DUALISME	ÉPENDYME	**NAURUANE**
AUTOSOME	CYCLISME	HOMONYME	**LA HAVANE**
HÉMATOME	CARLISME	SYNONYME	CARAVANE
BRANTÔME	BEYLISME	TOPONYME	**RELIZANE**
SYMPTÔME	STYLISME	HYPONYME	**PLOUZANÉ**
IGNIVOME	ADAMISME	PARONYME	TRIDACNE
GENDARME	ANIMISME	ACRONYME	NOTA BENE

8

PLIOCÈNE
HOLOCÈNE
THIOFÈNE
ATTAGÈNE
MUTAGÈNE
INDIGÈNE
FUMIGÈNE
MORIGÉNÉ
ANTIGÈNE
ONCOGÈNE
ENDOGÈNE
HALOGÈNE
HALOGÉNÉ
ALLOGÈNE
HOMOGÈNE
KÉROGÈNE
PYROGÈNE
AUTOGÈNE
CRYOGÈNE
GAZOGÈNE
SANS-GÊNE
PHOSGÈNE
DISTHÈNE
PYRALÈNE
MYTILÈNE
ÉTHYLÈNE
TÉRYLÈNE
BUTYLÈNE
ALCAMÈNE
CÉLIMÈNE
TURKMÈNE
TURKMÈNE
ITELMÈNE
CLÉOMÈNE
ÉCOUMÈNE
LIMONÈNE
SCORPÈNE
ESCARÈNE
GANGRÈNE
GANGRENÉ
RENGRÉNÉ
ANTHRÈNE
NÉOPRÈNE
ISOPRÈNE
SPHYRÈNE
KÉROSÈNE
CAROTÈNE
PYROXÈNE
CERDAGNE
LA PLAGNE
SOUMAGNE
CAMPAGNE
COMPAGNE
BRETAGNE
MONTAGNE
MONTAGNE
MORTAGNE

CASTAGNE
IMPRÉGNÉ
DÉDAIGNÉ
SPHAIGNE
VARAIGNE
D'AUBIGNÉ
DÉPEIGNÉ
EMPEIGNE
ENSEIGNE
ENSEIGNÉ
GRAFIGNÉ
RECHIGNÉ
RÉALIGNÉ
FORLIGNÉ
SURLIGNÉ
SOULIGNÉ
TÉMOIGNÉ
EMPOIGNE
EMPOIGNÉ
TRÉPIGNÉ
SALSIGNE
CONSIGNE
CONSIGNÉ
PROVIGNÉ
LOUVIGNÉ
RENCOGNÉ
GASCOGNE
MASCOGNE
DORDOGNE
LANGOGNE
VERGOGNE
BOULOGNE
CHAROGNE
BASTOGNE
AUVERGNE
THÉBAINE
THÉBAINE
THÉBAÏNE
RURBAINE
BOUCAINE
FREDAINE
MONDAINE
SOUDAINE
TRUDAINE
RENGAINE
RENGAINÉ
DÉCHAÎNÉ
ENCHAÎNÉ
LA PLAINE
VERLAINE
POULAINE
PTOMAÏNE
GERMAINE
GERMAINE
ROUMAINE
ROUMAINE
THÔNAINE

MIGRAINE
MARRAINE
PARRAINÉ
LORRAINE
LORRAINE
ENTRAÎNÉ
TOURAINE
MALSAINE
HUITAINE
CENTAINE
FONTAINE
FONTAINE
CERTAINE
HAUTAINE
CHEVAINE
NEUVAINE
DOUVAINE
DOUZAINE
CARABINE
CARABINÉ
TROMBINE
DÉBOBINÉ
EMBOBINÉ
JACOBINE
DÉRACINÉ
ENRACINÉ
MÉDECINE
OFFICINE
CONICINE
SÉRICINE
VATICINÉ
CAPUCINE
ENGADINE
CITADINE
XYLIDINE
PYRIDINE
BLANDINE
AMANDINE
BLONDINE
BORODINE
SOURDINE
PALUDINE
HIRUDINE
DÉTHÉINÉ
PROTÉINE
PROTÉINÉ
CYSTÉINE
VERVEINE
MAUVÉINE
PEAUFINÉ
FUMAGINE
FRANGINE
CRACHINÉ
TRICHINE
MORPHINE
DAUPHINE
DAUPHINÉ

XANTHINE
DENIKINE
CYTOKINE
ALCALINE
ISOCLINE
GIBELINE
ZIBELINE
DODELINÉ
CAMELINE
AGNELINE
CAPELINE
PIPELINE
POPELINE
VASELINE
PATELINE
PATELINÉ
JAVELINE
DRAGLINE
LANOLINE
RIPOLINÉ
CAROLINE
GAZOLINE
INDULINE
LUPULINE
INSULINE
URSULINE
THIAMINE
CALAMINE
CALAMINÉ
SALAMINE
MÉLAMINE
MÉLAMINÉ
DOPAMINE
FORAMINÉ
VITAMINE
VITAMINÉ
EFFÉMINÉ
ACHEMINÉ
INSÉMINÉ
CHAUMINE
ALBUMINE
ALBUMINÉ
LÉGUMINE
ILLUMINÉ
ENLUMINÉ
MÉLANINE
PAPANINE
ESSENINE
ARGININE
KALININE
FÉMININE
HOMININÉ
THIONINE
SAPONINE
OPSONINE
SARDOINE
CHANOINE

FIBROÏNE
AUBÉPINE
ATROPINE
ALEPPINE
STÉARINE
ENFARINÉ
GAGARINE
TAGARINE
HÉPARINE
MAZARINE
EXOCRINE
LIBÉRINE
SUBÉRINE
PÈLERINE
VIPÉRINE
ANSÉRINE
ENTÉRINÉ
CHAGRINE
CHAGRINÉ
LONGRINE
IVOIRINE
ASPIRINE
FLUORINE
DOCTRINE
POITRINE
LUSTRINE
LETTRINE
FEUTRINE
DEXTRINE
FIGURINE
CHOURINÉ
ÆGYRINE
BUTYRINE
MAGASINÉ
FUCHSINE
DRAISINE
AVOISINÉ
ÉMULSINE
MYROSINE
TYROSINE
CYTOSINE
TRYPSINE
MOISSINE
GLOSSINE
HOUSSINE
HOUSSINÉ
POUSSINE
ABYSSINE
ABYSSINE
IELTSINE
MÉLUSINE
CRÉATINE
PALATINE
PALATINE
GÉLATINE
GÉLATINÉ
DÉMATINÉ

SONATINE
BARATINÉ
KÉRATINE
RATATINÉ
CAVATINE
SUINTINE
CABOTINE
CABOTINÉ
NICOTINE
BRIOTINE
COMPTINE
COURTINE
ÉLASTINE
TROTTINÉ
CICUTINE
BARYTINE
SANGUINE
DARGUINE
BÉDOUINE
BÉDOUINE
SAGOUINE
PAHOUINE
MALOUINE
MALOUINE
ACOQUINÉ
BASQUINE
MESQUINE
BOUQUINÉ
ROUQUINE
ANGEVINE
ANGEVINE
ÉCHEVINÉ
BUCOVINE
CHAUVINE
PLEUVINÉ
MAGAZINE
RENDZINE
CONDAMNÉ
MARIAMNE
VERTUMNE
GARDANNE
MARIANNE
FIBRANNE
VERRANNE
LAUSANNE
PAYSANNE
CAOUANNE
AVICENNE
SABÉENNE
SABÉENNE
EUBÉENNE
GACÉENNE
NOCÉENNE
ORCÉENNE
DUCÉENNE
LUCÉENNE
LYCÉENNE

FIDÉENNE
SIDÉENNE
ACHÉENNE
ACHÉENNE
SALÉENNE
PÉLÉENNE
LOMÉENNE
LINÉENNE
ERNÉENNE
LUPÉENNE
ALRÉENNE
CORÉENNE
CORÉENNE
ISSÉENNE
FUXÉENNE
REZÉENNE
DUCHENNE
PRAÏENNE
NUBIENNE
NUBIENNE
PUBIENNE
CACIENNE
ANCIENNE
INDIENNE
INDIENNE
LYDIENNE
LYDIENNE
SAGIENNE
ARGIENNE
ARGIENNE
MALIENNE
MALIENNE
SALIENNE
ÉOLIENNE
ÉOLIENNE
JULIENNE
SIMIENNE
DOMIENNE
TOMIENNE
PÉNIENNE
IONIENNE
IONIENNE
APPIENNE
AÉRIENNE
DORIENNE
SYRIENNE
SYRIENNE
TYRIENNE
TYRIENNE
OASIENNE
ANTIENNE
ESTIENNE
JOVIENNE
BEXIENNE
LUZIENNE
MINOENNE
MERSENNE

PANTENNE
JAGUENNE
CHEVENNE
LIBYENNE
LIBYENNE
ASCYENNE
CHEYENNE
TROYENNE
TROYENNE
ÉVRYENNE
IVRYENNE
RÉABONNÉ
VALBONNE
BOMBONNE
BONBONNE
CARBONNE
NARBONNE
SORBONNE
LISBONNE
EAUBONNE
CHACONNE
BRACONNÉ
RANÇONNÉ
FLOCONNÉ
GARÇONNE
GASCONNE
GASCONNE
FREDONNÉ
AMIDONNÉ
MALDONNE
RANDONNÉ
DINDONNÉ
LARDONNÉ
PARDONNÉ
CORDONNÉ
PIGEONNE
PIGEONNÉ
PLAFONNÉ
DRAGONNE
JARGONNÉ
BOUGONNE
BOUGONNÉ
MÂCHONNÉ
BICHONNE
BICHONNÉ
COCHONNE
COCHONNÉ
SIPHONNÉ
SILIONNE
CAMIONNÉ
ESPIONNE
ESPIONNÉ
VISIONNÉ
FUSIONNÉ
GÂTIONNE
RATIONNÉ
ACTIONNÉ

8

LOTIONNÉ
GOUJONNÉ
ÉTALONNÉ
SABLONNÉ
AIGLONNE
AIGLONNE
BALLONNÉ
VALLONNÉ
WALLONNE
WALLONNE
SILLONNÉ
BOULONNÉ
FOULONNÉ
MARMONNÉ
SERMONNÉ
MIGNONNE
ROGNONNÉ
CHAPONNÉ
CRAPONNE
FRIPONNE
TAMPONNÉ
POMPONNE
POMPONNÉ
NIPPONNE
NIPPONNE
HARPONNÉ
POUPONNÉ
ÉPERONNÉ
RONRONNÉ
MARRONNE
PATRONNE
PATRONNÉ
CITRONNÉ
BOURONNÉ
COURONNE
COURONNÉ
LEVRONNE
BLASONNÉ
RAISONNÉ
FOISONNÉ
FRISONNE
FRISONNE
GRISONNE
GRISONNE
GRISONNÉ
GENSONNÉ
CONSONNE
PERSONNE
BESSONNE
SISSONNE
PIÉTONNE
BRETONNE
BRETONNE
CRETONNE
LAITONNÉ
NUITONNE
CANTONNÉ

BROTONNE
CARTONNÉ
MARTONNE
FERTONNE
BASTONNÉ
FESTONNÉ
MISTONNE
PISTONNÉ
LETTONNE
LETTONNE
TEUTONNE
BOUTONNÉ
MOUTONNÉ
KLAXONNÉ
CLAYONNÉ
CRAYONNÉ
WISHBONE
TROMBONE
SILICONE
DÉCAGONE
HEXAGONE
CORÉGONE
ANTIGONE
OCTOGONE
POLYGONE
GÉOPHONE
SHOSHONE
HERMIONE
SIRMIONE
CERVIONE
BABYLONE
ÉPOUMONÉ
ROTÉNONE
AL CAPONE
CICÉRONE
CAMERONE
GABORONE
ALEURONE
NAKASONE
ECDYSONE
DICÉTONE
MONOTONE
GUITTONE
DÉCHARNÉ
CONCERNÉ
DISCERNÉ
DEBIERNE
AUDIERNE
QUATERNE
LANTERNE
LANTERNÉ
GOUVERNE
GOUVERNÉ
SELBORNE
UNICORNE
TRICORNE
FLAGORNÉ

CALIORNE
COTHURNE
LIBOURNE
DÉFOURNÉ
ENFOURNÉ
SÉJOURNÉ
DÉTOURNÉ
RETOURNE
RETOURNÉ
LIVOURNE
NOCTURNE
DUCHESNE
DUFRESNE
DUQUESNE
CHEVESNE
AVIFAUNE
RODOGUNE
DEMI-LUNE
TOKIMUNE
DOUDOUNE
GUITOUNE
ENSÉRUNE
AÉRODYNE
GIRODYNE
HYPOGYNE
MISOGYNE
BURGOYNE
JELLICOE
LUGNÉ-POE
SILLITOE
ESCULAPE
ANTIPAPE
RATTRAPÉ
MUNICIPE
ANTICIPÉ
ÉMANCIPÉ
PRINCIPE
PRÍNCIPE
CURE-PIPE
CONSTIPÉ
DISCULPÉ
INSCULPÉ
DÉTREMPE
DÉTREMPÉ
RETREMPE
RETREMPÉ
REGRIMPÉ
DÉTROMPÉ
XYLOCOPE
DIASCOPE
ÉPISCOPE
OTOSCOPE
STANHOPE
CALLIOPE
ESCALOPE
ESCALOPÉ
PÉNÉLOPE

ANTILOPE
TROLLOPE
AMÉTROPE
INOTROPE
ISOTROPE
AMBLYOPE
RÉCHAPPÉ
KIDNAPPÉ
LEUCIPPE
PHILIPPE
DÉGRIPPÉ
ÉPICARPE
CAULERPE
DÉCRISPÉ
RAT-TAUPE
RÉOCCUPÉ
INOCCUPÉ
MINIJUPE
SURCOUPE
SURCOUPÉ
SOUCOUPE
CHALOUPE
CHALOUPÉ
TOULOUPE
DÉGROUPÉ
REGROUPÉ
ATTROUPÉ
GÉOTRUPE
TÉLÉTYPE
LUMITYPE
LOGOTYPE
HOLOTYPE
GÉNOTYPE
LINOTYPE
MONOTYPE
MONOTYPE
POINCARÉ
DARE-DARE
HÉLIGARE
AÉROGARE
CENTIARE
MUDÉJARE
BAIA MARE
DE LA MARE
SATU MARE
CAMBOARE
ACCAPARÉ
PUPIPARE
VIVIPARE
KOSOVARE
KOSOVARE
DELAWARE
HARDWARE
SOFTWARE
VERTÈBRE
VERTÉBRÉ
PERVIBRÉ

DELAMBRE
DÉCEMBRE
DÉMEMBRÉ
REMEMBRÉ
NOVEMBRE
ENCOMBRE
ENCOMBRÉ
DÉNOMBRÉ
PÉNOMBRE
SISYMBRE
OPPROBRE
ÉLUCUBRÉ
CONSACRÉ
MASSACRE
MASSACRÉ
SÉPULCRE
ÉCHANCRÉ
DÉSENCRÉ
MÉDIOCRE
LOI-CADRE
DÉCAÈDRE
OCTAÈDRE
HEXAÈDRE
CATHÈDRE
POLYÈDRE
CALANDRE
CALANDRÉ
MALANDRE
FILANDRE
MÉNANDRE
MONANDRE
RÉPANDRE
MISANDRE
LYSANDRE
DÉFENDRE
REFENDRE
LEGENDRE
ENGENDRÉ
DÉPENDRE
REPENDRE
APPENDRE
ÉPRENDRE
DÉTENDRE
RETENDRE
ENTENDRE
ATTENDRE
REVENDRE
PLAINDRE
CRAINDRE
ÉTEINDRE
CYLINDRE
CYLINDRÉ
REFONDRE
EFFONDRÉ
RÉPONDRE
APPONDRE
RETONDRE

REPERDRE
DÉMORDRE
REMORDRE
DÉSORDRE
DÉTORDRE
RETORDRE
DÉCOUDRE
RECOUDRE
REMOUDRE
ABSOUDRE
RÉSOUDRE
DÉLIBÉRÉ
IMPUBÈRE
DILACÉRÉ
CRIOCÈRE
ÉVISCÉRÉ
BAYADÈRE
IMMODÉRÉ
VOCIFÉRÉ
OLÉIFÈRE
LÉGIFÉRÉ
SALIFÈRE
PILIFÈRE
LANIFÈRE
VINIFÈRE
CONIFÈRE
CÉRIFÈRE
AURIFÈRE
ROTIFÈRE
AQUIFÈRE
BOCAGÈRE
MÉNAGÈRE
POTAGÈRE
LANIGÈRE
AUTOGÉRÉ
JONCHÈRE
PORCHÈRE
TORCHÈRE
GAUCHÈRE
PEUCHÈRE
BOUCHÈRE
OOSPHÈRE
PANTHÈRE
JAMBIÈRE
ROMBIÈRE
CORBIÈRE
DAUBIÈRE
GLACIÈRE
ÉPICIÈRE
FONCIÈRE
RONCIÈRE
MERCIÈRE
SORCIÈRE
SAUCIÈRE
BORDIÈRE
CORDIÈRE
COUDIÈRE

CAFÉIÈRE
IMAGIÈRE
JABLIÈRE
SABLIÈRE
TUILIÈRE
OULLIÈRE
ÉCOLIÈRE
GEÔLIÈRE
PERLIÈRE
TAULIÈRE
MEULIÈRE
MOULIÈRE
CRÉMIÈRE
PREMIÈRE
TRÉMIÈRE
FERMIÈRE
JAUMIÈRE
PLÉNIÈRE
GAINIÈRE
LAINIÈRE
ÉPINIÈRE
CRINIÈRE
BANNIÈRE
CANNIÈRE
MARNIÈRE
DERNIÈRE
CORNIÈRE
SAUNIÈRE
MEUNIÈRE
DRAPIÈRE
CRÊPIÈRE
GUÊPIÈRE
FRIPIÈRE
TRIPIÈRE
POMPIÈRE
PAUPIÈRE
TAUPIÈRE
SOUPIÈRE
SUCRIÈRE
LADRIÈRE
CÉDRIÈRE
NÉGRIÈRE
CIPRIÈRE
CYPRIÈRE
BARRIÈRE
CARRIÈRE
CARRIÈRE
DERRIÈRE
FERRIÈRE
PERRIÈRE
VERRIÈRE
TOURIÈRE
USURIÈRE
VIVRIÈRE
OUVRIÈRE
MASSIÈRE
FESSIÈRE

PESSIÈRE
BISSIÈRE
DOSSIÈRE
AUSSIÈRE
CHATIÈRE
ARÊTIÈRE
LIFTIÈRE
FAÎTIÈRE
LAITIÈRE
GANTIÈRE
PANTIÈRE
RENTIÈRE
PORTIÈRE
COSTIÈRE
POSTIÈRE
BUSTIÈRE
NATTIÈRE
SAUTIÈRE
ROUTIÈRE
GRUTIÈRE
AIGUIÈRE
GRAVIÈRE
BOUVIÈRE
ACCÉLÉRÉ
DÉCÉLÉRÉ
ŒILLÈRE
CUILLÈRE
OUILLÈRE
DÉCOLÉRÉ
MÉTAMÈRE
ÉPHÉMÈRE
ÉVHÉMÈRE
ERPE-MÈRE
DURE-MÈRE
ROSEMÈRE
CASHMERE
TÉLOMÈRE
MONOMÈRE
MÉSOMÈRE
POLYMÈRE
DÉGÉNÉRÉ
RÉGÉNÉRÉ
HAIGNERÉ
INCINÉRÉ
RÉMUNÉRÉ
EXASPÉRÉ
INESPÉRÉ
PROSPÈRE
PROSPÉRÉ
BEAU-PÈRE
RÉCUPÉRÉ
VITUPÉRÉ
MISERERE
CONFRÈRE
RÉINSÉRÉ
DÉLÉTÈRE
INVÉTÉRÉ

OBLITÉRÉ
INALTÉRÉ
ADULTÈRE
ADULTÉRÉ
ACROTÈRE
ISOPTÈRE
CLYSTÈRE
MOUQUÈRE
TROUVÈRE
MÉTAYÈRE
CALOYÈRE
GOULAFRE
ÉCHIFFRE
EMPIFFRÉ
DÉCOFFRÉ
SUROFFRE
ENSOUFRÉ
DÉFLAGRÉ
PELLAGRE
VINAIGRE
VINAIGRÉ
PALANGRE
MALINGRE
PYRÈTHRE
BULBAIRE
LOMBAIRE
PRÉCAIRE
CALCAIRE
BANCAIRE
CERCAIRE
CNIDAIRE
VAUDAIRE
SOLÉAIRE
LINÉAIRE
PARFAIRE
FORFAIRE
SURFAIRE
GRÉGAIRE
VULGAIRE
LOTHAIRE
RADIAIRE
BILIAIRE
CILIAIRE
MILIAIRE
ALLIAIRE
FOLIAIRE
TOPIAIRE
RÉTIAIRE
SCALAIRE
ASILAIRE
BULLAIRE
LANLAIRE
SCOLAIRE
DÉPLAIRE
OCULAIRE
ADULAIRE
OVULAIRE
UVULAIRE
FRIMAIRE
PRIMAIRE
PALMAIRE
MAMMAIRE
SOMMAIRE
GROMAIRE
BRUMAIRE
PLANAIRE
CTÉNAIRE
URINAIRE
QUINAIRE
THONAIRE
TERNAIRE
PULPAIRE
LIBRAIRE
HYDRAIRE
ATTRAIRE
LUTRAIRE
EXTRAIRE
USURAIRE
CORSAIRE
PESSAIRE
CHATAIRE
LACTAIRE
NECTAIRE
SECTAIRE
ÉLITAIRE
UNITAIRE
VOLTAIRE
VOLTAIRE
DENTAIRE
CLOTAIRE
ANNUAIRE
RIPUAIRE
OSSUAIRE
ACTUAIRE
ESTUAIRE
CLAVAIRE
CALVAIRE
VALVAIRE
VOLVAIRE
VULVAIRE
LARVAIRE
BIEN-DIRE
AUTOGIRE
CHESHIRE
BACHKIRE
TIRELIRE
DÉJANIRE
LARDOIRE
NAGEOIRE
GRÉGOIRE
MÂCHOIRE
AVALOIRE
JABLOIRE
VALLOIRE
GRIMOIRE
ÉCUMOIRE
ACCROIRE
DUCROIRE
PASSOIRE
ARATOIRE
ORATOIRE
VICTOIRE
PRÉTOIRE
PANTOIRE
MONTOIRE
HISTOIRE
EXUTOIRE
CONSPIRÉ
RÉÉCRIRE
INSCRIRE
PRÉCUIRE
TRADUIRE
CONDUIRE
PRODUIRE
TRALUIRE
DÉTRUIRE
SOUS-VIRÉ
CHAUVIRÉ
ELLÉBORE
ÉDULCORÉ
SUBODORÉ
THÉODORE
MONT-DORE
REVIGORÉ
GRINGORE
ISOCHORE
ANAPHORE
BOSPHORE
OFFSHORE
PLÉTHORE
AMÉLIORÉ
FORCLORE
UNIFLORE
FOLKLORE
DÉCOLORÉ
BICOLORE
INCOLORE
INDOLORE
MATAMORE
MATAMORE
REMÉMORÉ
RUSHMORE
GLEN MORE
SYCOMORE
CLAYMORE
ÉLÉONORE
INSONORE
TUBIPORE
CAWNPORE
ZOOSPORE
POLYPORE
LIMIVORE
FUMIVORE
OMNIVORE
PAPIVORE
GRAND-PRÉ
IMPROPRE
REMBARRÉ
CHAMARRÉ
LESPARRE
ESQUARRE
SANCERRE
SANCERRE
DEFFERRE
EMPIERRÉ
TONNERRE
TONNERRE
DESSERRÉ
RESSERRE
RESSERRÉ
NANTERRE
SANTERRE
PARTERRE
DAGUERRE
ENQUERRE
KERHORRE
BABEURRE
DÉBOURRÉ
VERDÂTRE
LA CHÂTRE
PÉDIATRE
PODIATRE
GÉRIATRE
BELLÂTRE
ÉCOLÂTRE
IDOLÂTRE
IDOLÂTRÉ
DÉPLÂTRÉ
REPLÂTRÉ
EMPLÂTRE
SAUMÂTRE
JAUNÂTRE
BRUNÂTRE
NOIRÂTRE
GRISÂTRE
BLEUÂTRE
OLIVÂTRE
DIAMÈTRE
TRIMÈTRE
OHMMÈTRE
ODOMÈTRE
GÉOMÈTRE
LUXMÈTRE
BIEN-ÊTRE
SALPÊTRE
SALPÊTRÉ
PERPÉTRÉ
PEUT-ÊTRE

CHEVÊTRE
LEMAITRE
LEMAÎTRE
RENAÎTRE
REPAÎTRE
PARAÎTRE
CHAPITRE
CHAPITRÉ
SURTITRE
SURTITRÉ
INFILTRÉ
EXFILTRÉ
DÉCENTRÉ
RECENTRÉ
EXCENTRÉ
ARGENTRÉ
DÉCINTRÉ
CI-CONTRE
ENCONTRE
DÉMONTRÉ
REMONTRÉ
DÉTARTRÉ
ENTARTRÉ
ENCASTRÉ
CADASTRE
CADASTRÉ
OLÉASTRE
PALASTRE
PILASTRE
LAMASTRE
APOASTRE
DÉSASTRE
PÉDESTRE
PALESTRE
SEMESTRE
BIMESTRE
SENESTRE
DEPESTRE
ALPESTRE
RUPESTRE
ÉQUESTRE
REGISTRE
REGISTRÉ
MINISTRE
SINISTRE
SINISTRÉ
CLAUSTRÉ
LACUSTRE
BALUSTRE
PALUSTRE
DÉLUSTRÉ
ILLUSTRE
ILLUSTRÉ
RABATTRE
DÉBATTRE
REBATTRE
DE LATTRE

ILLETTRÉ
ADMETTRE
DÉMETTRE
REMETTRE
ÉPEAUTRE
LEPAUTRE
DÉFEUTRÉ
ACCOUTRÉ
BIPOUTRE
ÉPIDAURE
CENTAURE
CENTAURE
RESTAURÉ
INSTAURÉ
PLOMBURE
ÉBARBURE
COURBURE
FOURBURE
ENLAÇURE
SINÉCURE
PÉDICURE
POSTCURE
MANUCURE
MANUCURÉ
FROIDURE
MANDEURE
MANGEURE
VERGEURE
AFFLEURÉ
EFFLEURÉ
ENFLEURÉ
PLATEURE
COIFFURE
GRIFFURE
DÉFIGURÉ
INAUGURÉ
BROCHURE
TROCHURE
MOUCHURE
SURLIURE
DOUBLURE
CONCLURE
ENGELURE
DÉMÊLURE
CISELURE
TAVELURE
ÉRAFLURE
EFFILURE
NIELLURE
MAILLURE
ENCOLURE
TRIPLURE
TUBULURE
EFFANURE
ÉCORNURE
TOURNURE
ENAMOURÉ

ANOMOURE
MACROURE
LECTOURE
PROTOURE
BRAVOURE
ÉTAMPURE
CAMBRURE
MEMBRURE
MARBRURE
GAUFRURE
CHLORURE
CHLORURÉ
FLUORURE
DIAPRURE
FOURRURE
COUVRURE
ÉBRASURE
DÉMESURE
DÉMESURÉ
FRAISURE
INCISURE
RÉASSURÉ
BLESSURE
FRESSURE
PRESSURÉ
SCISSURE
ÉPISSURE
SAUSSURE
VOUSSURE
CUBATURE
ARCATURE
CRÉATURE
LIGATURE
LIGATURÉ
FILATURE
IMMATURE
ARMATURE
DÉNATURÉ
INSATURÉ
OSSATURE
FRACTURE
FRACTURÉ
PUNCTURE
DROITURE
ÉCRITURE
AVENTURE
AVENTURÉ
CEINTURE
CEINTURÉ
PEINTURE
PEINTURÉ
TEINTURE
JOINTURE
POINTURE
APERTURE
QUESTURE
GRATTURE

GÉLIVURE
DÉRAYURE
ENRAYURE
PACHYURE
REVOYURE
LEFEBVRE
ENFIÉVRÉ
GENIÈVRE
DÉCUIVRÉ
ENSUIVRE
MAL-VIVRE
SURVIVRE
MOYEUVRE
RECOUVRÉ
LÉVOGYRE
PORPHYRE
PORPHYRE
BLANTYRE
MONOBASE
ARROBASE
COLOCASE
PROTÉASE
ANAPHASE
TRIPHASÉ
ÉCOPHASE
PROPHASE
AMIBIASE
LITHIASE
MYDRIASE
DIACLASE
ATHANASE
ESTÉRASE
ANASTASE
VOLOGÈSE
BORGHÈSE
DIATHÈSE
SYNTHÈSE
PROTHÈSE
ÉPICLÈSE
PIRANÈSE
ANAMNÈSE
VÉRONÈSE
APHÉRÈSE
SYNÉRÈSE
SCORSESE
TARBAISE
LANDAISE
LANDAISE
BORDAISE
CORDAISE
BAUDAISE
VAUDAISE
LA CHAISE
DÉNIAISÉ
SABLAISE
BÉGLAISE
ANGLAISE

8

ANGLAISE
GAUMAISE
OMANAISE
OMANAISE
ORANAISE
URANAISE
AGENAISE
BAINAISE
RENNAISE
YONNAISE
MARNAISE
TARNAISE
INAPAISÉ
SABRAISE
HÉBRAÏSÉ
HAVRAISE
ANÉTAISE
MALTAISE
MALTAISE
MANTAISE
NANTAISE
MORTAISE
MORTAISÉ
FAUTAISE
FOUTAISE
DROUAISE
CALVAISE
MAUVAISE
BLAYAISE
INDÉCISE
FRANCISÉ
EXORCISÉ
NOMADISÉ
FLUIDISÉ
FOCALISÉ
LOCALISÉ
VOCALISE
VOCALISÉ
IDÉALISÉ
LÉGALISÉ
BANALISÉ
CANALISÉ
PÉNALISÉ
FINALISÉ
MORALISÉ
NASALISÉ
TOTALISÉ
DÉVALISÉ
RIVALISÉ
LABÉLISÉ
FIDÉLISÉ
MODÉLISÉ
MOBILISÉ
SIMILISÉ
VIRILISÉ
CIVILISÉ
CRÉOLISÉ

BÉMOLISÉ
NÉBULISÉ
ISLAMISÉ
DYNAMISÉ
RÉADMISE
ARTÉMISE
MINIMISÉ
OPTIMISÉ
MAXIMISÉ
MAINMISE
SODOMISÉ
CHROMISÉ
URBANISÉ
MÉCANISÉ
PAGANISÉ
ORGANISÉ
ROMANISÉ
HUMANISÉ
TÉTANISÉ
FÉMINISÉ
LATINISÉ
DIVINISÉ
COLONISÉ
CANONISÉ
ÉTERNISÉ
IMMUNISÉ
GERBOISE
RIÉCOISE
CRÉÇOISE
VENÇOISE
SPADOISE
SUÉDOISE
SUÉDOISE
BRIDOISE
VAL-D'OISE
MELDOISE
MELDOISE
VANDOISE
MENDOISE
GARDOISE
VAUDOISE
VAUDOISE
GIFFOISE
PRAGOISE
PRAGOISE
LOCHOISE
LOCLOISE
GALLOISE
GALLOISE
CELLOISE
DELLOISE
SELLOISE
LILLOISE
COLLOISE
HULLOISE
LISLOISE
BAULOISE

GAULOISE
GAULOISE
TOULOISE
ADAMOISE
CHAMOISÉ
SIAMOISE
LOMMOISE
RIOMOISE
DRÔMOISE
FISMOISE
BAUMOISE
STANOISE
CAGNOISE
DIGNOISE
UGINOISE
CHINOISE
CHINOISE
CHINOISÉ
BLINOISE
FLINOISE
GUÎNOISE
CANNOISE
GENNOISE
YENNOISE
FINNOISE
FINNOISE
BONNOISE
BERNOISE
BERNOISE
COSNOISE
AHUNOISE
BEYNOISE
SEYNOISE
VEYNOISE
AMBROISE
DÉCROISÉ
BLÉROISE
CLÉROISE
ISÉROISE
HYÉROISE
ZAÏROISE
ZAÏROISE
BARROISE
SARROISE
YERROISE
BLÉSOISE
BLÉSOISE
VALSOISE
LENSOISE
LONSOISE
MONSOISE
GERSOISE
MERSOISE
BASSOISE
BESSOISE
HESSOISE
HESSOISE

LYSSOISE
CRÉTOISE
CRÉTOISE
AULTOISE
COMTOISE
COMTOISE
GANTOISE
GANTOISE
PANTOISE
CONTOISE
MONTOISE
MONTOISE
PONTOISE
BIOTOISE
FERTOISE
PORTOISE
LATTOISE
BUGUOISE
GRIVOISE
CERVOISE
DERVOISE
CLAYOISE
BRUZOISE
POLARISÉ
CÉSARISÉ
TUBÉRISÉ
MADÉRISÉ
NUMÉRISÉ
SATIRISÉ
ARBORISÉ
THÉORISÉ
VALORISÉ
COLORISÉ
MÉMORISÉ
TÉNORISÉ
SONORISÉ
VAPORISÉ
MOTORISÉ
AUTORISÉ
FAVORISÉ
COMPRISE
RAPPRISE
SURPRISE
PRÊTRISE
MAÎTRISE
MAÎTRISÉ
SÉCURISÉ
SOMATISÉ
FANATISÉ
DÉRATISÉ
MONÉTISÉ
POLITISÉ
NÉANTISÉ
FEINTISE
ROBOTISÉ
ASEPTISÉ
COURTISÉ

8

AMENUISÉ
INÉPUISÉ
BANQUISE
CONQUISE
MARQUISE
MARQUISE
PRÉAVISÉ
MALAVISÉ
TÉLÉVISÉ
INDIVISE
OVERIJSE
COMPULSÉ
PROPULSÉ
CONVULSÉ
CONDENSÉ
COMPENSÉ
DISPENSE
DISPENSÉ
SUSPENSE
HORTENSE
ABSCONSE
ALPHONSE
SILICOSE
THÉODOSE
OVERDOSE
PSYCHOSE
NYMPHOSE
CIRRHOSE
SYMBIOSE
SCOLIOSE
PLUVIÔSE
JUAN JOSÉ
ALCALOSE
FORCLOSE
LÉVULOSE
ANKYLOSE
ANKYLOSÉ
NOSÉMOSE
MÉLANOSE
DIAGNOSE
ANTÉPOSÉ
RÉIMPOSÉ
POSTPOSÉ
ANIDROSE
SIDÉROSE
SCLÉROSE
SCLÉROSÉ
ARTHROSE
CHLOROSE
MONTROSE
DARTROSE
AMAUROSE
OXYUROSE
STÉATOSE
HÉMATOSE
KÉRATOSE
FRUCTOSE

ATHÉTOSE
APOPTOSE
EXOSTOSE
VIRTUOSE
ICHTYOSE
SYLLEPSE
PROLEPSE
CARYOPSE
ISOHYPSE
COMPARSE
DISPERSÉ
TRAVERSE
TRAVERSÉ
RENVERSE
RENVERSÉ
CONVERSE
CONVERSÉ
PERVERSE
INTRORSE
EXTRORSE
DÉBOURSÉ
MI-COURSE
FRACASSÉ
TRACASSÉ
FRICASSE
FRICASSÉ
DELCASSÉ
CONCASSÉ
BARCASSE
CARCASSE
RASCASSE
TIÉDASSE
GALÉASSE
SARGASSE
FOUGASSE
RECHASSÉ
ENCHÂSSÉ
KHAKASSE
DÉCLASSÉ
RECLASSÉ
PRÉLASSÉ
FILLASSE
MILLASSE
MOLLASSE
HOMMASSE
BIOMASSE
TIGNASSE
CONNASSE
PARNASSE
TRÉPASSÉ
LAMPASSÉ
COMPASSÉ
SURPASSÉ
EMBRASSE
EMBRASSÉ
DÉCRASSÉ
ENCRASSÉ

CUIRASSE
CUIRASSÉ
TERRASSE
TERRASSÉ
RESSASSÉ
CREVASSE
CREVASSÉ
CONFESSE
CONFESSÉ
PROFESSE
PROFESSÉ
TERFESSE
LARGESSE
RICHESSE
DUCHESSE
JOLIESSE
NOBLESSE
MOLLESSE
DRÔLESSE
PROMESSE
KERMESSE
FAUNESSE
JEUNESSE
JEUNESSE
LA BRESSE
REDRESSE
REDRESSÉ
KÉGRESSE
NÉGRESSE
RÉGRESSÉ
TIGRESSE
MAIRESSE
PAIRESSE
EMPRESSÉ
OPPRESSÉ
EXPRESSE
DÉTRESSE
BASSESSE
POÉTESSE
BRETESSE
BRETESSÉ
COMTESSE
JUSTESSE
PROUESSE
BONZESSE
GONZESSE
RABAISSÉ
REBAISSÉ
DÉCAISSÉ
ENCAISSE
ENCAISSÉ
AFFAISSÉ
DÉLAISSÉ
RELAISSÉ
NARCISSE
NARCISSE
ABSCISSE

SAUCISSE
RÉGLISSE
DÉPLISSÉ
REPLISSÉ
COULISSE
COULISSÉ
PRÉMISSE
CANNISSE
VERNISSÉ
JAUNISSE
ANGOISSE
ANGOISSÉ
PAROISSE
COMPISSÉ
CHARISSE
CLARISSE
VIBRISSE
JOCRISSE
MANTISSE
NON-TISSÉ
BOUTISSE
ESQUISSE
ESQUISSÉ
GREVISSE
CLOVISSE
RENDOSSÉ
CHALOSSE
BUGLOSSE
LA BROSSE
ENGROSSÉ
CARROSSE
CARROSSÉ
DÉFAUSSE
DÉFAUSSÉ
REHAUSSÉ
EXHAUSSÉ
BARBUSSE
SECOUSSE
VIGOUSSE
MAHOUSSE
REPOUSSE
REPOUSSÉ
LAROUSSE
DIAPAUSE
DÉSABUSÉ
ANTABUSE
SYRACUSE
COACCUSÉ
GIBBEUSE
BULBEUSE
TOMBEUSE
HERBEUSE
VERBEUSE
DAUBEUSE
GLACEUSE
PLACEUSE
TRACEUSE

LANCEUSE
RINCEUSE
FONCEUSE
PONCEUSE
RONCEUSE
FARCEUSE
BERCEUSE
PERCEUSE
SOLDEUSE
TENDEUSE
VENDEUSE
FONDEUSE
PONDEUSE
SONDEUSE
TONDEUSE
BRODEUSE
CARDEUSE
GARDEUSE
MERDEUSE
TORDEUSE
BOUDEUSE
SOUDEUSE
CASÉEUSE
GAFFEUSE
GOLFEUSE
SURFEUSE
IMAGEUSE
ORAGEUSE
NUAGEUSE
BADGEUSE
PIÉGEUSE
JOGGEUSE
NEIGEUSE
FANGEUSE
MANGEUSE
RONGEUSE
SONGEUSE
MARGEUSE
FORGEUSE
FÂCHEUSE
GÂCHEUSE
LÂCHEUSE
MÂCHEUSE
BÊCHEUSE
LÉCHEUSE
PÊCHEUSE
SÉCHEUSE
ROCHEUSE
BÛCHEUSE
MATHEUSE
VICIEUSE
RADIEUSE
PÉDIEUSE
MAFIEUSE
RELIEUSE
BILIEUSE
MANIEUSE

SANIEUSE
COPIEUSE
CARIEUSE
MARIEUSE
PARIEUSE
SÉRIEUSE
CURIEUSE
FURIEUSE
ENVIEUSE
ANXIEUSE
ROCKEUSE
AVALEUSE
CÂBLEUSE
HÂBLEUSE
SABLEUSE
AMBLEUSE
RACLEUSE
RÉGLEUSE
BIGLEUSE
ÉPILEUSE
FRILEUSE
FRILEUSE
HUILEUSE
CALLEUSE
GALLEUSE
VALLEUSE
PILLEUSE
TILLEUSE
COLLEUSE
BULLEUSE
VIOLEUSE
FRÔLEUSE
PARLEUSE
HURLEUSE
HOULEUSE
ROULEUSE
CRÉMEUSE
FRIMEUSE
GEMMEUSE
GOMMEUSE
CHÔMEUSE
DORMEUSE
ÉCUMEUSE
PLUMEUSE
SPUMEUSE
BRUMEUSE
FLÂNEUSE
GLANEUSE
PLANEUSE
CRÂNEUSE
PRENEUSE
CAGNEUSE
GAGNEUSE
LIGNEUSE
ROGNEUSE
HAINEUSE
LAINEUSE

ACINEUSE
VEINEUSE
CHINEUSE
ÉPINEUSE
RUINEUSE
CANNEUSE
TANNEUSE
VANNEUSE
DONNEUSE
PRÔNEUSE
MARNEUSE
JEÛNEUSE
ADIPEUSE
CHIPEUSE
PULPEUSE
CAMPEUSE
POMPEUSE
RAPPEUSE
ZAPPEUSE
COUPEUSE
SOUPEUSE
SABREUSE
FIBREUSE
OMBREUSE
MACREUSE
DÉCREUSÉ
RECREUSÉ
CADREUSE
ONÉREUSE
BÂFREUSE
AFFREUSE
OFFREUSE
FOIREUSE
LÉPREUSE
BARREUSE
FERREUSE
TERREUSE
MÉTREUSE
PÉTREUSE
NITREUSE
TITREUSE
VITREUSE
HEUREUSE
PEUREUSE
COUREUSE
GIVREUSE
LIVREUSE
OUVREUSE
ALÉSEUSE
GRÉSEUSE
FAISEUSE
TAISEUSE
BRISEUSE
PRISEUSE
VALSEUSE
DANSEUSE
PENSEUSE

GYPSEUSE
HERSEUSE
VERSEUSE
CASSEUSE
MASSEUSE
PASSEUSE
LISSEUSE
PISSEUSE
TISSEUSE
VISSEUSE
BOSSEUSE
CAUSEUSE
AMUSEUSE
COUSEUSE
PRÊTEUSE
QUÊTEUSE
CAFTEUSE
APHTEUSE
LAITEUSE
BOITEUSE
FRITEUSE
MENTEUSE
VENTEUSE
CONTEUSE
HONTEUSE
MONTEUSE
PORTEUSE
PESTEUSE
BATTEUSE
LUTTEUSE
SAUTEUSE
COÛTEUSE
DOUTEUSE
GOÛTEUSE
JOUTEUSE
TAGUEUSE
PÉGUEUSE
LIGUEUSE
FUGUEUSE
RUGUEUSE
REMUEUSE
SINUEUSE
LAQUEUSE
PIQUEUSE
TIQUEUSE
MOQUEUSE
MUQUEUSE
LUXUEUSE
DRAVEUSE
GRAVEUSE
ÉLEVEUSE
SUIVEUSE
NERVEUSE
SERVEUSE
VERVEUSE
MORVEUSE
COUVEUSE

CRAYEUSE
TRAYEUSE
ABOYEUSE
BROYEUSE
PERCLUSE
VAUCLUSE
POCHOUSE
MULHOUSE
NAPLOUSE
FARLOUSE
PERLOUSE
TOULOUSE
COÉPOUSE
VENTOUSE
PARTOUSE
ABSTRUSE
DIAPHYSE
ÉPIPHYSE
SYMPHYSE
APOPHYSE
PARALYSÉ
CATALYSE
CATALYSÉ
HÉMOLYSE
PYROLYSE
AUTOLYSE
CYTOLYSE
PÉLOBATE
ACROBATE
DÉLICATE
SILICATE
SILICATÉ
SURICATE
BOURCATE
EL-SADATE
TIRIDATE
ANTIDATE
ANTIDATÉ
HAKODATE
HORODATÉ
POSTDATE
POSTDATÉ
ACULÉATE
LAURÉATE
SANDGATE
RENÉGATE
HOULGATE
RAMSGATE
FORMIATE
PIAPIATÉ
BOURIATE
SURIKATE
CHANLATE
OMOPLATE
ÉCARLATE
SQUAMATE
CASEMATE

STIGMATE
STEMMATE
CHROMATE
AUTOMATE
SÉLÉNATE
ALGINATE
CARINATE
THIONATE
BENZOATE
CARAPATÉ
PÉRIPATE
STÉARATE
ISOCRATE
EUPHRATE
CHLORATE
TARTRATE
BUTYRATE
SARASATE
TARUSATE
ÉPISTATE
CONSTATÉ
APOSTATE
PROSTATE
ADÉQUATE
VITRYATE
COMPACTE
COMPACTÉ
NAUPACTE
BIBRACTE
RÉFRACTÉ
DÉTRACTÉ
RÉTRACTÉ
ENTRACTE
CONTACTÉ
INEXACTE
DIALECTE
COLLECTE
COLLECTÉ
CONNECTÉ
RESPECTÉ
INSPECTÉ
SUSPECTE
SUSPECTÉ
CORRECTE
VINDICTE
CONCOCTÉ
OVIDUCTE
CIRCAÈTE
ALBACETE
ÉPINCETÉ
AMMOCÈTE
ASYNDÈTE
MUSAGÈTE
CHICHETÉ
CROCHETÉ
MOUCHETÉ
PROPHÈTE

ÉPITHÈTE
SOBRIÉTÉ
INQUIÈTE
INQUIÉTÉ
ARBALÈTE
HABILETÉ
PAILLETÉ
MANOLETE
OBSOLÈTE
COMPLÈTE
COMPLÉTÉ
ORCANÈTE
TROMPETÉ
À PERPÈTE
ROUSPÉTÉ
FILARETE
DÉSARÊTÉ
CONCRÈTE
DISCRÈTE
TENDRETÉ
LÉGÈRETÉ
PROPRETÉ
FLEURETÉ
IMPURETÉ
PAUVRETÉ
FAUSSETÉ
ÉPICTÈTE
À TUE-TÊTE
LAVE-TÊTE
SAINTETÉ
CHASTETÉ
CLAQUETÉ
CRAQUETÉ
BECQUETÉ
CLIQUETÉ
BRIQUETÉ
ÉTIQUETÉ
BANQUETÉ
CONQUÊTE
MARQUETÉ
PARQUETÉ
BOUQUETÉ
BRIÈVETÉ
DÉRIVETÉ
OISIVETÉ
ISOHYÈTE
PARFAITE
SURFAITE
SOUHAITÉ
RETRAITE
RETRAITÉ
ATTRAITE
EXTRAITE
SHIVAÏTE
INHABITÉ
COHABITÉ
MOZABITE

MOZABITE
PHLÉBITE
JACOBITE
CÉNOBITE
ACERBITÉ
EXORBITÉ
SAGACITÉ
FUGACITÉ
SALACITÉ
TÉNACITÉ
CAPACITÉ
RAPACITÉ
VÉRACITÉ
VORACITÉ
VIVACITÉ
MODICITÉ
PUDICITÉ
FÉLICITÉ
FÉLICITÉ
ILLICITE
TONICITÉ
TYPICITÉ
BASICITÉ
TOXICITÉ
FRANCITÉ
VÉLOCITÉ
FÉROCITÉ
ATROCITÉ
CADUCITÉ
CHEDDITE
QUIDDITÉ
HÉRÉDITÉ
LUCIDITÉ
RIGIDITÉ
ALGIDITÉ
VALIDITÉ
SOLIDITÉ
TIMIDITÉ
HUMIDITÉ
RAPIDITÉ
SAPIDITÉ
CUPIDITÉ
FÉTIDITÉ
FLUIDITÉ
LIVIDITÉ
ARALDITE
SAOUDITE
VELLÉITÉ
PLANÉITÉ
ÉCLOGITE
MELCHITE
SCAPHITE
GRAPHITE
GRAPHITÉ
GOETHITE
POSTHITE
LOCALITÉ

MODALITÉ
IDÉALITÉ
LÉGALITÉ
MOLALITÉ
BANALITÉ
PÉNALITÉ
VÉNALITÉ
FINALITÉ
ANNALITÉ
TONALITÉ
ZONALITÉ
MORALITÉ
RURALITÉ
NASALITÉ
FATALITÉ
NATALITÉ
LÉTALITÉ
VITALITÉ
TOTALITÉ
RIVALITÉ
FIDÉLITÉ
BAKÉLITE
TYPHLITE
HABILITÉ
LABILITÉ
DÉBILITÉ
MOBILITÉ
NUBILITÉ
FACILITÉ
DOCILITÉ
CHÉILITE
HUMILITÉ
SÉNILITÉ
VIRILITÉ
MOTILITÉ
FUTILITÉ
CIVILITÉ
STELLITE
FAILLITE
RÉGOLITE
XÉNOLITE
PISOLITE
INSOLITE
RHYOLITE
CRYOLITE
VINYLITE
CALAMITE
CALAMITÉ
ANNAMITE
DYNAMITE
DYNAMITÉ
DÉLIMITÉ
ILLIMITÉ
ANTIMITE
INTIMITÉ
SODOMITE
DOLOMITE

CHROMITE
L'HERMITE
THERMITE
ÉNORMITÉ
URBANITÉ
ORGANITE
BALANITE
ROMANITÉ
HUMANITÉ
INSANITÉ
SÉLÉNITE
YÉMÉNITE
YÉMÉNITE
ILMÉNITE
SÉRÉNITÉ
ARSÉNITE
AFFINITÉ
INFINITÉ
VAGINITE
SALINITÉ
FÉLINITÉ
MÉLINITE
FÉMINITÉ
LATINITÉ
ACTINITE
RÉTINITE
DIVINITÉ
ÉBIONITE
MYLONITE
LIMONITE
AMMONITE
SAPONITE
MARONITE
ÉTERNITÉ
STERNITE
IMMUNITÉ
IMPUNITÉ
AUTUNITE
REMBOÎTÉ
EXPLOITÉ
CONVOITÉ
TOKYOÏTE
TOKYOÏTE
DÉCAPITÉ
SYBARITE
HILARITÉ
MOLARITÉ
POLARITÉ
IMPARITÉ
INABRITÉ
ALACRITÉ
RÉÉCRITE
INSCRITE
DENDRITE
SIDÉRITE
COHÉRITÉ
CÉLÉRITÉ

DÉMÉRITE
DÉMÉRITÉ
TÉMÉRITÉ
IMMÉRITÉ
CINÉRITE
ASPÉRITÉ
LATÉRITE
ALTÉRITE
ALTÉRITÉ
ENTÉRITE
ARTÉRITE
SÉVÉRITÉ
NÉPHRITE
TÉPHRITE
ARTHRITE
TABORITE
PRIORITÉ
MAJORITÉ
CHLORITE
MINORITÉ
SONORITÉ
AUTORITÉ
FLUORITE
FAVORITE
URÉTRITE
PENTRITE
CONTRITE
GASTRITE
SÉCURITÉ
ALEURITE
MATURITÉ
LAZURITE
PARASITE
PARASITÉ
GIBBSITE
ANDÉSITE
REVISITÉ
TRANSITÉ
MUCOSITÉ
NODOSITÉ
PÉGOSITÉ
RUGOSITÉ
PILOSITÉ
VINOSITÉ
OPPOSITE
SÉROSITÉ
MOROSITÉ
POROSITÉ
AQUOSITÉ
GLOSSITE
RÉUSSITE
SINUSITE
STÉATITE
HÉMATITE
HÉPATITE
KÉRATITE
PROCTITE

QUANTITÉ
IDENTITÉ
BARYTITE
PRÉCUITE
BISCUITÉ
TRADUITE
CONDUITE
PRODUITE
EXIGUÏTÉ
UBIQUITÉ
INIQUITÉ
DÉFRUITÉ
AFFRUITÉ
DÉTRUITE
GRATUITE
GRATUITÉ
FORTUITE
VIDE-VITE
NOCIVITÉ
GÉLIVITÉ
NINIVITE
NATIVITÉ
ACTIVITÉ
RÉTIVITÉ
RÉINVITÉ
SYNOVITE
MALAWITE
ANNEXITE
MONAZITE
ASPHALTE
ASPHALTÉ
ÉPHIALTE
SURVOLTÉ
AUSCULTÉ
LA VOULTE
CONSULTE
CONSULTÉ
TOMBANTE
PROBANTE
BARBANTE
AGAÇANTE
GLAÇANTE
TRAÇANTE
PECCANTE
ALICANTE
ALICANTE
BROCANTE
BROCANTÉ
BERÇANTE
PERÇANTE
MANDANTE
FENDANTE
PENDANTE
FONDANTE
PERDANTE
MORDANTE
TORDANTE

OXYDANTE
RAGEANTE
ÉCHÉANTE
ÉLÉGANTE
DÉCHANTÉ
MÉCHANTE
RECHANTÉ
FICHANTE
ENCHANTÉ
AMBIANTE
RADIANTE
MÉDIANTE
DÉFIANTE
MÉFIANTE
AFFIANTE
VARIANTE
DÉVIANTE
ATALANTE
AVALANTE
POILANTE
BALLANTE
COLLANTE
ISOLANTE
DÉPLANTÉ
REPLANTÉ
IMPLANTÉ
PARLANTE
PERLANTE
HURLANTE
COULANTE
FOULANTE
MOULANTE
ROULANTE
SOÛLANTE
BRÛLANTE
DIAMANTÉ
BRAMANTE
CALMANTE
DORMANTE
ÉCUMANTE
PLANANTE
PRENANTE
AVENANTE
GAGNANTE
RÉGNANTE
TANNANTE
SONNANTE
TONNANTE
BRUNANTE
TRIPANTE
LAMPANTE
RAMPANTE
PIMPANTE
COUPANTE
AMARANTE
QUARANTE
VIBRANTE

SUCRANTE
HYDRANTE
OPÉRANTE
MIGRANTE
ODORANTE
MARRANTE
WARRANTÉ
FERRANTE
NITRANTE
ENTRANTE
COURANTE
GOURANTE
MOURANTE
NAVRANTE
GIVRANTE
OUVRANTE
BRISANTE
FRISANTE
GRISANTE
CUISANTE
LUISANTE
DANSANTE
PENSANTE
CASSANTE
LASSANTE
PASSANTE
CESSANTE
CAUSANTE
AMUSANTE
ÉPATANTE
SPITANTE
HUITANTE
TENTANTE
MONTANTE
SEPTANTE
SEPTANTE
PARTANTE
PORTANTE
SORTANTE
RESTANTE
DISTANTE
INSTANTE
BATTANTE
REMUANTE
PIQUANTE
TOQUANTE
CREVANTE
SUIVANTE
SERVANTE
MOUVANTE
SOIXANTE
ÉGAYANTE
CROYANTE
BRUYANTE
RUZZANTE
DESCENTE
TRIDENTÉ

ÉVIDENTE
PRUDENTE
TANGENTE
PATIENTE
PATIENTÉ
VIOLENTE
VIOLENTÉ
OPULENTE
CLÉMENTE
SEGMENTÉ
PIGMENTÉ
AUGMENTÉ
ALIMENTÉ
COMMENTÉ
SARMENTÉ
FERMENTÉ
ÉMINENTE
SERPENTÉ
SUSPENTE
SOUPENTE
CHARENTE
SORRENTE
PRÉSENTE
PRÉSENTÉ
CONTENTE
CONTENTÉ
SUSTENTÉ
FERVENTE
SURVENTE
ENCEINTE
ENCEINTÉ
DÉPEINTE
REPEINTE
ÉPREINTE
ÉTREINTE
DÉTEINTE
ATTEINTE
ACCOINTÉ
ADJOINTE
REJOINTE
CI-JOINTE
ENJOINTE
LAPOINTE
APPOINTÉ
ESQUINTÉ
ANODONTE
ARCHONTE
BELLONTE
SURMONTÉ
DEL PONTE
AFFRONTÉ
EFFRONTÉ
EMPRUNTÉ
CHIMBOTE
ABRICOTÉ
ASTICOTÉ
HORS-COTE

ANECDOTE
ANTIDOTE
HÉRODOTE
NEIGEOTÉ
PARIGOTE
RAVIGOTE
RAVIGOTÉ
DIZYGOTE
CRACHOTÉ
MANCHOTE
CHUCHOTÉ
SYMBIOTE
PHOLIOTE
SKOPIOTE
LOUPIOTE
CHARIOTÉ
CYPRIOTE
CYPRIOTE
PATRIOTE
VITRIOTE
ÉCHALOTE
REBELOTE
CAMELOTE
MATELOTE
SIFFLOTÉ
SANGLOTÉ
COPILOTE
PAILLOTE
RIGOLOTE
COMPLOTÉ
ESCAMOTÉ
CLIGNOTÉ
GRIGNOTÉ
GNOGNOTE
ACTINOTE
DÉCAPOTÉ
GALIPOTE
GALIPOTÉ
SCLÉROTE
NUMÉROTÉ
BIARROTE
BIARROTE
PLEUROTE
CHEVROTÉ
POIVROTE
CRÉOSOTE
CRÉOSOTÉ
TOUSSOTÉ
AYENTÔTE
ARISTOTE
ALIQUOTE
PLEUVOTÉ
RÉADAPTÉ
INADAPTÉ
PRÉCEPTE
PRÉEMPTÉ
DÉCOMPTE

DÉCOMPTÉ
MÉCOMPTE
RECOMPTÉ
ESCOMPTE
ESCOMPTÉ
INDOMPTÉ
SARCOPTE
DÉCRYPTÉ
PANCARTE
DELSARTE
CONCERTÉ
DESSERTE
DISSERTÉ
COUVERTE
ROUVERTE
CONFORTÉ
EAU-FORTE
COLPORTÉ
REMPORTÉ
N'IMPORTE
COMPORTE
COMPORTÉ
CLOPORTE
RAPPORTÉ
SUPPORTÉ
BISTORTE
VIDÉASTE
CINÉASTE
HÉLIASTE
BALLASTÉ
GYMNASTE
NORDESTE
DERMESTE
PRÉNESTE
BUPRESTE
CONTESTE
CONTESTÉ
PROTESTÉ
DADAÏSTE
MOSAÏSTE
CAMBISTE
DOMBISTE
DOUBISTE
LAÏCISTE
FASCISTE
NORDISTE
NORDISTE
FEUDISTE
FIDÉISTE
APNÉISTE
TURFISTE
PÉAGISTE
PLAGISTE
ÉTAGISTE
OLIGISTE
PONGISTE
MACHISTE
TACHISTE
SOPHISTE
LUTHISTE
TANKISTE
RÉALISTE
DUALISTE
CÂBLISTE
BIBLISTE
CYCLISTE
CALLISTE
TULLISTE
TULLISTE
VIOLISTE
CARLISTE
PAULISTE
PAULISTE
OCULISTE
BOULISTE
STYLISTE
ÉRÉMISTE
CHIMISTE
ANIMISTE
PALMISTE
THOMISTE
ATOMISTE
PIANISTE
ÉBÉNISTE
AGONISTE
SIONISTE
IRONISTE
CORNISTE
LAMPISTE
POMPISTE
UTOPISTE
HARPISTE
DIARISTE
TSARISTE
ÉVARISTE
CHORISTE
STORISTE
SERRISTE
ATTRISTÉ
MAURISTE
TOURISTE
SUBSISTÉ
CONSISTÉ
ISOSISTE
PERSISTÉ
BASSISTE
DOSSISTE
ÉTATISTE
PIÉTISTE
ÉLITISTE
DENTISTE
ÉGOTISTE
PROTISTE
BAPTISTE
FLÛTISTE
PÉQUISTE
CASUISTE
REVUISTE
CLAVISTE
ÉPAVISTE
GRÉVISTE
BRIVISTE
SUIVISTE
COEXISTÉ
MARXISTE
PÉRIOSTE
COMPOSTÉ
STAROSTE
FLIBUSTE
PROCUSTE
RÉAJUSTÉ
SALLUSTE
GAROUSTE
INCRUSTÉ
DARBYSTE
VICHYSTE
ANALYSTE
SANGATTE
SURPATTE
REGRATTÉ
MAHRATTE
GAMBETTE
JAMBETTE
BARBETTE
PLACETTE
PIÉCETTE
LANCETTE
PINCETTE
RINCETTE
AVOCETTE
GARCETTE
DOUCETTE
STUDETTE
MOUFETTE
LINGETTE
TARGETTE
VERGETTE
CACHETTE
GÂCHETTE
HACHETTE
HACHETTE
MACHETTE
VACHETTE
PÊCHETTE
BICHETTE
LICHETTE
COCHETTE
POCHETTE
BÛCHETTE
JOLIETTE
JOLIETTE
JULIETTE
DAMIETTE
MARIETTE
ASSIETTE
RACKETTÉ
CHALETTE
TABLETTE
RACLETTE
OMELETTE
GOÉLETTE
RIFLETTE
RÉGLETTE
TOILETTE
TOILETTÉ
VOILETTE
MALLETTE
SELLETTE
BILLETTE
FILLETTE
VILLETTE
MOLLETTE
VIOLETTE
DRÔLETTE
EMPLETTE
MERLETTE
GAULETTE
PAULETTE
MEULETTE
SEULETTE
AMULETTE
BOULETTE
HOULETTE
POULETTE
ROULETTE
GRULETTE
CALMETTE
PALMETTE
GOMMETTE
POMMETTE
TOMMETTE
FERMETTE
VIGNETTE
RAINETTE
REINETTE
ÉPINETTE
BANNETTE
CANNETTE
BONNETTE
NONNETTE
SONNETTE
CORNETTE
SORNETTE
JAUNETTE
JEUNETTE
BRUNETTE
CRAPETTE
TRIPETTE

POMPETTE
CARPETTE
PERPETTE
SERPETTE
AMBRETTE
OMBRETTE
SUCRETTE
OPÉRETTE
REGRETTÉ
AIGRETTE
BARRETTE
SARRETTE
SARRETTE
SERRETTE
BEURETTE
MEURETTE
COURETTE
GOURETTE
LEVRETTE
LEVRETTÉ
ANISETTE
NOISETTE
FRISETTE
GRISETTE
NUISETTE
PUISETTE
GANSETTE
CASSETTE
MASSETTE
PISSETTE
BOSSETTE
COSSETTE
FOSSETTE
CAUSETTE
AMUSETTE
COUSETTE
BAGUETTE
GOGUETTE
CHOUETTE
ALOUETTE
BROUETTE
BROUETTÉ
JAQUETTE
MAQUETTE
RAQUETTE
BIQUETTE
LIQUETTE
PIQUETTE
COQUETTE
MOQUETTE
MOQUETTÉ
ROQUETTE
ROQUETTE
CLAVETTE
CREVETTE
OLIVETTE
CORVETTE

FAUVETTE
SAUVETTE
LOUVETTE
CLAYETTE
LAFFITTE
BRIGITTE
SCHLITTE
SCHLITTÉ
CARLITTE
MAGRITTE
ACQUITTÉ
REQUITTÉ
BARBOTTE
CHICOTTE
MARCOTTE
MARCOTTÉ
MASCOTTE
BISCOTTE
BOSCOTTE
BOYCOTTÉ
LONGOTTE
MARGOTTÉ
MARIOTTE
GRELOTTÉ
BALLOTTÉ
BELLOTTE
PARLOTTE
BOULOTTE
BOULOTTÉ
GOULOTTE
POULOTTE
ROULOTTE
ROULOTTÉ
CHAMOTTE
GOLMOTTE
MARMOTTE
MARMOTTÉ
QUENOTTE
CAGNOTTE
JEUNOTTE
DÉCROTTÉ
GARROTTE
GARROTTÉ
FRISOTTÉ
DANSOTTÉ
TURLUTTE
DÉGOUTTÉ
CADEAUTÉ
BISEAUTÉ
DÉPIAUTÉ
PRIMAUTÉ
CRAPAÜTÉ
AMIRAUTÉ
AMIRAUTÉ
SARRAUTE
SURSAUTÉ
RESSAUTÉ

PRIVAUTÉ
CHARCUTÉ
CHOREUTE
IRRÉFUTÉ
INVOLUTÉ
ARC-BOUTÉ
RÉÉCOUTÉ
INÉCOUTÉ
LOULOUTE
MOUMOUTE
ENCROÛTÉ
FERROUTÉ
DISSOUTE
PRÉTEXTE
PRÉTEXTÉ
CONTEXTE
PRESBYTE
GONOCYTE
MONOCYTE
PÉLODYTE
TRACHYTE
ÉPIPHYTE
NÉOPHYTE
ZOOPHYTE
KOTZEBUE
RÉTRIBUÉ
ATTRIBUÉ
DÉSEMBUÉ
BARBECUE
RÉPANDUE
DÉFENDUE
REFENDUE
DÉPENDUE
REPENDUE
APPENDUE
DÉTENDUE
RETENDUE
ENTENDUE
ATTENDUE
REVENDUE
INVENDUE
REFONDUE
RÉPONDUE
APPONDUE
RETONDUE
REPERDUE
REMORDUE
DÉTORDUE
RETORDUE
BANLIEUE
SCHLAGUE
MADRAGUE
ZIGZAGUÉ
GONZAGUE
COLLÈGUE
SUBAIGUË
SURAIGUË

PRODIGUE
PRODIGUÉ
BORDIGUE
BECFIGUE
LA BRIGUE
RODRIGUE
GARRIGUE
INTRIGUE
INTRIGUÉ
CONTIGUË
LARTIGUE
INSTIGUÉ
DIVULGUÉ
HARANGUE
HARANGUÉ
VARANGUE
EXSANGUE
RALINGUE
RALINGUÉ
CHLINGUÉ
BILINGUE
RAMINGUE
HUNINGUE
MERINGUE
MERINGUÉ
SERINGUE
SERINGUÉ
DÉZINGUÉ
BIZINGUE
OBLONGUE
DIALOGUE
DIALOGUÉ
ANALOGUE
ÉPILOGUE
ÉPILOGUÉ
ÉCOLOGUE
GÉOLOGUE
ZOOLOGUE
APOLOGUE
PROLOGUE
UROLOGUE
LAFARGUE
PYGARGUE
CAMARGUE
ROUERGUE
DÉVERGUÉ
ENVERGUÉ
LAFORGUE
LYCURGUE
LEBESGUE
SUBJUGUÉ
CONJUGUÉ
LESPUGUE
INFICHUE
BRANCHUE
FOURCHUE
RÉÉVALUÉ

8

PRÉVALUE
FARFELUE
CHEVELUE
JOUFFLUE
FEUILLUE
COUILLUE
DÉPOLLUÉ
DISSOLUE
REMOULUE
REVOULUE
TRANSMUÉ
CONTENUE
ABSTENUE
SOUTENUE
PRÉVENUE
MALVENUE
CONVENUE
PROVENUE
PARVENUE
SURVENUE
SOUVENUE
CONTINUE
CONTINUÉ
MÉCONNUE
RECONNUE
INCONNUE
MANCHOUE
MANCHOUE
RENFLOUÉ
SOUS-LOUÉ
BRENNOUE
DÉSAVOUÉ
BARBAQUE
ZODIAQUE
ORGIAQUE
HÉLIAQUE
LANIAQUE
MANIAQUE
SYRIAQUE
BARJAQUÉ
SYMMAQUE
CORNAQUÉ
ALBRAQUE
EMBRAQUÉ
BARRAQUÉ
TERRAQUÉ
MATRAQUE
MATRAQUÉ
PATRAQUE
DÉTRAQUE
DÉTRAQUÉ
BASTAQUE
SLOVAQUE
SLOVAQUE
LA MECQUE
LAPICQUE
LA ROCQUE

PARCE QUE
EST-CE QUE
OOTHÈQUE
DISSÉQUÉ
TOLTÈQUE
PASTÈQUE
MIXTÈQUE
JUDAÏQUE
JAMAÏQUE
LAMAÏQUE
ROMAÏQUE
MOSAÏQUE
ALTAÏQUE
ARABIQUE
ARABIQUE
IAMBIQUE
LIMBIQUE
PHOBIQUE
CALCIQUE
ZINCIQUE
TURCIQUE
ÉRUCIQUE
ÉRADIQUÉ
DYADIQUE
PRÉDIQUÉ
SYNDIQUÉ
ANODIQUE
MERDIQUE
NORDIQUE
NORDIQUE
ACNÉIQUE
LINÉIQUE
TRAFIQUÉ
COUFIQUE
TRAGIQUE
BELGIQUE
FONGIQUE
ALOGIQUE
BACHIQUE
SAPHIQUE
ORPHIQUE
TYPHIQUE
LITHIQUE
GOTHIQUE
MYTHIQUE
ITALIQUE
OXALIQUE
BIBLIQUE
PUBLIQUE
CYCLIQUE
GAÉLIQUE
GALLIQUE
RÉPLIQUE
RÉPLIQUÉ
IMPLIQUÉ
APPLIQUE
APPLIQUÉ

DUPLIQUÉ
EXPLIQUÉ
AMYLIQUE
STYLIQUE
CRAMIQUE
ANÉMIQUE
URÉMIQUE
CHIMIQUE
AMIMIQUE
FILMIQUE
ANOMIQUE
GNOMIQUE
BROMIQUE
ATOMIQUE
DERMIQUE
FORMIQUE
SISMIQUE
COSMIQUE
THYMIQUE
CLANIQUE
GRANIQUE
URANIQUE
SCÉNIQUE
ÉDÉNIQUE
PHÉNIQUE
PHÉNIQUÉ
IRÉNIQUE
AXÉNIQUE
ETHNIQUE
CLINIQUE
GYMNIQUE
TANNIQUE
HUNNIQUE
ICONIQUE
PHONIQUE
BIONIQUE
CLONIQUE
IRONIQUE
ATONIQUE
BERNIQUE
CORNIQUE
FORNIQUÉ
FAUNIQUE
MONOÏQUE
HÉROÏQUE
ADIPIQUE
TROPIQUE
UTOPIQUE
HIPPIQUE
SURPIQUÉ
ATYPIQUE
FABRIQUE
FABRIQUÉ
IMBRIQUÉ
LUBRIQUE
RUBRIQUE
RUBRIQUÉ

PICRIQUE
HYDRIQUE
IBÉRIQUE
IBÉRIQUE
FÉERIQUE
AMÉRIQUE
STÉRIQUE
ONIRIQUE
MANRIQUE
CAPRIQUE
CUPRIQUE
BARRIQUE
FERRIQUE
MÉTRIQUE
CITRIQUE
NITRIQUE
INTRIQUÉ
YTTRIQUE
LIASIQUE
MNÉSIQUE
PERSIQUE
PERSIQUE
MASSIQUE
PHYSIQUE
VIATIQUE
PRATIQUE
PRATIQUÉ
ÉTATIQUE
STATIQUE
LACTIQUE
TACTIQUE
HECTIQUE
PECTIQUE
ARCTIQUE
ARCTIQUE
ACÉTIQUE
RHÉTIQUE
ÉMÉTIQUE
NOÉTIQUE
POÉTIQUE
CRITIQUE
CRITIQUÉ
BALTIQUE
BALTIQUE
CELTIQUE
CELTIQUE
CANTIQUE
MANTIQUE
BIOTIQUE
ÉROTIQUE
PROTIQUE
EXOTIQUE
MYOTIQUE
HAPTIQUE
SEPTIQUE
AORTIQUE
PORTIQUE

MASTIQUÉ
DISTIQUE
RUSTIQUE
RUSTIQUÉ
CYSTIQUE
KYSTIQUE
MYSTIQUE
NAUTIQUE
BOUTIQUE
ATAVIQUE
ATAXIQUE
ATOXIQUE
JAZZIQUE
DÉCALQUE
DÉCALQUÉ
DÉFALQUÉ
INCULQUÉ
CALANQUE
PALANQUE
PALANQUÉ
SÉNANQUE
PÉTANQUE
PALENQUE
DIADOQUE
SUFFOQUÉ
LOUFOQUE
FILIOQUE
DÉBLOQUÉ
BRELOQUE
DÉFLOQUÉ
COLLOQUE
DISLOQUÉ
ORÉNOQUE
SCHNOQUE
PÉBROQUE
ESCROQUÉ
DÉFROQUE
DÉFROQUÉ
DÉTROQUÉ
ENTROQUE
UNIVOQUE
CONVOQUÉ
PROVOQUÉ
DÉBARQUÉ
EMBARQUÉ
LAMARQUE
DÉMARQUE
DÉMARQUÉ
REMARQUE
REMARQUE
REMARQUÉ
MONARQUE
LUPERQUE
MAJORQUE
REMORQUE
REMORQUÉ
MINORQUE
RÉTORQUÉ
EXTORQUÉ
BIFURQUÉ
DÉMASQUÉ
MARASQUE
TARASQUE
TARASQUE
TUDESQUE
MORESQUE
APRÈS QUE
UBUESQUE
LÉVESQUE
AUBISQUE
RUFISQUE
MÉNISQUE
MARISQUE
MORISQUE
QUELS QUE
MANOSQUE
DÉBUSQUÉ
EMBUSQUÉ
OFFUSQUÉ
ÉTRUSQUE
ÉTRUSQUE
RÉÉDUQUÉ
HEIDUQUE
DÉBOUQUÉ
EMBOUQUÉ
FELOUQUE
PERRUQUE
DIPTYQUE
DISPARUE
TONITRUÉ
MALOTRUE
RECOURUE
SECOURUE
ENCOURUE
DÉCOUSUE
RECOUSUE
EFFECTUÉ
PERPÉTUÉ
ENTRE-TUÉ
DESTITUÉ
RESTITUÉ
INSTITUÉ
ACCENTUÉ
RABATTUE
DÉBATTUE
REBATTUE
INFOUTUE
GARDE-VUE
IMPRÉVUE
ENTREVUE
UNISEXUÉ
VIDE-CAVE
SAKALAVE
REMBLAVÉ
CONCLAVE
PANSLAVE
MARGRAVE
BURGRAVE
COSGRAVE
CHOU-RAVE
CHOURAVÉ
TAMATAVE
SAINT-AVÉ
INACHEVÉ
VAN CLEVE
SURÉLEVÉ
PAINLEVÉ
CONGREVE
MALADIVE
RÉCIDIVE
RÉCIDIVÉ
PROCLIVE
TITE-LIVE
ENJOLIVÉ
AUTERIVE
ABRASIVE
INVASIVE
ADHÉSIVE
COHÉSIVE
DÉCISIVE
INCISIVE
ÉMULSIVE
DOLOSIVE
COURSIVE
ÉMISSIVE
POUSSIVE
EFFUSIVE
ALLUSIVE
LOCATIVE
SÉDATIVE
CRÉATIVE
NÉGATIVE
OBLATIVE
RELATIVE
CURATIVE
DURATIVE
ROTATIVE
OPTATIVE
PUTATIVE
LAXATIVE
RÉACTIVE
RÉACTIVÉ
INACTIVE
INACTIVÉ
TRACTIVE
ÉLECTIVE
ADDITIVE
ADDITIVÉ
AUDITIVE
FUGITIVE
VOLITIVE
VOMITIVE
LÉNITIVE
PUNITIVE
POSITIVE
POSITIVÉ
JOINTIVE
DÉMOTIVÉ
IMMOTIVÉ
ADOPTIVE
ÉRUPTIVE
ABORTIVE
SPORTIVE
UNIVALVE
TRIVALVE
GONZALVE
MANGROVE
PRÉSERVÉ
CONSERVE
CONSERVÉ
GUIMAUVE
PÉDILUVE
RÉPROUVÉ
APPROUVÉ
RETROUVÉ
ZIMBABWE
LILONGWE
PARATAXE
SIMPLEXE
COMPLEXE
COMPLEXÉ
PERPLEXE
MINIMEXÉ
PÉRÉFIXE
ANTÉFIXE
PARADOXE
ÉQUINOXE
DELAHAYE
REMBLAYÉ
SOUS-PAYÉ
RENTRAYÉ
RÉESSAYÉ
GRASSEYÉ
FLAMBOYÉ
ROUGEOYÉ
BOUCHOYÉ
REMPLOYÉ
ATERMOYÉ
TOURNOYÉ
FOUDROYÉ
POUDROYÉ
HONGROYÉ
CHARROYÉ
GUERROYÉ
VOUSSOYÉ
JOINTOYÉ
DELEVOYE
FOURVOYÉ

8

KAMIKAZE
MARQUÈZE
LA CHAIZE
KIRGHIZE
KIRGHIZE
KOLKHOZE
SOVKHOZE
QUATORZE
GAGAOUZE
BARBOUZE
PERLOUZE
NAUROUZE
PARTOUZE
BABY-BEEF
DERECHEF
SOUS-CHEF
MÉTABIEF
LEONTIEF
DEMI-CLEF
ASTRONEF
FALSTAFF
TERZIEFF
LAZAREFF
KNIASEFF
BIRKHOFF
VAN'T HOFF
MALAKOFF
HITTORFF
SCHNOUFF
GÉRONDIF
RÉPULSIF
IMPULSIF
RÉVULSIF
EXPANSIF
DÉFENSIF
OFFENSIF
INTENSIF
EXTENSIF
IMPLOSIF
EXPLOSIF
CORROSIF
IMMERSIF
DÉTERSIF
RÉCURSIF
RÉCESSIF
EXCESSIF
AGRESSIF
JOUISSIF
OCCLUSIF
INCLUSIF
EXCLUSIF
EXTRUSIF
COMBATIF
SICCATIF
ÉDUCATIF
LAUDATIF
PURGATIF
RADIATIF
FORMATIF
NORMATIF
LUCRATIF
ITÉRATIF
NARRATIF
ÉPURATIF
CAUSATIF
IMITATIF
CAPTATIF
PORTATIF
GUSTATIF
PRIVATIF
OLFACTIF
DÉFECTIF
AFFECTIF
EFFECTIF
OBJECTIF
ADJECTIF
BIJECTIF
INJECTIF
SÉLECTIF
DIRECTIF
ADDICTIF
DÉDUCTIF
INDUCTIF
EXPLÉTIF
PRIMITIF
DORMITIF
PLUMITIF
COGNITIF
APÉRITIF
NUTRITIF
SENSITIF
FACTITIF
PARTITIF
INTUITIF
ATTENTIF
ADVENTIF
INVENTIF
PLAINTIF
CRAINTIF
RÉCEPTIF
DIGESTIF
ARBUSTIF
EXÉCUTIF
ÉVOLUTIF
RÉFLEXIF
ICE-SHELF
MINIGOLF
THÉODULF
CYNEWULF
ZAMENHOF
PETERHOF
MEYERHOF
STUTTHOF
STRUTHOF
PRIBILOF
LAGERLÖF
TIRE-NERF
BURGDORF
NAUNDORF
WINDSURF
RUTEBEUF
MIRE-ŒUF
TEUF-TEUF
PATAPOUF
WINNIPEG
STEINWEG
ANTIGANG
NANCHANG
ZHEJIANG
XINJIANG
HUNJIANG
SIN-KIANG
KAOLIANG
XINXIANG
SEMARANG
NHA TRANG
DEMI-SANG
DUNHUANG
HENGYANG
MIANYANG
XIANYANG
SHENYANG
LIAOYANG
HAICHENG
WANG MENG
BANDOENG
PARPAING
BASTAING
PIERCING
FIELDING
BUILDING
STANDING
BRIEFING
MARAGING
MORPHING
PERSHING
BRUSHING
WORTHING
CRACKING
SHOCKING
TREKKING
STARKING
TUMBLING
SHILLING
SAMPLING
YEARLING
STERLING
STIRLING
TWIRLING
RIESLING
QUISLING
WEITLING
HÄRTLING
FREYMING
TRAINING
STAKNING
PLANNING
LIAONING
BROWNING
BROWNING
MARCOING
SLEEPING
TRAMPING
NYKÖPING
SHOPPING
CLEARING
DRESSING
PRESSING
DONGTING
YACHTING
BRANTING
SHIRTING
SHAOXING
LOBBYING
DONGYING
KLITZING
VIÊT-CONG
SHANDONG
LIAODONG
NANCHONG
SOU-CHONG
SÔNG HÔNG
HAIPHONG
GAOXIONG
HONGKONG
SHILLONG
QIANLONG
PING-PONG
TAICHUNG
SANCHUNG
NIBELUNG
PINGTUNG
BELITUNG
SHANTUNG
TAGANROG
GULDBERG
RUNEBERG
FREIBERG
MÜHLBERG
CULLBERG
WEINBERG
GINSBERG
HERZBERG
RIFBJERG
NEIPPERG
GÖTEBORG
SANDBURG
LÜNEBURG

NAUMBURG
AUGSBURG
DUISBURG
BOKSBURG
WARTBURG
WÜRZBURG
FRIBOURG
FRIBOURG
HAMBOURG
LIMBOURG
COMBOURG
HOMBOURG
FAUBOURG
PADICHAH
ABDALLAH
ABD ALLAH
ABDULLAH
SAVANNAH
CUDDAPAH
SAKKARAH
SAQQARAH
DENDÉRAH
MASSORAH
MÉNEPTAH
MINEPTAH
GOLDBACH
ROHRBACH
ROSSBACH
ROUFFACH
BALKHACH
ALMANACH
EISENACH
CROMLECH
HIGH-TECH
BAKCHICH
HEIMLICH
GOMBRICH
HEYDRICH
ARGERICH
DIETRICH
SANDWICH
SANDWICH
PENMARCH
DIEKIRCH
ILLKIRCH
ALTKIRCH
TERBORCH
GOULASCH
HACHISCH
ANDERSCH
LUBITSCH
POTLATCH
BORCHTCH
GURVITCH
TARBOUCH
MARAGHEH
ANSARIEH

DJÉZIREH
TECUMSEH
RAYLEIGH
VANBRUGH
OÏSTRAKH
VIÊT-MINH
MEHRGARH
NAZARETH
GILBRETH
MEREDITH
GRIFFITH
WISIGOTH
KLAPROTH
BOSWORTH
HAYWORTH
BAYREUTH
MAMMOUTH
MONMOUTH
YARMOUTH
VERMOUTH
PLYMOUTH
BEYROUTH
MORI OGAI
ENTRE-HAÏ
CHANG-HAI
SHANGHAI
LIANG KAI
KOSTANAÏ
ÉTAMBRAI
COURTRAI
SAMOURAÏ
ABU DHABI
PENDJABI
AL-FARABI
IBN ARABI
ESTOURBI
CARDUCCI
VESPUCCI
PETRUCCI
COMANECI
ÉCLAIRCI
OBSCURCI
ACCOURCI
CELLES-CI
TAKORADI
MERCREDI
VENDREDI
REFROIDI
GRIMALDI
GASSENDI
RAIMONDI
SISMONDI
LEOPARDI
ABÂTARDI
DÉGOURDI
ENGOURDI
ASSOURDI

APPLAUDI
AL-MASUDI
AGNUS-DEI
TRANSKEI
KHAMENEI
IENISSEÏ
RÉTROAGI
INTERAGI
RESSURGI
RAJSHAHI
MARIACHI
BEKTACHI
RÉFLÉCHI
INFLÉCHI
DÉGAUCHI
TERAUCHI
MALPIGHI
RESPIGHI
NEW DELHI
MAEBASHI
GU KAIZHI
SCENARII
HACHIOJI
CATTERJI
BOURBAKI
SOUVLAKI
NAGASAKI
TAKASAKI
MURASAKI
KAWASAKI
MIYAZAKI
TANIZAKI
SLOWACKI
RUDNICKI
KRASICKI
KOSTENKI
HELSINKI
CHOUÏSKI
KOWALSKI
ZEROMSKI
POLANSKI
ZELENSKI
ANNENSKI
KERENSKI
BABINSKI
NIJINSKI
BELINSKI
KOLINSKI
WOLINSKI
TCHERSKI
SIKORSKI
APRÈS-SKI
VYGOTSKI
ZAKOUSKI
RIMOUSKI
WALEWSKI
ZAO WOU-KI

BOUZOUKI
MEXICALI
NEPHTALI
AFFAIBLI
DISRAELI
SOUAHÉLI
GABRIELI
ENSEVELI
PILI-PILI
TEOCALLI
MERCALLI
ARAVALLI
BOMBELLI
MAGNELLI
MINNELLI
PRUNELLI
CRIVELLI
DÉFAILLI
REJAILLI
ARMAILLI
ASSAILLI
DÉSEMPLI
ACCOMPLI
ASSOUPLI
WIENERLI
SPAETZLI
YANOMAMI
TOYOTOMI
RAFFERMI
BAGUIRMI
RENDORMI
RENFORMI
REGGIANI
CIPRIANI
GRAZIANI
ILLIMANI
YANOMANI
MAHARANI
NDZOUANI
GALLIENI
MASCAGNI
MORGAGNI
REDÉFINI
INDÉFINI
SEMI-FINI
MONOKINI
PASOLINI
CATIMINI
PAGANINI
VIVARINI
SEVERINI
MOROSINI
SPONTINI
GIOVANNI
PICCINNI
COLLEONI
BOCCIONI

8

TAGLIONI
ALBINONI
MACARONI
ALBERONI
REMBRUNI
AL-BIRUNI
KHOMEYNI
RÉEMPLOI
INEMPLOI
VILLEROI
PALEFROI
GEOFFROI
DÉSARROI
POURQUOI
STANOVOÏ
RÉCHAMPI
DÉGUERPI
ACCROUPI
SOUNGARI
KALAHARI
MATA HARI
CAGLIARI
PELOTARI
GUATTARI
GODAVARI
HOURVARI
SANS-ABRI
ASSOMBRI
ATTENDRI
AMOINDRI
BÉRIBÉRI
RENCHÉRI
CAFFIERI
RUGGIERI
GUARNERI
DÉMAIGRI
MISTIGRI
RABOUGRI
HARA-KIRI
AL-HARIRI
DAIQUIRI
ENDOLORI
FUJIMORI
TANDOORI
MURATORI
SUMOTORI
THONBURI
DÉFLEURI
REFLEURI
SILIGURI
MISSOURI
OUSSOURI
BISTOURI
IBÁRRURI
APPAUVRI
VARANASI
SULAWESI

DESSAISI
RESSAISI
BRINDISI
CRAMOISI
EL-EDRISI
MAFFIOSI
KOUMASSI
DJERASSI
PETRASSI
TBILISSI
DÉGROSSI
REGROSSI
ÉPHRUSSI
BRANCUSI
FERDOWSI
KIRIBATI
FRASCATI
CHARIATI
SALVIATI
GANAPATI
GUJARATI
AMRAVATI
SALICETI
GRAFFITI
ADO-EKITI
AL-WASITI
OUISTITI
MERCANTI
EMPUANTI
CLEMENTI
APPRENTI
CONSENTI
RESSENTI
VISCONTI
TRIPARTI
GHIBERTI
GIOBERTI
DESSERTI
SUBVERTI
CONVERTI
PERVERTI
RASSORTI
RESSORTI
TRIMURTI
PLOIESTI
TRAVESTI
SACRISTI
SAPRISTI
TOLIATTI
CONCETTI
CONFETTI
ROSSETTI
OLIVETTI
VANZETTI
GIOLITTI
BUSSOTTI
FUNAFUTI

INABOUTI
DJIBOUTI
ENGLOUTI
GARDAFUI
OUBANGUI
FENG SHUI
SAHRAOUI
SAHRAOUI
BOUI-BOUI
RIQUIQUI
YUPANQUI
ROUSTAVI
CONSALVI
DESSERVI
RESSERVI
COTOPAXI
BENGHAZI
ANTINAZI
FERENCZI
NYAMWEZI
ZHUANGZI
NEGRUZZI
TIE-BREAK
KOLTCHAK
KAZANLAK
BONAMPAK
MOUBARAK
INUKJUAK
FEED-BACK
ZWIEBACK
COME-BACK
DRAWBACK
PLAY-BACK
GRODDECK
VAN VLECK
HABENECK
ROMSTECK
RUMSTECK
MOBY DICK
LIMERICK
LIMERICK
JOYSTICK
CHADWICK
PICKWICK
VAN DIJCK
VLAMINCK
GREENOCK
HARD ROCK
AFRO-ROCK
THURROCK
JAZZ-ROCK
BISMARCK
DELBRÜCK
HUNSRÜCK
KIMCHAEK
MAÏDANEK
MAJDANEK

WINDHOEK
STABROEK
NALTCHIK
PACHALIK
CHACHLIK
SPOUTNIK
REFUZNIK
VOGELPIK
KEFLAVÍK
IVUJIVIK
VESTDIJK
CAKE-WALK
STEENBOK
HERD-BOOK
STUD-BOOK
TELEMARK
DANEMARK
FINNMARK
HYDE PARK
LOUGANSK
LOUHANSK
SMOLENSK
ATCHINSK
STALINSK
SIMBIRSK
PLESETSK
IAKOUTSK
IRKOUTSK
POKROVSK
MAMELOUK
MAMELOUK
CHILLOUK
SIHANOUK
TOMAHAWK
ÉLAGABAL
HANNIBAL
ADHERBAL
DÉVERBAL
ZODIACAL
STOMACAL
SYNDICAL
BEYLICAL
INAMICAL
TROPICAL
CLÉRICAL
VERTICAL
CORTICAL
CERVICAL
NÉOLOCAL
MÉNISCAL
TOROÏDAL
DURANDAL
DURENDAL
LOWENDAL
CADOUDAL
TRACHÉAL
PÉRINÉAL

MONTRÉAL
PARSIFAL
MADRIGAL
WARANGAL
CONJUGAL
PORTUGAL
TAJ MAHAL
SÉNÉCHAL
MARÉCHAL
MARÉCHAL
STENDHAL
ZÉNITHAL
BILABIAL
OFFICIAL
ABSIDIAL
PRANDIAL
BRACHIAL
FAMILIAL
BINOMIAL
DOMANIAL
COLONIAL
CANONIAL
SALARIAL
NOTARIAL
IMPÉRIAL
PRAIRIAL
MÉMORIAL
ARMORIAL
ESCURIAL
ABBATIAL
PALATIAL
COMITIAL
SYNOVIAL
ALLUVIAL
ILLUVIAL
ISTIQLAL
EXTRÉMAL
PROXIMAL
LACRYMAL
SOO CANAL
MÉTHANAL
TYMPANAL
DUODÉNAL
NOUMÉNAL
SURRÉNAL
VACCINAL
MUSCINAL
CARDINAL
IMAGINAL
ORIGINAL
MARGINAL
VIRGINAL
MACHINAL
STAMINAL
GERMINAL
TERMINAL
QUIRINAL

INGUINAL
AUTOMNAL
DÉCENNAL
VICENNAL
TRIENNAL
DIAGONAL
RÉGIONAL
NATIONAL
RATIONAL
CYCLONAL
HORMONAL
PATRONAL
NEURONAL
CANTONAL
HIBERNAL
INFERNAL
HIVERNAL
TRIBUNAL
SHOGUNAL
COMMUNAL
DROP-GOAL
SYNCOPAL
CÉRÉBRAL
CARCÉRAL
VISCÉRAL
PONDÉRAL
VESPÉRAL
URÉTÉRAL
LITTÉRAL
INTÉGRAL
TEMPORAL
CORPORAL
PECTORAL
RECTORAL
DOCTORAL
PASTORAL
LITTORAL
MATORRAL
SABURRAL
THÉÂTRAL
SPECTRAL
ARBITRAL
MONAURAL
ÉPIDURAL
FURFURAL
NÉORURAL
PICTURAL
CULTURAL
POSTURAL
GUTTURAL
COLOSSAL
PRÉNATAL
NÉONATAL
OBJECTAL
SOCIÉTAL
PARIÉTAL
VARIÉTAL

TRIMÉTAL
NON-MÉTAL
DARNÉTAL
AL-AKHTAL
SOMMITAL
VICOMTAL
ORIENTAL
ORIENTAL
EMMENTAL
EMMENTAL
PARENTAL
PRÉVÔTAL
SAGITTAL
AZIMUTAL
CARNAVAL
GRANDVAL
PERCEVAL
MÉDIÉVAL
BONNEVAL
GINGIVAL
BOUGIVAL
FESTIVAL
BUZENVAL
ARSONVAL
ROBERVAL
MINERVAL
PRÉFIXAL
SUFFIXAL
NEUSIEDL
JUDICAËL
RUISDAEL
RUYSDAEL
FINE GAEL
MAELWAEL
ÉCOLABEL
SCHNABEL
SCHNEBEL
PARROCEL
TOP MODEL
PERMAGEL
SCHLEGEL
HYDROGEL
HERSCHEL
BREUGHEL
INDICIEL
LUDICIEL
OFFICIEL
LOGICIEL
ÉZÉCHIEL
MATÉRIEL
ARTÉRIEL
MÉMORIEL
COURRIEL
INERTIEL
FRAENKEL
SCHINKEL
BÉCHAMEL

GOUDIMEL
HYDROMEL
PLOËRMEL
INFORMEL
JOUVENEL
ORIGINEL
CRIMINEL
SOLENNEL
SHRAPNEL
MATERNEL
PATERNEL
ARCHIPEL
ESTOPPEL
VALMOREL
TEMPOREL
CORPOREL
CULTUREL
SULFOSEL
BROUSSEL
DUCHÂTEL
COQUETEL
IMMORTEL
LE PORTEL
MORESTEL
RÉSIDUEL
MONTLUEL
EMMANUEL
TRÉFOUËL
INACTUEL
PONCTUEL
HABITUEL
ÉVENTUEL
BISEXUEL
BARJAVEL
TAUTAVEL
STŒTZEL
CHANDAIL
ATTIRAIL
MONORAIL
AUTORAIL
POITRAIL
PONT-RAIL
COCKTAIL
ÉVENTAIL
APPAREIL
CERCUEIL
GUIDE-FIL
DROIT-FIL
AL-KHALIL
LAETOLIL
MANGE-MIL
PILE-POIL
TERNOPIL
ANQUETIL
CHABEUIL
CERFEUIL
BONNEUIL

VERNEUIL
DUBREUIL
ÉCUREUIL
BRETEUIL
NANTEUIL
FAUTEUIL
ADLISWIL
EGOLZWIL
HANDBALL
BASE-BALL
MOTO-BALL
SOFTBALL
FOOTBALL
MARSHALL
PORTSALL
CORNWALL
SABADELL
MITCHELL
BRUMMELL
BUSHNELL
O'CONNELL
WICKSELL
CALDWELL
HOPEWELL
FAREWELL
BOTHWELL
STILWELL
CROMWELL
LASSWELL
CROSKILL
MANDRILL
ZANGWILL
JOHN BULL
SOLIHULL
PUSH-PULL
SOUS-PULL
RAS-LE-BOL
CACHE-COL
MONERGOL
HYPERGOL
RAVACHOL
SCHIPHOL
KOMSOMOL
CHAMPMOL
MÉTHANOL
DIPHÉNOL
ESPAGNOL
ESPAGNOL
TERPINOL
BABA COOL
DIALCOOL
INTERPOL
TIRASPOL
SAINT-POL
GLYCÉROL
PIGNEROL
ESQUIROL

CARBUROL
ENTRESOL
MOLLISOL
VERTISOL
CORTISOL
PALÉOSOL
LITHOSOL
HYDROSOL
LIMASSOL
COROSSOL
SORBITOL
MANNITOL
CALL-GIRL
PRZEMYSL
KWAKIUTL
JEAN-PAUL
BELZÉBUL
ISTANBUL
LÈCHE-CUL
CASSE-CUL
BISAÏEUL
BAILLEUL
ÉPAGNEUL
CHEVREUL
CHOISEUL
NON-CUMUL
BARNAOUL
DJAMBOUL
BOUTHOUL
CAPITOUL
SCHIEDAM
SCHIEDAM
ICE-CREAM
SYDENHAM
MIAM-MIAM
RÉHOBOAM
JÉROBOAM
JÉROBOAM
CRAMCRAM
ONCLE SAM
UNCLE SAM
ASPARTAM
BETHLÉEM
MALDEGEM
ZOTTEGEM
ZWEVEGEM
ZEDELGEM
WEVELGEM
CORBEHEM
OCKEGHEM
SANTARÉM
VESZPRÉM
HEMIKSEM
ZAVENTEM
MATEFAIM
OSWIECIM
HASSIDIM

WALDHEIM
DURKHEIM
BLENHEIM
HŒNHEIM
MANNHEIM
STROHEIM
HABSHEIM
MOLSHEIM
ENTZHEIM
VERBATIM
MONTCALM
TÉLÉFILM
BORGHOLM
BORNHOLM
PRÊTE-NOM
CATTENOM
SAINT-NOM
BABY-BOOM
PAPY-BOOM
SHOWROOM
ANGSTRÖM
ÅNGSTRÖM
MALSTROM
MALSTROM
SJÖSTRÖM
BENIDORM
AVARICUM
LINOLÉUM
SERAPEUM
SERAPEUM
LUTÉCIUM
SILICIUM
FRANCIUM
CALADIUM
VANADIUM
RUBIDIUM
SCANDIUM
TAXODIUM
PATAGIUM
NOBÉLIUM
MYCÉLIUM
THALLIUM
PSYLLIUM
PHORMIUM
GÉRANIUM
SÉLÉNIUM
HYMÉNIUM
ACTINIUM
LAVINIUM
MÉCONIUM
POLONIUM
AMMONIUM
EUROPIUM
VÉLARIUM
SOLARIUM
SAMARIUM
AQUARIUM

VIVARIUM
POMERIUM
GYNÉRIUM
IMPERIUM
CIBORIUM
EMPORIUM
BRUTTIUM
ILLUVIUM
CYMBALUM
VEXILLUM
SPÉCULUM
COAGULUM
EXTREMUM
LABDANUM
LAUDANUM
DUODÉNUM
LUGDUNUM
BADABOUM
KARAKOUM
AVVAKOUM
SCHPROUM
KHARTOUM
ÉLECTRUM
NGULTRUM
AGERATUM
ADIANTUM
PSILOTUM
FACTOTUM
HOBSBAWM
BARRABAN
MARTABAN
SEREMBAN
COLOMBAN
CULIACÁN
ANGLICAN
GALLICAN
PEMMICAN
JERRICAN
CALOOCAN
JERRYCAN
PEUCÉDAN
SHERIDAN
MUSSIDAN
GÉVAUDAN
BLUE-JEAN
GROSJEAN
KORDOFAN
TOBOGGAN
Toboggan
CARDIGAN
MICHIGAN
NELLIGAN
HOOLIGAN
HOULIGAN
KORRIGAN
NAMANGAN
DE MORGAN

RAMAT GAN
BERLUGAN
CHANCHÁN
ÉTAT CHAN
HAMADHAN
MORBIHAN
AGHA KHAN
TANGSHAN
TIAN SHAN
LESOTHAN
SIMA QIAN
MONDRIAN
GUDERIAN
NIGÉRIAN
NIGÉRIAN
CHATRIAN
ASTRAKAN
ASTRAKAN
MILLIKAN
BATACLAN
ÉCOBILAN
MAGELLAN
MOSELLAN
MCMILLAN
SÉVILLAN
CORIOLAN
RATAPLAN
DEMI-PLAN
PLAN-PLAN
MONOPLAN
TAMERLAN
MAC ORLAN
MAZATLÁN
PORTULAN
FRIEDMAN
BRIDGMAN
PERCHMAN
HARRIMAN
PERELMAN
MUSULMAN
CARLOMAN
PRÉROMAN
SPEARMAN
DOBERMAN
LEDERMAN
DAGERMAN
SUPERMAN
SUPERMAN
OMDURMAN
TALISMAN
CROSSMAN
YACHTMAN
HAUPTMAN
RUGBYMAN
KURTZMAN
BUCHANAN
ARTAGNAN

CARIGNAN
MARIGNAN
LUSIGNAN
LÉZIGNAN
GNANGNAN
LOCRONAN
CHENAPAN
BELMOPAN
PETER PAN
ZURBARÁN
TRIMARAN
MALIBRAN
TÉLÉCRAN
MAZAGRAN
CORMORAN
ANDORRAN
ANDORRAN
TRANTRAN
KHORASAN
KHURASAN
PARMESAN
PARMESAN
VALAISAN
VALAISAN
PARTISAN
TRÉVISAN
GRUISSAN
VEVEYSAN
PELLETAN
COPPÉTAN
SECRÉTAN
XIANGTAN
ARGENTAN
ARGENTAN
CARENTAN
LA HONTAN
BARBOTAN
CABESTAN
GOLESTAN
LORESTAN
PAKISTAN
GULISTAN
LURISTAN
DONGGUAN
LINCHUAN
YINCHUAN
TUVALUAN
TUVULUAN
CORDOUAN
CORDOUAN
KAIROUAN
MANTOUAN
YANGQUAN
DONG YUAN
TONG YUAN
LIAOYUAN
SULLIVAN

MYINGYAN
LIPIZZAN
MESSIAEN
MULHACÉN
DEBRECEN
CIOTADEN
CASSIDEN
IJMUIDEN
CULLODEN
BIGOUDEN
BIGOUDEN
CARIBÉEN
CARIBÉEN
DRANCÉEN
SADUCÉEN
CHALDÉEN
CHALDÉEN
ABERDEEN
PALUDÉEN
LIGUGÉEN
TRACHÉEN
DÉDALÉEN
GALILÉEN
GALILÉEN
CÉRULÉEN
MANAMÉEN
PANAMÉEN
PANAMÉEN
APPAMÉEN
ÉCOMMÉEN
DAHOMÉEN
DAHOMÉEN
CANANÉEN
CANANÉEN
PYRÉNÉEN
PYRÉNÉEN
RÉGINÉEN
ANNONÉEN
ÉBURNÉEN
EUROPÉEN
EUROPÉEN
NAZARÉEN
NAZARÉEN
LIFFRÉEN
CHASSÉEN
NABATÉEN
LONGUÉEN
ADYGUÉEN
WIMPFFEN
ERLANGEN
SCHENGEN
TÜBINGEN
SOLINGEN
BERINGEN
ROENTGEN
ROENTGEN
STEICHEN

GRENCHEN
GROSCHEN
CHOUCHEN
SHENZHEN
BISCAÏEN
KAFKAÏEN
FÉLIBIEN
NAMIBIEN
NAMIBIEN
DANUBIEN
REBACIEN
SÉLACIEN
FUMACIEN
CINACIEN
ALSACIEN
ALSACIEN
JOVACIEN
AJACCIEN
ANNECIEN
MAGICIEN
LOGICIEN
GALICIEN
GALICIEN
MILICIEN
STOÏCIEN
MUSICIEN
OPTICIEN
NÉVICIEN
FRANCIEN
ARCADIEN
TCHADIEN
TCHADIEN
AKKADIEN
AKKADIEN
CANADIEN
CANADIEN
RIYADIEN
COMÉDIEN
APHIDIEN
OPHIDIEN
ACRIDIEN
MÉRIDIEN
DAVIDIEN
SCALDIEN
PARODIEN
CLAUDIEN
FREUDIEN
SAOUDIEN
SAOUDIEN
PLÉBÉIEN
NANCÉIEN
BRUNÉIEN
POMPÉIEN
PÉLAGIEN
ATHÉGIEN
SONÉGIEN
GÉORGIEN

GÉORGIEN
PHRYGIEN
PHRYGIEN
TUE-CHIEN
HAWAIIEN
HAWAIIEN
RÉGALIEN
SOMALIEN
SOMALIEN
OURALIEN
MYCÉLIEN
HÉGÉLIEN
SAHÉLIEN
CARÉLIEN
AURÉLIEN
VÉZELIEN
SICILIEN
SICILIEN
QUELLIEN
GAULLIEN
SABOLIEN
VINOLIEN
TYROLIEN
TYROLIEN
SÉOULIEN
VÉSULIEN
ROTULIEN
BAHAMIEN
PANAMIEN
PANAMIEN
BOHÉMIEN
MAXIMIEN
JÉRÔMIEN
OCÉANIEN
OCÉANIEN
GUYANIEN
RUBÉNIEN
PACÉNIEN
ANCENIEN
MYCÉNIEN
MYCÉNIEN
ATHÉNIEN
ATHÉNIEN
LIMÉNIEN
ARMÉNIEN
ARMÉNIEN
SIRÉNIEN
ESSÉNIEN
ÉRAGNIEN
SOCINIEN
HOMINIEN
ARMINIEN
PAPINIEN
RÉTINIEN
SAVINIEN
JOVINIEN
LÉDONIEN

AUDONIEN
AUDONIEN
FILONIEN
JUNONIEN
NÉRONIEN
HURONIEN
CYSONIEN
CHTONIEN
ANTONIEN
ESTONIEN
ESTONIEN
OTTONIEN
DÉVONIEN
AMARNIEN
BROWNIEN
CÉGÉPIEN
ŒDIPIEN
OULIPIEN
OLYMPIEN
SAHARIEN
SAHARIEN
ANKARIEN
CANARIEN
LUPARIEN
TARARIEN
AGRARIEN
CÉSARIEN
QATARIEN
ONTARIEN
CAMBRIEN
COUDRIEN
LIBÉRIEN
LIBÉRIEN
SIBÉRIEN
SIBÉRIEN
NUCÉRIEN
LIGÉRIEN
LIGÉRIEN
NIGÉRIEN
NIGÉRIEN
ALGÉRIEN
ALGÉRIEN
ANGÉRIEN
GALÉRIEN
VALÉRIEN
SUMÉRIEN
VÉNÉRIEN
NÉPÉRIEN
ASTÉRIEN
GRUÉRIEN
LOVÉRIEN
CAZÉRIEN
LOZÉRIEN
IVOIRIEN
IVOIRIEN
OZOIRIEN
NABORIEN

COMORIEN
COMORIEN
CHAURIEN
YZEURIEN
LIGURIEN
LIGURIEN
SILURIEN
LÉMURIEN
ASTURIEN
ILLYRIEN
ILLYRIEN
ASSYRIEN
ASSYRIEN
LILASIEN
EURASIEN
EURASIEN
SALÉSIEN
SILÉSIEN
SILÉSIEN
ARLÉSIEN
ARLÉSIEN
GENÉSIEN
CAPÉSIEN
TÉRÉSIEN
CATÉSIEN
APTÉSIEN
ARTÉSIEN
ARTÉSIEN
LOUÉSIEN
ARCISIEN
SALISIEN
AUNISIEN
TUNISIEN
TUNISIEN
CROISIEN
YVOISIEN
BARISIEN
PARISIEN
PARISIEN
LÉVISIEN
JUVISIEN
NICOSIEN
ULISSIEN
PRUSSIEN
PRUSSIEN
VÉNUSIEN
VÉNUSIEN
SINUSIEN
CLOYSIEN
MÉRYSIEN
NOVATIEN
CAPÉTIEN
CHRÉTIEN
CHRÉTIEN
TAHITIEN
TAHITIEN
POLITIEN

DOMITIEN
VÉNITIEN
VÉNITIEN
MAINTIEN
ÉGYPTIEN
ÉGYPTIEN
TONGUIEN
LEZGUIEN
IRAQUIEN
IRAQUIEN
OCTAVIEN
BOLIVIEN
BOLIVIEN
ARGOVIEN
CATOVIEN
LAXOVIEN
LEXOVIEN
LUXOVIEN
DILUVIEN
PÉRUVIEN
PÉRUVIEN
FORÉZIEN
BÉLIZIEN
VÉLIZIEN
HERTZIEN
MULLIKEN
MECHELEN
VAN ALLEN
CAPELLEN
KAPELLEN
STEINLEN
CYCLAMEN
CLINAMEN
RÉEXAMEN
EUSKEMEN
SPÉCIMEN
NEWCOMEN
SUPERMEN
CROSSMEN
YACHTMEN
RUGBYMEN
SAARINEN
KEKKONEN
LIPPONEN
WETTEREN
CHÉPHREN
KHEPHREN
NICHIREN
VAN BUREN
TERVUREN
JACOBSEN
AMUNDSEN
SHAMISEN
SØRENSEN
ANDERSEN
GUERTSEN
WELHAVEN

NEW HAVEN
NEWHAVEN
PONT-AVEN
LESNEVEN
ZONHOVEN
BISCAYEN
JAN MAYEN
BERNAYEN
GRANBYEN
NIAMÉYEN
WASSEYEN
VAN GOYEN
BRUNOYEN
CHOISYEN
SIEGBAHN
AFRICAIN
AFRICAIN
MEXICAIN
MEXICAIN
MAROCAIN
MAROCAIN
BOURCAIN
JOURDAIN
PONT-D'AIN
BOURGAIN
PROCHAIN
BOUCHAIN
GUILLAIN
SOUS-MAIN
PONTMAIN
EASTMAIN
INHUMAIN
RIVERAIN
SUZERAIN
NOURRAIN
QUATRAIN
PIÉTRAIN
INDURÁIN
NAISSAIN
TIBÉTAIN
TIBÉTAIN
MURÉTAIN
MARITAIN
PURITAIN
LUSITAIN
LUSITAIN
AQUITAIN
AQUITAIN
VOULTAIN
PLANTAIN
TRENTAIN
LOINTAIN
BRATTAIN
BROUTAIN
ÉCRIVAIN
BARALBIN
ROSALBIN

COLOMBIN
CONCUBIN
CHÉRUBIN
CHÉRUBIN
CLAVECIN
SZCZECIN
MUSCADIN
GRENADIN
GRENADIN
CONRADIN
ALMANDIN
LAVANDIN
RAGONDIN
GIRONDIN
GIRONDIN
FICARDIN
DUJARDIN
LE LARDIN
GIRARDIN
GIVORDIN
RENAUDIN
POYAUDIN
SINN FÉIN
MOULMEIN
KUFSTEIN
HOLSTEIN
MANSTEIN
EINSTEIN
WINSTEIN
EXTRAFIN
AIGLEFIN
AIGREFIN
SUPERFIN
SAUVAGIN
FRAÎCHIN
BRIOCHIN
BRIOCHIN
GUERCHIN
SÉRAPHIN
HAUT-RHIN
CHONGJIN
PATINKIN
ZWORYKIN
CROMALIN
CHEVALIN
KOSZALIN
GUESCLIN
ROSCELIN
MICHELIN
ORPHELIN
ZEPPELIN
ZEPPELIN
FIFRELIN
JOSSELIN
MANUÉLIN
JAQUELIN
POQUELIN

WÖLFFLIN
KŒCHLIN
REUCHLIN
INQUILIN
ESQUILIN
FRANKLIN
MEDELLÍN
VITELLIN
TEFILLIN
SIBYLLIN
PFLIMLIN
FRIDOLIN
PANGOLIN
TREMPLIN
ESTERLIN
MASCULIN
DUMOULIN
BERGAMÍN
BENJAMIN
BENJAMIN
MI-CHEMIN
VILLEMIN
LI SHIMIN
SATURNIN
SATURNIN
COIN-COIN
SAINFOIN
RICHEPIN
VILLEPIN
MONTÉPIN
PITCHPIN
SUBALPIN
PRÉALPIN
CÉSALPIN
CISALPIN
ESCARPIN
TURLUPIN
MANDARIN
RAFFARIN
GASPARIN
TARTARIN
TARTARIN
CRINCRIN
FLANDRIN
FLANDRIN
GORGERIN
VACHERIN
BELLERIN
PELLERIN
GARNERIN
COUPERIN
TISSERIN
PULVÉRIN
ROUVERIN
SCHWERIN
GEOFFRIN
PÉRÉGRIN

CHALGRIN
ISENGRIN
YSENGRIN
SANTORIN
COINTRIN
MATHURIN
PURPURIN
SARRASIN
NARAM-SIN
ORGANSIN
ALFONSÍN
MOCASSIN
AUCASSIN
CARASSIN
ASSASSIN
DOUESSIN
PÉLUSSIN
BROUSSIN
T'IEN-TSIN
ARGOUSIN
LIMOUSIN
LIMOUSIN
BRÉHATIN
PRÉLATIN
CADRATIN
BERRATIN
KEEWATIN
FELLETIN
BULLETIN
CASSETIN
ROQUETIN
ENFANTIN
ENFANTIN
GALANTIN
PALANTIN
LAMANTIN
LEVANTIN
LEVANTIN
BYZANTIN
BYZANTIN
VICENTIN
ARGENTIN
ARGENTIN
VALENTIN
LAMENTIN
BARENTIN
TARENTIN
COTENTIN
BISONTIN
BISONTIN
BARBOTIN
TURBOTIN
CHICOTIN
BALLOTIN
LIBERTIN
ALBERTIN
HUBERTIN

8

MAMERTIN	**CASAUBON**	CABOCHON	OMISSION
LEVERTIN	MALFAÇON	POLOCHON	EFFUSION
CÉLESTIN	OSTRACON	FOURCHON	INFUSION
CÉLESTIN	**STILICON**	**ROBUCHON**	ALLUSION
INTESTIN	SALPICON	BALUCHON	ILLUSION
AUGUSTIN	**HIMILCON**	CAPUCHON	LIBATION
AUGUSTIN	**BRIANÇON**	**PROUDHON**	VACATION
BAUDOUIN	PALANÇON	**XÉNOPHON**	LOCATION
CHAFOUIN	**ARMANÇON**	MARATHON	VOCATION
PINGOUIN	JURANÇON	**MARATHON**	SÉDATION
MARSOUIN	**JURANÇON**	**MANÉTHON**	NIDATION
TINTOUIN	**BESANÇON**	**ASUNCIÓN**	SUDATION
CASAQUIN	ÉCOINÇON	CALADION	IDÉATION
ARLEQUIN	**TARASCON**	**CHLODION**	CRÉATION
ARLEQUIN	**POSÉIDON**	TROUFION	LÉGATION
RAMEQUIN	MIRMIDON	RELIGION	NÉGATION
JANEQUIN	MYRMIDON	**ESPALION**	AVIATION
FRANQUIN	GUÉRIDON	**AFTALION**	ABLATION
MAROQUIN	BASTIDON	TRUBLION	OBLATION
TRUSQUIN	**BASILDON**	GANGLION	DÉLATION
LIE-DE-VIN	**LACANDON**	**IRÁKLION**	RELATION
POT-DE-VIN	CORINDON	TRILLION	HIMATION
LANGEVIN	TÉTRODON	ACROMION	AGNATION
POITEVIN	**DEPARDON**	PHORMION	DONATION
POITEVIN	**GIRARDON**	ENDYMION	AÉRATION
TASTE-VIN	**LE VERDON**	**ENDYMION**	GIRATION
LÉGUEVIN	RIGAUDON	DOMINION	DATATION
CHINDWIN	BADIGEON	DÉSUNION	NATATION
GERSHWIN	PLONGEON	CHAMPION	CITATION
LIMOUXIN	BOURGEON	GRIMPION	COTATION
SARRAZIN	PANTHÉON	SCORPION	DOTATION
BÉHANZIN	**PANTHÉON**	**SCORPION**	NOTATION
PRATTELN	CAMÉLÉON	CROUPION	ROTATION
GOLDMANN	**TIMOLÉON**	**HILARION**	VOTATION
TELEMANN	NAPOLÉON	HISTRION	MUTATION
HOFFMANN	**NAPOLÉON**	DÉCURION	NUTATION
BACHMANN	**ANACRÉON**	OCCASION	ÉQUATION
EICHMANN	GLUCAGON	ABRASION	NOVATION
BECKMANN	**AILLAGON**	INVASION	TAXATION
ERCKMANN	HARPAGON	ADHÉSION	VEXATION
KUHLMANN	**HARPAGON**	COHÉSION	FIXATION
RUHLMANN	ESTRAGON	DÉCISION	LUXATION
GELL-MANN	MARTAGON	INCISION	RÉACTION
CULLMANN	VESSIGON	EXCISION	INACTION
LIPPMANN	PARANGON	DÉRISION	FRACTION
BIERMANN	**VALDAHON**	RÉVISION	TRACTION
HERRMANN	**MAC-MAHON**	DIVISION	EXACTION
WEISMANN	**ARCACHON**	ÉMULSION	ÉJECTION
BULTMANN	**DORACHON**	AVULSION	ÉLECTION
HARTMANN	PATACHON	SCANSION	ÉRECTION
RITTMANN	PÂLICHON	ÉCLOSION	FRICTION
SCHUMANN	FOLICHON	ÉMERSION	ÉVICTION
WEIZMANN	BÉNICHON	AVERSION	SANCTION
MALEGAON	BONICHON	ÉVERSION	FONCTION
BHATGAON	**PATICHON**	PRESSION	JONCTION
VILLEBON	BLANCHON	SCISSION	PONCTION
TJIREBON	**PLANCHON**	ÉMISSION	SUJÉTION

DÉLÉTION
AMBITION
ADDITION
SÉDITION
AUDITION
VOLITION
IGNITION
FINITION
MONITION
PUNITION
POSITION
PÉTITION
DÉVOTION
ADOPTION
ÉRUPTION
QUESTION
LOCUTION
ABLUTION
DILUTION
SOLUTION
PARUTION
GIRAVION
ALLUVION
ANNEXION
DIETIKON
WETZIKON
GONFALON
PANTALON
PANTALON
TROMBLON
ASHKELON
CHAMELON
ASHQELON
CAQUELON
MIQUELON
FLONFLON
BIATHLON
TASSILON
GRAILLON
MABILLON
FOCILLON
MODILLON
ARDILLON
OREILLON
SÉMILLON
ROMILLON
MANILLON
VANILLON
PAPILLON
CARILLON
CARILLON
FORILLON
MORILLON
DURILLON
OISILLON
TATILLON
COTILLON
BOUILLON
BOUILLON
COUILLON
MOUILLON
POUILLON
SOUILLON
PAVILLON
PAVILLON
TAVILLON
NAZILLON
MOGOLLON
KAKIEMON
PHILÉMON
PHLEGMON
GIRAUMON
GONFANON
TYMPANON
ESTAGNON
SALIGNON
LUMIGNON
VARIGNON
PÉRIGNON
MATIGNON
GUEUGNON
MARTINON
COUESNON
ÉPIPLOON
LE TAMPON
MASCARON
MASCARON
FANFARON
MONTBRON
MOUSCRON
ESCADRON
CHAUDRON
QUIBERON
LAIDERON
CALDERÓN
ÉRIGÉRON
VANGERON
VENGERON
LONGERON
FORGERON
TÂCHERON
APCHÉRON
BÛCHERON
VIGNERON
CHAPERON
NAPPERON
GRATERON
LAITERON
SISTERON
DEUTÉRON
COQUERON
OXYMORON
DU PERRON
BÊTATRON
ÉLECTRON
IGNITRON
POSITRON
KÉNOTRON
PLASTRON
KLYSTRON
DIAPASON
INFRASON
ULTRASON
JAKOBSON
DAVIDSON
GRANDSON
BANDE-SON
ÉPIAISON
CALAISON
SALAISON
TOMAISON
FUMAISON
FANAISON
FENAISON
VENAISON
LUNAISON
PARAISON
DÉRAISON
VÉRAISON
NOUAISON
CUVAISON
TRAHISON
GARNISON
PÂMOISON
GUÉRISON
HARRISON
MORRISON
ÉCHANSON
ARGENSON
BERENSON
ROBINSON
BJØRNSON
THOMPSON
ANDERSON
GRIERSON
PATERSON
PETERSON
MEYERSON
CANASSON
ORMESSON
RADISSON
CALISSON
PALISSON
SALISSON
POLISSON
HÉRISSON
PÂTISSON
DAVISSON
CARLSSON
CHAUSSON
CHAUSSON
AUBUSSON
STRAWSON
TENNYSON
SHERATON
PLANCTON
MICHETON
MOLLETON
APPLETON
CARLETON
FROMETON
MAGNÉTON
BANNETON
HANNETON
PANNETON
HOQUETON
GRIVETON
GRIFFTON
BRIGHTON
LAUGHTON
BILLITON
MIRLITON
MARMITON
GRAVITON
STOCKTON
HAMILTON
SCRANTON
ARGENTON
ARGENTON
VALENTON
EDMONTON
ESPONTON
MIRONTON
BRAMPTON
CRAMPTON
KINGSTON
SHORT TON
DICARYON
LONGUYON
BARBIZON
PITCAIRN
DEARBORN
HAGEDORN
CHADBURN
BHADGAUN
DEHRA DUN
SAVERDUN
LIVERDUN
ISSOUDUN
DUCOMMUN
PITCHOUN
SCHAROUN
CAMEROUN
PACHTOUN
HOMESPUN
IMPORTUN
OPPORTUN
BEHISTUN

QUELQU'UN
FREETOWN
CAPE TOWN
YORKTOWN
BROOKLYN
MARANHÃO
EL CALLAO
MINDANAO
SHANGRAO
TS'ING-TAO
DONIAMBO
COQUIMBO
AKOSOMBO
CARABOBO
PINATUBO
ANGELICO
COCORICO
ACAPULCO
BARRANCO
FLAMENCO
MAGNASCO
OSSO-BUCO
ALVARADO
ELDORADO
ELDORADO
COLORADO
HOKKAIDO
GESUALDO
COMMANDO
TRABENDO
BELMONDO
LOMBARDO
ESAKI LEO
BETSILÉO
SOLIDAGO
SANTIAGO
SARAMAGO
TOUT DE GO
SAN DIEGO
ALTER EGO
VITILIGO
MOCENIGO
IMPÉTIGO
FANDANGO
CHARANGO
GASPACHO
AYACUCHO
MUQDISHO
LÊ DUC THO
MASACCIO
LIBECCIO
BACICCIO
BAROCCIO
PALLADIO
KUROSHIO
BADOGLIO
FENOGLIO

SCÉNARIO
ORATORIO
SEX-RATIO
LE CLÉZIO
ALENTEJO
OBASANJO
SANJURJO
GRETCHKO
GLOUCHKO
RÉBÉTIKO
DOVJENKO
LYSSENKO
ANTIHALO
TCHAPALO
MÉLI-MÉLO
EX NIHILO
SANGALLO
GARGALLO
MARCELLO
TORCELLO
BANDELLO
BARGELLO
CAUDILLO
TRUJILLO
AMARILLO
CARRILLO
SALTILLO
CASTILLO
WESTERLO
SÃO PAULO
GERONIMO
HAAVELMO
ECCE HOMO
YORITOMO
PONTORMO
GIORDANO
MARCIANO
GIULIANO
BELGRANO
BRENTANO
ORISTANO
VIGEVANO
CASTAGNO
PIOMBINO
AL PACINO
BORODINO
OTO-RHINO
AVELLINO
MASOLINO
CALEPINO
PILIPINO
TÉNORINO
NEUTRINO
TRISSINO
BRONZINO
GUÉHENNO
KAKEMONO

MAKIMONO
SOEKARNO
WATERLOO
SU DONGPO
CHEMULPO
AVOGADRO
SAN PEDRO
ESCUDERO
SOMBRERO
SALENGRO
BARREIRO
POLIDORO
RÍO DE ORO
VANIKORO
PISSARRO
CHAMORRO
MAFFIOSO
LOMBROSO
EXPRESSO
STACCATO
OSTINATO
MODERATO
IRAPUATO
GROSSETO
HIROHITO
MOSQUITO
PALO ALTO
BEL CANTO
RÍO TINTO
YAMAMOTO
KUMAMOTO
MINAMOTO
POTO-POTO
IN-QUARTO
CONCERTO
CALLISTO
KOIVISTO
TERZETTO
ZANZOTTO
LAVE-AUTO
CONTINUO
STATU QUO
GUO MORUO
RÍO BRAVO
IN-OCTAVO
SARAJEVO
BALAKOVO
KUMANOVO
KEMEROVO
KISMAAYO
HUANCAYO
CHICLAYO
BULAWAYO
HANDICAP
WALSCHAP
BALL-TRAP
TONLÉ SAP

TOWNSHIP
AVERCAMP
GUINGAMP
RONCHAMP
OOSTKAMP
FREE-SHOP
AGIT-PROP
AUTO-STOP
BEAUCOUP
PARELOUP
SVERDRUP
ZIA UL-HAQ
KUUJJUAQ
LE RELECQ
AUDRUICQ
MILLIBAR
ZANZIBAR
ZANZIBAR
SNACK-BAR
PIANO-BAR
STOCK-CAR
HAMILCAR
SCOUT-CAR
PAVLODAR
HOSPODAR
GOODYEAR
ITANAGAR
SRINAGAR
JAMNAGAR
AGAR-AGAR
KANDAHAR
QANDAHAR
ANTICHAR
PUTIPHAR
NÉNUPHAR
FARQUHAR
EL-HADJAR
KYZYLJAR
CELLULAR
VALDEMAR
COQUEMAR
AVENZOAR
DENPASAR
MACASSAR
MACASSAR
MAKASSAR
AMRITSAR
RACONTAR
COLCOTAR
COUGOUAR
CULTIVAR
TEMESVÁR
KAPOSVÁR
PESHAWAR
KALA-AZAR
CORTÁZAR
BANI SADR

PROHIBER
ENJAMBER
REGIMBER
INCOMBER
APLOMBER
RETOMBER
ENGLOBER
ENGERBER
ENHERBER
ABSORBER
ADSORBER
RÉSORBER
RADOUBER
PRÉFACER
SURFACER
DÉGLACER
VIOLACER
DÉPLACER
REPLACER
GRIMACER
BERNÁCER
RETRACER
RAPIÉCER
CLAMECER
MATRICER
BALANCER
RELANCER
ROMANCER
FINANCER
DEVANCER
CADENCER
DÉFONCER
ENFONCER
ENGONCER
SEMONCER
DÉNONCER
RENONCER
ANNONCER
REPERCER
DÉFORCER
EFFORCER
DIVORCER
IMMISCER
GAMBADER
SACCADER
POMMADER
GRENADER
DÉGRADER
EXTRADER
TORSADER
SUCCÉDER
PRÉCÉDER
CONCÉDER
PROCÉDER
POSSÉDER
SUICIDER
ÉLUCIDER

TRUCIDER
TRÉPIDER
DÉBRIDER
HYBRIDER
PRÉSIDER
OUTSIDER
LIQUIDER
RENVIDER
LE HELDER
INHELDER
DEMOLDER
DÉBANDER
OSIANDER
DEMANDER
TRUANDER
LÉGENDER
RAMENDER
SCHINDER
DÉBONDER
FÉCONDER
SECONDER
REFONDER
INFÉODER
REBRODER
SCHRÖDER
CORRODER
DÉBARDER
JOBARDER
CACARDER
BOCARDER
CAFARDER
REGARDER
CANARDER
HASARDER
MUSARDER
RETARDER
ATTARDER
BAVARDER
BAZARDER
LÉZARDER
DÉMERDER
EMMERDER
SABORDER
DÉBORDER
REBORDER
ACCORDER
DÉCORDER
RECORDER
ENCORDER
ÉCHAUDER
RENAUDER
MINAUDER
MARAUDER
TARAUDER
RAVAUDER
PRÉLUDER
ACCOUDER

EXTRUDER
ÉNUCLÉER
SUPPLÉER
DÉLINÉER
PROCRÉER
CONGRÉER
MAUGRÉER
DÉGRAFER
MÂCHEFER
ENTREFER
BRISE-FER
REBIFFER
AGRIFFER
SCHÖFFER
CHAUFFER
ÉTOUFFER
SPIRIFER
HERBAGER
SACCAGER
RENGAGER
PACKAGER
ÉTALAGER
SOULAGER
FROMAGER
TEEN-AGER
AMÉNAGER
SRINAGER
SURNAGER
PROPAGER
OMBRAGER
OUTRAGER
OUVRAGER
PRÉSAGER
PASSAGER
MESSAGER
MESSAGER
PAYSAGER
PARTAGER
ENNUAGER
ASSIÉGER
PROTÉGER
HONEGGER
DÉNEIGER
RENEIGER
ENNEIGER
SCALIGER
AFFLIGER
INFLIGER
NÉGLIGER
COLLIGER
CORRIGER
VOLTIGER
FUSTIGER
LUSTIGER
VIDANGER
ÉCHANGER
BÉLANGER

MÉLANGER
ERLANGER
DÉMANGER
REMANGER
BÉRANGER
DÉRANGER
SPRANGER
ARRANGER
ÉTRANGER
LOUANGER
BÉRENGER
SALINGER
SPRINGER
ALLONGER
HORLOGER
SUBROGER
PROROGER
ENFARGER
HÉBERGER
GOBERGER
IMMERGER
ASPERGER
DÉTERGER
DIVERGER
DUVERGER
DÉGORGER
REGORGER
ENGORGER
EXPURGER
INSURGER
DÉJAUGER
PATAUGER
PRÉJUGER
RABÂCHER
DÉBÂCHER
RELÂCHER
REMÂCHER
PANACHER
ARRACHER
ENSACHER
DÉTACHER
ENTACHER
ATTACHER
GOUACHER
ALLÉCHER
DÉPÊCHER
REPÊCHER
EMPÊCHER
ÉBRÉCHER
ASSÉCHER
AFFICHER
ENFICHER
DÉNICHER
ENTICHER
AGUICHER
FLANCHER
PLANCHER

8

ÉPANCHER
BRANCHER
TRANCHER
ÉTANCHER
GUINCHER
BRONCHER
DÉCOCHER
RICOCHER
ENCOCHER
TALOCHER
FILOCHER
EMPOCHER
DÉROCHER
ENROCHER
CHERCHER
ÉCORCHER
FOURCHER
MIESCHER
GENSCHER
PINSCHER
HERSCHER
THATCHER
FLETCHER
SCOTCHER
ÉBAUCHER
DÉBUCHER
DÉJUCHER
PELUCHER
ÉPLUCHER
ABOUCHER
PARAPHER
GALIBIER
PLOMBIER
L'HERBIER
BOURBIER
TOURBIER
JUJUBIER
FOUACIER
OFFICIER
POLICIER
TUNICIER
NUANCIER
PRINCIER
NÉGOCIER
ASSOCIER
SOURCIER
PEAUCIER
DALADIER
SALADIER
RAMADIER
IRRADIER
REMÉDIER
EXPÉDIER
ALANDIER
AMANDIER
GRANDIER
BUANDIER

PARODIER
TAXODIER
PALUDIER
RÉPUDIER
NEUMEIER
ESTAFIER
COKÉFIER
TUMÉFIER
RARÉFIER
GREFFIER
GOUFFIER
TRUFFIER
PACIFIER
NIDIFIER
CODIFIER
MODIFIER
SALIFIER
GÉLIFIER
RAMIFIER
MOMIFIER
NANIFIER
PANIFIER
LÉNIFIER
VINIFIER
BONIFIER
TONIFIER
VÉRIFIER
PURIFIER
OSSIFIER
GÂTIFIER
RATIFIER
BÊTIFIER
NOTIFIER
VIVIFIER
COCUFIER
RÉFUGIER
FLÉCHIER
BERTHIER
KAPOKIER
LOCALIER
ESCALIER
PÉDALIER
ÉCHALIER
ESPALIER
CAVALIER
CAVALIER
DUVALIER
BOUCLIER
ÉCHELIER
OISELIER
BATELIER
RÂTELIER
HÔTELIER
MANGLIER
SANGLIER
MOBILIER
AFFILIER

FAMILIER
HUMILIER
RÉSILIER
FUSILIER
DÉFOLIER
EXFOLIER
PAROLIER
REMPLIER
TEMPLIER
SUPPLIER
PEUPLIER
CHARLIER
FÉCULIER
SÉCULIER
RÉGULIER
PILULIER
RÉCAMIER
BADAMIER
LÉGUMIER
RUBANIER
PACANIER
ARGANIER
REMANIER
BANANIER
CASANIER
LATANIER
DOUANIER
INGÉNIER
PATENIER
REIGNIER
GUIGNIER
SANGNIER
TERGNIER
CHAÎNIER
GRAINIER
ROBINIER
SALINIER
GÉLINIER
MARINIER
RÉSINIER
MATINIER
POTINIER
PIONNIER
ACCONIER
TIMONIER
AUMÔNIER
PÉRONIER
CHARNIER
FOURNIER
TOURNIER
PLISNIER
TULIPIER
ÉQUIPIER
RECOPIER
HOUPPIER
POURPIER
CROUPIER

TROUPIER
POLYPIER
GABARIER
CIGARIER
SALARIER
DÉMARIER
REMARIER
DÉPARIER
APPARIER
CHABRIER
MARBRIER
CENDRIER
BAUDRIER
COUDRIER
POUDRIER
CAMÉRIER
GAUFRIER
ŒUFRIER
EXCORIER
COLORIER
ARMORIER
CHARRIER
CHARRIER
PIERRIER
GUERRIER
BEURRIER
COURRIER
FOURRIER
PLÂTRIER
HUÎTRIER
VON TRIER
DESTRIER
FAUTRIER
ORDURIER
INJURIER
ARMURIER
PARURIER
SÉRURIER
ROTURIER
CHEVRIER
POIVRIER
EXTASIER
CHAISIER
FRAISIER
BALISIER
REMISIER
CERISIER
MERISIER
BÊTISIER
LE GOSIER
BOURSIER
COURSIER
CRASSIER
QUASSIER
CRESSIER
BAISSIER
CAISSIER

TEISSIER
HUISSIER
BROSSIER
GROSSIER
HAUSSIER
POUSSIER
ÉCLUSIER
SÉRUSIER
SABATIER
ALFATIER
RÉGATIER
KOLATIER
CAFETIER
PELETIER
GILETIER
MULETIER
PANETIER
LUNETIER
PAPETIER
SAVETIER
BUVETIER
DOIGTIER
BÉNITIER
DROITIER
HÉRITIER
HÉRITIER
FRUITIER
GAULTIER
CHANTIER
SABOTIER
COCOTIER
FAGOTIER
ARGOTIER
ÉCHOTIER
CANOTIER
MINOTIER
SAPOTIER
CHARTIER
QUARTIER
COURTIER
PSAUTIER
ÉMEUTIER
MINUTIER
ÉGOUTIER
MORUTIER
TRÉGUIER
MANGUIER
ICAQUIER
VRAQUIER
JACQUIER
CHÉQUIER
ARÉQUIER
BANQUIER
PARQUIER
PASQUIER
OCTAVIER
GOYAVIER

ELSEVIER
ELZEVIER
OLLIVIER
DUVIVIER
LIXIVIER
ÉPERVIER
BRONZIER
VAN ACKER
HONECKER
BAEDEKER
RELOOKER
SURJALER
SIGNALER
DESSALER
CHEVALER
ACCABLER
ENSABLER
ENTABLER
ATTABLER
DRIBBLER
TREMBLER
AFFUBLER
TROUBLER
DÉBÂCLER
RENÂCLER
RECYCLER
CHANDLER
HARCELER
MORCELER
CONGELER
SURGELER
NICKELER
POMMELER
GRUMELER
CRÉNELER
GRENELER
RAPPELER
CARRELER
CORRÉLER
BOSSELER
PANTELER
DENTELER
MARTELER
KETTELER
BOTTELER
SOUFFLER
RENIFLER
DÉRÉGLER
SPENGLER
ÉPINGLER
TRINGLER
AVEUGLER
STREHLER
TRÉFILER
RENFILER
PROFILER
PARFILER

SURFILER
FAUFILER
ENTOILER
DÉVOILER
REMPILER
COMPILER
VENTILER
DÉBALLER
EMBALLER
PIS-ALLER
REBELLER
LIBELLER
EXCELLER
ÉCAILLER
ÉGAILLER
PIAILLER
ÉMAILLER
BRAILLER
CRAILLER
ÉRAILLER
GRAILLER
BABILLER
HABILLER
VACILLER
OSCILLER
GODILLER
OREILLER
ÉVEILLER
SCHILLER
THRILLER
ÉTRILLER
NASILLER
FUSILLER
PÉTILLER
VÉTILLER
TITILLER
OUTILLER
DOUILLER
FOUILLER
HOUILLER
MOUILLER
ROUILLER
SOUILLER
TOUILLER
DÉCOLLER
RECOLLER
ENCOLLER
ÉBRANLER
BRICOLER
GONDOLER
AURÉOLER
RAFFOLER
BARIOLER
FORMOLER
FIGNOLER
SOMNOLER
CONSOLER

DESSOLER
RISSOLER
CONVOLER
SURVOLER
DÉCUPLER
NONUPLER
OCTUPLER
DÉPARLER
REPARLER
DÉFERLER
EMPERLER
KREISLER
KOESTLER
WHISTLER
ÉJACULER
SPÉCULER
CALCULER
FLOCULER
INOCULER
CIRCULER
BASCULER
ACIDULER
PENDULER
ÉGUEULER
COAGULER
PULLULER
TRÉMULER
STIMULER
FORMULER
GRANULER
SABOULER
DÉBOULER
RIBOULER
DÉCOULER
DÉFOULER
REFOULER
DÉMOULER
ÉCROULER
DÉROULER
ENROULER
STIPULER
REBRÛLER
SPORULER
CAPSULER
POSTULER
WAT TYLER
DIFFAMER
ACCLAMER
DÉCLAMER
RÉCLAMER
EXCLAMER
RENTAMER
DOUX-AMER
GUYNEMER
OUTRE-MER
OUTREMER
PARSEMER

8

BESSEMER
BESSEMER
RESSEMER
MÔN-KHMER
ESSAIMER
GORDIMER
SUBLIMER
RÉANIMER
ESCRIMER
DÉPRIMER
RÉPRIMER
IMPRIMER
OPPRIMER
EXPRIMER
MORTIMER
EMPALMER
DÉGOMMER
ENGOMMER
DÉNOMMER
RENOMMER
ASSOMMER
SLALOMER
DIPLÔMER
DÉSARMER
REFERMER
AFFERMER
ENFERMER
DÉGERMER
AFFIRMER
INFIRMER
DÉFORMER
REFORMER
RÉFORMER
INFORMER
EMBAUMER
EMPAUMER
ROYAUMER
PARFUMER
ENRHUMER
RALLUMER
DÉPLUMER
EMPLUMER
EMBRUMER
SUBSUMER
PRÉSUMER
CONSUMER
COSTUMER
HAUBANER
CHICANER
CANCANER
BOUCANER
PROFANER
TRÉPANER
SAFRANER
MUNTANER
SYLVANER
KRÜDENER

OXYGÉNER
MALMENER
REMMENER
PROMENER
SURMENER
RÉFRÉNER
ENGRENER
RIESENER
REGAGNER
ESBIGNER
INDIGNER
ÉLOIGNER
DESIGNER
DÉSIGNER
RÉSIGNER
COSIGNER
ASSIGNER
BESOGNER
ÉPARGNER
ÉBORGNER
RÉPUGNER
KIRCHNER
KOUCHNER
DÉGAINER
ENGAINER
DÉLAINER
AGRAINER
ÉGRAINER
LAMBINER
COMBINER
TURBINER
VACCINER
CALCINER
LANCINER
FASCINER
DANDINER
GARDINER
JARDINER
KARDINER
BOUDINER
SCHEINER
RAFFINER
CONFINER
IMAGINER
MARGINER
MACHINER
PRALINER
DÉCLINER
INCLINER
EYE-LINER
MOULINER
POULINER
EXAMINER
CHEMINER
ÉLIMINER
CULMINER
FULMINER

ABOMINER
TERMINER
ALUMINER
ÉPÉPINER
CLOPINER
JASPINER
TOUPINER
AMARINER
VOISINER
CUISINER
BASSINER
DESSINER
COUSINER
PRUSINER
PLATINER
GRATINER
OUATINER
PIÉTINER
COLTINER
CANTINER
TONTINER
TARTINER
OBSTINER
DESTINER
CHOUINER
TAQUINER
ALEVINER
PLUVINER
BRUCKNER
FAULKNER
DÉPANNER
EMPANNER
EMPENNER
ÉTRENNER
MOYENNER
FAÇONNER
MAÇONNER
DÉCONNER
ARÇONNER
BEDONNER
REDONNER
BIDONNER
ORDONNER
GALONNER
JALONNER
TALONNER
PILONNER
CANONNER
TENONNER
JUPONNER
MARONNER
RÉSONNER
TISONNER
BÂTONNER
TÂTONNER
BÉTONNER
DÉTONNER

MITONNER
PITONNER
ENTONNER
COTONNER
SAVONNER
RAYONNER
GAZONNER
SCHOONER
DÉTRÔNER
DISSONER
INCARNER
ACHARNER
ÉCHARNER
HIBERNER
DÉCERNER
CASERNER
MATERNER
ALTERNER
INTERNER
HIVERNER
SUBORNER
DÉCORNER
ENCORNER
BIGORNER
AJOURNER
DÉJEUNER
RECHAPER
ATTRAPER
DÉCRÊPER
DÉFRIPER
DISSIPER
INCULPER
DÉPULPER
DÉCAMPER
ESTAMPER
DE MOMPER
ESTOMPER
SYNCOPER
VARLOPER
ÉCHAPPER
VARAPPER
ÉGRAPPER
AGRIPPER
ACHOPPER
ÉCHARPER
EXTIRPER
DÉCOUPER
RECOUPER
DÉCLARER
PRÉPARER
COMPARER
PALABRER
DÉLABRER
CÉLÉBRER
DÉFIBRER
CALIBRER
CHAMBRER

OBOMBRER
RECADRER
ENCADRER
PONDÉRER
PRÉFÉRER
DIFFÉRER
CONFÉRER
PROFÉRER
EXAGÉRER
SUGGÉRER
COMMÉRER
ÉNUMÉRER
EXONÉRER
TEMPÉRER
RÉOPÉRER
COOPÉRER
BLATÉRER
RÉITÉRER
BALAFRER
CHIFFRER
GOINFRER
INTÉGRER
IMMIGRER
DÉNIGRER
AFFAIRER
ÉCLAIRER
REPAIRER
DÉCHIRER
RESPIRER
INSPIRER
SOUPIRER
CASSIRER
SOUTIRER
CHAVIRER
TRÉVIRER
SURVIRER
ÉLABORER
PERFORER
DÉFLORER
DÉPLORER
IMPLORER
EXPLORER
ÉVAPORER
TORTORER
ÉPAMPRER
DÉBARRER
EMBARRER
BAGARRER
BIGARRER
DÉMARRER
DÉFERRER
ENFERRER
ÉPIERRER
ENSERRER
DÉTERRER
ENTERRER
ATTERRER
ABHORRER
SUSURRER
FOLÂTRER
FENÊTRER
PÉNÉTRER
DÉPÊTRER
EMPÊTRER
ARBITRER
DÉNITRER
CLOÎTRER
ÉVENTRER
FRUSTRER
CARBURER
PROCURER
PERDURER
DEMEURER
ÉCŒURER
TUTEURER
SULFURER
FULGURER
HACHURER
MÂCHURER
CONJURER
PARJURER
MOULURER
MURMURER
SAUMURER
CYANURER
RAINURER
LABOURER
DÉTOURER
ENTOURER
SAVOURER
SUPPURER
NITRURER
PRÉSURER
CENSURER
TONSURER
RASSURER
FISSURER
FACTURER
VOITURER
TRITURER
CLÔTURER
CAPTURER
TORTURER
BITTURER
BOUTURER
TEXTURER
ÉBAVURER
NERVURER
DÉGIVRER
DÉLIVRER
DÉPHASER
DÉBRASER
EMBRASER
RÉALÉSER
SOUPESER
JUDAÏSER
PUNAISER
ARABISER
GRÉCISER
PRÉCISER
LAÏCISER
FASCISER
ANODISER
RÉALISER
ÉGALISER
COALISER
OPALISER
ORALISER
DUALISER
AVALISER
OVALISER
CYCLISER
UTILISER
STYLISER
CHEMISER
ATOMISER
TANNISER
AGONISER
IRONISER
DÉBOISER
REBOISER
DÉGOISER
PAVOISER
ÉMERISER
UPÉRISER
DÉFRISER
DÉGRISER
DÉPRISER
MÉPRISER
REPRISER
ÉTATISER
PACTISER
POÉTISER
ÉROTISER
BAPTISER
DÉGUISER
AIGUISER
MENUISER
SLAVISER
IMPULSER
EXPULSER
RÉVULSER
RECENSER
ENCENSER
OFFENSER
DÉPENSER
REPENSER
IMPLOSER
EXPLOSER
PERMOSER
CYANOSER
PRÉPOSER
COMPOSER
PROPOSER
SUPPOSER
DISPOSER
NÉCROSER
ÉCLIPSER
DÉVERSER
REVERSER
INVERSER
TABASSER
JACASSER
DÉLASSER
DAMASSER
RAMASSER
FINASSER
CROASSER
DÉPASSER
REPASSER
HARASSER
ENTASSER
POTASSER
BAVASSER
RÊVASSER
CARESSER
PARESSER
ADRESSER
AGRESSER
STRESSER
ABAISSER
GRAISSER
MÉGISSER
PALISSER
FROISSER
TAPISSER
HÉRISSER
PÂTISSER
RATISSER
MÉTISSER
RETISSER
BRUISSER
DÉVISSER
REVISSER
CABOSSER
EMBOSSER
ENDOSSER
PANOSSER
DÉSOSSER
CHAUSSER
LAÏUSSER
GLOUSSER
ÉMOUSSER
TROUSSER
RECAUSER
RACCUSER
DIFFUSER
PERFUSER

JALOUSER
DÉPAYSER
DIALYSER
ANALYSER
MANDATER
CALFATER
SULFATER
FRÉGATER
FRELATER
TRÉMATER
COLMATER
FORMATER
HYDRATER
NITRATER
CRAVATER
DÉBECTER
AFFECTER
INFECTER
OBJECTER
INJECTER
DÉLECTER
SÉLECTER
HUMECTER
DÉTECTER
MOUFETER
BUDGÉTER
CACHETER
RACHETER
TACHETER
CATHÉTER
EMPIÉTER
PROJETER
FORJETER
SURJETER
REFLÉTER
PELLETER
COLLETER
VIOLETER
VIGNETER
TEMPÊTER
ACCRÉTER
DÉCRÉTER
SECRÉTER
SÉCRÉTER
EXCRÉTER
AFFRÉTER
APPRÊTER
JARRETER
CORSETER
MASSÉTER
CAQUETER
PAQUETER
BÉQUETER
REQUÊTER
PIQUETER
ENQUÊTER
COQUETER

HOQUETER
CLAVETER
BREVETER
HALFFTER
ENFAÎTER
DÉLAITER
ALLAITER
SUSCITER
RÉÉDITER
COÉDITER
CRÉDITER
PROFITER
DÉBOÎTER
EMBOÎTER
MIROITER
CRÉPITER
PALPITER
EFFRITER
REWRITER
ÉBRUITER
GRAVITER
RÉCOLTER
DÉVOLTER
RÉVOLTER
OCCULTER
RÉSULTER
INSULTER
DÉCANTER
ENFANTER
DÉGANTER
DÉJANTER
AIMANTER
RÉGENTER
ARGENTER
ORIENTER
LAMENTER
CÉMENTER
CIMENTER
PIMENTER
FOMENTER
ARPENTER
ABSENTER
PATENTER
RETENTER
INTENTER
ATTENTER
DEVENTER
INVENTER
BADINTER
ÉREINTER
AJOINTER
ÉJOINTER
SPRINTER
CHUINTER
RACONTER
DÉMONTER
REMONTER

APPONTER
CLABOTER
CRABOTER
BARBOTER
PLACOTER
FRICOTER
TRICOTER
RONÉOTER
MARGOTER
BACHOTER
RABIOTER
FOLIOTER
PÉCLOTER
DORLOTER
PIANOTER
PAGNOTER
MIGNOTER
CONNOTER
CLAPOTER
CHIPOTER
TRIPOTER
REMPOTER
POIROTER
BAISOTER
DANSOTER
CREVOTER
ACCEPTER
EXCEPTER
SCULPTER
EXEMPTER
ENCARTER
ESSARTER
DÉSERTER
ESCORTER
EXHORTER
DÉPORTER
REPORTER
EMPORTER
IMPORTER
APPORTER
EXPORTER
ÉCOURTER
DÉVASTER
ROADSTER
INFESTER
TRIESTER
DÉLESTER
MOLESTER
LANESTER
EMPESTER
DÉTESTER
ATTESTER
DRAGSTER
GANGSTER
MAGISTER
DÉPISTER
DÉSISTER

RÉSISTER
INSISTER
ASSISTER
LEINSTER
ACCOSTER
DE COSTER
RIPOSTER
DÉGUSTER
RAJUSTER
BREWSTER
ENKYSTER
DÉNATTER
EMPATTER
BARATTER
SQUATTER
FACETTER
ENDETTER
ÉMIETTER
FOUETTER
DE SITTER
DÉBOTTER
COCOTTER
DÉGOTTER
CALOTTER
CULOTTER
CAROTTER
ÉGOUTTER
BOYAUTER
NOYAUTER
TUYAUTER
CULBUTER
EXÉCUTER
PERCUTER
DISCUTER
RAMEUTER
ÉQUEUTER
RAFFÛTER
CHAHUTER
RECHUTER
SCHLÜTER
COMMUTER
PERMUTER
RABOUTER
DÉBOUTER
REDOUTER
DÉGOÛTER
RAJOUTER
VELOUTER
FILOUTER
ÉCROÛTER
DÉROUTER
ENVOÛTER
MAZOUTER
SUPPUTER
DISPUTER
RECRUTER
ADENAUER

BALAGUER	ÉTARQUER	SOUDOYER	ENNOBLIR
ALPAGUER	BRUSQUER	DÉPLOYER	AMEUBLIR
DIVAGUER	RELUQUER	REPLOYER	EMBELLIR
DÉLÉGUER	OBSTRUER	EMPLOYER	VIEILLIR
RELÉGUER	INFATUER	SURLOYER	CUEILLIR
ALLÉGUER	PONCTUER	LARMOYER	BOUILLIR
ENDIGUER	FLUCTUER	PAUMOYER	RAMOLLIR
IRRIGUER	HABITUER	**MONNOYER**	**CANTEMIR**
FATIGUER	RESITUER	BORNOYER	**VLADIMIR**
NAVIGUER	ÉVERTUER	CARROYER	**CLODOMIR**
ÉLINGUER	EMBLAVER	CORROYER	AFFERMIR
FLINGUER	ENCLAVER	OCTROYER	ENDORMIR
BRINGUER	AGGRAVER	FOSSOYER	CONTENIR
FRINGUER	DÉPRAVER	CHATOYER	ABSTENIR
SWINGUER	ENTRAVER	APITOYER	SOUTENIR
DÉBOGUER	PRÉLEVER	FESTOYER	SUBVENIR
FOURGUER	SOULEVER	NETTOYER	PRÉVENIR
ENJUGUER	EMBREVER	RENVOYER	CONVENIR
DÉVALUER	DÉGREVER	CONVOYER	PROVENIR
CONFLUER	ARCHIVER	LOUVOYER	PARVENIR
ÉBERLUER	**GULLIVER**	VOUVOYER	SURVENIR
ATTÉNUER	**RED RIVER**	HAINUYER	SOUVENIR
EXTÉNUER	PASSIVER	**HAINUYER**	ASSAINIR
DIMINUER	LESSIVER	HENNUYER	RABONNIR
INSINUER	CULTIVER	**HENNUYER**	DÉGARNIR
ÉTERNUER	CAPTIVER	ROCOUYER	REGARNIR
AMADOUER	ESQUIVER	BERRUYER	DÉVERNIR
DÉCLOUER	REVOLVER	**BERRUYER**	RACORNIR
RECLOUER	PULL-OVER	RESSUYER	RAJEUNIR
ENCLOUER	**HANNOVER**	SQUEEZER	PRÉMUNIR
SURLOUER	TURNOVER	**PULITZER**	ÉBARBOIR
RABROUER	INNERVER	**KREUTZER**	AMORÇOIR
CONSPUER	OBSERVER	**CHÂHPUHR**	DÉVIDOIR
ENCAQUER	RÉSERVER	CANADAIR	ÉTENDOIR
ARNAQUER	INCURVER	**SINCLAIR**	ÉMONDOIR
BARAQUER	ABREUVER	RÉTRÉCIR	DRAGEOIR
ATTAQUER	ÉPROUVER	ENDURCIR	PURGEOIR
DÉFÉQUER	SURTAXER	RADOUCIR	BOUGEOIR
RÉSÉQUER	DUPLEXER	ATTIÉDIR	GRUGEOIR
REBIQUER	PRÉFIXER	ENLAIDIR	SURSEOIR
ABDIQUER	SUFFIXER	DÉRAIDIR	RASSEOIR
INDIQUER	DÉBLAYER	AGRANDIR	MESSEOIR
OBLIQUER	MONNAYER	REBONDIR	GREFFOIR
PANIQUER	PRÉPAYER	ARRONDIR	CRACHOIR
DÉPIQUER	SURPAYER	ENHARDIR	PERCHOIR
REPIQUER	DÉBRAYER	REVERDIR	COUCHOIR
ÉBRIQUER	EMBRAYER	ALOURDIR	MOUCHOIR
ÉTRIQUER	**DE CRAYER**	ÉTOURDIR	DÉVALOIR
ASTIQUER	DÉFRAYER	DÉSOBÉIR	REVALOIR
FLANQUER	EFFRAYER	RÉLARGIR	SARCLOIR
PLANQUER	RESSAYER	RESURGIR	DÉMÊLOIR
BLINQUER	VOLLEYER	DÉROUGIR	AFFILOIR
TRINQUER	**NIEMEYER**	FRAÎCHIR	TAILLOIR
TRONQUER	CACAOYER	ENRICHIR	GRILLOIR
RETOQUER	MERDOYER	BLANCHIR	TAMANOIR
RÉVOQUER	VERDOYER	FRANCHIR	PIED-NOIR
INVOQUER	COUDOYER	RÉTABLIR	PEIGNOIR

BOBINOIR
LAMINOIR
APPAROIR
GAUFROIR
REPOSOIR
ARROSOIR
CHASSOIR
DRESSOIR
PRESSOIR
GLISSOIR
ÉPISSOIR
HOUSSOIR
MOUSSOIR
POUSSOIR
VOUSSOIR
CHANTOIR
PLANTOIR
ACCOTOIR
DÉPOTOIR
COMPTOIR
HEURTOIR
ABATTOIR
GRATTOIR
FROTTOIR
TROTTOIR
CLAQUOIR
MARQUOIR
DÉCEVOIR
RECEVOIR
REDEVOIR
POURVOIR
BEAUVOIR
PLEUVOIR
ÉMOUVOIR
DÉCRÉPIR
RECRÉPIR
ASSOUPIR
ENCHÉRIR
ACQUÉRIR
REQUÉRIR
ENQUÉRIR
SOUFFRIR
AMAIGRIR
ÉQUARRIR
ATTERRIR
AGUERRIR
MEURTRIR
ACCOURIR
RECOURIR
SECOURIR
ENCOURIR
ÉPAISSIR
RAPLATIR
COMPATIR
ANÉANTIR
DÉNANTIR
GARANTIR

RALENTIR
DÉMENTIR
REPENTIR
RETENTIR
DÉPARTIR
REPARTIR
RÉPARTIR
IMPARTIR
DIVERTIR
INVERTIR
ASSORTIR
MONASTIR
INVESTIR
DÉGLUTIR
EMBOUTIR
ALANGUIR
LANGMUIR
SERFOUIR
ÉPANOUIR
ÉVANOUIR
DÉCEMVIR
TRIUMVIR
ASSERVIR
ASSOUVIR
ANN ARBOR
TORÉADOR
LABRADOR
LABRADOR
SALVADOR
HORDE D'OR
CORNE D'OR
PHILIDOR
CORRIDOR
MESSIDOR
HOSSEGOR
MELCHIOR
MONTEMOR
LEVASSOR
MERCATOR
PISCATOR
MÉDIATOR
RÉSISTOR
VANADZOR
ALMANZOR
BALLADUR
FLAMBEUR
PLOMBEUR
EFFACEUR
APIÉCEUR
DÉPECEUR
NOIRCEUR
ÉCORCEUR
BALADEUR
PARADEUR
PLAIDEUR
DÉCIDEUR
FROIDEUR

GLANDEUR
ÉPANDEUR
GRANDEUR
BLONDEUR
ÉMONDEUR
FRONDEUR
GRONDEUR
DÉCODEUR
ENCODEUR
VOCODEUR
LOURDEUR
FRAUDEUR
IMPUDEUR
PARAFEUR
GRAFFEUR
STAFFEUR
COIFFEUR
GRIFFEUR
BLUFFEUR
BOUFFEUR
TOUFFEUR
MANAGEUR
TAPAGEUR
RAVAGEUR
VOYAGEUR
BRIDGEUR
MITIGEUR
CHANGEUR
PLONGEUR
CHARGEUR
ÉGORGEUR
CRACHEUR
PRÊCHEUR
TRÉCHEUR
CLICHEUR
TRICHEUR
PUNCHEUR
PIOCHEUR
BROCHEUR
CROCHEUR
MARCHEUR
HERCHEUR
PERCHEUR
CATCHEUR
FAUCHEUR
COUCHEUR
DOUCHEUR
LOUCHEUR
LOUCHEUR
TOUCHEUR
GRAPHEUR
LE PRIEUR
MONSIEUR
TREKKEUR
PÉDALEUR
CHIALEUR
CAVALEUR

RAVALEUR
CRIBLEUR
DOUBLEUR
RECELEUR
MODELEUR
CISELEUR
OISELEUR
BATELEUR
RÂTELEUR
JAVELEUR
NIVELEUR
SIFFLEUR
GONFLEUR
HONFLEUR
RONFLEUR
BARFLEUR
HARFLEUR
JONGLEUR
ENFILEUR
VIELLEUR
BAILLEUR
BÂILLEUR
RAILLEUR
TAILLEUR
MEILLEUR
VEILLEUR
QUILLEUR
BRANLEUR
RACOLEUR
RIGOLEUR
CAJOLEUR
ENJÔLEUR
ENRÔLEUR
ENTÔLEUR
COUPLEUR
ONDULEUR
CHOULEUR
CRAWLEUR
AFFAMEUR
RÉTAMEUR
PLOEMEUR
ARRIMEUR
CHARMEUR
PLEUMEUR
ALLUMEUR
RICANEUR
LAMANEUR
ELSENEUR
BAIGNEUR
SAIGNEUR
SEIGNEUR
SOIGNEUR
GROGNEUR
CHAÎNEUR
DRAINEUR
TRAÎNEUR
DÉBINEUR

BOBINEUR
AFFINEUR
LAMINEUR
DÉMINEUR
LÉSINEUR
PATINEUR
BUTINEUR
FOUINEUR
SCANNEUR
RAMONEUR
TOURNEUR
TOURNEUR
RANCŒUR
MERCŒUR
CONSŒUR
ÉPULPEUR
GRIMPEUR
TROMPEUR
GALOPEUR
FRAPPEUR
TRAPPEUR
STEPPEUR
STOPPEUR
EMPEREUR
COFFREUR
MAIGREUR
HONGREUR
FLAIREUR
PÉROREUR
DÉVOREUR
FOURREUR
MONTREUR
PLEUREUR
MESUREUR
ASSUREUR
COUVREUR
ÉCRASEUR
PHRASEUR
FRAISEUR
EXCISEUR
BALISEUR
CROISEUR
RÉVISEUR
DIVISEUR
ÉMULSEUR
ARROSEUR
CHASSEUR
CLASSEUR
BRASSEUR
BRASSEUR
DRESSEUR
PRESSEUR
GLISSEUR
GROSSEUR
POUSSEUR
POUSSEUR
ROUSSEUR

TOUSSEUR
ÉPOUSEUR
SÉCATEUR
CRÉATEUR
NÉGATEUR
AVIATEUR
ÉCLATEUR
DÉLATEUR
ZÉLATEUR
FILATEUR
ARMATEUR
SÉNATEUR
DONATEUR
AÉRATEUR
CURATEUR
NOTATEUR
ROTATEUR
MUTATEUR
ÉQUATEUR
ÉQUATEUR
NOVATEUR
TAXATEUR
VEXATEUR
FIXATEUR
RÉACTEUR
TRACTEUR
EXACTEUR
ÉJECTEUR
ÉLECTEUR
ÉRECTEUR
ACHETEUR
RÉPÉTEUR
FURETEUR
TRAITEUR
DÉBITEUR
ORBITEUR
AUDITEUR
LIMITEUR
GÉNITEUR
MONITEUR
SAPITEUR
VISITEUR
BRUITEUR
CHANTEUR
PLANTEUR
PUANTEUR
FEINTEUR
POINTEUR
CABOTEUR
RABOTEUR
SABOTEUR
RADOTEUR
ERGOTEUR
PELOTEUR
BIMOTEUR
CANOTEUR
COAPTEUR

COMPTEUR
DOMPTEUR
ÉCARTEUR
FLIRTEUR
AVORTEUR
TOASTEUR
QUESTEUR
AJUSTEUR
ABATTEUR
FLATTEUR
GRATTEUR
ÉMETTEUR
BRETTEUR
GUETTEUR
FLOTTEUR
FROTTEUR
TROTTEUR
GOUTTEUR
COAUTEUR
LOCUTEUR
MINUTEUR
ÉCOUTEUR
COTUTEUR
BLAGUEUR
ÉLAGUEUR
DRAGUEUR
LANGUEUR
ZINGUEUR
LONGUEUR
LARGUEUR
POLLUEUR
SECOUEUR
TATOUEUR
PLAQUEUR
BRAQUEUR
CRAQUEUR
TRAQUEUR
PECQUEUR
CHIQUEUR
CROQUEUR
TROQUEUR
MARQUEUR
PARQUEUR
TRUQUEUR
ENCAVEUR
DÉFAVEUR
RECEVEUR
RELEVEUR
DÉRIVEUR
TROUVEUR
MALAXEUR
INDEXEUR
PAGAYEUR
BALAYEUR
RELAYEUR
ESSAYEUR
MAREYEUR

TUTOYEUR
ENVOYEUR
ESSUYEUR
ZWANZEUR
BRONZEUR
DAMANHUR
MANGALUR
VILLEMUR
BOULGOUR
DEMI-JOUR
ABAT-JOUR
DÉSAMOUR
DEMI-TOUR
ALENTOUR
AUTOTOUR
POURTOUR
AZNAVOUR
DURGAPUR
KOLHAPUR
SHOLAPUR
MIRZAPUR
JABALPUR
LYALLPUR
TIRUPPUR
BILASPUR
AL-MANSUR
MERCOSUR
DELEATUR
SAINT-CYR
KOOLHAAS
BARRABAS
BARABBAS
PASSE-BAS
ARGUEDAS
LÉONIDAS
TULSI DAS
GIGONDAS
PANCRÉAS
BOUTEFAS
LAS VEGAS
BATANGAS
PATAUGAS
FALACHAS
FALASHAS
SÉDÉCIAS
SPONDIAS
HÉRODIAS
MATTHIAS
OLYMPIAS
AMPURIAS
ASTURIAS
TIRÉSIAS
PROUSIAS
OCHOZIAS
VAUGELAS
COUTELAS
CERVELAS

8

Altuglas
LES LILAS
AGÉSILAS
LADISLAS
LAFFEMAS
FANTÔMAS
HABERMAS
CÁRDENAS
JULIÉNAS
JULIÉNAS
CAMPINAS
COCONNAS
PÉRONNAS
AMAZONAS
MUQARNAS
MAUREPAS
HYPOCRAS
CARRERAS
VÄSTERÅS
HATTERAS
DÉBARRAS
EMBARRAS
PATATRAS
HONDURAS
LAS CASAS
ARKANSAS
TAFFETAS
PARTITAS
DU BARTAS
VASISTAS
GUIPAVAS
YESHIVAS
ABU NUWAS
MATANZAS
GROS-BECS
SURPOIDS
REYNOLDS
BIG BANDS
BAD-LANDS
MIDLANDS
LOWLANDS
WEEK-ENDS
TRÉFONDS
BAS-FONDS
LOMBARDS
HUSSARDS
MI-LOURDS
COSTAUDS
CARAÏBES
COLOMBES
CURIACES
INSUCCÈS
PRÉMICES
FINANCES
CASCADES
ENNÉADES
PLÉIADES

CYCLADES
SPORADES
DANAÏDES
NÉRÉIDES
BESKIDES
HÉBRIDES
NASRIDES
GHURIDES
RHURIDES
HAFSIDES
ARLANDES
CALENDES
KABARDES
BAGAUDES
BERMUDES
TCHOUDES
MACABÉES
CHÂTIÉES
DÉFILÉES
TRIPLÉES
COUPLÉES
PYRÉNÉES
MORT-NÉES
TROMPÉES
D'ESTRÉES
LAISSÉES
CLISSÉES
CRANTÉES
SOULAGES
HOMMAGES
JUMIÈGES
BESSÈGES
TANINGES
MAL-LOGÉS
ASPERGÈS
FAVERGES
PÉLASGES
PÉROUGES
GAMACHES
SPEECHES
BRUNCHES
SKETCHES
SCOTCHES
EUTYCHÈS
NURAGHES
VARILHES
LAPITHES
DINGHIES
WHISKIES
FÉRALIES
COMPLIES
LATOMIES
FOURMIES
FEIGNIES
SOIGNIES
GÉMONIES
CANARIES

FALÉRIES
PRAIRIES
CHERRIES
SHERRIES
CASTRIES
ASTURIES
DEMI-VIES
VANDALES
PALE-ALES
HÉRACLÈS
PÉRICLÈS
BÉSICLES
DAMOCLÈS
MOTS-CLÉS
DORGELÈS
KOURILES
SEPT-ÎLES
JUMELLES
NIVELLES
DUXELLES
NOYELLES
NOAILLES
ALPILLES
ANTILLES
HOUILLES
POUILLES
POUILLES
ÉTIOLLES
MAROLLES
VIGNOLES
VOGOULES
GHADAMÈS
RHADAMÈS
SEPTÈMES
MAL-AIMÉS
SOLESMES
THOUTMÈS
DOLGANES
FONTANES
SÉQUANES
ZYRIÈNES
LIMAGNES
LASAGNES
VALOGNES
PRADINES
CAUDINES
SEA-LINES
YVELINES
COMMINES
PENNINES
VÉDRINES
LATRINES
BESSINES
LESSINES
BOUVINES
BJERKNES
ARDENNES

MIGENNES
MARENNES
MARENNES
VARENNES
CÉVENNES
ALLONNES
GORGONES
TOM JONES
Dow Jones
AMAZONES
CANZONES
SALERNES
ARVERNES
SURESNES
COMMYNES
AVERROÈS
CHOSROÊS
CACATOÈS
KAKATOÈS
JEMMAPES
PRÉALPES
RHODOPES
CYCLOPES
VACCARÈS
BALÉARES
PALMARÈS
OLIVARES
TÉNÈBRES
FLANDRES
MENDERES
BORDÈRES
SURGÈRES
FOUGÈRES
ORCIÈRES
ASNIÈRES
ROSIÈRES
MÉZIÈRES
BAGNÈRES
NOGUÈRES
BRUYÈRES
GRUYÈRES
DÉBOIRES
MENUIRES
TRÉVIRES
MÉTÉORES
À-PEU-PRÈS
GUTERRES
AD PATRES
LEUCTRES
PH-MÈTRES
CHARTRES
TOP-CASES
LAS CASES
IMPENSES
MI-CLOSES
DIVERSES
JORASSES

ÉPOISSES
CABOSSÉS
MOLOSSES
CHAUSSES
PHRAATÈS
SARMATES
CARPATES
TEUTATÈS
HELVÈTES
MOABITES
ÉDOMITES
SAMNITES
CHARITES
KASSITES
HITTITES
ALAWITES
ARDENTES
CIMENTÉS
BAS-CÔTÉS
DÉSERTÉS
SUDISTES
PÉPETTES
MIRETTES
CARNUTES
ALÉOUTES
LAMOUTES
VARÈGUES
ÉGLOGUES
BOUYGUES
COSAQUES
PATAQUÈS
GRACQUES
OLMÈQUES
OBSÈQUES
AZTÈQUES
BÉTIQUES
FOULQUES
VOLSQUES
FRUSQUES
MOLUQUES
ESCLAVES
PICTAVES
NEW WAVES
MALDIVES
ARCHIVES
AYES-AYES
FISH-EYES
ABKHAZES
ABRUZZES
SOUS-OFFS
BOX-CALFS
LEGGINGS
RAWLINGS
CUMMINGS
HASTINGS
MAH-JONGS
SCRATCHS

MIDRASHS
NÉRACAIS
BINICAIS
FRANÇAIS
FRANÇAIS
TRONÇAIS
CANYCAIS
BAZADAIS
LUANDAIS
RWANDAIS
RWANDAIS
LOURDAIS
LANGEAIS
BRUGEAIS
MARCHAIS
JERSIAIS
JERSIAIS
BASTIAIS
BASTIAIS
LE PALAIS
NÉPALAIS
NÉPALAIS
FOYALAIS
CHABLAIS
RABELAIS
ANGOLAIS
ANGOLAIS
TOGOLAIS
TOGOLAIS
NIKOLAIS
CAYOLAIS
ASSAMAIS
DODOMAIS
LIBANAIS
LIBANAIS
ALBANAIS
ALBANAIS
GOBANAIS
SEDANAIS
MODANAIS
VIGANAIS
ANIANAIS
ÉVIANAIS
GUJANAIS
MILANAIS
MILANAIS
ROMANAIS
RENANAIS
SARANAIS
TIRANAIS
MATANAIS
VATANAIS
HAVANAIS
HAVANAIS
JAVANAIS
JAVANAIS
GUYANAIS

GUYANAIS
ANTENAIS
BRIGNAIS
BALINAIS
BALINAIS
EYSINAIS
GÂTINAIS
CAULNAIS
ROANNAIS
CAENNAIS
CAENNAIS
AVONNAIS
LYONNAIS
NYONNAIS
GABONAIS
GABONAIS
UNIONAIS
SALONAIS
MILONAIS
BOLONAIS
BOLONAIS
POLONAIS
POLONAIS
ARLONAIS
SÉNONAIS
SÉNONAIS
JAPONAIS
JAPONAIS
VÉRONAIS
MORONAIS
BÉARNAIS
BÉARNAIS
ICAUNAIS
ICAUNAIS
MELUNAIS
HARARAIS
VIVARAIS
MAHORAIS
TIMORAIS
CASTRAIS
MADURAIS
DOUVRAIS
NYONSAIS
NIASSAIS
ÉCOSSAIS
ÉCOSSAIS
SAINTAIS
NIORTAIS
MAPUTAIS
SORGUAIS
BEAUVAIS
CANNABIS
IMPRÉCIS
PUBLICIS
DE AMICIS
SALSIFIS
MORANGIS

ARRACHIS
GNOCCHIS
APERGHIS
BENGALIS
PHYSALIS
PORTALIS
FRISELIS
BRIG-GLIS
SYPHILIS
LANNILIS
KARELLIS
TREILLIS
FOUILLIS
CORIOLIS
RAVIOLIS
ANÁPOLIS
TRÍPOLIS
PROPOLIS
ROSSOLIS
COCHYLIS
GIN-RAMIS
ANTHÉMIS
ENTREMIS
TRANSMIS
INSOUMIS
VAL-CENIS
GAVRINIS
DINORNIS
ÉPYORNIS
GÂTE-BOIS
ANTEBOIS
ANTIBOIS
ANTIBOIS
SAINBOIS
SOUS-BOIS
MORT-BOIS
HAUTBOIS
RIECCOIS
BRIECOIS
BLANCOIS
FRANÇOIS
CALADOIS
PÉAGEOIS
LIÉGEOIS
LIÉGEOIS
GRÉGEOIS
GANGEOIS
DONGEOIS
GARGEOIS
BAUGEOIS
BRUGEOIS
FRUGEOIS
GUINGOIS
MAGOGOIS
BIACHOIS
FLÉCHOIS
CLICHOIS

ANICHOIS
MANCHOIS
BINCHOIS
CONCHOIS
GARCHOIS
BITCHOIS
CAUCHOIS
CAUCHOIS
AGATHOIS
SARTHOIS
BAMAKOIS
LUSAKOIS
BERCKOIS
AUMALOIS
DE VALOIS
FUMÉLOIS
SORELOIS
REVÉLOIS
LANGLOIS
WINGLOIS
AUXILOIS
CHELLOIS
ÉTELLOIS
CAILLOIS
OVILLOIS
ÉCULLOIS
ÉTAPLOIS
CHARLOIS
GRAYLOIS
GÉROMOIS
AMIÉNOIS
DOMÉNOIS
GRIGNOIS
PLAINOIS
BRAINOIS
STAINOIS
PÉKINOIS
PÉKINOIS
MALINOIS
MALINOIS
ILLINOIS
COMINOIS
BÉNINOIS
HÉNINOIS
TAPINOIS
TURINOIS
GATINOIS
ELVINOIS
ANZINOIS
THANNOIS
BIENNOIS
GIENNOIS
SIENNOIS
VIENNOIS
VIENNOIS
LAONNOIS
SOURNOIS

TOURNOIS
FRESNOIS
AVESNOIS
BEAUNOIS
AGAUNOIS
CHAUNOIS
SÉDUNOIS
AUDUNOIS
MEHUNOIS
AUTUNOIS
VIMYNOIS
ÉTAMPOIS
DIEPPOIS
BRIAROIS
DAKAROIS
BAVAROIS
BAVAROIS
VIVAROIS
VICE-ROIS
LAFÉROIS
ALGÉROIS
ALGÉROIS
ACHÉROIS
MASÉROIS
LANGROIS
HONGROIS
HONGROIS
SIERROIS
SEURROIS
CONTROIS
CRAUROIS
NAMUROIS
SEMUROIS
DESVROIS
TUNISOIS
TUNISOIS
CUERSOIS
GRASSOIS
AMOSSOIS
LOOSSOIS
BOUSSOIS
TRETSOIS
CREUSOIS
CACATOIS
POCATOIS
ALMATOIS
MORATOIS
EYMÉTOIS
CANÉTOIS
ARNÉTOIS
GIVETOIS
SAINTOIS
COURTOIS
COURTOIS
BRESTOIS
CRESTOIS
BRAYTOIS

BONDUOIS
PRAGUOIS
PRAGUOIS
BERGUOIS
DACQUOIS
DACQUOIS
LACQUOIS
VICQUOIS
LUCQUOIS
IROQUOIS
CARQUOIS
NARQUOIS
LODÉVOIS
GENEVOIS
GENEVOIS
DECIZOIS
LASCARIS
ROTHARIS
LASKARIS
PHALARIS
BÓTSARIS
BOTZARIS
EX-LIBRIS
GLOMÉRIS
GRIS-GRIS
CLITORIS
RÉAPPRIS
PHIMOSIS
SYNOPSIS
REVERSIS
MALASSIS
RAMASSIS
SENOUSIS
TOUTATIS
PLUMETIS
GRÈNETIS
DEPRETIS
APPENTIS
PARENTIS
MARÉOTIS
CLAPOTIS
MYOSOTIS
MI-PARTIS
NOVARTIS
AGROSTIS
BOTRYTIS
CAMBOUIS
COCHEVIS
CHÈNEVIS
BEN NEVIS
ENSUIVIS
KALMOUKS
NYMPHALS
GLACIALS
BITONALS
AUSTRALS
GOEBBELS

DÉCIBELS
PÈSE-SELS
AUXQUELS
BEAU-FILS
FUEL-OILS
PIT-BULLS
SOUS-SOLS
FAUX-CULS
ABRAHAMS
WILLIAMS
WILLIAMS
SCHLAMMS
TÉLÉCOMS
OPPIDUMS
OPTIMUMS
MAXIMUMS
DOLDRUMS
CASTRUMS
ARAUCANS
LÀ-DEDANS
EN DEDANS
AU-DEDANS
CONFLANS
VOUGLANS
CHALLANS
TAXIMANS
EXELMANS
OTTOMANS
KOOPMANS
HUYSMANS
WATTMANS
JAZZMANS
JORDAENS
ARAMÉENS
IDUMÉENS
TIGRÉENS
ALTAÏENS
SAADIENS
FUÉGIENS
OMBRIENS
FLAVIENS
NERVIENS
DOULLENS
FLOURENS
BRASSENS
FAUX-SENS
MI-MOYENS
GERMAINS
CERTAINS
JACOBINS
TONNEINS
O'HIGGINS
GOBELINS
APENNINS
ANTONINS
SANCOINS
PAHOUINS

GREUBONS
RECULONS
GROGNONS
ENVIRONS
COËVRONS
POISSONS
SOISSONS
ABAT-SONS
ÉGLETONS
DEMI-TONS
AMONTONS
SOUSTONS
GRATTONS
TARASCOS
SÉLEUCOS
GRANADOS
INTRADOS
EXTRADOS
CALVADOS
CALVADOS
CALENDOS
ASPENDOS
TACONEOS
BISSAGOS
GALLEGOS
PAPÁGHOS
MAKÁRIOS
HUIS CLOS
CYPSÉLOS
SPÉCULOS
DARDANOS
RHÔMANOS
BERNANOS
SOPRANOS
CRAIGNOS
ANDERNOS
ALCINOOS
PORT-CROS
CISNEROS
DEMI-GROS
ALBATROS
DIONYSOS
THANATOS
NÉGRITOS
ASBESTOS
PHAISTOS
PRINCEPS
ANABLEPS
ONE-STEPS
BIPS-BIPS
PHILLIPS
DESCAMPS
BONTEMPS
SEX-SHOPS
ROLLMOPS
KAMLOOPS
HARD-TOPS

À MI-CORPS
SIDE-CARS
CINQ-MARS
CENDRARS
CHAMBERS
SNIJDERS
VILLIERS
POITIERS
MOÛTIERS
THIVIERS
OLIVIERS
VERVIERS
LOUVIERS
VOUZIERS
KNICKERS
FLATTERS
CANJUERS
BACHKIRS
AVALOIRS
EN-DEHORS
AU-DEHORS
CHALEURS
AILLEURS
À REBOURS
CONCOURS
PARCOURS
DISCOURS
SIX-FOURS
OUÏGOURS
BOUHOURS
TOUJOURS
SIX-JOURS
NOUNOURS
JODHPURS
MONTSÛRS
KOUZBASS
MÊLÉ-CASS
DOUGLASS
RAY-GRASS
SOTTSASS
TUBELESS
BUSINESS
GUINNESS
DREIFUSS
DOLLFUSS
ZEHRFUSS
DEUX-MÂTS
HONCHETS
MESKHETS
STARIETS
CAPULETS
TWIN-SETS
TÔT-FAITS
DÉTROITS
CI-JOINTS
DOG-CARTS
LAND ARTS

CONSORTS
NICKLAUS
SYLLABUS
SYLLABUS
THROMBUS
COLUMBUS
MICROBUS
MORDICUS
LUPERCUS
HIBISCUS
CAMAÏEUS
BAS-BLEUS
BASILEUS
GRACCHUS
ARCADIUS
GRYPHIUS
SIBELIUS
TOPELIUS
HEVELIUS
LUCILIUS
SNELLIUS
CROLLIUS
NAUPLIUS
COMENIUS
ARMINIUS
OLIBRIUS
OLIBRIUS
OLYBRIUS
SYAGRIUS
HONORIUS
CANISIUS
HEINSIUS
CLAUSIUS
HORATIUS
GOLTZIUS
COURT-JUS
CI-INCLUS
MÉTELLUS
VITELLUS
CAMILLUS
LUCULLUS
STIMULUS
VOLVULUS
THALAMUS
POSTUMUS
PANDANUS
HOTMANUS
MONTANUS
LABIENUS
TERMINUS
QUIRINUS
COUSCOUS
ANTINOÜS
RHIZOPUS
COUPERUS
ASSUÉRUS
BORASSUS

CI-DESSUS
AU-DESSUS
DÉTRITUS
CHRISTUS
CORN LAWS
MATTHEWS
EURONEWS
BARCLAYS
WALLABYS
SOTHEBY'S
SAINT-LYS
PLAY-BOYS
NURSERYS
PENALTYS
OARISTYS
ACHGABAT
MUREYBAT
PRÉDICAT
SYNDICAT
BEYLICAT
CANDIDAT
RÉGENDAT
COMMODAT
VOÏVODAT
SAMIZDAT
ORANGEAT
DEAD-HEAT
KHALIFAT
PLOUAGAT
CATTÉGAT
KATTEGAT
SERINGAT
ROUERGAT
ROUERGAT
EXARCHAT
GALUCHAT
JOSAPHAT
NOVICIAT
IMMÉDIAT
GALAPIAT
VICARIAT
SALARIAT
NOTARIAT
BASQUIAT
CORRÉLAT
CHOCOLAT
ALCOOLAT
PIED-PLAT
SOUS-PLAT
GRANULAT
CONSULAT
CONSULAT
POSTULAT
ÉCONOMAT
ACHROMAT
ANONYMAT
SULTANAT

8

ASSIGNAT
RABBINAT
COMBINAT
RAFFINAT
COCONNAT
BÂTONNAT
DIACONAT
PATRONAT
INCARNAT
ALTERNAT
INTERNAT
EXTERNAT
TRIBUNAT
TRIBUNAT
FORTUNAT
AUTOCOAT
HUELGOAT
BACCARAT
BACCARAT
SCÉLÉRAT
CENSORAT
LECTORAT
RECTORAT
DOCTORAT
PASTORAT
SUBSTRAT
INTELSAT
ÉMÉRITAT
RÉSULTAT
ARGENTAT
POTENTAT
ATTENTAT
LA CIOTAT
DESPOTAT
PODESTAT
SÉLESTAT
INTESTAT
RHÉOSTAT
MANOSTAT
AÉROSTAT
GYROSTAT
CRYOSTAT
ACOLYTAT
LAGHOUAT
RELIQUAT
KHÉDIVAT
ARTEFACT
STAMP ACT
ABSTRACT
PROSPECT
INDIRECT
DISTRICT
SUCCINCT
DISTINCT
INSTINCT
HUMBOLDT
GERHARDT

ALPHABET
QUOLIBET
ZÉRUMBET
MUSCADET
FARFADET
LE PRADET
GIRARDET
DUBUFFET
BLANCHET
FLANCHET
TRANCHET
TRONCHET
TRONCHET
RICOCHET
PINOCHET
FOURCHET
PÉCUCHET
ÉMOUCHET
GRAULHET
BRISE-JET
JUMBO-JET
CHEVALET
PARACLET
BRACELET
BRICELET
PONCELET
PORCELET
RONDELET
VERDELET
MICHELET
RICHELET
TONNELET
CHAPELET
AIGRELET
CARRELET
CORSELET
CHÂTELET
CHÂTELET
QUÉTELET
ROITELET
GANTELET
MANTELET
COQUELET
CERVELET
STOFFLET
SOUFFLET
PAMPHLET
STÉRILET
MORELLET
SÉBILLET
BARILLET
FEUILLET
FEUILLET
DOUILLET
DOUILLET
POUILLET
DRUILLET

RÉCOLLET
BAGNOLET
SERPOLET
PISTOLET
SEXTOLET
SURMULET
PICOULET
VITOULET
HAMMAMET
ANSERMET
INTRANET
EXTRANET
CASTANET
MASSENET
BUSSENET
JOUVENET
JARDINET
MOULINET
RAISINET
BASSINET
COUSINET
TANTINET
MARTINET
MARTINET
LE CANNET
WAGONNET
BARONNET
BÂTONNET
FALCONET
PERRONET
PEYRONET
CABERNET
INTERNET
INTERNET
ENCORNET
PLANCOËT
MASCARET
LAUTARET
PLOUARET
CELEBRET
TRACERET
AILLERET
FORMERET
BANNERET
COUPERET
DOSSERET
CARTERET
CASTERET
COQUERET
SIGNORET
TINTORET
ÉLECTRET
TABOURET
LIBOURET
SOMERSET
GROUSSET
DUCRETET

LE PONTET
RADIGUET
LECANUET
LE FAOUËT
CARAQUET
FOUCQUET
AFFIQUET
LORIQUET
TRINQUET
QUINQUET
FRISQUET
BOUSQUET
MOUSQUET
BONNIVET
LE TOUVET
BANCROFT
CONNACHT
OLBRACHT
ULBRICHT
SCHLUCHT
ALBRIGHT
REDÉFAIT
BIENFAIT
SOUMGAIT
TIRE-LAIT
PÈSE-LAIT
TADEMAÏT
RENTRAIT
PORTRAIT
ABSTRAIT
DISTRAIT
VAUTRAIT
INTERDIT
DÉCONFIT
CHIENLIT
WAGON-LIT
GOUDSMIT
SURCROÎT
PIÉDROIT
NON-DROIT
DÉCRÉPIT
PRESCRIT
SANSCRIT
CONSCRIT
PROSCRIT
SOUSCRIT
PRÉTÉRIT
SANSKRIT
RÉQUISIT
ACCESSIT
ÉCONDUIT
USUFRUIT
INSTRUIT
TIDIKELT
TAFILELT
MANSHOLT
KILOVOLT

THIBAULT
GERBAULT
OUTCAULT
FOUCAULT
MACHAULT
GRIMAULT
REGNAULT
QUINAULT
SOUPAULT
ANDRAULT
BARRAULT
PERRAULT
SERRAULT
MARSAULT
DASSAULT
AIRVAULT
CACABANT
IMBIBANT
INHIBANT
EXHIBANT
FLAMBANT
PLOMBANT
ENGOBANT
DÉROBANT
ENROBANT
ÉBARBANT
COURBANT
INCUBANT
ADOUBANT
TITUBANT
ENTUBANT
INTUBANT
EFFAÇANT
DÉLAÇANT
ENLAÇANT
MENAÇANT
ESPAÇANT
DÉPEÇANT
RADICANT
POLIÇANT
VÉSICANT
URTICANT
FIANÇANT
ÉLANÇANT
NUANÇANT
AVANÇANT
AGENÇANT
ÉMINÇANT
COINÇANT
GRINÇANT
ÉVINÇANT
PIONÇANT
ÉNONÇANT
FRONÇANT
EXERÇANT
ÉCORÇANT
AMORÇANT
EXAUÇANT
SCHADANT
CHIADANT
BALADANT
PARADANT
ABCÉDANT
ACCÉDANT
DÉCÉDANT
RECÉDANT
EXCÉDANT
SPEEDANT
OBSÉDANT
PLAIDANT
DÉCIDANT
VALIDANT
LAPIDANT
DÉRIDANT
RÉSIDANT
DÉVIDANT
SCANDANT
VIANDANT
GLANDANT
ÉPANDANT
AGENDANT
AMENDANT
ÉTENDANT
SCINDANT
CHINDANT
BLINDANT
GUINDANT
ABONDANT
ÉMONDANT
INONDANT
FRONDANT
GRONDANT
EXONDANT
DÉCODANT
ENCODANT
DÉMODANT
LIARDANT
ABORDANT
HOURDANT
LOURDANT
FRAUDANT
ADJUDANT
DÉNUDANT
EXSUDANT
ÉTAGEANT
BADGEANT
PIÉGEANT
SIÉGEANT
ÉRIGEANT
EXIGEANT
LANGEANT
MANGEANT
RANGEANT
VENGEANT
SINGEANT
LONGEANT
RONGEANT
SONGEANT
MARGEANT
FORGEANT
GORGEANT
PURGEANT
JAUGEANT
BOUGEANT
GRUGEANT
FAINÉANT
MÉCRÉANT
RECRÉANT
RÉCRÉANT
RAGRÉANT
DÉGRÉANT
REGRÉANT
MALSÉANT
MESSÉANT
PARAFANT
AGRAFANT
BRIEFANT
PIAFFANT
STAFFANT
GREFFANT
SNIFFANT
COIFFANT
BRIFFANT
GRIFFANT
SUIFFANT
ÉTOFFANT
BLUFFANT
BOUFFANT
POUFFANT
TRUFFANT
TARIFANT
ATTIFANT
DÉLÉGANT
FATIGANT
NAVIGANT
FRINGANT
ARROGANT
ÉCACHANT
CRACHANT
FLÉCHANT
ÉMÉCHANT
CRÉCHANT
PRÊCHANT
CLICHANT
TRICHANT
BANCHANT
HANCHANT
PENCHANT
JONCHANT
LYNCHANT
PIOCHANT
CLOCHANT
AMOCHANT
BROCHANT
CROCHANT
MARCHANT
HERCHANT
PERCHANT
TORCHANT
CATCHANT
BAUCHANT
FAUCHANT
RAUCHANT
PLUCHANT
BOUCHANT
COUCHANT
DOUCHANT
LOUCHANT
MOUCHANT
TOUCHANT
ÉLÉPHANT
OLIPHANT
FLASHANT
SMASHANT
CRASHANT
ÉMACIANT
GRACIANT
SOUCIANT
MENDIANT
AMODIANT
ÉTUDIANT
ÉDIFIANT
DÉIFIANT
RÉIFIANT
UNIFIANT
SOLFIANT
CONFIANT
PLAGIANT
OUBLIANT
PUBLIANT
PALLIANT
RALLIANT
SPOLIANT
DÉPLIANT
REPLIANT
CADMIANT
ANÉMIANT
AVARIANT
DÉCRIANT
RÉCRIANT
SOURIANT
CHÂTIANT
INITIANT
CONVIANT
RAZZIANT
GALÉJANT
STOCKANT
CABALANT

DÉCALANT
RECALANT
PÉDALANT
AFFALANT
RÉGALANT
ACHALANT
DÉHALANT
INHALANT
EXHALANT
CHIALANT
EMPALANT
RESALANT
DÉTALANT
CAVALANT
RAVALANT
DÉVALANT
REVALANT
CHABLANT
ÉTABLANT
CRIBLANT
SEMBLANT
COMBLANT
MEUBLANT
DOUBLANT
SARCLANT
CERCLANT
MUSCLANT
BOUCLANT
PUDDLANT
DÉCELANT
RECELANT
FICELANT
MODELANT
DÉGELANT
REGELANT
ANHÉLANT
DÉMÊLANT
EMMÊLANT
JUMELANT
AGNELANT
ANNELANT
CAPELANT
APPELANT
CISELANT
FUSELANT
MUSELANT
RÂTELANT
DÉTELANT
ATTELANT
BOUÉLANT
JAVELANT
TAVELANT
RÉVÉLANT
NIVELANT
CUVELANT
ÉRAFLANT
SIFFLANT
RENFLANT
GONFLANT
RONFLANT
MORFLANT
SANGLANT
CINGLANT
JONGLANT
BEUGLANT
MEUGLANT
SIBILANT
JUBILANT
DÉFILANT
REFILANT
AFFILANT
EFFILANT
ENFILANT
VIGILANT
ÉTOILANT
DÉPILANT
EMPILANT
DÉSILANT
ENSILANT
MUTILANT
RUTILANT
SCELLANT
NIELLANT
BAILLANT
BÂILLANT
CAILLANT
FAILLANT
MAILLANT
PAILLANT
RAILLANT
SAILLANT
TAILLANT
VAILLANT
VAILLANT
TEILLANT
VEILLANT
ROILLANT
BRILLANT
GRILLANT
TRILLANT
VRILLANT
OUILLANT
BRANLANT
BABOLANT
RACOLANT
ACCOLANT
RÉCOLANT
PICOLANT
COCOLANT
AFFOLANT
RIGOLANT
ÉTIOLANT
CAJOLANT
ENJÔLANT
IMMOLANT
ENRÔLANT
DÉSOLANT
INSOLANT
ASSOLANT
ENTÔLANT
REVOLANT
ENVOLANT
TRIPLANT
SAMPLANT
PEUPLANT
COUPLANT
CHAULANT
MIAULANT
PIAULANT
ÉPAULANT
FABULANT
AMBULANT
MACULANT
ACCULANT
FÉCULANT
RECULANT
ONDULANT
MODULANT
ZIEULANT
GUEULANT
RÉGULANT
JUGULANT
HULULANT
SIMULANT
CUMULANT
CANULANT
ANNULANT
SAOULANT
ABOULANT
ÉBOULANT
ÉCOULANT
CROULANT
COPULANT
PÉTULANT
CRAWLANT
AFFAMANT
INFAMANT
ENGAMANT
DÉRAMANT
RÉTAMANT
ENTAMANT
ÉCRÉMANT
RYTHMANT
DÉCIMANT
RÉDIMANT
RANIMANT
PÉRIMANT
DIRIMANT
ARRIMANT
INTIMANT
ESTIMANT
CHROMANT
RÉARMANT
CHARMANT
ALARMANT
CHAUMANT
ENFUMANT
INHUMANT
EXHUMANT
ALLUMANT
RÉSUMANT
ASSUMANT
BITUMANT
CABANANT
RUBANANT
RICANANT
DÉFANANT
EFFANANT
MAGANANT
BASANANT
PAVANANT
ALIÉNANT
HALENANT
RAMENANT
DÉMENANT
EMMENANT
CARÉNANT
ÉGRENANT
ENRÊNANT
ÉPRENANT
ASSÉNANT
OBTENANT
DÉTENANT
RETENANT
ATTENANT
ADVENANT
DEVENANT
REVENANT
STAGNANT
PRÉGNANT
BAIGNANT
DAIGNANT
FAIGNANT
SAIGNANT
CEIGNANT
FEIGNANT
GEIGNANT
PEIGNANT
TEIGNANT
ALIGNANT
CLIGNANT
JOIGNANT
POIGNANT
SOIGNANT
GRIGNANT
GUIGNANT
GROGNANT
LORGNANT

POUGNANT
CHAÎNANT
DRAINANT
GRAINANT
TRAÎNANT
DÉBINANT
BOBINANT
BADINANT
RADINANT
DODINANT
FREINANT
AFFINANT
PAGINANT
ÉCHINANT
CÂLINANT
GAMINANT
LAMINANT
DÉMINANT
GÉMINANT
DOMINANT
GOMINANT
NOMINANT
RUMINANT
LAPINANT
RAPINANT
TAPINANT
COPINANT
FARINANT
MARINANT
SERINANT
BURINANT
SURINANT
LÉSINANT
RÉSINANT
MÂTINANT
PATINANT
RATINANT
SATINANT
POTINANT
BUTINANT
LUTINANT
MUTINANT
COUINANT
FOUINANT
RAVINANT
DEVINANT
SCANNANT
ABONNANT
ADONNANT
ÂNONNANT
ÉTONNANT
RAMONANT
RÉSONANT
DÉTONANT
ÉCORNANT
PIORNANT
TOURNANT

FALUNANT
PÉTUNANT
DÉCAPANT
DÉRAPANT
RETAPANT
RECEPANT
EXCIPANT
ÉTRIPANT
ÉQUIPANT
SCALPANT
INALPANT
TREMPANT
GRIMPANT
TROMPANT
GALOPANT
SALOPANT
CLAPPANT
FRAPPANT
TRAPPANT
CLIPPANT
FLIPPANT
GRIPPANT
DROPPANT
STOPPANT
USURPANT
CRISPANT
OCCUPANT
GROUPANT
ÉTOUPANT
EFFARANT
HILARANT
DÉPARANT
RÉPARANT
SÉPARANT
EMPARANT
CAMBRANT
TIMBRANT
NOMBRANT
SOMBRANT
MARBRANT
EXÉCRANT
QUADRANT
CENDRANT
POUDRANT
LIBÉRANT
LACÉRANT
MACÉRANT
ULCÉRANT
FÉDÉRANT
SIDÉRANT
MODÉRANT
DÉFÉRANT
RÉFÉRANT
INFÉRANT
DIGÉRANT
INGÉRANT
COGÉRANT

ADHÉRANT
ACIÉRANT
GALÉRANT
TOLÉRANT
MÉMÉRANT
GÉNÉRANT
VÉNÉRANT
REPÉRANT
ESPÉRANT
LISERANT
INSÉRANT
ALTÉRANT
RÉVÉRANT
COFFRANT
GAUFRANT
SOUFRANT
FLAGRANT
FRAGRANT
ÉMIGRANT
HONGRANT
BLAIRANT
FLAIRANT
DÉLIRANT
ADMIRANT
EMPIRANT
ASPIRANT
EXPIRANT
DÉSIRANT
RETIRANT
ATTIRANT
DÉVIRANT
ARBORANT
DÉCORANT
PICORANT
DÉDORANT
REDORANT
MAJORANT
COLORANT
IGNORANT
MINORANT
HONORANT
PÉRORANT
ESSORANT
DÉVORANT
DIAPRANT
AMARRANT
ABERRANT
BEURRANT
LEURRANT
BOURRANT
FOURRANT
CHÂTRANT
PLÂTRANT
GUÊTRANT
FILTRANT
CENTRANT
RENTRANT

CINTRANT
CONTRANT
MONTRANT
CASTRANT
LUSTRANT
VAUTRANT
FEUTRANT
RÉCURANT
ENDURANT
FLEURANT
PLEURANT
APEURANT
ÉPEURANT
FIGURANT
AUGURANT
ABJURANT
ADJURANT
DÉLURANT
EMMURANT
CHOURANT
AJOURANT
DÉPURANT
MESURANT
ASSURANT
PÂTURANT
RATURANT
SATURANT
OBTURANT
BITURANT
SUTURANT
CHEVRANT
ENIVRANT
POIVRANT
CUIVRANT
ŒUVRANT
COUVRANT
ROUVRANT
RECASANT
ABRASANT
ÉBRASANT
ÉCRASANT
PHRASANT
ENVASANT
EMPESANT
BIAISANT
NIAISANT
PLAISANT
APAISANT
BRAISANT
FRAISANT
INCISANT
EXCISANT
DÉDISANT
MÉDISANT
REDISANT
BALISANT
RELISANT

8

ENLISANT
NOLISANT
TAMISANT
REMISANT
NANISANT
TANISANT
SINISANT
IONISANT
CROISANT
ÉGRISANT
ARRISANT
COTISANT
ATTISANT
ÉPUISANT
RAVISANT
DEVISANT
RÉVISANT
DIVISANT
CLAMSANT
DÉPOSANT
REPOSANT
IMPOSANT
APPOSANT
OPPOSANT
EXPOSANT
ARROSANT
COURSANT
CHASSANT
CLASSANT
AMASSANT
COASSANT
BRASSANT
BLESSANT
DRESSANT
PRESSANT
TRESSANT
OUESSANT
BAISSANT
HAÏSSANT
LAISSANT
NAISSANT
PAISSANT
AGISSANT
CLISSANT
GLISSANT
GLISSANT
PLISSANT
UNISSANT
POISSANT
ÉPISSANT
CRISSANT
TRISSANT
PUISSANT
ÉCOSSANT
ADOSSANT
BROSSANT
DROSSANT

FAUSSANT
GAUSSANT
HAUSSANT
HOUSSANT
MOUSSANT
POUSSANT
TOUSSANT
POUTSANT
ACCUSANT
RÉCUSANT
EXCUSANT
MÉDUSANT
CREUSANT
GUEUSANT
REFUSANT
INFUSANT
ÉCLUSANT
BLOUSANT
ÉPOUSANT
MÉSUSANT
DÉBÂTANT
RÉGATANT
ÉCLATANT
RELATANT
DILATANT
DÉMÂTANT
EMPÂTANT
APPÂTANT
PIRATANT
RETÂTANT
RÉACTANT
TRACTANT
ÉJECTANT
ÉDICTANT
ÉRUCTANT
HÉBÉTANT
EMBÊTANT
VÉGÉTANT
ACHETANT
DÉJETANT
REJETANT
CALETANT
GALETANT
HALETANT
FILETANT
MOLETANT
VOLETANT
RÉPÉTANT
BARÉTANT
ÉCRÊTANT
ARRÊTANT
CURETANT
FURETANT
ENTÊTANT
DÉVÊTANT
REVÊTANT
RIVETANT

DUVETANT
MOUFTANT
DOIGTANT
TRAITANT
HABITANT
DÉBITANT
ORBITANT
RÉCITANT
LICITANT
INCITANT
EXCITANT
MÉDITANT
AUDITANT
COGITANT
DÉLITANT
MILITANT
LIMITANT
GUNITANT
CAPITANT
DÉPITANT
ABRITANT
HÉRITANT
MÉRITANT
IRRITANT
HÉSITANT
VISITANT
BRUITANT
INVITANT
EXALTANT
EXULTANT
CHANTANT
PLANTANT
CRANTANT
ÉDENTANT
FIENTANT
ÉVENTANT
FEINTANT
TEINTANT
POINTANT
SUINTANT
SHUNTANT
CABOTANT
RABOTANT
SABOTANT
ACCOTANT
BÉCOTANT
PICOTANT
COCOTANT
SUÇOTANT
RADOTANT
FAGOTANT
DÉGOTANT
MÉGOTANT
GIGOTANT
LIGOTANT
ERGOTANT
CAHOTANT

MIJOTANT
PELOTANT
PILOTANT
CANOTANT
DÉNOTANT
ANNOTANT
SHOOTANT
CAPOTANT
PAPOTANT
TAPOTANT
DÉPOTANT
EMPOTANT
ÉGROTANT
SIROTANT
REVOTANT
PIVOTANT
VIVOTANT
FAYOTANT
ZOZOTANT
ADAPTANT
COMPTANT
DOMPTANT
ADOPTANT
COOPTANT
CRYPTANT
ÉCARTANT
QUARTANT
ALERTANT
INERTANT
FLIRTANT
AVORTANT
HEURTANT
POURTANT
PRESTANT
TWISTANT
EXISTANT
CONSTANT
CONSTANT
BOOSTANT
APOSTANT
AJUSTANT
TRUSTANT
ABATTANT
ÉBATTANT
FLATTANT
GRATTANT
ÉMETTANT
OMETTANT
FRETTANT
GUETTANT
FRITTANT
QUITTANT
FLOTTANT
ÉMOTTANT
CROTTANT
FROTTANT
TROTTANT

GOUTTANT
DÉBUTANT
REBUTANT
PIEUTANT
ZIEUTANT
AMEUTANT
QUEUTANT
ZYEUTANT
RÉFUTANT
AFFÛTANT
ENFÛTANT
MINUTANT
ABOUTANT
ÉBOUTANT
ÉCOUTANT
AJOUTANT
CLOUTANT
BROUTANT
CROÛTANT
DÉPUTANT
AMPUTANT
IMPUTANT
SCRUTANT
BIZUTANT
JOUXTANT
ÉCOBUANT
ÉVACUANT
GRADUANT
BLAGUANT
ÉLAGUANT
DRAGUANT
BRIGUANT
TANGUANT
DINGUANT
ZINGUANT
DROGUANT
CARGUANT
LARGUANT
NARGUANT
TARGUANT
ÉVALUANT
INCLUANT
EXCLUANT
REFLUANT
AFFLUANT
INFLUANT
DÉGLUANT
ENGLUANT
POLLUANT
ÉVOLUANT
COMMUANT
SECOUANT
ROCOUANT
BAFOUANT
ENGOUANT
ÉCHOUANT
DÉJOUANT

REJOUANT
RELOUANT
ALLOUANT
DÉNOUANT
RENOUANT
ÉBROUANT
ÉCROUANT
ENROUANT
TATOUANT
DÉVOUANT
CLAQUANT
PLAQUANT
BRAQUANT
CRAQUANT
TRAQUANT
PACQUANT
SACQUANT
CHIQUANT
CLIQUANT
APIQUANT
BRIQUANT
CALQUANT
TALQUANT
BANQUANT
MANQUANT
CHOQUANT
BLOQUANT
CLOQUANT
FLOQUANT
CROQUANT
TROQUANT
ÉVOQUANT
MARQUANT
PARQUANT
CASQUANT
MASQUANT
BISQUANT
RISQUANT
BUSQUANT
RAUQUANT
ÉDUQUANT
ÉNUQUANT
SOUQUANT
TRUQUANT
STUQUANT
RESSUANT
BOSSUANT
STATUANT
DÉCAVANT
EXCAVANT
DÉLAVANT
RELAVANT
DÉPAVANT
REPAVANT
DÉCEVANT
RECEVANT
REDEVANT

CI-DEVANT
ENDÊVANT
AU-DEVANT
ACHEVANT
RELEVANT
ENLEVANT
SALIVANT
ÉCRIVANT
DÉRIVANT
ARRIVANT
ACTIVANT
MOTIVANT
ESTIVANT
RAVIVANT
REVIVANT
RÉNOVANT
INNOVANT
ÉNERVANT
REBUVANT
DÉCUVANT
ENCUVANT
PLEUVANT
ADJUVANT
ÉMOUVANT
PROUVANT
TROUVANT
MALAXANT
RELAXANT
DÉSAXANT
DÉTAXANT
INDEXANT
TÉLEXANT
ANNEXANT
REMIXANT
PAGAYANT
BÉGAYANT
BALAYANT
DÉLAYANT
RELAYANT
REPAYANT
DÉRAYANT
ENRAYANT
ESSAYANT
ZÉZAYANT
CAPEYANT
FASEYANT
ASSEYANT
ONDOYANT
RUDOYANT
ÉPLOYANT
DÉNOYANT
ENNOYANT
CÔTOYANT
TUTOYANT
DÉVOYANT
REVOYANT
ENVOYANT

ENFUYANT
ENNUYANT
APPUYANT
ESSUYANT
DÉGAZANT
ZWANZANT
BRONZANT
ADJACENT
INDÉCENT
RÉTICENT
INNOCENT
INNOCENT
ACESCENT
DÉCADENT
EXCÉDENT
CURE-DENT
ACCIDENT
OCCIDENT
OCCIDENT
INCIDENT
STRIDENT
RÉSIDENT
IMPUDENT
INDIGENT
DILIGENT
ÉMERGENT
GRADIENT
QUOTIENT
KHODJENT
TACHKENT
CHYMKENT
BIVALENT
DIVALENT
COVALENT
CONFLENT
INDOLENT
INSOLENT
FÉCULENT
VIRULENT
PURULENT
LIGAMENT
FILAMENT
LACEMENT
SUCEMENT
FADEMENT
RIDEMENT
RUDEMENT
GRÉEMENT
SAGEMENT
FIGEMENT
LOGEMENT
JUGEMENT
VÉHÉMENT
GAIEMENT
PAIEMENT
PLIEMENT
RÂLEMENT

8

SALEMENT	RÉFÉRENT	STRADIOT	**DAGOBERT**
BÊLEMENT	AFFÉRENT	SALOPIOT	**CAROBERT**
VÊLEMENT	EFFÉRENT	**CONDRIOT**	**LE ROBERT**
VILEMENT	ADHÉRENT	MAIGRIOT	**FLAUBERT**
MÊMEMENT	INHÉRENT	**SAN-PRIOT**	**SCHUBERT**
ARMEMENT	COHÉRENT	CACHALOT	SOUFFERT
FINEMENT	**CRESSENT**	**LANCELOT**	**WIECHERT**
ORNEMENT	PÉNITENT	**BACHELOT**	**STEINERT**
LAPEMENT	RÉNITENT	TRAMELOT	INEXPERT
SAPEMENT	IMPOTENT	**RUITELOT**	**HAALTERT**
TAPEMENT	DÉFLUENT	**STAVELOT**	TEE-SHIRT
RIPEMENT	AFFLUENT	**SOUFFLOT**	TAMAZIRT
PAREMENT	EFFLUENT	TRINGLOT	**CHAMFORT**
RAREMENT	INFLUENT	**CHAILLOT**	**MONTFORT**
AGRÉMENT	FRÉQUENT	CABILLOT	BEAUFORT
VIREMENT	ÉLOQUENT	GODILLOT	**BEAUFORT**
ÂPREMENT	PARAVENT	VIEILLOT	**MALEMORT**
DUREMENT	**BÉNÉVENT**	**VEUILLOT**	TÉLÉPORT
JUREMENT	ABRIVENT	POUILLOT	HÉLIPORT
MÛREMENT	ABAT-VENT	SURMULOT	ALTIPORT
PUREMENT	ENFREINT	CABOULOT	AÉROPORT
SÛREMENT	EMPREINT	CIBOULOT	**BEAUPORT**
AISÉMENT	RÉTREINT	À DEMI-MOT	**NIEUPORT**
GISEMENT	ASTREINT	**MARTENOT**	RÉASSORT
POSÉMENT	CONJOINT	HUGUENOT	**WALCOURT**
BÊTEMENT	DISJOINT	PÉQUENOT	**DANCOURT**
VÊTEMENT	**GARAMONT**	SOLOGNOT	**PINCOURT**
LAVEMENT	PIEDMONT	**SOLOGNOT**	**BONCOURT**
PAVEMENT	**RIBEMONT**	TRAMINOT	**GONCOURT**
VIVEMENT	**OFFEMONT**	CHEMINOT	**JAUCOURT**
FIXEMENT	**DELÉMONT**	**JOHANNOT**	YOGHOURT
PAYEMENT	**SPRIMONT**	SNOW-BOOT	**ARBOGAST**
FRAGMENT	**RÉALMONT**	BARE-FOOT	**LIMONEST**
BRAIMENT	**GRAMMONT**	BABY-FOOT	**BUDAPEST**
VRAIMENT	RODOMONT	CACHE-POT	**BUCAREST**
PÉDIMENT	**CLERMONT**	HOCHEPOT	**DE FOREST**
SÉDIMENT	**BOURMONT**	ENTREPÔT	**LEFOREST**
RUDIMENT	**GOURMONT**	**GRAVEROT**	ALCOTEST
RÉGIMENT	**HAUTMONT**	**THIZEROT**	BABY-TEST
JOLIMENT	**BEAUMONT**	BLACK-ROT	SUD-OUEST
POLIMENT	**CHAUMONT**	**TABOUROT**	**ALMQUIST**
LINIMENT	LAVE-PONT	AUSSITÔT	GLASNOST
BONIMENT	**PAIMPONT**	SHABOUOT	**BATHURST**
ORPIMENT	**DOMFRONT**	**CLICQUOT**	KILOWATT
BÂTIMENT	DISCOUNT	YESHIVOT	**CROCKETT**
TOURMENT	**PEER GYNT**	TRANSEPT	**PLASKETT**
DOCUMENT	PAQUEBOT	FLAMBART	**SMOLLETT**
INDÛMENT	ESCARBOT	**FISCHART**	PANICAUT
TÉGUMENT	MASSICOT	**MAILLART**	**TRUFFAUT**
ARGUMENT	**DUNS SCOT**	CHAMPART	**CLAIRAUT**
MONUMENT	**RENAUDOT**	**HOCQUART**	QUARTAUT
RÉMANENT	MENDIGOT	**WILLAERT**	ATTRIBUT
IMMANENT	OSTROGOT	**GOSSAERT**	UPPERCUT
IMMINENT	ESCARGOT	**SIGEBERT**	CONTRE-UT
DÉPONENT	**BLANCHOT**	**CARIBERT**	**FARRAGUT**
APPARENT	**AARSCHOT**	**GUILBERT**	**LANDSHUT**
DÉFÉRENT	**HOUHEHOT**	**ALEMBERT**	RUNABOUT

MARABOUT
BOY-SCOUT
SOURGOUT
RACAHOUT
WORMHOUT
TURNHOUT
BLACK-OUT
KNOCK-OUT
PÈSE-MOÛT
KASHROUT
MÊLE-TOUT
ANTITOUT
FAIT-TOUT
PRÉCIPUT
SINCIPUT
LILLIPUT
INSTITUT
BÉRIMBAU
ESCABEAU
MIRABEAU
MIREBEAU
FLAMBEAU
LIONCEAU
POURCEAU
FAISCEAU
MONTCEAU
GUINDEAU
CHAUDEAU
MORTE-EAU
GIRAFEAU
TOUCHEAU
SIMBLEAU
DOUBLEAU
À VAU-L'EAU
DELUMEAU
ORGANEAU
HAVENEAU
TRAÎNEAU
BOBINEAU
GOBINEAU
COLINEAU
PAPINEAU
GATINEAU
FOURNEAU
FOURNEAU
FRESNEAU
DOISNEAU
TROUPEAU
PERDREAU
HOBEREAU
AUGEREAU
LAPEREAU
VIPEREAU
MÂTEREAU
BLAIREAU
BIHOREAU
BOURREAU

FOURREAU
CHEVREAU
BLOCS-EAU
PAISSEAU
VAISSEAU
BOISSEAU
CUISSEAU
RUISSEAU
ROUSSEAU
ROUSSEAU
VOUSSEAU
ÉCRITEAU
POINTEAU
FRONTEAU
TOURTEAU
COUSTEAU
LONGUEAU
ÉCHEVEAU
GODIVEAU
BALIVEAU
SOLIVEAU
CANIVEAU
HÂTIVEAU
CHAUVEAU
MÉTEZEAU
PARIZEAU
BITONIAU
SALOPIAU
VIPÉRIAU
MATÉRIAU
GABORIAU
ESQUIMAU
Esquimau
ESQUIMAU
HAGETMAU
RATHENAU
BIRKENAU
BLUMENAU
HAGUENAU
CHISINAU
JUNGFRAU
KRAKATAU
MORONOBU
HARUNOBU
INVAINCU
PRÉCONÇU
INAPERÇU
EMINESCU
INDIVIDU
LE POULDU
PAYSANDÚ
DESCENDU
SUSPENDU
INÉTENDU
PRÉTENDU
DISTENDU
SURVENDU

CONFONDU
PARFONDU
MORFONDU
SURFONDU
BANDUNDU
DISTORDU
GARDE-FEU
COUPE-FEU
BOUTEFEU
PIQUE-FEU
POT-AU-FEU
PRIE-DIEU
FÊTE-DIEU
DEMI-DIEU
BOURDIEU
PONTHIEU
MATTHIEU
CHEF-LIEU
CHARLIEU
COURLIEU
BEAULIEU
DOLOMIEU
DANDRIEU
CONDRIEU
AMBÉRIEU
EMPOSIEU
CANTELEU
SAINT-LEU
ENVERMEU
L'ÎLE-D'YEU
MONTAIGU
BARBICHU
TOHU-BOHU
MANYO-SHU
NUNCHAKU
KINABALU
ÉQUIVALU
MELLIFLU
SUPERFLU
IRRÉSOLU
BENGKULU
HONOLULU
VERMOULU
BRATIANU
SAUGRENU
CODÉTENU
MAINTENU
REDEVENU
BIENVENU
BISCORNU
CARIACOU
CASSE-COU
RAS DU COU
POMPIDOU
GARDE-FOU
PUY-DU-FOU
TÉLOUGOU

MANDCHOU
MANDCHOU
CHOUCHOU
HANGZHOU
YANGZHOU
SHEN ZHOU
PIOUPIOU
CARCAJOU
KINKAJOU
TIRE-CLOU
DANIÉLOU
GLOUGLOU
LE BOULOU
SALACROU
FROUFROU
TROU-TROU
LOUVETOU
CAVENTOU
OURARTOU
MATOU TOU
CORROMPU
RÉAPPARU
PICHEGRU
INCONGRU
CONCOURU
PARCOURU
DISCOURU
TIRAMISU
ZAIBATSU
KEIRETSU
JIU-JITSU
COURBATU
MANGBETU
COMBATTU
VITI LEVU
DÉPOURVU
REPOURVU
JAMAIS-VU
KISARAZU
IAROSLAV
ANDREÏEV
NOUREÏEV
ZINOVIEV
MOGUILEV
TOUPOLEV
KICHINEV
MYKOLAÏV
TCHEKHOV
ROUBLIOV
POLIAKOV
GORCHKOV
KOULIKOV
MALENKOV
KORNILOV
CHALAMOV
STOJANOV
LITVINOV

LARIONOV
PLATONOV
GODOUNOV
ANDROPOV
SAKHAROV
KASPAROV
SOUVOROV
DIMITROV
CHEMETOV
KNOROZOV
RICKSHAW
MOOSE JAW
CRAW-CRAW
HAPPY FEW
CHOW-CHOW
TALK-SHOW
BUNGALOW
CASH-FLOW
SCHAWLOW
CROW-CROW
HEATHROW
SAINT-MAX
CONTUMAX
OPOPANAX
ASTYANAX
PERTINAX
VIDÉOTEX
AUDIOTEX
CRUCIFIX
CHAMONIX
SURCHOIX
MIREPOIX
MIREPOIX
HUREPOIX
CLAIROIX
GENEVOIX
MALCOLM X
COYSEVOX
COYZEVOX
KÉRABAUX
MONACAUX
CLOACAUX
RADICAUX
MÉDICAUX
VÉSICAUX
MUSICAUX
LEXICAUX
BIFOCAUX
OVOÏDAUX
ABSIDAUX
COTIDAUX
SYNODAUX
LAMBEAUX
TOMBEAUX
BARBEAUX
CORBEAUX
MANCEAUX
MANCEAUX
PINCEAUX
RINCEAUX
MONCEAUX
PONCEAUX
BERCEAUX
CERCEAUX
MORCEAUX
GUIDEAUX
BANDEAUX
RONDEAUX
BARDEAUX
FARDEAUX
BORDEAUX
BORDEAUX
CORDEAUX
TUFFEAUX
CÂBLEAUX
TABLEAUX
TUILEAUX
PALLÉAUX
BOULEAUX
ROULEAUX
CHAMEAUX
POMMEAUX
PLUMEAUX
GRUMEAUX
TRUMEAUX
CHÉNEAUX
CRÉNEAUX
VIGNEAUX
MOINEAUX
PANNEAUX
VANNEAUX
CONNEAUX
TONNEAUX
CARNEAUX
CERNEAUX
PRUNEAUX
CHAPEAUX
DRAPEAUX
ORIPEAUX
CARPEAUX
CARPEAUX
POIREAUX
BARREAUX
CARREAUX
PERREAUX
TERREAUX
PORREAUX
TAUREAUX
OUVREAUX
PUISEAUX
CLOSEAUX
MARSEAUX
VERSEAUX
CASSEAUX
TASSEAUX
AISSEAUX
CHÂTEAUX
PLATEAUX
TRÉTEAUX
FAÎTEAUX
MANTEAUX
LINTEAUX
MARTEAUX
LISTEAUX
FLÛTEAUX
COUTEAUX
UNGUÉAUX
CLAVEAUX
CERVEAUX
NOUVEAUX
VRAI-FAUX
RÉCIFAUX
ILLÉGAUX
TOUCHAUX
NYMPHAUX
CAMBIAUX
GLACIAUX
SPÉCIAUX
ASOCIAUX
CRUCIAUX
MONDIAUX
CARDIAUX
CORDIAUX
FABLIAUX
NOBLIAUX
SPATIAUX
INITIAUX
NUPTIAUX
MARTIAUX
PARTIAUX
BESTIAUX
FLÛTIAUX
TRIVIAUX
ÉLUVIAUX
FLUVIAUX
PLUVIAUX
COAXIAUX
CAILLAUX
SEPT-LAUX
DÉCIMAUX
DEMI-MAUX
MINIMAUX
OPTIMAUX
MAXIMAUX
THERMAUX
ANORMAUX
SÉISMAUX
ARSENAUX
ORIGNAUX
RACINAUX
VICINAUX
ORDINAUX
VAGINAUX
SÉMINAUX
LIMINAUX
NOMINAUX
MATINAUX
BIENNAUX
CORONAUX
BITONAUX
STERNAUX
DIURNAUX
JOURNAUX
JÉJUNAUX
GRIPPAUX
GROUPAUX
APPARAUX
LIBÉRAUX
FÉDÉRAUX
SIDÉRAUX
RUDÉRAUX
SCLÉRAUX
HUMÉRAUX
NUMÉRAUX
GÉNÉRAUX
MINÉRAUX
LATÉRAUX
SUDORAUX
PRÉORAUX
MAÏORAUX
IMMORAUX
HUMORAUX
TUMORAUX
CAPORAUX
SORORAUX
AURORAUX
MAYORAUX
URÉTRAUX
CENTRAUX
VENTRAUX
ŒSTRAUX
ROSTRAUX
AUSTRAUX
LUSTRAUX
PLEURAUX
ABYSSAUX
SINUSAUX
PALATAUX
VÉGÉTAUX
ORBITAUX
CUBITAUX
DIGITAUX
GÉNITAUX
CAPITAUX
HÔPITAUX
MARITAUX
QUINTAUX
FRONTAUX

HANOTAUX
SCROTAUX
CRISTAUX
GLOTTAUX
LINGUAUX
MASEVAUX
MARIVAUX
ESTIVAUX
CLERVAUX
AFFIXAUX
BATHYAUX
DÉLOYAUX
PLOMBEUX
BOURBEUX
TOURBEUX
SILICEUX
CHANCEUX
NAUSÉEUX
SUIFFEUX
CHANGEUX
FLACHEUX
FAUCHEUX
PLUCHEUX
CAMAÏEUX
SCABIEUX
SPACIEUX
GRACIEUX
SPÉCIEUX
PRÉCIEUX
SOUCIEUX
STUDIEUX
MAFFIEUX
ÉLOGIEUX
OUBLIEUX
RILLIEUX
TILLIEUX
NON-LIEUX
TONLIEUX
CRÉMIEUX
LES PIEUX
SCARIEUX
GLORIEUX
DARRIEUX
HEYRIEUX
REYRIEUX
VASSIEUX
FACTIEUX
AMITIEUX
CAPTIEUX
PLUVIEUX
GOUVIEUX
ANTIJEUX
SIFFLEUX
ARGILEUX
FIELLEUX
MIELLEUX
VIELLEUX

MOELLEUX
FABULEUX
NÉBULEUX
TUBULEUX
ONDULEUX
NODULEUX
ANGULEUX
PAPULEUX
POPULEUX
SQUAMEUX
VENIMEUX
CHROMEUX
BITUMEUX
VÉNÉNEUX
KHÂGNEUX
SAIGNEUX
TEIGNEUX
SOIGNEUX
HARGNEUX
ANGINEUX
LAMINEUX
LUMINEUX
FARINEUX
RÉSINEUX
MATINEUX
BRUINEUX
STANNEUX
LIMONEUX
LACUNEUX
SIRUPEUX
MACAREUX
SCABREUX
NOMBREUX
CENDREUX
POUDREUX
SUBÉREUX
TUBÉREUX
ULCÉREUX
SCLÉREUX
COLÉREUX
WIMEREUX
GÉNÉREUX
MISÉREUX
DEVEREUX
GLAIREUX
DÉSIREUX
VAPOREUX
PIERREUX
PLÂTREUX
GOITREUX
MONTREUX
TARTREUX
AMOUREUX
FIÉVREUX
CUIVREUX
BUTYREUX
NIAISEUX

GLAISEUX
CRASSEUX
POISSEUX
MOUSSEUX
COMATEUX
DUVETEUX
VANITEUX
CAPITEUX
QUINTEUX
RABOTEUX
CAHOTEUX
GOUTTEUX
CROÛTEUX
LANGUEUX
FONGUEUX
FOUGUEUX
TALQUEUX
TINQUEUX
VISQUEUX
ONCTUEUX
VULTUEUX
MONTUEUX
VERTUEUX
TORTUEUX
FASTUEUX
FLEXUEUX
DÉSAVEUX
GIBOYEUX
ENNUYEUX
SAINDOUX
GEMBLOUX
COMBLOUX
CAILLOUX
GUILLOUX
LE LOROUX
COURROUX
SARDONYX
GLACE BAY
NORTH BAY
VALENÇAY
VALENÇAY
HALLYDAY
MANDALAY
TREMBLAY
VIROFLAY
DU BELLAY
FAIR-PLAY
MACAULAY
BERCENAY
FONTENAY
SAGUENAY
SATHONAY
MALAUNAY
DELAUNAY
CHAMBRAY
CHAMBRAY
PARAGUAY

BROADWAY
STEINWAY
CALLOWAY
LE RAINCY
COMMERCY
MONTMÉDY
MURAD BEY
COLOMBEY
SENNECEY
SELONGEY
STRACHEY
BERKELEY
WOLSELEY
COSTELEY
SHOCKLEY
MCKINLEY
VAN ORLEY
KINGSLEY
VALROMEY
PECHINEY
HOT MONEY
MULRONEY
ATTORNEY
ALLEPPEY
HUMPHREY
MERCUREY
MERCUREY
WALLASEY
ANGLESEY
LE RUSSEY
CAMAGÜEY
CHOP SUEY
MCCARTHY
KENTUCKY
PANOFSKY
STAVISKY
SNOILSKY
SHLONSKY
RADETZKY
VASARELY
TINGUELY
DE WAILLY
BAREILLY
GENTILLY
BROUILLY
CHEVILLY
MONOPOLY
VAL D'ARLY
FORT-LAMY
GIN-RUMMY
DAUBIGNY
MARCIGNY
FAUCIGNY
FORMIGNY
GUÉRIGNY
THORIGNY
MONSIGNY

8

PERSIGNY
BASSIGNY
LASSIGNY
BRÉTIGNY
QUETIGNY
MONTIGNY
PONTIGNY
MARTIGNY
XERTIGNY
GOSCINNY
CHEVERNY
BONNEFOY
BOGAZKÖY
FONTENOY
DELANNOY
DUVERNOY
FLOURNOY
FOURCROY
BALLEROY
JOUFFROY
LE CROTOY
GUÉTHARY
EXTRA-DRY
CHAMBÉRY
YEOMANRY
CAR-FERRY
COVENTRY
BRADBURY
MAUNOURY
ANDRÁSSY
FRESCATY
EUROCITY
Eurocity
SERVANTY
FLAHERTY
SAINT-GUY
REVENEZ-Y
BAD RAGAZ
SPETSNAZ
LA CLUSAZ
RÓZEWICZ
GONZÁLEZ
PINCE-NEZ
CACHE-NEZ
ARANJUEZ
AL-DJAHIZ
PERUWELZ
KIENHOLZ
KONSTANZ
ALBORNOZ
BARENTSZ
MANÉ-KATZ
LIPCHITZ
BASELITZ
PILLNITZ
CHEMNITZ
USTARITZ
LÜDERITZ
BIARRITZ
CHOLTITZ
HOROWITZ
SIERENTZ
SCHWARTZ
KIBBOUTZ
VERACRUZ
ACID JAZZ
FREE-JAZZ

9

SILLANPÄÄ
BEERSHEBA
BAR-KOKHBA
BOURGUIBA
TUPINAMBA
BASTELICA
STUDENICA
HARMONICA
COSTA RICA
PODGORICA
KUSTURICA
ATHABASCA
FRANCESCA
MARMOLADA
THERAVADA
KISHIWADA
BABANGIDA
ESMÉRALDA
KARAGANDA
JACARANDA
SAMARINDA
PUIGCERDÁ
KYZYLORDA
NIKI LAUDA
BARRACUDA
BEN YEHUDA
KAMPUCHÉA
NUKUALOFA
KHOURIBGA
DARBHANGA
MAHAJANGA
SOUIMANGA
ZAMBOANGA
PETCHENGA
RAROTONGA
CAHIN-CAHA
CHA-CHA-CHA
SAID PACHA
AÏD-EL-ADHA
AUDIENCIA
HORS-MEDIA
MASS MEDIA
ACTINIDIA
HOLLANDIA
LA GUARDIA
CHLAMYDIA
RAUWOLFIA
FORSYTHIA
RUDBECKIA
TARTAGLIA
ALBA IULIA
LUSITANIA
TARQUINIA
APOLLONIA
PAULOWNIA
ARAUCARIA
AMOU-DARIA
GANADERIA
CAFÉTÉRIA
TRATTORIA
RAFFLESIA
INDONESIA
HORTENSIA
VINNYTSIA
MAIQUETÍA
BILHARZIA
MARACUDJA
DOBROUDJA
RATSIRAKA
ANTAISAKA
KARNATAKA
KOKOSCHKA
BABOUCHKA
BALALAÏKA
TREBLINKA
ASHANINKA
BRZEZINKA
PÉRIBONKA
BOULMERKA
ATHABASKA
LANDOWSKA
DABROWSKA
BANJA LUKA
HIRATSUKA
MAKEIEVKA
WIELICZKA
GUATEMALA
ÇAKUNTALA
BLA-BLA-BLA
VENEZUELA
CARACALLA
AL-MUKALLA
RIVA-BELLA
STRADELLA
A CAPPELLA
PANATELLA
CAMARILLA
PIAZZOLLA
PUBLICOLA
CALENDULA
JYVÄSKYLÄ
DALAÏ-LAMA
CYCLORAMA
DIAPORAMA
MATSUYAMA
PROTONÉMA
AL-HOCEIMA
KAGOSHIMA
HIROSHIMA
TOKUSHIMA
FUKUSHIMA
TERZA RIMA
MOCTEZUMA
MONTEZUMA
LJUBLJANA
TSIRANANA
MARIHUANA
MARIJUANA
CARTAGENA
MAGDALENA
NÉOPILINA
CASUARINA
TOAMASINA
QACENTINA
ARGENTINA
ALBERTINA
QUINQUINA
KARSAVINA
SANTA ANNA
BARCELONA
ANNAPURNA
NAGARJUNA

GUIPÚZCOA
GRAND-PAPA
ATAHUALPA
CONNEMARA
HUNEDOARA
TIMISOARA
ALCÁNTARA
EL-KANTARA
SOLENZARA
ALEXANDRA
HALMAHERA
ŒNOTHERA
SOAP OPERA
ET CÆTERA
WEBCAMÉRA
AL-DJOFFRA
ESSAOUIRA
RAS SHAMRA
KUTNÁ HORA
LA MARMORA
LA SKHIRRA
KAMA-SUTRA
BUJUMBURA
DJURDJURA
PETLIOURA
AMARAPURA
JETTATURA
ANGUSTURA
CEMAL PASA
ENVER PASA
TALAT PASA
VICE VERSA
MINEHASSA
MASINISSA
LAMPEDUSA
DUPLICATA
ARYABHATA
CHIPOLATA
MISOURATA
KINOSHITA
MARGARITA
DOLCE VITA
ELEPHANTA
CONSTANTA
MINNESOTA
SURAKARTA
MALATESTA
PIAZZETTA
CINECITTÀ
ACONCAGUA
NICARAGUA
CHIHUAHUA
CHIHUAHUA
PUTONGHUA
DIRÉDAOUA
GARGANTUA
GARGANTUA
BALAKLAVA
BEER-SHEVA
BOSSA-NOVA
SUPERNOVA
BERBEROVA
AKHMATOVA
BAR-MITSVA
AKUTAGAWA
ASAHIKAWA
PUTRAJAYA
MEGHALAYA
KSHATRIYA
TATABÁNYA
KUTUBIYYA
SALAFIYYA
ANSARIYYA
FORTALEZA
INFLUENZA
AURANGZEB
NANA SAHIB
TIPU SAHIB
AWRANGZIB
SANS-PLOMB
VIDÉOCLUB
YACHT-CLUB
NIGHT-CLUB
ANTITABAC
KOULIBIAC
TINTÉNIAC
BOURBRIAC
RAVAILLAC
MARCILLAC
CONDILLAC
FRONTENAC
CASSAGNAC
MONTAGNAC
CAVAIGNAC
HERBIGNAC
MONTIGNAC
MARTIGNAC
RASTIGNAC
RETOURNAC
BRIC-À-BRAC
TOUT À TRAC
CULS-DE-SAC
FLORENSAC
GAY-LUSSAC
TADOUSSAC
SOSNOWIEC
GUILVINEC
PLABENNEC
CLÉGUÉREC
CHILDÉRIC
CHILPÉRIC
THÉODORIC
LE CROISIC
SOUL MUSIC
PRONOSTIC
GUILLEVIC
MILOSEVIC
OBRADOVIC
STANKOVIC
OBRENOVIC
NOHANT-VIC
MONT-BLANC
MONT-BLANC
KILOFRANC
EUROFRANC
BANYULENC
HIC ET NUNC
LANGUEDOC
BLANC-ÉTOC
CONTRE-ARC
SAINT-MARC
TRAIN-PARC
CUL-DE-PORC
JEUNE-TURC
LALOUVESC
BOIS-LE-DUC
AHMADABAD
MORADABAD
AHMEDABAD
FARIDABAD
ALLAHABAD
ACHKHABAD
GHAZIABAD
ISLAMABAD
LENINABAD
HYDERABAD
KHORSABAD
KHURSABAD
KIROVABAD
FIROZABAD
MARIENBAD
HERMANDAD
WHITEHEAD
UPANISHAD
LENINGRAD
VOLGOGRAD
PETROGRAD
FLAMSTEED
GOTTSCHED
POUCE-PIED
COU-DE-PIED
PASSE-PIED
PLAIN-PIED
SIEGFRIED
GOTTFRIED
REMSCHEID
APARTHEID
MOUDJAHID
CELLULOÏD
SANG-FROID
CAMP DAVID
GONDOBALD
MACDONALD
GRÜNEWALD
UNTERWALD
BIELEFELD
ROSENFELD
KLARSFELD
SHEFFIELD
BROMFIELD
OPENFIELD
MANSFIELD
LÉOVIGILD
LIUVIGILD
MEYERHOLD
DU DEFFAND
JHARKHAND
SAMARKAND
FRIEDLAND
WERGELAND
DIXIELAND
BAEKELAND
CLEVELAND
SWAZILAND
FRANKLAND
SJAELLAND
GROENLAND
HELGOLAND
FLEVOLAND
NEDERLAND
FERDINAND
MILLERAND
TISSERAND
TISSERAND
MÈRE-GRAND
WINOGRAND
LIUTPRAND
STREISAND
SOUTH BEND
DIFFÉREND
SAINT-GOND
PHARAMOND
SIGISMOND
LEYSENOND
STRALSUND
HOLLYWOOD
WILLIBROD
BIELGOROD
CHAUFFARD
BLANCHARD
CHINCHARD
CABOCHARD
PRITCHARD
SCHICKARD
BINOCLARD
BACHELARD
SOUFFLARD
RENIFLARD

PIAILLARD
BRAILLARD
BABILLARD
DUBILLARD
VIEILLARD
OREILLARD
ÉGRILLARD
NASILLARD
VÉTILLARD
FEUILLARD
POUILLARD
SOUILLARD
CAGOULARD
GALLIMARD
GOGUENARD
COMBINARD
SNOBINARD
ARCHINARD
SALONNARD
FRAGONARD
COMMUNARD
SNOWBOARD
BODYBOARD
MAQUISARD
BROUSSARD
FROUSSARD
FOUETTARD
HOME GUARD
PANIQUARD
BRISQUARD
BOULEVARD
BALBUZARD
VOGELHERD
BORUDJERD
FRANC-BORD
PRÉACCORD
DÉSACCORD
GUILDFORD
LUNCEFORD
STRAFFORD
WATERFORD
STRATFORD
BRANTFORD
GONDEBAUD
VERGNIAUD
SALOPIAUD
CABILLAUD
BOUILLAUD
PÉQUENAUD
COGNERAUD
MALINVAUD
PINK FLOYD
HIPPOPHAÉ
ASTROLABE
BURKINABÉ
BURKINABÉ
ANTSIRABÉ
PONT-L'ABBÉ
PORTE-BÉBÉ
DÉSINHIBÉ
DUCS-D'ALBE
CATACOMBE
SURPLOMBÉ
HÉCATOMBE
DOUCHANBE
HOMOPHOBE
XÉNOPHOBE
LIPOPHOBE
GARDE-ROBE
SOUS-BARBE
FAIDHERBE
FAYDHERBE
RÉABSORBÉ
ARCHICUBE
MULTITUBE
PSILOCYBE
CLITOCYBE
FACE-À-FACE
VOLTE-FACE
INTERFACE
ENTRELACÉ
LAVE-GLACE
LÈVE-GLACE
DEMI-PLACE
MONOPLACE
HORS-PLACE
CONTUMACE
GALLINACÉ
MONOSPACE
MONOTRACE
PÉRITHÈCE
DEMI-PIÈCE
PARDUBICE
APPENDICE
IMMONDICE
PRÉJUDICE
BOX-OFFICE
SACRIFICE
LA PALLICE
PRÉCIPICE
HARUSPICE
CICATRICE
CRÉATRICE
NÉGATRICE
AVIATRICE
DÉLATRICE
ZÉLATRICE
DONATRICE
CURATRICE
NOTATRICE
ROTATRICE
NOVATRICE
TAXATRICE
VEXATRICE
FIXATRICE
TRACTRICE
ÉLECTRICE
ÉRECTRICE
DÉBITRICE
AUDITRICE
GÉNITRICE
MONITRICE
ÉMETTRICE
LOCUTRICE
COTUTRICE
PRIMATICE
ADVENTICE
ARMISTICE
INJUSTICE
IMPÉDANCE
ABONDANCE
ABONDANCE
VENGEANCE
DÉCHÉANCE
RÉCRÉANCE
PRÉSÉANCE
MANIGANCE
MANIGANCÉ
ARROGANCE
MALCHANCE
CONFIANCE
FREE-LANCE
VIGILANCE
RUTILANCE
VAILLANCE
BRILLANCE
AMBULANCE
PÉTULANCE
CASAMANCE
PRÉGNANCE
COFINANCÉ
DOMINANCE
LUMINANCE
RÉSONANCE
ASSONANCE
ASSONANCÉ
CLEARANCE
COGÉRANCE
TOLÉRANCE
ESPÉRANCE
AIR FRANCE
FRAGRANCE
CLAIRANCE
ATTIRANCE
IGNORANCE
ABERRANCE
MESTRANCE
ENDURANCE
FLEURANCE
ASSURANCE
PLAISANCE
PLAISANCE
MÉDISANCE
NAISSANCE
PAISSANCE
GLISSANCE
PUISSANCE
RÉACTANCE
MILITANCE
SUBSTANCE
PRESTANCE
CUISTANCE
CONSTANCE
CONSTANCE
QUITTANCE
REDEVANCE
INDÉCENCE
RÉTICENCE
INNOCENCE
ACESCENCE
DÉCADENCE
INCIDENCE
STRIDENCE
RÉSIDENCE
IMPUDENCE
INDIGENCE
DILIGENCE
ÉMERGENCE
OBÉDIENCE
BIVALENCE
COVALENCE
INDOLENCE
INSOLENCE
FÉCULENCE
VIRULENCE
PURULENCE
VÉHÉMENCE
ENSEMENCÉ
RÉMANENCE
IMMANENCE
IMMINENCE
DÉSINENCE
APPARENCE
DÉFÉRENCE
RÉFÉRENCE
RÉFÉRENCÉ
INFÉRENCE
INGÉRENCE
ADHÉRENCE
INHÉRENCE
COHÉRENCE
RÉVÉRENCE
APPÉTENCE
PÉNITENCE
IMPOTENCE
EXISTENCE
AFFLUENCE
INFLUENCE

INFLUENCÉ
FRÉQUENCE
ÉLOQUENCE
QUINCONCE
CAPPADOCE
SACERDOCE
MEZZA VOCE
IDÉE-FORCE
DÉSAMORCÉ
RESSOURCE
RESSOURCÉ
ACQUIESCÉ
GÂTE-SAUCE
COURROUCÉ
ZIG ET PUCE
MAX DE BADE
BARRICADE
BARRICADÉ
CAVALCADE
CAVALCADÉ
EMBUSCADE
DÉBANDADE
ORANGEADE
REBUFFADE
ÉTOUFFADE
EMBRIGADÉ
ALCIBIADE
HÉRODIADE
JÉRÉMIADE
ANCHOÏADE
OLYMPIADE
TIBÉRIADE
LOUISIADE
MARMELADE
FUSILLADE
FEUILLADE
RÉMOULADE
READY-MADE
ESPLANADE
PROMENADE
TALONNADE
COLONNADE
CANONNADE
RATONNADE
COTONNADE
OIGNONADE
CASSONADE
CANTONADE
ESTRAPADE
ATTRAPADE
MASCARADE
HIT-PARADE
BENSERADE
DÉCIGRADE
SANS-GRADE
AMBASSADE
PALISSADE

PALISSADÉ
INCARTADE
VAN OSTADE
CROUSTADE
RÉTROCÉDÉ
INTERCÉDÉ
DÉROULÈDE
ARCHIMÈDE
ANDROMÈDE
INTERMÈDE
PALMIPÈDE
PINNIPÈDE
CIRRIPÈDE
CITHARÈDE
CLAPARÈDE
DÉPOSSÉDÉ
COLUMBIDÉ
PÈSE-ACIDE
ANTIACIDE
THIOACIDE
MONOACIDE
HYDRACIDE
POLYACIDE
HERBICIDE
FONGICIDE
GERMICIDE
VERMICIDE
ACARICIDE
PARRICIDE
MATRICIDE
PESTICIDE
LARVICIDE
ETHNOCIDE
PHYTOCIDE
PELLUCIDE
SPLENDIDE
THUCYDIDE
TRACHÉIDE
PALMIFIDE
SPHINGIDÉ
ALLERGIDE
SYNERGIDE
LYSERGIDE
CICONIIDÉ
MUSTÉLIDÉ
SYPHILIDE
MACROLIDE
CONSOLIDÉ
SULFAMIDE
CYANAMIDE
ACÉTAMIDE
POLYAMIDE
SERRANIDÉ
SASSANIDE
PARMÉNIDE
ARACHNIDE
CYPRINIDÉ

FALCONIDÉ
MAIMONIDE
SALMONIDÉ
RHOMBOÏDE
CORACOÏDE
HÉLICOÏDE
CONCHOÏDE
SCAPHOÏDE
LYMPHOÏDE
CARDIOÏDE
ALCALOÏDE
PHALLOÏDE
TRIPLOÏDE
COTYLOÏDE
SÉSAMOÏDE
HUMANOÏDE
PARANOÏDE
SPHÉNOÏDE
SOLÉNOÏDE
HOMINOÏDE
RÉTINOÏDE
SPHÉROÏDE
ASTÉROÏDE
SINUSOÏDE
PATATOÏDE
ODONTOÏDE
SCHIZOÏDE
GONOZOÏDE
INTRÉPIDE
BICUSPIDE
SEMI-ARIDE
SCOMBRIDÉ
COLUBRIDÉ
ANHYDRIDE
GLYCÉRIDE
MARGERIDE
VIVERRIDÉ
EUPATRIDE
HEAVISIDE
GLUCOSIDE
POLYOSIDE
ABBASSIDE
CARIATIDE
CARYATIDE
ATLANTIDE
HALIOTIDE
AGROSTIDE
TÉLÉGUIDÉ
FILOGUIDÉ
TOPO-GUIDE
AUTOGUIDÉ
DIKSMUIDE
ULTRAVIDE
TRANSVIDÉ
SMALKALDE
ARTEVELDE
BALTHILDE

DEMI-SOLDE
SARABANDE
MARCHANDE
MARCHANDÉ
AFFRIANDÉ
ACHALANDÉ
DELALANDE
THAÏLANDE
GUIRLANDE
COURLANDE
REDEMANDÉ
ALLEMANDE
ALLEMANDE
GOURMANDE
GOURMANDÉ
RIO GRANDE
MÉLISANDE
DIVIDENDE
VILIPENDÉ
RÉVÉRENDE
INSULINDE
VAGABONDE
VAGABONDÉ
SURABONDÉ
TIRE-BONDE
PUDIBONDE
MORIBONDE
FURIBONDE
INFÉCONDE
RUBICONDE
BIEN-FONDÉ
RADEGONDE
MICRO-ONDE
DEMI-RONDE
OSTRACODE
TRANSCODÉ
KOZHIKODE
ACCOMMODÉ
INCOMMODE
INCOMMODÉ
MYRIAPODE
TÉTRAPODE
AMPHIPODE
CHÉNOPODE
MACROPODE
THÉROPODE
PTÉROPODE
RHIZOPODE
ÉLECTRODE
TRÉMATODE
FURIBARDE
CHAMBARDÉ
GUIMBARDE
PÉRICARDE
CHANÇARDE
BRANCARDÉ
ENDOCARDE

9

SOIFFARDE
BOUFFARDE
SOUS-GARDE
CENT-GARDE
PINCHARDE
CLOCHARDE
BOUCHARDE
BOUCHARDÉ
HOUCHARDE
MOUCHARDE
MOUCHARDÉ
RILLIARDE
FAIBLARDE
ROUBLARDE
VICELARDE
PAPELARDE
GAILLARDE
PAILLARDE
RIGOLARDE
GUEULARDE
CUMULARDE
FLEMMARDE
FLEMMARDÉ
AUDENARDE
GEIGNARDE
POIGNARDÉ
GRIGNARDE
GUIGNARDE
TRAÎNARDE
FOUINARDE
SALONARDE
LA BÉRARDE
PLEURARDE
POISSARDE
CUISSARDE
SAVOYARDE
SAVOYARDE
MESA VERDE
HEXACORDE
HÉMICORDÉ
MONOCORDE
LAMBOURDE
LAMPOURDE
MORICAUDE
LOURDAUDE
ROUGEAUDE
ÉCHAFAUDÉ
SALIGAUDE
COURTAUDE
COURTAUDÉ
MARIVAUDÉ
BUXTEHUDE
INTERLUDE
OULAN-OUDE
DÉSUÉTUDE
ASSUÉTUDE
LONGITUDE

AMPLITUDE
PLÉNITUDE
MAGNITUDE
TURPITUDE
NÉGRITUDE
LASSITUDE
BÉATITUDE
PLATITUDE
GRATITUDE
RECTITUDE
MULTITUDE
CERTITUDE
SERVITUDE
SULFOXYDE
HÉMIOXYDE
HYDROXYDE
PROTOXYDE
MACCHABÉE
BETHSABÉE
DÉPLOMBÉE
POLYLOBÉE
EXACERBÉE
DÉSHERBÉE
DÉBOURBÉE
EMBOURBÉE
RECOURBÉE
PERTURBÉE
MASTURBÉE
DÉDICACÉE
SALICACÉE
URTICACÉE
ARALIACÉE
SCORIACÉE
CLUSIACÉE
VERGLACÉE
REMPLACÉE
BÉTULACÉE
SOLANACÉE
FARINACÉE
RHAMNACÉE
ANNONACÉE
SAPONACÉE
TUBÉRACÉE
HÉDÉRACÉE
PIPÉRACÉE
CYPÉRACÉE
ASTÉRACÉE
ONAGRACÉE
MIMOSACÉE
ABIÉTACÉE
SAPOTACÉE
CRUSTACÉE
THÉODICÉE
MORDANCÉE
FORLANCÉE
DISTANCÉE
COMMENCÉE

DÉCOINCÉE
RENFONCÉE
PRONONCÉE
DÉFRONCÉE
INEXERCÉE
RENFORCÉE
RÉAMORCÉE
COALESCÉE
INEXAUCÉE
ESCALADÉE
TAILLADÉE
PERSUADÉE
DISSUADÉE
ENTRAIDÉE
INVALIDÉE
PYRAMIDÉE
INTIMIDÉE
DILAPIDÉE
BRIGANDÉE
QUÉMANDÉE
COMMANDÉE
FAISANDÉE
RESCINDÉE
HYPOSODÉE
BOMBARDÉE
PLACARDÉE
RANCARDÉE
RENCARDÉE
BROCARDÉE
FAUCARDÉE
RINGARDÉE
POCHARDÉE
CAVIARDÉE
CHAPARDÉE
LÉOPARDÉE
MANSARDÉE
RACCORDÉE
GALVAUDÉE
IMPALUDÉE
DESSOUDÉE
RESSOUDÉE
PEROXYDÉE
SUROXYDÉE
ESCLAFFÉE
REGREFFÉE
DÉCOIFFÉE
RECOIFFÉE
ASSOIFFÉE
DÉGRIFFÉE
ÉCHAUFFÉE
ESBROUFÉE
RÉENGAGÉE
GRILLAGÉE
DÉMÉNAGÉE
NAUFRAGÉE
DÉVISAGÉE
ENVISAGÉE

AVANTAGÉE
AFFOUAGÉE
COOBLIGÉE
VENDANGÉE
RECHANGÉE
INCHANGÉE
BOULANGÉE
EFFRANGÉE
ENGRANGÉE
RALLONGÉE
PROLONGÉE
REPLONGÉE
FORLONGÉE
PHARYNGÉE
DÉCHARGÉE
RECHARGÉE
GAMBERGÉE
SUBMERGÉE
RENGORGÉE
IGNIFUGÉE
HARNACHÉE
RECRACHÉE
RATTACHÉE
SOUTACHÉE
CRAVACHÉE
DESSÉCHÉE
DÉFRICHÉE
PASTICHÉE
ESQUICHÉE
DÉHANCHÉE
DÉMANCHÉE
EMMANCHÉE
ÉBRANCHÉE
REVANCHÉE
MARDOCHÉE
REMPOCHÉE
DÉBROCHÉE
EMBROCHÉE
ACCROCHÉE
DÉCROCHÉE
REPROCHÉE
APPROCHÉE
DÉMARCHÉE
RAPERCHÉE
SCRATCHÉE
DÉBAUCHÉE
EMBAUCHÉE
REMBUCHÉE
DÉBOUCHÉE
REBOUCHÉE
EMBOUCHÉE
ACCOUCHÉE
RECOUCHÉE
ESSOUCHÉE
RETOUCHÉE
SÉBORRHÉE
LOGORRHÉE

GONORRHÉE
ÉPIMÉTHÉE
PROMÉTHÉE
EURYSTHÉE
DÉPRÉCIÉE
APPRÉCIÉE
LICENCIÉE
DISSOCIÉE
REMERCIÉE
CONGÉDIÉE
SUBSIDIÉE
INCENDIÉE
RÉÉTUDIÉE
STUPÉFIÉE
TORRÉFIÉE
PUTRÉFIÉE
LIQUÉFIÉE
BARBIFIÉE
OPACIFIÉE
SPÉCIFIÉE
CALCIFIÉE
DULCIFIÉE
CRUCIFIÉE
RÉÉDIFIÉE
ACIDIFIÉE
GAZÉIFIÉE
MYTHIFIÉE
QUALIFIÉE
AMPLIFIÉE
PLANIFIÉE
MAGNIFIÉE
LIGNIFIÉE
SIGNIFIÉE
RÉUNIFIÉE
SCARIFIÉE
CLARIFIÉE
LUBRIFIÉE
SACRIFIÉE
GLORIFIÉE
TERRIFIÉE
HORRIFIÉE
PÉTRIFIÉE
NITRIFIÉE
VITRIFIÉE
FALSIFIÉE
DENSIFIÉE
CHOSIFIÉE
VERSIFIÉE
MASSIFIÉE
RUSSIFIÉE
BÉATIFIÉE
GRATIFIÉE
RECTIFIÉE
ACÉTIFIÉE
CERTIFIÉE
FORTIFIÉE
MORTIFIÉE

JUSTIFIÉE
MYSTIFIÉE
STATUFIÉE
FASTIGIÉE
ATROPHIÉE
CONCILIÉE
MÉSALLIÉE
UNIFOLIÉE
PERFOLIÉE
CALOMNIÉE
ESTROPIÉE
RAPPARIÉE
HISTORIÉE
RAPATRIÉE
DÉPATRIÉE
EXPATRIÉE
RASSASIÉE
AUTOPSIÉE
AMNISTIÉE
BALBUTIÉE
ASPHYXIÉE
DÉSTOCKÉE
MILWAUKEE
BRIMBALÉE
TRIMBALÉE
INITIALÉE
ENDIABLÉE
DESSABLÉE
ASSEMBLÉE
DÉMEUBLÉE
REMEUBLÉE
ENCOUBLÉE
DÉDOUBLÉE
REDOUBLÉE
DÉCERCLÉE
RECERCLÉE
ENCERCLÉE
DÉMASCLÉE
DÉBOUCLÉE
DÉFICELÉE
AMONCELÉE
DÉPUCELÉE
REMODELÉE
CARAMÉLÉE
GROMMELÉE
ÉPANNELÉE
DÉCAPELÉE
BOURRELÉE
DÉMUSELÉE
ÉCARTELÉE
CRAQUELÉE
ENJAVELÉE
ÉCHEVELÉE
DÉNIVELÉE
ÉCERVELÉE
INSUFFLÉE
PERSIFLÉE

DÉSENFLÉE
DÉGONFLÉE
REGONFLÉE
CAMOUFLÉE
MAROUFLÉE
PRÉRÉGLÉE
ÉTRANGLÉE
OBNUBILÉE
ÉFAUFILÉE
ANNIHILÉE
ASSIMILÉE
RENTOILÉE
DÉSOPILÉE
DÉSHUILÉE
TRIBALLÉE
REMBALLÉE
INSTALLÉE
DESCELLÉE
FLAGELLÉE
ENFIELLÉE
DÉMIELLÉE
EMMIELLÉE
QUERELLÉE
DESSELLÉE
MÉDAILLÉE
DÉMAILLÉE
REMAILLÉE
RIMAILLÉE
TENAILLÉE
DÉPAILLÉE
EMPAILLÉE
TIRAILLÉE
CISAILLÉE
DÉTAILLÉE
RETAILLÉE
ENTAILLÉE
FOUAILLÉE
RHABILLÉE
FENDILLÉE
MORDILLÉE
RÉVEILLÉE
CHENILLÉE
TORPILLÉE
GASPILLÉE
GOUPILLÉE
TOUPILLÉE
BRÉSILLÉE
ÉGOSILLÉE
PERSILLÉE
DESSILLÉE
BOUSILLÉE
TORTILLÉE
DISTILLÉE
INSTILLÉE
TREUILLÉE
DÉGUILLÉE
AIGUILLÉE

ÉPOUILLÉE
BROUILLÉE
GROUILLÉE
MAQUILLÉE
BÉQUILLÉE
CHEVILLÉE
LANCÉOLÉE
MENTHOLÉE
AFFRIOLÉE
VITRIOLÉE
CONTRÔLÉE
DEMI-VOLÉE
DÉPEUPLÉE
REPEUPLÉE
ACCOUPLÉE
DÉCOUPLÉE
CENTUPLÉE
SEPTUPLÉE
SEXTUPLÉE
KASTERLEE
DÉNÉBULÉE
IMMACULÉE
MIRACULÉE
PÉDICULÉE
VÉHICULÉE
PANICULÉE
RÉTICULÉE
ARTICULÉE
OPERCULÉE
ÉMASCULÉE
BOUSCULÉE
DÉMODULÉE
DÉGUEULÉE
ENGUEULÉE
DÉRÉGULÉE
ACCUMULÉE
ROUCOULÉE
REMMOULÉE
VERMOULÉE
SURMOULÉE
DESSOÛLÉE
MANIPULÉE
INTITULÉE
UNIOVULÉE
SALICYLÉE
AMALGAMÉE
PROCLAMÉE
INENTAMÉE
DESQUAMÉE
BIEN-AIMÉE
ENTR'AIMÉE
NON ANIMÉE
ENVENIMÉE
COMPRIMÉE
SUPPRIMÉE
LÉGITIMÉE
ENFLAMMÉE

9

PRÉNOMMÉE
SURNOMMÉE
SUSNOMMÉE
CONSOMMÉE
GENDARMÉE
RENFERMÉE
CONFIRMÉE
PRÉFORMÉE
CONFORMÉE
NÉOFORMÉE
DÉCHAUMÉE
PARE-FUMÉE
ANTIFUMÉE
REMPLUMÉE
ENCABANÉE
SPONTANÉE
DÉDOUANÉE
MORIGÉNÉE
HALOGÉNÉE
GANGRENÉE
RENGRÉNÉE
IMPRÉGNÉE
DÉDAIGNÉE
DÉPEIGNÉE
ENSEIGNÉE
GRAFIGNÉE
RÉALIGNÉE
SURLIGNÉE
SOULIGNÉE
TÉMOIGNÉE
EMPOIGNÉE
CONSIGNÉE
PROVIGNÉE
RENCOGNÉE
STRYCHNÉE
RENGAINÉE
DÉCHAÎNÉE
ENCHAÎNÉE
PARRAINÉE
ENTRAÎNÉE
CARABINÉE
DÉBOBINÉE
EMBOBINÉE
DÉRACINÉE
ENRACINÉE
FILICINÉE
HIRUDINÉE
DÉTHÉINÉE
PROTÉINÉE
PEAUFINÉE
ALBUGINÉE
RIPOLINÉE
BÉTULINÉE
CALAMINÉE
FORAMINÉE
VITAMINÉE
EFFÉMINÉE

ACHEMINÉE
INSÉMINÉE
ALBUMINÉE
ILLUMINÉE
ENLUMINÉE
ENFARINÉE
ENTÉRINÉE
CHAGRINÉE
CHOURINÉE
AVOISINÉE
HOUSSINÉE
GÉLATINÉE
DÉMATINÉE
BARATINÉE
RATATINÉE
ABIÉTINÉE
ACOQUINÉE
BOUQUINÉE
CONDAMNÉE
RÉABONNÉE
RANÇONNÉE
FREDONNÉE
AMIDONNÉE
RANDONNÉE
DINDONNÉE
LARDONNÉE
PARDONNÉE
CORDONNÉE
PIGEONNÉE
PLAFONNÉE
BOUGONNÉE
MÂCHONNÉE
BICHONNÉE
COCHONNÉE
SIPHONNÉE
CAMIONNÉE
ESPIONNÉE
VISIONNÉE
FUSIONNÉE
RATIONNÉE
ACTIONNÉE
LOTIONNÉE
GOUJONNÉE
ÉTALONNÉE
SABLONNÉE
BALLONNÉE
VALLONNÉE
SILLONNÉE
BOULONNÉE
FOULONNÉE
MARMONNÉE
SERMONNÉE
CHAPONNÉE
TAMPONNÉE
POMPONNÉE
HARPONNÉE
ÉPERONNÉE

PATRONNÉE
CITRONNÉE
COURONNÉE
BLASONNÉE
MAISONNÉE
RAISONNÉE
LAITONNÉE
CANTONNÉE
CARTONNÉE
BASTONNÉE
FESTONNÉE
PISTONNÉE
BOUTONNÉE
MOUTONNÉE
CLAYONNÉE
CRAYONNÉE
ÉPOUMONÉE
ORTHOPNÉE
DÉCHARNÉE
CONCERNÉE
DISCERNÉE
GOUVERNÉE
FLAGORNÉE
DÉFOURNÉE
ENFOURNÉE
DÉTOURNÉE
RETOURNÉE
RATTRAPÉE
CANNE-ÉPÉE
PORTE-ÉPÉE
ANTICIPÉE
ÉMANCIPÉE
CONSTIPÉE
DISCULPÉE
INSCULPÉE
DÉTREMPÉE
RETREMPÉE
REGRIMPÉE
DÉTROMPÉE
ESCALOPÉE
RÉCHAPPÉE
KIDNAPPÉE
DÉGRIPPÉE
DÉCRISPÉE
RÉOCCUPÉE
INOCCUPÉE
SURCOUPÉE
CHALOUPÉE
DÉGROUPÉE
REGROUPÉE
ATTROUPÉE
ACCAPARÉE
VERTÉBRÉE
PERVIBRÉE
DÉMEMBRÉE
REMEMBRÉE
ENCOMBRÉE

DÉNOMBRÉE
ÉLUCUBRÉE
CONSACRÉE
MASSACRÉE
ÉCHANCRÉE
DÉSENCRÉE
CALANDRÉE
ENGENDRÉE
CYLINDRÉE
EFFONDRÉE
DÉLIBÉRÉE
DILACÉRÉE
ÉVISCÉRÉE
IMMODÉRÉE
VOCIFÉRÉE
AUTOGÉRÉE
ACCÉLÉRÉE
CUILLERÉE
DÉGÉNÉRÉE
RÉGÉNÉRÉE
INCINÉRÉE
RÉMUNÉRÉE
EXASPÉRÉE
INESPÉRÉE
RÉCUPÉRÉE
VITUPÉRÉE
RÉINSÉRÉE
INVÉTÉRÉE
OBLITÉRÉE
INALTÉRÉE
ADULTÉRÉE
EMPIFFRÉE
DÉCOFFRÉE
ENSOUFRÉE
VINAIGRÉE
CONSPIRÉE
ÉDULCORÉE
SUBODORÉE
REVIGORÉE
AMÉLIORÉE
DÉCOLORÉE
REMÉMORÉE
REMBARRÉE
CHAMARRÉE
EMPIERRÉE
DESSERRÉE
RESSERRÉE
DÉBOURRÉE
IDOLÂTRÉE
DÉPLÂTRÉE
REPLÂTRÉE
SALPÊTRÉE
PERPÉTRÉE
CHAPITRÉE
SURTITRÉE
INFILTRÉE
EXFILTRÉE

DÉCENTRÉE
RECENTRÉE
EXCENTRÉE
DÉCINTRÉE
DÉMONTRÉE
REMONTRÉE
DÉTARTRÉE
ENTARTRÉE
ENCASTRÉE
CADASTRÉE
REGISTRÉE
SINISTRÉE
CLAUSTRÉE
DÉLUSTRÉE
ILLUSTRÉE
ILLETTRÉE
DÉFEUTRÉE
ACCOUTRÉE
CENTAURÉE
RESTAURÉE
INSTAURÉE
MANUCURÉE
AFFLEURÉE
EFFLEURÉE
ENFLEURÉE
DÉFIGURÉE
INAUGURÉE
ENAMOURÉE
CHLORURÉE
DÉMESURÉE
RÉASSURÉE
PRESSURÉE
LIGATURÉE
DÉNATURÉE
INSATURÉE
FRACTURÉE
AVENTURÉE
CEINTURÉE
PEINTURÉE
ENFIÉVRÉE
DÉCUIVRÉE
RECOUVRÉE
TRIPHASÉE
DÉNIAISÉE
INAPAISÉE
HÉBRAÏSÉE
MORTAISÉE
FRANCISÉE
EXORCISÉE
FLUIDISÉE
FOCALISÉE
LOCALISÉE
VOCALISÉE
IDÉALISÉE
LÉGALISÉE
BANALISÉE
CANALISÉE
PÉNALISÉE
FINALISÉE
MORALISÉE
NASALISÉE
TOTALISÉE
DÉVALISÉE
LABÉLISÉE
FIDÉLISÉE
MODÉLISÉE
MOBILISÉE
SIMILISÉE
VIRILISÉE
CIVILISÉE
CRÉOLISÉE
BÉMOLISÉE
NÉBULISÉE
ISLAMISÉE
DYNAMISÉE
MINIMISÉE
OPTIMISÉE
MAXIMISÉE
SODOMISÉE
CHROMISÉE
URBANISÉE
MÉCANISÉE
PAGANISÉE
ORGANISÉE
ROMANISÉE
HUMANISÉE
TÉTANISÉE
FÉMINISÉE
LATINISÉE
DIVINISÉE
COLONISÉE
CANONISÉE
ÉTERNISÉE
IMMUNISÉE
CHAMOISÉE
DÉCROISÉE
POLARISÉE
CÉSARISÉE
TUBÉRISÉE
MADÉRISÉE
NUMÉRISÉE
SATIRISÉE
ARBORISÉE
THÉORISÉE
VALORISÉE
COLORISÉE
MÉMORISÉE
SONORISÉE
VAPORISÉE
MOTORISÉE
AUTORISÉE
FAVORISÉE
MAÎTRISÉE
SÉCURISÉE
SOMATISÉE
FANATISÉE
DÉRATISÉE
MONÉTISÉE
POLITISÉE
NÉANTISÉE
ROBOTISÉE
ASEPTISÉE
COURTISÉE
AMENUISÉE
INÉPUISÉE
PRÉAVISÉE
MALAVISÉE
TÉLÉVISÉE
COMPULSÉE
PROPULSÉE
CONVULSÉE
ZELL AM SEE
CONDENSÉE
WALLENSEE
COMPENSÉE
DISPENSÉE
STRUENSEE
ANKYLOSÉE
ANTÉPOSÉE
RÉIMPOSÉE
POSTPOSÉE
SCLÉROSÉE
WALDERSEE
DISPERSÉE
TRAVERSÉE
RENVERSÉE
DÉBOURSÉE
FRACASSÉE
TRACASSÉE
FRICASSÉE
CONCASSÉE
RECHASSÉE
ENCHÂSSÉE
DÉCLASSÉE
RECLASSÉE
PRÉLASSÉE
TRÉPASSÉE
LAMPASSÉE
COMPASSÉE
SURPASSÉE
EMBRASSÉE
DÉCRASSÉE
ENCRASSÉE
CUIRASSÉE
TERRASSÉE
RESSASSÉE
CREVASSÉE
CONFESSÉE
PROFESSÉE
TENNESSEE
REDRESSÉE
EMPRESSÉE
OPPRESSÉE
BRETESSÉE
RABAISSÉE
REBAISSÉE
DÉCAISSÉE
ENCAISSÉE
AFFAISSÉE
DÉLAISSÉE
RELAISSÉE
DÉPLISSÉE
REPLISSÉE
COULISSÉE
VERNISSÉE
ANGOISSÉE
COMPISSÉE
ESQUISSÉE
RENDOSSÉE
ENGROSSÉE
CARROSSÉE
DÉFAUSSÉE
REHAUSSÉE
EXHAUSSÉE
REPOUSSÉE
DÉSABUSÉE
COACCUSÉE
DÉCREUSÉE
RECREUSÉE
PARALYSÉE
CATALYSÉE
SILICATÉE
ANTIDATÉE
HORODATÉE
POSTDATÉE
CARAPATÉE
CONSTATÉE
COMPACTÉE
RÉFRACTÉE
DÉTRACTÉE
RÉTRACTÉE
CONTACTÉE
COLLECTÉE
CONNECTÉE
RESPECTÉE
INSPECTÉE
SUSPECTÉE
CONCOCTÉE
ÉPINCETÉE
CROCHETÉE
MOUCHETÉE
INQUIÉTÉE
PAILLETÉE
COMPLÉTÉE
TROMPETÉE
DÉSARÊTÉE
CHARRETÉE
BECQUETÉE

BRIQUETÉE
ÉTIQUETÉE
MARQUETÉE
PARQUETÉE
BOUQUETÉE
DÉRIVETÉE
SOUHAITÉE
RETRAITÉE
INHABITÉE
EXORBITÉE
FÉLICITÉE
GRAPHITÉE
HABILITÉE
DÉBILITÉE
FACILITÉE
DYNAMITÉE
DÉLIMITÉE
ILLIMITÉE
REMBOÎTÉE
EXPLOITÉE
CONVOITÉE
DÉCAPITÉE
INABRITÉE
IMMÉRITÉE
PARASITÉE
REVISITÉE
TRANSITÉE
BISCUITÉE
DÉFRUITÉE
RÉINVITÉE
ASPHALTÉE
SURVOLTÉE
AUSCULTÉE
CONSULTÉE
RECHANTÉE
ENCHANTÉE
DÉPLANTÉE
REPLANTÉE
IMPLANTÉE
DIAMANTÉE
WARRANTÉE
TRIDENTÉE
VIOLENTÉE
SEGMENTÉE
PIGMENTÉE
AUGMENTÉE
ALIMENTÉE
COMMENTÉE
SARMENTÉE
FERMENTÉE
PRÉSENTÉE
CONTENTÉE
SUSTENTÉE
ENCEINTÉE
ACCOINTÉE
APPOINTÉE
ESQUINTÉE

SURMONTÉE
AFFRONTÉE
EFFRONTÉE
EMPRUNTÉE
ABRICOTÉE
ASTICOTÉE
RAVIGOTÉE
CHUCHOTÉE
SIFFLOTÉE
COMPLOTÉE
ESCAMOTÉE
GRIGNOTÉE
DÉCAPOTÉE
GALIPOTÉE
NUMÉROTÉE
CRÉOSOTÉE
RÉADAPTÉE
INADAPTÉE
PRÉEMPTÉE
DÉCOMPTÉE
RECOMPTÉE
ESCOMPTÉE
INDOMPTÉE
DÉCRYPTÉE
CONCERTÉE
CONFORTÉE
COLPORTÉE
REMPORTÉE
COMPORTÉE
RAPPORTÉE
SUPPORTÉE
BALLASTÉE
CONTESTÉE
PROTESTÉE
ATTRISTÉE
COMPOSTÉE
RÉAJUSTÉE
INCRUSTÉE
REGRATTÉE
ASSIETTÉE
RACKETTÉE
TOILETTÉE
REGRETTÉE
LEVRETTÉE
BROUETTÉE
MOQUETTÉE
SCHLITTÉE
ACQUITTÉE
REQUITTÉE
MARCOTTÉE
BOYCOTTÉE
BALLOTTÉE
BOULOTTÉE
ROULOTTÉE
MARMOTTÉE
DÉCROTTÉE
GARROTTÉE

FRISOTTÉE
BISEAUTÉE
DÉPIAUTÉE
RESSAUTÉE
CHARCUTÉE
IRRÉFUTÉE
INVOLUTÉE
ARC-BOUTÉE
RÉÉCOUTÉE
INÉCOUTÉE
ENCROÛTÉE
FERROUTÉE
PRÉTEXTÉE
RÉTRIBUÉE
ATTRIBUÉE
DÉSEMBUÉE
PRODIGUÉE
INTRIGUÉE
INSTIGUÉE
DIVULGUÉE
HARANGUÉE
RALINGUÉE
MERINGUÉE
SERINGUÉE
DÉVERGUÉE
ENVERGUÉE
SUBJUGUÉE
CONJUGUÉE
RÉÉVALUÉE
DÉPOLLUÉE
TRANSMUÉE
CONTINUÉE
RENFLOUÉE
SOUS-LOUÉE
DÉSAVOUÉE
CORNAQUÉE
EMBRAQUÉE
TERRAQUÉE
MATRAQUÉE
DÉTRAQUÉE
DISSÉQUÉE
ÉRADIQUÉE
PRÉDIQUÉE
SYNDIQUÉE
TRAFIQUÉE
RÉPLIQUÉE
IMPLIQUÉE
APPLIQUÉE
DUPLIQUÉE
EXPLIQUÉE
PHÉNIQUÉE
SURPIQUÉE
FABRIQUÉE
IMBRIQUÉE
RUBRIQUÉE
AFFRIQUÉE
INTRIQUÉE

PRATIQUÉE
CRITIQUÉE
MASTIQUÉE
RUSTIQUÉE
DÉCALQUÉE
DÉFALQUÉE
INCULQUÉE
PALANQUÉE
SUFFOQUÉE
DÉBLOQUÉE
DÉFLOQUÉE
DISLOQUÉE
ESCROQUÉE
DÉFROQUÉE
DÉTROQUÉE
CONVOQUÉE
PROVOQUÉE
DÉBARQUÉE
EMBARQUÉE
DÉMARQUÉE
REMARQUÉE
REMORQUÉE
RÉTORQUÉE
EXTORQUÉE
DÉMASQUÉE
DÉBUSQUÉE
EMBUSQUÉE
OFFUSQUÉE
RÉÉDUQUÉE
EMBOUQUÉE
EFFECTUÉE
PERPÉTUÉE
ENTRE-TUÉE
DESTITUÉE
RESTITUÉE
INSTITUÉE
ACCENTUÉE
UNISEXUÉE
REMBLAVÉE
CHOURAVÉE
INACHEVÉE
SURÉLEVÉE
MAINLEVÉE
ENJOLIVÉE
RÉACTIVÉE
INACTIVÉE
ADDITIVÉE
DÉMOTIVÉE
IMMOTIVÉE
PRÉSERVÉE
CONSERVÉE
RÉPROUVÉE
APPROUVÉE
RETROUVÉE
COMPLEXÉE
MINIMEXÉE
REMBLAYÉE

SOUS-PAYÉE
RENTRAYÉE
RÉESSAYÉE
GRASSEYÉE
REMPLOYÉE
FOUDROYÉE
HONGROYÉE
CHARROYÉE
VOUSSOYÉE
JOINTOYÉE
FOURVOYÉE
WADDENZEE
ZUIDERZEE
PAUSE-CAFÉ
CYBERCAFÉ
LUFTWAFFE
ISOGREFFE
RADCLIFFE
TÉNÉRIFFE
ÉBOURIFFÉ
RÉCHAUFFÉ
MALBOUFFE
THÉODULFE
COLOMBAGE
ENGERBAGE
SURFAÇAGE
DÉGLAÇAGE
RAPIÉÇAGE
APPLICAGE
MATRIÇAGE
MASTICAGE
RUSTICAGE
FAÏENÇAGE
DÉFONÇAGE
DÉBLOCAGE
DÉFLOCAGE
DÉMARCAGE
GRENADAGE
SCHEIDAGE
RENVIDAGE
GALANDAGE
DÉBARDAGE
CAFARDAGE
BAVARDAGE
SABORDAGE
RETORDAGE
ÉCHAUDAGE
MARAUDAGE
TARAUDAGE
RAVAUDAGE
VOYAGEAGE
VOLIGEAGE
ÉPONGEAGE
LIMOGEAGE
ÉGRUGEAGE
MARCHÉAGE
TÉLÉPÉAGE

CHAUFFAGE
ÉTOUFFAGE
DÉSENGAGÉ
SERINGAGE
RABÂCHAGE
PANACHAGE
ARRACHAGE
ENSACHAGE
DÉTACHAGE
REPÊCHAGE
AFFICHAGE
BRANCHAGE
TRANCHAGE
DÉCOCHAGE
ENCOCHAGE
DÉROCHAGE
ÉCORCHAGE
ÉBAUCHAGE
ÉPLUCHAGE
MÉLOPHAGE
XYLOPHAGE
ŒSOPHAGE
BAILLIAGE
GABARIAGE
DÉMARIAGE
REMARIAGE
COLORIAGE
CHARRIAGE
DESSALAGE
RECYCLAGE
NICKELAGE
TONNELAGE
CARRELAGE
VASSELAGE
PLATELAGE
MARTELAGE
BOTTELAGE
TRAVELAGE
SOUFFLAGE
ÉPINGLAGE
TRÉFILAGE
PROFILAGE
PARFILAGE
SURFILAGE
FAUFILAGE
ENTOILAGE
TUSSILAGE
CENTILAGE
CARTILAGE
DÉBALLAGE
EMBALLAGE
HYPALLAGE
ÉCAILLAGE
ÉMAILLAGE
BABILLAGE
HABILLAGE
TREILLAGE

TREILLAGÉ
CUEILLAGE
BATILLAGE
OUTILLAGE
FEUILLAGE
MOUILLAGE
TOUILLAGE
DÉCOLLAGE
RECOLLAGE
ENCOLLAGE
BRICOLAGE
GONDOLAGE
BARIOLAGE
FIGNOLAGE
LOON-PLAGE
DÉFERLAGE
DÉMOULAGE
REMOULAGE
DÉROULAGE
CAPSULAGE
ESSAIMAGE
EXPRIMAGE
DÉDOMMAGÉ
ENDOMMAGÉ
DÉGOMMAGE
ENGOMMAGE
AFFERMAGE
REFORMAGE
HAUBANAGE
BOUCANAGE
RÉAMÉNAGÉ
SURMENAGE
ENGRENAGE
SASSENAGE
SASSENAGE
STEVENAGE
DÉLIGNAGE
ÉBORGNAGE
DÉLAINAGE
ÉGRAINAGE
TURBINAGE
FASCINAGE
JARDINAGE
BOUDINAGE
RAFFINAGE
PRALINAGE
MOULINAGE
VOISINAGE
COUSINAGE
PLATINAGE
COLTINAGE
BÉGUINAGE
ALEVINAGE
DÉPANNAGE
EMPANNAGE
EMPENNAGE
FAÇONNAGE

MAÇONNAGE
BIDONNAGE
TALONNAGE
PILONNAGE
CANONNAGE
BARONNAGE
BÉTONNAGE
PITONNAGE
ENTONNAGE
SAVONNAGE
RAYONNAGE
GAZONNAGE
PATRONAGE
ÉCHARNAGE
MATERNAGE
HIVERNAGE
RECHAPAGE
DÉCRÊPAGE
ESTAMPAGE
ESTOMPAGE
ÉGRAPPAGE
DÉCOUPAGE
RECOUPAGE
DÉFIBRAGE
CALIBRAGE
DÉCADRAGE
RECADRAGE
ORNIÉRAGE
COMMÉRAGE
COMPÉRAGE
PASSERAGE
CHIFFRAGE
SAXIFRAGE
ÉCLAIRAGE
SOUTIRAGE
SURVIRAGE
PERFORAGE
ANCHORAGE
ÉPAMPRAGE
DÉMARRAGE
DÉFERRAGE
ÉPIERRAGE
DÉTERRAGE
ATTERRAGE
ÉQUERRAGE
FENÊTRAGE
ARBITRAGE
TUTEURAGE
SULFURAGE
SAUMURAGE
RAINURAGE
LABOURAGE
DÉCOURAGÉ
ENCOURAGÉ
AFFOURAGÉ
DÉTOURAGE
ENTOURAGE

VOITURAGE
BOUTURAGE
ÉBAVURAGE
DÉGIVRAGE
DÉPHASAGE
DÉBRASAGE
RÉALÉSAGE
CHEMISAGE
TANNISAGE
REPRISAGE
AIGUISAGE
SURDOSAGE
TABASSAGE
RAMASSAGE
LE PASSAGE
REPASSAGE
ADRESSAGE
GRAISSAGE
PALISSAGE
POLISSAGE
FINISSAGE
MÛRISSAGE
CATISSAGE
RATISSAGE
MÉTISSAGE
RÔTISSAGE
FOUISSAGE
ROUISSAGE
DÉVISSAGE
EMBOSSAGE
TROUSSAGE
CALFATAGE
SULFATAGE
FRÉGATAGE
FRELATAGE
TRÉMATAGE
COLMATAGE
FORMATAGE
HUMECTAGE
DÉROCTAGE
CACHETAGE
PELLETAGE
BOULETAGE
VIGNETAGE
CANNETAGE
SECRÉTAGE
CAQUETAGE
PAQUETAGE
PIQUETAGE
CLAVETAGE
SAUVETAGE
AFFAITAGE
DÉLAITAGE
SULFITAGE
EMBOÎTAGE
DÉVOLTAGE
DÉCANTAGE

DAVANTAGE
ARGENTAGE
ARPENTAGE
PATENTAGE
ÉREINTAGE
DÉMONTAGE
REMONTAGE
APPONTAGE
CLABOTAGE
CRABOTAGE
BARBOTAGE
PLACOTAGE
FRICOTAGE
TRICOTAGE
BACHOTAGE
FOLIOTAGE
PIANOTAGE
CLAPOTAGE
CHIPOTAGE
TRIPOTAGE
REMPOTAGE
ENCARTAGE
DÉPARTAGÉ
REPARTAGÉ
COPARTAGE
ESSARTAGE
REPORTAGE
DÉLESTAGE
FORESTAGE
DÉPISTAGE
ACCOSTAGE
RABATTAGE
BARATTAGE
CURETTAGE
CULOTTAGE
CAROTTAGE
ÉGOUTTAGE
NOYAUTAGE
TUYAUTAGE
CULBUTAGE
ÉQUEUTAGE
CHALUTAGE
RABOUTAGE
FILOUTAGE
DÉROUTAGE
SERFOUAGE
ENCLOUAGE
DÉPIQUAGE
REPIQUAGE
ASTIQUAGE
EMBLAVAGE
ESCLAVAGE
PRÉLAVAGE
DESSÉVAGE
ARCHIVAGE
LESSIVAGE
ACCOUVAGE

DÉBLAYAGE
MONNAYAGE
DÉBRAYAGE
EMBRAYAGE
RESSAYAGE
CARROYAGE
CORROYAGE
NETTOYAGE
CONVOYAGE
LOUVOYAGE
CAMBRIDGE
MUYBRIDGE
COLERIDGE
BEVERIDGE
TÉLÉSIÈGE
SPICILÈGE
SACRILÈGE
FLORILÈGE
SORTILÈGE
PRIVILÈGE
DÉSAGRÉGÉ
ZEEBRUGGE
MOTONEIGE
AUTONEIGE
HIROSHIGE
DÉSOBLIGÉ
FÉLIBRIGE
RECORRIGÉ
COTON-TIGE
ISAAC ANGE
DUDELANGE
GANDRANGE
BONG RANGE
RÉARRANGÉ
SAINT-ANGE
ALKÉKENGE
CHALLENGE
LAVE-LINGE
POPERINGE
SAINTONGE
NÉCROLOGE
INTERROGÉ
SURCHARGE
SURCHARGÉ
BAILLARGÉ
FLAMBERGE
CONCIERGE
SOUS-VERGE
SOUS-GORGE
CALCIFUGE
VERMIFUGE
FÉBRIFUGE
HYDROFUGE
HYDROFUGÉ
TRANSFUGE
MONTROUGE
PEAU-ROUGE

PEAU-ROUGE
CALLIPYGE
EMPANACHÉ
CADARACHE
THIÉRACHE
BOURRACHE
AMOURACHÉ
ANTITACHE
MOUSTACHE
ESCABÈCHE
TÊTE-BÊCHE
POURLÈCHE
POURLÉCHÉ
FLAMMÈCHE
ROMANÈCHE
VENTRÈCHE
ANTISÈCHE
MATABICHE
MATCHICHE
BOURRICHE
OROBANCHE
AVALANCHE
LECLANCHÉ
BALLANCHE
LAPLANCHE
REMMANCHÉ
DÉBRANCHÉ
EMBRANCHÉ
LA TRANCHE
RETRANCHÉ
DÉCLENCHÉ
ENCLENCHÉ
PERVENCHE
RABIBOCHÉ
EFFILOCHE
EFFILOCHÉ
MAILLOCHE
GUILLOCHÉ
VIDE-POCHE
DELAROCHE
RACCROCHÉ
ANICROCHE
BANCROCHE
RAPPROCHÉ
BON MARCHÉ
RECHERCHE
RECHERCHÉ
ÉCOPERCHE
LA GUERCHE
AFFOURCHÉ
ENFOURCHÉ
NIETZSCHE
DISPATCHÉ
BALOUTCHE
REMBAUCHÉ
CHEVAUCHÉ
TRUCMUCHE

TARBOUCHE
MASCOUCHE
PIÉDOUCHE
FARLOUCHE
FERLOUCHE
DESSOUCHÉ
CARTOUCHE
CARTOUCHE
BAUDRUCHE
BOSTRYCHE
YOHIMBEHE
HOHENLOHE
HACHINOHE
ÉPIGRAPHE
GÉOGRAPHE
BIOGRAPHE
OLOGRAPHE
CÉNOTAPHE
SYNALÈPHE
THÉOSOPHE
ZOOMORPHE
APOMORPHE
ISOMORPHE
ANAGLYPHE
TRIGLYPHE
GÉOGLYPHE
APOCRYPHE
SYNGNATHE
PROGNATHE
TÉLÉPATHE
ÉTIOPATHE
MÉGALITHE
MONOLITHE
PISOLITHE
CRYOLITHE
HÉLIANTHE
PÉRIANTHE
PHILANTHE
ÉRYMANTHE
RHINANTHE
AGAPANTHE
HYDRANTHE
MÉNYANTHE
HYACINTHE
HYACINTHE
HELMINTHE
WISIGOTHE
AIX-EN-OTHE
KARLSRUHE
LA MALBAIE
ENTRE-HAÏE
TREMBLAIE
LACHENAIE
RONCERAIE
FOUGERAIE
PALMERAIE
POMMERAIE

NOISERAIE
OLIVERAIE
ZOOPHOBIE
ANAÉROBIE
ESTOURBIE
PHARMACIE
DISGRACIÉ
APOTHÉCIE
PARAMÉCIE
BÉNÉFICIÉ
SUPPLICIÉ
GÉOMANCIE
DISTANCIÉ
RENÉGOCIÉ
COASSOCIÉ
ÉCLAIRCIE
OBSCURCIE
ACCOURCIE
NICOMÉDIE
LOGOPÉDIE
RÉEXPÉDIÉ
REFROIDIE
NÉPHRIDIE
POURRIDIÉ
OMMATIDIE
NORMANDIE
MAURANDIE
STIPENDIÉ
PSALMODIE
PSALMODIÉ
PALINODIE
ARTHRODIE
RHAPSODIE
VOÏÉVODIE
LOMBARDIE
ABÂTARDIE
DÉGOURDIE
ENGOURDIE
ASSOURDIE
APPLAUDIE
PLANCHÉIÉ
RIGIDIFIÉ
SOLIDIFIÉ
HUMIDIFIÉ
FLUIDIFIÉ
DRAGÉIFIÉ
SIMPLIFIÉ
SAPONIFIÉ
ÉTHÉRIFIÉ
ESTÉRIFIÉ
ÉMULSIFIÉ
CLASSIFIÉ
STRATIFIÉ
SANCTIFIÉ
FRUCTIFIÉ
QUANTIFIÉ
IDENTIFIÉ

PLASTIFIÉ
REVIVIFIÉ
DÉNAZIFIÉ
GÉOPHAGIE
DYSPHAGIE
OTORRAGIE
STRATÉGIE
LOMBALGIE
OSTÉALGIE
NÉVRALGIE
DORSALGIE
CAUSALGIE
NOSTALGIE
PÉDAGOGIE
DÉMAGOGIE
ONCOLOGIE
MYCOLOGIE
PÉDOLOGIE
PODOLOGIE
IDÉOLOGIE
RHÉOLOGIE
THÉOLOGIE
ERGOLOGIE
ÉTHOLOGIE
ÉTIOLOGIE
AXIOLOGIE
HOMOLOGIE
POMOLOGIE
ŒNOLOGIE
PÉNOLOGIE
SÉNOLOGIE
SINOLOGIE
TONOLOGIE
TOPOLOGIE
TYPOLOGIE
AÉROLOGIE
SÉROLOGIE
AGROLOGIE
VIROLOGIE
NOSOLOGIE
POSOLOGIE
GÎTOLOGIE
ONTOLOGIE
CYTOLOGIE
SEXOLOGIE
DOXOLOGIE
CRYOLOGIE
LÉTHARGIE
HYDRARGIE
BIÉNERGIE
ASYNERGIE
CHIRURGIE
NAUMACHIE
RÉFLÉCHIE
INFLÉCHIE
MONARCHIE
SYNARCHIE

DÉGAUCHIE
INGOUCHIE
MALPIGHIE
DIGRAPHIE
SYMPATHIE
ZOOPATHIE
MYOPATHIE
NAUPATHIE
CARINTHIE
ZAPOROJIE
KALMOUKIE
PALILALIE
ÉCHOLALIE
AUSTRALIE
THESSALIE
AFFAIBLIE
FRÈRE ÉLIE
SOUAHÉLIE
PÉRIHÉLIE
ENSEVELIE
DE BROGLIE
NÉVROGLIE
DOMICILIÉ
ZOOPHILIE
ASSAILLIE
AÉROCOLIE
LATIFOLIÉ
MULTIPLIÉ
DÉSEMPLIE
ACCOMPLIE
ASSOUPLIE
ACALCULIE
PAMPHYLIE
ENDOGAMIE
ALLOGAMIE
HOMOGAMIE
MONOGAMIE
AUTOGAMIE
POLYGAMIE
LIPIDÉMIE
CÉTONÉMIE
TULARÉMIE
HYPERÉMIE
POLYSÉMIE
HYPOXÉMIE
EURYTHMIE
GÉOCHIMIE
BIOCHIMIE
OPHTALMIE
PRUD'HOMIE
TÉLÉNOMIE
ANTINOMIE
TAXINOMIE
ERGONOMIE
AÉRONOMIE
AGRONOMIE
AUTONOMIE

9

BICHROMIE
DICHROMIE
LOBOTOMIE
VAGOTOMIE
TÉNOTOMIE
VASOTOMIE
AUTOTOMIE
RAFFERMIE
RENDORMIE
RENFORMIE
DYSTHYMIE
HOMONYMIE
SYNONYMIE
TOPONYMIE
PARONYMIE
MÉTONYMIE
ANTONYMIE
AUTONYMIE
ÉPIPHANIE
OPIOMANIE
MÉLOMANIE
MONOMANIE
HYPOMANIE
PYROMANIE
POTOMANIE
POMÉRANIE
OCCITANIE
LUSITANIE
IPHIGÉNIE
ONTOGÉNIE
CRYOGÉNIE
COMPAGNIE
REDÉFINIE
INDÉFINIE
IGNOMINIE
ABYSSINIE
FRANCONIE
GLAUCONIE
CALÉDONIE
POSIDONIE
PATAGONIE
THÉOGONIE
THÉOGONIE
DIAPHONIE
SYMPHONIE
DYSPHONIE
BABYLONIE
HÉGÉMONIE
CÉRÉMONIE
ACRIMONIE
ANTIMONIÉ
PNEUMONIE
CATATONIE
VAGOTONIE
MONOTONIE
HYPOTONIE
REMBRUNIE

ACRODYNIE
MISOGYNIE
POLYGYNIE
PATTE-D'OIE
MONTS-JOIE
RABAT-JOIE
GARDE-VOIE
ENTREVOIE
MULTIVOIE
ŒIL-DE-PIE
NIDS-DE-PIE
ENTHALPIE
RÉCHAMPIE
TÉLÉCOPIE
TÉLÉCOPIÉ
XÉROCOPIE
AUTOCOPIE
OTOSCOPIE
ANUSCOPIE
POLYCOPIÉ
AMÉTROPIE
ISOTROPIE
AMBLYOPIE
GILLESPIE
ACCROUPIE
LINOTYPIE
BAIN-MARIE
CONTRARIÉ
ASSOMBRIE
TRIANDRIE
MISANDRIE
ATTENDRIE
AMOINDRIE
PLOMBERIE
FOURBERIE
BUANDERIE
ÉTENDERIE
GRONDERIE
CHEFFERIE
MÉNAGERIE
LAVIGERIE
ORANGERIE
FLACHERIE
CLICHERIE
TRICHERIE
PULCHÉRIE
PORCHERIE
GAUCHERIE
VAUCHÉRIE
BOUCHERIE
COUCHERIE
LOUCHERIE
CAVALERIE
DIABLERIE
JONGLERIE
RAILLERIE
TAILLERIE

CAJOLERIE
FÉCULERIE
MÉTAMÉRIE
MÉSOMÉRIE
POLYMÉRIE
RUBANERIE
GROGNERIE
BADINERIE
RADINERIE
AFFINERIE
CÂLINERIE
GAMINERIE
RAPINERIE
COPINERIE
LÉSINERIE
MUTINERIE
TIMONERIE
AUMÔNERIE
JAPONERIE
TOURNERIE
CLOWNERIE
TROMPERIE
SALOPERIE
SIROPERIE
MARBRERIE
POUDRERIE
CONFRÉRIE
PINGRERIE
IVOIRERIE
BEURRERIE
PLÂTRERIE
LUSTRERIE
ARMURERIE
PARURERIE
MIÈVRERIE
LAMASERIE
NIAISERIE
ÉCLOSERIE
BRASSERIE
GRASSERIE
CAISSERIE
HUISSERIE
BROSSERIE
GROSSERIE
HORS-SÉRIE
TOUSSERIE
GUEUSERIE
BARATERIE
PIRATERIE
AFFÉTERIE
PANETERIE
PAPETERIE
DIPHTÉRIE
FRUITERIE
SABOTERIE
BIGOTERIE
ERGOTERIE

MINOTERIE
SPARTERIE
CHATTERIE
FLATTERIE
MINUTERIE
CLOUTERIE
PRAGUERIE
DINGUERIE
DROGUERIE
JACQUERIE
JACQUERIE
TURQUERIE
DÉMAIGRIE
RABOUGRIE
ANARTHRIE
LIBRAIRIE
LA PRAIRIE
BACHKIRIE
KROUMIRIE
ALLÉGORIE
CATÉGORIE
DYSPHORIE
ENDOLORIE
APPROPRIÉ
EXPROPRIÉ
PÉDIATRIE
GÉRIATRIE
IDOLÂTRIE
ZOOLÂTRIE
GÉOMÉTRIE
BIOMÉTRIE
ISOMÉTRIE
ASYMÉTRIE
INDUSTRIE
LA METTRIE
DÉFLEURIE
REFLEURIE
CALCIURIE
CÉTONURIE
HÉMATURIE
APPAUVRIE
PORPHYRIE
DYSPHASIE
ACHALASIE
ANAPLASIE
NÉOPLASIE
DYSPLASIE
DOCIMASIE
AUSTRASIE
BIOSTASIE
APOSTASIE
APOSTASIÉ
ISOSTASIE
PAPOUASIE
ANALGÉSIE
RAFFLÉSIE
MÉLANÉSIE

INDONÉSIE
POLYNÉSIE
PLEURÉSIE
DESSAISIE
RESSAISIE
FANTAISIE
CRAMOISIE
AMBROISIE
MALVOISIE
ÉPILEPSIE
DYSPEPSIE
ATHREPSIE
ÉCLAMPSIE
NÉCROPSIE
CIRCASSIE
KHAKASSIE
FERRASSIE
DIGLOSSIE
DÉGROSSIE
DALHOUSIE
PARALYSIE
ACROBATIE
BOURIATIE
ŒDÉMATIÉ
SPERMATIE
AGALACTIE
PROPHÉTIE
PÉRIPÉTIE
NON-INITIÉ
IMPÉRITIE
EMPUANTIE
APPRENTIE
CONSENTIE
RESSENTIE
ANODONTIE
ÉPIZOOTIE
ORTHOPTIE
TRIPARTIE
DESSERTIE
SUBVERTIE
CONVERTIE
PERVERTIE
RASSORTIE
RESSORTIE
FOURASTIÉ
TRAVESTIE
SACRISTIE
INABOUTIE
ENGLOUTIE
PRESBYTIE
ÉPIPHYTIE
PARAPLUIE
SAHRAOUIE
SAHRAOUIE
LATTAQUIÉ
SLOVAQUIE
EAUX-DE-VIE
THURGOVIE
ROAD-MOVIE
DESSERVIE
RESSERVIE
LA GALAXIE
ARÉFLEXIE
APOPLEXIE
TÉLÉTOXIE
STÉGOMYIE
ANTINAZIE
MACKENZIE
BILHARZIE
MILK-SHAKE
KAHNAWAKE
THORBECKE
HARELBEKE
MERELBEKE
THORNDIKE
ETOBICOKE
SCHNITTKE
LUCKY LUKE
CANNIBALE
ZODIACALE
STOMACALE
SYNDICALE
BEYLICALE
INAMICALE
TROPICALE
AGARICALE
CLÉRICALE
TRITICALE
VERTICALE
CORTICALE
CERVICALE
NÉOLOCALE
INTERCALÉ
MÉNISCALE
AVANT-CALE
TOROÏDALE
TRACHÉALE
PÉRINÉALE
ASTRAGALE
PÉTROGALE
CONJUGALE
MARÉCHALE
BICÉPHALE
ENCÉPHALE
BUCÉPHALE
STYMPHALE
ZÉNITHALE
BILABIALE
ABSIDIALE
PRANDIALE
CARAGIALE
BRACHIALE
FAMILIALE
BINOMIALE
DOMANIALE
COLONIALE
CANONIALE
TROUPIALE
SALARIALE
NOTARIALE
IMPÉRIALE
ARMORIALE
ABBATIALE
PALATIALE
COMITIALE
SYNOVIALE
ALLUVIALE
ILLUVIALE
KIRIKKALE
PAMUKKALE
VIGNEMALE
EXTRÉMALE
PROXIMALE
LACRYMALE
DUODÉNALE
NOUMÉNALE
SURRÉNALE
VACCINALE
MUSCINALE
URÉDINALE
CARDINALE
CARDINALE
IMAGINALE
ORIGINALE
MARGINALE
VIRGINALE
MACHINALE
STAMINALE
GERMINALE
TERMINALE
INGUINALE
AUTOMNALE
DÉCENNALE
VICENNALE
TRIENNALE
DIAGONALE
RÉGIONALE
NATIONALE
CYCLONALE
HORMONALE
PATRONALE
NEURONALE
CANTONALE
HIBERNALE
INFERNALE
HIVERNALE
SHOGUNALE
COMMUNALE
SYNCOPALE
CÉRÉBRALE
CARCÉRALE
VISCÉRALE
PONDÉRALE
VESPÉRALE
URÉTÉRALE
GASTÉRALE
LITTÉRALE
INTÉGRALE
TEMPORALE
PECTORALE
RECTORALE
DOCTORALE
PASTORALE
LITTORALE
SABURRALE
THÉÂTRALE
SPECTRALE
ARBITRALE
MONAURALE
ÉPIDURALE
NÉORURALE
PICTURALE
CULTURALE
POSTURALE
GUTTURALE
COLOSSALE
PRÉNATALE
NÉONATALE
OBJECTALE
SOCIÉTALE
PARIÉTALE
VARIÉTALE
DÉCRÉTALE
SOMMITALE
VICOMTALE
ORIENTALE
ORIENTALE
PARENTALE
PRÉVÔTALE
SAGITTALE
AZIMUTALE
DÉCIDUALE
MÉDIÉVALE
GINGIVALE
PRÉFIXALE
SUFFIXALE
EFFAÇABLE
INSÉCABLE
MONOCÂBLE
RÉVOCABLE
PLAIDABLE
DÉCIDABLE
AMENDABLE
INONDABLE
ABORDABLE
MANGEABLE
CONGÉABLE
FORGEABLE

9

MALLÉABLE
PERMÉABLE
CORVÉABLE
INEFFABLE
IRRIGABLE
FATIGABLE
NAVIGABLE
GRACIABLE
TUE-DIABLE
OUBLIABLE
PUBLIABLE
REPLIABLE
SERVIABLE
KAYAKABLE
PRÉALABLE
SEMBLABLE
DÉCELABLE
GONFLABLE
EMPILABLE
TAILLABLE
MODULABLE
CUMULABLE
ANNULABLE
ESTIMABLE
INFUMABLE
ALIÉNABLE
INTENABLE
JOIGNABLE
DEVINABLE
GOURNABLE
INCUNABLE
INCAPABLE
RÉPARABLE
SÉPARABLE
IMPARABLE
NOMBRABLE
EXÉCRABLE
LIBÉRABLE
INGÉRABLE
TOLÉRABLE
VÉNÉRABLE
REPÉRABLE
MISÉRABLE
INSÉRABLE
ALTÉRABLE
ADMIRABLE
DÉSIRABLE
RETIRABLE
ATTIRABLE
MÉMORABLE
HONORABLE
FAVORABLE
FILTRABLE
MONTRABLE
INCURABLE
ENDURABLE
MESURABLE
PÂTURABLE
SATURABLE
ÉPUISABLE
RÉVISABLE
IMPOSABLE
OPPOSABLE
ARROSABLE
CLASSABLE
HAÏSSABLE
RÉCUSABLE
EXCUSABLE
REFUSABLE
INDATABLE
DILATABLE
INRATABLE
TRACTABLE
ÉJECTABLE
ACHETABLE
REJETABLE
TRAITABLE
HABITABLE
DÉBITABLE
EXCITABLE
VÉRITABLE
IRRITABLE
ÉQUITABLE
ADAPTABLE
COMPTABLE
DOMPTABLE
ADOPTABLE
CONSTABLE
CONSTABLE
DUNSTABLE
ABATTABLE
FLOTTABLE
RÉFUTABLE
IMPUTABLE
ÉVALUABLE
COMMUABLE
INJOUABLE
BANQUABLE
RECEVABLE
REDEVABLE
RELEVABLE
DÉRIVABLE
INVIVABLE
IMBUVABLE
PROUVABLE
TROUVABLE
IMPAYABLE
INRAYABLE
PITOYABLE
INDICIBLE
COERCIBLE
IRASCIBLE
INAUDIBLE
FAILLIBLE
ILLISIBLE
DIVISIBLE
INVISIBLE
PLAUSIBLE
INFUSIBLE
RASSEMBLÉ
RESSEMBLÉ
CANDOMBLÉ
PASO DOBLE
RÉSOLUBLE
INSOLUBLE
SPECTACLE
HABITACLE
EMPÉDOCLE
AGATHOCLE
COUVERCLE
HÉMICYCLE
PÉRICYCLE
MONOCYCLE
MOTOCYCLE
COLPOCÈLE
HYDROCÈLE
ENSORCELÉ
CICINDÈLE
ASPHODÈLE
TOP-MODÈLE
DÉCONGELÉ
PARALLÈLE
ENTREMÊLÉ
RESSEMELÉ
PHILOMÈLE
ÉRÉSIPÈLE
ÉRYSIPÈLE
SAPROPÈLE
PARAGRÊLE
DÉBOSSELÉ
ENCHÂTELÉ
PRAXITÈLE
DÉMANTELÉ
CLIENTÈLE
PARENTÈLE
ENCASTELÉ
DÉCERVELÉ
RENOUVELÉ
ESSOUFFLÉ
BONDOUFLE
PANTOUFLE
PANTOUFLÉ
MISTOUFLE
DESSANGLÉ
RECTANGLE
ACUTANGLE
CURE-ONGLE
TIRE-D'AILE
MALHABILE
CANTABILE
DIFFICILE
CROCODILE
GROSSE-ÎLE
PETITE-ÎLE
COUPE-FILE
SERRE-FILE
TRANSFILÉ
DÉFAUFILÉ
BÉDÉPHILE
CINÉPHILE
POLIPHILE
PÉDOPHILE
HALOPHILE
HÉMOPHILE
AMMOPHILE
XÉNOPHILE
CYNOPHILE
LIPOPHILE
XÉROPHILE
BASOPHILE
PAUL ÉMILE
FAC-SIMILÉ
CAMPANILE
PRÉSÉNILE
PRIMIPILE
HORRIPILÉ
PHOTOPILE
USTENSILE
VIBRATILE
VERSATILE
INFANTILE
INFERTILE
PRESQU'ÎLE
TRIMBALLÉ
PROTHALLE
ESCABELLE
MIRABELLE
RADICELLE
PÉDICELLE
PÉDICELLÉ
VARICELLE
ÉTINCELLE
VOLUCELLE
CITADELLE
HARIDELLE
CHANDELLE
BOURDELLE
AULU-GELLE
GLACIELLE
PLURIELLE
PARTIELLE
LEUVIELLE
COLUMELLE
COLUMELLE
ORGANELLE
RAVENELLE
COLONELLE
CORONELLE

CHARNELLE
ÉTERNELLE
LA CAPELLE
ROUE-PELLE
AQUARELLE
AQUARELLÉ
TÉTERELLE
MAJORELLE
CHLORELLE
POUTRELLE
NATURELLE
FILOSELLE
FAISSELLE
VAISSELLE
BAGATELLE
CURATELLE
CONSTELLÉ
SOUSTELLE
GRATTELLE
GRADUELLE
MENSUELLE
SENSUELLE
INUSUELLE
FACTUELLE
NOCTUELLE
CULTUELLE
VIRTUELLE
GESTUELLE
TEXTUELLE
CARAVELLE
MANIVELLE
GRANVELLE
ALGAZELLE
FONÇAILLE
CARCAILLÉ
CHAMAILLE
CHAMAILLÉ
REMMAILLÉ
MARMAILLE
GRENAILLE
GRENAILLÉ
SONNAILLE
SONNAILLÉ
TRIPAILLE
REMPAILLÉ
HARPAILLE
COUPAILLÉ
DÉBRAILLÉ
FERRAILLE
FERRAILLÉ
TORRAILLÉ
MITRAILLE
MITRAILLÉ
COURAILLÉ
TOURAILLE
TRÉSAILLE
GRISAILLE

GRISAILLÉ
PIÉTAILLE
AVITAILLÉ
VENTAILLE
TRAVAILLÉ
DÉGOBILLÉ
CODICILLE
SOURCILLÉ
BRINDILLE
CORBEILLE
SOMMEILLÉ
VERMEILLE
CORNEILLE
CORNEILLE
LATREILLE
CONSEILLÉ
GROSEILLE
MARSEILLE
BOUTEILLE
MERVEILLE
SURVEILLÉ
SPONGILLE
CAMOMILLE
CHARMILLE
FOURMILLÉ
DÉCANILLÉ
ÉCHENILLÉ
CORONILLE
GRAPPILLÉ
ÉPARPILLÉ
HOUSPILLÉ
ÉTOUPILLE
ÉTOUPILLÉ
QUADRILLE
QUADRILLÉ
ESSORILLÉ
CROUSILLE
VÉRÉTILLE
SCINTILLÉ
POINTILLÉ
ÉPONTILLE
PACOTILLE
SAPOTILLE
APOSTILLE
FLOTTILLE
ÉCOUTILLE
BROUTILLE
ENDEUILLÉ
EFFEUILLÉ
GADOUILLE
BIDOUILLÉ
ANDOUILLE
BAFOUILLE
BAFOUILLÉ
CAFOUILLÉ
REFOUILLÉ
AFFOUILLÉ

CAGOUILLE
MAGOUILLE
MAGOUILLÉ
PIGOUILLÉ
ZIGOUILLÉ
REMOUILLÉ
GENOUILLÉ
PAPOUILLE
DÉPOUILLE
DÉPOUILLÉ
DÉROUILLÉ
VASOUILLÉ
ARSOUILLE
PATOUILLÉ
PÉTOUILLÉ
GAZOUILLÉ
JONQUILLE
RESQUILLE
RESQUILLÉ
ABBEVILLE
BÂLE-VILLE
MALEVILLE
AMNÉVILLE
LUNÉVILLE
MÉRÉVILLE
OCTEVILLE
NASHVILLE
GRANVILLE
GRENVILLE
BAINVILLE
DAINVILLE
JOINVILLE
IBERVILLE
COURVILLE
TOURVILLE
DEAUVILLE
LIOUVILLE
TROUVILLE
KNOXVILLE
CHAMBOLLE
ÉQUIPOLLÉ
FUMEROLLE
MUSEROLLE
AMÉTABOLE
AMPHIBOLE
ROCAMBOLE
ROCAMBOLE
CARAMBOLE
CARAMBOLÉ
DISCOBOLE
TAUROBOLE
HYPERBOLE
AUTO-ÉCOLE
CALCICOLE
DULCICOLE
PISCICOLE
GALLICOLE

ARÉNICOLE
LIGNICOLE
FLORICOLE
TERRICOLE
MONTICOLE
HORTICOLE
SYLVICOLE
PROTOCOLE
FARANDOLE
GIRANDOLE
MIRANDOLE
ESPINGOLE
ABSIDIOLE
MATTHIOLE
TOURNIOLE
CAMBRIOLÉ
GAUDRIOLE
ARTÉRIOLE
CENTRIOLE
GUACAMOLE
ESPAGNOLE
ESPAGNOLE
EXTRAPOLÉ
PENTAPOLE
OLIGOPOLE
NÉCROPOLE
MÉTROPOLE
INTERPOLÉ
GLYCÉROLÉ
BANDEROLE
CASSEROLE
BUSSEROLE
VALENSOLE
INCONSOLÉ
RAFISTOLÉ
CONTEMPLÉ
SURPEUPLÉ
QUADRUPLE
QUADRUPLÉ
QUINTUPLE
QUINTUPLÉ
PECH-MERLE
QUIMPERLÉ
L'ARBRESLE
BELLE-ISLE
NEWCASTLE
TAILLAULE
MANDIBULE
VESTIBULE
PRÉAMBULE
FUNAMBULE
TENTACULE
FASCICULE
FASCICULÉ
FORFICULE
PELLICULE
PELLICULÉ

FOLLICULE
VERMICULÉ
PANNICULE
FÉBRICULE
MATRICULE
DENTICULE
DENTICULÉ
LENTICULE
LENTICULÉ
MONTICULE
PARTICULE
GESTICULÉ
TESTICULE
ONGUICULÉ
CLAVICULE
RECALCULÉ
PÉDONCULE
PÉDONCULÉ
HOMONCULE
RENONCULE
CARONCULE
HOMUNCULE
TUBERCULE
MAJUSCULE
MINUSCULE
INCRÉDULE
CAMALDULE
HIÉRODULE
BISAÏEULE
ÉPAGNEULE
CARGNEULE
PROPAGULE
TRIANGULÉ
LIBELLULE
OMBELLULE
DISSIMULÉ
REFORMULÉ
INFORMULÉ
CAMPANULE
GALLINULE
DESSAOULÉ
CHAMBOULÉ
DÉBAGOULÉ
ENCAGOULÉ
BARIGOULE
FARIGOULE
LA NAPOULE
GLOMÉRULE
PÉNINSULE
DÉCAPSULÉ
SERRATULE
TARENTULE
ERGASTULE
AUGUSTULE
STRONGYLE
BIPHÉNYLE
DIPHÉNYLE

CARBONYLE
CARBONYLÉ
MICROPYLE
OXHYDRYLE
NITROSYLE
DIDACTYLE
HEXASTYLE
PÉRISTYLE
HYPOSTYLE
OCTOSTYLE
CARBOXYLE
HYDROXYLE
BELLE-DAME
NOTRE-DAME
JUSQUIAME
PORTE-LAME
MÉLODRAME
MIMODRAME
ASPARTAME
MYXŒDÈME
BLASPHÈME
BLASPHÉMÉ
POLYPHÈME
ÉNANTHÈME
EXANTHÈME
QUATRIÈME
TROISIÈME
VINGTIÈME
QUANTIÈME
TRENTIÈME
CINQUIÈME
TREIZIÈME
QUINZIÈME
ANGOULÊME
ENTHYMÈME
ŒDICNÈME
TRÉPONÈME
MONOTRÈME
CLAIRSEMÉ
EMPHYSÈME
SÉMANTÈME
MÉRISTÈME
PARADIGME
BIORYTHME
PANTOMIME
MAGNANIME
TERZE RIME
RÉIMPRIMÉ
INEXPRIMÉ
DÉSARRIMÉ
MILLÉSIME
MILLÉSIMÉ
RARISSIME
PRIME TIME
SURESTIMÉ
MÉSESTIME
MÉSESTIMÉ

ORIFLAMME
DIAGRAMME
ANAGRAMME
ÉPIGRAMME
TRIGRAMME
PROGRAMME
PROGRAMMÉ
SAGE-FEMME
PRUD'HOMME
SOUS-HOMME
MORT-HOMME
VIDE-POMME
PUY-DE-DÔME
HYBRIDOME
RHYTIDOME
MAJORDOME
MOBIL-HOME
MOTOR-HOME
STRATIOME
PAPILLOME
HYPHOLOME
GRANULOME
CONDYLOME
CARDAMOME
CINNAMOME
CARCINOME
NEURINOME
ANTHONOME
CHIRONOME
MÉTRONOME
ASTRONOME
CHONDROME
VÉLODROME
CYNODROME
AÉRODROME
ROI DE ROME
TRICHROME
DESMOSOME
ANTIATOME
PENTATOME
DICHOTOME
MICROTOME
RHIZOTOME
PÉRISTOME
MÉROSTOME
AMBYSTOME
LÉIOMYOME
MYCODERME
ENDODERME
HÉLODERME
HYPODERME
MÉSODERME
ECTODERME
DIATHERME
MONTHERMÉ
ISOTHERME
RÉAFFIRMÉ

FILIFORME
RÉNIFORME
LARIFORME
PIRIFORME
PISIFORME
ENSIFORME
FUSIFORME
GRUIFORME
IODOFORME
NÉOPLASME
PLÉONASME
PHANTASME
CAODAÏSME
ARCHAÏSME
HÉBRAÏSME
PROSAÏSME
SHIVAÏSME
STRABISME
SOLÉCISME
LOGICISME
STOÏCISME
ATTICISME
EXORCISME
MÉRYCISME
NOMADISME
MONADISME
JURIDISME
DRUIDISME
FREUDISME
PALUDISME
MANDÉISME
MAZDÉISME
CANOÉISME
EXORÉISME
PASSÉISME
HANAFISME
PACIFISME
TABAGISME
VISAGISME
DIRIGISME
ILLOGISME
GAUCHISME
PSYCHISME
GRAPHISME
ÉRÉTHISME
CHAFIISME
MALÉKISME
MALIKISME
VOCALISME
IDÉALISME
LÉGALISME
KÉMALISME
FINALISME
MORALISME
MURALISME
RURALISME
FATALISME

VITALISME
LOYALISME
ROYALISME
PTYALISME
BABÉLISME
MODÉLISME
ANGÉLISME
NIHILISME
SÉNILISME
VIRILISME
GAULLISME
CRÉOLISME
TRIOLISME
ŒNOLISME
SIMPLISME
POPULISME
BOTULISME
ÉTHYLISME
ISLAMISME
DYNAMISME
ENDÉMISME
TOTÉMISME
INTIMISME
OPTIMISME
ALARMISME
URBANISME
MÉCANISME
PAGANISME
ORGANISME
ARIANISME
MÉLANISME
ROMANISME
HUMANISME
SATANISME
EUGÉNISME
DJAÏNISME
ALBINISME
VAGINISME
MOLINISME
FÉMINISME
LUMINISME
LÉNINISME
LAPINISME
ALPINISME
LATINISME
ACTINISME
ÉQUINISME
LACONISME
HÉDONISME
UNIONISME
DÉMONISME
JAPONISME
PÉRONISME
PRIAPISME
SINAPISME
OLYMPISME
ACHARISME
GOMARISME
CÉSARISME
EMPIRISME
RIGORISME
APHORISME
DOLORISME
TANTRISME
CENTRISME
CASTRISME
LETTRISME
NATURISME
FUTURISME
ANÉVRISME
ARGYRISME
FANATISME
DONATISME
DOCÉTISME
ASCÉTISME
EIDÉTISME
QUIÉTISME
MIMÉTISME
GÉNÉTISME
CINÉTISME
SÉMITISME
FINITISME
DROITISME
SHAKTISME
BIGOTISME
ARGOTISME
ERGOTISME
IDIOTISME
NÉPOTISME
CHARTISME
SCOUTISME
EUPHUISME
ALTRUISME
INCIVISME
ARRIVISME
NATIVISME
ACTIVISME
PUSEYISME
BOVARYSME
ANÉVRYSME
PAROXYSME
GUILLAUME
GUILLAUME
AGRIPAUME
DÉSENFUMÉ
TRANSHUMÉ
ACCOUTUMÉ
ÉPIDIDYME
CACOCHYME
ETHNONYME
MATRONYME
PATRONYME
APOENZYME
BARRABANE
BARBACANE
SARBACANE
SILVACANE
BEC-DE-CANE
ANGLICANE
GALLICANE
HURRICANE
CISPADANE
SUCCÉDANÉ
KORRIGANE
SALANGANE
BERLUGANE
COLOPHANE
XÉNOPHANE
HALOTHANE
LESOTHANE
NIGÉRIANE
NIGÉRIANE
VALÉRIANE
BACTRIANE
LOUISIANE
VIENTIANE
MOSELLANE
SÉVILLANE
AQUAPLANE
NAVIPLANE
AÉROPLANE
QUELIMANE
MUSULMANE
MYTHOMANE
ANGLOMANE
PRÉROMANE
DIPSOMANE
ÉROTOMANE
MARIGNANE
FILIGRANE
FILIGRANÉ
CARBORANE
ANDORRANE
ANDORRANE
PARMESANE
PARMESANE
VALAISANE
CARTISANE
PARTISANE
TRÉVISANE
VEVEYSANE
TARLATANE
COPPÉTANE
SIMULTANÉ
MOMENTANÉ
PERCUTANÉ
TUVULUANE
CORDOUANE
CORDOUANE
MANTOUANE
VERRAZANE
GHILIZANE
PALÉOCÈNE
OLIGOCÈNE
DAMASCÈNE
MALAUCÈNE
MOLYBDÈNE
COLLAGÈNE
COMMAGÈNE
ABORIGÈNE
ABORIGÈNE
TERRIGÈNE
MÉLONGÈNE
GLYCOGÈNE
PALÉOGÈNE
OSTÉOGÈNE
PATHOGÈNE
CARIOGÈNE
ANXIOGÈNE
FILMOGÈNE
CYANOGÈNE
ANDROGÈNE
HYDROGÈNE
HYDROGÉNÉ
IATROGÈNE
NITROGÈNE
ESTROGÈNE
APYROGÈNE
ALLERGÈNE
TRANSGÈNE
DIOXYGÈNE
THIOPHÈNE
PHOSPHÈNE
ACOUPHÈNE
CLISTHÈNE
BUTADIÈNE
DÉSALIÉNÉ
POLYAKÈNE
PSORALÈNE
AVEUGLE-NÉ
MADRILÈNE
MADRILÈNE
CANTILÈNE
STYROLÈNE
MÉTHYLÈNE
PROPYLÈNE
ACÉTYLÈNE
THÉRAMÈNE
TRASIMÈNE
ANAXIMÈNE
ORCHOMÈNE
PHÉNOMÈNE
MELPOMÈNE
HIGOUMÈNE
ŒKOUMÈNE
LAMBARÉNÉ
ISOCARÈNE
FULLERÈNE

RASSÉRÉNÉ
PHLYCTÈNE
TUNGSTÈNE
CARPIAGNE
ALLEMAGNE
CHAMPAGNE
CHAMPAGNE
COMPIÈGNE
SARDAIGNE
BRÉHAIGNE
RESSAIGNÉ
CHÂTAIGNE
MONTAIGNE
RENSEIGNÉ
NON-ALIGNÉ
DÉSALIGNÉ
TIRE-LIGNE
GASCOIGNE
RÉASSIGNÉ
SOUSSIGNÉ
ÉGRATIGNÉ
BARGUIGNÉ
DELAVIGNE
BOURGOGNE
BOURGOGNE
CATALOGNE
CATALOGNE
RENFROGNÉ
LA COROGNE
AFRICAINE
AFRICAINE
MEXICAINE
MEXICAINE
LIDOCAÏNE
MAROCAINE
MAROCAINE
BOURCAINE
BOURDAINE
PROCHAINE
TOMBLAINE
TIRE-LAINE
RIVELAINE
INHUMAINE
RIVERAINE
SUZERAINE
TIBÉTAINE
TIBÉTAINE
MURÉTAINE
CHEFTAINE
VINGTAINE
CAPITAINE
PURITAINE
LUSITAINE
LUSITAINE
AQUITAINE
AQUITAINE
VOULTAINE

TRENTAINE
LOINTAINE
QUINTAINE
BROUTAINE
ROSNY AÎNÉ
QUINZAINE
SCRIABINE
SKRIABINE
BARALBINE
YOHIMBINE
RECOMBINÉ
COLOMBINE
COLOMBINE
THROMBINE
REMBOBINÉ
YTTERBINE
BITURBINE
CONCUBINE
THYLACINE
REVACCINÉ
BALANCINE
RATIOCINÉ
OCYTOCINE
RÉSORCINE
HALLUCINÉ
MUSCADINE
GRENADINE
GRENADINE
PINTADINE
HISTIDINE
TOLUIDINE
BENZIDINE
TRIANDINE
GIRONDINE
GIRONDINE
VOJVODINE
GABARDINE
GIVORDINE
RENAUDINE
POYAUDINE
DÉCAFÉINÉ
PHTALÉINE
MADELEINE
MADELEINE
LINOLÉINE
ACROLÉINE
TIRE-VEINE
EXTRAFINE
DIOLÉFINE
PARAFFINE
PARAFFINÉ
SUPERFINE
SAUVAGINE
LENTIGINE
MÉLONGINE
PRIGOGINE
AUBERGINE

LA MACHINE
INDOCHINE
BRIOCHINE
BRIOCHINE
SÉRAPHINE
JOSÉPHINE
PHOSPHINE
LÉCITHINE
POUCHKINE
POTEMKINE
MOLESKINE
PERCALINE
MESCALINE
SAKHALINE
CORNALINE
MESSALINE
CHEVALINE
MICHELINE
NÉPHÉLINE
ORPHELINE
VALTELINE
MANUÉLINE
JAQUELINE
UROBILINE
INQUILINE
CORALLINE
VITELLINE
VANILLINE
SIBYLLINE
MANDOLINE
PICHOLINE
CRINOLINE
SANTOLINE
STRIP-LINE
GLOBULINE
SACCULINE
MASCULINE
STIMULINE
DÉGOULINÉ
SPIRULINE
FISTULINE
VINCAMINE
RHODAMINE
CARDAMINE
BENJAMINE
ARYLAMINE
MONOAMINE
BALSAMINE
CONTAMINÉ
PROTAMINE
HISTAMINE
RÉEXAMINÉ
POLYAMINE
DISSÉMINÉ
PORTEMINE
RÉCRIMINÉ
INCRIMINÉ

ENCALMINÉ
PRÉDOMINÉ
STYLOMINE
DÉTERMINÉ
EXTERMINÉ
MANGANINE
MEZZANINE
IESSENINE
THRÉONINE
SATURNINE
BAKOUNINE
MACÉDOINE
MACÉDOINE
STRAMOINE
ANTIMOINE
PÉRITOINE
SUBALPINE
PRÉALPINE
CISALPINE
CISALPINE
AGRIPPINE
RÉSERPINE
TURLUPINÉ
STOLYPINE
MUSCARINE
MANDARINE
GRÉGARINE
MARGARINE
COUMARINE
NECTARINE
ALIZARINE
ENDOCRINE
ÉPHÉDRINE
GLYCÉRINE
GLYCÉRINÉ
TANGERINE
CATHERINE
BALLERINE
BELLERINE
KASSERINE
PASSERINE
ÉRYTHRINE
LITTORINE
LAPERRINE
PURPURINE
SARRASINE
FARNÉSINE
ORGANSINÉ
ADÉNOSINE
BÉCASSINE
BÉCASSINE
DAMASSINE
ASSASSINE
ASSASSINÉ
DOUESSINE
LIMOUSINE
LIMOUSINE

NOUGATINE
BRÉHATINE
ZAMIATINE
PRÉLATINE
BERRATINE
SÉCRÉTINE
PALMITINE
ACONITINE
DEWOITINE
COBALTINE
ENFANTINE
GALANTINE
PALANTINE
ÉGLANTINE
LEVANTINE
LEVANTINE
BYZANTINE
BYZANTINE
VICENTINE
ARGENTINE
ARGENTINE
TARENTINE
BISONTINE
BISONTINE
BARBOTINE
LAMARTINE
LIBERTINE
ALBERTINE
HUBERTINE
MAMERTINE
PALESTINE
INTESTINE
CHRISTINE
AUGUSTINE
AGGLUTINÉ
VELOUTINE
EMBÉGUINÉ
CHAFOUINE
MAROQUINÉ
TRUSQUINÉ
DERJAVINE
POITEVINE
POITEVINE
THYROXINE
ANATOXINE
EXOTOXINE
LIMOUXINE
HYDRAZINE
FONVIZINE
KARAMZINE
GALITZINE
SCRIBANNE
ENRUBANNÉ
URÉTHANNE
TÉLÉBENNE
GOLBÉENNE
CORBÉENNE
CRÉCÉENNE
CALCÉENNE
LANCÉENNE
PHOCÉENNE
PHOCÉENNE
BOSCÉENNE
PRADÉENNE
CANDÉENNE
MANDÉENNE
VENDÉENNE
VENDÉENNE
CONDÉENNE
MAZDÉENNE
ARCHÉENNE
SILLÉENNE
BOOLÉENNE
ARAMÉENNE
BALMÉENNE
GHANÉENNE
GHANÉENNE
GUINÉENNE
GUINÉENNE
BALNÉENNE
LINNÉENNE
CERNÉENNE
CORNÉENNE
ROSNÉENNE
ACCRÉENNE
SEGRÉENNE
TIGRÉENNE
VITRÉENNE
ISTRÉENNE
VAURÉENNE
AZURÉENNE
AZURÉENNE
NOISÉENNE
SOISÉENNE
VANSÉENNE
BASSÉENNE
COSSÉENNE
RUSSÉENNE
ÉLYSÉENNE
JANZÉENNE
HAWAÏENNE
HAWAÏENNE
AMIBIENNE
GAMBIENNE
ZAMBIENNE
ZAMBIENNE
LESBIENNE
LESBIENNE
DOUBIENNE
TRACIENNE
ANICIENNE
ACADIENNE
ACADIENNE
ARÉDIENNE
GARDIENNE
GORDIENNE
ASCÉIENNE
FUÉGIENNE
FUÉGIENNE
MORGIENNE
BURGIENNE
VOSGIENNE
VOSGIENNE
PYTHIENNE
FIDJIENNE
FIDJIENNE
IRAKIENNE
IRAKIENNE
ITALIENNE
ITALIENNE
ABÉLIENNE
AMÉLIENNE
CHILIENNE
CHILIENNE
AZILIENNE
BOOLIENNE
MARLIENNE
SERLIENNE
OURLIENNE
PAULIENNE
PERMIENNE
CRÂNIENNE
IRANIENNE
IRANIENNE
ASINIENNE
OXONIENNE
FÉROÏENNE
FÉROÏENNE
CARPIENNE
CASPIENNE
ISARIENNE
OVARIENNE
OMBRIENNE
OMBRIENNE
LOCRIENNE
FLÉRIENNE
IMÉRIENNE
ATÉRIENNE
OUGRIENNE
ÉMIRIENNE
TERRIENNE
ESTRIENNE
MAURIENNE
VAURIENNE
GÉVRIENNE
SÉVRIENNE
SÉVRIENNE
ALÉSIENNE
ONÉSIENNE
CAPSIENNE
TARSIENNE
PERSIENNE
MEUSIENNE
CLUSIENNE
ONUSIENNE
CLÉTIENNE
UZÉTIENNE
HAÏTIENNE
HAÏTIENNE
KANTIENNE
LAOTIENNE
LAOTIENNE
BÉOTIENNE
BÉOTIENNE
MARTIENNE
MARTIENNE
AOÛTIENNE
KIÉVIENNE
PELVIENNE
MARXIENNE
BATZIENNE
GRAULENNE
PARIPENNÉ
LA GARENNE
CITOYENNE
MITOYENNE
CARRYENNE
DÉSABONNÉ
CHARBONNÉ
BOURBONNE
REFAÇONNÉ
ÉTANÇONNÉ
POINÇONNÉ
TRONÇONNÉ
SOUPÇONNÉ
ABANDONNÉ
CHARDONNE
COORDONNÉ
BOURDONNÉ
DIEUDONNÉ
DRAGEONNÉ
CHIFFONNE
CHIFFONNÉ
GRIFFONNÉ
BOUFFONNE
BOUFFONNÉ
FOURGONNÉ
RONCHONNE
RONCHONNÉ
TORCHONNÉ
BOUCHONNÉ
FORGIONNE
FORMIONNE
VIBRIONNÉ
PENSIONNÉ
PASSIONNÉ
FISSIONNÉ
STATIONNÉ

9

OVATIONNÉ
SECTIONNÉ
MENTIONNÉ
ÉMOTIONNÉ
BASTIONNÉ
CAUTIONNÉ
DOUBLONNÉ
HOUBLONNÉ
ÉCHELONNÉ
MAMELONNÉ
BUFFLONNE
BÂILLONNÉ
GROGNONNE
GROGNONNÉ
CRAMPONNÉ
CAMBRONNE
GOUDRONNÉ
BIBERONNÉ
AUGERONNE
AUGERONNE
BRIÉRONNE
CLAIRONNÉ
ENVIRONNÉ
POLTRONNE
FLEURONNÉ
CHEVRONNÉ
LIAISONNÉ
CLOISONNÉ
COURSONNE
MOISSONNÉ
FRISSONNÉ
ÉCUSSONNÉ
MÉGATONNE
CAPITONNÉ
CHANTONNÉ
PELOTONNÉ
KILOTONNE
GLOUTONNE
DÉGAZONNÉ
ENGAZONNÉ
MORRICONE
MÉTHADONE
BELLADONE
ENNÉAGONE
TARRAGONE
TÉTRAGONE
PENTAGONE
PENTAGONE
HEPTAGONE
ARCHÉGONE
SPOROGONE
MÉGAPHONE
TÉLÉPHONE
TÉLÉPHONÉ
TAXIPHONE
BIGOPHONE
BIGOPHONÉ

ALLOPHONE
XYLOPHONE
HOMOPHONE
LUSOPHONE
SAXOPHONE
GIORGIONE
BOUGLIONE
BARCELONE
PORTELONE
MAGUELONE
QUINOLONE
PHÉROMONE
PORDENONE
FROSINONE
LITHOPONE
LAZZARONE
SYNCHRONE
ISOCHRONE
CORTISONE
MONOPSONE
GLADSTONE
MAIDSTONE
THURSTONE
RÉINCARNÉ
PREMIER-NÉ
DERNIER-NÉ
ENCASERNÉ
CONSTERNÉ
PROSTERNÉ
BALIVERNE
SALICORNE
HAWTHORNE
GROS-MORNE
MARITORNE
SWINBURNE
MELBOURNE
CONTOURNÉ
BISTOURNÉ
RISTOURNE
RISTOURNÉ
TACITURNE
AKWESASNE
NOUVEAU-NÉ
PAMPELUNE
PITCHOUNE
SCOUMOUNE
INFORTUNE
INFORTUNÉ
IMPORTUNE
IMPORTUNÉ
OPPORTUNE
QUELQU'UNE
FORT WAYNE
ANDROGYNE
MASKELYNE
MNÉMOSYNE
GOLITSYNE

SULLOM VOE
HANDICAPÉ
PARTICIPE
PARTICIPÉ
CASSE-PIPE
SURÉQUIPÉ
DÉSÉQUIPÉ
PÉDIPALPE
COÏNCULPÉ
MOTOPOMPE
AUTOPOMPE
TÉLESCOPE
TÉLESCOPÉ
CAMÉSCOPE
PÉRISCOPE
ENDOSCOPE
AÉROSCOPE
HOROSCOPE
GYROSCOPE
NYCTALOPE
INTERLOPE
PHALAROPE
GUIDEROPE
EMMÉTROPE
AZÉOTROPE
SOUS-NAPPE
CHRYSIPPE
DÉVELOPPÉ
ENVELOPPE
ENVELOPPÉ
MÉTACARPE
PÉRICARPE
ENDOCARPE
PILOCARPE
MÉSOCARPE
ARTOCARPE
POLYCARPE
HYPOTAUPE
PRÉOCCUPÉ
GUADALUPE
ARCHÉTYPE
RONÉOTYPÉ
PHÉNOTYPE
STÉNOTYPE
PHOTOTYPE
PROTOTYPE
CARYOTYPE
ÉCART-TYPE
HYPERBARE
RICERCARE
GYROPHARE
ROESELARE
CELLAMARE
NULLIPARE
PRIMIPARE
MULTIPARE
DÉSEMPARÉ

SOLFATARE
ENTÉNÉBRÉ
DÉCÉRÉBRÉ
ÉQUILIBRE
ÉQUILIBRÉ
ÉTAT LIBRE
GINGEMBRE
SEPTEMBRE
CONCOMBRE
SURNOMBRE
INSALUBRE
AMBULACRE
SIMULACRE
INVOLUCRE
TÉTRAÈDRE
ICOSAÈDRE
PENTAÈDRE
HEPTAÈDRE
PÉRIANDRE
CORIANDRE
ESCLANDRE
SCAMANDRE
CASSANDRE
CASSANDRE
ALEXANDRE
POLYANDRE
DESCENDRE
SUSPENDRE
DÉPRENDRE
MÉPRENDRE
REPRENDRE
APPRENDRE
PRÉTENDRE
MONTENDRE
DISTENDRE
SURVENDRE
ENCEINDRE
DÉPEINDRE
REPEINDRE
ÉPREINDRE
ÉTREINDRE
DÉTEINDRE
ATTEINDRE
ADJOINDRE
REJOINDRE
ENJOINDRE
CONFONDRE
PARFONDRE
MORFONDRE
SOUS-ORDRE
DISTORDRE
SAUPOUDRÉ
DISSOUDRE
CLEPSYDRE
RÉVERBÈRE
RÉVERBÉRÉ
CHÉLICÈRE

INSINCÈRE
CLADOCÈRE
INCARCÉRÉ
SAINT-CÉRÉ
CONFÉDÉRÉ
BELVÉDÈRE
CONSIDÉRÉ
INDIFFÉRÉ
ZINCIFÈRE
CRUCIFÈRE
MELLIFÈRE
PROLIFÉRÉ
CHYLIFÈRE
MAMMIFÈRE
GEMMIFÈRE
GOMMIFÈRE
GUMMIFÈRE
URANIFÈRE
URINIFÈRE
SOMNIFÈRE
FLORIFÈRE
SPORIFÈRE
CUPRIFÈRE
LACTIFÈRE
MORTIFÈRE
PESTIFÉRÉ
UNGUIFÈRE
INTERFÉRÉ
TRANSFÉRÉ
HERBAGÈRE
FROMAGÈRE
PASSAGÈRE
MESSAGÈRE
PAYSAGÈRE
PRÉDIGÉRÉ
RÉFRIGÉRÉ
ÉTRANGÈRE
DAVANGERE
HARENGÈRE
BÉRENGÈRE
HORLOGÈRE
LA LÉCHÈRE
BOSSCHÈRE
GÉOSPHÈRE
BIOSPHÈRE
EXOSPHÈRE
ŒNOTHÈRE
CANEBIÈRE
TOURBIÈRE
GIBECIÈRE
POLICIÈRE
PRINCIÈRE
BUANDIÈRE
CHAUDIÈRE
CHAUDIÈRE
PALUDIÈRE
GREFFIÈRE
TRUFFIÈRE
DOUCHIÈRE
GOUTHIÈRE
CAVALIÈRE
ÉRABLIÈRE
OISELIÈRE
ROSELIÈRE
MUSELIÈRE
BATELIÈRE
HÔTELIÈRE
TRÉFLIÈRE
MOBILIÈRE
FAMILIÈRE
OUILLIÈRE
PAROLIÈRE
TAVOLIERE
FÉCULIÈRE
SÉCULIÈRE
RÉGULIÈRE
CHAUMIÈRE
LÉGUMIÈRE
RUBANIÈRE
BANANIÈRE
CASANIÈRE
TISANIÈRE
DOUANIÈRE
GRAINIÈRE
LAPINIÈRE
SAPINIÈRE
PÉPINIÈRE
MARINIÈRE
RÉSINIÈRE
MATINIÈRE
POTINIÈRE
GAZINIÈRE
PIONNIÈRE
LIMONIÈRE
AUMÔNIÈRE
PÉRONIÈRE
CHARNIÈRE
FALUNIÈRE
ÉQUIPIÈRE
COURPIÈRE
CROUPIÈRE
CIGARIÈRE
MARBRIÈRE
FONDRIÈRE
POUDRIÈRE
SOUFRIÈRE
SOUFRIÈRE
CLAIRIÈRE
GUERRIÈRE
FOURRIÈRE
PLÂTRIÈRE
HUÎTRIÈRE
VENTRIÈRE
ORDURIÈRE
PARURIÈRE
ROTURIÈRE
CHEVRIÈRE
POIVRIÈRE
CHAISIÈRE
GLAISIÈRE
BRAISIÈRE
FRAISIÈRE
CROISIÈRE
LAROSIÈRE
BOURSIÈRE
COURSIÈRE
BRASSIÈRE
BAISSIÈRE
CAISSIÈRE
GLISSIÈRE
BROSSIÈRE
GROSSIÈRE
HAUSSIÈRE
POUSSIÈRE
ÉCLUSIÈRE
TABATIÈRE
ALFATIÈRE
RÉGATIÈRE
CAFETIÈRE
GILETIÈRE
MULETIÈRE
CIMETIÈRE
CANETIÈRE
PANETIÈRE
LUNETIÈRE
PAPETIÈRE
FURETIÈRE
BUVETIÈRE
CUBITIÈRE
DROITIÈRE
HÉRITIÈRE
FRUITIÈRE
FRONTIÈRE
SABOTIÈRE
FAGOTIÈRE
ÉCHOTIÈRE
COURTIÈRE
TOURTIÈRE
GOUTTIÈRE
ÉMEUTIÈRE
MORUTIÈRE
BANQUIÈRE
JONQUIÈRE
PARQUIÈRE
BAUQUIÈRE
ÉTRIVIÈRE
ÉPERVIÈRE
FOURVIÈRE
BRONZIÈRE
BROUCKÈRE
ÉCAILLÈRE
FEUILLÈRE
HOUILLÈRE
MOUILLÈRE
TÉTRAMÈRE
PENTAMÈRE
GRAND-MÈRE
GRAND-MÈRE
ROCHE-MÈRE
BELLE-MÈRE
MÔN-KHMÈRE
OLIGOMÈRE
AGGLOMÉRÉ
TAUTOMÈRE
ELLESMERE
CONGÉNÈRE
LATÉCOÈRE
GRAND-PÈRE
OBTEMPÉRÉ
DUMAS PÈRE
DÉSESPÉRÉ
SAINT-PÈRE
SAINT-PÈRE
DEMI-FRÈRE
BEAU-FRÈRE
VAL-D'ISÈRE
DÉBLATÉRÉ
CARACTÈRE
TRILITÈRE
DÉSALTÉRÉ
MÉSENTÈRE
AMPHOTÈRE
MÉGAPTÈRE
HÉMIPTÈRE
PÉRIPTÈRE
MÉCOPTÈRE
HOMOPTÈRE
MONOPTÈRE
POLYPTÈRE
DICASTÈRE
MONASTÈRE
MAGISTÈRE
FINISTÈRE
MINISTÈRE
PRIMEVÈRE
PERSÉVÉRÉ
CACAOYÈRE
HAINUYÈRE
HAINUYÈRE
HENNUYÈRE
HENNUYÈRE
LA BRUYÈRE
BERRUYÈRE
BERRUYÈRE
DÉCHIFFRÉ
ENGOUFFRÉ
SOUS-FIFRE
RÉINTÉGRÉ

9

CHAT-TIGRE
XÉNARTHRE
SALICAIRE
PULICAIRE
CIMICAIRE
LORICAIRE
URTICAIRE
BEAUCAIRE
DÉCADAIRE
SOLIDAIRE
LAPIDAIRE
NUCLÉAIRE
BALNÉAIRE
REDÉFAIRE
TARIFAIRE
ANSCHAIRE
CAMBIAIRE
GLACIAIRE
PLAGIAIRE
STAGIAIRE
CONGIAIRE
MILLIAIRE
HERNIAIRE
PARTIAIRE
TERTIAIRE
BESTIAIRE
VESTIAIRE
BRÉVIAIRE
CAVALAIRE
TUTÉLAIRE
JUBILAIRE
SIMILAIRE
BASILAIRE
STELLAIRE
AXILLAIRE
ARÉOLAIRE
BIPOLAIRE
DIPOLAIRE
COMPLAIRE
TABULAIRE
LOBULAIRE
TUBULAIRE
MACULAIRE
SÉCULAIRE
MODULAIRE
NODULAIRE
ANGULAIRE
JUGULAIRE
PILULAIRE
TUMULAIRE
ANNULAIRE
POPULAIRE
CÉRULAIRE
INSULAIRE
TITULAIRE
VITULAIRE
RIVULAIRE

LORD-MAIRE
GRAMMAIRE
TÉGÉNAIRE
CATÉNAIRE
ORDINAIRE
CULINAIRE
LAMINAIRE
SÉMINAIRE
LIMINAIRE
LUMINAIRE
LIMONAIRE
SAPONAIRE
CORONAIRE
LACUNAIRE
LAGUNAIRE
TÉMÉRAIRE
NUMÉRAIRE
CINÉRAIRE
FUNÉRAIRE
HONORAIRE
RENTRAIRE
CONTRAIRE
ABSTRAIRE
DISTRAIRE
BÉLISAIRE
ÉMISSAIRE
GLOSSAIRE
FAUSSAIRE
VACATAIRE
LOCATAIRE
LÉGATAIRE
DONATAIRE
COMÉTAIRE
MONÉTAIRE
ORBITAIRE
MILITAIRE
SOLITAIRE
SANITAIRE
PARITAIRE
CAVITAIRE
PLANTAIRE
ÉVENTAIRE
SALUTAIRE
MINUTAIRE
BELLUAIRE
DISQUAIRE
STATUAIRE
OBITUAIRE
MORTUAIRE
PORTUAIRE
SALIVAIRE
C'EST-À-DIRE
INTERDIRE
YORKSHIRE
YORKSHIRE
HAMPSHIRE
WILTSHIRE

CACHEMIRE
CACHEMIRE
JALON-MIRE
POURBOIRE
MANGEOIRE
GRINGOIRE
PIED-NOIRE
BAIGNOIRE
PATINOIRE
DÉCISOIRE
DÉRISOIRE
GLISSOIRE
ÉPISSOIRE
INFUSOIRE
ILLUSOIRE
SUDATOIRE
ALÉATOIRE
ROGATOIRE
DILATOIRE
DÎNATOIRE
EUPATOIRE
GIRATOIRE
MORATOIRE
NATATOIRE
ROTATOIRE
NOVATOIRE
VEXATOIRE
AUDITOIRE
VOMITOIRE
MONITOIRE
ÉCRITOIRE
MÉRITOIRE
PÉTITOIRE
LA RAVOIRE
BAS-EMPIRE
TRANSPIRÉ
PRESCRIRE
PROSCRIRE
SOUSCRIRE
ÉCONDUIRE
INSTRUIRE
BRESSUIRE
TOUSSUIRE
YUNUS EMRE
COLLABORÉ
CHOKE-BORE
HELLÉBORE
CORROBORÉ
HÉLIODORE
HÉLIODORE
COMMODORE
PYTHAGORE
ANAXAGORE
SÉMAPHORE
MÉTAPHORE
NICÉPHORE
CANÉPHORE

CHOÉPHORE
GONOPHORE
POROPHORE
PYROPHORE
PHOSPHORE
PHOSPHORÉ
DORYPHORE
DÉTÉRIORÉ
BANGALORE
MANGALORE
SOLIFLORE
UNICOLORE
TRICOLORE
INEXPLORÉ
COMMÉMORÉ
BALTIMORE
DÉSHONORÉ
MILLÉPORE
MADRÉPORE
INCORPORÉ
EXPECTORÉ
DRUGSTORE
HERBIVORE
PISCIVORE
FRUGIVORE
GRANIVORE
CARNIVORE
CORROMPRE
MALPROPRE
EMPOURPRÉ
REDÉMARRÉ
DAMPIERRE
DOMPIERRE
CIMETERRE
FUMETERRE
GUÉGUERRE
À ENQUERRE
SOUS-VERRE
REMBOURRÉ
DOUCEÂTRE
BEIGEÂTRE
ROUGEÂTRE
OPINIÂTRE
PHONIATRE
ACARIÂTRE
PHYSIATRE
CLÉOPÂTRE
ROUSSÂTRE
DÉCAMÈTRE
PARAMÈTRE
PARAMÉTRÉ
HEXAMÈTRE
PARCMÈTRE
ONDEMÈTRE
TÉLÉMÈTRE
POSEMÈTRE
MACHMÈTRE

DÉCIMÈTRE
AUDIMÈTRE
PÉRIMÈTRE
DOSIMÈTRE
ALTIMÈTRE
TAXIMÈTRE
FOCOMÈTRE
ENDOMÈTRE
PODOMÈTRE
OLÉOMÈTRE
ARÉOMÈTRE
PIFOMÈTRE
ERGOMÈTRE
KILOMÈTRE
KILOMÉTRÉ
BOLOMÈTRE
OSMOMÈTRE
MANOMÈTRE
NANOMÈTRE
SONOMÈTRE
TYPOMÈTRE
BAROMÈTRE
GYROMÈTRE
PYROMÈTRE
POTOMÈTRE
OPTOMÈTRE
GAZOMÈTRE
VOLTMÈTRE
WATTMÈTRE
FLUXMÈTRE
CHAMPÊTRE
MIEUX-ÊTRE
CONNAÎTRE
DÉCALITRE
DÉCILITRE
DEMI-LITRE
GYROMITRE
ACCROÎTRE
DÉCROÎTRE
RECROÎTRE
BANC-TITRE
RÔLE-TITRE
SOUS-TITRE
SOUS-TITRÉ
LÈVE-VITRE
ÉPICENTRE
CONCENTRÉ
BAS-VENTRE
RENCONTRE
RENCONTRÉ
SURCONTRE
SURCONTRÉ
PRÉMONTRÉ
PRÉMONTRÉ
PATENÔTRE
LANCASTRE
ÉPIGASTRE

PÉRIASTRE
FILLASTRE
ZOROASTRE
ORCHESTRE
ORCHESTRÉ
WEBMESTRE
TRIMESTRE
TERRESTRE
SÉQUESTRE
SÉQUESTRÉ
SILVESTRE
SYLVESTRE
SYLVESTRE
LEMAISTRE
COMBATTRE
COMMETTRE
PROMETTRE
PERMETTRE
SOUMETTRE
CALFEUTRÉ
ALLOSAURE
DINOSAURE
MINOTAURE
DÉCARBURÉ
RECARBURÉ
ENFONÇURE
PROCÉDURE
BRINGEURE
EAU D'HEURE
DEMI-HEURE
WATTHEURE
MEILLEURE
DÉSULFURÉ
BISULFURE
DISULFURE
PRÉFIGURÉ
ENVERGURE
PANACHURE
ÉBRÉCHURE
ÉCORCHURE
ÉPLUCHURE
PHOSPHURE
SILICIURE
SÉLÉNIURE
ARSÉNIURE
ENVERJURE
ANOMALURE
DESSALURE
ENCABLURE
ENTABLURE
BARBELURE
CRÉNELURE
CANNELURE
CHAPELURE
CRÊPELURE
ENGRÊLURE
BOSSELURE

DENTELURE
GRAVELURE
CHEVELURE
SOUFFLURE
FAUFILURE
ENSELLURE
ÉCAILLURE
ÉRAILLURE
FEUILLURE
MOUILLURE
ROUILLURE
SOUILLURE
BARIOLURE
ACÉTYLURE
EMPAUMURE
ENGRENURE
ALUMINURE
COLLIOURE
DÉCOUPURE
SURPIQÛRE
ÉPAUFRURE
DÉCHIRURE
MORDORURE
EMBARRURE
BIGARRURE
DÉFERRURE
TELLURURE
EMBRASURE
SUR-MESURE
EMPRÉSURÉ
ENCLOSURE
RETASSURE
SALISSURE
VOMISSURE
FINISSURE
FROISSURE
CHAUSSURE
DÉCOUSURE
MANDATURE
LINÉATURE
MINIATURE
TABLATURE
PRÉLATURE
PRÉMATURÉ
PALMATURE
DYSMATURE
SIGNATURE
SURSATURÉ
DICTATURE
RELECTURE
STRUCTURE
STRUCTURÉ
VERGETURE
TACHETURE
FERMETURE
TIQUETURE
CONFITURE

GARNITURE
EMBOÎTURE
FIORITURE
TESSITURE
ACCULTURÉ
INCULTURE
SÉPULTURE
DEVANTURE
RUDENTURE
ARGENTURE
SCULPTURE
OUVERTURE
LA PASTURE
IMPOSTURE
ANGUSTURE
ÉGOUTTURE
ENCLOUURE
EMBLAVURE
BELLIÈVRE
DÉSENIVRÉ
VENDEUVRE
COULEUVRE
MANŒUVRE
MANŒUVRÉ
DÉSŒUVRÉ
SEMI-OUVRÉ
OCULOGYRE
SPIROGYRE
MÉLAMPYRE
HYDROBASE
MÉTAPHASE
TÉLOPHASE
MONOPHASÉ
POLYPHASÉ
LAMBLIASE
PHTIRIASE
HYDROLASE
CELLULASE
UROKINASE
ISOMÉRASE
INVERTASE
MÉTASTASE
MÉTASTASE
MÉTASTASÉ
HÉMOSTASE
HYPOSTASE
EXTRAVASÉ
DÉSENVASÉ
TRANSVASÉ
DIAPÉDÈSE
CATÉCHÈSE
MÉTATHÈSE
ANTITHÈSE
ÉPENTHÈSE
HYPOTHÈSE
PROSTHÈSE
PERGOLÈSE

MANGANÈSE
DIAGENÈSE
ÉPIGENÈSE
BIOGENÈSE
OROGENÈSE
OVOGENÈSE
NÉRACAISE
BINICAISE
FRANÇAISE
FRANÇAISE
CANYCAISE
BAZADAISE
LUANDAISE
RWANDAISE
RWANDAISE
LOURDAISE
BRUGEAISE
JERSIAISE
JERSIAISE
BASTIAISE
BASTIAISE
NÉPALAISE
NÉPALAISE
FOYALAISE
ANGOLAISE
ANGOLAISE
TOGOLAISE
TOGOLAISE
CAYOLAISE
DODOMAISE
LIBANAISE
LIBANAISE
ALBANAISE
ALBANAISE
GOBANAISE
SEDANAISE
MODANAISE
VIGANAISE
ANIANAISE
ÉVIANAISE
GUJANAISE
MILANAISE
MILANAISE
ROMANAISE
RENANAISE
SARANAISE
TIRANAISE
MATANAISE
VATANAISE
HAVANAISE
HAVANAISE
JAVANAISE
JAVANAISE
GUYANAISE
GUYANAISE
ANTENAISE
BALINAISE

EYSINAISE
CAULNAISE
ROANNAISE
CAENNAISE
CAENNAISE
AVONNAISE
LYONNAISE
NYONNAISE
GABONAISE
GABONAISE
UNIONAISE
SALONAISE
MILONAISE
BOLONAISE
BOLONAISE
POLONAISE
POLONAISE
ARLONAISE
SÉNONAISE
SÉNONAISE
JAPONAISE
JAPONAISE
VÉRONAISE
MORONAISE
BÉARNAISE
BÉARNAISE
FOURNAISE
FOURNAISE
ICAUNAISE
ICAUNAISE
MELUNAISE
HARARAISE
EUPHRAISE
MAHORAISE
TIMORAISE
CASTRAISE
DOUVRAISE
NYONSAISE
ÉCOSSAISE
ÉCOSSAISE
SAINTAISE
NIORTAISE
MAPUTAISE
SORGUAISE
BASQUAISE
BRISE-BISE
IMPRÉCISE
ANGLICISÉ
FRIANDISE
JOBARDISE
MUSARDISE
BÂTARDISE
COUARDISE
CATÉCHISÉ
FRANCHISE
FRANCHISÉ
GLOBALISÉ

VERBALISÉ
FISCALISÉ
VANDALISÉ
IRRÉALISÉ
LABIALISÉ
SOCIALISÉ
FILIALISÉ
ANIMALISÉ
FORMALISÉ
NORMALISÉ
SIGNALISÉ
SACRALISÉ
VASSALISÉ
BRUTALISÉ
ANNUALISÉ
VISUALISÉ
ACTUALISÉ
RITUALISÉ
MUTUALISÉ
SEXUALISÉ
MOT-VALISE
DIÉSÉLISÉ
FIABILISÉ
VIABILISÉ
STABILISÉ
FRAGILISÉ
STÉRILISÉ
FOSSILISÉ
SUBTILISÉ
FERTILISÉ
RÉUTILISÉ
INUTILISÉ
MÉTALLISÉ
LABELLISÉ
SATELLISÉ
JAVELLISÉ
DIABOLISÉ
SYMBOLISÉ
ALCOOLISÉ
SURREMISE
ENTREMISE
RANDOMISÉ
ÉCONOMISÉ
SCOTOMISÉ
TRANSMISE
INSOUMISE
VULCANISÉ
MÉTHANISÉ
BALKANISÉ
GERMANISÉ
HISPANISÉ
GALVANISÉ
HELLÉNISÉ
MYÉLINISÉ
CRÉTINISÉ
INDEMNISÉ
TYRANNISÉ

SOLENNISÉ
PÉRENNISÉ
CARBONISÉ
PRÉCONISÉ
HARMONISÉ
MICRONISÉ
INTRONISÉ
MODERNISÉ
MATERNISÉ
RATIBOISÉ
ANTIBOISE
FRAMBOISE
FRAMBOISÉ
RIECCOISE
BRIECOISE
BLANCOISE
CALADOISE
PÉAGEOISE
LIÉGEOISE
LIÉGEOISE
GANGEOISE
DONGEOISE
GARGEOISE
VERGEOISE
BAUGEOISE
BRUGEOISE
FRUGEOISE
MAGOGOISE
BIACHOISE
FLÉCHOISE
CLICHOISE
ANICHOISE
MANCHOISE
BINCHOISE
CONCHOISE
GARCHOISE
BITCHOISE
CAUCHOISE
CAUCHOISE
AGATHOISE
SARTHOISE
BAMAKOISE
LUSAKOISE
BERCKOISE
AUMALOISE
FUMÉLOISE
SORELOISE
REVÉLOISE
WINGLOISE
AUXILOISE
CHELLOISE
ÉTELLOISE
OVILLOISE
ÉCULLOISE
ÉTAPLOISE
CHARLOISE
GRAYLOISE

GÉROMOISE
AMIÉNOISE
DOMÉNOISE
GRIGNOISE
PLAINOISE
BRAINOISE
STAINOISE
PÉKINOISE
PÉKINOISE
MALINOISE
COMINOISE
BÉNINOISE
HÉNINOISE
TURINOISE
GATINOISE
ELVINOISE
ANZINOISE
THANNOISE
BIENNOISE
GIENNOISE
SIENNOISE
VIENNOISE
VIENNOISE
LAONNOISE
SOURNOISE
FRESNOISE
AVESNOISE
BEAUNOISE
AGAUNOISE
CHAUNOISE
SÉDUNOISE
AUDUNOISE
MEHUNOISE
AUTUNOISE
VIMYNOISE
ÉTAMPOISE
DIEPPOISE
BRIAROISE
DAKAROISE
BAVAROISE
BAVAROISE
VIVAROISE
BEC-CROISÉ
LAFÉROISE
ALGÉROISE
ALGÉROISE
ACHÉROISE
MASÉROISE
LANGROISE
HONGROISE
HONGROISE
SIERROISE
SEURROISE
CONTROISE
CRAUROISE
NAMUROISE
SEMUROISE

DESVROISE
TUNISOISE
TUNISOISE
CUERSOISE
GRASSOISE
AMOSSOISE
LOOSSOISE
TRETSOISE
CREUSOISE
ALMATOISE
MORATOISE
EYMÉTOISE
CANÉTOISE
ARNÉTOISE
GIVETOISE
SAINTOISE
COURTOISE
BRESTOISE
CRESTOISE
BRAYTOISE
BONDUOISE
PRAGUOISE
PRAGUOISE
BERGUOISE
DACQUOISE
DACQUOISE
LACQUOISE
VICQUOISE
LUCQUOISE
IROQUOISE
NARQUOISE
TURQUOISE
LODÉVOISE
GENEVOISE
GENEVOISE
DECIZOISE
PRÉCARISÉ
VULGARISÉ
GARGARISÉ
SCOLARISÉ
SCÉNARISÉ
PARE-BRISE
CANCÉRISÉ
MERCERISÉ
BONDÉRISÉ
PAUPÉRISÉ
CRATÉRISÉ
SINTÉRISÉ
CAUTÉRISÉ
PULVÉRISÉ
VAMPIRISÉ
HERBORISÉ
EUPHORISÉ
TAYLORISÉ
TEMPORISÉ
TERRORISÉ
FACTORISÉ

SECTORISÉ
RÉAPPRISE
CICATRISÉ
ÉLECTRISÉ
TRAÎTRISE
SULFURISÉ
MARTYRISÉ
MÉDIATISÉ
DRAMATISÉ
DOGMATISÉ
CLIMATISÉ
AROMATISÉ
PRIVATISÉ
GADGÉTISÉ
BUDGÉTISÉ
ESTHÉTISÉ
SOVIÉTISÉ
MAGNÉTISÉ
DÉPOÉTISÉ
HYPNOTISÉ
DÉBAPTISÉ
REBAPTISÉ
EXPERTISE
EXPERTISÉ
PALETTISÉ
SUBDIVISÉ
IMPROVISÉ
SUPERVISÉ
PARACELSE
ILDEFONSE
THROMBOSE
CANDIDOSE
APOTHÉOSE
ORNITHOSE
PARABIOSE
AÉROBIOSE
GRANDIOSE
GRAPHIOSE
MONILIOSE
FILARIOSE
FUSARIOSE
TRÉHALOSE
CELLULOSE
ECCHYMOSE
BIOCÉNOSE
POLLINOSE
VERMINOSE
JUXTAPOSÉ
ENTREPOSÉ
SURIMPOSÉ
DÉCOMPOSÉ
RECOMPOSÉ
SUPERPOSÉ
INTERPOSÉ
INDISPOSÉ
TRANSPOSÉ
SUREXPOSÉ

ANHIDROSE
DYSIDROSE
PRIMEROSE
COUPEROSE
PASSEROSE
ÉRYTHROSE
PULLOROSE
DERMATOSE
GALACTOSE
ASBESTOSE
SYNOSTOSE
MÉTATARSE
REMBOURSÉ
À MI-COURSE
CALEBASSE
MÊLÉ-CASSE
BAJOCASSE
BLONDASSE
BEIGEASSE
ESCAGASSÉ
MILLIASSE
ÉCHALASSÉ
SURCLASSÉ
MATELASSÉ
CAILLASSE
CAILLASSÉ
PAILLASSE
PAILLASSE
ANNEMASSE
PLAN-MASSE
CADENASSÉ
GROGNASSE
GROGNASSÉ
TRAÎNASSÉ
PAPERASSE
RAPETASSÉ
SOUS-TASSE
ÉCRIVASSÉ
PLEUVASSÉ
PRINCESSE
DRUIDESSE
HARDIESSE
DIABLESSE
FAIBLESSE
BUFFLESSE
SOUPLESSE
CLOWNESSE
DOGARESSE
TENDRESSE
INTÉRESSÉ
PROGRESSÉ
BOUGRESSE
PRÉPRESSE
COMPRESSE
COMPRESSÉ
PRÊTRESSE
MAÎTRESSE

9

PAUVRESSE
SUISSESSE
GROSSESSE
POLITESSE
PETITESSE
SVELTESSE
PRESTESSE
TRISTESSE
SURBAISSÉ
RENCAISSÉ
DÉGRAISSÉ
ENGRAISSÉ
LAPALISSE
DÉPALISSÉ
DÉFROISSÉ
RÉCÉPISSÉ
CHAMPISSE
LAMBRISSÉ
RAPETISSÉ
ÉCREVISSE
SARAGOSSE
ISOGLOSSE
SEIGNOSSE
DÉCHAUSSÉ
RECHAUSSÉ
ENCHAUSSÉ
SURHAUSSÉ
RESCOUSSE
GARGOUSSE
TRÉMOUSSÉ
FRIMOUSSE
LABROUSSE
DÉBROUSSÉ
REBROUSSÉ
DÉTROUSSÉ
RETROUSSÉ
DEMI-PAUSE
MÉNOPAUSE
MÉSOPAUSE
ARQUEBUSE
FLAMBEUSE
PLOMBEUSE
ENROBEUSE
BOURBEUSE
TOURBEUSE
APIÉCEUSE
DÉPECEUSE
SILICEUSE
CHANCEUSE
ÉCORCEUSE
BALADEUSE
PARADEUSE
PLAIDEUSE
DÉCIDEUSE
VALIDEUSE
GLANDEUSE
ÉPANDEUSE

ÉMONDEUSE
FRONDEUSE
GRONDEUSE
DÉCODEUSE
FRAUDEUSE
NAUSÉEUSE
AGRAFEUSE
GRAFFEUSE
COIFFEUSE
GRIFFEUSE
SUIFFEUSE
BLUFFEUSE
BOUFFEUSE
MANAGEUSE
TAPAGEUSE
RAVAGEUSE
VOYAGEUSE
BRIDGEUSE
PLONGEUSE
CHARGEUSE
ÉGORGEUSE
FLACHEUSE
CRACHEUSE
PRÊCHEUSE
CLICHEUSE
TRICHEUSE
PIOCHEUSE
BROCHEUSE
CROCHEUSE
MARCHEUSE
HERCHEUSE
PERCHEUSE
CATCHEUSE
FAUCHEUSE
PLUCHEUSE
COUCHEUSE
DOUCHEUSE
LOUCHEUSE
FLASHEUSE
SCABIEUSE
SPACIEUSE
GRACIEUSE
SPÉCIEUSE
PRÉCIEUSE
SOUCIEUSE
STUDIEUSE
MAFFIEUSE
ÉLOGIEUSE
OUBLIEUSE
SCARIEUSE
GLORIEUSE
FACTIEUSE
AMITIEUSE
CAPTIEUSE
PLUVIEUSE
PÉDALEUSE
CHIALEUSE

GOUALEUSE
CAVALEUSE
DOUBLEUSE
RECELEUSE
MODELEUSE
CISELEUSE
BATELEUSE
RÂTELEUSE
JAVELEUSE
NIVELEUSE
SIFFLEUSE
RONFLEUSE
JONGLEUSE
ENFILEUSE
ARGILEUSE
ENSILEUSE
FIELLEUSE
MIELLEUSE
VIELLEUSE
MOELLEUSE
BÂILLEUSE
RAILLEUSE
TEILLEUSE
VEILLEUSE
QUILLEUSE
BRANLEUSE
RACOLEUSE
RIGOLEUSE
CAJOLEUSE
ENJÔLEUSE
ENTÔLEUSE
FABULEUSE
NÉBULEUSE
TUBULEUSE
ONDULEUSE
NODULEUSE
ANGULEUSE
PAPULEUSE
POPULEUSE
CRAWLEUSE
AFFAMEUSE
SQUAMEUSE
ÉCRÉMEUSE
VENIMEUSE
CHROMEUSE
CHARMEUSE
ALLUMEUSE
BITUMEUSE
RICANEUSE
EFFANEUSE
VÉNÉNEUSE
ÉGRENEUSE
KHÂGNEUSE
BAIGNEUSE
SAIGNEUSE
PEIGNEUSE
TEIGNEUSE

SOIGNEUSE
GROGNEUSE
HARGNEUSE
CHAÎNEUSE
DRAINEUSE
TRAÎNEUSE
DÉBINEUSE
BOBINEUSE
AFFINEUSE
ANGINEUSE
LUMINEUSE
FARINEUSE
LÉSINEUSE
RÉSINEUSE
MATINEUSE
PATINEUSE
RATINEUSE
BUTINEUSE
FOUINEUSE
BRUINEUSE
LIMONEUSE
TOURNEUSE
LACUNEUSE
DÉCAPEUSE
GRIMPEUSE
TROMPEUSE
GALOPEUSE
STOPPEUSE
SIRUPEUSE
SCABREUSE
NOMBREUSE
CENDREUSE
POUDREUSE
SUBÉREUSE
TUBÉREUSE
ULCÉREUSE
SCLÉREUSE
COLÉREUSE
GÉNÉREUSE
MISÉREUSE
GAUFREUSE
SOUFREUSE
FLAIREUSE
GLAIREUSE
DÉSIREUSE
VAPOREUSE
PÉROREUSE
ESSOREUSE
DÉVOREUSE
PIERREUSE
PLÂTREUSE
GOITREUSE
CINTREUSE
MONTREUSE
TARTREUSE
PLEUREUSE
AMOUREUSE

CHEVREUSE
FIÉVREUSE
CUIVREUSE
BUTYREUSE
ÉCRASEUSE
PHRASEUSE
NIAISEUSE
GLAISEUSE
FRAISEUSE
TAMISEUSE
RÉVISEUSE
DIVISEUSE
ARROSEUSE
CHASSEUSE
BRASSEUSE
CRASSEUSE
DRESSEUSE
PRESSEUSE
PLISSEUSE
POISSEUSE
MOUSSEUSE
TOUSSEUSE
COMATEUSE
ACHETEUSE
FURETEUSE
RIVETEUSE
DUVETEUSE
VANITEUSE
CAPITEUSE
VISITEUSE
BRUITEUSE
CHANTEUSE
PLANTEUSE
FEINTEUSE
POINTEUSE
QUINTEUSE
RABOTEUSE
SABOTEUSE
RADOTEUSE
ERGOTEUSE
CAHOTEUSE
MIJOTEUSE
PELOTEUSE
CANOTEUSE
DOMPTEUSE
FLIRTEUSE
AVORTEUSE
AJUSTEUSE
FLATTEUSE
GRATTEUSE
ÉMOTTEUSE
FROTTEUSE
TROTTEUSE
GOUTTEUSE
AFFÛTEUSE
CROÛTEUSE
BLAGUEUSE

DRAGUEUSE
FONGUEUSE
FOUGUEUSE
POLLUEUSE
PLAQUEUSE
BRAQUEUSE
TRAQUEUSE
CHIQUEUSE
TALQUEUSE
CROQUEUSE
TROQUEUSE
MARQUEUSE
PARQUEUSE
VISQUEUSE
TRUQUEUSE
ONCTUEUSE
VULTUEUSE
MONTUEUSE
VERTUEUSE
TORTUEUSE
FASTUEUSE
FLEXUEUSE
ENCAVEUSE
RECEVEUSE
RELEVEUSE
TROUVEUSE
PAGAYEUSE
BALAYEUSE
RELAYEUSE
DÉRAYEUSE
ESSAYEUSE
MAREYEUSE
GIBOYEUSE
TUTOYEUSE
ENVOYEUSE
ENNUYEUSE
ESSUYEUSE
BRONZEUSE
REDIFFUSÉ
TRANSFUSÉ
CI-INCLUSE
CORNEMUSE
TOUNGOUSE
PAUCHOUSE
MILDIOUSÉ
ANDALOUSE
ANDALOUSE
ESPINOUSE
CAMBROUSE
ANACROUSE
LA PÉROUSE
PARAPHYSE
MÉTAPHYSE
HYPOPHYSE
GLYCOLYSE
OSTÉOLYSE
RADIOLYSE

HYDROLYSE
HYDROLYSÉ
PHOTOLYSE
HISTOLYSE
STYLOBATE
HYPERBATE
DUPLICATE
CANDIDATE
BISULFATE
HARROGATE
WATERGATE
ROUERGATE
ROUERGATE
PHOSPHATE
PHOSPHATÉ
IMMÉDIATE
SÉLÉNIATE
ARSÉNIATE
PRUSSIATE
SPARTIATE
CHOCOLATÉ
PHÉNOLATE
CARBAMATE
GLUTAMATE
ASTIGMATE
ACCLIMATÉ
CŒLOMATE
DIPLOMATE
NUMISMATE
MANGANATE
FULMINATE
ALUMINATE
AGÉSINATE
ANTENNATE
CARBONATE
CARBONATÉ
INCARNATE
DISPARATE
DÉMOCRATE
XÉNOCRATE
EUROCRATE
AUTOCRATE
POLYCRATE
RÉHYDRATÉ
SCÉLÉRATE
PERBORATE
ÉROSTRATE
TELLURATE
TUNGSTATE
CATARACTE
DIFFRACTÉ
CONTRACTE
CONTRACTÉ
IDIOLECTE
NOTONECTE
PROSPECTÉ
INDIRECTE

SUCCINCTE
DISTINCTE
DISJONCTÉ
POLYEUCTE
ALPHABÈTE
PENSE-BÊTE
MYSTICÈTE
ÉTRANGETÉ
DÉCACHETÉ
RECACHETÉ
POLYCHÈTE
NOMOTHÈTE
NOTORIÉTÉ
PROPRIÉTÉ
INTERJETÉ
POLYCLÈTE
SOUFFLETÉ
BIATHLÈTE
FEUILLETÉ
DÉCOLLETÉ
ZOOGAMÈTE
HADRUMÈTE
PROXÉNÈTE
DOYENNETÉ
ENTIÈRETÉ
MASSORÈTE
ÉPOUSSETÉ
JOYEUSETÉ
TÊTE-À-TÊTE
HONNÊTETÉ
SERRE-TÊTE
CASSE-TÊTE
APPUI-TÊTE
CACAHUÈTE
PATAOUÈTE
DÉPAQUETÉ
EMPAQUETÉ
ÉCHIQUETÉ
DÉCLAVETÉ
BÊCHEVETÉ
LASCIVETÉ
TARDIVETÉ
REDÉFAITE
SOUS-FAÎTE
NICOLAÏTE
PRÉTRAITÉ
MALTRAITÉ
RENTRAITE
ABSTRAITE
DISTRAITE
WAHHABITE
BARNABITE
TRILOBITE
IMPROBITÉ
CUCURBITE
MORDACITÉ
PUGNACITÉ

9

COMPACITÉ
LOQUACITÉ
JUDAÏCITÉ
MENDICITÉ
NORDICITÉ
PUBLICITÉ
SOLLICITÉ
IMPLICITE
DUPLICITÉ
EXPLICITE
EXPLICITÉ
ATOMICITÉ
SISMICITÉ
HÉROÏCITÉ
LUBRICITÉ
MOTRICITÉ
PRATICITÉ
FACTICITÉ
TACTICITÉ
RUSTICITÉ
CERVICITE
PRÉCOCITÉ
UNIVOCITÉ
SUREXCITÉ
DÉSEXCITÉ
ANALYCITÉ
PRÉMÉDITÉ
ACCRÉDITÉ
MORBIDITÉ
TURBIDITÉ
PLACIDITÉ
SORDIDITÉ
FRIGIDITÉ
LIMPIDITÉ
STUPIDITÉ
HYBRIDITÉ
PUTRIDITÉ
LIQUIDITÉ
GRAVIDITÉ
FÉCONDITÉ
ROTONDITÉ
COMMODITÉ
APHRODITE
APHRODITE
INTERDITE
ABSURDITÉ
TRACHÉITE
SGRAFFITE
DÉSULFITÉ
BISULFITE
DÉCONFITE
MÉNINGITE
LARYNGITE
DÉGURGITÉ
RÉGURGITÉ
INGURGITÉ
MALACHITE
BRONCHITE
RHYNCHITE
PHOSPHITE
GLOBALITÉ
FISCALITÉ
FÉODALITÉ
IRRÉALITÉ
INÉGALITÉ
FRUGALITÉ
GÉNIALITÉ
SÉRIALITÉ
JOVIALITÉ
ANIMALITÉ
FORMALITÉ
NORMALITÉ
ATONALITÉ
CHIRALITÉ
AMORALITÉ
PLURALITÉ
VASSALITÉ
CAUSALITÉ
MENTALITÉ
MORTALITÉ
BRUTALITÉ
ANNUALITÉ
ACTUALITÉ
MUTUALITÉ
SEXUALITÉ
HÉRACLITE
PÉRICLITÉ
ISMAÉLITE
ISRAÉLITE
CARMÉLITE
FIABILITÉ
VIABILITÉ
AMABILITÉ
STABILITÉ
GRACILITÉ
FRAGILITÉ
FÉBRILITÉ
STÉRILITÉ
PUÉRILITÉ
SUBTILITÉ
DUCTILITÉ
GENTILITÉ
FERTILITÉ
HOSTILITÉ
INUTILITÉ
SERVILITÉ
GÉMELLITÉ
SATELLITE
ANABOLITE
LACCOLITE
COCCOLITE
ALVÉOLITE
BATHOLITE
OPHIOLITE
SÉPIOLITE
TRÉMOLITE
PHONOLITE
MICROLITE
FRIVOLITÉ
CRÉDULITÉ
CELLULITE
NUMMULITE
GRANULITE
EXTRÉMITÉ
PHRAGMITE
SUBLIMITÉ
UNANIMITÉ
PROXIMITÉ
DIATOMITE
INFIRMITÉ
MONDANITÉ
MANGANITE
MORGANITE
OBSCÉNITÉ
DUODÉNITE
AUSTÉNITE
INDIGNITÉ
MALIGNITÉ
BÉNIGNITÉ
TENDINITE
VIRGINITÉ
KAOLINITE
URANINITE
LA TRINITÉ
PLATINITE
SYLVINITE
INDEMNITÉ
BÉLEMNITE
SOLENNITÉ
PÉRENNITÉ
ARAGONITE
ESPIONITE
MENNONITE
BENTONITE
AMAZONITE
MODERNITÉ
MATERNITÉ
PATERNITÉ
DÉCRÉPITE
DÉCRÉPITÉ
PRÉCIPITÉ
PRÉCARITÉ
LINÉARITÉ
VULGARITÉ
LA CHARITÉ
SCOLARITÉ
PRIMARITÉ
OVIPARITÉ
DISPARITÉ
CÉLÉBRITÉ
SALUBRITÉ
THÉOCRITE
DÉMOCRITE
HYPOCRITE
PRESCRITE
SANSCRITE
PROSCRITE
SOUSCRITE
CHONDRITE
ANHYDRITE
SINCÉRITÉ
DÉSHÉRITÉ
PRÉTÉRITÉ
URÉTÉRITE
POSTÉRITÉ
AUSTÉRITÉ
DEXTÉRITÉ
INTÉGRITÉ
SANSKRITE
MÉTÉORITE
SÉNIORITÉ
ÉVAPORITE
OBSCURITÉ
MARCASITE
MAGNÉSITE
EXQUISITÉ
IMMENSITÉ
INTENSITÉ
GIBBOSITÉ
VERBOSITÉ
VISCOSITÉ
FONGOSITÉ
CURIOSITÉ
FRILOSITÉ
CALLOSITÉ
VILLOSITÉ
ANIMOSITÉ
SPUMOSITÉ
VEINOSITÉ
ADIPOSITÉ
COMPOSITE
SINUOSITÉ
NERVOSITÉ
ADVERSITÉ
DIVERSITÉ
NÉCESSITÉ
CLÉMATITE
PEGMATITE
MIGMATITE
STOMATITE
DERMATITE
IMPACTITE
MAGNÉTITE
COBALTITE
ARGENTITE
CÉMENTITE
BIPARTITE
INNOCUITÉ

ASSIDUITÉ
ÉCONDUITE
AMBIGUÏTÉ
ABSOLUITÉ
INGÉNUITÉ
OBLIQUITÉ
ANTIQUITÉ
ANTIQUITÉ
INSTRUITE
POURSUITE
CONCAVITÉ
À LA VA-VITE
LONGÉVITÉ
PASSE-VITE
LASCIVITÉ
GINGIVITE
DÉCLIVITÉ
MASSIVITÉ
PASSIVITÉ
ÉMOTIVITÉ
CAPTIVITÉ
FURTIVITÉ
FESTIVITÉ
MOSCOVITE
MOSCOVITE
ROSCOVITE
MUSCOVITE
CONNEXITÉ
CONVEXITÉ
PROLIXITÉ
QUARTZITE
VIREVOLTE
VIREVOLTÉ
SUBADULTE
CATAPULTE
CATAPULTÉ
FLAMBANTE
TITUBANTE
CORYBANTE
MENAÇANTE
RADICANTE
VÉSICANTE
URTICANTE
GRINÇANTE
EXERÇANTE
EXCÉDANTE
OBSÉDANTE
PLAIDANTE
RÉSIDANTE
ABONDANTE
GRONDANTE
EXIGEANTE
FAINÉANTE
FAINÉANTÉ
MÉCRÉANTE
MALSÉANTE
PIAFFANTE
COIFFANTE
BOUFFANTE
ADRAGANTE
DÉLÉGANTE
FATIGANTE
NAVIGANTE
FRINGANTE
ARROGANTE
BACCHANTE
BROCHANTE
MARCHANTE
COUCHANTE
TOUCHANTE
ÉLÉPHANTE
DIOPHANTE
MENDIANTE
ÉTUDIANTE
ÉDIFIANTE
CONFIANTE
DÉPLIANTE
SOURIANTE
GOUALANTE
MEUBLANTE
DOUBLANTE
DÉMÊLANTE
APPELANTE
SIFFLANTE
GONFLANTE
RONFLANTE
SANGLANTE
CINGLANTE
BEUGLANTE
SIBILANTE
JUBILANTE
VIGILANTE
MUTILANTE
RUTILANTE
CAILLANTE
MAILLANTE
SAILLANTE
VAILLANTE
BRILLANTE
BRILLANTÉ
BRANLANTE
AFFOLANTE
DÉSOLANTE
COMPLANTÉ
SUPPLANTÉ
AMBULANTE
ONDULANTE
MODULANTE
ZIEULANTE
GUEULANTE
CANULANTE
CROULANTE
PÉTULANTE
INFAMANTE
DIRIMANTE
CHARMANTE
ALARMANTE
RICANANTE
ALIÉNANTE
ATTENANTE
STAGNANTE
PRÉGNANTE
FAIGNANTE
SAIGNANTE
FEIGNANTE
POIGNANTE
SOIGNANTE
TRAÎNANTE
DOMINANTE
RUMINANTE
ÉTONNANTE
RÉSONANTE
DÉTONANTE
TOURNANTE
DÉCAPANTE
GRIMPANTE
GALOPANTE
FRAPPANTE
CRISPANTE
OCCUPANTE
EFFARANTE
HILARANTE
SIDÉRANTE
COGÉRANTE
TOLÉRANTE
ALTÉRANTE
FLAGRANTE
FRAGRANTE
ÉMIGRANTE
DÉLIRANTE
ASPIRANTE
EXPIRANTE
ATTIRANTE
COLORANTE
IGNORANTE
DÉVORANTE
ABERRANTE
FILTRANTE
RENTRANTE
ENDURANTE
FIGURANTE
SATURANTE
ENIVRANTE
COUVRANTE
ÉCRASANTE
PLAISANTE
PLAISANTÉ
APAISANTE
MÉDISANTE
SINISANTE
IONISANTE
COTISANTE
ÉPUISANTE
DÉPOSANTE
REPOSANTE
IMPOSANTE
OPPOSANTE
EXPOSANTE
CHASSANTE
BLESSANTE
PRESSANTE
NAISSANTE
AGISSANTE
GLISSANTE
PUISSANTE
MOUSSANTE
BLOUSANTE
ÉCLATANTE
DILATANTE
EMBÊTANTE
HALETANTE
VOLETANTE
ENTÊTANTE
TRAITANTE
HABITANTE
DÉBITANTE
RÉCITANTE
EXCITANTE
MILITANTE
MÉRITANTE
IRRITANTE
HÉSITANTE
INVITANTE
EXALTANTE
CHANTANTE
TEINTANTE
SUINTANTE
CAHOTANTE
ÉGROTANTE
PIVOTANTE
ADOPTANTE
EXISTANTE
CONSTANTE
FLOTTANTE
FROTTANTE
DÉBUTANTE
REBUTANTE
ÉCOUTANTE
POLLUANTE
CLAQUANTE
CRAQUANTE
MANQUANTE
CINQUANTE
CHOQUANTE
CROQUANTE
MARQUANTE
DÉCEVANTE
ARRIVANTE

MOTIVANTE
ESTIVANTE
INNOVANTE
ÉNERVANTE
ADJUVANTE
ÉMOUVANTE
ÉPOUVANTE
ÉPOUVANTÉ
RELAXANTE
BÉGAYANTE
ONDOYANTE
ENNUYANTE
BRONZANTE
ADJACENTE
INDÉCENTE
RÉTICENTE
INNOCENTE
INNOCENTÉ
ACESCENTE
DÉCADENTE
ACCIDENTÉ
INCIDENTE
STRIDENTE
RÉSIDENTE
IMPUDENTE
INDIGENTE
DILIGENTE
DILIGENTÉ
AGRIGENTE
RÉARGENTÉ
ÉMERGENTE
FARNIENTE
RÉORIENTÉ
BIVALENTE
DIVALENTE
COVALENTE
INDOLENTE
INSOLENTE
FÉCULENTE
VIRULENTE
PURULENTE
VÉHÉMENTE
ORNEMENTÉ
PAREMENTÉ
AGRÉMENTÉ
FRAGMENTÉ
SÉDIMENTÉ
BONIMENTÉ
TOURMENTE
TOURMENTÉ
DOCUMENTÉ
ARGUMENTÉ
RÉMANENTE
IMMANENTE
IMMINENTE
DÉPONENTE
PARAPENTE

CHARPENTE
CHARPENTÉ
APPARENTE
APPARENTÉ
DÉFÉRENTE
AFFÉRENTE
EFFÉRENTE
ADHÉRENTE
INHÉRENTE
COHÉRENTE
PÉNITENTE
RÉNITENTE
IMPOTENTE
AFFLUENTE
EFFLUENTE
INFLUENTE
FRÉQUENTE
FRÉQUENTÉ
ÉLOQUENTE
BENAVENTE
TÉLÉVENTE
RÉINVENTÉ
PRÉCEINTE
ENFREINTE
EMPREINTE
RÉTREINTE
ASTREINTE
CONJOINTE
BAS-JOINTÉ
DISJOINTE
TRÉPOINTE
AQUATINTE
DESSUINTÉ
CRÉODONTE
HOMODONTE
PARODONTE
SÉLINONTE
CONFRONTÉ
DISCOUNTÉ
REMPRUNTÉ
GARDE-CÔTE
ENTRECÔTE
PENTECÔTE
TRAFICOTÉ
MASSICOTÉ
MENDIGOTE
MENDIGOTÉ
REDINGOTE
OSTROGOTE
PTÉRYGOTE
CATAPHOTE
PSALLIOTE
ISCARIOTE
CONDRIOTE
SAN-PRIOTE
CHYPRIOTE
CHYPRIOTE

CASTRIOTE
TREMBLOTE
TREMBLOTÉ
RUITELOTE
PAPILLOTE
PAPILLOTÉ
BERGAMOTE
PROGÉNOTE
HUGUENOTE
PIQUE-NOTE
SOLOGNOTE
SOLOGNOTE
POLYGNOTE
LANZAROTE
GRAVEROTE
THIZEROTE
ASYMPTOTE
EUCARYOTE
OVISCAPTE
DÉSADAPTÉ
MÉSADAPTÉ
PRÉCOMPTE
PRÉCOMPTÉ
DISCOMPTE
DISCOMPTÉ
TÉLÉCARTE
MENU-CARTE
MALAPARTE
BONAPARTE
CALAFERTE
SOUFFERTE
INEXPERTE
MAIN-FORTE
MAINMORTE
HÉLIPORTÉ
RÉIMPORTÉ
AÉROPORTÉ
RÉEXPORTÉ
OUDMOURTE
SCOLIASTE
PÉDÉRASTE
CONTRASTE
CONTRASTÉ
IMMODESTE
MANIFESTE
MANIFESTÉ
ALMAGESTE
INDIGESTE
ADMONESTÉ
HÉBRAÏSTE
VÉPÉCISTE
VÉTÉCISTE
VÉLOCISTE
MOTOCISTE
EXORCISTE
MÉLODISTE
PARODISTE

SARODISTE
CANOÉISTE
ISOSÉISTE
PASSÉISTE
PACIFISTE
BAGAGISTE
MÉNAGISTE
GARAGISTE
VISAGISTE
VOYAGISTE
DIRIGISTE
ORANGISTE
PERCHISTE
GAUCHISTE
GRAPHISTE
KAYAKISTE
STOCKISTE
CABALISTE
IDÉALISTE
LÉGALISTE
PÉNALISTE
FINALISTE
ANNALISTE
MORALISTE
BURALISTE
MURALISTE
FATALISTE
NATALISTE
VITALISTE
LOYALISTE
ROYALISTE
MODÉLISTE
PUGILISTE
NIHILISTE
SIMILISTE
CIVILISTE
DUELLISTE
GAULLISTE
SIMPLISTE
FABULISTE
POPULISTE
ISLAMISTE
DYNAMISTE
CÉRAMISTE
POLÉMISTE
INTIMISTE
OPTIMISTE
PSALMISTE
ALARMISTE
URBANISTE
MÉCANISTE
ORGANISTE
ROMANISTE
HUMANISTE
SATANISTE
BOTANISTE
EUGÉNISTE

ALIÉNISTE
CHAÎNISTE
MOLINISTE
FÉMINISTE
LUMINISTE
LÉNINISTE
ALPINISTE
BURINISTE
FUSINISTE
LATINISTE
HÉDONISTE
UNIONISTE
CANONISTE
PÉRONISTE
SAMBOÏSTE
BANJOÏSTE
TRAPPISTE
TRAPPISTE
HORS-PISTE
RADARISTE
MÉHARISTE
GOMARISTE
SITARISTE
LAZARISTE
LIBÉRISTE
ACIÉRISTE
GALERISTE
CAMÉRISTE
EMPIRISTE
SATIRISTE
RIGORISTE
COLORISTE
HUMORISTE
MOTORISTE
CENTRISTE
CONTRISTÉ
CASTRISTE
FLEURISTE
NATURISTE
FUTURISTE
KINÉSISTE
GROSSISTE
DONATISTE
CÉDÉTISTE
CÉGÉTISTE
QUIÉTISTE
ARRÊTISTE
VÉTÉTISTE
DROITISTE
FRONTISTE
ARGOTISTE
CHARTISTE
DUETTISTE
SALUTISTE
LINGUISTE
DROGUISTE
UBIQUISTE
BANQUISTE
TRUQUISTE
ALTRUISTE
ARRIVISTE
ACTIVISTE
ARIOVISTE
PRÉEXISTÉ
TÉLEXISTE
ESSAYISTE
LOBBYISTE
TREIZISTE
QUINZISTE
VAL D'AOSTE
TARABUSTÉ
DIPNEUSTE
DÉSAJUSTÉ
LANGOUSTE
MANGOUSTE
LABROUSTE
PROCRUSTE
AMÉTHYSTE
CHANLATTE
GUÉPRATTE
LYCABETTE
COURBETTE
GRANDETTE
ESTAFETTE
BOUFFETTE
MOUFFETTE
ORANGETTE
COURGETTE
FLÉCHETTE
FRÉCHETTE
MANCHETTE
MANCHETTE
CLOCHETTE
BROCHETTE
COUCHETTE
DOUCHETTE
MOUCHETTE
SOUCHETTE
NYMPHETTE
OUBLIETTE
PAUPIETTE
GLORIETTE
SARRIETTE
SERVIETTE
MAUVIETTE
LA SALETTE
LA VALETTE
SARCLETTE
BOUCLETTE
ÉCHELETTE
PIPELETTE
APPELETTE
CÔTELETTE
SQUELETTE
RUFFLETTE
GONFLETTE
MOUFLETTE
BIELLETTE
CAILLETTE
PAILLETTE
ŒILLETTE
VRILLETTE
NICOLETTE
MIMOLETTE
TRIPLETTE
SIMPLETTE
STARLETTE
ÉPAULETTE
MOBYLETTE
GOURMETTE
CHAUMETTE
ALLUMETTE
ORCANETTE
CADENETTE
PEIGNETTE
LORGNETTE
CHAÎNETTE
BOBINETTE
MIDINETTE
ERMINETTE
SAPINETTE
SERINETTE
PATINETTE
SATINETTE
DEVINETTE
JEANNETTE
GALIPETTE
TREMPETTE
GRIMPETTE
TROMPETTE
ESCOPETTE
SALOPETTE
HOUPPETTE
À PERPETTE
CIGARETTE
SOUBRETTE
QUADRETTE
CAUDRETTE
POUDRETTE
SUPÉRETTE
GAUFRETTE
CLAIRETTE
MAJORETTE
PROPRETTE
CHARRETTE
BOURRETTE
RISTRETTE
FLEURETTE
SŒURETTE
AMOURETTE
MESURETTE
CHEVRETTE
PAUVRETTE
ŒUVRETTE
BRAISETTE
SANISETTE
CROISETTE
PARISETTE
ÉPUISETTE
CAISSETTE
GLOSSETTE
POUSSETTE
ROUSSETTE
INFUSETTE
QUINTETTE
QUARTETTE
BRAGUETTE
LANGUETTE
LINGUETTE
RINGUETTE
LONGUETTE
MAROUETTE
GIROUETTE
PIROUETTE
PIROUETTÉ
CLAQUETTE
PLAQUETTE
SOCQUETTE
CLIQUETTE
BRIQUETTE
ÉTIQUETTE
BANQUETTE
CROQUETTE
BARQUETTE
MARQUETTE
TURQUETTE
CASQUETTE
DISQUETTE
ROUQUETTE
STATUETTE
ÉCHEVETTE
LA FAYETTE
LAFAYETTE
BALAYETTE
BRONZETTE
PALAFITTE
TIRE-BOTTE
WYANDOTTE
MANGEOTTÉ
BOUGEOTTE
CHOCHOTTE
MOUCHOTTE
CHEVIOTTE
DÉCALOTTÉ
GIBELOTTE
VITELOTTE
ÉPIGLOTTE
CHARLOTTE

CHARLOTTE
DÉCULOTTÉ
RECULOTTÉ
GNOGNOTTE
GÉLINOTTE
CAGEROTTE
THOUROTTE
ROULEAUTÉ
PANNEAUTÉ
CHAPEAUTÉ
POIREAUTÉ
CARREAUTÉ
TERREAUTÉ
NOUVEAUTÉ
SANS-FAUTE
AQUANAUTE
ARGONAUTE
AÉRONAUTE
TRESSAUTÉ
DÉLOYAUTÉ
DÉNOYAUTÉ
PERSÉCUTÉ
INEXÉCUTÉ
RÉPERCUTÉ
REDISCUTÉ
INDISCUTÉ
CRAPAHUTÉ
PARACHUTE
PARACHUTÉ
CONVOLUTÉ
COPERMUTÉ
TRANSMUTÉ
MARABOUTÉ
SURAJOUTÉ
CAILLOUTÉ
RAIL-ROUTE
INFOROUTE
AUTOROUTE
PONT-ROUTE
DÉMAZOUTÉ
PARATEXTE
TÉLÉTEXTE
HORS-TEXTE
LEUCOCYTE
OSTÉOCYTE
PHAGOCYTE
PHAGOCYTÉ
MYÉLOCYTE
FIBROCYTE
MASTOCYTE
LYCOPHYTE
HALOPHYTE
XÉROPHYTE
PYROPHYTE
BRYOPHYTE
PROSÉLYTE
AMPHOLYTE

HIPPOLYTE
CONTRIBUÉ
DISTRIBUÉ
INVAINCUE
PRÉCONÇUE
INAPERÇUE
DESCENDUE
SUSPENDUE
INÉTENDUE
PRÉTENDUE
DISTENDUE
SURVENDUE
CONFONDUE
PARFONDUE
MORFONDUE
SURFONDUE
DISTORDUE
DEMI-QUEUE
MINI-VAGUE
TOUARÈGUE
BOURDIGUE
DÉFATIGUÉ
PROMULGUÉ
NOVLANGUE
SPATANGUE
CRADINGUE
VALDINGUÉ
MANDINGUE
MANDINGUE
POUDINGUE
MOUJINGUE
ÉTALINGUÉ
DÉGLINGUE
DÉGLINGUÉ
SCHLINGUÉ
UNILINGUE
TRILINGUE
CARLINGUE
BURLINGUE
GRONINGUE
EMBRINGUÉ
HIRSINGUE
WASSINGUE
DISTINGUÉ
BERZINGUE
BARLONGUE
PÉDAGOGUE
DÉMAGOGUE
SYNAGOGUE
DÉCALOGUE
CATALOGUE
CATALOGUÉ
MYCOLOGUE
PÉDOLOGUE
PODOLOGUE
LUDOLOGUE
IDÉOLOGUE

ÉTHOLOGUE
HOMOLOGUE
HOMOLOGUÉ
POMOLOGUE
ŒNOLOGUE
SINOLOGUE
MONOLOGUE
MONOLOGUÉ
VIROLOGUE
SITOLOGUE
SEXOLOGUE
LAIMARGUE
BOUTARGUE
POUTARGUE
DOUMERGUE
BARBICHUE
SURÉVALUÉ
PLUS-VALUE
MELLIFLUE
SUPERFLUE
IRRÉSOLUE
VERMOULUE
SAUGRENUE
CODÉTENUE
MAINTENUE
REDEVENUE
BIENVENUE
BIENVENÜE
BISCORNUE
GARDE-BOUE
MANDCHOUE
MANDCHOUE
DÉSÉCHOUÉ
LOUVETOUE
CORROMPUE
CARDIAQUE
ÉLÉGIAQUE
CŒLIAQUE
BOSNIAQUE
BOSNIAQUE
THÉRIAQUE
TÉLÉMAQUE
LYSIMAQUE
LYSIMAQUE
ESTOMAQUÉ
TOTONAQUE
CHABRAQUE
BIVOUAQUÉ
ZOOTHÈQUE
QUELLE QUE
MALGRÉ QUE
THÉBAÏQUE
ARCHAÏQUE
HÉBRAÏQUE
PROSAÏQUE
DELTAÏQUE
VOLTAÏQUE

VOLTAÏQUE
STRABIQUE
ALAMBIQUÉ
RHOMBIQUE
SILICIQUE
FRANCIQUE
EUTOCIQUE
VANADIQUE
LIPIDIQUE
VÉRIDIQUE
JURIDIQUE
FATIDIQUE
FLUIDIQUE
DRUIDIQUE
SCALDIQUE
MÉLODIQUE
MONODIQUE
SYNODIQUE
PARODIQUE
CLAUDIQUÉ
PALUDIQUE
IMPUDIQUE
NUCLÉIQUE
CHORÉIQUE
EXORÉIQUE
PROTÉIQUE
MALÉFIQUE
BÉNÉFIQUE
PACIFIQUE
PACIFIQUE
MIRIFIQUE
TABAGIQUE
PÉLAGIQUE
NURAGIQUE
ILLOGIQUE
ÉNERGIQUE
GÉORGIQUE
COLCHIQUE
PSYCHIQUE
ÉDAPHIQUE
GRAPHIQUE
TROPHIQUE
PYRRHIQUE
APATHIQUE
ALÉTHIQUE
XANTHIQUE
BENTHIQUE
SCYTHIQUE
VOCALIQUE
ORDALIQUE
PHTALIQUE
JAMBLIQUE
ACYCLIQUE
ANGÉLIQUE
ANGÉLIQUE
FAMÉLIQUE
OMBILIQUÉ

BASILIQUE
PHALLIQUE
IDYLLIQUE
BUCOLIQUE
MAÏOLIQUE
MAJOLIQUE
COMPLIQUÉ
RAPPLIQUÉ
SUPPLIQUE
ABOULIQUE
BOTULIQUE
ÉTHYLIQUE
ALLYLIQUE
VINYLIQUE
ACRYLIQUE
BUTYLIQUE
OGHAMIQUE
ISLAMIQUE
DYNAMIQUE
CÉRAMIQUE
RACÉMIQUE
ENDÉMIQUE
POLÉMIQUE
POLÉMIQUÉ
BARÉMIQUE
TOTÉMIQUE
ISTHMIQUE
RYTHMIQUE
GÉNOMIQUE
CHROMIQUE
THERMIQUE
PLASMIQUE
SÉISMIQUE
ASISMIQUE
VOLUMIQUE
MÉCANIQUE
OCÉANIQUE
ORGANIQUE
MÉLANIQUE
LÉMANIQUE
CORANIQUE
SATANIQUE
TÉTANIQUE
TITANIQUE
BOTANIQUE
EUGÉNIQUE
STHÉNIQUE
GALÉNIQUE
SÉLÉNIQUE
SPLÉNIQUE
PHRÉNIQUE
ARSÉNIQUE
TECHNIQUE
ALGINIQUE
ACLINIQUE
DOMINIQUE
ACTINIQUE
STANNIQUE
BUBONIQUE
LACONIQUE
THIONIQUE
ANIONIQUE
AVIONIQUE
MALONIQUE
SALONIQUE
CANONIQUE
VÉRONIQUE
VÉRONIQUE
CHRONIQUE
CÉTONIQUE
TOURNIQUÉ
DIAZOÏQUE
BENZOÏQUE
OLYMPIQUE
STEPPIQUE
STÉARIQUE
AMHARIQUE
AMHARIQUE
QUADRIQUE
SPHÉRIQUE
VALÉRIQUE
COLÉRIQUE
HOMÉRIQUE
NUMÉRIQUE
GÉNÉRIQUE
ICTÉRIQUE
ENTÉRIQUE
EMPIRIQUE
SATIRIQUE
THÉORIQUE
CALORIQUE
CHLORIQUE
PYLORIQUE
ARMORIQUE
BOURRIQUE
TANTRIQUE
TARTRIQUE
GASTRIQUE
DYSURIQUE
CUIVRIQUE
SATYRIQUE
BUTYRIQUE
BIBASIQUE
DIBASIQUE
INCASIQUE
APHASIQUE
TRIASIQUE
GÉNÉSIQUE
AMNÉSIQUE
PHTISIQUE
MYCOSIQUE
AGNOSIQUE
CLASSIQUE
PRUSSIQUE
HYDATIQUE
ÉLÉATIQUE
SCIATIQUE
ASIATIQUE
ASIATIQUE
HÉMATIQUE
NÉMATIQUE
SOMATIQUE
FANATIQUE
AGNATIQUE
LUNATIQUE
HÉPATIQUE
ERRATIQUE
ASTATIQUE
EXTATIQUE
AQUATIQUE
SMECTIQUE
DÉICTIQUE
TABÉTIQUE
ASCÉTIQUE
EIDÉTIQUE
MIMÉTIQUE
COMÉTIQUE
GÉNÉTIQUE
CINÉTIQUE
MONÉTIQUE
HÉRÉTIQUE
ASCITIQUE
POLITIQUE
SÉMITIQUE
NÉRITIQUE
LÉVITIQUE
QUANTIQUE
IDENTIQUE
DÉONTIQUE
CHAOTIQUE
ROBOTIQUE
ONCOTIQUE
ARGOTIQUE
ABIOTIQUE
MÉIOTIQUE
NILOTIQUE
DÉMOTIQUE
DOMOTIQUE
OSMOTIQUE
MITOTIQUE
SCEPTIQUE
ASEPTIQUE
GLYPTIQUE
CRYPTIQUE
CLASTIQUE
ÉLASTIQUE
PLASTIQUE
PLASTIQUÉ
DRASTIQUE
AVESTIQUE
ÉRISTIQUE
GNOSTIQUE
KARSTIQUE
CAUSTIQUE
MOUSTIQUE
GLOTTIQUE
INCIVIQUE
APRAXIQUE
INTOXIQUÉ
EFFLANQUÉ
REQUINQUÉ
QUICONQUE
GONOCOQUE
MONOCOQUE
SOLILOQUE
SOLILOQUÉ
AMERLOQUE
ÉQUIVOQUE
ÉQUIVOQUÉ
REMBARQUÉ
OLIGARQUE
ETHNARQUE
HIPPARQUE
HIÉRARQUE
PÉTRARQUE
TÉTRARQUE
ANASARQUE
PLUTARQUE
DUNKERQUE
TENDASQUE
FANTASQUE
ARABESQUE
SIMIESQUE
BURLESQUE
FAUNESQUE
INGRESQUE
MAURESQUE
LIVRESQUE
DANTESQUE
GROTESQUE
GAGUESQUE
TANDIS QUE
CONFISQUÉ
ODALISQUE
OBÉLISQUE
LENTISQUE
DEPUIS QUE
MOLLUSQUE
CHIBOUQUE
SOULOUQUE
CLÉROUQUE
GALÉRUQUE
POURVU QUE
PARONYQUE
TRIPTYQUE
RÉAPPARUE
INCONGRUE
PARCOURUE

COURBATUE
RÉHABITUÉ
SUBSTITUÉ
CONSTITUÉ
PROSTITUÉ
COMBATTUE
LONGUE-VUE
DÉPOURVUE
REPOURVUE
AMBISEXUÉ
RAT-DE-CAVE
BICONCAVE
LATICLAVE
AUTOCLAVE
VILLENAVE
BETTERAVE
LANDGRAVE
PARASCÈVE
PARACHEVÉ
GENEVIÈVE
CHAMPLEVÉ
ANTIGRÈVE
OVERDRIVE
BELLERIVE
RÉPULSIVE
IMPULSIVE
RÉVULSIVE
EXPANSIVE
DÉFENSIVE
OFFENSIVE
INTENSIVE
EXTENSIVE
IMPLOSIVE
EXPLOSIVE
CORROSIVE
IMMERSIVE
DÉTERSIVE
RÉCURSIVE
RÉCESSIVE
EXCESSIVE
AGRESSIVE
JOUISSIVE
OCCLUSIVE
INCLUSIVE
EXCLUSIVE
EXTRUSIVE
COMBATIVE
SICCATIVE
FRICATIVE
ÉDUCATIVE
LAUDATIVE
PURGATIVE
RADIATIVE
FORMATIVE
NORMATIVE
LUCRATIVE
ITÉRATIVE

NARRATIVE
ÉPURATIVE
CAUSATIVE
IMITATIVE
TENTATIVE
CAPTATIVE
PORTATIVE
GUSTATIVE
PRIVATIVE
OLFACTIVE
SURACTIVÉ
DÉSACTIVÉ
DÉFECTIVE
AFFECTIVE
EFFECTIVE
OBJECTIVE
OBJECTIVÉ
ADJECTIVE
ADJECTIVÉ
BIJECTIVE
INJECTIVE
SÉLECTIVE
DIRECTIVE
DÉTECTIVE
INVECTIVE
INVECTIVÉ
ADDICTIVE
DÉDUCTIVE
INDUCTIVE
EXPLÉTIVE
PRIMITIVE
DORMITIVE
COGNITIVE
APÉRITIVE
NUTRITIVE
SENSITIVE
FACTITIVE
PARTITIVE
INTUITIVE
ATTENTIVE
ADVENTIVE
INVENTIVE
PLAINTIVE
CRAINTIVE
RÉCEPTIVE
DIGESTIVE
ARBUSTIVE
EXÉCUTIVE
ÉVOLUTIVE
RÉFLEXIVE
INOBSERVÉ
INÉPROUVÉ
CONTROUVÉ
PARALLAXE
BASSE-SAXE
DÉSINDEXÉ
CACHE-SEXE

BICONVEXE
ORTHODOXE
DÉSENRAYÉ
REDÉPLOYÉ
RÉEMPLOYÉ
INEMPLOYÉ
DÉGRAVOYÉ
MILLEVOYE
DÉSENNUYÉ
ASHKÉNAZE
ASHKÉNAZE
MYCORHIZE
CHIMPANZÉ
ZUGSPITZE
TOUNGOUZE
TITELOUZE
TCHARCHAF
ROAST-BEEF
FRANC-FIEF
BAS-RELIEF
SPATIONEF
CHIRIAEFF
GURDJIEFF
POLNAREFF
KIRCHHOFF
POLIAKOFF
KORSAKOFF
NAUNDORFF
HAUSDORFF
RUHMKORFF
ANTIGÉLIF
HAMMAM-LIF
DEMI-TARIF
PERSUASIF
DISSUASIF
COMPULSIF
PROPULSIF
CONVULSIF
SUSPENSIF
DISPERSIF
SUBVERSIF
DISCURSIF
SUCCESSIF
CONCESSIF
PROCESSIF
DÉGRESSIF
RÉGRESSIF
DÉPRESSIF
RÉPRESSIF
IMPRESSIF
OPPRESSIF
EXPRESSIF
POSSESSIF
PERMISSIF
CONCLUSIF
INDICATIF
RÉCRÉATIF

AGRÉGATIF
ABROGATIF
PALLIATIF
AMPLIATIF
CUMULATIF
ANNULATIF
COPULATIF
ESTIMATIF
NOMINATIF
INTONATIF
INCHOATIF
FÉDÉRATIF
GÉNÉRATIF
IMPÉRATIF
ADMIRATIF
ROBORATIF
DÉCORATIF
PÉJORATIF
MINORATIF
BOURRATIF
FIGURATIF
DÉPURATIF
ACCUSATIF
VÉGÉTATIF
DUBITATIF
RÉCITATIF
INCITATIF
MÉDITATIF
LIMITATIF
CARITATIF
IRRITATIF
ADAPTATIF
ÉVALUATIF
DÉRIVATIF
RÉTRACTIF
ATTRACTIF
EXTRACTIF
PROFECTIF
PERFECTIF
SUBJECTIF
PROJECTIF
SURJECTIF
COLLECTIF
CONNECTIF
RESPECTIF
CORRECTIF
PRÉDICTIF
AFFLICTIF
EXTINCTIF
INJONCTIF
PRODUCTIF
COMPLÉTIF
SUPPLÉTIF
CAPACITIF
COERCITIF
EXPÉDITIF
DÉFINITIF

INFINITIF
TRANSITIF
RÉPÉTITIF
PENDENTIF
PRÉVENTIF
PERCEPTIF
DISRUPTIF
SUGGESTIF
CONGESTIF
EXHAUSTIF
RÉSOLUTIF
DÉVOLUTIF
INVOLUTIF
DIMINUTIF
VILLEJUIF
TEMPELHOF
OBERKAMPF
DÜBENDORF
PUFENDORF
ROTHÉNEUF
PAIMBŒUF
NEMRUT DAG
BUNDESTAG
REICHSTAG
GRUNDTVIG
SCHLESWIG
PALEMBANG
HU YAOBANG
WATERGANG
ZHANJIANG
PINGXIANG
TIMUR LANG
BOOMERANG
MINNESANG
CAPESTANG
ZAOZHUANG
PYONGYANG
YINGCHENG
LIAOCHENG
SOUS-SEING
PACKAGING
DAODEJING
GIESEKING
TAO-TÖ-KING
DARJILING
SCHELLING
UPWELLING
SCHILLING
HAMERLING
MAYERLING
HAPPENING
COCOONING
DE KOONING
CANYONING
TOURCOING
BOURGOING
SHAMPOING

LINKÖPING
JÖNKÖPING
STRAPPING
STRIPPING
JIANG QING
CHONGQING
PICKERING
SEMMERING
FACTORING
BOW-STRING
MARKETING
REWRITING
REVOLVING
MAO ZEDONG
GUANGDONG
ARMSTRONG
KIM IL-SONG
KAOHSIUNG
CHANTOUNG
SHANTOUNG
KIM IL-SUNG
KRIVOÏ-ROG
ENGELBERG
SPIELBERG
INSELBERG
DAREMBERG
NUREMBERG
SCHOMBERG
BABENBERG
ROSENBERG
GUTENBERG
STEINBERG
SCHÖNBERG
STERNBERG
SPITSBERG
SPITZBERG
MERSEBURG
SASOLBURG
LUXEMBURG
OLDENBURG
LUNENBURG
LAUENBURG
WOLFSBURG
VICKSBURG
FLENSBURG
ÉDIMBOURG
ORENBOURG
CHERBOURG
BOURBOURG
HABSBOURG
PRESBOURG
AUGSBOURG
SALZBOURG
NADER CHAH
ZAHER CHAH
NADIR CHAH
PADISCHAH

HEZBOLLAH
AYATOLLAH
KERKENNAH
MANSOURAH
MERLEBACH
RODENBACH
OFFENBACH
STERNBACH
FEUERBACH
LONG BEACH
PALM BEACH
RORSCHACH
MAIL-COACH
EL-HARRACH
ABER-VRAC'H
ABER-WRACH
MARRAKECH
FRIEDRICH
GREENWICH
BULL-FINCH
HASCHISCH
TEST-MATCH
MALEVITCH
HINDU KUCH
WALBRZYCH
NARGHILEH
ALTYNTAGH
MOSSADEGH
BOBSLEIGH
LINDBERGH
KRYVYÏ RIH
PHNOM PENH
HÔ CHI MINH
GÜTERSLOH
GILGAMESH
CAVENDISH
KARKEMISH
FELDSPATH
ÉLISABETH
ELIZABETH
GALBRAITH
HINDEMITH
GOLDSMITH
HIGHSMITH
HOLLERITH
OSTROGOTH
CORNFORTH
FORT WORTH
BELZÉBUTH
TYNEMOUTH
DARTMOUTH
KARATCHAÏ
SUKHOTHAI
CHOU EN-LAI
ZHOU ENLAI
CHIANGMAI
TOMAKOMAI

SZAPOLYAI
CHISASIBI
FIBONACCI
RACCOURCI
SANS-SOUCI
APRÈS-MIDI
AVANT-MIDI
GARIBALDI
BARTHOLDI
JABORANDI
RESPLENDI
ABASOURDI
WATERZOEI
QADHDHAFI
MUROMACHI
YOKKAICHI
RAFRAÎCHI
DÉFRAÎCHI
REBLANCHI
AFFRANCHI
CERNUSCHI
YAMAGUCHI
KAWAGUCHI
MIZOGUCHI
TSUBOUCHI
QUARENGHI
FUNABASHI
TOYOHASHI
HIDEYOSHI
ZHU RONGJI
CHATTERJI
AMAGASAKI
CHIGASAKI
SHIMAZAKI
KURASHIKI
BEREZNIKI
PILSUDSKI
BOLTANSKI
BIELINSKI
KRASINSKI
TARKOVSKI
JOUKOVSKI
CHKLOVSKI
OSTROVSKI
LAVROVSKI
LANDOWSKI
MINKOWSKI
STOKOWSKI
DABROWSKI
GROTOWSKI
TAKATSUKI
PATAÑJALI
KATHAKALI
HAYDAR ALI
AL-GHAZALI
AL-RHAZALI
PRÉÉTABLI

DJIDJELLI
FARINELLI
ANTONELLI
GRAPPELLI
RASTRELLI
LOCATELLI
ACCUEILLI
RECUEILLI
BERNOULLI
STROMBOLI
PIZZAIOLI
GALLIPOLI
PATCHOULI
VOX POPULI
MULTATULI
CARISSIMI
BECCAFUMI
SOUKHOUMI
KISANGANI
AL-BATTANI
AL-BARZANI
LILANGENI
CHERUBINI
COMENCINI
CAVALLINI
ANGIOLINI
MUSSOLINI
PRATOLINI
BORROMINI
TOSCANINI
CONTARINI
BARBERINI
VITTORINI
SEGANTINI
RICCOBONI
ANTONIONI
LAZZARONI
ÇAKYAMUNI
HORS-LA-LOI
SUREMPLOI
DÉCRET-LOI
WATERZOOI
PIED-DE-ROI
CHARLEROI
QUANT-À-SOI
LIU SHAOQI
AHTISAARI
RICERCARI
RASTAFARI
PORTINARI
CARBONARI
NÉFERTARI
CHARIVARI
ADAPAZARI
SCALIGERI
CAVALIERI
BARATIERI

DE GASPERI
CERVETERI
A FORTIORI
RUWENZORI
POT-POURRI
MAIDUGURI
AL-NIMAYRI
KOUTAÏSSI
OUROUMTSI
PIZZICATI
KAMARHATI
PRAJAPATI
BERBERATI
AMARAVATI
SERENGETI
NÉFERTITI
YPSILANTI
APPESANTI
PRESSENTI
SANS-PARTI
AUDIBERTI
RÉASSORTI
RÉINVESTI
LOCHRISTI
ANTICOSTI
TOGLIATTI
SCARLATTI
SALICETTI
SACCHETTI
CECCHETTI
SPAGHETTI
ASSUJETTI
MARINETTI
GRUPPETTI
UNGARETTI
DONIZETTI
ANDREOTTI
MATTEOTTI
PAVAROTTI
GUARDAFUI
NANDA DEVI
POURSUIVI
INASSOUVI
RADIO-TAXI
MBUJI-MAYI
PODGORNYÏ
ORHAN GAZI
OSMAN GAZI
BUTHELEZI
PAPARAZZI
SANANDADJ
AL-HALLADJ
ZONGULDAK
PONTIANAK
GURU NANAK
PASTERNAK
SKAGERRAK

FLASH-BACK
GERNSBACK
BLACK JACK
UNION JACK
HALF-TRACK
UHLENBECK
STEINBECK
SCHIRMECK
MCCORMICK
BRUNSWICK
SWEELINCK
STEINBOCK
HITCHCOCK
INTERLOCK
AYERS ROCK
WOODSTOCK
KLOPSTOCK
OSNABRÜCK
INNSBRUCK
ETTERBEEK
RUYSBROEK
GRAND TREK
WLOCLAWEK
DUBROVNIK
REYKJAVÍK
BOLCHEVIK
MENCHEVIK
LONG DRINK
SOFT-DRINK
BREENDONK
SPRINGBOK
FLOCK-BOOK
PRESS-BOOK
BIALYSTOK
ANTIQUARK
PATCHWORK
NORTH YORK
BOBROUÏSK
PEREVALSK
SLAVIANSK
SLOVIANSK
MOURMANSK
DZERJINSK
KOUZNETSK
PLESSETSK
TRANSVAAL
TOJOLABAL
HASDRUBAL
OMBILICAL
BASILICAL
ARSENICAL
DOMINICAL
PROVENÇAL
PROVENÇAL
HOMOFOCAL
VIRILOCAL
PYRAMIDAL

DISCOÏDAL
CYCLOÏDAL
COLLOÏDAL
ETHMOÏDAL
SPIROÏDAL
SEX-APPEAL
NACHTIGAL
PHARYNGAL
THÉOLOGAL
WASQUEHAL
TRIOMPHAL
CATARRHAL
EMMENTHAL
EMMENTHAL
ADVERBIAL
PRÉSIDIAL
COLLÉGIAL
UROPYGIAL
BRANCHIAL
MARSUPIAL
PRÉTORIAL
ÉDITORIAL
GYMNASIAL
ECCLÉSIAL
PRIMATIAL
IMPARTIAL
SYNCYTIAL
CONVIVIAL
VICÉSIMAL
CÉGÉSIMAL
PRUD'HOMAL
RIBOSOMAL
BAPTISMAL
PONT-CANAL
ARTISANAL
CAB-SIGNAL
MÉDICINAL
OFFICINAL
LIBIDINAL
ANACLINAL
SYNCLINAL
ISOCLINAL
ABDOMINAL
BINOMINAL
DOCTRINAL
MATUTINAL
ÉCHEVINAL
TRICENNAL
CENTENNAL
SEPTENNAL
DÉCAGONAL
HEXAGONAL
OCTOGONAL
POLYGONAL
PIPÉRONAL
POLYTONAL
SHOGOUNAL

MUNICIPAL
PRINCIPAL
ÉPISCOPAL
PALPÉBRAL
VERTÉBRAL
SÉPULCRAL
CATHÉDRAL
BICAMÉRAL
PUERPÉRAL
BILATÉRAL
CANAVERAL
ANTIVIRAL
STERCORAL
ÉLECTORAL
DIAMÉTRAL
GÉOMÉTRAL
CADASTRAL
ANCESTRAL
MAGISTRAL
CLAUSTRAL
PÉRIDURAL
INAUGURAL
COMMENSAL
ANTÉNATAL
PÉRINATAL
POSTNATAL
DIALECTAL
OCCIPITAL
BICIPITAL
L'HOSPITAL
SIMMENTAL
WUPPERTAL
PIÉDESTAL
SPIRITUAL
AÉRONAVAL
SOURDEVAL
MORIENVAL
DAUBERVAL
PARADOXAL
MONT-ROYAL
PORT-ROYAL
ZOROBABEL
FELDWEBEL
PACHELBEL
LE CANADEL
FERNANDEL
JEAN BODEL
DAVID-NEEL
SILICAGEL
KITZBÜHEL
PROGICIEL
PUBLICIEL
MATRICIEL
ACTANCIEL
ARC-EN-CIEL
ACTUARIEL
SENSORIEL

TENSORIEL
FACTORIEL
SECTORIEL
VECTORIEL
MERCURIEL
DÉMENTIEL
CARENTIEL
ESSENTIEL
POTENTIEL
LESSIVIEL
MISPICKEL
SCHNORKEL
BAR-HILLEL
HASSI RMEL
DESCHANEL
LÉSIONNEL
FUSIONNEL
RATIONNEL
NOTIONNEL
OPTIONNEL
PERSONNEL
FRATERNEL
BECQUEREL
BECQUEREL
VAN SCOREL
ATEMPOREL
MÉNESTREL
UNIVERSEL
CARROUSEL
NEUCHÂTEL
MARMONTEL
TRÉGASTEL
DU CHASTEL
DOM MIGUEL
SAN MIGUEL
SÃO MIGUEL
CONTINUEL
BISANNUEL
MENSTRUEL
BIMENSUEL
DÉLICTUEL
PERPÉTUEL
SPIRITUEL
ACCENTUEL
UNISEXUEL
MACHIAVEL
MACHIAVEL
BOURNAZEL
GROTEWOHL
LÉVY-BRUHL
OULED NAÏL
PRÉ-EN-PAIL
ENTRE-RAIL
SOUPIRAIL
ROI-SOLEIL
CLIN D'ŒIL
NONPAREIL

BOUSCUEIL
BOURGUEIL
BOURGUEIL
CONTRE-FIL
KIM JONG-IL
DAUMESNIL
NAGERCOIL
HYDROFOIL
PASSEPOIL
YGGDRASIL
DEMI-DEUIL
VAUDREUIL
MONTREUIL
CHEVREUIL
BOUVREUIL
LONGUEUIL
GUAYAQUIL
ALLSCHWIL
WÄDENSWIL
HORSE-BALL
SAINT-GALL
MUSIC-HALL
WHITEHALL
SUNDSVALL
CHERCHELL
SHRAPNELL
MARIAZELL
APPENZELL
APPENZELL
CHURCHILL
COCKERILL
RADZIWILL
SEX-SYMBOL
HAUSSE-COL
TERPINÉOL
LITHERGOL
PROPERGOL
CERDAGNOL
CERDAGNOL
CAMPAGNOL
ROSSIGNOL
TRIALCOOL
BABAS COOL
BLACKPOOL
LIVERPOOL
LAMBSWOOL
STAVROPOL
MELITOPOL
MARIOUPOL
MONISTROL
TOURNESOL
PLASTISOL
COVER-GIRL
SAINT-PAUL
PEIGNE-CUL
GRATTE-CUL
TIRE-AU-CUL

TRISAÏEUL
MACHECOUL
ISSYK-KOUL
PROCONSUL
IAROSLAVL
IBN TUFAYL
L'ISLE-ADAM
SAENREDAM
AMSTERDAM
ROTTERDAM
HOOVER DAM
JET-STREAM
MALAYALAM
MADAPOLAM
ABU TAMMAM
KARAKORAM
TRAIN-TRAM
BAFOUSSAM
TIOURATAM
BETHLEHEM
AUDERGHEM
JÉRUSALEM
AD HOMINEM
AD VALOREM
COUPE-FAIM
TRONDHEIM
BISCHHEIM
TURCKHEIM
OPPENHEIM
ISSENHEIM
JOTUNHEIM
ENSISHEIM
PFORZHEIM
BLOTZHEIM
BIR HAKEIM
MIDRASHIM
BARENBOÏM
ABD EL-KRIM
MICROFILM
STOCKHOLM
ESZTERGOM
PANMUNJOM
GRILL-ROOM
MAELSTRÖM
MAELSTRÖM
KOMINFORM
VADE-MECUM
MOLLUSCUM
CALCANÉUM
CASTORÉUM
RHIZOBIUM
YTTERBIUM
AMÉRICIUM
PALLADIUM
THERIDIUM
PRÉSIDIUM
BERKÉLIUM

9

ECBALLIUM
BÉRYLLIUM
GERMANIUM
RUTHÉNIUM
MILLENIUM
ASPLÉNIUM
ALUMINIUM
ZIRCONIUM
HARMONIUM
PLUTONIUM
NEPTUNIUM
MARSUPIUM
CALDARIUM
PALMARIUM
TERRARIUM
LACTARIUM
MANUBRIUM
POMŒRIUM
CRITÉRIUM
DEUTÉRIUM
TRIFORIUM
ANTHURIUM
MARTYRIUM
MAGNÉSIUM
SYMPOSIUM
POTASSIUM
SYNCITIUM
STRONTIUM
SYNCYTIUM
IMPLUVIUM
CZIMBALUM
FLAGELLUM
RÉTICULUM
KYZYLKOUM
KARAKORUM
COLOSTRUM
HILVERSUM
ULTIMATUM
ARBORETUM
AD LIBITUM
CONVENTUM
CONTINUUM
ANTI-LIBAN
GALHAUBAN
MONTAUBAN
GUERLÉDAN
BIGOURDAN
BIGOURDAN
SAINT-JEAN
SAINT-OGAN
GLAMORGAN
ZERAVCHAN
CALLAGHAN
ASTRAKHAN
AUREILHAN
LÉVIATHAN
RAJASTHAN

STÉRADIAN
VÉNISSIAN
CHRISTIAN
LENINAKAN
KIROVAKAN
MYROBALAN
SOUS-PALAN
MATRICLAN
PATRICLAN
SEYSSELAN
CASTELLAN
LE HAILLAN
MACMILLAN
CASTILLAN
CASTILLAN
MYROBOLAN
VERNIOLAN
HYPERPLAN
AVANT-PLAN
CAMERAMAN
RECORDMAN
POLICEMAN
GENTLEMAN
TÉLÉROMAN
ZIMMERMAN
WOUWERMAN
OMDOURMAN
OMBUDSMAN
TENNISMAN
YACHTSMAN
CLERGYMAN
SCHATZMAN
D'ARTAGNAN
GRADIGNAN
POMPIGNAN
PERPIGNAN
PRALOGNAN
MONTESPAN
HUASCARÁN
CATAMARAN
PAGE-ÉCRAN
PULLIÉRAN
MARQUÉSAN
COURTISAN
BELLEYSAN
CHARLATAN
MAHOMÉTAN
MERCAPTAN
DAGHESTAN
TURKESTAN
DAGUESTAN
KHUZESTAN
KURDISTAN
KHUZISTAN
TATARSTAN
MANHATTAN
HARMATTAN

CANNETTAN
GOLFE-JUAN
VANUATUAN
WIESBADEN
ADELBODEN
ROSPORDEN
BUZANCÉEN
VALENCÉEN
QUINOCÉEN
SADDUCÉEN
CONFUCÉEN
PALALDÉEN
YAOUNDÉEN
SELONGÉEN
MANICHÉEN
NEUILLÉEN
HERCULÉEN
ACHEULÉEN
SANTOMÉEN
SAINT-MÉEN
CASTANÉEN
ARACHNÉEN
COLLINÉEN
CYCLOPÉEN
ÉRYTHRÉEN
ÉRYTHRÉEN
SUD-CORÉEN
SUD-CORÉEN
MARMORÉEN
SOLUTRÉEN
HOLOSTÉEN
ÉCHIQUÉEN
HALLOWEEN
TRÉLAZÉEN
ELCHINGEN
ESSLINGEN
MEIRINGEN
WETTINGEN
GÖTTINGEN
VAN DONGEN
TINBERGEN
OEHMICHEN
SCHERCHEN
AMPHIBIEN
COLOMBIEN
COLOMBIEN
MICROBIEN
NAIROBIEN
CHIMACIEN
BATRACIEN
BALZACIEN
STYLICIEN
PHÉNICIEN
PHÉNICIEN
CLINICIEN
ÉBROÏCIEN
ÉBROÏCIEN

SULPICIEN
PATRICIEN
MAURICIEN
MAURICIEN
PHYSICIEN
PRATICIEN
TACTICIEN
VALENCIEN
CADURCIEN
CADURCIEN
BARBADIEN
CIRCADIEN
BAGDADIEN
PALLADIEN
GRENADIEN
TRAGÉDIEN
RACHIDIEN
EUCLIDIEN
QUOTIDIEN
LIQUIDIEN
DRAVIDIEN
DRAVIDIEN
OBWALDIEN
JOCONDIEN
SEYNODIEN
BIZARDIEN
OXFORDIEN
ALLAUDIEN
BARBUDIEN
BERMUDIEN
CHÉRIFIEN
NATOUFIEN
COLLÉGIEN
NORVÉGIEN
NORVÉGIEN
FÉRINGIEN
FÉRINGIEN
LARYNGIEN
FAVERGIEN
COCCYGIEN
UROPYGIEN
PASCALIEN
SOCHALIEN
MAMMALIEN
NORMALIEN
SPINALIEN
SPINALIEN
BISSALIEN
CANTALIEN
CANTALIEN
ISMAÉLIEN
ISRAÉLIEN
ISRAÉLIEN
MENDÉLIEN
CORNÉLIEN
GRYSÉLIEN
ZWINGLIEN

ISMAÏLIEN
BRASILIEN
BRÉSILIEN
BRÉSILIEN
CANTILIEN
MONTILIEN
REPTILIEN
SEPTILIEN
CORALLIEN
MAROLLIEN
PUTÉOLIEN
MONGOLIEN
GERGOLIEN
SPINOLIEN
VERNOLIEN
ANATOLIEN
BRETOLIEN
HYPERLIEN
KABOULIEN
CONDYLIEN
GRÉSYLIEN
PROSIMIEN
NÉODOMIEN
VULCANIEN
RHODANIEN
RHODANIEN
JORDANIEN
JORDANIEN
TASMANIEN
CAMPANIEN
TOURANIEN
TOURANIEN
LITUANIEN
LITUANIEN
TANZANIEN
TANZANIEN
QUITÉNIEN
UKRAINIEN
UKRAINIEN
STALINIEN
FELLINIEN
PAULINIEN
CRÉPINIEN
CARPINIEN
JUSTINIEN
DARWINIEN
FRAXINIEN
CÉZANNIEN
ESSONNIEN
TRIBONIEN
DRACONIEN
LONDONIEN
LONDONIEN
ÉVAHONIEN
CHTHONIEN
CHÉLONIEN
PANNONIEN

DALTONIEN
BOSTONIEN
NEWTONIEN
AMAZONIEN
AMAZONIEN
SATURNIEN
BALBYNIEN
HERCYNIEN
IROQUOIEN
ÉTHIOPIEN
ÉTHIOPIEN
TOKHARIEN
EUSKARIEN
EUSKARIEN
COLMARIEN
ESTUARIEN
SUBAÉRIEN
THIBÉRIEN
CERBÉRIEN
EUTHÉRIEN
LUTHÉRIEN
EUSKÉRIEN
EUSKÉRIEN
HITLÉRIEN
BACTÉRIEN
ZOSTÉRIEN
GRUYÉRIEN
NAZAIRIEN
ISSOIRIEN
VALDORIEN
GRÉGORIEN
MELGORIEN
LARMORIEN
ORATORIEN
VICTORIEN
PRÉTORIEN
PASTORIEN
NESTORIEN
HISTORIEN
ÉPICURIEN
HONDURIEN
HONDURIEN
ÉCHIURIEN
TELLURIEN
LIMOURIEN
HANOVRIEN
ZÉPHYRIEN
CORBASIEN
CAUCASIEN
CAUCASIEN
VESPASIEN
GÉODÉSIEN
ORCHÉSIEN
TAULÉSIEN
MAGNÉSIEN
THONÉSIEN
HARNÉSIEN

KEYNÉSIEN
GASPÉSIEN
ANDRÉSIEN
ARDRÉSIEN
CARTÉSIEN
FERTÉSIEN
PORTÉSIEN
THIAISIEN
CALAISIEN
FALAISIEN
MALAISIEN
MALAISIEN
PALAISIEN
DENAISIEN
DOUAISIEN
BAVAISIEN
WALLISIEN
WALLISIEN
SENLISIEN
CLUNISIEN
AMBOISIEN
ARBOISIEN
SAVOISIEN
SAVOISIEN
PHARISIEN
AMBROSIEN
PERROSIEN
GISORSIEN
JOCASSIEN
JURASSIEN
JURASSIEN
GONESSIEN
FRÉJUSIEN
CHALUSIEN
CAYLUSIEN
VERTUSIEN
ABRAYSIEN
BRUAYSIEN
DIONYSIEN
DIONYSIEN
DÉODATIEN
DALMATIEN
ENTRETIEN
KOWEÏTIEN
KOWEÏTIEN
KITTITIEN
NÉMERTIEN
SÉBASTIEN
PROUSTIEN
ALÉOUTIEN
MICOQUIEN
VERTAVIEN
LESNEVIEN
MALDIVIEN
PAVLOVIEN
MONROVIEN
VARSOVIEN

VARSOVIEN
ELBEUVIEN
ORTHÉZIEN
TROPÉZIEN
CORRÉZIEN
CORRÉZIEN
KERGUELEN
DIETERLEN
CAMERAMEN
RECORDMEN
POLICEMEN
GENTLEMEN
TIAN'ANMEN
TENNISMEN
YACHTSMEN
CLERGYMEN
ROSTRENEN
VAN CAMPEN
ANTWERPEN
VERHAEREN
TERVUEREN
GANSHOREN
HASPARREN
DUPUYTREN
JØRGENSEN
MACKENSEN
JESPERSEN
RASMUSSEN
SUN YAT-SEN
MORGARTEN
ZERMATTEN
SAINT-OUEN
EINDHOVEN
BEETHOVEN
EINTHOVEN
HIMALAYEN
URUGUAYEN
URUGUAYEN
CHAMBLYEN
INDO-ARYEN
PONTIVYEN
TERNEUZEN
PRESSPAHN
SAINT JOHN
SUBURBAIN
JAMAÏCAIN
JAMAÏCAIN
PUBLICAIN
AMÉRICAIN
AMÉRICAIN
ESCAUDAIN
CHAPELAIN
CHAPELAIN
CHÂTELAIN
CHAMPLAIN
FACE-À-MAIN
LENDEMAIN

9

VILLEMAIN
BONNE-MAIN
BAISEMAIN
AVANT-MAIN
SURHUMAIN
GAGNE-PAIN
MASSEPAIN
MOTTERAIN
ROUVERAIN
SOUVERAIN
GROS-GRAIN
LE LORRAIN
TRAM-TRAIN
AÉROTRAIN
CHARTRAIN
CHARTRAIN
QUIÉVRAIN
DIOCÉSAIN
BAYEUSAIN
LOROUSAIN
OLIVETAIN
OLIVÉTAIN
AUSCITAIN
AUSCITAIN
TRINITAIN
SPIRITAIN
VALDÔTAIN
VALDÔTAIN
INCERTAIN
LORETTAIN
MAGHRÉBIN
MAGHRÉBIN
LAURENCIN
JARLANDIN
BORNANDIN
MUSCARDIN
BERNARDIN
BERNARDIN
TROP-PLEIN
EL-ALAMEIN
CHANFREIN
AÉROFREIN
WALDSTEIN
GOLDSTEIN
MARKSTEIN
BERNSTEIN
MARAÎCHIN
OUTRE-RHIN
EURYHALIN
KRAEPELIN
CRAQUELIN
BROQUELIN
VAUQUELIN
CHAUVELIN
MARCELLIN
TEPHILLIN
FRANCOLIN

CAPITOLIN
CAPITOLIN
HAEBERLIN
HÖLDERLIN
MARGOULIN
STAPHYLIN
À MI-CHEMIN
PARCHEMIN
GUILLEMIN
VUILLEMIN
BELLARMIN
DURALUMIN
ZRENJANIN
SALVAGNIN
LISBONNIN
LISBONNIN
RHÔNALPIN
RHÔNALPIN
HAUT-ALPIN
PHILIPPIN
PHILIPPIN
SACCHARIN
SOUS-MARIN
SANHÉDRIN
MALANDRIN
COLUMÉRIN
ADULTÉRIN
VALNIGRIN
LOHENGRIN
TUTICORIN
MACLAURIN
TAMBOURIN
WISCONSIN
TRAVERSIN
TRACASSIN
MARCASSIN
SPADASSIN
FANTASSIN
VENAISSIN
CARMAUSIN
BUFFLETIN
CHARRETIN
BOUQUETIN
BRIGANTIN
ADAMANTIN
DIAMANTIN
FROMENTIN
SERPENTIN
FLORENTIN
FLORENTIN
ROQUENTIN
DIABLOTIN
MAILLOTIN
THILLOTIN
GUILLOTIN
CHAGNOTIN
CHEVROTIN

CHEVROTIN
CREUSOTIN
DAMMARTIN
SAN MARTÍN
CAP-MARTIN
COUBERTIN
TRAVERTIN
TRICASTIN
MÉDIASTIN
PHILISTIN
MURIAUTIN
PARICUTÍN
DANJOUTIN
BEAUDOUIN
BARAGOUIN
BRILLOUIN
BALDAQUIN
BRODEQUIN
MANNEQUIN
RENNEQUIN
PALANQUIN
ALGONQUIN
MAJORQUIN
MAJORQUIN
MINORQUIN
MINORQUIN
MARASQUIN
MANOSQUIN
POTS-DE-VIN
PONT-EUXIN
GALLITZIN
LINDEMANN
HAHNEMANN
HEINEMANN
DRACHMANN
IMMELMANN
PETERMANN
GRASSMANN
HAUSSMANN
HAUPTMANN
BOLTZMANN
HEILBRONN
RENÉ LE BON
JEAN LE BON
LE CHAMBON
SANS-FAÇON
COLIMAÇON
CAPARAÇON
SATIRICON
BRABANÇON
BRABANÇON
BRÉGANÇON
CHARANÇON
MONTLUÇON
WIMBLEDON
COTYLÉDON
EURYMÉDON

MONTREDON
CLARENDON
IGUANODON
SPHÉNODON
GLYPTODON
BOMBARDON
ACCORDÉON
QUICAGEON
SAUVAGEON
DEMANGEON
ÉCOURGEON
ESTURGEON
SAINT-LÉON
BANDONÉON
BELLACHON
CORNICHON
BERRICHON
BERRICHON
REBLOCHON
REVERCHON
GRELUCHON
BALLUCHON
AUTRUCHON
CTÉSIPHON
SUSPICION
THÉRIDION
COLLODION
CONTAGION
DEUCALION
PYGMALION
HÉRAKLION
TABELLION
RÉBELLION
PARMÉNION
COMMUNION
USUCAPION
ECTROPION
ENTROPION
HIPPARION
BESSARION
OSCABRION
TÉNÉBRION
HAUT-BRION
CENTURION
CORRASION
PRÉCISION
CONCISION
RESCISION
COLLISION
PRÉVISION
PROVISION
RÉPULSION
IMPULSION
EXPULSION
RÉVULSION
EXPANSION
RECENSION

ASCENSION
ASCENSION
DIMENSION
BITENSION
EXTENSION
IMPLOSION
EXPLOSION
CORROSION
IMMERSION
ASPERSION
DÉTERSION
RÉVERSION
DIVERSION
INVERSION
DÉTORSION
RÉTORSION
EXTORSION
INCURSION
EXCURSION
ACCESSION
RÉCESSION
SÉCESSION
AGRESSION
ÉGRESSION
OBSESSION
ADMISSION
DÉMISSION
RÉMISSION
DIFFUSION
SUFFUSION
CONFUSION
PROFUSION
PERFUSION
SURFUSION
OCCLUSION
RÉCLUSION
INCLUSION
EXCLUSION
COLLUSION
INTRUSION
EXTRUSION
CONTUSION
PROBATION
ÉVOCATION
ÉDUCATION
GRADATION
PRÉDATION
FONDATION
OXYDATION
AGRÉATION
CASÉATION
PURGATION
VICIATION
RADIATION
MÉDIATION
FILIATION
FOLIATION
EXPIATION
VARIATION
SÉRIATION
STRIATION
SATIATION
DÉVIATION
DÉFLATION
INFLATION
ÉPILATION
LALLATION
FELLATION
COLLATION
VIOLATION
ISOLATION
ADULATION
ULULATION
ÉMULATION
OVULATION
ACYLATION
CRÉMATION
ANIMATION
GEMMATION
SOMMATION
FORMATION
ÉMANATION
COGNATION
DAMNATION
PHONATION
PRONATION
OZONATION
CARNATION
VERNATION
PALPATION
LIBRATION
VIBRATION
OPÉRATION
ITÉRATION
BAGRATION
MIGRATION
ADORATION
NARRATION
NITRATION
ÉPURATION
IRISATION
PULSATION
SENSATION
CASSATION
PASSATION
CESSATION
LACTATION
AGITATION
IMITATION
SALTATION
TENTATION
CAPTATION
REPTATION
GESTATION
GUSTATION
LIQUATION
SITUATION
ÉLÉVATION
PRIVATION
NERVATION
RÉDACTION
RÉFACTION
OLFACTION
DÉFECTION
RÉFECTION
AFFECTION
INFECTION
ABJECTION
OBJECTION
DÉJECTION
BIJECTION
INJECTION
SÉLECTION
DILECTION
DIRECTION
RÉSECTION
DÉTECTION
ADVECTION
ADDICTION
STRICTION
DÉCOCTION
ABDUCTION
ADDUCTION
DÉDUCTION
RÉDUCTION
SÉDUCTION
ENDUCTION
INDUCTION
DÉPLÉTION
RÉPLÉTION
ACCRÉTION
SÉCRÉTION
EXCRÉTION
TRADITION
REDDITION
RÉÉDITION
COÉDITION
CONDITION
PERDITION
ÉRUDITION
COALITION
ABOLITION
DORMITION
INANITION
COGNITION
ATTRITION
NUTRITION
DENTITION
PARTITION
INTUITION
OBTENTION
DÉTENTION
RÉTENTION
INTENTION
ATTENTION
INVENTION
COMMOTION
PROMOTION
PRÉNOTION
ACCEPTION
DÉCEPTION
RÉCEPTION
EXCEPTION
EXEMPTION
IRRUPTION
DÉSERTION
INSERTION
ASSERTION
DIGESTION
INGESTION
COGESTION
EXÉCUTION
ÉLOCUTION
POLLUTION
ÉVOLUTION
DÉMIXTION
IMMIXTION
HYDRAVION
COLLUVION
LE NOUVION
DÉFLEXION
RÉFLEXION
INFLEXION
CONNEXION
CONVEXION
PRÉFIXION
CHALAZION
QUIQUAJON
MOURMELON
DÉCATHLON
TRIATHLON
MÉDAILLON
MORAILLON
CURAILLON
BATAILLON
CAVAILLON
CAVAILLON
CRÉBILLON
BARBILLON
CORBILLON
RAIDILLON
PENDILLON
TARDILLON
RÉVEILLON
BOUGILLON
GRÉMILLON
VERMILLON
MIRMILLON

9

MOINILLON
TRAPILLON
CARPILLON
GOUPILLON
ROUPILLON
TOUPILLON
PHARILLON
ÉMERILLON
NÉGRILLON
TAURILLON
TOURILLON
GRÉSILLON
MASSILLON
CHÂTILLON
CANTILLON
BERTILLON
PORTILLON
TORTILLON
CASTILLON
POSTILLON
BOTTILLON
HAYTILLON
AIGUILLON
AIGUILLON
BROUILLON
GRAVILLON
BOUVILLON
MÉGACÔLON
MONTHOLON
DIACHYLON
MYROXYLON
ICHNEUMON
PARTHÉNON
MAINTENON
CRO-MAGNON
COMPAGNON
QUAREGNON
HESBIGNON
LAMOIGNON
MASSIGNON
MAQUIGNON
SAUVIGNON
AGAMEMNON
LANTERNON
SASKATOON
OUAOUARON
AVICÉBRON
ADALBÉRON
TIERCERON
BEAUCERON
BEAUCERON
MONTGERON
MANCHERON
PERCHERON
PERCHERON
MOUCHERON
CUILLERON

DÉCAMÉRON
MOUSSERON
QUARTERON
GRATTERON
LYCOPHRON
THYRATRON
MAGNÉTRON
CYCLOTRON
PHANOTRON
PHYTOTRON
BALESTRON
FENESTRON
CEINTURON
SAULXURON
CLAPEYRON
JOSEPHSON
PENDAISON
PONDAISON
TONDAISON
CARGAISON
SIGLAISON
MALMAISON
PLUMAISON
GRENAISON
SAUNAISON
FLORAISON
LIVRAISON
OUVRAISON
MONTAISON
CREVAISON
OLIVAISON
COUVAISON
MICHELSON
SAMUELSON
NICHOLSON
VAUCANSON
STEVENSON
DICKINSON
WILKINSON
PARKINSON
MARTINSON
BEN JONSON
HENDERSON
JEFFERSON
PONTORSON
MOLLASSON
TERRASSON
BANDES-SON
MONTESSON
SAUCISSON
LE BUISSON
MAUMUSSON
ROBERTSON
YOSA BUSON
AKHENATON
PRINCETON
CLOCHETON

BROCHETON
SINGLETON
ŒILLETON
GUEULETON
CAP-BRETON
CAPBRETON
CHARRETON
CHARRETON
BABINGTON
ADDINGTON
EDDINGTON
ELLINGTON
ARLINGTON
REMINGTON
BONINGTON
DAUBENTON
CHARENTON
BADMINTON
CHARONTON
WOLLASTON
GERMISTON
LAURISTON
VALLOTTON
PAROXYTON
MONTBAZON
VERTAIZON
KOMINTERN
PADERBORN
WEISSHORN
SHORTHORN
APELDOORN
BLACKBURN
CHANGCHUN
AUTO-IMMUN
BÉHISTOUN
MALTE-BRUN
VINGT-ET-UN
KØBENHAVN
KNOCK-DOWN
ALLENTOWN
JAMESTOWN
KINGSTOWN
ANDO TADAO
PATHET LAO
OYAMA IWAO
NECTANEBO
MARACAIBO
ESSEQUIBO
GRAN CHACO
DEL MONACO
COQUERICO
DE CHIRICO
PORTO RICO
NEW MEXICO
RIO BRANCO
LANFRANCO
JEAN BOSCO

ZAPATEADO
CARBONADO
DESPERADO
BARACALDO
GLISSANDO
SFORZANDO
SMORZANDO
CRESCENDO
AUROBINDO
TAEKWONDO
QUASIMODO
QUASIMODO
STOP-AND-GO
KHAJURAHO
QUEBRACHO
KABUTO-CHO
OGBOMOSHO
BONIFACIO
CARPACCIO
CARPACCIO
CAPRICCIO
PORTICCIO
BAMBOCCIO
TÉLÉRADIO
AUTORADIO
VIAREGGIO
PINOCCHIO
IMBROGLIO
PORTFOLIO
POLISARIO
D'ANNUNZIO
KOROLENKO
MAKARENKO
KOSCIUSKO
SAINT-MALO
CAPPIELLO
PAESIELLO
PAISIELLO
PISANELLO
ANTONELLO
DONATELLO
CIGARILLO
POLLAIOLO
PIZZAIOLO
MARCO POLO
WATER-POLO
GOYTISOLO
CAMPIDANO
DI STEFANO
PROPRIANO
BOLIVIANO
VENEZIANO
ALTIPLANO
HERCULANO
VERRAZANO
FIUMICINO
BARDOLINO

CARCOPINO
SOLFERINO
ANDANTINO
TARANTINO
VALENTINO
TOLENTINO
SANSOVINO
DE FILIPPO
CARBONARO
QUERÉTARO
CATANZARO
FOGAZZARO
ROMANCERO
TROCADÉRO
CABALLERO
ESPARTERO
ANTAIMORO
POLITBURO
IN EXTENSO
PIZZICATO
VESCOVATO
IPSO FACTO
OURO PRETO
YOSHIHITO
MUTSUHITO
SAN-BENITO
INCOGNITO
CONTRALTO
ESPÉRANTO
SARMIENTO
MATSUMOTO
EX ABRUPTO
CA'DA MOSTO
BENEDETTO
LARGHETTO
CANALETTO
GRUPPETTO
CAPORETTO
SOSTENUTO
DISTINGUO
QUIPROQUO
GABCÍKOVO
PORTO-NOVO
DIMITROVO
PILCOMAYO
SPARADRAP
VAN GENNEP
GAZIANTEP
MOTORSHIP
VIDÉO-CLIP
LONGCHAMP
BEAUCHAMP
PÈSE-SIROP
APRÈS-COUP
CANTALOUP
PASDELOUP
DUPANLOUP

CHIEN-LOUP
SAINT-LOUP
GJELLERUP
SAINT-CIRQ
SALLUMIUQ
TÉLÉRADAR
ANTIRADAR
HAZPANDAR
KRASNODAR
TEDDY-BEAR
BHAVNAGAR
TRAFALGAR
TSITSIHAR
MÉCHITHAR
MÉKHITHAR
SYKTYVKAR
BICHLAMAR
CAUCHEMAR
YOURCENAR
BALTHASAR
BALTHASAR
GIBRALTAR
SUPERSTAR
ALMODÓVAR
KATHIAWAR
BALTHAZAR
BALTHAZAR
GUARRAZAR
SUCCOMBER
DÉPLOMBER
EXACERBER
DÉSHERBER
DÉBOURBER
EMBOURBER
RECOURBER
PERTURBER
MASTURBER
DÉDICACER
VERGLACER
REMPLACER
MORDANCER
AMBIANCER
FORLANCER
DISTANCER
COMMENCER
DÉCOINCER
RENFONCER
PRONONCER
DÉFRONCER
COMMERCER
RENFORCER
RÉAMORCER
COALESCER
ESCALADER
TAILLADER
PÉTARADER
PERSUADER

DISSUADER
ENTRAIDER
COÏNCIDER
SCHNEIDER
INVALIDER
INTIMIDER
DILAPIDER
BRIGANDER
QUÉMANDER
COMMANDER
VAN MANDER
FAISANDER
SANTANDER
ALEXANDER
RESCINDER
MACKINDER
BOMBARDER
PLACARDER
RANCARDER
RENCARDER
BROCARDER
FAUCARDER
RINGARDER
POCHARDER
CAVIARDER
TRIMARDER
CHAPARDER
CLAVARDER
RACCORDER
CONCORDER
DISCORDER
CLABAUDER
MARGAUDER
GALVAUDER
DESSOUDER
RESSOUDER
PEROXYDER
SUROXYDER
MEYERBEER
BRAS DE FER
DÉBRIEFER
CONTRE-FER
ESCLAFFER
SCHAEFFER
REGREFFER
DÉCOIFFER
RECOIFFER
ASSOIFFER
ÉCHAUFFER
ALTDORFER
ESBROUFER
RÉENGAGER
GRILLAGER
DÉMÉNAGER
EMMÉNAGER
NAUFRAGER
FOURRAGER

DÉVISAGER
ENVISAGER
AVANTAGER
AFFOUAGER
HEIDEGGER
TRANSIGER
HUNTZIGER
VENDANGER
RECHANGER
PHALANGER
BOULANGER
BOULANGER
GUÉRANGER
EFFRANGER
ENGRANGER
STAVANGER
DÖLLINGER
PREMINGER
FEININGER
KIESINGER
MASSINGER
KISSINGER
FESTINGER
PEUTINGER
SCHWINGER
RATZINGER
RALLONGER
PROLONGER
REPLONGER
FORLONGER
MENSONGER
DÉCHARGER
RECHARGER
GAMBERGER
FROBERGER
ERZBERGER
SUBMERGER
CONVERGER
RENGORGER
HAMBURGER
HAMBURGER
IGNIFUGER
HARNACHER
RECRACHER
RATTACHER
SOUTACHER
CRAVACHER
DESSÉCHER
BRETÉCHER
MARAÎCHER
DÉFRICHER
PASTICHER
ESQUICHER
DÉHANCHER
CALANCHER
DÉMANCHER
EMMANCHER

9

ÉBRANCHER
REVANCHER
BAMBOCHER
BOULOCHER
PIGNOCHER
REMPOCHER
DÉBROCHER
EMBROCHER
ACCROCHER
DÉCROCHER
REPROCHER
APPROCHER
PINTOCHER
DÉMARCHER
REMARCHER
RAPERCHER
TCHATCHER
SCRATCHER
DÉBAUCHER
EMBAUCHER
TRÉBUCHER
REMBUCHER
DÉBOUCHER
REBOUCHER
EMBOUCHER
ACCOUCHER
DÉCOUCHER
RECOUCHER
ESSOUCHER
RETOUCHER
TRIOMPHER
FROBISHER
POLYÉTHER
NICOLAIER
COLOMBIER
LE CORBIER
CAROUBIER
PRÉFACIER
GRIMACIER
DÉPRÉCIER
APPRÉCIER
JUSTICIER
VACANCIER
CRÉANCIER
BALANCIER
ROMANCIER
TENANCIER
FINANCIER
DEVANCIER
LICENCIER
FAÏENCIER
SEMENCIER
ANNONCIER
DISSOCIER
LEMERCIER
REMERCIER
MUSCADIER

BRIGADIER
GRENADIER
CONGÉDIER
SUBSIDIER
DINANDIER
VIVANDIER
INCENDIER
COCARDIER
PINARDIER
MINAUDIER
TAXAUDIER
BOYAUDIER
RÉÉTUDIER
STUPÉFIER
TORRÉFIER
PUTRÉFIER
LIQUÉFIER
ESCOFFIER
BARBIFIER
OPACIFIER
SPÉCIFIER
DULCIFIER
CRUCIFIER
RÉÉDIFIER
ACIDIFIER
MUSÉIFIER
GAZÉIFIER
MYTHIFIER
QUALIFIER
AMPLIFIER
PLANIFIER
MAGNIFIER
LIGNIFIER
SIGNIFIER
RÉUNIFIER
SCARIFIER
CLARIFIER
LUBRIFIER
SACRIFIER
GLORIFIER
TERRIFIER
HORRIFIER
PÉTRIFIER
NITRIFIER
VITRIFIER
FALSIFIER
DENSIFIER
CHOSIFIER
VERSIFIER
MASSIFIER
RUSSIFIER
BÉATIFIER
GRATIFIER
RECTIFIER
ACÉTIFIER
PONTIFIER
CERTIFIER

FORTIFIER
MORTIFIER
JUSTIFIER
MYSTIFIER
STATUFIER
LANGAGIER
MESSAGIER
ATROPHIER
AVANT-HIER
TIMBALIER
CYMBALIER
CÉRÉALIER
ANIMALIER
CHEVALIER
CHEVALIER
PINCELIER
CORDELIER
BACHELIER
BACHELIER
CHAMELIER
SOMMELIER
CANNELIER
TONNELIER
TUNNELIER
CHAPELIER
TORTELIER
COUTELIER
GIROFLIER
CONCILIER
MISSILIER
GATTILIER
MÉSALLIER
MÉTALLIER
CÉZALLIER
CENELLIER
SENELLIER
LE TELLIER
JOAILLIER
VANILLIER
NICOLLIER
GONDOLIER
MAGNOLIER
AZEROLIER
PÉTROLIER
PENDULIER
SINGULIER
SEMOULIER
BALSAMIER
DUGOMMIER
INFIRMIER
COSTUMIER
COUTUMIER
CHICANIER
CANCANIER
BOUCANIER
MÉTHANIER
MAGNANIER

SAGRANIER
LANTANIER
SEMAINIER
JARDINIER
SARDINIER
BALEINIER
AVELINIER
CUISINIER
CANTINIER
ROUTINIER
ALEVINIER
CALOMNIER
FAÇONNIER
PALONNIER
LEMONNIER
CANONNIER
TISONNIER
BÂTONNIER
COTONNIER
SAVONNIER
NAUTONIER
TAVERNIER
TAVERNIER
RANCUNIER
COMMUNIER
ESTROPIER
RAPPARIER
CHAMBRIER
CELLÉRIER
VILLERIER
CHIFFRIER
CAMPHRIER
TRÉSORIER
FOSSORIER
GABARRIER
LE VERRIER
RAPATRIER
DÉPATRIER
EXPATRIER
MÉNÉTRIER
CHARTRIER
MEURTRIER
DU MAURIER
SERRURIER
FACTURIER
VOITURIER
HAUTURIER
COUTURIER
GENÉVRIER
DUVEYRIER
RASSASIER
CHEMISIER
ARDOISIER
LAVOISIER
SOTTISIER
MENUISIER
DÉPENSIER

JAMBOSIER
AUTOPSIER
JACASSIER
ROCASSIER
ÉCHASSIER
MULASSIER
FINASSIER
PUTASSIER
MANESSIER
MÉGISSIER
PÉLISSIER
TAPISSIER
PÂTISSIER
PEAUSSIER
CAMBUSIER
ARBOUSIER
ARGOUSIER
AVOCATIER
CÉDRATIER
PUISATIER
BUFFETIER
ARCHETIER
TABLETIER
PELLETIER
PELLETIER
BONNETIER
NOISETIER
CORSETIER
BLEUETIER
COQUETIER
LOUVETIER
MIROITIER
ÉGLANTIER
ARGENTIER
CIMENTIER
CACAOTIER
GARGOTIER
COMPOTIER
FORESTIER
COLISTIER
AMNISTIER
AÉROSTIER
LIMETTIER
GRIOTTIER
CULOTTIER
CAROTTIER
BALBUTIER
ALLEUTIER
CHALUTIER
SAGOUTIER
BIJOUTIER
VELOUTIER
DUMOÛTIER
PIROGUIER
ÉCHIQUIER
VOMIQUIER
KIOSQUIER

BLOC-ÉVIER
LESSIVIER
ASPHYXIER
MONPAZIER
SCIONZIER
PACEMAKER
BOOKMAKER
SPINNAKER
KRONECKER
DÉSTOCKER
BRIMBALER
TRIMBALER
INITIALER
ENDIABLER
DESSABLER
SCRABBLER
ASSEMBLER
DÉMEUBLER
REMEUBLER
ENCOUBLER
DÉDOUBLER
REDOUBLER
DÉCERCLER
RECERCLER
ENCERCLER
DÉMASCLER
DÉBOUCLER
DÉFICELER
CHANCELER
ÉTINCELER
AMONCELER
DÉPUCELER
REMODELER
GROMMELER
ÉPANNELER
DÉCAPELER
RUISSELER
DÉMUSELER
ÉCARTELER
SPITTELER
CRAQUELER
ENJAVELER
ÉCHEVELER
DÉNIVELER
INSUFFLER
PERSIFLER
DÉSENFLER
DÉGONFLER
REGONFLER
CAMOUFLER
MAROUFLER
PRÉRÉGLER
ÉTRANGLER
OBNUBILER
ÉFAUFILER
ANNIHILER
ASSIMILER

RENTOILER
DÉSOPILER
DÉSHUILER
SPRINKLER
TRIBALLER
REMBALLER
INSTALLER
DESCELLER
FLAGELLER
ENFIELLER
DÉMIELLER
EMMIELLER
QUERELLER
DESSELLER
MÉDAILLER
GODAILLER
RÔDAILLER
CRIAILLER
VOLAILLER
DÉMAILLER
REMAILLER
RIMAILLER
TENAILLER
PINAILLER
RAPAILLER
DÉPAILLER
RIPAILLER
EMPAILLER
DÉRAILLER
TIRAILLER
TORAILLER
CISAILLER
BATAILLER
DÉTAILLER
RETAILLER
ENTAILLER
FOUAILLER
GOUAILLER
JOUAILLER
RHABILLER
GAMBILLER
FENDILLER
PENDILLER
MORDILLER
RÉVEILLER
VERMILLER
BATOILLER
TORPILLER
GASPILLER
GOUPILLER
ROUPILLER
TOUPILLER
BRASILLER
BRÉSILLER
GRÉSILLER
ÉGOSILLER
DESSILLER

BOUSILLER
FRÉTILLER
BOITILLER
TORTILLER
DISTILLER
INSTILLER
SAUTILLER
TREUILLER
DÉGUILLER
AIGUILLER
ÉPOUILLER
BROUILLER
GROUILLER
MAQUILLER
BÉQUILLER
CHEVILLER
NIEMÖLLER
GRISOLLER
CARACOLER
RAPICOLER
FLAGEOLER
BATIFOLER
CABRIOLER
AFFRIOLER
VITRIOLER
CONTRÔLER
DÉPEUPLER
REPEUPLER
ACCOUPLER
DÉCOUPLER
CENTUPLER
SEPTUPLER
SEXTUPLER
AFFABULER
DÉNÉBULER
DÉAMBULER
VÉHICULER
RÉTICULER
ARTICULER
ÉMASCULER
BOUSCULER
STRIDULER
DÉMODULER
DÉGUEULER
ENGUEULER
DÉRÉGULER
ACCUMULER
TRABOULER
ROUCOULER
REMMOULER
VERMOULER
SURMOULER
DESSOÛLER
MANIPULER
CAPITULER
INTITULER
AMALGAMER

PROCLAMER
DESQUAMER
GÉRARDMER
ENTR'AIMER
ELSHEIMER
ALZHEIMER
ENVENIMER
COMPRIMER
SUPPRIMER
LÉGITIMER
ENFLAMMER
PRÉNOMMER
SURNOMMER
CONSOMMER
SAINT-OMER
GENDARMER
RENFERMER
CONFIRMER
PRÉFORMER
CONFORMER
LUC-SUR-MER
FOS-SUR-MER
FANTASMER
DÉCHAUMER
REMPLUMER
ENCABANER
AFRIKANER
AFRIKANER
DÉDOUANER
MORIGÉNER
KITCHENER
TITCHENER
GANGRENER
RENGRÉNER
IMPRÉGNER
DÉDAIGNER
DÉPEIGNER
ENSEIGNER
GRAFIGNER
RECHIGNER
RÉALIGNER
FORLIGNER
SURLIGNER
SOULIGNER
TÉMOIGNER
EMPOIGNER
TRÉPIGNER
CONSIGNER
PROVIGNER
PLUVIGNER
RENCOGNER
RENGAINER
DÉCHAÎNER
ENCHAÎNER
PARRAINER
ENTRAÎNER
CONTAINER
DÉBOBINER
EMBOBINER
DÉRACINER
ENRACINER
VATICINER
PEAUFINER
CRACHINER
DODELINER
PATELINER
RIPOLINER
CALAMINER
EFFÉMINER
ACHEMINER
INSÉMINER
ILLUMINER
ENLUMINER
ENFARINER
ENTÉRINER
CHAGRINER
CHOURINER
MAGASINER
AVOISINER
HOUSSINER
DÉMATINER
BARATINER
RATATINER
CABOTINER
TROTTINER
ACOQUINER
BOUQUINER
PLEUVINER
CONDAMNER
RÉABONNER
BRACONNER
RANÇONNER
FLOCONNER
FREDONNER
AMIDONNER
RANDONNER
DINDONNER
LARDONNER
PARDONNER
CORDONNER
PIGEONNER
PLAFONNER
JARGONNER
BOUGONNER
MÂCHONNER
BICHONNER
COCHONNER
SIPHONNER
CAMIONNER
ESPIONNER
VISIONNER
FUSIONNER
RATIONNER
ACTIONNER
LOTIONNER
GOUJONNER
ÉTALONNER
SABLONNER
BALLONNER
SILLONNER
BOULONNER
FOULONNER
MARMONNER
SERMONNER
ROGNONNER
CHAPONNER
TAMPONNER
POMPONNER
HARPONNER
POUPONNER
ÉPERONNER
RONRONNER
PATRONNER
BOURONNER
COURONNER
BLASONNER
RAISONNER
FOISONNER
GRISONNER
LAITONNER
CANTONNER
CARTONNER
BASTONNER
FESTONNER
PISTONNER
BOUTONNER
MOUTONNER
KLAXONNER
CLAYONNER
CRAYONNER
ÉPOUMONER
DÉCHARNER
CONCERNER
DISCERNER
LANTERNER
GOUVERNER
FLAGORNER
DÉFOURNER
ENFOURNER
SÉJOURNER
DÉTOURNER
RETOURNER
RATTRAPER
ANTICIPER
ÉMANCIPER
CONSTIPER
DISCULPER
INSCULPER
DÉTREMPER
RETREMPER
REGRIMPER
DÉTROMPER
ESCALOPER
RÉCHAPPER
KIDNAPPER
DÉGRIPPER
DÉCRISPER
RÉOCCUPER
SURCOUPER
CHALOUPER
DÉGROUPER
REGROUPER
ATTROUPER
ACCAPARER
PERVIBRER
DÉMEMBRER
REMEMBRER
ENCOMBRER
DÉNOMBRER
ÉLUCUBRER
CONSACRER
MASSACRER
ÉCHANCRER
DÉSENCRER
CALANDRER
ENGENDRER
CYLINDRER
EFFONDRER
DÉLIBÉRER
DILACÉRER
ÉVISCÉRER
VOCIFÉRER
LÉGIFÉRER
ACCÉLÉRER
DÉCÉLÉRER
DÉCOLÉRER
DÉGÉNÉRER
RÉGÉNÉRER
INCINÉRER
RÉMUNÉRER
KLEMPERER
EXASPÉRER
PROSPÉRER
RÉCUPÉRER
VITUPÉRER
RÉINSÉRER
INVÉTÉRER
OBLITÉRER
ADULTÉRER
EMPIFFRER
DÉCOFFRER
ENSOUFRER
DÉFLAGRER
VINAIGRER
CONSPIRER
SOUS-VIRER
ÉDULCORER
SUBODORER

REVIGORER
AMÉLIORER
DÉCOLORER
REMÉMORER
REMBARRER
CHAMARRER
EMPIERRER
DESSERRER
RESSERRER
DÉBOURRER
IDOLÂTRER
DÉPLÂTRER
REPLÂTRER
SALPÊTRER
PERPÉTRER
CHAPITRER
SURTITRER
INFILTRER
EXFILTRER
DÉCENTRER
RECENTRER
EXCENTRER
DÉCINTRER
DÉMONTRER
REMONTRER
DÉTARTRER
ENTARTRER
ENCASTRER
CADASTRER
REGISTRER
CLAUSTRER
DÉLUSTRER
ILLUSTRER
DÉFEUTRER
ACCOUTRER
RESTAURER
INSTAURER
MANUCURER
AFFLEURER
EFFLEURER
ENFLEURER
DÉFIGURER
INAUGURER
ENAMOURER
CHLORURER
RÉASSURER
PRESSURER
LIGATURER
DÉNATURER
FRACTURER
AVENTURER
CEINTURER
PEINTURER
ENFIÉVRER
DÉCUIVRER
RECOUVRER
GYROLASER
DÉNIAISER
HÉBRAÏSER
MORTAISER
FRANCISER
EXORCISER
NOMADISER
FLUIDISER
FOCALISER
LOCALISER
VOCALISER
IDÉALISER
LÉGALISER
BANALISER
CANALISER
PÉNALISER
FINALISER
MORALISER
NASALISER
TOTALISER
DÉVALISER
RIVALISER
LABÉLISER
FIDÉLISER
MODÉLISER
MOBILISER
SIMILISER
VIRILISER
CIVILISER
CRÉOLISER
BÉMOLISER
NÉBULISER
ISLAMISER
DYNAMISER
MINIMISER
OPTIMISER
MAXIMISER
SODOMISER
CHROMISER
URBANISER
MÉCANISER
PAGANISER
ORGANISER
ROMANISER
HUMANISER
TÉTANISER
FÉMINISER
LATINISER
DIVINISER
COLONISER
CANONISER
ÉTERNISER
IMMUNISER
CHAMOISER
CHINOISER
DÉCROISER
POLARISER
CÉSARISER
MADÉRISER
NUMÉRISER
SATIRISER
THÉORISER
VALORISER
COLORISER
MÉMORISER
TÉNORISER
SONORISER
VAPORISER
MOTORISER
AUTORISER
FAVORISER
MAÎTRISER
SÉCURISER
SOMATISER
FANATISER
DÉRATISER
MONÉTISER
POLITISER
NÉANTISER
ROBOTISER
ASEPTISER
COURTISER
AMENUISER
PRÉAVISER
TÉLÉVISER
COMPULSER
PROPULSER
CONVULSER
CONDENSER
COMPENSER
DISPENSER
ANKYLOSER
ANTÉPOSER
RÉIMPOSER
POSTPOSER
SCLÉROSER
DISPERSER
TRAVERSER
RENVERSER
CONVERSER
DÉBOURSER
FRACASSER
TRACASSER
FRICASSER
CONCASSER
RECHASSER
ENCHÂSSER
DÉCLASSER
RECLASSER
PRÉLASSER
TRÉPASSER
SURPASSER
EMBRASSER
DÉCRASSER
ENCRASSER
CUIRASSER
TERRASSER
RESSASSER
CREVASSER
CONFESSER
PROFESSER
NUNGESSER
REDRESSER
RÉGRESSER
EMPRESSER
OPPRESSER
RABAISSER
REBAISSER
DÉCAISSER
ENCAISSER
AFFAISSER
DÉLAISSER
RELAISSER
DÉPLISSER
REPLISSER
COULISSER
VERNISSER
ANGOISSER
COMPISSER
ESQUISSER
RENDOSSER
ENGROSSER
CARROSSER
DÉFAUSSER
REHAUSSER
EXHAUSSER
ALTHUSSER
REPOUSSER
DÉSABUSER
DÉCREUSER
RECREUSER
PARALYSER
CATALYSER
ANTIDATER
POSTDATER
PIAPIATER
ALMA MATER
CARAPATER
ANTIPATER
CONSTATER
COMPACTER
RÉFRACTER
DÉTRACTER
RÉTRACTER
CONTACTER
COLLECTER
CONNECTER
RESPECTER
INSPECTER
SUSPECTER
SPHINCTER
CONCOCTER

ÉPINCETER
CROCHETER
MOUCHETER
INQUIÉTER
PAILLETER
COMPLÉTER
TROMPETER
ROUSPÉTER
DÉSARÊTER
FLEURETER
CLAQUETER
CRAQUETER
BECQUETER
CLIQUETER
BRIQUETER
ÉTIQUETER
BANQUETER
MARQUETER
PARQUETER
DÉRIVETER
SOUHAITER
RETRAITER
COHABITER
FÉLICITER
GAULEITER
TROCHITER
GRAPHITER
HABILITER
DÉBILITER
FACILITER
DYNAMITER
DÉLIMITER
REMBOÎTER
EXPLOITER
CONVOITER
DÉCAPITER
COHÉRITER
DÉMÉRITER
PARASITER
REVISITER
TRANSITER
BISCUITER
DÉFRUITER
AFFRUITER
RÉINVITER
ASPHALTER
SURVOLTER
AUSCULTER
CONSULTER
BROCANTER
DÉCHANTER
RECHANTER
ENCHANTER
DÉPLANTER
REPLANTER
IMPLANTER
DIAMANTER
WARRANTER
PATIENTER
VIOLENTER
SEGMENTER
PIGMENTER
AUGMENTER
ALIMENTER
COMMENTER
SARMENTER
FERMENTER
SERPENTER
PRÉSENTER
CONTENTER
SUSTENTER
ENCEINTER
ACCOINTER
APPOINTER
ESQUINTER
SURMONTER
AFFRONTER
EMPRUNTER
ASTICOTER
NEIGEOTER
RAVIGOTER
CRACHOTER
CHUCHOTER
CHARIOTER
SIFFLOTER
SANGLOTER
COMPLOTER
ESCAMOTER
CLIGNOTER
GRIGNOTER
DÉCAPOTER
GALIPOTER
NUMÉROTER
CHEVROTER
CRÉOSOTER
TOUSSOTER
PLEUVOTER
RÉADAPTER
PRÉEMPTER
DÉCOMPTER
RECOMPTER
ESCOMPTER
DÉCRYPTER
CONCERTER
DISSERTER
CONFORTER
COLPORTER
REMPORTER
COMPORTER
RAPPORTER
SUPPORTER
LANCASTER
DONCASTER
BALLASTER
LEICESTER
WORCESTER
ROCHESTER
FORRESTER
CONTESTER
PROTESTER
SYLVESTER
POLYESTER
ATTRISTER
SUBSISTER
CONSISTER
PERSISTER
COEXISTER
TRICKSTER
COMPOSTER
RÉAJUSTER
INCRUSTER
REGRATTER
RACKETTER
TOILETTER
REGRETTER
LEVRETTER
BROUETTER
MOQUETTER
SCHLITTER
ACQUITTER
REQUITTER
MARCOTTER
BOYCOTTER
MARGOTTER
GRELOTTER
BALLOTTER
BOULOTTER
MARMOTTER
DÉCROTTER
GARROTTER
FRISOTTER
DANSOTTER
DÉGOUTTER
CADEAUTER
BISEAUTER
DÉPIAUTER
CRAPAÜTER
SURSAUTER
RESSAUTER
CHARCUTER
ARC-BOUTER
RÉÉCOUTER
ENCROÛTER
FERROUTER
PRÉTEXTER
MÖSSBAUER
RÉTRIBUER
ATTRIBUER
DÉSEMBUER
ZIGZAGUER
PRODIGUER
INTRIGUER
INSTIGUER
DIVULGUER
HARANGUER
RALINGUER
CHLINGUER
MERINGUER
SERINGUER
DÉZINGUER
DIALOGUER
ÉPILOGUER
DÉVERGUER
ENVERGUER
SUBJUGUER
CONJUGUER
RÉÉVALUER
DÉPOLLUER
TRANSMUER
CONTINUER
RENFLOUER
SOUS-LOUER
DÉSAVOUER
BARJAQUER
CORNAQUER
EMBRAQUER
MATRAQUER
DÉTRAQUER
DISSÉQUER
ÉRADIQUER
PRÉDIQUER
SYNDIQUER
TRAFIQUER
RÉPLIQUER
IMPLIQUER
APPLIQUER
DUPLIQUER
EXPLIQUER
FORNIQUER
SURPIQUER
FABRIQUER
IMBRIQUER
RUBRIQUER
INTRIQUER
PRATIQUER
CRITIQUER
MASTIQUER
RUSTIQUER
DÉCALQUER
DÉFALQUER
INCULQUER
PALANQUER
SUFFOQUER
DÉBLOQUER
DÉFLOQUER
DISLOQUER
ESCROQUER
DÉFROQUER

9

DÉTROQUER
CONVOQUER
PROVOQUER
DÉBARQUER
EMBARQUER
DÉMARQUER
REMARQUER
REMORQUER
RÉTORQUER
EXTORQUER
BIFURQUER
DÉMASQUER
DÉBUSQUER
EMBUSQUER
OFFUSQUER
RÉÉDUQUER
DÉBOUQUER
EMBOUQUER
TONITRUER
EFFECTUER
PERPÉTUER
ENTRE-TUER
DESTITUER
RESTITUER
INSTITUER
ACCENTUER
REMBLAVER
MOTOPAVER
CHOURAVER
RETRIEVER
SURÉLEVER
RÉCIDIVER
ENJOLIVER
RÉACTIVER
INACTIVER
POSITIVER
DÉMOTIVER
PRÉSERVER
CONSERVER
VANCOUVER
RÉPROUVER
APPROUVER
RETROUVER
MAYFLOWER
COMPLEXER
REMBLAYER
SOUS-PAYER
RENTRAYER
RÉESSAYER
GRASSEYER
FLAMBOYER
PLAIDOYER
ROUGEOYER
BOUCHOYER
REMPLOYER
ATERMOYER
TOURNOYER

FOUDROYER
POUDROYER
HONGROYER
CHARROYER
GUERROYER
DESTROYER
VOUSSOYER
JOINTOYER
FOURVOYER
BULLDOZER
SCHNAUZER
RIQUEWIHR
FANCY-FAIR
ENTRE-HAÏR
PORT BLAIR
VAL-BÉLAIR
BURGKMAIR
AL-DJAZA'IR
ESTOURBIR
ÉCLAIRCIR
OBSCURCIR
ACCOURCIR
REFROIDIR
ABÂTARDIR
DÉGOURDIR
ENGOURDIR
ASSOURDIR
APPLAUDIR
RÉTROAGIR
INTERAGIR
RESSURGIR
RÉFLÉCHIR
INFLÉCHIR
DÉGAUCHIR
ESKISEHIR
AFFAIBLIR
ENSEVELIR
DÉFAILLIR
REJAILLIR
ASSAILLIR
DÉSEMPLIR
ACCOMPLIR
ASSOUPLIR
RAFFERMIR
RENDORMIR
RENFORMIR
MAINTENIR
REDEVENIR
BIENVENIR
REDÉFINIR
REMBRUNIR
REVERDOIR
ACCORDOIR
ÉCHAUDOIR
ACCOUDOIR
PLONGEOIR
ÉGRUGEOIR

ÉTOUFFOIR
ARRACHOIR
TRANCHOIR
ÉBAUCHOIR
PRÉVALOIR
CUEILLOIR
MOUILLOIR
DÉFOULOIR
REFOULOIR
REVOULOIR
ASSOMMOIR
PROMENOIR
ÉTEIGNOIR
ENTONNOIR
ÉGRAPPOIR
DÉSESPOIR
DÉCOUPOIR
AIGUISOIR
ENCENSOIR
OSTENSOIR
ASPERSOIR
DÉVERSOIR
REVERSOIR
POLISSOIR
ROUISSOIR
REMONTOIR
ÉGOUTTOIR
CONCEVOIR
PERCEVOIR
ENTREVOIR
RÉSERVOIR
ABREUVOIR
RÉCHAMPIR
DÉGUERPIR
VALLESPIR
ACCROUPIR
ASSOMBRIR
ATTENDRIR
AMOINDRIR
RENCHÉRIR
CONQUÉRIR
DÉMAIGRIR
RABOUGRIR
ENDOLORIR
DÉFLEURIR
REFLEURIR
CONCOURIR
PARCOURIR
DISCOURIR
APPAUVRIR
DÉCOUVRIR
RECOUVRIR
BALIKESIR
DÉPLAISIR
DESSAISIR
RESSAISIR
DÉGROSSIR

REGROSSIR
EMPUANTIR
CONSENTIR
RESSENTIR
DESSERTIR
SUBVERTIR
CONVERTIR
PERVERTIR
RASSORTIR
RESSORTIR
TRAVESTIR
ENGLOUTIR
HAMMAGUIR
DESSERVIR
RESSERVIR
COMPRADOR
THERMIDOR
FRUCTIDOR
TOISON D'OR
BOUTON-D'OR
CONFITEOR
BELPHÉGOR
HELSINGØR
ÉTAT-MAJOR
CÔTE-DE-L'OR
MIRLIFLOR
MONSIGNOR
ALLIGATOR
ESCALATOR
COLLECTOR
LISPECTOR
SOLICITOR
MYOCASTOR
THYRISTOR
DEIR EZ-ZOR
AÏD-EL-FITR
RABAN MAUR
SAINT-MAUR
CHAMPSAUR
JULLUNDUR
BARABUDUR
BOROBUDUR
REGIMBEUR
ABSORBEUR
ENFONCEUR
ANNONCEUR
CASCADEUR
GRENADEUR
RENVIDEUR
DEMANDEUR
DÉFENDEUR
SPLENDEUR
RAMENDEUR
DÉPENDEUR
DÉTENDEUR
ENTENDEUR
EXTENDEUR

9

REVENDEUR
COVENDEUR
RÉPONDEUR
DÉBARDEUR
CAFARDEUR
LE GARDEUR
REGARDEUR
EMMERDEUR
ACCORDEUR
MARAUDEUR
RAVAUDEUR
BAROUDEUR
CHAUFFEUR
SACCAGEUR
PACKAGEUR
AMÉNAGEUR
PARTAGEUR
VOLTIGEUR
VIDANGEUR
ÉCHANGEUR
MÉLANGEUR
ARRANGEUR
LOUANGEUR
HÉBERGEUR
PATAUGEUR
RABÂCHEUR
ARRACHEUR
DÉTACHEUR
EMPÊCHEUR
FRAÎCHEUR
AFFICHEUR
DÉNICHEUR
FÉTICHEUR
AGUICHEUR
BLANCHEUR
TRANCHEUR
CHERCHEUR
ÉCORCHEUR
TRESCHEUR
HERSCHEUR
ÉPLUCHEUR
PARAPHEUR
VÉRIFIEUR
INGÉNIEUR
INFÉRIEUR
SUPÉRIEUR
SUPÉRIEUR
ULTÉRIEUR
ANTÉRIEUR
INTÉRIEUR
EXTÉRIEUR
SIGNALEUR
DESSALEUR
NON-VALEUR
DRIBBLEUR
TREMBLEUR
HARCELEUR

CARRELEUR
SOUFFLEUR
RENIFLEUR
CHOU-FLEUR
TRÉFILEUR
PROFILEUR
EMBALLEUR
ÉCAILLEUR
PIAILLEUR
ÉMAILLEUR
BRAILLEUR
HABILLEUR
CUEILLEUR
ÉVEILLEUR
NASILLEUR
FUSILLEUR
ARTILLEUR
OUTILLEUR
BOUILLEUR
FOUILLEUR
MOUILLEUR
BRICOLEUR
FIGNOLEUR
PISTOLEUR
BASCULEUR
DÉMOULEUR
RÉMOULEUR
DÉROULEUR
ENROULEUR
ESCRIMEUR
IMPRIMEUR
ASSOMMEUR
SLALOMEUR
ENDORMEUR
REFORMEUR
EMBAUMEUR
NON-FUMEUR
PARFUMEUR
CHICANEUR
PROMENEUR
REPRENEUR
CONTENEUR
SOUTENEUR
RAFFINEUR
DÉPANNEUR
FAÇONNEUR
AVIONNEUR
JALONNEUR
TALONNEUR
RAYONNEUR
SUBORNEUR
SANS-CŒUR
DEMI-SŒUR
ESTAMPEUR
VARAPPEUR
DÉCOUPEUR
DÉFIBREUR

CALIBREUR
CHAMBREUR
ENCADREUR
ACQUÉREUR
CHIFFREUR
DÉNIGREUR
ÉCLAIREUR
SURVIREUR
BAGARREUR
DÉMARREUR
ÉPIERREUR
DÉTERREUR
PUPITREUR
ÉVENTREUR
PROCUREUR
LABOUREUR
LABOUREUR
SECOUREUR
DÉGIVREUR
DÉPHASEUR
CONFISEUR
ÉGALISEUR
ATOMISEUR
PROVISEUR
RECENSEUR
ENCENSEUR
ASCENSEUR
DÉFENSEUR
OFFENSEUR
EXTENSEUR
EXPLOSEUR
COMPOSEUR
ASPERSEUR
INVERSEUR
JACASSEUR
RAMASSEUR
FINASSEUR
REPASSEUR
VAVASSEUR
LEVASSEUR
RÊVASSEUR
AGRESSEUR
ASSESSEUR
ABAISSEUR
ÉPAISSEUR
GRAISSEUR
RÉGISSEUR
BÉNISSEUR
FINISSEUR
BÂTISSEUR
LOTISSEUR
RÔTISSEUR
FOUISSEUR
JOUISSEUR
RAVISSEUR
CHAUSSEUR
LAÏUSSEUR

TROUSSEUR
DIFFUSEUR
DIALYSEUR
ANALYSEUR
ÉVOCATEUR
ÉDUCATEUR
STUCATEUR
PRÉDATEUR
FONDATEUR
LAUDATEUR
VICIATEUR
RADIATEUR
MÉDIATEUR
EXPIATEUR
VARIATEUR
DÉVIATEUR
CHÉLATEUR
ÉPILATEUR
VIOLATEUR
ISOLATEUR
ADULATEUR
ÉMULATEUR
ANIMATEUR
FORMATEUR
FRÉNATEUR
PHONATEUR
PRONATEUR
VIBRATEUR
OPÉRATEUR
MIGRATEUR
ADORATEUR
NARRATEUR
ÉPURATEUR
PROSATEUR
SECTATEUR
DICTATEUR
AGITATEUR
IMITATEUR
TENTATEUR
CAPTATEUR
TESTATEUR
ÉLÉVATEUR
SALVATEUR
RÉDACTEUR
COFACTEUR
EFFECTEUR
OBJECTEUR
INJECTEUR
SÉLECTEUR
HUMECTEUR
DIRECTEUR
DÉTECTEUR
ABDUCTEUR
ADDUCTEUR
RÉDUCTEUR
SÉDUCTEUR
INDUCTEUR

- PELLETEUR
- BONNETEUR
- SÉCRÉTEUR
- EXCRÉTEUR
- AFFRÉTEUR
- PIQUETEUR
- ENQUÊTEUR
- SAUVETEUR
- COÉDITEUR
- CRÉDITEUR
- PROFITEUR
- APÉRITEUR
- PARTITEUR
- SERVITEUR
- DÉVOLTEUR
- INSULTEUR
- DÉCANTEUR
- ENCANTEUR
- PESANTEUR
- ACCENTEUR
- ORIENTEUR
- ARPENTEUR
- DÉTENTEUR
- RÉTENTEUR
- INVENTEUR
- ÉREINTEUR
- RACONTEUR
- BARBOTEUR
- FRICOTEUR
- TRICOTEUR
- FOLIOTEUR
- TRIMOTEUR
- PROMOTEUR
- CHIPOTEUR
- TRIPOTEUR
- ACCEPTEUR
- RÉCEPTEUR
- SCRIPTEUR
- SCULPTEUR
- PROMPTEUR
- DÉSERTEUR
- ESCORTEUR
- REPORTEUR
- APPORTEUR
- DIGESTEUR
- IMPOSTEUR
- RABATTEUR
- DÉBATTEUR
- NAVETTEUR
- CAROTTEUR
- CULBUTEUR
- EXÉCUTEUR
- PERCUTEUR
- DISCUTEUR
- CHAHUTEUR
- REBOUTEUR
- ENVOÛTEUR

- RECRUTEUR
- ARNAQUEUR
- VAINQUEUR
- TRINQUEUR
- ACCOUVEUR
- MONNAYEUR
- EMBRAYEUR
- HOCKEYEUR
- VOLLEYEUR
- AMAREYEUR
- EMPLOYEUR
- CORROYEUR
- FOSSOYEUR
- NETTOYEUR
- CONVOYEUR
- **MONTSÉGUR**
- **MACARTHUR**
- CALAMBOUR
- CALEMBOUR
- BASSE-COUR
- **BÉCANCOUR**
- **SENANCOUR**
- AVANT-COUR
- **POMPADOUR**
- CUL-DE-FOUR
- CARREFOUR
- PETIT-FOUR
- **DAMANHOUR**
- **BAÏKONOUR**
- **SINGAPOUR**
- NON-RETOUR
- **KHARAGPUR**
- **GORAKHPUR**
- **BHAGALPUR**
- EXEQUATUR
- **THANJAVUR**
- **CÔTE D'AZUR**
- **VICQ D'AZYR**
- BRANLE-BAS
- CONTREBAS
- **PERDICCAS**
- **ZACATECAS**
- **PÉLOPIDAS**
- **PAUSANIAS**
- ASCLÉPIAS
- CHASSELAS
- PLEXIGLAS
- **VENCESLAS**
- **STANISLAS**
- **ANTI-ATLAS**
- SUPERAMAS
- **LAS PALMAS**
- **CHRISTMAS**
- **MARTIGNAS**
- BONS-PAPAS
- N'EST-CE PAS
- FIER-À-BRAS

- APPUI-BRAS
- AVANT-BRAS
- SASSAFRAS
- **SOUK AHRAS**
- **ALGÉSIRAS**
- **SUBLEYRAS**
- HAMADRYAS
- ALCARAZAS
- CINÉ-CLUBS
- AÉRO-CLUBS
- FANS-CLUBS
- ENTRELACS
- **ARMAGNACS**
- MONTE-SACS
- AVANT-BECS
- POP MUSICS
- **CHIC-CHOCS**
- PARE-CHOCS
- CINÉ-PARCS
- CALE-PIEDS
- SOUS-PIEDS
- CENT-PIEDS
- VA-NU-PIEDS
- JAZZ-BANDS
- **HIGHLANDS**
- HAPPY ENDS
- BIEN-FONDS
- FOX-HOUNDS
- FAST-FOODS
- FAUX-BORDS
- **GUIMARÃES**
- PÈSE-BÉBÉS
- **LÉMOVICES**
- **COUTANCES**
- **ALMOHADES**
- **UMAYYADES**
- **OMEYYADES**
- **SAMOYÈDES**
- **AYYUBIDES**
- **ARSACIDES**
- **ABBADIDES**
- PERSÉIDES
- **ATTALIDES**
- **INVALIDES**
- **PYRAMIDES**
- **FATIMIDES**
- **OCÉANIDES**
- **SAMANIDES**
- **EUMÉNIDES**
- **MARINIDES**
- **MÉRINIDES**
- **TULUNIDES**
- ANTIRIDES
- **TIMURIDES**
- **IDRISIDES**
- **SÉFÉVIDES**
- **BURGONDES**

- **RETHONDES**
- COSTAUDES
- GALVAUDÉS
- **JEAN EUDES**
- **MACCABÉES**
- MAL-LOGÉES
- VENTILÉES
- PARSEMÉES
- MAL-AIMÉES
- **BORROMÉES**
- **FORTUNÉES**
- THIO-URÉES
- CABOSSÉES
- LITS-CAGES
- ARRÉRAGES
- NON-USAGES
- **COURRÈGES**
- **CHAMBIGES**
- **BITURIGES**
- **COMMINGES**
- **COULONGES**
- **POUZAUGES**
- BIEN-JUGÉS
- **TOULOUGES**
- BAS-ROUGES
- **ROMANCHES**
- **AVRANCHES**
- **SENONCHES**
- FARDOCHES
- **LUZARCHES**
- SCRATCHES
- **INGOUCHES**
- NÉPENTHÈS
- WALLABIES
- **ÉPINICIES**
- FLORALIES
- **RAMILLIES**
- **CUVILLIÉS**
- **OTTIGNIES**
- **BARONNIES**
- **TUILERIES**
- **FRAMERIES**
- NURSERIES
- ARMOIRIES
- **VALKYRIES**
- **WALKYRIES**
- DIONYSIES
- BLEUETTES
- PENALTIES
- ROYALTIES
- MI-PARTIES
- **CHRISTIE'S**
- ENSUIVIES
- **LES EYZIES**
- PLUM-CAKES
- PRÉS-SALÉS
- **TZELTALES**

9

MANIZALES
QUETZALES
PORTE-CLÉS
MNÉSICLÈS
MILLE-ÎLES
TZOTZILES
SARCELLES
BRUCELLES
MORDELLES
ANIMELLES
CORMELLES
LINSELLES
COQUELLES
BRUXELLES
CHAZELLES
SEMAILLES
TENAILLES
CAVAILLÈS
BAZEILLES
MAROILLES
MAROILLES
AIGUILLES
CHAROLLES
VITROLLES
PEYROLLES
GRISOLLES
BRIGNOLES
SÉMINOLES
POUZZOLES
SEXTUPLÉS
OLLIOULES
FITZ-JAMES
MI-CARÊMES
BIEN-AIMÉS
NON ANIMÉS
LES ABYMES
DOUNGANES
ATELLANES
ITELMÈNES
VILLAINES
CERTAINES
CAROLINES
ENLUMINÉS
DES MOINES
DARGUINES
MALOUINES
CHABANNES
MARIANNES
VINCENNES
VERGENNES
ÉOLIENNES
IONIENNES
LES PENNES
FLORENNES
GERPINNES
CHALONNES
SAUTERNES

SAUTERNES
GOUVERNÉS
BRAY-DUNES
DEMI-LUNES
CURE-PIPES
PHILIPPES
LÉOCHARÈS
BOLÍVARES
CANTABRES
SICAMBRES
ISSAMBRES
DÉCOMBRES
SALINDRES
VERCHÈRES
CORBIÈRES
CORBIÈRES
CALLIÈRES
FALLIÈRES
SOMMIÈRES
BONNIÈRES
CARRIÈRES
FERRIÈRES
VERRIÈRES
BESSIÈRES
EYGUIÈRES
MAIZIÈRES
PIES-MÈRES
TALLOIRES
ÉDULCORÉS
CENTAURES
DIOSCURES
MARAMURES
PEIGNURES
SAULXURES
BALAYURES
TRICOISES
MARQUISES
DEUX-ROSES
SARGASSES
KHAKASSES
TRÉPASSÉS
NON-TISSÉS
ROCHEUSES
ARGINUSES
BOURIATES
DÉCUMATES
DOLOMITES
AMMONITES
OBODRITES
AMORRITES
HOURRITES
ALAOUITES
SURVOLTÉS
AMIRANTES
CERVANTÈS
ÉPREINTES
CI-JOINTES

BLOC-NOTES
DESCARTES
DESPORTES
RILLETTES
BEURETTES
CHOCOTTES
ARC-BOUTÉS
CALDAGUÈS
ENTRAGUES
RODRIGUES
GARRIGUES
MARTIGUES
BOUZIGUES
MARINGUES
AIMARGUES
DESARGUES
ISBERGUES
ANDERLUES
SOUS-LOUÉS
DEUX-ROUES
TOLTÈQUES
MIXTÈQUES
PYTHIQUES
IBÉRIQUES
TARASQUES
ÉTRUSQUES
MENSTRUES
ENTRE-TUÉS
VIDE-CAVES
SAKALAVES
GONÇALVES
JUKE-BOXES
LES CLAYES
SOUS-PAYÉS
GAGAOUZES
SOUS-CHEFS
DEMI-CLEFS
MOTS-CLEFS
ICE-SHELFS
TIRE-NERFS
MIRE-ŒUFS
PING-PONGS
HALBWACHS
SANDWICHS
BURROUGHS
VISIGOTHS
WISIGOTHS
COGNAÇAIS
JARNACAIS
BARSACAIS
JONZACAIS
BOLBÉCAIS
PORNICAIS
BUZANÇAIS
GAPENÇAIS
SARLADAIS
OUGANDAIS

OUGANDAIS
ZÉLANDAIS
IRLANDAIS
IRLANDAIS
ISLANDAIS
ISLANDAIS
MIRANDAIS
BURUNDAIS
BURUNDAIS
DINARDAIS
BÂBORDAIS
LAURAGAIS
PORTUGAIS
PORTUGAIS
TRANCHAIS
ENTRE-HAÏS
CANCALAIS
OUAGALAIS
CUGNALAIS
BORDELAIS
BORDELAIS
ROCHELAIS
FRANGLAIS
MANILLAIS
ANTILLAIS
ANTILLAIS
BANDOLAIS
CONGOLAIS
CONGOLAIS
BARJOLAIS
BAGNOLAIS
CHAROLAIS
CHAROLAIS
BANJULAIS
PTOLÉMAÏS
DÉSORMAIS
MBABANAIS
CHABANAIS
SUNDANAIS
CAUDANAIS
HOUDANAIS
SOUDANAIS
SOUDANAIS
SIGEANAIS
ORLÉANAIS
CACHANAIS
MORLANAIS
MEULANAIS
MEYLANAIS
SEVRANAIS
SÉQUANAIS
TAÏWANAIS
TAÏWANAIS
BASSENAIS
SARTENAIS
CORTENAIS
AUBAGNAIS

VALOGNAIS
BOLOGNAIS
BOLOGNAIS
BURKINAIS
BURKINAIS
DIGOINAIS
JOHANNAIS
DINANNAIS
ROYANNAIS
SÉZANNAIS
ARDENNAIS
ARDENNAIS
LA MENNAIS
ROUENNAIS
MÉVENNAIS
CAYENNAIS
MAYENNAIS
THAONNAIS
CRAONNAIS
MÂCONNAIS
LUÇONNAIS
REDONNAIS
ARGONNAIS
BRIONNAIS
DIJONNAIS
ALLONNAIS
CENONNAIS
PÉRONNAIS
ÉVRONNAIS
DIVONNAIS
AUXONNAIS
BAYONNAIS
NOYONNAIS
ARAGONAIS
ARAGONAIS
LANGONAIS
TRÉLONAIS
ARAMONAIS
CHINONAIS
THONONAIS
OLORONAIS
CANTONAIS
CANTONAIS
NIVERNAIS
NIVERNAIS
LACAUNAIS
LOUDUNAIS
EMBRUNAIS
FERRARAIS
CALABRAIS
FOUGERAIS
BAGNÉRAIS
CAPCIRAIS
NAVARRAIS
NAVARRAIS
DUMARSAIS
BROUSSAIS

MASCATAIS
VALLETAIS
CHOLETAIS
VANNETAIS
FAOUËTAIS
PONANTAIS
ARDENTAIS
NOGENTAIS
ARGENTAIS
TARENTAIS
TORONTAIS
YVETOTAIS
ESSARTAIS
ANTIGUAIS
OUTAOUAIS
HENDAYAIS
ABRUZZAIS
CIRCONCIS
HENDIADIS
MARAVÉDIS
SANS-LOGIS
MONTARGIS
WALPURGIS
AMÉNOPHIS
APRÈS-SKIS
HAMAMÉLIS
MIRABILIS
VOLUBILIS
VOLUBILIS
ANTHYLLIS
AMARYLLIS
ANNAPOLIS
NICOPOLIS
ROUCOULIS
CONCHYLIS
SÉMIRAMIS
COMPROMIS
RENFORMIS
MONTCENIS
OUARSENIS
SEMI-FINIS
MACARONIS
ÆPYORNIS
ÉTATS-UNIS
GRANDBOIS
ZAGRÉBOIS
MORTS-BOIS
PETIT-BOIS
FIGEACOIS
CALLACOIS
MEYMACOIS
GIGNACOIS
ÉPINACOIS
CARNACOIS
FLORACOIS
QUÉBÉCOIS
QUÉBÉCOIS

LORRIÇOIS
MASSICOIS
VOLVICOIS
ARLANCOIS
FAYENÇOIS
TOUCYCOIS
MAGNYCOIS
LIVRADOIS
BRIVADOIS
PRIVADOIS
LANAUDOIS
ARRAGEOIS
ARIÉGEOIS
ALBIGEOIS
ALBIGEOIS
BLANGEOIS
ORANGEOIS
BOURGEOIS
BOURGEOIS
AUTREFOIS
TOUTEFOIS
GAMACHOIS
BARACHOIS
ARDÉCHOIS
MUNICHOIS
MUNICHOIS
ZURICHOIS
ZURICHOIS
FONSCHOIS
VARILHOIS
FAMECKOIS
DORVALOIS
BELLILOIS
LASALLOIS
LAVALLOIS
LEVALLOIS
RIDELLOIS
CRIELLOIS
TRIELLOIS
JUMELLOIS
LUNELLOIS
CAPELLOIS
USSELLOIS
NIVELLOIS
CREILLOIS
DEUILLOIS
VIZILLOIS
SAINT-LOIS
BACHAMOIS
BELLÊMOIS
SEPTÉMOIS
BAPALMOIS
VENDÔMOIS
CONDOMOIS
BILLOMOIS
ANGOUMOIS
DRACÉNOIS

PISCÉNOIS
LACHENOIS
RUTHÉNOIS
RUTHÉNOIS
BOLLÉNOIS
CHÂTENOIS
HESDINOIS
LACHINOIS
BUCKINOIS
TONKINOIS
DUBLINOIS
SECLINOIS
YVELINOIS
BARLINOIS
BERLINOIS
BERLINOIS
MOULINOIS
OIGNINOIS
CAMPINOIS
MEYRINOIS
TESSINOIS
PANTINOIS
LIÉVINOIS
PROVINOIS
CARVINOIS
VERVINOIS
VOUZINOIS
FEYZINOIS
MIGENNOIS
BRIENNOIS
GARENNOIS
VARENNOIS
VIVONNOIS
AUBARNOIS
THIERNOIS
SAVERNOIS
GIVERNOIS
PAYERNOIS
SURESNOIS
MAGDUNOIS
VERDUNOIS
BÉTHUNOIS
BONDYNOIS
CRÉPYNOIS
FÉCAMPOIS
PETIT POIS
VANIÉROIS
ASNIÉROIS
VALLEROIS
SILLEROIS
BRUYÉROIS
DONZÉROIS
BÉLAIROIS
TRÉGOROIS
AMBARROIS
BÉGARROIS
BITERROIS

BITERROIS
AUXERROIS
SOLEUROIS
SAUMUROIS
NEVERSOIS
ANVERSOIS
AUVERSOIS
IGNISSOIS
CLUNYSOIS
TEYJATOIS
GRAMATOIS
AULNATOIS
GANNATOIS
GERZATOIS
GUÉRÉTOIS
CUSSÉTOIS
CHANITOIS
MAGNITOIS
CHARITOIS
VICOMTOIS
GIMONTOIS
DOMONTOIS
ERMONTOIS
AMBERTOIS
FORESTOIS
LACHUTOIS
LATUQUOIS
MILLAVOIS
MINERVOIS
MINERVOIS
TOUT-PARIS
PETIT-GRIS
HARA-KIRIS
ENTREPRIS
INCOMPRIS
MALAPPRIS
DÉSAPPRIS
SÉSOSTRIS
VALLAURIS
BOULOURIS
PSORIASIS
INLANDSIS
CAMBRÉSIS
HÉTÉROSIS
CORÉOPSIS
CATHARSIS
LE PLESSIS
DUPLESSIS
NAUCRATIS
MOUCHETIS
CLIQUETIS
GRAFFITIS
RAPOINTIS
CHUCHOTIS
HYDRASTIS
FRISOTTIS
CLAFOUTIS

MONT-LOUIS
PORT LOUIS
PORT-LOUIS
AMPLEPUIS
PRÉREQUIS
RECONQUIS
RUBRUQUIS
CONTRAVIS
PONT-LEVIS
TOURNEVIS
ÉPISTAXIS
TIE-BREAKS
HENDRICKS
AFRO-ROCKS
JAZZ-ROCKS
CAKE-WALKS
FAIRBANKS
HERD-BOOKS
STUD-BOOKS
MAMELOUKS
DROP-GOALS
PRÉNATALS
HERENTALS
TOP MODELS
EHRENFELS
DES AUTELS
GUIDE-FILS
SERRE-FILS
DUMAS FILS
PETIT-FILS
BEAUX-FILS
BASE-BALLS
MOTO-BALLS
SOUS-PULLS
CACHE-COLS
MARVEJOLS
CALL-GIRLS
NON-CUMULS
ICE-CREAMS
PRÊTE-NOMS
BABY-BOOMS
PABY-BOOMS
AFRIKAANS
BLUE-JEANS
GRAMPIANS
DEMI-PLANS
TINDEMANS
BOCHIMANS
MARCOMANS
SUPERMANS
CROSSMANS
YACHTMANS
RUGBYMANS
COUSERANS
DONS JUANS
CANANÉENS
ASMONÉENS

JÉBUSÉENS
NABATÉENS
ADYGUÉENS
PHÉACIENS
HILALIENS
CARÉLIENS
ASCANIENS
MÉNAPIENS
SUMÉRIENS
IMPATIENS
CAPÉTIENS
LEZGUIENS
CONFOLENS
GUET-APENS
SENDERENS
PUYMORENS
PIRMASENS
RABASTENS
LAVE-MAINS
GIRONDINS
SÉRAPHINS
REMOULINS
NÉANMOINS
TOCANTINS
MYRMIDONS
SAINT-FONS
ROGATIONS
MUNITIONS
FLONFLONS
JAGELLONS
À RECULONS
ATHIS-MONS
SAINT-PONS
SHORT TONS
ARCHÉLAOS
SEIGNOBOS
TOURNEDOS
GRATTE-DOS
GALÁPAGOS
ANTIOCHOS
GUARULHOS
ZÁKYNTHOS
ANTHÉMIOS
MARDONIOS
ASCLÉPIOS
DÉMÉTRIOS
SEX-RATIOS
WATTRELOS
VENIZÉLOS
LOS ALAMOS
STRYCHNOS
JOSEFINOS
OTO-RHINOS
MYKÉRINOS
CERNUNNOS
ANTIGONOS
PIRITHOOS

SPÉCULOOS
MÉGACÉROS
ANTIHÉROS
TROISGROS
SIQUEIROS
THÉODOROS
MATAMOROS
DOS PASSOS
DOS SANTOS
LAVE-AUTOS
BALL-TRAPS
ALISCAMPS
ALYSCAMPS
SEICHAMPS
BONCHAMPS
DESCHAMPS
LONGTEMPS
PRINTEMPS
CHAUTEMPS
DEUX-TEMPS
FREE-SHOPS
MÉGAFLOPS
CHAMÉROPS
ANTICORPS
MONOCORPS
EUROCORPS
SNACK-BARS
STOCK-CARS
SCOUT-CARS
SAINT-MARS
KALA-AZARS
TEEN-AGERS
CAROTHERS
TEMPLIERS
COLOMIERS
MOUSTIERS
ROETTIERS
BÉVEZIERS
BOUFFLERS
MCCULLERS
DOUX-AMERS
MÔN-KHMERS
EYE-LINERS
PAR-DEVERS
PULL-OVERS
BOUTE-HORS
PLUSIEURS
NIVELEURS
DEMI-JOURS
CENT-JOURS
DEMI-TOURS
ALENTOURS
BLACK-BASS
DUNGENESS
INVERNESS
EDELWEISS
VÉLOCROSS

MOTOCROSS
ANSCHLUSS
DEAD-HEATS
SOUS-PLATS
TROIS-MÂTS
BRISE-JETS
JUMBO-JETS
ENTREMETS
DESMARETS
DES ADRETS
CAUTERETS
DES FORÊTS
LIEUX-DITS
WAGON-LITS
NON-DROITS
PUISSANTS
CINQ-CENTS
CURE-DENTS
ERREMENTS
OSSEMENTS
LAVE-PONTS
DEUX-PONTS
DEUX-PONTS
ROTOPLOTS
GOGUENOTS
SNOW-BOOTS
CACHE-POTS
BLACK-ROTS
BEAUX-ARTS
QUAT'ZARTS
PICS-VERTS
TEE-SHIRTS
BABY-TESTS
BOY-SCOUTS
PÈSE-MOÛTS
BLOCKHAUS
SPÉCULAUS
BIBLIOBUS
SPARTACUS
AUTOFOCUS
EMPOSIEUS
COLS-BLEUS
ASPARAGUS
MONTAIGUS
PEMPHIGUS
TYLENCHUS
CONFUCIUS
HÉRACLIUS
BERZELIUS
SABELLIUS
VITELLIUS
FROBENIUS
ARRHENIUS
JANSÉNIUS
DIKTONIUS
PRETORIUS
SERTORIUS

NESTORIUS
HELVÉTIUS
COURTS-JUS
MARCELLUS
NYSTAGMUS
HOTEMANUS
QUELLINUS
MYKERINUS
GARDE-FOUS
LISSAJOUS
TIRE-CLOUS
TROU-TROUS
CI-DESSOUS
EN DESSOUS
AU-DESSOUS
BALAÏTOUS
ENTREVOUS
AHASVÉRUS
ANTIVIRUS
RIBOVIRUS
ARBOVIRUS
THÉSAURUS
CASADESUS
CONSENSUS
COLLAPSUS
PROLAPSUS
PROCESSUS
PAR-DESSUS
PARDESSUS
INFARCTUS
DÉCUBITUS
AMPHIOXUS
TALK-SHOWS
CASH-FLOWS
MOYEN-PAYS
AVANT-PAYS
HENDIADYS
CHOP SUEYS
GIN-RUMMYS
BOURGEOYS
CAR-FERRYS
INDÉLICAT
CANONICAT
PUIFORCAT
PLOUESCAT
LE BOUSCAT
VOÏÉVODAT
CONCORDAT
CONCORDAT
LLOBREGAT
THÉODAHAT
TÉLÉACHAT
ENTRECHAT
SCHWECHAT
AMENEMHAT
PATRICIAT
ACTUARIAT

CEYZÉRIAT
GÉNISSIAT
KHÉDIVIAT
GÉNÉRALAT
BOURGELAT
CANCRELAT
DISTILLAT
AIGUILLAT
APOSTOLAT
BÉNÉVOLAT
PASSE-PLAT
MONTE-PLAT
AVUNCULAT
BIOCLIMAT
RÉSIDANAT
ARTISANAT
INDIGÉNAT
PAN-BAGNAT
AUVERGNAT
AUVERGNAT
PALATINAT
PALATINAT
ÉCHEVINAT
PAYSANNAT
SEPTENNAT
HOUSE-BOAT
FERRY-BOAT
PRINCIPAT
ÉPISCOPAT
DUUMVIRAT
SPONSORAT
ÉLECTORAT
MONITORAT
CAP-FERRAT
BUNDESRAT
REICHSRAT
INFILTRAT
MAGISTRAT
ZIGGOURAT
MARQUISAT
CONDENSAT
ARCHONTAT
LOMBOSTAT
HÉLIOSTAT
HYGROSTAT
PRÉTEXTAT
INADÉQUAT
COACERVAT
FILLIOZAT
INTELLECT
IRRESPECT
INCORRECT
HÖCHSTÄDT
HALLSTADT
DARMSTADT
CRONSTADT
KRONSTADT

RUNDSTEDT
AUERSTEDT
LOSCHMIDT
KARLFELDT
BUTENANDT
REMBRANDT
REINHARDT
LEONHARDT
BERNHARDT
OPPENORDT
CONDORCET
MILLARDET
THIBAUDET
HOME FLEET
GALLIFFET
LE BOURGET
PORNICHET
DUTROCHET
TRÉBUCHET
DU BOUCHET
ANTIREJET
NANTUCKET
GRINGALET
TAFILALET
TOURMALET
TIERCELET
GRANDELET
MAIGRELET
BOURRELET
RUISSELET
TRAQUELET
CAMOUFLET
DIRICHLET
FAUX-FILET
BRÉSILLET
GENTILLET
MORTILLET
DU GUILLET
SERPOLLET
FLAGEOLET
CABRIOLET
GUIGNOLET
CHEVROLET
QUINTOLET
MULTIPLET
INCOMPLET
TRIBOULET
TRIBOULET
CASSOULET
KECSKEMÉT
GUILLEMET
LAVELANET
FREYCINET
BLONDINET
ESTAMINET
LE VÉSINET
COUSSINET

SEYSSINET
BRIÇONNET
BALCONNET
GARÇONNET
CORDONNET
COCHONNET
BALLONNET
MIGNONNET
PEYRONNET
SANSONNET
MENTONNET
LE FOLGOËT
CONTREPET
VERGOBRET
TOP SECRET
INDISCRET
GUILLERET
ININTÉRÊT
CAP-FERRET
SÉNOUSRET
CARNOTSET
MARMOUSET
MÉGAOCTET
JACCOTTET
BADINGUET
PRIMOGUET
SOURD-MUET
PORT-BOUËT
SAUPIQUET
SOBRIQUET
LE CONQUET
BILBOQUET
VERBOQUET
PERROQUET
PALTOQUET
FRELUQUET
LE TOUQUET
CHOU-NAVET
CARNOTZET
LOVECRAFT
COCKCROFT
MICROSOFT
WEHRMACHT
DORDRECHT
LAMPRECHT
ARKWRIGHT
COPYRIGHT
TAMAZIGHT
CONNAUGHT
TOUT À FAIT
STUPÉFAIT
IMPARFAIT
SATISFAIT
PETIT-LAIT
SOUSTRAIT
DISCRÉDIT
CONTREDIT

DIEULEFIT
SAUT-DE-LIT
CANAPÉ-LIT
COUVRE-LIT
PISSENLIT
MALADROIT
PIED-DROIT
AVANT-TOIT
TRANSCRIT
RÉINSCRIT
EXINSCRIT
MANUSCRIT
TAPUSCRIT
TOUT-PETIT
RETRADUIT
MÉCONDUIT
RECONDUIT
REPRODUIT
COPRODUIT
INTRODUIT
DOUZE-HUIT
SUPER-HUIT
TROIS-HUIT
IN-DIX-HUIT
ANTIBRUIT
CONSTRUIT
PLEURTUIT
AFFIDAVIT
GRAND BELT
PETIT BELT
ROOSEVELT
MILLIVOLT
GÉRICAULT
VIGNEAULT
MEURSAULT
MEURSAULT
BOURSAULT
PROHIBANT
ENJAMBANT
REGIMBANT
INCOMBANT
APLOMBANT
RETOMBANT
ENGLOBANT
ENGERBANT
ENHERBANT
ABSORBANT
ADSORBANT
RÉSORBANT
RADOUBANT
PRÉFAÇANT
SURFAÇANT
DÉGLAÇANT
VIOLAÇANT
DÉPLAÇANT
REPLAÇANT
GRIMAÇANT

RETRAÇANT
RAPIÉÇANT
CLAMEÇANT
PRÉDICANT
MORDICANT
FABRICANT
CAPRICANT
MATRIÇANT
BALANÇANT
RELANÇANT
ROMANÇANT
FINANÇANT
DEVANÇANT
CADENÇANT
DÉFONÇANT
ENFONÇANT
ENGONÇANT
SEMONÇANT
DÉNONÇANT
RENONÇANT
ANNONÇANT
SUFFOCANT
PROVOCANT
REPERÇANT
DÉFORÇANT
EFFORÇANT
DIVORÇANT
IMMISÇANT
CORUSCANT
GAMBADANT
SACCADANT
POMMADANT
GRENADANT
DÉGRADANT
EXTRADANT
TORSADANT
SUCCÉDANT
PRÉCÉDANT
CONCÉDANT
PROCÉDANT
POSSÉDANT
SUICIDANT
ÉLUCIDANT
TRUCIDANT
TRÉPIDANT
DÉBRIDANT
HYBRIDANT
PRÉSIDANT
LIQUIDANT
RENVIDANT
DÉBANDANT
DEMANDANT
COMANDANT
RÉPANDANT
TRUANDANT
ASCENDANT
DÉFENDANT

REFENDANT
LÉGENDANT
RAMENDANT
CEPENDANT
DÉPENDANT
REPENDANT
APPENDANT
DÉTENDANT
RETENDANT
ENTENDANT
INTENDANT
ATTENDANT
REVENDANT
SCHINDANT
DÉBONDANT
FÉCONDANT
SECONDANT
REDONDANT
REFONDANT
RÉPONDANT
APPONDANT
RETONDANT
INFÉODANT
REBRODANT
CORRODANT
DÉBARDANT
JOBARDANT
CACARDANT
BOCARDANT
CAFARDANT
REGARDANT
CANARDANT
HASARDANT
MUSARDANT
RETARDANT
ATTARDANT
BAVARDANT
BAZARDANT
LÉZARDANT
DÉMERDANT
EMMERDANT
REPERDANT
SABORDANT
DÉBORDANT
REBORDANT
ACCORDANT
DÉCORDANT
RECORDANT
ENCORDANT
DÉMORDANT
REMORDANT
DÉTORDANT
RETORDANT
ÉCHAUDANT
RENAUDANT
MINAUDANT
MARAUDANT

TARAUDANT
LAVAUDANT
RAVAUDANT
PRÉLUDANT
ACCOUDANT
EXTRUDANT
PACAGEANT
ENCAGEANT
DÉGAGEANT
ENGAGEANT
RAMAGEANT
MANAGEANT
MÉNAGEANT
DÉRAGEANT
ENRAGEANT
RAVAGEANT
VOYAGEANT
BRIDGEANT
ALLÉGEANT
ARPÉGEANT
ABRÉGEANT
AGRÉGEANT
RÉDIGEANT
OBLIGEANT
VOLIGEANT
DIRIGEANT
MITIGEANT
ATTIGEANT
CHANGEANT
FRANGEANT
ÉLONGEANT
PLONGEANT
ÉPONGEANT
DÉLOGEANT
RELOGEANT
LIMOGEANT
ABROGEANT
DÉROGEANT
ARROGEANT
CHARGEANT
ÉMARGEANT
ÉMERGEANT
ÉGORGEANT
ADJUGEANT
DÉJUGEANT
MÉJUGEANT
REJUGEANT
CALUGEANT
ÉGRUGEANT
ÉNUCLÉANT
SUPPLÉANT
DÉLINÉANT
PROCRÉANT
CONGRÉANT
MAUGRÉANT
BIENSÉANT
DÉGRAFANT
REBIFFANT
AGRIFFANT
CHAUFFANT
ÉTOUFFANT
BON ENFANT
INÉLÉGANT
INTRIGANT
ENFARGANT
RABÂCHANT
DÉBÂCHANT
RELÂCHANT
REMÂCHANT
PANACHANT
ARRACHANT
ENSACHANT
DÉTACHANT
ENTACHANT
ATTACHANT
GOUACHANT
ALLÉCHANT
DÉPÊCHANT
REPÊCHANT
EMPÊCHANT
ÉBRÉCHANT
ASSÉCHANT
AFFICHANT
ENFICHANT
DÉNICHANT
ENTICHANT
AGUICHANT
FLANCHANT
PLANCHANT
ÉPANCHANT
BRANCHANT
TRANCHANT
ÉTANCHANT
GUINCHANT
BRONCHANT
DÉCOCHANT
RICOCHANT
ENCOCHANT
TALOCHANT
FILOCHANT
EMPOCHANT
DÉROCHANT
ENROCHANT
CHERCHANT
ÉCORCHANT
FOURCHANT
HERSCHANT
SCOTCHANT
ÉBAUCHANT
DÉBUCHANT
DÉJUCHANT
PELUCHANT
ÉPLUCHANT
ABOUCHANT
PARAPHANT
OFFICIANT
NÉGOCIANT
ASSOCIANT
IRRADIANT
REMÉDIANT
EXPÉDIANT
PARODIANT
RÉPUDIANT
RUBÉFIANT
COKÉFIANT
TUMÉFIANT
RARÉFIANT
PACIFIANT
NIDIFIANT
CODIFIANT
MODIFIANT
SALIFIANT
GÉLIFIANT
RAMIFIANT
MOMIFIANT
NANIFIANT
PANIFIANT
LÉNIFIANT
VINIFIANT
BONIFIANT
TONIFIANT
VÉRIFIANT
PURIFIANT
OSSIFIANT
GÂTIFIANT
MATIFIANT
RATIFIANT
BÊTIFIANT
NOTIFIANT
VIVIFIANT
COCUFIANT
RÉFUGIANT
AFFILIANT
HUMILIANT
RÉSILIANT
DÉFOLIANT
EXFOLIANT
REMPLIANT
SUPPLIANT
REMANIANT
INGÉNIANT
RECOPIANT
VICARIANT
SALARIANT
DÉMARIANT
REMARIANT
DÉPARIANT
APPARIANT
INVARIANT
EXCORIANT
COLORIANT
ARMORIANT
CHARRIANT
INJURIANT
LUXURIANT
EXTASIANT
OCTAVIANT
LIXIVIANT
RELOOKANT
SURJALANT
SIGNALANT
DESSALANT
CHEVALANT
PRÉVALANT
ACCABLANT
ENSABLANT
ENTABLANT
ATTABLANT
DRIBBLANT
TREMBLANT
TREMBLANT
AFFUBLANT
TROUBLANT
DÉBÂCLANT
RENÂCLANT
RECYCLANT
HARCELANT
MORCELANT
CONGELANT
SURGELANT
NICKELANT
POMMELANT
GRUMELANT
CRÉNELANT
GRENELANT
RAPPELANT
CARRELANT
CORRÉLANT
BOSSELANT
PANTELANT
DENTELANT
MARTELANT
BOTTELANT
SOUFFLANT
RENIFLANT
DÉRÉGLANT
ÉPINGLANT
TRINGLANT
AVEUGLANT
TRÉFILANT
RENFILANT
PROFILANT
PARFILANT
SURFILANT
FAUFILANT
ENTOILANT
DÉVOILANT
REMPILANT

COMPILANT
VENTILANT
DÉBALLANT
EMBALLANT
REBELLANT
LIBELLANT
EXCELLANT
ÉCAILLANT
ÉGAILLANT
PIAILLANT
ÉMAILLANT
BRAILLANT
CRAILLANT
ÉRAILLANT
GRAILLANT
BABILLANT
HABILLANT
VACILLANT
OSCILLANT
GODILLANT
CUEILLANT
ÉVEILLANT
SÉMILLANT
ÉTRILLANT
NASILLANT
FUSILLANT
PÉTILLANT
VÉTILLANT
TITILLANT
OUTILLANT
FEUILLANT
BOUILLANT
DOUILLANT
FOUILLANT
MOUILLANT
ROUILLANT
SOUILLANT
TOUILLANT
DÉCOLLANT
RECOLLANT
ENCOLLANT
ÉBRANLANT
BRICOLANT
GONDOLANT
AURÉOLANT
RAFFOLANT
BARIOLANT
FORMOLANT
FIGNOLANT
SOMNOLANT
CONSOLANT
DESSOLANT
RISSOLANT
CONVOLANT
SURVOLANT
GROS-PLANT
DÉCUPLANT
NONUPLANT
OCTUPLANT
DÉPARLANT
REPARLANT
DÉFERLANT
DÉPERLANT
EMPERLANT
ÉJACULANT
SPÉCULANT
CALCULANT
FLOCULANT
INOCULANT
CIRCULANT
BASCULANT
ACIDULANT
PENDULANT
ÉGUEULANT
COAGULANT
PULLULANT
TRÉMULANT
STIMULANT
FORMULANT
GRANULANT
SABOULANT
DÉBOULANT
RIBOULANT
DÉCOULANT
DÉFOULANT
REFOULANT
DÉMOULANT
REMOULANT
ÉCROULANT
DÉROULANT
ENROULANT
REVOULANT
STIPULANT
REBRÛLANT
SPORULANT
CAPSULANT
POSTULANT
DIFFAMANT
ACCLAMANT
DÉCLAMANT
RÉCLAMANT
EXCLAMANT
RENTAMANT
PARSEMANT
RESSEMANT
ESSAIMANT
SUBLIMANT
RÉANIMANT
ESCRIMANT
DÉPRIMANT
RÉPRIMANT
IMPRIMANT
OPPRIMANT
EXPRIMANT
EMPALMANT
DÉGOMMANT
ENGOMMANT
DÉNOMMANT
RENOMMANT
ASSOMMANT
SLALOMANT
DIPLÔMANT
NÉCROMANT
DÉSARMANT
REFERMANT
AFFERMANT
ENFERMANT
DÉGERMANT
AFFIRMANT
INFIRMANT
ENDORMANT
DÉFORMANT
REFORMANT
RÉFORMANT
INFORMANT
EMBAUMANT
EMPAUMANT
ROYAUMANT
PARFUMANT
ENRHUMANT
RALLUMANT
DÉPLUMANT
EMPLUMANT
EMBRUMANT
SUBSUMANT
PRÉSUMANT
CONSUMANT
COSTUMANT
HAUBANANT
CHICANANT
CANCANANT
BOUCANANT
PROFANANT
TRÉPANANT
SAFRANANT
OXYGÉNANT
MALMENANT
REMMENANT
PROMENANT
SURMENANT
RÉFRÉNANT
ENGRENANT
DÉPRENANT
MÉPRENANT
REPRENANT
APPRENANT
CONTENANT
ABSTENANT
SOUTENANT
À L'AVENANT
SUBVENANT
PRÉVENANT
CONVENANT
PROVENANT
PARVENANT
SURVENANT
SOUVENANT
REGAGNANT
PLAIGNANT
CRAIGNANT
ESBIGNANT
INDIGNANT
ÉTEIGNANT
ÉLOIGNANT
DÉSIGNANT
RÉSIGNANT
COSIGNANT
ASSIGNANT
BESOGNANT
ÉPARGNANT
ÉBORGNANT
RÉPUGNANT
DÉGAINANT
ENGAINANT
DÉLAINANT
AGRAINANT
ÉGRAINANT
LAMBINANT
COMBINANT
TURBINANT
VACCINANT
CALCINANT
LANCINANT
FASCINANT
DANDINANT
JARDINANT
BOUDINANT
RAFFINANT
CONFINANT
IMAGINANT
MARGINANT
MACHINANT
PRALINANT
DÉCLINANT
INCLINANT
MOULINANT
POULINANT
EXAMINANT
CHEMINANT
ÉLIMINANT
CULMINANT
FULMINANT
ABOMINANT
TERMINANT
ALUMINANT
ÉPÉPINANT
CLOPINANT
JASPINANT

TOUPINANT
AMARINANT
VOISINANT
CUISINANT
BASSINANT
DESSINANT
COUSINANT
PLATINANT
GRATINANT
OUATINANT
PIÉTINANT
COLTINANT
CANTINANT
TONTINANT
TARTINANT
OBSTINANT
DESTINANT
CHOUINANT
TAQUINANT
ALEVINANT
DÉPANNANT
EMPANNANT
EMPENNANT
PÉRENNANT
ÉTRENNANT
MOYENNANT
FAÇONNANT
MAÇONNANT
DÉCONNANT
ARÇONNANT
BEDONNANT
REDONNANT
BIDONNANT
ORDONNANT
GALONNANT
JALONNANT
TALONNANT
PILONNANT
CANONNANT
TENONNANT
JUPONNANT
MARONNANT
RÉSONNANT
TISONNANT
BÂTONNANT
TÂTONNANT
BÉTONNANT
DÉTONNANT
MITONNANT
PITONNANT
ENTONNANT
COTONNANT
SAVONNANT
RAYONNANT
GAZONNANT
DÉTRÔNANT
CONSONANT

DISSONANT
INCARNANT
ACHARNANT
ÉCHARNANT
HIBERNANT
DÉCERNANT
CASERNANT
MATERNANT
ALTERNANT
INTERNANT
HIVERNANT
SUBORNANT
DÉCORNANT
ENCORNANT
BIGORNANT
AJOURNANT
FOUESNANT
DÉJEUNANT
RECHAPANT
ATTRAPANT
DÉCRÊPANT
SACRIPANT
DÉFRIPANT
DISSIPANT
INCULPANT
DÉPULPANT
DÉCAMPANT
ESTAMPANT
ESTOMPANT
SYNCOPANT
VARLOPANT
ÉCHAPPANT
VARAPPANT
ÉGRAPPANT
AGRIPPANT
ACHOPPANT
ÉCHARPANT
EXTIRPANT
DÉCOUPANT
RECOUPANT
DÉCLARANT
PRÉPARANT
COMPARANT
PALABRANT
DÉLABRANT
CÉLÉBRANT
TÉRÉBRANT
DÉFIBRANT
CALIBRANT
CHAMBRANT
OBOMBRANT
RECADRANT
ENCADRANT
EXUBÉRANT
PONDÉRANT
PRÉFÉRANT
DIFFÉRANT

CONFÉRANT
PROFÉRANT
EXAGÉRANT
SUGGÉRANT
COMMÉRANT
ÉNUMÉRANT
ITINÉRANT
VULNÉRANT
EXONÉRANT
TEMPÉRANT
RÉOPÉRANT
INOPÉRANT
COOPÉRANT
BLATÉRANT
RÉITÉRANT
ACQUÉRANT
REQUÉRANT
ENQUÉRANT
BALAFRANT
CHIFFRANT
SOUFFRANT
GOINFRANT
INTÉGRANT
IMMIGRANT
DÉNIGRANT
AFFAIRANT
ÉCLAIRANT
REPAIRANT
DÉCHIRANT
RESPIRANT
INSPIRANT
SOUPIRANT
SOUTIRANT
CHAVIRANT
TRÉVIRANT
SURVIRANT
ÉLABORANT
DÉODORANT
PERFORANT
DÉFLORANT
DÉPLORANT
IMPLORANT
EXPLORANT
ÉVAPORANT
DOCTORANT
TORTORANT
ÉPAMPRANT
DÉBARRANT
EMBARRANT
BAGARRANT
BIGARRANT
DÉMARRANT
DÉFERRANT
ENFERRANT
ÉPIERRANT
ENSERRANT
DÉTERRANT

ENTERRANT
ATTERRANT
ABHORRANT
SUSURRANT
FOLÂTRANT
FENÊTRANT
PÉNÉTRANT
DÉPÊTRANT
EMPÊTRANT
IMPÉTRANT
ARBITRANT
DÉNITRANT
CLOÎTRANT
ÉVENTRANT
FRUSTRANT
COMBURANT
CARBURANT
PROCURANT
PERDURANT
DEMEURANT
ÉCŒURANT
TUTEURANT
SULFURANT
FULGURANT
HACHURANT
MÂCHURANT
CONJURANT
PARJURANT
MOULURANT
MURMURANT
SAUMURANT
CYANURANT
RAINURANT
LABOURANT
ACCOURANT
RECOURANT
SECOURANT
BICOURANT
ENCOURANT
DÉTOURANT
ENTOURANT
SAVOURANT
SUPPURANT
NITRURANT
PRÉSURANT
CENSURANT
TONSURANT
RASSURANT
FISSURANT
FACTURANT
VOITURANT
TRITURANT
CLÔTURANT
CAPTURANT
TORTURANT
BITTURANT
BOUTURANT

TEXTURANT
ÉBAVURANT
NERVURANT
DÉGIVRANT
DÉLIVRANT
DÉPHASANT
DÉBRASANT
EMBRASANT
RÉALÉSANT
SOUPESANT
JUDAÏSANT
DÉFAISANT
REFAISANT
PUNAISANT
ARABISANT
GRÉCISANT
PRÉCISANT
LAÏCISANT
FASCISANT
PRÉDISANT
SOI-DISANT
ANODISANT
SUFFISANT
CONFISANT
RÉALISANT
ÉGALISANT
COALISANT
OPALISANT
ORALISANT
DUALISANT
AVALISANT
OVALISANT
CYCLISANT
RÉÉLISANT
UTILISANT
STYLISANT
CHEMISANT
ATOMISANT
TANNISANT
AGONISANT
IRONISANT
DÉBOISANT
REBOISANT
DÉGOISANT
PATOISANT
PAVOISANT
ÉMERISANT
UPÉRISANT
DÉFRISANT
DÉGRISANT
DÉPRISANT
MÉPRISANT
REPRISANT
ÉTATISANT
PACTISANT
ÉMÉTISANT
POÉTISANT

ÉROTISANT
BAPTISANT
RECUISANT
DÉDUISANT
RÉDUISANT
SÉDUISANT
ENDUISANT
INDUISANT
DÉGUISANT
AIGUISANT
RELUISANT
MENUISANT
SLAVISANT
MARXISANT
IMPULSANT
EXPULSANT
RÉVULSANT
RECENSANT
ENCENSANT
OFFENSANT
DÉPENSANT
REPENSANT
DÉCLOSANT
IMPLOSANT
EXPLOSANT
CYANOSANT
PRÉPOSANT
COMPOSANT
PROPOSANT
SUPPOSANT
DISPOSANT
NÉCROSANT
ÉCLIPSANT
DÉVERSANT
REVERSANT
INVERSANT
TABASSANT
JACASSANT
DÉLASSANT
DAMASSANT
RAMASSANT
FINASSANT
CROASSANT
DÉPASSANT
REPASSANT
HARASSANT
ENTASSANT
POTASSANT
BAVASSANT
RÊVASSANT
INCESSANT
CARESSANT
PARESSANT
ADRESSANT
AGRESSANT
STRESSANT
ABAISSANT

GRAISSANT
SUBISSANT
OBÉISSANT
VAGISSANT
MÉGISSANT
RÉGISSANT
MUGISSANT
RUGISSANT
PALISSANT
PÂLISSANT
SALISSANT
POLISSANT
GÉMISSANT
VOMISSANT
BÉNISSANT
FINISSANT
MUNISSANT
PUNISSANT
CROISSANT
FROISSANT
TAPISSANT
TARISSANT
HÉRISSANT
PÉRISSANT
MÛRISSANT
SURISSANT
ROSISSANT
BÂTISSANT
CATISSANT
MATISSANT
PÂTISSANT
RATISSANT
MÉTISSANT
RETISSANT
COTISSANT
LOTISSANT
RÔTISSANT
AMUÏSSANT
FOUISSANT
JOUISSANT
ROUISSANT
BRUISSANT
RAVISSANT
DÉVISSANT
REVISSANT
SÉVISSANT
CABOSSANT
EMBOSSANT
ENDOSSANT
PANOSSANT
DÉSOSSANT
CHAUSSANT
LAÏUSSANT
GLOUSSANT
ÉMOUSSANT
TROUSSANT
RECAUSANT

RACCUSANT
DIFFUSANT
PERFUSANT
DÉCOUSANT
RECOUSANT
JALOUSANT
DÉPAYSANT
DIALYSANT
ANALYSANT
MANDATANT
CALFATANT
SULFATANT
FRÉGATANT
FRELATANT
TRÉMATANT
COLMATANT
FORMATANT
HYDRATANT
NITRATANT
CRAVATANT
DÉBECTANT
AFFECTANT
INFECTANT
OBJECTANT
INJECTANT
DÉLECTANT
SÉLECTANT
HUMECTANT
EXPECTANT
DÉTECTANT
MOUFETANT
BUDGÉTANT
CACHETANT
RACHETANT
TACHETANT
EMPIÉTANT
PROJETANT
FORJETANT
SURJETANT
REFLÉTANT
PELLETANT
COLLETANT
VIOLETANT
VIGNETANT
TEMPÊTANT
ACCRÉTANT
DÉCRÉTANT
SECRÉTANT
SÉCRÉTANT
EXCRÉTANT
AFFRÉTANT
APPRÊTANT
JARRETANT
CORSETANT
CAQUETANT
PAQUETANT
BÉQUETANT

REQUÊTANT
PIQUETANT
ENQUÊTANT
COQUETANT
HOQUETANT
CLAVETANT
BREVETANT
ENFAÎTANT
DÉLAITANT
ALLAITANT
SUSCITANT
RÉÉDITANT
COÉDITANT
CRÉDITANT
PROFITANT
DÉBOÎTANT
EMBOÎTANT
MIROITANT
CRÉPITANT
PALPITANT
EFFRITANT
REWRITANT
NICTITANT
ÉBRUITANT
GRAVITANT
RÉCOLTANT
DÉVOLTANT
RÉVOLTANT
OCCULTANT
RÉSULTANT
INSULTANT
DÉCANTANT
ENFANTANT
DÉGANTANT
DÉJANTANT
AIMANTANT
RÉGENTANT
ARGENTANT
ORIENTANT
LAMENTANT
CÉMENTANT
DÉMENTANT
CIMENTANT
PIMENTANT
FOMENTANT
REPENTANT
ARPENTANT
ABSENTANT
PATENTANT
RETENTANT
INTENTANT
ATTENTANT
INVENTANT
ÉREINTANT
AJOINTANT
ÉJOINTANT
SPRINTANT
CHUINTANT
RACONTANT
DÉMONTANT
REMONTANT
APPONTANT
CLABOTANT
CRABOTANT
BARBOTANT
PLACOTANT
FRICOTANT
TRICOTANT
RONÉOTANT
MARGOTANT
BACHOTANT
RABIOTANT
FOLIOTANT
PÉCLOTANT
DORLOTANT
PIANOTANT
PAGNOTANT
MIGNOTANT
CONNOTANT
CLAPOTANT
CHIPOTANT
TRIPOTANT
REMPOTANT
POIROTANT
BAISOTANT
DANSOTANT
CREVOTANT
ACCEPTANT
EXCEPTANT
SCULPTANT
EXEMPTANT
ENCARTANT
DÉPARTANT
REPARTANT
ESSARTANT
DÉSERTANT
ESCORTANT
EXHORTANT
DÉPORTANT
REPORTANT
EMPORTANT
IMPORTANT
APPORTANT
EXPORTANT
ÉCOURTANT
DÉVASTANT
INFESTANT
DÉLESTANT
MOLESTANT
EMPESTANT
DÉTESTANT
ATTESTANT
DÉPISTANT
DÉSISTANT
RÉSISTANT
INSISTANT
ASSISTANT
ACCOSTANT
RIPOSTANT
DÉGUSTANT
RAJUSTANT
ENKYSTANT
RABATTANT
DÉBATTANT
REBATTANT
DÉNATTANT
EMPATTANT
BARATTANT
SQUATTANT
FACETTANT
ENDETTANT
ÉMIETTANT
ADMETTANT
DÉMETTANT
REMETTANT
FOUETTANT
DÉBOTTANT
COCOTTANT
DÉGOTTANT
CALOTTANT
CULOTTANT
CAROTTANT
ÉGOUTTANT
BOYAUTANT
NOYAUTANT
TUYAUTANT
CULBUTANT
EXÉCUTANT
PERCUTANT
DISCUTANT
RAMEUTANT
ÉQUEUTANT
RAFFÛTANT
CHAHUTANT
RECHUTANT
COMMUTANT
PERMUTANT
RABOUTANT
DÉBOUTANT
REDOUTANT
RAGOÛTANT
DÉGOÛTANT
RAJOUTANT
VELOUTANT
FILOUTANT
ÉCROÛTANT
DÉROUTANT
ENVOÛTANT
MAZOUTANT
SUPPUTANT
DISPUTANT
RECRUTANT
ALPAGUANT
DIVAGUANT
DÉLÉGUANT
RELÉGUANT
ALLÉGUANT
ENDIGUANT
IRRIGUANT
FATIGUANT
NAVIGUANT
ÉLINGUANT
FLINGUANT
BRINGUANT
FRINGUANT
SWINGUANT
DÉBOGUANT
FOURGUANT
ENJUGUANT
CHAT-HUANT
DÉVALUANT
CONCLUANT
CONFLUANT
ÉBERLUANT
ATTÉNUANT
EXTÉNUANT
DIMINUANT
INSINUANT
ÉTERNUANT
AMADOUANT
DÉCLOUANT
RECLOUANT
ENCLOUANT
SURLOUANT
RABROUANT
CONSPUANT
ENCAQUANT
ARNAQUANT
BARAQUANT
ATTAQUANT
DÉFÉQUANT
RÉSÉQUANT
REBIQUANT
ABDIQUANT
INDIQUANT
OBLIQUANT
PANIQUANT
DÉPIQUANT
REPIQUANT
ÉBRIQUANT
ÉTRIQUANT
ASTIQUANT
FLANQUANT
PLANQUANT
VAINQUANT
BLINQUANT
CLINQUANT
TRINQUANT

9

TRONQUANT
RETOQUANT
RÉVOQUANT
INVOQUANT
ÉTARQUANT
BRUSQUANT
RELUQUANT
OBSTRUANT
INFATUANT
PONCTUANT
FLUCTUANT
HABITUANT
RESITUANT
ÉVERTUANT
EMBLAVANT
ENCLAVANT
AGGRAVANT
DÉPRAVANT
ENTRAVANT
PASSAVANT
CONCEVANT
PERCEVANT
PAR-DEVANT
BASDEVANT
PRÉLEVANT
SOULEVANT
EMBREVANT
DÉGREVANT
ARCHIVANT
DÉCRIVANT
RÉCRIVANT
PASSIVANT
LESSIVANT
CULTIVANT
CAPTIVANT
ESQUIVANT
ENSUIVANT
SURVIVANT
DÉCALVANT
ABSOLVANT
RÉSOLVANT
INNERVANT
OBSERVANT
RÉSERVANT
INCURVANT
ABREUVANT
ÉPROUVANT
SURTAXANT
DUPLEXANT
PRÉFIXANT
SUFFIXANT
DÉBLAYANT
MONNAYANT
PRÉPAYANT
SURPAYANT
DÉBRAYANT
EMBRAYANT

DÉFRAYANT
EFFRAYANT
RETRAYANT
ATTRAYANT
EXTRAYANT
RESSAYANT
VOLLEYANT
GOULEYANT
RASSEYANT
MERDOYANT
VERDOYANT
COUDOYANT
SOUDOYANT
DÉPLOYANT
REPLOYANT
EMPLOYANT
LARMOYANT
PAUMOYANT
BORNOYANT
INCROYANT
CARROYANT
CORROYANT
OCTROYANT
SURSOYANT
FOSSOYANT
CHATOYANT
APITOYANT
FESTOYANT
NETTOYANT
PRÉVOYANT
MALVOYANT
RENVOYANT
CONVOYANT
NON-VOYANT
LOUVOYANT
VOUVOYANT
RESSUYANT
SQUEEZANT
SUBJACENT
SUS-JACENT
PUBESCENT
RUBESCENT
QUIESCENT
TUMESCENT
SÉNESCENT
RARESCENT
DÉHISCENT
PRÉCÉDENT
CONFIDENT
PRÉSIDENT
DISSIDENT
CHIENDENT
IMPRUDENT
ENTREGENT
NÉGLIGENT
INDULGENT
VIF-ARGENT

DÉTERGENT
DIVERGENT
RÉSURGENT
DÉFICIENT
EFFICIENT
PRESCIENT
CONSCIENT
EXPÉDIENT
RÉSILIENT
ÉMOLLIENT
RÉCIPIENT
EXCIPIENT
IMPATIENT
VA-ET-VIENT
TCHIMKENT
UNIVALENT
TRIVALENT
EXCELLENT
SOMNOLENT
TURBULENT
SUCCULENT
TRUCULENT
CORPULENT
QUÉRULENT
FLATULENT
ALICAMENT
LINÉAMENT
FIRMAMENT
TESTAMENT
BOMBEMENT
AGACEMENT
PLACEMENT
TRACEMENT
LANCEMENT
PINCEMENT
BERCEMENT
GERCEMENT
PERCEMENT
FORCEMENT
FORCÉMENT
DOUCEMENT
TIÈDEMENT
LAIDEMENT
AVIDEMENT
ÉVIDEMENT
MANDEMENT
RENDEMENT
FONDEMENT
RONDEMENT
BIFFEMENT
ÉTAGEMENT
RANGEMENT
RONGEMENT
LARGEMENT
HACHEMENT
LÂCHEMENT
MÂCHEMENT

VACHEMENT
LÈCHEMENT
SÈCHEMENT
RICHEMENT
HOCHEMENT
ÉGAIEMENT
ÉTAIEMENT
DÉLIEMENT
MANIEMENT
RENIEMENT
ABOIEMENT
PLOIEMENT
BROIEMENT
PÉPIEMENT
ÉGALEMENT
ORALEMENT
ÉTALEMENT
NOBLEMENT
RACLEMENT
GICLEMENT
INCLÉMENT
RÈGLEMENT
AGILEMENT
VOILEMENT
UTILEMENT
BELLEMENT
TELLEMENT
CILLEMENT
FOLLEMENT
MOLLEMENT
NULLEMENT
DRÔLEMENT
FRÔLEMENT
ISOLEMENT
ISOLÉMENT
AMPLEMENT
PARLEMENT
HURLEMENT
FEULEMENT
SEULEMENT
ULULEMENT
ROULEMENT
BRAMEMENT
CALMEMENT
NOMMÉMENT
FERMEMENT
GLANEMENT
CRÂNEMENT
AVÈNEMENT
ÉVÉNEMENT
DIGNEMENT
COGNEMENT
SAINEMENT
VAINEMENT
BONNEMENT
GARNEMENT
JEUNEMENT

DRAPEMENT
CAMPEMENT
RAMPEMENT
HAPPEMENT
JAPPEMENT
ÉGAREMENT
LIBREMENT
SOBREMENT
SACREMENT
SACRÉMENT
DÉCRÉMENT
INCRÉMENT
EXCRÉMENT
CHÈREMENT
FIÈREMENT
AMÈREMENT
AIGREMENT
BIGREMENT
ÉTIREMENT
CARRÉMENT
FERREMENT
SERREMENT
AUTREMENT
APUREMENT
ÉPUREMENT
NAVREMENT
BLASEMENT
ARASEMENT
ÉVASEMENT
BLÈSEMENT
BAISEMENT
BOISEMENT
VOISEMENT
BRISEMENT
PUISEMENT
PANSEMENT
CENSÉMENT
DENSÉMENT
SENSÉMENT
VERSEMENT
BASSEMENT
CASSEMENT
PASSEMENT
SASSEMENT
TASSEMENT
PISSEMENT
AMUSEMENT
BÉATEMENT
PLATEMENT
ÉPATEMENT
DOCTEMENT
PIÉTEMENT
ÉTÊTEMENT
ALITEMENT
BOITEMENT
ÉVITEMENT
LENTEMENT

TINTEMENT
VERTEMENT
FORTEMENT
PORTEMENT
VASTEMENT
LESTEMENT
JUSTEMENT
BATTEMENT
NETTEMENT
SOTTEMENT
HAUTEMENT
AOÛTEMENT
VAGUEMENT
REMUEMENT
DÉNUEMENT
BRAVEMENT
GRAVEMENT
SUAVEMENT
NAÏVEMENT
AVIVEMENT
MOUVEMENT
ÉTUVEMENT
ÉGAYEMENT
ÉTAYEMENT
CONDIMENT
HARDIMENT
DÉTRIMENT
NUTRIMENT
QUASIMENT
CHÂTIMENT
GENTIMENT
SENTIMENT
GALAMMENT
PESAMMENT
NOTAMMENT
SAVAMMENT
DÉCEMMENT
RÉCEMMENT
ARDEMMENT
URGEMMENT
SCIEMMENT
ÉMOLUMENT
GOULÛMENT
PERMANENT
CONTINENT
PERTINENT
ABSTINENT
LAPPARENT
DIFFÉRENT
OCCURRENT
RÉCURRENT
COMPÉTENT
MÉCONTENT
RÉMITTENT
DIFFLUENT
CONFLUENT
PINCEVENT

COUPE-VENT
BRISE-VENT
CONNIVENT
PLEIN-VENT
VOL-AU-VENT
CONTRAINT
TOUSSAINT
RESTREINT
ROND-POINT
POURPOINT
WEST POINT
HENNEBONT
VAUDÉMONT
ROUGEMONT
RICHEMONT
MARIEMONT
TIRLEMONT
ENTREMONT
DOTREMONT
OUTREMONT
BRIALMONT
REVERMONT
AVANT-MONT
GIRAUMONT
DOUAUMONT
ROYAUMONT
NÈGREPONT
ENTREPONT
WESTMOUNT
BOURRICOT
BERLINGOT
STOCK-SHOT
ESTRADIOT
CLAMARIOT
BERTHELOT
TRAINGLOT
LE THILLOT
BOROILLOT
AIGUILLOT
GROUILLOT
GUILLEMOT
CROQUENOT
MADELINOT
BLACKFOOT
ARROW-ROOT
CHASSEPOT
LE CREUSOT
COUCHE-TÔT
HOTTENTOT
HOTTENTOT
VILLERUPT
GODENDART
STUTTGART
JAQUEMART
FAIRE-PART
QUOTE-PART
LA PLUPART

CORVISART
RIXENSART
FROISSART
BLOEMAERT
BEERNAERT
ANGLEBERT
PHILIBERT
CHARIBERT
ANGILBERT
ENGILBERT
D'ALEMBERT
CAMEMBERT
CANROBERT
TRANSFERT
DELESSERT
DÉCOUVERT
RECOUVERT
EXTRAFORT
FRANCFORT
ROCHEFORT
PORTE-FORT
HAUTEFORT
ROQUEFORT
ROQUEFORT
FRANKFORT
RÉCONFORT
INCONFORT
CORPS-MORT
EUROPOORT
GARDE-PORT
LE TRÉPORT
PASSEPORT
SOUTHPORT
STOCKPORT
BIRAPPORT
HOVERPORT
TRANSPORT
ACROSPORT
AVANT-PORT
STASSFURT
RIBÉCOURT
HOMÉCOURT
MIRECOURT
HALF COURT
HÉRICOURT
MÉRICOURT
LIANCOURT
ÉLANCOURT
AZINCOURT
BEAUCOURT
DEBUCOURT
TOUGGOURT
OUSTIOURT
SAINT-CAST
BREAKFAST
GOLD COAST
VILLEREST

ALCOOTEST
NORD-OUEST
NORD-OUEST
CHECK-LIST
CRONQUIST
SANDHURST
PANKHURST
SAINT-JUST
ZLATOOUST
ANTITRUST
JOUMBLATT
ANDERMATT
HALLSTATT
WINNICOTT
BOUCICAUT
ARTICHAUT
BOISCHAUT
BRUNEHAUT
PASSE-HAUT
PORT-SALUT
ACTING-OUT
AVANT-GOÛT
KALMTHOUT
MANGE-TOUT
BRISE-TOUT
INUKTITUT
SUBSTITUT
SOURICEAU
PANONCEAU
DU CERCEAU
PINTADEAU
MUR-RIDEAU
HIRONDEAU
CANARDEAU
RENARDEAU
BATARDEAU
TROUBLEAU
TRIJUMEAU
CHALUMEAU
CIGOGNEAU
BALEINEAU
CHEMINEAU
TYRANNEAU
HÉRONNEAU
SAUMONEAU
RAMPONEAU
BIGORNEAU
ÉTOURNEAU
TOMBEREAU
BORDEREAU
COCHEREAU
FOLLEREAU
PASSEREAU
MONTEREAU
COTTEREAU
JOTTEREAU
SAUTEREAU
MAQUEREAU
BEAUPRÉAU
BIGARREAU
PALAISEAU
DAMOISEAU
BÉCASSEAU
AGUESSEAU
TROUSSEAU
TROUSSEAU
PONTUSEAU
LE CHÂTEAU
BONNETEAU
BOQUETEAU
LOQUETEAU
LOUVETEAU
ENFAÎTEAU
CHAPITEAU
BISCOTEAU
RAMBUTEAU
TOP NIVEAU
VASSIVEAU
RENOUVEAU
GNEISENAU
CASTELNAU
LANDERNAU
CONVAINCU
TROP-PERÇU
CALINESCU
ANTONESCU
CEAUSESCU
TAMIL NADU
POURFENDU
HYPOTENDU
SOUS-TENDU
INATTENDU
OVIMBUNDU
ALLUME-FEU
CONTRE-FEU
COUVRE-FEU
BATEAU-FEU
VILLEDIEU
SACREDIEU
BOIELDIEU
HÔTEL-DIEU
DEPARDIEU
VERTUDIEU
GRAND-LIEU
MANDELIEU
RICHELIEU
RICHELIEU
ARGENLIEU
SACREBLEU
VERTUBLEU
FONT-ROMEU
BEAUNEVEU
MOUSTACHU
MOGADISHU
OUYANG XIU
MUNDURUKU
BANGWEULU
SADOVEANU
PORTE-MENU
ENTRETENU
APPARTENU
INTERVENU
TEMIRTAOU
GUILLEDOU
KATMANDOU
ROUDOUDOU
CARQUEFOU
COUPE-CHOU
CHABICHOU
VERTUCHOU
CHANGZHOU
GUANGZHOU
ZHENGZHOU
AVANT-CLOU
KYPRIANOÚ
LOUP-GAROU
AVANT-TROU
KANGOUROU
SANS-LE-SOU
GRIPPE-SOU
MIAULÉTOU
TIZI OUZOU
PAKANBARU
TRANSPARU
AMATERASU
LATO SENSU
TAKAMATSU
HAMAMATSU
COURT-VÊTU
IMPROMPTU
TURLUTUTU
VANUA LEVU
NETCHAÏEV
NIKOLAÏEV
MOÏSSEÏEV
PROKOFIEV
VASSILIEV
DIAGHILEV
HJELMSLEV
BECHTEREV
BALAKIREV
LEITMOTIV
KOULECHOV
CHOLOKHOV
BOULGAKOV
MENCHIKOV
SLAVEJKOV
MIKHALKOV
MILIOUKOV
KARAVELOV
STAKHANOV
PLEKHANOV
GLAZOUNOV
PROKHOROV
NEKRASSOV
KOUTOUSOV
LERMONTOV
KARAMAZOV
KOUTOUZOV
INTERVIEW
BOW-WINDOW
SCAPA FLOW
PROTHORAX
MULTIPLEX
NÉOCORTEX
PORTEFAIX
CASSE-NOIX
DELACROIX
ROSE-CROIX
ROSE-CROIX
PORTE-VOIX
LAGOTHRIX
TRENTE-SIX
SCHRIBAUX
DÉVERBAUX
ZODIACAUX
STOMACAUX
SYNDICAUX
BEYLICAUX
INAMICAUX
TROPICAUX
CLÉRICAUX
VERTICAUX
CORTICAUX
CERVICAUX
NÉOLOCAUX
MÉNISCAUX
TOROÏDAUX
ESCABEAUX
FLAMBEAUX
LIONCEAUX
POURCEAUX
FAISCEAUX
GUINDEAUX
CHAUDEAUX
GIRAFEAUX
TRACHÉAUX
TOUCHEAUX
SIMBLEAUX
DOUBLEAUX
ORGANEAUX
HAVENEAUX
TRAÎNEAUX
BOBINEAUX
COLINEAUX
PÉRINÉAUX
FOURNEAUX
CHAMPEAUX

TROUPEAUX
PERDREAUX
HOBEREAUX
LAPEREAUX
VIPEREAUX
MÂTEREAUX
BLAIREAUX
BIHOREAUX
BOURREAUX
FOURREAUX
CHEVREAUX
VIVES-EAUX
PAISSEAUX
VAISSEAUX
BOISSEAUX
CUISSEAUX
RUISSEAUX
ROUSSEAUX
VOUSSEAUX
ÉCRITEAUX
POINTEAUX
FRONTEAUX
TOURTEAUX
ÉCHEVEAUX
GODIVEAUX
BALIVEAUX
SOLIVEAUX
CANIVEAUX
HÂTIVEAUX
VRAIS-FAUX
PERRÉGAUX
MADRIGAUX
CONJUGAUX
SÉNÉCHAUX
MARÉCHAUX
ZÉNITHAUX
BILABIAUX
OFFICIAUX
ABSIDIAUX
PRANDIAUX
BRACHIAUX
FAMILIAUX
BINOMIAUX
DOMANIAUX
COLONIAUX
CANONIAUX
BITONIAUX
SALOPIAUX
SALARIAUX
NOTARIAUX
VIPÉRIAUX
IMPÉRIAUX
MATÉRIAUX
MÉMORIAUX
ARMORIAUX
ABBATIAUX
PALATIAUX

COMITIAUX
AFFÛTIAUX
SYNOVIAUX
ALLUVIAUX
ILLUVIAUX
EXTRÉMAUX
ESQUIMAUX
ESQUIMAUX
PROXIMAUX
LACRYMAUX
TYMPANAUX
DUODÉNAUX
NOUMÉNAUX
SURRÉNAUX
VACCINAUX
MUSCINAUX
CARDINAUX
IMAGINAUX
ORIGINAUX
MARGINAUX
VIRGINAUX
MACHINAUX
STAMINAUX
GERMINAUX
TERMINAUX
INGUINAUX
AUTOMNAUX
DÉCENNAUX
VICENNAUX
TRIENNAUX
DIAGONAUX
RÉGIONAUX
NATIONAUX
RATIONAUX
CYCLONAUX
HORMONAUX
PATRONAUX
NEURONAUX
CANTONAUX
HIBERNAUX
INFERNAUX
HIVERNAUX
TRIBUNAUX
SHOGUNAUX
COMMUNAUX
SYNCOPAUX
CÉRÉBRAUX
CARCÉRAUX
VISCÉRAUX
PONDÉRAUX
VESPÉRAUX
URÉTÉRAUX
LITTÉRAUX
INTÉGRAUX
SOUPIRAUX
TEMPORAUX
CORPORAUX

PECTORAUX
RECTORAUX
DOCTORAUX
PASTORAUX
LITTORAUX
SABURRAUX
THÉÂTRAUX
SPECTRAUX
ARBITRAUX
MONAURAUX
ÉPIDURAUX
NÉORURAUX
PICTURAUX
CULTURAUX
POSTURAUX
GUTTURAUX
COLOSSAUX
PRÉNATAUX
OBJECTAUX
SOCIÉTAUX
PARIÉTAUX
VARIÉTAUX
TRIMÉTAUX
NON-MÉTAUX
SOMMITAUX
VICOMTAUX
ORIENTAUX
ORIENTAUX
PARENTAUX
PRÉVÔTAUX
SAGITTAUX
AZIMUTAUX
RONCEVAUX
MÉDIÉVAUX
ENTREVAUX
GINGIVAUX
CLAIRVAUX
PRÉFIXAUX
SUFFIXAUX
ENTRE-DEUX
CAFARDEUX
HASARDEUX
VINGT-DEUX
GARDE-FEUX
BOUTEFEUX
PIQUE-FEUX
OMBRAGEUX
OUTRAGEUX
COURAGEUX
PARTAGEUX
GRINCHEUX
PELUCHEUX
AUDACIEUX
JUDICIEUX
OFFICIEUX
MALICIEUX
DÉLICIEUX

ASTUCIEUX
DEMI-DIEUX
INSIDIEUX
MÉLODIEUX
RELIGIEUX
LITIGIEUX
SPONGIEUX
COURLIEUX
MEXIMIEUX
INGÉNIEUX
SÉLÉNIEUX
ARSÉNIEUX
BÉDARIEUX
IMPÉRIEUX
LABORIEUX
INCURIEUX
INJURIEUX
LUXURIEUX
EMPOSIEUX
CHASSIEUX
FACÉTIEUX
AMBITIEUX
SÉDITIEUX
MINUTIEUX
GRUMELEUX
CAUTELEUX
COQUELEUX
CLAVELEUX
GRAVELEUX
LAMELLEUX
ÉCAILLEUX
PÉRILLEUX
VÉTILLEUX
DUTILLEUX
POUILLEUX
MÉDULLEUX
RUBÉOLEUX
VARIOLEUX
GLOBULEUX
CALCULEUX
MUSCULEUX
GRANULEUX
CRAPULEUX
FISTULEUX
PUSTULEUX
MANGANEUX
BESOGNEUX
TENDINEUX
ÉRUGINEUX
VERMINEUX
ALUMINEUX
FIBRINEUX
CHITINEUX
GLUTINEUX
COTONNEUX
SAVONNEUX
VIOLONEUX

9

CAVERNEUX
TÉNÉBREUX
CANCÉREUX
DOUCEREUX
PONDÉREUX
DANGEREUX
STUPOREUX
LIQUOREUX
LE PERREUX
SQUIRREUX
THÉÂTREUX
CHARTREUX
MERCUREUX
VALEUREUX
SULFUREUX
TELLUREUX
RIGOUREUX
VIGOUREUX
LAMOUREUX
SAVOUREUX
PARESSEUX
GRAISSEUX
GNEISSEUX
LOQUETEUX
GRANITEUX
TOMENTEUX
PATENTEUX
CLAPOTEUX
CRAPOTEUX
SCHISTEUX
GALETTEUX
DISETTEUX
REBOUTEUX
VELOUTEUX
PÉRIGUEUX
VARIQUEUX
BAROQUEUX
FRUCTUEUX
IMPÉTUEUX
SOMPTUEUX
QUARTZEUX
AIGRE-DOUX
GIRAUDOUX
ALQUIFOUX
BARBAROUX
LE LOUROUX
WALVIS BAY
PLOUBALAY
MAIGNELAY
SEIGNELAY
MATCH-PLAY
MEDAL PLAY
PARTHENAY
FRONTENAY
COURTENAY
MARSANNAY
CHARDONAY
LE CHESNAY
ECHEGARAY
THACKERAY
VAUGNERAY
SAINT-QUAY
HEMINGWAY
BEAUGENCY
BOIS-D'ARCY
IRRAWADDY
KARAGANDY
ZSIGMONDY
KISFALUDY
DE QUINCEY
ANG VODDEY
CHEVALLEY
KIMBERLEY
WYCHERLEY
BEARDSLEY
WELLESLEY
PRIESTLEY
MONTERREY
GUERNESEY
NEW JERSEY
KANDINSKY
CURNONSKY
BLAVATSKY
VRANITZKY
LISSITZKY
LA GACILLY
CHANTILLY
CHANTILLY
SAINT-RÉMY
ALLEGHANY
CABESTANY
BATTHYÁNY
ALLEGHENY
GIROMAGNY
MONTMAGNY
ÉTRÉPAGNY
CHAMPIGNY
PICQUIGNY
CHAUVIGNY
MULE-JENNY
SAINTE-FOY
LE QUESNOY
DUQUESNOY
ANTANDROY
DU CAURROY
BÉRÉGOVOY
SAINT-LARY
SINNAMARY
TIPPERARY
VILLANDRY
MONTLHÉRY
BEUVE-MÉRY
MITRY-MORY
COMMENTRY
WATERBURY
SALISBURY
BENIN CITY
RAVE-PARTY
ESTERHÁZY
ALLUME-GAZ
KARA-BOGAZ
DELAMURAZ
BYDGOSZCZ
GRUDZIADZ
FERNÁNDEZ
HERNÁNDEZ
DUMOURIEZ
VÉLASQUEZ
VELÁZQUEZ
ABD AL-AZIZ
ABDÜLAZIZ
KRONPRINZ
KRONPRINZ
FESTOÙ-NOZ
KIG HA FARZ
STIEGLITZ
AUSCHWITZ
MARKOWITZ
KARLOWITZ
HELMHOLTZ
MÉGAHERTZ
KILOHERTZ
SANTA CRUZ

10

AHVENANMAA
ADDIS-ABABA
BÉKÉSCSABA
ADDIS-ABEBA
TELL AL-HIBA
COCHABAMBA
N'KONGSAMBA
CHUQUISACA
CUERNAVACA
CASABLANCA
EMPIRE INCA
CLUJ-NAPOCA
JUAN DE FUCA
COUCI-COUÇA
TORQUEMADA
FOX QUESADA
VIJAYAVADA
ESPRONCEDA
AVELLANEDA
DAR EL-BEIDA
ASA FŒTIDA
SAINT KILDA
ENCOMIENDA
AHURA-MAZDÂ
SKELLEFTEÅ
FANGATAUFA
BALENCIAGA
LOPE DE VEGA
IKE NO TAIGA
ARABI PACHA
URABI PACHA
TEKAKWITHA
PYRACANTHA
OUM ER-REBIA
MULTIMÉDIA
MOHAMMEDIA
HYPERMÉDIA
UBERLÂNDIA
YOUSSOUFIA

BILLBERGIA
ZAPORIJJIA
EAST ANGLIA
MELENCOLIA
LEISHMANIA
SARRACENIA
SANTA MARIA
PASIONARIA
PASIONARIA
GAULTHERIA
PANDATERIA
TILLANDSIA
MARCHANTIA
POINSETTIA
RHEA SILVIA
STRELITZIA
IBN BADJDJA
MATRIOCHKA
PETROUCHKA
BOUTEFLIKA
TANGANYIKA
INDIGUIRKA
RUDA SLASKA
SZYMBORSKA
TOUNGOUSKA
DOMBROWSKA
KAMTCHATKA
DELLA SCALA
SHAKUNTALA
GUJRANWALA
CAMPANELLA
MOZZARELLA
SEGUIDILLA
CHINCHILLA
MANZANILLA
HISPANIOLA
CARMAGNOLA
IOCHKAR-OLA
GORGONZOLA
GORGONZOLA
GUADARRAMA
TÉLÉCINÉMA
XIXABANGMA
MATSUSHIMA
LEZAMA LIMA
ÉRYTHRASMA
COPACABANA
SATAVAHANA
KITWE-NKANA
SANTILLANA
VARDHAMANA
IPÉCACUANA
CAPPA MAGNA
PALESTRINA
PONTRESINA
PRIMA DONNA
RANAVALONA

KARLSKRONA
BELLINZONA
RAMAKRISNA
ESKILSTUNA
NOVA LISBOA
JOÃO PESSOA
MONOMOTAPA
BANDIAGARA
SAGAMIHARA
SANTA CLARA
AUTANT-LARA
PLASMOPARA
NAMBIKWARA
EX CATHEDRA
PONTEVEDRA
APHÉLANDRA
BORDIGHERA
SPACE OPERA
FORMENTERA
PHYLLOXÉRA
BOCCANEGRA
ORS Y ROVIRA
JUIZ DE FORA
SOMOSIERRA
FINIGUERRA
LEUCOPETRA
ASPIDISTRA
RAS TANNURA
TCHIATOURA
MASSINISSA
BARBAROSSA
BABIROUSSA
TRIPLICATA
DESIDERATA
IVAN KALITA
HAUTE-VOLTA
JOGJAKARTA
SANTA MARTA
DELLA PORTA
IBN BATTUTA
BRATISLAVA
PILLOW-LAVA
COSTA BRAVA
TSVETAÏEVA
PETAH-TIKVA
TERECHKOVA
JUAN DE NOVA
TOKOROZAWA
ORZESZKOWA
YAZILIKAYA
ALAUNGPAYA
CHAO PHRAYA
ICHINOMIYA
UTSUNOMIYA
ABDEL WAHAB
CUPROPLOMB
LARME-DE-JOB

SAINT-BRIAC
ROUFFIGNAC
MERDRIGNAC
MANCO CÁPAC
KRAGUJEVAC
ARRIÈRE-BEC
BRICQUEBEC
NOISY-LE-SEC
PARAPUBLIC
SEMI-PUBLIC
DOUBLE-CLIC
WORLD MUSIC
HOUSE MUSIC
DIAGNOSTIC
MILANKOVIC
MIHAILOVIC
TEISSERENC
CONTRE-CHOC
SILENTBLOC
CUAUHTÉMOC
BLANC-ESTOC
JEANNE D'ARC
CULS-DE-PORC
ARNAY-LE-DUC
PORT-DE-BOUC
PERNAMBOUC
CAOUTCHOUC
MONTASTRUC
NADJAFABAD
AURANGABAD
FAISALABAD
STALINABAD
BIRKENHEAD
BEACHY HEAD
STALINGRAD
KIROVOGRAD
KIROVOHRAD
WILLEMSTAD
COUS-DE-PIED
CLOCHE-PIED
CROCHE-PIED
MARCHEPIED
CONTRE-PIED
COUVRE-PIED
REPOSE-PIED
HALQ EL-OUED
LAKE PLACID
ABDÜLMECID
VALLADOLID
ABDÜLHAMID
CHAUD-FROID
PISSE-FROID
THÉODEBALD
FITZGERALD
BUCHENWALD
WIENERWALD
WESTERWALD

CREUTZWALD
FRAUENFELD
SOMMERFELD
LAZARSFELD
MERRIFIELD
BLOOMFIELD
HOUNSFIELD
ROTHSCHILD
SAINT-AVOLD
SAINT-HÉAND
BOISBRIAND
NYASSALAND
VAN ZEELAND
MITTELLAND
BURGENLAND
HÉLIGOLAND
BASUTOLAND
CUMBERLAND
SUNDERLAND
SUTHERLAND
LONG ISLAND
NO MAN'S LAND
QUEENSLAND
BRUNDTLAND
DISNEYLAND
SAINT-AMAND
CONFIRMAND
BAS-NORMAND
HILDEBRAND
SUPERGRAND
MÈRES-GRAND
MITTERRAND
TALLEYRAND
FEYERABEND
NAUSÉABOND
SAINT-TROND
SONDERBUND
BACKGROUND
PUGET SOUND
POLITICARD
REVANCHARD
BAMBOCHARD
AAR-GOTHARD
CHAMONIARD
CHAMONIARD
CORBILLARD
TORTILLARD
BROUILLARD
TROUILLARD
BÉQUILLARD
COQUILLARD
CHEVILLARD
CAPITULARD
LE CHEYLARD
CAUSSENARD
CAUSSENARD
TRAQUENARD

CAMPAGNARD
MONTAGNARD
CHAROGNARD
BASTOGNARD
SORBONNARD
SKATEBOARD
STORY-BOARD
DREYFUSARD
COUCHE-TARD
HORSE-GUARD
DIEULOUARD
RUTHERFORD
SOGNEFJORD
WILLIBRORD
SUPER-LOURD
LIMOUGEAUD
LIMOUGEAUD
COURAMIAUD
FONTEVRAUD
ENTRE-NŒUD
SAINT-CLOUD
CORÉE DU SUD
CORSE-DU-SUD
CROIX DU SUD
CHLAMYDIAE
SUPERNOVAE
TRISYLLABE
DISSYLLABE
ANGLO-ARABE
INTERARABE
BELLEGAMBE
ENTREJAMBE
DITHYRAMBE
LANCE-BOMBE
HAUTECOMBE
OUTRE-TOMBE
AGORAPHOBE
ANGLOPHOBE
HYDROPHOBE
QUADRILOBE
SOPHONISBE
BAR-SUR-AUBE
PILO-SÉBACÉ
INEFFICACE
PERSPICACE
GREENPEACE
BRISE-GLACE
GRAND-PLACE
GARDE-PLACE
SOUS-ESPACE
VAL-DE-GRÂCE
SAMOTHRACE
SOUS-ESPÈCE
BACK-OFFICE
STRATONICE
TOUTE-ÉPICE
SAINT-BRICE

DENTIFRICE
ÉVOCATRICE
ÉDUCATRICE
PRÉDATRICE
FONDATRICE
LAUDATRICE
VICIATRICE
MÉDIATRICE
EXPIATRICE
DÉVIATRICE
VIOLATRICE
ADULATRICE
ANIMATRICE
FORMATRICE
FRÉNATRICE
PHONATRICE
PRONATRICE
OPÉRATRICE
MIGRATRICE
ADORATRICE
NARRATRICE
SECTATRICE
AGITATRICE
IMITATRICE
CANTATRICE
TENTATRICE
CAPTATRICE
TESTATRICE
ÉLÉVATRICE
SALVATRICE
RÉDACTRICE
EFFECTRICE
DIRECTRICE
DÉTECTRICE
RÉDUCTRICE
SÉDUCTRICE
INDUCTRICE
SÉCRÉTRICE
EXCRÉTRICE
ENQUÊTRICE
COÉDITRICE
CRÉDITRICE
APÉRITRICE
DÉTENTRICE
INVENTRICE
PROMOTRICE
RÉCEPTRICE
SCULPTRICE
REPORTRICE
EXÉCUTRICE
SUBREPTICE
INTERSTICE
BREAKDANCE
ASCENDANCE
DÉPENDANCE
INTENDANCE
REDONDANCE

ALLÉGEANCE
OBLIGEANCE
DÉROGEANCE
SUPPLÉANCE
BIENSÉANCE
INÉLÉGANCE
INVARIANCE
COVARIANCE
LUXURIANCE
MOUILLANCE
DÉPERLANCE
CONTENANCE
SOUTENANCE
PRÉVENANCE
CONVENANCE
PROVENANCE
SOUVENANCE
RÉPUGNANCE
ORDONNANCE
ORDONNANCÉ
CONSONANCE
DISSONANCE
ALTERNANCE
EXUBÉRANCE
TEMPÉRANCE
SOUFFRANCE
MAISTRANCE
MONSTRANCE
FULGURANCE
DÉLIVRANCE
SUFFISANCE
OBÉISSANCE
CROISSANCE
JOUISSANCE
INDUCTANCE
RÉLUCTANCE
PERDITANCE
REPENTANCE
IMPORTANCE
VARISTANCE
RÉSISTANCE
INSISTANCE
ASSISTANCE
ADMITTANCE
SURVIVANCE
OBSERVANCE
INCROYANCE
PRÉVOYANCE
PUBESCENCE
QUIESCENCE
TUMESCENCE
SÉNESCENCE
VIRESCENCE
DÉHISCENCE
PROCIDENCE
CONFIDENCE
SUBSIDENCE

PRÉSIDENCE
DISSIDENCE
PROVIDENCE
PROVIDENCE
IMPRUDENCE
NÉGLIGENCE
INDULGENCE
DÉTERGENCE
DIVERGENCE
RÉSURGENCE
DÉFICIENCE
EFFICIENCE
PRESCIENCE
CONSCIENCE
CONSCIENCE
GÉOSCIENCE
RÉSILIENCE
EXPÉRIENCE
IMPATIENCE
PRÉVALENCE
PESTILENCE
EXCELLENCE
SOMNOLENCE
TURBULENCE
SUCCULENCE
TRUCULENCE
CORPULENCE
QUÉRULENCE
FLATULENCE
INCLÉMENCE
RECOMMENCÉ
PERMANENCE
CONTINENCE
PERTINENCE
ABSTINENCE
SUBCARENCE
PRÉFÉRENCE
DIFFÉRENCE
CONFÉRENCE
DÉSHÉRENCE
OCCURRENCE
RÉCURRENCE
COMPÉTENCE
DIFFLUENCE
CONFLUENCE
CONGRUENCE
CONNIVENCE
LA PROVENCE
INTERNONCE
TRANSPERCÉ
AIGRE-DOUCE
ESTOUFFADE
BAMBOCHADE
ASCLÉPIADE
ASCLÉPIADE
CHANCELADE
ESTAFILADE

PERSILLADE
GUIGNOLADE
BOUSCULADE
ENGUEULADE
ROUCOULADE
SEMI-NOMADE
EMPOIGNADE
CAPUCINADE
MAZARINADE
GASCONNADE
DRAGONNADE
ROGNONNADE
TAMPONNADE
CITRONNADE
BASTONNADE
TARDIGRADE
MULTIGRADE
CENTIGRADE
RÉTROGRADE
RÉTROGRADÉ
LA DÉSIRADE
BALUSTRADE
EMBRASSADE
CAPILOTADE
HAMADRYADE
VÉLOCIPÈDE
QUADRUPÈDE
AMINOACIDE
SUPERACIDE
PSITTACIDÉ
SPERMICIDE
FRATRICIDE
SCARABÉIDÉ
QUADRIFIDE
SEMI-RIGIDE
NYMPHALIDÉ
CHRYSALIDE
TROCHILIDÉ
ANTHYLLIDE
LANTHANIDE
PHASIANIDÉ
ANTAMANIDE
ACHÉMÉNIDE
SCORPÉNIDÉ
DELPHINIDÉ
PROCYONIDÉ
CORTICOÏDE
PTÉRYGOÏDE
SCORPIOÏDE
MÉTALLOÏDE
MONGOLOÏDE
POLYPLOÏDE
TERPÉNOÏDE
ARYTÉNOÏDE
ARACHNOÏDE
CARCINOÏDE
PLATINOÏDE

FONTFROIDE
BIZARROÏDE
HÉMORROÏDE
ELLIPSOÏDE
MOLOSSOÏDE
RHUMATOÏDE
GRANITOÏDE
ALLANTOÏDE
TRAPÉZOÏDE
TRICUSPIDE
SACCHARIDE
CANTHARIDE
ÉPHÉMÉRIDE
GÉOMÉTRIDÉ
NUCLÉOSIDE
DIHOLOSIDE
HÉTÉROSIDE
THÉROPSIDÉ
SAUROPSIDÉ
CHROMATIDE
SPERMATIDE
ANTARCTIDE
PROPONTIDE
NUCLÉOTIDE
STAUROTIDE
RADIOGUIDÉ
VAN DE VELDE
ENTRE-BANDE
PASSE-BANDE
PLATE-BANDE
PROPAGANDE
DÉGINGANDÉ
RÉPRIMANDE
RÉPRIMANDÉ
DÉCOMMANDÉ
RECOMMANDÉ
SAINT-MANDÉ
MILLERANDÉ
TISSERANDE
TRANSCENDÉ
APPRÉHENDÉ
PECHBLENDE
HORNBLENDE
JOUR-AMENDE
VIEUX-CONDÉ
FRÉDÉGONDE
DÉVERGONDÉ
MAPPEMONDE
CYBERMONDE
TIERS-MONDE
QUART-MONDE
LEYSENONDE
FUSÉE-SONDE
RADIOSONDE
MICROSONDE
TRÉBIZONDE
PEENEMÜNDE

WARNEMÜNDE
PHOTODIODE
RACCOMMODÉ
MALCOMMODE
PSEUDOPODE
SCAPHOPODE
ARTHROPODE
GASTROPODE
GHELDERODE
NESSELRODE
OUDENAARDE
HALLEBARDE
FLANC-GARDE
HILDEGARDE
BELLEGARDE
PAR MÉGARDE
SAUVEGARDE
SAUVEGARDÉ
AVANT-GARDE
CABOCHARDE
BINOCLARDE
ENTRELARDÉ
PIAILLARDE
BRAILLARDE
BABILLARDE
DÉBILLARDÉ
VIEILLARDE
OREILLARDE
ÉGRILLARDE
NASILLARDE
VÉTILLARDE
SOUILLARDE
GOGUENARDE
COMBINARDE
SNOBINARDE
SALONNARDE
COMMUNARDE
BROUSSARDE
FROUSSARDE
À L'INSTAR DE
PANIQUARDE
TRANSBORDÉ
TÉTRACORDE
DÉSACCORDÉ
CLAVICORDE
STOMOCORDÉ
AU-DEDANS DE
AU-DEHORS DE
AU-DESSUS DE
AU-DEVANT DE
ESQUIMAUDE
ESQUIMAUDE
BAGUENAUDE
BAGUENAUDÉ
PÉQUENAUDE
COGNERAUDE
INQUIÉTUDE

COMPLÉTUDE
MANSUÉTUDE
SIMILITUDE
INFINITUDE
EXACTITUDE
FOULTITUDE
INAPTITUDE
MISTER HYDE
SUPEROXYDE
DÉSINHIBÉE
SURPLOMBÉE
À LA DÉROBÉE
RÉABSORBÉE
CANNABACÉE
DIPSACACÉE
ORCHIDACÉE
SAPINDACÉE
ACANTHACÉE
GÉRANIACÉE
FUMARIACÉE
ENTRELACÉE
PRIMULACÉE
VERBÉNACÉE
GRAMINACÉE
BURSÉRACÉE
MANIGANCÉE
COFINANCÉE
ASSONANCÉE
ENSEMENCÉE
RÉFÉRENCÉE
INFLUENCÉE
DÉSAMORCÉE
RESSOURCÉE
COURROUCÉE
PHÉOPHYCÉE
BARRICADÉE
EMBRIGADÉE
PALISSADÉE
RÉTROCÉDÉE
DÉPOSSÉDÉE
CONSOLIDÉE
TÉLÉGUIDÉE
FILOGUIDÉE
AUTOGUIDÉE
TRANSVIDÉE
MARCHANDÉE
AFFRIANDÉE
ACHALANDÉE
REDEMANDÉE
GOURMANDÉE
VILIPENDÉE
TRANSCODÉE
ACCOMMODÉE
INCOMMODÉE
CHAMBARDÉE
BRANCARDÉE
BOUCHARDÉE

MOUCHARDÉE
POIGNARDÉE
ÉCHAFAUDÉE
COURTAUDÉE
ÉBOURIFFÉE
RÉCHAUFFÉE
DÉSENGAGÉE
TREILLAGÉE
DÉDOMMAGÉE
ENDOMMAGÉE
RÉAMÉNAGÉE
DÉCOURAGÉE
ENCOURAGÉE
AFFOURAGÉE
DÉPARTAGÉE
REPARTAGÉE
DÉSAGRÉGÉE
DÉSOBLIGÉE
RECORRIGÉE
RÉARRANGÉE
INTERROGÉE
SURCHARGÉE
HYDROFUGÉE
EMPANACHÉE
AMOURACHÉE
POURLÉCHÉE
REMMANCHÉE
DÉBRANCHÉE
EMBRANCHÉE
RETRANCHÉE
DÉCLENCHÉE
ENCLENCHÉE
RABIBOCHÉE
EFFILOCHÉE
GUILLOCHÉE
RACCROCHÉE
RAPPROCHÉE
RECHERCHÉE
AFFOURCHÉE
ENFOURCHÉE
DISPATCHÉE
REMBAUCHÉE
CHEVAUCHÉE
DESSOUCHÉE
LEUCORRHÉE
SIALORRHÉE
AMÉNORRHÉE
DISGRACIÉE
SUPPLICIÉE
DISTANCIÉE
RENÉGOCIÉE
COASSOCIÉE
RÉEXPÉDIÉE
STIPENDIÉE
PSALMODIÉE
PLANCHÉIÉE
RIGIDIFIÉE

SOLIDIFIÉE
HUMIDIFIÉE
FLUIDIFIÉE
DRAGÉIFIÉE
SIMPLIFIÉE
SAPONIFIÉE
ÉTHÉRIFIÉE
ESTÉRIFIÉE
ÉMULSIFIÉE
CLASSIFIÉE
STRATIFIÉE
SANCTIFIÉE
QUANTIFIÉE
IDENTIFIÉE
PLASTIFIÉE
REVIVIFIÉE
DÉNAZIFIÉE
DOMICILIÉE
LATIFOLIÉE
MULTIPLIÉE
ANTIMONIÉE
POLYCOPIÉE
CONTRARIÉE
APPROPRIÉE
EXPROPRIÉE
APOSTASIÉE
ŒDÉMATIÉE
NON-INITIÉE
INTERCALÉE
RASSEMBLÉE
MONONUCLÉÉ
ENSORCELÉE
ZÉNON D'ÉLÉE
DÉCONGELÉE
ENTREMÊLÉE
RESSEMELÉE
DÉBOSSELÉE
ENCHÂTELÉE
DÉMANTELÉE
ENCASTELÉE
DÉCERVELÉE
RENOUVELÉE
ESSOUFFLÉE
DESSANGLÉE
TRANSFILÉE
DÉFAUFILÉE
HORRIPILÉE
TRIMBALLÉE
PÉDICELLÉE
AQUARELLÉE
CONSTELLÉE
CHAMAILLÉE
REMMAILLÉE
GRENAILLÉE
REMPAILLÉE
COUPAILLÉE
DÉBRAILLÉE

FERRAILLÉE
MITRAILLÉE
GRISAILLÉE
AVITAILLÉE
TRAVAILLÉE
DÉGOBILLÉE
CONSEILLÉE
SURVEILLÉE
ÉCHENILLÉE
GRAPPILLÉE
ÉPARPILLÉE
HOUSPILLÉE
ÉTOUPILLÉE
QUADRILLÉE
ESSORILLÉE
POINTILLÉE
ENDEUILLÉE
EFFEUILLÉE
BIDOUILLÉE
BAFOUILLÉE
REFOUILLÉE
AFFOUILLÉE
MAGOUILLÉE
ZIGOUILLÉE
REMOUILLÉE
GENOUILLÉE
DÉPOUILLÉE
DÉROUILLÉE
PATOUILLÉE
RESQUILLÉE
CARAMBOLÉE
CAMBRIOLÉE
EXTRAPOLÉE
INTERPOLÉE
INCONSOLÉE
RAFISTOLÉE
CONTEMPLÉE
SURPEUPLÉE
QUADRUPLÉE
QUINTUPLÉE
FASCICULÉE
PELLICULÉE
VERMICULÉE
DENTICULÉE
LENTICULÉE
ONGUICULÉE
RECALCULÉE
PÉDONCULÉE
TRIANGULÉE
DISSIMULÉE
REFORMULÉE
INFORMULÉE
DESSAOULÉE
CHAMBOULÉE
DÉBAGOULÉE
ENCAGOULÉE
DÉCAPSULÉE

CARBONYLÉE
BLASPHÉMÉE
CLAIRSEMÉE
RÉIMPRIMÉE
INEXPRIMÉE
DÉSARRIMÉE
MILLÉSIMÉE
SURESTIMÉE
MÉSESTIMÉE
PROGRAMMÉE
RÉAFFIRMÉE
DÉSENFUMÉE
TRANSHUMÉE
ACCOUTUMÉE
FILIGRANÉE
SIMULTANÉE
MOMENTANÉE
PERCUTANÉE
HYDROGÉNÉE
DÉSALIÉNÉE
AVEUGLE-NÉE
RASSÉRÉNÉE
RENSEIGNÉE
NON-ALIGNÉE
DÉSALIGNÉE
RÉASSIGNÉE
SOUSSIGNÉE
ÉGRATIGNÉE
RENFROGNÉE
RECOMBINÉE
REMBOBINÉE
REVACCINÉE
HALLUCINÉE
DÉCAFÉINÉE
PARAFFINÉE
CONTAMINÉE
RÉEXAMINÉE
DISSÉMINÉE
INCRIMINÉE
ENCALMINÉE
DÉTERMINÉE
EXTERMINÉE
TURLUPINÉE
GLYCÉRINÉE
ORGANSINÉE
ASSASSINÉE
AGGLUTINÉE
EMBÉGUINÉE
MAROQUINÉE
TRUSQUINÉE
ENRUBANNÉE
PARIPENNÉE
DÉSABONNÉE
CHARBONNÉE
REFAÇONNÉE
ÉTANÇONNÉE
POINÇONNÉE
TRONÇONNÉE
SOUPÇONNÉE
ABANDONNÉE
COORDONNÉE
CHIFFONNÉE
GRIFFONNÉE
TORCHONNÉE
BOUCHONNÉE
PENSIONNÉE
PASSIONNÉE
FISSIONNÉE
OVATIONNÉE
SECTIONNÉE
MENTIONNÉE
ÉMOTIONNÉE
BASTIONNÉE
CAUTIONNÉE
HOUBLONNÉE
ÉCHELONNÉE
MAMELONNÉE
BÂILLONNÉE
CRAMPONNÉE
GOUDRONNÉE
BIBERONNÉE
CLAIRONNÉE
ENVIRONNÉE
FLEURONNÉE
CHEVRONNÉE
LIAISONNÉE
CLOISONNÉE
MOISSONNÉE
ÉCUSSONNÉE
CAPITONNÉE
CHANTONNÉE
PELOTONNÉE
DÉGAZONNÉE
ENGAZONNÉE
TÉLÉPHONÉE
RÉINCARNÉE
ENCASERNÉE
CONSTERNÉE
PROSTERNÉE
CONTOURNÉE
BISTOURNÉE
RISTOURNÉE
NOUVEAU-NÉE
INFORTUNÉE
IMPORTUNÉE
HANDICAPÉE
SURÉQUIPÉE
DÉSÉQUIPÉE
COÏNCULPÉE
TÉLESCOPÉE
PROSOPOPÉE
ONOMATOPÉE
DÉVELOPPÉE
ENVELOPPÉE
PRÉOCCUPÉE
RONÉOTYPÉE
RAZ DE MARÉE
DÉSEMPARÉE
ENTÉNÉBRÉE
DÉCÉRÉBRÉE
ÉQUILIBRÉE
GERMANDRÉE
SAUPOUDRÉE
RÉVERBÉRÉE
INCARCÉRÉE
CONFÉDÉRÉE
CONSIDÉRÉE
INDIFFÉRÉE
PESTIFÉRÉE
TRANSFÉRÉE
PRÉDIGÉRÉE
RÉFRIGÉRÉE
AGGLOMÉRÉE
DÉSESPÉRÉE
DÉSALTÉRÉE
DÉCHIFFRÉE
ENGOUFFRÉE
RÉINTÉGRÉE
CORROBORÉE
PHOSPHORÉE
DÉTÉRIORÉE
INEXPLORÉE
COMMÉMORÉE
DÉSHONORÉE
INCORPORÉE
EXPECTORÉE
EMPOURPRÉE
REMBOURRÉE
PARAMÉTRÉE
KILOMÉTRÉE
SOUS-TITRÉE
CONCENTRÉE
PRÉRENTRÉE
RENCONTRÉE
SURCONTRÉE
PRÉMONTRÉE
ORCHESTRÉE
SÉQUESTRÉE
CALFEUTRÉE
DÉCARBURÉE
RECARBURÉE
DÉSULFURÉE
PRÉFIGURÉE
EMPRÉSURÉE
PRÉMATURÉE
SURSATURÉE
STRUCTURÉE
ACCULTURÉE
DÉSENIVRÉE
MANŒUVRÉE
DÉSŒUVRÉE

SEMI-OUVRÉE
MONOPHASÉE
POLYPHASÉE
EXTRAVASÉE
DÉSENVASÉE
TRANSVASÉE
BILLEVESÉE
ANGLICISÉE
CATÉCHISÉE
FRANCHISÉE
GLOBALISÉE
VERBALISÉE
FISCALISÉE
VANDALISÉE
IRRÉALISÉE
LABIALISÉE
SOCIALISÉE
FILIALISÉE
ANIMALISÉE
FORMALISÉE
NORMALISÉE
SIGNALISÉE
SACRALISÉE
VASSALISÉE
BRUTALISÉE
ANNUALISÉE
VISUALISÉE
ACTUALISÉE
RITUALISÉE
MUTUALISÉE
SEXUALISÉE
DIÉSÉLISÉE
FIABILISÉE
VIABILISÉE
STABILISÉE
FRAGILISÉE
STÉRILISÉE
FOSSILISÉE
SUBTILISÉE
FERTILISÉE
RÉUTILISÉE
INUTILISÉE
MÉTALLISÉE
LABELLISÉE
SATELLISÉE
JAVELLISÉE
DIABOLISÉE
SYMBOLISÉE
ALCOOLISÉE
RANDOMISÉE
ÉCONOMISÉE
SCOTOMISÉE
VULCANISÉE
MÉTHANISÉE
BALKANISÉE
GERMANISÉE
GALVANISÉE
HELLÉNISÉE
MYÉLINISÉE
CRÉTINISÉE
INDEMNISÉE
TYRANNISÉE
SOLENNISÉE
PÉRENNISÉE
CARBONISÉE
PRÉCONISÉE
HARMONISÉE
MICRONISÉE
INTRONISÉE
MODERNISÉE
MATERNISÉE
RATIBOISÉE
FRAMBOISÉE
PRÉCARISÉE
VULGARISÉE
GARGARISÉE
SCOLARISÉE
SCÉNARISÉE
CANCÉRISÉE
MERCERISÉE
BONDÉRISÉE
PAUPÉRISÉE
CRATÉRISÉE
SINTÉRISÉE
CAUTÉRISÉE
PULVÉRISÉE
VAMPIRISÉE
EUPHORISÉE
TAYLORISÉE
TERRORISÉE
FACTORISÉE
SECTORISÉE
CICATRISÉE
ÉLECTRISÉE
SULFURISÉE
MARTYRISÉE
MÉDIATISÉE
DRAMATISÉE
CLIMATISÉE
AROMATISÉE
PRIVATISÉE
GADGÉTISÉE
BUDGÉTISÉE
ESTHÉTISÉE
SOVIÉTISÉE
MAGNÉTISÉE
DÉPOÉTISÉE
HYPNOTISÉE
DÉBAPTISÉE
REBAPTISÉE
EXPERTISÉE
PALETTISÉE
SUBDIVISÉE
IMPROVISÉE
SUPERVISÉE
JUXTAPOSÉE
ENTREPOSÉE
SURIMPOSÉE
DÉCOMPOSÉE
RECOMPOSÉE
SUPERPOSÉE
INTERPOSÉE
INDISPOSÉE
TRANSPOSÉE
SUREXPOSÉE
REMBOURSÉE
ÉCHALASSÉE
SURCLASSÉE
MATELASSÉE
CADENASSÉE
RAPETASSÉE
INTÉRESSÉE
COMPRESSÉE
SURBAISSÉE
RENCAISSÉE
DÉGRAISSÉE
ENGRAISSÉE
DÉPALISSÉE
DÉFROISSÉE
LAMBRISSÉE
RAPETISSÉE

LA CHAUSSÉE

DÉCHAUSSÉE
RECHAUSSÉE
ENCHAUSSÉE
SURHAUSSÉE
TRÉMOUSSÉE
DÉBROUSSÉE
REBROUSSÉE
DÉTROUSSÉE
RETROUSSÉE
MÉNOPAUSÉE
LANCE-FUSÉE
REDIFFUSÉE
RÉTROFUSÉE
TRANSFUSÉE
MILDIOUSÉE
HYDROLYSÉE
PHOSPHATÉE
CHOCOLATÉE
ACCLIMATÉE
CARBONATÉE
RÉHYDRATÉE
DIFFRACTÉE
CONTRACTÉE
PROSPECTÉE
AUTODICTÉE
DÉCACHETÉE
RECACHETÉE
INTERJETÉE
SOUFFLETÉE

FEUILLETÉE
DÉCOLLETÉE
ÉPOUSSETÉE
DÉPAQUETÉE
EMPAQUETÉE
ÉCHIQUETÉE
DÉCLAVETÉE
BÊCHEVETÉE
PRÉTRAITÉE
MALTRAITÉE
SOLLICITÉE
EXPLICITÉE
SUREXCITÉE
DÉSEXCITÉE
PRÉMÉDITÉE
ACCRÉDITÉE
DÉSULFITÉE
DÉGURGITÉE
RÉGURGITÉE
INGURGITÉE
DÉCRÉPITÉE
PRÉCIPITÉE
DÉSHÉRITÉE
PRÉTÉRITÉE
NÉCESSITÉE
CATAPULTÉE
BRILLANTÉE
COMPLANTÉE
SUPPLANTÉE
PLAISANTÉE
ÉPOUVANTÉE
INNOCENTÉE
ACCIDENTÉE
DILIGENTÉE
RÉARGENTÉE
RÉORIENTÉE
ORNEMENTÉE
PAREMENTÉE
AGRÉMENTÉE
FRAGMENTÉE
SÉDIMENTÉE
TOURMENTÉE
DOCUMENTÉE
ARGUMENTÉE
CHARPENTÉE
APPARENTÉE
FRÉQUENTÉE
RÉINVENTÉE
BAS-JOINTÉE
DESSUINTÉE
CONFRONTÉE
DISCOUNTÉE
REMPRUNTÉE
TRAFICOTÉE
MASSICOTÉE
MENDIGOTÉE
DÉSADAPTÉE

MÉSADAPTÉE
PRÉCOMPTÉE
DISCOMPTÉE
HÉLIPORTÉE
RÉIMPORTÉE
AÉROPORTÉE
RÉEXPORTÉE
CONTRASTÉE
MANIFESTÉE
ADMONESTÉE
CONTRISTÉE
LÉPIDOSTÉE
LÉPISOSTÉE
TARABUSTÉE
DÉSAJUSTÉE
MANGEOTTÉE
DÉCALOTTÉE
DÉCULOTTÉE
RECULOTTÉE
ROULEAUTÉE
CHAPEAUTÉE
CARREAUTÉE
TERREAUTÉE
DÉNOYAUTÉE
PERSÉCUTÉE
INEXÉCUTÉE
RÉPERCUTÉE
REDISCUTÉE
INDISCUTÉE
PARACHUTÉE
CONVOLUTÉE
COPERMUTÉE
TRANSMUTÉE
MARABOUTÉE
SURAJOUTÉE
CAILLOUTÉE
DÉMAZOUTÉE
PHAGOCYTÉE
DISTRIBUÉE
DÉFATIGUÉE
PROMULGUÉE
ÉTALINGUÉE
DÉGLINGUÉE
EMBRINGUÉE
DISTINGUÉE
CATALOGUÉE
HOMOLOGUÉE
SURÉVALUÉE
DÉSÉCHOUÉE
ESTOMAQUÉE
ALAMBIQUÉE
OMBILIQUÉE
COMPLIQUÉE
PLASTIQUÉE
INTOXIQUÉE
EFFLANQUÉE
REQUINQUÉE

REMBARQUÉE
CONFISQUÉE
RÉHABITUÉE
SUBSTITUÉE
CONSTITUÉE
PROSTITUÉE
AMBISEXUÉE
PARACHEVÉE
CHAMPLEVÉE
SURACTIVÉE
DÉSACTIVÉE
OBJECTIVÉE
ADJECTIVÉE
INVECTIVÉE
INOBSERVÉE
INÉPROUVÉE
CONTROUVÉE
DÉSINDEXÉE
DÉSENRAYÉE
REDÉPLOYÉE
RÉEMPLOYÉE
INEMPLOYÉE
DÉGRAVOYÉE
DÉSENNUYÉE
POUSSE-CAFÉ
PAUSES-CAFÉ
ALLOGREFFE
HOMOGREFFE
XÉNOGREFFE
AUTOGREFFE
ESCOGRIFFE
PRÉCHAUFFÉ
SURCHAUFFE
SURCHAUFFÉ
DÉPLOMBAGE
DÉSHERBAGE
DÉBOURBAGE
PLASTICAGE
MORDANÇAGE
SÉQUENÇAGE
DÉCOINÇAGE
BRIGANDAGE
FAISANDAGE
RINGARDAGE
CAVIARDAGE
CHAPARDAGE
CLAVARDAGE
CLABAUDAGE
GALVAUDAGE
PATAUGEAGE
BASTINGAGE
CATALOGAGE
MARAÎCHAGE
DÉFRICHAGE
ÉBRANCHAGE
BOULOCHAGE
DÉBROCHAGE

ACCROCHAGE
DÉCROCHAGE
DÉMARCHAGE
DÉBAUCHAGE
EMBAUCHAGE
DÉBOUCHAGE
REBOUCHAGE
ESSOUCHAGE
GRAVENHAGE
SARCOPHAGE
LITHOPHAGE
MALLOPHAGE
MACROPHAGE
NÉCROPHAGE
SAPROPHAGE
COPROPHAGE
PHYTOPHAGE
SCARIFIAGE
ALUMINIAGE
FORMARIAGE
DÉSTOCKAGE
TRIMBALAGE
DESSABLAGE
ASSEMBLAGE
DÉDOUBLAGE
DÉMASCLAGE
ÉTINCELAGE
DÉPUCELAGE
REMODELAGE
CRAQUELAGE
PERSIFLAGE
DÉGONFLAGE
REGONFLAGE
CAMOUFLAGE
MAROUFLAGE
PRÉRÉGLAGE
RENTOILAGE
DÉSHUILAGE
REMBALLAGE
EMBIELLAGE
ROCAILLAGE
DÉMAILLAGE
REMAILLAGE
PINAILLAGE
DÉPAILLAGE
EMPAILLAGE
ORPAILLAGE
ENTAILLAGE
RHABILLAGE
MORDILLAGE
TORPILLAGE
GASPILLAGE
DÉGRILLAGE
BOUSILLAGE
TORTILLAGE
PASTILLAGE
TREUILLAGE

AIGUILLAGE
ÉPOUILLAGE
BROUILLAGE
MAQUILLAGE
COQUILLAGE
BATIFOLAGE
VITRIOLAGE
SOUS-SOLAGE
PILAT-PLAGE
DÉCOUPLAGE
REMMOULAGE
SURMOULAGE
PRÉFORMAGE
DÉCHAUMAGE
ENCABANAGE
DÉDOUANAGE
CARAVANAGE
SOULIGNAGE
TÉMOIGNAGE
PROVIGNAGE
PARRAINAGE
CALAMINAGE
DÉLAMINAGE
PÈLERINAGE
MAGASINAGE
CABOTINAGE
ÉCHEVINAGE
FLACONNAGE
BRACONNAGE
AMIDONNAGE
PLAFONNAGE
BICHONNAGE
CAMIONNAGE
ESPIONNAGE
VISIONNAGE
ÉTALONNAGE
BILLONNAGE
BOULONNAGE
CHAPONNAGE
TAMPONNAGE
HARPONNAGE
COUPONNAGE
PERSONNAGE
LAITONNAGE
CARTONNAGE
BOUTONNAGE
CLAYONNAGE
CRAYONNAGE
DÉFOURNAGE
ENFOURNAGE
RETOURNAGE
RATTRAPAGE
MARQUE-PAGE
ANTIDOPAGE
OXYCOUPAGE
PERVIBRAGE
DÉSENCRAGE

CALANDRAGE
CYLINDRAGE
DÉCOFFRAGE
MONITORAGE
DESSERRAGE
DÉBOURRAGE
DÉPLÂTRAGE
REPLÂTRAGE
SURTITRAGE
SURVITRAGE
DÉCENTRAGE
RECENTRAGE
DÉCINTRAGE
DÉTARTRAGE
ENTARTRAGE
FENESTRAGE
DÉLUSTRAGE
EFFLEURAGE
ENFLEURAGE
PRESSURAGE
CEINTURAGE
RECOUVRAGE
MORTAISAGE
SIMILISAGE
CHAMOISAGE
VAPORISAGE
CONCASSAGE
DÉCRASSAGE
REDRESSAGE
ENCAISSAGE
DOUCISSAGE
VERDISSAGE
OURDISSAGE
DÉPLISSAGE
EMPLISSAGE
GARNISSAGE
VERNISSAGE
RÉUNISSAGE
ALUNISSAGE
BRUNISSAGE
CRÉPISSAGE
PÉTRISSAGE
SAURISSAGE
SERTISSAGE
CARROSSAGE
REPOUSSAGE
DÉCREUSAGE
COMPACTAGE
COLLECTAGE
CROCHETAGE
PAILLETAGE
BRIQUETAGE
ÉTIQUETAGE
PARQUETAGE
DYNAMITAGE
REMBOÎTAGE
ASPHALTAGE

SURVOLTAGE
DÉPLANTAGE
APPOINTAGE
CHARIOTAGE
MATELOTAGE
ESCAMOTAGE
GRIGNOTAGE
NUMÉROTAGE
CHEVROTAGE
CRÉOSOTAGE
DÉCRYPTAGE
PANCARTAGE
COLPORTAGE
CONSORTAGE
BALLASTAGE
COMPOSTAGE
REGRATTAGE
TOILETTAGE
COMMETTAGE
BROUETTAGE
SCHLITTAGE
MARCOTTAGE
BOYCOTTAGE
BALLOTTAGE
DÉCROTTAGE
GARROTTAGE
BISEAUTAGE
CHARCUTAGE
FERROUTAGE
DÉSEMBUAGE
RENFLOUAGE
MATRAQUAGE
DÉCALQUAGE
DÉTROQUAGE
DÉMARQUAGE
REMORQUAGE
SOUS-CAVAGE
REMBLAYAGE
RÉESSAYAGE
FOUDROYAGE
HONGROYAGE
LETHBRIDGE
CHÊNE-LIÈGE
SAINT-SIÈGE
SURPROTÉGÉ
PERCE-NEIGE
CONGO BELGE
HAGONDANGE
MICHEL-ANGE
ALEXIS ANGE
STONEHENGE
SÈCHE-LINGE
DÉLAI-CONGÉ
MASKINONGÉ
PORTE-BARGE
TÉLÉCHARGÉ
CANNEBERGE

DEMI-VIERGE
BAILLAIRGÉ
ERZGEBIRGE
ROUGE-GORGE
COUPE-GORGE
ENTR'ÉGORGÉ
DÉSENGORGÉ
DRAMATURGE
CALORIFUGE
CALORIFUGÉ
CENTRIFUGE
CENTRIFUGÉ
SUBTERFUGE
INFRAROUGE
ARMÉE ROUGE
BATON ROUGE
CROIX-ROUGE
STÉATOPYGE
CACHE-CACHE
DÉHARNACHÉ
SABRETACHE
MULTITÂCHE
TCHOUVACHE
PELLE-BÊCHE
PIE-GRIÈCHE
GARDE-PÊCHE
ARCHEVÊCHÉ
MICROFICHE
OUANANICHE
PLEURNICHÉ
LAGOTRICHE
HÉMISTICHE
ACROSTICHE
PALPLANCHE
ENDIMANCHÉ
BELLE-DOCHE
PATRIARCHE
EUROMARCHÉ
POST-MARCHÉ
ÉTAMPERCHE
ÉTEMPERCHE
TCHOUKTCHE
RÉEMBAUCHÉ
GRAND-DUCHÉ
COQUELUCHE
SOUS-COUCHE
EFFAROUCHÉ
POLATOUCHE
HERREWEGHE
SONAGRAPHE
PARAGRAPHE
TÉLÉGRAPHE
MARÉGRAPHE
CACOGRAPHE
HODOGRAPHE
LOGOGRAPHE
HOLOGRAPHE

DÉMOGRAPHE
HOMOGRAPHE
MANOGRAPHE
TOPOGRAPHE
TYPOGRAPHE
AÉROGRAPHE
PYROGRAPHE
AUTOGRAPHE
POLYGRAPHE
LOGOGRIPHE
MONADELPHE
RHINOLOPHE
LIMITROPHE
AUTOTROPHE
ANASTROPHE
APOSTROPHE
APOSTROPHÉ
PHILOSOPHE
PHILOSOPHÉ
CHRISTOPHE
LAGOMORPHE
ZYGOMORPHE
MÉSOMORPHE
POLYMORPHE
HOMÉOPATHE
OSTÉOPATHE
NÉVROPATHE
MICROLITHE
COPROLITHE
SCLÉRANTHE
TÉRÉBINTHE
LABYRINTHE
LABYRINTHE
GALSWINTHE
OSTROGOTHE
ANACOLUTHE
TAILLE-HAIE
ORANGERAIE
JONCHERAIE
PEUPLERAIE
BANANERAIE
FRAISERAIE
COCOTERAIE
BESSARABIE
FONTARABIE
SÉNÉGAMBIE
HOMOPHOBIE
XÉNOPHOBIE
NOSOPHOBIE
GONOCOCCIE
INAPPRÉCIÉ
PRÉJUDICIÉ
SUPERFICIE
RACCOURCIE
PENTARADIÉ
ORTHOPÉDIE
TRIPLOÏDIE

ANTHÉRIDIE
GAILLARDIE
ABASOURDIE
DÉCALCIFIÉ
RECALCIFIÉ
DÉMYTHIFIÉ
DÉQUALIFIÉ
REQUALIFIÉ
EXEMPLIFIÉ
FRIGORIFIÉ
ÉLECTRIFIÉ
DÉNITRIFIÉ
DÉVITRIFIÉ
INTENSIFIÉ
DIVERSIFIÉ
DÉSERTIFIÉ
INJUSTIFIÉ
DÉMYSTIFIÉ
AÉROPHAGIE
HÉMORRAGIE
MÉNORRAGIE
PRIVILÉGIÉ
PARAPLÉGIE
HÉMIPLÉGIE
MONOPLÉGIE
MONTÉRÉGIE
CARDIALGIE
RACHIALGIE
ARTHRALGIE
GASTRALGIE
HÉPATALGIE
PROCTALGIE
ODONTALGIE
GÉNÉALOGIE
MAMMALOGIE
TÉTRALOGIE
TRIBOLOGIE
IRIDOLOGIE
TÉLÉOLOGIE
FUSÉOLOGIE
MUSÉOLOGIE
OSTÉOLOGIE
PATHOLOGIE
LITHOLOGIE
ANTHOLOGIE
MYTHOLOGIE
SOCIOLOGIE
RADIOLOGIE
AUDIOLOGIE
ANGIOLOGIE
SÉMIOLOGIE
MARIOLOGIE
PHILOLOGIE
HAPLOLOGIE
FILMOLOGIE
GEMMOLOGIE
SISMOLOGIE

COSMOLOGIE
ÉTYMOLOGIE
PHÉNOLOGIE
ICHNOLOGIE
ETHNOLOGIE
LIMNOLOGIE
ICONOLOGIE
PHONOLOGIE
ALCOOLOGIE
HIPPOLOGIE
NÉCROLOGIE
ANDROLOGIE
HYDROLOGIE
LÉPROLOGIE
COPROLOGIE
PATROLOGIE
MÉTROLOGIE
PÉTROLOGIE
ASTROLOGIE
NEUROLOGIE
SCATOLOGIE
FŒTOLOGIE
ÉROTOLOGIE
TYPTOLOGIE
MASTOLOGIE
HISTOLOGIE
TAUTOLOGIE
BIOÉNERGIE
SIDÉRURGIE
PLASTURGIE
LOGOMACHIE
ENTÉLÉCHIE
RAFRAÎCHIE
DÉFRAÎCHIE
REBLANCHIE
AFFRANCHIE
OLIGARCHIE
ETHNARCHIE
HIÉRARCHIE
TÉTRARCHIE
PENTARCHIE
HEPTARCHIE
DIAGRAPHIE
ÉPIGRAPHIE
GÉOGRAPHIE
BIOGRAPHIE
OROGRAPHIE
UROGRAPHIE
DYSGRAPHIE
DYSTROPHIE
THÉOSOPHIE
APOMORPHIE
DYSMORPHIE
TÉLÉPATHIE
ANTIPATHIE
ÉTIOPATHIE
ALLOPATHIE

COLOPATHIE
HÉMOPATHIE
DIDASCALIE
WESTPHALIE
COPROLALIE
PRÉÉTABLIE
PHOCOMÉLIE
PHILATÉLIE
HYPERTÉLIE
RÉCONCILIÉ
DÉSAFFILIÉ
CINÉPHILIE
PÉDOPHILIE
HÉMOPHILIE
XÉNOPHILIE
INTERALLIÉ
ACCUEILLIE
RECUEILLIE
MÉLANCOLIE
DALÉCARLIE
HYPERDULIE
HIÉROGAMIE
ANISOGAMIE
CARYOGAMIE
HYPERGAMIE
ISODYNAMIE
SEPTICÉMIE
HYPERHÉMIE
ALCOOLÉMIE
ACÉTONÉMIE
PARACHIMIE
AGROCHIMIE
CRYOCHIMIE
PATHOMIMIE
TÉLÉONOMIE
ASTRONOMIE
HAPTONOMIE
LOXODROMIE
DIACHROMIE
TRICHROMIE
DYSCHROMIE
LOBECTOMIE
VASECTOMIE
LEUCOTOMIE
OSTÉOTOMIE
DICHOTOMIE
NEUROTOMIE
COLOSTOMIE
TAXIDERMIE
TOXIDERMIE
XÉRODERMIE
DIATHERMIE
GÉOTHERMIE
ANORGASMIE
LIPOTHYMIE
LEISHMANIE
SEPTIMANIE

MYTHOMANIE
ANGLOMANIE
DIPSOMANIE
ÉROTOMANIE
BRUXOMANIE
MAURÉTANIE
MAURITANIE
SARRACÉNIE
OSTÉOGÉNIE
PATHOGÉNIE
ORTHOGÉNIE
PHYLOGÉNIE
PHONOGÉNIE
ANDROGÉNIE
MYASTHÉNIE
LEUCOPÉNIE
ZOOTECHNIE
COSMOGONIE
TÉLÉPHONIE
CACOPHONIE
HOMOPHONIE
MONOPHONIE
POLYPHONIE
CÉPHALONIE
PARCIMONIE
ENHARMONIE
DIACHRONIE
SYNCHRONIE
NEUROTONIE
HYPERTONIE
HYPOCAPNIE
CALIFORNIE
EXCOMMUNIÉ
ANDROGYNIE
PROTOGYNIE
PATTES-D'OIE
LAPOUTROIE
COURBEVOIE
CLAIRE-VOIE
CONTRE-VOIE
GARDES-VOIE
QUEUE-DE-PIE
ŒILS-DE-PIE
PORTE-COPIE
PHOTOCOPIE
PHOTOCOPIÉ
DIAZOCOPIE
SKIASCOPIE
ENDOSCOPIE
COLOSCOPIE
AUTOSCOPIE
CRYOSCOPIE
NYCTALOPIE
EMMÉTROPIE
ALLOTROPIE
PRESBYOPIE
STÉNOTYPIE

PHOTOTYPIE
DJOUNGARIE
DZOUNGARIE
NON-SALARIÉ
DANNEMARIE
DONNEMARIE
LOUIS-MARIE
BAINS-MARIE
DÉSAPPARIÉ
SURESTARIE
MULTIVARIÉ
SUCY-EN-BRIE
PROTANDRIE
ALEXANDRIE
POLYANDRIE
FAÏENCERIE
ESSENCERIE
DINANDERIE
TRUANDERIE
JOBARDERIE
HOMARDERIE
ÉTOURDERIE
NIGAUDERIE
FINAUDERIE
MINAUDERIE
BOYAUDERIE
CHAUFFERIE
TARTUFERIE
FROMAGERIE
MESSAGERIE
SAUVAGERIE
HORLOGERIE
PÉRIPHÉRIE
GAULTHÉRIE
INGÉNIERIE
CORROIERIE
ANIMALERIE
CHEVALERIE
GRIVÈLERIE
SOUFFLERIE
TRÉFILERIE
MÉTALLERIE
FICELLERIE
OISELLERIE
BATELLERIE
HÔTELLERIE
PIAILLERIE
ÉMAILLERIE
JOAILLERIE
VIEILLERIE
ARTILLERIE
POUILLERIE
SEMOULERIE
CRAPULERIE
IMPRIMERIE
TAUTOMÉRIE
INFIRMERIE

PARFUMERIE
CHICANERIE
MAGNANERIE
IVROGNERIE
GREDINERIE
JARDINERIE
SARDINERIE
RAFFINERIE
MACHINERIE
ALUMINERIE
CRÉTINERIE
TAQUINERIE
COQUINERIE
CHIENNERIE
MAÇONNERIE
AVIONNERIE
COTONNERIE
SAVONNERIE
SAVONNERIE
INTEMPÉRIE
MALADRERIE
GOINFRERIE
TRÉSORERIE
FACTORERIE
BIZARRERIE
FOLÂTRERIE
CUISTRERIE
PLEUTRERIE
SERRURERIE
ORFÈVRERIE
CONFISERIE
CHEMISERIE
MENUISERIE
GLUCOSERIE
LÉPROSERIE
COCASSERIE
FINASSERIE
BONASSERIE
RÊVASSERIE
MÉGISSERIE
TAPISSERIE
MÛRISSERIE
PÂTISSERIE
RÔTISSERIE
PEAUSSERIE
GOUJATERIE
EUBACTÉRIE
ARCHÈTERIE
PELLETERIE
BONNETERIE
CORSETERIE
BLEUETERIE
LOUVETERIE
MIROITERIE
PÉDANTERIE
INFANTERIE
GALANTERIE

ARGENTERIE
CIMENTERIE
DYSENTERIE
VERROTERIE
FORESTERIE
FUMISTERIE
ALLOSTÉRIE
LUNETTERIE
TUYAUTERIE
BIJOUTERIE
FILOUTERIE
BRUSQUERIE
DYSARTHRIE
PLAIDOIRIE
POURVOIRIE
INVENTORIÉ
RÉPERTORIÉ
PHONIATRIE
PHYSIATRIE
TÉLÉMÉTRIE
AUDIMÉTRIE
DOSIMÉTRIE
ALTIMÉTRIE
ARÉOMÉTRIE
ERGOMÉTRIE
MANOMÉTRIE
ŒNOMÉTRIE
TONOMÉTRIE
TOPOMÉTRIE
BAROMÉTRIE
PYROMÉTRIE
OPTOMÉTRIE
CRYOMÉTRIE
VOLUMÉTRIE
ACOUMÉTRIE
SEIGNEURIE
HOLOTHURIE
ACÉTONURIE
GLYCOSURIE
GRÈCE D'ASIE
PARAPHASIE
MÉTAPLASIE
HYPOPLASIE
EUTHANASIE
EUTHANASIÉ
HYPOSTASIÉ
ANESTHÉSIE
ANESTHÉSIÉ
DYSGÉNÉSIE
SYNCINÉSIE
DYSCINÉSIE
DYSKINÉSIE
MICRONÉSIE
ENCOPRÉSIE
COURTOISIE
HYDROPISIE
HYPOCRISIE

CATALEPSIE
ANTISEPSIE
POLYDIPSIE
RICKETTSIE
ANDALOUSIE
HÉMOPTYSIE
SUPRÉMATIE
DIPLOMATIE
THÉOCRATIE
DÉMOCRATIE
AUTOCRATIE
HOMOTHÉTIE
APPESANTIE
PRESSENTIE
ENDODONTIE
RÉASSORTIE
OUDMOURTIE
PÉDÉRASTIE
IMMODESTIE
RÉINVESTIE
ASSUJETTIE
CLÉROUQUIE
POURSUIVIE
INASSOUVIE
PHOTOTAXIE
CATAPLEXIE
AMPHIMIXIE
ORTHODOXIE
SÖDERTÄLJE
DOBRO POLJE
CHESAPEAKE
KANESATAKE
SENANAYAKE
PANCKOUCKE
SHERBROOKE
OMBILICALE
BASILICALE
ARSENICALE
DOMINICALE
PROVENÇALE
PROVENÇALE
HOMOFOCALE
VIRILOCALE
PYRAMIDALE
DISCOÏDALE
CYCLOÏDALE
COLLOÏDALE
ETHMOÏDALE
SPIROÏDALE
MARTINGALE
PHARYNGALE
THÉOLOGALE
TRICÉPHALE
TRIOMPHALE
CATARRHALE
ADVERBIALE
COLLÉGIALE

UROPYGIALE
BRANCHIALE
MARSUPIALE
PRÉTORIALE
ÉDITORIALE
MERCURIALE
GYMNASIALE
ECCLÉSIALE
PRIMATIALE
IMPARTIALE
SYNCYTIALE
CONVIVIALE
VICÉSIMALE
CÉGÉSIMALE
PRUD'HOMALE
RIBOSOMALE
BAPTISMALE
BACCHANALE
ARTISANALE
MÉDICINALE
OFFICINALE
LIBIDINALE
DEMI-FINALE
ANACLINALE
SYNCLINALE
ISOCLINALE
ABDOMINALE
BINOMINALE
DOCTRINALE
MATUTINALE
ÉCHEVINALE
TRICENNALE
CENTENNALE
SEPTENNALE
DÉCAGONALE
HEXAGONALE
OCTOGONALE
POLYGONALE
POLYTONALE
SHOGOUNALE
GAMOSÉPALE
MUNICIPALE
PRINCIPALE
ÉPISCOPALE
CÔTE D'OPALE
PALPÉBRALE
VERTÉBRALE
SÉPULCRALE
CATHÉDRALE
BICAMÉRALE
PUERPÉRALE
BILATÉRALE
ANTIVIRALE
STERCORALE
ÉLECTORALE
DIAMÉTRALE
GÉOMÉTRALE

CADASTRALE
ANCESTRALE
MAGISTRALE
CLAUSTRALE
PÉRIDURALE
INAUGURALE
L'ÉTANG-SALÉ
COMMENSALE
SUCCURSALE
ANTÉNATALE
PÉRINATALE
POSTNATALE
DIALECTALE
ZYGOPÉTALE
GAMOPÉTALE
OCCIPITALE
BICIPITALE
AÉRONAVALE
PARADOXALE
ALBE ROYALE
IMPROBABLE
ABSORBABLE
RÉSORBABLE
IMPLACABLE
IMPECCABLE
PRÉDICABLE
APPLICABLE
EXPLICABLE
PRATICABLE
FINANÇABLE
CONVOCABLE
INÉDUCABLE
FORMIDABLE
LIQUIDABLE
DÉFENDABLE
INVENDABLE
FÉCONDABLE
INSONDABLE
IMPERDABLE
ACCORDABLE
INOXYDABLE
DIRIGEABLE
CHANGEABLE
ABROGEABLE
CONJUGABLE
DÉTACHABLE
ENFICHABLE
NÉGOCIABLE
INSOCIABLE
REMÉDIABLE
COKÉFIABLE
RARÉFIABLE
MODIFIABLE
SALIFIABLE
PANIFIABLE
VÉRIFIABLE
RÉSILIABLE

REMANIABLE
INDÉNIABLE
INEXPIABLE
INVARIABLE
INSATIABLE
INÉGALABLE
RECYCLABLE
MORCELABLE
CONGELABLE
HABILLABLE
MOUILLABLE
INCOLLABLE
INVIOLABLE
CONSOLABLE
CALCULABLE
INOCULABLE
COAGULABLE
FORMULABLE
ENROULABLE
IMPRIMABLE
EXPRIMABLE
INNOMMABLE
DÉFORMABLE
RÉFORMABLE
PRÉSUMABLE
IMPRENABLE
SOUTENABLE
CONVENABLE
INGAGNABLE
COMBINABLE
VACCINABLE
IMAGINABLE
DÉCLINABLE
INCLINABLE
ABOMINABLE
IMPALPABLE
EXTIRPABLE
COMPARABLE
PONDÉRABLE
PRÉFÉRABLE
VULNÉRABLE
INOPÉRABLE
CHIFFRABLE
INTÉGRABLE
RESPIRABLE
DÉPLORABLE
ÉVAPORABLE
INEXORABLE
PÉNÉTRABLE
LABOURABLE
SECOURABLE
CENSURABLE
INFAISABLE
RÉALISABLE
UTILISABLE
MÉPRISABLE
IMPENSABLE

DÉSENSABLÉ
PROPOSABLE
SUPPOSABLE
INVERSABLE
INCASSABLE
INLASSABLE
ABAISSABLE
POLISSABLE
PUNISSABLE
FROISSABLE
TARISSABLE
PÉRISSABLE
ENDOSSABLE
DIFFUSABLE
ANALYSABLE
HYDRATABLE
INJECTABLE
DÉLECTABLE
DÉTECTABLE
RACHETABLE
BONNÉTABLE
CONNÉTABLE
BREVETABLE
PROFITABLE
INIMITABLE
EMBOÎTABLE
CHARITABLE
INÉVITABLE
RÉCOLTABLE
ORIENTABLE
LAMENTABLE
RACONTABLE
DÉMONTABLE
ACCEPTABLE
IMPORTABLE
EXPORTABLE
MÉTASTABLE
DÉTESTABLE
RABATTABLE
IMBATTABLE
IMMETTABLE
EXÉCUTABLE
DISCUTABLE
COMMUTABLE
PERMUTABLE
REDOUTABLE
INAVOUABLE
ATTAQUABLE
INSITUABLE
CONCEVABLE
PERCEVABLE
INCREVABLE
LESSIVABLE
CULTIVABLE
INSOLVABLE
OBSERVABLE
MONNAYABLE

EMPLOYABLE
INCROYABLE
EFFROYABLE
INVINCIBLE
RÉÉLIGIBLE
INÉLIGIBLE
CORRIGIBLE
INEXIGIBLE
INTANGIBLE
DISPONIBLE
PRÉVISIBLE
EXPANSIBLE
INSENSIBLE
OSTENSIBLE
EXTENSIBLE
EXPLOSIBLE
RÉVERSIBLE
INVERSIBLE
IMPASSIBLE
ACCESSIBLE
INCESSIBLE
ADMISSIBLE
RÉMISSIBLE
IMPOSSIBLE
COMPATIBLE
DÉDUCTIBLE
RÉDUCTIBLE
DIGESTIBLE
COMESTIBLE
RÉSISTIBLE
INAMOVIBLE
RÉFLEXIBLE
INFLEXIBLE
SIN-LE-NOBLE
GRAS-DOUBLE
TABERNACLE
RÉCEPTACLE
GRAND-ONCLE
DEMI-CERCLE
VARICOCÈLE
CHRYSOMÈLE
VAN DE POELE
MARC AURÈLE
CHRISTOFLE
BOURSOUFLÉ
EMMITOUFLÉ
GRAND-ANGLE
QUADRANGLE
OBTUSANGLE
À TIRE-D'AILE
INDÉLÉBILE
LOCOMOBILE
AÉROMOBILE
AUTOMOBILE
ACIDIPHILE
AMPHIPHILE
DISCOPHILE
ACIDOPHILE
ANGLOPHILE
ANÉMOPHILE
NÉCROPHILE
HYDROPHILE
HYGROPHILE
COPROPHILE
DROSOPHILE
GYPSOPHILE
RUSSOPHILE
SCATOPHILE
CARTOPHILE
SLAVOPHILE
INASSIMILÉ
AQUAMANILE
PASSEPOILÉ
DÉSENTOILÉ
GRAND-VOILE
ÉGAGROPILE
PRÉHENSILE
FLUVIATILE
RÉTRACTILE
SUBJECTILE
PROJECTILE
MERCANTILE
BISSEXTILE
GÉOTEXTILE
PRÉEMBALLÉ
LA TURBALLE
MULTISALLE
RÉINSTALLÉ
DELLA VALLE
INTERVALLE
CASCABELLE
RIBAMBELLE
TESTACELLE
VERMICELLE
LENTICELLE
VORTICELLE
BALANCELLE
SPIONCELLE
ESCARCELLE
FRICADELLE
MORTADELLE
HIRONDELLE
LUMACHELLE
LA ROCHELLE
INDICIELLE
OFFICIELLE
LOGICIELLE
MATÉRIELLE
ARTÉRIELLE
MÉMORIELLE
INERTIELLE
NÉOUVIELLE
COULEMELLE
INFORMELLE
SOLDANELLE
VILLANELLE
FONTANELLE
FUSTANELLE
FONTENELLE
COCCINELLE
MARCINELLE
SARDINELLE
ORIGINELLE
CRIMINELLE
SENTINELLE
FRAXINELLE
SOLENNELLE
PÉRONNELLE
TRIGONELLE
LÉGIONELLE
SALMONELLE
MATERNELLE
PATERNELLE
LA CHAPELLE
INTERPELLÉ
SGANARELLE
MOZZARELLE
CHANCRELLE
CRÉCERELLE
PASSERELLE
CRATERELLE
SAUTERELLE
MAQUERELLE
COQUERELLE
TEMPORELLE
CORPORELLE
CULTURELLE
DAMOISELLE
DEMOISELLE
BROCATELLE
CASCATELLE
LACRETELLE
JARRETELLE
TURRITELLE
TARENTELLE
IMMORTELLE
RÉSIDUELLE
DRINGUELLE
INACTUELLE
PONCTUELLE
HABITUELLE
ÉVENTUELLE
BISEXUELLE
BARTAVELLE
COURCAILLÉ
ROUSCAILLÉ
GUINDAILLE
GUINDAILLÉ
MANGEAILLE
COUCHAILLÉ
ENCANAILLÉ

DÉPENAILLÉ
TRAÎNAILLÉ
TOURNAILLÉ
COMBRAILLE
PIERRAILLE
PRÊTRAILLE
BLEUSAILLE
VALETAILLE
RAVITAILLÉ
ENFUTAILLÉ
ÉCRIVAILLÉ
TROUVAILLE
DÉSHABILLÉ
MICROBILLE
ESCARBILLE
VERTICILLE
VERTICILLÉ
PECCADILLE
GRENADILLE
SÉGUEDILLE
ENSOLEILLÉ
DÉPAREILLÉ
APPAREILLÉ
TIRE-VEILLE
ÉMERVEILLÉ
BELLE-FILLE
ASPERGILLE
VIEUX-LILLE
ALCHÉMILLE
VINTIMILLE
ROUMANILLE
MANCENILLE
COCHENILLE
DÉGUENILLÉ
ESTAMPILLE
ESTAMPILLÉ
DÉGOUPILLÉ
ESCADRILLE
ESPADRILLE
BANDERILLE
CANTATILLE
CANNETILLE
POTENTILLE
DÉTORTILLÉ
ENTORTILLÉ
IS-SUR-TILLE
EMBASTILLÉ
ACCASTILLÉ
ÉMOUSTILLÉ
CROUSTILLE
CROUSTILLÉ
POISEUILLE
GRIBOUILLE
GRIBOUILLÉ
TAMBOUILLE
BARBOUILLE
BARBOUILLÉ

BREDOUILLE
BREDOUILLÉ
PENDOUILLÉ
TRIFOUILLÉ
FARFOUILLÉ
GARGOUILLE
GARGOUILLÉ
MÂCHOUILLÉ
AGENOUILLÉ
GRENOUILLE
GRENOUILLÉ
QUENOUILLE
CORNOUILLE
FRIPOUILLE
DÉBROUILLE
DÉBROUILLÉ
EMBROUILLE
EMBROUILLÉ
GADROUILLE
GADROUILLÉ
VADROUILLE
VADROUILLÉ
DÉGROUILLÉ
VERROUILLÉ
PATROUILLE
PATROUILLÉ
CITROUILLE
CHATOUILLE
CHATOUILLÉ
BISTOUILLE
DÉMAQUILLÉ
REMAQUILLÉ
TRANQUILLE
ÉCARQUILLÉ
GRANDVILLE
MANDEVILLE
MONDEVILLE
VAUDEVILLE
DOUDEVILLE
BELLEVILLE
BONNEVILLE
LIBREVILLE
MOTTEVILLE
SOTTEVILLE
HAUTEVILLE
MALZÉVILLE
BEUZEVILLE
BLAINVILLE
BIDONVILLE
THIONVILLE
RAMONVILLE
REZONVILLE
ANCERVILLE
GODERVILLE
LOUISVILLE
EVANSVILLE
TOWNSVILLE

HUNTSVILLE
DECAUVILLE
ARNOUVILLE
HÉROUVILLE
FERRYVILLE
PRÉENCOLLÉ
GLYCOCOLLE
BARCAROLLE
BOUTEROLLE
REBEYROLLE
CHAMBRANLE
COLLEMBOLE
AVION-ÉCOLE
SILICICOLE
SÉRICICOLE
OSTRÉICOLE
ARBORICOLE
BRASSICOLE
DÉGRINGOLÉ
BRONCHIOLE
TRIFOLIOLÉ
DE TRAVIOLE
CERDAGNOLE
CERDAGNOLE
CARMAGNOLE
QUADRIPÔLE
MÉGALOPOLE
TECHNOPOLE
TECHNOPÔLE
SAVONAROLE
INCONTRÔLÉ
DÉBOUSSOLÉ
BOAT PEOPLE
ANDRINOPLE
SOUS-PEUPLÉ
CHAMPMESLÉ
SOMNAMBULE
NOCTAMBULE
ARISTOBULE
THRASYBULE
CANALICULE
ADMINICULE
VENTRICULE
INARTICULÉ
ANIMALCULE
CRÉPUSCULE
CORPUSCULE
TRISAÏEULE
MINIPILULE
ANGUILLULE
ROULÉ-BOULÉ
BLACKBOULÉ
NID-DE-POULE
CUL-DE-POULE
CONGRATULÉ
LINGUATULE
RÉCAPITULÉ

ÉPICONDYLE
POLYVINYLE
CONAN DOYLE
TRIDACTYLE
TÉTRASTYLE
PHOTOSTYLE
TROU-MADAME
CRYPTOGAME
ÉPITHALAME
SOCIODRAME
STRATAGÈME
XÉRANTHÈME
PÉNULTIÈME
NONANTIÈME
ASTROBLÈME
NÉOPTOLÈME
ÉCOSYSTÈME
DIAPHRAGME
DIAPHRAGMÉ
APOPHTEGME
BORBORYGME
LOGARITHME
ALGORITHME
DÉCOMPRIMÉ
SEXAGÉSIME
RICHISSIME
GRAVISSIME
DÉLÉGITIMÉ
ILLÉGITIME
SOUS-ESTIMÉ
MICROFILMÉ
NEUENGAMME
SONAGRAMME
TÉLÉGRAMME
DÉCIGRAMME
IDÉOGRAMME
ÉTHOGRAMME
KILOGRAMME
HOLOGRAMME
HÉMOGRAMME
IONOGRAMME
MONOGRAMME
LIPOGRAMME
AÉROGRAMME
BONNE FEMME
SUS-DÉNOMMÉ
CUMULO-DÔME
MOBILE HOME
HÉMANGIOME
MÉNINGIOME
CHONDRIOME
TRICHOLOME
HÉTÉRONOME
GASTRONOME
PALINDROME
TICHODROME
BOULODROME
COSMODROME
HIPPODROME
PORT-JÉRÔME
EKTACHROME
MONOCHROME
LIPOCHROME
HYPOCHROME
AUTOCHROME
CYTOCHROME
POLYCHROME
CHROMOSOME
CENTROSOME
PHLÉBOTOME
CYCLOSTOME
RHIZOSTOME
AMBLYSTOME
FIBROMYOME
TÉLÉALARME
PLACODERME
LEUCODERME
PACHYDERME
ENDOTHERME
ECTOTHERME
POLYTHERME
EURYTHERME
PÉRISPERME
ENDOSPERME
MONOSPERME
PLATE-FORME
FALCIFORME
SULCIFORME
PERCIFORME
PISCIFORME
CRUCIFORME
CORDIFORME
CUNÉIFORME
FONGIFORME
GALLIFORME
RALLIFORME
AMPLIFORME
VERMIFORME
RUINIFORME
PENNIFORME
MULTIFORME
MYRTIFORME
ANGUIFORME
SURINFORMÉ
DÉSINFORMÉ
MICROFORME
SUPERFORME
TRANSFORMÉ
MULTINORME
ORTHONORMÉ
HÉSYCHASME
CATAPLASME
MYCOPLASME
ENDOPLASME
ECTOPLASME
CYTOPLASME
TOXOPLASME
NICOLAÏSME
MITHRAÏSME
WAHHABISME
CANNABISME
OSTRACISME
RHOTACISME
QUÉBÉCISME
BELGICISME
ANGLICISME
GALLICISME
BELLICISME
CRITICISME
MYSTICISME
ANATOCISME
POUJADISME
HYBRIDISME
HASSIDISME
MÉTHODISME
PANTHÉISME
MISONÉISME
ENDORÉISME
ÉCHANGISME
SYLLOGISME
ÉCOLOGISME
NÉOLOGISME
PANURGISME
MONACHISME
CATÉCHISME
FÉTICHISME
MASOCHISME
ANARCHISME
BOUDDHISME
JOSÉPHISME
TROTSKISME
TRIBALISME
HANBALISME
VERBALISME
VANDALISME
FÉODALISME
IRRÉALISME
SOCIALISME
SÉRIALISME
FORMALISME
AMORALISME
PLURALISME
MENTALISME
BRUTALISME
ACTUALISME
RITUALISME
MUTUALISME
ISMAÉLISME
PUÉRILISME
INQUILISME
ANABOLISME

SYMBOLISME
MONGOLISME
ALCOOLISME
ACADÉMISME
EUPHÉMISME
EXTRÉMISME
UNANIMISME
PESSIMISME
ÉCONOMISME
RÉFORMISME
VOLCANISME
ORLÉANISME
INDIANISME
CHAMANISME
GERMANISME
TYMPANISME
HISPANISME
MONTANISME
GALVANISME
HELLÉNISME
JANSÉNISME
COCAÏNISME
RABBINISME
SANDINISME
MACHINISME
STALINISME
ANTOINISME
CRÉTINISME
MARTINISME
CALVINISME
DARWINISME
WALLONISME
DIATONISME
PLATONISME
DALTONISME
PLUTONISME
MODERNISME
SATURNISME
COMMUNISME
COMMUNISME
NEPTUNISME
DICHROÏSME
SHINTOÏSME
HYLOZOÏSME
BARBARISME
GRÉGARISME
GARGARISME
CATHARISME
SECTARISME
MANIÉRISME
MATIÉRISME
HITLÉRISME
MESMÉRISME
PAUPÉRISME
ÉSOTÉRISME
INTÉGRISME
AFFAIRISME

VAMPIRISME
MÉTÉORISME
GONGORISME
TAYLORISME
TERRORISME
ÉPICURISME
VOYEURISME
SECOURISME
CULTURISME
SOLIPSISME
MAGMATISME
DOGMATISME
RHUMATISME
HIÉRATISME
EUSTATISME
DIDACTISME
ÉCLECTISME
PATHÉTISME
ESTHÉTISME
ATHLÉTISME
HERMÉTISME
MAGNÉTISME
PHONÉTISME
HELVÉTISME
DÉFAITISME
BANDITISME
RACHITISME
MÉPHITISME
APOLITISME
ÉRÉMITISME
SPIRITISME
JÉSUITISME
OCCULTISME
PÉDANTISME
GIGANTISME
ATLANTISME
ROMANTISME
SCIENTISME
ATTENTISME
HYPNOTISME
DESPOTISME
BIPARTISME
HÉBERTISME
HIRSUTISME
HINDOUISME
BLANQUISME
FRANQUISME
BAROQUISME
MÉDIÉVISME
BABOUVISME
NÉONAZISME
SPINOZISME
MACROCOSME
MICROCOSME
CATACLYSME
JEU DE PAUME
PORTE-PLUME

PRASÉODYME
PARENCHYME
MÉSENCHYME
PSEUDONYME
HYPERONYME
HEXADÉCANE
BECS-DE-CANE
BIGOURDANE
BIGOURDANE
CELLOPHANE
VÉNISSIANE
SEYSSELANE
CASTELLANE
CASTILLANE
CASTILLANE
VERNIOLANE
POUZZOLANE
DELTAPLANE
TOXICOMANE
NYMPHOMANE
MÉGALOMANE
CLEPTOMANE
KLEPTOMANE
QUADRUMANE
FRANGIPANE
PULLIÉRANE
MARQUÉSANE
COURTISANE
PERTUISANE
BELLEYSANE
MAHOMÉTANE
INSTANTANÉ
TRAMONTANE
CANNETTANE
SOUS-CUTANÉ
VANUATUANE
AMPHISBÈNE
ANTHRACÈNE
AVANT-SCÈNE
CARTHAGÈNE
SÉRICIGÈNE
PSYCHOGÈNE
MORPHOGÈNE
PHELLOGÈNE
INHOMOGÈNE
CHROMOGÈNE
THERMOGÈNE
IMMUNOGÈNE
HÉTÉROGÈNE
ŒSTROGÈNE
TÉRATOGÈNE
RÉACTOGÈNE
SUROXYGÉNÉ
DÉSOXYGÉNÉ
TCHÉTCHÈNE
TCHÉTCHÈNE
ANTISTHÈNE

DÉMOSTHÈNE
PROPADIÈNE
BOUMEDIENE
NAPHTALÈNE
PÉRISÉLÈNE
ÉNERGUMÈNE
ENCHIFRENÉ
DÉSENGRENÉ
HYPOKHÂGNE
ACCOMPAGNÉ
TISSU-PAGNE
LA MONTAGNE
INTERRÈGNE
INTERRÈGNE
CHAMPAIGNE
MUSARAIGNE
SEMI-PEIGNÉ
LONGILIGNE
RECTILIGNE
BRÉVILIGNE
CURVILIGNE
INTERLIGNE
INTERLIGNÉ
DÉCONSIGNÉ
INTERSIGNE
BOULLONGNE
SUBURBAINE
JAMAÏCAINE
JAMAÏCAINE
AMÉRICAINE
AMÉRICAINE
MINICHAÎNE
PORCELAINE
CHAPELAINE
CHÂTELAINE
MARJOLAINE
PÉNÉPLAINE
PÉDIPLAINE
SURHUMAINE
MOTTERAINE
SOUVERAINE
CHARTRAINE
CHARTRAINE
DIOCÉSAINE
BAYEUSAINE
LOROUSAINE
OLIVETAINE
OLIVÉTAINE
AUSCITAINE
AUSCITAINE
TRINITAINE
NONANTAINE
LA FONTAINE
LAFONTAINE
VALDÔTAINE
VALDÔTAINE
INCERTAINE

LORETTAINE
TÉLÉCABINE
MAGHRÉBINE
MAGHRÉBINE
MYOGLOBINE
BILIRUBINE
COLCHICINE
PLASTICINE
VALLORCINE
ISOLEUCINE
PYRIMIDINE
JARLANDINE
BORNANDINE
MUSCARDINE
BERNARDINE
BURGAUDINE
CRAPAUDINE
ZIDOVUDINE
QUINOLÉINE
GRAND-PEINE
CHANFREINÉ
PLOMBAGINE
ASPARAGINE
PHALANGINE
MARAÎCHINE
BALANCHINE
ILIOUCHINE
ENDORPHINE
MNOUCHKINE
LYMPHOKINE
KROPOTKINE
POUDOVKINE
EURYHALINE
TOURMALINE
ADRÉNALINE
NAPHTALINE
DIGITALINE
MICROCLINE
EMBOBELINÉ
MOUSSELINE
COURTELINE
JACQUELINE
ROSANILINE
TRAMPOLINE
DÉGASOLINÉ
CAPITOLINE
DÉGAZOLINÉ
DISCIPLINE
DISCIPLINÉ
BORDERLINE
STAPHYLINE
WILLIAMINE
COBALAMINE
DÉCALAMINÉ
ÉTHYLAMINE
DÉVITAMINÉ
ERGOTAMINE

PARCHEMINÉ
CONTRE-MINE
PLAQUEMINE
DISCRIMINÉ
WILHELMINE
OVALBUMINE
BOULGANINE
STRYCHNINE
CRÉATININE
LISBONNINE
LISBONNINE
MÉTHIONINE
MÉLATONINE
SÉROTONINE
CALCÉDOINE
CHÉLIDOINE
AIGREMOINE
PATRIMOINE
ALLANTOÏNE
CHALIAPINE
RHÔNALPINE
RHÔNALPINE
HAUT-ALPINE
PHILIPPINE
PHILIPPINE
PROSERPINE
SACCHARINE
BOUKHARINE
MOTOMARINE
SOUS-MARINE
LUCIFÉRINE
SPEAKERINE
COLUMÉRINE
ADULTÉRINE
PAPAVÉRINE
MÉLÉAGRINE
VALNIGRINE
PYRÉTHRINE
SYMPHORINE
ENDOCTRINÉ
TRINITRINE
TAMBOURINÉ
AVENTURINE
PORPHYRINE
EMMAGASINÉ
OLÉORÉSINE
CHAMOISINE
CHALCOSINE
RHODOPSINE
TRAVERSINE
CARMAUSINE
SCARLATINE
CHROMATINE
PROLACTINE
BRIGANTINE
ADAMANTINE
DIAMANTINE

CLÉMENTINE
FROMENTINE
SERPENTINE
FLORENTINE
FLORENTINE
COUVENTINE
ABRICOTINE
INDIGOTINE
THILLOTINE
GUILLOTINE
GUILLOTINÉ
CHAGNOTINE
CHEVROTINE
CHEVROTINE
CREUSOTINE
PRÉDESTINÉ
SACRISTINE
BALLOTTINE
MURIAUTINE
RASPOUTINE
KOSSYGUINE
BARAGOUINÉ
SHAMPOUINÉ
ENQUIQUINÉ
ALGONQUINE
MAJORQUINE
MAJORQUINE
MINORQUINE
MINORQUINE
DAMASQUINÉ
MANOSQUINE
PYRIDOXINE
ANTITOXINE
ENDOTOXINE
ENTURBANNÉ
DAME-JEANNE
SAINTE-ANNE
ÉLASTHANNE
VALAISANNE
VALAISANNE
PELISSANNE
CIOTADENNE
CASSIDENNE
CARIBÉENNE
CARIBÉENNE
DRANCÉENNE
SADUCÉENNE
CHALDÉENNE
CHALDÉENNE
PALUDÉENNE
LIGUGÉENNE
TRACHÉENNE
DÉDALÉENNE
GALILÉENNE
GALILÉENNE
CÉRULÉENNE
MANAMÉENNE
PANAMÉENNE
PANAMÉENNE
APPAMÉENNE
ÉCOMMÉENNE
DAHOMÉENNE
DAHOMÉENNE
CANANÉENNE
CANANÉENNE
PYRÉNÉENNE
PYRÉNÉENNE
RÉGINÉENNE
ANNONÉENNE
ÉBURNÉENNE
EUROPÉENNE
EUROPÉENNE
NAZARÉENNE
NAZARÉENNE
LIFFRÉENNE
CHASSÉENNE
NABATÉENNE
LONGUÉENNE
ADYGUÉENNE
BISCAÏENNE
KAFKAÏENNE
NAMIBIENNE
NAMIBIENNE
DANUBIENNE
REBACIENNE
FUMACIENNE
CINACIENNE
ALSACIENNE
ALSACIENNE
JOVACIENNE
AJACCIENNE
ANNECIENNE
MAGICIENNE
LOGICIENNE
GALICIENNE
GALICIENNE
MILICIENNE
STOÏCIENNE
MUSICIENNE
OPTICIENNE
NÉVICIENNE
ARCADIENNE
TCHADIENNE
TCHADIENNE
AKKADIENNE
AKKADIENNE
CANADIENNE
CANADIENNE
RIYADIENNE
COMÉDIENNE
MÉRIDIENNE
OBSIDIENNE
DAVIDIENNE
SCALDIENNE
PARODIENNE
FREUDIENNE
SAOUDIENNE
SAOUDIENNE
PLÉBÉIENNE
NANCÉIENNE
BODLÉIENNE
BRUNÉIENNE
POMPÉIENNE
TARPÉIENNE
PÉLAGIENNE
ATHÉGIENNE
SONÉGIENNE
GÉORGIENNE
GÉORGIENNE
PHRYGIENNE
PHRYGIENNE
HAWAIIENNE
HAWAIIENNE
RÉGALIENNE
SOMALIENNE
SOMALIENNE
OURALIENNE
MYCÉLIENNE
HÉGÉLIENNE
SAHÉLIENNE
CARÉLIENNE
AURÉLIENNE
VÉZELIENNE
SICILIENNE
SICILIENNE
GAULLIENNE
SABOLIENNE
VINOLIENNE
TYROLIENNE
TYROLIENNE
SÉOULIENNE
VÉSULIENNE
ROTULIENNE
BAHAMIENNE
PANAMIENNE
PANAMIENNE
BOHÉMIENNE
JÉRÔMIENNE
OCÉANIENNE
OCÉANIENNE
GUYANIENNE
RUBÉNIENNE
PACÉNIENNE
ANCENIENNE
MYCÉNIENNE
MYCÉNIENNE
ATHÉNIENNE
ATHÉNIENNE
LIMÉNIENNE
ARMÉNIENNE
ARMÉNIENNE

ESSÉNIENNE
ÉRAGNIENNE
SOCINIENNE
ARMINIENNE
RÉTINIENNE
SAVINIENNE
JOVINIENNE
LÉDONIENNE
AUDONIENNE
AUDONIENNE
FILONIENNE
JUNONIENNE
NÉRONIENNE
HURONIENNE
CYSONIENNE
CHTONIENNE
ANTONIENNE
ESTONIENNE
ESTONIENNE
OTTONIENNE
DÉVONIENNE
AMARNIENNE
CÉGÉPIENNE
ŒDIPIENNE
OULIPIENNE
OLYMPIENNE
SAHARIENNE
SAHARIENNE
ANKARIENNE
CANARIENNE
LUPARIENNE
TARARIENNE
AGRARIENNE
CÉSARIENNE
QATARIENNE
ONTARIENNE
CAMBRIENNE
COUDRIENNE
LIBÉRIENNE
LIBÉRIENNE
SIBÉRIENNE
SIBÉRIENNE
NUCÉRIENNE
LIGÉRIENNE
LIGÉRIENNE
NIGÉRIENNE
NIGÉRIENNE
ALGÉRIENNE
ALGÉRIENNE
ANGÉRIENNE
SUMÉRIENNE
VÉNÉRIENNE
NÉPÉRIENNE
ASTÉRIENNE
GRUÉRIENNE
LOVÉRIENNE
CAZÉRIENNE

LOZÉRIENNE
IVOIRIENNE
IVOIRIENNE
OZOIRIENNE
NABORIENNE
COMORIENNE
COMORIENNE
BOURRIENNE
CHAURIENNE
YZEURIENNE
LIGURIENNE
LIGURIENNE
SILURIENNE
ASTURIENNE
ILLYRIENNE
ILLYRIENNE
ASSYRIENNE
ASSYRIENNE
LILASIENNE
EURASIENNE
EURASIENNE
SALÉSIENNE
SILÉSIENNE
SILÉSIENNE
ARLÉSIENNE
ARLÉSIENNE
GENÉSIENNE
CAPÉSIENNE
TÉRÉSIENNE
CATÉSIENNE
APTÉSIENNE
ARTÉSIENNE
ARTÉSIENNE
LOUÉSIENNE
DRAISIENNE
ARCISIENNE
SALISIENNE
AUNISIENNE
TUNISIENNE
TUNISIENNE
CROISIENNE
YVOISIENNE
BARISIENNE
PARISIENNE
PARISIENNE
LÉVISIENNE
JUVISIENNE
NICOSIENNE
ULISSIENNE
PRUSSIENNE
PRUSSIENNE
VÉNUSIENNE
VÉNUSIENNE
SINUSIENNE
CLOYSIENNE
MÉRYSIENNE
CAPÉTIENNE

CHRÉTIENNE
TAHITIENNE
TAHITIENNE
VÉNITIENNE
VÉNITIENNE
ÉGYPTIENNE
ÉGYPTIENNE
TONGUIENNE
LEZGUIENNE
IRAQUIENNE
IRAQUIENNE
BOLIVIENNE
BOLIVIENNE
ARGOVIENNE
CATOVIENNE
LAXOVIENNE
LEXOVIENNE
LUXOVIENNE
DILUVIENNE
PÉRUVIENNE
PÉRUVIENNE
FORÉZIENNE
BÉLIZIENNE
VÉLIZIENNE
HERTZIENNE
PLANIPENNE
BISCAYENNE
BERNAYENNE
GRANBYENNE
NIAMÉYENNE
WASSEYENNE
BRUNOYENNE
CHOISYENNE
LILLEBONNE
TERREBONNE
RATISBONNE
DÉSARÇONNÉ
BELLEDONNE
PRIME DONNE
SUBORDONNÉ
DÉSORDONNÉ
ÉTANT DONNÉ
BADIGEONNÉ
BOURGEONNÉ
DÉPLAFONNÉ
PARANGONNÉ
DORACHONNE
PÂLICHONNE
FOLICHONNE
PATICHONNE
CAPUCHONNÉ
CHAMPIONNE
OCCASIONNÉ
ÉMULSIONNÉ
ILLUSIONNÉ
FRACTIONNÉ
FRICTIONNÉ

SANCTIONNÉ
FONCTIONNÉ
PONCTIONNÉ
AMBITIONNÉ
ADDITIONNÉ
AUDITIONNÉ
POSITIONNÉ
PÉTITIONNÉ
QUESTIONNÉ
SOLUTIONNÉ
WASSELONNE
MAGUELONNE
DÉBALLONNÉ
GRAILLONNÉ
ROMILLONNE
PAPILLONNÉ
CARILLONNÉ
TATILLONNE
BOUILLONNÉ
COUILLONNÉ
DÉBOULONNÉ
PET-DE-NONNE
FANFARONNE
FANFARONNÉ
LAIDERONNE
BÛCHERONNE
VIGNERONNE
CHAPERONNÉ
PLASTRONNÉ
LA COURONNE
DÉCOURONNÉ
DÉRAISONNÉ
ARRAISONNÉ
IRRAISONNÉ
ASSAISONNÉ
EMPOISONNÉ
EMPRISONNÉ
PALISSONNÉ
POLISSONNE
POLISSONNÉ
CACHETONNÉ
MOLLETONNÉ
DÉBOUTONNÉ
REBOUTONNÉ
HAUTE-SAÔNE
OXYCARBONÉ
KÉRATOCÔNE
DODÉCAGONE
HYGIAPHONE
VIBRAPHONE
DICTAPHONE
PERSÉPHONE
PUBLIPHONE
ARABOPHONE
TURCOPHONE
AUDIOPHONE
VISIOPHONE

ANGLOPHONE
MICROPHONE
HYDROPHONE
RUSSOPHONE
INTERPHONE
NANDROLONE
LACÉDÉMONE
PHÉRORMONE
MASCARPONE
ASYNCHRONE
MINESTRONE
OLIGOPSONE
RHIZOCTONE
ALLOCHTONE
AUTOCHTONE
FOLKESTONE
BLACKSTONE
WHEATSTONE
DÉSINCARNÉ
VAL-DE-MARNE
HAUTE-MARNE
HOLOPHERNE
SUBALTERNE
LONGICORNE
CAPRICORNE
CAPRICORNE
EASTBOURNE
CHANTOURNÉ
MACROFAUNE
MICROFAUNE
ROSNY JEUNE
AUTO-IMMUNE
ROQUEBRUNE
HÉTÉRODYNE
TSARITSYNE
RAON-L'ÉTAPE
SOUS-ÉQUIPÉ
HIPPOCAMPE
CUL-DE-LAMPE
TURBOPOMPE
URANOSCOPE
ICONOSCOPE
FIBROSCOPE
MICROSCOPE
HYGROSCOPE
ORYCTÉROPE
ORTHOTROPE
HÉLIOTROPE
NEUROTROPE
ANISOTROPE
GYMNOCARPE
PRÉDÉCOUPÉ
COUPE-COUPE
ENTRECOUPÉ
GUADELOUPE
SOUS-GROUPE
CONTRETYPE

CONTRETYPÉ
STÉRÉOTYPE
STÉRÉOTYPÉ
ISALLOBARE
HAZPANDARE
FUME-CIGARE
RADIOPHARE
SUDORIPARE
SCISSIPARE
CANDÉLABRE
CONCÉLÉBRÉ
INVERTÉBRÉ
MICROFIBRE
PRÉCHAMBRE
PAUL DIACRE
SOUS-DIACRE
LOMBO-SACRÉ
CONVAINCRE
DÉSENCADRÉ
DODÉCAÈDRE
RHOMBOÈDRE
SCAPHANDRE
LE VAL-ANDRÉ
SALAMANDRE
SALAMANDRE
SANTO ANDRÉ
SAINT-ANDRÉ
ALEIXANDRE
POURFENDRE
COMPRENDRE
RAPPRENDRE
SURPRENDRE
SOUS-TENDRE
ENFREINDRE
EMPREINDRE
RÉTREINDRE
ASTREINDRE
BASSE-INDRE
DISJOINDRE
HYPOCONDRE
SUPERORDRE
CONTRORDRE
PARAFOUDRE
NÉMATOCÈRE
VIC-SUR-CÈRE
BRACHYCÈRE
PLOMBIFÈRE
LATICIFÈRE
CUPULIFÈRE
SQUAMIFÈRE
SÉMINIFÈRE
RÉSINIFÈRE
STANNIFÈRE
SUDORIFÈRE
CALORIFÈRE
FRUCTIFÈRE
FOURRAGÈRE

PHALANGÈRE
BOULANGÈRE
MENSONGÈRE
MARAÎCHÈRE
SURENCHÈRE
PHACOCHÈRE
HÉMISPHÈRE
NAVISPHÈRE
HOMOSPHÈRE
ATMOSPHÈRE
IONOSPHÈRE
MÉSOSPHÈRE
PINNOTHÈRE
GRIMACIÈRE
SOURICIÈRE
JUSTICIÈRE
VACANCIÈRE
CRÉANCIÈRE
ROMANCIÈRE
TENANCIÈRE
FINANCIÈRE
DEVANCIÈRE
FAÏENCIÈRE
SEMENCIÈRE
ANNONCIÈRE
FILANDIÈRE
DINANDIÈRE
LAVANDIÈRE
VIVANDIÈRE
COCARDIÈRE
CANARDIÈRE
RENARDIÈRE
LANAUDIÈRE
MINAUDIÈRE
MINAUDIÈRE
PÉTAUDIÈRE
BOYAUDIÈRE
LANGAGIÈRE
CYMBALIÈRE
CÉRÉALIÈRE
ANIMALIÈRE
CHEVALIÈRE
LA SABLIÈRE
CORDELIÈRE
BACHELIÈRE
SOMMELIÈRE
CHAPELIÈRE
COUTELIÈRE
MÉTALLIÈRE
LA VALLIÈRE
LAVALLIÈRE
JOAILLIÈRE
PÉTROLIÈRE
PENDULIÈRE
SINGULIÈRE
INFIRMIÈRE
COSTUMIÈRE
COUTUMIÈRE
CHICANIÈRE
CANCANIÈRE
MÉTHANIÈRE
MAGNANIÈRE
SAGRANIÈRE
SEMAINIÈRE
JARDINIÈRE
SARDINIÈRE
BALEINIÈRE
POULINIÈRE
TAUPINIÈRE
CUISINIÈRE
CANTINIÈRE
ROUTINIÈRE
ALEVINIÈRE
FAÇONNIÈRE
TALONNIÈRE
MELONNIÈRE
CANONNIÈRE
CAPONNIÈRE
HÉRONNIÈRE
VISONNIÈRE
BÉTONNIÈRE
COTONNIÈRE
SAVONNIÈRE
TAVERNIÈRE
LUZERNIÈRE
RANCUNIÈRE
CHAMBRIÈRE
CELLÉRIÈRE
VILLERIÈRE
DOUAIRIÈRE
TRÉSORIÈRE
MEURTRIÈRE
MOULURIÈRE
FACTURIÈRE
HAUTURIÈRE
COUTURIÈRE
CHEMISIÈRE
ARDOISIÈRE
DÉPENSIÈRE
JACASSIÈRE
ROCASSIÈRE
MULASSIÈRE
FINASSIÈRE
PUTASSIÈRE
TAPISSIÈRE
PÂTISSIÈRE
ATOCATIÈRE
SORBETIÈRE
BUFFETIÈRE
ARCHETIÈRE
TABLETIÈRE
PELLETIÈRE
MOLLETIÈRE
CANNETIÈRE
BONNETIÈRE
BRUNETIÈRE
JARRETIÈRE
CORSETIÈRE
BLEUETIÈRE
COQUETIÈRE
TERMITIÈRE
MIROITIÈRE
CACAOTIÈRE
TURBOTIÈRE
LINGOTIÈRE
GARGOTIÈRE
BARLOTIÈRE
PISSOTIÈRE
YAOURTIÈRE
FORESTIÈRE
COLISTIÈRE
CULOTTIÈRE
CAROTTIÈRE
BIJOUTIÈRE
KIOSQUIÈRE
CHÈNEVIÈRE
SANSEVIÈRE
VASSIVIÈRE
LA LOUVIÈRE
VOLAILLÈRE
BÉTAILLÈRE
CORDILLÈRE
PERSILLÈRE
TORTILLÈRE
ANGUILLÈRE
DOUCE-AMÈRE
NYCTHÉMÈRE
SAINTE-MÈRE
CONGLOMÉRÉ
CENTROMÈRE
BLASTOMÈRE
ÉLASTOMÈRE
COPOLYMÈRE
SCORSONÈRE
SCORZONÈRE
VOLTAMPÈRE
ÉQUILATÈRE
PHYLACTÈRE
CŒLENTÉRÉ
TÉTRAPTÈRE
PLÉCOPTÈRE
COLÉOPTÈRE
ORTHOPTÈRE
HYDROPTÈRE
CHIROPTÈRE
NÉVROPTÈRE
PROTOPTÈRE
BAPTISTÈRE
PRESBYTÈRE
LA BÉDOYÈRE
PETIT-NÈGRE

DÉSINTÉGRÉ
TRANSMIGRÉ
SYLLABAIRE
MATRICAIRE
PERSICAIRE
DROMADAIRE
LAMPADAIRE
ABÉCÉDAIRE
SUICIDAIRE
FRIGIDAIRE
LÉGENDAIRE
CALENDAIRE
SECONDAIRE
LACORDAIRE
COCHLÉAIRE
BILINÉAIRE
COLINÉAIRE
STUPÉFAIRE
SATISFAIRE
ZOANTHAIRE
INDICIAIRE
JUDICIAIRE
FIDUCIAIRE
SPONGIAIRE
NOBILIAIRE
AUXILIAIRE
PÉCUNIAIRE
CYMBALAIRE
PRÉSALAIRE
SURSALAIRE
BAUDELAIRE
DENTELAIRE
UNIFILAIRE
TABELLAIRE
MICELLAIRE
LAMELLAIRE
GÉMELLAIRE
BACILLAIRE
ANCILLAIRE
OSCILLAIRE
SIGILLAIRE
MAMILLAIRE
ARMILLAIRE
CAPILLAIRE
PAPILLAIRE
PUPILLAIRE
MAXILLAIRE
COROLLAIRE
MÉDULLAIRE
ALVÉOLAIRE
RADIOLAIRE
PRÉMOLAIRE
UNIPOLAIRE
VACUOLAIRE
EXEMPLAIRE
GLOBULAIRE
PIACULAIRE
SPÉCULAIRE
ACICULAIRE
CIRCULAIRE
VASCULAIRE
MUSCULAIRE
PENDULAIRE
CELLULAIRE
NUMMULAIRE
FORMULAIRE
GRANULAIRE
SCAPULAIRE
CONSULAIRE
TISSULAIRE
CARTULAIRE
FISTULAIRE
VALVULAIRE
COPLANAIRE
MERCENAIRE
MILLÉNAIRE
CENTENAIRE
SEPTÉNAIRE
PARTENAIRE
IMAGINAIRE
ORIGINAIRE
CAULINAIRE
CORTINAIRE
DÉBONNAIRE
PULMONAIRE
ALCYONAIRE
LUCERNAIRE
SUBLUNAIRE
MÉTAZOAIRE
MÉSOZOAIRE
BRYOZOAIRE
ITINÉRAIRE
VULNÉRAIRE
LITTÉRAIRE
TEMPORAIRE
ARBITRAIRE
SOUSTRAIRE
ADVERSAIRE
NÉCESSAIRE
JANISSAIRE
GRABATAIRE
MANDATAIRE
CAUDATAIRE
FEUDATAIRE
SIGNATAIRE
QUIRATAIRE
MONTATAIRE
BUDGÉTAIRE
SOCIÉTAIRE
PARIÉTAIRE
PROLÉTAIRE
PLANÉTAIRE
SECRÉTAIRE
ÉGALITAIRE
UTILITAIRE
DIGNITAIRE
TRINITAIRE
TRINITAIRE
CENSITAIRE
SURSITAIRE
PITUITAIRE
SÉDENTAIRE
INVENTAIRE
VOLONTAIRE
LIBERTAIRE
PUBERTAIRE
SAGITTAIRE
SAGITTAIRE
TRIBUTAIRE
STATUTAIRE
RÉSIDUAIRE
RELIQUAIRE
ANTIQUAIRE
ÉLECTUAIRE
SANCTUAIRE
SOMPTUAIRE
ROQUEVAIRE
CIRCONCIRE
CONTREDIRE
LANCASHIRE
DEVONSHIRE
TOURNEMIRE
BALLAN-MIRÉ
BALANÇOIRE
VAL DE LOIRE
HAUTE-LOIRE
BOUILLOIRE
BASSINOIRE
FORÊT-NOIRE
FORÊT-NOIRE
RESCISOIRE
PROVISOIRE
RÉCURSOIRE
RAMASSOIRE
ACCESSOIRE
PÉRISSOIRE
RÔTISSOIRE
COLLUSOIRE
PROBATOIRE
ÉVOCATOIRE
PURGATOIRE
EXPIATOIRE
ÉPILATOIRE
OVULATOIRE
CRÉMATOIRE
PHONATOIRE
VIBRATOIRE
OPÉRATOIRE
MIGRATOIRE
ÉPURATOIRE
SALTATOIRE

ÉLÉVATOIRE
RÉFECTOIRE
DIRECTOIRE
DIRECTOIRE
ÉMONCTOIRE
SÉCRÉTOIRE
EXCRÉTOIRE
TERRITOIRE
OFFERTOIRE
RÉPERTOIRE
EXÉCUTOIRE
COLLUTOIRE
LEPTOSPIRE
TRANSCRIRE
RÉINSCRIRE
RETRADUIRE
MÉCONDUIRE
RECONDUIRE
REPRODUIRE
COPRODUIRE
INTRODUIRE
CONSTRUIRE
TRAVANCORE
COMPRADORE
CASSIODORE
APOLLODORE
LE MONT-DORE
MANDRAGORE
STÉSICHORE
XIPHOPHORE
LOPHOPHORE
CTÉNOPHORE
CARPOPHORE
NÉCROPHORE
HYGROPHORE
PHOTOPHORE
MIRLIFLORE
PASSIFLORE
MICROFLORE
OMNICOLORE
MONOCOLORE
THOMAS MORE
MONSIGNORE
JUBBULPORE
BLASTOPORE
MACROSPORE
MICROSPORE
COIMBATORE
ÉNERGIVORE
SIYAD BARRE
TINTAMARRE
PIED-À-TERRE
ANGLETERRE
BASSE-TERRE
BASSETERRE
SAUVETERRE
CAPESTERRE
FINISTERRE
SAINT-YORRE
BLANCHÂTRE
PSYCHIATRE
DEUX-QUATRE
TÉTRAMÈTRE
VOLTAMÈTRE
PENTAMÈTRE
PHASEMÈTRE
ACIDIMÈTRE
MILLIMÈTRE
MILLIMÉTRÉ
PLANIMÈTRE
DENSIMÈTRE
ACÉTIMÈTRE
MULTIMÈTRE
CENTIMÈTRE
GRAVIMÈTRE
CURVIMÈTRE
GLUCOMÈTRE
RADIOMÈTRE
AUDIOMÈTRE
EUDIOMÈTRE
GONIOMÈTRE
VARIOMÈTRE
ANÉMOMÈTRE
PYCNOMÈTRE
LIGNOMÈTRE
CLINOMÈTRE
ÉCONOMÈTRE
ALCOOMÈTRE
MICROMÈTRE
HYDROMÈTRE
HYGROMÈTRE
SPIROMÈTRE
HYPSOMÈTRE
LACTOMÈTRE
HECTOMÈTRE
ACÉTOMÈTRE
PANTOMÈTRE
PHOTOMÈTRE
PIÉZOMÈTRE
DÉBITMÈTRE
TACHYMÈTRE
BATHYMÈTRE
ENCHEVÊTRÉ
REPARAÎTRE
APPARAÎTRE
SURARBITRE
MILLILITRE
CENTILITRE
HECTOLITRE
LENCLOÎTRE
INTERTITRE
MÉTACENTRE
HOMOCENTRE
HYPOCENTRE
AUTOCENTRÉ
BARYCENTRE
MONTMARTRE
MÉDICASTRE
HYPOGASTRE
GUILLESTRE
DÉFENESTRÉ
ENREGISTRÉ
CALAMISTRÉ
ADMINISTRÉ
PÈSE-LETTRE
RÉADMETTRE
JEAN-FOUTRE
AMBIDEXTRE
ROQUEMAURE
STÉGOSAURE
SPINOSAURE
APATOSAURE
BUCENTAURE
RECOURBURE
IODO-IODURÉ
POLYIODURE
ENVERGEURE
INFÉRIEURE
SUPÉRIEURE
ULTÉRIEURE
ANTÉRIEURE
INTÉRIEURE
INTÉRIEURE
EXTÉRIEURE
AMPHINEURE
PROCUREURE
PERSULFURE
OXYSULFURE
DEMI-FIGURE
ENFLÉCHURE
EMMANCHURE
EMBOUCHURE
CRAQUELURE
VERMOULURE
CLAQUEMURÉ
HALOGÉNURE
ENCOIGNURE
ENLUMINURE
ENTOURNURE
THYSANOURE
BRACHYOURE
ÉCHANCRURE
DÉCHLORURÉ
DICHLORURE
CHAMARRURE
TÉLÉMESURE
DEMI-MESURE
SOUS-ASSURÉ
COMMISSURE
TERNISSURE
BRUNISSURE

MOISISSURE
SERTISSURE
COURBATURE
COURBATURÉ
CARICATURE
CARICATURÉ
TRONCATURE
NONCIATURE
MACULATURE
TITULATURE
MODÉNATURE
QUADRATURE
COLORATURE
SOUS-SATURÉ
PRÉFECTURE
CONJECTURE
CONJECTURÉ
MOUCHETURE
PROPRÉTURE
FORFAITURE
FOURNITURE
RÉÉCRITURE
NOURRITURE
POURRITURE
APICULTURE
AVICULTURE
EMPLANTURE
EMPOINTURE
COUVERTURE
LOUVERTURE
CONTEXTURE
ENJOLIVURE
PENTHIÈVRE
GRAND-LIVRE
POURSUIVRE
VANDŒUVRE
HORS-ŒUVRE
SOUS-ŒUVRE
DEXTROGYRE
TÉTRAS-LYRE
OISEAU-LYRE
VANITY-CASE
PEROXYDASE
STRIP-TEASE
INTERPHASE
OLIGOCLASE
PARONOMASE
ANTONOMASE
TYROSINASE
SACCHARASE
PARAPHRASE
PARAPHRASÉ
PÉRIPHRASE
ANTIPHRASE
SYNTHÉTASE
ICONOSTASE
ARTHRODÈSE

PARENTHÈSE
HÉMATÉMÈSE
DODÉCANÈSE
MUTAGENÈSE
PÉDOGENÈSE
ONTOGENÈSE
CHERSONÈSE
APOSIOPÈSE
CATACHRÈSE
ANTICHRÈSE
ANAPHORÈSE
CALDAGUÈSE
COGNAÇAISE
JARNACAISE
BARSACAISE
JONZACAISE
BOLBÉCAISE
PORNICAISE
GAPENÇAISE
SARLADAISE
OUGANDAISE
OUGANDAISE
ZÉLANDAISE
IRLANDAISE
IRLANDAISE
ISLANDAISE
ISLANDAISE
MIRANDAISE
BURUNDAISE
BURUNDAISE
DINARDAISE
PORTUGAISE
PORTUGAISE
TRANCHAISE
KEBNEKAISE
CANCALAISE
OUAGALAISE
CUGNALAISE
BORDELAISE
BORDELAISE
ROCHELAISE
MANILLAISE
ANTILLAISE
ANTILLAISE
BANDOLAISE
CONGOLAISE
CONGOLAISE
BARJOLAISE
BAGNOLAISE
CHAROLAISE
CHAROLAISE
BANJULAISE
MBABANAISE
CAUDANAISE
HOUDANAISE
SOUDANAISE
SOUDANAISE

SIGEANAISE
ORLÉANAISE
CACHANAISE
MORLANAISE
MEULANAISE
MEYLANAISE
SEVRANAISE
TAÏWANAISE
TAÏWANAISE
BASSENAISE
SARTENAISE
CORTENAISE
AUBAGNAISE
VALOGNAISE
BOLOGNAISE
BOLOGNAISE
BURKINAISE
BURKINAISE
DIGOINAISE
JOHANNAISE
DINANNAISE
ROYANNAISE
SÉZANNAISE
ARDENNAISE
ARDENNAISE
ROUENNAISE
MÉVENNAISE
CAYENNAISE
MAYENNAISE
THAONNAISE
CRAONNAISE
MÂCONNAISE
LUÇONNAISE
REDONNAISE
ARGONNAISE
BRIONNAISE
DIJONNAISE
ALLONNAISE
CENONNAISE
PÉRONNAISE
ÉVRONNAISE
DIVONNAISE
AUXONNAISE
BAYONNAISE
MAYONNAISE
NOYONNAISE
ARAGONAISE
ARAGONAISE
LANGONAISE
TRÉLONAISE
ARAMONAISE
CHINONAISE
THONONAISE
OLORONAISE
CANTONAISE
CANTONAISE
NIVERNAISE

NIVERNAISE
LACAUNAISE
LOUDUNAISE
EMBRUNAISE
FERRARAISE
CALABRAISE
TIRE-BRAISE
FOUGERAISE
BAGNÉRAISE
CAPCIRAISE
NAVARRAISE
NAVARRAISE
MASCATAISE
VALLETAISE
CHOLETAISE
VANNETAISE
FAOUËTAISE
PONANTAISE
ARDENTAISE
NOGENTAISE
ARGENTAISE
TARENTAISE
TARENTAISE
TORONTAISE
YVETOTAISE
ESSARTAISE
ANTIGUAISE
OUTAOUAISE
HENDAYAISE
ABRUZZAISE
TECHNICISÉ
CHRONICISÉ
CIRCONCISE
CHALANDISE
PLACARDISÉ
RINGARDISÉ
MIGNARDISE
VANTARDISE
BALOURDISE
SYMPATHISÉ
RADICALISÉ
MÉDICALISÉ
LEXICALISÉ
DÉLOCALISÉ
SCANDALISÉ
SPÉCIALISÉ
MONDIALISÉ
SPATIALISÉ
INITIALISÉ
DÉCIMALISÉ
MINIMALISÉ
OPTIMALISÉ
MAXIMALISÉ
DÉPÉNALISÉ
NOMINALISÉ
LIBÉRALISÉ
FÉDÉRALISÉ

GÉNÉRALISÉ
MINÉRALISÉ
LATÉRALISÉ
DÉMORALISÉ
CAPORALISÉ
CENTRALISÉ
NEUTRALISÉ
NATURALISÉ
DÉNASALISÉ
PALATALISÉ
VÉGÉTALISÉ
DIGITALISÉ
CAPITALISÉ
DÉVITALISÉ
REVITALISÉ
CHAPTALISÉ
MENSUALISÉ
ÉVANGÉLISÉ
CARAMÉLISÉ
DÉMOBILISÉ
IMMOBILISÉ
SOLUBILISÉ
LYOPHILISÉ
DÉVIRILISÉ
VOLATILISÉ
PARCELLISÉ
CARTELLISÉ
MÉTABOLISÉ
MONOPOLISÉ
DÉNÉBULISÉ
RIDICULISÉ
MACADAMISÉ
SURCHEMISE
COMPROMISE
UNIFORMISÉ
AFRICANISÉ
RÉORGANISÉ
INORGANISÉ
ITALIANISÉ
ALCALINISÉ
KÉRATINISÉ
DÉCOLONISÉ
FRATERNISÉ
ZAGRÉBOISE
FIGEACOISE
CALLACOISE
MEYMACOISE
GIGNACOISE
ÉPINACOISE
CARNACOISE
FLORACOISE
QUÉBÉCOISE
QUÉBÉCOISE
LORRIÇOISE
MASSICOISE
VOLVICOISE
ARLANCOISE

FAYENÇOISE
TOUCYCOISE
MAGNYCOISE
BRIVADOISE
PRIVADOISE
LANAUDOISE
ARRAGEOISE
ARIÉGEOISE
ALBIGEOISE
ALBIGEOISE
BLANGEOISE
ORANGEOISE
BOURGEOISE
GAMACHOISE
ARDÉCHOISE
MUNICHOISE
MUNICHOISE
ZURICHOISE
ZURICHOISE
FONSCHOISE
VARILHOISE
FAMECKOISE
DORVALOISE
BELLILOISE
LASALLOISE
LAVALLOISE
RIDELLOISE
CRIELLOISE
TRIELLOISE
JUMELLOISE
LUNELLOISE
CAPELLOISE
USSELLOISE
NIVELLOISE
CREILLOISE
DEUILLOISE
VIZILLOISE
SAINT-LOISE
BACHAMOISE
BELLÊMOISE
SEPTÉMOISE
BAPALMOISE
VENDÔMOISE
CONDOMOISE
BILLOMOISE
DRACÉNOISE
PISCÉNOISE
LACHENOISE
RUTHÉNOISE
RUTHÉNOISE
BOLLÉNOISE
HESDINOISE
LACHINOISE
BUCKINOISE
TONKINOISE
DUBLINOISE
SECLINOISE

YVELINOISE
BARLINOISE
BERLINOISE
BERLINOISE
MOULINOISE
OIGNINOISE
CAMPINOISE
MEYRINOISE
TESSINOISE
PANTINOISE
LIÉVINOISE
PROVINOISE
CARVINOISE
VERVINOISE
VOUZINOISE
FEYZINOISE
MIGENNOISE
BRIENNOISE
GARENNOISE
VARENNOISE
VIVONNOISE
AUBARNOISE
THIERNOISE
SAVERNOISE
GIVERNOISE
PAYERNOISE
SURESNOISE
MAGDUNOISE
VERDUNOISE
BÉTHUNOISE
BONDYNOISE
CRÉPYNOISE
FÉCAMPOISE
VANIÉROISE
ASNIÉROISE
VALLEROISE
SILLEROISE
BRUYÉROISE
DONZÉROISE
BÉLAIROISE
TRÉGOROISE
AMBARROISE
BÉGARROISE
BITERROISE
BITERROISE
AUXERROISE
SOLEUROISE
SAUMUROISE
NEVERSOISE
ANVERSOISE
AUVERSOISE
IGNISSOISE
CLUNYSOISE
TEYJATOISE
GRAMATOISE
AULNATOISE
GANNATOISE

GERZATOISE
GUÉRÉTOISE
ENTRETOISE
ENTRETOISÉ
CUSSÉTOISE
CHANITOISE
MAGNITOISE
CHARITOISE
VICOMTOISE
GIMONTOISE
DOMONTOISE
ERMONTOISE
AMBERTOISE
FORESTOISE
LACHUTOISE
LATUQUOISE
MILLAVOISE
APPRIVOISÉ
SOLIDARISÉ
NUCLÉARISÉ
DÉPOLARISÉ
BIPOLARISÉ
SÉCULARISÉ
RÉGULARISÉ
POPULARISÉ
TITULARISÉ
MILITARISÉ
MÉTAMÉRISÉ
POLYMÉRISÉ
PYROCORISE
DÉSODORISÉ
CATÉGORISÉ
DÉVALORISÉ
REVALORISÉ
INSONORISÉ
SPONSORISÉ
DÉFAVORISÉ
CACHE-PRISE
ENTREPRISE
MULTIPRISE
INCOMPRISE
MALAPPRISE
DÉSAPPRISE
THÉSAURISÉ
PASTEURISÉ
PRESSURISÉ
SCHÉMATISÉ
STIGMATISÉ
AXIOMATISÉ
AUTOMATISÉ
TRAUMATISÉ
DÉSÉTATISÉ
DIALECTISÉ
PROPHÉTISÉ
SYNTHÉTISÉ
DÉMONÉTISÉ
CONCRÉTISÉ

DÉPOLITISÉ
CONVOITISE
RECONQUISE
EURODEVISE
RELATIVISÉ
DÉCOMPENSÉ
RÉCOMPENSE
RÉCOMPENSÉ
NON-RÉPONSE
ANTHRACOSE
PSITTACOSE
ISOGLUCOSE
SARCOÏDOSE
EMPHYTÉOSE
GRAND-CHOSE
COCCIDIOSE
BORRÉLIOSE
LISTÉRIOSE
BRUCELLOSE
PÉDICULOSE
ANASTYLOSE
ANASTOMOSE
ANASTOMOSÉ
BIOCŒNOSE
TRICHINOSE
SURCOMPOSÉ
PRÉSUPPOSÉ
PRÉDISPOSÉ
SOUS-EXPOSÉ
SACCHAROSE
DYSHIDROSE
SAINTE-ROSE
DIARTHROSE
ÉNARTHROSE
ARBOVIROSE
SINISTROSE
APONÉVROSE
MYXOMATOSE
PARASITOSE
PINOCYTOSE
CARPOCAPSE
APOCALYPSE
AIGUEPERSE
RETRAVERSÉ
BOULEVERSÉ
TERGIVERSÉ
TRANSVERSE
HAUTE-CORSE
WHITEHORSE
BAS-DE-CASSE
DÉCARCASSÉ
POURCHASSÉ
SOUS-CLASSE
BOUILLASSE
FOUTIMASSÉ
LESPINASSE
OUTREPASSÉ

10

PASSE-PASSE
DÉBARRASSÉ
EMBARRASSÉ
SUPERBESSE
MORBIDESSE
TCHERKESSE
GARGILESSE
VIEILLESSE
GRAND-MESSE
IVROGNESSE
DIACONESSE
MALADRESSE
VENGERESSE
PÉCHERESSE
SÉCHERESSE
QUAKERESSE
PANNERESSE
FORTERESSE
BOUVERESSE
ALLÉGRESSE
DOCTORESSE
MULÂTRESSE
TRAÎTRESSE
ÉTROITESSE
SURVITESSE
VICOMTESSE
ROBUSTESSE
RENGRAISSÉ
ODER-NEISSE
ANTIGLISSE
TREILLISSÉ
PYTHONISSE
ENTRE-TISSÉ
CENT-SUISSE
RONDE-BOSSE
BASSE-FOSSE
CYNOGLOSSE
HYPOGLOSSE
ÉCLABOUSSÉ
DRAP-HOUSSE
CAMBROUSSE
L'ÎLE-ROUSSE
CHAMROUSSE
BIÉLORUSSE
BIÉLORUSSE
AYANT CAUSE
TROPOPAUSE
ANDROPAUSE
CUBOMÉDUSE
REGIMBEUSE
SURFACEUSE
DÉFONCEUSE
ENFONCEUSE
ANNONCEUSE
CASCADEUSE
DEMANDEUSE
RAMENDEUSE

REVENDEUSE
COVENDEUSE
RÉPONDEUSE
CAFARDEUSE
REGARDEUSE
HASARDEUSE
EMMERDEUSE
ACCORDEUSE
MARAUDEUSE
TARAUDEUSE
RAVAUDEUSE
BAROUDEUSE
EXTRUDEUSE
CHAUFFEUSE
SACCAGEUSE
AMÉNAGEUSE
OMBRAGEUSE
OUTRAGEUSE
COURAGEUSE
PARTAGEUSE
ARRANGEUSE
LOUANGEUSE
PATAUGEUSE
RABÂCHEUSE
ARRACHEUSE
ENSACHEUSE
EMPÊCHEUSE
AFFICHEUSE
DÉNICHEUSE
AGUICHEUSE
TRANCHEUSE
GRINCHEUSE
CHERCHEUSE
HERSCHEUSE
PELUCHEUSE
ÉPLUCHEUSE
AUDACIEUSE
JUDICIEUSE
OFFICIEUSE
MALICIEUSE
DÉLICIEUSE
ASTUCIEUSE
INSIDIEUSE
MÉLODIEUSE
VÉRIFIEUSE
RELIGIEUSE
LITIGIEUSE
SPONGIEUSE
INGÉNIEUSE
IMPÉRIEUSE
LABORIEUSE
INCURIEUSE
INJURIEUSE
LUXURIEUSE
CHASSIEUSE
FACÉTIEUSE
AMBITIEUSE

SÉDITIEUSE
MINUTIEUSE
DRIBBLEUSE
TREMBLEUSE
GRUMELEUSE
BOTTELEUSE
CAUTELEUSE
COQUELEUSE
CLAVELEUSE
GRAVELEUSE
SOUFFLEUSE
RENIFLEUSE
TRÉFILEUSE
VENTILEUSE
EMBALLEUSE
LAMELLEUSE
ÉCAILLEUSE
PIAILLEUSE
ÉMAILLEUSE
BRAILLEUSE
HABILLEUSE
CUEILLEUSE
ÉVEILLEUSE
PÉRILLEUSE
NASILLEUSE
VÉTILLEUSE
FOUILLEUSE
POUILLEUSE
DÉCOLLEUSE
ENCOLLEUSE
MÉDULLEUSE
BRICOLEUSE
RUBÉOLEUSE
VARIOLEUSE
FIGNOLEUSE
PÉTROLEUSE
GLOBULEUSE
CALCULEUSE
MUSCULEUSE
GRANULEUSE
DÉROULEUSE
ENROULEUSE
CRAPULEUSE
FISTULEUSE
PUSTULEUSE
ESCRIMEUSE
ASSOMMEUSE
SLALOMEUSE
ENDORMEUSE
NON-FUMEUSE
PARFUMEUSE
CHICANEUSE
PROMENEUSE
DÉLIGNEUSE
BESOGNEUSE
TENDINEUSE
BOUDINEUSE

RAFFINEUSE
ÉRUGINEUSE
VERMINEUSE
ALUMINEUSE
FIBRINEUSE
CHITINEUSE
GLUTINEUSE
DÉPANNEUSE
FAÇONNEUSE
JALONNEUSE
TENONNEUSE
TORONNEUSE
BÉTONNEUSE
COTONNEUSE
SAVONNEUSE
ÉCHARNEUSE
CAVERNEUSE
SUBORNEUSE
ESTAMPEUSE
VARAPPEUSE
DÉCOUPEUSE
TÉNÉBREUSE
CALIBREUSE
ENCADREUSE
CANCÉREUSE
DOUCEREUSE
PONDÉREUSE
DANGEREUSE
CHIFFREUSE
DÉNIGREUSE
ÉCLAIREUSE
SURVIREUSE
STUPOREUSE
LIQUOREUSE
BAGARREUSE
DÉTERREUSE
THÉÂTREUSE
PUPITREUSE
CHARTREUSE
CHARTREUSE
VALEUREUSE
SULFUREUSE
SECOUREUSE
RIGOUREUSE
VIGOUREUSE
SAVOUREUSE
CONFISEUSE
RECENSEUSE
ENCENSEUSE
COMPOSEUSE
JACASSEUSE
RAMASSEUSE
FINASSEUSE
REPASSEUSE
RÊVASSEUSE
PARESSEUSE
GRAISSEUSE

GNEISSEUSE
POLISSEUSE
BÉNISSEUSE
FINISSEUSE
BÂTISSEUSE
LOTISSEUSE
RÔTISSEUSE
FOUISSEUSE
JOUISSEUSE
RAVISSEUSE
LAÏUSSEUSE
SULFATEUSE
PELLETEUSE
SÉCRÉTEUSE
PIQUETEUSE
ENQUÊTEUSE
LOQUETEUSE
BOUVETEUSE
PROFITEUSE
GRANITEUSE
INSULTEUSE
ORIENTEUSE
TOMENTEUSE
ARPENTEUSE
PATENTEUSE
ÉREINTEUSE
SPRINTEUSE
RACONTEUSE
BARBOTEUSE
FRICOTEUSE
TRICOTEUSE
CLAPOTEUSE
CRAPOTEUSE
CHIPOTEUSE
TRIPOTEUSE
ENCARTEUSE
SCHISTEUSE
RABATTEUSE
GALETTEUSE
DISETTEUSE
NAVETTEUSE
CAROTTEUSE
DISCUTEUSE
CHAHUTEUSE
REBOUTEUSE
VELOUTEUSE
ENVOÛTEUSE
RECRUTEUSE
ARNAQUEUSE
VARIQUEUSE
TRINQUEUSE
BAROQUEUSE
FRUCTUEUSE
IMPÉTUEUSE
SOMPTUEUSE
LESSIVEUSE
ACCOUVEUSE

HOCKEYEUSE
VOLLEYEUSE
AMAREYEUSE
EMPLOYEUSE
CORROYEUSE
FOSSOYEUSE
NETTOYEUSE
CONVOYEUSE
QUARTZEUSE
HYPOTÉNUSE
NUCLÉOLYSE
PROTÉOLYSE
THERMOLYSE
PLASMOLYSE
INDÉLICATE
BASILICATE
LEMNISCATE
MITHRADATE
MITHRIDATE
PERSULFATE
SALICYLATE
ACŒLOMATE
BICHROMATE
AUVERGNATE
AUVERGNATE
CARTON-PÂTE
SACCHARATE
HIPPOCRATE
DÉSHYDRATÉ
PISISTRATE
ORTHOSTATE
INADÉQUATE
OUARZAZATE
AUTOTRACTÉ
DÉSAFFECTÉ
DÉSINFECTÉ
DÉCONNECTÉ
INCORRECTE
ARCHITECTE
ECTOPROCTE
MÉCHANCETÉ
COCHONCETÉ
ODONTOCÈTE
ASCOMYCÈTE
ZYGOMYCÈTE
MYXOMYCÈTE
OLIGOCHÈTE
SPIROCHÈTE
DÉMOUCHETÉ
ÉPAULÉ-JETÉ
TRIATHLÈTE
INHABILETÉ
AIGUILLETÉ
INCOMPLÈTE
GUILLEMETÉ
EXOPLANÈTE
SOUDAINETÉ

ANCIENNETÉ
MALHONNÊTE
DÉSHONNÊTE
ARGYRONÈTE
CENTRIPÈTE
INDISCRÈTE
ANACHORÈTE
INTERPRÈTE
INTERPRÉTÉ
PHILOCTÈTE
APPUIE-TÊTE
REPOSE-TÊTE
APPUIS-TÊTE
BERRUGUETE
CACAHOUÈTE
REMPAQUETÉ
DÉBECQUETÉ
DÉCHIQUETÉ
DÉCLIQUETÉ
ENCLIQUETÉ
RECONQUÊTE
STUPÉFAITE
IMPARFAITE
SATISFAITE
SOUSTRAITE
SOUS-TRAITÉ
EFFICACITÉ
INCAPACITÉ
ANTHRACITE
BÉNÉDICITÉ
VÉRIDICITÉ
IMPUDICITÉ
SIMPLICITÉ
COMPLICITÉ
ENDÉMICITÉ
RYTHMICITÉ
THERMICITÉ
SÉISMICITÉ
TECHNICITÉ
CANONICITÉ
CHRONICITÉ
SPHÉRICITÉ
ÉLASTICITÉ
PLASTICITÉ
CAUSTICITÉ
PLÉBISCITE
PLÉBISCITÉ
RESSUSCITÉ
DISCRÉDITÉ
CONTREDITE
SMARAGDITE
FLACCIDITÉ
INVALIDITÉ
SIGMOÏDITE
THYROÏDITE
MASTOÏDITE
INSIPIDITÉ

PAROTIDITE
COMMANDITE
COMMANDITÉ
MYOCARDITE
ÉTANCHÉITÉ
EXTRANÉITÉ
PARIDIGITÉ
SALPINGITE
PHARYNGITE
LARGE WHITE
KHARIDJITE
RADICALITÉ
MUSICALITÉ
AMYGDALITE
ILLÉGALITÉ
SPÉCIALITÉ
CORDIALITÉ
SPATIALITÉ
NUPTIALITÉ
PARTIALITÉ
BESTIALITÉ
TRIVIALITÉ
THERMALITÉ
ANORMALITÉ
VICINALITÉ
LIBÉRALITÉ
GÉNÉRALITÉ
LATÉRALITÉ
IMMORALITÉ
NEUTRALITÉ
DÉNATALITÉ
FRONTALITÉ
MENSUALITÉ
SENSUALITÉ
VIRTUALITÉ
GESTUALITÉ
INFIDÉLITÉ
AFFABILITÉ
RÉHABILITÉ
INHABILITÉ
FRIABILITÉ
CURABILITÉ
DURABILITÉ
NOTABILITÉ
MUTABILITÉ
AUDIBILITÉ
PÉNIBILITÉ
LISIBILITÉ
VISIBILITÉ
FUSIBILITÉ
IMMOBILITÉ
SOLUBILITÉ
VOLUBILITÉ
INDOCILITÉ
JUVÉNILITÉ
VOLATILITÉ
INCIVILITÉ

MUTAZILITE
CATABOLITE
MÉTABOLITE
LÉPIDOLITE
THÉODOLITE
SIDÉROLITE
CHRYSOLITE
GRAPTOLITE
KIMBERLITE
RADICULITE
SPONDYLITE
ANTISÉMITE
CHATTEMITE
STALAGMITE
ÉQUANIMITÉ
LÉGITIMITÉ
SOUS-COMITÉ
PYODERMITE
DIFFORMITÉ
UNIFORMITÉ
CONFORMITÉ
INHUMANITÉ
VANADINITE
ALCALINITÉ
MÉDIUMNITÉ
ESPIONNITE
GLAUCONITE
PÉRITONITE
FRATERNITÉ
OUVRE-BOÎTE
INEXPLOITÉ
MALADROITE
DEMI-DROITE
SOLIDARITÉ
BLÉPHARITE
PERTHARITE
SIMILARITÉ
BIPOLARITÉ
RÉGULARITÉ
POPULARITÉ
INSULARITÉ
CORONARITE
VIVIPARITÉ
IGNIMBRITE
MÉDIOCRITÉ
TRANSCRITE
RÉINSCRITE
EXINSCRITE
MANUSCRITE
CORDIÉRITE
GARNIÉRITE
PROSPÉRITÉ
MARGUERITE
MARGUERITE
TÉLÉVÉRITÉ
LÈCHEFRITE
INSONORITÉ

AMPHITRITE
INSÉCURITÉ
IMMATURITÉ
DÉPARASITÉ
MARTENSITE
CHALCOSITE
SPÉCIOSITÉ
PRÉCIOSITÉ
PLUVIOSITÉ
NÉBULOSITÉ
LUMINOSITÉ
À L'OPPOSITE
TUBÉROSITÉ
GÉNÉROSITÉ
FLATUOSITÉ
ONCTUOSITÉ
VIRTUOSITÉ
FLEXUOSITÉ
UNIVERSITÉ
PERVERSITÉ
MARCASSITE
PYROLUSITE
ÉPIPHYSITE
PROSTATITE
STALACTITE
PÉRIDOTITE
PYRRHOTITE
TRIPARTITE
SEXPARTITE
GIOBERTITE
PÉRIOSTITE
AUDIMUTITÉ
RETRADUITE
MÉCONDUITE
RECONDUITE
INCONDUITE
REPRODUITE
COPRODUITE
INTRODUITE
CONTIGUÏTÉ
CONTINUITÉ
CONSTRUITE
PERPÉTUITÉ
ADHÉSIVITÉ
CRÉATIVITÉ
NÉGATIVITÉ
RELATIVITÉ
RÉACTIVITÉ
INACTIVITÉ
ÉLECTIVITÉ
POSITIVITÉ
SPORTIVITÉ
COMPLEXITÉ
PERPLEXITÉ
ARCHIVOLTE
DÉSINVOLTE
DIFFICULTÉ

VIC-LE-COMTE
RETOMBANTE
ABSORBANTE
ADSORBANTE
GRIMAÇANTE
MORDICANTE
FABRICANTE
CAPRICANTE
SUFFOCANTE
PROVOCANTE
CORUSCANTE
DÉGRADANTE
POSSÉDANTE
SUICIDANTE
TRÉPIDANTE
ASCENDANTE
DÉPENDANTE
INTENDANTE
FÉCONDANTE
REDONDANTE
RÉPONDANTE
REGARDANTE
EMMERDANTE
DÉBORDANTE
ENGAGEANTE
ENRAGEANTE
OBLIGEANTE
DIRIGEANTE
CHANGEANTE
PLONGEANTE
SUPPLÉANTE
BIENSÉANTE
CHAUFFANTE
ÉTOUFFANTE
INÉLÉGANTE
INTRIGANTE
DÉTACHANTE
ATTACHANTE
ALLÉCHANTE
AGUICHANTE
TRANCHANTE
SYCOPHANTE
NÉGOCIANTE
IRRADIANTE
RUBÉFIANTE
LÉNIFIANTE
TONIFIANTE
PURIFIANTE
MATIFIANTE
BÊTIFIANTE
VIVIFIANTE
HUMILIANTE
DÉFOLIANTE
EXFOLIANTE
SUPPLIANTE
DÉSAMIANTÉ
VICARIANTE

INVARIANTE
LUXURIANTE
ACCABLANTE
TREMBLANTE
TROUBLANTE
HARCELANTE
PANTELANTE
SOUFFLANTE
AVEUGLANTE
VACILLANTE
OSCILLANTE
SÉMILLANTE
PÉTILLANTE
BOUILLANTE
MOUILLANTE
GONDOLANTE
CONSOLANTE
RÉIMPLANTÉ
DÉFERLANTE
DÉPERLANTE
CIRCULANTE
BASCULANTE
COAGULANTE
TRÉMULANTE
STIMULANTE
RIBOULANTE
DÉROULANTE
STIPULANTE
POSTULANTE
DIFFAMANTE
RÉCLAMANTE
DÉSAIMANTÉ
DÉPRIMANTE
IMPRIMANTE
OPPRIMANTE
ASSOMMANTE
DÉSARMANTE
ENDORMANTE
DÉFORMANTE
PRÉVENANTE
PLAIGNANTE
ÉPARGNANTE
RÉPUGNANTE
ENGAINANTE
LANCINANTE
FASCINANTE
DÉCLINANTE
CULMINANTE
FULMINANTE
BASSINANTE
ROSSINANTE
PIÉTINANTE
PÉRENNANTE
BEDONNANTE
BIDONNANTE
RÉSONNANTE
TÂTONNANTE

RAYONNANTE
GAZONNANTE
CONSONANTE
DISSONANTE
HIBERNANTE
ALTERNANTE
HIVERNANTE
DÉCLARANTE
TÉRÉBRANTE
EXUBÉRANTE
ITINÉRANTE
VULNÉRANTE
TEMPÉRANTE
INOPÉRANTE
REQUÉRANTE
SOUFFRANTE
INTÉGRANTE
IMMIGRANTE
ÉCLAIRANTE
DÉCHIRANTE
INSPIRANTE
PERFORANTE
IMPLORANTE
DOCTORANTE
ATTERRANTE
SUSURRANTE
PÉNÉTRANTE
IMPÉTRANTE
FRUSTRANTE
COMBURANTE
ÉCŒURANTE
FULGURANTE
MURMURANTE
SUPPURANTE
RASSURANTE
TORTURANTE
ARABISANTE
FASCISANTE
SUFFISANTE
AGONISANTE
PATOISANTE
MÉPRISANTE
ÉMÉTISANTE
ÉROTISANTE
PARTISANTE
SÉDUISANTE
RELUISANTE
SLAVISANTE
MARXISANTE
OFFENSANTE
COMPOSANTE
DISPOSANTE
DÉLASSANTE
HARASSANTE
INCESSANTE
CARESSANTE
STRESSANTE

ABAISSANTE
OBÉISSANTE
VAGISSANTE
MUGISSANTE
RUGISSANTE
PÂLISSANTE
SALISSANTE
GÉMISSANTE
FINISSANTE
CROISSANTE
MÛRISSANTE
JOUISSANTE
RAVISSANTE
CHAUSSANTE
GLOUSSANTE
DIFFUSANTE
DÉPAYSANTE
ANALYSANTE
HYDRATANTE
INFECTANTE
EXPECTANTE
GRAND-TANTE
CAQUETANTE
PROFITANTE
MIROITANTE
PALPITANTE
NICTITANTE
RÉCOLTANTE
RÉVOLTANTE
RÉSULTANTE
INSULTANTE
REPENTANTE
ÉREINTANTE
CHUINTANTE
REMONTANTE
CLAPOTANTE
ACCEPTANTE
IMPORTANTE
RÉSISTANTE
INSISTANTE
ASSISTANTE
RABATTANTE
DILETTANTE
EXÉCUTANTE
PERCUTANTE
RAGOÛTANTE
DÉGOÛTANTE
DÉROUTANTE
ENVOÛTANTE
CONCLUANTE
ATTÉNUANTE
EXTÉNUANTE
INSINUANTE
ATTAQUANTE
PANIQUANTE
CLINQUANTE
FLUCTUANTE

AGGRAVANTE
DÉPRAVANTE
CAPTIVANTE
SURVIVANTE
DÉCALVANTE
RÉSOLVANTE
ÉPROUVANTE
EFFRAYANTE
RETRAYANTE
ATTRAYANTE
GOULEYANTE
VERDOYANTE
LARMOYANTE
INCROYANTE
CHATOYANTE
PRÉVOYANTE
MALVOYANTE
NON-VOYANTE
SUBJACENTE
SUS-JACENTE
PUBESCENTE
RUBESCENTE
QUIESCENTE
TUMESCENTE
SÉNESCENTE
RARESCENTE
DÉHISCENTE
PRÉCÉDENTE
PRÉSIDENTE
DISSIDENTE
IMPRUDENTE
NÉGLIGENTE
INDULGENTE
COTANGENTE
DÉSARGENTÉ
DÉTERGENTE
DIVERGENTE
RÉSURGENTE
DÉFICIENTE
EFFICIENTE
PRESCIENTE
CONSCIENTE
EXPÉDIENTE
RÉSILIENTE
ÉMOLLIENTE
EL TENIENTE
DÉSORIENTÉ
IMPATIENTE
IMPATIENTÉ
CHRÉTIENTÉ
UNIVALENTE
TRIVALENTE
EXCELLENTE
SOMNOLENTE
TURBULENTE
SUCCULENTE
TRUCULENTE

10

CORPULENTE
QUÉRULENTE
FLATULENTE
INCLÉMENTE
RÉGLEMENTÉ
PARLEMENTÉ
INCRÉMENTÉ
MOUVEMENTÉ
INSERMENTÉ
ASSERMENTÉ
PERMANENTE
CONTINENTE
PERTINENTE
ABSTINENTE
DIFFÉRENTE
OCCURRENTE
RÉCURRENTE
REPRÉSENTÉ
COMPÉTENTE
MÉSENTENTE
MÉCONTENTE
MÉCONTENTÉ
RÉMITTENTE
DIFFLUENTE
CONNIVENTE
APRÈS-VENTE
DÉPÔT-VENTE
COMPLAINTE
CONTRAINTE
RESTREINTE
DEMI-TEINTE
LONG-JOINTÉ
DEMI-POINTE
VILLEPINTE
COLOQUINTE
MASTODONTE
ASPROMONTE
AMALASONTE
RÉEMPRUNTÉ
TOURNICOTÉ
BOURSICOTÉ
APTÉRYGOTE
HOMOZYGOTE
MONOZYGOTE
MASSALIOTE
MASSALIOTE
CLAMARIOTE
PHANARIOTE
GYROPILOTE
DÉMAILLOTÉ
EMMAILLOTÉ
BOROILLOTE
MADELINOTE
HOTTENTOTE
HOTTENTOTE
PROCARYOTE
INTERCEPTÉ

RÉESCOMPTE
RÉESCOMPTÉ
PORTE-CARTE
MULTICARTE
DÉCONCERTÉ
DÉCOUVERTE
RECOUVERTE
EXTRAFORTE
RÉCONFORTÉ
PIANOFORTE
PAS-DE-PORTE
INSUPPORTÉ
TRANSPORTÉ
SCHOLIASTE
ENDOBLASTE
MÉSOBLASTE
ECTOBLASTE
INCONTESTÉ
PUBLICISTE
ANGLICISTE
BELLICISTE
CRITICISTE
POUJADISTE
HÉRALDISTE
MÉTHODISTE
TALMUDISTE
LOCTUDISTE
PANTHÉISTE
MISONÉISTE
ÉTALAGISTE
AMÉNAGISTE
BARRAGISTE
PAYSAGISTE
ÉCHANGISTE
ÉCOLOGISTE
BIOLOGISTE
ZOOLOGISTE
APOLOGISTE
AUBERGISTE
SYNERGISTE
CATÉCHISTE
AFFICHISTE
FÉTICHISTE
PLANCHISTE
MASOCHISTE
ANARCHISTE
PUTSCHISTE
BOUDDHISTE
TROTSKISTE
KABBALISTE
CYMBALISTE
FISCALISTE
IRRÉALISTE
SOCIALISTE
FORMALISTE
PLURALISTE
RITUALISTE

MUTUALISTE
DIÉSÉLISTE
LIBELLISTE
SYMBOLISTE
GRÉGAMISTE
EXTRÉMISTE
ALCHIMISTE
UNANIMISTE
PESSIMISTE
ÉCONOMISTE
ANATOMISTE
RÉFORMISTE
ORLÉANISTE
INDIANISTE
MARIANISTE
GERMANISTE
HISPANISTE
SOPRANISTE
PLATANISTE
MONTANISTE
HYGIÉNISTE
HELLÉNISTE
JANSÉNISTE
BENVENISTE
FUSAINISTE
PÉTAINISTE
SANDINISTE
MACHINISTE
CUISINISTE
CALVINISTE
DARWINISTE
ANTENNISTE
VIOLONISTE
HARMONISTE
BASSONISTE
CANYONISTE
MODERNISTE
COMMUNISTE
HAUTBOÏSTE
SHINTOÏSTE
CITHARISTE
OCULARISTE
SCÉNARISTE
GUITARISTE
DÉCABRISTE
ALGÉBRISTE
MANIÉRISTE
ROSIÉRISTE
MATIÉRISTE
INTÉGRISTE
AFFAIRISTE
HERBORISTE
FRIGORISTE
TERRORISTE
LIQUORISTE
PÉTAURISTE
SECOURISTE

CULTURISTE
CRÉMATISTE
PRIVATISTE
HERMÉTISTE
DIÉTÉTISTE
DÉFAITISTE
OCCULTISTE
URGENTISTE
SCIENTISTE
ATTENTISTE
ADVENTISTE
HÉBERTISTE
HINDOUISTE
UTRAQUISTE
FRANQUISTE
FRESQUISTE
KIOSQUISTE
MÉDIÉVISTE
ARCHIVISTE
TÂRGOVISTE
IMPROVISTE
RÉSERVISTE
TRAPÉZISTE
SPINOZISTE
MALLE-POSTE
MULTIPOSTE
WAGON-POSTE
AVANT-POSTE
HOLOCAUSTE
HOLOCAUSTE
HYPOCAUSTE
FAMAGOUSTE
CNIDOCYSTE
MACROCYSTE
STATOCYSTE
GUINEGATTE
CUL-DE-JATTE
EFFARVATTE
DÉSENDETTÉ
MÉSANGETTE
ÉPEICHETTE
AFFICHETTE
PLANCHETTE
BRANCHETTE
LA ROCHETTE
FOURCHETTE
ÉPLUCHETTE
ÉMOUCHETTE
SANDALETTE
SINGALETTE
BICYCLETTE
BANDELETTE
RONDELETTE
VERDELETTE
CORDELETTE
DÉCHELETTE
FEMMELETTE
AIGRELETTE
TARTELETTE
VAGUELETTE
ÉPINGLETTE
AVEUGLETTE
OREILLETTE
CUEILLETTE
FEUILLETTE
DOUILLETTE
MOUILLETTE
PÉTROLETTE
CASSOLETTE
CALCULETTE
PENDULETTE
CIBOULETTE
LA GOULETTE
RÉFORMETTE
PICHENETTE
BUSSENETTE
BOMBINETTE
DANDINETTE
Moulinette
HERMINETTE
CRÉPINETTE
CLARINETTE
CUISINETTE
BAÏONNETTE
TALONNETTE
COLONNETTE
SAVONNETTE
SAUMONETTE
ESCAMPETTE
CHAMBRETTE
VERGERETTE
COLLERETTE
PÂQUERETTE
CASTORETTE
BORDURETTE
LAMOURETTE
FACTURETTE
VOITURETTE
CHEMISETTE
RAMASSETTE
CHAUSSETTE
MANIGUETTE
GARIGUETTE
GUINGUETTE
SERFOUETTE
SILHOUETTE
SILHOUETTE
SILHOUETTÉ
MUSIQUETTE
BLANQUETTE
FRANQUETTE
TRINQUETTE
FRISQUETTE
CHOUQUETTE
ÉPROUVETTE
LA CLAYETTE
PEYREFITTE
CHAMPLITTE
BERNADOTTE
MAIGRIOTTE
MASSELOTTE
GRAVELOTTE
POLYGLOTTE
VIEILLOTTE
BOUILLOTTE
BOUILLOTTÉ
MONTENOTTE
GOMME-GUTTE
COSMONAUTE
ASTRONAUTE
CYBERNAUTE
INTERNAUTE
COMMUNAUTÉ
CONTREBUTÉ
ANTIÉMEUTE
YPONOMEUTE
THÉRAPEUTE
CHOUCHOUTE
CHOUCHOUTÉ
GLOUGLOUTÉ
CHOUCROUTE
FROUFROUTÉ
Restoroute
EURODÉPUTÉ
HYPERTEXTE
AVANT-TEXTE
LYMPHOCYTE
HISTIOCYTE
PLASMOCYTE
MÉLANOCYTE
HÉPATOCYTE
TROGLODYTE
OSTÉOPHYTE
PSILOPHYTE
CORMOPHYTE
CYANOPHYTE
CHAROPHYTE
SPOROPHYTE
SAPROPHYTE
GNÉTOPHYTE
PROTOPHYTE
CONVAINCUE
POURFENDUE
HYPOTENDUE
SOUS-TENDUE
INATTENDUE
BARBE-BLEUE
TÊTE-À-QUEUE
ROUGE-QUEUE
HOCHEQUEUE
PORTE-QUEUE

COPENHAGUE
PASTENAGUE
EXTRAVAGUÉ
SUBDÉLÉGUÉ
LADOUMÈGUE
INVESTIGUÉ
MÉTALANGUE
LOURDINGUE
SOURDINGUE
MONOLINGUE
BOURLINGUE
BOURLINGUÉ
WATERINGUE
BASTRINGUE
FLESSINGUE
DIPHTONGUE
DIPHTONGUÉ
BOULEDOGUE
SIALAGOGUE
CHOLAGOGUE
PALÉOLOGUE
MUSÉOLOGUE
MYTHOLOGUE
SOCIOLOGUE
RADIOLOGUE
PHILOLOGUE
GEMMOLOGUE
SISMOLOGUE
COSMOLOGUE
ETHNOLOGUE
PHONOLOGUE
ALCOOLOGUE
NÉCROLOGUE
HYDROLOGUE
MÉTROLOGUE
PÉTROLOGUE
ASTROLOGUE
NEUROLOGUE
ÉROTOLOGUE
MOUSTACHUE
SOUS-ÉVALUÉ
MOINS-VALUE
ENTRETENUE
DÉCONVENUE
LANN-BIHOUÉ
BOURDALOUE
CHASSE-ROUE
MIAULÉTOUE
DÉMONIAQUE
SIMONIAQUE
AMMONIAQUE
MITHRIAQUE
GOMME-LAQUE
CALLIMAQUE
ANDROMAQUE
SANDARAQUE
SCHABRAQUE

NÉOGRECQUE
LOGITHÈQUE
LUDOTHÈQUE
ŒNOTHÈQUE
SONOTHÈQUE
HYPOTHÈQUE
HYPOTHÉQUÉ
ARTOTHÈQUE
TLAPANÈQUE
ARCHEVÊQUE
PUY-L'ÉVÊQUE
CYRÉNAÏQUE
CYRÉNAÏQUE
SYLLABIQUE
CANNABIQUE
HENNEBIQUE
MOZAMBIQUE
ASCORBIQUE
SURFACIQUE
THORACIQUE
DYSTOCIQUE
AUTARCIQUE
CYCLADIQUE
HELLADIQUE
SPORADIQUE
MOLYBDIQUE
GLUCIDIQUE
HASSIDIQUE
PROTIDIQUE
PEPTIDIQUE
GRAVIDIQUE
HÉRALDIQUE
REVENDIQUÉ
CATHODIQUE
MÉTHODIQUE
PERIODIQUE
PÉRIODIQUE
ÉPISODIQUE
PROSODIQUE
TALMUDIQUE
ÉPOXYDIQUE
LINOLÉIQUE
DYSPNÉIQUE
ENDORÉIQUE
SPÉCIFIQUE
MELLIFIQUE
PROLIFIQUE
MAGNIFIQUE
HORRIFIQUE
BÉATIFIQUE
ANTALGIQUE
LOSANGIQUE
DIALOGIQUE
ANALOGIQUE
PRÉLOGIQUE
ÉCOLOGIQUE
GÉOLOGIQUE

NÉOLOGIQUE
BIOLOGIQUE
ZOOLOGIQUE
ALLERGIQUE
SYNERGIQUE
LYSERGIQUE
LITURGIQUE
BRONCHIQUE
ANARCHIQUE
BOUDDHIQUE
SÉRAPHIQUE
EMPATHIQUE
BIOÉTHIQUE
OOLITHIQUE
CÉPHALIQUE
VASSALIQUE
RÉPUBLIQUE
ENCYCLIQUE
COCYCLIQUE
BORDÉLIQUE
PENTÉLIQUE
MÉTALLIQUE
CYRILLIQUE
DIABOLIQUE
SYMBOLIQUE
GLYCOLIQUE
CATHOLIQUE
VARIOLIQUE
PHÉNOLIQUE
ALCOOLIQUE
PYRROLIQUE
SYSTOLIQUE
PODZOLIQUE
INAPPLIQUÉ
INEXPLIQUÉ
AÉRAULIQUE
MÉTHYLIQUE
PHÉNYLIQUE
CAPRYLIQUE
BENZYLIQUE
CARBAMIQUE
EXOGAMIQUE
THALAMIQUE
CINNAMIQUE
BALSAMIQUE
GLUTAMIQUE
LEUCÉMIQUE
ACADÉMIQUE
ÉPIDÉMIQUE
ISCHÉMIQUE
EUPHÉMIQUE
PHONÉMIQUE
SYSTÉMIQUE
PROXÉMIQUE
ARYTHMIQUE
ALCHIMIQUE
BOULIMIQUE

CŒLOMIQUE
ÉCONOMIQUE
TRISOMIQUE
DIATOMIQUE
ANATOMIQUE
ATHERMIQUE
ORGASMIQUE
ASÉISMIQUE
VOLCANIQUE
MANGANIQUE
BALKANIQUE
ALÉMANIQUE
ALÉMANIQUE
GERMANIQUE
TYMPANIQUE
HISPANIQUE
GALVANIQUE
OROGÉNIQUE
DYSGÉNIQUE
ASTHÉNIQUE
HYGIÉNIQUE
HELLÉNIQUE
TERPÉNIQUE
PIQUE-NIQUE
PIQUE-NIQUÉ
BENZÉNIQUE
MORAINIQUE
RABBINIQUE
SUCCINIQUE
LUTÉINIQUE
POLLINIQUE
FULMINIQUE
MARTINIQUE
JOHANNIQUE
TYRANNIQUE
MAÇONNIQUE
CARBONIQUE
GLUCONIQUE
SARDONIQUE
EUPHONIQUE
ISOÏONIQUE
VISIONIQUE
CATIONIQUE
CYCLONIQUE
MNÉMONIQUE
GNOMONIQUE
HARMONIQUE
OPTRONIQUE
NEURONIQUE
SUBSONIQUE
DIATONIQUE
PLATONIQUE
TECTONIQUE
PHOTONIQUE
PROTONIQUE
ISOTONIQUE
LEPTONIQUE
SUS-TONIQUE
TEUTONIQUE
TEUTONIQUE
PLUTONIQUE
BARYONIQUE
COMMUNIQUÉ
CINDYNIQUE
ÉTHANOÏQUE
DICHROÏQUE
CÉNOZOÏQUE
MÉSOZOÏQUE
ISOTOPIQUE
ALGÉBRIQUE
ISOÉDRIQUE
OXHYDRIQUE
GLYCÉRIQUE
CHOLÉRIQUE
CHIMÉRIQUE
ÉSOTÉRIQUE
EXOTÉRIQUE
HYSTÉRIQUE
EURAFRIQUE
MÉTÉORIQUE
EUPHORIQUE
APRIORIQUE
ACALORIQUE
RHÉTORIQUE
HISTORIQUE
ÉLECTRIQUE
SYMÉTRIQUE
DIOPTRIQUE
MERCURIQUE
SULFURIQUE
TELLURIQUE
CAUCASIQUE
GÉODÉSIQUE
JURASSIQUE
POTASSIQUE
GNEISSIQUE
SABBATIQUE
MERCATIQUE
PHRÉATIQUE
EMPHATIQUE
MÉDIATIQUE
ADRIATIQUE
DROLATIQUE
DRAMATIQUE
THÉMATIQUE
MAGMATIQUE
DOGMATIQUE
CLIMATIQUE
DALMATIQUE
AROMATIQUE
COGNATIQUE
CARPATIQUE
SOCRATIQUE
HIÉRATIQUE
EUSTATIQUE
DIDACTIQUE
GALACTIQUE
ÉCLECTIQUE
EUTECTIQUE
DIABÉTIQUE
EXÉGÉTIQUE
GANGÉTIQUE
PATHÉTIQUE
ESTHÉTIQUE
SOVIÉTIQUE
ATHLÉTIQUE
PHYLÉTIQUE
HERMÉTIQUE
COSMÉTIQUE
PHÉNÉTIQUE
FRÉNÉTIQUE
MAGNÉTIQUE
PHONÉTIQUE
HERPÉTIQUE
APORÉTIQUE
DIURÉTIQUE
ÉNURÉTIQUE
APYRÉTIQUE
DIÉTÉTIQUE
HELVÉTIQUE
RACHITIQUE
MÉPHITIQUE
ENCLITIQUE
APOLITIQUE
ÉRÉMITIQUE
PALMITIQUE
GRANITIQUE
DÉTRITIQUE
NÉVRITIQUE
JÉSUITIQUE
BASALTIQUE
ATLANTIQUE
ATLANTIQUE
SÉMANTIQUE
ROMANTIQUE
ARGENTIQUE
NARCOTIQUE
HOMÉOTIQUE
EUPHOTIQUE
CYPHOTIQUE
SÉMIOTIQUE
AMNIOTIQUE
HYPNOTIQUE
DESPOTIQUE
NÉCROTIQUE
NÉVROTIQUE
SYNAPTIQUE
ÉCLIPTIQUE
ELLIPTIQUE
PANOPTIQUE
SYNOPTIQUE

ASPARTIQUE
DÉSERTIQUE
DÉCORTIQUÉ
ORGASTIQUE
DÉMASTIQUÉ
REMASTIQUÉ
MONASTIQUE
DYNASTIQUE
PHRASTIQUE
DOMESTIQUE
DOMESTIQUÉ
TUNGSTIQUE
LOGISTIQUE
BALISTIQUE
HOLISTIQUE
CHRISTIQUE
ARTISTIQUE
AUTISTIQUE
AGNOSTIQUE
ACOUSTIQUE
MAÏEUTIQUE
TOREUTIQUE
ANALYTIQUE
SYNTAXIQUE
DYSLEXIQUE
ANOREXIQUE
CATAFALQUE
ORICHALQUE
EUROBANQUE
SALAMANQUE
QUELCONQUE
MULTICOQUE
DIPLOCOQUE
SYNECDOQUE
CHOLÉDOQUE
PENDELOQUE
ARCHILOQUE
INTERLOQUÉ
RÉCIPROQUE
RÉCIPROQUÉ
CHINETOQUE
BIUNIVOQUE
PLURIVOQUE
POLÉMARQUE
SOUS-MARQUE
TRIÉRARQUE
ARISTARQUE
HOMOCERQUE
PAYS BASQUE
MONÉGASQUE
MONÉGASQUE
BOURRASQUE
QUELLES QUE
ROMANESQUE
TITANESQUE
CLOWNESQUE
PICARESQUE

GIOTTESQUE
FRANCISQUE
MINIDISQUE
DAMALISQUE
ASTÉRISQUE
NOCTILUQUE
POLYPTYQUE
PONTON-GRUE
DÉSOBSTRUÉ
COURT-VÊTUE
DÉSHABITUÉ
INACCENTUÉ
IMPROMPTUE
POINT DE VUE
RATS-DE-CAVE
AFTER-SHAVE
DÉSENCLAVÉ
YOUGOSLAVE
YOUGOSLAVE
SCANDINAVE
SCANDINAVE
CÉLERI-RAVE
ARCHITRAVE
DÉSENTRAVÉ
TANANARIVE
PERSUASIVE
DISSUASIVE
COMPULSIVE
PROPULSIVE
CONVULSIVE
SUSPENSIVE
DISPERSIVE
SUBVERSIVE
DISCURSIVE
SUCCESSIVE
CONCESSIVE
PROCESSIVE
DÉGRESSIVE
RÉGRESSIVE
DÉPRESSIVE
RÉPRESSIVE
IMPRESSIVE
OPPRESSIVE
EXPRESSIVE
POSSESSIVE
PERMISSIVE
CONCLUSIVE
INDICATIVE
RÉCRÉATIVE
AGRÉGATIVE
ABROGATIVE
PALLIATIVE
AMPLIATIVE
INITIATIVE
CUMULATIVE
ANNULATIVE
COPULATIVE

ESTIMATIVE
NOMINATIVE
INTONATIVE
INCHOATIVE
FÉDÉRATIVE
GÉNÉRATIVE
IMPÉRATIVE
ADMIRATIVE
ROBORATIVE
DÉCORATIVE
PÉJORATIVE
MINORATIVE
BOURRATIVE
FIGURATIVE
DÉPURATIVE
VÉGÉTATIVE
DUBITATIVE
INCITATIVE
MÉDITATIVE
LIMITATIVE
CARITATIVE
IRRITATIVE
ADAPTATIVE
ÉVALUATIVE
DÉRIVATIVE
RÉTRACTIVE
ATTRACTIVE
EXTRACTIVE
PROFECTIVE
SUBJECTIVE
PROJECTIVE
SURJECTIVE
COLLECTIVE
RESPECTIVE
CORRECTIVE
PRÉDICTIVE
AFFLICTIVE
EXTINCTIVE
INJONCTIVE
PRODUCTIVE
COMPLÉTIVE
SUPPLÉTIVE
CAPACITIVE
COERCITIVE
EXPÉDITIVE
DÉFINITIVE
INFINITIVE
TRANSITIVE
RÉPÉTITIVE
PRÉVENTIVE
LOCOMOTIVE
LEITMOTIVE
PERCEPTIVE
DISRUPTIVE
SUGGESTIVE
CONGESTIVE
EXHAUSTIVE

RÉSOLUTIVE
DÉVOLUTIVE
INVOLUTIVE
DIMINUTIVE
DE CONSERVE
VILLENEUVE
TERRE-NEUVE
TERRE-NEUVE
INTERFLUVE
INTERVIEWÉ
RÉTROFLEXE
MULTIPLEXE
DÉCOMPLEXÉ
HÉTÉRODOXE
VILLENAUXE
LA FRESNAYE
KAMECHLIYÉ
REJOINTOYÉ
DREUX-BRÉZÉ
KARKONOSZE
DELESCLUZE
CORNED-BEEF
COUVRE-CHEF
DEMI-RELIEF
PLAN-RELIEF
HAUT-RELIEF
SLAUERHOFF
PONT-SCORFF
LUDENDORFF
INOFFENSIF
HYPOTENSIF
COEXTENSIF
PROGRESSIF
COMPRESSIF
ANTITUSSIF
APPROBATIF
RÉBARBATIF
PRÉDICATIF
VINDICATIF
EXPLICATIF
DÉMARCATIF
LIQUIDATIF
SÉGRÉGATIF
SUBROGATIF
PROROGATIF
ÉNONCIATIF
ASSOCIATIF
ABRÉVIATIF
CORRÉLATIF
APPELLATIF
SUPERLATIF
LÉGISLATIF
TRANSLATIF
SPÉCULATIF
EXCLAMATIF
AFFIRMATIF
INFIRMATIF

INFORMATIF
IMAGINATIF
GERMINATIF
ALTERNATIF
DISSIPATIF
DÉCLARATIF
PRÉPARATIF
COMPARATIF
ÉNUMÉRATIF
COOPÉRATIF
RÉITÉRATIF
INTÉGRATIF
MÉLIORATIF
PIGNORATIF
CORPORATIF
ADVERSATIF
QUALITATIF
FACULTATIF
POTESTATIF
COMMUTATIF
RADIOACTIF
RÉTROACTIF
HYPERACTIF
INTERACTIF
DISTRACTIF
PROSPECTIF
PERSPECTIF
RESTRICTIF
DISTINCTIF
INSTINCTIF
SUBJONCTIF
CONJONCTIF
OBSTRUCTIF
DESTRUCTIF
INSTRUCTIF
PROHIBITIF
ACCRÉDITIF
RÉCOGNITIF
ACQUISITIF
PRÉPOSITIF
DISPOSITIF
COMPÉTITIF
SUBSTANTIF
INATTENTIF
DESCRIPTIF
PRÉSOMPTIF
ATTRIBUTIF
CONSÉCUTIF
COMMINUTIF
WATERPROOF
SCHTROUMPF
DÜSSELDORF
ZINZENDORF
HÖTZENDORF
BOURGANEUF
GARDE-BŒUF
PIQUE-BŒUF

SCANDERBEG
SKANDERBEG
KANDERSTEG
TARNOBRZEG
ROSENZWEIG
BATTAMBANG
GUOMINDANG
CHRODEGANG
MUDANJIANG
ILANG-ILANG
YLANG-YLANG
KUOMINTANG
TUYÊN QUANG
ZHAO ZIYANG
HUA GUOFENG
ANTIFADING
HILFERDING
BLANC-SEING
DÉBRIEFING
SKY-SURFING
SCRATCHING
STRETCHING
DARJEELING
TRAVELLING
SANDERLING
DRY-FARMING
CARAVANING
SHAMPOOING
ANTIDOPING
NORRKÖPING
KIDNAPPING
KESSELRING
SPONSORING
MONITORING
SCHLŒSING
CHITTAGONG
WOLLONGONG
MAO TSÖ-TONG
KIM DAE-JUNG
AUFKLÄRUNG
GOG ET MAGOG
STRINDBERG
LÖTSCHBERG
HEIDELBERG
KOEKELBERG
VORARLBERG
WURTEMBERG
VANDENBERG
HARDENBERG
TANNENBERG
SCHOENBERG
HEISENBERG
KORTENBERG
WITTENBERG
KÖNIGSBERG
ECKERSBERG
KREUTZBERG

SWEDENBORG
MIDDELBURG
HINDENBURG
RUSTENBURG
HARRISBURG
REGENSBURG
GETTYSBURG
LULUABOURG
MAGDEBOURG
SARREBOURG
MONTEBOURG
LUXEMBOURG
EHRENBOURG
STRASBOURG
LOUISBOURG
PHALSBOURG
GAINSBOURG
PETIT-BOURG
LE NEUBOURG
KERMANCHAH
MAHARADJAH
HERSCHBACH
BRASILLACH
PLOUMANAC'H
ECHTERNACH
ÖSTERREICH
METTERNICH
EDMOND RICH
STOCKFISCH
KOHLRAUSCH
LOUBAVITCH
TSARÉVITCH
TZARÉVITCH
LUNDEGÅRDH
MYMENSINGH
PITTSBURGH
CHANDIGARH
BANGLADESH
MACKINTOSH
GÉNÉSARETH
WORDSWORTH
PORTSMOUTH
YUAN SHIKAI
PORTE-BALAI
PARLER-VRAI
HAMMOURABI
URBI ET ORBI
BERTOLUCCI
ARCIMBOLDI
ALDROVANDI
RAWALPINDI
APPROFONDI
SUHRAWARDI
MONTEVERDI
IRRÉFLÉCHI
LUBUMBASHI
MITSUBISHI

KENKO HOSHI
IMPRESARII
OZAWA SEIJI
MAZOWIECKI
PENDERECKI
TOJO HIDEKI
PRJEVALSKI
JARUZELSKI
WYSPIANSKI
DZERJINSKI
SIERPINSKI
KABALEVSKI
MAÏAKOVSKI
SOKOLOVSKI
MALINOVSKI
PADEREWSKI
KOLAKOWSKI
KIESLOWSKI
MALINOWSKI
DOMBROWSKI
KLOSSOWSKI
DOLGOROUKI
RUB AL-KHALI
MÉHÉMET-ALI
TSKHINVALI
BLUNTSCHLI
GUILI-GUILI
CASUS BELLI
TORRICELLI
MONTICELLI
PARTICELLI
BOTTICELLI
BANDINELLI
SIGNORELLI
GUINIZELLI
TRESSAILLI
ACCIAIUOLI
INACCOMPLI
KIAROSTAMI
PIANISSIMI
CHICOUTIMI
ABBAS HILMI
AL-KHAREZMI
OUAD-MÉDANI
MODIGLIANI
GETHSÉMANI
ROSSELLINI
FRATELLINI
EN CATIMINI
BOCCHERINI
MISTASSINI
SAMMARTINI
BERLUSCONI
SERVANDONI
CANNELLONI
JUAN DE JUNI
SHAKYAMUNI

SANS-EMPLOI
SOUS-EMPLOI
PIEDS-DE-ROI
MARLY-LE-ROI
HAMMOU-RAPI
DEVANAGARI
MONOGATARI
STRADIVARI
ALECSANDRI
SURENCHÉRI
DHAULAGIRI
TELL HARIRI
CRISTOFORI
MILLEFIORI
MONSIGNORI
MONTESSORI
OLAUS PETRI
AMPHIGOURI
DÉSÉPAISSI
DOSSO DOSSI
CEYZÉRIATI
SCAFERLATI
KIRITIMATI
CINCINNATI
SPERMACETI
SZIGLIGETI
CAVALCANTI
BUONARROTI
EXTRAVERTI
RECONVERTI
INTROVERTI
INTERVERTI
DÉSASSORTI
DÉSINVESTI
GIACOMETTI
LORENZETTI
BIANCIOTTI
BHAVABHUTI
BERNARD GUI
AUJOURD'HUI
BÉNI-OUI-OUI
IABLONOVYÏ
PESTALOZZI
HIDDEN PEAK
KIZIL IRMAK
KARAKALPAK
CANOË-KAYAK
ADIRONDACK
SHORT-TRACK
RUYSBROECK
TREVITHICK
LITTLE ROCK
MCCLINTOCK
HAZEBROUCK
SARREBRUCK
DIEPENBEEK
SCHAERBEEK

WILLEBROEK
TCHIRTCHIK
BUNDESBANK
CRUIKSHANK
RIPPLE-MARK
KÖNIGSMARK
REICHSMARK
BÖHM-BAWERK
OUSSOURISK
NIJNEKAMSK
KRAMATORSK
TCHERKESSK
SVERDLOVSK
OULIANOVSK
KHABAROVSK
ROUBTSOVSK
ÇATAL HÖYÜK
SAINT-GRAAL
HÉLIOGABAL
AMMONIACAL
ILÉO-CÆCAL
BIOMÉDICAL
PONTIFICAL
HYPERFOCAL
UXORILOCAL
MATRILOCAL
PATRILOCAL
MATRIARCAL
PATRIARCAL
PARAFISCAL
GRAND-DUCAL
RHOMBOÏDAL
HÉLICOÏDAL
CONCHOÏDAL
SPHÉNOÏDAL
SOLÉNOÏDAL
SPHÉROÏDAL
SINUSOÏDAL
INTERTIDAL
INTERMODAL
VALDÉS LEAL
PÉRITONÉAL
CIUDAD REAL
EXTRALÉGAL
LILIENTHAL
PROVERBIAL
SOLSTICIAL
PROVINCIAL
ANTISOCIAL
COMMERCIAL
PRÉCORDIAL
PRIMORDIAL
ÉPITHÉLIAL
NOSOCOMIAL
POLYNOMIAL
CÉRÉMONIAL
MANAGÉRIAL

IMMÉMORIAL
SÉNATORIAL
ÉQUATORIAL
TINCTORIAL
PAROISSIAL
PRÉNUPTIAL
CONSORTIAL
ÉQUINOXIAL
PATTADAKAL
BENI MELLAL
YASAR KEMAL
DUODÉCIMAL
CENTÉSIMAL
PARANORMAL
ANÉVRISMAL
ANÉVRYSMAL
PAROXYSMAL
GRAND CANAL
PHÉNOMÉNAL
EXTRARÉNAL
ANTICLINAL
MONOCLINAL
SUBLIMINAL
UNINOMINAL
PRONOMINAL
INTESTINAL
ENNÉAGONAL
PENTAGONAL
HEPTAGONAL
ORTHOGONAL
MÉRIDIONAL
MÉRIDIONAL
OBSIDIONAL
BINATIONAL
MONOCLONAL
ARCHÉTYPAL
CONFÉDÉRAL
UNILATÉRAL
TRILATÉRAL
COLLATÉRAL
PARENTÉRAL
VICE-AMIRAL
ORCHESTRAL
PROCÉDURAL
STRUCTURAL
SCRIPTURAL
SCULPTURAL
PARASTATAL
SUBORBITAL
PRÉGÉNITAL
CONGÉNITAL
URO-GÉNITAL
OCCIDENTAL
OCCIDENTAL
ORNEMENTAL
MONUMENTAL
PARODONTAL

HORIZONTAL
SACERDOTAL
NEANDERTAL
AÉROPOSTAL
PARACHUTAL
SUBLINGUAL
PERLINGUAL
FER-À-CHEVAL
ADJECTIVAL
GRIBEAUVAL
ABOU-SIMBEL
SEPTMONCEL
COROMANDEL
LONDERZEEL
MANTEUFFEL
SEO DE URGEL
ROMANICHEL
SCHNORCHEL
GRATTE-CIEL
ARTIFICIEL
TENDANCIEL
ARCS-EN-CIEL
CÉRÉMONIEL
POSTSÉRIEL
IMMATÉRIEL
CATÉGORIEL
SEMESTRIEL
BIMESTRIEL
INDUSTRIEL
TANGENTIEL
SAPIENTIEL
TORRENTIEL
SÉQUENTIEL
PULSIONNEL
PASSIONNEL
FICTIONNEL
ÉMOTIONNEL
FLEXIONNEL
INTEMPOREL
INCORPOREL
PLANTAUREL
SURNATUREL
STRUCTUREL
BICULTUREL
RIZ-PAIN-SEL
OVERIJSSEL
NEUFCHÂTEL
NEUFCHÂTEL
ACCIDENTEL
FRANCASTEL
PLOUGASTEL
INDIVIDUEL
TRISANNUEL
CAKCHIQUEL
DURAND-RUEL
PANTAGRUEL
TÉLÉVISUEL

CONSENSUEL
INHABITUEL
CONVENTUEL
CONCEPTUEL
CONTEXTUEL
HOMOSEXUEL
COURCHEVEL
WUUSTWEZEL
LOEWENDAHL
CRÉDIT-BAIL
FIANNA FÁIL
GOUVERNAIL
CONTRE-RAIL
MONTMIRAIL
PARE-SOLEIL
BEAUSOLEIL
CLINS D'ŒIL
TAPE-À-L'ŒIL
MIROMESNIL
CONTRE-POIL
RENÉ GOUPIL
PORT-GENTIL
PORTE-OUTIL
STOCK-OUTIL
VAL-DE-REUIL
ARGENTEUIL
ROLLER BALL
BASKET-BALL
VOLLEY-BALL
TADJ MAHALL
MOTHERWELL
ŒSTRADIOL
PYROGALLOL
INDOPHÉNOL
RÉSORCINOL
PÈSE-ALCOOL
POLYALCOOL
HARTLEPOOL
MALEBO POOL
SIMFEROPOL
SÉBASTOPOL
CALCIFÉROL
TOCOPHÉROL
ERGOSTÉROL
SITOSTÉROL
PERGÉLISOL
AXÉROPHTOL
SCRIPT-GIRL
VICE-CONSUL
TCHERNOBYL
TARMACADAM
BOULDER DAM
SWAMMERDAM
GULF STREAM
OUISTREHAM
BUCKINGHAM
GILLINGHAM

BIRMINGHAM
CUNNINGHAM
NOTTINGHAM
TWICKENHAM
CHELTENHAM
BROEDERLAM
CIDAMBARAM
MANDELSTAM
CANGUILHEM
MATHUSALEM
MATHUSALEM
MOSTAGANEM
POST MORTEM
STAR-SYSTEM
TCHERNOZEM
BETTELHEIM
GUGGENHEIM
FESSENHEIM
WITTENHEIM
MANNERHEIM
HILDESHEIM
RIEDISHEIM
ANDOLSHEIM
UNGERSHEIM
SIDI-BRAHIM
TENASSERIM
KIBBOUTZIM
NECKARSULM
LIVING-ROOM
KOMPONG SOM
CAPHARNAÜM
CAPHARNAÜM
MÉMORANDUM
RÉFÉRENDUM
PROMÉTHÉUM
CHEWING-GUM
LAWRENCIUM
MIRACIDIUM
PRAESIDIUM
COMPENDIUM
PLASMODIUM
SEABORGIUM
ÉPITHÉLIUM
PROSCENIUM
DELPHINIUM
TRICLINIUM
GADOLINIUM
POSITONIUM
TEPIDARIUM
FUNÉRARIUM
MEITNERIUM
SANATORIUM
AUDITORIUM
DYSPROSIUM
TECHNÉTIUM
CONSORTIUM
COMPLUVIUM

PARABELLUM
ACETABULUM
CURRICULUM
HERCULANUM
OUM KALSOUM
GASHERBRUM
TRIVANDRUM
LACTOSÉRUM
DEXTRORSUM
SUBSTRATUM
POST-PARTUM
LEUCOBRYUM
ARRIÈRE-BAN
MONTE ALBÁN
FRÈRE-ORBAN
SAINT-AUBAN
JEAN HYRCAN
ATHABASCAN
ATHAPASCAN
COËTQUIDAN
PORT-SOUDAN
CONGO-OCÉAN
PLOUFRAGAN
SHAWINIGAN
PEKALONGAN
CHAH DJAHAN
BADAKHCHAN
GENGIS KHAN
GOSAINTHAN
GULBENKIAN
MONTMÉLIAN
LI XIANNIAN
BIROBIDJAN
TAKLA-MAKAN
TAKLIMAKAN
KU KLUX KLAN
CHAMBELLAN
RANTANPLAN
MINATITLÁN
BARDDHAMAN
GRAND-MAMAN
BONNE-MAMAN
QALAT SIMAN
SPIEGELMAN
GALLO-ROMAN
RHÉTO-ROMAN
PHOTO-ROMAN
CROSSWOMAN
SAINT-RENAN
FRONTIGNAN
FRONTIGNAN
DRAGUIGNAN
KOFFI ANNAN
BALIKPAPAN
PRILLIÉRAN
SAINT-VÉRAN
SAINT-CYRAN

BOURGUESAN
BOURGUISAN
MONTHEYSAN
BEAUSSETAN
KALIMANTAN
CONSTANTAN
KAZAKHSTAN
WAZIRISTAN
HINDOUSTAN
MANGOUSTAN
BANTOUSTAN
ORANG-OUTAN
CABANATUAN
LANNEMEZAN
BADEN-BADEN
VAN BENEDEN
HOCHFELDEN
NEERWINDEN
GRAUBÜNDEN
LEEUWARDEN
TRÉBEURDEN
PROMÉTHÉEN
LOUVIGNÉEN
LANDERNÉEN
NORD-CORÉEN
NORD-CORÉEN
ARGENTRÉEN
TÉLÉOSTÉEN
ZIMBABWÉEN
ZIMBABWÉEN
SCHLIEFFEN
RICHTHOFEN
VOLKSWAGEN
ZURBRIGGEN
VERBRUGGEN
NÖRDLINGEN
VÖLKLINGEN
REUTLINGEN
VLISSINGEN
NIBELUNGEN
GRIMBERGEN
JINGDEZHEN
LOUDÉACIEN
BONIFACIEN
SPANIACIEN
PHARMACIEN
SPARNACIEN
MORTUACIEN
THERMICIEN
MÉCANICIEN
ORGANICIEN
TECHNICIEN
BÉDARICIEN
THÉORICIEN
GÉNÉTICIEN
POLITICIEN
ROBOTICIEN

PLASTICIEN
ORDOVICIEN
LUDOVICIEN
JOTRANCIEN
BALGENCIEN
SÉDÉLOCIEN
COMMERCIEN
CISTERCIEN
MONTMÉDIEN
XIPHOÏDIEN
STÉROÏDIEN
CHOROÏDIEN
THYROÏDIEN
DELTOÏDIEN
MASTOÏDIEN
CAROTIDIEN
PAROTIDIEN
ROMUALDIEN
NIDWALDIEN
AMÉRINDIEN
VILLARDIEN
CAP-VERDIEN
CAPVERDIEN
CAPVERDIEN
CAMBODGIEN
CAMBODGIEN
PHARYNGIEN
THÉOLOGIEN
CHIRURGIEN
AUTRICHIEN
AUTRICHIEN
MONARCHIEN
CORINTHIEN
CORINTHIEN
HELSINKIEN
BANGKOKIEN
CENTRALIEN
AUSTRALIEN
AUSTRALIEN
THESSALIEN
THESSALIEN
VÉGÉTALIEN
FRŒBÉLIEN
FRANCILIEN
FRANCILIEN
MAXIMILIEN
QUINTILIEN
BERJALLIEN
TERTULLIEN
NOGAROLIEN
CRISTOLIEN
PÈRE DAMIEN
SURINAMIEN
VIETNAMIEN
VIETNAMIEN
BAIE-COMIEN
ÉPICRÂNIEN

POMÉRANIEN
SOSTRANIEN
LUSITANIEN
LUSITANIEN
PÉRIDINIEN
BAHREÏNIEN
APOLLINIEN
ABYSSINIEN
ABYSSINIEN
RIEMANNIEN
MANSONNIEN
PHARAONIEN
BOURBONIEN
MACÉDONIEN
MACÉDONIEN
CALÉDONIEN
CALÉDONIEN
PYRRHONIEN
BABYLONIEN
SPARNONIEN
MÉSAXONIEN
ÉTATS-UNIEN
ÉTATS-UNIEN
CORONARIEN
VÉGÉTARIEN
ANTIAÉRIEN
ILLIBÉRIEN
CHAMBÉRIEN
DÉSIDÉRIEN
LUCIFÉRIEN
RIPAGÉRIEN
COLUMÉRIEN
JUPITÉRIEN
MOUSTÉRIEN
LAPRAIRIEN
VOLTAIRIEN
ÉQUATORIEN
ÉQUATORIEN
NANTERRIEN
BELLÉTRIEN
ASBESTRIEN
VALLAURIEN
IMERCURIEN
OCTODURIEN
ÉPINEURIEN
PASTEURIEN
FAUBOURIEN
AMADOURIEN
COUTRASIEN
ARGELÉSIEN
CHALLÉSIEN
MÉLANÉSIEN
MÉLANÉSIEN
INDONÉSIEN
INDONÉSIEN
POLYNÉSIEN
POLYNÉSIEN

CAMBRÉSIEN
CAMBRÉSIEN
CAUDRÉSIEN
ROUBAISIEN
CARHAISIEN
CHALAISIEN
MORLAISIEN
STENAISIEN
AULNAISIEN
CHABLISIEN
FOURMISIEN
VALDOISIEN
PONTOISIEN
MARQUISIEN
CIRCASSIEN
CIRCASSIEN
GENNASSIEN
PARNASSIEN
PAROISSIEN
VIGNEUSIEN
MALTHUSIEN
VAUCLUSIEN
VAUCLUSIEN
TOURNUSIEN
MULHOUSIEN
CONDRUSIEN
VIBRAYSIEN
FERNEYSIEN
ANDELYSIEN
KIRIBATIEN
NANTUATIEN
DIOCLÉTIEN
CAP-HAÏTIEN
TRÉVOLTIEN
LAURENTIEN
LAURENTIEN
GRAVETTIEN
DJIBOUTIEN
DJIBOUTIEN
ALGONQUIEN
SARAJÉVIEN
THURGOVIEN
TRIFLUVIEN
OYONNAXIEN
KOLKHOZIEN
INTERLAKEN
KARAWANKEN
VESTERÅLEN
CROSSWOMEN
SLOCHTEREN
OTTOBEUREN
JOERGENSEN
GROSS ROSEN
OBERHAUSEN
MAUTHAUSEN
LEVERKUSEN
BAUMGARTEN

GYLLENSTEN
MANAGUAYEN
PARAGUAYEN
PARAGUAYEN
CONCITOYEN
MENDELSOHN
PÉRIURBAIN
AFRO-CUBAIN
AFRO-CUBAIN
DOMINICAIN
DOMINICAIN
ARMORICAIN
ARMORICAIN
GÉNOVÉFAIN
FACES-À-MAIN
TOURNEMAIN
GRILLE-PAIN
MARIVERAIN
SANFLORAIN
LESPARRAIN
SOUTERRAIN
TRAIN-TRAIN
TURBOTRAIN
PARCOTRAIN
AVANT-TRAIN
SAINT-VRAIN
TOULOUSAIN
MAZAMÉTAIN
QUERCITAIN
GABALITAIN
NAPOLITAIN
NAPOLITAIN
ANCONITAIN
SAMARITAIN
SAMARITAIN
CHEVROTAIN
BELFORTAIN
SACRISTAIN
JOLIETTAIN
MASKOUTAIN
JAMAÏQUAIN
JAMAÏQUAIN
AUTERIVAIN
SAINT-AUBIN
VERTUGADIN
FAKHR AL-DIN
TRANSANDIN
VÉSIGONDIN
GUICHARDIN
CITÉ-JARDIN
GAILLARDIN
GRILLARDIN
PÉRIGORDIN
PÉRIGORDIN
HAUBOURDIN
TERRE-PLEIN
ZOLLVEREIN

SERVOFREIN
BADGASTEIN
EISENSTEIN
RUBINSTEIN
TCHIN-TCHIN
BEYROUTHIN
STÉNOHALIN
DU GUESCLIN
CRISTALLIN
BIVITELLIN
CHÂTEAULIN
MANITOULIN
GUAYASAMÍN
BEAUCHEMIN
JIANG ZEMIN
GUILLAUMIN
ABD AL-MUMIN
MONTCHANIN
TRANSALPIN
PLAN CARPIN
HÉLIOMARIN
SAINT-MARIN
ALEXANDRIN
ALEXANDRIN
LE PELLERIN
BOULINGRIN
MONTMAURIN
GRÉCO-LATIN
BÉNÉDICTIN
CUCURBITIN
ÉLÉPHANTIN
LABORANTIN
ROMORANTIN
IGNORANTIN
FLEURANTIN
PLAISANTIN
OUESSANTIN
CONSTANTIN
LE LAMENTIN
TOURMENTIN
STRAPONTIN
MAXIPONTIN
PAIMBLOTIN
FREE-MARTIN
CHAMBERTIN
LAURIER-TIN
BEAUFORTIN
CLANDESTIN
SAN AGUSTÍN
TABLEAUTIN
SARZEAUTIN
CONSANGUIN
MARINGOUIN
SAINT-JOUIN
LAMBREQUIN
DOMINIQUIN
SAINT-SAVIN

HENDIADYIN	SUSPENSION	DÉLÉGATION
EINSIEDELN	DISSENSION	RELÉGATION
SCHLIEMANN	SURTENSION	ALLÉGATION
STRESEMANN	DISTENSION	ABNÉGATION
PÖPPELMANN	SUBMERSION	DÉNÉGATION
WESSELMANN	DISPERSION	AGRÉGATION
LANDAMMANN	SUBVERSION	OBLIGATION
KELLERMANN	CONVERSION	FUMIGATION
ZIMMERMANN	PERVERSION	IRRIGATION
WASSERMANN	CONTORSION	MITIGATION
SCHÖNBRUNN	DISTORSION	NAVIGATION
ESTRAMAÇON	COMPASSION	LÉVIGATION
FRANC-MAÇON	SUCCESSION	ÉLONGATION
MONTFAUCON	PRÉCESSION	ABROGATION
EAST LONDON	CONCESSION	DÉROGATION
CYNORHODON	PROCESSION	GLACIATION
PTÉRANODON	CONFESSION	ÉMACIATION
DIMÉTRODON	PROFESSION	SPÉCIATION
BOUCHARDON	RÉGRESSION	FASCIATION
LYCOPERDON	DIGRESSION	AMODIATION
ESCOURGEON	DÉPRESSION	SPOLIATION
LUIS DE LEÓN	RÉPRESSION	AMPLIATION
SANG-DRAGON	IMPRESSION	INITIATION
BOURDICHON	OPPRESSION	INHALATION
MAIGRICHON	EXPRESSION	EXHALATION
BOURRICHON	JAM-SESSION	RÉVÉLATION
CONCEPCIÓN	POSSESSION	JUBILATION
TROMBIDION	COMMISSION	DÉPILATION
PYRAMIDION	PERMISSION	MUTILATION
IRRÉLIGION	SOUMISSION	SPALLATION
PIED-DE-LION	CONCUSSION	IMMOLATION
DENT-DE-LION	PERCUSSION	DÉSOLATION
FOURMILION	DISCUSSION	INSOLATION
CASTELLION	CONCLUSION	FABULATION
SEXTILLION	FORCLUSION	TABULATION
QUATERNION	PULTRUSION	ONDULATION
TRADE-UNION	INCUBATION	MODULATION
SARRE-UNION	INTUBATION	RÉGULATION
TARTEMPION	DÉFÉCATION	SIMULATION
FLAMMARION	ABDICATION	ANNULATION
PSALTÉRION	MÉDICATION	COPULATION
BRIMBORION	INDICATION	POPULATION
BEN GOURION	VÉSICATION	ALKYLATION
PERSUASION	URTICATION	DÉCIMATION
DISSUASION	TRONCATION	RANIMATION
INDÉCISION	ALLOCATION	INTIMATION
CODÉCISION	COLOCATION	ESTIMATION
ARTÉMISION	RÉVOCATION	AUTOMATION
TÉLÉVISION	INVOCATION	INHUMATION
INDIVISION	VALIDATION	EXHUMATION
EUROVISION	LAPIDATION	IMPANATION
COMPULSION	INONDATION	ALIÉNATION
PROPULSION	DÉNUDATION	STAGNATION
CONVULSION	EXSUDATION	ORDINATION
PRÉHENSION	RECRÉATION	PAGINATION
PRÉPENSION	RÉCRÉATION	GÉMINATION
PROPENSION	DIVAGATION	DOMINATION

NOMINATION
RUMINATION
SUPINATION
DIVINATION
DÉTONATION
INTONATION
USURPATION
CRISPATION
OCCUPATION
RÉPARATION
SÉPARATION
EXÉCRATION
LIBÉRATION
LACÉRATION
MACÉRATION
ULCÉRATION
FÉDÉRATION
SIDÉRATION
MODÉRATION
NUMÉRATION
GÉNÉRATION
VÉNÉRATION
ALTÉRATION
ÉMIGRATION
ADMIRATION
ASPIRATION
EXPIRATION
RETIRATION
DÉCORATION
MAJORATION
CHLORATION
COLORATION
MINORATION
FLUORATION
ABERRATION
FILTRATION
CENTRATION
CASTRATION
LUSTRATION
INDURATION
FIGURATION
ABJURATION
ADJURATION
BORURATION
MATURATION
SATURATION
OBTURATION
SINISATION
IONISATION
COTISATION
ACCUSATION
RÉCUSATION
DILATATION
FLUATATION
TRACTATION
ÉRUCTATION
VÉGÉTATION

HABITATION
RÉCITATION
LICITATION
INCITATION
EXCITATION
MÉDITATION
COGITATION
LIMITATION
CAPITATION
IRRITATION
HÉSITATION
VISITATION
ÉQUITATION
CAVITATION
LÉVITATION
INVITATION
EXALTATION
EXULTATION
PLANTATION
DÉNOTATION
ANNOTATION
ADAPTATION
COAPTATION
COOPTATION
PRESTATION
FLOTTATION
RÉFUTATION
SALUTATION
DÉPUTATION
RÉPUTATION
AMPUTATION
IMPUTATION
ÉVACUATION
GRADUATION
ÉVALUATION
ADÉQUATION
INÉQUATION
EXCAVATION
SALIVATION
DÉRIVATION
ACTIVATION
MOTIVATION
ESTIVATION
RÉNOVATION
INNOVATION
ÉNERVATION
RELAXATION
DÉTAXATION
INDEXATION
ABRÉACTION
RÉFRACTION
EFFRACTION
INFRACTION
DÉTRACTION
RÉTRACTION
ATTRACTION
EXTRACTION

CONFECTION
PERFECTION
PROJECTION
SURJECTION
RÉÉLECTION
COLLECTION
INSPECTION
ANÉRECTION
CORRECTION
SURRECTION
TRISECTION
BISSECTION
DISSECTION
PROTECTION
CONVECTION
PRÉDICTION
AFFLICTION
CONVICTION
EXTINCTION
ADJONCTION
INJONCTION
TRADUCTION
SUBDUCTION
CONDUCTION
PRODUCTION
COMPLÉTION
CONCRÉTION
DISCRÉTION
IMBIBITION
INHIBITION
EXHIBITION
COERCITION
EXPÉDITION
ÉBULLITION
DÉMOLITION
DÉFINITION
ADMONITION
APPARITION
CONTRITION
TRANSITION
DÉPOSITION
IMPOSITION
APPOSITION
OPPOSITION
EXPOSITION
RÉPÉTITION
PRÉTENTION
CONTENTION
ABSTENTION
SUBVENTION
PRÉVENTION
CONVENTION
LOCOMOTION
CONCEPTION
PERCEPTION
RÉDEMPTION
PRÉEMPTION

PÉREMPTION
ASSOMPTION
ABSORPTION
ADSORPTION
DÉSORPTION
RÉSORPTION
CORRUPTION
DISRUPTION
PROPORTION
SUGGESTION
CONGESTION
EXHAUSTION
COMBUSTION
ANTRUSTION
PRÉCAUTION
ALLOCUTION
ABSOLUTION
RÉSOLUTION
DÉVOLUTION
DÉVOLUTION
RÉVOLUTION
INVOLUTION
DIMINUTION
REPARUTION
COMPLEXION
CALE-ÉTALON
PENTATHLON
HEPTATHLON
BEAUVALLON
AVOCAILLON
NOBLAILLON
TOURAILLON
BOURBILLON
TOURBILLON
CHATEILLON
BOUTEILLON
CRAMPILLON
GRAPPILLON
TRAPPILLON
CENDRILLON
CENDRILLON
VOUVRILLON
ÉTRÉSILLON
CROISILLON
ROUSSILLON
L'AIGUILLON
ÉCOUVILLON
GROIZILLON
BINET-SIMON
SAINT-SIMON
BACKGAMMON
SINE QUA NON
CHAMPIGNON
INTERFÉRON
MOUILLERON
HEPTAMÉRON
POTIMARRON

QUERCITRON
FOURNEYRON
ROWLANDSON
RICHARDSON
FRONDAISON
PORCHAISON
FAUCHAISON
EXHALAISON
PÉRORAISON
POUTRAISON
DEMI-SAISON
FLOTTAISON
DÉCUVAISON
ANTIPOISON
MONTBRISON
STEPHENSON
TRANSPOSON
MACPHERSON
PAILLASSON
NOURRISSON
PRÉCUISSON
FLEURIATON
PHOTOMATON
BRISE-BÉTON
SHACKLETON
FEUILLETON
MOUSQUETON
WASHINGTON
WELLINGTON
DARLINGTON
BURLINGTON
LEAMINGTON
WILMINGTON
WARRINGTON
TORRINGTON
DEMI-CANTON
SAINT-ANTON
FULMICOTON
JARNICOTON
ANTIPROTON
CLAPPERTON
CLIPPERTON
CHESTERTON
CHATTERTON
CHATTERTON
EDMUNDSTON
CHARLESTON
CHARLESTON
PALMERSTON
PORTE-SAVON
ANGLO-SAXON
ANGLO-SAXON
AMPHITRYON
AMPHITRYON
AMPHICTYON
MATTERHORN
WETTERHORN

IBN KHALDUN
MONT-VERDUN
CHÂTEAUDUN
JEAN DE MEUN
BEN JELLOUN
ISKENDERUN
INOPPORTUN
BRIDGETOWN
GEORGE TOWN
GEORGETOWN
SIMONSTOWN
FALKENHAYN
ANNE BOLEYN
POOL MALEBO
PARAMARIBO
TIAHUANACO
PUERTO RICO
TLATELOLCO
AFICIONADO
ARCIMBOLDO
RITARDANDO
DIMINUENDO
GROSSO MODO
BANDE-VIDÉO
MONTEVIDEO
BARTOLOMEO
INTERTRIGO
MOYEN-CONGO
NYIRAGONGO
AVION-CARGO
PORTO VELHO
MOGADISCIO
VERROCCHIO
SAN ANTONIO
SAN-ANTONIO
VEGA CARPIO
A CONTRARIO
IMPRÉSARIO
PORTOVIEJO
TIMOCHENKO
RODTCHENKO
TCHERNENKO
ARCHIPENKO
KOSCIUSZKO
SÃO GONÇALO
PORT-NAVALO
PIRANDELLO
MASANIELLO
LARDERELLO
HERMOSILLO
CARACCIOLO
MONTE-CARLO
GUANTÁNAMO
LITTLE NEMO
PIANISSIMO
FORTISSIMO
BRAVISSIMO

SAN STEFANO
GARIGLIANO
NINO PISANO
TALCAHUANO
VERRAZZANO
CAPPUCCINO
BERNARDINO
ROSSELLINO
CONCERTINO
SHOWA TENNO
MEIJI TENNO
SAINT-BRUNO
SANNAZZARO
CANNIZZARO
GUÉRILLERO
MONTÉNÉGRO
SÁ-CARNEIRO
YATSUSHIRO
CÓRDOBA ORO
GREENSBORO
CAGLIOSTRO
VALPARAÍSO
BELGIOJOSO
CAMPOBASSO
MATO GROSSO
GUANAJUATO
SACRAMENTO
SERPA PINTO
MEZZOTINTO
ROMAN-PHOTO
ALLEGRETTO
ESPRESSIVO
DOMODEDOVO
CHIMBORAZO
TANGE KENZO
SAN LORENZO
INTERMEZZO
GUI D'AREZZO
MICHELOZZO
LEADERSHIP
SISTER-SHIP
GRAND-CHAMP
SUR-LE-CHAMP
RIBBENTROP
BLENKINSOP
CONTRECOUP
PIED-DE-LOUP
TÊTE-DE-LOUP
SAUT-DE-LOUP
CHANTELOUP
AL-FARAZDAQ
PONT-À-MARCQ
CRÊTE-DE-COQ
PUVIRNITUQ
VOITURE-BAR
CAMPING-CAR
MADAGASCAR
SPORTSWEAR
AHMADNAGAR
ULHASNAGAR
BIRATNAGAR
GUETHARIAR
EURODOLLAR
BICHELAMAR
SAXE-WEIMAR
MONTÉLIMAR
VIÑA DEL MAR
EL-HADJ OMAR
HYPOTHÉNAR
VALLEDUPAR
SALMANASAR
SALMANAZAR
DÉSINHIBER
SURPLOMBER
RÉABSORBER
ENTRELACER
MANIGANCER
COFINANCER
ENSEMENCER
RÉFÉRENCER
INFLUENCER
DÉSAMORCER
RESSOURCER
ACQUIESCER
COURROUCER
BARRICADER
CAVALCADER
EMBRIGADER
ABD EL-KADER
PALISSADER
RÉTROCÉDER
INTERCÉDER
DÉPOSSÉDER
CONSOLIDER
TÉLÉGUIDER
TRANSVIDER
SENEFELDER
MARCHANDER
AFFRIANDER
ACHALANDER
ARGELANDER
HIGHLANDER
REDEMANDER
GOURMANDER
VILIPENDER
FASSBINDER
VAGABONDER
SURABONDER
TRANSCODER
ACCOMMODER
INCOMMODER
CHAMBARDER
BRANCARDER
BOUCHARDER
MOUCHARDER
FLEMMARDER
POIGNARDER
ÉCHAFAUDER
COURTAUDER
MARIVAUDER
STADHOUDER
STATHOUDER
IJSSELMEER
VAN DER MEER
ZOETERMEER
SCHRIEFFER
BONHOEFFER
ÉBOURIFFER
RÉCHAUFFER
FRAUNHOFER
DÉSENGAGER
TREILLAGER
DÉDOMMAGER
ENDOMMAGER
RÉAMÉNAGER
DÉCOURAGER
ENCOURAGER
AFFOURAGER
DÉPARTAGER
REPARTAGER
ULTRALÉGER
SUPER-LÉGER
DÉSAGRÉGER
BOOTLEGGER
DÉSOBLIGER
RECORRIGER
RÉARRANGER
CHALLENGER
STAUDINGER
INTERROGER
SURCHARGER
HYDROFUGER
SCHUMACHER
EMPANACHER
AMOURACHER
POURLÉCHER
SCHLEICHER
SCHŒLCHER
REMMANCHER
DÉBRANCHER
EMBRANCHER
RETRANCHER
DÉCLENCHER
ENCLENCHER
RABIBOCHER
EFFILOCHER
GUILLOCHER
RACCROCHER
RAPPROCHER
RECHERCHER
AFFOURCHER

ENFOURCHER
DE VISSCHER
DISPATCHER
LOIR-ET-CHER
REMBAUCHER
CHEVAUCHER
DESSOUCHER
JEAN FISHER
VALLORBIER
POPULACIER
DISGRACIER
CANÉFICIER
BÉNÉFICIER
ARTIFICIER
SUPPLICIER
NOURRICIER
ÉCHÉANCIER
OUTRANCIER
DISTANCIER
AUDIENCIER
TRÉFONCIER
RENÉGOCIER
LIMONADIER
BIGARADIER
RÉEXPÉDIER
MONTDIDIER
TISSANDIER
STIPENDIER
PSALMODIER
BOMBARDIER
BOMBARDIER
ANACARDIER
MOUTARDIER
PLANCHÉIER
GOUGNAFIER
RIGIDIFIER
SOLIDIFIER
HUMIDIFIER
FLUIDIFIER
DRAGÉIFIER
SIMPLIFIER
SAPONIFIER
ÉTHÉRIFIER
ESTÉRIFIER
ÉMULSIFIER
CLASSIFIER
STRATIFIER
SANCTIFIER
FRUCTIFIER
QUANTIFIER
IDENTIFIER
PLASTIFIER
REVIVIFIER
DÉNAZIFIER
ALIBOUFIER
RIVE-DE-GIER
PISTACHIER
JOURNALIER
MINÉRALIER
FRONTALIER
ENSEMBLIER
ANTIBÉLIER
CHANCELIER
CHANDELIER
MONTPELIER
BOURRELIER
VAISSELIER
BOISSELIER
BERSAGLIER
IMMOBILIER
DOMICILIER
SOURCILIER
FOURMILIER
PRUNELLIER
DENTELLIER
CARTELLIER
MÉDAILLIER
BOUTILLIER
AIGUILLIER
COQUILLIER
CHEVILLIER
WARCOLLIER
ÉPISTOLIER
MULTIPLIER
PONTARLIER
IRRÉGULIER
BANCOULIER
STAPHYLIER
SAINT-IMIER
PRINTANIER
QUARTANIER
CARAVANIER
MONTAGNIER
FONTAINIER
CARABINIER
MÉDICINIER
TAMARINIER
MAGASINIER
CARBONNIER
BRACONNIER
GARÇONNIER
FAUCONNIER
AMIDONNIER
CORDONNIER
PIGEONNIER
PLAFONNIER
DRAGONNIER
THIMONNIER
MARRONNIER
FERRONNIER
CITRONNIER
SAISONNIER
PRISONNIER
PIÉTONNIER
CANTONNIER
SANTONNIER
MENTONNIER
PONTONNIER
CARTONNIER
BOUTONNIER
MOUTONNIER
BRUGNONIER
MEISSONIER
CAP-HORNIER
COÉQUIPIER
TÉLÉCOPIER
POLYCOPIER
CONTRARIER
CALENDRIER
VINAIGRIER
APPROPRIER
EXPROPRIER
FOX-TERRIER
AVENTURIER
TEINTURIER
MANOUVRIER
APOSTASIER
PARADISIER
TRAVERSIER
TRACASSIER
AVOCASSIER
PLUMASSIER
COGNASSIER
CARNASSIER
CUIRASSIER
TERRASSIER
CASSISSIER
CARROSSIER
MONTAUSIER
MARGOUSIER
GUICHETIER
LE PELETIER
CHAÎNETIER
GRAINETIER
ROBINETIER
CABARETIER
CHARRETIER
BRIQUETIER
PARQUETIER
COHÉRITIER
BISCUITIER
ASPHALTIER
PARMENTIER
PARMENTIER
CARPENTIER
BRÉMONTIER
ABRICOTIER
ANECDOTIER
INDIGOTIER
BISTROTIER
DUMONSTIER

FLIBUSTIER
DUMOUSTIER
REGRATTIER
CREVETTIER
CACHOTTIER
CHARCUTIER
PELLOUTIER
MARMOUTIER
PERDIGUIER
HARENGUIER
VILLEQUIER
CHIMIQUIER
BOUTIQUIER
PERRUQUIER
AMADOUVIER
PALÉTUVIER
STROSMAJER
WEIZSÄCKER
CORN-PICKER
SEERSUCKER
STRIP-POKER
INTERCALER
RASSEMBLER
RESSEMBLER
ENSORCELER
DÉCONGELER
ENTREMÊLER
RESSEMELER
DÉBOSSELER
ENCHÂTELER
DÉMANTELER
ENCASTELER
DÉCERVELER
RENOUVELER
ESSOUFFLER
PANTOUFLER
DESSANGLER
KAHNWEILER
TRANSFILER
DÉFAUFILER
HORRIPILER
TRIMBALLER
BEST-SELLER
CONSTELLER
CARCAILLER
POULAILLER
CHAMAILLER
REMMAILLER
GRENAILLER
SONNAILLER
REMPAILLER
COUPAILLER
DÉBRAILLER
FERRAILLER
TORRAILLER
MITRAILLER
COURAILLER

GRISAILLER
AVITAILLER
TRAVAILLER
DÉGOBILLER
SOURCILLER
SOMMEILLER
CONSEILLER
BOUTEILLER
SURVEILLER
FOURMILLER
DÉCANILLER
ÉCHENILLER
GRAPPILLER
ÉPARPILLER
HOUSPILLER
ÉTOUPILLER
QUADRILLER
ESSORILLER
SCINTILLER
POINTILLER
ENDEUILLER
EFFEUILLER
BIDOUILLER
ANDOUILLER
BAFOUILLER
CAFOUILLER
REFOUILLER
AFFOUILLER
MAGOUILLER
PIGOUILLER
ZIGOUILLER
REMOUILLER
DÉPOUILLER
DÉROUILLER
VASOUILLER
PATOUILLER
PÉTOUILLER
GAZOUILLER
RESQUILLER
GUEBWILLER
BOUXWILLER
CARAMBOLER
CAMBRIOLER
EXTRAPOLER
INTERPOLER
RAFISTOLER
CONTEMPLER
QUADRUPLER
QUINTUPLER
PELLICULER
GESTICULER
RECALCULER
TRIANGULER
DISSIMULER
REFORMULER
DESSAOULER
CHAMBOULER

DÉBAGOULER
DÉCAPSULER
SCHNITZLER
BLASPHÉMER
KRETSCHMER
HORKHEIMER
WERTHEIMER
RÉIMPRIMER
DÉSARRIMER
MILLÉSIMER
SURESTIMER
MÉSESTIMER
PROGRAMMER
BABY-BOOMER
RÉAFFIRMER
PYLA-SUR-MER
LION-SUR-MER
BATZ-SUR-MER
DÉSENFUMER
TRANSHUMER
ACCOUTUMER
FILIGRANER
HYDROGÉNER
DÉSALIÉNER
RASSÉRÉNER
RESSAIGNER
RENSEIGNER
DÉSALIGNER
RÉASSIGNER
ÉGRATIGNER
BARGUIGNER
RENFROGNER
CUBITAINER
RECOMBINER
REMBOBINER
REVACCINER
RATIOCINER
HALLUCINER
APRÈS-DÎNER
PARAFFINER
DÉGOULINER
CONTAMINER
RÉEXAMINER
DISSÉMINER
RÉCRIMINER
INCRIMINER
PRÉDOMINER
DÉTERMINER
EXTERMINER
TURLUPINER
GLYCÉRINER
ORGANSINER
ASSASSINER
AGGLUTINER
EMBÉGUINER
MAROQUINER
TRUSQUINER

ENRUBANNER
DÉSABONNER
CHARBONNER
REFAÇONNER
ÉTANÇONNER
POINÇONNER
TRONÇONNER
SOUPÇONNER
ABANDONNER
COORDONNER
BOURDONNER
DRAGEONNER
CHIFFONNER
GRIFFONNER
BOUFFONNER
FOURGONNER
RONCHONNER
TORCHONNER
BOUCHONNER
VIBRIONNER
PENSIONNER
PASSIONNER
FISSIONNER
STATIONNER
OVATIONNER
SECTIONNER
MENTIONNER
ÉMOTIONNER
CAUTIONNER
DOUBLONNER
HOUBLONNER
ÉCHELONNER
BÂILLONNER
GROGNONNER
CRAMPONNER
GOUDRONNER
BIBERONNER
CLAIRONNER
ENVIRONNER
LIAISONNER
CLOISONNER
MOISSONNER
FRISSONNER
ÉCUSSONNER
CAPITONNER
CHANTONNER
PELOTONNER
DÉGAZONNER
ENGAZONNER
TÉLÉPHONER
BIGOPHONER
RÉINCARNER
ENCASERNER
CONSTERNER
PROSTERNER
COSY-CORNER
CONTOURNER

BISTOURNER
RISTOURNER
VON SUTTNER
AMPLI-TUNER
IMPORTUNER
HANDICAPER
PARTICIPER
SURÉQUIPER
DÉSÉQUIPER
TÉLESCOPER
DÉVELOPPER
ENVELOPPER
PRÉOCCUPER
RONÉOTYPER
DÉSEMPARER
ENTÉNÉBRER
DÉCÉRÉBRER
ÉQUILIBRER
SAUPOUDRER
RÉVERBÉRER
INCARCÉRER
CONFÉDÉRER
CONSIDÉRER
INDIFFÉRER
PROLIFÉRER
INTERFÉRER
TRANSFÉRER
RÉFRIGÉRER
AGGLOMÉRER
OBTEMPÉRER
DÉSESPÉRER
DÉBLATÉRER
DÉSALTÉRER
PERSÉVÉRER
DÉCHIFFRER
ENGOUFFRER
RÉINTÉGRER
TRANSPIRER
COLLABORER
CORROBORER
PHOSPHORER
DÉTÉRIORER
COMMÉMORER
DÉSHONORER
INCORPORER
EXPECTORER
EMPOURPRER
REDÉMARRER
REMBOURRER
PARAMÉTRER
KILOMÉTRER
SOUS-TITRER
CONCENTRER
RENCONTRER
SURCONTRER
ORCHESTRER
SÉQUESTRER

CALFEUTRER
DÉCARBURER
DÉSULFURER
PRÉFIGURER
EMPRÉSURER
SURSATURER
STRUCTURER
DÉSENIVRER
MANŒUVRER
MÉTASTASER
EXTRAVASER
DÉSENVASER
TRANSVASER
ANGLICISER
CATÉCHISER
FRANCHISER
GLOBALISER
VERBALISER
FISCALISER
VANDALISER
LABIALISER
SOCIALISER
FILIALISER
ANIMALISER
FORMALISER
NORMALISER
SIGNALISER
SACRALISER
VASSALISER
BRUTALISER
ANNUALISER
VISUALISER
ACTUALISER
RITUALISER
MUTUALISER
SEXUALISER
DIÉSÉLISER
FIABILISER
VIABILISER
STABILISER
FRAGILISER
STÉRILISER
FOSSILISER
SUBTILISER
FERTILISER
RÉUTILISER
MÉTALLISER
LABELLISER
SATELLISER
JAVELLISER
DIABOLISER
SYMBOLISER
ALCOOLISER
RANDOMISER
ÉCONOMISER
SCOTOMISER
VULCANISER

10

MÉTHANISER
BALKANISER
GERMANISER
HISPANISER
GALVANISER
HELLÉNISER
CRÉTINISER
INDEMNISER
TYRANNISER
SOLENNISER
PÉRENNISER
CARBONISER
PRÉCONISER
HARMONISER
MICRONISER
INTRONISER
MODERNISER
RATIBOISER
FRAMBOISER
PRÉCARISER
VULGARISER
GARGARISER
SCOLARISER
SCÉNARISER
CANCÉRISER
MERCERISER
BONDÉRISER
PAUPÉRISER
SINTÉRISER
CAUTÉRISER
PULVÉRISER
VAMPIRISER
HERBORISER
EUPHORISER
TAYLORISER
TEMPORISER
TERRORISER
FACTORISER
SECTORISER
CICATRISER
ÉLECTRISER
MARTYRISER
MÉDIATISER
DRAMATISER
DOGMATISER
CLIMATISER
AROMATISER
PRIVATISER
GADGÉTISER
BUDGÉTISER
ESTHÉTISER
SOVIÉTISER
MAGNÉTISER
DÉPOÉTISER
HYPNOTISER
DÉBAPTISER
REBAPTISER

EXPERTISER
PALETTISER
SUBDIVISER
IMPROVISER
SUPERVISER
JUXTAPOSER
ENTREPOSER
SURIMPOSER
DÉCOMPOSER
RECOMPOSER
SUPERPOSER
INTERPOSER
INDISPOSER
TRANSPOSER
SUREXPOSER
REMBOURSER
ESCAGASSER
ÉCHALASSER
SURCLASSER
MATELASSER
CAILLASSER
CADENASSER
GROGNASSER
TRAÎNASSER
RAPETASSER
ÉCRIVASSER
PLEUVASSER
INTÉRESSER
PROGRESSER
COMPRESSER
SURBAISSER
RENCAISSER
DÉGRAISSER
ENGRAISSER
DÉPALISSER
DÉFROISSER
LAMBRISSER
RAPETISSER
DÉCHAUSSER
RECHAUSSER
ENCHAUSSER
SURHAUSSER
TRÉMOUSSER
DÉBROUSSER
REBROUSSER
DÉTROUSSER
RETROUSSER
TANNHÄUSER
REDIFFUSER
TRANSFUSER
HYDROLYSER
PHOSPHATER
ACCLIMATER
CARBONATER
RÉHYDRATER
DIFFRACTER
CONTRACTER

PROSPECTER
DISJONCTER
HOFSTADTER
DÉCACHETER
RECACHETER
INTERJETER
SOUFFLETER
FEUILLETER
DÉCOLLETER
SCHUMPETER
ÉPOUSSETER
DÉPAQUETER
EMPAQUETER
DÉCLAVETER
BÊCHEVETER
MALTRAITER
SOLLICITER
EXPLICITER
SUREXCITER
DÉSEXCITER
PRÉMÉDITER
ACCRÉDITER
DÉSULFITER
DÉGURGITER
RÉGURGITER
INGURGITER
PÉRICLITER
DÉCRÉPITER
PRÉCIPITER
DÉSHÉRITER
PRÉTÉRITER
NÉCESSITER
VIREVOLTER
CATAPULTER
FAINÉANTER
TROCHANTER
BRILLANTER
COMPLANTER
SUPPLANTER
PLAISANTER
ÉPOUVANTER
INNOCENTER
ACCIDENTER
DILIGENTER
RÉARGENTER
RÉORIENTER
ORNEMENTER
PAREMENTER
AGRÉMENTER
FRAGMENTER
SÉDIMENTER
BONIMENTER
TOURMENTER
DOCUMENTER
ARGUMENTER
CHARPENTER
APPARENTER

FRÉQUENTER
RÉINVENTER
DESSUINTER
CONFRONTER
DISCOUNTER
REMPRUNTER
TRAFICOTER
MASSICOTER
MENDIGOTER
TREMBLOTER
PAPILLOTER
DÉSADAPTER
PRÉCOMPTER
DISCOMPTER
RÉIMPORTER
RÉEXPORTER
CONTRASTER
GLOUCESTER
MANIFESTER
COLCHESTER
MANCHESTER
WINCHESTER
WINCHESTER
DORCHESTER
ADMONESTER
CONTRISTER
PRÉEXISTER
NEUMÜNSTER
TARABUSTER
DÉSAJUSTER
PIROUETTER
SALZGITTER
BABY-SITTER
MANGEOTTER
DÉCALOTTER
DÉCULOTTER
RECULOTTER
PANNEAUTER
CHAPEAUTER
POIREAUTER
TERREAUTER
TRESSAUTER
DÉNOYAUTER
PERSÉCUTER
RÉPERCUTER
REDISCUTER
CRAPAHUTER
PARACHUTER
COPERMUTER
TRANSMUTER
MARABOUTER
SURAJOUTER
CAILLOUTER
DÉMAZOUTER
PHAGOCYTER
SCHONGAUER
PRANDTAUER
CONTRIBUER
DISTRIBUER
DÉFATIGUER
PROMULGUER
VALDINGUER
ÉTALINGUER
DÉGLINGUER
SCHLINGUER
BERLINGUER
EMBRINGUER
DISTINGUER
CATALOGUER
HOMOLOGUER
MONOLOGUER
SURÉVALUER
DÉSÉCHOUER
ESTOMAQUER
BIVOUAQUER
CLAUDIQUER
COMPLIQUER
RAPPLIQUER
POLÉMIQUER
TOURNIQUER
PLASTIQUER
INTOXIQUER
REQUINQUER
SOLILOQUER
ÉQUIVOQUER
REMBARQUER
CONFISQUER
RÉHABITUER
SUBSTITUER
CONSTITUER
PROSTITUER
PARACHEVER
CANTILEVER
CHAMPLEVER
SAINT-SEVER
SNAKE RIVER
DÉSACTIVER
OBJECTIVER
ADJECTIVER
INVECTIVER
EISENHOWER
DÉSINDEXER
DÉSENRAYER
ERLENMEYER
REDÉPLOYER
RÉEMPLOYER
DÉGRAVOYER
DÉSENNUYER
SCHWEITZER
BUNDESWEHR
REICHSWEHR
SAINT CLAIR
BOUC-BEL-AIR
CONTRE-VAIR
AÏD-EL-KÉBIR
RACCOURCIR
RESPLENDIR
ABASOURDIR
RAFRAÎCHIR
DÉFRAÎCHIR
REBLANCHIR
AFFRANCHIR
DIYARBAKIR
PRÉÉTABLIR
ACCUEILLIR
RECUEILLIR
ENTRETENIR
APPARTENIR
INTERVENIR
DÉGORGEOIR
ÉBRANCHOIR
EMBAUCHOIR
EMBOUCHOIR
ÉQUIVALOIR
EURE-ET-LOIR
BEAUMANOIR
PRINCE NOIR
TAMPONNOIR
SUSPENSOIR
OURDISSOIR
BRUNISSOIR
REPOUSSOIR
DÉPLANTOIR
PRÉSENTOIR
SURMONTOIR
DÉCROTTOIR
APERCEVOIR
REPOURVOIR
REPLEUVOIR
PROMOUVOIR
DEMI-SOUPIR
ENTROUVRIR
APPESANTIR
PRESSENTIR
RÉASSORTIR
RÉINVESTIR
ASSUJETTIR
ROND-DE-CUIR
SIMILICUIR
EL SALVADOR
CORREGIDOR
BOUTONS-D'OR
MARIE TUDOR
ZIGUINCHOR
CHANCELLOR
NEW WINDSOR
OULAN-BATOR
TRANSISTOR
MONTEMAYOR
DÉBOURBEUR
AMBIANCEUR

SÉQUENCEUR
QUÉMANDEUR
COMMANDEUR
COMMANDEUR
DESCENDEUR
PROFONDEUR
TRIMARDEUR
CHAPARDEUR
ESBROUFEUR
DÉMÉNAGEUR
NAUFRAGEUR
FOURRAGEUR
VENDANGEUR
DÉFRICHEUR
PASTICHEUR
BAMBOCHEUR
ACCROCHEUR
DÉCROCHEUR
DÉMARCHEUR
TCHATCHEUR
DÉBOUCHEUR
ACCOUCHEUR
RETOUCHEUR
POSTÉRIEUR
SCRABBLEUR
ASSEMBLEUR
CHANDELEUR
PIQUE-FLEUR
PERSIFLEUR
ÉTRANGLEUR
RENTOILEUR
DÉSHUILEUR
QUERELLEUR
MÉDAILLEUR
CRIAILLEUR
VOLAILLEUR
RIMAILLEUR
PINAILLEUR
RIPAILLEUR
EMPAILLEUR
ORPAILLEUR
DÉRAILLEUR
TIRAILLEUR
CORAILLEUR
BATAILLEUR
GOUAILLEUR
TORPILLEUR
GASPILLEUR
TOUPILLEUR
BOUSILLEUR
AIGUILLEUR
BROUILLEUR
MAQUILLEUR
BATIFOLEUR
BOUCHOLEUR
VITRIOLEUR
MONOPOLEUR

CONTRÔLEUR
VÉHICULEUR
TOUCOULEUR
ÉTAU-LIMEUR
MAINTENEUR
SURLIGNEUR
PARRAINEUR
ENTRAÎNEUR
ENLUMINEUR
BARATINEUR
BOUQUINEUR
RANÇONNEUR
RANDONNEUR
PLAFONNEUR
DÉSHONNEUR
CAMIONNEUR
ACTIONNEUR
SERMONNEUR
TAMPONNEUR
HARPONNEUR
RAISONNEUR
CRAYONNEUR
GOUVERNEUR
FLAGORNEUR
CACHE-CŒUR
SACRÉ-CŒUR
SACRÉ-CŒUR
CRÈVE-CŒUR
CRÈVECŒUR
BELLE-SŒUR
KIDNAPPEUR
ACCAPAREUR
MASSACREUR
CYLINDREUR
SOUS-VIREUR
DÉTARTREUR
DISCOUREUR
RÉASSUREUR
DÉCOUVREUR
LECOUVREUR
EXERCISEUR
TOTALISEUR
NÉBULISEUR
ORGANISEUR
CHAMOISEUR
POLARISEUR
NUMÉRISEUR
TÉLÉVISEUR
PROPULSEUR
CONDENSEUR
PRÉHENSEUR
SUSPENSEUR
PRÉCURSEUR
CONCASSEUR
EMBRASSEUR
SUCCESSEUR
PROCESSEUR

CONFESSEUR
PROFESSEUR
REDRESSEUR
RÉPRESSEUR
OPPRESSEUR
POSSESSEUR
ENCAISSEUR
DURCISSEUR
RAIDISSEUR
VERNISSEUR
GUÉRISSEUR
PÉTRISSEUR
SAURISSEUR
SERTISSEUR
REHAUSSEUR
CATALYSEUR
INCUBATEUR
INDICATEUR
INVOCATEUR
HORODATEUR
DÉLÉGATEUR
FUMIGATEUR
NAVIGATEUR
GLADIATEUR
AMODIATEUR
SPOLIATEUR
INITIATEUR
INHALATEUR
RÉVÉLATEUR
MUTILATEUR
FABULATEUR
TABULATEUR
OSCULATEUR
MODULATEUR
RÉGULATEUR
SIMULATEUR
COPULATEUR
DÉCIMATEUR
ESTIMATEUR
ORDINATEUR
DOMINATEUR
SUPINATEUR
DIVINATEUR
CODONATEUR
RÉSONATEUR
DÉTONATEUR
USURPATEUR
RÉPARATEUR
SÉPARATEUR
LIBÉRATEUR
MACÉRATEUR
FÉDÉRATEUR
MODÉRATEUR
NUMÉRATEUR
GÉNÉRATEUR
ADMIRATEUR
ASPIRATEUR

EXPIRATEUR
DÉCORATEUR
DÉVORATEUR
CASTRATEUR
SATURATEUR
OBTURATEUR
ACCUSATEUR
DILATATEUR
SPECTATEUR
INCITATEUR
EXCITATEUR
ANNOTATEUR
ADAPTATEUR
SCRUTATEUR
ÉVACUATEUR
ÉVALUATEUR
EXCAVATEUR
ACTIVATEUR
RÉNOVATEUR
INNOVATEUR
TÉLÉACTEUR
BIRÉACTEUR
COMPACTEUR
RÉFRACTEUR
DÉTRACTEUR
EXTRACTEUR
CONTACTEUR
PROJECTEUR
DÉFLECTEUR
RÉFLECTEUR
COLLECTEUR
CONNECTEUR
INSPECTEUR
CORRECTEUR
TRISECTEUR
BISSECTEUR
PROTECTEUR
CONVECTEUR
EXTINCTEUR
TRADUCTEUR
CONDUCTEUR
PRODUCTEUR
CROCHETEUR
ROUSPÉTEUR
PROPRÉTEUR
BRIQUETEUR
ÉTIQUETEUR
MARQUETEUR
PARQUETEUR
MALFAITEUR
CODÉBITEUR
INHIBITEUR
EXPÉDITEUR
GRAFFITEUR
DYNAMITEUR
DÉLIMITEUR
DÉFINITEUR

EXPLOITEUR
APPARITEUR
RÉPÉTITEUR
SURVOLTEUR
APICULTEUR
AVICULTEUR
CONSULTEUR
BROCANTEUR
ENCHANTEUR
APESANTEUR
FERMENTEUR
EMPRUNTEUR
CHUCHOTEUR
BOUCHOTEUR
COMPLOTEUR
ESCAMOTEUR
BLOC-MOTEUR
MARÉMOTEUR
LOCOMOTEUR
IDÉOMOTEUR
VÉLOMOTEUR
MONOMOTEUR
VASOMOTEUR
AUTOMOTEUR
CLIGNOTEUR
NUMÉROTEUR
PRÉCEPTEUR
CONCEPTEUR
PERCEPTEUR
RÉDEMPTEUR
CORRUPTEUR
TRIPORTEUR
COLPORTEUR
RAPPORTEUR
SUPPORTEUR
COMPOSTEUR
EXHAUSTEUR
RACKETTEUR
BASKETTEUR
RÉÉMETTEUR
PROMETTEUR
RAQUETTEUR
SCHLITTEUR
BOYCOTTEUR
DÉCROTTEUR
COADJUTEUR
HARANGUEUR
MATRAQUEUR
CRITIQUEUR
DÉMARQUEUR
REMORQUEUR
ENJOLIVEUR
CONSERVEUR
COURMAYEUR
POURVOYEUR
PORT-ARTHUR
WINTERTHUR

TROUBADOUR
ROCAMADOUR
ROCAMADOUR
CULS-DE-FOUR
MONTMAJOUR
CONTRE-JOUR
SAINT-FLOUR
CÔTE D'AMOUR
SAINT-AMOUR
SAINT-AMOUR
YOM KIPPOUR
MERCANTOUR
JAMSHEDPUR
BAHAWALPUR
SAHARANPUR
IMPRIMATUR
NE VARIETUR
MARIN DE TYR
PROTÈGE-BAS
ANTALCIDAS
ESMERALDAS
SAN ANDREAS
SOUI-MANGAS
ÉPISPADIAS
CHLAMYDIAS
MATTATHIAS
SAINT ELIAS
GALIMATIAS
AMR IBN AL-AS
DALAÏ-LAMAS
CATOBLÉPAS
GYROCOMPAS
FIERS-À-BRAS
APPUIE-BRAS
APPUIS-BRAS
SOAP OPERAS
PROTAGORAS
CARPENTRAS
DUPLICATAS
INTERCLUBS
YACHT-CLUBS
NIGHT-CLUBS
GRANDS LACS
BLANCS-BECS
SALAMALECS
PORCS-ÉPICS
SOUL MUSICS
CULS-BLANCS
FERS-BLANCS
CONTRE-ARCS
GRANDS-DUCS
CASSE-PIEDS
PASSE-PIEDS
BIENS-FONDS
HAUTS-FONDS
PLATS-BORDS
PORTE-BÉBÉS

GARDE-ROBES
SOUS-BARBES
LAVE-GLACES
LÈVE-GLACES
DEMI-PLACES
DEMI-PIÈCES
DEUX-PIÈCES
BOX-OFFICES
FREE-LANCES
GÂTE-SAUCES
PASARGADES
EVERGLADES
READY-MADES
CARBONADES
HIT-PARADES
AGHLABIDES
ARHLABIDES
PÈSE-ACIDES
SÉLEUCIDES
HAMMADIDES
HÉRACLIDES
NAHMANIDES
SASSANIDES
GERSONIDES
SEMI-ARIDES
HESPÉRIDES
BÉDARRIDES
TIMOURIDES
WATTASIDES
ABBASSIDES
TOPO-GUIDES
DEMI-SOLDES
TIRE-BONDES
BIEN-FONDÉS
MICRO-ONDES
DEMI-RONDES
SOUS-GARDES
CENT-GARDES
GALVAUDÉES
DEMI-VOLÉES
SEXTUPLÉES
BIEN-AIMÉES
NON ANIMÉES
ENLUMINÉES
PORTE-ÉPÉES
ÉDULCORÉES
SURVOLTÉES
ARC-BOUTÉES
SOUS-LOUÉES
ENTRE-TUÉES
SOUS-PAYÉES
TECTOSAGES
ALLOBROGES
LES ÉPARGES
APPALACHES
SANDWICHES
SALLANCHES

VIDE-POCHES
BALOUTCHES
LES HOUCHES
TUE-MOUCHES
DESTOUCHES
ENTRE-HAÏES
MILLERAIES
LANDRECIES
HARPIGNIES
WATTIGNIES
BETTIGNIES
PIERRERIES
HORS-SÉRIES
CAR-FERRIES
NON-INITIÉS
ROAD-MOVIES
MILK-SHAKES
CORN FLAKES
SEMI-COCKES
LUPERCALES
AVANT-CALES
RÉGIONALES
SATURNALES
PARENTALES
CHIROUBLES
TOP-MODÈLES
LOS ANGELES
CURE-ONGLES
COUPE-FILES
SERRE-FILES
FAC-SIMILÉS
PARE-BALLES
COURCELLES
SEYCHELLES
FLESSELLES
ÉCROUELLES
AUXQUELLES
PRÉFAILLES
ENTRAILLES
VERSAILLES
CORMEILLES
CRUSEILLES
EFFEUILLES
ÉCHIROLLES
AUTO-ÉCOLES
QUADRUPLÉS
QUINTUPLÉS
SAINT-JAMES
BRISE-LAMES
PORTE-LAMES
BOUTS-RIMÉS
PRIME TIMES
SOUS-HOMMES
VIDE-POMMES
MOBIL-HOMES
MOTOR-HOMES
INTERARMES

NON-ALIGNÉS
TIRE-LIGNES
TOUSSAINES
GRENADINES
TIRE-VEINES
DESSALINES
GRAVELINES
STRIP-LINES
ZAFFARINES
CHARAVINES
EAUX-VANNES
FARCIENNES
EAUX-BONNES
COORDONNÉS
GROGNONNES
BURNE-JONES
LEROI JONES
LAZZARONES
NOUVEAU-NÉS
VAN DER GOES
CASSE-PIPES
RHÔNE-ALPES
SOUS-NAPPES
RATS-TAUPES
LE BARCARÈS
MANZANARES
LOIS-CADRES
DESLANDRES
SOUS-ORDRES
CELTIBÈRES
CAMBACÉRÈS
CONFÉDÉRÉS
PLOMBIÈRES
PLOMBIÈRES
GAIGNIÈRES
BADINIÈRES
COURRIÈRES
SESTRIÈRES
GRAND-MÈRES
MÔN-KHMÈRES
DURES-MÈRES
BEAUX-PÈRES
DEMI-FRÈRES
SOUS-FIFRES
HONORAIRES
SANITAIRES
CHOKE-BORES
PESCADORES
CHOÉPHORES
CODE-BARRES
DEMI-LITRES
SOUS-TITRES
SOUS-TITRÉS
LÈVE-VITRES
BAS-VENTRES
DEMI-HEURES
TÂRGU MURES

DEUX-SÈVRES
SEMI-OUVRÉS
ANACROISÉS
POCATOISES
SOUS-TASSES
TIRE-FESSES
LES ROUSSES
DEMI-PAUSES
GLORIEUSES
CI-INCLUSES
TOUNGOUSES
RÉTROACTES
PENSE-BÊTES
MASSAGÈTES
CASSAVETES
SOUS-FAÎTES
AMALÉCITES
COMMODITÉS
FRIVOLITÉS
HACHÉMITES
HACHIMITES
RIVESALTES
RIVESALTES
CORRIENTES
BAS-JOINTÉS
GARDE-CÔTES
PIQUE-NOTES
BLOCS-NOTES
EAUX-FORTES
OUDMOURTES
LOYALISTES
HORS-PISTES
AMOURETTES
CUISSETTES
TIRE-BOTTES
RASE-MOTTES
ARGONAUTES
DEMI-QUEUES
MANDINGUES
SORLINGUES
ZAPOROGUES
FRÉJORGUES
PLUS-VALUES
TOTONAQUES
ZAPOTÈQUES
HUAXTÈQUES
GÉORGIQUES
BUCOLIQUES
DINARIQUES
GROTESQUES
CHÉRUSQUES
CHOUX-RAVES
LAQUEDIVES
CACHE-SEXES
ARTAXERXÈS
ASHKÉNAZES
ROAST-BEEFS

BAS-RELIEFS
PORTE-CLEFS
DEMI-TARIFS
TEUFS-TEUFS
BOW-STRINGS
MAIL-COACHS
BULL-FINCHS
TEST-MATCHS
OSTROGOTHS
PISCIACAIS
BLAGNACAIS
FLOIRACAIS
CROISICAIS
COUTANÇAIS
BANGLADAIS
BANGLADAIS
FRONSADAIS
CAUSSADAIS
HOLLANDAIS
HOLLANDAIS
FINLANDAIS
FINLANDAIS
MARMANDAIS
GUÉRANDAIS
TRIBORDAIS
AIRVAUDAIS
MOISSAGAIS
KARATCHAÏS
SRI LANKAIS
SRI LANKAIS
NEW-YORKAIS
NEW-YORKAIS
MIREBALAIS
SÉNÉGALAIS
SÉNÉGALAIS
CINGHALAIS
CINGHALAIS
PORT-VILAIS
LAMBALLAIS
BAZEILLAIS
QUEVILLAIS
DAMVILLAIS
YERVILLAIS
FAUVILLAIS
CHAROLLAIS
VITROLLAIS
GRISOLLAIS
LE RICOLAIS
BALNÉOLAIS
BEAUJOLAIS
BEAUJOLAIS
BRIGNOLAIS
PAIMPOLAIS
BOUZOULAIS
SURINAMAIS
BRANTÔMAIS
SOUNDANAIS

SEICHANAIS
STÉPHANAIS
ABIDJANAIS
CONFLANAIS
MAILLANAIS
QUILLANAIS
LÉOGNANAIS
TOURNANAIS
TÉHÉRANAIS
SAMATANAIS
BHOUTANAIS
BOTSWANAIS
BOUGUENAIS
MONTAGNAIS
MORTAGNAIS
HOURTINAIS
LANJUINAIS
GARDANNAIS
LOUHANNAIS
ÉCOUENNAIS
CARBONNAIS
NARBONNAIS
LISBONNAIS
LISBONNAIS
EAUBONNAIS
MEUDONNAIS
LUCHONNAIS
DIVIONNAIS
SAUJONNAIS
CHALONNAIS
VALLONNAIS
BOULONNAIS
BOULONNAIS
TOULONNAIS
VERNONNAIS
CRAPONNAIS
GLARONNAIS
VOIRONNAIS
GORRONNAIS
COURONNAIS
MAISONNAIS
VAISONNAIS
HIRSONNAIS
CESSONNAIS
SISSONNAIS
MENTONNAIS
BETTONNAIS
CROZONNAIS
MOUZONNAIS
SALOMONAIS
TOURNONAIS
GABORONAIS
AUDIERNAIS
LIBOURNAIS
LES AUBRAIS
THOUARSAIS
BOUSCATAIS

SAILLATAIS
ÉTRETATAIS
HERBRETAIS
HÉRAULTAIS
LORIENTAIS
CHARENTAIS
CHARENTAIS
PIÉMONTAIS
PIÉMONTAIS
CAMARGUAIS
CAMARGUAIS
TUPINAMBIS
SEMMELWEIS
CURIA REGIS
RIS-ORANGIS
GUILLOCHIS
MITSOTÁKIS
BRIGUE-GLIS
CORNWALLIS
SINT-GILLIS
CAFOUILLIS
GAZOUILLIS
CARAMANLIS
KARAMANLÍS
TORTICOLIS
HIÉRAPOLIS
PERSÉPOLIS
AMPHIPOLIS
HÉLIOPOLIS
HERMOPOLIS
PETRÓPOLIS
ANTIROULIS
IN EXTREMIS
RETRANSMIS
SAINT DENIS
SAINT-DENIS
SAINT-GENIS
ICHTYORNIS
CHARLEBOIS
PETITS-BOIS
CANDIACOIS
GIBRIAÇOIS
MAURIACOIS
MASSIACOIS
GAILLACOIS
LE FRANÇOIS
CHARNYCOIS
LANGEADOIS
BELGRADOIS
BENFELDOIS
VERMANDOIS
VILLARDOIS
LÉONARDOIS
GRIMAUDOIS
VILLAGEOIS
BOULAGEOIS
JUMIÉGEOIS

BESSÉGEOIS
HAYANGEOIS
AUDENGEOIS
CAROUGEOIS
BULLYGEOIS
DE GUINGOIS
MONTARGOIS
FORBACHOIS
EUSTACHOIS
SENONCHOIS
MARLYCHOIS
SCHILIKOIS
RIMOUSKOIS
ROLIVALOIS
GRENOBLOIS
RAPHAËLOIS
PETIT-ÎLOIS
SARCELLOIS
AUCHELLOIS
CORMELLOIS
CROTELLOIS
VITTELLOIS
COQUELLOIS
BRUXELLOIS
BRUXELLOIS
CHAZELLOIS
CHAVILLOIS
FRIVILLOIS
JARVILLOIS
NEUVILLOIS
DOMBASLOIS
ARBRESLOIS
STÉPHANOIS
STÉPHANOIS
CHAMPENOIS
CHAMPENOIS
ESCARÉNOIS
ROSTRENOIS
CHEVIGNOIS
FONTAINOIS
DOUVAINOIS
QUERCINOIS
QUERCINOIS
AMANDINOIS
ERSTEINOIS
DAUPHINOIS
DAUPHINOIS
BAS-RHINOIS
HERBLINOIS
MADELINOIS
KREMLINOIS
COGOLINOIS
DOUVRINOIS
HALLUINOIS
CHAUVINOIS
LAUSANNOIS
VINCENNOIS

LUCIENNOIS
CONCARNOIS
BRAY-DUNOIS
QUERCYNOIS
QUERCYNOIS
BLANZYNOIS
PETITS POIS
AUDOMAROIS
AUDOMAROIS
SOMMIÉROIS
BONNIÉROIS
CARRIÉROIS
FERRIÉROIS
ROSEMÈROIS
QUIMPÉROIS
CANAVÉROIS
DUCLAIROIS
SANCERROIS
TONNERROIS
TRÉGORROIS
VIHIERSOIS
CERGYSSOIS
VICHYSSOIS
VICHYSSOIS
BÉNODETOIS
CAMARÉTOIS
JEUMONTOIS
PORCARTOIS
DESCARTOIS
CLAMARTOIS
LAMBERTOIS
ROCHETTOIS
CLAYETTOIS
DOMINGUOIS
HUNINGUOIS
ISBERGUOIS
RELECQUOIS
CHIROQUOIS
SUI GENERIS
PÉCOPTÉRIS
VERT-DE-GRIS
PETITS-GRIS
SATYRIASIS
PITYRIASIS
HYSTÉRÉSIS
BEAUVAISIS
THOUTMOSIS
AMPÉLOPSIS
MÊLÉ-CASSIS
CHIEN-ASSIS
RETROUSSIS
FEUILLETIS
RAPPOINTIS
PROGLOTTIS
CAILLOUTIS
BOUIS-BOUIS
SARRELOUIS

SAINT LOUIS
SAINT-LOUIS
MAUPERTUIS
PONTS-LEVIS
LURCY-LÉVIS
RADIO-TAXIS
PAPARAZZIS
BLACK JACKS
HALF-TRACKS
DREADLOCKS
LONG DRINKS
SOFT-DRINKS
FLOCK-BOOKS
PRESS-BOOKS
SEX-APPEALS
PÉRINATALS
POSTNATALS
ENTRE-RAILS
PONTS-RAILS
CONTRE-FILS
COMPTE-FILS
DROITS-FILS
PETITS-FILS
DAUGAVPILS
DEMI-DEUILS
HORSE-BALLS
MUSIC-HALLS
SEX-SYMBOLS
HAUSSE-COLS
SEX PISTOLS
COVER-GIRLS
PEIGNE-CULS
JET-STREAMS
GRILL-ROOMS
NEW ORLEANS
LANGERHANS
AVANT-PLANS
CAMERAMANS
RECORDMANS
POLICEMANS
GENTLEMANS
KELDERMANS
TIMMERMANS
TENNISMANS
YACHTSMANS
CLERGYMANS
SAINT-SAËNS
HASMONÉENS
SUD-CORÉENS
SUD-CORÉENS
CABOCHIENS
CIMMÉRIENS
ROBERTIENS
VARSOVIENS
GUETS-APENS
VAL-THORENS
PUYLAURENS
CONTRESENS
INDO-ARYENS
SAINT JOHN'S
SÈCHE-MAINS
AVANT-MAINS
GROS-GRAINS
CHARTRAINS
DESJARDINS
TROP-PLEINS
DESMOULINS
SOUS-MARINS
PHILISTINS
ALGONQUINS
PICAILLONS
AUTO-IMMUNS
VILLA-LOBOS
CATHOLICOS
CIENFUEGOS
HYDRAMNIOS
APOLLONIOS
EUPHRONIOS
PARRHASIOS
MÉLIS-MÉLOS
PIZZAIOLOS
WATER-POLOS
JUAN CARLOS
SIKELIANÓS
DAMASKINOS
CARBONAROS
RHINOCÉROS
ANTIPATROS
INTRA-MUROS
EXTRA-MUROS
PIZZICATOS
SAN-BENITOS
HÉPHAÏSTOS
GRUPPETTOS
PORTE-AUTOS
QUADRICEPS
VIDÉO-CLIPS
GARDE-TEMPS
ENTRE-TEMPS
PASSE-TEMPS
PLEIN-TEMPS
CHAMÆROPS
PÈSE-SIROPS
DANIEL-ROPS
GARDE-CORPS
AVANT-CORPS
APRÈS-COUPS
PIANOS-BARS
TEDDY-BEARS
AGARS-AGARS
UITLANDERS
CONTRE-FERS
SAINT-CIERS
DÉSAUGIERS
CORDELIERS
DES PÉRIERS
VOLONTIERS
VIMOUTIERS
EYMOUTIERS
PITHIVIERS
PITHIVIERS
SCHWITTERS
FAIT DIVERS
FANCY-FAIRS
PIEDS-NOIRS
PIEDS-NOIRS
TAMMERFORS
BOUT-DEHORS
NON-VALEURS
NON-FUMEURS
DEMI-SŒURS
INTERCOURS
AVANT-COURS
MAGNY-COURS
NON-RETOURS
FLINT-GLASS
HAMMERLESS
ANTISTRESS
CYCLO-CROSS
PARE-ÉCLATS
PASSE-PLATS
MONTE-PLATS
PIEDS-PLATS
QUATRE-MÂTS
HOUSE-BOATS
FERRY-BOATS
PRIM Y PRATS
FAUX-FILETS
DIABLERETS
COUVRE-LITS
WAGONS-LITS
AVANT-TOITS
TOUT-PETITS
GRANDPUITS
FEUILLANTS
GROS-PLANTS
COMOURANTS
NON-VOYANTS
SUS-JACENTS
DEUX-POINTS
AVANT-MONTS
TROIS-PONTS
STOCK-SHOTS
ARROW-ROOTS
HOTTENTOTS
LES ESSARTS
CORPS-MORTS
OMNISPORTS
AVANT-PORTS
HALF COURTS
CHECK-LISTS

AVANT-GOÛTS
EBBINGHAUS
IN PARTIBUS
TROLLEYBUS
GERMANICUS
DIPLODOCUS
TROP-PERÇUS
SOUS-TENDUS
ÉPICANTHUS
POSIDONIUS
CAMERARIUS
GUARNERIUS
PRAETORIUS
PORTE-MENUS
FLAMININUS
AVANT-CLOUS
FROUS-FROUS
AVANT-TROUS
GRIPPE-SOUS
PAR-DESSOUS
GARDE-À-VOUS
RENDEZ-VOUS
ARTOCARPUS
HANTAVIRUS
LENTIVIRUS
ADÉNOVIRUS
RÉTROVIRUS
PROSPECTUS
COURT-VÊTUS
UNIGENITUS
EUCALYPTUS
LEITMOTIVS
BOW-WINDOWS
CHOWS-CHOWS
MATCH-PLAYS
MEDAL PLAYS
LES ANDELYS
MULE-JENNYS
RAVE-PARTYS
BRASSCHAAT
MAGNIFICAT
PONTIFICAT
CERTIFICAT
MATRIARCAT
PATRIARCAT
ACCOMMODAT
TRANSSUDAT
ŒIL-DE-CHAT
HONORARIAT
MARGRAVIAT
MARÉCHALAT
CARDINALAT
COUVRE-PLAT
GUILLAUMAT
ASSISTANAT
ORPHELINAT
MANDARINAT

ASSASSINAT
PENSIONNAT
SAINT-DONAT
DUFFLE-COAT
TRENCH-COAT
DUFFEL-COAT
QUEUE-DE-RAT
AGGLOMÉRAT
DÉCEMVIRAT
TRIUMVIRAT
DIRECTORAT
MONTFERRAT
MONTSERRAT
AB INTESTAT
THERMOSTAT
SIDÉROSTAT
PRESSOSTAT
NON-RESPECT
INDISTINCT
KRONCHTADT
REICHSTADT
INGOLSTADT
EISENSTADT
BURCKHARDT
PASSE-LACET
WALL STREET
SOUS-PRÉFET
MONTRACHET
MONTRACHET
COLIFICHET
PORTE-OBJET
COURANT-JET
PICKPOCKET
CARNAVALET
LE CHÂTELET
DU CHÂTELET
ANTIREFLET
ENTREFILET
BERTHOLLET
QUADRUPLET
GUILLAUMET
LANSQUENET
CHASSIGNET
FREYSSINET
LE THORONET
PITCHOUNET
TRISTOUNET
VASALOPPET
FEUILLERET
DÉSINTÉRÊT
LE BEAUSSET
PRIMAUGUET
MALPLAQUET
TOURNIQUET
BOURRIQUET
FOUTRIQUET
MASTROQUET

MONTALIVET
HOVERCRAFT
CHRIS-CRAFT
TANEZROUFT
ANDERLECHT
LIEBKNECHT
MAASTRICHT
CARTWRIGHT
CONTREFAIT
CAILLE-LAIT
SATISFECIT
FAHRENHEIT
QUASI-DÉLIT
SAUTS-DE-LIT
VOITURE-LIT
PASSE-DROIT
AYANT DROIT
MALESTROIT
NON-INSCRIT
PÈSE-ESPRIT
GAGNE-PETIT
ÉCOPRODUIT
SURPRODUIT
GRAPE-FRUIT
SAXE-ANHALT
SUCCOMBANT
DÉPLOMBANT
EXACERBANT
DÉSHERBANT
DÉBOURBANT
EMBOURBANT
RECOURBANT
PERTURBANT
MASTURBANT
DÉDICAÇANT
VERGLAÇANT
REMPLAÇANT
CLAUDICANT
MORDANÇANT
AMBIANÇANT
FORLANÇANT
DISTANÇANT
COMMENÇANT
DÉCOINÇANT
RENFONÇANT
PRONONÇANT
DÉFRONÇANT
COMMERÇANT
RENFORÇANT
RÉAMORÇANT
COALESÇANT
ESCALADANT
TAILLADANT
PÉTARADANT
PERSUADANT
DISSUADANT
ENTRAIDANT

COÏNCIDANT
INVALIDANT
INTIMIDANT
DILAPIDANT
BRIGANDANT
QUÉMANDANT
COMMANDANT
FAISANDANT
DESCENDANT
SUSPENDANT
PRÉTENDANT
DISTENDANT
SURVENDANT
RESCINDANT
CONFONDANT
PARFONDANT
MORFONDANT
CONTONDANT
BOMBARDANT
PLACARDANT
RANCARDANT
RENCARDANT
BROCARDANT
FAUCARDANT
RINGARDANT
POCHARDANT
CAVIARDANT
TRIMARDANT
CHAPARDANT
CLAVARDANT
RACCORDANT
CONCORDANT
DISCORDANT
DISTORDANT
CLABAUDANT
MARGAUDANT
GALVAUDANT
DESSOUDANT
RESSOUDANT
PEROXYDANT
SUROXYDANT
DÉSOXYDANT
HERBAGEANT
SACCAGEANT
RENGAGEANT
ÉTALAGEANT
SOULAGEANT
AMÉNAGEANT
SURNAGEANT
PROPAGEANT
OMBRAGEANT
OUTRAGEANT
OUVRAGEANT
PRÉSAGEANT
PARTAGEANT
ENNUAGEANT
ASSIÉGEANT
PROTÉGEANT
DÉNEIGEANT
ENNEIGEANT
AFFLIGEANT
INFLIGEANT
NÉGLIGEANT
COLLIGEANT
CORRIGEANT
VOLTIGEANT
FUSTIGEANT
VIDANGEANT
ÉCHANGEANT
MÉLANGEANT
DÉMANGEANT
REMANGEANT
DÉRANGEANT
ARRANGEANT
LOUANGEANT
ALLONGEANT
SUBROGEANT
PROROGEANT
HÉBERGEANT
GOBERGEANT
IMMERGEANT
ASPERGEANT
SUPER-GÉANT
DÉTERGEANT
DIVERGEANT
DÉGORGEANT
REGORGEANT
ENGORGEANT
EXPURGEANT
INSURGEANT
DÉJAUGEANT
PATAUGEANT
PRÉJUGEANT
DÉBRIEFANT
ESCLAFFANT
REGREFFANT
DÉCOIFFANT
RECOIFFANT
ASSOIFFANT
ÉCHAUFFANT
ESBROUFANT
SUFFRAGANT
DÉFATIGANT
WALLINGANT
FLAMINGANT
HARNACHANT
RECRACHANT
RATTACHANT
SOUTACHANT
CRAVACHANT
DESSÉCHANT
DÉFRICHANT
PASTICHANT
ESQUICHANT
DÉHANCHANT
CALANCHANT
DÉMANCHANT
EMMANCHANT
ÉBRANCHANT
REVANCHANT
PLAIN-CHANT
BAMBOCHANT
BOULOCHANT
PIGNOCHANT
REMPOCHANT
DÉBROCHANT
EMBROCHANT
ACCROCHANT
DÉCROCHANT
REPROCHANT
APPROCHANT
PINTOCHANT
DÉMARCHANT
REMARCHANT
RAPERCHANT
TCHATCHANT
SCRATCHANT
DÉBAUCHANT
EMBAUCHANT
TRÉBUCHANT
REMBUCHANT
DÉBOUCHANT
REBOUCHANT
EMBOUCHANT
ACCOUCHANT
DÉCOUCHANT
RECOUCHANT
ESSOUCHANT
RETOUCHANT
TRIOMPHANT
DÉPRÉCIANT
APPRÉCIANT
LICENCIANT
DISSOCIANT
REMERCIANT
INSOUCIANT
CONGÉDIANT
SUBSIDIANT
INCENDIANT
RÉÉTUDIANT
STUPÉFIANT
TORRÉFIANT
PUTRÉFIANT
LIQUÉFIANT
BARBIFIANT
OPACIFIANT
SPÉCIFIANT
DULCIFIANT
CRUCIFIANT
RÉÉDIFIANT
ACIDIFIANT

MUSÉIFIANT
GAZÉIFIANT
MYTHIFIANT
QUALIFIANT
AMPLIFIANT
PLANIFIANT
MAGNIFIANT
LIGNIFIANT
SIGNIFIANT
RÉUNIFIANT
SCARIFIANT
CLARIFIANT
LUBRIFIANT
SACRIFIANT
GLORIFIANT
TERRIFIANT
HORRIFIANT
PÉTRIFIANT
NITRIFIANT
VITRIFIANT
FALSIFIANT
DENSIFIANT
CHOSIFIANT
VERSIFIANT
MASSIFIANT
RUSSIFIANT
BÉATIFIANT
GRATIFIANT
RECTIFIANT
ACÉTIFIANT
PONTIFIANT
CERTIFIANT
FORTIFIANT
MORTIFIANT
JUSTIFIANT
MYSTIFIANT
STATUFIANT
ATROPHIANT
CONCILIANT
MÉSALLIANT
CALOMNIANT
COMMUNIANT
ESTROPIANT
RAPPARIANT
RAPATRIANT
DÉPATRIANT
EXPATRIANT
RASSASIANT
AUTOPSIANT
AMNISTIANT
BALBUTIANT
ASPHYXIANT
DÉSTOCKANT
BRIMBALANT
TRIMBALANT
NONCHALANT
INITIALANT

ÉQUIVALANT
ENDIABLANT
DESSABLANT
SCRABBLANT
ASSEMBLANT
DÉMEUBLANT
REMEUBLANT
ENCOUBLANT
DÉDOUBLANT
REDOUBLANT
DÉCERCLANT
RECERCLANT
ENCERCLANT
DÉMASCLANT
DÉBOUCLANT
DÉFICELANT
CHANCELANT
ÉTINCELANT
AMONCELANT
DÉPUCELANT
REMODELANT
GROMMELANT
ÉPANNELANT
DÉCAPELANT
RUISSELANT
DÉMUSELANT
ÉCARTELANT
CRAQUELANT
ENJAVELANT
ÉCHEVELANT
DÉNIVELANT
INSUFFLANT
PERSIFLANT
DÉSENFLANT
DÉGONFLANT
REGONFLANT
CAMOUFLANT
MAROUFLANT
PRÉRÉGLANT
ÉTRANGLANT
OBNUBILANT
ÉFAUFILANT
ANNIHILANT
ASSIMILANT
RENTOILANT
DÉSOPILANT
DÉSHUILANT
TRIBALLANT
REMBALLANT
INSTALLANT
DESCELLANT
FLAGELLANT
ENFIELLANT
DÉMIELLANT
EMMIELLANT
QUERELLANT
DESSELLANT

MÉDAILLANT
GODAILLANT
RÔDAILLANT
DÉFAILLANT
CRIAILLANT
DÉMAILLANT
REMAILLANT
RIMAILLANT
TENAILLANT
PINAILLANT
RAPAILLANT
DÉPAILLANT
RIPAILLANT
EMPAILLANT
DÉRAILLANT
TIRAILLANT
CISAILLANT
ASSAILLANT
BATAILLANT
DÉTAILLANT
RETAILLANT
ENTAILLANT
FOUAILLANT
GOUAILLANT
JOUAILLANT
RHABILLANT
GAMBILLANT
FENDILLANT
PENDILLANT
MORDILLANT
RÉVEILLANT
VERMILLANT
BATOILLANT
TORPILLANT
GASPILLANT
GOUPILLANT
ROUPILLANT
TOUPILLANT
BRASILLANT
BRÉSILLANT
GRÉSILLANT
ÉGOSILLANT
DESSILLANT
BOUSILLANT
FRÉTILLANT
BOITILLANT
TORTILLANT
DISTILLANT
INSTILLANT
SAUTILLANT
TREUILLANT
DÉGUILLANT
AIGUILLANT
ÉPOUILLANT
BROUILLANT
GROUILLANT
MAQUILLANT

BÉQUILLANT
CHEVILLANT
GRISOLLANT
MIROBOLANT
CARACOLANT
RAPICOLANT
FLAGEOLANT
BATIFOLANT
CABRIOLANT
AFFRIOLANT
VITRIOLANT
CONTRÔLANT
CERF-VOLANT
TRANSPLANT
DÉPEUPLANT
REPEUPLANT
ACCOUPLANT
DÉCOUPLANT
CENTUPLANT
SEPTUPLANT
SEXTUPLANT
AFFABULANT
DÉNÉBULANT
DÉAMBULANT
VÉHICULANT
RÉTICULANT
ARTICULANT
ÉMASCULANT
BOUSCULANT
STRIDULANT
DÉMODULANT
DÉGUEULANT
ENGUEULANT
DÉRÉGULANT
ACCUMULANT
TRABOULANT
ROUCOULANT
REMMOULANT
VERMOULANT
SURMOULANT
DESSOÛLANT
MANIPULANT
CAPITULANT
INTITULANT
AMALGAMANT
PROCLAMANT
SAINT-AMANT
DESQUAMANT
ENTR'AIMANT
ENVENIMANT
COMPRIMANT
SUPPRIMANT
LÉGITIMANT
ENFLAMMANT
PRÉNOMMANT
SURNOMMANT
CONSOMMANT

GENDARMANT
RENFERMANT
CONFIRMANT
RENDORMANT
PRÉFORMANT
CONFORMANT
PERFORMANT
FANTASMANT
DÉCHAUMANT
REMPLUMANT
ENCABANANT
DÉDOUANANT
MORIGÉNANT
GANGRENANT
RENGRÉNANT
COMPRENANT
RAPPRENANT
SURPRENANT
MAINTENANT
LIEUTENANT
REDEVENANT
TOUT-VENANT
IMPRÉGNANT
DÉDAIGNANT
ENCEIGNANT
DÉPEIGNANT
REPEIGNANT
ÉPREIGNANT
ÉTREIGNANT
ENSEIGNANT
DÉTEIGNANT
ATTEIGNANT
GRAFIGNANT
RECHIGNANT
RÉALIGNANT
FORLIGNANT
SURLIGNANT
SOULIGNANT
ADJOIGNANT
REJOIGNANT
ENJOIGNANT
TÉMOIGNANT
EMPOIGNANT
TRÉPIGNANT
CONSIGNANT
PROVIGNANT
RENCOGNANT
RENGAINANT
DÉCHAÎNANT
ENCHAÎNANT
PARRAINANT
ENTRAÎNANT
DÉBOBINANT
EMBOBINANT
DÉRACINANT
ENRACINANT
VATICINANT

PEAUFINANT
DODELINANT
PATELINANT
RIPOLINANT
CALAMINANT
EFFÉMINANT
ACHEMINANT
INSÉMINANT
CODOMINANT
ILLUMINANT
ENLUMINANT
ENFARINANT
ENTÉRINANT
CHAGRINANT
CHOURINANT
MAGASINANT
AVOISINANT
HOUSSINANT
DÉMATINANT
BARATINANT
RATATINANT
CABOTINANT
TROTTINANT
ACOQUINANT
BOUQUINANT
CONDAMNANT
RÉABONNANT
BRACONNANT
RANÇONNANT
FLOCONNANT
FREDONNANT
AMIDONNANT
RANDONNANT
DINDONNANT
LARDONNANT
PARDONNANT
CORDONNANT
PIGEONNANT
PLAFONNANT
JARGONNANT
BOUGONNANT
MÂCHONNANT
BICHONNANT
COCHONNANT
SIPHONNANT
CAMIONNANT
ESPIONNANT
VISIONNANT
FUSIONNANT
RATIONNANT
ACTIONNANT
LOTIONNANT
GOUJONNANT
ÉTALONNANT
SABLONNANT
BALLONNANT
SILLONNANT

BOULONNANT
FOULONNANT
MARMONNANT
SERMONNANT
ROGNONNANT
CHAPONNANT
TAMPONNANT
POMPONNANT
HARPONNANT
POUPONNANT
ÉPERONNANT
RONRONNANT
PATRONNANT
BOURONNANT
COURONNANT
BLASONNANT
RAISONNANT
FOISONNANT
GRISONNANT
MALSONNANT
BRETONNANT
LAITONNANT
CANTONNANT
CARTONNANT
BASTONNANT
FESTONNANT
PISTONNANT
BOUTONNANT
MOUTONNANT
KLAXONNANT
CLAYONNANT
CRAYONNANT
ÉPOUMONANT
DÉCHARNANT
CONCERNANT
DISCERNANT
LANTERNANT
GOUVERNANT
FLAGORNANT
DÉFOURNANT
ENFOURNANT
SÉJOURNANT
DÉTOURNANT
RETOURNANT
RATTRAPANT
ANTICIPANT
ÉMANCIPANT
CONSTIPANT
DISCULPANT
INSCULPANT
DÉTREMPANT
RETREMPANT
REGRIMPANT
CORROMPANT
DÉTROMPANT
ESCALOPANT
RÉCHAPPANT

KIDNAPPANT
DÉGRIPPANT
DÉCRISPANT
RÉOCCUPANT
COOCCUPANT
SURCOUPANT
CHALOUPANT
DÉGROUPANT
REGROUPANT
ATTROUPANT
ACCAPARANT
PERVIBRANT
DÉMEMBRANT
REMEMBRANT
ENCOMBRANT
DÉNOMBRANT
ÉLUCUBRANT
CONSACRANT
MASSACRANT
ÉCHANCRANT
DÉSENCRANT
CALANDRANT
ENGENDRANT
CYLINDRANT
EFFONDRANT
DÉLIBÉRANT
DILACÉRANT
ÉVISCÉRANT
VOCIFÉRANT
LÉGIFÉRANT
ACCÉLÉRANT
DÉCÉLÉRANT
DÉCOLÉRANT
INTOLÉRANT
DÉGÉNÉRANT
RÉGÉNÉRANT
INCINÉRANT
RÉMUNÉRANT
EXASPÉRANT
PROSPÉRANT
RÉCUPÉRANT
VITUPÉRANT
RÉINSÉRANT
INVÉTÉRANT
OBLITÉRANT
ADULTÉRANT
CONQUÉRANT
EMPIFFRANT
DÉCOFFRANT
ENSOUFRANT
DÉFLAGRANT
VINAIGRANT
CONSPIRANT
SOUS-VIRANT
ÉDULCORANT
SUBODORANT
MALODORANT

REVIGORANT
AMÉLIORANT
DÉCOLORANT
REMÉMORANT
REMBARRANT
CHAMARRANT
JUIF ERRANT
EMPIERRANT
DESSERRANT
RESSERRANT
DÉBOURRANT
IDOLÂTRANT
DÉPLÂTRANT
REPLÂTRANT
SALPÊTRANT
PERPÉTRANT
CHAPITRANT
SURTITRANT
INFILTRANT
EXFILTRANT
DÉCENTRANT
RECENTRANT
EXCENTRANT
SUBINTRANT
DÉCINTRANT
DÉMONTRANT
REMONTRANT
DÉTARTRANT
ENTARTRANT
ENCASTRANT
CADASTRANT
REGISTRANT
CLAUSTRANT
DÉLUSTRANT
ILLUSTRANT
DÉFEUTRANT
ACCOUTRANT
RESTAURANT
INSTAURANT
MANUCURANT
AFFLEURANT
EFFLEURANT
ENFLEURANT
DÉFIGURANT
INAUGURANT
CONCOURANT
PARCOURANT
DISCOURANT
ENAMOURANT
CHLORURANT
RÉASSURANT
PRESSURANT
LIGATURANT
DÉNATURANT
FRACTURANT
AVENTURANT
CEINTURANT

PEINTURANT
ENFIÉVRANT
DÉCUIVRANT
DÉCOUVRANT
RECOUVRANT
MALFAISANT
SURFAISANT
ARCHAÏSANT
DÉNIAISANT
DÉPLAISANT
HÉBRAÏSANT
MORTAISANT
FRANCISANT
EXORCISANT
NOMADISANT
FLUIDISANT
ÉNERGISANT
GAUCHISANT
FOCALISANT
LOCALISANT
VOCALISANT
IDÉALISANT
LÉGALISANT
BANALISANT
CANALISANT
PÉNALISANT
FINALISANT
MORALISANT
NASALISANT
TOTALISANT
DÉVALISANT
RIVALISANT
LABÉLISANT
FIDÉLISANT
MODÉLISANT
MOBILISANT
SIMILISANT
VIRILISANT
CIVILISANT
CRÉOLISANT
BÉMOLISANT
NÉBULISANT
ISLAMISANT
DYNAMISANT
MINIMISANT
OPTIMISANT
MAXIMISANT
SODOMISANT
CHROMISANT
URBANISANT
MÉCANISANT
PAGANISANT
ORGANISANT
ROMANISANT
HUMANISANT
TÉTANISANT
FÉMINISANT
LATINISANT
DIVINISANT
COLONISANT
CANONISANT
JAPONISANT
ÉTERNISANT
IMMUNISANT
CHAMOISANT
CHINOISANT
DÉCROISANT
POLARISANT
CURARISANT
CÉSARISANT
MADÉRISANT
NUMÉRISANT
SATIRISANT
THÉORISANT
VALORISANT
COLORISANT
MÉMORISANT
TÉNORISANT
SONORISANT
VAPORISANT
MOTORISANT
AUTORISANT
FAVORISANT
MAÎTRISANT
SÉCURISANT
SOMATISANT
FANATISANT
DÉRATISANT
MONÉTISANT
POLITISANT
SÉMITISANT
NÉANTISANT
ROBOTISANT
ASEPTISANT
COURTISANT
PRÉCUISANT
TRADUISANT
CONDUISANT
PRODUISANT
TRALUISANT
AMENUISANT
DÉTRUISANT
PRÉAVISANT
TÉLÉVISANT
COMPULSANT
PROPULSANT
CONVULSANT
CONDENSANT
COMPENSANT
DISPENSANT
ANKYLOSANT
ANTÉPOSANT
RÉIMPOSANT
POSTPOSANT
SCLÉROSANT
DISPERSANT
TRAVERSANT
RENVERSANT
CONVERSANT
DÉBOURSANT
FRACASSANT
TRACASSANT
FRICASSANT
CONCASSANT
RECHASSANT
ENCHÂSSANT
DÉCLASSANT
RECLASSANT
PRÉLASSANT
TRÉPASSANT
SURPASSANT
MAUPASSANT
EMBRASSANT
DÉCRASSANT
ENCRASSANT
CUIRASSANT
TERRASSANT
RESSASSANT
CREVASSANT
CONFESSANT
PROFESSANT
REDRESSANT
RÉGRESSANT
EMPRESSANT
OPPRESSANT
RABAISSANT
REBAISSANT
DÉCAISSANT
ENCAISSANT
AFFAISSANT
DÉLAISSANT
RELAISSANT
RENAISSANT
REPAISSANT
PARAISSANT
RANCISSANT
MINCISSANT
FARCISSANT
FORCISSANT
DURCISSANT
TIÉDISSANT
RAIDISSANT
ROIDISSANT
CANDISSANT
BONDISSANT
VERDISSANT
NORDISSANT
OURDISSANT
MAUDISSANT
RÉAGISSANT
SURGISSANT

ROUGISSANT
ÉBAHISSANT
TRAHISSANT
AVILISSANT
MOLLISSANT
ABOLISSANT
DÉPLISSANT
REPLISSANT
EMPLISSANT
COULISSANT
BLÊMISSANT
FRÉMISSANT
CALMISSANT
BANNISSANT
HENNISSANT
HONNISSANT
AGONISSANT
GARNISSANT
TERNISSANT
VERNISSANT
JAUNISSANT
RÉUNISSANT
ALUNISSANT
BRUNISSANT
ANGOISSANT
CLAPISSANT
GLAPISSANT
CRÉPISSANT
COMPISSANT
CHÉRISSANT
GUÉRISSANT
AIGRISSANT
FLORISSANT
BARRISSANT
PÉTRISSANT
AHURISSANT
SAISISSANT
MOISISSANT
RASSISSANT
GLATISSANT
ABÊTISSANT
MOITISSANT
NANTISSANT
TARTISSANT
SERTISSANT
BLEUISSANT
IMPUISSANT
ESQUISSANT
GRAVISSANT
RENDOSSANT
ENGROSSANT
CARROSSANT
DÉFAUSSANT
REHAUSSANT
EXHAUSSANT
REPOUSSANT
DÉSABUSANT

DÉCREUSANT
RECREUSANT
PARALYSANT
CATALYSANT
ANTIDATANT
POSTDATANT
PIAPIATANT
CARAPATANT
CONSTATANT
COMPACTANT
RÉFRACTANT
DÉTRACTANT
RÉTRACTANT
CONTACTANT
COLLECTANT
CONNECTANT
RESPECTANT
INSPECTANT
SUSPECTANT
CONCOCTANT
ÉPINCETANT
CROCHETANT
MOUCHETANT
INQUIÉTANT
PAILLETANT
COMPLÉTANT
TROMPETANT
ROUSPÉTANT
DÉSARÊTANT
FLEURETANT
CLAQUETANT
CRAQUETANT
BECQUETANT
CLIQUETANT
BRIQUETANT
ÉTIQUETANT
BANQUETANT
MARQUETANT
PARQUETANT
DÉRIVETANT
SOUHAITANT
RETRAITANT
COHABITANT
EXORBITANT
FÉLICITANT
COLICITANT
GRAPHITANT
HABILITANT
DÉBILITANT
FACILITANT
DYNAMITANT
DÉLIMITANT
REMBOÎTANT
EXPLOITANT
CONVOITANT
DÉCAPITANT
COHÉRITANT

DÉMÉRITANT
PARASITANT
REVISITANT
TRANSITANT
BISCUITANT
DÉFRUITANT
AFFRUITANT
RÉINVITANT
ASPHALTANT
SURVOLTANT
AUSCULTANT
CONSULTANT
BROCANTANT
DÉCHANTANT
RECHANTANT
ENCHANTANT
DÉPLANTANT
REPLANTANT
IMPLANTANT
DIAMANTANT
WARRANTANT
PATIENTANT
VIOLENTANT
SEGMENTANT
PIGMENTANT
AUGMENTANT
ALIMENTANT
COMMENTANT
SARMENTANT
FERMENTANT
SERPENTANT
PRÉSENTANT
CONSENTANT
RESSENTANT
CONTENTANT
SUSTENTANT
ENCEINTANT
ACCOINTANT
APPOINTANT
ESQUINTANT
SURMONTANT
AFFRONTANT
EMPRUNTANT
ASTICOTANT
RAVIGOTANT
CRACHOTANT
CHUCHOTANT
CHARIOTANT
SIFFLOTANT
SANGLOTANT
COMPLOTANT
ESCAMOTANT
CLIGNOTANT
GRIGNOTANT
DÉCAPOTANT
GALIPOTANT
NUMÉROTANT

CHEVROTANT
CRÉOSOTANT
TOUSSOTANT
RÉADAPTANT
PRÉEMPTANT
DÉCOMPTANT
RECOMPTANT
ESCOMPTANT
DÉCRYPTANT
CONCERTANT
DISSERTANT
CONFORTANT
COLPORTANT
REMPORTANT
COMPORTANT
RAPPORTANT
SUPPORTANT
RESSORTANT
BALLASTANT
NONOBSTANT
CONTESTANT
PROTESTANT
ATTRISTANT
SUBSISTANT
CONSISTANT
PERSISTANT
INEXISTANT
COEXISTANT
INCONSTANT
COMPOSTANT
RÉAJUSTANT
INCRUSTANT
COMBATTANT
REGRATTANT
RACKETTANT
TOILETTANT
COMMETTANT
PROMETTANT
PERMETTANT
SOUMETTANT
DRUMETTANT
REGRETTANT
BROUETTANT
MOQUETTANT
SCHLITTANT
ACQUITTANT
REQUITTANT
MARCOTTANT
BOYCOTTANT
MARGOTTANT
GRELOTTANT
BALLOTTANT
BOULOTTANT
MARMOTTANT
DÉCROTTANT
GARROTTANT
FRISOTTANT

DANSOTTANT
DÉGOUTTANT
CADEAUTANT
BISEAUTANT
DÉPIAUTANT
CRAPAÜTANT
SURSAUTANT
RESSAUTANT
CHARCUTANT
ARC-BOUTANT
RÉÉCOUTANT
MONCOUTANT
ENCROÛTANT
FERROUTANT
PRÉTEXTANT
RÉTRIBUANT
ATTRIBUANT
DÉSEMBUANT
ZIGZAGUANT
PRODIGUANT
INTRIGUANT
INSTIGUANT
DIVULGUANT
HARANGUANT
RALINGUANT
CHLINGUANT
MERINGUANT
SERINGUANT
DÉZINGUANT
DIALOGUANT
ÉPILOGUANT
DÉVERGUANT
ENVERGUANT
SUBJUGUANT
CONJUGUANT
RÉÉVALUANT
DÉPOLLUANT
TRANSMUANT
CONTINUANT
RENFLOUANT
SOUS-LOUANT
DÉSAVOUANT
BARJAQUANT
CORNAQUANT
EMBRAQUANT
MATRAQUANT
DÉTRAQUANT
DISSÉQUANT
ÉRADIQUANT
PRÉDIQUANT
SYNDIQUANT
TRAFIQUANT
RÉPLIQUANT
IMPLIQUANT
APPLIQUANT
DUPLIQUANT
EXPLIQUANT

FORNIQUANT
SURPIQUANT
FABRIQUANT
IMBRIQUANT
RUBRIQUANT
INTRIQUANT
PRATIQUANT
CRITIQUANT
MASTIQUANT
RUSTIQUANT
DÉCALQUANT
DÉFALQUANT
INCULQUANT
PALANQUANT
DÉLINQUANT
SUFFOQUANT
DÉBLOQUANT
DÉFLOQUANT
DISLOQUANT
ESCROQUANT
DÉFROQUANT
DÉTROQUANT
CONVOQUANT
PROVOQUANT
DÉBARQUANT
EMBARQUANT
DÉMARQUANT
REMARQUANT
REMORQUANT
RÉTORQUANT
EXTORQUANT
BIFURQUANT
DÉMASQUANT
DÉBUSQUANT
EMBUSQUANT
OFFUSQUANT
RÉÉDUQUANT
DÉBOUQUANT
EMBOUQUANT
TONITRUANT
EFFECTUANT
PERPÉTUANT
ENTRE-TUANT
DESTITUANT
RESTITUANT
INSTITUANT
ACCENTUANT
REMBLAVANT
DORÉNAVANT
AUPARAVANT
CHOURAVANT
APERCEVANT
SURÉLEVANT
RÉCIDIVANT
ENJOLIVANT
RÉÉCRIVANT
INSCRIVANT

RÉACTIVANT
INACTIVANT
POSITIVANT
DÉMOTIVANT
DISSOLVANT
PRÉSERVANT
CONSERVANT
DESSERVANT
RESSERVANT
REPLEUVANT
PROMOUVANT
RÉPROUVANT
APPROUVANT
RETROUVANT
COMPLEXANT
REMBLAYANT
SOUS-PAYANT
RENTRAYANT
ABSTRAYANT
DISTRAYANT
RÉESSAYANT
GRASSEYANT
FLAMBOYANT
ROUGEOYANT
BOUCHOYANT
REMPLOYANT
ATERMOYANT
TOURNOYANT
NON-CROYANT
FOUDROYANT
POUDROYANT
HONGROYANT
CHARROYANT
GUERROYANT
VOUSSOYANT
JOINTOYANT
FOURVOYANT
POURVOYANT
FAUX-FUYANT
SOUS-JACENT
MUNIFICENT
ÉRUBESCENT
MARCESCENT
TURGESCENT
COALESCENT
OPALESCENT
ADOLESCENT
SPUMESCENT
LIANESCENT
ÉVANESCENT
ACCRESCENT
LACTESCENT
FLAVESCENT
ANTÉCÉDENT
COÏNCIDENT
RÉFRINGENT
ASTRINGENT
CONTINGENT
CONVERGENT
OMNISCIENT
INGRÉDIENT
PERCIPIENT
AMBIVALENT
ÉQUIVALENT
MONOVALENT
POLYVALENT
NON-VIOLENT
MÉDICAMENT
FLAMBEMENT
ENROBEMENT
COURBEMENT
ADOUBEMENT
EFFACEMENT
ENLACEMENT
TENACEMENT
ESPACEMENT
VORACEMENT
DÉPÈCEMENT
ÉLANCEMENT
AVANCEMENT
AGENCEMENT
COINCEMENT
GRINCEMENT
ÉVINCEMENT
FRONCEMENT
FÉROCEMENT
ATROCEMENT
EXAUCEMENT
DÉCIDÉMENT
LUCIDEMENT
RIGIDEMENT
VALIDEMENT
SOLIDEMENT
TIMIDEMENT
FROIDEMENT
RAPIDEMENT
CUPIDEMENT
GRANDEMENT
AMENDEMENT
ABONDEMENT
GRONDEMENT
LOURDEMENT
SOURDEMENT
CHAUDEMENT
PIAFFEMENT
ATTIFEMENT
ENCAGEMENT
DÉGAGEMENT
ENGAGEMENT
MANAGEMENT
MÉNAGEMENT
VOYAGEMENT
ALLÈGEMENT
ALLÉGEMENT
ABRÈGEMENT
CHANGEMENT
PLONGEMENT
RELOGEMENT
CHARGEMENT
ÉMARGEMENT
ÉMERGEMENT
ÉGORGEMENT
CRACHEMENT
CHICHEMENT
HANCHEMENT
GAUCHEMENT
LOUCHEMENT
TRUCHEMENT
BÉGAIEMENT
ENRAIEMENT
ZÉZAIEMENT
ÉMACIEMENT
RALLIEMENT
DÉPLIEMENT
REPLIEMENT
ONDOIEMENT
RUDOIEMENT
ENNOIEMENT
CÔTOIEMENT
TUTOIEMENT
DÉVOIEMENT
LOCALEMENT
VOCALEMENT
IDÉALEMENT
AFFALEMENT
LÉGALEMENT
RÉGALEMENT
BANALEMENT
PÉNALEMENT
FINALEMENT
EMPALEMENT
MORALEMENT
FATALEMENT
TOTALEMENT
RAVALEMENT
LOYALEMENT
ROYALEMENT
DIABLEMENT
FAIBLEMENT
COMBLEMENT
HUMBLEMENT
DOUBLEMENT
BOUCLEMENT
FIDÈLEMENT
DÉMÊLEMENT
EMMÊLEMENT
BIOÉLÉMENT
CISÈLEMENT
ÉRAFLEMENT
SIFFLEMENT
RENFLEMENT

GONFLEMENT
RONFLEMENT
BEUGLEMENT
MEUGLEMENT
HABILEMENT
DÉBILEMENT
FACILEMENT
DOCILEMENT
DÉFILEMENT
EFFILEMENT
ÉTOILEMENT
EMPILEMENT
VIRILEMENT
FUTILEMENT
RUTILEMENT
CIVILEMENT
SCELLEMENT
RÉELLEMENT
BÂILLEMENT
CAILLEMENT
BRANLEMENT
ACCOLEMENT
RÉCOLEMENT
AFFOLEMENT
ÉTIOLEMENT
ENJÔLEMENT
ENRÔLEMENT
ASSOLEMENT
TRIPLEMENT
SIMPLEMENT
COMPLÉMENT
SUPPLÉMENT
PEUPLEMENT
SOUPLEMENT
MIAULEMENT
PIAULEMENT
ÉPAULEMENT
RECULEMENT
HULULEMENT
ÉBOULEMENT
ÉCOULEMENT
UNIÈMEMENT
INTIMEMENT
RÉARMEMENT
ÉNORMÉMENT
CABANEMENT
RICANEMENT
ENRÊNEMENT
SAIGNEMENT
GEIGNEMENT
ALIGNEMENT
CLIGNEMENT
GROGNEMENT
TRAÎNEMENT
PLEINEMENT
AFFINEMENT
COUINEMENT

RAVINEMENT
DIVINEMENT
ABONNEMENT
ÂNONNEMENT
ÉTONNEMENT
AUCUNEMENT
IMPUNÉMENT
ÉQUIPEMENT
CLAPPEMENT
FRAPPEMENT
GROUPEMENT
EFFAREMENT
SÉPARÉMENT
CAMBREMENT
TENDREMENT
MODÉRÉMENT
LÉGÈREMENT
SÉVÈREMENT
MAIGREMENT
BOUGREMENT
CLAIREMENT
REVIREMENT
PROPREMENT
PIÈTREMENT
FOUTREMENT
FIGURÉMENT
IMPUREMENT
ASSURÉMENT
MIÈVREMENT
ENIVREMENT
PAUVREMENT
COUVREMENT
ÉBRASEMENT
ÉCRASEMENT
ENVASEMENT
NIAISEMENT
APAISEMENT
ENLISEMENT
CROISEMENT
ATTISEMENT
ÉPUISEMENT
ARROSEMENT
CLASSEMENT
COASSEMENT
GRASSEMENT
AGISSEMENT
GLISSEMENT
PLISSEMENT
CRISSEMENT
ADOSSEMENT
FAUSSEMENT
HAUSSEMENT
PIEUSEMENT
CREUSEMENT
ÉCLATEMENT
EMPÂTEMENT
EXACTEMENT

HÉBÉTEMENT
EMBÊTEMENT
HALÈTEMENT
ÉCRÊTEMENT
ENTÊTEMENT
REVÊTEMENT
TRAITEMENT
SUBITEMENT
TACITEMENT
LICITEMENT
DÉLITEMENT
DROITEMENT
PETITEMENT
SAINTEMENT
SUINTEMENT
ACCOTEMENT
PICOTEMENT
GIGOTEMENT
CAHOTEMENT
IDIOTEMENT
TAPOTEMENT
DÉPOTEMENT
EMPOTEMENT
DÉVOTEMENT
PIVOTEMENT
ZOZOTEMENT
ÉCARTEMENT
ALERTEMENT
AVORTEMENT
CHASTEMENT
PRESTEMENT
TRISTEMENT
ABATTEMENT
GRATTEMENT
FLOTTEMENT
ÉMOTTEMENT
FROTTEMENT
ABOUTEMENT
BROUTEMENT
LONGUEMENT
ENGLUEMENT
SECOUEMENT
ENGOUEMENT
ÉCHOUEMENT
ENJOUEMENT
DÉNOUEMENT
ÉBROUEMENT
ENROUEMENT
DÉVOUEMENT
CLAQUEMENT
BRAQUEMENT
CRAQUEMENT
INIQUEMENT
UNIQUEMENT
MANQUEMENT
ACHÈVEMENT
BRIÈVEMENT

GRIÈVEMENT
RELÈVEMENT
ENLÈVEMENT
HÂTIVEMENT
ACTIVEMENT
ÉNERVEMENT
ENRAYEMENT
IMPOLIMENT
COMPLIMENT
INFINIMENT
FOURNIMENT
ÉLÉGAMMENT
MÉCHAMMENT
COURAMMENT
ÉPATAMMENT
NUITAMMENT
INSTAMMENT
BRUYAMMENT
ÉVIDEMMENT
PRUDEMMENT
PATIEMMENT
VIOLEMMENT
ÉMINEMMENT
ASSIDÛMENT
ÉPERDUMENT
AMBIGUMENT
ABSOLUMENT
RÉSOLUMENT
INGÉNUMENT
CONGRÛMENT
INSTRUMENT
PRÉÉMINENT
PROÉMINENT
SURÉMINENT
INAPPARENT
BEAU-PARENT
INCOHÉRENT
CONCURRENT
IMPÉNITENT
OMNIPOTENT
TOTIPOTENT
ÉQUIPOTENT
IDEMPOTENT
SUBSÉQUENT
CONSÉQUENT
SOUS-LE-VENT
TOURNE-VENT
CONTREVENT
SACRO-SAINT
PEPPERMINT
SERRE-JOINT
MULTIPOINT
MAL-EN-POINT
EMBONPOINT
TIERS-POINT
SIXTE QUINT
TAROUDANNT

REMIREMONT
GUÈVREMONT
BERLAIMONT
FLEURIMONT
VAN HELMONT
HELLESPONT
PORT TALBOT
PHOTO-ROBOT
COQUELICOT
SYKES-PICOT
TARABISCOT
PÈRE GORIOT
BUYS-BALLOT
PARPAILLOT
MELTING-POT
MANDELBROT
JAVASCRIPT
BRONGNIART
CHAMILLART
COQUILLART
BRAQUEMART
JACQUEMART
JACQUEMART
LAMBERSART
BERNISSART
ANNE STUART
SPILLIAERT
CHILDEBERT
BOISROBERT
SEMI-OUVERT
ENTROUVERT
SWEAT-SHIRT
TOURNEFORT
COFFRE-FORT
CONTREFORT
COMBI-SHORT
BOXER-SHORT
CROQUE-MORT
AMERSFOORT
ROODEPOORT
BRIDGEPORT
SHREVEPORT
GARDES-PORT
HANDISPORT
KLAGENFURT
NONANCOURT
BETANCOURT
GUYANCOURT
AUDINCOURT
HAMMERFEST
PARIS-BREST
ROCK FOREST
ÉTHYLOTEST
MIDDLE WEST
ANTÉCHRIST
LAGERKVIST
PERMAFROST

BRAIN-TRUST
DÜRRENMATT
WATSON-WATT
REICHSTETT
SECOND PITT
NOUAKCHOTT
CONTRE-HAUT
SOUBRESAUT
SAINT-JACUT
HADRAMAOUT
ESSUIE-TOUT
FOURRE-TOUT
RISQUE-TOUT
HORS STATUT
ROCHAMBEAU
CLEMENCEAU
JOUVENCEAU
FRICANDEAU
JOUHANDEAU
FAISANDEAU
MORVANDEAU
MORVANDEAU
CHAUFFE-EAU
TOURANGEAU
TOURANGEAU
MONTRÉJEAU
MORNE-À-L'EAU
BAIE-COMEAU
LONGJUMEAU
PLOUIGNEAU
JAMBONNEAU
FAUCONNEAU
DINDONNEAU
PIGEONNEAU
MANGONNEAU
RAMPONNEAU
PERRONNEAU
BRETONNEAU
CONCARNEAU
LANDERNEAU
LANDERNEAU
LANTERNEAU
TASCHEREAU
GRIMPEREAU
TOURTEREAU
GOUTTEREAU
BOUGUEREAU
GODELUREAU
PASTOUREAU
NID-D'OISEAU
COULISSEAU
VERMISSEAU
ARBRISSEAU
NEUCHÂTEAU
MARMENTEAU
SERPENTEAU
PIED-DE-VEAU

MORVANDIAU
MORVANDIAU
CHASSÉRIAU
PETIT RENAU
MIDI D'OSSAU
NOVA IGUAÇU
ENTR'APERÇU
ENTRAPERÇU
MOINS-PERÇU
GRIGORESCU
REDESCENDU
MALENTENDU
HYPERTENDU
TERRE DE FEU
CROIX-DE-FEU
JEAN DE DIEU
HÔTELS-DIEU
PALSAMBLEU
CORDON-BLEU
FRANC-ALLEU
PETIT-NEVEU
ZHAO MENGFU
KITA-KYUSHU
DAMAN-ET-DIU
SATO EISAKU
KANO EITOKU
HURLUBERLU
TROTTE-MENU
MICROGRENU
CONTREVENU
CIRCONVENU
DISCONVENU
RESSOUVENU
DISCONTINU
NOUADHIBOU
LE LAVANDOU
NATITINGOU
NETANYAHOU
TÊTE-DE-CLOU
CHASSE-CLOU
TCHARDJOOU
BOUCHE-TROU
ABENGOUROU
TOMBOUCTOU
INTERROMPU
KOTA BAHARU
TÚPAC AMARU
CHIKAMATSU
DAISHIMIZU
GORBATCHEV
POUGATCHEV
TCHEBYCHEV
KOUÏBYCHEV
MENDELEÏEV
KONDRATIEV
TCHERNIHIV
VINOGRADOV

GRIBOÏEDOV
GOTTWALDOV
TCHERNIGOV
VAKHTANGOV
SERPOUKHOV
GORTCHAKOV
KHLEBNIKOV
METCHNIKOV
TCHERENKOV
SOUMAROKOV
VOROCHILOV
BROUSSILOV
PARADJANOV
GONTCHAROV
KOLMOGOROV
LOMONOSSOV
ONE-MAN-SHOW
LONGFELLOW
MÉTATHORAX
MÉSOTHORAX
QUADRUPLEX
GRAND-CROIX
PORTE-CROIX
CHARLEVOIX
SERVRANCKX
OROPHARYNX
APPOMATTOX
OMBILICAUX
BASILICAUX
ARSENICAUX
DOMINICAUX
PROVENÇAUX
PROVENÇAUX
HOMOFOCAUX
VIRILOCAUX
PYRAMIDAUX
DISCOÏDAUX
CYCLOÏDAUX
COLLOÏDAUX
ETHMOÏDAUX
SPIROÏDAUX
SOURICEAUX
PANONCEAUX
PINTADEAUX
HIRONDEAUX
CANARDEAUX
RENARDEAUX
BATARDEAUX
YSSINGEAUX
TROUBLEAUX
TRIJUMEAUX
CHALUMEAUX
CIGOGNEAUX
BALEINEAUX
CHEMINEAUX
TYRANNEAUX
HÉRONNEAUX

SAUMONEAUX
RAMPONEAUX
BIGORNEAUX
ÉTOURNEAUX
PHÉLYPEAUX
TOMBEREAUX
BORDEREAUX
PASSEREAUX
JOTTEREAUX
SAUTEREAUX
MAQUEREAUX
BIGARREAUX
LES MUREAUX
MORTES-EAUX
DAMOISEAUX
BÉCASSEAUX
TROUSSEAUX
PONTUSEAUX
BONNETEAUX
BOQUETEAUX
LOQUETEAUX
LOUVETEAUX
ENFAÎTEAUX
CHAPITEAUX
BISCOTEAUX
TOP NIVEAUX
VASSIVEAUX
RENOUVEAUX
PORTE-À-FAUX
PHARYNGAUX
THÉOLOGAUX
TRIOMPHAUX
CATARRHAUX
ADVERBIAUX
PRÉSIDIAUX
COLLÉGIAUX
UROPYGIAUX
BRANCHIAUX
MARSUPIAUX
PRÉTORIAUX
ÉDITORIAUX
GYMNASIAUX
ECCLÉSIAUX
PRIMATIAUX
IMPARTIAUX
SYNCYTIAUX
CONVIVIAUX
VICÉSIMAUX
CÉGÉSIMAUX
PRUD'HOMAUX
RIBOSOMAUX
BAPTISMAUX
ARTISANAUX
CAB-SIGNAUX
MÉDICINAUX
OFFICINAUX
LIBIDINAUX

ANACLINAUX
SYNCLINAUX
ISOCLINAUX
ABDOMINAUX
BINOMINAUX
DOCTRINAUX
MATUTINAUX
ÉCHEVINAUX
TRICENNAUX
CENTENNAUX
SEPTENNAUX
DÉCAGONAUX
HEXAGONAUX
OCTOGONAUX
POLYGONAUX
POLYTONAUX
LANDERNAUX
SHOGOUNAUX
MUNICIPAUX
PRINCIPAUX
ÉPISCOPAUX
PALPÉBRAUX
VERTÉBRAUX
SÉPULCRAUX
CATHÉDRAUX
BICAMÉRAUX
PUERPÉRAUX
BILATÉRAUX
ANTIVIRAUX
STERCORAUX
ÉLECTORAUX
DIAMÉTRAUX
GÉOMÉTRAUX
CADASTRAUX
ANCESTRAUX
MAGISTRAUX
CLAUSTRAUX
PÉRIDURAUX
INAUGURAUX
COMMENSAUX
UNIVERSAUX
PÉRINATAUX
POSTNATAUX
DIALECTAUX
OCCIPITAUX
BICIPITAUX
PIÉDESTAUX
PONT-DE-VAUX
PARADOXAUX
TORD-BOYAUX
ALLUME-FEUX
CONTRE-FEUX
COUVRE-FEUX
MARÉCAGEUX
MOYENÂGEUX
FALLACIEUX
PERNICIEUX

SUSPICIEUX
AVARICIEUX
CAPRICIEUX
LICENCIEUX
SILENCIEUX
INSOUCIEUX
FASTIDIEUX
CONTAGIEUX
PRODIGIEUX
ARELIGIEUX
CHEFS-LIEUX
CALOMNIEUX
INSOMNIEUX
HARMONIEUX
MYSTÉRIEUX
VICTORIEUX
VÉNISSIEUX
INFECTIEUX
OBSÉQUIEUX
BARBEZIEUX
ANDRÉZIEUX
SCANDALEUX
ROCAILLEUX
MORBILLEUX
ROUGEOLEUX
MIRACULEUX
VÉSICULEUX
MÉTICULEUX
STRIDULEUX
GLANDULEUX
FRAUDULEUX
SCROFULEUX
SCRUPULEUX
MEMBRANEUX
GANGRENEUX
MONTAGNEUX
DÉDAIGNEUX
MIGRAINEUX
LIBIDINEUX
OLÉAGINEUX
RUBIGINEUX
FULIGINEUX
LANUGINEUX
FARAMINEUX
VOLUMINEUX
CÉRUMINEUX
BITUMINEUX
GÉLATINEUX
FLOCONNEUX
JARGONNEUX
SABLONNEUX
CARTONNEUX
BOUTONNEUX
MOUTONNEUX
SONGE-CREUX
FILANDREUX
CADAVÉREUX

PELLAGREUX
STERTOREUX
NON-FERREUX
CUL-TERREUX
DÉSASTREUX
MALHEUREUX
CHALEUREUX
LANGOUREUX
DOULOUREUX
PLANTUREUX
AVENTUREUX
ŒDÉMATEUX
ECZÉMATEUX
CHICHITEUX
GRAPHITEUX
CALAMITEUX
SARMENTEUX
GRISOUTEUX
BELLIQUEUX
VERRUQUEUX
MONSTRUEUX
DÉFECTUEUX
AFFECTUEUX
DÉLICTUEUX
TEMPÉTUEUX
SPIRITUEUX
TUMULTUEUX
TALENTUEUX
VOLUPTUEUX
INCESTUEUX
MAJESTUEUX
AIGRES-DOUX
BILLETDOUX
COUPE-CHOUX
PRUDHOE BAY
MONTEGO BAY
THUNDER BAY
SEMBLANÇAY
CHARDONNAY
CHANTONNAY
TINCHEBRAY
SAINT-PÉRAY
CHAMBOURCY
HUSSEIN DEY
RINK-HOCKEY
DISC-JOCKEY
NAPA VALLEY
RIFT VALLEY
CHAMPAGNEY
JEANNE GREY
MOHOLY-NAGY
GALSWORTHY
DOBZHANSKY
ALECHINSKY
STRAVINSKY
SAINT-CHÉLY
RYDZ-SMIGLY

10

PICCADILLY
BARTHÉLEMY
REPENTIGNY
BLOODY MARY
CANTORBÉRY
PONDICHÉRY
MONTGOMERY
SAINT-JUÉRY
KRUSNÉ HORY
SAINT-VAURY
CANTERBURY
TEWKESBURY
SHREWSBURY
TCHERKASSY
LIOUBERTSY
JET-SOCIETY

FIFTY-FIFTY
CARSON CITY
QUEZON CITY
KANSAS CITY
JERSEY CITY
MINDSZENTY
VÖRÖSMARTY
IPOUSTEGUY
PORRENTRUY
ESZTERHÁZY
CAMPING-GAZ
AZAÑA Y DÍAZ
NIEMCEWICZ
MICKIEWICZ
MANKIEWICZ

WITKIEWICZ
KURYLOWICZ
GOMBROWICZ
CHERBULIEZ
DOUARNENEZ
AZNAR LÓPEZ
L'ALPE-D'HUEZ
IMPERATRIZ
MORLANWELZ
SANDOMIERZ
INGEN-HOUSZ
AUSTERLITZ
ABRAMOVITZ
CLAUSEWITZ
MIDDLE JAZZ

11

SANTA MONICA
BAHÍA BLANCA
SANCHO PANÇA
GARCÍA LORCA
GHERARDESCA
SPINA-BIFIDA
SÁ DE MIRANDA
ODA NOBUNAGA
ICHTYOSTÉGA
BUCARAMANGA
KUMARATUNGA
CHATTANOOGA
MISSISSAUGA
DJAMAL PACHA
ISMAÏL PACHA
GUTTA-PERCHA
JEAN DE MATHA
MAXIMIN DAIA
BLAVATSKAÏA
DELLA ROBBIA
GHISONACCIA
PONTE-LECCIA
RESISTENCIA
DIEGO GARCIA
WELWITSCHIA
SAINTPAULIA
CHRISTIANIA
CHRISTIANIA
PANTELLERIA
CRYPTOMERIA
CAPODISTRIA
NYSA LUZYCKA
PERESTROÏKA
GERLACHOVKA
PIETRAGALLA
PASTEURELLA
DOMODOSSOLA

VASCO DE GAMA
PANCHEN-LAMA
PHYSOSTIGMA
TANEGASHIMA
ÉPITHÉLIOMA
XANTHÉLASMA
PROTOPLASMA
RAS AL-KHAYMA
ROCH HA-SHANA
ROSH HA-SHANA
ANTSIRANANA
LEPTIS MAGNA
GIAMBOLOGNA
RAMAKRISHNA
SUSQUEHANNA
OXENSTIERNA
TEGUCIGALPA
GUADALAJARA
ABRACADABRA
CHURRIGUERA
JELENIA GÓRA
ZIELONA GÓRA
STARA ZAGORA
MAHARASHTRA
PATALIPUTRA
ESTREMADURA
GUSTAVE VASA
VARGAS LLOSA
CABORA BASSA
CAHORA BASSA
PANTHALASSA
PONTA GROSSA
RASPOUTITSA
GATTAMELATA
MAR DEL PLATA
MAHABHARATA
ULTRA-PETITA

IMPEDIMENTA
BRAHMAGUPTA
CANDRAGUPTA
ANTOFAGASTA
RECONQUISTA
CAVACO SILVA
NAVRATILOVA
GONTCHAROVA
BODHISATTVA
CZESTOCHOWA
POLONNARUWA
NISHINOMIYA
BEKTACHIYYA
NYÍREGYHÁZA
CHICHÉN ITZÁ
CHICHE-KEBAB
BAB AL-MANDAB
CHATT AL-ARAB
BAB EL-MANDEB
TIPPOO SAHIB
SENNACHÉRIB
LARMES-DE-JOB
MONBAZILLAC
VIC-FEZENSAC

TEHUANTEPEC
MOHOROVICIC
IZETBEGOVIC
TRAVERS-BANC
CARBON-BLANC
TIRE-AU-FLANC
ANCY-LE-FRANC
COLLIOURENC
ÉLECTROCHOC
PORTZAMPARC
Compact Disc
SOLIDARNOSC
SAINT-BRIEUC
KHORRAMABAD
BAHR EL-ABIAD
KALININGRAD
TSELINOGRAD
KOLAROVGRAD
MEHMED RESAD
ARRACHE-PIED
À CLOCHE-PIED
CHAUSSE-PIED
TROUSSE-PIED
DE PLAIN-PIED
GRINDELWALD
SPRINGFIELD
MORGANFIELD
COPPERFIELD
VALLEYFIELD
CITIZEN BAND
NON MARCHAND
NAMAQUALAND
DEUTSCHLAND
DE HAVILLAND
CREST-VOLAND
RHODE ISLAND
EST-ALLEMAND
VIEIL-ARMAND
HAUT-NORMAND
KNUD LE GRAND
JEAN LE GRAND
IVAN LE GRAND
LÉON LE GRAND
KNUT LE GRAND
MONTFERRAND
INTERFÉCOND
ARRIÈRE-FOND
BRACQUEMOND
QUART-DE-ROND
UNDERGROUND
KIERKEGAARD
SAINT-MÉDARD
NON STANDARD
MONTRICHARD
MONTBÉLIARD
MONTBÉLIARD
PANTOUFLARD
BAUDRILLARD

CHEVRILLARD
VASOUILLARD
CONTAMINARD
BANLIEUSARD
CAMBROUSARD
CORÉE DU NORD
CÔTES-DU-NORD
BOURGANIAUD
PORT-GRIMAUD
SAINT-ARNAUD
FORT-GOURAUD
DAKOTA DU SUD
DÉCASYLLABE
MONOSYLLABE
OCTOSYLLABE
POLYSYLLABE
CROC-EN-JAMBE
D'OUTRE-TOMBE
FRANCOPHOBE
PALMATILOBÉ
SAINTE-BARBE
SANGUISORBE
DÉSEMBOURBÉ
ROQUECOURBE
EUPHAUSIACÉ
ESSUIE-GLACE
LA FERTÉ-MACÉ
PAPILIONACÉ
CYBERESPACE
PETITE-NIÈCE
GRANDE-GRÈCE
SAINT-OFFICE
CARDINALICE
FRONTISPICE
INCUBATRICE
INDICATRICE
INVOCATRICE
HORODATRICE
DÉLÉGATRICE
NAVIGATRICE
AMODIATRICE
SPOLIATRICE
INITIATRICE
RÉVÉLATRICE
MUTILATRICE
FABULATRICE
OSCULATRICE
MODULATRICE
RÉGULATRICE
SIMULATRICE
DOMINATRICE
DIVINATRICE
CODONATRICE
USURPATRICE
RÉPARATRICE
SÉPARATRICE
LIBÉRATRICE
VOCERATRICE

FÉDÉRATRICE
MODÉRATRICE
GÉNÉRATRICE
IMPÉRATRICE
ADMIRATRICE
DÉCORATRICE
DÉVORATRICE
CASTRATRICE
OBTURATRICE
ACCUSATRICE
DILATATRICE
SPECTATRICE
INCITATRICE
EXCITATRICE
ANNOTATRICE
ADAPTATRICE
SCRUTATRICE
ÉVACUATRICE
EXCAVATRICE
ACTIVATRICE
RÉNOVATRICE
INNOVATRICE
DÉTRACTRICE
COLLECTRICE
INSPECTRICE
CORRECTRICE
TRISECTRICE
BISSECTRICE
PROTECTRICE
EXTINCTRICE
TRADUCTRICE
CONDUCTRICE
PRODUCTRICE
CODÉBITRICE
INHIBITRICE
EXPÉDITRICE
RÉPÉTITRICE
APICULTRICE
AVICULTRICE
MARÉMOTRICE
LOCOMOTRICE
IDÉOMOTRICE
VASOMOTRICE
AUTOMOTRICE
PRÉCEPTRICE
CONCEPTRICE
RÉDEMPTRICE
CORRUPTRICE
SUPPORTRICE
SELF-SERVICE
DESCENDANCE
MODERN DANCE
CONCORDANCE
DISCORDANCE
INSOUCIANCE
MÉSALLIANCE
NONCHALANCE
DÉFAILLANCE

PERFORMANCE
MAINTENANCE
AUTOFINANCÉ
CODOMINANCE
CHROMINANCE
GOUVERNANCE
INTOLÉRANCE
ÎLE-DE-FRANCE
RADIO FRANCE
REMONTRANCE
RÉASSURANCE
COASSURANCE
MALFAISANCE
RENAISSANCE
RENAISSANCE
IMPUISSANCE
CONDUCTANCE
BOUFFETANCE
ROUSPÉTANCE
CAPACITANCE
SUBSISTANCE
CONSISTANCE
PERSISTANCE
INCONSTANCE
DÉLINQUANCE
FLAMBOYANCE
MUNIFICENCE
MARCESCENCE
TURGESCENCE
COALESCENCE
OPALESCENCE
ADOLESCENCE
ÉVANESCENCE
PUTRESCENCE
LACTESCENCE
ANTÉCÉDENCE
COÏNCIDENCE
RÉFRINGENCE
ASTRINGENCE
CONTINGENCE
CONVERGENCE
OMNISCIENCE
AMBIVALENCE
ÉQUIVALENCE
POLYVALENCE
PRÉCELLENCE
NON-VIOLENCE
RÉENSEMENCÉ
COORDINENCE
PRÉÉMINENCE
PROÉMINENCE
INCOHÉRENCE
IRRÉVÉRENCE
CONCURRENCE
CONCURRENCÉ
INAPPÉTENCE
OMNIPOTENCE

TOTIPOTENCE
ÉQUIPOTENCE
INEXISTENCE
COEXISTENCE
CONSÉQUENCE
PETIT PRINCE
QUINTE-CURCE
RADIOSOURCE
TAILLE-DOUCE
ROBERT BRUCE
DEMI-BRIGADE
DÉSESCALADE
GARDE-MALADE
LA TREMBLADE
MITRAILLADE
LA FEUILLADE
DÉGOULINADE
ARLEQUINADE
CALEÇONNADE
CHIFFONNADE
ŒCOLAMPADE
ONGULIGRADE
DIGITIGRADE
PLANTIGRADE
ANTÉROGRADE
PEYREHORADE
LAPALISSADE
ARQUEBUSADE
RODOMONTADE
SHÉHÉRAZADE
MAXILLIPÈDE
SCOLOPACIDÉ
TYRANNICIDE
BACTÉRICIDE
INSECTICIDE
INFANTICIDE
LIBERTICIDE
SPHÉNISCIDÉ
EXTRALUCIDE
TRANSLUCIDE
CÉRAMBYCIDÉ
PALMATIFIDE
SYNGNATHIDÉ
CHARADRIIDÉ
FRINGILLIDÉ
LYSERGAMIDE
THALIDOMIDE
PYCNOGONIDE
ÉPICYCLOÏDE
PARABOLOÏDE
TÉTRAPLOÏDE
CAROTÉNOÏDE
ANTHROPOÏDE
SACCHAROÏDE
CYLINDROÏDE
PONT-DE-ROIDE
PORPHYROÏDE

GLYCOLIPIDE
ANTIPUTRIDE
FILICOPSIDE
POLYPEPTIDE
SUPERFLUIDE
VANDERVELDE
CONTREBANDE
BROCÉLIANDE
HOUPPELANDE
ENGUIRLANDÉ
CONFIRMANDE
CAMPO GRANDE
NAUSÉABONDE
DENDERMONDE
BALLON-SONDE
ANTICATHODE
SAINT-SYNODE
BRACHIOPODE
CÉPHALOPODE
GASTÉROPODE
POLITICARDE
REVANCHARDE
BAMBOCHARDE
CHAMONIARDE
CHAMONIARDE
TROUILLARDE
BÉQUILLARDE
CAPITULARDE
CAUCHEMARDÉ
CAUSSENARDE
CAUSSENARDE
CAMPAGNARDE
MONTAGNARDE
BASTOGNARDE
SORBONNARDE
DREYFUSARDE
MISÉRICORDE
STEENVOORDE
AU-DESSOUS DE
LIMOUGEAUDE
LIMOUGEAUDE
COURAMIAUDE
REINE-CLAUDE
SAINT-CLAUDE
CHIQUENAUDE
COUDE-À-COUDE
SOLLICITUDE
DÉCRÉPITUDE
VICISSITUDE
INGRATITUDE
PROMPTITUDE
INCERTITUDE
JEAN DE LEYDE
MÉTALDÉHYDE
PILO-SÉBACÉE
AMPÉLIDACÉE
BROMÉLIACÉE

MAGNOLIACÉE
BIGNONIACÉE
CRASSULACÉE
BORAGINACÉE
POLYGONACÉE
PAPAVÉRACÉE
CÉLASTRACÉE
CUPRESSACÉE
ALISMATACÉE
AMARANTACÉE
ORDONNANCÉE
RECOMMENCÉE
TRANSPERCÉE
RHODOPHYCÉE
CYANOPHYCÉE
RÉTROGRADÉE
RADIOGUIDÉE
DÉGINGANDÉE
RÉPRIMANDÉE
DÉCOMMANDÉE
RECOMMANDÉE
MILLERANDÉE
TRANSCENDÉE
APPRÉHENDÉE
DÉVERGONDÉE
RACCOMMODÉE
SAUVEGARDÉE
ENTRELARDÉE
DÉBILLARDÉE
TRANSBORDÉE
DÉSACCORDÉE
MONONUCLÉÉE
IRISH-COFFEE
PRÉCHAUFFÉE
SURCHAUFFÉE
SURPROTÉGÉE
TÉLÉCHARGÉE
ENTR'ÉGORGÉE
DÉSENGORGÉE
CALORIFUGÉE
CENTRIFUGÉE
DÉHARNACHÉE
ENDIMANCHÉE
RÉEMBAUCHÉE
EFFAROUCHÉE
APOSTROPHÉE
INAPPRÉCIÉE
PRÉJUDICIÉE
PENTARADIÉE
DÉCALCIFIÉE
RECALCIFIÉE
DÉMYTHIFIÉE
DÉQUALIFIÉE
REQUALIFIÉE
EXEMPLIFIÉE
FRIGORIFIÉE
ÉLECTRIFIÉE
DÉNITRIFIÉE
DÉVITRIFIÉE
INTENSIFIÉE
DIVERSIFIÉE
DÉSERTIFIÉE
INJUSTIFIÉE
DÉMYSTIFIÉE
PRIVILÉGIÉE
RÉCONCILIÉE
DÉSAFFILIÉE
INTERALLIÉE
EXCOMMUNIÉE
PHOTOCOPIÉE
NON-SALARIÉE
DÉSAPPARIÉE
MULTIVARIÉE
INVENTORIÉE
RÉPERTORIÉE
EUTHANASIÉE
HYPOSTASIÉE
ANESTHÉSIÉE
DÉSENSABLÉE
BOURSOUFLÉE
EMMITOUFLÉE
INASSIMILÉE
PASSEPOILÉE
DÉSENTOILÉE
PENTHÉSILÉE
PRÉEMBALLÉE
CONTRE-ALLÉE
RÉINSTALLÉE
INTERPELLÉE
ENCANAILLÉE
DÉPENAILLÉE
RAVITAILLÉE
ENFUTAILLÉE
DÉSHABILLÉE
VERTICILLÉE
ENSOLEILLÉE
DÉPAREILLÉE
APPAREILLÉE
ÉMERVEILLÉE
DÉGUENILLÉE
ESTAMPILLÉE
DÉGOUPILLÉE
DÉTORTILLÉE
ENTORTILLÉE
EMBASTILLÉE
ACCASTILLÉE
ÉMOUSTILLÉE
GRIBOUILLÉE
BARBOUILLÉE
BREDOUILLÉE
MÂCHOUILLÉE
AGENOUILLÉE
DÉBROUILLÉE
EMBROUILLÉE
DÉGROUILLÉE
VERROUILLÉE
CHATOUILLÉE
DÉMAQUILLÉE
REMAQUILLÉE
ÉCARQUILLÉE
PRÉENCOLLÉE
DÉGRINGOLÉE
TRIFOLIOLÉE
INCONTRÔLÉE
DÉBOUSSOLÉE
SOUS-PEUPLÉE
INARTICULÉE
BLACKBOULÉE
GRAND COULEE
CONGRATULÉE
RÉCAPITULÉE
DIAPHRAGMÉE
DÉCOMPRIMÉE
DÉLÉGITIMÉE
SOUS-ESTIMÉE
MICROFILMÉE
SUS-DÉNOMMÉE
BARTHOLOMÉE
SURINFORMÉE
DÉSINFORMÉE
TRANSFORMÉE
ORTHONORMÉE
INSTANTANÉE
SOUS-CUTANÉE
SUROXYGÉNÉE
DÉSOXYGÉNÉE
PREMIÈRE-NÉE
DERNIÈRE-NÉE
ENCHIFRENÉE
DÉSENGRENÉE
ACCOMPAGNÉE
INTERLIGNÉE
DÉCONSIGNÉE
CHANFREINÉE
EMBOBELINÉE
DÉGASOLINÉE
DÉGAZOLINÉE
DISCIPLINÉE
DÉCALAMINÉE
DÉVITAMINÉE
PARCHEMINÉE
DISCRIMINÉE
ENDOCTRINÉE
TAMBOURINÉE
EMMAGASINÉE
GUILLOTINÉE
PRÉDESTINÉE
BARAGOUINÉE
SHAMPOUINÉE
ENQUIQUINÉE
DAMASQUINÉE

WOUNDED KNEE
ENTURBANNÉE
DÉSARÇONNÉE
SUBORDONNÉE
DÉSORDONNÉE
BADIGEONNÉE
DÉPLAFONNÉE
PARANGONNÉE
CAPUCHONNÉE
OCCASIONNÉE
ÉMULSIONNÉE
ILLUSIONNÉE
FRACTIONNÉE
FRICTIONNÉE
SANCTIONNÉE
PONCTIONNÉE
AMBITIONNÉE
ADDITIONNÉE
AUDITIONNÉE
POSITIONNÉE
QUESTIONNÉE
SOLUTIONNÉE
DÉBALLONNÉE
CARILLONNÉE
BOUILLONNÉE
COUILLONNÉE
DÉBOULONNÉE
CHAPERONNÉE
DÉCOURONNÉE
ARRAISONNÉE
IRRAISONNÉE
ASSAISONNÉE
EMPOISONNÉE
EMPRISONNÉE
PALISSONNÉE
MOLLETONNÉE
DÉBOUTONNÉE
REBOUTONNÉE
OXYCARBONÉE
DÉSINCARNÉE
DEMI-JOURNÉE
CHANTOURNÉE
POISSON-ÉPÉE
SOUS-ÉQUIPÉE
PHARMACOPÉE
PRÉDÉCOUPÉE
ENTRECOUPÉE
CONTRETYPÉE
STÉRÉOTYPÉE
CHASSE-MARÉE
CONCÉLÉBRÉE
INVERTÉBRÉE
LOMBO-SACRÉE
DÉSENCADRÉE
CONGLOMÉRÉE
DÉSINTÉGRÉE
AVANT-SOIRÉE
MILLIMÉTRÉE
ENCHEVÊTRÉE
AUTOCENTRÉE
DÉFENESTRÉE
ENREGISTRÉE
CALAMISTRÉE
ADMINISTRÉE
IODO-IODURÉE
CLAQUEMURÉE
PRESSE-PURÉE
DÉCHLORURÉE
SOUS-ASSURÉE
COURBATURÉE
CARICATURÉE
SOUS-SATURÉE
CONJECTURÉE
PARAPHRASÉE
TECHNICISÉE
CHRONICISÉE
RINGARDISÉE
RADICALISÉE
MÉDICALISÉE
LEXICALISÉE
DÉLOCALISÉE
SCANDALISÉE
SPÉCIALISÉE
MONDIALISÉE
SPATIALISÉE
INITIALISÉE
DÉCIMALISÉE
MINIMALISÉE
OPTIMALISÉE
MAXIMALISÉE
DÉPÉNALISÉE
NOMINALISÉE
LIBÉRALISÉE
FÉDÉRALISÉE
GÉNÉRALISÉE
MINÉRALISÉE
LATÉRALISÉE
DÉMORALISÉE
CAPORALISÉE
CENTRALISÉE
NEUTRALISÉE
NATURALISÉE
DÉNASALISÉE
PALATALISÉE
VÉGÉTALISÉE
DIGITALISÉE
CAPITALISÉE
DÉVITALISÉE
REVITALISÉE
CHAPTALISÉE
MENSUALISÉE
ÉVANGÉLISÉE
CARAMÉLISÉE
DÉMOBILISÉE
IMMOBILISÉE
SOLUBILISÉE
LYOPHILISÉE
DÉVIRILISÉE
VOLATILISÉE
PARCELLISÉE
CARTELLISÉE
MÉTABOLISÉE
MONOPOLISÉE
DÉNÉBULISÉE
RIDICULISÉE
MACADAMISÉE
UNIFORMISÉE
AFRICANISÉE
RÉORGANISÉE
INORGANISÉE
ITALIANISÉE
ALCALINISÉE
KÉRATINISÉE
DÉCOLONISÉE
ENTRETOISÉE
APPRIVOISÉE
SOLIDARISÉE
NUCLÉARISÉE
DÉPOLARISÉE
BIPOLARISÉE
SÉCULARISÉE
RÉGULARISÉE
POPULARISÉE
TITULARISÉE
MILITARISÉE
MÉTAMÉRISÉE
POLYMÉRISÉE
DÉSODORISÉE
CATÉGORISÉE
DÉVALORISÉE
REVALORISÉE
INSONORISÉE
SPONSORISÉE
DÉFAVORISÉE
THÉSAURISÉE
PASTEURISÉE
PRESSURISÉE
SCHÉMATISÉE
STIGMATISÉE
AXIOMATISÉE
AUTOMATISÉE
TRAUMATISÉE
DÉSÉTATISÉE
DIALECTISÉE
PROPHÉTISÉE
SYNTHÉTISÉE
DÉMONÉTISÉE
CONCRÉTISÉE
DÉPOLITISÉE
RELATIVISÉE
LIBRE-PENSÉE

11

DÉCOMPENSÉE
RÉCOMPENSÉE
ANASTOMOSÉE
SURCOMPOSÉE
PRÉSUPPOSÉE
PRÉDISPOSÉE
SOUS-EXPOSÉE
RETRAVERSÉE
BOULEVERSÉE
DÉCARCASSÉE
TALLAHASSEE
POURCHASSÉE
OUTREPASSÉE
DÉBARRASSÉE
EMBARRASSÉE
TREILLISSÉE
ENTRE-TISSÉE
ÉCLABOUSSÉE
MOTEUR-FUSÉE
DÉSHYDRATÉE
AUTOTRACTÉE
DÉSAFFECTÉE
DÉSINFECTÉE
DÉCONNECTÉE
DÉMOUCHETÉE
AIGUILLETÉE
GUILLEMETÉE
INTERPRÉTÉE
REMPAQUETÉE
DÉBECQUETÉE
DÉCHIQUETÉE
DÉCLIQUETÉE
ENCLIQUETÉE
SOUS-TRAITÉE
PLÉBISCITÉE
RESSUSCITÉE
DISCRÉDITÉE
COMMANDITÉE
PARIDIGITÉE
RÉHABILITÉE
INEXPLOITÉE
DÉPARASITÉE
RÉIMPLANTÉE
DÉSAIMANTÉE
DÉSARGENTÉE
DÉSORIENTÉE
IMPATIENTÉE
RÉGLEMENTÉE
INCRÉMENTÉE
MOUVEMENTÉE
ASSERMENTÉE
REPRÉSENTÉE
MÉCONTENTÉE
LONG-JOINTÉE
RÉEMPRUNTÉE
DÉMAILLOTÉE
EMMAILLOTÉE

INTERCEPTÉE
RÉESCOMPTÉE
DÉCONCERTÉE
RÉCONFORTÉE
INSUPPORTÉE
TRANSPORTÉE
INCONTESTÉE
DÉSENDETTÉE
SILHOUETTÉE
CONTREBUTÉE
CHOUCHOUTÉE
SUBDÉLÉGUÉE
DIPHTONGUÉE
SOUS-ÉVALUÉE
HYPOTHÉQUÉE
REVENDIQUÉE
INAPPLIQUÉE
INEXPLIQUÉE
COMMUNIQUÉE
DÉCORTIQUÉE
DÉMASTIQUÉE
REMASTIQUÉE
DOMESTIQUÉE
INTERLOQUÉE
RÉCIPROQUÉE
DÉSOBSTRUÉE
DÉSHABITUÉE
INACCENTUÉE
DÉSENCLAVÉE
DÉSENTRAVÉE
INTERVIEWÉE
DÉCOMPLEXÉE
REJOINTOYÉE
PORTE-GREFFE
HIPPOGRIFFE
OPÉRA-BOUFFE
YELLOWKNIFE
DÉCORTICAGE
REMASTICAGE
AMOUR-EN-CAGE
ANTIBLOCAGE
DÉSAMORÇAGE
TÉLÉGUIDAGE
AUTOGUIDAGE
MARCHANDAGE
ACHALANDAGE
VAGABONDAGE
ÉCHOSONDAGE
AÉROSONDAGE
TRANSCODAGE
BRANCARDAGE
MOUCHARDAGE
ÉCHAFAUDAGE
MARIVAUDAGE
ÉBOURIFFAGE
RÉCHAUFFAGE
PARALANGAGE

MÉTALANGAGE
EFFILOCHAGE
GUILLOCHAGE
RACCROCHAGE
RAPPROCHAGE
DESSOUCHAGE
ENTOMOPHAGE
HÉMATOPHAGE
ICHTYOPHAGE
PLANCHÉIAGE
RESSEMELAGE
DÉCERVELAGE
AUTORÉGLAGE
TRIMBALLAGE
REMMAILLAGE
TERMAILLAGE
GRENAILLAGE
REMPAILLAGE
FERRAILLAGE
MITRAILLAGE
TOURAILLAGE
ÉCHENILLAGE
GRAPPILLAGE
QUADRILLAGE
POINTILLAGE
EFFEUILLAGE
BIDOUILLAGE
BAFOUILLAGE
CAFOUILLAGE
MAGOUILLAGE
DÉPOUILLAGE
RESQUILLAGE
CARAMBOLAGE
CAMBRIOLAGE
RAFISTOLAGE
CARNON-PLAGE
LARMOR-PLAGE
VALRAS-PLAGE
PELLICULAGE
DÉCAPSULAGE
SCÉNARIMAGE
DÉSARRIMAGE
ANTICHÔMAGE
DÉSENFUMAGE
AQUAPLANAGE
REMUE-MÉNAGE
CONCUBINAGE
PARAFFINAGE
LIBERTINAGE
MAROQUINAGE
ENRUBANNAGE
GARDIENNAGE
CHARBONNAGE
POINÇONNAGE
TRONÇONNAGE
CHIFFONNAGE
GRIFFONNAGE

HOUBLONNAGE
GOUDRONNAGE
CHARRONNAGE
CLOISONNAGE
MOISSONNAGE
ÉCUSSONNAGE
CAPITONNAGE
DÉGAZONNAGE
BISTOURNAGE
TÉLESCOPAGE
PROTOTYPAGE
ÉQUILIBRAGE
SAUPOUDRAGE
GOAL-AVERAGE
DÉCHIFFRAGE
TURBOFORAGE
REDÉMARRAGE
REMBOURRAGE
LONG-MÉTRAGE
KILOMÉTRAGE
SOUS-TITRAGE
CALFEUTRAGE
SURPÂTURAGE
AFFACTURAGE
COVOITURAGE
APRÈS-RASAGE
FRANCHISAGE
CARBONISAGE
MERCERISAGE
SANFORISAGE
ENTREPOSAGE
MATELASSAGE
CAILLASSAGE
RAPETASSAGE
TÉLÉMESSAGE
MINIMESSAGE
RENCAISSAGE
DÉGRAISSAGE
ENGRAISSAGE
FOURBISSAGE
BOUFFISSAGE
DÉMOLISSAGE
DÉPOLISSAGE
REPOLISSAGE
REMPLISSAGE
LAMBRISSAGE
AMERRISSAGE
NOURRISSAGE
POURRISSAGE
DÉCATISSAGE
ÉCROUISSAGE
DÉCHAUSSAGE
PHOSPHATAGE
DÉCACHETAGE
FEUILLETAGE
DÉCOLLETAGE
ÉPOUSSETAGE
DÉPAQUETAGE
EMPAQUETAGE
CATAPULTAGE
BRILLANTAGE
DÉSAVANTAGE
DÉSAVANTAGÉ
POURCENTAGE
CHARPENTAGE
DESSUINTAGE
PAPILLOTAGE
HÉLIPORTAGE
TERREAUTAGE
DÉNOYAUTAGE
PARACHUTAGE
MARABOUTAGE
CAILLOUTAGE
PLASTIQUAGE
CHASSE-NEIGE
DIFFERDANGE
SCHIFFLANGE
MARTELLANGE
INTERFRANGE
TISSU-ÉPONGE
MARTYROLOGE
ÉCORECHARGE
MONTE-CHARGE
LLOYD GEORGE
SAINT GEORGE
ERIK LE ROUGE
MOULIN-ROUGE
BASSIN ROUGE
BARDONNÈCHE
GARDES-PÊCHE
PIED-DE-BICHE
CONTREFICHE
CONTREFICHÉ
OUTRE-MANCHE
TRANSMANCHE
MALEBRANCHE
NUDIBRANCHE
PELLE-PIOCHE
ARISTOLOCHE
FRISON-ROCHE
GRANDE ARCHE
SUPERMARCHÉ
HYPERMARCHÉ
ENCHEVAUCHÉ
FANFRELUCHE
RINCE-BOUCHE
AMUSE-BOUCHE
MULTICOUCHE
SCARAMOUCHE
ESCARMOUCHE
ENCARTOUCHÉ
BATHYSCAPHE
CHORÉGRAPHE
CALLIGRAPHE
ANÉPIGRAPHE
PALÉOGRAPHE
MUSÉOGRAPHE
LITHOGRAPHE
ORTHOGRAPHE
HAGIOGRAPHE
HÉLIOGRAPHE
SOÛLOGRAPHE
STYLOGRAPHE
ANÉMOGRAPHE
NORMOGRAPHE
SISMOGRAPHE
SCANOGRAPHE
SCÉNOGRAPHE
STÉNOGRAPHE
ETHNOGRAPHE
ICONOGRAPHE
PHONOGRAPHE
PORNOGRAPHE
HYDROGRAPHE
SPIROGRAPHE
PÉTROGRAPHE
PANTOGRAPHE
PHOTOGRAPHE
CARTOGRAPHE
PIÉZOGRAPHE
TACHYGRAPHE
CATASTROPHE
CATASTROPHÉ
ANTISTROPHE
HOMÉOMORPHE
HIÉROGLYPHE
PÉTROGLYPHE
CHÉTOGNATHE
PSYCHOPATHE
NATUROPATHE
TÉLOLÉCITHE
SIDÉROLITHE
CŒLACANTHE
RHADAMANTHE
EUROMONNAIE
AGORAPHOBIE
ANGLOPHOBIE
PHOTOPHOBIE
NÉCROMANCIE
CHIROMANCIE
ONIROMANCIE
CARTOMANCIE
INDULGENCIÉ
DIFFÉRENCIÉ
LA LAURENCIE
POISSON-SCIE
COUTEAU-SCIE
SAINTE-LUCIE
APPROFONDIE
POLYSYNODIE
BRADYCARDIE

TACHYCARDIE
DISQUALIFIÉ
PERSONNIFIÉ
SACCHARIFIÉ
DÉCLASSIFIÉ
AUTHENTIFIÉ
COMPLEXIFIÉ
HIPPOPHAGIE
COPROPHAGIE
MÉTRORRAGIE
TÉTRAPLÉGIE
CERVICALGIE
CÉPHALALGIE
LOTHARINGIE
MINÉRALOGIE
PHLÉBOLOGIE
MALACOLOGIE
GYNÉCOLOGIE
POLICOLOGIE
MUSICOLOGIE
LEXICOLOGIE
TOXICOLOGIE
MONADOLOGIE
MONADOLOGIE
TRACÉOLOGIE
ARCHÉOLOGIE
SPÉLÉOLOGIE
GNOSÉOLOGIE
PSYCHOLOGIE
GRAPHOLOGIE
MORPHOLOGIE
EXOBIOLOGIE
GLACIOLOGIE
CARDIOLOGIE
ANGÉIOLOGIE
SÉMÉIOLOGIE
BIBLIOLOGIE
PHYSIOLOGIE
ISLAMOLOGIE
POTAMOLOGIE
POLÉMOLOGIE
DOCIMOLOGIE
ENTOMOLOGIE
SÉISMOLOGIE
PNEUMOLOGIE
ENZYMOLOGIE
OCÉANOLOGIE
ORGANOLOGIE
SÉLÉNOLOGIE
PHRÉNOLOGIE
TECHNOLOGIE
ACTINOLOGIE
DÉMONOLOGIE
CHRONOLOGIE
IMMUNOLOGIE
PALYNOLOGIE
NUMÉROLOGIE

NÉPHROLOGIE
SOPHROLOGIE
FUTUROLOGIE
PAPYROLOGIE
HÉMATOLOGIE
HÉPATOLOGIE
TÉRATOLOGIE
PROCTOLOGIE
ERPÉTOLOGIE
POLITOLOGIE
ODONTOLOGIE
DÉONTOLOGIE
ÉGYPTOLOGIE
CRYPTOLOGIE
EMBRYOLOGIE
ICHTYOLOGIE
MÉTALLURGIE
DRAMATURGIE
STÉATOPYGIE
TAUROMACHIE
TCHOUVACHIE
IRRÉFLÉCHIE
TÉLÉGRAPHIE
TÉLÉGRAPHIÉ
SÉRIGRAPHIE
CACOGRAPHIE
ARÉOGRAPHIE
INFOGRAPHIE
ÉCHOGRAPHIE
ÉCHOGRAPHIÉ
HOLOGRAPHIE
XYLOGRAPHIE
DÉMOGRAPHIE
HOMOGRAPHIE
TOMOGRAPHIE
MONOGRAPHIE
TOPOGRAPHIE
TYPOGRAPHIE
XÉROGRAPHIE
NOSOGRAPHIE
AUTOGRAPHIE
HYPOTROPHIE
AUTOTROPHIE
AMYOTROPHIE
PHILOSOPHIE
DISCOPATHIE
HOMÉOPATHIE
OSTÉOPATHIE
SOCIOPATHIE
MYÉLOPATHIE
ADÉNOPATHIE
NEUROPATHIE
NÉVROPATHIE
FŒTOPATHIE
MASTOPATHIE
ACROMÉGALIE
GLOSSOLALIE

CONNÉTABLIE
MARIE-AMÉLIE
MARCOPHILIE
DISCOPHILIE
ANGLOPHILIE
ANÉMOPHILIE
NÉCROPHILIE
COPROPHILIE
CARTOPHILIE
CADUCIFOLIÉ
DÉMULTIPLIÉ
INACCOMPLIE
DYSCALCULIE
SAINTE-JULIE
SYNDACTYLIE
HÉTÉROGAMIE
CRYPTOGAMIE
SCHIZOGAMIE
MÉSOPOTAMIE
TACHYPHÉMIE
BACTÉRIÉMIE
WAGON-TRÉMIE
THALASSÉMIE
CARBOCHIMIE
MICROCHIMIE
PÉTROCHIMIE
PHOTOCHIMIE
HISTOCHIMIE
ÉNOPHTALMIE
EXOPHTALMIE
NETÉCONOMIE
PHYSIONOMIE
HÉTÉRONOMIE
GASTRONOMIE
ORTHODROMIE
HOMOCHROMIE
MONOCHROMIE
POLYCHROMIE
IRIDECTOMIE
MAMMECTOMIE
MYOMECTOMIE
PULPECTOMIE
MASTECTOMIE
CYSTECTOMIE
RADICOTOMIE
STÉRÉOTOMIE
CARDIOTOMIE
ÉPISIOTOMIE
LAPAROTOMIE
KÉRATOTOMIE
CYSTOSTOMIE
LEUCODERMIE
PACHYDERMIE
HYPOTHERMIE
AZOOSPERMIE
ATHYMHORMIE
ALEXITHYMIE

CYCLOTHYMIE
CISJORDANIE
LITHOPHANIE
VITROPHANIE
TOXICOMANIE
NYMPHOMANIE
MÉGALOMANIE
ÉTHÉROMANIE
CLEPTOMANIE
KLEPTOMANIE
TÉRATOGÉNIE
EMBRYOGÉNIE
TCHÉTCHÉNIE
CHAPELLENIE
CHÂTELLENIE
LYMPHOPÉNIE
NEUTROPÉNIE
PARAPHRÉNIE
HÉBÉPHRÉNIE
PYROTECHNIE
LA QUINTINIE
HYPERSOMNIE
PAPHLAGONIE
SCHIZOGONIE
ORTHOPHONIE
AMBIOPHONIE
RADIOPHONIE
VISIOPHONIE
DISHARMONIE
DYSHARMONIE
HYPERCAPNIE
DYSPAREUNIE
PLEURODYNIE
GLOSSODYNIE
HAUTE-SAVOIE
TRITHÉRAPIE
BIOTHÉRAPIE
ZOOTHÉRAPIE
ISOTHÉRAPIE
QUEUES-DE-PIE
RADIOSCOPIE
AMNIOSCOPIE
STRIOSCOPIE
RHINOSCOPIE
COLPOSCOPIE
FIBROSCOPIE
MICROSCOPIE
HYGROSCOPIE
RECTOSCOPIE
FŒTOSCOPIE
CYSTOSCOPIE
HÉMÉRALOPIE
ANISOTROPIE
THIXOTROPIE
STÉRÉOTYPIE
TURBELLARIÉ
LA RICAMARIE
LOUISE-MARIE
SAINTE-MARIE
ALLIOT-MARIE
CARPENTARIE
NORTHUMBRIE
ROZAY-EN-BRIE
HYPOCONDRIE
GRILLADERIE
CAMARADERIE
MAUSSADERIE
COMMANDERIE
FAISANDERIE
DESCENDERIE
CLABAUDERIE
TARTUFFERIE
BOULANGERIE
SUPERCHERIE
HONGROIERIE
SENSIBLERIE
ESPIÈGLERIE
SORCELLERIE
SOMMELLERIE
TONNELLERIE
CHAPELLERIE
HOSTELLERIE
COUTELLERIE
CRIAILLERIE
CANAILLERIE
GOUAILLERIE
DISTILLERIE
BROUILLERIE
GENDARMERIE
MESQUINERIE
PAYSANNERIE
CHOUANNERIE
FAUCONNERIE
AMIDONNERIE
CORDONNERIE
COCHONNERIE
BOULONNERIE
FRIPONNERIE
FERRONNERIE
CARTONNERIE
MOUTONNERIE
FLAGORNERIE
VALLISNÉRIE
VINAIGRERIE
TEINTURERIE
GAULOISERIE
CHAMOISERIE
CHINOISERIE
GRIVOISERIE
TRACASSERIE
AVOCASSERIE
MOLLASSERIE
PLUMASSERIE
SAURISSERIE
CARROSSERIE
GOBELETERIE
BUFFLETERIE
GRAINETERIE
BRIQUETERIE
MARQUETERIE
BISCUITERIE
FORFANTERIE
EFFRONTERIE
CHUCHOTERIE
DOMINOTERIE
ÉBÉNISTERIE
LAMPISTERIE
DENTISTERIE
DÉCHETTERIE
TABLETTERIE
BILLETTERIE
COQUETTERIE
BISCOTTERIE
CACHOTTERIE
CHARCUTERIE
MANIAQUERIE
LOUFOQUERIE
ESCROQUERIE
CONSERVERIE
DUCHÉ-PAIRIE
MÉTATHÉORIE
INAPPROPRIÉ
PSYCHIATRIE
OPACIMÉTRIE
ACIDIMÉTRIE
PLANIMÉTRIE
TITRIMÉTRIE
DENSIMÉTRIE
GRAVIMÉTRIE
PELVIMÉTRIE
TRIBOMÉTRIE
SOCIOMÉTRIE
AUDIOMÉTRIE
GONIOMÉTRIE
SISMOMÉTRIE
ÉCONOMÉTRIE
AXONOMÉTRIE
ALCOOMÉTRIE
MICROMÉTRIE
HYDROMÉTRIE
HYGROMÉTRIE
SPIROMÉTRIE
ASTROMÉTRIE
HYPSOMÉTRIE
PHOTOMÉTRIE
BATHYMÉTRIE
DISSYMÉTRIE
AÉROGASTRIE
JOLIOT-CURIE
POLLAKIURIE
PROTÉINURIE

ALBUMINURIE
MANDCHOURIE
SUCCENTURIÉ
LEUCOPLASIE
HYPERPLASIE
ANGIECTASIE
ATÉLECTASIE
RHEXISTASIE
HOMÉOSTASIE
SOMESTHÉSIE
CÉNESTHÉSIE
CINESTHÉSIE
KINESTHÉSIE
SYNESTHÉSIE
BARESTHÉSIE
PARESTHÉSIE
PALICINÉSIE
TÉLÉKINÉSIE
HYPERMNÉSIE
BOURGEOISIE
NARCOLEPSIE
HÉMIANOPSIE
DÉSÉPAISSIE
BIÉLORUSSIE
HYPOACOUSIE
CEYZÉRIATIE
MÉDIOCRATIE
VOYOUCRATIE
LITHOTRITIE
DIFFÉRENTIÉ
ORTHODONTIE
EXTRAVERTIE
RECONVERTIE
INTROVERTIE
INTERVERTIE
DÉSASSORTIE
CRYOCLASTIE
IONOPLASTIE
AUTOPLASTIE
DÉSINVESTIE
EUCHARISTIE
SOMNILOQUIE
YOUGOSLAVIE
SCANDINAVIE
ANAPHYLAXIE
PROPHYLAXIE
CHIROPRAXIE
STÉRÉOTAXIE
PHYLLOTAXIE
HÉTÉRODOXIE
KARADJORDJE
BEIDERBECKE
BOLINGBROKE
MIDDELKERKE
HÉLIOGABALE
BRINGUEBALÉ
BRINQUEBALÉ

SEMI-GLOBALE
AMMONIACALE
ILÉO-CÆCALE
BIOMÉDICALE
PONTIFICALE
HYPERFOCALE
UXORILOCALE
MATRILOCALE
PATRILOCALE
MATRIARCALE
PATRIARCALE
PARAFISCALE
GRAND-DUCALE
RHOMBOÏDALE
HÉLICOÏDALE
CONCHOÏDALE
SPHÉNOÏDALE
SOLÉNOÏDALE
SPHÉROÏDALE
SINUSOÏDALE
INTERTIDALE
CHIPPENDALE
CHIPPENDALE
INTERMODALE
PÉRITONÉALE
EXTRALÉGALE
NIGHTINGALE
ORNITHOGALE
DIENCÉPHALE
ANENCÉPHALE
CYNOCÉPHALE
AUTOCÉPHALE
PROVERBIALE
SOLSTICIALE
PROVINCIALE
ANTISOCIALE
COMMERCIALE
LYCOPODIALE
PRÉCORDIALE
PRIMORDIALE
ÉPITHÉLIALE
NOSOCOMIALE
POLYNOMIALE
MANAGÉRIALE
IMMÉMORIALE
SÉNATORIALE
ÉQUATORIALE
TINCTORIALE
PAROISSIALE
PRÉNUPTIALE
CONSORTIALE
ÉQUINOXIALE
DUODÉCIMALE
CENTÉSIMALE
PARANORMALE
SOUS-NORMALE
ANÉVRISMALE

ANÉVRYSMALE
PAROXYSMALE
PHÉNOMÉNALE
EXTRARÉNALE
ANTICLINALE
MONOCLINALE
SUBLIMINALE
UNINOMINALE
PRONOMINALE
INTESTINALE
ENNÉAGONALE
PENTAGONALE
HEPTAGONALE
ORTHOGONALE
MÉRIDIONALE
MÉRIDIONALE
OBSIDIONALE
BINATIONALE
MONOCLONALE
SARDANAPALE
DIALYSÉPALE
ARCHÉTYPALE
CONFÉDÉRALE
UNILATÉRALE
TRILATÉRALE
COLLATÉRALE
PARENTÉRALE
ORCHESTRALE
PROCÉDURALE
STRUCTURALE
SCRIPTURALE
SCULPTURALE
PARASTATALE
DIALYPÉTALE
SUBORBITALE
PRÉGÉNITALE
CONGÉNITALE
URO-GÉNITALE
OCCIDENTALE
OCCIDENTALE
ORNEMENTALE
MONUMENTALE
PARODONTALE
HORIZONTALE
SACERDOTALE
AÉROPOSTALE
PARACHUTALE
SUBLINGUALE
PERLINGUALE
ADJECTIVALE
INEFFAÇABLE
REMPLAÇABLE
PRONONÇABLE
IRRÉVOCABLE
CONFISCABLE
INDÉCIDABLE
INTIMIDABLE

RESCINDABLE
INDÉCODABLE
INDÉMODABLE
INABORDABLE
DOMMAGEABLE
AMÉNAGEABLE
PARTAGEABLE
NÉGLIGEABLE
ÉCHANGEABLE
IMMANGEABLE
ARRANGEABLE
IMPERMÉABLE
DÉSAGRÉABLE
CHANTEFABLE
INFATIGABLE
APPROCHABLE
INTOUCHABLE
APPRÉCIABLE
JUSTICIABLE
DISSOCIABLE
CONGÉDIABLE
PUTRÉFIABLE
LIQUÉFIABLE
ACIDIFIABLE
QUALIFIABLE
PLANIFIABLE
VITRIFIABLE
FALSIFIABLE
RECTIFIABLE
JUSTIFIABLE
MYSTIFIABLE
SATISFIABLE
INOUBLIABLE
IMPUBLIABLE
CONCILIABLE
RAPATRIABLE
AMNISTIABLE
INDÉCELABLE
ASSIMILABLE
CONTRÔLABLE
MANIPULABLE
COMPRIMABLE
INESTIMABLE
INFLAMMABLE
CONSOMMABLE
INALIÉNABLE
DÉDAIGNABLE
INJOIGNABLE
ENTRAÎNABLE
DÉRACINABLE
CONDAMNABLE
PARDONNABLE
ACTIONNABLE
RAISONNABLE
DISCERNABLE
GOUVERNABLE
RATTRAPABLE

IRRÉPARABLE
INSÉPARABLE
DÉNOMBRABLE
INNOMBRABLE
INTOLÉRABLE
RÉCUPÉRABLE
INALTÉRABLE
INDÉSIRABLE
AMÉLIORABLE
DÉFAVORABLE
INÉNARRABLE
DÉMONTRABLE
ENCASTRABLE
MINISTRABLE
INFEUTRABLE
SEMI-DURABLE
RECOUVRABLE
INAPAISABLE
LOCALISABLE
CANALISABLE
NOBÉLISABLE
MOBILISABLE
ORGANISABLE
COLONISABLE
CANONISABLE
MÉMORISABLE
MAÎTRISABLE
INÉPUISABLE
CONDENSABLE
COMPENSABLE
DISPENSABLE
RESPONSABLE
INOPPOSABLE
TRAVERSABLE
INCLASSABLE
ENCAISSABLE
GUÉRISSABLE
SAISISSABLE
CARROSSABLE
DÉHOUSSABLE
IRRÉCUSABLE
INEXCUSABLE
CONSTATABLE
RÉTRACTABLE
CONNECTABLE
RESPECTABLE
INÉLUCTABLE
CROCHETABLE
SOUHAITABLE
INTRAITABLE
INHABITABLE
INDUBITABLE
INEXCITABLE
EXPLOITABLE
INÉQUITABLE
CONSULTABLE
IMPLANTABLE

FERMENTABLE
PRÉSENTABLE
SURMONTABLE
ESCAMOTABLE
DÉCAPOTABLE
INADAPTABLE
ESCOMPTABLE
INDOMPTABLE
CONFORTABLE
SUPPORTABLE
CONTESTABLE
PROTESTABLE
REGRETTABLE
ACQUITTABLE
IRRÉFUTABLE
ATTRIBUABLE
TRANSMUABLE
INDÉNOUABLE
CRITIQUABLE
IMMANQUABLE
REMARQUABLE
DESTITUABLE
RESTITUABLE
IRRECEVABLE
IMPROUVABLE
APPROUVABLE
INTROUVABLE
AUTOSEXABLE
IMPITOYABLE
INCOERCIBLE
PUTRESCIBLE
RÉFRANGIBLE
INFRANGIBLE
INFAILLIBLE
TRADUISIBLE
INDIVISIBLE
SUBMERSIBLE
SUCCESSIBLE
INAMISSIBLE
EXTRACTIBLE
PERFECTIBLE
PRÉDICTIBLE
CONDUCTIBLE
PRODUCTIBLE
PERCEPTIBLE
SUSCEPTIBLE
CORRUPTIBLE
CONVERTIBLE
SUGGESTIBLE
COMBUSTIBLE
DÉSASSEMBLÉ
VILLEMOMBLE
GARDE-MEUBLE
LIPOSOLUBLE
CONCEPTACLE
THÉMISTOCLE
ESCARBOUCLE

HÉTÉROCYCLE
EMBARDOUFLÉ
ÉPOUSTOUFLÉ
HIPPOMOBILE
SAINTE-ODILE
TRANCHEFILE
FRANCOPHILE
NUCLÉOPHILE
BIBLIOPHILE
ENTOMOPHILE
SPERMOPHILE
SPASMOPHILE
LUCANOPHILE
ÉOSINOPHILE
NEUTROPHILE
PROTOÉTOILE
ÆGAGROPILE
ANTIMISSILE
EUROMISSILE
CONTRACTILE
PROTRACTILE
TRIQUEBALLE
HÉMÉROCALLE
ÉGLISE-HALLE
SAINT PHALLE
SAC-POUBELLE
JOUVENCELLE
VIOLONCELLE
MORVANDELLE
MORVANDELLE
ZOOFLAGELLÉ
TOURANGELLE
TOURANGELLE
MATRICIELLE
ACTANCIELLE
ACTUARIELLE
SENSORIELLE
TENSORIELLE
FACTORIELLE
SECTORIELLE
VECTORIELLE
MERCURIELLE
DÉMENTIELLE
CARENTIELLE
ESSENTIELLE
POTENTIELLE
LESSIVIELLE
SUPERVIELLE
COUCOUMELLE
PIMPRENELLE
SÉLAGINELLE
DAUPHINELLE
LÉSIONNELLE
FUSIONNELLE
RATIONNELLE
NOTIONNELLE
OPTIONNELLE

CITRONNELLE
PERSONNELLE
FRATERNELLE
RITOURNELLE
TRACTOPELLE
CHANTERELLE
TOURTERELLE
ATEMPORELLE
PIPISTRELLE
PASTOURELLE
UNIVERSELLE
TAGLIATELLE
EUPLECTELLE
CARMONTELLE
COMPOSTELLE
CONTINUELLE
BISANNUELLE
MENSTRUELLE
BIMENSUELLE
DÉLICTUELLE
PERPÉTUELLE
SPIRITUELLE
ACCENTUELLE
UNISEXUELLE
SEMI-VOYELLE
ENTREBÂILLÉ
PASSACAILLE
CRITICAILLÉ
BLANCHAILLE
HACHE-PAILLE
BROUSSAILLE
COLLETAILLÉ
ENTRETAILLÉ
BASSE-TAILLE
DISCUTAILLÉ
CORNOUAILLE
ANTIQUAILLE
RETRAVAILLÉ
COLIBACILLE
FONTVIEILLE
ENSOMMEILLÉ
NONPAREILLE
RAPPAREILLÉ
CURE-OREILLE
DÉCONSEILLÉ
EMBOUTEILLÉ
AVANT-VEILLE
PETITE-FILLE
SOUS-FAMILLE
SOUQUENILLE
LA TRÉMOILLE
MYOFIBRILLE
ÉCRABOUILLÉ
BOURBOUILLE
GLANDOUILLÉ
CRACHOUILLÉ
BISBROUILLE

ANTIROUILLE
DÉPATOUILLÉ
RATATOUILLE
GRATTOUILLÉ
TOURLAVILLE
BRAZZAVILLE
FRANCEVILLE
CHARLEVILLE
SAMBREVILLE
GONFREVILLE
CENTRE-VILLE
LONGUEVILLE
TOCQUEVILLE
BROQUEVILLE
DECAZEVILLE
FLAMANVILLE
HERMANVILLE
OFFRANVILLE
ROMAINVILLE
BOUZONVILLE
NOUZONVILLE
TANCARVILLE
GOMBERVILLE
MONNERVILLE
COWANSVILLE
ALBERTVILLE
ALFORTVILLE
RIBEAUVILLÉ
SANDOUVILLE
CONTRECOLLÉ
CHRYSOCOLLE
ICHTYOCOLLE
ROUSSEROLLE
MYRIOPHYLLE
NAVIRE-ÉCOLE
CAVERNICOLE
CHAMPAGNOLE
CHANTIGNOLE
CROQUIGNOLE
PORTE-PAROLE
PROFITEROLE
CONDISCIPLE
DÉSACCOUPLÉ
ROMÉ DE L'ISLE
DÉMANTIBULÉ
MICROTUBULE
CICATRICULE
IMMATRICULÉ
DÉSARTICULÉ
DIVERTICULE
DÉSOPERCULÉ
PONT-BASCULE
GROUPUSCULE
MICROMODULE
BRÛLE-GUEULE
CASSE-GUEULE
AMUSE-GUEULE

MALENGUEULÉ
MICROPILULE
TOURNEBOULÉ
LA BOURBOULE
PIED-DE-POULE
NIDS-DE-POULE
TÉRÉBRATULE
DICARBONYLÉ
SULFHYDRYLE
PHOSPHORYLE
HYDROCOTYLE
DODÉCASTYLE
MODERN STYLE
BOURG-MADAME
TROUS-MADAME
PHANÉROGAME
TÉTRADYNAME
PSYCHODRAME
HIPPOPOTAME
HÉLIANTHÈME
MILLIONIÈME
DIX-HUITIÈME
QUARANTIÈME
SEPTANTIÈME
SOIXANTIÈME
DIX-SEPTIÈME
DIX-NEUVIÈME
QUATORZIÈME
DOUBLE-CRÈME
STAR-SYSTÈME
SOUS-SYSTÈME
SAINTE-VEHME
PUSILLANIME
DÉSENVENIMÉ
SURCOMPRIMÉ
GRANDISSIME
SÉRÉNISSIME
LANCE-FLAMME
CACHE-FLAMME
ATOME-GRAMME
CALLIGRAMME
MILLIGRAMME
CENTIGRAMME
CLADOGRAMME
VIDÉOGRAMME
SOCIOGRAMME
AUDIOGRAMME
MYÉLOGRAMME
SISMOGRAMME
ADÉNOGRAMME
STÉNOGRAMME
PHONOGRAMME
DÉPROGRAMMÉ
REPROGRAMMÉ
HECTOGRAMME
PICTOGRAMME
PHOTOGRAMME

HISTOGRAMME
GENTILHOMME
OPISTHODOME
DOUGLAS-HOME
DUPUY DE LÔME
DEUTÉRONOME
RUINE-DE-ROME
SAINT-JÉRÔME
FERROCHROME
TRYPANOSOME
ANKYLOSTOME
CHRYSOSTOME
DYSEMBRYOME
XANTHODERME
PHELLODERME
MÉLANODERME
ÉCHINODERME
SCLÉRODERME
BLASTODERME
HOMÉOTHERME
STÉNOTHERME
ANGIOSPERME
GYMNOSPERME
HAUT-DE-FORME
PROTÉIFORME
SPONGIFORME
TARSIIFORME
TUBÉRIFORME
ANSÉRIFORME
SILURIFORME
DIGITIFORME
CHLOROFORME
ICONOCLASME
HYALOPLASME
PROTOPLASME
PHARISAÏSME
PANARABISME
ANTIRACISME
PSITTACISME
ORGANICISME
CLASSICISME
SCEPTICISME
GNOSTICISME
NÉOFASCISME
MANICHÉISME
MONOTHÉISME
POLYTHÉISME
MACROSÉISME
MICROSÉISME
ABSENTÉISME
CARAVAGISME
BOULANGISME
PARALOGISME
REVANCHISME
MONARCHISME
DIMORPHISME
KHARIDJISME

SPARTAKISME
LAMARCKISME
RADICALISME
NÉORÉALISME
SURRÉALISME
MONDIALISME
MINIMALISME
MAXIMALISME
THERMALISME
NOMINALISME
JOURNALISME
LIBÉRALISME
FÉDÉRALISME
IMMORALISME
CAPORALISME
CENTRALISME
NEUTRALISME
NATURALISME
VÉGÉTALISME
CAPITALISME
GRADUALISME
SENSUALISME
ÉVANGÉLISME
IMMOBILISME
NOMBRILISME
MUTAZILISME
MUTUELLISME
CATABOLISME
MÉTABOLISME
LÉGITIMISME
NÉOTHOMISME
CONFORMISME
AFRICANISME
LESBIANISME
ITALIANISME
MESSIANISME
BRAHMANISME
OCCITANISME
PURITANISME
DONJUANISME
INDIGÉNISME
MONOGÉNISME
POLYGÉNISME
ŒCUMÉNISME
JACOBINISME
ILLUMINISME
CHAUVINISME
ACTIONNISME
ANTAGONISME
PYRRHONISME
MARCIONISME
BULLIONISME
EUDÉMONISME
HÉGÉMONISME
GÉOTROPISME
VÉGÉTARISME
MONÉTARISME

MILITARISME
PARITARISME
GLACIÉRISME
POMPIÉRISME
CARRIÉRISME
FOURIÉRISME
OUVRIÉRISME
BICAMÉRISME
ÉVHÉMÉRISME
ILLETTRISME
AMATEURISME
AVENTURISME
NARCISSISME
PITHIATISME
SCHÉMATISME
PRAGMATISME
STIGMATISME
CHROMATISME
AUTOMATISME
TRAUMATISME
SÉPARATISME
PROPHÉTISME
SYNTHÉTISME
APLANÉTISME
SYNCRÉTISME
CÉNOBITISME
SYBARITISME
ARTHRITISME
FAVORITISME
PARASITISME
GESTALTISME
NÉOKANTISME
PATRIOTISME
ANABAPTISME
CONCEPTISME
MACCARTISME
TRIPARTISME
COLBERTISME
TRAVESTISME
ABSOLUTISME
BILINGUISME
VISHNOUISME
PANSLAVISME
BOLCHEVISME
NÉGATIVISME
RELATIVISME
POSITIVISME
SAINTE-BAUME
FONT-DE-GAUME
RÉACCOUTUMÉ
INACCOUTUMÉ
COLLENCHYME
CYCLOALCANE
TRYPTOPHANE
ARISTOPHANE
TRANSOXIANE
COCAÏNOMANE
HÉROÏNOMANE
GALLO-ROMANE
RHÉTO-ROMANE
BALLETOMANE
DIATHERMANE
PRILLIÉRANE
EXTEMPORANÉ
BOURGUESANE
BOURGUISANE
MONTHEYSANE
BEAUSSETANE
TRANSCUTANÉ
CYCLOHEXANE
CYCLOALCÈNE
PLÉISTOCÈNE
JAYAWARDENE
CANCÉRIGÈNE
SCOT ÉRIGÈNE
FRIGORIGÈNE
ANOREXIGÈNE
LACRYMOGÈNE
CARCINOGÈNE
CRIMINOGÈNE
FIBRINOGÈNE
DIHYDROGÈNE
CANCÉROGÈNE
ÉLECTROGÈNE
GALACTOGÈNE
RÉFLEXOGÈNE
CHLOROPHÈNE
ÉRATOSTHÈNE
CATÉCHUMÈNE
ANNE COMNÈNE
JEAN COMNÈNE
OLIGOPHRÈNE
BENZOPYRÈNE
POLYSTYRÈNE
CANTACUZÈNE
CHARLEMAGNE
CHARLEMAGNE
PRÉCAMPAGNE
RACCOMPAGNÉ
CONTRESIGNÉ
PÉRIURBAINE
AFRO-CUBAINE
AFRO-CUBAINE
DOMINICAINE
DOMINICAINE
ARMORICAINE
ARMORICAINE
GÉNOVÉFAINE
DÉSENCHAÎNÉ
CHAPDELAINE
BERTIN L'AÎNÉ
MOREAU L'AÎNÉ
MARIVERAINE
CASSE-GRAINE
SANFLORAINE
LESPARRAINE
SOUTERRAINE
SURENTRAÎNÉ
TOULOUSAINE
MAZAMÉTAINE
QUERCITAINE
GABALITAINE
NAPOLITAINE
NAPOLITAINE
ANCONITAINE
SAMARITAINE
SAMARITAINE
QUARANTAINE
PRÉTANTAINE
SEPTANTAINE
SOIXANTAINE
PRÉTENTAINE
COLFONTAINE
BELFORTAINE
JOLIETTAINE
MASKOUTAINE
JAMAÏQUAINE
JAMAÏQUAINE
AUTERIVAINE
HÉMOGLOBINE
PSILOCYBINE
COUPE-RACINE
GENTAMICINE
GOURGANDINE
TRANSANDINE
VISITANDINE
VÉSIGONDINE
GAILLARDINE
PÉRIGORDINE
PÉRIGORDINE
LA MADELEINE
À GRAND-PEINE
BAR-SUR-SEINE
POLYOLÉFINE
COCHINCHINE
ROSTOPCHINE
TOLBOUKHINE
DYSTROPHINE
CRISTOPHINE
DIAMORPHINE
HÉLIANTHINE
BEYROUTHINE
STÉNOHALINE
ENCÉPHALINE
ENKÉPHALINE
THERMOCLINE
CRISTALLINE
BIVITELLINE
PÉNICILLINE
FOLLICULINE
TUBERCULINE

LA CONDAMINE
SCOPOLAMINE
AMPHÉTAMINE
PROVITAMINE
DÉCONTAMINÉ
INDÉTERMINÉ
AGGLUTININE
CALCITONINE
ASSINIBOINE
CHALCÉDOINE
MARC-ANTOINE
TRANSALPINE
TRANSALPINE
PILOCARPINE
AIGUE-MARINE
HÉLIOMARINE
ALEXANDRINE
ALEXANDRINE
GLOBIGÉRINE
MITCHOURINE
COULEUVRINE
GOMME-RÉSINE
BLOC-CUISINE
ÉRYTHROSINE
NAVIRE-USINE
GRÉCO-LATINE
BÉNÉDICTINE
Bénédictine
ÉLÉPHANTINE
ÉLÉPHANTINE
BRILLANTINE
BRILLANTINÉ
LABORANTINE
FLEURANTINE
OUESSANTINE
CONSTANTINE
MAXIPONTINE
PAIMBLOTINE
VINBLASTINE
CLANDESTINE
TRAPPISTINE
LANGOUSTINE
SARZEAUTINE
CONSANGUINE
RIBOFLAVINE
HERZÉGOVINE
FERRÉDOXINE
BRÉVÉTOXINE
NEUROTOXINE
MARIE-JEANNE
BUZANCÉENNE
VALENCÉENNE
QUINOCÉENNE
SADDUCÉENNE
CONFUCÉENNE
PALALDÉENNE
YAOUNDÉENNE
SELONGÉENNE
MANICHÉENNE
MAGDALÉENNE
NEUILLÉENNE
HERCULÉENNE
ACHEULÉENNE
SANTOMÉENNE
CASTANÉENNE
ARACHNÉENNE
COLLINÉENNE
CYCLOPÉENNE
ÉRYTHRÉENNE
ÉRYTHRÉENNE
SUD-CORÉENNE
SUD-CORÉENNE
MARMORÉENNE
SOLUTRÉENNE
ÉCHIQUÉENNE
TRÉLAZÉENNE
COLOMBIENNE
COLOMBIENNE
MICROBIENNE
NAIROBIENNE
CHIMACIENNE
BALZACIENNE
STYLICIENNE
PHÉNICIENNE
PHÉNICIENNE
CLINICIENNE
ÉBROÏCIENNE
ÉBROÏCIENNE
SULPICIENNE
PATRICIENNE
MAURICIENNE
MAURICIENNE
PHYSICIENNE
PRATICIENNE
TACTICIENNE
VALENCIENNE
CADURCIENNE
CADURCIENNE
BARBADIENNE
CIRCADIENNE
BAGDADIENNE
PALLADIENNE
GRENADIENNE
TRAGÉDIENNE
RACHIDIENNE
EUCLIDIENNE
QUOTIDIENNE
LIQUIDIENNE
DRAVIDIENNE
DRAVIDIENNE
OBWALDIENNE
JOCONDIENNE
SEYNODIENNE
BIZARDIENNE
OXFORDIENNE
ALLAUDIENNE
BARBUDIENNE
BERMUDIENNE
CHÉRIFIENNE
NATOUFIENNE
COLLÉGIENNE
NORVÉGIENNE
NORVÉGIENNE
FÉRINGIENNE
FÉRINGIENNE
LARYNGIENNE
FAVERGIENNE
COCCYGIENNE
UROPYGIENNE
PASCALIENNE
SOCHALIENNE
MAMMALIENNE
NORMALIENNE
SPINALIENNE
SPINALIENNE
BISSALIENNE
CANTALIENNE
CANTALIENNE
ISMAÉLIENNE
ISRAÉLIENNE
ISRAÉLIENNE
MENDÉLIENNE
CORNÉLIENNE
GRYSÉLIENNE
ZWINGLIENNE
ISMAÏLIENNE
BRASILIENNE
BRÉSILIENNE
BRÉSILIENNE
CANTILIENNE
MONTILIENNE
REPTILIENNE
SEPTILIENNE
CORALLIENNE
PUTÉOLIENNE
MONGOLIENNE
GERGOLIENNE
SPINOLIENNE
VERNOLIENNE
ANATOLIENNE
BRETOLIENNE
KABOULIENNE
CONDYLIENNE
GRÉSYLIENNE
NÉODOMIENNE
VULCANIENNE
RHODANIENNE
RHODANIENNE
JORDANIENNE
JORDANIENNE
TASMANIENNE

11

CAMPANIENNE
TOURANIENNE
TOURANIENNE
LITUANIENNE
LITUANIENNE
TANZANIENNE
TANZANIENNE
QUITÉNIENNE
UKRAINIENNE
UKRAINIENNE
STALINIENNE
FELLINIENNE
PAULINIENNE
CARPINIENNE
DARWINIENNE
FRAXINIENNE
CÉZANNIENNE
ESSONNIENNE
DRACONIENNE
LONDONIENNE
LONDONIENNE
ÉVAHONIENNE
CHTHONIENNE
DALTONIENNE
BOSTONIENNE
NEWTONIENNE
AMAZONIENNE
AMAZONIENNE
SATURNIENNE
BALBYNIENNE
HERCYNIENNE
IROQUOIENNE
ÉTHIOPIENNE
ÉTHIOPIENNE
EUSKARIENNE
EUSKARIENNE
COLMARIENNE
ESTUARIENNE
SUBAÉRIENNE
THIBÉRIENNE
CERBÉRIENNE
LUTHÉRIENNE
EUSKÉRIENNE
EUSKÉRIENNE
HITLÉRIENNE
BACTÉRIENNE
ZOSTÉRIENNE
GRUYÉRIENNE
NAZAIRIENNE
ISSOIRIENNE
VALDORIENNE
GRÉGORIENNE
MELGORIENNE
LARMORIENNE
VICTORIENNE
PRÉTORIENNE
PASTORIENNE

NESTORIENNE
HISTORIENNE
ÉPICURIENNE
HONDURIENNE
HONDURIENNE
TELLURIENNE
LIMOURIENNE
HANOVRIENNE
ZÉPHYRIENNE
CORBASIENNE
CAUCASIENNE
CAUCASIENNE
VESPASIENNE
GÉODÉSIENNE
ORCHÉSIENNE
TAULÉSIENNE
MAGNÉSIENNE
THONÉSIENNE
HARNÉSIENNE
KEYNÉSIENNE
GASPÉSIENNE
ANDRÉSIENNE
ARDRÉSIENNE
CARTÉSIENNE
FERTÉSIENNE
PORTÉSIENNE
THIAISIENNE
CALAISIENNE
FALAISIENNE
MALAISIENNE
PALAISIENNE
DENAISIENNE
DOUAISIENNE
BAVAISIENNE
WALLISIENNE
WALLISIENNE
SENLISIENNE
CLUNISIENNE
AMBOISIENNE
ARBOISIENNE
SAVOISIENNE
SAVOISIENNE
PHARISIENNE
AMBROSIENNE
PERROSIENNE
GISORSIENNE
JOCASSIENNE
JURASSIENNE
JURASSIENNE
GONESSIENNE
FRÉJUSIENNE
CHALUSIENNE
CAYLUSIENNE
VERTUSIENNE
ABRAYSIENNE
BRUAYSIENNE
DIONYSIENNE

DIONYSIENNE
DÉODATIENNE
DALMATIENNE
PORT-ÉTIENNE
KOWEÏTIENNE
KOWEÏTIENNE
KITTITIENNE
PROUSTIENNE
MICOQUIENNE
VERTAVIENNE
LESNEVIENNE
HAUTE-VIENNE
MALDIVIENNE
CRACOVIENNE
PAVLOVIENNE
MONROVIENNE
VARSOVIENNE
VARSOVIENNE
ELBEUVIENNE
ORTHÉZIENNE
TROPÉZIENNE
CORRÉZIENNE
CORRÉZIENNE
IMPARIPENNÉ
HIMALAYENNE
URUGUAYENNE
URUGUAYENNE
CHAMBLYENNE
INDO-ARYENNE
PONTIVYENNE
LOUISE-BONNE
CAPARAÇONNÉ
BRABANÇONNE
BRABANÇONNE
CHARANÇONNÉ
INSOUPÇONNÉ
DÉSAMIDONNÉ
SAUVAGEONNE
ÉBOURGEONNÉ
DÉCHIFFONNÉ
BELLACHONNE
BERRICHONNE
BERRICHONNE
PROVISIONNÉ
DIMENSIONNÉ
EXCURSIONNÉ
DÉPASSIONNÉ
DÉMISSIONNÉ
CONTUSIONNÉ
COLLATIONNÉ
AFFECTIONNÉ
SÉLECTIONNÉ
CONDITIONNÉ
INTENTIONNÉ
ATTENTIONNÉ
COMMOTIONNÉ
RÉCEPTIONNÉ

RÉÉCHELONNÉ
DÉBÂILLONNÉ
TARDILLONNE
RÉVEILLONNÉ
BOUGILLONNE
VERMILLONNÉ
ÉMERILLONNÉ
NÉGRILLONNE
TOURILLONNÉ
GRÉSILLONNE
POSTILLONNÉ
HAYTILLONNE
AIGUILLONNÉ
BROUILLONNE
BROUILLONNÉ
GRAVILLONNÉ
DEMI-COLONNE
PETS-DE-NONNE
HESBIGNONNE
MAQUIGNONNÉ
BEAUCERONNE
BEAUCERONNE
PERCHERONNE
PERCHERONNE
MOUCHERONNÉ
QUARTERONNE
SAULXURONNE
DÉCLOISONNÉ
CARCASSONNE
MOLLASSONNE
SAUCISSONNÉ
EMPOISSONNÉ
ŒILLETONNÉ
GUEULETONNÉ
SIERRA LEONE
HENDÉCAGONE
FRANCOPHONE
CRÉOLOPHONE
ALBANOPHONE
CASTIGLIONE
ANTICYCLONE
ALDOSTÉRONE
LIVINGSTONE
SILVERSTONE
YELLOWSTONE
BRY-SUR-MARNE
POSTMODERNE
TISSAPHERNE
POISSON-LUNE
INOPPORTUNE
CULS-DE-LAMPE
FLACON-POMPE
PSYCHOPOMPE
BATEAU-POMPE
CINÉMASCOPE
STROBOSCOPE
STÉRÉOSCOPE
STÉTHOSCOPE
THERMOSCOPE
FUTUROSCOPE
NÉGATOSCOPE
KINÉTOSCOPE
AMBLYOSCOPE
MARIE-SALOPE
LYCANTHROPE
SINANTHROPE
MISANTHROPE
GONADOTROPE
THYRÉOTROPE
PSYCHOTROPE
SOMATOTROPE
REQUIN-TAUPE
ENTOURLOUPE
INTERGROUPE
GALVANOTYPE
SHAKESPEARE
COUPE-CIGARE
PORTE-CIGARE
BATEAU-PHARE
GUETHARIARE
SOUS-DÉCLARÉ
GÉMELLIPARE
OVOVIVIPARE
SAINT-LAZARE
CHLOROFIBRE
SOUS-CALIBRÉ
FRANCE LIBRE
RÉÉQUILIBRÉ
ANTICHAMBRE
DÉSENCOMBRÉ
ARCHIDIACRE
PAIN DE SUCRE
ACCORD-CADRE
ANAXIMANDRE
PALISSANDRE
REDESCENDRE
SCOLOPENDRE
RÉAPPRENDRE
CONTRAINDRE
RESTREINDRE
PÉRICHONDRE
PRÊT-À-COUDRE
WAGON-FOUDRE
COTON-POUDRE
RÉINCARCÉRÉ
DÉBARCADÈRE
EMBARCADÈRE
DÉCONSIDÉRÉ
RECONSIDÉRÉ
INCONSIDÉRÉ
FOSSILIFÈRE
CORALLIFÈRE
MÉTALLIFÈRE
OMBELLIFÈRE
PÉTROLIFÈRE
LITHINIFÈRE
STAMINIFÈRE
PLATINIFÈRE
CARBONIFÈRE
STOLONIFÈRE
NECTARIFÈRE
ARGENTIFÈRE
QUARTZIFÈRE
ULTRALÉGÈRE
POTAMOCHÈRE
PLANISPHÈRE
LITHOSPHÈRE
OZONOSPHÈRE
TROPOSPHÈRE
HYDROSPHÈRE
PHOTOSPHÈRE
VALLORBIÈRE
POPULACIÈRE
LAMORICIÈRE
NOURRICIÈRE
OUTRANCIÈRE
TRÉFONCIÈRE
LIMONADIÈRE
JOURNALIÈRE
FRONTALIÈRE
CHANCELIÈRE
BOURRELIÈRE
IMMOBILIÈRE
SOURCILIÈRE
FOURMILIÈRE
COURTILIÈRE
DENTELLIÈRE
LARGILLIÈRE
SERPILLIÈRE
LA VRILLIÈRE
COQUILLIÈRE
ÉPISTOLIÈRE
IRRÉGULIÈRE
BANDOULIÈRE
PRINTANIÈRE
CARAVANIÈRE
MAGASINIÈRE
POUSSINIÈRE
BONBONNIÈRE
BRACONNIÈRE
GARÇONNIÈRE
AMIDONNIÈRE
CORDONNIÈRE
GOUJONNIÈRE
SABLONNIÈRE
POUPONNIÈRE
FERRONNIÈRE
SAISONNIÈRE
PRISONNIÈRE
BESSONNIÈRE
PIÉTONNIÈRE

CANTONNIÈRE
MENTONNIÈRE
CARTONNIÈRE
BOUTONNIÈRE
MOUTONNIÈRE
COÉQUIPIÈRE
PAR-DERRIÈRE
SALPÊTRIÈRE
AVENTURIÈRE
TEINTURIÈRE
TRAVERSIÈRE
TRACASSIÈRE
AVOCASSIÈRE
PLUMASSIÈRE
CARNASSIÈRE
DÉPOUSSIÉRÉ
EMPOUSSIÉRÉ
LA POCATIÈRE
ANTIMATIÈRE
GUICHETIÈRE
CHAÎNETIÈRE
GRAINETIÈRE
CANEPETIÈRE
CABARETIÈRE
CHARRETIÈRE
BOUQUETIÈRE
COHÉRITIÈRE
LARGENTIÈRE
ANECDOTIÈRE
BISTROTIÈRE
BALLASTIÈRE
REGRATTIÈRE
CONDOTTIERE
CACHOTTIÈRE
CHARCUTIÈRE
LABRUGUIÈRE
BOUTIQUIÈRE
CRÉMAILLÈRE
CONSEILLÈRE
RABOUILLÈRE
GENOUILLÈRE
BRANCHE-MÈRE
ÉNANTIOMÈRE
MILLIAMPÈRE
CACHE-MISÈRE
HÉLICOPTÈRE
LÉPIDOPTÈRE
TRICHOPTÈRE
MÉGALOPTÈRE
PHASMOPTÈRE
PERCNOPTÈRE
BALÉNOPTÈRE
HYMÉNOPTÈRE
HÉTÉROPTÈRE
CHÉIROPTÈRE
DICTYOPTÈRE
FAMILISTÈRE
PHALANSTÈRE
DELLA ROVERE
PORTO ALEGRE
TÊTE-DE-NÈGRE
ŒIL-DE-TIGRE
REQUIN-TIGRE
APOTHICAIRE
GÉNOCIDAIRE
UNILINÉAIRE
CONTREFAIRE
SAVOIR-FAIRE
SUBSIDIAIRE
INCENDIAIRE
CONCILIAIRE
VENDÉMIAIRE
FERROVIAIRE
RADICALAIRE
ATRABILAIRE
PARCELLAIRE
FLAGELLAIRE
SCUTELLAIRE
FIBRILLAIRE
FRITILLAIRE
PRÉSCOLAIRE
CALCÉOLAIRE
MALLÉOLAIRE
ÉQUIMOLAIRE
SEMI-POLAIRE
LUNI-SOLAIRE
ÉPISTOLAIRE
VOCABULAIRE
PATIBULAIRE
MOLÉCULAIRE
ORBICULAIRE
RADICULAIRE
PÉDICULAIRE
VÉHICULAIRE
CANICULAIRE
FUNICULAIRE
UTRICULAIRE
AURICULAIRE
VÉSICULAIRE
RÉTICULAIRE
ARTICULAIRE
TRONCULAIRE
AVUNCULAIRE
BINOCULAIRE
MONOCULAIRE
OPERCULAIRE
GLANDULAIRE
SCROFULAIRE
SPERGULAIRE
IMPOPULAIRE
CAPITULAIRE
INTÉRIMAIRE
MEMBRANAIRE
NONAGÉNAIRE
SEXAGÉNAIRE
OCTOGÉNAIRE
BICATÉNAIRE
TRENTENAIRE
APOLLINAIRE
VÉTÉRINAIRE
DOCTRINAIRE
POITRINAIRE
SANGUINAIRE
LÉGIONNAIRE
LÉSIONNAIRE
VISIONNAIRE
RATIONNAIRE
ACTIONNAIRE
SERMONNAIRE
QUATERNAIRE
SEMI-LUNAIRE
ANTHOZOAIRE
HYDROZOAIRE
SPOROZOAIRE
PROTOZOAIRE
PHYTOZOAIRE
BEAUREPAIRE
STERCORAIRE
REGISTRAIRE
INDIVISAIRE
DISPENSAIRE
COMMISSAIRE
APOPHYSAIRE
CÉLIBATAIRE
ABDICATAIRE
DÉDICATAIRE
ALLOCATAIRE
COLOCATAIRE
DÉLÉGATAIRE
COLÉGATAIRE
OBLIGATAIRE
AMODIATAIRE
CODONATAIRE
PRESTATAIRE
RÉFRACTAIRE
FORFAITAIRE
CAPACITAIRE
DÉFICITAIRE
HÉRÉDITAIRE
VELLÉITAIRE
TOTALITAIRE
HUMANITAIRE
IMMUNITAIRE
PRIORITAIRE
MAJORITAIRE
MINORITAIRE
AUTORITAIRE
SÉCURITAIRE
PARASITAIRE
TRANSITAIRE
DÉPOSITAIRE

IDENTITAIRE
DIAMANTAIRE
PLACENTAIRE
ÉLÉMENTAIRE
SEGMENTAIRE
PIGMENTAIRE
ALIMENTAIRE
COMMENTAIRE
FRUMENTAIRE
SERPENTAIRE
ALLOCUTAIRE
GONOCYTAIRE
MACROCHEIRE
PATAUGEOIRE
SAINT-JEOIRE
AIDE-MÉMOIRE
POINTE-NOIRE
ELSTER NOIRE
POSSESSOIRE
COMMISSOIRE
VÉSICATOIRE
RÉVOCATOIRE
INVOCATOIRE
OBLIGATOIRE
ABROGATOIRE
DÉROGATOIRE
JUBILATOIRE
DÉPILATOIRE
AMBULATOIRE
JACULATOIRE
ONDULATOIRE
ESTIMATOIRE
DIVINATOIRE
USURPATOIRE
LIBÉRATOIRE
ASPIRATOIRE
EXPIRATOIRE
LABORATOIRE
ACCUSATOIRE
TRAJECTOIRE
SUPPLÉTOIRE
DÉFINITOIRE
TRANSITOIRE
PROMONTOIRE
PÉREMPTOIRE
PRÉHISTOIRE
CONSISTOIRE
RÉSOLUTOIRE
CÔTE D'IVOIRE
SURPRODUIRE
TERPSICHORE
TROCHOPHORE
ONYCHOPHORE
LUMINOPHORE
POGONOPHORE
DÉPHOSPHORÉ
TUBULIFLORE

VERSICOLORE
MULTICOLORE
SAINT-HONORÉ
SAINT-HONORÉ
INFRASONORE
ULTRASONORE
RÉINCORPORÉ
ENTRE-DÉVORÉ
NECTARIVORE
INSECTIVORE
BUDGÉTIVORE
DÉTRITIVORE
INTERROMPRE
ULTRAPROPRE
AMOUR-PROPRE
CONTRECARRÉ
LANCE-AMARRE
PORTE-AMARRE
LANCE-PIERRE
PERCE-PIERRE
CASSE-PIERRE
ROBESPIERRE
PETITPIERRE
SAINT-PIERRE
SAINT-PIERRE
TERRE À TERRE
GRANDE-TERRE
VA-T-EN-GUERRE
APRÈS-GUERRE
AVANT-GUERRE
ESSUIE-VERRE
PETIT-BEURRE
CAFÉ-THÉÂTRE
PLACOPLÂTRE
TROIS-QUATRE
VINGT-QUATRE
AMPÈREMÈTRE
CAPACIMÈTRE
VÉLOCIMÈTRE
HUMIDIMÈTRE
ALCALIMÈTRE
POLARIMÈTRE
CALORIMÈTRE
COLORIMÈTRE
ABRASIMÈTRE
TACHÉOMÈTRE
TENSIOMÈTRE
FLUVIOMÈTRE
PLUVIOMÈTRE
ÉTHYLOMÈTRE
DYNAMOMÈTRE
CINÉMOMÈTRE
STIGMOMÈTRE
THERMOMÈTRE
CHRONOMÈTRE
CHRONOMÉTRÉ
SPHÉROMÈTRE

BUTYROMÈTRE
DILATOMÈTRE
ODONTOMÈTRE
GRISOUMÈTRE
ARCHIPRÊTRE
PETIT-MAÎTRE
MÉCONNAÎTRE
RECONNAÎTRE
COMPARAÎTRE
DISPARAÎTRE
DEVISE-TITRE
OUVRE-HUÎTRE
ULTRAFILTRE
DÉCONCENTRÉ
ORTHOCENTRE
AVANT-CENTRE
HAUTE-CONTRE
PORTE-MONTRE
CATADIOPTRE
RÉORCHESTRÉ
VAGUEMESTRE
BOURGMESTRE
TÉNUIROSTRE
CARTE-LETTRE
ENTREMETTRE
TRANSMETTRE
STYLO-FEUTRE
TÊTE-DE-MAURE
SAINTE-MAURE
SAINTE-MAURE
PLÉSIOSAURE
ANKYLOSAURE
BRONTOSAURE
ICHTYOSAURE
ARCY-SUR-CURE
ESTRÉMADURE
POSTÉRIEURE
ASIE MINEURE
PACY-SUR-EURE
POLYSULFURE
TRANSFIGURÉ
EFFILOCHURE
GUILLOCHURE
ENFOURCHURE
ANTIMONIURE
ENCASTELURE
PEINTURLURÉ
VERMICULURE
ÉGRATIGNURE
SAMORY TOURÉ
OXYCHLORURE
REMBOURRURE
AUTOCENSURE
AUTOCENSURÉ
MATELASSURE
NOIRCISSURE
BOUFFISSURE

FLÉTRISSURE
BLETTISSURE
CANDIDATURE
ALCOOLATURE
LÉGISLATURE
MUSCULATURE
SPORT-NATURE
TEMPÉRATURE
LITTÉRATURE
BIENFACTURE
MANUFACTURE
MANUFACTURÉ
CONTRACTURE
CONTRACTURÉ
CONJONCTURE
ACUPONCTURE
ACUPUNCTURE
DÉSTRUCTURÉ
RESTRUCTURÉ
RENTRAITURE
PORTRAITURÉ
DÉCONFITURE
PROGÉNITURE
DÉVESTITURE
INVESTITURE
AQUACULTURE
OLÉICULTURE
SALICULTURE
CUNICULTURE
AGRICULTURE
VITICULTURE
AQUICULTURE
RIZICULTURE
ALGOCULTURE
HÉMOCULTURE
MONOCULTURE
MOTOCULTURE
POLYCULTURE
PAREMENTURE
BONAVENTURE
MÉSAVENTURE
RÉOUVERTURE
LINOGRAVURE
PYROGRAVURE
ROTOGRAVURE
BEC-DE-LIÈVRE
MONTGENÈVRE
COUVRE-LIVRE
SAVOIR-VIVRE
CHEF-D'ŒUVRE
MAIN-D'ŒUVRE
HORS-D'ŒUVRE
LAMPROPHYRE
PAS DE LA CASE
ATTACHÉ-CASE
ASCARIDIASE
PLAGIOCLASE

CARBOXYLASE
TRANSFÉRASE
CHRYSOPRASE
PHOSPHATASE
BIOSYNTHÈSE
LEUCOPOÏÈSE
GLYCOGENÈSE
OSTÉOGENÈSE
PATHOGENÈSE
ORTHOGENÈSE
SOCIOGENÈSE
ANGIOGENÈSE
PHYLOGENÈSE
ETHNOGENÈSE
ANDROGENÈSE
PÉTROGENÈSE
PHOTOGENÈSE
HISTOGENÈSE
TRANSGENÈSE
CARYOCINÈSE
PÉLOPONNÈSE
CYTAPHÉRÈSE
PARACENTÈSE
PISCIACAISE
BLAGNACAISE
FLOIRACAISE
CROISICAISE
LAFRANÇAISE
COUTANÇAISE
BANGLADAISE
BANGLADAISE
FRONSADAISE
CAUSSADAISE
HOLLANDAISE
HOLLANDAISE
FINLANDAISE
FINLANDAISE
MARMANDAISE
GUÉRANDAISE
AIRVAUDAISE
MOISSAGAISE
SRI LANKAISE
SRI LANKAISE
NEW-YORKAISE
NEW-YORKAISE
MIREBALAISE
SÉNÉGALAISE
SÉNÉGALAISE
CINGHALAISE
CINGHALAISE
SAINT-BLAISE
PORT-VILAISE
LAMBALLAISE
BAZEILLAISE
QUEVILLAISE
DAMVILLAISE
YERVILLAISE

FAUVILLAISE
CHAROLLAISE
VITROLLAISE
GRISOLLAISE
BALNÉOLAISE
BEAUJOLAISE
BRIGNOLAISE
PAIMPOLAISE
BOUZOULAISE
SURINAMAISE
BRANTÔMAISE
SEICHANAISE
STÉPHANAISE
ABIDJANAISE
CONFLANAISE
MAILLANAISE
QUILLANAISE
LÉOGNANAISE
TOURNANAISE
TÉHÉRANAISE
SAMATANAISE
BHOUTANAISE
BOTSWANAISE
MORTAGNAISE
HOURTINAISE
GARDANNAISE
LOUHANNAISE
ÉCOUENNAISE
CARBONNAISE
NARBONNAISE
LISBONNAISE
LISBONNAISE
EAUBONNAISE
MEUDONNAISE
LUCHONNAISE
DIVIONNAISE
SAUJONNAISE
CHALONNAISE
VALLONNAISE
BOULONNAISE
BOULONNAISE
TOULONNAISE
VERNONNAISE
CRAPONNAISE
GLARONNAISE
VOIRONNAISE
GORRONNAISE
COURONNAISE
MAISONNAISE
VAISONNAISE
HIRSONNAISE
CESSONNAISE
SISSONNAISE
MENTONNAISE
BETTONNAISE
CROZONNAISE
MOUZONNAISE

SALOMONAISE
TOURNONAISE
GABORONAISE
AUDIERNAISE
LIBOURNAISE
THOUARSAISE
BOUSCATAISE
SAILLATAISE
ÉTRETATAISE
HERBRETAISE
HÉRAULTAISE
LORIENTAISE
CHARENTAISE
CHARENTAISE
PIÉMONTAISE
PIÉMONTAISE
CAMARGUAISE
CAMARGUAISE
MARCHANDISE
GOURMANDISE
STANDARDISÉ
CLOCHARDISÉ
ROUBLARDISE
PAPELARDISE
GAILLARDISE
PAILLARDISE
FLEMMARDISE
HOMOGÉNÉISÉ
HIÉRARCHISÉ
CANNIBALISÉ
RADIOBALISE
RADIOBALISÉ
SYNDICALISÉ
TROPICALISÉ
DÉFISCALISÉ
OFFICIALISÉ
DÉSOCIALISÉ
RESOCIALISÉ
MATÉRIALISÉ
MARGINALISÉ
CRIMINALISÉ
RÉGIONALISÉ
NATIONALISÉ
RATIONALISÉ
COMMUNALISÉ
DÉSACRALISÉ
THÉÂTRALISÉ
HOSPITALISÉ
IMMORTALISÉ
RÉACTUALISÉ
DÉSEXUALISÉ
FLEURDELISÉ
SOCIABILISÉ
CULPABILISÉ
RENTABILISÉ
DÉSTABILISÉ
CRÉDIBILISÉ

SENSIBILISÉ
FLEXIBILISÉ
INFANTILISÉ
SOUS-UTILISÉ
CRISTALLISÉ
DÉSATELLISÉ
SOUS-CHEMISE
RETRANSMISE
AMÉRICANISÉ
EUROPÉANISÉ
DÉSORGANISÉ
DÉSHUMANISÉ
CHAMPAGNISÉ
DÉVIRGINISÉ
DÉSTALINISÉ
MASCULINISÉ
SYNCHRONISÉ
IMPATRONISÉ
CANDIACOISE
GIBRIAÇOISE
MAURIACOISE
MASSIACOISE
GAILLACOISE
CHARNYCOISE
LANGEADOISE
BELGRADOISE
BENFELDOISE
VILLARDOISE
LÉONARDOISE
GRIMAUDOISE
VILLAGEOISE
BOULAGEOISE
JUMIÉGEOISE
BESSÉGEOISE
HAYANGEOISE
AUDENGEOISE
CAROUGEOISE
BULLYGEOISE
MONTARGOISE
FORBACHOISE
EUSTACHOISE
SENONCHOISE
MARLYCHOISE
SCHILIKOISE
RIMOUSKOISE
ROLIVALOISE
GRENOBLOISE
RAPHAËLOISE
SARCELLOISE
AUCHELLOISE
CORMELLOISE
CROTELLOISE
VITTELLOISE
COQUELLOISE
BRUXELLOISE
BRUXELLOISE
CHAZELLOISE

CHAVILLOISE
FRIVILLOISE
JARVILLOISE
NEUVILLOISE
DOMBASLOISE
ARBRESLOISE
STÉPHANOISE
STÉPHANOISE
CHAMPENOISE
CHAMPENOISE
ESCARÉNOISE
ROSTRENOISE
CHEVIGNOISE
FONTAINOISE
DOUVAINOISE
QUERCINOISE
QUERCINOISE
AMANDINOISE
ERSTEINOISE
DAUPHINOISE
DAUPHINOISE
BAS-RHINOISE
HERBLINOISE
MADELINOISE
KREMLINOISE
COGOLINOISE
DOUVRINOISE
HALLUINOISE
CHAUVINOISE
LAUSANNOISE
VINCENNOISE
LUCIENNOISE
CONCARNOISE
BRAY-DUNOISE
QUERCYNOISE
QUERCYNOISE
BLANZYNOISE
AUDOMAROISE
AUDOMAROISE
ENTRECROISÉ
SOMMIÉROISE
BONNIÉROISE
CARRIÉROISE
FERRIÉROISE
ROSEMÈROISE
QUIMPÉROISE
CANAVÉROISE
DUCLAIROISE
TONNERROISE
MÉRY-SUR-OISE
VIHIERSOISE
CERGYSSOISE
VICHYSSOISE
VICHYSSOISE
BÉNODETOISE
SEINE-ET-OISE
CAMARÉTOISE

JEUMONTOISE
PORCARTOISE
DESCARTOISE
CLAMARTOISE
LAMBERTOISE
ROCHETTOISE
CLAYETTOISE
DOMINGUOISE
HUNINGUOISE
ISBERGUOISE
RELECQUOISE
CHIROQUOISE
JUDICIARISÉ
FAMILIARISÉ
DÉSCOLARISÉ
CIRCULARISÉ
VASCULARISÉ
SINGULARISÉ
PROLÉTARISÉ
SÉDENTARISÉ
SANCTUARISÉ
CARACTÉRISÉ
REMASTÉRISÉ
SQUATTÉRISÉ
VERT-DE-GRISÉ
INFÉRIORISÉ
INTÉRIORISÉ
EXTÉRIORISÉ
DÉSECTORISÉ
MINIATURISÉ
ÉLIE D'ASSISE
DÉDRAMATISÉ
MATHÉMATISÉ
SYSTÉMATISÉ
ACHROMATISÉ
INFORMATISÉ
DÉMOCRATISÉ
ALPHABÉTISÉ
DÉBUDGÉTISÉ
DÉMAGNÉTISÉ
FAINÉANTISE
MARIE-LOUISE
MARIE-LOUISE
ADJECTIVISÉ
CONTREDANSE
AUTODÉFENSE
PRÉPSYCHOSE
ANAMORPHOSE
DYSMORPHOSE
ANAÉROBIOSE
ASCARIDIOSE
BILHARZIOSE
FURONCULOSE
TUBERCULOSE
STRONGYLOSE
HYPODERMOSE
ACROCYANOSE

ANTHRACNOSE
COLLAGÉNOSE
TRANSGÉNOSE
HALLUCINOSE
AVITAMINOSE
HYDARTHROSE
HÉMARTHROSE
SYNARTHROSE
COXARTHROSE
OSTÉOPOROSE
LAURIER-ROSE
ANGIOMATOSE
MYÉLOMATOSE
FIBROMATOSE
DISTOMATOSE
ACIDOCÉTOSE
PHAGOCYTOSE
MACROCYTOSE
MICROCYTOSE
AUTOREVERSE
CONTROVERSE
CONTROVERSÉ
CONTREBASSE
GARDE-CHASSE
INTERCLASSE
INTERCLASSÉ
DÉGUEULASSE
DÉCADENASSÉ
RAGOUGNASSE
CONTRE-PASSÉ
DÉSENCRASSÉ
GENTILLESSE
CHANTEMESSE
LONGUENESSE
CHANOINESSE
PATRONNESSE
À LA REDRESSE
BAILLERESSE
DEVINERESSE
CHASSERESSE
TRANSGRESSÉ
DÉCOMPRESSÉ
DÉLICATESSE
PROPHÉTESSE
IMPOLITESSE
SOT-L'Y-LAISSE
TCHÉRÉMISSE
CHAUDE-PISSE
ENTRECUISSE
PETIT-SUISSE
OPHIOGLOSSE
BALAI-BROSSE
TAPIS-BROSSE
BISCARROSSE
VRAIE-FAUSSE
CYCLO-POUSSE
TAXI-BROUSSE

BARBEROUSSE
AYANTS CAUSE
STRATOPAUSE
QUÉMANDEUSE
DESCENDEUSE
CHAPARDEUSE
ESBROUFEUSE
MARÉCAGEUSE
DÉMÉNAGEUSE
MOYENÂGEUSE
NAUFRAGEUSE
VENDANGEUSE
DÉFRICHEUSE
PASTICHEUSE
BAMBOCHEUSE
ACCROCHEUSE
DÉCROCHEUSE
DÉMARCHEUSE
ACCOUCHEUSE
RETOUCHEUSE
FALLACIEUSE
PERNICIEUSE
SUSPICIEUSE
AVARICIEUSE
CAPRICIEUSE
LICENCIEUSE
SILENCIEUSE
INSOUCIEUSE
FASTIDIEUSE
RECTIFIEUSE
CONTAGIEUSE
PRODIGIEUSE
ARELIGIEUSE
CALOMNIEUSE
INSOMNIEUSE
HARMONIEUSE
MYSTÉRIEUSE
VICTORIEUSE
INFECTIEUSE
OBSÉQUIEUSE
SCANDALEUSE
SCRABBLEUSE
ASSEMBLEUSE
PERSIFLEUSE
ÉTRANGLEUSE
RENTOILEUSE
QUERELLEUSE
ROCAILLEUSE
CRIAILLEUSE
VOLAILLEUSE
RIMAILLEUSE
PINAILLEUSE
RIPAILLEUSE
EMPAILLEUSE
CORAILLEUSE
BATAILLEUSE
GOUAILLEUSE

MORBILLEUSE
GASPILLEUSE
TOUPILLEUSE
BOUSILLEUSE
PASTILLEUSE
MAQUILLEUSE
ROUGEOLEUSE
BATIFOLEUSE
VITRIOLEUSE
MONOPOLEUSE
CONTRÔLEUSE
SOUS-SOLEUSE
MIRACULEUSE
VÉSICULEUSE
MÉTICULEUSE
STRIDULEUSE
GLANDULEUSE
FRAUDULEUSE
SCROFULEUSE
SCRUPULEUSE
DÉCHAUMEUSE
MEMBRANEUSE
GANGRENEUSE
MONTAGNEUSE
DÉDAIGNEUSE
MIGRAINEUSE
ENTRAÎNEUSE
LIBIDINEUSE
OLÉAGINEUSE
RUBIGINEUSE
FULIGINEUSE
FARAMINEUSE
LÉGUMINEUSE
ENLUMINEUSE
VOLUMINEUSE
CÉRUMINEUSE
BITUMINEUSE
GÉLATINEUSE
BARATINEUSE
BOUQUINEUSE
RANÇONNEUSE
FLOCONNEUSE
RANDONNEUSE
JARGONNEUSE
BOUGONNEUSE
VISIONNEUSE
SABLONNEUSE
SERMONNEUSE
TAMPONNEUSE
RAISONNEUSE
CARTONNEUSE
BOUTONNEUSE
MOUTONNEUSE
CRAYONNEUSE
FLAGORNEUSE
KIDNAPPEUSE
ACCAPAREUSE

MASSACREUSE
FILANDREUSE
CYLINDREUSE
CADAVÉREUSE
PELLAGREUSE
SOUS-VIREUSE
STERTOREUSE
DÉSASTREUSE
MALHEUREUSE
CHALEUREUSE
DISCOUREUSE
LANGOUREUSE
DOULOUREUSE
PLANTUREUSE
AVENTUREUSE
DÉCOUVREUSE
MORTAISEUSE
CHAMOISEUSE
EMBRASSEUSE
REDRESSEUSE
VERNISSEUSE
GUÉRISSEUSE
PÉTRISSEUSE
SAURISSEUSE
SERTISSEUSE
ŒDÉMATEUSE
ECZÉMATEUSE
ROUSPÉTEUSE
ÉTIQUETEUSE
GRAFFITEUSE
CHICHITEUSE
GRAPHITEUSE
CALAMITEUSE
DYNAMITEUSE
EXPLOITEUSE
BROCANTEUSE
SARMENTEUSE
EMPRUNTEUSE
CHUCHOTEUSE
COMPLOTEUSE
ESCAMOTEUSE
GRIGNOTEUSE
COLPORTEUSE
RAPPORTEUSE
RACKETTEUSE
BASKETTEUSE
PROMETTEUSE
RAQUETTEUSE
BOYCOTTEUSE
GRISOUTEUSE
HARANGUEUSE
MATRAQUEUSE
BELLIQUEUSE
CRITIQUEUSE
DÉMARQUEUSE
REMORQUEUSE
VERRUQUEUSE

MONSTRUEUSE
DÉFECTUEUSE
AFFECTUEUSE
DÉLICTUEUSE
TEMPÉTUEUSE
SPIRITUEUSE
TUMULTUEUSE
TALENTUEUSE
VOLUPTUEUSE
INCESTUEUSE
MAJESTUEUSE
ENJOLIVEUSE
REMBLAYEUSE
POURVOYEUSE
TÉLÉDIFFUSÉ
SCHAFFHOUSE
MICKEY MOUSE
HÉMODIALYSE
AUTOANALYSE
THROMBOLYSE
FIBRINOLYSE
ÉLECTROLYSE
ÉLECTROLYSÉ
THIOSULFATE
DÉPHOSPHATÉ
ANTIMONIATE
MANDIBULATE
BICARBONATE
BICARBONATÉ
SERBO-CROATE
PHYSIOCRATE
PHALLOCRATE
TECHNOCRATE
ARISTOCRATE
PLOUTOCRATE
BUREAUCRATE
CHÉLICÉRATE
PERCHLORATE
AUTODIDACTE
DÉCONTRACTÉ
INDISTINCTE
ANALPHABÈTE
DISCOMYCÈTE
PHYCOMYCÈTE
SIPHOMYCÈTE
SEPTOMYCÈTE
TROUBLE-FÊTE
SOUS-PRÉFÈTE
THESMOTHÈTE
MONT-DE-PIÉTÉ
CONTRARIÉTÉ
IMPROPRIÉTÉ
COPROPRIÉTÉ
RIVERAINETÉ
SUZERAINETÉ
CITOYENNETÉ
MITOYENNETÉ

GROSSIÈRETÉ
MALPROPRETÉ
OPINIÂTRETÉ
GRACIEUSETÉ
IMMÉDIATETÉ
CONTREFAITE
PRÉRETRAITE
PRÉRETRAITÉ
SURCAPACITÉ
APPENDICITE
PÉRIODICITÉ
SPÉCIFICITÉ
CATHOLICITÉ
HISTORICITÉ
ÉLECTRICITÉ
HERMÉTICITÉ
DOMESTICITÉ
ANALYTICITÉ
RÉCIPROCITÉ
INTRÉPIDITÉ
INFÉCONDITÉ
INCOMMODITÉ
PÉRICARDITE
ENDOCARDITE
SPONTANÉITÉ
HOMOGÉNÉITÉ
HYPOSULFITE
ŒSOPHAGITE
LYMPHANGITE
HEPPLEWHITE
VERTICALITÉ
PRODIGALITÉ
CONJUGALITÉ
ENCÉPHALITE
DOMANIALITÉ
MATÉRIALITÉ
COMITIALITÉ
ORIGINALITÉ
MARGINALITÉ
CRIMINALITÉ
NATIONALITÉ
RATIONALITÉ
EXTERNALITÉ
CÉRÉBRALITÉ
LITTÉRALITÉ
INTÉGRALITÉ
TEMPORALITÉ
THÉÂTRALITÉ
HOSPITALITÉ
PARENTALITÉ
IMMORTALITÉ
INACTUALITÉ
PONCTUALITÉ
ÉVENTUALITÉ
BISEXUALITÉ
HÉTÉROCLITE
PROBABILITÉ

TRAÇABILITÉ
SOUDABILITÉ
SOCIABILITÉ
MANIABILITÉ
VARIABILITÉ
COULABILITÉ
USINABILITÉ
CULPABILITÉ
OUVRABILITÉ
FAISABILITÉ
RENTABILITÉ
PORTABILITÉ
INSTABILITÉ
IMMUABILITÉ
SOLVABILITÉ
MISCIBILITÉ
CRÉDIBILITÉ
ÉLIGIBILITÉ
EXIGIBILITÉ
TANGIBILITÉ
SENSIBILITÉ
CESSIBILITÉ
POSSIBILITÉ
AMOVIBILITÉ
FLEXIBILITÉ
VERSATILITÉ
INFERTILITÉ
CRISTALLITE
IMBÉCILLITÉ
AMPHIBOLITE
RECTO-COLITE
COSMOPOLITE
MÉTROPOLITE
FOLLICULITE
INCRÉDULITÉ
LONGANIMITÉ
MAGNANIMITÉ
ÉPIDIDYMITE
HIÉRONYMITE
SILLIMANITE
MOLYBDÉNITE
MASCULINITÉ
VALENTINITE
RÉUNIONNITE
SMITHSONITE
COPATERNITÉ
IMPORTUNITÉ
OPPORTUNITÉ
SUREXPLOITÉ
FAMILIARITÉ
CAPILLARITE
CAPILLARITÉ
PUPILLARITÉ
RADIOLARITE
EXEMPLARITÉ
CIRCULARITÉ
SINGULARITÉ

GEMMIPARITÉ
MULTIPARITÉ
LITTÉRARITÉ
SÉDENTARITÉ
INSALUBRITÉ
HÉMATOCRITE
NON-INSCRITE
ALEXANDRITE
INSINCÉRITÉ
ÉPISCLÉRITE
CASSITÉRITE
PHOSPHORITE
INFÉRIORITÉ
SUPÉRIORITÉ
ANTÉRIORITÉ
INTÉRIORITÉ
EXTÉRIORITÉ
ENDOMÉTRITE
PRÉMATURITÉ
POLYNÉVRITE
VERRUCOSITÉ
RELIGIOSITÉ
SPONGIOSITÉ
INGÉNIOSITÉ
INCURIOSITÉ
DANGEROSITÉ
SCHISTOSITÉ
IMPÉTUOSITÉ
SOMPTUOSITÉ
MONOPHYSITE
PANCRÉATITE
PANCLASTITE
SURDI-MUTITÉ
PROMISCUITÉ
SURPRODUITE
SUPERFLUITÉ
INCONGRUITÉ
IMPULSIVITÉ
EXPANSIVITÉ
RÉCURSIVITÉ
RÉCESSIVITÉ
AGRESSIVITÉ
EXCLUSIVITÉ
COMBATIVITÉ
SICCATIVITÉ
NORMATIVITÉ
CAPTATIVITÉ
NON-ACTIVITÉ
SURACTIVITÉ
AFFECTIVITÉ
EFFECTIVITÉ
OBJECTIVITÉ
SÉLECTIVITÉ
DIRECTIVITÉ
INVENTIVITÉ
RÉCEPTIVITÉ
RÉSISTIVITÉ

RÉFLEXIVITÉ
DÉSHERBANTE
REMPLAÇANTE
CLAUDICANTE
COMMENÇANTE
COMMERÇANTE
PÉTARADANTE
INVALIDANTE
INTIMIDANTE
DESCENDANTE
PRÉTENDANTE
RESCINDANTE
CONFONDANTE
CONTONDANTE
CONCORDANTE
DISCORDANTE
DÉSOXYDANTE
OUTRAGEANTE
ASSIÉGEANTE
AFFLIGEANTE
DÉRANGEANTE
ARRANGEANTE
DÉFATIGANTE
WALLINGANTE
FLAMINGANTE
DESSÉCHANTE
DÉSENCHANTÉ
APPROCHANTE
TRÉBUCHANTE
TRIOMPHANTE
HIÉROPHANTE
INSOUCIANTE
STUPÉFIANTE
LIQUÉFIANTE
ACIDIFIANTE
QUALIFIANTE
AMPLIFIANTE
SIGNIFIANTE
LUBRIFIANTE
TERRIFIANTE
HORRIFIANTE
PÉTRIFIANTE
NITRIFIANTE
GRATIFIANTE
PONTIFIANTE
FORTIFIANTE
MORTIFIANTE
JUSTIFIANTE
MYSTIFIANTE
CONCILIANTE
COMMUNIANTE
AMNISTIANTE
BALBUTIANTE
ASPHYXIANTE
NONCHALANTE
REDOUBLANTE
CHANCELANTE

ÉTINCELANTE
RUISSELANTE
ENSANGLANTÉ
DÉSOPILANTE
DÉFAILLANTE
ASSAILLANTE
DÉTAILLANTE
FRÉTILLANTE
SAUTILLANTE
ÉBOUILLANTÉ
AMOUILLANTE
GROUILLANTE
MIROBOLANTE
FLAGEOLANTE
AFFRIOLANTE
TRANSPLANTÉ
STRIDULANTE
ROUCOULANTE
PERFORMANTE
SURPRENANTE
ENSEIGNANTE
ENTRAÎNANTE
CODOMINANTE
CHAGRINANTE
AVOISINANTE
PIGEONNANTE
FOISONNANTE
GRISONNANTE
MALSONNANTE
BRETONNANTE
GOUVERNANTE
CONSTIPANTE
COOCCUPANTE
ACCAPARANTE
ENCOMBRANTE
MASSACRANTE
DÉLIBÉRANTE
INTOLÉRANTE
EXASPÉRANTE
CONQUÉRANTE
DÉFLAGRANTE
ÉDULCORANTE
MALODORANTE
AMÉLIORANTE
DÉCOLORANTE
SUBINTRANTE
DÉTARTRANTE
CONCOURANTE
DÉNATURANTE
MALFAISANTE
ARCHAÏSANTE
DÉPLAISANTE
HÉBRAÏSANTE
FRANCISANTE
ÉNERGISANTE
GAUCHISANTE
PÉNALISANTE

MORALISANTE
VIRILISANTE
DYNAMISANTE
FÉMINISANTE
LATINISANTE
JAPONISANTE
CURARISANTE
VALORISANTE
FAVORISANTE
SÉCURISANTE
SÉMITISANTE
SCLÉROSANTE
DISPERSANTE
TRAVERSANTE
RENVERSANTE
FRACASSANTE
OPPRESSANTE
ENCAISSANTE
RENAISSANTE
ROUGISSANTE
AVILISSANTE
COULISSANTE
FRÉMISSANTE
JAUNISSANTE
ANGOISSANTE
GLAPISSANTE
FLORISSANTE
AHURISSANTE
SAISISSANTE
ABÊTISSANTE
IMPUISSANTE
REPOUSSANTE
PARALYSANTE
INQUIÉTANTE
CLIQUETANTE
RETRAITANTE
EXORBITANTE
COLICITANTE
DÉBILITANTE
EXPLOITANTE
CONSULTANTE
CONSENTANTE
ESQUINTANTE
RAVIGOTANTE
CRACHOTANTE
CLIGNOTANTE
CHEVROTANTE
CONCERTANTE
PROTESTANTE
ATTRISTANTE
SUBSISTANTE
CONSISTANTE
PERSISTANTE
INEXISTANTE
INCONSTANTE
INCRUSTANTE
COMBATTANTE

DRUMETTANTE
GRELOTTANTE
FRISOTTANTE
DÉPOLLUANTE
TRAFIQUANTE
PRATIQUANTE
DÉLINQUANTE
TONITRUANTE
RÉCIDIVANTE
INSCRIVANTE
DÉMOTIVANTE
DISSOLVANTE
DISTRAYANTE
GRASSEYANTE
FLAMBOYANTE
ROUGEOYANTE
TOURNOYANTE
NON-CROYANTE
FOUDROYANTE
SOUS-JACENTE
MUNIFICENTE
SÃO VINCENTE
ÉRUBESCENTE
MARCESCENTE
TURGESCENTE
COALESCENTE
OPALESCENTE
ADOLESCENTE
SPUMESCENTE
LIANESCENTE
ÉVANESCENTE
ACCRESCENTE
LACTESCENTE
FLAVESCENTE
ANTÉCÉDENTE
COÏNCIDENTE
TUBULIDENTÉ
RÉFRINGENTE
ASTRINGENTE
CONTINGENTE
CONTINGENTÉ
CONVERGENTE
OMNISCIENTE
AGUARDIENTE
PARTURIENTE
AMBIVALENTE
ÉQUIVALENTE
MONOVALENTE
POLYVALENTE
NON-VIOLENTE
ENRÉGIMENTÉ
SURALIMENTÉ
COMPLIMENTÉ
EXPÉRIMENTÉ
INSTRUMENTÉ
PRÉÉMINENTE
PROÉMINENTE
SURÉMINENTE
CONTRE-PENTE
INAPPARENTE
INCOHÉRENTE
CONCURRENTE
IMPÉNITENTE
OMNIPOTENTE
TOTIPOTENTE
IDEMPOTENTE
SUBSÉQUENTE
CONSÉQUENTE
CONTREVENTÉ
SACRO-SAINTE
COURT-JOINTÉ
DÉSAPPOINTÉ
HÉTÉRODONTE
GLYPTODONTE
TARABISCOTÉ
COMPATRIOTE
REMMAILLOTÉ
PARPAILLOTE
TRAVAILLOTÉ
HONDSCHOOTE
MANDAT-CARTE
SEMI-LIBERTÉ
SEMI-OUVERTE
ENTROUVERTE
PORTE-À-PORTE
CONTRE-PORTE
BATEAU-PORTE
ENTRE-HEURTÉ
ECCLÉSIASTE
CNIDOBLASTE
OSTÉOBLASTE
FIBROBLASTE
OSTÉOCLASTE
ICONOCLASTE
PHÉNOPLASTE
THÉOPHRASTE
LÈSE-MAJESTÉ
PALIMPSESTE
SOUBREVESTE
UNIJAMBISTE
ANTIRACISTE
ORGANICISTE
TECHNICISTE
NÉOFASCISTE
BOLLANDISTE
TRABENDISTE
ANTIPODISTE
MONOTHÉISTE
POLYTHÉISTE
ABSENTÉISTE
AFFOUAGISTE
CARAVAGISTE
PHALANGISTE
BOULANGISTE
POMOLOGISTE
VIROLOGISTE
CYTOLOGISTE
RATTACHISTE
MONARCHISTE
MICASCHISTE
CALCSCHISTE
SPARTAKISTE
NÉORÉALISTE
SURRÉALISTE
SPÉCIALISTE
MONDIALISTE
MINIMALISTE
MAXIMALISTE
NOMINALISTE
JOURNALISTE
FÉDÉRALISTE
GÉNÉRALISTE
IMMORALISTE
CENTRALISTE
NEUTRALISTE
NATURALISTE
VÉGÉTALISTE
CAPITALISTE
SENSUALISTE
ENSEMBLISTE
ÉVANGÉLISTE
MINITÉLISTE
IMMOBILISTE
NOMBRILISTE
PASTELLISTE
MUTUELLISTE
NOUVELLISTE
MONOPOLISTE
CERF-VOLISTE
VÉLIVOLISTE
GÉOCHIMISTE
BIOCHIMISTE
LÉGITIMISTE
TAXINOMISTE
ERGONOMISTE
AUTONOMISTE
CONFORMISTE
AFRICANISTE
ITALIANISTE
ORNEMANISTE
ŒCUMÉNISTE
BOUQUINISTE
GUILVINISTE
TROMBONISTE
ORPHÉONISTE
ANTAGONISTE
SYMPHONISTE
PASSIONISTE
LINOTYPISTE
AUTOCARISTE
SÉMINARISTE

MONÉTARISTE
MILITARISTE
DÉCEMBRISTE
GLACIÉRISTE
CARRIÉRISTE
FOURIÉRISTE
OUVRIÉRISTE
CLAVIÉRISTE
SCOOTÉRISTE
FOLKLORISTE
TRACTORISTE
PRIMEURISTE
CONCOURISTE
AVENTURISTE
PANÉGYRISTE
PROTHÉSISTE
FANTAISISTE
PRAGMATISTE
SÉPARATISTE
SYNCRÉTISTE
ANABAPTISTE
ORTHOPTISTE
CONCERTISTE
BILLETTISTE
VIGNETTISTE
CORNETTISTE
LIBRETTISTE
OFFSETTISTE
MAQUETTISTE
ABSOLUTISTE
DIALOGUISTE
RÉCIDIVISTE
RELATIVISTE
ROTATIVISTE
POSITIVISTE
TIMBRE-POSTE
MALLES-POSTE
WAGONS-POSTE
DÉSINCRUSTÉ
NÉMATOCYSTE
CULS-DE-JATTE
PIERRELATTE
MALMIGNATTE
CROCHE-PATTE
SUFFRAGETTE
PHALANGETTE
BARBICHETTE
ÉPINOCHETTE
HISTORIETTE
GRANDELETTE
MAIGRELETTE
GOUTTELETTE
TARTIFLETTE
CHENILLETTE
GENTILLETTE
AIGUILLETTE
COQUILLETTE
CHEVILLETTE
BROSSOLETTE
GARGOULETTE
MARGOULETTE
KITCHENETTE
COMPRENETTE
BLONDINETTE
TROTTINETTE
CAMIONNETTE
MARIONNETTE
GOUJONNETTE
MIGNONNETTE
MAISONNETTE
GUILLERETTE
LINAIGRETTE
VINAIGRETTE
CHAMOISETTE
ÉCHAUGUETTE
ESPERLUETTE
APPLIQUETTE
À LA SAUVETTE
PIERREFITTE
CAILLEBOTTE
CAILLEBOTTE
JUPE-CULOTTE
SANS-CULOTTE
QUICHENOTTE
PALANGROTTE
SPATIONAUTE
PRINCIPAUTÉ
VICE-ROYAUTÉ
ÉLECTROCUTÉ
HYPONOMEUTE
TRANSBAHUTÉ
CAOUTCHOUTÉ
CASSE-CROÛTE
FAUSSE-ROUTE
BANQUEROUTE
THROMBOCYTE
GRANULOCYTE
ÉRYTHROCYTE
SPERMAPHYTE
FILICOPHYTE
THALLOPHYTE
GAMÉTOPHYTE
CRYPTOPHYTE
ÉLECTROLYTE
REDISTRIBUÉ
ENTR'APERÇUE
ENTRAPERÇUE
REDESCENDUE
HYPERTENDUE
CONTRE-DIGUE
SAINTE LIGUE
PLURILINGUE
MULTILINGUE
CAMERLINGUE
TRIPHTONGUE
EMMÉNAGOGUE
PHLÉBOLOGUE
GYNÉCOLOGUE
MUSICOLOGUE
LEXICOLOGUE
TOXICOLOGUE
ARCHÉOLOGUE
SPÉLÉOLOGUE
PSYCHOLOGUE
GRAPHOLOGUE
GLACIOLOGUE
CARDIOLOGUE
CÉRAMOLOGUE
PNEUMOLOGUE
OCÉANOLOGUE
TECHNOLOGUE
NUMÉROLOGUE
NÉPHROLOGUE
SOPHROLOGUE
FUTUROLOGUE
PAPYROLOGUE
HÉMATOLOGUE
PROCTOLOGUE
POLITOLOGUE
ÉGYPTOLOGUE
SUBRÉCARGUE
DÉSENVERGUÉ
LA CANOURGUE
CONTRE-FUGUE
HURLUBERLUE
MICROGRENUE
CIRCONVENUE
RESSOUVENUE
DISCONTINUE
DISCONTINUÉ
INTERROMPUE
INSOMNIAQUE
PARANOÏAQUE
DIONYSIAQUE
BAUDELOCQUE
MÉDIATHÈQUE
DIDACTHÈQUE
PROPITHÈQUE
DISCOTHÈQUE
BANDOTHÈQUE
VIDÉOTHÈQUE
POCHOTHÈQUE
FILMOTHÈQUE
PHONOTHÈQUE
PHOTOTHÈQUE
CARTOTHÈQUE
INTRINSÈQUE
EXTRINSÈQUE
PONT-L'ÉVÊQUE
PONT-L'ÉVÊQUE
PTOLÉMAÏQUE

11

ANTIRABIQUE
TRICALCIQUE
CHALCIDIQUE
PYRIMIDIQUE
TYPHOÏDIQUE
STÉROÏDIQUE
APÉRIODIQUE
SPASMODIQUE
ALDÉHYDIQUE
DIARRHÉIQUE
SUDORIFIQUE
CALORIFIQUE
HONORIFIQUE
SOPORIFIQUE
STRATÉGIQUE
NÉVRALGIQUE
NOSTALGIQUE
PÉDAGOGIQUE
DÉMAGOGIQUE
MÉTALOGIQUE
MYCOLOGIQUE
IDÉOLOGIQUE
RHÉOLOGIQUE
THÉOLOGIQUE
ÉTHOLOGIQUE
ÉTIOLOGIQUE
AXIOLOGIQUE
ŒNOLOGIQUE
TOPOLOGIQUE
TYPOLOGIQUE
AÉROLOGIQUE
SÉROLOGIQUE
VIROLOGIQUE
ONTOLOGIQUE
CYTOLOGIQUE
LÉTHARGIQUE
STOMACHIQUE
MONARCHIQUE
SYMPATHIQUE
NÉOLITHIQUE
ŒNANTHIQUE
NÉOGOTHIQUE
DIGITALIQUE
ANACYCLIQUE
TRICYCLIQUE
RAPHAÉLIQUE
ÉVANGÉLIQUE
PARABOLIQUE
MÉTABOLIQUE
DIASTOLIQUE
APOSTOLIQUE
HYDRAULIQUE
SALICYLIQUE
ENDOGAMIQUE
MONOGAMIQUE
LE CÉRAMIQUE
PANORAMIQUE

MONOSÉMIQUE
POLYSÉMIQUE
EURYTHMIQUE
GÉOCHIMIQUE
BIOCHIMIQUE
OPHTALMIQUE
ANTINOMIQUE
TAXINOMIQUE
ERGONOMIQUE
AGRONOMIQUE
PRODROMIQUE
RIBOSOMIQUE
AUTOSOMIQUE
SUBATOMIQUE
TRIATOMIQUE
ÉPIDERMIQUE
HOMONYMIQUE
SYNONYMIQUE
TOPONYMIQUE
MÉTONYMIQUE
ANORGANIQUE
INORGANIQUE
MESSIANIQUE
BRAHMANIQUE
PYOCYANIQUE
TÉLÉGÉNIQUE
ANTIGÉNIQUE
MONOGÉNIQUE
CRYOGÉNIQUE
POLYGÉNIQUE
ÉTHYLÉNIQUE
ŒCUMÉNIQUE
PROTÉINIQUE
MORPHINIQUE
TRICLINIQUE
INSULINIQUE
BOTULINIQUE
VITAMINIQUE
INACTINIQUE
NICOTINIQUE
MÉDIUMNIQUE
BRITANNIQUE
BRITANNIQUE
PHARAONIQUE
TRONCONIQUE
NUCLÉONIQUE
ANTAGONIQUE
THÉOGONIQUE
SYMPHONIQUE
HÉGÉMONIQUE
MACARONIQUE
NEUTRONIQUE
CATATONIQUE
VAGOTONIQUE
HYPOTONIQUE
BRITTONIQUE
MÉTHANOÏQUE

PALÉOZOÏQUE
ANTHROPIQUE
PHILIPPIQUE
PRÉFABRIQUÉ
CANTABRIQUE
OCTAÉDRIQUE
HEXAÉDRIQUE
POLYÉDRIQUE
CYLINDRIQUE
IODHYDRIQUE
TÉLÉFÉRIQUE
CONFRÉRIQUE
DIPHTÉRIQUE
CADAVÉRIQUE
ALLÉGORIQUE
PARÉGORIQUE
CATÉGORIQUE
ANAPHORIQUE
PLÉTHORIQUE
FOLKLORIQUE
PÉDIATRIQUE
GÉRIATRIQUE
IDOLÂTRIQUE
GÉOMÉTRIQUE
ISOMÉTRIQUE
ASYMÉTRIQUE
OBSTÉTRIQUE
EXCENTRIQUE
CATOPTRIQUE
DIGASTRIQUE
PANÉGYRIQUE
PORPHYRIQUE
MONOBASIQUE
LITHIASIQUE
NÉOPLASIQUE
ANALGÉSIQUE
ATHÉTOSIQUE
DYSPEPSIQUE
NARCISSIQUE
GÉOPHYSIQUE
BIOPHYSIQUE
ADIABATIQUE
CATABATIQUE
ACROBATIQUE
HANSÉATIQUE
ALIPHATIQUE
LYMPHATIQUE
ISCHIATIQUE
MYDRIATIQUE
INITIATIQUE
SCHÉMATIQUE
ATHÉMATIQUE
TÉLÉMATIQUE
CINÉMATIQUE
PRAGMATIQUE
FLEGMATIQUE
ÉNIGMATIQUE

STIGMATIQUE
ASTHMATIQUE
ZYGOMATIQUE
IDIOMATIQUE
AXIOMATIQUE
CHROMATIQUE
AUTOMATIQUE
SPERMATIQUE
MIASMATIQUE
PLASMATIQUE
PRISMATIQUE
TRAUMATIQUE
PNEUMATIQUE
ENZYMATIQUE
QUADRATIQUE
PROSTATIQUE
ISOSTATIQUE
CACHECTIQUE
DIALECTIQUE
CONNECTIQUE
APODICTIQUE
ANTARCTIQUE
ANTARCTIQUE
PRODUCTIQUE
CYNÉGÉTIQUE
ÉNERGÉTIQUE
PROPHÉTIQUE
SYNTHÉTIQUE
PROTHÉTIQUE
PSAMMÉTIQUE
APLANÉTIQUE
SYNCRÉTIQUE
NÉPHRÉTIQUE
THÉORÉTIQUE
PLEURÉTIQUE
CÉNOBITIQUE
COUCHITIQUE
GRAPHITIQUE
PROCLITIQUE
IMPOLITIQUE
PISOLITIQUE
ANNAMITIQUE
DOLOMITIQUE
SYBARITIQUE
DIACRITIQUE
DENDRITIQUE
LATÉRITIQUE
ARTÉRITIQUE
ARTHRITIQUE
ASÉMANTIQUE
AUTHENTIQUE
SILICOTIQUE
ANECDOTIQUE
PSYCHOTIQUE
CIRRHOTIQUE
PRÉBIOTIQUE
SYMBIOTIQUE

SCOLIOTIQUE
PATRIOTIQUE
ÉPIZOOTIQUE
SCLÉROTIQUE
ANALEPTIQUE
ÉPILEPTIQUE
DYSPEPTIQUE
ÉCLAMPTIQUE
ORTHOPTIQUE
CATHARTIQUE
SARCASTIQUE
ANÉLASTIQUE
INÉLASTIQUE
SCOLASTIQUE
ONOMASTIQUE
GYMNASTIQUE
FANTASTIQUE
CLADISTIQUE
SOPHISTIQUE
SOPHISTIQUÉ
STYLISTIQUE
PIANISTIQUE
FAUNISTIQUE
FLORISTIQUE
PATRISTIQUE
HEURISTIQUE
TOURISTIQUE
STATISTIQUE
CASUISTIQUE
SLAVISTIQUE
JAZZISTIQUE
PRONOSTIQUE
PRONOSTIQUÉ
ENCAUSTIQUE
ENCAUSTIQUÉ
DÉMOUSTIQUÉ
BUREAUTIQUE
SCORBUTIQUE
HALIEUTIQUE
SCIALYTIQUE
PARALYTIQUE
CATALYTIQUE
VAGOLYTIQUE
HÉMOLYTIQUE
CYTOLYTIQUE
BOLCHEVIQUE
MENCHEVIQUE
CYTOTOXIQUE
PNEUMOCOQUE
ÉCHINOCOQUE
ENTÉROCOQUE
ENTRECHOQUÉ
VENTRILOQUE
HÉRÉSIARQUE
CYSTICERQUE
COUDEKERQUE
STEENKERQUE

STEINKERQUE
ALBUQUERQUE
JEUNE-TURQUE
VISIOCASQUE
BERGAMASQUE
BERGAMASQUE
BARBARESQUE
MOLIÉRESQUE
PLATERESQUE
PITTORESQUE
SOLDATESQUE
PÉDANTESQUE
GIGANTESQUE
VIDÉODISQUE
AUDIODISQUE
MULTIRISQUE
PENTATEUQUE
COUVRE-NUQUE
COQUECIGRUE
RECONSTITUÉ
POINTS DE VUE
MAMMOTH CAVE
PLAN-CONCAVE
SAINT-AGRÈVE
SAINT-ÉGRÈVE
SAINT-ESTÈVE
PORTE-GLAIVE
PORTE-GLAIVE
INOFFENSIVE
HYPOTENSIVE
COEXTENSIVE
PROGRESSIVE
COMPRESSIVE
ANTITUSSIVE
APPROBATIVE
RÉBARBATIVE
PRÉDICATIVE
VINDICATIVE
EXPLICATIVE
DÉMARCATIVE
LIQUIDATIVE
SÉGRÉGATIVE
SUBROGATIVE
PRÉROGATIVE
PROROGATIVE
ÉNONCIATIVE
ASSOCIATIVE
ABRÉVIATIVE
CORRÉLATIVE
APPELLATIVE
LÉGISLATIVE
TRANSLATIVE
SPÉCULATIVE
EXCLAMATIVE
AFFIRMATIVE
INFIRMATIVE
INFORMATIVE

11

IMAGINATIVE
GERMINATIVE
ALTERNATIVE
DISSIPATIVE
DÉCLARATIVE
COMPARATIVE
ÉNUMÉRATIVE
COOPÉRATIVE
RÉITÉRATIVE
INTÉGRATIVE
MÉLIORATIVE
PIGNORATIVE
CORPORATIVE
ADVERSATIVE
EXPECTATIVE
QUALITATIVE
FACULTATIVE
POTESTATIVE
COMMUTATIVE
RADIOACTIVE
RÉTROACTIVE
HYPERACTIVE
INTERACTIVE
DISTRACTIVE
PROSPECTIVE
PERSPECTIVE
RESTRICTIVE
DISTINCTIVE
INSTINCTIVE
SUBJONCTIVE
CONJONCTIVE
OBSTRUCTIVE
DESTRUCTIVE
INSTRUCTIVE
PROHIBITIVE
ACCRÉDITIVE
ACQUISITIVE
DIAPOSITIVE
PRÉPOSITIVE
COMPÉTITIVE
SUBSTANTIVE
SUBSTANTIVÉ
INATTENTIVE
DESCRIPTIVE
PRÉSOMPTIVE
ATTRIBUTIVE
CONSÉCUTIVE
COMMINUTIVE
SAINT-SAULVE
SAINTE-BEUVE
ROMAN-FLEUVE
MAISONNEUVE
LA COURNEUVE
DÉSAPPROUVÉ
CIRCONFLEXE
PLAN-CONVEXE
SOUS-EMPLOYÉ

LA VÉRENDRYE
CAPORAL-CHEF
SERGENT-CHEF
PALÉORELIEF
PÉPIN LE BREF
VAN DE GRAAFF
METCHNIKOFF
EICHENDORFF
SCHLÖNDORFF
ANTIADHÉSIF
AUTOADHÉSIF
APPRÉHENSIF
HYPERTENSIF
INEXPRESSIF
MODIFICATIF
VÉRIFICATIF
NOTIFICATIF
SÉRONÉGATIF
DÉPRÉCIATIF
APPRÉCIATIF
CONFIRMATIF
PERFORMATIF
DÉNOMINATIF
DÉLIBÉRATIF
DÉGÉNÉRATIF
ILLUSTRATIF
QUANTITATIF
CONSULTATIF
AUGMENTATIF
PRÉSENTATIF
PROGESTATIF
PRÉSERVATIF
TENSIOACTIF
SOUSTRACTIF
SUREFFECTIF
IMPERFECTIF
INTERJECTIF
NON DIRECTIF
CONSTRICTIF
REPRODUCTIF
IMPRODUCTIF
INTRODUCTIF
CONSTRUCTIF
AUTOPUNITIF
INTRANSITIF
SÉROPOSITIF
ANTISPORTIF
INTEMPESTIF
DISTRIBUTIF
SUBSTITUTIF
CONSTITUTIF
SAINT-AYGULF
KULTURKAMPF
SCHWARZKOPF
GÖNNERSDORF
CHÂTEAUNEUF
FOIE-DE-BŒUF

ŒIL-DE-BŒUF
ARRÊTE-BŒUF
CIBA-GEIGY AG
BRUNSCHVICG
SCHUSCHNIGG
DONG QICHANG
YALONG JIANG
YANGZI JIANG
BERRE-L'ÉTANG
KOUO-MIN-TANG
ORANG-OUTANG
KRAFFT-EBING
PLUM-PUDDING
CONTRESEING
VEREENIGING
DISPATCHING
PEI IEOH MING
TAO YUANMING
AQUAPLANING
COUP-DE-POING
GUAN HANQING
TIME-SHARING
ENGINEERING
FRANCHISING
BABY-SITTING
PHAM VAN DÔNG
TANG TAIZONG
JEAN DE MEUNG
MAO TSÉ-TOUNG
HERTZSPRUNG
TELUK BETUNG
FÜRSTENBERG
DRAKENSBERG
KAYSERSBERG
HELSINGBORG
FLOSSENBÜRG
QUEDLINBURG
PHILIPSBURG
BRANDEBOURG
BRANDEBOURG
TAILLEBOURG
WISSEMBOURG
BETTEMBOURG
SAXE-COBOURG
LAUTERBOURG
REICHENBACH
WITTELSBACH
NEUF-BRISACH
VAN DEN BOSCH
BRAUCHITSCH
MAULBERTSCH
LOFING-MATCH
JELATCHITCH
OBRÉNOVITCH
SIDI-FERRUCH
CASTLEREAGH
RANJIT SINGH

MARLBOROUGH
FARNBOROUGH
SCARBOROUGH
MEHMED FATIH
SAINT-JOSEPH
CHATTISGARH
PHOTO-FINISH
FREILIGRATH
GRANNY-SMITH
GRANGEMOUTH
BOURNEMOUTH
PARLERS-VRAI
CONTRE-ESSAI
AL-MUTANABBI
CHERCHE-MIDI
FRESCOBALDI
RAGAILLARDI
UQBA IBN NAFI
ANTOMMARCHI
ANTONMARCHI
GENTILESCHI
MISSOLONGHI
BANGLADESHI
BANGLADESHI
JIANG JIESHI
CHERRAPUNJI
SHIMONOSEKI
MOUSSORGSKI
DARGOMYJSKI
STAROBINSKI
LESZCZYNSKI
KHMELNITSKI
DOSTOÏEVSKI
VASSILEVSKI
TCHAÏKOVSKI
MEREJKOVSKI
TSIOLKOVSKI
ROKOSSOVSKI
PAOUSTOVSKI
LUTOSLAWSKI
KWASNIEWSKI
KOCHANOWSKI
SZYMANOWSKI
PONIATOWSKI
CZARTORYSKI
TIRUNELVELI
ENORGUEILLI
MACCHIAIOLI
NON ACCOMPLI
LAPIS-LAZULI
NAGANO OSAMI
RAFSANDJANI
TUPI-GUARANI
HINDOUSTANI
SPALLANZANI
PICCOLOMINI
MASTROIANNI

TROUBETSKOÏ
PLEIN-EMPLOI
NOGENT-LE-ROI
CHOISY-LE-ROI
LE GRAU-DU-ROI
NAHUEL HUAPÍ
MISSISSIPPI
BHARTRIHARI
UEDA AKINARI
CONDOTTIERI
PAPIER-ÉMERI
A POSTERIORI
TCHERNIVTSI
TUTTI QUANTI
BUONTALENTI
GIOVANNETTI
TUTTI FRUTTI
MESSALI HADJ
NARAYANGANJ
MANGUYCHLAK
STERLITAMAK
EUSKALDUNAK
BAHR EL-AZRAK
MAETERLINCK
CROMMELYNCK
KÖNIGSMARCK
RAVENSBRÜCK
LEEUWENHOEK
APPARATCHIK
REALPOLITIK
CORNER BROOK
VLADIVOSTOK
CENTRAL PARK
NOVOROSSISK
ARKHANGELSK
VERKHOÏANSK
KRASNOÏARSK
KOMMOUNARSK
PROKOPIEVSK
ZELENTCHOUK
SORTIE-DE-BAL
PARAMÉDICAL
CHIRURGICAL
SUBTROPICAL
OBSTÉTRICAL
GRAMMATICAL
HECTOPASCAL
HÉMORROÏDAL
ELLIPSOÏDAL
TRAPÉZOÏDAL
MÉDICO-LÉGAL
UTTARANCHAL
MULTIRACIAL
INTERRACIAL
ENDOTHÉLIAL
MATRIMONIAL
PATRIMONIAL

TESTIMONIAL
PARTICIPIAL
PARTENARIAL
DICTATORIAL
DIRECTORIAL
TERRITORIAL
SEIGNEURIAL
AÉROSPATIAL
NIVO-PLUVIAL
RAMÓN Y CAJAL
HEXADÉCIMAL
SEXAGÉSIMAL
ORTHONORMAL
RHUMATISMAL
CATACLYSMAL
GUADALCANAL
SADIQUE-ANAL
ATTITUDINAL
QUADRIENNAL
QUINQUENNAL
DODÉCAGONAL
MONOCAMÉRAL
NYCTHÉMÉRAL
ÉQUILATÉRAL
PRESBYTÉRAL
ANTISUDORAL
COXO-FÉMORAL
SUCCESSORAL
PROFESSORAL
PRÉFECTORAL
COMMISSURAL
CARICATURAL
CONJECTURAL
TRANSVERSAL
PLURICAUSAL
SOUS-ORBITAL
FONDAMENTAL
SACRAMENTAL
SENTIMENTAL
CONTINENTAL
XÉNOCRISTAL
MONOCRISTAL
INTERCOSTAL
ELEKTROSTAL
MAGNAC-LAVAL
STATION-AVAL
FERS-À-CHEVAL
PALAIS-ROYAL
GRŒNENDAEL
VAN RUISDAEL
VAN RUYSDAEL
SANTA ISABEL
VAN SCHENDEL
JAUFRÉ RUDEL
ULENSPIEGEL
SAINT-MICHEL
EDDY MITCHEL

PRÉJUDICIEL
SACRIFICIEL
SUPERFICIEL
CICATRICIEL
DIDACTICIEL
SAINT-MIHIEL
KAMMERSPIEL
CARACTÉRIEL
MINISTÉRIEL
TRIMESTRIEL
SUBSTANTIEL
RÉSIDENTIEL
DÉSINENTIEL
EXPONENTIEL
RÉFÉRENTIEL
PÉNITENTIEL
EXISTENTIEL
FRÉQUENTIEL
CUPRONICKEL
FERRONICKEL
OCCASIONNEL
DÉCISIONNEL
RÉVISIONNEL
RELATIONNEL
IRRATIONNEL
RÉACTIONNEL
FRACTIONNEL
FRICTIONNEL
FONCTIONNEL
ADDITIONNEL
IMPERSONNEL
SEMPITERNEL
ARBRE-DE-NOËL
CONTRE-APPEL
CROQUE-AU-SEL
SACRAMENTEL
MAÎTRE-AUTEL
NITRATE-FUEL
PLURIANNUEL
AUDIOVISUEL
CONTRACTUEL
CONFLICTUEL
INSTINCTUEL
TRANSSEXUEL
VILLERSEXEL
RIEFENSTAHL
ÉPOUVANTAIL
TÉLÉTRAVAIL
BRISE-SOLEIL
APRÈS-SOLEIL
DEMI-SOMMEIL
MONTFERMEIL
TROMPE-L'ŒIL
RADIORÉVEIL
VAUX-LE-PÉNIL
À CONTRE-POIL
LOUIS-GENTIL

LE VAUDREUIL
NIJNI TAGUIL
RACQUET-BALL
BADEN-POWELL
BUFFALO BILL
ROCK AND ROLL
SITTING BULL
DOUBLE-SCULL
VATNAJÖKULL
PARACÉTAMOL
ACIDE-ALCOOL
STANLEY POOL
CHOLESTÉROL
SELF-CONTROL
COSTA DEL SOL
SAINT-ACHEUL
CAXIAS DO SUL
CHRYSOBÉRYL
DAR ES-SALAAM
KANCHIPURAM
KIM YOUNG-SAM
NGÔ DINH DIÊM
CRÈVE-LA-FAIM
WINTZENHEIM
RÜSSELSHEIM
WITTELSHEIM
MUNDOLSHEIM
LINGOLSHEIM
KINGERSHEIM
STIERNHIELM
TCHERNOZIOM
CHEBIN EL-KOM
CARBORUNDUM
BRÛLE-PARFUM
CLOSTRIDIUM
LATIFUNDIUM
ENDOTHÉLIUM
PÉNICILLIUM
EINSTEINIUM
CONDOMINIUM
PÉLARGONIUM
PANDÉMONIUM
POSITRONIUM
CALIFORNIUM
COLUMBARIUM
FRIGIDARIUM
INSECTARIUM
PLANÉTARIUM
FERROCÉRIUM
MÉGATHÉRIUM
DINOTHÉRIUM
CRÉMATORIUM
MENDÉLÉVIUM
ZYGOPETALUM
UXELLODUNUM
RAHAT-LOKOUM
PITTOSPORUM

PORTE-HAUBAN
TEOTIHUACÁN
PONTOPPIDAN
GRÉSIVAUDAN
CHARLES-JEAN
MANICOUAGAN
LIVRY-GARGAN
KUBILAY KHAN
ZHOUKOUDIAN
GAO XINGJIAN
AZERBAÏDJAN
SAINT-TROJAN
VALLE-INCLÁN
ARRIÈRE-PLAN
SELF-MADE-MAN
ABD AL-RAHMAN
ABDUL RAHMAN
QALAAT SIMAN
RECORDWOMAN
BUSINESSMAN
SAINT-AIGNAN
MALLET DU PAN
GRILLE-ÉCRAN
SUPERLIORAN
TCHOIBALSAN
OUZBÉKISTAN
TADJIKISTAN
AFGHANISTAN
KIRGHIZSTAN
TAI-CHI-CHUAN
SAINT-SERVAN
SINT-TRUIDEN
HOHENLINDEN
COTIGNACÉEN
MONTÉVIDÉEN
NIETZSCHÉEN
ÉTANG-SALÉEN
SAINT-CÉRÉEN
WINTERGREEN
HYPERBORÉEN
MIRAMASSÉEN
VANDERSTEEN
VLAARDINGEN
FRIEDLINGEN
KREUZLINGEN
SIGMARINGEN
NEUNKIRCHEN
TERBRUGGHEN
AURIGNACIEN
AURIGNACIEN
LATIGNACIEN
TABERNACIEN
SOJALDICIEN
ACADÉMICIEN
PLATONICIEN
COPERNICIEN
RHÉTORICIEN

ÉLECTRICIEN
MERCATICIEN
ESTHÉTICIEN
PHONÉTICIEN
DIÉTÉTICIEN
QUALITICIEN
COGNITICIEN
SÉMANTICIEN
SÉMIOTICIEN
LOGISTICIEN
BALISTICIEN
ACOUSTICIEN
LONGOVICIEN
CAPPADOCIEN
CAPPADOCIEN
SAINT-LUCIEN
ROSICRUCIEN
TRINIDADIEN
TRINIDADIEN
SÉLESTADIEN
ARCHIMÉDIEN
CLITORIDIEN
BIQUOTIDIEN
GARIBALDIEN
CLODOALDIEN
MÉNEHILDIEN
DOLCHARDIEN
PÉRIGORDIEN
SANCLAUDIEN
ŒSOPHAGIEN
MONTÉRÉGIEN
CAROLINGIEN
MÉROVINGIEN
MONTROUGIEN
APPALACHIEN
MAÎTRE-CHIEN
SAURISCHIEN
STENDHALIEN
GUATÉMALIEN
SURRÉNALIEN
VÉNÉZUÉLIEN
VÉNÉZUÉLIEN
CROCODILIEN
LACERTILIEN
BARBEZILIEN
MONTCELLIEN
PRISCILLIEN
FUMEROLLIEN
STROMBOLIEN
SAINT-JULIEN
BOURBOULIEN
MAURITANIEN
MAURITANIEN
MAGDALÉNIEN
GIROMAGNIEN
CATARHINIEN
PRÉHOMINIEN

ENDOCRINIEN
VALENTINIEN
PALESTINIEN
PALESTINIEN
AUGUSTINIEN
NAPOLÉONIEN
PROUDHONIEN
MARATHONIEN
CALIFORNIEN
CALIFORNIEN
SAINT-JUNIEN
PRÉŒDIPIEN
MÉTACARPIEN
ANTIACARIEN
PROPRE-À-RIEN
SUBSAHARIEN
DANNEMARIEN
PROLÉTARIEN
PRÉCAMBRIEN
MÉTATHÉRIEN
VANDOPÉRIEN
LANESTÉRIEN
FINISTÉRIEN
PITHIVÉRIEN
GRAMMAIRIEN
SALVADORIEN
SALVADORIEN
CASTÉLORIEN
NÉOCASTRIEN
ZOROASTRIEN
DINOSAURIEN
BUJUMBURIEN
HYPONEURIEN
VILLEMURIEN
DEUX-SÉVRIEN
SAINT-CYRIEN
SAINT-CYRIEN
GUIPAVASIEN
MICRONÉSIEN
MICRONÉSIEN
CAUTERÉSIEN
LANGEAISIEN
RABELAISIEN
VOUGLAISIEN
SAVENAISIEN
TOURNAISIEN
BEAUVAISIEN
LANDIVISIEN
CALVADOSIEN
MÉTATARSIEN
CARACASSIEN
VALRÉASSIEN
ANNEMASSIEN
ALBENASSIEN
WIMEREUSIEN
MONTREUSIEN
LAMALOUSIEN

HERBLAYSIEN
CHESNAYSIEN
FRESNOYSIEN
QUESNOYSIEN
BON-CHRÉTIEN
TRIBUNITIEN
AQUATINTIEN
MIRECURTIEN
LILLIPUTIEN
HAGUENOVIEN
PORTO-NOVIEN
COURNEUVIEN
COTTERÉZIEN
SELF-MADE-MEN
PHILOPŒMEN
RECORDWOMEN
BUSINESSMEN
BADA SHANREN
THORVALDSEN
MÜNCHHAUSEN
STOCKHAUSEN
HOOGSTRATEN
SANKT PÖLTEN
MOUNTBATTEN
LE POULIGUEN
BREMERHAVEN
ORGNAC-L'AVEN
LAPOUTROYEN
COMMENTRYEN
OSTÉICHTYEN
MENDELSSOHN
CHAUFFE-BAIN
SAINT-GOBAIN
INTERURBAIN
MOZAMBICAIN
MOZAMBICAIN
RÉPUBLICAIN
COSTARICAIN
COSTARICAIN
SUD-AFRICAIN
SUD-AFRICAIN
PANAFRICAIN
EURAFRICAIN
PORTORICAIN
PORTORICAIN
FRANCISCAIN
CHASTELLAIN
CHAMBERLAIN
APRÈS-DEMAIN
ARRIÈRE-MAIN
DUODÉCIMAIN
GRÉCO-ROMAIN
GALLO-ROMAIN
SAINT-ROMAIN
INTERHUMAIN
PORT OF SPAIN
TOUT-TERRAIN

CUCURBITAIN
RAMBOLITAIN
TRIPOLITAIN
PALERMITAIN
BEAUFORTAIN
BRUNTRUTAIN
TRANSYLVAIN
TRANSYLVAIN
MOUDJAHIDIN
CHARLIANDIN
REZ-DE-JARDIN
PÉRIGOURDIN
PÉRIGOURDIN
WALLENSTEIN
RAGGAMUFFIN
MONT-DAUPHIN
LED ZEPPELIN
UNIVITELLIN
LEDRU-ROLLIN
SARRANCOLIN
SAINT-PAULIN
DOMPTE-VENIN
SAINT-CRÉPIN
SILLON ALPIN
VIVARO-ALPIN
LA TOUR-DU-PIN
SAINT-AMARIN
INTRA-UTÉRIN
EXTRA-UTÉRIN
MONTÉNÉGRIN
MONTÉNÉGRIN
NOIRMOUTRIN
ANGOUMOISIN
GRAND BASSIN
AVANT-BASSIN
ESTUDIANTIN
SAINT-MARTIN
BEC-HELLOUIN
VILEBREQUIN
TROUSSEQUIN
MONFLANQUIN
SAINT-BRÉVIN
KOUIGN-AMANN
WINCKELMANN
CLOSTERMANN
BERTELSMANN
NIEDERBRONN
ROBERT LE BON
COUPE-JAMBON
CONTREFAÇON
SERRE-PONÇON
ASSARHADDON
FAUX-BOURDON
SEI SHONAGON
TIRE-BOUCHON
BELLÉROPHON
MELANCHTHON

LIPOSUCCION
ÉRECHTHÉION
PIEDS-DE-LION
DENTS-DE-LION
HENRI LE LION
LOUIS LE LION
QUATRILLION
QUINTILLION
CHAMPOLLION
PORTE-FANION
TRAIT D'UNION
SAINTE UNION
SEPTENTRION
RADIOLÉSION
IMPRÉCISION
IMPRÉVISION
SUBDIVISION
MONDOVISION
SUPERVISION
DEMI-PENSION
HYPOTENSION
SOUS-TENSION
ANTÉVERSION
PROGRESSION
COMPRESSION
SUPPRESSION
SURPRESSION
RÉADMISSION
SURÉMISSION
REDIFFUSION
TRANSFUSION
DÉSILLUSION
SYLLABATION
RÉPROBATION
IMPROBATION
APPROBATION
CONURBATION
DÉPRÉCATION
IMPRÉCATION
ÉRADICATION
PRÉDICATION
SYNDICATION
ÉDIFICATION
DÉIFICATION
RÉIFICATION
UNIFICATION
PUBLICATION
RÉPLICATION
IMPLICATION
APPLICATION
DUPLICATION
EXPLICATION
FORNICATION
FABRICATION
IMBRICATION
INTRICATION
MASTICATION

DÉFALCATION
INCULCATION
CARBOCATION
SUFFOCATION
COLLOCATION
DISLOCATION
EMBROCATION
CONVOCATION
PROVOCATION
EMBARCATION
DÉMARCATION
ALTERCATION
BIFURCATION
RÉÉDUCATION
MANDUCATION
DÉGRADATION
DÉPRÉDATION
ÉLUCIDATION
TRÉPIDATION
HYBRIDATION
LIQUIDATION
FÉCONDATION
REFONDATION
INFÉODATION
ÉNUCLÉATION
PROCRÉATION
PROPAGATION
SÉGRÉGATION
INSTIGATION
FUSTIGATION
DIVULGATION
SUBROGATION
PROROGATION
OBJURGATION
EXPURGATION
ÉNONCIATION
NÉGOCIATION
ASSOCIATION
IRRADIATION
RÉPUDIATION
BRACHIATION
AFFILIATION
HUMILIATION
RÉSILIATION
DÉFOLIATION
EXFOLIATION
EXCORIATION
GIRAVIATION
ABRÉVIATION
LIXIVIATION
ILLUVIATION
CONGÉLATION
SURGÉLATION
CORRÉLATION
STAGFLATION
COMPILATION
VENTILATION

APPELLATION
OSCILLATION
TITILLATION
DÉCOLLATION
PERCOLATION
CONSOLATION
LÉGISLATION
TRANSLATION
STABULATION
ÉJACULATION
SPÉCULATION
FLOCULATION
INOCULATION
CIRCULATION
MUSCULATION
COAGULATION
PULLULATION
TRÉMULATION
STIMULATION
FORMULATION
GRANULATION
STIPULATION
SPORULATION
ANOVULATION
ALCOYLATION
DIFFAMATION
ACCLAMATION
DÉCLAMATION
RÉCLAMATION
EXCLAMATION
SUBLIMATION
COLLIMATION
RÉANIMATION
AFFIRMATION
INFIRMATION
DÉFORMATION
RÉFORMATION
INFORMATION
PROFANATION
TRÉPANATION
OXYGÉNATION
INDIGNATION
DÉSIGNATION
RÉSIGNATION
ASSIGNATION
VACCINATION
CALCINATION
FASCINATION
IMAGINATION
ÉVAGINATION
MACHINATION
INCLINATION
ÉLIMINATION
CULMINATION
FULMINATION
ABOMINATION
GERMINATION

OBSTINATION
DESTINATION
SULFONATION
INCARNATION
HIBERNATION
SUBORNATION
DISSIPATION
INCULPATION
EXTIRPATION
DÉCLARATION
PRÉPARATION
CÉLÉBRATION
CALIBRATION
PONDÉRATION
EXAGÉRATION
ARRIÉRATION
ÉNUMÉRATION
EXONÉRATION
COOPÉRATION
RÉITÉRATION
INTÉGRATION
IMMIGRATION
RESPIRATION
INSPIRATION
ÉLABORATION
PERFORATION
DÉFLORATION
DÉPLORATION
IMPLORATION
EXPLORATION
ÉVAPORATION
CORPORATION
PÉNÉTRATION
IMPÉTRATION
ÉVENTRATION
PROSTRATION
FRUSTRATION
CARBURATION
PROCURATION
FULGURATION
CONJURATION
MOULURATION
CYANURATION
SUPPURATION
NITRURATION
MENSURATION
FISSURATION
FACTURATION
TRITURATION
TEXTURATION
ARABISATION
LAÏCISATION
FASCISATION
CANDISATION
ANODISATION
RÉALISATION
ÉGALISATION

OPALISATION
OVALISATION
CYCLISATION
UTILISATION
STYLISATION
ATOMISATION
ARÉNISATION
STARISATION
UPÉRISATION
MÉTRISATION
TITRISATION
ÉTATISATION
POÉTISATION
ÉROTISATION
NITROSATION
SULFATATION
HYDRATATION
NITRATATION
SOLVATATION
AFFECTATION
DÉLECTATION
COARCTATION
CRÉPITATION
PALPITATION
MUSSITATION
GRAVITATION
OCCULTATION
DÉCANTATION
INCANTATION
AIMANTATION
INDENTATION
ORIENTATION
LAMENTATION
CÉMENTATION
CIMENTATION
FOMENTATION
OSTENTATION
CONNOTATION
ACCEPTATION
EXHORTATION
DÉPORTATION
IMPORTATION
EXPORTATION
DÉVASTATION
INFESTATION
ARRESTATION
DÉTESTATION
ATTESTATION
AÉROSTATION
SOUS-STATION
DÉGUSTATION
COMMUTATION
PERMUTATION
DÉGOÛTATION
SUPPUTATION
DÉVALUATION
ATTÉNUATION

EXTÉNUATION
INSINUATION
PÉRÉQUATION
INFATUATION
PONCTUATION
FLUCTUATION
HABITUATION
AGGRAVATION
DÉPRAVATION
PASSIVATION
DÉNERVATION
INNERVATION
OBSERVATION
RÉSERVATION
INCURVATION
PRÉFIXATION
SUFFIXATION
RUBÉFACTION
COKÉFACTION
CALÉFACTION
TUMÉFACTION
RARÉFACTION
RÉTROACTION
INTERACTION
DIFFRACTION
CONTRACTION
ABSTRACTION
DISTRACTION
TRANSACTION
PROSPECTION
CODIRECTION
VIVISECTION
MALÉDICTION
BÉNÉDICTION
JURIDICTION
AUTOFICTION
DÉRÉLICTION
RESTRICTION
DISTINCTION
DYSFONCTION
CONJONCTION
DISJONCTION
COMPONCTION
OBSTRUCTION
DESTRUCTION
INSTRUCTION
RÉDHIBITION
PROHIBITION
EXTRADITION
AUTOÉDITION
DÉPERDITION
RÉCOGNITION
PRÉMONITION
DISPARITION
PRÉTÉRITION
DÉNUTRITION
PARTURITION

ACQUISITION
RÉQUISITION
INQUISITION
INQUISITION
PRÉPOSITION
MALPOSITION
COMPOSITION
PROPOSITION
SUPPOSITION
DISPOSITION
COMPÉTITION
RÉPARTITION
BIPARTITION
IMPARTITION
DÉGLUTITION
INATTENTION
MANUTENTION
NOCICEPTION
APERCEPTION
DESCRIPTION
INSCRIPTION
SUSCRIPTION
PRÉSOMPTION
CONSOMPTION
L’ASSOMPTION
STOCK-OPTION
RÉINSERTION
DEMI-PORTION
TÉLÉGESTION
INDIGESTION
AUTOGESTION
MOXIBUSTION
RÉTRIBUTION
ATTRIBUTION
PERSÉCUTION
INEXÉCUTION
HYDROCUTION
DÉPOLLUTION
DISSOLUTION
COÉVOLUTION
COMPARUTION
DESTITUTION
RESTITUTION
INSTITUTION
IRRÉFLEXION
GÉNUFLEXION
DÉCONNEXION
CRUCIFIXION
SOLIFLUXION
FOUTA-DJALON
GRAND BALLON
MOUSSAILLON
ÉCRIVAILLON
MICROSILLON
ÉCHANTILLON
SIDÉROXYLON
BOURGUIGNON

BOURGUIGNON
MOUNT VERNON
CACHE-TAMPON
COLIN-TAMPON
SAINT-CHÉRON
SYNCHROTRON
ANTINEUTRON
DUN-SUR-AURON
HARENGAISON
CONJUGAISON
DESSALAISON
CUEILLAISON
FEUILLAISON
COMBINAISON
DÉCLINAISON
INCLINAISON
TERMINAISON
ENTONNAISON
COMPARAISON
MAQUERAISON
DÉFLORAISON
EFFLORAISON
MORTE-SAISON
INTERSAISON
TORSTENSSON
QU’EN-DIRA-T-ON
FREDERICTON
ZOOPLANCTON
SHERRINGTON
VEYRE-MONTON
NORTHAMPTON
SOUTHAMPTON
ALOXE-CORTON
SAUTE-MOUTON
PORTE-CRAYON
GRAND CANYON
CHÂTELGUYON
MORGENSTERN
VAN COEHOORN
BANNOCKBURN
SHU QINGCHUN
VIGÉE-LEBRUN
SPANISH TOWN
FRA ANGELICO
AMONTILLADO
NUEVO LAREDO
ACCELERANDO
RINFORZANDO
DECRESCENDO
SAN BERNARDO
BANDES-VIDÉO
ALEIJADINHO
GHIRLANDAIO
LORENZACCIO
BENTIVOGLIO
CAMPOFORMIO
PINAR DEL RÍO

MOTU PROPRIO
CHEVTCHENKO
EVTOUCHENKO
CALVO SOTELO
LEONCAVALLO
PRESTISSIMO
PUERTOLLANO
TAISHO TENNO
MEZZOGIORNO
FERNANDO POO
KIMURA MOTOO
MOHENJO-DARO
VOMITO NEGRO
OZU YASUJIRO
CAMPO DEL ORO
OE KENZABURO
LIBERUM VETO
MENDES PINTO
SAFARI-PHOTO
MONTECRISTO
LAKSHADWEEP
PROTÈGE-SLIP
CONTRECHAMP
FOSBURY FLOP
KRUGERSDORP
VESSE-DE-LOUP
PATTE-DE-LOUP
PIEDS-DE-LOUP
TÊTES-DE-LOUP
SAUTS-DE-LOUP
BOULOUNENCQ
CRÊTES-DE-COQ
LIQUIDAMBAR
SLEEPING-CAR
VIJAYANAGAR
BHILAINAGAR
GANDHINAGAR
NARCODOLLAR
PÉTRODOLLAR
KAFR EL-DAWAR
BHUBANESWAR
ORDONNANCER
RECOMMENCER
TRANSPERCER
RÉTROGRADER
RADIOGUIDER
AFRIKAANDER
AFRIKAANDER
RÉPRIMANDER
DÉCOMMANDER
RECOMMANDER
TRANSCENDER
APPRÉHENDER
DÉVERGONDER
RACCOMMODER
WACKENRODER
SAUVEGARDER

ENTRELARDER
DÉBILLARDER
TRANSBORDER
DÉSACCORDER
BAGUENAUDER
MASQUE DE FER
CHEMIN DE FER
PORTES DE FER
PRÉCHAUFFER
SURCHAUFFER
CHEVAU-LÉGER
SURPROTÉGER
BLANC-MANGER
GARDE-MANGER
MINNESÄNGER
SCHRÖDINGER
TÉLÉCHARGER
ENTR'ÉGORGER
DÉSENGORGER
CALORIFUGER
CENTRIFUGER
DÉHARNACHER
PLEURNICHER
ENDIMANCHER
RÉEMBAUCHER
EFFAROUCHER
APOSTROPHER
PHILOSOPHER
AMBULANCIER
PLAISANCIER
PÉNITENCIER
SAINT-DIDIER
TAILLANDIER
BRANCARDIER
BIEDERMEIER
DÉCALCIFIER
RECALCIFIER
DÉMYTHIFIER
DÉQUALIFIER
REQUALIFIER
EXEMPLIFIER
FRIGORIFIER
ÉLECTRIFIER
DÉNITRIFIER
DÉVITRIFIER
INTENSIFIER
DIVERSIFIER
DÉSERTIFIER
DÉMYSTIFIER
MONTGOLFIER
PRIVILÉGIER
HOSPITALIER
FESTIVALIER
SAINT-HÉLIER
LE CHAPELIER
LE CHATELIER
CHENEVELIER

RÉCONCILIER
DÉSAFFILIER
MIRABELLIER
MONTPELLIER
GROSEILLIER
SAPOTILLIER
MARGUILLIER
CARAMBOLIER
COROSSOLIER
PARTICULIER
MICOCOULIER
SAINT-ISMIER
PALEFRENIER
CHÂTAIGNIER
MANDARINIER
MAROQUINIER
QUARTANNIER
CHARBONNIER
CHIFFONNIER
BOUCHONNIER
HOUBLONNIER
CHANSONNIER
MEISSONNIER
POISSONNIER
BUISSONNIER
GONFALONIER
GONFANONIER
CHANGARNIER
EXCOMMUNIER
COUPE-PAPIER
PORTE-PAPIER
PHOTOCOPIER
DÉSAPPARIER
INVENTORIER
RÉPERTORIER
SKYE-TERRIER
BULL-TERRIER
ARBALÉTRIER
MONT-LAURIER
PROCÉDURIER
CONFITURIER
CRAN-GEVRIER
MANŒUVRIER
EUTHANASIER
HYPOSTASIER
ANESTHÉSIER
FRAMBOISIER
MONTPENSIER
CALEBASSIER
MATELASSIER
PAPERASSIER
ÉCRIVASSIER
ARQUEBUSIER
LE CORBUSIER
CHOCOLATIER
USUFRUITIER
FERBLANTIER

11

CHARPENTIER
CHARPENTIER
DÉBIRENTIER
BIMBELOTIER
BERGAMOTIER
PORT-CARTIER
BOISMORTIER
SAINT-ASTIER
LANGOUSTIER
CIGARETTIER
NOIRMOUTIER
AUTOROUTIER
FORCALQUIER
SOUS-CLAVIER
BETTERAVIER
LOUP-CERVIER
SAINT-DIZIER
SAINT-LIZIER
DIEFENBAKER
CULTIPACKER
SUPERTANKER
DÉSENSABLER
BOURSOUFLER
EMMITOUFLER
FURTWÄNGLER
DÉSENTOILER
CHRISTALLER
RÉINSTALLER
ROCKEFELLER
CORN-SHELLER
INTERPELLER
COURCAILLER
ROUSCAILLER
GUINDAILLER
COUCHAILLER
ENCANAILLER
TRAÎNAILLER
TOURNAILLER
RAVITAILLER
ENFUTAILLER
ÉCRIVAILLER
DÉSHABILLER
ENSOLEILLER
DÉPAREILLER
APPAREILLER
ÉMERVEILLER
ROTTWEILLER
ESTAMPILLER
DÉGOUPILLER
DÉTORTILLER
ENTORTILLER
EMBASTILLER
ACCASTILLER
ÉMOUSTILLER
CROUSTILLER
GRIBOUILLER
BARBOUILLER
BREDOUILLER
PENDOUILLER
TRIFOUILLER
FARFOUILLER
GARGOUILLER
MÂCHOUILLER
AGENOUILLER
GRENOUILLER
CORNOUILLER
DÉBROUILLER
EMBROUILLER
GADROUILLER
VADROUILLER
DÉGROUILLER
VERROUILLER
PATROUILLER
CHATOUILLER
DÉMAQUILLER
REMAQUILLER
ÉCARQUILLER
BISCHWILLER
WEISSMULLER
DÉGRINGOLER
DÉBOUSSOLER
FRANC-PARLER
BLACKBOULER
CONGRATULER
RÉCAPITULER
WALTER TYLER
PONT-AUDEMER
DIAPHRAGMER
OPPENHEIMER
DÉCOMPRIMER
DÉLÉGITIMER
SOUS-ESTIMER
MICROFILMER
LILLEHAMMER
SURINFORMER
DÉSINFORMER
TRANSFORMER
CRIEL-SUR-MER
DIVES-SUR-MER
DÉSOXYGÉNER
DÉSENGRENER
ACCOMPAGNER
INTERLIGNER
DÉCONSIGNER
HOME-TRAINER
CHANFREINER
LANDSTEINER
EMBOBELINER
DÉGASOLINER
DÉGAZOLINER
DISCIPLINER
DÉCALAMINER
DISCRIMINER
ENDOCTRINER
TAMBOURINER
EMMAGASINER
GUILLOTINER
PRÉDESTINER
BARAGOUINER
SHAMPOUINER
ENQUIQUINER
DAMASQUINER
DÉSARÇONNER
SUBORDONNER
BADIGEONNER
BOURGEONNER
DÉPLAFONNER
PARANGONNER
OCCASIONNER
ÉMULSIONNER
ILLUSIONNER
FRACTIONNER
FRICTIONNER
SANCTIONNER
FONCTIONNER
PONCTIONNER
AMBITIONNER
ADDITIONNER
AUDITIONNER
POSITIONNER
PÉTITIONNER
QUESTIONNER
SOLUTIONNER
DÉBALLONNER
GRAILLONNER
PAPILLONNER
CARILLONNER
BOUILLONNER
COUILLONNER
DÉBOULONNER
FANFARONNER
CHAPERONNER
PLASTRONNER
DÉCOURONNER
DÉRAISONNER
ARRAISONNER
ASSAISONNER
EMPOISONNER
EMPRISONNER
PALISSONNER
POLISSONNER
CACHETONNER
MOLLETONNER
DÉBOUTONNER
REBOUTONNER
DÉSINCARNER
CHANTOURNER
BAUMGARTNER
ENTRECOUPER
CONTRETYPER
CONCÉLÉBRER

DÉSENCADRER
CONGLOMÉRER
DÉSINTÉGRER
TRANSMIGRER
ENCHEVÊTRER
DÉFENESTRER
ENREGISTRER
ADMINISTRER
CLAQUEMURER
DÉCHLORURER
SOUS-ASSURER
COURBATURER
CARICATURER
CONJECTURER
PARAPHRASER
TECHNICISER
CHRONICISER
PLACARDISER
RINGARDISER
SYMPATHISER
RADICALISER
MÉDICALISER
DÉLOCALISER
SCANDALISER
SPÉCIALISER
MONDIALISER
SPATIALISER
INITIALISER
DÉCIMALISER
MINIMALISER
OPTIMALISER
MAXIMALISER
DÉPÉNALISER
NOMINALISER
LIBÉRALISER
FÉDÉRALISER
GÉNÉRALISER
MINÉRALISER
DÉMORALISER
CAPORALISER
CENTRALISER
NEUTRALISER
NATURALISER
DÉNASALISER
PALATALISER
VÉGÉTALISER
DIGITALISER
CAPITALISER
DÉVITALISER
REVITALISER
CHAPTALISER
MENSUALISER
ÉVANGÉLISER
CARAMÉLISER
DÉMOBILISER
IMMOBILISER
SOLUBILISER

LYOPHILISER
DÉVIRILISER
VOLATILISER
PARCELLISER
CARTELLISER
MÉTABOLISER
MONOPOLISER
DÉNÉBULISER
RIDICULISER
MACADAMISER
UNIFORMISER
AFRICANISER
RÉORGANISER
ITALIANISER
ALCALINISER
DÉCOLONISER
FRATERNISER
ENTRETOISER
APPRIVOISER
SOLIDARISER
NUCLÉARISER
DÉPOLARISER
SÉCULARISER
RÉGULARISER
POPULARISER
TITULARISER
MILITARISER
POLYMÉRISER
DÉSODORISER
CATÉGORISER
DÉVALORISER
REVALORISER
INSONORISER
SPONSORISER
DÉFAVORISER
THÉSAURISER
PASTEURISER
PRESSURISER
SCHÉMATISER
STIGMATISER
AXIOMATISER
AUTOMATISER
TRAUMATISER
DÉSÉTATISER
DIALECTISER
PROPHÉTISER
SYNTHÉTISER
DÉMONÉTISER
CONCRÉTISER
DÉPOLITISER
RELATIVISER
RÉCOMPENSER
ANASTOMOSER
PRÉSUPPOSER
PRÉDISPOSER
SOUS-EXPOSER
RETRAVERSER

BOULEVERSER
TERGIVERSER
DÉCARCASSER
POURCHASSER
FOUTIMASSER
OUTREPASSER
DÉBARRASSER
EMBARRASSER
RENGRAISSER
TREILLISSER
ENTRE-TISSER
ÉCLABOUSSER
STABAT MATER
DÉSHYDRATER
NITROBACTER
ACÉTOBACTER
AZOTOBACTER
DÉSAFFECTER
DÉSINFECTER
DÉCONNECTER
DÉMOUCHETER
AIGUILLETER
GUILLEMETER
INTERPRÉTER
REMPAQUETER
DÉBECQUETER
DÉCHIQUETER
DÉCLIQUETER
ENCLIQUETER
PLANSICHTER
SOUS-TRAITER
PLÉBISCITER
RESSUSCITER
DISCRÉDITER
COMMANDITER
BLAUE REITER
RÉHABILITER
DÉPARASITER
STATTHALTER
KLINEFELTER
DÉSAMIANTER
RÉIMPLANTER
DÉSAIMANTER
DÉSARGENTER
DÉSORIENTER
IMPATIENTER
RÉGLEMENTER
PARLEMENTER
INCRÉMENTER
MOUVEMENTER
ASSERMENTER
REPRÉSENTER
MÉCONTENTER
PRÊT-À-MONTER
RÉEMPRUNTER
TOURNICOTER
BOURSICOTER

DÉMAILLOTER
EMMAILLOTER
AUTO-SCOOTER
INTERCEPTER
RÉESCOMPTER
DÉCONCERTER
RÉCONFORTER
PRÊT-À-PORTER
INSUPPORTER
TRANSPORTER
COTONÉASTER
WESTMINSTER
WILLSTÄTTER
DÉSENDETTER
SILHOUETTER
BOUILLOTTER
CONTREBUTER
CHOUCHOUTER
GLOUGLOUTER
FROUFROUTER
BECKENBAUER
EXTRAVAGUER
SUBDÉLÉGUER
INVESTIGUER
BOURLINGUER
DIPHTONGUER
PORTZMOGUER
SOUS-ÉVALUER
HYPOTHÉQUER
REVENDIQUER
PIQUE-NIQUER
COMMUNIQUER
DÉCORTIQUER
DÉMASTIQUER
REMASTIQUER
DOMESTIQUER
INTERLOQUER
RÉCIPROQUER
DÉSOBSTRUER
DÉSHABITUER
DÉSENCLAVER
DÉSENTRAVER
OTTAWA RIVER
INTERVIEWER
DÉCOMPLEXER
STROSSMAYER
REJOINTOYER
GRILLPARZER
MONTE-EN-L'AIR
PAIR-NON-PAIR
KSAR EL-KÉBIR
MERS EL-KÉBIR
APPROFONDIR
AÏD-EL-SÉGHIR
TRESSAILLIR
JEAN CASIMIR
CONTREVENIR

CIRCONVENIR
DISCONVENIR
RESSOUVENIR
VENDANGEOIR
FAIRE-VALOIR
ÉCHENILLOIR
ÉCUSSONNOIR
POURRISSOIR
CITÉ-DORTOIR
NON-RECEVOIR
SURENCHÉRIR
RECONQUÉRIR
REDÉCOUVRIR
DÉSÉPAISSIR
RECONVERTIR
INTERVERTIR
DÉSASSORTIR
DÉSINVESTIR
RONDS-DE-CUIR
PEARL HARBOR
SAN SALVADOR
TRIANGLE D'OR
POULO CONDOR
GRUSS JUNIOR
KWASHIORKOR
TECHNICOLOR
CÔTES-D'ARMOR
CONSTRICTOR
CLAIR-OBSCUR
AMBASSADEUR
MARCHANDEUR
POURFENDEUR
TÉLÉVENDEUR
RÉCHAUFFEUR
CHALLENGEUR
DÉCLENCHEUR
ENCLENCHEUR
IDENTIFIEUR
MULTIPLIEUR
TÉLÉCOPIEUR
RASSEMBLEUR
ENSORCELEUR
ÉCORNIFLEUR
HANDBALLEUR
FOOTBALLEUR
CHAMAILLEUR
REMPAILLEUR
FERRAILLEUR
MITRAILLEUR
AVITAILLEUR
TRAVAILLEUR
CONSEILLEUR
GRAPPILLEUR
RABOUILLEUR
BIDOUILLEUR
BAFOUILLEUR
CAFOUILLEUR

MAGOUILLEUR
GAZOUILLEUR
RESQUILLEUR
CAMBRIOLEUR
HAUT-PARLEUR
ANTIDOULEUR
DÉCAPSULEUR
CYCLORAMEUR
PROGRAMMEUR
MONSEIGNEUR
POINÇONNEUR
GRIFFONNEUR
RONCHONNEUR
SECTIONNEUR
GOUDRONNEUR
MOISSONNEUR
HAUT-LE-CŒUR
CONTRECŒUR
HANDICAPEUR
DÉVELOPPEUR
ANTICABREUR
COACQUÉREUR
DÉCHIFFREUR
FRANC-TIREUR
FRANCHISEUR
MÉTALLISEUR
ÉCONOMISEUR
SYNTONISEUR
QUIMBOISEUR
GÉOCROISEUR
PULVÉRISEUR
CLIMATISEUR
MAGNÉTISEUR
HYPNOTISEUR
PALETTISEUR
AUTOCUISEUR
RÉTROVISEUR
SUPERVISEUR
HYPOTENSEUR
ENTREPOSEUR
DÉCOMPOSEUR
COMPRESSEUR
SUPPRESSEUR
CONNAISSEUR
DÉGRAISSEUR
ENGRAISSEUR
ADOUCISSEUR
ENVAHISSEUR
FLÉCHISSEUR
DÉMOLISSEUR
FOURNISSEUR
NOURRISSEUR
APLATISSEUR
AVERTISSEUR
AMORTISSEUR
DÉTROUSSEUR
CORNEMUSEUR

RÉPROBATEUR
IMPROBATEUR
APPROBATEUR
IMPRÉCATEUR
PRÉDICATEUR
UNIFICATEUR
APPLICATEUR
DUPLICATEUR
FORNICATEUR
FABRICATEUR
MASTICATEUR
PROVOCATEUR
DÉPRÉDATEUR
LIQUIDATEUR
FÉCONDATEUR
COFONDATEUR
RETARDATEUR
DÉLINÉATEUR
PROCRÉATEUR
PROPAGATEUR
INSTIGATEUR
DIVULGATEUR
SUBROGATEUR
CONJUGATEUR
NÉGOCIATEUR
CONGÉLATEUR
SURGÉLATEUR
COMPILATEUR
VENTILATEUR
OSCILLATEUR
PERCOLATEUR
CONSOLATEUR
LÉGISLATEUR
SPÉCULATEUR
CALCULATEUR
STIMULATEUR
DIFFAMATEUR
DÉCLAMATEUR
COLLIMATEUR
RÉANIMATEUR
RÉFORMATEUR
INFORMATEUR
PROFANATEUR
COMBINATEUR
BUCCINATEUR
FASCINATEUR
EXAMINATEUR
ÉLIMINATEUR
TERMINATEUR
DESSINATEUR
DESTINATEUR
ORDONNATEUR
ALTERNATEUR
DISSIPATEUR
EXTIRPATEUR
PRÉPARATEUR
COMPARATEUR
PONDÉRATEUR
COOPÉRATEUR
LITTÉRATEUR
INTÉGRATEUR
RESPIRATEUR
INSPIRATEUR
PERFORATEUR
EXPLORATEUR
ÉVAPORATEUR
CARBURATEUR
PROCURATEUR
TRITURATEUR
RÉALISATEUR
ÉGALISATEUR
UTILISATEUR
BRUMISATEUR
IMPORTATEUR
EXPORTATEUR
DÉVASTATEUR
DÉGUSTATEUR
COMMUTATEUR
ATTÉNUATEUR
CULTIVATEUR
OBSERVATEUR
PROSPECTEUR
VICE-RECTEUR
CODIRECTEUR
SOUS-SECTEUR
CONJONCTEUR
DISJONCTEUR
ACUPONCTEUR
ACUPUNCTEUR
DESTRUCTEUR
INSTRUCTEUR
BIENFAITEUR
SOLLICITEUR
ACCRÉDITEUR
INQUISITEUR
OVIPOSITEUR
COMPOSITEUR
COMPÉTITEUR
DÉPARTITEUR
RÉPARTITEUR
POURSUITEUR
AQUACULTEUR
OLÉICULTEUR
POMICULTEUR
AGRICULTEUR
VITICULTEUR
AQUICULTEUR
RIZICULTEUR
MOTOCULTEUR
BRILLANTEUR
IMPESANTEUR
BONIMENTEUR
CODÉTENTEUR
TURBOMOTEUR
CYCLOMOTEUR
OCULOMOTEUR
SERVOMOTEUR
DESCRIPTEUR
CONTEMPTEUR
DISCOMPTEUR
CALOPORTEUR
AUTOPORTEUR
GROS-PORTEUR
DÉNOYAUTEUR
PERSÉCUTEUR
INSTITUTEUR
PÈSE-LIQUEUR
CHRONIQUEUR
PLASTIQUEUR
TOPINAMBOUR
ARRIÈRE-COUR
PAUL-BONCOUR
BELLE-DE-JOUR
ALLER-RETOUR
KUALA LUMPUR
MUZAFFARPUR
BANDAR ABBAS
EN CONTREBAS
SAINT-VULBAS
SAINT-GILDAS
ÉPAMINONDAS
PHYTÉLÉPHAS
HYPOSPADIAS
CHÁVEZ FRÍAS
TORDESILLAS
JEAN DE DAMAS
SAINT THOMAS
PUNTA ARENAS
CAPPA MAGNAS
TRICHOMONAS
GRANDS-PAPAS
PANIER-REPAS
RADIOCOMPAS
SPACE OPERAS
ATHÊNAGORAS
COSTA-GAVRAS
JOUY-EN-JOSAS
TRIPLICATAS
PILLOW-LAVAS
BOSSAS-NOVAS
TERRE-NEUVAS
ARRIÈRE-BECS
SEMI-PUBLICS
WORLD MUSICS
HOUSE MUSICS
MONTS-BLANCS
CONTRE-CHOCS
BLANCS-ÉTOCS
TRAINS-PARCS
JEUNES-TURCS
JEUNES-TURCS

CROCHE-PIEDS
ESSUIE-PIEDS
CONTRE-PIEDS
COUVRE-PIEDS
REPOSE-PIEDS
GRATTE-PIEDS
POUCES-PIEDS
CONTREPOIDS
GRAND RAPIDS
CEDAR RAPIDS
LINE ISLANDS
PIERREFONDS
MONTAGNARDS
STORY-BOARDS
HORSE-GUARDS
FRANCS-BORDS
SUPER-LOURDS
ENTRE-NŒUDS
ANGLO-ARABES
ENTREJAMBES
LANCE-BOMBES
MALESHERBES
PILO-SÉBACÉS
BRISE-GLACES
GARDE-PLACES
SOUS-ESPACES
SOUS-ESPÈCES
BACK-OFFICES
SÉCRÉTRICES
ENQUÊTRICES
CONVENANCES
BIOSCIENCES
BADIGOINCES
IDÉES-FORCES
SEMI-NOMADES
CARBONNADES
MULTISTADES
SEMI-RIGIDES
RIOURIKIDES
PREMYSLIDES
ACHÉMÉNIDES
ALCMÉONIDES
ANTIGONIDES
SALDJUQIDES
ÉPHÉMÉRIDES
WATTASSIDES
LAURENTIDES
ALMORAVIDES
GHAZNÉVIDES
RHAZNÉVIDES
ENTRE-BANDES
TIERS-MONDES
AVANT-GARDES
EAUX-CHAUDES
NON-INITIÉES
QUADRUPLÉES
QUINTUPLÉES
INTERARMÉES
PANATHÉNÉES
NON-ALIGNÉES
PARAFFINÉES
NOUVEAU-NÉES
CANNES-ÉPÉES
SOUS-TITRÉES
SEMI-OUVRÉES
LANCE-FUSÉES
BAS-JOINTÉES
SOUS-SOLAGES
MARQUE-PAGES
SOUS-CAVAGES
COAST RANGES
PORTE-BARGES
DEMI-VIERGES
KARAGEORGES
PEAUX-ROUGES
PEAUX-ROUGES
MAIL-COACHES
MILLEVACHES
TCHOUVACHES
ARROMANCHES
BULL-FINCHES
POST-MARCHÉS
TEST-MATCHES
TCHOUKTCHES
SOUS-COUCHES
GOBE-MOUCHES
TAILLE-HAIES
PARENTALIES
CONTRE-VOIES
GARDES-VOIES
PORTE-COPIES
NON-SALARIÉS
RAVE-PARTIES
DEMI-FINALES
MUNICIPALES
COMESTIBLES
GRAS-DOUBLES
DEMI-CERCLES
COUPE-ONGLES
DEUX-SICILES
GRAND-VOILES
MULTISALLES
PONT-À-CELLES
DARDANELLES
ROUES-PELLES
COMBARELLES
FIANÇAILLES
COMBRAILLES
FUNÉRAILLES
ÉPOUSAILLES
VICTUAILLES
RELEVAILLES
SAINT-GILLES
FOUGEROLLES
COURSEULLES
SOUS-PEUPLÉS
KING-CHARLES
THERMOPYLES
BELLES-DAMES
SOUS-ESTIMÉS
SAGES-FEMMES
SUS-DÉNOMMÉS
CUMULO-DÔMES
MOBILE HOMES
PORTE-PLUMES
SOUS-CUTANÉS
AVANT-SCÈNES
TCHÉTCHÈNES
SEMI-PEIGNÉS
CONTRE-MINES
SALLAUMINES
PHILIPPINES
SOUS-MARINES
EUROPÉENNES
MARCHIENNES
AVEUGLES-NÉS
PREMIERS-NÉS
DERNIERS-NÉS
AUTO-IMMUNES
LOBO ANTUNES
SOUS-ÉQUIPÉS
HAUTES-ALPES
SOUS-GROUPES
ÉCARTS-TYPES
BIOY CASARES
SOUS-DIACRES
LOMBO-SACRÉS
PORT-VENDRES
CHAMALIÈRES
ARMENTIÈRES
GRANDS-MÈRES
ROCHES-MÈRES
BELLES-MÈRES
GRANDS-PÈRES
SAINTS-PÈRES
BEAUX-FRÈRES
CHATS-TIGRES
LORDS-MAIRES
BUENOS AIRES
JALONS-MIRES
PIEDS-NOIRES
BOUCHE-PORES
ROSÉ-DES-PRÉS
CODES-BARRES
BANCS-TITRES
RÔLES-TITRES
PÈSE-LETTRES
IODO-IODURÉS
VIDE-ORDURES
DEMI-FIGURES
DEMI-MESURES

SOUS-ASSURÉS
SOUS-SATURÉS
SERRE-LIVRES
TÉTRAS-LYRES
VANITY-CASES
STRIP-TEASES
TIRE-BRAISES
MOTS-VALISES
LYOPHILISÉS
BECS-CROISÉS
MOTS CROISÉS
CACHE-PRISES
NON-RÉPONSES
SOUS-EXPOSÉS
SOUS-CLASSES
PLANS-MASSES
TCHERKESSES
GRAND-MESSES
ENTRE-TISSÉS
CENT-SUISSES
NON-FUMEUSES
SÉCRÉTEUSES
ENQUÊTEUSES
CALLICRATÈS
ENTREFAITES
SOUS-TRAITÉS
KORAÏCHITES
QURAYCHITES
SOUS-COMITÉS
OUVRE-BOÎTES
DEMI-DROITES
GRAND-TANTES
NON-VOYANTES
SUS-JACENTES
DEMI-TEINTES
LONG-JOINTÉS
DEMI-POINTES
GARDES-CÔTES
PHANARIOTES
TRES ZAPOTES
PORTE-CARTES
MENUS-CARTES
AVANT-POSTES
MILLE-PATTES
CASSE-PATTES
CLOPINETTES
LÈCHE-BOTTES
BRISE-MOTTES
PONTS-ROUTES
AVANT-TEXTES
SOUS-TENDUES
PORTE-QUEUES
ISAAC JOGUES
SOUS-ÉVALUÉS
MOINS-VALUES
CHASSE-ROUES
TLAPANÈQUES

PIQUE-NIQUES
SUS-TONIQUES
SYNOPTIQUES
SOUS-MARQUES
COURT-VÊTUES
PORTE-REVUES
LONGUES-VUES
COUVRE-CHEFS
FRANCS-FIEFS
DEMI-RELIEFS
SCHTROUMPFS
GARDE-BŒUFS
PIQUE-BŒUFS
SKY-SURFINGS
DRY-FARMINGS
CADILLACAIS
SEGONZACAIS
TREMBLADAIS
BÉDARRIDAIS
THAÏLANDAIS
THAÏLANDAIS
CHALLANDAIS
NÉERLANDAIS
NÉERLANDAIS
ALLEVARDAIS
CABOURGEAIS
SOUILLAGAIS
HONGKONGAIS
GUERNESIAIS
PORTE-BALAIS
PAS-DE-CALAIS
SAINT-CALAIS
MONTRÉALAIS
MONTRÉALAIS
SAINT-PALAIS
BONNEVALAIS
BOUGIVALAIS
YSSINGELAIS
SAINT-GELAIS
MONTERELAIS
MARSHALLAIS
VERSAILLAIS
VERSAILLAIS
CORMEILLAIS
MARSEILLAIS
MARSEILLAIS
ARCUEILLAIS
GRANVILLAIS
JOINVILLAIS
TROUVILLAIS
MARVEJOLAIS
CHESTROLAIS
SAINT-JAMAIS
VIENTIANAIS
MARIGNANAIS
LÉZIGNANAIS
ARGENTANAIS

CARENTANAIS
JAKARTANAIS
CAPESTANAIS
PAKISTANAIS
PAKISTANAIS
HAUT-SEINAIS
JOSSELINAIS
DOURDANNAIS
COURSANNAIS
MIMIZANNAIS
DOULLENNAIS
BOURBONNAIS
BOURBONNAIS
ALENÇONNAIS
MÉZIDONNAIS
GOURDONNAIS
LANNIONNAIS
RÉUNIONNAIS
RÉUNIONNAIS
ARPAJONNAIS
AVALLONNAIS
GAILLONNAIS
AVIGNONNAIS
COURNONNAIS
NONTRONNAIS
AVEYRONNAIS
CLISSONNAIS
SOISSONNAIS
BUISSONNAIS
ÉGLETONNAIS
FRONTONNAIS
VIERZONNAIS
BARCELONAIS
BARCELONAIS
SISTERONAIS
BEAUHARNAIS
HAUT-MARNAIS
SIX-FOURNAIS
CAMEROUNAIS
CAMEROUNAIS
GUINGAMPAIS
MINAS GERAIS
BRESSUIRAIS
HONFLEURAIS
HARFLEURAIS
SEIGNOSSAIS
HUELGOATAIS
BAGNOLETAIS
CLERMONTAIS
CHAUMONTAIS
DOMFRONTAIS
LA CHALOTAIS
MONTFORTAIS
BEAUFORTAIS
CANOURGUAIS
DOMINIQUAIS
SALMIGONDIS

DE PROFUNDIS
CURIAE REGIS
CURIAS REGIS
SEFERIÁDHIS
KAZANTZÁKIS
GRIBOUILLIS
BARBOUILLIS
BREDOUILLIS
GARGOUILLIS
MARGOUILLIS
CHATOUILLIS
MINNEAPOLIS
MEGALOPOLIS
MÉGALOPOLIS
MÂCHICOULIS
FIDÉICOMMIS
CANNELLONIS
CRESSIACOIS
AURILLACOIS
CAPDENACOIS
DONZENACOIS
BERGERACOIS
CHOMÉRACOIS
ARGENTACOIS
BANNALÉCOIS
CLAMECYCOIS
RICAMANDOIS
MONTBARDOIS
BROSSARDOIS
THETFORDOIS
FLORANGEOIS
STIRINGEOIS
COULONGEOIS
MAUBEUGEOIS
QUELQUEFOIS
ALTKIRCHOIS
MASCOUCHOIS
PONTEVALOIS
ROBERVALOIS
BONDOUFLOIS
MIRABELLOIS
SEYCHELLOIS
SEYCHELLOIS
SAMMIELLOIS
CAP-D'AILLOIS
VERFEILLOIS
BELŒILLOIS
DRAVEILLOIS
ABBEVILLOIS
AMNÉVILLOIS
LUNÉVILLOIS
JOINVILLOIS
COURVILLOIS
ÉCHIROLLOIS
SOUS-EMPLOIS
QUIMPERLOIS
DÉCRETS-LOIS

BAILLEULOIS
CORBEHEMOIS
SAINT-RÉMOIS
CATTENOMOIS
COMPIÉGNOIS
PRESSIGNOIS
TOMBLAINOIS
ESCAUDINOIS
MADELEINOIS
INDOCHINOIS
INDOCHINOIS
HAUT-RHINOIS
GRAVELINOIS
REMOULINOIS
ESCOUMINOIS
TURRIPINOIS
FELLETINOIS
VALENTINOIS
VALENTINOIS
BARENTINOIS
AUGUSTINOIS
ENGHIENNOIS
GRATIENNOIS
HAUT-SAÔNOIS
ISSOLDUNOIS
SAVERDUNOIS
TASSILUNOIS
AVOIRDUPOIS
JONQUIÉROIS
GRAND-MÉROIS
BEAUCAIROIS
CAVALAIROIS
VALCOLOROIS
VENDEUVROIS
LAPALISSOIS
BANGUISSOIS
FLEURYSSOIS
GRAULHETOIS
CLERMONTOIS
CLERMONTOIS
HAUTMONTOIS
BEAUMONTOIS
CHAUMONTOIS
BEAUPORTOIS
PINCOURTOIS
BONCOURTOIS
DISCOURTOIS
BUDAPESTOIS
BUCARESTOIS
TONNACQUOIS
DUNKERQUOIS
LOUPERIVOIS
PENIVAUXOIS
PYRRHOCORIS
MALLET-JORIS
POTS-POURRIS
CHIENS-ASSIS

CAILLEBOTIS
MACROCYSTIS
KARAKALPAKS
ADIRONDACKS
SHORT-TRACKS
RIPPLE-MARKS
VAN DER WAALS
CONVENTUELS
CONTRE-RAILS
PORTE-OUTILS
ROLLER BALLS
BASKET-BALLS
VOLLEY-BALLS
SCRIPT-GIRLS
VICE-CONSULS
TRAINS-TRAMS
DORTMUND-EMS
STAR-SYSTEMS
LIVING-ROOMS
CHEWING-GUMS
ARRIÈRE-BANS
SAINT ALBANS
GRAND-MAMANS
GALLO-ROMANS
RHÉTO-ROMANS
CROSSWOMANS
ARC-ET-SENANS
PAGES-ÉCRANS
NORD-CORÉENS
NORD-CORÉENS
AMÉRINDIENS
ÉTATS-UNIENS
ÉTATS-UNIENS
MÉLANÉSIENS
CIRCASSIENS
SAINT HELENS
AIX-LES-BAINS
AFRO-CUBAINS
AFRO-CUBAINS
ESSUIE-MAINS
BONNES-MAINS
TRAMS-TRAINS
AVANT-TRAINS
TERRE-PLEINS
JUAN-LES-PINS
GRÉCO-LATINS
FREE-MARTINS
TRADE-UNIONS
JAM-SESSIONS
CINQ NATIONS
CONVENTIONS
PORTE-AVIONS
SAINT-GIRONS
DEMI-SAISONS
À CROUPETONS
DEMI-CANTONS
PORTE-SAVONS

ANGLO-SAXONS
ANGLO-SAXONS
QUELQUES-UNS
PÉREZ GALDÓS
KEROULARIOS
PIANISSIMOS
DHAMASKINÓS
AVANT-PROPOS
DUNAÚJVÁROS
LOUIS LE GROS
SISTER-SHIPS
JUSTE-À-TEMPS
ESPACE-TEMPS
QUATRE-TEMPS
CONTRETEMPS
PLEINS-TEMPS
TRICÉRATOPS
CORPS-À-CORPS
BRAS-LE-CORPS
HAUT-LE-CORPS
JUSTAUCORPS
AFRIKAKORPS
CHIENS-LOUPS
CÔTE DES BARS
CAMPING-CARS
CHAMP-DE-MARS
BROODTHAERS
SUPER-LÉGERS
LES HERBIERS
COULOMMIERS
COULOMMIERS
CAP-HORNIERS
SANS-PAPIERS
FOX-TERRIERS
BLOCS-ÉVIERS
CORN-PICKERS
STRIP-POKERS
BEST-SELLERS
POURPARLERS
APRÈS-DÎNERS
BABY-BOOMERS
COSY-CORNERS
MUDDY WATERS
COVENANTERS
BABY-SITTERS
CHAMPDIVERS
FAITS DIVERS
CONTRE-VAIRS
DEMI-SOUPIRS
BOUTS-DEHORS
ÉTATS-MAJORS
MILLE-FLEURS
PIQUE-FLEURS
CHOUX-FLEURS
VAUCOULEURS
CACHE-CŒURS
SOUS-VIREURS

BASSES-COURS
PETITS-FOURS
CONTRE-JOURS
COMPTE-TOURS
WEIERSTRASS
BATTLE-DRESS
LÉVI-STRAUSS
COUVRE-PLATS
PANS-BAGNATS
DUFFLE-COATS
TRENCH-COATS
DUFFEL-COATS
MORT-AUX-RATS
NON-RESPECTS
PASSE-LACETS
SOUS-PRÉFETS
PORTE-OBJETS
HUIT-REFLETS
SOURDS-MUETS
CHOUX-NAVETS
RINCE-DOIGTS
PETITS-LAITS
QUASI-DÉLITS
VOITURE-LITS
CANAPÉS-LITS
PASSE-DROITS
PIEDS-DROITS
NON-INSCRITS
PÈSE-ESPRITS
HAYE-DU-PUITS
GRAPE-FRUITS
SUPER-GÉANTS
CHATS-HUANTS
NON-CROYANTS
FAUX-FUYANTS
SOUS-JACENTS
VIFS-ARGENTS
NON-VIOLENTS
PLEINS-VENTS
SACRO-SAINTS
SERRE-JOINTS
MULTIPOINTS
RONDS-POINTS
TIERS-POINTS
MELTING-POTS
QUOTES-PARTS
TROIS-QUARTS
SEMI-OUVERTS
SWEAT-SHIRTS
COMBI-SHORTS
BOXER-SHORTS
CROQUE-MORTS
GARDES-PORTS
BRAIN-TRUSTS
PROTOCOCCUS
VULGUM PECUS
BRITANNICUS

MOINS-PERÇUS
CUNNILINGUS
DION CASSIUS
ASPERGILLUS
ALTOCUMULUS
NOSTRADAMUS
CHASSE-CLOUS
FRAYSSINOUS
LOUPS-GAROUS
BOUCHE-TROUS
ENTÉROVIRUS
THOMAS MORUS
PAROPAMISUS
CINCINNATUS
ALTOSTRATUS
STROPHANTUS
GISLEBERTUS
AGNUS-CASTUS
NEWPORT NEWS
ARRIÈRE-PAYS
RINK-HOCKEYS
DISC-JOCKEYS
JET-SOCIETYS
CHÆNICHTYS
CLOSE-COMBAT
NANGA PARBAT
SCOLASTICAT
MOINE-SOLDAT
ŒILS-DE-CHAT
FÉLIX LE CHAT
POISSON-CHAT
MEDICINE HAT
AUXILIARIAT
PARTENARIAT
SOCIÉTARIAT
PROLÉTARIAT
SECRÉTARIAT
VOLONTARIAT
VEDETTARIAT
LANDGRAVIAT
MARGOUILLAT
CHAUFFE-PLAT
PROCONSULAT
PALÉOCLIMAT
MICROCLIMAT
MANNEQUINAT
QUINQUENNAT
CHAMPIONNAT
QUEUES-DE-RAT
CONGLOMÉRAT
PROFESSORAT
INSPECTORAT
PROTECTORAT
PRÉCEPTORAT
LYOPHILISAT
SAINT-PRIVAT
FULL-CONTACT

CIRCONSPECT
GOLDSCHMIDT
HILDEBRANDT
SCHICKHARDT
PETIT POUCET
SAVANNAKHET
BELIN-BÉLIET
COUVRE-OBJET
CONTRE-REJET
AVANT-PROJET
CONTRE-SUJET
CONTRE-FILET
OPÉRA-BALLET
LE CASTELLET
COURCAILLET
PORTE-BILLET
RAMBOUILLET
VERNOUILLET
ULTRAVIOLET
PLANTAGENÊT
POTRON-MINET
SAINT-BONNET
HUGUES CAPET
SAISIE-ARRÊT
COUPE-JARRET
WATER-CLOSET
BAS-EN-BASSET
TAMANRASSET
MAUBOURGUET
PORTE-PAQUET
QUATRE-VINGT
ZWIJNDRECHT
DREADNOUGHT
INSATISFAIT
SUPERPROFIT
DESSUS-DE-LIT
BANANA SPLIT
SAINT-BENOÎT
AYANTS DROIT
RETRANSCRIT
CIRCONSCRIT
WHITE-SPIRIT
SAINT-ESPRIT
SAINT-ESPRIT
SAUF-CONDUIT
DEMI-PRODUIT
SEMI-PRODUIT
SOUS-PRODUIT
RÉINTRODUIT
BELLE-DE-NUIT
DÉCONSTRUIT
RECONSTRUIT
RADIOCOBALT
CLÉRAMBAULT
BAIE-MAHAULT
PIATRA NEAMT
DÉSINHIBANT

SURPLOMBANT
RÉABSORBANT
ENTRELAÇANT
COMMUNICANT
MANIGANÇANT
COFINANÇANT
ENSEMENÇANT
RÉFÉRENÇANT
INFLUENÇANT
CONVAINCANT
DÉSAMORÇANT
RESSOURÇANT
ACQUIESÇANT
COURROUÇANT
BARRICADANT
CAVALCADANT
EMBRIGADANT
PALISSADANT
RÉTROCÉDANT
INTERCÉDANT
DÉPOSSÉDANT
CONSOLIDANT
TÉLÉGUIDANT
TRANSVIDANT
MARCHANDANT
AFFRIANDANT
ACHALANDANT
REDEMANDANT
GOURMANDANT
POURFENDANT
INDÉPENDANT
VILIPENDANT
SOUS-TENDANT
VAGABONDANT
SURABONDANT
TRANSCODANT
ACCOMMODANT
INCOMMODANT
CHAMBARDANT
BRANCARDANT
BOUCHARDANT
MOUCHARDANT
FLEMMARDANT
POIGNARDANT
ÉCHAFAUDANT
COURTAUDANT
MARIVAUDANT
ANTIOXYDANT
RÉENGAGEANT
GRILLAGEANT
DÉMÉNAGEANT
EMMÉNAGEANT
NAUFRAGEANT
FOURRAGEANT
DÉVISAGEANT
ENVISAGEANT
AVANTAGEANT

AFFOUAGEANT
TRANSIGEANT
VENDANGEANT
RECHANGEANT
BOULANGEANT
EFFRANGEANT
ENGRANGEANT
RALLONGEANT
PROLONGEANT
REPLONGEANT
FORLONGEANT
DÉCHARGEANT
RECHARGEANT
GAMBERGEANT
SUBMERGEANT
CONVERGEANT
RENGORGEANT
IGNIFUGEANT
ÉBOURIFFANT
RÉCHAUFFANT
EXTRAVAGANT
EMPANACHANT
AMOURACHANT
POURLÉCHANT
CONTRE-CHANT
REMMANCHANT
DÉBRANCHANT
EMBRANCHANT
RETRANCHANT
DÉCLENCHANT
ENCLENCHANT
RABIBOCHANT
EFFILOCHANT
GUILLOCHANT
RACCROCHANT
RAPPROCHANT
RECHERCHANT
AFFOURCHANT
ENFOURCHANT
DISPATCHANT
REMBAUCHANT
CHEVAUCHANT
DESSOUCHANT
DISGRACIANT
BÉNÉFICIANT
SUPPLICIANT
DISTANCIANT
RENÉGOCIANT
RÉEXPÉDIANT
STIPENDIANT
PSALMODIANT
PLANCHÉIANT
RIGIDIFIANT
SOLIDIFIANT
HUMIDIFIANT
FLUIDIFIANT
DRAGÉIFIANT

ALCALIFIANT
SIMPLIFIANT
SAPONIFIANT
ÉTHÉRIFIANT
ESTÉRIFIANT
ÉMULSIFIANT
CLASSIFIANT
STRATIFIANT
SANCTIFIANT
FRUCTIFIANT
QUANTIFIANT
IDENTIFIANT
PLASTIFIANT
REVIVIFIANT
DÉNAZIFIANT
DOMICILIANT
MULTIPLIANT
TÉLÉCOPIANT
AUTOCOPIANT
POLYCOPIANT
CONTRARIANT
APPROPRIANT
EXPROPRIANT
APOSTASIANT
INTERCALANT
RASSEMBLANT
RESSEMBLANT
ENSORCELANT
DÉCONGELANT
ENTREMÊLANT
RESSEMELANT
DÉBOSSELANT
ENCHÂTELANT
DÉMANTELANT
ENCASTELANT
DÉCERVELANT
RENOUVELANT
ESSOUFFLANT
PANTOUFLANT
DESSANGLANT
TRANSFILANT
DÉFAUFILANT
HORRIPILANT
TRIMBALLANT
CONSTELLANT
CARCAILLANT
CHAMAILLANT
REMMAILLANT
GRENAILLANT
SONNAILLANT
REMPAILLANT
COUPAILLANT
DÉBRAILLANT
FERRAILLANT
TORRAILLANT
MITRAILLANT
COURAILLANT

GRISAILLANT
AVITAILLANT
TRAVAILLANT
DÉGOBILLANT
SOURCILLANT
BRONDILLANT
SOMMEILLANT
CONSEILLANT
ACCUEILLANT
RECUEILLANT
MALVEILLANT
SURVEILLANT
FOURMILLANT
DÉCANILLANT
ÉCHENILLANT
GRAPPILLANT
ÉPARPILLANT
HOUSPILLANT
ÉTOUPILLANT
QUADRILLANT
ESSORILLANT
SCINTILLANT
POINTILLANT
ENDEUILLANT
EFFEUILLANT
BIDOUILLANT
BAFOUILLANT
CAFOUILLANT
REFOUILLANT
AFFOUILLANT
MAGOUILLANT
PIGOUILLANT
ZIGOUILLANT
REMOUILLANT
DÉPOUILLANT
DÉROUILLANT
VASOUILLANT
PATOUILLANT
PÉTOUILLANT
GAZOUILLANT
RESQUILLANT
AUTOCOLLANT
CARAMBOLANT
CAMBRIOLANT
EXTRAPOLANT
INTERPOLANT
RAFISTOLANT
CONTEMPLANT
QUADRUPLANT
QUINTUPLANT
MONTHERLANT
PELLICULANT
GESTICULANT
RECALCULANT
TRIANGULANT
DISSIMULANT
REFORMULANT

DESSAOULANT
CHAMBOULANT
DÉBAGOULANT
DÉCAPSULANT
BLASPHÉMANT
RÉIMPRIMANT
DÉSARRIMANT
MILLÉSIMANT
SURESTIMANT
MÉSESTIMANT
PROGRAMMANT
RÉAFFIRMANT
DÉSENFUMANT
TRANSHUMANT
ACCOUTUMANT
FILIGRANANT
HYDROGÉNANT
DÉSALIÉNANT
MIAJA MENANT
RASSÉRÉNANT
RÉAPPRENANT
ENTRETENANT
APPARTENANT
INCONVENANT
INTERVENANT
SAINT-AGNANT
RESSAIGNANT
ENFREIGNANT
EMPREIGNANT
RÉTREIGNANT
ASTREIGNANT
RENSEIGNANT
DÉSALIGNANT
DISJOIGNANT
RÉASSIGNANT
ÉGRATIGNANT
TRINTIGNANT
BARGUIGNANT
RENFROGNANT
RECOMBINANT
REMBOBINANT
REVACCINANT
RATIOCINANT
HALLUCINANT
PARAFFINANT
DÉGOULINANT
CONTAMINANT
RÉEXAMINANT
DISSÉMINANT
RÉCRIMINANT
INCRIMINANT
PRÉDOMINANT
DÉTERMINANT
EXTERMINANT
TURLUPINANT
GLYCÉRINANT
ORGANSINANT

ASSASSINANT
AGGLUTINANT
EMBÉGUINANT
MAROQUINANT
TRUSQUINANT
ENRUBANNANT
DÉSABONNANT
CHARBONNANT
REFAÇONNANT
ÉTANÇONNANT
POINÇONNANT
TRONÇONNANT
SOUPÇONNANT
ABANDONNANT
COORDONNANT
BOURDONNANT
DRAGEONNANT
CHIFFONNANT
GRIFFONNANT
BOUFFONNANT
FOURGONNANT
RONCHONNANT
TORCHONNANT
BOUCHONNANT
VIBRIONNANT
PENSIONNANT
PASSIONNANT
FISSIONNANT
STATIONNANT
OVATIONNANT
SECTIONNANT
MENTIONNANT
ÉMOTIONNANT
CAUTIONNANT
DOUBLONNANT
HOUBLONNANT
ÉCHELONNANT
BÂILLONNANT
GROGNONNANT
CRAMPONNANT
GOUDRONNANT
BIBERONNANT
CLAIRONNANT
ENVIRONNANT
LIAISONNANT
CLOISONNANT
MOISSONNANT
FRISSONNANT
ÉCUSSONNANT
CAPITONNANT
CHANTONNANT
PELOTONNANT
DÉGAZONNANT
ENGAZONNANT
TÉLÉPHONANT
BIGOPHONANT
RÉINCARNANT

ENCASERNANT
CONSTERNANT
PROSTERNANT
CONTOURNANT
BISTOURNANT
RISTOURNANT
IMPORTUNANT
HANDICAPANT
PARTICIPANT
SURÉQUIPANT
DÉSÉQUIPANT
TÉLESCOPANT
DÉVELOPPANT
ENVELOPPANT
PRÉOCCUPANT
RONÉOTYPANT
DÉSEMPARANT
ENTÉNÉBRANT
DÉCÉRÉBRANT
ÉQUILIBRANT
SAUPOUDRANT
RÉVERBÉRANT
PROTUBÉRANT
INCARCÉRANT
CONFÉDÉRANT
CONSIDÉRANT
CONSIDÉRANT
INDIFFÉRANT
PROLIFÉRANT
ODORIFÉRANT
INTERFÉRANT
TRANSFÉRANT
BELLIGÉRANT
RÉFRIGÉRANT
AGGLOMÉRANT
OBTEMPÉRANT
INTEMPÉRANT
DÉSESPÉRANT
DÉBLATÉRANT
DÉSALTÉRANT
PERSÉVÉRANT
DÉCHIFFRANT
ENGOUFFRANT
RÉINTÉGRANT
TRANSPIRANT
COLLABORANT
CORROBORANT
PHOSPHORANT
DÉTÉRIORANT
COMMÉMORANT
DÉSHONORANT
INCORPORANT
EXPECTORANT
EMPOURPRANT
REDÉMARRANT
REMBOURRANT
PARAMÉTRANT

KILOMÉTRANT
SOUS-TITRANT
CONCENTRANT
RENCONTRANT
SURCONTRANT
ORCHESTRANT
SÉQUESTRANT
CALFEUTRANT
DÉCARBURANT
AU DEMEURANT
DÉSULFURANT
PRÉFIGURANT
POLYCOURANT
EMPRÉSURANT
SURSATURANT
STRUCTURANT
ANTIGIVRANT
DÉSENIVRANT
MANŒUVRANT
ENTROUVRANT
MÉTASTASANT
EXTRAVASANT
DÉSENVASANT
TRANSVASANT
REDÉFAISANT
BIENFAISANT
COMPLAISANT
ANGLICISANT
INTERDISANT
MOINS-DISANT
INSUFFISANT
BIOLOGISANT
ALLERGISANT
CATÉCHISANT
FRANCHISANT
ANARCHISANT
GLOBALISANT
VERBALISANT
FISCALISANT
VANDALISANT
LABIALISANT
SOCIALISANT
FILIALISANT
ANIMALISANT
FORMALISANT
NORMALISANT
SIGNALISANT
SACRALISANT
VASSALISANT
BRUTALISANT
ANNUALISANT
VISUALISANT
ACTUALISANT
RITUALISANT
MUTUALISANT
SEXUALISANT
DIÉSÉLISANT

F I A B I L I S A N T
V I A B I L I S A N T
S T A B I L I S A N T
F R A G I L I S A N T
S T É R I L I S A N T
F O S S I L I S A N T
S U B T I L I S A N T
F E R T I L I S A N T
R É U T I L I S A N T
M É T A L L I S A N T
L A B E L L I S A N T
S A T E L L I S A N T
J A V E L L I S A N T
D I A B O L I S A N T
A N A B O L I S A N T
S Y M B O L I S A N T
A L C O O L I S A N T
R A N D O M I S A N T
É C O N O M I S A N T
S C O T O M I S A N T
V U L C A N I S A N T
M É T H A N I S A N T
B A L K A N I S A N T
G E R M A N I S A N T
H I S P A N I S A N T
G A L V A N I S A N T
H E L L É N I S A N T
C R É T I N I S A N T
I N D E M N I S A N T
T Y R A N N I S A N T
S O L E N N I S A N T
P É R E N N I S A N T
C A R B O N I S A N T
P R É C O N I S A N T
H A R M O N I S A N T
M I C R O N I S A N T
I N T R O N I S A N T
M O D E R N I S A N T
C O M M U N I S A N T
R A T I B O I S A N T
F R A M B O I S A N T
P R É C A R I S A N T
V U L G A R I S A N T
G A R G A R I S A N T
S C O L A R I S A N T
S C É N A R I S A N T
C A N C É R I S A N T
M E R C E R I S A N T
B O N D É R I S A N T
P A U P É R I S A N T
S I N T É R I S A N T
C A U T É R I S A N T
P U L V É R I S A N T
V A M P I R I S A N T
H E R B O R I S A N T
E U P H O R I S A N T
T A Y L O R I S A N T

T E M P O R I S A N T
T E R R O R I S A N T
F A C T O R I S A N T
S E C T O R I S A N T
C I C A T R I S A N T
É L E C T R I S A N T
M A R T Y R I S A N T
M É D I A T I S A N T
D R A M A T I S A N T
D O G M A T I S A N T
C L I M A T I S A N T
A R O M A T I S A N T
R H U M A T I S A N T
P R I V A T I S A N T
G A D G É T I S A N T
B U D G É T I S A N T
E S T H É T I S A N T
S O V I É T I S A N T
M A G N É T I S A N T
D É P O É T I S A N T
H Y P N O T I S A N T
D É B A P T I S A N T
R E B A P T I S A N T
E X P E R T I S A N T
P A L E T T I S A N T
É C O N D U I S A N T
A N T I Q U I S A N T
B A R O Q U I S A N T
I N S T R U I S A N T
S U B D I V I S A N T
I M P R O V I S A N T
S U P E R V I S A N T
B I E N - P E N S A N T
J U X T A P O S A N T
E N T R E P O S A N T
S U R I M P O S A N T
D É C O M P O S A N T
R E C O M P O S A N T
S U P E R P O S A N T
I N T E R P O S A N T
I N D I S P O S A N T
T R A N S P O S A N T
S U R E X P O S A N T
R E M B O U R S A N T
E S C A G A S S A N T
É C H A L A S S A N T
S U R C L A S S A N T
M A T E L A S S A N T
C A I L L A S S A N T
C A D E N A S S A N T
G R O G N A S S A N T
T R A Î N A S S A N T
R A P E T A S S A N T
É C R I V A S S A N T
I N T É R E S S A N T
P R O G R E S S A N T
C O M P R E S S A N T

S U R B A I S S A N T
R E N C A I S S A N T
C O N N A I S S A N T
D É G R A I S S A N T
E N G R A I S S A N T
V R O M B I S S A N T
F O U R B I S S A N T
É T R É C I S S A N T
C H A N C I S S A N T
A M I N C I S S A N T
N O I R C I S S A N T
A D O U C I S S A N T
A F F A D I S S A N T
B R A N D I S S A N T
G R A N D I S S A N T
B L O N D I S S A N T
É B A U D I S S A N T
B O U F F I S S A N T
A S S A G I S S A N T
É L A R G I S S A N T
E N V A H I S S A N T
A V A C H I S S A N T
F L É C H I S S A N T
G A U C H I S S A N T
D É P A L I S S A N T
R E S A L I S S A N T
É T A B L I S S A N T
F A I B L I S S A N T
A N O B L I S S A N T
R A V I L I S S A N T
J A I L L I S S A N T
S A I L L I S S A N T
A M O L L I S S A N T
D É M O L I S S A N T
D É P O L I S S A N T
R E P O L I S S A N T
R E M P L I S S A N T
A V E U L I S S A N T
A P L A N I S S A N T
D É F I N I S S A N T
A B O N N I S S A N T
F O U R N I S S A N T
D É M U N I S S A N T
D É S U N I S S A N T
A C C R O I S S A N T
D É C R O I S S A N T
R E C R O I S S A N T
D É F R O I S S A N T
C R O U P I S S A N T
L A M B R I S S A N T
D É P É R I S S A N T
M A I G R I S S A N T
A M E R R I S S A N T
N O U R R I S S A N T
P O U R R I S S A N T
F L É T R I S S A N T
F L E U R I S S A N T

CHOISISSANT
TRANSISSANT
GROSSISSANT
RÉUSSISSANT
ROUSSISSANT
DÉBÂTISSANT
REBÂTISSANT
DÉCATISSANT
APLATISSANT
RAPETISSANT
APPÉTISSANT
ALLOTISSANT
AVERTISSANT
AMORTISSANT
BLETTISSANT
BLOTTISSANT
ABOUTISSANT
ABRUTISSANT
LANGUISSANT
ENFOUISSANT
RÉJOUISSANT
ÉBLOUISSANT
ÉCROUISSANT
DÉCHAUSSANT
RECHAUSSANT
ENCHAUSSANT
SURHAUSSANT
TRÉMOUSSANT
DÉBROUSSANT
REBROUSSANT
DÉTROUSSANT
RETROUSSANT
REDIFFUSANT
TRANSFUSANT
HYDROLYSANT
PHOSPHATANT
ACCLIMATANT
CARBONATANT
RÉHYDRATANT
DIFFRACTANT
CONTRACTANT
PROSPECTANT
DISJONCTANT
DÉCACHETANT
RECACHETANT
INTERJETANT
SOUFFLETANT
FEUILLETANT
DÉCOLLETANT
ÉPOUSSETANT
DÉPAQUETANT
EMPAQUETANT
DÉCLAVETANT
BÊCHEVETANT
MALTRAITANT
SOLLICITANT
EXPLICITANT

SUREXCITANT
DÉSEXCITANT
PRÉMÉDITANT
ACCRÉDITANT
DÉSULFITANT
DÉGURGITANT
RÉGURGITANT
INGURGITANT
PÉRICLITANT
CONCOMITANT
DÉCRÉPITANT
PRÉCIPITANT
DÉSHÉRITANT
PRÉTÉRITANT
NÉCESSITANT
VIREVOLTANT
CATAPULTANT
FAINÉANTANT
BRILLANTANT
COMPLANTANT
SUPPLANTANT
PLAISANTANT
ÉPOUVANTANT
INNOCENTANT
ACCIDENTANT
DILIGENTANT
RÉARGENTANT
RÉORIENTANT
ORNEMENTANT
PAREMENTANT
AGRÉMENTANT
FRAGMENTANT
SÉDIMENTANT
BONIMENTANT
TOURMENTANT
DOCUMENTANT
ARGUMENTANT
CHARPENTANT
APPARENTANT
PRESSENTANT
FRÉQUENTANT
RÉINVENTANT
DESSUINTANT
CONFRONTANT
DISCOUNTANT
REMPRUNTANT
TRAFICOTANT
MASSICOTANT
MENDIGOTANT
TREMBLOTANT
PAPILLOTANT
DÉSADAPTANT
PRÉCOMPTANT
DISCOMPTANT
RÉIMPORTANT
AUTOPORTANT
RÉEXPORTANT

CONTRASTANT
MANIFESTANT
ADMONESTANT
ÉQUIDISTANT
CONTRISTANT
PRÉEXISTANT
TARABUSTANT
DÉSAJUSTANT
RÉADMETTANT
PIROUETTANT
MANGEOTTANT
DÉCALOTTANT
DÉCULOTTANT
RECULOTTANT
PANNEAUTANT
CHAPEAUTANT
POIREAUTANT
TERREAUTANT
TRESSAUTANT
DÉNOYAUTANT
PERSÉCUTANT
RÉPERCUTANT
REDISCUTANT
CRAPAHUTANT
PARACHUTANT
COPERMUTANT
TRANSMUTANT
MARABOUTANT
SURAJOUTANT
CAILLOUTANT
DÉMAZOUTANT
PHAGOCYTANT
CONTRIBUANT
DISTRIBUANT
DÉFATIGUANT
PROMULGUANT
VALDINGUANT
ÉTALINGUANT
DÉGLINGUANT
SCHLINGUANT
EMBRINGUANT
DISTINGUANT
CATALOGUANT
HOMOLOGUANT
MONOLOGUANT
SURÉVALUANT
DÉSÉCHOUANT
ESTOMAQUANT
BIVOUAQUANT
CLAUDIQUANT
COMPLIQUANT
RAPPLIQUANT
POLÉMIQUANT
TOURNIQUANT
PLASTIQUANT
INTOXIQUANT
REQUINQUANT

SOLILOQUANT
ÉQUIVOQUANT
REMBARQUANT
CONFISQUANT
RÉHABITUANT
SUBSTITUANT
CONSTITUANT
PROSTITUANT
CENTRE-AVANT
PARACHEVANT
CHAMPLEVANT
PRESCRIVANT
PROSCRIVANT
SOUSCRIVANT
DÉSACTIVANT
OBJECTIVANT
ADJECTIVANT
INVECTIVANT
POURSUIVANT
MYORELAXANT
DÉSINDEXANT
DÉSENRAYANT
SOUSTRAYANT
REDÉPLOYANT
RÉEMPLOYANT
DÉGRAVOYANT
IMPRÉVOYANT
ENTREVOYANT
CLAIRVOYANT
DÉSENNUYANT
OBSOLESCENT
LUMINESCENT
ARBORESCENT
FLUORESCENT
DÉLITESCENT
INDÉHISCENT
REVIVISCENT
NON-RÉSIDENT
COPRÉSIDENT
INTELLIGENT
CÔTE D'ARGENT
COEFFICIENT
INCONSCIENT
MOYEN-ORIENT
PLURIVALENT
ÉQUIPOLLENT
PULVÉRULENT
DÉLINÉAMENT
TEMPÉRAMENT
ENJAMBEMENT
SUPERBEMENT
DÉGLACEMENT
DÉPLACEMENT
REPLACEMENT
EMPLACEMENT
RAPIÈCEMENT
EMPIÈCEMENT

FACTICEMENT
BALANCEMENT
FINANCEMENT
DEVANCEMENT
DÉFONCEMENT
ENFONCEMENT
RENONCEMENT
PRÉCOCEMENT
PLACIDEMENT
CANDIDEMENT
SORDIDEMENT
PERFIDEMENT
STUPIDEMENT
DÉBRIDEMENT
ENTENDEMENT
COMMODÉMENT
RETARDEMENT
EMMERDEMENT
SABORDEMENT
DÉBORDEMENT
RETORDEMENT
ABSURDEMENT
ÉCHAUDEMENT
ACCOUDEMENT
ÉTOUFFEMENT
RENGAGEMENT
SOULAGEMENT
AMÉNAGEMENT
SAUVAGEMENT
DÉNEIGEMENT
ENNEIGEMENT
VOLTIGEMENT
DÉRANGEMENT
ARRANGEMENT
ÉTRANGEMENT
ALLONGEMENT
HÉBERGEMENT
DÉGORGEMENT
REGORGEMENT
ENGORGEMENT
RELÂCHEMENT
ARRACHEMENT
DÉTACHEMENT
ATTACHEMENT
EMPÊCHEMENT
ÉBRÈCHEMENT
ASSÈCHEMENT
FRAÎCHEMENT
ENTICHEMENT
ÉPANCHEMENT
BRANCHEMENT
FRANCHEMENT
ÉTANCHEMENT
ENCOCHEMENT
DÉROCHEMENT
ENROCHEMENT
ÉCORCHEMENT

ABOUCHEMENT
DÉBLAIEMENT
NON-PAIEMENT
REMANIEMENT
VERDOIEMENT
COUDOIEMENT
DÉPLOIEMENT
REPLOIEMENT
LARMOIEMENT
CHATOIEMENT
APITOIEMENT
FESTOIEMENT
NETTOIEMENT
CONVOIEMENT
LOUVOIEMENT
VOUVOIEMENT
APPARIEMENT
GLOBALEMENT
VERBALEMENT
AMICALEMENT
FISCALEMENT
INÉGALEMENT
FRUGALEMENT
SOCIALEMENT
FILIALEMENT
GÉNIALEMENT
JOVIALEMENT
NORMALEMENT
SIGNALEMENT
DESSALEMENT
MENTALEMENT
BRUTALEMENT
CHEVALEMENT
ACCABLEMENT
AFFABLEMENT
VALABLEMENT
AIMABLEMENT
MINABLEMENT
DURABLEMENT
ENSABLEMENT
ENTABLEMENT
NOTABLEMENT
PÉNIBLEMENT
LISIBLEMENT
VISIBLEMENT
TREMBLEMENT
IGNOBLEMENT
AMEUBLEMENT
AFFUBLEMENT
HARCÈLEMENT
MARTÈLEMENT
SOUFFLEMENT
RENIFLEMENT
DÉRÈGLEMENT
AVEUGLEMENT
AVEUGLÉMENT
DÉVOILEMENT

FÉBRILEMENT
STÉRILEMENT
PUÉRILEMENT
SUBTILEMENT
HOSTILEMENT
INUTILEMENT
SERVILEMENT
EMBALLEMENT
MUSELLEMENT
CRUELLEMENT
USUELLEMENT
NIVELLEMENT
PIAILLEMENT
BRAILLEMENT
ÉRAILLEMENT
HABILLEMENT
VACILLEMENT
NASILLEMENT
PÉTILLEMENT
MOUILLEMENT
DÉCOLLEMENT
RECOLLEMENT
ÉBRANLEMENT
GONDOLEMENT
FRIVOLEMENT
DÉCUPLEMENT
DÉFERLEMENT
BASCULEMENT
PULLULEMENT
DÉFOULEMENT
REFOULEMENT
ÉCROULEMENT
DÉROULEMENT
ENROULEMENT
DIXIÈMEMENT
SIXIÈMEMENT
ONZIÈMEMENT
SUPRÊMEMENT
EXTRÊMEMENT
UNANIMEMENT
SURARMEMENT
DÉSARMEMENT
ENFERMEMENT
EMBAUMEMENT
ANONYMEMENT
RÉFRÈNEMENT
SOUTÈNEMENT
CHEVÈNEMENT
INDIGNEMENT
MALIGNEMENT
ÉLOIGNEMENT
ÉBORGNEMENT
VILAINEMENT
HUMAINEMENT
DANDINEMENT
SEREINEMENT
RAFFINEMENT
CONFINEMENT
CHEMINEMENT
INOPINÉMENT
PIÉTINEMENT
OBSTINÉMENT
MOYENNEMENT
FAÇONNEMENT
JALONNEMENT
NASONNEMENT
TÂTONNEMENT
ENTONNEMENT
RAYONNEMENT
GAZONNEMENT
ACHARNEMENT
CASERNEMENT
INTERNEMENT
AJOURNEMENT
COMMUNÉMENT
ESTOMPEMENT
ÉCHAPPEMENT
AGRIPPEMENT
ACHOPPEMENT
ESCARPEMENT
RECOUPEMENT
DÉLABREMENT
LUGUBREMENT
ENCADREMENT
MOINDREMENT
SINCÈREMENT
EXAGÉRÉMENT
ENTIÈREMENT
AUSTÈREMENT
CHIFFREMENT
DÉSAGRÉMENT
ALLÈGREMENT
INTÈGREMENT
DÉNIGREMENT
AFFAIREMENT
ÉCLAIREMENT
DÉCHIREMENT
NOTOIREMENT
CHAVIREMENT
ÉPAMPREMENT
BIZARREMENT
DÉFERREMENT
ÉPIERREMENT
DÉTERREMENT
ENTERREMENT
SUSURREMENT
FICHTREMENT
OBSCURÉMENT
ÉCŒUREMENT
EMBRASEMENT
MALAISÉMENT
PRÉCISÉMENT
DÉBOISEMENT
REBOISEMENT
PAVOISEMENT
DÉGRISEMENT
DÉGUISEMENT
AIGUISEMENT
RECENSEMENT
ENCENSEMENT
IMMENSÉMENT
INTENSÉMENT
DÉVERSEMENT
REVERSEMENT
DIVERSEMENT
INVERSEMENT
JACASSEMENT
DÉLASSEMENT
CROASSEMENT
DÉPASSEMENT
HARASSEMENT
ENTASSEMENT
ABAISSEMENT
VAGISSEMENT
MUGISSEMENT
RUGISSEMENT
GÉMISSEMENT
VOMISSEMENT
FROISSEMENT
TARISSEMENT
HÉRISSEMENT
MÛRISSEMENT
LOTISSEMENT
AMUÏSSEMENT
BRUISSEMENT
RAVISSEMENT
ENDOSSEMENT
DÉSOSSEMENT
GLOUSSEMENT
HIDEUSEMENT
RAGEUSEMENT
ODIEUSEMENT
FAMEUSEMENT
PITEUSEMENT
RÊVEUSEMENT
JOYEUSEMENT
DIFFUSÉMENT
CONFUSÉMENT
JALOUSEMENT
DÉPAYSEMENT
MANDATEMENT
ABJECTEMENT
DIRECTEMENT
STRICTEMENT
EMPIÉTEMENT
HONNÊTEMENT
SECRÈTEMENT
AFFRÈTEMENT
CAQUÈTEMENT
SURVÊTEMENT
AFFAITEMENT

ENFAÎTEMENT
DÉLAITEMENT
ALLAITEMENT
DÉBOÎTEMENT
EMBOÎTEMENT
BENOÎTEMENT
ADROITEMENT
MIROITEMENT
ÉTROITEMENT
CRÉPITEMENT
EFFRITEMENT
ÉBRUITEMENT
ENFANTEMENT
ORIENTEMENT
ÉREINTEMENT
CHUINTEMENT
APPONTEMENT
DORLOTEMENT
CLAPOTEMENT
PROMPTEMENT
ABRUPTEMENT
DÉPARTEMENT
APPARTEMENT
ESSARTEMENT
EXPERTEMENT
DISERTEMENT
OUVERTEMENT
DÉPORTEMENT
EMPORTEMENT
MODESTEMENT
FUNESTEMENT
ÉGOÏSTEMENT
DÉSISTEMENT
ARTISTEMENT
RAJUSTEMENT
INJUSTEMENT
ENKYSTEMENT
RABATTEMENT
DÉBATTEMENT
REBATTEMENT
EMPATTEMENT
ENDETTEMENT
ÉMIETTEMENT
FOUETTEMENT
ÉGOUTTEMENT
CULBUTEMENT
VELOUTEMENT
DÉROUTEMENT
ENVOÛTEMENT
RECRUTEMENT
ENDIGUEMENT
ÉTERNUEMENT
ENCAQUEMENT
BARAQUEMENT
SADIQUEMENT
MODIQUEMENT
PUDIQUEMENT

MAGIQUEMENT
LOGIQUEMENT
OBLIQUEMENT
COMIQUEMENT
CYNIQUEMENT
STOÏQUEMENT
TYPIQUEMENT
LYRIQUEMENT
FLANQUEMENT
BRUSQUEMENT
EMBLAVEMENT
ENCLAVEMENT
PRÉLÈVEMENT
SOULÈVEMENT
EMBRÈVEMENT
DÉGRÈVEMENT
LASCIVEMENT
TARDIVEMENT
ÉVASIVEMENT
PENSIVEMENT
MASSIVEMENT
PASSIVEMENT
ABUSIVEMENT
FICTIVEMENT
FURTIVEMENT
FAUTIVEMENT
ABREUVEMENT
IMPEACHMENT
FIBROCIMENT
ÉTOURDIMENT
BLANCHIMENT
ASSENTIMENT
ASSORTIMENT
ABONDAMMENT
ARROGAMMENT
VIGILAMMENT
VAILLAMMENT
BRILLAMMENT
ÉTONNAMMENT
PLAISAMMENT
PUISSAMMENT
CONSTAMMENT
INDÉCEMMENT
INNOCEMMENT
INCIDEMMENT
IMPUDEMMENT
DILIGEMMENT
INDOLEMMENT
INSOLEMMENT
APPAREMMENT
FRÉQUEMMENT
ÉLOQUEMMENT
CONTINÛMENT
INCONTINENT
IMPERTINENT
TRANSPARENT
SAINT-VARENT

INDIFFÉRENT
INTERFÉRENT
OMNIPRÉSENT
INCOMPÉTENT
MOULIN-À-VENT
ENGOULEVENT
DELESTRAINT
KNUD LE SAINT
KNUT LE SAINT
COUVRE-JOINT
CONTREPOINT
LAUTRÉAMONT
FAULQUEMONT
SOLLIÈS-PONT
ROHAN-CHABOT
CLOS-VOUGEOT
TIRE-LARIGOT
REINE MARGOT
PASSING-SHOT
MALAKOFFIOT
CRAPOUILLOT
VENDANGEROT
LIDDELL HART
MELUN-SÉNART
QUELQUE PART
MARIE STUART
QUESTEMBERT
SAINT-HUBERT
CAFÉ-CONCERT
STEPANAKERT
REDÉCOUVERT
BLANQUEFORT
MAILLECHORT
ARRIÈRE-PORT
SCHWEINFURT
HEILLECOURT
PIXERÉCOURT
BAUDRICOURT
BÉTHENCOURT
HARNONCOURT
SAINT-PRIEST
SAINT-GENEST
KNOKKE-HEIST
JÉSUS-CHRIST
OLIVER TWIST
SCHARNHORST
MISTINGUETT
PREMIER PITT
PUERTO MONTT
CONNECTICUT
KUUJJUAMIUT
INUKJUAMIUT
TOUT-À-L'ÉGOUT
ARRIÈRE-GOÛT
HATSHEPSOUT
TOUCHE-À-TOUT
ATTRAPE-TOUT

MINANGKABAU
L'ISLE-D'ABEAU
GREZ-DOICEAU
FAYA-LARGEAU
ARC-DOUBLEAU
CATHELINEAU
COULEUVREAU
PIED-D'OISEAU
NIDS-D'OISEAU
NEUFCHÂTEAU
PONTCHÂTEAU
ÉLÉPHANTEAU
PIEDS-DE-VEAU
BIOMATÉRIAU
LANDIVISIAU
CHIBOUGAMAU
LA WANTZENAU
CONDESCENDU
COMPTE RENDU
SOUS-ENTENDU
CORRESPONDU
CESSEZ-LE-FEU
MONTESQUIEU
DÉMONTE-PNEU
MACHU PICCHU
DIÊN BIÊN PHU
KANO SANRAKU
TEZUKA OSAMU
PAPANDHRÉOU
OUAGADOUGOU
SECOND-BAKOU
TÊTES-DE-CLOU
ARRACHE-CLOU
CONTRE-ÉCROU
SIMA XIANGRU
ADAM LE BOSSU
KAPILAVASTU
CONTREFOUTU
TOURGUENIEV
POUGATCHIOV
KALACHNIKOV
BARYCHNIKOV
BARYSHNIKOV
RASKOLNIKOV
DOLGOROUKOV
RACHMANINOV
RAKHMANINOV
TENNIS-ELBOW
REALITY-SHOW
MARSHMALLOW
DENDERLEEUW
GRÉSY-SUR-AIX
SOIXANTE-DIX
SAINT-YRIEIX
SAINTE-CROIX
GRANDS-CROIX
AMMONIACAUX
ILÉO-CÆCAUX
BIOMÉDICAUX
PONTIFICAUX
HYPERFOCAUX
UXORILOCAUX
MATRILOCAUX
PATRILOCAUX
MATRIARCAUX
PATRIARCAUX
PARAFISCAUX
GRAND-DUCAUX
RHOMBOÏDAUX
HÉLICOÏDAUX
CONCHOÏDAUX
SPHÉNOÏDAUX
SOLÉNOÏDAUX
SPHÉROÏDAUX
SINUSOÏDAUX
INTERTIDAUX
INTERMODAUX
JOUVENCEAUX
CHENONCEAUX
MURS-RIDEAUX
FRICANDEAUX
FAISANDEAUX
MORVANDEAUX
MORVANDEAUX
TOURANGEAUX
TOURANGEAUX
JAMBONNEAUX
FAUCONNEAUX
DINDONNEAUX
PIGEONNEAUX
MANGONNEAUX
RAMPONNEAUX
PÉRITONÉAUX
LANDERNEAUX
LANTERNEAUX
GRIMPEREAUX
TOURTEREAUX
GOUTTEREAUX
GODELUREAUX
PASTOUREAUX
COULISSEAUX
VERMISSEAUX
ARBRISSEAUX
MARMENTEAUX
SERPENTEAUX
EXTRALÉGAUX
PROVERBIAUX
SOLSTICIAUX
PROVINCIAUX
ANTISOCIAUX
COMMERCIAUX
MORVANDIAUX
MORVANDIAUX
PRÉCORDIAUX
PRIMORDIAUX
ÉPITHÉLIAUX
NOSOCOMIAUX
POLYNOMIAUX
MANAGÉRIAUX
IMMÉMORIAUX
SÉNATORIAUX
ÉQUATORIAUX
TINCTORIAUX
PAROISSIAUX
SAPIENTIAUX
PRÉNUPTIAUX
CONSORTIAUX
ÉQUINOXIAUX
DUODÉCIMAUX
CENTÉSIMAUX
PARANORMAUX
ANÉVRISMAUX
ANÉVRYSMAUX
PAROXYSMAUX
PONTS-CANAUX
PHÉNOMÉNAUX
EXTRARÉNAUX
ANTICLINAUX
MONOCLINAUX
SUBLIMINAUX
UNINOMINAUX
PRONOMINAUX
INTESTINAUX
ENNÉAGONAUX
PENTAGONAUX
HEPTAGONAUX
ORTHOGONAUX
MÉRIDIONAUX
MÉRIDIONAUX
OBSIDIONAUX
BINATIONAUX
MONOCLONAUX
ARCHÉTYPAUX
CONFÉDÉRAUX
UNILATÉRAUX
TRILATÉRAUX
COLLATÉRAUX
PARENTÉRAUX
VICE-AMIRAUX
ORCHESTRAUX
PROCÉDURAUX
STRUCTURAUX
SCRIPTURAUX
SCULPTURAUX
PARASTATAUX
SUBORBITAUX
PRÉGÉNITAUX
CONGÉNITAUX
URO-GÉNITAUX
OCCIDENTAUX
OCCIDENTAUX

11

ORNEMENTAUX
MONUMENTAUX
PARODONTAUX
HORIZONTAUX
SACERDOTAUX
AÉROPOSTAUX
PARACHUTAUX
SUBLINGUAUX
PERLINGUAUX
TÉLÉTRAVAUX
ADJECTIVAUX
MALCHANCEUX
BATEAUX-FEUX
AVALANCHEUX
MALGRACIEUX
DISGRACIEUX
ARTIFICIEUX
TENDANCIEUX
SENTENCIEUX
COMPENDIEUX
DISPENDIEUX
IRRÉLIGIEUX
PRESTIGIEUX
IGNOMINIEUX
CÉRÉMONIEUX
ACRIMONIEUX
IMPÉCUNIEUX
JEAN LE PIEUX
INDUSTRIEUX
PRÉTENTIEUX
CONTENTIEUX
CÉRÉBELLEUX
SOURCILLEUX
ORGUEILLEUX
MERVEILLEUX
POINTILLEUX
CAFOUILLEUX

PELLICULEUX
FURONCULEUX
TUBERCULEUX
PYROLIGNEUX
PRURIGINEUX
VERTIGINEUX
FERRUGINEUX
CHARBONNEUX
SOUPÇONNEUX
HAILLONNEUX
GOUDRONNEUX
POISSONNEUX
BUISSONNEUX
POUSSIÉREUX
PHOSPHOREUX
CULS-TERREUX
BIENHEUREUX
INTEROSSEUX
CORNEMUSEUX
SARCOMATEUX
FIBROMATEUX
LÉPROMATEUX
RHIZOMATEUX
SOUFFRETEUX
NÉCESSITEUX
LIGAMENTEUX
FILAMENTEUX
PAVIMENTEUX
CAILLOUTEUX
RESPECTUEUX
INFRUCTUEUX
TORRENTUEUX
CHÂTEAUROUX
RIEUPEYROUX
RICHARD'S BAY
VILLE-D'AVRAY
BEYNE-HEUSAY

CHÂTEAUGUAY
PORT MORESBY
MONTMORENCY
MONTMORENCY
DEATH VALLEY
SQUAW VALLEY
BEACH-VOLLEY
PUJOL I SOLEY
VALENTIGNEY
PORT-LYAUTEY
SZOMBATHELY
MOUNET-SULLY
TCHEBOKSARY
KARLOVY VARY
RAJAHMUNDRY
SAINT-VALERY
TATE GALLERY
LONDONDERRY
SHAFTESBURY
CHAMPFLEURY
TCHERNOVTSY
GARDEN-PARTY
LABOUR PARTY
RENIER DE HUY
BEAUPERTHUY
BRASSEMPOUY
VLADIKAVKAZ
SIENKIEWICZ
AJDUKIEWICZ
LUKASIEWICZ
SAINT-GENIEZ
SAINT-TROPEZ
DIÉGO-SUAREZ
GARCÍA PÉREZ
SAINT-MORITZ
PASSAROWITZ

12

TARASS BOULBA
CABEZA DE VACA
LINGUA FRANCA
TEZCATLIPOCA
PONTA DELGADA
LOLLOBRIGIDA
ROUYN-NORANDA
VOLTA REDONDA
TEL-AVIV-JAFFA
IBN AL-MUQAFFA
MARSA EL-BREGA
IBRAHIM PACHA
PRÊCHI-PRÊCHA
GROSSE BERTHA
PLISSETSKAÏA
KOVALEVSKAÏA
PROTÈGE-TIBIA

JUÁREZ GARCÍA
DELLA QUERCIA
EL-MOHAMMADIA
WELLINGTONIA
TRADESCANTIA
VIBO VALENTIA
HIGASHIOSAKA
BIELSKO-BIALA
MAKHATCHKALA
PÉREZ DE AYALA
VALPOLICELLA
BARRANQUILLA
DALLAPICCOLA
PAULIN DE NOLA
TLALNEPANTLA
SAN PEDRO SULA
MACÍAS NGUEMA

SHISHA PANGMA
STARA PLANINA
TELL AL-AMARNA
ANNA IVANOVNA
FIANARANTSOA

PESSÕA CÂMARA
SÁ DA BANDEIRA
ALCALÁ ZAMORA
ZARATHUSHTRA
NEC PLUS ULTRA
ZARATHOUSTRA
ANURADHAPURA
NOMENKLATURA
BUENAVENTURA
OSHIMA NAGISA
VILLAVICIOSA
VILLAHERMOSA
KANKAN MOUSSA
HONORIS CAUSA
RÍO DE LA PLATA
CHUQUICAMATA
PERSONA GRATA
PATATI PATATA
BHAGAVAD-GITA
LAPPEENRANTA
CHANDRAGUPTA
CALTANISETTA
FREI MONTALVA
ABU AL-ATAHIYA
BREIL-SUR-ROYA
MOHAMMAD REZA
MUHAMMAD RIZA
WORLD WIDE WEB
VILLERS-LE-LAC
COSSÉ-BRISSAC
NORD-DU-QUÉBEC
VAN RUUSBROEC
PERROS-GUIREC
RHÔNE-POULENC
CABESTANYENC
VIOLLET-LE-DUC
CÔTE-SAINT-LUC
SARGON D'AKKAD
DUST MOHAMMAD
KRISTIANSTAD
D'ARRACHE-PIED
SAINT-ROMUALD
HERTOGENWALD
CHESTERFIELD
BEACONSFIELD
HUDDERSFIELD
NORDENSKJÖLD
HAMMARSKJÖLD
BOURG-LÉOPOLD
BECHUANALAND
NEWFOUNDLAND
STATEN ISLAND
ANGLO-NORMAND
ANGLO-NORMAND
OTTON LE GRAND
ABBAS LE GRAND
LOUIS LE GRAND

CYRUS LE GRAND
NOISY-LE-GRAND
KRISTIANSAND
SAINT-CHAMOND
QUARTS-DE-ROND
MARTIN DU GARD
PLEURNICHARD
SAINT-GOTHARD
SAINT-FONIARD
RONDOUILLARD
DÉBROUILLARD
ROYER-COLLARD
SAINT-LÉONARD
SAINT-BERNARD
CAMBROUSSARD
BROWN-SÉQUARD
SCOTLAND YARD
HAUT-SAVOYARD
MONTRÉAL-NORD
DAKOTA DU NORD
VOSGES DU NORD
SAINT-JUNIAUD
GÉORGIE DU SUD
OSSÉTIE DU SUD
AFRIQUE DU SUD
ORCADES DU SUD
TÉTRASYLLABE
HEPTASYLLABE
HISPANO-ARABE
CROCS-EN-JAMBE
LA GRAND-COMBE
GERMANOPHOBE
POISSON-GLOBE
CONTRE-COURBE
ARCIS-SUR-AUBE
MALACOSTRACÉ
ENTOMOSTRACÉ
LES PONTS-DE-CÉ
ARRIÈRE-NIÈCE
EMPORTE-PIÈCE
SAINT-SULPICE
AMBASSADRICE
RÉPROBATRICE
IMPROBATRICE
APPROBATRICE
IMPRÉCATRICE
PRÉDICATRICE
UNIFICATRICE
FORNICATRICE
FABRICATRICE
MASTICATRICE
PROVOCATRICE
DÉPRÉDATRICE
LIQUIDATRICE
FÉCONDATRICE
COFONDATRICE
RETARDATRICE

PROCRÉATRICE
PROPAGATRICE
INSTIGATRICE
DIVULGATRICE
NÉGOCIATRICE
COMPILATRICE
CONSOLATRICE
LÉGISLATRICE
SPÉCULATRICE
CALCULATRICE
DIFFAMATRICE
DÉCLAMATRICE
RÉANIMATRICE
RÉFORMATRICE
INFORMATRICE
PROFANATRICE
FASCINATRICE
EXAMINATRICE
ÉLIMINATRICE
DESSINATRICE
ORDONNATRICE
DISSIPATRICE
PRÉPARATRICE
PONDÉRATRICE
COOPÉRATRICE
INSPIRATRICE
PERFORATRICE
EXPLORATRICE
RÉALISATRICE
ÉGALISATRICE
UTILISATRICE
IMPORTATRICE
EXPORTATRICE
DÉVASTATRICE
DÉGUSTATRICE
COMMUTATRICE
CULTIVATRICE
OBSERVATRICE
PROSPECTRICE
CODIRECTRICE
ACUPONCTRICE
ACUPUNCTRICE
DESTRUCTRICE
BIENFAITRICE
INQUISITRICE
COMPOSITRICE
COMPÉTITRICE
RÉPARTITRICE
AQUACULTRICE
OLÉICULTRICE
POMICULTRICE
AGRICULTRICE
VITICULTRICE
AQUICULTRICE
RIZICULTRICE
CODÉTENTRICE
OCULOMOTRICE

DESCRIPTRICE
CONTEMPTRICE
PERSÉCUTRICE
INSTITUTRICE
SAINT-MAURICE
LIBRE-SERVICE
MULTISERVICE
INDÉPENDANCE
SURABONDANCE
EXTRAVAGANCE
MICROBALANCE
RESSEMBLANCE
DISSEMBLANCE
BIOVIGILANCE
MALVEILLANCE
SURVEILLANCE
SURBRILLANCE
TRANSHUMANCE
ACCOUTUMANCE
DÉCONTENANCÉ
APPARTENANCE
INCONVENANCE
PRÉDOMINANCE
DUBOIS-CRANCÉ
PROTUBÉRANCE
BELLIGÉRANCE
INTEMPÉRANCE
DÉSESPÉRANCE
PERSÉVÉRANCE
FORT-DE-FRANCE
MENDÈS FRANCE
BIENFAISANCE
COMPLAISANCE
INSUFFISANCE
CONNAISSANCE
DÉCROISSANCE
EXCROISSANCE
RÉJOUISSANCE
MALTRAITANCE
CONCOMITANCE
INADVERTANCE
ÉQUIDISTANCE
THERMISTANCE
CIRCONSTANCE
INOBSERVANCE
IMPRÉVOYANCE
CLAIRVOYANCE
MAGNIFICENCE
OBSOLESCENCE
DÉTUMESCENCE
INTUMESCENCE
LUMINESCENCE
ARBORESCENCE
FLUORESCENCE
DÉLITESCENCE
RÉMINISCENCE
RÉSIPISCENCE

REVIVISCENCE
COPRÉSIDENCE
INTELLIGENCE
INCONSCIENCE
INEXPÉRIENCE
ÉQUIPOLLENCE
PULVÉRULENCE
INCONTINENCE
IMPERTINENCE
TRANSPARENCE
INDIFFÉRENCE
INTERFÉRENCE
NON-INGÉRENCE
COOCCURRENCE
OMNIPRÉSENCE
QUINTESSENCE
INCOMPÉTENCE
PRÉEXISTENCE
NON-EXISTENCE
PLAN-SÉQUENCE
PORT-AU-PRINCE
BANDE-ANNONCE
LAURIER-SAUCE
GARDES-MALADE
APPAREILLADE
DÉGRINGOLADE
LANCE-GRENADE
PANTALONNADE
COUILLONNADE
FANFARONNADE
SCHÉHÉRAZADE
LA CALPRENÈDE
À L'ENCONTRE DE
PSYCHORIGIDE
MACROSCÉLIDE
CHRYSOMÉLIDÉ
NICOTINAMIDE
CURCULIONIDÉ
PARATYPHOÏDE
HYPOCYCLOÏDE
HYPERBOLOÏDE
TUBERCULOÏDE
HÉMIPTÉROÏDE
PARATHYROÏDE
ANTHÉROZOÏDE
DISACCHARIDE
EAST KILBRIDE
TRIGLYCÉRIDE
POLYHOLOSIDE
NEUROPEPTIDE
VAN ARTEVELDE
NON MARCHANDE
EST-ALLEMANDE
TÉLÉCOMMANDE
TÉLÉCOMMANDÉ
RÉINTÉGRANDE
TIMBRE-AMENDE

INTERFÉCONDE
QUEUE-D'ARONDE
PHOTOCATHODE
PHOTOPÉRIODE
BRANCHIOPODE
ARRIÈRE-GARDE
MONTBÉLIARDE
PANTOUFLARDE
VASOUILLARDE
CONTAMINARDE
BANLIEUSARDE
CÉPHALOCORDÉ
BOURGANIAUDE
INCOMPLÉTUDE
INEXACTITUDE
LUCAS DE LEYDE
FORMALDÉHYDE
ACÉTALDÉHYDE
PALMATILOBÉE
DÉSEMBOURBÉE
BERBÉRIDACÉE
DIOSCORÉACÉE
SAXIFRAGACÉE
EUPHORBIACÉE
ANACARDIACÉE
STERCULIACÉE
RENONCULACÉE
CAMPANULACÉE
VALÉRIANACÉE
BORRAGINACÉE
NYCTAGINACÉE
PAPILIONACÉE
ZINGIBÉRACÉE
GUTTIFÉRACÉE
ŒNOTHÉRACÉE
CUCURBITACÉE
AUTOFINANCÉE
RÉENSEMENCÉE
CONCURRENCÉE
XANTHOPHYCÉE
BANGIOPHYCÉE
CHLOROPHYCÉE
CHRYSOPHYCÉE
VICTOR-AMÉDÉE
ENGUIRLANDÉE
DÉSAVANTAGÉE
MURRUMBIDGEE
CONTREFICHÉE
ENCHEVAUCHÉE
ENCARTOUCHÉE
PARK CHUNG-HEE
CATASTROPHÉE
BRONCHORRHÉE
DYSMÉNORRHÉE
INDULGENCIÉE
DIFFÉRENCIÉE
DISQUALIFIÉE

12

PERSONNIFIÉE
SACCHARIFIÉE
AUTHENTIFIÉE
COMPLEXIFIÉE
TÉLÉGRAPHIÉE
ÉCHOGRAPHIÉE
CADUCIFOLIÉE
DÉMULTIPLIÉE
INAPPROPRIÉE
SUCCENTURIÉE
DIFFÉRENTIÉE
BRINGUEBALÉE
BRINQUEBALÉE
RIVIÈRE-SALÉE
DÉSASSEMBLÉE
EMBARDOUFLÉE
ÉPOUSTOUFLÉE
ENTREBÂILLÉE
CRITICAILLÉE
ENTRETAILLÉE
RETRAVAILLÉE
ENSOMMEILLÉE
RAPPAREILLÉE
DÉCONSEILLÉE
EMBOUTEILLÉE
ÉCRABOUILLÉE
DÉPATOUILLÉE
GRATTOUILLÉE
CONTRECOLLÉE
CARYOPHYLLÉE
DÉSACCOUPLÉE
DÉMANTIBULÉE
IMMATRICULÉE
DÉSARTICULÉE
DÉSOPERCULÉE
MALENGUEULÉE
TOURNEBOULÉE
DICARBONYLÉE
DÉSENVENIMÉE
SURCOMPRIMÉE
DÉPROGRAMMÉE
REPROGRAMMÉE
RÉACCOUTUMÉE
INACCOUTUMÉE
VOSNE-ROMANÉE
EXTEMPORANÉE
MÉDITERRANÉE
TRANSCUTANÉE
RACCOMPAGNÉE
CONTRESIGNÉE
DÉSENCHAÎNÉE
SURENTRAÎNÉE
DÉCONTAMINÉE
INDÉTERMINÉE
BRILLANTINÉE
IMPARIPENNÉE
CAPARAÇONNÉE
CHARANÇONNÉE
INSOUPÇONNÉE
DÉSAMIDONNÉE
ÉBOURGEONNÉE
DÉCHIFFONNÉE
PROVISIONNÉE
DIMENSIONNÉE
DÉPASSIONNÉE
DÉMISSIONNÉE
CONTUSIONNÉE
COLLATIONNÉE
AFFECTIONNÉE
SÉLECTIONNÉE
CONDITIONNÉE
INTENTIONNÉE
ATTENTIONNÉE
COMMOTIONNÉE
RÉCEPTIONNÉE
DÉBÂILLONNÉE
ÉMERILLONNÉE
TOURILLONNÉE
AIGUILLONNÉE
BROUILLONNÉE
GRAVILLONNÉE
MAQUIGNONNÉE
DÉCLOISONNÉE
SAUCISSONNÉE
EMPOISSONNÉE
ŒILLETONNÉE
SOUS-DÉCLARÉE
SOUS-CALIBRÉE
RÉÉQUILIBRÉE
DÉSENCOMBRÉE
RÉINCARCÉRÉE
DÉCONSIDÉRÉE
RECONSIDÉRÉE
INCONSIDÉRÉE
DÉPOUSSIÉRÉE
EMPOUSSIÉRÉE
DÉPHOSPHORÉE
RÉINCORPORÉE
ENTRE-DÉVORÉE
CONTRECARRÉE
CHRONOMÉTRÉE
DÉCONCENTRÉE
RÉORCHESTRÉE
TRANSFIGURÉE
PEINTURLURÉE
ÉCHAUFFOURÉE
AUTOCENSURÉE
MANUFACTURÉE
CONTRACTURÉE
DÉSTRUCTURÉE
RESTRUCTURÉE
PORTRAITURÉE
STANDARDISÉE
CLOCHARDISÉE
HOMOGÉNÉISÉE
HIÉRARCHISÉE
CANNIBALISÉE
RADIOBALISÉE
SYNDICALISÉE
TROPICALISÉE
DÉFISCALISÉE
OFFICIALISÉE
DÉSOCIALISÉE
RESOCIALISÉE
MATÉRIALISÉE
MARGINALISÉE
CRIMINALISÉE
RÉGIONALISÉE
NATIONALISÉE
RATIONALISÉE
COMMUNALISÉE
DÉSACRALISÉE
THÉÂTRALISÉE
HOSPITALISÉE
IMMORTALISÉE
RÉACTUALISÉE
DÉSEXUALISÉE
FLEURDELISÉE
SOCIABILISÉE
CULPABILISÉE
RENTABILISÉE
DÉSTABILISÉE
CRÉDIBILISÉE
SENSIBILISÉE
FLEXIBILISÉE
INFANTILISÉE
SOUS-UTILISÉE
CRISTALLISÉE
DÉSATELLISÉE
AMÉRICANISÉE
EUROPÉANISÉE
DÉSORGANISÉE
DÉSHUMANISÉE
CHAMPAGNISÉE
DÉVIRGINISÉE
DÉSTALINISÉE
MASCULINISÉE
SYNCHRONISÉE
IMPATRONISÉE
ENTRECROISÉE
FAMILIARISÉE
DÉSCOLARISÉE
CIRCULARISÉE
VASCULARISÉE
SINGULARISÉE
PROLÉTARISÉE
SÉDENTARISÉE
CARACTÉRISÉE
SQUATTÉRISÉE
VERT-DE-GRISÉE
INFÉRIORISÉE

INTÉRIORISÉE
EXTÉRIORISÉE
DÉSECTORISÉE
MINIATURISÉE
DÉDRAMATISÉE
MATHÉMATISÉE
SYSTÉMATISÉE
ACHROMATISÉE
INFORMATISÉE
DÉMOCRATISÉE
ALPHABÉTISÉE
DÉBUDGÉTISÉE
DÉMAGNÉTISÉE
ADJECTIVISÉE
CONTROVERSÉE
INTERCLASSÉE
DÉCADENASSÉE
CONTRE-PASSÉE
DÉSENCRASSÉE
TRANSGRESSÉE
SÉNÉCHAUSSÉE
MARÉCHAUSSÉE
TÉLÉDIFFUSÉE
ÉLECTROLYSÉE
DÉPHOSPHATÉE
BICARBONATÉE
DÉCONTRACTÉE
PRÉRETRAITÉE
SUREXPLOITÉE
DÉSENCHANTÉE
ENSANGLANTÉE
ÉBOUILLANTÉE
TRANSPLANTÉE
CONTINGENTÉE
ENRÉGIMENTÉE
SURALIMENTÉE
COMPLIMENTÉE
EXPÉRIMENTÉE
INSTRUMENTÉE
CONTREVENTÉE
COURT-JOINTÉE
DÉSAPPOINTÉE
TARABISCOTÉE
REMMAILLOTÉE
ENTRE-HEURTÉE
DÉSINCRUSTÉE
ÉLECTROCUTÉE
TRANSBAHUTÉE
CAOUTCHOUTÉE
REDISTRIBUÉE
DÉSENVERGUÉE
PRÉFABRIQUÉE
SOPHISTIQUÉE
PRONOSTIQUÉE
ENCAUSTIQUÉE
DÉMOUSTIQUÉE
ENTRECHOQUÉE

RECONSTITUÉE
SUBSTANTIVÉE
DÉSAPPROUVÉE
SOUS-EMPLOYÉE
HÉTÉROGREFFE
RESURCHAUFFE
RESURCHAUFFÉ
AMOURS-EN-CAGE
AUTOAMORÇAGE
RADIOGUIDAGE
MILLERANDAGE
DÉVERGONDAGE
RADIOSONDAGE
RACCOMMODAGE
BOURG-DE-PÉAGE
PRÉCHAUFFAGE
CUPROALLIAGE
FERROALLIAGE
SUPERALLIAGE
INVENTORIAGE
BOURSOUFLAGE
DÉSHABILLAGE
APPAREILLAGE
ESTAMPILLAGE
ENFANTILLAGE
ENTORTILLAGE
ACCASTILLAGE
GRIBOUILLAGE
BREDOUILLAGE
GRENOUILLAGE
DÉBROUILLAGE
EMBROUILLAGE
VERROUILLAGE
DÉMAQUILLAGE
MORIANI-PLAGE
BLACKBOULAGE
AUTOALLUMAGE
MATRILIGNAGE
PATRILIGNAGE
INTERLIGNAGE
DÉGASOLINAGE
DÉGAZOLINAGE
DÉCALAMINAGE
TAMBOURINAGE
EMMAGASINAGE
BARAGOUINAGE
DAMASQUINAGE
BADIGEONNAGE
DÉPIGEONNAGE
PARANGONNAGE
PAPILLONNAGE
DÉBOULONNAGE
DÉBOUTONNAGE
PATTINSONAGE
FLUOTOURNAGE
PLANIMÉTRAGE
MOYEN-MÉTRAGE

COURT-MÉTRAGE
ROBERT LE SAGE
BLANCHISSAGE
DÉGARNISSAGE
DÉCRÉPISSAGE
RECRÉPISSAGE
ÉQUARRISSAGE
ATTERRISSAGE
EMBOUTISSAGE
SERFOUISSAGE
AIGUILLETAGE
DÉCHIQUETAGE
DÉCLIQUETAGE
ENCLIQUETAGE
DÉSAMIANTAGE
TÉLÉPOINTAGE
PHOTOMONTAGE
BOURSICOTAGE
DÉBALLASTAGE
PUBLIPOSTAGE
ESQUIMAUTAGE
CHOUCHOUTAGE
VAPOCRAQUAGE
MULTIPLEXAGE
BOULE-DE-NEIGE
BLANCHE-NEIGE
LIBRE-ÉCHANGE
MÉTHYLORANGE
CAPSULE-CONGÉ
BLANKENBERGE
PRINCE GEORGE
ARRIÈRE-GORGE
SOUTIEN-GORGE
RIVIÈRE ROUGE
PIEDS-DE-BICHE
PARAVALANCHE
FOLLE-BLANCHE
FROTTE-MANCHE
PTÉROBRANCHE
PROSOBRANCHE
VILLEFRANCHE
TOURNEBROCHE
DOUBLE-CROCHE
PONT-DE-L'ARCHE
CONTREMARCHE
OISEAU-MOUCHE
BATEAU-MOUCHE
TOUCHE-TOUCHE
VAN DEN BERGHE
MUSICOGRAPHE
LEXICOGRAPHE
BIBLIOGRAPHE
FLUVIOGRAPHE
CINÉMOGRAPHE
SÉISMOGRAPHE
MÉCANOGRAPHE
OCÉANOGRAPHE

12

BÉLINOGRAPHE
CHRONOGRAPHE
CORONOGRAPHE
CRYPTOGRAPHE
SAINT-ESTÈPHE
HÉTÉROTROPHE
PLÉSIOMORPHE
ALLÉLOMORPHE
HÉTÉROMORPHE
GRANDE-SYNTHE
SAINTE-MARTHE
PORTE-MONNAIE
QUASI-MONNAIE
FRANCOPHOBIE
ÉREUTOPHOBIE
OSTÉOMALACIE
MÉLITOCOCCIE
RHABDOMANCIE
TRAGI-COMÉDIE
ENCYCLOPÉDIE
TÉTRAPLOÏDIE
DEXTROCARDIE
RAGAILLARDIE
DÉSHUMIDIFIÉ
ONYCHOPHAGIE
BLENNORRAGIE
QUADRIPLÉGIE
GÉOSTRATÉGIE
RADICULALGIE
NÉONATALOGIE
AMPHIBOLOGIE
MÉTHODOLOGIE
PHRASÉOLOGIE
LARYNGOLOGIE
ALLERGOLOGIE
ORNITHOLOGIE
ASSYRIOLOGIE
SÉMASIOLOGIE
PHTISIOLOGIE
VEXILLOLOGIE
DACTYLOLOGIE
VICTIMOLOGIE
VOLCANOLOGIE
VULCANOLOGIE
CARCINOLOGIE
CRIMINOLOGIE
TERMINOLOGIE
BIOTYPOLOGIE
CANCÉROLOGIE
MÉTÉOROLOGIE
ÉLECTROLOGIE
ESCHATOLOGIE
CLIMATOLOGIE
PRIMATOLOGIE
STOMATOLOGIE
DERMATOLOGIE
RHUMATOLOGIE

THANATOLOGIE
DIABÉTOLOGIE
COSMÉTOLOGIE
PLANÉTOLOGIE
HERPÉTOLOGIE
SCIENTOLOGIE
GÉRONTOLOGIE
CHRISTOLOGIE
BOOGIE-WOOGIE
MINÉRALURGIE
BRADYPSYCHIE
TACHYPSYCHIE
GAMMAGRAPHIE
CHORÉGRAPHIE
CHORÉGRAPHIÉ
CALLIGRAPHIE
CALLIGRAPHIÉ
DISCOGRAPHIE
VIDÉOGRAPHIE
PALÉOGRAPHIE
MUSÉOGRAPHIE
LITHOGRAPHIE
LITHOGRAPHIÉ
ORTHOGRAPHIÉ
RADIOGRAPHIE
RADIOGRAPHIÉ
HAGIOGRAPHIE
ANGIOGRAPHIE
HÉLIOGRAPHIE
MYÉLOGRAPHIE
SOÛLOGRAPHIE
FILMOGRAPHIE
MAMMOGRAPHIE
DERMOGRAPHIE
COSMOGRAPHIE
SCANOGRAPHIE
SCÉNOGRAPHIE
STÉNOGRAPHIE
STÉNOGRAPHIÉ
ETHNOGRAPHIE
REMNOGRAPHIE
ICONOGRAPHIE
PORNOGRAPHIE
MACROGRAPHIE
MICROGRAPHIE
HYDROGRAPHIE
REPROGRAPHIE
REPROGRAPHIÉ
PÉTROGRAPHIE
PICTOGRAPHIE
PHOTOGRAPHIE
PHOTOGRAPHIÉ
CARTOGRAPHIE
CARTOGRAPHIÉ
FLEXOGRAPHIE
PHILADELPHIE
HYPERTROPHIE

HYPERTROPHIÉ
SAINTE-SOPHIE
RONCHOPATHIE
PSYCHOPATHIE
CARDIOPATHIE
PNEUMOPATHIE
ENZYMOPATHIE
RÉTINOPATHIE
NÉPHROPATHIE
ARTHROPATHIE
NATUROPATHIE
EMBRYOPATHIE
KARAKALPAKIE
TALKIE-WALKIE
ANENCÉPHALIE
ACROCÉPHALIE
FRANCOPHILIE
BIBLIOPHILIE
SPASMOPHILIE
SCRIPOPHILIE
ENORGUEILLIE
SURMULTIPLIÉ
NON ACCOMPLIE
PLŒUC-SUR-LIÉ
POLYGLOBULIE
POLYDACTYLIE
SIPHONOGAMIE
HYPOCALCÉMIE
HYPOGLYCÉMIE
HYPOKALIÉMIE
HYPERLIPÉMIE
HYPONATRÉMIE
STÉRÉOCHIMIE
THERMOCHIMIE
SAINTE-ENIMIE
PANOPHTALMIE
XÉROPHTALMIE
MÉSOÉCONOMIE
OVARIECTOMIE
SPLÉNECTOMIE
LAMINECTOMIE
NÉPHRECTOMIE
GASTRECTOMIE
GLOSSECTOMIE
SYNOVECTOMIE
THORACOTOMIE
TRACHÉOTOMIE
LARYNGOTOMIE
ARTÉRIOTOMIE
MÉLANODERMIE
SCLÉRODERMIE
HOMÉOTHERMIE
HYPERTHERMIE
CISLEITHANIE
DÉCALCOMANIE
ARITHMOMANIE
COCAÏNOMANIE

HÉROÏNOMANIE
TRANSYLVANIE
PENNSYLVANIE
MÉTALLOGÉNIE
NEURASTHÉNIE
THROMBOPÉNIE
OLIGOPHRÉNIE
HIPPOTECHNIE
QUADRIPHONIE
FRANCOPHONIE
STÉRÉOPHONIE
PHILHARMONIE
AMPHICTYONIE
PROTÉROGYNIE
ALIX DE SAVOIE
BÊTATHÉRAPIE
PUVATHÉRAPIE
ALGOTHÉRAPIE
ERGOTHÉRAPIE
GÉNOTHÉRAPIE
SÉROTHÉRAPIE
MÉSOTHÉRAPIE
SEXOTHÉRAPIE
CRYOTHÉRAPIE
ÉLECTROCOPIE
STROBOSCOPIE
STÉRÉOSCOPIE
CŒLIOSCOPIE
COLONOSCOPIE
LAPAROSCOPIE
ARTHROSCOPIE
EMBRYOSCOPIE
LYCANTHROPIE
MISANTHROPIE
NÉGUENTROPIE
GALVANOTYPIE
ANTOINE-MARIE
ROISSY-EN-BRIE
PROTÉRANDRIE
MITOCHONDRIE
PÉNITENCERIE
TAILLANDERIE
PUDIBONDERIE
CONCIERGERIE
CONCIERGERIE
CARTOUCHERIE
FORÊT-GALERIE
MARÉCHALERIE
CRISTALLERIE
CHANCELLERIE
BOURRELLERIE
VAISSELLERIE
BOISSELLERIE
CHAMAILLERIE
BOUTEILLERIE
CAPITAINERIE
MAROQUINERIE
CHARBONNERIE
BOUFFONNERIE
POLTRONNERIE
POISSONNERIE
GLOUTONNERIE
CONFITURERIE
JAPONAISERIE
VIENNOISERIE
SOURNOISERIE
PAPERASSERIE
BONDIEUSERIE
CHOCOLATERIE
MYCOBACTÉRIE
MOUSQUETERIE
MANÉCANTERIE
FERBLANTERIE
PLAISANTERIE
CHARPENTERIE
BIMBELOTERIE
ROBINETTERIE
HÉTÉROPHORIE
VÉLOCIMÉTRIE
ALCALIMÉTRIE
POLARIMÉTRIE
CALORIMÉTRIE
COLORIMÉTRIE
TACHÉOMÉTRIE
STÉRÉOMÉTRIE
PSYCHOMÉTRIE
PLUVIOMÉTRIE
THERMOMÉTRIE
ACTINOMÉTRIE
CHRONOMÉTRIE
CHLOROMÉTRIE
TRANSNISTRIE
BIO-INDUSTRIE
LE ROY LADURIE
SCHIZOPHASIE
RADIESTHÉSIE
CŒNESTHÉSIE
HYPOESTHÉSIE
PALINGÉNÉSIE
ANAPHRODISIE
STÉRÉOGNOSIE
LITHOTRIPSIE
CHROMATOPSIE
HYPERACOUSIE
PHYSIOCRATIE
PHALLOCRATIE
TECHNOCRATIE
MÉRITOCRATIE
ARISTOCRATIE
PLOUTOCRATIE
BUREAUCRATIE
CHIROPRACTIE
CONTREPARTIE
CHARTE-PARTIE
ENTRÉE-SORTIE
OSTÉOPLASTIE
ANGIOPLASTIE
MAMMOPLASTIE
RHINOPLASTIE
GYNÉCOMASTIE
ASSURANCE-VIE
RADIOGALAXIE
PROTOGALAXIE
TROPHALLAXIE
BANDARANAIKE
PARAMÉDICALE
CHIRURGICALE
SUBTROPICALE
OBSTÉTRICALE
GRAMMATICALE
HÉMORROÏDALE
ELLIPSOÏDALE
TRAPÉZOÏDALE
MÉDICO-LÉGALE
GLOBICÉPHALE
TÉLENCÉPHALE
MÉSENCÉPHALE
MÉTENCÉPHALE
STÉGOCÉPHALE
MACROCÉPHALE
MICROCÉPHALE
ANDROCÉPHALE
HYDROCÉPHALE
LEPTOCÉPHALE
PHILOSOPHALE
MULTIRACIALE
INTERRACIALE
ENDOTHÉLIALE
MATRIMONIALE
PATRIMONIALE
TESTIMONIALE
PARTICIPIALE
PARTENARIALE
DICTATORIALE
DIRECTORIALE
TERRITORIALE
SEIGNEURIALE
AÉROSPATIALE
NIVO-PLUVIALE
HEXADÉCIMALE
SEXAGÉSIMALE
ORTHONORMALE
RHUMATISMALE
CATACLYSMALE
SADIQUE-ANALE
ATTITUDINALE
USTILAGINALE
QUADRIENNALE
QUINQUENNALE
DODÉCAGONALE
MONOCAMÉRALE

NYCTHÉMÉRALE
ÉQUILATÉRALE
PRESBYTÉRALE
ANTISUDORALE
COXO-FÉMORALE
SUCCESSORALE
PROFESSORALE
PRÉFECTORALE
ASIE CENTRALE
COMMISSURALE
CARICATURALE
CONJECTURALE
GRAND LAC SALÉ
TRANSVERSALE
PLURICAUSALE
SOUS-ORBITALE
LABIODENTALE
FONDAMENTALE
SENTIMENTALE
CONTINENTALE
INTERCOSTALE
ÉQUIPROBABLE
HYPOTHÉCABLE
INAPPLICABLE
INEXPLICABLE
COMMUNICABLE
INEXTRICABLE
IMPRATICABLE
DOMESTICABLE
INFLUENÇABLE
INDÉFENDABLE
INACCORDABLE
ENVISAGEABLE
RECHARGEABLE
INCHAUFFABLE
IRRÉFRAGABLE
IRRÉMÉDIABLE
SIMPLIFIABLE
SAPONIFIABLE
INVÉRIFIABLE
ÉMULSIFIABLE
QUANTIFIABLE
IDENTIFIABLE
MULTIPLIABLE
DISSEMBLABLE
RENOUVELABLE
INDÉRÉGLABLE
INDÉCOLLABLE
INÉBRANLABLE
INCONSOLABLE
INCALCULABLE
INCOAGULABLE
INEXPRIMABLE
PROGRAMMABLE
INDÉFORMABLE
IRRÉFORMABLE
INSOUTENABLE

INEXPUGNABLE
INIMAGINABLE
INDÉCLINABLE
INCRIMINABLE
DÉTERMINABLE
INTERMINABLE
SOUPÇONNABLE
ÉMOTIONNABLE
DÉVELOPPABLE
INEXTIRPABLE
INCOMPARABLE
CONSIDÉRABLE
IMPONDÉRABLE
TRANSFÉRABLE
INVULNÉRABLE
DÉCHIFFRABLE
INCHIFFRABLE
RÉINTÉGRABLE
INDÉCHIRABLE
IRRESPIRABLE
INCHAVIRABLE
INEXPLORABLE
INCORPORABLE
IMPÉNÉTRABLE
STRUCTURABLE
MANŒUVRABLE
IRRÉALISABLE
FERTILISABLE
RÉUTILISABLE
INUTILISABLE
SATELLISABLE
ALCOOLISABLE
INDEMNISABLE
SCOLARISABLE
PULVÉRISABLE
INDÉFRISABLE
ÉLECTRISABLE
PRIVATISABLE
MAGNÉTISABLE
PALETTISABLE
JUXTAPOSABLE
DÉCOMPOSABLE
RECOMPOSABLE
SUPERPOSABLE
TRANSPOSABLE
REMBOURSABLE
AUTOCASSABLE
INDÉPASSABLE
CONNAISSABLE
INSALISSABLE
DÉFINISSABLE
INFROISSABLE
INTARISSABLE
IMPÉRISSABLE
AMORTISSABLE
INANALYSABLE
HYDROLYSABLE

ACCLIMATABLE
INDÉTECTABLE
SUREXCITABLE
ÉPOUVANTABLE
FRÉQUENTABLE
INRACONTABLE
INDÉMONTABLE
INACCEPTABLE
NON COMPTABLE
MAINMORTABLE
INEXÉCUTABLE
INDISCUTABLE
INCOMMUTABLE
TRANSMUTABLE
CONTRIBUABLE
DISTRIBUABLE
DISTINGUABLE
INATTAQUABLE
SUBSTITUABLE
INCONCEVABLE
INCULTIVABLE
INOBSERVABLE
INEMPLOYABLE
INTELLIGIBLE
INCORRIGIBLE
INDISPONIBLE
IMPRÉVISIBLE
INEXTENSIBLE
INEXPLOSIBLE
IRRÉVERSIBLE
INACCESSIBLE
COMPRESSIBLE
INADMISSIBLE
IRRÉMISSIBLE
INCOMPATIBLE
INDÉFECTIBLE
IRRÉDUCTIBLE
DESTRUCTIBLE
DESCRIPTIBLE
INSCRIPTIBLE
CONSOMPTIBLE
IRRÉSISTIBLE
SOUS-ENSEMBLE
HYDROSOLUBLE
INDISSOLUBLE
DÉSENSORCELÉ
PLAQUE-MODÈLE
TRIRECTANGLE
COLOMBOPHILE
MYRMÉCOPHILE
AQUARIOPHILE
GERMANOPHILE
HALTÉROPHILE
ÉLECTROPHILE
MARCY-L'ÉTOILE
LANCE-MISSILE
TRINQUEBALLE

ARRIÈRE-SALLE
CINTEGABELLE
SACS-POUBELLE
DINOFLAGELLÉ
ROMANICHELLE
ARTIFICIELLE
TENDANCIELLE
CÉRÉMONIELLE
POSTSÉRIELLE
IMMATÉRIELLE
CATÉGORIELLE
SEMESTRIELLE
BIMESTRIELLE
INDUSTRIELLE
TANGENTIELLE
SAPIENTIELLE
TORRENTIELLE
SÉQUENTIELLE
VALÉRIANELLE
POLICHINELLE
POLICHINELLE
PULSIONNELLE
PASSIONNELLE
FICTIONNELLE
ÉMOTIONNELLE
FLEXIONNELLE
RHYNCHONELLE
MAGNANARELLE
INTEMPORELLE
INCORPORELLE
SURNATURELLE
STRUCTURELLE
BICULTURELLE
MADEMOISELLE
ACCIDENTELLE
PLOUGASTELLE
INDIVIDUELLE
TRISANNUELLE
TÉLÉVISUELLE
CONSENSUELLE
INHABITUELLE
CONVENTUELLE
CONCEPTUELLE
CONTEXTUELLE
HOMOSEXUELLE
EMMOUSCAILLÉ
BOUSTIFAILLE
COCHONNAILLE
CARTON-PAILLE
DÉPOITRAILLÉ
CONTRE-TAILLE
PINCE-OREILLE
PERCE-OREILLE
BELLE-FAMILLE
SUPERFAMILLE
SEMI-CHENILLÉ
AUTOCHENILLE
BELLEFEUILLE
MILLE-FEUILLE
AIGREFEUILLE
PORTEFEUILLE
HÉLITREUILLÉ
CARAMBOUILLE
DÉBARBOUILLÉ
EMBARBOUILLÉ
PATTEMOUILLE
DÉVERROUILLÉ
TRIPATOUILLÉ
BERZÉ-LA-VILLE
COMBS-LA-VILLE
LÉOPOLDVILLE
FRANCHEVILLE
VIEILLEVILLE
LORETTEVILLE
BARAQUEVILLE
LANEUVEVILLE
BAISE-EN-VILLE
BOUGAINVILLE
FRANCONVILLE
ERMENONVILLE
BOURNONVILLE
JACKSONVILLE
CANY-BARVILLE
BOUCHERVILLE
ORLÉANSVILLE
SARTROUVILLE
STANLEYVILLE
LAMELLÉ-COLLÉ
CHANTIGNOLLE
XANTHOPHYLLE
SCLÉROPHYLLE
CHLOROPHYLLE
HOLOMÉTABOLE
VITIVINICOLE
DULÇAQUICOLE
MICROALVÉOLE
SAINT-GUÉNOLÉ
EXTRASYSTOLE
SOUS-MULTIPLE
MAÎTRE-COUPLE
THERMOCOUPLE
CONCILIABULE
TINTINNABULÉ
POINT-VIRGULE
EN CUL-DE-POULE
PIEDS-DE-POULE
PENTADACTYLE
ARTIODACTYLE
PTÉRODACTYLE
VACCINOSTYLE
CROQUE-MADAME
AUTOPROCLAMÉ
CAPROLACTAME
CHRYSANTHÈME
MILLIARDIÈME
CINQUANTIÈME
COMBIENTIÈME
ARCHIPHONÈME
TÉTRADRACHME
COLOGARITHME
QUADRAGÉSIME
SEPTUAGÉSIME
VALÈRE MAXIME
SAINTE-MAXIME
ORGANIGRAMME
STÉRÉOGRAMME
TRICHOGRAMME
SPERMOGRAMME
ORDINOGRAMME
BÉLINOGRAMME
CHRONOGRAMME
PRÉPROGRAMMÉ
LOI-PROGRAMME
CRYPTOGRAMME
OSTÉOSARCOME
LYMPHANGIOME
RUINES-DE-ROME
HÉTÉROTHERME
HAUTS-DE-FORME
COLUMBIFORME
CORACIIFORME
CICONIIFORME
LAMELLIFORME
CAMPANIFORME
CHOLÉRIFORME
PASSÉRIFORME
CRATÉRIFORME
ENTHOUSIASME
ENTHOUSIASMÉ
MITHRIACISME
CATHOLICISME
FLANDRICISME
HISTORICISME
AGNOSTICISME
SPONTANÉISME
ÉCLAIRAGISME
ESCLAVAGISME
MOTONEIGISME
SOCIOLOGISME
BIOMORPHISME
ZOOMORPHISME
ISOMORPHISME
PROGNATHISME
MÉGALITHISME
MONOLITHISME
CANNIBALISME
SYNDICALISME
CLÉRICALISME
PHYSICALISME
COLONIALISME
IMPÉRIALISME

MATÉRIALISME
MARGINALISME
RÉGIONALISME
NATIONALISME
RATIONALISME
PATERNALISME
PASTORALISME
THÉÂTRALISME
CULTURALISME
HOSPITALISME
ORIENTALISME
MOTOCYCLISME
MONOTHÉLISME
PARALLÉLISME
CLIENTÉLISME
PROBABILISME
INFANTILISME
BIMÉTALLISME
TRAVAILLISME
POINTILLISME
PANISLAMISME
ANGLICANISME
GALLICANISME
AMÉRICANISME
HOOLIGANISME
HOULIGANISME
CANADIANISME
PÉLAGIANISME
HÉGÉLIANISME
SOCINIANISME
ARMINIANISME
PARISIANISME
ADOPTIANISME
LUTHÉRANISME
CULTÉRANISME
ORTHOGÉNISME
PHÉNOMÉNISME
DÉTERMINISME
BYZANTINISME
AUGUSTINISME
CLOISONNISME
HISTRIONISME
ANACHRONISME
SYNCHRONISME
ISOCHRONISME
OPPORTUNISME
POLYCHROÏSME
MILLÉNARISME
CARBONARISME
ÉGALITARISME
UTILITARISME
VOLONTARISME
CONSUMÉRISME
CATHÉTÉRISME
GANGSTÉRISME
PYTHAGORISME
GONOCHORISME

BÉHAVIORISME
GÉOCENTRISME
ÉGOCENTRISME
ZOROASTRISME
AGRITOURISME
PROGRESSISME
MONOPHYSISME
SUPRÉMATISME
APRAGMATISME
ASTIGMATISME
AGRAMMATISME
ACHROMATISME
COMPARATISME
COOPÉRATISME
CORPORATISME
ALPHABÉTISME
PROXÉNÉTISME
MILITANTISME
IRRÉDENTISME
PENTECÔTISME
AUTOÉROTISME
BONAPARTISME
MONOPARTISME
MOTONAUTISME
PARACHUTISME
PROSÉLYTISME
KIMBANGUISME
PÉTRARQUISME
EXCLUSIVISME
OBJECTIVISME
DIRECTIVISME
PRIMITIVISME
COGNITIVISME
MACCARTHYSME
ROI-GUILLAUME
PRESSE-AGRUME
DÉSACCOUTUMÉ
SCLÉRENCHYME
ANTHROPONYME
POLYURÉTHANE
MORPHINOMANE
BALLETTOMANE
CYCLOPENTANE
AUTOCARAVANE
ANTIONCOGÈNE
TRYPSINOGÈNE
DÉSHYDROGÉNÉ
PRINCE EUGÈNE
SAINTE-HÉLÈNE
POLYÉTHYLÈNE
ÉPIPHÉNOMÈNE
ISAAC COMNÈNE
SCHIZOPHRÈNE
PHÉNANTHRÈNE
NITROBENZÈNE
BÂLE-CAMPAGNE
INTERURBAINE

MOZAMBICAINE
MOZAMBICAINE
RÉPUBLICAINE
COSTARICAINE
COSTARICAINE
SUD-AFRICAINE
SUD-AFRICAINE
PANAFRICAINE
EURAFRICAINE
PORTORICAINE
PORTORICAINE
FRANCISCAINE
DEMI-MONDAINE
DUODÉCIMAINE
GRÉCO-ROMAINE
GALLO-ROMAINE
INTERHUMAINE
RAMBOLITAINE
TRIPOLITAINE
PALERMITAINE
ELF AQUITAINE
CINQUANTAINE
BEAUFORTAINE
BRUNTRUTAINE
TRANSYLVAINE
TRANSYLVAINE
DEMI-DOUZAINE
PROTHROMBINE
TÉLÉMÉDECINE
TYROTHRICINE
MOUDJAHIDINE
CANTHARIDINE
CHARLIANDINE
PÉRIGOURDINE
PÉRIGOURDINE
FLUORESCÉINE
BOURG-LA-REINE
HAUTS-DE-SEINE
BRAY-SUR-SEINE
IVRY-SUR-SEINE
HOLOPROTÉINE
LIPOPROTÉINE
TURBOMACHINE
ENDOMORPHINE
TÉRÉBENTHINE
INTERLEUKINE
SIKHOTE-ALINE
TÉTRACYCLINE
GIBBÉRELLINE
UNIVITELLINE
THÉOPHYLLINE
PICROCHOLINE
INDISCIPLINE
INDISCIPLINÉ
POLYVITAMINE
PRÉDÉTERMINÉ
SURDÉTERMINÉ

LACTALBUMINE
PHYCOCYANINE
ANNA KARENINE
SAINT-ANTOINE
HÉLIOTROPINE
CRISTE-MARINE
TCHITCHERINE
INTRA-UTÉRINE
EXTRA-UTÉRINE
MONTÉNÉGRINE
MONTÉNÉGRINE
CICLOSPORINE
CYCLOSPORINE
LÈCHE-VITRINE
NOIRMOUTRINE
ANGOUMOISINE
ANGIOTENSINE
VASOPRESSINE
ESTUDIANTINE
FEUILLANTINE
LACTOFLAVINE
SAINTE-SAVINE
PHALLOTOXINE
NEWSMAGAZINE
ETCHMIADZINE
VILLEURBANNE
ÉLECTROVANNE
PROMÉTHÉENNE
LOUVIGNÉENNE
LANDERNÉENNE
NORD-CORÉENNE
NORD-CORÉENNE
ARGENTRÉENNE
ZIMBABWÉENNE
ZIMBABWÉENNE
LOUDÉACIENNE
BONIFACIENNE
SPANIACIENNE
PHARMACIENNE
SPARNACIENNE
MORTUACIENNE
THERMICIENNE
MÉCANICIENNE
ORGANICIENNE
TECHNICIENNE
BÉDARICIENNE
THÉORICIENNE
GÉNÉTICIENNE
POLITICIENNE
ROBOTICIENNE
PLASTICIENNE
ORDOVICIENNE
LUDOVICIENNE
JOTRANCIENNE
BALGENCIENNE
SÉDÉLOCIENNE
COMMERCIENNE

CISTERCIENNE
MONTMÉDIENNE
XIPHOÏDIENNE
STÉROÏDIENNE
CHOROÏDIENNE
THYROÏDIENNE
DELTOÏDIENNE
MASTOÏDIENNE
CAROTIDIENNE
PAROTIDIENNE
ROMUALDIENNE
NIDWALDIENNE
AMÉRINDIENNE
VILLARDIENNE
CAP-VERDIENNE
CAPVERDIENNE
CAPVERDIENNE
CAMBODGIENNE
CAMBODGIENNE
PHARYNGIENNE
THÉOLOGIENNE
CHIRURGIENNE
AUTRICHIENNE
AUTRICHIENNE
CORINTHIENNE
CORINTHIENNE
HELSINKIENNE
BANGKOKIENNE
CENTRALIENNE
AUSTRALIENNE
AUSTRALIENNE
THESSALIENNE
THESSALIENNE
VÉGÉTALIENNE
FRŒBÉLIENNE
FRANCILIENNE
FRANCILIENNE
BERJALLIENNE
NOGAROLIENNE
CRISTOLIENNE
SURINAMIENNE
VIETNAMIENNE
VIETNAMIENNE
BAIE-COMIENNE
ÉPICRÂNIENNE
POMÉRANIENNE
SOSTRANIENNE
LUSITANIENNE
LUSITANIENNE
TYRRHÉNIENNE
BAHREÏNIENNE
APOLLINIENNE
ABYSSINIENNE
ABYSSINIENNE
RIEMANNIENNE
MANSONNIENNE
PHARAONIENNE

BOURBONIENNE
MACÉDONIENNE
MACÉDONIENNE
CALÉDONIENNE
CALÉDONIENNE
PYRRHONIENNE
BABYLONIENNE
SPARNONIENNE
ÉTATS-UNIENNE
ÉTATS-UNIENNE
CORONARIENNE
VÉGÉTARIENNE
ANTIAÉRIENNE
ILLIBÉRIENNE
CHAMBÉRIENNE
DÉSIDÉRIENNE
LUCIFÉRIENNE
RIPAGÉRIENNE
COLUMÉRIENNE
JUPITÉRIENNE
MOUSTÉRIENNE
LAPRAIRIENNE
VOLTAIRIENNE
CALVAIRIENNE
ÉQUATORIENNE
ÉQUATORIENNE
NANTERRIENNE
BELLÉTRIENNE
ASBESTRIENNE
VALLAURIENNE
IMERCURIENNE
OCTODURIENNE
ÉPINEURIENNE
PASTEURIENNE
FAUBOURIENNE
AMADOURIENNE
COUTRASIENNE
ARGELÉSIENNE
CHALLÉSIENNE
MÉLANÉSIENNE
MÉLANÉSIENNE
INDONÉSIENNE
INDONÉSIENNE
POLYNÉSIENNE
POLYNÉSIENNE
CAMBRÉSIENNE
CAMBRÉSIENNE
CAUDRÉSIENNE
ROUBAISIENNE
CARHAISIENNE
CHALAISIENNE
MORLAISIENNE
STENAISIENNE
AULNAISIENNE
CHABLISIENNE
FOURMISIENNE
VALDOISIENNE

PONTOISIENNE
MARQUISIENNE
CIRCASSIENNE
CIRCASSIENNE
GENNASSIENNE
PARNASSIENNE
PAROISSIENNE
VIGNEUSIENNE
MALTHUSIENNE
VAUCLUSIENNE
VAUCLUSIENNE
TOURNUSIENNE
MULHOUSIENNE
CONDRUSIENNE
VIBRAYSIENNE
FERNEYSIENNE
ANDELYSIENNE
VAILLYSIENNE
KIRIBATIENNE
NANTUATIENNE
SAINT-ÉTIENNE
TRÉVOLTIENNE
LAURENTIENNE
LAURENTIENNE
GRAVETTIENNE
DJIBOUTIENNE
DJIBOUTIENNE
ALGONQUIENNE
SARAJÉVIENNE
THURGOVIENNE
TRIFLUVIENNE
OYONNAXIENNE
KOLKHOZIENNE
MANAGUAYENNE
PARAGUAYENNE
PARAGUAYENNE
CONCITOYENNE
FRANC-MAÇONNE
INSUBORDONNÉ
MAIGRICHONNE
DÉCAPUCHONNÉ
ENCAPUCHONNÉ
ENDIVISIONNÉ
CONVULSIONNÉ
PRÉPENSIONNÉ
CONTORSIONNÉ
IMPRESSIONNÉ
COMMISSIONNÉ
SOUMISSIONNÉ
CONFECTIONNÉ
PERFECTIONNÉ
COLLECTIONNÉ
REPOSITIONNÉ
SUSMENTIONNÉ
SUBVENTIONNÉ
CONVENTIONNÉ
PROPORTIONNÉ
SUGGESTIONNÉ
CONGESTIONNÉ
PRÉCAUTIONNÉ
RÉVOLUTIONNÉ
TOURBILLONNÉ
VOUVRILLONNE
ÉTRÉSILLONNÉ
ÉCOUVILLONNÉ
GROIZILLONNE
HAUTE-GARONNE
LOT-ET-GARONNE
DÉCHAPERONNÉ
SEMI-CONSONNE
PÈSE-PERSONNE
PAILLASSONNÉ
REMPOISSONNÉ
FLEURIATONNE
CHEF-BOUTONNE
ANGLO-SAXONNE
ANGLO-SAXONNE
PONT-SUR-YONNE
PORT-SUR-SAÔNE
RADIOCARBONE
HYDROCARBONÉ
DICOTYLÉDONE
GERMANOPHONE
HISPANOPHONE
BERBÉROPHONE
ÉLECTROPHONE
MAGNÉTOPHONE
CÔTES-DU-RHÔNE
PHYTOHORMONE
PARATHORMONE
HYDROQUINONE
PROGESTÉRONE
TESTOSTÉRONE
GÉOSYNCHRONE
SEINE-ET-MARNE
ULTRAMODERNE
HYDRE DE LERNE
WAGON-CITERNE
AVION-CITERNE
ATHIS-DE-L'ORNE
GLYNDEBOURNE
PETIT-DÉJEUNÉ
PALMA LE JEUNE
PLINE LE JEUNE
STURE LE JEUNE
PÉPIN LE JEUNE
LOUIS LE JEUNE
CYRUS LE JEUNE
DENYS LE JEUNE
HOJO TOKIMUNE
SOLJENITSYNE
CHAUSSE-TRAPE
FOURGON-POMPE
KALÉIDOSCOPE
LARYNGOSCOPE
BRONCHOSCOPE
ÉBULLIOSCOPE
OSCILLOSCOPE
ÉLECTROSCOPE
SPECTROSCOPE
MAGNÉTOSCOPE
MAGNÉTOSCOPÉ
ZINJANTHROPE
PHILANTHROPE
HYPERMÉTROPE
ÉNANTIOTROPE
RADIO-ISOTOPE
SURDÉVELOPPÉ
DÉSENVELOPPÉ
CONTRESCARPE
PRESSE-ÉTOUPE
CAPDENAC-GARE
ALLUME-CIGARE
THÉÂTRE-LIBRE
DÉSÉQUILIBRE
DÉSÉQUILIBRÉ
CONTRE-TIMBRE
CONDESCENDRE
ENTREPRENDRE
DÉSAPPRENDRE
SOUS-ENTENDRE
MONOCYLINDRE
CORRESPONDRE
NORT-SUR-ERDRE
PRÊTS-À-COUDRE
DÉSINCARCÉRÉ
FORAMINIFÈRE
SACCHARIFÈRE
DIAMANTIFÈRE
TROCHOSPHÈRE
CHROMOSPHÈRE
THERMOSPHÈRE
HÉTÉROSPHÈRE
STRATOSPHÈRE
AMBULANCIÈRE
PLAISANCIÈRE
PISSALADIÈRE
BRANCARDIÈRE
MONTGOLFIÈRE
CARTOUCHIÈRE
HOSPITALIÈRE
FESTIVALIÈRE
CHENEVELIÈRE
PARTICULIÈRE
ANNÉE-LUMIÈRE
PALEFRENIÈRE
MAROQUINIÈRE
CHARBONNIÈRE
CHIFFONNIÈRE
BOUCHONNIÈRE
HOUBLONNIÈRE

CHANSONNIÈRE
CRESSONNIÈRE
POISSONNIÈRE
BUISSONNIÈRE
GRANDE BRIÈRE
PRÉFOURRIÈRE
PROCÉDURIÈRE
CONFITURIÈRE
MANŒUVRIÈRE
LARIBOISIÈRE
MATELASSIÈRE
PAPERASSIÈRE
ÉCRIVASSIÈRE
CHOCOLATIÈRE
USUFRUITIÈRE
CHARPENTIÈRE
DÉBIRENTIÈRE
ESCARGOTIÈRE
BIMBELOTIÈRE
AUTOROUTIÈRE
SOUS-CLAVIÈRE
BETTERAVIÈRE
GARDE-RIVIÈRE
GRENOUILLÈRE
QUADRILATÈRE
MULTICRITÈRE
SIPHONAPTÈRE
STREPSIPTÈRE
THYSANOPTÈRE
RASTAQUOUÈRE
STAPHISAIGRE
ŒILS-DE-TIGRE
SAINT-MACAIRE
LUDOTHÉCAIRE
HYPOTHÉCAIRE
SUBURBICAIRE
ANTICALCAIRE
HEBDOMADAIRE
RÉFÉRENDAIRE
MILLIARDAIRE
LAISSER-FAIRE
DUN LAOGHAIRE
PRÉGLACIAIRE
BÉNÉFICIAIRE
ÉVANGÉLIAIRE
DOMICILIAIRE
INTERCALAIRE
POINTE-CLAIRE
MULTIFILAIRE
SAINT-HILAIRE
PÉDICELLAIRE
CODICILLAIRE
PROTOCOLAIRE
PARASCOLAIRE
PÉRISCOLAIRE
POSTSCOLAIRE
MULTIPOLAIRE

TRANSPOLAIRE
EXTRASOLAIRE
ACÉTABULAIRE
MANDIBULAIRE
VESTIBULAIRE
VERNACULAIRE
TENTACULAIRE
PELLICULAIRE
FOLLICULAIRE
VERMICULAIRE
LENTICULAIRE
TESTICULAIRE
PÉDONCULAIRE
UNILOCULAIRE
TRILOCULAIRE
TRIANGULAIRE
PÉNINSULAIRE
BIMILLÉNAIRE
BICENTENAIRE
SUBLIMINAIRE
PRÉLIMINAIRE
CHAMBONNAIRE
MILLIONNAIRE
PENSIONNAIRE
CESSIONNAIRE
MISSIONNAIRE
STATIONNAIRE
FACTIONNAIRE
DICTIONNAIRE
TORTIONNAIRE
GESTIONNAIRE
MAMELONNAIRE
EMBRYONNAIRE
ANTIPHONAIRE
SAINT-LUNAIRE
SCYPHOZOAIRE
HÉMATOZOAIRE
KAMPTOZOAIRE
AMBULACRAIRE
THURIFÉRAIRE
SURNUMÉRAIRE
MADRÉPORAIRE
SCRIPTURAIRE
ANNIVERSAIRE
HYPOPHYSAIRE
SYNDICATAIRE
COMANDATAIRE
RETARDATAIRE
COSIGNATAIRE
DESTINATAIRE
RÉSERVATAIRE
PROPRIÉTAIRE
PAMPHLÉTAIRE
MOUSQUETAIRE
PUBLICITAIRE
INÉGALITAIRE
PRÉMILITAIRE

SATELLITAIRE
INDEMNITAIRE
EXCÉDENTAIRE
LIGAMENTAIRE
FRAGMENTAIRE
SÉDIMENTAIRE
RUDIMENTAIRE
RÉGIMENTAIRE
DOCUMENTAIRE
TÉGUMENTAIRE
ARGUMENTAIRE
INVOLONTAIRE
PROTONOTAIRE
PLAQUETTAIRE
ATTRIBUTAIRE
PRÉCIPUTAIRE
LEUCOCYTAIRE
PHAGOCYTAIRE
MOUSTIQUAIRE
SAINT-NAZAIRE
ENTRE-DÉCHIRÉ
WARWICKSHIRE
NEW HAMPSHIRE
MAINE-ET-LOIRE
SAÔNE-ET-LOIRE
INDRE-ET-LOIRE
AFRIQUE NOIRE
IMPRÉCATOIRE
MASTICATOIRE
SUBROGATOIRE
OSCILLATOIRE
CALCULATOIRE
CIRCULATOIRE
ANOVULATOIRE
DIFFAMATOIRE
DÉCLAMATOIRE
COMBINATOIRE
DÉCLINATOIRE
ÉLIMINATOIRE
COMMINATOIRE
ÉCHAPPATOIRE
DÉCLARATOIRE
PRÉPARATOIRE
RESPIRATOIRE
INSPIRATOIRE
EXPLORATOIRE
ÉVAPORATOIRE
CONJURATOIRE
INCANTATOIRE
OSTENTATOIRE
ATTENTATOIRE
OBSERVATOIRE
RÉDHIBITOIRE
PRÉMONITOIRE
RÉQUISITOIRE
INQUISITOIRE
SUPPOSITOIRE

12

RETRANSCRIRE
CIRCONSCRIRE
RÉINTRODUIRE
TRAVERSOUIRE
DÉCONSTRUIRE
RECONSTRUIRE
SIPHONOPHORE
GALACTOPHORE
ORGANOCHLORÉ
DEUIL-LA-BARRE
BASSE-NAVARRE
LARGILLIERRE
TOURNE-PIERRE
BASSOMPIERRE
PARATONNERRE
POMME DE TERRE
MARQUENTERRE
VIC-EN-BIGORRE
PETITS-BEURRE
LAISSÉ-COURRE
AMPHITHÉÂTRE
QUATRE-QUATRE
TURBIDIMÈTRE
VISCOSIMÈTRE
EXPLOSIMÈTRE
ÉBULLIOMÈTRE
GALVANOMÈTRE
INCLINOMÈTRE
PSYCHROMÈTRE
ÉLECTROMÈTRE
SPECTROMÈTRE
PÉNÉTROMÈTRE
TELLUROMÈTRE
EXTENSOMÈTRE
IVRESSOMÈTRE
CATHÉTOMÈTRE
MAGNÉTOMÈTRE
SENSITOMÈTRE
PORTE-FENÊTRE
MULTIFENÊTRE
INTERPÉNÉTRÉ
CONTREMAÎTRE
RÉAPPARAÎTRE
POINTE-À-PITRE
PAPIER-FILTRE
HAUTES-CONTRE
CLYTEMNESTRE
RÉENREGISTRÉ
SOUS-MINISTRE
CONTRE-LETTRE
MANDAT-LETTRE
COMPROMETTRE
CARTON-FEUTRE
CRAYON-FEUTRE
CONTREFOUTRE
BRAHMAPOUTRE
TÊTES-DE-MAURE

BRACHIOSAURE
TYRANNOSAURE
HYDROCARBURE
CHANTEPLEURE
BOURSOUFLURE
FERRICYANURE
FERROCYANURE
HEXACHLORURE
POLYCHLORURE
HEXAFLUORURE
ENCHEVÊTRURE
CONTRE-MESURE
ARRONDISSURE
MEURTRISSURE
ÉCLABOUSSURE
VILLÉGIATURE
VILLÉGIATURÉ
APPOGGIATURE
NOMENCLATURE
SPORTS-NATURE
MAGISTRATURE
CRYOFRACTURE
ARCHITECTURE
ARCHITECTURÉ
SUBSTRUCTURE
DÉCHIQUETURE
MICROVOITURE
TÉLÉÉCRITURE
DÉSINVOLTURE
BULBICULTURE
PISCICULTURE
CARPICULTURE
ACÉRICULTURE
PUÉRICULTURE
FLORICULTURE
SERRICULTURE
HORTICULTURE
SYLVICULTURE
COPROCULTURE
JOINT-VENTURE
DÉCOUVERTURE
HÉLIOGRAVURE
COMPOGRAVURE
PHOTOGRAVURE
NICOLAS-FAVRE
BECS-DE-LIÈVRE
CHEFS-D'ŒUVRE
MAINS-D'ŒUVRE
ROMAIN ARGYRE
RIBONUCLÉASE
ANTIPROTÉASE
STEEPLE-CHASE
HELMINTHIASE
ENTÉROKINASE
TRANSAMINASE
ARCHIDIOCÈSE
HÉMATOPOÏÈSE

PSYCHOGENÈSE
MORPHOGENÈSE
THERMOGENÈSE
ORGANOGENÈSE
TÉRATOGENÈSE
GAMÉTOGENÈSE
BLASTOGENÈSE
EMBRYOGENÈSE
MARIE-THÉRÈSE
THORACENTÈSE
AMNIOCENTÈSE
CADILLACAISE
SEGONZACAISE
TREMBLADAISE
BÉDARRIDAISE
THAÏLANDAISE
THAÏLANDAISE
CHALLANDAISE
NÉERLANDAISE
NÉERLANDAISE
ALLEVARDAISE
CABOURGEAISE
SOUILLAGAISE
HONGKONGAISE
PÈRE-LACHAISE
GUERNESIAISE
MONTRÉALAISE
MONTRÉALAISE
BONNEVALAISE
BOUGIVALAISE
YSSINGELAISE
MONTERELAISE
MARSHALLAISE
VERSAILLAISE
VERSAILLAISE
CORMEILLAISE
MARSEILLAISE
MARSEILLAISE
ARCUEILLAISE
GRANVILLAISE
JOINVILLAISE
TROUVILLAISE
MARVEJOLAISE
CHESTROLAISE
SAINT-JAMAISE
VIENTIANAISE
MARIGNANAISE
LÉZIGNANAISE
ARGENTANAISE
CARENTANAISE
JAKARTANAISE
CAPESTANAISE
PAKISTANAISE
PAKISTANAISE
HAUT-SEINAISE
JOSSELINAISE
DOURDANNAISE

COURSANNAISE
MIMIZANNAISE
DOULLENNAISE
BOURBONNAISE
BOURBONNAISE
ALENÇONNAISE
MÉZIDONNAISE
GOURDONNAISE
LANNIONNAISE
RÉUNIONNAISE
RÉUNIONNAISE
ARPAJONNAISE
AVALLONNAISE
GAILLONNAISE
AVIGNONNAISE
COURNONNAISE
NONTRONNAISE
AVEYRONNAISE
CLISSONNAISE
SOISSONNAISE
BUISSONNAISE
ÉGLETONNAISE
FRONTONNAISE
VIERZONNAISE
TARRACONAISE
BARCELONAISE
BARCELONAISE
SISTERONAISE
HAUT-MARNAISE
SIX-FOURNAISE
CAMEROUNAISE
CAMEROUNAISE
GUINGAMPAISE
BRESSUIRAISE
HONFLEURAISE
HARFLEURAISE
SEIGNOSSAISE
HUELGOATAISE
BAGNOLETAISE
CLERMONTAISE
CHAUMONTAISE
DOMFRONTAISE
MONTFORTAISE
BEAUFORTAISE
CANOURGUAISE
DOMINIQUAISE
GOGUENARDISE
MÉTAMORPHISÉ
DÉMÉDICALISÉ
POTENTIALISÉ
PERSONNALISÉ
MUNICIPALISÉ
DÉMINÉRALISÉ
DÉCENTRALISÉ
DÉNATURALISÉ
UNIVERSALISÉ
DÉCAPITALISÉ

RECAPITALISÉ
SPIRITUALISÉ
MALLÉABILISÉ
COMPTABILISÉ
INSOLUBILISÉ
TRANQUILLISÉ
CHRISTIANISÉ
DÉNICOTINISÉ
CRESSIACOISE
AURILLACOISE
CAPDENACOISE
DONZENACOISE
BERGERACOISE
CHOMÉRACOISE
ARGENTACOISE
BANNALÉCOISE
CLAMECYCOISE
RICAMANDOISE
MONTBARDOISE
BROSSARDOISE
THETFORDOISE
FLORANGEOISE
STIRINGEOISE
COULONGEOISE
EMBOURGEOISÉ
MAUBEUGEOISE
ALTKIRCHOISE
MASCOUCHOISE
PONTEVALOISE
ROBERVALOISE
BONDOUFLOISE
PETITE-ÎLOISE
MIRABELLOISE
SEYCHELLOISE
SEYCHELLOISE
SAMMIELLOISE
CAP-D'AILLOISE
VERFEILLOISE
BELŒILLOISE
DRAVEILLOISE
ABBEVILLOISE
AMNÉVILLOISE
LUNÉVILLOISE
JOINVILLOISE
COURVILLOISE
ÉCHIROLLOISE
QUIMPERLOISE
BAILLEULOISE
CORBEHEMOISE
SAINT-RÉMOISE
CATTENOMOISE
COMPIÉGNOISE
PRESSIGNOISE
TOMBLAINOISE
ESCAUDINOISE
MADELEINOISE
INDOCHINOISE

INDOCHINOISE
HAUT-RHINOISE
GRAVELINOISE
REMOULINOISE
ESCOUMINOISE
TURRIPINOISE
FELLETINOISE
VALENTINOISE
VALENTINOISE
BARENTINOISE
AUGUSTINOISE
ENGHIENNOISE
GRATIENNOISE
HAUT-SAÔNOISE
ISSOLDUNOISE
SAVERDUNOISE
TASSILUNOISE
CHASSÉ-CROISÉ
JONQUIÉROISE
GRAND-MÉROISE
BEAUCAIROISE
CAVALAIROISE
VALCOLOROISE
VENDEUVROISE
LAPALISSOISE
BANGUISSOISE
FLEURYSSOISE
GRAULHETOISE
CLERMONTOISE
CLERMONTOISE
HAUTMONTOISE
BEAUMONTOISE
CHAUMONTOISE
BEAUPORTOISE
PINCOURTOISE
BONCOURTOISE
DISCOURTOISE
BUDAPESTOISE
BUCARESTOISE
TONNACQUOISE
DUNKERQUOISE
LOUPERIVOISE
INAPPRIVOISÉ
PENIVAUXOISE
DÉSOLIDARISÉ
DÉNUCLÉARISÉ
PARCELLARISÉ
DÉMILITARISÉ
REMILITARISÉ
CONTAINÉRISÉ
ACCESSOIRISÉ
RÉFLECTORISÉ
COENTREPRISE
PSYCHIATRISÉ
CONTENEURISÉ
DÉPRESSURISÉ
MITHRIDATISÉ

ANATHÉMATISÉ
DÉSINSECTISÉ
CONSCIENTISÉ
DÉSAMBIGUÏSÉ
COLLECTIVISÉ
AUTOPROPULSÉ
CARTE-RÉPONSE
DÉSOXYRIBOSE
ONCHOCERCOSE
MÉTEMPSYCOSE
MONONUCLÉOSE
QUELQUE CHOSE
MÉTAMORPHOSE
MÉTAMORPHOSÉ
ANHYDROBIOSE
OTOSPONGIOSE
LEISHMANIOSE
ENDOMÉTRIOSE
RICKETTSIOSE
LÉGIONELLOSE
SALMONELLOSE
ASPERGILLOSE
PIROPLASMOSE
TOXOPLASMOSE
PHOTOCOMPOSÉ
RADIONÉCROSE
DISCARTHROSE
LEPTOSPIROSE
SPIROCHÉTOSE
LYMPHOCYTOSE
GARDES-CHASSE
HALICARNASSE
MONTPARNASSE
DEMANDERESSE
DÉFENDERESSE
DÉSINTÉRESSÉ
FILTRE-PRESSE
SCÉLÉRATESSE
TIROIR-CAISSE
NÈGREPELISSE
BALANOGLOSSE
PAMPLEMOUSSE
POUSSE-POUSSE
TAXIS-BROUSSE
MAGNÉTOPAUSE
MALCHANCEUSE
MARCHANDEUSE
POURFENDEUSE
TÉLÉVENDEUSE
AVALANCHEUSE
EFFILOCHEUSE
MALGRACIEUSE
DISGRACIEUSE
ARTIFICIEUSE
TENDANCIEUSE
SENTENCIEUSE
COMPENDIEUSE

DISPENDIEUSE
IRRÉLIGIEUSE
PRESTIGIEUSE
IGNOMINIEUSE
CÉRÉMONIEUSE
ACRIMONIEUSE
IMPÉCUNIEUSE
INDUSTRIEUSE
PRÉTENTIEUSE
CONTENTIEUSE
RASSEMBLEUSE
ENSORCELEUSE
ÉCORNIFLEUSE
HANDBALLEUSE
FOOTBALLEUSE
CÉRÉBELLEUSE
CHAMAILLEUSE
REMMAILLEUSE
REMPAILLEUSE
MITRAILLEUSE
TRAVAILLEUSE
SOURCILLEUSE
CONSEILLEUSE
ORGUEILLEUSE
MERVEILLEUSE
GRAPPILLEUSE
POINTILLEUSE
EFFEUILLEUSE
RABOUILLEUSE
BIDOUILLEUSE
BAFOUILLEUSE
CAFOUILLEUSE
MAGOUILLEUSE
GAZOUILLEUSE
RESQUILLEUSE
CAMBRIOLEUSE
PELLICULEUSE
FURONCULEUSE
TUBERCULEUSE
LE VAL-DE-MEUSE
PROGRAMMEUSE
VILLETANEUSE
PYROLIGNEUSE
PRURIGINEUSE
VERTIGINEUSE
FERRUGINEUSE
CHARBONNEUSE
POINÇONNEUSE
TRONÇONNEUSE
SOUPÇONNEUSE
GRIFFONNEUSE
RONCHONNEUSE
HAILLONNEUSE
GOUDRONNEUSE
MOISSONNEUSE
POISSONNEUSE
BUISSONNEUSE

SAUPOUDREUSE
POUSSIÉREUSE
DÉCHIFFREUSE
PHOSPHOREUSE
BIENHEUREUSE
MAGNÉTISEUSE
HYPNOTISEUSE
CONNAISSEUSE
DÉGRAISSEUSE
ENGRAISSEUSE
DÉMOLISSEUSE
FOURNISSEUSE
AVERTISSEUSE
INTEROSSEUSE
DÉCHAUSSEUSE
SARCOMATEUSE
FIBROMATEUSE
LÉPROMATEUSE
RHIZOMATEUSE
DÉCOLLETEUSE
SOUFFRETEUSE
SOLLICITEUSE
ACCRÉDITEUSE
NÉCESSITEUSE
POURSUITEUSE
LIGAMENTEUSE
FILAMENTEUSE
BONIMENTEUSE
PAVIMENTEUSE
AUTOPORTEUSE
CAILLOUTEUSE
CHRONIQUEUSE
PLASTIQUEUSE
RESPECTUEUSE
INFRUCTUEUSE
TORRENTUEUSE
RADIODIFFUSÉ
WESTINGHOUSE
PSYCHANALYSE
PSYCHANALYSÉ
NARCOANALYSE
MICROANALYSE
BOROSILICATE
BOROSILICATÉ
STARTING-GATE
TRIPHOSPHATE
MÉTHACRYLATE
PERMANGANATE
CHLORHYDRATE
MICRO-CRAVATE
CIRCONSPECTE
PYRÉNOMYCÈTE
ACTINOMYCÈTE
MONTS-DE-PIÉTÉ
NUE-PROPRIÉTÉ
PROTOPLANÈTE
SOUVERAINETÉ

LAMPE-TEMPÊTE
DÉBONNAIRETÉ
MALHONNÊTETÉ
INSATISFAITE
PARAPHLÉBITE
PÉRIPHLÉBITE
INEFFICACITÉ
PERSPICACITÉ
APOSTOLICITÉ
MULTIPLICITÉ
EXCENTRICITÉ
AUTOMATICITÉ
AUTHENTICITÉ
ANÉLASTICITÉ
SIMULTANÉITÉ
IMPARIDIGITÉ
LABYRINTHITE
PRÉSIDIALITÉ
COLLÉGIALITÉ
POTENTIALITÉ
IMPARTIALITÉ
DIVORTIALITÉ
CONVIVIALITÉ
SEPTENNALITÉ
SAISONNALITÉ
PERSONNALITÉ
POLYTONALITÉ
MUNICIPALITÉ
BILATÉRALITÉ
SINISTRALITÉ
UNIVERSALITÉ
PÉRINATALITÉ
NÉOMORTALITÉ
SURMORTALITÉ
SPIRITUALITÉ
OSTÉOMYÉLITE
POLIOMYÉLITE
INSÉCABILITÉ
RÉVOCABILITÉ
DÉCIDABILITÉ
MALLÉABILITÉ
PERMÉABILITÉ
FATIGABILITÉ
NAVIGABILITÉ
SERVIABILITÉ
ALIÉNABILITÉ
TREMPABILITÉ
ALTÉRABILITÉ
HONORABILITÉ
INCURABILITÉ
OPPOSABILITÉ
DILATABILITÉ
HABITABILITÉ
EXCITABILITÉ
HÉRITABILITÉ
IRRITABILITÉ
ADAPTABILITÉ

COMPTABILITÉ
FLOTTABILITÉ
RÉFUTABILITÉ
IMMUTABILITÉ
IMPUTABILITÉ
RECEVABILITÉ
INDÉLÉBILITÉ
IRASCIBILITÉ
FAILLIBILITÉ
ILLISIBILITÉ
DIVISIBILITÉ
INVISIBILITÉ
PLAUSIBILITÉ
INFUSIBILITÉ
AÉROMOBILITÉ
INSOLUBILITÉ
RÉTRACTILITÉ
TRANQUILLITÉ
ENTÉROCOLITE
ANGIOCHOLITE
BRONCHIOLITE
ÉPICONDYLITE
ILLÉGITIMITÉ
RADIODERMITE
SOUS-HUMANITÉ
PIERRE-BÉNITE
BARTHOLINITE
AUTO-IMMUNITÉ
SOUS-EXPLOITÉ
SUBSIDIARITÉ
IRRÉGULARITÉ
IMPOPULARITÉ
SCISSIPARITÉ
RETRANSCRITE
CIRCONSCRITE
CINÉMA-VÉRITÉ
CONTREVÉRITÉ
PÉRIARTHRITE
POLYARTHRITE
POSTÉRIORITÉ
HYPOCHLORITE
MULTINÉVRITE
CHALCOPYRITE
ANTIPARASITE
ANTIPARASITÉ
ENDOPARASITE
ECTOPARASITE
CONTRE-VISITE
SURINTENSITÉ
CONTAGIOSITÉ
OBSÉQUIOSITÉ
MÉTICULOSITÉ
MONSTRUOSITÉ
DÉFECTUOSITÉ
BIODIVERSITÉ
MULTIPARTITE
CHOLÉCYSTITE

RÉINTRODUITE
DÉCONSTRUITE
RECONSTRUITE
MICROGRAVITÉ
DÉGRESSIVITÉ
EXPRESSIVITÉ
POSSESSIVITÉ
PERMISSIVITÉ
ATTRACTIVITÉ
SUBJECTIVITÉ
COLLECTIVITÉ
CONNECTIVITE
CONDUCTIVITÉ
PRODUCTIVITÉ
TRANSITIVITÉ
RÉPÉTITIVITÉ
ABSORPTIVITÉ
SUGGESTIVITÉ
EXHAUSTIVITÉ
PERMITTIVITÉ
FRANCHE-COMTÉ
SURPLOMBANTE
COMMUNICANTE
CONVAINCANTE
INDÉPENDANTE
SURABONDANTE
ACCOMMODANTE
INCOMMODANTE
IGNIFUGEANTE
ÉBOURIFFANTE
EXTRAVAGANTE
CHEVAUCHANTE
FLUIDIFIANTE
ALCALIFIANTE
ÉMULSIFIANTE
SANCTIFIANTE
AUTOCOPIANTE
CONTRARIANTE
MARIE-GALANTE
RESSEMBLANTE
ENSORCELANTE
RENOUVELANTE
HORRIPILANTE
BRONDILLANTE
ACCUEILLANTE
MALVEILLANTE
SURVEILLANTE
SCINTILLANTE
GAZOUILLANTE
AUTOCOLLANTE
GESTICULANTE
TRANSHUMANTE
INCONVENANTE
INTERVENANTE
ASTREIGNANTE
RECOMBINANTE
HALLUCINANTE

PRÉDOMINANTE
SUS-DOMINANTE
DÉTERMINANTE
AGGLUTINANTE
BOURDONNANTE
PASSIONNANTE
ÉMOTIONNANTE
CLAIRONNANTE
ENVIRONNANTE
FRISSONNANTE
CONSTERNANTE
HANDICAPANTE
PARTICIPANTE
DÉVELOPPANTE
ENVELOPPANTE
PRÉOCCUPANTE
ÉQUILIBRANTE
RÉVERBÉRANTE
PROTUBÉRANTE
ODORIFÉRANTE
BELLIGÉRANTE
RÉFRIGÉRANTE
INTEMPÉRANTE
DÉSESPÉRANTE
DÉSALTÉRANTE
PERSÉVÉRANTE
DÉSHONORANTE
EXPECTORANTE
STRUCTURANTE
ANTIGIVRANTE
BIENFAISANTE
COMPLAISANTE
INSUFFISANTE
BIOLOGISANTE
ALLERGISANTE
ANARCHISANTE
GLOBALISANTE
SOCIALISANTE
STABILISANTE
STÉRILISANTE
FERTILISANTE
ANABOLISANTE
CRÉTINISANTE
COMMUNISANTE
EUPHORISANTE
TERRORISANTE
CICATRISANTE
ÉLECTRISANTE
DRAMATISANTE
AROMATISANTE
RHUMATISANTE
ESTHÉTISANTE
MAGNÉTISANTE
ANTIQUISANTE
BAROQUISANTE
BIEN-PENSANTE
INTÉRESSANTE

DÉGRAISSANTE
AMINCISSANTE
ADOUCISSANTE
AFFADISSANTE
GRANDISSANTE
ENVAHISSANTE
FAIBLISSANTE
JAILLISSANTE
AMOLLISSANTE
DÉCROISSANTE
CROUPISSANTE
NOURRISSANTE
POURRISSANTE
GROSSISSANTE
APPÉTISSANTE
ABRUTISSANTE
LANGUISSANTE
RÉJOUISSANTE
ÉBLOUISSANTE
CONTRACTANTE
SUREXCITANTE
CONCOMITANTE
TREMBLOTANTE
PAPILLOTANTE
AUTOPORTANTE
CONTRASTANTE
MANIFESTANTE
ÉQUIDISTANTE
PRÉEXISTANTE
CONSTITUANTE
CONSTITUANTE
POURSUIVANTE
MYORELAXANTE
IMPRÉVOYANTE
CLAIRVOYANTE
OBSOLESCENTE
LUMINESCENTE
ARBORESCENTE
FLUORESCENTE
DÉLITESCENTE
INDÉHISCENTE
REVIVISCENTE
COPRÉSIDENTE
INTELLIGENTE
SOUS-TANGENTE
INCONSCIENTE
PLURIVALENTE
ÉQUIPOLLENTE
PULVÉRULENTE
DÉRÉGLEMENTÉ
SOUS-ALIMENTÉ
INCONTINENTE
IMPERTINENTE
REMONTE-PENTE
TRANSPARENTE
INDIFFÉRENTE
INTERFÉRENTE

OMNIPRÉSENTE
INCOMPÉTENTE
CONTRE-POINTE
COURTEPOINTE
HÉTÉROZYGOTE
MALAKOFFIOTE
BATEAU-PILOTE
REDÉCOUVERTE
FEUILLE-MORTE
SUBLIME-PORTE
ENTHOUSIASTE
LYMPHOBLASTE
TROPHOBLASTE
NÉMATOBLASTE
CHLOROPLASTE
PUNTA DEL ESTE
SANS CONTESTE
PONT-L'ABBISTE
HARMONICISTE
HISTORICISTE
ABONDANCISTE
ANTIFASCISTE
ORTHOPÉDISTE
LATIFUNDISTE
STANDARDISTE
CHAUFFAGISTE
ÉCLAIRAGISTE
ARBITRAGISTE
ESCLAVAGISTE
MOTONEIGISTE
GÉNÉALOGISTE
PATHOLOGISTE
RADIOLOGISTE
GEMMOLOGISTE
COSMOLOGISTE
ÉTYMOLOGISTE
HYDROLOGISTE
MÉTROLOGISTE
SIDÉRURGISTE
PLASTURGISTE
RECHERCHISTE
ÉPIGRAPHISTE
SYNDICALISTE
MADRIGALISTE
COLONIALISTE
IMPÉRIALISTE
MATÉRIALISTE
MÉMORIALISTE
CRIMINALISTE
RÉGIONALISTE
NATIONALISTE
RATIONALISTE
PATERNALISTE
CULTURALISTE
ORIENTALISTE
MOTOCYCLISTE
PHILATÉLISTE

CLIENTÉLISTE
PROBABILISTE
AQUARELLISTE
TRAVAILLISTE
POINTILLISTE
AGROCHIMISTE
TAXIDERMISTE
AMÉRICANISTE
DOUARNENISTE
CLAVECINISTE
MANDOLINISTE
DÉTERMINISTE
BYZANTINISTE
PROTAGONISTE
TÉLÉPHONISTE
SAXOPHONISTE
POLYPHONISTE
OPPORTUNISTE
STÉNOTYPISTE
MILLÉNARISTE
UTILITARISTE
VOLONTARISTE
ÉQUILIBRISTE
VERS-LIBRISTE
FILDEFÉRISTE
INGÉNIERISTE
PÉPINIÉRISTE
COURRIÉRISTE
CROISIÉRISTE
CONSUMÉRISTE
BÉHAVIORISTE
ASCENSORISTE
MINIATURISTE
ANESTHÉSISTE
CONGRESSISTE
PROGRESSISTE
COMPARATISTE
CORPORATISTE
PORTRAITISTE
SANSKRITISTE
VÉLIDELTISTE
ESPÉRANTISTE
IRRÉDENTISTE
PARAPENTISTE
PARODONTISTE
PENTECÔTISTE
JEAN-BAPTISTE
BONAPARTISTE
AQUAFORTISTE
JUILLETTISTE
TROMPETTISTE
FLEURETTISTE
PARACHUTISTE
COGNITIVISTE
À L'IMPROVISTE
VOITURE-POSTE
TIMBRES-POSTE

LOUIS LE JUSTE
TRANSPALETTE
MOTOCYCLETTE
EXOSQUELETTE
À L'AVEUGLETTE
MITRAILLETTE
ANDOUILLETTE
ESPAGNOLETTE
ESCARPOLETTE
CATHERINETTE
ÉPINE-VINETTE
FOURGONNETTE
CHANSONNETTE
CRESSONNETTE
PITCHOUNETTE
TRISTOUNETTE
ALEXANDRETTE
CHAUFFERETTE
MINICASSETTE
MINICASSETTE
SOURDE-MUETTE
ROUFLAQUETTE
MICROCUVETTE
GIF-SUR-YVETTE
DON QUICHOTTE
DON QUICHOTTE
CANCOILLOTTE
GAINE-CULOTTE
LA GRAND-MOTTE
STILLIGOUTTE
KUUJJUAMIUTE
INUKJUAMIUTE
BARRAGE-VOÛTE
RÉTICULOCYTE
SPERMATOCYTE
PTÉRIDOPHYTE
SOUS-ENTENDUE
TROUSSE-QUEUE
FOUETTE-QUEUE
LOUIS LE BÈGUE
RIBOULDINGUE
BRINDEZINGUE
ALBE LA LONGUE
ALLERGOLOGUE
ORNITHOLOGUE
ASSYRIOLOGUE
VOLCANOLOGUE
VULCANOLOGUE
CRIMINOLOGUE
TERMINOLOGUE
CANCÉROLOGUE
MÉTÉOROLOGUE
CLIMATOLOGUE
PRIMATOLOGUE
STOMATOLOGUE
DERMATOLOGUE
RHUMATOLOGUE

DIABÉTOLOGUE
SOVIÉTOLOGUE
COSMÉTOLOGUE
URGENTOLOGUE
GÉRONTOLOGUE
PORT-CAMARGUE
GÉNÉTHLIAQUE
SACRO-ILIAQUE
MONOMANIAQUE
PARADISIAQUE
CONTREPLAQUÉ
CONTRE-BRAQUÉ
BANYULENCQUE
CINÉMATHÈQUE
SIVAPITHÈQUE
ORÉOPITHÈQUE
DRYOPITHÈQUE
PINACOTHÈQUE
BIBLIOTHÈQUE
CHIMIOTHÈQUE
GLYPTOTHÈQUE
JOUJOUTHÈQUE
PALMATISÉQUÉ
PALISSADIQUE
ORTHOPÉDIQUE
PÉRICARDIQUE
LOGORRHÉIQUE
ANTIACNÉIQUE
FRIGORIFIQUE
SCIENTIFIQUE
ŒSOPHAGIQUE
ÉPIPÉLAGIQUE
HÉMORRAGIQUE
PARAPLÉGIQUE
HÉMIPLÉGIQUE
ANTIFONGIQUE
HYPNAGOGIQUE
GÉNÉALOGIQUE
TÉLÉOLOGIQUE
PATHOLOGIQUE
LITHOLOGIQUE
MYTHOLOGIQUE
SOCIOLOGIQUE
RADIOLOGIQUE
SÉMIOLOGIQUE
PHILOLOGIQUE
SISMOLOGIQUE
COSMOLOGIQUE
ÉTYMOLOGIQUE
ETHNOLOGIQUE
LIMNOLOGIQUE
ICONOLOGIQUE
PHONOLOGIQUE
HIPPOLOGIQUE
NÉCROLOGIQUE
HYDROLOGIQUE
COPROLOGIQUE

MÉTROLOGIQUE
ASTROLOGIQUE
NEUROLOGIQUE
SCATOLOGIQUE
HISTOLOGIQUE
TAUTOLOGIQUE
ADRÉNERGIQUE
SIDÉRURGIQUE
OLIGARCHIQUE
HIÉRARCHIQUE
ÉPIGRAPHIQUE
GÉOGRAPHIQUE
BIOGRAPHIQUE
OROGRAPHIQUE
DYSTROPHIQUE
THÉOSOPHIQUE
BIOMORPHIQUE
ZOOMORPHIQUE
PARATYPHIQUE
TÉLÉPATHIQUE
ANTIPATHIQUE
IDIOPATHIQUE
ALLOPATHIQUE
MÉGALITHIQUE
MONOLITHIQUE
MÉSOLITHIQUE
PISOLITHIQUE
WISIGOTHIQUE
ENCÉPHALIQUE
PARAPUBLIQUE
SEMI-PUBLIQUE
DOUBLE-CLIQUÉ
MONOCYCLIQUE
POLYCYCLIQUE
PHILATÉLIQUE
PYROGALLIQUE
BIMÉTALLIQUE
HYPERBOLIQUE
MÉLANCOLIQUE
CARBOXYLIQUE
PRÉISLAMIQUE
PANISLAMIQUE
GÉODYNAMIQUE
PRÉCÉRAMIQUE
SEPTICÉMIQUE
ACÉTONÉMIQUE
AGROCHIMIQUE
OPÉRA-COMIQUE
OPÉRA-COMIQUE
TRAGI-COMIQUE
HÉROÏ-COMIQUE
ASTRONOMIQUE
LOXODROMIQUE
ANTIATOMIQUE
MONOATOMIQUE
DICHOTOMIQUE
ENDODERMIQUE
HYPODERMIQUE
MÉSODERMIQUE
ECTODERMIQUE
DIATHERMIQUE
GÉOTHERMIQUE
EXOTHERMIQUE
PARASISMIQUE
ANTISISMIQUE
PAROXYSMIQUE
PATRONYMIQUE
BIOMÉCANIQUE
TALISMANIQUE
GLYCOGÉNIQUE
PATHOGÉNIQUE
PHYLOGÉNIQUE
PHONOGÉNIQUE
PHOTOGÉNIQUE
TRANSGÉNIQUE
ACÉTYLÉNIQUE
GÉOTECHNIQUE
BIOTECHNIQUE
ZOOTECHNIQUE
SPLANCHNIQUE
POLICLINIQUE
MONOCLINIQUE
POLYCLINIQUE
HISTAMINIQUE
ABANDONNIQUE
KILOTONNIQUE
COSMOGONIQUE
TÉLÉPHONIQUE
CACOPHONIQUE
HOMOPHONIQUE
MONOPHONIQUE
POLYPHONIQUE
ANHARMONIQUE
ENHARMONIQUE
HYDROPONIQUE
DIACHRONIQUE
ANACHRONIQUE
PANCHRONIQUE
SYNCHRONIQUE
ISOCHRONIQUE
ÉLECTRONIQUE
ULTRASONIQUE
SUPERSONIQUE
HYPERSONIQUE
TRANSSONIQUE
PENTATONIQUE
PLANCTONIQUE
NEUROTONIQUE
HYPERTONIQUE
PARALYMPIQUE
PRÉOLYMPIQUE
TÉLESCOPIQUE
PÉRISCOPIQUE
ENDOSCOPIQUE
GYROSCOPIQUE
ISENTROPIQUE
ALLOTROPIQUE
POLYTROPIQUE
POLYCARPIQUE
ARCHÉTYPIQUE
PHÉNOTYPIQUE
TÉTRAÉDRIQUE
HEPTAÉDRIQUE
SULFHYDRIQUE
BROMHYDRIQUE
CYANHYDRIQUE
AZOTHYDRIQUE
TÉLÉPHÉRIQUE
PÉRIPHÉRIQUE
MÉSO-AMÉRIQUE
CLIMATÉRIQUE
MÉSENTÉRIQUE
DYSENTÉRIQUE
ALLOSTÉRIQUE
PYTHAGORIQUE
GONOCHORIQUE
MÉTAPHORIQUE
PHOSPHORIQUE
PERCHLORIQUE
ASSERTORIQUE
DIÉLECTRIQUE
DÉCAMÉTRIQUE
PARAMÉTRIQUE
DÉCIMÉTRIQUE
KILOMÉTRIQUE
MANOMÉTRIQUE
ŒNOMÉTRIQUE
BAROMÉTRIQUE
PYROMÉTRIQUE
VOLUMÉTRIQUE
CONCENTRIQUE
GÉOCENTRIQUE
ÉGOCENTRIQUE
ÉPIGASTRIQUE
GLYCOSURIQUE
BARBITURIQUE
ULTRABASIQUE
ACIDO-BASIQUE
EUTHANASIQUE
ANESTHÉSIQUE
DYSGÉNÉSIQUE
CELLULOSIQUE
PRÉCLASSIQUE
NÉOCLASSIQUE
MÉNOPAUSIQUE
PATAPHYSIQUE
MÉTAPHYSIQUE
NANOPHYSIQUE
CRYOPHYSIQUE
PANCRÉATIQUE
PROCRÉATIQUE

EURASIATIQUE
MATHÉMATIQUE
EMBLÉMATIQUE
PHONÉMATIQUE
SYSTÉMATIQUE
APRAGMATIQUE
DIPLOMATIQUE
ACHROMATIQUE
FANTOMATIQUE
INFORMATIQUE
SCHISMATIQUE
NUMISMATIQUE
MORGANATIQUE
SUS-HÉPATIQUE
THÉOCRATIQUE
DÉMOCRATIQUE
AUTOCRATIQUE
ANTIÉTATIQUE
MÉTASTATIQUE
ANTISTATIQUE
HÉMOSTATIQUE
HYPOSTATIQUE
AÉROSTATIQUE
SUBAQUATIQUE
APOPLECTIQUE
ALPHABÉTIQUE
APOLOGÉTIQUE
ANTITHÉTIQUE
HOMOTHÉTIQUE
HYPOTHÉTIQUE
INESTHÉTIQUE
PROSTHÉTIQUE
SIGNALÉTIQUE
ANTIÉMÉTIQUE
ARITHMÉTIQUE
CYBERNÉTIQUE
CHOLÉRÉTIQUE
MÉNINGITIQUE
BRONCHITIQUE
SYPHILITIQUE
GLAGOLITIQUE
OPHIOLITIQUE
PHONOLITIQUE
GÉOPOLITIQUE
MICROLITIQUE
CELLULITIQUE
NUMMULITIQUE
AUSTÉNITIQUE
AUTOCRITIQUE
MÉTÉORITIQUE
APRIORITIQUE
APOPHANTIQUE
THROMBOTIQUE
ANTIBIOTIQUE
AUTOÉROTIQUE
ASYMPTOTIQUE
CATALEPTIQUE
ANTISEPTIQUE
ANAGLYPTIQUE
STOCHASTIQUE
SCHOLASTIQUE
PLÉONASTIQUE
PÉDÉRASTIQUE
PHLOGISTIQUE
CABALISTIQUE
PUGILISTIQUE
URBANISTIQUE
HÉDONISTIQUE
HUMORISTIQUE
LINGUISTIQUE
DIAGNOSTIQUE
DIAGNOSTIQUÉ
DIACOUSTIQUE
PAROXYSTIQUE
SQUELETTIQUE
AÉRONAUTIQUE
MOTONAUTIQUE
CATON D'UTIQUE
ANXIOLYTIQUE
CARYOLYTIQUE
DÉSINTOXIQUÉ
PAPIER-CALQUE
SALTIMBANQUE
GRAUFESENQUE
MÉNINGOCOQUE
STREPTOCOQUE
CONTREMARQUE
CONTREMARQUÉ
HÉTÉROCERQUE
SEMI-REMORQUE
CARAVAGESQUE
RAPHAÉLESQUE
REMBRANESQUE
DONJUANESQUE
CHAPLINESQUE
CANULARESQUE
TOURNE-DISQUE
QUEUE-DE-MORUE
CONTREFOUTUE
ANTIADHÉSIVE
AUTOADHÉSIVE
APPRÉHENSIVE
HYPERTENSIVE
INEXPRESSIVE
MODIFICATIVE
VÉRIFICATIVE
NOTIFICATIVE
SÉRONÉGATIVE
DÉPRÉCIATIVE
APPRÉCIATIVE
CONFIRMATIVE
PERFORMATIVE
DÉNOMINATIVE
DÉLIBÉRATIVE
DÉGÉNÉRATIVE
ILLUSTRATIVE
QUANTITATIVE
CONSULTATIVE
AUGMENTATIVE
PROGESTATIVE
PRÉSERVATIVE
TENSIOACTIVE
SOUSTRACTIVE
IMPERFECTIVE
INTERJECTIVE
NON DIRECTIVE
CONSTRICTIVE
REPRODUCTIVE
IMPRODUCTIVE
INTRODUCTIVE
CONSTRUCTIVE
AUTOPUNITIVE
INTRANSITIVE
SÉROPOSITIVE
ANTISPORTIVE
INTEMPESTIVE
DISTRIBUTIVE
SUBSTITUTIVE
CONSTITUTIVE
ÉLECTROVALVE
SEMI-CONSERVE
BEECHER-STOWE
DÉMULTIPLEXÉ
LA MEILLERAYE
AILLY-SUR-NOYE
CHEVARDNADZE
ORDJONIKIDZE
ADJUDANT-CHEF
BOIT-SANS-SOIF
MAZAR-E CHARIF
COMPRÉHENSIF
REVENDICATIF
QUALIFICATIF
SIGNIFICATIF
RECTIFICATIF
JUSTIFICATIF
COMMUNICATIF
LUDO-ÉDUCATIF
INTERNÉGATIF
INTERROGATIF
CONTEMPLATIF
APPROXIMATIF
DÉTERMINATIF
PARTICIPATIF
COMMÉMORATIF
DÉMONSTRATIF
NON-FIGURATIF
ARGUMENTATIF
FRÉQUENTATIF
SOUS-EFFECTIF
TÉLÉOBJECTIF

PERMSÉLECTIF
RÉTROSPECTIF
INTROSPECTIF
OMNIDIRECTIF
INTERPOSITIF
CONTRACEPTIF
INTÉROCEPTIF
EXTÉROCEPTIF
CONTRAGESTIF
TOTALFINAELF
LANGUE-DE-CERF
FOIES-DE-BŒUF
ŒILS-DE-BŒUF
SVEN TVESKÄGG
WASSERBILLIG
LUANG PRABANG
UJUNG PANDANG
HEILONGJIANG
SHIJIAZHUANG
BODYBUILDING
COUPS-DE-POING
DENG XIAOPING
THANKSGIVING
MEMPHRÉMAGOG
STAUFFENBERG
RAUSCHENBERG
JOHANNISBERG
LEOPOLDSBURG
JOHANNESBURG
MECKLEMBOURG
CHARLESBOURG
HUBERTSBOURG
CHÂTEAUBOURG
KREMENTCHOUG
DAYTONA BEACH
MELCHISÉDECH
LECH-OBERLECH
ARLES-SUR-TECH
MITSCHERLICH
WEST BROMWICH
SACHER-MASOCH
CHRISTCHURCH
HARTZENBUSCH
JANKÉLÉVITCH
GRIGOROVITCH
KANTOROVITCH
MOUCHARABIEH
PETERBOROUGH
GAINSBOROUGH
HAUT-KARABAKH
CHHATTISGARH
UTTAR PRADESH
PHOTOS-FINISH
MASHTEUIATSH
COMMONWEALTH
SCHWEINFURTH
VOITURE-BALAI

ANGÈLE MERICI
MINA AL-AHMADI
MODUS VIVENDI
FUKUI KENICHI
BRUNELLESCHI
BARANOVITCHI
YUKAWA HIDEKI
JEAN SOBIESKI
STAMBOLIJSKI
STANISLAVSKI
LOBATCHEVSKI
MIEROSLAWSKI
ANDRZEJEWSKI
BOUTROS-GHALI
HUSAYN IBN ALI
ARABO-SWAHILI
SCHIAPARELLI
MONTECUCCOLI
MONTECUCCULI
ISMAÏL-SAMANI
BROUILLAMINI
CONTRE-EMPLOI
JE-NE-SAIS-QUOI
DEIR EL-BAHARI
MANU MILITARI
MORO-GIAFFERI
PAPIERS-ÉMERI
PHILIPPE NERI
FATHPUR-SIKRI
SCAMPI FRITTI
SZENT-GYÖRGYI
GHEORGHIU-DEJ
GROTHENDIECK
KUUJJUARAPIK
HIGGINS CLARK
DEUTSCHE MARK
PETROZAVODSK
GORNO-ALTAÏSK
PERVOOURALSK
LISSITCHANSK
LYSSYTCHANSK
TCHELIABINSK
SEVERODVINSK
NOVOSSIBIRSK
STALINOGORSK
MAGNITOGORSK
NOVOMOSKOVSK
BREST-LITOVSK
KREMENTCHOUK
BACHI-BOUZOUK
SORTIES-DE-BAL
SAN CRISTÓBAL
PROCÈS-VERBAL
ANTISYNDICAL
ANTICLÉRICAL
AGRAMMATICAL
SOUS-CORTICAL

ÉPICYCLOÏDAL
INTERCOTIDAL
FELD-MARÉCHAL
HOFMANNSTHAL
MÉDICO-SOCIAL
PSYCHOSOCIAL
POSTPRANDIAL
CONSISTORIAL
BOURGEOISIAL
HYDROTHERMAL
CERRO PARANAL
LONGITUDINAL
GÉOSYNCLINAL
TRANSLUMINAL
LOCORÉGIONAL
ANTINATIONAL
ANTICYCLONAL
INTERSIDÉRAL
HYDROMINÉRAL
PLURILATÉRAL
MULTILATÉRAL
CONTRE-AMIRAL
PRÉÉLECTORAL
AGROPASTORAL
LACRYMO-NASAL
KWAZULU-NATAL
INTERDIGITAL
BUCCO-GÉNITAL
EXPÉRIMENTAL
INSTRUMENTAL
MONOPARENTAL
QUASI-CRISTAL
PHÉNOCRISTAL
MICROCRISTAL
STATIONS-AVAL
PIED-DE-CHEVAL
CONJONCTIVAL
BAHR EL-GHAZAL
SAINT-RAPHAËL
CHARLES LE BEL
LOIS DE MENDEL
UILENSPIEGEL
SEMI-OFFICIEL
GLOCKENSPIEL
INTERSTITIEL
CONFIDENTIEL
PRÉSIDENTIEL
PROVIDENTIEL
PESTILENTIEL
ÉVÉNEMENTIEL
INCRÉMENTIEL
EXCRÉMENTIEL
PRÉFÉRENTIEL
DIFFÉRENTIEL
NOËL CHABANEL
PRÉVISIONNEL
PROVISIONNEL

ASCENSIONNEL
DIMENSIONNEL
INTENSIONNEL
EXTENSIONNEL
OBSESSIONNEL
CONFUSIONNEL
OPÉRATIONNEL
SENSATIONNEL
RÉDACTIONNEL
DIRECTIONNEL
TRADITIONNEL
CONDITIONNEL
NUTRITIONNEL
INTENTIONNEL
PROMOTIONNEL
EXCEPTIONNEL
UNIPERSONNEL
CONFRATERNEL
ARBRES-DE-NOËL
CONJONCTUREL
HENRI LE CRUEL
PRÉMENSTRUEL
INTELLECTUEL
INTERTEXTUEL
HÉTÉROSEXUEL
MACHINE-OUTIL
MÉDECINE-BALL
MEDICINE-BALL
PUNCHING-BALL
CAVAILLÉ-COLL
SAINT-FERRÉOL
CHOPPING-TOOL
IELIZAVETPOL
QUETZALCÓATL
POPOCATÉPETL
CITLALTÉPETL
IBN AL-HAYTHAM
ÚSTÍ NAD LABEM
SAINT-GUILHEM
WINSTON-SALEM
SCHILTIGHEIM
SOUFFLENHEIM
MARCKOLSHEIM
GEISPOLSHEIM
NAKHON PATHOM
DRESSING-ROOM
BERGEN OP ZOOM
PROTACTINIUM
DELPHINARIUM
PALÉOTHÉRIUM
NIELSBOHRIUM
PRÉVENTORIUM
RAHAT-LOUKOUM
SENESTRORSUM
POST-SCRIPTUM
CHLOROPHYTUM
FRENCH CANCAN

GRAND KHINGAN
PETIT KHINGAN
KHIEU SAMPHAN
LEROI-GOURHAN
SUN ZHONGSHAN
SANKT FLORIAN
TENOCHTITLÁN
AUDUN-LE-ROMAN
TIBÉTO-BIRMAN
SOCIÉTÉ-ÉCRAN
AGNÈS DE MÉRAN
MAINE DE BIRAN
CAROLUS-DURAN
MAS-SOUBEYRAN
MONT-DE-MARSAN
TURKMÉNISTAN
KIRGHIZISTAN
NAKHITCHEVAN
SASKATCHEWAN
TZIN TZUN TZAN
VAN DER WEYDEN
SAINT-MANDÉEN
VIEUX-CONDÉEN
ANTIPALUDÉEN
INDO-EUROPÉEN
INDO-EUROPÉEN
GUADELOUPÉEN
GUADELOUPÉEN
CHONDROSTÉEN
LUDWIGSHAFEN
REICHSHOFFEN
HOHENSTAUFEN
VALENCE-D'AGEN
SINDELFINGEN
DESTELBERGEN
PRÉCOLOMBIEN
STERPINACIEN
TADOUSSACIEN
HYDRAULICIEN
OBSTÉTRICIEN
GÉOPHYSICIEN
AUTOMATICIEN
SYNTACTICIEN
DIALECTICIEN
ÉNERGÉTICIEN
STYLISTICIEN
STATISTICIEN
BUREAUTICIEN
COSME L'ANCIEN
PLINE L'ANCIEN
STURE L'ANCIEN
PÉPIN L'ANCIEN
HÉRON L'ANCIEN
DENYS L'ANCIEN
NÉCROMANCIEN
CHIROMANCIEN
ONIROMANCIEN

CARTOMANCIEN
LANGUEDOCIEN
LANGUEDOCIEN
GILLOCRUCIEN
PROBOSCIDIEN
SAUROPHIDIEN
NON EUCLIDIEN
ALLANTOÏDIEN
ANTIACRIDIEN
ANTIMÉRIDIEN
LAURENTIDIEN
HOLLYWOODIEN
DÉICUSTODIEN
BELLEGARDIEN
CRÉPICORDIEN
CAROLORÉGIEN
COMBLANCHIEN
WASQUEHALIEN
ÉPISCOPALIEN
PONTISSALIEN
BONNÉTABLIEN
PIERRE DAMIEN
MÉSOPOTAMIEN
MÉSOPOTAMIEN
CHICOUTIMIEN
PROTOSTOMIEN
INTRACRÂNIEN
TRANSURANIEN
PLATYRHINIEN
HAUSSMANNIEN
TERREBONNIEN
DÉCATHLONIEN
LACÉDÉMONIEN
LACÉDÉMONIEN
PARKINSONIEN
NILO-SAHARIEN
SAINTE-MARIEN
PROPRES-À-RIEN
MONTDIDÉRIEN
PROTOTHÉRIEN
ANTIVÉNÉRIEN
SPHINCTÉRIEN
PRESBYTÉRIEN
PHYLLOXÉRIEN
FINNO-OUGRIEN
BAUDELAIRIEN
BUENOS-AIRIEN
MONTATAIRIEN
THERMIDORIEN
PRÉHISTORIEN
SAINT-CYPRIEN
BASSE-TERRIEN
SAUVETERRIEN
CAPESTERRIEN
SAINT-MAURIEN
PTÉROSAURIEN
SINGAPOURIEN

SINGAPOURIEN
AUSTRONÉSIEN
CHÂTENAISIEN
FONTENAISIEN
LEVALLOISIEN
MONTLOUISIEN
PORT-LOUISIEN
WATTRELOSIEN
SAINTE-ROSIEN
TIBIO-TARSIEN
FOSSATUSSIEN
TREMBLAYSIEN
VIROFLAYSIEN
FONTENAYSIEN
SAINT-GRATIEN
LAVELANÉTIEN
VILLERUPTIEN
HALLSTATTIEN
WINNIPEGUIEN
TANANARIVIEN
CASTELNOVIEN
VILLENEUVIEN
TERRE-NEUVIEN
TERRE-NEUVIEN
ANTÉDILUVIEN
MAASMECHELEN
VAN DER MEULEN
BERGEN-BELSEN
MILFORD HAVEN
TINCHEBRAYEN
NICARAGUAYEN
NICARAGUAYEN
LONGYEARBYEN
SNEL VAN ROYEN
SORTIE-DE-BAIN
SUD-AMÉRICAIN
SUD-AMÉRICAIN
PANAMÉRICAIN
NORD-AFRICAIN
NORD-AFRICAIN
ÉLISABÉTHAIN
SURLENDEMAIN
SAINT-GERMAIN
MARTIGNERAIN
BAIERIVERAIN
CONTEMPORAIN
ARRIÈRE-TRAIN
BOUTE-EN-TRAIN
SOUMAINTRAIN
LAVANDOURAIN
BELLOPRATAIN
SINO-TIBÉTAIN
BELLIFONTAIN
BELLIFONTAIN
PÉTRIFONTAIN
ROMEUFONTAIN
ULTRAMONTAIN

SPIRIPONTAIN
MUSSIPONTAIN
MUSSIPONTAIN
ROQUECOURBIN
ROBERT-HOUDIN
BLOEMFONTEIN
PRIM'HOLSTEIN
WITTGENSTEIN
FRANKENSTEIN
LICHTENSTEIN
VIELÉ-GRIFFIN
GRAND DAUPHIN
VAULX-EN-VELIN
SAINT-MAXIMIN
PERLIMPINPIN
ROCHE-MAGASIN
CIRCONVOISIN
BANJERMASSIN
SAINT-QUENTIN
SAINT-AVERTIN
BUSSY-RABUTIN
LOUIS LE HUTIN
DUGUAY-TROUIN
THOMAS D'AQUIN
MAGNY-EN-VEXIN
GUIRY-EN-VEXIN
L'ISLE-EN-DODON
AUNAY-SUR-ODON
CASTILLE-LEÓN
SANG-DE-DRAGON
CALIFOURCHON
SAINT-ÉMILION
SAINT-ÉMILION
VESPERTILION
TRAITS D'UNION
CIRCONCISION
AUTODÉRISION
STÉRÉOVISION
APPRÉHENSION
HYPERTENSION
EXTRAVERSION
RECONVERSION
RÉTROVERSION
INTROVERSION
INTERVERSION
RÉTROCESSION
INTERCESSION
NON-AGRESSION
RÉIMPRESSION
SOUS-PRESSION
INTERSESSION
LA POSSESSION
DÉPOSSESSION
INTROMISSION
TRANSMISSION
INSOUMISSION
RÉPERCUSSION

EXACERBATION
PERTURBATION
MASTURBATION
DESSICCATION
CLAUDICATION
ADJUDICATION
PACIFICATION
NIDIFICATION
CODIFICATION
MODIFICATION
SALIFICATION
GÉLIFICATION
RAMIFICATION
MOMIFICATION
HUMIFICATION
PANIFICATION
VINIFICATION
BONIFICATION
TARIFICATION
VÉRIFICATION
PURIFICATION
OSSIFICATION
RATIFICATION
NOTIFICATION
VIVIFICATION
COMPLICATION
SUPPLICATION
DÉTOXICATION
INTOXICATION
ÉCHOLOCATION
SOUS-LOCATION
CONFISCATION
EXHÉRÉDATION
INVALIDATION
INTIMIDATION
DILAPIDATION
IMPALUDATION
DÉSOXYDATION
CONGRÉGATION
PROMULGATION
PROLONGATION
HOMOLOGATION
IGNIFUGATION
DÉGLACIATION
DÉPRÉCIATION
APPRÉCIATION
DÉNONCIATION
RENONCIATION
ANNONCIATION
DISSOCIATION
CONCILIATION
PRÉFOLIATION
EXPATRIATION
PROPITIATION
DÉFLUVIATION
INSUFFLATION
DÉSINFLATION

ASSIBILATION
OBNUBILATION
ANNIHILATION
ASSIMILATION
INSTALLATION
FLAGELLATION
COUPELLATION
FIBRILLATION
DISTILLATION
INSTILLATION
AFFABULATION
DÉNÉBULATION
INFIBULATION
DÉAMBULATION
RÉTICULATION
ARTICULATION
ÉMASCULATION
STRIDULATION
DÉMODULATION
DÉRÉGULATION
ACCUMULATION
MANIPULATION
DÉPOPULATION
REPOPULATION
GASTRULATION
CAPITULATION
AMALGAMATION
PROCLAMATION
DESQUAMATION
ENVENIMATION
LÉGITIMATION
INFLAMMATION
CONSOMMATION
CONFIRMATION
MALFORMATION
CONFORMATION
NÉOFORMATION
HALOGÉNATION
PYROGÉNATION
INALIÉNATION
IMPRÉGNATION
CONSIGNATION
VATICINATION
COORDINATION
INVAGINATION
INSÉMINATION
DÉNOMINATION
ILLUMINATION
CONDAMNATION
POLYGONATION
ANTICIPATION
ÉMANCIPATION
CONSTIPATION
DISCULPATION
DÉCRISPATION
RÉOCCUPATION
INOCCUPATION
PERVIBRATION
ÉLUCUBRATION
CONSÉCRATION
DÉLIBÉRATION
DILACÉRATION
EXULCÉRATION
ÉVISCÉRATION
VOCIFÉRATION
ACCÉLÉRATION
DÉCÉLÉRATION
RÉGÉNÉRATION
COGÉNÉRATION
INCINÉRATION
RÉMUNÉRATION
EXASPÉRATION
RÉCUPÉRATION
VITUPÉRATION
OBLITÉRATION
ALLITÉRATION
ADULTÉRATION
DÉFLAGRATION
CONSPIRATION
PERSPIRATION
ÉDULCORATION
AMÉLIORATION
DÉCOLORATION
REMÉMORATION
PERPÉTRATION
INFILTRATION
EXFILTRATION
EXCENTRATION
FENESTRATION
REGISTRATION
CLAUSTRATION
ILLUSTRATION
RESTAURATION
INSTAURATION
INAUGURATION
IMMATURATION
DÉNATURATION
FRACTURATION
FRANCISATION
EXORCISATION
FARADISATION
FLUIDISATION
FOCALISATION
LOCALISATION
VOCALISATION
MODALISATION
IDÉALISATION
LÉGALISATION
BANALISATION
CANALISATION
PÉNALISATION
FINALISATION
MORALISATION
NASALISATION
TOTALISATION
NAVALISATION
FIDÉLISATION
MODÉLISATION
NOVÉLISATION
MOBILISATION
VIRILISATION
CIVILISATION
EMBOLISATION
CRÉOLISATION
NÉBULISATION
ISLAMISATION
DYNAMISATION
MINIMISATION
OPTIMISATION
MAXIMISATION
CHROMISATION
LIBANISATION
URBANISATION
MÉCANISATION
ORGANISATION
ROMANISATION
HUMANISATION
TÉTANISATION
FÉMINISATION
HOMINISATION
PUPINISATION
LATINISATION
DIVINISATION
COCONISATION
COLONISATION
CANONISATION
IMMUNISATION
POLARISATION
CURARISATION
TUBÉRISATION
MADÉRISATION
NUMÉRISATION
LATÉRISATION
ARBORISATION
THÉORISATION
CALORISATION
VALORISATION
COLORISATION
MÉMORISATION
SONORISATION
VAPORISATION
MOTORISATION
AUTORISATION
SÉCURISATION
SOMATISATION
FANATISATION
DÉRATISATION
MONÉTISATION
POLITISATION
ROBOTISATION
ASEPTISATION

DÉMUTISATION
JAROVISATION
CONDENSATION
COMPENSATION
MALVERSATION
CONVERSATION
CONSTATATION
RÉTRACTATION
COHABITATION
HABILITATION
FACILITATION
DÉLIMITATION
EXPLOITATION
DÉCAPITATION
AUSCULTATION
CONSULTATION
DÉPLANTATION
REPLANTATION
IMPLANTATION
PLACENTATION
SEGMENTATION
PIGMENTATION
AUGMENTATION
ALIMENTATION
FERMENTATION
PRÉSENTATION
SUSTENTATION
LABANOTATION
NUMÉROTATION
RÉADAPTATION
INADAPTATION
CONCERTATION
DISSERTATION
CONTESTATION
PROTESTATION
INCRUSTATION
STERNUTATION
RÉÉVALUATION
CONTINUATION
INADÉQUATION
MENSTRUATION
PERPÉTUATION
ACCENTUATION
SURÉLÉVATION
RÉACTIVATION
INACTIVATION
DÉMOTIVATION
PRÉSERVATION
CONSERVATION
CUTI-RÉACTION
STUPÉFACTION
TORRÉFACTION
PUTRÉFACTION
LIQUÉFACTION
SATISFACTION
GÉLIFRACTION
SOUSTRACTION

DÉSAFFECTION
SURINFECTION
DÉSINFECTION
IMPERFECTION
TRANSFECTION
INTROJECTION
INTERJECTION
PRÉSÉLECTION
PRÉDILECTION
INTELLECTION
RÉCOLLECTION
INCORRECTION
RÉSURRECTION
INSURRECTION
INTERSECTION
INTERDICTION
ANTIFRICTION
CONSTRICTION
RECONDUCTION
REPRODUCTION
COPRODUCTION
INTRODUCTION
TRANSDUCTION
SUBSTRUCTION
CONSTRUCTION
INDISCRÉTION
POLYADDITION
MICROÉDITION
RÉEXPÉDITION
REDÉFINITION
AUTOPUNITION
RÉAPPARITION
MALNUTRITION
PERQUISITION
POLE POSITION
POSTPOSITION
TRIPARTITION
SUPERSTITION
RECONVENTION
INTERVENTION
INTERCEPTION
PRESCRIPTION
CONSCRIPTION
PROSCRIPTION
SOUSCRIPTION
RÉABSORPTION
INTERRUPTION
DÉSINSERTION
DÉCONGESTION
CONTRIBUTION
DISTRIBUTION
NON-EXÉCUTION
IRRÉSOLUTION
SUBSTITUTION
CONSTITUTION
PROSTITUTION
RIEC-SUR-BELON

LA FERTÉ-MILON
MARTEAU-PILON
TENNIS-BALLON
CHAUFFAILLON
TAUPE-GRILLON
MONTMORILLON
FRANSQUILLON
DOLICHOCÔLON
TOUTANKHAMON
MÉZIDON-CANON
GRAND TRIANON
PETIT TRIANON
RHODODENDRON
PHILODENDRON
CHÂTEAUGIRON
PRESSE-CITRON
DÉMANGEAISON
PRÉFOLIAISON
PRÉFLORAISON
KYRIE ELEISON
CONTREPOISON
CONTREBASSON
BOÎTE-BOISSON
PONT-À-MOUSSON
MARAIS BRETON
PRESSE-BOUTON
PIED-DE-MOUTON
SAUT-DE-MOUTON
TRICHOPHYTON
PROPAROXYTON
TAILLE-CRAYON
TRANSHORIZON
LISLE-SUR-TARN
HOHENZOLLERN
NARASIMHA RAO
CERRO DE PASCO
SAN FRANCISCO
SÃO FRANCISCO
POZZO DI BORGO
ACTORS STUDIO
PORTO-VECCHIO
PINTURICCHIO
MISHIMA YUKIO
IEVTOUCHENKO
STÉNODACTYLO
GIULIO ROMANO
SAN GIMIGNANO
MEZZO-SOPRANO
ANDREA PISANO
NICOLA PISANO
ASCOLI PICENO
KILIMANDJARO
BANDERILLERO
RIO DE JANEIRO
YAMOUSSOUKRO
CAGAYAN DE ORO
INÉS DE CASTRO

TENZIN GYATSO
MAVROCORDATO
BARQUISIMETO
PUEBLO BONITO
QUATTROCENTO
AYUNTAMIENTO
RISORGIMENTO
DIVERTIMENTO
JIANG JINGGUO
MANDCHOUKOUO
CHEREMETIEVO
ANTANANARIVO
TCHEREMKHOVO
TCHISTIAKOVO
ANDERSEN NEXØ
COLA DI RIENZO
GUIDO D'AREZZO
VO NGUYÊN GIAP
MAILLY-LE-CAMP
SATHONAY-CAMP
GUEULE-DE-LOUP
VESSES-DE-LOUP
PATTES-DE-LOUP
LE BAR-SUR-LOUP
ARDANT DU PICQ
LIZY-SUR-OURCQ
IVUJIVIMMIUQ
LAGOS ESCOBAR
AYLWIN AZÓCAR
COLOMB-BÉCHAR
SEFER HA-ZOHAR
NABOPOLASSAR
CERRO BOLÍVAR
LÉON LE KHAZAR
DÉSEMBOURBER
AUTOFINANCER
RÉENSEMENCER
CONCURRENCER
ENGUIRLANDER
MONTIER-EN-DER
CAUCHEMARDER
CHEMINS DE FER
DÉSAVANTAGER
CARPETBAGGER
SCHLUMBERGER
ENZENSBERGER
CHEESEBURGER
GREVENMACHER
CONTREFICHER
ENCHEVAUCHER
CATASTROPHER
SOUS-OFFICIER
ORDONNANCIER
INDULGENCIER
PERMANENCIER
DIFFÉRENCIER
CONFÉRENCIER

HALLEBARDIER
BOULEVARDIER
BAGUENAUDIER
DISQUALIFIER
PERSONNIFIER
SACCHARIFIER
DÉCLASSIFIER
AUTHENTIFIER
COMPLEXIFIER
TÉLÉGRAPHIER
ÉCHOGRAPHIER
SAINT-VALLIER
QUINCAILLIER
MANCENILLIER
DÉMULTIPLIER
SAINT-GALMIER
FRANGIPANIER
PORCELAINIER
PLAQUEMINIER
SOUS-MARINIER
CLÉMENTINIER
CHAUDRONNIER
AVANT-DERNIER
GRATTE-PAPIER
SCAPHANDRIER
IRISH-TERRIER
LONG-COURRIER
COUSCOUSSIER
PASSEMENTIER
DIFFÉRENTIER
CRÉDIRENTIER
ROMAINMÔTIER
PRIMESAUTIER
SAINT-RIQUIER
TERRE-NEUVIER
DOUWES DEKKER
BRINGUEBALER
BRINQUEBALER
MERGENTHALER
DÉSASSEMBLER
SHIPCHANDLER
EMBARDOUFLER
ÉPOUSTOUFLER
LAISSER-ALLER
ENTREBÂILLER
CRITICAILLER
COLLETAILLER
ENTRETAILLER
DISCUTAILLER
RETRAVAILLER
RAPPAREILLER
DÉCONSEILLER
EMBOUTEILLER
ÉCRABOUILLER
GLANDOUILLER
CRACHOUILLER
DÉPATOUILLER

GRATTOUILLER
FOLSCHVILLER
COPIER-COLLER
COUPER-COLLER
DÉSACCOUPLER
DÉMANTIBULER
IMMATRICULER
DÉSARTICULER
DÉSOPERCULER
TOURNEBOULER
OREILLE-DE-MER
DÉSENVENIMER
SURCOMPRIMER
DÉPROGRAMMER
REPROGRAMMER
DUPONT-SOMMER
PIRIAC-SUR-MER
SOULAC-SUR-MER
OLONNE-SUR-MER
CAGNES-SUR-MER
CAYEUX-SUR-MER
ISIGNY-SUR-MER
SANARY-SUR-MER
RÉACCOUTUMER
RACCOMPAGNER
CONTRESIGNER
DÉSENCHAÎNER
SURENTRAÎNER
DÉCONTAMINER
BRILLANTINER
CAPARAÇONNER
DÉSAMIDONNER
ÉBOURGEONNER
DÉCHIFFONNER
PROVISIONNER
DIMENSIONNER
EXCURSIONNER
DÉPASSIONNER
DÉMISSIONNER
CONTUSIONNER
COLLATIONNER
AFFECTIONNER
SÉLECTIONNER
CONDITIONNER
COMMOTIONNER
RÉCEPTIONNER
RÉÉCHELONNER
DÉBÂILLONNER
RÉVEILLONNER
VERMILLONNER
TOURILLONNER
POSTILLONNER
AIGUILLONNER
BROUILLONNER
GRAVILLONNER
MAQUIGNONNER
MOUCHERONNER

DÉCLOISONNER
SAUCISSONNER
EMPOISSONNER
ŒILLETONNER
GUEULETONNER
SOUS-DÉCLARER
RÉÉQUILIBRER
DÉSENCOMBRER
RÉINCARCÉRER
DÉCONSIDÉRER
RECONSIDÉRER
DÉPOUSSIÉRER
EMPOUSSIÉRER
DÉPHOSPHORER
RÉINCORPORER
ENTRE-DÉVORER
CONTRECARRER
CHRONOMÉTRER
DÉCONCENTRER
RÉORCHESTRER
TRANSFIGURER
PEINTURLURER
AUTOCENSURER
MANUFACTURER
CONTRACTURER
DÉSTRUCTURER
RESTRUCTURER
PORTRAITURER
STANDARDISER
CLOCHARDISER
HOMOGÉNÉISER
HIÉRARCHISER
CANNIBALISER
RADIOBALISER
SYNDICALISER
TROPICALISER
DÉFISCALISER
OFFICIALISER
RESOCIALISER
MATÉRIALISER
MARGINALISER
CRIMINALISER
RÉGIONALISER
NATIONALISER
RATIONALISER
COMMUNALISER
DÉSACRALISER
THÉÂTRALISER
HOSPITALISER
IMMORTALISER
RÉACTUALISER
DÉSEXUALISER
SOCIABILISER
CULPABILISER
RENTABILISER
DÉSTABILISER
CRÉDIBILISER

SENSIBILISER
FLEXIBILISER
INFANTILISER
SOUS-UTILISER
CRISTALLISER
DÉSATELLISER
AMÉRICANISER
EUROPÉANISER
DÉSORGANISER
DÉSHUMANISER
CHAMPAGNISER
DÉVIRGINISER
DÉSTALINISER
MASCULINISER
SYNCHRONISER
IMPATRONISER
ENTRECROISER
JUDICIARISER
FAMILIARISER
DÉSCOLARISER
CIRCULARISER
SINGULARISER
PROLÉTARISER
SÉDENTARISER
SANCTUARISER
CARACTÉRISER
REMASTÉRISER
SQUATTÉRISER
INFÉRIORISER
INTÉRIORISER
EXTÉRIORISER
DÉSECTORISER
MINIATURISER
DÉDRAMATISER
MATHÉMATISER
SYSTÉMATISER
ACHROMATISER
INFORMATISER
DÉMOCRATISER
ALPHABÉTISER
DÉBUDGÉTISER
DÉMAGNÉTISER
ADJECTIVISER
CONTROVERSER
INTERCLASSER
DÉCADENASSER
CONTRE-PASSER
DÉSENCRASSER
TRANSGRESSER
DÉCOMPRESSER
TÉLÉDIFFUSER
ÉLECTROLYSER
DÉPHOSPHATER
DÉCONTRACTER
SUREXPLOITER
WINTERHALTER
DÉSENCHANTER

ENSANGLANTER
ÉBOUILLANTER
TRANSPLANTER
CONTINGENTER
ENRÉGIMENTER
SURALIMENTER
COMPLIMENTER
EXPÉRIMENTER
INSTRUMENTER
CONTREVENTER
DÉSAPPOINTER
PRÊTS-À-MONTER
REMMAILLOTER
TRAVAILLOTER
PRÊTS-À-PORTER
ENTRE-HEURTER
DÉSINCRUSTER
GLOBE-TROTTER
ÉLECTROCUTER
TRANSBAHUTER
CAOUTCHOUTER
SCHOPENHAUER
REDISTRIBUER
DÉSENVERGUER
DISCONTINUER
LOCMARIAQUER
PRÉFABRIQUER
SOPHISTIQUER
PRONOSTIQUER
ENCAUSTIQUER
DÉMOUSTIQUER
ENTRECHOQUER
RECONSTITUER
SUBSTANTIVER
CROSSING-OVER
DÉSAPPROUVER
SOUS-EMPLOYER
KHORRAMCHAHR
ROCKING-CHAIR
RAGAILLARDIR
ENORGUEILLIR
AGENOUILLOIR
VILLE-DORTOIR
BATEAU-LAVOIR
BATEAU-LAVOIR
GUADALQUIVIR
QUINDÉCEMVIR
VALDEMAR SEJR
CID CAMPEADOR
CONQUISTADOR
CHANDERNAGOR
TAMBOUR-MAJOR
SERGENT-MAJOR
FABIUS PICTOR
TRANSPONDEUR
RACCOMMODEUR
TRANSBORDEUR

SURCHAUFFEUR
CENTRIFUGEUR
PLEURNICHEUR
PORTE-MALHEUR
PORTE-BONHEUR
PHOTOCOPIEUR
CONTRE-VALEUR
RAVITAILLEUR
ÉCRIVAILLEUR
GRIBOUILLEUR
BARBOUILLEUR
BREDOUILLEUR
VADROUILLEUR
VERROUILLEUR
PATROUILLEUR
PSEUDOTUMEUR
ENTREPRENEUR
TAMBOURINEUR
BARAGOUINEUR
SHAMPOUINEUR
ENQUIQUINEUR
BADIGEONNEUR
ADDITIONNEUR
POSITIONNEUR
QUESTIONNEUR
PAPILLONNEUR
CARILLONNEUR
EMPOISONNEUR
À CONTRECŒUR
CHEVAL-VAPEUR
AUTO-STOPPEUR
JEAN SANS PEUR
ENREGISTREUR
AVANT-COUREUR
STRIP-TEASEUR
THÉSAURISEUR
SYNTHÉTISEUR
LIBRE-PENSEUR
HYPERTENSEUR
VIBROMASSEUR
PRÉDÉCESSEUR
COPROCESSEUR
INTERCESSEUR
AGRANDISSEUR
BLANCHISSEUR
AÉROGLISSEUR
ASSAINISSEUR
ENCHÉRISSEUR
ÉQUARRISSEUR
ÉPAISSISSEUR
RALENTISSEUR
INVESTISSEUR
PERTURBATEUR
DESSICCATEUR
ADJUDICATEUR
PACIFICATEUR
CODIFICATEUR

MODIFICATEUR
VINIFICATEUR
VÉRIFICATEUR
PURIFICATEUR
VIVIFICATEUR
RENFORÇATEUR
INTIMIDATEUR
DILAPIDATEUR
PROLONGATEUR
TRIOMPHATEUR
DÉPRÉCIATEUR
APPRÉCIATEUR
DÉNONCIATEUR
RENONCIATEUR
ANNONCIATEUR
CONCILIATEUR
CALOMNIATEUR
ASSIMILATEUR
INSTALLATEUR
FLAGELLATEUR
DISTILLATEUR
DÉAMBULATEUR
ARTICULATEUR
DÉMODULATEUR
ACCUMULATEUR
MANIPULATEUR
RADIOAMATEUR
CONSOMMATEUR
CONFORMATEUR
VATICINATEUR
COORDINATEUR
INSÉMINATEUR
DÉNOMINATEUR
ÉMANCIPATEUR
PERVIBRATEUR
VOCIFÉRATEUR
ACCÉLÉRATEUR
RÉGÉNÉRATEUR
INCINÉRATEUR
RÉMUNÉRATEUR
RÉCUPÉRATEUR
OBLITÉRATEUR
CONSPIRATEUR
ILLUSTRATEUR
RESTAURATEUR
INSTAURATEUR
LOCALISATEUR
VOCALISATEUR
IDÉALISATEUR
MORALISATEUR
TOTALISATEUR
MOBILISATEUR
CIVILISATEUR
ORGANISATEUR
COLONISATEUR
VAPORISATEUR
CONDENSATEUR

COMPENSATEUR
DISPENSATEUR
COMMENTATEUR
PRÉSENTATEUR
CONTESTATEUR
CONTINUATEUR
PRÉSERVATEUR
CONSERVATEUR
TORRÉFACTEUR
LIQUÉFACTEUR
LOCOTRACTEUR
SOUSTRACTEUR
PRÉSÉLECTEUR
VIDÉOLECTEUR
CONSTRICTEUR
REPRODUCTEUR
INTRODUCTEUR
TRANSDUCTEUR
CONSTRUCTEUR
TÉLÉACHETEUR
INTERPRÉTEUR
DÉCHIQUETEUR
LITHOTRITEUR
PISCICULTEUR
ACÉRICULTEUR
PUÉRICULTEUR
HORTICULTEUR
SYLVICULTEUR
BOURSICOTEUR
QUADRIMOTEUR
PSYCHOMOTEUR
PHONOCAPTEUR
CHÉMOCEPTEUR
INTERCEPTEUR
PRESCRIPTEUR
PROSCRIPTEUR
SOUSCRIPTEUR
VOLUCOMPTEUR
INTERRUPTEUR
TRANSPORTEUR
ENTREMETTEUR
TRANSMETTEUR
CONTRIBUTEUR
DISTRIBUTEUR
BOURLINGUEUR
DEMI-LONGUEUR
VAPOCRAQUEUR
PIQUE-NIQUEUR
RHÉTORIQUEUR
AUTOBLOQUEUR
HÉLIOGRAVEUR
COMPOGRAVEUR
PHOTOGRAVEUR
SAINT-SAUVEUR
INTERVIEWEUR
MULTIPLEXEUR
BELLES-DE-JOUR

FANTIN-LATOUR
SHAHJAHANPUR
KOMMANDANTUR
BEAU DE ROCHAS
MICHEL DOUKAS
SAINT-NICOLAS
SAINT-NICOLAS
PANCHEN-LAMAS
CHABAN-DELMAS
NITROSOMONAS
PANIERS-REPAS
PLATEAU-REPAS
GUJAN-MESTRAS
AFARS ET ISSAS
DOUBLES-CLICS
TRAVERS-BANCS
BLANCS-ESTOCS
PRÉ-AUX-CLERCS
HAMPTON ROADS
CHAUFFE-PIEDS
CHAUSSE-PIEDS
BARRAGE-POIDS
AVOIRDUPOIDS
CHAUDS-FROIDS
SOUTH SHIELDS
CITIZEN BANDS
NON MARCHANDS
EST-ALLEMANDS
ARRIÈRE-FONDS
BRETTON WOODS
MILNE-EDWARDS
SIDI BEL ABBES
BOIS-COLOMBES
ESSUIE-GLACES
QUATRE-ÉPICES
TOUTES-ÉPICES
SELF-SERVICES
MODERN DANCES
CONDOLÉANCES
ACCOINTANCES
CONTINGENCES
NON-VIOLENCES
AIGRES-DOUCES
DEMI-BRIGADES
ABDALWADIDES
SELDJOUKIDES
CASSITÉRIDES
PLATES-BANDES
JOURS-AMENDES
QUARTS-MONDES
FUSÉES-SONDES
FLANCS-GARDES
PILO-SÉBACÉES
IRISH-COFFEES
NON-SALARIÉES
CONTRE-ALLÉES
TROIS-VALLÉES

SOUS-PEUPLÉES
SOUS-ESTIMÉES
SUS-DÉNOMMÉES
MISCELLANÉES
SOUS-CUTANÉES
MIDI-PYRÉNÉES
DEMI-JOURNÉES
AVEUGLES-NÉES
SOUS-ÉQUIPÉES
LOMBO-SACRÉES
AVANT-SOIRÉES
IODO-IODURÉES
SOUS-ASSURÉES
SOUS-SATURÉES
LYOPHILISÉES
SOUS-EXPOSÉES
ENTRE-TISSÉES
SOUS-TRAITÉES
LONG-JOINTÉES
SOUS-ÉVALUÉES
PORTE-GREFFES
PORTE-BAGAGES
GARNIER-PAGÈS
GOAL-AVERAGES
SOUS-TITRAGES
APRÈS-RASAGES
CHÊNES-LIÈGES
DÉLAIS-CONGÉS
MONTE-CHARGES
SAINT-GEORGES
ROUGES-GORGES
KHMERS ROUGES
PELLES-BÊCHES
PIES-GRIÈCHES
TROIS-ÉVÊCHÉS
BELLES-DOCHES
GRANDS-DUCHÉS
AMUSE-BOUCHES
CENT-ASSOCIÉS
NATIONS UNIES
CLAIRES-VOIES
JET-SOCIETIES
FIFTY-FIFTIES
SEMI-GLOBALES
ILÉO-CÆCALES
GRAND-DUCALES
SÉNATORIALES
SOUS-NORMALES
URO-GÉNITALES
SEMI-DURABLES
GARDE-MEUBLES
GRANDS-ONCLES
GRANDS-ANGLES
TROIS-ÉTOILES
GRANDS-VOILES
TAGLIATELLES
SEMI-VOYELLES

ACCORDAILLES
CHAUFFAILLES
SAINTRAILLES
XAINTRAILLES
REPRÉSAILLES
CORNOUAILLES
NID-D'ABEILLES
CURE-OREILLES
AVANT-VEILLES
BELLES-FILLES
SOUS-FAMILLES
PORQUEROLLES
AVIONS-ÉCOLES
AMUSE-GUEULES
ROULÉS-BOULÉS
DIX-HUITIÈMES
DIX-SEPTIÈMES
DIX-NEUVIÈMES
STAR-SYSTÈMES
SOUS-SYSTÈMES
LANCE-FLAMMES
CACHE-FLAMMES
BONNES FEMMES
AX-LES-THERMES
PLATES-FORMES
COUPE-LÉGUMES
GALLO-ROMANES
RHÉTO-ROMANES
PROLÉGOMÈNES
HAUTES-FAGNES
TISSUS-PAGNES
MASCAREIGNES
AFRO-CUBAINES
AFRO-CUBAINES
COUPE-RACINES
ASSINIBOINES
GRÉCO-LATINES
DAMES-JEANNES
SUD-CORÉENNES
SUD-CORÉENNES
LOUVECIENNES
VALENCIENNES
VALENCIENNES
ALÉOUTIENNES
INDO-ARYENNES
DEMI-COLONNES
VILLECRESNES
QUELQUES-UNES
LES DEUX-ALPES
COUPE-CIGARES
PORTE-CIGARES
SOUS-DÉCLARÉS
SOUS-CALIBRÉS
MÉTALLIFÈRES
DESHOULIÈRES
CONDOTTIERES
LESDIGUIÈRES

CHENNEVIÈRES
DOUCES-AMÈRES
SEMI-POLAIRES
LUNI-SOLAIRES
SANGUINAIRES
SEMI-LUNAIRES
FORÊTS-NOIRES
ENTRE-DÉVORÉS
REINE-DES-PRÉS
ROSÉS-DES-PRÉS
LANCE-AMARRES
PORTE-AMARRES
LANCE-PIERRES
PERCE-PIERRES
CASSE-PIERRES
APRÈS-GUERRES
AVANT-GUERRES
ESSUIE-VERRES
OUVRE-HUÎTRES
PORTE-MONTRES
COUVRE-LIVRES
GRANDS-LIVRES
OISEAUX-LYRES
SRI LANKAISES
SRI LANKAISES
NEW-YORKAISES
NEW-YORKAISES
SOUS-UTILISÉS
SOUS-CHEMISES
AMANDINOISES
VERT-DE-GRISÉS
L'HAŸ-LES-ROSES
FLINT-GLASSES
CONTRE-PASSÉS
GRANDS-MESSES
TCHÉRÉMISSES
RONDES-BOSSES
BASSES-FOSSES
TAPIS-BROSSES
DRAPS-HOUSSES
SOUS-SOLEUSES
SOUS-VIREUSES
SERBO-CROATES
CARTONS-PÂTES
TROUBLE-FÊTES
SOUS-PRÉFÈTES
ÉPAULÉS-JETÉS
RECTO-COLITES
TOUTES-BOÎTES
NON-INSCRITES
SURDI-MUTITÉS
NON-ACTIVITÉS
GRANDS-TANTES
NON-CROYANTES
SOUS-JACENTES
NON-VIOLENTES
CONTRE-PENTES

DÉPÔTS-VENTES
SACRO-SAINTES
COURT-JOINTÉS
TRÁS-OS-MONTES
SEMI-LIBERTÉS
SEMI-OUVERTES
AIGUES-MORTES
CONTRE-PORTES
ENTRE-HEURTÉS
CROCHE-PATTES
CASTAGNETTES
MARGUERITTES
SANS-CULOTTES
GOMMES-GUTTES
VICE-ROYAUTÉS
ROUGES-QUEUES
PETCHENÈGUES
CONTRE-DIGUES
BOUILLARGUES
VAUVENARGUES
CONTRE-FUGUES
GOMMES-LAQUES
SAINT-JACQUES
CHICHIMÈQUES
BRITANNIQUES
PHILIPPIQUES
CANTABRIQUES
PLAN-DE-CUQUES
COUVRE-NUQUES
PONTONS-GRUES
PLAN-CONCAVES
CÉLERIS-RAVES
ANNE DE CLÈVES
PORTE-GLAIVES
LÉGISLATIVES
PLAN-CONVEXES
SOUS-EMPLOYÉS
PLANS-RELIEFS
HAUTS-RELIEFS
ILANGS-ILANGS
YLANGS-YLANGS
PLUM-PUDDINGS
BLANCS-SEINGS
TIME-SHARINGS
BABY-SITTINGS
CASABLANCAIS
CHANCELADAIS
NÉO-ZÉLANDAIS
NÉO-ZÉLANDAIS
GROENLANDAIS
SAINTONGEAIS
BEAUMARCHAIS
LA FERTÉ-ALAIS
GRANDVELLAIS
MONDEVILLAIS
DOUDEVILLAIS
SOTTEVILLAIS

BEUZEVILLAIS
BLAINVILLAIS
HÉROUVILLAIS
FOUGEROLLAIS
COURSEULLAIS
BRÉTIGNOLAIS
MONTALBANAIS
MONTALBANAIS
CASTELLANAIS
GRADIGNANAIS
PERPIGNANAIS
AVRANCHINAIS
MORBIHANNAIS
LILLEBONNAIS
BRIANÇONNAIS
TALANÇONNAIS
JURANÇONNAIS
TARASCONNAIS
ARCACHONNAIS
ESPALIONNAIS
WASSELONNAIS
GUEUGNONNAIS
QUIBERONNAIS
ORMESSONNAIS
AUBUSSONNAIS
ARGENTONNAIS
LONGUYONNAIS
CHÂTILLONAIS
VAL-DE-MARNAIS
CONTRE-ESSAIS
FOUESNANTAIS
CONFOLENTAIS
HENNEBONTAIS
OUTREMONTAIS
WESTMOUNTAIS
ROCHEFORTAIS
HAUTEFORTAIS
MARTINIQUAIS
MARTINIQUAIS
TONNEINQUAIS
SAINT-GERVAIS
GRAND PARADIS
INDIANAPOLIS
NON ACCOMPLIS
COLOCOTRONIS
KOLOKOTRÓNIS
ROBIN DES BOIS
BARSURAUBOIS
FLORENSACOIS
CLÉGUÉRECOIS
SASSENAGEOIS
GANDRANGEOIS
FRIBOURGEOIS
HAMBOURGEOIS
COMBOURGEOIS
HOMBOURGEOIS
VILLEJUIFOIS

PHNOMPENHOIS
SCHIRMECKOIS
SHERBROOKOIS
NEUCHÂTELOIS
MONTREVÉLOIS
SAINT-GALLOIS
APPENZELLOIS
SAINT-GILLOIS
BONNEUILLOIS
JULIEVILLOIS
BELLEVILLOIS
BONNEVILLOIS
LIBREVILLOIS
MANTEVILLOIS
HAUTEVILLOIS
MALZÉVILLOIS
BLAINVILLOIS
THIONVILLOIS
CHIBOUGAMOIS
BISCHHEIMOIS
STOCKHOLMOIS
REPENTIGNOIS
CARTHAGINOIS
CARTHAGINOIS
CASTELLINOIS
BERTHEVINOIS
HAUT-VIENNOIS
TOURQUENNOIS
ROQUEBRUNOIS
BEAUCHAMPOIS
CHAMALIÉROIS
ARGENTIÉROIS
ARMENTIÉROIS
ROQUEVAIROIS
CASTELVIROIS
MONTMARTROIS
ROQUEMAUROIS
LE GARDEUROIS
BÉCANCOUROIS
AIGUEPERSOIS
GARGILESSOIS
MORANGISSOIS
NOBELTUSSOIS
DIEULEFITOIS
FRANC-COMTOIS
FRANC-COMTOIS
VILLEPINTOIS
MAGNYMONTOIS
HÉRICOURTOIS
ÉLANCOURTOIS
BEAUCOURTOIS
GUINGUETTOIS
COPENHAGUOIS
CHÂTEAUGUOIS
AUDRUICQUOIS
VILLENEUVOIS
CHAUVE-SOURIS

VILLEPARISIS
WINNIPEGOSIS
PARAPHIMOSIS
BALTRUSAÏTIS
MILLEPERTUIS
CANOËS-KAYAKS
PLURICAUSALS
CONTRE-APPELS
CRÉDITS-BAILS
APRÈS-SOLEILS
DEMI-SOMMEILS
STOCKS-OUTILS
RACQUET-BALLS
NIAGARA FALLS
BEVERLY HILLS
DOUBLE-SCULLS
SELF-CONTROLS
BLACK MUSLIMS
BRÛLE-PARFUMS
RAHAT-LOKOUMS
PORTE-HAUBANS
RENTRE-DEDANS
ARRIÈRE-PLANS
GRANDS-MAMANS
BONNES-MAMANS
SELF-MADE-MANS
PHOTOS-ROMANS
RECORDWOMANS
BUSINESSMANS
ORANGS-OUTANS
TAI-CHI-CHUANS
SAINT-GAUDENS
CAROLINGIENS
MÉROVINGIENS
SAINT-CYRIENS
CHAUFFE-BAINS
MALO-LES-BAINS
VALS-LES-BAINS
MERS-LES-BAINS
SUD-AFRICAINS
SUD-AFRICAINS
ARRIÈRE-MAINS
GRÉCO-ROMAINS
GALLO-ROMAINS
CITÉS-JARDINS
LES ESCOUMINS
VIVARO-ALPINS
INTRA-UTÉRINS
EXTRA-UTÉRINS
AVANT-BASSINS
LAURIERS-TINS
KOUIGN-AMANNS
FRANCS-MAÇONS
CHEVAL-ARÇONS
FAUX-BOURDONS
TIRE-BOUCHONS
PORTE-FANIONS

DEMI-PENSIONS
SOUS-TENSIONS
TRIBULATIONS
SOUS-STATIONS
STOCK-OPTIONS
DEMI-PORTIONS
CALES-ÉTALONS
LES PAVILLONS
BOURGUIGNONS
CACHE-TAMPONS
PORTE-CRAYONS
AFRANCESADOS
AVIONS-CARGOS
ANGELOPOULOS
AIGOS-POTAMOS
TORREMOLINOS
OPISTHOTONOS
DOURA-EUROPOS
MONTES CLAROS
EÇA DE QUEIRÓS
ROLAND-GARROS
ROMANS-PHOTOS
PROTÈGE-SLIPS
LE GRAND-LEMPS
ESPACES-TEMPS
FOSBURY FLOPS
À BRAS-LE-CORPS
ARRIÈRE-CORPS
VOITURES-BARS
SLEEPING-CARS
GRANDVILLARS
CHEVAU-LÉGERS
MARX BROTHERS
MAINVILLIERS
BRINVILLIERS
BEAUVILLIERS
VIDE-GRENIERS
COUPE-PAPIERS
PORTE-PAPIERS
SKYE-TERRIERS
BULL-TERRIERS
SOUS-CLAVIERS
NAGELMACKERS
CORN-SHELLERS
HOME-TRAINERS
AMPLIS-TUNERS
HAUT-PARLEURS
ÉTAUX-LIMEURS
MESSEIGNEURS
NOSSEIGNEURS
BELLES-SŒURS
VICE-RECTEURS
SOUS-SECTEURS
BLOCS-MOTEURS
GROS-PORTEURS
PÈSE-LIQUEURS
ARRIÈRE-COURS

PASSE-VELOURS
JOUÉ-LÈS-TOURS
SHOW-BUSINESS
WESTER WEMYSS
CLOSE-COMBATS
CHAUFFE-PLATS
FULL-CONTACTS
COUVRE-OBJETS
CONTRE-REJETS
AVANT-PROJETS
COURANTS-JETS
CONTRE-SUJETS
CONTRE-FILETS
PORTE-BILLETS
PETRODVORETS
COUPE-JARRETS
WATER-CLOSETS
PORTE-PAQUETS
TCHEREPOVETS
QUATRE-VINGTS
QUINZE-VINGTS
VOITURES-LITS
WHITE-SPIRITS
SAUF-CONDUITS
DEMI-PRODUITS
SEMI-PRODUITS
SOUS-PRODUITS
PRESSE-FRUITS
BEAUX-ENFANTS
CONTRE-CHANTS
PLAINS-CHANTS
CERFS-VOLANTS
BELLIGÉRANTS
MOINS-DISANTS
BIEN-PENSANTS
ABOUTISSANTS
ARCS-BOUTANTS
PROTÈGE-DENTS
NON-RÉSIDENTS
NON-PAIEMENTS
BEAUX-PARENTS
COUVRE-JOINTS
PHOTOS-ROBOTS
PASSING-SHOTS
QUATRE-QUARTS
COFFRES-FORTS
ARRIÈRE-PORTS
ARRIÈRE-GOÛTS
CUMULO-NIMBUS
SOUS-ENTENDUS
CORDONS-BLEUS
DÉMONTE-PNEUS
STRADIVARIUS
STRADIVARIUS
ANCUS MARTIUS
CIRROCUMULUS
HYPOTHALAMUS

SABOT-DE-VÉNUS
ARRACHE-CLOUS
CONTRE-ÉCROUS
HABEAS CORPUS
NIMBO-STRATUS
CIRROSTRATUS
ÉCHINOCACTUS
CUNNILINCTUS
SAINT ANDREWS
TENNIS-ELBOWS
REALITY-SHOWS
ANDRÉ-DESHAYS
BEACH-VOLLEYS
AIRE-SUR-LA-LYS
GARDEN-PARTYS
BACCALAURÉAT
LANGUE-DE-CHAT
ACTIONNARIAT
COMMISSARIAT
ACCROCHE-PLAT
VICE-CONSULAT
CATÉCHUMÉNAT
SOUS-DIACONAT
ALMICANTARAT
SAINT-HONORAT
QUASI-CONTRAT
AVANT-CONTRAT
ISIGNY-LE-BUAT
LAKE DISTRICT
CONTRE-PROJET
THOMAS BECKET
ROBBE-GRILLET
GRASSOUILLET
CROQUIGNOLET
CHARDONNERET
LYONS-LA-FORÊT
MILLY-LA-FORÊT
TAMANGHASSET
CARRY-LE-ROUET
PORTE-BOUQUET
FABRE D'OLIVET
AUTOPORTRAIT
DENYS LE PETIT
COUPE-CIRCUIT
MICROCIRCUIT
COURT-CIRCUIT
BELLES-DE-NUIT
ÉLECTRONVOLT
BOUSSINGAULT
SAINT-ARNOULT
ORDONNANÇANT
RECOMMENÇANT
TRANSPERÇANT
RÉTROGRADANT
OUTRECUIDANT
RADIOGUIDANT
RÉPRIMANDANT

DÉCOMMANDANT
RECOMMANDANT
REDESCENDANT
TRANSCENDANT
APPRÉHENDANT
MALENTENDANT
SURINTENDANT
DÉVERGONDANT
RACCOMMODANT
SAUVEGARDANT
ENTRELARDANT
DÉBILLARDANT
TRANSBORDANT
DÉSACCORDANT
BAGUENAUDANT
DÉSENGAGEANT
TREILLAGEANT
DÉDOMMAGEANT
ENDOMMAGEANT
RÉAMÉNAGEANT
DÉCOURAGEANT
ENCOURAGEANT
AFFOURAGEANT
DÉPARTAGEANT
REPARTAGEANT
COPARTAGEANT
DÉSAGRÉGEANT
DÉSOBLIGEANT
RECORRIGEANT
RÉARRANGEANT
INTERROGEANT
SURCHARGEANT
HYDROFUGEANT
PRÉCHAUFFANT
SURCHAUFFANT
LOUIS L'ENFANT
ANTIAGRÉGANT
DÉHARNACHANT
PLEURNICHANT
ENDIMANCHANT
RÉEMBAUCHANT
EFFAROUCHANT
APOSTROPHANT
PHILOSOPHANT
DÉCALCIFIANT
RECALCIFIANT
DÉMYTHIFIANT
DÉQUALIFIANT
REQUALIFIANT
EXEMPLIFIANT
INSIGNIFIANT
FRIGORIFIANT
ÉLECTRIFIANT
DÉNITRIFIANT
DÉVITRIFIANT
INTENSIFIANT
DIVERSIFIANT

12

DÉSERTIFIANT
DÉMYSTIFIANT
PRIVILÉGIANT
RÉCONCILIANT
DÉSAFFILIANT
EXCOMMUNIANT
PHOTOCOPIANT
DÉSAPPARIANT
INVENTORIANT
RÉPERTORIANT
EUTHANASIANT
HYPOSTASIANT
ANESTHÉSIANT
DÉSENSABLANT
FAUX-SEMBLANT
BOURSOUFLANT
EMMITOUFLANT
DÉSENTOILANT
RÉINSTALLANT
INTERPELLANT
COURCAILLANT
ROUSCAILLANT
GUINDAILLANT
COUCHAILLANT
ENCANAILLANT
TRAÎNAILLANT
TOURNAILLANT
TRESSAILLANT
RAVITAILLANT
ENFUTAILLANT
ÉCRIVAILLANT
DÉSHABILLANT
ENSOLEILLANT
DÉPAREILLANT
APPAREILLANT
BIENVEILLANT
ÉMERVEILLANT
ESTAMPILLANT
DÉGOUPILLANT
DÉTORTILLANT
ENTORTILLANT
EMBASTILLANT
ACCASTILLANT
ÉMOUSTILLANT
CROUSTILLANT
GRIBOUILLANT
BARBOUILLANT
BREDOUILLANT
PENDOUILLANT
TRIFOUILLANT
FARFOUILLANT
GARGOUILLANT
MÂCHOUILLANT
AGENOUILLANT
GRENOUILLANT
DÉBROUILLANT
EMBROUILLANT

GADROUILLANT
VADROUILLANT
DÉGROUILLANT
VERROUILLANT
PATROUILLANT
CHATOUILLANT
DÉMAQUILLANT
REMAQUILLANT
ÉCARQUILLANT
DÉGRINGOLANT
DÉBOUSSOLANT
BLACKBOULANT
CONGRATULANT
RÉCAPITULANT
DIAPHRAGMANT
DÉCOMPRIMANT
DÉLÉGITIMANT
SOUS-ESTIMANT
MICROFILMANT
SURINFORMANT
DÉSINFORMANT
TRANSFORMANT
DÉSOXYGÉNANT
DÉSENGRENANT
ENTREPRENANT
DÉSAPPRENANT
CONTREVENANT
CIRCONVENANT
DISCONVENANT
RESSOUVENANT
ACCOMPAGNANT
CONTRAIGNANT
RESTREIGNANT
INTERLIGNANT
AIDE-SOIGNANT
DÉCONSIGNANT
CHANFREINANT
EMBOBELINANT
DÉGASOLINANT
DÉGAZOLINANT
DISCIPLINANT
DÉCALAMINANT
DISCRIMINANT
ENDOCTRINANT
TAMBOURINANT
EMMAGASINANT
GUILLOTINANT
PRÉDESTINANT
BARAGOUINANT
SHAMPOUINANT
ENQUIQUINANT
DAMASQUINANT
DÉSARÇONNANT
SUBORDONNANT
BADIGEONNANT
BOURGEONNANT
DÉPLAFONNANT

PARANGONNANT
OCCASIONNANT
ÉMULSIONNANT
ILLUSIONNANT
FRACTIONNANT
FRICTIONNANT
SANCTIONNANT
FONCTIONNANT
PONCTIONNANT
AMBITIONNANT
ADDITIONNANT
AUDITIONNANT
POSITIONNANT
PÉTITIONNANT
QUESTIONNANT
SOLUTIONNANT
DÉBALLONNANT
GRAILLONNANT
PAPILLONNANT
CARILLONNANT
BOUILLONNANT
COUILLONNANT
DÉBOULONNANT
FANFARONNANT
CHAPERONNANT
PLASTRONNANT
DÉCOURONNANT
DÉRAISONNANT
ARRAISONNANT
ASSAISONNANT
EMPOISONNANT
EMPRISONNANT
PALISSONNANT
POLISSONNANT
CACHETONNANT
MOLLETONNANT
DÉBOUTONNANT
REBOUTONNANT
ANTIDÉTONANT
DÉSINCARNANT
CHANTOURNANT
ANTIDÉRAPANT
AUTOTREMPANT
INTERROMPANT
ENTRECOUPANT
CONTRETYPANT
NON-COMPARANT
CONCÉLÉBRANT
DÉSENCADRANT
PRÉPONDÉRANT
CONGLOMÉRANT
RECONQUÉRANT
DÉSINTÉGRANT
TRANSMIGRANT
ENCHEVÊTRANT
RÉCALCITRANT
DÉFENESTRANT

ENREGISTRANT
ADMINISTRANT
BIOCARBURANT
CLAQUEMURANT
EXTRA-COURANT
DÉCHLORURANT
SOUS-ASSURANT
COURBATURANT
CARICATURANT
CONJECTURANT
REDÉCOUVRANT
PARAPHRASANT
SATISFAISANT
TECHNICISANT
CHRONICISANT
CIRCONCISANT
CONTREDISANT
PLACARDISANT
RINGARDISANT
SYMPATHISANT
RADICALISANT
MÉDICALISANT
DÉLOCALISANT
SCANDALISANT
SPÉCIALISANT
MONDIALISANT
SPATIALISANT
INITIALISANT
DÉCIMALISANT
MINIMALISANT
OPTIMALISANT
MAXIMALISANT
DÉPÉNALISANT
NOMINALISANT
LIBÉRALISANT
FÉDÉRALISANT
GÉNÉRALISANT
MINÉRALISANT
DÉMORALISANT
CAPORALISANT
CENTRALISANT
NEUTRALISANT
NATURALISANT
DÉNASALISANT
PALATALISANT
VÉGÉTALISANT
DIGITALISANT
CAPITALISANT
DÉVITALISANT
REVITALISANT
CHAPTALISANT
MENSUALISANT
ÉVANGÉLISANT
CARAMÉLISANT
DÉMOBILISANT
IMMOBILISANT
SOLUBILISANT
LYOPHILISANT
DÉVIRILISANT
VOLATILISANT
PARCELLISANT
CARTELLISANT
MÉTABOLISANT
MONOPOLISANT
DÉNÉBULISANT
RIDICULISANT
MACADAMISANT
UNIFORMISANT
AFRICANISANT
RÉORGANISANT
ITALIANISANT
ALCALINISANT
DÉCOLONISANT
FRATERNISANT
ENTRETOISANT
APPRIVOISANT
SOLIDARISANT
NUCLÉARISANT
DÉPOLARISANT
SÉCULARISANT
RÉGULARISANT
POPULARISANT
TITULARISANT
MILITARISANT
POLYMÉRISANT
DÉSODORISANT
CATÉGORISANT
DÉVALORISANT
REVALORISANT
INSONORISANT
SPONSORISANT
DÉFAVORISANT
THÉSAURISANT
PASTEURISANT
PRESSURISANT
SCHÉMATISANT
FLEGMATISANT
STIGMATISANT
AXIOMATISANT
AUTOMATISANT
TRAUMATISANT
DÉSÉTATISANT
DIALECTISANT
PROPHÉTISANT
SYNTHÉTISANT
DÉMONÉTISANT
CONCRÉTISANT
DÉPOLITISANT
BAGUETTISANT
RETRADUISANT
MÉCONDUISANT
RECONDUISANT
REPRODUISANT
COPRODUISANT
INTRODUISANT
CONSTRUISANT
RELATIVISANT
RÉCOMPENSANT
ANASTOMOSANT
PRÉSUPPOSANT
PRÉDISPOSANT
SOUS-EXPOSANT
RETRAVERSANT
BOULEVERSANT
TERGIVERSANT
DÉCARCASSANT
POURCHASSANT
FOUTIMASSANT
OUTREPASSANT
DÉBARRASSANT
EMBARRASSANT
SEMI-DRESSANT
REPARAISSANT
APPARAISSANT
RENGRAISSANT
RÉTRÉCISSANT
ENDURCISSANT
RADOUCISSANT
ATTIÉDISSANT
ENLAIDISSANT
DÉRAIDISSANT
AGRANDISSANT
REBONDISSANT
ARRONDISSANT
ENHARDISSANT
REVERDISSANT
ALOURDISSANT
ÉTOURDISSANT
DÉSOBÉISSANT
RÉLARGISSANT
RESURGISSANT
DÉROUGISSANT
FRAÎCHISSANT
ENRICHISSANT
BLANCHISSANT
FRANCHISSANT
RÉTABLISSANT
ENNOBLISSANT
AMEUBLISSANT
EMBELLISSANT
VIEILLISSANT
TREILLISSANT
RAMOLLISSANT
AFFERMISSANT
ASSAINISSANT
RABONNISSANT
DÉGARNISSANT
REGARNISSANT
DÉVERNISSANT
RACORNISSANT
RAJEUNISSANT

PRÉMUNISSANT
DÉCRÉPISSANT
RECRÉPISSANT
ASSOUPISSANT
ENCHÉRISSANT
AMAIGRISSANT
ÉQUARRISSANT
ATTERRISSANT
AGUERRISSANT
MEURTRISSANT
ÉPAISSISSANT
RAPLATISSANT
COMPATISSANT
ENTRE-TISSANT
ANÉANTISSANT
DÉNANTISSANT
GARANTISSANT
RALENTISSANT
RETENTISSANT
DÉPARTISSANT
RÉPARTISSANT
IMPARTISSANT
DIVERTISSANT
INVERTISSANT
ASSORTISSANT
INVESTISSANT
DÉGLUTISSANT
EMBOUTISSANT
ALANGUISSANT
SERFOUISSANT
ÉPANOUISSANT
ÉVANOUISSANT
TOUT-PUISSANT
ASSERVISSANT
ASSOUVISSANT
ÉCLABOUSSANT
DÉSHYDRATANT
DÉSAFFECTANT
DÉSINFECTANT
DÉCONNECTANT
DÉMOUCHETANT
AIGUILLETANT
GUILLEMETANT
INTERPRÉTANT
REMPAQUETANT
DÉBECQUETANT
DÉCHIQUETANT
DÉCLIQUETANT
ENCLIQUETANT
SOUS-TRAITANT
INCAPACITANT
PLÉBISCITANT
RESSUSCITANT
DISCRÉDITANT
COMMANDITANT
RÉHABILITANT
DÉPARASITANT

DÉSAMIANTANT
RÉIMPLANTANT
DÉSAIMANTANT
DÉSARGENTANT
DÉSORIENTANT
IMPATIENTANT
RÉGLEMENTANT
PARLEMENTANT
INCRÉMENTANT
MOUVEMENTANT
ASSERMENTANT
REPRÉSENTANT
MÉCONTENTANT
MÉNILMONTANT
RÉEMPRUNTANT
TOURNICOTANT
BOURSICOTANT
DÉMAILLOTANT
EMMAILLOTANT
INTERCEPTANT
RÉESCOMPTANT
DÉCONCERTANT
RÉCONFORTANT
INSUPPORTANT
TRANSPORTANT
INCONSISTANT
DÉSENDETTANT
ENTREMETTANT
TRANSMETTANT
SILHOUETTANT
BOUILLOTTANT
CONTREBUTANT
CHOUCHOUTANT
GLOUGLOUTANT
FROUFROUTANT
EXTRAVAGUANT
SUBDÉLÉGUANT
INVESTIGUANT
BOURLINGUANT
DIPHTONGUANT
SOUS-ÉVALUANT
HYPOTHÉQUANT
REVENDIQUANT
PIQUE-NIQUANT
COMMUNIQUANT
DÉCORTIQUANT
DÉMASTIQUANT
REMASTIQUANT
DOMESTIQUANT
CONVAINQUANT
BÊTABLOQUANT
INTERLOQUANT
RÉCIPROQUANT
DÉSOBSTRUANT
DÉSHABITUANT
DÉSENCLAVANT
DÉSENTRAVANT

TRANSCRIVANT
RÉINSCRIVANT
INTERVIEWANT
DÉCOMPLEXANT
VIEUX-CROYANT
REJOINTOYANT
REPOURVOYANT
AUTOBRONZANT
SAINT-VINCENT
PRIVAT-DOCENT
INCANDESCENT
RECRUDESCENT
CONVALESCENT
EFFLORESCENT
DÉLIQUESCENT
EFFERVESCENT
CONCUPISCENT
SAINT-FULGENT
BIRÉFRINGENT
SUBCONSCIENT
PRÉCONSCIENT
INCONVÉNIENT
FORÊT D'ORIENT
PROCHE-ORIENT
QUADRIVALENT
SANGUINOLENT
RECOURBEMENT
EFFICACEMENT
REMPLACEMENT
OUTPLACEMENT
DISTANCEMENT
COMMENCEMENT
DÉCOINCEMENT
RENFONCEMENT
RENFORCEMENT
COMMANDEMENT
PROFONDÉMENT
BOMBARDEMENT
PEINARDEMENT
RACCORDEMENT
ÉCHAUFFEMENT
RÉENGAGEMENT
DÉMÉNAGEMENT
EMMÉNAGEMENT
ENCÉPAGEMENT
ENGRANGEMENT
RALLONGEMENT
PROLONGEMENT
DÉCHARGEMENT
RECHARGEMENT
HARNACHEMENT
RATTACHEMENT
DESSÈCHEMENT
DÉFRICHEMENT
DÉHANCHEMENT
DÉMANCHEMENT
EMMANCHEMENT

ÉBRANCHEMENT
EMBROCHEMENT
DÉCROCHEMENT
EMMARCHEMENT
REMBUCHEMENT
ACCOUCHEMENT
FAROUCHEMENT
ESSOUCHEMENT
ATTOUCHEMENT
REMBLAIEMENT
TÉLÉPAIEMENT
LICENCIEMENT
REMERCIEMENT
CONGÉDIEMENT
CRUCIFIEMENT
FLAMBOIEMENT
ROUGEOIEMENT
ATERMOIEMENT
TOURNOIEMENT
FOUDROIEMENT
POUDROIEMENT
JOINTOIEMENT
FOURVOIEMENT
RAPPARIEMENT
RAPATRIEMENT
RASSASIEMENT
BALBUTIEMENT
TRIMBALEMENT
RADICALEMENT
MÉDICALEMENT
MUSICALEMENT
ILLÉGALEMENT
GLACIALEMENT
SPÉCIALEMENT
MONDIALEMENT
CORDIALEMENT
INITIALEMENT
PARTIALEMENT
BESTIALEMENT
TRIVIALEMENT
ANORMALEMENT
NOMINALEMENT
LIBÉRALEMENT
GÉNÉRALEMENT
LATÉRALEMENT
IMMORALEMENT
MARITALEMENT
DÉLOYALEMENT
PROBABLEMENT
AGRÉABLEMENT
ADORABLEMENT
PASSABLEMENT
DESSABLEMENT
IMMUABLEMENT
TANGIBLEMENT
TERRIBLEMENT
HORRIBLEMENT
PAISIBLEMENT
SENSIBLEMENT
POSSIBLEMENT
DÉDOUBLEMENT
REDOUBLEMENT
ENCERCLEMENT
INFIDÈLEMENT
OLIGOÉLÉMENT
RADIOÉLÉMENT
BOURRÈLEMENT
ÉCARTÈLEMENT
CRAQUÈLEMENT
DÉGONFLEMENT
REGONFLEMENT
ÉTRANGLEMENT
IMBÉCILEMENT
MORCELLEMENT
DESCELLEMENT
FORMELLEMENT
BOSSELLEMENT
MORTELLEMENT
BATTELLEMENT
MANUELLEMENT
ANNUELLEMENT
VISUELLEMENT
ACTUELLEMENT
RITUELLEMENT
MUTUELLEMENT
SEXUELLEMENT
NOUVELLEMENT
CRIAILLEMENT
TENAILLEMENT
DÉRAILLEMENT
TIRAILLEMENT
CISAILLEMENT
FENDILLEMENT
MORDILLEMENT
PAREILLEMENT
GRÉSILLEMENT
FRÉTILLEMENT
BOITILLEMENT
TORTILLEMENT
SAUTILLEMENT
GROUILLEMENT
BÉNÉVOLEMENT
DÉPEUPLEMENT
REPEUPLEMENT
ACCOUPLEMENT
RIDICULEMENT
ROUCOULEMENT
HUITIÈMEMENT
SEPTIÈMEMENT
NEUVIÈMEMENT
DEUXIÈMEMENT
SEIZIÈMEMENT
DOUZIÈMEMENT
LÉGITIMEMENT
RENFERMEMENT
UNIFORMÉMENT
SPONTANÉMENT
DÉDOUANEMENT
NON-ÉVÉNEMENT
ENSEIGNEMENT
RÉALIGNEMENT
SOULIGNEMENT
TRÉPIGNEMENT
PROVIGNEMENT
SOUDAINEMENT
DÉCHAÎNEMENT
ENCHAÎNEMENT
ENTRAÎNEMENT
CERTAINEMENT
DÉRACINEMENT
ENRACINEMENT
DODELINEMENT
ACHEMINEMENT
ENTÉRINEMENT
ENRÉSINEMENT
TROTTINEMENT
ACOQUINEMENT
MESQUINEMENT
ANCIENNEMENT
RÉABONNEMENT
RANÇONNEMENT
FREDONNEMENT
PLAFONNEMENT
BOUGONNEMENT
MÂCHONNEMENT
FUSIONNEMENT
RATIONNEMENT
ÉTALONNEMENT
BALLONNEMENT
VALLONNEMENT
MARMONNEMENT
TAMPONNEMENT
HARPONNEMENT
RONRONNEMENT
COURONNEMENT
RAISONNEMENT
FOISONNEMENT
GRISONNEMENT
CANTONNEMENT
MOUTONNEMENT
DISCERNEMENT
GOUVERNEMENT
DÉFOURNEMENT
ENFOURNEMENT
DÉTOURNEMENT
RETOURNEMENT
DÉGROUPEMENT
REGROUPEMENT
ATTROUPEMENT
ACCAPAREMENT
DÉMEMBREMENT

REMEMBREMENT
ENCOMBREMENT
DÉNOMBREMENT
MÉDIOCREMENT
ENGENDREMENT
EFFONDREMENT
DÉLIBÉRÉMENT
IMMODÉRÉMENT
FONCIÈREMENT
PREMIÈREMENT
DERNIÈREMENT
PRÉCAIREMENT
LINÉAIREMENT
VULGAIREMENT
SOMMAIREMENT
IMPROPREMENT
EMPIERREMENT
DESSERREMENT
RESSERREMENT
DÉBOURREMENT
DÉCENTREMENT
DÉCINTREMENT
ENCASTREMENT
PÉDESTREMENT
SINISTREMENT
ACCOUTREMENT
AFFLEUREMENT
EFFLEUREMENT
DÉMESURÉMENT
RECOUVREMENT
GAULOISEMENT
DÉCROISEMENT
AMENUISEMENT
DISPERSEMENT
RENVERSEMENT
DÉBOURSEMENT
SOUBASSEMENT
FRACASSEMENT
ENCHÂSSEMENT
DÉCLASSEMENT
RECLASSEMENT
SURPASSEMENT
EMBRASSEMENT
DÉCRASSEMENT
ENCRASSEMENT
CUIRASSEMENT
TERRASSEMENT
REDRESSEMENT
EMPRESSEMENT
EXPRESSÉMENT
RABAISSEMENT
DÉCAISSEMENT
ENCAISSEMENT
AFFAISSEMENT
DÉLAISSEMENT
RANCISSEMENT
DURCISSEMENT

TIÉDISSEMENT
RAIDISSEMENT
BONDISSEMENT
VERDISSEMENT
SURGISSEMENT
ROUGISSEMENT
ÉBAHISSEMENT
AVILISSEMENT
COULISSEMENT
BLÊMISSEMENT
FRÉMISSEMENT
BANNISSEMENT
HENNISSEMENT
TERNISSEMENT
JAUNISSEMENT
BRUNISSEMENT
GLAPISSEMENT
AIGRISSEMENT
BARRISSEMENT
AHURISSEMENT
SAISISSEMENT
RASSISSEMENT
ABÊTISSEMENT
NANTISSEMENT
BLEUISSEMENT
REHAUSSEMENT
EXHAUSSEMENT
VERBEUSEMENT
ORAGEUSEMENT
FÂCHEUSEMENT
VICIEUSEMENT
COPIEUSEMENT
SÉRIEUSEMENT
CURIEUSEMENT
FURIEUSEMENT
ENVIEUSEMENT
ANXIEUSEMENT
FRILEUSEMENT
HAINEUSEMENT
POMPEUSEMENT
AFFREUSEMENT
HEUREUSEMENT
PEUREUSEMENT
HONTEUSEMENT
COÛTEUSEMENT
DOUTEUSEMENT
LUXUEUSEMENT
NERVEUSEMENT
DÉLICATEMENT
ADÉQUATEMENT
INEXACTEMENT
CORRECTEMENT
REMPIÈTEMENT
COMPLÈTEMENT
CONCRÈTEMENT
DISCRÈTEMENT
CRAQUÈTEMENT

CLIQUÈTEMENT
SOUS-VÊTEMENT
PARFAITEMENT
RETRAITEMENT
ILLICITEMENT
REMBOÎTEMENT
GRATUITEMENT
FORTUITEMENT
ENCHANTEMENT
SERPENTEMENT
PRÉSENTEMENT
CONSENTEMENT
CONTENTEMENT
AFFRONTEMENT
EFFRONTÉMENT
CRACHOTEMENT
CHUCHOTEMENT
SIFFLOTEMENT
SANGLOTEMENT
CLIGNOTEMENT
GRIGNOTEMENT
CHEVROTEMENT
TOUSSOTEMENT
DÉCRYPTEMENT
COMPORTEMENT
RÉAJUSTEMENT
DOUCETTEMENT
CHOUETTEMENT
COQUETTEMENT
ACQUITTEMENT
GRELOTTEMENT
BALLOTTEMENT
MARMOTTEMENT
ARC-BOUTEMENT
ENCROÛTEMENT
RENFLOUEMENT
DÉTRAQUEMENT
TRAGIQUEMENT
PUBLIQUEMENT
CYCLIQUEMENT
CHIMIQUEMENT
SCÉNIQUEMENT
ETHNIQUEMENT
CLINIQUEMENT
IRONIQUEMENT
HÉROÏQUEMENT
LUBRIQUEMENT
PHYSIQUEMENT
PRATIQUEMENT
STATIQUEMENT
TACTIQUEMENT
POÉTIQUEMENT
ÉROTIQUEMENT
DÉBARQUEMENT
EMBARQUEMENT
DÉBUSQUEMENT
DÉBOUQUEMENT

EMBOUQUEMENT
INACHÈVEMENT
MALADIVEMENT
ENJOLIVEMENT
POUSSIVEMENT
ALLUSIVEMENT
NÉGATIVEMENT
RELATIVEMENT
FUGITIVEMENT
POSITIVEMENT
SPORTIVEMENT
GRASSEYEMENT
INDÉFINIMENT
RESSENTIMENT
DISSENTIMENT
COMPARTIMENT
RASSORTIMENT
OBLIGEAMMENT
INÉLÉGAMMENT
SUFFISAMMENT
INCESSAMMENT
DÉGOÛTAMMENT
PRÉCÉDEMMENT
IMPRUDEMMENT
NÉGLIGEMMENT
CONSCIEMMENT
IMPATIEMMENT
EXCELLEMMENT
PERTINEMMENT
DIFFÉREMMENT
PRÉTENDUMENT
INCONGRÛMENT
SEMPERVIRENT
SAINT-FLORENT
INTERCURRENT
STOKE-ON-TRENT
SAINT LAURENT
SAINT-LAURENT
VENTRIPOTENT
INTERMITTENT
INCONSÉQUENT
SAINT-MAIXENT
PRÉCONTRAINT
HENRI LE SAINT
CHARLES QUINT
SANTOS-DUMONT
VALLERY-RADOT
À TIRE-LARIGOT
MAÎTRE ECKART
ROCHECHOUART
PRINCE ALBERT
JEAN GUALBERT
BOISGUILBERT
SAINT-LAMBERT
SAINT-RAMBERT
MONTALEMBERT
PRINCE RUPERT
ROBERT LE FORT
TROMPE-LA-MORT
MULTISUPPORT
IMPORT-EXPORT
ROCQUENCOURT
CAULAINCOURT
HÉRIMONCOURT
HAMPTON COURT
PORT HARCOURT
ASIE DU SUD-EST
VAN HONTHORST
MANON LESCAUT
EN CONTRE-HAUT
HOMBOURG-HAUT
SAUVE-QUI-PEUT
HEILIGENBLUT
PASSE-PARTOUT
BEC-DE-CORBEAU
DOUBLE-RIDEAU
AZAY-LE-RIDEAU
SAINT-FARGEAU
NAVIRE-JUMEAU
QUADRIJUMEAU
HAUT-FOURNEAU
PORTE-DRAPEAU
PIEDS-D'OISEAU
PORTEMANTEAU
PORTE-COUTEAU
OBERAMMERGAU
ORANGE-NASSAU
GUINÉE-BISSAU
KANO MASANOBU
KANO MOTONOBU
LA CHAISE-DIEU
FESSE-MATHIEU
CAVALIER BLEU
ARRIÈRE-NEVEU
OGINO KYUSAKU
KOTA KINABALU
JEANNE D'ANJOU
ININTERROMPU
JOHORE BAHARU
STRICTO SENSU
KHROUCHTCHEV
DOKOUTCHAÏEV
CHAPOCHNIKOV
CESKY KRUMLOV
PNEUMOTHORAX
CHARLES-FÉLIX
GASTON DE FOIX
SAINT-AMBROIX
LA GRAND-CROIX
RHINO-PHARYNX
PARAMÉDICAUX
CHIRURGICAUX
SUBTROPICAUX
OBSTÉTRICAUX
GRAMMATICAUX
HÉMORROÏDAUX
ELLIPSOÏDAUX
TRAPÉZOÏDAUX
BRISE-COPEAUX
COULEUVREAUX
ÉLÉPHANTEAUX
MÉDICO-LÉGAUX
MULTIRACIAUX
INTERRACIAUX
ENDOTHÉLIAUX
MATRIMONIAUX
PATRIMONIAUX
TESTIMONIAUX
PARTICIPIAUX
PARTENARIAUX
BIOMATÉRIAUX
DICTATORIAUX
DIRECTORIAUX
TERRITORIAUX
SEIGNEURIAUX
AÉROSPATIAUX
PÉNITENTIAUX
NIVO-PLUVIAUX
HEXADÉCIMAUX
SEXAGÉSIMAUX
ORTHONORMAUX
RHUMATISMAUX
CATACLYSMAUX
ATTITUDINAUX
QUADRIENNAUX
QUINQUENNAUX
DODÉCAGONAUX
MONOCAMÉRAUX
NYCTHÉMÉRAUX
ÉQUILATÉRAUX
PRESBYTÉRAUX
ANTISUDORAUX
COXO-FÉMORAUX
SUCCESSORAUX
PROFESSORAUX
PRÉFECTORAUX
COMMISSURAUX
CARICATURAUX
CONJECTURAUX
TRANSVERSAUX
PLURICAUSAUX
SOUS-ORBITAUX
FONDAMENTAUX
SACRAMENTAUX
SENTIMENTAUX
CONTINENTAUX
XÉNOCRISTAUX
MONOCRISTAUX
INTERCOSTAUX
COQUELUCHEUX
RÉVÉRENCIEUX

12

PARCIMONIEUX
INHARMONIEUX
LOUIS LE PIEUX
PALMA LE VIEUX
FRANCS-ALLEUX
CHATOUILLEUX
ANTIVENIMEUX
ANTIVÉNÉNEUX
INTRAVEINEUX
PROTÉAGINEUX
MUCILAGINEUX
ANTIANGINEUX
ANTIULCÉREUX
PRÉCANCÉREUX
ANTIANGOREUX
HYPOCHLOREUX
ÉRYTHÉMATEUX
ANTHRACITEUX
PRÉSOMPTUEUX
SÈCHE-CHEVEUX
PETITS-NEVEUX
CASTELJALOUX
SAINT-POL ROUX
ARCHÉOPTÉRYX
FROBISHER BAY
VILLACOUBLAY
LE PUY-EN-VELAY
FORT MCMURRAY
LA ROCHE-POSAY
BOURBON-LANCY
CLAYE-SOUILLY
TRICHINOPOLY
LYS-LEZ-LANNOY
MADAME BOVARY
SAINT-EXUPÉRY
CROSS-COUNTRY
OKLAHOMA CITY
ATLANTIC CITY
SALT LAKE CITY
MERLEAU-PONTY
SUPERDÉVOLUY
PONT-DE-CHÉRUY
IWASZKIEWICZ
ARIAS SÁNCHEZ
BLASCO IBÁÑEZ
CIUDAD JUÁREZ
BANZER SUÁREZ
PUERTO LA CRUZ

13

FLORIDABLANCA
HAMILCAR BARCA
SOUTHEND-ON-SEA
KANGCHENJUNGA
AL-NAHHAS PACHA
VIARDOT-GARCÍA
GALLA PLACIDIA
BASSAS DA INDIA
FERRER GUARDIA
LUCRÈCE BORGIA
DIEFFENBACHIA
CIVITAVECCHIA
CINO DA PISTOIA
BETSIMISARAKA
THÉRÈSE D'ÁVILA
ROJAS ZORRILLA
MORETO Y CABAÑA
CIUDAD GUAYANA
DEUS EX MACHINA
TIRSO DE MOLINA
SANTA CATARINA
HÉRODE AGRIPPA
RABEMANANJARA
PRIMO DE RIVERA
KUROSAWA AKIRA
LOMAS DE ZAMORA
FOULQUES NERRA
FUERTEVENTURA
CONGO-KINSHASA
SIGISMOND VASA
VERNIX CASEOSA
NAVAS DE TOLOSA
GUIMARÃES ROSA
CONFORMÉMENT À
CALTANISSETTA
VIEIRA DA SILVA
TRANSHIMALAYA
LUDOVIC SFORZA
LANCELOT DU LAC
CHÂTEAUPONSAC
NOUVEAU-QUÉBEC
HUGUES LE BLANC
BOUILLON-BLANC
GERBIER-DE-JONC
LESPARRE-MÉDOC
LADISLAS ÁRPÁD
TARIQ IBN ZIYAD
HARUN AL-RACHID
CHATEAUBRIAND
CHATEAUBRIAND
JUDÉO-ALLEMAND
INTERALLEMAND
OUEST-ALLEMAND
BOCAGE NORMAND
MIRCEA LE GRAND
ALFRED LE GRAND
GÉRARD LE GRAND
HÉRODE LE GRAND
BASILE LE GRAND
PIERRE LE GRAND
MANUEL LE GRAND
PLÉLAN-LE-GRAND
SIMÉON LE GRAND
PROKOP LE GRAND
HUGUES LE GRAND
ALBERT LE GRAND
WITWATERSRAND
SAINT-BERTRAND
HARALD BLÅTAND
SAINT-ÉVREMOND
NIJNI NOVGOROD
PIERRE LOMBARD
PORTE-BRANCARD
MULTISTANDARD
PORTE-ÉTENDARD
LA MOTHE-ACHARD
LITTLE RICHARD
COLIN-MAILLARD
SCRIBOUILLARD
QUEUE-DE-RENARD
CHÂTEAURENARD
PRINCE-ÉDOUARD
IRLANDE DU NORD
OSSÉTIE DU NORD
AFRIQUE DU NORD
ATTRAPE-NIGAUD
SALIN-DE-GIRAUD
BRAINE-L'ALLEUD
HASSI MESSAOUD
SHAWINIGAN-SUD
SHETLAND DU SUD
CAROLINE DU SUD
AMÉRIQUE DU SUD
MICHEL RANGABÉ
DODÉCASYLLABE
QUADRISYLLABE
CLAUSTROPHOBE
GIGANTOSTRACÉ
SUPERBÉNÉFICE

FOREIGN OFFICE
PERTURBATRICE
ADJUDICATRICE
PACIFICATRICE
CODIFICATRICE
MODIFICATRICE
VINIFICATRICE
VÉRIFICATRICE
PURIFICATRICE
VIVIFICATRICE
INTIMIDATRICE
DILAPIDATRICE
TRIOMPHATRICE
DÉPRÉCIATRICE
APPRÉCIATRICE
DÉNONCIATRICE
RENONCIATRICE
ANNONCIATRICE
CONCILIATRICE
CALOMNIATRICE
ASSIMILATRICE
INSTALLATRICE
FLAGELLATRICE
MANIPULATRICE
CONSOMMATRICE
VATICINATRICE
COORDINATRICE
INSÉMINATRICE
ÉMANCIPATRICE
VOCIFÉRATRICE
ACCÉLÉRATRICE
RÉGÉNÉRATRICE
RÉMUNÉRATRICE
RÉCUPÉRATRICE
OBLITÉRATRICE
CONSPIRATRICE
ILLUSTRATRICE
RESTAURATRICE
INSTAURATRICE
LOCALISATRICE
VOCALISATRICE
IDÉALISATRICE
MORALISATRICE
MOBILISATRICE
CIVILISATRICE
ORGANISATRICE
COLONISATRICE
COMPENSATRICE
DISPENSATRICE
COMMENTATRICE
PRÉSENTATRICE
CONTESTATRICE
CONTINUATRICE
PRÉSERVATRICE
CONSERVATRICE
REPRODUCTRICE
INTRODUCTRICE

CONSTRUCTRICE
PISCICULTRICE
ACÉRICULTRICE
PUÉRICULTRICE
HORTICULTRICE
SYLVICULTRICE
PSYCHOMOTRICE
PHONOCAPTRICE
CHÉMOCEPTRICE
CONTRIBUTRICE
DISTRIBUTRICE
CHÈQUE-SERVICE
OUTRECUIDANCE
TRANSCENDANCE
LITISPENDANCE
SURINTENDANCE
INSIGNIFIANCE
CONTREBALANCÉ
VRAISEMBLANCE
HÉMOVIGILANCE
BIENVEILLANCE
DISCONVENANCE
PRÉPONDÉRANCE
RENÉE DE FRANCE
MARIE DE FRANCE
DIANE DE FRANCE
AGNÈS DE FRANCE
LOUIS DE FRANCE
BANCASSURANCE
DÉSOBÉISSANCE
NON-JOUISSANCE
SOUS-TRAITANCE
INCONSISTANCE
NON-ASSISTANCE
INCANDESCENCE
RECRUDESCENCE
CONVALESCENCE
EFFLORESCENCE
INFLORESCENCE
DÉLIQUESCENCE
DÉFERVESCENCE
EFFERVESCENCE
CONCUPISCENCE
NEW PROVIDENCE
JURISPRUDENCE
BIRÉFRINGENCE
PSEUDOSCIENCE
TECHNOSCIENCE
PRÉEXCELLENCE
AUTORÉFÉRENCE
CIRCONFÉRENCE
INTERMITTENCE
INCONSÉQUENCE
AIX-EN-PROVENCE
DIOGÈNE LAËRCE
LAURIERS-SAUCE
AMÉRIC VESPUCE

PONT-PROMENADE
SAINTE-LIVRADE
EUDOXE DE CNIDE
FELDSPATHOÏDE
SPERMATOZOÏDE
PHOSPHOLIPIDE
MULTIPLICANDE
JEAN DE LA LANDE
RADIOCOMMANDE
SERVOCOMMANDE
BASSE-NORMANDE
HAUTE-NORMANDE
ANGLO-NORMANDE
ANGLO-NORMANDE
CAMPINA GRANDE
LANDSGEMEINDE
PASCAL-SECONDE
ATD QUART MONDE
QUEUES-D'ARONDE
PLEURNICHARDE
SAINT-FONIARDE
RONDOUILLARDE
DÉBROUILLARDE
HAUT-SAVOYARDE
SAINT-JUNIAUDE
CÔTE D'ÉMERAUDE
DISSIMILITUDE
HYDROPEROXYDE
JUDAS MACCABÉE
ASCLÉPIADACÉE
AMARYLLIDACÉE
CHÉNOPODIACÉE
CAPRIFOLIACÉE
CÉSALPINIACÉE
CONVOLVULACÉE
DÉCONTENANCÉE
TÉLÉCOMMANDÉE
RESURCHAUFFÉE
CONTRE-PLONGÉE
DÉSHUMIDIFIÉE
CHORÉGRAPHIÉE
CALLIGRAPHIÉE
LITHOGRAPHIÉE
ORTHOGRAPHIÉE
RADIOGRAPHIÉE
STÉNOGRAPHIÉE
REPROGRAPHIÉE
PHOTOGRAPHIÉE
CARTOGRAPHIÉE
HYPERTROPHIÉE
SURMULTIPLIÉE
DÉSENSORCELÉE
MARNE-LA-VALLÉE
EMMOUSCAILLÉE
DÉPOITRAILLÉE
SEMI-CHENILLÉE
HÉLITREUILLÉE

13

DÉBARBOUILLÉE
EMBARBOUILLÉE
DÉVERROUILLÉE
TRIPATOUILLÉE
BOUGAINVILLÉE
MARIN LA MESLÉE
AUTOPROCLAMÉE
PRÉPROGRAMMÉE
ENTHOUSIASMÉE
DÉSACCOUTUMÉE
DÉSHYDROGÉNÉE
SINGE-ARAIGNÉE
INDISCIPLINÉE
PRÉDÉTERMINÉE
SURDÉTERMINÉE
INSUBORDONNÉE
DÉCAPUCHONNÉE
ENCAPUCHONNÉE
ENDIVISIONNÉE
CONVULSIONNÉE
PRÉPENSIONNÉE
CONTORSIONNÉE
IMPRESSIONNÉE
COMMISSIONNÉE
SOUMISSIONNÉE
CONFECTIONNÉE
PERFECTIONNÉE
COLLECTIONNÉE
REPOSITIONNÉE
SUSMENTIONNÉE
SUBVENTIONNÉE
CONVENTIONNÉE
PROPORTIONNÉE
SUGGESTIONNÉE
CONGESTIONNÉE
PRÉCAUTIONNÉE
RÉVOLUTIONNÉE
ÉTRÉSILLONNÉE
ÉCOUVILLONNÉE
DÉCHAPERONNÉE
PAILLASSONNÉE
REMPOISSONNÉE
HYDROCARBONÉE
MAGNÉTOSCOPÉE
SURDÉVELOPPÉE
DÉSENVELOPPÉE
DÉSÉQUILIBRÉE
DÉSINCARCÉRÉE
ENTRE-DÉCHIRÉE
ORGANOCHLORÉE
INTERPÉNÉTRÉE
RÉENREGISTRÉE
ARCHITECTURÉE
MÉTAMORPHISÉE
DÉMÉDICALISÉE
POTENTIALISÉE
PERSONNALISÉE

MUNICIPALISÉE
DÉMINÉRALISÉE
DÉCENTRALISÉE
DÉNATURALISÉE
UNIVERSALISÉE
RECAPITALISÉE
SPIRITUALISÉE
MALLÉABILISÉE
COMPTABILISÉE
INSOLUBILISÉE
TRANQUILLISÉE
CHRISTIANISÉE
DÉNICOTINISÉE
EMBOURGEOISÉE
INAPPRIVOISÉE
DÉSOLIDARISÉE
DÉNUCLÉARISÉE
PARCELLARISÉE
DÉMILITARISÉE
REMILITARISÉE
CONTAINÉRISÉE
ACCESSOIRISÉE
RÉFLECTORISÉE
PSYCHIATRISÉE
CONTENEURISÉE
DÉPRESSURISÉE
MITHRIDATISÉE
ANATHÉMATISÉE
DÉSINSECTISÉE
CONSCIENTISÉE
DÉSAMBIGUÏSÉE
COLLECTIVISÉE
AUTOPROPULSÉE
ARRIÈRE-PENSÉE
MÉTAMORPHOSÉE
PHOTOCOMPOSÉE
DÉSINTÉRESSÉE
REZ-DE-CHAUSSÉE
RADIODIFFUSÉE
PSYCHANALYSÉE
BOROSILICATÉE
IMPARIDIGITÉE
SOUS-EXPLOITÉE
ANTIPARASITÉE
DÉRÉGLEMENTÉE
SOUS-ALIMENTÉE
CONTREPLAQUÉE
CONTRE-BRAQUÉE
PALMATISÉQUÉE
DIAGNOSTIQUÉE
DÉSINTOXIQUÉE
CONTREMARQUÉE
DÉMULTIPLEXÉE
CONTREPLACAGE
VILLERS-BOCAGE
CALORIFUGEAGE
TÉLÉAFFICHAGE

BACTÉRIOPHAGE
ANTHROPOPHAGE
RÉTROPÉDALAGE
EMBOUTEILLAGE
ÉCRABOUILLAGE
THERMOCOLLAGE
THERMOFORMAGE
ÉBOURGEONNAGE
HORTILLONNAGE
GRAVILLONNAGE
COMPAGNONNAGE
MAQUIGNONNAGE
SAUCISSONNAGE
ŒILLETONNAGE
RÉÉQUILIBRAGE
DÉPOUSSIÉRAGE
RADIOREPÉRAGE
ANTIDÉMARRAGE
CHRONOMÉTRAGE
CHARLES LE SAGE
MARCHANDISAGE
RADIOBALISAGE
ÉCLAIRCISSAGE
DÉGAUCHISSAGE
RÉCHAMPISSAGE
DÉGROSSISSAGE
APPRENTISSAGE
DESSERTISSAGE
CONVERTISSAGE
ÉBOUILLANTAGE
CAOUTCHOUTAGE
HYDROCRAQUAGE
ENCAUSTIQUAGE
BOULES-DE-NEIGE
LORRAINE BELGE
MACROSPORANGE
MICROSPORANGE
RHINO-PHARYNGÉ
RIESENGEBIRGE
SOUTIENS-GORGE
JUVISY-SUR-ORGE
SAINT-EUSTACHE
ANNE D'AUTRICHE
JUAN D'AUTRICHE
BASSE-AUTRICHE
HAUTE-AUTRICHE
RUSSIE BLANCHE
MAISON-BLANCHE
ELSTER BLANCHE
ABRI-SOUS-ROCHE
TOURNE-À-GAUCHE
BOUCHE-À-BOUCHE
CROQUEMBOUCHE
ATTRAPE-MOUCHE
À TOUCHE-TOUCHE
AUTOBIOGRAPHE
PROFILOGRAPHE

OSCILLOGRAPHE
DACTYLOGRAPHE
SPECTROGRAPHE
ÉNANTIOMORPHE
DERMATOGLYPHE
PLATHELMINTHE
PAPIER-MONNAIE
CHÂTAIGNERAIE
GERMANOPHOBIE
CANCÉROPHOBIE
ÉRYTHROPHOBIE
PARAPHARMACIE
STREPTOCOCCIE
ORNITHOMANCIE
ARITHMOMANCIE
CIRCONSTANCIÉ
DÉDIFFÉRENCIÉ
INDIFFÉRENCIÉ
CRYPTORCHIDIE
HYPOTHYROÏDIE
SAINTE-PÉLAGIE
PRÉCORDIALGIE
PÉRINATALOGIE
PHARMACOLOGIE
PALÉOÉCOLOGIE
HYDROGÉOLOGIE
PHOTOGÉOLOGIE
SOCIOBIOLOGIE
RADIOBIOLOGIE
ETHNOBIOLOGIE
MICROBIOLOGIE
NEUROBIOLOGIE
ÉPIDÉMIOLOGIE
BACTÉRIOLOGIE
ONOMASIOLOGIE
ECCLÉSIOLOGIE
INFECTIOLOGIE
ÉPISTÉMOLOGIE
OPHTALMOLOGIE
DELPHINOLOGIE
ANTHROPOLOGIE
TRAUMATOLOGIE
CONTACTOLOGIE
DIALECTOLOGIE
PARASITOLOGIE
IMPLANTOLOGIE
PALÉONTOLOGIE
CRYOCHIRURGIE
GIGANTOMACHIE
STRATIGRAPHIE
SCINTIGRAPHIE
PHLÉBOGRAPHIE
MUSICOGRAPHIE
LEXICOGRAPHIE
CHALCOGRAPHIE
BIOGÉOGRAPHIE
ZOOGÉOGRAPHIE

LYMPHOGRAPHIE
BIBLIOGRAPHIE
AMPÉLOGRAPHIE
THERMOGRAPHIE
MÉCANOGRAPHIE
OCÉANOGRAPHIE
SÉLÉNOGRAPHIE
CORONOGRAPHIE
POLAROGRAPHIE
ARTHROGRAPHIE
CRYPTOGRAPHIE
PLÉSIOMORPHIE
SYNAPOMORPHIE
HÉTÉROMORPHIE
CHRESTOMATHIE
ARTÉRIOPATHIE
CARDIOMÉGALIE
SPLÉNOMÉGALIE
HÉPATOMÉGALIE
MACROCÉPHALIE
MICROCÉPHALIE
HYDROCÉPHALIE
SYRINGOMYÉLIE
COLOMBOPHILIE
ORNITHOPHILIE
AQUARIOPHILIE
GERMANOPHILIE
HALTÉROPHILIE
GÉRONTOPHILIE
MANTES-LA-JOLIE
HYPERCALCÉMIE
HYPERGLYCÉMIE
HYPERKALIÉMIE
HYPERNATRÉMIE
TACHYARYTHMIE
PHYSICO-CHIMIE
ÉLECTROCHIMIE
MAGNÉTOCHIMIE
MACROÉCONOMIE
MICROÉCONOMIE
BIOASTRONOMIE
QUADRICHROMIE
LARYNGECTOMIE
ARTÉRIECTOMIE
HYSTÉRECTOMIE
URÉTÉROSTOMIE
ÉRYTHRODERMIE
CALCIOTHERMIE
ANTHROPONYMIE
TRANSJORDANIE
MORPHINOMANIE
PSYCHASTHÉNIE
SCHIZOPHRÉNIE
SPERMATOGONIE
POLYEMBRYONIE
AROMATHÉRAPIE
CURIETHÉRAPIE

COBALTHÉRAPIE
OLIGOTHÉRAPIE
FANGOTHÉRAPIE
SOCIOTHÉRAPIE
RADIOTHÉRAPIE
HÉLIOTHÉRAPIE
GEMMOTHÉRAPIE
SISMOTHÉRAPIE
CRÉNOTHÉRAPIE
HYDROTHÉRAPIE
ONIROTHÉRAPIE
PHOTOTHÉRAPIE
PHYTOTHÉRAPIE
LARYNGOSCOPIE
BRONCHOSCOPIE
ÉBULLIOSCOPIE
DACTYLOSCOPIE
HYSTÉROSCOPIE
SPECTROSCOPIE
PHILANTHROPIE
HYPERMÉTROPIE
ALPHONSE-MARIE
LA QUEUE-EN-BRIE
TOURNAN-EN-BRIE
HALTE-GARDERIE
SAISIE-GAGERIE
PLEURNICHERIE
QUINCAILLERIE
FRIPOUILLERIE
COURTISANERIE
CHARLATANERIE
PAVILLONNERIE
CHAUDRONNERIE
SALAISONNERIE
POLISSONNERIE
SECRÉTAIRERIE
BLANCHISSERIE
CYANOBACTÉRIE
CONTREPÈTERIE
PASSEMENTERIE
HERBORISTERIE
FANTASMAGORIE
NÉPHÉLÉMÉTRIE
HYDROTIMÉTRIE
ÉBULLIOMÉTRIE
GRANULOMÉTRIE
TRIGONOMÉTRIE
HYSTÉROMÉTRIE
PSYCHROMÉTRIE
ÉLECTROMÉTRIE
SPECTROMÉTRIE
MAGNÉTOMÉTRIE
SENSITOMÉTRIE
AGRO-INDUSTRIE
TRANSCAUCASIE
JARGONAPHASIE
IDIOSYNCRASIE

BRONCHECTASIE
HYPERESTHÉSIE
PSYCHOKINÉSIE
DISCOURTOISIE
PROSOPAGNOSIE
ASTÉRÉOGNOSIE
ASOMATOGNOSIE
ACHROMATOPSIE
HAILÉ SÉLASSIÉ
GÉBRÉSÉLASSIÉ
GÉRONTOCRATIE
THERMOCLASTIE
ARTHROPLASTIE
KÉRATOPLASTIE
DIGITOPLASTIE
LE POIRÉ-SUR-VIE
ASSURANCES-VIE
THANATOPRAXIE
GREAT SALT LAKE
ANTISYNDICALE
HYDROFILICALE
ANTICLÉRICALE
AGRAMMATICALE
SOUS-CORTICALE
ÉPICYCLOÏDALE
INTERCOTIDALE
MYÉLENCÉPHALE
RHINENCÉPHALE
PROSENCÉPHALE
TRICHOCÉPHALE
BRACHYCÉPHALE
MÉDICO-SOCIALE
PSYCHOSOCIALE
POSTPRANDIALE
CONSISTORIALE
BOURGEOISIALE
CANTHARELLALE
HYDROTHERMALE
LONGITUDINALE
TRANSLUMINALE
LOCORÉGIONALE
ANTINATIONALE
ANTICYCLONALE
INTERSIDÉRALE
HYDROMINÉRALE
PLURILATÉRALE
MULTILATÉRALE
PRÉÉLECTORALE
AGROPASTORALE
INTERDIGITALE
BUCCO-GÉNITALE
EXPÉRIMENTALE
INSTRUMENTALE
MONOPARENTALE
CONJONCTIVALE
IMPERTURBABLE
IRREMPLAÇABLE

IMPRONONÇABLE
BIODÉGRADABLE
RECOMMANDABLE
RACCOMMODABLE
IMPARTAGEABLE
INÉCHANGEABLE
INTERROGEABLE
SEMI-PERMÉABLE
INDÉFRICHABLE
IRRÉPROCHABLE
INAPPROCHABLE
INAPPRÉCIABLE
PRÉJUDICIABLE
INDISSOCIABLE
INQUALIFIABLE
INFALSIFIABLE
INJUSTIFIABLE
INCONCILIABLE
VRAISEMBLABLE
INASSIMILABLE
INDÉMAILLABLE
INCONTRÔLABLE
ININFLAMMABLE
INCONSOMMABLE
TRANSFORMABLE
CONTRAIGNABLE
INDÉRACINABLE
DISCIPLINABLE
IMPARDONNABLE
ÉMULSIONNABLE
DÉRAISONNABLE
INDISCERNABLE
INGOUVERNABLE
IRRATTRAPABLE
AUTORÉPARABLE
INDÉNOMBRABLE
IRRÉCUPÉRABLE
INDÉMONTRABLE
ENREGISTRABLE
COMMENSURABLE
IRRÉCOUVRABLE
GÉNÉRALISABLE
CAPITALISABLE
DÉMOBILISABLE
VOLATILISABLE
INORGANISABLE
APPRIVOISABLE
IMPOLARISABLE
POLYMÉRISABLE
SYNTHÉTISABLE
INDISPENSABLE
CORESPONSABLE
IRRESPONSABLE
INSURPASSABLE
FRANCHISSABLE
INGUÉRISSABLE
INSAISISSABLE

INCONSTATABLE
INCROCHETABLE
INTERPRÉTABLE
RÉHABILITABLE
INEXPLOITABLE
REPRÉSENTABLE
INSURMONTABLE
INCONFORTABLE
INSUPPORTABLE
TRANSPORTABLE
INCONTESTABLE
INDÉCROTTABLE
ÉLECTROFAIBLE
IMMARCESCIBLE
IMPUTRESCIBLE
INTRADUISIBLE
RÉPRÉHENSIBLE
SUPRASENSIBLE
ULTRASENSIBLE
EXTRASENSIBLE
PHOTOSENSIBLE
HYPERSENSIBLE
INSUBMERSIBLE
IRRÉPRESSIBLE
TRANSMISSIBLE
BIOCOMPATIBLE
IMPERFECTIBLE
IMPRÉDICTIBLE
RECONDUCTIBLE
REPRODUCTIBLE
CONSTRUCTIBLE
IMPERCEPTIBLE
PRESCRIPTIBLE
INCORRUPTIBLE
INCONVERTIBLE
INCOMBUSTIBLE
INEXTINGUIBLE
ROBERT LE NOBLE
CRAPAUD-BUFFLE
FREI RUIZ-TAGLE
BOURBON-SICILE
ANTHROPOPHILE
ACRYLONITRILE
INTERQUARTILE
ADAM DE LA HALLE
PHYTOFLAGELLÉ
RHIZOFLAGELLÉ
PRÉJUDICIELLE
SACRIFICIELLE
SUPERFICIELLE
CICATRICIELLE
CARACTÉRIELLE
MINISTÉRIELLE
TRIMESTRIELLE
SUBSTANTIELLE
RÉSIDENTIELLE
DÉSINENTIELLE

EXPONENTIELLE
RÉFÉRENTIELLE
PÉNITENTIELLE
EXISTENTIELLE
FRÉQUENTIELLE
OCCASIONNELLE
DÉCISIONNELLE
RÉVISIONNELLE
RELATIONNELLE
IRRATIONNELLE
RÉACTIONNELLE
FRACTIONNELLE
FRICTIONNELLE
FONCTIONNELLE
ADDITIONNELLE
IMPERSONNELLE
SEMPITERNELLE
AIX-LA-CHAPELLE
ARS-SUR-MOSELLE
BOULAY-MOSELLE
LAVE-VAISSELLE
SACRAMENTELLE
PLURIANNUELLE
AUDIOVISUELLE
CONTRACTUELLE
CONFLICTUELLE
INSTINCTUELLE
TRANSSEXUELLE
PERCE-MURAILLE
DÉBROUSSAILLÉ
EMBROUSSAILLÉ
CÔTE VERMEILLE
SALSEPAREILLE
VIDE-BOUTEILLE
DEMI-BOUTEILLE
LANCE-TORPILLE
DÉSENTORTILLÉ
TIERCEFEUILLE
TOURNEFEUILLE
CHÈVREFEUILLE
QUINTEFEUILLE
PORTE-AIGUILLE
CANNE-BÉQUILLE
VICTORIAVILLE
MANTES-LA-VILLE
DRUMMONDVILLE
PHILIPPEVILLE
RECROQUEVILLÉ
CONTREXÉVILLE
SIHANOUKVILLE
CREYS-MALVILLE
AUBERGENVILLE
GOUSSAINVILLE
PORT-JOINVILLE
JEANNE LA FOLLE
RÉTROCONTRÔLE
MINO DA FIESOLE

CONTRE-EXEMPLE
BRIÈRE DE L'ISLE
ROUGET DE LISLE
AMADIS DE GAULE
MACROMOLÉCULE
SUPERMOLÉCULE
ANTIPARTICULE
CHALCOCONDYLE
MÉGALÉRYTHÈME
IMMUNODÉPRIMÉ
QUINQUAGÉSIME
GÉNÉRALISSIME
ILLUSTRISSIME
SEINE-MARITIME
BLOC-DIAGRAMME
VALENCE-GRAMME
ANTIBIOGRAMME
OSCILLOGRAMME
DACTYLOGRAMME
SOUS-PROGRAMME
SPECTROGRAMME
RÉFLEXOGRAMME
ANDREAS-SALOMÉ
MERCUROCHROME
PŒCILOTHERME
POÏKILOTHERME
CONTRE-RÉFORME
PÉLÉCANIFORME
SERPENTIFORME
GARDE-CHIOURME
ERGASTOPLASME
SEMI-NOMADISME
TIERS-MONDISME
AVANT-GARDISME
SIMULTANÉISME
PSYCHOLOGISME
JE-M'EN-FICHISME
MÉTAMORPHISME
ENDOMORPHISME
HOMOMORPHISME
AUTOMORPHISME
POLYMORPHISME
HYPERRÉALISME
TRIOMPHALISME
PICTORIALISME
ESSENTIALISME
PERSONNALISME
ÉPISCOPALISME
BICAMÉRALISME
ÉLECTORALISME
COMMENSALISME
UNIVERSALISME
SUCCURSALISME
DIALECTALISME
SPIRITUALISME
AÉROMODÉLISME
ARISTOTÉLISME

MACHIAVÉLISME
MISÉRABILISME
MERCANTILISME
SOMNAMBULISME
NOCTAMBULISME
AÉRODYNAMISME
TRANSFORMISME
PYROMÉCANISME
CONFUCIANISME
PALLADIANISME
ZWINGLIANISME
SABELLIANISME
NESTORIANISME
KEYNÉSIANISME
CARTÉSIANISME
CHRISTIANISME
PANGERMANISME
CHARLATANISME
SOUVERAINISME
PHILISTINISME
NÉODARWINISME
RÉVISIONNISME
DIVISIONNISME
ILLUSIONNISME
CRÉATIONNISME
NÉGATIONNISME
MUTATIONNISME
FRACTIONNISME
ANNEXIONNISME
PARACHRONISME
ASYNCHRONISME
NÉOPLATONISME
NÉOCOMMUNISME
PHOTOTROPISME
TOTALITARISME
HUMANITARISME
AUTORITARISME
MONOCAMÉRISME
BIOTERRORISME
THÉOCENTRISME
ALLOCENTRISME
EUROCENTRISME
POLYCENTRISME
CYCLOTOURISME
HYDRARGYRISME
MITHRIDATISME
HIPPOCRATISME
ORTHOSTATISME
CONSERVATISME
PHOTOTACTISME
DIAMAGNÉTISME
GÉOMAGNÉTISME
BIOMAGNÉTISME
AUTOCINÉTISME
ANTISÉMITISME
PÉRISTALTISME
PRÉROMANTISME

CONSONANTISME
OBSCURANTISME
DILETTANTISME
PLURIPARTISME
MULTIPARTISME
TRANSVESTISME
JE-M'EN-FOUTISME
MONOLINGUISME
SUBJECTIVISME
COLLECTIVISME
PRODUCTIVISME
STAKHANOVISME
BOIS-GUILLAUME
BENOÎT D'ANIANE
PRUSSE-RHÉNANE
PASSE-CRASSANE
JEAN DAMASCÈNE
ROMAIN DIOGÈNE
COCARCINOGÈNE
HALLUCINOGÈNE
AGGLUTINOGÈNE
POLYBUTADIÈNE
POLYPROPYLÈNE
MANUEL COMNÈNE
ALEXIS COMNÈNE
ÉMILIE-ROMAGNE
DOL-DE-BRETAGNE
MUR-DE-BRETAGNE
PASSE-MONTAGNE
CESSON-SÉVIGNÉ
GRÂCE-HOLLOGNE
SUD-AMÉRICAINE
SUD-AMÉRICAINE
PANAMÉRICAINE
PANAMÉRICAINE
NORD-AFRICAINE
NORD-AFRICAINE
CALEMBREDAINE
ÉLISABÉTHAINE
ILLE-ET-VILAINE
BASSE-GOULAINE
MESLAY-DU-MAINE
MARTIGNERAINE
BAIERIVERAINE
CONTEMPORAINE
LA SOUTERRAINE
LAVANDOURAINE
BELLOPRATAINE
SINO-TIBÉTAINE
CROQUE-MITAINE
CHAUDFONTAINE
VILLEFONTAINE
BORNE-FONTAINE
BELLIFONTAINE
BELLIFONTAINE
PÉTRIFONTAINE
ROMEUFONTAINE
ULTRAMONTAINE
SPIRIPONTAINE
MUSSIPONTAINE
MUSSIPONTAINE
ROQUECOURBINE
PHENCYCLIDINE
LE MÉE-SUR-SEINE
TRIEL-SUR-SEINE
FLINS-SUR-SEINE
VITRY-SUR-SEINE
MUSSY-SUR-SEINE
GLYCOPROTÉINE
NORADRÉNALINE
ACÉTYLCHOLINE
MARIE-CAROLINE
CATÉCHOLAMINE
HYDROXYLAMINE
CONTRE-HERMINE
SAINTE-HERMINE
SÉRUMALBUMINE
PHÉNYLALANINE
CIRCONVOISINE
GRISÉOFULVINE
TÉTRODOTOXINE
PHÉNOTHIAZINE
POLYURÉTHANNE
SAINTE-SUZANNE
COTIGNACÉENNE
MONTÉVIDÉENNE
NIETZSCHÉENNE
ÉTANG-SALÉENNE
SAINT-CÉRÉENNE
HYPERBORÉENNE
MIRAMASSÉENNE
AURIGNACIENNE
AURIGNACIENNE
LATIGNACIENNE
TABERNACIENNE
SOJALDICIENNE
ACADÉMICIENNE
PLATONICIENNE
COPERNICIENNE
RHÉTORICIENNE
ÉLECTRICIENNE
MERCATICIENNE
ESTHÉTICIENNE
PHONÉTICIENNE
DIÉTÉTICIENNE
QUALITICIENNE
COGNITICIENNE
SÉMANTICIENNE
SÉMIOTICIENNE
LOGISTICIENNE
BALISTICIENNE
ACOUSTICIENNE
LONGOVICIENNE
CAPPADOCIENNE
CAPPADOCIENNE
SAINT-LUCIENNE
ROSICRUCIENNE
TRINIDADIENNE
TRINIDADIENNE
SÉLESTADIENNE
ARCHIMÉDIENNE
CLITORIDIENNE
BIQUOTIDIENNE
GARIBALDIENNE
CLODOALDIENNE
MÉNEHILDIENNE
DOLCHARDIENNE
SANCLAUDIENNE
ŒSOPHAGIENNE
MONTÉRÉGIENNE
CAROLINGIENNE
MÉROVINGIENNE
MONTROUGIENNE
APPALACHIENNE
STENDHALIENNE
GUATÉMALIENNE
SURRÉNALIENNE
VÉNÉZUÉLIENNE
VÉNÉZUÉLIENNE
BARBEZILIENNE
MONTCELLIENNE
FUMEROLLIENNE
STROMBOLIENNE
BOURBOULIENNE
MAURITANIENNE
MAURITANIENNE
MAGDALÉNIENNE
GIROMAGNIENNE
ENDOCRINIENNE
PALESTINIENNE
PALESTINIENNE
AUGUSTINIENNE
NAPOLÉONIENNE
PROUDHONIENNE
MARATHONIENNE
CALIFORNIENNE
CALIFORNIENNE
PRÉŒDIPIENNE
MÉTACARPIENNE
ANTIACARIENNE
SUBSAHARIENNE
DANNEMARIENNE
PROLÉTARIENNE
JEAN DE BRIENNE
PRÉCAMBRIENNE
VANDOPÉRIENNE
LANESTÉRIENNE
FINISTÉRIENNE
PITHIVÉRIENNE
GRAMMAIRIENNE
SALVADORIENNE

SALVADORIENNE
CASTÉLORIENNE
NÉOCASTRIENNE
ZOROASTRIENNE
BUJUMBURIENNE
HYPONEURIENNE
VILLEMURIENNE
DEUX-SÉVRIENNE
SAINT-CYRIENNE
SAINT-CYRIENNE
GUIPAVASIENNE
MICRONÉSIENNE
MICRONÉSIENNE
CAUTERÉSIENNE
LANGEAISIENNE
RABELAISIENNE
VOUGLAISIENNE
SAVENAISIENNE
TOURNAISIENNE
BEAUVAISIENNE
LANDIVISIENNE
CALVADOSIENNE
MÉTATARSIENNE
CARACASSIENNE
VALRÉASSIENNE
ANNEMASSIENNE
ALBENASSIENNE
WIMEREUSIENNE
MONTREUSIENNE
LAMALOUSIENNE
HERBLAYSIENNE
CHESNAYSIENNE
FRESNOYSIENNE
QUESNOYSIENNE
TRIBUNITIENNE
AQUATINTIENNE
MIRECURTIENNE
LILLIPUTIENNE
HAGUENOVIENNE
PORTO-NOVIENNE
AIXE-SUR-VIENNE
COURNEUVIENNE
COTTERÉZIENNE
LAPOUTROYENNE
COMMENTRYENNE
TIRE-BOUCHONNÉ
APPROVISIONNÉ
REDIMENSIONNÉ
DÉSILLUSIONNÉ
DÉCONDITIONNÉ
INCONDITIONNÉ
RÉQUISITIONNÉ
MANUTENTIONNÉ
DÉCAVAILLONNÉ
ÉCHANTILLONNÉ
STATUE-COLONNE
BOURGUIGNONNE

BOURGUIGNONNE
TARN-ET-GARONNE
GRAND-COURONNE
PETIT-COURONNE
SUISSE SAXONNE
PENTADÉCAGONE
PENTÉDÉCAGONE
DIALECTOPHONE
ANTHRAQUINONE
LAGNY-SUR-MARNE
NAVIRE-CITERNE
CAMION-CITERNE
BATEAU-CITERNE
MANUCE LE JEUNE
TESSIN LE JEUNE
MOREAU LE JEUNE
JEAN LE FORTUNÉ
MONNAIE-DU-PAPE
OPHTALMOSCOPE
TROMBINOSCOPE
TACHISTOSCOPE
CHAUSSE-TRAPPE
LOUIS-PHILIPPE
SOUS-DÉVELOPPÉ
AUBERT DE GASPÉ
DAGUERRÉOTYPE
SAINT-SÉPULCRE
SENESTROCHÈRE
ASTHÉNOSPHÈRE
MAGNÉTOSPHÈRE
PERMANENCIÈRE
CONFÉRENCIÈRE
BOULEVARDIÈRE
BELLE CORDIÈRE
QUINCAILLIÈRE
LA VERPILLIÈRE
AVANT-PREMIÈRE
ANNÉES-LUMIÈRE
PORCELAINIÈRE
PORTE-BANNIÈRE
CHAUDRONNIÈRE
AVANT-DERNIÈRE
GARDE-BARRIÈRE
PAUSE-CARRIÈRE
SOUS-VENTRIÈRE
PASSEMENTIÈRE
CRÉDIRENTIÈRE
ARTICHAUTIÈRE
PRIMESAUTIÈRE
GRANDE RIVIÈRE
GARDES-RIVIÈRE
ROCHESERVIÈRE
STÉRÉO-ISOMÈRE
PHOTOPOLYMÈRE
SÉNÈQUE LE PÈRE
CHÉLEUTOPTÈRE
TRACHÉE-ARTÈRE

SULPICE SÉVÈRE
HENRI LE SÉVÈRE
SEPTIME SÉVÈRE
PISSE-VINAIGRE
DISCOTHÉCAIRE
INTERBANCAIRE
HÉMORROÏDAIRE
RÉCIPIENDAIRE
ANTINUCLÉAIRE
MONONUCLÉAIRE
POLYNUCLÉAIRE
JUXTALINÉAIRE
MATRILINÉAIRE
PATRILINÉAIRE
RECTILINÉAIRE
MULTILINÉAIRE
PÉRIGLACIAIRE
NIVO-GLACIAIRE
SOUS-GLACIAIRE
POSTGLACIAIRE
INTERMÉDIAIRE
PÉNITENTIAIRE
EXTRASCOLAIRE
QUADRIPOLAIRE
CIRCUMPOLAIRE
AQUATUBULAIRE
SPECTACULAIRE
VENTRICULAIRE
INTRAOCULAIRE
CRÉPUSCULAIRE
CORPUSCULAIRE
RECTANGULAIRE
UNICELLULAIRE
PROCONSULAIRE
QUADRAGÉNAIRE
SEPTUAGÉNAIRE
MONOCATÉNAIRE
QUARANTENAIRE
TRICENTENAIRE
VALÉTUDINAIRE
DISCIPLINAIRE
TAMBOURINAIRE
RELIGIONNAIRE
GANGLIONNAIRE
DÉCISIONNAIRE
DIVISIONNAIRE
RÉACTIONNAIRE
FRACTIONNAIRE
FONCTIONNAIRE
PÉTITIONNAIRE
QUESTIONNAIRE
ALLUVIONNAIRE
PAVILLONNAIRE
ADJUDICATAIRE
SOUS-LOCATAIRE
COMMENDATAIRE
CONCORDATAIRE

RENONCIATAIRE
CONSIGNATAIRE
CONTESTATAIRE
PROTESTATAIRE
SAINT-NECTAIRE
SAINT-NECTAIRE
PLÉBISCITAIRE
COMMANDITAIRE
PARAMILITAIRE
UNIVERSITAIRE
BUCCO-DENTAIRE
SACRAMENTAIRE
TESTAMENTAIRE
RÉGLEMENTAIRE
PARLEMENTAIRE
VESTIMENTAIRE
COMMUNAUTAIRE
DISTRIBUTAIRE
PLASMOCYTAIRE
USUFRUCTUAIRE
AÉROPORTUAIRE
HERTFORDSHIRE
PATTE-MÂCHOIRE
PAYS DE LA LOIRE
AUREC-SUR-LOIRE
MEUNG-SUR-LOIRE
SULLY-SUR-LOIRE
MONTAGNE NOIRE
PURIFICATOIRE
CONFISCATOIRE
CONCILIATOIRE
PROPITIATOIRE
DÉAMBULATOIRE
ARTICULATOIRE
INFLAMMATOIRE
ANTICIPATOIRE
DÉLIBÉRATOIRE
RÉMUNÉRATOIRE
PRÉOPÉRATOIRE
COMPENSATOIRE
AUSCULTATOIRE
STERNUTATOIRE
CONSERVATOIRE
PROTOHISTOIRE
PINCE-SANS-RIRE
CHROMATOPHORE
SPERMATOPHORE
PNEUMATOPHORE
CÔTE-DE-BEAUPRÉ
POMMES DE TERRE
JEAN SANS TERRE
MIDI DE BIGORRE
LAISSER-COURRE
LAISSÉS-COURRE
LIVING THEATRE
APPLAUDIMÈTRE
SACCHARIMÈTRE

POTENTIOMÈTRE
TROUILLOMÈTRE
OPHTALMOMÈTRE
ACCÉLÉROMÈTRE
RÉFRACTOMÈTRE
DOUBLE-FENÊTRE
CONTRE-FENÊTRE
TRANSPARAÎTRE
AÉROTERRESTRE
PRÉENREGISTRÉ
LAMELLIROSTRE
RETRANSMETTRE
KILOWATTHEURE
DUPONT DE L'EURE
ENCHEVAUCHURE
COLLATIONNURE
TÉTRACHLORURE
ANTISALISSURE
PRIMOGÉNITURE
CONTRE-CULTURE
ASTACICULTURE
HÉLICICULTURE
SÉRICICULTURE
OSTRÉICULTURE
TRUFFICULTURE
MYTILICULTURE
POPULICULTURE
AGRUMICULTURE
OSIÉRICULTURE
ARBORICULTURE
PLASTICULTURE
TRUTTICULTURE
SIMILIGRAVURE
MEHUN-SUR-YÈVRE
PÉNICILLINASE
OSTÉOSYNTHÈSE
PHOTOSYNTHÈSE
SYNOVIORTHÈSE
THROMBOPOÏÈSE
ÉRYTHROPOÏÈSE
CARCINOGENÈSE
CANCÉROGENÈSE
PLASMAPHÉRÈSE
SAINTE-THÉRÈSE
CASABLANCAISE
INDE FRANÇAISE
CHANCELADAISE
NÉO-ZÉLANDAISE
NÉO-ZÉLANDAISE
GROENLANDAISE
SAINTONGEAISE
MONDEVILLAISE
DOUDEVILLAISE
SOTTEVILLAISE
BEUZEVILLAISE
BLAINVILLAISE
HÉROUVILLAISE

FOUGEROLLAISE
COURSEULLAISE
BRÉTIGNOLAISE
MONTALBANAISE
MONTALBANAISE
CASTELLANAISE
GRADIGNANAISE
PERPIGNANAISE
AVRANCHINAISE
MORBIHANNAISE
LILLEBONNAISE
BRIANÇONNAISE
TALANÇONNAISE
JURANÇONNAISE
TARASCONNAISE
ARCACHONNAISE
ESPALIONNAISE
WASSELONNAISE
GUEUGNONNAISE
QUIBERONNAISE
ORMESSONNAISE
AUBUSSONNAISE
ARGENTONNAISE
LONGUYONNAISE
CHÂTILLONAISE
VAL-DE-MARNAISE
SÈVRE NANTAISE
FOUESNANTAISE
CONFOLENTAISE
HENNEBONTAISE
OUTREMONTAISE
WESTMOUNTAISE
ROCHEFORTAISE
HAUTEFORTAISE
MARTINIQUAISE
MARTINIQUAISE
TONNEINQUAISE
SURMÉDICALISÉ
COMMERCIALISÉ
DÉMATÉRIALISÉ
INDUSTRIALISÉ
DÉCRIMINALISÉ
DÉNATIONALISÉ
OCCIDENTALISÉ
INDIVIDUALISÉ
CONCEPTUALISÉ
CONTEXTUALISÉ
DÉCULPABILISÉ
VULNÉRABILISÉ
DÉCRÉDIBILISÉ
DÉSENSIBILISÉ
INSENSIBILISÉ
RECRISTALLISÉ
DÉSYNCHRONISÉ
BUSSY D'AMBOISE
BARSURAUBOISE
FLORENSACOISE

CLÉGUÉRECOISE
SASSENAGEOISE
GANDRANGEOISE
FRIBOURGEOISE
HAMBOURGEOISE
COMBOURGEOISE
HOMBOURGEOISE
VILLEJUIFOISE
PHNOMPENHOISE
SCHIRMECKOISE
SHERBROOKOISE
NEUCHÂTELOISE
NEUCHÂTELOISE
MONTREVÉLOISE
SAINT-GALLOISE
APPENZELLOISE
SAINT-GILLOISE
BONNEUILLOISE
JULIEVILLOISE
BELLEVILLOISE
BONNEVILLOISE
LIBREVILLOISE
MANTEVILLOISE
HAUTEVILLOISE
MALZÉVILLOISE
BLAINVILLOISE
THIONVILLOISE
CHIBOUGAMOISE
BISCHHEIMOISE
STOCKHOLMOISE
REPENTIGNOISE
CARTHAGINOISE
CARTHAGINOISE
CASTELLINOISE
BERTHEVINOISE
HAUT-VIENNOISE
TOURQUENNOISE
ROQUEBRUNOISE
BEAUCHAMPOISE
CHAMALIÉROISE
ARGENTIÉROISE
ARMENTIÉROISE
ROQUEVAIROISE
CASTELVIROISE
MONTMARTROISE
ROQUEMAUROISE
LE GARDEUROISE
BÉCANCOUROISE
AUVERS-SUR-OISE
NOGENT-SUR-OISE
AIGUEPERSOISE
GARGILESSOISE
MORANGISSOISE
NOBELTUSSOISE
DIEULEFITOISE
FRANC-COMTOISE
FRANC-COMTOISE

VILLEPINTOISE
MAGNYMONTOISE
HÉRICOURTOISE
ÉLANCOURTOISE
BEAUCOURTOISE
GUINGUETTOISE
COPENHAGUOISE
CHÂTEAUGUOISE
AUDRUICQUOISE
VILLENEUVOISE
PARTICULARISÉ
REVASCULARISÉ
LAURIER-CERISE
TRANSISTORISÉ
TECHNOCRATISÉ
BUREAUCRATISÉ
DONNEAU DE VISÉ
RADIOTÉLÉVISÉ
COUPON-RÉPONSE
CARTES-RÉPONSE
ÉCHINOCOCCOSE
MUCOVISCIDOSE
PAS-GRAND-CHOSE
SPOROTRICHOSE
CYPHOSCOLIOSE
PNEUMOCONIOSE
PASTEURELLOSE
COLIBACILLOSE
DIVERTICULOSE
ÉLECTRO-OSMOSE
CRANIOSTÉNOSE
HYDRONÉPHROSE
PSEUDARTHROSE
AMPHIARTHROSE
TRÉPONÉMATOSE
CHONDROMATOSE
PNEUMOCYSTOSE
DRÉPANOCYTOSE
ARCHIDUCHESSE
BOURG-EN-BRESSE
SAINTE-ADRESSE
ENCHANTERESSE
CHÂSSIS-PRESSE
SOUS-MAÎTRESSE
INDÉLICATESSE
BOUILLABAISSE
HAUT-DE-CHAUSSE
RACCOMMODEUSE
CENTRIFUGEUSE
PLEURNICHEUSE
COQUELUCHEUSE
RÉVÉRENCIEUSE
PARCIMONIEUSE
INHARMONIEUSE
PHOTOCOPIEUSE
RAVITAILLEUSE
ÉCRIVAILLEUSE

GRIBOUILLEUSE
BARBOUILLEUSE
BREDOUILLEUSE
VADROUILLEUSE
CHATOUILLEUSE
ANTIVENIMEUSE
ANTIVÉNÉNEUSE
ENTREPRENEUSE
INTRAVEINEUSE
PROTÉAGINEUSE
MUCILAGINEUSE
TAMBOURINEUSE
BARAGOUINEUSE
SHAMPOUINEUSE
ENQUIQUINEUSE
BADIGEONNEUSE
QUESTIONNEUSE
PAPILLONNEUSE
CARILLONNEUSE
EMPOISONNEUSE
AUTO-STOPPEUSE
ANTIULCÉREUSE
PRÉCANCÉREUSE
ENREGISTREUSE
STRIP-TEASEUSE
THÉSAURISEUSE
BLANCHISSEUSE
ENCHÉRISSEUSE
INVESTISSEUSE
EMBOUTISSEUSE
ÉRYTHÉMATEUSE
TÉLÉACHETEUSE
ANTHRACITEUSE
BOURSICOTEUSE
TRANSPORTEUSE
ENTREMETTEUSE
BOURLINGUEUSE
PIQUE-NIQUEUSE
PRÉSOMPTUEUSE
HÉLIOGRAVEUSE
INTERVIEWEUSE
POLYTRANSFUSÉ
ANTÉHYPOPHYSE
POSTHYPOPHYSE
PARODONTOLYSE
HYDROSILICATE
CYANOACRYLATE
POLYCARBONATE
INTERCONNECTÉ
BASIDIOMYCÈTE
GASTÉROMYCÈTE
CONTRE-SOCIÉTÉ
QUOTIDIENNETÉ
LAMPES-TEMPÊTE
ULTRAPROPRETÉ
CONTRE-ENQUÊTE
SCIENTIFICITÉ

VASOMOTRICITÉ
TRANSLUCIDITÉ
SUPERFLUIDITÉ
HERMAPHRODITE
HERMAPHRODITE
CITÉ INTERDITE
INSTANTANÉITÉ
HÉTÉROGÉNÉITÉ
CHÂTEAU-LAFITE
HYPOPHOSPHITE
PARAFISCALITÉ
IMMATÉRIALITÉ
ORTHOGONALITÉ
IRRATIONALITÉ
INTEMPORALITÉ
MORTINATALITÉ
MONUMENTALITÉ
COPARENTALITÉ
HORIZONTALITÉ
INDIVIDUALITÉ
PARASEXUALITÉ
HOMOSEXUALITÉ
PRÉRAPHAÉLITE
HAUTE-FIDÉLITÉ
IMPROBABILITÉ
IMPLACABILITÉ
APPLICABILITÉ
SÉGRÉGABILITÉ
NÉGOCIABILITÉ
INVARIABILITÉ
INSATIABILITÉ
MOUILLABILITÉ
INVIOLABILITÉ
CALCULABILITÉ
IMPRIMABILITÉ
COMPARABILITÉ
VULNÉRABILITÉ
INEXORABILITÉ
PÉNÉTRABILITÉ
ACCEPTABILITÉ
PERMUTABILITÉ
INSOLVABILITÉ
EMPLOYABILITÉ
INVINCIBILITÉ
INCRÉDIBILITÉ
INÉLIGIBILITÉ
INEXIGIBILITÉ
INTANGIBILITÉ
DISPONIBILITÉ
PRÉVISIBILITÉ
EXPANSIBILITÉ
INSENSIBILITÉ
EXTENSIBILITÉ
EXPLOSIBILITÉ
RÉVERSIBILITÉ
IMPASSIBILITÉ
ACCESSIBILITÉ

INCESSIBILITÉ
ADMISSIBILITÉ
IMPOSSIBILITÉ
COMPATIBILITÉ
DÉDUCTIBILITÉ
RÉDUCTIBILITÉ
DIGESTIBILITÉ
COMESTIBILITÉ
INAMOVIBILITÉ
INFLEXIBILITÉ
CONTRACTILITÉ
MINISATELLITE
ANTISATELLITE
SIMÉON STYLITE
PUSILLANIMITÉ
PIERRE L'ERMITE
NON-CONFORMITÉ
CLANDESTINITÉ
CONSANGUINITÉ
POSTMODERNITÉ
CONFRATERNITÉ
INOPPORTUNITÉ
PARTICULARITÉ
GÉMELLIPARITÉ
OVOVIVIPARITÉ
ARCHIMANDRITE
PYÉLONÉPHRITE
IMPÉCUNIOSITÉ
ANFRACTUOSITÉ
QUADRIPARTITE
HYALOCLASTITE
DACRYOCYSTITE
COURT-CIRCUITÉ
DISCONTINUITÉ
PROGRESSIVITÉ
ASSOCIATIVITÉ
COMMUTATIVITÉ
RADIOACTIVITÉ
RÉTROACTIVITÉ
HYPERACTIVITÉ
INTERACTIVITÉ
INAFFECTIVITÉ
CONJONCTIVITE
COMPÉTITIVITÉ
JURISCONSULTE
BRAINE-LE-COMTE
VAUX-LE-VICOMTE
OUTRECUIDANTE
TRANSCENDANTE
MALENTENDANTE
SURINTENDANTE
DÉCOURAGEANTE
ENCOURAGEANTE
COPARTAGEANTE
DÉSOBLIGEANTE
INSIGNIFIANTE
DÉMYSTIFIANTE

ANESTHÉSIANTE
BIENVEILLANTE
ÉMOUSTILLANTE
CROUSTILLANTE
DÉMAQUILLANTE
TRANSFORMANTE
ENTREPRENANTE
CONTREVENANTE
CONTRAIGNANTE
AIDE-SOIGNANTE
DISCRIMINANTE
SOUS-DOMINANTE
ENQUIQUINANTE
ÉMULSIONNANTE
PAPILLONNANTE
BOUILLONNANTE
EMPOISONNANTE
ANTIDÉTONANTE
ANTIDÉRAPANTE
AUTOTREMPANTE
NON-COMPARANTE
PRÉPONDÉRANTE
RÉCALCITRANTE
SATISFAISANTE
SYMPATHISANTE
GÉNÉRALISANTE
DÉMORALISANTE
NEUTRALISANTE
ITALIANISANTE
DÉPOLARISANTE
DÉSODORISANTE
DÉVALORISANTE
TRAUMATISANTE
BOULEVERSANTE
EMBARRASSANTE
ÉTOURDISSANTE
DÉSOBÉISSANTE
ENRICHISSANTE
BLANCHISSANTE
VIEILLISSANTE
RAMOLLISSANTE
RAJEUNISSANTE
ASSOUPISSANTE
AMAIGRISSANTE
ÉPAISSISSANTE
COMPATISSANTE
RETENTISSANTE
DIVERTISSANTE
ÉPANOUISSANTE
ASSERVISSANTE
DÉSHYDRATANTE
DÉSINFECTANTE
INCAPACITANTE
REPRÉSENTANTE
DÉCONCERTANTE
RÉCONFORTANTE
INCONSISTANTE

FROUFROUTANTE
BÊTABLOQUANTE
AUTOBRONZANTE
INCANDESCENTE
RECRUDESCENTE
CONVALESCENTE
EFFLORESCENTE
DÉLIQUESCENTE
EFFERVESCENTE
CONCUPISCENTE
BIRÉFRINGENTE
SUBCONSCIENTE
QUADRIVALENTE
SANGUINOLENTE
INEXPÉRIMENTÉ
COMPARTIMENTÉ
SEMPERVIRENTE
INTERCURRENTE
TRIPLE-ENTENTE
PETITE-ENTENTE
VENTRIPOTENTE
INTERMITTENTE
INCONSÉQUENTE
LOCATION-VENTE
PRÉCONTRAINTE
BELO HORIZONTE
EMBERLIFICOTÉ
RIVIÈRE-PILOTE
RÉFÉRÉ-LIBERTÉ
DESSUS-DE-PORTE
ÉRYTHROBLASTE
CIUDAD DEL ESTE
CRUCIVERBISTE
VERBICRUCISTE
PROPAGANDISTE
TIERS-MONDISTE
AVANT-GARDISTE
MINÉRALOGISTE
PHYSIOLOGISTE
ENTOMOLOGISTE
TECHNOLOGISTE
IMMUNOLOGISTE
HÉMATOLOGISTE
ERPÉTOLOGISTE
ODONTOLOGISTE
EMBRYOLOGISTE
ICHTYOLOGISTE
MÉTALLURGISTE
JE-M'EN-FICHISTE
TÉLÉGRAPHISTE
INFOGRAPHISTE
HYPERRÉALISTE
TRIOMPHALISTE
ÉDITORIALISTE
DEMI-FINALISTE
PERSONNALISTE
ÉLECTORALISTE
UNIVERSALISTE
SUCCURSALISTE
ANTINATALISTE
SPIRITUALISTE
MISÉRABILISTE
AUTOMOBILISTE
CARTOPHILISTE
MERCANTILISTE
PÉTROCHIMISTE
PHYSIONOMISTE
TRANSFORMISTE
CONGRÉGANISTE
CONFUCIANISTE
PANGERMANISTE
SOUVERAINISTE
RÉVISIONNISTE
DIVISIONNISTE
SCISSIONNISTE
ILLUSIONNISTE
CRÉATIONNISTE
RELATIONNISTE
MUTATIONNISTE
FRACTIONNISTE
ANNEXIONNISTE
ACCORDÉONISTE
VIBRAPHONISTE
ORTHOPHONISTE
ACCESSOIRISTE
BIOTERRORISTE
RÉDEMPTORISTE
ASTROMÉTRISTE
CARICATURISTE
MOTS-CROISISTE
SEMI-GROSSISTE
OBSCURANTISTE
ORTHODONTISTE
CLARINETTISTE
JE-M'EN-FOUTISTE
SUBJECTIVISTE
COLLECTIVISTE
PRODUCTIVISTE
STAKHANOVISTE
VOITURES-POSTE
ENTÉROPNEUSTE
ERNEST-AUGUSTE
PSYCHANALYSTE
AUTOCOUCHETTE
PIQUE-ASSIETTE
BRICK-GOÉLETTE
CYTOSQUELETTE
GRENOUILLETTE
ULTRAVIOLETTE
BARCELONNETTE
BERGERONNETTE
FUME-CIGARETTE
CASSE-NOISETTE
LIVRE-CASSETTE
VIDÉOCASSETTE
RADIOCASSETTE
MICROCASSETTE
PIED-D'ALOUETTE
LANCE-ROQUETTE
COUCHE-CULOTTE
POIL-DE-CAROTTE
GOUTTE-À-GOUTTE
LAUGERIE-HAUTE
COCOTTE-MINUTE
MÉGACARYOCYTE
SPERMATOPHYTE
ÉQUISÉTOPHYTE
PAILLE-EN-QUEUE
MICHEL LE BÈGUE
ABAISSE-LANGUE
TÉMISCAMINGUE
SAINT-DOMINGUE
PHARMACOLOGUE
HYDROGÉOLOGUE
ÉPISTÉMOLOGUE
OPHTALMOLOGUE
KREMLINOLOGUE
ANTHROPOLOGUE
TRAUMATOLOGUE
DIALECTOLOGUE
PALÉONTOLOGUE
GAULE CHEVELUE
NICOLAS DE FLUE
ININTERROMPUE
TONICARDIAQUE
MYTHOMANIAQUE
APHRODISIAQUE
CONTRE-ATTAQUE
CONTRE-ATTAQUÉ
BOULOUNENCQUE
CERCOPITHÈQUE
GALÉOPITHÈQUE
SEMNOPITHÈQUE
ÉTANT DONNÉ QUE
GUATÉMALTÈQUE
GUATÉMALTÈQUE
TRISYLLABIQUE
ISOSYLLABIQUE
DISSYLLABIQUE
DITHYRAMBIQUE
CONTRE-INDIQUÉ
ANTIPALUDIQUE
RIBONUCLÉIQUE
ONOMATOPÉIQUE
HIPPOPHAGIQUE
TÉTRAPLÉGIQUE
NEUROPLÉGIQUE
MINÉRALOGIQUE
GYNÉCOLOGIQUE
MUSICOLOGIQUE
LEXICOLOGIQUE

TOXICOLOGIQUE
ARCHÉOLOGIQUE
SPÉLÉOLOGIQUE
PSYCHOLOGIQUE
GRAPHOLOGIQUE
MORPHOLOGIQUE
GLACIOLOGIQUE
SÉMÉIOLOGIQUE
PHYSIOLOGIQUE
ENTOMOLOGIQUE
OCÉANOLOGIQUE
TECHNOLOGIQUE
CHRONOLOGIQUE
IMMUNOLOGIQUE
HÉMATOLOGIQUE
ERPÉTOLOGIQUE
DÉONTOLOGIQUE
EMBRYOLOGIQUE
ICHTYOLOGIQUE
CHOLINERGIQUE
MÉTALLURGIQUE
TAUROMACHIQUE
PARAPSYCHIQUE
MÉTAPSYCHIQUE
TÉLÉGRAPHIQUE
IDÉOGRAPHIQUE
HOLOGRAPHIQUE
XYLOGRAPHIQUE
DÉMOGRAPHIQUE
HOMOGRAPHIQUE
MONOGRAPHIQUE
TOPOGRAPHIQUE
TYPOGRAPHIQUE
GÉOSTROPHIQUE
PHILOSOPHIQUE
MÉTAMORPHIQUE
HOMÉOPATHIQUE
FELDSPATHIQUE
PALÉOLITHIQUE
MICROLITHIQUE
LABYRINTHIQUE
OSTROGOTHIQUE
TÉRÉPHTALIQUE
PSYCHÉDÉLIQUE
MACHIAVÉLIQUE
ITHYPHALLIQUE
SOMNAMBULIQUE
POLYVINYLIQUE
MÉTHACRYLIQUE
POLYACRYLIQUE
CRYPTOGAMIQUE
ANTÉISLAMIQUE
HÉMODYNAMIQUE
AÉRODYNAMIQUE
LOGARITHMIQUE
ALGORITHMIQUE
PÉTROCHIMIQUE
PHOTOCHIMIQUE
EXOPHTALMIQUE
GASTRONOMIQUE
ORTHODROMIQUE
DESMODROMIQUE
CHROMOSOMIQUE
INTRA-ATOMIQUE
INTRADERMIQUE
TRANSDERMIQUE
ENDOTHERMIQUE
AÉROTHERMIQUE
ENDOPLASMIQUE
CYTOPLASMIQUE
MACROCOSMIQUE
MICROCOSMIQUE
CATACLYSMIQUE
CYCLOTHYMIQUE
PERMANGANIQUE
PRÉHISPANIQUE
ANTITÉTANIQUE
XANTHOGÉNIQUE
PANTOTHÉNIQUE
PRÉHELLÉNIQUE
PANHELLÉNIQUE
DIÉTHYLÉNIQUE
AÉROTECHNIQUE
PYROTECHNIQUE
CRYOTECHNIQUE
POLYTECHNIQUE
PLURIETHNIQUE
MULTIETHNIQUE
INTERETHNIQUE
ORTHOPHONIQUE
RADIOPHONIQUE
MICROPHONIQUE
THERMOÏONIQUE
THESSALONIQUE
NÉOTECTONIQUE
PSYCHOTONIQUE
CARDIOTONIQUE
PROTÉROZOÏQUE
ORTHOSCOPIQUE
MACROSCOPIQUE
MICROSCOPIQUE
HYGROSCOPIQUE
RHOMBOÉDRIQUE
SÉLÉNHYDRIQUE
CHLORHYDRIQUE
FLUORHYDRIQUE
HÉMISPHÉRIQUE
ATMOSPHÉRIQUE
IONOSPHÉRIQUE
PHYLLOXÉRIQUE
SAINT-AFFRIQUE
HYPOCALORIQUE
PRÉHISTORIQUE
PSYCHIATRIQUE
BIOÉLECTRIQUE
ISOÉLECTRIQUE
MILLIMÉTRIQUE
PLANIMÉTRIQUE
DENSIMÉTRIQUE
CENTIMÉTRIQUE
GRAVIMÉTRIQUE
GONIOMÉTRIQUE
ÉCONOMÉTRIQUE
AXONOMÉTRIQUE
MICROMÉTRIQUE
HYGROMÉTRIQUE
ASTROMÉTRIQUE
HYPSOMÉTRIQUE
HECTOMÉTRIQUE
PHOTOMÉTRIQUE
PIÉZOMÉTRIQUE
BATHYMÉTRIQUE
AXISYMÉTRIQUE
DISSYMÉTRIQUE
MÉTACENTRIQUE
HOMOCENTRIQUE
POLYCENTRIQUE
HYPOGASTRIQUE
AMPHIGOURIQUE
CÉNESTHÉSIQUE
CINESTHÉSIQUE
KINESTHÉSIQUE
ANTIMYCOSIQUE
ARABO-PERSIQUE
POSTCLASSIQUE
MICROPHYSIQUE
ASTROPHYSIQUE
AFRO-ASIATIQUE
PROBLÉMATIQUE
SYNTAGMATIQUE
BIOCLIMATIQUE
SYMPTOMATIQUE
FANTASMATIQUE
CHARISMATIQUE
HIPPOCRATIQUE
PRÉSOCRATIQUE
CHIROPRATIQUE
ORTHOSTATIQUE
HYDROSTATIQUE
HYPERSTATIQUE
PARALLACTIQUE
CATAPLECTIQUE
POLIORCÉTIQUE
HOMOGAMÉTIQUE
CYTOGÉNÉTIQUE
DIAMAGNÉTIQUE
GÉOMAGNÉTIQUE
HOMOCINÉTIQUE
MONOCINÉTIQUE
ANTIPYRÉTIQUE
FERRALLITIQUE

SIDÉROLITIQUE
SOCIOCRITIQUE
SUPERCRITIQUE
MARTENSITIQUE
PÉRISTALTIQUE
GAULE CELTIQUE
PRÉROMANTIQUE
CONSONANTIQUE
INAUTHENTIQUE
ANACRÉONTIQUE
EMPHYTÉOTIQUE
MACROBIOTIQUE
APONÉVROTIQUE
ANTIMITOTIQUE
EUROSCEPTIQUE
NEUROLEPTIQUE
APOCALYPTIQUE
SUBDÉSERTIQUE
ENDOBLASTIQUE
MÉSOBLASTIQUE
ECTOBLASTIQUE
PYROCLASTIQUE
SYLLOGISTIQUE
KABBALISTIQUE
HELLÉNISTIQUE
EUCHARISTIQUE
ARCHIVISTIQUE
ASTRONAUTIQUE
PROPÉDEUTIQUE
HERMÉNEUTIQUE
THÉRAPEUTIQUE
TROGLODYTIQUE
PROTÉOLYTIQUE
SPASMOLYTIQUE
ADRÉNOLYTIQUE
PAPIERS-CALQUE
COLLIOURENQUE
ORNITHORYNQUE
STAPHYLOCOQUE
CANNIBALESQUE
CARNAVALESQUE
ROCAMBOLESQUE
FUNAMBULESQUE
CAMÉLÉONESQUE
CHEVALERESQUE
ÉLÉPHANTESQUE
GARGANTUESQUE
CAPITAL-RISQUE
LA MOTTE-FOUQUÉ
CHEVILLY-LARUE
QUEUES-DE-MORUE
MICHEL LE BRAVE
COMPRÉHENSIVE
REVENDICATIVE
QUALIFICATIVE
SIGNIFICATIVE
RECTIFICATIVE
JUSTIFICATIVE
COMMUNICATIVE
LUDO-ÉDUCATIVE
INTERROGATIVE
CONTEMPLATIVE
APPROXIMATIVE
DÉTERMINATIVE
PARTICIPATIVE
COMMÉMORATIVE
DÉMONSTRATIVE
NON-FIGURATIVE
ARGUMENTATIVE
FRÉQUENTATIVE
PERMSÉLECTIVE
RÉTROSPECTIVE
INTROSPECTIVE
OMNIDIRECTIVE
CONTRACEPTIVE
INTÉROCEPTIVE
EXTÉROCEPTIVE
CONTRAGESTIVE
HRADEC KRÁLOVÉ
CONTRE-ÉPREUVE
BRIGADIER-CHEF
ROLL ON-ROLL OFF
MULTIPLICATIF
SOCIO-ÉDUCATIF
RÉCAPITULATIF
ADMINISTRATIF
INTERPRÉTATIF
REPRÉSENTATIF
CONTRAROTATIF
NON DESTRUCTIF
PROPRIOCEPTIF
MÉDICO-SPORTIF
LANGUES-DE-CERF
JEAN DE BRÉBEUF
LANGUE-DE-BŒUF
SVEND TVESKAEG
WAGNER-JAUREGG
BRIAND-KELLOGG
STURM UND DRANG
HUANG GONGWANG
MACKENZIE KING
EDGAR ATHELING
LIVRE STERLING
BRAINSTORMING
MÉDIAPLANNING
MORET-SUR-LOING
MERCHANDISING
TÉLÉMARKETING
SOUPHANOUVONG
SCHWARZENBERG
FREDERIKSBERG
FREDERIKSBORG
ASCHAFFENBURG
EKATERINBOURG
VIRGINIA BEACH
HOMME-SANDWICH
VAN DER MEERSCH
MANUEL DEUTSCH
RENGER-PATZSCH
CHOSTAKOVITCH
ROSTROPOVITCH
LA TESTE-DE-BUCH
MIDDLESBROUGH
ANDHRA PRADESH
MADHYA PRADESH
PORT ELIZABETH
GREAT YARMOUTH
MUHAMMAD ABDUH
MISSI DOMINICI
QIN SHI HUANGDI
IMAMURA SHOHEI
NAGUMO CHUICHI
KITANO TAKESHI
SHOTOKU TAISHI
NATSUME SOSEKI
OUBANGUI-CHARI
FRÉDÉRIC-HENRI
SAN LUIS POTOSÍ
CORPUS CHRISTI
AUNG SAN SUU KYI
FERENC RÁKÓCZI
UZTARIZTARRAK
VAN RUYSBROECK
STARTING-BLOCK
VAN HEEMSKERCK
TCHANG KAÏ-CHEK
AKADEMGORODOK
SEMIPALATINSK
NOVOKOUZNETSK
PETROPAVLOVSK
NIJNEVARTOVSK
INTERSYNDICAL
INTERTROPICAL
HYPOCYCLOÏDAL
MENÉNDEZ PIDAL
EXTRACONJUGAL
MAXILLO-FACIAL
PARAY-LE-MONIAL
CANAL IMPÉRIAL
SUBÉQUATORIAL
RÉQUISITORIAL
INQUISITORIAL
QUADRAGÉSIMAL
INFINITÉSIMAL
CÉRÉBRO-SPINAL
CONFESSIONNAL
INTERRÉGIONAL
SEPTENTRIONAL
SUPRANATIONAL
MULTINATIONAL
INTERNATIONAL

TRANSNATIONAL
INTERCOMMUNAL
ASSOURBANIPAL
CONTROLATÉRAL
MASSIF CENTRAL
ARCHITECTURAL
ARRIÈRE-VASSAL
PHÉNOBARBITAL
NAVIRE-HÔPITAL
PLOMB DU CANTAL
PRO-OCCIDENTAL
BOURG-ARGENTAL
MOYEN-ORIENTAL
DÉPARTEMENTAL
QUEUE-DE-CHEVAL
PIEDS-DE-CHEVAL
PHILIPPE LE BEL
GEOFFROI LE BEL
VILLIERS-LE-BEL
STIRING-WENDEL
CORDES-SUR-CIEL
ANTOINE DANIEL
PRÉINDUSTRIEL
CONCURRENTIEL
ÉQUIPOTENTIEL
COMPULSIONNEL
COMPASSIONNEL
CONFESSIONNEL
PROFESSIONNEL
POSSESSIONNEL
GÉNÉRATIONNEL
CORRECTIONNEL
DÉFINITIONNEL
TRANSITIONNEL
OPPOSITIONNEL
CONVENTIONNEL
PROPORTIONNEL
ANTIPERSONNEL
FŒTO-MATERNEL
EXTRACORPOREL
MULTICULTUREL
SOCIOCULTUREL
INTERCULTUREL
TRANSCULTUREL
CHARLES MARTEL
PIERRE LE CRUEL
CARAVANSÉRAIL
MERTHYR TYDFIL
DUCRAY-DUMINIL
LE BLANC-MESNIL
REBROUSSE-POIL
GUILLAUME TELL
DOCTEUR JEKYLL
JUDÉO-ESPAGNOL
ALEKSANDROPOL
LATOUR-DE-CAROL
VINCENT DE PAUL
BAIE-SAINT-PAUL
MONS-EN-BARŒUL
HODJATOLESLAM
VISAKHAPATNAM
MAHABALIPURAM
DILSEN-STOKKEM
NAQSH-I ROUSTEM
CHÂTEAU-D'YQUEM
TRUCHTERSHEIM
FRANCE TÉLÉCOM
UNITED KINGDOM
BRITISH MUSEUM
FERROSILICIUM
RUTHERFORDIUM
LITHOTHAMNIUM
ZÉNON DE CITIUM
AMAN ALLAH KHAN
AMBARTSOUMIAN
DARIOS CODOMAN
EMPIRE OTTOMAN
BUSINESSWOMAN
GUI DE LUSIGNAN
SOUVENIR-ÉCRAN
BALOUTCHISTAN
BÉLOUTCHISTAN
BACHKORTOSTAN
BERCHTESGADEN
GRAFFENSTADEN
STAFFELFELDEN
PÉPIN DE LANDEN
MONTMORENCÉEN
BOCAGE VENDÉEN
MARAIS VENDÉEN
RIBEAUVILLÉEN
MÉDITERRANÉEN
MÉDITERRANÉEN
TRANSPYRÉNÉEN
ÉQUATO-GUINÉEN
BISSAU-GUINÉEN
OSTERMUNDIGEN
GELSENKIRCHEN
PROPHARMACIEN
MERDRIGNACIEN
GÉOTECHNICIEN
ZOOTECHNICIEN
ÉLECTRONICIEN
PYTHAGORICIEN
MÉTAPHYSICIEN
MATHÉMATICIEN
SYSTÉMATICIEN
INFORMATICIEN
OMNIPRATICIEN
ARITHMÉTICIEN
CYBERNÉTICIEN
MANUCE L'ANCIEN
SIMÉON L'ANCIEN
RHABDOMANCIEN
RUPIFICALDIEN
SAINT-AVOLDIEN
ROUYNORANDIEN
RÉGINABORGIEN
LANGUE-DE-CHIEN
ORNITHISCHIEN
PHILADELPHIEN
NÉANDERTALIEN
AFRO-BRÉSILIEN
AFRO-BRÉSILIEN
CARQUEFOLLIEN
SUD-VIETNAMIEN
SUD-VIETNAMIEN
CHRYSOSTOMIEN
TRANSYLVANIEN
TRANSYLVANIEN
PENNSYLVANIEN
LÉON L'ARMÉNIEN
CRISTALLINIEN
CONSTANTINIEN
SAINT-SAVINIEN
NÉO-CALÉDONIEN
NÉO-CALÉDONIEN
SAINT-SIMONIEN
WASHINGTONIEN
SHAKESPEARIEN
TRANSSAHARIEN
PALÉOSIBÉRIEN
TRANSSIBÉRIEN
LOIR-ET-CHÉRIEN
VIMONASTÉRIEN
VERTACOMIRIEN
SAINT-GEOIRIEN
LÉON L'ISAURIEN
PÉLOPONNÉSIEN
PÉLOPONNÉSIEN
PARTHENAISIEN
BOUGUENAISIEN
COURBEVOISIEN
VILLEPARISIEN
JUDÉO-CHRÉTIEN
PALÉOCHRÉTIEN
MONTCHRESTIEN
COSSÉ-LE-VIVIEN
GONPONTOLVIEN
CASTELNEUVIEN
BUSINESSWOMEN
LAUTERBRUNNEN
FORCALQUIÉREN
SACHSENHAUSEN
WILHELMSHAVEN
CHONDRICHTYEN
SORTIES-DE-BAIN
NORD-AMÉRICAIN
NORD-AMÉRICAIN
AFRO-AMÉRICAIN
AFRO-AMÉRICAIN

MÉSO-AMÉRICAIN
LÉON L'AFRICAIN
NÉGRO-AFRICAIN
INTERAFRICAIN
CENTRAFRICAIN
CENTRAFRICAIN
SAINT-POURÇAIN
PORT-DE-BOUCAIN
L'ISLE-JOURDAIN
SAINT-HERBLAIN
SAINT-GHISLAIN
PONTCHARTRAIN
MÉTROPOLITAIN
SAINT-POLITAIN
CALIDIFONTAIN
ROMARIMONTAIN
MUZAFFAR AL-DIN
STAËL-HOLSTEIN
LIECHTENSTEIN
KYOKUTEI BAKIN
SAINT-GLINGLIN
ANTI-SOUS-MARIN
CHILLY-MAZARIN
REQUIN-PÈLERIN
MARIE-VICTORIN
CASTELROUSSIN
ARRIÈRE-COUSIN
RÉVEILLE-MATIN
GERMANOPRATIN
ÉTIENNE-MARTIN
VILLEHARDOUIN
LE BEC-HELLOUIN
SAINT-FRUSQUIN
MATHIAS CORVIN
PHILIPPE LE BON
ALPHONSE LE BON
PALAIS-BOURBON
BOUSTROPHÉDON
CHÂTEAU-LANDON
SAISIE-BRANDON
GORGE-DE-PIGEON
CŒUR-DE-PIGEON
CIUDAD OBREGÓN
CHÂTEAU-BOUGON
QUEUE-DE-COCHON
À CALIFOURCHON
SUPERCHAMPION
COMPRÉHENSION
ANTICORROSION
ANIMADVERSION
BIOCONVERSION
RÉTROGRESSION
TRANSGRESSION
ULTRAPRESSION
SURIMPRESSION
DÉCOMPRESSION
COMPROMISSION

TÉLÉDIFFUSION
GÉLITURBATION
CRYOTURBATION
PRÉMÉDICATION
REVENDICATION
OPACIFICATION
SPÉCIFICATION
CALCIFICATION
RÉÉDIFICATION
ACIDIFICATION
CASÉIFICATION
GAZÉIFICATION
QUALIFICATION
MELLIFICATION
AMPLIFICATION
PLANIFICATION
LIGNIFICATION
SIGNIFICATION
RÉUNIFICATION
SCARIFICATION
CLARIFICATION
LUBRIFICATION
GLORIFICATION
CAPRIFICATION
PÉTRIFICATION
NITRIFICATION
VITRIFICATION
FALSIFICATION
DENSIFICATION
CHOSIFICATION
VERSIFICATION
MASSIFICATION
RUSSIFICATION
BÉATIFICATION
GRATIFICATION
RECTIFICATION
ACÉTIFICATION
CERTIFICATION
FORTIFICATION
MORTIFICATION
JUSTIFICATION
MYSTIFICATION
INAPPLICATION
RÉDUPLICATION
COMMUNICATION
PRÉVARICATION
DÉCORTICATION
DOMESTICATION
TRANSLOCATION
CONSOLIDATION
ACCOMMODATION
DÉSAGRÉGATION
DÉSÉGRÉGATION
INVESTIGATION
INTERROGATION
HYDROFUGATION
DISTANCIATION

PRONONCIATION
RENÉGOCIATION
ANTIRADIATION
DOMICILIATION
APPROPRIATION
EXPROPRIATION
INTERCALATION
DÉCONGÉLATION
DISSIMILATION
HORRIPILATION
CONSTELLATION
DÉNIVELLATION
SCINTILLATION
EXTRAPOLATION
INTERPOLATION
CONTEMPLATION
GESTICULATION
TRIANGULATION
STRANGULATION
DISSIMULATION
SURPOPULATION
SURESTIMATION
APPROXIMATION
PROGRAMMATION
HYDROGÉNATION
CONCATÉNATION
RÉASSIGNATION
REVACCINATION
RATIOCINATION
HALLUCINATION
SUBORDINATION
CONTAMINATION
DISSÉMINATION
RÉCRIMINATION
INCRIMINATION
DÉTERMINATION
EXTERMINATION
PÉRÉGRINATION
DÉGLUTINATION
AGGLUTINATION
RÉINCARNATION
CONSTERNATION
PROSTERNATION
PARTICIPATION
AUTOPALPATION
PRÉOCCUPATION
IMPRÉPARATION
DÉCÉRÉBRATION
ÉQUILIBRATION
RÉVERBÉRATION
INCARCÉRATION
CONFÉDÉRATION
CONSIDÉRATION
PROLIFÉRATION
VERBIGÉRATION
RÉFRIGÉRATION
AGGLOMÉRATION

SURGÉNÉRATION
COMMISÉRATION
PERSÉVÉRATION
CONFLAGRATION
RÉINTÉGRATION
TRANSPIRATION
COLLABORATION
CORROBORATION
IMPERFORATION
DÉTÉRIORATION
COMMÉMORATION
INCORPORATION
EXPECTORATION
CONCENTRATION
ORCHESTRATION
SÉQUESTRATION
DÉMONSTRATION
DÉCARBURATION
RECARBURATION
BICARBURATION
DÉSULFURATION
PRÉFIGURATION
CONFIGURATION
NON-FIGURATION
SURSATURATION
STRUCTURATION
ACCULTURATION
DÉCULTURATION
ANGLICISATION
GLOBALISATION
VERBALISATION
FISCALISATION
DÉRÉALISATION
SOCIALISATION
FILIALISATION
FORMALISATION
NORMALISATION
SIGNALISATION
VERNALISATION
SACRALISATION
MENTALISATION
ANNUALISATION
VISUALISATION
ACTUALISATION
RITUALISATION
SEXUALISATION
DIÉSÉLISATION
STABILISATION
FRAGILISATION
STÉRILISATION
FOSSILISATION
SUBTILISATION
FERTILISATION
RÉUTILISATION
MÉTALLISATION
SATELLISATION
JAVELLISATION
DIABOLISATION
SYMBOLISATION
VARIOLISATION
ALCOOLISATION
PODZOLISATION
RANDOMISATION
RURBANISATION
VULCANISATION
BALKANISATION
GERMANISATION
HISPANISATION
GALVANISATION
HELLÉNISATION
SULFINISATION
POLLINISATION
KAOLINISATION
ALUMINISATION
CRÉTINISATION
INDEMNISATION
PÉRENNISATION
CARBONISATION
PRÉCONISATION
HARMONISATION
MICRONISATION
INTRONISATION
SYNTONISATION
MODERNISATION
GHETTOÏSATION
PRÉCARISATION
BANCARISATION
VULGARISATION
DOLLARISATION
SCOLARISATION
PLANARISATION
CANCÉRISATION
POLDÉRISATION
BONDÉRISATION
PARKÉRISATION
ISOMÉRISATION
PAUPÉRISATION
SINTÉRISATION
CAUTÉRISATION
PULVÉRISATION
HERBORISATION
MÉTÉORISATION
TAYLORISATION
TEMPORISATION
FACTORISATION
SECTORISATION
VECTORISATION
CICATRISATION
ÉLECTRISATION
GRABATISATION
MÉDIATISATION
DRAMATISATION
CLIMATISATION
AROMATISATION
PRIVATISATION
BUDGÉTISATION
MAGNÉTISATION
APPERTISATION
DÉSERTISATION
PALETTISATION
IMPROVISATION
PHOSPHATATION
ACCLIMATATION
CARBONATATION
DÉNITRATATION
DÉSORBITATION
POLLICITATION
SOLLICITATION
EXPLICITATION
SUREXCITATION
DÉSEXCITATION
PRÉMÉDITATION
ACCRÉDITATION
RÉGURGITATION
INGURGITATION
PRÉCIPITATION
RÉORIENTATION
ORNEMENTATION
FRAGMENTATION
SÉDIMENTATION
DOCUMENTATION
ARGUMENTATION
FRÉQUENTATION
CONFRONTATION
DÉSADAPTATION
INACCEPTATION
RÉIMPORTATION
RÉEXPORTATION
MANIFESTATION
ADMONESTATION
DÉFORESTATION
REFORESTATION
MACROMUTATION
MICROMUTATION
TRANSMUTATION
INDIVIDUATION
SURÉVALUATION
DÉSACTIVATION
OBJECTIVATION
INOBSERVATION
DÉCONTRACTION
TOXI-INFECTION
INTROSPECTION
TÉLÉDÉTECTION
SURPROTECTION
CONTRADICTION
MULTIFONCTION
CIRCUMDUCTION
SELF-INDUCTION
AUTO-INDUCTION
SURPRODUCTION

ZÉNON DE KITION
MÉTACOGNITION
SUPERFINITION
JUXTAPOSITION
SURIMPOSITION
DÉCOMPOSITION
RECOMPOSITION
SUPERPOSITION
INTERPOSITION
INDISPOSITION
TRANSPOSITION
SUREXPOSITION
ÉQUIPARTITION
CONTRAVENTION
CONTRACEPTION
PRÉCONCEPTION
TRANSCRIPTION
RÉINSCRIPTION
MALABSORPTION
PHYSISORPTION
DISPROPORTION
PRÉCOMBUSTION
ÉLECTROCUTION
ANTIPOLLUTION
BRABANT WALLON
VIRY-CHÂTILLON
QUART-BOUILLON
COURT-BOUILLON
DUCHAMP-VILLON
CHÂTEAU-CHINON
LÉPIDODENDRON
DUCOS DU HAURON
DIPHTONGAISON
DÉFEUILLAISON
EFFEUILLAISON
RECOMBINAISON
COMMÉMORAISON
ARRIÈRE-SAISON
LEVI BEN GERSON
TWIRLING BÂTON
PHYTOPLANCTON
WOLVERHAMPTON
PIEDS-DE-MOUTON
SAUTS-DE-MOUTON
RELECQ-KERHUON
MORELOS Y PAVÓN
AIGUISE-CRAYON
LA ROCHE-SUR-YON
SALIES-DE-BÉARN
ANTIKOMINTERN
BERTRAN DE BORN
AHMAD IBN TULUN
CHARLOTTETOWN
GUÉMENÉ-PENFAO
TORRE DEL GRECO
CARRERO BLANCO
CASTELO BRANCO

LLANO ESTACADO
OJOS DEL SALADO
TORRES QUEVEDO
TOLUCA DE LERDO
DOCTEUR JIVAGO
QUEZALTENANGO
VILLAVICENCIO
TSARSKOÏE SELO
PUERTO CABELLO
COLLOR DE MELLO
PIERO DI COSIMO
QUEIPO DE LLANO
LÓPEZ ARELLANO
SAN BERNARDINO
GUERNICA Y LUNO
PAZ ESTENSSORO
BOBO-DIOULASSO
RIBEIRÃO PRETO
ESPÍRITO SANTO
AGGIORNAMENTO
PACHUCA DE SOTO
CHIANG CHIN-KUO
VELIKO TARNOVO
ZEAMI MOTOKIYO
GUEULES-DE-LOUP
RIVIÈRE-DU-LOUP
IEKATERINODAR
CHANDRASEKHAR
KAPOUSTINE IAR
CIUDAD BOLÍVAR
DÉCONTENANCER
HEUSDEN-ZOLDER
TÉLÉCOMMANDER
RESURCHAUFFER
DIENTZENHOFER
SELLES-SUR-CHER
CONTREBANDIER
DÉSHUMIDIFIER
PROTÈGE-CAHIER
CHORÉGRAPHIER
CALLIGRAPHIER
LITHOGRAPHIER
ORTHOGRAPHIER
RADIOGRAPHIER
STÉNOGRAPHIER
REPROGRAPHIER
PHOTOGRAPHIER
CARTOGRAPHIER
HYPERTROPHIER
INHOSPITALIER
NAVIRE-ATELIER
PARAPÉTROLIER
MANGOUSTANIER
ALAIN-FOURNIER
LONS-LE-SAUNIER
SAPEUR-POMPIER
SAINT-MANDRIER

CASIMIR-PERIER
MOYEN-COURRIER
COURT-COURRIER
PIERRE FOURIER
MANUFACTURIER
FAUX-FACTURIER
PRÊTRE-OUVRIER
SAINT-GAULTIER
ÉQUIPEMENTIER
FRANC-QUARTIER
JOUY-LE-MOUTIER
BANQUEROUTIER
DE KEERSMAEKER
DÉSENSORCELER
EMMOUSCAILLER
HÉLITREUILLER
DÉBARBOUILLER
EMBARBOUILLER
DÉVERROUILLER
TRIPATOUILLER
TINTINNABULER
AUTOPROCLAMER
OREILLES-DE-MER
TRANCHE-SUR-MER
THÉOULE-SUR-MER
LA SEYNE-SUR-MER
LA FAUTE-SUR-MER
ÉTABLES-SUR-MER
ARGELÈS-SUR-MER
BANYULS-SUR-MER
VILLERS-SUR-MER
CAMARET-SUR-MER
ENTHOUSIASMER
DÉSACCOUTUMER
DÉSHYDROGÉNER
PRÉDÉTERMINER
SURDÉTERMINER
GROSSGLOCKNER
DÉCAPUCHONNER
ENCAPUCHONNER
ENDIVISIONNER
CONVULSIONNER
CONTORSIONNER
IMPRESSIONNER
COMMISSIONNER
SOUMISSIONNER
CONFECTIONNER
PERFECTIONNER
COLLECTIONNER
REPOSITIONNER
SUBVENTIONNER
CONVENTIONNER
PROPORTIONNER
SUGGESTIONNER
CONGESTIONNER
PRÉCAUTIONNER
RÉVOLUTIONNER

TOURBILLONNER
ÉTRÉSILLONNER
ÉCOUVILLONNER
DÉCHAPERONNER
PAILLASSONNER
REMPOISSONNER
AOL TIME WARNER
PETIT DÉJEUNER
PETIT-DÉJEUNER
MAGNÉTOSCOPER
DÉSENVELOPPER
DÉSÉQUILIBRER
DÉSINCARCÉRER
ENTRE-DÉCHIRER
INTERPÉNÉTRER
RÉENREGISTRER
VILLÉGIATURER
ARCHITECTURER
MÉTAMORPHISER
DÉMÉDICALISER
POTENTIALISER
PERSONNALISER
MUNICIPALISER
DÉMINÉRALISER
DÉCENTRALISER
DÉNATURALISER
UNIVERSALISER
DÉCAPITALISER
RECAPITALISER
SPIRITUALISER
MALLÉABILISER
COMPTABILISER
INSOLUBILISER
TRANQUILLISER
CHRISTIANISER
DÉNICOTINISER
EMBOURGEOISER
DÉSOLIDARISER
DÉNUCLÉARISER
PARCELLARISER
DÉMILITARISER
REMILITARISER
CONTAINÉRISER
ACCESSOIRISER
PSYCHIATRISER
CONTENEURISER
DÉPRESSURISER
MITHRIDATISER
ANATHÉMATISER
DÉSINSECTISER
CONSCIENTISER
DÉSAMBIGUÏSER
COLLECTIVISER
MAÎTRE-À-DANSER
MÉTAMORPHOSER
PHOTOCOMPOSER
LAISSEZ-PASSER

HUNDERTWASSER
DÉSINTÉRESSER
RADIODIFFUSER
PSYCHANALYSER
SOUS-EXPLOITER
ANTIPARASITER
DÉRÉGLEMENTER
SOUS-ALIMENTER
PTOLÉMÉE SÔTÊR
CONTREPLAQUER
CONTRE-BRAQUER
DOUBLE-CLIQUER
DIAGNOSTIQUER
DÉSINTOXIQUER
CONTREMARQUER
CANADIAN RIVER
DÉMULTIPLEXER
GOEPPERT-MAYER
CHÂTEAU-DU-LOIR
RICHARD-LENOIR
CRISTALLISOIR
RADIOTROTTOIR
MICRO-TROTTOIR
CONTRE-POUVOIR
CATHERINE PARR
MANODÉTENDEUR
MARTIN-PÊCHEUR
TRANSSTOCKEUR
TÉLÉSOUFFLEUR
ENTREBÂILLEUR
DISCUTAILLEUR
SCRIBOUILLEUR
TÉLÉIMPRIMEUR
MÉDIAPLANNEUR
COLLISIONNEUR
SÉLECTIONNEUR
CONDITIONNEUR
ACCROCHE-CŒUR
ARRIÈRE-CHŒUR
CHEVAUX-VAPEUR
PHOTOSTOPPEUR
DÉPOUSSIÉREUR
SOUS-ACQUÉREUR
CHRONOMÉTREUR
SYNCHRONISEUR
MAÎTRE-PENSEUR
HYDROCLASSEUR
DÉCOMPRESSEUR
REFROIDISSEUR
APPLAUDISSEUR
HYDROGLISSEUR
ASSOUPLISSEUR
ATTENDRISSEUR
RENCHÉRISSEUR
CONVERTISSEUR
ÉLECTROLYSEUR
REVENDICATEUR

AMPLIFICATEUR
PLANIFICATEUR
SCARIFICATEUR
SACRIFICATEUR
GLORIFICATEUR
VITRIFICATEUR
FALSIFICATEUR
VERSIFICATEUR
RECTIFICATEUR
CERTIFICATEUR
JUSTIFICATEUR
MYSTIFICATEUR
COMMUNICATEUR
PRÉVARICATEUR
AIDE-ÉDUCATEUR
INVESTIGATEUR
INTERROGATEUR
HORRIPILATEUR
SCINTILLATEUR
CONTEMPLATEUR
DISSIMULATEUR
BLASPHÉMATEUR
PROGRAMMATEUR
RÉCRIMINATEUR
EXTERMINATEUR
COORDONNATEUR
RÉFRIGÉRATEUR
SURGÉNÉRATEUR
TOUR-OPÉRATEUR
COLLABORATEUR
CONCENTRATEUR
ORCHESTRATEUR
DÉMONSTRATEUR
GLOBALISATEUR
VERBALISATEUR
NORMALISATEUR
STABILISATEUR
STÉRILISATEUR
SYNTONISATEUR
MODERNISATEUR
VULGARISATEUR
PULVÉRISATEUR
TEMPORISATEUR
IMPROVISATEUR
ARGUMENTATEUR
AUTOÉLÉVATEUR
TURBORÉACTEUR
PULSORÉACTEUR
STATORÉACTEUR
CARBURÉACTEUR
CONTREFACTEUR
CHIROPRACTEUR
MICROTRACTEUR
AUTODIRECTEUR
SOUS-DIRECTEUR
CONTRADICTEUR
SURPRODUCTEUR

TRANSPOSITEUR
HÉLICICULTEUR
SÉRICICULTEUR
OSTRÉICULTEUR
MYTILICULTEUR
POPULICULTEUR
ARBORICULTEUR
COMPLIMENTEUR
SENSORI-MOTEUR
ÉLECTROMOTEUR
MAGNÉTOMOTEUR
TÉLÉSCRIPTEUR
TRANSCRIPTEUR
LITHOTRIPTEUR
TÉLÉPROMPTEUR
ASPIRO-BATTEUR
PHOTOÉMETTEUR
INTERLOCUTEUR
PRONOSTIQUEUR
CLIENT-SERVEUR
FAUX-MONNAYEUR
AIRE-SUR-L'ADOUR
BONHEUR-DU-JOUR
JEANNE SEYMOUR
CHÂTEAU-LATOUR
GUTTAS-PERCHAS
PROTÈGE-TIBIAS
GONÇALVES DIAS
PATERFAMILIAS
DUQUE DE CAXIAS
BOISSY D'ANGLAS
CHLAMYDOMONAS
PLATEAUX-REPAS
HÉRODE ANTIPAS
KAHRAMANMARAS
DESSOUS-DE-BRAS
LES QUATRE-BRAS
BUREAU VERITAS
CHICHES-KEBABS
BARRAGES-POIDS
ANGLO-NORMANDS
ANGLO-NORMANDS
HISPANO-ARABES
SAINTES-BARBES
CONTRE-COURBES
ARRIÈRE-NIÈCES
PETITES-NIÈCES
EMPORTE-PIÈCES
NEUROSCIENCES
NON-INGÉRENCES
NON-EXISTENCES
TAILLES-DOUCES
SACCHAROMYCES
GARDES-MALADES
LANCE-GRENADES
NON MARCHANDES
EST-ALLEMANDES
BALLONS-SONDES
SAINTS-SYNODES
ARRIÈRE-GARDES
REINES-CLAUDES
PREMIÈRES-NÉES
DERNIÈRES-NÉES
POISSONS-ÉPÉES
SOUS-DÉCLARÉES
SOUS-CALIBRÉES
ENTRE-DÉVORÉES
SOUS-UTILISÉES
VERT-DE-GRISÉES
LIBRES-PENSÉES
CONTRE-PASSÉES
MOTEURS-FUSÉES
CHAMPS ÉLYSÉES
COURT-JOINTÉES
ENTRE-HEURTÉES
SOUS-EMPLOYÉES
OPÉRAS-BOUFFES
LONGS-MÉTRAGES
REMUE-MÉNINGES
TISSUS-ÉPONGES
ARRIÈRE-GORGES
SIMON DE BRUGES
FROTTE-MANCHES
PELLES-PIOCHES
LOFING-MATCHES
CHASSE-MOUCHES
QUASI-MONNAIES
POISSONS-SCIES
COUTEAUX-SCIES
TRAGI-COMÉDIES
BOOGIE-WOOGIES
NON ACCOMPLIES
WAGONS-TRÉMIES
SAINTES-MARIES
DUCHÉS-PAIRIES
THESMOPHORIES
BIO-INDUSTRIES
GARDEN-PARTIES
JEAN TZIMISKÈS
MÉDICO-LÉGALES
CYNOSCÉPHALES
NIVO-PLUVIALES
COXO-FÉMORALES
SOUS-ORBITALES
NON COMPTABLES
SOUS-ENSEMBLES
LANCE-MISSILES
ÉGLISES-HALLES
ARRIÈRE-SALLES
CONTRE-TAILLES
BASSES-TAILLES
RETROUVAILLES
NIDS-D'ABEILLES
PINCE-OREILLES
PERCE-OREILLES
PETITES-FILLES
SEMI-CHENILLÉS
MILLE-FEUILLES
CENTRES-VILLES
NAVIRES-ÉCOLES
SOUS-MULTIPLES
AISEAU-PRESLES
PONTS-BASCULES
BAUME-LES-DAMES
DOUBLES-CRÈMES
ATOMES-GRAMMES
PRESSE-AGRUMES
DEUX-MONTAGNES
SUD-AFRICAINES
SUD-AFRICAINES
DEMI-MONDAINES
GRÉCO-ROMAINES
GALLO-ROMAINES
DEMI-DOUZAINES
LES CONTAMINES
THETFORD MINES
SARREGUEMINES
NŒUX-LES-MINES
BULLY-LES-MINES
L'ÎLE-AUX-MOINES
AIGUES-MARINES
INTRA-UTÉRINES
EXTRA-UTÉRINES
LÈCHE-VITRINES
GOMMES-RÉSINES
BLOCS-CUISINES
NAVIRES-USINES
NORD-CORÉENNES
NORD-CORÉENNES
ÉTATS-UNIENNES
ÉTATS-UNIENNES
LOUISES-BONNES
FRANC-MAÇONNES
COURCOURONNES
SEMI-CONSONNES
PÈSE-PERSONNES
ANGLO-SAXONNES
ANGLO-SAXONNES
ROLLING STONES
POISSONS-LUNES
MULTISOUPAPES
CHAUSSE-TRAPES
FLACONS-POMPES
BATEAUX-POMPES
MARIES-SALOPES
RADIO-ISOTOPES
REQUINS-TAUPES
PRESSE-ÉTOUPES
ALLUME-CIGARES
BATEAUX-PHARES
CONTRE-TIMBRES

ACCORDS-CADRES
BLOC-CYLINDRES
WAGONS-FOUDRES
COTONS-POUDRES
CHAMBONNIÈRES
SOUS-CLAVIÈRES
TROIS-RIVIÈRES
BRANCHES-MÈRES
SUPERBAGNÈRES
REQUINS-TIGRES
PRÉLIMINAIRES
ENTRE-DÉCHIRÉS
AMOURS-PROPRES
REINES-DES-PRÉS
TOURNE-PIERRES
CHASSE-PIERRES
CAFÉS-THÉÂTRES
PETITS-MAÎTRES
DEVISES-TITRES
AVANTS-CENTRES
SOUS-MINISTRES
CONTRE-LETTRES
BELLES-LETTRES
CARTES-LETTRES
STYLOS-FEUTRES
CONTRE-MESURES
JOINT-VENTURES
ATTACHÉS-CASES
STEEPLE-CHASES
MARIES-LOUISES
LAURIERS-ROSES
GARDES-CHASSES
CHAUDES-PISSES
PETITS-SUISSES
BALAIS-BROSSES
VRAIES-FAUSSES
BAS-DE-CHAUSSES
STARTING-GATES
TRUCIAL STATES
TRAÎNE-SAVATES
SOUS-HUMANITÉS
AUTO-IMMUNITÉS
SOUS-EXPLOITÉS
CONTRE-VISITES
SUS-DOMINANTES
BIEN-PENSANTES
SOUS-TANGENTES
SOUS-ALIMENTÉS
REMONTE-PENTES
CONTRE-POINTES
MANDATS-CARTES
BATEAUX-PORTES
CERFS-VOLISTES
VERS-LIBRISTES
NAY-BOURDETTES
LES CHARMETTES
JUPES-CULOTTES
COMPTE-GOUTTES
FAUSSES-ROUTES
NICOLAS DE CUES
SOUS-ENTENDUES
FOUETTE-QUEUES
CHAUDES-AIGUES
BORT-LES-ORGUES
SACRO-ILIAQUES
CONTRE-BRAQUÉS
MAÎTRE JACQUES
COMPTE CHÈQUES
SEMI-PUBLIQUES
TRAGI-COMIQUES
HÉROÏ-COMIQUES
CATALAUNIQUES
ACIDO-BASIQUES
SUS-HÉPATIQUES
SEMI-REMORQUES
JEUNES-TURQUES
TOURNE-DISQUES
NON DIRECTIVES
SEMI-CONSERVES
ROMANS-FLEUVES
SERGENTS-CHEFS
CAPORAUX-CHEFS
PORTE-AÉRONEFS
LUDO-ÉDUCATIFS
NON-FIGURATIFS
SOUS-EFFECTIFS
ORANGS-OUTANGS
CASTELNAUDAIS
CORNOUAILLAIS
GONFREVILLAIS
ALFORTVILLAIS
CHAMPAGNOLAIS
SHAWINIGANAIS
FRONTIGNANAIS
ALTO-SÉQUANAIS
PENNE-D'AGENAIS
SAINT-MARINAIS
ROMORANTINAIS
SAINT-JEANNAIS
BOISBRIANNAIS
SAINT-ORENNAIS
MONTLUÇONNAIS
LA BOURDONNAIS
CAVAILLONNAIS
CHÂTILLONNAIS
CASTILLONNAIS
MAINTENONNAIS
HAUT-GARONNAIS
MONTGERONNAIS
CARCASSONNAIS
MONTESSONNAIS
CAPBRETONNAIS
CHARENTONNAIS
TRANSGABONAIS
SIERRA-LÉONAIS
BRICQUEBÉTAIS
AIGUES-MORTAIS
CAUDEBECQUAIS
FRANÇOIS RÉGIS
FLEURY-MÉROGIS
FLORIANÓPOLIS
ROSNY-SOUS-BOIS
ABBAYE-AUX-BOIS
STRÉPINIACOIS
SAINT-FRANÇOIS
SAINT-AMANDOIS
SARRALBIGEOIS
HAGONDANGEOIS
ÉDIMBOURGEOIS
CHERBOURGEOIS
BOURBOURGEOIS
GRAND-SYNTHOIS
HAZEBROUCKOIS
DIANE DE VALOIS
CRÉPY-EN-VALOIS
VILLEMOMBLOIS
LONGJUMELLOIS
MONTREVELLOIS
MONTREUILLOIS
LONGUEUILLOIS
BRAZZAVILLOIS
DECAZEVILLOIS
BOUZONVILLOIS
MONTARVILLOIS
COWANSVILLOIS
ALBERTVILLOIS
CONTRE-EMPLOIS
HAUBOURDINOIS
CHÂTEAULINOIS
MONTCHANINOIS
CONSTANTINOIS
LOUVECIENNOIS
VALENCIENNOIS
VILLECRESNOIS
LARGENTIÉROIS
GUEBWILLEROIS
BEAUREPAIROIS
VALLÉE DES ROIS
BEAUVILLÉSOIS
LONGUENESSOIS
SCHAFFHOUSOIS
FRANCS-COMTOIS
FRANCS-COMTOIS
BERLAIMONTOIS
FLEURIMONTOIS
BRUAY-EN-ARTOIS
VITRY-EN-ARTOIS
LAMBERSARTOIS
AUDINCOURTOIS
NOUAKCHOTTOIS
COUDEKERQUOIS

PLAN-DE-CUQUOIS
CASTELNEUVOIS
SEMUR-EN-AUXOIS
THOMAS A KEMPIS
CHAUVES-SOURIS
ÉLÉPHANTIASIS
DUMBARTON OAKS
DEUTSCHE MARKS
BACHI-BOUZOUKS
SEMI-OFFICIELS
MAÎTRES-AUTELS
NITRATES-FUELS
CRÉBILLON FILS
MÉDECINE-BALLS
MEDICINE-BALLS
PUNCHING-BALLS
GRANDS MOGHOLS
ACIDES-ALCOOLS
CHOPPING-TOOLS
DRESSING-ROOMS
RAHAT-LOUKOUMS
FRENCH CANCANS
VILLARD-DE-LANS
JEAN BERCHMANS
TIBÉTO-BIRMANS
ARS-SUR-FORMANS
GRILLES-ÉCRANS
INDO-EUROPÉENS
INDO-EUROPÉENS
NON EUCLIDIENS
MAÎTRES-CHIENS
NILO-SAHARIENS
FINNO-OUGRIENS
TIBIO-TARSIENS
BONS-CHRÉTIENS
TERRE-NEUVIENS
TERRE-NEUVIENS
FLAVIUS VALENS
MALLET-STEVENS
DIGNE-LES-BAINS
ÉVIAN-LES-BAINS
CAMBO-LES-BAINS
NÉRIS-LES-BAINS
BAINS-LES-BAINS
ÉVAUX-LES-BAINS
SUD-AMÉRICAINS
SUD-AMÉRICAINS
NORD-AFRICAINS
NORD-AFRICAINS
HUGUES DE PAINS
ARRIÈRE-TRAINS
SINO-TIBÉTAINS
BLUE MOUNTAINS
CHÂTEAU-SALINS
CHEVAL-D'ARÇONS
NON-AGRESSIONS
SOUS-PRESSIONS

SOUS-LOCATIONS
FÉLICITATIONS
CUTI-RÉACTIONS
POLE POSITIONS
NON-EXÉCUTIONS
TENNIS-BALLONS
PRESSE-CITRONS
NEUVES-MAISONS
QUATRE-SAISONS
MORTES-SAISONS
QUATRE-CANTONS
TAILLE-CRAYONS
HUGUES DE PAYNS
COATZACOALCOS
PAPADHÓPOULOS
STEFANÓPOULOS
MEZZO-SOPRANOS
CHARLES LE GROS
VOMITOS NEGROS
GENERAL SANTOS
SAFARIS-PHOTOS
FRANCORCHAMPS
AUTO-ANTICORPS
LE LION-D'ANGERS
BLANCS-MANGERS
BLACK PANTHERS
SOUS-OFFICIERS
GRANDVILLIERS
GENNEVILLIERS
MONTIVILLIERS
AUBERVILLIERS
SOUS-MARINIERS
AVANT-DERNIERS
PRESSE-PAPIERS
IRISH-TERRIERS
LONG-COURRIERS
LOUPS-CERVIERS
TERRE-NEUVIERS
RAMBERVILLERS
FRANCS-PARLERS
ENTRE-DEUX-MERS
AUTOS-SCOOTERS
GLOBE-TROTTERS
ROCKING-CHAIRS
CITÉS-DORTOIRS
LANS-EN-VERCORS
CONQUISTADORS
GENERAL MOTORS
CLAIRS-OBSCURS
CONTRE-VALEURS
AUTO-STOPPEURS
FRANCS-TIREURS
AVANT-COUREURS
STRIP-TEASEURS
DEMI-LONGUEURS
PIQUE-NIQUEURS
ALLERS-RETOURS

MOINES-SOLDATS
POISSONS-CHATS
HERBE-AUX-CHATS
ACCROCHE-PLATS
VICE-CONSULATS
SOUS-DIACONATS
QUASI-CONTRATS
AVANT-CONTRATS
CONTRE-PROJETS
OPÉRAS-BALLETS
SAISIES-ARRÊTS
PORTE-BOUQUETS
COUPE-CIRCUITS
PETITS-ENFANTS
FAUX-SEMBLANTS
NON-COMPARANTS
EXTRA-COURANTS
SEMI-DRESSANTS
TOUT-PUISSANTS
SOUS-TRAITANTS
VIEUX-CROYANTS
PRIVAT-DOCENTS
NON-ÉVÉNEMENTS
SOUS-VÊTEMENTS
APPOINTEMENTS
GRANDS-PARENTS
CAFÉS-CONCERTS
MASSACHUSETTS
COMPTES RENDUS
ABERDEEN-ANGUS
NUMA POMPILIUS
STRATO-CUMULUS
REGIOMONTANUS
SABOTS-DE-VÉNUS
CHEVEU-DE-VÉNUS
CROSS-COUNTRYS
LANGUES-DE-CHAT
SALIES-DU-SALAT
DESSOUS-DE-PLAT
POLYCONDENSAT
KARL-MARX-STADT
DOWNING STREET
MARTEAU-PIOLET
JEANNE D'ALBRET
LÈGE-CAP-FERRET
ORTEGA Y GASSET
POTRON-JACQUET
JEAN LE PARFAIT
SANS CONTREDIT
CHÂTELLERAULT
DÉSEMBOURBANT
AUTOFINANÇANT
RÉENSEMENÇANT
CONCURRENÇANT
ENGUIRLANDANT
CONDESCENDANT
SOUS-ENTENDANT

CORRESPONDANT
CAUCHEMARDANT
SURPROTÉGEANT
INTRANSIGEANT
TÉLÉCHARGEANT
ENTR'ÉGORGEANT
DÉSENGORGEANT
CALORIFUGEANT
CENTRIFUGEANT
RADIONAVIGANT
CONTREFICHANT
ENCHEVAUCHANT
CATASTROPHANT
INDULGENCIANT
DIFFÉRENCIANT
DISQUALIFIANT
PERSONNIFIANT
SACCHARIFIANT
DÉCLASSIFIANT
AUTHENTIFIANT
COMPLEXIFIANT
TÉLÉGRAPHIANT
ÉCHOGRAPHIANT
DÉMULTIPLIANT
CHÂTEAUBRIANT
CHÂTEAUBRIANT
DIFFÉRENTIANT
BRINGUEBALANT
BRINQUEBALANT
DÉSASSEMBLANT
EMBARDOUFLANT
ÉPOUSTOUFLANT
ENTREBÂILLANT
CRITICAILLANT
ENTRETAILLANT
DISCUTAILLANT
RETRAVAILLANT
RAPPAREILLANT
DÉCONSEILLANT
EMBOUTEILLANT
ÉCRABOUILLANT
GLANDOUILLANT
CRACHOUILLANT
DÉPATOUILLANT
GRATTOUILLANT
THERMOCOLLANT
DÉSACCOUPLANT
DÉMANTIBULANT
IMMATRICULANT
DÉSARTICULANT
DÉSOPERCULANT
ANTICOAGULANT
BÊTASTIMULANT
TOURNEBOULANT
ÉLECTROAIMANT
DÉSENVENIMANT
SURCOMPRIMANT

DÉPROGRAMMANT
REPROGRAMMANT
RÉACCOUTUMANT
CARÊME-PRENANT
RACCOMPAGNANT
CONTRESIGNANT
DÉSENCHAÎNANT
SURENTRAÎNANT
DÉCONTAMINANT
BRILLANTINANT
CAPARAÇONNANT
DÉSAMIDONNANT
ÉBOURGEONNANT
DÉCHIFFONNANT
PROVISIONNANT
DIMENSIONNANT
EXCURSIONNANT
DÉPASSIONNANT
DÉMISSIONNANT
CONTUSIONNANT
COLLATIONNANT
AFFECTIONNANT
SÉLECTIONNANT
CONDITIONNANT
COMMOTIONNANT
RÉCEPTIONNANT
RÉÉCHELONNANT
DÉBÂILLONNANT
RÉVEILLONNANT
VERMILLONNANT
TOURILLONNANT
POSTILLONNANT
AIGUILLONNANT
BROUILLONNANT
GRAVILLONNANT
MAQUIGNONNANT
MOUCHERONNANT
DÉCLOISONNANT
SAUCISSONNANT
EMPOISSONNANT
ŒILLETONNANT
GUEULETONNANT
COPARTICIPANT
CLOPIN-CLOPANT
SOUS-DÉCLARANT
ABRACADABRANT
RÉÉQUILIBRANT
DÉSENCOMBRANT
RÉINCARCÉRANT
DÉCONSIDÉRANT
RECONSIDÉRANT
COBELLIGÉRANT
DÉPOUSSIÉRANT
EMPOUSSIÉRANT
DÉPHOSPHORANT
RÉINCORPORANT
ENTRE-DÉVORANT

CONTRECARRANT
CHRONOMÉTRANT
DÉCONCENTRANT
RÉORCHESTRANT
TRANSFIGURANT
PEINTURLURANT
CONTRE-COURANT
AUTOCENSURANT
MANUFACTURANT
CONTRACTURANT
DÉSTRUCTURANT
RESTRUCTURANT
PORTRAITURANT
CONTREFAISANT
STANDARDISANT
CLOCHARDISANT
HOMOGÉNÉISANT
AUTOSUFFISANT
HIÉRARCHISANT
CANNIBALISANT
RADIOBALISANT
SYNDICALISANT
TROPICALISANT
DÉFISCALISANT
OFFICIALISANT
RESOCIALISANT
MATÉRIALISANT
MARGINALISANT
CRIMINALISANT
RÉGIONALISANT
NATIONALISANT
RATIONALISANT
COMMUNALISANT
DÉSACRALISANT
THÉÂTRALISANT
HOSPITALISANT
IMMORTALISANT
RÉACTUALISANT
DÉSEXUALISANT
SOCIABILISANT
CULPABILISANT
RENTABILISANT
DÉSTABILISANT
CRÉDIBILISANT
SENSIBILISANT
FLEXIBILISANT
INFANTILISANT
SOUS-UTILISANT
CRISTALLISANT
DÉSATELLISANT
AMÉRICANISANT
EUROPÉANISANT
DÉSORGANISANT
DÉSHUMANISANT
CHAMPAGNISANT
DÉVIRGINISANT
DÉSTALINISANT

MASCULINISANT
SYNCHRONISANT
IMPATRONISANT
ENTRECROISANT
JUDICIARISANT
FAMILIARISANT
DÉSCOLARISANT
CIRCULARISANT
SINGULARISANT
PROLÉTARISANT
SÉDENTARISANT
SANCTUARISANT
CARACTÉRISANT
REMASTÉRISANT
SQUATTÉRISANT
INFÉRIORISANT
INTÉRIORISANT
EXTÉRIORISANT
DÉSECTORISANT
MINIATURISANT
DÉDRAMATISANT
MATHÉMATISANT
SYSTÉMATISANT
ACHROMATISANT
INFORMATISANT
DÉMOCRATISANT
ALPHABÉTISANT
DÉBUDGÉTISANT
ANTIÉMÉTISANT
DÉMAGNÉTISANT
SURPRODUISANT
ADJECTIVISANT
BASSIN-VERSANT
CONTROVERSANT
INTERCLASSANT
DÉCADENASSANT
CONTRE-PASSANT
DÉSENCRASSANT
ININTÉRESSANT
TRANSGRESSANT
DÉCOMPRESSANT
ENTRE-HAÏSSANT
MÉCONNAISSANT
RECONNAISSANT
COMPARAISSANT
DISPARAISSANT
ESTOURBISSANT
ÉCLAIRCISSANT
OBSCURCISSANT
ACCOURCISSANT
REFROIDISSANT
ABÂTARDISSANT
DÉGOURDISSANT
ENGOURDISSANT
ASSOURDISSANT
APPLAUDISSANT
RÉTROAGISSANT
INTERAGISSANT
RESSURGISSANT
RÉFLÉCHISSANT
INFLÉCHISSANT
DÉGAUCHISSANT
AFFAIBLISSANT
ENSEVELISSANT
REJAILLISSANT
DÉSEMPLISSANT
ACCOMPLISSANT
ASSOUPLISSANT
RAFFERMISSANT
RENFORMISSANT
REDÉFINISSANT
REMBRUNISSANT
RÉCHAMPISSANT
DÉGUERPISSANT
ACCROUPISSANT
ASSOMBRISSANT
ATTENDRISSANT
AMOINDRISSANT
RENCHÉRISSANT
DÉMAIGRISSANT
RABOUGRISSANT
ENDOLORISSANT
DÉFLEURISSANT
REFLEURISSANT
APPAUVRISSANT
DESSAISISSANT
RESSAISISSANT
DÉGROSSISSANT
REGROSSISSANT
EMPUANTISSANT
DESSERTISSANT
SUBVERTISSANT
CONVERTISSANT
PERVERTISSANT
RASSORTISSANT
RESSORTISSANT
TRAVESTISSANT
ENGLOUTISSANT
TÉLÉDIFFUSANT
ÉLECTROLYSANT
DÉPHOSPHATANT
DÉCONTRACTANT
COCONTRACTANT
SUREXPLOITANT
DÉSENCHANTANT
ENSANGLANTANT
ÉBOUILLANTANT
TRANSPLANTANT
CONTINGENTANT
ENRÉGIMENTANT
SURALIMENTANT
COMPLIMENTANT
EXPÉRIMENTANT
INSTRUMENTANT
CONTREVENTANT
DÉSAPPOINTANT
REMMAILLOTANT
TRAVAILLOTANT
ENTRE-HEURTANT
SAINT-CONSTANT
DÉSINCRUSTANT
NON-COMBATTANT
COMPROMETTANT
ÉLECTROCUTANT
TRANSBAHUTANT
CONTREFOUTANT
CAOUTCHOUTANT
REDISTRIBUANT
DÉSENVERGUANT
DISCONTINUANT
PRÉFABRIQUANT
SOPHISTIQUANT
PRONOSTIQUANT
ENCAUSTIQUANT
DÉMOUSTIQUANT
PRÉDÉLINQUANT
ENTRECHOQUANT
RECONSTITUANT
SUBSTANTIVANT
DÉSAPPROUVANT
SOUS-EMPLOYANT
AUTONETTOYANT
PRÉADOLESCENT
VICE-PRÉSIDENT
BUISSON-ARDENT
ININTELLIGENT
ÉTOILE-D'ARGENT
BOUTON-D'ARGENT
AÏN TÉMOUCHENT
EXTRÊME-ORIENT
SURPLOMBEMENT
ENTRELACEMENT
REFINANCEMENT
COFINANCEMENT
ENSEMENCEMENT
RÉFÉRENCEMENT
RESSOURCEMENT
ACQUIESCEMENT
EMBRIGADEMENT
SPLENDIDEMENT
INTRÉPIDEMENT
ACCOMMODEMENT
CHAMBARDEMENT
GAILLARDEMENT
RÉCHAUFFEMENT
DÉSENGAGEMENT
DÉDOMMAGEMENT
ENDOMMAGEMENT
RÉAMÉNAGEMENT
DÉCOURAGEMENT
ENCOURAGEMENT

AFFOURAGEMENT
RÉARRANGEMENT
DÉBRANCHEMENT
EMBRANCHEMENT
RETRANCHEMENT
DÉCLENCHEMENT
ENCLENCHEMENT
RAPPROCHEMENT
ENFOURCHEMENT
CHEVAUCHEMENT
REDÉPLOIEMENT
DÉGRAVOIEMENT
VERTICALEMENT
CONJUGALEMENT
IMPÉRIALEMENT
ORIGINALEMENT
MARGINALEMENT
MACHINALEMENT
DIAGONALEMENT
VISCÉRALEMENT
LITTÉRALEMENT
INTÉGRALEMENT
DOCTORALEMENT
THÉÂTRALEMENT
ARBITRALEMENT
COLOSSALEMENT
INEFFABLEMENT
PRÉALABLEMENT
SEMBLABLEMENT
EXÉCRABLEMENT
MISÉRABLEMENT
ADMIRABLEMENT
HONORABLEMENT
FAVORABLEMENT
INCURABLEMENT
VÉRITABLEMENT
ÉQUITABLEMENT
PITOYABLEMENT
INDICIBLEMENT
ILLISIBLEMENT
INVISIBLEMENT
RASSEMBLEMENT
JEAN LE CLÉMENT
PARALLÈLEMENT
ENTREMÊLEMENT
DÉMANTÈLEMENT
ESSOUFFLEMENT
MALHABILEMENT
DIFFICILEMENT
TRIMBALLEMENT
ÉTINCELLEMENT
AMONCELLEMENT
PARTIELLEMENT
GROMMELLEMENT
CHARNELLEMENT
ÉTERNELLEMENT
JOURNELLEMENT

NATURELLEMENT
RUISSELLEMENT
GRADUELLEMENT
MENSUELLEMENT
VIRTUELLEMENT
TEXTUELLEMENT
DÉNIVELLEMENT
AVITAILLEMENT
RECUEILLEMENT
FOURMILLEMENT
ÉPARPILLEMENT
SCINTILLEMENT
EFFEUILLEMENT
AFFOUILLEMENT
DÉPOUILLEMENT
GAZOUILLEMENT
SURPEUPLEMENT
CHAMBOULEMENT
QUATRIÈMEMENT
TROISIÈMEMENT
VINGTIÈMEMENT
CINQUIÈMEMENT
TREIZIÈMEMENT
QUINZIÈMEMENT
MAGNANIMEMENT
SIMULTANÉMENT
MOMENTANÉMENT
RENSEIGNEMENT
NON-ALIGNEMENT
DÉSALIGNEMENT
PROCHAINEMENT
INHUMAINEMENT
DÉGOULINEMENT
ÉTANÇONNEMENT
POINÇONNEMENT
TRONÇONNEMENT
BOURDONNEMENT
DRAGEONNEMENT
CHIFFONNEMENT
BOUFFONNEMENT
RONCHONNEMENT
PASSIONNÉMENT
STATIONNEMENT
SECTIONNEMENT
CAUTIONNEMENT
ÉCHELONNEMENT
BÂILLONNEMENT
CRAMPONNEMENT
ENVIRONNEMENT
CLOISONNEMENT
FRISSONNEMENT
CHANTONNEMENT
PELOTONNEMENT
GLOUTONNEMENT
DÉGAZONNEMENT
ENGAZONNEMENT
PROSTERNEMENT

CONTOURNEMENT
IMPORTUNÉMENT
OPPORTUNÉMENT
SURÉQUIPEMENT
DÉVELOPPEMENT
ENVELOPPEMENT
TRANSFÈREMENT
PASSAGÈREMENT
PRINCIÈREMENT
CAVALIÈREMENT
FAMILIÈREMENT
RÉGULIÈREMENT
GROSSIÈREMENT
DÉSESPÉRÉMENT
DÉCHIFFREMENT
ENGOUFFREMENT
SOLIDAIREMENT
POPULAIREMENT
ORDINAIREMENT
MILITAIREMENT
SOLITAIREMENT
DÉRISOIREMENT
ILLUSOIREMENT
ALÉATOIREMENT
MALPROPREMENT
OPINIÂTREMENT
CALFEUTREMENT
PRÉMATURÉMENT
DÉSŒUVREMENT
TRANSVASEMENT
SOURNOISEMENT
COURTOISEMENT
REMBOURSEMENT
INTÉRESSEMENT
SURBAISSEMENT
RENCAISSEMENT
CONNAISSEMENT
ENGRAISSEMENT
VROMBISSEMENT
AMINCISSEMENT
NOIRCISSEMENT
ADOUCISSEMENT
AFFADISSEMENT
GRANDISSEMENT
ASSAGISSEMENT
ÉLARGISSEMENT
ENVAHISSEMENT
AVACHISSEMENT
FLÉCHISSEMENT
GAUCHISSEMENT
ÉTABLISSEMENT
ANOBLISSEMENT
JAILLISSEMENT
AMOLLISSEMENT
DÉPOLISSEMENT
AVEULISSEMENT
APLANISSEMENT

ABONNISSEMENT
ACCROISSEMENT
DÉCROISSEMENT
CROUPISSEMENT
DÉPÉRISSEMENT
POURRISSEMENT
GROSSISSEMENT
ROUSSISSEMENT
APLATISSEMENT
RAPETISSEMENT
AVERTISSEMENT
AMORTISSEMENT
BLETTISSEMENT
ABOUTISSEMENT
ABRUTISSEMENT
ENFOUISSEMENT
ÉBLOUISSEMENT
DÉCHAUSSEMENT
RECHAUSSEMENT
SURHAUSSEMENT
TRÉMOUSSEMENT
REBROUSSEMENT
RETROUSSEMENT
TAPAGEUSEMENT
SPACIEUSEMENT
GRACIEUSEMENT
SPÉCIEUSEMENT
PRÉCIEUSEMENT
SOUCIEUSEMENT
STUDIEUSEMENT
ÉLOGIEUSEMENT
GLORIEUSEMENT
MIELLEUSEMENT
MOELLEUSEMENT
FABULEUSEMENT
SOIGNEUSEMENT
HARGNEUSEMENT
LUMINEUSEMENT
TROMPEUSEMENT
SURCREUSEMENT
GÉNÉREUSEMENT
AMOUREUSEMENT
FIÉVREUSEMENT
VANITEUSEMENT
FLATTEUSEMENT
FOUGUEUSEMENT
VERTUEUSEMENT
TORTUEUSEMENT
FASTUEUSEMENT
IMMÉDIATEMENT
ACCLIMATEMENT
INDIRECTEMENT
SUCCINCTEMENT
DISTINCTEMENT
ABSTRAITEMENT
DISTRAITEMENT
IMPLICITEMENT

EXPLICITEMENT
HYPOCRITEMENT
DÉSHÉRITEMENT
VÉHÉMENTEMENT
APPARENTEMENT
CONJOINTEMENT
TREMBLOTEMENT
PAPILLOTEMENT
MANIFESTEMENT
CRAQUETTEMENT
CLIQUETTEMENT
PROSAÏQUEMENT
VÉRIDIQUEMENT
JURIDIQUEMENT
IMPUDIQUEMENT
PACIFIQUEMENT
ILLOGIQUEMENT
ÉNERGIQUEMENT
GRAPHIQUEMENT
APATHIQUEMENT
ANGÉLIQUEMENT
DYNAMIQUEMENT
THERMIQUEMENT
MÉCANIQUEMENT
ORGANIQUEMENT
TECHNIQUEMENT
LACONIQUEMENT
CANONIQUEMENT
CHRONIQUEMENT
NUMÉRIQUEMENT
EMPIRIQUEMENT
SATIRIQUEMENT
THÉORIQUEMENT
CLASSIQUEMENT
FANATIQUEMENT
GÉNÉTIQUEMENT
POLITIQUEMENT
IDENTIQUEMENT
REMBARQUEMENT
BURLESQUEMENT
PARACHÈVEMENT
IMPULSIVEMENT
DÉFENSIVEMENT
OFFENSIVEMENT
INTENSIVEMENT
EXCESSIVEMENT
AGRESSIVEMENT
INCLUSIVEMENT
EXCLUSIVEMENT
LUCRATIVEMENT
ITÉRATIVEMENT
EFFECTIVEMENT
OBJECTIVEMENT
ADJECTIVEMENT
SÉLECTIVEMENT
PRIMITIVEMENT
INTUITIVEMENT

ATTENTIVEMENT
PLAINTIVEMENT
CRAINTIVEMENT
ESTABLISHMENT
AMIANTE-CIMENT
PRESSENTIMENT
RÉASSORTIMENT
NONCHALAMMENT
CONCURREMMENT
SUBSÉQUEMMENT
CONSÉQUEMMENT
PORTE-DOCUMENT
SOUS-CONTINENT
GRANDILOQUENT
SION-VAUDÉMONT
HÉNIN-BEAUMONT
PORTRAIT-ROBOT
COMPÈRE-LORIOT
MAÎTRE ECKHART
JACQUES STUART
CHARLES-ALBERT
SAINT-PHILBERT
CHARLES ROBERT
TUC-D'AUDOUBERT
MAISONS-ALFORT
CANTONS-DE-L'EST
ARGELÈS-GAZOST
THOMAS BECKETT
MESSERSCHMITT
SALZKAMMERGUT
DORA-MITTELBAU
BECS-DE-CORBEAU
CYLINDRE-SCEAU
FONTAINEBLEAU
FONTAINEBLEAU
NEVEU DE RAMEAU
SAUTE-RUISSEAU
AUXI-LE-CHÂTEAU
ONET-LE-CHÂTEAU
PONT-DU-CHÂTEAU
REQUIN-MARTEAU
PLOUDALMÉZEAU
TOSA MITSUNOBU
ANNE DE BEAUJEU
PLEUMEUR-BODOU
CHARLES D'ANJOU
POBEDONOSTSEV
BORIS GODOUNOV
CÉPHALOTHORAX
LE PONT-DE-CLAIX
MINUCIUS FELIX
LÉVIS-MIREPOIX
PAUL DE LA CROIX
JEAN DE LA CROIX
ŒIL-DE-PERDRIX
VERCINGÉTORIX
PROCÈS-VERBAUX

13

ANTISYNDICAUX
ANTICLÉRICAUX
AGRAMMATICAUX
SOUS-CORTICAUX
ÉPICYCLOÏDAUX
INTERCOTIDAUX
ARCS-DOUBLEAUX
QUADRIJUMEAUX
PORTE-DRAPEAUX
FORGES-LES-EAUX
PORTEMANTEAUX
ENTRECASTEAUX
PORTE-COUTEAUX
FELD-MARÉCHAUX
MÉDICO-SOCIAUX
PSYCHOSOCIAUX
POSTPRANDIAUX
CONSISTORIAUX
BOURGEOISIAUX
HYDROTHERMAUX
SADIQUES-ANAUX
LONGITUDINAUX
GÉOSYNCLINAUX
TRANSLUMINAUX
LOCORÉGIONAUX
ANTINATIONAUX
ANTICYCLONAUX
INTERSIDÉRAUX
HYDROMINÉRAUX
PLURILATÉRAUX
MULTILATÉRAUX

CONTRE-AMIRAUX
PRÉÉLECTORAUX
AGROPASTORAUX
LACRYMO-NASAUX
INTERDIGITAUX
BUCCO-GÉNITAUX
EXPÉRIMENTAUX
INSTRUMENTAUX
MONOPARENTAUX
QUASI-CRISTAUX
PHÉNOCRISTAUX
MICROCRISTAUX
CONJONCTIVAUX
SIX-QUATRE-DEUX
CAUCHEMARDEUX
DÉSAVANTAGEUX
CONSCIENCIEUX
ANTIRELIGIEUX
FESSE-MATHIEUX
ROBERT LE PIEUX
SUPERSTITIEUX
ANNECY-LE-VIEUX
BROUSSAILLEUX
LIBÉRO-LIGNEUX
DEMI-TENDINEUX
CARTILAGINEUX
ANTICANCÉREUX
MALENCONTREUX
HYPOSULFUREUX
EMPHYSÉMATEUX

CARCINOMATEUX
MÉDICAMENTEUX
CAOUTCHOUTEUX
IRRESPECTUEUX
DIFFICULTUEUX
ARRIÈRE-NEVEUX
CHÂTEAU-ARNOUX
STAAL DE LAUNAY
GOURNAY-EN-BRAY
GRAND-FOUGERAY
ESSEY-LÈS-NANCY
PASSAMAQUODDY
LAUREL ET HARDY
SILICON VALLEY
PÂRIS-DUVERNEY
BOEING COMPANY
HUGUES DE CLUNY
CASTELNAUDARY
JAURÉGUIBERRY
FABIAN SOCIETY
JEFFERSON CITY
LECOMTE DU NOÜY
JUAN FERNÁNDEZ
SANCHE RAMÍREZ
CSOKONAI VITÉZ
GARCÍA MÁRQUEZ
NEVADO DEL RUIZ
LA TOUR-DE-PEILZ
WINDISCHGRÄTZ
BREITSCHWANTZ

14

DÉCROCHEZ-MOI-ÇA
BANSKÁ BYSTRICA
HASDRUBAL BARCA
DELLA FRANCESCA
SARLAT-LA-CANÉDA
ERCILLA Y ZÚÑIGA
TRISTAN DA CUNHA
VILA NOVA DE GAIA
FRANÇOIS BORGIA
BREUIL-CERVINIA

CIUDAD VICTORIA
INTELLIGENTSIA
ÉTIENNE NEMANJA
KOSTIANTYNIVKA
KONSTANTINOVKA
MARIE DE MAGDALA
MONTANA-VERMALA
IGNACE DE LOYOLA
SOUVANNA PHOUMA
CHABRA AL-KHAYMA
FEIRA DE SANTANA
BOPHUTHATSWANA
PIAZZA ARMERINA
GÓMEZ DE LA SERNA
WALLIS-ET-FUTUNA
VÉLEZ DE GUEVARA
THABIT IBN QURRA
TERRA INCOGNITA
CONTRAIREMENT À
VICTORIA NYANZA
LÓPEZ DE MENDOZA
LE BOURGET-DU-LAC

L'ISLE-D'ESPAGNAC
CENTRE-DU-QUÉBEC
SAINT-THÉGONNEC
TÉLÉDIAGNOSTIC
SÉRODIAGNOSTIC
CYTODIAGNOSTIC
KARADJORDJEVIC
MILAN OBRENOVIC
MILOS OBRENOVIC
DE BRIC ET DE BROC
VALLON-PONT-D'ARC
HENRI BEAUCLERC
PIERRE MAUCLERC
HEMEL HEMPSTEAD
VOROCHILOVGRAD
SERGUIEV POSSAD
HAROUN AL-RACHID
NORTHUMBERLAND
BRABANT FLAMAND
LE GRAND-BORNAND
TIGRANE LE GRAND
ANTOINE LE GRAND
ÉTIENNE LE GRAND
CASIMIR LE GRAND
NICOLAS LE GRAND
CHARLES LE GRAND
FRESNOY-LE-GRAND
VELIKI NOVGOROD
ROBERT GUISCARD
SAINT-DOULCHARD
EVANS-PRITCHARD
FRANCHOUILLARD
ANTIBROUILLARD
QUEUES-DE-RENARD
LA FERTÉ-BERNARD
QUENTIN DURWARD
CAROLINE DU NORD
AMÉRIQUE DU NORD
NUR AL-DIN MAHMUD
HENDÉCASYLLABE
PHILIPPE L'ARABE
NEISSE DE LUSACE
DOLNÍ VESTONICE
REVENDICATRICE
AMPLIFICATRICE
PLANIFICATRICE
SACRIFICATRICE
GLORIFICATRICE
FALSIFICATRICE
VERSIFICATRICE
JUSTIFICATRICE
MYSTIFICATRICE
COMMUNICATRICE
PRÉVARICATRICE
INVESTIGATRICE
INTERROGATRICE
CONTEMPLATRICE

DISSIMULATRICE
BLASPHÉMATRICE
PROGRAMMATRICE
RÉCRIMINATRICE
EXTERMINATRICE
COORDONNATRICE
SURGÉNÉRATRICE
COLLABORATRICE
ORCHESTRATRICE
DÉMONSTRATRICE
GLOBALISATRICE
VERBALISATRICE
NORMALISATRICE
STABILISATRICE
MODERNISATRICE
VULGARISATRICE
TEMPORISATRICE
IMPROVISATRICE
ARGUMENTATRICE
AUTOÉLÉVATRICE
CONTREFACTRICE
AUTODIRECTRICE
SOUS-DIRECTRICE
SURPRODUCTRICE
HÉLICICULTRICE
SÉRICICULTRICE
OSTRÉICULTRICE
MYTILICULTRICE
POPULICULTRICE
ARBORICULTRICE
SENSORI-MOTRICE
ÉLECTROMOTRICE
MAGNÉTOMOTRICE
PHOTOÉMETTRICE
INTERLOCUTRICE
FROMENT-MEURICE
STATION-SERVICE
CHÈQUES-SERVICE
CONDESCENDANCE
CORRESPONDANCE
INTRANSIGEANCE
TRIPLE-ALLIANCE
SAINTE-ALLIANCE
DUBOIS DE CRANCÉ
BONNE-ESPÉRANCE
CLAUDE DE FRANCE
JEANNE DE FRANCE
NOUVELLE-FRANCE
ROISSY-EN-FRANCE
AUTOSUFFISANCE
MÉCONNAISSANCE
RECONNAISSANCE
TOUTE-PUISSANCE
SUPERPUISSANCE
SELF-INDUCTANCE
AUTO-INDUCTANCE
PRÉADOLESCENCE

DÉGÉNÉRESCENCE
VICE-PRÉSIDENCE
ININTELLIGENCE
ÉLECTROVALENCE
TÉLÉCONFÉRENCE
NON-CONCURRENCE
VIDÉOFRÉQUENCE
RADIOFRÉQUENCE
AUDIOFRÉQUENCE
HYPERFRÉQUENCE
GRANDILOQUENCE
PONTS-PROMENADE
HARALD HÅRDRÅDE
MADAME ADÉLAÏDE
NUCLÉOPROTÉIDE
MONOSACCHARIDE
POLYSACCHARIDE
BOURGTHEROULDE
JUDÉO-ALLEMANDE
INTERALLEMANDE
OUEST-ALLEMANDE
SUISSE NORMANDE
MOYEUVRE-GRANDE
PASCALS-SECONDE
SCROFULARIACÉE
CARYOPHYLLACÉE
CONTREBALANCÉE
JACQUES BARADÉE
ARCHICHLAMYDÉE
RHINO-PHARYNGÉE
CIRCONSTANCIÉE
DÉDIFFÉRENCIÉE
INDIFFÉRENCIÉE
DÉBROUSSAILLÉE
EMBROUSSAILLÉE
DÉSENTORTILLÉE
RECROQUEVILLÉE
IMMUNODÉPRIMÉE
PTÉRIDOSPERMÉE
NOUVELLE-GUINÉE
TIRE-BOUCHONNÉE
APPROVISIONNÉE
REDIMENSIONNÉE
DÉSILLUSIONNÉE
DÉCONDITIONNÉE
INCONDITIONNÉE
RÉQUISITIONNÉE
MANUTENTIONNÉE
DÉCAVAILLONNÉE
ÉCHANTILLONNÉE
SATIRE MÉNIPPÉE
SOUS-DÉVELOPPÉE
PRÉENREGISTRÉE
SURMÉDICALISÉE
COMMERCIALISÉE
DÉMATÉRIALISÉE
INDUSTRIALISÉE
DÉCRIMINALISÉE
DÉNATIONALISÉE
OCCIDENTALISÉE
INDIVIDUALISÉE
CONCEPTUALISÉE
DÉCULPABILISÉE
VULNÉRABILISÉE
DÉCRÉDIBILISÉE
DÉSENSIBILISÉE
INSENSIBILISÉE
RECRISTALLISÉE
DÉSYNCHRONISÉE
PARTICULARISÉE
REVASCULARISÉE
TRANSISTORISÉE
TECHNOCRATISÉE
BUREAUCRATISÉE
RADIOTÉLÉVISÉE
POLYTRANSFUSÉE
INTERCONNECTÉE
COURT-CIRCUITÉE
INEXPÉRIMENTÉE
COMPARTIMENTÉE
EMBERLIFICOTÉE
CONTRE-ATTAQUÉE
CONTRE-INDIQUÉE
PHOTOCOPILLAGE
HÉLITREUILLAGE
CARAMBOUILLAGE
DÉBARBOUILLAGE
ANTIBROUILLAGE
DÉVERROUILLAGE
TRIPATOUILLAGE
FORT-MAHON-PLAGE
ÉLECTROFORMAGE
PAILLASSONNAGE
MICROBOUTURAGE
FRÉDÉRIC LE SAGE
ALPHONSE LE SAGE
IAROSLAV LE SAGE
TAIN-L'HERMITAGE
PUBLIREPORTAGE
RADIOREPORTAGE
PHOTOREPORTAGE
DÉMULTIPLEXAGE
SUPERPRIVILÈGE
MORSANG-SUR-ORGE
SAVIGNY-SUR-ORGE
CROISSANT-ROUGE
LAMELLIBRANCHE
OPISTHOBRANCHE
ABRIS-SOUS-ROCHE
CONCHES-EN-OUCHE
SAINTE-NITOUCHE
MIES VAN DER ROHE
HISTORIOGRAPHE
ACCÉLÉROGRAPHE

CINÉMATOGRAPHE
FLAVIUS JOSÈPHE
GUSTAVE ADOLPHE
ANTHROPOMORPHE
SAINT-HYACINTHE
NÉMATHELMINTHE
BERCENAY-EN-OTHE
SABLÉ-SUR-SARTHE
CLAUSTROPHOBIE
PHYTOPHARMACIE
STAPHYLOCOCCIE
HYPERTHYROÏDIE
BASSE-NORMANDIE
HAUTE-NORMANDIE
POIX-DE-PICARDIE
ANTHROPOPHAGIE
ÉCOTOXICOLOGIE
BIOSPÉLÉOLOGIE
GÉOMORPHOLOGIE
PSYCHOBIOLOGIE
CHRONOBIOLOGIE
PHÉNOMÉNOLOGIE
BIOTECHNOLOGIE
ENDOCRINOLOGIE
BYZANTINOLOGIE
GÉOCHRONOLOGIE
CARACTÉROLOGIE
ACCIDENTOLOGIE
SÉDIMENTOLOGIE
PARODONTOLOGIE
MICROCHIRURGIE
NEUROCHIRURGIE
MÉNISCOGRAPHIE
AUTOBIOGRAPHIE
ARTÉRIOGRAPHIE
MÉTALLOGRAPHIE
SIGILLOGRAPHIE
DACTYLOGRAPHIE
DACTYLOGRAPHIÉ
HYSTÉROGRAPHIE
SPECTROGRAPHIE
ANTHROPOSOPHIE
CÉNESTHOPATHIE
CORONAROPATHIE
ENDÉMOÉPIDÉMIE
HYPERLIPIDÉMIE
SEPTICOPYOÉMIE
MÉTALLOCHROMIE
ADÉNOÏDECTOMIE
THYROÏDECTOMIE
SYMPATHECTOMIE
AMYGDALECTOMIE
PNEUMONECTOMIE
PROSTATECTOMIE
ALUMINOTHERMIE
ÉLECTROTHERMIE
TRANSLEITHANIE
HÉBOÏDOPHRÉNIE
PRESBYOPHRÉNIE
PAUL ET VIRGINIE
PÉRITÉLÉPHONIE
PHYSIOGNOMONIE
AMÉDÉE DE SAVOIE
LOUISE DE SAVOIE
KINÉSITHÉRAPIE
MUSICOTHÉRAPIE
BALNÉOTHÉRAPIE
PSYCHOTHÉRAPIE
CHIMIOTHÉRAPIE
PHYSIOTHÉRAPIE
INHALOTHÉRAPIE
MÉCANOTHÉRAPIE
ACTINOTHÉRAPIE
IMMUNOTHÉRAPIE
SCLÉROTHÉRAPIE
OPHTALMOSCOPIE
DIAPHANOSCOPIE
DAGUERRÉOTYPIE
TÉLÉMESSAGERIE
STÉRÉO-ISOMÉRIE
ARCHICONFRÉRIE
MICROBRASSERIE
ARCHÉOBACTÉRIE
ENTÉROBACTÉRIE
CONTREBATTERIE
ÉLASTICIMÉTRIE
SACCHARIMÉTRIE
STŒCHIOMÉTRIE
OPHTALMOMÉTRIE
ANTHROPOMÉTRIE
HÉMOGLOBINURIE
ACHONDROPLASIE
TÉLANGIECTASIE
BRONCHIECTASIE
RACHIANALGÉSIE
BENOÎT DE NURSIE
THALASSOCRATIE
SURPRISE-PARTIE
TYMPANOPLASTIE
GALVANOPLASTIE
PORTE-PARAPLUIE
GIRAUD-SOULAVIE
INTERSYNDICALE
INTERTROPICALE
HYPOCYCLOÏDALE
FORT LAUDERDALE
EXTRACONJUGALE
RHOMBENCÉPHALE
DOLICHOCÉPHALE
RHYNCHOCÉPHALE
ACANTHOCÉPHALE
BOTHRIOCÉPHALE
MAXILLO-FACIALE
BANQUE MONDIALE

SUBÉQUATORIALE
RÉQUISITORIALE
INQUISITORIALE
QUADRAGÉSIMALE
INFINITÉSIMALE
CÉRÉBRO-SPINALE
INTERRÉGIONALE
SEPTENTRIONALE
SUPRANATIONALE
MULTINATIONALE
INTERNATIONALE
INTERNATIONALE
TRANSNATIONALE
INTERCOMMUNALE
CONTROLATÉRALE
ARCHITECTURALE
PRO-OCCIDENTALE
MOYEN-ORIENTALE
DÉPARTEMENTALE
INCOMMUNICABLE
ROBERT LE DIABLE
PRÉSIDENTIABLE
DIFFÉRENTIABLE
INDÉTERMINABLE
INSOUPÇONNABLE
INCONTOURNABLE
INDÉCHIFFRABLE
RENTABILISABLE
CRISTALLISABLE
INFORMATISABLE
INDÉCOMPOSABLE
CONTROVERSABLE
MÉCONNAISSABLE
RECONNAISSABLE
INCONNAISSABLE
INDÉFINISSABLE
ÉLECTROLYSABLE
DESSOUS-DE-TABLE
TRANSPLANTABLE
INFRÉQUENTABLE
FERMENTESCIBLE
ININTELLIGIBLE
IVAN LE TERRIBLE
COMPRÉHENSIBLE
INCOMPRESSIBLE
INDESTRUCTIBLE
INDESCRIPTIBLE
RÉINSCRIPTIBLE
NOUVELLE-ZEMBLE
CHARLES LE NOBLE
TOUSSUS-LE-NOBLE
CELLES-SUR-BELLE
SAINS-EN-GOHELLE
SEMI-OFFICIELLE
INTERSTITIELLE
CONFIDENTIELLE
PRÉSIDENTIELLE
PROVIDENTIELLE
PESTILENTIELLE
ÉVÉNEMENTIELLE
INCRÉMENTIELLE
EXCRÉMENTIELLE
PRÉFÉRENTIELLE
DIFFÉRENTIELLE
PRÉVISIONNELLE
PROVISIONNELLE
ASCENSIONNELLE
DIMENSIONNELLE
INTENSIONNELLE
EXTENSIONNELLE
OBSESSIONNELLE
CONFUSIONNELLE
OPÉRATIONNELLE
SENSATIONNELLE
RÉDACTIONNELLE
DIRECTIONNELLE
TRADITIONNELLE
CONDITIONNELLE
NUTRITIONNELLE
INTENTIONNELLE
PROMOTIONNELLE
EXCEPTIONNELLE
UNIPERSONNELLE
CONFRATERNELLE
SAINTE-CHAPELLE
CONJONCTURELLE
PETITE-ROSSELLE
PRÉMENSTRUELLE
INTELLECTUELLE
INTERTEXTUELLE
HÉTÉROSEXUELLE
PORT-LA-NOUVELLE
GRANDE MURAILLE
IVRY-LA-BATAILLE
BOUCHE-À-OREILLE
RINCE-BOUTEILLE
OUVRE-BOUTEILLE
PORTE-BOUTEILLE
DÉSEMBOUTEILLÉ
CHASSE-GOUPILLE
AUTO-PATROUILLE
VILLERS-LA-VILLE
ÉQUEURDREVILLE
HÔ CHI MINH-VILLE
ÉLISABETHVILLE
DUMONT D'URVILLE
COQUILHATVILLE
HÉTÉROMÉTABOLE
SAINT-CYR-L'ÉCOLE
CONSTANTINOPLE
LECONTE DE LISLE
MÉTAL-CARBONYLE
PÉRISSODACTYLE
ANTÉPÉNULTIÈME

MOLÉCULE-GRAMME
MULTIPROGRAMMÉ
CHROMATOGRAMME
SULLY PRUDHOMME
CHONDROSARCOME
ADÉNOCARCINOME
NÆVO-CARCINOME
RADIOASTRONOME
LORIOL-SUR-DRÔME
MICROPODIFORME
CHARADRIIFORME
GARDES-CHIOURME
NÉOCLASSICISME
NÉOPLASTICISME
ENCYCLOPÉDISME
HERMAPHRODISME
SADOMASOCHISME
DERMOGRAPHISME
CATASTROPHISME
HOMÉOMORPHISME
PROVINCIALISME
INDUSTRIALISME
IRRATIONALISME
NÉOLIBÉRALISME
STRUCTURALISME
BICULTURALISME
INDIVIDUALISME
CONCEPTUALISME
PRÉRAPHAÉLISME
MONOMÉTALLISME
NON-CONFORMISME
SERVOMÉCANISME
RÉPUBLICANISME
PANAFRICANISME
MICRO-ORGANISME
AMÉRINDIANISME
VOLTAIRIANISME
MALTHUSIANISME
INDÉTERMINISME
PRÉCISIONNISME
EXPANSIONNISME
DIFFUSIONNISME
CONFUSIONNISME
DÉVIATIONNISME
ISOLATIONNISME
SALTATIONNISME
SITUATIONNISME
RÉDUCTIONNISME
ABOLITIONNISME
INTUITIONNISME
ÉVOLUTIONNISME
DODÉCAPHONISME
SAINT-SIMONISME
POSTMODERNISME
ANTICOMMUNISME
POSTCOMMUNISME
PARTICULARISME

HÉLIOCENTRISME
ETHNOCENTRISME
ANAGRAMMATISME
ARISTOCRATISME
CHIMIOTACTISME
THERMOTACTISME
ANALPHABÉTISME
PARAMAGNÉTISME
COSMOPOLITISME
FLAMINGANTISME
PROTESTANTISME
PLURILINGUISME
MULTILINGUISME
NÉOPOSITIVISME
FREUDO-MARXISME
JEAN LE POSTHUME
PSEUDOMEMBRANE
FERROMOLYBDÈNE
TOXICOMANOGÈNE
PNEUMALLERGÈNE
MADAME SANS-GÊNE
GAÉTAN DE THIENE
SAINTE-SIGOLÈNE
ROMAIN LÉCAPÈNE
DINITROTOLUÈNE
ANNE DE BRETAGNE
BAIN-DE-BRETAGNE
MICHEL L'IVROGNE
NORD-AMÉRICAINE
NORD-AMÉRICAINE
AFRO-AMÉRICAINE
AFRO-AMÉRICAINE
MÉSO-AMÉRICAINE
NÉGRO-AFRICAINE
INTERAFRICAINE
CENTRAFRICAINE
CENTRAFRICAINE
PORT-DE-BOUCAINE
NORMANDIE-MAINE
AFRIQUE ROMAINE
ALSACE-LORRAINE
SEILLE LORRAINE
MÉTROPOLITAINE
SAINT-POLITAINE
DOUÉ-LA-FONTAINE
CALIDIFONTAINE
ROMARIMONTAINE
MÉTHÉMOGLOBINE
OXYHÉMOGLOBINE
AZIDOTHYMIDINE
PROSTAGLANDINE
MARIE MADELEINE
NOGENT-SUR-SEINE
ÉPINAY-SUR-SEINE
NUCLÉOPROTÉINE
SCLÉROPROTÉINE
HÉTÉROPROTÉINE

GONADOTROPHINE
SOMATOTROPHINE
AUTODISCIPLINE
GAMMAGLOBULINE
MACROGLOBULINE
MICROGLOBULINE
BENZODIAZÉPINE
GAULE CISALPINE
ANTI-SOUS-MARINE
NITROGLYCÉRINE
PHYCOÉRYTHRINE
CÉPHALOSPORINE
ARRIÈRE-CUISINE
CASTELROUSSINE
ARRIÈRE-COUSINE
AMÉRIQUE LATINE
GERMANOPRATINE
MILLY-LAMARTINE
MARIE-CHRISTINE
VAN DE WOESTIJNE
POUSSETTE-CANNE
SAINT-MANDÉENNE
VIEUX-CONDÉENNE
ANTIPALUDÉENNE
PARTHÉNOPÉENNE
INDO-EUROPÉENNE
INDO-EUROPÉENNE
GUADELOUPÉENNE
GUADELOUPÉENNE
PRÉCOLOMBIENNE
STERPINACIENNE
TADOUSSACIENNE
HYDRAULICIENNE
OBSTÉTRICIENNE
GÉOPHYSICIENNE
AUTOMATICIENNE
SYNTACTICIENNE
DIALECTICIENNE
ÉNERGÉTICIENNE
STYLISTICIENNE
STATISTICIENNE
BUREAUTICIENNE
NÉCROMANCIENNE
CHIROMANCIENNE
ONIROMANCIENNE
CARTOMANCIENNE
LANGUEDOCIENNE
LANGUEDOCIENNE
GILLOCRUCIENNE
NON EUCLIDIENNE
ALLANTOÏDIENNE
ANTIACRIDIENNE
LAURENTIDIENNE
HOLLYWOODIENNE
DÉICUSTODIENNE
BELLEGARDIENNE
CRÉPICORDIENNE

CAROLORÉGIENNE
WASQUEHALIENNE
ÉPISCOPALIENNE
PONTISSALIENNE
BONNÉTABLIENNE
MÉSOPOTAMIENNE
MÉSOPOTAMIENNE
CHICOUTIMIENNE
INTRACRÂNIENNE
HAUSSMANIENNE
TERREBONNIENNE
LACÉDÉMONIENNE
LACÉDÉMONIENNE
PARKINSONIENNE
NILO-SAHARIENNE
SAINTE-MARIENNE
MONTDIDÉRIENNE
ANTIVÉNÉRIENNE
SPHINCTÉRIENNE
PRESBYTÉRIENNE
PHYLLOXÉRIENNE
FINNO-OUGRIENNE
BAUDELAIRIENNE
BUENOS-AIRIENNE
MONTATAIRIENNE
THERMIDORIENNE
PRÉHISTORIENNE
BASSE-TERRIENNE
SAUVETERRIENNE
CAPESTERRIENNE
SAINT-MAURIENNE
SINGAPOURIENNE
SINGAPOURIENNE
AUSTRONÉSIENNE
CHÂTENAISIENNE
FONTENAISIENNE
LEVALLOISIENNE
MONTLOUISIENNE
PORT-LOUISIENNE
WATTRELOSIENNE
SAINTE-ROSIENNE
TIBIO-TARSIENNE
FOSSATUSSIENNE
TREMBLAYSIENNE
VIROFLAYSIENNE
FONTENAYSIENNE
LAVELANÉTIENNE
VILLERUPTIENNE
HALLSTATTIENNE
WINNIPEGUIENNE
TANANARIVIENNE
CASTELNOVIENNE
VILLENEUVIENNE
TERRE-NEUVIENNE
TERRE-NEUVIENNE
ANTÉDILUVIENNE
BILLAUD-VARENNE

TINCHEBRAYENNE
NICARAGUAYENNE
NICARAGUAYENNE
SURDIMENSIONNÉ
PRÉSÉLECTIONNÉ
PERQUISITIONNÉ
MALINTENTIONNÉ
DÉCONVENTIONNÉ
DÉCONGESTIONNÉ
CHAUFFAILLONNE
FRANSQUILLONNÉ
CHÂTEAU-D'OLONNE
CHALON-SUR-SAÔNE
MONOCOTYLÉDONE
RADIOTÉLÉPHONE
NÉERLANDOPHONE
VOULTE-SUR-RHÔNE
BOUCHES-DU-RHÔNE
HÉLIOSYNCHRONE
HYDROCORTISONE
MILON DE CROTONE
VAIRES-SUR-MARNE
CHAMPS-SUR-MARNE
NOGENT-SUR-MARNE
CHALAND-CITERNE
VAILLY-SUR-AISNE
HERRERA LE JEUNE
CRANACH LE JEUNE
HOLBEIN LE JEUNE
MORATÍN LE JEUNE
POURBUS LE JEUNE
CONON DE BÉTHUNE
MARIÁNSKÉ LÁZNE
DAPHNIS ET CHLOÉ
ROBINSON CRUSOÉ
RILLIEUX-LA-PAPE
MONNAIES-DU-PAPE
ILHA DO PRÍNCIPE
FANFAN LA TULIPE
RADIOTÉLESCOPE
PITHÉCANTHROPE
SAINT-JEAN-D'ACRE
MAÎTRE-CYLINDRE
ARPAJON-SUR-CÈRE
CONTREBANDIÈRE
INHOSPITALIÈRE
ROCHE-LA-MOLIÈRE
PARAPÉTROLIÈRE
GENTILHOMMIÈRE
LA GALISSONIÈRE
GRANDE BARRIÈRE
GARDES-BARRIÈRE
PAUSES-CARRIÈRE
MANUFACTURIÈRE
CACHE-BRASSIÈRE
CACHE-POUSSIÈRE
BANQUEROUTIÈRE
LOUIS DE BAVIÈRE
PORTE-ÉTRIVIÈRE
AUBIGNY-SUR-NÈRE
ROMANS-SUR-ISÈRE
BIBLIOTHÉCAIRE
BIHEBDOMADAIRE
INTRANUCLÉAIRE
SAINT-PORCHAIRE
CHIROGRAPHAIRE
INTERGLACIAIRE
SEMI-AUXILIAIRE
INTERSTELLAIRE
SOUS-MAXILLAIRE
MULTITUBULAIRE
BIOMOLÉCULAIRE
PLURISÉCULAIRE
APPENDICULAIRE
SEMI-CIRCULAIRE
GROUPUSCULAIRE
GRAND-ANGULAIRE
QUADRANGULAIRE
SOUS-SCAPULAIRE
QUINQUAGÉNAIRE
CINQUANTENAIRE
EXTRAORDINAIRE
INFRALIMINAIRE
GÉNITO-URINAIRE
DÉMISSIONNAIRE
RÉCLUSIONNAIRE
PROBATIONNAIRE
RÉCEPTIONNAIRE
PARALITTÉRAIRE
DOMICILIATAIRE
COPROPRIÉTAIRE
NU-PROPRIÉTAIRE
SOUS-PROLÉTAIRE
SOUS-SECRÉTAIRE
PHYTOSANITAIRE
ENTREPOSITAIRE
FERNEY-VOLTAIRE
PRÉÉLÉMENTAIRE
COMPLÉMENTAIRE
SUPPLÉMENTAIRE
INSTRUMENTAIRE
ÉRYTHROCYTAIRE
COMPROMISSOIRE
INTERROGATOIRE
BLASPHÉMATOIRE
HALLUCINATOIRE
POSTOPÉRATOIRE
SUPERFÉTATOIRE
CONTRADICTOIRE
SAINTE-VICTOIRE
INTERLOCUTOIRE
CALUIRE-ET-CUIRE
TORIGNI-SUR-VIRE
POLYPLACOPHORE

JOACHIM DE FLORE
GUI DE DAMPIERRE
CRANS-SUR-SIERRE
PÉDOPSYCHIATRE
FRÉQUENCEMÈTRE
RADIOALTIMÈTRE
GÉOTHERMOMÈTRE
INTERFÉROMÈTRE
MILLIVOLTMÈTRE
BONNET-DE-PRÊTRE
QUARTIER-MAÎTRE
CONTRE-LA-MONTRE
BRACELET-MONTRE
HOMME-ORCHESTRE
SUPRATERRESTRE
EXTRATERRESTRE
SOUS-ADMINISTRÉ
AU FUR ET À MESURE
SOUS-PRÉFECTURE
DIGITOPUNCTURE
INFRASTRUCTURE
MACROSTRUCTURE
MICROSTRUCTURE
SUPERSTRUCTURE
CÉRÉALICULTURE
CAPILLICULTURE
SALMONICULTURE
TRYPANOSOMIASE
SCHISTOSOMIASE
CHOLINESTÉRASE
OXYDORÉDUCTASE
NUCLÉOSYNTHÈSE
CHIMIOSYNTHÈSE
FERROMANGANÈSE
PARTHÉNOGENÈSE
SPERMATOGENÈSE
ÉLECTROPHORÈSE
THORACOCENTÈSE
GARDE-FRANÇAISE
UNION FRANÇAISE
CASTELNAUDAISE
CORNOUAILLAISE
GONFREVILLAISE
ALFORTVILLAISE
CHAMPAGNOLAISE
SHAWINIGANAISE
FRONTIGNANAISE
ALTO-SÉQUANAISE
SAINT-MARINAISE
ROMORANTINAISE
SAINT-JEANNAISE
BOISBRIANNAISE
SAINT-ORENNAISE
MONTLUÇONNAISE
CAVAILLONNAISE
CHÂTILLONNAISE
CASTILLONNAISE

MAINTENONNAISE
HAUT-GARONNAISE
MONTGERONNAISE
CARCASSONNAISE
MONTESSONNAISE
CAPBRETONNAISE
CHARENTONNAISE
SIERRA-LÉONAISE
BRICQUEBÉTAISE
SÈVRE NIORTAISE
AIGUES-MORTAISE
CAUDEBECQUAISE
SOUS-MÉDICALISÉ
FONCTIONNALISÉ
DÉSAISONNALISÉ
DÉPERSONNALISÉ
CONTRACTUALISÉ
ÉTATS DE L'ÉGLISE
IMPERMÉABILISÉ
RESPONSABILISÉ
RESPECTABILISÉ
DÉCHRISTIANISÉ
RECHRISTIANISÉ
STRÉPINIACOISE
SAINT-AMANDOISE
SARRALBIGEOISE
HAGONDANGEOISE
ÉDIMBOURGEOISE
CHERBOURGEOISE
BOURBOURGEOISE
GRAND-SYNTHOISE
HAZEBROUCKOISE
VILLEMOMBLOISE
LONGJUMELLOISE
MONTREVELLOISE
MONTREUILLOISE
LONGUEUILLOISE
BRAZZAVILLOISE
DECAZEVILLOISE
BOUZONVILLOISE
MONTARVILLOISE
COWANSVILLOISE
ALBERTVILLOISE
HAUBOURDINOISE
CHÂTEAULINOISE
MONTCHANINOISE
CONSTANTINOISE
LOUVECIENNOISE
VALENCIENNOISE
VILLECRESNOISE
LARGENTIÉROISE
GUEBWILLEROISE
BEAUREPAIROISE
BEAUVILLÉSOISE
LONGUENESSOISE
SCHAFFHOUSOISE
BERLAIMONTOISE

FLEURIMONTOISE
LAMBERSARTOISE
AUDINCOURTOISE
NOUAKCHOTTOISE
COUDEKERQUOISE
PLAN-DE-CUQUOISE
CASTELNEUVOISE
FONCTIONNARISÉ
DÉCOLLECTIVISÉ
THERMOPROPULSÉ
COUPONS-RÉPONSE
NITROCELLULOSE
HYPOVITAMINOSE
OSTÉOCHONDROSE
ATHÉROSCLÉROSE
HÉMOCHROMATOSE
AGRANULOCYTOSE
SAINT-JOHN PERSE
GRANDE-DUCHESSE
PIERRE-DE-BRESSE
TURBOCOMPRESSÉ
NOUVELLE-ÉCOSSE
HAUTS-DE-CHAUSSE
DION DE SYRACUSE
CAUCHEMARDEUSE
DÉSAVANTAGEUSE
CONSCIENCIEUSE
ANTIRELIGIEUSE
SUPERSTITIEUSE
BROUSSAILLEUSE
DISCUTAILLEUSE
SCRIBOUILLEUSE
VILLERS-SEMEUSE
LIBÉRO-LIGNEUSE
CARTILAGINEUSE
SÉLECTIONNEUSE
PHOTOSTOPPEUSE
ANTICANCÉREUSE
CHRONOMÉTREUSE
MALENCONTREUSE
APPLAUDISSEUSE
DÉGAUCHISSEUSE
RENCHÉRISSEUSE
EMPHYSÉMATEUSE
CARCINOMATEUSE
MÉDICAMENTEUSE
COMPLIMENTEUSE
CAOUTCHOUTEUSE
PRONOSTIQUEUSE
IRRESPECTUEUSE
DIFFICULTUEUSE
ÉLECTRODIALYSE
SUPERPHOSPHATE
HYDROCARBONATE
MULTIPROPRIÉTÉ
PORPHYROGÉNÈTE
INAUTHENTICITÉ
PSYCHORIGIDITÉ
ARABIE SAOUDITE
GRAMMATICALITÉ
TERRITORIALITÉ
SUBSTANTIALITÉ
FONCTIONNALITÉ
IMPERSONNALITÉ
TRANSVERSALITÉ
SENTIMENTALITÉ
CONTINENTALITÉ
IRRÉVOCABILITÉ
IMPERMÉABILITÉ
APPRÉCIABILITÉ
DISSOCIABILITÉ
FALSIFIABILITÉ
CONTRÔLABILITÉ
INFLAMMABILITÉ
INALIÉNABILITÉ
DÉSIDÉRABILITÉ
INALTÉRABILITÉ
DÉMONTRABILITÉ
RESPONSABILITÉ
INOPPOSABILITÉ
RÉTRACTABILITÉ
RESPECTABILITÉ
INÉLUCTABILITÉ
INEXCITABILITÉ
IRRÉFUTABILITÉ
IRRECEVABILITÉ
INCOERCIBILITÉ
RÉFRANGIBILITÉ
INFAILLIBILITÉ
INDIVISIBILITÉ
SUCCESSIBILITÉ
PERFECTIBILITÉ
PRÉDICTIBILITÉ
CONDUCTIBILITÉ
PRODUCTIBILITÉ
PERCEPTIBILITÉ
SUSCEPTIBILITÉ
CONVERTIBILITÉ
SUGGESTIBILITÉ
COMBUSTIBILITÉ
VILLE-SATELLITE
MICROSATELLITE
CINÉTHÉODOLITE
BERNARD-L'ERMITE
COLLECTIONNITE
OSTÉOCHONDRITE
GASTRO-ENTÉRITE
MICROMÉTÉORITE
MICROVILLOSITÉ
DERMATOMYOSITE
TENSIOACTIVITÉ
NON-DIRECTIVITÉ
IMPRODUCTIVITÉ
INTRANSITIVITÉ

SÉROPOSITIVITÉ
HYPERÉMOTIVITÉ
DISTRIBUTIVITÉ
AVESNES-LE-COMTE
CONDESCENDANTE
CORRESPONDANTE
INTRANSIGEANTE
CABRERA INFANTE
ÉPOUSTOUFLANTE
THERMOCOLLANTE
ANTICOAGULANTE
BÊTASTIMULANTE
COPARTICIPANTE
ABRACADABRANTE
COBELLIGÉRANTE
AUTOSUFFISANTE
CULPABILISANTE
DÉSTABILISANTE
SENSIBILISANTE
INFANTILISANTE
CRISTALLISANTE
DÉSHUMANISANTE
ANTIÉMÉTISANTE
ININTÉRESSANTE
RECONNAISSANTE
ASSOURDISSANTE
RÉFLÉCHISSANTE
AFFAIBLISSANTE
ATTENDRISSANTE
RESSORTISSANTE
TOUTE-PUISSANTE
COCONTRACTANTE
DÉSINCRUSTANTE
NON-COMBATTANTE
COMPROMETTANTE
PRÉDÉLINQUANTE
RECONSTITUANTE
AUTONETTOYANTE
PRÉADOLESCENTE
VICE-PRÉSIDENTE
ININTELLIGENTE
TONNAY-CHARENTE
GRANDILOQUENTE
CASTEL DEL MONTE
GÓNGORA Y ARGOTE
JUDAS ISCARIOTE
MACAIRE D'ÉGYPTE
PINOCHET UGARTE
HÉLITRANSPORTÉ
AÉROTRANSPORTÉ
ENCYCLOPÉDISTE
ALLERGOLOGISTE
ORNITHOLOGISTE
CRIMINOLOGISTE
MÉTÉOROLOGISTE
DENTUROLOGISTE
STOMATOLOGISTE
HERPÉTOLOGISTE
VÉLIPLANCHISTE
SADOMASOCHISTE
CATASTROPHISTE
NON-SPÉCIALISTE
IRRATIONALISTE
STRUCTURALISTE
OCCIDENTALISTE
DOCUMENTALISTE
INDIVIDUALISTE
ULTRAROYALISTE
TÉLÉVANGÉLISTE
MONOMÉTALLISTE
VIOLONCELLISTE
NON-CONFORMISTE
PRÉVISIONNISTE
EXPANSIONNISTE
EXCURSIONNISTE
SÉCESSIONNISTE
DIFFUSIONNISTE
DÉVIATIONNISTE
DÉFLATIONNISTE
INFLATIONNISTE
ISOLATIONNISTE
SITUATIONNISTE
ABOLITIONNISTE
NUTRITIONNISTE
RÉCEPTIONNISTE
ÉVOLUTIONNISTE
DODÉCAPHONISTE
FEUILLETONISTE
ANTICOMMUNISTE
POSTCOMMUNISTE
DOCUMENTARISTE
ANTITERRORISTE
CYCLOMOTORISTE
CONJONCTURISTE
RADIESTHÉSISTE
CONTROVERSISTE
CONTREBASSISTE
INSTRUMENTISTE
CONTRAPONTISTE
CONTRAPUNTISTE
MARIONNETTISTE
PROSPECTIVISTE
NÉOPOSITIVISTE
JACQUES LE JUSTE
PORTE-SERVIETTE
GRASSOUILLETTE
CROQUIGNOLETTE
SAPERLIPOPETTE
ENTOURLOUPETTE
PORTE-CIGARETTE
PIEDS-D'ALOUETTE
PRESSE-RAQUETTE
GRANDE-ROQUETTE
BÉBÉ-ÉPROUVETTE

BURES-SUR-YVETTE
ESCH-SUR-ALZETTE
REINE-CHARLOTTE
ERGOTHÉRAPEUTE
SAINT-HIPPOLYTE
HARTMANN VON AUE
PAILLES-EN-QUEUE
ANNE DE GONZAGUE
À TOUT BERZINGUE
JEAN PALÉOLOGUE
GÉOMORPHOLOGUE
PHÉNOMÉNOLOGUE
ENDOCRINOLOGUE
BYZANTINOLOGUE
SÉDIMENTOLOGUE
INTRACARDIAQUE
TOXICOMANIAQUE
MÉGALOMANIAQUE
HYPOCONDRIAQUE
CHRISTIAN-JAQUE
TCHÉCOSLOVAQUE
TCHÉCOSLOVAQUE
CASSETTOTHÈQUE
OURALO-ALTAÏQUE
PHOTOVOLTAÏQUE
DÉCASYLLABIQUE
PARISYLLABIQUE
MONOSYLLABIQUE
OCTOSYLLABIQUE
POLYSYLLABIQUE
ORTHORHOMBIQUE
ENCYCLOPÉDIQUE
POLYPEPTIDIQUE
SUBSTANTIFIQUE
BLENNORRAGIQUE
GÉOSTRATÉGIQUE
AMPHIBOLOGIQUE
MÉTHODOLOGIQUE
ORNITHOLOGIQUE
VOLCANOLOGIQUE
VULCANOLOGIQUE
TERMINOLOGIQUE
CANCÉROLOGIQUE
MÉTÉOROLOGIQUE
ESCHATOLOGIQUE
CLIMATOLOGIQUE
DERMATOLOGIQUE
RHUMATOLOGIQUE
HERPÉTOLOGIQUE
ANTIALLERGIQUE
DOPAMINERGIQUE
CHORÉGRAPHIQUE
CALLIGRAPHIQUE
DISCOGRAPHIQUE
VIDÉOGRAPHIQUE
PALÉOGRAPHIQUE
LITHOGRAPHIQUE
ORTHOGRAPHIQUE
RADIOGRAPHIQUE
HAGIOGRAPHIQUE
COSMOGRAPHIQUE
SCÉNOGRAPHIQUE
STÉNOGRAPHIQUE
ETHNOGRAPHIQUE
ICONOGRAPHIQUE
PHONOGRAPHIQUE
PORNOGRAPHIQUE
MACROGRAPHIQUE
MICROGRAPHIQUE
HYDROGRAPHIQUE
PÉTROGRAPHIQUE
PICTOGRAPHIQUE
PHOTOGRAPHIQUE
CARTOGRAPHIQUE
HYPERTROPHIQUE
CATASTROPHIQUE
HIÉROGLYPHIQUE
CHALCOLITHIQUE
SIDÉROLITHIQUE
INTERVOCALIQUE
HÉTÉROCYCLIQUE
PANTAGRUÉLIQUE
SPASMOPHILIQUE
POLYMÉTALLIQUE
ANTIVARIOLIQUE
ANTIALCOOLIQUE
HYPOTHALAMIQUE
ARABO-ISLAMIQUE
HYDRODYNAMIQUE
VITROCÉRAMIQUE
STÉRÉOCHIMIQUE
THERMOCHIMIQUE
ANTIÉCONOMIQUE
PROTOPLASMIQUE
MICROMÉCANIQUE
HYDROMÉCANIQUE
PHOTOMÉCANIQUE
INTEROCÉANIQUE
TRANSOCÉANIQUE
PALÉOBOTANIQUE
NEURASTHÉNIQUE
ANTIHYGIÉNIQUE
RADIOTECHNIQUE
MNÉMOTECHNIQUE
MICROTECHNIQUE
TUBERCULINIQUE
AMPHÉTAMINIQUE
COMPAGNONNIQUE
DODÉCAPHONIQUE
STÉRÉOPHONIQUE
ANTICYCLONIQUE
PHILHARMONIQUE
SOIT-COMMUNIQUÉ
STROBOSCOPIQUE

STÉRÉOSCOPIQUE
MISANTHROPIQUE
TELLURHYDRIQUE
LITHOSPHÉRIQUE
TROPOSPHÉRIQUE
ALPHANUMÉRIQUE
AUDIONUMÉRIQUE
CALORIMÉTRIQUE
STÉRÉOMÉTRIQUE
FLUVIOMÉTRIQUE
PLUVIOMÉTRIQUE
DYNAMOMÉTRIQUE
THERMOMÉTRIQUE
CHRONOMÉTRIQUE
ANTISYMÉTRIQUE
HÉLIOCENTRIQUE
ETHNOCENTRIQUE
CATADIOPTRIQUE
THIOSULFURIQUE
PYROSULFURIQUE
PSYCHOPHYSIQUE
TÉLÉMERCATIQUE
MÉLODRAMATIQUE
PARADIGMATIQUE
ANAGRAMMATIQUE
ÉPIGRAMMATIQUE
PROGRAMMATIQUE
PANCHROMATIQUE
ASYMPTOMATIQUE
PHYSIOCRATIQUE
PHALLOCRATIQUE
TECHNOCRATIQUE
ARISTOCRATIQUE
PLOUTOCRATIQUE
BUREAUCRATIQUE
THERMOSTATIQUE
ANAPHYLACTIQUE
PROPHYLACTIQUE
INDOLE-ACÉTIQUE
INDO-GANGÉTIQUE
ANHYPOTHÉTIQUE
LEUCOPOÏÉTIQUE
ANTISOVIÉTIQUE
PHYLOGÉNÉTIQUE
PARAMAGNÉTIQUE
GYROMAGNÉTIQUE
SALIDIURÉTIQUE
ANTIDIURÉTIQUE
SOCIOPOLITIQUE
PSYCHOCRITIQUE
POSTROMANTIQUE
CONTRAPUNTIQUE
PSYCHOLEPTIQUE
ORGANOLEPTIQUE
MAGNÉTO-OPTIQUE
ECCLÉSIASTIQUE
DIPLOBLASTIQUE

VISCOÉLASTIQUE
VISCOPLASTIQUE
SUPERPLASTIQUE
PARAPHRASTIQUE
PÉRIPHRASTIQUE
HOLOPHRASTIQUE
JOURNALISTIQUE
CAPITALISTIQUE
MONOPOLISTIQUE
HYPOCORISTIQUE
GÉOSTATISTIQUE
PHARMACEUTIQUE
FIBRINOLYTIQUE
ÉLECTROLYTIQUE
NOUVEAU-MEXIQUE
PIERRE NOLASQUE
VAUDEVILLESQUE
CHARLATANESQUE
IVUJIVIMMIUQUE
CHARLES GUSTAVE
MULTIPLICATIVE
SOCIO-ÉDUCATIVE
RÉCAPITULATIVE
ADMINISTRATIVE
INTERPRÉTATIVE
REPRÉSENTATIVE
CONTRAROTATIVE
NON DESTRUCTIVE
PROPRIOCEPTIVE
MÉDICO-SPORTIVE
PROKOP LE CHAUVE
ULTRAORTHODOXE
BAGNOLS-SUR-CÈZE
JAQUES-DALCROZE
DROSTE-HÜLSHOFF
PROSKOURIAKOFF
HENRI LE MALADIF
INCOMPRÉHENSIF
ANTÉPRÉDICATIF
INTERRO-NÉGATIF
ÉLECTRONÉGATIF
NEUROVÉGÉTATIF
PSYCHOAFFECTIF
INTERSUBJECTIF
ÉLECTROPOSITIF
LANGUES-DE-BŒUF
DEUTSCHE BANK AG
SPRINGER VERLAG
DUPONT DE L'ÉTANG
EDGAR AETHELING
CARDIO-TRAINING
PHILIPPE LE LONG
OLOF SKÖTKONUNG
BADE-WURTEMBERG
HEIST-OP-DEN-BERG
NEUBRANDENBURG
KLOSTERNEUBURG

IEKATERINBOURG
ÉVRY-PETIT-BOURG
LA TOUR MAUBOURG
ACTION RESEARCH
FRANÇOIS-JOSEPH
REINE-ÉLISABETH
JACQUES BARADAÏ
LÉONARD DE VINCI
JACOPONE DA TODI
MEDICI-RICCARDI
TCHERRAPOUNDJI
COHEN-TANNOUDJI
MIZOGUCHI KENJI
KINOSHITA JUNJI
TOUKHATCHEVSKI
TCHERNYCHEVSKI
HARUNOBU SUZUKI
TIRUCHIRAPALLI
MELOZZO DA FORLI
EMBROUILLAMINI
MAHMUD DE GHAZNI
DIMITRI DONSKOÏ
DELLA SCALIGERI
DANTE ALIGHIERI
TCHICAYA U TAM'SI
LACRIMA-CHRISTI
VAN LEEUWENHOEK
GREENFIELD PARK
NOVOTCHERKASSK
IVANO-FRANKIVSK
DNIPROPETROVSK
EXTRAPYRAMIDAL
BOUG MÉRIDIONAL
ARCHIÉPISCOPAL
INTERVERTÉBRAL
DENIS LE LIBÉRAL
SCAPULO-HUMÉRAL
ZORRILLA Y MORAL
ADIPOSO-GÉNITAL
TRANSCENDANTAL
BOUG OCCIDENTAL
PROCHE-ORIENTAL
GOUVERNEMENTAL
COMPORTEMENTAL
SUPRASEGMENTAL
ÉPICONTINENTAL
PÉPIN DE HERSTAL
NEGRO SPIRITUAL
QUEUES-DE-CHEVAL
CIRCONSTANCIEL
EXTRASENSORIEL
AGRO-INDUSTRIEL
POSTINDUSTRIEL
CONSUBSTANTIEL
INTERFÉRENTIEL
BIDIMENSIONNEL
TRANSFUSIONNEL

CORRÉLATIONNEL
INFORMATIONNEL
GRAVITATIONNEL
INTERACTIONNEL
TRANSACTIONNEL
JURIDICTIONNEL
TRIFONCTIONNEL
INCONDITIONNEL
PRÉPOSITIONNEL
PROPOSITIONNEL
INSTITUTIONNEL
INTERPERSONNEL
SPATIO-TEMPOREL
À LA CROQUE-AU-SEL
VICTOR-EMMANUEL
MOISSY-CRAMAYEL
MÉDECIN-CONSEIL
À REBROUSSE-POIL
ERGOCALCIFÉROL
OTTOKAR PREMYSL
MARCQ-EN-BARŒUL
RIO GRANDE DO SUL
VISHAKHAPATNAM
CHOLEM ALEICHEM
MONTAIGU-ZICHEM
ALCATEL ALSTHOM
CUPROALUMINIUM
BALUCHITHÉRIUM
SCHOLA CANTORUM
UTHMAN IBN AFFAN
KHATCHATOURIAN
UNTER DEN LINDEN
DONAUESCHINGEN
GERAARDSBERGEN
ARISTOTÉLICIEN
PYROTECHNICIEN
POLYTECHNICIEN
NÉOPLATONICIEN
ÉCONOMÉTRICIEN
ASTROPHYSICIEN
CHIROPRATICIEN
PÉRIPATÉTICIEN
ÉDOUARD L'ANCIEN
CRANACH L'ANCIEN
TARQUIN L'ANCIEN
VISCHER L'ANCIEN
POURBUS L'ANCIEN
PORT-AU-PRINCIEN
FRANCO-CANADIEN
FRANCO-CANADIEN
PARATHYROÏDIEN
ANTITHYROÏDIEN
LANGUES-DE-CHIEN
SCIPION ÉMILIEN
BERZÉLAVILLIEN
CHLOROPHYLLIEN
AMSTELLODAMIEN

NORD-VIETNAMIEN
NORD-VIETNAMIEN
DEUTÉROSTOMIEN
PONTÉPISCOPIEN
CAROLOMACÉRIEN
PONTAUDEMÉRIEN
NÉOGRAMMAIRIEN
SAÔNE-ET-LOIRIEN
PROTOHISTORIEN
TRANSCAUCASIEN
SAINT-PALAISIEN
CHANTONNAISIEN
CODE THÉODOSIEN
CARPENTRASSIEN
SOCIAL-CHRÉTIEN
SAINT-SÉBASTIEN
DOUR-SHARROUKÊN
RECKLINGHAUSEN
GRIMMELSHAUSEN
ANGLO-AMÉRICAIN
ANGLO-AMÉRICAIN
INTERAMÉRICAIN
CENTRAMÉRICAIN
CENTRAMÉRICAIN
COSTARMORICAIN
SAINT-GERVELAIN
SAINT-GERVOLAIN
MONTPELLIÉRAIN
PASSE-TOUT-GRAIN
BARBE-DE-CAPUCIN
SOULTZ-HAUT-RHIN
MAÎTRE PATHELIN
HOLOCRISTALLIN
SAINT-MARCELLIN
SAINT-MARCELLIN
BRILLAT-SAVARIN
CASTELSARRASIN
EMPIRE BYZANTIN
SAINT-FLORENTIN
SAINT-FLORENTIN
PIERRE CÉLESTIN
SAINT-BERTHEVIN
MARAIS POITEVIN
TAXCO DE ALARCÓN
ROSTOV-SUR-LE-DON
CŒURS-DE-PIGEON
SAINT-POL-DE-LÉON
QUEUES-DE-COCHON
GÉMISTE PLÉTHON
PÉRITÉLÉVISION
AUTOPROPULSION
ÉLECTROÉROSION
SÉROCONVERSION
TÉLÉIMPRESSION
SURCOMPRESSION
BOUTON-PRESSION
SOUS-COMMISSION

RETRANSMISSION
MULTIDIFFUSION
RADIODIFFUSION
DÉSAPPROBATION
AUTOMÉDICATION
SOLIDIFICATION
HUMIDIFICATION
FLUIDIFICATION
SIMPLIFICATION
SAPONIFICATION
ÉTHÉRIFICATION
ESTÉRIFICATION
CLASSIFICATION
STRATIFICATION
SANCTIFICATION
FRUCTIFICATION
QUANTIFICATION
IDENTIFICATION
PLASTIFICATION
KARSTIFICATION
REVIVIFICATION
DÉNAZIFICATION
MULTIPLICATION
PRÉFABRICATION
SOPHISTICATION
DÉMOUSTICATION
BIODÉGRADATION
RÉTROGRADATION
RECOMMANDATION
EURO-OBLIGATION
CENTRIFUGATION
INTERMÉDIATION
RÉCONCILIATION
HYPERINFLATION
AUTOMUTILATION
RÉINSTALLATION
INTERPELLATION
DÉFIBRILLATION
AUTORÉGULATION
RÉCAPITULATION
SOUS-ESTIMATION
SURINFORMATION
DÉSINFORMATION
TRANSFORMATION
DÉSOXYGÉNATION
INCOORDINATION
DISCRIMINATION
PRÉDESTINATION
CONCÉLÉBRATION
CONGLOMÉRATION
BEAT GENERATION
DÉSINTÉGRATION
TRANSMIGRATION
AUTOCASTRATION
DÉFENESTRATION
ADMINISTRATION
SURFACTURATION

FINLANDISATION
SHÉRARDISATION
EUTROPHISATION
NÉOLITHISATION
RADICALISATION
MÉDICALISATION
LEXICALISATION
DÉLOCALISATION
COLOCALISATION
SPÉCIALISATION
MONDIALISATION
SPATIALISATION
INITIALISATION
DÉCIMALISATION
MINIMALISATION
OPTIMALISATION
MAXIMALISATION
DÉPÉNALISATION
NOMINALISATION
LIBÉRALISATION
GÉNÉRALISATION
MINÉRALISATION
LATÉRALISATION
DÉMORALISATION
CENTRALISATION
NEUTRALISATION
NATURALISATION
DÉNASALISATION
PALATALISATION
VÉGÉTALISATION
CAPITALISATION
DÉVITALISATION
REVITALISATION
CHAPTALISATION
MENSUALISATION
ÉVANGÉLISATION
CARAMÉLISATION
DÉMOBILISATION
IMMOBILISATION
SOLUBILISATION
LYOPHILISATION
DÉVIRILISATION
VOLATILISATION
TYNDALLISATION
PARCELLISATION
CARTELLISATION
MONOPOLISATION
DÉNÉBULISATION
AUTONOMISATION
UNIFORMISATION
AFRICANISATION
RÉORGANISATION
INORGANISATION
PRINTANISATION
KÉRATINISATION
DÉCOLONISATION
FRATERNISATION

NUCLÉARISATION
TERTIARISATION
DÉPOLARISATION
BIPOLARISATION
SÉCULARISATION
RÉGULARISATION
POPULARISATION
TITULARISATION
MILITARISATION
POLYMÉRISATION
CATÉGORISATION
DÉVALORISATION
REVALORISATION
INSONORISATION
GÉOMÉTRISATION
THÉSAURISATION
PASTEURISATION
PRESSURISATION
SCHÉMATISATION
STIGMATISATION
AXIOMATISATION
AUTOMATISATION
CONCRÉTISATION
GRAPHITISATION
DÉPOLITISATION
LATÉRITISATION
RELATIVISATION
DÉCOMPENSATION
TERGIVERSATION
AUTOACCUSATION
VASODILATATION
DÉSHYDRATATION
DÉSAFFECTATION
CASTRAMÉTATION
INTERPRÉTATION
RÉHABILITATION
AUTOLIMITATION
RÉIMPLANTATION
DÉSAIMANTATION
DÉSORIENTATION
RÉGLEMENTATION
DÉPIGMENTATION
ASSERMENTATION
REPRÉSENTATION
SOUS-ÉVALUATION
SURRÉSERVATION
INSATISFACTION
ANTIEFFRACTION
PRIMO-INFECTION
CIRCONSPECTION
AUTOCORRECTION
SCIENCE-FICTION
EXTRÊME-ONCTION
OXYDORÉDUCTION
AUTOCONDUCTION
SOUS-PRODUCTION
POSTPRODUCTION

RÉINTRODUCTION
DÉSOBSTRUCTION
DÉCONSTRUCTION
RECONSTRUCTION
PRÉSUPPOSITION
PRÉDISPOSITION
SOUS-EXPOSITION
PRÉINSCRIPTION
AUTOSUGGESTION
POSTCOMBUSTION
ACQUIT-À-CAUTION
REDISTRIBUTION
CIRCONLOCUTION
CIRCONVOLUTION
NON-COMPARUTION
RECONSTITUTION
INTERCONNEXION
LICINIUS STOLON
SCEAU-DE-SALOMON
CHAUFFE-BIBERON
GARCÍA CALDERÓN
EUSTHENOPTERON
LAMOTTE-BEUVRON
RUEIL-MALMAISON
GIRODET-TRIOSON
SHIMAZAKI TOSON
OLAV HARALDSSON
CARTIER-BRESSON
MAGNUS ERIKSSON
OLUF HAAKONSSON
PHILIPPE DE LYON
KAISERSLAUTERN
PARENTIS-EN-BORN
FINSTERAARHORN
RADCLIFFE-BROWN
CASTEL GANDOLFO
MONSU DESIDERIO
CIUDAD TRUJILLO
PAOLO VENEZIANO
THOMAS DE CELANO
GIOVANNI PISANO
TORRES RESTREPO
LARGO CABALLERO
TOGO HEIHACHIRO
RICCI-CURBASTRO
VITTORIO VENETO
ANDREA DEL SARTO
SAN JUAN DE PASTO
TSUBOUCHI SHOYO
LA COLLE-SUR-LOUP
VESTMANNAEYJAR
PÉREZ DE CUÉLLAR
SZÉKESFEHÉRVÁR
LA VALETTE-DU-VAR
CONTREBALANCER
GENTLEMAN-RIDER
HARALD HÅRFAGER

OEHLENSCHLÄGER
ÉLECTROMÉNAGER
SCHLEIERMACHER
LA FERTÉ-GAUCHER
DÉDIFFÉRENCIER
CONTRE-ESPALIER
SERRE-CHEVALIER
BOUGAINVILLIER
STÉRÉORÉGULIER
CHAUX-DE-FONNIER
CHARLES GARNIER
VINCENT FERRIER
PAMPLEMOUSSIER
PAPE-CARPANTIER
CHÂTEAU-GONTIER
FRANÇOIS XAVIER
DÉBROUSSAILLER
EMBROUSSAILLER
DÉSENTORTILLER
RECROQUEVILLER
PEUPLES DE LA MER
LOUIS D'OUTREMER
BOULOGNE-SUR-MER
SAINT-POL-SUR-MER
LE VERDON-SUR-MER
BEAUVOIR-SUR-MER
SAINT-CYR-SUR-MER
BEAULIEU-SUR-MER
GEWURZTRAMINER
TIRE-BOUCHONNER
APPROVISIONNER
REDIMENSIONNER
DÉSILLUSIONNER
DÉCONDITIONNER
RÉQUISITIONNER
MANUTENTIONNER
DÉCAVAILLONNER
ÉCHANTILLONNER
SURMÉDICALISER
COMMERCIALISER
DÉMATÉRIALISER
INDUSTRIALISER
DÉCRIMINALISER
DÉNATIONALISER
OCCIDENTALISER
INDIVIDUALISER
CONCEPTUALISER
CONTEXTUALISER
DÉCULPABILISER
VULNÉRABILISER
DÉCRÉDIBILISER
DÉSENSIBILISER
INSENSIBILISER
RECRISTALLISER
DÉSYNCHRONISER
PARTICULARISER
REVASCULARISER

TRANSISTORISER
TECHNOCRATISER
BUREAUCRATISER
MAÎTRES-À-DANSER
INTERCONNECTER
COURT-CIRCUITER
COMPARTIMENTER
EMBERLIFICOTER
DÉMÉTRIOS SÔTER
WILHELM MEISTER
NEW WESTMINSTER
CONTRE-ATTAQUER
CONTRE-INDIQUER
LA MOTHE LE VAYER
EL-MARSA EL-KEBIR
FOULQUES LE NOIR
ENTR'APERCEVOIR
ENTRAPERCEVOIR
ROCHE-RÉSERVOIR
FINNBOGADÓTTIR
NABUCHODONOSOR
NABUCHODONOSOR
RESURCHAUFFEUR
CROQUE-MONSIEUR
HENRI L'OISELEUR
TRIPATOUILLEUR
SOUFFRE-DOULEUR
PRÉTENSIONNEUR
CONFECTIONNEUR
COLLECTIONNEUR
SOUS-GOUVERNEUR
DÉNICOTINISEUR
AUTOPROPULSEUR
AÉROCONDENSEUR
PHOTOCOMPOSEUR
MARTIN-CHASSEUR
MONOPROCESSEUR
ANTIDÉPRESSEUR
DÉSAPPROBATEUR
HUMIDIFICATEUR
SIMPLIFICATEUR
CLASSIFICATEUR
SANCTIFICATEUR
QUANTIFICATEUR
IDENTIFICATEUR
MULTIPLICATEUR
CACHE-RADIATEUR
NEUROMÉDIATEUR
INTERPELLATEUR
DÉFIBRILLATEUR
AUTORÉGULATEUR
MONOCHROMATEUR
DÉSINFORMATEUR
TRANSFORMATEUR
ACCOMPAGNATEUR
MINI-ORDINATEUR
MULTIVIBRATEUR
AÉROGÉNÉRATEUR
CÂBLO-OPÉRATEUR
ADMINISTRATEUR
GÉNÉRALISATEUR
MINÉRALISATEUR
DÉMORALISATEUR
CENTRALISATEUR
ÉVANGÉLISATEUR
DÉMOBILISATEUR
MONOPOLISATEUR
RÉORGANISATEUR
AUTOACCUSATEUR
VASODILATATEUR
TÉLÉSPECTATEUR
AUTOEXCITATEUR
QUADRIRÉACTEUR
SEMI-CONDUCTEUR
CRYOCONDUCTEUR
RECONSTRUCTEUR
CAPILLICULTEUR
MICROPESANTEUR
RADIORÉCEPTEUR
CHÉMORÉCEPTEUR
PHOTORÉCEPTEUR
BOURSE-À-PASTEUR
PEINTRE-GRAVEUR
ARNAC-POMPADOUR
BONHEURS-DU-JOUR
GUILLAUME DE TYR
SINT-GILLIS-WAAS
AMMONIOS SACCAS
HÉPATOPANCRÉAS
ANTIOCHOS MÉGAS
NE-ME-TOUCHEZ-PAS
CHÂTEAU-QUEYRAS
LEEWARD ISLANDS
JUDÉO-ALLEMANDS
OUEST-ALLEMANDS
LA CHAUX-DE-FONDS
PORTE-BRANCARDS
PORTE-ÉTENDARDS
COLIN-MAILLARDS
ATTRAPE-NIGAUDS
POISSONS-GLOBES
LIBRES-SERVICES
NON-JOUISSANCES
SOUS-TRAITANCES
NON-ASSISTANCES
PLANS-SÉQUENCES
BANDES-ANNONCES
ANGLO-NORMANDES
ANGLO-NORMANDES
TIMBRES-AMENDES
CONTRE-PLONGÉES
SEMI-CHENILLÉES
HAUTES-PYRÉNÉES
ENTRE-DÉCHIRÉES

ARRIÈRE-PENSÉES
SOUS-EXPLOITÉES
SOUS-ALIMENTÉES
STOCKTON-ON-TEES
CONTRE-BRAQUÉES
MOYENS-MÉTRAGES
COURTS-MÉTRAGES
LIBRES-ÉCHANGES
CAPSULES-CONGÉS
RHINO-PHARYNGÉS
THAON-LES-VOSGES
CARROZ-D'ARÂCHES
FOLLES-BLANCHES
DOUBLES-CROCHES
ATTRAPE-MOUCHES
OISEAUX-MOUCHES
BATEAUX-MOUCHES
TALKIES-WALKIES
PHYSICO-CHIMIES
PROVINCES-UNIES
FORÊTS-GALERIES
CROSS-COUNTRIES
AGRO-INDUSTRIES
CHARTES-PARTIES
ENTRÉES-SORTIES
SOUS-CORTICALES
MÉDICO-SOCIALES
SADIQUES-ANALES
BUCCO-GÉNITALES
SEMI-PERMÉABLES
HORATIUS COCLES
PLAQUES-MODÈLES
MÉPHISTOPHÉLÈS
PRINCE-DE-GALLES
PRINCE-DE-GALLES
PARE-ÉTINCELLES
LONGUÉ-JUMELLES
CARTONS-PAILLES
PERCE-MURAILLES
VIDE-BOUTEILLES
DEMI-BOUTEILLES
BELLES-FAMILLES
LANCE-TORPILLES
QUATRE-FEUILLES
PORTE-AIGUILLES
LAMELLÉS-COLLÉS
CHAMPIGNEULLES
CONTRE-EXEMPLES
MAÎTRES-COUPLES
POINTS-VIRGULES
CHEMIN DES DAMES
HENLEY-ON-THAMES
ALPES-MARITIMES
LOIS-PROGRAMMES
SOUS-PROGRAMMES
SEMI-NOMADISMES
TIERS-MONDISMES

AVANT-GARDISMES
JE-M'EN-FICHISMES
JE-M'EN-FOUTISMES
ÉPLUCHE-LÉGUMES
PASSE-MONTAGNES
SUD-AMÉRICAINES
SUD-AMÉRICAINES
NORD-AFRICAINES
NORD-AFRICAINES
GRANDES PLAINES
SINO-TIBÉTAINES
CROQUE-MITAINES
CONTRE-HERMINES
DOUCHY-LES-MINES
CRISTES-MARINES
SAINT-CYRIENNES
TIRE-BOUCHONNÉS
WAGONS-CITERNES
AVIONS-CITERNES
FOURGONS-POMPES
CHAUSSE-TRAPPES
SOUS-DÉVELOPPÉS
BLOCS-CYLINDRES
THORENS-GLIÈRES
AVANT-PREMIÈRES
PORTE-BANNIÈRES
AVANT-DERNIÈRES
SOUS-VENTRIÈRES
GARDES-RIVIÈRES
STÉRÉO-ISOMÈRES
NIVO-GLACIAIRES
SOUS-GLACIAIRES
SOUS-LOCATAIRES
BUCCO-DENTAIRES
CONQUISTADORES
JOSQUIN DES PRÉS
CONTRE-FENÊTRES
PORTES-FENÊTRES
PAPIERS-FILTRES
YVES DE CHARTRES
MANDATS-LETTRES
CARTONS-FEUTRES
CRAYONS-FEUTRES
CONTRE-CULTURES
NÉO-ZÉLANDAISES
NÉO-ZÉLANDAISES
CHASSÉS-CROISÉS
FRANC-COMTOISES
FRANC-COMTOISES
CARTES-RÉPONSES
ÉLECTRO-OSMOSES
FILTRES-PRESSES
CHÂSSIS-PRESSES
SOUS-MAÎTRESSES
TIROIRS-CAISSES
HAUT-DE-CHAUSSES
GRANDES ROUSSES

AUTO-STOPPEUSES
STRIP-TEASEUSES
PIQUE-NIQUEUSES
CÔTE DES PIRATES
MICROS-CRAVATES
CONTRE-SOCIÉTÉS
NUES-PROPRIÉTÉS
CONTRE-ENQUÊTES
NON-CONFORMITÉS
COURT-CIRCUITÉS
SOUS-DOMINANTES
NON-COMPARANTES
GOYA Y LUCIENTES
AGUASCALIENTES
BATEAUX-PILOTES
TIERS-MONDISTES
AVANT-GARDISTES
JE-M'EN-FICHISTES
DEMI-FINALISTES
MOTS-CROISISTES
SEMI-GROSSISTES
JE-M'EN-FOUTISTES
AUTOCOUCHETTES
RAMASSE-MIETTES
PIQUE-ASSIETTES
ÉPINES-VINETTES
CASSE-NOISETTES
SOURDES-MUETTES
LANCE-ROQUETTES
DONS QUICHOTTES
GAINES-CULOTTES
BARRAGES-VOÛTES
ABAISSE-LANGUES
RHYTHM AND BLUES
CONTRE-ATTAQUES
CONTRE-ATTAQUÉS
COMPTES CHÈQUES
CONTRE-INDIQUÉS
OPÉRAS-COMIQUES
INTRA-ATOMIQUES
AFRO-ASIATIQUES
ALPES RHÉTIQUES
SIDÉROLITIQUES
PORT-DES-BARQUES
LUDO-ÉDUCATIVES
NON-FIGURATIVES
ESTIENNE D'ORVES
CONTRE-ÉPREUVES
ADJUDANTS-CHEFS
SOCIO-ÉDUCATIFS
NON DESTRUCTIFS
MÉDICO-SPORTIFS
SOUDAN FRANÇAIS
FRANCO-FRANÇAIS
MONTBÉLIARDAIS
VOITURES-BALAIS
ARGENTEUILLAIS
AZERBAÏDJANAIS
AZERBAÏDJANAIS
DEUX-MONTAGNAIS
VILLEURBANNAIS
CARBONBLANNAIS
ROUSSILLONNAIS
ROUSSILLONNAIS
LOT-ET-GARONNAIS
NIEDERBRONNAIS
SAINT-GIRONNAIS
COURCOURONNAIS
MONTBRISONNAIS
SAINT-CHAMONAIS
SEINE-ET-MARNAIS
POINTE-CLAIRAIS
SAINT-AGNANTAIS
HILAIREMONTAIS
MARIE DE MÉDICIS
POISSON-PARADIS
COLLOT D'HERBOIS
AULNAY-SOUS-BOIS
CLICHY-SOUS-BOIS
FRANC-BOURGEOIS
SARREBOURGEOIS
LUXEMBOURGEOIS
LUXEMBOURGEOIS
STRASBOURGEOIS
STRASBOURGEOIS
PETIT-BOURGEOIS
VILLEFRANCHOIS
JEANNE DE VALOIS
ÉTIENNE DE BLOIS
BLANC-MESNILOIS
CINTEGABELLOIS
BEAUSOLEILLOIS
BELLEFEUILLOIS
FRANCHEVILLOIS
LORETTEVILLOIS
LANEUVEVILLOIS
FRANCONVILLOIS
BOUCHERVILLOIS
SARTROUVILLOIS
SAINT-GERMANOIS
SAINT-GAUDINOIS
MONT-DAUPHINOIS
CASTELSALINOIS
SARREGUEMINOIS
SAINT-MARTINOIS
BISCHWILLEROIS
AUSTRO-HONGROIS
AUSTRO-HONGROIS
YAMOUSSOUKROIS
LIGNY-EN-BARROIS
LAURIERMONTOIS
SOLLIÈSPONTOIS
PONTRAMBERTOIS
HEILLECOURTOIS

PRETIUM DOLORIS
MACHADO DE ASSIS
PORT-SAINT-LOUIS
CASTRO Y BELLVÍS
STARTING-BLOCKS
FŒTO-MATERNELS
MACHINES-OUTILS
JUDÉO-ESPAGNOLS
BUSINESSWOMANS
SOCIÉTÉS-ÉCRANS
LE BOURG-D'OISANS
JULIO-CLAUDIENS
AFRO-BRÉSILIENS
AFRO-BRÉSILIENS
SUD-VIETNAMIENS
SUD-VIETNAMIENS
NÉO-CALÉDONIENS
NÉO-CALÉDONIENS
SAINT-SIMONIENS
JUDÉO-CHRÉTIENS
ALLENDE GOSSENS
LOÈCHE-LES-BAINS
MOLITG-LES-BAINS
THONON-LES-BAINS
BRIDES-LES-BAINS
SALINS-LES-BAINS
VERNET-LES-BAINS
GRÉOUX-LES-BAINS
NORD-AMÉRICAINS
NORD-AMÉRICAINS
AFRO-AMÉRICAINS
AFRO-AMÉRICAINS
MÉSO-AMÉRICAINS
NÉGRO-AFRICAINS
ANTI-SOUS-MARINS
ROCHES-MAGASINS
ARRIÈRE-COUSINS
CHEVAUX-D'ARÇONS
NON-FIGURATIONS
TOXI-INFECTIONS
MULTIFONCTIONS
SELF-INDUCTIONS
AUTO-INDUCTIONS
MARTEAUX-PILONS
TAUPES-GRILLONS
ARRIÈRE-SAISONS
BOÎTES-BOISSONS
TWIRLING BÂTONS
AIGUISE-CRAYONS
SIMONIDE DE CÉOS
CORNELIUS NEPOS
MARTÍNEZ CAMPOS
MAVROKORDHÁTOS
DUPETIT-THOUARS
PROTÈGE-CAHIERS
LACAZE-DUTHIERS
MOYEN-COURRIERS
COURT-COURRIERS
FAUX-FACTURIERS
PAVILLONS-NOIRS
VILLES-DORTOIRS
BATEAUX-LAVOIRS
CONTRE-POUVOIRS
TAMBOURS-MAJORS
SERGENTS-MAJORS
ACCROCHE-CŒURS
ARRIÈRE-CHŒURS
SOUS-ACQUÉREURS
LIBRES-PENSEURS
TOUR-OPÉRATEURS
SOUS-DIRECTEURS
SENSORI-MOTEURS
ASPIRO-BATTEURS
FAUX-MONNAYEURS
HERBES-AUX-CHATS
COURTS-CIRCUITS
AIDES-SOIGNANTS
CONTRE-COURANTS
NON-COMBATTANTS
VICE-PRÉSIDENTS
NON-ALIGNEMENTS
ARCS-BOUTEMENTS
PORTE-DOCUMENTS
SOUS-CONTINENTS
IMPORTS-EXPORTS
CLAUDIUS CAECUS
DIES ACADEMICUS
SERVIUS TULLIUS
PIERRE CANISIUS
FURIUS CAMILLUS
CHEVEUX-DE-VÉNUS
PAPILLOMAVIRUS
NUMERUS CLAUSUS
BRITISH AIRWAYS
DAMMARIE-LES-LYS
FONCTIONNARIAT
INTERPRÉTARIAT
ARCHIÉPISCOPAT
JULIEN L'APOSTAT
PLANCHE-CONTACT
MONTRE-BRACELET
HÉCATÉE DE MILET
MOUTON-DUVERNET
LA MOTTE-PICQUET
BEC-DE-PERROQUET
WOLLSTONECRAFT
VERMEER DE DELFT
PLUS-QUE-PARFAIT
OLDENBARNEVELT
CHÂTEAU-RENAULT
SIGER DE BRABANT
DÉCONTENANÇANT
TÉLÉCOMMANDANT
INTERDÉPENDANT

SUPERINTENDANT
DÉSAVANTAGEANT
RESURCHAUFFANT
DÉSHUMIDIFIANT
AUTOLUBRIFIANT
CHORÉGRAPHIANT
CALLIGRAPHIANT
LITHOGRAPHIANT
ORTHOGRAPHIANT
RADIOGRAPHIANT
STÉNOGRAPHIANT
REPROGRAPHIANT
PHOTOGRAPHIANT
CARTOGRAPHIANT
HYPERTROPHIANT
HYPOGLYCÉMIANT
DÉSENSORCELANT
EMMOUSCAILLANT
HÉLITREUILLANT
DÉBARBOUILLANT
EMBARBOUILLANT
DÉVERROUILLANT
TRIPATOUILLANT
TINTINNABULANT
AUTOPROCLAMANT
ENTHOUSIASMANT
DÉSACCOUTUMANT
DÉSHYDROGÉNANT
SOUS-LIEUTENANT
PRÉDÉTERMINANT
SURDÉTERMINANT
DÉCAPUCHONNANT
ENCAPUCHONNANT
ENDIVISIONNANT
CONVULSIONNANT
CONTORSIONNANT
IMPRESSIONNANT
COMMISSIONNANT
SOUMISSIONNANT
CONFECTIONNANT
PERFECTIONNANT
COLLECTIONNANT
REPOSITIONNANT
SUBVENTIONNANT
CONVENTIONNANT
PROPORTIONNANT
SUGGESTIONNANT
CONGESTIONNANT
PRÉCAUTIONNANT
RÉVOLUTIONNANT
TOURBILLONNANT
ÉTRÉSILLONNANT
ÉCOUVILLONNANT
DÉCHAPERONNANT
PAILLASSONNANT
REMPOISSONNANT
PETIT-DÉJEUNANT
MAGNÉTOSCOPANT
DÉSENVELOPPANT
DÉSÉQUILIBRANT
DÉSINCARCÉRANT
NON-BELLIGÉRANT
ANTIDÉFLAGRANT
ENTRE-DÉCHIRANT
ANTIPERSPIRANT
INTERPÉNÉTRANT
RÉENREGISTRANT
SUPERCARBURANT
VILLÉGIATURANT
ARCHITECTURANT
INSATISFAISANT
MÉTAMORPHISANT
DÉMÉDICALISANT
POTENTIALISANT
PERSONNALISANT
MUNICIPALISANT
DÉMINÉRALISANT
DÉCENTRALISANT
DÉNATURALISANT
UNIVERSALISANT
DÉCAPITALISANT
RECAPITALISANT
SPIRITUALISANT
MALLÉABILISANT
COMPTABILISANT
INSOLUBILISANT
TRANQUILLISANT
CHRISTIANISANT
DÉNICOTINISANT
EMBOURGEOISANT
DÉSOLIDARISANT
DÉNUCLÉARISANT
PARCELLARISANT
DÉMILITARISANT
REMILITARISANT
CONTAINÉRISANT
ACCESSOIRISANT
PSYCHIATRISANT
CONTENEURISANT
DÉPRESSURISANT
MITHRIDATISANT
ANATHÉMATISANT
DÉSINSECTISANT
CONSCIENTISANT
RÉINTRODUISANT
DÉSAMBIGUÏSANT
DÉCONSTRUISANT
RECONSTRUISANT
COLLECTIVISANT
MÉTAMORPHOSANT
PHOTOCOMPOSANT
DÉSINTÉRESSANT
RÉAPPARAISSANT
RACCOURCISSANT

RESPLENDISSANT
ABASOURDISSANT
RAFRAÎCHISSANT
DÉFRAÎCHISSANT
REBLANCHISSANT
AFFRANCHISSANT
PRÉÉTABLISSANT
APPESANTISSANT
RÉASSORTISSANT
RÉINVESTISSANT
ASSUJETTISSANT
RADIODIFFUSANT
PSYCHANALYSANT
SOUS-EXPLOITANT
ANTIPARASITANT
DÉRÉGLEMENTANT
SOUS-ALIMENTANT
PHOTORÉSISTANT
RETRANSMETTANT
CONTREPLAQUANT
CONTRE-BRAQUANT
DOUBLE-CLIQUANT
DIAGNOSTIQUANT
DÉSINTOXIQUANT
CONTREMARQUANT
ENTR'APERCEVANT
ENTRAPERCEVANT
RETRANSCRIVANT
CIRCONSCRIVANT
DÉMULTIPLEXANT
BIOLUMINESCENT
PHOSPHORESCENT
ÉTOILES-D'ARGENT
BOUTONS-D'ARGENT
INEFFICACEMENT
SUBREPTICEMENT
PRÉFINANCEMENT
ORDONNANCEMENT
RECOMMENCEMENT
SOUS-AMENDEMENT
RACCOMMODEMENT
TRANSBORDEMENT
TÉLÉCHARGEMENT
PLEURNICHEMENT
EFFAROUCHEMENT
REJOINTOIEMENT
TRIOMPHALEMENT
ADVERBIALEMENT
COLLÉGIALEMENT
IMPARTIALEMENT
ARTISANALEMENT
PRINCIPALEMENT
BILATÉRALEMENT
DIAMÉTRALEMENT
MAGISTRALEMENT
PARADOXALEMENT
IMPLACABLEMENT
IMPECCABLEMENT
FORMIDABLEMENT
INDÉNIABLEMENT
INVARIABLEMENT
INSATIABLEMENT
CONVENABLEMENT
ABOMINABLEMENT
PRÉFÉRABLEMENT
DÉPLORABLEMENT
INEXORABLEMENT
DÉSENSABLEMENT
INLASSABLEMENT
CHARITABLEMENT
INÉVITABLEMENT
LAMENTABLEMENT
DÉTESTABLEMENT
REDOUTABLEMENT
INCROYABLEMENT
EFFROYABLEMENT
INVINCIBLEMENT
INSENSIBLEMENT
OSTENSIBLEMENT
IMPASSIBLEMENT
INFLEXIBLEMENT
BOURSOUFLEMENT
ENCORBELLEMENT
ENSORCELLEMENT
OFFICIELLEMENT
MATÉRIELLEMENT
ORIGINELLEMENT
CRIMINELLEMENT
SOLENNELLEMENT
MATERNELLEMENT
PATERNELLEMENT
CORPORELLEMENT
CULTURELLEMENT
PONCTUELLEMENT
HABITUELLEMENT
ÉVENTUELLEMENT
RENOUVELLEMENT
ENCANAILLEMENT
TRESSAILLEMENT
RAVITAILLEMENT
ENSOLEILLEMENT
APPAREILLEMENT
ÉMERVEILLEMENT
ENTORTILLEMENT
BREDOUILLEMENT
GARGOUILLEMENT
AGENOUILLEMENT
EMBROUILLEMENT
CHATOUILLEMENT
TRANQUILLEMENT
SOUS-PEUPLEMENT
ILLÉGITIMEMENT
INSTANTANÉMENT
ACCOMPAGNEMENT

SOUVERAINEMENT
ENDOCTRINEMENT
TAMBOURINEMENT
EMMAGASINEMENT
ENQUIQUINEMENT
CHRÉTIENNEMENT
BOURGEONNEMENT
DÉPLAFONNEMENT
FRACTIONNEMENT
FONCTIONNEMENT
POSITIONNEMENT
QUESTIONNEMENT
ALLUVIONNEMENT
PAPILLONNEMENT
CARILLONNEMENT
BOUILLONNEMENT
DÉBOULONNEMENT
ARRAISONNEMENT
ASSAISONNEMENT
EMPOISONNEMENT
EMPRISONNEMENT
CHANTOURNEMENT
SOUS-ÉQUIPEMENT
SAINT-SACREMENT
DÉSENCADREMENT
MENSONGÈREMENT
FINANCIÈREMENT
SINGULIÈREMENT
SECONDAIREMENT
FIDUCIAIREMENT
PÉCUNIAIREMENT
EXEMPLAIREMENT
CIRCULAIREMENT
ORIGINAIREMENT
DÉBONNAIREMENT
LITTÉRAIREMENT
TEMPORAIREMENT
ARBITRAIREMENT
NÉCESSAIREMENT
PLANÉTAIREMENT
VOLONTAIREMENT
STATUTAIREMENT
PROVISOIREMENT
ACCESSOIREMENT
ENCHEVÊTREMENT
ENREGISTREMENT
INFÉRIEUREMENT
SUPÉRIEUREMENT
ULTÉRIEUREMENT
ANTÉRIEUREMENT
INTÉRIEUREMENT
EXTÉRIEUREMENT
BOURGEOISEMENT
ENTRETOISEMENT
APPRIVOISEMENT
BOULEVERSEMENT
RÉTRÉCISSEMENT
ENDURCISSEMENT
RADOUCISSEMENT
ATTIÉDISSEMENT
ENLAIDISSEMENT
AGRANDISSEMENT
REBONDISSEMENT
ARRONDISSEMENT
ALOURDISSEMENT
ÉTOURDISSEMENT
ENRICHISSEMENT
BLANCHISSEMENT
FRANCHISSEMENT
RÉTABLISSEMENT
ENNOBLISSEMENT
AMEUBLISSEMENT
EMBELLISSEMENT
VIEILLISSEMENT
RAMOLLISSEMENT
AFFERMISSEMENT
ENDORMISSEMENT
ASSAINISSEMENT
RACORNISSEMENT
RAJEUNISSEMENT
ASSOUPISSEMENT
ENCHÉRISSEMENT
AMAIGRISSEMENT
ATTERRISSEMENT
ÉPAISSISSEMENT
ANÉANTISSEMENT
RALENTISSEMENT
RETENTISSEMENT
DIVERTISSEMENT
INVESTISSEMENT
ALANGUISSEMENT
ÉPANOUISSEMENT
ÉVANOUISSEMENT
ASSERVISSEMENT
ASSOUVISSEMENT
ÉCLABOUSSEMENT
OUTRAGEUSEMENT
COURAGEUSEMENT
AUDACIEUSEMENT
JUDICIEUSEMENT
OFFICIEUSEMENT
MALICIEUSEMENT
DÉLICIEUSEMENT
ASTUCIEUSEMENT
INSIDIEUSEMENT
MÉLODIEUSEMENT
RELIGIEUSEMENT
INGÉNIEUSEMENT
IMPÉRIEUSEMENT
LABORIEUSEMENT
INJURIEUSEMENT
FACÉTIEUSEMENT
AMBITIEUSEMENT
MINUTIEUSEMENT

PÉRILLEUSEMENT
CRAPULEUSEMENT
DOUCEREUSEMENT
DANGEREUSEMENT
TRAÎTREUSEMENT
VALEUREUSEMENT
RIGOUREUSEMENT
VIGOUREUSEMENT
SAVOUREUSEMENT
PARESSEUSEMENT
FRUCTUEUSEMENT
IMPÉTUEUSEMENT
SOMPTUEUSEMENT
INCORRECTEMENT
INCOMPLÈTEMENT
MALHONNÊTEMENT
INDISCRÈTEMENT
IMPARFAITEMENT
TÉLÉTRAITEMENT
MALADROITEMENT
MÉCONTENTEMENT
EMMAILLOTEMENT
SURENDETTEMENT
DÉSENDETTEMENT
DOUILLETTEMENT
CONTREBUTEMENT
FROUFROUTEMENT
SPORADIQUEMENT
MÉTHODIQUEMENT
PÉRIODIQUEMENT
ÉPISODIQUEMENT
SPÉCIFIQUEMENT
MAGNIFIQUEMENT
ANALOGIQUEMENT
ÉCOLOGIQUEMENT
GÉOLOGIQUEMENT
ANARCHIQUEMENT
DIABOLIQUEMENT
SYMBOLIQUEMENT
CATHOLIQUEMENT
ACADÉMIQUEMENT
ÉCONOMIQUEMENT
ANATOMIQUEMENT
TYRANNIQUEMENT
SARDONIQUEMENT
HARMONIQUEMENT
DIATONIQUEMENT
PLATONIQUEMENT
ALGÉBRIQUEMENT
HISTORIQUEMENT
ÉLECTRIQUEMENT
SYMÉTRIQUEMENT
EMPHATIQUEMENT
MÉDIATIQUEMENT
DRAMATIQUEMENT
DOGMATIQUEMENT
HIÉRATIQUEMENT
DIDACTIQUEMENT
PATHÉTIQUEMENT
ESTHÉTIQUEMENT
HERMÉTIQUEMENT
FRÉNÉTIQUEMENT
PHONÉTIQUEMENT
DESPOTIQUEMENT
ELLIPTIQUEMENT
ARTISTIQUEMENT
ANALYTIQUEMENT
RÉCIPROQUEMENT
DÉSENCLAVEMENT
CONVULSIVEMENT
SUCCESSIVEMENT
EXPRESSIVEMENT
CUMULATIVEMENT
NOMINATIVEMENT
IMPÉRATIVEMENT
ADMIRATIVEMENT
PÉJORATIVEMENT
DUBITATIVEMENT
SUBJECTIVEMENT
COLLECTIVEMENT
RESPECTIVEMENT
EXPÉDITIVEMENT
DÉFINITIVEMENT
TRANSITIVEMENT
PRÉVENTIVEMENT
EXHAUSTIVEMENT
MACRONUTRIMENT
MICRONUTRIMENT
DÉSASSORTIMENT
INDÉPENDAMMENT
SURABONDAMMENT
COMPLAISAMMENT
INSUFFISAMMENT
LANGUISSAMMENT
PRÉCIPITAMMENT
INTELLIGEMMENT
INCONSCIEMMENT
INDIFFÉREMMENT
SELF-GOVERNMENT
BRÛLE-POURPOINT
ÉLIE DE BEAUMONT
ROUGON-MACQUART
BOISGUILLEBERT
JEAN DE MONTFORT
COMPTON-BURNETT
ALMEIDA GARRETT
LEUZE-EN-HAINAUT
TRISTAN ET ISEUT
PHILIPPE LE BEAU
WAGON-TOMBEREAU
SOUS-ARBRISSEAU
FISCHER-DIESKAU
CONSTANTINESCU
NGUYÊN VAN THIÊU

14

NOGENT-LE-ROTROU
TOKUGAWA IEYASU
BOUCOURECHLIEV
RIMSKI-KORSAKOV
QUATRE-VINGT-DIX
PEISEY-NANCROIX
ŒILS-DE-PERDRIX
INTERSYNDICAUX
INTERTROPICAUX
CAUDEBEC-EN-CAUX
FAUVILLE-EN-CAUX
HYPOCYCLOÏDAUX
DOUBLES-RIDEAUX
HUON DE BORDEAUX
FONTAINEBLEAUX
NAVIRES-JUMEAUX
HAUTS-FOURNEAUX
CHALLES-LES-EAUX
POUGUES-LES-EAUX
CHÂTEAU-MARGAUX
EXTRACONJUGAUX
MAXILLO-FACIAUX
SUBÉQUATORIAUX
RÉQUISITORIAUX
INQUISITORIAUX
QUADRAGÉSIMAUX
INFINITÉSIMAUX
CÉRÉBRO-SPINAUX
CONFESSIONNAUX
INTERRÉGIONAUX
SEPTENTRIONAUX
SUPRANATIONAUX
MULTINATIONAUX
INTERNATIONAUX
TRANSNATIONAUX
INTERCOMMUNAUX
CONTROLATÉRAUX
ARCHITECTURAUX
ARRIÈRE-VASSAUX
PRO-OCCIDENTAUX
MOYEN-ORIENTAUX
DÉPARTEMENTAUX
IRRÉVÉRENCIEUX
MISÉRICORDIEUX
GORDIEN LE PIEUX
ANTONIN LE PIEUX
ANTI-INFECTIEUX
HERRERA LE VIEUX
ANTIMIGRAINEUX
PRÉCAUTIONNEUX
PARENCHYMATEUX
HENRI LE BOITEUX
VASCULO-NERVEUX
CASTOR ET POLLUX
ILLIERS-COMBRAY
DESTUTT DE TRACY
TCHERNIKHOVSKY
BARCLAY DE TOLLY
RÉMIRE-MONTJOLY
OMALIUS D'HALLOY
GUYON DU CHESNOY
ÉTIENNE BÁTHORY
CHÂTEAU-THIERRY
PELLETIER-DOISY
CASTELNAU-LE-LEZ
JALAPA ENRÍQUEZ
BERNERIE-EN-RETZ
SAINT-JEAN-DE-LUZ

15

MENZEL-BOURGUIBA
BANSKÁ STIAVNICA
ACÉTYLCOENZYME A
ARNAUD DE BRESCIA
SEVERNAÏA ZEMLIA
SEDIA GESTATORIA
BARRANCABERMEJA
TRUJILLO Y MOLINA
PIETRO DA CORTONA
MENENIUS AGRIPPA
AVALOKITESHVARA
MÉHALLET EL-KOBRA
TORRE ANNUNZIATA
SANTA FE DE BOGOTÁ
SAN JOSÉ DE CÚCUTA
BARÈRE DE VIEUZAC
TOULOUSE-LAUTREC
ÉTIENNE NEMANJIC
ADOLPHE-FRÉDÉRIC
RADIODIAGNOSTIC
MICHEL OBRENOVIC
DEUTSCHLANDLIED
LA ROCHEFOUCAULD
SAINTE-MENEHOULD
RANDSTAD HOLLAND

15

FRÉDÉRIC LE GRAND
GRÉGOIRE LE GRAND
ALPHONSE LE GRAND
THÉODOSE LE GRAND
VALDEMAR LE GRAND
VLADIMIR LE GRAND
SENNECEY-LE-GRAND
CLERMONT-FERRAND
SCHWÄBISCH GMÜND
SAINT-JEAN-DU-GARD
CHÂTEAU-GAILLARD
INTRAMONTAGNARD
QUARANTE-HUITARD
SOIXANTE-HUITARD
CATHERINE HOWARD
MARIANNES DU NORD
CURRICULUM VITAE
DÉSAPPROBATRICE
SIMPLIFICATRICE
CLASSIFICATRICE
SANCTIFICATRICE
MULTIPLICATRICE
AUTORÉGULATRICE
DÉSINFORMATRICE
TRANSFORMATRICE
ACCOMPAGNATRICE
ADMINISTRATRICE
GÉNÉRALISATRICE
MINÉRALISATRICE
DÉMORALISATRICE
CENTRALISATRICE
ÉVANGÉLISATRICE
DÉMOBILISATRICE
MONOPOLISATRICE
RÉORGANISATRICE
AUTOACCUSATRICE
VASODILATATRICE
TÉLÉSPECTATRICE
AUTOEXCITATRICE
SEMI-CONDUCTRICE
CRYOCONDUCTRICE
RECONSTRUCTRICE
CAPILLICULTRICE
CHÉMORÉCEPTRICE
CESKÉ BUDEJOVICE
STATIONS-SERVICE
INTERDÉPENDANCE
MARIE DE BRAGANCE
INVRAISEMBLANCE
DÉSACCOUTUMANCE
TÉLÉMAINTENANCE
NON-BELLIGÉRANCE
LOCATION-GÉRANCE
CONTRE-ASSURANCE
AUTOSUBSISTANCE
RADIORÉSISTANCE
PHOTORÉSISTANCE

TIMBRE-QUITTANCE
BIOLUMINESCENCE
PHOSPHORESCENCE
MÉSINTELLIGENCE
BOURG-LÈS-VALENCE
VIDÉOCONFÉRENCE
AUDIOCONFÉRENCE
VISIOCONFÉRENCE
AUTOCONCURRENCE
SALON-DE-PROVENCE
PLANS DE PROVENCE
NOUVELLE-GRENADE
PARALLÉLÉPIPÈDE
GLUCOCORTICOÏDE
CORTICOSTÉROÏDE
NOUVELLE-ZÉLANDE
BEAUNE-LA-ROLANDE
NOUVELLE-IRLANDE
ROMANOS LE MÉLODE
CHAUVEAU-LAGARDE
TRANS-AVANT-GARDE
FRANCHOUILLARDE
HYDROCHARITACÉE
SPANIOMÉNORRHÉE
DACTYLOGRAPHIÉE
DÉSEMBOUTEILLÉE
MULTIPROGRAMMÉE
CHARLES BORROMÉE
AGRIPPINE L'AÎNÉE
SURDIMENSIONNÉE
PRÉSÉLECTIONNÉE
PERQUISITIONNÉE
MALINTENTIONNÉE
DÉCONVENTIONNÉE
DÉCONGESTIONNÉE
EUSÈBE DE CÉSARÉE
DOUDART DE LAGRÉE
SOUS-ADMINISTRÉE
SOUS-MÉDICALISÉE
FONCTIONNALISÉE
DÉSAISONNALISÉE
DÉPERSONNALISÉE
CONTRACTUALISÉE
IMPERMÉABILISÉE
RESPONSABILISÉE
RESPECTABILISÉE
DÉCHRISTIANISÉE
RECHRISTIANISÉE
FONCTIONNARISÉE
DÉCOLLECTIVISÉE
THERMOPROPULSÉE
TURBOCOMPRESSÉE
HÉLITRANSPORTÉE
AÉROTRANSPORTÉE
DÉBROUSSAILLAGE
ÉCHANTILLONNAGE
COMPARTIMENTAGE

DONATION-PARTAGE
SERGE DE RADONÈGE
MARANGE-SILVANGE
SERVIETTE-ÉPONGE
BRÉTIGNY-SUR-ORGE
VIDAL DE LA BLACHE
MONTAGNE BLANCHE
LUCIEN D'ANTIOCHE
VAN RYSSELBERGHE
CRISTALLOGRAPHE
LA SUZE-SUR-SARTHE
LA CHÂTAIGNERAIE
LAWRENCE D'ARABIE
CRISTALLOMANCIE
PSYCHOPÉDAGOGIE
PARAPSYCHOLOGIE
MÉTAPSYCHOLOGIE
PHYTOPATHOLOGIE
ÉLECTROBIOLOGIE
MACROSOCIOLOGIE
MICROSOCIOLOGIE
PHYTOSOCIOLOGIE
ANESTHÉSIOLOGIE
NANOTECHNOLOGIE
BIOCLIMATOLOGIE
SYMPTOMATOLOGIE
PALÉOHISTOLOGIE
PSYCHOCHIRURGIE
PALÉOGÉOGRAPHIE
PHYTOGÉOGRAPHIE
DYSORTHOGRAPHIE
HISTORIOGRAPHIE
ÉCHOTOMOGRAPHIE
NEUTRONOGRAPHIE
CORONAROGRAPHIE
CINÉMATOGRAPHIE
CHROMATOGRAPHIE
TRAJECTOGRAPHIE
MADELEINE-SOPHIE
MYOCARDIOPATHIE
ENCÉPHALOPATHIE
GLOMÉRULOPATHIE
PARODONTOPATHIE
CARDIOMYOPATHIE
PHARMACODYNAMIE
CHOLESTÉROLÉMIE
AFIBRINOGÉNÉMIE
CRISTALLOCHIMIE
RADIOASTRONOMIE
RADARASTRONOMIE
APPENDICECTOMIE
CLITORIDECTOMIE
PANCRÉATECTOMIE
COMMISSUROTOMIE
MAGNÉSIOTHERMIE
POLYTOXICOMANIE
ERIK DE POMÉRANIE
HYPOŒSTROGÉNIE
SOUABE-FRANCONIE
RADIOTÉLÉPHONIE
BASSE-CALIFORNIE
CORTICOTHÉRAPIE
ANTIBIOTHÉRAPIE
OXYGÉNOTHÉRAPIE
VACCINOTHÉRAPIE
HORMONOTHÉRAPIE
ÉLECTROTHÉRAPIE
COBALTOTHÉRAPIE
GESTALT-THÉRAPIE
MARGUERITE-MARIE
HYPOCHLORHYDRIE
NOUVELLE-SIBÉRIE
RADIOMESSAGERIE
FRANC-MAÇONNERIE
ESNAULT-PELTERIE
AUTRICHE-HONGRIE
ANTIPSYCHIATRIE
PÉDOPSYCHIATRIE
PHOTOGRAMMÉTRIE
ABSORPTIOMÉTRIE
INTERFÉROMÉTRIE
AIRBUS INDUSTRIE
PHÉNYLCÉTONURIE
DYSEMBRYOPLASIE
RACHIANESTHÉSIE
DYSCHROMATOPSIE
TCHÉCOSLOVAQUIE
EXTRAPYRAMIDALE
ASIE MÉRIDIONALE
ARCHIÉPISCOPALE
INTERVERTÉBRALE
SCAPULO-HUMÉRALE
ADIPOSO-GÉNITALE
TRANSCENDANTALE
PROCHE-ORIENTALE
PRUSSE-ORIENTALE
GOUVERNEMENTALE
COMPORTEMENTALE
SUPRASEGMENTALE
ÉPICONTINENTALE
INTERCHANGEABLE
IRRÉCONCILIABLE
INVRAISEMBLABLE
INDÉBROUILLABLE
IMPRESSIONNABLE
REPOSITIONNABLE
INDÉBOULONNABLE
BÈDE LE VÉNÉRABLE
INCOMMENSURABLE
INAPPRIVOISABLE
MÉTAMORPHOSABLE
IRRÉTRÉCISSABLE
AFFRANCHISSABLE
INFRANCHISSABLE

EXPERT-COMPTABLE
INTRANSPORTABLE
SELIM LE TERRIBLE
IRRÉPRÉHENSIBLE
SEMI-SUBMERSIBLE
INTRANSMISSIBLE
INCONSTRUCTIBLE
IMPRESCRIPTIBLE
ALPHONSE LE NOBLE
VASSILI L'AVEUGLE
DIODORE DE SICILE
MICRO-INTERVALLE
DRIEU LA ROCHELLE
NEUILLY-EN-THELLE
PRÉINDUSTRIELLE
CONCURRENTIELLE
ÉQUIPOTENTIELLE
COMPULSIONNELLE
COMPASSIONNELLE
CONFESSIONNELLE
PROFESSIONNELLE
POSSESSIONNELLE
GÉNÉRATIONNELLE
CORRECTIONNELLE
DÉFINITIONNELLE
TRANSITIONNELLE
OPPOSITIONNELLE
CONVENTIONNELLE
PROPORTIONNELLE
FŒTO-MATERNELLE
CRÉCY-LA-CHAPELLE
EXTRACORPORELLE
MULTICULTURELLE
SOCIOCULTURELLE
INTERCULTURELLE
TRANSCULTURELLE
HOMME-GRENOUILLE
COUVE DE MURVILLE
CHARLOTTESVILLE
CHARLES-DE-GAULLE
GUINÉE ESPAGNOLE
SAVIGNY-LE-TEMPLE
CHARLES LE SIMPLE
BLANGY-SUR-BRESLE
FRANÇOIS DE PAULE
QUESNOY-SUR-DEÛLE
QUATRE-VINGTIÈME
SOIXANTE-DIXIÈME
LOUIS LE BIEN-AIMÉ
BALLET-PANTOMIME
PARALLÉLOGRAMME
JEAN CHRYSOSTOME
DION CHRYSOSTOME
PHOTOPÉRIODISME
LIBRE-ÉCHANGISME
HÉTÉROMORPHISME
NÉOCOLONIALISME
SUBSTANTIALISME
EXISTENTIALISME
OCCASIONNALISME
FONCTIONNALISME
TRADITIONALISME
MONOCAMÉRALISME
FONDAMENTALISME
SENTIMENTALISME
TRANSSEXUALISME
ANTICONFORMISME
PANAMÉRICANISME
ULTRAMONTANISME
IMPRESSIONNISME
EXPRESSIONNISME
PERFECTIONNISME
COLLECTIONNISME
PROTECTIONNISME
EXHIBITIONNISME
ABSTENTIONNISME
ÉLECTROTROPISME
ANTIMILITARISME
RÉGLEMENTARISME
PARLEMENTARISME
COMMUNAUTARISME
PHALLOCENTRISME
BAROTRAUMATISME
POLYTRAUMATISME
FERRIMAGNÉTISME
PALÉOMAGNÉTISME
FERROMAGNÉTISME
INDÉPENDANTISME
INDIFFÉRENTISME
ANTIPATRIOTISME
DONQUICHOTTISME
JUSQU'AU-BOUTISME
CONSTRUCTIVISME
GARIN DE MONGLANE
ORADOUR-SUR-GLANE
ANDRONIC COMNÈNE
TRINITROTOLUÈNE
JEAN CANTACUZÈNE
ALIX DE CHAMPAGNE
NOUVELLE-ESPAGNE
MAURE-DE-BRETAGNE
LA TOUR D'AUVERGNE
ANGLO-AMÉRICAINE
ANGLO-AMÉRICAINE
INTERAMÉRICAINE
CENTRAMÉRICAINE
CENTRAMÉRICAINE
COSTARMORICAINE
LACRETELLE L'AÎNÉ
SAINT-GERVELAINE
SAINT-GERVOLAINE
VAISON-LA-ROMAINE
CAMPAGNE ROMAINE
MONTPELLIÉRAINE

GIOVANNI DA UDINE
VIGNEUX-SUR-SEINE
ROMILLY-SUR-SEINE
NEUILLY-SUR-SEINE
PHOSPHOPROTÉINE
MÉTALLOPROTÉINE
APOLIPOPROTÉINE
HOLOCRISTALLINE
IMMUNOGLOBULINE
GONADOSTIMULINE
THYRÉOSTIMULINE
CYANOCOBALAMINE
ATRACTYLIGÉNINE
PNEUMOPÉRITOINE
SAINTE-CATHERINE
ÉRYTHROPOÏÉTINE
FABRE D'ÉGLANTINE
MONTMORENCÉENNE
RIBEAUVILLÉENNE
MÉDITERRANÉENNE
MÉDITERRANÉENNE
TRANSPYRÉNÉENNE
ÉQUATO-GUINÉENNE
BISSAU-GUINÉENNE
UNION EUROPÉENNE
PROPHARMACIENNE
MERDRIGNACIENNE
GÉOTECHNICIENNE
ZOOTECHNICIENNE
ÉLECTRONICIENNE
PYTHAGORICIENNE
MÉTAPHYSICIENNE
MATHÉMATICIENNE
SYSTÉMATICIENNE
INFORMATICIENNE
OMNIPRATICIENNE
ARITHMÉTICIENNE
CYBERNÉTICIENNE
RHABDOMANCIENNE
RUPIFICALDIENNE
SAINT-AVOLDIENNE
ROUYNORANDIENNE
RÉGINABORGIENNE
PHILADELPHIENNE
NÉANDERTALIENNE
AFRO-BRÉSILIENNE
AFRO-BRÉSILIENNE
CARQUEFOLLIENNE
VÉNÉTIE JULIENNE
SUD-VIETNAMIENNE
SUD-VIETNAMIENNE
CHRYSOSTOMIENNE
TRANSYLVANIENNE
TRANSYLVANIENNE
PENNSYLVANIENNE
CRISTALLINIENNE
CONSTANTINIENNE

SAINT-SAVINIENNE
NÉO-CALÉDONIENNE
NÉO-CALÉDONIENNE
SAINT-SIMONIENNE
WASHINGTONIENNE
SHAKESPEARIENNE
TRANSSAHARIENNE
PALÉOSIBÉRIENNE
LOIR-ET-CHÉRIENNE
VIMONASTÉRIENNE
VERTACOMIRIENNE
SAINT-GEOIRIENNE
PÉLOPONNÉSIENNE
PÉLOPONNÉSIENNE
PARTHENAISIENNE
BOUGUENAISIENNE
COURBEVOISIENNE
VILLEPARISIENNE
JUDÉO-CHRÉTIENNE
PALÉOCHRÉTIENNE
GONPONTOLVIENNE
CASTELNEUVIENNE
MARCHE-EN-FAMENNE
FORCALQUIÉRENNE
SUPERCHAMPIONNE
RÉAPPROVISIONNÉ
DISPROPORTIONNÉ
GIOTTO DI BONDONE
TOURNON-SUR-RHÔNE
PIERRE DE CORTONE
CHÂLONS-SUR-MARNE
PERREUX-SUR-MARNE
NEUILLY-SUR-MARNE
BAGNOLES-DE-L'ORNE
SANGALLO LE JEUNE
FOULQUES LE JEUNE
MANUEL LE FORTUNÉ
AVESNES-SUR-HELPE
PHÉNAKISTISCOPE
ULTRAMICROSCOPE
SOLIGNY-LA-TRAPPE
TRAFALGAR SQUARE
PLÉNEUF-VAL-ANDRÉ
MAHAUT DE FLANDRE
CLÉRY-SAINT-ANDRÉ
SÉVÈRE ALEXANDRE
SAINT-MARTIN-DE-RÉ
ÉLECTROMÉNAGÈRE
STÉRÉORÉGULIÈRE
CHAUX-DE-FONNIÈRE
CHAMPIGNONNIÈRE
LA GALISSONNIÈRE
OZOIR-LA-FERRIÈRE
COURSE-CROISIÈRE
JUDITH DE BAVIÈRE
BOUÉ DE LAPEYRÈRE
ALEXANDRE SÉVÈRE

QUATRE-DE-CHIFFRE
THERMONUCLÉAIRE
FLUVIO-GLACIAIRE
EXTRAJUDICIAIRE
HEXACORALLIAIRE
OCTOCORALLIAIRE
PERPENDICULAIRE
INTRAMUSCULAIRE
NEUROMUSCULAIRE
INTRACELLULAIRE
PLURICELLULAIRE
MULTICELLULAIRE
INTERCELLULAIRE
CORELIGIONNAIRE
CONVULSIONNAIRE
CONCESSIONNAIRE
PROCESSIONNAIRE
DÉPRESSIONNAIRE
COMMISSIONNAIRE
PERMISSIONNAIRE
SOUMISSIONNAIRE
CONCUSSIONNAIRE
GÉOSTATIONNAIRE
DISCRÉTIONNAIRE
EXPÉDITIONNAIRE
RÉVOLUTIONNAIRE
TOURBILLONNAIRE
JUGE-COMMISSAIRE
HAUT-COMMISSAIRE
NUE-PROPRIÉTAIRE
INTERPLANÉTAIRE
ANTIAUTORITAIRE
AGROALIMENTAIRE
EXTRASTATUTAIRE
BUCKINGHAMSHIRE
OUZOUER-SUR-LOIRE
POUILLY-SUR-LOIRE
CLASSIFICATOIRE
IDENTIFICATOIRE
DISCRIMINATOIRE
COCCOLITHOPHORE
ORGANOPHOSPHORÉ
CONSTANCE CHLORE
MAULÉON-LICHARRE
JEANNE DE NAVARRE
GERMAIN D'AUXERRE
NEUROPSYCHIATRE
LACTODENSIMÈTRE
RADIOGONIOMÈTRE
BONNETS-DE-PRÊTRE
CIRCUMTERRESTRE
GÉLATINO-BROMURE
CRYOTEMPÉRATURE
PARALITTÉRATURE
ÉLECTROPONCTURE
ÉLECTROPUNCTURE
TECHNOSTRUCTURE

CUNICULICULTURE
CONCHYLICULTURE
VITIVINICULTURE
VERNEUIL-SUR-AVRE
LE GOND-PONTOUVRE
RUELLE-SUR-TOUVRE
CRISTALLOGENÈSE
GUYANE FRANÇAISE
FRANCO-FRANÇAISE
MONTBÉLIARDAISE
ARGENTEUILLAISE
AZERBAÏDJANAISE
AZERBAÏDJANAISE
DEUX-MONTAGNAISE
VILLEURBANNAISE
CARBONBLANNAISE
ROUSSILLONNAISE
ROUSSILLONNAISE
NIEDERBRONNAISE
SAINT-GIRONNAISE
COURCOURONNAISE
MONTBRISONNAISE
SAINT-CHAMONAISE
SEINE-ET-MARNAISE
POINTE-CLAIRAISE
SAINT-AGNANTAISE
HILAIREMONTAISE
DÉBROUILLARDISE
INSTRUMENTALISÉ
INTELLECTUALISÉ
BEAUMES-DE-VENISE
POSTSYNCHRONISÉ
JEANNE-FRANÇOISE
SARREBOURGEOISE
DÉSEMBOURGEOISÉ
LUXEMBOURGEOISE
LUXEMBOURGEOISE
STRASBOURGEOISE
STRASBOURGEOISE
VILLEFRANCHOISE
NOUVELLE HÉLOÏSE
BLANC-MESNILOISE
CINTEGABELLOISE
BEAUSOLEILLOISE
BELLEFEUILLOISE
FRANCHEVILLOISE
LORETTEVILLOISE
LANEUVEVILLOISE
FRANCONVILLOISE
BOUCHERVILLOISE
SARTROUVILLOISE
SAINT-GERMANOISE
FÈRE-CHAMPENOISE
SAINT-GAUDINOISE
MONT-DAUPHINOISE
CASTELSALINOISE
SAINT-MARTINOISE

SARREGUEMINOISE
BISCHWILLEROISE
AUSTRO-HONGROISE
AUSTRO-HONGROISE
YAMOUSSOUKROISE
BEAUMONT-SUR-OISE
LAURIERMONTOISE
SOLLIÈSPONTOISE
PONTRAMBERTOISE
HEILLECOURTOISE
FRANÇOIS D'ASSISE
DÉBUREAUCRATISÉ
CONTRE-EXPERTISE
BULLETIN-RÉPONSE
PHLÉBOTHROMBOSE
HYPERVITAMINOSE
ARTÉRIOSCLÉROSE
TOITURE-TERRASSE
SUPERFORTERESSE
CONTREMAÎTRESSE
PETITE-MAÎTRESSE
CUL-DE-BASSE-FOSSE
GRÉGOIRE DE NYSSE
IRRÉVÉRENCIEUSE
MISÉRICORDIEUSE
ANTI-INFECTIEUSE
CARRIER-BELLEUSE
TRIPATOUILLEUSE
JEAN D'OUTREMEUSE
ANTIMIGRAINEUSE
CONFECTIONNEUSE
COLLECTIONNEUSE
PRÉCAUTIONNEUSE
PHOTOCOMPOSEUSE
PARENCHYMATEUSE
VASCULO-NERVEUSE
NICOLO DELL'ABATE
ALUMINOSILICATE
SOCIAL-DÉMOCRATE
THROMBOPHLÉBITE
CONTRE-PUBLICITÉ
PYROÉLECTRICITÉ
PSYCHOMOTRICITÉ
VISCOÉLASTICITÉ
PHOTOÉLASTICITÉ
VISCOPLASTICITÉ
SUPERPLASTICITÉ
CONTEMPORANÉITÉ
RHINO-PHARYNGITE
PHILIPPE ÉGALITÉ
CONFIDENTIALITÉ
INTENTIONNALITÉ
MONOPARENTALITÉ
INTELLECTUALITÉ
INTERTEXTUALITÉ
HÉTÉROSEXUALITÉ
IMPRATICABILITÉ
IMPONDÉRABILITÉ
INVULNÉRABILITÉ
IMPÉNÉTRABILITÉ
MANŒUVRABILITÉ
INCOMMUTABILITÉ
TRANSMUTABILITÉ
INTELLIGIBILITÉ
INDISPONIBILITÉ
IMPRÉVISIBILITÉ
INEXTENSIBILITÉ
IRRÉVERSIBILITÉ
INACCESSIBILITÉ
COMPRESSIBILITÉ
INADMISSIBILITÉ
INCOMPATIBILITÉ
INDÉFECTIBILITÉ
IRRÉDUCTIBILITÉ
INDISSOLUBILITÉ
BERNARD-L'HERMITE
TRISTAN L'HERMITE
ÉLECTROAFFINITÉ
MONTMORILLONITE
COMPLÉMENTARITÉ
REINE-MARGUERITE
SPONDYLARTHRITE
COURSE-POURSUITE
SÉNATUS-CONSULTE
FONTENAY-LE-COMTE
INTERDÉPENDANTE
AUTOLUBRIFIANTE
HYPOGLYCÉMIANTE
TURBOSOUFFLANTE
ENTHOUSIASMANTE
IMPRESSIONNANTE
TOURBILLONNANTE
NON-BELLIGÉRANTE
ANTIDÉFLAGRANTE
ANTIPERSPIRANTE
INSATISFAISANTE
TRANQUILLISANTE
RESPLENDISSANTE
ABASOURDISSANTE
RAFRAÎCHISSANTE
ASSUJETTISSANTE
PHOTORÉSISTANTE
BIOLUMINESCENTE
PHOSPHORESCENTE
SEMI-CONVERGENTE
CONTRE-EMPREINTE
MARSANNAY-LA-CÔTE
DIOGÈNE DE LAËRTE
CONTRE-MANIFESTÉ
LIBRE-ÉCHANGISTE
PHARMACOLOGISTE
MICROBIOLOGISTE
ÉPIDÉMIOLOGISTE
BACTÉRIOLOGISTE

ÉPISTÉMOLOGISTE
OPHTALMOLOGISTE
ANTHROPOLOGISTE
TRAUMATOLOGISTE
PALÉONTOLOGISTE
ANTIMONARCHISTE
ANTIMONDIALISTE
NÉOCOLONIALISTE
SUBSTANTIALISTE
EXISTENTIALISTE
FONCTIONNALISTE
TRADITIONALISTE
ANTICAPITALISTE
FONDAMENTALISTE
INFAILLIBILISTE
ANTICONFORMISTE
CONTORSIONNISTE
IMPRESSIONNISTE
EXPRESSIONNISTE
PERCUSSIONNISTE
POPULATIONNISTE
PERFECTIONNISTE
PROJECTIONNISTE
PROTECTIONNISTE
EXHIBITIONNISTE
ABSTENTIONNISTE
ASSOMPTIONNISTE
ASSOMPTIONNISTE
CHAMPIGNONNISTE
ANTIMILITARISTE
INDÉPENDANTISTE
CONTREPOINTISTE
JUSQU'AU-BOUTISTE
PSYCHOLINGUISTE
CONSTRUCTIVISTE
FRÉDÉRIC-AUGUSTE
PHILIPPE AUGUSTE
ROMÉO ET JULIETTE
CHAUFFE-ASSIETTE
DÉBARBOUILLETTE
MARIE-ANTOINETTE
SABRE-BAÏONNETTE
OISEAU-TROMPETTE
MAGNÉTOCASSETTE
BÉBÉS-ÉPROUVETTE
MAISONS-LAFFITTE
RADIOTHÉRAPEUTE
PHYTOTHÉRAPEUTE
ESQUIMAU-ALÉOUTE
OLIGODENDROCYTE
POLYÉLECTROLYTE
LOUIS DE GONZAGUE
À TOUTE BERZINGUE
PSYCHOPÉDAGOGUE
PARAPSYCHOLOGUE
MARSILE DE PADOUE
ANTOINE DE PADOUE

CUPROAMMONIAQUE
ANAPHRODISIAQUE
CABESTANYENCQUE
FONTAINE-L'ÉVÊQUE
TÉTRASYLLABIQUE
PHOSPHOCALCIQUE
ANTISPASMODIQUE
INTERSPÉCIFIQUE
ANTINÉVRALGIQUE
PHARMACOLOGIQUE
MICROBIOLOGIQUE
ÉPIDÉMIOLOGIQUE
BACTÉRIOLOGIQUE
ÉPISTÉMOLOGIQUE
OPHTALMOLOGIQUE
ANTHROPOLOGIQUE
TRAUMATOLOGIQUE
PALÉONTOLOGIQUE
GRÉCO-BOUDDHIQUE
STRATIGRAPHIQUE
MUSICOGRAPHIQUE
LEXICOGRAPHIQUE
STÉRÉOGRAPHIQUE
BIBLIOGRAPHIQUE
MÉCANOGRAPHIQUE
OCÉANOGRAPHIQUE
SÉLÉNOGRAPHIQUE
CRYPTOGRAPHIQUE
PARASYMPATHIQUE
CONRAD LE SALIQUE
INTERMÉTALLIQUE
VIEUX-CATHOLIQUE
MÉTHYLACRYLIQUE
CHROMODYNAMIQUE
THERMODYNAMIQUE
CHRYSANTHÉMIQUE
PHYSICO-CHIMIQUE
ÉLECTROCHIMIQUE
SPECTROCHIMIQUE
SOCIO-ÉCONOMIQUE
MACROÉCONOMIQUE
MICROÉCONOMIQUE
CHLORO-ORGANIQUE
PSYCHASTHÉNIQUE
OXYACÉTYLÉNIQUE
SCHIZOPHRÉNIQUE
PSYCHOTECHNIQUE
PATHOGNOMONIQUE
ARCHITECTONIQUE
HANSE TEUTONIQUE
KALÉIDOSCOPIQUE
SPECTROSCOPIQUE
PHILANTHROPIQUE
MONOCYLINDRIQUE
THERMOSPHÉRIQUE
STRATOSPHÉRIQUE
ANTIDIPHTÉRIQUE

CORNE DE L'AFRIQUE
DICTIONNAIRIQUE
FANTASMAGORIQUE
PROTOHISTORIQUE
TRIBOÉLECTRIQUE
RADIOÉLECTRIQUE
HYDROÉLECTRIQUE
FERROÉLECTRIQUE
PHOTOÉLECTRIQUE
PIÉZO-ÉLECTRIQUE
TRIGONOMÉTRIQUE
SPECTROMÉTRIQUE
PNEUMOGASTRIQUE
PARANÉOPLASIQUE
TECTONOPHYSIQUE
SYNALLAGMATIQUE
DIAPHRAGMATIQUE
ANTIASTHMATIQUE
MONOCHROMATIQUE
PSYCHOSOMATIQUE
SEMI-AUTOMATIQUE
OLÉOPNEUMATIQUE
ÉLECTROSTATIQUE
MAGNÉTOSTATIQUE
EXTRAGALACTIQUE
INTERGALACTIQUE
PARASYNTHÉTIQUE
POLYSYNTHÉTIQUE
HÉMATOPOÏÉTIQUE
HÉTÉROGAMÉTIQUE
PSYCHOGÉNÉTIQUE
IMMUNOGÉNÉTIQUE
CRYPTOGÉNÉTIQUE
FERROMAGNÉTIQUE
POLIOMYÉLITIQUE
LOIRE-ATLANTIQUE
OUTRE-ATLANTIQUE
TRANSATLANTIQUE
ANTIPSYCHOTIQUE
ANTIPATRIOTIQUE
TROPHOBLASTIQUE
TRIPLOBLASTIQUE
THERMOPLASTIQUE
TRANSPHRASTIQUE
CRIMINALISTIQUE
FOOTBALLISTIQUE
CARACTÉRISTIQUE
ARRIÈRE-BOUTIQUE
PSYCHANALYTIQUE
SYMPATHOLYTIQUE
PALMA DE MAJORQUE
CAUCHEMARDESQUE
HIPPOPOTAMESQUE
CHURRIGUERESQUE
HISPANO-MORESQUE
SAINTE-GENEVIÈVE
CONTRE-OFFENSIVE
INCOMPRÉHENSIVE
ANTÉPRÉDICATIVE
INTERRO-NÉGATIVE
ÉLECTRONÉGATIVE
NEUROVÉGÉTATIVE
PSYCHOAFFECTIVE
INTERSUBJECTIVE
ÉLECTROPOSITIVE
CHARLES LE CHAUVE
SAVIGNY-SUR-BRAYE
THERMOPROPULSIF
ÉLECTROPORTATIF
CONTRE-PRODUCTIF
BETHMANN-HOLLWEG
GISCARD D'ESTAING
KAUNITZ-RIETBERG
SAINT PETERSBURG
MÖNCHENGLADBACH
HUNTINGTON BEACH
HIMACHAL PRADESH
SEKONDI-TAKORADI
PHILIPPE LE HARDI
VASSILI CHOUÏSKI
KAMENSK-OURALSKI
ALEXANDRE NEVSKI
DJALAL AL-DIN RUMI
CORALLI PERACINI
VILLENEUVE-LE-ROI
GENJI MONOGATARI
SÃO JOÃO DE MERITI
REZA CHAH PAHLAVI
FRANÇOIS RÁKÓCZI
JASTRZEBIE-ZDRÓJ
TRAVELLER'S CHECK
ANJERO-SOUDJENSK
DNIPRODZERJYNSK
OUST-KAMENOGORSK
DNIEPROPETROVSK
NORODOM SIHANOUK
FRANCO-PROVENÇAL
VLADIMIR-SOUZDAL
ENTREPRENEURIAL
MITTELLANDKANAL
CORTICOSURRÉNAL
STATURO-PONDÉRAL
SOUS-PRÉFECTORAL
EXTRÊME-ORIENTAL
AUTO SACRAMENTAL
ENVIRONNEMENTAL
SAINT-GENIS-LAVAL
PSYCHOSENSORIEL
INTERINDUSTRIEL
JURISPRUDENTIEL
UNIDIMENSIONNEL
TRIDIMENSIONNEL
CONFORMATIONNEL
ORGANISATIONNEL

CONVERSATIONNEL
UNIDIRECTIONNEL
INSURRECTIONNEL
RECONVENTIONNEL
INTERVENTIONNEL
DISTRIBUTIONNEL
CONSTITUTIONNEL
PRIMEL-TRÉGASTEL
INTERINDIVIDUEL
CHARLES-EMMANUEL
PONSON DU TERRAIL
ADÉMAR DE MONTEIL
FACHES-THUMESNIL
ROYAL DUTCH-SHELL
CHOLÉCALCIFÉROL
NETZAHUALCÓYOTL
MATO GROSSO DO SUL
GUILLAUME D'OCCAM
MÉDINET EL-FAYOUM
COUSIN-MONTAUBAN
SAINT-LARY-SOULAN
MONT-SAINT-AIGNAN
JEAN DE CAPISTRAN
CASTANET-TOLOSAN
KARAKALPAKISTAN
FRIEDRICHSHAFEN
SIMON LE MAGICIEN
PSYCHOMÉTRICIEN
PSYCHOMOTRICIEN
SANGALLO L'ANCIEN
RHINO-PHARYNGIEN
NEUROCHIRURGIEN
CROSSOPTÉRYGIEN
SILLON RHODANIEN
CHÂTELPERRONIEN
CASTELPERRONIEN
CASTROGONTÉRIEN
SAINT-SYMPHORIEN
ORGANOMAGNÉSIEN
CAMPIVALLENSIEN
CORPOPÉTRUSSIEN
ÉTOUFFE-CHRÉTIEN
DÉVILLE-LÈS-ROUEN
ANTIRÉPUBLICAIN
LATINO-AMÉRICAIN
LATINO-AMÉRICAIN
CASTELJALOUSAIN
BARBES-DE-CAPUCIN
AMMIEN MARCELLIN
ROBERT BELLARMIN
COMTAT VENAISSIN
LA VALLÉE-POUSSIN
CHRYSÉLÉPHANTIN
MONT-SAINT-MARTIN
BACHELOT-NARQUIN
CHAUMONT-EN-VEXIN
ROBERT DE COURÇON

GUILLAUME LE LION
VAUDREUIL-DORION
RADIOTÉLÉVISION
INCOMPRÉHENSION
CONTRE-EXTENSION
INTERPROFESSION
BOUTONS-PRESSION
AUTOTRANSFUSION
DÉCALCIFICATION
RECALCIFICATION
DÉMYTHIFICATION
DÉQUALIFICATION
REQUALIFICATION
ALCOOLIFICATION
EXEMPLIFICATION
ÉLECTRIFICATION
DÉNITRIFICATION
DÉVITRIFICATION
INTENSIFICATION
DIVERSIFICATION
DÉSERTIFICATION
DÉMYSTIFICATION
EXCOMMUNICATION
DÉSINTOXICATION
ÉLECTROLOCATION
AUTOFÉCONDATION
MICRO-IRRIGATION
RADIONAVIGATION
DIFFÉRENCIATION
NON-DÉNONCIATION
NON-CONCILIATION
DIFFÉRENTIATION
HYPOVENTILATION
CONTREVALLATION
CIRCONVALLATION
IMMATRICULATION
DÉSARTICULATION
TRANSMODULATION
SURACCUMULATION
PHOSPHORYLATION
DÉCARBOXYLATION
DÉPROGRAMMATION
SURCONSOMMATION
SÉROVACCINATION
INSUBORDINATION
TUBERCULINATION
DÉCONTAMINATION
INDÉTERMINATION
COPARTICIPATION
AUTOCÉLÉBRATION
RÉINCARCÉRATION
DÉCONSIDÉRATION
SURRÉGÉNÉRATION
DÉPHOSPHORATION
SONY CORPORATION
ULTRAFILTRATION
DÉCONCENTRATION

RÉORCHESTRATION
TRANSFIGURATION
DÉSTRUCTURATION
RESTRUCTURATION
MARCHANDISATION
STANDARDISATION
CLOCHARDISATION
HOMOGÉNÉISATION
HIÉRARCHISATION
DYSTROPHISATION
CANNIBALISATION
SYNDICALISATION
TROPICALISATION
OFFICIALISATION
DÉSOCIALISATION
RESOCIALISATION
MATÉRIALISATION
MARGINALISATION
RÉGIONALISATION
NATIONALISATION
RATIONALISATION
INTERNALISATION
EXTERNALISATION
DÉSACRALISATION
HOSPITALISATION
IMMORTALISATION
RÉACTUALISATION
CULPABILISATION
RENTABILISATION
DÉSTABILISATION
SENSIBILISATION
INFANTILISATION
CRISTALLISATION
DÉSATELLISATION
AMÉRICANISATION
EUROPÉANISATION
DÉSORGANISATION
DÉSHUMANISATION
CHAMPAGNISATION
DÉSTALINISATION
MASCULINISATION
SYNCHRONISATION
IMPATRONISATION
JUDICIARISATION
FAMILIARISATION
DÉSCOLARISATION
VASCULARISATION
PROLÉTARISATION
PLANÉTARISATION
SÉDENTARISATION
CARACTÉRISATION
TERTIAIRISATION
INFÉRIORISATION
INTÉRIORISATION
EXTÉRIORISATION
PRÉSONORISATION
DÉSECTORISATION

MINIATURISATION
MATHÉMATISATION
SYSTÉMATISATION
INFORMATISATION
DÉMOCRATISATION
ALPHABÉTISATION
DÉBUDGÉTISATION
DÉMAGNÉTISATION
SURCOMPENSATION
CONTRE-PASSATION
DÉPHOSPHATATION
SUREXPLOITATION
VALSE-HÉSITATION
TRANSPLANTATION
COMPLÉMENTATION
SURALIMENTATION
EXPÉRIMENTATION
INSTRUMENTATION
DÉSINCRUSTATION
RADIOACTIVATION
SUBSTANTIVATION
RECHERCHE-ACTION
INTERATTRACTION
HYPERCORRECTION
MICRODISSECTION
RADIOPROTECTION
SUPRACONDUCTION
PHOTOCONDUCTION
SUPERPRODUCTION
AUTODESTRUCTION
FOIRE-EXPOSITION
NON-INTERVENTION
RETRANSCRIPTION
CIRCONSCRIPTION
ACQUITS-À-CAUTION
SAISIE-EXÉCUTION
MARCILLAC-VALLON
CASIMIR JAGELLON
LES AIX-D'ANGILLON
SAKAIDA KAKIEMON
SCEAUX-DE-SALOMON
VILLE-CHAMPIGNON
VILLENAVE-D'ORNON
LA ROCHE-SUR-FORON
CALPURNIUS PISON
ERIK JEDVARDSSON
OLAV TRYGGVESSON
SNORRI STURLUSON
ROMAN-FEUILLETON
COMINES-WARNETON
LE RELECQ-KERHUON
STRATFORD-ON-AVON
CORNEILLE DE LYON
VILLEMUR-SUR-TARN
NICOLAS DE VERDUN
TRINITÉ-ET-TOBAGO
ARNOLFO DI CAMBIO

OUSMANE DAN FODIO
RADIO MONTE-CARLO
SAMPIERO D'ORNANO
PRONUNCIAMIENTO
MINAS DE RÍOTINTO
CORTINA D'AMPEZZO
GUITTONE D'AREZZO
VILLENEUVE-D'ASCQ
MUHAMMAD AL-SADUQ
DURG-BHILAINAGAR
TÉGLATH-PHALASAR
PEMATANGSIANTAR
CHAVÍN DE HUANTAR
RIEMENSCHNEIDER
SAINT-LÉGER LÉGER
TRITH-SAINT-LÉGER
RAIMOND BÉRENGER
BEAUMONT-LE-ROGER
COUPOLE DU ROCHER
DACTYLOGRAPHIER
TRANSFRONTALIER
ARCHICHANCELIER
AIREDALE-TERRIER
SCOTTISH-TERRIER
PILÂTRE DE ROZIER
TASSILI DES AJJER
DÉSEMBOUTEILLER
DAIMLERCHRYSLER
FRANCE D'OUTRE-MER
GENTLEMAN-FARMER
LA TRANCHE-SUR-MER
TROUVILLE-SUR-MER
CAVALAIRE-SUR-MER
LA TRINITÉ-SUR-MER
MONTREUIL-SUR-MER
KERSCHENSTEINER
PRÉSÉLECTIONNER
PERQUISITIONNER
DÉCONVENTIONNER
DÉCONGESTIONNER
FRANSQUILLONNER
SPARRING-PARTNER
FONCTIONNALISER
DÉSAISONNALISER
DÉPERSONNALISER
CONTRACTUALISER
IMPERMÉABILISER
RESPONSABILISER
RESPECTABILISER
DÉCHRISTIANISER
RECHRISTIANISER
FONCTIONNARISER
DÉCOLLECTIVISER
CARHAIX-PLOUGUER
CLOYES-SUR-LE-LOIR
SANCHE O POVOADOR
DANICAN-PHILIDOR

SÉLEUCOS NIKATÔR
RELEASING FACTOR
PHOTOTRANSISTOR
JACQUES LE MAJEUR
TÉLÉTRAVAILLEUR
JACQUES LE MINEUR
APPROVISIONNEUR
ÉCHANTILLONNEUR
TURBOPROPULSEUR
MULTIPROCESSEUR
MICROPROCESSEUR
NEURODÉPRESSEUR
SURENCHÉRISSEUR
TÉLÉAVERTISSEUR
DÉMYSTIFICATEUR
DIFFÉRENCIATEUR
DIFFÉRENTIATEUR
MACRO-ORDINATEUR
MICRO-ORDINATEUR
SUPERORDINATEUR
SURRÉGÉNÉRATEUR
HOMOGÉNÉISATEUR
DÉSTABILISATEUR
SENSIBILISATEUR
DÉSORGANISATEUR
EXPÉRIMENTATEUR
AUTOCOMMUTATEUR
RÉTROPROJECTEUR
SUPRACONDUCTEUR
RADIOCONDUCTEUR
PHOTOCONDUCTEUR
AUTODESTRUCTEUR
CONCHYLICULTEUR
EMBERLIFICOTEUR
THERMORÉCEPTEUR
BOURSES-À-PASTEUR
CAPITAL-RISQUEUR
LUZ-SAINT-SAUVEUR
TRÉSORIER-PAYEUR
GOUVION-SAINT-CYR
NICÉPHORE PHOKAS
GRÉGOIRE PALAMAS
L'ISLE-SUR-LE-DOUBS
BOUILLONS-BLANCS
KOLAR GOLD FIELDS
WINDWARD ISLANDS
SOUS-DIRECTRICES
SENSORI-MOTRICES
SELF-INDUCTANCES
AUTO-INDUCTANCES
VICE-PRÉSIDENCES
NON-CONCURRENCES
PONTS-PROMENADES
JUDÉO-ALLEMANDES
OUEST-ALLEMANDES
RHINO-PHARYNGÉES
SINGES-ARAIGNÉES

TIRE-BOUCHONNÉES
SOUS-DÉVELOPPÉES
COURT-CIRCUITÉES
CONTRE-ATTAQUÉES
CONTRE-INDIQUÉES
LEMAIRE DE BELGES
AIGUILLES-ROUGES
AURIGE DE DELPHES
PAPIERS-MONNAIES
HALTES-GARDERIES
SAISIES-GAGERIES
STÉRÉO-ISOMÉRIES
AULNOYE-AYMERIES
VREDEMAN DE VRIES
PORTE-PARAPLUIES
MAXILLO-FACIALES
CÉRÉBRO-SPINALES
GRACIÁN Y MORALES
FRANÇOIS DE SALES
PRO-OCCIDENTALES
SAMOA ORIENTALES
MOYEN-ORIENTALES
INDES ORIENTALES
CRAPAUDS-BUFFLES
SEMI-OFFICIELLES
RINCE-BOUTEILLES
OUVRE-BOUTEILLES
PORTE-BOUTEILLES
CHASSE-GOUPILLES
CARABISTOUILLES
CANNES-BÉQUILLES
LEFÈVRE D'ÉTAPLES
FRÉDÉRIC-CHARLES
BLOCS-DIAGRAMMES
VALENCES-GRAMMES
NÆVO-CARCINOMES
GARDES-CHIOURMES
NON-CONFORMISMES
MICRO-ORGANISMES
SAINT-SIMONISMES
FREUDO-MARXISMES
RIOM-ÈS-MONTAGNES
NORD-AMÉRICAINES
NORD-AMÉRICAINES
AFRO-AMÉRICAINES
AFRO-AMÉRICAINES
MÉSO-AMÉRICAINES
NÉGRO-AFRICAINES
BORNES-FONTAINES
SAINT CATHARINES
ANTI-SOUS-MARINES
ARRIÈRE-CUISINES
ARRIÈRE-COUSINES
LIMEIL-BRÉVANNES
INDO-EUROPÉENNES
INDO-EUROPÉENNES
NON EUCLIDIENNES

NILO-SAHARIENNES
FINNO-OUGRIENNES
TIBIO-TARSIENNES
TERRE-NEUVIENNES
TERRE-NEUVIENNES
KAMERLINGH ONNES
STATUES-COLONNES
CORBEIL-ESSONNES
NAVIRES-CITERNES
CAMIONS-CITERNES
BATEAUX-CITERNES
ALCALÁ DE HENARES
GARDES-BARRIÈRES
CACHE-BRASSIÈRES
PORTE-ÉTRIVIÈRES
TRACHÉES-ARTÈRES
SEMI-AUXILIAIRES
SOUS-MAXILLAIRES
SEMI-CIRCULAIRES
SOUS-SCAPULAIRES
GÉNITO-URINAIRES
SOUS-PROLÉTAIRES
SOUS-SECRÉTAIRES
PATTES-MÂCHOIRES
DOUBLES-FENÊTRES
SOUS-ADMINISTRÉS
DAME-D'ONZE-HEURES
SOUS-PRÉFECTURES
ALPES FRANÇAISES
SOUS-MÉDICALISÉS
LAURIERS-CERISES
GRANDES JORASSES
HAUTS-DE-CHAUSSES
TROIS GLORIEUSES
LIBÉRO-LIGNEUSES
HAUTES-FIDÉLITÉS
GASTRO-ENTÉRITES
NON-DIRECTIVITÉS
AIDES-SOIGNANTES
NON-COMBATTANTES
VICE-PRÉSIDENTES
POITOU-CHARENTES
LOCATIONS-VENTES
RÉFÉRÉS-LIBERTÉS
NON-SPÉCIALISTES
NON-CONFORMISTES
AUTOS-COUCHETTES
PORTE-SERVIETTES
BRICKS-GOÉLETTES
PORTE-CIGARETTES
LIVRES-CASSETTES
PRESSE-RAQUETTES
COUCHES-CULOTTES
OURALO-ALTAÏQUES
ARABO-ISLAMIQUES
INDOLE-ACÉTIQUES
MAGNÉTO-OPTIQUES

LOURENÇO MARQUES
SOCIO-ÉDUCATIVES
NON DESTRUCTIVES
MÉDICO-SPORTIVES
BRIGADIERS-CHEFS
INTERRO-NÉGATIFS
CARDIO-TRAININGS
SARATOGA SPRINGS
COLORADO SPRINGS
HOMMES-SANDWICHS
PORT-AUX-FRANÇAIS
CHÂTELLERAUDAIS
NORD-PAS-DE-CALAIS
NORD-MONTRÉALAIS
GRAND-QUEVILLAIS
CHAMPIGNEULLAIS
NIGÉRO-CONGOLAIS
SANCTO-JULIANAIS
TARN-ET-GARONNAIS
CASTELGIRONNAIS
CHÂTELGUYONNAIS
CASTELBRIANTAIS
SAINT-MAIXENTAIS
ROCHECHOUARTAIS
POISSONS-PARADIS
MUTATIS MUTANDIS
SOPHIA-ANTIPOLIS
SEINE-SAINT-DENIS
NEUVILLE-AUX-BOIS
VITRY-LE-FRANÇOIS
BRANDEBOURGEOIS
BRANDEBOURGEOIS
WISSEMBOURGEOIS
LAUTERBOURGEOIS
FRANCS-BOURGEOIS
PETITS-BOURGEOIS
VILLERSEXELLOIS
MONTFERMEILLOIS
VICTORIAVILLOIS
DRUMMONDVILLOIS
GOUSSAINVILLOIS
FÈRE-EN-TARDENOIS
SAINT-POURCINOIS
SAINT-QUENTINOIS
SAINT-AVERTINOIS
SAINT-JULIENNOIS
OBERLAND BERNOIS
PRIEUR-DUVERNOIS
HÉRIMONCOURTOIS
OREILLE-DE-SOURIS
NEGRO SPIRITUALS
AGRO-INDUSTRIELS
SPATIO-TEMPORELS
VAUGHAN WILLIAMS
JOUFFROY D'ABBANS
PUCELLE D'ORLÉANS
SOUVENIRS-ÉCRANS
FRANCO-CANADIENS
FRANCO-CANADIENS
NORD-VIETNAMIENS
NORD-VIETNAMIENS
DELIRIUM TREMENS
BALARUC-LES-BAINS
DIVONNE-LES-BAINS
MONDORF-LES-BAINS
LUXEUIL-LES-BAINS
ENGHIEN-LES-BAINS
YVERDON-LES-BAINS
BAGNOLS-LES-BAINS
LAMALOU-LES-BAINS
ANGLO-AMÉRICAINS
ANGLO-AMÉRICAINS
VINCENT DE LÉRINS
REQUINS-PÈLERINS
SAISIES-BRANDONS
SOUS-COMMISSIONS
EURO-OBLIGATIONS
CONGRATULATIONS
SOUS-ESTIMATIONS
SOUS-ÉVALUATIONS
PRIMO-INFECTIONS
SOUS-PRODUCTIONS
SOUS-EXPOSITIONS
NON-COMPARUTIONS
COURTS-BOUILLONS
CHAUFFE-BIBERONS
LES ANCIZES-COMPS
SAINT-JULIEN-L'ARS
GENTLEMEN-RIDERS
CONTRE-ESPALIERS
NAVIRES-ATELIERS
BOULAINVILLIERS
SAPEURS-POMPIERS
PRÊTRES-OUVRIERS
DIANE DE POITIERS
FRANCS-QUARTIERS
PETITS DÉJEUNERS
MICROS-TROTTOIRS
MARTINS-PÊCHEURS
PORTE-CONTENEURS
SOUS-GOUVERNEURS
MAÎTRES-PENSEURS
AIDES-ÉDUCATEURS
CACHE-RADIATEURS
MINI-ORDINATEURS
CÂBLO-OPÉRATEURS
SEMI-CONDUCTEURS
DUPONT DE NEMOURS
GRÉGOIRE DE TOURS
ASSOCIATED PRESS
MARTEAUX-PIOLETS
PLUS-QUE-PARFAITS
CARÊMES-PRENANTS
SOUS-LIEUTENANTS

15

NON-BELLIGÉRANTS
BASSINS-VERSANTS
BUISSONS-ARDENTS
SOUS-AMENDEMENTS
SOUS-PEUPLEMENTS
SOUS-ÉQUIPEMENTS
AMIANTES-CIMENTS
SELF-GOVERNMENTS
PORTRAITS-ROBOTS
COMPÈRES-LORIOTS
PALAVAS-LES-FLOTS
SEXTUS EMPIRICUS
AEMILIUS LEPIDUS
TULLUS HOSTILIUS
ANGELUS SILESIUS
QUINTILIUS VARUS
CYTOMÉGALOVIRUS
SOUS-PROLÉTARIAT
ENTREPRENEURIAT
LÉONARD DE NOBLAT
VENANCE FORTUNAT
FLORIS DE VRIENDT
SAINT-LEU-LA-FORÊT
LEVALLOIS-PERRET
LEPRINCE-RINGUET
BECS-DE-PERROQUET
ASSURANCE-CRÉDIT
PONT-SAINT-ESPRIT
SAINT-GENIEZ-D'OLT
FORT-ARCHAMBAULT
NOYELLES-GODAULT
CONTREBALANÇANT
LOUIS LE FAINÉANT
DÉDIFFÉRENCIANT
HYPERGLYCÉMIANT
DÉBROUSSAILLANT
EMBROUSSAILLANT
SE COLLETAILLANT
CHÂTEAUMEILLANT
DÉSENTORTILLANT
RECROQUEVILLANT
PSYCHOSTIMULANT
IMMUNOSTIMULANT
GABRIEL LALEMANT
TIRE-BOUCHONNANT
APPROVISIONNANT
REDIMENSIONNANT
DÉSILLUSIONNANT
DÉCONDITIONNANT
RÉQUISITIONNANT
MANUTENTIONNANT
DÉCAVAILLONNANT
ÉCHANTILLONNANT
MARÉCHAL-FERRANT
WAGON-RESTAURANT
SE CLOCHARDISANT
SURMÉDICALISANT

COMMERCIALISANT
DÉMATÉRIALISANT
INDUSTRIALISANT
DÉCRIMINALISANT
DÉNATIONALISANT
OCCIDENTALISANT
INDIVIDUALISANT
CONCEPTUALISANT
CONTEXTUALISANT
DÉCULPABILISANT
VULNÉRABILISANT
DÉCRÉDIBILISANT
DÉSENSIBILISANT
INSENSIBILISANT
RECRISTALLISANT
DÉSYNCHRONISANT
PARTICULARISANT
REVASCULARISANT
TRANSISTORISANT
TECHNOCRATISANT
BUREAUCRATISANT
TRANSPARAISSANT
APPROFONDISSANT
SURENCHÉRISSANT
DÉSÉPAISSISSANT
RECONVERTISSANT
INTERVERTISSANT
DÉSASSORTISSANT
DÉSINVESTISSANT
INTERCONNECTANT
COURT-CIRCUITANT
COMPARTIMENTANT
EMBERLIFICOTANT
THERMORÉSISTANT
CONTRE-ATTAQUANT
CONTRE-INDIQUANT
NARCOTRAFIQUANT
PUY-SAINT-VINCENT
GUIBERT DE NOGENT
ANTIDÉPLACEMENT
AUTOFINANCEMENT
RÉENSEMENCEMENT
PROVERBIALEMENT
COMMERCIALEMENT
PHÉNOMÉNALEMENT
PRONOMINALEMENT
ORTHOGONALEMENT
UNILATÉRALEMENT
CONGÉNITALEMENT
HORIZONTALEMENT
IRRÉVOCABLEMENT
DÉSAGRÉABLEMENT
INFATIGABLEMENT
RAISONNABLEMENT
IRRÉPARABLEMENT
INSÉPARABLEMENT
DÉFAVORABLEMENT

INÉPUISABLEMENT
INÉLUCTABLEMENT
INDUBITABLEMENT
CONFORTABLEMENT
IRRÉFUTABLEMENT
IMMANQUABLEMENT
REMARQUABLEMENT
IMPITOYABLEMENT
INFAILLIBLEMENT
PERCEPTIBLEMENT
ESSENTIELLEMENT
POTENTIELLEMENT
RATIONNELLEMENT
PERSONNELLEMENT
FRATERNELLEMENT
UNIVERSELLEMENT
CONTINUELLEMENT
PERPÉTUELLEMENT
SPIRITUELLEMENT
ENTREBÂILLEMENT
ÉCRABOUILLEMENT
QUATORZIÈMEMENT
RADIOALIGNEMENT
SURENTRAÎNEMENT
CLANDESTINEMENT
QUOTIDIENNEMENT
ÉBOURGEONNEMENT
COLLATIONNEMENT
CONDITIONNEMENT
RÉÉCHELONNEMENT
DÉCLOISONNEMENT
EMPOISSONNEMENT
INOPPORTUNÉMENT
DÉSENCOMBREMENT
INCONSIDÉRÉMENT
IRRÉGULIÈREMENT
FORFAITAIREMENT
HÉRÉDITAIREMENT
PRIORITAIREMENT
MAJORITAIREMENT
AUTORITAIREMENT
OBLIGATOIREMENT
PÉREMPTOIREMENT
POSTÉRIEUREMENT
ENTRECROISEMENT
GRANOCLASSEMENT
INTERCLASSEMENT
ÉCLAIRCISSEMENT
OBSCURCISSEMENT
ACCOURCISSEMENT
REFROIDISSEMENT
ABÂTARDISSEMENT
DÉGOURDISSEMENT
ENGOURDISSEMENT
ASSOURDISSEMENT
APPLAUDISSEMENT
INFLÉCHISSEMENT
DÉGAUCHISSEMENT
AFFAIBLISSEMENT
ENSEVELISSEMENT
REJAILLISSEMENT
ACCOMPLISSEMENT
ASSOUPLISSEMENT
RAFFERMISSEMENT
ACCROUPISSEMENT
ASSOMBRISSEMENT
ATTENDRISSEMENT
AMOINDRISSEMENT
RENCHÉRISSEMENT
DÉMAIGRISSEMENT
ENDOLORISSEMENT
APPAUVRISSEMENT
DESSAISISSEMENT
RESSAISISSEMENT
DÉGROSSISSEMENT
EMPUANTISSEMENT
PERVERTISSEMENT
TRAVESTISSEMENT
ENGLOUTISSEMENT
FALLACIEUSEMENT
PERNICIEUSEMENT
CAPRICIEUSEMENT
SILENCIEUSEMENT
FASTIDIEUSEMENT
PRODIGIEUSEMENT
CALOMNIEUSEMENT
HARMONIEUSEMENT
MYSTÉRIEUSEMENT
VICTORIEUSEMENT
OBSÉQUIEUSEMENT
SCANDALEUSEMENT
MIRACULEUSEMENT
MÉTICULEUSEMENT
FRAUDULEUSEMENT
SCRUPULEUSEMENT
DÉDAIGNEUSEMENT
DÉSASTREUSEMENT
MALHEUREUSEMENT
CHALEUREUSEMENT
LANGOUREUSEMENT
DOULOUREUSEMENT
PLANTUREUSEMENT
AVENTUREUSEMENT
MONSTRUEUSEMENT
DÉFECTUEUSEMENT
AFFECTUEUSEMENT
TUMULTUEUSEMENT
VOLUPTUEUSEMENT
MAJESTUEUSEMENT
INDISTINCTEMENT
MULTITRAITEMENT
HYDROTRAITEMENT
DÉSENCHANTEMENT
CONTINGENTEMENT

CONTREVENTEMENT
DÉSAPPOINTEMENT
INTRINSÈQUEMENT
STRATÉGIQUEMENT
PÉDAGOGIQUEMENT
THÉOLOGIQUEMENT
SYMPATHIQUEMENT
ÉVANGÉLIQUEMENT
PARABOLIQUEMENT
APOSTOLIQUEMENT
ALLÉGORIQUEMENT
CATÉGORIQUEMENT
GÉOMÉTRIQUEMENT
EXCENTRIQUEMENT
SCHÉMATIQUEMENT
FLEGMATIQUEMENT
ÉNIGMATIQUEMENT
AUTOMATIQUEMENT
DIALECTIQUEMENT
PROPHÉTIQUEMENT
SYNTHÉTIQUEMENT
AUTHENTIQUEMENT
PATRIOTIQUEMENT
SARCASTIQUEMENT
FANTASTIQUEMENT
STATISTIQUEMENT
ENTRECHOQUEMENT
PROGRESSIVEMENT
APPROBATIVEMENT
CORRÉLATIVEMENT
AFFIRMATIVEMENT
ALTERNATIVEMENT
COMPARATIVEMENT
QUALITATIVEMENT
FACULTATIVEMENT
RÉTROACTIVEMENT
INSTINCTIVEMENT
SUBSTANTIVEMENT
CONSÉCUTIVEMENT
DÉSOBLIGEAMMENT
BIENVEILLAMMENT
INCONSÉQUEMMENT
LANGUE-DE-SERPENT
BAS-SAINT-LAURENT
IMMUNOCOMPÉTENT
VLADIMIR LE SAINT
À BRÛLE-POURPOINT
JOINVILLE-LE-PONT
CHARENTON-LE-PONT
HARDOUIN-MANSART
VAL-SAINT-LAMBERT
BRIE-COMTE-ROBERT
CONTRE-TRANSFERT
LETTRE-TRANSFERT
CONDÉ-SUR-L'ESCAUT
BRUAY-SUR-L'ESCAUT
PHILIBERT LE BEAU
CONDÉ-SUR-NOIREAU

WALDECK-ROUSSEAU
GUYTON DE MORVEAU
MAURICE DE NASSAU
ADOLPHE DE NASSAU
MURASAKI SHIKIBU
CRÉCY-EN-PONTHIEU
BOURGOIN-JALLIEU
DÉCINES-CHARPIEU
TOSHUSAI SHARAKU
YAMAMOTO ISOROKU
KUALA TERENGGANU
SAINT-PAUL-LÈS-DAX
LA MOTTE-SERVOLEX
EXTRAPYRAMIDAUX
CYLINDRES-SCEAUX
MAGNY-LES-HAMEAUX
SOUS-ARBRISSEAUX
REQUINS-MARTEAUX
ARCHIÉPISCOPAUX
INTERVERTÉBRAUX
SCAPULO-HUMÉRAUX
ADIPOSO-GÉNITAUX
NAVIRES-HÔPITAUX
TRANSCENDANTAUX
PROCHE-ORIENTAUX
GOUVERNEMENTAUX
COMPORTEMENTAUX
SUPRASEGMENTAUX
ÉPICONTINENTAUX
ANTITUBERCULEUX
ANTIPRURIGINEUX
ARTÉRIOSCLÉREUX
HYPOPHOSPHOREUX
ALCALINO-TERREUX
GUILLAUME LE ROUX
THANKSGIVING DAY
MONTREUIL-BELLAY
DUPLESSIS-MORNAY
SILVESTRE DE SACY
LEMAISTRE DE SACY
VILLERS-LÈS-NANCY
GAUTIER DE COINCY
AMBÉRIEU-EN-BUGEY
LE GRAND-QUEVILLY
LE PETIT-QUEVILLY
SAINT-BARTHÉLEMY
HOUPHOUËT-BOIGNY
CHÂTENAY-MALABRY
PHILIPPE DE VITRY
MONTFORT-L'AMAURY
BOKARO STEEL CITY
GARCÍA GUTIÉRREZ
TUXTLA GUTIÉRREZ
GONZÁLEZ MÁRQUEZ
MONTIGNY-LÈS-METZ
SAINT-PÈRE-EN-RETZ
BOURGNEUF-EN-RETZ

16

CARREÑO DE MIRANDA
ANTIGUA-ET-BARBUDA
GRAN SASSO D'ITALIA
REGGIO NELL'EMILIA
REGGIO DI CALABRIA
MARIE LESZCZYNSKA
ANTIGUA GUATEMALA
HIDALGO Y COSTILLA
NAKHON RATCHASIMA
GRANADOS Y CAMPIÑA
PIERRE D'ALCÁNTARA
MUSTAFA KEMAL PASA
ACÉTYLCOENZYMES A
MARTÍNEZ DE LA ROSA
SAN-MARTINO-DI-LOTA
HURTADO DE MENDOZA
CREUTZFELDT-JAKOB
LA BAULE-ESCOUBLAC
LOUISE DE MARILLAC
GERBERT D'AURILLAC
CYRANO DE BERGERAC
SAINT-JEAN-LE-BLANC
CASTELNAU-DE-MÉDOC
DAVID COPPERFIELD
THÉODORIC LE GRAND
FERDINAND LE GRAND
GUILLAUME LE GRAND
ALEXANDRE LE GRAND
SAINT-MÉEN-LE-GRAND
MOURMELON-LE-GRAND
ABD AL-AZIZ IBN SAUD
PHILIPPE DE SOUABE
TARQUIN LE SUPERBE
BUCKINGHAM PALACE
DÉMYSTIFICATRICE
DIFFÉRENCIATRICE
SURRÉGÉNÉRATRICE
HOMOGÉNÉISATRICE
DÉSTABILISATRICE
SENSIBILISATRICE
DÉSORGANISATRICE
EXPÉRIMENTATRICE
SUPRACONDUCTRICE
PHOTOCONDUCTRICE
AUTODESTRUCTRICE
CONCHYLICULTRICE
TÉLÉSURVEILLANCE
AUTOSURVEILLANCE
ADÉLAÏDE DE FRANCE
ISABELLE DE FRANCE
TREMBLAY-EN-FRANCE
NEUILLY-PLAISANCE
MÉTACONNAISSANCE
CHIMIORÉSISTANCE
CRYOLUMINESCENCE
IMMUNODÉFICIENCE
PORTES-LÈS-VALENCE
SAINT-PAUL-DE-VENCE
MAXIMILIEN DE BADE
CONTRE-PROPAGANDE
GERTRUDE LA GRANDE
RHÔMANOS LE MÉLODE
SINT-GENESIUS-RODE
BRIVE-LA-GAILLARDE
INTRAMONTAGNARDE
QUARANTE-HUITARDE
SOIXANTE-HUITARDE
BACILLARIOPHYCÉE
BEAUFORT-EN-VALLÉE
RÉAPPROVISIONNÉE
DISPROPORTIONNÉE
ORGANOPHOSPHORÉE
INTELLECTUALISÉE
POSTSYNCHRONISÉE
DÉSEMBOURGEOISÉE
DÉBUREAUCRATISÉE
CONTRE-ESPIONNAGE
PRÉAPPRENTISSAGE
TRENTIN-HAUT-ADIGE
GUILLAUME D'ORANGE
CASTILLE-LA MANCHE
MORTAGNE-AU-PERCHE
LÉON LE PHILOSOPHE
FRESNAY-SUR-SARTHE
ASSURANCE-MALADIE
SPISSKÉ PODHRADIE
ETHNOMUSICOLOGIE
ETHNOPSYCHOLOGIE
NEUROPSYCHOLOGIE
PSYCHOPATHOLOGIE
PHYSIOPATHOLOGIE
ANTHROPOBIOLOGIE
PSYCHOSOCIOLOGIE
NEUROPHYSIOLOGIE
RADIOCHRONOLOGIE
RADIO-IMMUNOLOGIE
AGROCLIMATOLOGIE
HYDROMÉTALLURGIE
RADIOTÉLÉGRAPHIE
TÉLÉRADIOGRAPHIE
AUTORADIOGRAPHIE
BIOBIBLIOGRAPHIE

CRISTALLOGRAPHIE
SYMPLÉSIOMORPHIE
JOSEPH D'ARIMATHIE
CHOLÉCYSTECTOMIE
HYPERŒSTROGÉNIE
BRONCHO-PNEUMONIE
ADÉLAÏDE DE SAVOIE
AURICULOTHÉRAPIE
INSULINOTHÉRAPIE
VITAMINOTHÉRAPIE
VERTÉBROTHÉRAPIE
THALASSOTHÉRAPIE
SAINT-CIRQ-LAPOPIE
SAULT-SAINTE-MARIE
LE CHÂTELET-EN-BRIE
THÉON D'ALEXANDRIE
HÉRON D'ALEXANDRIE
HYPERCHLORHYDRIE
ETHNOPSYCHIATRIE
NEUROPSYCHIATRIE
RADIOGONIOMÉTRIE
FRÉDÉRIC DE STYRIE
DYSCHONDROPLASIE
SOCIAL-DÉMOCRATIE
FRANCO-PROVENÇALE
ENTREPRENEURIALE
CORTICOSURRÉNALE
MÉDULLOSURRÉNALE
STATURO-PONDÉRALE
SOUS-PRÉFECTORALE
AMÉRIQUE CENTRALE
DVINA OCCIDENTALE
EXTRÊME-ORIENTALE
FLANDRE-ORIENTALE
ENVIRONNEMENTALE
COMMERCIALISABLE
INTERCONNECTABLE
INCOMPRÉHENSIBLE
BERLINER ENSEMBLE
DAMMARTIN-EN-GOËLE
DOMRÉMY-LA-PUCELLE
FLEURY-SUR-ANDELLE
CIRCONSTANCIELLE
EXTRASENSORIELLE
AGRO-INDUSTRIELLE
POSTINDUSTRIELLE
CONSUBSTANTIELLE
INTERFÉRENTIELLE
BIDIMENSIONNELLE
TRANSFUSIONNELLE
CORRÉLATIONNELLE
INFORMATIONNELLE
GRAVITATIONNELLE
INTERACTIONNELLE
TRANSACTIONNELLE
JURIDICTIONNELLE
TRIFONCTIONNELLE
INCONDITIONNELLE
PRÉPOSITIONNELLE
PROPOSITIONNELLE
INSTITUTIONNELLE
INTERPERSONNELLE
SPATIO-TEMPORELLE
MEURTHE-ET-MOSELLE
ARQUES-LA-BATAILLE
ANDORRE-LA-VIEILLE
ISIDORE DE SÉVILLE
FOUQUIER-TINVILLE
PIC DE LA MIRANDOLE
FRÉDÉRIC LE SIMPLE
COLONNES D'HERCULE
ROMULUS AUGUSTULE
MAGNÉSIE DU SIPYLE
CHARENTE-MARITIME
ÉLECTROMYOGRAMME
HÉTÉROCHROMOSOME
PHÉOCHROMOCYTOME
MONTECATINI-TERME
PROCELLARIIFORME
INFUNDIBULIFORME
PLEURONECTIFORME
ANTICLÉRICALISME
ANTICOLONIALISME
ANTI-IMPÉRIALISME
PRÉSIDENTIALISME
SENSATIONNALISME
PHOTOJOURNALISME
INSTRUMENTALISME
INTELLECTUALISME
NÉOMERCANTILISME
ANTIAMÉRICANISME
PRESBYTÉRIANISME
SÉGRÉGATIONNISME
ASSOCIATIONNISME
INTERACTIONNISME
OBSTRUCTIONNISME
CONTRE-TERRORISME
EUROPÉOCENTRISME
MICROTRAUMATISME
ARCHÉOMAGNÉTISME
SILLÉ-LE-GUILLAUME
PTOLÉMÉE ÉPIPHANE
TRIPHÉNYLMÉTHANE
TRICHLORÉTHYLÈNE
ADÈLE DE CHAMPAGNE
NOUVELLE-BRETAGNE
MARIE DE BOURGOGNE
HENRI DE BOURGOGNE
COURNON-D'AUVERGNE
ANTIRÉPUBLICAINE
LATINO-AMÉRICAINE
LATINO-AMÉRICAINE
MARIA CHAPDELAINE
FRANÇOISE ROMAINE

CASTELJALOUSAINE
CAP-DE-LA-MADELEINE
ALISE-SAINTE-REINE
VERNEUIL-SUR-SEINE
ASNIÈRES-SUR-SEINE
DIACÉTYLMORPHINE
CORTICOSTIMULINE
CHRYSÉLÉPHANTINE
CHAMPAGNE-ARDENNE
DORSALE GUINÉENNE
ARISTOTÉLICIENNE
PYROTECHNICIENNE
POLYTECHNICIENNE
NÉOPLATONICIENNE
ÉCONOMÉTRICIENNE
ASTROPHYSICIENNE
CHIROPRATICIENNE
PÉRIPATÉTICIENNE
PORT-AU-PRINCIENNE
FRANCO-CANADIENNE
FRANCO-CANADIENNE
PARATHYROÏDIENNE
ANTITHYROÏDIENNE
COMÉDIE-ITALIENNE
BERZÉ-LA-VILLIENNE
CHLOROPHYLLIENNE
AMSTELLODAMIENNE
NORD-VIETNAMIENNE
NORD-VIETNAMIENNE
TRANSAMAZONIENNE
PONTÉPISCOPIENNE
LOMÉNIE DE BRIENNE
CAROLOMACÉRIENNE
PONTAUDEMÉRIENNE
NÉOGRAMMAIRIENNE
SAÔNE-ET-LOIRIENNE
PROTOHISTORIENNE
TRANSCAUCASIENNE
SAINT-PALAISIENNE
CHANTONNAISIENNE
CARPENTRASSIENNE
MARIE L'ÉGYPTIENNE
SAILLAT-SUR-VIENNE
MANSART DE SAGONNE
DÉSAPPROVISIONNÉ
LES SABLES-D'OLONNE
VERDUN-SUR-GARONNE
PORTET-SUR-GARONNE
NEUVILLE-SUR-SAÔNE
RÉUNION-TÉLÉPHONE
LA VOULTE-SUR-RHÔNE
SAINT-OUEN-L'AUMÔNE
BONNEUIL-SUR-MARNE
ORMESSON-SUR-MARNE
VILLIERS-SUR-MARNE
THORIGNY-SUR-MARNE
SAINT-JEAN-DE-LOSNE

AGRIPPINE LA JEUNE
TASSIN-LA-DEMI-LUNE
THÉOPHILANTHROPE
JEMEPPE-SUR-SAMBRE
ARGENT-SUR-SAULDRE
LA CÔTE-SAINT-ANDRÉ
TRANSFRONTALIÈRE
BRUAY-LA-BUISSIÈRE
ISABEAU DE BAVIÈRE
ARRIÈRE-GRAND-MÈRE
ARRIÈRE-GRAND-PÈRE
ÉLECTRONUCLÉAIRE
HYDROCORALLIAIRE
PLÉNIPOTENTIAIRE
MONT-SAINT-HILAIRE
SUPRAMOLÉCULAIRE
INTRAMOLÉCULAIRE
MACROMOLÉCULAIRE
INTERMOLÉCULAIRE
EXTRAVÉHICULAIRE
ANTIPELLICULAIRE
CARDIO-VASCULAIRE
SAINT-APOLLINAIRE
SUBDIVISIONNAIRE
DEMI-PENSIONNAIRE
MANUTENTIONNAIRE
AUTOGESTIONNAIRE
CARDIO-PULMONAIRE
CONTRESIGNATAIRE
JAMMU-ET-CACHEMIRE
SAINT-CYR-SUR-LOIRE
CHAUMONT-SUR-LOIRE
PRÉIMPLANTATOIRE
DESBORDES-VALMORE
CLERMONT-TONNERRE
ROCHEFORT-EN-TERRE
LE KREMLIN-BICÊTRE
MILLIAMPÈREMÈTRE
SPHYGMOMANOMÈTRE
TOMODENSITOMÈTRE
COURVILLE-SUR-EURE
CATHERINE LABOURÉ
GÉLATINO-CHLORURE
PALÉOTEMPÉRATURE
MORTAGNE-SUR-SÈVRE
MONOAMINE-OXYDASE
RHODE-SAINT-GENÈSE
ALEXANDRE FARNÈSE
ÉLISABETH FARNÈSE
COMÉDIE-FRANÇAISE
NAVARRE FRANÇAISE
CHÂTELLERAUDAISE
GUINÉE PORTUGAISE
NORD-MONTRÉALAISE
GRAND-QUEVILLAISE
CHAMPIGNEULLAISE
NIGÉRO-CONGOLAISE

SANCTO-JULIANAISE
TARN-ET-GARONNAISE
CASTELGIRONNAISE
CHÂTELGUYONNAISE
CASTELBRIANTAISE
SAINT-MAIXENTAISE
ROCHECHOUARTAISE
DÉSINDUSTRIALISÉ
PROFESSIONNALISÉ
CORRECTIONNALISÉ
INTERNATIONALISÉ
DÉPARTEMENTALISÉ
SAINTE-MÈRE-ÉGLISE
DÉRESPONSABILISÉ
BRANDEBOURGEOISE
BRANDEBOURGEOISE
PETITE-BOURGEOISE
WISSEMBOURGEOISE
LAUTERBOURGEOISE
VILLERSEXELLOISE
MONTFERMEILLOISE
VICTORIAVILLOISE
DRUMMONDVILLOISE
GOUSSAINVILLOISE
SAINT-POURCINOISE
SAINT-QUENTINOISE
SAINT-AVERTINOISE
SAINT-JULIENNOISE
HÉRIMONCOURTOISE
JUNIOR ENTREPRISE
POCHETTE-SURPRISE
LE PLESSIS-TRÉVISE
BULLETINS-RÉPONSE
LYMPHORÉTICULOSE
CHONDROCALCINOSE
NEUROFIBROMATOSE
HYPERPLAQUETTOSE
HYPERLEUCOCYTOSE
GARGES-LÈS-GONESSE
STRATOFORTERESSE
RAMASSEUSE-PRESSE
CULS-DE-BASSE-FOSSE
CARRÈRE D'ENCAUSSE
SAINT-ALBAN-LEYSSE
AUTOMITRAILLEUSE
DÉBROUSSAILLEUSE
ANTITUBERCULEUSE
ANTIPRURIGINEUSE
APPROVISIONNEUSE
DÉCAVAILLONNEUSE
ÉCHANTILLONNEUSE
ARTÉRIOSCLÉREUSE
ALCALINO-TERREUSE
GRANDE-CHARTREUSE
SURENCHÉRISSEUSE
EMBERLIFICOTEUSE
SORGUE DE VAUCLUSE
SOCIALE-DÉMOCRATE
LUCIEN DE SAMOSATE
PTOLÉMÉE ÉVERGÈTE
TRIBOÉLECTRICITÉ
RADIOÉLECTRICITÉ
HYDROÉLECTRICITÉ
FERROÉLECTRICITÉ
PHOTOÉLECTRICITÉ
PIÉZO-ÉLECTRICITÉ
PSYCHOPLASTICITÉ
DENYS L'ARÉOPAGITE
TRACHÉO-BRONCHITE
LEUCO-ENCÉPHALITE
EXTERRITORIALITÉ
PROPORTIONNALITÉ
SUPRANATIONALITÉ
INTERNATIONALITÉ
INTERCOMMUNALITÉ
ENCÉPHALOMYÉLITE
IMPERTURBABILITÉ
BIODÉGRADABILITÉ
INTEROPÉRABILITÉ
IRRESPONSABILITÉ
IMPUTRESCIBILITÉ
RADIOSENSIBILITÉ
PHOTOSENSIBILITÉ
HYPERSENSIBILITÉ
INSUBMERSIBILITÉ
TRANSMISSIBILITÉ
IMPRÉDICTIBILITÉ
REPRODUCTIBILITÉ
IMPERCEPTIBILITÉ
INCORRUPTIBILITÉ
INCONVERTIBILITÉ
INCOMBUSTIBILITÉ
PERPENDICULARITÉ
STÉRÉORÉGULARITÉ
REPRÉSENTATIVITÉ
HYPERGLYCÉMIANTE
DÉBROUSSAILLANTE
PSYCHOSTIMULANTE
IMMUNOSTIMULANTE
TRENTE-ET-QUARANTE
THERMORÉSISTANTE
NARCOTRAFIQUANTE
IMMUNOCOMPÉTENTE
APAMÉE-SUR-L'ORONTE
LAISSÉ-POUR-COMPTE
COMMEDIA DELL'ARTE
RÍO BRAVO DEL NORTE
RIO GRANDE DO NORTE
ALPHONSE LE CHASTE
ÉLECTROMÉNAGISTE
ANTIESCLAVAGISTE
ENDOCRINOLOGISTE
ANTICOLONIALISTE
ANTI-IMPÉRIALISTE

PHOTOJOURNALISTE
INTELLECTUALISTE
JEAN L'ÉVANGÉLISTE
SÉGRÉGATIONNISTE
OBSTRUCTIONNISTE
PROHIBITIONNISTE
CRYPTOCOMMUNISTE
CONTRE-TERRORISTE
AUDIOPROTHÉSISTE
MULTIRÉCIDIVISTE
L'ANCIENNE-LORETTE
LEXINGTON-FAYETTE
KINÉSITHÉRAPEUTE
PSYCHOTHÉRAPEUTE
INHALOTHÉRAPEUTE
GÉNÉRATION PERDUE
MICHEL PALÉOLOGUE
MANUEL PALÉOLOGUE
NEUROPSYCHOLOGUE
PSYCHOSOCIOLOGUE
L'ISLE-SUR-LA-SORGUE
TRAVELLER'S CHEQUE
AUSTRALOPITHÈQUE
IMPARISYLLABIQUE
QUADRISYLLABIQUE
EDGAR LE PACIFIQUE
STÉRÉOSPÉCIFIQUE
ANTISCIENTIFIQUE
GÉOMORPHOLOGIQUE
PHÉNOMÉNOLOGIQUE
BIOTECHNOLOGIQUE
GÉOCHRONOLOGIQUE
AUTOBIOGRAPHIQUE
MÉTALLOGRAPHIQUE
SIGILLOGRAPHIQUE
DACTYLOGRAPHIQUE
SPECTROGRAPHIQUE
ORTHOSYMPATHIQUE
ÉPIPALÉOLITHIQUE
CLAUDE LE GOTHIQUE
GLYCÉROPHTALIQUE
MÉPHISTOPHÉLIQUE
ORGANOMÉTALLIQUE
THROMBOEMBOLIQUE
ÉLECTRODYNAMIQUE
MAGNÉTODYNAMIQUE
ÉLECTROMÉCANIQUE
HYPOALLERGÉNIQUE
ÉLECTROTECHNIQUE
ANTIHISTAMINIQUE
DEUTÉROCANONIQUE
OPTOÉLECTRONIQUE
DIOGÈNE LE CYNIQUE
PSYCHOTHÉRAPIQUE
CHIMIOTHÉRAPIQUE
MÉTAPHOSPHORIQUE
PYROPHOSPHORIQUE

DIESEL-ÉLECTRIQUE
DYNAMOÉLECTRIQUE
THERMOÉLECTRIQUE
STŒCHIOMÉTRIQUE
HOROKILOMÉTRIQUE
ANTHROPOMÉTRIQUE
MÉTAMATHÉMATIQUE
ORTHOCHROMATIQUE
TÉLÉINFORMATIQUE
PÉRI-INFORMATIQUE
HYDROPNEUMATIQUE
ANTIDÉMOCRATIQUE
BACTÉRIOSTATIQUE
RÉTROSYNTHÉTIQUE
PHOTOSYNTHÉTIQUE
ÉLECTROCINÉTIQUE
CHAMITO-SÉMITIQUE
THYMOANALEPTIQUE
MÉTALLOPLASTIQUE
GALVANOPLASTIQUE
ANTIPHLOGISTIQUE
MÉTALINGUISTIQUE
ZOOTHÉRAPEUTIQUE
HISPANO-MAURESQUE
AMBARÈS-ET-LAGRAVE
RÉPUBLIQUE BATAVE
THERMOPROPULSIVE
ÉLECTROPORTATIVE
CONTRE-PRODUCTIVE
SAINT-JEAN-DE-BRAYE
MANIACO-DÉPRESSIF
MUHAMMAD IBN YUSUF
VALDEMAR ATTERDAG
CHALETTE-SUR-LOING
VILLENEUVE-DE-BERG
PIETERMARITZBURG
JEAN DE LUXEMBOURG
HAUT-KŒNIGSBOURG
SAINT-PÉTERSBOURG
BERGISCH GLADBACH
BEHREN-LÈS-FORBACH
FISCHER VON ERLACH
PLAISANCE-DU-TOUCH
MAXIMILIEN JOSEPH
ARUNACHAL PRADESH
TERAUCHI HISAICHI
KUTCHUK-KAÏNARDJI
IZANAGI ET IZANAMI
SESTO SAN GIOVANNI
KAWABATA YASUNARI
SALINAS DE GORTARI
ABU AL-ALA AL-MAARRI
BORDJ BOU ARRÉRIDJ
OTTON DE BRUNSWICK
NOUVEAU-BRUNSWICK
VAN MUSSCHENBROEK
LADISLAS LOKIETEK

BLAGOVECHTCHENSK
IOUJNO-SAKHALINSK
NEUROCHIRURGICAL
SAINT-ROMAIN-EN-GAL
EXTRAPATRIMONIAL
EXTRATERRITORIAL
GASTRO-INTESTINAL
SAHARA OCCIDENTAL
HYPERCONTINENTAL
INTERCONTINENTAL
TRANSCONTINENTAL
CORMELLES-LE-ROYAL
TILL EULENSPIEGEL
VILLAINES-LA-JUHEL
CONQUES-SUR-ORBIEL
INTERMINISTÉRIEL
SEMI-PRÉSIDENTIEL
COMMUNICATIONNEL
OMNIDIRECTIONNEL
ANTICONJONCTUREL
ROBERT D'ARBRISSEL
BRUYÈRES-LE-CHÂTEL
INGÉNIEUR-CONSEIL
ADHÉMAR DE MONTEIL
KINGSTON-UPON-HULL
BOURG-SAINT-ANDÉOL
GUILLAUME D'OCKHAM
SINT-MARTENS-LATEM
BRITISH PETROLEUM
ERCKMANN-CHATRIAN
NUAGES DE MAGELLAN
MASDJID-I SULAYMAN
MASDJED-E SOLEYMAN
AMAURY DE LUSIGNAN
CHRISTINE DE PISAN
ÉTIENNE UROS DUSAN
THERMODYNAMICIEN
PSYCHOTECHNICIEN
RADIOÉLECTRICIEN
CÉPHALO-RACHIDIEN
GLOSSO-PHARYNGIEN
NEUROENDOCRINIEN
ÉPITHÉLIONEURIEN
MALAYO-POLYNÉSIEN
SÉQUANODIONYSIEN
HISPANO-AMÉRICAIN
HISPANO-AMÉRICAIN
SCIPION L'AFRICAIN
SUD-OUEST AFRICAIN
MASSIF ARMORICAIN
DANGÉ-SAINT-ROMAIN
REVIGNY-SUR-ORNAIN
MEHMED VAHIDEDDIN
LA ROCHEJAQUELEIN
FOULQUES LE RÉCHIN
LARAGNE-MONTÉGLIN
ANGLES-SUR-L'ANGLIN

À LA SAINT-GLINGLIN
GEVREY-CHAMBERTIN
ANTOINE DE BOURBON
CHARLES DE BOURBON
CATHERINE D'ARAGON
BAGNÈRES-DE-LUCHON
BERNARD DE MENTHON
PTOLÉMÉE CÉSARION
PEINTURE-ÉMULSION
THERMOPROPULSION
IMMUNODÉPRESSION
TÉLÉTRANSMISSION
CUISSON-EXTRUSION
CRYODESSICCATION
CONTRE-INDICATION
DISQUALIFICATION
PERSONNIFICATION
SACCHARIFICATION
AUTHENTIFICATION
COMPLEXIFICATION
DÉMULTIPLICATION
CEP COMMUNICATION
MICROPROPAGATION
CIRCUMNAVIGATION
HYPERVENTILATION
CIRCUMAMBULATION
INTERCIRCULATION
THERMORÉGULATION
AUTOCONSOMMATION
SOUS-CONSOMMATION
PUBLI-INFORMATION
DÉSHYDROGÉNATION
NON-DISSÉMINATION
PRÉDÉTERMINATION
SURDÉTERMINATION
DÉSINCARCÉRATION
NON-PROLIFÉRATION
TRANSLITTÉRATION
EXXON CORPORATION
INTERPÉNÉTRATION
CARBONITRURATION
DÉMÉDICALISATION
ÉCHOLOCALISATION
DÉSPÉCIALISATION
POTENTIALISATION
PERSONNALISATION
FICTIONALISATION
MUNICIPALISATION
DÉMINÉRALISATION
DÉCENTRALISATION
DÉNATURALISATION
UNIVERSALISATION
SPIRITUALISATION
MALLÉABILISATION
COMPTABILISATION
DÉCARTELLISATION
SURALCOOLISATION

CHRISTIANISATION
DÉNICOTINISATION
DÉPIGEONNISATION
AUTO-IMMUNISATION
DÉNUCLÉARISATION
PARCELLARISATION
DÉMILITARISATION
REMILITARISATION
DÉPOLYMÉRISATION
COPOLYMÉRISATION
CONTAINÉRISATION
PSYCHIATRISATION
CONTENEURISATION
DÉPRESSURISATION
MITHRIDATISATION
DÉSINSECTISATION
DÉSAMBIGUÏSATION
COLLECTIVISATION
POLYCONDENSATION
PRESTIDIGITATION
SOUS-EXPLOITATION
DÉRÉGLEMENTATION
SOUS-ALIMENTATION
DÉSAFFÉRENTATION
SURFRÉQUENTATION
CONTRE-PRESTATION
CRYOCONSERVATION
AUTOSATISFACTION
NON-CONTRADICTION
POLITIQUE-FICTION
VASOCONSTRICTION
ÉLECTROSTRICTION
MAGNÉTOSTRICTION
MACRO-INSTRUCTION
PHOTOCOMPOSITION
TÉLÉDISTRIBUTION
CONTRE-RÉVOLUTION
FONTAINE-LÈS-DIJON
TAILLEUR-PANTALON
LADISLAS JAGELLON
MAUZÉ-SUR-LE-MIGNON
LA ROQUE-D'ANTHÉRON
LE CHÂTEAU-D'OLÉRON
SYNCHROCYCLOTRON
LEFÈVRE D'ORMESSON
CHAZELLES-SUR-LYON
SAINTE-FOY-LÈS-LYON
CRAPONNE-SUR-ARZON
GIULIANO DA MAIANO
LORENZO VENEZIANO
KOIZUMI JUNICHIRO
NAKASONE YASUHIRO
ANDAMAN ET NICOBAR
BOISSY-SAINT-LÉGER
YORKSHIRE-TERRIER
SAINT-BRIAC-SUR-MER
SAINT-AUBIN-SUR-MER

L'AIGUILLON-SUR-MER
RÉAPPROVISIONNER
INSTRUMENTALISER
INTELLECTUALISER
POSTSYNCHRONISER
DÉSEMBOURGEOISER
DÉBUREAUCRATISER
CONTRE-MANIFESTER
MÜLHEIM AN DER RUHR
SEICHES-SUR-LE-LOIR
GAUTIER SANS AVOIR
FUSIL-MITRAILLEUR
CONTRE-TORPILLEUR
SOUS-ENTREPRENEUR
PINCE-MONSEIGNEUR
IMMUNODÉPRESSEUR
TURBOCOMPRESSEUR
PRÉAMPLIFICATEUR
SURAMPLIFICATEUR
DÉMULTIPLICATEUR
SUPERCALCULATEUR
THERMORÉGULATEUR
TÉLÉMANIPULATEUR
TURBOALTERNATEUR
DÉCENTRALISATEUR
PRESTIDIGITATEUR
VASOCONSTRICTEUR
SÉNÈQUE LE RHÉTEUR
PHOTOCOMPOSITEUR
GRENADE-SUR-L'ADOUR
QUEVEDO Y VILLEGAS
CONSTANTIN DOUKAS
BORMES-LES-MIMOSAS
QUARANTE-HUITARDS
SOIXANTE-HUITARDS
VILLARS-LES-DOMBES
SEMI-CONDUCTRICES
NON-BELLIGÉRANCES
CONTRE-ASSURANCES
TRANS-AVANT-GARDES
BORGNIS-DESBORDES
SOUS-ADMINISTRÉES
SOUS-MÉDICALISÉES
BALLONS DES VOSGES
SAINTES-NITOUCHES
BUIS-LES-BARONNIES
GESTALT-THÉRAPIES
FRANC-MAÇONNERIES
SURPRISES-PARTIES
SCAPULO-HUMÉRALES
ADIPOSO-GÉNITALES
PROCHE-ORIENTALES
SEMI-SUBMERSIBLES
MICRO-INTERVALLES
FŒTO-MATERNELLES
PORTE-JARRETELLES
AUTOS-PATROUILLES

MÉTAUX-CARBONYLES
QUATRE-VINGTIÈMES
SOIXANTE-DIXIÈMES
MOLÉCULES-GRAMMES
ROBERT DE MOLESMES
LIBRE-ÉCHANGISMES
JUSQU'AU-BOUTISMES
VENAREY-LÈS-LAUMES
MARTÍNEZ MONTAÑÉS
SAMOA AMÉRICAINES
ANGLO-AMÉRICAINES
ANGLO-AMÉRICAINES
MONTCEAU-LES-MINES
POUSSETTES-CANNES
PUVIS DE CHAVANNES
AFRO-BRÉSILIENNES
AFRO-BRÉSILIENNES
SUD-VIETNAMIENNES
SUD-VIETNAMIENNES
NÉO-CALÉDONIENNES
NÉO-CALÉDONIENNES
SAINT-SIMONIENNES
JUDÉO-CHRÉTIENNES
CHALANDS-CITERNES
MAÎTRES-CYLINDRES
FLUVIO-GLACIAIRES
GRANDS-ANGULAIRES
NUS-PROPRIÉTAIRES
ENTRE-DEUX-GUERRES
QUARTIERS-MAÎTRES
BRACELETS-MONTRES
HOMMES-ORCHESTRES
DAMES-D'ONZE-HEURES
GÉLATINO-BROMURES
FRANCO-FRANÇAISES
GARDES-FRANÇAISES
AUSTRO-HONGROISES
AUSTRO-HONGROISES
INTERENTREPRISES
CONTRE-EXPERTISES
FONTENAY-AUX-ROSES
GRANDES-DUCHESSES
TRENTE GLORIEUSES
ANTI-INFECTIEUSES
VASCULO-NERVEUSES
CONTRE-PUBLICITÉS
RHINO-PHARYNGITES
VILLES-SATELLITES
SÉNATUS-CONSULTES
NON-BELLIGÉRANTES
TOUTES-PUISSANTES
SEMI-CONVERGENTES
CONTRE-EMPREINTES
LIBRE-ÉCHANGISTES
JUSQU'AU-BOUTISTES
CHAUFFE-ASSIETTES
MÉRIBEL-LES-ALLUES

GRÉCO-BOUDDHIQUES
VIEUX-CATHOLIQUES
PHYSICO-CHIMIQUES
SOCIO-ÉCONOMIQUES
CHLORO-ORGANIQUES
PIÉZO-ÉLECTRIQUES
SEMI-AUTOMATIQUES
ARRIÈRE-BOUTIQUES
HISPANO-MORESQUES
ALPES SCANDINAVES
PLESTIN-LES-GRÈVES
CONTRE-OFFENSIVES
INTERRO-NÉGATIVES
CHRÉTIEN DE TROYES
CRENEY-PRÈS-TROYES
CONTRE-PRODUCTIFS
GODESCALC D'ORBAIS
ÉQUEURDREVILLAIS
SAINT-ÉMILIONNAIS
SEMUR-EN-BRIONNAIS
CHÂTELAILLONNAIS
MONTMORILLONNAIS
CHÂTEAU-CHINONAIS
FLEURY-LES-AUBRAIS
CHARLES LE MAUVAIS
FONTENAY-SOUS-BOIS
CHARLESBOURGEOIS
PHILIPPE DE VALOIS
BAIE-SAINT-PAULOIS
LIECHTENSTEINOIS
VILLÉNOGARENNOIS
THÉODORE LASCARIS
NOTRE-DAME DE PARIS
BOURGEOIS DE PARIS
OREILLES-DE-SOURIS
TRAVELLER'S CHECKS
MÉDECINS-CONSEILS
ARRIÈRE-PETIT-FILS
ADÉLAÏDE D'ORLÉANS
RHINO-PHARYNGIENS
SOCIAUX-CHRÉTIENS
NOYELLES-SOUS-LENS
ANDERNOS-LES-BAINS
LATINO-AMÉRICAINS
LATINO-AMÉRICAINS
SABLES-D'OR-LES-PINS
ROMANÈCHE-THORINS
JUVÉNAL DES URSINS
CONTRE-EXTENSIONS
MICRO-IRRIGATIONS
NON-DÉNONCIATIONS
NON-CONCILIATIONS
CONTRE-PASSATIONS
SCIENCES-FICTIONS
EXTRÊMES-ONCTIONS
NON-INTERVENTIONS
SÃO JOSÉ DOS CAMPOS

GENTLEMANS-RIDERS
AIREDALE-TERRIERS
SCOTTISH-TERRIERS
GENTLEMEN-FARMERS
SPARRING-PARTNERS
ROCHES-RÉSERVOIRS
RELEASING FACTORS
MARTINS-CHASSEURS
MACRO-ORDINATEURS
MICRO-ORDINATEURS
CAPITAL-RISQUEURS
PEINTRES-GRAVEURS
CHAMBRAY-LÈS-TOURS
SOUS-PROLÉTARIATS
PLANCHES-CONTACTS
MONTRES-BRACELETS
VILLERS-COTTERÊTS
SOULTZ-SOUS-FORÊTS
SAINT-JEAN-DE-MONTS
CONTRE-TRANSFERTS
LIVIUS ANDRONICUS
CHASSELOUP-LAUBAT
HAUT-COMMISSARIAT
EISENHÜTTENSTADT
VILLENEUVE-LOUBET
ANAXIMÈNE DE MILET
HENRI PLANTAGENÊT
SEYSSINET-PARISET
POISSON-PERROQUET
PONTAULT-COMBAULT
CLERMONT-L'HÉRAULT
DACTYLOGRAPHIANT
ROBERT LE VAILLANT
DÉSEMBOUTEILLANT
PRÉSÉLECTIONNANT
PERQUISITIONNANT
DÉCONVENTIONNANT
DÉCONGESTIONNANT
FRANSQUILLONNANT
LA FORÊT-FOUESNANT
FONCTIONNALISANT
DÉSAISONNALISANT
DÉPERSONNALISANT
CONTRACTUALISANT
IMPERMÉABILISANT
RESPONSABILISANT
RESPECTABILISANT
DÉCHRISTIANISANT
RECHRISTIANISANT
FONCTIONNARISANT
DÉCOLLECTIVISANT
RAGAILLARDISSANT
ENORGUEILLISSANT
HENRI L'IMPUISSANT
CORBEILLE-D'ARGENT
GRAMMATICALEMENT
DICTATORIALEMENT
TERRITORIALEMENT
CONJECTURALEMENT
TRANSVERSALEMENT
FONDAMENTALEMENT
SENTIMENTALEMENT
INEXPLICABLEMENT
INEXTRICABLEMENT
IRRÉMÉDIABLEMENT
INÉBRANLABLEMENT
INTERMINABLEMENT
INCOMPARABLEMENT
CONSIDÉRABLEMENT
INTARISSABLEMENT
ÉPOUVANTABLEMENT
INDISCUTABLEMENT
INCONCEVABLEMENT
INTELLIGIBLEMENT
INCORRIGIBLEMENT
IRRÉVERSIBLEMENT
IRRÉMISSIBLEMENT
INDÉFECTIBLEMENT
IRRÉDUCTIBLEMENT
IRRÉSISTIBLEMENT
INDISSOLUBLEMENT
ARTIFICIELLEMENT
SEMESTRIELLEMENT
INDUSTRIELLEMENT
TANGENTIELLEMENT
TORRENTIELLEMENT
PASSIONNELLEMENT
STRUCTURELLEMENT
ACCIDENTELLEMENT
INDIVIDUELLEMENT
TÉLÉENSEIGNEMENT
PERFECTIONNEMENT
CONVENTIONNEMENT
TOURBILLONNEMENT
ÉTRÉSILLONNEMENT
ENTRECOLONNEMENT
REMPOISSONNEMENT
PARTICULIÈREMENT
HEBDOMADAIREMENT
FRAGMENTAIREMENT
INVOLONTAIREMENT
RÉENREGISTREMENT
EMBOURGEOISEMENT
DISCOURTOISEMENT
DÉSINTÉRESSEMENT
RACCOURCISSEMENT
RESPLENDISSEMENT
ABASOURDISSEMENT
RAFRAÎCHISSEMENT
AFFRANCHISSEMENT
APPESANTISSEMENT
ASSUJETTISSEMENT
INASSOUVISSEMENT
ARTIFICIEUSEMENT

TENDANCIEUSEMENT
SENTENCIEUSEMENT
COMPENDIEUSEMENT
DISPENDIEUSEMENT
IGNOMINIEUSEMENT
CÉRÉMONIEUSEMENT
PRÉTENTIEUSEMENT
ORGUEILLEUSEMENT
MERVEILLEUSEMENT
SOUPÇONNEUSEMENT
RESPECTUEUSEMENT
INFRUCTUEUSEMENT
SCIENTIFIQUEMENT
PATHOLOGIQUEMENT
SOCIOLOGIQUEMENT
ÉTYMOLOGIQUEMENT
HIÉRARCHIQUEMENT
GÉOGRAPHIQUEMENT
MÉLANCOLIQUEMENT
ASTRONOMIQUEMENT
TÉLÉPHONIQUEMENT
SYNCHRONIQUEMENT
ÉLECTRONIQUEMENT
MÉTAPHORIQUEMENT
MÉTAPHYSIQUEMENT
MATHÉMATIQUEMENT
SYSTÉMATIQUEMENT
DIPLOMATIQUEMENT
INFORMATIQUEMENT
DÉMOCRATIQUEMENT
ALPHABÉTIQUEMENT
HYPOTHÉTIQUEMENT
ARITHMÉTIQUEMENT
LINGUISTIQUEMENT
QUANTITATIVEMENT
INTRANSITIVEMENT
INTEMPESTIVEMENT
LANGUES-DE-SERPENT
FERDINAND LE SAINT
VILLENEUVE-SUR-LOT
ÉPINAY-SOUS-SÉNART
MACHINE-TRANSFERT
LOUVIGNÉ-DU-DÉSERT
TEISSERENC DE BORT
BRUNON DE QUERFURT
BIACHE-SAINT-VAAST
DUHAMEL DU MONCEAU
DENFERT-ROCHEREAU
DOUANIER ROUSSEAU
SÉVÉRAC-LE-CHÂTEAU
BRIENNE-LE-CHÂTEAU
BIGOT DE PRÉAMENEU
MARGUERITE D'ANJOU
NEUVILLE-DE-POITOU
SINT-PIETERS-LEEUW
ÉTATS PONTIFICAUX
FRANCO-PROVENÇAUX
WAGONS-TOMBEREAUX
BOILEAU-DESPRÉAUX
ENTREPRENEURIAUX
CORTICOSURRÉNAUX
STATURO-PONDÉRAUX
SOUS-PRÉFECTORAUX
EXTRÊME-ORIENTAUX
ENVIRONNEMENTAUX
À LA SIX-QUATRE-DEUX
SIGISMOND LE VIEUX
DUQUESNOY LE VIEUX
PSEUDOMEMBRANEUX
OLÉOPROTÉAGINEUX
CHARLES LE BOITEUX
RENAU D'ÉLIÇAGARAY
RENAU ÉLISSAGARAY
NEUFCHÂTEL-EN-BRAY
SAINTE-ANNE-D'AURAY
JEAN-MARIE VIANNEY
FRANCHET D'ESPEREY
SAINT-JEAN-D'ANGÉLY
BARBEY D'AUREVILLY
DAMPIERRE-EN-BURLY
FORD MOTOR COMPANY
CHÂTILLON-COLIGNY
NOGENT-EN-BASSIGNY
LATTRE DE TASSIGNY
LE GRAND-PRESSIGNY
CHAMBOLLE-MUSIGNY
GERLACHE DE GOMERY
FONTENAY-LE-FLEURY
WELWYN GARDEN CITY
ROMAINMÔTIER-ENVY
CALDERA RODRÍGUEZ
MAIZIÈRES-LÈS-METZ

17

CALDERÓN DE LA BARCA
GARCILASO DE LA VEGA
APOLLONIOS DE PERGA
COMODORO RIVADAVIA
VALERIUS PUBLICOLA
TALAVERA DE LA REINA
SOPHIE ALEKSEÏEVNA

JEREZ DE LA FRONTERA
DANIELE DA VOLTERRA
TOMASI DI LAMPEDUSA
ARCHIPRÊTRE DE HITA
HORTHY DE NAGYBÁNYA
SAVORGNAN DE BRAZZA
DUNOYER DE SEGONZAC
ÉLECTRODIAGNOSTIC
CHAMONIX-MONT-BLANC
SAINT-LAURENT-MÉDOC
FRANÇOIS-FERDINAND
MITHRIDATE LE GRAND
CONSTANTIN LE GRAND
CRÈVECŒUR-LE-GRAND
VELVET UNDERGROUND
SAINT-GILLES-DU-GARD
GRAND-SAINT-BERNARD
PETIT-SAINT-BERNARD
LA CELLE-SAINT-CLOUD
SAINT-PIERRE-D'IRUBE
THERMORÉGULATRICE
DÉCENTRALISATRICE
PRESTIDIGITATRICE
VASOCONSTRICTRICE
BOURG-SAINT-MAURICE
QUADRUPLE-ALLIANCE
PHARMACOVIGILANCE
VIDÉOSURVEILLANCE
CONTRE-PERFORMANCE
CHRISTINE DE FRANCE
ÉLISABETH DE FRANCE
ANTIBIORÉSISTANCE
CHIMILUMINESCENCE
TRIBOLUMINESCENCE
PHOTOLUMINESCENCE
LES BAUX-DE-PROVENCE
PONT-SAINTE-MAXENCE
PERSONNE-RESSOURCE
CATHERINE LA GRANDE
SAINTE-FOY-LA-GRANDE
SINT-JOOST-TEN-NOODE
DÉSAPPROVISIONNÉE
DÉSINDUSTRIALISÉE
PROFESSIONNALISÉE
CORRECTIONNALISÉE
INTERNATIONALISÉE
DÉPARTEMENTALISÉE
DÉRESPONSABILISÉE
SECRÉTARIAT-GREFFE
CHÂTELAILLON-PLAGE
TARASCON-SUR-ARIÈGE
JUAN JOSÉ D'AUTRICHE
ROHRBACH-LÈS-BITCHE
CHRONOTACHYGRAPHE
ASSURANCES-MALADIES
ETHNOMÉTHODOLOGIE
MORPHOPSYCHOLOGIE

ÉLECTRORADIOLOGIE
PSYCHOPHYSIOLOGIE
DENDROCHRONOLOGIE
GASTRO-ENTÉROLOGIE
PALÉOCLIMATOLOGIE
PHOTOLITHOGRAPHIE
ÉCHOCARDIOGRAPHIE
MACROPHOTOGRAPHIE
MICROPHOTOGRAPHIE
ASTROPHOTOGRAPHIE
ÉLECTROMYOGRAPHIE
CHONDRODYSTROPHIE
HÉMOGLOBINOPATHIE
HYPERÉOSINOPHILIE
MÉTHÉMOGLOBINÉMIE
MACROGLOBULINÉMIE
NOUVELLE-CALÉDONIE
THÉOPHILANTHROPIE
KABARDINO-BALKARIE
OLORON-SAINTE-MARIE
PHILON D'ALEXANDRIE
ACIDO-ALCALIMÉTRIE
TOMODENSITOMÉTRIE
NEUROCHIRURGICALE
EXTRAPATRIMONIALE
GUINÉE ÉQUATORIALE
EXTRATERRITORIALE
GASTRO-INTESTINALE
PRUSSE-OCCIDENTALE
HYPERCONTINENTALE
INTERCONTINENTALE
TRANSCONTINENTALE
PIERRE LE VÉNÉRABLE
THERMODURCISSABLE
ARRIÈRE-GRAND-ONCLE
NOIRMOUTIER-EN-L'ÎLE
MARTIGNAS-SUR-JALLE
CAVELIER DE LA SALLE
MONTIGNY-EN-GOHELLE
PSYCHOSENSORIELLE
INTERINDUSTRIELLE
JURISPRUDENTIELLE
UNIDIMENSIONNELLE
TRIDIMENSIONNELLE
CONFORMATIONNELLE
ORGANISATIONNELLE
CONVERSATIONNELLE
UNIDIRECTIONNELLE
INSURRECTIONNELLE
RECONVENTIONNELLE
INTERVENTIONNELLE
DISTRIBUTIONNELLE
CONSTITUTIONNELLE
INTERINDIVIDUELLE
SAINT-MARS-LA-JAILLE
MARQUETTE-LEZ-LILLE
BLANCHE DE CASTILLE

COLLIN D'HARLEVILLE
BRISSOT DE WARVILLE
LE MOYNE D'IBERVILLE
CHARLES LE BIEN-AIMÉ
CRANIOPHARYNGIOME
CHORIO-ÉPITHÉLIOME
MARGUERITE DE PARME
EMPIRIOCRITICISME
ANTHROPOMORPHISME
RADICAL-SOCIALISME
CONFESSIONNALISME
PROFESSIONNALISME
CONVENTIONNALISME
INTERNATIONALISME
MULTICULTURALISME
NATIONAL-POPULISME
MARXISME-LÉNINISME
VÉRIFICATIONNISME
INTERVENTIONNISME
RÉVOLUTIONNARISME
ANTHROPOCENTRISME
ÉLECTROMAGNÉTISME
FRÉDÉRIC-GUILLAUME
ANTIOCHOS ÉPIPHANE
JEFFERSON AIRPLANE
APOLLONIOS DE TYANE
BEAUMONT-DE-LOMAGNE
MONTOIR-DE-BRETAGNE
MOIRANS-EN-MONTAGNE
EYQUEM DE MONTAIGNE
HISPANO-AMÉRICAINE
HISPANO-AMÉRICAINE
UNION SUD-AFRICAINE
PROSPER D'AQUITAINE
ALIÉNOR D'AQUITAINE
LA CHAPELLE-LA-REINE
CHÂTILLON-SUR-SEINE
BONNIÈRES-SUR-SEINE
CARRIÈRES-SUR-SEINE
JACQUES DE VORAGINE
PRINCESSE PALATINE
BOSNIE-HERZÉGOVINE
PSYCHOMÉTRICIENNE
RHINO-PHARYNGIENNE
NEUROCHIRURGIENNE
CHÂTELPERRONIENNE
CASTROGONTÉRIENNE
CATHERINE DE SIENNE
BERNARDIN DE SIENNE
DORSALE TUNISIENNE
CAMPIVALLENSIENNE
CORPOPÉTRUSSIENNE
SOCIALE-CHRÉTIENNE
RÉTIF DE LA BRETONNE
ODORIC DA PORDENONE
LE PERREUX-SUR-MARNE
CHAMPIGNY-SUR-MARNE

BLAINVILLE-SUR-ORNE
VAN DE VELDE LE JEUNE
CONSTANTIN LE JEUNE
NEWCASTLE UPON TYNE
CHÂTEAUNEUF-DU-PAPE
SÃO TOMÉ ET PRÍNCIPE
BENOÎT-JOSEPH LABRE
MAGNÉSIE DU MÉANDRE
MATHILDE DE FLANDRE
JEANBON SAINT-ANDRÉ
CHÂTILLON-SUR-INDRE
ISABELLE DE BAVIÈRE
MULTIMILLIARDAIRE
LOUIS LE DÉBONNAIRE
MULTIMILLIONNAIRE
IMMUNODÉFICITAIRE
ANTIRÉGLEMENTAIRE
ANTIPARLEMENTAIRE
LA CHARITÉ-SUR-LOIRE
MONISTROL-SUR-LOIRE
CHÂTILLON-SUR-LOIRE
CHALONNES-SUR-LOIRE
MONTLOUIS-SUR-LOIRE
ANTI-INFLAMMATOIRE
WOLUWE-SAINT-PIERRE
THOMAS D'ANGLETERRE
BAGNÈRES-DE-BIGORRE
VOYAGEUR-KILOMÈTRE
SPECTROPHOTOMÈTRE
SAINT-ANDRÉ-DE-L'EURE
GUYANE HOLLANDAISE
ÉQUEURDREVILLAISE
SAINT-ÉMILIONNAISE
CHÂTELAILLONNAISE
MONTMORILLONNAISE
CHÂTEAU-CHINONAISE
INSTITUTIONNALISÉ
CHARLESBOURGEOISE
BAIE-SAINT-PAULOISE
LIECHTENSTEINOISE
VILLÉNOGARENNOISE
VENDEUVRE-SUR-BARSE
MONTREVEL-EN-BRESSE
PESEUSE-ENSACHEUSE
ROBERT COURTEHEUSE
PSEUDOMEMBRANEUSE
OLÉOPROTÉAGINEUSE
ARGENTON-SUR-CREUSE
CHRÉTIEN-DÉMOCRATE
ZOÉ PORPHYROGÉNÈTE
STÉRÉOSPÉCIFICITÉ
THERMOÉLECTRICITÉ
CONSUBSTANTIALITÉ
INCONDITIONNALITÉ
INCOMMUNICABILITÉ
ININTELLIGIBILITÉ
COMPRÉHENSIBILITÉ

INCOMPRESSIBILITÉ
INDESTRUCTIBILITÉ
GLOMÉRULONÉPHRITE
INTERSUBJECTIVITÉ
SUPRACONDUCTIVITÉ
IMPERMÉABILISANTE
ARRIÈRE-GRAND-TANTE
SAINT-CLAIR-SUR-EPTE
LAISSÉE-POUR-COMPTE
LAISSÉS-POUR-COMPTE
CAROLINE BONAPARTE
RADICAL-SOCIALISTE
INTERNATIONALISTE
MULTICULTURALISTE
MARXISTE-LÉNINISTE
COHABITATIONNISTE
INTERVENTIONNISTE
RADIOTÉLÉPHONISTE
VILLEBON-SUR-YVETTE
GASTRO-ENTÉROLOGUE
PIERRE CHRYSOLOGUE
GONZALVE DE CORDOUE
VLADIMIR MONOMAQUE
RÉPUBLIQUE TCHÈQUE
HENRI LE MAGNIFIQUE
CHARLES DE BELGIQUE
MÉDICO-PÉDAGOGIQUE
PARAPSYCHOLOGIQUE
ANTICHOLINERGIQUE
CINÉMATOGRAPHIQUE
ANTHROPOMORPHIQUE
BRACHIOCÉPHALIQUE
VIEILLE-CATHOLIQUE
ACÉTYLSALICYLIQUE
ANTICRYPTOGAMIQUE
PHARMACODYNAMIQUE
SEMI-LOGARITHMIQUE
LOUIS LE GERMANIQUE
GUYANE BRITANNIQUE
MICROÉLECTRONIQUE
ORTHOPHOSPHORIQUE
ANTIPSYCHIATRIQUE
MAGNÉTOÉLECTRIQUE
RADIOCONCENTRIQUE
ANTHROPOCENTRIQUE
MICRO-INFORMATIQUE
SYMPATHOMIMÉTIQUE
PARTHÉNOGÉNÉTIQUE
ÉLECTROMAGNÉTIQUE
PHARMACOCINÉTIQUE
PSYCHOANALEPTIQUE
PSYCHODYSLEPTIQUE
ÉLECTRODOMESTIQUE
EXTRALINGUISTIQUE
SOCIOLINGUISTIQUE
ETHNOLINGUISTIQUE
NEUROLINGUISTIQUE
ÉLECTROACOUSTIQUE
GRAND-GUIGNOLESQUE
MANIACO-DÉPRESSIVE
SINT-PIETERS-WOLUWE
FONTEVRAUD-L'ABBAYE
CORNEILLE DE LA HAYE
ŒSTROPROGESTATIF
CAUDEBEC-LÈS-ELBEUF
FRASNES-LEZ-ANVAING
HENRI DE LUXEMBOURG
ALBERT DE HABSBOURG
FREYMING-MERLEBACH
PIERRE FEDOROVITCH
MICHEL FEDOROVITCH
COUDENHOVE-KALERGI
TOYOTOMI HIDEYOSHI
LENINSK-KOUZNETSKI
BHUMIBOL ADULYADEJ
SINT-JANS-MOLENBEEK
MONODÉPARTEMENTAL
CRIQUETOT-L'ESNEVAL
LE MONT-SAINT-MICHEL
ANTICONCURRENTIEL
PLURIDIMENSIONNEL
MULTIDIMENSIONNEL
TRANSFORMATIONNEL
ANTICONCEPTIONNEL
INCONSTITUTIONNEL
LIEUTENANT-COLONEL
PIERRE DE MONTREUIL
SAINT-MAURICE-L'EXIL
MONTPON-MÉNESTÉROL
NOUVELLE-AMSTERDAM
REPORTER-CAMERAMAN
CAMPBELL-BANNERMAN
SAINT-LAURENT-NOUAN
BANDAR SERI BEGAWAN
PAPOUAN-NÉO-GUINÉEN
ÉLECTROMÉCANICIEN
ÉLECTROTECHNICIEN
CRISTALLOPHYLLIEN
ALBERTIVILLIARIEN
PORT-SAINT-LOUISIEN
DÉMOCRATE-CHRÉTIEN
ALI PACHA DE TEBELEN
ALPHONSE L'AFRICAIN
NEUVILLE-EN-FERRAIN
LA FERTÉ-SAINT-AUBIN
TEILHARD DE CHARDIN
SCHLESWIG-HOLSTEIN
PIERRE-SAINT-MARTIN
LOCATION-ACCESSION
IMMUNOSUPPRESSION
VIDÉOTRANSMISSION
NEUROTRANSMISSION
DÉSHUMIDIFICATION
SURMULTIPLICATION

TÉLÉCOMMUNICATION
DÉDIFFÉRENCIATION
INDIFFÉRENCIATION
PHOTODISSOCIATION
DÉSINTERMÉDIATION
CONSUBSTANTIATION
NON-DISCRIMINATION
AUTODÉTERMINATION
TRANSILLUMINATION
DÉSYNDICALISATION
RADIOLOCALISATION
COMMERCIALISATION
DÉMATÉRIALISATION
INDUSTRIALISATION
TÉLÉSIGNALISATION
DÉNATIONALISATION
SURCAPITALISATION
OCCIDENTALISATION
INDIVIDUALISATION
CONCEPTUALISATION
CONTEXTUALISATION
DÉCULPABILISATION
DÉSENSIBILISATION
INSENSIBILISATION
RECRISTALLISATION
TUBERCULINISATION
DÉSYNCHRONISATION
PARTICULARISATION
REVASCULARISATION
TRANSISTORISATION
BUREAUCRATISATION
COMPARTIMENTATION
NON-REPRÉSENTATION
HYPERSUSTENTATION
TRAVERSÉE-JONCTION
FUSION-ACQUISITION
ÉLECTRODÉPOSITION
CONTRE-PROPOSITION
CÂBLODISTRIBUTION
SIGISMOND JAGELLON
ALEXANDRE JAGELLON
CANET-EN-ROUSSILLON
RENAUD DE CHÂTILLON
SAINT-DENIS-D'OLÉRON
LE PLESSIS-ROBINSON
CURZON OF KEDLESTON
STRATFORD-UPON-AVON
HUSAYN IBN AL-HUSAYN
SÃO LUÍS DO MARANHÃO
DE LA MADRID HURTADO
SAINT-CAST-LE-GUILDO
VERDAGUER I SANTALÓ
MARAÑÓN Y POSADILLO
BENEDETTO DA MAIANO
GENTILE DA FABRIANO
DOMENICO VENEZIANO
ANDREA DEL CASTAGNO
SANTIAGO DEL ESTERO
TANIZAKI JUNICHIRO
ROBERTS OF KANDAHAR
SAINT-LAURENT-DU-VAR
FRANCFORT-SUR-L'ODER
SAINT-CHÉLY-D'APCHER
PIERRE LE JUSTICIER
VARENNES-SUR-ALLIER
VAILLANT-COUTURIER
SAINT-JACUT-DE-LA-MER
HERMANVILLE-SUR-MER
COURSEULLES-SUR-MER
SAINT-PALAIS-SUR-MER
DÉSAPPROVISIONNER
DÉSINDUSTRIALISER
PROFESSIONNALISER
CORRECTIONNALISER
INTERNATIONALISER
DÉPARTEMENTALISER
DÉRESPONSABILISER
ESCRIVÁ DE BALAGUER
MONTOIRE-SUR-LE-LOIR
SAINT-CYR-AU-MONT-D'OR
MITHRIDATE EUPATOR
CHASSEUR-CUEILLEUR
FRAISEUR-OUTILLEUR
PINCES-MONSEIGNEUR
IMMUNOSUPPRESSEUR
DÉSHUMIDIFICATEUR
PSYCHORÉÉDUCATEUR
HENRI LE NAVIGATEUR
MICROMANIPULATEUR
STÉRÉOCOMPARATEUR
HYPERSUSTENTATEUR
MERLIN L'ENCHANTEUR
ÉMETTEUR-RÉCEPTEUR
NEUROTRANSMETTEUR
CÂBLODISTRIBUTEUR
SEDIAS GESTATORIAS
PLOUGASTEL-DAOULAS
APOLLODORE DE DAMAS
LA GARENNE-COLOMBES
LOCATIONS-GÉRANCES
TIMBRES-QUITTANCES
NOUVELLES-HÉBRIDES
CONTRE-PROPAGANDES
QUARANTE-HUITARDES
SOIXANTE-HUITARDES
SIX-FOURS-LES-PLAGES
CONTRE-ESPIONNAGES
DONATIONS-PARTAGES
FUSTEL DE COULANGES
GUILHERAND-GRANGES
SERVIETTES-ÉPONGES
NUITS-SAINT-GEORGES
BEAULIEU-LÈS-LOCHES
RADIO-IMMUNOLOGIES

BRONCHO-PNEUMONIES
SOCIAL-DÉMOCRATIES
FRANCO-PROVENÇALES
STATURO-PONDÉRALES
SOUS-PRÉFECTORALES
INDES OCCIDENTALES
EXTRÊME-ORIENTALES
EXPERTS-COMPTABLES
COLONNES D'HÉRAKLÈS
AGRO-INDUSTRIELLES
SPATIO-TEMPORELLES
VARENNES-VAUZELLES
HOMMES-GRENOUILLES
BALLETS-PANTOMIMES
ANTI-IMPÉRIALISMES
CONTRE-TERRORISMES
LATINO-AMÉRICAINES
LATINO-AMÉRICAINES
FRANCO-CANADIENNES
FRANCO-CANADIENNES
VÊPRES SICILIENNES
NORD-VIETNAMIENNES
NORD-VIETNAMIENNES
HAUTEVILLE-LOMPNES
SAINT-MARTIN-D'HÈRES
LÉZIGNAN-CORBIÈRES
COURSES-CROISIÈRES
PORTE-HÉLICOPTÈRES
CARDIO-VASCULAIRES
DEMI-PENSIONNAIRES
CARDIO-PULMONAIRES
JUGES-COMMISSAIRES
HAUTS-COMMISSAIRES
NUES-PROPRIÉTAIRES
RHODES-INTÉRIEURES
RHODES-EXTÉRIEURES
GÉLATINO-CHLORURES
PHILIPPE DE ROUVRES
NIGÉRO-CONGOLAISES
TOITURES-TERRASSES
PETITES-MAÎTRESSES
ALCALINO-TERREUSES
SOCIAUX-DÉMOCRATES
PIÉZO-ÉLECTRICITÉS
TRACHÉO-BRONCHITES
LEUCO-ENCÉPHALITES
REINES-MARGUERITES
COURSES-POURSUITES
ANTI-IMPÉRIALISTES
CONTRE-TERRORISTES
SABRES-BAÏONNETTES
OISEAUX-TROMPETTES
ESQUIMAUX-ALÉOUTES
TRAVELLER'S CHEQUES
ALPHONSE HENRIQUES
PÉRI-INFORMATIQUES
CHAMITO-SÉMITIQUES

HISPANO-MAURESQUES
PRINCESSE DE CLÈVES
CONTRE-PRODUCTIVES
MANIACO-DÉPRESSIFS
GOTTSCHALK D'ORBAIS
CHÂTEAULANDONNAIS
VERNOUX-EN-VIVARAIS
LE PRÉ-SAINT-GERVAIS
VINCENT DE BEAUVAIS
JEAN-FRANÇOIS RÉGIS
GUILLAUME DE NANGIS
MARTINEZ PASQUALIS
ESTRÉES-SAINT-DENIS
ÉMIRATS ARABES UNIS
MONTREUIL-SOUS-BOIS
LES CLAYES-SOUS-BOIS
SAINT-MARCELLINOIS
SAINTE-CATHERINOIS
CASTELSARRASINOIS
CORBEILLESSONNOIS
MONTFORT-LE-GESNOIS
GUILLAUME DE LORRIS
LE CATEAU-CAMBRÉSIS
ARGENTRÉ-DU-PLESSIS
SAINT-KITTS-ET-NEVIS
AUTOS SACRAMENTALS
SEMI-PRÉSIDENTIELS
ARRIÈRE-PETITS-FILS
LA NOUVELLE-ORLÉANS
SAINT-JEAN-EN-ROYANS
CÉPHALO-RACHIDIENS
GLOSSO-PHARYNGIENS
MALAYO-POLYNÉSIENS
BOURBONNE-LES-BAINS
HISPANO-AMÉRICAINS
HISPANO-AMÉRICAINS
JOUVENEL DES URSINS
CONTRE-INDICATIONS
SOUS-CONSOMMATIONS
PUBLI-INFORMATIONS
NON-DISSÉMINATIONS
NON-PROLIFÉRATIONS
AUTO-IMMUNISATIONS
SOUS-EXPLOITATIONS
VALSES-HÉSITATIONS
SOUS-ALIMENTATIONS
CONTRE-PRESTATIONS
RECHERCHES-ACTIONS
NON-CONTRADICTIONS
MACRO-INSTRUCTIONS
FOIRES-EXPOSITIONS
SAISIES-EXÉCUTIONS
CONTRE-RÉVOLUTIONS
VILLES-CHAMPIGNONS
ROMANS-FEUILLETONS
CHODERLOS DE LACLOS
ECATEPEC DE MORELOS

ARISTARQUE DE SAMOS
BARAGUEY D'HILLIERS
YORKSHIRE-TERRIERS
MURVIEL-LÈS-BÉZIERS
GENTLEMANS-FARMERS
VASSIEUX-EN-VERCORS
BAUME-LES-MESSIEURS
CONTRE-TORPILLEURS
SOUS-ENTREPRENEURS
TRÉSORIERS-PAYEURS
CHAPEAUX ET BONNETS
ASSURANCES-CRÉDITS
CHAUSSÉE DES GÉANTS
MARÉCHAUX-FERRANTS
WAGONS-RESTAURANTS
LETTRES-TRANSFERTS
TROMPETTE-DES-MORTS
CLAUDIUS MARCELLUS
RHÉNANIE-PALATINAT
PULIGNY-MONTRACHET
BOUVARD ET PÉCUCHET
INSULINODÉPENDANT
RÉAPPROVISIONNANT
VOITURE-RESTAURANT
INSTRUMENTALISANT
INTELLECTUALISANT
POSTSYNCHRONISANT
DÉSEMBOURGEOISANT
DÉBUREAUCRATISANT
CONTRE-MANIFESTANT
CORBEILLES-D'ARGENT
SOUS-EMBRANCHEMENT
LONGITUDINALEMENT
EXPÉRIMENTALEMENT
IMPERTURBABLEMENT
IRRÉPROCHABLEMENT
VRAISEMBLABLEMENT
DÉRAISONNABLEMENT
INCONFORTABLEMENT
INCONTESTABLEMENT
IMPERCEPTIBLEMENT
SUPERFICIELLEMENT
TRIMESTRIELLEMENT
SUBSTANTIELLEMENT
EXPONENTIELLEMENT
OCCASIONNELLEMENT
FONCTIONNELLEMENT
IMPERSONNELLEMENT
SEMPITERNELLEMENT
CONTRACTUELLEMENT
DÉBROUSSAILLEMENT
APPROVISIONNEMENT
DÉSILLUSIONNEMENT
DYSFONCTIONNEMENT
DÉCONDITIONNEMENT
SOUS-DÉVELOPPEMENT
DISCIPLINAIREMENT
RÉGLEMENTAIREMENT
APPROFONDISSEMENT
INACCOMPLISSEMENT
SURENCHÉRISSEMENT
SURINVESTISSEMENT
DÉSINVESTISSEMENT
PARCIMONIEUSEMENT
PSYCHOLOGIQUEMENT
PHYSIOLOGIQUEMENT
CHRONOLOGIQUEMENT
TÉLÉGRAPHIQUEMENT
PHILOSOPHIQUEMENT
PROBLÉMATIQUEMENT
SIGNIFICATIVEMENT
INTERROGATIVEMENT
APPROXIMATIVEMENT
DÉMONSTRATIVEMENT
RÉTROSPECTIVEMENT
SAINT-LEU-D'ESSERENT
NEUILLY-SAINT-FRONT
EMMANUEL-PHILIBERT
RAIMOND DE PEÑAFORT
RAYMOND DE PEÑAFORT
TROMPETTE-DE-LA-MORT
ISABELLE DE HAINAUT
KUUJJUARAAPIMMIUT
LES PENNES-MIRABEAU
ANDROUET DU CERCEAU
BLAINVILLE-SUR-L'EAU
LE LOROUX-BOTTEREAU
FRIBOURG-EN-BRISGAU
SAINT-MARTIN-DE-CRAU
GUILLAUME DE NASSAU
CHARLOTTE DE NASSAU
THIERRY D'ARGENLIEU
ARRIÈRE-PETIT-NEVEU
LA CIERVA Y CODORNÍU
CHÂTEAUNEUF-DU-FAOU
NEUROCHIRURGICAUX
SAINT-VALERY-EN-CAUX
DOLLARD DES ORMEAUX
ISSY-LES-MOULINEAUX
TALLEMANT DES RÉAUX
SAINT-AMAND-LES-EAUX
LUSSAC-LES-CHÂTEAUX
LASSAY-LES-CHÂTEAUX
EXTRAPATRIMONIAUX
EXTRATERRITORIAUX
GASTRO-INTESTINAUX
HYPERCONTINENTAUX
INTERCONTINENTAUX
TRANSCONTINENTAUX
FLERS-EN-ESCREBIEUX
MUSCULO-MEMBRANEUX
SAINT-JEAN-BRÉVELAY
PIERRE DE COURTENAY
ROBERT DE COURTENAY

FOULQUES DE NEUILLY
MAIGNELAY-MONTIGNY
CONFLANS-EN-JARNISY
BORDÈRES-SUR-L'ÉCHEZ
NAUCALPAN DE JUÁREZ
ECHEVERRÍA ÁLVAREZ
SERRANO Y DOMÍNGUEZ
RADETZKY VON RADETZ

18

JACOPO DELLA QUERCIA
MOUNTBATTEN OF BURMA
CASTELLÓN DE LA PLANA
ANTONELLO DA MESSINA
ALEXANDRA FEDOROVNA
GRANIER DE CASSAGNAC
SAINT-ANDRÉ-DE-CUBZAC
ALEXANDRE OBRENOVIC
LA CHAPELLE-SAINT-LUC
ARNOLD DE WINKELRIED
SAINT-BASILE-LE-GRAND
DRUMETTAZ-CLARAFOND
SAINT-AMAND-MONTROND
ÎLE-DU-PRINCE-ÉDOUARD
TALLEYRAND-PÉRIGORD
ARRIÈRE-PETITE-NIÈCE
PSYCHORÉÉDUCATRICE
PHARMACODÉPENDANCE
THERMOLUMINESCENCE
IMMUNOFLUORESCENCE
CÉSARÉE DE CAPPADOCE
MINÉRALOCORTICOÏDE
VILLENAUXE-LA-GRANDE
PELLÉAS ET MÉLISANDE
SAINT-JOSSE-TEN-NOODE
INSTITUTIONNALISÉE
SELLERIE-GARNISSAGE
SAINT-MICHEL-SUR-ORGE
PETIT CHAPERON ROUGE
SAINT-NOM-LA-BRETÈCHE
ÉLISABETH D'AUTRICHE
COUDEKERQUE-BRANCHE
SPECTROHÉLIOGRAPHE
ARSINOÉ PHILADELPHE
ATTALOS PHILADELPHE
DOMBASLE-SUR-MEURTHE
ÉLECTROPHYSIOLOGIE
PALÉOANTHROPOLOGIE

ODONTOSTOMATOLOGIE
ÉLECTROMÉTALLURGIE
PALÉOBIOGÉOGRAPHIE
CHROMOLITHOGRAPHIE
PALÉO-OCÉANOGRAPHIE
MICROFRACTOGRAPHIE
STÉRÉOPHOTOGRAPHIE
CHRONOPHOTOGRAPHIE
AGAMMAGLOBULINÉMIE
CONVULSIVOTHÉRAPIE
CLÉMENT D'ALEXANDRIE
TASCHER DE LA PAGERIE
SPECTROPHOTOMÉTRIE
AKUTAGAWA RYUNOSUKE
MASOLINO DA PANICALE
FLANDRE-OCCIDENTALE
MONODÉPARTEMENTALE
INTERMINISTÉRIELLE
SEMI-PRÉSIDENTIELLE
COMMUNICATIONNELLE
OMNIDIRECTIONNELLE
ANTICONJONCTURELLE
GRANDE MADEMOISELLE
DESSOUS-DE-BOUTEILLE
ARRIÈRE-PETITE-FILLE
SAINT-ANDRÉ-LEZ-LILLE
LAMOIGNON DE BÂVILLE
LE MOYNE DE BIENVILLE
BÉROALDE DE VERVILLE
SAINT-MAIXENT-L'ÉCOLE
MANDELIEU-LA-NAPOULE
QUATRE-VINGT-DIXIÈME
ISABELLE D'ANGOULÊME
ZITA DE BOURBON-PARME
NATIONAL-SOCIALISME
INSTITUTIONNALISME
CONGRÉGATIONALISME
COMPORTEMENTALISME
JUDÉO-CHRISTIANISME
NÉO-IMPRESSIONNISME
CHÂLONS-EN-CHAMPAGNE
CHARTRES-DE-BRETAGNE
SAINT-AUBIN-D'AUBIGNÉ
DUCHENNE DE BOULOGNE
BAUDOUIN DE BOULOGNE
CARBOXYHÉMOGLOBINE
THERMODYNAMICIENNE
PSYCHOTECHNICIENNE
RADIOÉLECTRICIENNE

PÉNINSULE ACADIENNE
CÉPHALO-RACHIDIENNE
GLOSSO-PHARYNGIENNE
NEUROENDOCRINIENNE
MALAYO-POLYNÉSIENNE
SÉQUANODIONYSIENNE
MONTFAUCON-D'ARGONNE
RESTIF DE LA BRETONNE
VILLENEUVE-SUR-YONNE
DOMPIERRE-SUR-BESBRE
LA CHAPELLE-SUR-ERDRE
GRIMOD DE LA REYNIÈRE
ROLAND DE LA PLATIÈRE
JURIEN DE LA GRAVIÈRE
DÉMÉTRIOS DE PHALÈRE
SIDOINE APOLLINAIRE
PLURIDISCIPLINAIRE
MULTIDISCIPLINAIRE
INTERDISCIPLINAIRE
CONCENTRATIONNAIRE
CHARLES LE TÉMÉRAIRE
EXTRAPARLEMENTAIRE
INTRACOMMUNAUTAIRE
INTERCOMMUNAUTAIRE
SAINT-LUCE-SUR-LOIRE
BELLEVILLE-SUR-LOIRE
COSNE-COURS-SUR-LOIRE
LA FERTÉ-SOUS-JOUARRE
NOUVELLE-ANGLETERRE
ROSIÈRES-EN-SANTERRE
ÉLECTRODYNAMOMÈTRE
MONGOLIE-INTÉRIEURE
MONGOLIE-EXTÉRIEURE
JEANNE DE PENTHIÈVRE
POLYNÉSIE FRANÇAISE
INDOCHINE FRANÇAISE
CHÂTEAULANDONNAISE
CONSTITUTIONNALISÉ
PRALOGNAN-LA-VANOISE
SAINT-MARCELLINOISE
SAINTE-CATHERINOISE
CASTELSARRASINOISE
CORBEILLESSONNOISE
DENYS D'HALICARNASSE
TREMBLAY-LÈS-GONESSE
ULTRACENTRIFUGEUSE
MOISSONNEUSE-LIEUSE
MUSCULO-MEMBRANEUSE
HYDROGÉNOCARBONATE
MÉNINGO-ENCÉPHALITE
CONSTITUTIONNALITÉ
INTERCHANGEABILITÉ
IMPRESSIONNABILITÉ
INCOMMENSURABILITÉ
INTRANSMISSIBILITÉ
HISTOCOMPATIBILITÉ
IMPRESCRIPTIBILITÉ
ÉLECTROCAPILLARITÉ
INSULINODÉPENDANTE
CONTRE-MANIFESTANTE
LAISSÉES-POUR-COMPTE
RADIOTÉLÉGRAPHISTE
NATIONAL-SOCIALISTE
CONGRÉGATIONALISTE
JACQUES LE FATALISTE
NÉO-IMPRESSIONNISTE
ANTI-INFLATIONNISTE
COLLABORATIONNISTE
CHIRURGIEN-DENTISTE
À LA BONNE FRANQUETTE
KUUJJUARAAPIMMIUTE
ANDRONIC PALÉOLOGUE
PALÉOANTHROPOLOGUE
SAINT-VAAST-LA-HOUGUE
STRATON DE LAMPSAQUE
PARALLÉLÉPIPÉDIQUE
ROBERT LE MAGNIFIQUE
NEUROPSYCHOLOGIQUE
NEUROPHYSIOLOGIQUE
CRISTALLOGRAPHIQUE
THERMOÉLECTRONIQUE
TRANSATMOSPHÉRIQUE
PSYCHOLINGUISTIQUE
ŒSTROPROGESTATIVE
ARNAUD DE VILLENEUVE
PÉTION DE VILLENEUVE
SAINT-GERMAIN-EN-LAYE
MALEMORT-SUR-CORRÈZE
GRÉGOIRE DE NAZIANZE
HERRADE DE LANDSBERG
YORCK VON WARTENBURG
CHARLES DE HABSBOURG
ABU AL-ABBAS ABD ALLAH
LOUIS DE WITTELSBACH
CHARLOTTE-ÉLISABETH
GORZÓW WIELKOPOLSKI
GUILLAUME DE RUBROEK
FEDERAL RESERVE BANK
FLUSHING MEADOW PARK
TECHNICO-COMMERCIAL
ANTIGOUVERNEMENTAL
INTERDÉPARTEMENTAL
MILITARO-INDUSTRIEL
MULTICONFESSIONNEL
SOCIOPROFESSIONNEL
INTERPROFESSIONNEL
SAINT-VINCENT-DE-PAUL
SAINT-CYR-COËTQUIDAN
MOLENBEEK-SAINT-JEAN
SAN MIGUEL DE TUCUMÁN
VILLENEUVE-DE-MARSAN
CASTELTHÉODORICIEN
CASTROTHÉODORICIEN
BASILE LE MACÉDONIEN

REPORTERS-CAMERAMEN
SOTTEVILLE-LÈS-ROUEN
FRANCFORT-SUR-LE-MAIN
JACQUEMART DE HESDIN
LE PONT-DE-BEAUVOISIN
FRIVILLE-ESCARBOTIN
LAETHEM-SAINT-MARTIN
LE BUISSON-DE-CADOUIN
NANTEUIL-LE-HAUDOUIN
FERDINAND DE BOURBON
BRIENON-SUR-ARMANÇON
TARTARIN DE TARASCON
ANDRÉZIEUX-BOUTHÉON
ZEDILLO PONCE DE LEÓN
RICHARD CŒUR DE LION
INTERCOMPRÉHENSION
VIDÉOCOMMUNICATION
RADIOCOMMUNICATION
CONTRE-DÉNONCIATION
ÉLECTROCOAGULATION
MULTIPROGRAMMATION
MICROPROGRAMMATION
ÉVAPOTRANSPIRATION
HYDRODÉSULFURATION
GRAMMATICALISATION
ANTIMONDIALISATION
DÉPERSONNALISATION
CONTRACTUALISATION
IMPERMÉABILISATION
RESPONSABILISATION
DÉCHRISTIANISATION
FONCTIONNARISATION
COMMUNAUTARISATION
MULTIMÉDIATISATION
INTRADERMO-RÉACTION
GODEFROI DE BOUILLON
SAINT-PIERRE-D'OLÉRON
RUTHERFORD OF NELSON
NOGENT-SUR-VERNISSON
VERRIÈRES-LE-BUISSON
PRUNELLI-DI-FIUMORBO
MADONNA DI CAMPIGLIO
SÃO BERNARDO DO CAMPO
TOMONAGA SHINICHIRO
GONFREVILLE-L'ORCHER
PROSPECTEUR-PLACIER
JULIEN L'HOSPITALIER
BELLERIVE-SUR-ALLIER
BALLON DE GUEBWILLER
VILLEFRANCHE-SUR-MER
RAYOL-CANADEL-SUR-MER
INSTITUTIONNALISER
SINT-KATELIJNE-WAVER
COMMISSAIRE-PRISEUR
BERNARD DE VENTADOUR
MAURICIE-BOIS-FRANCS
MOUILLERON-EN-PAREDS

CONTRE-PERFORMANCES
APOLLONIOS DE RHODES
CUIRY-LES-CHAUDARDES
CHÂTENOIS-LES-FORGES
GUILLAUME DE CONCHES
GASTRO-ENTÉROLOGIES
ACIDO-ALCALIMÉTRIES
GASTRO-INTESTINALES
PYRÉNÉES-ORIENTALES
AUTOS SACRAMENTALES
VILLEDIEU-LES-POÊLES
SAINT-BRICE-EN-COGLÈS
ANTHÉMIOS DE TRALLES
RICHMOND UPON THAMES
PROVINCES MARITIMES
CHORIO-ÉPITHÉLIOMES
BARBOTAN-LES-THERMES
RADICAL-SOCIALISMES
HISPANO-AMÉRICAINES
HISPANO-AMÉRICAINES
PERNES-LES-FONTAINES
RHINO-PHARYNGIENNES
ALPES AUSTRALIENNES
SAINT-JOUIN-DE-MARNES
ARRIÈRE-GRANDS-MÈRES
ARRIÈRE-GRANDS-PÈRES
ANTI-INFLAMMATOIRES
MONOAMINES-OXYDASES
ANTILLES FRANÇAISES
PETITES-BOURGEOISES
POCHETTES-SURPRISES
RAMASSEUSES-PRESSES
SAINT-MAUR-DES-FOSSÉS
SOCIALES-DÉMOCRATES
GASTRO-ENTÉROLOGUES
MÉDICO-PÉDAGOGIQUES
SEMI-LOGARITHMIQUES
DIESELS-ÉLECTRIQUES
MICRO-INFORMATIQUES
GRAND-GUIGNOLESQUES
MANIACO-DÉPRESSIVES
JEAN DOUKAS VATATZÈS
MONTSAINTAIGNANAIS
LE LOUROUX-BÉCONNAIS
SAINT-JEAN-DE-LOSNAIS
CATHERINE DE MÉDICIS
AIGREFEUILLE-D'AUNIS
SAINT-GILDAS-DES-BOIS
BOHAIN-EN-VERMANDOIS
THEROULDEBOURGEOIS
MARGUERITE DE VALOIS
INGÉNIEURS-CONSEILS
PLOMBIÈRES-LES-BAINS
SAINT-BRÉVIN-LES-PINS
PEINTURES-ÉMULSIONS
CUISSONS-EXTRUSIONS
NON-DISCRIMINATIONS

18

NON-REPRÉSENTATIONS
POLITIQUES-FICTIONS
CONTRE-PROPOSITIONS
TAILLEURS-PANTALONS
SEPTÈMES-LES-VALLONS
ALPHONSE DE POITIERS
FUSILS-MITRAILLEURS
HAUTS-COMMISSARIATS
POISSONS-PERROQUETS
MAROLLES-LES-BRAULTS
CONTRE-MANIFESTANTS
SOUS-EMBRANCHEMENTS
STRAITS SETTLEMENTS
SOUS-DÉVELOPPEMENTS
MACHINES-TRANSFERTS
TROMPETTES-DES-MORTS
LICINIUS LICINIANUS
MANLIUS CAPITOLINUS
SAINT-GILDAS-DE-RHUYS
SAINT-JEAN-CAP-FERRAT
BARNEVILLE-CARTERET
SAINT-JULIEN-DU-SAULT
GENEVIÈVE DE BRABANT
DÉSAPPROVISIONNANT
DÉSINDUSTRIALISANT
PROFESSIONNALISANT
CORRECTIONNALISANT
INTERNATIONALISANT
DÉPARTEMENTALISANT
DÉRESPONSABILISANT
ÉLECTROLUMINESCENT
INTERNATIONALEMENT
CONFIDENTIELLEMENT
PROVIDENTIELLEMENT
PRÉFÉRENTIELLEMENT
TRADITIONNELLEMENT
CONDITIONNELLEMENT
INTENTIONNELLEMENT
EXCEPTIONNELLEMENT
INTELLECTUELLEMENT
DÉCONGESTIONNEMENT
PALÉOENVIRONNEMENT
EXTRAORDINAIREMENT
CONTRADICTOIREMENT
DÉSAVANTAGEUSEMENT
CONSCIENCIEUSEMENT
SUPERSTITIEUSEMENT
MALENCONTREUSEMENT
IRRESPECTUEUSEMENT
PHOTOGRAPHIQUEMENT
ARISTOCRATIQUEMENT
MULTIPLICATIVEMENT
ADMINISTRATIVEMENT
LEPRINCE DE BEAUMONT
SAINT-LAURENT-DU-PONT
WOLUWE-SAINT-LAMBERT
WATERMAEL-BOITSFORT
BERTRADE DE MONTFORT
GRIGNION DE MONTFORT
TROMPETTES-DE-LA-MORT
SAINT-NICOLAS-DE-PORT
BONIFACE DE QUERFURT
PÈLERIN DE MARICOURT
CHAMISSO DE BONCOURT
GUILLAUME DE MACHAUT
CAPESTERRE-BELLE-EAU
MONODÉPARTEMENTAUX
LA SALETTE-FALLAVAUX
BERNARD DE CLAIRVAUX
SAINT-QUAY-PORTRIEUX
MONTPELLIER-LE-VIEUX
SIGEBERT DE GEMBLOUX
VÉLIZY-VILLACOUBLAY
SAINT-DIDIER-EN-VELAY
SAINT-JEAN-DE-BOURNAY
VANDŒUVRE-LÈS-NANCY
GEORGES DE PODEBRADY
SAINT-LAURENT-BLANGY
LA TOUR DU PIN CHAMBLY
DONNEMARIE-DONTILLY
NABEREJNYIE TCHELNY
SAN SALVADOR DE JUJUY

19

PIERO DELLA FRANCESCA
GODOY ÁLVAREZ DE FARIA
FONT-ROMEU-ODEILLO-VIA
DUCCIO DI BUONINSEGNA
VILLAFRANCA DI VERONA
SEBASTIANI DE LA PORTA
KERGUELEN DE TRÉMAREC
MENTHON-SAINT-BERNARD
NOUVELLE-GALLES DU SUD
CATHODOLUMINESCENCE
ÉLECTROLUMINESCENCE
SAINT-RÉMY-DE-PROVENCE

PEYROLLES-EN-PROVENCE
DOUVRES-LA-DÉLIVRANDE
SAINT-ÉTIENNE-DE-TINÉE
SAINT-JACQUES-DE-L'ÉPÉE
CONSTITUTIONNALISÉE
L'ARGENTIÈRE-LA-BESSÉE
SAINT-JUST-EN-CHAUSSÉE
SANTA CRUZ DE TENERIFE
LE TOUQUET-PARIS-PLAGE
JARVILLE-LA-MALGRANGE
MARGUERITE D'AUTRICHE
SAINT-YRIEIX-LA-PERCHE
SAINT-LOUIS-LÈS-BITCHE
ÉLECTROCARDIOGRAPHE
REPORTER-PHOTOGRAPHE
PTOLÉMÉE PHILADELPHE
SÉNÈQUE LE PHILOSOPHE
BERCHEM-SAINTE-AGATHE
PSYCHOPHARMACOLOGIE
NEUROENDOCRINOLOGIE
CHRONOSTRATIGRAPHIE
STÉNODACTYLOGRAPHIE
BRONCHO-PNEUMOPATHIE
RÉPUBLIQUE ARABE UNIE
PHOTOÉLASTICIMÉTRIE
CHARETTE DE LA CONTRIE
TECHNICO-COMMERCIALE
HOLLANDE-MÉRIDIONALE
DVINA SEPTENTRIONALE
CONVENTION NATIONALE
VIRGINIE-OCCIDENTALE
ANTIGOUVERNEMENTALE
INTERDÉPARTEMENTALE
ANTICONCURRENTIELLE
PLURIDIMENSIONNELLE
MULTIDIMENSIONNELLE
TRANSFORMATIONNELLE
ANTICONCEPTIONNELLE
INCONSTITUTIONNELLE
SAINT-JEAN-DE-LA-RUELLE
CASTILLON-LA-BATAILLE
SAINTE-CLAIRE-DEVILLE
MACHAULT D'ARNOUVILLE
SAINT-RÉMY-SUR-DUROLLE
POLYCHLOROBIPHÉNYLE
PHILIPPE LE MAGNANIME
ALPHONSE LE MAGNANIME
LADISLAS LE MAGNANIME
ÉLECTROCARDIOGRAMME
SAINT-VALERY-SUR-SOMME
ANARCHO-SYNDICALISME
DISTRIBUTIONNALISME
POSTIMPRESSIONNISME
ANTIPARLEMENTARISME
ANTIFERROMAGNÉTISME
GIL BLAS DE SANTILLANE
LA GUERCHE-DE-BRETAGNE
MONTAUBAN-DE-BRETAGNE
RAMONVILLE-SAINT-AGNE
BEAULIEU-SUR-DORDOGNE
SAINT-MARTIN-BOULOGNE
PIERREFITTE-SUR-SEINE
SALTYKOV-CHTCHEDRINE
DU VERGIER DE HAURANNE
ÉLECTROMÉCANICIENNE
ÉLECTROTECHNICIENNE
CRISTALLOPHYLLIENNE
ALBERTIVILLIARIENNE
PORT-SAINT-LOUISIENNE
DÉMOCRATE-CHRÉTIENNE
VILLENEUVE-LA-GARENNE
MONTEREAU-FAULT-YONNE
FISHER OF KILVERSTONE
BESSINES-SUR-GARTEMPE
LE LARDIN-SAINT-LAZARE
JACQUELINE DE BAVIÈRE
NEUVY-SAINT-SÉPULCHRE
TALMONT-SAINT-HILAIRE
CHÂTEAUNEUF-SUR-LOIRE
SAINT-BENOÎT-SUR-LOIRE
LUDOVIC SFORZA LE MORE
SAINTE-ANNE-DE-BEAUPRÉ
GARGILESSE-DAMPIERRE
BENOÎT DE SAINTE-MAURE
CHLOROFLUOROCARBURE
TOUSSAINT LOUVERTURE
MONTSAINTAIGNANAISE
SAINT-JEAN-DE-LOSNAISE
THEROULDEBOURGEOISE
SAINT-POL-SUR-TERNOISE
LYMPHOGRANULOMATOSE
CONFÉDÉRATION SUISSE
FRÉDÉRIC BARBEROUSSE
CHARGEUSE-PELLETEUSE
SAINT-LOUP-SUR-SEMOUSE
CHRÉTIENNE-DÉMOCRATE
DÉMÉTRIOS POLIORCÈTE
INCOMPRÉHENSIBILITÉ
PLURIDISCIPLINARITÉ
INTERDISCIPLINARITÉ
POLYRADICULONÉVRITE
ÉLECTROLUMINESCENTE
ANARCHO-SYNDICALISTE
NATIONALE-SOCIALISTE
CONSTITUTIONNALISTE
ENVIRONNEMENTALISTE
POSTIMPRESSIONNISTE
ANTIPROTECTIONNISTE
AUCASSIN ET NICOLETTE
CONSTANTIN MONOMAQUE
DÉSOXYRIBONUCLÉIQUE
SOLIMAN LE MAGNIFIQUE
LAURENT LE MAGNIFIQUE
MÉDICO-PSYCHOLOGIQUE

MICROPHOTOGRAPHIQUE
COLOMBIE-BRITANNIQUE
HONDURAS BRITANNIQUE
PHYSICO-MATHÉMATIQUE
PSYCHOTHÉRAPEUTIQUE
PARASYMPATHOLYTIQUE
COULONGES-SUR-L'AUTIZE
HYPOTHÉTICO-DÉDUCTIF
HARTMANNSWILLERKOPF
CONRAD VON HÖTZENDORF
SAINT-AUBIN-LÈS-ELBEUF
SANKT ANTON AM ARLBERG
METTERNICH-WINNEBURG
ALBERT DE BRANDEBOURG
CHARLES DE LUXEMBOURG
RODOLPHE DE HABSBOURG
ÉLÉONORE DE HABSBOURG
ALEXIS MIKHAÏLOVITCH
CAROLINE DE BRUNSWICK
FERDINAND DE PORTUGAL
RÉTICULO-ENDOTHÉLIAL
INTERGOUVERNEMENTAL
ANTICONSTITUTIONNEL
SAINT-FLORENT-LE-VIEIL
ORGANISATEUR-CONSEIL
VILLIERS DE L'ISLE-ADAM
LA NOUVELLE-AMSTERDAM
MENGISTU HAILÉ MARIAM
FRONTENAY-ROHAN-ROHAN
ABD AL-AZIZ IBN AL-HASAN
HOUTHALEN-HELCHTEREN
PORT-EN-BESSIN-HUPPAIN
LUDWIGSHAFEN AM RHEIN
MONTGOMERY OF ALAMEIN
GALOUZEAU DE VILLEPIN
ROQUEBRUNE-CAP-MARTIN
JUAN CARLOS DE BOURBON
SAINT-NICOLAS-DE-REDON
SAISIE-REVENDICATION
ABSTRACTION-CRÉATION
ULTRACENTRIFUGATION
TRANSSUBSTANTIATION
MARIE DE L'INCARNATION
ÉLECTROLOCALISATION
INTELLECTUALISATION
POSTSYNCHRONISATION
PHOTO-INTERPRÉTATION
CONTRE-MANIFESTATION
HARLAY DE CHAMPVALLON
LANGUEDOC-ROUSSILLON
CHIKAMATSU MONZAEMON
SAINT-PIERRE-QUIBERON
ROQUEFORT-SUR-SOULZON
QUATRE-CENT-VINGT-ET-UN
SEBASTIANO DEL PIOMBO
BERNARD DE SAXE-WEIMAR
SAINT-FLORENT-SUR-CHER

PÉTROLIER-MINÉRALIER
MINÉRALIER-PÉTROLIER
SAINT-AUBIN-DU-CORMIER
SAINT-MANDRIER-SUR-MER
CONSTITUTIONNALISER
HUGUES DE SAINT-VICTOR
SANCHE GARCÉS EL MAYOR
ENSEIGNANT-CHERCHEUR
PISTOLET-MITRAILLEUR
ANALYSTE-PROGRAMMEUR
ÉDOUARD LE CONFESSEUR
PHOTOMULTIPLICATEUR
JOSEPH LE RÉFORMATEUR
SURVOLTEUR-DÉVOLTEUR
KOMSOMOLSK-SUR-L'AMOUR
PERSONNES-RESSOURCES
AMBRIÈRES-LES-VALLÉES
SECRÉTARIATS-GREFFES
CHAUDIÈRE-APPALACHES
PALÉO-OCÉANOGRAPHIES
ARRIÈRE-GRANDS-ONCLES
SAINT-MÉDARD-EN-JALLES
SEMI-PRÉSIDENTIELLES
QUATRE-VINGT-DIXIÈMES
JUDÉO-CHRISTIANISMES
NÉO-IMPRESSIONNISMES
CHANTELOUP-LES-VIGNES
SAINTE-MARIE-AUX-MINES
CÉPHALO-RACHIDIENNES
GLOSSO-PHARYNGIENNES
MALAYO-POLYNÉSIENNES
SOCIALES-CHRÉTIENNES
HAM-SUR-HEURE-NALINNES
GOVERNADOR VALADARES
CHARLEVILLE-MÉZIÈRES
SAINT-GERMAIN-DES-PRÉS
VOYAGEURS-KILOMÈTRES
ALPES NÉO-ZÉLANDAISES
PESEUSES-ENSACHEUSES
MUSCULO-MEMBRANEUSES
CHRÉTIENS-DÉMOCRATES
MÉNINGO-ENCÉPHALITES
ARRIÈRE-GRANDS-TANTES
CONTRE-MANIFESTANTES
RADICAUX-SOCIALISTES
MARXISTES-LÉNINISTES
NÉO-IMPRESSIONNISTES
ANTI-INFLATIONNISTES
PIEYRE DE MANDIARGUES
VIEILLES-CATHOLIQUES
PYRÉNÉES-ATLANTIQUES
SAINT-PIERRE-SUR-DIVES
EUGÈNE DE BEAUHARNAIS
LA GUERCHE-SUR-L'AUBOIS
CORMEILLES-EN-PARISIS
LAURENTIUS VALLENSIS
MILITARO-INDUSTRIELS

19

LIEUTENANTS-COLONELS
LOUISE-MARIE D'ORLÉANS
REPORTERS-CAMERAMANS
ROQUEBRUNE-SUR-ARGENS
DÉMOCRATES-CHRÉTIENS
SAINT-HONORÉ-LES-BAINS
CHÂTEAUNEUF-LES-BAINS
SAINT-TROJAN-LES-BAINS
NIEDERBRONN-LES-BAINS
ARROMANCHES-LES-BAINS
LOCATIONS-ACCESSIONS
CONTRE-DÉNONCIATIONS
INTRADERMO-RÉACTIONS
TRAVERSÉES-JONCTIONS
FUSIONS-ACQUISITIONS
MANDAT-CONTRIBUTIONS
SAINT-PIERRE-DES-CORPS
CHASSEURS-CUEILLEURS
FRAISEURS-OUTILLEURS
ÉMETTEURS-RÉCEPTEURS
VOITURES-RESTAURANTS
LA CHAPELLE-AUX-SAINTS
CONSTANTIN HÉRACLIUS
QUINCTIUS FLAMININUS
BERNADETTE SOUBIROUS
MARGUERITE BOURGEOYS
ALBERT DE BALLENSTEDT
CHASSAGNE-MONTRACHET
SAINT-BRICE-SOUS-FORÊT
BOURBON-L'ARCHAMBAULT
GUILLAUME DE MACHAULT
JACQUES LE CONQUÉRANT
INSTITUTIONNALISANT
ÉTATS LATINS DU LEVANT
GENTLEMAN'S AGREEMENT
INVRAISEMBLABLEMENT
INCOMMENSURABLEMENT
PROFESSIONNELLEMENT
CONVENTIONNELLEMENT
PROPORTIONNELLEMENT
RÉAPPROVISIONNEMENT
HYPERFONCTIONNEMENT
PERPENDICULAIREMENT
IRRÉVÉRENCIEUSEMENT
PRÉCAUTIONNEUSEMENT
TRIGONOMÉTRIQUEMENT
HÉLINAND DE FROIDMONT
PASTEUR VALLERY-RADOT
SAINTE-LIVRADE-SUR-LOT
HENRIETTE-ANNE STUART
TERRITOIRE DE BELFORT
SAINT-JEAN-PIED-DE-PORT
DESROCHES NOBLECOURT
VILLARD DE HONNECOURT
BOULOGNE-BILLANCOURT
SONNINI DE MANONCOURT
LA RÉVELLIÈRE-LÉPEAUX
SAINT-LAURENT-DES-EAUX
SAINT-GENEST-MALIFAUX
TECHNICO-COMMERCIAUX
ANTIGOUVERNEMENTAUX
INTERDÉPARTEMENTAUX
PIERRE LE CÉRÉMONIEUX
VOISINS-LE-BRETONNEUX
ARRIÈRE-PETITS-NEVEUX
ROMORANTIN-LANTHENAY
BAUDOUIN DE COURTENAY
SAINT-RAMBERT-EN-BUGEY
SAINT-VALLIER-DE-THIEY
EASTMAN KODAK COMPANY
SAINT-PIERRE-D'ALBIGNY
SAINT-MARTIN-D'AUXIGNY
CARRIÈRES-SOUS-POISSY
KEKULÉ VON STRADONITZ

20

ANTOINE-MARIE ZACCARIA
FERDINAND DE ANTEQUERA
PIERRE KARADJORDJEVIC
SAINT-ROMAIN-DE-COLBOSC
PHOTOMULTIPLICATRICE
CONTRE-ÉLECTROMOTRICE
MARGUERITE DE PROVENCE
ALPES-DE-HAUTE-PROVENCE
SANCHE GARCÉS EL GRANDE
SAINT-CIERS-SUR-GIRONDE
SAINT-CHARLES-BORROMÉE
LE NOUVION-EN-THIÉRACHE
CHÂTEAUNEUF-SUR-SARTHE
OTO-RHINO-LARYNGOLOGIE
ÉLECTROCARDIOGRAPHIE
HYPERCHOLESTÉROLÉMIE
MONTREDON-LABESSONNIÉ
MOUSTIERS-SAINTE-MARIE
CATHERINE D'ALEXANDRIE
SELLERIE-BOURRELLERIE

SELLERIE-MAROQUINERIE
RÉTICULO-ENDOTHÉLIALE
AUSTRALIE-MÉRIDIONALE
AUSTRALIE-OCCIDENTALE
PAPOUASIE-OCCIDENTALE
INTERGOUVERNEMENTALE
SERGENTS DE LA ROCHELLE
MILITARO-INDUSTRIELLE
MULTICONFESSIONNELLE
SOCIOPROFESSIONNELLE
INTERPROFESSIONNELLE
TANCRÈDE DE HAUTEVILLE
MARGUERITE D'ANGOULÊME
SAINT-JEAN-CHRYSOSTOME
PSEUDOHERMAPHRODISME
AIGREFEUILLE-SUR-MAINE
LAROCHE-SAINT-CYDROINE
PAPOUANE-NÉO-GUINÉENNE
CASTELTHÉODORICIENNE
CASTROTHÉODORICIENNE
SAINT-JEAN-DE-MAURIENNE
VILLEFRANCHE-SUR-SAÔNE
BASILE LE BULGAROCTONE
CHENNEVIÈRES-SUR-MARNE
GEOFFROY SAINT-HILAIRE
SAINT-GEORGES-SUR-LOIRE
CONTRE-INTERROGATOIRE
WATTIGNIES-LA-VICTOIRE
HENRIETTE D'ANGLETERRE
MONTESQUIEU-VOLVESTRE
ARNOUVILLE-LÈS-GONESSE
ANALYSTE-PROGRAMMEUSE
MOISSONNEUSE-BATTEUSE
NICÉPHORE LE LOGOTHÈTE
INCONSTITUTIONNALITÉ
PRATS-DE-MOLLO-LA-PRESTE
ANTISÉGRÉGATIONNISTE
ABITIBI-TÉMISCAMINGUE
CONSTANTIN PALÉOLOGUE
ANTISÉROTONINERGIQUE
ISABELLE LA CATHOLIQUE
UKRAINE SUBCARPATIQUE
PSYCHOPROPHYLACTIQUE
HYPOTHÉTICO-DÉDUCTIVE
SINT-LAMBRECHTS-WOLUWE
FERDINAND DE HABSBOURG
CONFESSION D'AUGSBOURG
WOLFRAM VON ESCHENBACH
CONSTANTIN PAVLOVITCH
STANISLAS LESZCZYNSKI
DJAMAL AL-DIN AL-AFGHANI
SAINT-LAURENT-DU-MARONI
MEGAWATI SUKARNOPUTRI
YOSEMITE NATIONAL PARK
BRABANT-SEPTENTRIONAL
AMNESTY INTERNATIONAL
SCHERPENHEUVEL-ZICHEM
SAINT-JEAN-DE-JÉRUSALEM
AGRIPPA VON NETTESHEIM
MENDELE MOCHER SEFARIM
SAGUENAY-LAC-SAINT-JEAN
DJUBRAN KHALIL DJUBRAN
MONTCALM DE SAINT-VÉRAN
CONRAD DE HOHENSTAUFEN
MARIE-AMÉLIE DE BOURBON
PROFESSIONNALISATION
MULTINATIONALISATION
INTERNATIONALISATION
DÉPARTEMENTALISATION
PHOTOSENSIBILISATION
VILLENEUVE-LÈS-AVIGNON
SAINT-SYMPHORIEN-D'OZON
POLIDORO DA CARAVAGGIO
VALERA Y ALCALÁ GALIANO
COLONIA DEL SACRAMENTO
PEÑARROYA-PUEBLONUEVO
THIBAUD LE CHANSONNIER
SAINT-PIERRE-LE-MOÛTIER
SAINTES-MARIES-DE-LA-MER
HÉROUVILLE-SAINT-CLAIR
ALPHONSE LE BATAILLEUR
CHEVIGNY-SAINT-SAUVEUR
ARRIÈRE-PETITES-NIÈCES
SELLERIES-GARNISSAGES
BRONCHO-PNEUMOPATHIES
PROVINCES DES PRAIRIES
TECHNICO-COMMERCIALES
SPORADES ÉQUATORIALES
ARRIÈRE-PETITES-FILLES
RAIMOND DE SAINT-GILLES
LE CHAMBON-FEUGEROLLES
ANARCHO-SYNDICALISMES
SAINTE-ANNE-DES-PLAINES
SAINT-MARTIN-DE-LONDRES
SAINT-PONS-DE-THOMIÈRES
MOISSONNEUSES-LIEUSES
NICÉPHORE BOTANÉIATÈS
ANARCHO-SYNDICALISTES
NATIONAUX-SOCIALISTES
CHIRURGIENS-DENTISTES
MÉDICO-PSYCHOLOGIQUES
PHYSICO-MATHÉMATIQUES
PROVINCES ATLANTIQUES
LICINIUS CRASSUS DIVES
HYPOTHÉTICO-DÉDUCTIFS
ALPHONSE LE BOULONNAIS
ANDRÉZIEN-BOUTHÉONAIS
MAREUIL-SUR-LAY-DISSAIS
LES PAVILLONS-SOUS-BOIS
FREYMING-MERLEBACHOIS
SAINT-GERVAIS-LES-BAINS
CONTRE-MANIFESTATIONS
MANDATS-CONTRIBUTIONS
NIKITA PETROVIC NJEGOS

20

PIERRE PETROVIC NJEGOS
SAINT-ANDRÉ-LES-VERGERS
PROSPECTEURS-PLACIERS
COMMISSAIRES-PRISEURS
ARRIÈRE-PETITS-ENFANTS
GENTLEMEN'S AGREEMENTS
ARRIÈRE-GRANDS-PARENTS
QUINCTIUS CINCINNATUS
SAINT-LÉONARD-DE-NOBLAT
MADELEINE-SOPHIE BARAT
CONSTITUTIONNALISANT
INCONDITIONNELLEMENT
DÉSAPPROVISIONNEMENT
JACQUES ÉDOUARD STUART
SAINT-GUILHEM-LE-DÉSERT
SAINT-HIPPOLYTE-DU-FORT
SAINT-BONNET-LE-CHÂTEAU
TERRASSON-LA-VILLEDIEU
GUILLAUME DE CHAMPEAUX
RÉTICULO-ENDOTHÉLIAUX
INTERGOUVERNEMENTAUX
MONTIGNY-LE-BRETONNEUX
LA CHAPELLE-DE-GUINCHAY
SOISY-SOUS-MONTMORENCY
MENDELSSOHN-BARTHOLDY
SUFFREN DE SAINT-TROPEZ

21

UNITED STATES OF AMERICA
AMÉLIE-LES-BAINS-PALALDA
RUIZ DE ALARCÓN Y MENDOZA
SAINT-ÉTIENNE-DE-MONTLUC
NOTRE-DAME-DE-BELLECOMBE
SAINT-MICHEL-DE-PROVENCE
SAINT-JACQUES-DE-LA-LANDE
MARIE-THÉRÈSE D'AUTRICHE
ARCHIVISTE-PALÉOGRAPHE
RADIOCRISTALLOGRAPHIE
LES CONTAMINES-MONTJOIE
VISITATION SAINTE-MARIE
SAINT-GILLES-CROIX-DE-VIE
JEAN-BAPTISTE DE LA SALLE
ANTICONSTITUTIONNELLE
NOTRE-DAME-DE-BONDEVILLE
SAINT-ORENS-DE-GAMEVILLE
DELAMARE-DEBOUTTEVILLE
HEXACHLOROCYCLOHEXANE
APOLLODORE LE DAMASCÈNE
RÉPUBLIQUE DOMINICAINE
SAINT-GEOIRE-EN-VALDAINE
SAINTE-MAURE-DE-TOURAINE
FRIOUL-VÉNÉTIE JULIENNE
SAINT-GEORGES-DE-DIDONNE
PORT-SAINT-LOUIS-DU-RHÔNE
CONTRE-RÉVOLUTIONNAIRE
SOCIAL-RÉVOLUTIONNAIRE
EUSTACHE DE SAINT-PIERRE
BESSE-ET-SAINT-ANASTAISE
FREYMING-MERLEBACHOISE
SAINT-VINCENT-DE-TYROSSE
SAINT-SAUVEUR-LE-VICOMTE
GUILLAUME DE CHAMPLITTE
SAULXURES-SUR-MOSELOTTE
FERDINAND LE CATHOLIQUE
MAGNÉTOHYDRODYNAMIQUE
RUTHÉNIE SUBCARPATIQUE
PARASYMPATHOMIMÉTIQUE
SAINT-NICOLAS-DE-LA-GRAVE

CHOMEDEY DE MAISONNEUVE
VAUQUELIN DE LA FRESNAYE
ALEXANDRE DE BATTENBERG
DECAZES ET DE GLÜCKSBERG
LOTHAIRE DE SUPPLINBURG
SIGISMOND DE LUXEMBOURG
GOTTFRIED DE STRASBOURG
BENEDETTI MICHELANGELI
ABU AL-FARADJ AL-ISFAHANI
MASSIF SCHISTEUX RHÉNAN
ILLKIRCH-GRAFFENSTADEN
GARMISCH-PARTENKIRCHEN
PONTELLOIS-COMBALUSIEN
NOTRE-DAME-DE-GRAVENCHON
EXSANGUINO-TRANSFUSION
INSTITUTIONNALISATION
SAINT-PIERRE-ET-MIQUELON
BELSUNCE DE CASTELMORON
ROTHENBURG OB DER TAUBER
GRÉGOIRE L'ILLUMINATEUR
GUILLAUME DE SAINT-AMOUR
BERNIÈRES-SAINT-NICOLAS
CONTRE-ÉLECTROMOTRICES
REPORTERS-PHOTOGRAPHES
OTO-RHINO-LARYNGOLOGIES
RÉTICULO-ENDOTHÉLIALES
MILITARO-INDUSTRIELLES
MONTIGNY-LÈS-CORMEILLES
DÉMOCRATES-CHRÉTIENNES
CONTRE-INTERROGATOIRES
ANTILLES NÉERLANDAISES
KARATCHAÏS-TCHERKESSES
CHARGEUSES-PELLETEUSES
CHRÉTIENNES-DÉMOCRATES
NATIONALES-SOCIALISTES
HYPOTHÉTICO-DÉDUCTIVES
HORTENSE DE BEAUHARNAIS
SAINT-JULIEN-EN-GENEVOIS
ORGANISATEURS-CONSEILS
SAISIES-REVENDICATIONS
PHOTOS-INTERPRÉTATIONS
NICOLAS PETROVIC NJEGOS
PÉTROLIERS-MINÉRALIERS
MINÉRALIERS-PÉTROLIERS
ENSEIGNANTS-CHERCHEURS
PISTOLETS-MITRAILLEURS
ANALYSTES-PROGRAMMEURS
SURVOLTEURS-DÉVOLTEURS
THÉRÈSE DE L'ENFANT-JÉSUS
SAINT-PAUL-DE-FENOUILLET
GUILLAUME LE CONQUÉRANT
RECONVENTIONNELLEMENT
CONSTITUTIONNELLEMENT
CINÉMATOGRAPHIQUEMENT
OLAV HARALDSSON LE SAINT
CHAPELLE-LEZ-HERLAIMONT
SAINT-PIERRE-MONTLIMART

SAINT-JUST-SAINT-RAMBERT
RIBÉCOURT-DRESLINCOURT
FRANÇOIS DE NEUFCHÂTEAU
SAINT-JEAN-SUR-RICHELIEU
SAINT-BARTHÉLEMY-D'ANJOU
SAINT-MARTIN-DE-SEIGNANX
SAINT-ÉTIENNE-DU-ROUVRAY

22

PRIMO DE RIVERA Y ORBANEJA
MUHAMMAD IBN ABD AL-WAHHAB
SALABERRY-DE-VALLEYFIELD
HENRIETTE-MARIE DE FRANCE
DON QUICHOTTE DE LA MANCHE
DESSINATEUR-CARTOGRAPHE
HYSTÉROSALPINGOGRAPHIE
FLAHAUT DE LA BILLARDERIE
HOLLANDE-SEPTENTRIONALE
SAINT-POURÇAIN-SUR-SIOULE
ÉLECTROENCÉPHALOGRAMME
BELLEGARDE-SUR-VALSERINE
CONFLANS-SAINTE-HONORINE
SAINT-MICHEL-DE-MAURIENNE
CHÂTILLON-SUR-CHALARONNE
BARBEZIEUX-SAINT-HILAIRE
BARTHÉLEMY-SAINT-HILAIRE
SOCIALE-RÉVOLUTIONNAIRE
HOSPITALO-UNIVERSITAIRE
SAINT-SÉBASTIEN-SUR-LOIRE
BERNARDIN DE SAINT-PIERRE
SAINT-DONAT-SUR-L'HERBASSE
CHÂTEAUNEUF-SUR-CHARENTE
OTO-RHINO-LARYNGOLOGISTE
FRÉDÉRIC-AUGUSTE LE JUSTE
VILLEFRANCHE-DE-ROUERGUE
ANTARCTIQUE BRITANNIQUE
PAUL ÉMILE LE MACÉDONIQUE
ÉLISABETH DE WITTELSBACH
ALPHONSE-MARIE DE LIGUORI
SAINT-GERMAIN-LÈS-CORBEIL
SAINT-LAZARE-DE-JÉRUSALEM
EUGÈNE DE SAVOIE-CARIGNAN
STERNO-CLÉIDO-MASTOÏDIEN
ROYAUME LOMBARD-VÉNITIEN
DESMARETS DE SAINT-SORLIN
FABIOLA DE MORA Y DE ARAGÓN
PROTO-INDUSTRIALISATION
SAINT-FRANÇOIS-LONGCHAMP
CONJONCTEUR-DISJONCTEUR
PROVENCE-ALPES-CÔTE D'AZUR
LAMOIGNON DE MALESHERBES
VILLENEUVE-SAINT-GEORGES
SELLERIES-BOURRELLERIES
SELLERIES-MAROQUINERIES
SAINT-QUENTIN-EN-YVELINES

22

SAINT-ARNOULT-EN-YVELINES
CONTRE-RÉVOLUTIONNAIRES
COLOMBEY-LES-DEUX-ÉGLISES
ANALYSTES-PROGRAMMEUSES
MOISSONNEUSES-BATTEUSES
CHÂTEAUNEUF-EN-THYMERAIS
SAINTE-GENEVIÈVE-DES-BOIS
GUILHERANDAIS-GRANGEOIS
THÉODORE DOUKAS LASCARIS
EXSANGUINO-TRANSFUSIONS
ANTIGONOS MONOPHTHALMOS
CHOUART DES GROSEILLIERS
FABIUS MAXIMUS RULLIANUS
PUBLIUS QUINTILIUS VARUS
L'HOSPITALET DE LLOBREGAT
SAINT-HILAIRE-DU-HARCOUËT
VILLEFRANCHE-DE-CONFLENT
RECHERCHE-DÉVELOPPEMENT
SAINT-PAUL-TROIS-CHÂTEAUX
SAINT-FARGEAU-PONTHIERRY

23

MARIE MADELEINE DE MAGDALA
ALEXANDRE KARADJORDJEVIC
WALTHER VON DER VOGELWEIDE
PAPOUASIE-NOUVELLE-GUINÉE
DESSINATRICE-CARTOGRAPHE
ÉLECTROENCÉPHALOGRAPHIE
UNION POSTALE UNIVERSELLE
SAINT-MARTIN-DE-BELLEVILLE
SAINT-BRUNO-DE-MONTARVILLE
POLYTÉTRAFLUOROÉTHYLÈNE
MONTASTRUC-LA-CONSEILLÈRE
ANDRÉZIENNE-BOUTHÉONAISE
SAINT-SYMPHORIEN-SUR-COISE
MASSEUR-KINÉSITHÉRAPEUTE
CONFÉDÉRATION GERMANIQUE
COUCY-LE-CHÂTEAU-AUFFRIQUE
MARGUERITE-MARIE ALACOQUE
OTTIGNIES-LOUVAIN-LA-NEUVE
LES EYZIES-DE-TAYAC-SIREUIL
MARIE-CHRISTINE DE BOURBON
ANESTHÉSISTE-RÉANIMATEUR
ARCHIVISTES-PALÉOGRAPHES
BRIGADES INTERNATIONALES
CHAMPION DE CHAMBONNIÈRES
SOCIAUX-RÉVOLUTIONNAIRES
HOSPITALO-UNIVERSITAIRES
OTO-RHINO-LARYNGOLOGISTES
CHÂTEAUNEUF-LES-MARTIGUES
VILLEFRANCHE-DE-LAURAGAIS
GRANDPUITS-BAILLY-CARROIS
STERNO-CLÉIDO-MASTOÏDIENS
PROTO-INDUSTRIALISATIONS
SANTIAGO DE LOS CABALLEROS

AFRICAN NATIONAL CONGRESS
FABIUS MAXIMUS VERRUCOSUS
INCONSTITUTIONNELLEMENT
HENRI DE FLANDRE ET HAINAUT
LANEUVEVILLE-DEVANT-NANCY

24

SAINT-RAPHAËL-DE-L'ÎLE-BIZARD
ANESTHÉSISTE-RÉANIMATRICE
RHÉNANIE-DU-NORD-WESTPHALIE
BOURGTHEROULDE-INFREVILLE
RÉPUBLIQUE CENTRAFRICAINE
PONTELLOISE-COMBALUSIENNE
THÉÂTRE NATIONAL POPULAIRE
SAINT-MICHEL-L'OBSERVATOIRE
GUILHERANDAISE-GRANGEOISE
CONSTANTIN PORPHYROGÉNÈTE
MASSEUSE-KINÉSITHÉRAPEUTE
SAINT-LAURENT-DE-LA-SALANQUE
TANJUNG KARANG-TELUK BETUNG
MUHAMMAD AHMAD IBN ABD ALLAH
PETROPAVLOVSK-KAMTCHATSKI
ORANIENBURG-SACHSENHAUSEN
GUILLAUME DE VILLEHARDOUIN
SIGISMOND AUGUSTE JAGELLON
SAINT-BERTRAND-DE-COMMINGES
DESSINATEURS-CARTOGRAPHES
SOCIALES-RÉVOLUTIONNAIRES
SAINT-AUGUSTIN-DE-DESMAURES
SAINT CHRISTOPHER AND NEVIS
CONJONCTEURS-DISJONCTEURS
RECHERCHES-DÉVELOPPEMENTS
SIMPLICIUS SIMPLICISSIMUS
LA ROCHEFOUCAULD-LIANCOURT
LE PELETIER DE SAINT-FARGEAU
SAINT-PHILBERT-DE-GRAND-LIEU

25

AFRIQUE-ORIENTALE ALLEMANDE
SAINT-JACQUES-DE-COMPOSTELLE
ÉQUEURDREVILLE-HAINNEVILLE
SAINT-MAXIMIN-LA-SAINTE-BAUME
GASPÉSIE-ÎLES-DE-LA-MADELEINE
FRANCESCO DI GIORGIO MARTINI
SAINT-VINCENTAIS-ET-GRENADIN
MARGUERITE VALDEMARSDOTTER
DESSINATRICES-CARTOGRAPHES
MASSEURS-KINÉSITHÉRAPEUTES
SAINT-ÉTIENNE-DE-SAINT-GEOIRS
ANESTHÉSISTES-RÉANIMATEURS
ANTICONSTITUTIONNELLEMENT
REGNAUD DE SAINT-JEAN-D'ANGÉLY

ANESTHÉSISTES-RÉANIMATRICES
MASSEUSES-KINÉSITHÉRAPEUTES
REGNAULT DE SAINT-JEAN-D'ANGÉLY

26

EMPIRE LATIN DE CONSTANTINOPLE
FRANÇOIS DE HABSBOURG-LORRAINE
SAINT-VINCENTAISE-ET-GRENADINE
CHARLOTTE-ÉLISABETH DE BAVIÈRE
AFRIQUE-ÉQUATORIALE FRANÇAISE
AFRIQUE-OCCIDENTALE FRANÇAISE
SAINT EMPIRE ROMAIN GERMANIQUE
AFRIQUE-ORIENTALE BRITANNIQUE
STANISLAS AUGUSTE PONIATOWSKI
PHILIPPE DE GRÈCE ET DE DANEMARK
SAINT-VINCENT-ET-LES GRENADINES
NICOLAS NIKOLAÏEVITCH ROMANOV
SAINT-GEORGES-LÈS-BAILLARGEAUX

27

FRANÇOIS-FERDINAND DE HABSBOURG
BOUCHER DE CRÈVECŒUR DE PERTHES
LOUIS-MARIE GRIGNION DE MONTFORT
LOUISE DE MECKLEMBOURG-STRELITZ

28

MARIE-LOUISE DE HABSBOURG-LORRAINE

30

PROVINCES-UNIES D'AMÉRIQUE CENTRALE
JEANNE-FRANÇOISE FRÉMYOT DE CHANTAL

31

32

MECKLEMBOURG-POMÉRANIE-OCCIDENTALE

33

MARIE-CHRISTINE DE HABSBOURG-LORRAINE
ERNEST-AUGUSTE DE BRUNSWICK-LUNEBOURG

41

UNION DES RÉPUBLIQUES SOCIALISTES SOVIÉTIQUES

42

ROYAUME-UNI DE GRANDE-BRETAGNE ET D'IRLANDE DU NORD

TABLEAUX ANNEXES

PAYS, CAPITALES, MONNAIES ET LANGUES

Pays	Capitales	Monnaies	Langues
AFGHANISTAN	Kaboul	afghani	dari, pachto
AFRIQUE DU SUD	Pretoria, Le Cap	rand	afrikaans, anglais, ndebele, pedi, sotho, swazi, tsonga, tswana, venda, xhosa, zoulou
ALBANIE	Tirana	lek	albanais
ALGÉRIE	Alger	dinar algérien	arabe
ALLEMAGNE	Berlin	euro ; anc. (deutsche) mark	allemand
ANDORRE	Andorre-la-Vieille	euro ; anc. franc français, peseta	catalan
ANGOLA	Luanda	kwanza	portugais
ANTIGUA-ET-BARBUDA	Saint John's	dollar des Caraïbes orientales	anglais
ARABIE SAOUDITE	Riyad	riyal saoudien	arabe
ARGENTINE	Buenos Aires	peso argentin	espagnol
ARMÉNIE	Erevan	dram	arménien
AUSTRALIE	Canberra	dollar australien	anglais
AUTRICHE	Vienne	euro ; anc. schilling	allemand
AZERBAÏDJAN	Bakou	manat	azéri
BAHAMAS	Nassau	dollar des Bahamas	anglais
BAHREÏN	Manama	dinar de Bahreïn	arabe
BANGLADESH	Dacca	taka	bengali
BARBADE	Bridgetown	dollar de la Barbade	anglais
BELGIQUE	Bruxelles	euro ; anc. franc belge	allemand, français, néerlandais
BELIZE	Belmopan	dollar de Belize	anglais
BÉNIN	Porto-Novo	franc CFA	français
BHOUTAN	Thimbu	ngultrum, roupie indienne	tibétain
BIÉLORUSSIE	Minsk	rouble biélorusse	biélorusse, russe
BIRMANIE	Rangoon	kyat	birman
BOLIVIE	Sucre, La Paz	boliviano	espagnol, aymara, quechua
BOSNIE-HERZÉGOVINE	Sarajevo	mark convertible	bosniaque, serbe, croate
BOTSWANA	Gaborone	pula	anglais
BRÉSIL	Brasília	real brésilien	portugais
BRUNEI	Bandar Seri Begawan	dollar de Brunei	malais
BULGARIE	Sofia	lev	bulgare
BURKINA	Ouagadougou	franc CFA	français
BURUNDI	Bujumbura	franc du Burundi	français, kirundi
CAMBODGE	Phnom Penh	riel	khmer
CAMEROUN	Yaoundé	franc CFA	anglais, français
CANADA	Ottawa	dollar canadien	anglais, français

Pays	Capitales	Monnaies	Langues
CAP-VERT	Praia	escudo du Cap-Vert	portugais
CENTRAFRICAINE (RÉPUBLIQUE)	Bangui	franc CFA	français
CHILI	Santiago	peso chilien	espagnol
CHINE	Pékin	yuan	chinois
CHYPRE	Nicosie	livre cypriote	grec, turc
COLOMBIE	Bogotá	peso colombien	espagnol
COMORES	Moroni	franc des Comores	arabe, français
CONGO (RÉPUBLIQUE DU)	Brazzaville	franc CFA	français
CONGO (RÉPUBLIQUE DÉMOCRATIQUE DU)	Kinshasa	franc congolais	français
CORÉE DU NORD	Pyongyang	won nord coréen	coréen
CORÉE DU SUD	Séoul	won	coréen
COSTA RICA	San José	colón costaricain	espagnol
CÔTE D'IVOIRE	Yamoussoukro	franc CFA	français
CROATIE	Zagreb	kuna	croate
CUBA	La Havane	peso cubain	espagnol
DANEMARK	Copenhague	krone (couronne danoise)	danois
DJIBOUTI	Djibouti	franc de Djibouti	arabe, français
DOMINICAINE (RÉPUBLIQUE)	Saint-Domingue	peso dominicain	espagnol
DOMINIQUE	Roseau	dollar des Caraïbes orientales	anglais
ÉGYPTE	Le Caire	livre égyptienne	arabe
ÉMIRATS ARABES UNIS	Abu Dhabi	dirham des Émirats Arabes Unis	arabe
ÉQUATEUR	Quito	dollar des États-Unis	espagnol
ÉRYTHRÉE	Asmara	nakfa	tigrigna, arabe
ESPAGNE	Madrid	euro ; anc. peseta	espagnol
ESTONIE	Tallinn	couronne estonienne	estonien
ÉTATS-UNIS	Washington	dollar	anglais
ÉTHIOPIE	Addis-Abeba	birr	amharique
FIDJI	Suva	dollar fidjien	anglais
FINLANDE	Helsinki	euro ; anc. markka (mark finlandais)	finnois, suédois
FRANCE	Paris	euro ; anc. franc français	français
GABON	Libreville	franc CFA	français
GAMBIE	Banjul	dalasi	anglais
GÉORGIE	Tbilissi	lari	géorgien
GHANA	Accra	cedi	anglais
GRANDE-BRETAGNE	Londres	livre sterling	anglais
GRÈCE	Athènes	euro ; anc. drachme	grec
GRENADE	Saint George's	dollar des Caraïbes orientales	anglais
GUATEMALA	Guatemala	quetzal	espagnol

Pays	Capitales	Monnaies	Langues
GUINÉE	Conakry	franc guinéen	français
GUINÉE-BISSAU	Bissau	franc CFA	portugais
GUINÉE ÉQUATORIALE	Malabo	franc CFA	espagnol
GUYANA	Georgetown	dollar de la Guyana	anglais
HAÏTI	Port-au-Prince	gourde	créole, français
HONDURAS	Tegucigalpa	lempira	espagnol
HONGRIE	Budapest	forint	hongrois
INDE	New Delhi	roupie indienne	hindi, anglais
INDONÉSIE	Jakarta	rupiah (roupie indonésienne)	indonésien
IRAN	Téhéran	rial iranien	persan
IRAQ	Bagdad	dinar irakien	arabe
IRLANDE	Dublin	euro ; anc. livre irlandaise	anglais, gaélique
ISLANDE	Reykjavík	krona (couronne islandaise)	islandais
ISRAËL	Jérusalem	shekel	hébreu, arabe
ITALIE	Rome	euro ; anc. lire italienne	italien
JAMAÏQUE	Kingston	dollar jamaïquain	anglais
JAPON	Tokyo	yen	japonais
JORDANIE	Amman	dinar jordanien	arabe
KAZAKHSTAN	Asatana	tenge	kazakh
KENYA	Nairobi	shilling du Kenya	swahili
KIRGHIZISTAN	Bichkek	som	kirghiz
KIRIBATI	Tarawa	dollar australien	anglais
KOWEÏT	Koweït	dinar koweïtien	arabe
LAOS	Vientiane	kip	lao
LESOTHO	Maseru	loti	sotho, anglais
LETTONIE	Riga	lats	letton
LIBAN	Beyrouth	livre libanaise	arabe
LIBERIA	Monrovia	dollar libérien	anglais
LIBYE	Tripoli	dinar libyen	arabe
LIECHTENSTEIN	Vaduz	franc suisse	allemand
LITUANIE	Vilnius	litas	lituanien
LUXEMBOURG	Luxembourg	euro ; anc. franc luxembourgeois	luxembourgeois, allemand, français
MACÉDOINE	Skopje	denar	macédonien, albanais
MADAGASCAR	Antananarivo	franc malgache	malgache, français
MALAISIE	Kuala Lumpur, Putrajaya	ringgit (dollar de la Malaisie)	malais
MALAWI	Lilongwe	kwacha	anglais
MALDIVES	Malé	rufiyaa (roupie des Maldives)	divehi
MALI	Bamako	franc CFA	français
MALTE	La Valette	livre maltaise	maltais, anglais
MAROC	Rabat	dirham	arabe

Pays	Capitales	Monnaies	Langues
MARSHALL (ÎLES)	Majuro	dollar des États-Unis	anglais
MAURICE	Port Louis	roupie mauricienne	anglais
MAURITANIE	Nouakchott	ouguiya	arabe
MEXIQUE	Mexico	peso mexicain	espagnol
MICRONÉSIE (ÉTATS FÉDÉRÉS DE)	Palikir	dollar des États-Unis	anglais
MOLDAVIE	Chisinau	leu moldave	roumain
MONACO	Monaco	euro ; anc. franc français	français
MONGOLIE	Oulan-Bator	tugrik	khalkha
MOZAMBIQUE	Maputo	metical	portugais
NAMIBIE	Windhoek	dollar namibien	anglais
NAURU	Yaren	dollar australien	nauruan, anglais
NÉPAL	Katmandou	roupie népalaise	népalais
NICARAGUA	Managua	córdoba oro	espagnol
NIGER	Niamey	franc CFA	français
NIGERIA	Abuja	naira	anglais
NORVÈGE	Oslo	krone (couronne norvégienne)	norvégien
NOUVELLE-ZÉLANDE	Wellington	dollar néo-zélandais	anglais
OMAN	Mascate	rial omanais	arabe
OUGANDA	Kampala	shilling ougandais	anglais
OUZBÉKISTAN	Tachkent	soum	ouzbek
PAKISTAN	Islamabad	roupie pakistanaise	ourdou, anglais
PALAU	Koror	dollar des États-Unis	palauan, anglais
PANAMÁ	Panamá	balboa	espagnol
PAPOUASIE-NOUVELLE-GUINÉE	Port Moresby	kina	anglais
PARAGUAY	Asunción	guarani	espagnol, guarani
PAYS-BAS	Amsterdam, La Haye	euro ; anc. florin	néerlandais
PÉROU	Lima	sol	espagnol, quechua
PHILIPPINES	Manille	peso philippin	tagal
POLOGNE	Varsovie	zloty	polonais
PORTUGAL	Lisbonne	euro ; anc. escudo	portugais
QATAR	al-Dawha	riyal du Qatar	arabe
ROUMANIE	Bucarest	leu	roumain
RUSSIE	Moscou	rouble	russe
RWANDA	Kigali	franc rwandais	anglais, français, rwanda
SAINTE-LUCIE	Castries	dollar des Caraïbes orientales	anglais
SAINT-KITTS-ET-NEVIS	Basseterre	dollar des Caraïbes orientales	anglais
SAINT-MARIN	Saint-Marin	euro ; anc. lire italienne	italien
SAINT-VINCENT-ET-LES GRENADINES	Kingstown	dollar des Caraïbes orientales	anglais
SALOMON (ÎLES)	Honiara	dollar des îles Salomon	anglais

Pays	Capitales	Monnaies	Langues
SALVADOR	San Salvador	colón salvadorien	espagnol
SAMOA	Apia	tala	samoan, anglais
SÃO TOMÉ ET PRÍNCIPE	São Tomé	dobra	portugais
SÉNÉGAL	Dakar	franc CFA	français
SEYCHELLES	Victoria	roupie des Seychelles	anglais, créole, français
SIERRA LEONE	Freetown	leone	anglais
SINGAPOUR	Singapour	dollar de Singapour	anglais, chinois, malais, tamoul
SLOVAQUIE	Bratislava	koruna (couronne slovaque)	slovaque
SLOVÉNIE	Ljubljana	tolar	slovène
SOMALIE	Muqdisho	shilling somalien	somali, arabe
SOUDAN	Khartoum	dinar soudanais	arabe
SRI LANKA	Colombo	roupie de Sri Lanka	cinghalais, tamoul
SUÈDE	Stockholm	krona (couronne suédoise)	suédois
SUISSE	Berne	franc suisse	allemand, français, italien, romanche
SURINAME	Paramaribo	florin de Suriname	néerlandais
SWAZILAND	Mbabane	lilangeni	swazi, anglais
SYRIE	Damas	livre syrienne	arabe
TADJIKISTAN	Douchanbe	rouble tadjik	tadjik
TAÏWAN	Taipei	dollar de Taïwan	chinois
TANZANIE	Dar es-Salaam, Dodoma	shilling tanzanien	swahili, anglais
TCHAD	N'Djamena	franc CFA	arabe, français
TCHÈQUE (RÉPUBLIQUE)	Prague	koruna (couronne tchèque)	tchèque
THAÏLANDE	Bangkok	baht	thaï
TOGO	Lomé	franc CFA	français
TONGA	Nukualofa	pa'anga	tongan, anglais
TRINITÉ-ET-TOBAGO	Port of Spain	dollar de Trinité-et-Tobago	anglais
TUNISIE	Tunis	dinar tunisien	arabe
TURKMÉNISTAN	Achgabat	manat	turkmène
TURQUIE	Ankara	livre turque	turc
TUVALU	Funafuti	dollar australien	tuvaluan, anglais
UKRAINE	Kiev	hrivna	ukrainien
URUGUAY	Montevideo	peso uruguayen	espagnol
VANUATU	Port-Vila	vatu	anglais, bichlamar, français
VENEZUELA	Caracas	bolívar	espagnol
VIÊT NAM	Hanoi	dông	vietnamien
YÉMEN	Sanaa	rial yéménite	arabe
YOUGOSLAVIE	Belgrade	dinar yougoslave	serbe
ZAMBIE	Lusaka	kwacha	anglais
ZIMBABWE	Harare	dollar du Zimbabwe	anglais

ÉLÉMENTS CHIMIQUES

actinium	Ac	manganèse	Mn
aluminium	Al	meitnerium	Mt
américium	Am	mendélévium	Md
antimoine	Sb	mercure	Hg
argent	Ag	molybdène	Mo
argon	Ar	néodyme	Nd
arsenic	As	néon	Ne
astate	At	neptunium	Np
azote	N	nickel	Ni
baryum	Ba	niobium	Nb
berkélium	Bk	nobélium	No
béryllium	Be	or	Au
bismuth	Bi	osmium	Os
bohrium	Bh	oxygène	O
bore	B	palladium	Pd
brome	Br	phosphore	P
cadmium	Cd	platine	Pt
calcium	Ca	plomb	Pb
californium	Cf	plutonium	Pu
carbone	C	polonium	Po
cérium	Ce	potassium	K
césium	Cs	praséodyme	Pr
chlore	Cl	prométhéum	Pm
chrome	Cr	protactinium	Pa
cobalt	Co	radium	Ra
cuivre	Cu	radon	Rn
curium	Cm	rhénium	Re
deutérium	D	rhodium	Rh
dysprosium	Dy	rubidium	Rb
einsteinium	Es	ruthénium	Ru
erbium	Er	rutherfordium	Rf
étain	Sn	samarium	Sm
europium	Eu	scandium	Sc
fer	Fe	sélénium	Se
fermium	Fm	silicium	Si
fluor	F	sodium	Na
francium	Fr	soufre	S
gadolinium	Gd	strontium	Sr
gallium	Ga	tantale	Ta
germanium	Ge	technétium	Tc
hafnium	Hf	tellure	Te
hassium	Hs	terbium	Tb
hélium	He	thallium	Tl
holmium	Ho	thorium	Th
hydrogène	H	thulium	Tm
indium	In	titane	Ti
iode	I	tungstène	W
iridium	Ir	uranium	U
krypton	Kr	vanadium	V
lanthane	La	xénon	Xe
lawrencium	Lw	ytterbium	Yb
lithium	Li	yttrium	Y
lutécium	Lu	zinc	Zn
magnésium	Mg	zirconium	Zr

UNITÉS DE MESURE

acre	
ampère	A
angström	Å
are	a
arpent	
aune	
bar	bar
baril	bbl
baud	
becquerel	Bq
boisseau	
brasse	
calorie	cal
candela	cd
carat	
cheval	CV
chopine	
coudée	
coulomb	C
curie	Ci
décitex	
degré Celsius	° C
degré Fahrenheit	° F
demiard	
doigt	
électronvolt	eV
empan	
encablure	
farad	F
flops	
gal	Gal
gallon	gal
grade	gr
grain	
gramme	g
gray	Gy
hectare	ha
hectopascal	hPa
henry	H
hertz	Hz
heure	h
joule	J
kelvin	K
kilo	kg
kilogramme	kg
kilomètre	km
kilowattheure	kWh
li	
lieue	
ligne	
litre	l
livre	
lumen	lm
lux	lx
main	
maxwell	Mx
mégabit	Mbit ou Mb
mégaflops	Mflops
mégaoctet	Mo
mètre	m
mile	
mille	
millibar	mbar
mine	
minute	min
mips	
mole	mol
muid	
newton	N
ohm	
once	
palme	
pascal	Pa
perche	
picotin	
pied	
pinte	
poise	P
pouce	
quart	
quintal	q
rad	rd
radian	rad
rem	rem
röntgen	R
rœntgen	R
seconde	s
siemens	S
setier	
short ton	sh tn
sievert	Sv
stade	
stéradian	sr
stokes	St
talent	
tesla	T
tex	tex
toise	
tonne	t
tour	tr
var	var
verge	
verste	
volt	V
voltampère	VA
watt	W
wattheure	Wh
weber	Wb
yard	

DIVINITÉS ET HÉROS DE LA MYTHOLOGIE

Le monde gréco-latin

Achille
Acis
Actéon
Adonis
Agamemnon
Aglaé
Ajax
Alceste
Alcinoos
Alcmène
Amalthée
Amazones
Amphion
Amphitrite
Amphitryon
Anchise
Andromaque
Andromède
Antée
Antigone
Antiope
Aphrodite
Apollon
Arachné
Arès
Argonautes
Argos/Argus
Ariane
Artémis
Ascagne
Asclépios
Astyanax
Atalante
Athéna
Atlas
Atrides
Atropos
Attis/Atys
Augias
Bacchus
Baucis
Bellérophon
Bellone
Borée
Bucéphale
Cacus
Cadmos
Calchas
Calliope
Callisto
Calypso
Cassandre
Castor et Pollux
Cécrops
Centaures
Cerbère
Cérès
Charites
Charon
Chiron
Circé
Clio
Clytemnestre
Coré
Créon
Cronos
Cupidon
Curiaces
Cybèle
Cyclopes
Danaé
Danaïdes
Daphné
Dardanos
Dédale
Déjanire
Déméter
Deucalion
Diane
Didon
Diomède
Dionysos
Dioscures
Doris
Éaque
Écho
Égée
Égérie
Égisthe
Électre
Élissa
Endymion
Énée
Éole
Épiméthée
Érato
Érinyes
Éros
Esculape
Étéocle
Euphrosyne
Europe
Eurydice
Eurysthée
Euterpe
Flore
Fortune
Furies
Gaia
Galatée
Ganymède
Gê
Géants
Géryon
Gorgones
Grâces
Hadès
Harpies/Harpyes
Hécate
Hector
Hécube
Hélène
Hélios
Héphaïstos
Héra
Héraclès
Héraclides
Hercule
Hermaphrodite
Hermès
Hermione
Hespérides
Hestia
Hippolyte
Horaces
Horatius
Hydre de Lerne
Icare
Idoménée
Io
Iole
Iphigénie
Iris
Ismène
Iule
Ixion
Janus
Jason
Jocaste
Junon
Jupiter
Kronos
Laocoon
Lapithes
Latinus
Latone
Léda
Léto
Lupercus
Mars
Marsyas
Médée
Méduse
Mégère
Melpomène
Memnon
Ménélas
Mentor

Mercure
Minerve
Minos
Minotaure
Mnémosyne
Moire
Morphée
Muses
Narcisse
Nausicaa
Némésis
Néoptolème
Neptune
Nérée
Néréides
Nessos/Nessus
Nestor
Niobé
Océanides
Oedipe
Omphale
Oreste
Orion
Orphée
Ouranos
Pan
Pandore
Pâris
Parques
Pasiphaé
Patrocle
Pégase
Pélée
Pélops
Pénélope
Penthésilée
Persée
Perséphone
Phaéton
Phéaciens
Phébus
Phèdre
Philémon et Baucis
Philoctète
Philomèle
Pirithoos
Pléiades
Ploutos/Plutus
Pluton
Pollux
Polymnie
Polynice
Polyphème
Pomone
Poséidon
Priam
Priape
Procuste/Procruste
Prométhée
Proserpine
Protée
Psyché
Pygmalion
Pygmées
Pylade
Pyrame
Pyrrha
Pyrrhos
Python
Quirinus
Remus
Rhadamanthe
Rhéa
Rhea Silvia
Romulus
Saturne
Sémélé
Silène
Sisyphe
Stentor
Sylvain
Syrinx
Tanit
Tantale
Tarpeia
Tatius
Télémaque
Terpsichore
Téthys
Thalie
Thémis
Thésée
Thétis
Thisbé
Thyeste
Tirésias
Titans
Tyndare
Ulysse
Uranie
Vénus
Vertumne
Vesta
Vulcain
Zeus

L'Égypte

Amon
Anubis
Apis
Aton
Bès
Hathor
Horus
Isis
Maât
Osiris
Phénix
Phtah/Ptah
Râ/Rê
Sarapis/Sérapis
Seth
Thot

Photocomposition Maury, Malesherbes
Imprimé en Italie par Canale, Turin
Dépôt légal : mars 2003 – 560305/02
10110511 (2) janvier 2004